物宜人和

——考古学视角下的秦汉家庭

（上）

刘尊志　著

科学出版社
北　京

内 容 简 介

本书以秦汉考古资料为基本参考，结合文献等资料，运用考古学及相关的研究理论和方法，从多个方面对秦汉时期的家庭进行了全面细致的研究和分析，探讨了与秦汉家庭有关的构成内容、内部关系、家庭保障、日常生活物质内容、精神信仰、对外交往及特殊内容等，分析了秦汉时期"物宜人和"的家庭特征，阐述了家国一体的关系和家国情怀的内涵，从考古学的视角多维度地复原了秦汉时期家庭的内容、特征及内涵、外延，是秦汉社会生活考古的一项重要内容。

本书适合于从事考古、文博、历史和社会生活研究等方面的专家、学者和相关专业院校的师生参考和阅读。

图书在版编目（CIP）数据

物宜人和：考古学视角下的秦汉家庭：全三册 / 刘尊志著. —北京：科学出版社，2022.11

ISBN 978-7-03-073634-5

Ⅰ. ①物…　Ⅱ. ①刘…　Ⅲ. ①家庭－历史－研究－中国－秦汉时代　Ⅳ. ① D691.91

中国版本图书馆CIP数据核字（2022）第201244号

责任编辑：张亚娜　郑佐一 / 责任校对：邹慧卿

责任印制：赵　博 / 封面设计：金舵手世纪

科学出版社出版

北京东黄城根北街16号

邮政编码：100717

http://www.sciencep.com

北京厚诚则铭印刷科技有限公司印刷

科学出版社发行　各地新华书店经销

*

2022年11月第　一　版　开本：787×1092　1/16

2025年 7 月第三次印刷　印张：86

字数：1 633 000

定价：588.00 元（全三册）

（如有印装质量问题，我社负责调换）

南开大学中国社会史研究中心

Key Research Institute of Social History of China in NanKai University

教育部普通高等学校人文社会科学重点研究基地

南开大学中国社会史研究中心资助出版

教育部人文社会科学重点研究基地

重大项目（16JJD770028）研究成果

书稿简介

秦汉时期是我国古代社会历史发展的重要阶段，大一统封建帝国的建立有力地推动了社会的全方位兴盛发展，也促进了统一社会文化的形成和完善，汉文化的内容和特质得以不断丰富，秦汉时期的家庭在这一背景下和环境中获得了较为全面的发展，并在秦汉时期国家、社会等的发展中有着自身地位和作用。

随着考古工作的不断深入开展，与秦汉家庭有关的考古资料日益丰富，所反映秦汉家庭的内容较为多样。综合考古资料，结合家庭的性质和特征，从相对宽泛的方面可将秦汉家庭的主要内容归纳为家庭的构成与内容、家庭的内部关系、家庭的相关保障、家庭日常生活的物质内容、家庭的精神信仰、家庭的对外交往、家庭的特殊内容、家庭的内涵与功能、家庭与社会及国家之间关系等诸多方面。秦汉家庭的这些内容与其所处时代关系密切，综合体现出秦汉家庭的内涵和外延，也从多个角度折射出秦汉家庭的发展与功能。

综合来讲，本研究是从考古学视角对秦汉时期家庭开展的综合性研究，涉及内容广泛，并从不同角度和层面充分体现了家国一体的本质与家国情怀的内涵，对认识秦汉家庭及其生活，深度理解家国情怀的内涵与功用，建立民族自豪感，树立文化自信和爱国情怀，全面增强对国家的高度认同感和归属感、责任感和使命感等均具有相应的参考价值。

序　一

家庭，作为人类社会的细胞，是人类社会发展到一定阶段的产物，并且随着人类历史的发展而不断演进。正如马克思所说，家庭“是一个能动的要素；它从来不是静止不动的，而是随着社会从较低阶段向较高阶段的发展，从较低的形式进到较高的形式”（马克思:《摩尔根〈古代社会〉一书摘要》第25页，人民出版社，1965年中文版）。家庭作为社会制度的产物，其形态随着社会生产的发展而改变，直接反映出社会制度的发展演变；家庭成员的构成及其相互关系，是整个社会关系的基础。恩格斯的《家庭、私有制和国家的起源》，系统论述了家庭的起源和早期发展的诸形态，以及家庭与私有制和国家起源的内在联系，成为历史唯物主义的经典著作之一。因此，家庭不仅是人类学、社会学等学科的重要研究领域，而且也是历史科学的重要研究内容。

就古代家庭的研究来说，史学界（这里主要指文献史学界）一直比较重视，是社会史和生活史研究的重要组成部分，甚至有专门的家庭史研究。如《中国家庭史》五卷本（广东人民出版社，2007年），就是对上起史前、下迄民国时期家庭的系统论述。然而，古代家庭的考古学研究相对比较薄弱。如果说我国考古学界对史前时代尤其是史前时代末期的家庭曾经有所关注和研究的话，那么，对历史时期家庭的研究则相对比较缺乏，秦汉时期同样如是。

秦汉时期作为我国历史上统一的多民族国家的真正形成期和中华文明多元一体格局的真正形成期，伴随着当时社会政治、经济和文化的高度发展，家庭也进入一个全新的发展阶段。关于这一时期的婚姻家庭，史学界一直比较关注，如杨树达的《汉代婚丧礼俗考》（上海古籍出版社，2000年；该书初版于1933年），开汉代婚姻研究之先河；岳庆平的《汉代家庭与家族》（大象出版社，1997年）、张仁玺的《秦汉家庭研究》（中国社会出版社，2007年）、彭卫的《汉代婚姻形态》（中国人民大学出版社，2010年）等，进一步拓展了秦汉婚姻家庭研究的广度和深度；其他有关秦汉社会史和日常生活史研究的论著中，也大多包含婚姻家庭的内容；至于有关秦汉婚姻家庭的专题研究论文则更多。比较而言，考古学界尽管对秦汉家庭及家庭生活的若干方面多有讨论，如住居、服饰、饮食、医疗、卫生等等，但总体上说是不够的，尤其是以家庭为主题的综合性研究明显缺乏。正如本书所言，“针对古代家庭，目前既没有宏观或贯通古代的综合性考古学研究成果，也不见分期分段的即不同时期的综合性考古学研究成果，亦少见或不见针对古代家庭相关内容的专门性考古学研究”。在这样的学术背景之下，刘尊志教授的《物宜人和——考古学视角下的秦汉家庭》即将问世，其填补学术空白的意义不言而喻。

该书聚焦于秦汉时期的家庭及家庭生活，立足于考古学，同时借鉴相关学科的理论和方法，通过对相关考古资料的全面收集和分门别类的梳理，并与文献史料等紧密结合，力求对当时的家庭及家庭生活的各个方面进行多角度、全方位的描述和阐释，极大地丰富和深化了我们对秦汉家庭及其生活的认识。如何认识和评价该书的学术价值和学术意义，或许可以见仁见智，但在我看来，其学术贡献至少有以下三个方面。

其一，是家庭考古学研究的提出及其理论思考。本书虽然书名是《考古学视角下的秦汉家庭》，但实则如文中所言是“秦汉家庭的考古学研究”；虽然论述的内容是秦汉时期的家庭，但书中不乏关于家庭考古学研究的理论思考。譬如，“人和物是构成家庭最基本的两个要素”，而“物是指家庭有关的设施、设备、相关物品及场地等内容，既有家庭的外部设施及其物质内容……也有家庭的内部设施及其物质内容”。“人是家庭组成的核心要素，离开人，家庭应该不能成立；物质是家庭存在的保障，是推动家庭及家庭中人员更好存在的重要保证……人是必须的，物是必要的，而人还是物的创造者、生产者和使用者”。于是，人和物就有机地联系在了一起，两者成为家庭研究尤其是家庭考古学研究的两个最基本的着力点，也是家庭考古学研究的基本研究对象和范围。又如，人和物作为家庭的两个基本要素，两者相互依存、相辅相成；家庭中人和物的研究不是孤立的，而是需要从家庭、社会和国家的相互关系及其互动的视角进行观察和分析。再如，家庭研究的内容极为丰富，使得家庭的研究涉及面甚广，因此在方法上不仅需要立足于各种考古资料和信息的综合分析，注重考古资料与文献史料的结合，还需要充分借鉴和运用人类学、社会学、政治学、经济学、医学等学科的理论和方法，乃至于近现代家庭的野外调查。凡此种种理论性思考，对于今后家庭考古学研究的开展，无疑具有重要的启发性意义。

其二，是秦汉家庭考古学研究框架的构建。基于对家庭本质的理解，结合对秦汉家庭性质和特征的认识，本书从考古资料的实际出发，将秦汉家庭及家庭生活大致归纳为八个大的方面进行论述，即：家庭的构成与内容、家庭的内部关系、家庭的相关保障、家庭日常生活的物质内容、家庭的对外交往、家庭的精神世界、家庭的特殊内容、家庭的内涵与功能等。各个大的方面之下，又细分为若干具体问题进行论述，如“家庭日常生活的物质内容”中，又细分为服饰、饮食、居住、出行和其他物质内容等。这种结构和内容的划分，从形式上看是本书的结构，但实际上是秦汉家庭考古学研究的基本框架，反映出作者对秦汉家庭及家庭生活的总体认识和把握。框架结构是“纲”，纲举目张。当然，这个框架是初步的，并且其中有的提法还值得再斟酌，但无论如何，它为秦汉家庭的考古学研究搭建了基本的框架结构，对于其他时段的家庭考古学研究，无疑也提供了有益的借鉴。

其三，是秦汉家庭考古学研究的实践，即对秦汉家庭及家庭生活的“全方位”研究，并在若干方面提出了新的认识。尤其值得注意的是，史学界关于秦汉家庭的研究，多侧重于家庭结构、家庭成员、婚姻形态、日常生活等“人”的方面，这当然是必要的，但对与家庭以及家庭生活直接相关的衣食住行以及医疗卫生等“物”的方面，则论述不够——这当然与文献史料的局限有关；考古学界关于秦汉家庭的研究，往往侧重于物质生活和物质文化的描述和解读，这同样是必要的，但对家庭之两大要素之一的“人”及人的活动，则关注不够——这当然与考古资料是“物”因而对物质文化研究具有“实证性”和“具象化”特点有关。本书不仅从“人”和“物”两个方面，而且从两者的结合上对秦汉家庭及家庭生活进行了系统性论述，更将家庭与社会和国家联系在一起进行考察。从家庭成员的内部关系到对外交往，从人的出生及其养育到安葬逝者的丧葬活动，从日常饮食起居的器具到家庭住居的结构布局，从日常的物质生活到人们的精神世界……无一不进行讨论，基本实现了既定的学术目标：“为全面阐释这一时期的家庭、多方位还原这一时期的家庭生活、家庭内涵，认识秦汉家庭的功能和作用等提供重要的参考，同时也可为从多方位理解家庭、国家和社会的关系和内涵提供必要的参考”。或可认为，本书不仅仅是秦汉家庭及家庭生活的多角度、全方位的描绘和阐释，在某种意义上说还是秦汉社会日常生活的一幅全景式画卷。

当然，由于本书是关于古代家庭专题性考古学研究的一次尝试，对于秦汉家庭的考古学综合研究而言尚属首次，因此，本书所涉及的一些理论和实践问题，值得进一步思考和讨论。

譬如，家庭和家族是两种不同的社会单元，两者既紧密联系又多有区别，而秦汉时期的家族在社会生活中又发挥着重要作用，那么，家庭和家族的文化遗存在考古学上如何区分？两者之间的关系如何进行考古学阐释？一般认为家庭是以婚姻关系为基础、血缘关系为纽带建立起来的一种同居共财、共同生活的亲属组织，而秦汉时期有一定经济实力或社会地位的家庭中又比较普遍地存在着没有婚姻血缘关系的奴婢、仆从等“附属人员”，他们与家庭“主体成员”共同生活但又一般不“共财”，那么，这些“附属人员”生前与“主体成员”共同生活，并且有些情况下两者之间的关系还相当紧密，但他们死后能否被葬入其主人的家族墓地？如果能够入葬的话，在考古学上如何辨识？

又如，秦汉时期在地主经济条件之下，家庭不仅是一个生活单位，还是一个经济单位，私人的家庭经济在社会经济中占有重要的地位，因此，将家庭生产和家庭经济纳入家庭研究的视野是必要的，但问题在于，究竟应该如何将考古发现的文化遗存与家庭生产及家庭经济相联系？将丧葬活动和丧葬遗存纳入家庭研究的视野是很有见地的，因为丧葬活动是家庭日常生活的一项重要内容。根据丧葬遗存探讨当时的丧葬活动、丧葬观念等是比较直接的和有效的，但丧葬遗存能够在多大程度上反映当时的家庭结构、家庭经济、家庭生活及其对外联系等，既需要理论的思考，更需要考古资料的具体分析。

再如，家庭与国家和社会的相互关系及互动，是家庭研究的一个根本性问题。就秦汉家庭的考古学研究来说，“家国一体、相互促进、共同发展，应是秦汉时期家国情怀的内涵所在，这使得秦汉时期的国家和社会更具凝聚力、团结力，秦汉家庭在这一背景和环境下的发展和内容也更具特色”，对此，还需要做出更为深入和具体的论证和说明。家庭的多样性，是秦汉时期的一个突出特征。在多民族统一的中央集权国家的社会背景、多民族共同体意识和多元一体的文化背景之下，秦汉时期的家庭无论其结构还是功能都非常复杂多样，既有社会等级的差别、经济状况的差别、职业的差别，还有地域的差别、族群的差别、城镇和乡村的差别等等，因此，在秦汉家庭的研究中努力将国家和时代的统一性与多样性有机地结合起来，总结出规律性的东西，是必要的。

凡此种种，既是一些研究的实践问题，也涉及若干理论问题。家庭的考古学研究，说到底是根据考古学的实物资料考察当时“物质的”家和以家庭为载体的人、人的活动、人的思想观念、人与人的关系以及家庭与社会和国家的关系等，因此，在实物的考古资料与家庭之间搭建起由此及彼的“桥梁”去解构家庭和家庭生活，需要长期的理论探索和研究的实践。

令人欣喜的是，刘尊志教授的《物宜人和——考古学视角下的秦汉家庭》，在提出家庭考古学研究这一命题的同时，既进行了理论思考，又进行了秦汉家庭考古学研究的实践，这不仅是秦汉考古的最新成果，而且将在我国考古学的学术体系建设中发挥积极的作用。在有的学者看来，这种家庭及家庭生活的研究或许不是什么“宏大叙事”，但实际上这种研究对于深刻理解和认识我国古代社会及其变迁具有基础性的意义。在此，我衷心期待着刘尊志教授在秦汉家庭和秦汉考古方面取得更多更好的成果，期待着更多的学者加入到家庭的考古学研究行列中来，期待着考古界的同仁们不断推进理论创新和方法创新，采用新视角、提出新思路、研究新问题，不断推进我国考古学的学科体系、学术体系和话语体系建设。

是为序。

白云翔

2022年仲夏于燕京颐慧佳园

序　二

刘尊志教授的新著《物宜人和——考古学视角下的秦汉家庭》即将问世，邀我为序。由于工作上的原因，我对尊志本书的研究过程比较了解，加之关注家庭史研究，虽然我不懂考古学，还是勉为其难，谈谈本书的一些背景，并将阅读书稿的体会与读者分享。

南开大学中国社会史研究中心作为教育部普通高等学校人文社会科学重点研究基地，以承担重大研究课题为首务。尊志教授的本书即是中心重大项目“秦汉魏晋南北朝时期家庭与日常生活的考古学观察”调整后的最终成果。该书的出版，为中心的重点研究方向家庭史、日常生活史研究再添佳作，可喜可贺！

尊志以个人之力，按时完成项目，呈现给读者煌煌三册巨著，其付出的心血与辛劳也是巨大的。之所以能做到这一点，与他深厚的研究基础是不可分的。十年前，他就出版了独著的《徐州汉墓与汉代社会研究》《汉代诸侯王墓研究》二书，去年又有独著《汉代墓外设施研究——以王侯墓葬与中小型墓葬为参考》及合著第一作者的《京津冀汉墓研究》二书问世，他还在《考古》《考古学报》《文物》等权威刊物发表多篇论文，已是著名的中年秦汉考古学家。近年来，他将研究方向聚焦于家庭史，由博返约，调整思路，从考古学的视角考察秦汉家庭，不仅有别于以往依据文献的秦汉家庭研究，而且在考古学界这样的专门研究也是罕见的。为了完成好项目，尊志邀请国内相关专家举行了专门的学术研讨会，并于会后主编出版了《考古学视角下的秦汉家庭与日常生活学术研讨会论文集》，作为中期成果。有了充分的准备工作，从而确保项目的最终完成。

我怀着先睹为快的心情，阅读了书稿，给我印象深刻的有以下三点：

首先，这是一部从物与人关系入手的家庭史。作者在“绪论”提出，家庭应具备两个基本要素。一是人，即组成人员，人员之间具有婚姻关系、血缘关系，甚至有的还会有收养关系，在一定时期还有一些具有附属性质的服务人员。二是与人群单位有关的物质内容，即家与庭的结合及诸多的延伸内容。一定的物质内容恰恰是家庭形成和稳定发展的基础。“家庭作为人群单位，是人与物有机结合的整体，而家庭又是所包含成员生活的依靠、保障及所拥有物质内容存在、发展的基础和场所。”这种对于家庭的认识，可以说是别出心裁。虽然本书是针对秦汉时期家庭所开展的考古学研究，但是透物见人、透物见事，呈现出秦汉家庭的新貌。如作者认为夫妻合葬体现出秦汉家庭构成的基本内容，而同穴合葬尤其是同室合葬，不仅实现夫妻生前同室、死后同穴的要求和愿望，还可节省墓地空间，推动了多人葬墓的发展。横穴墓葬的使用和普及是秦汉墓葬形制日趋第宅化的集中体现，他认为，很有可能是这一时期家庭中夫妻关系的发展及夫妻去世后合葬于同一墓穴的需求推动了横穴墓葬的发展和推广普及。其实，在事死如生的秦汉时期，墓葬在很大程度上就是在模拟家庭生活，借助墓葬考古还原当时的家庭，是很恰当的做法。

其次，这是一部活化家庭社会学、社会史理论方法的家庭史。研究家庭史，最直接的理论借鉴无疑是社会学有关家庭的论述，本书论述的家庭结构与功能，就借鉴了家庭社会学，家庭关系的框架是社会学的。家庭规模方面的小家庭与大家庭，核心家庭、主干家庭与联合家庭，分居家庭与同居家庭等分类与论述，概念工具就是社会学的。不过作者也是学历史出身，历史学强调的职业特色、等级身份分析始终贯彻全书。依据职业属性将秦汉时期的家庭分为政治人员、商人、农业、手工业及伎乐、医者、教育人员、巫祝与宗教人员、助丧人员家庭等多种类型。注重等级差异，分为皇室、王室、侯家及高级贵族官吏家庭、中下层官吏与豪强地主和大商人家庭、低级官吏与中小地主和小商人及富庶的平民家庭、普通平民百姓家庭、依附农与奴仆家庭等不同层次。书中有关的社会分析，带有浓重的社会史色彩。

最后，这是一部家庭生活史。家庭离不开生活，家庭是物质消费单位，家庭消费既包括衣、食、住、行的物质消费，也包括卫生、医疗、保健及文化、娱乐活动，还有生产、保障、交往、教育、思想信仰等，具有日常性与重复性。家庭生活是日常中的生活与各种活动，尊志认为可将家庭的诸多生活称为家庭日常生活。秦汉考古资料所反映家庭日常生活的内容丰富而多样，对全面认识秦汉家庭的内容、内涵有重要作用，这也是本书论述的重点。尊志指出，汉代事死如事生思想支配下，陪葬品日趋生活化。书中对于“丝路”背景下汉代家庭日常生活内容的考察，更将家庭生活与汉朝的中外交流与社会经济变迁相结合，给人留下较为深刻的印象。而作者对于属于日常观念的秦汉信仰世界的论述，借助墓葬考古得以充分揭示，如探讨神鬼观念，从鬼魂世界、鬼犹求食、祭祀飨鬼、服务鬼魂、驱魔打鬼、墓葬破坏六个方面论证，令人信服。

总之，本书呈现出秦汉家庭的构成、分类、内部关系、家庭保障、物质内容、对外交往、思想信仰及特殊内容等多个方面的内容，充分体现了家国一体的秦汉家庭本质与时人的家国情怀，这是一部别开生面的秦汉家庭史！

本书作为南开大学中国社会史研究中心标识性成果之一，贡献给学术界！为此我也感谢尊志教授的辛勤劳动！

是为序。

常建华

2022年6月16日

摘　　要

家庭作为社会的最基本组成单位，既有自身的内容和演进特征，又对社会发展起到十分重要的促进作用，这在不同历史发展阶段皆有突出体现。秦汉时期是我国古代社会历史发展的重要阶段，大一统封建帝国的建立有力地推动了社会的全方位兴盛发展，也促进了多元一体汉文化的形成和完善，使其内容和特质得以不断丰富。秦汉时期的家庭在这一背景下和环境中获得了较为全面的发展，并在秦汉时期国家、社会的发展中具有一定地位，发挥出相应的作用。

随着考古工作的不断深入开展，秦汉考古的内容得到不断充实，与秦汉家庭有关的考古资料日益丰富，反映出的秦汉家庭生活内容较为多样。综合考古资料，结合家庭的性质和特点，从相对宽泛的方面可将秦汉家庭的主要内容归纳为家庭的构成与内容、家庭的内部关系、家庭的相关保障、家庭日常生活的物质内容、家庭的精神信仰、家庭的对外交往、家庭的特殊内容、家庭的功能与作用、家庭与社会及国家之间关系等诸多方面。秦汉家庭的这些内容与其所处时代关系密切，综合体现出秦汉家庭的内涵和外延，也从多个角度折射出秦汉家庭的发展与完善。

人和物是构成家庭最基本的两个要素。人主要是指家庭成员，作为家庭最重要的组成元素，是家庭不可缺少的组成内容。秦汉时期，家庭成员以男性为主体。根据家庭等级、规模及经济实力，有的家庭仅包含具有夫妻和血亲关系的主体成员，成员间存在不同辈分或长幼之别，有的家庭则在此基础上还有一定数量的附属人员，与主体人员形成较为密切的依附关系。家庭成员的构成、数量及其社会等级、职业等的不同，使得秦汉家庭呈现出不同的类别，这在夫妻合葬、多人葬、居住址与墓葬等级的差异、伴出物品等方面皆有相关体现，同时也反映出不同或相同属性下形成的家庭类别交叉、转换与变化。物是指与家庭有关的设施、设备、相关物品及场地等内容，既有家庭的外部设施及其物质内容，如与农业生产（含渔业）、手工业生产、狩猎、丧葬、迎宾、出行等活动有关的设施和物品，也有家庭的内部设施及其物质内容，如庭院、大门、房屋、道路、树植、手工业作坊、日常生活设施、动物饲养设施、安全设施、垃圾处置与堆放场地等，涉及家庭居住、生产、生活、安全保障、对外交往等诸多方面，并与家庭等级、需求及社会发展水平相对应。人与物的有机结合是秦汉家庭形成、发展和稳定延续的基础，使得秦汉家庭的构成更为全面和完善，进而形成了具有时代特点的家庭内容与内涵。

家庭成员对于家庭的作用极为重要，两个或更多的家庭成员构成了秦汉时期不同内容、不同形式的家庭内部关系。从考古资料来看，既有夫妻关系、父母子女关系，也有兄弟姐妹关系、婆媳关系、妯娌与姑嫂关系、叔嫂关系、主体人员与附属人员的关系等。秦汉家庭内部人员的关系既有独立性，又相互依存、交错发展，使得这一时期的家庭内部关系更加复杂多样。上述诸关系的形成，与婚姻、血缘、收养、依附等因素有关，同时也能够体现出家庭成员的性别、年龄、辈分及身份地位等信息。从考古学的角度深入考察，夫妻关系、父母子女关系当是秦汉家庭内部关系的主要内容，这是维系家庭稳定发展的重要因素，而其他家庭内部关系则起着十分重要的补充和辅助作用。例如，主体成员与附属人员之间形成的主仆或依附关系在秦汉时期具有一定等级或经济实力的家庭中普遍存在，等级较高家庭与地方官吏或豪强地主家庭中体现的内容则更加丰富，陪葬墓、画像石（砖）与壁画等材料即有明显反映，如奴婢、侍者、家吏、家丁、徒附、杂役、其他人员（如伎乐、依附人员的孩子）等，数量、类别和职能等虽有不同，但均服务于所依附的家庭，并为这一家庭的发展做出较多贡献。

秦汉家庭的全面发展和不断演进需要多种形式的保障措施、方法及物质内容，如生产生活保障、安全保障、卫生医疗和保健、墓地安全与墓葬防盗等。以上内容在考古资料中有十分丰富的生动体现。生产与生活保障是家庭稳定持续发展的基础，表现形式及内容较为多样，生产保障大致包括农业生产与加工、家庭手工业、家庭饲养与其他种植等，生活保障主要包含物质的存储、家庭生活配套设施的多元化、物质生活内容的日渐丰富、对有害动物的处理、物质生活满足思想需求等方面。安全是家庭保障的重要内容，既有对火灾、水患及鼠患的预防和处理，也有针对外来偷盗、抢劫和武力侵害的预警与抵抗，尽可能保障家庭及其成员、家庭财物及设施等的安全，考古资料中的水井、水缸、排水沟、散水、看家护院的门吏与狗、“狗逮耗子”画像及坞堡、望楼等建筑模型明器、画像中的兰锜及武士和执兵械的陶俑等皆为反映。考古发掘出土了较多与秦汉家庭有关的医疗卫生、保健等方面的资料，既有遗物，也有画像材料，从多个方面体现出秦汉家庭医疗卫生与保健的发展、完善和普及，而卫生、医疗、保健方面的保障，不仅可以改善家庭环境，减少或减轻疾病、瘟疫的侵害，还有利于增强家庭成员的体质，使其尽可能不因患病尤其是急症而死亡。丧葬对于这一时期的家庭来讲是极为重要的内容，相关设施及物质内容可以保障丧葬行为的推进和开展，而墓地中和墓葬内的诸多设施如祠堂、冢舍、封土、封门器等等又多起到对墓地、墓葬的保护作用，具有一定等级的墓地中还有一些守陵或守冢人，或是墓地中的守护、服务人员等，此类人员的设置也能够很好地保护墓地和墓葬。

衣食住行是家庭生活不可或缺的物质内容，与家庭及其成员乃至和家庭相关的其他内容均关系密切，加之医疗保健、文化教育、娱乐杂技等多方面内容，共同推动了秦汉家庭生活的有序开展和不断完善。考古资料体现秦汉家庭生活的物质内容十分丰富，大到礼仪制度，小到针线米粟，并涉及较多的技术和人员，既具有宏观影响，又作用于诸多细节之处。秦汉家庭生活物质内容的不断发展和丰富，与国家、社会、家庭的发展密不可分，具体而言，社会政治、经济、思想文化及家庭成员等都对家庭生活物质内容的发展起着重要促进作用。这一时期，对外物质文化交流的发展和繁荣，从多方面促进了家庭生活物质内容及日常生活其他内容的发展和变化，涉及面广，很多外来因素经历了被传入和被接受的过程，相当一部分逐渐融入家庭生活之中，给秦汉家庭生活带来潜移默化的影响，也使得秦汉家庭的物质生活内容更为丰富和多样。

作为家庭生活的组成内容之一，对外交往是联系家庭内外的重要方式，也是推动家庭发展的一项内容。秦汉家庭及其成员作为社会组织机构的细胞和最基本的组成单元，在社会发展的大环境下，毋庸置疑会与社会中其他家庭、人群及更大社会组织之间存在着较多的交往和联系，考古资料多有体现。考虑到这一时期家庭相对独立的属性，很多家庭与所属家族的关系较为密切，交往频繁且亲密，体现在考古资料中，即为众多不同形式、规模、等级的家族墓地及相关内容。亲朋、邻里与相关家庭之间的关系也较密切，而且交往甚多，主要包括邀请与受邀、迎来与送往、会客与娱乐及丧祭、墓祭、送葬、下葬等，另外还有一些其他内容。此外还存在买卖与交流背景下的家庭交往，而且形式、内容不一。物品买卖与非买卖行为均可带动家庭的交往，技术人员的劳作交流、不同地区之间的交流、对外物质文化交流也可在一定程度上带动相关交往，而且很多交往以物质内容为载体，考古资料体现得较为充分且表现突出。在社会等级相对明显的秦汉时期，有爵与为官内容推动下的家庭交往也较为普遍，多体现在考古发掘的城址、居住遗存、墓地与墓葬方面，就墓葬而言，又反映在分布与位置、壁画与画像、出土印章与封泥、简牍与相关文字资料等内容中。秦汉时期家庭的对外交往还表现在其他较多方面，如参加乡里活动、家庭成员接受教育及门生故吏的关系、宗教信仰、家庭人员的外出和流动、服务家庭的活动等等，综合反映出秦汉时期家庭对外交往内容的丰富和多样。可以说，秦汉家庭的诸多交往内容与家庭的生产、生活，尤其是生活方面关系密切，并在较多方面对秦汉家庭的发展起着较为重要的促进作用。

物质与精神内容的和谐统一是秦汉家庭不断发展的推动因素。从考古资料看，秦汉家庭的精神内容既有对汉代社会思想信仰的吸收和传承，也有大一统背景下本土宗教发展过程中外来宗教的传入与逐渐渗透，并以此为基础形成家庭的思想和信仰，构成与家庭密切相关的精神世界。传统社会思想与信仰对秦汉家庭影响较大，儒家思想逐渐成为主流，社会风俗潜移默化，宗教思想日益渗透，而这些思想互有交叉，综合影响，如社会风俗中的神人崇拜慕升仙、崇祭日月河山神、祭灶敬仓祀家物、求吉辟邪驱打鬼等，体现出较多传统思想与信仰、儒家思想的内容，而在东汉时期还有一些内容与宗教思想有关，综合反映出秦汉家庭中崇神祭物与求吉辟邪的思想内容，也体现出思想信仰对家庭的多方位影响。秦汉家庭的思想内容还有一项重要内容：以墓葬为桥梁，联系生死，事死如事生、事亡如事存是整体体现，厚葬与孝道为主题，进而形成封土下和墓穴内、墓外、现实世界之间的两重空间和三维世界，并在较大程度上推动着秦汉家庭与孝有关内容的发展。

秦汉家庭在其发展过程中还表现出一定的特殊性。家庭复仇、针对家庭的犯罪行为及家庭中成员的犯罪行为、特殊人员家庭的内容如东汉宦者侯家庭及其内容、家庭成员的单身问题等等，都是秦汉家庭特殊内容的体现。这些特殊内容也更好地反映出秦汉家庭内容的丰富性与多样性，对全面认识秦汉家庭可起到较好的补充，同时也可为多方位认识秦汉家庭提供必要的参考。

秦汉家庭的内容多种多样，涉及面较广，所蕴含的内涵也极为丰富，从考古学的视角全面考察秦汉时期的家庭，对多方位理解和认识大一统背景下的秦汉家庭及其内容、内涵、发展、演变等均具有十分重要的价值和意义。秦汉家庭的内容和内涵充分体现出家庭中人与人、物与物，特别是人与物之间有机联系、互为依存、相互促进的密切关系，反映出家庭的物质需求与精神需求，共同推动着这一时期家庭的发展和进步。秦汉家庭的内容、内涵及其发展、演进等与这一时期国家和社会的发展及特征等有着密切关联。家庭在自身发展的同时，还多方位服务于国家、社会的发展，而国家和社会的发展又从多个方面推动着家庭的发展，作用突出。具体表现为：家庭作为国家和社会的组成要素与基本单元，是国家和社会不可缺少的内容，而国家又包含有家庭，为家庭的发展提供保障、支持和有利环境等等，家庭、国家和社会三者紧密联系在一起，相互促进，不可分割，这在考古资料所体现出的物质生活的内容、精神信仰的内涵、丧葬的制度与礼俗等方面均有充分体现。从考古学视角全面考察秦汉时期的家庭，可从实物资料方面较明确地认识这一时期家国情怀的形成，并对与家国情怀有关且具有鲜明时代特点的家风、家庭成员的品德和行为准则、家庭生产生活与贡献等有较清晰的理解，将这些内容与秦汉时期的社会道德与风气、国家礼制与理念等紧密联系，又可对家庭、国家、社会三位一体的家国情怀整体内容有更深入的认识。家国一体、相互促进、共同发展，应是秦汉时期家国情怀的内涵所在，这使得秦汉时期的国家和社会更具凝聚力、团结力，秦汉家庭在这一背景和环境下的发展和内容也更具特色。

综合来讲，本研究是在广泛参考和利用考古资料的基础上，结合文献及其他资料，借鉴相关学科知识与技术，从考古学视角对秦汉时期家庭开展的综合性研究，相关内容涉及秦汉家庭的构成、分类、内部关系、家庭保障、物质内容、对外交往、思想信仰及特殊内容等多个方面。这些内容反映出秦汉家庭中人与物的密切联系，正是人与物的有机结合，有效地促进着秦汉家庭的发展和完善，充分展现了“物宜人和”对秦汉家庭发展的重要作用。在“物宜人和”的环境下，上述内容又从不同角度和层面充分体现了家国一体的本质与家国情怀的内涵，对认识秦汉家庭及其生活，深度理解家国情怀的内涵与功用，建立民族自豪感，树立文化自信和爱国情怀，全面增强对国家的高度认同感和归属感、责任感和使命感等均具有一定的参考意义。

关键词：秦汉　家庭　考古学研究

ABSTRACT

As the most basic unit of the society, the family not only has its own contents and evolutionary characteristics, but also plays a very important role in promoting social development, which is distinctly shown in different historical development stages. The Qin and Han Dynasties composed an important stage in the development of China's ancient society and history. The establishment of the unified feudal empire not only effectively motivated the all-round prosperity and development of society, but also promoted the formation and improvement of the pluralistic integration of the Han culture, with its contents and characteristics constantly being enriched. Under such background and environment, families in the Qin and Han Dynasties achieved relatively comprehensive development, and played a corresponding role in the development of the country and society.

With the deepening of archaeological work, the contents of the archaeology of the Qin and Han Dynasties keep being enriched, and the archaeological materials related to Qin and Han families also become increasingly abundant, reflecting the diversity of family life in the Qin and Han Dynasties. Based on archaeological materials along with the nature and characteristics of the families, the main contents of Qin and Han families can be summarized into numerous aspects such as the composition and contents of the family, the internal relationship of the family, the relevant security of the family, the material contents of the family's daily life, the spiritual beliefs of the family, the external communication of the family, the special contents of the family, the function and role of the family, as well as the relationship between the family, society and country. Such contents of Qin and Han families were closely related to their times, which comprehensively manifested the connotations and extension of Qin and Han families, and meanwhile reflected the development and perfection of Qin and Han families from various perspectives.

People and things are the two most basic elements of a family. The former mainly refers to family members, which is an indispensable component of the family as the most important constituent element. During the Qin and Han Dynasties, men played the leading role among family members. According to the rank, scale and economic strength, some families were only comprised of the husband and wife along with blood relatives, with generation-based or age-based hierarchy existing among the members, while some families owned a certain number of affiliated personnel on this basis, who had relatively close attachment relations with the main family members. Differences in the composition, number, social rank and occupation of family members made Qin and Han families present various categories, which were shown in the joint burials of the husband and wife, multi-people burials, hierarchy of the residence and burial, accompanying objects, and so on, and meantime reflected the intersection and transformation of family categories formed under different or the same attributes. The latter refers to facilities, equipment, related objects and places, and so on, including not only external facilities and material contents of the family, such as those related to agricultural production (including fishery), handicraft production, hunting, funeral, hospitality, travel and other activities, but also internal facilities and material contents like courtyards, gates, houses, roads, tree planting, handicraft workshops, daily life facilities, animal feeding facilities, security facilities, waste disposal and stacking places, and so on. The things involve many aspects such as the residence, production, living, safety security and external communication of the family, and correspond to the rank and demand of the family as well as the social development level. The organic combination of people and things was the basis for the formation, development and stable continuation of Qin and Han families, which made the composition of Qin and Han families more comprehensive and complete, thus forming the family contents and connotations with characteristics of the times.

Family members play a very important role in the family. Two or more family members constituted different contents and forms of family internal relations in the Qin and Han Dynasties. According to archaeological materials, there were not only spousal relations, parent-child relations, but also sibling relations, relations between mother-in-law and daughter-in-law, relations between sister-in-law and aunt-in-law, relations between uncle and sister-in-law, relations between main members and affiliated personnel, and so on. The relations among family members in the Qin and Han Dynasties were of independence and meanwhile interdependent and staggered, making the internal family relations more complex and diverse in this period. The formation of these relations was related to marriage, blood relationship, adoption, attachment and other factors, meantime reflecting the gender, age, generation and status of family members. From the perspective of archaeology, spousal relations and parent-child relations were the main contents of the internal family relations in the Qin and Han Dynasties, which comprised an important factor to maintain the stable development of the family, while other internal family relations played an important supplementary and auxiliary role. For example, the master-servant or attachment relations formed between the main members and affiliated personnel commonly existed in Qin and Han families which were of certain rank or owned certain economic strength, while the contents embodied in higher-level families, local officials or powerful landlord families were more abundant, which were obviously shown in subordinate tombs, stone (brick) reliefs and murals, such as images of slaves, attendants, family officials, servants and other personnel (like musicians and dancers, as well as children of affiliated personnel). Although the affiliated personnel differed in number, category and function, they all served the attached family and made considerable contributions to the family development.

The all-round development and continuous evolution of Qin and Han families needed various forms of security measures, methods and material contents, such as production and living security, safety security, medical and health care, cemetery security and tomb-theft prevention. The above contents were richly and vividly manifested in archaeological materials. Production and living security was the basis for the stable and sustainable development of families, with various forms and contents. Production security generally included agricultural production and processing, family handicraft, family feeding and planting, while living security mainly included material storage, diversification of family life supporting facilities, increasing enrichment of material life contents, treatment for harmful animals, and material life meeting ideological needs. Safety was an important part of family security, including the prevention of and treatment for fire, water and rats, along with the early warning and resistance against external theft, robbery and armed aggression, so as to ensure the safety of family members, property and facilities as much as possible. Images of water wells, water vats, drainage ditches, water aprons, doormen and dogs, dogs catching rats, weapon racks and warriors, mortuary architectural models of fortresses and watchtowers, as well as pottery figurines armed with weapons seen in archaeological materials were all reflection of family security. In archaeological excavations, a considerable amount of materials related to the medical and health care of Qin and Han families were unearthed, including relics and images, which reflected the development, improvement and popularization of medical and health care in Qin and Han families from various aspects. The security of sanitation, medicine and health could not only improve the family environment and reduce the invasion of diseases and plagues, but also be conducive to enhancing the physique of family members so that they would not die due to illness, especially emergencies. Funeral was also a very important content for families in this period. Relevant facilities and material contents could ensure the implement of funeral behaviors. Many facilities in cemeteries and tombs, such as ancestral halls, cemetery houses, tomb mounds, objects for door sealing, had the function of protecting cemeteries and tombs. There were also tomb guards or mausoleum guards, as well as service staff in cemeteries of certain rank, who could well protect the cemeteries and tombs.

Clothing, food, housing and transportation were indispensable material contents of family life, which were closely related not only to the family and its members, but also other relevant contents, and promoted the orderly development and continuous improvement of Qin and Han family life together with medical and health care, culture and education, as well as entertainment and acrobatics. The material contents of Qin and Han family life embodied in archaeological materials were very rich, ranging from ritual system to needle, thread, rice and millet, and involved a considerable amount of technology and personnel, which not only had a macro impact, but also acted on many details. The continuous development and enrichment of the material contents of Qin and Han family life was inseparable from the development of the country, society and family. Specifically, social politics, economy, ideology and culture, as well as family members, all played important roles in promoting the development of the material contents of family life. During this period, the development and prosperity of foreign material and cultural exchanges motivated the development and transformation of the material contents of family life and other contents of daily life in many aspects. Many foreign factors experienced the process of being introduced and then accepted, with a considerable part of them gradually integrating into family life, which had a subtle impact on Qin and Han family life, and made the contents of Qin and Han families more diversified.

As one of the components of family life, external communication was not only an important way to tie the inside and the outside of the family, but also a major factor to promote family development. As the cells and the most basic constituent unit of social organizations, Qin and Han families and their members undoubtedly had considerable exchanges and contacts with other families, groups and larger social organizations under the broad environment of social development, which was shown in many archaeological materials. Considering the relative independence of families in this period, many families had close relationship with their clans through frequent and close contacts, which was reflected in archaeological materials, that is, numerous family cemeteries of different forms, sizes and ranks, together with relevant contents. The relations among relatives, friends, neighbors and relevant families were also quite close through considerable communication, mainly including invitation and being invited, welcoming guests and seeing them off, reception and entertainment, along with funeral sacrifice, tomb sacrifice, funeral procession and burial, as well as some other contents. In addition, there was also family communication under the background of transaction and exchanges which were of different forms and contents. Both the behaviors of goods transaction and exchanges could motivate family communication, work communication of technicians, and communication among different regions, while foreign material and cultural exchanges could also bring a certain extent of communication, which often took material contents as the carrier, and quite obviously reflected in archaeological materials. In the Qin and Han Dynasties when the social hierarchy was relatively obvious, the family communication promoted by pursuing nobility and official position was also quite common, which was mostly revealed in archaeological excavations of city sites, residential remains, cemeteries and tombs. In terms of tombs, such contents were often reflected in the distribution and location of tombs, murals and images, unearthed seals, as well as bamboo slips and related written materials. The external communication of Qin and Han families was also manifested in many other aspects, such as participating in village activities, the relationship between students and elder officials, religious beliefs, the outing and movement of family members, as well as family service activities, which comprehensively reflected the richness and diversity of the contents of family external communication in the Qin and Han Dynasties. It can be said that a lot of communication contents of Qin and Han families were closely related to family production and living, especially living, and played an important role in promoting the development of Qin and Han families in many aspects.

The harmonious unity of material and spiritual contents was the driving factor for the continuous development of Qin and Han families. From archaeological materials, the spiritual contents of Qin and Han families included not only the absorption and inheritance of the social thoughts and beliefs in the Han Dynasty, but also the introduction and gradual infiltration of foreign religions in the development process of local religions under the background of unification. On this basis, the family thoughts and beliefs were formed, and a spiritual world closely related to the family was established. Traditional social thoughts and beliefs had a great impact on Qin and Han families. Confucianism had gradually become the mainstream by which social customs were imperceptibly influenced, and religious thoughts also increasingly infiltrated into social customs. These thoughts intersected with each other and had a comprehensive impact on social customs, such as the worship of gods and immortals, the worship of sun, moon, rivers and mountains, the worship of stoves and household objects, the pursuit of good luck, as well as the exorcism of evil spirits and ghosts, which reflected many traditional thoughts and beliefs as well as the contents of Confucianism. In the Eastern Han Dynasty, there were also some contents related to religious thoughts. Such social customs comprehensively reflected the ideological contents of worshiping gods, seeking good fortune, sacrifices, and exorcism of evil spirits in Qin and Han families, and also manifested the multi-directional influence of ideology and beliefs on the family. The ideological contents of Qin and Han families also included one important part: connecting the living and the dead with tombs as the link. The overall embodiment was serving the dead like serving the living, and the theme was luxurious burial and filial piety, thus forming the dual space and three-dimensional world from the underneath of tomb mounds and the inside of tombs, to the outside of tombs and the real world, which promoted the development of family filial piety in the Qin and Han Dynasties to a great extent.

Qin and Han families also showed some particularity in the development process. Family revenge, criminal acts against the family, criminal acts of family members, the singleness of family members, along with the contents of special personnel's families, such as families of *Huanzhehou* (eunuchs conferred the vassal post) of the Eastern Han Dynasty, and so on, were the embodiment of the special contents of Qin and Han families. These special contents also better reflected the richness and diversity of Qin and Han families, which could not only be a good supplement to the comprehensive understanding, but also provide necessary reference for the multi-directional understanding of Qin and Han families.

The contents of Qin and Han families were diverse, involving a wide range, and the connotations were also extremely rich. A comprehensive investigation of Qin and Han families from the archaeological perspective is of great value and significance to understanding Qin and Han families and their contents, connotations, development and evolution under the background of unification. The contents and connotations of Qin and Han families fully manifested the close relationship among people, things, and especially the organic connection, interdependence and mutual promotion between people and things, which reflected the material and spiritual needs of families, and jointly promoted the development and progress of families in this period. The contents, connotations, as well as the development and evolution of Qin and Han families were closely related to the contents, development and characteristics of the country and society in this period. Besides self-development, families also served the development of the country and society in many aspects, and the development of the country and society in turn promoted the progress of families from many aspects. Specifically, as the constituent element and basic unit, families composed an indispensable content of the country and society, while the country contained families, and provided security, support and favorable environment for the development of families. The family, the country and the society were closely linked, promoting each other and inseparable, which was fully manifested in the contents of material life, the connotations of spiritual beliefs, as well as burial system, rites, and customs embodied by archaeological materials. A comprehensive investigation of Qin and Han families from the archaeological perspective can help to clearly understand the formation of the emotion for family and country in this period from the aspect of materials, and to gain a relatively clear understanding of the family traditions, the morality and conduct codes of family members, as well as family production, living, and contribution which were related to the emotion for family and country and with distinctive characteristics of the times. Through relating the above contents to the social morality and atmosphere, and the national ritual system and ideas in the Qin and Han Dynasties, a deeper understanding of the overall contents of the emotion for family and country which was a trinity of the family, the country and the society can be reached. The integration, mutual promotion and common development of the family and the country should be the connotation of the emotion for family and country in the Qin and Han Dynasties, which made not only the country and society in the Qin and Han Dynasties more cohesive and united, but also the development and contents of Qin and Han families with more special features.

Generally speaking, this is a comprehensive study of Qin and Han families from the archaeological perspective on the basis of extensive reference and use of archaeological materials, combining with documents and other data, and drawing on the knowledge and technology of relevant disciplines. The relevant contents involve the composition, classification, internal relationships, security, material contents, external communication, ideological beliefs and special contents of Qin and Han families. Such contents manifest the close relationship between people and things in Qin and Han families. It was just the organic combination of people and things that effectively promoted the development and improvement of Qin and Han families, and meantime fully showed the important role that "suitable things and harmonious personal relationships" played in the development of Qin and Han families. Moreover, under the environment of "suitable things and harmonious personal relationships", such contents also fully manifested the essence of the integration of the family and the country, and the connotation of the emotion for family and country from different angles and levels. The study is of certain reference significance for understanding

Qin and Han families and life, deeply comprehending the connotations and functions of the emotion for family and country, establishing national pride, cultural self-confidence and patriotism, as well as comprehensively enhancing a high sense of identity, belonging, responsibility and mission to the country.

Key Words: The Qin and Han Dynasties; family; archaeological study

目　录

上

绪论 ……………………………………………………………………………………………（1）
第一章　秦汉家庭的构成与内容 ……………………………………………………（17）
第一节　人员构成与家庭分类 ……………………………………………………（17）
第二节　外部设施 ……………………………………………………………………（68）
第三节　内部设施 ……………………………………………………………………（113）
第二章　秦汉家庭的内部关系 ……………………………………………………（196）
第一节　家庭内部成员间的具体关系 ……………………………………………（196）
第二节　夫妻关系的形成与发展 …………………………………………………（224）
第三节　抚养与赡养 …………………………………………………………………（260）
第四节　家庭中的非主体人员 ……………………………………………………（301）
第五节　其他内容 ……………………………………………………………………（325）

中

第三章　秦汉家庭的相关保障 ……………………………………………………（333）
第一节　生产生活保障 ………………………………………………………………（333）
第二节　家庭安全保障 ………………………………………………………………（420）
第三节　卫生与医疗保健 ……………………………………………………………（457）
第四节　墓地安全与墓葬防盗 ……………………………………………………（488）
第四章　秦汉家庭日常生活的物质内容 …………………………………………（521）
第一节　秦汉家庭的服饰 ……………………………………………………………（521）
第二节　秦汉家庭的饮食 ……………………………………………………………（581）
第三节　秦汉家庭的居住 ……………………………………………………………（680）
第四节　秦汉家庭的出行 ……………………………………………………………（768）
第五节　秦汉家庭生活的其他物质内容 …………………………………………（782）
第六节　“丝路”背景下汉代家庭日常生活内容考察 …………………………（839）

下

第五章　秦汉家庭的对外交往……（877）
第一节　家庭与家族的关系和交往……（877）
第二节　家庭与亲朋、邻里的交往……（900）
第三节　买卖与交流背景下的家庭交往……（956）
第四节　有爵与为官内容推动的交往……（1003）
第五节　其他交往内容……（1038）
第六章　秦汉家庭的精神世界……（1060）
第一节　传统社会思想与信仰……（1060）
第二节　儒家思想……（1129）
第三节　宗教思想……（1148）
第四节　丧葬思想……（1157）
第七章　秦汉家庭的特殊内容……（1180）
第一节　家庭复仇……（1180）
第二节　与家庭相关的犯罪及应对措施……（1192）
第三节　海昏侯刘贺及其家庭成员墓地……（1209）
第四节　东汉宦者侯的墓葬与家庭……（1213）
第五节　单身问题……（1227）
第八章　秦汉家庭的内涵与功能……（1237）
第一节　秦汉家庭的主要内容……（1237）
第二节　秦汉家庭的内涵与作用……（1264）
第三节　秦汉大一统背景下家与国和谐发展……（1278）
结语……（1288）
参考文献……（1296）
后记……（1330）

绪　论

秦汉是中国古代具有重要意义的一段历史时期，从公元前221年秦灭六国，建立起统一多民族的秦帝国，至公元220年曹丕称帝，东汉王朝退出历史舞台，前后长达441年。四百余年间，秦汉鼎革，制度多有一脉相承之处，社会政治、经济、思想、文化等均获得极大的发展，传世文献、出土的简牍及各类器物等多维度地向我们展示出日益强大的帝国面貌：统一封建国家形成并获得较大发展；经济飞跃发展，国家实力明显提升；科学技术进步明显，并得到广泛应用；大一统思想形成至定型；各种文化内容十分活跃并不断融合与发展；对外物质文化交流明显加强。在社会大环境快速发展的背景下，秦汉家庭自身也发展迅速，并呈现出内容纷杂、内涵丰富、时代性较强的特征，家与国的关系日益紧密，家国一体、家国情怀凸显。随着考古工作的深入开展，与秦汉家庭及相关内容有关的考古资料日益丰富，为开展考古学视角下秦汉家庭的综合性研究提供了丰富的实物资料。相较于从文献资料角度对秦汉时期家庭及相关内容研究的成果，从考古学角度探讨和分析秦汉家庭的综合性研究还基本不见，本研究即是在这一方面进行的相关尝试和探索。

一、研究对象与时空范畴

本研究是以考古资料为基础，结合文献资料及已有研究成果，对秦汉家庭进行的综合性考古学研究，因此在研究对象与时空范畴方面具有一定的针对性。

（一）研究对象

本研究的对象是秦汉时期的家庭及相关内容，涵盖较广，内涵丰富。

人和物是家庭的重要组成部分，另外还有与二者有关的诸多内容。与人有关的家庭内容包含家庭构成、家庭成员关系及与人（主要是家庭成员）有关所形成的诸多家庭内容及相关的内容，具体包括家庭内成员关系、婚丧嫁娶、对外交往、抚养和赡养、思想信仰等。与物有关的内容更为丰富，最为主要的是家庭的生产、日常生活及维持稳定所需要的多种保障，如日常生活具备的物质基础包括衣、食、住、行、文化、医疗、卫生、保健等多方面。家庭中的人和物关系密切，人不能脱离物，物也离不开人，二者互补共存，才能促进家庭的稳定和发展，而就上述内容来讲，也互有交叉，相互包含，婚丧嫁娶、对外交往、抚养和赡养甚至思想信仰等都离不开与之有关的物质内容，而物质内容中的日常活动、生产、保障等也与家庭成员关系紧密。人与物的有机结合在家庭的另一项重要内容——丧葬方面体现得尤为突出，这其中既有人员参与的多种程序、规划，也有墓地、墓葬、祭祀设施等具体物质内容。另外，由于家庭是社会的组成内容之一，因此还会存在家庭与社会之间的关联、家庭中的特殊内容等。

家庭既是历史学、社会学研究的重要内容，也是考古学关注的重点之一。秦汉时期，无论家庭与社会的关系，还是家庭构成、内部关系、事务实业、思想信仰等，另有日益丰富多样的日常生活等，都不是孤立的个体，而是相互交叉，关系密切，互有影响，协同发展的共同体，综合体现出与时代发展相对应的特征。这些内容在考古资料中有较多反映，而且表现得更为具体生动，甚至还有相当部分不见于文献记载。因此，开展考古学视角下秦汉家庭的综合研究具有重要的学术价值和意义。

（二）时空范畴

时间范畴方面，始于秦始皇统一六国，止于汉献帝被迫让位、曹丕称帝，即公元前 221 年～公元 220 年。时长四百余年，以大一统的秦汉帝国为主，但也经历了秦、西汉、新莽、东汉等几个历史阶段。因此，就时间范畴来讲，涉及不同时期，跨度也较长，家庭及与之有关的内容较为丰富。

空间范畴上，基本上包括秦汉帝国统治时期的疆域范围。需作说明的是，不同统治时期的帝国疆域会有所变化，但秦汉帝国中统治时间较长的两汉王朝，即西汉与东汉，疆域变化不大，而且边疆及周边各民族的家庭内容均获得较大发展，本研究的空间范畴是将边疆与周边各民族包含在内的。

二、家庭与其内容

作为本书研究的主要对象，家庭有其含义和内容，对家庭的含义和内容进行阐释，有助于开展考古学视角下秦汉家庭的综合性研究。

“家庭”一词在《后汉书》中已经出现，卷二十七《郑均传》载：“（郑均）好义笃实，养寡嫂孤儿，恩礼敦至。常称病家廷，不应州郡辟召。”[①] 该处的“家廷”二字与现今所称具有普遍意义的“家庭”在含义上有所差异，从字面看是家中庭院内，即所指为家中，也与今所称“家庭”有一定的相通之处。唐宋时期，文献及相关文学作品中的“家庭”二字与现今所称具有普遍意义的“家庭”在含义上已较为

① （南朝宋）范晔撰，（唐）李贤等注：《后汉书・郑均传》，中华书局，1965 年，第 946 页。

接近，即将家和庭二字结合在一起，用来概括一个以家庭成员组成的社会单元或单位，这是家和庭二字结合成词后含义的升华和延伸，同时也说明家庭这一具有特定含义的名词已逐渐被大家所接受。

关于家庭，恩格斯在《家庭、私有制和国家的起源》一书中对家庭的起源和发展进行了详尽的论述，科学地阐明了家庭、私有制、阶级的起源与国家产生的关系[①]。在此之后，国内国际众多学者都对家庭进行了相关研究，并提出了自己的认识。在已有研究的基础上，笔者认为，家庭应具备两个基本要素。一是人，即组成人员，人员之间具有婚姻关系、血缘关系，甚至有的还会有收养关系，在一定时期还有一些具有服务职能的人员，但附属性质较为突出。相应的人员组成一个具有稳定性和共同发展特征的人群单位，该人群单位是社会的基本组成，规模一般不大，具有一定的认同性和独立性，同时又与其他一些人群单位乃至所属社会存在千丝万缕的联系。二是与人群单位有关的物质内容，即家与庭的结合及诸多的延伸内容。就物质内容来讲，丰富程度存在差异，但一定的物质内容恰恰是家庭形成和稳定发展的基础。在此基础上会有相应的扩展，使得家庭内容更为全面和完善。大致来讲，家庭是由较亲近关系如婚姻、血缘、收养及相应附属内容而形成的具有共同利害关系的人群单位，以一定的物质内容为基础，可产生多种与自身利益相关的功能，并在与社会及其他人群单位相互联系过程中推动人口繁衍、精神丰富及物质再生产，可视为社会的基层单位，而这一概念在较大程度上可适用于秦汉时期的家庭发展及内容。

家庭的内容较为广泛，除上文所述有关内容之外，还包括其他诸多方面。家庭类型、成员关系、家庭类别是重要的组成内容。如家庭类型，有小家庭与大家庭之分。一对夫妻和未成家儿女组成的家庭，无论人口多少，都可被视为小家庭。较之小家庭规模略大者，或是一对夫妻上有父母，下有未成家儿女，即三代同堂，甚至还会有四代同堂者；或是一对夫妻下有多个儿子，而多个儿子基本都有妻儿，他们共同生活在一个家庭体系中。在第二种家庭的基础上，还可能会有所扩展，如家庭成员的辈分较多，或是有附属性质人员，等等。就秦汉时期的家庭来讲，上述形式皆有体现，而这一时期还存在多个有血亲关系但由相对独立家庭组成的家族，有些在某种程度上亦可视为大家庭，而多个小型家族因存在宗亲关系又可组成更大的家族，这在研究中也是不可忽视的内容。

生活也是家庭不可缺少的重要组成部分，一般体现在物质层面上，以衣、食、住、行为基础，还包括卫生、医疗、保健及文化、娱乐活动，亦有生产、保障、交往、教育、思想信仰等，均是生活中的重要内容，另有家庭成员在不同关系背景下的活动等。诸多生活内容相互配合，关系密切，使得家庭生活丰富多样，对于推动

---

① （德）弗里德里希·恩格斯著：《家庭、私有制和国家的起源》，人民出版社，2018年。

家庭的发展具有十分重要的作用。家庭生活中的很多内容经常重复，有些甚至是每日都要做，因此在某种程度上，也可将家庭的诸多生活称为家庭日常生活。“日常生活”可理解为日常中的生活，或是日常的各种活动，英语解释为：activities of daily living，简称 ADL。关于日常生活，20 世纪 60 年代末，匈牙利学者阿格妮丝·赫勒（Agnes Heller）在《日常生活》一书中对与日常生活有关的内容进行了比较系统、完整的研究和分析[①]。参考已有研究，结合家庭这一载体，日常生活大致当是为满足自身生存、发展及相应需求，每日或经常进行的具有常态化和必须性的活动及内容。家庭日常生活中的较多内容如吃饭、穿衣、睡觉等是每天都需要开展和进行的，因此具有高度重复性。为实现重复中的丰富和多样化，提升生活质量，就必须对日常生活进行不断改善。考古资料所反映秦汉家庭日常生活的内容较为丰富和多样，对全面认识秦汉家庭的内容、内涵有重要作用，而这也是本研究的重点之一。此外，一些特殊家庭如宦者侯家庭、特殊历史人物如海昏侯刘贺家庭及离异家庭、单亲家庭和一些鳏寡孤独者独自生活的家庭等亦需在研究中给予相应关注。

综合来讲，家庭作为人群单位，是人与物有机结合的整体，而家庭又是所包含成员生活的依靠、保障及所拥有物质内容存在、发展的基础和场所。因时代、地域、等级及人口数量、家庭成员职业等存在差别，较多家庭之间呈现出一定的差异性，而家庭不同，对应的内容、内涵也会有所差异，有些甚至会明显不同。不过，从社会大环境看，家庭间的相似性占据主流。这在秦汉大一统封建帝国环境下表现得较为明显，尤其是汉代，特别是在西汉武帝之后至东汉一代，家庭所体现出的共性特征十分突出。家庭是社会的基层单位，与社会、国家关系密切。当家庭处于相对平衡或平稳的发展状态时，国家和社会也会呈现出良性或者繁荣的发展态势；若家庭出现问题或打破平衡，就会对家庭的稳定和发展产生极大的影响，当这种不平衡、不稳定波及到国家和社会，必定会导致民心不稳、国家动荡。因此，家庭的和谐稳定及发展，在相当程度上也是国家稳定发展、社会长治久安的基础和保障。

三、古代家庭的考古学研究

作为社会的重要组成内容之一，家庭受学界的关注较早，并不断有相关学术研究成果推出。这些成果对认识家庭及其内容提供了重要参考和借鉴。中国古代历史悠久，清王朝灭亡之前，经历有石器时代、青铜时代、铁器时代三个大的阶段，而如铁器时代，还包括多个王朝，这些王朝统治期间，家庭及其内容与社会发展相适应，呈现出较多自身的特点和内涵。随着考古工作的不断深入，与各个历史阶段家庭有关的考古资料日渐丰富，基本已经具备了开展各时期家庭考古学研究的条件和

① （匈牙利）阿格妮丝·赫勒著，衣俊卿译：《日常生活》，重庆出版社，2010 年。

基础。需要指出的是，针对古代家庭，目前既没有宏观或贯通古代的综合性考古学研究成果，也不见分期段即不同时期的综合性考古学研究成果，亦少见或不见针对古代家庭相关内容的专门性考古学研究。古代家庭多被作为古代社会、生活或物质文化方面的内容体现在其他研究中，如家庭居住、夫妻关系、家庭丧葬、物质生活内容等。这些研究与古代家庭的考古学研究有着密切关系，在某种程度上已十分接近古代家庭考古学研究的相关内容，对于开展古代家庭或不同期段家庭的综合性考古学研究具有重要的促进作用。

目前，学界关于古代家庭的研究多体现为历史资料方面的研究，即较多地以文献资料为参考，运用历史学、社会学及其他学科的研究方法，对古代家庭及与之相关的社会、生活等内容进行分析和阐述，并形成了家庭史研究、社会史研究、生活史研究等领域门类，还有融合三者的具有综合性学术研究特点的家庭社会生活史研究等。家庭史研究以文献资料为主要参考，结合社会学等内容，对家庭发展、人员组成和关系、家庭分类及具体家庭内容如家庭居住、婚丧嫁娶、家风家德、家庭教育、家庭医疗、家庭犯罪、女性地位、家庭财产等进行研究，如《家庭的结构和分类》一文，对古代家庭的组成结构和不同分类进行了分析和论述[①]。社会史研究以历史研究为主导，结合其他各种社会科学知识和方法，对历史上的社会结构、组织、活动、思想、行为等进行研究。生活史研究也是以历史内容为主体，结合社会学等关于生活研究的方法和理论，对历史上不同人物的经历、生活状况及社会活动等进行研究。就社会史研究和生活史研究来讲，很多涉及家庭及与之关联的内容，可为古代家庭研究提供重要参考。包含在二者之内又将二者串联在一起的社会生活史也是学界关注的重点内容，作为一个相对较大的概念，社会生活史与历史学、社会学关系密切，一般是指社会的物质生产活动和社会组织的公共活动领域以外的社会日常活动[②]，内容极为广泛。从研究的实践看，其内涵是清楚的，但外延往往因研究者和研究视角的不同而有所差异，同时它与经济生活、政治生活、精神生活也难以完全分开[③]。社会生活史的内容、内涵较为丰富，因此成为历史学研究的一项重要内容，不仅受到国外史学界的重视，我国史学界对于社会生活史的研究也是成果累累，使其逐步成为我国史学研究的一个热点和新的生长点[④]。社会生活史研究与家庭

① 邓伟志、刘达临：《家庭的结构和分类》，《社会》1982年第2期。

② 中国大百科全书出版社编辑部：《中国大百科全书·社会学》“社会生活”条，中国大百科全书出版社，1991年，第320页。

③ 白云翔：《关于社会生活的考古学研究及其初步思考》，刘尊志主编：《考古学视角下的秦汉家庭与日常生活学术研讨会论文集》，科学出版社，2019年，第3-16页。

④ 彭卫：《近五十年中国古代社会生活史研究述评》，彭卫：《汉代社会风尚研究》，三秦出版社，1998年，第188-209页。

研究的关系十分密切，这与家庭作为社会的基本单位，很多生活内容与家庭不可分割有极大关系。因此，深入研究社会生活史也有助于推动家庭考古学研究的前进和发展。

考古发掘工作的不断深入及考古资料的日益丰富，为开展多方面的家庭考古学研究提供了强有力的支撑。考古学的性质、目的和任务是通过古代人类活动遗留下来的实物资料来研究古代人类社会历史的内容、内涵及其发展规律，而家庭的考古学研究即是其中重要的组成部分。虽然目前还没有关于古代家庭或某一期段家庭的综合性考古学研究成果，或是具有针对性、专门性的研究成果，但已有较多通过考古资料开展的古代社会、物质与精神文化、物质与精神生活内容、家庭与家族及相应关系等方面的考古学研究成果，而且很多学者还对考古与古代社会、古代物质文化与精神信仰、物质生活面貌等研究提出了很多具有指导性的见解、理论、方式和方法。一些学者以墓葬为参考，提出考古学对古代社会研究的重要性。《墓葬略说》一文中指出："发掘古代墓葬的目标主要有三个方面：研究种族的体质特征，了解古代埋葬的风俗与墓葬的形制，了解古代的工艺制作及社会经济生活的情形。"①《有关墓葬考古学研究的思考——以两汉墓葬为例》一文指出："墓葬包含的信息较为丰富，除了涉及当时社会的政治、经济、文化及社会生活之外，还全面地反映了人的精神、宗教思想以及上层建筑等方方面面，为我们展示一个立体而全面的古代社会面貌，而这也正是考古学研究最终想要达到的目的。"②《考古学概论》一书指出，大约从20世纪90年代中期开始，中国考古学研究的重心由以年代学为主的文化史研究占主导地位逐渐向全面研究古代社会的方面转变③。关于进行或开展古代社会生活等考古学研究，《中国考古学·秦汉卷》一书在《绪论》的"秦汉考古的主要课题及其展望"部分有相关论述，指出："关于城址、墓葬、物质文明、精神文明和政治文明的研究，实际上都包括或涉及社会生活的研究。提出社会生活的具象化和实证化研究，旨在强调从社会生活的角度发掘和梳理考古资料，对其各个方面进行具体的、形象的说明和阐释。""日常生活的研究是社会生活具象化和实证化研究的基本任务之一。""社会生活的具象化和实证化研究，不仅是考古学的基本任务之一，而且是考古学独特的优势。但是，或许是由于社会生活的研究属于'小学'的概念的存在，使得这种研究长期未能得到应有的重视。实际上，社会生活研究的广泛开展，是学科发展的必然趋势之一，并且有着广阔的前景。秦汉考古是如此，

---

① 王仲殊：《墓葬略说》，《考古通讯》1955年第1期。

② 韩国河、柴怡：《有关墓葬考古学研究的思考——以两汉墓葬为例》，西北大学考古学系、西北大学文化遗产与考古研究中心编：《西部考古·第一辑》，三秦出版社，2006年，第331-340页。

③ 《考古学概论》编写组：《考古学概论》，高等教育出版社，2015年，第76页。

整个历史考古学乃至整个考古学也是如此。”[①]《关于社会生活的考古学研究及其初步思考》一文认为可以提出社会生活的考古学这一命题，指出考古学在古代社会生活史的研究上有其独特的优势，从古代社会生活的视角出发，审视、收集、整理、分析、研究各种考古资料，就社会生活进行考古学研究，将为考古学开辟出一个新天地，为考古学的发展注入新的活力，使得考古学构建的古代社会历史更加“有血有肉”，更加丰满，更具魅力[②]。虽然目前仍未见到专门针对古代家庭进行的考古学研究，但不得不说上述相关研究涉及的很多内容关注度很高，对于开展古代家庭的考古学研究具有极为重要的参考价值。

本研究是针对一定历史时期家庭所开展的考古学研究，从大的方面讲，这仍属于古代社会及生活的研究范畴，而在研究内容和对象方面更加针对或注重家庭这一社会生活的重要载体和发展基础。进行古代某一特定历史时期家庭的综合性考古学研究，一方面可充分利用考古资料，并将考古资料与文献资料进行有机结合，进而可对这一历史时期的家庭有更为全面的理解，也可对这一时期家庭、社会、国家的关系有更深入的认识；第二方面，可从社会和生活的诸多方面分析和论述古代家庭，即可多方位地认识家庭这一社会基本单位；第三方面，可从家庭这一社会的基本单位对古代社会和生活有更多的阐释和分析，促进对古代社会及生活的具体化研究，更好地诠释社会生活或日常生活，凸显社会生活研究的内容和内涵。家庭作为规模很小但最为稳定的人群单位，是社会生活或日常生活存在和发展的基础，多个家庭中的不同内容，综合起来便会形成多样性的社会生活或社会日常生活。

综合来看，开展我国古代家庭的综合性考古学研究具有较高的学术价值和意义。考古发现的物质遗存或实物资料极其丰富，并且具有较强的科学性、突出的实证性和具象性，而且考古资料涉及面较广，上至帝王列侯，下到普通百姓，无论是城市、村落等生活遗存，还是死后世界的墓葬，无论是手工业作坊，还是众多手工业制品，无论是农田与农具，还是粮食和蔬菜，无论是一件件的实物，还是壁画、画像等的描绘，都为我们开展相关研究提供了数量众多、十分重要的资料和参考，并可在很大程度上弥补史料记载的不足，减少局限性。使用如此丰富的考古资料研究古代家庭，不仅可透物见人，还可透物见事，在此基础上充分丰富对于古代社会及历史的认识，进而达到透物见史、透物明史的目的和作用。目前，直接体现或间接反映古代家庭及其内容的考古资料已十分丰富多样，涉及面极广，几乎包含各方面，开展我国古代，至少是较多历史时期家庭的考古学研究，条件已经具备。在多

① 中国社会科学院考古研究所：《中国考古学·秦汉卷》，中国社会科学出版社，2010年，第30、31页。

② 白云翔：《关于社会生活的考古学研究及其初步思考》，刘尊志主编：《考古学视角下的秦汉家庭与日常生活学术研讨会论文集》，科学出版社，2019年，第3-16页。

方位借鉴关于古代家庭的史学研究及社会史、生活史等方面的历史学、考古学研究基础上，以家庭为核心研究对象，充分利用考古资料，深挖其内涵，广泛参考文献资料，可对古代家庭及其内容、内涵等开展全面综合的考古学研究。

四、秦汉家庭及日常生活的考古学研究

秦汉时期是我国古代封建帝国的早期阶段和逐步发展时期，社会政治、经济、思想文化等均获得长足的发展和进步，家庭与社会发展相适应，呈现出较多自身的特点和内涵。秦汉时期考古是历史时期考古的重要组成部分，成果丰硕，与这一时期家庭有关的考古资料已较丰富，最为主要的就是居住遗址和墓葬，遗址包括城市、聚落或村落及手工业遗址和其他一些遗迹，墓葬则包含秦汉时期不同地区、不同时代、不同等级、不同类别的墓葬，与之有关的内容很多，如墓地、墓外设施、封土、墓穴、葬具、殓葬与陪葬物品及墓葬装饰如壁画、砖石画像等，从不同层面、多角度，较为全面地展现出当时的家庭及相关内容。本研究即以考古资料为基础，结合文献及其他资料，运用考古学及相关学科的理论和研究方法，对秦汉时期家庭开展的综合性考古学研究。

（一）研究回顾

学界对于秦汉家庭关注较早，并有相关研究成果，如陶希圣先生的《婚姻与家族》[①]、杨树达先生所著《汉代婚丧礼俗考》[②] 等。新中国成立后，关于秦汉时期家庭的研究呈递增趋势，且内容广泛，研究深入，大致表现为三个方面：①有专门性著作出版，②相关的著作数量较多，③研究性论文发表数量大增，并有较多研究深入的学术论文，这其中包含相应数量的学位论文。

关于秦汉家庭，张金光先生的《秦制研究》一书对秦代家庭有所论述[③]，彭卫先生的《汉代婚姻形态》[④]、岳庆平先生的《汉代家庭与家族》[⑤] 等书对汉代家庭有相关研究，张仁玺先生的《秦汉家庭研究》[⑥] 则是关于秦汉家庭的专门研究。研究性论文方面，有黄金山先生的《汉代家庭成员的地位和义务》[⑦]、孙筱先生的《孝的观

---

① 陶希圣：《婚姻与家族》，上海书店出版社，1992 年。

② 杨树达撰，王子今导读：《汉代婚丧礼俗考》，上海古籍出版社，2000 年。

③ 张金光：《秦制研究》，上海古籍出版社，2004 年，第 450-519 页。

④ 彭卫：《汉代婚姻形态》，中国人民大学出版社，2010 年。

⑤ 岳庆平：《汉代家庭与家族》，大象出版社，1997 年。

⑥ 张仁玺：《秦汉家庭研究》，中国社会出版社，2007 年。

⑦ 黄金山：《汉代家庭成员的地位和义务》，《历史研究》1988 年第 2 期。

念与汉代家庭》[1]、马新先生的《汉代小农家庭略论》[2] 等，另有关于汉代家庭教育、家庭结构、家庭妇女地位、家庭财产等的研究和分析，如曹骥先生的博士论文《秦汉家庭继承研究》[3]、马晓霞先生的硕士论文《秦汉家庭结构研究》等[4]。

与家庭有关的日常生活，研究成果较多，反映出较多秦汉家庭生活内容。《周秦汉唐文明》一书有所涉及[5]，王子今先生的《秦汉社会史论考》探讨了较多秦汉时期的日常生活内容[6]，另外王子今先生还有《汉简河西社会史料研究》[7]、《汉代儿童生活》[8]、《秦汉儿童的世界》[9] 等著作。王凯旋先生的《秦汉生活掠影》[10]、《秦汉生活史话》[11] 及《秦汉社会生活四十讲》[12] 等是关于秦汉日常生活较为专题性的著作，既有日常生活，也有民俗民风等。与秦汉社会生活相关的研究性论文已有很多，涉及衣、食、住、行、卫生、医疗等多个方面。

上述多是基于文献资料展开的研究，除少数成果外，较多对于考古资料运用极少或不见。随着考古工作的不断深入及对资料研究的深入和加强，加之相关发掘简报和报告对这一时期家庭及相关内容会有所涉及，使得有关秦汉家庭的研究不断加强，其中对墓葬壁画、画像石、画像砖等相关内容的研究成果较多，关于刻铭、碑刻、地券等文字资料的研究也获得较大进展，对于遗址、墓葬及相关出土遗物的研究亦日渐深入。相关研究如韩国河先生的《秦汉魏晋丧葬制度研究》一书，对汉代家族墓地、夫妻合葬及相关家庭内容作了深入论述[13]。关于合葬墓的研究成果较多，相关论文如《从汉墓合葬习俗看汉代社会变化轨迹》[14]、《西汉中后期的夫妇同穴合葬》[15]、《论汉代夫妻合葬墓的类型与演变》[16]、《中国古代的夫妻

---

① 孙筱：《孝的观念与汉代家庭》，《中国史研究》1988 年第 3 期。

② 马新：《汉代小农家庭略论》，《文史哲》1986 年第 4 期。

③ 曹骥：《秦汉家庭继承研究》，河南大学博士学位论文，2014 年 5 月。

④ 马晓霞：《秦汉家庭结构研究》，中央民族大学硕士学位论文，2012 年 5 月。

⑤ 黄留珠：《周秦汉唐文明》，陕西人民出版社，1999 年。

⑥ 王子今：《秦汉社会史论考》，商务印书馆，2006 年。

⑦ 王子今：《汉简河西社会史料研究》，商务印书馆，2017 年。

⑧ 王子今：《汉代儿童生活》，三秦出版社，2012 年。

⑨ 王子今：《秦汉儿童的世界》，中华书局，2018 年。

⑩ 王凯旋：《秦汉生活掠影》，沈阳出版社，2002 年。

⑪ 王凯旋：《秦汉生活史话》，东北大学出版社，2017 年。

⑫ 王凯旋：《秦汉社会生活四十讲》，九州出版社，2008 年。

⑬ 韩国河：《秦汉魏晋丧葬制度研究》，陕西人民出版社，1999 年。

⑭ 李如森：《从汉墓合葬习俗看汉代社会变化轨迹》，《史林》1996 年第 2 期。

⑮ 吴桂兵：《西汉中后期的夫妇同穴合葬》，《四川文物》1998 年第 1 期。

⑯ 黄伟：《论汉代夫妻合葬墓的类型与演变》，四川大学考古专业编：《四川大学考古专业创建三十五周年纪念文集》，四川大学出版社，1998 年，第 264-285 页。

合葬墓》[①]、《岭南汉代夫妻合葬墓有关问题探讨》[②]、《四川早期同穴合葬墓初论》[③]、《徐州汉代夫妻合葬墓初论》[④]、《山东地区汉代合葬墓分析》[⑤]等。有对生活器具等的论述，如陈绍棣先生的《秦汉社会生活器具文化概说》一文[⑥]等。孙机先生所著《汉代物质文化资料图说》一书，详细而全面地概述了汉代物质生活的内容[⑦]，孙先生还发表较多相关论文，另著有《中国古代物质文化》一书[⑧]，对研究秦汉时期家庭物质生活或日常生活均具有极为重要的参考价值。近年来，关于这一时间段的物质文化研究著作也有出版，如《中国古代物质文化史·秦汉》[⑨]等。另有关于某一物质生活内容的研究专著如徐蕊先生的《汉代服饰的考古学研究》[⑩]及通过某一类别器物对相关社会内容进行研究的成果如索德浩先生的《四川汉代陶俑与汉代社会》[⑪]等，其中很多研究内容与家庭有关。亦有根据出土简牍及其记载的内容，对汉代社会或某一地区社会生活进行的研究，如《张家山汉简〈二年律令〉与汉代社会研究》[⑫]、《居延汉简与汉代社会》[⑬]及《汉代居延地区社会生活史研究》[⑭]等。关于秦汉时期社会生活或日常生活的考古学研究论文也有一定数量，很多都会涉及秦汉家庭的相关内容，一些是对社会面貌和社会生活的研究，如李如森先生通过两汉墓葬对所反映的西汉与东汉社会面貌进行了论述[⑮]，吴荣曾先生的《和林格尔汉墓壁画中反映的东汉社会生活》一文通过与墓葬相关的遗迹、遗物探讨了汉代社会

① 太田有子著，杨凌译：《中国古代的夫妻合葬墓》，《华夏考古》1989年第4期。

② 林强：《岭南汉代夫妻合葬墓有关问题探讨》，《广西民族研究》2002年第1期。

③ 吴桂兵：《四川早期同穴合葬墓初论》，《四川文物》2000年第5期。

④ 刘尊志：《徐州汉代夫妻合葬墓初论》，《南方文物》2009年第4期。

⑤ 赵丹：《山东地区汉代合葬墓分析》，《中国国家博物馆馆刊》2020年第3期。

⑥ 陈绍棣：《秦汉社会生活器具文化概说》，《东南文化》1992年第3期。

⑦ 孙机：《汉代物质文化资料图说》，文物出版社，1991年。另，该书于2011年出版了增订本，见孙机：《汉代物质文化资料图说（增订本）》，上海古籍出版社，2011年；2020年，该书再经修订，见孙机：《汉代物质文化资料图说（修定本）》，中华书局，2020年。

⑧ 孙机：《中国古代物质文化》，中华书局，2014年。

⑨ 韩国河、赵海洲、刘尊志、朱津：《中国古代物质文化史·秦汉》，开明出版社，2014年。

⑩ 徐蕊：《汉代服饰的考古学研究》，大象出版社，2016年。

⑪ 索德浩：《四川汉代陶俑与汉代社会》，文物出版社，2020年。

⑫ 王彦辉：《张家山汉简〈二年律令〉与汉代社会研究》，中华书局，2010年。

⑬ 李振宏：《居延汉简与汉代社会》，中华书局，2003年。

⑭ 孙占鳌主编，张瑛、肖从礼著：《汉代居延地区社会生活史研究》，兰州大学出版社，2018年。

⑮ 李如森：《西汉墓葬及其反映的社会面貌》，《吉林大学社会科学学报》1995年第6期；《东汉墓葬及其反映的社会面貌》，《吉林大学社会科学学报》1996年第3期。

生活的有关内容[①]；更多的是针对某一内容进行的分析，有衣、食、住、行，有医疗保健，也有通过器物、遗存等对家庭生活的分析和研究等。《考古学视角下的秦汉家庭与日常生活学术研讨会论文集》一书收集了较多关于秦汉家庭与日常生活相关的论文，上文所引白云翔先生的《关于社会生活的考古学研究及其初步思考》一文，对秦汉时期家庭和社会生活的研究有重要指导意义，其他论文从不同视角对这一时期的家庭和日常生活进行了分析和研究，对开展相关研究有重要的参考作用[②]。

综合来看，目前关于秦汉时期家庭的历史学研究已有相当数量，而与秦汉家庭有关的考古学研究也有一定数量，但就考古学研究来讲，还存在相应的欠缺，主要表现在以下几点：

第一，弥补历史学研究的欠缺和不足方面还亟需加强；

第二，关于秦汉时期家庭的考古学研究还缺少针对性和专门的研究；

第三，对于秦汉时期家庭的综合性、系统性考古学研究还基本没有；

第四，随着考古发掘工作的不断深入、新资料的公布日渐增多，诸多新的内容、研究的点与面亟待开展必要的研究和探索。

本研究是针对秦汉家庭开展的综合性考古学研究，以期有所突破和贡献，为多角度、全面综合地从考古学角度认识和理解秦汉家庭及秦汉时期家庭的诸多内容等提供相应参考和借鉴；同时还可为考古学研究与历史学研究的更好结合提供参考和借鉴，促进相互补充，达到对秦汉家庭的更全面研究；亦可为这一时期的家庭史提供相对全面的内容，从而尽可能接近考古学与历史学的研究目的和目标。

（二）学术价值和意义

开展秦汉时期家庭的考古学研究，或从考古学视角考察和研究秦汉时期的家庭，既可从微观和细节上，也可从宏观方面对这一时期家庭及相关内容有较为深入的理解和认识，也为全面阐释这一时期的家庭、多方位还原秦汉时期的家庭生活、家庭内涵，认识秦汉家庭的功能和作用等提供重要的参考，同时也为多方位理解家庭、国家和社会的关系和内涵提供必要的参考。本研究的学术价值和意义主要表现在以下几个方面：

1. 可与文献记载相互补充，为开展全面、综合的秦汉家庭研究提供新的角度和视野。

2. 从考古学角度全面研究秦汉时期家庭，可在一定程度上弥补文献等资料的不

① 吴荣曾：《和林格尔汉墓壁画中反映的东汉社会生活》，《文物》1974 年第 1 期。

② 白云翔：《关于社会生活的考古学研究及其初步思考》，刘尊志主编：《考古学视角下的秦汉家庭与日常生活学术研讨会论文集》，科学出版社，2019 年，第 3-16 页。

足，并可从实物的角度认识和理解这一时期家庭的内容和内涵，相关研究一方面能够尽可能全面地提供多种认识，也会形成较多全新的认识。从某种意义上说，该研究具有一定的开拓性。

3. 对于古代社会及当今社会的家庭及其内容、内涵等的研究提供相应参考和借鉴。

4. 对秦汉时期的城市或村落等居住遗址、家族墓地、夫妻合葬墓、墓葬等级、丧葬文化、物质文化、生产生活等的考古学研究提供新的思路和视角。

5. 开展秦汉时期家庭的全面综合性考古学研究，可为秦汉社会的研究提供参考和补充。如这一时期衣食住行、社会实业、宗教信仰、家族的发展，民族融合的加强及对外物质文化交流的繁荣等等，另有社会等级、政治统治等。

6. 可从多方面探讨家庭的两个主要组成内容，即人和物的关系及二者的有机联系，在分析二者密切联系的基础上又可对秦汉家庭发展的功能和作用进行探讨。

7. 通过秦汉家庭的综合性考古学研究，对多方位理解这一时期家庭与社会、家庭与国家等的关系，深度认识家国一体、家国情怀及家与国的和谐发展等具有重要的作用和价值。

8. 对秦汉时期家庭进行考古学研究，可为一些遗址、墓葬等的保护和开发利用提供相应的帮助和必要的参考。

（三）研究方法

就家庭而言，所包含内容十分广泛，开展秦汉时期家庭的考古学研究，既要对有关资料作尽可能全面地收集、归纳和梳理，并在此基础上进行整合与拣选；又要从多学科和不同视角进行考察和论述，同时还要运用多种方法进行研究和探索，以期实现对秦汉家庭的综合性考古学研究。相关研究方法大致如下：

1. 多方位融入考古学的基本理论，合理运用考古类型学乃至地层学的相关方法和手段。对于相关分类乃至不同时间段内容的区分，类型学可起到重要的作用，并可以分析不同期段的发展和特征；对于较多遗存的年代和具体内容的研究，尤其是遗址（含聚落）的相关内容，则需要参考地层学的理论和方法。

2. 将考古资料与文献资料合理、恰当地结合，并将对文献资料的研究有效融入考古学研究之中，即较好地运用二重证据法这一对考古学、历史学研究等均行之有效的方法。有研究指出：未来考古学将在文献史学不断加深整合中得到发展[①]，文献是我们进行研究必须的参考，在文献记载资料十分丰富、可靠的情况下，这一基本

① 北京大学考古文博学院：《考古学与中国历史的重构——为纪念北京大学考古专业成立五十周年而作》，《文物》2006年第6期。

的原则是必须坚持、必须遵循的[①]。文献材料可以帮助我们更好地理解考古材料、运用考古材料，进而得出更加全面和更具说服力的结论，这对历史时期考古学研究尤其重要，秦汉时期家庭的考古学研究与文献对应、对照研究之处较多，因此与文献的有效结合及对文献的合理利用就显得十分重要和必要。

3. 借鉴和参考其他学科知识及研究理论和方法。家庭及相关内容涉及面极为广泛，如社会学、政治学、经济学、多种思想与理论、医学、农学及机械制造、排水与防火、交通运输等等，这需要在研究过程中以考古资料为基础，拓展研究视野，从不同角度，借鉴相关理论，运用多种学科知识开展综合性的考古学研究。

4. 开展必要的调查和咨询，将当今社会家庭的内容和知识合理运用至研究之中，尤其是要对当今一些农村家庭的内容进行调查、咨询和梳理，如家庭与家族的关系、家庭的各类保障、家庭生产与生活的细节等等，这些都能够为开展秦汉时期家庭的考古学研究提供极为重要的参考。

5. 合理吸收和运用已有研究成果的结论，借鉴有益的研究思路、方法和手段。对已有研究成果的内容和结论要认真学习和领会，并从这些成果中汲取营养，将相关研究方法融入自身的研究之中。

6. 充分考虑和认识到家庭的特征和内容。家庭作为人群单位，所包含的内容丰富多样，不能简单地将家庭视作一个固定的单位，而要认识到人与家庭的互存关系，家庭与人相互发展的关系及家庭与人在经济、文化、礼制、交往等方面的关系等，还要考虑到家庭中人与物的结合与联系及在此基础上的功能和作用。需认识到物对于家庭的作用、家庭与物的关联，这在生产、生活、交往、保障、丧葬等方面皆有体现。考古发掘、调查、征集的内容基本都是以物质为载体静止存在的，但家庭的诸多内容又多是在动态中开展的，且内容、内涵较为丰富，所以开展秦汉或其他时期家庭的考古学研究，要做到从表面现象看到内在的涵义，从静态的观察看到动态的相互作用，并尽可能地多方面复原一些动态的场景、活动和内容。

7. 充分利用考古发掘出土的文字资料、图像资料，借助和利用对考古资料进行的科学分析、化验及结果。发掘出土的文字资料有简牍、刻铭及碑刻等较多内容，数量不一，信息量亦有多寡之分，但均能为我们提供较多较为重要的信息，而且很多是历史文献及考古出土遗物无法提供的信息和内容。秦汉考古资料中的图像资料较为丰富，如帛画、器物装饰、壁画、砖石画像等，内容繁杂，虽不能达到包罗万象的程度，但也是缤纷多彩，对这一时期家庭及其内容有多种多样的呈现。对考古资料进行的分析、化验可为我们提供较多具有科学性的数据和结论，对深入研究家

① 宋治民：《战国秦汉考古研究的思考》，四川大学考古专业编：《四川大学考古专业创建三十五周年纪念文集》，四川大学出版社，1998年，第246-255页。

庭作用突出，如粮食作物的种类，或是金属盛器中液体的成分等，可为我们提供最为直接的科学结论，一些对认识和分析家庭及其内容作用明显。

8. 将家庭与社会、国家紧密结合，在研究秦汉家庭的基础上，分析家庭、社会、国家之间的关系，探讨家国一体、家国情怀的内容和内涵。

（四）研究目标与目的

1. 研究目的

开展秦汉家庭的综合性考古学研究，其最直接的目的，就是运用考古学的理论和方法，结合其他知识、方法和手段，对这一时期的家庭进行多方位、较为全面的综合性研究，得出较为合理、综合性结论，并将综合性研究与细节研究相结合，在宏观上考察的框架内论述细节和具体内容，在细节分析的基础上对宏观内容进行阐述和分析，从不同视角，多方位考察和分析秦汉时期家庭的内容和内涵。

对于秦汉家庭的考古学研究，不仅要开展多项具体的研究，还有在此基础上进行的综合研究及更为深度的研究和分析。家庭中最重要的因素是人和物，本研究的目的之一就是对这两方面的内容进行全面、细致的分析和论述，如家庭的组成内容、成员关系、生产与生活、抚养与赡养、家庭保障、思想信仰、交流与交往、教育、文化、丧葬及特殊家庭或家庭中的特殊内容等，在具体分析的基础上，深入探讨与秦汉家庭相关人与物的关系和关联，并与社会内容相结合，由家庭这一最基层人群组织和单位来分析社会的诸多内容，探讨社会对秦汉家庭的影响和促进，分析更深层次的内容和内涵。社会生活之中包含家庭生活的较多内容，并与家庭的发展有着较为密切的关系，有学者指出：社会生活史研究在中国的复兴，打破了政治史、经济史组成的历史研究两大板块的旧有格局，丰富和深化了人们对历史的认识①。日常生活与家庭的关系更为密切，相关研究认为日常生活史研究，“不应当仅限于还原历史上人的日常生活面相，而是应当有更深一层的理论关怀，更重要的是触及社会历史发展变迁的重大问题，探讨人的日常行为在社会发展过程中的意义，即‘由物到人而及社会’，这才是日常生活史研究的灵魂所在。”② 这一论述较详细地阐述了日常生活研究的社会价值和研究的目的所在，也说明了家庭与社会的关系密切。可以看出，秦汉家庭的研究与社会研究，尤其是社会生活及日常生活的研究，关系较为密切，开展秦汉家庭综合性考古学研究，可以探究与之相关的社会生活内容，分析诸多日常生活内容，这是本研究的另一目的。在此基础上，还要进行家庭、社会、国家关系的探讨和论述，阐述家

① 夏炎：《范式引导与记忆整合——魏晋南北朝日常生活史研究的回顾与展望》，《中国社会历史评论 · 第十九卷》，天津古籍出版社，2017 年，第 171 页。

② 彭卫：《近五十年中国古代社会生活史研究述评》，《汉代社会风尚研究》，三秦出版社，1998 年，第 205 页。

国一体与家国情怀的内容和内涵，这则是本研究的重要目的，一方面这与考古学研究的整体目的，即还原和复原古代社会，阐释古代社会的发展及其内容有紧密联系；另一方面，还可在较多方面弥补历史文献记载的不足，为人们了解和认识秦汉家庭、社会、国家的关系等提供细节与宏观兼备的内容。

总的来讲，开展秦汉时期家庭的综合性考古学研究，其目的是充分发挥考古学在古代家庭及相关内容、家庭与国家和社会关系等方面研究的积极作用，也可以物质内容为基础，向人们描绘和展现出这一时期家庭的内容、内涵和外延，为丰富和深化人们对秦汉家庭及生活、秦汉历史等的认识提供应有的参考。

2. 研究目标

① 系统收集、整合、梳理秦汉时期家庭的考古、文献及相关资料。

② 探索、创新并形成对这一历史时期家庭进行考古学研究的方法和理论体系，并为其他时期家庭的研究提供参考和借鉴。

③ 对秦汉时期家庭的具体内容进行全面细致研究，主要包括家庭的构成、分类和人员关系，家庭的生产与生活，家庭的保障、家庭的精神信仰及丧葬礼俗，等等。

④ 对与秦汉家庭有关的特殊内容，如宦者侯家庭、家庭复仇等进行论述和分析。

⑤ 开展秦汉家庭的综合性考古学研究，阐述时代特点、地域特征及功能，等等。

⑥ 多方位分析和探讨家庭与社会、国家之间的关系和相关社会内容，阐述与秦汉家庭、社会和国家相关，更深层次的内容与内涵。

除上述内容外，还有对秦汉家庭在发展中继承、影响、地位的论述，亦有对秦汉家庭在中国传统文化发展中作用和价值的综合分析。

（五）研究的基本内容与框架结构

1. 基本内容

① 从考古学角度探讨秦汉时期家庭的多个具体内容和其整体内容，分析相关的内涵。

② 论述并分析秦汉家庭中人与物的内容、关系、关联及作用、特征。

③ 分析秦汉家庭的特殊问题。

④ 从实物等的角度尽可能多方位复原秦汉家庭的内容和活动。

⑤ 以家庭研究为基础，探讨家庭、国家和社会的关系，阐述家国一体与家国情怀的内容和内涵。

⑥ 分析秦汉时期家庭在社会发展中的地位和作用，并就其在中国传统文化发展过程中的作用和价值进行论述。

2. 框架结构

本书是关于秦汉时期家庭的综合性考古学研究，针对研究对象、内容、目的、价值等，从大的方面，可将本研究分为以下几个大的部分。

一是导论，对整个研究的对象与时空范围进行界定，分析相关概念，进行相关研究回顾，阐述研究目的、意义与方法等。

二是从考古学的视角，分不同方面对秦汉家庭进行全方位的考察和研究，主要包括以下几个方面的内容。

① 秦汉家庭的构成与内容。论述秦汉家庭的人员构成与家庭分类，探讨家庭的外部与内部设施及相关组成内容。

② 秦汉家庭的内部关系。概述家庭内部成员间的关系，具体阐述夫妻关系的形成与发展，论述家庭中的抚养与赡养，对家庭中的非主体人员进行多方面的分析，另就与家庭内部关系相关的一些内容进行探讨。

③ 秦汉家庭的相关保障。多方面分析家庭的生产与生活，细致论述家庭的安全保障，深入探讨家庭的卫生与医疗保健，针对与家庭关系密切的墓地安全与墓葬防盗进行多方位论述。

④ 秦汉家庭日常生活的物质内容。重点研究衣、食、住、行四个主要的家庭日常生活物质内容，探讨医疗、保健、文化、娱乐等日常生活中不可缺少的物质内容，分析对外物质文化交流的发展对秦汉家庭日常生活的影响。

⑤ 秦汉家庭的精神世界。分析与秦汉家庭有关的传统社会思想与信仰，探讨儒家思想对家庭的影响及其在家庭发展中的功用，论述宗教思想对家庭的渗透和影响，阐述家庭中较为重要的丧葬思想。

⑥ 秦汉家庭的对外交往。包括家庭与家族的关系和交往、家庭与亲朋邻里的交往、买卖与交流背景下的家庭交往、有爵与为官内容推动的交往、其他交往内容等五个方面。

⑦ 秦汉家庭的特殊内容。对家庭复仇进行分析，探讨家庭与相关犯罪及对应措施，对特殊人员家庭进行论述，东汉宦者侯的家庭即是其中较为重要的内容。

三是对秦汉家庭的内涵与功能进行研究。在对秦汉家庭主要内容即人和物的分析基础上，探讨秦汉家庭的内涵与作用，进而论述大一统背景下家与国的和谐发展，阐述家国一体与家国情怀等核心内容。

最后为结语和参考文献等。

总的来看，本研究是从考古学的角度对秦汉时期家庭进行的综合性考古学研究，通过研究和分析，多方位和多方面复原这一时期家庭的内容，探讨家庭的功能、作用及内涵，阐述家庭、社会、国家之间的关系，分析家与国的和谐统一，以期尽可能多地达到考古学研究的目的。

第一章

秦汉家庭的构成与内容

秦汉时期，在大一统的社会背景下，家庭这一社会基层单位呈现出多方位的发展和繁荣，并与政治、经济、思想文化等的发展相互融合，共同推动着社会的全面发展。秦汉家庭的发展表现形式较为多样，家庭构成是其核心内容之一，对家庭的其他内容及家庭的综合发展都起着十分重要的作用。简单来讲，家庭构成的两个最基本要素就是人和物，人是指家庭中的人员，可称为家庭成员，而家庭成员又可分为主体成员和附属人员两类，相互之间存在较为密切的关系；物是指与家庭有关的设施、设备、相关物品及场地等内容，人与物的有机结合正是家庭形成、发展和稳定延续的基础，同时也是开展家庭考古学研究的前提和条件。

第一节　人员构成与家庭分类

人是家庭最重要的组成元素，也是家庭不可缺少的组成内容，换言之，没有了人，即使有庭院，有生活类设施，也形成不了或不能够称之为家庭，因为家庭的含义中人才是最为关键的因素。就秦汉家庭中的人员来讲，有以血缘关系为纽带的不同成员，也有非血缘关系，通过嫁娶、依附和收养等方式进入家庭的成员，上述人员又以有血缘关系的成员为主体，综合构成这一时期家庭人员的组成，同时也因家庭主要人员的身份等级、职能及组成情况的差异，使得秦汉家庭呈现出不同的类别。

一、家庭人员的构成元素

秦汉时期的家庭，以男性为主体的特征十分突出，这在家庭的形成或组成、家庭的发展和延续等方面均可体现。家庭人员的构成方面，基本是以一夫为核心而形成的，这在相关称呼或称谓方面可以体现，如该人的父母、祖父母、曾祖父母，该人的妻和妾，该人的兄弟姐妹，该人的儿女，该人的侄子侄女，该人的孙子孙女等等。考古发掘出土的一些简文、祠堂刻铭、墓碑文字等均多见父、母、兄、弟、子、女等，就是对这些称谓的体现，同时也反映出家庭组成中男性为主体的特征。下文以一夫为核心或主体，通过考古资料等对秦汉时期家庭人员构成的具体元素作简要叙述。需作说明的是，与这一内容有关的考古资料以秦汉墓葬资料居多，且形式较为多样，墓地、合葬、祔葬及壁画、画像、刻铭文字等皆有体现。

（一）父母

就一夫而言，父母是生养其的最亲血亲长辈，相互间关系密切，在其成婚之前主要依附于父母生活，而在成婚之后则具有孝敬和赡养父母的义务，该夫成婚后，与妻子一起也要养儿育女成为父母，养老育幼成为诸多家庭的天伦之乐，这也是家庭得以延续发展的重要因素。秦汉时期，尤其是汉代，由于政府推行孝德、社会推崇孝道，更加提高了父母在家庭中的重要性，这在考古资料方面有较多体现。

秦汉时期，无论等级较高的帝王与列侯，还是贵族官吏和地主，甚至一般平民百姓，对父母墓葬的修建均较为重视，“死乃崇丧”①、“务崇华侈”②及“世以厚葬为德，薄终为鄙”③等皆可说明。汉高祖刘邦为其父太上皇修建万年陵，与昭灵皇后异坟异穴合葬，考古工作者对二陵的形制、陪葬坑及陵园建筑遗存等皆进行了考古勘探，对二陵有了更深入的认识④（图一 -1）。汉昭帝的母亲钩弋夫人死后葬云陵，考古调查勘探对其墓葬、陵邑与其他建筑遗存等均有了更深入的了解⑤。河北定县陵北村有一座规模较大的西汉墓，封土直径二百多米，相当于皇帝之制，曾出土有西汉时期的铜器和玉璧等，墓主可能是汉平帝刘衎的父亲中山孝王刘兴，其墓葬可能是刘衎当上皇帝后为其父修建的⑥。其他帝后陵墓、诸侯王墓、列侯墓葬及贵族官吏墓葬、地主墓葬，还有平民或更低级别人员的墓葬，在墓位安排、墓葬修建、墓葬形制及陪葬品、相关设施等方面皆有充分体现。东汉时期，在较多地区得到发展和推广的，在同一墓葬内葬多对夫妻和相关人员的家庭葬墓，基本是父母合葬于主室，儿辈夫妻及相关人员葬于他室之中。河北秦皇岛抚宁邴各庄 M1，主后室内葬时代

---

① （东汉）王符：《潜夫论·浮侈篇》，（清）汪继培笺，彭铎校正：《潜夫论笺校正》，中华书局，1985 年，第 137 页。

② （南朝宋）范晔撰，（唐）李贤等注：《后汉书·王符传》，中华书局，1965 年，第 1637 页。

③ （南朝宋）范晔撰，（唐）李贤等注：《后汉书·光武帝纪》，中华书局，1965 年，第 51 页。

④ 中国社会科学院考古研究所栎阳发掘队：《秦汉栎阳城遗址的勘探》，《考古学报》1985 年第 3 期。

⑤ 咸阳市文物考古研究所：《西汉帝陵钻探调查报告》，文物出版社，2010 年，第 142-159 页。

⑥ 河北省文物研究所：《河北定县 40 号汉墓发掘简报》，《文物》1981 年第 8 期。

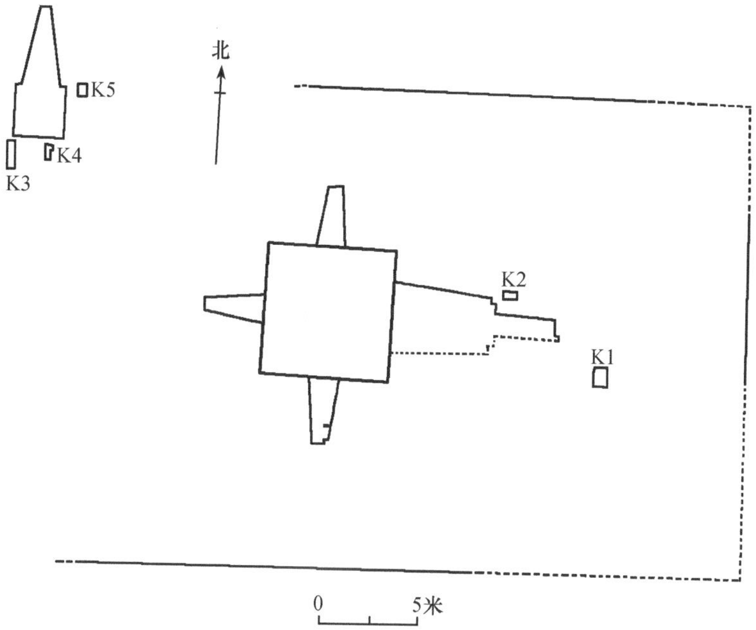

图一 -1　太上皇万年陵与昭灵后陵平面图

相对早的夫妻二人，该室前面的前室两侧为二侧室，后因葬人的需求，向外修建甬道和墓道，各葬夫妻二人，整体上体现出父母葬位的重要性[①]（图一 -2）。

汉代壁画、画像、碑刻、祠堂刻铭及其他相关图案、文字等也有较多与父母有关的内容。汉代壁画、画像尤其是画像中的孝子图，在描写儿子对父母之孝的同时也充分展现了家庭中与父母有关的内容。汉代壁画和画像中还常见执杖老者的形象，以男性居多，也有老年女性，亦反映出相关家庭中与父母有关的内容。安徽淮北市青谷村出土建筑人物画像，中间一建筑内为老年夫妇端坐在正堂木榻上，外有执戟武士和乐人[②]，反映的可能是某一家庭中父母单独居住的内容。四川德阳三台县郪江崖墓柏林坡 M1 中室左侧室右壁出土彩绘宴饗图，图中南侧一几后有 1 老人，右手握红色鸠杖斜靠于肩，北侧几后为夫妇 2 人，男左女右，似正向榻南侧老者施礼[③]，画面描绘了家庭中的夫妇与父亲饮食的内容。祠堂的刻铭文字如山东微山两城山出土的一块祠堂画像石刻铭，相关文字中有“苐（茅）乡广里泱□昆弟男女四人，……复失慈母，父年……，思念父母”等[④]。

① 河北省文物研究所：《河北抚宁县邴各庄汉墓发掘简报》，《文物春秋》1997 年第 3 期。

② 高书林：《淮北汉画像石》，天津人民美术出版社，2002 年，第 43 页。

③ 四川省文物考古研究院、德阳市博物馆、三台县文物管理所：《三台郪江崖墓》，文物出版社，2007 年，第 165、166 页。

④ 马汉国主编：《微山汉画像石选集》，文物出版社，2003 年，第 38、39 页。

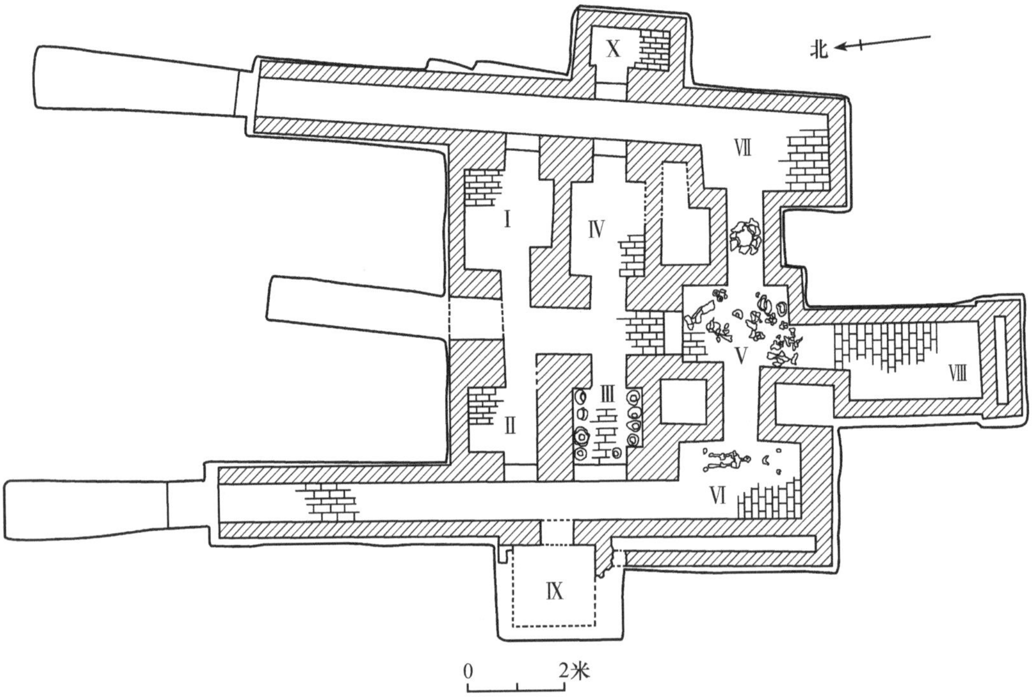

图一-2 河北抚宁县邴各庄东汉墓地 M1 平面图

（二）妻、再娶之妻与妾

夫妻是家庭的核心组成，一夫成婚有妻之后，一个家庭得以形成。夫妻两人一起赡养老人、育抚孩子，共同生活和生产，开展与家庭有关的诸多活动，处理家庭、家族及相关事务，相互之间关系密切，生时同室，死亦同葬①，这在考古发现的生活类遗存、墓葬及出土的生活类画像或壁画等中均有体现。除正妻外，有的家庭的男性还会纳妾或拥有其他女性，一方面这是当时家庭中男尊女卑及男性可以纳妾社会现实的体现，另一方面也与家庭中繁衍后代、多子多孙的观念有密切关系，这在秦汉墓葬中均有所反映。另外，秦汉时期，男再娶、女再嫁的现象还较普遍，就考古资料而言，所体现的基本是家庭男性再娶的内容，而女再嫁内容则极少反映。

考古发掘保存相对较好的秦汉居住遗址中，家庭中主要夫妻二人居住的，基本为主房。墓葬方面，夫妻合葬是这一时期极为重要的合葬内容，而从发展来看，秦汉时期的夫妻合葬形式又经历了异坟异穴合葬向同坟同穴合葬的演变，其中还有同坟异穴，而同穴合葬则由异室向同室合葬逐渐过渡。汉代墓葬壁画及画像中多见夫妻并坐、对饮、共食及孝敬老人、养育儿女等内容，很多建筑图内有夫妻二人，而

① （东汉）班固：《白虎通义·崩薨》，（清）陈立：《白虎通疏证》，吴则虞点校，中华书局，1994年，第556页。

房屋之上还有对颈鸟或交颈鸟，更显恩爱。墓葬内出土的陶建筑模型中也见有夫妻对坐恩爱的内容，还见有夫妻二人紧密相靠、亲密相爱的陶俑等，这都对现实中夫妻内容有极好的体现和反映。

纳妾现象在相关墓地或墓葬中有所反映。帝王陵墓因墓主身份地位较高，除皇后或王后的墓葬外，还有其他如夫人、婕妤等女性的墓葬，这在当时较为正常，关于秦汉帝陵的考古调查、勘探及两汉诸侯王墓的发掘均可充分说明这一点。帝陵中，西汉帝陵多在陵园内某一区域葬有夫人、嫔妃等女性，东汉帝陵陵园中埋葬后宫夫人、嫔妃的墓区被称为“西陵”；汉代诸侯王墓地中，一些诸侯王的夫人或嫔妃会葬在王墓陵区中，有的则与王后墓葬相距不远。河南永城保安山西汉梁孝王墓地中，M3 南距王后墓（M2）约 200 米，墓内出土有金缕玉衣片 588 枚，墓主很可能为梁孝王的某位夫人①。江苏徐州狮子山西汉楚王墓陵区中，王后墓北不远今骆驼山东发现大面积的陪葬墓，其中一些女性墓葬如 M29，出土有组玉佩（图一 -3）等，墓主为王室中的嫔妃或相关女性，而狮子山汉墓内还有殉葬的女性，墓主亦是楚王的嫔妃②。中小型墓葬也有体现，徐州市西北郊的大孤山西汉 M2，男性墓主王霸很可能为楚王刘注墓区祠庙的管理官吏，其墓葬的洞室内葬夫妻二人，竖穴内还葬有一女性，很可能为男性墓主的妾③。有些等级不高的墓葬也有此类现象，如一些东汉墓葬，内葬三人，一男二女，其中与男性墓主近者或陪葬物品稍多的女性墓主可能为妻，另一女性则可能为妾，另在一些多人葬墓中，也有女性死者的身份可能为其中主要男性的妾。陕西省西安市雅荷城市花园东汉 M1，后室内有 3 棺，为一

图一 -3　江苏徐州骆驼山东 M29 出土组玉佩

① 河南省商丘市文物管理委员会、河南省文物考古研究所、河南省永城市文物管理委员会阎根齐主编：《芒砀山西汉梁王墓地》，文物出版社，2001 年，第 76-80 页。

② 狮子山楚王陵考古队：《徐州狮子山楚王陵发掘简报》，《文物》1998 年第 8 期；韦正、李虎仁、邹厚本：《江苏徐州市狮子山西汉墓的发掘与收获》，《考古》1998 年第 8 期；林刚、崔强：《骆驼山东坡汉墓可能和楚王陵有关》，《彭城晚报》2008 年 12 月 18 日第 3 版；《骆驼山东坡工地出土两枚罕见“玉舞人”》，《彭城晚报》2009 年 1 月 11 日第 3 版；葛明宇：《徐州狮子山楚王陵陪葬墓的调查发现与认识》，《华夏考古》2012 年第 3 期。

③ 徐州博物馆：《江苏徐州市大孤山二号汉墓》，《考古》2009 年第 4 期。

夫一妻一妾合葬，南侧棺相对较小，其内所葬很可能为妾[①]（图一-4）。辽宁省辽阳市南郊街东汉 M1，男性墓主的身份可能是郡守或郡丞，墓内两棺室并列，葬夫妻二人，侧廊葬一女性，为男性墓主的妾[②]。

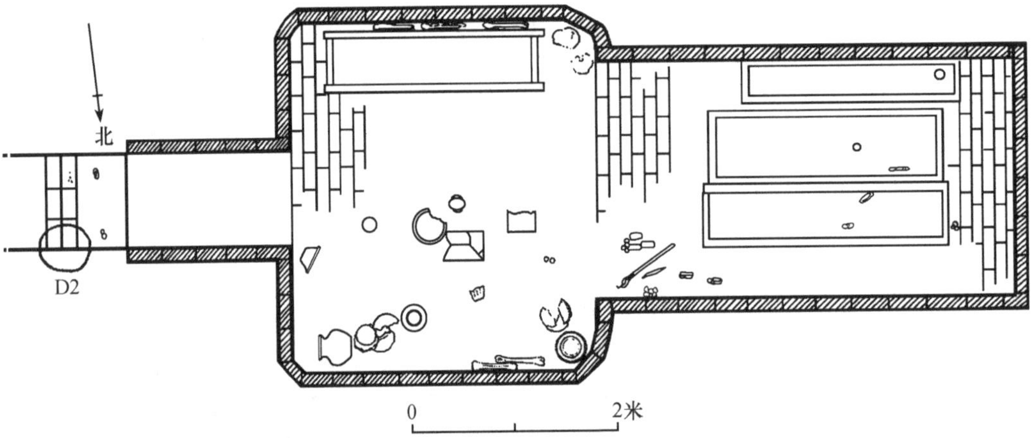

图一-4 陕西省西安市雅荷城市花园东汉 M1 平面图

已发现发掘的汉代帝后及诸侯王、后陵墓中存在着一帝陵二后陵及一王墓二后墓的现象，这与帝王在原皇后或王后去世后再立新后等原因有关，相关墓葬有西汉元帝的渭陵[③]及江苏盱眙大云山西汉江都王墓地（图一-5）、徐州东洞山西汉楚王墓地[④]等7处西汉诸侯国王墓地[⑤]及徐州土山东汉彭城王墓地[⑥]等。中小型墓葬中，有的一男性墓葬附近有两座女性墓葬，时代上一座稍早一座略晚，时代稍晚墓葬的墓主很可能为男性再娶的女性；也有一座墓葬中葬一男性二女性，二女性的下葬时间也是一稍早一略晚，稍晚下葬的女性在等级上与稍早女性差别不大，为墓内男性在妻子去世后再娶女性的可能性极大。徐州奎山 M11，竖穴下葬男性墓主，两侧洞室内各葬1女性，西早东晚，等级接近，当是男性墓主的前后两个妻子[⑦]。

---

① 西安市文物保护考古所：《西安东汉墓》，文物出版社，2009年，第138-148页。

② 辽宁省文物考古研究所：《辽宁辽阳南郊街东汉壁画墓》，《文物》2008年第10期。

③ 刘庆柱、李毓芳：《西汉帝陵调查与研究》，文物编辑委员会编：《文物资料丛刊·第六辑》，文物出版社，1982年，第1-15页。

④ 徐州博物馆：《徐州石桥汉墓清理报告》，《文物》1984年第11期；孟强：《徐州东洞山三号汉墓的发掘及对东洞山汉墓的再认识》，《东南文化》2003年第7期。

⑤ 刘尊志：《试论汉代诸侯王墓地中"一王二后"的布局》，刘尊志主编：《考古学视角下的秦汉家庭与日常生活学术研讨会论文集》，科学出版社，2019年，第308-332页。

⑥ 南京博物院：《徐州土山汉墓清理简报》，《文博通讯》第15期，1977年，第18-23页。笔者参与了M2部分阶段的发掘工作，M3为笔者主持发掘。

⑦ 徐州博物馆：《江苏徐州市奎山四座西汉墓葬》，《考古》2012年第2期。

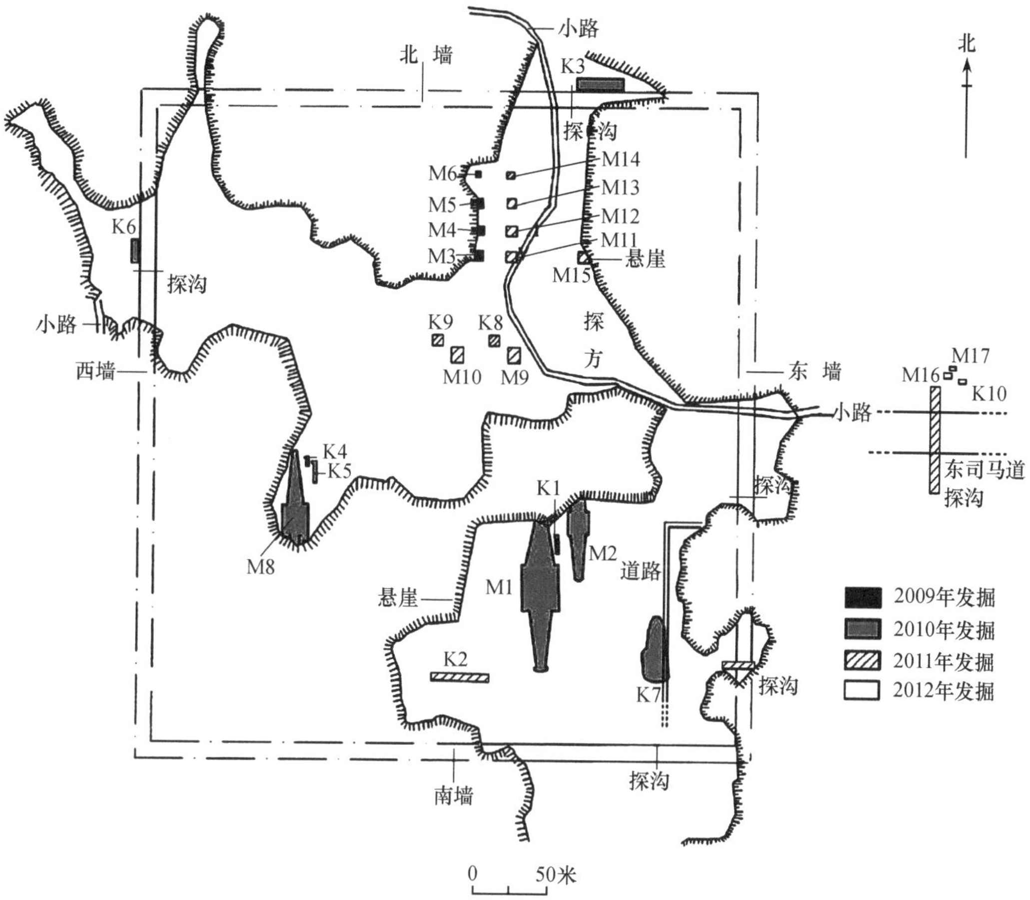

图一-5　江苏盱眙大云山汉墓陵区平面

（三）儿子、儿媳与女儿

儿女是家庭发展和延续的保证，以一夫为核心，儿女是较其与妻子低一辈分的具有血缘关系的最亲近家庭成员，相互间的关系极为密切。儿女中，儿子从出生到长大，再到成家立业，基本离不开父母，其所娶女性为儿媳，嫁入之后与男性一起生活，或与男性父母一起生活，或分开生活但基本会在同一居住地；女儿在达到一定年龄后就会嫁出，与其他家庭成员组成新的家庭。因此，考古资料所反映儿子、儿媳的内容较多，体现女儿的内容相对要少，这与以男性为主体的家庭体系和传承有关。

较为常见的是父母与成婚儿子（含儿媳）葬在大的家族墓地或规模相对较小的家庭墓地中，甚至有些是葬在同一墓葬中的家庭墓葬。帝陵与诸侯王、列侯的墓葬，墓主相对明确，这一内容也有较好的体现。其他中小型墓葬也有较多体现，如一个家庭墓地中，墓位的排列较有规律且有相对明显时代差异的较多夫妻并穴墓或夫妻同穴墓等，时代相对略晚墓葬的男性墓主夫妇很可能就是时代较之早但相差不是太远墓葬中男性墓主夫妇的儿子和儿媳，这在江苏连云港东海县尹湾汉代墓地[①]、安徽天长三角圩汉代墓地[②]等中均有体现，相关墓葬排列有序，而且墓葬形制、出土遗物等也较明确地反映出相距较近的墓葬中，时代晚一些墓葬的男性墓主夫妇应为时代早一些墓葬的男性墓主夫妇的儿辈。很多地区还发现一定数量的多人葬墓，以砖室墓居多，竖穴坑墓也有发现。以砖室多人葬墓为例，一个墓葬中有两处及更多男女同葬一室的现象，一般情况下，主室内所葬为父母，其他室内则是儿子、儿媳的合葬之所，另外还可能有其他人员葬于他室或其他位置。相关墓葬有一定数量，如陕西西安市旭景名园M1，前后室结构，东向，前室两侧有对称的二侧室，后室内并葬夫妻2人，南侧室内亦并葬夫妻2人[③]。再如内蒙古自治区包头市南郊召湾墓地的东汉M64，前后室结构，南向，方形前室西侧为二独立的侧室，每个侧室内各葬2人，东侧为一平面梯形的侧室，内葬2人，双后室，东后室葬2人，西后室葬1人[④]（图一-6），该墓的东后室所葬夫妻二人应为父母，其他夫妻并葬则很可能为儿子、儿媳，而且很可能有3对儿子、儿媳。河北阳原三汾沟西汉M4，同一封土下有两座墓葬，M4A内葬成年夫妻二人，M4B内葬未成年的男女二孩童[⑤]，他们应是成年夫妇的儿子和儿媳，但属于早殇合葬。

还有一定数量的墓地或墓葬反映出家庭中早亡儿子的内容，上文所述阳原三汾沟西汉M4B即可体现。江西南昌墩墩山海昏侯墓地中，M1、M2为西汉海昏侯刘贺墓与其夫人的墓葬，M5为刘贺早亡长子刘充国的墓葬[⑥]，该墓中出土的印章很好地说明了这一点。其他列侯墓地如湖南长沙马王堆轪侯墓地[⑦]、山东平度界山西汉墓地[⑧]也有体现，两座墓地中的M3均是M1与M2（列侯及其夫人的异穴合葬墓）的祔葬墓，而两处墓地的M3墓主为男性，是列侯及其夫人的儿子。江苏徐州东甸子西汉墓地，M1为夫妻同穴合葬墓，男性墓主为西汉楚国的官吏，M2为未建成的墓

---

① 连云港市博物馆：《江苏东海县尹湾汉墓群发掘简报》，《文物》1996年第8期。

② 安徽省文物考古研究所：《天长三角圩墓地》，科学出版社，2013年。

③ 西安市文物保护考古所：《西安东汉墓》，文物出版社，2009年，第341-356页。

④ 内蒙古考古研究所，魏坚：《内蒙古中南部汉代墓葬》，中国大百科全书出版社，1998年，第223、225页。

⑤ 河北省文物研究所、张家口地区文化局：《河北阳原三汾沟汉墓群发掘报告》，《文物》1990年第1期。

⑥ 江西省文物考古研究所、南昌市博物馆、南昌市新建区博物馆：《南昌市西汉海昏侯墓》，《考古》2016年第7期；驻江西记者柯中华、伍文珺：《南昌汉代海昏侯国考古发掘取得新进展——墓园五号墓主人或为海昏侯长子》，《中国文化报》2018年2月1日第2版。

⑦ 湖南省博物馆、中国科学院考古研究所：《长沙马王堆一号汉墓》，文物出版社，1973年；湖南省博物馆、湖南省文物考古研究所：《长沙马王堆二、三号汉墓》，文物出版社，2004年。

⑧ 青岛市文物局、平度市博物馆：《山东青岛市平度界山汉墓的发掘》，《考古》2005年第6期；刘尊志：《山东平度界山汉墓相关问题浅析》，《南方文物》2020年第2期。

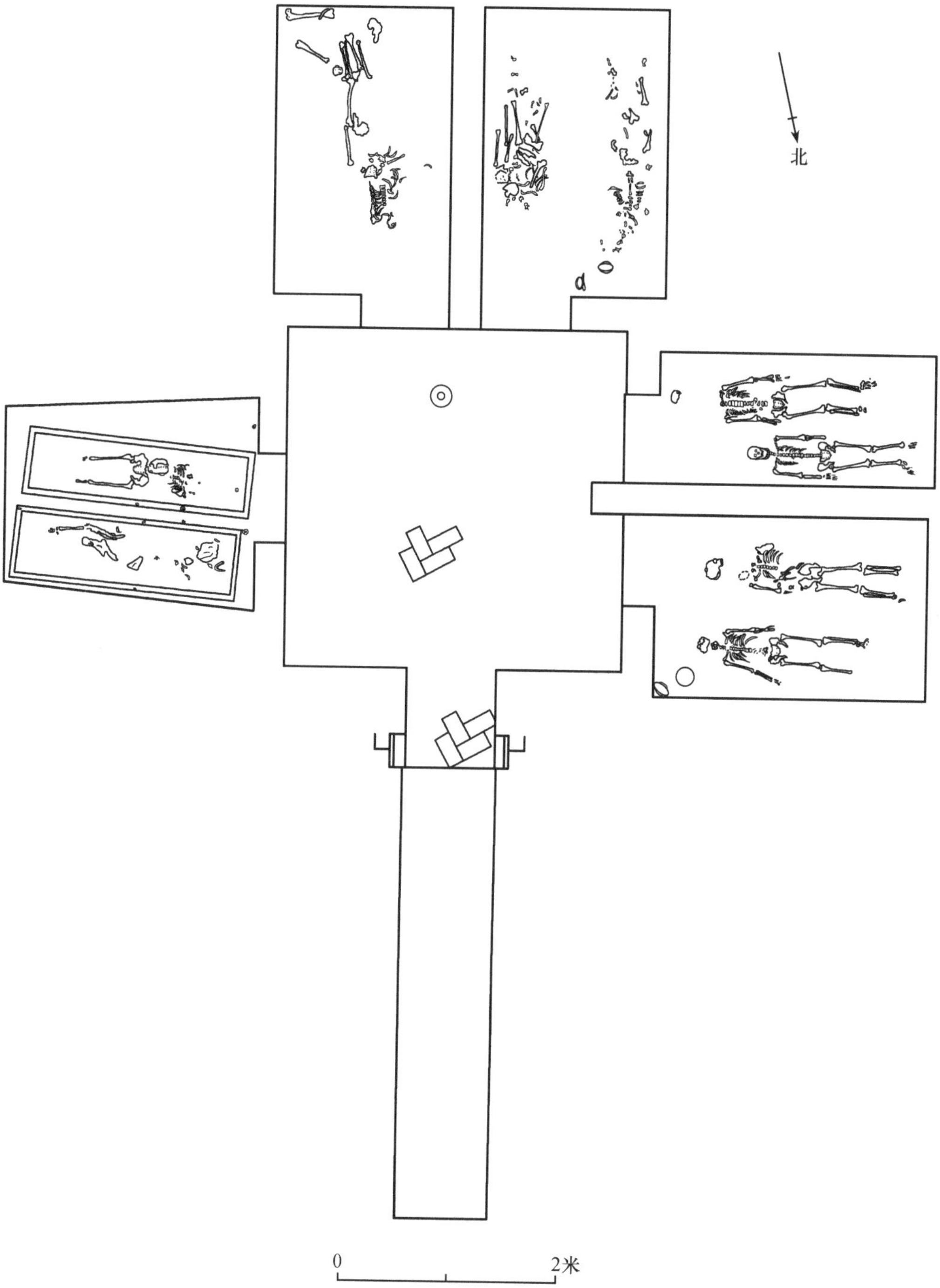

图一-6　内蒙古自治区包头市南郊召湾墓地 M64 平面图

葬，M3 内葬 1 小孩，应为 M1 内所葬夫妇的儿子①。山西忻州原平北贾铺东汉墓地 M17 为前后室结构，后室错位摆放 2 棺，为夫妻合葬，前室的南壁摆放 1 棺，葬 1 男性，墓主很可能为后室所葬夫妻二人的儿子②。河南南阳发现的东汉许阿瞿画像石是父母为早殇的儿子许阿瞿修建墓葬的石材，有关画像及相关刻铭文字表明，许阿瞿去世时才 5 岁③。

相关墓葬对家庭中的女儿也有体现，如河南洛阳发现的东汉 C3M226，墓内出土有两块带“孝女”刻铭的砖，或是一名叫“黄君法”的父亲在一墓之内葬夭亡且有孝行的黄晨、黄芍两姐妹④，或是黄君法行去灾及孝女祭酒的内容⑤，但均应与家庭中的女儿有关。

考古发现的汉代壁画、画像和陶俑、建筑模型等对于家庭中未成年儿女有较多反映。如河南南阳阮堂出土的一块汉画像石，上刻画三人，成年男子执棒挥拳对一男孩作训斥状，孩童藏于妇人之旁，妇人作庇护孩童状⑥；四川彭州市义和乡出土的一块酒肆画像砖，左上方有父子二人作奔跑来酒肆买酒状⑦。广东省番禺东汉 M33 出土的 1 件陶女俑（M33：50），发髻盘起，双耳戴环，脑后以划线表示头发，双乳突出，怀中双手抱一婴儿，婴儿右手放于女俑左乳上，作睡眠状⑧（图一 -7）。其他还有较多孩童形象，一些已很难辨别是男是女，应该是男女都有，进而体现出家庭中儿女的内容，限于篇幅，不再多举例子。

（四）兄弟姐妹

兄弟姐妹是同一家庭中具有同父血亲关系的男性和女性，因年龄的差异而存在不同称呼，以一夫为核心，比其年龄大者，男为兄女为姐；比其年龄小者，男为弟女为妹。由于秦汉家庭中存在男再娶或女再嫁的现象，这种情况下，再婚男女在同一家庭中共同抚养双方原有的孩子，进而形成生活于同一家庭但无实际血缘关系的同辈男女，可称为非血缘的兄弟姐妹。此类情况具有一定的特殊性，但由于生活在同一家庭中，兄弟姐妹之间也有着较为密切的关系。另外还有同母异父的兄弟姐

---

① 徐州博物馆：《徐州东甸子西汉墓》，《文物》1999 年第 12 期。

② 山西省考古研究所、忻州市文物管理处、原平博物馆：《原平·北贾铺东汉墓葬发掘简报》，山西省考古研究所、山西省考古学会编：《三晋考古 · 第 3 辑》，山西人民出版社，2006 年，第 262-285 页。

③ 南阳市博物馆：《南阳发现东汉许阿瞿墓志画像石》，《文物》1974 年第 8 期。

④ 洛阳市文物工作队：《河南洛阳市东汉孝女黄晨、黄芍合葬墓》，《考古》1997 年第 7 期。

⑤ 陆锡兴：《“黄君法行”朱字刻铭砖的探索》，《考古》2002 年第 4 期。

⑥ 王建中、闪修山：《南阳两汉画像石》，文物出版社，1990 年，图 137。

⑦ 四川省博物馆：《四川彭县等地新收集到一批画像砖》，《考古》1987 年第 6 期。

⑧ 广州市文物考古研究所、广州市番禺区文管会办公室：《番禺汉墓》，科学出版社，2006 年，第 102-113、303、305 页。

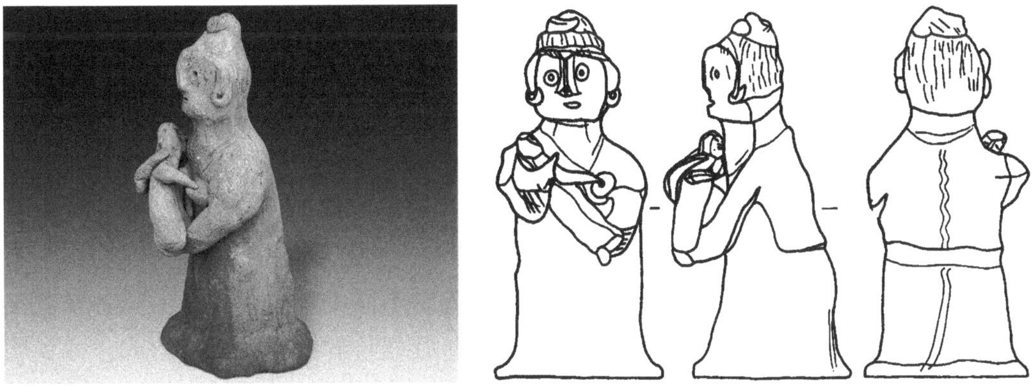

图一 -7　广东广州番禺区东汉 M33 出土陶女俑

妹，这与母亲改嫁后与现丈夫再生育子女有关。

如上文所述，家庭中的姐、妹在达到一定年龄时外嫁他人，与之相关的墓葬资料较少，但有些汉代画像中所描绘的节姑、义姑姊等则可间接体现出相关家庭中某夫姐、妹的内容，另外一些画像、壁画中对家庭中两个或更多孩子的刻画或描绘，其中也应有此类亲情关系。就已知的墓葬来讲，汉惠帝安陵陪葬墓中即有惠帝妹妹鲁元公主和丈夫张傲的墓葬①，这能够较明确地体现出兄妹关系。

与兄弟相关的考古资料相对较多。帝陵中，汉文帝霸陵与汉惠帝安陵可表明同父异母兄弟的内容。王侯墓葬以江苏徐州的相关墓葬为例，徐州市东郊狮子山楚王墓②很可能为第二代刘姓楚王刘郢（客）的墓葬，北部的北洞山汉墓③很可能为第四代刘姓楚王刘礼的墓葬④，北郊簸箕山 M3 则为宛朐侯刘埶的墓葬⑤，根据《汉书·楚元王传》记载，三人同为楚元王刘交的儿子，为兄弟关系，而刘交的儿子见于记载的共 7 人⑥。其他等级的墓葬中，同一家庭墓地或家族墓地中有较多墓葬的墓主是同一家庭中的兄弟关系，嘉祥武氏墓地中有较多墓葬，多有墓碑及祠堂，其中武梁碑与武开明碑所属二墓的墓主为同母亲兄弟，通过碑文可知，二人还有武始公、武景兴两位同母兄弟；武梁有三子，武仲章、武季章、武季立为同父亲兄弟；武斑、武荣二人墓外皆有碑，且二人为同父亲兄弟，父亲为武开明⑦。多人葬墓也有反映，上

① 咸阳市文物考古研究所：《西汉帝陵钻探调查报告》，文物出版社，2010 年，第 25 页。

② 狮子山楚王陵考古发掘队：《徐州狮子山楚王陵发掘简报》，《文物》1998 年第 8 期；韦正、李虎仁、邹厚本：《江苏徐州市狮子山西汉墓的发掘与收获》，《考古》1998 年第 8 期。

③ 徐州博物馆、南京大学历史系考古专业：《徐州北洞山西汉楚王墓》，文物出版社，2003 年。

④ 刘尊志：《徐州两汉诸侯王墓研究》，《考古学报》2011 年第 1 期。

⑤ 徐州博物馆：《西汉宛朐侯刘埶墓发掘简报》，《文物》1997 年第 2 期。

⑥ （东汉）班固撰，（唐）颜师古注：《汉书·楚元王传》，中华书局，1962 年，第 1923 页。

⑦ 蒋英炬、吴文祺：《汉代武氏墓群石刻研究》，山东美术出版社，1995 年，第 17-22 页。

文所述内蒙古自治区包头市南郊召湾墓地的东汉 M64，前室西侧的两独立侧室及东侧侧室中均葬夫妻二人，其中的三位男性死者很可能就是兄弟关系。另外，相关画像及题榜或刻铭也有相应体现，不作多叙。非血缘的兄弟姐妹在秦汉家庭中应有一定数量，而有关同母异父的兄弟姐妹内容，考古资料亦有体现。江苏仪征胥浦 101 号西汉墓的墓主人朱凌是一个身分等级较低而拥有一定田产的小地主或小土地所有者，墓中所出“先令券书”是墓主朱凌临终前夕所立的遗嘱一类的文书，券书中有“……为先令券书凌自言有三 // 父子男女 // 六人皆不同父〔欲〕(？) 令子各知其父家次（？）……”等内容，记载了立券人朱凌与其同母异父兄妹共有 6 人，并说明了他们在家庭中有着不同的地位和经济状况①。

（五）其他具有血缘关系人员

是指与上述父母、子女、兄弟姐妹关系有一定关联，但亲情关系有所疏远或间隔，并存在血缘关系的人员。就关系来讲，就是以一夫为界隔而形成的隔代或隔辈的亲属人员，如爷爷奶奶、伯叔（或与其妻）、侄儿（或与其妻）、侄女、孙子（或与其妻）、孙女等。这些人员大多不是生活于同一小家庭中，但在大家庭中又属于同一家庭。

关于侄女、孙女，考古资料体现极少，一些画像中的老年或成年男女与相关儿童之间或许有所体现，但不便于确定。其他方面在墓地与墓葬中则有所反映，尤其是一些家族墓地，墓葬数量多，存在上述一些关系的可能性较大。如上文所举嘉祥武氏墓地，相关墓葬的男性墓主之间存在叔伯与侄儿的交错关系，辈分长者及其妻子与辈分低者之间还有叔伯与侄媳及伯母婶娘与侄子侄媳之间的关系；从碑文的记载来看，武梁母为武斑、武荣及武梁三个儿子的奶奶（祖母），武梁为武仲章儿子子侨的祖父，而以武梁为中介，子侨与其他武姓长辈之间又形成诸多关系，有较亲近的叔侄关系、稍远一些的爷孙关系及叔侄关系等，而其又是武梁母的曾孙，武梁母则是子侨的曾祖母（图一 -8）。以此为参考，其他一些家族或大家庭墓地中也应存在一定数量相互交错关系的其他具有血缘关系人员。

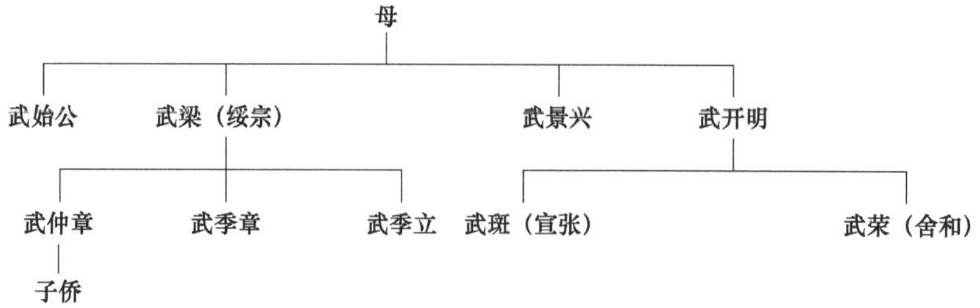

图一 -8　山东嘉祥武氏墓地武氏家族成员亲族关系图

① 扬州博物馆：《江苏仪征胥浦 101 号西汉墓》，《文物》1987 年第 1 期。

（六）具有亲属关系的人员

主要是指非血缘关系的人员来到相关家庭，因婚姻或其他关系而成为该家庭的成员之一，最为常见的为入赘者，即到女家结婚，并成为女方家庭成员的外姓男子。《汉书·贾谊传》记载贾谊在《治安策》中讲："故秦人家富子壮则出分，家贫子壮则出赘。"[①] 湖北云梦睡虎地出土秦简《魏户律》中亦载："自今以来，叚门逆吕，赘壻后父，勿令为户，勿鼠田宇。"[②] 由这些记述来看，秦汉时期，一些家庭中是有赘婿的，而赘婿也是这一家庭的成员之一。

（七）附属人员

指服务于所属家庭及其主体成员的相关人员，既有同姓者，也有异姓者。依附者在等级上低于被依附者，同时因被依附者身份等级的差异，依附者的身份等级也会存在差异。从时代看，秦与西汉时期，对官僚、贵族的依附者居多，东汉时期，随着土地兼并加剧，加之其他社会原因，依附于豪强地主或地方官吏的人群大增。依附者为被依附者家庭服役，从事着多种工作，且很多人员既有分工，又存在一人从事多种工作的情况；有的附属人员仅是其家庭中某一男性或某些人员，有些则是全家依附于所属家庭，这些现象使得一些被依附的大地主或豪强家庭的依附人员数量、较多且种类丰富。《后汉书·仲长统传》载："豪人之室，连栋数百，膏田满野，奴婢千群，徒附万计。船车贾贩，周于四方；废居积贮，满于都城。琦赂宝货，巨室不能容；马牛羊豕，山谷不能受。妖童美妾，填乎绮室。倡讴伎乐，列乎深堂。宾客待见而不敢去，车骑交错而不敢进。"[③] 奴婢千群，徒附万计，有从事船车贾贩者，还有妖童、美妾、倡讴、伎乐，等等。

秦汉帝陵及汉代王侯墓葬多有陪葬墓，其中一些陪葬者很可能就是服务于帝王及列侯家庭的人员，中小型墓葬也有体现，如江苏徐州市东郊顾山西汉墓地，位于山顶的为夫妻异穴合葬墓，男性墓主可能为西汉楚国的官吏，在二墓北侧有一规模较小的竖穴墓葬，内葬 1 男性，等级较低，很可能是主墓墓主家庭中的家吏或仆人[④]。东汉时期的多人葬墓也有体现，陕西西安净水厂 M18，墓内葬 8 人，其中后室北侧的人骨架无棺具，应属侍妾之类，北侧室的 2 具人骨架无棺灰，且随葬陶器多放于该室，两死者有可能属于家庭内部的侍从或仆人[⑤]。汉代墓葬壁画及画像石画像

---

① （东汉）班固撰，（唐）颜师古注：《汉书》，中华书局，1962 年，第 2244 页。

② 睡虎地秦墓竹简小组编：《睡虎地秦墓竹简》，文物出版社，2001 年，第 294 页。

③ （南朝宋）范晔撰，（唐）李贤等注：《后汉书·仲长统传》，中华书局，1965 年，第 1648 页。

④ 徐州博物馆：《江苏徐州顾山西汉墓》，《考古》2005 年第 12 期。

⑤ 陕西省考古研究所配合基建考古队：《西安净水厂汉墓清理简报》，《考古与文物》1990 年第 6 期。

所体现相关家庭中附属人员的内容较为丰富，而且以图画的形式生动描绘了附属人员的工作，下文仅作简单举例。

1. 山东沂南画像石墓①

主要包括：执彗迎客的仆人、门吏，进行祭祀的工作人员如读祝文和领祭者及布置祭品的人、守护庙门的人员，收租的家吏及从事收租工作的人员，服务于家主的女婢，打扫卫生的人员及洗马、备马的马夫，乐舞百戏人员及服务人员等，该墓中室刻画有乐舞杂技场地、设施及人员，在第三排乐队之后，还有个戴矮帽子的人，双手捧物，内盛 4 个杯子，向乐队走来，似乎是怕奏乐的人口渴，特送酒浆来的。

2. 山东费县刘家疃汉画像石墓②

画像中有迎宾者，也有躬身相送者及车马导骑，有捧盾和拥彗的门吏，有捧简者、楼阁守卫者及侍奉主人者，中室西壁横梁的宴饗图中有侍从和婢女，另外还有武士等人员。

3. 河南密县打虎亭 M1③

前室东壁有扫地者及其他门吏，西壁有相关人员服务于宾客的到来，如打扫和迎客引谒的人员。中室甬道有侍女奉物、管理车辆的人员及整理马尾或赶马的人员，还有铡草的人员；有收租人员，包括管理者、侍者，另有童仆和小主人，还有马厩管理者、侍者及领物品的人员，也有准备套牲口或正卸下牲口喂饮的人员；有端、抬运送物品的仆人（含童仆），反映的是侍者向室内运送食物的场面；庖厨人员众多，涉及制作食品、酿酒、宰杀、食物切分、蒸煮、炊爨等多个方面。北耳室东壁有较多的仆人忙着搬运物品，北壁为宴饮图，有较多女侍者忙于侍奉，还有人专门从事盛放食品的工作，另有多人在忙碌。

4. 陕西西安曲江翠竹园西汉壁画墓④

墓门处绘有门吏，东壁绘 4 个婢女，左侧居中位置二婢女之间有围屏，另有侍者、迎接主人的仆人及看护孩子的女仆。

---

① 南京博物院、山东省文物管理处：《沂南古画像石墓发掘报告》，文化部文物管理局出版，1956 年；山东博物馆：《沂南北寨汉墓画像》，文物出版社，2015 年。

② 山东博物馆、费县博物馆：《费县刘家疃汉画像石墓》，文物出版社，2019 年，第 14-21 页，画像 27-92。

③ 河南省文物研究所：《密县打虎亭汉墓》，文物出版社，1993 年。

④ 西安市文物保护考古所：《西安曲江翠竹园西汉壁画墓发掘简报》，《文物》2010 年第 1 期；西安市文物保护考古研究院：《西安西汉壁画墓》，文物出版社，2017 年，第 67-71 页。

5. 江苏徐州市邳州青龙山东汉缪宇墓①

有捧笏的侍者、乐舞人员、陪家主家孩童玩耍的小孩、迎宾的侍者及服务于家主饮食的庖厨人员及该人员的孩子、捧三足食奁盒的侍者、参与狩猎的相关人员，等等。

6. 江苏徐州铜山洪楼东汉墓祠堂画像②

阙旁有门吏和迎宾者，庭院内有多名侍从服务于家主及客人，有乐舞杂技表演人员及服务于观赏者的侍从，另在织房内有专门从事纺织的女性。

7. 河北衡水安平逯家庄东汉壁画墓③

中室、前室右侧室和中室右侧室壁画分别描绘了墓主出行的盛况、下属官吏治事及谒见墓主人等内容。墓主人出行，有大量车、骑及步行之类的导从仪仗和一个主车，涉及人员多，有家吏、随从及较多仆人（图一 -9）；前室右侧室壁画以人物为主，是与家主相关的家吏、侍卫和部曲等，其中包括有守门卒、6 个侍卫、10 个

图一 -9　河北衡水安平逯家庄东汉墓中车马出行壁画中的导从仪仗（局部）

① 南京博物院、邳县文化馆：《东汉彭城相缪宇墓》，《文物》1984 年第 8 期。

② 王德庆：《江苏铜山东汉墓清理简报》，《考古通讯》1957 年第 4 期；徐州博物馆：《徐州汉画像石》，江苏美术出版社，1985 年，图 76、77。

③ 河北省文物研究所：《安平东汉壁画墓发掘简报》，《文物春秋》1989 年增刊；《安平东汉壁画墓》，文物出版社，1990 年。

府内官吏，其中的6个侍卫，从着衣戴帻和人员数量看，可能是出行图中的6个车前伍佰，出则导行，在家可以是侍卫；10个府内官吏为家主的下属官吏，在主人家的建筑物中从事工作。中室右侧南壁绘墓主和他的男女侍者，东壁和通前室右侧室门道南壁的西部绘4个下属官吏谒见时恭立一旁听候指令的情形，西壁绘伎乐人员，北壁东侧绘守门卒。墓主人坐于帐内，面向墓主前后站立2个近侍，帷帐之后两边各有1侍女，左手各端1三足圆盘，盘上为香薰之物。

二、家庭中的人员构成

家庭之中，最基本的人员构成为夫妻二人，这也是家庭构成的最基本要素。但就诸多家庭来讲，人员的构成除夫妻二人外，还会涉及上文所述的相关元素，或相对简单，或较为多样。有的家庭仅夫妻二人，有的有子女，有的是父母子女皆有，还有的有家奴或仆人，一些贵族官吏及豪强地主家庭的人员构成更为复杂。这些内容在传世文献、出土文献及考古发掘的居住遗址与墓葬等方面皆有体现和反映。

（一）传世文献

据史书记载，汉高祖刘邦的父亲刘太公至少娶了两个妻子，刘邦有兄弟四人，四弟刘交与刘邦为同父异母兄弟，另据《史记・楚元王世家》载："始高祖微时，尝辟事，时时与宾客过巨嫂食。嫂厌叔，叔与客来，嫂详（佯）为羹尽，栎釜，宾客以故去。已而视釜中尚有羹，高祖由是怨其嫂。"①这段记载表明秦末刘邦家庭的人员众多，家庭中除父母儿子的关系外，还有继母及叔嫂关系等。另外，西汉时成书的《淮南子》、《盐铁论》等中对有关内容也有记载。《淮南子・主术训》载："夫民之为生也，一人蹠耒而耕，……妻子老弱仰而食之。"②《盐铁论・徭役》曰："长子不还，父母愁忧，妻子咏叹。"③

《汉书・食货志》记晁错语曰："今农夫五口之家，……有卖田宅鬻子孙以偿责者矣。"④《汉书・贾谊传》载有贾谊在《治安策》中讲述秦人分家后的家庭，"（儿子）借父耰鉏，虑有德色；母取箕箒，立而谇语。抱哺其子，与公并倨；妇姑不相悦，则反唇而相稽。其慈子耆利，不同禽兽者亡几耳。"⑤东汉时成书的《潜夫论》

---

①（西汉）司马迁撰，（南朝）裴骃集解，（唐）司马贞索引、张守节正义：《史记》，中华书局，1959年，第1987页。

②（西汉）刘安等：《淮南子》，何宁：《淮南子集释》，中华书局，1998年，第6841页。

③（西汉）桓宽：《盐铁论・徭役》，王利器校注：《盐铁论校注（定本）》，中华书局，1992年，第520页。

④（东汉）班固撰，（唐）颜师古注：《汉书》，中华书局，1962年，第1132页。

⑤（东汉）班固撰，（唐）颜师古注：《汉书》，中华书局，1962年，第2244页。

中的《考绩》篇云："设如家人有五子十孙，……。父子兄弟，一门之计。"①

《后汉书·樊宏传》载：樊宏父樊重，"重性温厚，有法度，三世共财，子孙朝夕礼敬，常若公家。"樊宏"与宗家亲属作营壍自守，老弱归之者千余家。"《后汉书·虞延传》载："延长缨甲胄，拥卫亲族，扞御钞盗，赖其全者甚众。"《后汉书·第五伦传》载："王莽末，盗贼起，宗族闾里争往附之。伦乃依险固筑营壁，有贼，辄奋厉其众，引强持满以拒之。"②这些记载更多体现的是豪强地主家庭中的徒附及相关内容。《后汉书·独行列传》载：李充家贫，"兄弟六人同食递衣。妻窃谓充曰：'今贫居如此，难以久安，妾有私财，愿思分异'……充于坐中前跪白母曰：'此妇无状，而教充离间母兄，罪合遣斥。'便呵叱其妇，逐令出门，妇衔涕而去。"③这一记载主要是对家庭不同成员的记述。《后汉书·循吏·刘宠传》注引应劭《风俗通义》曰："仅按《春秋井田记》，人年三十，受田百亩，以食五口。五口为户。父母妻子也。"④该记载记述了家庭人口及相关成员组成等内容。

（二）出土文献

目前已知秦汉时期的简牍有一定数量，较多是经科学发掘出土，简牍记载的内容中，很多会涉及秦汉时期家庭中人员的构成，限于篇幅，仅举个别例子，这些例子所反映的基本都是较夫妻二人数量要多的家庭成员，而且涉及的内容或具体元素有所差异。

1. 湖北云梦睡虎地秦简《封诊式》中的《封守》篇载："封有鞫者户某里士伍甲家室、妻、子、臣妾、衣器、畜产。甲室、人：一宇二内，各有户，内室皆瓦盖，木大具，门桑十木。妻曰某，亡……子大女子某，未有夫。子小男子某……臣某，妾小女子某……。"⑤简文所记秦代家庭有男主人及妻子、未婚配的女儿、年龄稍小的儿子、家奴与婢女等，这与男主人的等级地位基本相符。

2. 湖北江陵张家山二四七号西汉墓出土《二年律令》的《户律》（第377简）记有："民大父母、父母、子、孙、同产、同产子，欲相分予奴婢、马牛羊、它财物者，皆许之，辄为定籍。孙为户，与大父母居，养之不善，令孙且外居，令大父母居其室，食其田，使其奴婢，勿贸卖。孙死，其母而代为户。令毋敢遂逐夫父母及入

① （东汉）王符：《潜夫论·考绩》，（清）汪继培笺，彭铎校正：《潜夫论笺校正》，中华书局，1985年，第63页。

② 以上《后汉书》中的相关记载见（南朝宋）范晔撰，（唐）李贤等注：《后汉书》，中华书局，1965年，第1119、1120、1150、1395页。

③ （南朝宋）范晔撰，（唐）李贤等注：《后汉书》，中华书局，1965年，第2684页。

④ （南朝宋）范晔撰，（唐）李贤等注：《后汉书》，中华书局，1965年，第2478页。

⑤ 睡虎地秦墓竹简小组编：《睡虎地秦墓竹简》，文物出版社，2001年，第249页。

赘，及道外取其子财。”[①] 简文所记西汉早期的相关家庭中，以一夫为核心，其上有大父母（祖父、祖母）、父母，其有妻子，辈分低于其的有儿子、孙子，还有与其同产及同产子（同母所生的兄弟及其兄弟的儿子）及赘婿夫妇、奴婢等，涉及人员较多。

3. 考古工作者在湖北江陵凤凰山发掘文帝时期的10号汉墓出土有《郑里廪簿》简，为记贷种实的竹简，具体内容是：“户人圣能田一人口一人；户人𢦏能田一人口三人；户人击牛能田二人口四人；户人野能田四人口八人；户人厌冶能田二人口二人；户人□能田二人口三人；户人立能田二人口六人；户人越人能田三人口六人；户人不章能田四人口七人；户人胜能田三人口五人；户人虏能田二人口四人；户人秲能田二人口六人；户人小奴能田二人口三人；户人佗能田三人口四人；户人定民能田四人口四人；户人青肩能田三人口六人；户人□奴能田四人口七人；户人□奴能田三人口□人；户人□□能田四人口六人；户人公士田能田三人口六人；户人骈能田四人口五人；户人朱市人能田三人口四人；户人□奴能田三人口三人；户人□□能田二人口三人；户人公士市人能田三人口四人。”[②] 竹简所记内容，既可能是墓主对佃户田亩或粮种租贷的簿册[③]，也可能是政府贷粮食给郑里民户的记录[④]，无论何种情况，简文内容都对我们了解当时农户家庭中人员构成方面的人口问题提供了参考。大致来看，《郑里廪簿》记有确切人数的家庭为24户，包括1口户、2口户、3口户、4口户、5口户、6口户、7口户、8口户，以4口户和6口户居多，3口户稍少，其他五类口户较少。因此，《郑里廪簿》简文也反映出当时家庭成员组成的多样性和不统一性。

另外还有墓碑、刻铭文字等，如上述所举山东嘉祥武氏墓地中的武氏诸碑、苏鲁豫皖交界地区发现的较多汉墓祠堂的刻铭等，限于篇幅，不再枚举。

（三）居住遗址

就整体而言，虽然已发现、发掘相当数量秦汉时期的居住遗址，但能够体现家庭人员组成或家户人口等内容者并不多，这与居住遗存建于地上，易遭损毁破坏有关，同时也与居住遗址是物质存在有关，原有的一些家庭人员居住情况随居住遗存的毁弃不用而失去较多信息，特别是人离开居住遗址后，较多信息也会随之离去。秦汉时期距今时间较久，很多居住遗址仅余存部分或极少部分的物质内容，为判断秦汉家庭的相关问题带来一定的困难，但也有些居住遗址可体现这一时期家庭中人

---

① 张家山二四七号汉墓竹简整理小组：《张家山汉墓竹简》，文物出版社，2001年，第178、179页。

② 长江流域第二期文物考古工作人员训练班：《湖北江陵凤凰山西汉墓发掘简报》；弘一：《江陵凤凰山十号汉墓简牍初探》，《文物》1974年第6期。

③ 长江流域第二期文物考古工作人员训练班：《湖北江陵凤凰山西汉墓发掘简报》，《文物》1974年第6期。

④ 裘锡圭：《湖北江陵凤凰山十号汉墓出土简牍考释》，《文物》1974年第7期。

员组成的相关内容。

都城考古一直是秦汉考古的重点，多年来的考古调查、勘探和发掘，对秦都咸阳城、西汉都城长安及东汉都城洛阳的范围、布局、建筑设施等都有较多的揭露，加之以考古资料为基础的考古学研究不断深入，关于都城内的居住情况已有相对较明晰的认识，尤其是皇帝家庭的居住情况，如皇帝、皇后的居住宫殿，后宫嫔妃的居住宫殿，相关人员的居住遗存等等，这对于深入理解秦汉时期皇帝家庭中人员组成可提供极为重要的参考。

一般家庭的居住遗址中，较具代表性如河南内黄三杨庄汉代村落遗址，已发现和发掘庭院遗存多个[①]，而庭院遗存内房屋建筑的布局可在一定程度上反映出当时不同庭院即不同家庭的人员组成情况。第二处庭院遗存庭院内有主房、东西厢房、西门房、南大门等[②]，除主房内住有家主夫妇外，东西厢房、西门房内也可能有人居住，东西厢房可能有子女或其他人员，门房则可能是家庭中附属人员居住的地方。第三处庭院内有大门、南厢房、主房等，主房又分内外间[③]，该家庭中的人员可能会有家主夫妇及其子女，还可能会有附属人员。

（四）墓葬

墓葬是人死后尸身的埋葬场所。秦汉时期，家族葬、家庭葬及夫妻合葬较为普遍，而墓葬的分布、位置、形制、陪葬品等不仅可体现出时代差别，也为区分家庭成员下葬的早晚提供了重要参考，同时还可反映出家庭墓葬中墓位、棺位等的差别，对了解家庭成员的辈分差异有重要作用。秦汉墓葬的装饰方式及装饰内容也极为丰富，最具代表性的为壁画、画像石与画像砖画像等，这些墓葬装饰对秦汉时期的家庭有较多描绘，不仅有庭院及其建筑、设施等，还有较多家庭中的人物，有家主、家吏、奴婢、仆人等等。这些墓葬资料内容丰富，涉及较多与秦汉家庭有关的内容，对分析秦汉时期家庭中成员的组成具有重要参考价值。相关墓地或墓葬在上文关于家庭人员构成元素的论述中已作叙述，下文不再复述，特作说明。

1. 墓地及相关内容

简单来讲，墓地是指墓葬所在地，是人死后安排墓穴、安葬尸身的场所。墓地

---

① 河南省文物考古研究所、内黄县文物保护管理所：《河南内黄县三杨庄汉代庭院遗址》，《考古》2004 年第 7 期。

② 河南省文物考古研究所、内黄县文物保护管理所：《河南内黄三杨庄汉代聚落遗址第二处庭院发掘简报》，《华夏考古》2010 年第 3 期。

③ 刘海旺：《首次发现的汉代农业闾里遗址——中国河南内黄三杨庄汉代聚落遗址初识》，陈星灿、米盖拉：《法国汉学 · 第 11 辑：考古发掘与历史复原》，中华书局，2006 年，第 70 页。

的规模有大有小，墓地内的墓葬数量也是有多有少，仅一座墓葬的所在地可称为墓地，多座墓葬安排于同一地点也称为墓地，秦汉时期的墓地在这两个方面均有体现。有的秦汉墓地中只有1座墓葬，墓内仅葬1人，这样的墓葬可能具有特殊性，而墓主或可能是家庭中的鳏者或其他，反映出较特殊的家庭成员构成；有的也是仅有1座墓葬，内葬夫妻二人，则体现出夫妻在家庭成员构成方面的内容。与秦汉时期夫妻合葬有关的墓葬还有其他体现，如墓地中还有另一女性的墓葬，墓主等级与男性的妻相似者有些可能与男性再娶有关，而等级差异明显者则可能为男性的妾或其他女性。

更多的墓地中会有多个墓葬。有的就是同一家族成员的墓葬，如安徽天长三角圩墓地[①]等，一般距离较近者可能为同一家庭成员的墓葬，根据墓葬数量和时代、墓主性别等可考察家庭成员的组成。有的是多个家族墓地组成的大墓地（群），墓葬分布密集且与其他墓葬有相应区分的一组很可能为同一家族或同一家庭的墓葬，亦可根据墓葬数量和时代、墓主性别等考察家庭成员的组成。还有等级相对较高人员的墓地，其中有夫妻合葬墓，也有一定数量的祔葬墓，而且有些墓地中的祔葬墓在细节上还有亲疏之分，另有一定数量陪葬墓或以其他形式陪葬的人员，综合体现出高等级人员家庭的成员组成内容。如江苏徐州市东北郊的荆山西汉墓地，位于一小山头上，发掘墓葬9座（编号为M1～M9），另有一座陪葬坑（K1）和祠堂建筑遗址一处（F1）[②]。M4为主墓，处于墓地核心位置，石坑竖穴下两长侧洞室内各葬1人，为夫妻同穴异室合葬，笔者曾撰文认为该墓的男性墓主可能是西汉中晚期的某一列侯级别的人员；该墓的竖穴口部东侧有一陪葬墓，西侧壁与竖穴东壁齐，较浅，有木质葬具，死者脚部随葬陶器，墓主很可能为家庭中的奴婢；M1、M3均位于山坡地带，与M4及陪葬坑呈直线排列，均为夫妻同穴合葬墓，但等级低于M4，为M4的祔葬墓，推测二墓的男性墓主可能为M4墓主后代或家庭中的主要成员；M5～M8均位于东南山坡，呈东北-西南向排列，因遭盗扰严重，是否夫妻合葬墓已不清楚，考虑到四墓均为竖穴洞室墓，且洞室均宽于竖穴，有的宽度在1米稍多，有的则相对略宽，故有些存在为夫妻合葬墓的可能，而四墓中所葬男性虽等级不高，但也会有一定的身份地位，所以这四座墓葬的男性墓主很可能是M4墓主家庭中的家吏；M2、M9位置较偏，皆为石坑竖穴，无洞室，墓圹不甚规整，填土未经夯筑，规模小，形制简单，葬具为单棺，无椁，陪葬品以陶器居多，数量与品种少，制作粗糙，形体小，综合说明墓主身份等级较低，很可能为M4墓主家庭中的侍者、家仆或其他身份地位较低的人员[③]。就荆山西汉墓地而言，主墓墓主可能为列侯夫妇，

① 安徽省文物考古研究所：《天长三角圩墓地》，科学出版社，2013年。

② 徐州博物馆：《徐州荆山村西汉墓群发掘简报》，南京博物院编：《穿越长三角——京沪、沪宁高铁江苏段考古发掘报告》，科学出版社，2013年，第25-42页。

③ 刘尊志：《江苏徐州荆山村西汉墓地性质浅探》，《中原文物》2016年第6期。

墓地中与主墓距离近且排列在一条直线上两座墓葬的墓主为其家庭中的主要成员，另有家吏、奴婢及家仆或侍者等，可以看到，该墓地对应家庭成员的组成较为丰富。

2. 墓内葬人

秦汉墓葬中，葬 1 人及葬夫妻 2 人的情况较为普遍，而如上文对家庭人员构成元素论述中所涉及的另葬 1 女性的情况，则体现了家庭中男性家主纳妾或再娶的内容。还有很多墓葬中葬有多人，基本可视为家庭合葬墓，即同一墓葬内所葬为同一家庭的多个（3 个及以上）不同家庭成员。这类墓葬在战国时期已经存在，西汉时期有所发展，东汉时期在较多地区得到使用，体现出相应的发展趋势。有学者指出："东汉时期，家庭合葬墓在较多地区均得到发展，考古发掘也证实了这一点。因为这些墓葬的陪葬品中只有一个明器灶，由此推断它们应是家庭合葬墓。"① 上文所引陕西西安曲江池净水厂墓地中，M16、M17、M18、M19、M20、M21、M30 一组，除 M30 南向外余皆东向，属于一次性排列的家族墓地，M30 属于长辈墓居前的情况，墓地中的 M18 葬 8 人、M30 葬 4 人、M36 葬 3 人，皆属于葬多人的情况，而 M18 所葬 8 人中有 1 男 2 女及 1 男 1 女的合葬，另有家庭主人的后代及侍妾之类人员，还有家庭内部侍从或仆人等②，家庭成员的构成较为复杂。下文对秦汉主要是汉代的部分多人葬墓，按时代作相关叙述。

（1）西汉墓葬

湖北秭归何家坪遗址 M5，土坑竖穴内一椁七棺，由南向北东西向排 6 棺，另有 1 棺偏于西南侧，墓葬时代为西汉早期③（图一 -10）。广西贵县罗泊湾 M1、M2 皆有殉人，其中 M1 的椁室底层发现 7 具殉葬木棺，每棺殉葬 1 人④。山东微山县微山岛新莽时期的 M20，五石椁并列放置，椁内发现有人骨⑤。

（2）东汉墓葬

河南洛阳东关殉人墓，共发现棺三具，后室内二具，葬夫妻二人，南耳室内一具，人骨架均已朽毁，墓葬的甬道上部夯土层中有 10 人殉葬，为 5 男 5 女，殉葬者的骨架保存完好，骨架相互挤压在一起，姿态紊乱，有的直肢、有的蜷屈，显示出他们是被强制活埋的⑥。该墓耳室中所葬人员可能为墓主家庭中的家吏，而殉葬者很可能为家奴或奴婢。

① 张仁玺：《秦汉家庭研究》，中国社会出版社，2002 年，第 4 页。

② 陕西省考古研究所配合基建考古队：《西安净水厂汉墓清理简报》，《考古与文物》1990 年第 6 期。

③ 湖北省文物考古研究所：《湖北秭归何家坪遗址发掘简报》，《江汉考古》2002 年第 3 期。

④ 广西壮族自治区博物馆：《广西贵县罗泊湾汉墓》，文物出版社，1988 年，第 13-19、99、114-124 页。

⑤ 微山县文物管理所：《山东微山县微山岛汉代墓葬》，《考古》2009 年第 10 期。

⑥ 余扶危、贺官保：《洛阳东关东汉殉人墓》，《文物》1973 年第 2 期。

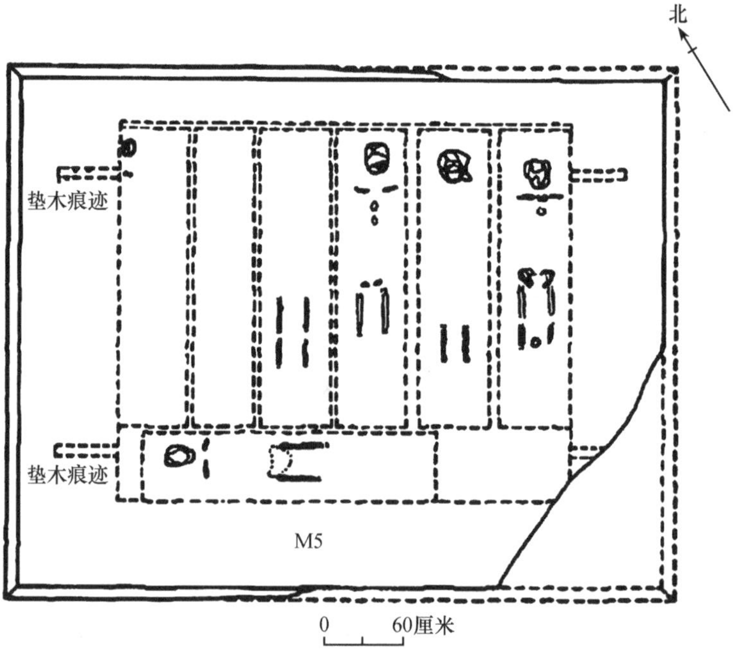

图一 -10　湖北省秭归何家坪遗址西汉 M5 平面图

山西省广灵县北关汉代墓地中的 M49、M52、M95 三座墓葬内均葬多人，其中 M49、M52 内皆葬 4 人，M95 内葬 5 人[①]。山阴县新广武收费站东汉墓地 M1，规模较大，由墓道、前室及其西侧室与西侧假耳室、东西两个后室等组成，前室内发现散乱骨架及头骨 3 个，其中 1 个为小孩头骨；西侧室内发现头骨 1 个及肱骨 1 根；西侧假耳室门口铺地砖上发现头骨及下颌骨各 1 个；西后室内发现小孩头骨 1 个；东后室因遭盗掘严重，未发现人骨[②]。仅从头骨看，墓内至少葬 6 人，而且至少有 2 个小孩。

《西安东汉墓》一书公布了西安地区发现、发掘的较多东汉墓葬资料，部分为多人葬墓，西安市电信局第二长途通讯大楼 M67，主体为前中后室结构，墓葬东向，前室南侧有 1 棺，北侧为 1 侧室，内置 2 棺，前室与中室间为甬道，甬道内偏南与前室西侧置 1 棺，中室南北两侧各有 1 侧室，北侧室内置 2 棺，南侧室内偏西侧置 1 棺，另在中室南侧近南侧室口处东西向置 1 棺，后室偏北侧置 1 棺，共计九棺，而且一些棺的摆放位置明显体现出下葬的早晚关系（图一 -11）；西安邮电学院长安校区 M22，前室方形，两侧各有 1 长方形侧室，南侧室 1 棺葬 2 人，北侧室西侧 1 棺葬 2 人，东侧 1 棺葬 1 人，后室亦为长方形，偏南侧置 1 棺，葬 1 人；西柞高速公路杜曲段 M13，墓南向，前室东西两侧各 1 长方形侧室，西侧室葬 1 人，东

① 大同市考古研究所：《山西广灵北关汉墓发掘简报》，《文物》2001 年第 7 期。

② 山西省考古研究所、山西大学文博学院：《山西新广武汉墓发掘报告》，山西省考古研究所、山西省考古学会编：《三晋考古 · 第三辑》，山西人民出版社，2006 年，第 286-296 页。

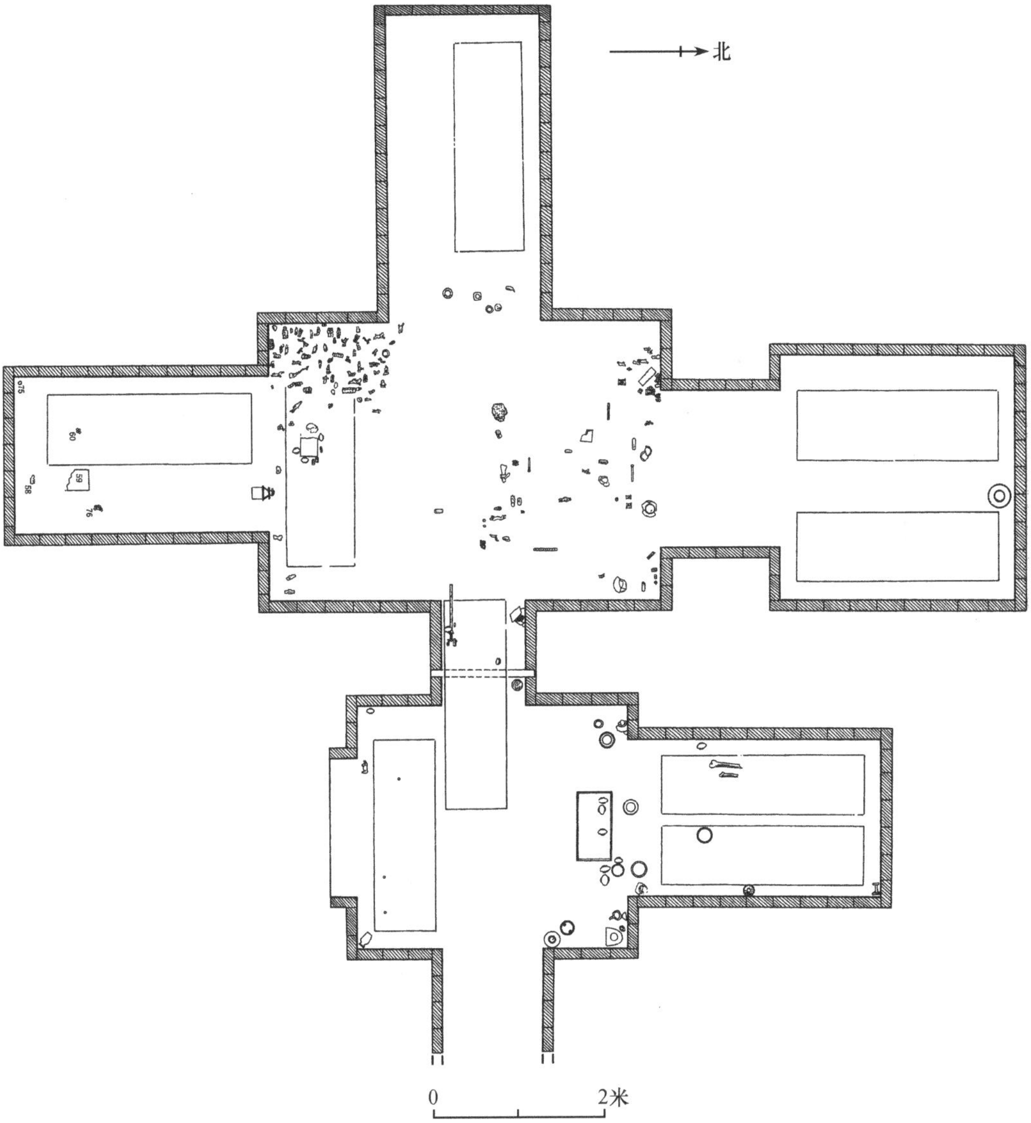

图一 -11　陕西省西安市电信局第二长途通讯大楼 M67 平面图

侧室葬 2 人，其中 1 人有棺，1 人在草席内，为小孩，后室葬 2 人[①]。

河北省发现的东汉多人葬墓有多例。黄骅市齐家务镇政府东侧的齐家务东汉墓 M1，主室相对宽大，其东侧又砌 2 室，北侧又砌 1 室，四个室内皆葬 1 人，为家庭葬，其中主室内有 1 棺，棺内葬 2 人，东侧的两室内各葬一人，东南侧的室中所葬为 1 中年女性，主室北侧的室内棺痕面积小，所葬可能为 1 小孩[②]（图一 -12）。唐山市

① 西安市文物保护考古所：《西安东汉墓》，文物出版社，2009 年，第 236-261、833-841、858-862 页。

② 河北省文物研究所、黄骅市博物馆：《河北黄骅发现的两处古墓葬》，《文物春秋》2019 年第 6 期。

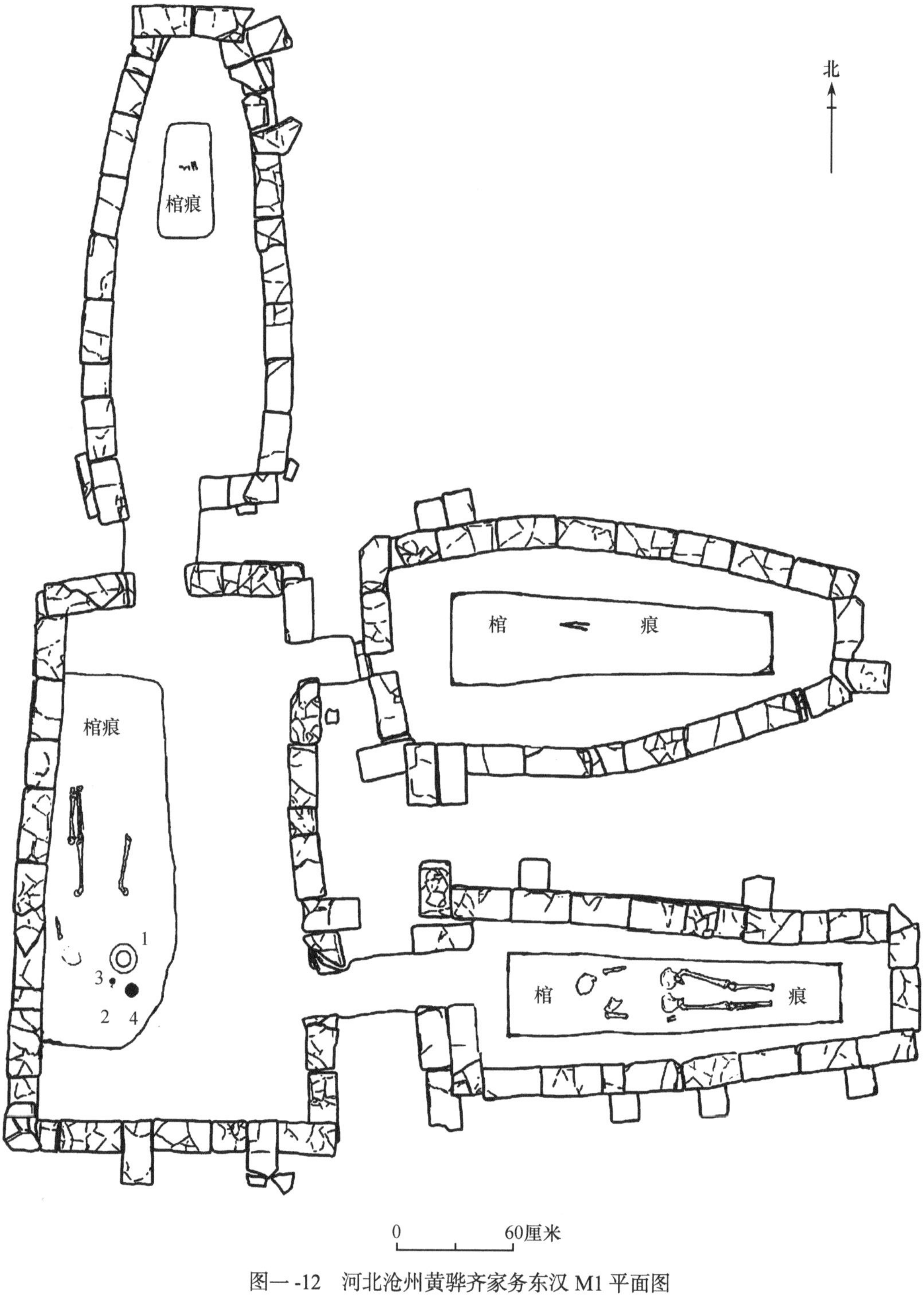

图一-12　河北沧州黄骅齐家务东汉 M1 平面图

1. 陶罐　2. 铜簪（2 件）　3. 铜钱　4. 铁镜

滦县雷庄镇新农村东汉 M1，由墓道、甬道、前室、后室等组成，前室的东西两侧各有 1 侧室，南侧偏西还有一面积较小的耳室，后室为东、西二室，中间由砖墙相隔，前室的东南角与西南角各有 1 石棺，西耳室发现有棺灰和少量遗物，葬具为 2 木棺，并呈东西向摆放，两后室内的葬具也各是 2 木棺，推测墓内葬 6～8 人[①]。唐山迁安苏各庄东汉 M6，由墓道、甬道、墓门、前室、后室及前室的南北两侧室、东南角耳室等组成，前室内散落 3 个头骨及部分肢骨，南侧室散布有一些肢骨，北侧室有头骨 2 个及一些肢骨，后室发现 3 个头骨和部分肢骨，墓内至少葬 8 人[②]。涿鹿矾山五堡东汉 M3，墓内出土 4 具骨架，经鉴定，死者为三男一女，均为 30 岁以上的成年人；M4 内亦出土 4 具骨架，均残缺不全，破碎较甚，无法测定其性别及年龄[③]。张家口市宣化区东升路东汉 M2，前后室结构，甬道西侧有 1 耳室，前室西侧为 1 侧室，后室近方形，前室出土人头骨 3 个，均为成年，1 个为女性，其他性别不清，前室西侧室内出土人头骨 1 个，性别不清，后室出土人头骨 3 个，均为成年，1 个为女性，其他性别不清，以头骨计算，该墓至少葬 7 人[④]。

湖北省襄樊市长虹南路汉墓 M16，甬道和墓室内各发现一长方形红色漆皮棺痕，墓室内共葬人 8 个，人骨架 5 具，西南角 2 具南北并列，头向相反，骨架稍乱，葬式不明，东端中部 1 具骨架较完整，仰身直肢；东北、西北角各 1 具，头向分朝东、西，骨架叠压在一起，另在墓室内西端偏南、西北角、中部偏南处各有 1 件头骨[⑤]。

重庆万州区钟嘴东汉 M1 的墓室内发现人骨 8 具，其中有 7 具在甬道和墓室的交接地带，分两排并列，头朝甬道，尸骨保存得较好，依现场判定其中有 3 具是儿童的遗骨，墓室的西北角还有 1 具，已经朽烂，依稀辨得头骨，头向不明，均不见棺木痕迹[⑥]。

四川省资阳市雁江区狮子山崖墓 M2，共发现 5 具葬具，为 2 具砖棺、2 具陶棺和 1 具石棺，Ⅱ号棺为石棺，内葬男性，Ⅲ号棺为砖棺，内葬女性，其他葬人性别不详，下葬的时间也有不同，推测 M2 可能是一个家庭中几代人的墓葬[⑦]。

---

① 唐山市文物管理处、滦县文物管理所：《河北滦县新农村东汉墓群发掘简报》，《文物春秋》2002 年第 4 期。

② 唐山市文物管理处、迁安市文物管理所：《迁安苏各庄战国、东汉墓葬发掘报告》，《文物春秋》2008 年第 4 期。

③ 张家口地区博物馆：《河北涿鹿矾山五堡东汉墓清理简报》，《文物春秋》1989 年第 4 期。

④ 张家口市宣化区文物保管所：《河北宣化东升路东汉墓发掘简报》，《文物》2014 年第 3 期。

⑤ 襄樊市考古队：《襄樊长虹南路墓地第二次发掘简报》，《江汉考古》2017 年第 1 期。

⑥ 山东省博物馆、重庆市博物馆、重庆市文化局：《重庆万州区钟嘴东汉墓发掘简报》，《华夏考古》2004 年第 1 期。

⑦ 四川省文物考古研究院、资阳市雁江区文物管理所：《资阳市雁江区狮子山崖墓 M2 清理简报》，《四川文物》2011 年第 4 期。

大致来看，汉代多人葬墓中葬人的数量并不一致，少者3人，多者八九人或更多。墓内所葬，有家主夫妻与其他主要家庭成员，有的以夫妻合葬的形式葬于墓中，还有的墓葬中葬一个家庭中的几代人。除家主及家庭中的主要成员外，一些墓葬内还葬有家吏、奴婢、家奴或相关人员。有些墓葬内葬有小孩，或可能是家庭中主要成员的孩子，也可能是附属人员的孩子，甚至还可能是家主家庭中的童隶或童仆。这些多人葬墓在一定程度上，从不同的人员构成内容等方面体现出秦汉时期尤其是汉代相关家庭中的人员构成，反映出这一时期家庭人员构成的多样性。

3. 墓葬装饰

秦汉时期，墓葬装饰获得较大发展，壁画墓、画像砖墓、画像石墓等均有相当数量。壁画墓以内蒙、辽宁、河北、山东、河南、陕西、四川地区多见，其他地区也有零星发现。画像砖墓多发现于河南、湖北、陕西、重庆、四川等地区，时代延续较长，秦与两汉墓葬皆有，且形式不同，或是空心画像砖，或是实心方形、长方形画像砖等。画像石大致产生于西汉早期偏晚阶段，今苏鲁豫皖交界地区是最早使用画像石的地区，经历西汉中晚期的发展，至西汉末 - 东汉早期，画像石获得较大发展，雕刻技法多样，内容丰富，分布地区得到扩大，而且墓外的石祠堂得到使用和推广，绝大多数都雕刻画像。东汉一代，画像石得到全面发展，使用地域明显增加，以今行政区划为参考，苏鲁豫皖交界地区的外延扩大，由该地区向西、向南均有发展；河南中南部成为一个重要区域，南阳及周边地区（含湖北省北部）尤具代表性；川渝地区亦有较多使用，而且在一定时间段内与画像砖并行；陕北、晋西北地区也是重点分布区之一，画像内容既有中原地区的内容，又有较多自身的特点；其他如京津冀、辽宁、苏南与浙江等地也有一定数量的汉代画像石墓。与秦汉时期追求升仙的思潮及事死如事生丧葬思想相对应，这一时期墓葬壁画及画像的内容，既有想象中的天界、神人及升仙方式、各类动物等，也有很多反映现实生活的内容，而后者所占比例较大，且较多内容与家庭有一定关系。

秦汉墓葬壁画及画像中有与家庭相关的建筑，或一座房屋，或二个、三个及以上的多个房屋，或为庭院，或是庄园，相当数量与家庭有关的建筑和家庭中人员的居住、生活及工作等存在关联，进而可体现出家庭中人员的组成，而很多建筑画像是人与建筑的结合，能够很好地表现出家庭中人员的组合与构成。有些画像相对简单，一座房屋，内有夫妻对坐作进食或饮酒状，旁一两名侍者，稍显复杂者会有家庭中的孩童或其他侍者，再复杂的则会有少量乐舞表演者，反映出一般家庭中不同的成员组成。江苏徐州睢宁县张圩散存的一块建筑人物画像石，画面中间有一房屋，内有夫妻二人对饮，女左男右，男子身后屋外有一侍者[①]；睢宁墓山 M2 前室画像中，上有对颈鸟，下有一房屋，屋内对坐夫妻二人对饮，男左女右，男子手持便面，女子右臂前伸手中托物，屋左立一侍者，手中持物，右侧有一肩挑食具的侍者，手提一壶[②]。由这两幅画像来看，对应家主的社会等级地位相对略低，可有一两名侍者，而一些家主则是自己手持便面等物，而不是有专人在其身旁手持便面进行侍奉。较多壁画和画像石（砖）的画像则涉及人物较多，有的与建筑搭配，有的则是出行、狩猎、耕作及从事手工业生产等。上文在论述家庭人员构成元素中已就一些壁画和画像的内容进行了分析，此处略过，下文仅就其他一些壁画或画像作简要叙述。需作说明的是，汉代壁画或画像中，有对墓主即现实生活中家庭主人的一些描绘，也有对家庭中一些主要成员如老人、小孩等的刻画，其他的家庭主要成员虽有体现但相对较少，但关于部分家庭，特别是有一定等级地位或经济实力家庭中附属人员的描述相对较多，涉及内容广泛，除体现家庭人员组成外，还反映出较多与秦汉家庭有关的其他内容。

内蒙古和林格尔壁画墓有较多描绘人物的画面，有体现地主庄园中驱牛耕地者及持锄、镢在田圃中干农活的其他农业劳动者，有放牧者、动物饲养者、采桑者，有酿酒者、庖厨人员和沤麻者，有驱牛车运粮者和加工粮食者；车马出行方面，有主人乘车，也有导从、骑吏和其他人员；有的画面反映了家庭中主要成员在水阁中凭栏观赏捕鱼的场景，也有捕鱼者在水中捕鱼，亦有陪主人进行狩猎的人员。整体来看，庄园中的劳动者很多，农人、捕鱼者、放牧者等应为该庄园主的徒附或佃户，而相关采桑人员、庖厨人员等则很可能是这些徒附或佃户的家属，诸多附属人员为该庄园服务，而庄园主家庭的人员出则有车马，在家赏捕鱼，或宴饮、或赏乐舞，或进行相关娱乐活动。壁画中家主们养尊处优的燕居生活亦可说明，穹庐顶的帐幕下夫妻端坐，众多奴仆侍者为二人服务，女主人身后有 2 名女婢持镜伺候化妆，有女性侍婢捧食物进帐，帐外有女倡者多人，院中还有鸳鸯和鹤，当是为家主饲养以供观赏的禽类[③]。

山东地区发现的汉代画像石墓葬及祠堂众多，很多画像内容对家庭中人员组成有所刻画。金乡朱鲔石室为墓外祠堂，石刻画像中有相当数量的人物，附属人员较多，其中有很多服务于家主的日常生活，如庖厨人员、从事盛酒食的人员等等[④]。诸城前凉台东汉墓出土石刻画像中，既有家主及其家庭中其他主要人员，还有不同性

① 仝泽荣、武利华、田忠恩、陈剑彤：《睢宁汉画像石》，山东美术出版社，1998 年，第 90 页。

② 仝泽荣：《江苏睢宁墓山汉画像石墓》，《文物》1997 年第 9 期。

③ 内蒙古自治区博物馆文物工作队编：《和林格尔汉墓壁画》，文物出版社，1978 年，第 20-24 页。

④ 山东省石刻艺术博物馆编，蒋英炬、杨爱国、孙群著：《朱鲔石室》，文物出版社，2015 年，第 56-76 页。

质、从事不同工作的附属人员，主要包括乐舞百戏表演者多人、庖厨者多人，而且很多附属人员的具体工作存在差别；拷打、髡刑图等体现了庄园中家吏及奴婢等人员；谒见图中有主人端坐，身后有五个侍者，2 人执棒而立；还有家庭中的议事人员、进行六博游戏的人员及与这两方面对应的侍者；另有家庭中捧牍环坐聆听教诲的人员和庄园图中打扫卫生者及相关人员[①]（图一 -13）。滕州黄家岭出土的一块祠堂画像的下格为田间劳作画像，右侧一树下有一老者右手执杖坐于树下，正在观看田地中家庭成员的劳动，从事田间劳动的人员有驱牛耙地者、驱牛马拉犁耕田者及多人中耕除草，还有一挑饭食的女人，当为负责送来饭食的女眷[②]。邹城峄山镇野店村出土庖厨宴飨画像，上格为庖厨图，有多名家庭中相关附属人员在工作，而且还有一小孩伸手拿挂在肉架上剥好的兔肉，其应是家庭中某一附属成员的孩子；下格主体为夫妻并坐饮食，身边有四个小孩玩耍，反映出家主一家夫妻、儿女的综合组成[③]。微山县两城乡凤凰山南麓伏羲庙出土的建筑人物画像中央有一厅堂，厅内坐夫

图一 -13　山东诸城前凉台东汉墓出土谒见与讲经等画像

① 诸城县博物馆，任日新：《山东诸城汉墓画像石》，《文物》1981 年第 10 期。

② 滕州市汉画像石馆：《滕州汉画像石精品集》，齐鲁书社，2011 年，第 32、33 页。

③ 胡新立：《邹城汉画像石》，文物出版社，2008 年，第 157 页。

妻二人，左侧为男性，其身后有一侍者，右侧为女性，身旁有二小孩，屋外右侧还有一仆人或侍者正襟危坐，整个画面应是体现出家主、妻子、孩子及侍者或仆人的家庭成员组合内容[①]；微山县两城山出土的一幅画像，下层为一棵大树，树下一侧坐夫妇二人，妻子身前有多个孩童，丈夫向右侧身对着妻儿，边与妻子讲话边逗孩童，树下另一侧有1马，马前有1小孩在射鸟，描绘了家主、妻子和较多孩子的家庭组成，而孩子中年龄较大者已可射鸟，年龄小者则偎靠在父母身旁，有的还需母亲抱着[②]。山东地区也发现有汉代壁画墓，如东平后屯汉代壁画墓（M1），绘有各类人物形象多达48人，有家主宴享图，更多的则是附属人员，包括舞蹈杂技图（图一-14）、侍女图、武士图等，其中踏鼓舞蹈图中有一舞伎作回首观望主人状，另外还有和家庭娱乐有关的斗鸡图等[③]。

图一-14　山东东平M1西壁南侧与南壁上部壁画

① 微山县文物管理所：《山东微山县出土的汉画像石》，《文物》2000年第10期。

② 傅惜华、陈志农编辑，陈沛箴整理：《山东汉画像石汇编》，山东画报出版社，2012年，第316页。

③ 山东省文物考古研究所、东平县文物管理所：《东平后屯汉代壁画墓》，文物出版社，2010年。

江苏徐州地区出土的汉代画像石数量亦较多。贾汪区青山泉白集汉墓，墓内出土画像石中，有手中执长柄彗迎宾的门卒，有乐舞杂技人员，也有武士及腰挂长剑、手执带柄长矛武器的家庭武官；有两组主人与相关人员的宴饮图，一组在主人与宾客旁配有侍者，门外有执彗家吏，屋内有一人执扇服侍主人，另一组中主人身后有一组乐队进行演奏，共四人，一人作调琴姿势，另三人合掌胸前，似在歌唱和伴奏①。沛县栖山西汉晚期墓葬，一块石椁长壁所刻画像中，大门处有两门吏佩剑而立，阙前为门吏执棒躬立，画面中还有汲水者、庖厨者和乐舞表演者，一座楼房下有门吏，上为家主与相关人员饮酒博弈，下有二人站立对话，还有一仆人拾级而上②。铜山茅村汉墓（M1）出土的一块画像石画像中，有执盾躬身迎客的门吏，也有家中相关人员与宾客谈话，有女主人在一建筑中会见宾客，而另一建筑中为男主人与宾客对饮，门阙下有卫士持戈肃立，庭院内有各类人物，如迎客、宴客、庖厨、饲马、侍从等，另有推独轮车者、乐舞表演者及武士等，人物多达 30 余人③。

陕西西安理工大学壁画墓的壁画内容较为丰富。东壁绘画内容以狩猎、车马出行等场景为主，南端上下有三组人物，上部一组 3 人，1 人站立，另 2 人作曲身坐姿，下部一组 3 人，2 人站立，1 人作曲身坐姿；其北最上部为两匹奔马，下为一组出行车马，前面 2 人乘奔马开道，中间 1 人乘飞马引导，后面主人乘 2 马驾车；中部及北部为狩猎场面，人物有九组，多为打猎者正在狩猎，应有家庭中的主要成员参与其中，而该处壁画的第三组有人物 2 个，女性，眉清目秀，并驾驱驰，神态安然，似在轻松交谈，靠前者右手持棒形物上举，左手扶鞍，靠后者有弓置于身前，手扶鞍或握弓（图一 -15），说明有家庭中主要女性成员或客人参与狩猎活动之中，但仅是轻松跟随，并未进行实际的狩猎活动，而家庭的多个男性附属人员参与狩猎，其中的三个人物可能与狩猎活动的协调指挥有关。斗鸡图中人员较多，有 23 人围成一圈，主人席地而坐，神态各异，仆人或手抱鸡，或拱手侍立；乐舞表演者多人，并绘有女主人与客人边欣赏乐舞边饮酒④。

综合来看，秦汉时期家庭的人员组成内容和形式较为多样，有一夫一妻的简单家庭或稍显复杂的一夫一妻及孩子组成的家庭，但更多的家庭既有家庭中的主体成员，又有较多附属人员，而附属人员较少者仅为侍者或奴婢，复杂或数量较多者则包含男性家吏、武士、徒附、佃客、奴婢、侍者及其妻儿等。就后者来讲，在墓

① 南京博物院：《徐州青山泉白集东汉画象石墓》，《考古》1981 年第 2 期。

② 徐州市博物馆、沛县文化馆：《江苏沛县栖山汉画像石墓清理简报》，《考古》编辑部编辑：《考古学集刊 · 第 2 集》，中国社会科学出版社，1982 年，第 106-112 页。

③ 王献唐：《徐州市区的茅村汉墓群》，《文物参考资料》1953 年第 1 期。

④ 西安市文物保护考古所：《西安理工大学西汉壁画墓发掘简报》，《文物》2006 年第 5 期。

图一 -15　陕西西安理工大学壁画墓东壁中部骑马人物图

地、墓葬及其壁画、画像等中皆有较多体现。究其原因，一方面与墓主的等级地位或经济实力较为相符，另一方面，墓葬对相关内容的体现，还与秦汉时期事死如事生的丧葬思想较为契合，特别是壁画与画像，可能会在允许范围内有所夸大、夸张并增添一些理想化的元素，即希望在地下世界有更好的居住环境及更为美满、舒适的家庭构成，同时这也是对自身家庭更好发展、延续的希望。这些内容很可能是对现实生活中优于自身家庭内容的摹写，具有写实的特征，对研究该时期家庭中人员的组成具有重要的参考价值。

三、家庭分类

家庭的形成有两个最为重要的因素，一是物，包括场地、庭院、建筑、设施和物品等；二是人，包括家庭的主体成员及附属成员，而很多与家庭相关的人员也与相关家庭的形成、发展和延续有关，如家族成员、亲戚和朋友等，但这些人员及其附属成员并不是必须或一定要有的因素，而家庭的主体成员则具有较强的必要性。从某种程度上讲，人是家庭组成的最核心因素，离开人，家庭应该不能成立；物质是家庭存在的保障，是推动家庭及家庭中人员更好存在的重要保证，使得家庭更加全面、完善，并得以不断发展与延续。就家庭的这两个主要因素来讲，人是必须的，物是必要的，而人还是物的创造者、生产者和使用者，不同的人会让家庭中的物质内容呈现出不同的面貌和特征，也使得家庭呈现出相应的差异性，形成不同的类别。因此，关于家庭的分类多以人为主要参考，物质内容则是在人的基础上的辅助内容，关于秦汉家庭的分类也不例外。

家庭是具有一定独立性的人员单位，因家庭人员结构、等级、从业内容等的不同，加之人数与代际层次（辈分）等而形成规模上的差异，都使得家庭与家庭之间存在相应的差别，学界以家庭中的人为最基本的参考，从不同角度，依据不同标准，对秦汉家庭进行了相关分类研究和探讨。参考社会学的内容，有以家庭结构为标准进行家庭分类者，大致可分为核心家庭、主干家庭、联合家庭等，核心家庭是指由一对夫妻和其未婚子女组成的家庭；主干家庭是指由一对夫妻及其父母与其子女组成的三代家庭；联合家庭是指由父母和两对及两对以上已婚子女及其配偶、后代组成的家庭，同时亦指出仅是从社会学角度出发，不能说是非常全面的，尤其是在研究我国古代家庭之时，宗法式宗族组织下有许多的小家庭，而这些小家庭在社会与政治经济活动中均不具有独立性格与独立意义，而是被埋没在宗族体系之中[①]。也有学者对不同的分类进行了概括，除依家庭结构分类外，还有按家庭规模来分，可分为大家庭和小家庭，而按家庭成员的完整情况来划分，又可分为完全型家庭和缺陷家庭等；就大家庭来讲，其包含有主干家庭与（联合）复合家庭，主干家庭即是由夫妻及已婚的儿、媳和他们的子女，及其未婚儿女构成的家庭模式，复合（联合）家庭为已婚兄弟和各自的妻子联合组成的大家庭，家庭成员较多，包括祖父母、父母亲、直系兄弟姐妹及其已婚子女、未婚子女等，涉及家庭成员复杂[②]。有学者认为，汉代的小农家庭主要有核心家庭与直系家庭两种类型，核心家庭是以夫妻为主体（包括未婚子女）组成的家庭，直系家庭则是由父母与一已婚儿子组成的家庭；另外也有分居家庭与同居家庭之分，分居家庭是指家庭中的儿子成婚后成立财产、生活等相对独立的家庭，同居家庭是指父母兄弟同居共财家庭，主要包括夫妻与两个以上已婚儿子的同居、兄弟婚后的同居以及与非直系亲属的同居三种类型，同居家庭始于西汉末叶，东汉时得到迅速发展，并在诸种家庭结构中占据了主导地位[③]。有学者按家庭的代际层次和亲属关系将家庭分为四类：一是核心家庭，是指由一对夫妇和未婚子女组成的家庭；二是主干家庭，是指由一对夫妻及其子女与夫之父母组成的家庭；三是联合家庭，是指由父母和两个或两个以上已婚子女及其配偶、后代组成的家庭；四是累世同居家庭，是指包括从兄弟、再从兄弟共财同爨的四代以上同居家庭；研究指出，核心家庭乃是小家庭的主要结构形式，不过诸多小家庭所表现的家庭形态又是多样性的，具体表现为夫妻型、夫妻子型、父母妻子型、父母妻弟子型、父母弟妹型、夫妻弟妹型、夫妻子弟妹型、夫妻子媳型等[④]。也有学者认为，狭义的核心家庭应当包括父母和未成婚的子女，但广义的核心家庭还应该包括母子型、母女型、父子型、父女型等两代人构成的残破家庭，而主干家庭又称直系家庭，是指若干核心家庭在亲子连接系列上的扩大或组合起来的家庭[⑤]。

---

① 张金光：《秦制研究》，上海古籍出版社，2004年，第450页。

② 邓伟志、刘达临：《家庭的结构和分类》，《社会》1982年第2期。

③ 马新：《汉代小农家庭略论》，《文史哲》1986年第4期。

④ 曹骥：《秦汉家庭继承研究》，河南大学博士学位论文，2014年5月，第61、64、65页。

⑤ 马晓霞：《秦汉家庭结构研究》，中央民族大学硕士学位论文，2012年5月，第7页。

人作为家庭构成的关键要素，在家庭的发展、延续等方面起着十分重要的作用。家庭中的血缘与血亲关系、婚姻关系、收养关系、入赘关系、依附或主仆关系等，使得家庭成员间关系形式增多，更为错综复杂；家庭的发展、延续及新家庭的成立还会存在特殊性或偶然性，如分居家庭及新家庭的形成；社会的大环境在一定程度上会对家庭结构和内容产生影响，如西汉晚期至东汉时期的同居家庭及附属人员的增多等。上述内容、因素等都会对秦汉家庭的构成造成影响，并使得这一时期的家庭构成呈现出多样化和复杂化的特点，进而使得秦汉家庭的分类形成不同的标准和结论，但相互之间存在一些共性或交叉。就考古资料而言，在居住遗址和墓葬这两个大的方面对秦汉家庭有较多体现和反映，而墓葬又包括位置、分布、合葬、等级、陪葬、祔葬、器物、装饰、墓外设施等多方面的内容，这些内容对于探讨和分析秦汉家庭的构成和分类具有重要的参考作用。而正是由于相关资料内容极为丰富，通过考古资料对秦汉家庭进行分类也很难拘于某一点面或某一角度，而是有不同标准和参考，这样才能够形成对秦汉家庭分类的综合性理解与认识。

（一）等级属性分类

等级差异是秦汉社会内容的一项重要内容，首先是人与人及人群与人群之间的等级差异，其次是和人、人群有关内容的差异，如住宅、丧葬、权力、地位等，而所有的人都有自身的家庭，所以相对应的家庭等级差异也较为突出和明显。

与家庭关系密切的是居住及有关内容。关于秦都咸阳城、西汉都城长安城及东汉都城洛阳城的考古调查、勘探与发掘，揭露了较多与皇帝、贵族官吏等家庭有关的宫殿、住宅区及其园囿、离宫等，这与已发现、发掘的一般人员的庭院或建筑设施如河南洛阳汉河南县城东区汉代居住遗址[①]、内黄三杨庄汉代聚落及庭院遗址[②]及辽宁辽阳三道壕汉代村落遗址[③]、新疆民丰尼雅遗址汉代居住遗存[④]等相对比，无论是规模、设施，还是建筑材料等，都具有十分明显的等级差别。都城之中，皇帝家庭居住宫殿的等级要高于贵族官吏等的居住区，而在地方，诸侯王的宫殿较之王国贵族官吏也明显要高，但较之皇帝家庭居住的宫殿又明显逊色。其他还有郡、县及乡、里不同级别官吏的差异性，而地方豪强地主既有一定的政治地位也拥有较多的

---

① 黄展岳：《一九五五年春洛阳汉河南县城东区发掘报告》，《考古学报》1956年第4期。

② 河南省文物考古研究所、内黄县文物保护管理所：《河南内黄县三杨庄汉代庭院遗址》，《考古》2004年第7期；《河南内黄三杨庄汉代聚落遗址第二处庭院发掘简报》，《华夏考古》2010年第3期；刘海旺：《首次发现的汉代农业闾里遗址——中国河南内黄三杨庄汉代聚落遗址初识》，陈星灿、朱盖拉：《法国汉学·第11辑：考古发掘与历史复原》，中华书局，2006年，第64-78页。

③ 东北博物馆：《辽阳三道壕西汉村落遗址》，《考古学报》1957年第1期。

④ 新疆维吾尔自治区博物馆考古队：《新疆民丰大沙漠中的古代遗址》，《考古》1961年第3期。

经济资产，其家庭在等级上也有自身的特点，甚至会较乡、里的低级官吏要高，亦明显高于一般地主，而一般地主或低级官吏的家庭居住设施又高于一般平民和百姓。由此来看，秦汉时期，不同等级人员家庭的居住设施和内容充分体现出对应家庭的等级差异，而这种等级差异还具有明显的层次性。

墓葬是社会和家庭中人死后的归属地，在事死如事生丧葬思想的影响和推动下，墓葬又被视为死者在地下世界生活的场所，现实中的等级内容也会随之带入地下，而且与之有关的丧葬礼俗也具有了明显的等级性，因此可以说，社会有等级存在，那么丧葬中也有其等级属性①。就墓葬而言，茔域的大小、墓外设施的有无和丰富程度、建造规模与质量，封土的面积与高度、墓穴的开口与深度、封填的方式与效果、形制结构的差别、葬具与殓葬品的不同、陪葬物品的多寡与质量的优劣等皆可体现，因此，墓葬之间存在着等级差别。查瑞珍先生将西汉时期的墓葬分为七类，分别是帝后、诸侯王和列侯级别、郡守及郡县级、下层官吏及中小地主、有爵无官秩的庶民、一般平民、刑徒墓等②。韩国河先生将汉墓分为四个等级，即①帝后墓葬，②诸侯王、列侯、郡太守及二千石以上官秩墓葬，③县令或相仿等级墓葬，④中小地主及庶民墓葬③。笔者在《徐州汉墓与汉代社会研究》一书中对徐州地区汉代人员的等级也进行了相应划分，大致来看，诸侯王居于最高层，其下依次为列侯、王室贵族和高级官吏，中下层官吏、豪强地主和大商人，中小地主、小商人，平民、工匠，依附农、奴婢等，另外还可能有刑徒等，这些社会人群是社会等级制度中最为主要的组成元素，共同构成了金字塔式的社会等级结构④。墓葬等级的划分，也是死者在现实社会中等级内容的体现，即反映出墓主之间的等级差别，而这对于墓主所属家庭的等级划分也具有明显价值。以此为参考，可按照等级将秦汉时期的家庭分为皇室、王室、侯家及高级贵族官吏家庭、中下层官吏与豪强地主和大商人家庭、低级官吏与中小地主和小商人及富庶的平民家庭、普通平民百姓家庭、依附农与奴仆家庭等不同层次。

考古资料从多个方面对上述不同等级人员的家庭有所体现和反映。帝王陵墓特征明显，列侯与高级贵族、官吏墓葬也各具特色，其他墓葬在规模、形制、出土遗物及墓外设施等方面也体现出与墓主及其家庭等级相对应的特征。如湖南常德南坪东汉 M1，共八个墓室，包括前室、后室以及左右各三个侧室，随葬品主要放在前室和右边三个侧室，墓内葬多人，为一个家庭数代人员的合葬墓，后室和左边三

---

① 韩国河：《秦汉魏晋丧葬制度研究》，陕西人民出版社，1999 年，第 147 页。

② 查瑞珍：《战国秦汉考古》，南京大学出版社，1990 年，第 233 页。

③ 韩国河：《秦汉魏晋丧葬制度研究》，陕西人民出版社，1999 年，第 156 页。

④ 刘尊志：《徐州汉墓与汉代社会研究》，科学出版社，2011 年，第 1402 页。

个侧室葬人，其中左侧第三侧室出土两枚滑石制成的明器官印章，一枚为“索左尉印”，一枚为“酉阳丞印”，说明第三侧室墓主生前很可能担任过索县武官左尉和酉阳县的县丞；M10 为六室，前室和右边两侧室放置陪葬品，后室和左边侧室葬人，也可能是多人葬墓，第二侧室出土有“临湘右尉”铜印章，表明该室所葬男性生前做过临湘县的右尉[①]（图一 -16），这些均间接证明了其所属家庭的等级。一些简牍材料也有相关记录，上文所引湖北云梦睡虎地秦简《封诊式》的《封守》篇载：“封有鞫者户某里士伍甲家室、妻、子、臣妾、衣器、畜产。甲室、人：一宇二内，各有户，内室皆瓦盖，木大具，门桑十木。”[②] 可知家主为某里士伍，家中有衣器、畜产，也有臣妾，为低级官吏家庭，其家境还算殷实。壁画和画像石等作为汉代墓葬的装饰，有关内容为我们再现了中下层官吏、豪强地主和大商人家庭、低级官吏与中小地主和小商人及富庶的平民家庭，甚至普通平民百姓家庭的较多内容，也体现出不同等级家庭间的差异。一些画像石画像中仅有一座房屋，仆人很少，车马器具少见或不见，对应的家庭等级相对较低，而一些具有相应规模的壁画墓和画像石墓出土的壁画或画像所描绘家庭主体成员，居于高楼，下棋听乐，锦衣车行，钟鸣鼎食，奴仆、婢妾成群，庖厨人员众多，另有其他诸多附属人员，如工匠、部曲、倡讴、伎乐等，体现出中下层官吏和豪强地主的家庭内容。再以壁画或画像中的车马出行图为例，普通或一般家庭，或是乘牛车出行，或是一车一马，不见其他人员；等级高的家庭则是骑吏、旗手、辟车、伍佰、先马、有秩、三老、游徼、贼曹、督盗贼功曹、亭长等各种职能人员基本具备，且人员数量较多。两相比较，较直观地反映出对应家庭之间的等级差异和不同。

图一 -16　湖南常德东汉 M1、M10 出土滑石与铜质印章

本书其他章节关于秦汉家庭的诸多论述是以家庭的等级属性作为参考和标准展

---

① 湖南省博物馆：《湖南常德东汉墓》，《考古》编辑部编辑：《考古学集刊 · 第 1 集》，中国社会科学出版社，1981 年，第 158-176 页。

② 睡虎地秦墓竹简小组编：《睡虎地秦墓竹简》，文物出版社，2001 年，第 249 页。

开的，特作说明。

（二）职业属性分类

所谓职业属性，是指家庭中主要成员所从事主体职业的性质，其对于所属家庭的发展、延续及性质的形成均具有十分重要的作用，并因此形成不同的家庭类别。

皇帝是国家的最高统治者，其家庭的等级地位极高，家庭成员享有极高的政治地位和权力。通过已开展的考古工作可知，秦汉帝陵皆有规模较大的陵园，陵园内设施丰富，帝后陵墓位置突出，封土高大，拥有数量较多、埋藏丰富的陪葬坑及相当数量、不同等级和性质的陪葬墓。仅就西汉帝陵来讲，有学者认为："西汉帝陵陵园系模仿都城长安而筑，陵墓的封土似皇帝的'正殿'，封土四周的墙垣犹如皇宫'宫墙'，陵园墙垣四面中央各辟一门，犹如皇宫的四门，帝陵陵园象征未央宫，皇后陵陵园象征长乐宫。"[①] 也有学者指出，西汉帝陵的建设理念是模仿现实中的西汉帝国的建设理念[②]。可以说，西汉帝陵乃至秦汉时期的帝陵，在其规划、布局、设施及墓葬、陪葬内容等方面均体现出皇权的至高无上及其家庭的特殊性。诸侯王在所分封诸侯国中也具有特权性，对应家庭亦有相关特征，其墓葬形制体现出与诸侯国王宫相近似的布局，这在江苏徐州、河南永城等地西汉诸侯王墓使用的横穴崖洞墓中体现得尤为明显，而陵园中的陪葬墓、陪葬坑及其他设施等则是对诸侯王所属家庭权力、地位的展现。列侯也是汉代分封制度下具有特权的人群，他们有分封的侯国，可享受侯国的衣食租税，墓葬也具有相应的特殊性，目前，已发现并被确认的两汉列侯墓葬已有较多数量，墓外设施、墓葬形制及规模、葬具、殓葬的玉衣及一些陪葬物品等，都可反映出对应家庭的内容和内涵。已发现、发掘的秦汉墓葬中，有一定数量的贵族墓葬，如陕西西安东郊西汉窦氏墓（M3），墓主为汉初外戚窦氏家族中的成员[③]；江苏徐州西郊韩山西汉M1，墓主女性，为西汉楚国翁主级别或相近等级的人员[④]，西北郊的苏山头M2墓主亦为女性，可能是楚国刘姓宗室中下嫁之女[⑤]，东南郊的拖龙山M1，墓主为西汉楚国刘姓王室宗族成员，为楚五族中人[⑥]。就这些贵族来讲，有一部分为女性，其夫则多为朝廷或王国的官吏，徐州韩山

---

① 刘庆柱、李毓芳：《关于西汉帝陵形制诸问题探讨》，《考古与文物》1985年第5期。

② 焦南峰：《试论西汉帝陵的建设理念》，《考古》2007年第11期。

③ 西安市文物保护考古所：《西安东郊西汉窦氏墓（M3）发掘报告》，《文物》2004年第6期。

④ 徐州博物馆：《徐州韩山西汉墓》，《文物》1997年第2期。

⑤ 徐州博物馆：《江苏徐州苏山头汉墓发掘简报》，《文物》2013年第5期。

⑥ 耿建军：《徐州市拖龙山西汉墓》，中国考古学会编：《中国考古学年鉴·1993年》，文物出版社，1995年，第136页。

西汉M2与苏山头M3的墓主分别为韩山M1与苏山头M2墓主的丈夫，身份基本可确定为楚国官吏；也有一部分为男性，除其贵族身份外，还会在朝廷或王国中任职，徐州市东郊黑头山西汉墓的墓主刘慎，为楚国贵族，而根据墓内出土的“东宫府印”铜官印章来看，刘慎生前应是负责楚国东宫财务的部门官员，即东宫府的职官[①]。因此，本书将贵族与官吏家庭合并一起，但需要说明的是，很多的官吏并非贵族，尤其是地方郡县及以下级别单位的官吏，体现的官吏属性更为明确。

商人是秦汉时期社会人群的组成之一，通过物品买卖及贸易获取利益，进而增强自身的经济实力和积累。史载：汉初，“富商大贾周流天下，交易之物莫不通，得其所欲。”[②]从文景至武帝初，“商业遂以一日千里之势，展开超越千古的发展”[③]，“农不如工，工不如商，刺绣文不如倚市门”[④]即是写照。具体事例也较多，《汉书·薛宣传》注引《风俗通》曰：“临淮有一人，持一匹缣卖之。宣曰：‘缣直百钱耳。’”考古资料对于秦汉商业的发展有较多体现，如江苏徐州铜山潘塘镇曹山东汉墓出土的1柄钢剑，正面有隶书错金铭文二十一字：“建初二年（77年）蜀郡西工官王愔造五十湅□□□孙刚涪”，剑格内侧阴刻隶书“直千五百”四字，一方面表明了钢剑的产地、制造者及其价格，另一方面也说明其很可能是由墓主从蜀郡购买的物品[⑤]（图一-17）。四川地区西汉墓葬的结构、用材、随葬品还没有出现明显的商品化元素，而后出现的砖室墓、石室墓和崖墓等在墓室结构的用材、崖墓的开凿、墓室装饰和专用陪葬品等方面无不充溢着商品化的因素[⑥]。这一时期的商人墓葬有所发现，但对商人及其商品买卖有较多体现的则是画像资料。四川地区出土画像砖画像中，有些是对集市的描绘，其中可清晰看到商人、购买者、店铺及正在进行的商品买卖活动等，有的则为酒肆，既有售酒者和买酒者，还见有小商贩从酒肆沽酒后推独轮车离开，准备沿街叫卖的内容。彭州市出土两幅此类画像，酒肆前面开敞，为铺面，肆内1人正在售酒，肆外站立买酒者，均见一推独轮车的荷酒贩鬻者，彭州市升平乡出土的画像中部还有1游贩肩挑酒壶向酒肆走来[⑦]。上述内容体现出不同性质的从商者，也间接说明当时应有一定数量的商人家庭。手工业生产是秦

① 徐州博物馆：《江苏徐州黑头山西汉刘慎墓发掘简报》，《文物》2010年第11期。

② （西汉）司马迁撰，（南朝）裴骃集解，（唐）司马贞索引、张守节正义：《史记·货殖列传》，中华书局，1959年，第3261页。

③ 翦伯赞：《秦汉史》，北京大学出版社，1983年，第210页。

④ （西汉）司马迁撰，（南朝）裴骃集解，（唐）司马贞索引、张守节正义：《史记·货殖列传》，中华书局，1959年，第3274页。

⑤ 徐州博物馆：《徐州发现东汉建初二年五十湅钢剑》，《文物》1979年第7期。

⑥ 唐光孝：《试析四川汉代葬俗中的商品化问题》，《四川文物》2002年第5期。

⑦ 四川省博物馆：《四川彭县等地新收集到一批画像砖》，《考古》1987年第6期。

汉社会生产的内容之一，一方面是用于满足官府及自身家庭的需求，另一方面也有一些手工业制品可用于商品买卖，私营手工业生产在这方面即有相应体现，同时也表明秦汉时期应有从事手工业生产的家庭。这一时期手工业生产的内容较为多样，如纺织、做镜、漆器制作、冶铁、烧制陶器、刻制骨器、石材的加工与雕刻等。以石材的加工和雕刻为例，考古资料有较多体现。江苏徐州贾汪青山泉张山画像石墓前室北壁一画像石①与茅村乡檀山一块散存画像石②，无论是技法、风格均无差异，内容也基本一致，可见二石应是相互因袭，或出自同一工匠之手，表明东汉时确有专门从事画像石雕刻的工匠群存在③。徐州铜山东沿村发现的一块纪年画像石，刻铭内容为"建武十八年臈（腊）月子日□永平四年正月□为石室直五千泉工莒少郎所为后子孙皆忌子"④（图一-18），说明该石室为工匠"莒"的少子所雕刻，而且还标明造石室的价格，与商业联系在一起。四川地区在汉代尤其是东汉时期，已有专门从事与丧葬有关的专门石匠和画匠，还有以制陶为主的专门性手工业作坊等⑤。这一时期还有从事屠宰业的人员，并将屠宰后的动物进行出售，构成商业行为。如秦末汉初的樊哙，"以屠狗为事"，张守节《史记正义》曰："时人食狗亦与羊豕同，故哙专屠以卖之。"⑥宰杀动物后出售的行为还见于汉代画像，四川邛崃出土的一块市集画像砖下部有两组画面，右侧为 1 人置案售鱼，1 人正在买鱼；左侧案几上放有杀好的鸡、鸭、鹅、兔等，有顾客正在询问价格准备购买⑦。从事屠宰的人员有的是贵族、官吏或地主家的依附者，除宰杀工作外，还可能从事其他工作；也有的屠宰人员身份相对独立，当有关家庭需要对形体较大的猪、狗、牛、羊等屠宰时可以上门提供宰杀服务。此类人员或宰杀动物后进行买卖，或为其他家庭进行屠宰，进而形成与职业性质相对应的家庭属性。

农业生产是秦汉时期最为主要的社会生产，上至朝廷，下至百姓，皆较为重视，文献中的相关记载较多，如"农，天下之本也。"⑧"农，天下之大业也。"⑨

① 徐州博物馆：《江苏徐州市清理五座汉画像石墓》，《考古》1996 年第 3 期。

② 徐州博物馆：《徐州汉画像石》，江苏美术出版社，1985 年，图 179。

③ 徐州博物馆：《江苏徐州市清理五座汉画像石墓》，《考古》1996 年第 3 期。

④ 王黎林、李银德：《徐州发现东汉画像石》，《文物》1986 年第 4 期

⑤ 唐光孝：《试析四川汉代葬俗中的商品化问题》，《四川文物》2002 年第 5 期。

⑥ （西汉）司马迁撰，（南朝）裴骃集解，（唐）司马贞索引、张守节正义：《史记·樊哙列传》，中华书局，1959 年，第 2651 页。

⑦ 高文主编：《中国巴蜀新发现汉代画像砖》，四川美术出版社，2016 年，第 6 页，图 6。

⑧ （东汉）班固撰，（唐）颜师古注：《汉书·沟洫志》，中华书局，1962 年，第 1685 页。

⑨ （西汉）桓宽：《盐铁论·水旱》，王利器校注：《盐铁论校注（定本）》，中华书局，1992 年，第 429 页。

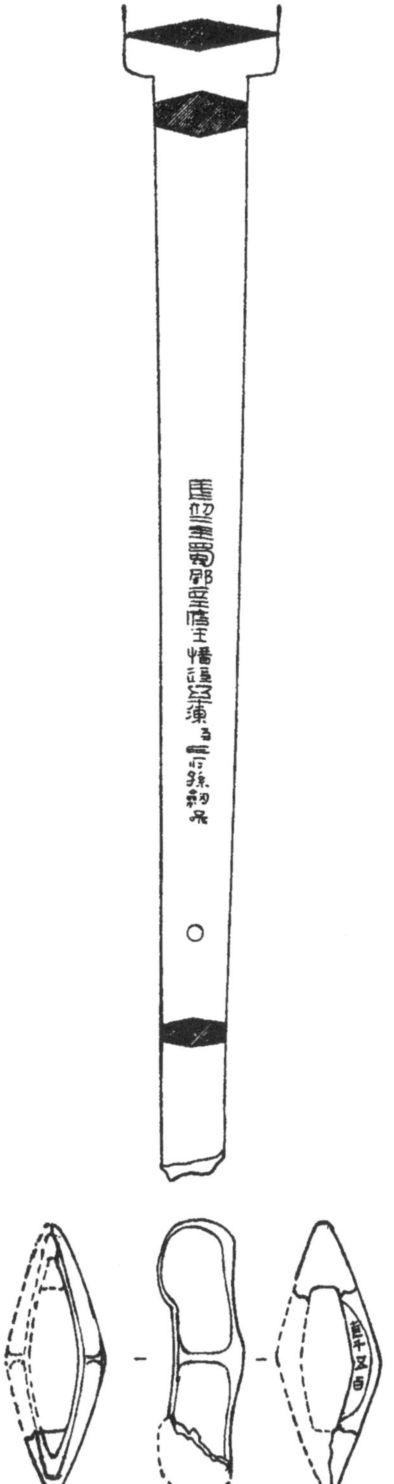

图一 -17　江苏徐州铜山潘塘曹山东汉墓出土钢剑

图一 -18　江苏徐州铜山汉王西沿村出土纪年画像石刻铭文字

“一夫不耕，或受之饥。”[①]农业家庭作为这一时期最为主要的家庭类型在社会生产及促进社会发展、稳定等方面均具有十分重要的作用。考古发掘的很多汉代居住、聚落或村落遗址中的庭院、居住遗存等，很多和农业家庭有关，亦有很多农业家庭成员的墓葬被发现和发掘，多数等级不高。汉代画像中的耕作图（以牛耕居多）、除草图、播种图、收割图、粮食加工图及墓葬中出土的粮食加工工具等都和农业有关，也反映出与农业家庭有关的诸多内容。另外，湖北江陵凤凰山 M10 出土竹简《郑里廪簿》所记家庭基本都是农户，属小农家庭，即规模不大、等级不高的农业家庭[②]。除耕种为主体的家庭外，秦汉时期的一些地区还应存在从事畜牧的家庭及以渔业为生的家庭。需作说明的是，较多地方豪强地主及一般地主在很大程度上也属于农业家庭，这与其家庭生活及经济来源等与农业生产存在十分密切的联系有关。豪强地主及一般地主的墓葬发现较多，体现出与之对应家庭的性质和属性。不过，地主家庭中的农业劳动者基本是佃农或徒附等，有些直接为地主家庭劳动，有些则是在耕种收获后向地主家庭缴纳租税，河南密县打虎亭 M1 及山东沂南画像石墓等皆出土有交租和收租的画像[③]，后一种家庭具有相应的独立性，具备的农业家庭性质更为突出。

较多具有相应等级或经济实力的家庭会使用或拥有不同数量的附属人员，较多的附属人员也会有自己的妻子儿女，形成自身的家庭内容。汉代壁画及画像中见有一些附属人员的妻子从事采桑、庖厨、纺织、清洗等工作，还有一些附属人员的孩子在灶旁添薪烧火、陪家主的孩子玩耍等等。这些家庭有的具有独立性，有的则可归入所依附的大家庭之中。有一些从事乐舞杂技或伎乐的人员也是贵族官吏家庭及地主家庭中的附属人员，在这些家庭举行迎宾、会客、祭祀、嫁娶及其他家庭活动时，进行乐舞、杂技和其他伎乐表演。但是，也有一些此类人员并不依附于相关家庭，而是在一些家庭有需要时参与相关乐舞或伎乐表演，且在没有此类活动时则以其他职业某生。如汉初开国功勋周勃“常为人吹箫给丧事”，但平时“以织薄曲为生”[④]，即以编织养蚕的器具为生，为手工业生产者。

秦汉时期还有较多从事其他职业的人员，有的家庭也因主体成员所从事职业而

---

① （东汉）班固撰，（唐）颜师古注：《汉书·食货志上》，中华书局，1962 年，第 1128 页。

② 长江流域第二期文物考古工作人员训练班：《湖北江陵凤凰山西汉墓发掘简报》；弘一：《江陵凤凰山十号汉墓简牍初探》，《文物》1974 年第 6 期；裘锡圭：《湖北江陵凤凰山十号汉墓出土简牍考释》，《文物》1974 年第 7 期。

③ 河南省文物研究所：《密县打虎亭汉墓》，文物出版社，1993 年，第 99、104-106 页；南京博物院、山东省文物管理处：《沂南古画像石墓发掘报告》，文化部文物管理局出版，1956 年，第 20、21 页，图版 48（下）；山东博物馆：《沂南北寨汉墓画像》，文物出版社，2015 年，第 54、55、115 页。

④ （西汉）司马迁撰，（南朝）裴骃集解，（唐）司马贞索引、张守节正义：《史记·绛侯周勃世家》，中华书局，1959 年，第 2056 页。

形成对应性质的家庭。有医者和医者家庭，甘肃武威旱滩坡东汉早期墓葬，墓主男性，年龄较大，可能是一位年逾七十的医学家，生前行医，在治疗许多病症方面积累了丰富的经验，形成病方，死后将这些病方随葬于身边，墓内出土简牍经初步释认，内容全是与医学有关的内容[①]，就其家庭来讲，则可视为医者家庭。山东微山地区出土的画像石中还常见有一鸟首人身的医者为病者诊脉针灸画像，而且有的画像还刻画出较多人排队等待治疗的场景，间接体现出一些医者以行医为生的内容。秦汉时期还有很多著名的医学家，如公乘阳庆、淳于意、郭玉、张仲景和华佗等，这些均说明当时应有医者家庭。不过，需作说明的是，秦汉时期有些从医者也会依附于相关家庭，主要为所依附家庭中的成员医病疗伤。河北保定满城 M1 出土的“医工”铭铜盆为中山内府的医疗器具，说明靖王刘胜内府有专门的医工[②]（图一 -19：1）。江西南昌海昏侯刘贺墓葬中出土有 2 件内底用朱漆书写“医工五禁汤”的医工漆盘[③]（图一 -19：2），五禁汤可能是针对刘贺“疾痿，步行不便”[④]病症专门制作的汤药，这也说明医工是专门服务于刘贺家庭甚至是刘贺本人的。讲经授课的人员在秦汉时期已较多见，汉代画像中有一定数量的讲经授课图，授课者或至相关家庭中讲经授课，或在自己的家中，学习者来其家中听经学习，这也说明当时有以讲经授课为生的人员和对应家庭，文献对一些讲经授课人员有相关记载，如秦末汉初的浮丘伯等等，亦证明了上文所述。另外还有从事宗教传播、巫祝及服务于祭祀和丧葬的人员等，职业与家庭相联系，形成与其职业属性相对应的家庭。河南省洛阳偃师南蔡庄一座东汉晚期墓葬内出土有“汉肥致”碑一方，通过碑文可知，肥致为东汉时期道教有名的方士，其主要的职责就是传播道家方术[⑤]。曹娥为东汉时期著名的孝女，其父曹盱，能弦歌，为巫祝，因迎神溺死，相关内容在《后汉书》中有载[⑥]。与丧葬有关的祭祀人员在山东沂南画像石墓出土画像中有体现，该墓前室的南、西、东壁横额上刻有祭祀图，其中西壁横额的祭祀图中有读祝文及领祭者[⑦]。上文所述绛侯周勃为人吹箫给丧事也是助丧的内容。另外还有方相氏舞蹈和跳傩舞

---

① 甘肃省博物馆、甘肃省武威县文化馆：《武威旱滩坡汉墓发掘简报——出土大批医药简牍》，《文物》1973 年第 12 期。

② 中国社会科学院考古研究所、河北省文物管理处：《满城汉墓发掘报告》，文物出版社，1980 年，第 58-60 页。

③ 江西省文物考古研究所、北京师范大学：《江西南昌西汉海昏侯刘贺墓出土漆木器》，《文物》2018 年第 11 期。

④ （东汉）班固撰，（唐）颜师古注：《汉书・武五子传》，中华书局，1962 年，第 2767 页。

⑤ 河南省偃师县文物管理委员会：《偃师县南蔡庄乡汉肥致墓发掘简报》，《文物》1992 年第 9 期。

⑥ （南朝宋）范晔撰，（唐）李贤等注：《后汉书・列女传》，中华书局，1965 年，第 2794 页。

⑦ 南京博物院、山东省文物管理处：《沂南古画像石墓发掘报告》，文化部文物管理局出版，1956 年，第 13、14 页，图版 28、29；山东博物馆：《沂南北寨汉墓画像》，文物出版社，2015 年，第 10-17、109 页。

1　　　　　　　　　　2

图一 -19　汉代墓葬出土带“医工”文字的器物

1. 河北保定满城 M1 出土的“医工”铭铜盆　2. 江西南昌海昏侯刘贺墓出土“医工五禁汤”医工漆盘

者，大多为相关人员扮演，河南洛阳卜千秋壁画墓中有猪头方相氏①，江苏徐州市邳州燕子埠缪宇墓等发现有大傩图②，另据学者研究，汉代尤其是东汉时期，今四川一带还有专门从事墓地选择的“风水师”③。

综合来看，从职业属性角度可将秦汉时期的家庭分为政治人员家庭、商人家庭、农业家庭、手工业家庭及伎乐家庭、医者家庭、教育人员家庭、巫祝与宗教人员家庭、助丧人员家庭等多种类型。但其中有所交叉，豪强地主家庭某种程度上属政治人员家庭，同时又与农业家庭存在密切关系，很多的伎乐家庭、医者家庭、教育人员家庭、巫祝与宗教人员家庭、助丧人员家庭等可能离不开农业生产；很多的商人家庭也可能从事农业劳动，而一些手工业家庭又兼具小商人的特征，将生产加工的物品用于销售以获利；较多职业的从事者中，部分相对独立，但也有很多具有明显的依附性质，就其所属家庭的类别，需从被依附者的家庭考察和分析。可以说，秦汉时期家庭的职业性质较为多样，而很多性质的家庭之间又存在交错纷杂的关系，而这也正是秦汉社会及家庭发展的体现和反映。

（三）规模属性分类

这是史学界关于秦汉家庭分类最常见的参考标准，上文已作相关的引用和叙述。根据已有的研究成果来看，秦汉家庭的规模属性大致是以人口数量及与辈分相关的代际层次而形成的规模差异，并区分多种不同标准、不同类别的家庭。考古资料如居住遗存及墓葬的分布、合葬、时代、装饰内容等都对相关家庭有较多的体

① 黄明兰：《洛阳西汉卜千秋壁画墓发掘简报》，《文物》1977 年第 6 期。

② 南京博物院、邳州博物馆：《东汉彭城相缪宇墓》，《文物》1984 年第 8 期。

③ 唐光孝：《试析四川汉代葬俗中的商品化问题》，《四川文物》2002 年第 5 期。

现，同时也反映出小家庭与大家庭，核心家庭、主干家庭与联合家庭，分居家庭与同居家庭等内容。

已发现、发掘的秦汉居住遗存及汉代画像石、壁画等中的居住、人员及其活动等内容体现出秦汉时期家庭规模的差异，反映出不同类型和内涵。皇帝与王侯尤其是皇帝的居住遗存，一方面显现出等级较高的特征，另一方面也说明相应人员数量多、构成复杂等内容，体现出大家庭、联合家庭及同居家庭的特点。汉代画像与壁画中对地方官吏或豪强地主庄园和大庭院描绘也体现出与皇帝、王侯居住遗存相似或相近的家庭类别。考古发现的一般居住遗存面积不大，房屋数量也相对较少，很多如《汉书·晁错传》所载："家有一堂二内，门户之闭，置器物焉，民至有所居，作有所用。"[①]对应的家庭规模不会太大，庭院面积稍大，房屋略多者可能为主干家庭或直系家庭，但也不排除核心家庭；庭院面积小、房屋较少者则大多为核心家庭，而且这两种情况的家庭都算不上大家庭，即均属小家庭的范畴。有的壁画和画像中仅有一个房屋，内有夫妻并坐，有少量仆人，有的还有少量乐舞杂技表演者；有的则不见仆人及乐舞杂技表演者，对应家庭的等级均不是太高，家庭类型大致可归为小家庭、核心家庭及分居家庭。

一些生产方面的画像对家庭类型也有体现。山东滕州黄家岭出土祠堂画像下格，画面的主体为田间劳作，涉及的人物有树下坐着的一名老人，驱牛耙地及驱牛马拉犁耕田各一成年男性，中耕除草的四名成年男性，年龄或有不同，一挑饭食的女眷，女眷身后还有 3 人跟随，从身高和形态看，可能是家庭中的未成年者[②]。画面中有不同辈分（三代）、不同年龄（老年、成年、未成年）、不同性别（男女皆有）的家庭人员，还应有一些家庭成员未能出现在画面中，其所反映的家庭应为大家庭、同居家庭或联合家庭，至少应是主干家庭。较多人员参与田间劳动的画像还见于四川地区出土的一些画像砖画像中，反映的家庭类型也大体相似。也有一些耕地、播种、采莲等画像中的劳动者仅夫妻二人或父子二人，反映的可能是小家庭或核心家庭的内容。有的如江苏睢宁散存的牛耕图，一人驱牛耕地，一小孩在其身后播种，一年龄稍大者中耕除草，一女性挑食送浆，体现的也是小家庭或核心家庭的内容。另外，汉代壁画或画像中还有孝子图或其他图像，描绘或刻画的内容有的在户内，有的在户外，涉及人数不多，结合图画内容和内涵，可大致确定相关人员所对应的家庭为小家庭，但基本为主干家庭或直系家庭。

墓葬的分布、合葬、时代等对家庭规模的体现也较多样。一些墓地中仅有夫妻二人的异坟或同坟异穴合葬墓，或还有一座等级较低的陪葬墓，如江苏徐州顾山西

---

① （东汉）班固撰，（唐）颜师古注：《汉书·晁错传》，中华书局，1962 年，第 2288 页。

② 滕州市汉画像石馆：《滕州汉画像石精品集》，齐鲁书社，2011 年，第 32、33 页。

汉墓[①]（图一-20）、韩山西汉墓[②]、火山西汉墓[③]等；有的仅一座夫妻同穴合葬墓如翠屏山西汉墓[④]、黑头山西汉墓[⑤]等，在不考虑其他因素的情况下，体现的基本是小家庭或核心家庭的内容。徐州东甸子西汉墓地中，一座为夫妻同穴合葬，另一座葬未成年人，为夫妻二人的孩子，类似的还有湖南长沙马王堆西汉墓地[⑥]、山东平度界山西汉墓地[⑦]等，排除其他因素和内容，亦是小家庭形式的核心家庭。有的墓地中墓葬数量不多且在时代上存在相应的差异，但墓葬大多为夫妻同穴合葬墓，如徐州米山西汉墓地[⑧]、奎山西汉 M9 ~ M12[⑨]等，则大致具备了联合型家庭的性质。有的墓地有几座墓葬，墓外各有祠堂，加之有墓碑等遗物，可对家庭构成有较清晰的了解。上文所举山东嘉祥东汉武氏墓地，墓园入口处有阙，墓园内有多座墓葬，各有石构祠堂，另有墓碑等遗物[⑩]，根据墓葬、祠堂及墓碑文字等可知，该处埋葬的武氏成员所属的家庭为复合型的大家庭。还有很多墓地中有较多的墓葬，有的是同一家庭的成员葬在同一墓地中，还有附属人员等的墓葬，如江西南昌海昏侯墓地[⑪]、徐州荆山西汉墓地[⑫]等，而帝王陵墓在这方面大多体现较为突出，所反映的均应为大家庭或复合型家庭的内容。还有较多是由诸多家庭组成的家族墓地或由一定数量小型家族墓地组合而成的大墓地，具体家庭的内容要参考墓葬的分组或埋葬情况，而在这两种墓地中，因涉及家庭较多，家庭的类型可能会涉及上述的多种类型，既有核心家庭，也有主干家庭，亦会有联合家庭或同居家庭，换言之，很多墓地中的家庭类型

---

① 徐州博物馆：《江苏徐州顾山西汉墓》，《考古》2005 年第 12 期。

② 徐州博物馆：《徐州韩山西汉墓》，《文物》1997 年第 2 期；胡望林：《徐州韩山汉墓》，中国考古学会编：《中国考古学年鉴·2006 年》，文物出版社，2007 年，第 190、191 页。

③ 耿建军、盛储彬：《徐州火山汉墓》，中国考古学会编：《中国考古学年鉴·1997 年》，文物出版社，1999 年，第 132、133 页。

④ 徐州博物馆：《江苏徐州市翠屏山西汉刘治墓发掘简报》，《考古》2008 年第 9 期。

⑤ 徐州博物馆：《江苏徐州黑头山西汉刘慎墓发掘简报》，《文物》2010 年第 11 期。

⑥ 湖南省博物馆、中国科学院考古研究所：《长沙马王堆一号汉墓》，文物出版社，1973 年；湖南省博物馆、湖南省文物考古研究所：《长沙马王堆二、三号汉墓》，文物出版社，2004 年。

⑦ 青岛市文物局、平度市博物馆：《山东青岛市平度界山汉墓的发掘》，《考古》2005 年第 6 期；刘尊志：《山东平度界山汉墓相关问题浅析》，《南方文物》2020 年第 2 期。

⑧ 徐州博物馆：《江苏徐州米山汉墓》，《考古》1996 年第 4 期。

⑨ 徐州博物馆：《江苏徐州市奎山四座西汉墓葬》，《考古》2012 年第 2 期。

⑩ 蒋英炬、吴文祺：《汉代武氏墓群石刻研究》，山东美术出版社，1995 年。

⑪ 江西省文物考古研究所、南昌市博物馆、南昌市新建区博物馆：《南昌市西汉海昏侯墓》，《考古》2016 年第 7 期。

⑫ 徐州博物馆：《徐州荆山村西汉墓群发掘简报》，南京博物院：《穿越长三角——京沪、沪宁高铁江苏段考古发掘报告》，科学出版社，2013 年，第 25-42 页。

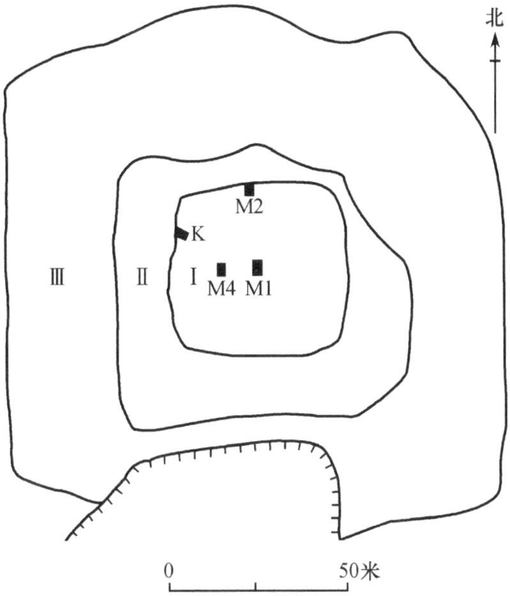

图一 -20　江苏徐州市东郊顾山西汉早期墓葬位置示意图

是大家庭与小家庭的综合。有的墓地如河北阳原三汾沟墓地中，一些家庭成员会葬在同一封土下，如M4，封土下有2座墓葬，M4A葬成年夫妻，M4B葬未成年的男女二人①，体现出同一家庭的成员死后埋葬的情况，因M4B中所葬为未成年人，M4所体现的家庭还应被视为核心形式的小家庭；但考察三汾沟墓地中墓葬分布情况，M4附近较近距离还有M2、M3等墓葬，且均为夫妻同穴合葬，这些墓葬的墓主之间应存在较为密切关系，为同一家庭成员的可能性较大，而这些墓主所属家庭则应是同居式的复合型家庭。

同一墓葬内葬3人者，死者所属家庭为核心式的小家庭当无疑问。多人葬即墓内葬4人或4人以上者，对应的死者家庭或为主干家庭，或是复合型的大家庭。河北秦皇岛抚宁邴各庄东汉M1，墓葬的三个后室内葬3组夫妻，主后室内所葬夫妻时代稍早，墓主辈分当高一些，东、西两个侧后室内所葬2对夫妻时代稍晚，墓主辈分也相对要低②。3对夫妻同葬于一墓之中，体现的是主干家庭或复合型家庭内容，亦是对同居式家庭的体现；M1封土外南侧有4墓，西南侧有1墓，除最南侧的M6外，其余4座皆紧邻或局部打破M1的封土，从墓室规模看，其中的多数应是墓内葬夫妻二人（图一 -21）。综合墓葬分布及其位置、打破关系、葬人数量、墓葬时代等来看，M2～M6的墓主与M1内所葬3对夫妻属同一家庭葬的可能性较大，

① 河北省文物研究所、张家口地区文化局：《河北阳原三汾沟汉墓群发掘报告》，《文物》1990年第1期。

② 河北省文物研究所：《河北抚宁县邴各庄汉墓发掘简报》，《文物春秋》1997年第3期；刘尊志：《河北抚宁邴各庄东汉墓地的相关问题探讨》，《文物春秋》2020年第3期。

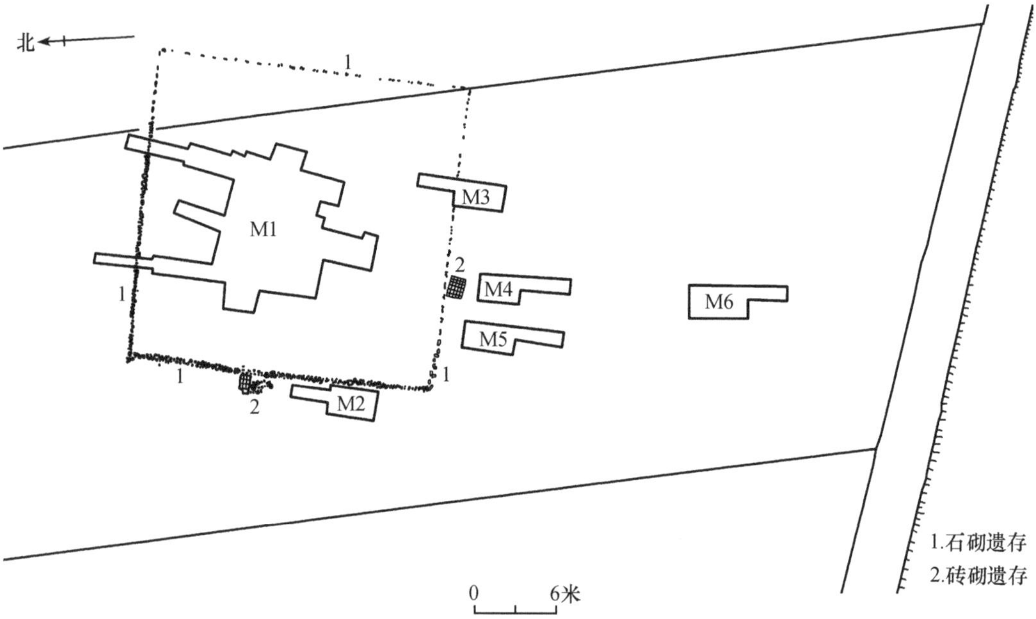

图一-21　河北抚宁县邴各庄东汉墓地墓葬分布图

但在辈分、年代等方面存在一定的差别。因此，综合来讲，抚宁邴各庄东汉墓地所体现的家庭内容应是复合型的大家庭。类似的墓地还有很多，湖南常德南坪东汉M1、M10为多人葬墓，二墓距离较近，且附近还有6座墓葬，8座墓葬分布较为密集①。河南洛阳烧沟M1035，横前堂两后室，前堂右端置棺2具，一后室中置棺1具，另一后室置棺3具，墓内至少葬6人②，还有上文所述一些多人葬墓，墓内葬8人或更多，所对应的家庭基本都可视为复合型的大家庭。

（四）相关问题

关于秦汉家庭的结构、组成和类别，无论等级属性、职业属性还是规模属性等方面，考古资料皆可体现。就上述三种家庭分类来讲，互有交叉，但又都具有自身的特点和内容，并从整体上反映出秦汉家庭类别的多样性，对全面认识秦汉家庭具有重要的作用。关于秦汉家庭的分类，还有一些相关问题需作简单分析和说明。

1. 夫妻合葬

夫妻是家庭组成的核心内容，一对夫妻可组成一个家庭，也是最基本的核心型

① 湖南省博物馆：《湖南常德东汉墓》，《考古》编辑部编辑：《考古学集刊·第1集》，中国社会科学出版社，1981年，第158-176页。

② 洛阳区考古发掘队：《洛阳烧沟汉墓》，科学出版社，1959年，第73页。

小家庭。秦汉时期，家庭观念得到日益加强，事死如生的丧葬观念深入人心，夫妻死后葬在一处（同一茔地）、同一封土下、同一墓穴中、同一墓室中的现象已十分普遍，甚至还葬于同一个椁内或同一个棺内，而同穴合葬（含同一墓穴中、同一墓室中、同一个棺内）经发展、推广和普及，在西汉中晚期至东汉一代已逐渐成为夫妻合葬的主流形式。考古发现数量极大的秦汉夫妻合葬墓，充分说明夫妻在这一时期家庭组成中的核心地位。

现实生活中，夫妻在家庭生产与生活、家庭事务处理、家庭利益等方面存在较强的一致性，而二人寝同室、餐同食，相互依伴，互相恩爱，共同养老育小。所以夫妻二人去世后也会葬在一起，在另一世界中仍是不能分开的恩爱夫妻。有些夫妻的墓葬虽不同穴，但会修建相关设施进行连通。江苏徐州地区的部分西汉楚王墓与王后墓，或有壶门，或用通道，将夫妻墓葬连通[①]。湖南常德市芦山乡 M1 为夫妻同坟异穴合葬，中间用砖砌 1 条通道，并且在两墓壁上各留一直径 0.2 米左右的小孔相通，可能是墓主人之间地下往来的通道[②]（图一 -22）。正常情况下，夫妻二人的去世时间存在早晚，出于将夫妻二人合葬于一墓的目的，有时要对早去世者尸骨进行迁葬。就迁葬墓来讲，有的人骨明显表现出二次放置的特征，相对较为散乱，如湖北荆州高台秦汉墓地中的 M28，两棺密封完好，乙棺仅有头颅骨和肢骨，较散乱[③]。可以说，迁葬也是实现夫妻死后葬于一墓之内的方式之一，进而体现出家庭对夫妻关系的重视。西汉时期一些竖穴坑墓还会采取预留的方式，即将先去世者埋葬于墓内或墓底一侧，然后进行填埋，在埋葬另一去世晚的死者时将另一半挖开，下葬后再填埋竖穴，因此竖穴内呈现出两种有明显界限，不同颜色、不同硬度的填土，甚至还可以看出相应的叠压关系，这与后去世者下葬时开挖原有填土出现坡度有关。较典型的墓葬为徐州市东郊铁刹山 M6，南部葬男性，北部葬女性，南部夯土较为坚实，北部夯土稍松软，清理中可清晰看到南部夯土的北壁微呈斜坡状，北部填土叠压南部夯土的特征较明显[④]（图一 -23）。另如徐州贾汪区官庄 M24，竖穴内东西两侧夯土颜色不同，东边夯土为黄褐色，西边夯土为红粘土，其间夹杂少许石块，可见两侧夯土有明显的分界线[⑤]。东汉时，随着横穴室墓的全面推广和普及，在同一墓内葬先后去世的夫妻二人则相对方便，打开墓门后，或将后去世者的棺柩置于另一室，这应是一部分东汉墓有双后室的原因；或置于早去世者的棺

---

① 刘尊志：《徐州两汉诸侯王墓研究》，《考古学报》2011 年第 1 期。

② 常德市文物事业管理处：《湖南常德市芦山乡发现一座东汉墓》，《考古》2004 年第 5 期。

③ 湖北省荆州博物馆：《荆州高台秦汉墓——宜黄公路荆州段田野考古报告之一》，科学出版社，2000 年，第 34 页。

④ 刘尊志：《徐州汉代夫妻合葬墓初论》，《南方文物》2009 年第 4 期。

⑤ 徐州博物馆：《徐州贾汪官庄汉墓群发掘报告》，《东南文化》2008 年第 6 期。

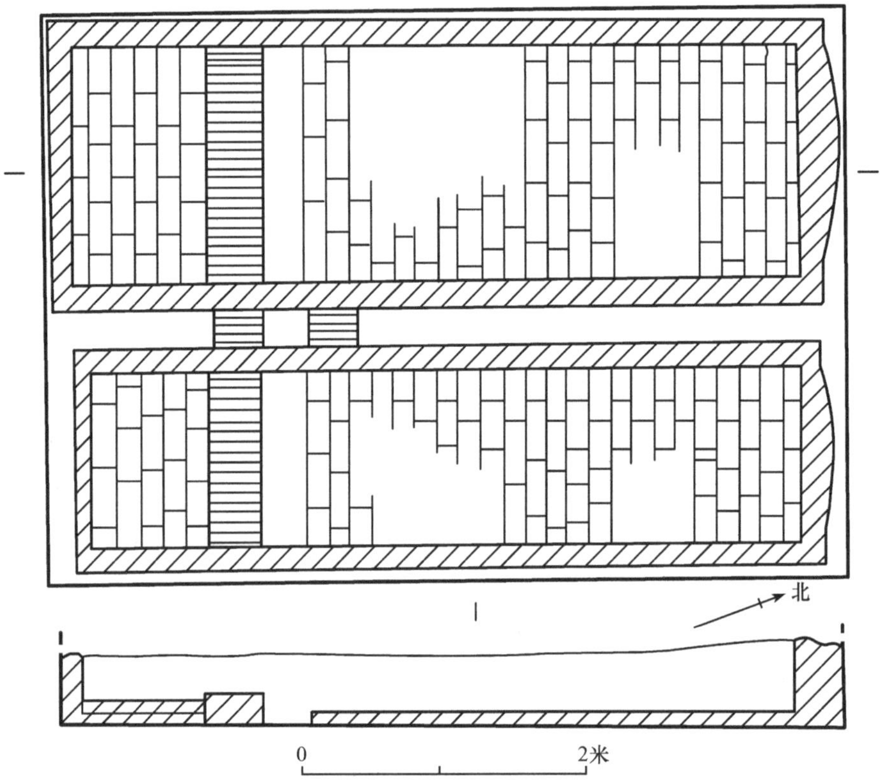

图一 -22　湖南常德市东郊芦山乡东汉 M1 平、剖面图

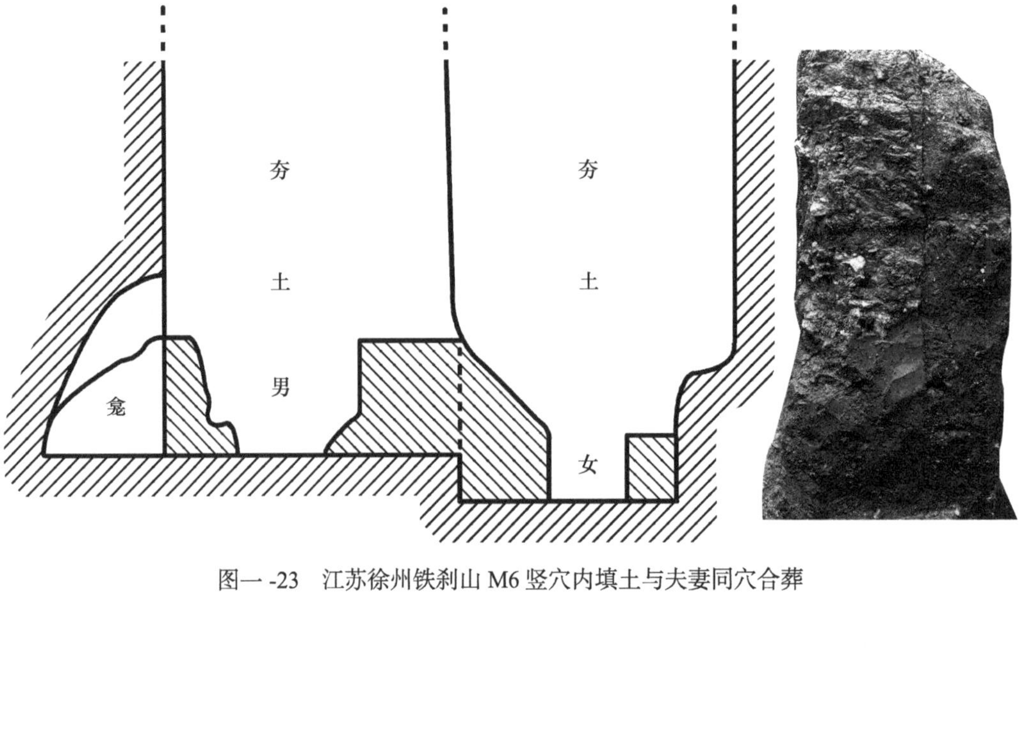

图一 -23　江苏徐州铁刹山 M6 竖穴内填土与夫妻同穴合葬

柩旁，形成后室有并列二棺的情况，此类现象也较多见，但不论如何，均可形成夫妻的同穴合葬。相关研究在论述南方地区墓葬排水时也对这一内容有所分析，指出“东汉墓葬多为砖（石）室墓，更多地采用合葬的方式，墓门需要经常打开，以便葬入后葬者，这就为排出墓室内的积水提出了更高的要求，因此，这时为合葬而建造的墓葬一般都应建造排水沟。”①

夫妻合葬体现出秦汉家庭构成的基本内容，而同穴合葬尤其是同室合葬不仅可实现夫妻生前同室、死后同穴的要求和愿望，同时还可节省墓地空间，为家庭中其他成员在墓地中安葬留出位置，因此会在等级不高家庭中得到推广，进而体现出同一墓地中家庭人员的安葬及家庭结构、类别等情况；另一方面，夫妻同室合葬又为家庭中多对夫妻及多人葬于一墓提供了参考，并推动了多人葬墓的发展，尤其是家庭中的多对夫妻葬于同一墓葬的推广和使用，而多人葬于一墓所反映家庭葬的特征更为明确，体现的家庭构成及类别也较明显。笔者认为，上述两方面也很可能是秦汉尤其是汉代，夫妻同穴合葬得到普及和发展的原因之一。同一墓地或同一墓内的家庭葬可体现出家庭的规模，也可综合反映出对应家庭的等级，而通过墓葬形制及出土遗物等，又可大致判断家庭的职业属性，这对于研究秦汉时期的家庭分类具有重要价值，而这些均与该时期夫妻同穴合葬的发展存在较为密切的关系。

2. 家庭类别的交叉

以考古资料为参考，从不同的视角对秦汉家庭进行分类可得出不同的结论，但相互之间又有交叉，如等级较高的家庭基本是政治型的家庭，而且还应是复合型的大家庭。同一标准分类的家庭之间也存在交叉。以职业属性为例，手工业家庭在正常情况下是以手工业加工为主，但大致可以确定的是，很多的此类家庭离不开农业，体现出农业与手工业的并行，但有所偏向或倚重。这一时期，经济主体为农业，一些小商人家庭也会从事自身家庭的农业生产，而很多农民亦会将自身家庭的剩余产品或通过狩猎、捕捞、加工的物品进行售卖，以此获利，因此农民与商人之间也有交叉。有些家庭的手工业与商业是并行的，即将自己加工出来的物品如酒、豉、酢菜及纺织品、编织品、漆木器等，由自己销售后获得经济利益。四川成都新都区新农乡出土的一块画像砖中，有 2 人酿酒，1 人站立作坊外似为售酒者，另有 2 人已经购买，1 人推独轮车，1 人肩挑酒壶，均作离去状②，画像所体现是制作与

① 湖南省常德市文物局、常德博物馆、鼎城区文物局、桃源县文物局、汉寿县文物局：《沅水下游汉墓》，文物出版社，2016 年，第 735、736 页。

② 《中国画像砖全集》编辑委员会：《中国画像砖全集·四川汉画像砖》，四川美术出版社，2006 年，图版第 126 页、图版说明第 54 页。

销售的共存，上文所述的一些从事屠宰业的人员也基本是如此。可以说，秦汉时期很多时候，手工业者和商人往往兼于一人之身，卖者就是制者[①]。综合来讲，秦汉时期很多中下阶层的家庭，农业、手工业或商业往往互有交叉，所以商人家庭、手工业家庭、农民家庭有时是较难区分的，而家庭的偏向或倚重或许是区分家庭类别的参考。

3. 家庭类别的变动

人员的变动是这一时期家庭的内容之一，这其中既有等级的变动，也有职业的变化，亦有人口的增减等。

等级的变动如家庭中的成员通过军功、入仕或其他方式获得官爵，或因相关原因失去原有的官爵和地位，还有一些人从小吏到重臣或大官，其所属家庭的类别也因此会产生变化。秦汉墓地中的墓位排列大多遵循的是辈分高者居于尊位，辈分低者分布其中的原则，但有些墓地中会出现时代较晚但明显等级要高墓葬亦处于尊位的现象。这一方面是秦汉时期家庭墓地为家庭中出现地位高者预留的墓位，是死者自身政治地位的展现，同时也是家庭对“光宗耀祖”者的奖励。在该墓主为官或有爵之前，其家庭的等级类别并不高，但在其为官或有爵之后，其家庭的等级类别明显提高，体现出相应的变动。如江苏徐州市奎山西汉 M9-M12，属于同一家庭人员的墓地，M11 处于墓地的较核心位置，墓葬规模大，内葬一男二女，有车马陪葬及玉枕、玉面罩等，等级较高；M9、M10、M12 均为夫妻合葬，墓主身份相对较低，就具体时代来讲，M11 可能要略晚于 M9、M10、M12[②]，但其位于尊位，应与其身份地位明显较高有关，而这也使得该家庭原有的等级属性发生变化，形成地方高级官吏家庭。

职业的变化较为普遍，原来以农为主，后改而经商；原来以屠宰为业，后转而以农为主等等皆可说明，另外还有一些为官者，官职被削或被罢官，其政治家庭的属性会因此转为其他职业属性。

家庭规模的变化和人口的增减有较大关系。大致来看，秦汉时期与家庭人口增减有关的因素大致可包括死亡、新生、娶妻、出嫁、改嫁、纳婿、收养及新家庭的另立等。就家庭人口的削减来讲，战乱、饥荒、瘟疫、匪盗等都是促成因素，而家庭矛盾，乃至与家族甚至邻里间的矛盾等，也会造成家庭的人员失踪或削减。家庭人员的增加和削减，有时会对家庭的构成及分类产生较大影响。如一家之中有夫妻、父母和儿女，父母去世后，该家庭则由主干家庭转变为核心家

---

① 童书业：《中国手工业商业发展史》，中华书局，2005 年，第 41 页。

② 徐州博物馆：《江苏徐州市奎山四座西汉墓葬》，《考古》2012 年第 2 期。

庭；女儿出嫁及儿子娶妻后另立新的家庭，该家庭则仅剩夫妻二人；若儿子娶妻生子后仍与该夫妻二人一起生活，则该家庭仍是主干家庭；若该夫妻有多个儿子，皆娶妻生子且生活在一起，则该家庭为联合家庭或同居家庭，考古发掘的多人葬墓内葬多对夫妻，应是在相应变动下形成的联合家庭或同居家庭中多个成员的合葬。

4. 家庭人口与规模

规模属性是关于秦汉家庭分类的标准之一，而规模又与家庭中的人口多少存在一定的关系。辈分层次多或多对夫妻组成的家庭，人口数量相对较多，基本被称为复合型的大家庭，但家庭的规模并不能以人口的多少来论，而人口较多的家庭也不一定就是复合型的大家庭，需要考虑相应的特殊性。以某一家庭为例，夫妻二人有一人在世，其上父母也已去世一人，夫妻二人有一子已娶妻，生一子，计算下来，该家庭为四代共 5 人，但从上文所引史学界的分析，该类家庭亦属于“复合型或同居型的大家庭”，但人口数量可能比不上一对夫妻有三子二女（均未嫁娶）的“小家庭”。秦汉时期，较多家庭尤其是以农为本的家庭中，男丁较多可明显提升或增加家庭的劳动能力，虽然存在生活条件等方面的限制，但对于生育的限制基本没有，所以当时的一些家庭存在多子的现象，会有一些多个儿女的家庭，如汉高祖刘邦即有兄弟四人。因生活条件相对优越，多子现象在高等级人员家庭中可能相对更为普遍，如楚元王刘交有七个儿子，而中山靖王刘胜“乐酒好内，有子百二十余人。”[①] 因此，对于秦汉时期家庭的人口，要视具体情况而定，不过人口多的家庭，其规模自然要大一些，所以我们从规模属性分析相关家庭的类型时，既要考虑人口数量的多少，还要考虑人口的变化和流动，而考古资料尤其是墓葬资料所体现的家庭构成，基本是同一家庭墓地或墓葬中的死者，并以此来判断某一家庭的类型和组成，这一点是需要在此处说明的。

综合来看，人作为家庭组成的最核心因素，在秦汉家庭中虽存在相对独立的鳏寡孤独者，但更多的是存在不同的组合，并因等级、职业和辈分代际或人口的多少形成不同的家庭类型，体现出这一时期家庭构成的复杂化和多样性。家庭成员生活在家庭中，需要承担与家庭有关的责任和义务，如生产、交往、庖厨、教育、祭祀、丧葬、安全、养老、抚养等等，这些内容的开展离不开家庭成员的所作所为，同时也与家庭的物质内容有着十分密切的关系，正是家庭人员与家庭物质内容的有机结合，才可以更好地促进家庭的发展和延续。

---

① （东汉）班固撰，（唐）颜师古注：《汉书 · 景十三王传》，中华书局，1962 年，第 2425 页。

第二节　外部设施

秦汉时期，家庭的庭院之外存在一定空间为家庭所有，相关家庭也会充分利用外部空间开展与家庭生产、生活及丧葬等有关的活动，以满足家庭所需和要求，而这些物质内容可以被称作外部设施。大致来看，秦汉家庭的外部设施主要和生产如农业（含渔业）、手工业、狩猎等，生活如迎宾、出行等，另有丧葬的相关活动等等存在较多的联系。

一、农业设施

物质内容是家庭构成的必要因素之一，也是家庭成员赖以生产、生活的根本，而在秦汉时期以农为本的前提下，农业设施对于较多家庭来讲尤为重要。这一时期，除一些等级较高的人员，如皇帝、诸侯王、列侯及一些中央或地方官秩较高者之外，较多的家庭与农业生产之间会存在较为密切的关系，秦汉时期的遗址、墓葬等中出土较多农具即可说明，而汉代墓葬壁画及画像石（砖）的画像对这一时期的农业生产也有较多描绘，为研究秦汉时期的农业生产及其发展状况提供了较为丰富的实物及图像资料，而相关内容也体现出对应家庭的农业设施。

（一）农田

是种植农作物的基本设施。考古发现有汉代实际耕作的农田，也出土一些农田模型，而汉代画像资料对农田也有较多反映，综合体现出汉代对于农田的治理和利用。

1. 实际耕作的农田

最具典型的为河南内黄三杨庄汉代聚落遗址中发现的分布于不同区域和面积不等的农田遗迹。该处遗址已发现汉代庭院遗存 7 处之多，不同庭院之间相距均在 50 米以上，庭院之间的区域为成片的农田，较多田垄遗迹保存较好[①]。

第二处庭院遗址，庭院西侧有一略呈椭圆形的水塘，北部坑底有南北向田垄状遗存，可能是在塘内水浅的时候种植庄稼，这样便于浇灌（图一 -24）。通过细致的

---

① 河南省文物考古研究所、内黄县文物保护管理所：《河南内黄县三杨庄汉代庭院遗址》，《考古》2004 年第 7 期；刘海旺：《首次发现的汉代农业闾里遗址——中国河南内黄三杨庄汉代聚落遗址初识》，陈星灿、米盖拉：《法国汉学 · 第 11 辑：考古发掘与历史复原》，中华书局，2006 年，第 70 页；河南省文物考古研究所、内黄县文物保护管理所：《河南内黄三杨庄汉代聚落遗址第二处庭院发掘简报》，《华夏考古》2010 年第 3 期。

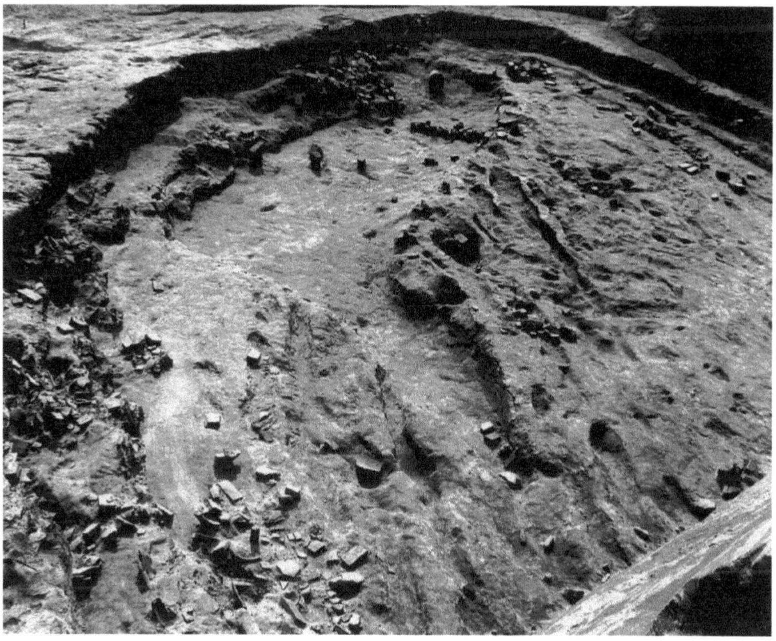

图一-24　河南内黄三杨庄汉代聚落遗址第二处庭院外西侧池塘

考古工作，发现第二处庭院东、北、西南面均为农田环绕，田垄为南北向。

第三处庭院遗址，东、西两侧水沟外和北侧（后面）清理出清晰的田垄遗迹，沟、垄相间，排列整齐，均匀分布，宽度约 0.6 米，这个宽度是相邻田垄最高处之间的尺寸，也是田垄两侧两条垄沟的底部正中之间的距离，就长度来讲，基本都是南北向贯穿整个田亩的①。这一保存比较完整的旱田垄作形态，相对于“代田法”出现了一些变化②，三杨庄聚落遗址的农田形态正是为适应其周边环境的一种技术选择，这种技术选择与代田法抗旱保墒原理相一致③。

墓葬出土遗物中也有墓主对现实土地拥有的象征物或与之有关的器具模型等。湖北江陵凤凰山西汉 M167 的出土遗物中，有外为绛红色绢包裹的长方形土块，长 20、宽 14、高 12 厘米，据遣策定名为薄土，薄土即簿土，为载入簿籍的土地，是死者生前私有土地的象征物；墓葬头箱北壁竹钉上挂有竹片制成的步弓模型，体呈“A”形，高 21.5 厘米，为古代丈量土地的工具④。二者综合反映出现实生活中墓主对于土地的拥有，土地丈量工具则是证明之一，二者所体现的土地在一定程度可能

① 刘兴林：《河南内黄三杨庄农田遗迹与两汉铁犁》，《北京师范大学学报》（社会科学版）2011 年第 5 期。

② 韩同超：《汉代华北的耕作与环境——关于三杨庄遗址内农田垄作的探讨》，《中国历史地理论丛》2010 年第 1 辑。

③ 王星光、符奎：《三杨庄遗址所反映的汉代农田耕作法》，《中国农史》2013 年第 1 期。

④ 凤凰山一六七号汉墓发掘整理小组：《江陵凤凰山一六七号汉墓发掘简报》，《文物》1976 年第 10 期。

代表着墓主拥有的耕种田地，而墓内边箱出土的扛耰、扛锄及持斧、持锸木俑等，均与从事农业生产有关，也基本说明了这一点。

2. 农田模型

农田模型以水田模型为主，主要出土于南方或西南地区的一些汉墓中，中北部地区的汉墓中仅有个别发现，为陪葬墓主的模型明器，有的还配有其他设施，以陶制居多，也有的为石刻而成，时代基本为东汉，早中晚三期的东汉墓皆有出土，如四川峨眉山双福乡出土的1件石田塘模型，长方形，分三个区域，右侧区域大，内有鸭、鱼、蛙、莲、蟹等动物，左侧为上下两部分，中有沟槽相通，下侧有2人在劳作[①]（图一-25）。罗二虎先生在《汉代模型明器中的水田类型》一文中对汉墓中出土的水田模型进行了归纳，将其分为大区划水田、小区划水田、梯田三大类，而小区划水田又可细分为规整小区划水田、不规整小区划水田，该文还就与水田模型明器有关的问题如稻作农耕、水田的单位面积、水田的地理环境、不同类型水田出现的原因等进行了深入探讨[②]。

图一-25　四川峨眉山双福乡出土汉代石田塘模型

大区划水田如陕西省勉县老道寺M1[③]、四川省西昌市礼州土坑M2[④]、云南省呈

① 于璐、赵玉亮：《中国国家博物馆藏汉代陶明器简论》，《荣宝斋》2015年第10期。

② 罗二虎：《汉代模型明器中的水田类型》，《考古》2003年第4期。

③ 郭清华：《陕西勉县老道寺汉墓》，《考古》1985年第5期；《浅谈陕西勉县出土的汉代塘库、陂池、水田模型》，《农业考古》1983年第1期；《勉县出土稻田养鱼模型》，《农业考古》1985年第2期。

④ 礼州遗址联合考古发掘队：《四川西昌礼州发现的汉墓》，《考古》1980年第5期；刘志远：《考古材料所见汉代的四川农业》，《文物》1979年第12期；刘文杰、余德章：《四川汉代陂塘水田模型考述》，《农业考古》1983年第1期。

贡县七步场汉代砖室墓[1]、广东广州 M5081[2] 及佛山澜石圩东汉墓[3] 等出土的陶水田模型。勉县老道寺 M1 出土陶水田模型中间有一条田埂将田面分成左、右两块，右、中部的田埂下各有一放水孔，水田面上为规则的横线，出土时，水田面上放有荷花、荷叶、莲子、菱角、浮萍、鳖、草鱼、鲫鱼等 18 个陶质小型水生植物和动物。西昌市礼州土坑 M2 出土陶水田模型，四周为田埂，中间也有四条田埂，在田埂的一端设有放水口。云南省呈贡县七步场汉代砖室墓出土陶水田模型，略呈椭圆形，中间有三条田埂将水田分成 3 块。广州市 M5081 出土陶水田模型，四周及中间皆有田埂，中间田埂将田地分成 4 块，有的水田内还有从事耕作的陶俑。广东佛山澜石圩东汉墓出土的陶水田模型，外有边框，内以一竖二横的田埂将水田分成 6 块，水田内栽有不同作物，有多个从事耕作的陶俑，而该模型的一侧还附有 1 小船，并有跳板与水田相连，便于交通和运输[4]。

规整小区划水田如四川省宜宾市草田崖墓 M3[5] 及江县草山砖室墓[6] 出土的陶水田及鱼塘模型、云南省呈贡县小松山砖室墓出土陶水田及陂池模型[7] 等。宜宾市草田崖墓 M3 出土陶水田及鱼塘模型，边缘为大田埂，右边的鱼塘、水田和左边的水田之间也有一大田埂（或为堤坝），左边的高田埂内有数条小田埂，划分出 5 块小区划水田，田中可见较多象征稻窝痕迹的小孔，右上鱼塘和右下边的水田之间有一较矮宽的田埂（或为堤坝），左边水田和鱼塘间的大田埂上设有一个排水孔，大田埂上现存有 5 个放水的缺口，右上边的鱼塘面积较大，内有鱼、虾和螺等。江县草山砖室墓出土陶水田及池塘模型，右边是两个池塘，一大一小，中间堤坝上有一排水孔，左边是水田和水渠，最左边有一条水渠，水渠的中部有一分岔，分开两边的水田而流入池塘，水渠两侧的水田各有一大田埂围成大的区划，其内再用小田埂分别划分出 6 块小水田，在水渠的两侧和大、小田埂上共设 14 个放水的缺口，而在两侧水田与池塘连接的大田埂上还各有一个放水孔。呈贡县小松山砖室墓出土陶水田及陂池模型，右边是一个大的池塘，左边是 12 块排列整齐的长方形水田，在水田的中间有一条细长的水渠纵贯，并与池塘直接相通。四川成都东汉墓出土的陶水

---

① 云南省博物馆文物工作队：《云南呈贡七步场东汉墓》，《考古》1982 年第 1 期；肖明华：《陂池水田模型与汉晋时期云南的农业》，《农业考古》1994 年第 1 期。

② 广州市文物管理委员会、广州市博物馆：《广州汉墓 · 上册》，文物出版社，1981 年，第 431 页。

③ 广东省文物管理委员会：《广东佛山市郊澜石东汉基发掘报告》，《考古》1964 年第 9 期。

④ 广州市文物管理委员会、广州市博物馆：《广州汉墓 · 上册》，文物出版社，1981 年，第 431 页。

⑤ 秦保生：《汉代农田水利的布局及人工养鱼业》，《农业考古》1984 年第 1 期。

⑥ 谢荔、徐利红：《四川合江县东汉砖室墓清理简报》，《文物》1992 年第 4 期。

⑦ 呈文：《东汉水田模型》，《云南文物》1977 年第 7 期；肖明华：《阪池水田模型与汉晋时期云南的农业》，《农业考古》1994 年第 1 期。

田为长方形，中间横着一条沟渠，渠中有游鱼，渠水可以流入两边的秧田里，秧田里秧窝密布，还有泥螺，整块陶水田里又分为几个小区，田底平整，水田两长端有田埂围成的半月形，无流水口，可能是作为沤绿肥用的；绵阳新皂乡东汉墓出土一套塑有人物的陶水田，分成两段，右段为有荷花、泥螺、泥鳅的藕田，左段田里站立五个俑像，除一个穿一长袍、拱手而立的可能是监督者外，其余四个都是短衣赤足的劳动者，有手持镰刀者、提罐负水者及击藤秧鼓者，是研究四川地区汉代农村劳动条件的实物材料[①]。

不规整小区划水田如四川省彭山县崖墓M661出土的陶水田及陂池模型[②]、西昌市周屯M6出土陶水田模型[③]等（图一-26：1、2）。前者右边是陂池，池内有用阴线刻的鲶鱼和草鱼，左边是水田，中间有一条水渠将其分隔开，水渠的一端有排水孔与池塘相通，水渠两侧各有一块用大田埂围成的大区划水田，其内又各有一条弯曲的小田埂将大田埂分成两块小区划水田，水田内有阴线刻的鲶鱼和堆塑的螺，田面上还有一些小孔，象征栽种的水稻。后者水田周围是大田埂，在右端进水口处有一小池，并有一排水孔通往池外，在大田埂内用数条小田埂将水田分成多块，小田埂的一端有放水的缺口，田内有藕、荷叶、菱角、鸭、龟、鱼等，在水田面上则用阴线刻画出较为整齐的禾苗。

梯田模型如四川省乐山市车子乡崖墓出土陶水田模型[④]、彭山县崖墓M365出土陶水田及旱地模型[⑤]、四川省都江堰市崇义乡出土石陂池及稻田模型[⑥]等（图一-26：3-5）。乐山市车子乡崖墓出土陶水田模型，中间有一条大田埂将水田分为两部分，田埂上有一个放水的缺口，大田埂两边的水田以不规则的田埂分割成许多不规则的小块，象征斜坡上的梯田，每块田的田埂上开有2个缺口，分别是进水口和排水口，水田中有大量排列有规律的小孔，象征稻窝。彭山县崖墓M365出土陶水田及旱地模型，右上方高起一方块，表示旱地，位置高于水田，旱地中有许多突起的条，象征田垄，还有许多较大的孔，或与插桑栽树有关，其余部分均被田埂分割成一块块小的水田，表示坡地上形状不规则的梯田，右下端有一放水的孔，水田内还见有陶塑的鳖1只。都江堰市崇义乡出土石陂池及稻田模型，石质，右边地势较高的部分可能是大区划水田，田内雕有鱼和螺，左侧逐渐低下去的部分为一层层的梯田，二者相连的田埂（或为堤坝）上有通水口。

---

① 刘志远：《考古材料所见汉代的四川农业》，《文物》1979年第12期。

② 南京博物院：《四川彭山汉代崖墓》，文物出版社，1991年，第41、42页。

③ 凉山州博物馆：《四川凉山西昌发现东汉、蜀汉墓》，《考古》1990年第5期。

④ 罗二虎：《汉代模型明器中的水田类型》，《考古》2003年第4期。

⑤ 南京博物院：《四川彭山汉代崖墓》，文物出版社，1991年，第40页。

⑥ 罗二虎：《汉代模型明器中的水田类型》，《考古》2003年第4期。

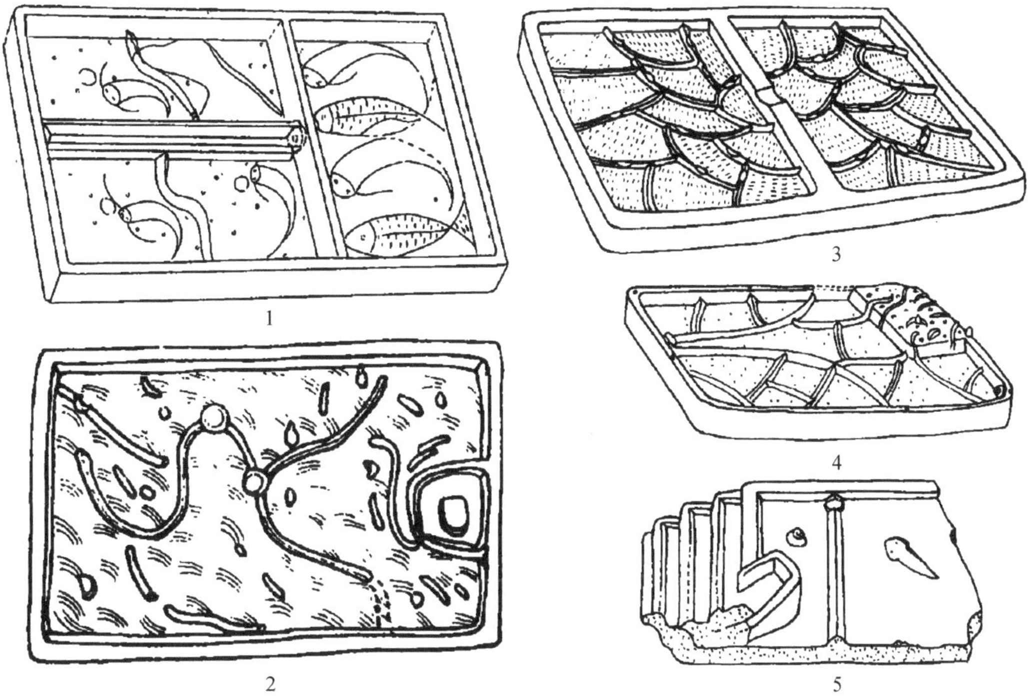

图一 -26　四川省出土汉代不规整小区划水田模型及梯田模型

1. 彭山县崖墓 M661 出土的陶水田及陂池模型　2. 西昌市周屯 M6 出土陶水田模型　3. 乐山市车子乡崖墓出土陶水田模型　4. 彭山县崖墓 M365 出土陶水田及旱地模型　5. 都江堰市崇义乡出土石陂池及稻田模型

3. 汉代画像资料中的农田

汉代画像资料以画像石和画像砖为主，在较多地区均有发现，而且很多地区出土的一些画像资料与农田耕作或收获、种植等有关。

苏鲁豫皖交界地区是汉画像石产生和使用较早的地区，也是分布最为广泛的地区，画像内容丰富多样，农业生产即是内容之一。这一地区出土的与汉代农田耕作、种植相关的画像石画像大多为牛耕图，并配以其他劳作内容。山东滕州黄家岭出土的汉代祠堂画像石牛耕图中，有耕地、耙地者，也有中耕除草者[①]，江苏徐州睢宁双沟发现的牛耕图，除耕地外还有除草、播种等内容，且田地里有长势茂盛的禾苗[②]。其他如山东泰安市出土的农业画像石中有站立持锄除草的农夫形象[③]。诸多的牛耕图表明劳动者是在农田里进行劳作，但较多此类画像突出体现的是劳动场景，对农田描绘不多，上文所举例子中，徐州睢宁双沟发现的牛耕图在田地里配上正在生

① 滕州市汉画像石馆：《滕州汉画像石精品集》，齐鲁书社，2011 年，第 32、33 页。

② 江苏省文物管理委员会：《江苏徐州汉画象石》，科学出版社，1959 年，图 81。

③ 蒋英炬：《略论山东画像石的农耕图像》，《农业考古》1981 年第 2 期。

长的禾苗，而滕州黄家岭出土的汉代祠堂画像石在右侧配了一棵大树，有老者坐于树下，再辅以其他劳动场景，也在一定程度上反映出农田的情况。

河南南阳及周边地区不仅是汉画像石的重点分布区域之一，也是汉代画像砖分布的重要地区。这一地区出土的与农业有关的画像不多。如南阳市北郊七里园乡达士营村邢营东汉 M1 出土的耕耘舞乐百戏画像，下层右侧刻农夫田间锄禾场面，田地中禾苗较多且很茂盛①。

陕北、晋西北地区汉代墓葬使用画像石的时间相对略晚，但该地区发现较多和农田耕作有关的画像。与苏鲁豫皖交界地区的汉画像石的画像相似，这一地区出土的一些画像石画像中常见牛耕图，但其他劳作场景少见搭配，推测与对应画面的画幅相对较小有一定关系。有些牛耕图会配以禾苗，陕西绥德城关保育小学东汉王得元墓前室东壁二内侧立石下部两格内容相似，上格为 1 人在 1 大树旁的田地里驱牛拉犁耕地，下格皆是一略呈长方形的田地，田地里禾苗（可能是狼尾谷）较为齐整，枝叶茂密，盈穗低垂②（图一 -27）。也有的与播种内容位于一图之中，如绥德四十铺出土墓室左竖框用石的画像，下为牛耕图，1 人扶犁耕耘，其后 1 童子提袋点播下种③。也有不见牛耕的田地，如绥德延家岔出土的墓室竖石下部画像，一长方

图一 -27　陕西绥德城关保育小学东汉王得元墓前室东壁二内侧立石下部两格画像

① 南阳市文物工作队：《南阳市邢营画像石墓发掘报告》，《中原文物》1996 年第 1 期。

② 李林、康兰英、赵力光：《陕北汉代画像石》，陕西人民出版社，1995 年，第 58-60 页。

③ 李林、康兰英、赵力光：《陕北汉代画像石》，陕西人民出版社，1995 年，第 187、189 页。

形田地里长满成熟的庄稼，右侧有 1 人站立，手持镰刀，正欲收割；白家山出土的一块墓室左竖石，上部为二层重楼阁，楼阁下层坐夫妇二人，正在对语谈话，楼阁上层似为粮仓，夫妇二人当为庄园的主人；画像下部为劳作的画面，最上为奔跑的动物，主体是四人分两组正在劳动，中间有二人持锄锄地，画面上方还搁置 1 件农具，下部左侧有 1 树，树上挂有 1 袋状盛器，树下置 1 罐，应与劳动者的饮水和吃饭有关，右下角的二人亦在锄地[①]。白家山汉墓出土墓室左竖石画像不仅反映了田地和耕作的内容，还体现出田地与庄园、耕作者与庄园主之间的关系，与上文所述附属人员可以对应，进而展现出庄园主对于田地的占有及使用情况。

四川地区是汉代画像石与画像砖分布较为集中的地区，画像石画像中反映农耕或田地的内容较少，如成都市郊曾家包汉墓出土画像石，画像下部有芋田，田里有 5 株芋苗，一农夫执锄除草壅土，左侧是 4 块种满稻谷的水田和一个有围堤的水塘，塘内有一船及鱼、荷等[②]，该画面反映了旱田与水田共存的情况。画像砖画像有较多体现和反映，《中国巴蜀新发现汉代画像砖》一书收录德阳出土的一块牛耕画像砖，右侧有 1 棵大树，当是边界，整个画面突出的是牛耕和点种，所以田地范围及相关情况并不清楚；该书收录广汉市北外乡高桥村台子包汉墓出土的收割画像砖，可清晰看到田埂及相关庄稼[③]。《中国画像砖全集・四川汉画像砖》一书收录的相关画像较多，大邑县出土的收获弋射画像砖，画像下部为收获图，长方形田地里长满稻谷，人物 6 个，前面 2 人以镰割谷草，后有 3 人俯身割谷穗，最后侧 1 人送饭后在担着禾担；德阳市柏隆乡出土的农作画像砖，田地被阡陌纵横分为多块，田里有 6 人在劳作，画面上方有 3 棵分布均匀的大树，似为田界；成都市新都区新农乡出土有播种画像砖，画面中有 3 人在劳作，1 人举锄松土，2 人弯腰执短杆点种，但画面中田地情况不详；成都市新都区马家乡出土有薅秧画像砖，画面中的田地以田埂分为 2 部分，田内残存荷叶和莲实；什邡市南泉乡出土农事画像砖，画面分左右两部分，左侧部分为田间农事，上面有 1 人俯首拔草，两戴帽者手持长镰正在除草，其下有田界，下部田地中有 2 人在拔草[④]。上述画像砖画像中的一些农田很可能就是水田，这与上文所述该地区出土的水田模型可相互对应。

和农田相关的还有桑园或桑圃，主要种植的是家庭中用于养蚕的桑树。河南内

---

① 绥德汉画像石展览馆编，李贵龙、王建勤主编：《绥德汉代画像石》，陕西人民美术出版社，2001 年，第 188、190 页。

② 成都市文物管理处：《四川成都曾家包东汉画像砖石墓》，《文物》1981 年第 10 期。

③ 高文主编：《中国巴蜀新发现汉代画像砖》，四川美术出版社，2016 年，第 1、2 页。

④ 《中国画像砖全集》编辑委员会：《中国画像砖全集・四川汉画像砖》，四川美术出版社，2006 年，图版第 80、84-86、88 页，图版说明第 45、47、49 页。

黄三杨庄汉代聚落遗址中，一些庭院附近或周边栽有桑树[①]。内蒙古和林格尔东汉壁画墓后室南壁的庄园图中绘有桑林[②]。汉代画像及壁画中还常见有“鲁大夫秋胡戏妻”的画面，秋胡妻是在村外采桑，间接体现出田地中种植桑树的内容。四川德阳黄浒镇出土有桑圃画像砖，内容是整齐排列的桑树幼株[③]；新都出土的汉画像砖中有桑园图像，面积较大，栽植较多桑树，桑园不仅有门，还可能有墙及专门的管理人员[④]。除桑树外，可能还有果树及蔬菜的种植，相关资料不多。《中国画像砖全集·四川汉画像砖》一书收录的四川什邡市南泉乡出土农事画像砖中右侧为采莲的内容，成都市新都区马家乡及彭州市义和乡还出土有以采莲为主要内容的画像砖[⑤]。居延汉简在记述治园时，称某亭种植的12畦菜中，7畦为葵，5畦种有葱和韭菜[⑥]，这一资料可间接证明当时的一些家庭可能在庭院之外有专门的田地种植蔬菜。

除上述内容外，汉代画像中还见有开荒种地的内容。《中国巴蜀新发现汉代画像砖》收录一幅出土地不详的开荒种地画像砖，画像中有多人在一块荒地上劳动，有割除杂草荆棘者，有平整土地者，还有人肩挑相关杂物向外运输，等等[⑦]（图一-28）。开种荒地，在一定程度上可视为相关家庭拓展外部设施及空间，进而扩大田地的方法和内容之一。

（二）水利设施

与农业关系密切，可用于灌溉与排涝。就目前资料看，秦汉时期，灌溉农田主要是利用地表沟渠及河湖、池塘等内的水源，虽然凿井技术在这一时期已较为成熟，但考古发现的水井遗存、模型器物及壁画或画像中的水井图像资料，很大一部分体现的为家庭日常生活用水或相关手工业用水，用在农田灌溉方面的水井相对较少，这与汲水工具相对简单，效率不高，很难满足大面积灌溉应有一定的关系。

---

① 河南省文物考古研究所、内黄县文物保护管理所：《河南内黄县三杨庄汉代庭院遗址》，《考古》2004年第7期；刘海旺：《首次发现的汉代农业闾里遗址——中国河南内黄三杨庄汉代聚落遗址初识》，陈星灿、朱盖拉：《法国汉学·第11辑：考古发掘与历史复原》，中华书局，2006年，第64-78页；河南省文物考古研究所、内黄县文物保护管理所：《河南内黄三杨庄汉代聚落遗址第二处庭院发掘简报》，《华夏考古》2010年第3期。

② 内蒙古自治区博物馆文物工作队编：《和林格尔汉墓壁画》，文物出版社，1978年，第20、21页。

③ 重庆市博物馆：《四川汉画像砖选集》，文物出版社，1957年，第12页；孙机：《汉代物质文化资料图说（增订本）》，上海古籍出版社，2008年，第64-69页。

④ 龚廷万、龚玉、戴嘉陵：《巴蜀汉代画像集》，文物出版社，1998年，图5。

⑤ 《中国画像砖全集》编辑委员会：《中国画像砖全集·四川汉画像砖》，四川美术出版社，2006年，图版第88、89页，图版说明第49、50页。

⑥ 甘肃居延考古队：《居延汉代遗址的发掘和新出土的简册》；徐苹芳：《居延考古发掘的新收获》，《文物》1978年第1期。

⑦ 高文主编：《中国巴蜀新发现汉代画像砖》，四川美术出版社，2016年，第72页。

图一-28 《中国巴蜀新发现汉代画像砖》收集开荒种地画像砖画像

河南内黄三杨庄汉代聚落遗址中发现的池塘位于庭院之外，有一定的面积和深度，能够达到相应的蓄水量，可以灌溉周边农田或为农田排涝，而在干旱季节，池塘蓄水量较少的时候，又可在池塘底的局部开垦农田，较便于浇灌；第三处庭院遗址的东西两侧及北侧局部有包绕庭院的边沟，边沟外侧为田垄，沟内蓄水也可用于灌溉[①]。上文所述水田模型中，较多有水渠，既可灌溉也可排涝。四川地区出土汉画像砖上的农事画像，很多农田与水塘相邻，可利用自然优势进行灌溉或排涝，如大邑县出土的收获弋射画像，上为水塘，下为稻田；什邡市南泉乡出土的农事画像，左为农田，右是水塘。四川地区汉墓也出土有专门的水塘模型，如成都天回镇东汉崖墓出土的长方形陶水塘，塘里有堤埂，左端有排水渠和水闸，相隔为三段，塘里有小船、游鱼、野鸭、莲花、莲叶等，是一个综合利用的蓄水塘[②]。

秦汉时期，政府及家庭注重水利设施的修建，政府修建较多大型水利工程的同时也兴建了很多水利设施如井渠等，考古资料还见有其他水利设施。山东苍山县城子村出土的一件西汉陶罐上刻有“治河赏”三字（图一-29：1），应是对治河有功人员的奖赏[③]；安徽寿县发现的东汉时期水堰遗址，出土“都水官”三字铭文的铁椎（图一-29：2），表明这一工程可能是该地区所属的九江郡组织修建的[④]。这些相应规模的水利工程基本是由政府督建或修建的，对于较多家庭来讲，为农田灌溉提

---

① 河南省文物考古研究所、内黄县文物保护管理所：《河南内黄县三杨庄汉代庭院遗址》，《考古》2004年第7期；刘海旺：《首次发现的汉代农业闾里遗址——中国河南内黄三杨庄汉代聚落遗址初识》，陈星灿、朱盖拉：《法国汉学·第11辑：考古发掘与历史复原》，中华书局，2006年，第64-78页；河南省文物考古研究所、内黄县文物保护管理所：《河南内黄三杨庄汉代聚落遗址第二处庭院发掘简报》，《华夏考古》2010年第3期。

② 刘志远：《考古材料所见汉代的四川农业》，《文物》1979年第12期。

③ 金爱民：《山东苍山县城城子村发现一件“治河赏”陶罐》，《考古》1999年第10期。

④ 殷滌非：《安徽省寿县安丰塘发现汉代闸壩工程遗址》，《文物》1960年第1期。

1　　2

图一-29　山东苍山城子村与安徽寿县安丰塘出土与水利有关实物和文字
1. 山东苍山城子村出土西汉陶罐及“治河赏”刻字　2. 安徽寿县东汉水堰遗址出土“都水官”三字铭文铁椎

供了有利条件。推而广之，结合内黄三杨庄汉代聚落遗址中发现的池塘及其他地区出土的水田模型、相关地区出土的农事画像等来看，秦汉时期的一些家庭也会修建一些池塘、沟渠等，以满足灌溉和排涝，进而促进庄稼的良好生长，提高产量。当然也有凿井用以灌溉农田者，安徽寿县在一处不到140米的狭长地带中发现9眼西汉时期的水井，可能与农田灌溉有关①；北京市宣武门以西到和平门一带发现了151座汉代瓦井，分布密集，应是灌溉农田所用②。这些水井分布密集，基本都应在庭院之外，是家庭的外部设施内容之一。四川成都的北郊扬子山、西郊青羊宫及市内白丝街、城守东大街及盐道街至南门城墙一带曾发现多处古井遗址，有的相距不到二百公尺（米），很有可能是地下相通的穿井（地下井渠），不单供当时居民饮水之用，而且会大量用于灌溉蔬菜地或农田③。

（三）渔业设施

从大的方面讲，渔业也在大的农业范畴之内。关于捕鱼和钓鱼，汉代画像石及画像砖的画像中多有描绘，但这些多是在自然沟河及池塘等中开展的，一些自然沟河及池塘等可能会属于某些豪强地主或有关人员的家庭所有，可视为家庭的外部设施之一，有些则与家庭之间没有关系，不可视为家庭的外部设施，关于这一点，本书不作过多探讨。

上文所述的一些水田模型中会有鱼及相关水生动物，可视为与渔业有关的设施，但其主体是农业种植，有的农田画像中也有类似情况。也有一些画像砖的画像

① 吴兴汉：《寿县东门外发现西汉水井及西晋墓》，《文物》1963年第7期。

② 苏天钧：《十年来北京市所发现的重要古代墓葬和遗址》，《考古》1959年第3期；北京市文管处：《北京地区的古瓦井》，《文物》1972年第2期。

③ 刘志远：《考古材料所见汉代的四川农业》，《文物》1979年第12期。

可明确表现出与渔业及其设施有关的内容。四川成都市出土放鸭图的右下角有3人在池塘边忙碌着，2人正在将捕捞到的鱼放入鱼篓内，另有1人一手持竹竿，一手提篓向另外2人走来，池塘的另一边有4人赶放鸭子入塘[①]。该池塘既可捕鱼又可饲养鸭子，体现出和渔业、家庭饲养相关的内容。《中国画像砖全集·四川汉画像砖》一书收录的大邑县出土收获弋射画像砖，上为2人在池塘边弋射，该池塘为一莲池，莲花垂露，莲叶浮于水面，水下有大鱼数尾，该池塘当与渔业设施有关；成都市新都区出土的一块画像砖，主题内容为捕鱼，下部为1池塘，岸边有3人持渔具眼望水面向右行走，再前还有1人肩挑一对鱼兜，手提一罐，亦向右走，池塘中有1人在划船捕鱼，渔船向左行驶，船头置一鱼筐，似已满载而归；什邡市南泉乡出土农事画像，右为水塘，塘内有2人相对坐于船上，左边1人采莲，右边1人划桨，塘内有鱼，而船上的鱼篓内也有捕逮的鱼；彭州市义和乡出土的一块画像砖，左侧约三分之二为鱼塘，右侧塘边树下有1人弋射，鱼塘内有船2只，一大一小，小船为独木船，其上站立1人正在撑船，船头伏一水獭，正在注视水中，大船上有3人，1人撑船，1人张弓欲射，1人在船头俯身采莲；成都市新都区马家乡出土的一块画像砖，整个画面为一鱼塘，塘内有鱼多条，大小不等，有2人分乘小舟在池中采莲；彭州市太平乡出土的一块画像砖，画面是一螺田（池），有4人俯身张臂、束衣挽裤，正在拾螺[②]。

上述画像的内容中，有捕鱼者体现出渔业的性质较为明显，采莲者也有的和捕鱼相关，而池塘内基本都有鱼，可间接体现出渔业的内容。还有一幅画像有拾螺的内容，亦与渔业具有相应关系。需要说明的是，鱼塘是相关家庭开展渔业的外部设施，而很多鱼塘内有船，则是开展渔业的最好工具，另还会有其他配套用具。

（四）放养家禽与畜牧设施

同渔业一样，放养家禽与畜牧业亦属于大的农业范畴。

较多家庭中的饲养家禽设施在庭院之内，但有些家禽，如鸭子等，需要到庭院外放养，以促进生长。上文所举四川成都市出土放鸭图即是一例，较多的鸭子被赶放至池塘之中，既可满足鸭子戏水的需求，又可让鸭子捕逮水中的动物以供食用，对促进鸭子的生长十分有利。四川德阳柏隆镇出土的一块画像砖上有老少赶鸭图，两位老者一前一后，一个小孩居中，正在从树林赶鸭子到池塘去放养[③]（图一-30）。

一些家畜既可圈养，也可通过放牧的形式饲养，尤其是数量较多的情况下，放

---

① 高文主编：《中国巴蜀新发现汉代画像砖》，四川美术出版社，2016年，第3页。

② 《中国画像砖全集》编辑委员会：《中国画像砖全集·四川汉画像砖》，四川美术出版社，2006年，图版第80、87-89页，图版说明第45、48-50页。

③ 高文主编：《中国巴蜀新发现汉代画像砖》，四川美术出版社，2016年，第275页。

图一 -30　四川德阳柏隆镇出土老少赶鸭图

牧饲养效果较好，而放牧饲养的场地一般要求较大，基本会在庭院之外，是相关家庭的外部设施组成内容之一，当然，也有利用自然河塘的情况。内蒙古和林格尔壁画墓中有马厩及牛、羊圈，也有牧马、牧牛和牧羊图，体现出圈养与牧养的有机结合①。陕北、晋西北发现的一些东汉画像石中也有放牧图，最具代表的为陕西省绥德汉墓出土的相关画像石。延家岔东汉 M2，前室北壁横额画像分上下两层，上层为车马迎宾等内容，下层为放牧图，左为 2 排山羊，后有 2 牛 5 马，再后为 5 牛，中间穿插有 3 个人物和 1 棵大树等，3 个人物皆执物，有杖、弓等，为放牧者，最右为 1 辇车，可能与管理者有关②（图一 -31）。白家山东汉墓的前室西壁横额画像的右侧，除较多的人物外，还有放牧的内容，被放牧的动物有马和羊，偏下一侧有二人骑乘一只骆驼，好像是管理放牧的人员③。城关保育小学东汉王得元墓前室东壁横额画像，中有二层楼阁，内为二人对语，两侧皆是放牧的内容，左侧为 1 骑马持鞭的放牧管理者和多匹奔跑的骏马，右侧最右边为 1 骑马持鞭的放牧管理者，其前有多只山羊，山羊前有 5 只牛，走在最前的为 1 只雏牛④。四十铺东汉墓出土的墓室横额画像与上图有相似之处，但中间楼阁的左侧为牧牛羊图，左侧为牧马图⑤。白家山出土的墓门横额画像分上下两格，左侧上下两格为放牧图，以牛羊为主，管理放牧者皆呈站立状，手中持棒⑥。其他一些地区也见有放牧的汉代画像，但

---

① 内蒙古自治区博物馆文物工作队编：《和林格尔汉墓壁画》，文物出版社，1978 年，第 21 页。

② 李林：《陕西绥德延家岔二号画像石墓》，《考古》1990 年第 2 期；李林、康兰英、赵力光：《陕北汉代画像石》，陕西人民出版社，1995 年，第 96 页。

③ 绥德汉画像石展览馆编，李贵龙、王建勤主编：《绥德汉代画像石》，陕西人民美术出版社，2001 年，第 66-68 页。

④ 李林、康兰英、赵力光：《陕北汉代画像石》，陕西人民出版社，1995 年，第 58-60 页。

⑤ 绥德汉画像石展览馆编，李贵龙、王建勤主编：《绥德汉代画像石》，陕西人民美术出版社，2001 年，第 108、109 页。

⑥ 绥德汉画像石展览馆编，李贵龙、王建勤主编：《绥德汉代画像石》，陕西人民美术出版社，2001 年，第 144、145 页。

相较于北方地区较为多见的情况，数量相对较少。四川宝兴县出土的汉代画像砖是研究青衣羌文化的重要实物资料，其中即有一幅牧牛图，左侧有1人牵狗望着身前的牛群，画面中有3只体格肥壮的牛正在迈步前行[①]（图一-32）。

二、手工业设施

秦汉时期，家庭手工业获得较大的发展，因具体手工业的规模不同，所需场地的位置及大小存在差异，所以一些家庭手工业的场地位于庭院之外，有的可能与庭院还有相应距离，进而形成家庭的外部设施。

考古发掘秦汉时期的手工业遗存已有很多，其中相当部分与官营或官私合营等有关，但也有一些可能属于家庭手工业的遗存。相当数量的家庭手工业位于庭院之内，规模不大，如纺织、制车等，出土的汉代画像石画像也可体现，如江苏徐州铜山洪楼东汉墓祠堂画像中的纺织图，纺织机械及人员在庭院内的一个相对独立房屋中，主人在客人到访时还可带客人参观自己家的织坊[②]。但也有一些与冶炼铸造、陶器烧造、编织、开采加工、造船等相关的手工业，因其属性和特征，很可能会位于庭院之外。

（一）冶炼铸造

秦汉时期，与家庭密切相关的冶炼铸造业主要为铁的冶炼和铁器的铸造，而这一时期，该项手工业经历了官营与私营并举、官营发展严禁私铸、私营逐渐发展等的发展过程。西汉武帝之前一些私营铁器铸造业规模较大，"一家聚众，或至千余人。"[③]山东莱芜亓省庄出土的西汉早期铁铧冠范上有阴文"山"字或"汜"字，镰刀范上有阳文"李"字，铲范上有阴文"山"字等，可能是铁工场主的姓氏[④]（图一-33），这也表明一些私营铁工场已使用了产品标识。武帝时，私人鼓铸被收归国有，家庭铸造业受到极大影响，西汉晚期，私营铁生产有所复苏，东汉初期生产量增加，一些渐具规模，而随着废盐铁官营，罢盐铁之禁[⑤]，相关家庭的铁器铸造业又得到较大发展，商品化明显，铁工场主姓氏、产品质量的铭文较多[⑥]，如河南镇

① 高文主编：《中国巴蜀新发现汉代画像砖》，四川美术出版社，2016年，第325、337页。

② 王德庆：《江苏铜山东汉墓清理简报》，《考古通讯》1957年第4期；徐州博物馆：《徐州汉画像石》，江苏美术出版社，1985年，图76、77。

③ （西汉）桓宽：《盐铁论·复古》，王利器校注：《盐铁论校注（定本）》，中华书局，1992年，第78页。

④ 山东省博物馆：《山东省莱芜县西汉农具铁范》，《文物》1977年第7期。

⑤ （南朝宋）范晔撰，（唐）李贤等注：《后汉书·和帝纪》，中华书局，1965年，第167页。

⑥ 韩国河、赵海洲、刘尊志、朱津：《中国古代物质文化史·秦汉》，开明出版社，2014年，第148页。

图一 -31　陕西绥德延家岔东汉 M2 前室北壁横额画像

图一 -32　四川宝兴县出土牧牛画像砖画像

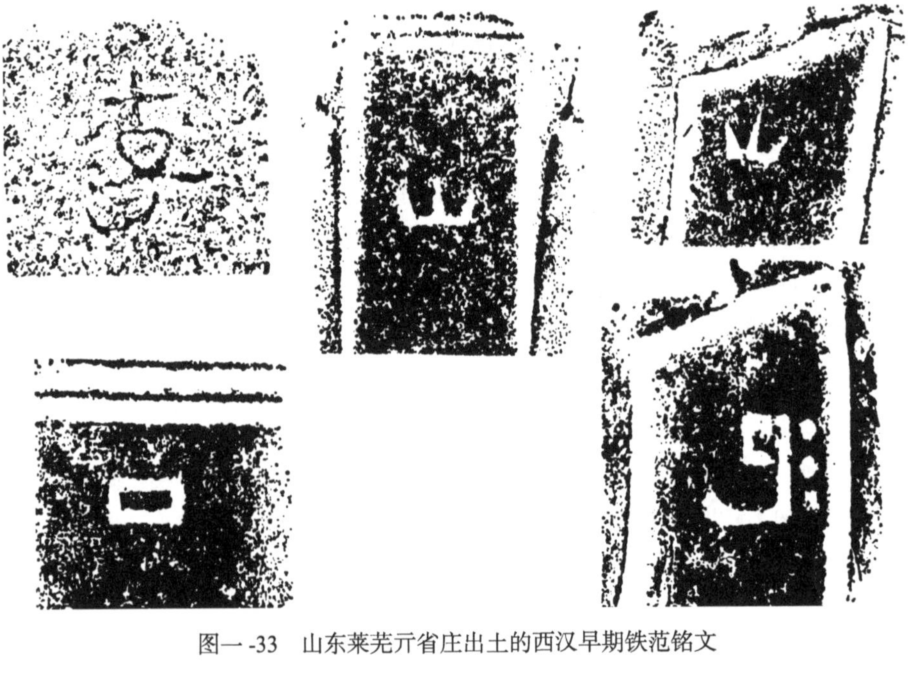

图一 -33　山东莱芜亓省庄出土的西汉早期铁范铭文

平尧庄铁器窖藏出土的“王氏大牢工（釭）作真倔中”铭文铁器等[①]。考古发现有一定数量东汉时期家庭私营铸造铁器的窖藏，既表明这一时期家庭私铸铁器手工业的发展，亦表明相应窖藏也可能是家庭手工业外部设施的一种。

冶炼铸造需要相应的场地，而因还有对冶炼炉及冶炼场地的要求，家庭私铸铁器手工业的相关设施多位于庭院之外。山东滕县出土冶铁铸造画像，中间偏右位置以一门将冶铁铸造与其他生活分开，体现了家庭内外的两种不同场景，而该画像反映出当时忙碌有序的家庭冶铸场景，工匠多且相互分工明确，而铸造工艺也较为先进[②]（图一 -34）。

冶铁铸造业的发展与采矿和矿石加工存在较为密切关系，家庭的冶铁铸造业也可能有采矿和矿石加工等工序，而对应的场地和用具也是家庭手工业外部设施之一。

另外，秦汉时期的铜器铸造也存在家庭私营的情况，相应设施在某些方面可能与冶铁铸造业存在一定的相似之处。

（二）砖瓦及日用陶器的烧造

秦汉时期，家庭对于烧造砖瓦的需求量大增，一些房屋的建造，部分水井、仓储、水道、厕所、圈棚等的修建等都会用到砖瓦。河南洛阳汉河南县城东区汉代居住遗址发现的一些房屋、仓囷、水井与水道等皆使用了砖，一些则是砖瓦并用[③]。河南内黄三杨庄发现的汉代庭院遗存中，较多房屋为砖瓦并用，其中第一处庭院基础的东北角有一处较大面积的碎瓦片、砖块和陶器残片堆积区，院落基础的东南角为堆放整齐的板瓦和筒瓦，其中板瓦 5 摞、筒瓦超过 10 摞[④]，当是家庭使用的物品。这一时期，

① 河南省文物研究所、镇平县文化馆：《河南镇平出土的汉代窖藏铁范和铁器》，《考古》1982 年第 3 期。

② 叶照涵：《汉代石刻冶铁鼓风炉图》，《文物》1959 年第 1 期。

③ 黄展岳：《一九五五年春洛阳汉河南县城东区发掘报告》，《考古学报》1956 年第 4 期。

④ 河南省文物考古研究所、内黄县文物保护管理所：《河南内黄县三杨庄汉代庭院遗址》，《考古》2004 年第 7 期。

图一-34 山东滕县出土冶铁铸造画像

很多家庭的日常生活对陶质器皿也有一定程度的使用量，考古发掘的秦汉居住遗址中常见诸多生活类陶质器皿残片，反映出家庭对陶质生活类器皿的需求和使用。

需求的增加及使用的普遍性刺激了家庭砖瓦及日用陶器烧造业的发展，考虑到砖瓦坯及日用陶器的制作及成品的烧制需要相应面积的场地和具有一定专门性质的设施，如窑等，一般家庭的庭院之内是无法安置砖瓦及日用陶器烧造设施的，而这类设施基本位于庭院之外，成为家庭手工业外部设施的内容之一。辽宁辽阳三道壕西汉村落遗址共发掘了七座砖窑址，从位置上看，基本都位于居住址外侧一定距离，有的还配有陶管井，以满足烧窑用水[①]。湖北省襄阳老河口市柴店岗 Y1，时代为西汉中晚期，应为专门烧制日用陶器、丧葬用陶及建筑用陶的民营私窑，推测柴店岗砖厂至崔营砖厂之间应有一个分布密集的汉代私营制陶作坊区[②]。就墓地陶窑而言，与墓葬关系密切，笔者将在下文作相关论述。

（三）编织

编织业是较多家庭的手工业内容之一，根据原料的不同，编织手工业又包括麻编、草编和竹编等。很多原料要经过水浸以增加韧性，麻还要经过沤制，使得麻类作物的皮与中间的杆脱离，同时又可增加麻纤维的韧性，既利于编织又可增加麻织品的牢固性。除水浸或沤泡外，相关工序还有编织和晾晒等。

内蒙古和林格尔东汉壁画墓后室南壁庄园图的左下方画着三个沤麻池，池内堆着麻，有人正在池畔进行着渍沤操作[③]。壁画中的沤麻池虽在大的庄园之中，但因池子有一定面积，池内需蓄水方可沤麻，而沤麻会产生一些发臭的气味，所以多在居住庭院的外面，这也间接体现出秦汉时期的较多家庭进行沤麻的设施应在庭院之外，为家庭外部手工业设施的一种。

① 东北博物馆：《辽阳三道壕西汉村落遗址》，《考古学报》1957 年第 1 期。

② 老河口市博物馆：《老河口市柴店岗砖厂汉代窑址清理简报》，《江汉考古》2004 年第 4 期。

③ 内蒙古自治区博物馆文物工作队编：《和林格尔汉墓壁画》，文物出版社，1978 年，第 20、21 页。

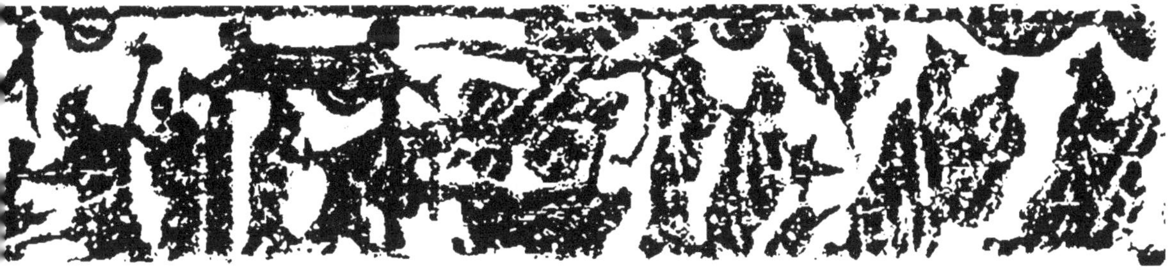

河南内黄三杨庄第二汉代聚落遗址第二处庭院南大门外约 10 米、东距庭院外水井约 3 米处发现一处遗迹，平面长方形，四角有 4 垛砖，砖垛中间堆放较多两头经打磨、多呈圆弧形、中部刻有缠绳的凹槽、经过加工的小蓝灰色砖块，推测该遗存为编织草席或竹席类的遗迹[①]，而附近的水井也是与之有关的设施之一。该处场地开阔，便于将编织好的物品进行晾晒以求结实耐用，遗存发现的经加工的砖块也可在晾晒时起到固定、防编织物被风吹起或吹走的作用。

（四）开采加工

上文所述铁矿或铜矿的开采是秦汉时期家庭与开采有关的重要手工业种类，另外还有石料的开采与加工、井盐的开采与加工等。

1. 石料的开采与加工

山地丘陵地带及附近地区，相关家庭使用一些石质生产工具或生活用具的现象相对普遍，有些家庭还会用石材铺地、砌井、垒墙、修路或用作其他建筑材料等，有些石质器具还会被销售或运输至其他地区，而秦汉时期，墓葬对于石材的需求也得到较大增长，有些墓葬以石材修建或雕琢搭建墓外设施，有些墓葬还在墓内以石材构建葬具或修葺墓室，有些陪葬品亦为石质，上述内容均在相应程度上促进了当时家庭对石料的开采与石器加工业的发展。

石料需要从山上开采，而绝大多数家庭的庭院之内是不会有山的，即使相关庄园中有小山，也一般不被开采，而是作为家庭景观或狩猎之地并进行较好维护；开采的石料一般较沉重，而加工产生的石渣也多会对家庭环境造成影响，因此石料开采与石材加工的场地及设施应是相关家庭的外部设施。关于有些家庭对于石料的开采情况，出土祠堂的刻铭或碑刻文字有所体现，山东东阿芗他君石祠题记

① 河南省文物考古研究所、内黄县文物保护管理所：《河南内黄三杨庄汉代聚落遗址第二处庭院发掘简报》，《华夏考古》2010 年第 3 期。

载有“取石南山”①。《从事武梁碑》记有“选择名石，南山之阳，擢取妙好，色无斑黄，……良匠卫改，雕文刻画，罗列成行，摅骋技巧，逶蛇有章。”②后一条文字材料还对石材加工进行了相应的描述。石材的加工和制作还可从画像石的制作多方面看出，较多的画像石有一定的体积和重量，在庭外加工的可能性较大，而参考苏北、鲁南等地的画像石成品来看，汉代至少这一地区有些画像石的制作存在家庭私营的情况，而且一些画像石可能会用来销售，这也是一些画像石的规格及画像内容较为相似的原因之一③。

2. 盐井的开采与加工

四川地区出土汉代画像砖的相关画像有所体现，这与今四川一带自先秦以来，井盐即成为当地重要手工业内容之一有关，相关画像砖的时代为东汉，此时盐铁管理有所放松，一些豪门巨贾是有盐井的④，而盐井的开采及盐的加工基本位于山林之中，正常情况下当是相关家庭的外部手工业设施。

一幅画像砖画像出土于四川省郫县即今成都市郫都区，画面以山林为背景，盐井位于左下角，井上有高架，分2层，各有对立的2人，辘轳置于第二层上，一绳从辘轳穿过，两端各系有1吊桶，上下交替汲卤，高架旁有1盛卤槽，用一竹笕经过山峪将卤引入右边下的长形（容器内）灶上，灶的左端为火门，门前1人架柴煽火，灶台上有5釜，应是正在煮盐，画面的中间还有2人弯腰背着薪柴，以供烧灶使用，画像砖上还有射猎及各种飞禽走兽等内容（图一-35：1）。四川邛崃花牌坊出土的1块画像砖，画像所绘山林重叠起伏，左下角是一盐井，井上有高架，分三层，辘轳置于最上端，挂着吊桶，4人站在架上汲卤，高架旁有储卤的卤槽，并有一竹笕经过山峪将卤引至右下的长形灶上，灶台上有釜，并有2人照料，1人在灶口烧薪燃火，中间有4人在运输盐包，画面中还有人在射猎⑤（图一-35：2）。二画像均较详细地反映出汉代西南地区井盐汲卤和熬盐的状况。

（五）造船

船与家庭的水运及捕捞等有关。由于船体一般较长，所需木料也相应较长，出于

---

① 罗福颐：《芗他君石祠堂题字解释》，《故宫博物院院刊》1960年，总第2期。

② 蒋英炬、吴文祺：《汉代武氏墓群石刻研究》，山东美术出版社，1995年，第17页。

③ 刘尊志：《徐州汉墓与汉代社会研究》，科学出版社，2011年，第206、213页。

④ 《中国画像砖全集》编辑委员会：《中国画像砖全集·四川汉画像砖》，四川美术出版社，2006年，图版说明第46页。

⑤ 《中国画像砖全集》编辑委员会：《中国画像砖全集·四川汉画像砖》，四川美术出版社，2006年，图版第81、82页，图版说明第46页。

1

2

图一 -35　四川出土的井盐画像砖画像

1. 郫县出土　2. 邛崃花牌坊出土

船在造好之后便于下水等目的，一般家庭会选在在河湖塘池边造船，即制作船只时会在庭院之外，而这也便于木料的砍伐和运输，并有足够的空间或场地进行加工。

三、家庭生活设施

秦汉家庭的生活类设施极为丰富多样，这些设施大多位于庭院的内部空间中，但也有一些生活类设施位于庭院之外，这与家庭相关生活的性质及其对场地的需求等有关。

（一）水井、道路、桥梁及其他

较多家庭在庭院内凿有水井，便于汲水，用于盥洗、清洗、饮用、庖厨、积肥等，但也有一些家庭的水井位于庭院之外，一是用于家庭的上述日常内容，另一方面还可与相应的手工业生产相结合，如上文所述河南内黄三杨庄汉代村落遗址、辽宁辽阳三道壕西汉村落遗址等发现的水井，其中辽阳三道壕西汉村落遗址发现的一些水井附近不见砖窑，或与家庭生活的关系更为密切。

道路是家庭出行的基本条件，每个家庭都会修建从自家庭院向外界延伸相连的道路，并与村落或居住区附近更宽的道路相连接，以便于家庭的出行及外来人员的到访等。由汉代壁画、画像石（砖）画像等可知当时的庭院外应有相关的道路，考古发掘的相关遗址也有体现。辽宁省辽阳三道壕西汉村落遗址发现铺石道路 2 段，与农家生产和生活关系密切，居住址的北面为铺石大路，路面宽约 7 米，全用河光石铺筑三层或四层，路心稍高，两边整齐，路面上留有明显的辙迹，一般都有两排并列的大车辙[①]。河南内黄县三杨庄汉代庭院遗址发现有古道路遗迹，主干道路宽约

① 东北博物馆：《辽阳三道壕西汉村落遗址》，《考古学报》1957 年第 1 期。

20 米，次主干道路宽约 8 米，第二处庭院南大门外东南侧还有专用道路，由庭院通向庭外的水井[①]。

遂平县城西南约 13 公里的小寨村西、沙河东岸边发现一处汉代村落遗址，村落东西长 400、南北宽 300 米，总面积 12 万平方米，在村落遗址的范围内排列着 7 条道路，东西方向 6 条，南北方向 1 条，另有一条残的道路；另有距离不等的 6 行水井，井行与道路并行，布局十分密集，形成了一个完整的村落整体[②]。发现水井 28 眼，另有一些被破坏的井。遗址的南部有土井 7 眼，圆形或椭圆形，相距较近，其中有 5 眼井排列在一排；陶圈井 16 眼，呈筒状，先挖成土井，然后用陶井圈叠放而成，分布较普遍，和土井、砖券井夹杂在一起；小砖井 5 眼，分散在遗址各处，结构形式复杂多样。发现的道路中，第一号路位于遗址的中部，东西走向，残长 144、宽 5.5 ~ 7.5 米，路土呈深灰色，土质甚硬，路中夹有内饰布纹的板瓦和盆、甑、罐等残陶片，路的时代为西汉时期，路东段的出土物与西段、中段明显不同，这条路可能从西汉一直延用到东汉，在东汉时又加以修垫。第七号路位于遗址的中部，南北向，长 210、宽 14 米，南端与一号路中部交会，形成丁字街口，结构与一号路完全一样，时代属西汉时期。第六号路位于遗址西北部，东西向，残存三段，从东向西残长为 4.5、3.5、9 米，连接起来的长度为 27.5、宽 1 ~ 2 米，路南为第四行井，路北为第五行井，结构和一号路相同，时代为西汉时期。在遗址西段南侧正对井 5 处，有一条南北向生土路面，因被水冲而断断续续，残长 13、宽 2.5 米，与一号路构成丁字街口。第二、三、四、五号路位于遗址西北部，地势最低，方向各异，与水井没联系，与村落遗址不属同一时期。遗址中水井的修建时代应从战国末或西汉初到东汉，使用年代可能很久，有的陶圈井口部用小砖修补，说明从战国末西汉初一直使用到东汉时。遗址内水井分布集中又具有规律性，且与街道平行分布，其用途一是供应吃水，二是作储藏物品的地窖，说明该村落遗址是当时封建豪强的居住村落，同时亦表明当时已不完全靠沙河水供生活之需，体现出对于卫生需求的提高，也较好反映出汉代家庭对道路、水井这二类庭院外设施的使用。

开路修桥利于交通，所以桥梁与道路有着较密切的关系，汉代画像及壁画中多见桥梁的图案，而且形式多样，很多反映出车骑过桥的内容，也有桥下捕鱼的画面。从构图来看，有些桥梁距离庭院不远，与相关家庭生活关联性较强。

秦汉时期的家庭，大多是以薪柴作为主要燃料，等级较高或经济条件较好的家庭会在庭院内设有专门的柴房，一般的农家则会堆成垛或捆扎后码放，为保证庭院

---

① 河南省文物考古研究所、内黄县文物保护管理所：《河南内黄县三杨庄汉代庭院遗址》，《考古》2004 年第 7 期；《河南内黄三杨庄汉代聚落遗址第二处庭院发掘简报》，《华夏考古》2010 年第 3 期。

② 河南省文物研究所：《河南遂平县小寨汉代村落遗址水井群》，《考古与文物》1986 年第 5 期。

内的空间，有些家庭会在庭院外堆放薪柴，形成柴垛，这也便于在天气较好的时候进行适当晾晒，而这种做法一直延续至今。

就船只来讲，一般存放在河湖的岸边，用绳拴系于树木或木桩，以免被水流冲走，这应是一些地区较多家庭存放船只的场所，大多位置相对固定，且应在庭院之外，但有些存放场地也具有临时性。

（二）庭院外场地

就较多秦汉时期的家庭来讲，多在庭院的大门外留出相应的场地，或服务于家庭的生产，如粮食加工与晾晒，进行相关手工业生产和加工等等，有时相关场地也可举行一些与生活相关的活动，如迎宾、出行及与之有关的乐舞表演等。

河南内黄三杨庄村落遗址的第二处庭院南大门之外有相关场地[①]，除水井附近进行编织手工业的生产外，其他场地极有可能用于谷物及薪柴的晾晒，也可作为迎宾及其他与家庭有关活动举办的场所。汉画像石画像对这一内容也有相应体现。江苏沛县栖山西汉晚期墓葬中棺左侧内部画像中，左侧有楼阁人物及高大门阙，门阙外右侧为较开敞的场地，画像中可见乐舞表演、车马队伍，而门阙前有二佩剑持笏躬立迎宾的门吏，而在画像的右上方还有服务于本次迎宾及准备招待宾客的庖厨内容[②]。山东金乡县香城堌堆石椁墓侧板内面右端画像，上为牛耕的内容，下有车马及迎宾的人员[③]，整体上所体现应是庭院外的相关活动，而画像的上下又有远近差别，下面的迎宾内容更靠近庭院，相关活动很可能是在庭院外相关场地上举行。庭院外场地也应是宾客离开或家主出行时举行相关活动或仪式的场地，一些汉代画像石中的送客图，门吏站在门前躬身相送，其前为向外行驶的车马，体现出庭院外送别内容。

（三）狩猎场所

狩猎活动是秦汉时期较多家庭的活动内容之一。由于狩猎的对象为相关动物，而且这一时期基本为野生动物，因此需有相应的场地环境，如山林或池沼或是草原，或是三者的综合，而狩猎的人员多，很多又是骑马弋射，这表明狩猎场所的面积较大，且与庭院会有一定的距离。

秦汉时期，皇帝、诸侯王、列侯等大多都会参与狩猎活动。西汉时期的上林

---

① 河南省文物考古研究所、内黄县文物保护管理所：《河南内黄三杨庄汉代聚落遗址第二处庭院发掘简报》，《华夏考古》2010年第3期。

② 徐州市博物馆、沛县文化馆：《江苏沛县栖山汉画像石墓清理简报》，《考古》编辑部编辑：《考古学集刊·第2集》，中国社会科学出版社，1982年，第106-112页。

③ 中国画像石全集编辑委员会：《中国画像石全集·第2卷·山东汉画像石》，山东美术出版社，2000年，第20页，图27。

图一 -36　山东长清孝堂山东汉祠堂西壁下层狩猎画像

苑是汉长安城的皇家园囿，在秦上林苑旧址基础上建成，是供皇家游乐狩猎的多种设施的综合型场地。上林苑内含较多皇室的离宫别馆，一些地方修建有池塘，如昆明池[①]、鼎湖延寿宫[②]、黄山宫[③]等，相关遗址均已作相应的调查或发掘，另设有“禁圃”，为官署机构，其职责一是向皇室提供瓜果、花木及其他离宫所需园囿苗木与栽花植树等；二是对苇圃、竹圃进行养护、培植繁育，以满足皇室和国家的需要[④]。而上林苑还有一项重要的功能，就是满足皇帝及相关人员狩猎的需求，这也是该苑面积较大，且有山林、河池的原因。

秦汉时期，地方势力尤其是官吏与豪强地主等获得较大发展，他们的家庭既有庭院，还在庭院之外有大量田地及山林池沼等，这为家庭成员及宾客等进行狩猎提供了物质和场地条件。汉墓壁画及画像石（砖）中有较多描述该时期家庭成员及宾客等狩猎的内容，一些可明显体现狩猎场地作为家庭外部设施的特征。陕西绥德白家山东汉墓出土的墓门横额画像分上下两格，上格左侧为放牧图，放牧图的右侧有 2 人骑马弋射，再右为山丘和较多射猎者，画面的右侧有 2 树，下格有 3 匹站立的马，最右为 2 人跽坐，象征庭院[⑤]。该画像大致可展现出放牧区、狩猎区和庭院区三个空间，也间接表明狩猎区在庭院之外与放牧区的中间，因此可视为家庭外部设施的内容之一。山东长清孝堂山东汉祠堂西壁画像下层有一组狩猎的内容，涉及人员、动物

① 中国社会科学院考古研究所汉长安城工作队：《西安市汉唐昆明池遗址的钻探与试掘简报》，《考古》2006 年第 10 期。

② 王兆麟：《蓝田汉时上林苑故地发现鼎湖延寿宫遗址》，《人民日报》1988 年 11 月 30 日第 3 版。

③ 陕西省考古研究所：《陕西兴平侯村遗址》，三秦出版社，2004 年。

④ 张天恩：《“禁圃”瓦当及禁圃有关的问题》，《考古与文物》2001 年第 5 期。

⑤ 绥德汉画像石展览馆编，李贵龙、王建勤主编：《绥德汉代画像石》，陕西人民美术出版社，2001 年，第 144、145 页。

众多（图一-36）。江苏邳州燕子埠东汉彭城相缪宇墓西壁横额的画像，从右至左为宴饮图和狩猎图，宴饮图的主体建筑为一座楼房，院门半开，一侍者探头向外张望，门外立进谒者二人，正厅大门敞开，宾主跽坐屏风前，左边马厩门半开，露出一马后半身，马厩左侧庭院外即为“出猎”图，分上下两格，上格为车马队伍，下格似为随行，有四骑者、四徒步者、四犬，其中一犬被人牵着作全力向外奔跑状，再左即为“田猎”图，背景为深山野林，画面还有池塘，有较多猎人和狩猎工具，还有猎犬、鹿、鹭、兔、鸟、斑鹿、山雉、狼、虎、鸬鹚等动物，或被捕逮，或作奔跑状①。从画面来看，由右至左，从庭院到马厩，再出庭院之门，门外有一定距离才到狩猎之处，而狩猎的场地较大，动物很多，体现出地方官吏或地主家庭的狩猎场地及相关内容。

（四）皇室离宫

西汉时期，在都城长安外还修建有皇室离宫，规模最大的为甘泉宫，它是在秦林光宫基础上扩建而成的，工程完成于汉武帝时，主要作为避暑和游乐之地，规模和形制参照皇宫。从考古资料看，甘泉宫平面长方形，四周筑宫墙，四角有角楼，西宫墙辟门；遗址东北部发现东西并列的2处建筑遗迹，出土文字瓦当及陶器文字中的“甘林”、“甘居”、“居甘”等证明了该处当为西汉甘泉宫故址②。

四、丧葬设施

随着家庭的全面发展，秦汉时期家庭对于丧葬的重视程度得到较大的加强，相关设施也得以多方位地发展。大致来看，与秦汉家庭丧葬相关的设施，既有与丧礼

① 南京博物院、邳州博物馆：《东汉彭城相缪宇墓》，《文物》1984年第8期。

② 淳化县文化馆姚生民：《汉甘泉宫遗址勘察记》，《考古与文物》1980年第2期。

有关的吊唁和祭祀，也有家庭成员死后的安葬之地和安葬之处，即墓葬和墓地，这些设施基本都位于庭院之外，具有相对的独立性，但又与对应家庭间存在十分密切的关系，是秦汉家庭外部设施中的内容和组成部分之一。

（一）吊唁、祭祀设施

山东沂南画像石墓出土的有关画像对相关内容有较详细的描绘和刻画[①]。

前室东壁上的横额，刻有祭祀内容，左端为一座曲尺形的房屋，大致为祠堂，有侧屋，尽头处有栏杆，紧靠着树为一形体较大的建筑，屋后有一棵大树，枝叶扶疏。正屋的院内有 2 条砖铺的道路，呈正交形，延伸至屋前的台阶。院内四角放有 4 个大缸，2 个置于方石墩上，2 个置于地上，当是用于消防灭火的备用，也可供祭祀时用水。正屋前有执彗迎宾的人员，在其面前还有长方形石墩，可能与上下车有关，从画面看，来祭祀的人员很多。画面的右下角有 1 个五脊小屋，其小不能容人，可能为祠堂的配套设施，用于放置相关物品，需要时可从屋里往外拿，不用时可从外往里存放。

前室西壁上的横额亦是祭祀图，右端有庙门，门头高大，门扇皆有铺首衔环，门框的两边为立柱，上端有栌斗，下有门槛。门前放有小几，几上有简册类的东西，门旁有 1 人双手执彗，其前有 2 人双手执长梃，皆躬身而立，再前有 1 人背向庙跪在地上，双手捧祝文类物品，其前 1 人一手持笏，一手向后招呼，可能是读祝文及领祭者，接着就是众多来祭祀的人员。画面的左端有陈设的祭品及排放祭品的设施，还有布置祭品的人员，有三足盘、案、耳杯、圆盒、方篋、酒壶等（图一 -37：1）。

前室南壁上的横额也刻有祭祀图，中间是一座五脊重层的大庙，两翼各有稍低错叠的五脊廊庑，廊后为高大的树木。庙门微开，门扇上有铺首衔环，门槛中间有拦门的设施，两旁各 1 执彗守门的人员。庙的两旁为大道，较宽阔，道路两旁为成行排列的树木，树间有用于上下马车的方石墩，来吊唁、祭祀的人员将车马停在相对较远的地方，或大道中间，或是两旁。庙的右边有一几，有人从马车上下来拜伏于几前的地上，几上放有哀祭文的简册，还有一人作拱手迎接状。三人的身后和两旁陈设有祭品，有酒壶、粮袋、竹编方篋、圆盒及放有 2 只牺牲的案，另有 1 人牵羊，1 人将另 1 只羊拴在树上。庙的左边也有车，来吊唁、祭祀者有在前向着庙门跪拜者，也有躬立者，另有马拴在庙旁的树上。这组吊唁、祭祀者的面前也有 1 几，几上放简册。稍远有 2 人持笏跪拜，前为陈设的祭品，也有酒壶、粮袋、方篋、圆盒，树上亦拴有羊。画面的右上角还有 2 人双手执长梃，作跪迎状。

---

① 南京博物院、山东省文物管理处：《沂南古画像石墓发掘报告》，文化部文物管理局出版，1956 年，第 13、14 页，图版 28、29；山东博物馆：《沂南北寨汉墓画像》，文物出版社，2015 年，第 10-17、109 页。

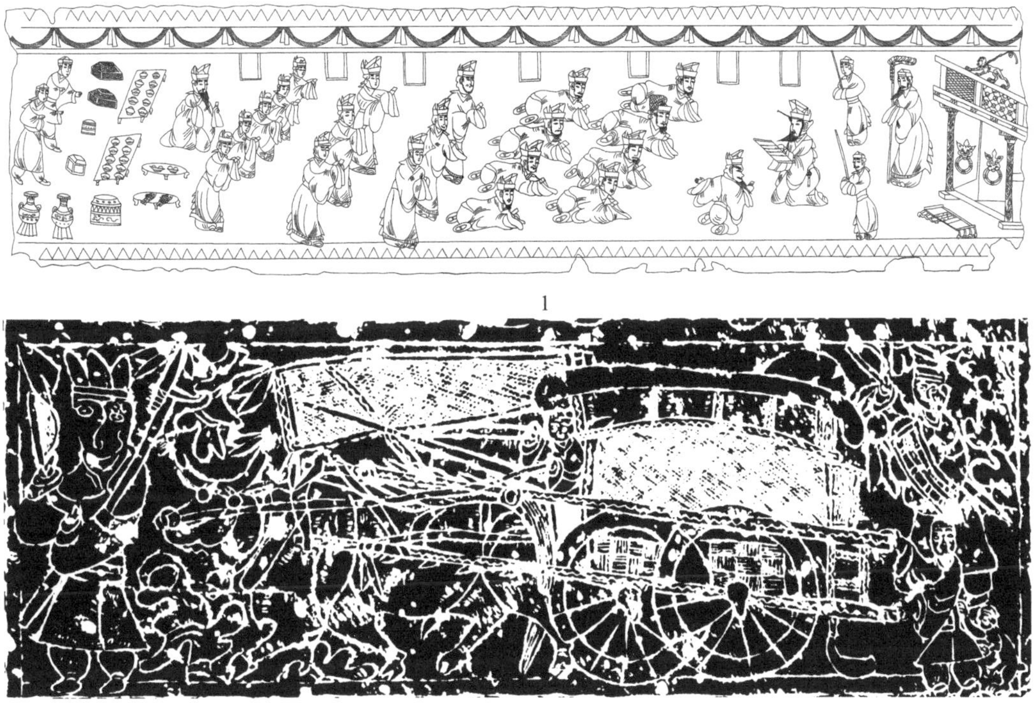

1

2

图一 -37　汉代画像石中的祭祀画像与丧车画像

1. 山东沂南画像石墓前室西壁横额祭祀画像　2. 安徽灵璧九顶镇出土丧车画像

该墓总体上为前中后三室结构，后室为墓主尸身的安放之所，中室象征封土外以墓祭设施为主导的墓外设施安置之所，前室则可能代表现实世界，亦构成后室与中室的内外两重空间及前中后室的三重空间和世界，这恰如墓穴、以祠堂为主体的墓外设施、现实世界三者所形成汉代墓葬的两重空间和三维世界一样[①]。前室东西南三壁横额上与祭祀相关的设施、人物、仪式等画像所体现的很可能是现实世界的内容，而前室的一些位置，象征着庭户之外但又与庭户有密切关系的场所，吊唁、祭祀图较好地反映出与家庭有关庭院外的吊唁及祭祀设施。画像中所涉及与吊唁、祭祀相关的主要设施为庙、堂，还有配套的房屋与廊庑、道路、场地、树木、用于上下马车的石墩、消防用的水缸及摆放祭品的用具、用于祭祀和吊唁的物品等。这些设施一方面需要较多人员在祭祀、吊唁时管理和利用，同时做好服务，而吊唁、祭祀的人员也能够充分利用相关设施开展吊唁与祭祀。秦汉时期，家庭中的成员去世后，丧礼内容较为繁杂多样，在祖庙里设启奠以供宾客吊唁和祭祀即是内容之一，而启奠时要使用醴、酒、脯、醢及牲肉等[②]，宾客也会带来较多的物品，这与上述画面体现的内容较为接近。

① 刘尊志：《汉代墓葬的双重空间与三维世界》，《南开学报》（哲学社会科学版）2020 年第 1 期。

② 杨天宇：《仪礼译注》，上海古籍出版社，1994 年，第 610 页。

（二）发引及相关内容

发引是秦汉时期家庭成员去世后的丧葬礼俗内容之一，是指将棺柩通过载柩车或其他工具运往墓地的过程和仪节，在此过程中也会涉及相应的场地和物质内容。不过，发引时的场地可能具有临时性或不确定性，或仅在进行相应丧礼时使用。

江苏沛县龙固三里庙西汉晚期石椁墓出土有送葬画像石，画像中有牛车载丧，车前2人跪拜，车后2人随行，反映了送葬途中孝子在相应场地手持哭丧棒跪拜的仪节，该画像位于石椁侧壁所用长石板的右侧，石板画像左格有抚琴、六博者，中格有乐舞表演与欣赏者，二画面或与开展相关丧礼活动有关，或比之送丧图相对独立，但前一推测的可能性较大①。山东济宁微山县微山岛沟南村发现的长方形石椁板也刻有送葬图，画像中的人物较多，有人拉丧车，有送葬的人员，车前右上方有2人，右端1人向左面的四轮车伏地跪拜，身侧置1棍状物，亦应是送葬途中孝子在相应场地手持哭丧棒跪拜的仪节②。安徽北部的灵璧九顶镇也出土一块丧车画像石，画面以一牛拉丧车为主题，车前车后还有与送丧有关的人员，体现的是一般家庭以牛车载丧送葬的内容③（图一-37：2）。

（三）墓葬内外的相关设施

墓葬是家庭人员去世后，安葬尸身的设施和场所。秦汉时期，对于家庭人员死后的世界极为重视，而受事死如事生丧葬思想及西汉中期之后儒家伦理思想等的影响，加之传统思想中升仙思想和家庭中孝道思想等的推动，作为家庭外部设施的墓葬获得较大发展，一是墓穴与封护多样化，二是墓外设施的增多和推广，使得墓葬以封土为界形成了两重空间，而由于墓葬之内埋葬着家庭的成员，现实家庭的生者除埋葬死者时与这两重空间会产生诸多关联，还会在死者下葬后，进行不同时间、不同形式的祭祀，因此墓葬封土外诸多设施的作用得到加强，尤其是用于祭祀的祠堂和配套设施，这样就使得现实世界（家庭）、墓外设施（以祠堂为主体）、墓穴（死者的葬身之所）三者之间形成了三维的世界，反映了较多服务逝者、服务墓葬等的丧葬内容及推崇孝道、展示孝行等方面的社会内容，标志着古代墓葬的内容已从先秦时期重地下转向墓葬自身与墓外设施的并存和并重④。秦汉墓葬（含墓外设

---

① 武利华：《徐州汉画像石通论》，文化艺术出版社，2017年，第102、103页。

② 王思礼、赖非、丁冲、万良：《山东微山县汉代画像石调查报告》，《考古》1989年第8期。

③ 中国画像石全集编辑委员会编：《中国画像石全集·第4卷·江苏、安徽、浙江汉画像石》，山东美术出版社，2000年，第137页，图179。

④ 刘尊志：《汉代墓葬的双重空间与三维世界》，《南开学报》（哲学社会科学版）2020年第1期。

施）在具有统一性的同时，也体现出较强的时代性、地域性、等级性，这与社会内容、特征及其发展演进等均存在密切关系。

1. 墓穴及封护

秦汉时期墓葬，墓穴的形式较为多样，从大的方面，可分为竖穴式墓葬与横穴式墓葬两种形式，而与墓葬相关的封护内容也较为丰富，就封土而言，使用十分普遍，但也有无封土的墓葬。

（1）竖穴墓葬

竖穴式墓葬的时代大多为秦及西汉时期。以墓道为参考，四条墓道，即墓穴使用四出墓道者为帝、后陵墓的专属，其他级别的墓葬基本不能使用，这也是皇帝家庭权力的体现和象征；两条墓道基本是诸侯王墓与王后墓才能够使用，虽然并非所有的诸侯王墓与王后墓都使用两条墓道，但两条墓道却是等级低于诸侯王墓者基本不能使用的；一条墓道的使用相对较为宽泛，列侯及高级贵族、官吏普遍使用，但也不是全部，一般贵族、官吏乃至平民的墓葬，也有较多使用一条墓道者，只是不使用墓道的墓葬比例明显要大一些，对应墓葬的数量也相对要多一些；无墓道的墓葬多是等级相对较低家庭中去世人员使用的墓葬形式，但也不排除等级相对较高人员对无墓道墓葬的使用，如江苏徐州市东郊的东甸子 M1 与 M3[①]、北郊后山汉墓（下）[②]、簸箕山 M3[③] 等。东甸子 M1 与 M3 的墓主为西汉楚国的官吏家庭成员，M1 的男性墓主可能是诸侯国官吏，女性墓主为等级较高的贵族，M3 墓主为二者的孩子；簸箕山 M3 的墓主可确定为参加谋反并被治罪的宛朐侯刘埶；后山汉墓的墓主也很可能为列侯级别或相近级别人员，墓内出土的玉殓葬物品等可以说明。关于秦至西汉或稍晚时期竖穴墓葬的墓穴，考古资料内容丰富，本书不再列举，而相关内容在画像石画像中也有体现。山东济宁微山县微山岛沟南村发现的长方形石椁板上的画像右格，上为山林，有 3 个山头，山下刻画 1 带边框的长方形圹坑，圹左 3 人，拱手躬立，圹右 2 人，面部相对曲身坐于似榻形的平面上，中间 1 物，画面的最下边有 5 人，面向左，呈曲身坐姿，前端 1 人面前置 1 奁，最后端 1 人的面前置 1 壶，当是死者下葬时负责不同职责的人员[④]。这幅画像不仅体现出家庭成员死后准备埋葬的场景，反映出墓坑周边与这一场景有关的临时性设施，也明确刻画出当时普通家庭中成员去世后墓圹的形状，即无墓道的长方形坑圹。

① 徐州博物馆：《徐州东甸子西汉墓》，《文物》1999 年第 12 期。

② 徐州博物馆：《江苏徐州后山西汉墓发掘简报》，《文物》2014 年第 9 期。

③ 徐州博物馆：《西汉宛朐侯刘埶墓发掘简报》，《文物》1997 年第 2 期。

④ 王思礼、赖非、丁冲、万良：《山东微山县汉代画像石调查报告》，《考古》1989 年第 8 期。

墓葬中有与尸身相关的葬具及有关设施，一般情况下，墓主等级越高，葬具及相关设施越复杂，与之相对应，用于殓葬和陪葬的物品数量大、品种多，且质量与档次较高，金银及铜、漆、玉质地器物相对普遍。葬具方面，黄肠题凑、多重棺椁、金缕玉衣等基本为帝王级别使用，除金缕玉衣有个别等级稍低人员能够使用外，其他内容是列侯及以下等级人员不能僭越使用的。陪葬品方面，等级较低的墓葬，仅有 1 ~ 2 件陶器陪葬，而且有的还是有使用痕迹且陪葬时即已残损的器物。

封护方面，等级较高的墓葬封填讲究，积石、积沙、积炭等较为常见，有的还有形式多样的防盗设施，封土亦明显高大。就封土而言，还存在有无封土的区别，整体上来讲，绝大多数使用封土，西汉时期的封土形状以覆斗形或长方形、方形为主，但在西汉早期偏晚阶段之后，圆形封土得到使用，虽未成为主流，但逐渐推广的特征已渐趋于明显。也有不使用封土者，帝陵如汉文帝的霸陵①，亦有一些等级极低的墓葬也不使用封土。

相关墓葬在下棺、葬具的拼合、棺内置棺液、封护等方面都体现出相应的重视。湖北江陵凤凰山 M167② 与 M168③ 皆有体现。M167 的墓坑内填土上层为褐黄色五花土，下层为青灰泥，均经夯打，椁室四周用未经夯实的青灰泥填塞；墓口东部在棺室上端的南北两侧各有两条沟槽，可能是下棺时设置器械的遗迹；椁板和顶板拼合较严，棺内外涂黑漆，棺口用子母榫咬合，再以漆填塞间隙；棺外横缄两组麻绳，每组五根，各组麻绳分别用两根小木棒绞紧，外层棺罩的北侧附有两根用朱红绢包裹的粗草绳，南侧也有两根，这些绳可能是为预防下棺时损坏棺饰而设的，棺底横置两条用朱红绢缠裹的竹篾绳，当是下棺时所用的缆绳；棺内物品均附有半透明状结晶体，棺底有一层沉积物，内有豆类、朱砂等，棺内还储有 80 厘米高的液体，为棺液，可能为封棺前注入的。M168 的椁室周围及椁盖板以上均填塞密度较大的青膏泥，皆经夯打，越近椁室的青灰泥质地越细腻，夯层越薄，夯筑越紧；棺外缠有麻布三道，每道六层；棺里外均涂黑漆，封闭严密；内棺的下部有绛红色堆积物，有半透明的白色结晶体、朱砂、黑豆、麻纤维、麻布衣物以及腐朽的丝织品等，棺内有绛红色的棺液约 10 万毫升，清理出一具保存基本完整的男尸。

（2）横穴墓葬

秦汉时期，古代墓葬经历一次大的转变，即西汉晚期至东汉初期，完成了由竖穴墓葬向横穴墓葬的转变，但西汉时期，已有一类横穴式的墓葬，即横穴崖洞墓，

---

① 杨武站、曹龙：《汉霸陵帝陵的墓葬形制探讨》，《考古》2015 年第 8 期；陕西省考古研究院、西安市文物保护考古研究院：《汉文帝霸陵考古调查勘探简报》，《考古与文物》2022 年第 3 期。

② 凤凰山一六七号汉墓发掘整理小组：《江陵凤凰山一六七号汉墓发掘简报》，《文物》1976 年第 10 期。

③ 湖北省文物考古研究所：《江陵凤凰山一六八号汉墓》，《考古学报》1993 年第 4 期。

开凿于山体岩石并向内延伸，形成数量不等的墓室，有些规模较大，墓室较多，某种程度上可将其看作是死者去世后所居之所对现实中建筑的摹写。但此类墓葬仅在一些诸侯国且仅有诸侯王与其王后死后才能使用，有的诸侯国使用时间较久，有的则仅一代王及王后使用，如河北满城 M1 与 M2，为中山国第一代靖王刘胜与其夫人窦绾的异穴合葬墓，而且两座墓葬还均未使用封土[①]。横穴崖洞墓的墓室布局很可能是对墓主生前所居王国宫室的借鉴和模仿，葬具多是对棺椁的使用，基本不见黄肠题凑，由于墓主身份地位较高，在殓葬品及陪葬品的使用方面明显具有特殊性。封护方面，横穴崖洞墓较多使用体积较大的规整塞石，有的重达数吨，也有的使用块石或石块，很多墓葬在封门处使用设计精巧的封门器，门完全关闭后，封门器的一端向上翘起，从外面很难将门推开。至于封土，除满城汉墓外，大多都有封土，并与山体相结合，融为一体，形状则较多样，覆斗形、马鞍形等形状皆有发现。

经历转变之后，至东汉时期，横穴墓葬的使用已较为普遍，主要墓葬形式包括横穴砖室墓、横穴石室墓、横穴砖石混筑墓三大类，墓室数量不等，功能亦不相同，不过前堂后室的布局在较多墓葬中皆有体现。一般不使用或仅个别会使用木椁，但木棺的使用极为普遍，很多还砌有棺床。殓葬品与陪葬品在使用方面的等级性亦较突出，如玉衣的使用，制度化及等级差异性突出，基本是列侯及相应级别及以上等级的人员才能够使用。陪葬品方面，生活化的特征突出，具有祭祀性质物品使用普遍，而这也是西汉晚期至东汉初期古代墓葬发生转变的内容之一，并在东汉时趋于普遍。墓葬普遍使用墓门，门外有封门墙，但因这一时期夫妻同穴合葬较为普遍，墓内葬多人的现象相对多见，因此，基本应是在完成墓葬内所要葬人的工作后再修建封门墙。较多的墓葬使用封土，墓主从帝后至一般平民百姓，绝大多数皆是如此，圆形封土使用普遍，方形或长方形封土极为少见或不见，统一性特征十分突出。

2. 墓外设施

秦汉时期，墓葬对于墓外设施的使用渐趋于普遍，秦代还基本是帝陵及相关墓葬有所使用，两汉时期则逐渐普及到中小型墓葬之中，尤以东汉时期更为突出和明显。需作说明的是，秦汉时期对于墓外设施的使用，还存在相对明显的等级差异，大致是帝后陵墓与其他级别墓葬差别明显，而帝陵与后陵之间也存在不同；诸侯王墓有自身的等级特点，较多地方参照帝陵，但规模相对小，种类也或有欠缺，形制亦相对简单，王墓与后墓若各有墓外设施，除特殊情况外，则王墓明显优于后墓；列侯墓葬介于帝王陵墓与中小型墓葬之间，既有与墓主身份等级相对应，与王墓有一定相似的墓外设施，也有一些墓外设施与中小型墓葬存在较多的相同点；中小型

① 中国社会科学院考古研究所、河北省文物管理处：《满城汉墓发掘报告》，文物出版社，1980 年。

墓葬对于墓外设施的使用及其设施内容也有等级与经济实力等方面的差异，墓主身份地位较高或经济实力雄厚，墓外设施丰富且质量较高，等级较低或经济实力一般甚至较差者，家庭成员去世后，其墓葬外的设施简单且质量相对要差一些，有些墓葬没有墓外设施，尤其是不见与墓地祭祀相关的祠堂或相关设施。

（1）秦汉帝陵

秦始皇帝陵有陵邑，名“丽邑”，位于今临潼区新丰街道办事处刘寨村附近，遗址南北长1000、东西宽约500米①。帝陵陵区范围较大，东西和南北近方形，约7.5公里，面积达56平方公里，墓外设施较为丰富。陵墓四周夯筑有围墙，形成陵园，陵园北部出土秦代铜锺上刻有“丽山园”等字②，证明秦始皇陵园的名称当为丽山园，目前已证实的有内外两重城垣，而且很可能为三重陵园③。已确定的外重城垣形状基本确定，大致为南北向长方形，东、西及南部的门确定较早，北门也在2009～2010年的相关考古勘探和发掘中得以确认，另外南垣南北两侧还发现有廊房之类建筑，廊房之外有卵石散水④。内城有五座城门遗址，北二，东、西、南三面各一门，东门为三个门道。东内外城区域内中间有一条东西向道路，路的南北两侧各有一阙状夯土建筑，西内外城之间则有南北对称的三出双阙遗址及司马道两侧连接内外城垣间的建筑遗址。陵园内外的相关遗存较多，目前已发现数量众多、各种形制、内容不同的陪葬坑180余座，计有兵马俑坑、铜车马坑、铜禽坑（图一-38）、百戏俑坑、石铠甲坑、马厩坑等；相关遗址多处，有宫殿建筑基址、附属建筑遗址、石料加工遗址、园寺吏舍遗址、飤官遗址、石道遗址、砖坯围墙等；各类性质的墓葬也有较多，其中有等级不一的陪葬墓及修建陵园人员的墓葬和刑徒墓葬等。其中的重要陵寝设施如封土北侧及内城北部西区发现的建筑遗址，有的为建在台基上的大型建筑，有的是由若干建筑单体组合成的院落式建筑，为相对封闭的院落组合，以散水或垣墙相隔，并有南北通道，大型建筑当为正殿，即寝殿，院落式建筑为附属建筑，汉代称之为“便殿”⑤。陵园西内、外城之间及以北地区勘探发现一组建筑遗址，北部辟门，院落中央置天井，其中一组坐北朝南的建筑遗址的北部还发现建筑两座，出土的饮食所用陶器上有“丽山食官”、“丽山飤官”等铭文，推测此

① 林泊：《陕西临潼汉新丰遗址调查》，《考古》1993年第10期。

② 丁耀祖：《临潼县附近出土秦代铜器》，《文物》1965年第7期。

③ 韩国河：《秦汉魏晋丧葬制度研究》，陕西人民出版社，1999年，第29、30页；刘瑞：《秦、西汉帝陵的内、中、外三重陵园制度初探》，《中国文物报》2007年5月18日第7版；张卫星、付建：《秦始皇陵的选址、规划与范围》，《文博》2013年第5期。

④ 秦始皇帝陵博物院：《秦始皇帝陵园考古报告（2009～2010）》，科学出版社，2012年。

⑤ 秦始皇帝陵博物院：《秦始皇帝陵园考古报告（2009～2010）》，科学出版社，2012年。

图一-38　秦始皇陵 K0007 Ⅰ区铜雁出土情况

处为食官建筑遗址[①]，为祭祀体系的附属建筑，但此类建筑在两汉帝陵的陵区内基本不见。陵园内还有园寺吏舍遗址，位于飤官遗址北。就陵墓修建的相关遗存来讲，主要包括阻排水工程遗迹、石料加工厂、窑址、刑徒（修陵人）墓地、防洪堤与排水设施、修陵道路系统、鱼池建筑群等，内容十分丰富。

西汉帝陵的外部设施在继承秦代的基础上结合自身特点，形成了具有时代性且存在发展演变的内容和内涵。陵邑的建设存在相应的规划和设计，平面形状并不统一，以长方形居多，组成要素有垣墙、壕沟、门及道路、水井、排水管道、作坊等生产区、市场、居住区、官署区等。西汉早期的帝陵逐渐开始修建陵庙，并延续整个西汉一代，如景帝德阳宫、武帝龙渊宫、昭帝徘徊庙、宣帝乐游庙等；较早阶段的陵庙为长方形，至迟从景帝阳陵陵庙开始趋于方形或近方形，规模也由大变小，武帝茂陵时逐渐变小，边长一般不足百米；组成方面，外有垣墙、壕沟等，四面有门，有道路通向帝、后的陵园和寝殿，内有正殿，其内放置皇帝的神主，另有相关祭祀性设施和器物。陵园规模较大，应存在内、中、外三重陵园制度[②]，“内陵园”大体方形，“中陵园”接近方形或为长方形，外陵园则可能不甚规则，内、中陵园有垣墙、门及门阙，有道路联通内外。寝殿、便殿、寝园及相关的寺园吏舍等为主要的陵寝设施，从杜陵帝、后寝园看，主要包括垣墙、道路、通道、门、阶、廊、庭、院、散水、柱、堂、小房等，其中的一些房屋还可细分为班房、郎吏执勤场所、贮藏间、广场等[③]。西汉帝

① 袁仲一：《秦代陶文》，三秦出版社，1987 年，第 69、70 页。

② 刘瑞：《秦、西汉帝陵的内、中、外三重陵园制度初探》，《中国文物报》2007 年 5 月 18 日第 7 版。

③ 中国社会科学院考古研究所：《汉杜陵陵园遗址》，科学出版社，1993 年。

陵设有专门的茔地用以安排陪葬者，茔地大多位于外陵园中，少量位于中陵园内，陪葬人员多，等级不一，有的延续时间较长[①]。陪葬坑也是西汉帝陵的重要组成部分，基本分布于内、中陵园内，以汉景帝阳陵为例，陪葬坑大约可分为四个层次：第一层次为墓室之内的陪葬坑（有待发掘证实）；第二层次为墓圹以外、封土之下的陪葬坑（有待钻探发掘证实）；第三层次为封土以外、陵园之内的86座陪葬坑；第四层次为陵园之外的南区陪葬坑24座、北区陪葬坑24座，后陵陪葬坑至少也应有两个以上的层次[②]。西汉时期帝陵的陪葬坑形状有长条（方）形、梯形、“凸”字形、“中”字形、曲尺形等，以长方形坑居多，陪葬内容丰富，有钱币坑、器物坑、动物坑、车马坑、粮食或食品坑、人物俑与动物坑（图一-39）、杂坑等。另有刑徒墓地等，体现出与墓葬修建有关的内容，汉景帝阳陵及武帝茂陵均有相关发现[③]。

图一-39 汉景帝阳陵的动物俑坑（局部）

东汉帝陵的陵园及寝类建筑较之西汉帝陵发生了较大变化，其他相关设施也体现出与时代相对应的特征。光武帝原陵可能还有陵邑的设置，从明帝显节陵开始，陵邑消失[④]。陵园趋于逐步简化，从明帝显节陵开始，垣墙消失，代之以行马，后行马亦消失；陵园平面形状大致长方形，有四门，南司马门为主门，而神道亦基本为南北向，但神道两侧是否有石像生还不能确定。陵寝设施方面，原陵沿袭西汉帝陵制度，陵园内有寝殿、钟虡等；明帝显节陵开始使用石殿、园省，园寺吏舍特征突

① 马永嬴：《试论西汉帝陵的陪葬墓》，《考古与文物》，《汉唐考古》2004年增刊，第75-82页。

② 焦南峰：《汉阳陵从葬坑初探》，《文物》2006年第7期。

③ 秦中行：《汉阳陵附近钳徒墓的发现》，《文物》1972年第7期；陕西省考古研究所、咸阳市文物考古研究所、茂陵博物馆：《汉武帝茂陵考古调查、勘探简报》，《考古与文物》2011年第2期。

④ 徐苹芳：《中国秦汉魏晋南北朝时代的陵园和茔域》，《考古》1981年第6期。

出，石殿与寝殿形成两个相对独立的设施，其他设施也得以增加；殇帝康陵始，园省不见，石殿、钟虡、寝殿、园寺吏舍等则一直延续至质帝静陵。可以说，东汉帝陵的陵寝设施中，寝殿、钟虡、石殿、园寺吏舍等应是主体，而随着陵墓祭祀日益被重视，钟虡的地位显得越来越重要①。

（2）汉代诸侯王墓

诸侯王墓是汉代高等级墓葬的重要组成内容，分布地域广，发现数量多，时代延续及发展特征较为突出，墓外设施的内容、内涵也较为丰富。

西汉诸侯王墓葬墓外设施较为多样，体现的等级性及发展特征也较为明显。有为陵墓守护人员设置的园寺吏舍，而且多数设有园邑。河南永城保安山陵园内，东门址西北 15 米处有一正方形建筑基址，应是为守卫陵园、寝园的士兵、下级官吏而设的“园寺吏舍”②。另诸侯王去世后，其较多嫔妃要为其守陵，而她们在陵区中也有相应的住所，这些嫔妃还服务于陵园内的相关工作，如辅助祭祀等。园邑及相关遗存在较多西汉诸侯王墓外有所发现，河北保定满城汉墓附近的陵山守陵村，是与满城汉墓守陵有关的内容，原可能为满城汉墓的园邑③。陵园的使用较为普遍，基本实行双重陵园制度④，陵园有园墙，辟门，门外砌建门阙，西汉梁王墓地中，永城保安山陵园最具代表，园墙四面将保安山包围起来，除园墙外，还有门址、门阙等遗存⑤。西汉诸侯王墓外也有用于祭祀的寝，包括寝殿、便殿及配套设施，并有相对独立的寝园，最具代表性的为河南永城保安山 M1 寝园，位于 M1 东偏北，平面长方形，四面有墙围绕，前部以寝殿为中心，四周有迴廊环绕，其内有多个院落，另有门及其他设施，大门外有六号院落，可供祭祀者停放车马之用；通过“中门”联通后面的配套设施，配套设施有 5 间并排的房屋，房门向北开，发现灶及较多生活用具，为厨房，另外还有与寝园有关的挡土墙、排水沟等⑥。祠庙也是西汉诸侯王墓外重要的祭祀设施，较多西汉诸侯王墓的墓顶或所在山头顶部发现的祭祀礼仪类建筑即为祠庙，一些还有配套的陪葬坑，体现出与祭祀相关的内容。为保护墓穴及封土，很多西汉诸侯王墓修建有墓垣、围墙、围沟与相关设施。江苏徐州市西郊大彭

① 韩国河：《东汉帝陵踏查记》，《考古与文物》2005 年第 3 期；《东汉帝陵有关问题的探讨》，《考古与文物》2007 年第 5 期。

② 河南省文物考古研究所：《永城西汉梁国王陵与寝园》，中州古籍出版社，1996 年，第 18 页。

③ 中国社会科学院考古研究所、河北省文物管理处：《满城汉墓发掘报告》，文物出版社，1980 年，第 4 页。

④ 刘尊志：《论西汉诸侯王墓陵园及相关问题》，《考古》2011 年第 4 期；《汉代诸侯王墓研究》，社会科学文献出版社，2012 年，第 290-304 页。

⑤ 河南省文物考古研究所：《永城西汉梁国王陵与寝园》，中州古籍出版社，1996 年，第 16-22 页。

⑥ 河南省文物考古研究所：《永城西汉梁国王陵与寝园》，中州古籍出版社，1996 年，第 23-90 页。

镇楚王山汉墓，原有墓垣7～8层，高3～4米，石长宽一般为1、厚0.4米[①]。河北定县八角廊M40，圆形封土，墓葬外周围有城垣，墙基与墓葬封土距离较近，城垣平面为长方形，长宽差别不大，南北长145、东西宽127米，墙基厚11米左右[②]。异坟异穴合葬墓也是墓外相关内容，西汉诸侯王墓与王后墓大多为异坟异穴合葬的形式，而有的诸侯王墓地还存在一王墓二后墓的情况，均反映出诸侯王墓葬墓外相关设施的内容。作为外藏系统的一部分，陪葬坑是较多西汉诸侯王墓的墓外设施内容之一，陪葬内容丰富，一些还反映出祭祀等内容，就发展而言，大致体现出西汉早期数量大、种类多、形制多样，中期数量趋少、种类与形制简化，晚期极少或不见的发展特征。形制方面，以竖穴坑式为主体，又存在多种表现形式，有的带坡道，有的置顶棚，有的凿洞室，也见有横穴崖洞式，仅见江苏徐州卧牛山西汉楚王墓地陪葬坑1座，外为平坡道，坡道末端在山体内凿长方形洞室，形制似竖穴土（石）坑有坡道且有顶盖者，但其是在山体上向内深凿而成，内置陪葬品，基本为模型车马器与兵器[③]。陪葬坑内的埋藏内容以车、马、器物、人俑、动物俑、食物等为主，另有乐舞、府邸（图一-40）等较多内容，其中人物俑与动物俑的组合有兵马俑和车马仪仗俑等；器物按照功能又可分为兵器、容器、日常生活用具、浴具、庖厨、钱币等多种。有的西汉诸侯王墓的墓外陪葬坑体现出数量及种类较多、陪葬内容丰富且在陵区内分布广泛的特征，如江苏省徐州市东郊狮子山西汉早期楚王墓，陵园内较多位置都发现有陪葬坑，形制较为多样，埋藏内容涉及兵马俑、侍俑、仪卫俑及较多种类及数量的器物等[④]。其他还有一些设施，如道路、防排水设施（包括排水沟、挡土墙及散水护坡等）、冶铁作坊、制陶遗存、采石遗迹、墓树、修建墓葬时的临时设施、灰坑、水井、地标石、礼制建筑等等。江苏盱眙大云山汉墓陵区发现用于祭祀及相关活动的道路多条[⑤]。山东济南危山汉墓外的Y2、Y3，基本

---

① 刘照建、梁勇：《徐州市铜山县楚王山汉墓群考古调查》，《汉代考古与汉文化国际学术研讨会论文集》编委会编：《汉代考古与汉文化国际学术研讨会论文集》，齐鲁书社，2006年，第247-254页。

② 河北省文物研究所：《河北定县40号汉墓发掘简报》，《文物》1981年第8期。

③ 耿建军、刘超：《徐州市泉山区西卧牛山汉墓发掘》，江苏省文物局主编：《江苏考古（2010—2011）》，南京出版社，2013年，第87-91页；李银德：《江苏西汉诸侯王陵墓考古的新进展》，《东南文化》2013年第1期；刘超：《徐州市卧牛山四号墓发掘》，江苏省文物局主编：《江苏考古（2014—2015）》，南京出版社，2017年，第101-103页。

④ 徐州博物馆：《徐州狮子山兵马俑坑第一次发掘简报》，《文物》1986年第12期；狮子山楚王陵考古发掘队：《徐州狮子山楚王陵发掘简报》，《文物》1998年第8期；韦正、李虎仁、邹厚本：《江苏徐州市狮子山西汉墓的发掘与收获》，《考古》1998年第8期；耿建军：《徐州市羊鬼山西汉墓陪葬坑》，中国考古学会编：《中国考古学年鉴·2005年》，文物出版社，2006年，第170-172页；刘聪、周黎、周波：《徐州狮子山西汉楚王陵园考古调查及初步研究》，《中原文物》2019年第6期。

⑤ 南京博物院、盱眙县文广新局：《江苏盱眙大云山汉墓》，《考古》2012年第7期。

后院布局　　后院大门　　望楼顶部娱乐场景

图一 -40　山东临淄山王村陪葬坑中的府邸建筑模型（局部）

由操作间、火膛、窑室、烟道等组成，窑室在生土上凿成，有 2 个烟道等，主要是烧制陶质陪葬品[①]。徐州狮子山汉墓陵区东北出土有表示“山北山东”方位的地标石[②]。河南永城芒砀山主峰上，梁王陵区之内，发现有大型礼制建筑，残存平面近方形的石台基，南北长 33.5、东西长 31.5 米，面积 1055 平方米，四边用凿制规整的条石垒砌成石墙，中间为原始岩体，顶部为夯土，可能是祭祀梁王祖先的祖庙，也可能是梁国在芒砀山顶上修建的祭祀名山、大川建筑，即祭坛[③]。

东汉诸侯王墓发现的数量较西汉诸侯王墓相对要少一些，加之墓外地表遭破坏较为严重，墓外设施的遗存发现相对较少。基本都有陵园，一些有垣墙或环壕，也

① 王守功、崔圣宽：《章丘市危山汉代陪葬坑》，中国考古学会编：《中国考古学年鉴·2003 年》，文物出版社，2004 年，第 217、218 页；崔圣宽、王善荣：《章丘危山发现烧制陶俑的窑址》，《中国文物报》2003 年 8 月 15 日第 1 版；王守功、崔大庸：《危山汉墓布局及墓主人身份推定》，《中国文物报》2003 年 11 月 28 日第 1 版；房道国、王善荣、孙涛：《济南危山汉兵马俑坑发掘纪实》，《大众考古》2015 年第 5 期。

② 李银德：《江苏西汉诸侯王陵墓考古的新进展》，《东南文化》2013 年第 1 期；刘聪、周黎、周波：《徐州狮子山西汉楚王陵园考古调查及初步研究》，《中原文物》2019 年第 6 期。

③ 河南省文物考古研究所：《河南永城市芒砀山汉代礼制建筑基址》，《考古》2007 年第 7 期。

有的二者兼具。河南洛阳孟津朱仓村东“李密冢”，墓地外围建有两重环壕，内有5座较大墓冢、相关建筑及设施，陵园面积约10万平方米①。安阳西高穴魏王曹操的高陵，内为陵墙，外有壕沟，壕沟围合区域的面积有6500多平方米，内墙与外壕的东部及北部各有双重门，主墓居于中心位置，另有多个不同性质和类型的墓外设施②。神道及相关设施也有发现，西高穴M2的神道位于墓前地面上，与墓道位置相对应，向东延伸形成一条通道，较长且有相应宽度，神道两侧有较多方形柱础自西向东延伸，东西相邻柱础间距3米，原可能有立柱或相关建筑③。祭祀礼仪建筑及与祭祀礼仪有关的设施等也有发现。洛阳偃师华润电厂M89④、洛阳市孟津朱仓村东“李密冢”⑤及安阳西高穴曹操高陵⑥皆有相关发现。偃师华润电厂M89的墓外建筑包括两个方形但大小不同的夯土遗存，夯土东北角与M89墓道西南角相距仅3.3米（图一-41）；“李密冢”外为大型夯土建筑基址，包括大型夯土台基、院落、道路、排水渠等，出土的建筑材料有“长乐未央”瓦当、方砖及石柱础等；安阳西高穴M2墓道南侧的祭祀礼仪建筑，东侧近墓道口处为小型建筑，靠近墓室处（西侧）为2组面阔5间、进深1间的建筑，墓道旁还发现有墓主下葬时设置仪仗留下的坑、祭祀遗留下的坑、临时性建筑遗存、墓道以东地面上的祭殿类遗迹等等。就东汉诸侯王墓来讲，也有异穴合葬墓、陪葬墓、袝葬墓等内容，但陪葬坑基本不见。除上述内容外，东汉诸侯王墓的墓外设施还包括院落、道路、排水渠、墓葬修建设施、祭祀礼仪临时设施、与墓葬修建有关的临时设施、参考或标识、墓葬修建材料开采与制作设施等等，综合反映出这一时期诸侯王墓外部设施内容的多样性。如安阳西高穴M2墓室顶部中间部位发现的相关遗存，是在正对墓道南北两壁内侧的墓顶位置，各以砖砌1竖洞，通过对原始墓道中心点和二砖砌竖洞中心点的

---

① 张鸿亮：《洛阳孟津朱仓李密冢东汉墓园》，国家文物局主编：《2014中国重要考古发现》，文物出版社，2015年，第72-75页；洛阳市文物考古研究院：《邙山陵墓群考古调查与勘测第一阶段考古报告》，文物出版社，2018年，第109-112页。

② 河南省文物考古研究所、安阳县文化局：《河南安阳市西高穴曹操高陵》，《考古》2010年第8期；河南省文物考古研究院：《曹操高陵》，中国社会科学出版社，2016年；河南省文物考古研究院、安阳市文物考古研究所、曹操高陵管理委员会：《安阳高陵陵园遗址2016—2017年度考古发掘简报》，《华夏考古》2018年第1期。

③ 河南省文物考古研究院、安阳市文物考古研究所、曹操高陵管理委员会：《安阳高陵陵园遗址2016—2017年度考古发掘简报》，《华夏考古》2018年第1期。

④ 洛阳市文物考古研究院：《偃师华润电厂考古报告》，中州古籍出版社，2012年，第8、9、235、385页。

⑤ 张鸿亮：《洛阳孟津朱仓李密冢东汉墓园》，国家文物局主编：《2014中国重要考古发现》，文物出版社，2015年，第72-75页；洛阳市文物考古研究院编著：《邙山陵墓群考古调查与勘测第一阶段考古报告》，文物出版社，2018年，第109-112页。

⑥ 河南省文物考古研究院：《曹操高陵》，中国社会科学出版社，2016年；河南省文物考古研究院、安阳市文物考古研究所、曹操高陵管理委员会：《安阳高陵陵园遗址2016—2017年度考古发掘简报》，《华夏考古》2018年第1期。

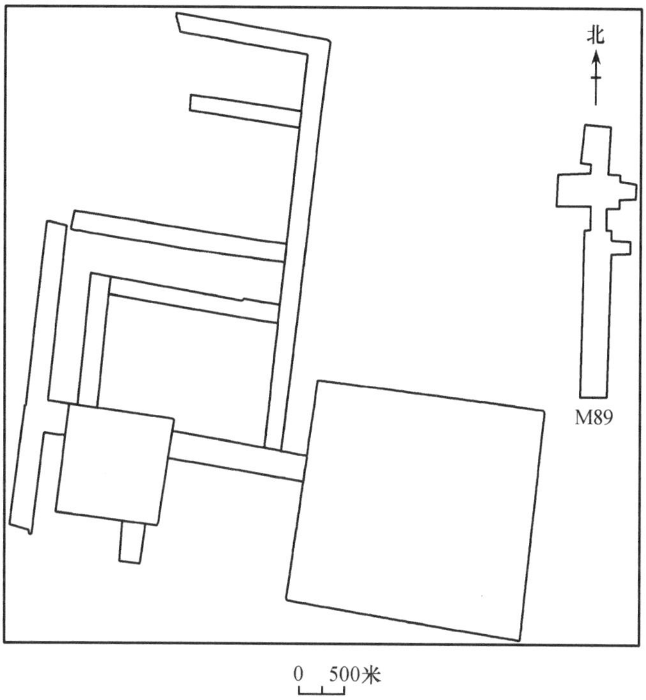

图一 -41　河南偃师华润电厂 M89 的墓外建筑

测量，M2 的原始墓道为 90°，而今发掘所见墓道为 110°，二者可能是先葬者下葬后将墓道掩埋，并为后葬者开挖墓道提供的参考和标识[①]，这与同穴合葬应有关系。

（四）列侯及中小型墓葬

作为秦汉墓葬的主体和重要组成部分，列侯及中小型墓葬分布地域较广、数量众多且在发展及时代方面基本没有间断。列侯墓葬因列侯被封有爵位而具有一定的特殊性，但又与中小型墓葬存在诸多相同或相似之处，仅墓外设施而言，列侯墓葬与中小型墓葬存在的相似点较多。不过，列侯及中小型墓葬内部之间也有等级的差异，并在墓外设施等方面有所体现。

关于西汉早期列侯墓葬的墓外设施，湖北云梦睡虎地 M77 出土的《葬律》载："荣（茔）东西四十五丈，北南四十二丈，重园（？）垣之，高丈。祠（？）舍盖，盖地方六丈。中垣为门，外为阙，垣四陬为不（罘）思（罳）。"由记载可知，这一时期列侯墓葬的外部设施主要包括墓园、门阙、罘罳、祠堂等，而茔域范围、墓园垣高、祠堂尺寸及相关设施的位置等还有详细描述[②]。考古资料对西汉列

① 河南省文物考古研究院：《曹操高陵》，中国社会科学出版社，2016 年，第 103、104 页。

② 湖北省文物考古研究所、云梦县博物馆：《湖北云梦睡虎地 M77 发掘简报》，《江汉考古》2008 年第 4 期；彭浩：《读云梦睡虎地 M77 汉简〈葬律〉》，《江汉考古》2009 年第 4 期；高崇文：《论汉简〈葬律〉中的祭奠之礼》，《文物》2011 年第 5 期。

侯墓葬外部设施的内容体现较为丰富，主要包括墓园及相关设施、道路、排水设施、水井、墓垣、墓上立石与墓前石雕、相关建筑、陪葬坑、合葬墓、袝葬墓与陪葬墓、守冢设施等多种。墓园形状不一，基本为双重，列侯墓葬居于核心位置，同穴或同坟合葬则是列侯与夫人墓葬居于核心，有配套的祭祀设施、陪葬坑等，属于内重，陪葬墓、袝葬墓、墓园垣墙及配套设施等为外重，这在一定程度上对西汉诸侯王墓有所借鉴和参考，但又具有自身的特点①。江西南昌海昏侯墓地，西墙窄短，东墙宽长，南北两墙由西向东斜向外侈，大致呈梯形，有东门和北门，门址由门道、门墩和夯土基址构成，东门面阔约 5.7、进深约 1.8 米，北门面阔 10.6 ~ 12、进深约 5.7 米，门外有门阙建筑，阙台为夯筑，对称分布。从平面图来看，似为子母阙，东门双阙台平面呈“凸”字形，北门东、西阙台呈“曲尺”形，东门及北门内侧皆有建筑，东门内有南北两对称房屋，均为单间，北门内西侧有一建筑，规模较大，附近还有水井，二门内的建筑可能具有守卫功能，而北门内建筑为双开间，又可能具有相应的礼制性质②。陕西西安凤栖原墓地墓园内道路呈东→西方向，东向接祠堂基址的北端，西向接大墓 M8 墓道北部，经过发掘的道路长约 35、宽 2.5、残存厚度约 0.4 米，规划细密，筑造规整，系先开挖基槽，再回填干净的黄土，然后夯击压实，再后修整路面，最后在路面两侧竖立方砖，以保护路面③。陪葬茂陵的霍去病墓，封土东、西两面有不少灰白色的天然巨石，置于封土上。墓前有种类丰富的大型石雕，包括立马、卧马、跃马、伏虎、卧象、蛙、鱼、蟾蜍、牛或羊、卧牛、人、人与熊、野猪等形象，由花岗岩雕成④。东汉列侯墓葬的墓外设施主要包括墓园及相关设施、相关建筑、道路、合葬墓、袝葬墓、保护设施（含守冢设施及其他墓地或墓葬的保护设施）等。汉魏洛阳城西东汉墓的墓园墙为夯土，有门，园墙内东部有一组建筑群，包括祭祀设施及配套建筑，大致来看，建筑群为东西毗连的三重院落（Ⅰ ~ Ⅲ号院落），各个院落内建造殿堂廊舍，各建筑间的方形空间为天井，建筑群中的 F5，东西、南北各 9 米，四壁厚，室内东西长 4.2、南北宽 4.3 米，从位置及建筑结构看，或为角楼遗迹，室内北部铺石渣处为楼梯的位置，另有储藏室、冢舍及其他功能房舍，充分显示出墓园内诸建筑的完善和全面⑤（图一 -42）。

---

① 刘尊志：《西汉列侯墓葬墓园及相关问题》，《考古》2020 年第 1 期。

② 江西省文物考古研究所、南昌市博物馆、南昌市新建区博物馆：《南昌市西汉海昏侯墓》，《考古》2016 年第 7 期。

③ 陕西省考古研究院：《西安凤栖原西汉墓地田野考古发掘收获》，《考古与文物》2009 年第 5 期；张仲立、丁岩、朱艳玲：《长安凤栖原西汉家族墓地》，《中国文物报》2010 年 4 月 16 日第 4 版；《凤栖原汉墓：西汉大将军的家族墓园》，《中国文化遗产》2011 年第 6 期。

④ 王子云：《西汉霍去病墓石刻》，《文物参考资料》1955 年第 11 期；傅天仇：《陕西兴平县霍去病墓前的西汉石雕艺术》；马子云：《西汉霍去病墓石刻记》，《文物》1964 年第 1 期。

⑤ 中国社会科学院考古研究所洛阳汉魏城队：《汉魏洛阳城西东汉墓园遗址》，《考古学报》1993 年第 3 期。

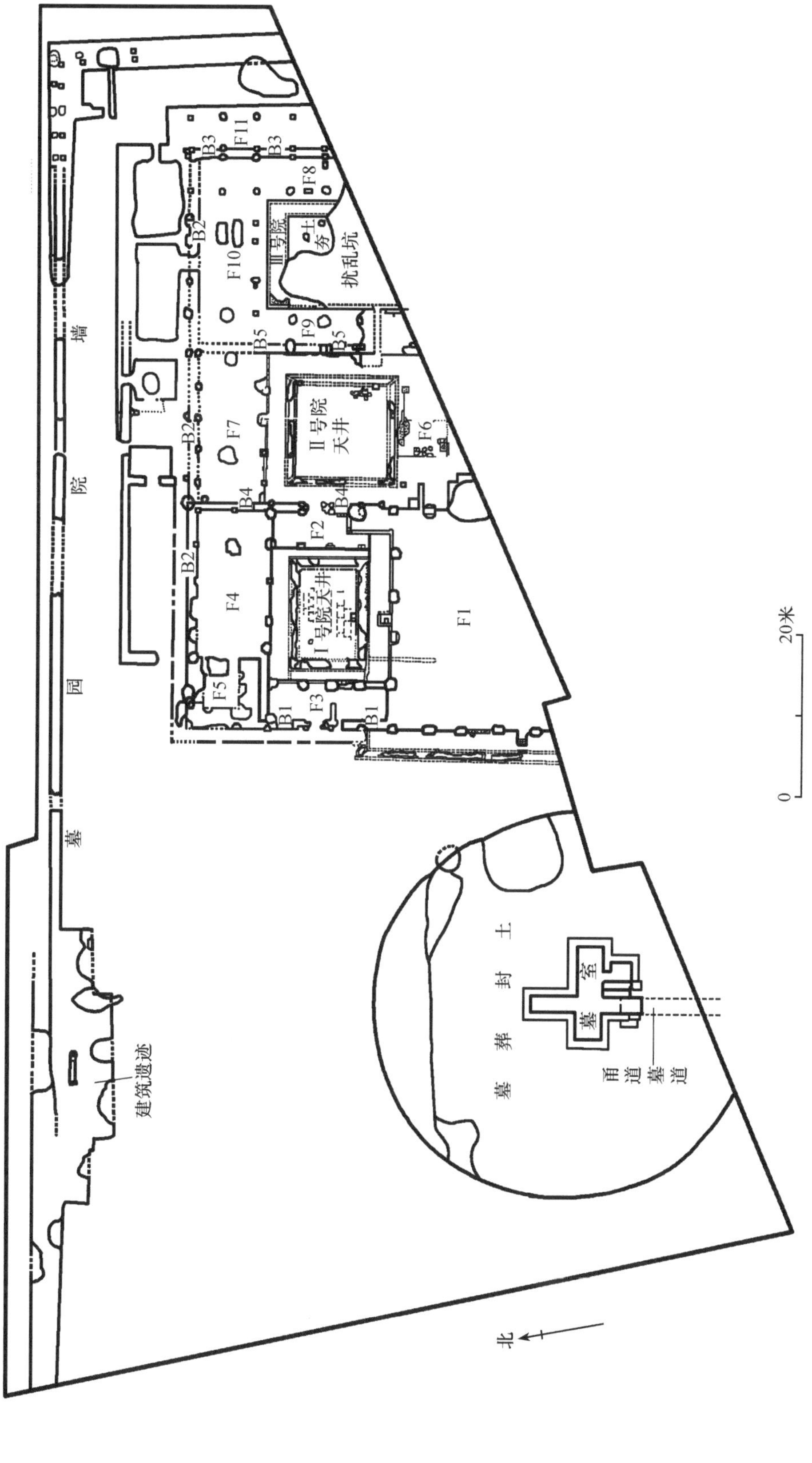

图一-42　汉魏洛阳城西东汉墓园遗址平面图

汉代列侯墓葬及中小型墓葬的墓外多有祭祀设施，以祠堂居多，西汉与东汉墓葬外皆有发现。从开间来看，有单开间、双开间和三开间之分；从构筑材料看，有砖（石、土）墙瓦顶祠堂与石祠堂的区别；从位置看，有嵌入封土、紧邻封土、封土前较近距离、封土外稍远距离等的区别。江西南昌海昏侯墓墓前祠堂①及陕西西安凤栖原墓地祠堂②，均为双开间的土墙瓦顶祠堂，且有配套设施，前者位于墓前稍近距离，后者位于墓葬一侧，与墓葬间的距离稍远。石祠堂大约出现于西汉晚期，东汉一代使用普遍，以今苏鲁豫皖交界地区发现的东汉墓葬外石祠堂最具代表，其中山东省发现的有长清孝堂山祠堂③、金乡“朱鲔石室”④（图一 -43：1）及嘉祥的武梁祠与前石室、左石室⑤等；江苏徐州地区发现的有贾汪青山泉白集汉墓祠堂⑥、铜山洪楼东汉墓祠堂⑦；安徽北部宿州市发现的有宝光寺汉墓祠堂⑧和褚兰 M1、M2

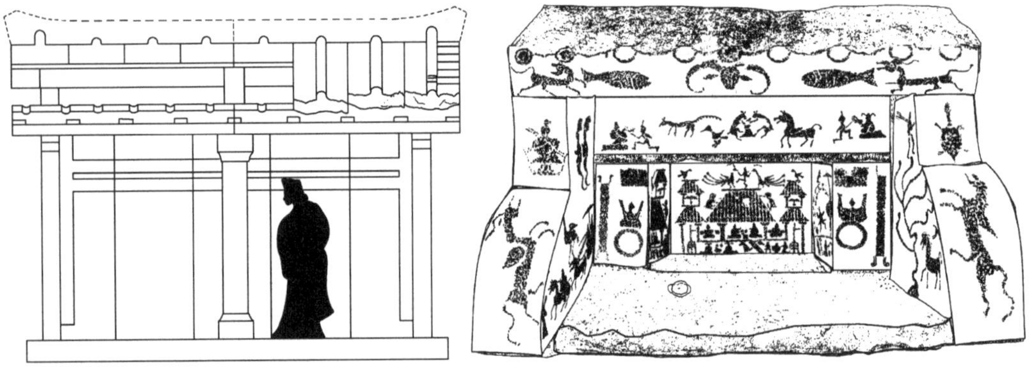

1　　　　2

图一 -43　汉代墓外石祠堂

1. 山东金乡“朱鲔石室”　2. 安徽省淮北市相山区洪山淮北大唐发电厂西侧 C1

---

① 江西省文物考古研究所、南昌市博物馆、南昌市新建区博物馆：《南昌市西汉海昏侯墓》，《考古》2016 年第 7 期。

② 张仲立、丁岩、朱艳玲：《凤栖原汉墓：西汉大将军的家族墓园》，《中国文化遗产》2011 年第 6 期。

③ 蒋英炬、杨爱国、信立祥、吴文祺：《孝堂山石祠》，文物出版社，2017 年，第 20-28 页。

④ 山东省石刻艺术馆编，蒋英炬、杨爱国、蒋群著：《朱鲔石室》，文物出版社，2015 年，第 46-55 页。

⑤ 蒋英炬、吴文祺：《武氏祠画象石建筑配置考》，《考古学报》1981 年第 2 期；《汉代武氏墓群石刻研究》，山东美术出版社，1995 年，第 37-46 页。

⑥ 南京博物院：《徐州青山泉白集东汉画象石墓》，《考古》1981 年第 2 期。

⑦ 王德庆：《江苏铜山东汉墓清理简报》，《考古通讯》1957 年第 4 期；《江苏发现的一批汉代画象石》，《文物参考资料》1958 年第 4 期；徐建国：《徐州汉画像石室祠建筑》，《中原文物》1993 年第 2 期。

⑧ 王化民：《宿州宝光寺汉墓石祠画像石》，安徽省文物考古研究所、安徽省考古学会编：《文物研究・第 8 辑》，黄山书社，1993 年，第 64-70 页。

的各自祠堂[①]等，淮北市相山区洪山淮北大唐发电厂西侧清理出两座汉代祠堂，其中C1保存完整，另一座前期遭到破坏，仅存几块祠堂构件，皆为前室后龛的“凸”字形结构，两侧有抱鼓石，画像内容较为丰富（图一-43：2），祠堂的建造年代应不早于东汉中期，推测营建者为小官吏或中小地主阶层[②]。墓地祠堂还有一些配套设施，多位于祠堂外，少量在祠堂内，或配合祭祀，或保护祠堂，或与祠堂一起体现丧葬需求，或有其他功用。汉魏洛阳城西东汉墓东有大面积的建筑群，其中既有祠堂也有诸多配套设施，如廊房、天井、冢舍、藏储房、角楼等[③]。其他一些汉代列侯及中小型墓葬外祠堂的配套设施主要包括窖藏、灶、室外场地、厢房、冢舍、其他房屋、道路、排供水设施、石刻等，并会形成相应的组合。如冢舍，为守护墓地和祠堂的配套设施，和汉代流行的居丧也有一定关系。文献对此也有较多记载，如“及母终，至性殆灭，（江革）尝寝伏冢庐，服竟，不忍除。”[④]“（周磐）后思母，弃官还乡里。及母殁，哀至几于毁灭，服终，遂庐于冢侧。”[⑤]另外，如江西南昌海昏侯墓，墓前有专门的寝，祠堂与寝前有活动场地及水井等，有完整的道路系统由墓外进入墓园内再通往墓葬和祠堂[⑥]。除海昏侯墓前所见的寝之外，汉代列侯与中小型墓葬外还有其他祭祀性设施[⑦]。汉景帝阳陵东司马道北第一排10号陪葬墓园（BP1Y10），门阙以南与阳陵东司马道北界沟之间发现东西向一字排开的小型灶坑14处，大小相当，分布规律，朝向一致，可能与墓葬的祭祀有关[⑧]。江苏邳州山头东汉墓地，多座墓葬之间的空地发现有一定面积的红烧土堆积，可能因祭祀用火而烧成[⑨]。在豫北及鲁东一些地区的汉墓外前端或墓顶还发现一定数量的祭台或供台，如山东青岛土山屯墓群中，编号封10发现有砖构平台，位于封土南侧的缓坡之上，略呈方形，砖构平台中央放置有一灰陶罐[⑩]。河南辉县路固汉代墓地中，有在坟丘上用砖砌台的现象，如AM40、AM61、BM5，是在墓上或丘顶摆祭用的平台；还有较多坟丘前用砖砌供台，如AM23、AM59、AM73、CM3、CM2等，坟丘前都有明

① 王步毅：《安徽宿州褚兰汉画像石墓》，《考古学报》1993年第4期。

② 淮北市文物局：《安徽省淮北市发现汉代画像石祠》，《东南文化》2019年第6期。

③ 中国社会科学院考古研究所洛阳汉魏城队：《汉魏洛阳城西东汉墓园遗址》，《考古学报》1993年第3期。

④ （南朝宋）范晔撰、（唐）李贤等注：《后汉书·江革传》，中华书局，1965年，第1302页。

⑤ （南朝宋）范晔撰、（唐）李贤等注：《后汉书·周磐传》，中华书局，1965年，第1311页。

⑥ 江西省文物考古研究所、南昌市博物馆、南昌市新建区博物馆：《南昌市西汉海昏侯墓》，《考古》2016年第7期。

⑦ 刘尊志：《汉代列侯与中小型墓地非祠堂类祭祀设施与遗存》，《中原文物》2019年第3期。

⑧ 曹龙：《西汉帝陵陪葬制度初探》，西北大学硕士学位论文，2009年5月，第26页。

⑨ 南京博物院、邳州博物馆：《邳州山头东汉墓地》，科学出版社，2010年，第156、193页。

⑩ 青岛市文物保护考古研究所：《青岛土山屯墓群考古发掘获主要新发现——发现“祭台”、“人”字形椁顶等重要遗迹，出土温明、玉席和遣册、公文木牍等珍贵文物》，《中国文物报》2017年12月22日第4版。

显的供台设施[①]。这些设施可能与汉代的“露祭”有关。山东长清孝堂山下出土小祠堂的祭祀画像，未见祭台或供台，而是直接将祭品放置在墓前的地面上[②]。

秦汉尤其是汉代，中小型墓葬的外部设施较为多样，除上文所述与墓地祭祀有关的祠堂外，还有其他较多种类、不同功用的墓外设施，主要包括陪葬墓、陪葬坑、祭祀坑、排水沟、围沟、环壕、墓垣、墓园、神道、墓树、修墓或守墓建筑、碑、阙、石兽与石人及相关石刻、窑等等。塘、池、沟、壕、坑等多为人为砌建或开挖而成，部分与墓内相连，如排水沟等。这一时期很多中小型墓葬或所属墓地外有围沟，一些面积大、沟面宽的沟则形成壕。湖南沅水下游的土墩D3有多座墓葬，发掘前，D3的西南角和东南角还保留有两个水塘，可能为建造封堆时取土留下的；该土墩有较多的排水沟，按照一定的坡度倾斜，并与内部的排水暗沟相连接，最后汇入外部的水塘，其中南侧排水沟西高东低，直通东南角的水塘[③]。河南省淇县黄庄墓地Ⅱ区西部发掘区墓地内发现灰坑4个，坑内填土未见分层，土质疏松，未发现遗物，可能为取土坑[④]。墙、垣用土、砖或石等砌成，具有间隔区分的功能，也起到相应的保护作用，围墙多数应有出入口，墓垣则较为封闭，汉代墓葬有较多发现。安徽北部的萧县破阁XPM88，外有长方形茔垣（围墙），用石块砌筑[⑤]。江苏邳州燕子埠东汉彭城相缪宇墓，围墙北半部呈梯形，三面包绕封土，墙基为夯土和碎石，墙体由条石叠砌4层而成，顶面凿屋檐状坡面，浮雕瓦垄、瓦当，南墙基东端有门框臼窝，为出入口[⑥]。江苏徐州地区较多汉代墓葬的墓垣有所保留，市区东南郊的拖龙山西汉墓群中，M3～M5、M7等皆有石砌墓垣，或方或圆，1～2层不等[⑦]；贾汪土龙山墓地中的M10等级略高，封土外围有墓垣遗迹，大致呈方形，北、东侧保存较好[⑧]。与列侯墓葬相似，一些具有相应等级的墓葬也会砌建墓园。山东苍山金山西汉墓，围墙与房屋的墙体相连，建在墓道之上的房屋开有东门和西门，将房子东侧台院与西侧坟丘之间连接起来，便于

---

① 中国社会科学院考古研究所：《辉县路固》，科学出版社，2017年，第194-198、274-280、415-421、450-460页。

② 关野贞：《中国山东省汉代坟墓表饰》，《东京大学工科大学纪要》第八册第一号，1916年，图140。

③ 湖南省常德市文物局、常德博物馆、鼎城区文物局、桃源县文物局、汉寿县文物局：《沅水下游汉墓》，文物出版社，2016年，第53-57、735、736页。

④ 河南省文物局：《淇县黄庄墓地Ⅱ区发掘报告》，科学出版社，2015年，第6、7夹页、118-123页。

⑤ 安徽省文物考古研究所、安徽省萧县博物馆：《萧县汉墓》，文物出版社，2008年，第144、145页。

⑥ 南京博物院、邳州博物馆：《东汉彭城相缪宇墓》，《文物》1984年第8期。

⑦ 徐州博物馆：《徐州拖龙山五座西汉墓的发掘》，《考古学报》2010年第1期。

⑧ 徐州博物馆：《贾汪徐工综合试验场项目考古调查试掘》，徐州博物馆：《徐州考古资料汇编（2014年度）》，内部资料，2015年2月，第43-50页。

进行相关活动，相关设施围成墓园[①]。河南淇县大马庄墓地，墓地外局部绕以围沟，呈半开放式，内有墓葬和建筑，形成墓园[②]。汉代一些中小型墓葬外或所属墓地中修建有陶窑，主要服务于墓葬的修建，烧造砖瓦等，也有的烧造一些陪葬品，有些地区发现的一些陶窑，既满足墓葬所需，也烧造一些现实生活的用品[③]。河北省鹿泉西龙贵汉代墓地清理汉代墓葬近40座、陶窑2座，墓地入葬者可能都属于当地平民中的富裕者，或有个别下层官吏，陶窑位于墓地发掘区的东北部边缘，两座窑相距约百米余，形制大体相同，二窑出土的陶器残片、砖及瓦等，与部分墓葬出土的同类器物相似度较大，关系密切，烧造产品可能大多直接为丧葬服务；墓地东南部200～300米还有一处小型汉代遗址，面积约数千平方米，发现有较厚的瓦砾堆积、灰坑和一座陶窑，可能为制作砖瓦等的作坊[④]。湖北省襄阳老河口市柴店岗发掘的1座西汉中晚期陶窑，应为专门烧制日用陶器、丧葬用陶及建筑用陶的民营私窑[⑤]。墓地陶窑也有配套设施，如水井、取土坑、废料盛放坑、存放场地、陶坯制作的作坊、水沟等，甚至还会借用自然河流。贵州沿河县洪渡镇陶窑，基本修建于江、河岸边，应是出于取水方便的考虑[⑥]。另有道路、蓄水池或其他设施，相关简报指出，在窑室前可能会构筑防雨遮阳棚等[⑦]。秦汉时期，具有一定社会地位或相应经济实力的家庭，会在家庭成员的墓葬或墓地的墓园入口处修建墓阙，秦与西汉时期多为土阙，但大多为帝王陵墓的陵园入口。东汉时，一些中小型墓葬或墓地的入口处开始使用石阙，如四川雅安的高颐阙[⑧]（图一-44）、重庆忠县乌杨阙[⑨]及山东嘉祥武氏墓地双阙[⑩]及莒南县东兰墩出土汉阙[⑪]等，四川渠县发现有冯焕阙、赵家村西无铭阙、赵家村东无铭阙、王家坪无铭阙、沈府君阙、蒲家湾无铭阙等，基本

① 李振光、宋岩泉、党浩：《山东苍山县金山发现大型汉墓》，《中国文物报》2004年12月17日第1版。

② 河南省文物局编著：《淇县大马庄墓地》，科学出版社，2013年，第193-196页。

③ 刘尊志：《汉代墓地陶窑及相关问题》，《文物》2019年第11期。

④ 四川大学历史文化学院考古系、上海大学艺术研究院美术考古研究中心、河北省文物研究所、石家庄市文物研究所、鹿泉市文物保护所：《河北鹿泉西龙贵汉代墓葬》，《考古学报》2013年第1期。

⑤ 老河口市博物馆：《老河口市柴店岗砖厂汉代窑址清理简报》，《江汉考古》2004年第4期；老河口市博物馆：《湖北老河口市柴店岗两汉墓葬》，《考古》2001年第7期。

⑥ 贵州省博物馆考古队：《贵州沿河洪渡汉代窑址试掘》，《考古》1993年第9期。

⑦ 老河口市博物馆：《老河口市柴店岗砖厂汉代窑址清理简报》，《江汉考古》2004年第4期。

⑧ 耿继斌：《高颐阙》，《文物》1981年第10期。

⑨ 重庆市文物考古研究所、忠县文物管理所：《忠县花灯坟墓群乌杨阙发掘简报》，重庆市文物局、重庆市移民局编：《重庆库区考古报告集·2002卷》，科学出版社，2010年，第1059-1077页。

⑩ 蒋英炬、吴文祺：《汉代武氏墓群石刻研究》，山东美术出版社，1995年，第7-16页。

⑪ 刘心健、张鸣雪：《山东莒南发现汉代石阙》，《文物参考资料》1965年第5期。

图一-44　四川雅安的高颐阙

都有对应的墓葬，距离 50、100、156 米，甚至 230、270 米不等[①]。阙上既刻纹饰，还有刻字，上勒题额，或标官氏，或标官职姓字，或记官氏名字，或单举姓字，或详记历官，或附记造阙年月，或勒铭词者，或记墓主行事，或记先代名字历官，或记作阙者姓名等等[②]。墓阙附近还有相关遗存，主要有石兽，如四川高颐阙前有石辟邪 1 对；也有石柱，如北京市西郊出土双阙前有 2 神道石柱，与双阙并立[③]；还有活动场地，如渠县沈府君阙发现的活动面位于两阙前侧，面积约 50 平方米，并有活动面连接神道的迹象，另外还可能栽有树木。中小型墓葬外的立石除石阙外，还有碑、雕琢的人物与动物、柱与柱础等。天津武清鲜于璜墓外（正南）的前面约 6 米处出土有东汉桓帝延熹八年（165 年）“汉故雁门太守鲜于君碑”，附近还有祠堂类祭祀建筑物[④]。墓外石人有一定数量，有单体人像，也有的作骑兽状或其他内容。山东曲阜南乡东汉乐安太守麃君墓前有石人 2 件，男性，均戴冠穿长

① 四川省文物考古研究院、渠县文物管理所：《四川渠县汉阙考古调查勘探简报》，《四川文物》2014 年第 4 期。

② 杨树达撰，王子今导读：《汉代婚丧礼俗考》，上海古籍出版社，2000 年，第 114-117 页。

③ 北京市文物工作队：《北京西郊发现汉代石阙清理简报》，《文物》1964 年第 11 期。

④ 天津市文物管理处、武清县文化馆：《武清县发现东汉鲜于璜墓碑》，《文物》1974 年第 8 期；天津市文物管理处考古队：《武清东汉鲜于璜墓》，《考古学报》1982 年第 3 期。

袍，一拱手，一握物，拱手石像腹前有刻字①。墓前石雕动物数量多，种类亦较多，取材广泛，有虎、狮、象、马、羊、牛及想象中的神兽，如天禄、辟邪、麒麟等。安徽临泉县腰庄出土石雕带翼天禄 1 件，其西约 1 公里有砖室墓，封土高大，陪葬品较多②。四川雅安城东姚桥墓阙前两侧出土石雕雌雄辟邪 1 对，阙北 163 米为益州太守高颐墓③。山东临沭后利城村西东汉墓地出土一块直径约 40 厘米石柱础，同出的有石羊等，未见石柱④。这些石刻内容与祠堂、碑、墓阙等形成组合，可起到墓地标志物的作用，进而可显示墓主的身份地位。有些秦汉时期中小型墓葬外还有其他物质内容，如浙江省绍兴县富盛镇乌石村跳山东坡发现的东汉建初买地摩崖⑤及墓外的相关道路、植树，还有相对常见的合葬墓、陪葬墓与祔葬墓等，综合反映出这一时期中小型墓葬外部设施的多样性及其内容内涵较为丰富的特点，标志着墓外设施系统的逐渐形成与日渐确立，这与对应家庭的需求有关，体现出相关家庭对墓葬这一家庭外部设施的重视程度，而这也应是该时期墓葬发展的原因之一。

由上来看，秦汉时期家庭的外部设施构成因素较为丰富，既有与生产相关的内容，也有和生活密切关联的设施，还有家庭十分重视的丧葬与墓葬，综合体现出这一时期家庭在外部设施方面的重视和投入、发展与构建，而这应是家庭发展中十分重要的组成内容之一。

第三节　内部设施

家庭的内部设施是指院墙、大门及二者所包绕在内的相关设施，诸多设施关系密切，相互补充，共同满足着家庭的生产、生活及安全、交往等多种需求。就较多家庭来讲，诸多事务是在门庭之内开展的，而门庭之内还是家庭成员的主要活动空间，因此内部设施在众多家庭中起着十分重要的作用，也在家庭延续和发展的过程中具有十分重要的地位。

一、等级明显较高阶层家庭的内部设施

秦汉时期，社会等级明显，大一统的封建帝国皆建有京都，皇帝及其家庭成员

---

① 吕常凌主编：《山东文物精萃》，山东美术出版社，1996 年，图 174；李翠文、孔勇摄影：《孔庙之汉石人亭》，《走向世界》2014 年第 49 期。

② 冯耀堂：《临泉出土东汉石雕天禄》，《中国文物报》1988 年 4 月 29 日第 2 版。

③ 耿继斌：《高颐阙》，《文物》1981 年第 10 期。

④ 王亮：《山东临沭县出土汉代石羊》，《考古》1986 年第 1 期。

⑤ 彭云、葛国庆：《汉刻重宝——建初买地摩崖》，《东南文化》2005 年第 4 期。

生活在京都之内，有不同的宫殿、园囿和相关设施，诸侯王有王国都城，列侯也有侯国都城，他们的家庭及其成员在正常情况下都会生活在各自的王都或侯都城中，也有宫殿及相关设施，但较之皇帝及其家庭明显简略，且规模亦小很多。当然，这一时期尤其是两汉，有一些诸侯王或列侯在被封赐后并不就国，而是生活在京都，在京都内也应有相对独立的庭院。目前，关于秦汉王都及侯都的考古资料均较简略，就京城而言，秦都咸阳城、西汉都城长安城及东汉都城洛阳城均开展了不同程度的考古工作，并有相关资料公布，其中又以西汉都城长安城的考古发掘及资料公布相对丰富一些。本书仅以秦汉京师的考古资料为参考，对等级明显较高阶层家庭的内部设施作简要概述，诸侯王与列侯家庭的相关内容则以对应墓葬资料为参考作相关分析。

（一）秦都咸阳

秦都咸阳实行“两宫制”，有宫城，这已被考古资料所证实，在宫城之内勘探发现7处大型夯土建筑基址，部分经勘探和发掘，取得一批十分有价值的考古资料①。第一号宫殿建筑遗址以夯土高台为宫殿建筑的核心，不同建筑依高台筑建，有殿堂、过厅、居室、坡道、平台、迴廊、散水、排水池、窖穴等，室较多，窖穴多为储存粮食所用（图一-45）。台基下部南段的F8以素面砖铺地，室内东北角设壁炉，西北角置窖穴，东南角有排水池，池南北壁架木3排，底铺瓦，接陶漏斗，下与地下排水系统连接，故该室当为“盥洗室”。第一号殿址的建筑组成一个建筑群，以高台为基础，高低错落，参差有致，很可能为宫室一类的建筑。三号宫殿建筑遗址，主体建筑在台基中央，台基之下四面筑房屋，室内地面涂朱，四面房屋外有迴廊、散水，西侧有南北向的长廊，廊道北有房屋，辟门，门外有踏步，而长廊的东、西坎墙的墙壁上有较多壁画，包括人物、车骑、建筑、动物、花卉、神灵怪异、几何纹图案等，宫殿及相关建筑或与秦的宫室有关。

（二）西汉长安城

西汉长安城的考古调查、勘探和发掘工作开展较多，发现的遗迹、遗物及所体现和反映的内容也较为丰富。西汉定都长安时间较长，城内宫殿较多。

---

① 秦都咸阳考古工作站:《秦都咸阳第一号宫殿建筑遗址简报》,《文物》1976年第11期；秦都咸阳考古工作队:《秦咸阳宫第二号建筑遗址发掘简报》,《考古与文物》1986年第4期；咸阳市文管会、咸阳市博物馆、咸阳地区文管会:《秦都咸阳第三号宫殿建筑遗址发掘简报》,《考古与文物》1980年第2期；陕西省考古研究所:《秦都咸阳考古报告》，科学出版社，2004年。

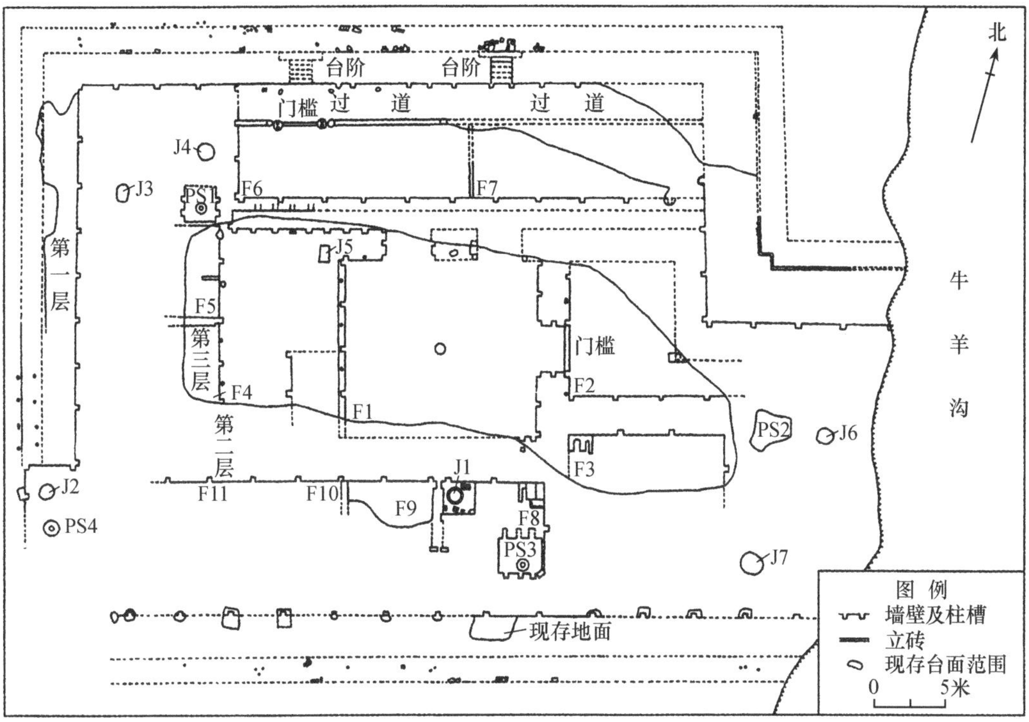

图一-45 秦都咸阳城一号宫殿遗址平面图

1. 未央宫①

位于汉长安城的西南部，是城内地势最高处。考古发现未央宫的宫墙、宫门、门道、门阙，四角有角楼，宫内有贯通南北的道路（1条）与贯通东西的道路（2条）。中区有前殿遗址，殿南部有“广场”，东西分列一些宫室建筑，西部主要为沧池遗址，北区中部为椒房殿及别的后宫建筑群，另有其他一些建筑，如城市宫廷保卫、医疗保健、管理事务等活动有关人员的办公或居住场所。

椒房殿是西汉一代皇后的宫殿建筑群，由正殿、配殿和附属建筑组成。殿堂周置迴廊，廊外有散水，殿南有阶，正殿北迴廊之外有长方形庭院，四周置廊道，中有天井，配有排水设施。配殿在正殿的东北，内有5条巷道，配殿由南、北二殿组成，二殿之间及北殿北各有一座庭院，有踏道、廊、天井等。巷道长短不一，土坯包砌巷道壁，外抹草泥，表面涂灰，以条砖铺地面，空心砖砌踏步。附属建筑位于正殿北与配殿西，包括3处庭院、9座房屋等。某种程度上，地下巷道与大型庭院

① 中国社会科学院考古研究所：《汉长安城未央宫（1980～1989年考古发掘报告）》，中国大百科全书出版社，1996年。

可视为西汉后妃宫殿中具有特色的建筑形式。

2. 长乐宫[①]

汉高祖刘邦在位时居于此宫，之后为太后居所，长乐宫遗址发现有墙、门、道路及大型宫殿、池苑、院落、迴廊、散水及可能属于“凌室”的建筑遗址等。长乐宫内已发现主要道路5条，横贯东西道路的南北侧发现大量建筑遗址，南部有3座大型建筑群，北部西面以宫室建筑为主，东面可能是长乐宫池苑“酒池”，相关建筑中，五号建筑遗址可能是“凌室”建筑遗址。

3. 桂宫[②]

西汉晚期元帝时，桂宫为太子居处，后来为太后所居。大型建筑遗址大多分布于宫城南部，已发掘或勘探试掘出一些建筑遗址（图一-46）。一、二号建筑遗址为一座大型宫殿群的遗存，包括南院的殿堂、北院的后殿和北面的高台。南院与北院南北相连，共用院墙，其上辟门，联通二院。殿堂四壁有壁柱，外置迴廊和散水，南面设对称分布的二阶，东部有一组地下建筑，由门、“传达室”、通道和主室等组成，殿堂北有一座地下房屋，北辟门，有门道，殿堂西南部有一些小院子和类似沐浴场所的设施。正殿北部有东西并列的二庭院，院中央置天井。高台基址在北院北40米，北部和东部发现有登台遗迹。第四号建筑遗址位于西北部，由东西两组建筑组成，中为南北向通道，每组建筑各有殿堂、庭院和附属建筑。第三号建筑为仓储遗址，南北两端各有1大房，其间有南北排列的7座长方形平面房址，隔墙较厚，壁柱密集，均坐东向西，西边置门，7座房址南北两端的大房址为仓储设施守卫人员居住、活动的建筑或设施。

4. 建章宫[③]

武帝于太初元年（公元前104年）在长安城西侧建造的宫殿，并在此后直至昭帝元凤二年（公元前79年）的一段时间内作为皇宫使用。考古调查勘探发现了建章宫的门阙、前殿、太液池等遗存。其中的“双凤阙”为我国地面现存最早的古代宫阙遗址，前殿为主体建筑。太液池开凿于宫城之内，其东北有渐台遗址，池岸边还有石鲸等石刻。建章宫的西北部还有该宫中十分重要的建筑——神明台。

---

① 刘庆柱、李毓芳：《汉长安城》，文物出版社，2003年。

② 中国社会科学院考古研究所、日本奈良国立文化财研究所：《汉长安城桂宫（1996～2001年考古发掘报告）》，文物出版社，2007年。

③ 刘庆柱、李毓芳：《汉长安城》，文物出版社，2003年。

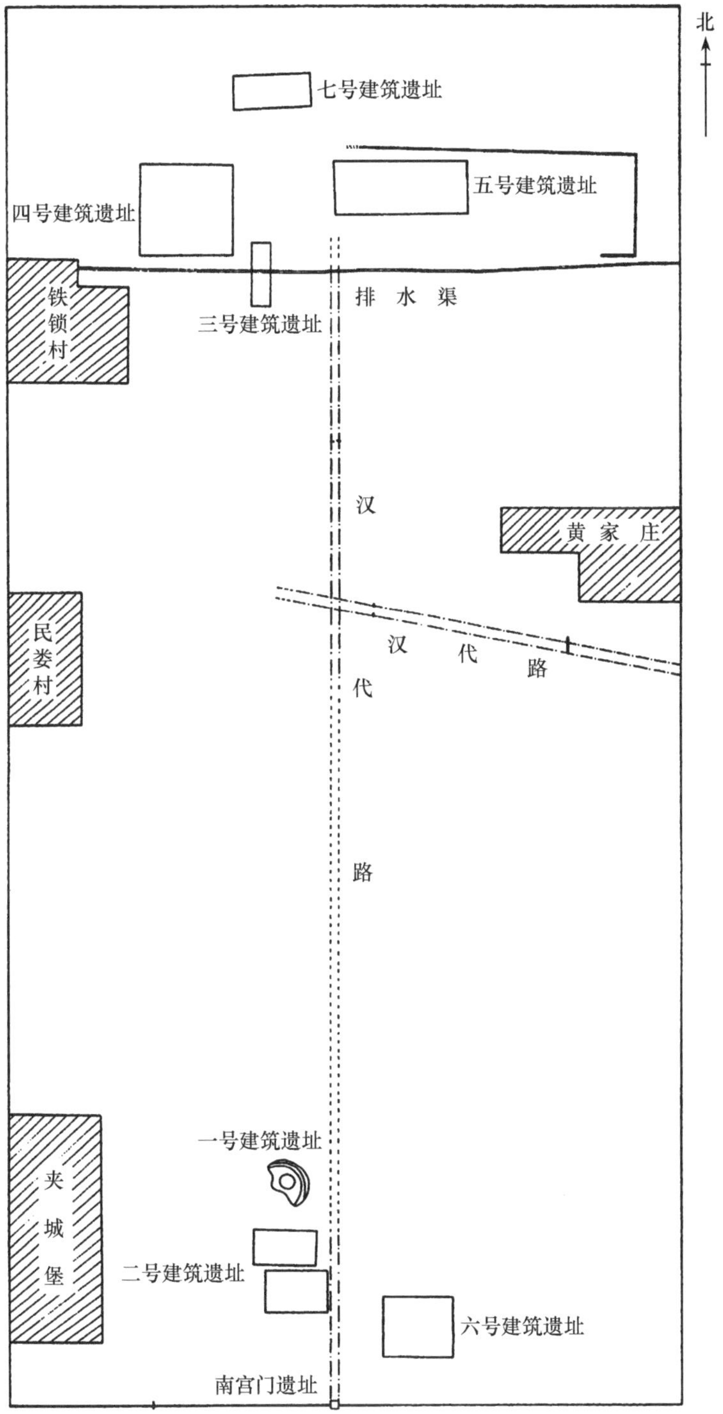

图一 -46　西汉长安城桂宫遗址平面图

5. 北宫及其他宫殿

北宫为退居或废黜后妃居住的宫城，也是软禁后妃的场所，宫城南北各有1门，有南北向大道①。其他还有明光宫等。

（三）东汉洛阳城

发现有南宫和北宫的遗址，距离不远，二宫所占洛阳城的面积比例相对较大②，这些建筑与皇帝家庭的居住及其处理政务等应有一定的关系。

（四）汉代王侯的相关内容

秦汉时期，事死如事生的丧葬思想和理念已经深入人心，墓葬形制的第宅化和陪葬品的生活化即是最好的证明。墓葬形制的第宅化在不同等级的墓葬中均有体现，两汉时众多的王侯墓葬也不例外，而在墓葬形制方面力求第宅化，不仅可扩大墓葬规模、增加墓内多种形式的功能室、提升埋葬内容的内涵，达到充分实现厚葬、服务死者地下所需、满足升仙要求等目的，也是墓主藉此体现自身等级地位的一种途径和方式。汉代较多的王侯墓葬与外界有墓道相通，墓道与墓室结合处有门，门内为前厅、中堂和后室，或是前堂后室，另有其他不同数量和种类的功能室，大抵是将生前所居之所与丧葬相结合并经改造后移植于地下。

西汉诸侯王墓以江苏徐州地区的西汉楚王墓为例，主墓室基本为前堂后寝的配置，一些还有配套的厕所和其他功能室，再往前有车马室、庖厨室或其他器物室，然后连通墓外，形成具有进深感的墓葬形制与各室布局。东郊狮子山汉墓，最后有寝与横堂，堂前有门，门外为甬道，两侧有较多的墓室，E4内为殉葬的楚王嫔妃，E2为钱库，W3与W4为储藏室，塞石前内墓道两侧也有室，E1为庖厨及与饮食相关的室，W1似为府库，W2为储藏间，多庖厨、盥洗类器物，再外为中墓道和外墓道，中墓道的末端两侧陪葬有相关人员和陶俑，整体上由里向外或由外向内展现出与现实所居较相似的内容③。北郊的北洞山西汉墓，中墓道前端两侧有负责仪卫或守护的陶俑，内墓道两侧各有一耳室，再内为门，门后为甬道，前端两侧各有1侧室，为储藏室的可能性较大，往内至最后端为横前堂与竖后室，前堂东侧有廊，通

① 中国社会科学院考古研究所汉城工作队：《汉长安城北宫的勘探及其南面砖瓦窑的发掘》，《考古》1996年第10期。

② 中国社会科学院考古研究所：《中国考古学·秦汉卷》，中国社会科学出版社，2010年，第234、235页。

③ 狮子山楚王陵考古发掘队：《徐州狮子山楚王陵发掘简报》，《文物》1998年第8期；韦正、李虎仁、邹厚本：《江苏徐州市狮子山西汉墓的发掘与收获》，《考古》1998年第8期。

往向内凿的二厕所，厕所较为规整，该墓葬的特殊之处还在于其一侧有下凿的附属建筑，分四进，以石墙相隔，有门可以相通，设施众多，包括乐舞室、车马室、庖厨房、臼房、水井、凌阴、柴房、厕所、浴间等，几乎涵盖了现实生活建筑的设施内容[①]（图一-47）。山东临淄山王村西汉早期齐王墓陪葬坑内发现的建筑模型包括门阙、前门、大门以及后院内的楼房、粮仓、庖厨等，院内还布置车马出行，是经规划的、较为完整的府邸布局[②]。列侯墓如东汉时期的一些墓葬，河南洛阳汉魏洛阳城西东汉墓，横前室竖后室结构，前室的一侧有侧室[③]；河北蠡县东汉墓，前后室结构，前室一侧有侧室，甬道两侧各有一耳室[④]；石家庄北郊柳辛庄村南东汉墓，前中后三室结构[⑤]；河南洛阳东关殉人墓，前中后三室结构，中室一侧有耳室，封门

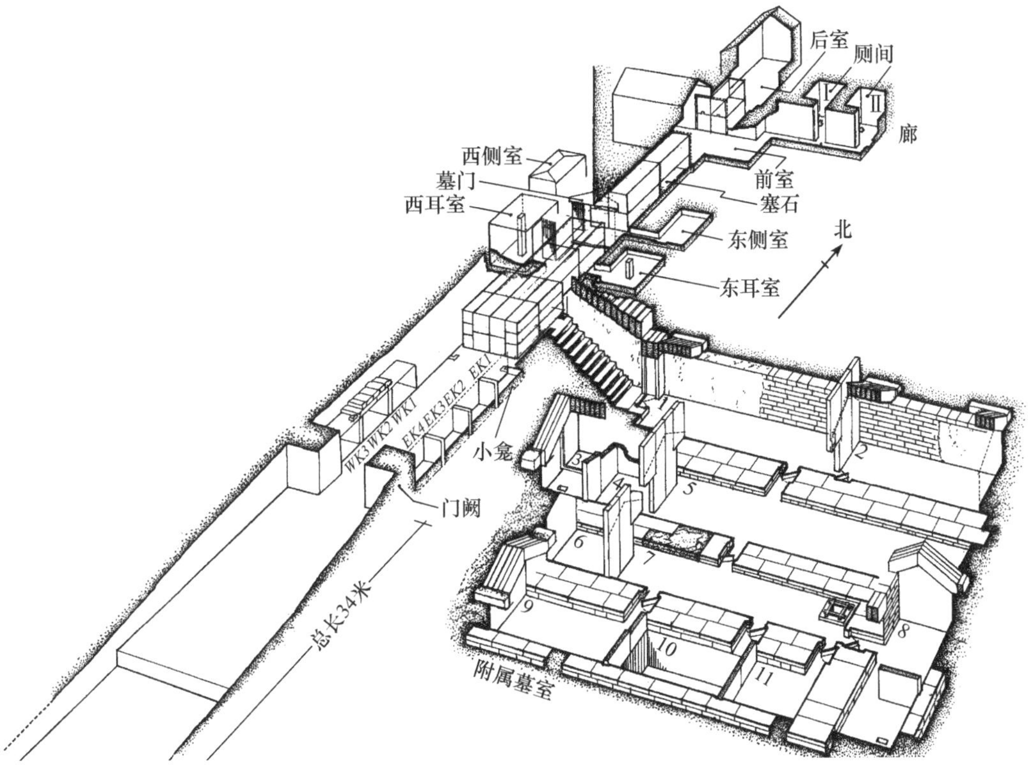

图一-47 江苏徐州北洞山西汉楚王墓透视图

① 徐州博物馆、南京大学历史系考古专业：《徐州北洞山汉墓发掘简报》，《文物》1988年第2期；《徐州北洞山西汉楚王墓》，文物出版社，2003年，第6-29页。

② 山东省文物考古研究所、临淄区文物管理局：《临淄山王村汉代兵马俑》，文物出版社，2017年。

③ 中国社会科学院考古研究所洛阳汉魏城队：《汉魏洛阳城西东汉墓园遗址》，《考古学报》1993年第3期。

④ 河北省文物研究所：《蠡县汉墓发掘记要》，《文物》1983年第6期。

⑤ 石家庄市文物保管所：《石家庄北郊东汉墓》，《考古》1984年第9期。

墙外墓道一侧还有车马室[①]。这些墓葬都间接体现出墓葬形制与现实家庭所居相近或相似的内容，是摹写，也是另一种形式的再现。

二、等级普遍不高人员家庭的内部设施

秦汉时期，帝王及列侯家庭所占比例较小，更多的是除三者之外其他等级普遍不是太高人员的家庭，因其不像帝王及列侯家庭那样具有等级等方面的特殊性，很多本书的叙述中，有时会称这类家庭为一般家庭，特此说明。这些家庭的内部设施在规模、种类甚至质量等方面可能较帝王、列侯家庭有所逊色，但其更具有普遍性，更能从多个角度、不同层面体现出秦汉家庭内部设施的内容、内涵及特征。关于秦汉时期一般家庭内部设施的构成，文献中也有相关记载，但相对较抽象，缺少具象化的内容，考古资料恰恰弥补了这一点。综合来看，与秦汉家庭内部设施有关的考古资料较为丰富，如墓葬本体资料，即秦汉墓葬的形制，在“事死如事生”及厚葬等思想行为作用下，第宅化特征突出，对现实所居有较多体现，这与上文所述帝王及列侯墓葬有相似之处，本书不作过多论述。考古发掘的汉代居住遗址已有多处，遗址内与家庭内部设施相关的内容也有相当数量，而此类资料具有较为突出的直观性；秦汉墓葬的装饰如画像石、画像砖及壁画等，对这一时期家庭内部的设施多有描绘，它们分布地域广、发现数量多且涉及内容丰富，表现手法也较为多样；另外还有墓葬中出土的一些模型明器，作为现实建筑缩小后的模型，表现较细腻，立体感较强。

（一）居住遗址体现的家庭内部设施构成

居住遗址的发掘是秦汉考古的重要内容之一，目前已发现、发掘相关遗址多处，大多保存较差，但也有保存相对稍好者。本书仅就部分汉代居住遗址作相关叙述。

1. 河南洛阳汉河南县城东区两汉居住遗存

该处是汉代一般平民的居住区，是以农民、手工业者为主体的居住区。经发掘，西汉时期的居住遗存有土房基及土圆囷各 1 处；东汉时期的居住遗存，遗迹内容较为丰富，包括房基、粮仓、灰坑、石子路、水井、水道等[②]。

发掘区南段遗迹中发现 2 座使用砖瓦建造的房屋遗存，一座向南，一座向东。清理石子路 2 条，一条东西向，另一条南北向，二者延长相交，可成一直角，皆是两侧砌砖，中间铺竖立河卵石，卵石大端向上。水井 1 眼，在二石子路交叉处西边，

① 余扶危、贺官保：《洛阳东关东汉殉人墓》，《文物》1973 年第 2 期。

② 黄展岳：《一九五五年春洛阳汉河南县城东区发掘报告》，《考古学报》1956 年第 4 期。

有砖砌井台、井体和井上汲水的辘轳石等，水井的西边有水道，由砖铺砌而成，向西延伸一段距离，水道南边还有砖瓦陶片坑。该处发现的2座房屋可能属于两个家庭，但从其距离及相关遗迹来看，更大可能是一个家庭庭院中2座不同朝向的房屋，东西向石子路是南向房屋前檐下的迴廊，南北向石子路则是东向房屋前檐下的迴廊，二者相交成直角也说明了这一点，另有石子路交叉处西边的水井，为家用水井，水道位于水井一侧，也是家庭内使用。

发掘区中段遗迹发现东汉房基3处、粮仓7个、灰坑5个、扰土坑2个。这些遗迹以314号房基为中心，305号粮仓在其西南62米，312号房基在其西南15米，307号粮仓在其西14米，302号粮仓在其西北约25米，340a.b.c三个粮仓在其西北约28米，320号粮仓在其东北约20米，317号房基在其东北约22米，316号房基在其东北的30米。虽然距离较近，但也有相对较大的分布面积，因此很可能分属不同的家庭。

大致来看，河南洛阳汉河南县城东区两汉居住遗存属于不同的家庭，这些家庭住宅规模不大，一般只有一间或两间，互不连接，排列也没有一定次序，相对分散且有一定独立性。西汉住宅为半在地下修建起来的土房（夯土墙或原生土墙），东汉仍沿袭半在地下修建的形式，但已开始在地上修建，并使用条砖砌墙，屋顶大多用板瓦和筒瓦铺盖，局部嵌瓦当。在庭院内房屋的附近有水井、粮仓等生活设备，体现出家庭内部设施的内容与构成。

2. 河南内黄三杨庄汉代聚落遗址

共发现10余处汉代庭院遗存，每处庭院均相对独立，庭院之间为大片的农田，不同庭院的内部设施有相似，也存在不同之处[①]。

第一处庭院遗存（I区）。庭院基础长约20、东西宽约18米，高出周围原地面，周围散落有零星的砖块、瓦片以及陶器残片等。庭院基础西部有房基与瓦屋顶，可能为一座坐西向东的房屋，两开间，北边一间明显宽于南边一间。院落基础的东南角清理出堆放整齐的部分板瓦和筒瓦，应是存放备用的（图一-48：1）。庭院基础的东北角清理出一处较大面积的碎瓦片、砖块和陶器残片堆积区，庭院基础的西边沿中部清理出一个呈簸箕状的小拌泥池。庭院基础的北侧和东侧清理出树桩状遗迹。北部屋瓦面下的东南角清理出一个南北向的船形灶。

---

① 河南省文物考古研究所、内黄县文物保护管理所：《河南内黄县三杨庄汉代庭院遗址》，《考古》2004年第7期；《河南内黄三杨庄汉代聚落遗址第二处庭院发掘简报》，《华夏考古》2010年第3期；刘海旺：《首次发现的汉代农业闾里遗址——中国河南内黄三杨庄汉代聚落遗址初识》，陈星灿、米盖拉：《法国汉学·第11辑：考古发掘与历史复原》，中华书局，2006年，第64-78页。

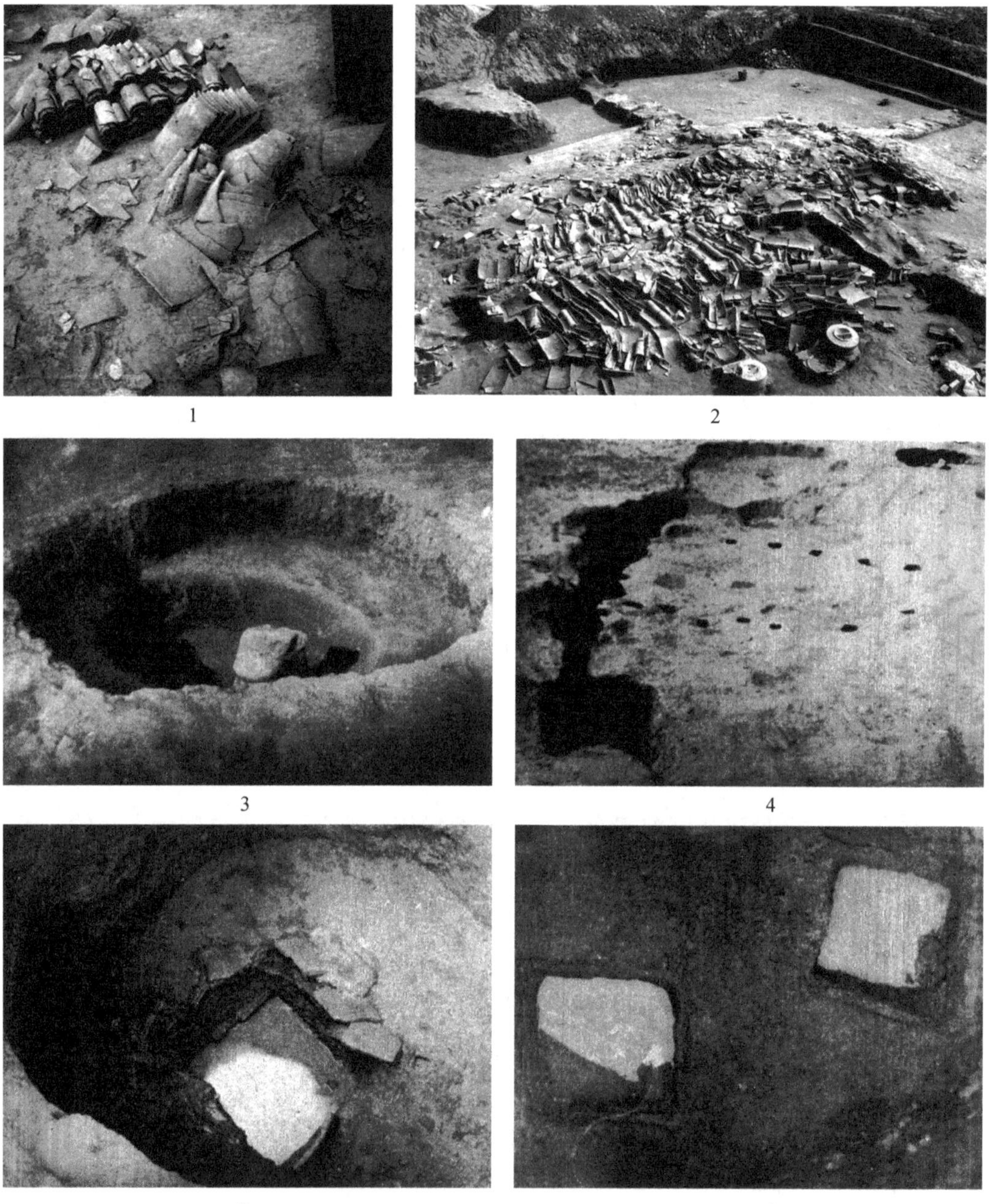

图一 -48　汉代聚落或村落遗址中家庭内部的相关遗存

1、2. 河南内黄三杨庄汉代聚落遗址的相关遗存（1. 第一处庭院遗存院落基础东南角堆放整齐的板瓦和筒瓦　2. 第二处庭院遗存南大门内东侧的东厢房）3-6. 辽宁辽阳三道壕西汉村落遗址第三处居住址中的相关遗存（3. 土窖一　4. 畜栏柱孔及土沟　5. 土窖井一　6. 土窖井二）

第二处庭院遗存（Ⅱ区）。坐北朝南，由水井、南大门、西门房、东西厢房、主房、厕所以及院落西侧的池塘等部分组成，同时还在庭院的东、北、西三面发现有垄作农田遗迹，是一处保存完整的两汉之际普通民居遗存，其中南大门、西门房、东西厢房、主房、厕所等为内部设施，厕所位于院后（北侧）。该庭院由南向北由两进院落组成。南大门宽约2.47米，两侧的院墙均为砖基夯土墙。西门房位于南大门内西侧，用庭院南大门西侧的南院墙作为其南墙。东厢房位于南大门内东侧，坐东朝西，南墙利用了庭院的南墙。西厢房位于主房西南，北与主房相接，有可能利用了庭院第二进院的南墙（图一-48：2）。主房瓦顶坍塌范围为南北约14、东西宽约9米，南墙距第二进庭院南墙约4.32米。主房前面庭院内清理出较大的圆石臼和较小的方石臼各1件。厕所位于主房西北角北侧。庭院中部东侧，残存有树木遗迹，为5棵树南北向排列。

第三处庭院遗存（Ⅲ区）。庭院的北、东、西三侧均为农田，庭院外偏西南侧有1眼水井，庭院大致为南北向长方形。东西两侧及北侧东西两端为边沟，北侧边沟南北两侧及东侧边沟内侧均栽植有榆树等树木。庭院大门略偏东侧，西侧为东西长方形的南厢房，院墙有相应宽度，局部借用南厢房和主房的房墙。庭院为二进院，第一进院大致方形，西南角为南厢房，有门进入第二进院，第二进院为南北向长方形，西侧为主房。主房近方形，门开于东墙偏南侧，双开间，中有隔墙，东侧有门连通。主房北侧有一东西长方形的厕所，北院墙与主房相接处开有后门，由后门可进入厕所，厕所在东北开门，再北为一排树木。

3. 辽宁辽阳三道壕西汉村落遗址①

已发掘部分为全村址的一小部分，发现居住址6处、水井11眼、砖窑址7座、铺石道路2段，宅院分布相对疏散，住宅都向南或稍偏东，西开门，互不连接，排列也无次序。各宅院间的距离近者15米，远的达30米及以上。宅院大都具有房屋、炉灶、土窖、水井、厕所（含土沟）、木棚畜圈、垃圾堆等，基本都是庭院的内部设施，庭院外还有道路、窑等设施。

第一居住址东西长约20、南北宽约13米，有黄土房基一处，房基的东端有圆形建筑遗迹，保存一定数量使用过的砖块。在居住址内发现炉灶址三座，东西排列，东大西小。小灶址南边有小土窖一座，深60多厘米，房基西面约12、13米处有陶管井一眼，用陶管18节，全深4.6米。另有被烧而炭化的高粱一小堆。

第二居住址中，早期的遗址西端有土窖井一眼，东端有小型灶址一座。中期居住址位置稍偏东，保存有房址的黄土台一段，是一种土墙、木柱、草瓦盖顶的小房

① 东北博物馆：《辽阳三道壕西汉村落遗址》，《考古学报》1957年第1期。

舍。房址西端有畜栏一座，在一洼坑中用六根方柱围成，西面有土窖井一眼，窖底再向下筑一方形木壁水井。晚期建筑在中部，房间不大，附近有砖窑，可能存在相应关系，建筑物后有土窖井一眼，井壁上部用长方砖围筑，下接陶井管。

第三居住址东西长 34、南北宽约 18 米，是一个保存比较完整的居住址，晚期建筑遭破坏，下层稍早建筑保存较好（图一 -48：3-6）。下层发现黄土房址一处，房址西端洼坑中有用十二根方木柱围成的方形畜圈，畜圈后不远有一道窄而深的土沟，内存灰黑朽土，为厕所便坑，这是养畜与积肥的有机结合。畜圈右前方不远有土窖 2 个，房址西不远也有土窖井 2 口，东西排列，除用于生活饮用外，还可满足生产用水。

其他几处居住址与上述 3 处居住址较相似，大都有黄土台的房基、水井、畜栏与厕所便坑等。另外，遗址中发现加工粮谷的工具不是杵臼而是旋转式的磨，推测一些家庭还应有加工粮食的场地和磨等设施。

（二）模型明器体现的家庭内部设施构成

秦汉墓葬中，陪葬品的重要组成内容之一即是陶模型明器，此类器物在东周时的秦墓中已得到使用，秦帝国与西汉早期得到初步发展，一些地区如今徐州一带，在西汉初即已形成仓、灶、井、磨的组合，这些器物均与家庭内部设施有关，西汉早期偏晚阶段，这一地区墓葬中用作陪葬的模型明器又增加了陶猪圈[①]。西汉中期之后，墓葬内陪葬模型明器获得较大发展，特别是东汉时期，地方势力尤其是豪强地主的全面发展，促进了墓葬内陪葬模型明器的全面普及，反映家庭设施的模型明器种类大增，而一些摹写家庭、庭院或庄园、坞壁等的模型明器也出现在相关墓葬之中，较为直观、立体地反映出这一时期家庭内部设施的内容与内涵。下文按出土地区作简要介绍。

1. 河北省

河北邢台市西南前炉子村东汉墓出土的陶宅院，四周有围墙，前墙之间有门，并建有门屋，前墙与两侧墙交界处各有 1 角楼，另有其他房屋多间，两侧房屋基本为上下两层[②]。

2. 甘肃省

武威雷台东汉墓出土的陶坞堡建筑，平面为长方形，四周设院墙，正面开门，

① 刘尊志：《徐州汉墓与汉代社会研究》，科学出版社，2011 年，第 93-100、106-110 页。

② 河北省文化局文物工作队：《1958 年邢台地区古遗址古墓葬的发现与清理》，《文物》1959 年第 9 期。

上建门楼，门侧各出一斗栱，承挑门楼屋檐，门左右两旁上部各开一窗，院墙内左中右三面又设复墙，每面复墙各开小门，后面复墙，中隔为二；院中建有五层高楼，每层四面出檐，正面开门设窗，当为望楼，院墙四隅上建角楼，高二层，各角楼之间和门楼均架设带有栏杆的天桥相通①。

3. 陕西省

勉县老道寺汉墓出土陶院落是由 19 个单体建筑组合成的以宅门、院墙、左厢、右厢、正楼为单元的主体四合院，还有偏门、佣人房、家畜与家禽圈为单元的偏院等一整套四合院②（图一 -49）。宅门悬山式，为三间阔度，大门内安两扇平板式对开门。院墙分置于主体四合院的四角，连接宅门、左厢、右厢、正楼，使之成为一个整体，墙脊内齐外伸，墙内地面一周台面，可能象征迴廊，墙的两末端各有一堵上窄下宽的金刚墙，可能象征院墙的墙柱，在右后墙与正楼平行的一面开偏门，通往右侧偏院。右厢是由一层、二层、三层楼和望楼四个单体建筑组成，一、二、三层楼皆有楼口，便于上下连通，望楼为单檐悬山式，阔一间，高两层，置于一层楼平顶的楼梯口上，是右厢楼层上下、出入的必经处。左厢由仓房和活动梯组成，仓房悬山式，大三间，上下两层，中空，正面塑有扶手楼梯，梯上、楼下各有一单扇

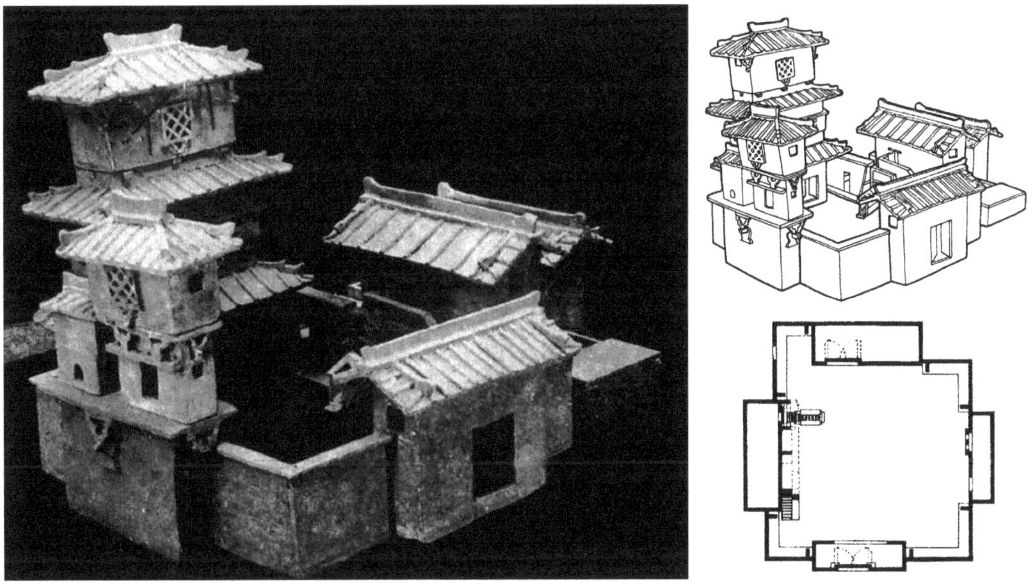

图一 -49　陕西勉县老道寺 M1 出土陶四合院落模型

① 甘博文：《甘肃武威雷台东汉墓清理简报》，《文物》1972 年第 2 期；甘肃省博物馆：《武威雷台汉墓》，《考古学报》1974 年第 2 期。

② 郭清华：《陕西勉县老道寺汉墓》，《考古》1985 年第 5 期。

平板外开门，下层门有一个长方形的护框，护框右侧的墙壁上有一根朽木固定在墙上，支撑着楼梯平台，两山皆有方窗，从该建筑的结构特点来看，上层是储粮入仓处，下层是出粮处。正楼四层，是一幢面阔三间、进深一间的四阿顶重檐三滴水建筑，每层都有楼梯口，便于上下。偏院在主体四合院的左侧，从主体院落左后院墙的偏门处出入，由牲畜圈、猪圈、佣人房、鸡圈四个单体设施组成，其中鸡圈前部为露天圈，似鸡在圈内的活动场地，前部圈壁正中装有闸式提板，设圈门，当提板拉开时，鸡可以自由出入。

4. 河南省

河南淮阳于庄东汉墓出土的陶庄园分两大部分，东部为陶院，陶院为三进的院落，即前院、中庭、后院，西部为田园[①]。陶院前院两扇大门，门屋为硬山式建筑，前坡长于后坡，门外东、西两壁均绘男女侍者。门厅两边为马厩，悬山式建筑，山墙上绘“立”字形梁架。中庭由二门进入，有庑殿顶门楼，门楼上又有一层楼。二门的两边有相对的四层角楼，其第二层与二门门楼和厢房相通，角楼在厢房之上又有两层。庑殿顶每层的四壁都有瞭望孔，由厢房可登上角楼。东厢房下部有廊房，西厢房下为仓房。中庭的主体建筑为重檐庑殿，建于高台之上，下层无前墙，有两梯可到殿内，殿的东部放陶伎乐俑。庑殿的西部又有一房，内有厕所。在庑殿的东部有一偏门，可以进入后院，门的东侧有一楼梯可至厢房，从东厢房向北再向西拐，有门楼可进庑殿的第二层，庑殿楼有孔状的栏杆，楼上南墙有二门，后墙有两个长方形窗户。后院均为悬山式，东北角较矮，前坡长于后坡，东有猪圈，在西南角有一注食口，下面有一高台，内有猪食槽和一头猪。猪圈向西是一厕所，南有一隔墙，便池紧临猪圈。厕所西边是厨房，东北角有一灶，中部有一案，西部有一陶釜。后院正房西边又有一依墙而建的单坡顶厕所。庄园的西部为田园，有围墙，墙上部有瓦垄盖顶，上有脊，南墙有一门，门外用红线示门框。院落内南部是旱田，共 22 垄，中间有灌溉沟和土埂，相关研究称之为一片菜畦[②]。偏北有一井，有水沟可以满足作物的灌溉，向北共 4 节，流向两边畦内，水沟的垄埂高出地面，其北端有一下水孔。院后面有角门可供出入。

博爱县 M1 出土的陶仓楼，在主楼和附楼之间以长方体形状复道相连，上覆两面坡式顶，正中开一正方形洞窗，两侧各置对称的竖形小洞窗[③]。武陟县杨庄至老城地段发掘的东汉砖室墓（M94）出土有 1 件陶楼，通高 138 厘米，分五节四层，为

① 周口地区文化局文物科、淮阳太昊陵文物保管所：《淮阳于庄汉墓发掘简报》，《中原文物》1983 年第 1 期。

② 孙机：《汉代物质文化资料图说（增订本）》，上海古籍出版社，2008 年，第 225 页。

③ 焦作市文物工作队：《河南博爱县一号汉墓》，《中国国家博物馆馆刊》2012 年第 12 期。

三重檐歇山式建筑。上部第一层，面阔一间，正面中间有一小方窗口；第二层面阔两间，檐下有斗拱，正面有一偏门和小窗口；第三层面阔两间，檐下有斗拱，正面有两个大窗口；第四层无檐，正面四个小窗口，窗下有通体阳台，阳台前有一流水口，楼两侧各有一带厕所的猪圈，圈内各有一个陶猪，楼前有大门，并设陶门两扇，大门两侧各有一阙式建筑[①]。

三门峡陕县刘家渠东汉 M8 出土有小型陶院落（M8：12），原简报将其定为陶房屋，院呈四方形，前后二进平房，右侧盖牲畜棚，左侧立矮墙，中央是院落。平房皆长方形，悬山顶，屋顶铺瓦饰圆瓦当，前屋屋檐下出挑一梁头，作垂叶状装饰，前后二屋都开边门，前屋边门做出门框，门楣突出；后屋内竖“隔山”，分屋为两部分，右山墙上开小窗一个。牲畜棚作一面坡顶，铺瓦如正屋，棚内用墙隔为大小三间[②]。

5. 湖北省

云梦瘌痢墩东汉 M1 出土有釉陶楼阁宅院，总体布局呈三合式[③]（图一 -50）。前为两层楼，下层东西并列三室，上层东西并列四室。前楼正面设腰檐，以上有横梁挑出的楼板，楼层外檐装修，正面下部为百叶板壁，中间留五个上窗洞，上部开四个扁高窗，左山面开二长窗，右山面开一长窗，楼顶为四阿屋盖。前楼下层每间各开一门，两山以及门与门之间各设墙垛，中室的左右山各开一道门，使下层三室相通，中室和左室后壁各开一道门与后院相通，左室的东山下部开一拱形小门洞，右室的北壁开一门与后楼的碉楼下层相通，该室的西顶角开一楼道口，楼道口上放一活动楼梯。楼北部设有碉楼、炊间、厕间、猪圈、院落五个部分，碉楼建在楼的西北角，共分三层，上层东西南北壁各开一道门，每道门的两侧均嵌砌着棱形窗，楼的左窗门前还设立了一座哨棚，哨棚的四壁各设一椭圆形门，棚顶为四阿屋盖。炊间依建在碉楼的左侧，南壁开一门与前楼下层中室相通；厕间依建在炊间的左侧，厕间中部悬建便台，便台上挖制一便洞，厕间门前设有阶梯上下，左山上开一个三角形壁窗；猪圈建在厕间的左下侧，南壁开一门，北壁上方开一长方形壁窗，下开四个小窗，圈内置一陶猪；围院是将猪圈的左壁与前楼的左山相连筑一堵墙，从而使前楼与厕间、猪圈之间自然形成院落。院墙上筑“人”字形坡水，上置一脊，紧靠前楼向东开一门出进。前楼的左右两侧与碉楼的右侧壁上各用三拱承托三根横枋支撑一座阁楼，在阁楼的前壁均开一道门与室内相通，门的两侧各镶嵌棱格窗，阁楼上筑“人”字形坡水，坡水正中置脊。楼的左窗门前还设立了一座哨

① 武陟县文化馆：《武陟出土的大型汉代陶楼》，《中原文物》1983 年第 1 期。

② 黄河水库考古工作队：《河南陕县刘家渠汉墓》，《考古学报》1965 年第 1 期。

③ 云梦县博物馆：《湖北云梦瘌痢墩一号墓清理简报》，《考古》1954 年第 7 期。

图一 -50　湖北云梦瘌痢墩东汉 M1 出土釉陶楼阁宅院

棚，哨棚四壁各设一椭圆形门，棚顶为四阿屋盖。

6. 湖南省[①]

长沙月亮山 M28 出土一件陶房屋模型，为曲尺式，由两幢长方形的房子组合成一曲尺形的平面，其余相对的两角用矮墙围绕起来，形成一个后院，主要设施有住房、厕所和家畜圈栏三部分。屋的前半部高敞，当是住人的地方，前面有门和菱形窗格，后半部右边为厕所，茅坑设在后右侧楼上，与前面住房相通，右墙上有直棱窗。

① 高至喜：《谈谈湖南出土的东汉建筑模型》，《考古》1959 年第 11 期。

后院即家畜圈栏，低矮的围墙上开有倒葫芦形门，左侧有四个条形窗孔，右侧与厕所底部相通并与前面住房隔开（图一-51：1）。长沙小林子冲M1出土的一件陶房屋模型，设备更为齐全，前有大门，诸多门窗刻画细致，并有狗及人物俑，如围墙上有条形窗孔和供狗出入的圆形孔，围墙内有一小狗正在槽盘内吃食，前面堂屋内置人物陶俑数个，双手捧一长棒，在一双孔长方形臼内作舂米状（图一-51：2）。

常德市西郊东汉M6出土的二层陶楼，顶为四阿式，中腰出檐，前面用栏杆围成小的院落，楼上窗前匐伏一小狗（图一-51：3）。市三中工地一座东汉墓出土的三层陶楼，平面近四方形，第一层宽大，第二、三层渐小，一层前面用格式栏杆围成一小院落，两扇门均作向里半开状，二层和三层前墙有横格窗子和方形长条形窗孔，第三层尤其小但较高且突出，应为望亭（图一-51：4）。

图一-51 湖南地区东汉墓葬出土陶屋与陶楼

1.长沙月亮山M28出土陶房屋模型 2.长沙小林子冲M1出土陶房屋模型
3.常德市西郊东汉M6出土二层陶楼 4.常德市三中工地东汉墓出土三层陶楼

7.广东省

以广州地区汉墓出土的相关器物最为丰富和典型[①]。广州地区东汉墓出土的陶坞

① 广州市文物管理委员会、广州市博物馆：《广州汉墓·上册》，文物出版社，1981年，第424-426页。

壁模型，城堡里面都有房屋。有的城堡外部建筑平面呈方形，四周以高大的墙垣围绕，前后有大门各一，门上出挑梁以承平座，上建门楼，四阿上盖，门楼前后设瞭望窗，楼中或有俑在瞭望，四隅之上各有一方形角楼，亦四阿式上盖，向外的两侧亦有瞭望窗，墙垣上均有一列长方形或圆形的窗孔，上有瓦檐覆盖，墙根辟窦洞，大门为双合门扇，向里掩开。有的城堡里面的门楼和角楼设板梯，以供登降。广州动物园建初元年（76 年）东汉墓出土的陶坞壁模型内有两栋长方形的房屋分列两边，互相对向，一为平房，山墙及后墙全部镂空成菱格式窗，正面左右辟门，中间上为方形，下为菱格式窗，屋内有俑。另一为二层楼房，每层各分两半，左半上层是厕所，上有竖窗，下为粪坑，屋前面有板梯以登楼，右半楼上有俑，在前后两大门之内，各有一名文吏和一名执兵器的武士。

秦汉墓葬中用于陪葬的模型明器种类较为多样，除上文所述的陶庭院、庄园或坞壁之外，还有陶楼、望楼、水榭、房屋、鸡埘圈舍及仓、灶、井、磨等，这些器物所对应现实生活中的建筑或设施，基本为庭院内部的设施，如河北衡水阜城桑庄汉墓出土陶楼，将居住与军事防御有机结合，形成望楼[①]。河南洛阳涧西七里河东汉墓出土陶作坊模型，由一陶房和 40 余件其他陶器组成，陶房为长方形，三面有墙，悬山式顶，顶上覆瓦，檐头有瓦当，房脊中央有一凸饰，两端微翘似鸱尾状，房内外放满案、桌、盆、罐、杯、盘、壶、扁壶、火炉、臼、耳杯、漏斗等 12 种器物，推测陶房为酿造作坊的模型[②]（图一 -52）。湖南常德市区东郊芦山乡一座东汉墓出土猪圈 1 件（M1：30），平面呈椭圆形，一端设有厕，厕顶为四阿式，圈内有雌、雄二猪；鸡舍 1 件（M1：31），顶部尚存，一面墙壁开有长方形门洞，另存一陶鸡，站立于圆形陶座之上[③]。长沙小林子冲工地东汉墓出土有绿釉陶猪圈与鸡埘，猪圈圆形，内有一肥大的猪，侧边有一厕所，厕所有小门，门下设有台阶；鸡埘两边开两扇小门，中间是直棂花窗，门外站两只大小和颜色不同的小鸡[④]。其他如河南、陕西等地出土的陶水榭，既可供会客、赏景和娱乐，又具有军事防御的功能，可谓一座建筑多种功能。也有设施位于庭院之外，如水井等，这在上文有述，但较多水井则是庭院内的设施，这在汉代壁画及画像石等图像资料中皆有相关体现，进而反映出秦汉家庭内部设施的丰富性。

---

① 河北省文物研究所：《河北阜城桑庄东汉墓发掘报告》，《文物》1990 年第 1 期。

② 洛阳博物馆：《洛阳涧西七里河东汉墓发掘简报》，《考古》1975 年第 2 期。

③ 常德市文物事业管理处龙朝彬、潘能艳、郑祖梅：《湖南常德市芦山乡发现一座东汉墓》，《考古》2004 年第 5 期。

④ 湖南省文物工作委员会：《湖南长沙小林子冲工地战国、东汉、唐墓清理简报》，《考古通讯》1958 年第 12 期。

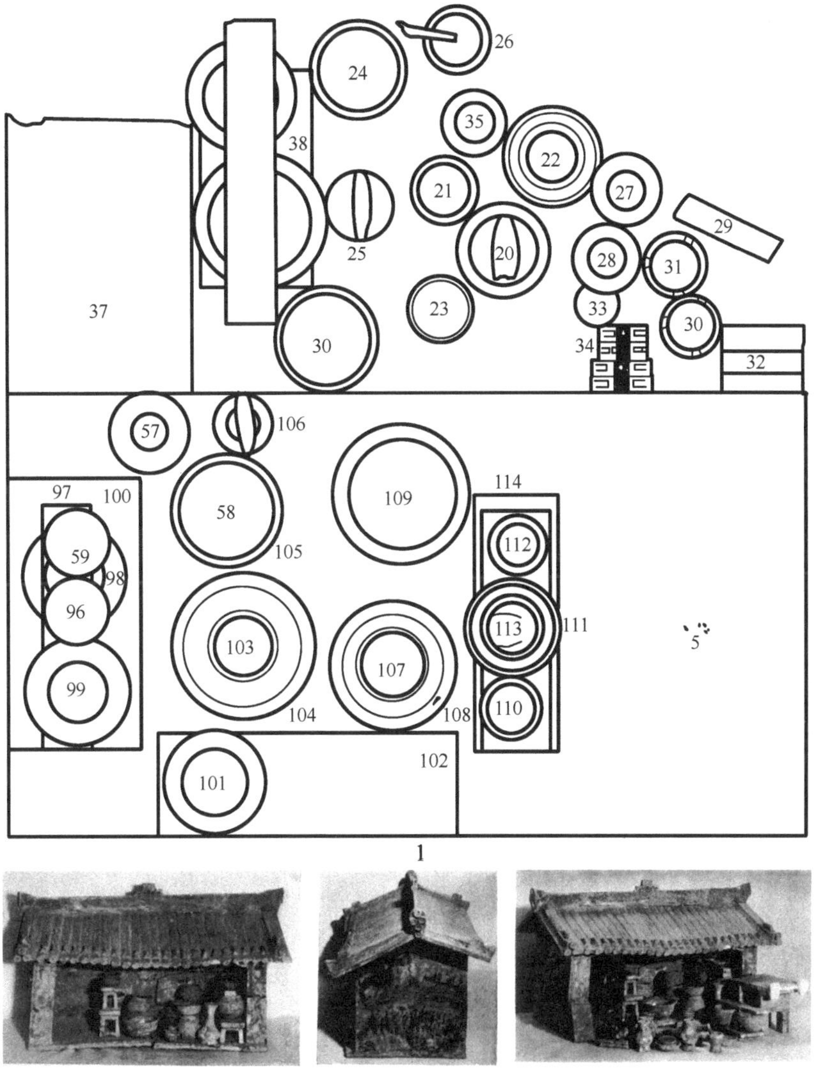

图一 -52 河南洛阳涧西七里河东汉墓出土陶制酒作坊

1. 陶作坊模型及其内外器物图（5. 作坊模型 20、24、58、59、111. 杯 21-23、25、96、110、112、113. 盘 26. 臼 27、28、33、35、57. 壶 29. 板 30、31. 圆火炉 32、97、100、102、114. 案 34. 扁壶 36. 杯 37. 方桌 38. 案、罐、板 98、99、101、103、105、108. 罐 104、107、109. 盆 106. 盘、杯） 2. 陶作坊模型 3. 陶作坊侧视 4. 陶作坊外的器物

（三）墓葬壁画与画像资料

考古发掘的秦汉时期壁画墓及画像石墓或画像砖墓已有相当数量。从大的方面讲，较多墓外石祠堂也属于墓葬的重要组成内容，而汉代石祠堂的画像中也有较多体现家庭内部设施的内容，下文中除个别举例外，不作过多叙述，特作说明。这些墓葬中的壁画及画像石（砖）的画像涉及内容极为广泛，对现实生活有较多的摹写

与描绘，而且内容生动，画面感极强，对于家庭内部设施有多方位的体现或展现。需作说明的是，这些壁画与画像石都是以墓葬为载体而存在的，图像内容及其位置关系等又与墓葬的形制关系密切，加之墓葬形制第宅化特征已较为突出，图像与墓葬形制相结合，综合反映出与家庭相关的内容，相当部分可体现家庭内部设施的内容。由于相关资料较多，本书仅按出土或发现地区，就典型例子作相关叙述。

1. 内蒙古自治区

内蒙古和林格尔东汉墓后室南壁绘有山峦环抱、疏林掩映的庄园，与家庭内部设施相关的有廊舍、坞壁、厩棚、栏圈、车库、园圃及手工业加工场所等，结合该墓的其他壁画，还有堆积的粮谷及量具、圆形的粮囤、运粮车及停车的车棚、粮食加工场地与设施、酿酒场地与设施、水池与水阁、庖厨场所与配套器具、禽舍等。另外还有墓主夫妇生前燕居场所，如后室西壁上所绘穹庐顶的帐幕，题榜“卧帐”，帐内有夫妻二人端坐，有多人伺候服务，帐下堆放钱财宝物，帐外还有女倡表演，榜题“诸倡”，其前杂陈食具[①]。综合来看，墓主生前所居庄园内的设施众多，基本可以满足寝居、饮食、娱乐及家庭制作、存放、动物饲养等需求，整体较为全面。

2. 河北省

最具代表性的为衡水安平逯家庄东汉壁画墓，该墓的中室、前室右侧室和中室右侧室发现大量壁画，分别描绘了墓主出行的盛况、下属官吏治事与谒见、墓主人生活、庭院建筑等诸多内容[②]。

中室壁画为墓主人出行，有大量车、骑，另有很多的人员及设施。前室有很多人员，所反映的有守门卒所居或从事工作的房间，而府内官吏均跽坐在一条青灰边土黄色的长橛上，上面挂着黄色帷幕和朱红色垂幔，他们应是在主人家的建筑物中从事工作，为治事之所。中室右侧室壁画，有门及门吏，墓主人坐于帐内，其前有长条形几，帷帐为朱红色，上为五脊式顶，脊上有黑色帐钩，顶部的沿边和四角均有支架，帷帐的两侧上部均有朱红色结带的黄色垂幔。帷帐的右侧下方，有一长方形浅棕色内部有格的箱子，左侧垂幔下有近侍和端三足盘的侍女，盘上为香薰之物。下属官吏立于青灰边土黄色的长橛上谒见主人。还有伎乐内容，体现出对应的场地及相关器具，而奏乐者均坐在青灰边土黄色的长条形橛上。

北壁西侧绘规模较大的建筑图，鸟瞰之下，庭院重叠错落，房屋众多，皆为木

---

① 内蒙古自治区博物馆文物工作队编：《和林格尔汉墓壁画》，文物出版社，1978年，第20-23页。

② 河北省文物研究所：《安平东汉壁画墓》，文物出版社，1990年，第13-31页。

构瓦顶，下部均有台基，除一座瞭望楼外，均为“人”字形顶的平房。整个建筑的外圈用四方面的房屋合拢成大四合院，前面有门两道，在大院里面又分割成许多小四合院，形成重门和纵横交错的重重院落。第一道门有门屋（庑），悬山式，脊的两端有鸱尾，门两侧亦有房，为塾。二道门即中门，形制、结构与大门同，且二门皆可通车。二道门后的中间是一个竖长方形的两进四合院，以该院为中心，在其西部，隔着一条通向后面的长筒状夹道，前后有两个院；其东部亦有一条通向后面的长筒状夹道，夹道东侧是一处套绕着三层房屋的不规则大院。后部前后有两排院，前排东西有四个院，后排东西有三个院。中心院的前庭大，后庭小，两侧有两排长房为廊，中部横一大厅为堂，由正门经大道可直达这里。前堂的左右两端各有一相连通的较矮房屋，为厢，两厢与左右两侧的排房相连接，而左右两侧的排房和中门两侧的排房交接围拢成院。后堂是一排横贯东西两院的房屋，有曲尺形道路由大门可通达此处。中心院右侧的前一院，里面又是大院套着小院，有夹道、小门（阁）等可以连通，其中小院由西、南两排交接成曲尺形的房屋与北排和东排房屋的中部相接，在里面又构成了一个方形的内院，其外部则成了曲尺形的外院，外院里靠南侧还点缀有花树。中心院西侧的北院有阁和通道可达前堂和后堂，南侧有一排东西向房屋，东端与右廊相接，南面与南院之间形成一横向东西的通道，北、东两排房构成曲尺形，东排房的南端与南排房的东部相接，加上其他排房，构成一个方形的庭院。庭院中间有一下部有台基的庑殿式顶小亭，向里一面有门，向外一面有台阶，北部有花树。中心院的左廊东部有一排与其相平行的房屋，二者之间形成一条筒状夹道，通过小门通向后院。其东面为一较大院落，房前植有花树。东上部有一西排房和南排房构成曲尺形，西排房的北端与中心院后堂延续过来的房屋东部连接，南排房的东端与大院东排建筑相接，形成曲尺形庭院，并在东西向房屋北部构成一个狭小的庭院。中心院两侧的院落，可能是家主或属吏办事的“便室”或“便坐”之处，亦可接待宾客。中心庭院后部的前一排院东西共有四个，院内均无套院，西起第一院为横长方形，院内有花树，第二、三、四院均为方形，第二、三院面积小，第四院面积大，第二院中间有一条南北向的通道，由南房通向北房，第三院内有花树，第四院向前突出。中心院后部的最后一排东西共有三个院，面积都比较大。西侧院平面方形，院内植有花树，东侧院略呈竖长方形，院内也植有花树，中间院为面积较大的横长方形，有内院和曲尺形外院，在其后中部有一瞭望楼。瞭望楼下为方柱形，上为庑殿式顶，中部上下有三个窗口，为射孔，推测楼是五层的高度。最上一层楼的四角有柱，周围有栏杆，西后角处树一旗，于西侧前端侧立一个黄边红色的扁圆形大鼓。旗杆为黑色，杆顶有一黑色长尾的鸟形物，旗帜为红、黄、灰三色束腰的长条形，上部和中部的两侧共有四条灰色的飘带，正在顺风飘扬。整个设施将瞭望敌情、报警、防御、测风向和风力融为一体，体现出官僚豪强地主家庭的设施内容。

该建筑群当是墓主人生前一处宅院的缩影，参考墓葬形制及其他壁画内容，可知该墓各室布局情况很可能就是建筑图的缩写。墓葬前室及中室的左、右侧室，应相当于建筑图中心院两侧的院；后中室应相当于建筑图上的大厅，即前堂；墓葬后室则与壁画后室相当。具体来看，建筑图中心院右侧的后一院，应是墓主人生前治事之所；建筑图左下方比较宽敞，有可能为放置车马之处；左侧（东侧）套院应是宴客接宾之处，东门东侧院也为接待四方来客的地方；前堂可能是接待上司和议论大事的地方；图中后室则是寝居之所；图的最后一排中间的一个大院，因设有瞭望楼，所以应是执行保卫任务吏卒所住的地方，其中的小套院应是负责保卫官工作吏住的地方。建筑图后部的其他院落，其左后侧应有厨房和吃饭的地方；后面院落里，还可能有藏妇女玩好的地方；前面廊庑应是地位低下的侍者或卫卒居住的地方。可以说，这幅建筑图应是当时一处比较典型的地方官吏的府第。需作说明的是，安平逯家庄东汉壁画墓的墓主有可能为东汉时期的宦者侯赵忠[①]，这对于研究东汉时期一些具有较大权力宦者侯的家庭内部设施可提供相应的参考。

3. 山东省

以汉画像石画像为主，发现数量多，分布于不同地区，体现的庭院内部设施内容较为丰富多样。

（1）诸城前凉台东汉墓[②]

为砖石混筑的横穴多室墓，由墓道、墓门、前室、中室、后室、侧室、过道、耳室、后仓库等组成，墓门扉、门楣、门额、门框和三室之间过道等处尚存十三块画像石。墓门门扉正面和背面都刻朱雀、铺首，其中铺首的装饰与现实建筑大门装饰一致。门楣刻垂帐、贯环、编索等图案。墓室过道石刻画像包括舞乐、百戏、拷打、髡刑图，这些均在庭院内相关场地或设施中举行。其他几块画像更明确地反映出庭院内相关设施及其活动等内容。墓室过道横梁上刻有庄园与庭院图，庭院图中残余两处庭院，正堂旁有一高楼，楼上有迴廊，当是“望楼”；庄园图描绘了迴廊环抱中的前、中、后三个庭院，后院堂下似有地下水道设备，水从堂下流出，经中、前院流向院外，在前院形成水塘，水塘中有一小船，还有小亭，前院三人，中院有清扫人员。庖厨图涉及人员较少，相关设施有水井、灶、穿肉串及悬挂肉食的设施、鸡笼、食品及用具的架子，切分、宰牲等设施和人员，可见庭院中有大的食

① 河北省文物研究所：《安平东汉壁画墓发掘简报》，《文物春秋》1989 年增刊；《安平东汉壁画墓》，文物出版社，1990 年。

② 诸城县博物馆，任日新：《山东诸城汉墓画像石》，《文物》1981 年第 10 期。

品加工场所或厨房类设施。谒见图分两组，上组有一座宽敞高大的方厅，有台阶，一人端坐阁中，后有屏风，前置案几，身后有 5 个侍者，2 人执棒而立，案前有 7 人跪拜，台阶前左右排列侍者，中间有 2 人跪拜，侍者身后，尚有待谒见者；下组画一幢高大的三层楼，上层坐 6 人，中层坐 8 人，下层为 14 人，似在议事，楼旁还有人正陆续到来。宴饮图见两人在房屋中的案上作六博游戏，旁有一案，另有服务人员端送物品，房屋前有台阶。讲学图的正面有一方形高堂，三面迴廊，高堂内 1 老者坐在席上讲话，对面 1 人双手捧牍倾听，堂前还有 13 人捧牍环坐聆听教诲，反映出讲课及听讲的设施与内容。

（2）金乡“朱鲔石室”（祠堂）[①]

家庭内部相关设施有帷幔、屏风与屏座、饮食器具、包袱、食品加工、器具、放物品的几案等。

（3）费县刘家疃汉画像石墓[②]

该墓为前中后三室墓，由墓道、墓门、前中后三室等组成。墓葬形制与画像相结合，体现出对应的家庭内部设施及相关内容（图一 -53）。

图一 -53　山东费县刘家疃东汉墓墓门正视与墓室横剖面图

墓门处的画像有车马出行内容，有迎宾者场地。中间立柱上格有捧盾的门吏，下格有拥彗门吏，体现出与庭院大门有关的内容。前室西壁有狩猎画像，抑或与庄园内设施有关，更大可能是通过前室反映出庭院外的相关内容。前室北壁上部有捧简者，下部为楼阁，楼阁有守卫者，主人安坐中间，有较多侍者，这与庭院内相应设施及活动有关。南壁有与庭院内设施有关的内容，上格有比武者与观者，反映出相应的场地，下格有二楼阁，有侍女、拥彗者及其他侍者，楼阁之间有一只犬蹲坐，前有盆形容器，这与家庭中狗的饲养有关。中室西壁横梁有宴飨图，反映出饮食起居设施，因有乐舞杂技陪伴，又体现出与之相关的设施及器具。其他如南立

① 山东省石刻艺术博物馆编，蒋英炬、杨爱国、孙群著：《朱鲔石室》，文物出版社，2015 年，第 56-76 页。

② 山东博物馆、费县博物馆：《费县刘家疃汉画像石墓》，文物出版社，2019 年，第 14-21、27-92 页。

柱有捧盾和拥彗的侍者，东壁横隔梁有武士、比武画像，体现出与画像内容对应的家庭活动和设施等。后室以祥瑞画像为主，如伏羲、女娲等，是对死后世界及升仙需求的幻想，与现实所居关系不大，更多考虑的是墓主追求升仙和对另一居所的幻想和设计。

（4）沂南画像石墓①

为前中后三室结构，前室与中室两侧各有侧室或耳室，后室为左右二室，在前室东侧室北还有一侧室。画像石内容十分丰富，分布于墓葬的不同位置，并与墓葬结构相对应，体现出现实庭院内外的设施及家庭生活等内容，其中与庭院内设施有关的内容较多。

墓门刻桥梁，桥下有捕鱼者，这应是庭院外设施及相关生活内容。墓门当中的支柱有蹶张，门前有双阙，是庭院大门的摹写。前室以祭祀图为主，体现了庭院外的设施内容及活动。中室与后室画像内容所体现的则较多为庭院内的设施及生活内容。中室有乐舞杂技场地、设施及人员，在第三排乐队之后，有个戴矮帽子的人，双手捧物，内盛4个杯子，向乐队走来，似乎是为奏乐人员特送酒浆来的（图一-54）；收租的场地及设施、存放粮食的仓房等刻画清晰，交租与收租者分别处理着各自的工作；其他如庖厨场地与设施及人员、小院与抱厦、角楼、大树、房屋与台阶、院内陈设的几和壶等器物，还有水井、双阙、大道、上下马的方形石

图一-54　山东沂南画像石墓出土乐舞杂技画像石局部

① 南京博物院、山东省文物管理处：《沂南古画像石墓发掘报告》，文化部文物管理局出版，1956年，第12-29页；山东博物馆：《沂南北寨汉墓画像》，文物出版社，2015年。

墩、存放食品的架子、马厩及马夫和马、饲料与喂食设施、洗马设施及用具，清除马粪的工具、马鞭、家具（柜子、灯台、箱子）等。后室体现庭院内部设施更为突出和丰富，有较多室内陈设用具，如日用家具几、篋、奁、盘、烘衣物的烘笼、镜台（梳妆器具）、放脂粉的器具、拂尘等，也有武库、厕所与水缸、虎子、搭放衣物的架子、放鞋子的几等。

（5）曲阜旧县村出土庭院人物画像石画像[①]

画像为竖长方形，主体内容即庭院，院内有较多的人物，从事不同的工作或开展不同的活动（图一-55）。画像中，庭院重深，外为院墙，大门处有双阙和门屋，

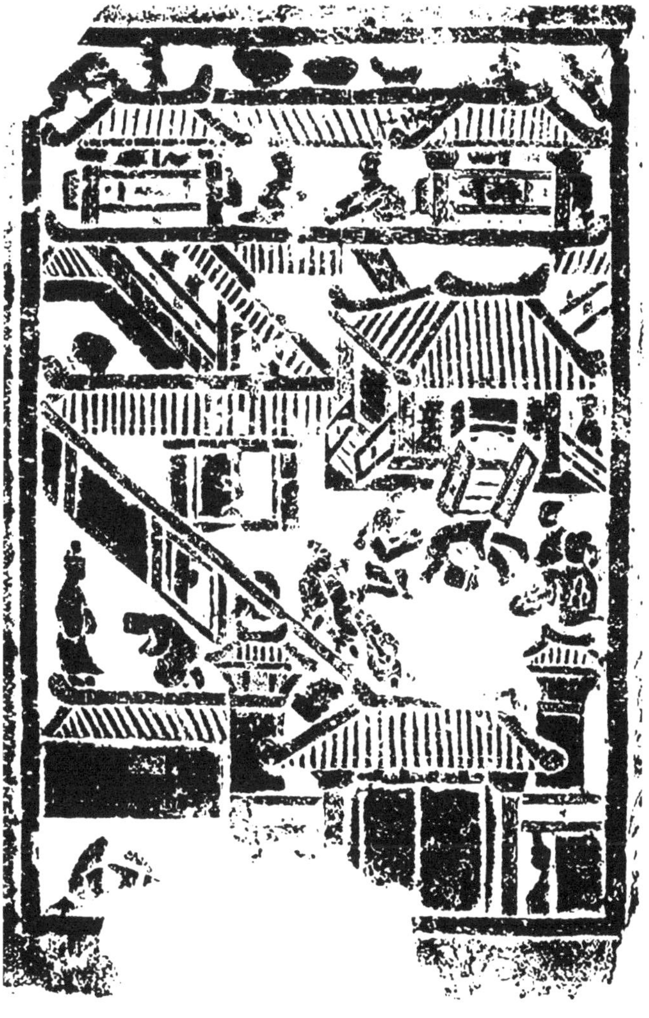

图一-55　山东曲阜旧县村出土庭院人物画像石画像

① 中国画像石全集编辑委员会编：《中国画像石全集·第2卷·山东汉画像石》，山东美术出版社，2000年，第9页，图25。

门为双扇门；墙内有多重院落，或以墙隔开，或有迴廊，又有小门相通；前庭有乐舞杂技表演的场地，有人正在表演，也有人正在观赏；其他楼阁相连，有的有台阶，有的有楼梯，设施内容较为丰富。

4. 江苏省

以汉画像石画像为主，发现数量较多，徐州地区最为集中，反映出较多不同庭院内的设施与内容。

（1）徐州市南郊十里铺东汉墓[①]

为砖石结构的多室墓，由墓道、甬道及前、中、后三室组成，另在前室东、西两面各附一侧室。其中前室横额正面画像左侧大部分为比武图，右侧部分前有三人手持笏作跪拜状，右一人手持环首刀端坐榻上，正在讲话，榻前置一樽形器，体现出庭院内相应的场地、设施及生活内容。后室支柱画像以上、下分层的形式表现出一般家庭庭院内设施的远近关系：下层即近处为庭院门，有二对称双层阙，阙内侧有二门吏执彗对立，中间为门阑；往上（里）为庭院，内摆放有器物等；上格即远处，亦即庭院后端，有房屋，内有二人对坐饮食。

（2）铜山洪楼东汉墓外石祠堂的两块横长方形画像石[②]

画像均分为两格。一块画像石画像下格为迎宾内容，右侧有宾客乘马车到来，左侧为二对称分布的子母阙，象征庭院的大门，阙内侧有门吏及迎宾人员；上格为两组房屋，左大右小，左为男主人会见宾客，右为女主人会见宾客，除服务人员外，还可见食具、便面、凭几等。另一块下层左右亦有 2 个房屋，中间为乐舞场地，中为形体较大的建鼓，另有多人在吹奏乐器、表演杂技等，左侧房屋为男主人与宾客观赏乐舞杂技，并有多名服务人员，右侧为女家主陪同女宾客参观自己家庭中的纺织房屋及正在进行的纺织工作和人员。两幅画面综合反映出对应家庭的门庭与阙、迎宾设施、会客场地与配套设施、乐舞场地与配套物品、观赏乐舞杂技表演的房屋、家庭手工业（纺织）场地或房屋等等，虽还有一些内容未能表现出来，但其所展现的家庭内部设施内容也已十分丰富。

（3）徐州贾汪青山泉白集汉墓外石祠堂与墓室内画像[③]

墓外石祠堂与墓室内画像均对家庭内部设施有相应的展现（图一 -56）。

祠堂用石画像主要是左右两山墙的画像。一块山墙的画像分为多格，最下层为

---

① 江苏省文物管理委员会、南京博物院：《江苏徐州十里铺汉画像石墓》，《考古》1966 年第 2 期。

② 王德庆：《江苏铜山东汉墓清理简报》，《考古通讯》1957 年第 4 期；徐州博物馆：《徐州汉画像石》，江苏美术出版社，1985 年，图 76、77。

③ 南京博物院：《徐州青山泉白集东汉画象石墓》，《考古》1981 年第 2 期。

车马行进，其上一格右侧为门屋，开双扇门，左侧有多人执彗等待迎宾，其上两层为楼阁、廊院和亭等，最左侧还有池塘，内有多条畅游的鱼儿。另一山墙画像的下数第三格刻有庖厨内容。

墓室画像对家庭内部设施体现较多，如多重楼阁、宴饮与会客器具、乐舞场地与器具、饲马场所与树、兰锜等。其中前室东壁（南）画像有嘉禾与树，树上挂着圆形马槽，树下系着一匹马。西壁（北）下格刻兵器架，象征武库，架上陈列各种兵器，有戟二、矛二、剑一。其他壁刻有房屋、饮酒场面及器具，如北壁（东）画像第二格刻楼房一座，楼上门窗半开，有一女性探头外望，楼下大门敞开，有两男性席地而坐，中间放置一案，案上摆设各种器皿，案旁有樽，樽中露出勺柄，两人正在饮酒取乐；第三格与第二格近似，为宴饮图，有较多饮食与饮酒器具，主人旁还有执彗或执扇的侍者。北壁（西）画像也是宴饮图，与上述宴饮图相似，但在主人身后有一组乐队为宴饮演奏，体现出相应的生活内容及场地、设施与器具等内容。

该墓的前室即“前堂”象征着住宅的门庭，画像内容为车马队伍和迎宾接客，这是庭院外设施与生活的描绘；中室代表着“堂”，画像有代表房屋的正厅，主要布置家主待客宴宾，并有歌舞助乐；中室通往后室门口有直棂窗，是仿照生前住宅而设计的。墓葬的耳室为便房或藏阁，是存放兵器和车舆之处，即武库和车库；后室即后堂或后寝，象征主室，后壁刻有交颈鸟，以示夫妇恩爱和睦，可以说，墓葬的建筑设计及其装饰内容是经过一番精心安排的。

（4）茅村东汉墓①

为石砌多室墓，东向，主体为前中后三室，北侧为侧廊，前室与中室北侧皆有耳室，二耳室间还有一室。画像较多，很多体现出与庭院内部设施有关的内容。门楣内有车马队伍，前室有执盾躬身迎客的门吏，有宾客与家中相关人员谈话，也有人拱手拜见；中室有女主人在一座建筑中会见宾客，另一建筑中为男主人与宾客对饮，还有居室人物，如家主的居室，室内设帐，有床榻，另外还有亭阁，除亭阁外，其他房屋多设帷幔。墓葬中室南壁，右为门阙，阙下有卫士持戈肃立，阙内为门楼，门楼向里自右向左楼宇栉比，基本是双层楼阁，功能不一，内有各类人物，如谒见、宴客、庖厨、饲马、侍从等，人物多达30余人，侍从在最左侧，站立在亭阁下，另有比武图及乐舞杂技表演，体现出相应的场地和设施，画像内容中还有与居住有关的设施与内容，如推独轮车者、栽植的树木等。

（5）邳州青龙山东汉缪宇墓②

为前后室结构，后室有一周迴廊。存画像石七幅，三幅分布在前室的四壁横

---

① 王献唐：《徐州市区的茅村汉墓群》，《文物参考资料》1953年第1期。

② 南京博物院、邳州博物馆：《东汉彭城相缪宇墓》，《文物》1984年第8期。

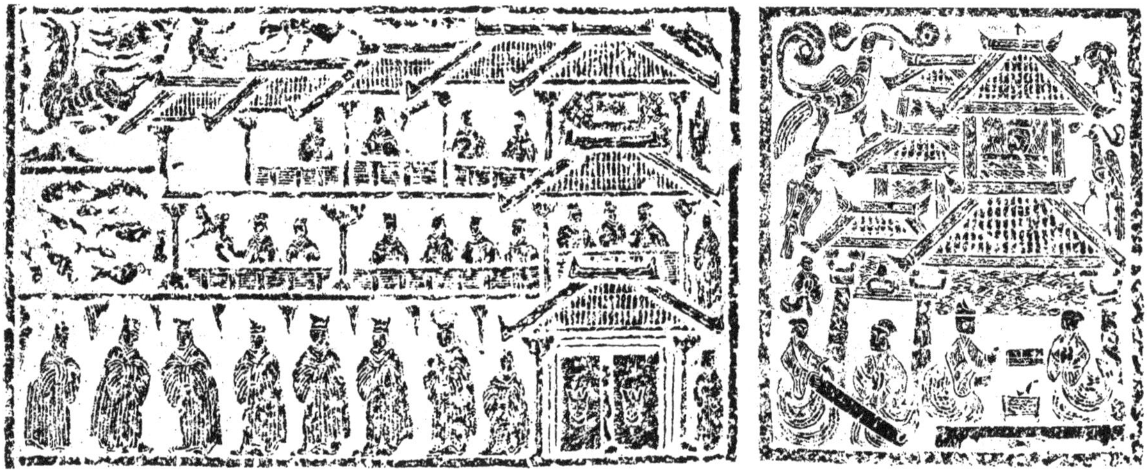

图一 -56 江苏徐州贾汪青山泉白集东汉墓祠堂及墓室画像中的建筑及相关设施

额，四幅分布在后室门口两侧。

南壁横额画像分上下两格。上格左端为庖厨图，有与庖厨相关的灶、釜、竖架、宰杀动物的人与器具、悬挂肉食的横架；中部为二人在一拱形帷帐中对弈，二者中间有一几案和六博棋盘，帷帐外面，左侧一人、右侧六人，作观看状，反映出对应的场地。下格左端大部分为舞乐杂技表演，可见场地较大，相关设施如建鼓较高大，伸入上格之中，一些乐者则席地而坐；右方通栏为弋射图，可见庭院内栽种的一棵大树，树下有人在射鸟、捅鸟窝，还有一人胯下斜置一件竹节纹筒形器，筒口似有拉线。西壁横额画像由右至左分为宴饮图和狩猎图。宴饮图的主体建筑为一座楼房，厅屋楼宇皆置斗拱蜀柱，院门半开，一侍者探头向外张望，门外立进谒者二人；正厅大门敞开，宾主跽坐屏风前，两人之间有一曲足几，几上有器物；厅门外一侍者手中捧三足食奁盒；左边马厩门半开，露出一马后半身；正厅右旁有楼梯，两人登梯上楼，二楼外廊有栏杆，四位高髻妇女凭栏远眺。东壁横额残存半幅画像，以一重檐屋宇为中心，屋顶刻瓦垄及瓦当，当是死者生前住宅的象征；大门口残存“〔守〕〔门〕吏”字样，原应刻有守门吏。后室的画像基本是墓主死后世界的设想。

5. 河南省[1]

新密市（原密县）的打虎亭 M1，从墓道与墓室连接处的甬道就有人物等相关画像，体现出较多与家庭或庭院内部设施有关的内容。

前室东壁画像有扫地者及其他门吏，西壁有相关人员服务于来到的宾客，另配

① 河南省文物研究所：《密县打虎亭汉墓》，文物出版社，1993 年，第 43-184 页。

有长条形几、方形笥及家庭中饲养的狗，表现出打扫卫生和迎客引谒的内容，对家庭迎客的场地和场所有相应体现。

中室甬道描绘了庭院内的一些配套设施，有管理车马的场地和人员，有马厩，拴马桩、马槽及整理马尾或赶马的人员，有铡草的人员及设备，也有草堆；还有收租的场地、人员，包括管理者、侍者，另有坐具及与收租有关的记录工具如笔和砚台，也有竹笥，亦有量斗及粮袋、运粮食的车和粮仓（粮仓为仓楼，修建有楼梯）；另在庭院内栽植有大树等，而这附近是家庭中孩童射鸟玩耍的场地。

南耳室北壁有马厩管理者的办公场所，管理者席地而坐，手拿木签，席旁有灯、方盒、竹笥、盆、盘等，其后还有一侍者，另有领物的人员，墙壁有挂马鞍和车马用具的设施，还有放马鞍的席子，其上2具马鞍。南耳室东壁刻有牛、车、鸡、鸭、鸟、人物等，主题是车停于厩前准备套牲口，或正卸下牲口身上的器具，进行喂饮；鸡鸭正在走动觅食，画面中有1棵大树，南部有牛栏、牛、水井与井边提绳打水的人，有1人牵牛饮水，画面下部有一群鸭子；另有端、抬运送物品的仆人（含童仆），其中1人右手提带链子的三足火盆，左手持火钳，有2人共抬一直腿方案，案上放1带柄器物，案下有壶，壶侧有罐，体现的是侍者向室内运送食物的场面。东耳室甬道北壁石刻画像中有折叠的屏风，屏风斜面开门，有忙碌的仆人，也有一些器物，与庖厨相关的设施内容较多，有场地、诸多食品及放置食品的器具、进行庖厨工作的设施及进行加工的设施如制作豆腐、酿酒、宰杀、食物切分、蒸煮、炊爨工具及灶具等，有较多人员参与其中。北耳室东壁南幅有屏风，东壁北幅有帷幔、长方形大席、木几、竹笥，均有较多的仆人忙着搬运物品；北壁刻有储藏食品的四足屋形木橱柜（或衣橱），还有豆形的食品架，架中方形盘面上放置碗、盘、耳杯等用器，有一圆形笼状物，笼上好像放有衣物，似在熏衣物，下层画面还有竹笥及一捆卷席（图一-57：1）；西壁北幅和西壁南幅画像有宴饮图，是

图一 -57　河南密县打虎亭 M1 出土与庭院内设施有关画像

1. 北耳室北壁画像　2. 北耳室西壁北幅画像　3. 北耳室西壁南幅画像

房内进行宴饮的场面，有较多女侍者忙于侍奉，房屋的布局是顶部刻有一横长条帷幔与绶带及高大的长方形帷幔，帷幔后立有数根挂有旗的旗杆，有屏风，屏风有门，主人前有长几，几上放饮食器具，客人席地而坐，席上放碗、盘、耳杯等用器，还有一长方形木案，案旁有饮食器具，有人专门从事盛放食品的工作，另有竹笥、木盒、盆、壶等用具（图一 -57：2、3）。

6. 陕西省

以西安一带发现的壁画墓及陕北地区汉墓画像石的画像等较具代表性。

西安理工大学西汉壁画墓中有乐舞、斗鸡等内容，应是在庭院内相应场地进行的。壁画内容还有女主人与客人观看乐舞表演，乐舞表演需要的场地；女主人与一些女性坐在高木榻上，背后有屏风；其前左右分列一矮木榻，榻前置红色漆木圆案，案上置耳杯、酒樽，可边欣赏乐舞边饮酒[①]（图一-58）。

图一-58　陕西西安理工大学壁画墓西壁第四组画面

曲江翠竹园西汉墓的壁画中，墓门绘门吏，象征为现实中的大门；东壁上绘有帷幔和4个婢女，左侧居中位置2婢女之间有围屏；南壁的壁画上部为帷幔，下有人物，有捧熏炉、漆盒者，也有背包袱者[②]。

陕西绥德县延家岔东汉画像石M1前室西壁横额画像，右侧为一前庭后院的建筑，有高大围墙，前有门，前院内有一楼阁，另有院墙与下部隔开，形成相对独立的空间，后面院内有人物在行走，另有树木点缀于中间院墙的一侧[③]（图一-59）。

图一-59　陕西绥德县延家岔东汉画像石M1前室西壁横额右侧画像

① 西安市文物保护考古所：《西安理工大学西汉壁画墓发掘简报》，《文物》2006年第5期；西安市文物保护考古研究院：《西安西汉壁画墓》，文物出版社，2017年，第40-53页。

② 西安市文物保护考古所：《西安曲江翠竹园西汉壁画墓发掘简报》，《文物》2010年第1期；西安市文物保护考古研究院：《西安西汉壁画墓》，文物出版社，2017年，第61-71页。

③ 戴应新、李仲煊：《陕西绥德县延家岔东汉画像石墓》，《考古》1983年第3期；绥德汉画像石展览馆编，李贵龙、王建勤主编：《绥德汉代画像石》，陕西人民美术出版社，2001年，第56-58页。

就陕北地区的画像石墓来讲，前室多见车马、门吏等内容，象征大门及前厅；中室有乐舞杂技表演等内容，为家主招待宾客的内容；后室则为家居生活及升仙等内容，既有对现实生活的写照，也有对死后升仙的理想追求。如米脂官庄发现的3座东汉画像石墓，尤其是M2的画像内容最具代表性[①]。

7. 四川省

成都羊子山汉墓出土庭院内容的画像砖画像中，庭院大致呈方形，外为院墙，一侧有大栅门；门内前院中有鸡，二进以北为内院，以迴廊围绕，北堂三间，堂基较高，有台阶可拾级而上，堂上有2人对坐；东南侧为小院，有水井、桌、炊具等；小院北有跨院，面积相对较大，当中为一高大的望楼，楼下系1犬，有家仆正在打扫卫生[②]。德阳市黄许镇出土的甲第画像砖画像及长屋画像砖画像，虽未能展示庭院全貌，但也体现出院墙、门屋、迴廊、大门及院内植树等内容[③]。

邛崃市出土舂碓入仓画像反映出相应家庭在庭院内加工粮食的内容[④]。上部为一粮仓，2人担筐登梯运粮，仓下有四粗柱，形成干栏式，易于防潮，右侧还有房屋，相互间有阁楼回栏，粮仓下斜支一筛秕糠的筛子，上端有一漏斗状的导谷器，仓的右下部有杵臼一对，臼石平嵌于地上，两人用手扶架，足踏杵端而碓。足碓处有1人手持长棍立于臼前翻搅谷物，梯旁有一堆舂完的谷物，1人持箕归堆，左上角有2人跽坐于席上，前摆饮食器具，亦可能为两个量器，二人之前还有1人跽坐，似在监视粮食入仓（图一-60）。

成都市新都区及彭州市义和镇出土的演奏画像中，演奏者均在室内，前者3人下有坐具，后者3人则是席地而坐。

三、综合性内容

上文通过部分考古资料对秦汉时期不同等级家庭的内部设施进行了叙述和相关分析，可知这一时期家庭的内部设施内容较为丰富，如庭院、大门、房屋、道路、植树、手工业作坊、生活设施等等，涉及家庭生产、生活的多个方面，同时也是家庭维持、稳定和发展的保障。但就秦汉家庭的内部设施来讲，还包含其他较多的内容，本部分是在上文分析基础上对秦汉家庭内部设施所作的简要综合性分析，以便

---

① 榆林市文物保护研究所、榆林市文物考古勘探工作队：《米脂官庄画像石墓》，文物出版社，2009年。

② 《中国画像砖全集》编辑委员会：《中国画像砖全集·四川汉画像砖》，四川美术出版社，2006年，图版第110页，图版说明第63页。

③ 《中国画像砖全集》编辑委员会：《中国画像砖全集·四川汉画像砖》，四川美术出版社，2006年，图版第110、111页，图版说明第64页。

④ 高文主编：《中国巴蜀新发现汉代画像砖》，四川美术出版社，2016年，第5页。

图一-60　四川邛崃市出土舂碓入仓画像

对这一时期家庭设施有组合特征的综合性内容有更全面了解。

秦汉时期，庭院之外相应空间的设施内容属于家庭外部设施，庭院及其组成、院内建筑及其组成及服务于家庭生产、生活的相关器具和物品则基本可视为家庭的内部设施。文献中对汉代家庭的内部设施有较多的记载，虽相对笼统，但也涉及一些家庭的内部设施，对全面认识与之相关的内容可提供相应的参考。《后汉书·宦者传》载："……造起馆舍，凡有万数，楼阁连接，丹青素垩，雕刻之饰，不可单言。"[①]《后汉书·仲长统传》载："豪人之室，连栋数百，膏田满野，奴婢千群，徒附万计。船车贾贩，周于四方；废居积贮，满于都城。琦赂宝货，巨室不能容；马牛羊豕，山谷不能受。妖童美妾，填乎绮室。倡讴伎乐，列乎深堂。"[②]《后汉书·樊宏传》载：樊重，"其所起庐舍，皆有重堂高阁，陂渠灌注。又池鱼牧畜，有求必给。尝欲作器物，先种梓漆。"[③]《水经注·比水》载：樊重"广起庐舍，高楼连阁，波陂灌注，竹木成林，六畜放牧，鱼赢梨果，檀棘桑麻，闭门成市。"[④]《四民月令》载："二月顺阳习射，以备不虞。""茸治墙屋，以待雨；缮修门户，警设守备，以御春饥草窃之寇。""得凉燥，可上弓角弩，缮、治、檠正，缚徽絃，遂以习

① （南朝宋）范晔撰，（唐）李贤等注：《后汉书·宦者传》，中华书局，1965年，第2530页。

② （南朝宋）范晔撰，（唐）李贤等注：《后汉书·仲长统传》，中华书局，1965年，第1648页。

③ （南朝宋）范晔撰，（唐）李贤等注：《后汉书·樊宏传》，中华书局，1965年，第1119页。

④ （北魏）郦道元：《水经注》，（清）王先谦校：《合校水经注》，中华书局，2009年，第442页。

射。弛竹木弓及弧。”“九月，治场圃，涂困仓，修窦窖。缮五兵，习战射，以备寒冻穷厄之寇。”[①]相对而言，考古资料反映的秦汉家庭内部设施更为具体，涉及面也更广泛。大致来看，主要包括以下诸多方面。

（一）院墙与门

是较多家庭内外设施的分界，其更多地服务于庭院内家庭的安全与发展，故将其作为家庭内部设施的外缘内容。

由于存在等级、经济实力等的差异，秦汉时期家庭在院墙使用方面也存在相应差异。有些经济条件差的家庭可能不用院墙，也有的围以篱笆。篱笆在一定程度上可防止一些散养的形体较大动物对庭院内造成损害，同时作为界隔可让篱笆墙内形成相对独立的空间，某种程度上也可阻止外人的进入。与之搭配的门也相对简单，有的仅是可以启闭的象征性门。无围墙及篱笆墙的家庭，院内的隐私性及防盗效果均较差，而与家庭的经济条件相对应，其他设施也不会太多，大致是可以满足基本生产、生活的物品，甚至还会有欠缺。较多家庭修建有院墙，这与家庭等级地位尤其是经济条件的允许和需求有关，院墙的封闭性较好，可将家庭内部与外界有效隔开，又起到保护家庭安全与隐私的作用。这一时期的院墙大致可分为土墙、砖墙、石墙三大类，严格来讲，篱笆墙也是其中的一类。砖墙、石墙相对少见，而石墙又多见于有山地区，土墙是这一时期最常见的形式。土墙的砌筑大致包括夯筑、泥筑和版筑等形式，一般墙体较厚，有相应的高度，有的墙体下部相对更宽厚，稳定与坚固程度较好。风吹雨淋会对土墙的墙体造成损害，较多家庭会在墙的顶部铺瓦，有的还砌成中间有脊的两面坡状，上文所举相关例子中即有所体现。另外，如江苏徐州市邳州青龙山东汉彭城相缪宇墓的周围有石砌垣墙，基础为夯土和碎石，墙由加工过的条石叠砌四层而成，顶面凿成屋檐状坡面，浮雕瓦垄、瓦当[②]；安徽宿州发现的一些有石祠堂的东汉墓葬外有石砌的墙形墓垣，有的存留地基和墙体，为矮墙，褚兰西南的墓山孜 M1 的墓垣墙由墙基、墙壁、墙顶叠砌而成，外壁平直且整齐，墙顶雕成瓦垄，檐头刻云纹圆瓦当，连檐刻水波纹，墙面为竖行凿齿纹，墙基为菱形纹；M2（胡元壬墓），垣墙相对低矮，墙顶向外面坡雕成瓦垄[③]（图一 -61）。上述几处墓地中的垣墙仿现实矮墙特征明显，也间接体现出现实居住中对一些墙体顶部的修缮和保护，有的还可反映出对墙面的加工和保护。有的

---

① （东汉）崔寔：《四民月令》，石声汉：《四民月令校注》，中华书局，2013 年，以上记载分见第 20、29、63、65 页。

② 南京博物院、邳州博物馆：《东汉彭城相缪宇墓》，《文物》1984 年第 8 期。

③ 王步毅：《安徽宿县褚兰汉画像石墓》，《考古学报》1993 年第 4 期。

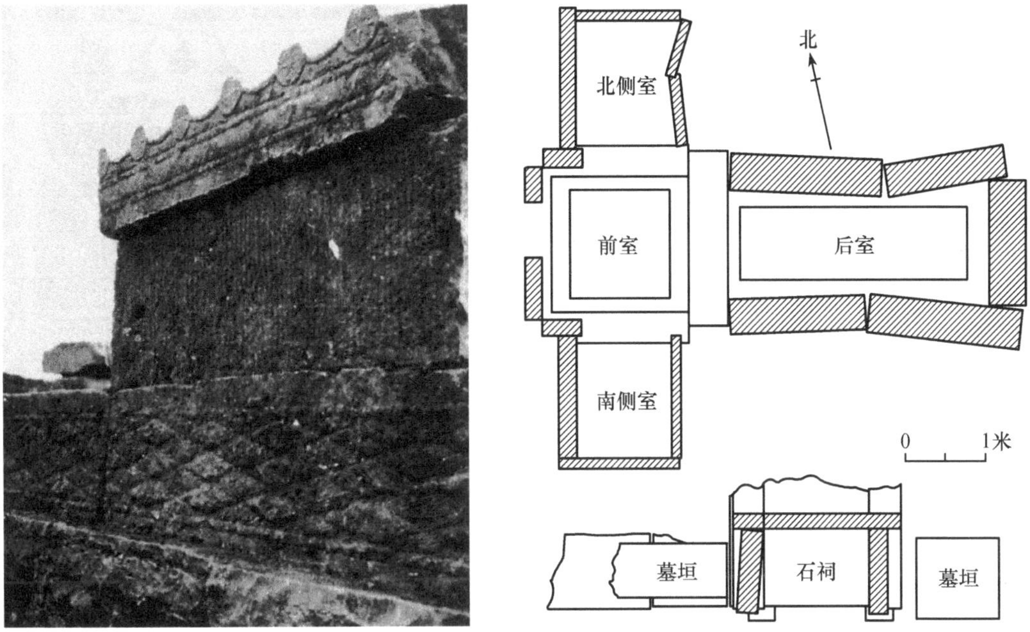

图一 -61　安徽宿州褚兰 Ml、M2 的垣墙

1. M1 的北垣墙　2. M2 与垣墙、祠堂

家庭出于安全需要，还会在院墙上修建角楼或罘罳，上文所举的一些建筑模型明器即对角楼等有所体现。

门是联通庭院内外的设施，也是一个家庭对外展示的内容之一，某种程度上可体现家庭的等级及经济状况。门有单扇、双扇之分，出于安全等的考虑，会使用锁、门闩、门槛等，出于装饰或扣门等的需求，较多家庭还在门扇上装铺首衔环。江苏睢宁墓山 M1 前室画像中，大门半开，有 1 人站在门缝处，门外 1 人，再外为一辆马车正准备出行，门上所饰铺首衔环较为清晰[①]（图一 -62）；一些门下地面上还有门阑，上文所举江苏徐州市南郊十里铺东汉墓出土的石刻画像即有体现。门还配有门楼、门屋、门房等，等级较高的家庭，正门中高侧低，侧门为小门，便于日常出入，中门高大便于通车马，附近还有宾客居住的房舍，称为门庑，这在汉代画像及壁画中皆有反映；有的在门屋后建廊屋，廊屋内即为院子，如上文所举四川德阳黄许镇出土甲第画像砖画像。有的门外还有相应的场地，并有道路与外连通。相关家庭的门前有阙，左右对称而立，有的会在阙旁各植 1 树。江苏睢宁锅山东汉墓中间立石刻双阙，单层，较粗壮，装饰精细，有二门吏，一执盾，一拥彗，作迎接状[②]；邳州白山故子东汉 M1 第一石，楼下有大门，门外立高大双阙，上有三重檐[③]。

① 仝泽荣：《江苏睢宁墓山汉画像石墓》，《文物》1997 年第 9 期。

② 仝泽荣、武利华、田忠恩、陈剑彤：《睢宁汉画像石》，山东美术出版社，1998 年，第 16 页。

③ 南京博物院、邳县文化馆：《江苏邳县白山故子两座东汉画像石墓》，《文物》1986 年第 5 期。

图一 -62 江苏睢宁墓山 M1 前室画像局部

（二）庭院内的建筑

根据上文所举居住遗址、模型器物及壁画、画像内容，秦汉时期家庭的庭院中，前堂、后室为其主体，有的还有前后堂，后堂用作宴饮、歌舞及开展其他家庭中的活动，后室则主要为居住之所；很多家庭还有厢房、侧室、天井、院落及车房、马厩、厨房、仓库及奴仆住所等附属房，且多有配套设施，如河南内黄三杨庄汉代庭院遗存第二处庭院坐北朝南，有南大门、西门房、东西厢房、主房、厕所等[①]。四川成都市郊曾家包汉墓 M1 东后室后壁画像的右下部靠高台楼房较近处有一庑殿式吊脚楼房，房下有二人平列踩碓，吊脚房屋很可能是为庄园劳动的人员所住[②]。

湖北云梦睡虎地秦墓出土竹简《封诊式·封守》载，秦代一士伍的房屋为“一宇二内，各有户，内室皆瓦盖，木大具”，即有堂屋一间，卧室二间，屋上均覆瓦，木构齐备；竹简《封诊式·穴盗》则记载一被盗者的房屋为“一堂二内”，二内中有一正房，正房东有侧室，有门相通[③]。《汉书·晁错传》载：“家有一堂二内，门户之闭，置器物焉。”[④]较之稍大或略显复杂的为“日”字形院落，为三进式院落，其

① 河南省文物考古研究所、内黄县文物保护管理所：《河南内黄三杨庄汉代聚落遗址第二处庭院发掘简报》，《华夏考古》2010 年第 3 期。

② 成都市文物管理处：《四川成都曾家包东汉画像砖石墓》，《文物》1981 年第 10 期。

③ 睡虎地秦墓竹简整理小组编：《睡虎地秦墓竹简》，文物出版社，1987 年，第 149、160 页。

④ （东汉）班固撰，（唐）颜师古注：《汉书·晁错传》，中华书局，1962 年，第 2288 页。

内相关建筑多，布局也显复杂。另有其他形状的院落，如长方形、方形、梅花形、“一”字形等，并不统一。等级相对高的家庭或地方官吏、豪强地主家庭的庭院则是大型院落，有前后院或多个院，其内建筑众多，单层房屋会形成合院，而较多的家庭会使用楼房，很多还是楼房与单层房屋的结合，布局相对复杂，修建有迴廊、连接各区域的门，有的还有安全防护建筑或设施如望楼或碉楼等，其他与生活及生产相关建筑则基本具备，部分建有水榭，可以观望，还可用于家庭防御。可以说，较多大型院落内诸多房屋和设施排列有序，整个庭院重深、楼宇栉比。

庭院内的较多建筑为楼阁式或房屋式，楼阁式分不同层，房屋式基本是上有顶，铺瓦，饰以瓦当，有些会有藻井，并装饰相关纹饰；墙体有土墙或砖墙，也可能有石墙；门窗具备，形式不一；一些会有柱及柱础，还会有楼梯、台阶，具有军事防御功能者还有射孔及放置兵器等的设施；一些会建有迴廊或其他设施。

另外，较多庭院内的院子或相关场地平敞而坚硬，以便开展相关活动，有的还以砖铺地。河南洛阳汉魏洛阳城西东汉墓东侧建筑群有较多天井，地面铺砖①；江苏徐州市区金地商都遗址汉代地层发现较多建筑及形制不同的汉代铺地砖，铺地砖有正方形、长方形两种，其中一类长方形砖长 97、宽 48 厘米，一面有细密的小凸起纹，其作用当与防滑有关②。

（三）仓储设施

主要用于家庭中粮食的存储和存放，有的也用于其他物品的存储，主要有以下八种形式。

一是口袋或相关器具。四川邛崃出土舂碓入仓画像砖画像③及密县打虎亭 M1 南耳室南壁出土的收租画像④中皆有口袋图案。一些家庭还会使用一些陶器如瓮、壶等盛放粮食，江苏徐州东甸子西汉墓出土的陶瓮中，M1N：27 盛有稻米，M1N：18 的肩部刻有“容”字⑤。另据汉墓发掘资料，一些陶罐、盆等也可能是相关家庭存储粮食等的器具。

二是修建地窖式设施。河南洛阳汉河南县城东区汉代遗址的住宅遗存附近发现有地窖，上半部不存，下半部仅余窖底⑥。

① 中国社会科学院考古研究所洛阳汉魏城队：《汉魏洛阳城西东汉墓园遗址》，《考古学报》1993 年第 3 期。

② 刘尊志、周波：《徐州市金地商都先秦、两汉及明代遗址》，中国考古学会编：《中国考古学年鉴 · 2002 年》，文物出版社，2003 年，第 172、173 页。

③ 高文主编：《中国巴蜀新发现汉代画像砖》，四川美术出版社，2016 年，第 5 页。

④ 河南省文物研究所：《密县打虎亭汉墓》，文物出版社，1993 年，第 99、104-106 页。

⑤ 徐州博物馆：《徐州东甸子西汉墓》，《文物》1999 年第 12 期。

⑥ 黄展岳：《一九五五年春洛阳汉河南县城东区发掘报告》，《考古学报》1956 年第 4 期。

三是使用仓廪类设施。考古发掘的秦汉墓葬中，较多有作为模型明器的陶仓陪葬，有方有圆，仓上有盖，一壁开窗，还有很多仓上绘有斗栱，对现实生活中家庭用仓摹写得较为逼真。一般情况下，方形者称为仓，圆形者称作囷。江苏徐州地区汉代墓葬陪葬的陶仓中，西汉早中期以圆囷为主，西汉晚期至东汉一代则以方仓居多[①]。豫北地区如焦作等地汉代墓葬中还出土有较多形体大、结构复杂且由多个建筑组合而成的陶仓楼，是仓住一体但又存在分工使用的相关建筑。其他一些地区也出土一定数量类似性质的陶仓楼，但多数为单体建筑。关于圆仓，一些出土资料有名“囷”的证明。湖北江陵凤凰山 M167 出土的 42 号遣策上记有“囷一枚”，与之相对应，墓内出土陶圆仓 1 件，其内还盛有谷物[②]。陕西西安及周边地区秦汉墓出土的圆仓上还刻有或书写“囷”字，临潼上焦村秦墓 M7 出土陶圆仓的门上部刻有“囷”字[③]。有研究还指出，在秦代，囷也用指私家粮仓[④]，这也在一定程度上说明囷与家庭之间应有较密切的联系。西安发现的一些汉墓出土陶圆仓上书写有“小麦囷”、“白米囷”等[⑤]（图一 -63：1）。有一些圆仓具有自身特征，也有相对应的名称。如陶篅，由篅字大致可知现实物品可能为竹或席类编织而成，湖北荆州高台西汉 M3 及江苏邗江甘泉乡姚湾村顺利组东汉墓皆有出土，荆州高台西汉 M3 出土陶篅中部缚以绳，表明是用席类围搭成的[⑥]；邗江甘泉乡姚湾村顺利组东汉 M1：12，圆筒形，可拆分为顶和仓房两部分，仓房下连方形台座，中部设有一单扇窗口，窗扇微开，窗下伸出一平台，窗的两侧各用阴文隶书字体刻有一竖排铭文，分别是“屯耑大吉利，内谷。”及“屯上鸟，名凤皇，宜富昌，辟央。”[⑦]（图一 -63：2）广东广州东山羊山横路东汉墓也出土陶篅，圆形，仓体浅，下有 4 根立柱，盖仿覆草圆顶，仓体周壁刻画竹席纹（图一 -63：3）；细岗出土的陶篅与之相似，但盖顶及仓壁刻画的席纹较为明显[⑧]。从地域上看，出土陶篅的汉代墓葬，地理位置基本位于今淮河以南地区，相应的气候及自然环境适宜于对篅的制作和使用。另外，《谈谈湖南出土的东汉建筑模型》一文还对湖南地区汉墓出土的陶廪进行了介绍，均为圆形，当为圆仓的一种，有的顶盖可以活动，有的顶与墙黏连在一起，都没有阶梯

---

① 刘尊志：《徐州汉墓与汉代社会研究》，科学出版社，2011 年，第 93-95 页。

② 凤凰山一六七号汉墓发掘整理小组：《江陵凤凰山一六七号汉墓发掘简报》，《文物》1976 年第 10 期。

③ 秦俑考古队：《临潼上焦村秦墓清理简报》，《考古与文物》1980 年第 2 期。

④ 谢坤：《里耶秦简所见“鼠券”及相关问题》，武汉大学简帛研究中心主办：《简帛 · 第二十一辑》，上海古籍出版社，2020 年，第 139-146 页。

⑤ 程学华：《西安市东郊汉墓中发现的带字陶仓》，《考古》1963 年第 4 期。

⑥ 湖北省荆州博物馆：《荆州高台秦汉墓》，科学出版社，2000 年，第 87 页，图版十九：2。

⑦ 李健广：《江苏邗江甘泉顺利东汉墓清理简报》，《东南文化》2009 年第 4 期。

⑧ 安志敏：《“干兰”式建筑的考古学研究》，《考古学报》1963 年第 2 期。

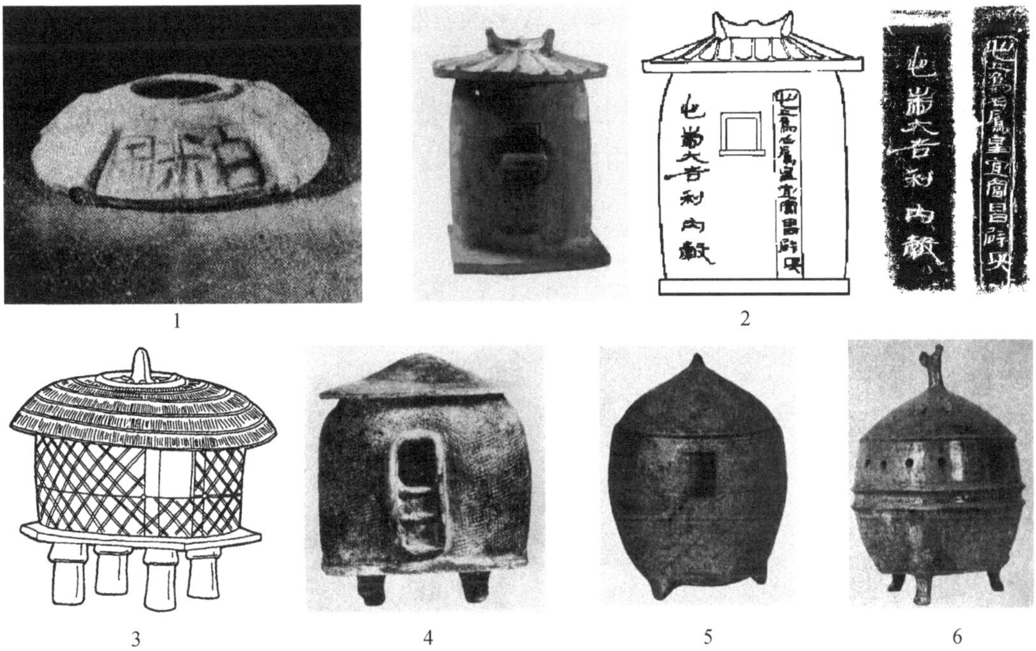

图一 -63　汉代墓葬出土陶圆仓

1. 陕西西安市东郊汉墓出土带“白米囷”字陶仓　2. 江苏邗江甘泉乡姚湾村顺利组东汉墓出土陶篅　3. 广东广州东山羊山横路东汉墓出土陶篅　4. 1953 年长沙容园 M5 出土陶廪　5. 1954 年长沙陈家大山 M19 出土陶廪　6. 1956 年长沙小林子冲 M3 出土陶廪

通向廪口，一般下为三锥形足或蹄足，有的在顶上有一立鸟，如 1953 年长沙容园 M5、1954 年长沙陈家大山 M19 及 1956 年长沙小林子冲 M3 出土的陶廪或釉陶廪①（图一 -63：4-6）。这些陶廪在形制上与陶篅存在一定的相同之处，尤其是长沙容园 M5 出土陶廪与广州市东山羊山横路东汉墓出土陶篅有较大的相似性。

（四）粮食加工工具与设施

粮食加工是秦汉时期家庭生活的内容之一，较多家庭有与粮食加工相关的工具与设施。河南内黄三杨庄汉代村落遗址中，庭院内外均出土有石臼与石磨，体现出相应的粮食加工工具及场所设施。其中的第二处庭院遗址，庭院外水井旁出土有石磨和圆形石臼，庭院南大门西侧墙外还出土有石碳；庭院内东厢房屋内近南墙处发现 1 件圆形大石臼；东厢房西侧庭院内遗留有两盘石磨，形制相似，大小不同，大的直径约 50 厘米，小的直径约 42 厘米，南北排列，相距 1.2 米，两磨之间有 1 件陶瓮，口部残块，对照其他位置出土的粮食加工工具，多有陶瓮伴出，表明陶瓮也很可能是与粮食加工有关的器具，当是盛器；主房前面庭院内清理出较大的圆石臼

① 高至喜：《谈谈湖南出土的东汉建筑模型》，《考古》1959 年第 11 期。

和较小的方石臼各1件[①]（图一-64）。较多的石磨、石臼发现于庭院内外，且庭院内又分布于不同地方，庭院外水塘底部还发现有石臼，说明石磨、石臼在该家庭中使用较普遍，而多个位置的发现也许和该家庭是由多个夫妻单位组成的大家庭有关，不同夫妻可能相对独立地使用粮食加工工具，并形成相应的场地或场所，当然也存在其他可能。

图一-64　河南内黄三杨庄汉代聚落遗址第二处庭院石质粮食加工工具出土情况及种类

1. 东厢房　2. 主房　3. 石礤　4. 石磨　5. 圆石臼　6. 方石臼

上文所举汉代遗址、模型明器及画像石（砖）的画像中有较多与粮食加工工具及设施场所有关的内容，如邛崃出土舂碓入仓画像中的碓与场所等，而南方尤其是广州地区东汉墓出土的陶院落中，一些房屋分上下两层，有的会将下层用作粮食加工的场地，并配有相关工具。江苏泗洪重岗汉代画像石墓还出土有砻的画像，分上下两扇，上部一侧装拐木和撑架，由1人站在一处前后推拉[②]。河南地区汉墓中，有

① 河南省文物考古研究所、内黄县文物保护管理所：《河南内黄三杨庄汉代聚落遗址第二处庭院发掘简报》，《华夏考古》2010年第3期。

② 南京博物院、泗洪县图书馆：《江苏泗洪重岗汉画象石墓》，《考古》1986年第7期。

的出土成套的粮食加工工具，如济源泗涧沟 M24 出土附有陶俑的碓与风车[①]，洛阳东关殉人墓出土陶风车与米碓[②]，三门峡刘家渠一带的东汉墓还多有碓房出土。1986 年在刘家渠东发掘的 2 座墓葬（M3、M4）均出土 1 件陶碓房，形制相近，长方形，三面为墙所环绕，硬山顶，屋内放有碓臼磨盘[③]。1955 在刘家渠村北发掘的东汉墓中出土碓房共 21 件，形制较为多样，其中凉亭型 5 件，是在长方形泥板上支起四个角柱，上覆活动的人字坡瓦顶或卷棚顶，内置碓臼、磨盘等，并有人物操作塑像，其中的 M101：36 是唯一覆卷棚顶的碓房（图一 -65：4）；庭院型 4 件，平面方形，四周围绕院墙，上盖瓦顶，后墙角有一悬山式高房，上开门窗，院正面开一

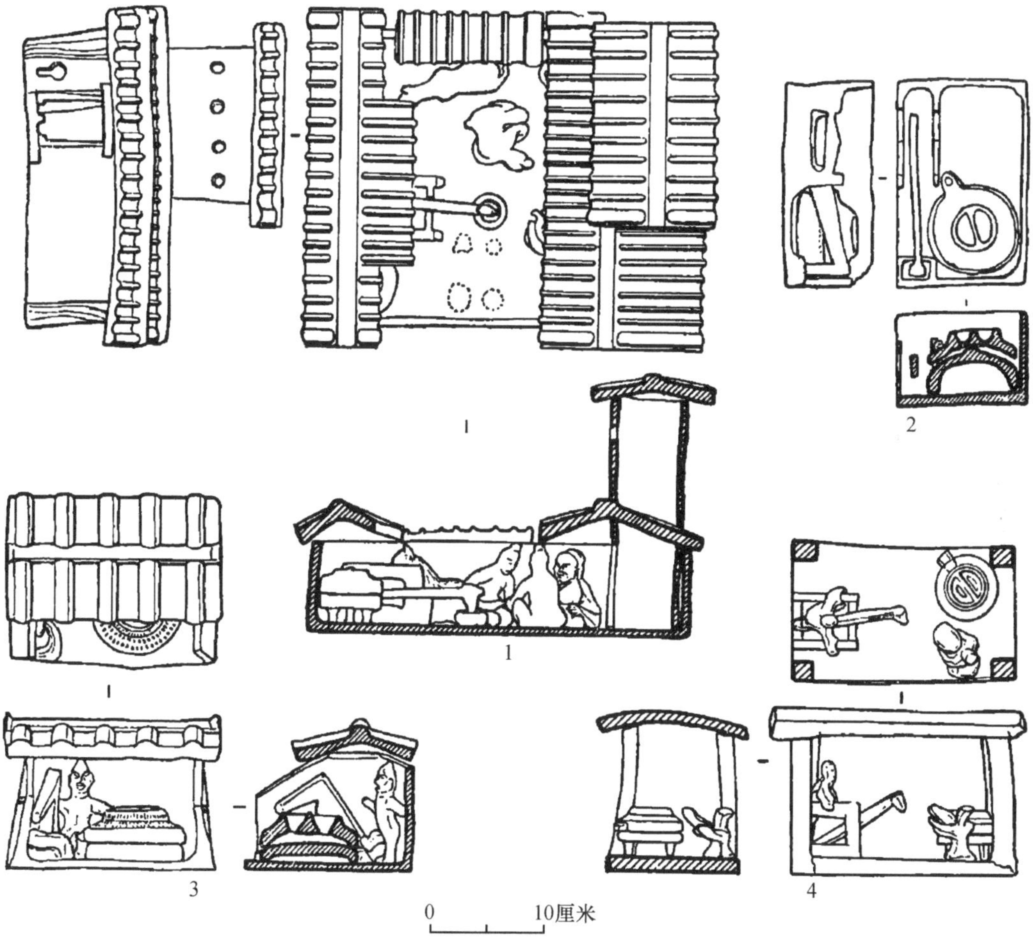

图一 -65 河南三门峡陕县刘家渠村北东汉墓出土陶碓房模型

1. M20：24 2. M3：17 3. M88：26 4. M101：36

① 河南省博物馆：《济源泗涧沟三座汉墓的发掘》，《文物》1973 年第 2 期。

② 余扶危、贺官保：《洛阳东关东汉殉人墓》，《文物》1973 年第 2 期。

③ 三门峡市文物工作队：《三门峡市刘家渠汉墓的发掘》，《华夏考古》1994 年第 1 期。

边门，门右侧往往还设有狗洞，内蹲一犬，内瓦檐下置碓臼、磨盘，有人作操作状，M20∶24 的高房门口端坐一人，褒衣大袖，长须拂拂，似为监视劳动的主人（图一 -65：1）；小屋型 6 件，屋长方形，三面有墙，瓦顶悬山式，屋脊两端微翘起，屋内置碓臼、磨盘，多数无人操作，仅 M88∶26，内有一人踏碓（图一 -65：3）；露天小屋型 6 件，屋长方形，有墙三面或两面，无屋顶，屋内置碓臼、磨盘，如 M3∶17[①]（图一 -65：2）等。河南淅川赵杰娃山头 M42 出土画像砖中有一些是与农业有关的画像内容[②]，相关研究也对该墓出土的农业画像砖进行了考证。大致来看，该墓出土画像砖的农业画像涉及牛耕、中耕除草、牧羊、舂碓及以飏扇去除秕糠等内容，其中的舂碓以飏扇去除秕糠属粮食加工的内容，而且相关活动可能是在庭院内，其中飏扇图中，一人手执飏扇摇动起风，秕糠被吹的离开从漏斗下落的粮食，而在左上角还有一疑似粮仓的图像[③]。

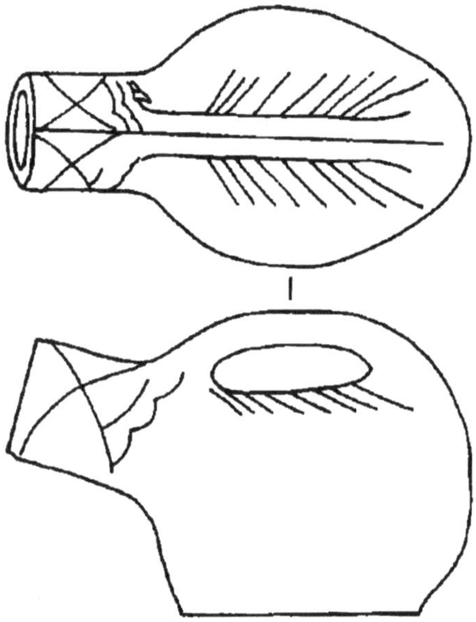

图一 -66　江苏徐州铜山伊庄洪山汉墓出土陶虎子

（五）厕所与动物饲养设施

便溺是人与动物生存过程中一种必须的生理现象。秦汉时期的家庭在处理家庭相关人员的便溺方面，既有相关器具，又有相应设施。最常见的器具为虎子，墓葬中有相关器物出土，画像中也有体现，另外还有盛粪便的器具及清扫或清洗用具等。江苏徐州铜山伊庄洪山汉墓出土陶虎子，器身上部有把手，一侧有流，平底，口部圆形，口部、背部及把手有刻划纹[④]（图一 -66）。山东沂南画像石墓后室靠北壁承过梁隔墙东面下部画像中有一厕所图像，厕外有虎子及盛粪便的畚，还有盛水用于清洗的盆或缸，一女性正用帚打扫清理[⑤]。

厕作为处理便溺的场所，与家庭生活关

① 黄河水库考古工作队：《河南陕县刘家渠汉墓》，《考古学报》1965 年第 1 期。

② 河南省文物局南水北调文物保护办公室、南阳市文物考古研究所：《河南淅川县赵杰娃山头汉墓发掘简报》，《华夏考古》2014 年第 2 期。

③ 柳玉东、李世晓：《南阳淅川赵杰娃墓地 M42 农业生产画像砖考》，《中原文物》2022 年第 3 期。

④ 徐州博物馆：《江苏铜山县伊庄洪山东汉画像石墓》，《华夏考古》2007 年第 1 期。

⑤ 南京博物院、山东省文物管理处：《沂南古画像石墓发掘报告》，文化部文物管理局出版，1956 年，图版 36、78、105-（2）；山东博物馆：《沂南北寨汉墓画像》，文物出版社，2015 年，第 99、123 页。

系密切，上文所引河南内黄三杨庄汉代村落遗址、辽宁辽阳三道壕村落遗址的居住遗存附近均有厕，形式略有差别。内黄三杨庄汉代居住遗存发现的厕所基本位于庭院北侧，这在当时相关地区或许已形成约定俗成的内容。较多墓葬内设有厕所，是墓葬形制第宅化背景下对现实居所有关设施的模仿，这在较多地区有所发现，以江苏徐州地区为例，该地区的西汉墓与东汉墓中均有发现，西汉墓以楚王墓最为常见，驮篮山楚王墓与王后墓[①]、北洞山楚王墓[②]、小龟山楚王墓与王后墓[③]等皆有发现。驮篮山西汉楚王后墓（M2）出土石厕所，砌建在厕台上，厕台中部靠后墙凿出规整的长方形厕坑，并利用山岩裂隙作象征性的排泄道，厕坑两侧是前部有斜坡面的长方形踏板，后部有曲尺形石靠背，右侧有一扶栏，扶栏由两个支撑竖板和一个横长板以榫卯扣合而成，前端支撑竖板上端有细圆榫，圆榫穿过长板前端圆孔形成握柱，如厕时蹲下有靠背、扶手可倚，起身时可抓握扶柱立起，设计十分合理[④]（图一-67）；中小型墓葬如贾汪芦山东汉M1，东耳室的北侧有一厕间，厕间东侧有蹲坑和踏板[⑤]。很多建筑类模型明器也有较为直观的体现，上文举例中，有的厕所位于房屋的一侧，有的两侧皆有，而广州地区汉墓出土陶院落或陶屋模型中，厕间大多位于楼内或室内。河南南阳杨官寺东汉墓出土的陶圈厕模型为两厕，分为男厕（右）和女厕（左）[⑥]，武陟出土的大型汉代陶楼，楼两侧各有一带厕所的猪圈，圈内各有一陶猪，而两厕也很可能分为男厕和女厕[⑦]。甘肃武威磨咀子M62出土1件陶厕，形如仓，

图一-67　江苏徐州驮篮山西汉楚王后墓（M2）出土石厕所

① 邱永生、徐旭：《徐州市驮篮山西汉墓》，中国考古学会编：《中国考古学年鉴·1991年》，文物出版社，1992年，第173、174页。

② 南京博物院、铜山县文化馆：《铜山龟山二号西汉崖洞墓》，《考古学报》1985年第1期；尤振尧：《〈铜山龟山二号西汉崖洞墓〉一文的重要补充》，《考古学报》1985年第3期；徐州博物馆：《江苏铜山龟山二号西汉崖洞墓材料的再补充》，《考古》1997年第2期。

③ 徐州博物馆、南京大学历史学考古专业：《徐州北洞山西汉楚王墓》，文物出版社，2003年。

④ 中国国家博物馆、徐州博物馆编：《大汉楚王》，中国社会科学出版社，2005年，第223页。

⑤ 孟强、耿建军：《徐州市贾汪芦山汉墓群》，中国考古学会编：《中国考古学年鉴·2002年》，文物出版社，2003年，第194、195页。

⑥ 河南省文化局文物工作队：《河南南阳杨官寺汉画象石墓发掘报告》，《考古学报》1963年第1期。

⑦ 武陟县文化馆：《武陟出土的大型汉代陶楼》，《中原文物》1983年第1期。

正面有门，底部一圆孔，有卧槽通出壁外，门外右侧蹲一狗[①]。

上文所举例子，部分是厕所与猪圈连成一体，从发掘出土的汉代陶猪圈来看，大多数都与厕所相连，一般是厕所较高，有泄粪孔，可将粪便排入猪圈中，进而达到积肥等目的。猪圈为养猪的场所和设施，一般为长方形或圆形，在一侧或两侧搭棚，圆形则基本为一侧搭棚，圈内多见食槽、泥池，猪的数量不等，公猪大多肥硕，母猪则多作给多个小猪喂奶状。

除养猪外，秦汉时期的家庭还会饲养其他不同种类、数量不等的家禽和家畜，其中鸡、鸭、鹅等家禽及狗、牛、马、羊等家畜最为普遍，因此也会有相应的场地和设施。广州地区出土陶房屋及陶院落中的房屋，大多两层，下层有的为粮食加工场所，有的则有畜栏。上文所引资料中，居住遗址如辽阳三道壕汉代居住遗存附近大多有饲养牲口的圈棚，模型明器可见有养鸡、狗等内容，壁画及画像中的内容更为丰富，牛、羊、马、鸡等动物的饲养皆有体现，较典型的如内蒙古和林格尔壁画墓所反映的动物饲养内容。就秦汉时期家庭内动物饲养的设施来讲，针对不同动物，设施有所差异，名称也有差别，养马的称为马厩，养牛的称为牛牢，养羊的称为羊圈，养狗的称为狗窝或狗圈，养鸡鸭的称为鸡圈或鸭圈，有的名称较多，如牛牢，还有牛圈、牛舍等名称，鸡圈也有鸡窝、鸡埘等名称。这些设施在庭院内的某一位置，一般相对较偏，一方面便于喂养且利于防盗，另一方面，又可减少这些动物对家庭生活的影响。当然，也有些家养动物属于散养式的，如鸡、狗等，只是在有些时候才能回到窝棚之中，其他时间则活动在庭院中及庭院外，这在汉代壁画及画像中体现较为明显，尤其是狗，有时会随家主外出，四川地区出土的一些车马出行或肆集画像砖的画像中，常见与车马一起作奔跑状的狗或是在主人牵引下作行走状的狗。

关于上述设施，也有相应的模型器物或画像出土。马厩在汉代画像中较为常见，有的还有很多配套的器具和设施。河南密县打虎亭汉墓出土画像中，不仅有饲马、养马的场所与设施，如拴马桩、马槽等，还有专职人员在专门场所负责车马器具的管理和使用[②]。郑州出土的一块画像砖上，右侧立一柱子，柱顶有伞形雨盖，柱下有一人伸手向柱子上拴系马缰绳，左为高头大马，站立嘶叫[③]（图一-68：1）。山东沂南画像石墓出土的马厩图中，有的马用绳拴在木柱上，木柱上挂一喂马的篼，篼内盛有喂马的食物，有鸡在篼下啄漏食，一人在马旁执刷为马清扫，上部挂有承尘，承尘下以钩悬挂相关器具，如巾、刷、鞍、椟丸等，在一些空白处还有

① 甘肃省博物馆：《武威磨咀子三座汉墓发掘简报》，《文物》1972年第12期。

② 河南省文物研究所：《密县打虎亭汉墓》，文物出版社，1993年，第107-113页。

③ 周到、吕品、汤文兴：《河南汉代画像砖》，上海人民美术出版社，1985年，图96。

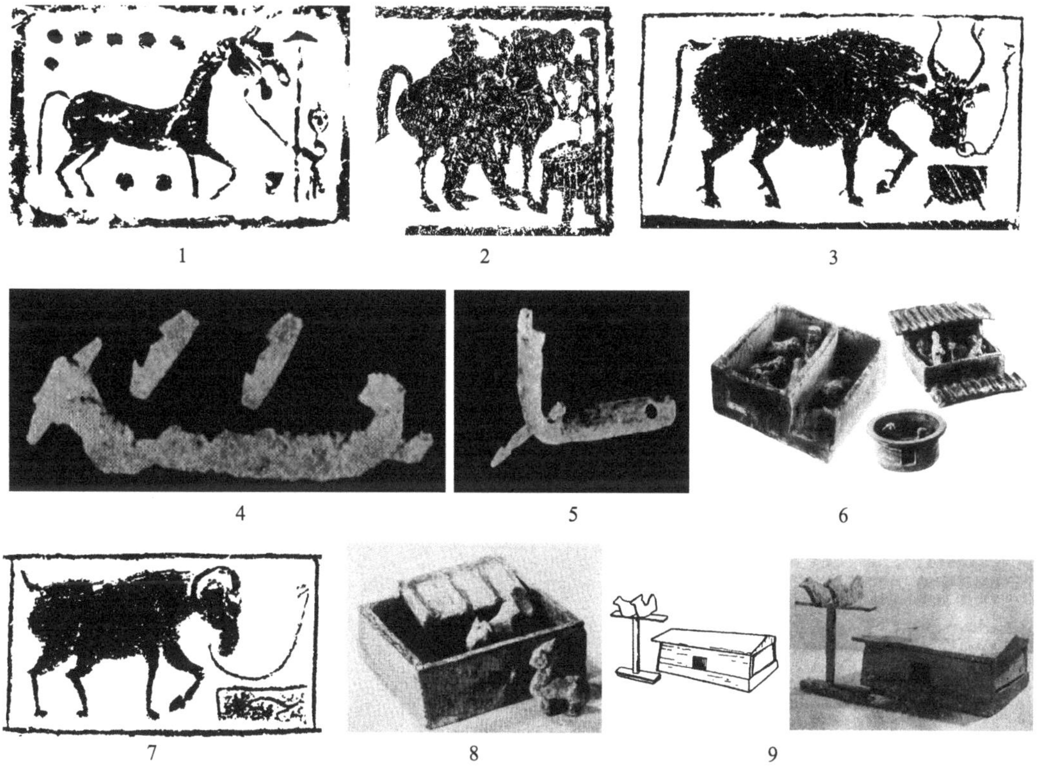

图一 -68　汉代墓葬出土动物饲养设施及画像和模型器物

1. 河南郑州出土画像砖上的拴马图　2. 江苏铜山苗山出土喂马画像　3. 河南洛阳偃师中州大渠出土陶井一侧图案中部的饮牛图　4、5. 新疆民丰大沙漠中古遗址出土牛、羊头拴　6. 河南三门峡陕县刘家渠村北东汉墓出土陶猪羊圈（M3：44、M88：27、M20：24）　7. 河南洛阳出土陶井上的喂羊画像　8. 河南三门峡陕县刘家渠村北 M8 出土陶狗圈　9. 甘肃武威磨咀子东汉墓出土木质明器鸡舍

盛水或食物的器具[①]。喂马的篼在汉代画像中较为常见，除挂在马厩中拴马的木柱上之外，更为常见的是悬挂在庭院中或庭院外树的下部树枝上。河南密县打虎亭东汉墓与山东沂南画像石墓出土与饲马、养马相关的画像中还见有切草料的内容，密县打虎亭东汉墓的相关画像中可能是有人在铡草，而沂南画像石墓出土马厩图的左侧中部则是一人以双膝跪在地上，以刀砍剁斫莝，为防止草料屑外散，在其前还有一个竹编的半圆形围栏。马槽在秦汉时期已经得到使用，密县打虎亭汉墓有体现，江苏铜山苗山出土的东汉画像石画像中，一站立的马前为一槽状的喂食器，下有高足，很可能为马槽[②]（图一 -68：2）。陕西茂陵一号无名冢一号陪葬坑过洞的东西两壁各开一个小龛，东壁龛内置木马两匹，已朽，仅存铜衔镳，西壁龛内置一铁槽，

① 南京博物院、山东省文物管理处：《沂南古画像石墓发掘报告》，文化部文物管理局出版，1956 年，图版 51（上）；山东博物馆：《沂南北寨汉墓画像》，文物出版社，2015 年，第 64、117 页。

② 徐州博物馆：《徐州汉画像石》，江苏美术出版社，1985 年，图 92。

为明器，槽上拴两匹木制小马，已朽，仅存铜衔镳[①]，铁槽应是喂马的器具。牛牢也称为牛圈、牛舍，广东广州沙河顶广州乐团基建工地东汉墓中出土陶牛圈，前端用栏杆围上，后部为带房顶的牛舍，还有喂牛的相关人员[②]。河南密县打虎亭 M1 南耳室东壁画像中有 1 棵大树，南部有牛栏、牛、水井与井边提绳打水的 1 人，另有 1 人牵牛饮水，也反映出养牛的内容[③]。河南洛阳偃师中州大渠出土陶井一侧图案中部为饮牛图案，左侧为一鱼，右侧及上侧为云纹，牛呈站立状，左前足微抬起，其余三足站立，犄角锐利，鼻部贯一环，系有缰绳，低头作饮水状，盛水的容器为带足的釜[④]（图一 -68：3）。相关图案为陶井的装饰，二者也正好与饮牛相对应。新疆民丰大沙漠中的古代遗址房址 MN010 出土有一定数量可能属于汉代的牛、羊头拴，形状大小不一，是拴在牛、羊头上结绳处的用具，以木质为主，配以其他材质[⑤]（图一 -68：4、5）。河南三门峡陕县刘家渠村东发掘的东汉 M3、M4 均出土有陶羊圈[⑥]。刘家渠村北较多汉墓都出土有陶羊圈，有的羊圈为方形，四周围矮墙，覆瓦顶，墙开一门洞，圈内卧大羊七只、小羊四只，由两个牧羊人看管；有的略呈圆形，围矮墙，前开一门，后墙覆卷棚顶，圈内羊群排列整齐，左侧置碓臼、磨盘，兼作碓房；有的羊圈呈圆形，开一门，圈内卧羊二、三只；还有的是猪羊合圈，即中隔墙分圈为二，分畜猪羊，圈墙大多饰直楞格，可能象征木栅栏，在羊圈侧开门，猪圈无门，这或许和羊群放牧有关，猪圈内有猪 1 只，羊圈内卧羊 2 ~ 4 只[⑦]（图一 -68：6）。焦作武陟冯村汉墓 M2 出土陶羊圈，平面呈长方形，四周围以栅栏式墙体，围墙正面开一近似正方形大门，线刻出门框，整个圈墙外壁上通饰由短直线纹、楔点纹带组成的竖长条纹带图案[⑧]。洛阳出土陶井上的画像还见有喂羊图，画面中的羊呈站立状，左前腿屈曲微抬起，犄角弯向脑后，项系一索，下有石槽，盛有草料[⑨]（图一 -68：7）。刘家渠村北 M8 还出土 1 件陶狗圈，圈方形，后墙有狗棚，前墙挖狗洞，在洞内外各立一只狗[⑩]（图一 -68：8）。另外洛阳地区出土的陶井上还见有饲驼图案，画面中一只健壮高大的双峰骆驼昂首挺立，收腹叉腿，面对

---

① 咸阳地区文管会、茂陵博物馆：《陕西茂陵一号无名冢一号从葬坑的发掘》，《文物》1982 年第 9 期。

② 邱立诚、尚杰：《广州新发现的汉代陶牛圈》，《农业考古》1985 年第 2 期。

③ 河南省文物研究所：《密县打虎亭汉墓》，文物出版社，1993 年，第 107、110 页。

④ 周到、吕品、汤文兴：《河南汉代画像砖》，上海人民美术出版社，1985 年，图 128。

⑤ 新疆维吾尔自治区博物馆考古队：《新疆民丰大沙漠中的古代遗址》，《考古》1961 年第 3 期。

⑥ 三门峡市文物工作队：《三门峡市刘家渠汉墓的发掘》，《华夏考古》1994 年第 1 期。

⑦ 黄河水库考古工作队：《河南陕县刘家渠汉墓》，《考古学报》1965 年第 1 期。

⑧ 焦作市文物工作队、焦作市博物馆、武陟县文物局：《焦作武陟冯村汉墓 M2 发掘简报》，《中原文物》2011 年第 5 期。

⑨ 周到、吕品、汤文兴：《河南汉代画像砖》，上海人民美术出版社，1985 年，图 129。

⑩ 黄河水库考古工作队：《河南陕县刘家渠汉墓》，《考古学报》1965 年第 1 期。

穿紧身衣的牧养人，牧养人左手高抬，似乎在喂食骆驼，又像在牵引它，但骆驼昂首似不愿服从[①]。鸡鸭窝的搭建相对简单，较为低矮，广州象岗东汉墓出土陶楼后院左侧有垒砌的鸡鸭窝，是在一低矮的坩棚一侧开四眼孔槽，上部两槽孔中各有一只鸡，下部两槽孔中各有一只鸭[②]。甘肃武威磨咀子东汉墓出土有木质的明器鸡舍，前为木架，架上有横杆，其上栖两鸡，鸡舍则是低矮的窝，长方形，上有两面坡顶，前端开一孔[③]（图一 -68：9）。关于家畜、家禽的饲养，河南济源西窑头村 M10 出土有关动物养殖的陶动物俑也可说明，相关陶俑 27 件，主要有灰陶绵羊卧俑 14、灰陶山羊卧俑 4 及红陶猪圈、红绿釉卧牛、褐绿釉卧牛、褐釉走牛、训犬俑、褐釉子母鸡等，其他还有宰猪俑、宰鸡俑、宰羊俑等[④]。

甘肃嘉峪关市东新城公社东汉墓出土的画像砖中与家庭动物饲养有关的画面较为丰富，有庭院外的畜牧图，还有庭院内饲养动物的画面，“井饮图”描绘了一人牵井绳从井中汲水，井左右有槽，有一牛、二马在槽中饮水，还有二鸡前来，上方有一排树，画上有朱红书写的“井饮”二字（图一 -69：1）；“坞图”左上画一坞，旁用朱红写一“坞”字，下有一门，门内有二树，左侧树下系二马，右侧树下系一牛，牛前有食槽，上方有牲口栏，内有牛羊[⑤]（图一 -69：2）。

1　　2

图一 -69　甘肃嘉峪关市东新城公社东汉墓出土“井饮”与“坞”画像
1.“井饮图”　2.“坞图”

（六）庖厨与进食器具、设施和场地

饮食是家庭生活的重要内容，与之相关的庖厨与进食的器具、设施和场地在家庭之中不可缺少。秦汉时期，家庭的庖厨与进食基本都在庭院之中，涉及的器具、设施种类多样，且有对应的场地，尤其是具有相应社会等级或经济实力的家庭，这

① 寇衡：《汉代陶井艺术欣赏》，《洛阳师专学报》1996 年第 6 期。
② 广州市文物管理委员会、广州市博物馆：《广州汉墓 · 上册》，文物出版社，1981 年，第 337 页。
③ 甘肃省博物馆：《武威磨咀子三座汉墓发掘简报》，《文物》1972 年第 12 期。
④ 李彩霞：《济源西窑头村 M10 出土陶塑器物赏析》，《中原文物》2010 年第 4 期。
⑤ 嘉峪关市文物清理小组：《嘉峪关汉画像砖墓》，《文物》1972 年第 12 期。

方面所需的场地相对较大，对应的设施、器具也更为丰富。

从目前资料看，西汉晚期至东汉末年的同一出土单位中的壁画或画像资料中，基本都有庖厨与进食的内容，从多方面体现出与之相关的器具、设施和场地等内容。上文所举内蒙古和林格尔东汉墓、山东诸城前凉台东汉墓、河南密县打虎亭M1等出土的壁画和画像中均对庖厨与进食和器具、设施和场地有较全面的体现和反映。诸城前凉台东汉墓出土的画像石画像有进食和饮酒等内容，而庖厨画像体现出庖厨、动物屠宰、食品加工、酿酒等较多内容，所需场地面积较大，涉及设施众多，对应器具也十分丰富，动物屠宰当在屋外进行，有屠牛、杀猪、宰羊、屠狗等，每一个宰杀活动都有相应的场地，并有绳、刀、锤、盆等用具；画像上端悬挂有初步宰杀的动物，其右下侧有割肉、串肉、端肉、烤肉等内容，烤肉者不仅需要场地，也有刀、盘、签等器具与烤肉的炉等设施，另有扇火的便面等；其他内容中，主要有井、灶、架、案和酿酒的设施，器具有刀、盆、斧、笼、罐、烧火棍、薪材、勺等，而相关工作对应的场地也当较大，很可能会有间隔（画像没有刻画出来），如井在房外，灶有灶房，酿酒也应有单独的房屋和场地等等（图一-70）。

考古发掘出土的庖厨与进食器具较为丰富，相关器具包括鼎、盒、盛、椢、案、杯、染器、匕、匙、椑、尊、壶、锺、钫、罍、瓮、勺、斗、耳杯、角、魁、盘、盌、碗、卮、鐎、杅、瓯、资、釜、甑、鍪、鑊、簋、箸等，另有灶、切割工具、宰杀工具、蒸煮工具、炙烤工具、腌制工具、淘洗工具、沥水工具及厨刀、厨铲、叉肉的两歧簇等等[①]。上述器物部分为实用器，部分为模型器或明器，还有些见于壁画或画像中，就实际使用的器具来讲，有陶质、铁质、铜质、漆木质等，还有少量其他质地。其中，染器大多为铜质，已发现近60件套，形制较多样，基本是炉身长方形或长椭圆形，上部多有支架，用以承托耳杯等，部分炉身一侧有柄，一些有铺首衔环或提梁等，一些在炉底有长方管状孔道或通槽，炉底平，均有孔，壁亦多有孔，耳杯呈长椭圆形，两长侧有耳，壁较薄；从染炉结构看，下部为火炉，其内薪炭点燃后即可对染杯内的盛物进行加热，而染杯为铜质，推测杯中所盛应为汤汁类，肉和菜等可在其中经涮烫变熟，蘸拌其他佐料后即可食用，所以其可能是小火锅[②]。相关研究或图录中散记的有带刻铭的“平安侯家染炉”及“史侯家染杯”各1件套[③]。实物更多，如中国国家博物馆藏“清河食官”铭文染炉1套[④]，河北石家

① 孙机：《汉代物质文化资料图说（增订本）》，上海古籍出版社，2008年，第349-398页。

② 刘尊志：《汉代铜染炉浅析》，《南方文物》2020年第2期。

③ 容庚：《秦汉金文录·卷四》，国立中央研究院出版，1931年，释文第2页，第2021页。

④ 国家文物局主编：《中国文物精华大辞典·青铜卷》，上海辞书出版社、商务印书馆（香港）联合出版，1995年，第299页。

图一-70 山东诸城前凉台东汉墓出土庖厨画像

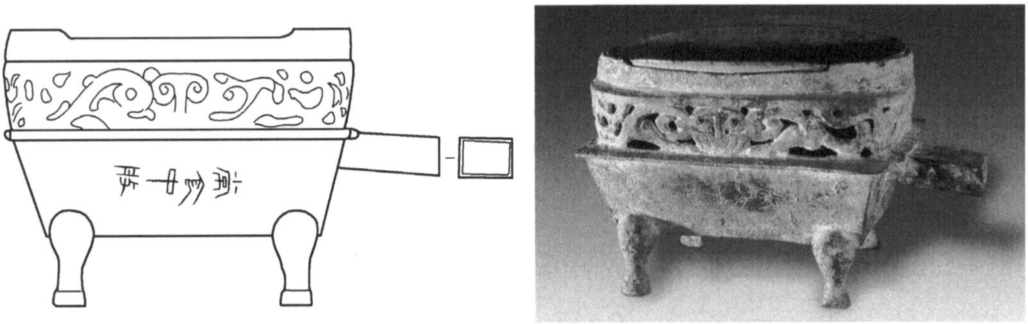

图一-71　河北鹿泉高庄汉墓出土“常食中般”刻铭染炉（M1：421）

庄鹿泉高庄汉墓出土5套，腹外壁均有“常食中般”刻铭[①]（图一-71）。箸，即筷子，在相关画像中有体现，四川成都新都区马家乡出土的画像砖画像，一座房屋内有3人，左侧一人端的碗上有筷，三人面前所置的案上有杯、碗、箸[②]（图一-72：1）；河南巩义市康店叶岭砖厂M3出土的陶灶面上饰有瓢、勺、盘、筷等[③]。相关实物也有出土，湖南长沙马王堆M1出土的382号漆木案为食案，案上放置有漆

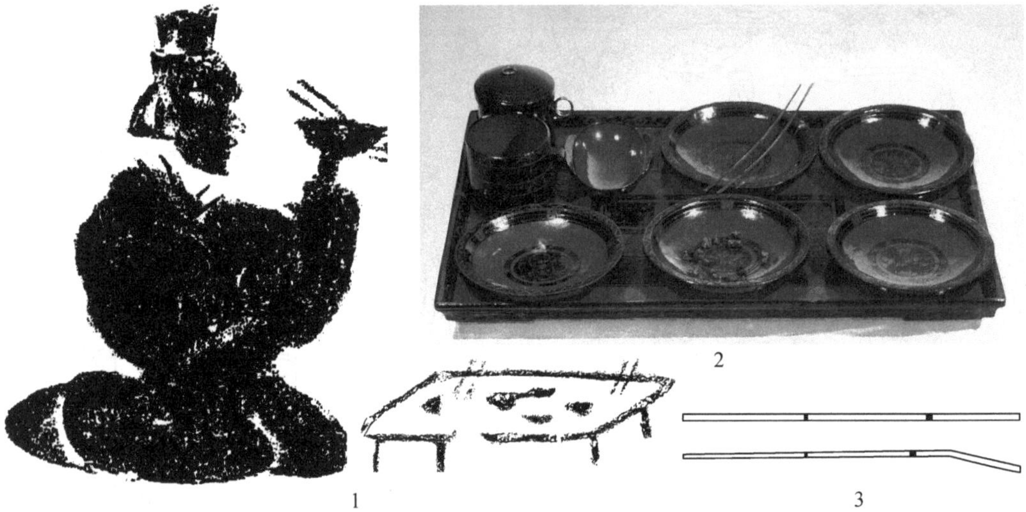

图一-72　汉代墓葬出土与筷子有关的画像和实物

1. 四川成都新都区马家乡出土画像砖画像（局部）　2. 湖南长沙马王堆M1出土的382号漆木案与箸等器物

3. 四川资阳市雁江区狮子山崖墓M2侧室后部耳室出土铜筷

① 河北省文物研究所、鹿泉市文物保管所：《高庄汉墓》，科学出版社，2006年，第3739页。

② 《中国画像砖全集》编辑委员会：《中国画像砖全集·四川汉画像砖》，四川美术出版社，2006年，图版第59页，图版说明第33页。

③ 郑州市文物考古研究所、巩义市文物保护管理所：《河南巩义市康店叶岭砖厂汉墓发掘简报》，《华夏考古》2005年第3期。

盘、漆耳杯等，并且在耳杯上置竹箸一双，较扁平[①]（图一-72：2）；新疆尼雅遗址的房舍遗址中发现有木箸[②]；广州先烈路出土3双铜箸，圆条形，与现代筷子无异，素面无纹饰，长25、圆径约0.6厘米，其中M5054出土2双，与耳杯同置案上，M5064出土1双[③]；四川资阳市雁江区狮子山崖墓M2侧室后部的耳室内放置有2件银手镯、1副铜筷、2枚银戒指和1串铜钱，铜筷长条形，上端方形，下端为圆形，长19、宽0.3厘米[④]（图一-72：3）。这时也有盛放箸的用具或设施，即筩，兼盛其他饮食器具，湖北江陵凤凰山M167随葬一竹筩，内盛木匙和箸[⑤]。

与庖厨及进食相关的设施也有较多发现。辽宁辽阳三道壕汉代聚落遗址中，第一居住址内发现炉灶址三座，东面的一座较大，作瓢状，黄土基址烧得很红硬，稍西有小灶址一座，仅存一部分，再向西又一座小灶址，圆肚小口，保存较完整，灶膛内尚存有灰炭[⑥]。三座灶的排列和间距当占据相应的空间范围，即应有一定面积的场地。汉代画像中的庖厨图也大多有灶及烧灶的图像，并配以人物、其他庖厨用品等，有些则明确位于相关房屋之中，也反映出与之相关的场地内容。有的墓葬还出土有模型陶厨房，对于相关设施及场地有更为直观的体现。安徽巢湖放王岗M1前室北侧的器物架上出土有明器陶厨房（厨屋），屋顶与灶台分离，手制，长方形底座，正面设两个圆形火门，灶台面有四个火眼，每个火眼上置一个罐形小陶釜，左右两侧山墙与后壁墙齐平，一侧山墙上开有一长方形窗户，后壁墙正中留有一圆形排气孔，其上覆盖四面坡式屋顶，脊与正侧面坡之间以瓦楞分隔，屋面四面坡均有数行瓦垄[⑦]（图一-73：1）。河南焦作武陟县冯村汉墓（M2）也有陶厨房出土，平面呈“T”字形，为灶与房的结合体，房顶为两面坡式的悬山顶，上覆瓦垄，三面有墙，正面呈开放式，墙体与灶连接的上部装饰一椅子图案，旁边橱柜隔成三层，橱柜侧面墙上开凿三角形窗户及长方形门洞，窗户及门洞周围装饰变形三角纹和圆圈纹组成的几何图案，房子的背面墙体两侧饰以短直线纹组成的长条纹带，墙面的下半部分饰以变形三角纹和圆圈纹，灶台为长方体，无底，灶尾与墙体相连接，灶头设挡烟墙，侧面开圆拱形灶门，灶台面开两火眼，一火眼上放置1釜1甑，另一火眼上放置1釜。灶台上置陶勺2个，灶台面上饰由长条纹带、“X”纹、变形

---

① 湖南省博物馆、中国科学院考古研究所：《长沙马王堆一号汉墓》，文物出版社，1973年，第88页。

② 新疆维吾尔自治区博物馆考古队：《新疆民丰大沙漠中的古代遗址》，《考古》1961年第3期。

③ 广州市文物管理委员会、广州市博物馆：《广州汉墓·上册》，文物出版社，1981年，第434页。

④ 四川省文物考古研究院、资阳市雁江区文物管理所：《资阳市雁江区狮子山崖墓M2清理简报》，《四川文物》2011年第4期。

⑤ 凤凰山一六七号汉墓发掘整理小组：《江陵凤凰山一六七号汉墓发掘简报》，《文物》1976年第10期。

⑥ 东北博物馆：《辽阳三道壕西汉村落遗址》，《考古学报》1957年第1期。

⑦ 安徽省文物考古研究所、巢湖市文物管理所：《巢湖汉墓》，文物出版社，2007年，第87页。

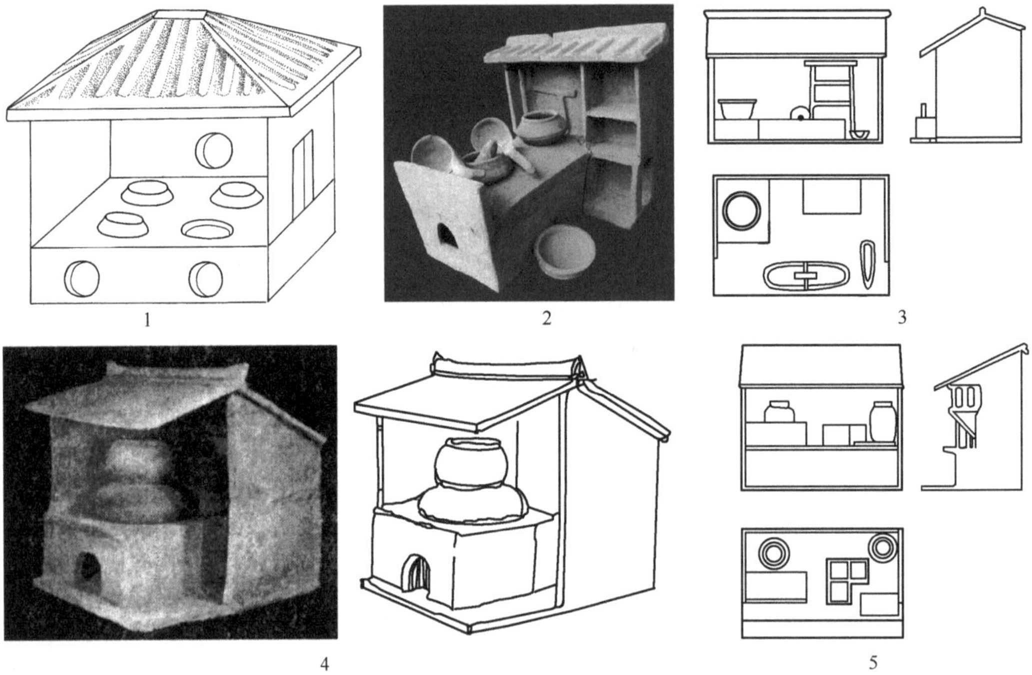

图一 -73　汉代墓葬出土陶厨房模型

1. 安徽巢湖放王岗 M1 前室北侧出土明器陶厨房　2. 河南焦作武陟县冯村 M2 出土陶厨房

3-5. 河南洛阳金谷园车站 M11 出土的陶厨房

三角纹、圆圈纹组成的几何图案[①]（图一 -73：2）。洛阳金谷园车站 M11 出土陶房 3 件，其中 2 件可明确为陶厨房，一件屋顶两面坡，后坡较窄，屋内门口有椭圆形井，井口有滑轮，井旁放井槽，室内右侧有带锅、甑的方灶，灶旁有一个两层的杠架（图一 -73：3）；一件屋顶前后坡同宽，屋脊两端上翘，屋内只放一方形大灶，灶面两个圆孔，分别放有釜、甑（图一 -73：4）；还有一件，屋顶一面坡，屋内分为两层，上层里面两角分别放有敛口圆肩深腹罐，正中靠左有三个相连的方形池，池的左右两侧地面有长方形板，右侧一块之前竖长方形挡板[②]（图一 -73：5）。从房内设施及器物来看，也应是与厨房有关的模型明器，或与酿造有关，也可能与淘洗有关，而三件陶模型说明有些家庭用于炊爨和食品加工的房子可能因功能不同有区分，且为相对独立的屋子。另外，甘肃嘉峪关东汉 M3 西壁北耳室有“炊内”二字，表明该室所代表的为厨房[③]，而很多东汉墓葬的耳室中置放有灶及饮食器具，该室所代表的也应是现实中的厨室，但多数室为多种物品的摆放。

① 焦作市文物工作队、焦作市博物馆、武陟县文物局：《焦作武陟冯村汉墓 M2 发掘简报》，《中原文物》2011 年第 5 期。

② 洛阳市文物工作队：《洛阳金谷园车站 11 号汉墓发掘简报》，《文物》1983 年第 4 期。

③ 嘉峪关市文物清理小组：《嘉峪关汉画像砖墓》，《文物》1972 年第 12 期。

（七）生产器具、设施与场地

秦汉时期，较多家庭的发展离不开自身生产活动，相关生产活动既有农业也有手工业。农业生产主要在庭院外进行，但与之有关的工具在不使用的时候需放在庭院的相关设施内或场地中；家庭手工业生产内容较多，既有相关器具，也有相应设施和场地。

秦汉时期的农业生产工具中，有田间操作工具、灌溉工具、粮食加工工具、运输及贮存工具及相关辅助工具等。其中田间操作工具是主要内容之一，主要包括耒、耜、錾、锸、钁、锛、锄、镰、铲、叉、耙、镢、耱、耰、犁、耧车等，相关工具或为全铁质，或为全木质，但更多为木、铁组合而成，而耱则是石料与木料的组合，主要用于田间碎土，铁质及石料与木质组合后的农具使用起来较为轻便顺畅，因此得到较大的推广和普及。这些田间操作工具，使用后或不用时需放在庭院内以免被盗走或丢失，而在暴晒、雨淋及风吹的情况下，铁质易锈，木质易朽，对长久使用或下一次使用会带来不便，因此很多田间操作工具需要放置于相关房屋之中，或悬挂，或靠墙，或平稳摆放，这样便于使用时按需拿取。就铁质工具及铁木组合的工具来讲，铁质部分在使用后多会经简单打磨，去掉泥土，并尽可能少沾水或不沾水，保持干燥，这样能够充分延长其使用寿命。农田灌溉工具如盆、罐等，在不使用时会带回庭院中，放至相对安全不易被打碎的地方，一般会在相关房屋内。对于粮食的加工，庭院内外皆可进行，这在上文已述，有些与之相关的工具如甘肃嘉峪关东汉墓出土画像砖“打场”画像中的连枷、“扬场”和“场上劳动”画像中的多齿杈等①（图一-74），使用后需放在庭院中，以免丢失。有的粮食加工工作在庭院或房屋内开展，相应的工具则放在对应的房屋与庭院的某个位置，如杵

1

2

图一-74　甘肃嘉峪关东汉墓出土“打场”与“扬场”画像砖画像

1.“打场”画像　2.“扬场”画像

① 嘉峪关市文物清理小组：《嘉峪关汉画像砖墓》，《文物》1972年第12期。

臼，主要用于粮食的碎粒，一般加工量不大，所以多在庭院内或房屋中，上文所述河南内黄三杨庄汉代村落庭院遗存的房屋和庭院内皆有石臼发现。四川邛崃市出土舂碓入仓画像，反映的应是庭院内加工粮食的内容，器具、设施、人员、场地等均有较好体现。另外还有飏扇、木扇车、箕等与粮食加工有关的工具，或木质，或是编织物，一般情况下也是放置在房屋之中，在进行加工时，这些工具可能会被移至屋外，并在相关场地进行与之有关的粮食加工程序，相应的场地或在庭院内，或在庭院外。需作说明的是，由于一些粮食加工工序如碎粒、磨面等与家庭成员的饮食关系密切、涉及卫生等问题，因此较多与之有关的工具需放置在院内或屋内。运输工具主要有大车或牛车、独轮车等，另外还有肩挑的用具。江苏徐州睢宁县双沟出土东汉牛耕画像石画像中有拉运肥料的牛车[①]，铜山茅村画像石墓中室南壁画像右侧有一推独轮车者[②]，贾汪佛山画像石墓甬道东壁画像上格为一人扛锄坐在独轮车上休息[③]。甘肃武威磨咀子汉墓出土三组牛车，大小形制基本一致，黑牛绘白色络头，车内有粮食残迹，其中 M49 出土的一套牛车较为完整，牛长 22、车长 68、高 24 厘米[④]。用于农业运输的车是家庭中重要工具之一，在不使用时需安全放置，加之均有相应体积，而且以木料为主要构成材料，因此多放置于防雨防晒的地方，或是较大的房间内，或是在搭建的棚子下。肩挑也是农业运输方式之一，一般以较为坚硬且有弹性的木棍为肩挑的用具，两端系绳可悬挂篮子或相关物品，多称之为担。汉代画像中多有体现，以四川地区出土的农业画像砖画像为例，广汉市北外乡高桥村台子包汉墓出土的收割画像中，右上角有 1 人担担，左下角也有 1 人担一担收获的庄稼准备回家[⑤]；大邑县安仁乡出土的画像中，下面农田左侧有 1 人左肩担着收割下来的谷穗，右手提食具[⑥]。辅助工具如上文所举睢宁双沟出土牛耕图及高桥台子包汉墓出土收割画像中均有劳动者提篮作施肥或播种状。其他如捕鱼使用的竿、篓等，在汉代画像中也较多见。担、篮、竿、篓等在不用时亦置放于庭院内相应位置，担、竿多靠墙竖放，屋内屋外皆有可能，篮、篓则多平放，而且多放于屋内或棚下。粮食的贮存工具中，仓一般体积较大，多单独建造于庭院内的某一位置或在房屋内建造，这样可以较好地保证粮食不被盗抢，当然，仓在防潮、防鼠及防家禽、家畜的损毁等方面也会采取相应的措施。其他一些工具如口袋、筐、篮、瓮等，在盛放粮

① 江苏省文物管理委员会：《江苏徐州汉画象石》，科学出版社，1959 年，图 81。

② 王献唐：《徐州市区的茅村汉墓群》，《文物参考资料》1953 年第 1 期。

③ 徐州博物馆：《江苏徐州佛山画像石墓》，《文物》2006 年第 1 期。

④ 甘肃省博物馆：《武威磨咀子三座汉墓发掘简报》，《文物》1972 年第 12 期。

⑤ 高文主编：《中国巴蜀新发现汉代画像砖》，四川美术出版社，2016 年，第 2 页。

⑥ 《中国画像砖全集》编辑委员会：《中国画像砖全集·四川汉画像砖》，四川美术出版社，2006 年，图版第 80 页，图版说明第 45 页。

食后多放置于房屋内，且尽可能做到防潮、防鼠及防家禽、家畜的毁坏。

秦汉家庭手工业中，考古资料体现较为突出的有纺织、酿酒和相关食品加工、制车等。纺织的设施有纺车、织机及配套用具等，四川成都老官山M2出土四部织机模型[①]。画像资料尤其是画像石中多见有纺织图，上文所举江苏徐州铜山洪楼东汉墓祠堂画像中的纺织器具、人员及纺织工作就是在庭院内一座房屋之中，配套器具很多，而且反映出场地的相对独立性。四川成都曾家包东汉画像砖石墓M1西后室的后壁画像中，中部立武器架，其左右各有1部织机，左简右繁，结构不同，繁者似为织锦机，简者为普通织机，各有一女性正在织布[②]（图一-75）。从画面内容来看，是在庭院之内的设施中，而且很可能是与武器架位于同一大的房间之中。酿酒是较多家庭进行的手工业内容之一，在画像中多是与庖厨画像一起出现且有相对独立的内容，上文所举山东诸城前凉台东汉墓、河南密县打虎亭M1等出土的庖厨图中均有酿酒画像，有盛器、架子等。上文所述成都曾家包东汉画像砖石墓M1西后室的后壁画像下部为酿酒图，自下而上，从女郎提水、牛车送粮、炊者烹煮到列坛盛酒，组合紧密，生动地描绘了酿制美酒的过程，而所余酒糟作为饲料，画像中成群的禽畜分布在周围吃食酒糟，增添了浓厚的生活气息。就酿酒的主体设施来讲，当位于相关建筑之中，这和烹煮及盛放应有关系。食品的加工还有做酱和加工豆豉、制作酢菜等，均需要相应的容器，如酢菜制作又称为制菹，制菹的器具为双领罐，亦称双领罂，或双领罈，领较高，双领间加盖注水，可使罐内与外面的空气隔绝。由于多是陶质容器，放置位置有安全性的要求，而且数量多，需要的场地相对要大，另外还对场地和设施等提出了卫生要求，有些避光存放可能就是要求之一。

图一-75　四川成都曾家包东汉M1西后室后壁画像中的纺织图

① 成都文物考古研究所、荆州文物保护中心：《成都市天回镇老官山汉墓》，《考古》2014年第7期。

② 成都市文物管理处：《四川成都曾家包东汉画像砖石墓》，《文物》1981年第10期。

制车或修整车轮是一些家庭的手工业内容，因所需场地不大，多在庭院内相对宽敞的场地上进行，山东嘉祥洪山出土有制车轮画像石[①]，邹城郭里镇卧虎山 M2 则出土有修整车轮的画像[②]，二画面均有妇女背一婴儿参观，且还有其他内容，基本说明是在庭院内进行的相关工作。

（八）出行设施与存放场地

秦汉时期，家庭成员的外出或出行方式大概有三种，一是步行，二是骑乘，三是乘车。步行所需设施或没有，或相对简单；骑乘所需最重要的内容为牲口及配套的器具；乘车则相对复杂，有牲口、车、配套器具，有稍高等级地位者出行时还有较多从事不同工作或职责的人员驾车或作为随从，且有相应的配套设施。秦汉墓葬内及相关墓葬的陪葬坑中出土较多真车马或明器（模型）车马，还有一些仅是车马器。安徽六安城东马大墩北冢西北发现的一车马坑，木椁结构，内埋车二乘、马四匹，有马的上颌骨、腿骨，另有较多的车马器，多错金、错银和鎏金，制作精良，车髹漆，一些部位有被缰绳磨损的痕迹，属墓主人生前乘坐的马车，另有一个殉葬的驭奴，铁脚镣为殉葬驭奴的物品[③]。甘肃武威磨咀子 M48 出土彩绘铜饰木质轺车马一组，包括车、马、驭奴共三件，车分车舆、轮、辕、槽、伞盖等部分，驭

图一 -76　甘肃武威磨咀子 M48 出土彩绘铜饰木质轺车、马与驭者

① 朱锡禄：《嘉祥汉画像石》，山东美术出版社，1992 年，图 101。

② 邹城市文物管理局：《山东邹城市卧虎山汉画像石墓》，《考古》1999 年第 6 期。

③ 邵建白：《安徽六安城东西汉车马坑清理简报》，《文物研究 · 第三期》，黄山书社，1988 年，第 87-91 页。

奴呈双膝跪状，作双手持缰状，马头、颈、身、腿、尾等分别雕制、粘合而成，作昂首睨视状，头部有铜当卢，颈上套轭[①]（图一 -76）。车马陪葬的内容既表明车马陪葬是这一时期丧葬内容的组成内容之一，且形式多样；也说明车马出行应是该时期家庭的生活内容之一。考古发现与车马出行相关的遗物、图像等较为丰富，不仅体现出家庭成员的出行设施和存放场地，还对宾客乘车马来访时的设施与存放场地有相应的体现和反映。

秦汉时期的壁画、画像及相关器物的装饰图案等对车马出行多有体现，相关墓葬尤其是西汉时期的高等级墓葬陪葬坑也多有车马出行俑或俑阵。由这些资料可以看出，马有对应的马具，车则包括轺车、轓车、轩车、安车、辎车、辇车等，另有较多的车器，而出行队伍中相关人员也有其配套物品如旌、幡、幢及相关的乐器和兵器等。汉代壁画与画像中，有较多的骑乘者，还有很多乘车出行者，而骑乘与乘车的组合内容也较常见。四川地区的汉代画像砖面积不大，有些为骑乘或乘车出行，相对简单，但也有场面相对较大的车马出行，不仅有骑乘、乘车的内容，还有步行或奔跑者，手中多持有相关的器具，一些还有家庭中的小狗与车马一起奔跑前行。很多汉代画像石画像中有车马出行的内容，而就西汉晚期至东汉末年的一座墓葬或祠堂来讲，车马图基本是不可缺少的画像内容。江苏徐州茅村东汉墓的门楣背面及中室北壁皆有车马画像，基本是前有二手持兵器的导骑，导骑后有骖马轩车，随后有辎车、棚车，骑从四人，辎车、轺车各一辆，途中与另一轺车相遇[②]。茅村出土的散存车马出行汉画像中，前有三人导骑，最前一人右手执便面，左手垂握棨戟，其后二人均是右手执便面，左臂扛棨戟，再后为骑从和轺车[③]。徐州贾汪佛山画像石墓，墓室的东西壁皆有车马出行画像，西壁画像内容是，左侧有一持盾门吏躬身相迎，之后为一辆马拉的轺车，车上有一驭者、一乘者，后为二骑马导从，其后跟随四个徒步导从，前二人右手持金吾，后二人右手持便面，左手持佛尘，导从后为一辆马拉的轩车，其后跟随一个骑马导从，该导从身后为一辆马拉的辎车，车上有一驭者和一乘者，车后跟随一个骑马导从，导从后露出一个马头；东壁画像内容是，最左侧为一马拉轺车，车后跟两个持戟的骑马导从，后有一轺车，车后又跟随两个骑马导从，后为三辆轩车，其中第一辆为两匹马，第二辆为三匹马，第三辆为一匹马[④]。内蒙古和林格尔壁画墓[⑤]及河北衡水安平逯家庄壁画墓体现的出行场面极具气势，以安平逯家庄壁画中车马出行图像为例，中室壁画为墓主人出行，有大

---

① 甘肃省博物馆：《武威磨咀子三座汉墓发掘简报》，《文物》1972 年第 12 期。

② 王献唐：《徐州市区的茅村汉墓群》，《文物参考资料》1953 年第 1 期。

③ 徐州博物馆：《徐州汉画像石》，江苏美术出版社，1985 年，图 182。

④ 徐州博物馆：《江苏徐州佛山画像石墓》，《文物》2006 年第 1 期。

⑤ 内蒙古自治区博物馆文物工作队编：《和林格尔汉墓壁画》，文物出版社，1978 年。

量的车、骑及步行之类的导从仪仗和一主车，人员众多，有家吏、随从和较多仆人，步行仪仗中，相关人员有手持棨戟、弓箭、小旗状便面及背箭箙、举箭、执弓弩、执梃杖和肩扛长矛者；骑吏有执棨戟、怀抱长形物或鞭状物、肩扛弓弩、执金吾者；有二骑者各为主人牵一匹高大骏马，马头有 2 条红色飘带和 1 对黄色长缨，胸前挂有朱红色"繁缨"，背配有朱红色黑边鞍鞯；车有 82 辆，拉车马的一些马具如络头等为朱红色，车的种类有白盖轺车、斧车、皂盖朱幡轺车、赤盖舆车、辎軿车、大车等①（图一 -77）。一些墓葬出土有与车马出行相关的俑，基本为组合。江苏徐州市南郊凤凰山西汉 M3、M4 均出土陶车马出行俑组合，其中 M3 出土的车马出行俑组合为一骑马俑在前，之后为四匹马，马后为驭手俑，驭手俑双臂前伸，驾驭四马拉车，其后为一男俑，他与驭手俑均应立于车上，车后为一男俑，再后跟随四男俑、四女俑②（图一 -78）。江苏泗阳大青墩汉墓，墓道西侧的陪葬坑分为

图一 -77　河北衡水安平逯家庄东汉壁画墓出土马拉轺车图像

图一 -78　江苏凤凰山 M3 出土车马出行陶俑组合复原图

① 河北省文物研究所:《安平东汉壁画墓》，文物出版社，1990 年，第 14-24 页。

② 徐州博物馆:《江苏徐州凤凰山西汉墓的发掘》,《考古》2007 年第 4 期；刘尊志:《徐州西汉墓陪葬陶俑组合及相关问题》,《考古》2013 年第 8 期。

上下两层，均随葬出行仪仗队，上层出土木立俑47件，木坐俑20件，木骑俑20件，木马34件，另有木狗、木船、木车等10余件；下层出土木立俑87件，木坐俑32件，木骑俑16件，木伎乐俑6件，木马47件，木车11件，另有木虎、木鼓等，可能为乐器构件，车马、武士俑、侍从俑、伎乐俑及相关器物组成了几套出行仪仗队，组合完整，规模壮观①。山东济南章丘危山汉墓的陪葬K1，共出土170余件俑，50多匹马、4辆车、数十面盾牌、150余个构件，是以车、马、俑摆放的仪仗队列，包括骑兵队列、马匹、护卫的骑兵、马车队列、建鼓和击鼓俑、女俑、步卒俑阵等②。除骑马和马拉车外，汉代还见有其他家畜拉车的内容，如牛、羊等。山东苍山城前村北墓葬前室东壁横额画像中有羊车图③，滕州市桑树镇大郭村出土画像石中有双鱼、西王母、人物，还有一牛、一羊各拉一车的内容④（图一-79）。另外还有人拉的车，江苏徐州贾汪北部即出土一块人拉车画像石⑤（图一-80）。东汉时可能已有驴车⑥，而且驴亦可骑乘，《太平御览·兽部》载："《金楼子》云：'汉灵帝养驴数百头，常自骑之，驰驱遍京师。有时驾四驴入市。'"⑦铜山茅庄出土建筑人物

图一-79　山东滕州市桑树镇大郭村出土画像石中牛车、羊车画像

① 江苏省大青墩汉墓联合考古队：《泗阳大青墩泗水王陵》，《东南文化》2003年第4期。

② 王守功、崔圣宽：《章丘市危山汉代陪葬坑》，中国考古学会编：《中国考古学年鉴·2003年》，文物出版社，2004年，第217、218页；房道国、王善荣、孙涛：《济南危山汉兵马俑坑发掘纪实》，《大众考古》2015年第5期。

③ 山东省博物馆、苍山县文化馆：《山东苍山元嘉元年画象石墓》，《考古》1975年第2期。

④ 中国画像石全集编辑委员会编：《中国画像石全集·第2卷·山东汉画像石》，山东美术出版社，2000年，第196页，图版204。

⑤ 杨孝军：《徐州新征集的汉画像石研究》，《东南文化》2009年第4期。

⑥《后汉书·灵帝纪》载：灵帝"又驾四驴，帝躬自操辔，驱驰周旋，京师转相放效。"见（南朝宋）范晔撰，（唐）李贤等注：《后汉书》，中华书局，1965年，第346页。《太平御览·兽部》载："《风俗通》曰：'灵帝于宫中西园驾四白驴，躬自操辔，驱驰周旋，以为大乐，于是公卿贵戚转相仿。'"《汉志》曰：'灵帝驾四驴，亲自操辔。'" 见（北宋）李昉、李穆、徐铉等：《太平御览》，中华书局，1960年，第3998页。

⑦（北宋）李昉、李穆、徐铉等：《太平御览》，中华书局，1960年，第3998页。

图一-80　江苏徐州贾汪北部出土人拉车画像石画像

异兽图的中格，有二人所骑似驴[①]，但并不能完全确定。亦或还有鹿车，相关墓葬见有鹿车，画像石画像也有体现，但多与升仙有关，所以现实中并不一定有鹿车。另外，秦汉时期还有与出行有关的器具或设施，如舆，是两根稍粗壮且结实的木棍中间搭上木板或竹编物，人坐于其上，由人以肩部抬扛。

家庭中与出行有关的器具和设施很多，这些设施和器具在不使用时需有存放之处，而用作骑乘和拉车的牲口还要喂养和照料。上文所引河南密县打虎亭汉墓即有停放车辆场地、喂养和照料牲口的场所和器具、有管理车马器具的人员和设施。江西南昌海昏侯墓有车马库，位于甬道的两侧，二者之间还有乐车库[②]，类似内容在其他王侯墓葬或具有相对较高等级的墓葬中也有体现。汉代画像中还反映出庭院内制作车轮或修整车轮的内容，反映出对出行器具的制造或维修的内容。另外，与出行有关的内容还有宾客的到访，宾客所乘的车马需要有放置场地和拴系的设施，汉代壁画及画像石画像对之也有体现和反映。一些画像石画像中见有宾客与家主饮酒、对话或进行六博棋的博弈，也有一些拜谒主人的内容，有的车辆放在建筑外一侧，而较多是在建筑外的树下拴系马匹，树上挂一食槽，马儿在树下吃食。山东沂南画像石墓出土的吊唁祭祀画像中，在大的吊唁祭祀设施的庭院中，有道路和路旁的树木，树间有用于上下马车的方石墩，来祭祀的人员将车马停在相对较远的地方，或大道中间，或是两旁，也有将马拴在庙旁树上者[③]。江苏省徐州市邳州陆井庞口村出土的一块画像石的画面中央刻一房屋，屋内坐二人，正在玩六博，屋外左侧刻一儿童坐在杌子上逗牛，屋外右侧停着一辆卸下牲口的大车[④]。该画像较好地反映出一般家庭有客人来访时放置车辆及拴系牲口的内容，而且应是在庭院之内，画像中来访

① 徐州博物馆：《徐州汉画像石》，江苏美术出版社，1985年，图187、188。

② 江西省文物考古研究所、南昌市博物馆、南昌市新建区博物馆：《南昌市西汉海昏侯墓》，《考古》2016年第7期。

③ 南京博物院、山东省文物管理处：《沂南古画像石墓发掘报告》，文化部文物管理局出版，1956年，第13、14页，图版28、29；山东博物馆：《沂南北寨汉墓画像》，文物出版社，2015年，第15-17、109页。

④ 杨孝军、郝利荣：《徐州新发现的汉画像石》，《文物》2007年第2期。

者是乘牛车来的，车放在房屋一侧，牛则被拴在另一侧。

（九）安全设施及器具

安全是每个家庭的需求，因此会有相关保障安全的设施，尤其是防止外来侵害的安全保障设施，并使用相关器具，以达到保障家庭安全的目的。

秦汉家庭砌建院墙尤其是高大院墙，门使用锁、闩，设立门屋，建造角楼或望楼，在楼房设射孔等，都是家庭中相应安全设施的体现，加之配备家庭武装人员等，构成了保障家庭安全的措施、方式和内容，这在上文所述的建筑明器、壁画与画像中皆有体现。有的家庭会使用武器，也有等级低或经济条件差的家庭会以农具等作为对抗外来侵害的武器。秦汉家庭中用于安全保障的兵器种类较多，有弓、弩、刀、剑、矛、戈、戟、棍、钩镶、盾等，多铁质，也有部分为木质或铜质。这些兵器平时多有专门的存放之处，等级较高的家庭可称为武库，一部分其他等级家庭的兵器多存放于一个房间中，亦可称为武库，或为兵器室。一些兵器在相关室中可能会靠墙摆放，很多则是有专门放兵器的架子，多称之为“兰锜”。较多汉代画像中有兰锜图，上文所举例子中如江苏徐州贾汪白集汉墓中室西壁下格画像即是。其他如徐州贾汪北部出土的兰锜图，兵器架上有环首刀、剑、矛、铍、铩、戈、戟、盾牌等兵器[①]（图一 -81：1）。四川成都市新都区马家乡出土的一块画像砖画像内容即为武库，建于台基之上，台基前有踏道通往房内，室内陈设兵器架，架上横

1

2

图一 -81　汉代画像中的武库

1. 江苏徐州贾汪北部出土兰锜（武库）画像石画像　2. 四川成都市新都区马家乡出土画像砖上的武库图

① 杨孝军：《徐州新征集的汉画像石研究》，《东南文化》2009 年第 4 期。

放 2 戟、3 矛，左边房柱上挂以弓，武库右边还紧邻一房屋[①]（图一 -81：2）。

（十）居室及家居用品

居室为家庭设施中十分重要的内容，一方面它是家庭成员的寝息之处，另一方面也是处理相关家庭事务等的场所。一般情况下，家主居主室，在家庭中占有重要地位，子女或与父母共同居于主室，但房间不同，也可能居于庭院中的其他房间。秦汉时期，有相应地位等级或经济实力的家庭，还有一定数量的奴婢、家吏、侍者等，他（她）们多居于偏房，大的庭院或庄园中可能还有这类人员专门居住的场地与房屋。关于居室，上文所引相关居住遗存如内黄三杨庄汉代庭院遗址及较多的汉代画像与壁画、建筑模型明器皆有充分体现，反映出相应的庭院布局与规划及家庭中居室的用途与性质等内容。作为寝息的场所与设施，需配有较多与之相关的器具，以满足相应的需求，考古资料也充分说明了这一点。

秦汉时期的家居用品内容较多，均和居室有关，但又分不同种类。家具有杆、榻、床、凭几、案、樏、阁、几、虡、桌、柜、橱、屏风等，另有与家具和家居装饰、布局有关的席、镇、衣杆、承尘、帷幔、帷帐、步障、璧翣等[②]。上述家具及家居的配套设施在汉代画像与壁画、模型明器等中有较多体现，也有相应的实物出土。安徽巢湖放王岗 M1 南边厢出土的漆几（FM1：318），由底板、足座、足和面板四部分构成，足座下纵铺两块长方形木板，为底的垫板，足座平放于底板的两头，向上的一面中间凿有一长方形榫眼，与足下中间伸出的凸榫相套合，两边各雕成两个凸连弧，中足呈花瓶状，上端亦伸出一凸榫，同横置的长方形木衬拼接，上承三块纵置的面板，面板与垫板均不用榫卯拼接，髹黑漆，光素无纹饰，出土时光亮鉴人[③]（图一 -82）。河北保定望都 M1 出土的石榻，较低矮，四角各有一矮足[④]；望都 M2 出土的石床，长 159、宽 100、高 18 厘米，原报告称之为石榻[⑤]，

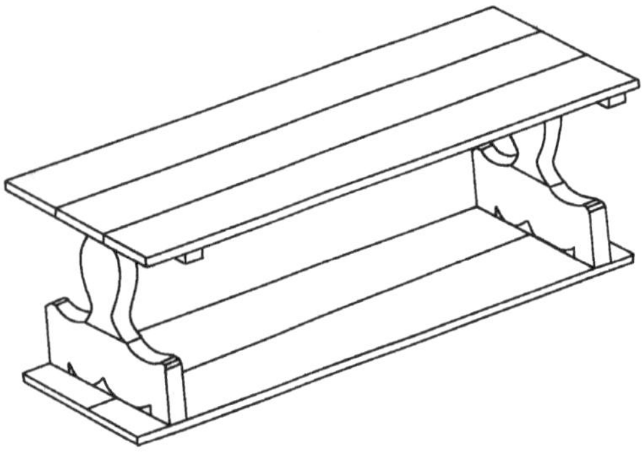

图一 -82　安徽巢湖放王岗 M1 出土漆几

① 《中国画像砖全集》编辑委员会：《中国画像砖全集 · 四川汉画像砖》，四川美术出版社，2006 年，图版第 109 页，图版说明第 63 页。

② 孙机：《汉代物质文化资料图说（增订本）》，上海古籍出版社，2008 年，第 251-264 页。

③ 安徽省文物考古研究所、巢湖市文物管理所：《巢湖汉墓》，文物出版社，2007 年，第 67、69 页。

④ 北京历史博物馆：《望都汉墓壁画》，中国古典艺术出版社，1955 年，第 11 页。

⑤ 河北省文化局考古工作队：《望都二号汉墓》，文物出版社，1959 年，第 12、32 页。

因尺寸较大，为床较为合适；湖南长沙马王堆 M1 出土草席 4 条，其中西边箱中部的竹笥上出土 2 件，以 53 根麻线为经、莞草为纬编织而成，一条包青绢缘，一条包锦缘[①]（图一 -83）。镇在较多秦汉墓葬中均有出土，一组 4 件，质地多样，有铜、铁、石等质地，多为动物图案，有的鹿形或羊形镇的上部有可以开启的壳，内置石灰。江苏徐州拖龙山 M3 出土 4 件，呈趴卧的羊形，背部呈弧形内凹，镶以弧形贝壳，上部扣合，内填石灰等压重[②]。河南三门峡陕县后川西汉中晚期的 M3003 出土 4 件，1 件为雄鹿，作蹲伏状，3 件为雌鹿，均作侧卧转首左视状，头上鹿茸初露，颈部细长，臀宽而丰圆，短尾或卷曲或后伸，四肢前躬后屈，背嵌褐色斑纹天然大螺壳以象征梅花鹿[③]（图一 -84：1）。其他动物形象还有豹、虎、卧禽、骆驼、羊、龟、辟邪、熊、蛇等，河北保定满城 M2 的中室南区中部出土铜豹形镇 4 件，豹作蜷卧状，昂首张口，平底，身躯用金银错出梅花状豹斑，头、尾、足作点状，口部涂朱，耳部镶嵌白玛瑙，体内灌铅，使其更加稳重[④]（图一 -84：2）；安徽巢湖放王岗 M1 南边厢出土铜镇 4 件，整体近椭圆形，鎏金，为卧伏的骆驼，实心，较厚重，右后足弯曲与前足相连形成一个三角形孔眼，可系绳[⑤]（图一 -84：3）。另外还有人物形镇、博山形镇等，江苏徐州市北郊后山 M1（上）出土 4 件铜镇，位于棺外足档处的四角，下有席痕，镇均由圆形底座和山形锥体两部分组成，锥体分内外两层，内层为实心锥体，二者套合，顶与底部相连，外层薄，下为梯形台，饰菱形

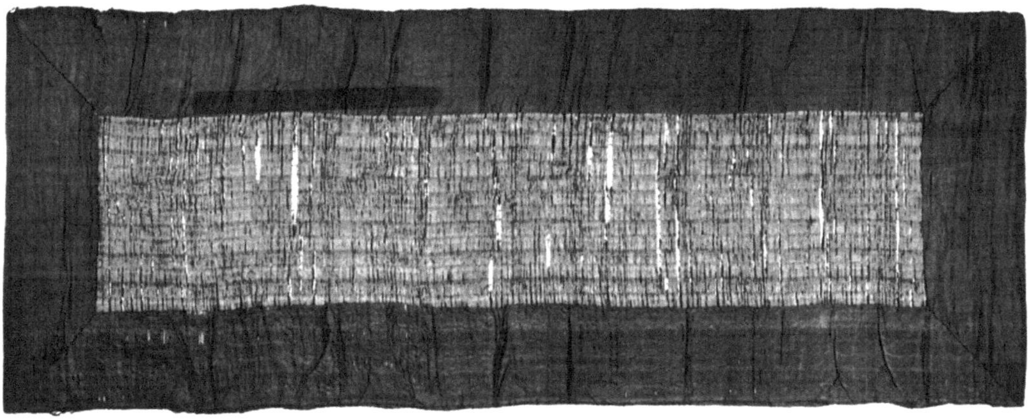

图一 -83　湖南长沙马王堆 M1 出土莞草席

① 湖南省博物馆、中国科学院考古研究所：《长沙马王堆一号汉墓》，文物出版社，1973 年，第 121 页。

② 徐州博物馆：《徐州拖龙山五座西汉墓的发掘》，《考古学报》2010 年第 1 期。

③ 中国社会科学院考古研究所：《陕县东周秦汉墓》，科学出版社，1994 年，第 189、190 页。

④ 中国社会科学院考古研究所、河北省文物管理处：《满城汉墓发掘报告》，文物出版社，1980 年，第 265、268 页。

⑤ 安徽省文物考古研究所、巢湖市文物管理所：《巢湖汉墓》，文物出版社，2007 年，第 34、35 页。

1　2　3　4

图一 -84　汉代墓葬出土铜镇

1. 河南三门峡陕县后川 M3003 出土　2. 河北保定满城 M2 中室南区中部出土　3. 安徽巢湖放王岗 M1 南边厢出土　4. 江苏徐州市北郊后山 M1（上）棺外足箱出土

纹，主体为三虎组成的博山状，内有舞人、猴子、走兽等，纹饰精细[①]（图一 -84：4）。衣杆又称衣桁，即搭衣架，为坐卧用具的配套物品，汉代画像与壁画中有体现，山东沂南画像石墓后室靠北壁的承过梁隔墙西面画像的下格上部有一架，上搭衣物，可能为衣桁[②]；内蒙古托克托县壁画墓也有类似图像，榜题称之为"衣杆"[③]。帷幔、帷帐的相关实物也有发现。长沙马王堆 M1 出土帷幔一幅，出土时挂在北边

① 徐州博物馆：《江苏徐州后山西汉墓发掘简报》，《文物》2014 年第 9 期。

② 南京博物院、山东省文物管理处：《沂南古画像石墓发掘报告》，文化部文物管理局出版，1956 年，图版 79；山东博物馆：《沂南北寨汉墓画像》，文物出版社，2015 年，第 100、124 页。

③ 罗福颐：《内蒙古自治区托克托县新发现的汉墓壁画》，《文物参考资料》1956 年第 9 期。

箱四壁的周围，全长约 7.3、宽约 1.45 米，用幅宽 48 厘米的三整幅单层的原色罗绮缝制而成，两端和上侧又加深绛紫色的绢缘，上侧的缘边，另加有几个长 2.5、宽 1 厘米的襻，以便用竹钉将帷幔挂到边箱的壁上，悬挂时，从南壁的东头开始，环绕一周又折回原处，末尾与开头的上角相压，墓内出土的简二五一提到的“帷一……（长）二丈二尺广五尺”，似即指此[①]（图一 -85）。河北满城 M1 出土帐构两具，分属于不同的帷帐，构件基本为铜质，复员后，1 具总体形状为四阿式顶的长方形帐架，1 具总体形状为四角攒尖式顶的方形帐架[②]。除上述内容外，秦汉时期的一些家庭会在居室中设炕，一般为泥、砖或土坯砌成，天气寒冷时寝息其上较为温暖，可起到较好的御寒效果。河南洛阳西郊西汉初期居住遗址室内紧贴西墙有 1 土炕[③]；新疆民丰尼雅遗址发现的汉代房屋为南北二室，皆有土炕[④]。

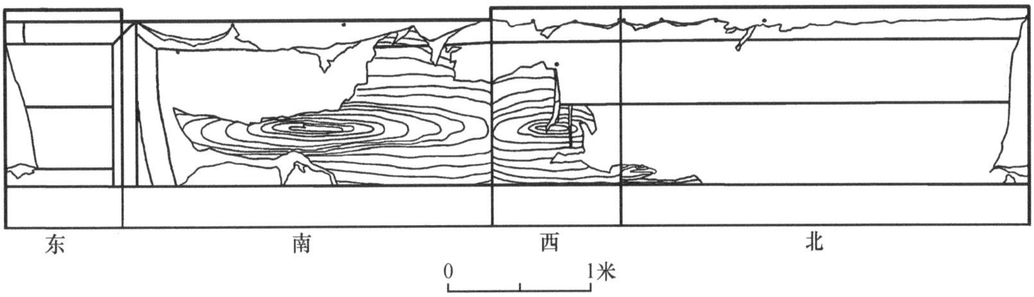

图一 -85　湖南长沙马王堆 M1 出土帷幔

盥洗用具也是家居用品的内容。储水的有缶、罐等，盛水洗手和脸部的有盆、鉴等，为便于洗用，还可能要将盆、鉴等置于一定高度的台子上，或有相应的架子。擦拭的用品有巾等，多是悬挂或搭挂。与盥洗相关的就是梳妆用具，如照容的镜及化妆的眉笔、刷、梳、篦、笄、镊、胭脂及盛放器具等。秦汉时期的镜有铜镜和铁镜，以铜镜为主体，相关遗址及较多墓葬中均有出土，对研究这一时期铜镜的制造、使用和发展演变提供了重要的参考资料。镜背后有钮，平时可拴系置放且便于使用，也有的会用镜架。山东沂南画像石墓后室南壁隔墙东面画像下格中有一侍女手持镜台，镜台底座为圆台形，中为立柱，柱上部有长方形台面，柱顶有卷云形装置[⑤]。河

① 湖南省博物馆、中国科学院考古研究所：《长沙马王堆一号汉墓》，文物出版社，1973 年，第 73 页。

② 中国社会科学院考古研究所、河北省文物管理处：《满城汉墓发掘报告》，文物出版社，1980 年，第 160-178 页。

③ 考古研究所洛阳发掘队：《一九五四年秋季洛阳西郊发掘简报》，《考古通讯》1955 年第 5 期。

④ 新疆维吾尔自治区博物馆考古队：《新疆民丰大沙漠中的古代遗址》，《考古》1961 年第 3 期。

⑤ 南京博物院、山东省文物管理处：《沂南古画像石墓发掘报告》，文化部文物管理局出版，1956 年，图版 77；山东博物馆：《沂南北寨汉墓画像》，文物出版社，2015 年，第 98、123 页。

北保定涿州凌云集团新厂M1出土一套完整的彩绘陶镜架（M1：2），镜座近方形，正中间有一圆孔；镜架由两部分组成，下部镜架横断面长方形，中空，长方形孔，正面设三个圆孔，上部镜架呈“T”字形，横断面长方形，下端向内略收成榫，插入下部镜架的长方形孔中，榫至上部镜架中部有四个小圆穿，穿至架顶中下部设玦形镜托，托上置陶镜一面；陶镜后面的镜架上，正中有稍大的圆形孔一个，左右两侧各有两个较小的圆形孔，镜架顶端为一横置的长方形横梁，横梁上有均等的圆形孔四个；通体施白衣，再用墨色和朱色绘云气纹等，镜座长24.6、宽24.5、高11.6、镜直径16.6、厚1.7、通高114厘米①（图一-86）。镜的存放有着不同的形式，而且伴出的还有保持卫生和亮度的器具。考古发现的一些铜镜置放于漆奁中，伴出的还有印章等物，表明是一起存放的。也有装放镜的镜囊或镜衣，甘肃武威磨咀子M62出土镜囊1件，长22、口径15厘米，口用浅绿绢做成柿蒂形，身底用方形黄色绢拼缀成，口结黄绢带两根②。长沙马王堆M1出土有2件镜衣和1件镜擦，镜衣呈筒状，

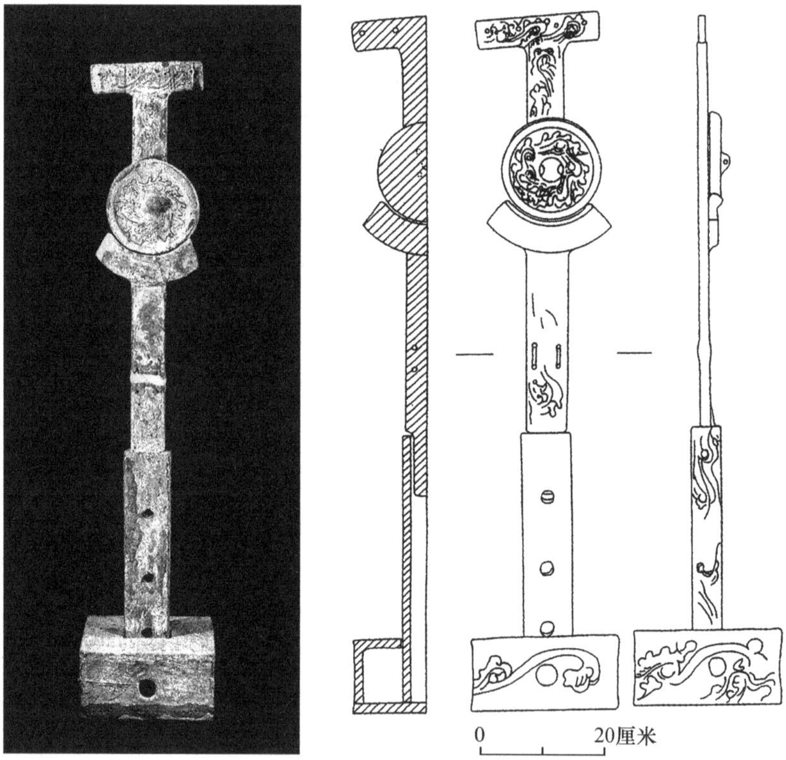

图一-86　河北保定涿州凌云集团新厂M1出土彩绘陶镜架

① 史殿海：《涿州凌云集团新厂东汉墓群发掘简报》，《文物春秋》2007年第3期；郭晓明：《浅议涿州汉墓出土的陶镜架—兼谈汉代铜镜的使用方法》，河北省文物研究所编：《河北省考古文集·四》，科学出版社，2011年，第383-387页。

② 甘肃省博物馆：《武威磨咀子三座汉墓发掘简报》，《文物》1972年第12期。

内盛铜镜；镜擦作截锥形，用红绢和锦缝制而成，内絮丝绵，该墓出土的简文中对二者均有提及[①]。眉笔在徐州东甸子西汉M1有出土，3件，与铜镜共出，圆柱状，硬木质，内有铁芯，外刷漆，一端呈圆形，有孔，施红彩[②]。刷在较多墓葬中有出土，整体呈烟斗状，斗处装刷毛，多朽不存，柄细长，或全铜质，或中间有骨质或木质柄，末端尖扁，有小孔，便于穿绳系挂。湖南长沙马王堆M1出土用于化妆的角质器如环首刀、笄、镊和象牙梳、篦及玳瑁笄、竹笄等，较多置于九子奁或五子奁中，胭脂等化妆用品也是置于奁中的[③]。河北满城M2出土1件错金朱雀衔环双连铜豆形高足杯，出土时杯中尚存朱色痕迹，很可能为调脂的用具[④]（图一-87）。

图一-87　河北满成M2出土错金朱雀衔环双连铜豆形器

家居物品中还有较为重要的一项内容，即寝息时的被褥、枕等，相关物品在长沙马王堆M1有出土[⑤]。该墓墓主贴身衣物外面包裹各式衣着、衾被及丝麻织物十八层，连同贴身衣两件，共二十层，从头到脚层层包裹，然后横扎丝带九道，再在其上覆盖印花敷彩黄纱绵袍一件、“长寿绣”绛红绢绵袍一件。包裹尸体的第一层为“乘云绣”黄绮绵衾，绮面独幅，绢里，内絮丝绵，幅宽46、锦缘宽13、全宽应为72厘米，全长约3.6米；第二层为“乘云绣”黄绮绵衾，绮面两幅又四分之一，绢里，内絮丝绵，全长1.6米，其余尺寸同第一层；第三、四层分别为“长寿绣”黄绢绵衾与印花敷彩黄纱绵衾。绣枕一件，作长方形，长45、宽10.5、高12厘米，两端的枕顶用起毛锦，上下两面用“信期绣”香色绢，两个侧面用香色红茱萸纹锦，上下和两侧面的中部各有一行绛红线缕钉成的四个十字形穿心结，每个结都是横线压竖线，两端也各有一个十字结，以便约束枕内填塞的草芯，枕内部填塞佩兰叶，墓葬的出土简二五四提到的“绣枕一”应指此。枕巾2件，形制基本

① 湖南省博物馆、中国科学院考古研究所：《长沙马王堆一号汉墓》，文物出版社，1973年，第72、73页。

② 徐州博物馆：《徐州东甸子西汉墓》，《文物》1999年第12期。

③ 湖南省博物馆、中国科学院考古研究所：《长沙马王堆一号汉墓》，文物出版社，1973年，第88、89、128、129页。

④ 中国社会科学院考古研究所、河北省文物管理处：《满城汉墓发掘报告》，文物出版社，1980年，第265、267页。

⑤ 湖南省博物馆、中国科学院考古研究所：《长沙马王堆一号汉墓》，文物出版社，1973年，第30、31、71页。

相同，444 号枕巾，长 87.5、宽 65 厘米，“乘云绣”淡黄绢面，周缘镶以宽 6.5 厘米的起毛锦和宽 4 厘米的淡黄绢，里衬素绢；446 号枕巾，长 100、宽 74 厘米，“乘云绣”香色对鸟菱纹绮面，四周边缘镶以宽 14.5 厘米的烟色绢，衬里亦为烟色绢。衣物（包括鞋子、衣服及寝息所需的被褥、枕巾等）的存放设施是居室设施不可缺少的内容，较多的衣物需经过晾晒或熏后存放，这样可减少霉变，存放效果较好。存放的设施有柜、橱、箱等，很多则是放在竹笥中，而竹笥的透气性又对衣物的存放有相应益处。马王堆 M1 出土的较多衣物存放于竹笥中，西边箱的六个竹笥中盛放较多纺织品和衣物，其中的 329 号和 357 号笥共出绵袍十一件，单衣三件，单裙二件，袜二双，袍缘一件[①]。

马王堆 M1 还出土居室中的另一项内容——香囊，共四件，三件放在东边箱出土的 65 号竹笥中，形制相同，腰部有带，腰以上的领部和囊里都用斜裁的素绢缝制，腰以下的囊部多用“信期绣”缝制，也有用香色罗绮者，领部和囊部的长度，约呈三与二之比，底部有“信期绣”者，有为起毛锦和绢各两片相间拼起者，也有全用起毛锦者，四个香囊中，一个全装有茅香根茎，一个全装花椒，另两个装有茅香和辛夷等[②]（图一 -88）。

身体健康与保健医疗的功用对较多家庭中的成员来讲都较为重要，因此，医疗器具及药品等也是家居用品的内容。考古资料对之有较多体现和反映，尤其是一些等级较高的墓葬常有此类器物出土，如河北保定满城 M1[③]、山东巨野红土山西汉墓[④]、江西南昌海昏侯墓[⑤]、广东广州西汉南越王墓[⑥]等。其中满城 M1 出土的医疗器具或器械有金针（图一 -89）、金银质医针、银盒、银漏斗形器及铜质的刀、盆、漏斗、注勺、冷却皿、量勺、药镬、过滤器、药匙，另外还有石磨。四川成都天回镇老官山西汉 M3 出土一具完整的人体经穴髹漆像，五官、肢体刻画准确[⑦]。甘肃武威旱滩坡发掘的一座东汉早期墓葬，墓主男性，年龄较大，可能为一位医者[⑧]，就其家庭来讲，家庭中的医疗器具及药品等可能会很多，这与其职业有关，而没有医者的很多家庭中，上述物品相对要少。出于卫生的要求，医疗器具基本需要单独存放，

① 湖南省博物馆、中国科学院考古研究所：《长沙马王堆一号汉墓》，文物出版社，1973 年，第 46 页。

② 湖南省博物馆、中国科学院考古研究所：《长沙马王堆一号汉墓》，文物出版社，1973 年，第 71 页。

③ 中国社会科学院考古研究所、河北省文物管理处：《满城汉墓发掘报告》，文物出版社，1980 年。

④ 山东省菏泽地区汉墓发掘小组：《巨野红土山西汉墓》，《考古学报》1983 年第 4 期。

⑤ 江西省文物考古研究所、北京师范大学：《江西南昌西汉海昏侯刘贺墓出土漆木器》，《文物》2018 年第 11 期。

⑥ 广州市文物管理委员会、中国社会科学院考古研究所、广东省博物馆：《西汉南越王墓》，文物出版社，1991 年。

⑦ 成都文物考古研究所、荆州文物保护中心：《成都市天回镇老官山汉墓》，《考古》2014 年第 7 期。

⑧ 甘肃省博物馆、甘肃省武威县文化馆：《武威旱滩坡汉墓发掘简报——出土大批医药简牍》，《文物》1973 年第 12 期。

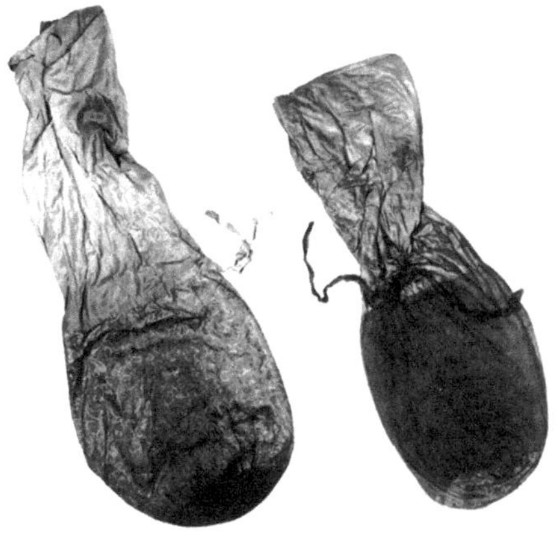

图一 -88　湖南长沙马王堆 M1 出土香囊

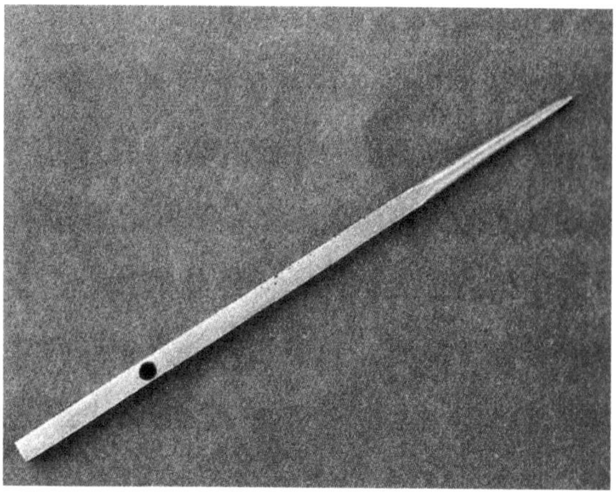

图一 -89　河北保定满城 M1 出土金医针

而有些药品也是如此，新疆洛浦县山普拉墓地两座时代相当于汉代的墓葬，出土的医药物品均盛放在香囊中，有的外包小绢布或小纸包[①]。

（十一）文化用品及存放设施

文化用品是秦汉时期较多家庭中物质生活内容之一，涉及一定数量、不同种类的器物，可在相应程度上满足家庭的精神与物质需求，而相关用品也有对应的存放设施。

这一时期的文化用品主要有笔、墨、纸、砚等，而纸还没有完全普及，很多使用竹简或木牍，等级较高的家庭会用布帛作为绘画和文字记录的载体。汉代壁画和画像中对这些内容有相应体现，尤其是一些讲经图，另外还有一些家吏在分派物品、收租及处理相关事务时也会使用上述物品。笔在先秦时已得到使用，秦时蒙恬改进制笔技术，汉代得到较大发展，如笔管以竹、木为主，笔头采用动物的细毛，有鹿毫、羊毫、兔毫等，而且西汉时已可随时更换笔头。考古发掘出土有笔的实物，湖北云梦睡虎地 M11 棺内发现毛笔（附笔套）二支，头箱出土毛笔（附笔套）一支和铜削一件，毛笔杆为竹质，上端削尖，下端较粗，镂空成毛腔，其中 M11：60，毛腔里的毛长约 2.5 厘米[②]（图一 -90：1）。甘肃武威磨咀子东汉 M49 出土毛笔一支，位于该墓男尸头部左侧，杆、颖均完整，长 21.9、径 0.6 厘米；笔杆竹制，端直均匀，中空，浅褐色，包笔头处稍有收分，前端扎丝线并髹漆，宽 0.8 厘米，杆尾削尖

① 肖小勇、郑渤秋：《新疆洛浦县山普拉古墓地的新发掘》，《西域研究》2000 年第 1 期；新疆维吾尔自治区博物馆、新疆文物考古研究所：《中国新疆山普拉——古代于阗文明的揭示与研究》，新疆人民出版社，2001 年，第 31、32 页，图 234、241。

② 孝感地区第二期亦工亦农文物考古训练班：《湖北云梦睡虎地十一号秦墓发掘简报》，《文物》1976 年第 6 期。

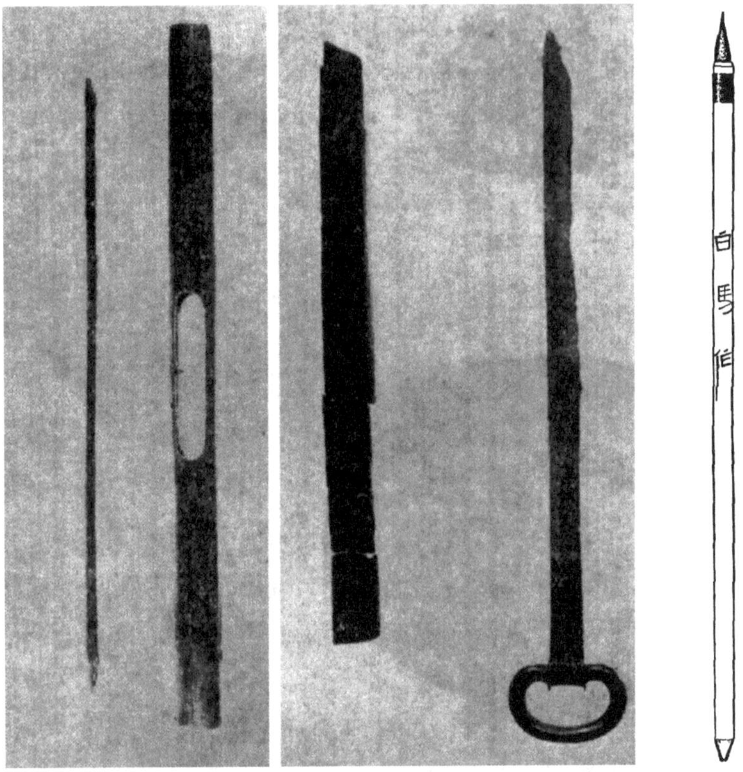

1　　2

图一 -90　秦汉墓葬出土毛笔及相关器物

1. 湖北云梦睡虎地秦代 M11 出土毛笔、笔套和铜削　2. 甘肃武威磨咀子东汉 M49 出土毛笔

（稍残），中部隶书阴刻“白马作”三字；笔尖长 1.6 厘米，外覆黄褐色狼毫，笔芯及锋黑紫色，根部留墨迹[①]（图一 -90：2）。因竹木简牍在秦汉时期仍有较多使用，书刀使用普遍，可用来修改竹木简的错误。秦汉墓葬中多有书刀出土，有部分为铜质，更多为铁质，一些铁书刀制作精美，或错金银，或装金、银首，多数为环形，有的为动物图案。武威磨咀子 M62 出土铁书刀 1 件，残长约 55 厘米，刀首作环形，刀身大部断裂，有两半合成的木鞘，外缠绕麻胚，再外髹黑漆[②]。秦及西汉时期，已出现调制成型的墨丸，一般较小，色黑黝，粒粗糙，东汉时的墨多为柱形，黑腻如漆。砚使用普遍，材质较多，有石、陶、木、漆、漆砂砚等。秦代的砚和砚杵已配套，两汉时的砚则多为圆形或长方形，面平，上有台形研，有的砚有三足，也有动物形象的砚如龟砚，亦见有博山形砚，部分砚上有纹饰，一些制作较为精美，江苏徐州土山 M1 出土 1 件鎏金兽形砚，器身镶嵌绿松石，中间可开启，内有石砚[③]

① 甘肃省博物馆：《武威磨咀子三座汉墓发掘简报》，《文物》1972 年第 12 期。

② 甘肃省博物馆：《武威磨咀子三座汉墓发掘简报》，《文物》1972 年第 12 期。

③ 南京博物院：《徐州土山汉墓清理简报》，《文博通讯》第 15 期，1977 年，第 18-23 页。

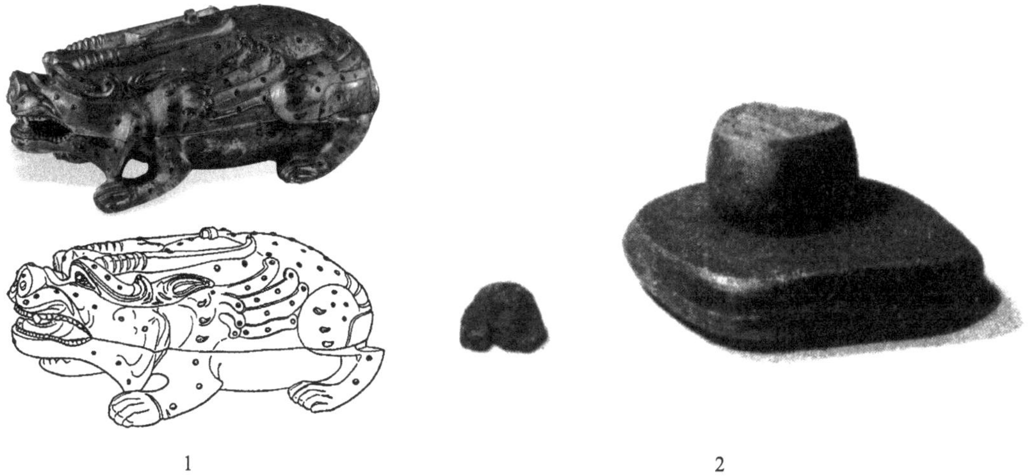

图一-91　秦汉墓葬出土的砚及相关遗物
1. 江苏徐州土山东汉 M1 出土鎏金兽形铜砚　2. 湖北云梦睡虎地秦代 M4 出土石砚与墨

（图一-91：1）。湖北云梦睡虎地 M4 出土石砚一件（M4：10），为不太规则的菱形鹅卵石加工制成，附鹅卵石加工制成研墨石一件，砚面与研墨石面均有使用痕迹与墨迹，与之同出的还有墨一块（M4：12），圆柱状，墨色纯黑，圆径 2.1、残高 1.2 厘米①（图一-91：2）。甘肃嘉峪关市东新城公社东汉墓出土石砚一方，为青碳酸岩制成，长方形，形制规整，四周不起边②。简牍等在较多秦汉墓葬中有出土，记载了较多的文书档案等，有的保存较好，有的则已朽毁成灰。

文化用品多有相关器具用以存放。笔在不用的时候可以挂在相关架子上，另外还有笔套。湖北云梦睡虎地 M11 出土的 3 件毛笔中，棺内发现的 2 件均有笔套。M11：60 出土时笔杆插入笔套里，笔套为细竹管制成，中间的两侧镂空，便于取笔，笔套一端为竹节，另一端已打通，长 27、径 1.5 厘米；M11：71 的笔套长 22.9、径 1.2 厘米，中部两侧镂孔 5 厘米，在镂孔的两端各有一骨箍加固③。甘肃武威磨咀子东汉 M49 出土漆匣石砚，外为长方形扁木匣，匣一端开方孔，外裸漆，已朽裂，内装规整的长方形薄石砚④。简牍尤其是简多盛放在相关器具中，两湖地区秦汉墓出土的一些竹简盛放在竹笥等中。山东临沂吴白庄东汉画像石墓的石刻画像中也见有盛放简牍的器材⑤（图一-92：1）。江苏徐州市区南郊凤凰山西麓发掘的西汉

---

① 湖北孝感地区第二期亦工亦农文物考古训练班：《湖北云梦睡虎地十一座秦墓发掘简报》，《文物》1976 年第 9 期。

② 嘉峪关市文物清理小组：《嘉峪关汉画像砖墓》，《文物》1972 年第 12 期。

③ 孝感地区第二期亦工亦农文物考古训练班：《湖北云梦睡虎地十一号秦墓发掘简报》，《文物》1976 年第 6 期。

④ 甘肃省博物馆：《武威磨咀子三座汉墓发掘简报》，《文物》1972 年第 12 期。

⑤ 管恩洁、霍启明、尹世娟：《山东临沂吴白庄汉画像石墓》，《东南文化》1999 年第 6 期。

图一-92 汉墓出土与竹简存放有关的画像及器物上的文字

1. 山东临沂吴白庄东汉墓出土石刻画像 2. 江苏徐州市区南郊凤凰山 M2 出土陶罐（M2：7）上朱书“藏简器”三字 3. 江苏徐州市区南郊凤凰山 M3 出土陶釜（M3：2）口沿下所刻“简”字

早期墓葬中，M2 出土的 1 件陶罐（M2：7）上有朱书“藏简器”三字（图一-92：2），M3 出土 1 件陶釜（M3：2）的口沿下刻草书“简”字（图一-92：3），釜内还有竹简朽毁后的灰迹，二者也应是放竹简的器具①。

算筹与数字计算有关，有时会用在六博对弈中，也有的作为家庭中使用的计算工具。江苏徐州东甸子西汉 M1 出土铅算筹 1 组，圆柱状，上面均缠有丝织品，直径 0.2 厘米②；黑头山汉墓出土骨算筹 2 组，每组原应捆扎成一束，单枚算筹为细的圆棒形，上髹红褐色漆，均残断，标本 M1：3-3，残长 7.6、径 0.3 厘米③。

（十二）娱乐设施、器具及场地

娱乐用品是秦汉家庭中物质与精神生活相结合的内容之一，与之对应的器具和设施较多，而且还有很多从事不同娱乐内容的人员，因此在进行有关娱乐活动的时候，需有相关房屋或在庭院内有相应面积的场地，而有些乐舞杂技在表演时，相关人员会借用门廊等设施，有的还会在相关建筑中抑或是建筑的某一位置，而对应的还有其他器具。

秦汉时期的乐器及乐舞杂技的种类很多，既有对前代继承，也在对外物质文化交流背景下引进较多外来乐器、音乐、舞蹈及杂技，并不断普及和推广，大大推动了这一时期家庭娱乐生活的发展。汉代壁画、画像石（砖）的画像等中多有体现，有乐器表演与演唱者，有舞蹈表演，有杂技表演，还有相当数量为三者综合的娱乐表演内容，而且还有很多的观赏者或欣赏者。一些模型明器如陶楼、庭

① 徐州博物馆：《江苏徐州凤凰山西汉墓的发掘》，《考古》2007 年第 4 期。

② 徐州博物馆：《徐州东甸子西汉墓》，《文物》1999 年第 12 期。

③ 徐州博物馆：《江苏徐州黑头山西汉刘慎墓发掘简报》，《文物》2010 年第 11 期。

院或水榭等，也对这一时期的乐舞表演有一定的体现。考古发掘出土汉代乐器的种类及数量较多，既有实用器物，也有仿制的模型类器物，且模型类器物中，铜、陶质地皆有。音乐和舞蹈方面的陶俑也有较多出土，江苏徐州地区发现的西汉早中期等级相对较高的墓葬中常见乐俑与舞俑的组合，典型墓葬如东北郊的驮篮山汉墓[①]与顾山汉墓[②]、西北郊的小龟山汉墓[③]、北郊的北洞山汉墓[④]与李屯汉墓[⑤]等。乐俑有击磬、敲钟、抚瑟俑及吹奏笙、箫、竽等乐器的吹奏乐俑，有些俑附近还有伴出的对应乐器，最多见的为弹瑟俑；舞俑大多为站立状的舞俑，较瘦高，一种上身前倾，膝部微屈，头微低或正视前方，身着深衣，左臂贴衣下垂，手作握衣状，右臂上举，有的上举后用手握袖反向身后，袖口自然下垂较长，衣裙掩足，下部衣裾后曳较长，一种体向左前倾，扭肢，折腰，微屈膝，体态呈“S”形，身着长袖深衣，两臂张开，弯成曲尺形，袖口自然外伸，双足微外露，下部衣裾后曳较长，二者姿势均十分优美[⑥]（图一 -93）。

图一 -93　江苏徐州地区西汉墓出土陶舞俑

乐器及舞蹈、杂技的用器一般会有相应的房屋或设施存放。江西南昌海昏侯墓的北藏椁中即有乐器库[⑦]（图一 -94）。乐舞杂技表演需要相应的场地，很多是在庭

① 邱永生、徐旭：《徐州市驮篮山西汉墓》，中国考古学会编：《中国考古学年鉴 · 1991 年》，文物出版社，1992 年，第 173、174 页。

② 徐州博物馆：《江苏徐州顾山西汉墓》，《考古》2005 年第 12 期。

③ 南京博物院、铜山县文化馆：《铜山龟山二号西汉崖洞墓》，《考古学报》1985 年第 1 期；尤振尧：《〈铜山龟山二号西汉崖洞墓〉一文的重要补充》，《考古学报》1985 年第 3 期；徐州博物馆：《江苏铜山龟山二号西汉崖洞墓材料的再补充》，《考古》1997 年第 2 期。

④ 徐州博物馆、南京大学历史学考古专业：《徐州北洞山西汉楚王墓》，文物出版社，2003 年。

⑤ 徐州博物馆：《江苏铜山李屯汉墓清理简报》，《考古》1995 年第 2 期。

⑥ 刘尊志：《徐州西汉墓陪葬陶俑组合及相关问题》，《考古》2013 年第 8 期。

⑦ 江西省文物考古研究所、南昌市博物馆、南昌市新建区博物馆：《南昌市西汉海昏侯墓》，《考古》2016 年第 7 期。

图一 -94 江西南昌海昏侯墓乐器库（东南—西北）

院内的相关场地中，参加表演及观赏的人数越多，场地一般会越大，反之则场地相对稍小。山东沂南画像石墓出土的乐舞杂技表演画像中，乐队人数众多，排列分布面积较大，所用器具多种多样且根据需要或集中、或分散摆放，有成组的击鼓者（5 人）、吹排箫者（5 人）、管弦乐（4 人）及建鼓、撞钟、击磬等人员，做着多种表演；杂技表演有盘舞、表演骑术、雀戏、豹戏、鱼戏、龙戏、戴竿、飞剑跳丸等，另有马拉的戏车等①。相关内容反映出室外表演的内容，尤其是杂技表演中有马奔跑，还有戏车及飞剑跳丸等，同时还有与表演相关的其他器具，如钟、鼓、磬的架子及敲击或撞击的用具，还有与杂技表演相关的架子、杆子、车、道具等，很多的奏乐者在进行乐器表演时席地而坐，坐在长条形席子上。关于乐器的架子，在较多墓葬中有发现，尤以架座发现较多，海昏侯墓发现的铜钮钟，出土时完整地悬挂于钟架上，钟架为彩绘木质，两端镶嵌有方形青铜饰件，编钟架上彩绘精美动物纹饰；三组悬乐器配置 4 件钟簴和 2 件磬簴，其中 M1：438，钟簴作带双翅的神兽状，鎏金②。陕西西安市龙首原地区发现的一些等级相对较高的墓葬也出土有钟簴等构件，较多为动物形象，造型生动，十分精致③。一些乐舞杂技的表演是在相应的室内举行，江苏徐州地区已发掘的西汉楚王墓如驮篮山汉墓、北洞山汉墓等皆有乐舞室，内置乐舞俑及相关乐器，表明现实生活中，西汉楚王观赏的乐舞杂技表演部分应是在专门室内进行的。河南灵宝张湾 M5 出土的 1 件陶楼（M5：48），为庑殿重檐

① 南京博物院、山东省文物管理处：《沂南古画像石墓发掘报告》，文化部文物管理局出版，1956 年，图版 82-100；山东博物馆：《沂南北寨汉墓画像》，文物出版社，2015 年，第 50-53、115 页。

② 江西省文物考古研究所、南昌市博物馆、南昌市新建区博物馆：《南昌市西汉海昏侯墓》，《考古》2016 年第 7 期。

③ 西安市文物保护考古研究所：《西安龙首原汉墓（甲编）》，西北大学出版社，1999 年。

三层楼阁，底层面阔两间，下层门前有一廊，上有高 10 厘米左右的四个舞乐俑，其中一个吹箫、一个吹排箫、一个鼓掌、一个扬手起舞，形象生动[①]（图一 -95），反映的表演位置为门廊处。俳优是以乐舞谐戏为业的艺人，考古发掘出土有一定数量的俳优俑，以四川地区汉墓出土数量、品种为多，有击鼓者或做滑稽表演者等，造型极为生动。还有一些俳优俑是作为相关建筑模型的附属品，较多的俳优俑进行表演的同时也体现出场地和位置的内容。安徽涡阳大王店出土的东汉陶楼，第二层有优人，面向楼外作表演状，表演的位置为二层楼房内[②]。

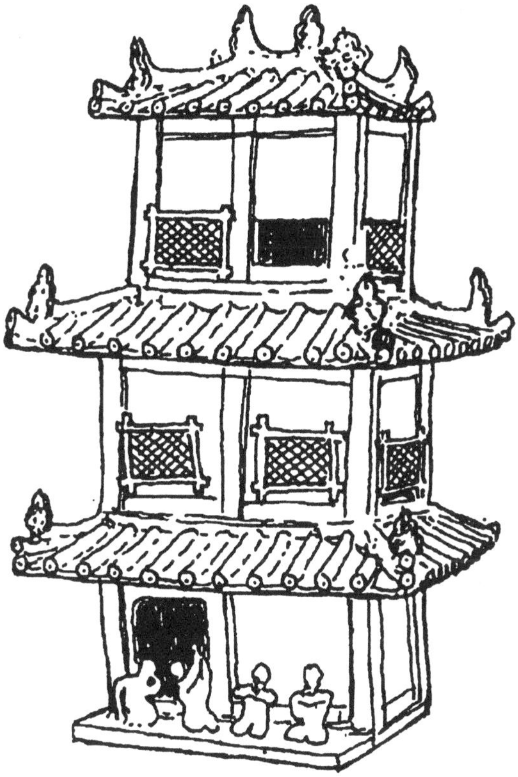

图一 -95　河南灵宝张湾汉墓出土陶楼（M5：48）

游戏也是家庭娱乐的一种，而且很多游戏在秦汉家庭中较为流行，如下六博棋或进行博局游戏，有时与饮酒相结合，能够给家庭成员及其他人员带来较大的快乐，这或许是博局或博弈图案在反映汉代家庭生活的画像中十分常见的原因。除博弈外，秦汉家庭中还有行乐钱游戏、投壶游戏、蹴鞠游戏、射鸟游戏、玩鸠车游戏、斗鸡游戏，还可能有斗狗与斗羊的游戏。六博棋及其相关用品在汉代墓葬中多有出土。湖北云梦睡虎地 M13 出土六博棋一套（M13：37），木棋盘一个，长 38.5、宽 35、厚 3.3 厘米，正面阴刻规矩纹，并用红漆绘四个圆点，在一侧边挖凹槽，槽内放置棋子六颗，算筹六根，再盖上一长木片，木片上有一圆孔作系绳之用，以便关合凹槽；骨质棋子六颗，均为长方体，其中涂红色的一颗较大，涂黑色的五颗较小；六根断面为弧形的算筹为小竹管劈成两半边，在两边各置一根铜丝，中间填塞金属粉，算筹长 19.5 厘米[③]（图一 -96）。江苏徐州市南郊凤凰山 M1 出土有六博棋子，骨质，竖长方体形[④]。东郊黑头山西汉墓出土六博棋两套，其中一套有 12 枚棋子，骨质，

① 河南省博物馆：《灵宝张湾汉墓》，《文物》1975 年第 11 期。

② 华丽群：《东汉陶戏楼》，《安徽画报》1987 年第 1 期。

③ 湖北孝感地区第二期亦工亦农文物考古训练班：《湖北云梦睡虎地十一座秦墓发掘简报》，《文物》1976 年第 9 期。

④ 徐州博物馆：《江苏徐州凤凰山西汉墓的发掘》，《考古》2007 年第 4 期。

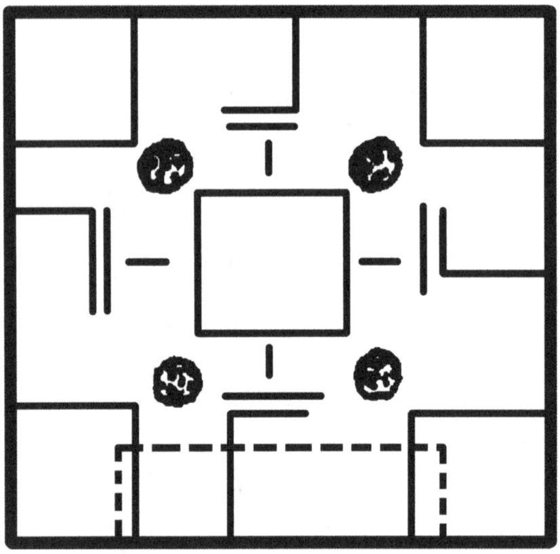

图一-96 湖北云梦睡虎地M13出土六博棋盘

均为长方体，表面光滑平整，大小稍有差异，有些两面皆阴刻相同的文字，有“青龙”“小岁”“德”“皇德”“司陈”“白虎”等字；另一套六博棋包括棋盘及棋子，盘已残，残留部分边饰和中央方框，均为骨质，表面髹漆，打磨光滑，个别残片尚残存卷云纹饰，另外还有柿蒂形骨片，应为曲道中间部位的装饰，根据残片可将棋盘作初步复原，棋子共12枚，集中排在一起，骨质，多朽碎，均为长方体，表面光滑平整，大小稍有差异[①]。甘肃武威磨咀子M48出土彩绘六博木俑一套，位于两棺的前方，为两男俑跽坐谈话状，两俑之间有一长方形木盘，盘面平整，盘前部高起为小方形，黑彩底，棋局绘白色“规矩纹”图案，后面大方形部分施黑彩，无图案，盘左一俑，以白、黑二色彩绘，穿长袍，梳圆髻，蓄须，右臂向前下伸，拇、食两指握一长方形木块（棋子），其余三指伸直似指木盘，盘右俑的造型、服饰大致与左俑相同，右手放在膝上，左手举于胸前，五指伸直，整体造型较为生动别致[②]（图一-97：1）。河南灵宝张湾M3出土六博陶俑（M3∶11），在一张坐榻上置长方盘，盘的半边有六条长条形箸，另半边置小方盘，即博局，小方盘上两边各有六枚方形棋子，中间还有两枚圆的“鱼”，坐榻两旁踞坐二俑，正在进行对博[③]（图一-97：2）。一些等级较高的家庭还有行乐钱，河北保定满城M2（窦绾墓）出土有“宫中行乐钱”40枚，方孔无郭，正面铸篆体阳文，20枚分别为“第一”至“第廿”，缺“第三”，多“第十九”，以“第十九”补“第三”，可见当时此类钱不止一套，另20枚铸韵语一首，二十句，每钱一句，每句三字或四字；伴出的有铜骰子1枚，通体错金，共18面，分别错出篆书“一”至“十六”以及“酒来”、“骄”字，有金丝错出的三角卷云纹，中心镶嵌绿松石或红玛瑙，宫中行乐钱与骰子是配合使用的，应是一套行酒令的游戏玩物[④]。投壶游戏、蹴鞠游戏、射鸟游戏、玩鸠车游戏、斗鸡游戏等见于汉代画像中，河南南阳地区出土的汉代画像石画像对这些内

---

① 徐州博物馆：《江苏徐州黑头山西汉刘慎墓发掘简报》，《文物》2010年第11期。

② 甘肃省博物馆：《武威磨咀子三座汉墓发掘简报》，《文物》1972年第12期。

③ 河南省博物馆：《灵宝张湾汉墓》，《文物》1975年第11期。

④ 中国社会科学院考古研究所、河北省文物管理处：《满城汉墓发掘报告》，文物出版社，1980年，第271-274页。

1　　2　　3

图一 -97　汉代墓葬出土六博俑与相关模型

1. 甘肃武威磨咀子 M48 出土彩绘六博木俑　2. 河南灵宝张湾 M3 出土六博陶俑（M3：11）　3. 河南陕县刘家渠 M73 出土陶水榭楼阁（M73：1）第二层的六博人物

容都有体现，蹴鞠游戏与射鸟游戏较多，前者常与乐舞杂技画像共出，后者则见于射日画像或其他画像内容，另外南阳沙岗店汉墓出土的石刻画像有投壶图①，东郊李相公庄村北发现的许阿瞿画像石画像中有玩鸠车游戏②，南阳县英庄汉画像石墓主墓室左侧门额画像也有斗鸡图③等。除上述内容外，江苏徐州东郊东甸子西汉 M3 还出土有较多的泥丸，而墓主为未成年的小孩④，可能与玩泥丸或射泥丸的游戏有一定关系。

上述游戏有的是在室内开展的，如博弈、宫中行乐钱游戏、投壶游戏，而其他则基本为屋外游戏，有些如蹴鞠游戏、射鸟游戏、斗鸡游戏、玩鸠车游戏则是庭院内外皆有可能，极少会在屋内，较多游戏内容在汉代壁画及画像中均体现出上述特征，相关出土物品也对开展游戏的场地有所体现。上文所举西安理工大学西汉壁画墓中的斗鸡图，应是在庭院内屋外的相关场所中举行，涉及人员较多，而且要有相应较大面积的场地。河南陕县刘家渠 M73 出土的 1 件陶水榭楼阁（M73：1），第二层楼内有四人端坐，中间放置两个方盘，一个上置六箸，一个上划局界，而该层楼房构造较讲究，门窗较严小，门外平座四角站立四人，瘦身紧衫，持弓执弩，当系卫士⑤，这表明房内四人是在屋内对博的（图一 -97：3）。

（十三）物品盛放器具

秦汉时期，家庭中的很多物品需要正确存放，以便更好、更方便地使用。一些物品需放在相关器具内，既有区分，又方便拿取，还可起到针对性的保护。上文涉

① 闪修山、王儒林、李陈广：《南阳汉画像石》，河南美术出版社，1989 年，第 80、81 页。

② 南阳市博物馆：《南阳发现东汉许阿瞿墓志画像石》，《文物》1974 年第 8 期。

③ 南阳地区文物工作队、南阳县文化馆：《河南南阳县英庄汉画像石墓》，《文物》1984 年第 3 期。

④ 徐州博物馆：《徐州东甸子西汉墓》，《文物》1999 年第 12 期。

⑤ 黄河水库考古工作队：《河南陕县刘家渠汉墓》，《考古学报》1965 年第 1 期。

及的较多物品如铜镜、医药与小型医疗器械、笔、墨等都有相对应的盛放器具。这一时期，因家庭中的生产、生活内容较为多样，还有其他很多针对不同物品的盛放器具。考古资料所反映秦汉时期物品盛放的器具较为丰富，上文所引一些汉代画像中有盛粮食的口袋与陶壶、盛放衣物的包袱，还有一些柜子等，其他器具还有笥、笲、箧、箱、簏、笈、箧、箄、盒等，因盛放的物品不同，功能也有差异，而这些器具的形制及构造也有不同。

笥、箧、箱等可以盛放衣物、被褥和一些食品、杂物，湖南长沙马王堆M1出土的这些器物保存相对较好，盛放的物品也较多样，如一些衣物笥中有绵袍、单衣、单裙、袜、袍缘、丝织品、夹袍、绣枕、几巾、香囊、枕巾、鞋、夹袱、手套等[①]。柜在秦汉时期已较为普遍，有的盛衣物，有的盛食具，有的放杂器或其他。河南三门峡陕县刘家渠汉墓出土绿釉陶柜1件（M1037：31），长立方体柜身，下有4扁足，有可启合的柜门，并模印门锁，饰有泡钉和其他纹饰，长23、宽16.2、高17.1厘米[②]。河南灵宝张湾东汉M5还出土有绿釉钱柜，柜顶盖有小门，可活动，正面上部模印有门锁[③]。

（十四）日用杂器

家庭生产、生活内容丰富，与之有关的器具也是多种多样，除上文所述的诸多器具外，还有一些杂器类器物。相关器具包括用于清扫或清尘的箕、彗、拂子等，拂子还用于驱赶蚊蝇，有用于登高的梯子，有熏干衣物的熏笼，有扇风纳凉的便面，有年老时所拄的杖（有的为鸠杖，即上端有一鸟形首的杖），有灯、烛台和熏炉等用于照明和熏香，还有用于裁剪缝补的剪刀、尺矩、针、线、顶针及占卜器具等。

一些器具见于汉代画像及壁画中，也有较多的实物出土。考古出土有铜箕与陶箕，而汉代画像中多见执彗者的形象。彗在秦汉家庭中是打扫庭院或相关设施的器具，河南密县打虎亭M1前室东壁北幅画像中，左侧1人双手握大箸帚正在扫地[④]；而在这一时期，彗又演变为门吏迎宾时手中所握持的器具，具有了礼仪的性质，这与家庭中相关人员打扫卫生以迎宾客，并在宾客到来时躬身肃立作欢迎状有关，也因此形成执彗门吏的形象。一般来讲，彗首向上是表示已经打扫完毕，而执彗门吏亦是持彗首向上的彗作迎宾状；彗首向下是表示正在打扫，汉代画像中出土的打扫图即是如此。湖南长沙马王堆M1出土2件用竹篾编成骨架外蒙细绢的圆锥

---

① 湖南省博物馆、中国科学院考古研究所：《长沙马王堆一号汉墓》，文物出版社，1973年，第46页。

② 黄河水库考古工作队：《河南陕县刘家渠汉墓》，《考古学报》1965年第1期。

③ 河南省博物馆：《灵宝张湾汉墓》，《文物》1975年第11期。

④ 河南省文物研究所：《密县打虎亭汉墓》，文物出版社，1993年，第49、52、53页。

形竹熏罩[①]，河北保定满城M1出土提笼有配套的铜熏炉[②]，熏罩或提笼上可放衣物、织物或被褥等，而熏炉散发的香气可渗入衣被中去。灯与熏炉在秦汉墓葬中发现较多，质地不同且形制多样，灯有行灯、釭灯、雁足灯、鸟形灯、多枝灯、羊形灯、辘轳灯、吊灯等多种；熏有豆形熏、鼎形熏、篮形熏、凤形熏、鸭形熏、竹节熏及极具时代特色的博山熏炉，陕西兴平茂陵一号无名冢一号陪葬坑出土的铜熏炉，底部呈圆盘状，上为较高的五节竹节状，再上有三条曲体昂首的盘龙支撑一带博山盖的熏炉，根据铭文可知其为“黄金涂竹节熏卢（炉）”[③]。尺矩在汉代画像中有较多发现，以伏羲女娲像常见，二者一持规一握矩。相关实物如甘肃嘉峪关市东新城公社东汉M2出土的2件骨尺，一件完整，一件顶端稍残，二尺刻度精细准确，在一端开圆孔，均为23.8厘米[④]（图一-98：1）；江苏邗江甘泉乡姚湾村顺利组东汉M1出土有铜卡尺，由固定尺、滑动尺和导销等部件组成，滑动尺应可滑动，属游标量具，长13.5、高6.5、尺面宽1.5厘米，固定尺上为端鱼形柄，饰鳞状鱼纹[⑤]（图一-98：2）。

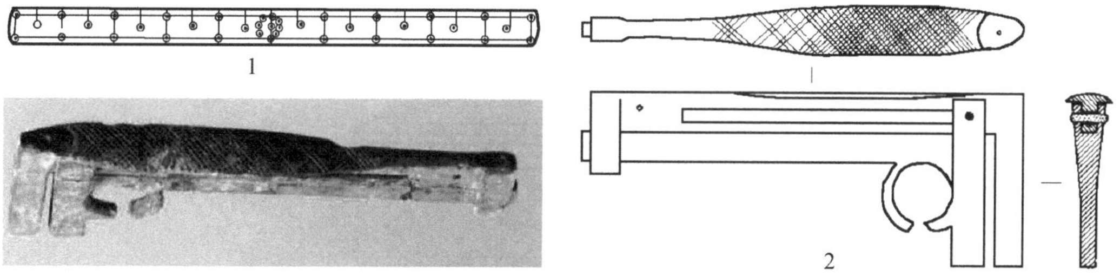

图一-98 汉代墓葬出土的尺

1. 甘肃嘉峪关市东新城公社东汉M2出土骨尺 2. 江苏邗江甘泉乡姚湾村顺利组东汉M1出土铜卡尺

甘肃武威磨咀子M62还出土1件木胎髹漆的式盘，原物置于男尸背部，文字面朝上，是一件推算历数或占卜的用具[⑥]（图一-99）。天盘圆形，地盘正方形，四角稍圆，中心有穿孔，与天盘的中心竹轴相联接。天盘可以转动，刻同心圆两圈，中心圈内用竹珠镶出北斗七星，其第五星是利用盘轴，各星之间刻细线相联。地盘刻字两层，内层篆书阴刻十天干、十二地支，顺时针排列，外层二十八宿，每边七

① 湖南省博物馆、中国科学院考古研究所：《长沙马王堆一号汉墓》，文物出版社，1973年，第199页。

② 中国社会科学院考古研究所、河北省文物管理处：《满城汉墓发掘报告》，文物出版社，1980年，第66、67页。

③ 咸阳地区文管会、茂陵博物馆：《陕西茂陵一号无名冢一号从葬坑的发掘》，《文物》1982年第9期。

④ 嘉峪关市文物清理小组：《嘉峪关汉画像砖墓》，《文物》1972年第12期。

⑤ 李健广：《江苏邗江甘泉顺利东汉墓清理简报》，《东南文化》2009年第4期。

⑥ 甘肃省博物馆：《武威磨咀子三座汉墓发掘简报》，《文物》1972年第12期。

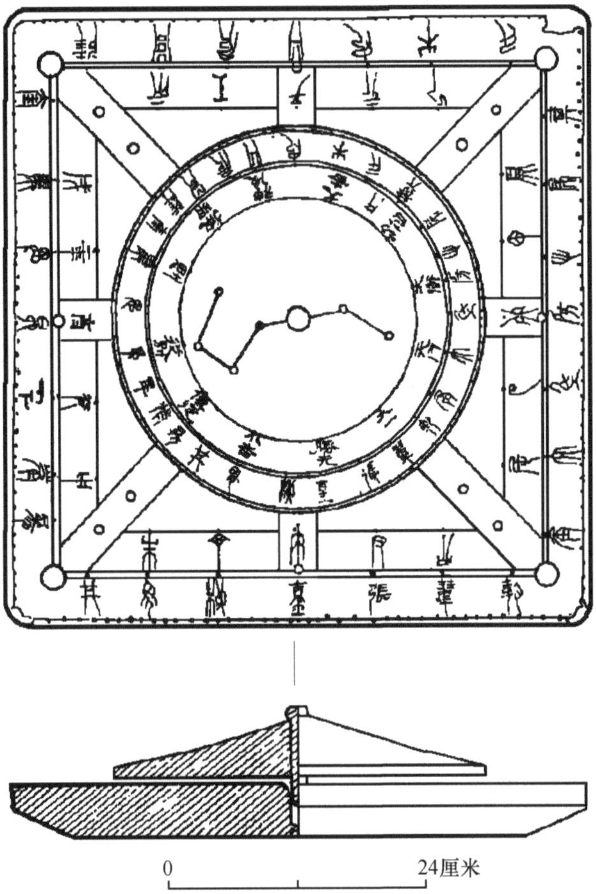

图一 -99 甘肃武威磨咀子 M62 出土木胎髹漆式盘

宿，排列同天盘。盘中心有四条辐射状双线与四角相联，内各镶一大二小共三颗竹珠。天、地盘边缘均刻许多小圆点为刻度，天盘现存 150 余个刻度，地盘共有 182 个刻度。另外，有些等级地位较高的家庭还可能会在庭院中立圭表或日晷。

上述器物也需要存放。箕、彗可能会放在相关屋内或廊下，梯子则多置于院内房子外，这与其形体较高有关，其他器具则基本置放在屋子中，很多还会有专门的放置器具。针有针筒或针衣，湖北江陵凤凰山 M167 出土有针衣及缝衣针，针衣以细篾为骨，外罩褐纱，四周镶绛色绢缘，叠为三折，以绢带系之[①]。

（十五）垃圾及相关物品的处置与堆放场地

家庭的日常生活、生产及其他活动会产生一定数量的垃圾。一些植物的叶茎类垃圾可以堆放至牲畜圈中，一方面可供牲畜食用，另一方面可用于积肥。还有家庭中，

① 凤凰山一六七号汉墓发掘整理小组：《江陵凤凰山一六七号汉墓发掘简报》，《文物》1976 年第 10 期。

家禽与家畜的粪便，清扫后亦可倒入牲畜圈尤其是猪圈之中进行积肥。人的粪便一方面可排入牲畜圈中，这可从出土的圈厕模型看出，达到积肥的目的；另一方面，一些与牲畜圈不相连的厕所则需要定期清理，清理出来的粪便多置于相对偏僻的地方进行晾晒和堆放，达到一定数量后，在农田需要肥料时可运至田中施肥。河南内黄三杨庄汉代村落遗址发现的厕所及一些模型明器中与猪圈不相连的厕所大多都会采取此类方式处理粪便。家庭中还会有其他垃圾，如建筑垃圾、日常生活中的残碎陶器等，有些家庭会选择在庭院内相对偏僻的地方进行堆放，如河南内黄三杨庄汉代村落遗址第一处庭院遗存，基础的东北角清理出一处较大面积的碎瓦片、砖块和陶器残片堆积区，混杂有个别铁器等①。挖坑填埋仍是秦汉时期家庭处理垃圾的主要方式之一，进而形成现在考古发掘中所见的诸多灰坑，坑内填埋的垃圾既有植物叶茎，也有生活中的残朽或碎毁的物品，还会有动物骨骼、人与动物的粪便、建筑垃圾、手工业生产的垃圾、其他生活垃圾等，河南洛阳汉河南县城东区汉代居住遗址中的灰坑中还有煤和煤渣②。就灰坑来讲，有一些位于庭院外，也有的位于庭院内，这与方便倾倒垃圾有关。

家庭中还有一些物品需要堆放，如建筑材料、薪柴、草木灰等。上文所举河南内黄三杨庄汉代庭院遗址第一处庭院遗存基础东南角清理出堆放整齐的部分板瓦和筒瓦，为建筑材料的堆积，清理区域的东部发现有大面积的草木灰堆积区，而草木灰可作为肥料。薪柴是家庭取暖、炊爨等的必需品，较多家庭都会有薪柴的堆放处，庭院内外皆有可能，但一般在地势稍高、不易积水且相对偏僻、与主房距离稍远的位置，这样一方面可使得薪柴尽可能保持干燥，另一方面也可防止因不慎引起火灾会对主房及家庭成员造成危害。有些时候，收获的庄稼也需临时堆放，待谷粒归仓后，这种堆放基本结束，但第二年还会有相关堆放，而且正常情况下或每年循环下去。就堆放场地来讲，既有院内，也有院外，有时则是二者并存。还有就是家庭中相对简单的生产工具及生活用具的堆放，这基本都会在庭院内，有些会堆放于房屋之外，但较多会堆放于偏房或相关房屋内，尤其是铁器，淋雨之后易生锈，导致损毁或不便使用，而木柄因日晒雨淋也易糟朽，所以放置在房屋中是较好的选择，同时房门上锁后也可达到防止被盗和丢失等目的。

（十六）招待宾客的场地与设施

宾客往来是秦汉时期家庭的生活内容之一，也是一个家庭对外交往的反映，而较多家庭也设有招待宾客的场地与设施等，庭院与相关厅堂即是与之相关的内容，

① 河南省文物考古研究所、内黄县文物保护管理所：《河南内黄县三杨庄汉代庭院遗址》，《考古》2004年第7期。

② 黄展岳：《一九五五年春洛阳汉河南县城东区发掘报告》，《考古学报》1956年第4期。

这些在汉代画像中有着较多、较为生动的体现和反映。

在大门外的迎宾是第一道程序，有门吏执彗、盾等躬身相迎，也有主人出门迎客。客人进入庭院后，有专门放置车辆及拴马的场地和设施，还可能有为马打扫及喂马的程序。家庭中的主人在厅堂中会见客人，双方行见面之礼并有相应的交谈，有条件的家庭会有仆人从事服务工作。家主在饭食备好后会与宾客共同饮食，即宴请宾客，这一般在厅堂内进行，有时饮食会与观赏乐舞杂技等同时进行，因乐舞杂技的表演涉及人员多，另有相关器具，相关表演多是在厅外的院内举行，另外也有在宴请后观赏乐舞杂技表演的。宴请宾客后，家主与宾客之间有的进行交谈，有的观赏表演，有的进行娱乐活动如下棋、斗鸡、投壶等，有的还会进行一些体质锻炼方面的游戏，如掰手腕等。江苏徐州贾汪北部地区出土的一块画像石，其上正面画像刻掰手腕图，有两人物面对作屈膝半蹲状，各自伸出右手，两臂成垂直交叉，肘置膝盖，掌心相对，虎口交叉并握紧，正在凭腕力扳倒对手。也有的家主会带客人观看或参加家庭中的相关手工业，上文所举江苏徐州铜山洪楼出土的东汉祠堂画像对上述内容即有体现。也有的家庭会在宴请宾客后进行庭院外的活动，如狩猎或开展其他活动。宾客离开时，还有送客的环节，这也需要相应的程序、场地。

综上内容可知，秦汉时期家庭内部设施极为丰富多样，涉及家庭居住、生产、生活、安全保障、对外交往等诸多方面，每一类别中又有多个不同的内容，与所属家庭及其成员，乃至有相应关系的家庭及成员等均存在较为密切的关系。相关设施、场地及器具所针对的具体点、面既有相同点，也有不同之处，尤其是具体器物表现较为突出，同时又相互补充，互有依存，综合构成家庭内部设施的内容与内涵。需作说明的是，上述秦汉家庭内部设施的整体内容虽较为多样和全面，但这是该时期家庭内部设施的综合反映与体现，并不是所有家庭均具备上述内容，有的家庭设施内容多，有的家庭相对较少；有的家庭具备这种或那种设施与器具，有的家庭部分与之相同，但又可能存在别的家庭没有的设施和器具，体现出与具体家庭实际相关的内容和特点。因此，就秦汉家庭内部设施来讲，其存在时代、地域、等级的差异，同时还有具体需求所表现出来的不同与差别，但就其整体而言，又有较强的统一性、相对的一致性及发展过程中的近似性与趋同性，这些均与秦汉时期大一统的社会背景有着较强的关联。

关于秦汉家庭内部设施的差异，还有两点需作简单说明。一是有些家庭会有宗教迷信物品或设施，而这在其他较多家庭中可能不会存在。相关物品如辟兵符、黄神印等可能是一些信奉道教家庭或家庭成员的家中物品，另外还有丹砂、雄黄、白礜、曾青、慈石等，而这些物品还需用陶罐等盛放。其他如丹药的炼制与盛放，即炼丹需要鼎等器具，亦需在相关场地中进行，而炼制好的丹药还需妥善存放。四川泸州 6 号棺棺身左侧为表面饰有云气纹的鼎与持节道士，表现的是炼丹以求升仙的内容，右侧为仙人、天禄与持丹人物，人物所持圆珠当为鼎中所炼仙丹，寓意棺主服仙丹后可乘天禄升仙[①]（图一 -100）。河南新野张楼出土一块画像砖上的图案，左侧一老人执鸠杖端立，其对面站立一个小孩和一个老者，之间有云气纹，似在炼丹，相关资料也将其定为炼丹图[②]。若该图为炼丹图，所体现的为家庭内部内容的特征更为明显，但就该画像来讲，也存在为其他内容和内涵的可能，如孔子见老子的故事画像。二是秦汉王朝周边其他民族的家庭内部设施和器具，尤其是器具，体现出地域及民族特色。匈奴以铁鍑较为常见，既是实用物品，也是墓葬中的常见陪葬品；岭南地区多见匏壶与联盒，两广及云贵尤其是云南地区，铜鼓较为普及，夜郎文化中还常见一种鼓形铜爨，这些均与家庭生活相关，进而体现出各民族家庭内部设施的特色与差异。另外如西域各民族也是各有特点，限于篇幅，不再一一叙述。

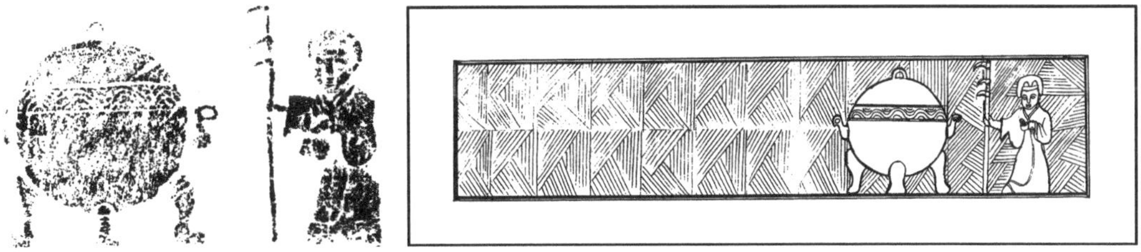

图一 -100　四川泸州 6 号棺棺身左侧画像

整体来看，秦汉时期的家庭是由人和物综合构成的。人指家庭成员，是家庭构成的核心；物是指物质内容，既有外部设施，也有内部设施。人和物的有机结合，使得秦汉家庭的构成更为全面和完善，进而形成了具有时代特点的家庭内容与内涵。

“秦汉家庭的构成和内容”作为本书的第一章，有其独立性，相关内容也是对秦汉家庭综合性考古学研究的概括性叙述。本章的有些内容在以后章节中还会有所涉及或再展开更深入的分析，因此对于有关资料尤其是相关考古资料的运用可能会存在一定的重复性，考虑到每一部分论述的完整性，下文对于一些“重复”内容基本不作简化或忽略处理。另在其他章节中，也少量存在类似情况，亦未作有关删除或简化处理，特作说明。

---

① 高文：《绚丽多彩的画像石—四川解放后出土的五个汉代石棺椁》，《四川文物》1985 年第 1 期；罗二虎：《汉代画像石棺研究》，《考古学报》2000 年第 1 期；高文：《四川汉代石棺画像集》，人民美术出版社，1997 年，第 83、85 页。关于该石棺的编号，《四川泸州汉代画像石棺研究》一书将其定为泸州 6 号棺，本文以此编号为准，特说明，见成都文物考古研究院、泸州市博物馆：《四川泸州汉代画像石棺研究》，文物出版社，2019 年，第 35-38 页。画像引自《四川文物》1985 年第 1 期，线图引自《四川泸州汉代画像石棺研究》第 38 页。

② 《中国画像砖全集》编辑委员会：《中国画像砖全集·河南画像砖》，四川美术出版社，2006 年，图版第 130 页，图版说明第 58 页。

第 二 章

秦汉家庭的内部关系

秦汉时期，与家庭有关的内容丰富多样，而且很多内容与家庭的发展关系密切，家庭的内部关系即是其中较为重要的内容之一。大致来看，家庭的内部关系包括夫妻关系、父母子女关系、祖孙关系、兄弟姐妹关系、姑嫂与叔嫂关系、妯娌关系、主体人员与非主体人员的关系等等。这些关系既有一定的独立性，又相互依存、交错发展，使得家庭关系呈现出多样性和复杂性特征，共同促进着家庭的发展，同时也是家庭作为社会单位存在并与其他社会单位发生诸多关系或关联的重要因素。关于秦汉家庭内部关系的诸多内容和社会表现，文献中有较多记载，涉及面较广，考古资料亦有较多体现，并在爱情婚姻及夫妻关系、抚养孩子与赡养老人、家主与非主体人员关系等方面有较突出的表现。家庭的内部关系与秦汉时期的社会发展相对应，还会体现一些特殊的内容，如节妇、孝女或列女及师生关系等，并从相应角度反映出与秦汉家庭关系相关的内容。

第一节 家庭内部成员间的具体关系

家庭内部关系，严格来讲，应是家庭内不同成员或人员之间的各种关系。家庭之中，成员或组成人员是不可或缺的基本要素，而这些成员或人员又以家庭这一社会基层单位为存在基础进行生产、生活及开展或参与其他诸多社会活动。在多种因素的促动下，不同成员之间形成多种形式的不同关系，且存在诸多交叉，在相互间整体利益一致的背景下和推动过程中，这些关系组成了具有相对稳定性的人群单位——家庭，并推动着这一人群单位的内容不断完善和发展。家庭中不同成员之间的各种具体关系既有相同或相似性，又有较多的差别。大致来看，家庭中相关成员间的关系主要包括夫妻关系、父母子女关系、祖孙关系、兄弟姐妹关系、姑嫂和叔嫂关系、妯娌关系、主仆关系等。秦汉家庭中这些关系的形成与婚姻、血缘、收养、依附等因素有较大关系，同时又与家庭成员的性别、年龄、辈分及身份地位等有关，体现出家庭内部不同成员间具体关系的多样化与复杂性特征。

一、夫妻关系

简单来讲，来自不同家庭中的男女因婚姻结合在一起，共同生活，并承担与之相关的家庭义务，这就使得夫妻关系得以形成。夫妻关系是家庭存在和形成的基础，新的夫妻关系形成，也很可能是一个新家庭的形成，因此可视为家庭内部关系中最为密切的关系。秦汉时期，夫妻在家庭中的地位和作用较之先秦时期有了明显提升，生前同室，死后葬于同一墓地，形成合葬，即文献中所载“夫妇生时同室，死同葬之。”①

关于“生时同室”，考古发现有一定数量的生活遗存。秦汉都城内发现的相关宫殿可与皇帝、后妃等的居住内容明确对应，如西汉都城长安的未央宫②、长乐宫③、桂宫④及建章宫⑤等；东汉洛阳城内有北宫和南宫，其中北宫是皇帝及妃嫔寝居的宫城，至今未得到全面的勘探和发掘，但有学者对二宫的位置和范围进行了科学复原研究⑥。一般或普通家庭的居住遗址也有体现。河南内黄三杨庄汉代聚落遗址的第二处庭院，由水井、南大门、西门房、东西厢房、主房（图二-1）、厕所以及院落西侧的池塘等部分组成，主房应是家庭内夫妻居住的房屋⑦。河南洛阳西郊西汉初期居住遗址，室内紧贴西墙有一土炕，长 6、宽 2.5 米⑧，可供夫妻寝息；洛阳汉河南县城东区村落遗址发现的汉代房基较多，其中西汉房基一处（312 号），东西两壁长 6.6、南北两壁宽 3.45 米，南壁有供放灯台而设的壁洞，可供夫妻居住；东汉房基（314 号），南壁两间，南间东西两壁长 5.2、南北两壁宽 3.9 米，实际居住面长 4.94、宽 3.64 米，亦可供夫妻居住，而北房可能是南房居住者贮藏粮食的仓房。汉代壁画

---

① （东汉）班固：《白虎通义·崩薨》，（清）陈立：《白虎通疏证》，吴则虞点校，中华书局，1994 年，第 556 页。

② 中国社会科学院考古研究所：《汉长安城未央宫（1980～1989 年考古发掘报告）》，中国大百科全书出版社，1996 年。

③ 刘振东、张建峰：《西汉长乐宫遗址的发现和初步研究》，《考古》2006 年第 10 期。

④ 中国社会科学院考古研究所、日本奈良国力文化财研究所：《汉长安城桂宫（1996—2001 年考古发掘报告）》，文物出版社，2007 年。

⑤ 刘庆柱、李毓芳：《汉长安城》，文物出版社，2003 年，第 186-189 页。

⑥ 王仲殊：《中国古代都城概说》，《考古》1982 年第 5 期。

⑦ 河南省文物考古研究所、内黄县文物保护管理所：《河南内黄县三杨庄汉代庭院遗址》，《考古》2004 年第 7 期；《河南内黄三杨庄汉代聚落遗址第二处庭院发掘简报》，《华夏考古》2010 年第 3 期。

⑧ 考古研究所洛阳发掘队：《一九五四年秋季洛阳西郊发掘简报》，《考古通讯》1955 年第 5 期。

图二-1 河南内黄三杨庄汉代聚落遗址第二处庭院的主房基础（由西向东）

和画像中也多见夫妇二人在自家庭院中、房屋内等场地或场所中，或交谈、会客、劳作，或对饮进食、共赏乐舞、照看孩子等。考虑到壁画与画像对现实生活有较多的摹写，可从多个方面、不同角度反映出现实中夫妻同室或共同生活的内容。

就“死同葬之”而言，是指夫妻死后葬在一处，希望在另一世界中，夫妻二人仍能继续在一起恩爱生活，这在秦汉墓葬考古资料中有充分体现。综合来讲，秦汉时期的夫妻合葬形式主要包括同茔异坟异穴合葬、同坟异穴合葬、同穴合葬三大类，而同穴合葬还可细分为异室合葬和同室合葬，同室合葬基本为两棺并列，有的有间隔，有的则无间隔。从发展来看，较明显呈现出由同茔异坟异穴合葬向同坟异穴合葬、同穴合葬过渡的趋势，而同穴合葬逐渐成为主流，这应是家庭对夫妻关系愈加重视的体现。从墓葬等级来看，秦与西汉时期，帝王列侯墓葬大多为同茔异坟异穴合葬，至西汉晚期，帝陵与皇后墓、诸侯王墓与王后墓的封土距离趋近，甚至有叠压的现象，如北京市大葆台 M1 与 M2①，一些列侯级别墓葬已为同穴异室合葬，如山东聊城阳谷县吴楼 M1②（图二-2），中小型墓亦大致体现出上述发展趋势且同穴合葬者数量不断增多；东汉时帝陵普遍为同穴合葬，这在文献中有载，《续汉书·礼仪志》载：东汉皇帝与皇后，“合葬：羡道开通，皇帝谒便房，太常导至羡道，去杖，中常侍受，至柩前，谒，伏哭止如仪。辞，太常导出，中常侍授杖，升车归宫。已下，反虞立主如

① 北京市古墓发掘办公室：《大葆台西汉木椁墓发掘简报》，《文物》1977 年第 6 期；大葆台汉墓发掘组、中国社会科学院考古研究所：《北京大葆台汉墓》，文物出版社，1989 年，第 4、64 页。

② 聊城市文物管理委员会：《山东阳谷县吴楼一号汉墓的发掘》，《考古》1999 年第 11 期。

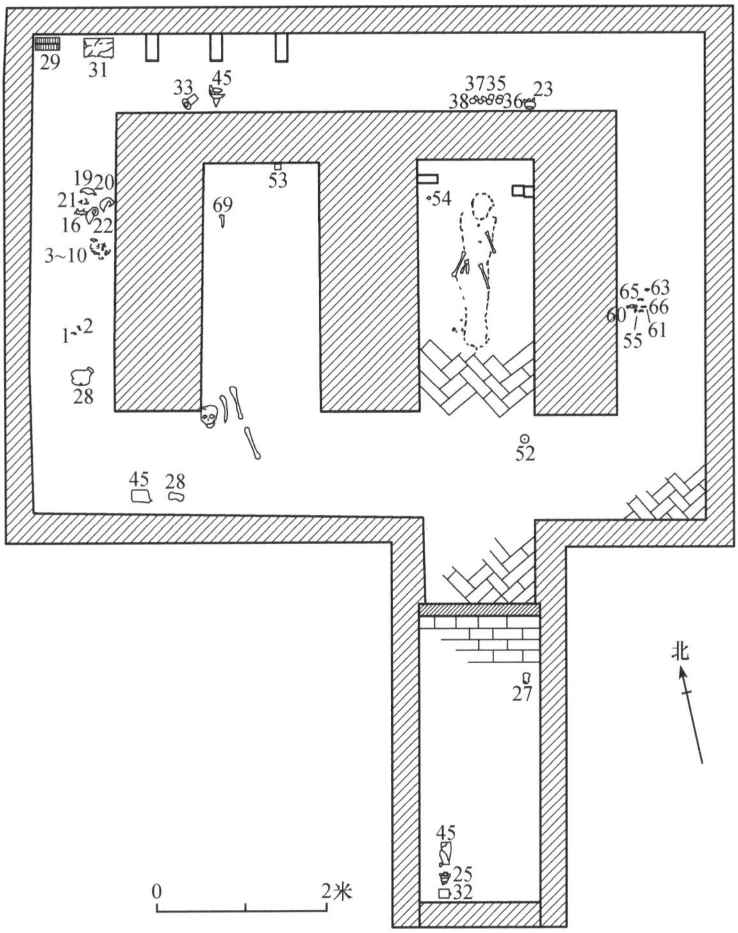

图二 -2　山东聊城阳谷县吴楼 M1 平面图

1-10. 陶人俑　16. 陶猪　19、20. 陶鹅　21、22. 陶鸭　23. 陶鼎　25. 陶熏炉　27. 陶盉　28. 陶瓶　29、31. 陶仓　32. 陶灶　33. 陶井　35-38. 陶鸮形壶　45. 陶壶　52. 铜镜　53、54. 铜铃　55. 铜筒形器　60. 铜当卢　61. 铜马镳　63. 铜戟　65、66. 铁剑，另在扰土中还有多件器物

礼。”① 王侯墓葬及中小型墓葬更是如此，但也有一些为异坟异穴合葬者，如河南密县打虎亭 M1 与 M2②，江苏徐州拉犁山 M1 与 M2③ 等，所占比例整体较小。同穴合葬尤其是同室合葬在诸多家庭中的普遍流行，是对家庭中夫妻关系的重视和再升华，真正体现了夫妻生则同室，死则同穴的丧葬理念和家庭夫妻观念。汉墓壁画与画像等中的

① （西晋）司马彪撰，（南朝梁）刘昭注补：《续汉书》志第六《礼仪志》，中华书局，1965 年，第 3152 页。

② 河南省文物研究所：《密县打虎亭汉墓》，文物出版社，1993 年。

③ M1 资料见李银德：《徐州市屯里拉犁山东汉石室墓》，中国考古学会编：《中国考古学年鉴 · 1986 年》，文物出版社，1988 年，第 123、124 页；M2 资料见耿建军：《徐州市拉犁山二号东汉石室墓》，中国考古学会编：《中国考古学年鉴 · 1990 年》，文物出版社，1991 年，第 208、209 页。

夫妻图像是墓葬内及墓葬外相关设施装饰图案的重要内容之一，是对死后世界内容的想象与描绘，更能体现和反映夫妻生死皆在一起且幸福生活的内容。

与家庭夫妻关系相关的内容还包括再娶、再嫁和在有妻子的情况下可再有嫔妃或妾等其他女性等情况，这亦是家庭中夫妻关系的内容。

（一）一夫与前后二妻的再娶现象

有些家庭中的一些男性因丧偶使得实际夫妻关系在生活中不再存在，该男性或成为鳏者，但社会及其亲族、家庭对原有夫妻关系是认可的；有的男性还会再娶妻，并在实际生活中构成新的夫妻关系，而之前的夫妻关系为既成事实，因此就该家庭和该男性来讲，所形成的为双重夫妻关系，反映在家庭生活中为一夫与前后二妻，体现在丧葬上则是一夫二妻的合葬形式。

列侯墓葬及中小型墓葬中，较多未有明确的一夫二妻合葬形式，尤其是异坟异穴合葬墓，确认难度大，相关墓例极少，但有一些同穴合葬墓会有所体现，即一墓之内葬三人，1 男性 2 女性，且二女性皆有相应的身份地位，而非在等级身份方面差异明显。有些墓葬为竖穴下并列 3 棺或 3 石椁，或是横穴墓的不同室内共葬 3 人，所葬基本为 1 男 2 女，二女性等级身份相似或相差不大，亦有的横穴墓葬内一室中葬 1 男 2 女，或一室中葬 1 男 1 女，其他室葬 1 女性，二女性的等级身份相近，这些墓葬均存在一夫二妻合葬的可能性，只是墓葬所占比例不大，但两汉墓葬皆有体现。一些等级相对较高的西汉竖穴洞室墓也有体现。江苏省徐州市奎山 M11 为西汉武帝早期的一座墓葬，男性墓主身份地位较高，大致相当于高级官吏，该墓葬的竖穴墓道为长方形，男性墓主葬于竖穴底部，有玉枕、玉面罩及塞、琀等殓葬玉器，另有玉璧、玛瑙环、铜镜等，竖穴之南为一龛室，内置模型车马，另有较多铜、陶、原始瓷器等，竖穴两侧为二长方形的洞室，各葬 1 人，皆女性，有玉环或玉琀等，表明皆具有相对较高的身份等级，二女性均应是男性墓主的妻子，西侧洞室内女性下葬时间较早，东侧洞室所葬女性亦较男性墓主先下葬，但其下葬时间与男性墓主较为接近①（图二-3）。类似的内容还见于徐州市东郊绣球山 M1，该墓竖穴下为陪葬的模型车马等，三侧有洞室，东西两侧洞室各葬 1 人，西侧为男性，南侧还有 1 洞室，可能也葬 1 女性，从南侧、东侧洞室的面积及其出土遗物来看，二女性的地位亦不低，而该墓所葬三人很可能为楚国王室贵族及其妻子②。因此，这两座墓葬应该是男性墓主与前后两位妻子的同穴异室合葬墓。从现有资料看，对应墓葬的男性墓主皆有相应的身份地位或经济实力，尤其是石坑竖穴洞室墓，男性墓主的身份地位

---

① 徐州博物馆：《江苏徐州市奎山四座西汉墓葬》，《考古》2012 年第 2 期。

② 徐州博物馆：《徐州绣球山西汉墓清理简报》，《东南文化》1992 年第 3、4 期合刊。

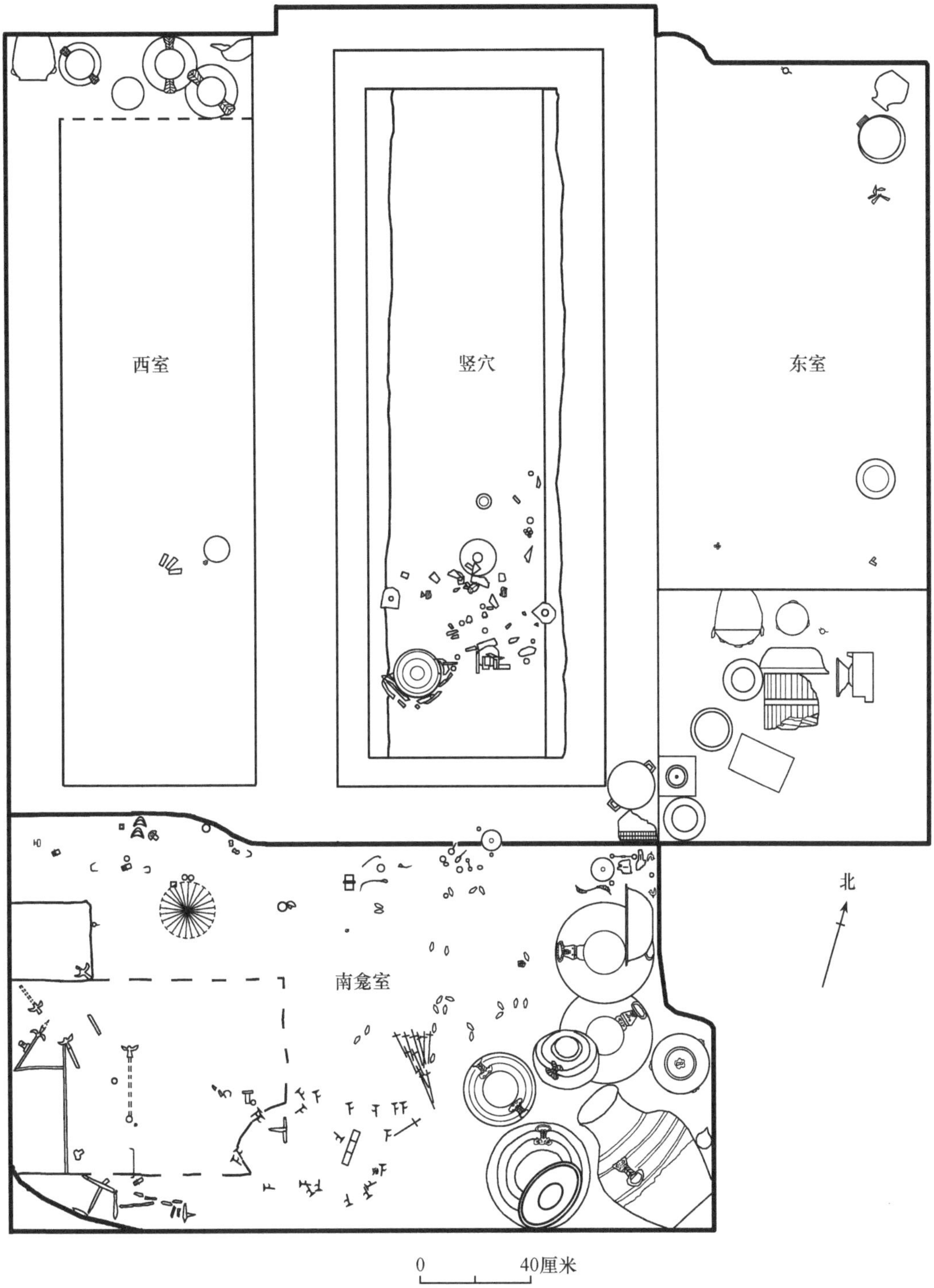

图二-3　江苏徐州奎山西汉 M11 平面图

相对较高，为高级贵族或官吏，这或许与其具备丧偶后再娶的条件或经济实力有关，而一般平民或地位更低者的墓葬则极少有发现，即使有，也是较少并很难确认。

秦汉帝陵及诸侯王墓也存在一帝二后或一王二后的合葬形式，西汉帝王陵墓多见，基本为异坟异穴合葬，东汉诸侯王墓有少量墓例，为异坟异穴与同坟异穴合葬形式的结合。西汉帝陵中一帝二后的合葬内容见于汉元帝的渭陵，其左右分为两个皇后之墓[①]。关于汉代诸侯王墓地中一王二后的合葬形式，有学者作过相关分析[②]，笔者也进行了相应的研究[③]。西汉诸侯王墓地中，江苏省徐州市东郊东洞山、西郊卧牛山西汉楚王墓地皆为 1 王墓，2 后墓，其中东洞山 M1 为王墓，南北两侧的 M3、M2 为两座王后墓[④]（图二 -4），卧牛山 M2 为王墓，与之并列紧邻的 M3 及位于东侧有一定距离的 M1 为两座王后墓[⑤]。江苏盱眙大云山江都王墓地，M1 为江都王刘非墓，M2、M8 为王后墓，其中 M8 的墓主下葬时间最早[⑥]；高邮神居山（天山）广陵王墓地中，M1、M2 为王墓与王后墓，另有 1 座与王墓及王后墓呈“品”字形分布，墓主身份较高的墓葬[⑦]。河南永城保安山梁王墓地中，M1 与 M2 南北并列，M1 东南的柿园汉墓，存在为 M1 墓主的高级嫔妃墓葬的可能[⑧]，且很大可能是死亡时间早于保安山 M2 墓主李后的另一王后[⑨]。山东定陶灵圣湖定陶王墓地中有三座规模较大的封土堆，M2 墓主为丁姬（定陶王刘康的丁后）的可能性最大，M1、M3 墓道均南向，距离较近，当为诸侯王墓（M1）与另一王后墓葬（M3）[⑩]。河北定县三盘

① 刘庆柱、李毓芳：《西汉帝陵调查与研究》，文物编辑委员会编：《文物资料丛刊·第六辑》，文物出版社，1982 年，第 1-15 页。

② 李银德：《江苏西汉诸侯王陵墓考古的新进展》，《东南文化》2013 年第 1 期。

③ 刘尊志：《试论汉代诸侯王墓地中“一王二后”的布局》，刘尊志主编：《考古学视角下的秦汉家庭与日常生活学术研讨会论文集》，科学出版社，2019 年，第 308-332 页。

④ 徐州博物馆：《徐州石桥汉墓清理报告》，《文物》1984 年第 11 期；孟强：《徐州东洞山三号汉墓的发掘及对东洞山汉墓的再认识》，《东南文化》2003 年第 7 期。

⑤ 耿建军、刘超：《徐州市泉山区西卧牛山汉墓发掘》，江苏省文物局主编：《江苏考古（2010—2011）》，南京出版社，2013 年，第 87-91 页；耿建军：《徐州卧牛山西汉楚王墓地墓主人及相关问题的认识》，《中原文物》2019 年第 3 期。

⑥ 南京博物院、盱眙县文广新局：《江苏盱眙县大云山汉墓》，《考古》2012 年第 7 期。

⑦ 梁白泉：《高邮天山一号汉墓发掘侧记》，《文博通讯》第 32 期，1980 年，第 36-39 页；高炜：《汉代“黄肠题凑”墓》，《新中国的考古发现与研究》，文物出版社，1984 年，第 443 页。

⑧ 河南省商丘市文物管理委员会、河南省文物考古研究所、河南省永城市文物管理委员会阎根齐主编：《芒砀山西汉梁王墓地》，文物出版社，2001 年，第 238 页。

⑨ 刘瑞：《河南永城保安山柿园汉墓墓主考》，《考古》编辑部编辑：《考古学集刊·第 18 集》，科学出版社，2010 年，第 372-386 页。

⑩ 山东省文物考古研究所、菏泽市文物管理处定陶县文管处：《山东定陶县灵圣湖汉墓》，《考古》2012 年第 7 期。

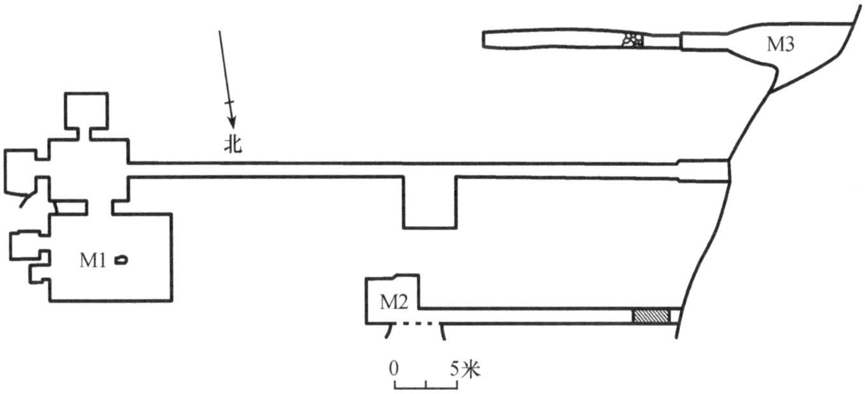

图二-4　江苏省徐州市东洞山 M1～M3 平面分布图

山中山王墓地发现三座规模较大、等级较高的墓葬，距离较近，其中两座或许均为王后墓葬①。东汉诸侯王墓中，江苏徐州土山东汉彭城王墓地，有 3 座规模较大的墓葬，M2 为彭城王与一位王后的同穴合葬墓，居南（前），M1 在其北，与 M2 为同一封土，墓主女性，着银缕玉衣，M3 在 M2 西北，封土独立，规模较 M1 大②，体现出一夫三妻的合葬内容。另外，M2 即彭城王墓内还葬有其他身份等级的女性，体现出该墓在合葬方面的复杂性。可以说，一些汉代诸侯王墓地存在一王二后合葬的情况，与诸侯王的原王后去世较早，诸侯王再立新后有关，对研究汉代诸侯王家庭中的夫妻关系可提供新的视角和参考。

（二）嫔妃、妾及相关女性

秦汉时期，一些具有相应地位等级或经济实力的家庭中，有些男性除正妻外，还会有其他的女性，从已知墓葬的考古资料看，基本表现为其他夫人或嫔妃的陪葬或相关女性与夫妻二人同葬一墓之中，但该女性的身份地位和等级较之正妻相差较多或差异明显。

两汉帝陵的陵区中均有相当数量的嫔妃或相关女性的陪葬墓。西汉帝陵陵区中的嫔妃墓葬规模相对较小，数量不等③。如汉景帝刘启的阳陵陵区，王皇后陵北部略偏西处，距离较近的墓葬可能就是栗姬的墓葬，编号为 YM2，平面形状为“中”字形，由墓室和东西两条墓道组成，有 8 座外藏坑及较多小坑④。汉元帝渭陵陵园内

① 河北省文物研究所：《河北考古重要发现》，科学出版社，2009 年，第 162-165 页。

② 南京博物院：《徐州土山汉墓清理简报》，《文博通讯》第 15 期，1977 年，第 18-23 页。笔者参与了 M2 部分阶段的发掘工作，M3 为笔者主持发掘。

③ 刘庆柱、李毓芳：《西汉十一陵》，陕西人民出版社，1987 年；咸阳市文物考古研究所：《西汉帝陵钻探调查报告》，文物出版社，2010 年。

④ 曹龙：《西汉帝陵陪葬制度初探》，西北大学硕士学位论文，2009 年 5 月，第 17、18 页。

发现一批相对独立、布局严谨、结构规整、排列有序的小型墓园，墓园四周绕以垣墙、围沟，其内部有墓葬和建筑遗址，同时还有完备的道路系统[①]；哀帝义陵的陵园东北部发现的未完成且相对独立的墓园，与汉元帝渭陵陵园内发现的墓园位置相同，规模相近[②]，二者具有共同性质，是研究西汉帝陵嫔妃葬地及相关制度的重要资料。东汉时，皇后与皇帝合葬于一墓之内，其他后妃则有专门的墓区，被称为“西陵”，大体位置相对固定[③]，这也与考古调查和勘探资料基本对应，如可能为光武帝刘秀陵区的大汉冢陵区等[④]。

诸侯王墓地中也见有其他夫人及嫔妃的墓葬，有的还很可能殉葬于王侯的墓葬之内。河南永城保安山西汉梁王墓地中的M3，位于保安山西北侧的山脚下，南距M2约200米，土坑竖穴式，出土金缕玉衣片588枚，另外还有玉鼻塞、琀、璧、环、饰、玛瑙贝、铜镜等，墓葬时代与M2相距不远，墓主女性，与梁王及其王后墓葬关系密切，墓主很可能为梁孝王的某位夫人[⑤]。江苏盱眙大云山西汉江都王墓地有相对集中且较为明确的反映，陵园墙内南部为一王二后墓葬布局，北侧为陪葬墓区，分南北两区，南区陪葬墓有2座，为M9、M10，封土与M1北侧封土相邻，西北各有一陪葬坑，墓主为第一代江都王刘非的妃嫔，地位当属仅次于王后的高级妃嫔[⑥]；二墓北一定距离为墓葬分布密集的北区陪葬墓，从南至北排列，为M3～M6、M11～M15，皆无陪葬坑，墓主皆为江都王的嫔妃，规模由南向北渐小，等级因距离M1的近远亦是逐次降低，体现出统一营造模式下所展现墓主人之间的等级差异[⑦]。江苏徐州狮子山西汉早期楚王墓，墓内有嫔妃殉葬的墓室，为E4，出玉舞人、觿、佩、珩、耳塞、鼻塞及铜镜、带钩等，死者为一女性[⑧]，墓外北侧稍远距离的大面积陪葬墓区中也可能有楚王嫔妃的墓葬。

列侯及具有相应等级的墓葬中，有妾或其他女性与墓主夫妇共葬一墓的现象。江苏徐州地区发现的一些西汉墓葬中有所体现，以西北郊大孤山M2最具代表性，

---

① 陕西省考古研究院、咸阳市文物考古研究所：《汉元帝渭陵考古调查、勘探简报》，《考古》2013年第11期。

② 陕西省考古研究院、咸阳市文物考古研究所：《汉哀帝义陵考古调查、勘探简报》，《考古与文物》2012年第5期。

③ 韩国河：《东汉帝陵踏查记》，《考古与文物》2005年第3期。

④ 洛阳市第二文物工作队：《邙山陵墓群的文物普查》，《文物》2007年第10期。

⑤ 河南省商丘市文物管理委员会、河南省文物考古研究所、河南省永城市文物管理委员会阎根齐主编：《芒砀山西汉梁王墓地》，文物出版社，2001年，第76-80页。

⑥ 南京博物院、盱眙县文广新局：《江苏盱眙大云山江都王陵M9、M10发掘简报》，《东南文化》2013年第1期。

⑦ 南京博物院、盱眙县文广新局：《江苏盱眙县大云山西汉江都王陵北区陪葬墓》，《考古》2014年第3期。

⑧ 狮子山楚王陵考古发掘队：《徐州狮子山楚王陵发掘简报》，《文物》1998年第8期；韦正、李虎仁、邹厚本：《江苏徐州市狮子山西汉墓的发掘与收获》，《考古》1998年第8期。

该墓为附近楚王墓的陪葬墓，男性墓主生前很有可能是该处楚王墓祠庙的相应官吏或与此相关的人员，该墓葬的竖穴墓道下一侧为一长方形洞室，内葬夫妻二人，竖穴底部还葬有一名女性，有棺及铁棺钉和鎏金柿蒂形铜饰件，无其他陪葬品，与洞室内墓主夫人的陪葬品使用情况存在明显区别①，该女性为男性墓主的妾或相关女性的可能性较大。有的墓葬中除夫妻之外还有二妾，如江苏省连云港市海州区双龙村花园路 M1，为平面略呈“刀”字形的两椁四棺土坑竖穴墓，竖穴口至椁室盖板已被破坏，墓室东西长 4.2、南北宽 3.6、残深 1.5 米，方向 100 度，两椁南北并列，北椁大南椁小，北椁室东西长 3.46、南北宽 2.34 米，内置棺 3 具，中为 2 号棺，左为 1 号，右为 3 号棺，2 号棺上方的椁盖板表面隶书刻划“东公”二字，南椁室东西长 2.7、南北宽 1.26 米，内置 4 号棺，2 号棺内葬 1 男性，其他 3 棺各葬一女性，3 号棺内为一具女尸（图二 -5），男性墓主人可能是地方普通官员，3 号棺内的女性根据出土印章可知为凌惠平，是男性墓主的妻子，等级较高，1、4 号棺内的女性为男性墓主的正妻外的二妾，等级明显要低②。一些东汉墓葬内也存在葬 1 男性二女性的情况，且二女性在等级身份上差异明显，推测等级身份较差的女性墓主为男性墓主的妾或相关女性。山西忻州原平北贾铺东汉墓地 M16，单室墓，室内偏西北并列摆放三棺，应为一夫一妻一妾合葬；M1 亦为单室墓，南侧有一侧室，内置一棺，葬一人，为女性，无陪葬品，墓室偏西北并置二棺，与南侧室所葬人员相距稍远，其内葬夫妻 2 人，近处有一耳室，内置较多陪葬品，而该处女性头部有 1 玉珠饰及 1 铜镜，右手背置 1 鎏金凤纹铜饰，右手指带 1 金指环，右手腕带 3 件金手镯，明显区别于南侧室所葬女性无陪葬品的特征，推测南侧室所葬女性很可能是家庭中的女性奴婢，也可能为妾，等级地位较低③。辽宁省辽阳市南郊街东汉墓地中，晚期偏早阶段的 M1，男性墓主可能是二千石至一千五百石的郡守或郡丞，墓室内两棺室并列，为夫妻合葬，侧廊葬一人，女性，应为妾④。

二、父母子女关系

为绝大多数家庭皆存在的内部关系，而且是仅次于夫妻关系的一种密切关系，加之有抚养、赡养及孝道、家庭延续等内容的存在，又使得这一关系在家庭内部占有极为重要的位置，有时甚至会超越夫妻关系，关于这种情况，本书不作过多论述。秦汉时期，家庭自身的发展及家庭观念的不断增强，加之儒家思想的影响和孝

① 徐州博物馆：《江苏徐州市大孤山二号汉墓》，《考古》2009 年第 4 期。

② 连云港市博物馆：《江苏连云港海州西汉墓发掘简报》，《文物》2012 年第 3 期。

③ 山西省考古研究所、忻州市文物管理处、原平博物馆：《原平北贾铺东汉墓葬发掘简报》，山西省考古研究所、山西省考古学会：《三晋考古・第三辑》，山西人民出版社，2006 年，第 262-285 页。

④ 辽宁省文物考古研究所：《辽宁辽阳南郊街东汉壁画墓》，《文物》2008 年第 10 期。

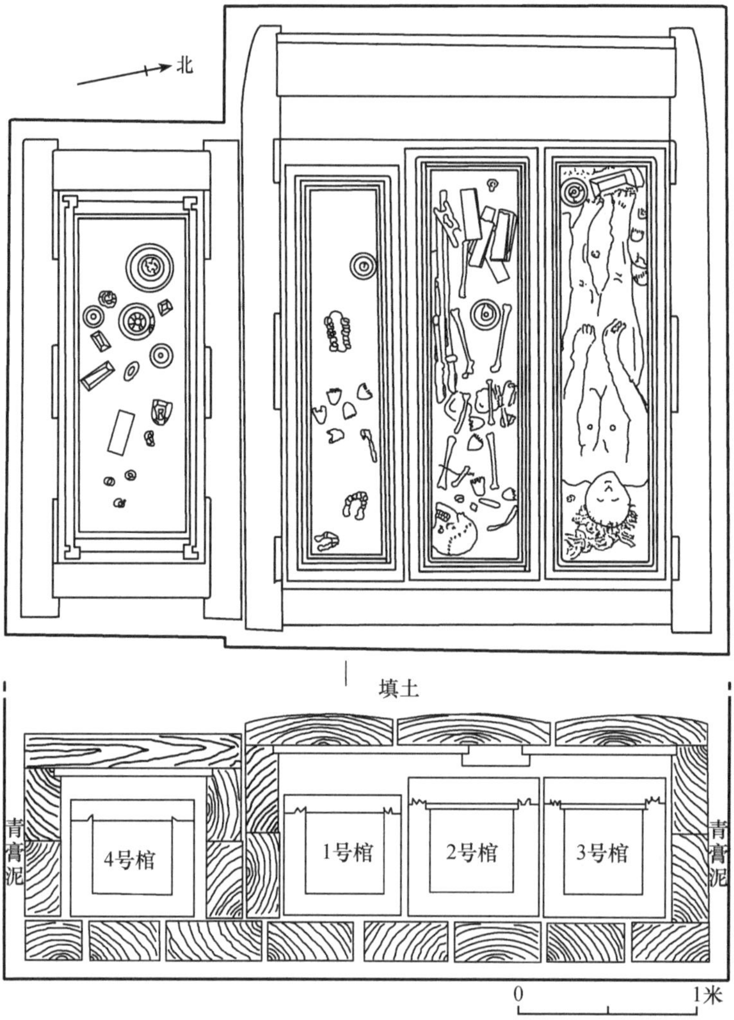

图二-5　江苏省连云港市海州区双龙村花园路西汉 M1 平、剖面图

道的不断推广，使得父母子女关系在诸多方面均得到相应的发展，而且因相应的社会内容及影响，还存在具有一定特殊性的父母子女关系。大致来看，秦汉时期的父母子女关系可分为两类，一是具有实际血缘关系，是最为常见和普遍的内容，考古资料所体现秦汉时期的父母子女关系大多属于此类；二是不具有实际血缘关系，而是在收养或其他背景下形成的父母子女关系，考古资料亦有体现。

秦汉时期，家族葬与家庭葬得到较大发展，而家族葬又以家族中多个家庭葬为组成单位，家庭成员的墓穴基本上距离较近，墓位的安排亦存在相应的规律，其中成员较多的家庭葬还会组成大的家庭葬，多个家庭葬又会组成关系相对较密切的小家族葬，诸多小家族葬可以形成大的家族墓地。因死者的等级地位等的不同，家庭葬的形式有所差异，所体现的家族葬亦有所不同。

帝陵有自身的特点，如两汉帝陵，各有自己独立的陵园和陵区，但诸多的帝陵又形成更大的陵区，虽然先秦时期的昭穆制度在这一时期帝陵制度中已经衰落或消失不见，但有一些还是能较明显地体现出父母子女关系。西汉都城长安城附近有庞大的帝陵埋葬系统，其中渭北陵区九陵的排列又可以分成三组，第一组以汉高祖长陵为中心，西为惠帝安陵，东是景帝阳陵；第二组西是武帝茂陵，东为昭帝平陵；第三组以元帝渭陵为中心，西为成帝延陵，东为哀帝义陵，西北是平帝康陵①，这三组西汉帝陵均可体现和反映出相应的父母子女关系。东汉帝陵可分为邙山原陵墓区和伊河南陵墓区两大兆域，原陵、恭陵、宪陵、怀陵及文陵在邙山原陵墓区，其他基本在伊河南陵墓区，排列突出了南北“一”字状的家庭族葬关系②，其中一些亦可突出体现父母子女的埋葬、位置等关系。

两汉诸侯王墓与列侯墓葬的分布既有集中也有分散，但集中的比例相对较大，且呈现出不断集中的趋势，尤其是东汉时期，较多的诸侯王墓与列侯墓葬分布更为集中，形成相对较大的一处家族墓地。河南永城芒砀山西汉梁王墓地③、江苏泗阳西汉泗水王墓地④、安徽六安西汉六安王墓地⑤、山东曲阜西汉鲁王墓地⑥、河北沧州西汉河间王墓地⑦及江西南昌西汉海昏侯墓地⑧、湖南长沙马王堆西汉轪侯墓地⑨、山东平

---

① 刘庆柱、李毓芳：《西汉十一陵》，陕西人民出版社，1987年；咸阳市文物考古研究所：《西汉帝陵钻探调查报告》，文物出版社，2010年；徐苹芳：《中国秦汉魏晋南北朝时代的陵园和茔域》，《考古》1981年第6期。

② 韩国河：《东汉帝陵踏查记》，《考古与文物》2005年第3期；《东汉帝陵有关问题的探讨》，《考古与文物》2007年第5期。

③ 河南省商丘市文物管理委员会、河南省文物考古研究所、河南省永城市文物管理委员会阎根齐主编：《芒砀山西汉梁王墓地》，文物出版社，2001年。

④ 江苏省大青墩汉墓联合考古队：《泗阳大青墩泗水王陵》，《东南文化》2003年第4期。

⑤ 邵建白：《安徽六安城东西汉车马坑清理简报》，《文物研究·第三期》，黄山书社，1988年，第87-91页；安徽省文物考古研究所、安徽省六安市文物局：《安徽六安双墩一号汉墓发掘简报》，安徽省文物考古研究所、安徽省考古学会编：《文物研究·第17辑》，科学出版社，2010年，第107-123页；安徽省六安市文物管理局胡援：《对六安双墩一号汉墓的几点认识》，《中国文物报》2007年7月27日第7版。

⑥ 山东省博物馆：《曲阜九龙山汉墓发掘简报》，《文物》1972年第5期。

⑦ 河北省文物研究所、沧州市文物管理处、献县文物管理所：《献县第36号汉墓发掘报告》，河北文物研究所编：《河北省考古文集》，东方出版社，1998年，第241-260页；沧州市文物局：《沧州文物古迹》，科学出版社，2008年，第64-65页。

⑧ 江西省文物考古研究所、南昌市博物馆、南昌市新建区博物馆：《南昌市西汉海昏侯墓》，《考古》2016年第7期；驻江西记者柯中华、伍文珺：《南昌汉代海昏侯国考古发掘取得新进展——墓园五号墓主人或为海昏侯长子》，《中国文化报》2018年2月1日第002版。

⑨ 湖南省博物馆、中国科学院考古研究所：《长沙马王堆一号汉墓》，文物出版社，1973年；湖南省博物馆、湖南省文物考古研究所：《长沙马王堆二、三号汉墓》，文物出版社，2004年。

度界山西汉墓地[①]与江苏徐州睢宁东汉下邳王墓地[②]、山东济宁东汉任城孝王墓地[③]、河北石家庄市东无极县甄氏墓地[④]等，对于王侯家庭的父母子女关系均有相应的体现。其中长沙马王堆西汉早期轪侯墓地（图二-6）与平度界山西汉中期偏晚阶段的墓地，均有3座墓葬，2座墓葬为列侯夫妇的异穴合葬墓，另1座墓葬的墓主为列侯夫妇的儿子，反映出列侯家庭中父母与儿子的关系。

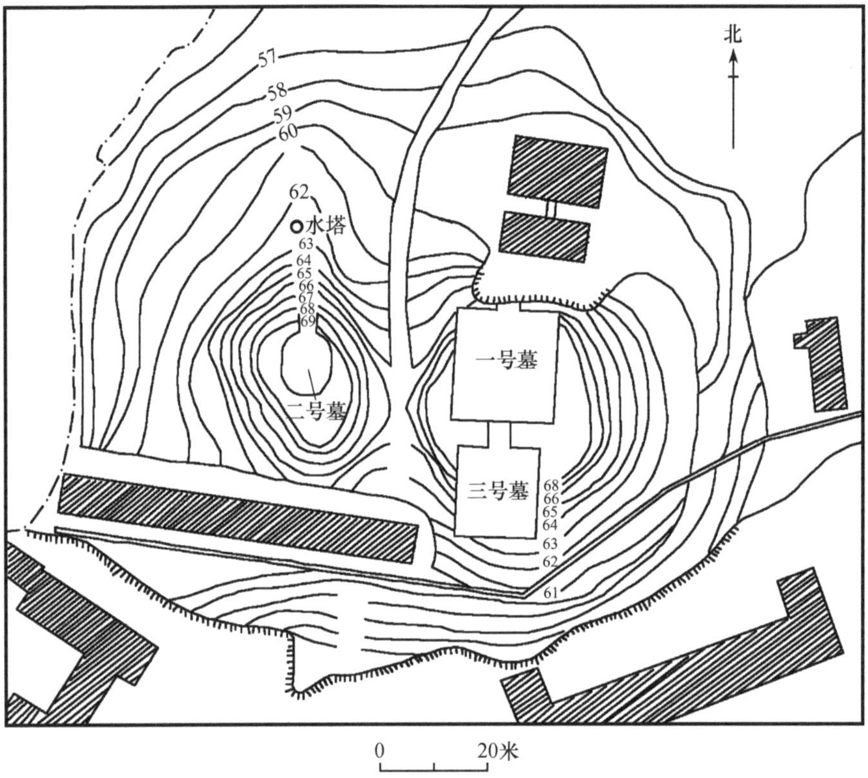

图二-6 湖南长沙马王堆西汉轪侯墓地墓葬分布图

秦汉时期的中小型家族墓地所体现家庭葬或大家庭葬较为突出，很多是在一个

① 青岛市文物局、平度市博物馆：《山东青岛市平度界山汉墓的发掘》，《考古》2005年第6期；刘尊志：《山东平度界山汉墓相关问题浅析》，《南方文物》2020年第2期。

② 刘尊志：《双古堆汉墓群》，孙厚兴、吴敢主编：《徐州文化博览》，文化艺术出版社，2003年，第32、33页；睢文、南波：《江苏睢宁县刘楼东汉墓清理简报》，文物编辑委员会编：《文物资料丛刊·第四辑》，文物出版社，1981年，第112-115页。

③ 济宁市博物馆：《山东济宁发现一座东汉墓》，《考古》1994年第2期；济宁市文物管理局：《山东济宁市肖王庄一号汉墓》，《考古》编辑部编辑：《考古学集刊·第12集》，中国大百科全书出版社，1995年，第41-112页；胡光跃：《任城王汉墓出土黄肠石题刻全集》，三秦出版社，2017年。

④ 孟昭林：《无极甄氏诸墓的发现及其有关问题》，《文物》1959年第1期。

大的墓地中，有若干分布集中且有一定数量的墓葬，而这些墓葬有的又可细分不同的组，体现出家庭葬的特征。也有些墓地中的墓葬数量不多，等级差别不明显，但在时代上有差异或延续性，这种墓地可称为大家庭墓地或小家族墓地，对分析相应家庭中的父母子女关系较有价值。也有的墓地仅有 2 ~ 3 座墓葬，很可能是父母的墓葬与子女的墓葬，这样体现出的父母子女之间的密切关系则更直接。江苏徐州市东郊东甸子西汉墓地共发现 3 座墓葬，M1、M2 东西并列，距离较近，M2 在东，位置稍偏亦略低，为未修建完成的墓葬，而 M1 为夫妻同穴合葬墓，推测 M2 原为夫人墓葬，后因故妻子与其夫同穴合葬于一墓之内，而 M1 内出土有文帝四铢半两，墓葬的时代为西汉文景时期，是徐州地区发现相对较高等级西汉墓葬中夫妻同穴合葬时代较早的墓葬；M3 位于 M1、M2 西南的另一山头，内葬 1 人，为男性小孩，虽墓葬遭盗掘，但仍可看出墓主具有相对较高的等级身份，墓内出土有榆荚半两和八铢半两，时代大致在文帝颁行四铢半两（公元前 175 年）之前，即时代早于 M1，而 M1、M3 位于同一山体的不同山头，应存在密切关系①。推测 M3 的墓主为 M1 内所葬夫妻二人早殇的儿子，死后葬在父母之前规划的墓地之中，以期在另一世界中继续陪伴自己的父母。东汉时期，随着砖室墓的推广和发展，一座墓葬修建的墓室增多，多室墓一方面是墓主身份地位的体现，另一方面也是等级地位不高家庭实现多人葬于一墓的需求，既反映出家庭葬的内容，也折射出家庭中父母与子女的关系。山西忻州原平北贾铺东汉墓地 M17 为前后室结构，后室错位摆放 2 棺，为夫妻合葬，前室西北角摆放的陪葬品应主要服务于二者，而前室的南壁摆放 1 棺，葬 1 男性，墓主头部位置的东北侧有 1 套独立服务于该死者的陪葬品，推测该死者与后室所葬夫妻为同一家庭的成员，很可能为后室所葬夫妻的儿子②（图二 -7）。需作说明的是，墓葬资料所体现更多的是父母与儿子之间的关系，父母与女儿之间的关系则较少，这与女儿出嫁后属于其他家庭有关，但未出嫁早殇者则基本葬在父母身边。就多人葬墓而言，西汉时已有，东汉早期逐渐普及，东汉中晚期明显增多且形式多样，相关墓葬在今西安、洛阳、晋北、京津冀地区、川渝地区及山东、内蒙的个别地区均有较多发现，很多为大家庭中父母与儿子夫妇（或许是多个儿子及其妻子）葬于一墓，反映出家庭中父母与儿子关系的密切程度，较典型的墓葬如河北秦皇岛抚宁邴各庄东汉 M1，为砖砌多室墓，主后室 1 个，其前端为前室，前室两侧各有 1 室，发掘简报称二者为东、西侧室，主后室及东、西侧后室皆葬人，可能是葬 3 对夫妻，即 6 人，而主后室内所葬 2 人的时代较早，很可能为家庭中的长者，

---

① 徐州博物馆：《徐州东甸子西汉墓》，《文物》1999 年第 12 期。

② 山西省考古研究所、忻州市文物管理处、原平博物馆：《原平北贾铺东汉墓葬发掘简报》，山西省考古研究所、山西省考古学会：《三晋考古・第三辑》，山西人民出版社，2006 年，第 262-285 页。

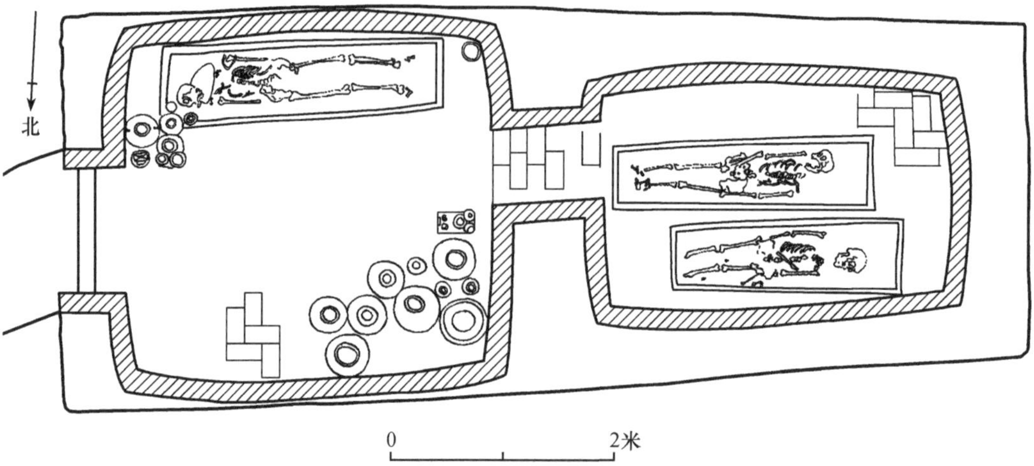

图二-7 山西忻州原平北贾铺M17平面图

两侧当为其2个儿子及各自妻子的合葬[①]。另外还有较多的多人葬墓与之有相近或相似的内容，皆在一定程度上为研究父母与儿子夫妇之间的家庭关系提供了直观参考。当然也有一些墓葬中不仅有成年夫妇的骨架，也有儿童或未成年人的骨架，一些儿童的骨架可能为家庭中童仆的骨架，一些则应是成年夫妻孩子的骨架，有些资料并未对未成年人的性别进行描述，但其中很可能会存在成年夫妇的早殇儿女。

秦汉时期，行孝、尽孝得到较广泛的推广，而随着儒家孝道思想的推广及政府对于孝道的重视，甚至还存在行孝者社会地位改变的可能，儿女对父母尽孝作为美德已成为社会上十分普遍乃至已有所过头的行为，这在丧葬方面体现得尤为明显，文献资料中所载“厚资多藏，器用如生人”[②]“以厚葬为德，薄终为鄙”[③]“崇饬丧纪以言孝，盛飨宾旅以求名”[④]等均能体现，盲目追求厚葬以示孝，已造成“乱孝悌之真行，而误后生之痛者也。”[⑤]这种社会行为，无论是正常推行，还是相应过激的施行，均在相应程度上体现出这一时期家庭中父母与子女的关系，而在正常情况下，父母较之子女先去世，儿子和女儿在丧葬上可尽显孝心和孝行。丧葬礼俗方面，父母死后，沐浴与饭含、袭礼、小敛与大敛、殡棺、殡殓、启殡、发引、下葬及下葬

① 河北省文物研究所：《河北抚宁县邴各庄汉墓发掘简报》,《文物春秋》1997年第3期；刘尊志：《河北抚宁邴各庄东汉墓地的相关问题探讨》,《文物春秋》2020年第3期。

② （西汉）桓宽：《盐铁论·散不足》，王利器校注：《盐铁论校注（定本）》，中华书局，1992年，第353页。

③ （南朝宋）范晔撰，（唐）李贤等注：《后汉书·光武帝纪》，中华书局，1965年，第51页。

④ （东汉）王符：《潜夫论·务本》,（清）汪继培笺，彭铎校正：《潜夫论笺校正》，中华书局，1985年，第20页。

⑤ （东汉）王符：《潜夫论·务本》,（清）汪继培笺，彭铎校正：《潜夫论笺校正》，中华书局，1985年，第20页。

后的相关礼俗，均可在一定程度上反映父母与子女的关系。发丧送葬方面，江苏徐州沛县龙固三里庙汉墓及山东微山沟南村汉墓出土的行丧送葬画像等皆有所体现[①]，画像中皆有丧主在行丧途中跪拜的礼仪，沟南村出土画像石中的孝子身穿斩衰服，头戴首绖，腰系绞带和腰绖，手持丧杖，伏地跪拜于丧车前。三里庙出土画像中，孝子身穿斩衰服，手持哭丧杖作行礼跪拜状。丧主应为死者的儿子，体现出父母与儿子的关系。墓葬是人死之后的归宿地，对当时的丧礼、葬俗有较多体现，同时也是秦汉考古的重要内容之一，已发现、发掘的众多秦汉墓葬在这方面有诸多的体现。墓位的选择有些是死者生前选定的，其儿女也可能参与其中，也有一些则可能是儿女选定的；墓葬的修建及陪葬品的使用也是如此，不过儿女的参与程度更突出，合葬形式、墓葬形制及尽可能多地陪葬多种类的物品等，皆是希望父母在另一世界有着美好的生活，而墓葬形制的不断第宅化及陪葬品的日趋生活化作为这一时期墓葬发展的突出特征，亦是实现相关丧葬理想和需求、体现子女孝行的内容，即希望死者在地下能像现实世界甚至超越现实世界的生活；墓祭设施更突出地反映出子女对于父母的孝行，无论帝王陵墓外规模较大的寝殿类祭祀设施，还是列侯及中小型墓葬外的祠堂，甚至一些墓葬仅有祭台或简单的墓祭设施，都是子女祭祀父母、表达孝心的物质媒介，因死者与祭祀者等级、身份地位的不同，祭祀行为的表现形式存在差异。东汉时皇帝有上陵之礼，官僚地主去祠堂祭祀，普通百姓则仅仅为露祭，但均能够反映出子女的孝行及其与父母的关系。另外，秦汉时期尤其是汉代还有居丧制度，《汉书》、《后汉书》中多有记载，西汉时的原涉与东汉时的济北孝王刘次为丧父后居丧，东汉的戴伯鸾、樊儵、蒋革、周磐、蔡邕等是母亲卒后居丧；韦彪是父母卒后，均居丧。这些人或居庐啜粥，或庐于冢侧，有的行丧冢庐三年，有的寝伏冢庐或不出庐寝。居丧时，孝子饮食较为简略，所居住处、卧具及其他内容也与平时不同，死者下葬后，居丧者的居处较多位于墓侧，考古发现较多墓葬外有建筑材料的残片，如板瓦、筒瓦，有的还有瓦当，相关建筑或为祠堂或是墓葬修建时的临时设施，一些也存在为居丧者住处的可能。

汉代墓葬壁画及画像石、画像砖的画像中多有反映父母子女关系的内容，如孝子、孝女图像，严父、慈母图像及家庭中父母与儿女共同生产、生活的图像，从不同角度、多个方面体现出这一时期家庭中父母儿女间的亲密关系。四川彭州市义和乡出土的一块与酒肆有关画像砖的画像中，右后上方是一座酒肆，有人售酒，有人买酒，还有1荷酒贩鬻者正推独轮车而去，准备去串街沽卖，左上方有二人作奔跑状，前面一小孩，后为肩上荷壶的大人，父子二人一起来买酒，体现出较欢快的

① 武利华：《徐州汉画像石通论》，文化艺术出版社，2017年，第102、103页；王思礼、赖非、丁冲、万良：《山东微山县汉代画像石调查报告》，《考古》1989年第8期。

家庭气氛[①]。相关内容在下文中还有相关论述，此处不作过多举例。汉代墓葬的碑刻、祠堂刻字及墓葬用石等上的刻铭文字也较多体现出父母儿女的关系。如祠堂刻字，山东微山两城山出土的一块祠堂画像石上有“永和二年（137年），大（太）岁在卯，九月二日，茀（茅）乡广里泱□昆弟男女四人，少□□□，复失慈母，父年…时[迳]有，钱刀自足，思念父母，悲哀，乃弟兄作小食堂传孙子，石工邢螟、□□□□、财弗直万……”等刻字[②]，江苏徐州铜山汉王镇东沿村出土一块画像石上有“元和三年（86年）三月七日三十示大人子侯世子豪（高）行三年如礼治冢石室直（值）□万五千”等刻字[③]，而该石原为墓外祠堂用石，后被再利用，作为墓葬用石，文字是制作祠堂用石时刻上的[④]。通过二祠堂用石上的刻字可以看出，儿子为去世的父母立祠，反映出儿子对父母之孝。山东嘉祥出土的许安国祠堂题记载，许安国卒后，其父母及三个弟弟“以其余财，造立此堂。”[⑤]这是父母及兄弟为死者立祠，体现了父母对去世较早儿子的爱和兄弟之情。河南南阳发现的东汉许阿瞿墓葬画像石是父母为早殇的许阿瞿修建墓葬的用石，画像中有许阿瞿观看乐舞杂技及其他童仆玩耍的内容，体现出父母希望自己的儿子在地下世界还能够享受美好生活的良好愿望，而该画像石上所刻文字计有“……，痛哉可哀，许阿瞿」[身]，年甫五岁，去离世荣。遂就长夜，不见日星，神灵独处，下归窈」冥，永与家绝，岂复望颜。谒见先祖，念子营营，三增仗火，皆往」弔（吊）亲，瞿不识之，啼泣东西，久乃随 逐（逝），当时复迁。父之与母，感」□□□，□壬五月，不□晚甘。羸劣瘦□，投财连（联）篇（翩），冀子长哉，」……。”[⑥]充分反映出父母对儿子早殇的悲痛和对儿子浓浓之爱与依依不舍之情。可以说，许阿瞿墓葬的修建及其使用的画像石的画像、刻字等，可从多个方面综合体现出家庭中父母与子女的亲密关系。河南洛阳市三乐食品总厂住宅楼工地东汉墓（编号C3M226），出土两块刻文字的砖（图二-8），发掘简报指出，该墓是一名叫“黄君法”的父亲在一墓之内葬夭亡且有孝行的黄晨、黄芍两姐妹[⑦]，这可反映出家庭中父女的关系和感情；也有学者认为砖上

---

① 四川省博物馆：《四川彭县等地新收集到一批画像砖》，《考古》1987年第6期。

② 马汉国主编：《微山汉画像石选集》，文物出版社，2003年，第38、39页。

③ 徐州博物馆：《徐州发现东汉元和三年画像石》，《文物》1990年第9期。

④ 武利华：《徐州汉画像石通论》，文化艺术出版社，2017年，第56-61页；刘尊志：《江苏徐州东沿村出土祠堂画像石浅析》，《中原文物》2018年第1期。

⑤ 济宁地区文物组、嘉祥县文管所：《山东嘉祥宋山1980年出土的汉画像石》，《文物》1982年第5期；赵超：《山东嘉祥出土东汉永寿三年画像石题记补考》，《文物》1990年第9期。

⑥ 南阳市博物馆：《南阳发现东汉许阿瞿墓志画像石》，《文物》1974年第8期。

⑦ 洛阳市文物工作队：《河南洛阳市东汉孝女黄晨、黄芍合葬墓》，《考古》1997年第7期。

图二 -8　洛阳东汉墓 C3M226 出土铭文砖文字

朱书文字所体现的是黄君法行去灾及孝女祭酒，是女儿对父母孝道的体现[①]，所反映的是孝女之孝，亦折射出家庭中父母与女儿的亲情关系。

从丧葬方面体现家庭中父母子女关系的内容还见于相关文献，如《水经注·淯水》载：“水南道侧有二石楼。相去六七丈，双峙齐竦，高可丈七八。柱圆围二丈有余，石质青绿，光可以鉴。其上栾栌承栱，雕檐四注，穷巧绮刻，妙绝人工。题言：蜀郡太守，姓王，字子雅，南阳西鄂人，有三女无男，而家累千金。父没当葬，女自相谓曰：‘先君生我姊妹，无男兄弟，今当安神玄宅，翳灵后土，冥冥绝后，何以彰吾君之德？’各出钱五百万,一女筑墓，二女建楼，以表孝思，铭云墓楼，东平林，下近墳墓，而不能测其处所矣。”[②]这段记载反映出蜀郡太守王子雅的三个女儿对父亲之孝，折射出父女关系的内容，同时也说明，有的家庭无儿子，出嫁的女儿可能会承担起修墓及建造相关设施的责任，并以此表孝恩，体现了在孝的推动下家庭中父女关系的亲密。

这一时期的父母子女关系中还有一种具有相对特殊性的内容，即父母和子女间没有直接的血缘关系，而是因收养形成父母子女关系。此类关系在文献中有一些记载，但就考古资料来讲，由于很多墓葬内的骨架保存较差，加之对较多可确定具有父母子女关系的墓主未有进一步的鉴定，尤其是未进行 DNA 等科学技术的鉴定，大多是将他们视为有血缘关系的父母子女关系。一些秦汉时期的墓葬，因相关的墓主可大致确定，而因对应墓主具有相对特殊的身份，在其墓地之中会体现出因收养等因素而形成的父母子女关系。这类墓葬多见于东汉宦者侯的墓葬及墓地，一方面

① 陆锡兴：《“黄君法行”朱字刻铭砖的探索》，《考古》2002 年第 4 期。

② （北魏）郦道元：《水经注》，（清）王先谦校：《合校水经注》，中华书局，2009 年，第 460 页。关于“铭云墓楼东平林下近墳墓”，笔者将其断句为“铭云墓楼，东平林，下近墳墓”与一般多断句“《铭》云：墓楼东，平林下，近墳墓”等不同，特说明。

宦者侯具有特殊的身份，另一方面史书中对其与其家庭有相对详细的记载，这样可让我们更好地认识收养因素下的特殊父母子女关系，而其他很多墓葬的墓主极少具备上述条件，故很难确认。东汉宦者侯的墓葬和墓地已发现一定数量，其中的安徽亳州曹操宗族墓地及河南濮阳南乐县福坎镇宋耿洛村南东汉具瑗家族墓地可体现上述内容。亳州曹操宗族墓地有多座曹氏家族成员的墓葬，其中董园村 M1、M2 均为列侯级别墓葬，且皆是夫妻同穴合葬墓，基本认为董园村 M2 为宦者侯曹腾与其夫人的墓葬，M1 为其养子曹嵩与其夫人的墓葬①。濮阳南乐宋耿洛村南有 3 座带封土的墓葬，M1 时代为桓、灵时期，墓主很可能是宦者侯具瑗与其夫人，M2 时代晚于 M1，内葬夫妻二人，为具瑗养子夫妇的墓葬，M3 的时代又稍晚于 M2，内葬夫妻二人，当为 M2 内所葬夫妻二人的儿子夫妇②，这二者则是具有血缘关系的父母与儿子的关系。

另外，汉代画像石中的齐义继母画像，反映了家庭中孤身母亲与亲子和抚养继子之间的关系，山东嘉祥武氏祠中的武梁祠东壁有相关画像③，体现的则是与血缘、收养皆有不同的母子关系，这在秦汉时期也应有相关存在。

三、祖孙关系

这一关系涉及祖孙三代，就所属家庭来讲，是区别于以一对夫妻为基础的小家庭，属于有两对或更多夫妻及不同辈分成员的大家庭，实际而言，祖孙关系可视为双重有直接关联的父母子女关系，而祖孙之间又存在较为亲密的关系。

关于祖孙三代的家庭，《后汉书》卷三十二《樊宏传》载樊宏父樊重，“世善农稼，好货殖。重性温厚，有法度，三世共财，子孙朝夕礼敬，常若公家。”④考古资料反映的祖孙关系内容则更为丰富和多样。

就墓葬分布来讲，较多家族或大家庭墓地有所体现。帝王列侯等高等级人员的陵墓，较多在分布和墓葬位置的安排上能够体现祖孙关系的内容。西汉帝陵渭北咸阳原陵区的东区和中区两组陵墓皆有体现，其中东区有高祖刘邦长陵与景帝刘启的长陵；中区有元帝刘奭的渭陵及其子成帝刘骜的延陵，还有元帝庶孙哀帝刘欣的义陵和平帝刘衎的康陵。上文所引河南濮阳南乐县福坎镇宋耿洛村南东汉宦者侯具瑗

---

① 安徽省亳县博物馆：《亳县曹操宗族墓葬》，《文物》1978 年第 8 期；任晓民：《曹操宗族墓葬》，江苏科学技术出版社，2010 年，第 1-160 页。

② 安阳地区文管会、南乐县文化馆：《南乐宋耿洛一号汉墓发掘简报》，《中原文物》1981 年第 2 期；王国平、张文彦、史国强、李小彬：《南乐汉墓》，中州古籍出版社，2015 年。

③ 蒋英炬、吴文祺：《汉代武氏墓群石刻研究》，山东美术出版社，1995 年，第 54、55，152、153 夹页（1）、160 页。

④（南朝宋）范晔撰，（唐）李贤等注：《后汉书·樊宏传》，中华书局，1965 年，第 1119 页。

家族墓地，M1～M3三座墓葬呈“品”字形排列，每墓相距约30米，M1位置突出，M2、M3大致在前后一条线上，M3的墓主为具瑗收养之子的儿子夫妻二人，墓主与具瑗之间为祖孙关系，而M3的位置也与墓主辈分及其身份等级较相符，M2的男性墓主很可能为袭封爵位者，而M3的男性墓主虽为M2墓主的后人，但基本已无爵位[①]。中小型墓葬及其所属墓地中，祖孙三代共葬一个墓地的现象当较为普遍，而在一些多人葬墓中，骨架较多，一些有多对夫妻，下葬时间有所差异，既可能是父母与儿子、儿媳的关系，也存在祖孙三代共葬一墓的可能。

关于祖孙关系，相关碑刻文字及画像石画像中也有体现。山东嘉祥武氏祠中的《从事武梁碑》载有“孝子仲章、季章、季立，孝孙子侨，躬修子道，竭家所有，……前设坛墠，后建祠堂。”[②]可知为武梁修墓、建祠、立碑者除其儿子外，还有孙辈的人员。出土的汉代画像石画像中，山东省邹城市卧虎山汉画像石墓（M2），西椁板内侧画像的主体为两位站立老人，左为男性老者，戴冠，双手持长杆鸠杖，右侧为女性，亦戴冠，一手执杖，另一手捧物，从画面看，两位老人之间有二个孩童，其中一个伸手向老年女性要东西，老年女性弯腰，手中拿物正准备给该孩童，而老年男性似在说着什么，引得该孩童在伸手接物的时候将头扭向老年男性，在老年女性身后右上方还有一持物的小孩，该幅画像所体现很可能是祖孙之间和谐又充满亲情的生活内容[③]（图二-9）；滕州市黄家岭出土的一块祠堂画像石，下格为田间劳作画像，右侧为1树，树下一老者，右手执杖坐于树下，其左有驱牛耙地者、驱牛马拉犁耕田者，还有多人中耕除草，亦见有挑饭食的女人，勾画出一幅繁忙田间劳作的画面[④]（图二-10）。该画像很可能体现的是大家庭人员在田间劳动的场景，从画像内容看，老者年岁已大，从事田间劳作者人数较多，相关人员除老者的儿子外，还应有孙辈，老者坐在地头看儿孙们劳动，而女眷则

图二-9　山东省邹城市卧虎山M2西椁板内侧画像

① 安阳地区文管会、南乐县文化馆：《南乐宋耿洛一号汉墓发掘简报》，《中原文物》1981年第2期；王国平、张文彦、史国强、李小彬：《南乐汉墓》，中州古籍出版社，2015年。

② 蒋英炬、吴文祺：《汉代武氏墓群石刻研究》，山东美术出版社，1995年，第17页。

③ 邹城市文物管理局：《山东邹城市卧虎山汉画像石墓》，《考古》1999年第6期。

④ 滕州市汉画像石馆：《滕州汉画像石精品集》，齐鲁书社，2011年，第32、33页。

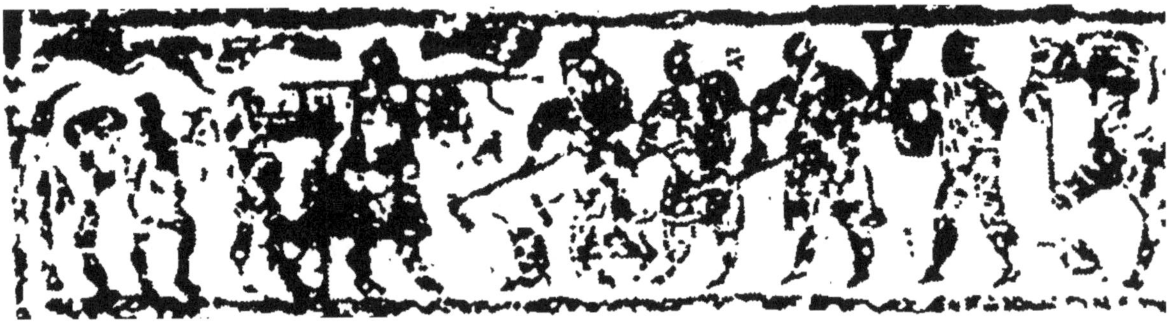

图二-10 山东省滕州市黄家岭出土祠堂画像石下格画像

负责送来饭食。

四、兄弟姐妹关系

一般是指同一家庭中具有血缘关系的同辈人员，也有同一家庭中因收养等不同因素而形成非血缘但关系较为密切的同辈人员，且有长幼之分。就大家庭或家族而言，相关概念有所延伸和扩大，基本是同一辈分有血亲或因收养等因素而形成的兄弟姐妹关系。本书所叙述主要是指前者，即同一家庭内的兄弟姐妹关系。需要指出的是，由于婚嫁等原因，原有家庭的兄弟姐妹会组合成多个新的家庭，儿子结婚后还可能与父母组成大家庭，而女儿出嫁后基本都是脱离原家庭及家族的，但同一家庭中，因血缘关系或收养及其他背景下的兄弟姐妹关系基本保持，这在文献资料中有记载，考古资料亦有相应体现。

帝陵及王侯墓葬的墓主归属相对明确，其中一些可以体现出相应的兄弟关系。西汉帝陵中，惠帝刘盈的安陵在渭北陵区，靠近高祖长陵，而其弟文帝刘恒是在平定诸吕之乱后登临帝位，因前有其兄葬于父陵旁，文帝将陵墓选址在都城的东南，这在一定程度上体现出兄弟长幼之序的相关内容。东汉时汉明帝刘庄选择在都城洛阳之南而非刘秀原陵所在的都城之北，这与刘庄为刘秀的第四子，非嫡长子有关，这一特殊继承关系也可能是促使明帝陵墓与光武帝陵墓距离较远的原因之一，而其后的一些东汉皇帝或与明帝有类似情况，或与前任皇帝辈分相同，故在陵位的选择上，为邙山原陵墓区和伊河南陵墓区二者皆有[①]，亦在一定程度上反映出皇帝家庭中的兄弟关系和长幼之序。诸侯王与列侯墓地亦有相应体现，对于墓主的大致确认并结合墓葬形制、出土遗物等可为我们研究相关家庭的兄弟关系提供参考。如西汉刘姓楚王中，第二代楚王刘郢（客）与第四代楚王刘礼皆为楚元王刘交的儿子，而他

① 韩国河：《东汉帝陵踏查记》，《考古与文物》2005年第3期。

们的墓葬大致可确定为今徐州市东郊狮子山西汉墓[①]和北郊的北洞山西汉墓[②]，刘郢（客）与刘礼之间还有第三代楚王刘戊，即刘郢（客）的儿子，刘礼是在刘戊参加七国之乱后被续封的楚王，刘戊墓葬即东北郊驮篮山汉墓的发现、发掘及大致确认基本证明了这一点[③]，也为研究西汉早期刘郢（客）与刘礼二位楚王的兄弟关系提供了明确的实物资料。

秦汉时期的较多中小型墓地中，墓位的安排往往会体现出辈分高者居尊位，辈分低者居于一侧或围绕辈分高者墓葬分布等特点，而居于一侧或围绕辈分高者墓葬分布的墓葬中，当有较多的墓主为兄弟关系，聚族而葬的特征也反映出相关家庭中的兄弟关系。这时期有相应规模的一些家族墓地会呈现出由多组墓葬组成的特征，每一组之中又有时代较早者，墓主可能是辈分相对高者，另外会有一些时代较该墓晚但彼此相对接近的墓葬，男性墓主为兄弟的可能性较大。如安徽天长三角圩墓地，呈南北向，发现墓葬20余座，分4组，除Ⅱ区D组仅2座墓葬，且时代分别为战国晚期和西汉中期前段外，Ⅰ区的另3组均有多座墓葬，A组中墓葬时代从战国晚期至西汉晚期，B组中墓葬时代从西汉早期至西汉晚期，C组中墓葬时代从西汉中期前段至西汉晚期，均有较强的联系性，A、B组中还均有时代相近的墓葬，为同一家庭中兄、弟墓葬的可能性极大[④]。两汉时期的多人葬墓也存在一墓之中葬有兄与弟的情况，这在东汉时期的多人葬墓中体现得尤为明显，如上文所举河北抚宁邴各庄东汉M1等，而该墓地中还有其他时代相近的墓葬[⑤]，不排除为兄、弟墓葬的可能，这也为研究秦汉家庭内部兄弟关系提供了重要的参考。

---

① 狮子山楚王陵考古发掘队：《徐州狮子山楚王陵发掘简报》，《文物》1998年第8期；韦正、李虎仁、邹厚本：《江苏徐州市狮子山西汉墓的发掘与收获》，《考古》1998年第8期。

② 徐州博物馆、南京大学历史系考古专业：《徐州北洞山西汉楚王墓》，文物出版社，2003年，第100页。

③ 刘尊志：《徐州两汉诸侯王墓研究》，《考古学报》2011年第1期。

④ 安徽省文物考古研究所：《天长三角圩墓地》，科学出版社，2013年。

⑤ 河北省文物研究所：《河北抚宁县邴各庄汉墓发掘简报》，《文物春秋》1997年第3期。

汉代墓葬外石祠堂的画像石画像及刻铭文字等对这一时期尤其是东汉时期家庭中的兄弟关系有较为明确的体现。山东嘉祥武梁祠后（南）壁画像第二层中有一幅与朱明有关的画像，左边一妇人右向，手拉其右一抱婴儿的小妇人，榜题“朱明妻”，抱婴儿小妇人下，一横榜题“朱明儿”，上有飞鸟，右边 3 人左向立，中间的人物冠服拄剑，榜题“朱明”，其前 1 人右手前指，回首左顾朱明，榜题“朱明弟”，其后一袖手的妇女，榜题“章孝母”①。有学者指出：图像中的朱明严肃决绝，朱明弟面向朱明，右手指向朱明妻，似乎在向兄长求情，朱明的儿子右手牵着朱明妻子的衣袖，似乎在哀求母亲不要离去，而朱明妻怀抱婴儿身向左而面向右，生动地展示了兄弟之间的亲密关系②。汉墓祠堂画像石刻铭中体现的兄弟关系内容更多。有兄弟合资葬父母并修建祠堂者，上文所引微山两城山出土的一块祠堂画像石，刻铭中有思念父母，弟兄悲哀，乃治冢作小食堂传孙子的内容。另外也有弟为兄立祠的情况。山东微山出土祠堂画像石上的刻铭为“永和四年（公元 139 年）四月丙申朔廿七日壬戌，桓桑（孨）终亡，二弟文山、叔山悲哀，治此食堂。”③上文所引资料中还有父母及死者兄弟为死者修建祠堂的内容，如山东嘉祥出土的许安国祠堂题记，所记内容是家人为许安国修建祠堂的相关内容等。这些皆在一定程度上，并从不同的方面，对秦汉家庭的兄弟关系进行了阐释和反映。

关于姐妹关系，上文所引《水经注·湑水》所载蜀郡太守王子雅有三女，无男丁，三女中一女为父筑墓，二女建楼，以表孝思，描写了姊妹亲情。河南洛阳发现的孝女墓，若如简报所讲为一墓之内葬夭亡且有孝行的黄晨、黄芍两姐妹④，也间接反映出黄晨、黄芍二姊妹的关系。汉代壁画和画像石中还常见“七女为父复仇”的图像，描绘了七个姊妹同心，联合行动，合力杀掉害死父亲仇人的故事。这几例大致所述的基本是家庭中有姊妹无兄弟的情况，类似情况在秦汉时期的家庭中应有一定程度存在，不仅反映出对应家庭中的姐妹关系，也说明家庭内同辈无男丁的情况下，姊妹可能需要承担的相关社会责任。当然，同一家庭中，即使有兄弟，也会存在多种形式的姐妹关系。

同一家庭中，儿女皆有的情况最为普遍，因此会存在兄妹关系或姐弟关系。汉惠帝刘盈的安陵陵区东部，今跃进村附近，为宣平侯张敖墓与夫人鲁元公主的墓葬，另有其他墓葬，M1 规模大，可能为鲁元公主墓，其西北侧有一处大面积的建筑遗址，

---

① 蒋英炬、吴文祺：《汉代武氏墓群石刻研究》，山东美术出版社，1995 年，第 57，152、153 夹页（1），161 页。

② 瞿中溶：《汉武梁祠画像考》，北京图书馆出版社，2004 年，第 312 页。

③ 马汉国主编：《微山汉画像石选集》，文物出版社，2003 年，第 30、31 页。

④ 洛阳市文物工作队：《河南洛阳市东汉孝女黄晨、黄芍合葬墓》，《考古》1997 年第 7 期。

宣平侯张敖墓相对略小[①]。惠帝刘盈与鲁元公主均为高祖刘邦与吕后所生，在刘邦起事前后及当上皇帝后，兄妹二人一直在一起生活，感情较好，而惠帝刘盈在其陵区内为鲁元公主及其夫张敖安排墓位，也体现出兄妹间的感情之深。汉代画像中也有相关内容，如山东嘉祥武梁祠东壁画像中的梁节姑姊画像与题榜，描写了一位家庭妇女在火灾时救兄子与自己儿子的故事[②]，体现了梁节姑姊与其兄及其侄儿之间的关系。

五、家庭中主体成员间的其他关系

秦汉时期，家庭中的主体成员种类较多，因此会形成相互间的不同关系，除上述对应关系外，还有其他关系存在，如姑嫂和叔嫂关系、妯娌关系、叔侄关系等。妯娌关系、姑嫂关系在考古资料中体现较少，即使有，也多为间接体现，如兄弟关系即附带有妯娌关系的相关内容，但多数以兄弟关系为主体进行叙述，而姑嫂关系多附带于兄弟姐妹关系之中，多以兄弟姐妹关系为主体进行叙述。

叔嫂关系在文献中有相关的记载。如汉高祖刘邦在起事之前，“尝辟事，时时与宾客过巨嫂食。嫂厌叔，叔与客来，嫂详（佯）为羹尽，栎釜，宾客以故去。已而视釜中尚有羹，高祖由此怨其嫂。”[③] 再如《后汉书·马援传》载：“援三兄况、余、员，并有才能。……会况卒，援行服期年，不离墓所，敬事寡嫂，不冠不入庐。”[④] 考古资料对叔嫂关系的表现与妯娌关系、姑嫂关系有相似之处，但也有一些相对具体的内容。山东嘉祥武梁祠出土的祠堂画像有相关内容，上文所述“朱明”题榜画像，既有对兄弟关系的描述，也反映了当时叔嫂之间的矛盾和相互关系；武梁祠后壁出土的“鲁义姑姊”画像，描述的是鲁国一位普通妇女爱护夫兄之子的故事[⑤]，一方面是对鲁义姑姊疼爱侄子的展现，另一方面也描述了夫兄与弟妹之间的关系。

叔侄关系是相对较大家庭中相应人员关系的一种。就考古资料来讲，一些大家庭的墓地之中，这种关系当有体现，但很多又存在相应的不明确性。有些等级相对较高的墓葬被发掘且墓主得到确认，结合文献中对相关人员的记载，有的可以确认为叔侄关系。以今徐州市周边已发现、发掘的西汉高等级墓葬为例，东北郊的驮篮山西汉墓[⑥]大致可确认为参加七国之乱谋反的第三代刘姓楚王刘戊与其夫人的异穴

① 咸阳市文物考古研究所：《西汉帝陵钻探调查报告》，文物出版社，2010年，第25页。

② 蒋英炬、吴文祺：《汉代武氏墓群石刻研究》，山东美术出版社，1995年，第55，152、153夹页（1），160页。

③ （西汉）司马迁撰，（南朝）裴骃集解，（唐）司马贞索引、张守节正义：《史记·楚元王世家》，中华书局，1959年，第1987页。

④ （南朝宋）范晔撰，（唐）李贤等注：《后汉书·马援传》，中华书局，1965年，第827、828页。

⑤ 蒋英炬、吴文祺：《汉代武氏墓群石刻研究》，山东美术出版社，1995年，第56页，152、153夹页（1），161页。

⑥ 邱永生、徐旭：《徐州市驮篮山西汉墓》，中国考古学会编：《中国考古学年鉴·1991年》，文物出版社，1992年，第173、174页。

合葬墓，而北郊的北洞山西汉墓[①]的墓主很可能为第四位刘姓楚王刘礼[②]，二者反映出继承关系的叔侄关系。位于徐州市北郊的簸箕山 M3，墓主为宛朐侯刘埶[③]，为楚元王刘交的第六子，他与刘戊的关系和刘礼与刘戊的关系相同，是亲叔侄关系，而且刘埶和刘戊均参加了七国之乱，叔侄间的交往甚密，而刘埶死后未葬于封地，也很可能与其参与刘戊的谋反有关。

六、主仆关系

是具有相应等级地位或经济实力家庭内部存在的一种家庭主体人员与非主体人员之间的关系，非主体人员服务于家庭中的主体人员和家庭，有些还需从事多种劳动，因存在服务与被服务的关系及身份等级的差异，在家庭内部构成了主仆关系。秦汉时期家庭中的非主体人员种类较多，从大的方面可分为三类，一是奴婢，二是家吏，三是徒附，进而形成对应的主仆关系。

较多的家庭中有奴婢，文献中多有记载，考古资料也体现较多，汉代壁画及画像中多有体现，亦见有陶俑等。还有一些家庭的奴婢可能来自域外，很多地区的东汉墓葬出土的尖帽胡人俑即可说明，两广地区的汉墓多出土形象明显异于汉人的陶俑，或托举灯座或头顶灯座，短头、深目、高鼻、高颧、厚唇，下颌突出，体毛浓重，形体特征与印度尼西亚的土著居民“原始马来人”接近，也可能以南亚及西亚人作为模拟对象，表明当时岭南一带可能已使用出身南洋、南亚或西亚的奴隶[④]，并以他们作为家中的奴仆（图二 -11）。家吏形象在汉代墓葬壁画或画像中常见，很多还有对应的文字，表明家吏的身份。徒附亦多见于汉代画像和壁画中，很多陶俑也有体现，尤其是集劳作与武装于一身者，体现的徒附特征较为明显。

七、综合关系

秦汉时期家庭内部相关人员之间的关系较为多样，不同人员之间对应的关系有相似也有差别，同时也因人员的不同，相互间关系的亲疏亦有差异。内部人员关系的形成、内容和发展与家庭的等级地位或经济实力、结构及性质等均有关系。等级地位低或经济实力弱的家庭，结构和性质可能会相对简单一些，如涉及人员数量

① 徐州博物馆、南京大学历史系考古专业：《徐州北洞山西汉楚王墓》，文物出版社，2003 年。

② 刘尊志：《徐州两汉诸侯王墓研究》，《考古学报》2011 年第 1 期。

③ 徐州博物馆：《西汉宛朐侯刘埶墓发掘简报》，《文物》1997 年第 2 期。

④ 广州市文物管理委员会、广州市博物馆：《广州汉墓·上册》，文物出版社，1981 年，第 478 页；霍巍、赵德云：《战国秦汉时期中国西南的对外文化交流》，巴蜀书社，2007 年，第 268 页。

1　　2　　3　　4

图二-11　广西地区汉墓出土陶胡人俑座灯
1、2. 梧州市汉墓出土　3、4. 贵县汉墓出土

少，尤其是家庭中的非主体人员少或相对单一，或是没有非主体人员；等级地位高或有相当经济实力的家庭，结构和性质可能会相对复杂，涉及人员多，家庭中的非主体人员数量大且种类多样。家庭的结构和性质涉及家庭的类型，如小家庭和大家庭，而小家庭和大家庭又使得家庭成员内部的关系表现出较多不同的形式。夫妻二人的小家庭，是家庭的最基本组成，家庭成员的关系可能仅是夫妻关系；夫妻与未有婚嫁孩子组成的家庭则是较为常见的家庭组成，亦属于小家庭的范畴，家庭成员的关系可包括夫妻、父母子女及兄弟姐妹等关系，这两类家庭中，有的也会有非主体成员，进而可形成小家庭内的主仆关系。大家庭则由不同数量的上述小家庭组成，而且还可能有三代甚至是四代或更多代同堂者，如一对夫妻下有多个儿子，而多个儿子基本都有妻儿，甚至儿子的儿子也有的自己有妻儿，诸多人员共同生活在一个家庭体系中，构成了大家庭，家庭中成员的数量多、辈分不等，而且很多大家庭还有一定数量非主体人员，使得整个家庭内的关系呈现出多样化和错综复杂化特征，上述的各种家庭内部关系在这样的家庭中都会存在。可以说，相当数量的大家庭是以多个小家庭为基础，并在此基础上拓展、扩大而形成的，家庭内部的关系有多种形式，但密切及亲疏程度并不会一致。

综合性质的内容在秦汉考古资料中也有体现，尤其是一些墓地，体现较为突出。陕西西安净水厂东汉墓地中，M16、M17、M18、M19、M20、M21、M30为一组，除M30外，其余6墓南北并排，M30南向，余皆东向，随葬器物特征、组合相似，葬俗基本一致，M30位于其他六座墓葬的前方（东部），规模较大，墓主的等级、辈份均较高，体现出长辈墓位居前或尊位的特征，可以看出，该组墓葬的墓位安排属于一次性排列，都属于大家庭葬；墓地中还有一座墓葬体现出自身家庭葬的内容，为M18，是同一墓葬内的多人葬，共葬8人，后室为1男2女，南侧室为1男1女，均属于夫妇同室合葬的形式，二者在年代上有差别，后室出土的是“长宜子孙”镜，南侧室出土的是变形四叶纹镜、尚方三兽镜，前者流行于东汉中期偏晚，后者流行于东汉晚期，表明至少是两代人葬于该墓之中，其他是后室北侧的人骨架，无棺具，死者应属侍妾之类，前堂的人骨架可能为后代合葬，北侧室的两具人骨架无棺灰，且随葬陶器多放于该室，表明死者的等级、身份较低，有可能属于家庭内部侍从或仆人的合葬①。M18内的多人葬，不仅有夫妻合葬，还有不同辈分夫妻及侍妾、侍从或仆人等人共葬于该墓，反映出同一家庭中相对复杂的各种关系。再结合墓地中该组墓葬，M18整体上与其他墓葬形成大的家庭葬，同时又在墓葬内形成自身的家庭葬，可以说该墓葬的内外均体现出相对复杂的家庭关系，进而反映出与之相对应的家庭结构和性质。

其他地区的一些墓葬也有体现。四川省资阳市雁江区狮子山崖墓M2，由墓道、墓门、墓室、耳室、侧室五部分组成，墓内共发现5具葬具，分别为2具砖棺、2具陶棺和1具石棺，由外向内依次编号为Ⅰ、Ⅱ、Ⅲ、Ⅳ、Ⅴ号棺②（图二-12）。Ⅰ号棺为砖棺，处于墓室的前部，棺左右两侧各放置1件陶罐，后部放置有1件铜釜，棺内人骨的盆骨上堆放有一串铜钱。Ⅱ号棺为石棺，处于耳室的中部，棺外立有1陶俑，棺内人骨下铺有一层铜钱，墓主人的脚下放置有1把铁刀，墓主为男性。Ⅲ号棺为砖棺，处于耳室的后部，棺内亦铺有一层铜钱，墓主的右手戴有2枚金戒指、1枚银手镯，左手亦戴有2枚银戒指、1枚银手镯和1枚铜顶针。Ⅳ号棺为陶棺，处于墓室后端的右边，Ⅴ号棺亦为陶棺，处于墓室后端的左边，棺内未见随葬物品，但距离较近的侧室、耳室内有较多的随葬品，耳室内放置有2件银手镯、1副铜筷、2枚银戒指和1串铜钱，侧室内有大量陶器，当为Ⅳ、Ⅴ号棺所葬人员的物品。该墓保存较好，出土的器物保持在原来位置，为崖墓的研究提供了新的重要资料，亦为崖墓葬俗的研究提供了标本性资料。墓内放置5具棺，可能是一个家族的墓葬，从不同墓葬出土的钱币来看，墓葬的年代应在东汉中晚期，且延续时间较长，而不同人员下葬的时间可能不同，推测可能是一家几代人的墓葬。在此基础上，笔者认为，资阳市雁江区狮子山崖墓M2内两处并列排放的棺应为两对夫妻，而且时代的不同也反映出相关人员对应辈分的差异，即为两代人的夫妻合葬于一墓，既体现出父母与儿子、儿媳的关系，也反映了对应的夫妻关系，可以说该墓所反映的应是由不同辈分差异的

① 陕西省考古研究所配合基建考古队：《西安净水厂汉墓清理简报》，《考古与文物》1990年第6期。

② 四川省文物考古研究院、资阳市雁江区文物管理所：《资阳市雁江区狮子山崖墓M2清理简报》，《四川文物》2011年第4期。

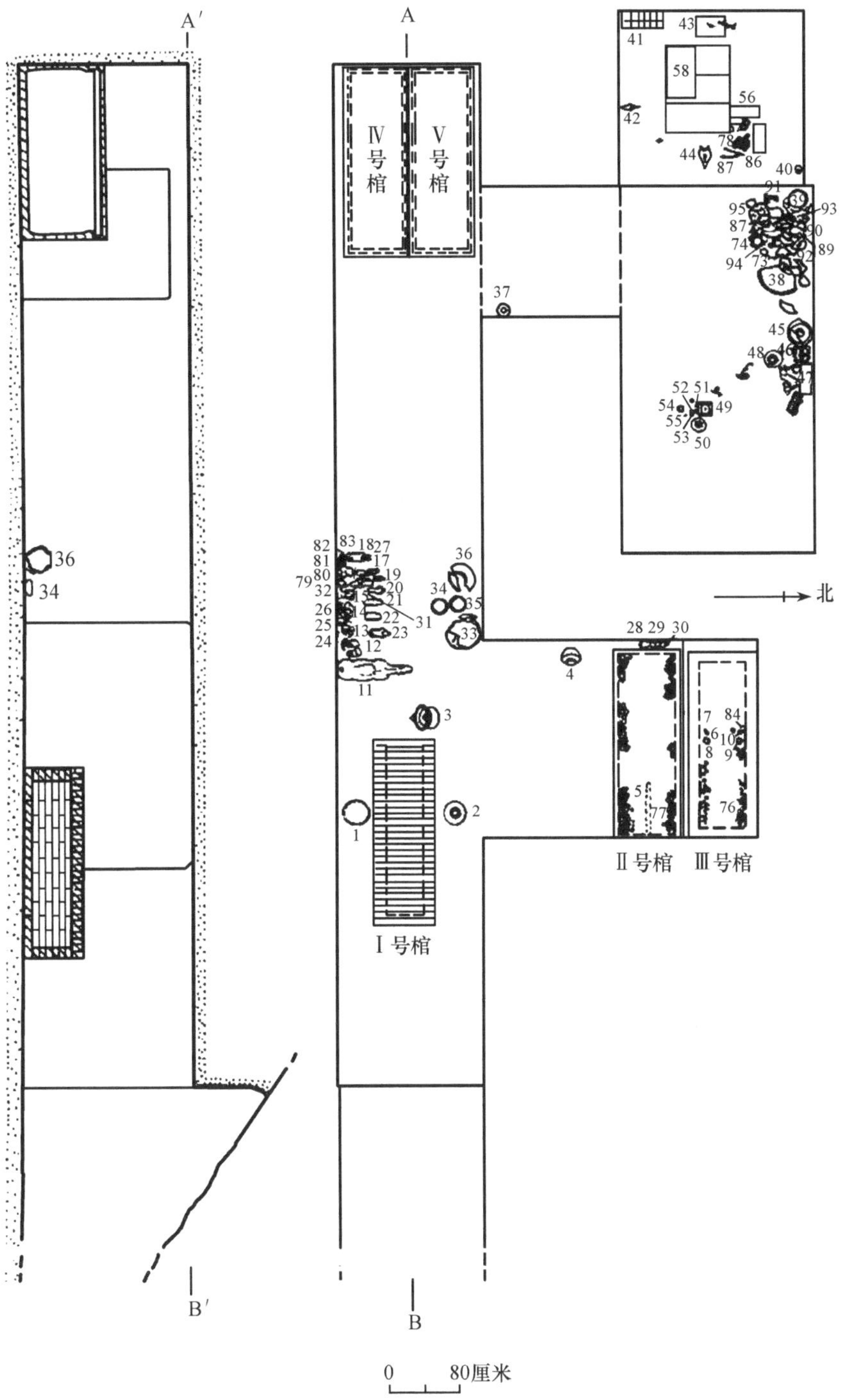

图二-12　四川省资阳市雁江区狮子山崖墓M2平、剖面图

1. 陶豆　2、4、33、36、38、40、45、48、73、74、89、91-94. 陶缸　3. 铜釜　5. 铁刀　6、7、55. 金戒指　8、9、54、56、57. 银手镯　10、85、86. 银戒指　11. 陶马　12-17、24-32、79-83. 陶俑　18、23. 陶狗　19、20、42、44. 陶鸡　21、22. 陶猪　34、35. 陶钵　39. 铁釜　41、47. 陶房　43、49. 铜摇钱树　46. 陶井　50. 铜镜　51. 玛瑙珠　52. 珊瑚珠　53. 珠　58. 陶案　75-78. 铜钱币　84. 铜顶针　87. 铜镞　88. 陶器盖　90. 陶壶　95. 板瓦

两对夫妻组成的家庭。至于Ⅰ号棺，其在位置上处于墓室前部接近墓门处，陪葬物品较为简单，棺内所葬人员为家庭中侍从或仆人的可能性较大，这又在一定程度上体现出家庭中的主仆关系。可以说，该墓也体现出相关家庭的诸多关系，相应内容具有一定的综合性。

总的来看，秦汉时期家庭成员的内部关系，既有简单的夫妻关系，也包含其他较多内容的多重关系，综合构成了这一时期家庭成员关系的内容和内涵，而这也是家庭内容的重要组成和内容。秦汉家庭的多种关系相互交织并存，并与家庭的发展有着较密切的关联，而这在秦汉时期应是较为普遍的存在，对全面研究秦汉家庭具有重要的参考价值和作用。

第二节　夫妻关系的形成与发展

夫妻是家庭组成的最基本要素，夫妻二人可组成一个家庭，而人数相对较多的家庭甚至是人数众多、辈分不等的大家庭，也基本都是以夫妻为根本基础发展形成的。因此，夫妻关系在一定程度上可视为家庭内部关系的核心。夫妻关系的形成需要相应的条件和过程，在夫妻关系确立之后，其对家庭的作用逐渐显现，而夫妻关系也得到不断发展，体现出较多的内容和内涵。秦汉时期，与社会发展相适应，夫妻关系的形成、发展及其内容、内涵等均具有时代特征，文献记载的相关内容有所体现，考古资料亦对之有较多反映，二者从多个角度折射出秦汉家庭的夫妻关系及相关家庭内容。

一、婚前活动与结合成婚

婚前活动与结合成婚是夫妻关系确立的前提和条件。关于汉代的婚前活动与结合成婚，杨树达先生在《汉代婚丧礼俗考》一书中从议婚、婚仪、婚年及与之有关的重亲等方面进行了相关论述，为研究汉代婚俗提供了重要参考[①]。

（一）婚前活动

是决定婚事成否的关键，议婚、婚年等皆与之有关，并存在两种不同的形式。一是男女双方家庭甚至亲戚朋友的多方位参与，但男女当事人的主动权或决定权不大，这在秦汉时期是较为普遍的现象；二是男女当事人的主动权或决定权极大，相亲相爱，在爱情的基础上结合成婚，这在秦汉时期有一定数量，西汉时的司马相如

---

① 杨树达撰，王子今导读：《汉代婚丧礼俗考》，上海古籍出版社，2000年，第1-27页。

和卓文君即是如此，而卓文君还是已出嫁后丧夫的女性。在男女双方家庭确定可成婚事或男女当事人确立恋爱关系之后，双方家庭大多会进行纳采、问名、纳吉、纳徵、请期、亲迎等六礼，但第二种形式有可能会省略六礼中的较多礼节，司马相如和卓文君结为夫妻即是如此。

上述两种不同形式的婚前活动在考古资料中皆有相应体现，以汉代画像资料居多，较生动地描绘了男女婚前的相关活动。

一是经家庭、亲戚或相关人员的说合，确定男女双方的婚事或恋爱关系，为结合成婚奠定基础。山东省微山县微山岛乡 M6 出土圆柱石上下端刻锯齿纹及突棱纹，柱上刻 5 人，人下有卷云纹，左侧为 2 人比武；右侧 3 人，靠内侧为 2 人站立拥抱，左立者一手抬至胸前，右立者一手伸至对方腰部，一手搭在对方肩部，2 人皆束腰，臀部隆起，长衣着地；右边 1 人侧首站立，亦是束腰、长衣着地，一手抬至腰部，一手似持鸠杖[①]，但相关资料对画像反映的主题内容未作描述。《微山汉画像石选集》一书收录了该画像，将其定为“男女拥抱画像”，并指出该类图像极少见，意为夫妇在另一世界也能长相厮守，永不分离[②]。该画像左为 2 人比武，右为男女拥抱，女左男右，最右侧为 1 年老男性侧身面向 2 人，这一内容或许是对夫妻二人在地下世界相亲相爱的描写，但也很可能是对现实世界相关活动的摹写。一方面，拥抱男女有临别前的不舍，而右侧所站立的老者很可能是与男性一起出门的家仆；另一方面，也存在右侧老者为女性的父母，画面所体现的是与亲人分别的场景，具体内容笔者在以后章节中还会有所论述。结合该墓出土的其他画像石画像，该幅图像也很可能与男女婚前的相关活动有关。从墓葬结构看，上述画像所属画像石为后室中间隔墙中部所立的一圆柱，而后室的北壁为一整石，画像分左右两格，画面有所相似，皆有一屋，四阿式顶，上脊的两端略翘，房顶有瓦垄，双柱，柱下有础，室内 2 人袖手端坐，中间有樽或其他酒具，室外一人袖手恭立，仅是房顶上的朱雀或其他鸟的形态存在差异，左侧房顶有一朱雀及一羽人，羽人作戏朱雀状，左右有二鸟均向屋顶飞来；右侧房顶右部立一鸟，转首后顾，左有一鸟飞向房脊，空中另见二飞鸟对飞向房顶处，房檐上立一小鸟（图二 -13）。从人物戴冠的情况看，二屋内对坐二人皆为男性，似在商谈相关事宜，或许是媒者在向男女双方家庭说合，而在立柱画像中，右侧所站立的老者很可能为媒者，男女拥抱则表示议婚已基本成功，比武表演或与庆祝有关，而北壁左右两格画像中房屋上的鸟儿也很可能与之有关，如右格画像，屋顶二鸟相对，即将走到一起。

二是男女自主恋爱，相关内容在汉代画像中亦有体现，最具代表性的为牛郎织

① 微山县文物管理所：《山东微山县汉画像石墓的清理》，《考古》1998 年第 3 期。

② 马汉国主编：《微山汉画像石选集》，文物出版社，2003 年，第 110、111 页。

图二 -13　山东省微山县微山岛乡 M6 出土与婚前活动有关的画像石画像

女画像。秦汉时期，牛郎织女故事已成为民间传说的爱情故事，这一故事由牛郎织女星演变而来，所以在汉代，牛郎织女画像中会有星象。河南南阳白滩汉墓出土画像石[①]及四川郫县（今成都市郫都区）新胜东汉墓的石棺画像[②]中均见有牛郎织女画像，牛郎为牵牛奋力前行的形象，织女或跽坐或站立，郫都区新胜东汉墓石棺画像中的织女还手执绕线板，与牛郎织女相搭配的还见有龙虎或虎的形象。除这一内容外，汉代画像及出土的陶俑中还见有亲吻内容，其中一些很可能与男女恋爱有相应的关系。

江苏睢宁张圩散存的一块东汉画像石，竖长方形，分三格，下为双龙曼舞，中为二凤鸟对颈亲喙，上格有男女 2 人，女子手持一束丝，男子手持一束绢，男子在女子身后，面向女子，正准备将手中的绢递给女子，且在说着什么，而女子扭身作害羞状[③]（图二 -14）。结合画像中格的对颈鸟及下格中双龙曼舞的内容，推测该画像所刻画的很可能是男女互赠礼物、谈情说爱的情景。这一场景很可能与第一种情况有关，即经人说合，男女双方通过互赠丝绢确定恋爱关系，当然也不能完全排除二人自主恋爱的可能。

当然，还可能会存在上述两种情况的综合推动。据《列仙传》载：“萧史者，秦穆公时人也，善吹箫，能致孔雀、白鹤于庭。穆公有女字弄玉，好之，公遂以女妻焉。”[④]这一记载即大致说明在女子喜欢的前提下，家长有所推动，进而形成伉俪佳偶。相关画像石画像对之有描述，如江苏省宿迁市泗阳打鼓墩樊氏画像石墓前室第 10 石侧面图，画像中间有一棵大树，树下两人对坐，一人吹竖箫，一人击掌相伴，旁立一侍者，树下左侧立一白鹤，口衔一仙草，随声而舞，树上三只凤鸟或飞

① 南阳汉画馆，闪修山、王儒林、李陈广：《南阳汉画像石》，河南美术出版社，1989 年，第 168、169 页。

② 四川省博物馆、郫县文化馆：《四川郫县东汉砖墓的石棺画象》，《考古》1978 年第 6 期。

③ 仝泽荣、武利华、田忠恩、陈剑彤：《睢宁汉画像石》，山东美术出版社，1998 年，第 75 页。

④ （西汉）刘向撰：《列仙传》，上海古籍出版社，1990 年，第 11 页。

或栖，或许就是描绘了萧史吹箫的故事[①]。虽然该故事是先秦时期的故事，但在汉代画像中出现，也间接体现出汉代可能会有类似萧史、弄玉这样男女婚配的内容。

图二-14　江苏睢宁张圩散存与婚前活动有关的画像石画像

（二）结合成婚

男女双方在相应条件基本成熟的前提下，经有关程序正式确立为夫妻关系，并开始享受所属家庭的相关权利及共同承担相应的义务、责任等，这也标志着与男女双方对应家庭的基本形成。结合成婚是指有关的程序，而这是夫妻关系正式确立的重要前提和条件。通俗地讲，结合成婚就是男娶女嫁，使得分属两个不同家庭的男女成员在经历相应程序后形成正式的或具有法律效力的夫妻关系。

关于结合成婚，《汉代婚丧礼俗考》一书称为婚仪，上文所述的“六礼”均属婚仪的内容。婚期前后，女方家人会具衣物，装送颇丰，将行，家长致戒，既行，家长送之；婚日，男方家会受宾客之贺并飨客以酒肉，宾客饮酒欢笑，近世闹新房之所为者，汉时即已有之[②]。这一时期，家庭中娶妻和嫁女在时间上也十分讲究，有宜与不宜之日和时辰。湖北省随州市孔家坡墓地中，可能为景帝后元二年（公元前142年）的M8，出土《日书》简中的《建除·闭日》记有“可以人马牛，畜生，禾粟，居室，取（娶）妻，入奴婢，破堤。”《丛辰·𥜽日》记有“是谓六甲相逆，利以战伐，不可见人、取（娶）妻、嫁女，出入人、畜生、祠祀、歌乐。”[③]随州市周家寨墓地M8，墓主的下葬年代为公元前140年或公元前134年，也出土《日书》竹简，其中的“嫁女”篇是原有的篇题，写在简301天头之上，内容较多，且较多为不宜嫁娶的内容，如“入月二旬三日命胃（谓）危，不可合男女。”“入月旬一、七日及庚、辛巳，不可取（娶）妇、嫁女。”“子取（娶）妻，有忧。酉嫁，三更夫。”“壬申、

① 淮阴市博物馆、泗阳县图书馆：《江苏泗阳打鼓墩樊氏画像石墓》，《考古》1992年第9期。

② 杨树达撰，王子今导读：《汉代婚丧礼俗考》，上海古籍出版社，2000年，第7-16页。

③ 湖北省文物考古研究所、随州市文物局：《随州市孔家坡墓地M8发掘简报》，《文物》2001年第9期。

癸酉，百事不吉，不可取（娶）妻。”“庚寅取（娶）妻，妻□不居。”“甲午旬，嫁女，毋（无）辰。”“戊申、己酉以取（娶）妻，妻不出三岁弃、亡。”“癸丑、戊午、己未以取（娶）妻，妻死，不弃。”“甲寅旬，此胃（谓）星辰季也，不可嫁，毋（无）子。”“戊戌、己亥不可以嫁人，始产日。”① 上述文字不仅说明秦汉家庭对于娶妻嫁女的重视，而选择良辰吉日，也是对今后家庭美满幸福的良好期望。

汉代画像中有与婚嫁有关的内容，江苏徐州出土的一幅东汉画像石，长方形，两侧各有房屋，象征男家（左）和女家（右），画像中部偏向男家较近距离有男女二人两手相握，衣带相接，男子身后有迎接者 1 人，女子身后有送嫁者 2 人，2 送嫁者中间还有相关陪嫁物品②（图二 -15）。但该画像相对简略，这从男女两家的房屋、画像中的人员数量等皆可看出，其所体现的应是一般经济条件家庭的婚嫁场面。《试析苏鲁地区出土的两组汉画图像》一文对出土于山东嘉祥地区的一块画像石进行了考释，该画像的下面为一组跪拜宴饮图像，中部上方有一题榜，榜文为“取（娶）妇家”，研究指出，该榜文与图像主题相符③。娶妇家当是娶妇（妻）之家，该画像上以画像与题榜的有机结合，体现了汉代家庭娶妻的内容。

图二 -15 江苏徐州散存与婚嫁有关的画像石画像

就秦汉时期来讲，嫁娶之时多是追求场面大、参与人员多，富贵和权势之家尤是如此。《潜夫论·浮侈》载：“富贵娶嫁，车軿各十，骑奴侍童，夹毂节引。富者竟欲相过，贫者耻不逮及。”④《华阳国志·蜀志》亦载：“娶嫁设太牢之厨膳，归女有百两之（徒）〔从〕车。”⑤ 就男方家庭受宾客之贺并飨客等内容，文献中亦有记载，以西汉宣帝五凤二年（公元前 56 年）秋八月所颁诏书为例，诏曰：“夫婚姻之

① 湖北省文物考古研究所、随州市曾都区考古队：《湖北随州市周家寨墓地 M8 发掘简报》，《考古》2017 年第 8 期。

② 张道一：《画像石鉴赏》，文化艺术出版社，2019 年，第 124、126 页。

③ 周黎、周波：《试析苏鲁地区出土的两组汉画图像》，常州博物馆编：《常州文博论丛》总第 5 期，文物出版社，2019 年，第 30-34 页。

④ （东汉）王符：《潜夫论》，（清）汪继培笺，彭铎校正：《潜夫论笺校正》，中华书局，1985 年，第 130 页。

⑤ （晋）常璩：《华阳国志》，刘琳校：《华阳国志校注（修订版）》，成都时代出版社，2007 年，第 115 页。

礼，人伦之大者也；酒食之会，所以行礼乐也。今郡国二千石或擅为苛禁，禁民嫁娶不得具酒食相贺召。由是废乡党之礼，令民亡所乐，非所以导民也。”① 由此可知，汉代在婚嫁时宾客贺喜及款待宾客是常见之事，正所谓婚姻之礼，人伦之大，酒食之会，行礼乐也。汉代墓葬出土画像石与画像砖，尤其是画像石的画像中，有较多场面很大的车马出行图，也有很多大场面的宴饮图，而且庖厨人员众多，一些还有歌舞杂技等表演。这其中很多可能与家庭成员外出或归来、会宾或宴客等有关，但也有一些并不能完全排除与家庭的婚嫁有关，只是相关信息还不甚全面，一些画像的有关信息略有欠缺，更多突出的是车马、宴饮等内容，所以还很难确定其具体性质。

与女子出嫁有关的内容之一就是陪嫁物品，一些等级较高的女性墓葬出土的相关器物上有刻铭或朱书文字等，可知部分应为该女子出嫁时的陪嫁物品，以金属器具居多，这与其使用时间长、不易损毁等有关，而衣物等易旧腐，在该女子年龄较大或年老或是去世时已基本不存，所以墓葬中的此类出土物极少见，但可以肯定，陪嫁品中肯定会有衣物等。河北满城 M2 为西汉中山靖王刘胜夫人窦绾的墓葬，墓内出土的“长信宫灯”，铜质、鎏金，上部灯座底部周边有“长信尚浴，容一升少半斤，重六斤，百八十九，今内者卧”，外侧刻“阳信家”，下侧灯座外侧面刻“阳信家，并重二钧十二斤，七年，第一”，灯罩屏板外片一侧刻字两行，一为“阳信家”，一为“并重二斤二两”，灯罩屏板内片左侧刻“阳信家”，右侧刻“并二斤二两”，灯盘外侧及宫女右臂外侧分别刻“阳信家”，宫女右下衣角刻“今内者卧”，铭文中“长信尚浴”、“今内者卧”等字应是阳信侯国除国，该灯入少府的“内者”（官名），归长信宫尚浴府使用后所刻，而“长信宫”为皇太后居住的宫殿，汉文帝的窦皇后是中山靖王刘胜的祖母，景帝时为皇太后，“长信宫”灯出土于刘胜王后窦绾的墓葬中，推测窦绾可能是窦太后家的人，这件铜灯在窦绾出嫁时可能由窦太后送给窦绾作为陪嫁物品②（图二 -16）。另外，窦绾墓葬中还出土有骑兽人物铜博山炉、铜朱雀衔环杯、铜豹形镇等，亦可能与“长信宫”灯一样是窦绾出嫁时的陪嫁品。江苏徐州市东郊石桥西汉墓（现编号为东洞山 M2），墓主为女性，为西汉中晚期某代刘姓楚王的王后，墓内出土较多铜器，部分鎏金，包括鼎、锺、勺、灯、盘、釜、熏炉、镜、刷等，其中的一些铜鼎上有“明光宫”三字，有 1 件盖残，上腹卧刻“明光宫”三字，另一侧有“□□家”，已磨残；2 件铜锺中，M2：62 的圈足上凿刻“明光宫赵姬锺”六字，M2：63，圈足凿刻“明光宫”三字；2 件铜勺的

① （东汉）班固撰，（唐）颜师古注：《汉书·宣帝纪》，中华书局，1962 年，第 265 页。

② 中国社会科学院考古研究所、河北省文物管理处：《满城汉墓发掘报告》，文物出版社，1980 年，第 255、258-261 页。

图二-16 河北保定满城西汉 M2 出土鎏金铜“长信宫灯”

柄阴皆刻“明光宫”三字；1 件铜行灯的柄背面阴刻隶书“赵姬家”三字；鎏金铜盘 3 件，M2∶38 的腹部阴刻“赵姬沐盘”四字，M2∶64 折沿下阴刻“王后家盘”四字；铜釜 2 件，M2∶92 的外沿下阴刻“王家尚食”四字①。该墓出土“明光宫”铭文铜器 10 件，据《汉书·武帝纪》载，太初四年（公元前 101 年）“秋，起明光宫”②，明光宫位于西汉长安城内，为都城内的重要宫殿之一，而从东洞山 M2 出土铜器上的“赵姬”刻铭来看，墓主即该时期楚国的王后，其为赵姓的可能性较大，而据《汉书·楚元王传》载：“宣帝即位，延寿（西汉刘姓楚王）以为广陵王胥武帝子，天下有变必得立，阴欲附倚辅助之，故为其〔后〕母弟赵何齐取广陵王女为妻。”③由此可知刘延寿的王后姓赵，这与东洞山 M2 墓主姓赵较契合，故这些器物很可能是赵姬从都城长安嫁到楚国时带来的。但是，也不排除是明光宫的赵姬送给楚国王后出嫁时的礼物，笔者曾对该墓及对应楚王墓的墓主进行过推测，认为该墓的墓主有可能是楚孝王刘嚣的夫人④，楚孝王刘嚣与西汉元、成帝有较近的血亲关系，为宣帝一支的第一位楚王，素行孝顺仁慈，得汉成帝的嘉奖，二人婚配时，王后带来较多“明光宫”内的物品亦属正常。不管东洞山 M2 的墓主是哪位楚王的王后，相关的出土器物均可说明汉代女子尤其是有身份地位者出嫁时，应该会有较多的物品用于陪嫁，而有些陪嫁物品在该女性去世后又陪葬于其墓葬中，这在一定程度上也是事死如事生丧葬内容的体现。

（三）男女拥抱、亲吻与交合

就家庭中的夫妻关系而言，当以恩爱为主体，从确定可成婚事之后至双方结合成婚，男女间的感情会得到逐步升华，这在经历结合成婚的程序后会得到更大的

① 徐州博物馆：《徐州石桥汉墓清理报告》，《文物》1984 年第 11 期。

② （东汉）班固撰，（唐）颜师古注：《汉书·武帝纪》，中华书局，1962 年，第 202 页。

③ （东汉）班固撰，（唐）颜师古注：《汉书·楚元王传》，中华书局，1962 年，第 1925 页。

④ 刘尊志：《西汉晚期楚王（后）墓葬浅探》，《中原文物》2007 年第 1 期。

发展，在此过程中，一些可成婚事或结合成婚的男女间会有拥抱、亲吻甚至交合等行为，进而展现出相互间亲密的关系及感情的巩固，而这对家庭中夫妻关系的发展也起到十分重要的促进作用。就考古资料而言，汉代画像尤其是画像石画像多有体现，且分布于不同地域，上文所引山东微山县微山岛乡M6出土圆柱石画像中部即有男女拥抱画像[①]，很可能是以男女拥抱来表示议婚基本成功，相关构件或陶俑等也有发现，大部分内容很可能与婚前活动及结合成婚有关。

1. 相关画像

主要发现于今山东、四川及陕北地区，以山东地区居多，涉及婚前活动及结合成婚两个方面的内容。

《山东汉画像石汇编》辑录的一幅山东出土（具体地点不详）的乐舞及泗水捞鼎画像中，最上层有一组跽坐人物，在画面的左上角即成组跽坐人物的左侧，有男女2人，紧密依靠，女脸部上仰，男侧身低头，手捧女子的脸部，欲作亲吻状[②]（图二-17：1）。该画像上层的跽坐人物分左右两组，中置酒器，作亲吻状的男女位于左侧边缘，所体现可能为青年男女的相亲相爱，并以此表示议婚基本成功。《邹城汉画像石》一书收录城区师范学校出土的一块东汉早期画像石，画像分两部分，右侧画像有边框，分上下两层，上层主体为乐舞杂技，左上角有5人观看，下为庖厨，右侧有1无盖轺车，左侧画像分四层，皆刻人物，或立或坐，左下角有男女跽坐正在拥抱接吻的图案[③]（图二-17：2）。推测亲吻者或为年轻相爱的男女，右侧的乐舞杂技、庖厨及左侧的人物等或与婚前相关活动有关，而男女拥抱亲吻则体现出男女的相亲相爱。山东临沂吴白庄东汉墓前室南壁中段画像为车马及乐舞画像，下层为车马行进队伍，上层为乐舞表演及人物欣赏等内容，最左侧有1人仅露半像，面对多个欣赏者，其中左侧有男女2人，坐在一起，依靠紧密，面部相对，在作亲吻状[④]（图二-17：3）。该画像也很可能体现的是议婚成功的内容。

山东平阴孟庄M1，前室西侧柱，柱身画像分为上下两部分，中间以云纹层带隔断，上幅右下角有一对裸体男女站立拥抱，似在交媾，左侧居中也有一对男女，正在做爱，该柱画像中还有西王母、羽人等；中室立柱画像分上下两格，下格有托举和交媾图，交媾双方在西王母身边，下有羽人托举，旁有仙人指导[⑤]。该墓出土的

① 微山县文物管理所：《山东微山县汉画像石墓的清理》，《考古》1998年第3期。

② 傅惜华、陈志农编辑，陈沛箴整理：《山东汉画像石汇编》，山东画报出版社，2012年，第262页。

③ 胡立新：《邹城汉画像石》，文物出版社，2008年，第122、123页。

④ 管恩洁、霍启明、尹世娟：《山东临沂吴白庄汉画像石墓》，《东南文化》1999年第6期；临沂市博物馆：《临沂吴白庄汉画像石墓》，齐鲁书社，2018年，第68、69页。

⑤ 济南市文化局文物处、平阴县博物馆：《山东平阴孟庄东汉画像石墓》，《文物》2002年第2期。

图二 -17　山东地区出土汉代画像石中的亲吻图

1.《山东汉画像石汇编》辑录山东出土画像石画像　2.《邹城汉画像石》收录邹城城区师范学校出土东汉早期画像石画像　3. 山东临沂吴白庄东汉墓前室南壁中段画像　4. 莒县东莞镇大沈刘庄汉画像石墓前室东面中间方立柱画像石中间画像（1～3 均为局部）

男女拥抱、接吻、交媾画像体现出当时的相关生育思想，结合西王母及羽人托举、仙人指导等图案，或与男女结合成婚的内容有关，体现出家庭中夫妻结合、繁育后代的义务和责任。安丘董家庄汉墓，前室、中室之间的立柱刻有人物和动物，如虎、翼龙等，右侧的人物相互拥抱①，其性质和体现的内容、内涵与平阴孟庄东汉画像石墓石柱上的相关图像当大体相似。山东莒县东莞镇大沈刘庄汉画像石墓中，前室东面中间方立柱画像石中间画像分上下两格，上格为西王母，下格刻三人，一男一女居中对立，二人引臂相互拥抱，作亲吻状，女子身后立一侍女，举手推亲吻之女子的头部，人物的上端似为帷帐，用以表示室内之事②（图二 -17：4）。就资料描述，侍女在推正在亲吻的女子头部，这可能说明亲吻女子有些害羞，但仔细观察画像，侍女的手应该在亲吻女子的背部，或许是在推亲吻女子，而其上应为亲吻女子的发髻或挽发髻的系带。就该画像来讲，上为西王母，体现的内容与山东平阴孟庄

① 安丘县文化局、安丘县博物馆：《安丘董家庄汉画像石墓》，济南出版社，1992 年，第 18-20 页。

② 苏兆庆、张安礼：《山东莒县沈刘庄汉画像石墓》，《考古》1988 年第 9 期。

M1 出土的相关画像有所相似，但更为写实，具体来讲，所刻画的内容很可能与男女结合成婚有关。

《绥德汉代画像石》一书收集有陕西绥德白家山汉墓前室西壁横额画像，为游乐、狩猎图，左侧为狩猎内容，右侧人物较多，有玩耍者，有游戏者，也有男女赠物者，还有男女坐在地上相拥亲吻的画像[①]（图二-18）。就内容而言，该画像在狩猎图的一侧展现了青年男女在游乐时相爱的内容，或互赠礼物，或拥抱亲吻，并与其他人物综合构成较为和谐的画面。

图二-18　陕西绥德白家山汉墓前室西壁横额画像（局部）

四川省德阳市三台县郪江柏林坡 M1 后室左壁右侧有一组秘戏画面，发掘报告称之为秘戏组画：一为谈情：男者居左，正面端坐于案几后，女者居右，侧身相对男者坐于几后，双手上举捧物于胸前；二是相邀：男者居右侧，头戴冠，稍前伸，左手弯曲向后，右手前伸拽着左侧女者左手，女者身前倾，右手上扬掩面，右腿前伸成弓步，左腿向后蹬直，似欲挣脱男者的手；三是合气，男者居后，跽坐，上身后倾，左手叉腰，右手前伸扶女者腰际，女者居前，丰胸，上身前倾，半蹲，与男者呈交合状[②]（图二-19）。从谈情、相邀、合气的组图来看，可能与男女结合成婚有关，也不排除为婚后夫妻恩爱的内容。

需作说明的是，一些地区尤其是四川地区出土的东汉画像砖中，有一些社日野合图，而且多是一女多男在外野合，从大的方面讲，这应是特殊家庭中的特殊例子，与正常的男女或夫妻之间的亲密恩爱不同，当区别对待，本书也不作过多分析和研究。

---

① 绥德汉画像石展览馆编，李贵龙、王建勤主编：《绥德汉代画像石》，陕西人民美术出版社，2001 年，第 66-69 页。

② 四川省文物考古研究院、德阳市博物馆、三台县文物管理所：《三台郪江崖墓》，文物出版社，2007 年，第 168、170 页。

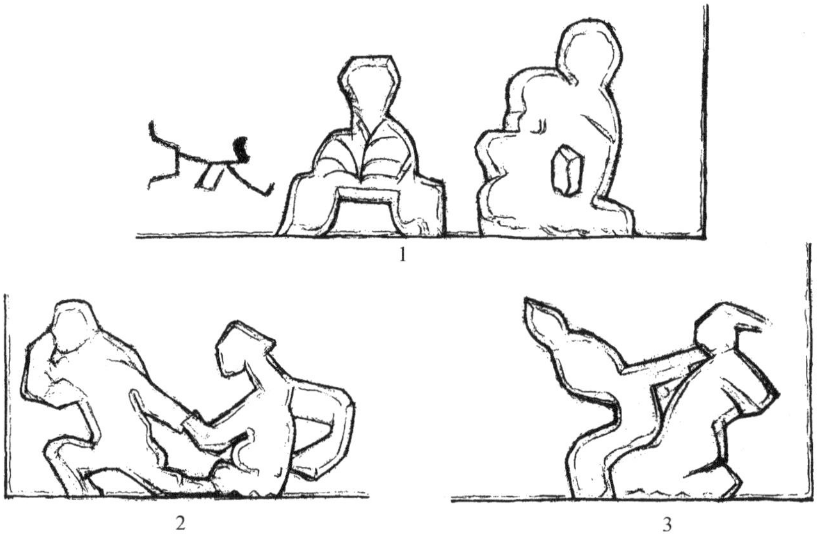

图二 -19 四川省德阳市三台县郪江柏林坡 M1 后室左壁右侧秘戏画面
1. 谈情 2. 相邀 3. 合气

2. 出土陶俑

主要发现于四川地区的东汉墓葬中，而这一地区的东汉墓中，有一些以男女二人组成的双人俑，多为房屋等模型的附属物或构件，即在房屋内，体现出男女或夫妻之间的亲爱。

合江县草山 M1 出土有拥抱亲吻俑（草山 M1：2），红陶，男女二人坐姿，均着长袍，作拥抱对吻状，左边一人（女）束髻，左手抚膝，手握拳屈举于胸前，脸侧向右方；右边一人（男）戴冠，右手搂着左者肩，左手抚着左者脸，整体造形生动，线条流畅[①]（图二 -20：1）。从面部来看，男女二人较为年轻，应属年轻男女恩爱的内容。另外，四川地区还出土有汉代的交合陶俑，二人相对而抱，躺在地上，行交合之事[②]（图二 -20：2）。

就上述画像和陶俑来讲，一些或许与婚前活动有关，反映出男女双方的相亲相爱；一些或许是婚嫁时，宾客亲友宴饮赏乐舞，已成为夫妻的男女二人作亲吻、拥抱状，以示恩爱，甚至还有交合及与仙界或仙人有关的交媾等内容，这说明男女二人已形成正式的夫妻关系。相关画像与陶俑的出土说明在婚前活动与结合成婚的过程中，男女双方感情得到不断发展，或拥抱，或接吻，甚至还有结合成婚后的男女交合，这些皆是夫妻关系中感情提升及爱情积淀的体现，而这也与相对开放的社会

① 谢荔、徐利红：《四川合江县东汉砖室墓清理简报》，《文物》1992 年第 4 期。

② 米骞：《两汉四川陶俑鉴赏》，四川美术出版社，2007 年，第 165 页。

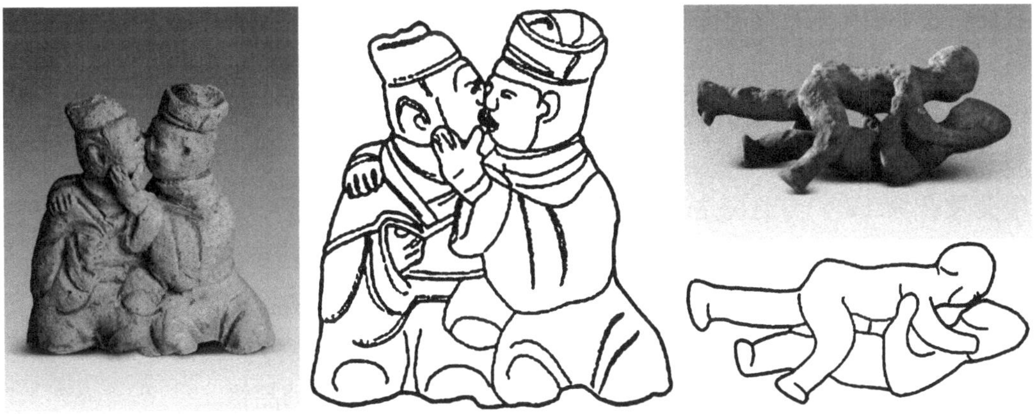

图二-20　四川地区汉墓出土拥抱亲吻与交合陶俑

1. 合江县草山 M1 出土拥抱亲吻俑（草山 M1：2）　2. 四川地区出土交合俑

风气有着一定的关联。

二、婚后的夫妻关系

男女双方结合成婚之后，相互间的关系得到正式确立，夫妻二人在同一家庭中生活，共同促进家庭的发展，夫妻关系也在此过程中呈现出多种不同形式，较多是更趋美满、和谐，夫妻感情日益深厚，这使得家庭能够在一个十分良好的环境下得到较好的发展；也有的夫妻二人中会出现不忠与不贞现象，加之其他各种原因，使得双方婚姻关系解除，以至女方改嫁、再嫁或男性再娶，也有的夫妻中的一人选择死亡，这样会对家庭造成不同程度的伤害，对于家庭和谐及其发展大多会产生不利影响。与社会制度及其特征相对应，有些男性会纳妾或有其他女性，也有的男性或女性会在另一方去世后再娶或再嫁，这在秦汉时期基本属正常现象，对于家庭也会产生不好的影响，而影响程度或大或小。另外还有一些特殊的婚姻关系，体现出秦汉时家庭对夫妻关系的重视，这在丧葬中有所体现，而丧葬还会对夫妻在秦汉家庭中的地位甚至等级有着较好的反映。

1. 夫妻间的恩爱关系

很多的家庭都存在较为稳定并推动家庭延续、发展的正常夫妻关系，而这种关系的最基本体现就是恩爱和睦，这在文献中多有记载。西汉时的贾谊在《新书·礼》中曰："夫和妻柔，姑慈妇听，礼之至也。……夫和则义，妻柔则正，姑慈则从，妇听则婉，礼之质也。"① 相关的事例也有很多。《汉书·张敞传》载："（张敞）又为妇

① （西汉）贾谊：《新书》，阎振益、钟夏校注：《新书校注》，中华书局，2000年，第215页。

画眉，长安中传张京兆眉怃。有司以奏敞，上问之，对曰：'臣闻闺房之内，夫妇之私，有过于画眉者。'上爱其能，弗备责也。"[①]《后汉书·梁鸿传》载：梁鸿慕孟光之德娶之为妻，"每归，妻为具食，不敢于鸿前仰视，举案齐眉。"[②]《后汉书·宋弘传》载："时帝姊湖阳公主新寡，帝与共论朝臣，微观其意。主曰：'宋公威容德器，群臣莫及。'帝曰：'方且图之。'后弘被引见，帝令主坐屏风后，因谓弘曰：'谚言贵易交，富易妻，人情乎？'弘曰：'臣闻贫贱之知不可忘，糟糠之妻不下堂。'帝顾谓主曰：'事不谐矣。'"[③] "张敞画眉"、"举案齐眉"、"糟糠之妻不下堂"的典故反映出夫妻间的恩爱、挚情与以礼相待，另据《后汉书·樊英传》载，樊英之语曰："妻，齐也，共奉祭祀，礼无不答。"[④]描写了樊英以礼待妻的品格。

考古资料所体现秦汉家庭中夫妻恩爱的内容及形式较为丰富，相关考古资料涉及丧葬礼俗与墓葬形制、壁画和画像等图像资料，也有构件或陶俑等出土遗物，可谓多种多样。

（1）丧葬礼俗与墓葬形制

体现夫妻和谐关系最突出的考古资料为夫妻合葬墓。夫妻葬于同一墓地，或同一封土下，或同一墓穴中，是对现实生活中夫妻生活在一起的延续和再体现。至迟西汉早期偏晚阶段，夫妻同穴合葬已在一些地区出现并逐渐增多，如江苏徐州地区的东郊东甸子西汉 M1，竖穴坑圹底部葬夫妻二人[⑤]（图二 -21），时代较之稍晚的徐州铜山三堡镇凤凰山 M1，竖穴底部并列置二石椁，内葬男女各一人[⑥]。西汉中晚期，夫妻同穴合葬墓明显增多，尤以中小型墓葬表现突出，至东汉时，同穴合葬已全面普及，分布地域较广且不分等级，而且还有很多为同室合葬。夫妻死后葬于一室，肉体在地下共存，彼此的灵魂也可在同一空间内有更好地交流和沟通，进而在另一世界中恩爱生活。因此，这既是事死如事生丧葬内容的理想化反映和体现，也是夫妻恩爱的美好延续。

作为夫妻，同生同死的例子十分少见，夫妻二人死有先后，埋葬会有早晚。为实现夫妻死后葬在一起或葬于一室之中的愿望，当时的人们在丧葬方面采取了较多的措施和方法。

① 竖穴墓葬

有学者认为西汉早期结构严密的竖穴木椁墓不便于二次开启，所以不能适应夫

---

① （东汉）班固撰，（唐）颜师古注：《汉书·张敞传》，中华书局，1962 年，第 3222 页。

② （南朝宋）范晔撰，（唐）李贤等注：《后汉书·梁鸿传传》，中华书局，1965 年，第 2768 页。

③ （南朝宋）范晔撰，（唐）李贤等注：《后汉书·宋弘传》，中华书局，1965 年，第 904、905 页。

④ （南朝宋）范晔撰，（唐）李贤等注：《后汉书·樊英传》，中华书局，1965 年，第 2724 页。

⑤ 徐州博物馆：《徐州东甸子西汉墓》，《文物》1999 年第 12 期。

⑥ 徐州博物馆：《江苏铜山县凤凰山西汉墓》，《考古》2004 年第 5 期。

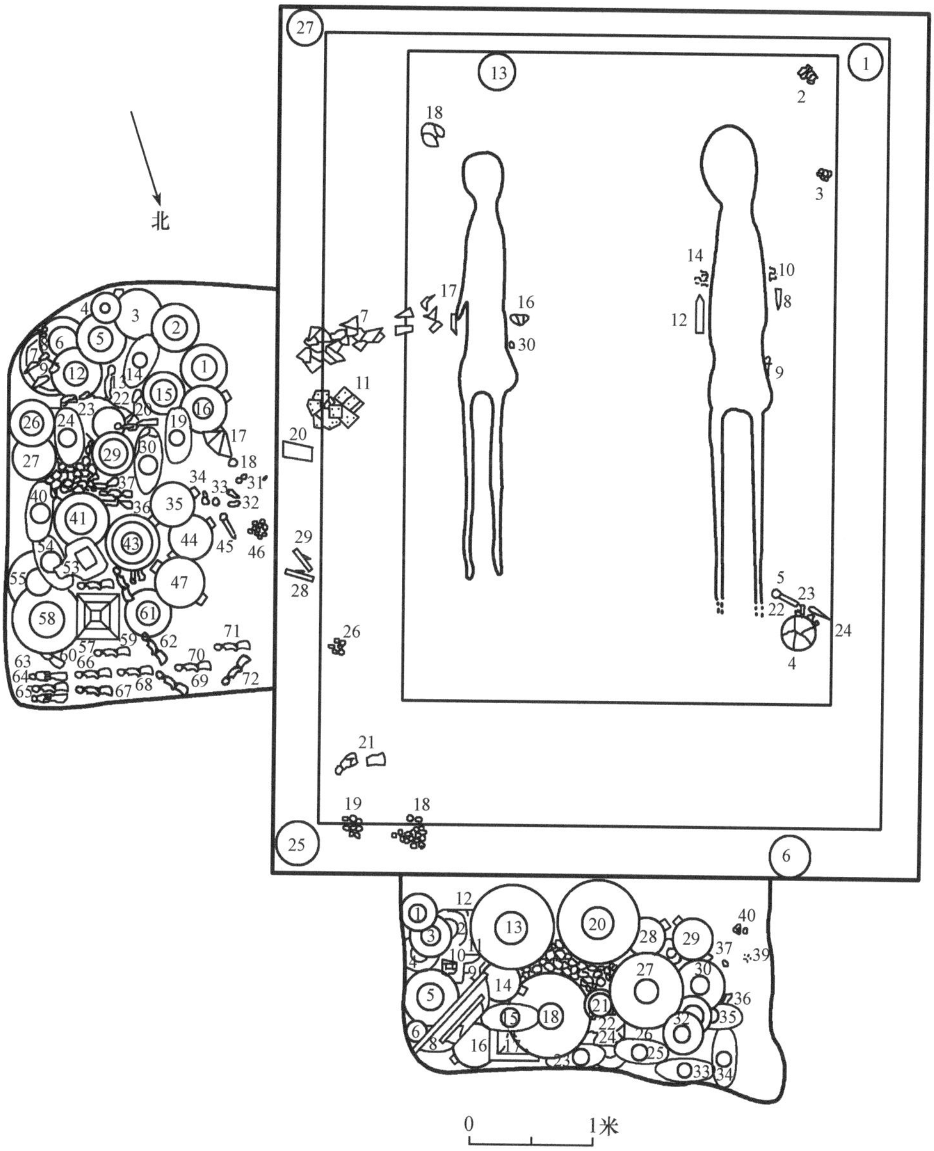

图二-21　江苏徐州东甸子西汉 M1 平面图

墓室（M1S）：1、6、25、27. 陶钵　2、3. 铜泡　4. 铜镜　5. 铁削　7. 玉枕残片　8、17. 玉璋　9. 铜带钩　10. 铁算筹　11. 玉衣残片　12. 玉圭　13. 玉璧　14. 金箔　15、16. 滑石璧　18、19. 半两钱　20. 铜镦　21. 陶俑　22-24. 漆眉笔　26. 银泡　28、29. 铜盖弓帽　30. 蚌珠

东龛（M1E）：1、2、41、55、56、61. 陶壶　3、16、27、35、44、47. 陶鼎　4. 陶罐　5、12、15、26、29. 陶盒　6. 陶釜　7. 陶瓶　8-11、13、20-22、36-39、50、58-60、62-72. 陶俑　14、19、23、24、30、40、54. 陶茧形壶　17. 陶仓　18. 铜环　25. 丝麻织品　28. 陶饼　31. 铜蹄足　32、48. 铁刀　33、34、42. 陶勺　43. 陶盆　45. 铜轸钥　46. 半两钱　49、51、52. 铁削　53. 陶匜　57. 陶钫　73. 稻米　74. 谷物　75. 朱砂

北龛（M1N）：1-5. 陶罐　6. 陶鐎斗　7、8. 陶盘　9 陶匜　10 陶灶　11. 陶磨　12. 陶仓　13、20、32. 陶壶　14、16、28、29. 陶鼎　15、21-23、25、33-35. 陶茧形壶　17. 陶钫　18、27. 陶瓮　19. 泥饼　24、30、31. 陶盒　26. 陶盉　36. 铁勺　37. 封泥　38. 陶井　39. 丝织品　40. 海贝

妻同葬一室的要求，而这可能就是西汉早期夫妻同室合葬较少的一个重要原因①。但为了达到夫妻同葬一室的目的，一些竖穴墓葬采取了留圹再葬的方式，即为二次葬提前做好预留。如江苏徐州市东郊铁刹山 M6，第一章中已有相关叙述，为达到夫妻合葬于竖穴底部的要求，首先要凿建好较宽大的墓圹，然后再将夫妻二人的墓室凿砌好，南部葬男性，北部葬女性，先葬者（男性）在自己的位置埋葬之后就进行夯填，未葬者的位置上部夯填土并不要求太坚实，在其死后将其安葬位置的土挖开埋葬即可，清理可知南部夯土较为坚实，北部夯土稍松软，并可清晰看到南部夯土的北壁微呈斜坡状②。徐州铁刹山 M6 所采取的二次葬方法及其将夫妻二人同穴合葬的内容，不仅体现出有关丧葬礼俗的发展，也能够较好地反映出现实生活中夫妻的感情和关系。

一些竖穴墓葬底部葬夫妻二人，二棺室或椁室间因相关需要建有隔梁，但有相关设施联通夫妻二人的棺室或椁室。江苏徐州铜山吕梁 M9，竖穴下中部有相对较窄的隔梁，形成两椁室，二墓主肩部处中间隔梁有相通的小门，墓葬时代为西汉晚期，墓主身份为小地主或平民③。

②横穴墓葬

横穴墓葬的使用和普及是秦汉墓葬形制日趋第宅化的集中体现，墓道坡度小且相对平缓，基本都有墓门，便于进行夫妻同穴合葬。有学者认为，横穴墓是促进夫妻合葬墓特别是同穴合葬墓出现和发展的重要因素④。在此基础上，笔者认为，很有可能是这一时期家庭中夫妻关系的发展及夫妻去世后合葬于同一墓穴的需求推动了横穴墓葬的发展和推广普及。汉代横穴墓葬有砖室、石室、砖石混筑及崖墓等多种形式，这与第宅化特征较为适应，墓内更便于修建仿生前居住的室及有关设施，同时也能更好地契合夫妻在另一世界共同生活的需求，从已发现的汉代横穴墓葬来看，很多墓葬是夫妻同葬于一室之中，进而折射出现实生活中的夫妻关系和感情。

与上文所述竖穴墓葬在二椁室或二棺室间有通道或门相通相似，一些横穴墓葬在不同室或并列二墓之间有孔、通道或壸门，便于夫妻二人的灵魂在地下世界联系和沟通。主要墓葬为西汉时期的横穴崖洞墓，这或许与墓主身份等级较高有关，相

① 黄伟：《论汉代夫妻合葬墓的类型与演变》，四川大学考古专业编：《四川大学考古专业创建三十五周年纪念文集》，四川大学出版社，1998 年，第 264-285 页。

② 李祥、郑洪全：《徐州市铁刹山汉墓群》，中国考古学会编：《中国考古学年鉴·2006 年》，文物出版社，2007 年，第 193 页；该墓由笔者主持发掘，详细资料存徐州博物馆，暂未发表；另见：刘尊志：《徐州汉代夫妻合葬墓初论》，《南方文物》2009 年第 4 期。

③ 李银德：《徐州汉墓的形制与分期》，徐州博物馆编：《徐州博物馆三十年纪念文集》，北京燕山出版社，1992 年，第 108-125 页。

④ 吴桂兵：《西汉中后期的夫妇同穴合葬》，《四川文物》1998 年第 1 期。

关墓葬基本不采取同穴合葬，但为了夫妻灵魂能在另一世界自由沟通，这些墓葬在夫妻二人墓葬之间凿建壶门或修凿通道。今江苏徐州地区发现的西汉刘姓诸侯王墓基本都是横穴崖洞墓，西汉早期偏晚阶段至西汉晚期，王墓与后墓左右并列，距离较近，一些王墓与后墓之间凿建有可相通的设施。时代稍早的西郊西卧牛山楚王墓与王后墓，北向，王墓西后墓东，甬道内耳室及墓葬前室皆是以一长方形侧室结合短通道相连通[①]；西北郊的小龟山楚王与王后墓在前室处有刻凿不甚规整的壶门相通[②]；东南郊的南洞山汉墓，王墓长、规模大，后墓短、规模小，王墓耳室西南角有斜向通道与后墓后室的东北角相连通[③]（图二 -22）。夫妻并穴而葬，且有通道相连，既可方便夫妻二人的灵魂在另一世界中沟通，也体现出现实世界里夫妻二人之间的关系。

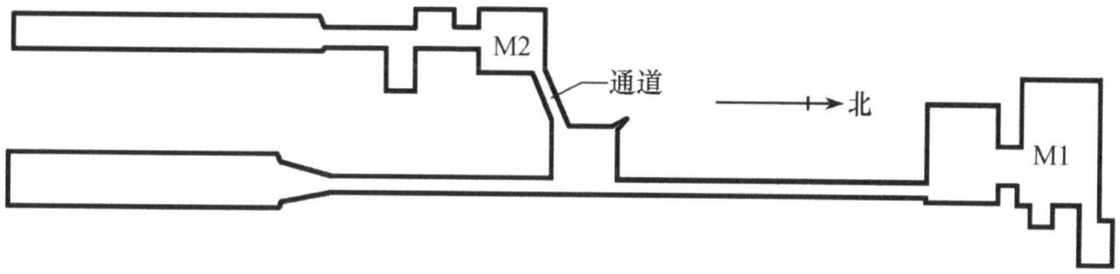

图二 -22　江苏徐州南洞山西汉楚王与王后墓葬平面位置图

③ 迁葬问题

由于大多数夫妻在去世时间上存在差异，下葬的时间有所不同，为了葬在一起，秦汉时期还存在相应的迁葬。与夫妻合葬有关的迁葬是指夫妻二人中一人去世早，先进行安葬，另一人去世后，或将早死者的尸身等迁移到后去世者的墓葬旁，形成同茔不同穴的合葬形式；或将早死者的尸身等迁移到后去世者的墓葬中，达成夫妻合葬于一墓的愿望。前者不便于确认，但若是二墓穴并列或临近，规模和时代相差不远，其中一座墓葬内的骨架属散乱无序堆积摆放情况，则该墓很可能属于迁葬。河北邢台内丘张夺 10NDZ2#MDTG2M37，附近有相近墓向、规模、时代的墓葬，单人葬，墓主骨肢杂乱，胸骨、头骨、盆骨错位，推断为二次葬或迁葬的可能

① 耿建军、刘超：《徐州市泉山区西卧牛山汉墓发掘》，江苏省文物局主编：《江苏考古（2010—2011）》，南京出版社，2013 年，第 87-91 页。

② 南京博物院、铜山县文化馆：《铜山龟山二号西汉崖洞墓》，《考古学报》1985 年第 1 期；尤振尧：《〈铜山龟山二号西汉崖洞墓〉一文的重要补充》，《考古学报》1985 年第 3 期；徐州博物馆：《江苏铜山龟山二号西汉崖洞墓材料的再补充》，《考古》1997 年第 2 期。

③ 梁勇：《从西汉楚王墓的建筑结构看楚王墓的排列顺序》，《文物》2001 年第 10 期；周学鹰：《徐州汉墓建筑——中国汉代楚（彭城）国墓葬建筑考》，中国建筑工业出版社，2001 年，第 126-134 页。

性较大[①]。后者则相对容易辨别，同一墓葬内一具骨架相对完整或保持下葬时的状态，另一具骨架则相对散乱，体现出迁葬的特点。河北涉县索堡 M1，为竖穴土洞砖木室墓，土洞内用砖和木板筑成墓室，其内靠右侧有棺木一具，已朽，残存板灰，棺内有骨架一具，男性，约在 50～60 岁之间，仰身，脊柱、下肢变朽，但整体上保持了下葬时的状态，右下肢弯曲，整个躯体下铺一层谷粒，口中含一枚五铢钱，腰部左右各置铜铃一个，左手下部也有一个铜铃；墓室内靠左中下部有一具和棺相向的骨架，女性，约在 40～50 岁之间，骨架上部发现植物编织痕的泥块，由于骨架成堆积状，显然是迁葬，骨架左侧一枚五株钱，出土时已残碎，右侧一个铁带钩[②]。

江苏徐州邳州燕子埠乡青龙山南麓永寿元年（公元 155 年）徐州从事墓的墓门门楣石上有刻铭文字，由所刻文字可知，墓主红死亡时间与夫人病死时间相距十年，其死后暂并未归葬故里，十年后的七月夫人卒后，十月即行迁葬，在武原祖茔侧建墓，夫妻二人葬在迁葬后的同一墓葬中[③]。该刻铭文字既描述了归葬的内容，又有对早死男性墓主迁葬的叙述，同时还有对夫妻二人合葬一墓的反映，再结合夫妻二人死亡时间相差十年，且在十年后夫人去世再迁葬故里并合葬于一起，反映出夫妻二人生前亲密的关系。

就迁葬而言，将不同时间去世或死亡时间相差较长的夫妻，或葬在一处或葬于一墓之中，就是对现实中夫妻关系的最好体现，既是现实中夫妻二人亲密关系的反映，也是希望夫妻二人在另一世界继续一起恩爱生活的体现。

（2）图像资料

载体较多，墓葬壁画有相关发现，墓葬内石棺、石椁、砌建墓葬的石材及墓外祠堂用石上所刻画像等，涉及的内容较为丰富，画像砖画像也有一定数量。这些载体表现夫妻关系形式或具体内容有所差异，但均体现出家庭中其乐融融的夫妻关系和情感。

① 夫妻并坐及相关内容

夫妻二人在室内、相关建筑内或相关设施上并坐，或饮酒进食，或作观赏状，较为常见，有的还与孩子或老人共处于同一画面中，不仅反映出夫妻之间亲密的关系，一些还有与家庭相关的内容，体现出家庭的和谐。

较多汉代画像石墓内为夫妻同穴合葬，建筑墓葬使用的画像石也较好地反映了

---

① 南水北调中线干线工程建设管理局、河北省南水北调工程建设领导小组办公室、河北省文物局：《内丘张夺发掘报告》，科学出版社，2011 年，第 327、328 页。

② 邯郸市文物管理处、涉县文物保管所：《河北涉县索堡汉墓》，《文物春秋》1996 年第 1 期。

③ 李银德、陈永清：《东汉永寿元年徐州从事墓志》，《文物》1994 年第 8 期。

夫妻相亲相敬、和谐美满生活的场景，或饮食、或对坐，体现出夫妻恩爱的内容。江苏徐州贾汪青山泉白集东汉画像石墓，为夫妻同穴异室合葬，墓内的相关画像石画像体现出夫妻关系亲密的内容，中室北壁画像石为竖长方形，上刻直棂窗，下刻楼房，楼上门窗半开，一女子探头外望，楼下正屋中刻男女二人饮酒，左男右女，中有樽、案、勺等器皿，男性身后的乐者，或弹琴，或在歌唱和伴奏，屋脊四周有四只瑞鸟栖息，以示吉祥之意[①]。该画面反映出地主家庭夫妻宴饮时的场景，体现出这类家庭夫妻的关系。安徽宿州褚兰墓山孜 M1 亦是夫妻同穴异室合葬墓，并有夫妻对坐图案[②]，象征着墓主夫妇生前的恩爱。

已知的汉代画像中，夫妻并坐的画面还有很多。山东微山两城山出土的水榭画像中，高处亭榭内大多为夫妻并坐，作观赏状[③]。安徽淮北青谷村出土建筑人物画像，中间为一建筑，其内为老年夫妇端坐在正堂木榻上，一侧有执戟武士和端坐的乐人，另一侧为舞者和乐人，建筑的山墙上有凤凰[④]（图二 -23）。《中国画像砖全集·四川汉画像砖》一书收集的四川省成都市西门外及新都区新繁镇清白乡、新农乡，还有什邡市出土的西王母画像，在一角基本都会有一对恩爱夫妇，进而反映出

图二 -23　安徽淮北青谷村出土建筑人物画像

① 南京博物院：《徐州青山泉白集东汉画象石墓》，《考古》1981 年第 2 期。

② 王步毅：《安徽宿县褚兰汉画像石墓》，《考古学报》1993 年第 4 期。

③ 马汉国主编：《微山汉画像石选集》，文物出版社，2003 年。

④ 高书林：《淮北汉画像石》，天津人民美术出版社，2002 年，第 43 页。

现实中夫妻的恩爱[①]（图二-24）。四川德阳三台县郪江崖墓柏林坡M1出土的宴饗图中绘两个案几，北侧几后为夫妇二人，男左女右，画像中还配有老人[②]。山东省微山县两城乡凤凰山南麓伏羲庙出土的建筑人物画像，画面中央有一厅堂，厅内坐二人，为夫妻，女性左边为二孩童[③]（图二-25），画面反映了家庭中的夫妻和睦及天伦之乐。

图二-24 四川汉代画像砖中的夫妻并坐画像

除以上内容外，上文所述山东省邹城市卧虎山汉代M2西椁板内侧画像，主体为二位老人，左为男性老者，右侧为老年女性，均手执鸠杖，二者之间为二跽坐孩童[④]。该画像不仅体现出祖孙间的生活内容，也反映出老年夫妻之间的感情。

② 相互协作，参与或配合劳动

就较多从事生产劳作的家庭来讲，作为家庭中最基本成员的夫妻，需共同参与

---

① 《中国画像砖全集》编辑委员会:《中国画像砖全集·四川汉画像砖》，四川美术出版社，2006年，第116、117、119页。

② 四川省文物考古研究院、德阳市博物馆、三台县文物管理所:《三台郪江崖墓》，文物出版社，2007年，第165、166页。

③ 微山县文物管理所:《山东微山县出土的汉画像石》,《文物》2000年第10期。

④ 邹城市文物管理局:《山东邹城市卧虎山汉画像石墓》,《考古》1999年第6期。

图二 -25 山东省微山县两城乡凤凰山南麓伏羲庙出土建筑人物画像

很多与家庭相关的事务，汉代画像石、砖中有较多单独进行劳动的纺织女性和进行田间劳作的男性画像，可说明当时存在男耕女织的家庭劳动分工。但是，也有很多家庭的夫妻会相互协作，女性参与相关劳动，体现出具体劳动中的男女分工。汉代画像所反映家庭中夫妻相互协作，或女性参与相关劳动，体现出的是具体劳动中男女工作内容的不同；或女性做好服务工作，配合劳动。如田间劳作，既体现出耕作对于这些家庭的重要性，也反映出这些家庭中夫妻间的和谐关系。

四川德阳出土的一块画像砖上有牛耕画像，男子扶犁耕地，身后一妇女一手提篮一手点种[①]（图二 -26：1）。该画像反映出一般农业家庭的耕作种植情况，男性从事需要相应体力和技术的工作，女性从事体力消耗小、略精细的农活，二人相互配合，完成农业耕作。

1

2

图二 -26 汉代画像中夫妻共同耕作画像

1. 四川德阳出土画像砖画像 2. 河南省南阳市北郊七里园乡达士营村邢营东汉 M1 出土画像石画像

① 高文主编:《中国巴蜀新发现汉代画像砖》，四川美术出版社，2016 年，第 1 页。

江苏睢宁双沟散存东汉画像石的下格为家庭劳作的内容，一男性驱牛扶犁耕地，其身后为一孩童在播种，另有一人在除草，一妇女肩挑饭食来到田地里[①]。山东滕州黄家岭出土祠堂画像石的下格为田间劳作画像，有男性驱牛耙地、驱牛马拉犁耕田及中耕除草，亦见有挑饭食的女人[②]。河南省南阳市北郊七里园乡达士营村邢营东汉 M1 出土的耕耘舞乐百戏图，分三层，下层右刻农夫田间锄禾场面，最右为一梳髻着长襦的农妇，左肩掮锄，锄柄端系一壶罐，锄部挂一篮状物，似在担浆送食，其前为庄稼地，长满禾苗，田间一裸露上身的农夫正努力锄耘，地旁还有奔跑的狗儿[③]（图二-26：2）。这些画面均展现出家庭中男性在田地劳作，女眷负责送来饭食这一相互协作的画面和内容，反映出一般农业家庭中夫妻间较为和谐的关系。

另外还有其他劳动内容。四川地区出土的汉代采莲捕鱼画像砖，常见水塘内有 2 人相对坐于船上，1 人采莲或捕鱼，1 人划桨的图像，其中有些是对家庭中夫妇共同参与该项劳动的描绘。

③ 夫妻亲吻

亲吻画像在汉代画像中有一定数量，上文论述过程中，笔者将较多此类画像归入婚前活动与结合成婚之中，但也有些画像明显体现出夫妻婚后生活的内容，数量不多。

安徽省灵璧县九顶发现一座汉画像石墓，石材构筑，但破坏严重，残存 4 块画像石，其中一幅画像有夫妇用膳、凭栏观望、纺织和车马等内容，纺织内容有男女亲吻的图案：一妇女坐在平时织布所坐的织机位置，身向后转，一男子站靠在织机后侧、妇女身旁，二人唇部相贴作亲吻状，男子身后上方有一持物仆人作悄悄观望状，下部有包袱和杖形物[④]（图二-27：1）。画像石中织布女性基本为婚后的女性，而从画像来看，该女性正在织布时，其夫外出归家，丢下包袱和相关物品，与妻子亲吻以表达思念与久别之情，就连路过的一个家庭中仆人也被这一场景所吸引，驻足观看。这一画像充分表现出家庭中夫妻的亲密感情，而该幅画像中还有夫妇用膳的内容，亦体现了夫妻之间的关系。

四川荥经出土的一具东汉石棺，棺档、棺侧均刻有画像，其中棺侧刻建筑人物图，中为板门，门半开处倚立一女子，可能为女仆，右侧有一戴胜女子凭几而坐，

① 仝泽荣、武利华、田忠恩、陈剑彤：《睢宁汉画像石》，山东美术出版社，1998 年，第 62、63 页。

② 滕州市汉画像石馆：《滕州汉画像石精品集》，齐鲁书社，2011 年，第 32、33 页。

③ 南阳市文物工作队：《南阳市邢营画像石墓发掘报告》，《中原文物》1996 年第 1 期。

④ 中国画像石全集编辑委员会编：《中国画像石全集·第 4 卷·江苏、安徽、浙江汉画像石》，山东美术出版社，2000 年，图 180，第 138 页。

1

2

图二 -27　汉代画像石画像中的夫妻亲吻图

1. 安徽省灵璧县九顶画像石墓出土画像石画像（局部） 2. 四川荥经出土东汉石棺棺侧建筑人物图

左侧为男女相拥亲吻[①]（图二 -27：2）。画面反映的应是家庭生活的内容，右侧有一戴胜女子可能为家庭中的老年女性，左侧男女为成婚后的夫妇，二人正在自己独立的空间内表达恩爱之情。

④共同升仙

就夫妻二人来讲，生前同室，在家庭之中共同生活，死后埋葬一处且相当数量为同穴合葬，体现出汉代家庭夫妻间的恩爱和亲密关系。而在秦汉人的思想中，升仙是永远的话题和不懈的追求，日常生活的一些内容如服食丹药及使用的器物如博山炉等皆可说明，而死后世界和内容如墓葬形制、殓葬衣物、墓葬的装饰等都从多方位体现出升仙的需求，很多壁画及画像石中皆有较多与升仙有关的内容，而且也见有夫妻共同升仙的画面，既反映出现实生活中夫妻的亲密关系，也体现出升仙之后夫妻二人仍在一起恩爱的美好理想。

河南洛阳西汉卜千秋壁画墓为洞穴砖室墓，夫妻二人合葬于后室之中，墓顶脊壁画有墓主人升仙图，女性乘三头鸟，手捧三足乌，闭目，男乘舟形蛇，手持弓，闭目，后随奔狗，旁有蟾蜍；另有仙女图，双髻，面向墓主，拱手下跪，作迎接状，其侧一兔，嘴内含草[②]（图二 -28）。

江苏徐州铜山洪楼东汉墓祠堂出土三幅画像石画像，按照《徐州汉画像石》一书收录画像石的编号，图 84 的画面上有张口按腹吐布云朵的云神、三虎所拉的云车及车上持桴击鼓的熊面仙人、仙人骑麒麟、人鱼、雨师布雨，是对天上仙界的描写；图 85 有鱼、龙所拉的两架云车，也有雨师布雨、雷公布雷、风神致风、仙人骑白象，还有站立方士导引跽坐男主人升仙及向家人揖别仙飞而去的女主人；图 80 为山墙上部画像，有坐于榻上的男性神人，左边有仙人进奉，也有乘鹿车的女性神

① 荥经县文化馆，李晓鸣：《四川荥经东汉石棺画像》，《文物》1987 年第 1 期；高文：《四川汉代石棺画像集》，人民美术出版社，1997 年，图四八、四九。

② 洛阳博物馆：《洛阳西汉卜千秋壁画墓发掘简报》，《文物》1977 年第 6 期。

图二-28　河南洛阳卜千秋西汉墓脊壁伏羲及墓主升仙壁画

人[①]（图二-29）。二神人的穿戴和形体与图85中所刻画的男女主人基本相同，所反映的应是墓主夫妇升入天国成仙且共同生活的内容，三幅画像共同构成了往天国飞升和升天成仙的画面，展现出当时人们想象的升仙场面[②]，同时也体现出汉代家庭中夫妻在现实生活中一起生活，在死后一起升仙的美好愿望。

图二-29　江苏徐州铜山洪楼祠堂山墙上部画像

⑤象征图案

汉代墓葬出土的图案较多具有象征意义，一些则象征家庭之中夫妻的恩爱，且有不同的表现形式。

龙和凤鸟同时出现于一个画像或画面中，有的作并列，有的嬉戏或作亲昵状，部分当与象征家庭中的夫妻恩爱有关。交颈鸟和对颈鸟也较多见，无论交颈还是对颈，二鸟之间均较亲昵。龙和凤鸟、交颈鸟、对颈鸟的组合或独立存在，但相对较少；或与建筑、人物或建筑人物形成搭配，很多是一建筑内有夫妻二人并坐，或饮酒进食或作谈话状，屋顶有二鸟交颈或对颈。江苏徐州铜山茅村东汉画像石墓西门南侧画像，

① 王德庆：《江苏铜山东汉墓清理简报》，《考古通讯》1957年第4期；徐州博物馆：《徐州汉画像石》，江苏美术出版社，1985年，图80、83-85。

② 刘尊志：《徐州汉墓与汉代社会研究》，科学出版社，2011年，第171、172页。

竖长方形，一建筑内有夫妻二人对坐，相距较近，二人之间有食具和酒具，两侧屋脊有攀援的猴，顶脊上置一大鱼，象征生活富足，再上有二鸟对颈，一鸟张嘴欲将食物喂食另一鸟[①]；铜山蔡丘出土的1块长方形画像石，分左中右三格，左侧铺首衔环上有二龙交颈，右侧铺首衔环为伏羲女娲对面而立，一手相握，二尾穿环而过，中间为一建筑，其内有夫妻对坐，二者之间为食具，屋顶二凤鸟相对而立，嘴部皆张开，两翅相接[②]，两幅画像体现的场景均是既亲昵又温馨，突出夫妻在家庭生活中的恩爱关系。

伏羲女娲像共出，在很大程度上也是对人间夫妻恩爱的体现和象征，这与伏羲女娲的关系及作为人类的始祖神等均有一定关系。上文所举铜山蔡丘出土画像石中的伏羲女娲像即是例证之一。很多图像中的伏羲女娲亦是并列且多数交尾，有的在双尾下有小的人首蛇身形象，或伏羲女娲执规握矩，这与家庭中夫妻和谐的关系及繁衍乃至家庭的发展均有着一定关系，而执规握矩的伏羲女娲图案还很可能与家庭中树立规矩存在一定的关联。山东临沂西张官庄汉画像石墓出土的一立石上刻有伏羲女娲交尾[③]（图二-30：1）。四川郫县（今成都市郫都区）一号石棺上所刻伏羲女娲画像，交尾，面部相对，较为亲昵[④]（图二-30：2）。江苏睢宁双沟散存的伏羲女娲画像，伏羲女娲交尾，拱手并立，最下有小的人首蛇身形象[⑤]（图二-30：3）。山东沂南画像石墓出土的伏羲女娲画像，有执规握矩的形象[⑥]，类似的内容在其他地区如临沂吴白庄东汉画像石墓[⑦]（图二-30：4）等中也有相关发现。大致来看，伏羲女娲形象在汉代墓葬壁画及画像石、画像砖中均有较多发现，而且其中很多为伏羲女娲交尾形象，体现出这一内容分布的广泛性，同时与所属东汉时期墓葬多为夫妻同穴合葬相对应，反映出家庭中夫妻间和谐、亲密的关系。

另外，四川省德阳市三台县郪江崖墓中的柏林坡M1有两幅仙鹤画像，表现的是雌雄二仙鹤较为亲昵的画面[⑧]（图二-31）；安徽省淮北市散存的一块画像石，画

---

① 王献唐：《徐州市区的茅村汉墓群》，《文物参考资料》1953年第1期；江苏省文物管理委员会：《江苏徐州汉画象石》，科学出版社，1959年，图版十一，图10。

② 江苏省文物管理委员会：《江苏徐州汉画象石》，科学出版社，1959年，图版七七，图100。

③ 临沂市博物馆：《临沂汉画像石》，山东美术出版社，2002年，第31页。

④ 四川省博物馆、郫县文化馆：《四川郫县东汉砖墓的石棺画象》，《考古》1978年第6期。

⑤ 徐州博物馆：《徐州汉画像石》，江苏美术出版社，1985年，图233。

⑥ 南京博物院、山东省文物管理处：《沂南古画像石墓发掘报告》，文化部文物管理局出版，1956年，图版56；山东博物馆：《沂南北寨汉墓画像》，文物出版社，2015年，第6、108页。

⑦ 管恩洁、霍启明、尹世娟：《山东临沂吴白庄汉画像石墓》，《东南文化》1999年第6期。

⑧ 四川省文物考古研究院、德阳市博物馆、三台县文物管理所：《三台郪江崖墓》，文物出版社，2007年，第167、169页。

1　　2　　3　　4

图二-30　汉代画像石画像中的伏羲女娲图像

1. 山东临沂西张官庄汉画像石墓出土一立石画像　2. 四川郫县一号石棺上画像　3. 江苏睢宁双沟散存画像石画像
4. 山东临沂吴白庄东汉画像石墓出土画像石画像

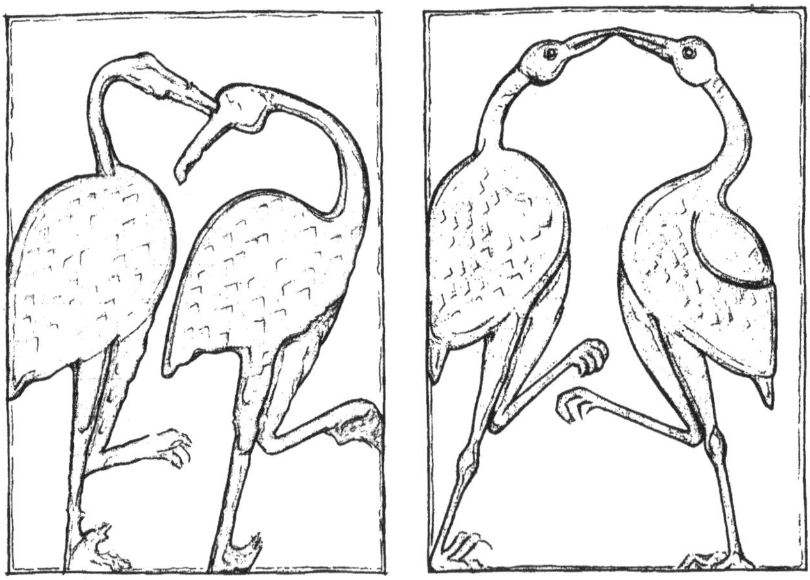

图二-31　四川省德阳市三台县郪江崖墓柏林坡M1出土的两幅仙鹤画像

面中一棵大树上有一对成年的鸟，从冠来看，当是雌雄一对，似在守护雏鸟[①]。二者均在一定程度上象征着家庭中夫妻之间的亲密关系。

① 高书林：《淮北汉画像石》，天津人民美术出版社，2002年，第307页。

（3）器物构件或陶俑

四川成都金堂李家梁子 M23 出土摇钱树座主山下方的台座上有并坐的抚琴俑（M23：30-2），捏制，男女两人并坐，右侧人为男性，膝上置一琴，两手放于琴上做抚琴状，另一人为女性，作倾听欣赏状[①]（图二 -32）。抚琴俑反映出夫妻间的亲爱，这或许是琴瑟和鸣的一种体现，塑造出夫妻二人情笃合好。

图二 -32　四川成都金堂李家梁子 M23 出土摇钱树座上并坐俑

2. 离婚、再婚及相关内容

秦汉时期，较多家庭的夫妻二人较为恩爱或保持着相对亲密的关系，这对于家庭的和谐稳定及其发展均有较大益处。但是，也有一些家庭会因为这样或那样的原因，使得夫妻在生活中分开，婚姻关系也因此解除，西汉后期的大臣孔光即曰："夫妇之道，有义则合，无义则离。"[②]文献中记载相关事例也有很多，西汉早期的大臣朱买臣，"家贫，好读书，不治产业，常艾薪樵，卖以给食，担束薪，行且诵书。其妻亦负戴相随，数止买臣毋歌呕道中。买臣愈益疾歌，妻羞之，求去。……买臣不能留，即听去。"[③]西汉中期的曹寿患有"恶疾"，其妻平阳公主与之离婚[④]。还有一些家庭中的男性虽有妻子，但还会再娶女或纳妾，正如《后汉书·列女传》所载"夫有再娶之义"[⑤]，但这对于家庭中一夫一妻的稳定关系也会造成相应的冲击和危害。也有的男性会在妻子去世后再娶女为妻，这反映出一些家庭中夫妻关系的变化。有的家庭夫妻二人则会因一方的不忠与不贞，造成另一方的离开和死亡，使得家庭成员的稳定性受到损害。

生活中夫妻的分开及婚姻关系的解除，使得夫妻二人皆成为单身，即所谓"鳏寡孤独"的组成内容之一，虽有单身后至终老者，但有些男性会再婚，有的女性会改嫁或再嫁，进而形成新的家庭，卓文君即是作为出嫁后丧夫女性再嫁司马相如的。考古发掘的一些秦汉墓地或墓葬中，仅葬 1 人，无合葬者，这在成年人的墓葬

① 索德浩：《四川汉代陶俑与汉代社会》，文物出版社，2020 年，第 72、73 页。

② （东汉）班固撰，（唐）颜师古注：《汉书·孔光传》，中华书局，1962 年，第 3355 页。

③ （东汉）班固撰，（唐）颜师古注：《汉书·朱买臣传》，中华书局，1962 年，第 2791 页。

④ （东汉）班固撰，（唐）颜师古注：《汉书·卫青传》，中华书局，1962 年，第 2471 页。

⑤ （南朝宋）范晔撰，（唐）李贤等注：《后汉书·列女传》，中华书局，1965 年，第 2790 页。

方面更能够表明墓主为单身的可能性，而一些或与离婚有关。江苏徐州汉代采石场遗址中发现的工匠墓葬，墓主去世及下葬时应为单身[①]，但单身的原因不详。较多墓葬数量多、时代延续长的秦汉墓地中，单独一墓且无合葬者多有发现，其墓主亦很可能为单身。另在一些东汉时期的墓葬内，会发现成年男性与家人合葬于一个墓葬内，且又明显无合葬者的现象。这些墓例中的单身者成为单身的原因当有多种，而因家庭中夫妻间婚姻关系解除而成为单身人员的或许会有一定比例。换言之，相关人员可能不是原来或一直单身，而是因家庭中夫妻关系的破裂而形成单身，进而体现出相关家庭中夫妻关系不和谐甚至离婚，而这在丧葬或墓葬方面有相应的体现和反映。夫妻二人的不忠与不贞是造成家庭不和谐的重要元素之一。汉代墓葬壁画及画像石中的“鲁大夫秋胡戏妻”画像发现较多，如内蒙古和林格尔东汉壁画墓[②]、陕西靖边县杨桥畔东汉壁画墓[③]及山东嘉祥武氏祠石刻画像[④]、四川彭山汉代崖墓石棺画像[⑤]及新津汉代崖墓石棺画像[⑥]等。“鲁大夫秋胡戏妻”壁画或画像，一方面是对贞女或列女的宣传和教化，另一方面通过鲁秋胡戏妻这一在汉代广泛流传的故事，也为探讨该时期相关家庭中，夫妻二人若有一人出现不忠或不贞，对该家庭造成的影响和破坏，而秋胡妻在采桑时遭外出多年丈夫的言语调戏，得知此事后愤然自尽，家庭成员因此而丧生，不得不说这应是家庭悲剧的内容之一。

上文在简要叙述家庭中的夫妻关系时，已对一些与夫妻婚后关系相关的内容进行了论述。有的涉及男性在有妻子的情况下纳妾或再娶其他女性，一座墓葬内葬1男性2女性，且有些是男性居中，二女性分居男性两侧且存在等级差异的情况，基本都可被视为该男性纳妾或在有妻子的情况下又娶了其他女性，陕西西安净水厂东汉墓地中的M18，后室北侧所葬人员基本可确定为侍妾之类[⑦]。参考已发现和发掘的较多高等级墓葬，此类情况并不少见，这也说明在秦汉时期，一些有相应等级或经济实力的家庭中，男性纳妾或在有妻子的情况下再娶其他女性属于相对正常的情况。有的则是在妻子去世后再立或再娶其他女性为妻或正妻，帝陵及诸侯王墓地中

① 徐州博物馆：《江苏徐州市汉代采石遗址发掘简报》，《考古》2010年第11期。

② 内蒙古自治区博物馆文物工作队编：《和林格尔汉墓壁画》，文物出版社，1978年，第138页。

③ 陕西省考古研究院、榆林市文物研究所、靖边县文物管理办公室：《陕西靖边东汉壁画墓》，《文物》2009年第2期。

④ 蒋英炬、吴文祺：《武氏祠画象石建筑配置考》，《考古学报》1981年第2期；《汉代武氏墓群石刻研究》，山东美术出版社，1995年，第56、151-153夹页（1）、161页。

⑤ 南京博物院：《四川彭山汉代崖墓》，文物出版社，1991年；梅养天：《四川彭山县崖墓简介》，《文物参考资料》1956年第5期。

⑥ 郑伟、颜开明：《汉代画像石棺岩墓清理简记》，《成都文物》2001年第4期。

⑦ 陕西省考古研究所配合基建考古队：《西安净水厂汉墓清理简报》，《考古与文物》1990年第6期。

发现的一座皇帝墓、两座皇后墓或一座王墓、两座王后墓的现象皆可体现，这在上文已作举例，此处不再赘叙。

关于女性改嫁的问题，部分是女性与原有丈夫解除婚姻关系后再嫁他人，更多的应是在原有丈夫去世后根据情况再嫁他人，卓文君即是此种情况。需作说明的是，由于该女性去世后应与其去世前的丈夫一起合葬，所以从墓葬方面很难分辨或区分该女性是否为改嫁人员。但有些汉墓出土的简牍中有相关记载，如江苏仪征胥浦 101 号西汉墓出土的“先令券书”竹简[①]，记载了墓主人朱凌的母亲为西汉后期的一女性（券书中的妪），其曾先后嫁朱孙、衰近君、病长宾三人为妻，其中朱孙系原配之夫，衰、病皆为改嫁之夫；该女性为三夫都生有孩子，即以君、子真、子方、仙君、公文、弱君六人，以君、子真、子方、仙君为其与第一夫所生，公文为其与第二夫所生，弱君为其与第三夫所生，形成三父一母有子女共六人的情况；从券书文字内容来看，衰近君、病长宾似为上门到朱家与该妪为婚的入赘之夫，该妪在原配之夫朱孙亡故后虽曾两次再嫁，但始终未离朱氏之门[②]，体现出较为特殊的改嫁内容。《先令券书》涉及家庭财产继承及“遗嘱”问题，也反映出同父同母兄弟姐妹及同母异父兄弟姐妹之间的关系，如简文中朱凌呼公文为弟，称弱君为女弟，对研究当时的家庭及有关内容具有很好的参考作用，而该简所记的女性改嫁内容，既有特殊性，又反映出当时改嫁方式的多样性，对我们认识汉代女性改嫁这一社会现象具有重要的价值。

3. 夫妻等级

男女二人结合成婚组成家庭，正常情况下是朝夕相处、共同生活，形成较为亲密、和谐的夫妻关系，并一起推动家庭向前发展。但在当时的社会环境及背景下，加之社会思想的影响，夫妻二人在家庭中的等级地位大多还是存在较为明显的差别，男尊女卑的现象较为突出。西汉董仲舒即提出：“君臣父子夫妇之道取之（阴阳之道），此大礼之终也。”[③]“丈夫虽贱皆为阳，妇人虽贵皆为阴。”[④]“妻受命于夫。”[⑤]东汉班固在其《白虎通义·三纲六纪》中亦云：“三纲者，何谓也？谓君臣、父子、夫妇也。……君为臣纲，父为子纲，夫为妻纲。”[⑥]

---

① 扬州博物馆：《江苏仪征胥浦 101 号西汉墓》，《文物》1987 年第 1 期。

② 陈平、王勤金：《仪征胥浦 101 号西汉墓〈先令券书〉初考》，《文物》1987 年第 1 期。

③（西汉）董仲舒：《春秋繁露·观德》，上海古籍出版社，1989 年，第 56 页。

④（西汉）董仲舒：《春秋繁露·阴阳尊卑》，上海古籍出版社，1989 年，第 66 页。

⑤（西汉）董仲舒：《春秋繁露·顺命》，上海古籍出版社，1989 年，第 85 页。

⑥（东汉）班固：《白虎通义·三纲六纪》，（清）陈立撰，吴则虞点校：《白虎通疏证》，中华书局，1994 年，第 373 页。

考古资料对夫妻二人在家庭中等级地位差异体现的主要内容为墓葬，位置与规模、形制与陪葬品、墓外设施等皆可体现，一些画像石（砖）的画像或墓葬内壁画内容也能够较直接地反映夫妻在家庭中等级地位的差异。

秦汉帝王、列侯墓葬所体现对应家庭中夫妻二人等级地位差异较为明显，且表现形式较为多样。帝陵之中，西汉皇帝与皇后的陵墓为同茔异穴合葬，东汉皇帝与皇后则为同穴合葬，由于均未发掘，故相关内容在西汉皇帝与皇后的异穴合葬墓中表现较为突出。每处西汉帝陵的陵园中，帝陵位置突出，正常情况下规模较后陵要大，而后陵则可视为帝陵最大的陪葬墓；墓外设施方面，帝陵的陵园规模大，陪葬坑数量多且内涵丰富，与祭祀和守护陵墓等有关的建筑设施也体现出明显的优越性。诸侯王及列侯墓葬中，西汉时多为异穴合葬，东汉时则多见同穴少异穴，同穴者则多为异室合葬，而男性的墓室明显大于女性墓室，如河北定州北陵头东汉晚期的中山穆王刘畅及其夫人的墓葬（M43）[①]（图二 -33）及安徽亳州董园村 M1（东汉晚期曹姓列侯墓，墓主为曹操宗族）[②] 等。异穴合葬墓中，男性墓葬的规模大于女性墓葬，无论同坟还是异坟皆是如此，而异坟者在封土规模等方面也有明显体现，且在墓地中的位置是以男性墓葬为核心，绝大多数此类汉代王侯墓葬皆可反映。葬具的使用及陪葬品的数量、质量和内容等方面，王侯墓葬体现出较王后墓或列侯夫人墓明显要多、要好和较为丰富的特征。墓外设施方面，男性墓葬与女性墓葬皆有者，基本是男性墓葬的设施规模大，内涵丰富，共同拥有的设施则在位置上基本偏向于男性墓葬，而有些设施则是男性墓葬独有，女性墓葬不见。如江西南昌西汉海昏侯墓地，列侯墓（M1，墓主刘贺）位置突出，规模明显大于夫人墓（M2），二墓有服务于祭祀的祠堂，位置明显偏向于 M1，M1 的前端有寝，而 M2 未见，M1 的西侧偏北有 1 陪葬坑，M2 不见陪葬坑，M5、M6 两座在墓地中有重要地位的祔葬墓均在 M1 北侧，与 M2 距离略远[③]（图二 -34）。

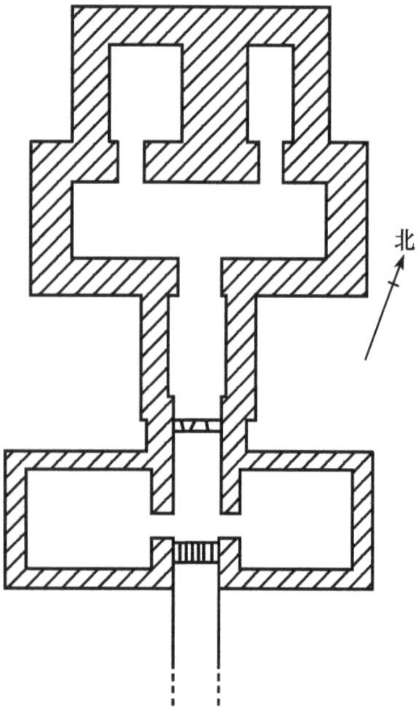

图二 -33 河北定州北陵头东汉晚期 M43 平面图

① 定县博物馆：《河北定县 43 号汉墓发掘简报》，《文物》1973 年第 11 期。

② 安徽省亳县博物馆：《亳县曹操宗族墓葬》，《文物》1978 年第 8 期。

③ 江西省文物考古研究所、南昌市博物馆、南昌市新建区博物馆：《南昌市西汉海昏侯墓》，《考古》2016 年第 7 期。

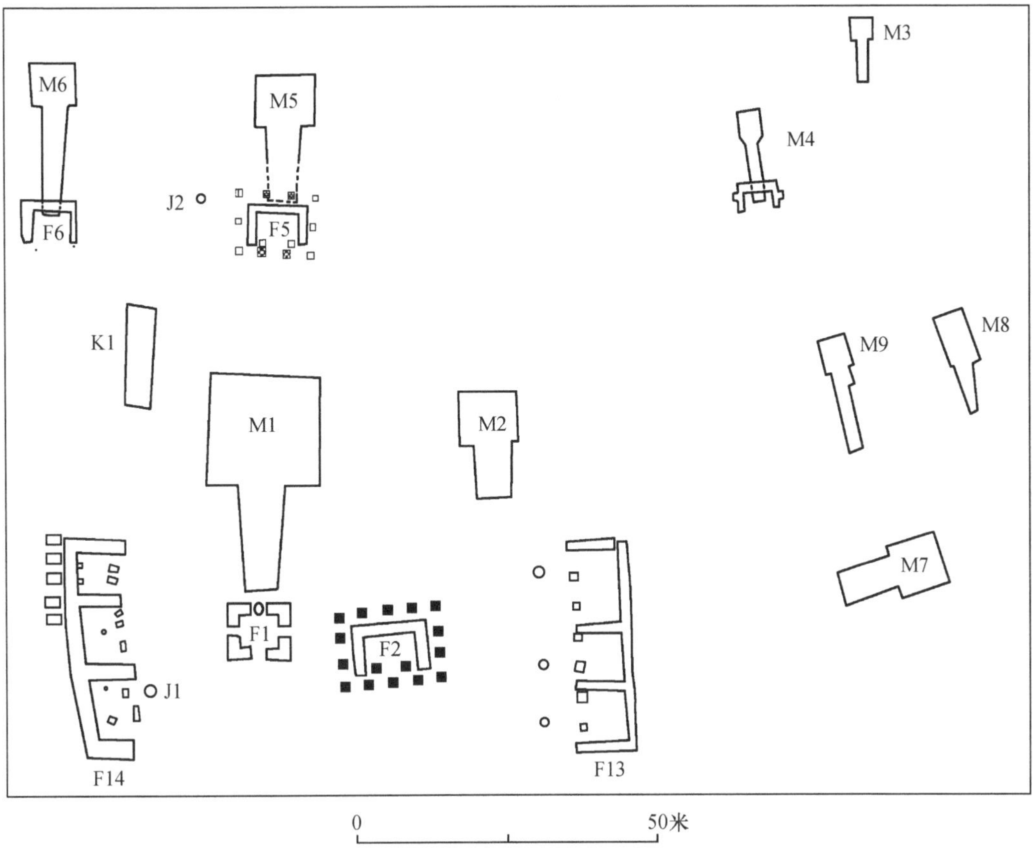

图二-34　江西南昌海昏侯墓地墓葬分布图

中小型墓葬所体现对应家庭中夫妻二人等级地位差异的内容，部分与帝王列侯墓葬有所相似，如不同合葬形式下的墓葬位置、封土大小、墓葬规模、封护形式、葬具的使用、墓室的大小、陪葬品的多寡及其内容和内涵、墓外设施的位置和有无等等皆可在一定程度上有所体现和反映。除上述内容外，中小型墓葬在反映对应家庭中夫妻二人等级地位差异方面还有自身的内容和特点，尤其在一些具体内容或细节方面有着相应的体现。以江苏徐州地区的相关中小型墓葬为例，翠屏山西汉墓[①]、奎山西汉M12[②]等为夫妻同墓合葬，男性葬在洞室中，女性则葬在竖穴底部，墓室规模及葬具等亦有差异；奎山M10[③]、铁刹山M6[④]等为同穴合葬竖穴墓，女性椁室不仅略小，而且多低于男性墓主的椁室；横穴砖（石）室墓中，同墓异室合葬墓者，女性墓室较男

① 徐州博物馆：《江苏徐州市翠屏山西汉刘治墓发掘简报》，《考古》2008年第9期。

② 徐州博物馆：《江苏徐州市奎山四座西汉墓葬》，《考古》2012年第2期。

③ 徐州博物馆：《江苏徐州市奎山四座西汉墓葬》，《考古》2012年第2期。

④ 李祥、郑洪全：《徐州市铁刹山汉墓群》，中国考古学会编：《中国考古学年鉴·2006年》，文物出版社，2007年，第193页；该墓由笔者主持发掘，详细资料存徐州博物馆，暂未发表。

性墓室要小很多，如贾汪青山泉白集东汉墓①（图二 -35）、邳州白山故子 M1② 等，而且女性的墓室因规模相对较小而呈现出位置略偏的特征。还有一些等级相对较高的墓葬，尤其是女性墓主的等级地位较高者，相关内容也可反映出男性墓主与女性墓主在家庭中地位的差别，徐州市区周边的西郊韩山 M1③、西北郊苏山头 M2④ 等皆有体现。西郊韩山 M1 的墓主为刘婞，从墓葬规模、形制及墓内出土的玉片、枕、璧、组佩及铜器、陶俑及其他陶器等来看，墓主身份等级较高，很可能为翁主级别或相近等级的人员。与之同茔异坟合葬的墓葬为 M2，墓葬也有相应规模，墓主男性，二墓墓主应是夫妻关系，男性墓主为西汉楚国的一般官吏，社会等级地位要明显低于 M1

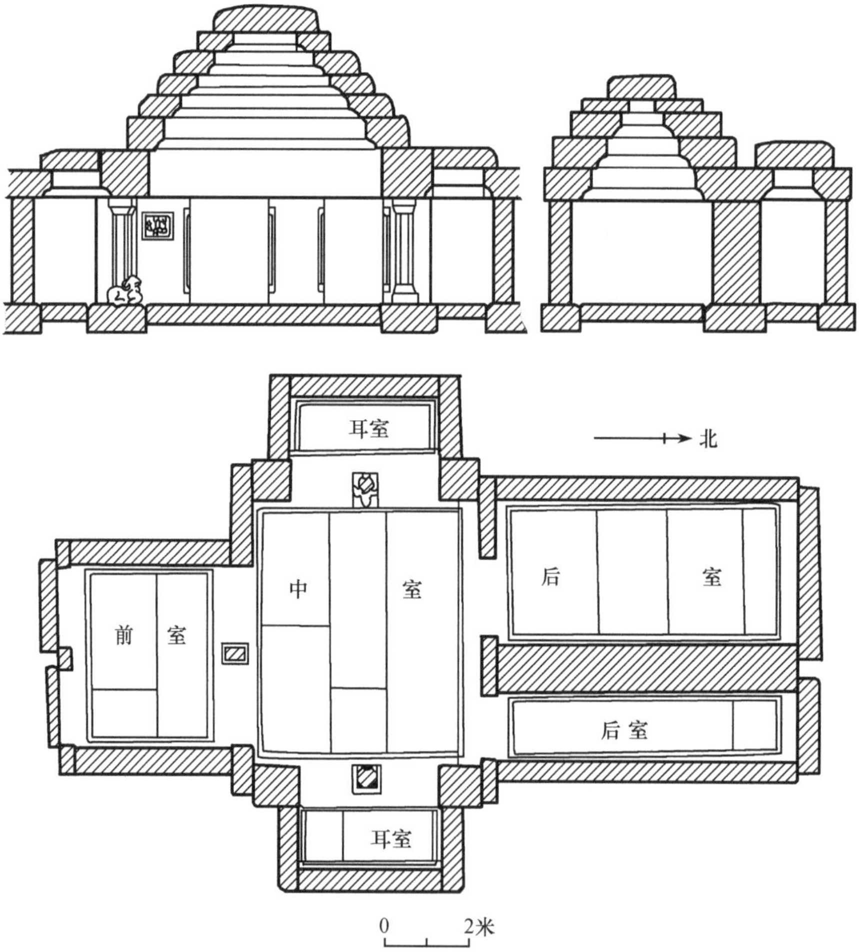

图二 -35 江苏徐州贾汪青山泉白集东汉墓平、剖面图

① 南京博物院：《徐州青山泉白集东汉画象石墓》，《考古》1981 年第 2 期。

② 南京博物院、邳县文化馆：《江苏邳县白山故子两座东汉画像石墓》，《文物》1986 年第 5 期。

③ 徐州博物馆：《徐州韩山西汉墓》，《文物》1997 年第 2 期。

④ 徐州博物馆：《江苏徐州苏山头汉墓发掘简报》，《文物》2013 年第 5 期。

墓主刘嫜。但 M2 位于二墓所在小山的顶部，附近还有 1 座陪葬墓，这是家庭墓地中等级地位明显要高的体现，而这也说明该男性墓主在家庭中的地位要高过女性墓主刘嫜。西北郊苏山头 M2 的竖穴底部有 1 陪葬者，墓主的墓室内出土玉枕、面罩、璜、舞人、佩及陶俑等，还有铜鼎等铜器，墓主为女性，可能是宗室中下嫁的刘氏女。M3 与 M2 共用一个封土，相距约半米，二者的关系非常密切，M3 墓主为男性，二墓为同坟异穴合葬墓。从陪葬品、墓葬封填等内容看，M3 墓主的社会身份较低，可能是刘氏宗室女所嫁没有官职的男性，故只能按照比较低的身份下葬。但 M3 的规模大于 M2，形制也较 M2 复杂，竖穴底部一侧洞室葬 1 男性，为墓主，另一侧洞室内葬 1 女性，很可能是男性墓主人的陪葬者，但从“陪葬”女性陪葬的较多陶器及带钩、铜镜等来看，该女性很可能是男性墓主所纳的妾或另娶的一女性，另在 M3 竖穴底部西侧还有一长方形器物坑，内置较多陶器（图二 -36）。这些内容皆在很大程度上说明男性墓主在家庭中的等级地位可能较高，不仅墓葬规模大且结构复杂，且该墓主生前还纳有妾或另娶有其他女性，而竖穴底部器物坑的设置也在一定程度

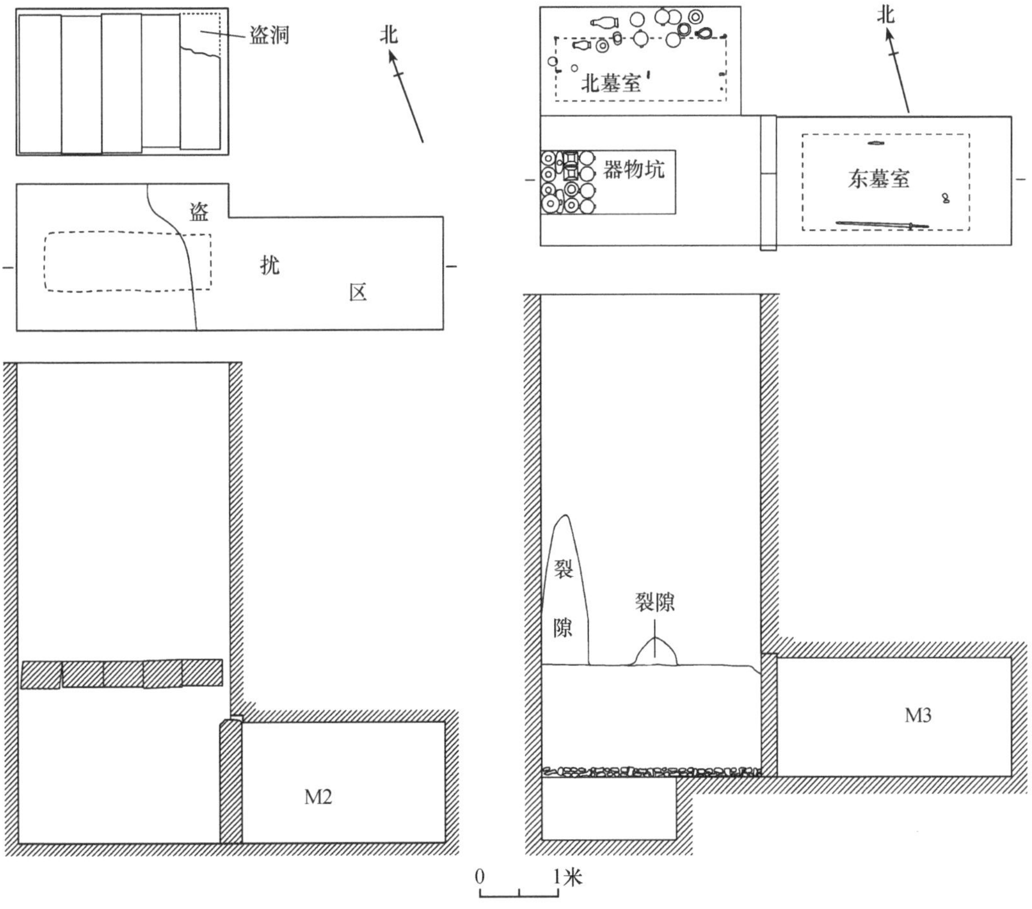

图二 -36　江苏徐州市西北郊苏山头 M2、M3 平、剖面图

上说明该男性在家庭中的地位和等级相对要高。

一些墓葬内的壁画或墓葬内外画像石（砖）画像也体现出相关家庭中男女等级地位的差异，但不甚明显。江苏徐州铜山洪楼东汉墓葬外祠堂出土的迎宾会客画像石画像，分上下两格，每格又分左右两部分且互有联系的内容：下格右侧为宾客车马的到来，左侧为迎宾，上格右侧为女主人会客，所处房间小，从事服务的仆人及奴婢数量亦少，左侧为男主人会客，所处房屋大，从事服务的仆人及奴婢数量多；另一幅画像也分上下两格，下格左侧为男主人与宾客观赏乐舞杂技，亦有从事服务的仆人及奴婢，右侧为女主人陪女客参观自己家中的织房和纺织的内容，不见从事服务的仆人及奴婢，而女主人左手略扬，指着织房对女客说着什么①。两相对比，也可在一定程度上反映出夫妻在家庭中的等级地位差别。

男女二人结合成婚后，共同生活在一个家庭之中，较多的家庭财产为二人共同拥有和支配，这也是家庭发展的原因之一。而如上文所述，夫妻二人在家庭中的等级地位存在一定的差异，因此在占有和使用相关财产方面可能会有差别。较多墓葬中，夫妻二人死后使用陪葬品的多寡及种类、质量等存在不同，基本是男多女少、男优女劣，这既是家庭中男尊女卑内容的体现，同时也在一定程度上反映出夫妻二人对家庭财产拥有和支配的差别。关于男女结合成婚后的财产问题，还有两点说明。一是妻子的财产丈夫也可用，即女子出嫁来到夫家，为其陪嫁或其他方式带来的财物，丈夫可以使用，甚至有的物品在丈夫死后还可作为陪葬品。二是妻子的部分财产在其死后可作为自身的陪葬物品，河北满城 M2 西汉中山靖王刘胜夫人窦绾的墓葬②、江苏徐州东洞山 M2（西汉中晚期某代刘姓楚王的王后墓葬）③ 等中出土的相关物品皆可说明。就第二点来讲，有些女性死后将属于自身的财产用于陪葬，在某种程度上还是其标明或显示自身社会等级地位的内容之一，上文所举江苏徐州韩山西汉 M1④ 与苏山头西汉 M2⑤ 等也有相应体现。

4. 丧葬中的特殊内容

丧葬是古代社会的重要内容之一，同时也对现实生活和社会的诸多内容有所体现和反映。就秦汉家庭来讲，除上文所述夫妻二人关系的有关内容外，还在丧葬方

---

① 王德庆：《江苏铜山东汉墓清理简报》，《考古通讯》1957 年第 4 期；徐州博物馆：《徐州汉画像石》，江苏美术出版社，1985 年，图 76、77。

② 中国社会科学院考古研究所、河北省文物管理处：《满城汉墓发掘报告》，文物出版社，1980 年，第 255、258-261 页。

③ 徐州博物馆：《徐州石桥汉墓清理报告》，《文物》1984 年第 11 期。

④ 徐州博物馆：《徐州韩山西汉墓》，《文物》1997 年第 2 期。

⑤ 徐州博物馆：《江苏徐州苏山头汉墓发掘简报》，《文物》2013 年第 5 期。

面还体现出与夫妻关系相关的一些特殊内容。

河北省保定市唐县高昌墓地中的M44，介于汉代的M43与M45之间，为长方形竖穴土坑墓，内置1木棺，棺内葬1男性，年龄在30岁左右，无随葬品，发掘报告称该墓介于汉代的M43与M45这一对夫妻异穴合葬墓之间，又是单身葬，应是有意识埋在原来的死者中间，不用花钱而做“阴间配”[①]。考虑到M44仅葬1人但无陪葬品，墓葬的时代较难确定，且等级不高的墓地之中，墓位的安排有时会存在打破或“嵌于”二墓之间的情况，是否“阴间配”还需慎重考虑，关于这一结论的正确与否，笔者不作过多讨论，期待有更多的考古资料来证明这一内容。若真如发掘报告所讲，M44为介于M43与M45这一对夫妻异穴合葬墓之间的单身葬墓，进而形成“阴间配”，这对于研究汉代家庭的夫妻关系还是具有一定的参考价值。M43与M45的墓主死后异穴合葬在一起，以期在另一世界还能够共同生活，而M44的介入可能会打破这一理想或想法，在某种程度上可视为破坏家庭中夫妻关系的内容之一，而这或许与M43、M45的墓主家庭已经衰败有关，当然也可能会有其他原因。

汉代还有一种特殊的丧葬内容，为两殇合葬或早殇男性与成年女性的合葬，这在一些地区的汉代墓葬中有所发现，体现出早殇人员的合葬内容，也反映出家长希望早殇者在另一世界可以过上夫妻生活的思想或想法。《汉代婚丧礼俗考》一书指出，汉代有本非夫妇取男女两殇合葬者[②]，即郑玄所言“嫁殇者谓嫁死人也，今时娶会是也。”[③]从丧葬需求及父母的愿望来讲，这与上文所述河南南阳发现的东汉许阿瞿画像石画像及其刻铭文字所记内容[④]存在一定的相似性，但具体表现有所不同。

河北张家口阳原三汾沟M4，一个封土堆下有墓葬两座，分别编号为M4A与M4B，M4A位于封土下中部，M4B位置略偏，在M4A南侧不远，均为竖井式墓道洞室墓，M4A为成年男女的夫妻同穴合葬，M4B平面呈刀形，墓室位于竖穴墓道的西侧，顶部坍塌，室内无棺椁痕迹，也无陪葬品，仅有两具小孩骨架，一男一女，皆侧身屈肢[⑤]（图二-37）。M4B所葬为小孩，体现出早殇的特征，其内为一男一女两具小孩骨架，反映出早殇合葬的特点，而这也是M4A与M4B位于同一封土下的重要原因，即早殇者与父母并葬于同一封土下，因有合葬者，所以是相对独立的两座墓葬。M4B内所葬男、女小孩年龄相差不大，二者均应属于早殇者，推测男性小孩去世时或去世后不久，其父母即为其寻求相近时间去世、年龄相差不大的女性为其配婚，并

---

① 南水北调中线干线工程建设管理局、河北省南水北调工程建设领导小组办公室、河北省文物局：《唐县高昌墓地发掘报告》，文物出版社，2010年，第198页。

② 杨树达撰，王子今导读：《汉代婚丧礼俗考》，上海古籍出版社，2000年，第141页。

③ （清）孙怡让撰，王文锦、陈玉霞点校：《周礼正义》，中华书局，2013年，第1050页。

④ 南阳市博物馆：《南阳发现东汉许阿瞿墓志画像石》，《文物》1974年第8期。

⑤ 河北省文物研究所、张家口地区文化局：《河北阳原三汾沟汉墓群发掘报告》，《文物》1990年第1期。

图二-37 河北张家口阳原三汾沟 M4B 平面图

合葬在一起。由于是早殇者，与父母葬在同一封土下的较近距离可以理解，也可能是在父母去世合葬后，迁至同一封土之下。就 M4B 内所葬二人而言，或许因未成年，采用了不同于直肢葬葬式的屈肢葬葬式，抑或与迁葬有关而形成类似屈肢葬的内容。阳原三汾沟汉代墓地所发现的同时代墓葬中仅有此例，较为特殊，但其反映了配婚与合葬及其本非夫妇取男女两殇合葬的特征，体现出相关家庭在特殊丧葬内容方面所体现的特殊“夫妻”关系。

北京市昌平史家桥 M17 与 M16 东西并列位于一个平面近方形的墓坑内，坑稍浅，是按需求在该坑底部并排挖成两个长方形墓穴用来葬人，同时形成二层台及二墓穴间的矮墙，墓穴内各葬 1 人，M17 内葬 1 成年人，女性，仰身屈肢，M16 的墓穴内摆放瓮棺，以夹砂灰陶瓮和泥质灰陶甑四件合为三节，棺长约 75 厘米，骨架保存完整，根据骨架的特征测定，死者是男性小孩，因此该墓很可能是小孩与成人的并葬[①]（图二-38）。二墓位于同一个稍浅的大坑内，表明二墓及其墓主之间存在较密切的关系，墓主并葬于一个大的平面近方形的墓坑内，且二墓所葬分别是一男一女，这与该墓地中其他一些夫妻并穴合葬墓基本一致，正常情况下二墓当为合葬的形式，而且很可能也是“夫妻合葬”。究其原因，一方面如上所言，该墓地中此类同一墓坑内二墓穴尺寸大小相近、形制结构基本相同的并穴合葬墓基本都是夫妻墓葬的并穴合葬；另一方面，如果是子女与父母的并葬，一般情况下是子女的墓葬位于父母合葬墓葬的附近，M17 仅葬 1 成人女性，M16、M17 附近也不见与 M17 同向并列的墓葬，所以若是子女与父母并葬，该大墓坑内则仅有儿子与母亲，二者的墓坑如此安排，与常理不符，而 M16 与 M17 并穴，加之尺寸大小、形制结构等基本相同，也不符合子女与父母的并葬；第三，北京市昌平史家桥墓地中，与 M16、M17 时代接近的夫妻合葬墓中，死者头北向者，基本都是女性居东（右），如简报提供墓葬平面图的 M2 与 M39、M40 与 M43 等[②]，M17 及墓内所葬女性也符合这一特点。因此，M16 与 M17 作为夫妻同坑异穴合葬墓的可能性极大，但该墓所体现夫妻合葬的内容与一般夫妻并穴合葬存在差异，最突出的表现是一成年女性与一未成年男性小孩的合葬，这是其特殊性的体

① 北京市文物工作队：《北京昌平史家桥汉墓发掘》，《考古》1963 年第 3 期。

② 北京市文物工作队：《北京昌平史家桥汉墓发掘》，《考古》1963 年第 3 期。

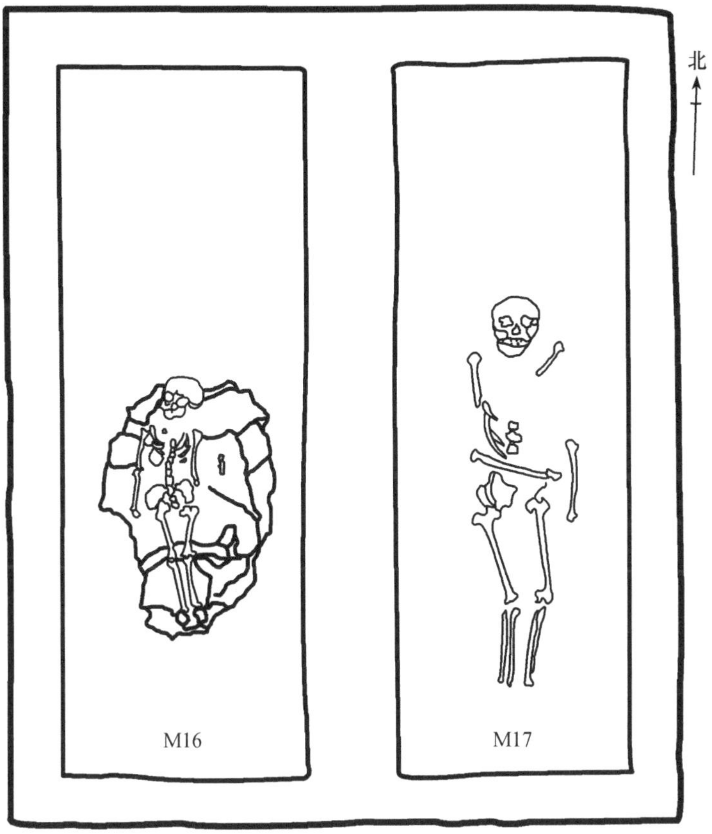

图二 -38　北京市昌平史家桥 M16 与 M17 平面图

现。笔者认为，M16 墓主为未成年男性，因相关原因早殇，在其去世后，其家庭可能会找一位相近时间去世的女性与其配婚，并合葬在一起，以希望其在另一世界有妻陪伴，有自身的家庭或夫妻生活，这一方面体现出相关家庭为早殇男性配置合葬者，希望其在另一世界能够有妻子、有家庭的愿望；另一方面，这也是特殊夫妻关系在特殊丧葬方面的体现，M17 内所葬女性为屈肢葬，无陪葬品，等级较低，这应与其和 M16 所葬未成年男性配婚并合葬在一起存在相应的关系。

上述几处墓例均具有相应的特殊性，所反映的丧葬内容也与正常家庭中相关人员尤其是夫妻的合葬存在一定差别，但又从相对特殊的角度体现出秦汉时期尤其是汉代家庭中有关人员去世后，家人为其配婚，使其在另一世界可有相应的“夫妻关系”，进而达到在另一世界可更好生活的愿望和想法。从这一方面来看，上述特殊的丧葬内容，尤其是两殇合葬或早殇男性与成年女性的合葬，也是“爱其所亲，事死如事生”[①] 丧葬思想的体现和反映。

① 《十三经注疏》整理委员会整理，李学勤主编：《十三经注疏 · 礼记正义》，北京大学出版社，1999 年，第 1439 页。

综上来讲，秦汉家庭中的夫妻关系有其形成、确立和发展的过程，并呈现出诸多不同内容。男女二人结合成婚形成夫妻关系，不仅对家庭内部的发展有利，还可以建立起亲戚网络，即诸多不同的姻亲通过一个又一个夫妻关系的建立而联系起来，这样会更有利于家庭的整体发展。但也有一些家庭会因为夫妻婚姻关系的解除，使得家庭中和谐的关系受到损害，家庭的发展也因此受到影响，而且以夫妻二人为基础建立起来的亲戚网络也会遭到相应的破坏，甚至会被完全破坏。另外，一些特殊的夫妻合葬内容，体现了相应家庭人员对应的特殊夫妻关系，亦反映出这一时期对夫妻关系理解和认识的多样性。

第三节 抚养与赡养

家庭的持续发展与不同辈分人员的辛苦努力密不可分，也离不开对子孙后代的繁衍，正因为此，诸多家庭中的主要人员都会存在两种关系：一是对下辈或辈分更低者的抚养关系，另一个是对上辈或更高辈分者的赡养关系。正常情况下，父母有生育、养育、教育之恩，儿女当知恩图报，在父母年长时尽可能好地赡养老人；生儿育女是家庭中夫妻的职责，而儿女是家庭发展的保障，也是父母的希望所在，诸多家庭在自身条件允许的前提下大多都会尽心力抚养孩子。就众多的家庭来讲，抚养孩子和赡养老人既是职责，也是义务，而且二者密切相关，对促进家庭关系的和谐等有着十分重要作用，而家庭中的成年夫妻恰恰介于这两种关系之间，是两种关系形成的主体人员，这应与成年夫妻作为家庭组成的核心内容有关，而他们既是这两种关系形成的因素，也是执行者，上养老人，下育孩子，使得家庭关系处于有序、和谐的发展之中。秦汉时期，家庭观念得到进一步加强，与家庭密切相关的抚养孩子和赡养老人的行为和做法也得到日益重视，特别是汉代，随着儒家伦理思想的影响不断扩大，家庭中的这两种关系得以全面发展，而且经不断推广、延续和传承、发展，不仅成为秦汉社会的重要内容，而且也发展成为中华民族的优良家风和美德。关于秦汉时期的抚养与赡养，文献之中记载颇多，考古资料亦有较多体现。

一、抚养孩子

抚养是指家庭中的长辈对晚辈的保护、养育和教育，主要是父母对儿女，也包括祖父祖母对孙子孙女的抚育和教养等，所反映的是家庭中父母儿女甚至祖孙之间的关系，通过保护、养育和教育，尽可能保证儿女的健康成长，进而为家庭的稳定或更好的发展奠定基础。考古资料所体现秦汉时期诸多家庭对孩子的抚养以父母为主要抚养人，另有祖孙之间的少量内容，包括养育、教育等内容，亦有相对特殊的早殇、继子抚养问题等，综合体现出这一时期由抚养而带动的相应家庭关系。

（一）养育

主要是指家庭中孩子出生之后的相关抚养内容，大致来讲，可包括生育、哺育、看养、玩要等几方面的内容，而这些内容存在相应联系和递进性，体现出孩子在家长的呵护和养育下逐渐成长的内容，也使得家庭中父母儿女关系甚至祖孙关系得到相应的加强和发展，有的家庭在养育孩子的过程中还有家仆等的参与，亦会形成相应的家庭关系。

1. 生育

关于生育，秦汉时期的考古资料中未有直接反应，但在相关图像中有间接的体现，或存在与之有关的内容。

上文所引山东平阴孟庄东汉画像石墓（M1）中室立柱画像，下格有托举和交媾图，交媾双方在西王母身边，下有羽人托举，旁有仙人指导，很可能与生殖繁育的思想有关[①]。

汉代画像中还见有单鱼、双鱼画像，鱼的繁衍生育能力较强，在多子多福思想影响下，鱼图案也被喻义为和生殖繁育有关的内容。山东微山两城乡出土的一块画像石，青石质，石面周沿刻双线方框，其间有斜线纹，框内刻一条大鱼，鱼鳞及头部刻画清晰[②]（图二-39：1）。两城乡出土的另外一幅画像石画像，主体为二龙穿三璧，中部拱起，下有二鱼对游[③]。《河南汉代画像砖》一书收集的河南地区出土汉代画像砖画像中，既有单鱼图，如郑州、淅川出土的单只鱼图案，也有双鱼图，如洛阳出土的双鱼纹及许昌出土的 2 块“双鱼菱形纹”图案画像砖等，另外，舞阳还出土有三鱼纹图案画像砖[④]。

一些凤鸟图案也体现出多子思想，且很可能与生育繁殖有一定关系。山东济宁嘉祥武氏墓地西阙正阙蜀柱北面画像中，一只大的凤鸟在迈步前行，凤首及上身残无，前有 4 只雏凤，均对着大凤鸟，下面的 3 只雏凤昂首看着大凤鸟，大凤鸟的尾翼下有 1 只雏凤，北部还站立 1 只雏凤，估计还可能有雏凤，因残不清楚[⑤]（图二-39：2）。济宁市城南喻屯一座东汉墓出土的竖长方形画像石，最上为一只大凤

---

① 济南市文化局文物处、平阴县博物馆：《山东平阴孟庄东汉画像石墓》，《文物》2002 年第 2 期。

② 微山县文物管理所：《山东微山县近年出土的汉画像石》，《考古》2006 年第 2 期。

③ 马汉国主编：《微山汉画像石选集》，文物出版社，2003 年，第 188、189 页。

④ 周到、吕品、汤文兴：《河南汉代画像砖》，上海人民美术出版社，1985 年，图 130、140、159、167、291、292。

⑤ 蒋英炬、吴文祺：《汉代武氏墓群石刻研究》，山东美术出版社，1995 年，第 12、144 页；中国画像石全集编辑委员会编：《中国画像石全集·第 1 卷·山东汉画像石》，山东美术出版社，2000 年，第 14 页，图 26。

图二 -39　山东地区汉代画像中的鱼与凤鸟

1. 济宁微山两城乡出土画像石中的鱼画像　2. 济宁嘉祥武氏墓地西阙正阙蜀柱北面的凤鸟画像　3. 济宁市城南喻屯东汉墓出土凤鸟画像　4. 安丘董家庄东汉墓后室东间北壁主体画像下格左侧的凤鸟画像　5. 临沂市沂水县道托乡韩家曲村出土墓葬后壁画像

鸟，有多只雏凤相绕（画面中有 8 只，由于右上角残缺，推测为 9 只），其下为西王母与伏羲、女娲图案，隐喻繁衍生育的内容[①]（图二 -39：3）。安丘董家庄东汉墓前室顶北坡第一石刻对面站立的雌雄二凤鸟，二凤鸟之间及右侧大凤鸟上方共有五只形体大小稍异的雏凤，或飞翔，或回首，或仰头观看，在右侧大凤鸟尾翼下部还有一鱼；后室东间北壁主体画像下格左侧为一只形体较大的凤鸟，该凤鸟的周围有九只小凤围绕[②]（图二 -39：4）。沂水县道托乡韩家曲村出土的一块墓室后壁画像，上部为雌雄二凤鸟对面站立，中有羽人，左侧为雌性凤凰，身前下部 1 只雏凤仰头观看大凤鸟，身上 1 只雏凤及身后 3 只雏凤均作跟随状，场面较温馨[③]（图二 -39：5）。

另外，汉代壁画、画像等中的伏羲女娲交尾图案，部分抑或也与生殖繁衍有关，相关画像较多，不再列举。

2. 哺育

是指与孩子出生后的婴幼儿阶段有关的哺乳和其他相关喂养，考古资料所体现主要是哺乳喂养的内容。

① 中国画像石全集编辑委员会编：《中国画像石全集 · 第 2 卷 · 山东汉画像石》，山东美术出版社，2000 年，第 8 页，图 12。

② 安丘县文化局、安丘县博物馆：《安丘董家庄汉画像石墓》，济南出版社，1992 年，第 12、17 页，图版 10；中国画像石全集编辑委员会编：《中国画像石全集 · 第 1 卷 · 山东汉画像石》，山东美术出版社，2000 年，第 116 页，图 155。

③ 临沂博物馆：《临沂汉画像石》，山东美术出版社，2002 年，第 134、135 页。

四川彭山崖墓出土有陶哺乳俑，又称夫人乳婴俑，如 M661：18，妇女头梳高髻，双耳有珠饰，着袍，偏腿而坐，左手抱婴儿于怀中，右手托乳哺婴[①]（图二 -40：1），M168、M364 也有陶哺乳俑出土（图二 -40：2、3）。此外，重庆及四川省的资阳、忠州等当地汉墓也出土有此类陶俑。陶哺乳俑反映出家庭妇女哺乳喂养婴幼儿的内容，而这也是家庭生活内容的组成之一。

图二 -40 四川彭山崖墓出土陶哺乳俑

1. M661：18 2. M168：8 3. M364：12a

山东济宁金乡县香城崮一座石椁画像石墓侧板内面右端有牛耕画像，计有牛 4 头，2 头拉犁，2 头闲散，拉犁者为成年牛，闲散的为小牛，亦可称为雏牛；画面上部，一头母牛拉犁，有一头小牛在其拉犁时还在吃奶[②]（图二 -41）。有学者指出：画面以牛喻人，既表现出家庭中抚育子女的不易，也是告诫后人，要养老敬老和尊老[③]。从整体上看，画像中的拉犁母牛哺乳喂养小牛，较为突出的是间接体现出父母抚育子女的不易。就汉代社会来讲，等级低的家庭依附于大地主家庭，需要从事较多的劳动，而有些女性在孩子出生后的哺乳期内，也要参加相关劳动，这与画像中拉犁母牛哺乳喂养小牛恰恰相对应，比喻特征跃然画像之上。

3. 看养

是指对孩子的呵护或看护，这与孩子年龄较小，需要进行相关照看、保护、求医等存在着一定的关系，尽可能保证和促进孩子的健康成长。考古资料以陶俑和壁画、画像为主，所体现基本是较为细节化的内容，反映出与照看和保护孩子有关的一些具体内容。

---

① 南京博物院：《四川彭山汉代崖墓》，文物出版社，1991 年，第 60、61 页、图八九 -3。

② 中国画像石全集编辑委员会编：《中国画像石全集 · 第 2 卷 · 山东汉画像石》，山东美术出版社，2000 年，第 20 页，图 27。

③ 张从军：《黄河下游的汉画像石艺术》，齐鲁书社，2004 年，第 156 页。

图二-41 山东金乡县香城崮石椁墓侧板内面右端画像

（1）陶俑

以四川地区东汉墓葬出土陶俑最具典型，其他地区相对少见或不见。

四川成都金堂李家梁子东汉 M23 出土陶俑 1 件（M23：63），大人呈站立状，赤脚，上身微前曲，右臂屈曲，左臂微曲，手前伸，身后背 1 孩童，小孩双手扶大人肩，扭头作观望状[①]（图二-42）。从背孩童的人物形体和穿着，尤其是赤脚等

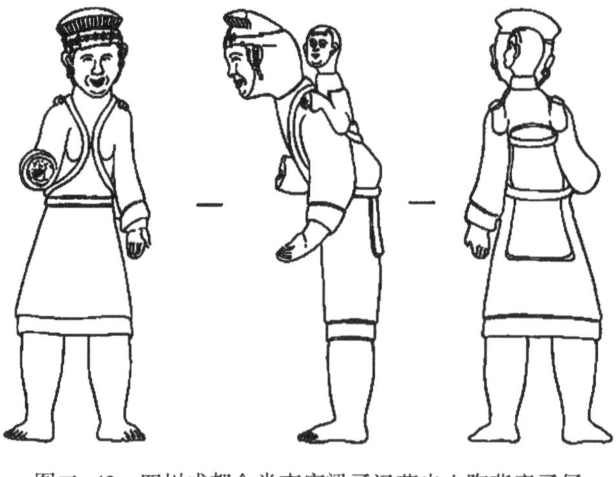

图二-42 四川成都金堂李家梁子汉墓出土陶背童子俑

① 索德浩：《四川汉代陶俑与汉代社会》，文物出版社，2020 年，第 21、24 页，彩版一八九。

因素来看，其作为家仆的可能性较大，这也体现出相关家庭中有仆人看养家主孩子的内容。四川省博物馆收藏 1 件携儿童行走的陶俑，似戴冠，右手提袍，左手扶身前儿童，作行走状①，所反映的可能是儿童学走路时家长或相关人员对其的保护。

河南三门峡陕县刘家渠东汉墓出土的建筑模型上也有相关人物俑，如 M8 出土的陶水榭，水池作浅盘式，楼阁分三层，最底层为方堡式建筑，四角各出跳一斗二升的转角铺作支托矮小阁楼，阁楼正、背二面开壶门式阁门，正门内站一妇女，怀抱娃娃；第二层方堡有上下两个，其间展出一平座，平座右侧栏杆上和阁楼后门内各立一妇女，怀抱娃娃②。

除人物俑外，还见有一些具有象征寓意的陶俑。四川资阳雁江区狮子山崖墓 M2 出土子母鸡 2 件，母鸡均曲脚卧地，尾上翘，背栖一只小鸡③（图二 -43：1）。河南济源西窑头村 M10 出土褐釉子母鸡则是母鸡羽翼下有多只小鸡，大小不同，母鸡呈卧状，两目圆睁，尖喙闭合，头直立，尾翘起并张开，两翅张开成圆弧状，胸前羽下并排伏卧 7 只小鸡，露出 7 只小鸡头部④（图二 -43：2）。二者均体现出母鸡对小鸡的疼爱，也隐喻了家庭中母亲对儿女的关爱之情。

1

2

图二 -43　汉代墓葬出土陶子母鸡

1. 四川资阳雁江区狮子山崖墓 M2 出土子母鸡　2. 河南济源西窑头村 M10 出土褐釉子母鸡

① 沈仲常、冯国定、周乐钦编：《四川汉代陶俑》，朝花美术出版社，1963 年，图 28。

② 黄河水库考古工作队：《河南陕县刘家渠汉墓》，《考古学报》1965 年第 1 期。

③ 四川省文物考古研究院、资阳市雁江区文物管理所：《资阳市雁江区狮子山崖墓 M2 清理简报》，《四川文物》2011 年第 4 期。

④ 李彩霞：《济源西窑头村 M10 出土陶塑器物赏析》，《中原文物》2010 年第 4 期。

图二 -44　陕西西安曲江翠竹园壁画墓西壁中仆人看护家主家孩子壁画

（2）壁画

数量及内容不多，但反映的内容较为生动。陕西西安曲江翠竹园壁画墓西壁的壁画中有家庭中的多名侍者和仆人迎接主人归来的画面，最左侧为 1 女仆，怀抱 1 婴儿，另有 1 男性儿童在其左侧，似在伸手逗婴儿①（图二 -44），体现的也是仆人看养家主孩子的内容。

（3）画像石（砖）画像

发现数量多，分布于不同地区，涉及内容也较为多样。下文分地区对相关画像石（砖）画像及其内容作简要概述。

① 山东地区

上文在论述一些凤鸟图案体现的多子及生育繁殖思想时，所涉及该地区的一些画像石画像中，多只雏凤围绕大凤鸟较为常见，从某种程度上也体现或隐喻出父母对子女的看养或呵护，展现出较为温馨的氛围。而该地区还多见其他内容的画像，且分布地点较多。

济宁微山县两城山出土的相关画像，主体为二妇女对话，且聊性正浓，左侧妇女左臂揽抱一婴儿，右侧妇女左、右臂各揽抱一婴儿，二妇女中间有两个年龄稍大的孩童正在各自玩耍，其中一小孩边玩边抬头看着聊天的大人，另一孩童则在旁边蹦跃，好像也是在逗耍两个婴儿②（图二 -45：1）。从画面看，二妇女为不同家庭至少是不同夫妻关系中的女性，怀抱婴儿正在谈话，两个年龄稍大的孩童在大人旁玩耍，没有远离，这亦可被视为大人对玩耍孩子的看护。两城山出土的另一块画像石画像，上为人物跽坐，下为一棵大树，有诸多飞鸟，树下一侧坐夫妇二人，妻子正面而坐，身前有多个孩童，丈夫向右侧身，对着妻儿，曲肘，双手上举，边与妻子讲话边逗孩童③（图二 -45：2）。该画像一方面展现了家庭中夫妻二人对孩子的保护，另一方面也描绘出夫妻二人与孩子们一起在树下享受天伦之乐的情景。微山两城乡出土一块长方形画像石画像中，右上角为扁鹊行医，描绘的是扁鹊正在给

① 西安市文物保护考古所：《西安曲江翠竹园西汉壁画墓发掘简报》，《文物》2010 年第 1 期；西安市文物保护考古研究院：《西安西汉壁画墓》，文物出版社，2017 年，第 67-71 页。

② 傅惜华、陈志农编辑，陈沛箴整理：《山东汉画像石汇编》，山东画报出版社，2012 年，第 305 页。

③ 傅惜华、陈志农编辑，陈沛箴整理：《山东汉画像石汇编》，山东画报出版社，2012 年，第 316 页。

图二 -45　山东微山县出土与汉代照看孩子相关的画像

1、2. 两城山出土　3、4. 两城乡出土

一成年人看病，在二者之间有一孩童[①]（图二 -45：3）。该孩童很可能是病人家的孩子，因年龄较小，与家长一起，形成陪同大人看病的情形，而大人在看病时并没让孩子远离，间接反映出对孩子的看护。两城乡出土的一块近方形的画像石画像，分三格，上格为龙、虎、熊及仙人骑兽等，下格刻连理树、人物及鸟、马、羊等动物，有人端坐，有人射鸟，中格为扁鹊行医，人物较多，有男有女，扁鹊身后 1 女性正在看扁鹊行医，扁鹊面前 1 女性怀抱孩子，并作将孩子前送状，应是带孩子来看病的家长，而扁鹊正在问诊，其后有两对男女对面谈话，最左侧还有 1 女性怀抱 1 小孩，似乎正在等诊[②]（图二 -45：4）。小孩生病是常见之事，但一些时候有病不医治或不及时医治的话，很可能会影响孩子的健康和成长，所以及时就医是对家庭中孩童很好的保护，这幅画像很好地展现出秦汉时期家长带孩子就医的内容。两城乡凤凰山南麓伏羲庙出土的建筑人物画像中，中央有一厅堂，内坐二人，似正在讲话，中间放一樽，左侧所坐为男性，其身后还有一人，右侧为女性，身旁侧坐两个孩童，屋外右侧还有一人正襟危坐，另在厅外屋檐下各有一匹马[③]。从画面来看，二孩童中的一个孩童较为清晰，正在面对成年女性，手臂略上举，似在跟母亲说着什么，整个画面反映了夫妻和睦及享受天伦之乐的和谐家庭生活内容。在细节上，二孩童不远离父母，间接体现出一些家庭中父母看养孩子的内容。

滕州市龙阳镇附近出土的一幅祠堂画像石，左侧第二格有纺织画像，1 妇女正

① 马汉国主编：《微山汉画像石选集》，文物出版社，2003 年，第 192、193 页。

② 马汉国主编：《微山汉画像石选集》，文物出版社，2003 年，第 206、207 页。

③ 微山县文物管理所：《山东微山县出土的汉画像石》，《文物》2000 年第 10 期。

在织布，其身后有 1 人带 1 小孩，小孩左手牵该人的裙裾，右手向前伸，似在等织机上的母亲[①]。画像一方面体现出孩童与母亲的关系，另一方面也反映出家庭中母亲在劳作时由他人或家仆看养孩子的内容（图二 -46）。滕州官桥画像石墓出土画像石画像中有一棵大树，树上有鸟巢，雌雄二只大鸟飞翔盘旋，照看鸟巢，象征家庭中父母对子女的爱护和看养[②]（图二 -47：1）。类似的内容在临沂吴白庄东汉画像石墓中室东壁上层画像石画像中也有体现，画像中间有 1 大树，2 树杈上各有 1 鸟巢，且皆有一只鸟儿照顾鸟巢[③]（图二 -47：2）。

图二 -46　山东省滕州市龙阳镇出土祠堂画像左侧第二格纺织画像

1　2　3

图二 -47　汉代画像石画像中的树、鸟与鸟巢

1. 山东滕州官桥汉墓出土画像石画像　2. 山东临沂吴白庄东汉墓中室东壁上层画像石画像

3. 安徽省淮北市散存画像石画像（均为局部）

邹城郭里镇卧虎山西汉晚期 M2 出土的制车画像中，一人跽坐观看，一人

① 滕州市汉画像石馆：《滕州汉画像石精品集》，齐鲁书社，2011 年，第 30、31 页。

② 中国画像石全集编辑委员会编：《中国画像石全集 · 第 2 卷 · 山东汉画像石》，山东美术出版社，2000 年，第 174 页，图 182。

③ 管恩洁、霍启明、尹世娟：《山东临沂吴白庄汉画像石墓》，《东南文化》1999 年第 6 期；临沂市博物馆：《临沂吴白庄汉画像石墓》，齐鲁书社，2018 年，第 200-203 页；临沂博物馆：《临沂汉画像石》，山东美术出版社，2002 年，第 1 页。

修整车轮，修整车轮的为男性，观看者为女性，而该女性身后还背着一个小孩[①]（图二-48：1），不仅体现出家庭内部相关工作，也反映出家庭和谐的内容。该女性或是小家庭的女性家主，带孩子观看丈夫修整车轮，或是某个大家庭中的仆人，背着家主的孩子来看自己的丈夫修整车轮，但不论如何，都有对孩子看养呵护的内容。类似的画像在山东其他地区也有发现，如嘉祥刘村洪福院出土的东汉早期画像石，竖长方形，分四格，上格为风伯，第三格为周公辅成王，第四格为树下拴马，第二格为作坊画像，左侧有人在酿酒，中间有人在制车轮，右侧为1妇女站立，面向左作观看状，其身后背1小孩[②]（图二-48：2）；嘉祥洪山出土的西王母、作坊、胡汉交战图，分三格，中格左侧为作坊画像，有酿酒者，也有制车轮者，制车轮者的身后有1妇女站立观看，身后背1孩童[③]（图二-48：3）。这两幅画像石画像较之邹城郭里镇卧虎山西汉晚期M2出土的制车画像相对复杂一些，但所体现的内容和内涵应大体一致。上文所引卧虎山汉画像石墓M2西椁板内侧画像，有2位老人和3个孩童，双方之间有交流，其中1孩童在伸手向老年女性要东西，这或许是祖父祖母看护孙儿的内容[④]。

图二-48　山东地区出土汉代画像石上制车与观者画像

1. 邹城郭里镇卧虎山西汉晚期M2出土　2. 嘉祥刘村洪福院出土　3. 嘉祥洪山出土

② 苏北地区

以徐州地区出土的汉代纺织画像最具代表，相关纺织内容体现了这一地区汉代

① 邹城市文物管理局：《山东邹城市卧虎山汉画像石墓》，《考古》1999年第6期。

② 中国画像石全集编辑委员会编：《中国画像石全集·第2卷·山东汉画像石》，山东美术出版社，2000年，第114页，图122。

③ 中国画像石全集编辑委员会编：《中国画像石全集·第2卷·山东汉画像石》，山东美术出版社，2000年，第87页，图94。

④ 邹城市文物管理局：《山东邹城市卧虎山汉画像石墓》，《考古》1999年第6期。

家庭纺织手工业的发展，具有较明显的家庭手工业的特征，因此一些纺织画像也体现出相应家庭的生活内容，画像内容不仅反映出汉代家庭劳作过程中看养幼童的内容，同时也描绘了不下机杼的忙碌场景。

徐州贾汪青山泉散存纺织画像中，右侧为二人从事纺线等工作，左侧有一妇女坐在织机上，其身后一跽坐女性正将一婴儿递给她，织布的女性向后转身伸手欲接孩童，孩童则体现出较为兴奋的动作，双腿蹬翘①（图二-49：1）。沛县泗水留城出土纺织图与之较为相似，不同的是织者身后的女性呈站立状，双手抱着孩童，而孩童在见到织者后，努力挣扎想让织者去抱②（图二-49：2）。两幅画像均体现出母亲在纺织时孩童想让母亲去抱的情景，织者身后的女性当为家庭中的女仆或相关人员，其职责是帮助家主照看孩子。画像还体现出孩子想让母亲去抱，而母亲因为忙碌不下机杼，但因疼爱，只得暂停织布工作转身去哄孩子，折射出母子间的亲情。

1　　2

图二-49　江苏徐州地区出土画像石中的纺织画像

1. 贾汪青山泉出土　2. 沛县泗水留城出土

③安徽北部

《淮北汉画像石》一书收录的一块淮北市散存画像石，画像中的一棵大树上有一对成年的大鸟，从鸟冠来看，当是雌雄一对，中部树杈上有一鸟窝，内有二雏鸟，两只大鸟在守护两只雏鸟③（图二-47：3）。该画像具有较强的隐喻含义，以鸟喻人，间接反映出父母对孩子的看护。

④河南地区

以南阳地区出土的画像砖（石）的画像为主，体现出不同的内容。

新野张楼出土的一块画像砖画像中，有3人，左侧1人执鸠杖端立，其对面立

① 徐州博物馆：《徐州汉画像石》，江苏美术出版社，1985年，图169，图版说明第9页。

② 王黎琳、武利华：《江苏铜山县青山泉的纺织画像石》，《文物》1980年第2期；徐州博物馆：《徐州汉画像石》，江苏美术出版社，1985年，图226，图版说明第11页。

③ 高书林编著：《淮北汉画像石》，天津人民美术出版社，2002年，第307页。

1 小孩和 1 老者，之间似有云气纹，相关资料将其定为炼丹图[①]。笔者认为该图还存在为其他内容和内涵的可能，如孔子见老子，或可能是老人看护小孩的内容，即可能是祖父照看孙子的画面，但其最大的可能是孔子见老子图，由于相对较简略，是否与其他内容有关在此不作过多延伸叙述。

阮堂出土的一块东汉画像石画像中，有一成年男子似在训斥一小孩，其面前的女性（可能为其夫人）作跽坐状，左臂大张，左手握住孩子的左手，似在庇护因被训斥而躲于其手臂下的孩子[②]（图二 -50：1）。唐河针织厂汉墓主室南壁出土的一块画像石画像中，下部为行进的车马，上部右侧有车马，中有 1 人戴冠、着长袍，双手执笏，躬身作迎接状；其身后有三人，中间 1 人着帻，露足，为男性，其右侧为 1 女性，侧身，头扭向身体右侧，左侧为 1 孩童，赤裸上身，双臂向身体右侧并拢，双腿向左侧斜伸，扭头看身体左侧来的车马，发掘简报称之为车骑出行画像，上面的轺车前有 1 人拦驾恭谒，后有 1 男子手拉小孩和女人，女人头向后扭，神态沮丧，从所画人物神态看，可能是墓主人生前故事，或者是为墓主人歌功颂德的题材[③]（图二 -50：2）。相关图录称之为拦驾图，车马队伍在行进，其前的女子悲痛欲绝，她和孩子中间的人站立，右手拉该女子，左手抚幼童，持笏者拦驾诉讼，马因拦驾而受惊，仰首嘶鸣[④]。稍早出版的《南阳汉画像石》一书将该画像命名为车骑出行，指出画面左上一官吏似催促妇人和童子上车，另 1 小吏向主人陈事[⑤]。该画

图二 -50　河南南阳出土与孩童相关的画像石画像

1. 阮堂出土　2. 唐河针织厂汉墓主室南壁出土

① 《中国画像砖全集》编辑委员会：《中国画像砖全集 · 河南画像砖》，四川美术出版社，2006 年，图版第 130 页，图版说明第 58 页。

② 王建中、闪修山：《南阳两汉画像石》，文物出版社，1990 年，图 137。

③ 周到、李京华：《唐河针织厂汉画像石墓的发掘》，《文物》1973 年第 6 期。

④ 王建中、闪修山：《南阳两汉画像石》，文物出版社，1990 年，图 120。

⑤ 南阳汉画馆，闪修山、王儒林、李陈广：《南阳汉画像石》，河南美术出版社，1989 年，图 37。

像所体现还有可能是“鲁义姑姊”的内容，但画像内容与故事内容相差略大，本书不将其列为“鲁义姑姊”的画像。对于该画像存在的不同认识，笔者在以后的章节中还会对相应的观点有所采用，但就该画像来讲，其内容也许描绘了家庭中的男主人外出归来的情景，执笏者是负责迎接的，而家中的妻儿也出来迎接，妻子有些害羞，扭着头，孩子太小，又怕被马或车伤到，所以出现一人一手拉妇女，一手扶孩童的情景，在一定程度上体现出对孩童的保护，但这仅是一种推测。

⑤ 四川地区

《中国巴蜀新发现汉代画像砖》一书收录一幅四川邛崃出土的车马出行画像砖画像，为一马拉车，多人随从，车内坐两人，为妇人和小孩，小孩前有挡栏，妇女双手也抓紧小孩，体现出保护孩子安全的内容，马的右前侧还有一只奔跑的小狗，相映成趣[①]（图二 -51：1）。

郫县（今成都市郫都区）五号石棺上的一幅画像中有多对夫妻欣赏乐舞杂技，右侧第 2 组，有人捧抱 1 小孩，当为幼儿[②]（图二 -51：2），这是较为写实的内容。另在德阳市中江县中江塔梁子崖墓 M3 后室甬道左壁上有母子鹅画像（图二 -51：3），M6 后室甬道左壁有母子鸭的画像[③]（图二 -51：4），均是具有隐喻性质的画像。

图二 -51　四川地区出土汉画像砖（石）上与孩童抚养有关画像

1. 邛崃出土的车马出行画像砖画像　2. 郫县五号石棺上画像　3. 德阳市中江县中江塔梁子崖墓 M3 后室甬道左壁上母子鹅画像　4. 德阳市中江县中江塔梁子崖墓 M6 后室甬道左壁母子鸭画像

① 高文主编：《中国巴蜀新发现汉代画像砖》，四川美术出版社，2016 年，第 48 页。

② 四川省博物馆、郫县文化馆：《四川郫县东汉砖墓的石棺画象》，《考古》1978 年第 6 期。

③ 四川省文物考古研究院、德阳市文物考古研究所、中江县文物保护管理所：《中江塔梁子崖墓》，文物出版社，2008 年，第 73 页。

4. 玩耍

玩耍是孩子的天性，孩子在玩耍中能够得到锻炼、提高自己，让孩子在允许的范围内自由玩耍对孩子的成长较为有利，因此这也是秦汉家庭养育孩子的内容之一。考古资料与之相关的内容以画像石（砖）的画像居多，较为生动地描绘了儿童玩耍的内容，形式较为多样。

（1）在家长照看下玩耍的儿童

多有家长陪伴，孩子的年龄一般不大。

山东济宁微山县两城山出土的相关画像中，两个年龄略大的儿童在怀抱婴儿的二女性身旁玩耍，有的还在逗二女性怀中的婴儿[①]；两城山出土的另一幅画像，大树下一侧有夫妇二人与身旁的多个孩童，树下另一侧有一马，马前有一人在射鸟[②]，从画面看，射鸟者为孩子，他应是在父母身旁不远处进行射鸟玩乐；两城山还出土一定数量的水榭画像，高处亭榭内大多为夫妻并坐作观赏状，一侧（多为画面右侧）有楼梯，多人拾级而上或凭栏观望，高处亭榭另一侧的栏杆内多有一人，形体较小[③]（图二 -52），存在为男女主人亲近侍者的可能，但从形体和动作来看，更像孩童，其作凭栏观看状，似乎被捕鱼者所吸引，因此这很可能是孩子与父母登高望景的画面，而这也属于玩耍的内容之一。邹城卧虎山汉画像石墓 M2

图二 -52　山东济宁微山县两城山出土水榭画像

① 傅惜华、陈志农编辑，陈沛箴整理：《山东汉画像石汇编》，山东画报出版社，2012 年，第 305 页。

② 傅惜华、陈志农编辑，陈沛箴整理：《山东汉画像石汇编》，山东画报出版社，2012 年，第 316 页。

③ 傅惜华、陈志农编辑，陈沛箴整理：《山东汉画像石汇编》，山东画报出版社，2012 年，第 32、33、35、41 页。

西椁板内侧画像中的人物为二老年男女与三个儿童，很可能是在爷奶照看下玩耍[①]。邹城峄山镇野店村出土的庖厨宴飨画像中，下格主体为夫妻并坐几案旁饮食，身边有四个小孩玩乐[②]（图二-53），体现的是孩童在父母照看下的玩耍。江苏徐州贾汪青山泉白集汉画馆馆藏的一块东汉画像石，下格为庖厨图，左下角为一灶，灶前有一妇女在烧火，其右手臂抱一年幼的婴儿，在其身后右侧，还有一年龄略大的孩子，伸双手拉扯该妇女的衣服，似乎有事相求[③]。

图二-53　山东邹城峄山镇野店村出土庖厨宴飨画像下部图像

四川彭州市义和乡出土的一幅画像砖中还有孩童与家长追逐嬉乐的画面，主体为民间酒肆，有肆卖酒者，也有买酒者，画像左上角有父子二人均作奔跑状，父亲肩上荷壶，儿子在前面快乐奔跑[④]。父子二人当是去买酒，而这对孩子来讲，可快乐地奔跑玩耍。

（2）在家仆照看下或与家仆一起玩耍的儿童

山东临沂吴白庄东汉墓前室北壁西二立柱西面画像，上为女娲执矩，下有一棵大树，树杈有1鸟窝，一孩童在树右侧，正在让位于树左侧的家中仆人执长竿捣鸟窝[⑤]（图二-54）。

陕西绥德贺家沟出土的墓门左竖框画像石，下格画像所刻博山炉两侧为二侍

① 邹城市文物管理局：《山东邹城市卧虎山汉画像石墓》，《考古》1999年第6期。

② 胡新立：《邹城汉画像石》，文物出版社，2008年，第157页。

③ 李天池、周庆明、周洋：《语石精舍珍藏汉画集》，黑龙江人民出版社，2003年，第114页。

④ 四川省博物馆：《四川彭县等地新收集到一批画像砖》，《考古》1987年第6期。

⑤ 管恩洁、霍启明、尹世娟：《山东临沂吴白庄汉画像石墓》，《东南文化》1999年第6期；临沂市博物馆：《临沂吴白庄汉画像石墓》，齐鲁书社，2018年，第122-125页；临沂市博物馆：《临沂汉画像石》，山东美术出版社，2002年，第23页。

者，二侍者内侧各有一童子在玩耍[①]（图二-55），《绥德汉代画像石》一书收集的相关画像石也有类似的内容，均体现出与家仆一起玩耍的儿童形象。

（3）和其他孩童一起玩耍的儿童

江苏睢宁墓山M1前室北侧壁石画像，中部为建筑，内有夫妻二人斜身对面跽坐，右侧有侍者和送酒食者，左侧有树，树右侧有人、马，左侧有二孩童射鸟，其中形体较大的孩子正在仰头射鸟，其身后有个形体稍小的孩子，手中提着被射下的鸟儿，树上一只大鸟伸头在看被射下的鸟儿，原简报及图录将该图解释为后羿射日[②]（图二-56）。笔者认为，虽树上有多只鸟，且有人射鸟，但综合整个画面看，应是某一家庭生活的场景，将射日等相关的内容与现实生活中的孩童射鸟相融合，体现出家庭中孩童娱乐的内容，亦反映出相关家庭希望家中的男孩也能够像后羿一样勇敢。可以说，相关图案是现实与想象的结合。从整个画像看，两个孩童所处画面在画像的左下角，相对独立，附近无大人，应是二孩童一起射鸟玩耍。江苏邳州燕子埠东汉缪宇墓出土的庖厨乐舞画像中，第二格右侧大树下，有至少六名儿童在玩耍，有射鸟者，有在地上坐着手中持物者，还有站立持杆捅鸟窝者，另有与他们一起玩耍者；左侧为庖厨内容，一妇女正在灶前操作，一小孩右手拉扯该妇女的衣服，左手指向外侧，好像是在告诉其母亲（该妇女）外面有事情发生，而自己很想出去和其他孩童一起玩耍[③]，这从侧面更好地体现出与其他孩童在一起玩耍的乐趣。关于该画像右侧有孩童持杆捅鸟窝的画面，之前有学者说为一小孩持杆在树上粘蝉[④]，笔者在《徐州汉墓与汉代社会研究》一书中也赞同这一观点[⑤]，但就现在的认识来讲，更大的可能应是捅鸟窝（图二-57）。

图二-54　山东临沂吴白庄东汉墓前室北壁西二立柱西面画像

山东邹城郭里镇卧虎山M3出土的一块西汉晚期画像石画像，为射鸟画像，有

① 李林、康兰英、赵力光：《陕北汉代画像石》，陕西人民出版社，1995年，第179页。

② 仝泽荣：《江苏睢宁墓山汉画像石墓》，《文物》1997年第9期；仝泽荣、武利华、田忠恩、陈剑彤：《睢宁汉画像石》，山东美术出版社，1998年，第50、51页。

③ 南京博物院、邳州博物馆：《东汉彭城相缪宇墓》，《文物》1984年第8期。

④ 李烨：《中国古代的尚蝉习俗》，《中国文物报》1999年4月28日第1版。

⑤ 刘尊志：《徐州汉墓与汉代社会研究》，科学出版社，2011年，第228页。

图二 -55　陕西绥德贺家沟汉墓墓门左竖框画像石下格画像

图二 -56　江苏睢宁墓山 M1 前室北侧壁石左侧画像

图二 -57　江苏邳州燕子埠东汉缪宇墓出土的庖厨乐舞画像

多个人物，有射者，有看者或在等待被射下的鸟[①]（图二 -58）。从头部特征来看，这些人物大多无冠，当为孩童，而从面部观察，均无胡须，也间接说明为孩童或未成年人的可能性较大，画面体现出一些孩子在一起射鸟玩乐的内容，而这些孩子年龄稍大，可在一起自身娱乐而不需要家长等的看护。陕西绥德白家山汉墓前室西壁横额画像为游乐、狩猎图，右侧人物较多，有玩要者，有游戏者，还有亲吻者等，其中有些孩童即与其他孩童一起玩要，如其中两个，后者手前伸与前者的手相牵，两者的另一手均持棒形物，跨步前行，有得意洋洋之感[②]。

河南密县打虎亭 M1 南耳室南壁画像，右侧有建筑和大树，树下建筑前有一儿

① 胡新立：《邹城汉画像石》，文物出版社，2008 年，第 26、27 页。

② 绥德汉画像石展览馆编，李贵龙、王建勤主编：《绥德汉代画像石》，陕西人民美术出版社，2001 年，第 66-69 页。

图二-58 山东邹城郭里镇卧虎山 M3 出土画像石画像

童正骑在马上拉弓欲射树上的小鸟，马前有一牵马的小孩，很可能为童仆[①]（图二-59），本书将该画像内容视为家主的孩子与其他孩童一起玩耍，主要是因为童仆很难起到照看或保护射鸟儿童安全的作用。南阳出土东汉许阿瞿画像石画像中，有许阿瞿观看家中童仆游戏的场景，也有较多童仆一起玩耍的内容[②]（图二-60）。

（4）独自玩耍的儿童

孩童玩耍时，周边也有其他人物，但该孩童具有较明显的独立性，即没有其他人看护或参与玩耍。

《徐州新发现的汉画像石》一文介绍徐州汉画像石艺术馆征集的邳州陆井庞口村出土画像石，画面中央刻一房屋，屋内坐二人，正在玩六博，屋外左侧刻一儿童坐在杌子上逗牛，屋外右侧停着一辆卸下牲口的大车[③]（图二-61）。山东邹城郭里镇高李村 M1 出土的一幅东汉建鼓图中，飘扬的羽葆下站有一孩童，正在自我玩耍[④]。另外在汉代壁画、画像砖与画像石画像中常见“孔子见老子”题材，而且在孔子和老子中间常见一小孩，或手推一玩具车，或作玩耍状，有的还会看着孔子或老子，似在说着什么。该小孩为幼年项橐，而根据相关记载，项橐在树下独自玩耍的

① 河南省文物研究所：《密县打虎亭汉墓》，文物出版社，1993 年，第 99、104-106 页。

② 南阳市博物馆：《南阳发现东汉许阿瞿墓志画像石》，《文物》1974 年第 8 期。

③ 杨孝军、郝利荣：《徐州新发现的汉画像石》，《文物》2007 年第 2 期。

④ 胡新立：《邹城汉画像石》，文物出版社，2008 年，第 34、35 页。

图二-59　河南密县打虎亭 M1 南耳室南壁画像（局部）

图二-60　河南南阳出土画像石画像中的许阿瞿与玩伴

图二-61　江苏邳州陆井庞口村出土画像石画像（局部）

时候与孔子相遇，虽然该画像的主体和中心内容是体现孔子品格，但也间接描述了项橐玩耍的内容。

除画像外，汉代墓葬还出土一定数量的儿童俑，相对独立，基本都与玩耍有关，以四川地区汉墓出土陶俑最具典型。彭山崖墓 M601：12（图二 -62：1）及 M682：24a（图二 -62：2），均着袍，右手提裳，左手上立 1 鸟[①]。什邡磨盘山 M1：38，俑脖子上似系围涎之物，左手弯曲下垂，右手于胸前持一类似拨浪鼓的物品[②]（图二 -62：3）。绵阳白虎嘴 M21：7，直立，似光头，脖子下围一物，身着长袍，两手相勾，左手搭巾[③]（图二 -62：4）。这些陶俑基本都体现出独立玩耍的内容，当然也不排除其他可能，如在大人看护下玩耍，但并不能完全确定。

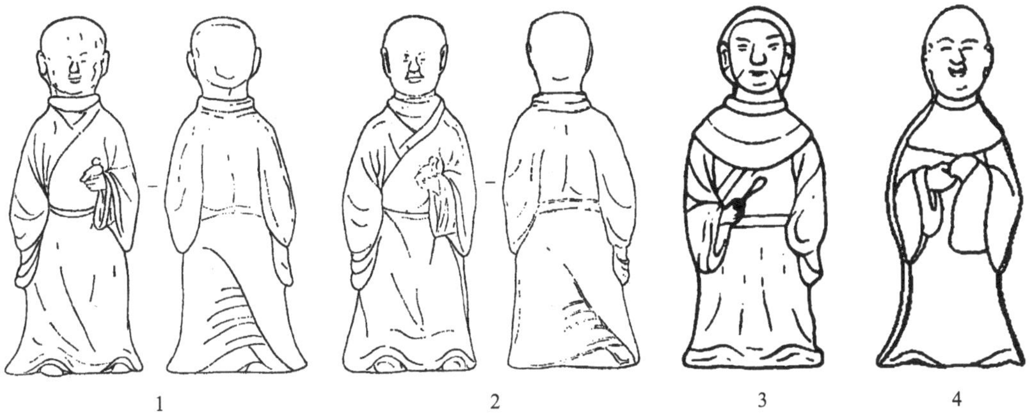

图二 -62　四川地区汉墓出土陶儿童俑

1. 彭山崖墓 M601：12　2. 彭山崖墓 M682：24a　3. 什邡磨盘山 M1：38　4. 绵阳白虎嘴 M21：7

（二）教育

孩子成长过程中接受相关教育是十分必要的，一方面可提高孩子的综合素质，另一方面也对家庭的综合发展有所裨益，同时还可起到带动家庭成员与相关人员的交往，避免孩子做错误的事情，促进家庭中长幼之间关系等作用。大致来看，汉代壁画或画像所体现这一时期家庭对孩童的教育可包括文化教育、日常教育和劳动教育等方面的内容。

1. 文化教育

秦汉时期，对相关家庭中的孩子开展文化教育主要有两种形式：一是家长对自

① 南京博物院：《四川彭山汉代崖墓》，文物出版社，1991 年，第 60 页，图八八：2。

② 德阳市文物考古研究所、什邡市文物管理所：《四川什邡磨盘山汉墓清理简报》，《四川文物》2006 年第 4 期。

③ 绵阳博物馆、成都文物考古研究所：《绵阳崖墓》，文物出版社，2015 年，第 86 页。

己的孩子进行教育，一是由其他人员进行教育，后者又可分为在家庭中进行教育及出外游学两种。关于秦汉家庭对孩子进行的不同文化教育形式，笔者在下文还会有相关论述，此处仅针对某些内容作简单讨论。

由他人对家庭中的孩子进行文化教育在秦汉时期相当普遍。在自己家庭中进行教育，基本是聘请相关老师，由老师对孩子进行教育。汉代墓葬壁画及画像中多见讲经图，图像的具体内容存在较多不同，但经师授课的形式基本相似，基本是经师端坐于主要位置进行讲经授课，众弟子认真听讲，有的会作认真记录状，还有一些画像体现了捧经、读经的内容，相关例子较多，不再一一列举。有的画像石还反映出小儿拜师的内容，江苏徐州贾汪青山泉白集汉画馆馆藏的一块东汉画像石，画像中格右侧有 4 人持笏跽坐，中有 1 孩童跪拜，左侧榻上坐 2 人，后有书童，榻上的 1 人执笔持简作书写状，另一人为授课或讲经的老师，榻前还有为儿童使用的 1 件小几①（图二 -63）。关于家庭中的孩子出外游学，文献中有较多记载。《汉书·楚元王传》载：楚元王刘交，"好书，多才艺。少时尝与鲁穆生、白生、申公俱受《诗》于浮丘伯。……及秦焚书，各别去。"②《汉书·儒林传》载："申公，鲁人也。少与楚元王交俱事齐人浮丘伯受《诗》。"③《汉书·楚元王传》亦载："高后时，浮丘伯在长安，元王谴子郢客与申公俱卒业。"④《汉书·文翁传》对相关内容也有记载："乃选郡县小吏开敏有材者张叔等十余人亲自饬厉，遣诣京师，受业博士，或学律令。"⑤通过游历或到异地求学，不仅可增强孩子的文化知识，也能够丰富见闻、增长见识。就上文所述诸多讲经图或授课图来讲，其中的学生并非仅一个家庭的孩子，可能还有其他家庭的孩子，因此也存在一些孩子从较远地方赶来学习的情况。另外，"孔子见老子"或孔子与弟子一起的壁画或画像题材，部分也间接体现了孔子的弟子随孔子游学或学习的内容，这对秦汉时期有关人员的学习形式可能会产生一定的影响。

2. 日常教育

是指日常生活中主要由父母或相关人员对孩子进行的教育，其中既有相对温和的教育或教导，也有训斥或相近内容。

汉代画像石中的历史题材故事"周文王及其十子"在一定程度上体现出家长对

---

① 李天池、周庆明、周洋：《语石精舍珍藏汉画集》，黑龙江人民出版社，2003 年，第 114 页。

② （东汉）班固撰，（唐）颜师古注：《汉书·楚元王传》，中华书局，1962 年，第 1921 页。

③ （东汉）班固撰，（唐）颜师古注：《汉书·儒林传》，中华书局，1962 年，第 3608 页。

④ （东汉）班固撰，（唐）颜师古注：《汉书·楚元王传》，中华书局，1962 年，第 1922 页。

⑤ （东汉）班固撰，（唐）颜师古注：《汉书·文翁传》，中华书局，1962 年，第 3625 页。

图二 -63　江苏徐州贾汪青山泉白集汉画馆馆藏画像石中格与下格画像

孩子的日常教育，一些画像中有母亲或父亲似在与孩子讲话的内容，也可能与家长温和教育孩子有关。

家庭中的孩子调皮、不听话甚至犯错的情况时常发生，很多时候会因此被家长训斥，就训斥而言，其实也是秦汉时期家庭教育的内容之一，主要目的是让孩子懂礼、听话、少犯错误或尽可能地不犯错误，促进身体与心理共同健康成长。较为常见的是“孟母训子”画像，较多出现于墓地祠堂画像中，起到较明显的教化作用。画像中，一女性坐在织机上，扭身回首，正在训斥站在或跪在其身旁的一个小孩。山东滕州桑村镇西户口村（今山亭区）出土祠堂画像的左侧第二格有纺织画像，一妇人在织机上转身给跪趴在地的孩子训话[①]（图二 -64）。结合文献，孟母给儿子训话，是让孩子懂事听话，少贪玩，多学习，不要总想着和其他孩子一起玩耍而耽误自己的学业。孩子天真烂漫，贪玩不听话及犯错在所难免，家长出于对孩子的爱，对其贪玩不听话及犯错的行为，有时会采取比较激烈的行为或语言，以期孩子引以为戒，能够改正错误，有更好的发展和前途，因此训话作为家庭日常教育在较多家

① 滕州市汉画像石馆：《滕州汉画像石精品集》，齐鲁书社，2011 年，第 74、75 页。

图二-64　山东滕州桑村镇西户口村出土祠堂画像左侧第二格画像

庭中都会存在，这也是家庭关系的表现内容之一，而且这种现象在其他时期包括当今家庭中仍有较多存在。汉代画像中还有其他与之相关的内容，上文所举河南南阳阮堂出土汉画像石画像中，男子戴冠着长襦，左手执棒，右手挥拳，似训斥状，孩童形体较小，惊慌失措，藏于妇人之旁，而妇人则作庇护状[①]。该画像所体现家庭中男性家长训斥孩子、女性家长庇护孩子的情景，在较多家庭日常中相对常见，反映出家庭对孩子的日常教育内容。

3. *劳动教育*

是指家庭中的孩子跟随大人从事相关劳动，进而达到熟悉相关劳动程序和内容，并在劳动中不断学习，掌握相关方法，尽早融入家庭中的生产、生活，使其可早些或更好地从事与承担相关工作。汉代壁画或画像所反映的劳动教育大致有三个方面的内容，即田间劳动、家庭生活及日常出行等，可以看出，这些孩童所属的具体家庭或其父母的社会等级地位包括经济实力普遍不高，很可能是一些通过自己劳动自给自足的一般家庭及其成员，可能是等级或经济实力较高家庭中的仆人或服务者及对应的家庭，孩子也因父母及家庭的等级地位或经济实力较低，发展受到相应限制，所以过早地受到劳动教育。通过接受劳动教育，很多孩童能够在力所能及的范围内帮助父母或服务于自己所属的家庭，而这应是等级地位较低或经济实力较差的普通家庭较为普遍存在的现象。

（1）田间劳动

以耕作画像为主，一些孩童可以帮父母做一些相对简单但又不太需要耗费大体力的工作，如播种等。陕西绥德四十铺出土墓室左竖框画像石，下为牛耕图，1人扶犁耕耘，其后一童子提袋点播下种[②]（图二-65：1）。江苏睢宁双沟散存画像石中

① 王建中、闪修山：《南阳两汉画像石》，文物出版社，1990年，图137。

② 李林、康兰英、赵力光：《陕北汉代画像石》，陕西人民出版社，1995年，第187、189页。

图二 -65　汉代画像石中孩子参与田间劳动的画像

1. 陕西绥德四十铺墓室左竖框下部画像　2. 江苏睢宁双沟散存画像石中的牛耕图　3. 山东滕州出土画像石下层牛耕画像　4. 山东济宁金乡县香城崮石椁墓侧板内面右端牛耕画像

的牛耕图，画面中一成年人驱牛扶犁耕地，其身后为一孩童在播种①（图二 -65：2）。也有在成年人耕地时帮助牵牛者，山东滕州出土的一幅石刻画像为上中下三层，下层有杂艺表演、牛耕等内容，牛耕图的后端为三人各执一禾站立，三人左方为一人扶犁，一牛曳拉，牛前有一小孩牵牛导引②（图二 -65：3）。山东济宁金乡县香城崮一座石椁画像石墓侧板内面右端有牛耕画像，在耕牛后耕犁前一侧有一忙碌的小孩，好像在驱赶吃奶的小牛，而左手似乎在扶犁辕③（图二 -65：4）。另外，滕州黄家岭出土的祠堂画像中有田间劳作内容，有驱牛耙地及驱牛、马拉犁耕田者，也有挑饭送食的女人，描绘了繁忙的田间劳作场景，其中的一些男性劳动者可能为暂未成年的少年，但其已经可以参加相关主体劳动了④。

（2）家庭生活

以庖厨图多见，也有与庖厨相关的内容，其他内容则少见。

山东滕州市南沙河镇善庄出土的一块西汉晚期的画像石，刻画内容为庖厨图，画面左下角为 1 灶，灶前有 1 小儿在填薪烧火（图二 -66：1）；滕州市区造纸厂内出土祠堂画像石的画像中有烧灶内容，往灶内添火的也为小孩，这在形体、发式等

① 仝泽荣、武利华、田忠恩、陈剑彤：《睢宁汉画像石》，山东美术出版社，1998 年，第 62、63 页。

② 中国农业博物馆：《汉代农业画像砖石》，中国农业出版社，1996 年，第 26 页。

③ 中国画像石全集编辑委员会编：《中国画像石全集 · 第 2 卷 · 山东汉画像石》，山东美术出版社，2000 年，第 20 页，图 27。

④ 滕州市汉画像石馆：《滕州汉画像石精品集》，齐鲁书社，2011 年，第 32、33 页。

图二-66 汉代画像石画像中参与家庭生活的儿童画像

1. 山东滕州市南沙河镇善庄出土西汉晚期画像石画像中的庖厨图 2. 山东滕州市区造纸厂内出土祠堂画像石画像局部 3. 山东邹城市南峄山镇野店村出土画像石上格画像 4. 河南密县打虎亭 M1 东耳室甬道南壁上部画像 5. 山东莒县东莞镇大沈刘庄东汉画像石墓正面墓门东端第三根方立柱背面画像

方面均有明显体现[①]（图二-66：2）。邹城市南峄山镇野店村出土庖厨宴饗画像，上格为庖厨图，左侧有1人在烧火，其右前方有1小孩伸手拿挂在肉架上剥好的兔肉[②]（图二-66：3）。微山县出土一幅画像石画像由四组单元构成，孩童位于左下角的单眼灶前，1小孩儿正在添柴，与其他忙碌的大人构成一幅炊烟袅袅的庖厨景象[③]。河南密县打虎亭M1东耳室甬道南壁画像还见有儿童帮大人搬运物品的内容，最右上角的儿童穿短衣，右手叉腰，左手向上举1根尖头的棒状物，带队前行，又扭头后望，还有1幼童跟随大人作行走状，手上似乎也拿有物，孩童及大人所搬运的物品很可能为食物，或与庖厨宴饮有关[④]（图二-66：4）。

亦有与家庭生活相关的内容，如表演乐舞杂技。山东莒县东莞镇大沈刘庄东汉画像石墓正面墓门东端第三根方立柱之背面画像，上方刻四人，垂长发，上一人弯身折腰倒立，腹部朝上。中一大人，其头与上一人的头相顶，左手托上一人的左足，右手捉提一小人的长发，另有一小人坐在大人的右膝上，好似百戏中的杂技

① 滕州市汉画像石馆：《滕州汉画像石精品集》，齐鲁书社，2011年，第36、37、40、41页。

② 胡新立：《邹城汉画像石》，文物出版社，2008年，第157页。

③ 中国农业博物馆：《汉代农业画像砖石》，中国农业出版社，1996年，第121页。

④ 河南省文物研究所：《密县打虎亭汉墓》，文物出版社，1993年，第120、124、125页。

戏[1]（图二 -66：5）。沂南画像石墓中室东壁横额为乐舞百戏图，画面分多组，其中第三组是鱼龙曼衍之戏图，有一小孩双手撑在绳上作倒立状，头抬起，另一小孩两手各持一短幢，站在绳的右端，抬左足大步向前走[2]。

（3）日常出行

有些孩子在车辆行进时负责牵牛或马，在到达目的地及车辆放置妥善后，小孩还会负责照看牲口。上文所引徐州汉画像石艺术馆征集的邳州陆井庞口村出土画像石，屋外右侧停着一辆卸下牲口的大车，屋内有主人与客人下棋，屋外左侧刻一儿童坐在杌子上逗牛[3]。该儿童很可能是与客人一起来的，在主人与客人下棋玩乐时，该孩子则坐在屋外独自玩耍，进而起到照看牲口的作用。

除上述内容外，秦汉时期针对家庭中的孩子可能还有其他形式的教育，较多地区发现的汉代画像石画像中有历史题材故事"周公辅成王"，内容和特征与上述针对家庭中孩童的教育形式存在不同，具有相应的特殊性。该形式所反映的是家庭中孩子在其他成年人的帮助下接受相关教育并促进自身成长的内容，与文化教育聘请老师有所相似，但在内容、内涵方面又存在明显不同。考虑到这是历史题材故事，当对秦汉时期孩童教育产生一定的影响。

（三）特殊内容

秦汉时期，一部分家庭在抚养孩子方面还会出现一些特殊情况，有的情况是家庭需求的体现，有的则是家庭不愿意发生和不想见到的具有悲剧色彩的内容。

1. 抚养继子

继子的形成与家庭中婚姻关系的变化有关。一是夫妻二人中的某一位在二人形成夫妻之前，有与他人因为事实婚姻关系所生的儿子，该孩子对现夫妻关系的另一方来讲为继子与继父（母）的关系；二是某一男性与先娶之妻有子，后妻子去世或改嫁，该男子再娶另一女性，则先娶之妻所生孩子对男性再娶的女性来讲即为继子。无论何种原因，继子在相关家庭中都会得到抚养，并在成人后进行婚配，形成与所属家庭有密切关系的内容。

汉画像石画像中有与抚养继子相关的内容，如山东嘉祥武梁祠东壁出土的

---

① 苏兆庆、张安礼：《山东莒县沈刘庄汉画像石墓》，《考古》1988 年第 9 期；刘云涛：《莒县汉画像石》，齐鲁书社，2020 年，第 88、89 页。

② 南京博物院、山东省文物管理处：《沂南古画像石墓发掘报告》，文化部文物管理局出版，1956 年，第 19 页，图版 91；山东博物馆：《沂南北寨汉墓画像》，文物出版社，2015 年，第 50-53、115 页。

③ 杨孝军、郝利荣：《徐州新发现的汉画像石》，《文物》2007 年第 2 期。

“齐义继母”画像，画像及题榜文字均反映出继母疼爱、照顾继子的内容[①]，这也间接体现出秦汉时期应存在类似抚养继子的内容。江苏仪征胥浦西汉晚期的101号墓葬出土“先令券书”竹简记载了一女性先后改嫁三次并为三夫皆生育有儿女的内容[②]。就第二夫来讲，该女性与第一夫生的孩子即为继子、继女，就第三夫来讲，该女性与第一、二夫生的孩子均是继子、继女，而六位子女均得到抚养。券书记载的家庭人员及人员关系的形成、内容等较为详细，从一个较好的角度反映出抚养继子的家庭内容，并且还有继女的抚养，特别是男性抚养改嫁女性与前夫所生育的多名子女，体现出相应的特殊性，也间接说明汉代抚养继子应不是相关家庭排斥的内容。

2. 抚养养子

下一代是家庭发展和传承的重要因素，但由于各种原因，一些家庭无法生育孩子或不能繁衍下一代，出于家庭发展和传承的需求，加之养老的需要和孝行的推动，相关家庭会领养其他家庭的孩子作为自身家庭的孩子，这样的孩子多被称为养子。为能够更好地培养感情，建立起亲情关系，被领养的养子年龄一般不会太大，或为婴幼儿或是年龄偏小的儿童，个别较特殊者为少年或年龄再大者。领养关系形成后，相关家庭要承担起抚养义务，进而培养感情，建立亲情关系，待其成人后，还会为其婚配，使得家庭得以延续。

考古资料所反映与养子有关的内容，最突出和较明确的为宦者侯墓地及其相关墓葬，通过对墓葬墓主身份、地位及其归属的确认，参考墓地中相关墓葬的性质，结合文献记载等，可大致考察宦者侯领养或收养养子的情况。较具代表性的墓地有安徽亳州曹操宗族墓地[③]、河南濮阳南乐县福坎镇宋耿洛村南东汉墓地[④]等。亳州曹操宗族墓地中，有宦者侯曹腾及其夫人的合葬墓（M2），而M1为曹腾的养子曹嵩及其夫人的墓葬。濮阳南乐县福坎镇宋耿洛村南东汉墓地中有3座规模较大的东汉墓，M1时代为桓、灵时期，墓主应为东武阳侯，后诏贬为都乡侯的宦者具瑗，M2为具瑗养子及其夫人的同穴合葬墓，M3为养子之子及其夫人的同穴合葬墓。其他

① 蒋英炬、吴文祺：《汉代武氏墓群石刻研究》，山东美术出版社，1995年，第54、55，152、153夹页（1），160页。

② 扬州博物馆：《江苏仪征胥浦101号西汉墓》，《文物》1987年第1期。

③ 安徽省亳县博物馆：《亳县曹操宗族墓葬》，《文物》1978年第8期；任晓民：《曹操宗族墓葬》，江苏科学技术出版社，2010年。

④ 安阳地区文管会、南乐县文化馆：《南乐宋耿洛一号汉墓发掘简报》，《中原文物》1981年第2期；王国平、张文彦、史国强、李小彬：《南乐汉墓》，中州古籍出版社，2015年。

如河北保定望都M1[1]的墓主很可能为浮阳侯孙程[2]、衡水安平逯家庄村西南东汉壁画墓的墓主很可能为东汉晚期的宦者侯赵忠[3]，二墓附近或所属墓地中也很可能有宦者侯养子的墓葬。位于望都M1东30米的M2，规模也较大，形制结构亦较为复杂，为多室砖（石）墓，墓中葬夫妻二人[4]，其中男性墓主存在为孙程养子孙寿或孙程弟孙美的可能[5]。在此基础上，笔者认为，孙美分孙程侯国之半而为侯国，但未严明为何侯国，而孙程侯国的另一半为养子孙寿继承，且其仍为浮阳侯，故按照这一承嗣关系，与孙程葬在一处的应是孙寿，这也很好地反映出宦者侯与养子的关系及相关内容[6]。宦者侯因特殊原因，即使娶妻也不能生育，因此会收养孩子以期为其尽孝送终，同时也可实现爵位的继承、家庭的发展和延续等目的，这或许是宦者侯收养子的主要原因之一，亦与文献所载，较多东汉宦者侯，“或乞嗣异姓，或买苍头为子，并以传国袭封”[7]较为相符。

3. 孩童早殇

秦汉及其他时期，在抚养孩子的过程中总会有意外情况存在，这也使得一些孩子在未成年即已夭折，此类情况可称为早殇。早殇现象的出现与疾病、意外伤害及其他不可逆的原因有关，这对于家庭及孩子家长来讲是较为悲痛的事情。相关家庭对早殇或夭折的孩子会按照当时的习俗进行埋葬，因此在考古资料尤其是墓葬考古资料方面有较多体现。

（1）瓮棺葬

是古代埋葬儿童的一种葬制和葬俗，史前至东周时期已得到较大发展，秦汉时期在较多地区仍较为流行，且延续时间较长。《战国秦汉时期瓮棺葬研究》一文对战国秦汉时期瓮棺葬进行了专题性研究，指出：战国秦汉时期的瓮棺葬广泛发现于黄河中下游及辽东地区，尤其是在京津冀和辽东地区的分布还相当密集，说明是这

---

① 姚鉴：《河北望都县汉墓的墓室结构和壁画》，《文物参考资料》1954年第12期；北京历史博物馆、河北省文物管理委员会：《望都汉墓壁画》，中国古典艺术出版社，1955年。

② 安志敏：《评“望都汉墓壁画”》，《考古通讯》1957年第2期；林树中：《望都汉墓壁画的年代》，《考古通讯》1958年第4期。

③ 河北北省文物研究所：《安平东汉壁画墓发掘简报》，《文物春秋》1989年增刊；《安平东汉壁画墓》，文物出版社，1990年。

④ 康捷：《望都二号汉墓》，《考古》1959年第11期；河北省文化局文物工作队：《望都二号汉墓》，文物出版社，1959年。

⑤ 林树中：《望都汉墓壁画的年代》，《考古通讯》1958年第4期。

⑥ 刘尊志：《东汉宦者侯墓葬及相关问题》，《考古与文物》2022年第3期。

⑦ （南朝宋）范晔撰，（唐）李贤等注：《后汉书·宦者传》，中华书局，1965年，第2521页。

些地区的一种流行葬制；被葬者基本上是儿童，存在地域差异及时代特征；战国秦汉时期采用瓮棺葬制的观念意识，目前尚难究明并且可能是复杂的，或许是在行为规律作用下对前世葬俗的一种形式上的继承和模仿[①]。上文所引北京市昌平史家桥M16，墓坑内为瓮棺葬，所葬为未成年的男性[②]。天津宝坻秦城遗址发现有战国及汉代的瓮棺葬多座，其中有一片汉代的儿童瓮棺，埋葬于城东门口内废弃的道路上，打破战国晚期的地层，因此其年代上限不会早过汉代初年，时代最晚的年代已在东汉晚期[③]（图二-67）。《战国秦汉时期瓮棺葬研究》一文引用了较多秦汉时期瓮棺葬

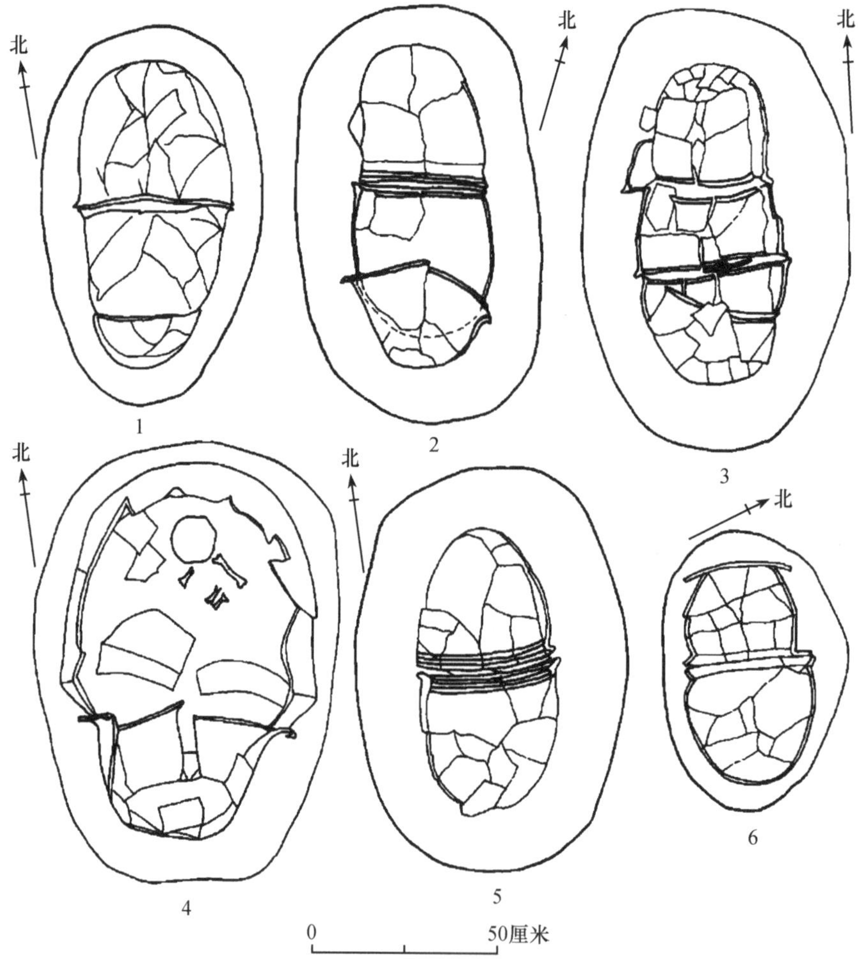

图二-67 天津宝坻秦城遗址发现的汉代瓮棺葬
1. W46 2. W43 3. W29 4. W2 5. W24 6. W12

① 白云翔：《战国秦汉时期瓮棺葬研究》，《考古学报》2001年第3期。
② 北京市文物工作队：《北京昌平史家桥汉墓发掘》，《考古》1963年第3期。
③ 天津市历史博物馆考古部、宝坻县文化馆：《宝坻秦城遗址试掘报告》，《考古学报》2001年第1期。

的考古资料，限于篇幅，不再一一列举。

（2）瓦棺墓、陶棺墓和砖棺墓

与瓮棺葬有相似之处，一些此类墓葬中所葬亦为未成年的小孩。江苏徐州市邳州刘林遗址发现一座瓦棺墓（M68），等级较低①。河南洛阳涧西等地的相关墓地中，在发现儿童瓮棺葬的同时还发现有儿童瓦棺墓、陶棺墓和砖棺墓等，其中 M12、M13 等为瓮棺葬，M4 为竖穴陶棺葬，M30、M31 等为瓦棺葬，规模均较小，其中的 M30，竖穴为四壁垂直的长方形土坑，形状较小，仅能放下瓦棺 1 具，骨架上下用瓦合起，两端用砖或瓦堵塞，M31 与之相似，规模稍大一些（图二 -68），另有部分瓦棺葬也与二者相似，所葬基本为幼童，还有的瓦棺葬，葬具小到仅长 0.7、宽 0.45 米，其中虽无完整的遗骨，但可知其为更小一些的幼童②，这些墓葬体现出埋葬早殇儿童的葬具存在多样性。

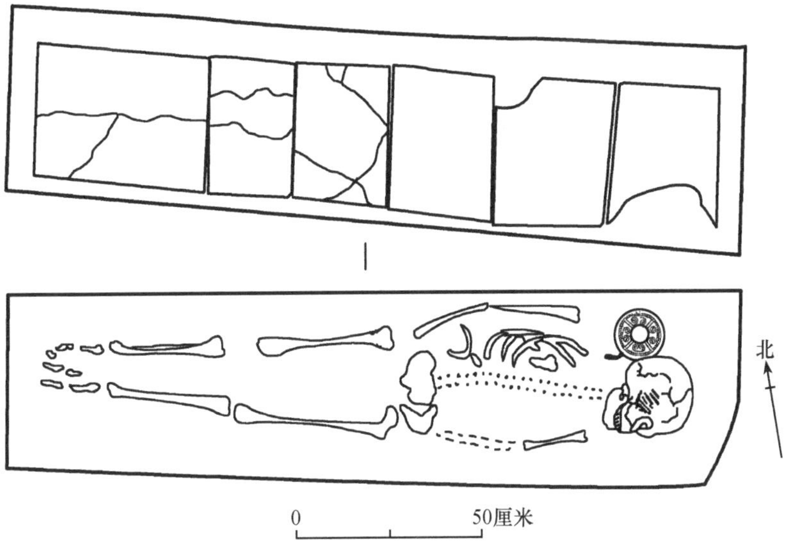

图二 -68　河南洛阳涧西区 M31 平、剖面图

（3）竖穴石坑单人葬墓

江苏徐州东甸子西汉 M3，位于相对独立的小山头顶部，竖穴石坑结构，具有相应的规模，竖穴南北长 3.5、东西宽 2.5、深 7.83 米，竖穴底部东侧置棺椁，内葬 1 人，为男性小孩，头朝南，墓底其他位置放置相关陪葬品，墓葬时代为西汉早期偏晚阶段，墓主可能是西汉楚国官吏的孩子③。

---

① 南京博物院：《江苏邳县刘林遗址的汉墓》，《考古》1965 年第 11 期。

② 河南省文化局文物工作队：《一九五五年洛阳涧西区小型汉墓发掘报告》，《考古学报》1959 年第 2 期。

③ 徐州博物馆：《徐州东甸子西汉墓》，《文物》1999 年第 12 期。

（4）横穴砖砌洞室墓

河南洛阳市发现的东汉C3M226，由墓道、甬道、墓室、假耳室四部分组成，墓内出土有两块刻铭砖，文字相同，发掘简报根据刻铭文字推定该墓为东汉孝女黄晨、黄芍的合葬墓，而且是一名叫“黄君法”的父亲在一墓之内葬夭亡且有孝行的黄晨、黄芍两姐妹[①]（图二-69：1），但该墓出土砖铭的文字内容所反映的更可能是黄神法行去灾及孝女祭酒的内容[②]。若如发掘简报所讲，该墓内所葬夭亡且有孝行的二姐妹，则属于家庭中早殇人员的内容，而且是姊妹二人，具有相应的特殊性。

考古工作者在洛阳北郊邙岭飞机场区清理了一座汉墓，编号为C8M903，为洞室砖券墓，由墓道、墓门、墓室三部分组成，墓室为长方形砖室，葬具为陶棺，泥质灰陶，内外壁均斜饰粗绳纹，棺长1.45、宽0.44、高0.35、壁厚0.03米，用四块方形陶板封盖，出土遗物52件，其中陶质器皿21、釉陶俑3、骨俑1、水晶器1、铁器1、铜器2件及铜钱币23枚，人骨已朽，棺内北部仅存三颗牙齿，从牙齿并结合伴出的铁刀看，墓主为一男性小孩，墓葬时代为西汉晚期[③]（图二-69：2）。从陪葬品的数量、种类、质量等来看，该墓是洛阳地区所见随葬品数量多、质量好、种类丰富的西汉儿童墓葬，墓内所出釉陶俑（坐俑1与骑马俑2）形体不大但塑造精致，可能是为儿童陪葬的玩具，带孔的骨俑和水晶器则是装饰品，说明死者所属家庭的社会地位当非同一般，这在墓葬形制、大小等方面亦有体现，对于汉代儿童墓葬的研究可提供相应参考，同时也是研究汉代早殇儿童的重要资料。

（5）竖穴土坑洞室屈肢葬墓

河北阳原三汾沟M4B，与M4A位于同一封土下，M4A内为成年夫妻同穴合葬，M4B平面呈“刀”形，墓道底部西侧为不规则长方形洞室，偏南侧，顶部弧形，无棺椁痕迹及相关设施，亦无陪葬品，葬二人，均为小孩，皆为屈肢葬[④]。

（6）横穴砖室三人葬与多人葬墓

墓内葬包含未成年人的三人葬墓相对少见。山西忻州原平北贾铺东汉墓地中发现几座三人葬墓，其中的M17为前后室结构，后室错位摆放2棺，为夫妻合葬；前室的南壁摆放1棺，葬1男性，很可能为后室所葬夫妻二人早殇的儿子[⑤]。

墓内葬多人（4人或更多），有些墓内葬有早亡的孩童，此类墓葬数量略多。陕西省西安市西柞高速公路杜曲段M13，前室东西两侧各1长方形侧室，西侧

① 洛阳市文物工作队：《河南洛阳市东汉孝女黄晨、黄芍合葬墓》，《考古》1997年第7期。

② 陆锡兴：《“黄君法行”朱字刻铭砖的探索》，《考古》2002年第4期。

③ 洛阳市文物工作队：《洛阳北邙飞机场903号汉墓》，《考古与文物》1997年第5期。

④ 河北省文物研究所、张家口地区文化局：《河北阳原三汾沟汉墓群发掘报告》，《文物》1990年第1期。

⑤ 山西省考古研究所、忻州市文物管理处、原平博物馆：《原平北贾铺东汉墓葬发掘简报》，山西省考古研究所、山西省考古学会：《三晋考古·第三辑》，山西人民出版社，2006年，第262-285页。

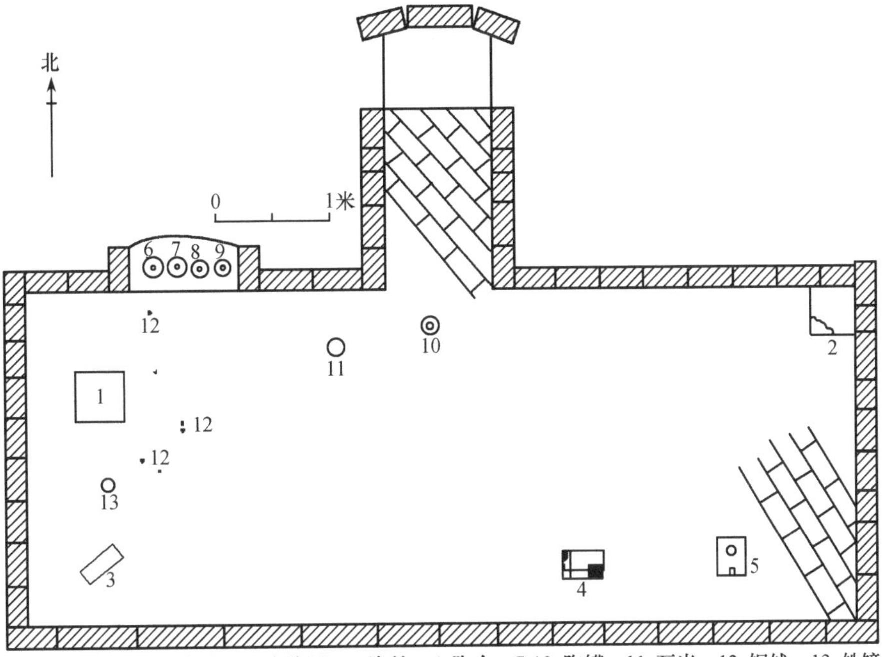

1、2. 刻铭砖　3. 陶方盒　4. 陶猪圈　5. 陶灶　6. 陶仓　7-10. 陶罐　11. 瓦当　12. 铜钱　13. 铁镜

1

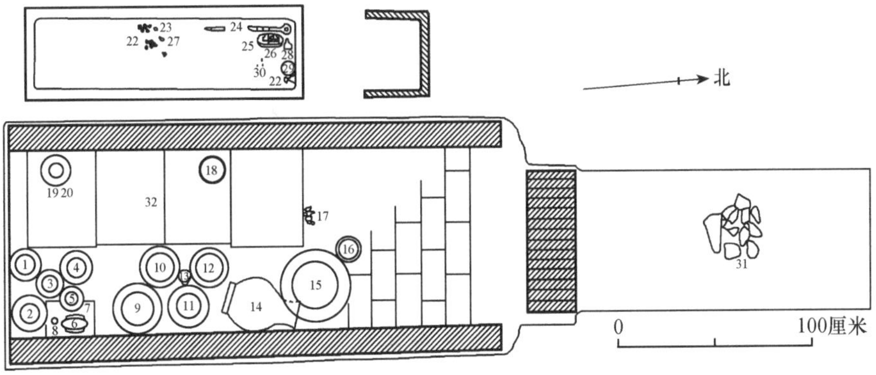

1、3、4、9-12、14. 陶壶　2、5. 陶罐　6. 陶甑　7. 陶灶　8. 陶釜　13、18、21、25. 陶钵　15. 陶瓮　16. 铜洗　17、26、28. 釉陶俑　19、20. 陶盆　22. 铜钱币　23. 水晶器　24. 铁刀　27. 骨俑　29. 铜镜　30. 牙齿　31. 陶瓶　32. 陶棺

2

图二 -69　河南洛阳地区发现与儿童葬有关的横穴砖砌洞室墓

1. 东汉孝女黄晨、黄芍合葬墓平面图　2. 北郊邙岭飞机场区 C8M903 平面图

室葬 1 人，东侧室葬 2 人，其中 1 人有棺，1 人在草席内，为小孩，后室葬 2 人[①]（图二 -70：1）。北京市丰台南苑新宫 M5，前室东侧有 2 侧室，每个侧室内皆有 2 并列的陶棺，大小存在差异，长度不超过 1.5、宽度不超过 0.5 米，伴出有钱币

① 西安市文物保护考古所：《西安东汉墓》，文物出版社，2009 年，第 858-862 页。

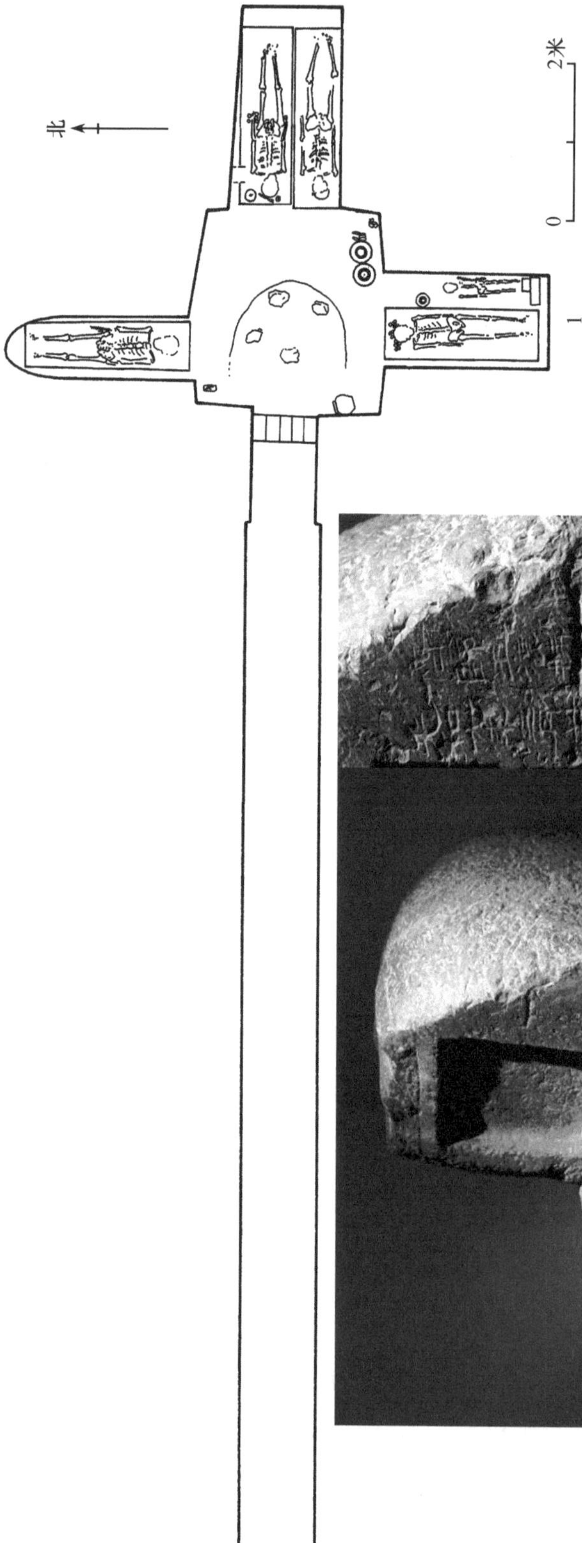

1

2

图二-70　与早殇儿童有关的多人葬墓及墓外刻石

1. 陕西西安西柞高速公路杜曲段 M13 平面图　2. 山东临淄出土“王阿命”刻石

等物，所葬很可能属于未成年者[①]；丰台南苑植物油厂M12，二后室东西并列，西后室内有砖砌器物台，另有一长1.3、宽不足0.3米的陶棺，内葬1人，可能为未成年人[②]。山西省山阴县新广武收费站东汉M1为多人葬，前室、西后室均发现小孩骨架，而且前室有3具骨架，小孩骨架为其中之一，西后室内为1个小孩头骨[③]。

（7）横穴式画像石墓

河南省南阳市东郊李相公庄村北发现一座砖砌墓室的墓葬，盖顶用五块石条平盖，有三块带画像，一块原为门扉残石，一块为许阿瞿画像石并有刻铭文字[④]，由墓葬形制及其所使用盖顶的石条等来看，该墓为画像石的再利用。许阿瞿画像石原属墓葬很可能为横穴式画像石墓。该画像石刻绘了"年甫五岁"的儿童许阿瞿端坐于榻上观看家僮玩耍游戏及乐舞百戏，且有仆人执扇伺候的场景，这是对儿童许阿瞿生前生活的摹写。该画像的刻铭文字如"痛哉可哀，许阿瞿亅□，年甫五岁，去离世荣。遂就长夜，不见日星，神灵独处，下归窈亅冥，永与家绝，岂复望颜"等，更明确地表明许阿瞿为早殇儿童，而且还表现出家长无比悲伤的丧子之痛。

（8）墓外刻石

与上述的墓葬不同，本部分所述是墓外的刻石。山东临淄出土1件东汉"王阿命"刻石，总长1.42米，前低平较方，类似平台，面阔0.925、高0.21米；后圆而凸起，高0.78米，朝平台处为竖向立面，开小龛，龛上刻三条瓦垄，龛内线刻人物画像，龛门右侧有两行隶书题记："齐郎王汉特□之男阿命四岁，光和六年（183年）三月廿四日物故，痛哉！"（图二-70：2），后部圆而凸起的部分表示坟墓，龛代表祠堂，其内所刻的应是祠主"王阿命"的画像，瓦垄象征着祠堂顶盖，而祠堂前为祭祀平台，是汉代坟、祠堂与祭祀平台缩小组合的再现和模型[⑤]。该刻石原应位于墓主"王阿命"的墓葬外，并起到象征其墓外祠堂的作用，前端的平台有相应面积，在祭祀时则可起到祭台或祭案的作用。需作说明的是，石祠堂前的平地则不一定代表祭台或祭案，反映的应是墓地中祠堂前的空地，祠堂以龛的形式内凹，内凹处即可作为祭台或祭案，这与较多单开间祠堂基本一致[⑥]。该刻石的刻铭文字明确了王阿命为早殇的儿童，去世时才四岁，父母忧伤，为其建墓并在墓外立一小祠堂形式的刻石，以表达哀痛与想念。

---

① 北京市文物研究所：《丰台南苑汉墓》，科学出版社，2019年，第108-115页。

② 北京市文物研究所：《丰台南苑汉墓》，科学出版社，2019年，第166-179页。

③ 山西省考古研究所、山西大学文博学院：《山西新广武汉墓发掘报告》，山西省考古研究所、山西省考古学会：《三晋考古·第三辑》，山西人民出版社，2006年，第286-296页。

④ 南阳市博物馆：《南阳发现东汉许阿瞿墓志画像石》，《文物》1974年第8期。

⑤ 郑岩：《逝者的面具——汉唐墓葬艺术研究》，北京大学出版社，2013年，第98-125页。

⑥ 刘尊志：《汉代墓外设施研究——以王侯墓葬与中小型墓葬为参考》，科学出版社，2021年，第385页。

考察已知考古资料，较多地区发现有墓内葬未成年者或是孩童的秦汉墓葬，而在有些地区还有相当数量时代不同的埋葬儿童墓葬，这说明秦汉时期相关家庭中儿童早殇情况是存在的，而且是相对普遍的现象。埋葬儿童的墓葬，形制、规模等存在不同，葬具也具有多样性，不仅反映出埋葬儿童的方式、内容等存在差别，也在一定程度上表明早殇儿童的等级性，即不同等级的家庭都可能会有早殇的孩童。但就整体来讲，尤其是墓葬资料所体现的内容来看，等级低或经济实力较差的家庭，早殇儿童的比例相对要高一些，这与生活及医疗条件等的差异应该有关，体现出社会、家庭及其成员之间的深度关联和密切关系。

综合来讲，秦汉时期家庭对于孩子的抚养涉及内容较为广泛，并在家庭抚养及孩子成长过程中形成家长与孩子之间的亲密关系，而伴随着孩子的成长，家长与孩子之间的关系所涉及内容会产生变化，如由婴幼儿阶段的喂养、保护至儿童和少年阶段的教育或玩耍等，其核心目的是让家庭中的孩子能够健康、全面地成长，并使得这一家庭关系更为巩固和亲密。当然，一些家庭还会存在相对特殊的情况，如抚养继子和养子等，但对于相关家庭来讲，最为悲痛的是孩子早殇或夭亡，这使得抚养关系及父母子女的现实紧密关系形成中断。可以说，秦汉家庭对于子女的抚养较好地体现了家庭内部的相应关系，而相关内容又与社会的发展有着密切的关联。

二、赡养老人

所谓赡养，是指家庭中的晚辈在物质和精神等方面为家庭中的长者提供生活帮助和条件及其采取的方法和付出的行动，也是有关人员所需要履行的义务和职责，以保证家庭中的老者有更好、更舒适的生活，促进家庭和谐。就家庭而言，最基本的组成为夫妻二人，且较多家庭还包含未成年的孩子等，但很多的家庭也存在其他有直接血缘关系且较为密切的人员，老人或辈分高的长者均在其中。赡养老人，尤其是家庭中丈夫的父母乃至祖父母等即是这一内容的体现，而这种赡养关系又往往存在于人员组成相对复杂或辈分相对略多的同一家庭之中，当然也有一些是相对独立家庭之间的内容，只是这一赡养关系所涉及人员的密切程度较高。秦汉时期，尤其是汉代，随着孝道的推广，赡养老人得到相应的发展，考古资料中有较多涉及秦汉时期赡养老人的内容，包括一些与养老敬老相关的具体物品、出土遗物上的绘画等，汉代墓葬壁画和画像石画像中还有很多与养老、敬老有关的画面，为认识秦汉时期赡养老人提供了相对丰富的实物资料。只是不可否认的是，秦汉时期，特别是汉代，在普遍追求孝行的背景下，一些赡养或孝敬老人的内容有所走样或趋于极端，甚至还存在相反的内容，这一内容在文献中有载，考古资料也有间接体现。

（一）考古资料体现与家庭中老者相关的内容

老年人是家庭的组成或主要成员之一，也是社会人群不可或缺的内容之一。考古资料对秦汉时期的老者或老年人有较多的体现，反映出老者或老年人在家庭与社会中的重要性，一些也间接体现出与赡养老人相关的内容。

考古发掘的秦汉墓葬中，一些墓葬的墓主年龄较大，除自身体质较好外，抑或也会与子孙的赡养有关。一些墓地中发现的相关墓主，经鉴定，为年纪较大的人员，一些则基本直接以老年男性或老年女性进行描述。江苏徐州市北郊的江山西汉墓，为石坑竖穴洞室墓，墓葬未遭盗掘，发现人骨架两具，分别出自竖穴和洞室内，头均向南，仰身直肢葬，从骨殖特征看，竖穴内所葬为老年男性，洞室内所葬为老年女性，显然是一对夫妻的合葬墓[①]（图二-71）。二者年龄较大，且具有相对较高的身份等级，相对优越的生活条件可能是二人年龄较大才去世的原因之一，而晚辈的赡养亦应是需要考虑的因素之一。

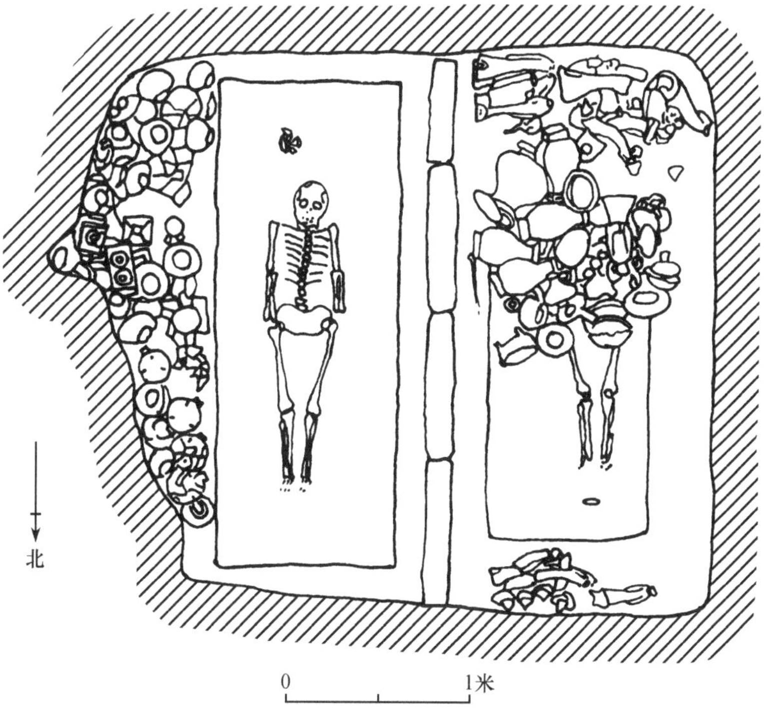

图二-71　江苏徐州市北郊江山西汉墓平面图

汉代墓葬壁画有的绘有墓主画像，可较直观看出墓主夫妇的大致年龄，有些即

① 江山秀：《江苏省铜山县江山西汉墓清理简报》，文物编辑委员会编：《文物资料丛刊·第一辑》，文物出版社，1977年，第105-110页。

是老者形象。有些壁画因残损，尤其是人物面部不清晰，很难判断墓主夫妇是否为老者，如辽宁省辽阳市河东新城回迁楼施工工地发现的一座东汉壁画墓，前廊东侧南壁壁画宴居图中的男性墓主身着盛装，拢双手向右跽坐于方榻上，头戴高冠，大耳阔面，面部已模糊[①]，存在为老人的可能性。

一些墓葬出土帛画也有体现，以湖南长沙马王堆M1锦饰内棺盖板上覆盖的"T"字形帛画最具代表。该帛画竖立部分最上层绘拄杖而立的老妪，左侧有人跪迎，右侧则有侍女相随，老妪为死者生前的形象[②]（图二-72）。老妪双手拄杖，头部前伸，背部已显佝偻，可见年龄不小，这也和侍女相随可对应参照。

图二-72　湖南长沙马王堆M1出土帛画局部

画像石（砖）画像上的相关内容更为丰富。山东嘉祥蔡氏园出土的一块画像石，画像分两格，上格为周公辅成王画像，下格为庖厨图，庖厨图中有多人在忙碌着，或宰杀，或烧火，而在画面的右上角有一老者拄杖站立，正在看庖厨人员的劳作，其身前有一只狗作吠叫状，惊得其前面的一人扭头观望[③]（图二-73：1）。滕州黄家岭出土祠堂画像石下格为田间劳作画像，右侧一树下坐一老者，右手执杖，从画面看，老者年岁已大，应是坐在地头看其他人劳动[④]，老者执杖及观看晚辈劳动，某种程度上体现出家庭赡养老人的物质与精神内容。邹城市卧虎山汉画像石墓M2西椁板内侧画像中有执杖而立的老年夫妇二人，伴随他们的为三个孩童[⑤]，也体现出与养老有关的内容。江苏睢宁官山散存乐舞杂技画像石，左侧有一执鸠杖的老者作

① 李龙彬、马鑫、王爽：《新发现的辽阳河东新城东汉壁画墓》，《东北史地》2016年第1期。

② 湖南省博物馆、中国科学院考古研究所：《长沙马王堆一号汉墓》，文物出版社，1973年；湖南省博物馆、湖南省文物考古研究所：《长沙马王堆二、三号汉墓》，文物出版社，2004年。

③ 中国画像石全集编辑委员会编：《中国画像石全集·第2卷·山东汉画像石》，山东美术出版社，2000年，第104页，图110。

④ 滕州市汉画像石馆：《滕州汉画像石精品集》，齐鲁书社，2011年，第32、33页。

⑤ 邹城市文物管理局：《山东邹城市卧虎山汉画像石墓》，《考古》1999年第6期。

图二-73　汉代画像石（砖）上的老者形象

1. 山东嘉祥蔡氏园出土画像石下格庖厨图　2. 江苏睢宁官山散存乐舞杂技画像石左侧执鸠杖老者画像
3. 江苏徐州市北郊茅村东汉墓出土画像石中的执杖老者形象　4. 河南新野樊集出土画像砖上部画像

站立状，长须，背部弯曲，老态尽显[①]（图二-73：2）；徐州市北郊茅村东汉墓中也有执杖老者的形象[②]（图二-73：3），反映出与养老或赡养有关内容。安徽省淮北市青谷村出土建筑人物画像，中间建筑内为老年夫妇端坐在正堂木榻上，另有家吏、舞者和乐人[③]，体现出家庭中老年夫妻的生活内容，而这也应与赡养老人有一定关系。河南新野樊集出土庖厨、伏羲女娲画像砖画像中，上为庖厨图，其上部中间为1瓮，瓮左侧有1人坐于几榻上，瓮右侧有1人站立，其身后还站立有1执鸠杖的

① 仝泽荣、武利华、田忠恩、陈剑彤：《睢宁汉画像石》，山东美术出版社，1998年，第92、93页。

② 王献唐：《徐州市区的茅村汉墓群》，《文物参考资料》1953年第1期；徐州博物馆：《徐州汉画像石》，江苏美术出版社，1985年，图67。

③ 高书林编著：《淮北汉画像石》，天津人民美术出版社，2002年，第43页。

老者，正在看着2人，似乎在讲话[①]（图二-73：4）。考虑到当时坐于几榻之上为不礼貌的行为，老者可能在批评坐在几榻上的人。该图还存在沽买与饮食有关物品的可能，这和庖厨图可相对应，而老者是来看买卖活动的；抑或是因庖厨需要，需到存储之处拿相关物品，由保管者将物品交给拿物者，而老者则在旁观看。不论具体内容为何，这幅画像都在一定程度上体现出与老者相关的内容。

（二）考古资料反映家庭中赡养老人的内容

既有相关物品，也有图像资料，以图像资料最为丰富。

相关物品以杖为主，上文相关资料已有涉及，墓葬出土帛画或画像石（砖）画像中皆见有执杖老者的形象。汉代政府应有与养老相关的规定，某些方面还有一定的制度，如分发粮食、赐予鸠杖等，而赐予鸠杖的做法很可能与家庭中赡养老人时让其拄杖有关。家庭之中，老者随着年龄的增大，站立或行走时需要借助杖来保持平衡或稳定性，因此有很多老人会拄杖，而这也渐成为老人的标志物。上文所引湖南长沙马王堆M1，不仅出土帛画上有老妪拄杖缓步前行的画面，墓葬的北边箱内还出土杖衣1件（436-1），筒状，用绛紫绢缝制而成，已残，长1.3米、宽10厘米，内装木杖1根[②]，这与帛画中墓主拄杖可相互对应。甘肃武威磨咀子东汉墓中，M18出2根木鸠杖，M13出土1根木鸠杖，均为长1.94米的木竿，圆径4厘米，其中1根鸠杖的竿端以母卯镶一木鸠[③]。对应或其他一些墓葬也出土有很多和生活有关的物品，如食品、衣物及其他日常生活用品，另外还有不同数量的钱币、车马器、乐器等等，这既是厚葬的体现，也是事死如事生丧葬思想和行为影响下的陪葬内容，反映到现实生活中，很多应与墓主生前的生活有关，这就涉及相关家庭中的老年人，且很可能与赡养有关。墓葬规模及其形制也有体现，尤其是墓葬形制的第宅化，体现出与生前所居有关的内容，亦可能与家庭中的赡养有关。当然，作为与老者去世相关的丧葬来讲，应该是家庭中现实赡养的最后阶段或终结，相关的丧礼、葬礼、墓葬、祭祀等都会在一定程度上反映出儿辈或不同晚辈之孝，这些内容的好坏可能关系到家庭中赡养内容结束时的好坏或成功与否，所以很多家庭在丧葬方面尽可能地追求厚葬及丧礼的程序化、复杂化，甚至会形成相互攀比的不良社会风气。

汉代画像中有较多与家庭赡养有关的内容。在一些墓葬外祠堂或墓葬内石刻中，此类画像较为常见，山东嘉祥东汉武氏祠堂的较多画像中有孝子图或孝子行孝

---

① 河南省南阳地区文物研究所：《新野樊集汉画像砖墓》，《考古学报》1990年第4期。

② 湖南省博物馆、中国科学院考古研究所：《长沙马王堆一号汉墓》，文物出版社，1973年，第71、72页。

③ 甘肃省博物馆：《甘肃武威磨咀子汉墓发掘》，《考古》1960年第9期。

图，如邢渠哺父图等①（图二-74：1）；四川省乐山市柿子湾崖墓B区M1有孝子图多幅，包括“董永侍父”、“闵子骞失棰”、“老莱子娱亲”、“孝孙元觉”、“伯榆悲亲”等内容②。有些墓地祠堂、墓阙及其墓葬内画像也有孝子图发现，如四川渠县蒲家湾出土无铭阙上的“董永孝亲”图等③（图二-74：2）。众多孝子图的出现和使用，一方面体现出当时对于孝道宣传和教化的需求，反映出社会对于孝行的追求和推崇；另一方面也在一定程度上体现出当时家庭对于老人赡养的情况，更重要的应是其可以推动诸多家庭更好地赡养老人。除孝子图外，汉代画像或壁画中还有其他内容。四川荥经出土东汉石棺侧壁刻有建筑人物图，中为板门和女仆，左为夫妻亲吻相拥，右有一戴胜的老年女性凭几而坐，体现出母亲与儿子、儿媳共同生活的内容，老年女性凭几而坐，安静闲恬，间接反映了家庭中晚辈赡养老人的内容④。四川德阳三台县郪江崖墓柏林坡M1出土的宴飨图，位于中室左侧室右壁，彩绘，顶绘红色幔帐，下有长条形白色卧榻，榻上对称置2案几，案几间有1漆尊，尊内有长勺，南侧几后坐1人，右手握红色鸠杖斜靠于肩，左手上抬，为老人；北侧几后为夫妻2人，与南侧的老人相对而坐，男左女右，二人似向榻南侧的老者施礼，二人后有1大树，有花和果实（图二-75），从饮食宴飨方面体现出家庭中儿子、儿媳对

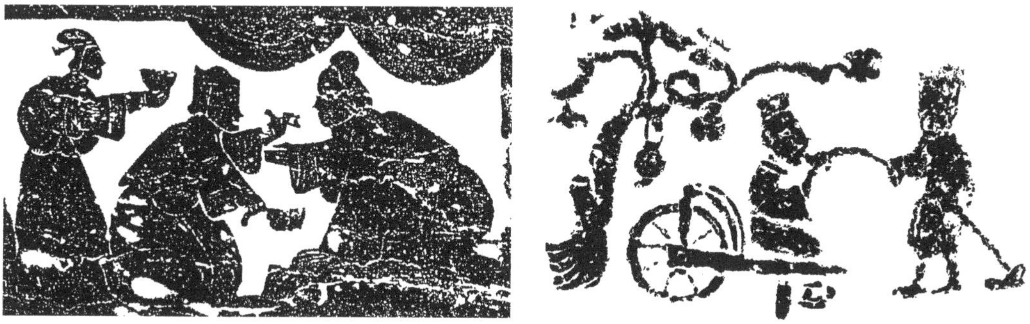

1　　2

图二-74　汉代画像中的孝子画像

1. 山东嘉祥武氏祠前石室“邢渠哺父”画像　2. 四川渠县蒲家湾无铭阙上“董永孝亲”画像

---

① 蒋英炬、吴文祺：《武氏祠画象石建筑配置考》，《考古学报》1981年第2期；《汉代武氏墓群石刻研究》，山东美术出版社，1995年。

② 四川省文物考古研究院、乐山大佛风景名胜区管理委员会：《四川乐山市柿子湾崖墓B区M1调查简报》，《四川文物》2016年第5期。

③ 四川省文物考古研究院、渠县文物管理所：《四川渠县汉阙考古调查勘探简报》，《四川文物》2014年第4期。

④ 荥经县文化馆李晓鸣：《四川荥经东汉石棺画像》，《文物》1987年第1期；高文：《四川汉代石棺画像集》，人民美术出版社，1997年，图四八、四九。

图二-75 四川德阳三台县郪江崖墓柏林坡M1中室左侧室右壁宴飨图

父亲的赡养，折射出父慈子孝的温馨家庭生活内容①。

综合来讲，考古资料所体现对老人赡养的内容，表现形式较多，有饮食、居住、物品使用、丧葬、享乐及其他精神生活等，反映出秦汉时期家庭对老人的赡养行为较为普遍，内容也较多样，这与孝道的不断推广和深入社会有着较大关系，同时也与政府对孝行的重视、家庭的稳定发展和团结的增强等因素有关。但是，这一时期也存在盲目追求孝道的情况，尤其是东汉一代，有一定数量的家庭在赡养老人方面出现变异，甚至形成相反的内容，"生不极养，死乃崇丧"②即是体现，另如"废事生而营终亡，替所养而为厚葬。"③"畏死不惧义，重死不顾生，竭财以事神，空家以送终。"④"生者无担石之储，而财力尽于坟土。"⑤由此可见，重死轻生以求孝名在当时已成为社会问题之一，一些晚辈在老人在世时不以良好的方式方法去赡养，却在老人去世后充分显示自己有孝行和孝心，这其实是与孝道的要求背道而驰的，而这种行为和思想的发展也大大影响了相关家庭对于老人赡养的质量和效果。就考古资料而言，很多秦汉墓葬体现出较明显的厚葬特征，尤其是中小型墓葬，或在某种程度上反映出上述内容，而很多孝子图或尽孝图出现在墓葬内或墓外祠堂用石上，尤其是后者，教化的需求和作用较为明显，这也从反向表明当时社会或有些家庭当有不孝者，而这些不孝行为最直接的体现应该就是家庭中的老人赡养问题。正常或良好的赡养行为，会使得家庭中老人与晚辈间的关系较为融洽且具有浓浓的亲情味，但重死不顾生背景下盲目追求孝行的行为，会让家庭中的赡养趋于表面化或形式化，这样也会影响到家庭中相关人员之间的关系和亲情。当然，这也应是秦汉家庭成员关系的内容之一，体现出该时期家庭关系的多样化和复杂性。

---

① 四川省文物考古研究院、德阳市博物馆、三台县文物管理所：《三台郪江崖墓》，文物出版社，2007年，第165、166页。

② （东汉）王符：《潜夫论·浮侈篇》，（清）汪继培笺，彭铎校正：《潜夫论笺校正》，中华书局，1985年，第137页。

③ （南朝宋）范晔撰，（唐）李贤等注：《后汉书·赵咨传》，中华书局，1965年，第1315页。

④ （东汉）王充：《论衡·薄葬》，黄晖校释：《论衡校释（附刘盼遂集解）》，中华书局，1990年，第961、962页。

⑤ （南朝宋）范晔撰，（唐）李贤等注：《后汉书·明帝纪》，中华书局，1965年，第115页。

第四节　家庭中的非主体人员

所谓非主体人员，是指与相关家庭中主体成员间较亲近关系如婚姻、血缘甚至收养等存在明显不同，但又长期与家庭主体成员生活于同一家庭之中，有相对共同的利害关系，职责是服务于该家庭，使得所属家庭能够有序、稳定或正常生活与发展的有关人员。就性质或特征而言，这些人员与对应家庭之间具有较强的附属关系，可视为家庭成员内部关系的延伸，甚至是其中的一项组成内容。需要说明的是，附属的性质又使得非主体人员与家庭主体成员之间在较多方面存在差别，如身份、等级和地位等，但也有特殊情况存在。因此，虽然这些人员服务于相关家庭且关系密切，但也具有相应的不稳定性和流动性。

秦汉时期，具有一定政治权力或相应经济实力的家庭，大多会有不同数量、不同职能的非主体人员，因家庭的等级、地位、权力和经济实力等方面存在差异，在拥有家庭非主体人员的数量、种类及职能等方面也存在诸多不同，这均与当时的社会性质有着相应的关联。

一、帝、王及列侯家庭

秦汉帝、王及列侯家庭中主要成员的政治地位高，而服务于家庭的非主体人员数量大，分工细，且有相应的管理机构。西汉景帝阳陵陪葬坑①及江苏徐州狮子山西汉楚王墓②等出土的诸多印章中，部分即为皇帝所居宫廷或诸侯国王宫内职官的印章。以徐州狮子山汉墓为例，出土的“楚食官印”表明楚宫室内有专门负责楚王和其他高级贵族膳食的官员（图二-76：1），“楚大行印”表明有专事楚王出行的官吏（图二-76：2），“楚永巷印”表明楚王宫有管理后宫的官吏（图二-76：3），“楚卫士印”表明有掌宫门的卫士（图二-76：4），上述官吏还管理着一定数量的具体执行人员③。除狮子山汉墓外，徐州地区的其他一些汉墓也有相关资料出土。市区北西汉早期的北洞山西汉楚王墓，出土有“楚宫司丞”铜印，宫司主要管理宫廷事务，而其属官有丞④（图二-76：5）；该墓墓道的东1龛（EK1）的位置特殊，出土

---

① 汉阳陵博物馆：《汉阳陵》，文物出版社，2016年。

② 狮子山楚王陵考古发掘队：《徐州狮子山楚王陵发掘简报》，《文物》1998年第8期；韦正、李虎仁、邹厚本：《江苏徐州市狮子山西汉墓的发掘与收获》，《考古》1998年第8期。

③ 王恺：《狮子山楚王陵出土印章和封泥对研究西汉楚国建制及封域的意义》，《文物》1998年第8期；耿建军：《试析徐州西汉楚王墓出土官印及封泥的性质》，《考古》2000年第9期。

④ 徐州博物馆、南京大学历史系考古专业：《徐州北洞山西汉楚王墓》，文物出版社，2003年，第115页。

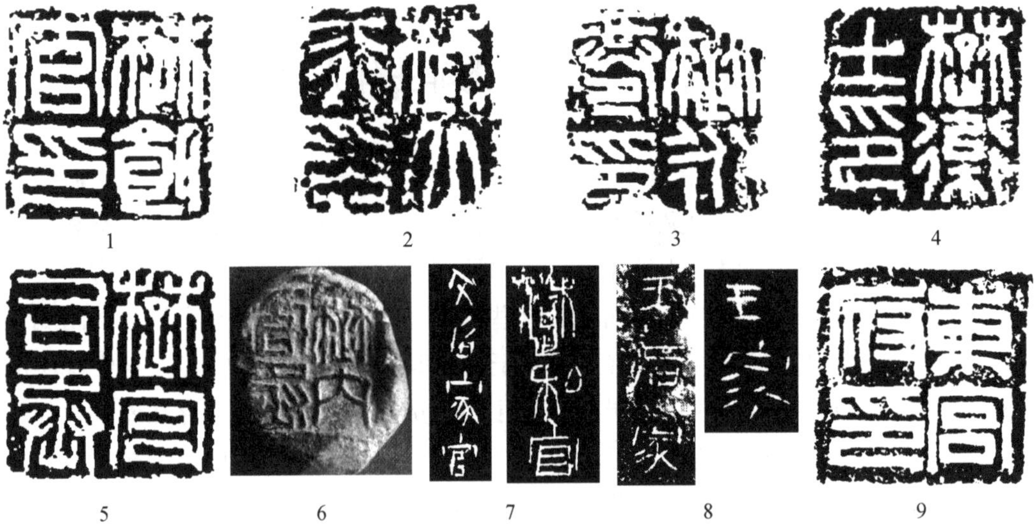

图二 -76　江苏徐州地区西汉墓葬出土的铜印章、封泥与铜器的刻铭文字

1-4. 狮子山西汉楚王墓出土铜印章　5. 北洞山西汉楚王墓出土铜印章　6. 土山东汉彭城王墓封土中出土封泥　7. 小龟山 M1 出土铜器刻铭　8. 东洞山 M2 出土铜器刻铭　9. 黑头山西汉早期墓葬出土铜印章

的陶俑皆朱唇无须，与其他六龛内陶俑全部有胡须不同，推测应为宦者，并以宦者充当郎中侍卫[①]，而徐州狮子山楚王墓出土“楚永巷印”铜印所属职官永巷一职，即为管理后宫的官吏，也是由宦官担任。由宦者担任职官的还有内官，即管理内宫的官吏，徐州市土山东汉墓的封土中出土有西汉“楚内官丞”封泥，表明其下还设有丞[②]（图二 -76：6）。徐州市西北郊的小龟山 M1，出土铜器上有“楚私官”、“文后家官”等刻铭（图二 -76：7），说明楚王宫内等级较高的女性可能会有自身的私官或家官等[③]，东北郊的石桥 M2（今东洞山二号墓），出土的铜器上也见有“王后家”、“王家”等刻铭文字[④]（图二 -76：8）。徐州市东郊黑头山西汉早期刘慎与其妻子的墓葬出土有“东宫府印”铜印章 1 枚，桥形钮，中有小圆形穿孔，印台为三层覆斗方形，印面阴文篆书“东宫府印”四字（图二 -76：9），“东宫”通常指太子或皇（王）太后居住的地方，“东宫府”应该是负责楚国东宫财务的部门，该印章应为墓主的官印，表明墓主刘慎曾经做过东宫府的职官[⑤]，由刘姓家族成员负责楚国东宫财务的管理，体现出地方诸侯国宫廷的职官内容，这也间接反映出汉代地方诸侯王家庭中部分非主体人员的组成和特点。

① 徐州博物馆、南京大学历史系考古专业：《徐州北洞山西汉楚王墓》，文物出版社，2003 年，第 100 页。

② 李银德：《徐州土山东汉墓出土封泥考略》，《文物》1994 年第 11 期。

③ 南京博物院：《铜山小龟山西汉崖洞墓》，《文物》1973 年第 4 期。

④ 徐州博物馆：《徐州石桥汉墓清理报告》，《文物》1984 年第 11 期。

⑤ 徐州博物馆：《江苏徐州黑头山西汉刘慎墓发掘简报》，《文物》2010 年第 11 期。

需作说明的是，以上考古资料所体现的仅是一部分内容，与秦汉帝王及列侯家庭中非主体人员相关的考古资料还有很多，如西汉长安城与东汉洛阳城的考古，尤其是西汉长安城的相关考古发现，对认识西汉时期皇帝所居及非主体人员的设置和机构可提供重要的参考。墓葬资料也多有体现，一些秦汉帝王陵墓的陪葬墓中可能会有服务或管理宫廷相关事务的职官及具体人员的墓葬，部分列侯墓葬在这方面也有体现，相关墓葬基本属于陪葬墓的性质。江苏徐州南郊拖龙山 M3 所在墓园外山脊处的 M6，位置偏僻，形制简单，当为 M3 的陪葬墓[①]；东北郊荆山村西汉墓地中，M2 与 M9 分别位于 M4 的西、东两侧，墓地的西北部和东北部，山体的西北坡和东北坡，位置较偏，且墓葬规模小，陪葬品少且为陶器等，M4 的竖穴口部东侧还有一陪葬墓，西侧壁与 M4 竖穴壁齐，较浅，深仅 0.8 米，有木质葬具，陪葬者脚部随葬陶器，三墓的墓主均为 M4 的陪葬者[②]（图二 -77）；北郊火山刘和墓竖穴内西侧陪葬一人，男性，头南向，有漆木棺，棺内有铁剑、铜镜等，棺外北端陪葬陶器，陶器两侧有石砌挡土墙[③]；北郊簸箕山宛朐侯刘埶墓封土下墓穴两侧有二陪葬

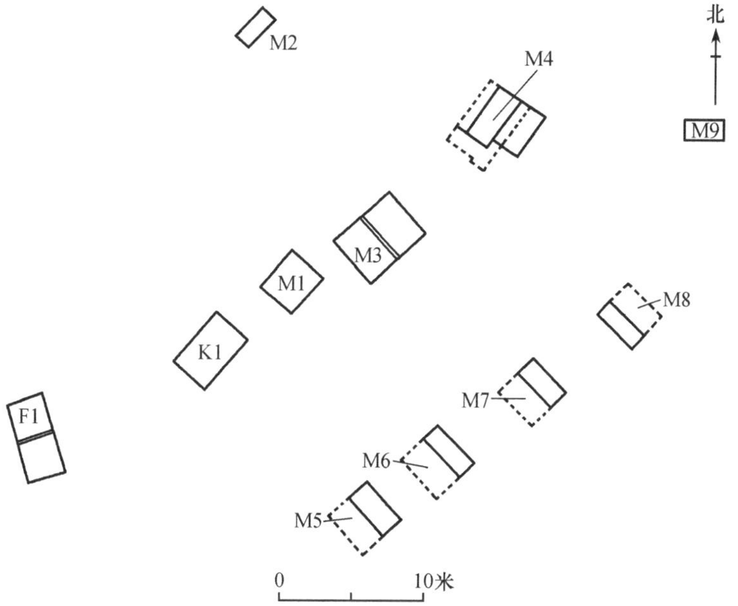

图二 -77　江苏徐州荆山村西汉墓地墓葬分布图

① 徐州博物馆：《徐州拖龙山五座西汉墓的发掘》，《考古学报》2010 年第 1 期。

② 徐州博物馆：《徐州荆山村西汉墓群发掘简报》，南京博物院：《穿越长三角——京沪、沪宁高铁江苏段考古发掘报告》，科学出版社，2013 年，第 25-42 页；刘尊志：《江苏徐州荆山村西汉墓地性质浅探》，《中原文物》2016 年第 6 期。

③ 耿建军、盛储彬：《徐州火山汉墓》，中国考古学会编：《中国考古学年鉴 · 1997 年》，文物出版社，1999 年，第 132、133 页。

墓，分别为M4与M5，墓主身份不高①。广西贵县罗泊湾M1为列侯级别墓葬，椁室底板下有7个殉葬坑，分前后两排，纵向排列，每坑置棺木一具，棺内各置尸体一具，有的有少量陪葬品，男1女6，年龄在13～26岁之间；M2椁室底板下偏北位置也殉葬1人，年龄在20岁左右，陪葬漆器等②。大致来看，上述汉代列侯级别墓葬的陪葬墓，墓主大多为汉代列侯级别人员的家吏、奴婢或其他身份地位较低者，反映出汉代列侯级别人员家庭中非主体人员与列侯级别人员及其家庭之间的关系，而这些陪葬墓又在一定程度上折射出非主体人员的地位和等级及身份、种类的多样性。

二、贵族、官僚、地主及相关人员家庭

从社会等级地位及权力等方面来看，秦汉贵族、官僚、地主及相关人员要明显低于皇帝、诸侯王和列侯，与之相对应，这些人员的家庭在内容和内涵等方面也与皇帝、诸侯王和列侯的家庭存在相应的差别。就家庭中的非主体人员来讲，整体上相对简化，如人员数量少，具体人员、职能和相应机构设施等相对简略或缺少，具体人员的等级、身份和地位也相对要低。但也并非绝对，一些豪强地主家庭，也拥有数量众多、种类不一的非主体人员。

有些秦汉家庭中非主体人员的等级身份及其与主体人员的关系，在相关墓地中的主墓和陪葬墓间有所体现。今江苏徐州市一带在西汉时为封国之一的楚国都城——彭城所在地，市区和周边有较多西汉楚国官吏及贵族的墓葬，有些墓葬有1座或2座以上的陪葬墓，陪葬墓以单人葬常见，墓主为奴婢或相关人员，被陪葬者的身份多为具有一定等级的贵族或官吏，对研究西汉时期这一地区相关家庭及非主体人员的关系等可提供实物参考资料。以徐州地区的一些西汉墓地为例，西郊韩山北麓为一处西汉早期的墓地，已发掘这一时期的墓葬3座，其中M2位于稍高山头的顶部，墓主男性，其北侧不远略低山头顶部为M1，墓主女性，二者为夫妻异穴合葬，M1的墓主为M2墓主的夫人，身份可能是西汉早期的某位翁主，M3位于M2西侧较近距离，墓葬结构及陪葬品均较简单，为M2的陪葬墓，墓主为家吏或相关人员③；东北郊顾山为一处西汉早期偏晚阶段的墓地，M1、M4东西并列，为夫妻同坟异穴合葬墓，均有相应规模，墓主可能为楚王身边较亲近的贵族夫妇，M1墓主男性，

---

① 徐州博物馆：《西汉宛朐侯刘埶墓发掘简报》，《文物》1997年第2期；M4、M5为笔者在徐州博物馆工作时发掘，资料现存徐州博物馆。

② 广西壮族自治区博物馆：《广西贵县罗泊湾汉墓》，文物出版社，1988年。

③ 徐州博物馆：《徐州韩山西汉墓》，《文物》1997年第2期；胡望林：《徐州韩山汉墓》，中国考古学会编：《中国考古学年鉴·2006年》，文物出版社，2007年，第190、191页。

其北侧偏西约20米，M1与M4的封土边缘还有一座时代接近的墓葬（M2），竖穴石坑结构，较浅，底部不规整，葬一人，陪葬品以陶器为主，殓葬的口琀为较短的残龙形玉佩片，墓主身份地位相对较低[①]，亦可能为家吏或其他人员，死后陪葬于家主墓葬附近。

统观秦汉时期贵族、官僚、地主及相关人员家庭的非主体人员可分为多种类别，并体现出不同形式的对应关系。

1. 非主体人员的类别

就秦汉时期贵族、官僚、地主及相关人员的家庭来讲，因诸多家庭间等级的差异、家主身份地位的不同及具体家庭间需求的差别，甚至地域、时代和政治环境等的不同，都会造成相应的差异性和区别，但从整体来看，共性大于差别，这在家庭中非主体人员的种类、职能等方面皆可体现。大致来看，秦汉时期贵族、官僚、地主及相关人员家庭中的非主体人员可分为以下六类。

（1）家仆

为家庭中的仆人，包括奴婢、侍者等。文献关于相关人员家庭仆人的记载较多，如《后汉书》，卷四十九《仲长统传》载："豪人之室，连栋数百，膏田满野，奴婢千群，徒附万计。"[②]卷一百六《许荆传》载许荆的"祖父武，太守第五伦举为孝廉。武以二弟晏、普未显，欲令成名，……于是共割财产以为三分，武自取肥田广宅奴婢强者，二弟所得并悉劣少。乡人皆称弟克让而鄙武贪婪，晏等以此并得选举。"[③]家仆的来源多样，以奴婢为例，有被抢占或贩卖为奴婢者，有他人送予者，另有其他原因。被抢占或贩卖为奴婢的现象，在《后汉书·光武帝纪》中有载："冬十二月甲寅，诏益州民自八年以来被略为奴婢者，皆一切免为庶人。"[④]他人送予者见《后汉书·李恂传》所载："西域殷富，多珍宝，诸国侍子及督使贾胡数遗恂奴婢、宛马、金银、香罽之属。"[⑤]

考古资料对秦汉时期贵族、官僚、地主及相关人员家庭中的仆人多有体现，较为明确的有画像石、画像砖画像及壁画。汉代画像中常见二人坐于屋或亭内，两侧有站立或呈双膝跪状者，或手持便面，或站立随时服侍，也有一主人跽坐，旁有婢女或侍者，站立或呈双膝跪状，有的手中持物，有的躬身站立等。汉墓壁画也见有相关内

① 徐州博物馆：《江苏徐州顾山西汉墓》，《考古》2005年第12期。
② （南朝宋）范晔撰，（唐）李贤等注：《后汉书·仲长统传》，中华书局，1965年，第1648页。
③ （南朝宋）范晔撰，（唐）李贤等注：《后汉书·循吏·许荆传》，中华书局，1965年，第2471页。
④ （南朝宋）范晔撰，（唐）李贤等注：《后汉书·光武帝纪》，中华书局，1965年，第63页。
⑤ （南朝宋）范晔撰，（唐）李贤等注：《后汉书·李恂传》，中华书局，1965年，第1683页。

容，河北衡水安平逯家庄东汉壁画墓南壁主要内容是墓主人和他的近侍，墓主人位于中部偏东侧，坐于帐内，左侧垂幔下，面向墓主人前后排立着两个近侍，头戴圆形平顶的黑帻，身穿黑袍，腰系白带，面涂粉，口点朱，小尖耳，前一人有胡须，右手前伸执一物，因残辨别不清，左手怀抱一朱红色似鞬的长形物，后一人两手似端一物，但已残缺不知其形状，帷帐之后，两边各有一侍女，只露出上半身，头梳黑色扇面形高髻，身穿朱红色缘领袖淡青色衣，面涂粉，口点朱，左手各端一个三足圆盘，盘上似有香熏之物，侍女发髻的两侧有簪饰，衣边和衣纹用黑笔勾描，衣上的颜色已大部脱落[①]。内蒙古和林格尔东汉壁画墓中室南耳室甬道壁上画着五名奴仆，中室西、北两壁上显眼的位置，描绘死者夫妇养尊处优的“燕居”，图中有众多的奴仆侍立以供使役，两名女婢立在夫人身后，持镜伺候梳妆；后室西壁上画着穹庐顶的帐幕，榜题“卧帐”，帐内有死者夫妇端坐，有奴仆四人伺候，帐门画少妇欠身入帐，为“侍婢”捧盘进食的情景[②]（图二-78）。有的墓葬壁画还有其他内容，如陕西省西安市曲江翠竹园西汉壁画墓，墓葬西壁的壁画描绘了家中侍者及仆人迎接主人的内容，其中最左侧为一女仆怀抱婴儿，旁侧还有一男童[③]，推测是为家主照看孩童。

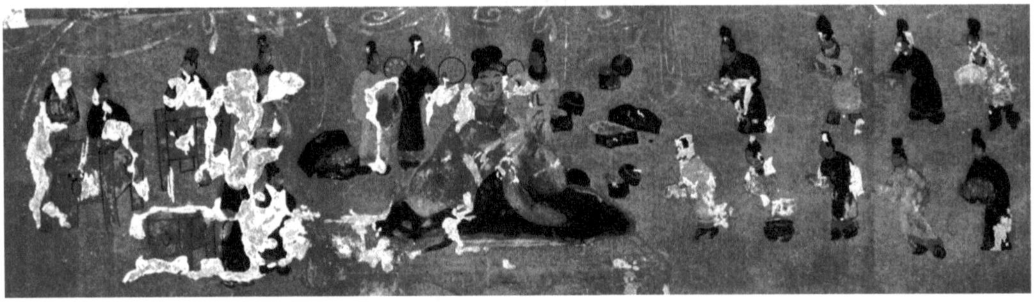

图二-78　内蒙古和林格尔东汉墓“燕居”图

（2）家吏

为一些家庭中的属吏，体现出举主和故吏，或是家主与属吏之间的关系。就举主和故吏的关系来讲，是因察举、征辟等选官制度使得举主和故吏形成了人身依附关系，亦具有主仆关系的特征，举主为故吏提供爵禄、官职，故吏则服务于举主及其家庭。属吏则由家主根据需求进行委任或安排，在家庭中具有一定官职，也会

① 河北省文物研究所：《安平东汉壁画墓发掘简报》，《文物春秋》1989年增刊；《安平东汉壁画墓》，文物出版社，1990年，第25页。

② 内蒙古自治区博物馆文物工作队编：《和林格尔汉墓壁画》，文物出版社，1978年，第22、23页。

③ 西安市文物保护考古所：《西安曲江翠竹园西汉壁画墓发掘简报》，《文物》2010年第1期；西安市文物保护考古研究院：《西安西汉壁画墓》，文物出版社，2017年，第67-71页。

享受相应的禄饷，而其职责就是很好地服务于家主的家庭，尤其是家主的需求。

秦汉墓葬的考古资料尤其是汉代的画像石、画像砖画像及汉墓壁画与对应文字等，不仅反映出家吏与家庭和家主之间的关系，还较为生动地描绘出家吏的不同形象及其职责和工作等。较多汉代画像石与画像砖中有车马出行图，尤其是场面相对较大的车马出行画像，多有与出行相关的家吏，如江苏徐州贾汪佛山出土的两幅车马出行图，有导从、骑吏、执金吾的“辟车”及执棨戟的“伍佰”等①。一些和车马有关的画像还有题榜，如河南安阳西高穴 M2 出土七女为父报仇画像石画像，有“令车”、“主薄车”、“咸阳令”题榜②；山东嘉祥武氏祠前石室西壁下部画像中的“七女复仇”画像中，拱桥中央为主车，左边有两辆车，榜题分别为“主记车”和“主簿车”，右边有三辆车，榜题分别是“功曹车”、“贼曹车”、“游徼车”③，二者均体现出相关家庭中家吏的设置，而从画像来看，又反映出家吏与家主之间的亲密关系。与庭院及家庭生活相关的家吏亦较多见，最为普遍的为门吏，基本站立于门前，既起到守护庭院的作用，又可迎宾送客，就现有资料看，不同地区出土的汉代画像石中基本都有此类画像，也表明门吏在汉代的普遍性，其中河南南阳出土的门吏形象较为丰富，这在发掘简报及已出版的相关图录如《南阳汉画像石》④、《南阳两汉画像石》⑤等中均有辑录。一些画像石画像还有其他家吏形象和内容，山东沂南画像石墓中室南壁上横额东段左侧画像⑥、河南密县打虎亭 M1 南耳室南壁中部画像⑦均有收租的内容，并有专门负责收租的家吏；密县打虎亭东汉 M1 南耳室北壁中部画像中有存放车马用具的储藏室，从画面内容看，有专门的家吏进行管理，席地而坐的老者正在开展相关工作，其身后有一侍者⑧。汉墓壁画中相关内容也较为丰富，而且较多是壁画与题字并存。河北望都 M1 壁画保存较多，墓南壁墓门的两侧，东侧画“寺门卒”，面向门，持杖守门而立；西侧画“门亭长”，佩剑，面向门，拱手躬腰，作迎送状；西壁上部画六人，自南向北第一人旁有“□□掾”三字，次为

---

① 徐州博物馆：《江苏徐州佛山画像石墓》，《文物》2006 年第 1 期。

② 河南省文物考古研究所、安阳县文化局：《河南安阳市西高穴曹操高陵》，《考古》2010 年第 8 期；河南省文物考古研究院：《曹操高陵》，中国社会科学出版社，2016 年，第 235、236 页。

③ 蒋英炬、吴文祺：《武氏祠画象石建筑配置考》，《考古学报》1981 年第 2 期；《汉代武氏墓群石刻研究》，山东美术出版社，1995 年，第 62、63、115 页。

④ 南阳汉画馆，闪修山、王儒林、李陈广：《南阳汉画像石》，河南美术出版社，1989 年，第 89-96 页。

⑤ 王建中、闪修山：《南阳两汉画像石》，文物出版社，1990 年，图 37-77。

⑥ 南京博物院、山东省文物管理处：《沂南古画像石墓发掘报告》，文化部文物管理局出版，1956 年，图版 48（下）；山东博物馆：《沂南北寨汉墓画像》，文物出版社，2015 年，第 54、115 页。

⑦ 河南省文物研究所：《密县打虎亭汉墓》，文物出版社，1993 年，第 104、105 页。

⑧ 河南省文物研究所：《密县打虎亭汉墓》，文物出版社，1993 年，第 107、112、113 页。

“追鼓掾”，越券门依次为“门下史”、“门下贼曹”、“门下游徼”、“门下功曹”，六人均戴冠佩剑，门下吏和追鼓掾二人拱手，余四人均持笏，六人皆面向北，弓腰而立，作朝拜状；东壁上部自南向北画 11 人，券门南题字依次为“仁恕掾”、“贼曹”，券门北有“戒火”题字，再北有“伍佰”题字二处、“辟车伍佰八人”题字一处，共画八人，面向北，除下列第三人拱手及南部上列第一人持旗外，其他六人持杖，北部三人杖高举，其余三人杖拄地，最北“门下小吏”一人，作长跽状；北壁券门东侧画“主记史”，坐于矮榻之上，券门西侧画“主簿”和东侧的“主记史”大致相同，但主簿手中持笔和奏牍，作记录状，而主记史则垂拱端坐；北券门过道东壁为“白事史”作长跽白事状，“侍阁”作迎送“白事史”状，西壁为“小吏”、“勉□谢史”，谢者伏地跪拜，小吏持笏弓腰作回拜状[①]。该墓壁画中人物与题字相对应，为认识地方官吏或豪强地主家庭中的家吏提供了较为形象的图像资料。望都东汉 M2，壁画保存不多，所存壁画部分有对应文字。前一室北部有二人，前者头戴黑冠，身穿斜领肥袖长袍，双手拱于胸前，面向后作行走状，右上方题字“□食太仓穀”，后者头戴黑色高冠，身穿长袍，双手持笏拱于胸前，向前者作跪拜状，右上方题字“□督邮”。西壁南侧一人躬腰，双手持笏立，服饰同前。前二室北壁西侧画一人，手持 1 杖，凝神鞠躬而立，右上方题字“□下卒”，姿态与 M1 壁画中的“寺门卒”较相似。另有壁画残砖，有的画人物，与 M1 壁画中的“史者”和“辟车伍佰八人”颇为相似[②]。河北衡水安平逯家庄东汉壁画墓的多处壁画体现出家吏的内容。出行图中有各种步行仪仗、骑吏、车辆，虽无文字说明，但排列较有规律，且涉及人物较多，步行仪仗从衣帻来分有赤帻黄衣、黑帻黑衣、赤帻黑衣三种，赤帻黄衣有执棨戟者、持杖者、袖手者，黑帻黑衣有执梃杖者，参考望都 M1 壁画等，其中可能包括“伍佰”（赤帻黄衣执棨戟者）、“辟车”（黑帻黑衣执梃杖者），出行时“伍佰”导引，而壁画中赤帻黄衣执弓弩者为“伍佰璅弩”，赤帻黑衣者则是一般士卒，属武吏，骑吏有执棨戟骑吏、近侍或佐僚、缇骑等；前室右侧室壁画均是人物，可分为三部分，一是守门卒，二是侍卫，三是府内官吏，其中府内官吏有执笏板者，有袖手而坐者，南壁中间戴红色却非冠者可能是门下督贼曹，东侧执笏板者应是门下贼曹，西侧有门下功曹，西壁南一人可能是门下主簿，西壁北一人可能是门下主记，另有门下小吏和其他家吏[③]。内蒙古和林格尔壁画墓也有较多体现，既

① 姚鉴：《河北望都县汉墓的墓室结构和壁画》，《文物参考资料》1954 年第 12 期；北京历史博物馆、河北省文物管理委员会：《望都汉墓壁画》，中国古典艺术出版社，1955 年，第 12、13 页。

② 河北省文化局文物工作队：《望都二号汉墓》，文物出版社，1959 年，第 5、21-23 页。

③ 河北省文物研究所：《安平东汉壁画墓发掘简报》，《文物春秋》1989 年增刊；《安平东汉壁画墓》，文物出版社，1990 年，第 15-17、24、25 页。

有壁画也有题字，相互对应，涉及地方官僚家庭中的多个家吏，如前室东壁甬道门南侧至南壁甬道门东侧，有“莫府东门”、“尉曹”、“左仓曹”、“右仓曹”、“功曹”，前室东壁甬道门南侧有“兵弩库”、“左贼曹”、“右贼曹”，前室南壁甬道门东侧有“塞曹”、“左□□”、“右□□”、“阁曹”、“仓曹”、“金曹”、“功曹”、“左仓曹”、“右仓曹”、“尉曹”等题字，而墓葬壁画中还有对应的内容（图二-79）。后室北壁的武成城图中，榜题标明有“武成寺门”、“武成长舍”，“尉舍”、“长史舍”，“长史官门”，里面又设“堂”、“内”、“灶”、“井”等，这些场所大概属于死者晚年在武成长史舍内的生活环境[①]，也体现出与属吏有关的设施及相关的内容。江苏泗洪曹庙出土的东汉画像石数量较多，其中一些属于同一墓葬，而根据画像和画像上的题榜，推测墓主人生前官职为县令或太守，前者的可能性较大，有一块属于墓葬横额的画像石，画像中人物众多，个个形象不同，而且都有题榜，基本都属于县令的僚属[②]。相关内容位于画像的下格，共刻22人，有题榜标明身份，画面以“令”（即县令）为中心，右旁共刻8人，依次为“铃下”、“主簿”、“门下千”、“小史”各1人及“书佐”4人；左侧共刻13人，右起依次为“骑吏”2人、“功曹”1人、“五白”2人及“贼曹”、“游徼”、“主记”各1人，再有“门下史”4人、“行亭掾”1人，“行亭”仅有题榜而未刻出人像。画面所见“书佐”、“主记”、“门下史”等人形象大致相似，皆手捧书简，属起草、缮写文书一类官吏；“小史”、“门下千”手捧方盘等物，可能属侍者之类；“主簿”为典领文书，办理事务的官吏；“游徼”掌巡察缉捕，画中形象都带长剑；“功曹”主管记署功劳事务，故手中亦捧有书简；画像中

图二-79 内蒙古和林格尔东汉墓相关壁画与题榜

① 内蒙古自治区博物馆文物工作队编：《和林格尔汉墓壁画》，文物出版社，1978年，第23页。

② 江苏省泗洪县文化馆：《泗洪县曹庄发现一批汉画象石》，《文物》1975年第3期；尤振尧：《江苏泗洪曹庙东汉画像石》，《文物》1986年第4期。

的“铃下”头戴无梁小冠，手持似令箭，为侍卒或随从；“五白”又作“伍佰”，头戴小冠帽，身着短衣，手握长剑，是车舆的前导。江苏省宿迁市泗阳打鼓墩樊氏画像石墓第19石正面画像，虽没有题榜或刻铭文字，但也在一定程度上反映出墓主及僚属的内容，上刻11人，皆穿长服，有8人戴单梁冠，左起第五人戴圆顶翘沿帽，双手秉笏端坐在方榻上，右侧站立1人，戴方形冠，手执一钩状物，钩下有一块长方形的符牌，其余人皆站立，或持笏板，或抱简册[①]。

（3）家丁

为看家护院的仆役。是出于对家庭财产、人员安全保护的需要，使用的一些可看护家院并具有一定治安警备作用的人员。相关人员有相应的兵器配备，一些家庭中此类人员数量较多，又具有一定的军事性质。文献中有“延长缨甲胄，拥卫亲族，扞御钞盗”[②]、“遂于县界起坞壁，缮甲兵”[③]、“引强持满以据”[④]等相关记载，皆与看护庄园或家庭的人员有关，而这些人员又被称为私兵或部曲。看家护院的家丁与看护家庭有较密切的关系，是该家庭中的常住性人口之一，也因此成为家庭中非主体人员的重要组成。关于秦汉时期看家护院的家丁，考古资料有相关体现和反映，主要是画像与壁画上的人物图像、陶俑及陶建筑模型上的人物形象等。

汉墓壁画与画像中，家丁形象多有体现，上文所述汉墓壁画及其画像中的门吏与之可能有关。另在庭院内举行的相关活动如拜谒、宴饮、观赏乐舞杂技表演等，也有一些佩戴兵器从事服务和安全工作的人员，部分亦应是家丁。出土的汉代画像石中有一定数量的比武图，一些可能与家丁的训练有关。江苏徐州市南郊十里铺东汉墓前室横额画像[⑤]、铜山苗山东汉墓后室西壁画像[⑥]、铜山茅村东汉M1中室南壁画像[⑦]等中的比武图，均有观看者，而徐州市南郊十里铺东汉墓前室横额画像中的着铠甲武士还十分威武（图二-80）；山东临沂市苍山县城塑料厂出土画像石画像，左为二人比武，左侧人持长戟横刺，右侧人侧身躲避，右手以钩格戟，左手上举，似在告诉持戟者自己已经落败[⑧]。关于私人武装的训练，《四民月令》记载有提

① 淮阴市博物馆、泗阳县图书馆：《江苏泗阳打鼓墩樊氏画像石墓》，《考古》1992年第9期。

② （南朝宋）范晔撰，（唐）李贤等注：《后汉书·虞延传》，中华书局，1965年，第1150页。

③ （南朝宋）范晔撰，（唐）李贤等注：《后汉书·李章传》，中华书局，1965年，第2492页。

④ （南朝宋）范晔撰，（唐）李贤等注：《后汉书·第五伦传》，中华书局，1965年，第1395页。

⑤ 江苏省文物管理委员会、南京博物院：《江苏徐州十里铺汉画像石墓》，《考古》1966年第2期。

⑥ 王德庆：《江苏铜山东汉墓清理简报》，《考古通讯》1957年第4期；徐州博物馆：《徐州汉画像石》，江苏美术出版社，1985年，图93。

⑦ 王献唐：《徐州市区的茅村汉墓群》，《文物参考资料》1953年第1期；徐州博物馆：《徐州汉画像石》，江苏美术出版社，1985年，图67。

⑧ 临沂市博物馆：《临沂汉画像石》，山东美术出版社，2002年，第228页。

高相关人员武力战斗力的内容，如习射以备不虞；正缚铠铉，遂以习射；缮五兵，习占射等等[①]，这与相关画像内容可大致对应。苏鲁豫皖交界地区出土的东汉画像石中还有一种与缉盗有关的画像，缉拿盗贼的组织单位很可能为某一家庭，而参与缉拿的人员中可能有一些为家丁，如江苏徐州贾汪青山泉水泥二厂东汉 M1 出土的“缉盗荣归图”，刻绘了解押盗窃者途中的行进过程[②]。

图二 -80　江苏徐州市南郊十里铺东汉墓前室横额着铠甲武士形象

图二 -81　四川资阳市雁江区狮子山崖墓 M2 出土陶部曲俑

陶俑以四川地区出土的部曲俑最具代表。一些陶俑所反映的部曲，既配有兵器，又手持农具，可知这些部曲或家丁既参加相关生产劳动，又具有安全保护的警备作用。四川彭山崖墓[③]、成都市天迴（回）东汉墓[④]等出土的农夫俑，大多身着短衣，脚穿草鞋，身佩环首大刀。也有执兵器的部曲俑，如四川资阳市雁江区狮子山崖墓 M2 出土的 1 件陶部曲俑（M2∶13），泥质红陶，模制，俑头戴平巾帻，面部丰满，着右衽短袍，左手持刀，左肩挂盾，右手持戟，腰右边配有小刀[⑤]（图二 -81）；绵阳沙包梁 M6∶8，俑左手持环首刀，右手执长条形物[⑥]；武胜山水岩

---

① （东汉）崔寔：《四民月令》，石声汉：《四民月令校注》，中华书局，2013 年，第 20、29、63、65 页。

② 邱永生：《徐州青山泉水泥二厂一、二号汉墓发掘简报》，《中原文物》1992 年第 1 期；徐毅英主编：《徐州汉画像石》，中国世界语出版社，1995 年，第 54、55、86 页。

③ 南京博物院：《四川彭山汉代崖墓》，文物出版社，1991 年。

④ 四川省博物馆文物工作队，刘志远：《成都天迴山崖墓清理记》，《考古学报》1958 年第 1 期；成都市文物考古研究所、金牛区文物管理所：《成都市天回乡东汉砖室墓发掘简报》，成都市文物考古研究所编著：《成都考古发现·2003》，科学出版社，2005 年，第 319-331 页。

⑤ 四川省文物考古研究院、资阳市雁江区文物管理所：《资阳市雁江区狮子山崖墓 M2 清理简报》，《四川文物》2011 年第 4 期。

⑥ 绵阳博物馆、成都文物考古研究所：《绵阳崖墓》，文物出版社，2015 年，第 291 页。

M4：12，俑左手持盾牌护左胸，右手残缺[①]。

相关的陶建筑模型包括陶城堡、陶院落和陶楼阁等。陶院落如广州动物园东汉建初元年（76年）墓出土的城堡式陶院落，四角修有角楼，有的角楼为多层，角楼上有兵卒守望[②]。楼阁以河南、河北地区出土的陶楼阁最具典型。河南灵宝张湾出土的水榭中多见武士俑，有的身前置弓箭，有的执弩等兵器[③]；陕县刘家渠汉墓出土的陶楼和陶水榭上多有手持仪仗的门吏、武士，有的还见骑吏逡巡，有的每层都有众多持弓武士，有的武士穿戴甲胄，手持弓弩[④]。河北衡水阜城桑庄东汉墓出土陶望楼，每层的四面都有盾牌和弩等，在顶层置有报警用的锣，遇到情况可敲锣报警，可以看出，该陶楼为屋宇重叠、防御森严的楼阁[⑤]，而对应的工作均需要家兵或部曲来完成。相关建筑与家丁的对应设置，较直观地展现出现实生活中家庭对家丁或部曲的拥有和使用，对研究秦汉尤其东汉时期，作为非主体成员的家丁或部曲与所属地方官吏、豪强地主等家庭的关系等具有重要的参考价值。

（4）徒附

秦汉尤其是东汉时期，随着豪强地主势力的增长，一些有政治和经济实力的地方官吏、豪强或地主家庭吸收和接纳了较多依附人口。《后汉书》载：王莽末，天下大乱，盗贼起，"（虞延）长缨甲胄，拥卫亲族，扞御钞盗，赖其全者甚众"[⑥]"宗族闾里争往附之（第五伦）"[⑦]"（樊宏）与宗家亲属作营壍自守，老弱归之者千余家"[⑧]。依附于相关家庭并得以相对稳定生活的人员被称为徒附，《后汉书·仲长统传》载："豪人之室，连栋数百，膏田满野，奴婢千群，徒附万计。"唐李贤注曰："徒，众也；附，亲也。"[⑨]由文献记载可知，相关家庭的徒附数量众多，这与社会发展尤其是地方豪强地主势力的增强、土地的集中及社会的动乱等有着较大关系，而很多徒附为失去土地的自耕农，其家庭成员也因此成为徒附，这些人员居住于大的地主或豪强庄园之内，为庄园或家主的家庭服务，进而成为相关家庭中非主体成员的组成内容之一。这些徒附除承担相应的警卫或护卫庄园或大家庭的安全工作外，

---

① 四川省文物考古研究院、广安市文物管理所、武胜县文化体育局、武胜县文物管理所：《四川武胜山水岩崖墓群发掘报告》，《四川文物》2010年第1期。

② 广州市文物管理委员会：《广州动物园东汉建初元年墓清理简报》，《文物》1959年第11期。

③ 河南省博物馆：《灵宝张湾汉墓》，《文物》1975年第11期。

④ 黄河水库考古工作队：《河南陕县刘家渠汉墓》，《考古学报》1965年第1期。

⑤ 河北省文物研究所：《河北阜城桑庄东汉墓发掘报告》，《文物》1990年第1期。

⑥ （南朝宋）范晔撰，（唐）李贤等注：《后汉书·虞延传》，中华书局，1965年，第1150页。

⑦ （南朝宋）范晔撰，（唐）李贤等注：《后汉书·第五伦传》，中华书局，1965年，第1395页。

⑧ （南朝宋）范晔撰，（唐）李贤等注：《后汉书·樊宏传》，中华书局，1965年，第1120页。

⑨ （南朝宋）范晔撰，（唐）李贤等注：《后汉书·仲长统传》，中华书局，1965年，第1648页。

更为主要的，他们还是豪强或地主庄园中的主要生产者和劳动者，从事着庄园或大家庭的农业、手工业生产，甚至还与相应的商业有一定的关系。

考古资料对庄园或大家庭中徒附的体现，最直接的为相关图像。内蒙古和林格尔壁画墓后室南壁上的一幅壁画，幅面大，画的是一座山峦环抱，疏林掩映的庄园，画面中部有廊舍、坞壁和厩棚、栏圈，畜养着马，牛，羊、猪，鸡等，近旁有园圃和车库，体现出徒附为所属庄园进行各种劳动的内容（图二-82），右上方，山前山后有农人扶犁耕地，左面又有采桑、沤麻的场面，这幅庄园图里的各项生产活动及一些细节，在三个耳室的壁面上还分别得到更具体详尽的描绘[①]。庄园图及前室南、北耳室内的牛耕场面，都是一人扶犁，两牛并力，在耕过的垧土上，画了几条平行线，表示翻起的碎土成行，谷物的种植有垄有沟。大田耕作之外，还描绘了精耕细作的园圃，庄园图中，有手持锄、镢的农人在园圃里劳动，园圃四周筑墙，以防家畜侵害。在庄园图和前室北耳室农耕图中，均有堆积的粮谷，并有斗、斛一类的量具，农耕图的上方，还有一排圆形的粮囤，下面则是运粮的牛车，庄园图中又有停置空车的牛棚。前室北耳室绘有碓舂图，杵杆下，二人在臼边紧张地劳作。中室南耳室西壁有酿造活动，两名奴婢在长几上安放容器，几下摆着红盒，表示正在酿酒或制醋。庄园图中，廊舍的周围环绕着成片的桑林，树下四女子采桑，手持绳

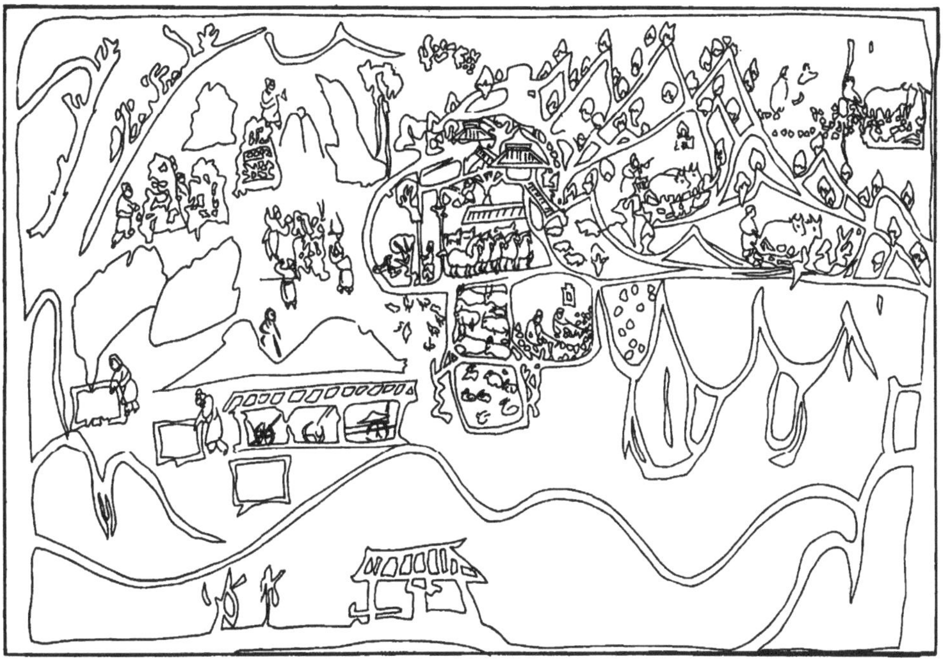

图二-82　内蒙古和林格尔东汉墓后室南壁壁画中的庄园图

① 内蒙古自治区博物馆文物工作队编：《和林格尔汉墓壁画》，文物出版社，1978年，第20-22页。

索，桑钩、桑网等，旁置蚕架，蚕簇之类。图的左下方画着三个方形沤麻池，池内堆着麻，有人正在池畔进行着渍沤操作。庄园图中还画有马厩和牛、羊圈，彼此隔开，空地上鸡、猪成群。前室南耳室西壁有牧马图，画一骑者赶着六匹马，另有三匹撒欢的马驹，表示是放牧的马群，与牧马图相对的壁面上有牧牛图，牧牛和牧马二图的上方，都画了车骑出行的场面，说明这些均为死者的产业。前室北耳室东壁绘有牧羊图，图中有坞壁，周围放牧着羊群，为了防备豺狼，还有三只黑犬画在羊群之中。此外，前室南耳室甬道四壁绘有捕鱼图，图中一座水阁，三人凭栏观赏，水中有渔夫在撒网，另在前室还有许多射猎的场面。庄园中的劳动者，包括农人、手工业者、牧者、渔夫等，主要是徒附，采桑女子则应是男性徒附的家属或女眷，亦为附属人员。如此众多的徒附在庄园里进行着农业耕作、畜牧业放牧以及酿造、桑麻等当时生活所需要的多种形式的手工业生产。其他一些汉代画像石墓、画像砖墓、墓外石祠堂、壁画墓等也出土较多与之有关的画像石、画像砖、壁画，一些为相关人员从事农业劳动的画面，有牛耕图、播种图、中耕除草图、收获图、采莲或捕鱼图、放牧图等，还有从事手工业生产如纺织、制车、酿酒及采盐、冶铁等的画面，其中的很多画面若结合所属石刻画像或壁画的整体内容，或同出画像砖的其他画像，相当部分可大致确定为徒附为庄园或地主家庭劳动的内容。另在一些地区已发掘的汉代墓葬尤其是东汉墓葬中还出土一些劳作俑，以四川地区发现的东汉墓葬出土陶俑最为典型，俑大多为从事农业劳动的形象，有戴斗笠或戴巾帻的执锄或锸者，有的还执箕，如四川武胜水岩 M9 出土的劳作俑（M9：2），双手握锸[①]；金堂李家梁子 M23 出土有执镰俑（M23：86），右手执镰刀柄，左手似执稻穗，同墓出土的执飏扇俑（M23：77），裸上身，下身似穿及膝合裆袴，赤足，双手执扇柄[②]；绵阳沙包梁 M6 出土执铡刀柄俑（M6：21），双手执铡刀于身后右侧[③]；成都市新都区凉水村 M2 出土双手执箕俑（M2：18），短褐，赤脚，双手执一箕于右身侧[④]，新津出土有双手执箕劳作背童俑[⑤]。这些陶俑所反映徒附的劳动内容较为多样，对研究汉代农业也可提供相应的参考。上文所涉及的一些具体农业和手工业内容在本书其他章节中还会有论述，限于篇幅，不再展开。

（5）杂役

从事家主家庭的各种不同差事及相关劳动者，即相关家庭中从事杂务劳作的人

---

① 四川省文物考古研究院、广安市文物管理所、武胜县文化体育局、武胜县文物管理所：《四川武胜山水岩崖墓群发掘报告》，《四川文物》2010 年第 1 期。

② 索德浩：《四川汉代陶俑与汉代社会》，文物出版社，2020 年，第 21、24、60、61 页。

③ 绵阳博物馆、成都文物考古研究所：《绵阳崖墓》，文物出版社，2015 年，第 289 页。

④ 成都文物考古研究所、新都区文物管理所：《成都市新都区东汉崖墓的发掘》，《考古》2007 年第 9 期。

⑤ 沈仲常、冯国定、周乐钦编：《四川汉代陶俑》，朝花美术出版社，1963 年，图 47。

员。由于一些贵族、官僚、地主家庭中的杂务劳作事项较多，需有一定数量的人员从事相关劳动，而很多劳动内容具有重复性和长期性，因此较多从事杂务劳动者也是有关家庭中相对稳定的人员，并成为与对应家庭存在密切关系的非主体人员。关于贵族、官僚、地主等家庭中的杂役，考古资料体现较为突出的是壁画及画像石、画像砖上的图像资料，陶俑亦有较多体现。

内蒙古和林格尔东汉壁画墓的三个耳室壁上画着很多的男女人员，忙于汲水、洗涤、酿造、宰羊、击牛、烹饪，以便更好地服务于家主[①]（图二-83）。画像砖的图像中较为多见的为庖厨及相关内容，亦见其他，如四川成都出土的庭院画像砖中，后院有高楼，楼侧有1人执帚扫除[②]。山东诸城前凉台东汉画像石墓的墓室过道横梁上所刻庄园图中间庭院偏右有1人双手持笤帚正在打扫庭院；墓室过道出土的庖厨画像，包括宰牲、炊爨、酿造等内容，宰羊、牛、猪及鸡、鱼等都由不同人负责，而且多为2人配合，炊爨则有人劈柴，有人烧火，有人汲水，厨房中人数最多，有3人切菜或肉，也有端盆及抱禽者，最忙碌的是烧烤肉串，割肉、端肉、串肉各1人，烤肉者有3人，而整个画面涉及人物有40余人，反映出相关家庭对杂役人员的使用数量之多，而且各司其职，有相应的分工[③]。河南密县打虎亭M1出土的画像石画像中，有提壶等盛器者、抬物者、抱物或端拿器物者、扫地者、饲养牛马等牲口者、喂养家禽者、管理车辆和车马器具者、服务宴饮者及数量较多参与食品制作或庖厨等工作的人员[④]（图二-84）。山东沂南画像石墓出土的画像石画像中此类人员的数量亦较多，劳动内容和种类亦十分丰富，涉及搬运物品、庖厨（含洗涮）、服务宴饮、家禽与家畜的饲养（含清扫马粪）、兵器的管理、杂物的管理等，另外还有其他汉墓画像石中少见的内容，如服务于祭祀的人员，而后室靠北壁承过梁隔墙东面下部所刻画像中，厕所附近有一持笤帚的妇女在弓腰打扫[⑤]。

陶俑主要与庖厨人员有关，也有从事其他劳动者，间接体现出相关家庭中杂役人员的多样性。与庖厨有关的陶俑在较多地区汉墓尤其是东汉墓葬中有出土，川渝地区东汉墓出土量大，其他地区亦有一定数量，相当部分具有相似性，也有的存在一些地域特点，或在其他地区相对少见。以京津冀地区东汉墓出土的庖厨俑为例，

---

① 内蒙古自治区博物馆文物工作队编：《和林格尔汉墓壁画》，文物出版社，1978年，第23页。

② 《中国画像砖全集》编辑委员会：《中国画像砖全集·四川汉画像砖》，四川美术出版社，2006年，图版第110页，图版说明第63页。

③ 诸城县博物馆，任日新：《山东诸城汉墓画像石》，《文物》1981年第10期。

④ 河南省文物研究所：《密县打虎亭汉墓》，文物出版社，1993年，第43-186页。

⑤ 南京博物院、山东省文物管理处：《沂南古画像石墓发掘报告》，文化部文物管理局出版，1956年，图版51、77、78、80；山东博物馆：《沂南北寨汉墓画像》，文物出版社，2015年，第54、55、64、98、99、101、109、110、118、123、124页。

图二-83 内蒙古和林格尔东汉壁画墓出土与庖厨有关壁画

图二 -84 河南密县打虎亭 M1 出土庖厨与食品制作画像石画像

有的与其他地区东汉墓出土的同类陶俑接近或相似，如河北唐山迁安于家村东汉 M1 出土的 1 件庖厨俑，人俑呈屈膝跪状，身前为俎，高挽两袖，右手持刀，作剖切状，左手略前伸，作辅助剖切状，刀下俎上置一条鱼，该俑可称作剖鱼俑[①]。河北衡水武邑青冢东汉墓出土庖厨俑，衣袖挽起，双手呈操作姿势[②]。河北衡水阜城桑庄汉墓出土的绿釉陶庖厨俑（M1：94），相对少见，由底座、庖丁、俎、案、鱼、羊、猪、狗等形象组成，底座后部两侧各跪一庖丁，从背部看系围裙，左侧庖丁的右手按在面前条形俎的一边，其前又置一长方形俎，上有一鱼，俎前并列羊头、狗头各一，右侧庖丁及前面放置的物品与左侧情况相同，底座前部中央有一四足被绑的猪，作侧卧状，两庖丁间原还应有物件，已残缺[③]（图二 -85）。其他与杂役有关的陶俑还有背物俑、提物俑等，四川省成都市新都区马家山崖墓出土背负俑 2 件，身前倾，背物，其中 1 件俑的双手置于肋前，另 1 件俑为左手作抓绳状。该处崖墓还出土有提罐俑、提鸡鱼俑、执筛具俑等，提罐俑 3 件，皆为女俑，其中 1 件俑的双手各提一罐，1 件俑右手握物，左手提罐，另 1 件俑右手贴胸，左手提罐；提鸡鱼

① 迁安县文物保管所：《河北迁安于家村一号汉墓清理》，《文物》1996 年第 10 期。

② 衡水市文物管理处：《河北武邑青冢汉墓发掘简报》，《文物春秋》2007 年第 2 期。

③ 河北省文物研究所：《河北阜城桑庄东汉墓发掘报告》，《文物》1990 年第 1 期。

图二-85 河北衡水阜城桑庄汉墓出土的绿釉陶庖厨俑（M1：94）

俑1件，左手捧物、右手提鸡和鱼，面带微笑；执筛具俑1件，裤脚高卷，手持筛具①。四川省博物馆馆藏的1件背负俑，俑身前躬，用背篼背物②。

（6）其他人员

秦汉时期，一些贵族、官僚、地主及相关人员的家庭规模较大，内容、内涵较为丰富，不仅直系或具有血亲关系的家庭成员有自身物质与精神生活内容，还有上述多类与家庭关系密切、从不同角度服务于该家庭的人员，这些家庭居所很多可称之为庄园，其内设施齐全，人员众多，可进行和开展多种形式的生活与生产活动。上述较多非主体人员中的一部分或较大部分会居住在庄园之内，以便更好地服务于庄园主及其家庭中的主体成员，非庄园主体成员中的一部分人员也有自己相对独立的家庭，但属于庄园的重要组成内容，附属性较为突出。非主体人员家庭的家庭成员，成年者或具有一定劳动能力者很可能都是庄园中具有服务性质的非主体人员，而他们家的孩子也会生活在庄园之中，亦可视为庄园或较大家庭中非主体人员的组成内容。

关于庄园或较大家庭中非主体人员中的孩童，汉代画像石、砖的画像及相关壁画皆有体现，尤以汉代画像石画像最具代表。需作说明的是，相关内容在上文“家庭教育”等方面已有叙述，出于本部分论述的完整性，有些内容还需再作叙述。较为常见的为庖厨图，大多是一妇女忙于炊爨，旁有自家的小孩，或参与劳动，或伸手拉扯该妇女，似在说着什么要求或事情，亦有妇女怀抱孩童者。江苏邳州青龙山东汉缪宇墓出土的庖厨乐舞画像中，上格左侧为1妇女正在忙着切肉或菜，其左侧有1孩童，伸右手拉扯该妇女的衣袖，左臂上扬，似有所请求③。山东滕州峄山镇野店村出土庖厨宴飨画像，上格为庖厨图，左侧有1妇人在烧火，其右前方有1小孩

① 四川省博物馆、新都县文管所：《新都县马家山崖墓发掘简报》，文物编辑委员会：《文物参考资料·第9辑》，文物出版社，1985年，第93-121页。

② 沈仲常、冯国定、周乐钦编：《四川汉代陶俑》，朝花美术出版社，1963年，图51。

③ 南京博物院、邳县文化馆：《东汉彭城相缪宇墓》，《文物》1984年第8期。

伸手拿挂在肉架上剥好的兔肉；滕州市南沙河镇善庄及市区造纸厂内出土祠堂画像石，画面均有烧灶，而往灶的火膛内添火者均为小孩，旁侧有忙碌的妇女[①]。江苏徐州贾汪白集汉画馆馆藏画像石中有1幅庖厨、人物和瑞兽画像，下格为庖厨图，灶前一妇女正在烧火，其怀中抱一婴儿，在其身后右侧，还有一双手端物的小孩，繁忙之中透露出亲情[②]。另在其他劳作场景中也有相关内容。河南密县打虎亭M1东耳室甬道南壁画像刻画的人物为8个大人及2个儿童，上层为4个大人和2个儿童，均作向右行，最右上角的儿童穿短衣，右手叉腰，左手向上举1根尖头的棒状物，带队前行，又扭头后望，似在观看其身后的人行走情况，后面3个大人均端持有物，再后为上层第5人，幼童，跟随大人作行走状，手上似乎也拿有物，其后还有1大人双手托盘向前行进；下层前端1大人右手提物，其后1大人双手捧奁，后又有2个大人抬物，整个画面表现了女性侍从运送食物的场面，而相关孩童也参与其中[③]，而且2个孩童很可能是侍从家的孩子。一些制车图也有体现，山东邹城郭里镇卧虎山M2出土制车画像，位于石椁长壁画像中部左下角，较简单，一人跽坐观看，一人修整车轮，修车轮的为1男性，观看者为1女性，而该女性身后还背着1个小孩[④]，结合石椁壁画像的整体内容来看，应是庄园或大家庭中的相关内容，而该孩童应是非主体成员或附属人员的孩子。类似内容还见于山东嘉祥刘村洪福院出土画像石画像及洪山祠堂画像[⑤]中，基本体现的都是大家庭或庄园内的手工业加工情景，制车轮者为男性劳作者，有1妇女背着小孩在一旁观看，而画像中还有庄园或大家庭中其他生活内容。类似画像石画像中背小孩的内容在出土的汉代陶俑中也有体现，如四川成都金堂李家梁子汉墓出土的1件陶俑（M23：63），呈站立状，赤脚，上身微前曲，右臂屈曲，左臂微曲，手前伸，身后背1孩童，小孩双手扶其肩，扭头观望[⑥]。另外，河南密县打虎亭M1南耳室南壁画像，主体为收租图，右侧有建筑和大树，建筑前刻1骑马儿童正拉弓欲射树上的小鸟，马前有1牵马者[⑦]，从形象看，亦是小孩，而其很可能是庄园中相关非主体人员家的孩子。河南南阳市东郊李相公庄村北发现有东汉许阿瞿画像石，画像中有墓主许阿瞿，为小孩，独坐一处观赏乐舞杂技，其面前有三个头梳双髻、赤身着护阴（形如三角裤头）的孩童，或架鸟，或牵木鸠奔跑玩耍，或手持弧形物作奔跑状，似执鞭赶鸠，反映的是家僮

---

① 滕州市汉画像石馆：《滕州汉画像石精品集》，齐鲁书社，2011年，第36、37、40、41、157页。

② 李天池、周庆明、周洋：《语石精舍珍藏汉画集》，黑龙江人民出版社，2003年，第114页。

③ 河南省文物研究所：《密县打虎亭汉墓》，文物出版社，1993年，第120、124、125页。

④ 胡新立：《邹城汉画像石》，文物出版社，2008年，第10、12页。

⑤ 朱锡禄：《嘉祥汉画像石》，山东美术出版社，1992年，图1、101。

⑥ 索德浩：《四川汉代陶俑与汉代社会》，文物出版社，2020年，第21、24页，彩版一八九。

⑦ 河南省文物研究所：《密县打虎亭汉墓》，文物出版社，1993年，第99、104-106页。

做游戏供小主人取乐的内容[①]，这些“家僮”也很可能是相应家庭中非主体人员家的孩子。另在一些乐舞画像或门阙画像也见有奔跑或玩耍的孩童，有的手中持弧形物，穿着简单，为相关家庭中非主体人员的孩子可能性较大。上述诸例中的孩童也可能是一些家庭所收养的人员，小时陪家主的孩子，长大后可更好地服务于该家庭。《后汉书·樊宏传》载：樊宏父樊重，“世善农稼，好货殖。重性温厚，有法度，三世共财，子孙朝夕礼敬，常若公家。其营（理）产业，物无所弃；课役童隶，各得其宜。故能上下戮力，财利岁倍，至乃开广田土三百余顷。”[②] 其中的“童隶”亦作“童隸”，为童仆之意，“课役童隶”即役使童仆为家庭服务。

据《后汉书·仲长统传》载：“豪人之室，连栋数百，膏田满野，奴婢千群，徒附万计。……妖童美妾，填乎绮室。倡讴伎乐，列乎深堂。”[③] 由此来看，一些贵族、官僚或豪强地主家庭中的非主体人员还有倡优伎乐等。西汉时的一些帝陵、王侯墓葬和等级较高贵族官吏墓葬中或陪葬坑中陪葬有乐舞俑，有的还有伎乐俑，所对应现实中的人员很可能就是相应家庭中的非主体人员。东汉时期，一些地方官吏、豪强地主等的家庭中也有自身的倡优伎乐，很多对应等级的墓葬中有乐舞俑，这在较多地区的东汉墓葬中皆有出土。另有一些伎乐俑，以川渝地区东汉墓中最为常见，《四川汉代陶俑与汉代社会》一书对四川地区汉代陶俑的分类中，丁类俑即为乐舞伎乐俑，其中的G型为俳优俑，基本为男性，身体比例不协调，上身长，下身短，相貌丑陋，体态臃肿，上身袒露，双乳下垂，下身裤子欲落，赤脚，装扮可笑，手脚乱舞，身体扭动，动作滑稽，面部表情怪异，有的瞪眼、歪嘴，舌向外吐卷下垂；有的张嘴吐舌，缩颈耸肩，左手执鼓，右手握鼓槌；有的双手上扬，张嘴作唱歌状，其中一些坐于形体略大的圆鼓上，而这些俑的表演动作均较为滑稽[④]（图二-86）。汉代墓葬壁画及画像石、画像砖等的画像中，常见相关家庭的庭院内或庭院外有进行乐舞杂技等表演者，场面大小不同，有建鼓者，有弹奏和吹乐者，有翩翩起舞者，也有表演各种杂技甚至幻术者等等。就这些乐舞杂技的表演者来讲，有些可能是家庭因需要请来的，表演后会离开雇主之家，但较多则很可能是贵族、官僚或豪强地主家庭自身家养的倡优伎乐，为家庭中的非主体人员，如内蒙古和林格尔东汉壁画墓，后室西壁绘帐幕，内坐墓主夫妇，帐外有双膝呈跪状

① 南阳市博物馆：《南阳发现东汉许阿瞿墓志画像石》，《文物》1974年第8期。

② （南朝宋）范晔撰，（唐）李贤等注：《后汉书·樊宏传》，中华书局，1965年，第1119页。

③ （南朝宋）范晔撰，（唐）李贤等注：《后汉书·仲长统传》，中华书局，1965年，第1648页。

④ 索德浩：《四川汉代陶俑与汉代社会》，文物出版社，2020年，第67-69页。相关陶俑资料见沈仲常、冯国定、周乐钦编：《四川汉代陶俑》，朝花美术出版社，1963年，图20；四川乐山市文管所：《四川乐山市中区大弯嘴崖墓清理简报》，《考古》1991年第1期；四川省文物考古研究院、广安市文物管理所、武胜县文化体育局、武胜县文物管理所：《四川武胜山水岩崖墓群发掘报告》，《四川文物》2010年第1期。

1　　2　　3　　4

图二-86　四川地区汉墓出土陶俳优俑

1. 乐山市大弯嘴崖墓出土[①]　2. 成都天迴（回）山崖墓 M3 出土[②]　3. 李家梁子 M22：13[③]　4. 李家梁子 M23：27[④]

的女倡数人，榜题“诸倡”，表现出乐舞百戏伴着主人宴饮的内容[⑤]。秦汉时期，尤其是汉代家庭，迎宾、宴客及相应的祭祀、节日等，都会举行相应的乐舞杂技表演，自身家庭养着这些人员，能够在相关场合有相应需求时进行表演，以满足家庭多种生活内容对乐舞杂技表演的需求，进而也体现出这一时期相关家庭中非主体人员组成内容的多样性特征。

2. 对应关系

秦汉时期，较多贵族、官僚、地主及相关人员的家庭拥有一定数量、不同类别和职能的非主体人员，这些家庭役使非主体人员为其劳动和服务，而非主体人员依附于所属家庭开展相关服务和生产，进而达到维持甚至改善自身生活条件的目的和要求。因此，相关家庭及其主体成员与家庭中的非主体成员之间形成了较为强烈的人身依附关系，相互之间有剥削、压迫、役使与被剥削、受压迫、被役使的利益关系，但恰恰是依附关系的存在，又使得非主体成员与所属家庭及家主之间产生较多较密切的联系。以湖北江陵凤凰山西汉 M167 为例，边箱以随葬车、俑为主，木俑 24 件，制作细腻，形象生动，依性别、身份不同，发饰、衣着等亦有所区别，诸多的俑和相关物品组合有序，反映出非主体人员与家主之间的密切关系，其中谒者为男俑，持戟直立，头上束发顶冠，身著彩领皂袍，脚穿黑色朱缘圆头履；责（侧）

① 四川乐山市文管所：《四川乐山市中区大弯嘴崖墓清理简报》，《考古》1991 年第 1 期。

② 四川省博物馆文物工作队，刘志远：《成都天迴山崖墓清理记》，《考古学报》1958 年第 1 期。

③ 索德浩：《四川汉代陶俑与汉代社会》，文物出版社，2020 年，第 21、24 页，彩版一六二。

④ 索德浩：《四川汉代陶俑与汉代社会》，文物出版社，2020 年，第 21、24 页，彩版一六三。

⑤ 内蒙古自治区博物馆文物工作队编：《和林格尔汉墓壁画》，文物出版社，1978 年，第 23 页。

侍女子绣衣大婢，袖手立侍，长发垂髻，身著金、银、朱、墨色云纹长裙，足穿翘头方履，为侍女；耕大奴，男俑，头上挽发，唇上微须，身着褐袍，脚穿尖履，衣着简朴，持籫直立，为从事农业生产的男奴隶，“谒者”二人持戟立于头箱、边箱交界处，面朝边箱，形如门卫；车、马、婢、奴皆面朝头箱，轺车居首，车后婢、奴分南北两队，东西九排，前五排为婢，是家内奴隶，其中最前两排袖手立侍，其后两排分别捧巾、被，最后一排分别持梳、篦；婢后为奴，共四排，为从事生产的家奴，前两排扛籫，第三排扛锄，最后一排南面的持斧，北面的持锸；牛车载薪，居奴的北侧，牛车前后各有一奴，前者当即“牛者’，另在边箱内还随葬木马、牛、猪、狗数件，可以说，M167边箱内随葬木俑的排列，形象地展现出死者生前呼奴喝婢的生活场面，而这在衣着、持物及排列位置等方面皆有体现①。

秦汉家庭的非主体人员与所属家庭的依附关系在社会政治、经济、思想等的背景下得到较多发展，并会形成一定的人情关系，这也可被视为依附关系及非主体人员得以发展的因素之一。东汉时期，非主体人员与家主及其家庭间的依附关系趋于繁荣和多元化，内容、内涵较为丰富，这对于当时社会的发展应具有一定的积极作用，也对后世产生了相应的影响。

有学者指出：从法律地位看，汉代奴婢同普通人区别很少②，这同样也适用于相关家庭中的非主体人员，甚至有些家庭的一些非主体人员在社会等级上较一般的平民百姓要高，而且所属家庭中家主的社会地位等级越高，他们的社会等级也因此相对要高，这在家吏方面体现得较为明显，而其他一些非主体成员也存在相应的可能。就较多非主体人员来讲，依附于贵族、官僚、地主及相关人员的家庭并为该家庭劳动和服务，在一定程度上会失去相应的人身自由，并要接受被役使和被剥削的社会现实，上文所述不同类别、不同职责的非主体人员，其中的多数人员，职能和工作并不具单一性，而是多具兼做的特征，或是有一项适于自身的主体工作，同时还会做一些所属家庭中的其他工作，如部曲，护卫安全与家庭生产兼顾，甚至还会在一定时候从事家庭中其他工作。但非主体人员在一定背景或条件下，或出于个人的需求，也有更换家庭或家主的权利。

相关家庭中的非主体人员有着一定的人身权、婚姻权和财产权。有的家主对家中奴婢的生命较为重视，也间接体现出非主体人员的人身权或生命权。湖北云梦睡虎地出土竹简载有“其小隶臣疾死者，告其□□之；其非疾死者，以其诊书告官论之。”③关于婚姻权，大致会表现在两个方面。一方面，有些非主体人员，即附属人

① 凤凰山一六七号汉墓发掘整理小组：《江陵凤凰山一六七号汉墓发掘简报》，《文物》1976年第10期。

② 林剑鸣：《论汉代“奴婢”不是奴隶》，《学术月刊》1982年第3期。

③ 孝感地区第二期亦工亦农文物考古训练班：《湖北云梦睡虎地十一号秦墓发掘简报》，《文物》1976第6期；睡虎地秦墓竹简整理小组：《睡虎地秦墓竹简》，文物出版社，1990年，第165页。

员，特别是男性，为单身，这可从该成员死后以单身形式陪葬家主墓葬的情况来说明。上文所述江苏徐州市南郊拖龙山 M6（陪葬于 M3）、东北郊荆山村西汉墓地中的 M2、M9（陪葬于 M4），西郊韩山北麓 M3（陪葬于 M2），东北郊顾山 M2（陪葬于 M1 与 M4），墓主基本为男性，身份等级较低，为家吏或奴仆的可能性较大，死后陪葬家主但为单人葬，推测与其作为家吏或奴仆未能娶妻生子有关。另一方面，非主体人员可以结婚生子，拥有自己相对独立的家庭，这在上面的有关叙述中多有体现。上文所引《后汉书・光武帝纪》载："诏益州民自八年以来被略为奴婢者，皆一切免为庶人。或依托为人下妻，欲去者，恣听之。敢拘留者，比青、徐二州以略人法从事。"[①]文献所记的内容在一定程度上说明相关家庭中的非主体人员可以拥有自己的家庭。非主体人员的家庭，有的会独立于贵族、官僚、地主或相关人员的家庭，但与家主间的依附关系一如既往；有的则存在于所属家主的大家庭或庄园之中，依附关系较为突出。上文所述一些非主体人员在所依附家庭或庄园内劳动或服务时，还会带上自己的孩子，而有些附属人员的孩子亦会服务于家主的家庭，如为家主的孩子牵马，陪其射鸟，或陪同玩耍，或做游戏逗家主的孩子欢心等皆可说明。另外，有的图像中还有女性附属人员，很可能是相关家庭中男性附属人员的女眷，而她们也会参与相关劳动和服务工作。有的家庭中，男性主人与女性奴婢发生关系，并因此形成相应的婚姻关系，一些女性奴婢的地位因此得以提高，身份性质也有转换，如长沙定王刘发的生母唐儿，原本为程姬的侍者[②]。财产权方面，部分非主体人员中身份地位低者基本没有财产权，但有些如家吏或有自身家庭者，会拥有自身的一些财产。有些财产来源于主人的赏赐，史载："多赏赐以大万数，使奴从宾客浆酒霍肉，苍头庐儿皆用致富！"[③]从已发现、发掘的部分非主体人员的墓葬来看，大多有一定数量的陶器，有的还会有钱币、铜镜甚至是玉质的口琀等，这些均表明一些家庭的非主体人员是拥有相应财产权的。汉代画像、壁画资料中，一些家吏或相关非主体人员的衣着、配饰等也均表明其具有一定的财产权。不过，就一些大家庭或庄园来讲，不同种类或职能的非主体人员，在财产拥有方面也有差别，正常情况下，家吏或与家主关系较为密切者，财产相对丰富一些，一些受家主赏赐的非主体人员，其财产或生活待遇甚至要明显好过一般平民。

非主体人员与相关家庭或家主之间的关系，在正常情况下会维持相对较好的状态，这从汉代画像石、画像砖的画像资料及相关墓葬壁画的内容可以看出，农耕、

---

① （南朝宋）范晔撰，（唐）李贤等注：《后汉书・光武帝纪》，中华书局，1965 年，第 63 页。

② （西汉）司马迁撰，（南朝）裴骃集解，（唐）司马贞索引、张守节正义：《史记・五宗世家》，中华书局，2008 年，第 2100 页。

③ （东汉）班固撰，（唐）颜师古注：《汉书・鲍宣传》，中华书局，1962 年，第 3089 页。

手工业生产、庖厨、迎宾送客等等皆有体现，一些墓葬出土的俑及俑和相关物品形成的组合亦会有所反映。一些非主体人员与家主之间关系较为亲密，反映出主仆之间更近一层的人情关系。有些家吏与家主之间如朋友，如孔奋，“治贵仁平，太守梁统深相敬待，不以官属礼之，常迎于大门，引入见母。”[①] 有的家主对非主体人员较为包容，宽仁有方，东汉童恢为不其令时，“吏人有犯违禁法，辄随方晓示。若吏称其职，人行善事者，皆赐以酒肴之礼，以劝励之。”[②] 有的家主临终会将后事托付给非主体人员，东汉赵咨临终前让家吏“使薄敛素棺，籍以黄壤，欲令速朽，早归后土，不听子孙改之。”[③] 家吏对于家主也十分忠心，东汉广陵太守张纲生病，“吏人咸为祠祀祈福，皆言‘千秋万岁，何时复见此君。’”[④] 非主体人员与所依附的家庭或家主之间的关系在特殊时期也会发生突变，体现出善和恶的两面性。东汉杜乔被害，暴尸城内，家属故人无人敢收尸，“（杜）乔故掾陈留杨匡闻之，号泣星行到洛阳，乃著故赤帻，托为夏门亭吏，守卫尸丧，驱护蝇虫，积十二日，都官从事执之以闻。梁太后义而不罪。匡于是带鈇锧诣阙上书，并乞李、杜二公骸骨。太后许之。成礼殡殓，送乔丧还家，葬送行服，隐匿不仕。”[⑤] 另据《后汉书·李善传》载：“李善字次孙，南阳淯阳人，本同县李元苍头也。建武中疫疾，元家相继死没，唯孤儿续始生数旬，而资财千万，诸奴婢私共计议，欲谋杀续，分其财产。善深伤李氏而力不能制，乃潜负续逃去，隐山阳瑕丘界中，亲自哺养，乳为生湩，推燥居湿，备尝艰勤。续虽在孩抱，奉之不异长君，有事辄长跪请白，然后行之。闾里感其行，皆相率修义。续年十岁，善与归本县，修理旧业。告奴婢于长吏，悉收杀之”[⑥]。关于李善忠主，汉代画像石画像中也有体现，山东嘉祥武氏祠中的武梁祠后壁第二层中有“李善抚孤”画像，有一女性伸手要拉起躺在篮中的婴儿，有一男性下跪作请求状。伸手拉婴儿的女性应是李元家的奴婢，似要拉起婴儿将其丢弃，下跪的男性当为李善，似在哀求不要伤害婴儿，是非善恶表现清晰，相关题榜文字现仅存“孤”字残划，原为“李氏遗孤，忠孝李善”[⑦]。武氏祠前石室后壁下部小龛东壁画像第三层左侧画像，有一男性跪拜，后为大树和一女性，公布资料指出，该画

---

① （南朝宋）范晔撰，（唐）李贤等注：《后汉书·孔奋传》，中华书局，1965年，第1098页。

② （南朝宋）范晔撰，（唐）李贤等注：《后汉书·循吏·童恢传》，中华书局，1965年，第2482页。

③ （南朝宋）范晔撰，（唐）李贤等注：《后汉书·赵咨传》，中华书局，1965年，第1314、1315页。

④ （南朝宋）范晔撰，（唐）李贤等注：《后汉书·张纲传》，中华书局，1965年，第1819页。

⑤ （南朝宋）范晔撰，（唐）李贤等注：《后汉书·杜乔传》，中华书局，1965年，第2094页。

⑥ （南朝宋）范晔撰，（唐）李贤等注：《后汉书·李善传》，中华书局，1965年，第2679页。

⑦ 蒋英炬、吴文祺：《武氏祠画象石建筑配置考》，《考古学报》1981年第2期；《汉代武氏墓群石刻研究》，山东美术出版社，1995年，第57、151-153夹页（1）。

像与丁兰刻木的孝子故事有关[①]，也有学者认为这是“李善祭主”的画像，男性跪拜是在进行祭祀，与李善祭主可能有关，体现出李善之忠，也是当时主仆之间感人关系的垂范[②]。

第五节　其他内容

就家庭而言，内部关系对家庭的正常运转和发展起着较为重要的作用，而在社会发展的大环境及因家庭自身特点和发展需求的不同，家庭内部关系除以上所述的内容外，还有其他相关内容。秦汉家庭的内部关系中，一些相关内容具有一定特殊性，但又与社会发展及家庭自身内容关系密切；一些则与家庭内部关系存在相应关联或是相关内容的延伸，亦与社会发展及家庭自身内容有较多关系。较具代表性的为节妇、列女、孝女及与她们相关的内容。

节妇、列女与孝女等作为家庭内部的成员，是家庭的组成之一，与家庭中的其他成员存在较密切的关系，她们的行为和品德较之其他的家庭女性具有相应的特殊性，是当时普遍推行忠孝节义社会风尚及“仁义礼智信”伦理道德背景下较为突出的正面体现，可产生较好的社会影响。节妇、列女与孝女是不同家庭中相对普通的一般女性成员，其行为和品德，较多与其他家庭内部成员关系密切，亦有家庭内部关系的相应延伸，整体上可视为家庭内部关系的代表或升华，同时还具有较为明显的社会意义。西汉成帝时，光禄大夫刘向辑录而成《列女传》，对西汉及之前一些女性的嘉言懿行、通才卓识和气节等进行了叙述和介绍；《后汉书》卷八十四有专门的《列女传》，记录了17位不同家庭的女性，对理解和研究秦汉家庭内部关系及其相关内容可提供重要的参考[③]。相关考古资料也有发现，大多为汉代墓葬及祠堂的装饰，以石刻画像居多，也见有壁画，还有的不见于上文所列文献记载者。文献与考古资料相结合，能够较为生动地体现或间接反映出汉代节妇、列女与孝女的形象。

（一）与夫妻关系有关的内容

内容不一，有守义或守贞死节者，有替夫而死者，也有寡居不嫁者，部分还会涉及其他的家庭关系和内容。

---

① 蒋英炬、吴文祺：《武氏祠画象石建筑配置考》，《考古学报》1981年第2期；《汉代武氏墓群石刻研究》，山东美术出版社，1995年，第67、151-153夹页（2）。

② 张道一：《汉画故事》，重庆大学出版社，2006年，第117、118页。

③（西汉）刘向编撰：《古列女传》，中华书局，1985年；（南朝宋）范晔撰，（唐）李贤等注：《后汉书·列女传》，中华书局，1965年，第2781-2806页。本章下文对此文献有相关引用，除特殊情况外，不再另注，特说明。

楚昭贞姜守义死节，体现的是对丈夫的忠贞，《列女传》颂曰："楚昭出游，留姜渐台，江水大至，无符不来，夫人守节，流死不疑，君子序焉，上配伯姬。"山东嘉祥武氏祠中的武梁祠后壁有相关画像，楚昭王夫人姜坐在一亭内，其身后有二人似在督促其快走，姜的面前有"楚昭贞姜"四字题榜①。

秋胡子妻不堪受辱，守贞死节，体现的是不堪受辱的气节，即使羞辱她的是自己的丈夫亦不能忍受。汉代墓葬壁画及画像中多见与之相关的画面，基本是一妇女采桑，一男子在其身后讲话，该女子扭身看着该男子，似在驳斥该男子。山东嘉祥武氏祠中的武梁祠后壁有相关画像，右侧有一桑树，树旁有一女子采桑，其身后一男子肩挑行李，二人似在对话，二人之间偏左上方有"秋胡妻鲁秋胡"六字题榜②。

京师节女为西汉京师长安城中的一名普通女性，代替其夫被仇人所杀，一方面出于义，保全了丈夫的性命，一方面出于孝，保护了父亲的安全，既体现出家庭中的夫妻关系，也反映了嫁女与父亲的亲情关系。《列女传》颂曰："京师节女，夫雠劫父，要女间之，不敢不许，期处既成，乃易其所，杀身成仁，义冠天下。"山东嘉祥武氏祠中的武梁祠东壁有相关画像，一女子躺在房屋内，一人持刀欲杀之，女性头上有"京师节女"四字题榜，杀人者身后有"怨家攻者"四字题榜③。

梁寡高行为先秦梁国的一名寡妇，尊夫人之义不嫁他人，后自刑割鼻，以全贞信之节。《列女传》颂曰："高行处梁，贞专精纯，不贪行贵，务在一信，不受梁聘，劓鼻刑身，君子高之，显示后人。"山东嘉祥武氏祠中的武梁祠后壁有相关画像，一女子一手持镜一手持刀欲自刑，其后有一侍女执便面站立，前有车马及送聘金求婚者等，执镜女子附近有"梁高行"三字题榜，其身前所跪之人及站立者的旁边分别有"奉金者"、"使者"等题榜文字④。

（二）与母子亲情及其他家庭关系相关的内容

内容存在差别，均是亲生母子亲情关系与大家庭内其他关系的综合体现，既有继母与养子的关系，也有婶娘（姑姊）与侄子之间的关系，进而体现出家庭内部关系及其延伸内容。

---

① 蒋英炬、吴文祺：《汉代武氏墓群石刻研究》，山东美术出版社，1995 年，第 56，152、153 夹页（1），161 页。

② 蒋英炬、吴文祺：《汉代武氏墓群石刻研究》，山东美术出版社，1995 年，第 56，152、153 夹页（1），161 页。

③ 蒋英炬、吴文祺：《汉代武氏墓群石刻研究》，山东美术出版社，1995 年，第 54，152、153 夹页（1），160 页。

④ 蒋英炬、吴文祺：《汉代武氏墓群石刻研究》，山东美术出版社，1995 年，第 56、57，152、153 夹页（1），161 页。

齐义继母为先秦齐国的孤身母亲，抚养继子和亲子（小子）各一名，因有命案，兄弟二人争相承认是自己杀了人，该母亲因答应死去丈夫照顾继子，所以哭泣而曰：“杀‘其’少者”。《列女传》颂曰：“义继信诚，公正知礼，亲假有罪，相让不已，吏不能决，王以问母，据信行义，卒免二子。”山东嘉祥武氏祠中的武梁祠东壁有相关画像，有三人面对追赶的吏卒，一妇女居后，前一人站立，手持兵器，再前还有一人跪于地上，二人都似在说自己是凶手，画面中部偏下还有一躺在地上的死者，图中五人附近均有题榜，分别是“追吏骑”、“死人”、“后母子”、“前母子”、“齐继母”，妇女将手指向后母子①。

鲁义姑姊是先秦鲁国的一位普通妇女，兵乱时带二孩童逃亡，宁可丢弃自己的亲儿子，也要抱着夫兄之子，其义举还使得齐王放弃对鲁国的军事行为。《列女传》颂曰：“齐君攻鲁，义姑有节，见军走山，弃子抱侄，齐将问之，贤其推理，一妇为义，齐兵遂止。”山东嘉祥武氏祠中的武梁祠后壁有相关画像，右侧有一妇女左手抱一小孩向右奔，回首左顾，伸手欲援身前的一小孩，其上榜题为“兄子、义姑姊”，地上小孩旁的题榜是“姑姊儿”，而该小孩身后有车马飞驰，车上人旁有“齐将军”三字榜题，骑吏和执弓的步卒皆举手作追呼状②。类似的内容还见于其他画像石画像中，但画面内容有所不同，限于篇幅不再多举。

梁节姑姊是先秦梁国一位在火灾时救人的家庭妇女，因自己的儿子和兄子均在室内，妇女冲入室内欲救兄子，但救出的为自己孩子，于是她再次冲进室内救人，但赴火而死。《列女传》颂曰：“梁节姑姊，据义执理，子侄同内，火大发起，欲出其侄，辄得厥子，火盛自投，明不私己。”山东嘉祥武氏祠中的武梁祠东壁有相关画像，一座着火的房屋内有一小儿坐于地上，一妇女披发伸手援该孩童，二人旁的题榜分别是“长妇儿”、“梁节姑姊”，屋外有一妇女在双手紧拉姑姊之手，其附近的榜题为“捄者”，画面左上角有二孩童在携手奔跑，其上有“姑姊儿”三字题榜，画面的左侧偏下还有二行二十一字的题榜：“姑姊其室失火，取兄子往，辄得其子，赴火如亡，示其诚也。”③

（三）与父女亲情有关的内容

关于父女亲情，上文相关内容中已有涉及，如京师节女，但主体还是夫妻之间

① 蒋英炬、吴文祺：《汉代武氏墓群石刻研究》，山东美术出版社，1995年，第54、55，152、153夹页（1），160页。

② 蒋英炬、吴文祺：《汉代武氏墓群石刻研究》，山东美术出版社，1995年，第56，152、153夹页（1），161页。

③ 蒋英炬、吴文祺：《汉代武氏墓群石刻研究》，山东美术出版社，1995年，第55，152、153夹页（1），160页。

的关系。考古资料亦见有父女亲情有关的内容，或悲父之死，或为父复仇，亦有其他内容，均体现出家庭中父女之间不可分割的亲情关系。

孝女曹娥在《后汉书·列女传》中有载："孝女曹娥者，会稽上虞人也。父盱，能弦歌，为巫祝。汉安二年（143年）五月五日，于县江溯涛婆娑迎神，溺死，不得尸骸。娥年十四，乃沿江号哭，昼夜不绝声，旬有七日，遂投江而死。至元嘉元年（151年），县长度尚改葬娥于江南道傍，为立碑焉。"由上述记载可知，曹娥因悲痛于父亲溺亡投江而死，被称为孝女，151年，地方官吏改葬曹娥并为其立碑，惜原碑早已不存，但历代文献多有记载，后世有再立碑并建曹娥庙者，这在宋、元、清代及近现代皆有修建或修缮，现存曹娥庙与曹娥碑对研究孝女曹娥有重要价值和作用[①]。通过现存曹娥碑、曹娥庙的实物资料，结合文献记载，亦可对研究汉代家庭中的父女亲情关系提供相应的参考。

汉代墓葬画像石画像及壁画中常见一种相近似的，包含桥梁、车马与打斗的画面，参与打斗者有多名女性，持有不同兵器，对过桥的官吏及相关人员进行刺杀和搏斗。相关石刻画像在较多地区汉代画像石中有所发现。山东地区的嘉祥武氏祠前石室西壁下部画像[②]、长清孝堂山东汉祠堂隔梁石西面画像[③]、临沂吴白庄东汉晚期墓葬东墓室横额上配置画像[④]及莒县东莞镇出土的东汉画像石（2号石）[⑤]等皆有相关内容，其中莒县东莞镇出土的2号画像石右上角有"七女"二字题榜。安徽褚兰胡元壬墓（M2）的墓外祠堂西壁石下部画像[⑥]及河南安阳西高穴M2出土铺地画像石画像[⑦]也有相关内容，后者有"令车"、"主薄车"、"咸阳令"等题榜。相关墓葬壁画如内蒙古和林格尔东汉墓甬道上方的相关图案，题榜有"渭水桥"、"长安令"、"七女为父报仇"（图二-87）等[⑧]，明确表明相关图像为"七女为父报仇"图像。其大致内容应是"长安令"或"咸阳令"害死了七位女子的父亲，七位女子为报父仇，在"长安令"或"咸阳令"途经的桥上（渭水桥）对其刺杀，达到了复仇的

---

① 马志坚：《曹娥、曹娥碑与曹娥庙》，《东南文化》1990年第1、2期；刘亦冰：《绝妙好辞〈曹娥碑〉》，《绍兴文理学院学报》2002年第4期。

② 蒋英炬、吴文祺：《武氏祠画象石建筑配置考》，《考古学报》1981年第2期；《汉代武氏墓群石刻研究》，山东美术出版社，1995年，第62、63、154页。

③ 蒋英炬、杨爱国、信立祥、吴文祺：《孝堂山祠堂》，文物出版社，2017年，第46、47、91页。

④ 管恩洁、霍启明、尹世娟：《山东临沂吴白庄汉画像石墓》，《东南文化》1999年第6期。

⑤ 刘云涛：《山东莒县东莞出土汉画像石》，《文物》2005年第3期。

⑥ 王步毅：《安徽宿州褚兰汉画像石墓》，《考古学报》1993年第4期。

⑦ 河南省文物考古研究所、安阳县文化局：《河南安阳市西高穴曹操高陵》，《考古》2010年第8期；河南省文物考古研究院：《曹操高陵》，中国社会科学出版社，2016年，第235、236页。

⑧ 内蒙古自治区博物馆文物工作队编：《和林格尔汉墓壁画》，文物出版社，1978年，第18、35、142页。

图二-87　内蒙古和林格尔东汉墓"七女复仇"壁画（局部）

目的，这既是女儿孝心的体现，也是家庭中父女亲情关系的反映。该故事虽已从文献中佚失，但考古发现的图像资料弥补了这一点，对认识相关家庭的关系提供了相应参考。

除墓葬出土的图像资料外，还有墓葬本体及所出土的铭文砖。1992年8月，在河南洛阳市三乐食品总厂住宅楼工地发掘一座东汉墓（编号C3M226），为砖砌洞室结构，方向正北，由墓道、甬道、墓室和假耳室四部分组成，根据出土的两块刻铭砖的文字，将该墓定为东汉孝女黄晨、黄芍合葬墓，两块砖的刻铭文字相同，可知是一名叫"黄君法"的父亲在一墓之内葬夭亡且有孝行的黄晨、黄芍两姐妹[①]。《简报》执笔者在其他期刊上也发表有与简报相同的墓内出土砖铭和津门瓦当的释文[②]，其他学者也有相似的释文发表[③]。不过，从墓葬出土遗物来看，陪葬品基本为1套，墓内葬一人的可能性极大，墓葬形制及葬具等的残迹也不能表明墓葬内葬二人，而

① 洛阳市文物工作队：《河南洛阳市东汉孝女黄晨、黄芍合葬墓》，《考古》1997年第7期。

② 赵振华：《洛阳东汉孝女墓砖和津门瓦当》，《书法丛刊》2000年第3期。

③ 李钦善：《谈"东汉黄君法葬孝女墓记"和"津门"瓦当》，《青少年书法》（青年版）2012年第10期。

从情理来看，父亲葬其夭亡的两个女儿，并用刻“孝女”铭的砖等陪葬，似存在不能讲通之处，且与墓葬形制及陪葬品不甚相符。有学者对该墓出土两块砖的刻铭文字进行了新的解读和释义，指出砖上所刻文字和东汉时期墓葬内陪葬陶瓶（罐）上的朱书文字一样，为符书类文字，“黄君”是指黄神，“法行”是黄神法行或黄神行令，在镇墓文中常见，简报等文章所释“晨”字可能为道家符号，“黄君法行”四字后应为“孝女麸芍”，砖上朱书文字的“孝女”为居丧之女，“麸”字可能为“赞”字省文，此铭“赞”为助祭之义，而“芍”字通“酌”字，“孝女麸芍”当为孝女祭酒，而前有黄神法行去灾，后有孝女祭酒，均体现出对长辈的孝道[①]。笔者基本赞同这一观点，结合刻字内涂朱，更说明砖上的文字具有符书压胜的性质，再参考墓葬形制和陪葬品，即墓内葬1人的特征，该墓中所葬死者应为某孝女的父（母）亲，朱书刻铭砖也是死者女儿为父（母）陪葬具有压胜性质的陪葬品，这一方面说明道教对这一时期丧葬的影响，同时还突出孝女之孝，进而折射出家庭中父母女儿的亲情关系。

秦汉时期，家庭内容丰富多样，就内部关系而言，除上文所述的内容外，还在其他方面有所体现。如针对家庭中下一代或有关人员的知识教育、家庭成员的宗教信仰等形成的师生关系，有些很可能属于家庭的内部关系。这一内部关系中的“师者”与上文所述家庭非主体成员的性质有所相似，但具有较强的专业性和针对性，有些师者在所属家庭中有着相对较高的地位，有些师者的依附性则不强，因此可视作家庭非主体成员所体现家庭内部关系的发展和延伸。汉代画像石（砖）画像及墓葬壁画中有多幅内容相似但细节不同的讲经授课图，授课场所较多是在相关家庭之内，而师者均居于尊位。这些师者为有关家庭的人员传道授业，他们中的一些具有临时性质，也有一些具有长期性，这样可以更好地对有关家庭人员进行知识教育。就具有长期性的师者来讲，部分可能是受有关家庭聘请而服务于该家庭的知识教育，部分自身可能就是家庭的依附人员，二者都在一定程度上与对应家庭形成内部关系，尤其是后者，体现的内部关系特征更为突出和明显。宗教信仰在汉代有着明显不同于前代的内容和特征，这在原始道教信仰和佛教信仰两个方面表现得尤为明显，而且在传播过程中也会形成相应的师生关系。随着二者传播的深入和扩大，家庭中成员信奉者增多，有些道教成员或佛教徒会作为有关家庭中的宗教传播者，并成为有关家庭成员在宗教信仰方面的师者。早在东汉早期，楚王刘英信奉佛教，很多佛事行为是在楚国都城和王宫中进行的，涉及人员较多，这其中应存在传播过程中的师徒关系。东汉晚期，原始道教和佛教均获得较多发展，信奉人员大增，有关家庭中的多种类别成员间形成相对稳定的宗教信仰师徒关系当在情理之中，甚至会

① 陆锡兴：《“黄君法行”朱字刻铭砖的探索》，《考古》2002年第4期。

存在家庭中依附人员为家庭主要成员传播宗教的可能，进而形成具有相应特殊性的师徒关系，这亦可视为家庭内部关系的发展和延伸。关于汉代家庭的宗教信仰及相关内容，下文还会有论述和分析，本章不再多作叙述。

综上所述，随着自身的不断发展和加强，秦汉家庭的内部关系也得到了逐步发展并日趋多样化、全面化，家庭成员之间的各种关系交错并存，互有发展，同时还有相应的延伸和扩大，形成了这一时期家庭关系的体系和内容，而这也为家庭建立起更大的亲友网络，更好地为推动和保证家庭的发展奠定基础和提供条件，进而促进了秦汉家庭的内容、内涵更为丰富，同时也体现出家庭与社会发展之间较为密切、不可分割的关系。

物 宜 人 和

——考古学视角下的秦汉家庭

（中）

刘尊志　著

科 学 出 版 社
北　京

内 容 简 介

本书以秦汉考古资料为基本参考，结合文献等资料，运用考古学及相关的研究理论和方法，从多个方面对秦汉时期的家庭进行了全面细致的研究和分析，探讨了与秦汉家庭有关的构成内容、内部关系、家庭保障、日常生活物质内容、精神信仰、对外交往及特殊内容等，分析了秦汉时期“物宜人和”的家庭特征，阐述了家国一体的关系和家国情怀的内涵，从考古学的视角多维度地复原了秦汉时期家庭的内容、特征及内涵、外延，是秦汉社会生活考古的一项重要内容。

本书适合于从事考古、文博、历史和社会生活研究等方面的专家、学者和相关专业院校的师生参考和阅读。

图书在版编目（CIP）数据

物宜人和：考古学视角下的秦汉家庭：全三册 / 刘尊志著. —北京：科学出版社，2022.11

ISBN 978-7-03-073634-5

Ⅰ. ①物… Ⅱ. ①刘… Ⅲ. ①家庭－历史－研究－中国－秦汉时代 Ⅳ. ① D691.91

中国版本图书馆 CIP 数据核字（2022）第201244号

责任编辑：张亚娜　郑佐一 / 责任校对：邹慧卿

责任印制：赵　博 / 封面设计：金舵手世纪

科 学 出 版 社 出版

北京东黄城根北街 16 号

邮政编码：100717

http://www.sciencep.com

北京厚诚则铭印刷科技有限公司印刷

科学出版社发行　各地新华书店经销

*

2022年 11月第 一 版　开本：787×1092　1/16

2025年 7 月第三次印刷　印张：86

字数：1 633 000

定价：588.00 元（全三册）

（如有印装质量问题，我社负责调换）

南开大学中国社会史研究中心
Key Research Institute of Social History of China in NanKai University

教育部普通高等学校人文社会科学重点研究基地
南开大学中国社会史研究中心资助出版

教育部人文社会科学重点研究基地
重大项目（16JJD770028）研究成果

第三章

秦汉家庭的相关保障

家庭的内涵及其发展包含的内容十分丰富，家庭人员及物质的构成、家庭内部发展与相互的关系、家庭经济与生计的持续等内容使得秦汉家庭的内涵不断丰富，并不断向前发展，而在对应内涵不断丰富和发展的过程中，需要有相应的保障措施、方法及物质内容，而相关的保障也使得秦汉家庭内容更为全面，发展也更为完善。

第一节　生产生活保障

生产与生活保障是家庭稳定持续发展的基础。秦汉时期，家庭的生产生活保障内容已较为丰富多样，这也从一个侧面反映出秦汉一代诸多社会细节的发展。考古资料体现的秦汉家庭生产生活保障内容涉及面较广，并具有时代性、地域性和等级性，就等级性而言，高等级人员的生产生活保障在时代、地域及发展方面一致性较强，体现出与相关人员身份、地位、等级相对应的特征，而地主、一般官吏及其他中下阶层人员的家庭生产生活保障内容差异性较大，表现形式及内容也较为多样。

一、生产保障

生产保障，简单来讲就是家庭生产的保障措施和设施内容。大致来讲，秦汉时期，很多家庭的生产大致包括农业生产与加工、家庭手工业及家庭饲养与其他种植等，相关生产保障也与这几个方面有着密切的关系。

（一）农业生产与加工

秦汉时期，以农为本。《盐铁论·水旱篇》云：“农，天下之大业也，铁器，民之大用也。器用便利，则用力少而得作多，农夫乐事劝功。”[①]汉武帝在元鼎六年（公元前111年）也有重农之说：“农，天下之本也。”[②]就秦汉时期较多或绝大多数的家庭来讲，农业生产与家庭生活息息相关，因此对于农业生产和加工极为重视，这也使得相应保障内容得到发展。

1. 田间操作工具

秦汉时期，田间操作工具以铁质农具为主，为便于使用，很多与木质材料相结合，但铁质工具是进行田间操作的主体。从考古资料看，秦汉时期家庭使用的铁质田间操作工具有耒、锸、钁、锛、锄、镰、铲、叉、耙、镢、犁等多种。

相关工具在生产和使用过程中有相应的改进是保障内容之一。史载，武帝时，“（赵）过使教田太常、三辅、大农，置工巧奴与从事，为作田器。”[③]不仅朝廷有改进工具的相应政策和手段，家庭在农业生产过程中也会对相应工具进行一定的改进。第二项保障是铁质工具存放。《盐铁论》载：“铁器者，农夫之死士。……田野辟而五谷熟。”[④]由此可见铁质工具对较多家庭的重要性，在农具使用后，要放在合适及安全的位置，一方面防止被偷盗丢失，也可避免由铁质农具引起家庭成员的意外伤害；另一方面，铁质农具长期暴露在外，加之雨淋、日晒及露水浸湿等，易生锈，合理存放可适当避免这方面的损毁，如一些有长柄的农具可能会悬挂置放。第三项是对铁质农具的日常维护，如使用后去掉粘在上面的泥土，尽可能保持工具的干燥，如有生锈，及时打磨处理，有的还会使用动物油脂进行擦拭，减少生锈，另外还有对损毁工具的修理或局部修补等。

2. 生产技术

秦汉时期，农业生产技术在继承前代的基础上，既有较多的改进和发展，也有一些新的发明，综合推动了秦汉农业的发展。

一是牛耕的进一步推广。西汉初政论家贾谊在其《新书》中载：“百姓煦牛而耕。”[⑤]武帝时，搜粟都尉赵过推广牛耕，“用耦犁，二牛三人。”[⑥]考古发掘有较多汉代的铁犁出土，或为犁冠，或是犁铧。河北保定满城西汉M2出土一件犁铧，弧

① （西汉）桓宽：《盐铁论·水旱》，王利器校注：《盐铁论校注（定本）》，中华书局，1992年，第429页。
② （东汉）班固撰，（唐）颜师古注：《汉书·沟洫志》，中华书局，1962年，第1685页。
③ （东汉）班固撰，（唐）颜师古注：《汉书·食货志》，中华书局，1962年，第1139页。
④ （西汉）桓宽：《盐铁论·禁耕》，王利器校注：《盐铁论校注（定本）》，中华书局，1992年，第68页。
⑤ （西汉）贾谊：《新书·春秋》，阎振益、钟夏校注：《新书校注》，中华书局，2000年，第247页。
⑥ （东汉）班固撰，（唐）颜师古注：《汉书·食货志》，中华书局，1962年，第1139页。

形刃，中间起脊，重达3.25千克[①]；石家庄北宋村M1出土铁犁，呈"人"字形[②]；邢台柏乡东小京汉墓出土一件铁犁铧，呈三角形，深銎，中部起脊[③]，定县北庄M1亦出土有犁铧[④]。江苏徐州驮篮山西汉墓填土夯层中出土有犁头[⑤]，小龟山西汉楚王后墓墓道出土有铁犁铧冠等[⑥]。汉代画像石上有牛耕画像，今苏鲁豫皖交界地区、陕北地区出土的画像石画像中较多见。其中江苏徐州睢宁双沟发现的牛耕图，耕犁操作技术为二牛抬杠式拉犁，一人扶牛驱犁前进[⑦]。山东滕州、邹城及江苏泗洪等地亦发现类似的牛耕图。山东滕州出土的牛耕图有黄家岭祠堂画像石（图三-1：1）、山亭区城头镇堌城村祠堂画像石等[⑧]（图三-1：2）。江苏泗洪重岗汉画像石墓出土的农耕图，上为牛耕，二牛抬扛拉1犁，前一人用绳牵牛，后有一人扶犁，下为播种，前一人左手挎笆斗，右手撒种，二人在后，用长柄耙子平整土地，耕作、整地和播种等农活有机配合，形象展现了农业生产忙碌的图景[⑨]（图三-1：3）。陕北晋西北地区的牛耕图发现较多，画像繁简不一，但均体现出牛、犁、人的有机结合及耕种土地的内容，也反映出牛耕的推广程度。另外，四川德阳还出土有二牛一人犁田画像砖画像，画面中一人弯腰双手掌犁，赶二牛犁田，与陕北地区画像石中发现的二牛一人耕地图相似，画像的右下还有一名妇女，一手提篮，一手点种[⑩]（图三-2）。耕犁起土后可自行将土翻到先前犁过的犁沟内，便于耕作，利于碎土及平整土地，很大程度上提高了耕作效率，用犁起垄后又使得间苗工作易行，便于中耕除草，不仅利于增产，还可以在播种时节省种子。

二是耕作技术。精耕细作的农业技术在秦汉时期尤其是汉代得到较大发展，这在翻土、平整土地、修畦整垄、播种、中耕管理、保墒及收获方面均可体现。为提高产量，赵过还发明有"代田法"，《汉书·食货志》载：武帝末年，以赵过为搜粟都尉，"过能为代田，一亩三甽。岁代处，故曰代田，古法也……以二耜为耦，广尺

① 中国社会科学院考古研究所、河北省文物管理处：《满城汉墓发掘报告》，文物出版社，1980年，第279-281页。

② 河北省文物管理委员会：《石家庄市北宋村清理了两座汉墓》，《文物》1959年第1期。

③ 史云征、李振奇：《河北柏乡东小京汉墓》，《考古与文物》1994年第4期。

④ 河北省文化局文物工作队：《河北定县北庄汉墓发掘报告》，《考古学报》1964年第2期。

⑤ 邱永生、徐旭：《徐州市驮篮山西汉墓》，中国考古学会编：《中国考古学年鉴·1991年》，文物出版社，1992年，第173、174页。

⑥ 南京博物院、铜山县文化馆：《铜山龟山二号西汉崖洞墓》，《考古学报》1985年第1期。

⑦ 江苏省文物管理委员会：《江苏徐州汉画象石》，科学出版社，1959年，图81。

⑧ 滕州市汉画像石馆：《滕州汉画像石精品集》，齐鲁书社，2011年，第32、33、66、67页。

⑨ 南京博物院、泗洪县图书馆：《江苏泗洪重岗汉画象石墓》，《考古》1986年第7期。

⑩ 高文主编：《中国巴蜀新发现汉代画像砖》，四川美术出版社，2016年，第1页。

1

2

3

图三-1 山东滕州与江苏泗洪出土的牛耕画像

1. 山东滕州黄家岭祠堂画像石牛耕图 2. 山东滕州山亭区城头镇堌城村祠堂画像石牛耕图 3. 江苏泗洪重岗汉画像石墓出土农耕图

图三-2 四川德阳出土犁田画像砖画像

深尺曰甽，长终亩；一亩三甽，一夫三百甽，而播种于甽中，苗生叶以上，稍耨陇草，因隤其土，以附根苗。……言苗稍壮，每耨辄附根，比盛暑，陇尽而根深，能风与旱。"①这一技术在当时来讲十分先进，较古时缦田"一岁之收常过缦田亩一斛以上，善者倍之。"②因地制宜地采取一些耕作方法也是农业耕作技术不断进步的体现。河南省内黄县三杨庄汉代村落遗址发现有大面积的农田遗迹③，其中保存着比较完整的旱田垄作形态，相对于"代田法"出现了一些变化④；文献记载的代田法并非一种单纯的土壤耕作技术，其中包含经过中耕等环节、实现甽与亩"岁代处"的中耕技术，汉代赵过所推行的代田法是在此基础上的技术创新，三杨庄遗址汉代农田遗迹，是了解当时农田具体形态以及耕作技术的重要考古发现（图三-3），结合三杨庄聚落遗址在汉代的宏观与微观环境以及汉代冬小麦的种植在黄河中下游

① （东汉）班固撰，（唐）颜师古注：《汉书·食货志》，中华书局，1962年，第1138、1139页。

② （东汉）班固撰，（唐）颜师古注：《汉书·食货志》，中华书局，1962年，第1139页。

③ 刘海旺：《首次发现的汉代农业闾里遗址——中国河南内黄三杨庄汉代聚落遗址初识》，陈星灿、米盖拉：《法国汉学·第11辑：考古发掘与历史复原》，中华书局，2006年，第70页。

④ 韩同超：《汉代华北的耕作与环境：关于三杨庄遗址内农田垄作的探讨》，《中国历史地理论丛》2010年第1期。

地区得到广泛推广的史实，可知三杨庄聚落遗址的农田形态正是为适应其周边环境的一种技术选择，这种技术选择与代田法抗旱保墒原理相一致[①]。

图三 -3　河南内黄三杨庄遗址汉代农田遗迹

三是中耕除草。田地中的杂草太多在很大程度上会影响到庄稼的生长及果实的成熟，因此中耕除草对于这一时期家庭农业生产来讲也较为重要。考古发掘出土的锄、铲等均是中耕除草的工具。河南永城保安山 M1 寝园及保安山 M2[②]、湖南长沙风盘岭 M1[③] 出土有锄，河北保定满城 M2[④]、唐山迁安苏各庄 M2[⑤]、石家庄北宋村 M2[⑥]、廊房大厂回族自治县大坨头遗址的汉墓[⑦] 及山东临淄金岭镇 M1[⑧]、江苏徐州驮篮山汉墓填土夯层中[⑨] 出土有铲。山东藤州市黄家岭出土的画像石中，有三个执长柄锄除草的农夫，泰安市出土的画像石中有持锄除草站立的农夫形象[⑩]（图三 -4）。中耕除草还有人力拔草，也有用镰割草者。汉代画像中的中耕除草画像较多，四川省什邡市南泉乡出土农事画像砖分左、右两部分，左侧部分为田间农事，上面有 1 人俯首拔草，两戴帽者手持长镰正在除草，其下有田界，下部田地中有 2 人在拔草[⑪]。另外，锄、铲、多齿耙等在中耕时不仅能除草，还可以起到松土、碎土块的作用，能够防止土面板结过硬，亦可保墒，促进庄稼的生长。

---

① 王星光、符奎：《三杨庄遗址所反映的汉代农田耕作法》，《中国农史》2013 年第 1 期。

② 河南省文物考古研究所：《永城西汉梁国王陵与寝园》，中州古籍出版社，1996 年，第 19-201 页。

③ 长沙市文物考古研究所、长沙市望城区文物管理局：《湖南长沙风盘岭汉墓发掘简报》，《文物》2013 年第 6 期。

④ 中国社会科学院考古研究所、河北省文物管理处：《满城汉墓发掘报告》，文物出版社，1980 年，第 276-283 页。

⑤ 唐山市文物管理处、迁安市文物管理处：《迁安苏各庄战国、东汉墓葬发掘报告》，《文物春秋》2008 年第 4 期。

⑥ 河北省文物管理委员会：《石家庄市北宋村清理了两座汉墓》，《文物》1959 年第 1 期。

⑦ 天津市文化局考古发掘队：《河北大厂回族自治县大坨头遗址试掘简报》，《考古》1966 年第 1 期。

⑧ 山东省文物考古研究所：《山东临淄金岭镇一号东汉墓》，《考古学报》1999 年第 1 期。

⑨ 邱永生、徐旭：《徐州市驮篮山西汉墓》，中国考古学会编：《中国考古学年鉴 · 1991 年》，文物出版社，1992 年，第 173、174 页。

⑩ 蒋英炬：《略论山东汉画像石的农耕图像》，《农业考古》1981 年第 2 期。

⑪ 《中国画像砖全集》编辑委员会：《中国画像砖全集 · 四川汉画像砖》，四川美术出版社，2006 年，图版第 88 页，图版说明第 49 页。

图三 -4　山东泰安出土画像石中的锄草画像（摹本）

河北保定满城汉墓 M2 出土有 2 件铁耙，一件为二齿，一件为三齿，顶部均有长方形穿[①]。需作说明的是，上述很多农具的出土单位为墓葬，这反映出在不同的实际需求情况下，农具的功能有所转化，其具体功能是借用农具的原有作用达到相关需求，这也较好地说明，农具在当时已很普遍，而且在基本作用基础上的功能转变亦较常见，因此，墓葬出土的农具对于研究秦汉时期的农业工具可提供较好的实物参考。

3. 灌溉

汉武帝刘彻对农业灌溉及重农兴水利有相关言论："泉流灌寖，所以育五谷也。""通沟渎，畜陂泽，所以备旱也。""令吏民勉农，尽地利，平繇行水，勿使失时。"[②] 秦汉王朝的中央政府及地方政府机构对农田水利的修建皆较为重视，如东汉渔阳太守张堪，在狐奴县（今顺义）利用沽水（今白河）和鲍丘水（今潮河）流经其境的水利条件，组织农民开发稻田 8000 余顷，分给农民耕种[③]。这一时期，为适应农田灌溉也发明或改进了一些农业灌溉工具，这在很大程度上为农业灌溉提供了保障。北京市宣武门以西到和平门一带发现了 151 座汉代瓦井，分布密集，应是灌溉农田所用[④]，如此数量用于农田灌溉的水井，与家庭的关系应该不大，而且很可能与地方政府修建的水利工程有关，而从这些瓦井中汲水用于灌溉，可能会有一组汲水工具并采用相应技术进行汲水并灌溉。秦汉时期的家庭除利用政府修建的农田

---

① 中国社会科学院考古研究所、河北省文物管理处：《满城汉墓发掘报告》，文物出版社，1980 年，第 280、281 页。

② （东汉）班固撰，（唐）颜师古注：《汉书·沟洫志》，中华书局，1962 年，第 1685 页。

③ 孙健：《北京古代经济史》，北京燕山出版社，1996 年，第 38 页。

④ 苏天钧：《十年来北京市所发现的重要古代墓葬和遗址》，《考古》1959 年第 3 期；北京市文管处：《北京地区的古瓦井》，《文物》1972 年第 2 期。

水利工程及政府推广的灌溉工具外，自身为灌溉田地也采取了一些方法，如《氾胜之书·区田法》中所载“负水浇稼”[①]。一些家庭则在水塘或水池附近开垦土地，这样既可保证有充足的水源，也便于浇灌庄稼，而且浇灌时相对省力。四川省大邑县安仁乡出土的汉代画像砖，画面由上、下两部分组成，上为“弋射”图，左为二人向高处张弓欲射，右侧较大面积为莲池，水面有莲叶及数只野鸭，水下有大鱼数尾，下为农田[②]（图三-5）；什邡市南泉乡出土画像砖分左、右两部分，左侧部分为田间农事，右侧为莲池[③]。

图三-5　四川省大邑县安仁乡出土画像砖中的弋射收获画像

还有的家庭在自身的庄园或田地附近开挖沟渠或水塘，或引水灌溉，或以池塘蓄水，以备庄稼需水时尤其是天气干旱时浇灌庄稼。河南内黄三杨庄遗址第二处庭院东、北及西南三面为农田环绕，田垄为南北向，庭院西侧有池塘，略呈椭圆形，南北最长23.6、东西最宽16.5米，底部不平，东南部较深，深度为0.5～0.9米[④]。该池塘为人工开挖的水塘，不仅能为家庭提供相关用水，如消防、手工业用水等，也

① 万国鼎：《氾胜之书辑释》，农业出版社，1980年，第62页。

② 《中国画像砖全集》编辑委员会：《中国画像砖全集·四川汉画像砖》，四川美术出版社，2006年，图版第80页，图版说明第45页。

③ 《中国画像砖全集》编辑委员会：《中国画像砖全集·四川汉画像砖》，四川美术出版社，2006年，图版第88页，图版说明第49页。

④ 河南省文物考古研究所、内黄县文物保护管理所：《河南内黄三杨庄汉代聚落遗址第二处庭院发掘简报》，《华夏考古》2010年第3期。

可为农田提供灌溉，而北部坑底有南北向田垄状遗存，或许说明旱季时，池塘较浅处亦栽植有庄稼。另外，该水塘在一定时候还能为附近农田排涝。

4. 留种

为种植的农作物留存种子或种籽是以农为主家庭的一项重要内容。一般情况下，多数家庭都会选择长势好、植物种籽颗粒饱满，或形体规整、完全成熟且个体相对较大的植物果实作为留存的种子。不仅粮食作物，蔬菜亦要留籽。湖南长沙马王堆 M1 出土有葵籽、芥菜籽及薤菜籽[①]，江苏扬州西汉“妾莫书”木椁墓出土有芥菜籽、薤菜籽，另有菠菜籽等[②]。

种子或种籽的保存一般较为讲究，以防受潮或发霉变质，因此会存放于通风干燥且不易受潮、不会受冻之处，在粮仓内也会存放于环境较好、与其他粮食不易混杂之处，以便来年播种或种植。汉代画像中有一些与播种有关的画像，如上文所述江苏睢宁双沟出土牛耕图，其中有劳动者提篮作播种状者；四川成都市新都区出土有汉代播种画像砖，画像左端一人松土，右侧有两人弯腰执短杆点播[③]。这些画像间接体现了留种的内容。

5. 积肥

肥料对于植物的生长、成熟及其颗粒饱满、果实的大而丰满等有重要促进作用。汉代文献中也有与肥料有关的记载。《氾胜之书》一书关于植物的种植多次提到“粪”，即肥料的重要性，《耕田》中有“凡耕之本，在于趣时和土，务粪泽，早锄早穫”，种豆时，“一亩用种二升，用粪十二石八斗”，种麻，“树高一尺，以蚕矢粪之，树三升；无蚕矢，以溷中熟粪粪之亦善，树一升”[④]。由此可见，肥料对于植物的生长与成熟等有着十分重要的作用，而秦汉时期家庭对这一点也有较为明确的认识。

汉代，人们积攒人畜粪便用于植物施肥已逐渐形成一项不可缺少的家庭内容。就积肥而言，一是有专门的积肥坑，日常生活中废弃的有机物可用来沤肥，如植物的叶、茎，动物宰杀后的废弃物等等。另外，汉代家庭多将厕所与猪圈修建在一起，讲求卫生与积肥相结合，达到双重效果。亦有其他积肥方式，如将一些植物秸秆或叶子等堆在一处，通过掺土、浇水等方式形成肥料。另外，燃烧后的植物秸秆

① 湖南省博物馆、中国科学院考古研究所：《长沙马王堆一号汉墓》，文物出版社，1973 年，第 80 页。

② 扬州博物馆：《扬州西汉“妾莫书”木椁墓》，《文物》1980 年第 12 期。

③ 《中国画像砖全集》编辑委员会：《中国画像砖全集 · 四川汉画像砖》，四川美术出版社，2006 年，图版第 85 页，图版说明第 47 页。

④ 万国鼎：《氾胜之书辑释》，农业出版社，1980 年胶版新二版，第 21、132、150-194 页。

形成草木灰，而植物所需的较多矿物质元素，草木灰中几乎都含有，所以亦是较好的肥料。

6. 农产品的收获与运输

农产品成熟后需要收割、采摘。考古发掘出土的镰可用作秸秆类农作物的收割，镰头铁质，多呈弧形，一侧有刃，多在一端固定木柄，有长有短。江苏徐州驮篮山汉墓出土有铁镰，呈弧形，一侧有刃，已残[①]，广东省广州南越王墓出土有铁镰及弯刀、铲刀、劈刀等[②]，河北定县北庄 M1 亦出土有铁镰[③]。四川地区出土的汉代画像砖中还见有收获画像，如上文所举大邑县安仁乡出土的汉代画像砖，画面上为“弋射”图，下为农田，农田右侧有 2 人除草，左侧偏右有 3 人弯腰割谷穗，最左侧有 1 人左肩担着收割下来的谷穗，右手提食具，似在告诉割谷穗的 3 人，他要担着谷穗离开[④]；广汉市北外乡高桥村台子包汉墓出土有收割画像砖，画面中有多人，其中的 6 人，有的收割庄稼，有的担担，有的提篮，另在图的左下角还有 2 人，1 人弯腰拾禾穗，1 人担一担收获的庄稼准备回家[⑤]（图三 -6）。

图三 -6　广汉市北外乡高桥村台子包汉墓出土画像砖中的收割画像

与采摘相关的画像在四川地区出土的画像砖中也有体现，什邡市南泉乡出土画像砖左侧为田间农事，右侧为莲池，池中有船，1 人划船，1 人采莲；成都市新都区

① 邱永生、徐旭：《徐州市驮篮山西汉墓》，中国考古学会编：《中国考古学年鉴·1991 年》，文物出版社，1992 年，第 173、174 页。

② 广州市文物管理委员会、中国社会科学院考古研究所、广东省博物馆：《西汉南越王墓》，文物出版社，1991 年，第 60、61、101-111 页。

③ 河北省文化局文物工作队：《河北定县北庄汉墓发掘报告》，《考古学报》1964 年第 2 期。

④ 《中国画像砖全集》编辑委员会：《中国画像砖全集·四川汉画像砖》，四川美术出版社，2006 年，图版第 80 页，图版说明第 45 页。

⑤ 高文主编：《中国巴蜀新发现汉代画像砖》，四川美术出版社，2016 年，第 2 页。

马家乡出土画像砖的主要内容为采莲，莲池内有2船，每只船上各1人，正在采莲[①]，彭州义和乡出土的1块画像砖上，画面左侧较大面积为莲池，池内有2船，下部形体较大的船上有3人，1人划船，1人张弓欲射，另一侧船头有1人俯身采莲[②]。

就运输工具来讲，上文中提到的担挑工具、船皆是对应的内容。更为常见的为车，包括大车、驴车、独轮车等。大车又称牛车，江苏睢宁双沟出土牛耕图中有拉运肥料的牛车（图三-7：1），而其还可用于运输农作工具、种籽、成熟的庄稼等。独轮车在汉代已较为普遍，丘陵、山地等地区使用普遍。江苏贾汪佛山画像石墓出土画像石（第2石）中有一人肩扛锄状农具坐在独轮车辕上休息的画像[③]（图三-7：2）。秦汉家庭对于车的使用，一方面可减轻相应劳动负担，另一方面也可提高运输效率，对农业生产较为有利。

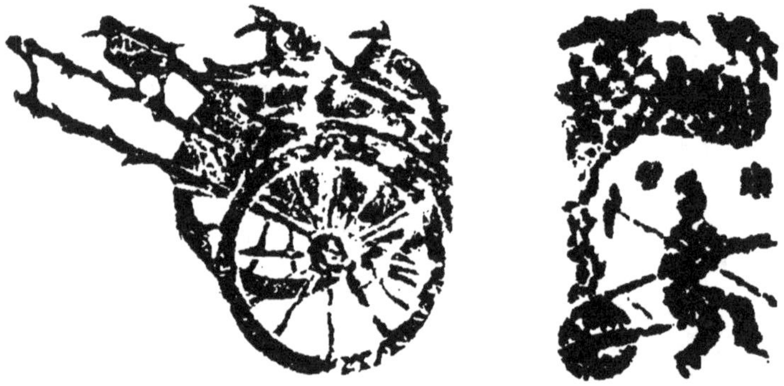

1　　2

图三-7　江苏徐州出土画像石中的牛车和独轮车画像

1. 睢宁双沟出土牛耕图中拉运肥料的牛车　2. 贾汪佛山画像石墓出土独轮车画像

7. 农产品初加工

农产品收获后需进行初步的加工。上文所述采莲的内容，在采摘莲蓬后，需要集中晾晒，之后还要将莲子从莲蓬里剥出，再经晾晒后方可存储。农产品中最主要的还是粮食作物，相关初加工在秦汉时期已得到较大发展。需作说明的是，磨、碓、杵臼等，虽然也用于粮食的初加工，但更多时候是用于粮食的进一步加工，基本是将粮食加工成碎末状，属于再加工工具，此处暂不作探讨。对于粮食作物的初加工，最主要的就是脱粒和去壳，大多是在晾晒充足的情况下进行的。一是由家庭成员借

① 《中国画像砖全集》编辑委员会：《中国画像砖全集·四川汉画像砖》，四川美术出版社，2006年，图版第88、89页，图版说明第49、50页。

② 四川省博物馆：《四川彭县等地新收集到一批画像砖》，《考古》1987年第6期。

③ 徐州博物馆：《江苏徐州佛山画像石墓》，《文物》2006年第1期。

助棍棒或相关器物，通过敲打、翻动，使得谷粒脱离秸秆、禾穗等，魏晋时期较为普遍的梿枷在秦汉时可能已有使用，该工具是在一个长木柄上装上一排木条或竹条，通过击打谷物达到脱粒的目的，根据文献资料，梿枷在先秦时已得到使用，汉代渐趋普遍，汉武帝建立河西四郡之后，或传到今甘肃河西地区[①]；二是利用石磙等较重工具的反复碾压达到脱粒的效果，有的可能是人力拉石磙，费力且效率不高，更多的则是以畜力拉石磙，有一人在畜前牵引，这样既省力也可提高效率。河南内黄三杨庄汉代聚落遗址第二处庭院南大门西侧墙外出土石磙一件，外形呈鼓状，鼓腹明显，两端面中部均有一方形卯眼，高 35、两端面直径 17、腹径（最大处）约 37 厘米[②]（图三 -8）。

图三 -8　河南内黄三杨庄汉代聚落遗址第二处庭院南大门西侧墙外出土石磙

脱粒后的粮食还需要晾晒，但经过脱粒的粮食大多所含杂物较多，如包裹粮食的皮壳等，还需通过相关方法将这些杂质尽可能地去除。一是可以通过簸箕将秕糠等去除，但工作效率不高；二是借助风力，将簸箕内的谷物由上往下倾倒，秕糠等较轻，随风会被吹远，而粮食较重，下落成堆；三是用扬场的方式，借助风力，将粮食向上扬起，谷物落下成堆，杂质等因风吹飘落较远，进而可将二者大致分开。魏晋时期的画像砖上见到有扬场图，推测这一方法在汉代尤其是东汉时也可能得到使用。风力过大是不适合扬场的，谷物虽有一定重量，但也会随风吹远。风力较小或无风的情况下也不适合扬场，但为了达到扬场的目的，秦汉时期使用了一种人力摇动带动空气流动的器具，为飏扇，即一人在一侧摇动飏扇扇风，另一侧有人将谷物由上向下倾倒，或扬起一定高度，进而达到扬场的作用。四川省彭州市太平乡出土有 1 幅粮食加工画像砖，右上为粮仓，左侧有 2 人践碓，右下有 2 人，1 人横负圆桶，筒口斜对飏扇，正在倾倒粮食，1 人正用力摇扇，应是通过人摇扇形成的风力来去除谷壳等杂质[③]。四

① 刘义满：《小议梿枷》，《农业考古》1988 年第 2 期；王进玉：《敦煌壁画中的粮食脱粒及扬场工具》，《农业考古》1994 年第 1 期。

② 河南省文物考古研究所、内黄县文物保护管理所：《河南内黄三杨庄汉代聚落遗址第二处庭院发掘简报》，《华夏考古》2010 年第 3 期。

③ 《中国画像砖全集》编辑委员会：《中国画像砖全集 · 四川汉画像砖》，四川美术出版社，2006 年，图版第 93 页，图版说明第 52 页。

川双流牧马山汉墓出土有持飏扇的陶俑（原简报定为持铡刀俑）[1]，从整体上看，应是作摇飏扇的姿势。第一章中引用的河南淅川赵杰娃山头M42出土农业画像砖上即有以飏扇去除秕糠的画像，有一人手执飏扇摇动起风，待去杂质的粮食从高处漏斗下落，经飏扇风吹，秕糠飘向一侧，而粮食则下落成堆（图三-9：1）[2]。该画像较为写实地描绘了相关家庭以飏扇去除粮食秕糠的内容，而画像中执飏扇的人物形象还与四川地区出土的飏扇俑存在相似性。汉代还有较为先进的扇车或风车，体现出在粮食加工方面对于机械的运用和在去秕除糠方面已有较为高超的技术。需作说明的是，风车多与碓配合使用，体现出粮食初加工工具与再加工工具的有效结合。河南济源泗涧沟M24出土陶风车位于碓右侧，梯形车箱中部有方漏斗形高槛，槛下有窄缝启门，左右两端各有一个很小启门轴孔，启门下正面作有方形出米口，在出米口右侧正面上挖有圆形风口，在和风口对面中心处有一安装风扇的曲轴孔，但风扇和曲轴已腐朽无存，风扇口后部塑有一个立俑，双手前伸作摇风车的姿态[3]（图三-9：2）。东汉晚期的洛阳东关殉人墓出土陶风车，上部有一个装卸粮食用的长方漏斗形高栏，栏的两侧各有两个斜腿，便于装卸粮食和固定高栏位置，风箱为长方形，左端两壁上作有圆形曲轴孔，但未发现风扇，风车正面的中间下部有一长方形出粮口，近方形启门的孔甚大，风箱穴尾无档，是出灰尘、糠秕之口[4]（图三-9：3）。

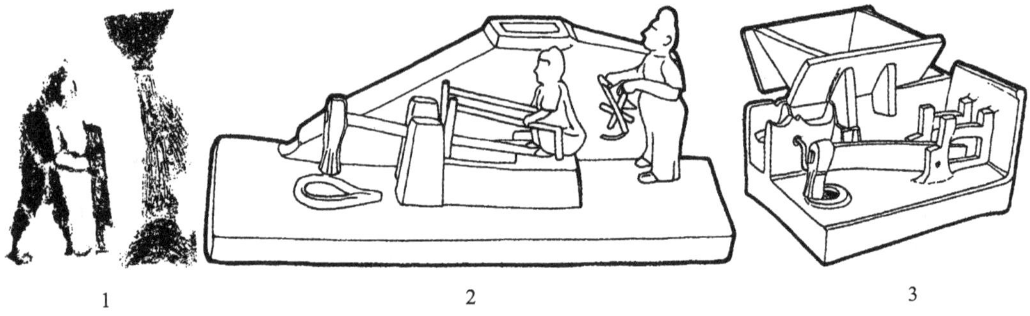

图三-9 河南地区汉墓出土与粮食初加工有关的画像及陶模型器具
1. 淅川赵杰娃山头M42出土农业画像砖上的飏扇去秕糠画像 2、3. 陶风车模型
（2. 济源泗涧沟M24出土碓与风车 3. 洛阳东关殉人墓出土风车）

---

① 四川省博物馆：《四川牧马山灌溉渠古墓清理简报》，《考古》1959年第8期。

② 河南省文物局南水北调文物保护办公室、南阳市文物考古研究所：《河南淅川县赵杰娃山头汉墓发掘简报》，《华夏考古》2014年第2期；柳玉东、李世晓：《南阳淅川赵杰娃墓地M42农业生产画像砖考》，《中原文物》2022年第3期。

③ 河南省博物馆：《济源泗涧沟三座汉墓的发掘》，《文物》1973年第2期。

④ 余扶危、贺官保：《洛阳东关东汉殉人墓》，《文物》1973年第2期。

8. 农产品的存储

收获的粮食及相关农产品等，一些得到及时食用，但更多的需要存储，以备长久食用，另如上文所述的种籽等的存放也与之有关，且得到诸多家庭的重视。

一些农产品在采摘或收获后可采取堆放的方式，一些则放在一些筐、篮、笥、罐、壶、盆、盒、釜、布袋或绢袋等内存放，如湖北江陵凤凰山 M167 出土的一些粮食盛放于绢袋之中[①]。还有的放置于窖藏中，而有些为防止腐烂、变质，还会采取密封或冷藏的方式，以达到相应存放目的和储藏的效果。但这一时期，家庭中对粮食的存储，最常见方式为仓储，即以仓作为粮食存放的设施。河南洛阳汉河南县城东区发掘的一般平民居住区遗址，在住宅附近有水井、粮仓等生活设施，粮仓有圆囷、方仓两种，直径一般在 3 米左右，都半埋地下，大多砌砖，砌法与住屋同，用条砖垒砌圆囷及斗角砌法，表明了当时建筑技术的科学成就（图三 -10：1）；中段遗迹有西汉粮仓 1 个、东汉粮仓 7 个，314 号房两间，南间长方形，北间正方形，北房可能是南房这一人家储藏粮食的仓房；317 号房基修建很简陋，其西边紧邻 320 号粮仓（图三 -10：2），房基里有遗弃的磨盘和杵臼，该房基是为粮食加工需要而修建的；7 个东汉粮仓中，320 号为砌砖方仓，340b 号为土圆囷，余为砌砖圆囷，340a、b、c 三囷重叠，340b 号打破 340a 号，但又为 340c 号所破坏[②]。陶仓是秦汉墓葬中常见，用于陪葬的模型明器，秦统一之前就已在秦墓中得到普及，秦统一后至东汉灭亡，陶仓一直都是墓葬中模型明器不可或缺的内容，并沿用至其后多个朝代的墓葬，这也表明陶仓对于家庭粮食储存的重要性。洛阳地区的汉代墓葬出土陶仓上常有书写的文字，既有粮食作物名称，也有粮食数量或重量，就后者来讲，有作为模型明器这一陪葬品供死者在地下享用方面的夸大成份，如“××（粮食名称）

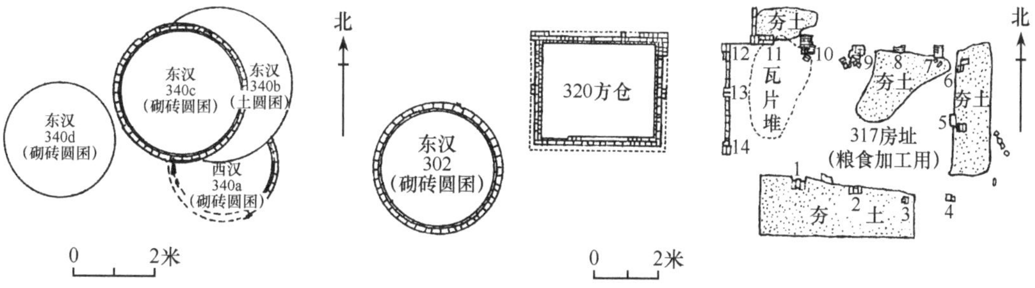

1　　2

图三 -10　河南洛阳汉河南县城东区居住遗址发现的圆仓与方仓分布平面图

1. 圆囷遗迹平面图　2. 317 号房址与 320 号方仓位置平面图

① 凤凰山一六七号汉墓发掘整理小组：《江陵凤凰山一六七号汉墓发掘简报》，《文物》1976 年第 10 期。

② 黄展岳：《一九五五年春洛阳汉河南县城东区发掘报告》，《考古学报》1956 年第 4 期。

万石”等，但这也说明仓是粮食存储最为重要的设施。湖北江陵凤凰山M167出土的陶仓，由盖、身、底座三部分构成，盖作圆攒尖顶，顶上立一振翅陶鸟，仓身近圆筒状，上有一方形窗，底座下有两个对应的方凹缺，出土时内盛鲜黄稻穗四束[①]（图三-11：1），陶仓的储粮作用较为明显。有的陶仓外绘有成熟的粮食作物，也是对自身功能的体现，如江苏徐州市北郊火山汉墓陪葬墓出土的陶仓，外壁绘有高粱图案[②]。与仓储、存放、搬运有关的盛粮工具中，最常见的为口袋或布袋。汉代画像中发现的布袋或口袋图案大多与仓及粮食加工设施或收租内容并存，充分体现出相对应的功用。河南密县打虎亭M1南耳室南壁有收租画像，其中刻画较多盛粮食的袋子，既有盛满粮食立在地上的袋子，也有人用手撑袋口，准备盛粮[③]（图三-11：2）。四川邛崃出土舂碓入仓画像砖画像，画面的下部有较多盛放粮食的袋子，或堆放，或歪倒，很多已经用绳子扎住袋口[④]（图三-11：3）。

图三-11　汉代墓葬出土盛粮陶仓及画像中的口袋画像

1. 湖北江陵凤凰山M167出土陶仓及盛放的粮食　2. 河南密县打虎亭M1南耳室南壁上的口袋画像

3. 四川邛崃出土舂碓入仓画像中的口袋图案

（二）手工业生产

秦汉时期，在自给自足的经济环境下，较多家庭为满足自身需求，提高家庭生活水平和质量，受整个社会手工业生产发展的影响，家庭手工业生产也获得较大发展并呈现出多样化的特征。就家庭手工业来讲，主体是满足家庭生活需求，是家庭生活的保障内容之一，但在生产有剩余的情况下，一些产品也可以作为商品进行出售，进而为家庭增加收入，当然也有专门从事家庭手工业生产并将产品销售的家

---

① 凤凰山一六七号汉墓发掘整理小组：《江陵凤凰山一六七号汉墓发掘简报》，《文物》1976年第10期。

② 耿建军、盛储彬：《徐州火山汉墓》，中国考古学会编：《中国考古学年鉴·1997年》，文物出版社，1999年，第132、133页。

③ 河南省文物研究所：《密县打虎亭汉墓》，文物出版社，1993年，第99、104-106页。

④ 高文主编：《中国巴蜀新发现汉代画像砖》，四川美术出版社，2016年，第5页。

庭，这亦是家庭生活保障的内容之一。

1. 纺织与编织手工业

秦汉时期，纺织业获得较大发展。朝廷和地方郡国等设有专门的机构管理织造，西汉时，朝廷在少府下设有东、西织室，设织室令，管理纺织生产，郡国如齐地设三服官，“作工各数千人，一岁费数巨万。”[①] 由于家庭需求的不断增长，以家庭为单位的民间纺织生产也有了较大发展，纺、织既有分工又密切关联，体现出较为全面的发展特征。

考古资料所体现秦汉家庭纺织业的发展主要包括三个方面：一是织机实物的出土；二是与纺织有关的画像；三是相关纺织成品。在一些器物上还有织工及与纺织相关的内容，但所体现内容与家庭纺织业的关系似乎不是太大；另外，相关纺织成品的考古资料较多，可体现出纺织原料如丝、麻、葛等，相关成品如布、绢、锦、绸等，纺织工艺如辫结、提花、染色等，内容较多，对家庭纺织业均有相应体现，需作说明的是，由于存在赠送、购买、赙赗背景下相关织品为官营织物的可能，本书对这些方面不作过多讨论。

纺线工具中最常见的为纺轮，或专门烧制，或由其他陶片改制，秦汉生活类遗址中多有出土。纺织机械主要有纬车、络车和织机等，相关机具在汉代墓葬中也有出土，四川成都老官山西汉景帝至武帝时期的M2，四部织机及彩绘木俑出土于北一底箱，织机模型中，三台织机大小、结构一致，一个稍大，结构不同，竹木结构，部分织机上还保存有纺线，有配套的织工俑一件（M2：200），站立状，腿微曲，发、眉、眼、鼻、口、须彩绘清晰，双手脱落，通体以白漆为地，衣服为白漆地上彩绘勾勒，胸左侧有黑漆字[②]（图三 -12）。这些织机基本为多综织机，都采用一样的移动齿梁选综机构，提综机结构却有不同，一台织机用一个旋转踏板提升滑框，滑框再提升多片纹综，另外三台方法相同，用一个旋转踏板提升连杆，连杆再提升多片纹综，推断滑框式织机可以织造经向纹样循环大的经锦，但操作较费力；曲柄连杆式织机织造的经锦纹样循环虽小，但操作省力[③]。该墓墓主为入迁蜀地的景氏家族中有相应等级的人员，织机的织工俑应是对家庭内容的摹写和再现。

纺织画像在较多地区东汉画像石画像中有发现，以今苏鲁豫皖交界地区出土的东汉纺织画像石画像最为集中，而其中又以今鲁南的枣庄及滕州、苏北的徐州

① （东汉）班固撰，（唐）颜师古注：《汉书 · 贡禹传》，中华书局，1962 年，第 3070 页。

② 成都文物考古研究所、荆州文物保护中心：《成都市天回镇老官山汉墓》，《考古》2014 年第 7 期。

③ 罗群：《成都老官山汉墓出土织机复原研究》，《文物保护与考古科学》2017 年第 5 期。

图三 -12　四川成都老官山 M2 出土织机与织工俑

地区出土数量最多。徐州地区出土较具代表性的东汉纺织画像石画像有铜山洪楼东汉墓祠堂出土纺织图[①]、贾汪青山泉出土纺织图[②]、邳州陆井白山故子东汉 M1 出土纺织图[③]、沛县泗水留城镇出土纺织图[④]、铜山伊庄洪山东汉墓出土纺织图[⑤]、邳州炮车出土纺织图[⑥]和邳州出土“男耕女织图”[⑦]等。江苏泗洪及安徽宿州等地东汉墓葬或墓外祠堂也有纺织画像石出土，如江苏泗洪斐墩曹庄东汉画像石墓出土的纺织图，刻有织机和纬车各一架，一妇女坐在织机上，转身投抒，面对身后所跪的少年

① 王德庆:《江苏铜山东汉墓清理简报》,《考古通讯》1957 年第 4 期；徐州博物馆:《徐州汉画像石》，江苏美术出版社，1985 年，图 77，图版说明第 5 页。

② 王黎琳、武利华:《江苏铜山县青山泉的纺织画像石》,《文物》1980 年第 2 期。

③ 南京博物院、邳县文化馆:《江苏邳县白山故子两座东汉画像石墓》,《文物》1986 年第 5 期。

④ 徐州博物馆:《徐州汉画像石》，江苏美术出版社，1985 年，图 226，图版说明第 11 页。

⑤ 徐州博物馆:《江苏铜山县伊庄洪山汉画像石墓》,《华夏考古》2007 年第 1 期。

⑥ 邱永生:《徐州近年征集的汉画像石集粹》,《中原文物》1993 年第 1 期。

⑦ 邹厚本主编:《江苏考古五十年》，南京出版社，2000 年，第 245 页。

作训斥状，反映的是慈母投杼训子内容，杼两端尖，上沿弧圆，下沿平直有刃，可兼作打纬工具之用，另在墙上悬挂较多已纺好待织布的线团[①]（图三 -13）。徐州地区出土的纺织画像石中，沛县泗水留城镇出土纺织图的左方织机上坐着织女，右下方刻一纺车，纺车前一妇女正在纺织，上方屋旁悬挂络丝的用具等，反映的是普通家庭纺织情景，贾汪青山泉出土东汉纺织图和邳州出土的东汉“男耕女织图”反映的亦基本为家庭纺织内容。一些家庭的纺织设施较多，如邳州陆井白山故子东汉M1出土纺织图，右方有纬车，纺妇跽坐摇纬；中有络车一架，一妇人跽坐车架旁作调丝姿势，左方为织机，机架上放置方形框架，一织妇在穿梭织缣（图三 -14：1）。铜山洪楼东汉纺织图中，可见有络车、纬车和纺织机等（图三 -14：2），右边一女子身旁放置三角形架，上置三根短箸，丝的一端缠绕在箸上，其上一端穿过檐下横杆，操握在女子手中，这种操作即为调丝（图三 -14：3）；中为一女子操持有绳轮装置的纬车（手摇纺车），缠在两个箸子上的丝，经过纬车并成一根，纺于竹管之上（图三 -14：4）；织机由经轴、怀滚、马头、综片、踏板等主要部件和机台等组成，有长短不一的脚踏两个，机架前的马头部分安装单综和压经棍，是一种由竖机向平机发展的过渡类型[②]。较多的纺织画像较为生动地再现了东汉时期今苏鲁豫皖交界地区相关家庭内的纺织情况，既有一般平民家庭纺织的内容，即一纺一织的家庭纺织生产，也有地方官僚地主家庭的纺织内容，即官僚地主的自营纺织业，反映出家庭纺织在这一地区的普及。一般平民家庭纺织的内容是“一夫不耕，

图三 -13　江苏泗洪斐墩曹庄东汉画像石墓出土纺织画像

① 江苏省泗洪县文化馆：《泗洪县曹庄发现一批汉画象石》，《文物》1975 年第 3 期。

② 宋伯胤、黎忠义：《从汉画像石探索汉代织机构造》，《文物》1962 年第 3 期；赵丰：《汉代踏板织机的复原研究》，《文物》1996 年第 5 期。

1

2

3

4

图三 -14　江苏徐州地区东汉墓葬或祠堂出土纺织画像

1. 邳州陆井白山故子东汉 M1 出土　2-4. 铜山洪楼东汉墓葬墓外祠堂出土（3、4. 为局部特写）

或受之饥，一妇不织，或受之寒”[①]的体现，官僚地主的自营纺织业则反映出“夫人自纺绩”[②]，“大妇织绮罗，中妇织流黄。小妇无所为，挟瑟上高堂。丈人且安坐，调丝方未央”[③]的内容。这些纺织图所体现基本都是以家庭为单位的纺织手工业，属家庭手工业生产的内容和模式，而画像描绘的基本是女性纺者或织者在机具旁或坐在其上工作的内容，部分为纺者与织者共同工作，一些还与照看或训斥孩子，或是夫妻相亲相爱等内容相结合，体现出浓郁的家庭气息。江苏沛县留城镇出土纺织画像中，有人将幼童递给织机上织女，铜山洪楼东汉墓葬外祠堂的纺织画像中有家庭女主人带人参观织房与纺织工作的内容；安徽宿州褚兰 M2 石祠堂北壁所刻建筑的

① （东汉）班固撰，（唐）颜师古注：《汉书·食货志》，中华书局，1962 年，第 1128 页。

② （东汉）班固撰，（唐）颜师古注：《汉书·张汤传附子张安世传》，中华书局，1962 年，第 2652 页。

③ 汉乐府诗《相逢行（相和歌辞）》，贺新辉主编：《古诗鉴赏辞典》，中国妇女出版社，1988 年，第 225、226 页。

楼下有二个女子纺织，织机上坐一妇女，抱着婴儿在逗乐[①]，灵璧九顶出土纺织画像中，有织女坐在织机上与男子亲吻的内容[②]，亦较好地反映出纺织手工业与家庭的密切关系。相似的内容也见于四川成都曾家包东汉 M1 西后室的后壁石刻画像，有两部织机，左简右繁，结构不同，繁者似为织锦机，简者为普通织机，各有一女性正在织布[③]，纺织内容与画像中的其他内容相配合，体现出忙碌有序的家庭生产生活场景。

编织手工业也是秦汉时期家庭手工业的内容之一，而这一家庭手工业延续时间较长，至今仍有一些地区的家庭还有此类手工业内容。秦汉时期家庭的编织手工业主要是编织笥、筐、篮、篓、篋等盛具及席、垫等坐卧器具，另有鞋、袋、夹、扇、熏罩等其他物品。原料有竹、草、麻及一些柔韧性较好的藤类，并根据不同需求使用不同的原料，进而编制成不同的产品。很多原料需经水浸以增加韧性，如麻类，要经沤制，使皮与杆脱离并增强麻纤维的韧性，利于编织且可提高制品的牢固性。因原料不同，秦汉时期的家庭编织可分为麻编、草编、竹编、藤编等，工具有便于切削和分割的刀等，还会借助绳等用于捆绑固定。除编织工艺外，还可能有水浸、火烤、晾晒等辅助工艺和程序，如藤类，或以水浸沤，或用火烤等。编制品在汉代遗址、墓葬中多有出土，相关的出土遗物大多保存较差。成都老官山 M3 出土草编器、竹编器、藤编器等，仅残存部分草、竹，器物多已不能修复[④]。甘肃武威东汉 M25 出土草席和竹编器，虽已朽，但局部可见编织结构，其中竹编器内还盛有枣[⑤]（图三 -15）。武威磨咀子三座东汉墓均有编织物出土，M48 出土苇席胎套色

图三 -15　甘肃武威东汉墓（M25）出土草席和竹编器

① 王步毅：《安徽宿县褚兰汉画像石墓》，《考古学报》1993 年第 4 期。

② 中国画像石全集编辑委员会编：《中国画像石全集 · 第 4 卷 · 江苏、安徽、浙江汉画像石》，山东美术出版社，2000 年，第 138 页。

③ 成都市文物管理处：《四川成都曾家包东汉画像砖石墓》，《文物》1981 年第 10 期。

④ 成都文物考古研究所、荆州文物保护中心：《成都市天回镇老官山汉墓》，《考古》2014 年第 7 期。

⑤ 甘肃省文物考古研究所：《甘肃武威磨咀子东汉墓（M25）发掘简报》，《文物》2005 年第 11 期。

印花绢箧 3 件、黄绢草箧 2 件及草履、麻鞋各 1 双，M49 出土麻鞋、草袋及草箧各 1 件，M62 出土麻鞋 1 件、草箧 4 件[①]。中南部地区汉墓出土的陶圆仓，如广州东汉 M4037：13，下有四根立柱，盖仿覆稻草圆顶，仓体周壁刻画竹席纹[②]；先烈中路黄花岗东汉 M3 出土陶牛车和陶船各 1 件，皆有拱形篷顶或篷盖，为竹席纹[③]，推测上述器物对应的现实物品应是竹类编制而成。

家庭编织手工业遗存也有发现，河南内黄三杨庄汉代聚落遗址第二处庭院南大门外约 10 米、东距水井约 3 米处发现一处遗迹，四角有 4 垛砖，平面形成长方形，南北宽（含砖）约 1、东西长（含砖）约 1.25 米，每垛为 4 块砖上下叠摞，东西顺放，最上层砖均破裂，砖垛中间堆放有较多的长约 10、宽 5-7、厚 5 厘米的加工过的蓝灰色小砖块，砖块两头经打磨，多呈圆弧形，中部刻有缠绳的凹槽，凹槽深约 0.5 厘米，推测此处应当是编织草席或竹席类的遗迹[④]（图三 -16）。遗存附近 3 米处的水井当与之有关，即可供开展对应手工业用水。该处场地开阔，便于将编织好的物品进行晾晒，经加工的砖块也可在晾晒时起固定、防风吹起或吹走的作用。

图三 -16　河南内黄三杨庄第二处庭院遗址南大门外编织遗迹

① 甘肃省博物馆：《武威磨咀子三座汉墓发掘简报》，《文物》1972 年第 12 期。

② 广州市文物管理委员会、广州市博物馆：《广州汉墓・上册》，文物出版社，1981 年，第 330、331 页。

③ 广州市文物考古研究所：《广州黄花岗汉唐墓葬发掘报告》，《考古学报》2004 年第 4 期。

④ 河南省文物考古研究所、内黄县文物保护管理所：《河南内黄三杨庄汉代聚落遗址第二处庭院发掘简报》，《华夏考古》2010 年第 3 期。

内蒙古和林格尔东汉壁画墓后室南壁庄园图的左下方画着三个沤麻池，池内堆着麻，有人正在池畔进行着渍沤操作①。这一内容反映出制麻的工序，与纺织或编织当有密切关系。

2. 木工手工业

汉代家庭，尤其以农为主的家庭，木工手工业与家庭生活的关系是极为密切的，并在较多方面有所体现。一是较多生产工具的制作离不开木工手工业。最常见且相对简单的为木柄的制作，而因工具的不同、使用的差异，柄的加工也有差异。较多的木柄需要打磨得光滑圆润，使用起来才会比较得心应手。一些工具或器具需要木架或整体架构，如石磙，需要木架扣合于两端的内凹槽中，一侧可用木杆和绳等与畜力相结合，使得石磙在畜力牵拉下不断滚动前行；耕犁和耧车等则需要以木料构架，在需要的部位扣嵌铁质犁铧、犁冠或耧脚等，使用起来既轻便又易于操作，大大提高了工作效率；织机的整体为木架构，而且很多部位需根据实际情况加工成不同形状，如老官山西汉 M2 出土的织机②等。二是家庭生活的诸多内容如居住、出行、庖厨、娱乐等所涉及的建材和用具多与木工手工业有关。建筑的横梁、立柱、斗栱及门、窗等多数为木作而成，很多亭、台、楼、榭的主体建筑材料亦是木料；居室陈设中的榻、床、枰、凭几等坐卧具及案、桌、几、虡等庋物器和匮、厨等贮物工具基本为木加工器具，另有镜架、乐器架等等；出行方面的用车，主体架构为木料制作；庖厨方面的案、砧板及陈放食品、器物的架与柜，娱乐方面的棋盘等也都与木工手工业存在诸多联系。三是丧葬方面的较多内容与木工手工业有着密切关联。葬具如棺、椁及边箱、头箱、足箱等的制作，送葬及下棺的车及一些辅助下葬的工具，还有相当数量不同种类与陪葬有关的内容，一些是与相关陪葬品配套的，如木楬、木牌等，更多的是木质陪葬品，南方和西北地区尤其是西北地区的一些汉墓中常有木质的明器或实用器出土，如武威磨咀子三座东汉墓，M48 出土木质彩绘轺车 1 组、六博俑 1 套、牛车 2 组、犁 1 组及俑 9、剑 5、马 11、几 1、案 1、鸡 2、羊 1 件，M49 出土木几 1 件，M62 出土木质俑 2 及独角兽、马、牛、狗、鸡与鸡舍、梳、印章各 1 件③。武威东汉 M25 也出土木马、木狗、木独角兽、木人俑、木构件、木盘、木鸡与木鸭、木牛车等较多木质器物④。

---

① 内蒙古自治区博物馆文物工作队编：《和林格尔汉墓壁画》，文物出版社，1978 年，第 20、21 页。

② 成都文物考古研究所、荆州文物保护中心：《成都市天回镇老官山汉墓》，《考古》2014 年第 7 期。

③ 甘肃省博物馆：《武威磨咀子三座汉墓发掘简报》，《文物》1972 年第 12 期。

④ 甘肃省文物考古研究所：《甘肃武威磨咀子东汉墓（M25）发掘简报》，《文物》2005 年第 11 期。

考古资料对木工手工业的体现除上文所述葬具、相关设施、部分木质或由相关木质材料组成的陪葬品等之外，较为重要的是与木工手工业有关的工具。木工工具在较多墓葬中有出土。河北保定满城M1出土有凿、锤、斧、锛、锉、锯条等[①]。广州西汉南越王墓出土有锤、斧、锛、锥、凿、锉及刻刀、刮刀、弯刀、铲刀、劈刀等，铜、铁质皆有，以铁工具居多[②]（图三-17）。安徽天长三角圩西汉M1出土成组的木工工具，包括斧、锛、铲、刨刀、锯、凿、钻、锉、锥等20余件铁质木工工具，功用多样[③]（图三-18）。另外，与上述木工工具同出的环首刀、削等也很可能与木工手工业有关。就功能和作用而言，斧为砍斫工具，可将木料分解；锛可砍削木材，或削平或劈开；锯可切分木料，锯条发现不多，满城M1出土锯条的背部可能嵌在木柄中使用，类似现在的夹背锯；凿多用于凿孔和开卯，常与锤配合使用，亦可雕刻；锉、锥均可用于孔的加工，锉还可打磨，锥亦可刻画；刀及削等在南越王墓西耳室中多有出土，伴出有铜锯等，大多为木工工具，其中劈刀可砍剁木材，刮刀可用于刮树皮及枝节等，弯刀可用于凹槽等细部的刮削和细加工，铲刀是一种用作铲剔有弧度凹槽或圆洞的专用木作工具，刻刀则用来雕刻和细部加工，而环首刀、削等既可削木，亦可雕刻[④]。东汉晚期或略早时期，刨及墨斗得到使用，甘肃武威东汉墓（M25）中即发现有刨花和木棺板上的墨线等[⑤]（图三-19）。刨的使用可使木料面更趋光滑，平板状木材更为平整，墨线的出现，使得木料的分割更为平直，当今一些木匠仍较多使用这两种工具。另外，武威东汉墓（M25）出土的较多木器，也反映出对应木工手工业的发展。

与木质器具和木工技术相关的还有髹漆工作，可以起到木质器具的防水、耐腐和器表装饰精美等效果，另有一些用作陪葬的木质器具还要涂彩，但并不是所有的木质器具都需要髹漆和涂彩。与工具、技术相对应，汉代家庭的木工手工业发展因素还包括木匠，相关考古资料少有体现，推测有相应等级或财力的家庭，会有兼事木作的徒附或工匠，甚至会有专门的木匠，一般平民家庭往往是家庭中的男性或多或少地从事木工操作，但一些专门或精细，抑或多种类或者有一定规模的木工操作，还需要聘请专门的木匠。

---

① 中国社会科学院考古研究所、河北省文物管理处：《满城汉墓发掘报告》，文物出版社，1980年，第100、111-114页。

② 广州市文物管理委员会、中国社会科学院考古研究所、广东省博物馆：《西汉南越王墓》，文物出版社，1991年，第60、61、101-111页。

③ 安徽省文物考古研究所：《天长三角圩墓地》，科学出版社，2013年，第36-41页。

④ 刘尊志：《论汉代诸侯王墓出土铁质生产工具的性质与用途》，《华夏考古》2020年第1期。

⑤ 赵吴成：《平木用"刨"新发现》；甘肃省文物考古研究所：《甘肃武威磨咀子东汉墓（M25）发掘简报》，《文物》2005年第11期。

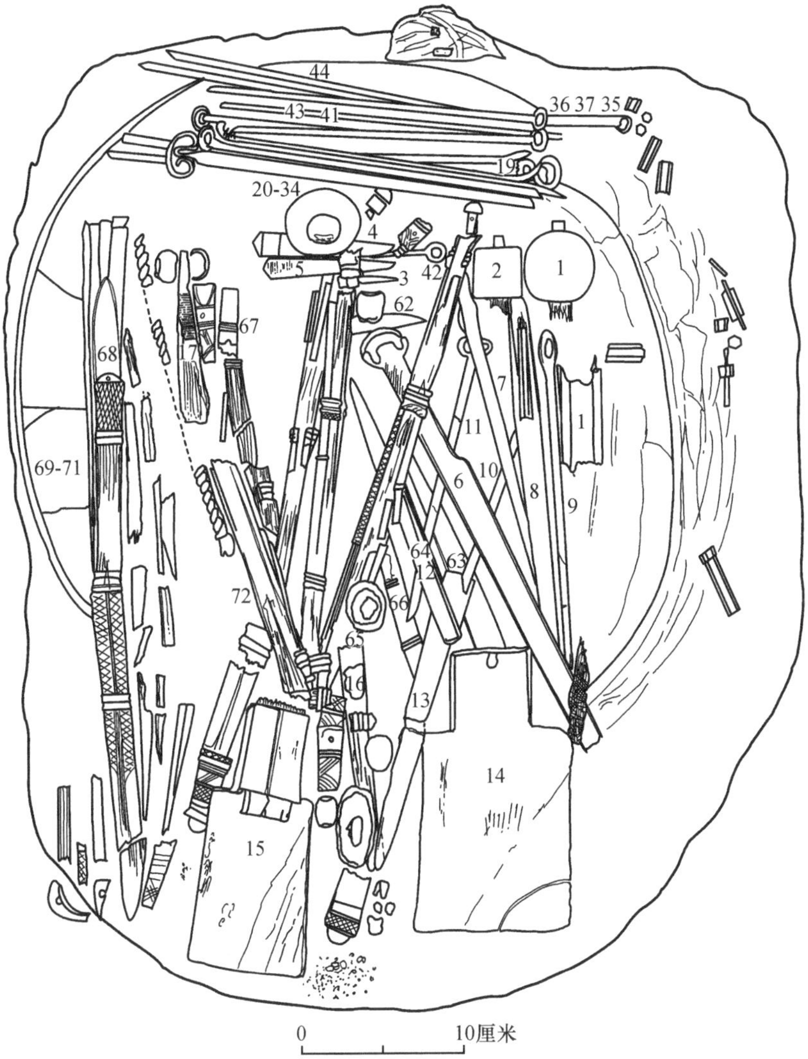

图三-17　广州西汉南越王墓西耳室漆木箱（C145）出土器物平面图

1、2. 锤　3-5、62 锛　6、7、9-11、18、20-34、42、65、72. 削　8、12、13、16、19、44、63、64、66-68. 刮刀　14、15. 铲　17、37、43. 锥　35. 锉　36、41. 凿　69-71. 铜锯

考古资料对木工手工业的另一体现是相关交通工具实物或模型器物的出土及相关画像中对交通工具制作的描绘，为研究秦汉家庭木工手工业也可提供重要的参考。秦汉时期的车以木材为主，车辕、车厢、车轮等大多为木质，而一些相对简单的车如独轮车等，基本由多个木材组合而成。甘肃省武威旱滩坡东汉墓出土木俑牛车模型一组，包括车、牛、二俑，车有车舆、轮、辕等部分，舆为长方形，前安装门窗，门窗上、下皆有栏板，舆后栏有门两扇，可以启闭。两侧边軨后沿平直，前沿微向前斜，车轮低于车舆，轮毂为壶形，辋用整木刻成，木轴十二根；牛头、身、腿分别雕制，用木钉和凹凸卯连接，作俯首直视状；车上一俑，着长袍，拱手直立；牛

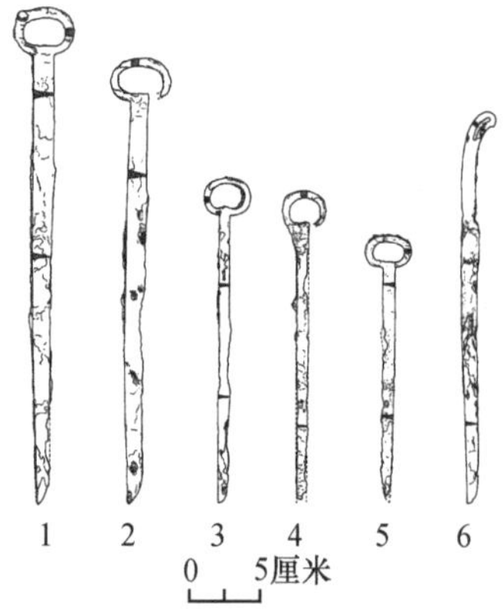

1-5. 铁削（M1：213、M1：215、M1：51、M1：218、M1：216） 6. 铁刀（M1：219）

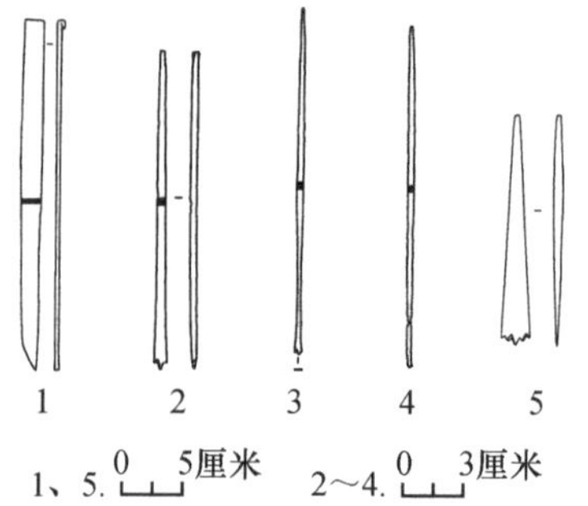

1. 铁凿（M1：278） 2-5. 铁钻（M1：285、M1：286、M1：287、M1：284）

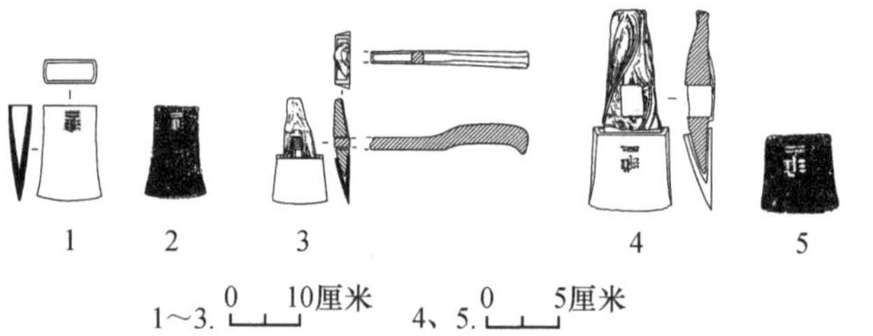

1. 铁斧（M1：267） 2. 铁斧（M1：267）铭文拓片 3、4. 铁锛（M1：265、M1：266） 5. 铁锛（M1：266）铭文拓片

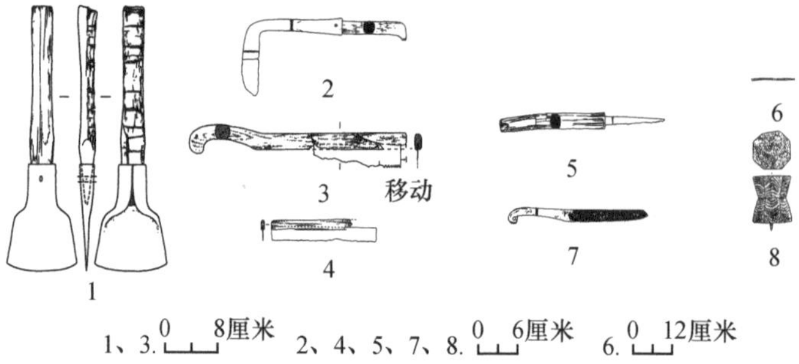

1. 铁铲（M1：264） 2. 铁刨刀（M1：280） 3-5. 铁锯（M1：281、M1：282、M1：283） 6. 铁无齿线锯（M1：291） 7. 铁锉（M1：279） 8. 铁锥（M1：288）

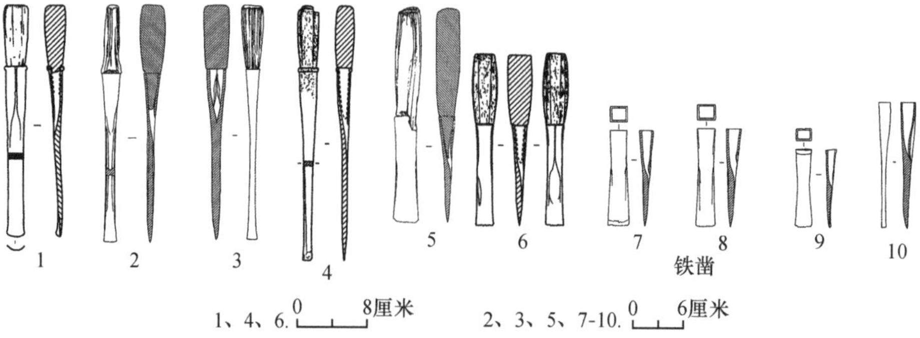

1. M1：272 2. M1：275 3. M1：276 4. M1：274 5. M1：268 6. M1：271 7. M1：269 8. M1：270 9. M1：273 10. M1：277

图三-18 安徽天长三角圩西汉M1出土铁质木工工具

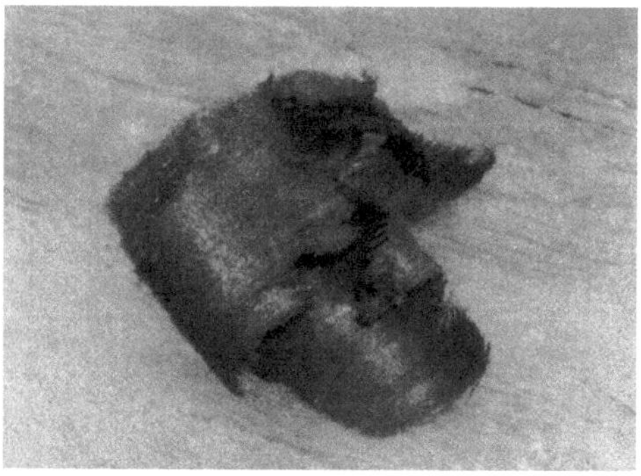

图三 -19　甘肃武威东汉墓（M25）中发现的刨花和木棺板上的墨线

旁一俑，两手相拱，两腿作行走状，牛和俑制作都较粗放[①]。马车是重要的交通工具，磨咀子 M48 出土彩绘铜饰木质轺车马一组，车分车舆、轮、辕、槽、伞盖等部分，大多为木质，相应位置镶铜饰，是对现实中轺车的真实模仿和制作，由此可知汉代轺车制作与木工手工业的密切关系；该墓出土的木牛车和木犁也间接反映出相关家庭中实际牛车和犁的制作及其与木工手工业的关系[②]。湖北江陵凤凰山 M168 出土轺车、安车、牛车模型各一辆，轺车主体为木架构，一些部件为竹质，牛车为木质双辕，辕后部有四根横木，横木上置一长方形木栏，另有木轮、木轭[③]。汉代，马车结构逐渐由独辀车转变为双辕车，而马车依靠轮子承重与行进，轮成为车最重要的部件。汉代画像中有相关家庭制作或修整车轮的画像，反映出与之相关的工匠、工具、技术、工作对象及操作过程、内容等，其中有的工匠很可能是地主官吏家庭的徒附或工匠。山东嘉祥洪山出土制车轮画像石，画像中层左侧有一人半跪执斧，正在凿制轮辋，面前有即将制成的车轮，上方还悬挂轮辋，该人身后有一女人身后背小孩，手持轮辋；右侧有一人双手执器操作，地上有安架，安架上下有缸、罐，反映出汉代制造车轮的场景[④]（图三 -20）；邹城郭里镇卧虎山 M2 出土西汉晚期画像石画像中也有制车的内容，较简单，一人跽坐观看，一人修整车轮，该画像或可称为修整车轮图[⑤]。木船也是这一时期一些地区重要的交通工具与生产、生活用具，已出土的汉代画像石、砖中的捕鱼图、采莲图及桥下行船图等，反映出该时期家庭对船的使用，而众多的船及船桨等皆为木制，这需要相应的木工技术作保证。1975 年江苏武进万绥发现一艘汉代弧形木船，由底板、两侧舷组成，船底为一块略呈弧度的长木板，

① 武威县文管会党寿山：《甘肃省武威县旱滩坡东汉墓发现古纸》，《文物》1977 年第 1 期。

② 甘肃省博物馆：《武威磨咀子三座汉墓发掘简报》，《文物》1972 年第 12 期。

③ 湖北省文物考古研究所：《江陵凤凰山一六八号汉墓》，《考古学报》1993 年第 4 期。

④ 朱锡禄：《嘉祥汉画像石》，山东美术出版社，1992 年，第 76 页，图 101。

⑤ 邹城市文物管理局：《山东邹城市卧虎山汉画像石墓》，《考古》1999 年第 6 期。

图三 -20　山东嘉祥洪山出土祠堂画像石中的制车轮画像

两侧以木榫连接船舷，船舷是用独木剖而为二做成，底板和船体全部用木榫严密相接[①]。考古发掘出土一些汉代的独木舟，应为等级不高或经济实力一般的家庭制作和使用，主要有福建连江浦口山堂出土的一艘西汉独木舟[②]、江苏如东汤园发现的一艘东汉独木舟[③]、广东化州石宁发现的六艘东汉独木舟[④]等。连江浦口山堂西汉独木舟尾中部有凸起木座，可能是行舟时掌舵者的站位，近舟首两侧舷上凿有对称的凹槽，应是放置横板之用；如东汤园东汉独木舟，用整段树木刳成，形如梭状，船尾置蓬架和铺板，并采用榫槽及铁钉交搭拼接。化州石宁六艘东汉独木舟，制作工艺水平较高，如 2 号舟，体薄、分隔（舱）、钻孔、使用木榫等，是该地居民制作和使用的独木舟，主要用于渔业采捕等。一些地区的汉代墓葬还出土有船的模型，或木质，或陶质，也在一定程度上体现出相应的造船技术。湖南长沙出土的汉代木船模型有 16 支桨架[⑤]。广州西村汉墓出土的明器木楼船，上下三层，10 桿 1 舵[⑥]。湖北江陵凤凰

① 武进县文化馆、常州市博物馆：《江苏武进县出土汉代木船》，《考古》1982 年第 4 期。
② 福建省博物馆、连江县文化馆：《福建连江发掘西汉独木舟》，《文物》1979 年第 2 期。
③ 南京博物院，钱锋、李文明：《江苏如东发现古代独木舟》，《东南文化》1987 年第 1 期。
④ 湛江地区博物馆、化州县文化馆：《广东省化州县石宁村发现六艘东汉独木舟》，《文物》1979 年第 12 期。
⑤ 中国社会科学院考古研究所：《长沙发掘报告》，科学出版社，1957 年，第 154 页。
⑥ 广州市文物管理委员会、广州市博物馆：《广州汉墓・上册》，文物出版社，1981 年，第 246 页。

山 M168 出土木船模型 1 件（M168 ∶ 70），船身整木雕凿而成，中部宽，两端窄，全长 71 厘米，底部两端呈流线形上翘，以减少流水阻力，是符合力学原理的，舱面首尾两端呈平面，中部掏空留出旁板构成底舱，船舱两侧板由两块木板构成，有前山墙和后山墙，悬山顶，由两块木板拼合而成，船身两侧有弦板，弦板两端各有三个小洞，船上有木桨五支，划船俑五件，墓内出土的竹简对该船有记载①。广州地区汉墓出土的船模型较多，西村皇帝岗汉墓出土的木船模型，船面较平，两端微上翘②（图三 -21）；德庆汉墓出土陶船，分前、中、后三舱，前为头舱，中为楼舱，后为舵舱，头舱为操作之处，楼舱为梁柱结构，为该船主体③；先烈路东汉墓出土陶船，船前有锚，船后有舵，装在船尾专设的舵楼中，通过舵室固定在尾部④。出土船模型的墓葬，大多具有一定的等级，但又不是太高等级，而模型船所对应现实中的船，部分当为墓主家庭使用的船。

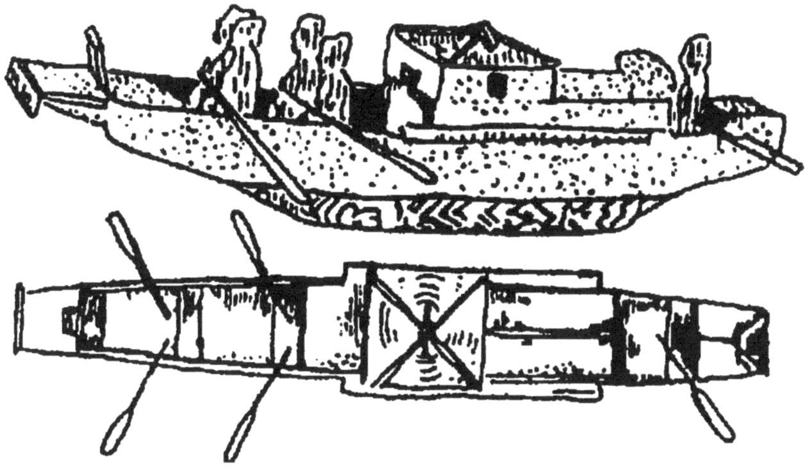

图三 -21　广州西村黄帝岗汉墓出土木船模型

3. 砖瓦烧造

秦汉时期，尤其是汉代，砖瓦逐渐成为家庭中房屋及相关设施如水井、仓储、水道、厕所、圈棚等的建筑材料，河南洛阳汉河南县城东区汉代居住遗址，发现砌砖方仓 1 个，圆囷共 8 个，有土、砖圆囷之别；有的房屋用条砖砌墙，全部使用单行平铺错缝砌法，中段的西汉房基 1 处（312 号），墙壁发现砖柱，是作为安置房柱

① 湖北省文物考古研究所：《江陵凤凰山一六八号汉墓》，《考古学报》1993 年第 4 期。

② 广州市文管会：《广州皇帝岗西汉木椁墓发掘简报》，《考古通讯》1957 年第 4 期。

③ 杨耀林、谭永业：《广东德庆汉墓出土一件陶船模型》，《文物》1983 年第 10 期。

④ 广州市文物管理委员会：《广州市东郊东汉砖室墓清理记略》，《文物》1955 年第 6 期。

而设的；南段共发现东汉房基 3 处，其中使用铺地砖者 1 处；水井壁砌砖，采用平铺斗角砌法[①]。河南内黄三杨庄汉代庭院遗址中，第一处庭院遗存（Ⅰ区）南边一间房屋的南、北墙基底铺有一层小砖，为三块砖顺砌，总宽约 0.45 米，另有瓦屋顶；庭院基础的东北角清理出一处较大面积的碎瓦片、砖块和陶器残片堆积区；庭院基础的西边沿中部清理出一个呈簸箕状的小拌泥池；院落基础的东南角清理出部分堆放整齐的板瓦和筒瓦，其中板瓦 5 摞、筒瓦超过 10 摞[②]。第二处庭院遗存，水井位于庭院南大门外东南侧约 9 米，为砖砌圆形竖井，大门东侧向南有一条用残砖瓦铺就的小便道，通向水井位置；南大门外约 10 米处的编织遗存，四角有 4 垛砖，平面形成长方形；该处庭院的房屋多为瓦顶，主房墙体有 2 层砖基础，墙基宽 0.6 米左右，多内凹不平，砖多为整砖平铺；厕所便槽为砖砌，平面呈南北向长方形[③]（图三 -22）。

图三 -22　河南内黄三杨庄汉代聚落遗址第二处庭院中的厕所遗存

可以看出，秦汉尤其是汉代，特别是西汉晚期至东汉时期，家庭中对砖瓦等的需求量较大，且使用于不同方面，这也在一定程度上促进了家庭砖瓦窑的发展。辽宁辽阳三道壕西汉村落遗址共发掘了七座砖窑址，产品可满足相关家庭的需求，而一些剩余产品又可销售给有需求的家庭，可以说，该村落遗址的砖窑，体现了农民由副业生产的情况渐渐转向专业化生产了[④]（图三 -23）。

汉代家庭对于砖瓦等的烧造还有一项重要内容，即墓地陶窑。考古发现的汉代墓地陶窑数量多，时代跨度长，分布地域广，墓葬等级也较多样，体现出发展中的推广、数量递增

① 黄展岳：《一九五五年春洛阳汉河南县城东区发掘报告》，《考古学报》1956 年第 4 期。

② 河南省文物考古研究所、内黄县文物保护管理所：《河南内黄县三杨庄汉代庭院遗址》，《考古》2004 年第 7 期。

③ 河南省文物考古研究所、内黄县文物保护管理所：《河南内黄三杨庄汉代聚落遗址第二处庭院发掘简报》，《华夏考古》2010 年第 3 期。

④ 东北博物馆：《辽阳三道壕西汉村落遗址》，《考古学报》1957 年第 1 期。

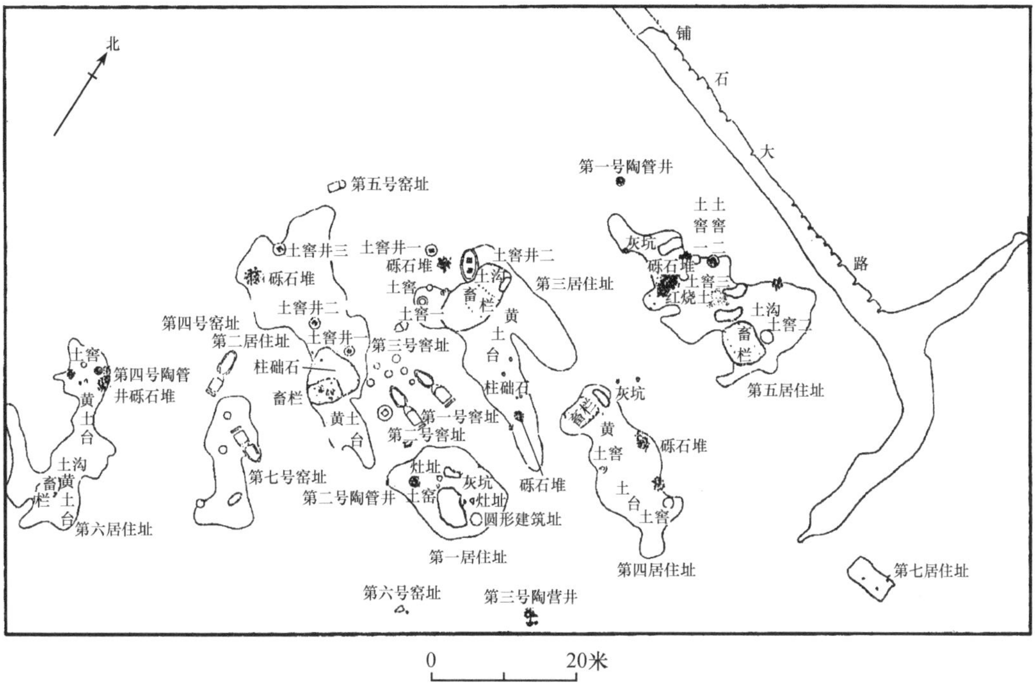

图三 -23　辽宁辽阳三道壕西汉村落遗址遗迹分布图

及不断普及等特征。较多墓地陶窑直接服务于某一或多个家庭、家族成员墓葬的修建，一些还制作陪葬品，既方便使用，也节省开支，墓地之中、边缘或附近有足够场地，便于建窑、取土及制坯、存放等，同时还能根据需要生产具有特殊性的建墓材料和陪葬器物，这些因素应是墓地陶窑在中小型墓葬的墓地中得以推广普及的重要原因；此类陶窑的产品基本不见生活用品，也不用于贸易，且就地使用，故不存在私营性质，或私营作坊的特征较弱，是家庭或家族在丧葬方面的自产自用；也有一些陶窑既生产丧葬用陶，也生产日用陶器，或为家庭、家族自产自用，或具有私营性质，即相关产品用于贸易，以获取相应利益；具有私营性质的陶窑为满足需求，可能是多窑并存，产品种类较多①。河南新乡北站区前郭柳村发现汉墓 7 座、陶窑 6 座，关系密切，陶窑与家庭成员的墓葬有着较密切关系②。湖北省襄阳老河口柴店岗发掘 1 座西汉中晚期陶窑，主要烧制日常用陶、丧葬用陶及建筑用陶等，窑址东北有西汉墓③。四川省广安武胜匡家坝发现一处汉代窑群，有 5 座陶窑，专烧墓砖④。贵州省沿河县洪渡镇发现大量汉代砖、石室墓及 5 座陶窑，窑以烧制墓

① 刘尊志：《汉代墓地陶窑及相关问题》，《文物》2019 年第 11 期。

② 新乡市文管会：《新乡北站区前郭柳村汉代窑址发掘》，《考古》1989 年第 5 期。

③ 老河口市博物馆：《老河口市柴店岗砖厂汉代窑址清理简报》，《江汉考古》2004 年第 4 期。

④ 重庆市博物馆，陈丽琼：《四川武胜匡家坝汉代砖窑试掘记》，《考古与文物》1980 年第 2 期。

葬砖瓦为主，兼烧小件陶器[①]。

大致来看，有相应等级或一定经济实力的家庭，砖瓦烧造的人员为徒附或相关人员，平民及相近级别人员家庭则基本为家庭成员，尤以男性成员为主，而且很多时候可能是多个家庭的联合，这在墓地陶窑中表现得更为明显。针对某一座或某一处墓地陶窑，大多应存在相对固定的取土场所、制坯与存放坯料的场所、成品临时存放场所；窑的形制及烧窑技术、燃料等基本与本地区同时代的窑相似，形制以单火膛为主，火膛前或有或无操作坑，主体由窑门、火膛、窑床、烟囱等组成；技术方面，有使用相关支座、垫片者，烧窑时尽可能高温焙烧坯料且使其均匀受热，保证质量和成品率，烧造灰陶质物品时需浸洇氧化，要考虑浸水时机和浸水量；燃料以木材、干草或秸秆为主，有的已用煤作燃料，但并不普遍。有的陶窑附近还会有水井、废料盛放坑等配套设施，体现出汉代家庭服务于死者墓葬的砖瓦烧造手工业全面发展，而这也是家庭保障的内容之一。

4. 其他家庭手工业

秦汉时期的家庭手工业内容多样，这与该时期家庭自身的发展和需求、社会的整体发展及相互作用等存在较多联系。除上述几项内容外，秦汉时期的家庭手工业还包含更多的内容，如石料的开采与加工及酿酒、制菹等食品加工手工业等。

有些家庭出于自身需求，开采相关石料后再根据具体要求进行加工，或用于家庭建筑和铺砌，或加工成器具如石几、石榻、石磙、石磨等；有些家庭中，男性为专门的石匠，或加工一些石制品用于销售，或在其他家庭需要开采、加工石料时，到需求地进行石工操作，而这也应是家庭手工业的一种形式。由于汉代尤其是西汉晚期至东汉时，画像石在一些地区较为流行，与石工手工业相对应的除石匠外，还有画师等人员。有学者指出，四川地区在汉代尤其是东汉时期，已有专门从事与丧葬有关的专门石匠和画匠[②]。苏鲁豫皖交界地区是汉画像石分布较密集的地区，东汉时该地区已有专门从事画像石雕刻的工匠群存在[③]，这可从相同或不同地点出土的技法与风格无差异、画像内容基本一致的画像石看出。该地区的一些祠堂画像石的刻铭文字也有体现，徐州铜山汉王镇东沿村出土祠堂画像石刻有“为石室直五千泉工莒少郎所为”等文字[④]，嘉祥宋山出土东汉许安国祠堂题记有“募使名工，高平王叔、

① 贵州省博物馆考古队：《贵州沿河洪渡汉代窑址试掘》，《考古》1993 年第 9 期。

② 唐光孝：《试析四川汉代葬俗中的商品化问题》，《四川文物》2002 年第 5 期。

③ 徐州博物馆：《江苏徐州市清理五座汉画像石墓》，《考古》1996 年第 3 期。

④ 王黎琳、李银德：《徐州发现东汉画像石》，《文物》1996 年第 4 期。

王坚、江湖、栾石、连车"[①]，东阿芗他君石祠题记有"使师操义，山阳瑕丘荣保，高平画师代胜、邵强生等十余人"[②]等文字，对石工、画工及石料开采和加工的内容均有描写和叙述。

酿酒工艺在秦汉时期获得较大发展，并成为较多家庭自身手工业的内容之一。一些中小型墓葬出土与酿酒有关的器物，还有酿酒作坊的模型出土，洛阳涧西七里河东汉墓出土的陶作坊模型，由一陶房和四十余件其他陶器组成，房内、房外放置案、桌、盆、罐、杯、盘、壶、扁壶、火炉、臼、耳杯、漏斗等12种器物，推测为酿酒作坊的模型[③]。一些家庭酿造的酒可供家庭使用，一些家庭则酿酒出售。汉代壁画与画像中，反映家庭饮食或庖厨的内容较多，部分会有酿酒画像，如山东诸城前凉台东汉画像石墓[④]（图三-24）、河南密县打虎亭东汉墓[⑤]、内蒙古和林格尔东汉壁画墓等出土的庖厨或食品加工画像石画像或壁画等，所反映的基本都是家庭酿酒手工业。四川成都曾家包东汉M1西后室后壁画像下部为酿酒图，自下而上，从女郎提水、牛车送粮、炊者烹煮到列坛盛酒，组合紧密，生动地描绘了酿制美酒的过程，而所余酒糟作为饲料，成群的禽畜分布在周围吃食酒糟，反映的生活气息较浓厚[⑥]。上述画像或壁画反映的家庭酿酒基本是供家庭使用，也有家庭酿酒并

图三-24　山东诸城前凉台东汉墓出土庖厨画像中的酿酒图

① 济宁地区文物组、嘉祥县文管所：《山东嘉祥宋山1980年出土的汉画像石》，《文物》1982年第5期。

② 罗福颐：《芗他君石祠堂题字解释》，《故宫博物院院刊》1960年总第2期。

③ 洛阳博物馆：《洛阳涧西七里河东汉墓发掘简报》，《考古》1975年第2期。

④ 诸城县博物馆：《山东诸城汉墓画像石》，《文物》1981年第10期。

⑤ 河南省文物研究所：《密县打虎亭汉墓》，文物出版社，1993年。

⑥ 成都市文物管理处：《四川成都曾家包东汉画像砖石墓》，《文物》1981年第10期。

销售的内容。最具代表性的为四川成都市新都区新农乡出土的酿酒画像砖画像，画像上端为歇山顶的屋顶，屋前垒土为炉，炉内放置三个酒瓮，瓮口似有管与炉面相通，炉的后面有一酿酒的大釜，一人衣袖高挽，左手靠于釜边，右手在釜内操作，其右一挽髻女子似在帮其操作，屋子的后壁上挂有两个壶状容器，屋外有一人作观看状，左面上端一人，双手推着载有方形容器的独轮车离去，其下一人肩挑酒瓮，回首后顾，此二人应是荷酒贩鬻者[①]。该画像较生动地体现出家庭酿酒作坊酿酒及出售的情况。

制菹为食品加工的内容之一，是在密封的环境下通过腌制等手段制成食品，既美味又可保存较长时间，较多家庭掌握了制菹技术。另有制酱、做豉、制糖、做饼及加工脯腊等食品加工内容，一方面可满足家庭自身所需，另一方面可将多余的加工食品用于出售，而且有的家庭还可能从事专门的食品加工，这使得上述内容形成相关家庭的食品加工手工业内容，如有人因卖豆豉而成为富人，相关产品如“鲁门豆豉”在当时较为出名。食品加工方面还有一项手工业内容，即屠宰，家庭中的简单屠宰不能称为手工业，但大批量或针对不同动物的屠宰且用于销售的，可称之为家庭屠宰业。四川邛崃出土的一块市集画像砖下部有两组画面，右侧为一人置案销售杀好的鱼，一人正在买鱼，左侧案几上放有杀好的鸡、鸭、鹅、兔等，有顾客正在问价[②]。

5. 相关问题

秦汉家庭手工业种类丰富多样，生产或制作的物品主要是满足家庭所需，也有一些产品在有剩余的情况下可进行出售，甚至还有家庭存在专门的手工业生产并将产品销售的情况，体现出这一时期家庭手工业与商业尤其是民间小型商业贸易之间的密切关系，而其整体上又与秦汉家庭的特征、经济形态、物质与精神生活、丧葬需求等紧密相关。

各种家庭手工业的劳动者基本是家庭成员，一些是家庭中的主体成员，一些有相应等级或经济实力的家庭，则多为家庭的附属人员，如徒附、工匠等，整体上以男性人员居多，但纺织、食品加工等又以女性居多。管理方面，一般平民家庭由家庭的主体成员进行管理，但很多则是无管理的自由性工作，由从事手工操作的人员自身掌控质量和进度等内容；有相应等级或经济实力的家庭，或由家庭的主体人员负责管理或监督，或安排、委派家庭中有相应地位或权力的家吏进行

① 《中国画像砖全集》编辑委员会:《中国画像砖全集 · 四川汉画像砖》，四川美术出版社，2006年，图版第95页，图版说明第53页。

② 高文主编:《中国巴蜀新发现汉代画像砖》，四川美术出版社，2016年，第6页。

管理、协调、监督等。

手工业作坊的场地，与丧葬相关的或位于墓地，或在庭院内外，其他手工业则是庭院内外皆有，冶铁铸造在户外，纺织、酿酒等则多在房屋内。就家庭手工业的技术来讲，既有传承，也有交流，有相应等级或经济实力的家庭，或具有专门性的手工业生产，另外还存在学习、推广技术，甚至也有新技术的创造等，有关家庭亦有在相应目的与需求下的尝试、实验与探索，这些均在很大程度上促进了秦汉家庭手工业技术的创新与发展。生产形式方面，有根据需求的自主生产，也有很多存在针对性和目的性，前者在一般平民家庭中较为突出，主要是满足家庭需求；后者则多为具有相应等级或经济实力的家庭，有些手工业生产可能颇具规模，并有一定的针对性，当然还会有专门性或从事商业出售的家庭手工业生产。

总的来看，秦汉家庭手工业生产的内容较为丰富，不仅丰富了秦汉家庭的物质内容与种类、服务于家庭的精神生活、满足着相应的丧葬需求，还从多个方面体现出与之相关的商品买卖及手工业劳动者、场地、技术等内容，对研究秦汉家庭及秦汉手工业的发展、内容、内涵等均具有相应的参考价值。

（三）家庭饲养

秦汉时期，较多的家庭都会饲养一些动物，一方面可服务于家庭生产、满足家庭食用肉食或禽蛋等所需，另一方面也可为家庭带来一定的经济收入，而有些家庭饲养动物还可以辅助积肥、看家护院，甚至有些动物还会被当作宠物，综合为家庭生产、生活提供了相应的保障和补充。与饮食相关的内容，既有较多的实物资料，也有画像资料，另外还有一些简牍资料等。画像资料体现出食品加工与种类等，山东诸城前凉台东汉墓出土的庖厨画像石画像中有宰牛、羊、猪及杀鸡、屠狗等内容，还刻画了悬挂龟、鱼、雁、鸟、兔、猪头及不同动物的腿肉等[①]。江苏徐州铜山汉王东沿村出土编号第 3 石的画像中所刻房屋内，上方悬挂鹅、猪腿、鱼等，有人绑狗待杀之，编号第 6 石的画像中有悬挂的猪腿和鱼，并悬挂狗、羊，还有一只动物四足被绑缚，尚未宰杀[②]。湖南沅陵虎溪山 M1 出土《美食方》中提及作为菜肴的肉食原材料有家养畜禽类中的马、牛、羊、豕、犬、鸡，另有牛肩掌、牛北（背）膂、心、肺、膏等[③]。内蒙古和林格尔东汉壁画墓后室南壁所绘庄园图中，有马厩和牛、羊圈，彼此分开，空地上鸡、猪成群，体现出动物的饲养，另有牧马图，相

① 诸城县博物馆，任日新：《山东诸城汉墓画像石》，《文物》1981 年第 10 期。

② 徐州博物馆：《徐州发现东汉元和三年画像石》，《文物》1990 年第 9 期。

③ 湖南省文物考古研究所、怀化市文物处、沅陵县博物馆：《沅陵虎溪山一号汉墓发掘简报》，《文物》2003 年第 1 期。

对的壁面上还有牧牛图，前室北耳室东壁亦有牧羊图，均体现出庄园饲养动物的内容[①]（图三-25）。

图三-25 内蒙古和林格尔东汉壁画墓出土牧牛图与牧马图

牛、马、驴、骡等家畜在我国古代以农为主的家庭中多有饲养，其主要功能是服务于家庭生产和出行，另外还可以提供肉食及积肥储粪。秦汉时期，牛、马最为常见，驴也开始得到饲养和使用。这些家畜形体较大，一方面可用于农业生产，如牛，可拉车，可牵引耕犁，也可在粮食加工时拉动石磙等；马可拉车，有时也用于耕犁等方面的牵引；驴可拉车，亦见拉动耕犁者。汉代用于农业的车有大车、驴车、独轮车等。大车又称牛车，上文所述江苏睢宁双沟出土牛耕图中有拉运肥料的牛车画像，驴车即由驴作为畜力拉动的车，有时大车或驴车也可能由马拉动，江苏徐州地区散存的画像石资料中还有驴、牛拉犁的画像[②]（图三-26：1）。另一方面，这些家畜被用于出行，以马车最为常见，考古资料中既有真车马、模型车马、车马器等出土，也常见车马画像与壁画，涉及的车的种类较多，而且还有1马、2马、

① 内蒙古自治区博物馆文物工作队编：《和林格尔汉墓壁画》，文物出版社，1978年，第20、21页。

② 刘尊志：《徐州汉墓与汉代社会研究》，科学出版社，2011年，第185页。

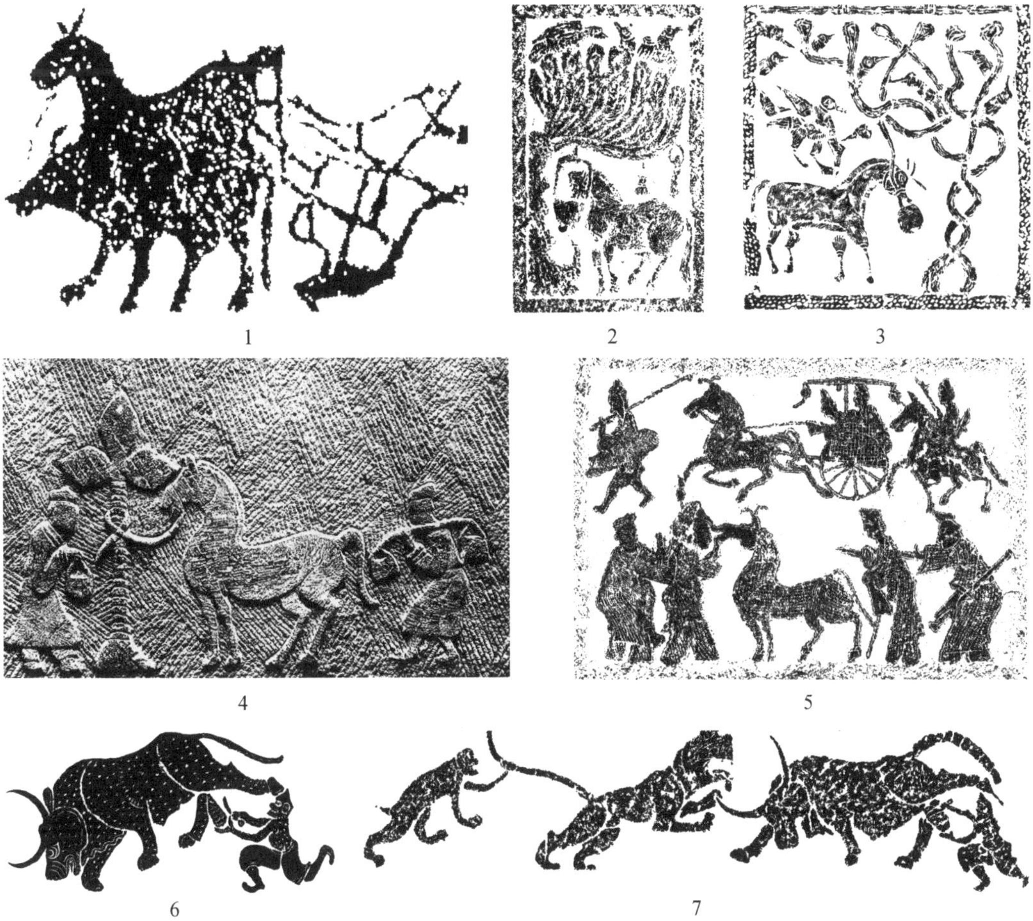

图三 -26　与汉代家畜饲养有关的画像石画像

1. 江苏徐州散存汉画像石中驴、牛拉犁画像　2. 江苏徐州贾汪佛山出土树下喂马画像　3. 江苏睢宁出土树下喂马画像　4. 四川荥经东汉石棺一侧的饲马画像　5. 山东邹城卧虎山 M2 出土伯乐相马画像　6、7. 河南南阳城关镇潘河东岸东汉墓出土阉牛画像（6. 东关村汉墓　7. 城关镇汉墓）

4 马拉车的区别，牛车在汉代画像中也有发现。这些家畜也可提供肉食，一些地区汉墓中出土的木牍有相关记录，如湖南长沙望城坡渔阳墓出土木楬（B：570）有墨书“牛脯廿五束”[①]；也见有马骨、牛骨等实物，如江苏徐州市区南郊凤凰山西汉 M1[②]、东郊翠屏山西汉墓[③]等均出土有牛骨，或具有一定的祭祀性质，但也表明牛肉及牛骨作为食品陪葬于墓葬中的可能。牛、马、驴、骡等一般在卷棚内饲养，吃剩的食物及产生的粪便等又可不断用于积肥，定期清理后可作为肥料用于田地。用于

① 长沙市文物考古研究所、长沙简牍博物馆：《湖南长沙望城坡西汉渔阳墓发掘简报》，《文物》2010 年第 4 期。

② 徐州博物馆：《江苏徐州凤凰山西汉墓的发掘》，《考古》2007 年第 4 期。

③ 徐州博物馆：《江苏徐州市翠屏山西汉刘治墓发掘简报》，《考古》2008 年第 9 期。

车马出行或其他方面的马匹，在暂时不使用或休憩时，需进行喂食或饮水。汉代壁画和画像中多见树下拴马的画像，而且很多会在树上挂有喂马的器具。江苏徐州贾汪佛山画像石墓出土的一块画像石，画面为一棵枝叶茂盛的大树，树上栖息三鸟，树下拴系一马，马前树下似站立一人，树枝上挂一篮形马槽，马将头伸进马槽内正在吃草料，在树枝上还挂有二物，亦为马具[①]（图三-26：2）。睢宁县出土的一块竖长方形画像石，画面分两格，上格为人物，下格为树下拴马，树上及树旁有九只鸟儿，一匹马在树下正在吃食兜中的食物[②]（图三-26：3）。四川荥经东汉石棺一侧残存浮雕饲马图，左有树，马拴树上，昂首嘶鸣，马前一饲马者提一桶正欲喂马，后有一人挑一担桶运送饲料[③]（图三-26：4）。这一时期，对牛、马、驴、骡的饲养和使用也存在区分标准，如马，有人会通过多方面的观察来确定是良马还是劣马，即懂得相马术。山东邹城西汉晚期的卧虎山M2南石椁北椁板内侧即出土有伯乐相马的画像[④]（图三-26：5）。另外，为保证一些雄性动物的良好生长，这一时期针对它们的还有阉割技术，河南南阳方城城关镇等地出土的汉代画像中见有阉牛图。一幅出土于东关村潘河东岸，刻于墓门右上门楣石，画像为斗牛拒龙阉割图，一勇士奋身张臂，右拒一龙，左拒一牛，牛后刻一阉者，头戴尖顶帽，赤臂挺胸，趁牛全力前觝，抬左后腿扑前之际，用左手托抓牛睾丸，右手紧握利刃待割[⑤]（图三-26：6）。另一幅亦出土于城关镇潘河东岸，墓门左下门楣石，画像为驱魔逐疫图，中部刻一虎一牛相斗，虎猛扑，牛以角相抵，虎后刻一猿，牛后刻一阉者，戴尖顶帽，左手抓牛睾丸，右手割之[⑥]（图三-26：7）。

羊、猪等家畜基本是以提供肉食为主，兼带积肥。河北保定满城M1主室棺床前漆盘中发现乳猪骨架一具，骨上有经火烧烤的痕迹[⑦]。山东章丘市洛庄汉墓陪葬坑中，K3出土用草编袋包裹，并用封泥封存的动物骨骼，主要是羊和猪的腿骨[⑧]。新疆地区一些汉墓出土的木盘中盛有羊腿骨、羊肉、羊头、羊骨等[⑨]。新疆民丰县东汉

---

① 徐州博物馆：《江苏徐州佛山画像石墓》，《文物》2006年第1期。

② 仝泽荣、武利华、田忠恩、陈剑彤：《睢宁汉画像石》，山东美术出版社，1998年，第80页。

③ 荥经县文化馆，李晓鸣：《四川荥经东汉石棺画像》，《文物》1987年第1期。

④ 邹城市文物管理局：《山东邹城市卧虎山汉画像石墓》，《考古》1999年第6期。

⑤ 南阳市博物馆、方城县文化馆：《河南方城东关汉画像石墓》，《文物》1980年第3期。

⑥ 南阳地区文物工作队、方城县文化馆：《河南方城县城关镇汉画像石墓》，《文物》1984年第3期。

⑦ 中国社会科学院考古研究所、河北省文物管理处：《满城汉墓发掘报告》，文物出版社，1980年，第30页。

⑧ 济南市考古研究所、山东大学考古系、山东省文物考古研究所、章丘市博物馆：《山东章丘市洛庄汉墓陪葬坑的清理》，《考古》2004年第8期。

⑨ 新疆文物考古研究所、新疆大学历史系、吐鲁番地区博物馆、鄯善县文化局：《新疆鄯善三个桥墓葬发掘简报》，《文物》2002年第6期；新疆文物考古研究所：《新疆尉犁县营盘墓地1999年发掘简报》，《考古》2002年第6期。

合葬墓出土有小羊骨架一副，分放在两个木碗内[①]。北京大葆台 M2 出土陶罐中有不少肉已烂完的动物骨骼，为鸡和猪[②]。羊在汉代也会用于拉车，但其在画像石中出现，多与仙界有关，可能是取义“羊”、“祥”相通的寓意，汉代的现实世界中，羊拉车还是极少见的。山东苍山出土元嘉元年（151 年）画像石的墓葬前室东壁横额画像中，车骑由一导骑及两小軿车组成，前车驾一马，后车驾羊，对应的文字刻铭中也有“小车軿驱驰，相随到都亭，游徼侯见，谢自便。后有羊车。象其䡎上即圣鸟乘浮云”等文字[③]。山东滕州市桑树镇大郭村出土的一块画像石，画像中既有双鱼、西王母、人物等，也有牛、羊拉车的内容[④]。羊、猪基本都是圈养。羊圈相对简单，吃剩的食物还有其排泄的粪便等可不断积肥，也有一些拴养者，山东沂南画像石墓中室南壁上横额东段左侧画像中刻有五脊两层仓房，仓前有家禽数只，左后有树，拴有羊一只，作趴卧休息状[⑤]，体现出家庭中对家禽和家畜的饲养。猪圈则较羊圈相对复杂，这与羊、猪两种动物生活习性的差异有关。猪圈一般由圈棚、院等组成，有的棚外院内还有水池，以便于猪的日常活动，同时又可用于积肥。与积肥关系最密切的是较多猪圈与人用厕所相连，人用厕所多有泄粪孔与猪圈内相通，更利于积肥，考古发掘出土的较多汉代陶猪圈模型皆是如此。汉代生活遗址中也有猪圈等牲口圈类遗存发现，以辽宁辽阳三道壕西汉村落遗址为例，较多宅院有厕所土沟与木棚畜圈，其中第三居住址的房址西端洼坑中有方形畜圈，是农家积肥的特殊设施，畜圈后不远有土沟一道，窄而深，中存灰黑朽土，当是厕所便坑；第四居住址的房址西端洼坑中有长 6 米上下的方形大畜圈，畜圈后有一小灰坑，中有几块大平石，可能用作厕所；第五居住址的房址东面不远低洼处有大畜欄，圈西侧有深土沟一道，推测是厕所遗址。可以看出，遗址中厕所与畜圈相接确实能够便于积肥[⑥]。

饲养鸡、鸭、鹅等家禽主要是用于食用，既有对肉食的食用，也有对蛋卵的食用。关于家禽作为肉食的资料，上文已有举例。鸡在这一时期，多数时间为散养，这在汉代壁画及画像石（砖）画像中均有较多体现，但在休息时，鸡多栖于鸡圈或鸡棚，下蛋时也多有相对固定的鸡窝，这与鸡蛋易碎有关，而鸡窝则使得

---

① 新疆维吾尔自治区博物馆：《新疆民丰县北大沙漠中古遗址墓葬区东汉合葬墓清理简报》，《文物》1960 年第 6 期。

② 大葆台汉墓发掘组、中国社会科学院考古研究所：《北京大葆台汉墓》，文物出版社，1989 年，第 63、73 页。

③ 山东省博物馆、苍山县文化馆：《山东苍山元嘉元年画象石墓》，《考古》1975 年第 2 期。

④ 中国画像石全集编辑委员会编：《中国画像石全集·第 2 卷·山东汉画像石》，山东美术出版社，2000 年，第 196 页，图版二〇四。

⑤ 南京博物院、山东省文物管理处：《沂南古画像石墓发掘报告》，文化部文物管理局出版，1956 年，图版 48（下）、104（2）；山东博物馆：《沂南北寨汉墓画像》，文物出版社，2015 年，第 54、55、115 页。

⑥ 东北博物馆：《辽阳三道壕西汉村落遗址》，《考古学报》1957 年第 1 期。

鸡蛋易于搜集。鸡又是家庭饲养普遍且下蛋率较高的家禽，这与目前考古发现的家禽卵大多数为鸡蛋可对应起来。山东章丘市洛庄汉墓陪葬坑中的K4放置有各种陶禽俑，有鸡和其他各种禽鸟等，还发现一箱鸡蛋和一些鱼骨①。湖南长沙马王堆M1出土竹笥中，有的笥内盛有鸡蛋②。江苏徐州市东郊翠屏山西汉墓出土的鸡蛋置于罐中③，市区凤凰山西汉M1出土的鸡蛋与牛骨等置于器物之外，单独存放④。鸭、鹅在栖息时也多数在圈棚中，不过鸭、鹅的饲养和生长多与水有关，且还需散养，较多鸭、鹅会在水边下蛋，搜集难度相对较大，这也是鸭蛋和鹅蛋在考古资料中少见的原因之一。四川成都出土一块东汉放鸭画像砖，画像描绘的是农村河岸边放鸭的场景，图的左侧有四人，手持竹竿赶着一群鸭子下河，鸭子有的觅食，有的游弋、戏斗，而河岸边的水草较为茂盛，十分适合放鸭⑤（图三-27）。

图三-27　四川成都出土画像砖上的放鸭画像

狗为秦汉时期较多家庭可能会饲养的家畜，它既可以提供肉食，又可作为宠物，还可看家护院，为家庭提供一定的安全保障。狗的饲养可提供肉食，这在《史记》中有记载："舞阳侯樊哙者，沛人也。以屠狗为事，与高祖俱隐。"⑥江苏徐州市

---

① 济南市考古研究所、山东大学考古系、山东省文物考古研究所、章丘市博物馆：《山东章丘市洛庄汉墓陪葬坑的清理》，《考古》2004年第8期。

② 湖南省博物馆、中国科学院考古研究所：《长沙马王堆一号汉墓》，文物出版社，1973年，第111页。

③ 徐州博物馆：《江苏徐州市翠屏山西汉刘治墓发掘简报》，《考古》2008年第9期。

④ 徐州博物馆：《江苏徐州凤凰山西汉墓的发掘》，《考古》2007年第4期。

⑤ 高文主编：《中国巴蜀新发现汉代画像砖》，四川美术出版社，2016年，第3页。

⑥ （西汉）司马迁撰，（南朝）裴骃集解，（唐）司马贞索引、张守节正义：《史记·樊哙列传》，中华书局，1959年，第2651页。

南部土山东汉 M3 的墓道近封门处出土一件陶㼛形罐，内有较多狗骨，推测为炖煮后盛放至罐内用作祭祀或作它用的[①]。秦汉家庭对狗的饲养与看家护院有一定的关系，这与狗较为机灵、反应较快，对外界动静较为警觉，进而可发出较大声响的吠叫声有关。汉代墓葬中出土的一些陶狗呈站立状，较为肥硕，嘴张，牙外露，较多颈部有拴系的项圈，腹部有套，项圈与套结合于脖子偏下部，多为看家护院的狗。此类狗俑在河南南阳地区出土较多，其他地区也有一定数量，如河北保定涿州凌云集团新厂 M1：21，面部清晰，仰头张嘴，牙齿外露，眼部用朱色圈成椭圆形眼眶，上下颌的须用黑色短线绘出，四腿分开，蹄足清楚，颈部项圈为宽带状，系绳[②]。汉代画像中的一些狗也具有明显看家护院的特征。河南省南阳市邓县长冢店东汉墓出土的一幅门吏画像，刻画牵獒门吏，门吏袒胸赤膊，下着短裤，双手牵獒，獒形体较大，瞋目张口，注视前方[③]。陕西绥德也出土一定数量的相关画像，四十里铺前街村画像石墓，前室后左侧石下部最下格刻一粗壮的生命树，树下一狗，双耳端竖，微昂首蹲坐于地，作前视警戒状[④]（图三 -28：1）。关于狗的这一功能，下文还将有相关探讨，此处略简。就狗而言，与家庭关系密切，是家庭成员较好的动物朋友，除上述功能原因外，还与其可参与狩猎与放牧有关，另也与其作为家庭宠物有相应的关系。宠物狗在较多墓葬中有实物出土，如江苏徐州拖龙山 M4[⑤]、奎山 M11[⑥] 等的墓室内陪葬墓主的均是一条成年小狗，多还伴出有铜铃、贝壳等物，为宠物狗当无疑问。汉代画像中此类狗也有较多体现，四川出土汉代画像砖中，成都市出土的一幅庭院画像中，有一人执帚扫地，其身旁一狗[⑦]，应是具有看家护院与宠物的双重特征；彭州市太平乡出土的一幅辎车画像中，一狗随车前行[⑧]，作为陪伴主人的宠物可能性较大；广汉新平罗家包汉墓出土的一幅市井画像中，右侧偏下有一人牵狗购物，狗形体不大[⑨]，作为陪伴主人的宠物可能性较大；彭州市出土的一幅车马出行画

---

① 笔者主持发掘，详细资料暂未发表。

② 史殿海：《涿州凌云集团新厂东汉墓发掘简报》，《文物春秋》2007 年第 3 期。

③ 《南阳汉画像石》编委会：《邓县长冢店汉画像石墓》，《中原文物》1982 年第 1 期。

④ 榆林地区文管会、绥德县博物馆：《陕西绥德县四十里铺画像石墓调查简报》，《考古与文物》2002 年第 3 期。

⑤ 徐州博物馆：《徐州拖龙山五座西汉墓的发掘》，《考古学报》2010 年第 1 期。

⑥ 徐州博物馆：《江苏徐州市奎山四座西汉墓葬》，《考古》2012 年第 2 期。

⑦ 《中国画像砖全集》编辑委员会：《中国画像砖全集・四川汉画像砖》，四川美术出版社，2006 年，图版第 25 页、图版说明第 14 页。

⑧ 《中国画像砖全集》编辑委员会：《中国画像砖全集・四川汉画像砖》，四川美术出版社，2006 年，图版第 110 页、图版说明第 63 页。

⑨ 四川省文物考古研究院、广汉市文物保护管理所：《四川广汉市罗家包东汉墓发掘简报》，《四川文物》2016 年第 1 期。

像，马前的伍伯作疾步奔走状，马车也在急速行驶中，马的右侧有一犬随车奔跑[①]，亦可能是陪伴主人的宠物。需作说明的是，这些画像中狗的形体均较小，且明显温顺，这也是判定其为宠物的根据之一。与车马有关系的狗在考古发掘中也见有相关实物，河北保定满城 M1，共陪葬 6 辆车，甬道东部 2 辆车，其中位于甬道西部的车，东侧有马骨架 4 具，车的周围还出土狗骨架 11 具和鹿骨架 1 具，车为真车，狗和马都是杀殉的[②]。内蒙古和林格尔东汉壁画墓的前室北耳室东壁绘有牧羊图，图中有坞壁，周围放牧着羊群，羊群之中还绘有 3 只黑犬，应是为了防备豺狼，保护羊群的[③]（图三 -28：2）。

1 2

图三 -28 汉墓出土看门犬画像与牧羊壁画

1. 陕西绥德四十里铺前街村画像石墓前室后左侧石下部看门犬画像

2. 内蒙古和林格尔东汉壁画墓前室北耳室东壁牧羊图

就秦汉家庭来讲，饲养的动物种类较多。一些等级地位较高的家庭还会饲养一定数量的野生动物。江苏徐州狮子山汉墓出土有玉豹，北洞山汉墓出土有玉熊，二墓皆为西汉楚王的墓葬，从出土的玉豹、玉熊形状来看，现实动物应为饲养的动物，不仅温顺可爱，而且颈部系圈，十分精致。其他动物如骆驼、兔子、鹦鹉等，在一些家庭中也可能有饲养。另外，北京市大葆台 M1 出土的陶瓮、壶等中多发现有动物骨骼，经鉴定，除猪、鸡、兔等外，还有猫的骨骼[④]。其他一些地区出土的捕

① 高文主编：《中国巴蜀新发现汉代画像砖》，四川美术出版社，2016 年，第 41 页。

② 中国社会科学院考古研究所、河北省文物管理处：《满城汉墓发掘报告》，文物出版社，1980 年，第 179 页。

③ 内蒙古自治区博物馆文物工作队编：《和林格尔汉墓壁画》，文物出版社，1978 年，第 21 页。

④ 大葆台汉墓发掘组、中国社会科学院考古研究所：《北京大葆台汉墓》，文物出版社，1989 年，第 35 页。

鱼图中还见有鱼鹰，如江苏徐州市邳州白山出土狩猎画像，有两人架鱼鹰[①]。鱼鹰可帮助人们捕鱼，已属于家庭驯化饲养的动物了。

（四）相关种植

与动物饲养一样，对于植物的种植也是秦汉家庭保障的内容之一。最为重要的种植为粮食作物，其次是蔬菜水果，第三是树木，部分具有一定经济效益，部分与庭院及生活关系密切，二者也有重合，其他还有花草的种植，以便观赏，使得庭院或相关设施更具情趣。

1. 粮食与蔬菜水果种植

秦汉时期，粮食作物品种已较为丰富，主要包括黍、稷、麦、稻、麻、菽、高粱、芋等，另有荞麦、青稞、小豆、豌豆、扁豆、黑豆、胡豆、绿豆、胡麻、鹊纹芝麻等，部分是随着对外物质文化交流的不断加强而得以传入并逐渐成为较多家庭的种植作物。上文所述的一些种植、田间管理、收割等画像，生动地再现了秦汉时期农作物种植的内容和景象。

蔬菜与水果为秦汉家庭饮食及日常生活中的重要物质组成，种植相关蔬菜和水果亦是家庭生活保障的相关内容。这一时期的蔬菜种类较多，主要有葵、芥菜、蕹菜、藕、笋、芋、蘘荷、赖、葱、韭菜、芜菁、荠菜、姜、苜蓿、芫荽、黄瓜、芹菜、葫芦、荸荠、冬瓜、菠菜、萝卜、蒜等。湖南长沙马王堆M1出土的5件笥内有蔬菜茎叶，墓内还出土有葵籽、芥菜籽及蕹菜籽，100号漆鼎内有藕片半鼎，出土的简牍所记蔬菜有笋、藕、芋、蘘荷、赖等[②]。广西贵县罗泊湾M1出土有苜蓿和黄瓜，椁室中发现有冬瓜子，经鉴定为粉皮冬瓜子，出土简牍记有竹笋腌制的酢菜[③]。甘肃泾川东汉早期墓出土陶灶面上陶釜周侧有凸起的萝卜、蒜头等[④]。水果种类较为丰富，桃、梨、枣、酸枣、杏、李、柿、梅、杨梅、青杨梅、仁面、罗浮柃、广东含笑、栗子、枇杷、橘子、柑橘、柚、荔枝、桑椹、银杏、松子及香瓜、甜瓜、菱角等，为我国原产的水果；也有葡萄、胡桃（核桃）、石榴、无花果、橄榄、番木瓜、西瓜、胡瓜等，是由外传入的水果品种。湖南沅陵虎溪山吴

---

① 徐州博物馆：《徐州汉画像石》，江苏美术出版社，1985年，图265，图版说明第12页。

② 湖南省博物馆、中国科学院考古研究所：《长沙马王堆一号汉墓》，文物出版社，1973年，第80、111、154页。

③ 广西壮族自治区博物馆：《广西贵县罗泊湾汉墓》，文物出版社，1988年，第86、87页；叶静渊、俞为洁：《汉墓出土“西瓜子”再研究》，《东南文化》1991年第1期。

④ 刘玉林：《甘肃泾川发现一座东汉早期墓》，《考古》1983年第9期。

阳墓的边箱出土有桃、梨、梅等，并配有盛放水果的器皿[①]；长沙马王堆 M1 出土简文中记有枣、梨、梅、杨梅、棺等[②]；马王堆 M3 竹笥木牌所记水果有枇杷、梨、枣、橙和柚等[③]。广西合浦堂排 M2 出土铜锅内盛有荔枝[④]；贵县罗泊湾 M1 椁室出土有香瓜、橘子、李、梅、青杨梅、仁面、罗浮栲、广东含笑等，M2 后室出土有青杨梅、李、瓜子等，二墓还出土有橄榄、乌榄、番木瓜等[⑤]。江苏徐州小龟山西汉墓内一水井中发现有枣、酸枣、桃、梅、杏、李等的果核[⑥]；北洞山西汉墓附属建筑第六室内出土有葡萄[⑦]。安徽六安双墩 M1 出土有板栗、红枣及瓜类种子、不知名的果实等，其中就包括西瓜子，有些果实的果肉未朽，色泽鲜艳[⑧]。在居住区附近种植蔬菜等是以农为主家庭的内容之一。居延汉简在记述治园时，称某亭种植的 12 畦菜中，7 畦为葵，5 畦种有葱和韭菜[⑨]。河南淮阳于庄东汉墓出土的陶院落，以楼房为主，有跨院，院落内南部是旱田，共 22 垄，中间有灌溉沟和土埂[⑩]（图三 -29），该处面积不大，且较窄长，相关研究称之为一片菜畦[⑪]。居住庭院或院落之内的外侧种植蔬菜，一是便于管理，二是较安全不易被偷，三是较方便采摘。

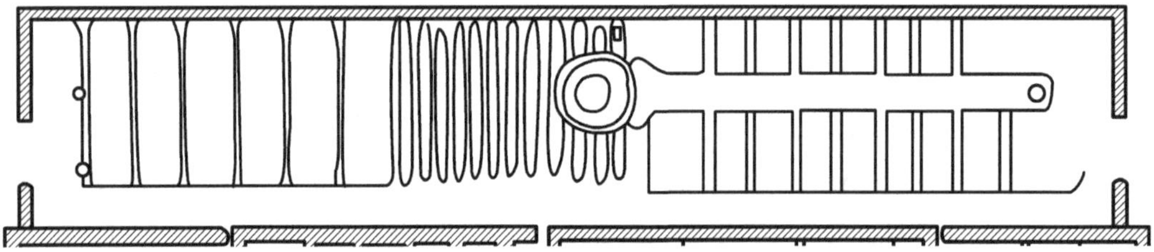

图三 -29　河南淮阳于庄东汉墓出土陶院落内菜畦

① 湖南省文物考古研究所、怀化市文物处、沅陵县博物馆：《沅陵虎溪山一号汉墓发掘简报》，《文物》2003 年第 1 期。

② 湖南省博物馆、中国科学院考古研究所：《长沙马王堆一号汉墓》，文物出版社，1973 年，第 155 页。

③ 湖南省博物馆、湖南省文物考古研究所：《长沙马王堆二、三号汉墓》，文物出版社，2004 年，第 200 页。

④ 蒋廷瑜：《广西汉代农业考古概述》，《农业考古》1981 年第 2 期。

⑤ 广西壮族自治区博物馆：《广西贵县罗泊湾汉墓》，文物出版社，1988 年，第 87、111 页。

⑥ 南京博物院、铜山县文化馆：《铜山龟山二号西汉崖洞墓》，《考古学报》1985 年第 1 期，简报附录有江苏省植物研究所左大勋先生的鉴定报告。

⑦ 徐州博物馆、南京大学历史系考古专业：《徐州北洞山西汉楚王墓》，文物出版社，2003 年，第 142 页。

⑧ 安徽省文物考古研究所、安徽省六安市文物局：《安徽六安双墩一号汉墓发掘简报》，安徽省文物考古研究所、安徽省考古学会编：《文物研究 · 第 17 辑》，科学出版社，2010 年，第 107-123 页。

⑨ 甘肃居延考古队：《居延汉代遗址的发掘和新出土的简册》；徐苹芳：《居延考古发掘的新收获》，《文物》1978 年第 1 期。

⑩ 周口地区文化局文物科、淮阳太昊陵文物保管所：《淮阳于庄汉墓发掘简报》，《中原文物》1983 年第 1 期。

⑪ 孙机：《汉代物质文化资料图说（增订本）》，上海古籍出版社，2008 年，第 225 页。

2. 植树

植树在秦汉时期已较为普遍，既有在庭院及附近植树者，也有墓地植树。

（1）庭院及附近植树

较多家庭会在房前屋后或庭院内外种植树木，一是为家庭储备木材，二是美化庭院环境、降风力及天热时提供树荫以便家庭成员乘凉，三是为家庭提供相对应的水果或可以食用的花、叶等，四是用于栓系牲口及其他用途等。河南内黄三杨庄西汉晚期庭院遗址发现多处院落，其中第二处庭院中部东侧残存有树木遗迹，5 棵树南北向排列，树直径为 14 ~ 16.5 厘米，除最南两棵间距为 0.06 米外，其他几棵间距为 0.37 ~ 0.57 米（图三 -30）；三号院落的正房后侧发现两排树木遗迹，据残存树叶判断主要是桑树[①]，这与《汉书・食货志》中所载“还庐树桑，菜茹有畦”[②]较为相符。桑树一方面可供农家采摘桑叶用于养蚕，进而与丝织业有着较为密切的关系；另一方面，桑树的果实为桑葚，又是可以食用的水果之一，且还具有一定药用价值；第三方面，桑树的枝叶较为茂密，夏日树下阴凉较大，可供乘凉。庭院内外植树的汉代画像也有发现，四川德阳黄许镇出土的甲第画像砖，画面为 1 座五脊房院，正中为大门，左右两侧各有 2 间较矮的房屋，院内两边各有 1 棵大树，枝叶茂盛，右侧树木枝条下垂，左侧树木枝叶茂密，上栖 1 鸟，还有一鸟在上空飞翔，画

图三 -30　河南内黄三杨庄汉代村落遗址第二处庭院中部东侧残存树木遗迹

① 河南省文物考古研究所、内黄县文物保护管理所：《河南内黄县三杨庄汉代庭院遗址》，《考古》2004 年第 7 期；《河南内黄三杨庄汉代聚落遗址第二处庭院发掘简报》，《华夏考古》2010 年第 3 期。

② （东汉）班固撰，（唐）颜师古注：《汉书・食货志》，中华书局，1962 年，第 1120 页。

面较美且生动[①]。上文所述四川德阳出土牛耕图的田地边及成都市出土放鸭图的荷塘边亦皆种植有树[②]。四川彭山凤鸣乡出土的六博画像砖中，双檐楼式建筑位于中部，屋内有4人席地而坐，饮酒博弈，双檐楼式建筑后有2棵对称的小树[③]。1959年河南省郑州市南关陇海路159号墓出土的封门画像砖上为庭院画像，有道路、大门、双阙，内院有建筑，院墙曲折有致，院内外树木丛生，瑞禽栖息[④]。山东沂南画像石墓前室南壁上横额画像中，一座建筑前的道路两旁均匀栽有树木，左右对称分布[⑤]。

就庭院内外种植的树木来讲，既有作为木材的树木，也可能有果树，而有些家庭则种植如桑树这样具有一定经济价值的树木。考虑到秦汉时期的水果种类已较多，一些家庭在庭院内外种植枣树、板栗树、杏树、枇杷树等的可能性还是比较大的。

院内外所植树木在一定情况下可用于拴系和喂食马匹等牲口，此类画像较为多见。江苏徐州睢宁县张圩出土的一块画像石，画面以栏隔为上下两段，上段为人物，有坐于榻上者，有站立其旁者，还有二人作跪拜状；下段刻一树，树下拴系一马，有一喂食槽，马低头吃食；邳州白山出土的一块画像石，画面正中刻一建筑，一人在建筑中抚琴，三人聆听，建筑外左侧有二人作长袖舞蹈，建筑右侧有一树，树上挂喂马食具，树下拴一马正在食草，树旁一人，或为驭者，或是喂食马匹者[⑥]。相关例子在上文还有列举，不再赘叙。

（2）村外植树

最常见的为桑树，属经济型树木，这与秦汉时期尤其是汉代丝织业的发展有较密切联系。四川新都出土的汉画像砖中有桑园图像，桑园面积大，栽植的桑树多，一侧有门类设施，桑园应是以墙大致围绕起来的，还有1人持长杆在桑园中[⑦]，由此可知该桑园具有专门种植有关树木的性质和特征。内蒙古和林格尔东汉壁画墓后室南壁的庄园图中也有桑林和采桑的场景[⑧]。另在汉代画像及壁画中还常见有“鲁大夫

---

① 《中国画像砖全集》编辑委员会：《中国画像砖全集·四川汉画像砖》，四川美术出版社，2006年，图版第111页，图版说明第64页。

② 高文主编：《中国巴蜀新发现汉代画像砖》，四川美术出版社，2016年，第1、3页。

③ 《中国画像砖全集》编辑委员会：《中国画像砖全集·四川汉画像砖》，四川美术出版社，2006年，图版第78页，图版说明第44页。

④ 河南省文化局文物工作队：《郑州南关159号汉墓的发掘》，《文物》1960年增刊。

⑤ 南京博物院、山东省文物管理处：《沂南古画像石墓发掘报告》，文化部文物管理局出版，1956年，第13-15页，图版29；山东博物馆：《沂南北寨汉墓画像》，文物出版社，2015年，第15-17、109页。。

⑥ 徐州博物馆：《徐州汉画像石》，江苏美术出版社，1985年，图254、262，图版说明第12页。

⑦ 龚廷万、龚玉、戴嘉陵：《巴蜀汉代画像集》，文物出版社，1998年，图5。

⑧ 内蒙古自治区博物馆文物工作队编：《和林格尔汉墓壁画》，文物出版社，1978年，第20、21页。

秋胡戏妻”的画面，秋胡妻亦是在村外采桑，间接体现出田地中种植树木的内容。

汉代画像尤其是画像砖中还体现出池塘边、田间地头等处种植树木的情况。四川地区出土的汉代画像砖中，大邑县安仁乡出土的“弋射”画像砖，上部分右侧较大面积为莲池，莲池左侧有 2 棵大树，树下有 2 人射鸟，下部为农田[①]；德阳柏隆镇出土的一幅农作画像砖，画面下部约三分之二为田地，有田埂，阡陌纵横，有 6 个劳作者，田地头有间距接近的 3 棵大树[②]（图三 -31）。

图三 -31　四川德阳柏隆镇出土农作画像砖画像

（3）墓地植树

秦汉家庭与栽植树木相关的还有一项重要内容，为墓地植树，即如《盐铁论 · 散不足》所载“今富者积土成山，列树成林，台榭连阁，集观增楼。中者祠堂屏阁，垣阙罘罳。”[③]《潜夫论 · 浮侈》也记有“死乃崇丧，造起大冢，广种松柏。”[④] 可见墓地植树已较普遍。柏树较为常见，另有松树、桑梓、梧桐等，还有一些被称为“灵木”的树木。《后汉书 · 袁绍传》载：“梁孝王先帝母弟，坟陵尊显，松柏桑梓，犹宜恭肃。”[⑤]《西京杂记（三）》载：“杜子夏葬长安北四里，……

① 《中国画像砖全集》编辑委员会：《中国画像砖全集 · 四川汉画像砖》，四川美术出版社，2006 年，图版第 80 页，图版说明第 45 页。

② 《中国画像砖全集》编辑委员会：《中国画像砖全集 · 四川汉画像砖》，四川美术出版社，2006 年，图版第 84、85 页，图版说明第 47 页。

③ （西汉）桓宽：《盐铁论》，王利器校注：《盐铁论校注（定本）》，中华书局，1992 年，第 353 页。

④ （东汉）王符：《潜夫论》，（清）汪继培笺，彭铎校正：《潜夫论笺校正》，中华书局，1985 年，第 137 页。

⑤ （南朝宋）范晔撰，（唐）李贤等注：《后汉书 · 袁绍传》，中华书局，1965 年，第 2396 页。

墓前种松柏树五株，至今茂盛。"[①] 山东微山沟南村出土的"丧礼"画像石[②]，画像右格有墓圹和人物及器物等，其上为三座左右并立的高大坟丘，并有六株大树分布其间[③]。随着墓地祠堂的推广普及，在祠堂旁植树也日渐普遍。江苏徐州铜山吕梁散存祠堂后壁石画像，房屋形建筑（祠堂）两边刻常青树，为"墓树"[④]，铜山东沿村附近出土的祠堂后壁画像石画像也多是如此[⑤]（图三 -32），这些基本都是对现实墓地祠堂的摹写与升华，可为认识墓地植树提供相应的参考。山东长清孝堂山下小祠堂出土祠堂祭祀画像石画像中，祠堂前有一树，枝繁叶茂，枝条交互缠绕，祭祀者在祠堂前树下一侧祭祀，树下的另一侧有一人一马[⑥]。河南郑州出土的一块画像砖的画像中，近处有大门双阙，上部的双室建筑为祠堂，远处是排成一列的三株大树[⑦]。墓地植树一是具有墓地识别功能，东汉仲长统在《昌言》中即曰："古之葬，植松柏梧桐以识其坟。"[⑧] 二是借松柏等的辟邪功用，张衡《冢赋》中记有"乃树灵木，灵木戎戎。"[⑨]《太平御览》卷九五四引《风俗通》曰："墓上树柏，路头石虎。"又引《周礼》曰："方相氏入墟，驱魍像。"并指出："魍像好食亡者肝脑，人家不能常令方相立于墓侧以禁御之，而魍像畏虎与柏。"[⑩] 三是以松柏等的长绿常青寓意死者的灵魂不死，并通过祠堂祭祀，促进墓主灵魂升仙。第四，也是较为实用的内容，一方面可保持墓地水土，减少流失，另一

图三 -32　江苏省徐州东沿村北山南出土第 9 石拓片

① （西汉）刘歆撰，（东晋）葛洪集，王根林校点：《西京杂记》，上海古籍出版社，2012 年，第 27 页。

② 王思礼、赖非、丁冲、万良：《山东微山县汉代画像石调查报告》，《考古》1989 年第 8 期。

③ 原报告叙述墓圹之上为山林，信立祥先生在相关论述中称其为坟丘，笔者依后说。详见信立祥：《汉代画像石综合研究》，文物出版社，2000 年，第 219 页。

④ 郝利荣：《徐州新发现的汉代石祠画像和墓室画像》，《四川文物》2008 年第 2 期。

⑤ 徐州博物馆：《徐州发现东汉元和三年画像石》，《文物》1990 年第 2 期；王黎琳、李银德：《徐州发现东汉画像石》，《文物》1996 年第 4 期。

⑥ 关野贞：《中国山东省汉代坟墓表饰》，东京大学工科大学纪要第八册第一号，1916 年，图 140。

⑦ 周到、张秀清、张松林：《郑州汉画像砖》，河南美术出版社，1988 年，第 74 页，命名为：双阙、门吏、常青树画像砖；信立祥：《汉代画像石综合研究》，文物出版社，2000 年，第 99 页。

⑧ （东汉）仲长统：《昌言》，孙启治校注：《昌言校注 · 佚文》，中华书局，2012 年，第 415 页。

⑨ （东汉）张衡著，张震泽校注：《张衡诗文集校注》，上海古籍出版社，2009 年，第 253 页。

⑩ （北宋）李昉、李穆、徐铉等撰：《太平御览》，中华书局，1960 年，第 4235 页。

方面也为进行墓祭的生者提供诸多方便，如拴系马匹，夏日乘凉等。

3. 花草种植

秦汉时期，出于对路面、地面及院墙、房屋墙基等的保护需要，有的家庭会在路面两侧、地面周边及院墙、房屋墙基的内、外侧种植一些花草，以花草根部固定土壤，减少因雨水较大等原因造成的水土流失，但这基本是根据当今一些农村家庭内容进行的猜测，相关实物基本不见，汉代壁画及画像中也少见此类内容。

就考古资料而言，秦汉时期，等级较高者可能会有相应的园囿，如汉武帝茂陵，陵园内西南部的 1 号建筑遗址，面积 26 万余平方米，西侧、南侧有围墙，东侧、北侧有水渠围绕，其内分布多处面积较大的池沼，池沼之间有水渠相连①，这对于现实建筑中的有关设施有着较好的体现。池沼、水渠等构成的园林式设施中，按常理应会栽种一些花草甚至树木。具有相应社会等级地位或一定经济实力的家庭也可能在庭院中有相关园林式或花园式的设施，如山东诸城前凉台东汉墓的墓室过道横梁上所刻庄园图，一侧有水道与池塘，建有小亭阁②，相应的位置可能会栽植花草，但画像中未有直接体现。陕北晋西北地区出土的一些画像石画像中，在墓室竖石的下部，有的刻绘有嘉禾，描写的当是庭院门外位置③，虽不见对花草的细致描述，但也可体现出与庭院种植花草相关的内容。有的汉代墓葬壁画对庭院内栽植花树有所体现，如河北衡水安平逯家庄东汉壁画墓，所绘壁画中的中心庭院后部的前一排院东西共有四个，西起第一院为横长方形，院内有花树；中心庭院后部的最后一排东西共有三个院，面积均较大，西侧的一个院，平面为方形，院内植有花树，东侧的一个院略呈竖长方形，院内也植有花树④。

二、生活保障

秦汉家庭生活的表现形式较为多样，与之对应的生活保障内容也十分丰富，这主要体现在物质的存储、家庭生活配套设施的修建、诸多物质内容的不断丰富等方面，另外还有对家庭中有害动物的处理及思想需求在物质上的体现等等。关于思想需求在物质上的体现，下文将有专门论述，此处不作过多讨论。

---

① 陕西省考古研究院、咸阳市文物考古研究所、茂陵博物馆：《汉武帝茂陵考古调查勘探简报》，《考古与文物》2011 年第 2 期。

② 诸城县博物馆，任日新：《山东诸城汉墓画像石》，《文物》1981 年第 10 期。

③ 李林、康兰英、赵力光：《陕北汉代画像石》，陕西人民出版社，1995 年；绥德汉画像石展览馆编，李贵龙、王建勤主编：《绥德汉代画像石》，陕西人民美术出版社，2001 年。

④ 河北省文物研究所：《安平东汉壁画墓发掘简报》，《文物春秋》1989 年增刊；《安平东汉壁画墓》，文物出版社，1990 年，第 29 页。

（一）物质的存储

秦汉时期，家庭中的较多物质需进行存放或存储，这其中既有对食品类的区分存储和相关制作后的存放，有对衣物和相关物品的存放，也有对家用器材如车、工具、兵器及钱财等的存储，另有对医药、化妆品、建筑材料、薪材等的存放，从物质的存储角度体现出与家庭保障相关的内容。合理进行物质的存放，具有延长相关物品的使用寿命、减少损耗、便于家庭使用、提高生活质量、促进庭院整洁等多方面的功用。

1. 食品的存储

食品包含的内容较为广泛，包括粮食、蔬菜、水果、肉食及肉制品、蔬菜制品、果制品、奶制品、蜜制品、糖制品等加工后的食品等。关于粮食等农产品及有关食品的存储，上文已作相关叙述，如仓的使用、制菹等。秦汉时期的食品存储是家庭生活的重要保障，内容极为广泛，下文仅就一些相关内容作简要叙述。

河南洛阳汉河南县城东区考古发掘发现的居住遗存中有房基、粮仓等，粮仓数量多，且有方圆之分，一些建筑如编号 314 的房址，有南北 2 间，北间正方形，可能是南房这一人家储藏粮食的仓房①。辽宁辽阳三道壕西汉村落遗址，发掘的是全村址一小部分，发现有农民居住址 6 处，宅院大都有土窖或土窖井，土窖井是先掘成圆形竖穴土窖，然后在窖底再向下筑一方形木壁水井，而土窖大小不等，可以说，土窖或土窖井为村落中家庭生活系统的必要设备②，推测部分与食品存储或储藏有关。除仓、窖等盛放粮食的设施外，一些家庭还会使用布袋等盛放粮食，盛粮食的袋子多被称为粮袋。粮袋的形状、大小不等，有细长者也有短粗者，盛粮多少也因此有所不同。湖南长沙马王堆 M1 出土 1 件（341-1）黄绢缝制的袋子，长 70、宽 49 厘米，内盛豆类，该袋置于 341 号竹笥中③。

蔬菜、水果、肉类大多属即食性食品，蔬菜、水果多数需放在透气的篮子或类似盛器中，肉类多悬挂存放，很多汉代画像中的庖厨图中可见鸡鸭鱼肉等挂在食物架上或墙壁上。蔬菜、水果和肉类一般不作过长时间的存放，一旦时间稍长，容易变质、霉烂或发臭，但为了能达到长期存放或在不同时期食用等目的，多会根据食品特点，采取不同方式，加工成不同的食品。一些蔬菜可以通过直接晾晒或经水烫后晾晒等方式形成“干菜”，一些则通过腌制或制菹的方式形成“咸菜”或“菹

---

① 黄展岳：《一九五五年春洛阳汉河南县城东区发掘报告》，《考古学报》1956 年第 4 期。

② 东北博物馆：《辽阳三道壕西汉村落遗址》，《考古学报》1957 年第 1 期。

③ 湖南省博物馆、中国科学院考古研究所：《长沙马王堆一号汉墓》，文物出版社，1973 年，第 73 页。

菜”，有些则制作成酱等。水果，部分可腌制，部分制成果脯，也有一些通过整体晾晒或切片晾晒的方式形成果干，便于长久存放；一些肉类会做成肉脯、火腿、腌肉、肉酱等，味道较好，存放方便，有的经盐腌制，再经火熏烤或风干后，存放期明显增长，而且此类肉制品味道鲜美，很受喜爱；而如奶制品、蜜制品、糖制品等，也采取与肉菜水果相似的一些加工方法[①]。另外，就一些食品来讲，经加工成为熟食，再加入盐等佐料之后，存放的时间可适当加长，而秦汉是古代在饮食方面全面推广熟食的时期。有一些肉食，经高温煮熟后，撒上少许的盐，腌渍一下，存放时间会明显加长，河南密县打虎亭 M1 东耳室东壁画像为庖厨内容，右上角为一灶，其内正在煮物；画面中部有一形体稍小的锅，其下正架火烧煮，锅内的水已沸腾；该画面再上为一形体较大的鼎形铁釜，釜下正以木材烧火加热，釜内烧水亦已沸腾，旁侧有一人执肉叉翻动釜内正在煮着的肉食[②]。

与食品存放相关的器具在考古资料中多有体现。辽宁辽阳棒台子东汉 M1 出土庖厨壁画中有盛放食物的橱柜，上作屋顶形，下有四足，一侧有双开门，一女子正开橱柜门取物，可见到其内放有壶等盛放食品的容器[③]（图三 -33）。河南密县打虎亭 M1 北耳室北壁的庖厨画像也见有相类似盛放食物及相关器具的橱柜[④]。另外，密县打虎亭 M1 东耳室北壁东幅画像中，上层最东面放置一个高柄双层架，架顶呈圆盘形，上放杯碗，中间为一方形盘，放杯类，下为喇叭形座；东耳室北壁西幅画像，有一横贯画面的大型长案，案上摆满杯、盘、碗等，案前地上放一个较大的圆形直壁平底大木盆，盆内盛放盘、碗、杯等器物[⑤]。

图三 -33　辽宁辽阳棒台子东汉 M1 出土庖厨壁画中的橱柜

秦汉时期，对于食品的存储或存放，还有一项较为重要的内容，即冷藏，是将相关食品放在温度相对较低的环境中存放，一是可减少变质、霉烂，保持相对新鲜的口味，二是可延长保存期。上文所述辽宁辽阳三道壕汉代村落遗址中的窖井，圆

① 刘尊志：《浅析汉代的食品加工及相关问题》，《江汉考古》2019 年第 6 期。

② 河南省文物研究所：《密县打虎亭汉墓》，文物出版社，1993 年，第 133-135、138 页。

③ 李文信：《辽阳发现的三座壁画古墓》，《文物参考资料》1955 年第 5 期。

④ 河南省文物研究所：《密县打虎亭汉墓》，文物出版社，1993 年，第 172、173、181 页。

⑤ 河南省文物研究所：《密县打虎亭汉墓》，文物出版社，1993 年，第 139、143、145 页。

形竖穴土窖底向下再筑一方形木壁水井，井相对较深，其内温度可大致保持恒温，且温度不高，在土窖下放置食品，保存期应较窖外高温度情况下要长。秦汉时期的较多居住区或者庭院内外有水井，一些肉食及相关食品放进相对封闭的容器内，以绳系垂放至井水中，因井水较凉，可在一定时间内起到冷藏效果。其中一些陶圈井相对略浅，但下有盆形底，有的很可能是专门用来冷藏存放食物的。凌阴是古代冷藏食品的场所，其内可藏冰，有的还会在其内挖井藏冰，这样，室内的温度大致在零度上下，储藏食物效果较好。从现有考古资料看，陶寺时期可能已有凌阴，位于陶寺城址工作区的I区内，面积约为200平方米，深约9米，有“之”字形坡道、储冰池、存取冰块的栈道等遗迹，发掘者认为是陶寺早期的凌阴建筑[1]。东周时期，冰窖和冰井已得到较多使用，秦汉时期，一些有相应等级地位或较强经济实力人员的家庭中，也可能会修建凌阴，用于存储食品等。西汉都城长安城内较多宫殿中设有凌室，《汉书·惠帝纪》载：“秋七月乙亥，未央宫凌室灾。”[2]《汉书·成帝纪》载：“永始元年（公元前16年）春正月癸丑，太官凌室火。”[3]汉长乐宫凌室遗址为长方形浅地下式构造，四周有宽厚夯土墙，最厚处约5.5米，地面平铺条砖，其内铺设的条形砖两边高中间低，形成南北向小道，通向遗址中间的东西向排水沟，遗址的东墙外也发现排水管道，就该遗址来讲，墙体厚实，相关建筑为浅地下式，修筑有完备的排水设施，兼具隔热和排水功能，推测应为长乐宫中藏冰所用的凌室[4]（图三-34）。江苏徐州北洞山西汉早期某代楚王墓的附属建筑中，第四进院中的第10室为半地穴式，地面比门道低1.38米，可能为凌阴，该墓的整个附属墓室由武库、乐舞庭、仓库、凌阴、厨房、天井、水井、臼房、柴房、厕所等组

图三-34　西汉长安城长乐宫凌室遗址

---

① 何驽：《尧都何在？——陶寺城址发现的考古指正》，《史志学刊》2015年第2期。

② （东汉）班固撰，（唐）颜师古注：《汉书·惠帝纪》，中华书局，1962年，第90页。

③ （东汉）班固撰，（唐）颜师古注：《汉书·成帝纪》，中华书局，1962年，第319页。

④ 中国社会科学院考古研究所汉长安城工作队：《汉长安城长乐宫发现凌室遗址》，《考古》2005年第9期。

成，功能多样，也体现出现实生活中楚王对相应设施的拥有和使用[①]。其他一些西汉时期的横穴崖洞式诸侯王墓如早期的梁王墓葬内也可能有凌阴设施。还有一些西汉中晚期的横穴崖洞墓（基本为诸侯王墓或王后墓）内有多个水井，有的水井可能会起到象征性凌阴的作用。从考古发掘来看，有的井内发现大量的果核等遗物，也大致证明了这一点。另外，秦汉之前已有在容器内盛冰再存放食品的做法，如冰鉴的使用等，秦汉时期也会有相应使用，限于篇幅不再一一列举。

2. 寝具、衣物与相关物品的存储

简单来讲，寝具是与寝息有关的被褥、枕、席等物，衣物则包括可以穿着的衣服及饰物等，另外还有与上述物品有关的裁剪、缝制工具等。寝具及衣物等与家庭成员的生活密切相关，较多在不用时需妥善存放，而与衣物有关的裁剪、缝制工具等也需存放，以方便使用。

被褥等寝具所占面积大，而其多需要在干燥环境下存放，一般情况下，多会被放置在柜中，而柜腿大多离地一定尺寸，以免地面湿气使得被褥发霉甚至会腐烂，有时还会在柜底垫置相关物品。有的会将被褥放在相对干燥环境中的床、几或平台上，下垫物，其上覆盖相关物品，既可防潮湿，也可防灰尘甚至防鼠虫带来的损毁。衣物的存放与被褥等寝具的存储有较多相似之处，存放工具可能会更多，除柜外，还有箱、笥等，一些衣物为叠后多层存放，一些衣物会采取塞放的方式，还有些衣物很可能为悬挂存放。考古资料对寝具、衣物的存放有相关体现。以湖南长沙马王堆 M1 为例，西边箱的 6 个竹笥中有保存完整的纺织品和衣物，其中 329 号和 357 号竹笥共出绵袍 11 件、单衣 3 件、单裙 2 件、袜 2 双、袍缘 1 件，340 号和 354 号竹笥共出单幅的丝织品 46 卷，337 号和 346 号竹笥各出丝织品碎块 1 挂；北边箱的中部和西部计有夹袍、绣枕、几巾、香囊各 1 件，枕巾 2 件，鞋 2 双，以及包裹在漆奁外面的 2 件夹袱和置于奁内的手套、镜衣、针衣，组带等（图三 -35），北边箱的四壁还挂有丝织的帷幔；东边箱内出土盛有竽律管的绣袋，另有置放于 65 号竹笥中的 3 个香囊和 1 双鞋等[②]。

需作说明的是，无论在何种器具中存放，还是采取何种存放方式，存放的寝具、衣物和盛放器具绝大多数需进行定期晾晒，特别是夏季，较多家庭会选择晴朗、干燥的日子，将寝具、衣物等曝晒，可祛潮湿和驱虫害，利于继续存放和延长使用寿命。关于衣物的晾晒，《四民月令》中即载：七月七日，“曝经书及衣裳，习

① 徐州博物馆、南京大学历史系考古专业：《徐州北洞山西汉楚王墓》，文物出版社，2003 年，第 27、182 页。

② 湖南省博物馆、中国科学院考古研究所：《长沙马王堆一号汉墓》，文物出版社，1973 年，第 46 页。

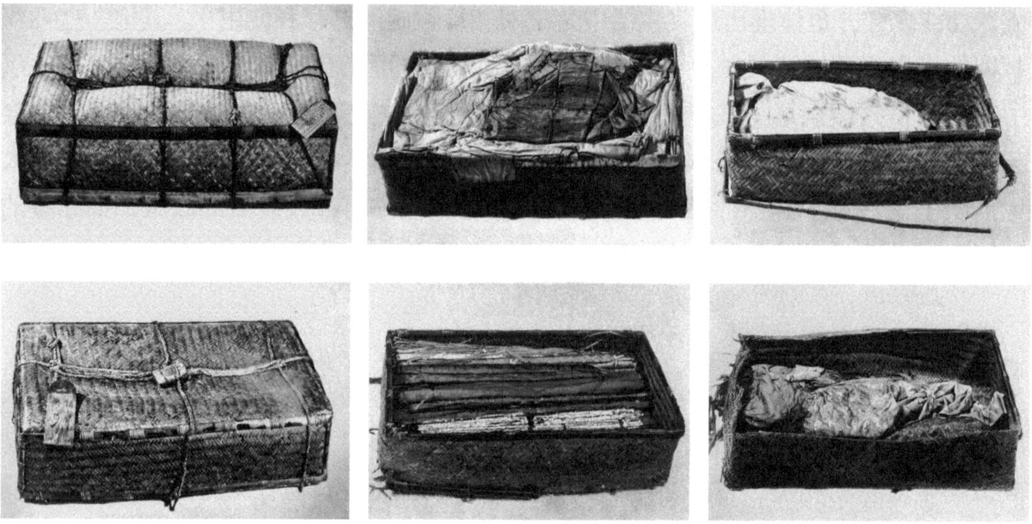

图三 -35　湖南长沙马王堆 M1 出土竹笥及其盛物

俗然也。”[①] 由此可知，汉代相关家庭有在夏季晾晒衣物及其他家庭物品的做法。

衣物所包含的装饰物多会存放在相关设施内，如柜、盒、奁等中，如湖南长沙马王堆 M1 出土用于妆容的铜镜，装在绣绢镜衣内，置单层五子奁中；角质器如环首刀、笄、镊和象牙梳、篦及玳瑁笄、竹笄等，一些佩戴于死者身上，较多器物除象牙梳、篦出于九子奁外，余皆出土于五子奁中，包括胭脂等化妆用品等皆出土于奁中[②]。

包袱是寝具、衣物等存放的工具之一，原料一般为布，使用时，多将包袱布面平面铺开，其上放置寝具、衣物或相关物品，然后斜对角系紧挽结，较多还会在挽结处以绳等扎紧。需作说明的是，包袱在家庭中还会用于其他物品的包裹和存放，但以寝具、衣物等的存放使用较为普遍。山东金乡县城西李庄村的“朱鲔石室”为祠堂，该祠堂的相关画像石画像对包袱有体现，其中第六幅位于北壁第九石凹槽右侧和第十、第十一石横枋上方，为屏风人物图，帷幔下，两个屏座呈正侧向丁字摆放，屏座间放一包袱，主体呈椭圆状，上部扎紧；第十一幅也是屏风人物图，帷幔下，一宽大的折屏座向左斜放，座刻矮弯腿，屏后左端为二女子依屏而立，屏左侧与斗拱间置一扎紧口的包袱[③]（图三 -36）。

裁剪、缝制工具主要包括剪刀、尺矩、针、线等。剪刀、尺矩的形体略大，可放在笥、筐内，尺矩还可悬挂存放，而线则网成线陀、线团或以短木棒缠绕后再存

① （东汉）崔寔：《四民月令》，石声汉校注：《四民月令校注》，中华书局，1965 年，第 55 页。

② 湖南省博物馆、中国科学院考古研究所：《长沙马王堆一号汉墓》，文物出版社，1973 年，第 88、89、128、129 页。

③ 山东省石刻艺术博物馆编，蒋英炬、杨爱国、孙群著：《朱鲔石室》，文物出版社，2015 年，第 59-73 页。

图三 -36　山东金乡“朱鲔石室”中的包袱图像

放在笥、筐内。针的形体较小，若放置不当，容易丢失或扎伤人，一些家庭会将其放在有关器具中，使用时方便取出，用后也便于放回，而因针个体较小，盛放器具也不会太大，此类器具还会放在奁、盒等之内。陕西咸阳马泉西汉晚期墓葬出土漆奁中有盛放铁针的针筒，出土时，筒内有七八个锈在一起的铁针[①]。有的家庭会将针放在针衣内，相关考古资料略多。湖北江陵凤凰山西汉文景时期的 M167 出土有针衣及缝衣针，针内系黄丝线，针衣以细篾为骨，外罩褐纱，四周镶绛色绢缘，叠为三折，以绢带系之[②]（图三 -37：1）。湖南长沙马王堆 M1 出土九子奁内的长方形小漆奁中有针衣 2 件，形制基本相同，长 16、宽 8.8 厘米，用细竹条编成帘状，两面

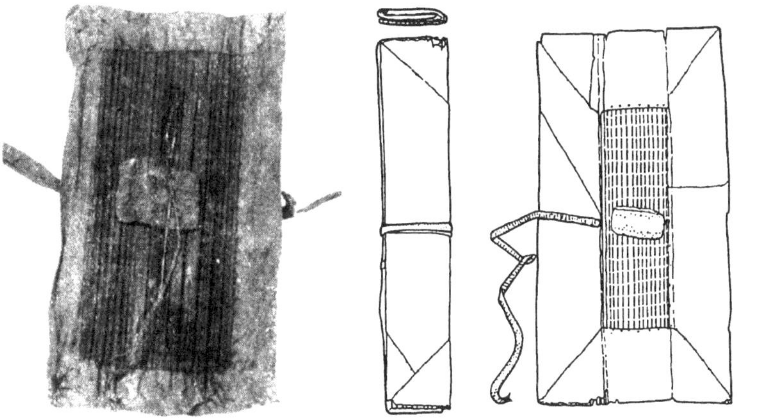

1　　　　2

图三 -37　汉代墓葬出土的针衣

1. 湖北江陵凤凰山 M167 出土　2. 湖南长沙马王堆 M1 出土

① 咸阳市博物馆：《陕西咸阳马泉西汉墓》，《考古》1979 年第 2 期。

② 凤凰山一六七号汉墓发掘整理小组：《江陵凤凰山一六七号汉墓发掘简报》，《文物》1976 年第 10 期。

蒙以绮面，四周再加绢缘和带，1 件素缘，1 件赤缘，中部拦腰缀一丝带，其上隐约可见针眼痕迹，当为插针之用，该墓出土的简 265 对之有记录①（图三 -37：2）。

3. 家用器材

就秦汉家庭来讲，家用器材种类较为丰富，车、工具、兵器乃至与家庭生活相关的娱乐、照容、拄杖等都体现出相应的存储内容。

秦汉家庭中，有相应等级地位或一定经济实力者，多会有车，这与车在家庭中的作用日益重要和用途不断拓展有着相应关系。这一时期，车主要用于出行乘坐和相关生产活动时拉运物品，某种程度上可视为较多家庭的主要财产和重要物品，在闲置或不作使用时，相关车辆需作妥善存放。出土的汉代画像石画像对相关家庭中车的存放有一定体现。山东微山出土有相关画像石，微山岛出土的 1 幅西汉晚期画像石画像中间为宴饮图，左侧相关建筑下存放 1 车；两城乡出土的 1 幅东汉画像石画像中，右侧为 1 楼阁，左侧 1 亭，亭内放 1 车②。河南密县打虎亭东汉 M1 南耳室西壁画像中，下侧为牛马厩，有多匹马在吃食，上为 7 辆车，无轮，包括軺车、辎车等，有序摆放，偏左侧还有 1 人似在打理或修理车辆；南耳室东壁也有车辆存放及相关人物、动物等的画像③（图三 -38）。河南南阳唐河发现的汉郁平大尹冯君孺人墓，设有南车库和北库房，南车库由库门和库室组成，平面呈长方形，东门柱刻“郁平大尹冯君孺人车库”文字，与耳室内所出土的车軎、衔镳相互印证，表明这种所谓的“耳室”，实际是作为库房使用的④。等级较高的汉代诸侯王墓，尤其是横穴崖洞式的西汉诸侯王墓，较多有车库或车马室，应是对现实中车库及马厩类综合

图三 -38　河南密县打虎亭东汉 M1 南耳室西壁画像

① 湖南省博物馆、中国科学院考古研究所：《长沙马王堆一号汉墓》，文物出版社，1973 年，第 72、73 页。

② 马汉国主编：《微山汉画像石选集》，文物出版社，2003 年，第 82、83、186、187 页。

③ 河南省文物研究所：《密县打虎亭汉墓》，文物出版社，1993 年，第 99、102-104、107-110 页。

④ 南阳地区文物队、南阳博物馆：《唐河汉郁平大尹冯君孺人画象石墓》，《考古学报》1980 年第 2 期。

设施的借用和摹写。河南永城保安山 M2 的第 29、30 号室，石门阑上分别刻有“西车”、“东车”二字①，表明这两室是车马室，或可称为车库。

随着农业、手工业的发展及家庭生活内容的不断丰富，秦汉家庭生产、生活工具的数量、种类得到增加，这些工具在不使用的时候需进行存放。生活用具中，与衣、食、住、行相关的用具，大多需分类存放，相关内容上文已有相应叙述，如与庖厨有关的较多器具悬挂于厨室的墙壁上，这在已出土的汉代庖厨画像砖（石）画像中多有体现；而出行方面，和马有关的鞭、马具、鞍具等需在每次使用结束后拆除和按相应位置摆放，其他还包括拾马粪的用具等。河南密县打虎亭东汉 M1 南耳室北壁中部的画像中，有 3 个头戴冠、身着长衣者，其中 1 老者席地而坐，手拿一物似木签，席旁有灯、方盒、木笥、盆、盘等，面前立 1 人，手中持物，背后站立者为侍者，3 人所在房间墙壁上挂着马鞍和车马用具，画面下部席上放 2 具马鞍，整个画面所表现为存放车马用具的储藏室②（图三 -39），从不同人物的动作等来看，

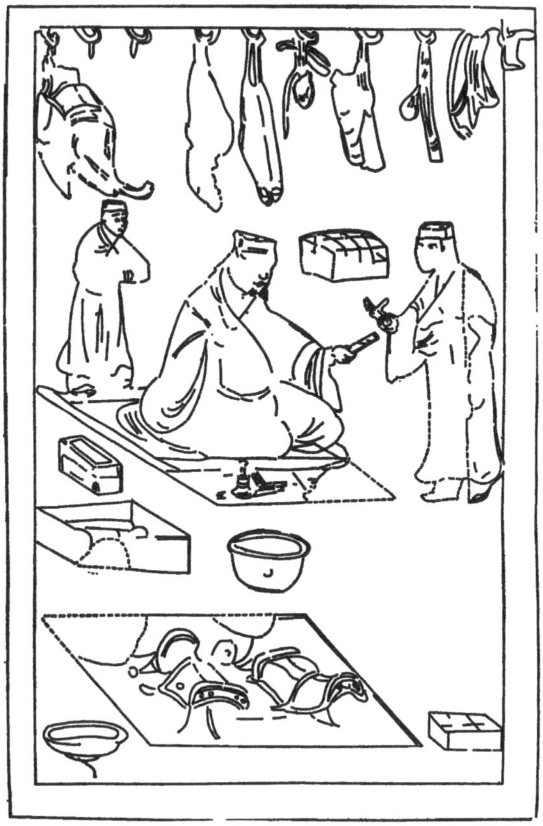

图三 -39　河南密县打虎亭东汉 M1 南耳室北壁中部画像

① 河南省文物考古研究所：《永城西汉梁国王陵与寝园》，中州古籍出版社，1996 年，第 100-103 页。

② 河南省文物研究所：《密县打虎亭汉墓》，文物出版社，1993 年，第 107、112、113 页。

该放置车马用具的储藏室是有专人进行管理的。生产工具的存放也多是置于有关室内，尤其是铁质工具，置于室内可防止风吹雨淋，减轻生锈的风险，而一些木质工具则可大大减缓朽毁进度，尽可能地延长使用期限。需作说明的是，一些铁质工具被家庭成员使用后，尤其是进行田间操作后，其上可能会粘有泥土，特别是有相应湿度的泥土会对铁质工具造成损害，促使工具损毁。所以在存放之前，大多家庭的人员会对铁工具表面进行打磨或擦拭，尽可能使其光亮，然后再进行存放；存放时，有的工具需悬挂，有的则靠墙，一般情况下，铁质部分尽可能离开地面，如木柄铁质工具，多是柄头在下，铁头在上。

兵器是一些家庭尤其是具有相应等级地位或经济实力家庭中相对重要的物品，这与家庭的安全保护、家庭成员及其他人员需作佩戴等有关。兵器较少情况下，可能悬挂放置，且很可能没有专门的设施，但兵器略多，一般会有专门存放兵器的设施。朝廷及地方诸侯国均有存放武器的专门场所和设施，即武库。西汉长安城武库已经发掘，具有相应面积，且内容、内涵较为丰富，并出土大量的兵器，还发现有士兵的兵营等遗存，兵器库较兵营的建筑规模大，形制也不一样，就存储兵器的库房来讲，因存放兵器的种类不同，具体结构也有差异①。诸侯王国也设有武库，一些诸侯王墓内有专门存放兵器的室，很可能就是对现实中武库的再现，诸侯王墓中出土的印章也有体现，如江苏徐州北洞山西汉楚王墓出土印章中即有“楚武库印”铜印章 1 枚，印文凿刻而成，无使用痕迹，可能是未经使用就直接用于随葬，表明楚国军队的武器装备由专库储存，而该印章为楚国武库库官之用印②。就其他等级相对低一些的较多家庭而言，多将兵器与其他物品共存，也有很多家庭设有专门的武器存放处，并将很多武器放置在武器架之上。从已知的考古资料看，苏鲁豫皖交界地区、南阳地区、川渝地区、陕北晋西北地区等地出土的汉代画像（含画像石与画像砖）中皆有相关家庭将较多兵器置放于兵器架上的图像，如江苏徐州贾汪白集汉墓中室西壁下格画像，刻有兵器架，戟、矛等列于架上③。东汉张衡在其《西京赋》中记有“武库禁兵，设在兰锜”④，较多研究性文章亦将汉代置放兵器的架子称为“兰锜”。徐州贾汪北部出土有兰锜图，画面主体为武库，悬挂有囊、铠甲、行军壶、弩，兰锜上依次置有环首刀、剑、矛、铍、铩、戈、戟、盾牌等各种兵器⑤。

就娱乐、照容、拄杖等器具来讲，多有盛储设施，相关盛储设施亦被称为“×

① 中国社会科学院考古研究所：《汉长安城武库》，文物出版社，2005 年。

② 徐州博物馆、南京大学历史系考古专业：《徐州北洞山西汉楚王墓》，文物出版社，2003 年，第 114、115 页。

③ 南京博物院：《徐州青山泉白集东汉画象石墓》，《考古》1981 年第 2 期。

④ （东汉）张衡著，张震泽校注：《张衡诗文集校注》，上海古籍出版社，2009 年，第 48 页。

⑤ 杨孝军：《徐州新征集的汉画像石研究》，《东南文化》2009 年第 4 期。

衣”，达到整体保护，减少损毁与锈蚀，起到长久使用、较好使用、多次使用等目的和作用。湖南长沙马王堆 M1 出土有瑟衣、竽衣、竽律衣、杖衣、夹袱、镜衣等，部分在出土的竹简中有记载。其中瑟衣 1 件，出土时套在瑟上，作长方形罩状，仅尾端有底并有堵头，构成袋形，以便将瑟的尾部套入其中，其余部分无底，头端也没有堵头，以单层纹锦缝制而成，有夹缘，制作方法是将整幅的锦平铺于瑟面上，折过瑟尾包至尾底，再与两侧的各半幅锦缝合起来；竽衣 1 件，出土时套在竽上；竽律衣 1 件，出土时内装竽律一套 12 管，在距顶部 10 厘米以下部分，垂直缝成 12 个长短不等的小筒，以便将竽律管按顺序装入袋中（图三 -40）；杖衣 1 件，筒状，缝制而成，内装木杖 1 根；夹袱 2 件，分别包裹五子奁和九子奁，形制相同，均为绢里绢缘；镜衣 2 件，分别出土于九子奁和五子奁中，441-3 号镜衣盛有铜镜，形制相同，均为筒状，筒缘用绢①。

图三 -40　湖南长沙马王堆 M1 出土竽律袋与竽律

4. 钱财

包括钱币及家庭中的相关物品，有较为普遍的地面存放，也有以窖藏的形式进行存储者。

（1）钱币存储

钱币是财富的体现和象征，就其实用性来讲，可购买相关物品以满足家庭需求，因此对诸多家庭来讲，钱币与家庭生计及家庭的稳定发展有着较为密切的关系。秦汉时期，身份地位及等级的差别，表现在对应家庭中，对钱币的拥有量是有相应差别的，等级地位较高者，对钱币的拥有量一般较大，低者则相对要少。当然，对经商者来讲，尤其是富商大贾，对钱币的拥有量正常要多于同等级家庭或人员，甚至较之等级地位高一些的家庭及其成员也明显不如。汉代朝廷及分封于各地

① 湖南省博物馆、中国科学院考古研究所：《长沙马王堆一号汉墓》，文物出版社，1973 年，第 71、72 页。

的诸侯王国和列侯之国大多有钱库，为钱币的存储之处，江苏徐州狮子山西汉楚王墓①、江西南昌西汉海昏侯刘贺墓②等的墓室中皆设有存放钱币的钱库，可反映出现实世界中相关王国和侯国也有自身的钱库。

就等级低于王侯家庭的较多家庭来讲，一种是将钱币以线穿成串放在相关容器内，另一种是在以线穿成缗的钱币外包裹纺织品，或放在相应的容器中，或单独存放，江苏省徐州市北郊后山 M1（上）出土的部分钱币，钱身外部及孔内皆有麻织品残留③。

河南灵宝张湾东汉 M5 还出土钱柜，绿釉，柜身为长立方体，下有四兽足，柜顶盖有小门，可活动，正面上部模印有“门锁”（？），正面和顶盖有圆形钱饰，器长 24、宽 21、通高 19 厘米④（图三 -41）。该器应是存放钱币的设施。

图三 -41 河南灵宝张湾东汉 M5 出土钱柜

秦汉时期，还有一种储钱的器皿，即扑满，又被称为钱缿，一般为陶制，呈罐形或其他形状，口底皆封，在口部开一长方形小口，以便往内投放钱币，也有在旁侧开口者。据《西京杂记》载，武帝元光五年（公元前 130 年），邹长倩写给公孙弘的信中称：扑满者，以土为器，以蓄钱具。其有入窍而无出窍，满则扑之。”⑤河南洛阳烧沟西汉晚期 M84 出土 1 件陶扑满，泥质灰陶，罐状，平底，顶有一不规则的长孔，器内蓄有残五铢钱 20 枚⑥。陕西省兴平市南位镇道常村出土陶扑满为泥质灰陶罐状，短颈，斜肩，鼓腹斜收，平底，罐口有一长 3.2、宽 0.7 厘米的长方形窄长投钱孔，“日利千万”4 字以戳记形式压印于孔的两侧，外侧有锯齿纹、弦纹、菱形纹、圆圈纹等⑦（图三 -42）。河南省焦作市苏蔺墓区东汉中晚期 M125 出土 1 件陶扑满，泥质灰陶，呈扁圆状，素面、薄胎、平弧顶、圆鼓腹，近底足内敛，平底

① 狮子山楚王陵考古发掘队：《徐州狮子山楚王陵发掘简报》，《文物》1998 年第 8 期；韦正、李虎仁、邹厚本：《江苏徐州市狮子山西汉墓的发掘与收获》，《考古》1998 年第 8 期。

② 江西省文物考古研究所、南昌市博物馆、南昌市新建区博物馆：《南昌市西汉海昏侯墓》，《考古》2016 年第 7 期。

③ 徐州博物馆：《江苏徐州后山西汉墓发掘简报》，《文物》2014 年第 9 期。

④ 河南省博物馆：《灵宝张湾汉墓》，《文物》1975 年第 11 期。

⑤ （西汉）刘歆撰，（东晋）葛洪集，王根林校点：《西京杂记》，上海古籍出版社，2012 年，第 37 页。

⑥ 洛阳区考古发掘队：《洛阳烧沟汉墓》，科学出版社，1959 年，第 142 页。

⑦ 张文玲：《茂陵博物馆收藏的西汉吉语器》，《文物》2013 年第 7 期。

微凹，外观近似半球形，顶部一侧面开一长 4.5 厘米、宽 0.4 厘米的长方形狭孔，顶部正中为一圆形小孔，孔径 1.4 厘米，器身为轮制加工形成①。

图三 -42　陕西省兴平市南位镇道常村出土陶扑满

秦汉时期，尤其是汉代，还有一种存储钱币的方式，即窖藏，相关考古发现已有多例，有的仅存储钱币，有的除钱币外还有家庭中的其他物品。大致来看，钱币窖藏分布地域较广，时代也不尽相同，埋藏方式及原因也有差异。河南焦作矿山机械厂发现的汉代铜钱币窖藏遗存，埋于距地表深 0.5 米处，无容器装盛，周围也没有发现其他遗迹遗物；铜钱不分大小、类型，混杂在一起，与泥土粘结成团，无穿绳痕迹，清理时无散失，计 937 枚，包括“半两”钱、“货泉”钱、“五铢”钱及无字钱等，其中五铢钱 619 枚，西汉钱较少，多为东汉铸行的五铢钱；钱币的时代下限应为东汉末年，埋藏时间或可能至三国时期，考虑到铜钱出土时周围无其他遗迹、遗物，又无容器盛装，可能为私人逃避战乱而仓促入土的窖藏②。四川省阿坝藏族自治州理县桃坪乡桃坪村发现的汉代钱币窖藏，为边长 80 厘米的正方形，深 90 厘米，窖周为四块天然页岩石板经粗捶打镶成，底部为四块不规则的片石叠压铺垫，上盖为不规则的石板五块交错叠压两层，离表土 70 厘米；钱窖内层可能有木箱，窖的中层泥土混有似油脂的深褐色块状物，下层全为铜钱，多已氧化腐蚀为粉绿色块状或粉末，整个窖藏铜钱约 150 公斤以上，少部分较为完整的钱币计 6 公斤，全部粘连呈蛇曲状，钱孔中尚有麻绳穿连痕迹，绝大多数为“大泉五十”钱，少数为“货泉”钱，窖藏的时代在西汉末年的新莽时期③，推测该窖藏或可能是出于安全考虑的存储。江苏省徐州市大同街天成国际商厦发现汉代窖藏一处，位于距地表约 10 米的汉代地层中，窖坑系挖掘而成，东西长 2.4、南北宽 0.6、深 0.6 米，坑底及四周用板瓦铺垫，钱币以麻绳穿系后整齐码放在坑内，顶部再盖瓦片，经清理，窖藏钱币的重量为 1.5 吨左右，绝大多数为“货泉”钱，极

① 张新顺：《东汉陶“扑满”》，《中国文物报》2020 年 2 月 18 日第 7 版。

② 马正元：《焦作出土汉代窖藏铜钱》，《中原文物》1988 年第 4 期。

③ 罗进勇：《理县发现汉代钱币窖藏》，《四川文物》1988 年第 3 期。

少数为“剪边五铢”钱和“綖环货泉”钱，窖藏时代为东汉初期[①]，推测该窖藏亦可能是出于安全考虑的存储。江苏省盱眙穆店南窑庄窖藏，出土黄金铸币36件，另有铜壶、金兽各1件，黄金铸币为完整的金版和金饼，计“郢爰”11块，金饼25块，出土时金兽盖在铜壶上，金币贮于铜壶内，取下金兽时，有几块马蹄金还嵌在金兽底部的凹陷处，另有1件铜器倒扣在铜壶上，罩住金兽，为宽沿、薄壁的铜盆，可以确定出土文物系属窖藏，窖穴露口处已破坏，现存窖穴下部周壁的直径约2、残深0.6米，在出土地点之东有一处汉代遗址发现，有绳纹筒瓦、板瓦的残片，窖藏的时间为西汉早期偏晚阶段，大致在西汉武帝前期，其中的一些器物为战国时期的物品，一些则为西汉的钱币[②]，该窖藏为具有相应等级地位家庭对家庭中收藏或存留钱币的存储。

除上述考古发现外，甘肃、陕西等地还出土有较多的龙纹铅饼，基本都有外文文字，为希腊文，而这些铅饼多出土于窖藏之中。甘肃灵台出土外文铅饼270多枚，埋藏在台地紧靠西山处的一处有意建造的坑内[③]。陕西西安汉城故址内西查寨出土的铅饼，装在一罐内[④]；扶风姜塬发现2枚汉代外国铭文铅饼，与许多五铢钱共出，是在崖面上一层灰土中挖出，由此可知这些钱币是埋藏在坑内的，而铅饼铭文模糊，明显看出是因长期使用磨损所致[⑤]。笔者认为这些龙纹铅饼作为媒介型货币用于不同区域间商品贸易的可能性最大，这样更有利于或便于贸易和买卖[⑥]，而这也应是相关钱币被窖藏存储的原因之一。

（2）其他物品的存储

窖藏内以器物为主，有家庭中较为重要的物品，也有私营作坊的一些废弃产品。多是挖坑后窖藏，或将一些物品置于盛器中埋藏，分布于不同地区，时代也有差异，而王朝末年则基本与战乱有相应的关系。另外还有其他不同存储工具的器物存放，体现出这一时期存放物品形式、内容的多样性。

安徽利辛望疃镇丹凤村南发现1处汉代窖藏，平面为圆形，直径1.2、深1.25米，坑底出土11件器物，包括铁犁6件、铁刀1件、铁箍2件及铜质五铢钱币1枚、弩机1件等，其中铁犁摆放有序，铁刀为当时作战或表演用的器物，铜弩机整体保存很好，组合部件伸缩自如，机槽磨损程度较大，反映出使用频率较高；器物之上为堆积的板瓦和筒瓦，摆放次序无明显规律，基本是上下叠压，其上填土较纯

---

① 江苏徐州吕健：《江苏徐州发现汉代钱币窖藏》，《西部金融》2010年第4期。

② 南京博物院：《江苏盱眙南窑庄楚汉文物窖藏》，《文物》1982年第11期。

③ 灵台县博物馆：《甘肃灵台发现的外国铭文铅饼》，《考古》1977年第6期。

④ 考古研究所资料室：《西安汉城故址出土一批带铭文的铅饼》，《考古》1977年第6期。

⑤ 罗西章：《扶风姜塬发现汉代外国铭文铅饼》，《考古》1976年第4期。

⑥ 刘尊志：《“丝路”背景下的汉代日常生活》，《历史教学》（上半月刊）2019年第11期。

净，分布均匀①（图三 -43）。

图三 -43　安徽利辛望疃镇丹凤村南汉代窖藏及出土遗物

陕西凤翔南干河发现的汉代铜器窖藏，为一青铜罐，罐内装有小件青铜器，出土时罐口用一青铜灯盘盖严，铜器计有兵器、工具、车马饰、铜镜等 75 件，大部分可定为战国之物，但车冒饰、环和装器物的罐及灯等又具有汉式器物风格，除削、剑柄等个别器物曾被使用过外，其余大部分铜器未经打磨修整和使用，说明是铸出后便作为财富埋藏起来，推测属于战国时期的剑、节约等铜器，当时已被作为财富储藏，汉代时，有人得到这批器物后，又增加了一些铜器，装进当时的一个铜罐中重新又储藏了下来，故该窖藏的埋藏时间不应超出汉代前期②。

河南焦作嘉禾屯出土汉代铜器窖藏距现地表仅 30 厘米，铜器藏于一窖穴之内，窖穴呈不规则长方形，南北长 2、东西宽 1.3、深 0.5 米，器物散放于窖穴内，无任

① 任一龙：《安徽利辛丹凤村汉代窖藏》，《大众考古》2014 年第 2 期。

② 赵丛苍：《陕西凤翔南干河出土战国、汉代窖藏青铜器》，《考古》1989 年第 11 期。

何容器盛装的痕迹；窖藏中铜器种类丰富，有容器、兵器及其他较多日用器皿，其中弩机、权等8件较小器物置于铜钟内，除汉代常见的器物如灯、炉、壶、薰炉、钟外，还出土了一些汉代铜器中极为少见的器物如鍪、瓜棱形权和秤盘等，其中的天禄尊、兽形口衔耳杯砚滴和踞祭熊灯等，造型优美、奇特，形象生动逼真，构思新颖，器形别致，为汉代铜器的上乘之作，既是日常实用器，又具有观赏价值极高的工艺水平，是出土汉代铜器中不可多得的工艺珍品；窖藏铜器的上限不超过西汉中期，下限可定为西汉晚期或最晚到东汉早期为宜，这些窖藏铜器决非一般民间小手工业作坊铸造，而很可能就是由汉朝政府设在怀县的工官下属的作坊所铸造，虽不一定是皇亲国戚所使用之物，但也决非一般庶民所能使用之器，很可能为当地官吏、地富豪强或富贾之家所有①。

河南南阳镇平县城郊尧庄附近发现了一窖铁器，发现地点在汉代安国城东南约250米的地方，出土地点应是汉代居住区，但估计距离作坊不会过远，铁器出土时装在瓮内并用铁鳌封盖，因为密封较好，有的不生锈，有的锈蚀轻微，其中锤范61件、铁锤6件、六角釭9件、圆形釭3件、齿轮3件、铁权1件、鳌子1件，共计84件，其中铁锤范可配成4套完整的范具，窖藏的年代相当于东汉的中后期，铁范和铁器，有的残破，有的铸造有弊病，有的有使用痕迹，应是一批收藏的次品和废旧品，从器形差别可以看出，这批铁器可能是来自三个作坊的产品，估计是收藏后作原材料用，而且很可能是供私营作坊使用②。

除以上内容外，秦汉时期针对相关物品还有其他形式的存放，并有对应的器具。山东沂南画像石墓出土画像石，其中一幅画像石上刻绘双层的高几，两层几面上皆放有奁、盒等物品③。河南洛阳涧西七里河东汉墓出土陶作坊模型，其内有双层的直足陶几④。湖南长沙望城坡西汉渔阳墓出土有漆酒具杯盒，椭圆形的盛盒，内为漆耳杯⑤（图三-44：1）。河南济源西窑头西汉末年M10出土盛贮器共8件，器形分别为褐绿釉陶壶、红绿釉三足仓和褐绿釉陶樽，另有1件褐绿釉酒具杯盒，模制而成，长28、口径26厘米，椭圆形盒，盒身与器盖形状、大小完全相同，盒两端有半圆形捉手，盒内装满了饮酒用的耳形酒杯17件，分大、小两种⑥（图三-44：2）。河南陕县刘家渠东汉墓出土1件陶柜（1037：31），绿釉陶，柜身为长立方体，

---

① 焦作市文物工作队：《河南焦作嘉禾屯出土汉代窖藏铜器》，《华夏考古》1995年第2期。

② 河南省文物研究所、镇平县文化馆：《河南镇平出土的汉代窖藏铁范和铁器》，《考古》1982年第3期。

③ 南京博物院、山东省文物管理处：《沂南古画像石墓发掘报告》，文化部文物管理局出版，1956年，图版77。

④ 洛阳博物馆：《洛阳涧西七里河东汉墓发掘简报》，《考古》1975年第2期。

⑤ 长沙市文物考古研究所、长沙简牍博物馆：《湖南长沙望城坡西汉渔阳墓发掘简报》，《文物》2010年第4期。

⑥ 李彩霞：《济源西窑头村M10出土陶塑器物赏析》，《中原文物》2010年第4期。

1

2

图三 -44　汉代墓葬出土酒具杯盒

1. 湖南长沙望城坡西汉渔阳墓出土有漆酒具杯盒　2. 河南济源西窑头西汉末年 M10 出土褐绿釉酒具杯盒

下有四扁足，背有柜门，可启合，正面上部模印门锁，正面、背上饰泡钉，四足有划纹[①]（图三 -45）。沂南画像石墓出土画像石画像中对柜也有体现，其中一幅画像中即刻绘有大柜子的图案[②]。柜子是家庭储物的重要工具，有的会盛放一类物品，有的则是多类物品共存一柜，而形体较大的柜子可能会分多层或是不同储物空间，不仅存放物品多，还可以分类别存放不同内容，且便于区分和取用，沂南画像石墓出土画像石中所刻绘的大柜，从形式上看，应是分层的，甚至是分为不同的储物空间。陕西卷烟材料厂汉墓出土陶柜 1 件（M5：6），泥质灰陶，柜呈长方体，下设 4 个横剖面为长方形的板足，顶板中央偏前处有一长方形小口，在小口与前侧板相接的下方设 2 个长方形小泥突，顶板中央靠近小口的后侧处有 2 个小孔，2 小孔及柜体内的 2 个长方形小泥突起固定和支撑柜门的作用；柜门为木质，出土时已腐朽，前侧板中央上端有可能是为安装钉锦而设的圆孔，出土时下方残存一腐蚀严重的铁锁；柜体表面光素平整，显得朴实大方，器长 48、宽 22.8、体

图三 -45　河南陕县刘家渠东汉墓出土绿釉陶柜（1037：31）

① 黄河水库考古工作队：《河南陕县刘家渠汉墓》，《考古学报》1965 年第 1 期。

② 南京博物院、山东省文物管理处：《沂南古画像石墓发掘报告》，文化部文物管理局出版，1956 年，图版 51；山东博物馆：《沂南北寨汉墓画像》，文物出版社，2015 年，第 64、117 页。

高16.8、通高212.4厘米，出土时内存“五铢”铜钱35枚及一些不可辨识的植物种籽[①]。该柜子体现的就是多种物品存放的内容和特征。

5. 医药与化妆品

（1）医药

医药与家庭成员的卫生健康有着密切关系，较多的药物及医用器材需作较好的存放。就盛放器皿来讲，材质较为多样，主要包括竹质、绢帛质、木质、陶质、铜质、铁质、金银质等，其中竹编器具有通风透气，防潮防热的特点，绢帛材质则易于包裹，且对医药损伤较轻，木质、陶质、铜质、铁质、金银质的盛器相对结实耐用，且各有特点，如木质相对轻巧，陶质的透气性较好，金属质地则明显耐用，尤其是金银质地，还可以体现使用者的身份和地位。

河北保定满城M1出土较多与医疗有关的器具，大多数医疗器械如金针、铜刀、银盒、银漏斗形器、金银质医针等，形体不大，推测应有专门的器具用以存放[②]。

药物存放的考古资料较多，整体反映出等级较高人员墓葬内多见或常见，且内容丰富，等级低的墓葬相对少见或不见，种类或内容简单的特点。诸侯王墓中，广东广州南越王墓出土的带盖陶药瓿，瓿敛口，直唇，斜肩，鼓腹，内盛黑色扁圆形药丸；西耳室铜盆内发现1件羚羊角，羚羊角有清热解毒之效，在墓中应作为药材进行随葬；足箱中出土的银盒，盖身相合成扁球形，器中尚存药丸半盒[③]；山东巨野红土山西汉墓出土的35号铜鼎为铜丹鼎，腹下部刻铭文二行“容四斗一，重一钧”，有盖，内盛有丸药一百五十多粒，还有朱砂和蚌壳，39号、41号漆衣铜盆内盛有药丸、药粉、药石，经检测，丸状物为代赭石、赤石脂或禹余粮等多种矿物药的混合物[④]。列侯及相近级别墓葬中，湖南长沙马王堆M1出土药草袋6件，放在西边箱出土的355号竹笥内，形制相同，均作圆筒状，用单层烟色素绢缝制而成，腰缀绢带，出土时，5个袋内盛有花椒、桂、茅香、高良姜和姜；其中两袋还有辛夷和杜衡，三袋有藁本，另外1袋盛花椒[⑤]（图三-46）；广西贵县罗泊湾M2出土的4件陶盒，出

① 陕西省考古研究所：《陕西卷烟材料厂汉墓发掘简报》，《考古与文物》1997年第1期。

② 中国社会科学院考古研究所、河北省文物管理处：《满城汉墓发掘报告》，文物出版社，1980年。

③ 广州市文物管理委员会、中国社会科学院考古研究所、广东省博物馆：《西汉南越王墓》，文物出版社，1991年，第115、138、141、210、463-472页。

④ 山东省菏泽地区汉墓发掘小组：《巨野红土山西汉墓》，《考古学报》1983年第4期；胡秋莉、井娟、李宁：《大汉王墓聚珍——山东地区两汉文明展文物精品撷萃》，《收藏家》2017年第2期；李敏生《山东巨野县西汉墓出土丸状物的属性问题》，《考古》1983年第12期。

⑤ 湖南省博物馆、中国科学院考古研究所：《长沙马王堆一号汉墓》，文物出版社，1973年，第73页。

土时盒内盛放植物叶，经鉴定，属冬青科的铁冬青叶[①]；江西南昌海昏侯墓的椁室中出土的中药品放置于精美的木质漆盒中，经过取样检测分析，植物应为玄参科地黄属植物的根系[②]；湖南长沙马王堆 M3，椁边箱中出土的香囊、香袋和内棺出土的绢袋里有桂皮、花椒、姜、佩兰、茅香、高良姜、藁本等香料，东边箱 57 号漆奁中有牡蛎，并与《五十二病方》、《养生方》等医药著作共出[③]。关于绢帛盛放药品，《五十二病方》中记有“药已冶，裹以缯臧（藏）”，即将粉碎好的药物用绢帛盛放，收藏备用[④]。中小型墓葬也有发现，陕西韩城姚庄坡东汉墓，前室陶罐中盛有薄荷[⑤]；新疆洛浦县山普拉墓地两座时代相对较早墓葬（年代范围大致在公元前 55 年至公元 110 年之间），出土有关于阗或以西地区的医药物品，均盛放在香囊中，其中毡制长方形香囊内盛放香料膏丸，1 件皮质香囊中发现有球形香丸，另外还有苦豆子及银白色片状物、红色和乳白色粉末状物品，多包扎在小绢布里，部分在小纸包里[⑥]。

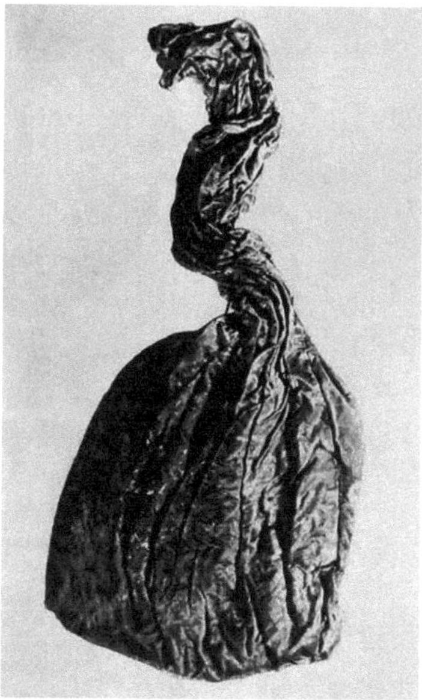

图三 -46　湖南长沙马王堆 M1 出土烟色绢药草袋

（2）化妆用具及化妆品

秦汉时期，家庭成员的化妆已较为普遍，考古发现有画眉用的眉笔、化妆用的镊子、研磨的砚等，而胭脂在西汉时也已得到使用。相当数量的化妆用具和物品盛放在各种式样、大小不同的漆奁或有关器具中。

马王堆 M1 出土 1 件九子奁及单层五子奁，均盛放有化妆用具或化妆品（图三 -47）。如九子奁，其中的 443-13 号小奁内盛放白色粉状化妆品，443-11 号小

① 广西壮族自治区文物工作队：《广西贵县罗泊湾二号汉墓》，《考古》1982 年第 4 期；广西壮族自治区博物馆：《广西贵县罗泊湾汉墓》，文物出版社，1988 年，第 106 页。

② 江西省文物考古研究所、南昌市博物馆、南昌市新建区博物馆：《南昌市西汉海昏侯墓》，《考古》2016 年第 7 期；彭华胜、徐长青、袁媛等：《最早的中药辅料炮制品：西汉海昏侯墓出土的木质漆盒内样品鉴定与分析》，《科学通报》2019 年第 9 期。

③ 湖南省博物馆、中国科学院考古研究所：《马王堆二、三号汉墓发掘简报》，《文物》1974 年第 7 期；湖南省博物馆、湖南省文物考古研究所：《长沙马王堆二、三号汉墓》，文物出版社，2004 年，第 61 页。

④ 严健民：《五十二病方注译》，中医古籍出版社，2005 年，第 17 页。

⑤ 张厚墉：《韩城姚庄坡东汉墓出土的薄荷、薏苡实和枣核》，《考古与文物》1983 年第 3 期。

⑥ 肖小勇、郑渤秋：《新疆洛浦县山普拉古墓地的新发掘》，《西域研究》2000 年第 1 期；新疆维吾尔自治区博物馆、新疆文物考古研究所：《中国新疆山普拉——古代于阗文明的揭示与研究》，新疆人民出版社，2001 年，第 31、32 页，图 234、241。

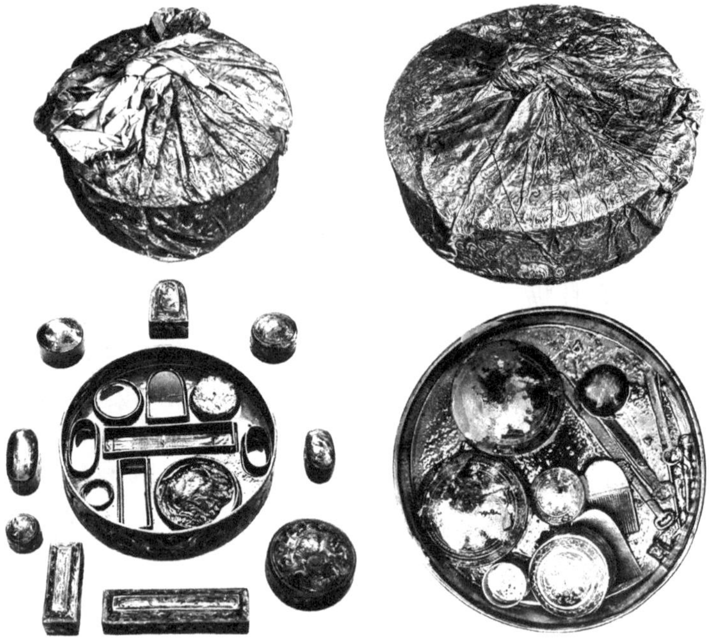

图三 -47 湖南长沙马王堆 M1 出土九子漆奁（左）与五子漆奁（右）

奁内盛放方块形白色化妆品，443-8 号小奁内盛放丝绵 1 块和假发一束，443-14 号小奁内盛粉状化妆品和丝绵粉扑，443-10 号小奁内盛胭脂，443-16 号小奁内盛油状物质和丝绵粉扑，马蹄形小奁内装梳、篦各 2 件。单层五子奁内装镜擦 1、镜衣及铜镜 1、环首刀 3 及笄、镊、茀、木梳各 1 件，其内的圆形小奁中的 441-4、7、8 号小奁内都盛有化妆品[①]。

6. 其他物品

（1）薪材

一般情况下，家庭都需要存放薪材以用于炊爨或其他方面，为便于使用，多数会堆成垛或捆扎后码放，至今一些乡村还可见柴垛、秸垛等，而苣是用苇杆扎成类似火把的可燃物。江苏徐州北洞山西汉早期某代楚王墓的附属建筑中，第三、四进院实为一组，代表一个以炊厨为主的院落，第 8 室北小间的门道以北地面有大面积的薪柴堆积，最厚处达 0.35 米，木炭以直径 3 ~ 5 厘米的木棒烧成，形状仍可辨认，该处当为柴房[②]。甘肃敦煌马圈湾遗址中，F5 发现一长 2.2 米的苣，F6 房内存放的苣中夹杂少量丝绸残片，东南角有用土垒砌成的 1.95 × 1.55-0.45 米的坑，坑内不规则地堆放大量苣；采集 7 件，有大、中、小三种，大苣长 233、直

① 湖南省博物馆、中国科学院考古研究所：《长沙马王堆一号汉墓》，文物出版社，1973 年，第 89 页。

② 徐州博物馆、南京大学历史系考古专业：《徐州北洞山西汉楚王墓》，文物出版社，2003 年，第 26、29 页。

径5厘米，芦苇把，用苇根捆扎6道，中苣长33～35.5、直径4.5厘米左右，个别有用麻绳捆扎2～4道；坑内尚存中苣，多数已点燃过，似留作第二次使用，小苣长8.7、直径3厘米，用细麻绳捆扎3道，似作引火用①。辽宁辽阳三道壕窑业第四现场东汉墓②（图三-48：1）及山东诸城前凉台东汉墓③（图三-48：2）出土庖厨图的一灶具旁皆一人蹲踞火门前添柴烧火。山东沂南北寨东汉墓中室南壁上横额东段画像的右侧为庖厨内容，偏右下角有1灶，1人趴在火门前作吹气状，薪材已燃，烟囱也已有袅袅烟气④（图三-48：3）。由所烧材料来看，均应为薪材，相关的薪材当有一定的存放之处。

图三-48　汉墓壁画及画像石画像中庖厨图的灶前烧火图像

1.辽宁辽阳三道壕窑业第四现场东汉墓出土庖厨图局部　2.山东诸城前凉台东汉墓出土庖厨图局部　3.山东沂南北寨东汉墓中室南壁横额东段画像中庖厨图局部

（2）建筑材料

河南内黄县三杨庄汉代庭院遗址的第一处庭院遗存既有建筑废弃物堆积，也有需要使用的建筑材料堆放，庭院基础的东北角清理出一处较大面积的碎瓦片、砖块和陶器残片堆积区，院落基础的东南角清理出堆放整齐的部分板瓦和筒瓦，其中板瓦5摞、筒瓦超过10摞⑤。就庭院内堆放整齐的建筑材料来讲，体现出明显

---

① 甘肃省博物馆、敦煌县文化馆：《敦煌马圈湾汉代烽燧遗址发掘简报》，《文物》1981年第10期。

② 李文信：《辽阳发现的三座壁画古墓》，《文物参考资料》1955年第5期。

③ 诸城县博物馆，任日新：《山东诸城汉墓画像石》，《文物》1981年第10期。

④ 山东省博物馆：《沂南北寨汉墓画像》，文物出版社，2015年，第54、55、115页。

⑤ 河南省文物考古研究所、内黄县文物保护管理所：《河南内黄县三杨庄汉代庭院遗址》，《考古》2004年第7期。

的存放特征。

（二）家庭生活配套设施的修建

秦汉家庭有较多的主体设施，如院墙、门、庭院及用于居住的房屋等，而存储、炊事、饲养及便溺等设施也是家庭中较为重要的内容，除这些内容外，还有一些与家庭生活相配套的设施内容，对家庭生产生活的开展和进行可起到相应的保障作用。

1. 道路

是家庭中相关建筑或设施间连接的通道及家庭成员进行有关活动或相互沟通时的连接线，同时也是家庭进行室外或庭外劳作及与外界联系所必需的设施，是家庭生活保障的内容之一。

秦汉时期的道路很多，较多数量为朝廷或官府修建，如秦王朝修建的驰道和直道，还有秦汉三国时期修建的一些栈道等。较多的城市中有四通八达的道路，有的道路较宽，连接城市中最主要的建筑，如江苏徐州金地商都遗址发现的西汉楚国王宫宫殿建筑南的一条道路，较为宽阔笔直，石板铺成，周边有散水等，宽约10余米，发掘处长20余米[①]。就较多家庭来讲，则基本如上所讲，一是庭院内的道路，二是庭院外的道路，二者通过庭院门相连接，构成较多家庭的交通设施。

考古发现的一些与秦汉家庭有关的道路基本都与庭院内或庭院外有着较多关联，反映出这一时期家庭的相关交通内容。河南洛阳汉河南县城东区发掘的居住遗址中，南段发现东汉房基3处、东汉石子路及水井、水道等，以石子路为中心，304号房基在其东南约20米，303号铺地砖在其东北约25米，308号房基在其北约3米，水井、水道则接连于其西侧；石子路共发现2条，同在深0.55米的东汉地面上，皆为残段，一条东西向，另一条南北向，如果将其延长相交可成一直角，东西向的石子路保存较好，两侧砌砖，南侧砖作横立放，现存12块，方向正东西，北侧砖作横平放，共2层，每层现存11块，皆就当时地面铺砌；这里至少有两座使用砖瓦建筑的房屋，一座向南，东西向的石子路是这座房屋的前檐下的迴廊，另一座向东，南北向的石子路则为这座房屋前檐下的迴廊[②]。辽宁省辽阳三道壕西汉村落遗址发现铺石道路2段，与农家生产和生活关系密切，其中居住址的北面为铺石大路，路面宽约7米，全用河光卵石铺筑三层或四层，厚约0.35米，路心稍高，两边整

---

① 刘尊志、周波：《徐州市金地商都先秦、两汉及明代遗址》，中国考古学会编：《中国考古学年鉴·2003年》，文物出版社，2004年，第172、173页。

② 黄展岳：《一九五五年春洛阳汉河南县城东区发掘报告》，《考古学报》1956年第4期。

齐，北侧有距离约略相等的缺口多处，应和相关设施有连通，大路面上留有明显的辙迹，一般都有两排并列的大车辙，可想像当时大车往来各走一辙、畅行无阻的情况①。河南内黄县三杨庄汉代庭院遗址的钻探范围内南部发现有古道路遗迹，宽约4米，经发掘，遗址内主干道路宽约20米，遗址的第二处庭院南大门向南约42米有一条东西向道路，路宽约8米，为遗址内的次主干道路。第二处庭院南大门外东南侧约9米为水井，在水井与庭院南大门之间，庭院南大门的东侧用碎瓦片铺有一条专用便道，另在南大门外约10米处，东距水井约3米有编织草席或竹席类的遗迹，该便道与之也有相应关系②（图三-49）。河南省遂平县西南小寨村西汉代村落遗址，有3条汉代道路，分别为第一号、第七号、第六号路，皆延伸较长距离，还有一条南北向生土路面，遭到破坏，有些道路相交形成丁字街口，而且道路与遗址内的6行水井并行，道路和水井有规律分布，体现出与遗址内居住人员生产、生活保障等相关的内容③。汉代画像、壁画中对这一时期家庭与道路的内容也有体现，如较多的车马出行或车马迎宾图，一边为庭院，一边为较长的车马队伍，而较多庭院外有阙，车马队伍应是行驶在相应宽度的道路上，江苏徐州铜山洪楼汉墓出土的

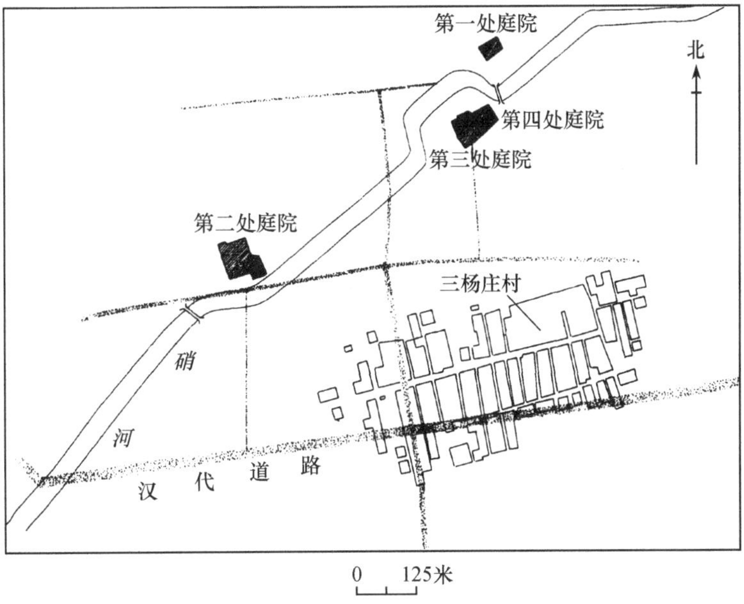

图三-49 河南内黄三杨庄汉代聚落遗址中的相关道路

① 东北博物馆:《辽阳三道壕西汉村落遗址》,《考古学报》1957年第1期。

② 河南省文物考古研究所、内黄县文物保护管理所:《河南内黄县三杨庄汉代庭院遗址》,《考古》2004年第7期;《河南内黄三杨庄汉代聚落遗址第二处庭院发掘简报》,《华夏考古》2010年第3期。

③ 河南省文物研究所:《河南遂平县小寨汉代村落遗址水井群》,《考古与文物》1986年第5期。

车马行进图中还绘有树木[①]，更加体现出道路的特征；铜山利国汉画像石墓西侧室南壁画像中，上为双阙，阙中间为一建筑，内有二人跽坐交谈，阙前有一向左行驶的马车[②]，当是行进在庭院前的道路上。

另外，一些家庭的墓地中也发现有道路，基本用于墓葬修建、墓主下葬、墓地保护、开展墓祭等。河北保定满城汉墓陵区内，南坡由山下顺山势蜿蜒而上，至主峰东坡上尤其是墓口前，路面平坦，而且连通M1与M2的墓口，或开山成路，或以石片加宽路面，墓口前山坡道路的宽度为6～14米，此道路与营建墓穴和埋葬死者有关，所以修建时间在墓葬开凿之前，而其也应与后期祭祀有密切关系，即原有的道路功能转化为祭祀及相关用途的道路[③]。江苏盱眙大云山汉墓陵区，为东司马道。道路依山势而建，自山顶陵园东墙顺山麓夯筑至山脚，长约800米，路面宽45米，南北两侧坡面以石块护坡，护坡外各修筑宽25米的排水道；陵园内外发现一条小路（暂编L1），北界在内陵园墙外，向西延伸，向南弧曲经K3西进入内陵园中，经北区陪葬墓东侧四墓东侧，斜向西南，再经M9与K8东侧斜向东南，之后渐成东西向，经内陵园东墙后向东延伸；内陵园西墙外有小路痕迹（暂编L2），应经西墙门道与陵园内相通，根据L1与M11的叠压打破关系，其时代可能稍早于M11，应是陵区内用于修建相关设施的通道，其后又作为连接相关设施的道路，用于祭祀及相关活动；内陵园东南有“Γ”形道路（暂编L3），东可能与内陵园墙东门相连接，南北较长，南端一部分叠压在K7之上，继续向南延伸，其时代较K7及M1等晚，推测是进行M1祭祀的道路[④]。山东曲阜九龙山鲁王陵区，墓前发现有车马道，可能与墓主下葬或祭祀等有关[⑤]。江西南昌海昏侯刘贺墓园内发现数处有踩踏面的道路[⑥]；陕西西安凤栖原墓地的墓园内发现有道路，由祠堂通向墓葬，修建讲究，经过发掘的道路长约35、宽2.5、残存厚度约0.4米，规划细密，筑造规整，系先开挖基槽，再回填干净黄土，然后夯击压实，再后修整路面，最后在路面两侧竖立方砖，以保护路面[⑦]；汉魏洛阳城西东汉墓东部建筑群发现多个道路，有踏道、慢道等[⑧]。四川

① 王德庆：《江苏铜山东汉墓清理简报》，《考古通讯》1957年第4期；徐州博物馆：《徐州汉画像石》，江苏美术出版社，1985年，图73-75，图版说明第5页。

② 江苏省文物管理委员会、南京博物院：《江苏徐州、铜山五座汉墓清理简报》，《考古》1964年第10期。

③ 中国社会科学院考古研究所、河北省文物管理处：《满城汉墓发掘报告》，文物出版社，1980年，第7、8页。

④ 南京博物院、盱眙县文广新局：《江苏盱眙县大云山汉墓》，《考古》2012年第7期。

⑤ 山东省博物馆：《曲阜九龙山汉墓发掘简报》，《文物》1972年第5期。

⑥ 江西省文物考古研究所、南昌市博物馆、南昌市新建区博物馆：《南昌市西汉海昏侯墓》，《考古》2016年第7期。

⑦ 张仲立、丁岩、朱艳玲：《凤栖原汉墓：西汉大将军的家族墓园》，《中国文化遗产》2011年第6期。

⑧ 中国社会科学院考古研究所洛阳汉魏城队：《汉魏洛阳城西东汉墓园遗址》，《考古学报》1993年第3期。

渠县有墓阙的一些东汉中型墓葬，神道基本位于两阙之间，从两阙身后开始朝向墓地，双阙前未见，形制皆为凹槽形式，内部为花土，凹槽应是神道的路基，暂未见石板、夯土及较明显的踩踏面等[①]。

2. 桥梁

与道路关系最为密切的为桥梁。秦汉时期，桥梁的种类较为丰富，《秦汉交通史稿》一书将该时期的桥梁分为梁桥、拱桥、索桥、浮桥等几种[②]。很多桥梁由政府或朝廷修建，既服务于国家政治、经济、文化发展的需求，也间接为较多家庭的顺畅交通提供了便利。秦汉桥梁的实物出土不多，如长安渭水桥，中渭桥最具规模，该桥始建于秦，结构为木梁柱，2012年以来，考古工作者在汉长安城北发现3组7座渭桥，其中厨城门一号桥经西汉及东汉至魏晋两次修建（图三-50），洛城门桥为西汉晚期至东汉初所建，二者均具相当规模[③]。

图三-50　汉长安城北渭桥厨城门一号桥

汉代画像及壁画体现的这一时期桥梁的内容较为丰富，上述几类桥梁基本都有反映，而且从画面来看，所反映的桥梁内容与家庭及其相关生活或活动的关系较为密切。有车骑过桥，有的在桥上发生诸多社会事件，有桥下捕鱼，有桥与生活的关联等，其中与家庭生活相关的画面所占比例较大，体现桥梁与家庭生活密切相关的内容。一些家庭的墓地因需要亦会修建有桥，《水经注·湛水》载：“湛水南有汉中

① 四川省文物考古研究院、渠县文物管理所：《四川渠县汉阙考古调查勘探简报》，《四川文物》2014年第4期。

② 王子今：《秦汉交通史稿》，中共中央党校出版社，1994年，第81-89页。

③ 中国社会科学院考古研究所：《西安市汉长安城北渭桥遗址》，《考古》2014年第7期。

常侍长乐太仆吉成侯州苞（辅）冢。……门表堑上起石桥，历时不毁。”①

3. 散水、排水沟与水道

（1）散水

为房屋、墙体及道路等建筑的辅助设施，可较好排走房屋、墙体流下的雨水及道路上分流两侧的水流，达到保护房屋、墙体及路面，使其经久耐用等目的。秦汉时期，散水的使用较为普遍，已成为家庭的保障内容之一。

房屋及墙体的散水在秦汉城市、村落等的考古发掘中皆有所发现，而墓地中的墓外建筑设施也有较多体现，如散水护坡、散水路面等。陕西西安凤栖原张安世家族墓地祠堂，清理发现较完整的台基、柱础、门道、迴廊、踏步、散水等建筑遗迹②。汉魏洛阳城西东汉墓东部建筑群中，较多墙体外皆有砖铺散水，其中Ⅰ号院落天井，整体近方形，南北 14.6、东西 16.3 ~ 15.4 米，最外围是四面建筑的砖铺散水，其次是河卵石带；大型殿基 F1 北侧和西侧均有宽 2.4 米的砖铺散水，北侧散水长 18.4、西侧已清理部分的散水长 22 米，皆用长方形大砖顺置错缝平铺，砖铺散水外侧紧连一条宽 1 米的河卵石带，河卵石带内侧高而外侧低，为两侧立青石条拦边，中间栽河卵石③。河南新乡卫辉大司马墓地东汉 M1 封土北侧有一祠堂建筑（F1），四周有卵石堆积的散水④。

（2）排水沟

庭院修建排水沟的主要目的是在雨季或其他季节，将院内的水排至庭院外或附近的沟坑内，尽可能不影响家庭的生活及有关活动，也可起到保护家庭中相关设施不被水长时间浸泡等的作用。排水沟有明沟和暗道两种，明沟在一些秦汉时期城市及村落遗址的考古中有发现，而暗道则相对隐蔽，且可保持地面平整，亦具有相对卫生的效果。考古发现秦汉时期一些室内的洗浴设施多是经暗道将浴室内的用水排至室外。

墓地中的墓外设施有排水沟类设施，可对现实生活庭院中的排水沟有所体现和反映。河南新乡辉县路固 C 区汉代墓地发现的建筑堆积中发现有排水设施，位于第二处堆积南侧，为砖石混砌，仅余小段，东侧下部为一长条石，余为青砖垒砌，残存部分有一梯形孔作排水道，底面中间有一块整砖，应是祠堂（CF1）的附属排水设施，南北走向，北高南低，水由北向南排出⑤（图三 -51）。秦汉时期的较多墓葬为保护墓葬本体、葬具及墓主尸身、陪葬及殓葬物品等，亦修建有排水设施，以排

① （北魏）郦道元著：《水经注》，（清）王先谦校：《合校水经注》，中华书局，2009 年，第 458 页。

② 张仲立、丁岩、朱艳玲：《凤栖原汉墓：西汉大将军的家族墓园》，《中国文化遗产》2011 年第 6 期。

③ 中国社会科学院考古研究所洛阳汉魏城队：《汉魏洛阳城西东汉墓园遗址》，《考古学报》1993 年第 3 期。

④ 河南省文物局：《卫辉大司马墓地》，科学出版社，2015 年，第 16-20、30-32 页。

⑤ 中国社会科学院考古研究所 :《辉县路固》，科学出版社，2017 年，第 11-20 页。

图三 -51　河南省辉县路固汉代墓地 CF1 内排水沟

水沟最为常见[①]，也对现实居所排水沟有间接体现。

（3）水道

主要是供水，即为相关设施或有需求的用水设施提供水，并通过水道流淌到所需位置。河南洛阳汉河南县城东区发掘的居住遗址中，发现水道 1 条，紧接水井的西边，西段已毁，向西偏北走向，全部由砖铺砌而成，铺砌法是先沿井台西边平放一行，然后在它的两侧作横立置放，形成中空，上面再如底层的做法，该遗址是以农民、手工业者为主体的居住区，水道或与手工业生产有关[②]（图三 -52）。山东诸城前凉台东汉画像石墓，墓室过道横梁上所刻庄园图中，后院堂下有地下水道设备，水从堂下流出，在中院变宽，经中、前院流向院外[③]。就该水道而言，可满足庄园的诸多用水需求，而变宽的水道又可为庄园增添园林式的景观，可谓一举多得。河南淮阳于庄汉墓出土的陶院落，院墙内一侧为田地，共 22 垄，中间有灌溉沟和土埂，向北 64 厘米处有一井，有水沟可以灌溉，向北共 4 节，流向两边畦内，水沟的垄埂高出地面，其北端有一下水孔[④]。该处的水道具有专门性和针对性，即主要服务于院墙内田地垄内庄稼的浇灌。

① 刘尊志：《汉代中小型墓葬的排水沟及相关问题》，《文物春秋》2019 年第 3 期。

② 黄展岳：《一九五五年春洛阳汉河南县城东区发掘报告》，《考古学报》1956 年第 4 期。

③ 诸城县博物馆，任日新：《山东诸城汉墓画像石》，《文物》1981 年第 10 期。

④ 周口地区文化局文物科、淮阳太昊陵文物保管所：《淮阳于庄汉墓发掘简报》，《中原文物》1983 年第 1 期。

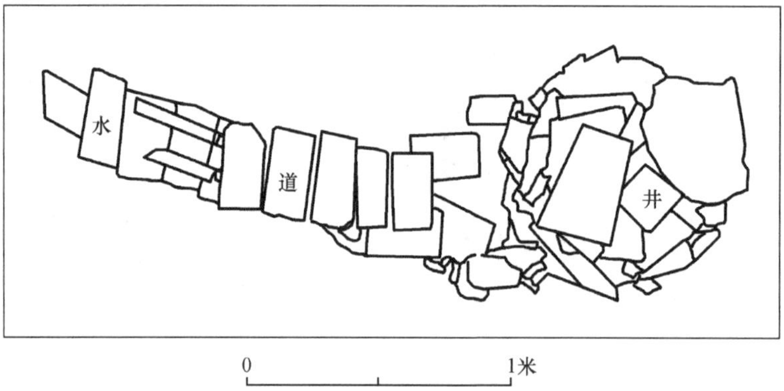

图三 -52 河南洛阳汉河南县城东区汉代居住遗址中的水井与水道遗存

除以上内容外，为保护家庭设施，减少水土流失，秦汉家庭在庭院内外植树种草，以树、草之根固定土壤，而且还可起到美化庭院环境等诸多作用，这在上文已有相关叙述。东汉张衡在其《西京赋》中记有“嘉木树庭，芳草如积[①]，应是对相关内容的写照。

4. 场地

秦汉时期，很多家庭的庭院内或庭院外有相应的场地，以便进行相关生产加工、生活活动，如开展相应的社会活动和娱乐活动等。

河南内黄三杨庄村落遗址的第二处庭院，南大门外约 10 米处有编织草席或竹席类的遗迹，此处可视为一块进行手工业生产加工的场地；南大门向南约 42 米处有一条东西向道路，路与庭院南大门之间为宽敞的活动场地，部分地点清理出砖瓦和小件石器等遗物[②]。就路与庭院南大门之间的场地来讲，既可进行谷物的晾晒与加工，也可作为迎宾和开展相关社会及娱乐活动的场所，甚至可作为编织草席或竹席等的场所，即相关场所存在互用及一处场地多种用途的特征。高等级人员家庭的庄园或庭院中，相应的场地当是不可缺少的内容，除生产加工、生活外，还与娱乐、迎宾等有关。较多西汉诸侯王墓，尤其是豫东及徐州一带发掘的西汉横穴崖洞式诸侯王墓，基本都有乐舞室，而较多汉代画像、壁画中还反映了诸多地方官吏、地主家庭迎宾和进行乐舞杂技等表演的内容，这均与相应的场地有关，如江苏徐州铜山洪楼出土的两幅祠堂画像石画像中，既有迎宾亦有乐舞的场所[③]。汉代画像与

① （东汉）张衡著，张震泽校注：《张衡诗文集校注》，上海古籍出版社，2009 年，第 31 页。

② 河南省文物考古研究所、内黄县文物保护管理所：《河南内黄三杨庄汉代聚落遗址第二处庭院发掘简报》，《华夏考古》2010 年第 3 期。

③ 王德庆：《江苏铜山东汉墓清理简报》，《考古通讯》1957 年第 4 期；徐州博物馆：《徐州汉画像石》，江苏美术出版社，1985 年，图 76、77，图版说明第 5 页。

壁画中的迎宾与乐舞场地中，前者大多在庭院外，后者多在庭院中，但也有些乐舞表演会在庭院外举行。江苏沛县栖山西汉晚期墓葬中棺左侧内部画像，左侧为楼阁，内有人对弈，楼下有侍者，楼的左侧为门阙，阙外有2人佩剑持笏躬立作迎宾状，远处有车驶来，在画面的右上方有进行乐舞杂技表演及庖厨者[①]（图三-53）。按照庭院布局，阙外基本就是庭院之外，其面积较大，当为相关场地。关于庄园或庭院的相关场地，壁画或画像还有较多反映。内蒙古和林格尔东汉壁画墓后室南壁所绘庄园图中，有较多专门性的场地，如粮食加工、沤麻及酿造手工业操作场地等[②]。一些汉代庖厨画像中人员众多，涉及的食品加工操作式样繁杂，也应有相应的场地，如山东诸城前凉台东汉墓[③]等出土的庖厨画像。汉代画像中还有一些比武图，这是需要相应场地的活动之一。汉代画像中的相关比武图像也表明对应场地的存在，如江苏徐州南郊十里铺东汉墓前室横额画像[④]等。除上述内容外，山东沂南画像石墓出土的相关画像还反映出与吊唁、祭祀等有关的场地，该墓出土的画像石画像还有收租的内容，亦与相关场地有关[⑤]，类似的收租画像在河南密县打虎亭汉墓[⑥]也有发现。

图三-53　江苏沛县栖山西汉晚期墓葬中棺左侧内部画像

（三）诸多物质内容的丰富

秦汉时期，物质生活内容日益丰富，诸多内容作为家庭生活的保障已成为秦汉家庭不可缺少的组成内容。下文仅就几个部分作简要叙述。

① 徐州市博物馆、沛县文化馆：《江苏沛县栖山汉画像石墓清理简报》，《考古》编辑部编辑：《考古学集刊·第2集》，中国社会科学出版社，1982年，第106-112页。

② 内蒙古自治区博物馆文物工作队编：《和林格尔汉墓壁画》，文物出版社，1978年，第20、21页。

③ 诸城县博物馆，任日新：《山东诸城汉墓画像石》，《文物》1981年第10期。

④ 江苏省文物管理委员会、南京博物院：《江苏徐州十里铺汉画像石墓》，《考古》1966年第2期。

⑤ 山东博物馆：《沂南北寨汉墓画像》，文物出版社，2015年，第10-17、54、55、109、115页。

⑥ 河南省文物研究所：《密县打虎亭汉墓》，文物出版社，1993年，第99、104-106页。

1. 纳凉与取暖

一年有春夏秋冬四季，天气有暖热凉寒四种变化，在炎热时纳凉、寒冷时取暖是家庭生活的内容之一。

秦汉家庭纳凉的方式很多。如树下乘凉，上文所述在家庭的庭院内外种植树木，一方面可减风、提供果实或用叶喂蚕等，另一方面也是夏日乘凉的好去处。睡卧用具方面，较多家庭会使用编织的凉席，甚至有可能在坐具上铺垫小块的凉席，以达到纳凉的目的。一些家庭可能在炎热季节会寻求凉爽的宜居之地，但此类家庭不会太多。最为常见的是使用扇，通过扇动促进空气流动，加速汗液蒸发，给人带来凉爽之感。班固在其《竹扇赋》中曰："青青之竹形兆直，妙华长竿纷实翼。杳篆丛生于水泽，疾风时纷纷萧飒。削为扇翣成器美，托御君王供时有。度量异好有圆方，来风避暑致清凉。安体定神达消息，百王传之赖功力，寿考安宁累万亿。"①秦汉时期的实物扇出土较少，河南灵宝张湾东汉 M5：13，平面似圆扇，中有空方柄，柄内有木痕，一端可张合，嵌有铜圆环，柄与环相接处有小鼻子。湖南长沙马王堆 M1 出土的竹扇，扇面作梯形，外窄内宽，有长柄和短柄之分，这可能与具体使用的差异存在一定关系②（图三 -54）。更多的考古资料则是图像资料，画像石、画像砖及壁画中均有较多反映，从图像来看，有长方形、梯形、圆形及半圆形等，以长方形扇最为常见，而且画面多是奴婢为主人或客人扇扇。以江苏徐州地区出土东汉画像石画像为例，铜山茅村东汉墓中室南壁出土画像中，1 人所执扇为长方形或梯形，该墓中室东壁门北出土画像中，1 人所执扇为圆形，该墓中室南壁画像中，1 人所执扇为半圆形③；铜山洪楼东汉墓葬的祠堂画像中，有 1 人站立执扇，扇为梯形，略弧④；贾汪青山泉白集东汉墓中室北壁出土画像石画像的下格，

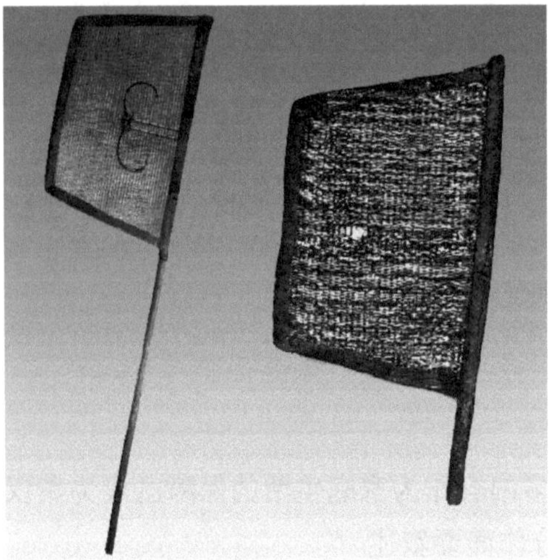

图三 -54　湖南长沙马王堆 M1 出土竹扇

① 转引冯超颖：《班固〈竹扇赋〉体裁之我见》，《文史杂志》2006 年第 6 期。

② 湖南省博物馆、中国科学院考古研究所：《长沙马王堆一号汉墓》，文物出版社，1973 年，第 119 页。

③ 王献唐：《徐州市区的茅村汉墓群》，《文物参考资料》1953 年第 1 期。

④ 王德庆：《江苏铜山东汉墓清理简报》，《考古通讯》1957 年第 4 期；徐州博物馆：《徐州汉画像石》，江苏美术出版社，1985 年，图 76，图版说明第 5 页。

2人宴饮，左有2侍者，其中1人执扇而立，扇面呈梯形，边缘较弧，内为细密网格[①]，表明扇面为编织而成的。

秦汉时期取暖的内容主要包括取火、燃料及相关设施三个方面。甘肃敦煌马圈湾遗址出土取火器1件，为长方形木棒，一端削握柄，两侧钻未穿透的圆孔10个，其中1孔内有火烧痕迹[②]。新疆罗布泊出土有燧、钻杆与凿孔木片等，以绳拴系在一起，引燃或引火物以麻缊常用[③]，居延汉简文中与火燧并列的“茹”，也可能为引燃物[④]。燃料方面，燃烧秸秆或树枝、木材及其他薪柴等皆可生火取暖。而这一时期，燃料供应内容日趋丰富，木炭也成为了重要的燃料来源[⑤]。木炭不仅可直接生火，也可作为取暖器具的燃料，这与其前期经第一次焚燃后，烟极少，焰极小，且较轻，便于携带等有着较大关系。正是存在这一优势，天气寒冷时，秦汉时期一些家庭的取暖设施多使用木炭作燃料。铁火炉如江苏徐州东甸子西汉M3：6，长方斗形，腹壁有4个衔环，环上有残断的粗链条，下承四足，出土时，炉内还有较厚的灰烬[⑥]。河北保定满城M1出土有铁暖炉，计5件，分两型：A型3件，锻制而成，器作圆形三足炉式，炉身敞口、直壁、大平底，下有3直条形足，炉身下设盛灰盘，盘沿设1缺口，便于清除灰烬，有盖，顶作环钮，盖、底、壁皆镂孔，通风效果较好，炉壁设四钮系提链；B型2件，炉身作长方形，口大底小，炉壁中腰或近底部向内折收，四蹄形足，四壁镂对称长方形孔6个，底部镂对称长方形孔18个，两长壁外各有2钮，当为提挪方便而设，而该墓还出土有夹炭用的火筷，由一根铁条弯曲而成[⑦]。其他如茂陵一号无名冢陪葬K1出土的1件铁暖炉，仅存细长炉足和一些镂孔残片，与满城M1出土的镂孔铁暖炉极为相似；铜提链炉1件，煅制，炉身圆形，腹下设3条蹄状高足，无盖，炉壁镂竖长条形9孔，便于净除灰烬，炉身外设2钮附提链，外壁刻铭文二行九字：“阳信家铜炉，容斗五升”，该器与满城M1出土的铁炉形体也基本相同；温手炉1套，由承盘和炉组成，其中炉1件，呈椭圆形，直口，上覆盖，四条蹄形足，炉身、炉足分别锻制后用铆钉结合，底镂四组长条形孔，腹部内外伸出宽带形把，把端作桃形，盖面套1小环，面镂柿蒂纹及“S”纹，

---

① 南京博物院：《徐州青山泉白集东汉画象石墓》，《考古》1981年第2期。

② 甘肃省博物馆、敦煌县文化馆：《敦煌马圈湾汉代烽燧遗址发掘简报》，《文物》1981年第10期。

③ 孙机：《汉代物质文化资料图说（增订本）》，上海古籍出版社，2008年，第401页。

④ 甘肃居延考古队：《居延汉代遗址的发掘和新出土的简册文物》，《文物》1978年第1期。

⑤ 李欣：《秦汉社会的木炭生产和消费》，《史学集刊》2012年第5期；夏炎：《秦汉时期燃料供应与日常生活—兼与李欣博士商榷》，《史学集刊》2014年第6期。

⑥ 徐州博物馆：《徐州东甸子西汉墓》，《文物》1999年第12期。

⑦ 中国社会科学院考古研究所、河北省文物管理处：《满城汉墓发掘报告》，文物出版社，1980年，第101-103、255-261页。

盖沿外侧镌铭文一行八字："阳信家铜温手炉盖"，炉身下腹外侧铭文为"阳信家铜温手炉"；温手炉承盘 2 件，皆有一长形把，1 件腹外侧刻铭文为"阳信家常卧铜温手炉承盘，重二斤四两"，另 1 件腹外侧刻铭文为"阳信家铜温手炉承盘"[①]（图三 -55）。温手炉形体不大，天寒时可用于暖手，体现出当时人们的智慧和需求。取暖的物品和设施还有很多，衣物就是内容之一，如较厚的袍服，御寒效果极好，在天冷时久坐可能会很凉，一般可以垫置和搭盖厚的衣物等。寝息时，被褥要求厚且保暖，而有的房间则使用了炕，即住宅里用砖或土坯砌成可寝息的设施，上面铺席，下有孔道与烟囱等相通，可通过烧火取暖，达到寝息时不再寒冷的效果。河南洛阳西郊西汉初期居住遗址，室内紧贴西墙有一土炕，长 6、宽 2.5 米[②]；新疆民丰尼雅遗址发现的汉代房屋，平面曲尺形，内分南北二室，北室南部紧贴南墙有一东西向土炕，东西长 3.8、南北宽 1.3 米；南室内沿东南西三面墙构筑有"凹"字形土炕[③]。由上述两处建筑遗址内的土炕来看，两窄端皆有门，可能与屋内便于走动有关，也与安排相关烧炕设施存在相应的联系。

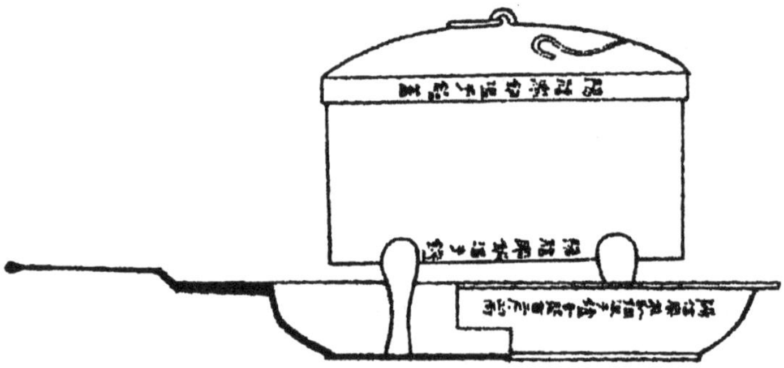

图三 -55　茂陵一号无名冢陪葬 K1 出土成套温手炉

2. 照明与薰香

点灯照明可为家庭在傍晚和夜间的生活带来较大方便，如行走、饮食、做工等等。秦汉时期，傍晚及夜间的照明工具主要为灯，但质地、种类及相关功用等皆存在相应的差别。

秦汉时期，家庭中的灯，以铜质、铁质为主，也有一些石灯，而有些墓葬中出土的陶灯基本都有彩绘，模仿现实之物的特征明显，应是模型器物，而非实用器。有点蜡烛的灯，也有较多点油者。较多豆形灯的灯盘中部有尖锥，用于插放

① 咸阳地区文管会、茂陵博物馆：《陕西茂陵一号无名冢一号从葬坑的发掘》，《文物》1982 年第 9 期。

② 考古研究所洛阳发掘队：《一九五四年秋季洛阳西郊发掘简报》，《考古通讯》1955 年第 5 期。

③ 新疆维吾尔自治区博物馆考古队：《新疆民丰大沙漠中的古代遗址》，《考古》1961 年第 3 期。

蜡烛，如江苏徐州东甸子西汉 M3 出土的 2 件铜灯[①]等。有点油的灯，如徐州石桥 M2 出土的铜行灯[②]，行灯一侧有柄，可秉灯夜行。江西南昌海昏侯墓出土的铜雁鱼灯，为釭灯，整体造型为大雁口内叼鱼的形象[③]（图三 -56：1）。釭灯在汉代较为流行，使用者大多具有一定的身份等级，这也体现出汉代有相应等级地位者家庭用灯的内容。河北保定满城 M2 出土长信宫灯，整体造型是一个双膝呈跪状的宫女双手执灯形象，体内中空，宫女的左手托灯座，右手提灯罩，右臂与灯的烟道相通，以手袖作为排烟炱的管道，灯罩由两块弧形的瓦状铜板合拢后为圆形，嵌于灯盘的槽之中，可以左右开合，这样能任意调节灯光的照射方向、亮度和强弱，灯盘中心钎上插上蜡烛，点燃后，烟会顺着宫女的袖管进入体内，可以保持室内清洁[④]。铜牛灯出土较多，湖南长沙桂花园汉墓[⑤]、江苏邗江甘泉 M2[⑥]与睢宁刘楼 M1[⑦]等皆有出土，其中睢宁刘楼 M1 出土的铜牛灯，形体作水牛状，中空，牛背中心有一圆洞，上置圆筒形带把灯座，有半圆形镂空壁罩，上有顶盖作蝙蝠展翅状，牛的两角为圆管状的烟道，同顶盖相连，灯座内点燃蜡烛时，可用灯把转动灯盘，调整光的照射方向，蜡烛的烟炱可以从顶盖通过牛角（烟道）储存于牛腹中，使室内空气保持清洁。另外，考古资料中还有汉代的吊灯、烛台，东汉墓葬中还常见陶多枝灯模型，如河南密县（今新密市）后士郭画像石墓 M2∶108，有六层灯盘，灯盘的圆孔内分别插有龙首形饰和灯盏[⑧]；济源市桐花沟十号汉墓出土的陶连枝灯，由底座、承盘、擎柄、灯盏及龙形饰件等多部分单体构件组合而成，下层由一覆钵形底座和喇叭形承盘组成，中层由一承盘、擎柄、四枝鹤形灯盏和四支羽人御龙饰件组成，上层由承盘、擎柄、鹤形龙首灯盏、羽人御龙饰件及凤形顶灯组成，形制独特，结构复杂[⑨]（图三 -56：2）。综合考古资料来看，东汉时期，已有一些或数量更多的家庭使用了多枝灯，多枝灯较多灯盘内放灯油，为油灯，而非燃烛的灯。另外，河南南阳邓县长冢店汉画像

---

① 徐州博物馆：《徐州东甸子西汉墓》，《文物》1999 年第 12 期。

② 徐州博物馆：《徐州石桥汉墓清理报告》，《文物》1984 年第 11 期。

③ 江西省文物考古研究所、南昌市博物馆、南昌市新建区博物馆：《南昌市西汉海昏侯墓》，《考古》2016 年第 7 期。

④ 中国社会科学院考古研究所、河北省文物管理处：《满城汉墓发掘报告》，文物出版社，1980 年，第 255-261 页。

⑤ 高至喜：《牛灯》，《文物》1959 年第 7 期。

⑥ 南京博物院：《江苏邗江甘泉二号汉墓》，《文物》1981 年第 11 期。

⑦ 睢文、南波：《江苏睢宁县刘楼东汉墓清理简报》，文物编辑委员会编：《文物资料丛刊 · 第四辑》，文物出版社，1981 年，第 112-114 页。

⑧ 河南省文物研究所：《密县后士郭汉画像石墓发掘报告》，《华夏考古》1987 年第 2 期。

⑨ 河南省文物考古研究所：《河南济源市桐花沟十号汉墓》，《考古》2000 年第 2 期。

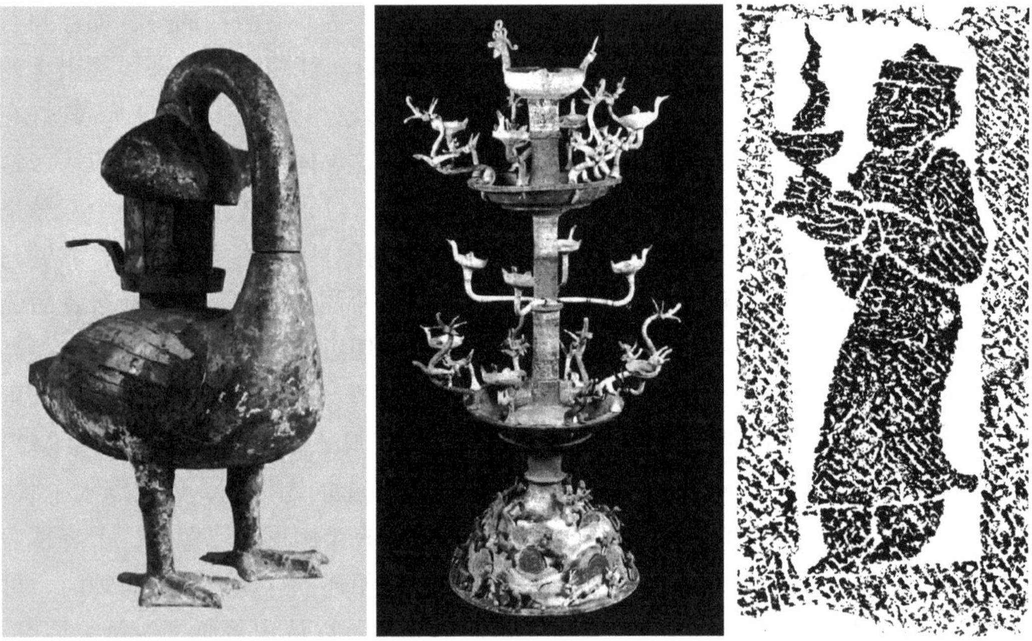

1　　2　　3

图三 -56　汉代墓葬出土的铜灯、陶多枝灯与捧烛侍者画像

1. 江西南昌海昏侯墓出土铜雁鱼灯　2. 河南济源市桐花沟十号汉墓出土陶连枝灯　3. 河南南阳邓县长冢店汉画像石墓南二侧室东门扉内侧捧烛侍者画像

石墓南二侧室东门扉内侧画像有捧烛侍者图，侍者头戴尖顶冠，身着长襦，双手捧烛而立[①]（图三 -56：3）。该画像既反映了相关照明工具，也说明相关家庭中是有侍者负责捧灯烛照明的，这均与家庭的保障内容有关。

熏炉主要是将香料等点燃，可以改变室内环境，驱赶蚊虫等，而有的熏炉中的香料还具有医用价值，对身体保健有相应作用。江苏徐州小龟山 M1 出土的鎏金铜薰，形如盖豆，纹饰精美[②]；翠屏山西汉墓出土有铁薰[③]，北郊簸箕山 M3（宛朐侯刘埶墓）等还发现有专门用以陪葬的陶薰，整体呈豆形，腹上部斜直刻几何图案，盖刻饰几何图案，内侧三角纹等镂空[④]。江西南昌海昏侯刘贺墓出土的铜熏均为博山炉，计 8 件，由炉盖和炉体组成，盖有单层、多层之分，炉体有人物、龙形、朱雀等不同形制，装饰有人物故事、仙山、草木等纹饰[⑤]（图三 -57）。

---

① 《南阳汉画像石》编委会：《邓县长冢店汉画像石墓》，《中原文物》1982 年第 1 期。

② 南京博物院：《铜山小龟山西汉崖洞墓》，《文物》1973 年第 4 期。

③ 徐州博物馆：《江苏徐州市翠屏山西汉刘治墓发掘简报》，《考古》2008 年第 9 期。

④ 徐州博物馆：《西汉宛朐侯刘埶墓发掘简报》，《文物》1997 年第 2 期。

⑤ 江西省文物考古研究所、南昌市博物馆、南昌市新建区博物馆：《南昌市西汉海昏侯墓》，《考古》2016 年第 7 期。

3. 炊爨的燃料

图三 -57　江西南昌海昏侯墓地 M1（刘贺墓）出土铜熏炉

秦汉时期，家庭炊爨的燃料以薪材为主，包括庄稼秸秆、其他植物的茎叶、树枝、废弃木材等等，而这一时期，煤被用于相关烧造业，如河南省洛阳市孟津县平乐镇新庄村东北部发掘的 3 座完整烧窑，其中 2 座烧窑的火塘内均发现了用煤做燃料的现象[①]；密县密新商场陶窑，火膛内的遗物仅有煤渣和未烧透的煤饼[②]。煤虽然在有的地区用于烧窑，但家庭中炊爨用煤做燃料的可能性并不会太大。

甘肃敦煌马圈湾遗址中发现较多苣，其中一坑内的苣多数已点燃过，似留作第二次使用，也有小苣，似作引火用[③]，这些苣在黑夜可作照明的火把，一定时候也可能用于炊爨。湖南省常德市城区北部发现的汉代陶窑中，Y1 火膛内多为炭化毛竹，这说明当时人们已把毛竹这一江南盛产，价廉又高效的燃料广泛使用，而砍伐速生的毛竹也更利于生态环境的保护[④]。大致推测，当地家庭也会使用毛竹作为炊爨的燃料，而且毛竹在当地产量极大，为当地家庭的炊爨可提供足够的燃料。

4. 梯子

广东广州马鹏岗西汉墓（M1134），椁室下层为棺房的迴廊，两侧各设独木梯以供上下，独木梯用扁平长木凿成，现存十余级[⑤]（图三 -58：1）。该墓的独木梯是与葬具有关的木梯，但对现实生活中使用的木梯有较好的体现和反映。湖北随州市周家寨墓地 M8 出土木梯 1 件（M8：7），两侧长木截面呈长方形，阶木较扁平，与两侧长木卯合而成，残存 16 阶，梯残长 203、宽 23.4 厘米[⑥]（图三 -58：2）。因出土于墓内，功能可能与马鹏岗西汉墓出土木梯相近，但其非独木梯，对现实生活中使用的梯子可能有着更好的体现。

---

① 洛阳市文物考古研究院，李继鹏：《河南孟津新庄发现汉代烧窑遗址》，《中国文物报》2016 年 1 月 29 日第 8 版。

② 郑州市文物工作队：《河南密县密新商场汉墓和陶窑的发掘》，《华夏考古》1992 年第 2 期。

③ 甘肃省博物馆、敦煌县文化馆：《敦煌马圈湾汉代烽燧遗址发掘简报》，《文物》1981 年第 10 期。

④ 常德市文物处、常德市博物馆：《湖南常德市城区发现汉代砖窑》，《江汉考古》1998 年第 2 期。

⑤ 广州市文物管理委员会、广州市博物馆：《广州汉墓・上册》，文物出版社，1981 年，第 59、60 页。

⑥ 湖北省文物考古研究所、随州市曾都区考古队：《湖北随州市周家寨墓地 M8 发掘简报》，《考古》2017 年第 8 期。

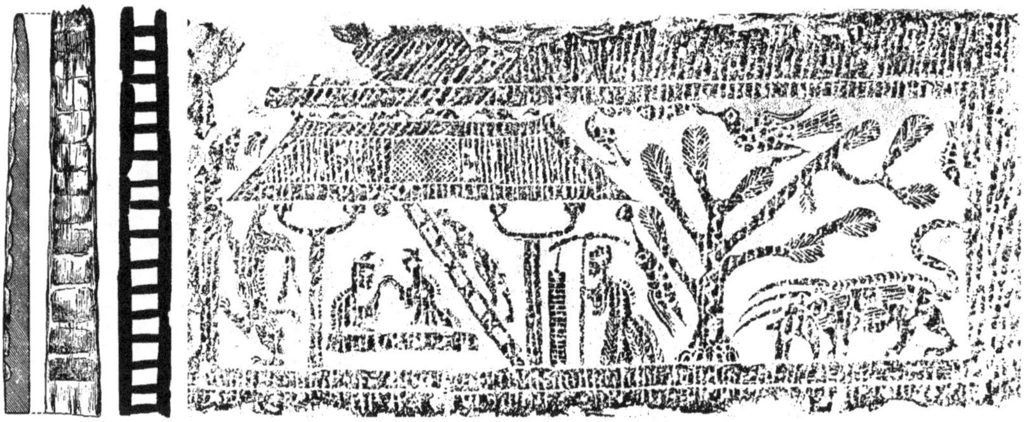

1 2 3

图三 -58 汉代墓葬中与梯有关的考古资料

1. 广东广州马鹏岗西汉墓出土独木梯 2. 湖北随州周家寨墓地 M8 出土木梯（M8：7）

3. 江苏徐州新沂瓦窑东汉墓后室北壁建筑人物画像

与现实生活中使用梯相关的内容以汉代模型明器及画像、壁画内容最为丰富。汉代的较多模型明器如圈厕、仓、仓楼、楼房、院落等皆有体现，大多是可拾级而上到达更高处。河北邢台沙河兴固汉墓出土的三层组合阁式陶楼[①]及衡水阜城桑庄东汉墓出土陶仓楼（M1：95）[②]，均体现出楼梯在楼房类建筑中可供上下的作用。汉代画像及壁画中的水榭、楼房等也多有梯，有较多相关人员登攀楼梯的描写。山东济宁地区的较多水榭画像石画像中有很多体现，梯高且长，衬托出的水榭亭台较高。江苏徐州新沂瓦窑东汉墓后室北壁的建筑人物画像中，楼阁内有 2 人对坐，右侧有 1 人援梯而上[③]（图三 -58：3）。从画像所刻画梯的形状看，虽存在为楼梯的可能，但更像似一般的木梯，从一处斜搭在屋的上部，便于攀援。

5. 针、顶针、剪刀、熨斗

针、剪刀、熨斗是家庭日常中衣物制作、缝补及要求平整摆放的相关用具。

针与顶针主要用于衣物制作、缝补等方面。湖北江陵岳山西汉 M42 出土铜针 3 件，其中的 M42：1，尖端残，顶端有穿线孔，残长 5.6 厘米[④]。陕西咸阳马泉西汉墓出土的铁针计有 7 ~ 8 个，锈在一起，有的已残断[⑤]。西汉文景时期的湖北江陵凤

① 河北省文物研究所、邢台地区文物管理所：《河北沙河兴固汉墓》，《文物》1992 年第 9 期。

② 河北省文物研究所：《河北阜城桑庄东汉墓发掘报告》，《文物》1990 年第 1 期。

③ 徐州博物馆、新沂县图书馆：《江苏新沂瓦窑汉画像石墓》，《考古》1985 年第 7 期。

④ 湖北省江陵县文物局、荆州地区博物馆：《江陵岳山秦汉墓》，《考古学报》2000 年第 4 期。

⑤ 咸阳市博物馆：《陕西咸阳马泉西汉墓》，《考古》1979 年第 2 期。

凰山 167 号汉墓出土 1 枚缝衣针，质地为钢，长 59 毫米，最大径约 0.5 毫米，粗细均匀，尖稍残，针孔细小，内系黄丝线 ①。湖南侯家塘 M18 出土的铜针，头圆尖锐，后半截饰有规整螺旋纹，尾端扁平，有小圆孔 ②。广西贵县罗泊湾一号墓出土银针 3 件，针体绞索形，分别长 8.6、9、9.3 厘米 ③。新疆民丰大沙漠中古代遗址的房址中出土木针 3 枚，尾部有穿绳小孔，一般长 14 厘米（图三 -59：1），另木锥 19 枚，一般长 15-30 厘米，也有铜顶针 2 个，与现在顶针基本相同 ④（图三 -59：2）。顶针主要是辅助于用针缝衣、布等，以铜、铁质为主，亦有金、银等质地，大致为圆环形。四川资阳市雁江区狮子山崖墓 M2 出土铜顶针 1 件，系用铜片环绕而成，直径 1. 8、宽 1 厘米 ⑤（图三 -59：3）。

剪刀也是主要用于衣物制作、缝补等方面。从考古资料看，秦汉时期的剪刀基本为交股式。其中簧剪是用一根两头锻出边刃的铁条弯曲而成，借助当中弯簧的弹力操纵其开合 ⑥。河南陕县刘家渠东汉墓出土有铁簧剪 1 把（M3：40），已残，长 17.2 厘米 ⑦（图三 -59：4）；灵宝张湾 M5 也出土有铁剪刀 1 把（M5：81），长 17 厘

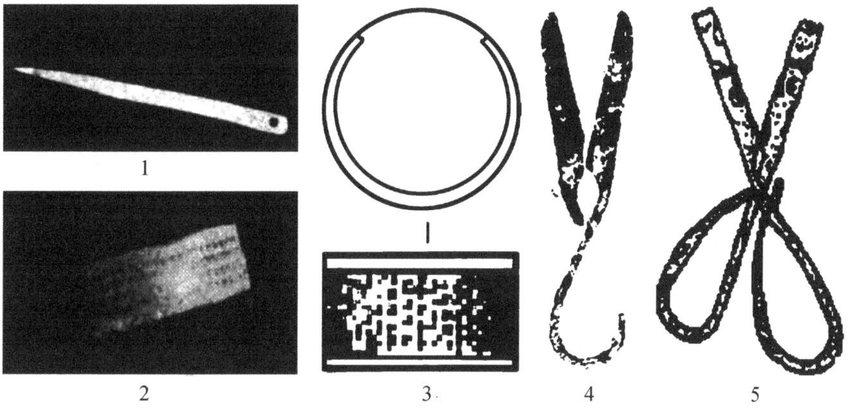

图三 -59　汉代遗址或墓葬出土木针、铜顶针和铁剪刀

1. 新疆民丰大沙漠中古代遗址房址中出土木针　2. 新疆民丰大沙漠中古代遗址房址中出土铜顶针
3. 四川资阳市雁江区狮子山崖墓 M2 出土铜顶针　4. 河南陕县刘家渠东汉 M3 出土铁剪刀
5. 陕西长安县韦曲镇东北南李王村汉墓出土铁剪刀

① 风凰山一六七号汉墓发掘整理小组：《江陵凤凰山一六七号汉墓发掘简报》，《文物》1976 年第 10 期。

② 湖南省文物管理委员会：《被盗掘过的古墓葬，是否还值得清理？——记 55、长、候、中 M018 号墓发掘》，《文物参考资料》1956 年第 10 期。

③ 广西壮族自治区文物工作队：《广西贵县罗泊湾一号墓发掘简报》，《文物》1978 年第 9 期。

④ 新疆维吾尔自治区博物馆考古队：《新疆民丰大沙漠中的古代遗址》，《考古》1961 年第 3 期。

⑤ 四川省文物考古研究院、资阳市雁江区文物管理所：《资阳市雁江区狮子山崖墓 M2 清理简报》，《四川文物》2011 年第 4 期。

⑥ 孙机：《汉代物质文化资料图说（增订本）》，上海古籍出版社，2008 年，第 399 页。

⑦ 黄河水库考古工作队：《河南陕县刘家渠汉墓》，《考古学报》1965 年第 1 期。

米[①]，二者均为交股式，皆可能为篋剪。陕西省长安县韦曲镇东北南李王村汉墓出土铁剪1件（M6：7），锈损严重，尖已残，残长20.4、刃宽3.2厘米，为交股剪刀[②]（图三-59：5）。

熨斗可以熨烫衣物，使衣物趋于平整，穿着时较为整齐，亦便于存放，另外也会用于熨烫其他织物。考古发掘出土的熨斗有很多，多数为铁质或铜质。茂陵一号无名冢陪葬K1出土铜铫二件，一大一小，形体相同，敞口、沿向内折，深腹、圜底，较大的一件高4.8、口径12.6厘米，腹部外侧刻铭“阳信家熨铫，容二升”，另一件高5、口径9.3厘米[③]。湖南长沙汤家岭西汉墓出土铜熨斗一件，敞口，口沿外折，浅腹，平底微向上凹，一侧有向上翘起的把，底的中部墨写隶书“张瑞君熨斗一”[④]（图三-60）。河南灵宝张湾东汉M4出土熨斗，浅盆形，直柄，口径15、通高5厘米[⑤]。河北邯郸张庄桥东汉墓出土的铜熨斗有支座[⑥]。另有石熨斗，《汉代物质文化资料图说》（增订本）提及河北冀县前冢村东汉墓出土的石熨斗，有小平台，雕刻有立柱、螭虎、怪兽等，较为精细[⑦]。

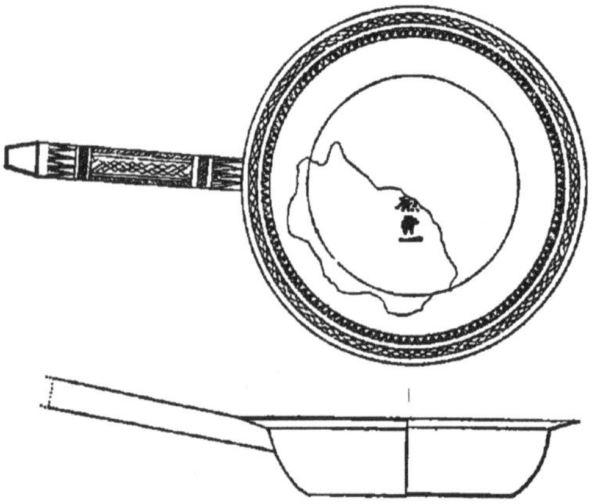

图三-60 湖南长沙汤家岭西汉墓出土铜熨斗

6. 镜擦

湖南长沙马王堆M1出土镜擦1件，置于五子奁中。截锥形，底径5、高4.5厘米，以红绢和锦缝制而成，内絮丝锦，简243记有“所以除镜一”当是指该物[⑧]（图三-61）。镜擦可用于日常使用铜镜的维护，减少水气等对铜镜的侵蚀，使其较为光亮，更利于照容。

（四）对家庭中有害动物的处理

秦汉家庭生活中的有害动物包括很多，常见的有蚊蝇及老鼠等，有效处理这些

① 河南省博物馆：《灵宝张湾汉墓》，《文物》1975年第11期。

② 负安志、马志军：《长安县南李王村汉墓发掘简报》，《考古与文物》1990年第4期。

③ 咸阳地区文管会、茂陵博物据：《陕西茂陵一号无名冢一号从葬坑的发掘》，《文物》1982年第9期。

④ 湖南省博物馆：《长沙汤家岭西汉墓清理报告》，《考古》1966年第4期。

⑤ 河南省博物馆：《灵宝张湾汉墓》，《文物》1975年第11期。

⑥ 陈光唐、王昌兰：《邯郸历史与考古》，天津出版社，1991年，第94页；马小青：《张庄桥古墓小考》，《邯郸职业技术学院学报》2006年第1期。

⑦ 孙机：《汉代物质文化资料图说（增订本）》，上海古籍出版社，2008年，第399页。

⑧ 湖南省博物馆、中国科学院考古研究所：《长沙马王堆一号汉墓》，文物出版社，1973年，第72、73页。

有害动物，也是该时期家庭生活保障的内容之一。

为减少蚊蝇对生活的影响，在食品外罩以布纱或笼罩，在寝息处加上帐，还有进行拍打等，皆可对蚊蝇进行处理。另外，家庭的卫生保障可有效减少蚊蝇，同时也可用扇及熏香等驱赶蚊蝇。关于家庭卫生的相关内容，下文有专门论述，此处不作多叙。

就老鼠来讲，一些是田地中的田鼠，主要会对庄稼形成损害，尤其是对成熟的粮食；一些是家鼠，不仅偷食粮食、肉食或其他食品，咬坏衣物及其他物品，还会传播瘟疫，所以危害极大。秦汉家庭的很多建筑为土墙或土地面，便于老鼠打洞，会带出较多新土，对居室环境及安全亦有影响。

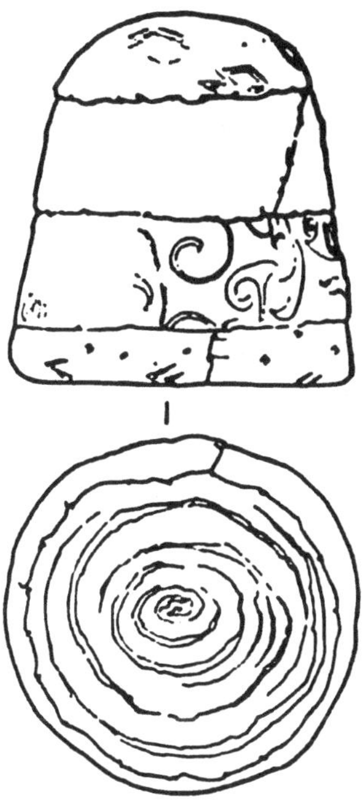

图三 -61　湖南长沙马王堆 M1 出土镜擦

为保障日常生活，当时的人针对老鼠采取了一系列的方法。如掘坑后水灌或烟熏鼠洞。《汉书 · 张汤传》载：张汤因为“鼠盗肉，……掘熏得鼠及余肉。”①还有的使用“捕鼠器”，内蒙古额济纳汉代烽燧遗址出土 1 件圆形器物，周围用草绳缠绕，若干木片均匀指向中心，发掘者命其名为“捕鼠器”②。这类器具作为猎器较为恰当，可以捕逮野兔、黄鼠狼类动物，相关内容在第四章会有论述。新疆民丰大沙漠中古代遗址房屋遗存中发现较多捕鼠夹子，时代可能为汉代，几乎每屋都有，大小不一，一般长 30-40、最宽处 10 厘米左右③（图三 -62：1）。较常见的是利用动物捕鼠，《礼记 · 郊特牲》载：“迎猫，为其食田鼠也；迎虎，为其食田豕也。”④猫在汉代已得到饲养，北京大葆台 M1 出土有猫的骨骼⑤。湖南长沙马王堆 M3 出土漆食盘上有猫的图案，如 M3 南 147，盘内圈卷云纹，居中画一猫，外围卷云纹各组在靠近内壁转折处等距离画三猫（图三 -62：2）；M3 南 181，盘内居中画一猫，内壁转折处等距离画二猫一蛙；还有一些盘的中心画猫，周围等距离画三鼠⑥。相关研究中提及江苏徐州铜山汉王出土的 1 幅东汉祠堂画像石画像，中间为楼阁，楼内有人在进行六博游戏，楼上

---

① （东汉）班固撰，（唐）颜师古注：《汉书 · 张汤传》，中华书局，1962 年，第 2637 页。

② 魏坚主编：《额济纳汉简》，广西师范大学出版社，2005 年，图版见第 290 页。

③ 新疆维吾尔自治区博物馆考古队：《新疆民丰大沙漠中的古代遗址》，《考古》1961 年第 3 期。

④ 杨天宇：《礼记译注》，上海古籍出版社，2004 年，第 316、317 页。

⑤ 大葆台汉墓发掘组、中国社会科学院考古研究所：《北京大葆台汉墓》，文物出版社，1989 年，第 35 页。

⑥ 湖南省博物馆、湖南省文物考古研究所：《长沙马王堆二、三号汉墓》，文物出版社，2004 年，第 134、135 页。

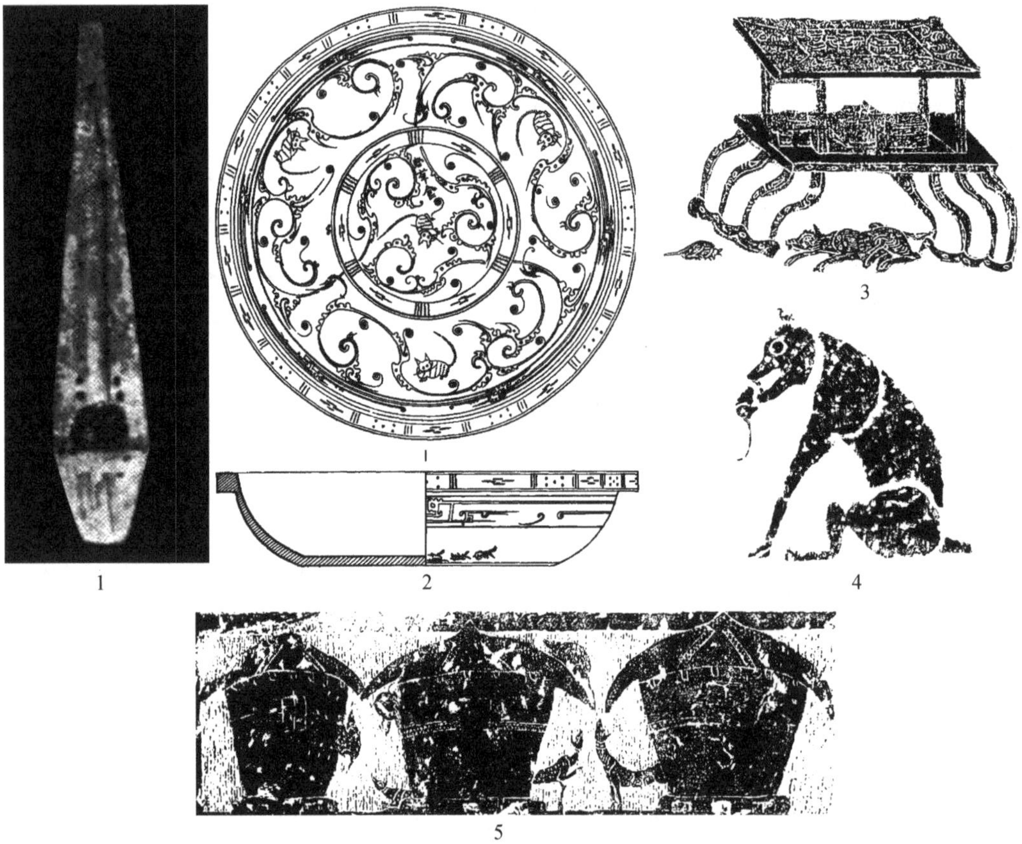

图三 -62　汉代的捕鼠夹子、猫图案及“狗逮耗子”画像

1. 新疆民丰大沙漠中古代遗址房屋遗存中发现的捕鼠夹子　2. 湖南长沙马王堆 M3 南 147 漆食盘及纹饰　3. 山东沂南北寨东汉画像石墓后室靠南壁承过梁隔墙东面画像上部“狗逮耗子”画像　4. 四川三台县郪江崖墓金钟山 Ⅰ 区 M1 前室右壁后端下部“狗咬耗子”画像　5. 山东长清街出土画像石上的仓廪与“狗逮耗子”画像

刻凤鸟和猫捉鼠等内容[①]。也有学者指出：“山东画像石上有猫蹲卧粮仓的图像，湖南出土的陶灶上也绘有猫听图像，是当时家庭畜猫防鼠的形象证据。”[②]就秦汉时期来讲，猫捉老鼠已经存在但可能还不是太普遍，而家庭中的另外一种动物—狗也承担着捕捉老鼠的责任，相关画像有所体现。山东沂南北寨东汉画像石墓后室靠南壁的承过梁隔墙东面画像上部，双层几案下有一只老鼠在低首吃东西，一只狗在几案下爬行，悄悄接近老鼠[③]（图三 -62：3）。山东邹城峄山镇野店村出土的庖厨宴飨画像中也有相关内容，该画像上格为庖厨图，下格为宴飨图，夫妻二人的案几

---

① 郑先兴：《论汉代民间的鼠信仰——兼谈“老鼠嫁女”的原型及其旨趣》，《宁夏师范学院》（社会科学）2011 年第 2 期。

② 彭卫、杨振红：《中国风俗通史 · 秦汉卷》，上海文艺出版社，2002 年，第 402 页。

③ 南京博物院、山东省文物管理处：《沂南古画像石墓发掘报告》，文化部文物管理局出版，1956 年，图版 77；山东博物馆：《沂南北寨汉墓画像》，文物出版社，2015 年，第 98、123 页。

下有1狗向左悄悄前行，靠近1只正在偷食的肥硕耗子[①]。四川三台县郪江崖墓金钟山Ⅰ区M1前室右壁后端下部也出土有“狗咬耗子”画像，为一只前肢直立，后肢弯曲呈蹲坐状的狗，口中叼着一只长尾老鼠的画面，被命名为“狗咬耗子”图[②]（图三-62：4）。山东长清街出土的一块画像石上有仓廪图，从左至右有三个并列的粮仓，皆由座、仓体和盖组成，左侧仓体的右侧及中间仓体左侧、仓盖右侧皆有一硕鼠，左侧仓下有一犬作俯卧状，准备随时捕逮左侧仓体上的硕鼠，中部和西部仓体中间有二犬，作站立昂首吠叫状，中部仓盖上的老鼠作向上爬行逃跑状[③]（图三-62：5）。该画像反映了粮食存储设施有鼠害的情况，而狗又是为粮仓驱除鼠患、捕逮老鼠的动物。画像中的粮仓可能属豪强地主家庭，也可能属具有相对较高等级或经济实力的家庭，但也可能是地方基层机构存储粮食的设施。如果是后者，可间接体现，如果是前者，则可直接体现汉代相关家庭在粮食存储方面因有鼠害而以犬捕逮老鼠、去除鼠害的内容。

关于去除鼠害、捕逮老鼠的内容，出土的秦汉时期简牍中也有相关记载，有学者对之进行了研究和论述，一方面，有用鼠药、塞鼠穴或鼠道等方法灭鼠的内容，另一方面，对捕鼠有较严格的要求，捕鼠与灭鼠成为保障物资安全和考核管理人员的重要内容[④]。虽然很多简牍记载的内容多是地方相关机构特别是基层机构的律文，较多针对的是官仓，而且会对防治鼠患不力的人员和行为会进行惩罚，但这也为研究秦汉家庭的防鼠、灭鼠、去除鼠患等提供了重要的参考。

秦汉时期，尤其是汉代，还有一种处理老鼠的方法，即以鼠为食。河北保定满城M1北耳室及M2出土的一些陶瓮中发现较多动物骨骼，经鉴定，有草兔、岩松鼠、社鼠、褐家鼠、大仓鼠、黄鼬等[⑤]，二墓为横穴崖洞墓，所在位置海拔较高且石质较好，墓内未被盗掘，封门处以铁水浇门，正常情况下，很难有鼠类爬入墓室中，而且即使可爬进，亦可爬出去，所以最好的解释就是墓主下葬时以鼠作为陪葬的物品，而关于鼠类是否在当时作为食用之物，有学者做过论述，并认为在当时是可以作为食用之物的[⑥]。

---

① 胡新立：《邹城汉画像石》，文物出版社，2008年，第157页。

② 四川省文物考古研究所、绵阳市博物馆、三台县文物管理所：《三台郪江崖墓》，文物出版社，2007年，第15、16页。

③ 鲁文生主编：《山东省博物馆馆藏精品》，山东友谊出版社，2008年，第276、277页。

④ 谢坤：《里耶秦简所见“鼠券”及相关问题》，武汉大学简帛研究中心主办：《简帛·第二十一辑》，上海古籍出版社，2020年，第139-146页。

⑤ 中国社会科学院考古研究所、河北省文物管理处：《满城汉墓发掘报告》，文物出版社，1980年，第403、404页。

⑥ 张琦、侯旭东：《汉景帝不吃老鼠吗？——我们如何看待过去》，《史学月刊》2019年第10期。

第二节 家庭安全保障

安全是每个家庭都必须要面对的一项重要内容，秦汉时期也不例外。造成不安全损毁或伤害的内容既有人为因素，也有自然因素，既有隐患的积累爆发，也有突发性的措手不及，而每次损毁或伤害都会给家庭带来一定程度的损失，而相关的损毁或伤害会涉及家庭的生产、生活、财产及其人身安全等多个方面。因此就秦汉家庭来讲，对于自身家庭的诸多安全内容十分重视，并对此有针对性的采取了较多家庭安全保障的措施和内容，尽可能地保证家庭，尤其是人员的安全，减少因安全因素造成的损毁和伤害。

一、文献资料中有关秦汉家庭的安全保障内容

秦汉时期，相关家庭受到的不安全威胁因素有很多，文献中也有较多记载。需要认识到的是，古代文献在记载家庭安全方面存在一定的欠缺，所记内容大多与社会政治及相关社会人物有关，更多家庭的安全威胁及其保障内容所涉甚少或不见，而且多与相关家庭受到外界安全威胁为主，体现出较明显的局限性。但不可否认的是，有关的记载内容中，部分较为详细，涉及不同内容，对研究秦汉家庭的安全保障可提供相应的参考和借鉴。

（一）私人武装与整体防护设施

私人武装是指由家庭或家族组织的具有保护或保障作用的武装力量，整体防护设施是指修建坞堡、营壁等，旨在为家庭或家族安全提供保障，并可起到对社会其他人群的保护作用。

1.《四民月令》载：二月，“顺阳习射，以备不虞。”三月，“葺治墙屋，以待雨；缮修门户，警设守备，以御春饥草窃之寇。”八月，“得凉燥，可上弓角弩，缮、治、檠正，缚徽絃，遂以习射。弛竹木弓及弧。”“九月，治场圃，涂囷仓，修窦窖。缮五兵，习战射，以备寒冻穷厄之寇。”[①]所记内容是加强戒备设施、提高人员的武力战斗力，以防贼寇，保护家庭。

2.《后汉书》中的相关记载[②]

较多是关于西汉末年社会动乱期间，相关家庭或家庭成员组织私人武装或修建防护措施，以求家庭安全的内容。

---

① （东汉）崔寔：《四民月令》，石声汉校注：《四民月令校注》，中华书局，2013 年，第 20、29、63、65 页。

② （南朝宋）范晔撰，（唐）李贤等注：《后汉书》，中华书局，1965 年。

①《樊宏传》载：王莽末，“（樊宏）与宗家亲属作营壍自守，老弱归之者千余家。”（卷三十二，第1120页）

②《虞延传》载：“王莽末，天下大乱，延常婴甲胄，拥卫亲族，扞御钞盗，赖其全者甚众。”（卷三十三，第1150页）

③《第五伦传》载：“王莽末，盗贼起，宗族闾里争往附之。伦乃依险固筑营壁，有贼，辄奋厉其众，引彊持满以拒之。”（卷四十一，第1395页）

④《李章传》载：“光武即位，（李章）拜阳平令。时赵、魏豪右往往屯聚，清河大姓赵纲遂于县界起坞壁，缮甲兵，为在所害。”（卷七十七，第2492页）

3.《三国志·魏书·杜畿传附子恕传》注［二］引《杜氏新书》曰：“（杜）恕遂去京师，营宜阳一泉坞，因其垒壍之固，小大家焉。”[①]

两汉之际至东汉时期，地方官吏和豪强地主势力获得较大发展，出于家庭安全的需求，成立私人武装和修建安全防护的设施，成为家庭安全的重要保障内容。相关研究指出，豪族庄园几乎都筑有坞壁，社会局势动乱时成为保护豪族庄园经济的自卫工具，由于豪族聚族而居，在动乱的时候，地方豪族武装便以宗族自保的形式发展起来，豪族用族人、宾客等组成家兵，以武装屯聚来保护宗族，平时看家护院并保护豪强地主和宗族的财产、人员安全，具有日常社会治安的警备作用[②]。

（二）具体设施的修建

1.《后汉书》的相关记载

①《陈宠传》载：两汉之际，陈咸去职归乡里，“于是乃收敛其家律令书文，皆壁藏之。”（卷四十六，第1548页）

②《献帝伏皇后纪》载：东汉末，献帝将伏皇后“藏壁中”，华歆“就牵后出”。（卷十，第454页）

2.《论衡·率性篇》载：“贫劣宅屋，不具墙壁宇达，人指訾之。如财货富愈，起屋筑墙，以自蔽鄣，为之具宅，人弗复非。”[③]

3.《潜夫论·忠贵》曰：“惧门之不坚而为作铁枢。”[④]

4.《释名》关于“宫室”的叙述中载：“楼，谓牖户之间有射孔，楼楼然也。”[⑤]

5.《太平御览》卷一八三引李尤《门铭》载：“门之设张，为宅表会，纳善闭

---

① （西晋）陈寿撰，（南朝宋）裴松之注：《三国志·魏书·杜畿传附子恕传》，中华书局，1959年，第506页。

② 林永强：《汉代地方社会治安研究》，社会科学文献出版社，2012年，第253、264页。

③ （东汉）王充：《论衡》，黄晖校释：《论衡校释》，中华书局，1990年，第81页。

④ （东汉）王符：《潜夫论》，（清）汪继培笺，彭铎校正：《潜夫论笺校正》，中华书局，1985年，第118页。

⑤ （东汉）刘熙：《释名》，任继昉：《释名汇校》，齐鲁书社，2006年，第301页。

恶，击邪防害。”[①] 卷一八七引《易林》载：“千仞之墙，祸不入门。”[②] 另《太平御览》卷一八七关于墙的记载中，也涉及墙壁、复壁等内容。

6.《文选》关于兰锜的辑录[③]

卷二引张衡《西京赋》载：“武库禁兵，设在兰锜。”卷五引左思《吴都赋》载：“陈兵而归，兰锜内设。”卷六引左思《魏都赋》载：“附以兰锜，宿以禁兵。”

由上述记载看，家庭中服务于安全保障的设施内容较多，如墙、门、兰锜等。以墙为例，在秦汉时期民众的观念中，高大墙壁能更好地为他们的人身和财产提供安全保障，而且在内部结构设计方面，民间房屋一般都构筑“复壁”，即夹壁墙，这是汉代住宅中一个十分有特色的建筑构成部分。民宅，即民间房屋设置“复壁”是极为普遍存在的现象，这在一定程度上反映出汉代人对住宅安全功能的重视与防患于未然的心理[④]。王子今先生在《秦汉社会史论考》一书中指出，“复壁”可以用来存放重要物品，在特殊情况下也可以藏匿人，属于一种“匿财藏身的秘密结构”[⑤]。门和兰锜等在考古资料中多有体现，关于门，下文将有专门论述，而兰锜在上文已有相关叙述，有关画像较为多见，不再赘举。

二、家庭内部安全隐患的预防和消除[⑥]

秦汉时期，家庭安全保障的内容很多，预防和消除家庭内部的安全隐患即是内容之一。这一时期，家庭内部的安全隐患经常存在，且不安全的事件因隐患的存在而时有发生。就形式而言，最为突出的是火灾和水患。关于火灾，史料中多有记载，上文所引《汉书》中关于西汉长安城凌室的一些记载皆与火灾有关。与水有关的安全隐患中，水土流失是内容之一，这在上文亦已作相关叙述。另外还有鼠患，前文也有叙述，而就鼠患来讲，除了对粮食的偷食及带来不卫生隐患之外，还可能会引起瘟疫或疾病，这是鼠患影响的最大问题，另外老鼠打洞还会对房屋安全带来威胁，所以当时的家庭会采取灭鼠措施，尽可能减少鼠患给家庭带来的危害。大致来看，当时的灭鼠方法，一是由动物逮老鼠，一是人工捕杀老鼠，进而达到减少老鼠数量，减轻危害、预防鼠疫等目的，这在前节中已有叙述。本部分关于秦汉家庭内部安全隐患的预防和消除主要是对火灾及水井等可能带来的不安全因

① （北宋）李昉、李穆、徐铉等：《太平御览》，中华书局，1960 年，第 891 页。

② （北宋）李昉、李穆、徐铉等：《太平御览》，中华书局，1960 年，第 907 页。

③ （梁）萧统编、（唐）李善注，彭铎校正：《文选》，中华书局，1977 年，第 61、218、291 页。

④ 林永强：《汉代地方社会治安研究》，社会科学文献出版社，2012 年，第 239 页。

⑤ 王子今：《秦汉社会史论考》，商务印书馆，2006 年，第 365 页。

⑥ 关于这一方面的内容，董雪迎曾撰文《汉代家庭安全与防御的考古学观察》，发表在《南方文物》2020 年第 3 期，本书的部分内容引自该文，不再另注，特说明。

素及其处理方法进行简单论述。

（一）防火与灭火

火灾是家庭安全威胁的主要内容之一。秦汉时期，家庭建筑以土木结构为主，而且木料使用较多，一旦发生火灾，后果大多极为严重，而这一时期，可以引起火灾的因素有很多，一些物品虽存在明显的火灾隐患，但却又是家庭生活必不可少的内容，所以诸多家庭的重点是防火，即尽可能消除火灾隐患，预防火灾的发生。

居室中的灯、熏、火炉（盆）等均是带火种的设施，而居室中的坐具、卧具及衣衾等皆是易燃物，这就要求家庭在使用灯、熏、火炉（盆）等器具的时候，要尽可能地保证安全，如将带火种的物品远离易燃物或放在不易引燃其他物品的位置，还需平稳置放，最好不要打翻或倾斜。河南洛阳汉河南县城东区发掘的汉代居住遗址的一处西汉房基（312号），南壁西侧有一个壁洞，可能是供放灯台而设[①]，这样可使得灯等照明器具平稳放置，不易引燃他物。家庭中的其他建筑、设施和物品等较多也存在火灾隐患，如置于室外的木质器具、篱笆墙或苇篱墙、与庖厨或炊爨有关的薪柴等。甘肃敦煌马圈湾汉代烽燧遗址中，苇编矮篱墙有的用于厕所或是用于牲畜圈，还有的墙内放苣[②]，易于引火，所以需注意防火，如厕所中堆放的苣是在其中所挖的坑中，而烽燧东侧的堡最终还是在大火焚毁后废弃。较多乡村家庭炊爨所用薪柴或在某处堆积成垛，或是堆放在柴房中，在一定程度上都存在火灾隐患，并且秦汉时期的灶是从一侧填塞薪柴，火苗容易外蹿，这在一些汉代画像中可以看到，且燃着的薪柴在疏忽时也易向外引燃，因此需做好多方面的防火内容，从火灾的角度，可称为“防患于未燃（然）”。

除上述内容外，秦汉家庭还会使用一些设施或保障措施来预防或消除火灾。较多家庭的庭院内或庭院外有水井，除满足饮食及日常用水外，还可备不时之需，在发生火灾时可从井中汲水灭火。河南洛阳偃师中州大渠出土陶井的图案有“东井灭火”四字及相关图案，画面中部为一戴冠者正迈大步前行，左手持一长颈瓶，右手握住右肩所扛的长杆，杆后端悬挂有旌，身后有一只雄鸡昂首驻足，似在鸣叫，左右两侧有菱形纹和其他纹饰，两侧最外各有二字，左为“东井”，右为“灭火”[③]。相关图案及文字体现出汉代用井防火、灭火的内容，画面中的人正匆忙赶去灭火，左手所拿长颈瓶可以盛水并用于灭火，右肩所扛木杆的后端绑有长条形东西，也许非“旌”，而是与长杆结合，为扑打灭火的用具，而图中的公鸡或许映衬出此人救火的

① 黄展岳：《一九五五年春洛阳汉河南县城东区发掘报告》，《考古学报》1956年第4期。

② 甘肃省博物馆、敦煌县文化馆：《敦煌马圈湾汉代烽燧遗址发掘简报》，《文物》1981年第10期。。

③ 周到、吕品、汤文兴：《河南汉代画像砖》，上海人民美术出版社，1985年，图127；鹿继敏：《从“灭火东井”看汉代陶井》，《理财：收藏》2017年第11期；梁爽：《河南地区汉代陶井欣赏》，《收藏与投资》2018年第2期。

1　　　　2

图三 -63　与汉代家庭灭火相关的水井与水塘

1. 河南洛阳偃师中州大渠出土陶井上的“东井灭火”文字及图案　2. 河南内黄三杨庄第二处庭院遗址复原平面图

紧急。相关图像和文字出现在陶井的装饰图案上，则更好地说明了家庭中的水井与灭火存在较紧密的关系（图三 -63：1）。汉代较多和庖厨有关的画像中有水井图，而且很多反映的是有人在井边汲水的内容，多数通过辘轳汲水，也有一些是运用桔槔汲水，极少见在井边直接打水者，与从井中汲水图相搭配的还有宰杀、淘洗等图像。大致可看出，汉代画像中的水井较多应在庭院之内，庭院若有火情，十分便于打水灭火。当然，也有的水井在庭院外，江苏沛县栖山西汉晚期墓葬中棺左侧内壁画像，右上角为庖厨图，有 1 人在井边汲水，而该处位于庭院的双阙之外①，这与河南内黄三杨庄汉代村落遗址第二处庭院的水井位置②存在相似之处。考古发掘的汉代遗址中，一般村落遗址如河南内黄三杨庄汉代村落遗址③及洛阳汉河南县城东区汉代村落遗址④、辽宁辽阳三道壕汉代村落遗址⑤等，均体现出水井与居住区的关系。辽阳三道壕汉代村落遗址发现水井 11 眼，基本都位于庭院或居住址内，如第一居住址内，房基西面约十二、三米处有陶管井（第二号陶管井）1 眼，第二居住址的晚期建筑后有土窖井 1 眼，井壁上部用长方砖围筑，下接陶井管。洛阳汉河南县城东区汉代村落遗址，住宅附近有水井，水井很深，使用辘轳汲水，其中南段东汉房基发现有水井和水道，水道紧接水井的西边，西段已毁，向西偏北走，全部由砖铺

① 徐州市博物馆、沛县文化馆：《江苏沛县栖山汉画像石墓清理简报》，《考古》编辑部编辑：《考古学集刊 · 第 2 集》，中国社会科学出版社，1982 年，第 106-112 页。

② 河南省文物考古研究所、内黄县文物保护管理所：《河南内黄三杨庄汉代聚落遗址第二处庭院发掘简报》，《华夏考古》2010 年第 3 期。

③ 河南省文物考古研究所、内黄县文物保护管理所：《河南内黄县三杨庄汉代庭院遗址》，《考古》2004 年第 7 期；《河南内黄三杨庄汉代聚落遗址第二处庭院发掘简报》，《华夏考古》2010 年第 3 期。

④ 黄展岳：《一九五五年春洛阳汉河南县城东区发掘报告》，《考古学报》1956 年第 4 期。

⑤ 东北博物馆：《辽阳三道壕西汉村落遗址》，《考古学报》1957 年第 1 期。

砌而成。河南省遂平县西南小寨村西汉代村落遗址，多个水井与道路并行排列[①]，既便于日常用水，也可在村落某处发生火灾时从多个水井汲水，并能够及时、顺利地运送至需要灭火的地点。除水井外，秦汉家庭以水防火、灭火的内容还表现在其他方面。一是利用庭院内的水道、沟渠或庭院附近的池塘。山东诸城前凉台东汉墓出土的庭院画像石中有水道和池塘，贯穿庭院前后，前端还有相应宽度、面积较大的水塘[②]。内黄三杨庄汉代村落遗址第二处庭院不仅有院前水井，在庭院西侧还有一池塘，略呈椭圆形，南北最长 23.6、东西最宽 16.5 米[③]（图三 -63：2）。这些设施内常年有水，而且储水量较大，在发生火灾时便于取水灭火。二是在建筑旁摆放蓄水量较大的盛器，其内盛水，一旦有火灾就可及时用水灭火。山东沂南东汉画像石墓前室东壁上横额画像左侧的曲尺形建筑外相关位置即摆放四个大水缸[④]（图三 -64）。

除用水灭火外，还可以土掩盖或掩埋进行灭火，但目前未见相关实物和画像资料。

图三 -64　山东沂南东汉画像石墓前室东壁上横额画像左侧的曲尺形建筑及水缸

（二）预防水井可能带来的安全隐患

水与家庭之间的关系十分密切，既能为家庭生活带来诸多益处，满足相关生

① 河南省文物研究所：《河南遂平县小寨汉代村落遗址水井群》，《考古与文物》1986 年第 5 期。

② 诸城县博物馆，任日新：《山东诸城汉墓画像石》，《文物》1981 年第 10 期。

③ 河南省文物考古研究所、内黄县文物保护管理所：《河南内黄三杨庄汉代聚落遗址第二处庭院发掘简报》，《华夏考古》2010 年第 3 期。

④ 南京博物院、山东省文物管理处：《沂南古画像石墓发掘报告》，文化部文物管理局出版，1956 年，图版 28（上）、103（下）；山东博物馆：《沂南北寨汉墓画像》，文物出版社，2015 年，第 10、11、109 页。

产、生活需求，但也会给家庭带来危害。如暴雨、洪水等自然灾害带来的危害及安全隐患等，较多家庭会采取挖沟排水、垒砌防护墙等方法，尽可能避免水灾的侵害。再如池塘、河湖等，水面大，有相应深度，溺水或淹死者当有存在，因此会给家庭成员的人身安全带来威胁。就诸多家庭来讲，预防或避免家庭人员在池塘、河湖中溺水的危险也是家庭安全保障的内容之一。

秦汉时期，较多家庭与水有关的安全威胁还来自于家庭中基本都有的设施——水井。这与水井一般凿建较深、井内的水有相应深度、井的直径小且壁较直等因素有关，有些水井因长期使用，壁滑，由下很难向上攀爬，还有些井壁会坍塌或脱落，这都会为家庭成员甚至家养动物的生命安全带来危机和危害。尽可能地减少人员或家养动物落井及因井身的损毁对家庭成员及家庭用水等形成的不安全因素，是秦汉家庭安全保障的重要内容之一。

从已出土的汉代陶井模型及汉代画像、壁画中井的图案来看，西汉早中期的较多水井模型还少见井台、井架、井栏，基本是筒形井身，有较窄的沿，配套有汲水瓶；西汉晚期至东汉早期，水井模型的配套设施得到增加，东汉一代，墓葬出土的陶井模型，井台、井架、井栏基本具备，而且多有辘轳，一些还在井栏四角立柱子搭建屋顶形盖，或四面坡顶或攒尖顶，形成井亭，有的水井旁可能还有房屋。汉代画像及壁画中反映的汉代水井在设施的使用和增补方面，与出土陶井模型的时代大体一致，部分西汉晚期或末年的水井图像中有桔槔或辘轳，也有的有井台，如上文所举江苏沛县西汉晚期（王莽时期）墓葬中棺左侧内壁画像右上角的水井画像。东汉墓葬壁画或画像石（砖）画像中的水井图像较为多见，设施复杂，而且多有人在井边汲水。井台与地面大概相平，一般修葺规整，可以防滑，尽可能保证打水时的安全；井栏具有相应的高度，可有效拦挡人的身体；井架及汲水辅助工具的设置为打水提供了方便，辘轳利用定滑轮原理，以绳牵引从井内汲水，汲水者牵拉绳子可距离井口较远；桔槔利用杠杆原理，在距离井口相对远的距离施力，这样均可保证相对的安全；井亭的使用不仅可起到保护井栏、井架及井身的作用，还可以减少灰尘、雨水、树叶等对水质的影响，间接体现出对人员及用水安全的保障。

出土的陶井模型以《广州汉墓》公布的相关资料为例[①]。西汉中期的M2051：4，井栏敛口，地台上四角有四个柱础，井亭原缺，栏中有附加凸棱两周；M2061：49，井栏上敛下宽，方形柱础四个，分立在圆地台上，紧贴栏壁，础中有圆孔，以插木柱，上有顶为四阿式的井亭；M2009：1，圆形井栏，圆地台，柱础、井亭已失，栏侧附有两面坡顶矮房一间，正面开门口，左侧有直棂窗，山墙和后墙均有直棂窗

① 广州市文物管理委员会、广州市博物馆：《广州汉墓·上册》，文物出版社，1981年，第223、225、281、282、329、330、418、419页。

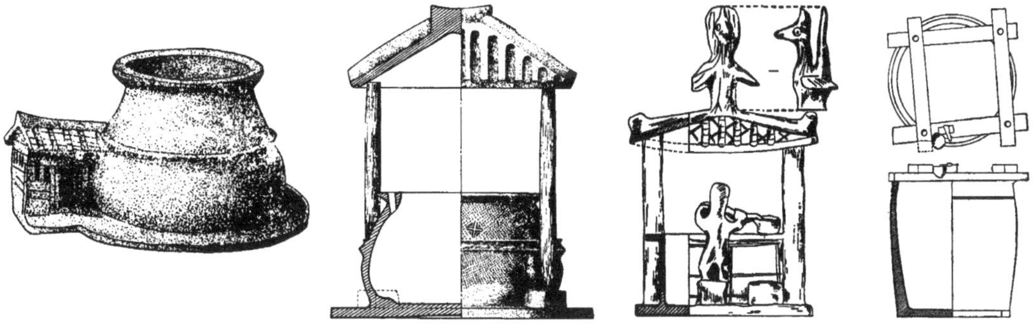

1　　2　　3　　4

图三 -65　广州汉墓出土陶井

1. M2009：1　2. M2060：6　3. M5046：6　4. M5080：47

口，划构架线纹（图三 -65：1），M2060：6，圆井栏，圆井台，有立柱，上有井亭盖（图三 -65：2）。西汉后期的 M3025：25，方形地台，四柱础分布于四角中；M3009：29，井栏圆形，上敛下宽，中间附加凸棱一周，地台窄狭，仅有两柱础；M3020：27，井栏特高，圆角方形，圆地台，有四柱础。东汉前期的 M4015：51，方形地台，井亭的四个柱础均位于地台的四角，该位置的地台方角均切去，所以地台平面呈八角形；M4019：41，圆形地台，井栏特高。东汉晚期的 M5070：46，井亭盖作圆形，顶中横脊两端翘起；M5077：15，井台上的柱础高，几乎达到井栏的口沿，形如圆柱，中空，以安木柱；M5064、M5073 所出 2 件陶井模型有井栏，无井亭，地台圆形且狭窄，柱础亦无柱穴；M5010：47，井栏方形，地台亦方形，井栏上平置“井”字形架，四角上立四圆柱，井亭为四面坡顶，顶上立一凤鸟；M5046：6，井栏上没有“井”形的架，上置一汲水斗，地台处有水桶，一人站栏边，面向井中双手持物接于水斗中，正在汲水（图三 -65：3）；M5080：47，分井架、井栏、地台三部分，井栏圆直如筒，地台方形较窄狭，仅突出四角，井栏上平置一个井形的架，架上四角也有小孔，与地台上的小孔成垂直状，应是立木柱的位置，无井亭发现（图三 -65：4）。上述模型明器对于井台、井栏、井架的设置及部分对井亭的使用，大大增加了汲水时的保险系数或安全保障，其中 M5046：6，汲水者踩在高物上，井栏上沿也仅仅达到其腰部，大大提高了安全保证；M2009：1，井栏一侧的两面坡小屋，估计与放置汲水器有关，也可能与专人看护有关，对饮水者是安全保障，亦可保护水井，减少人员坠井等。

考古发掘的汉代村落遗址中发现的水井也体现出与安全保障相关的内容。河南内黄三杨庄汉代聚落遗址第二处庭院南大门外东南侧约 9 米有一眼砖砌圆形竖式水井，井口周围平铺一层小砖作为井台，略高于地面，除井台东边沿用一排单砖侧立固边外，其他部分均为平铺，且铺砌的方向不统一，井台北部铺砌较为规整，因井南壁上部向井内倾斜，造成井壁砖的跌落，接近井口的下壁内倾，上面井台铺砖亦随之凹陷，后用土垫平，可能为便于打水，井台北侧又加铺了部分砖块，形状大致呈长方形[①]。从发掘资料看，该水井应当使用时间较久，除井台等保障措施外，还有对井壁损毁处的修补和对井台的局部铺砌等，这也是预防水井可能带来危险的安全保障内容。洛阳汉河南县城东区发掘的汉代居住遗址，南段发现石子路两条，水井位于二石路交叉处西边，井台用五层砖作错缝斗角叠砌而成，上部被压坏，地面的井口用六块砖作斗角平放，砌成一个六角形，水井很深，使用辘轳汲水，井壁砌砖，采用平铺斗角砌法，井壁有使用破损后补充加固的迹象，以防止井壁继续塌陷[②]。从相关设施及补修内容来看，这一居住区的家庭对水井可能带来的安全隐患也有足够认识，其内容和作用与内黄三杨庄汉代聚落遗址第二处庭院南大门外水井基本一致。

汉代画像或壁画中，庖厨图多见汲水的内容，且基本可体现出井台、井栏、井架等内容。辽宁辽阳三道壕窑业第四现场东汉墓出土庖厨图中有汲水图，井栏有一定高度，从画面来看，井栏的高度大致在打水人的腰部[③]（图三-66：1）。江苏徐州睢宁张圩出土的一块庖厨宴饮画像石，右下角刻一人在井边汲水，井栏较高，刻有穿环纹，汲水工具为辘轳，汲水者与井栏有一定距离[④]（图三-66：2）。山东诸城前凉台东汉墓出土庖厨图的左侧偏上刻有汲水图像，井台宽且稍有高度，井栏方形却相对较高，大致可至汲水者的臀部，井架上有盖，使用辘轳汲水，汲水者在井栏边可安全汲水[⑤]（图三-66：3）。河南密县打虎亭M1东耳室东壁石刻画像的下侧偏右有汲水图，可看出井有相应高度的井栏，使用辘轳汲水等[⑥]。山东嘉祥武氏祠中武斑祠的一幅画像右侧刻有汲水屠狗图（图三-66：4），武荣祠的一幅画像下格右侧亦刻有汲水屠狗图（图三-66：5），二者均是用桔槔汲水，从画像来看，井台有一定的高度，当为圆形，所采取的安全措施不同于上述举例，而是高出地面的井台砌成亚腰形，井内束腰位置的直径较小，即使有人不慎落井，也仅在上面，不至于坠至井内[⑦]。临沂吴白庄东汉画像石墓出土的庖厨画像右侧亦是一以桔槔汲水的画面，并配有屠狗宰羊的内容，与嘉祥武氏祠桔槔汲水图中的水井不同，该画面中的水井虽也有高的井台，但井台由下向上逐渐变细，可容汲水器上下，人基本下不

① 河南省文物考古研究所、内黄县文物保护管理所：《河南内黄三杨庄汉代聚落遗址第二处庭院发掘简报》，《华夏考古》2010年第3期。

② 黄展岳：《一九五五年春洛阳汉河南县城东区发掘报告》，《考古学报》1956年第4期。

③ 李文信：《辽阳发现的三座壁画古墓》，《文物参考资料》1955年第5期。

④ 仝泽荣、武利华、田忠恩、陈剑彤：《睢宁汉画像石》，山东美术出版社，1998年，第78页。

⑤ 诸城县博物馆，任日新：《山东诸城汉墓画像石》，《文物》1981年第10期。

⑥ 河南省文物研究所：《密县打虎亭汉墓》，文物出版社，1993年，第133-135、138页。

⑦ 傅惜华、陈志农编辑，陈沛箴整理：《山东汉画像石汇编》，山东画报出版社，2012年，第459、489页。

图三 -66　汉代墓葬壁画与画像石中的水井及汲水画面

1. 辽宁辽阳三道壕窑业第四现场东汉墓出土汲水图　2. 江苏徐州睢宁张圩出土庖厨宴饮画像中的汲水图　3. 山东诸城前凉台东汉墓出土庖厨画像中的汲水图　4. 山东嘉祥东汉武斑祠出土汲水屠狗画像　5. 山东嘉祥东汉武荣祠出土汲水屠狗画像　6. 山东临沂吴白庄东汉画像石墓出土庖厨画像中的汲水图

去，而汲水者也是站在一侧汲水[①]（图三 -66：6）。

由上可知，秦汉时期家庭为预防和消除家庭内部的安全隐患采取了一系列措施、方法，同时也有较多器具和设施配合，预防并尽可能消除这些安全隐患，争取较好地保证家庭及其成员、物品等的安全，进而满足安居与稳定生活的需求。

三、家庭外部不安全因素的预防和消除

秦汉时期，来自家庭外部对家庭构成威胁和危害的不安全因素大致可表现为三个方面：一是造成家庭财产损失的偷盗行为，二是对家庭设施造成损毁的外部力量，三是对家庭成员人身安全造成危害的行为或人员，而上文所梳理文献资料中有关对秦汉家庭安全的威胁也大多是外部不安全因素和内容。针对来自外部的安全威胁，秦汉时期的家庭采取了较多预防和消除的措施与方法，既有对门庭、墙院、房屋建造的重视，也有在庭院设置的角楼等设施，还有人员的防护和动物的辅助及兵器或器械的使用等。另外还有家庭为保护财产和人身安全而修葺的窖藏和复壁等，这在上文对家庭存储保障及文献资料的梳理中皆有论述，不再多叙。除人员、物质等方面的防御内容和措施外，秦汉时期的家庭还在精神方面对外来不安全因素采取了相应的措施，具体内容笔者在其他章节中将有论述，特作说明。

① 管恩洁、霍启明、尹世娟：《山东临沂吴白庄汉画像石墓》，《东南文化》1999 年第 6 期。

（一）家庭外部财产的保护

盗窃行为不仅会发生在家庭的庭院内或庭院周边，还会发生在田地或种植作物之处，如果树、庄稼甚至一些具有经济价值的种植物都可能成为偷盗者的目标。《后汉书·淳于恭传》载：淳于恭“家有山田果树，人或侵盗……又见偷刈禾者……。”① 针对这一情况，一些家庭也采取了相应的措施。四川省新都区出土的桑园画像砖，图像中有面积较大的桑园，栽植的桑树多，一侧有门类设施②（图三-67）。推测该桑园是专门种植作物的设施，桑园外围应有一周围墙，而且很可能有专人看护。桑树是养蚕的食物原料，而养蚕又可带来相应的经济效益，这使得一些桑园成为偷盗者的目标，为预防桑叶被盗及由此造成的损毁桑树及经济损失，砌建围墙，甚至安排专人看护，这应是相关家庭对种植财产保护的内容之一。

图三-67 四川省新都区出土的桑园画像砖画像

（二）家庭建筑

秦汉时期，家庭居住基本采用一家一户式的庭院布局，庭院大致会包括门及门外设施如阙和场地及有关设施、院墙、主房、配房、厕所、圈棚及院内空间（庭），有的还有水道或水渠及其他内容。相关研究指出：（汉代）地方豪强大多聚族而居，为了自身安全，常将住处建为坞堡，堡外环以深沟，坞壁构筑高墙，大门上建门屋，四隅并设角楼，其间再联以楼橹，堡内或构重门或置内墙周匝，堡中主体建筑都很高大，有的则于中央建多层之塔楼，可谓防卫森严③。较多普通家庭则如《汉书·晁错传》所载：“先为筑室，家有一堂二内，门户之闭，置器物焉，民至有所

---

① （南朝宋）范晔撰，（唐）李贤等注：《后汉书·淳于恭传》，中华书局，1965年，第1301页。

② 龚廷万、龚玉、戴嘉陵：《巴蜀汉代画像集》，文物出版社，1998年，图5。

③ 刘叙杰主编：《中国古代建筑史·第一卷 原始社会、夏、商、周、秦、汉建筑》，中国建筑工业出版社，2009年，第564页。

居，作有所用。”[①] 针对于外来因素对家庭庭院造成的不安全因素，相关家庭会在门、院墙、主房与配房、圈棚等方面加强保护或防御，尽可能为家庭及其成员人身、财产物品等提供安全保障。

1. 门

秦汉时期，诸多家庭既有庭院入口的大门，还有各类房屋相对独立的门，是正常情况下相关人员的出入通道，而这也为盗贼或其他可能损害家庭利益的人员提供了方便，因此在较多情况下，如家庭成员外出后、傍晚和夜间、一些无人居住作为储物且暂不使用的房屋等设施，门经常是需要关闭的，而且还会采取较多措施，以防外人进入。

一般情况下，大门会采用较厚的门板，一些还会以企口相扣，不仅结合紧密，而且基本不能向外开启。江苏徐州东郊翠屏山西汉墓洞室使用的石门为双扇长方形石门，中间以企口相互扣合在一起[②]（图三-68）。有些大门向外一侧会设有铺首衔环，双扇门扉则是左右对称的二铺首衔环，既是装饰，也便于来访者扣门，同时铺首衔环还可起到思想上的辟邪和防盗功能，当然若有盗贼撞击门扇，铺首衔环也会发出声响，起到提醒相应人员的作用。相关内容在墓葬封门上有见，汉代画像刻绘的庭院图，大门上基本都有铺首衔环，表明这一设施已较为普遍，限于篇幅，不再一一举例。较多中下阶层的家庭会在门上悬羊头，以此达到减少盗贼的目的，这其实应是思想上防盗的体现。《太平御览》卷九〇二引《杂五行书》载：“悬羊头门上，除盗贼。”[③] 考古发掘出土的一些汉代画像石墓葬中，也常见在墓门处刻绘羊头的内容，这在山东地区济南市至淄博市一带发现、发掘的东汉画像石墓葬中较为普通，如济南北毕村东汉 M1、M2 等出土的门楣石画像，其中一些还刻绘有鹿[④]（图三-69），这

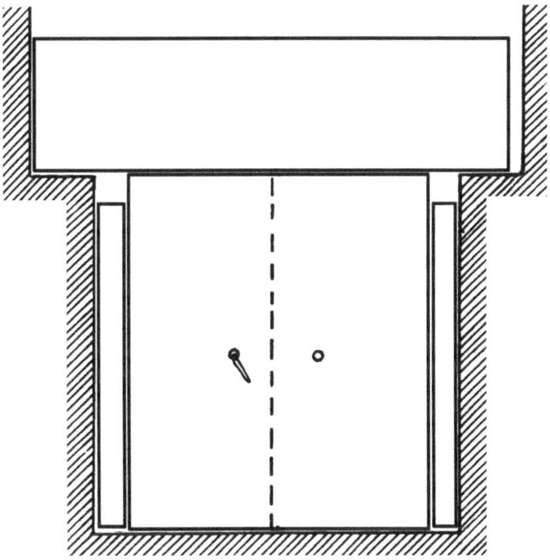

图三-68 江苏徐州地东郊翠屏山西汉墓洞室门

① （东汉）班固撰，（唐）颜师古注：《汉书・晁错传》，中华书局，1962 年，第 2288 页。

② 徐州博物馆：《江苏徐州市翠屏山西汉刘治墓发掘简报》，《考古》2008 年第 9 期。

③ （北宋）李昉、李穆、徐铉等：《太平御览》，中华书局，1960 年，第 4002 页。

④ 山东大学历史文化学院、济南市考古研究所、章丘市博物馆：《济南市北毕村汉代画像石墓》，《考古》2012 年第 11 期。

1　2　3　4

图三 -69　济南北毕村东汉 M1 门楣画像

与取义吉祥当有相应关系。另外还有的在门户上画神荼、郁垒及虎等，亦有悬挂具有辟邪性质的其他物品者，和悬挂羊头在功能和性质上具有较多的相似性。

这一时期的门在封闭方面也会使用相关设施，以达到封闭后外人不可进入的目的。如使用铁制的门枢，这在上文所引文献中有载，相关汉墓的墓门也有体现。有的门设关、阑等，江苏徐州南郊十里铺东汉墓出土的二件陶仓楼，门洞中央立有挡门屏的阑，门屏饰铺首衔环（图三 -70：1），该墓后室支柱画像的下层有二门阙，

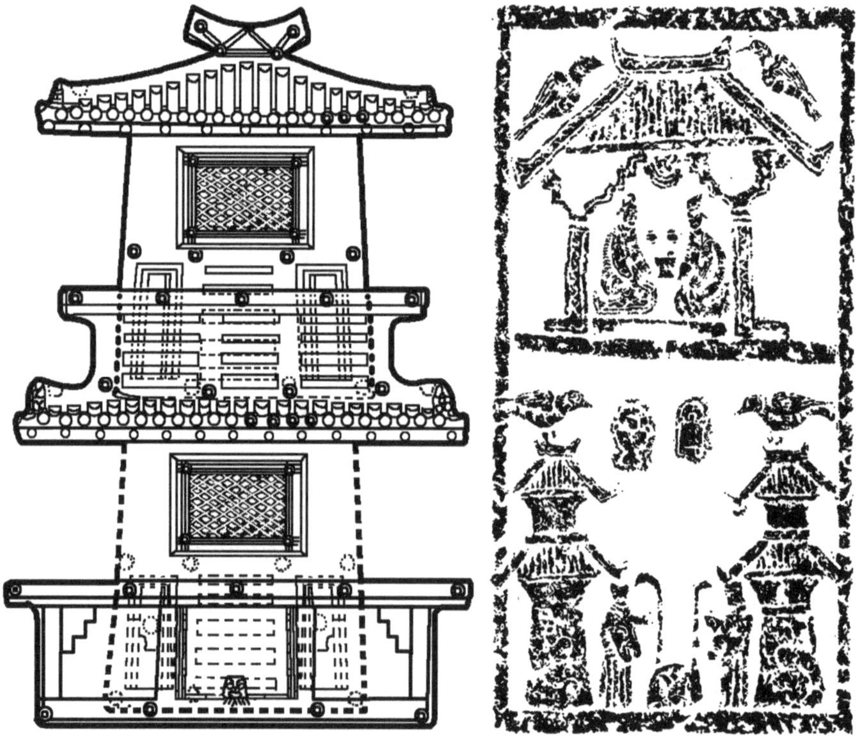

1　2

图三 -70　江苏徐州南郊十里铺东汉墓出土的陶仓楼及墓葬后室支柱画像

1. 陶仓楼　2. 后室支柱画像

阙前有二卫士持彗肃立，阙门中间竖有门闑[①]（图三 -70：2）。门闑即是可挡车马的一种木石障碍物，也可挡住两侧门扇向外开启，当门封闭后具有较强的安全性。门闩为门板内侧安置的横木，门关闭后，该木横置在两扇门的卡槽或相关设施中，由外向内基本不能推开门扇。陕西骊山汤遗址出土有秦汉时期的门闩关木[②]。陕西勉县老道寺汉墓出土的陶院落，仓房门板安装于护框内，在护框的中部，有一根横栏式的活动门杠，可以从右边护框的杠孔中抽出或插人，使门在关闭后十分牢固[③]，这类门闩在现今一些农村的门上仍有使用。类似内容在江苏徐州驮篮山西汉楚王墓的封门中也有体现，只是所使用的门杠为石质[④]。锁在秦汉时期尤其是汉代也较多用于门的关闭及安全保障上，《说文解字》曰："铁锁，门键也。"[⑤]指的是金属锁，且与门有较大关系。汉代也有木质锁，但在性质和使用方面与门闩类似，金属锁则形体不大，使用时还会借助金属（多为铁质）扣环或门鼻等，并有对应的钥匙。上文所举江苏徐州东郊翠屏山西汉墓，洞室外两扇石门的内侧中部各有一直径约 5 厘米的小圆孔，里面尚残存有铁质门鼻子，应为墓葬封闭之前锁门用的[⑥]。河南郑州王湾村铁器窖藏出土的一号铁锁共有两排锁簧，上排三簧，下排四簧，横截面上排三簧有一个长方形铁片，七个簧，每簧均有两个簧片应具有弹性，总体呈张开状，钥匙是用扁铁打成，矩尺状，开锁时插入锁孔，旋转 90°，再向前推移，套住锁簧，使簧片收拢，锁即可打开[⑦]（图三 -71）。河南洛阳市第 3850 号东汉墓出土铜锁一件，方柱状，一端尖，另一端扁平，中空，背面有一个方孔和三个小圆孔，通长 11.8 厘米[⑧]。就用途来讲，除锁门外，还可用于柜、匣、箱等的闭合，亦是防盗方面安全保障的体现之一。

较多秦汉时期的家庭，尤其是一些具有一定经济实力或政治地位的家庭还会修建门屋，大多是借助大门所在一侧院墙修建相对简单、面积不大的房屋，这在出土的陶屋模型及汉代画像中皆有体现。陕西潼关吊桥东汉 M5 出土的陶楼，为四层楼阁

---

① 江苏省文物管理委员会、南京博物院：《江苏徐州十里铺汉画像石墓》，《考古》1966 年第 2 期。

② 唐华清宫考古队：《秦汉骊山汤遗址发掘简报》，《文物》1996 年第 11 期。

③ 郭清华：《陕西勉县老道寺汉墓》，《考古》1985 年第 5 期。

④ 邱永生、徐旭：《徐州市驮篮山西汉墓》，中国考古学会编：《中国考古学年鉴・1991 年》，文物出版社，1992 年，第 173、174 页。

⑤ （汉）许慎撰，（宋）徐铉等校定：《说文解字（附检字）》，中华书局，1963 年，第 299 页。

⑥ 徐州博物馆：《江苏徐州市翠屏山西汉刘治墓发掘简报》，《考古》2008 年第 9 期。

⑦ 郑州市博物馆：《郑州近年发现的窖藏铜、铁器》，《考古》编辑部编辑：《考古学集刊・第 1 集》，中国社会科学出版社，1981 年，第 177-189 页。

⑧ 洛阳市文物工作队：《河南洛阳市第 3850 号东汉墓》，《考古》1997 年第 8 期。

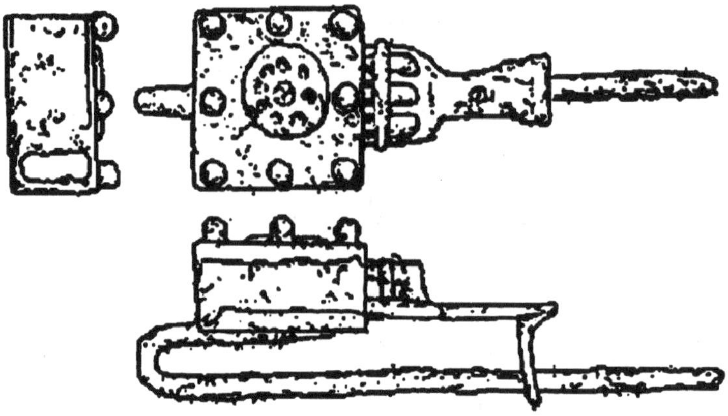

图三 -71　河南郑州王湾村铁器窖藏出土的一号锁

式建筑，楼下是一个完整的院落，三面环墙，前有悬山顶房子一座①（图三 -72：1），为门屋。河北邢台市西南前炉子村东汉墓出土的陶宅院，四周有围墙，前端中间开门，内侧有 1 小房②（图三 -72：2），亦应为门屋。四川省成都市省建二公司出土的凤阙画像砖，大门紧闭，阙后院门上建有门屋，与阙相连；德阳出土的汉代画像砖中有一幅甲第画像砖，大门处建门房，较具规模③（图三 -72：3）。其他如广东广州动物园建初元年（76 年）东汉墓出土陶坞壁，大门上有门房④；甘肃武威雷台汉墓出土的陶楼院，四周院墙，正面开门，上建门楼（门房），与角楼间架设有栏杆的天桥相通⑤（图三 -72：4）；河南淮阳于庄 M1 出土的陶庄园，其中庭二门两边各有一个四层角楼，角楼的第二层与二门楼和厢房相通⑥（图三 -72：5）。

需作说明的是，一定数量的西汉诸侯王墓尤其是横穴崖洞式的西汉诸侯王墓，其内的有些石门使用了设计较为精巧的封门器（相关内容在下文有详细叙述），门关闭后，内侧以石材顶住，外侧是无法将门推开的。抑或现实生活中也有此类设置，惜暂未有相关发现。

2. 墙

墙是秦汉建筑的主体构成部分，如房屋墙及上文所引文献中所记与房屋墙有相

---

① 陕西省文物管理委员会：《潼关吊桥汉代杨氏墓群发掘简记》，《文物》1961 年第 1 期。

② 河北省文化局文物工作队：《1958 年邢台地区古遗址古墓葬的发现与清理》，《文物》1959 年第 9 期。

③《中国画像砖全集》编辑委员会：《中国画像砖全集 · 四川汉画像砖》，四川美术出版社，2006 年，第 48、111 页，图版说明第 27、64 页。

④ 广州市文物管理委员会：《广州动物园东汉建初元年墓清理简报》，《考古》1959 年第 11 期。

⑤ 甘肃省博物馆：《武威雷台汉墓》，《考古学报》1974 年第 2 期。

⑥ 周口地区文化局文物科、淮阳太昊陵文物保管所：《淮阳于庄汉墓发掘简报》，《中原文物》1983 年第 1 期。

图三 -72　汉墓出土与门屋有关的建筑模型与画像砖画像

1. 陕西潼关吊桥东汉 M5 出土的陶楼　2. 河北邢台市西南前炉子村东汉墓出土陶宅院　3. 四川德阳出土的汉代甲第画像砖　4. 甘肃武威雷台汉墓出土陶楼院　5. 河南淮阳于庄 M1 出土陶庄园

应关系的夹壁墙。院墙也十分普遍，如内蒙古鄂托克旗凤凰山 M1 墓室东壁和西壁所绘庭院图，三面为围墙，前墙两侧各开一门①（图三 -73）。墙一方面可满足居住的需求，如封闭、保护隐私，冬日防风寒，夏日挡雨水和日晒等；另一方面，其高度、厚度及其配套内容等均又具有安全防护的作用，可为庭院及其居屋提供安全保障。

秦汉时期的墙大多为土墙，有的是土内拌有其他物质，以植物为主，民间有的称为垟筋或泥筋，这样便于和泥砌筑，亦可增加坚固度。河南内黄三杨庄汉代遗

① 内蒙古文物考古研究所，魏坚：《内蒙古中南部汉代墓葬》，中国大百科全书出版社，1998 年，第 161-175 页。

图三 -73　内蒙古鄂托克旗凤凰山 M1 墓室东壁和西壁所绘庭院图

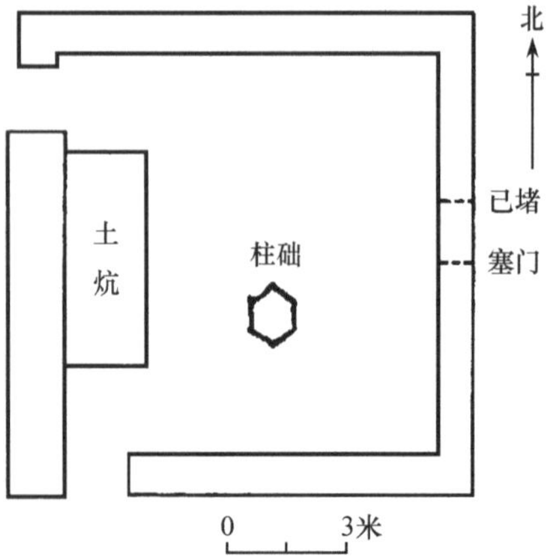

图三 -74　河南洛阳市西郊西汉早期居住遗址平面图

址第一处庭院遗存的庭院基础西边沿中部清理出一个呈簸箕状的小拌泥池[①]，或许与拌墙泥有关。河南省洛阳市西郊西汉早期居住遗址，平面呈正方形，正南北朝向，四周围以厚 1.15 米的土墙[②]（图三 -74）。很多则是夯筑的土墙。都城及地方城市的绝大多数建筑及其城墙基本都是夯土墙，就中下阶层家庭的居所来讲亦是如此，如河南内黄县三杨庄汉代遗址的第一处庭院遗存即使用有夯土墙[③]。较多夯土墙是挖基槽并从基槽底部向上逐层夯筑，以保持其稳定性和坚固性，多数是版筑，受技术限制，夯土墙一般较厚，而这又与当时的生活需求及安全需求相对应。也有的使用了砖基，即墙的下部砌砖，砖上再夯筑土墙。河南内黄三杨庄第一处庭院遗存的夯土墙，一处南北墙基底铺有一层小砖，为三块砖顺砌，总宽约 0.45 米，而院墙用小砖砌成墙基，墙体宽 0.42 米[④]；第二处庭院遗址，南大门两侧为砖基夯土墙，主房墙体用有两层砖作基础，墙基宽 0.6 米左右，多内凹不平，

① 河南省文物考古研究所、内黄县文物保护管理所：《河南内黄县三杨庄汉代庭院遗址》，《考古》2004 年第 7 期。

② 考古研究所洛阳考古队：《一九五四年秋季洛阳西郊发掘简报》，《考古通讯》1955 年第 5 期。

③ 河南省文物考古研究所、内黄县文物保护管理所：《河南内黄县三杨庄汉代庭院遗址》，《考古》2004 年第 7 期。

④ 河南省文物考古研究所、内黄县文物保护管理所：《河南内黄县三杨庄汉代庭院遗址》，《考古》2004 年第 7 期。

砖多为整砖平铺[①]。用砖做墙基，比一般的土质甚至夯土更为坚固和经久耐用，这与砖是经高温火烧后制作而成的有关，而土槽或土质墙基受水湿或浸泡后易变松软，会带来较多的不安全隐患，而重新夯筑也是劳力废财，因此可以说，砖基墙应该是古代筑墙技术进步的内容之一。

有些庭院的院墙或房屋墙为砖砌。以砖砌墙壁甚至整个墓室的现象，在汉代尤其是西汉晚期至东汉一代已较为普遍，而且技术日趋成熟，所砌砖室十分坚固。现实生活中以砖砌墙还相对少见，但已经出现，并在不同地区的庭院墙或一些房屋墙中得到相应使用。河南洛阳汉河南县城东区发掘的汉代居住遗址中段遗迹中，东汉房基 3 处（314、315、317 号），墙为砖砌，有的还使用砖柱，以求稳固，发掘简报指出：东汉开始使用条砖砌墙，该地区墙砖全部使用单行平铺错缝砌法，而且汉代住宅建筑上有使用空心砖的可能性[②]。以砖砌墙一是较为方便，二是相对坚固，可起到保护庭院及家庭财产等目的，但由于用砖的开支较大，加之砌建技术不成熟等原因，在汉代还没有得到较多使用，即并不太普及和普遍。当然，由于砖在秦汉时期已较多用于墓葬的砌建，尤其西汉晚期至东汉一代，已渐成为较多墓葬修建的标志物。换言之，由于砖作为墓葬的建筑材料，是人死之后另一世界居所建筑所使用的，而现实世界毕竟与地下世界有明显区分，加之社会思想中吉利思想的作用，还有传统居住建筑方式、材料等的影响和延续，也使得砖在现实建筑中并未得到普遍使用，已知材料中，较多用砖的建筑等级不高，恰可与之对应。

秦汉时期，无论泥墙还是砖墙，家庭院墙及屋墙的内侧，尤其是居屋的内侧基本都会涂以澄泥或其他相对较细腻的泥浆，而随着石灰得到较多使用，也很可能会用到墙壁的涂抹上。居延汉代遗址出土有竹尺、木尺、木槌，另外还有木泥镘[③]（图三 -75：1），一些可用于建筑方面。如木泥镘，在当今建筑中仍有使用，既可在墙面上，也可在地面上抹泥，并可抹平粘泥，使得墙壁光滑、地面平整，另外在砌砖墙时因需要以泥作粘合剂，也会对泥镘有所使用。新疆民丰尼雅遗址的一处汉代建筑遗存，为汉代居室房屋，平面曲尺形，北宽南稍窄，内部划分为南北二室，建筑的外垣由变质的芦苇与红柳抹泥构成，厚度约 0.3 米的地基用麦草、羊粪和泥铺墁，可以固沙[④]（图三 -75：2）。此类现象在较多汉墓中有所发现，有的是涂泥使得壁面平整，有的还在平整的壁面上施以彩绘。河南安阳西高穴 M2 用白灰作黏合剂，主要

① 河南省文物考古研究所、内黄县文物保护管理所：《河南内黄三杨庄汉代聚落遗址第二处庭院发掘简报》，《华夏考古》2010 年第 3 期。

② 黄展岳：《一九五五年春洛阳汉河南县城东区发掘报告》，《考古学报》1956 年第 4 期。

③ 甘肃居延考古队：《居延汉代遗址的发掘和新出土的简册文物》，《文物》1978 年第 1 期。

④ 新疆维吾尔自治区博物馆考古队：《新疆民丰大沙漠中的古代遗址》，《考古》1961 年第 3 期。

1

2

图三-75　汉代木泥镘与汉代房屋

1. 居延汉代遗址出土木泥镘　2. 新疆民丰尼雅遗址汉代房屋平面图

用于垒砌墓壁、勾缝、抹平和粉刷墙体，用来抹平墙体的白灰里面，一般掺杂有碎麻，起到增加墙壁附着力和加固作用①。而有些墓葬外使用的祠堂及相关设施为瓦顶土墙结构，亦有祠堂内墙壁涂抹甚至涂抹后绘壁画的现象。陪葬茂陵的霍光墓，东北部残存一高台，位于墓园内，从面积、出土的建筑材料残片等来看，为祠堂的可能性较大，据当地村民讲，原来平整土地时，曾在霍光墓周围发现大面积的壁画和不少柱础石等②，这说明祠堂内壁是经过涂饰的。河南偃师阎楼东汉墓园，门位于东侧偏南，东向，门内有一方形建筑遗址，发现白灰皮、烧土块及残砖、瓦片等，为祠堂及相关建筑③。河南汉魏洛阳故城西东汉墓祠堂附近的冢舍，墙皮表面涂作青白色，室内以长方形小砖铺成人字纹地④。现实生活中的院墙及屋墙涂抹内壁当属正常，可能有些会在墙壁上有画，但应该不是太普及，尤其对等级稍低或经济实力略差的家庭来讲更是如此。对于墙壁的涂抹，其主要作用是美观、平整，同时也起到保护墙体的作用，使得墙体更加经久耐用，间接起到安全保护的作用。

有些围墙会在墙顶部覆瓦，一般是两面坡状，中部起脊。此类方式在西汉时期已得到使用，江苏徐州市南郊拖龙山西汉晚期偏早阶段M3出土的陶猪圈，围墙的墙体上即有覆瓦⑤（图三-76）。已发掘出土的东汉时期庭院或宅园模型对这一方式体现较多，上文所举河北邢台市西南前炉子村东汉墓出土的陶宅院、甘肃武威雷台汉

① 河南省文物考古研究院：《曹操高陵》，中国社会科学出版社，2016年，第93页。

② 咸阳市文物考古研究所：《汉武帝茂陵钻探调查简报》，《考古与文物》2007年第6期。

③ 洛阳市第二文物工作队、偃师市文物管理委员会：《偃师阎楼东汉陪葬墓园》，《文物》2007年第10期。

④ 中国社会科学院考古研究所洛阳汉魏城队：《汉魏洛阳城西东汉墓园遗址》，《考古学报》1993年第3期。

⑤ 徐州博物馆：《徐州拖龙山五座西汉墓的发掘》，《考古学报》2010年第1期。

墓出土的陶楼院、河南淮阳于庄 M1 出土的陶庄园等皆是如此，另如河南南阳汽车制造厂 M2 出土的陶楼阁模型，其楼阁前有出檐的围墙一周①。相关内容在山东沂南画像石墓出土的庭院建筑画像②及诸城前凉台东汉墓出土的庄园画像③中亦皆有体现。另外，安徽宿州褚兰西南的墓山孜 M1、M2 皆砌建墓垣，局部存留有较完整的墙体，由墙基、墙壁、墙顶叠砌而成，M1 的墓垣墙顶雕成瓦垄，檐头刻云纹圆瓦当，连檐刻水波纹，M2 的墓垣墙顶向外面坡雕成瓦垄④。围墙上覆瓦是在保护墙体实际用途基础上又具有美观作用的双重用途，同时也可起到安全保护作用。保护墙体是内容之一，而墙顶覆瓦后不易攀爬，若有人攀爬，墙顶覆瓦极易脱落，能够引起声响，不仅可以此告知家庭中的人员，也会吓退偷盗者。另外还可能会存在将残陶片竖立于墙顶的可能，这样会为攀爬造成相应的难度，而且有时可划破攀爬者的手臂等，因此也具有安全保障的功能。

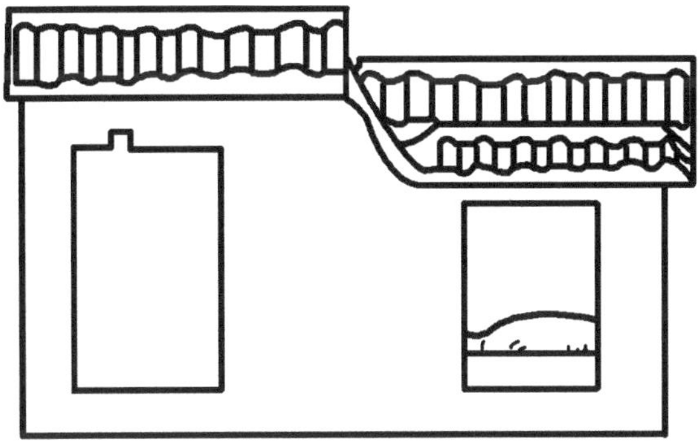

图三 -76　江苏徐州拖龙山西汉 M3 出土陶猪圈侧视图

3. 坞壁与望楼

（1）坞壁

或称坞堡，亦被称为坞侯等，先秦已有。秦汉时期，随着地方官吏和豪强地主家庭发展及其势力增强等因素的作用下，出于安全目的及防盗、防侵扰等多种需求，以家庭或家族安全居住为核心，具有较强防御性的坞壁得到较大发展，上文所述文献中即有相关记载，如两汉之际，各地豪强地主修筑坞壁以求安全和自保等。东汉时，坞壁内可统领私人武装、制作兵弩器械、组织农业和手工业生产等，已成为兼具经济、政治和军事功能的防御设施。坞壁或坞堡在考古资料中有相应体现，较多资料的时代为东汉，这与东汉时期地方豪强地主的发展关系密切。相关资料既有画像或壁画，也有模型明器，而一些居住遗址因破坏严重加之深埋地下，暂时还极少能够确定。

内蒙古和林格尔壁画墓前室北耳室东壁绘制了一幅牧羊图，在羊群旁边有一坞

① 南阳市文物工作队：《南阳汽车制造厂东汉墓发掘简报》，《华夏考古》1998 年第 1 期。

② 南京博物院、山东省文物管理处：《沂南古画像石墓发掘报告》，文化部文物管理局出版，1956 年。

③ 诸城县博物馆，任日新：《山东诸城汉墓画像石》，《文物》1981 年第 10 期。

④ 王步毅：《安徽宿州褚兰汉画像石墓》，《考古学报》1993 年第 4 期。

壁，四周环以围墙，一隅有角楼，旁边榜题“壁”字①。上文所述广东省广州动物园建初元年（76年）东汉墓出土的陶坞壁模型，似一座方形城堡，四周绕以高墙，前后大门各有一座望楼，四隅建角楼，内有房屋②。甘肃武威雷台汉墓出土的陶楼院，四周为院墙，较为封闭，亦是坞堡③。《广州汉墓》收集的东汉晚期墓葬中，有五座墓葬出土有陶坞壁模型，城堡里面都有房屋，结构布置各不相同，四件城堡外部的建筑形式基本一样，平面方形，四周以高大的墙垣围绕，前后有大门各一，门上出挑梁以承平座，上建门楼，四阿上盖，门楼前后设瞭望窗，楼中或有俑在瞭望，四隅之上各有一方形角楼，同为四阿式上盖，向外的两侧亦有瞭望窗，墙垣上均有一列长方形或圆形的窗孔上有瓦檐复盖，墙根辟窦洞，壁间划横直线纹，以示梁柱及门框，大门内设门扇的有两座城堡，同为双合门扇，向里掩开，还有两座城堡里面的门楼和角楼设板梯，以供登降，M5080：103的两门之上有遮檐，右壁划“大吉”两字，M5041：1即为上文所述的广州动物园建初元年（76年）东汉墓出土的陶坞壁模型（图三-77：1）；M5032：44，内有两栋长方形的房屋分列两边，互相对向，一为平房，山墙及后墙全部镂空成菱格式窗，正面左右辟门，中间上为方形下为菱格式窗，屋内有俑，另一为二层的楼房，每层各分两半，左半的上层是厕所，上有竖窗，下为粪坑，屋前面有板梯以登楼，右半的楼上有俑，两处俑因位置不同，等级身份存在差异，此外在前后两大门之内，各有一员文吏和一员执兵器的武士，拱卫森严（图三-77：2）；M5043：1，内有平房两栋，一为长方形，四阿式上盖，正面左右开门，无窗，屋内右边门口有一俑曲膝而坐，面向门外，门口右侧还有印痕，原应有俑，已缺，另一平面亦为长方形，但较小些，硬山两坡上盖，左侧开门，右上有竖窗，这栋房子是作厕所使用，屋内右半分两层，有梯上下，厕坑即设在楼上，还有一俑一狗（图三-77：3）；M5080：103，内部的房屋分左右两列，左列三间，右列二间，屋墙均作曲尺形，如一堵板壁，没有做出门窗等完备的形制，后面在墙上贴附横出的泥块，以承上盖，房屋内外现存陶俑13件，正在举行某种仪式，有乐舞的内容，堡外部的墙垣上大下小，这些建筑大多都有望楼及角楼等的设置，可望远下瞰，规制整然，就这种坞壁来讲，无疑正是当时岭南地区豪强地主保卫和守护他们财富地位的一种军事建筑④。

（2）望楼

望楼是秦汉时期具有相应政治地位或经济实力家庭建造的高楼，登高望远可观望

---

① 内蒙古自治区博物馆文物工作队编：《和林格尔汉墓壁画》，文物出版社，1978年，第21、121页。

② 广州市文物管理委员会：《广州动物园东汉建初元年墓清理简报》，《考古》1959年第11期。

③ 甘肃省博物馆：《武威雷台汉墓》，《考古学报》1974年第2期。

④ 广州市文物管理委员会、广州市博物馆：《广州汉墓·上册》，文物出版社，1981年，第424-426页。

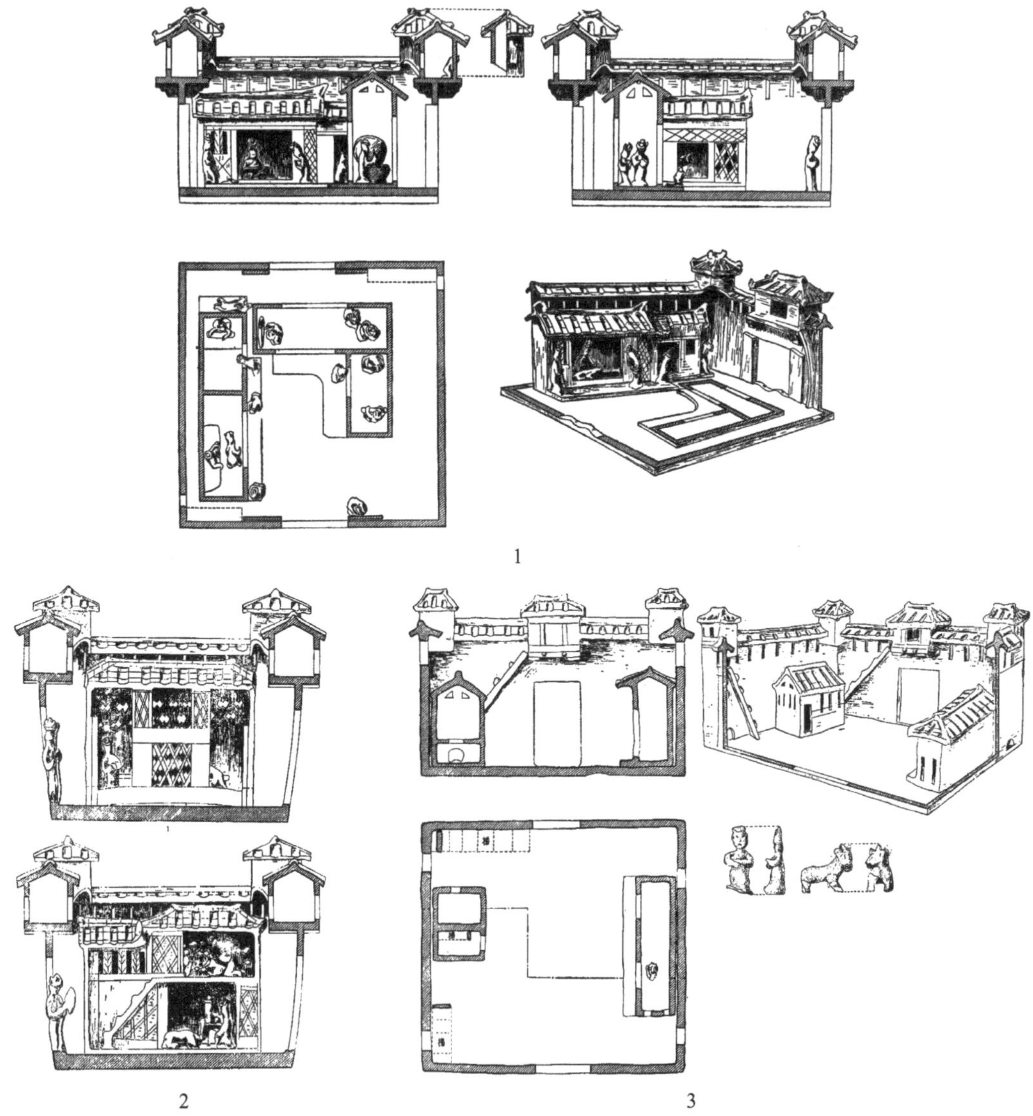

图三 -77　广州汉墓出土陶坞壁

1. M5041：1　2. M5032：44　3. M5043：1

景色是其功能之一，但最主要的功能是在高处瞭望可发现不安全因素，进行预警，同时又可凭借高处对外来威胁或攻击进行防御和反击，如高处往下方射箭或投掷物的杀伤力较强，由下向上则因重力因素等的影响，效果稍差。与坞壁相似，望楼在出土的汉代建筑模型及画像、壁画中皆有体现，而建筑模型中，有的是相对独立的望楼，有的则与相关建筑连成一体，画像或壁画中的望楼则基本与其他建筑连成一体，亦有相对独立者。望楼大多位于建筑群的一角，便于瞭望和防御，推测该处也应是外来威胁选择的攻击之处，亦有其他情况，如位于楼阁、房屋等的高处，便于瞭望。

汉代墓葬考古出土与望楼有关的模型器物较多，如上文所言，既有较多相对独立者，也有很多与其他建筑形成一个整体的模型器。相对独立的望楼以河北衡水阜城桑庄东汉墓出土的陶望楼（M1：95）最具代表，呈方形，由台基、门楼、楼阁组成，通高216厘米，从外观看，以腰檐平座栏杆间分望楼为五层，从内观察，在外观第四层以下的每层腰檐槽下都有夹层，实际上望楼的内部空间可分为九层，该望楼为仿木建筑的模型，楼与底部基座、栏杆、门楼浑然一体，外观既稳定又富有变化，斗栱的使用，是直接将栱身插入四角墙壁内，其上置一斗二升斗栱及数层仿小方木垒砌的斗栱，并与上面的支条垂直形成转角铺作，楼的装饰繁多，功能多样，具有瞭望、防卫的功用，每层的四面都有盾牌和弩等，在顶层置有报警用的锣，遇到情况可敲锣报警，可以说，该陶望楼为屋宇重叠、防御森严的楼阁，在一定程度上可视为当时相应家庭实际建筑的写照，望楼在满足舒适生活需要的同时也具有明显的军事防卫性质与功能，大概与东汉晚期社会矛盾尖锐，随时有可能发生战争有关[①]（图三-78）。京津冀地区东汉墓中还出土较多类似的陶望楼，其中北京顺义临河村东汉墓出土的三件陶楼（69、70、71）皆与阜城桑庄东汉M1：95相似，但相对简单，其中编号69的陶楼是在方形台基上起楼三层，编号71的陶楼为曲尺形平座，三层，顶部设二气楼[②]。其他如河北保定望都M2绿釉陶楼[③]、衡水武邑中角M4：3[④]及北京市大兴区三台山M2：10[⑤]等与北京顺义临河村东汉墓出土陶楼均存在较多相似，三台山M2：10顶部也有二气楼，这些也应为相对独立的望楼。望楼与相关建筑一体或望楼作为相关建筑的一部分，在更多建筑模型中有体现，一般位于建筑物的顶部或一侧，位于一侧者高且突出，形体

图三-78　河北衡水阜城桑庄汉墓出土陶望楼（M1：95）

① 河北省文物研究所：《河北阜城桑庄东汉墓发掘报告》，《文物》1990年第1期。

② 北京市文物管理处：《北京顺义临河村东汉墓发掘简报》，《考古》1977年第11期。

③ 河北省文化局考古工作队：《望都二号汉墓》，文物出版社，1959年，第8、45页。

④ 河北省文物研究所、衡水地区文物管理所：《武邑中角汉墓群4号墓发掘报告》，河北省文物研究所编：《河北省考古文集》，东方出版社，1998年，第261-271页。

⑤ 北京市文物工作队：《北京东南郊三台山东汉墓发掘简报》，北京历史考古丛书编辑组：《北京文物与考古》，1983年，第19-27页。

一般不大，具有瞭望功能，因此又被称为望亭。河北衡水景县大代庄86JDM1出土陶楼，顶部一层正面中部设棱窗一个，窗两侧各有一人，作瞭望状[①]。河南濮阳南乐宋耿洛M1出土陶仓楼，共四层，第四层是瞭望楼[②]；焦作白庄M576出土陶楼的主楼第四层有一瞭望俑，该层应为望亭[③]；灵宝张湾东汉M2出土的釉陶楼，右侧后部有高亭，较突出，当为望亭[④]；南阳中建七局机械厂汉墓出土的陶猪圈，两端各有一个四阿式顶的望亭[⑤]，较为特殊。陕西勉县老道寺汉墓出土陶院落的望楼位于右厢一层楼平顶的楼梯口上，共两层[⑥]；潼关吊桥汉代杨氏墓群M5出土陶楼阁，顶层可作为望楼[⑦]。甘肃武威雷台东汉墓出土的坞堡建筑，偏后侧中部为高的望楼，较为突出[⑧]。湖北云梦癞痢墩东汉墓（一号墓）出土的釉陶楼阁宅院，总体布局呈三合式，前为两层楼，中有房屋，有门与后楼的碉楼下层相通，后楼设有碉楼、炊间、厕间、猪圈、院落五个部分，碉楼建在楼的西北角，共分三层，上层东西南北壁各开一道门，每道门的两侧均嵌砌着棱形窗，楼的左窗门前还设立了一座哨棚，哨棚的四壁各设一椭圆形门，棚顶为四阿屋盖[⑨]（图三-79）。湖南常德市西郊东汉M6出土陶楼，平面近四方形，第一层宽大，第二、三层渐小，一层前面用格式栏杆围成一小院落，二层和三层前墙有横格窗子和方形长条形窗孔，尤其第三层小但较高且突出，应是作为望亭[⑩]。

图三-79　湖北云梦癞痢墩M1出土陶楼

汉代壁画及有关画像中，独立或与相关建筑一体的望楼也有体现。河北衡水安平逯家庄东汉壁画墓的右侧室绘制建筑图，后排中间为一个大院，

① 衡水地区文物管理所：《河北景县大代庄东汉壁画墓》，《文物春秋》1995年第1期。

② 安阳地区文管会、南乐县文化馆：《南乐宋耿洛一号汉墓发掘简报》，《中原文物》1981年第2期。

③ 焦作市文物工作队、焦作师范高等专科学校美术学院：《河南焦作白庄三座汉墓》，《中国国家博物馆馆刊》2013年第8期。

④ 河南省博物馆：《灵宝张湾汉墓》，《文物》1975年第11期。

⑤ 南阳市文物研究所：《南阳中建七局机械厂汉画像石墓》，《中原文物》1997年第4期。

⑥ 郭清华：《陕西勉县老道寺汉墓》，《考古》1985年第5期。

⑦ 陕西省文物管理委员会：《潼关吊桥汉代杨氏墓群发掘简记》，《文物》1961年第1期。

⑧ 甘博文：《甘肃武威雷台东汉墓清理简报》，《文物》1972年第2期；甘肃省博物馆：《武威雷台汉墓》，《考古学报》1974年第2期。

⑨ 云梦县博物馆：《湖北云梦癞痢墩一号墓清理简报》，《考古》1954年第7期。

⑩ 高至喜：《谈谈湖南出土的东汉建筑模型》，《考古》1959年第11期。

其内设有一座五层的方柱形望楼，楼顶为庑殿式，顶层周围有栏杆，右侧后部树一测风旗，杆顶有一凤鸟，右侧前部置一扁圆形报警用的鼓，楼中间三层均有方形射孔[1]（图三 -80），为相对独立的望楼。山东临沂费县刘家疃汉画像石墓前室北壁下部为一座楼阁画像，楼阁共三层，楼顶中间为两胡人相拥状，左右分别站立一胡人，作持弓欲射状，另有凤鸟立于檐上[2]，相关资料称该楼为无顶的望楼[3]。江苏徐州铜山利国画像石墓东侧室的一幅画像石画像中，楼阁建筑由左向右渐高，左侧楼阁后侧立一望楼，较为突出[4]（图三 -81：1）。四川合江县东汉砖室墓 2 号石棺右壁右侧为干栏式房屋，有三房屋相连，左右为楼房，中间为单层房屋，左侧楼房二层，右侧楼房三层，但下两层与左侧同，第三层设一望亭[5]；成都市北郊出土庭院

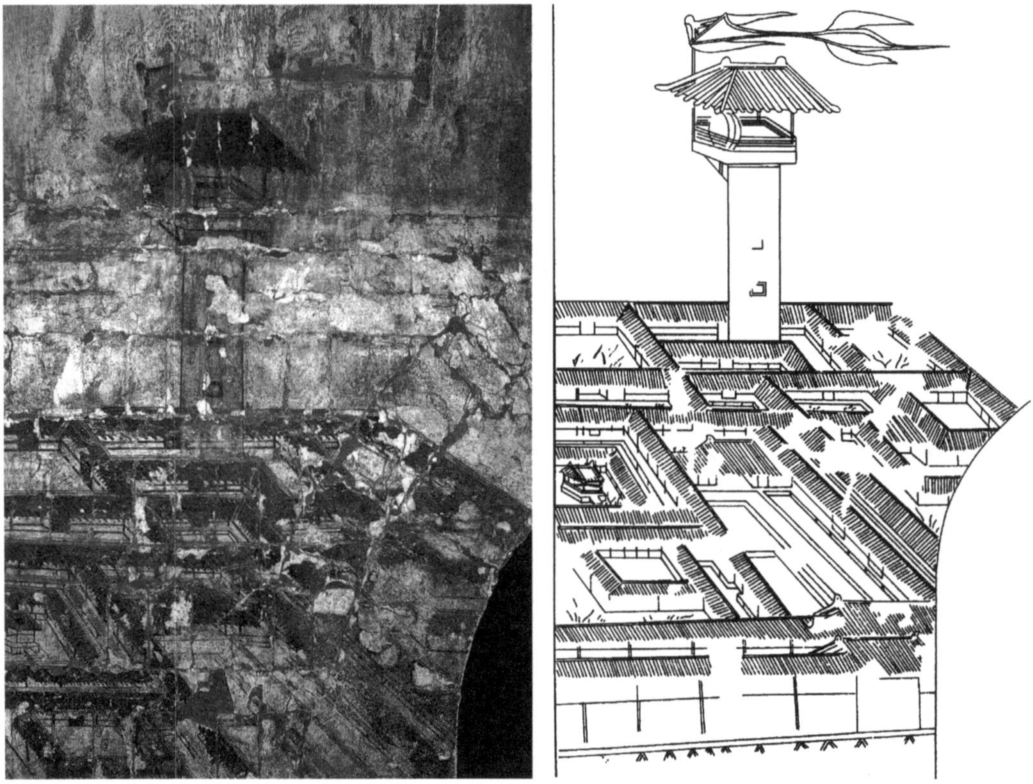

图三 -80　河北安平逯家庄东汉墓壁画中的建筑（局部）

① 河北省文物研究所：《安平东汉壁画墓》，文物出版社，1990 年，第 27、28 页。

② 山东博物馆、费县博物馆：《山东费县刘家疃汉画像石墓发掘简报》，《文物》2018 年第 9 期。

③ 临沂市博物馆：《临沂汉画像石》，山东美术出版社，2002 年，第 163 页。

④ 江苏省文物管理委员会、南京博物院：《江苏徐州、铜山五座汉墓清理简报》，《考古》1964 年第 10 期。

⑤ 谢荔、徐利红：《四川合江县东汉砖室墓清理简报》，《文物》1992 年第 4 期。

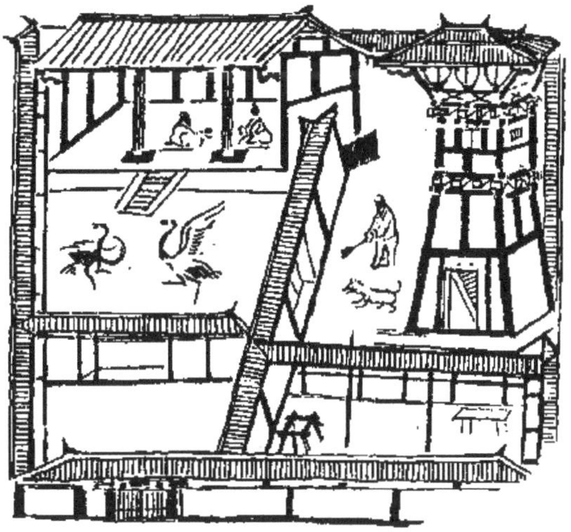

图三 -81　与望楼有关的汉代画像

1. 江苏徐州铜山利国画像石墓东侧室画像　2. 四川成都市北郊出土庭院画像砖画像

画像砖的画像中，庭院基本方形，四周有墙，内有“十”字交叉的墙，将庭院分为四部分，庭院门在左侧前端，左后侧为宽敞的大房屋，右前侧五门，东南部位置的面积较窄长，左侧有井，右后侧为竖长方形院，面积较大，靠右侧有一高楼，与阙相似，底层有门，可见楼梯，高处有窗，可以远眺，而且位置独立，为望楼的可能性较大[①]（图三 -81：2）。

此外，还有两类建筑与望楼存在相似功能，分别为水榭和阙。关于水榭，亦是既有模型器物，也有相关画像。河南灵宝张湾 M2、M3 均出土有陶水榭，其下皆为平底折唇方盘式水池，其他形制存在差异，M2∶4，为四角攒尖顶的亭，池周环列水鸭和小鱼，池中置平坐，平坐四角各有一个赤身坐俑守卫，平坐中矗立楼阁，楼阁四角立柱，柱间三面为门，一面为大方格窗，楼阁的下层直接承托上层的平坐，平坐四角各有两个持械俑和两个头戴平帻、身着长衣的俑，平坐上设上层楼阁，四角有立柱，柱间为门，中有一坐俑；M3∶24，池沿正面和左右侧共有九个陶俑，一个身前置弓箭，另有侍俑和吹奏俑等，池内有龟、鳖、鱼、鸭等动物模型，池中置方形底座，上矗立三层楼阁，二楼的平坐正面有菱形图案，隐作栏杆，正面有两个吹奏俑，左右两边有对称的执弩武士俑，三楼平坐沿上有两个吹奏俑和两个武士俑，该建筑整体较高，上层楼阁可作为望亭或望楼[②]。河南陕县刘家渠汉墓中，M20、M23、M73 出土水榭形制接近，均在水池上矗立起三层的方形楼阁，一些平座上有人，

---

① 《中国画像砖全集》编辑委员会：《中国画像砖全集·四川汉画像砖》，四川美术出版社，2006 年，第 110 页，图版说明第 63 页。

② 河南省博物馆：《灵宝张湾汉墓》，《文物》1975 年第 11 期。

瘦身紧衫，持弓执弩，当系卫士；M3、M8、M14、M1037 等出土的陶水榭模型较为相似，池有方有圆，池上矗立起多层重檐堡垒式的楼阁，结构比较复杂（图三 -82），配套陶俑有的代表家臣，有的象征武士，M3：1 楼阁上的武士穿戴甲胄，手持弓弩，这些水榭的时代或为东汉前期或为东汉晚期，但共同特点是楼阁较高，与望楼较为

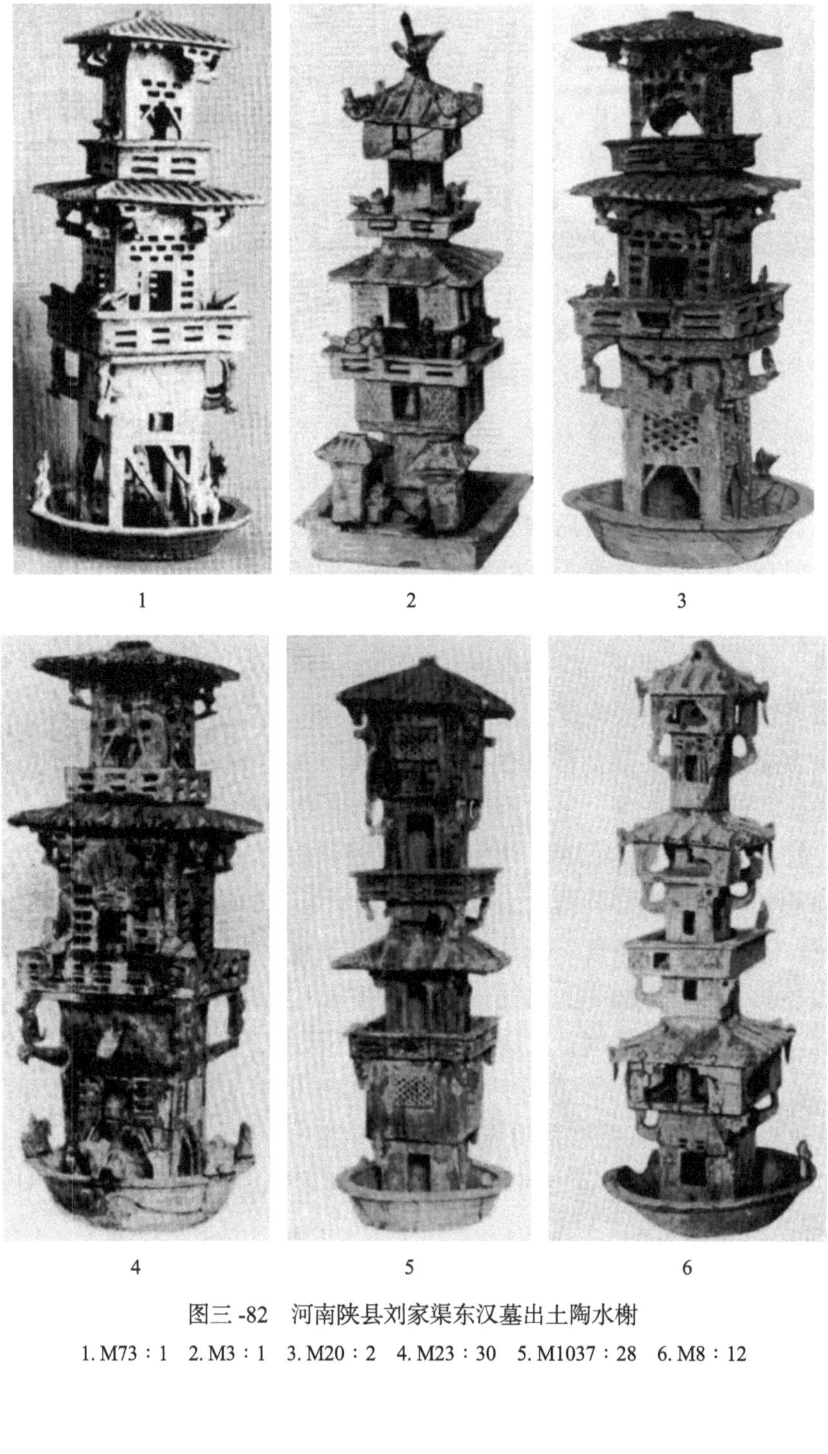

图三 -82 河南陕县刘家渠东汉墓出土陶水榭

1. M73：1 2. M3：1 3. M20：2 4. M23：30 5. M1037：28 6. M8：12

相似，而顶层很可能会用作瞭望警戒，基本与望楼的功用一致[①]。水榭画像以山东微山出土汉画像石中的水榭图最具代表，基本是在水面上相应高度有一亭，以斗栱等支撑，另一侧则有较高楼梯供人攀爬而上。从画像的内容看，水榭的亭子内多为人物跽坐，或饮酒，或谈话，水榭的亭子俨然成为观景、会客及夫妻对坐之处。但从其相对独立且位置略高来看，在一定情况下也可起到望楼的功能。关于微山地区出土的水榭画像，本书的相关章节还会有所论述，此处不再举例说明。另一类建筑为阙，其也具有登高远望与守卫的功能。河南郑州乾元北街空心画像砖墓出土了一座陶院落，位于大门一侧的是阙楼，瞭望与警戒特征较为突出[②]。

4. 角楼与复道

角楼一般修建在院墙和相关建筑物的四角，便于多角度的瞭望与防御。上文所举甘肃武威雷台东汉墓出土的陶坞壁，院墙四角各有一小房，为角楼[③]；河北邢台市西南前炉子村东汉墓出土的陶宅院，四周有围墙，前墙与两侧墙交界处各有一小房，为角楼[④]；淮阳于庄 M1 出土陶庄园的中庭二门两边各有一个四层角楼，角楼的第二层与二门楼和厢房相通，在厢房之上又有两层，每层四壁都有瞭望孔，由厢房可以登上角楼[⑤]。画像中体现亦较多，如山东沂南画像石墓中室南壁横额的庭院画像中，院左前后两角各有一座角楼[⑥]。汉魏洛阳城西东汉墓葬墓园遗址中，F5 的东西、南北各 9 米，但四壁厚，室内东西 4.2、南北 4.3 米，从位置及建筑结构看，或为角楼遗迹，室内北部铺石渣处为楼梯的位置[⑦]。虽然该例为墓外建筑设施，但其也可反映出实际生活中相关建筑使用角楼的情况。

复道是庭院中多个楼阁或不同楼阁之间架空的通道，有时也被称为“阁道”。《史记》裴骃集解载：“如淳曰：‘复，音复。上下有道，故谓之复道。’韦昭曰：‘阁道。’”[⑧]相关研究指出，一些庭院内楼阁间复道的设置，“具有浓重的军事防御

① 黄河水库考古工作队：《河南陕县刘家渠汉墓》，《考古学报》1965 年第 1 期。

② 郑州市博物馆：《郑州市乾元北街空心画像砖墓》，《中原文物》1985 年第 1 期。

③ 甘博文：《甘肃武威雷台东汉墓清理简报》，《文物》1972 年第 2 期；甘肃省博物馆：《武威雷台汉墓》，《考古学报》1974 年第 2 期。

④ 河北省文化局文物工作队：《1958 年邢台地区古遗址古墓葬的发现与清理》，《文物》1959 年第 9 期。

⑤ 周口地区文化局文物科、淮阳太昊陵文物保管所：《淮阳于庄汉墓发掘简报》，《中原文物》1983 年第 1 期。

⑥ 南京博物馆、山东省文物管理处：《沂南古画像石墓发掘报告》，文化部文物管理局出版，1956 年，第 21 页、图版 103；山东博物馆：《沂南北寨汉墓画像》，文物出版社，2015 年，第 56、57、116 页。

⑦ 中国社会科学院考古研究所洛阳汉魏城队：《汉魏洛阳城西东汉墓园遗址》，《考古学报》1993 年第 3 期。

⑧ （西汉）司马迁撰，（南朝）裴骃集解，（唐）司马贞索引、张守节正义：《史记·留侯世家》，中华书局，1959 年，第 2043 页。

功能……如果将主楼和附楼前的两个门关闭，院墙和附楼下的高台、围墙就成为阻止外围进攻的屏障，主楼和附楼互为犄角，互为支援，复道居高临下，可成为二者的助攻；七层阁楼为瞭望之所；每层楼梯也是阻止进攻者的屏障；墙上的小窗是射击孔。”[①] 河南省博爱县一号汉墓出土的陶仓楼，在主楼和附楼之间以复道相连，复道为横长方体形状，上覆两面坡式顶，正中开一正方形洞窗，两侧各置两个对称的竖形小洞窗，窗户上下部和窗户之间雕刻有菱形纹，对顶三角纹和竖条形图案，较好地体现出复道的军事功能[②]（图三 -83：1）。汉代壁画和画像中也对复道有相应的体现，山东临沂费县刘家疃汉画像石墓前室南壁下部画像刻画有楼阁，两个楼阁之间以复道连接[③]（图三 -83：2）。就复道而言，在有外来威胁时具有较强的军事防御功用，同时也是相关人员进行躲避的求生通道，在无相关威胁情况下，则成为家庭中成员相互沟通的通道。

1

2

图三 -83　与复道有关的陶仓楼与画像

1. 河南省博爱县一号汉墓出土陶仓楼　2. 山东临沂费县刘家疃汉画像石墓前室南壁下部画像

5. 高宅与对应设施

如前文所引相关研究中的描述，高宅大院本身就具有防御外来威胁的功能，考古发掘出土的较多陶院落、陶楼等中，主体建筑相对较高，皆可起到军事防御功能；汉代壁画与画像中的较多高楼亦是如此，配以相关人物及兵器等画像，更能够表明其防御不安全因素的作用。如一些画像石、砖的画像，有建筑，局部还有存

---

① 焦作市文物工作队：《河南博爱县一号汉墓》，《中国国家博物馆馆刊》2012 年第 12 期。

② 焦作市文物工作队：《河南博爱县一号汉墓》，《中国国家博物馆馆刊》2012 年第 12 期。

③ 山东博物馆、费县博物馆：《山东费县刘家疃汉画像石墓发掘简报》，《文物》2018 年第 9 期。

放兵器的设施，或称为兵器架，或称为兰锜，相关例子和内容在上文已举，这里不作过多描述。需作说明的是，湖南长沙马王堆 M3 还出土有漆木质的兵器架一件，上部是长方形木板，下部是带方座的八方形木柱，通高 87.5 厘米，板面用红、黄、绿三色画粗犷有力的云气纹，并附加五个挂钩，钩上横置带漆鞘的角剑一柄，剑长 79.1 厘米[①]（图三 -84）。大致来看，该兵器架形体不大，其上也仅悬挂一柄角剑，考虑到兵器架占地面积小，以挂剑为主，推测相关实物有可能置于居室内，作为家庭中相关人员放置防护兵器之用。

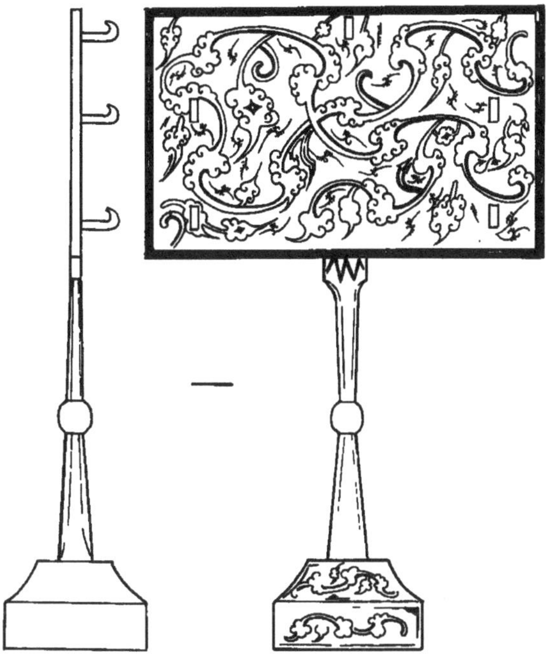

图三 -84　湖南长沙马王堆 M3 出土漆木质兵器架

（三）庭院外的沟壕

关于庭院外开挖沟壕以达到家庭防护或防御目的，上文所引文献及相关研究中皆有相应涉及。就沟壕来讲，上文相关论述中提及有庭院内的沟渠，其作用主要是排水、供水及改善庭院环境等，防护或防御的作用不大。另外，河南内黄三杨庄汉代村落遗址第二处庭院外一侧发现有相应面积和深度的池塘[②]，除具有庭院蓄排水及灌溉庄稼等功用外，在某种程度上或可以起到家庭防护或防御的功能，至少从该处很难到达庭院内。

考古资料中也有在庭院外开挖沟壕的实例，河南内黄三杨庄第三处庭院遗址，大门外西南有 1 眼水井，而庭院外围东西（左右）两侧及其北侧为田垄，田垄的内侧、庭院外东西两侧各有一水沟，在北侧均弧内收，庭院北侧左右的二沟壕，从平面图来看，对庭院大致形成了环绕之势[③]（图三 -85）。可以看出，沟壕在围墙和房墙外一定距离，可用于庭院排水及蓄水灌溉农田、饲养牲畜等，同时也具有

---

① 湖南省博物馆、中国科学院考古研究所：《马王堆二、三号汉墓发掘简报》，《文物》1974 年第 7 期；湖南省博物馆、湖南省文物考古研究所：《长沙马王堆二、三号汉墓》，文物出版社，2004 年，第 61 页。

② 河南省文物考古研究所、内黄县文物保护管理所：《河南内黄三杨庄汉代聚落遗址第二处庭院发掘简报》，《华夏考古》2010 年第 3 期。

③ 刘海旺：《首次发现的汉代农业闾里遗址——中国河南内黄三杨庄汉代聚落遗址初识》，陈星灿、米盖拉：《法国汉学 · 第 11 辑：考古发掘与历史复原》，中华书局，2006 年，第 64-78 页。

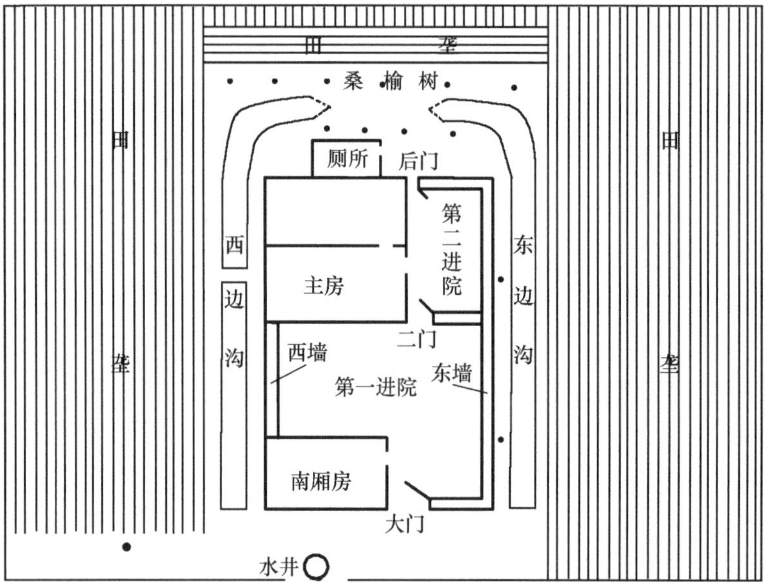

图三-85　河南内黄三杨庄第三处庭院遗址复原图

明显的分隔、围挡作用，对家庭或庭院安全可起到相应的防御功用。从发掘情况看，内黄三杨庄第三处庭院遗址的边沟外及边沟与院墙间还栽植较多树木，这使得边沟相对隐蔽，防护或防御功能也更为突出。

（四）人员与动物

诸多的设施和器具是秦汉家庭安全的物质条件，而人员则是实现防护或防御的执行者，也是安全保障技术得以实施的操作者，相应的人员在充分利用家庭安全防护设施和器具的情况下，可有效地实现秦汉家庭的防护安全和防御保障。除人员外，秦汉时期的家庭还能够有效运用动物的本能和特征，起到保护家庭的作用。

1. 人员

关于秦汉家庭中起到护卫或防御作用的人员，上文梳理的文献资料及所引用出土的建筑模型、壁画或画像等考古资料中均有较多体现，并反映出与秦汉社会相关的一些内容和内涵。

社会存在不安全因素，而诸多不安全因素又会对秦汉家庭形成威胁、造成侵害，使得秦汉家庭稳定发展的秩序遭受不同程度破坏。保证家庭安全，提供安全保障是秦汉政府官员尤其是地方政府官员、有相应权力地位或经济实力的豪强地主，还有一般家庭成员们都需要承担的职责和任务。地方官员或豪强地主的家庭多会配备专职人员负责地方治安和庄园的安全，而一般家庭的成员出于对家庭财产与人身安全和保护的需要，则自身担负起家庭安全与保障的责任和义务。

秦汉时期，尤其是汉代，郡守、县令等地方长官都有“决讼检奸”、“禁奸罚恶，理讼平贼”的职责；郡和县均置尉，职责是“主盗贼”；乡设游徼，“掌徼循，禁司奸盗”；“亭有亭长，以禁贼盗”；“里有里魁，民有什伍，善恶以告”[①]。地方官吏及地方官僚体系、相应职官的设置和权力，是以国家和政府的形式打击这一时期对社会、家庭等造成损害的行为，这在一定程度上可以被视为社会政治的内容，亦是社会政治与秦汉家庭的有机结合。关于地方政府及相应等级职官对盗贼及其他违法犯罪行为的打击，在已出土的秦汉简牍中多有体现，如湖北云梦睡虎地秦简[②]、江陵张家山汉简[③]等等，涉及内容很多，打击的违法犯罪行为及打击形式较为多样，有效地保护了诸多家庭的安全，是秦汉家庭安全保障不可缺少的内容。内蒙古和林格尔东汉壁画墓[④]及河北保定望都东汉壁画墓（M1[⑤]与M2[⑥]）、衡水安平逯家庄东汉壁画墓[⑦]等，对于地方官僚或地主家庭的家吏，甚至地方官僚机构和人员有较好的描绘，较多人员的设置、职务等皆有反映，其中一些或与维护地方治安有关，而所体现的相关军事力量也对保护所辖地区诸多家庭的安全有着重要作用。

随着地方豪强地主势力的增强，在相应社会环境的促动下，一些豪强地主出于对庭院或庄园的保护，修建坞壁和组建武装力量以保证自身及相关人员的安全。西汉末年的社会动荡即是催化剂，地方豪强地主为维护自身利益，私募人员，组建私人武装等得到较大发展，上文所列较多文献记载的内容多是这一时期的有关内容。东汉时，地方豪强和地主势力得到进一步的发展，建坞壁、组武装成为一项常见的社会内容，而且很多豪强地主会在自己庄园中制作兵器，培养家兵，且进行武装训练，有的还有比武和其他活动，一些地方官吏亦参照这些内容，组织相关人员维护家庭的安全。豪强地主或地方官吏的家兵多被称作部曲，一些部曲以维护庄园安全为主要职责，一些则具有双重性，即农忙时参加劳动，防护或防御时作为武装力量，二者相互结合，加之上文所述的军事训练和比武等，使得部曲成为众多豪强地主等的私人武装。就功能来讲，部曲一方面可用于对低等级人员反抗或抗租等行为的镇压，另一方面又用于家庭的防护或防御，确保安全。当然，在社会动荡的时期，豪强地主等的私人武装还可以用来保护亲戚和乡邻，以坞壁为据点，有效保护

①（东汉）班固撰，（唐）颜师古注：《汉书·百官公卿表》，中华书局，1962年，第742页；（晋）司马彪：《后汉书·百官志》，中华书局，1965年，第3621-3625页。

② 睡虎地秦墓竹简小组编：《睡虎地秦墓竹简》，文物出版社，2001年。

③ 张家山二四七号汉墓竹简整理小组：《张家山汉墓竹简》，文物出版社，2001年。

④ 内蒙古自治区博物馆文物工作队编：《和林格尔汉墓壁画》，文物出版社，1978年，第21、121页。

⑤ 北京历史博物馆：《望都汉墓壁画》，中国古典艺术出版社，1955年。

⑥ 河北省文化局考古工作队：《望都二号汉墓》，文物出版社，1959年，第8、45页。

⑦ 河北省文物研究所：《安平东汉壁画墓》，文物出版社，1990年。

豪强地主自身及其他家庭成员的生命和财产安全等。上文对庭院内具有保护或防御性质的建筑论述中，有较多涉及豪强地主乃至地方官吏家庭或庄园内豢养的家兵或部曲，而且很多正在执行安全保卫工作，这在坞壁、望楼、角楼、高宅等建筑画像或模型器物等中皆有体现。河北衡水阜城桑庄东汉墓出土陶望楼，每层的四面都有盾牌和弩等兵器，顶层还置有报警用的锣①，对应的保护工作均需要家兵或部曲来完成；河南灵宝张湾出土的水榭中多见武士俑，有的身前置弓箭，有的执弩等兵器②；陕县刘家渠汉墓出土的陶楼和陶水榭上多有手持仪仗的门吏、武士，有的还见骑吏逡巡，有的每层都有众多持弓武士，其中M3：1，为陶水榭，楼阁上的武士穿戴甲胄，手持弓弩③（图三-86：1）。一些墓葬壁画体现的豪强或地主庄园或庭院中的私人武装也较为突出，内蒙古和林格尔壁画墓及河北保定望都壁画墓（M1与M2）、衡水安平逯家庄壁画墓等东汉墓的壁画皆有体现。望都二号汉墓的前一室绘有四人，其中一人作行走状，一人跪拜捧笏作奏事状，前二室墙壁上一人作守卫

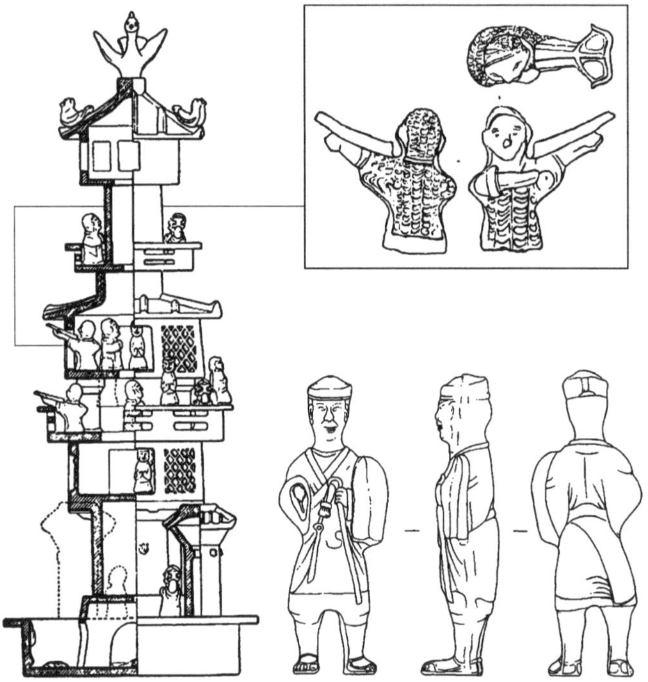

1　　　　　　　　2

图三-86　汉代墓葬出土家庭安全保障相关的人员

1. 河南陕县刘家渠汉墓出土陶水榭（M3：1）及水榭上的武士

2. 成都天迴（回）乡2002CJTM1出土挎刀执盾俑（M1：4）

---

① 河北省文物研究所：《河北阜城桑庄东汉墓发掘报告》，《文物》1990年第1期。

② 河南省博物馆：《灵宝张湾汉墓》，《文物》1975年第11期。

③ 黄河水库考古工作队：《河南陕县刘家渠汉墓》，《考古学报》1965年第1期。

状；安平逯家庄汉墓的前室右侧室和中室右侧室分别绘有守门卒、侍卫和府内各级官吏，这些内容体现出地方官吏家庭或府内均有相应守卫人员的情况。一些墓葬出土的陶俑还体现出亦兵亦农的部曲形象，如四川成都市天迴（回）东汉砖室墓出土的农夫俑和挎刀执盾俑，农夫俑身着短衣，脚穿草鞋，身佩环首大刀；挎刀执盾俑头戴幞头，身穿窄袖长衣，脚着草鞋，左手握刀，左臂挎盾，均体现出亦兵亦农的形象①（图三-86：2）。

江苏徐州贾汪青山泉水泥二厂东汉 M1 出土一块“缉盗荣归图”长幅画像石画像，相关内容有对抓捕的盗窃犯进行拷打审讯、有押解四名被缉捕盗窃者的人员，还有押解盗窃者归来时的迎接场面②。该画像间接反映出当时应有抓捕盗贼、拷打审讯盗贼及押解盗贼的人员，这些人员或为同一批人员，或是不同职责的人员，不论情况如何，所涉及的人员皆有相应数量。从画像场面及所绘人物、建筑、车马等来看，进行缉盗的或是地方官吏，或为具有相应实力的豪强或有关地主家庭，并体现出这些人员及武装力量对当地家庭防盗及安全的保障和作用。

门吏也是这一时期有相应等级地位或经济实力家庭安全保障中的重要人员。汉代壁画和画像中多有体现，一般站立在大门口，或门的旁侧，或阙的附近，少量为跽坐状。就门吏来讲，其最基本的职责是看护大门，以防不安全因素对家庭造成损害，汉代画像中的很多门吏执有矛、盾、戟、钺、棒，或佩刀、剑等，大致可说明这一点。不过，在一般情况下，尤其是在较为安全的背景下，门吏的职责在这一时期已有所转变，一方面是家庭等级、地位、实力的展现，另一方面则承担起迎宾送客的任务，相当数量的汉代画像中还有执彗门吏，或独立，或与执兵器者共立，反映出汉代门吏职责在一定背景下的转型。虽然门吏的职责有所变化，但他们站立于门旁或阙旁，还是能够很好地起到安全保障作用，而且所执拿或佩戴的兵器在一定情况下亦可起到防卫和攻击的作用。也有一些门吏可体现出与安全直接有关的内容，如河南南阳邓县长冢店汉墓出土的门吏牵狗画像③等。

就平民或经济实力差的家庭来讲，不具备相应的政治和经济实力，极少或不会使用家兵或门吏等人员来保障家庭安全，其家庭的安全基本是依靠自身的日常保护，而在出现危机的情况下，大多是自己或结合乡邻进行保护和防御，尽可能地保证家庭安全，为自身安全提供保障。

---

① 四川省博物馆文物工作队，刘志远：《成都天迴山崖墓清理记》，《考古学报》1958 年第 1 期；成都市文物考古研究所、金牛区文物管理所：《成都市天回乡东汉砖室墓发掘简报》，成都市文物考古研究所编著：《成都考古发现·2003》，科学出版社，2005 年，第 319-331 页。

② 邱永生：《徐州青山泉水泥二厂一、二号汉墓发掘简报》，《中原文物》1992 年第 1 期；徐毅英主编：《徐州汉画像石》，中国世界语出版社，1995 年，第 54、55、86 页。

③ 《南阳汉画像石》编委会：《邓县长冢店汉画像石墓》，《中原文物》1982 年第 1 期。

2. 动物

主要是起到相应的辅助作用。秦汉时期，较多家庭饲养有家禽和家畜，在黑夜相对安静的时候，若有盗贼等进入庭院，动物们会本能地发出叫声，这对于家庭成员来讲也是一种警报。家庭饲养的动物中，鸡和狗对惊吓的反应较为灵敏，鸡会惊飞并会发出叫声，但在夜晚，鸡的反应相对迟缓，不过在凌晨时会鸣叫；狗的反应较为机敏，而且会对陌生人及有可能威胁到其安全的声响等有较强烈的反应，并由此发出较强且相对持续的叫声，另外狗还具有一定的攻击性，因此对家庭的安全亦可起到相应的保障作用。本书主要就秦汉家庭中狗对于家庭安全的保障或保护作用作简要叙述。

狗是人类驯化较早的的动物之一，家庭养狗也是由来已久。关于家庭养狗的用途，《礼记正义》云："犬则执緤，守犬、田犬则授摈者……。"孔颖达疏曰："犬有三种：一曰守犬，守御宅舍者也；二曰田犬，田猎所用也；三曰食犬，充君子庖厨庶羞用也。……"[①]由此可见，家庭养狗主要是看家护院、田猎和提供肉食，笔者认为还有当作宠物的狗，一方面可作为宠物陪伴主人或相关家庭成员，另一方面因狗自身的特征，也具有一定看护庭院的功能。

狗在秦汉家庭安全保障方面最主要的作用是以吠叫之声起到让家庭中人员警觉的作用，狗多趴卧在地上休息，对脚步及相关声响十分敏感，或许感觉到自身安全可能会受到威胁，故会发出吠叫之声。狗的吠叫可让人们警觉，这在文献中有载，而且对防盗等具有较明显的作用。《汉书·匈奴传》载："是时边城晏闭，牛马布野，三世无犬吠之警，藜庶亡干戈之役。"[②]《汉书·王温舒传》载："尽十二月，郡中无犬吠之盗。"[③]从考古资料看，秦汉时期较多的家庭饲养有狗，不仅很多墓葬陪葬有陶狗，还有较多狗骨出土，有的还是骨架较为完整者，较多汉代壁画及画像中的庭院图、狩猎图、出行图甚至集市购物图等中也有体现。若某一家庭遭盗贼或其他侵害，家中饲养的狗会吠叫，在其带动下，周边家庭中的狗也会吠叫，这样不仅会惊动被盗家庭的人员，还会唤起其他家庭的成员，对于某一个或多个家庭的安全皆可提供保障。

很多家庭饲养的狗还具有一定的警卫作用，即守门、看护庭院，其中的一些狗还具有较强的攻击性，对外来陌生者可产生相应的攻击，进而吓退盗贼或有可能

---

① 《十三经注疏》整理委员会整理、李学勤主编：《十三经注疏·礼记正义》，北京大学出版社，1999年，第1033、1036页。

② （东汉）班固撰，（唐）颜师古注：《汉书·匈奴传》，中华书局，1962年，第3832、3833页。

③ （东汉）班固撰，（唐）颜师古注：《汉书·王温舒传》，中华书局，1962年，第3656页。

损害家庭利益的人员。一些汉代墓葬的墓门处会摆放陶狗，也有的墓葬会在封门内外陪葬或殉葬真狗，当是现实生活中守门犬在地下世界的再现，即为死者守护墓门。江苏邳州燕子埠东汉彭城相缪宇墓，墓门之外发现一只狗殉葬①。陕西西安龙首原西北医疗设备厂 M39 封门内有狗的骨架②。考古发掘出土的汉代陶狗姿势大致有三种：一是昂首四足站立的狗，二是昂首半蹲踞的狗，三是趴卧状的狗，前二者与守门或守护庭院可能有关，后者中的一部分也应与看门守护有关。河南南阳地区东汉墓出土的较多陶狗为昂首四足站立状，多数较肥壮，张嘴，二目圆瞪。其他地区也有相关遗物出土，如河北涿州凌云集团新厂 M1 出土陶狗③。这些陶狗的颈部系有项圈，便于牵拉，也间接体现出其具有一定的攻击性。河南郑州市南关 M159 出土陶院落中俯卧着一只犬，很可能是护院的狗④。汉代壁画及画像中也见有看门护院犬的图案，较多显现出凶猛之状。辽宁辽阳棒台子屯壁画墓的墓门中部立柱上绘有守门犬，瘦身长腿，细颈竖耳，肌肉块凸起，劲健有力，头系红绳，张口向门外作嚎叫状⑤（图三 -87：1）。河南南阳邓县长冢店汉墓，前室东壁门楣南端与北端各刻绘 1 门犬，形象凶猛，伏卧惕视，守卫门户；前室东壁墓门南立柱还有门吏牵狗画像，所牵之犬，竖耳蹲坐，张口惕视门户，犬颈项套有环索，旁有一人，身体魁梧，赤裸上身，双手牵索，该犬形体较大，或可称之为獒⑥（图三 -87：2）。河南新野樊集出土汉代画像砖，其中几块的图案上有执戟门吏画像，门吏下画像的下端有

1　　2　　3

图三 -87　汉代墓葬壁画及画像石（砖）上的看门犬图像

1. 辽宁辽阳棒台子屯壁画墓墓门中部立柱看门犬　2. 河南南阳邓县长冢店汉墓前室东壁墓门南立柱门吏牵狗画像中的看门犬　3. 河南新野樊集出土画像砖上的看门犬

① 南京博物院、邳州博物馆：《东汉彭城相缪宇墓》，《文物》1984 年第 8 期。

② 西安市文物保护考古研究所：《西安龙首原汉墓（甲编）》，西北大学出版社，1999 年，第 57 页。

③ 史殿海：《涿州凌云集团新厂东汉墓发掘简报》，《文物春秋》2007 年第 3 期。

④ 河南省文化局文物工作队：《郑州南关 159 号汉墓的发掘》，《文物》1960 年第 8、9 期。

⑤ 李文信：《辽阳发现的三座壁画古墓》，《文物参考资料》1955 年第 5 期。

⑥《南阳汉画像石》编委会：《邓县长冢店汉画像石墓》，《中原文物》1982 年第 1 期。

看门犬，看门犬颈部系有铁链，有的看门犬张口竖耳，前肢抬起作嘶吼状，有的看门犬作蹲坐状，有的看门犬昂首翘尾，张口竖耳，似在为门吏助威①（图三 -87：3）。在门吏旁置犬，以增其威，达到看门的功用。另外，河南济源西窑头西汉末年的 M10，后室东西并列置两棺，两棺之间有 20 厘米宽的隔梁，隔梁之上置一青铜弩机和一狗骨架②，与兵器一起单独置放，亦可说明狗具有相应的看护和警卫功能。

河南济源西窑头西汉末 M10 还出土 2 件与家庭饲养狗有关的陶俑。1 件为训犬俑，驯犬者头戴平顶帽，身着无袖上衣，下身着宽短裤，腰系围裙，左手抬起至下腹部左侧前，右手高抬至面侧，低头站立，作训狗状，左腿跟前卧一仰头上视呈蹲坐状的小狗③（图三 -88：1）；1 件为二狗相斗的俑，两条猛犬互相撕咬在一起，构成了一幅动人心魄的斗狗场面，在格斗中处于上风的一只狗张口紧紧扑咬住另一只狗的颈部，右前肢搭在其肩部，左前肢腾空，两后肢扒地后蹬，尾巴向上高高翘起，处于下风的狗四肢着地，尾上翘，头歪向占上风的狗，似作求饶状，整体塑造比例协调，形态逼真，栩栩如生④（图三 -88：2）。训狗与斗狗与家庭饲养及娱乐存在一定的关系，训狗可让狗更加听话，斗狗则可以提高狗的咬斗能力，这样对于看家护院可能更有好处，进而增强了家庭的安全保障。

1　　　　　　　　　　2

图三 -88　济源西窑头村 M10 出土陶训犬俑与斗狗俑

1. 训犬俑　2. 斗狗俑

综合来看，秦汉家庭的安全保障内容极为丰富，既有建筑设施，也有器具，还有

① 河南省南阳地区文物研究所：《新野樊集汉画像砖墓》，《考古学报》1990 年第 4 期。

② 李彩霞：《济源西窑头村 M10 出土陶塑器物赏析》，《中原文物》2010 年第 4 期。

③ 李彩霞：《济源西窑头村 M10 出土陶塑器物赏析》，《中原文物》2010 年第 4 期。

④ 胡成芳：《河南济源出土的几件釉陶俑》，《考古与文物》2007 年第 1 期。

人员及辅助性质的动物如狗等，可谓类型多样。就秦汉家庭而言，尽可能在自身条件允许的情况下，全力保障家庭的安全，而在此内容中，还有一些思想上保护和防御的内容，使得秦汉家庭的安全防御更为全面。具体到每一个家庭，安全保障的内容并不相同，这既与家庭的政治、经济实力有关，也与地域差异及家庭需求的不同等存在相应的联系。大致来看，豪强、地主等阶层的家庭或庄园，安全保护与防御能力较强，等级低或经济实力差的家庭则相对较弱，尤其是对外来大的安全问题的解决能力还有很大欠缺，所以这一时期家庭安全保障既有家庭自身的措施和方法，还有很多是多个家庭的联合，而家族性质的保护和防御在这一时期占有着相对重要的地位，这与家族的发展存在一定联系，特别是在防盗及社会动荡环境下，对于安全的需求和措施方面，家族的作用明显并得到不断增强，进而可保障相关家庭的安全。另外，还有一项内容本书并未论述，即对自然灾害的预防及抢救，这一点整体上还明显较差，但又是涉及每个家庭的一项安全内容，有些家庭因无法抗拒自然灾害对庭院等的损毁而被迫迁徙他处，如河南内黄三杨庄汉代村落遗址，因黄河洪水泛滥被泥沙掩埋，虽为我们现在保存一处性质明确、较为完整的西汉晚期至东汉早期的聚落面貌[①]，但对于当时家庭来讲，则是无法抗拒的灾难，也基本是在无能为力之下被迫迁徙的事情。

第三节　卫生与医疗保健

就秦汉家庭来讲，卫生和医疗保健也是家庭保障的主要组成内容，并与家庭及其成员有着较为密切的关系。对于诸多家庭来讲，卫生与医疗保健方面的保障一方面可促进家庭环境的改善，减少或减轻疾病、瘟疫的侵害和影响；另一方面则有利于增强家庭成员的体质，做到提前预防和治疗，减轻病痛，甚至因为体质的增强、治疗及时，还可减少因患病尤其是急病而死亡的可能。由此，卫生与医疗保健方面的保障在秦汉家庭的保障体系中也占有一席之地。

一、家庭卫生保障

秦汉时期，一些地方政府针对管辖地带的卫生，为有效预防、控制和消除公共卫生危害，更好地保障多数人的健康与生命，会采取相应的具有公共性质的卫生保

① 河南省文物考古研究所、内黄县文物保护管理所：《河南内黄县三杨庄汉代庭院遗址》，《考古》2004年第7期；《河南内黄三杨庄汉代聚落遗址第二处庭院发掘简报》，《华夏考古》2010年第3期；刘海旺：《三杨庄汉代聚落遗址考古新进展与新思考》，《中国史研究动态》2017年第3期；刘海旺：《首次发现的汉代农业闾里遗址——中国河南内黄三杨庄汉代聚落遗址初识》，陈星灿、米盖拉：《法国汉学·第11辑：考古发掘与历史复原》，中华书局，2006年，第64-78页。

障措施。但就秦汉家庭而言，在自给自足的背景下，多是以一家一户为基础的生产与生活，因此与家庭相关的卫生保障多是以家庭为单位展开的，而考古资料亦多体现出相对独立的家庭卫生保障的内容。

就等级较高人员来讲，所居之处或相关宫殿会有相应的卫生设施，秦及两汉都城的有关考古皆有相关发现。秦都咸阳宫第一号宫殿建筑遗址，以夯土高台为宫殿建筑的核心，附近发现 4 处排水池、7 个窖穴，其中的 F8 是一座功能特殊的房屋，室内东北角设壁炉，西北角置窖穴，东南角有排水池，池底铺瓦，池的南、北壁架木 3 排，池底接陶漏斗，与地下排水系统连接，当为盥洗室①。相关研究指出，秦都咸阳宫一号建筑基址在地段的选择上，出于卫生的要求，选择在地势稍高且开阔、土壤疏松、土质洁净且干燥，易于取水和排水的地方，可有效防止有机物质的繁殖与生存；地面处理讲究，达到坚固、光滑、平整的效果，可以防止潮湿，保持室内干燥；建筑巧妙地把地基处理成不同高度的台阶，采用分层建筑的方法，很好地解决了采光问题，使得宫室不致阴森昏暗，还可以杀灭室内的细菌；通风条件良好，加强了空气的对流；污水处理合理，提高了卫生条件；壁炉设备使得采暖充足；冷藏地窖设施齐全，保证食物新鲜和防止食物污染，这些内容反映出秦代宫庭中卫生措施和设施的多样性，也体现出卫生措施与设施已经具有了很高的科学水平②。汉长安城桂宫二号建筑遗址南院建筑发现的 F4，室内地面平铺素面方砖，西北部为一砖池，平面方形，口大底小，四壁坡形，坡度 20-24 度，底部亦铺方砖，为汉代宫廷的洗浴室③（图三 -89），这对于秦都咸阳宫有关设施应有继承。盥洗室或浴室是日常个人卫生的保障性设施，而相应的设施及其配套设施，又反映出对洗浴后污水的处理，这既可保持洗浴室内的卫生，也可减少其他污染。一些西汉诸侯王墓内也有浴池模型，并有对应的排水设施，对现实生活内容有相应体现和反映，典型墓葬如江苏徐州驮篮山 M1、M2，前室有浴室和厕间等④，北洞山汉墓的附属建筑中有厕间、浴室等⑤，小龟山 M2 的墓内也有厕间、浴室等⑥，正是现实

① 秦都咸阳考古工作站：《秦都咸阳第一号宫殿建筑遗址简报》，《文物》1976 年第 11 期。

② 陕西中医学院张厚墉：《秦都咸阳一号建筑基址看秦代的卫生设施》，《考古与文物》1982 年第 5 期。

③ 中国社会科学院考古研究所、日本奈良国立文化财研究所：《汉长安城桂宫：1996—2001 年考古发掘报告》，文物出版社，2007 年，第 62、63 页。

④ 邱永生、徐旭：《徐州市驮篮山西汉墓》，中国考古学会编：《中国考古学年鉴·1991 年》，文物出版社，1992 年，第 173、174 页。

⑤ 徐州博物馆、南京大学历史系考古专业：《徐州北洞山西汉楚王墓》，文物出版社，2003 年。

⑥ 南京博物院、铜山县文化馆：《铜山龟山二号西汉崖洞墓》，《考古学报》1985 年第 1 期；尤振尧：《〈铜山龟山二号西汉崖洞墓〉一文的重要补充》，《考古学报》1985 年第 3 期；徐州博物馆：《江苏铜山龟山二号西汉崖洞墓材料的再补充》，《考古》1997 年第 2 期。

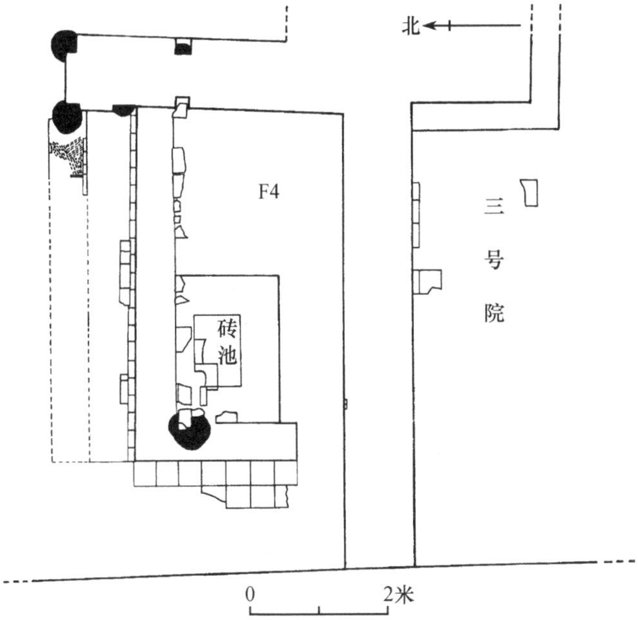

图三-89　汉长安城桂宫二号建筑遗址南院建筑F4平面图

世界中所用设施在墓葬中真实的体现和反映。

一般或稍低等级家庭的卫生保障设施遗存发现较少，但有与盥洗或洗浴相关的器物出土，而此类器物在王侯墓葬及中小型墓葬中均有发现，由于墓主身份等级的差异，也体现出质地、质量、数量与品种等方面的差异，一些等级较高墓葬还有配套的物品出土。江苏徐州狮子山西汉楚王墓出土有银鋗、盆、鉴、铜釜及沐浴用的药料和浴衣等[①]，东洞山（石桥）M2出土有“赵姬沐盘”（图三-90）、铜釜等[②]。河北保定满城中山靖王刘胜墓出土有“常浴”铜盆[③]。湖南长沙发现的西汉高级贵族张端君墓出土有“张端君沐盘”、“张端君铜洗”等[④]。相关墓葬还出土有“沐壶”、“沐缶”等。一般墓葬中常有盆、釜等出土，部分可能用于盥洗和沐浴，有些等级不是太高的东汉墓中还常有宽平底、腹壁浅、有沿的铜盆出土，应是用于盥洗的盆。诸多的盥洗和沐浴用具为家庭卫生提供了保障，也使得家庭正常的卫生得到实现。

与盥洗或洗浴有关的一个重要内容就是水，在一定程度上能够满足对水的需求也是家庭卫生及其生活的保障内容之一。

---

① 狮子山楚王陵考古发掘队：《徐州狮子山楚王陵发掘简报》，《文物》1998年第8期；韦正、李虎仁、邹厚本：《江苏徐州市狮子山西汉墓的发掘与收获》，《考古》1998年第8期。

② 徐州博物馆：《徐州石桥汉墓清理报告》，《文物》1984年第11期。

③ 中国社会科学院考古研究所、河北省文物管理处：《满城汉墓发掘报告》，文物出版社，1980年，第58、59页。

④ 湖南省博物馆：《长沙汤家岭西汉墓清理报告》，《考古》1966年第4期。

图三 -90　江苏徐州市石桥 M2 出土鎏金“赵姬沐盘”

秦汉家庭对水的汲取一是河渠或沟渠中的水，也有一些为池塘或湖水，《水经注·比水》载：“(樊重)广起庐舍，高楼连阁，波陂灌注，竹木成林，六畜放牧，鱼赢梨果，檀棘桑麻，闭门成市。”[①] 虽然其中只涉及陂塘的浇灌作用，但在其庄园中有众多的陂塘，亦可解决较多日常用水的问题，而这其中也应有与卫生保障有关的内容。一些汉代画像石画像中所描绘的庄园或家庭所居亦有相关内容。山东济宁微山县出土的画像石画像中有一定数量临水而建的水榭，与之相关的有较多家庭生活内容[②]，这也可从另外一个角度来审视家庭用水的问题。山东诸城前凉台东汉画像石墓的墓室过道横梁上刻有庄园图，在迴廊环抱中，分为前、中、后三个庭院，后院堂下有地下水道设备，水从堂下流出，经过中、前院流向院外，水道在中院变宽，水中一小船[③](图三 -91)。中院处水道宽且为开敞式，而船可自由行进其中，说明水面较大，这样既便于庄园内的储水和用水，又可借助相对较宽的水面形成庄园内的景观，流水、行船、亭榭和谐统一。考察秦汉帝国都城、诸侯国都城及其他城

图三 -91　山东诸城前凉台东汉墓出土的庭院画像（摹本）

① （北魏）郦道元：《水经注》，（清）王先谦校：《合校水经注》，中华书局，2009 年，第 442 页。
② 马汉国主编：《微山汉画像石选集》，文物出版社，2003 年，第 130、131、180、181、204、205 页。
③ 诸城县博物馆，任日新：《山东诸城汉墓画像石》，《文物》1981 年第 10 期。

邑的考古资料，河渠或河流大多数是其重要的组成内容，相应的河渠或河流可很好地解决城内及城外附近居住者的用水问题，也在一定程度上保障了家庭卫生。

对于秦汉时期的家庭来讲，有相应经济实力者可能会深挖池塘储水或再挖沟渠引水，如河南内黄三杨庄汉代聚落遗址发现的第二处庭院，在庭院西侧有略呈椭圆形的池塘，在一定情况下可供家庭的一些日常用水①。但对于诸多家庭来讲，不是每个家庭附近或院内都有水道或池塘等设施，为解决用水问题，多在庭院内或庭院外较近位置凿井，即使附近有池塘，也可能会凿建水井，这与水井较深，地下水的水质较好，饮用或其他方面用水时较为卫生有关，而池塘等设施内的水则可能用于其他卫生内容，如清洗、冲刷等等。河南内黄三杨庄汉代聚落遗址的第二处庭院南大门外东南侧约9米即有一眼水井，为砖砌圆形竖井，在水井与南大门之间还有一条用碎瓦片铺成的专用便道②。遂平县小寨村西汉代村落遗址发现的多个与遗址时代对应的水井均位于庭外，遗址内的水井数量较多，与同时期的道路并行，分布集中且有规律性，这些水井的发现，说明水井所属的村落已不完全靠附近的沙河水供生活之需，而庭院附近的水井也体现出使用方便、对卫生需求明显提升等内容③，而村落中对于水井、道路的有序规划等，也间接体现出此处居民对于用水的重视。洛阳汉河南县城东区汉代遗址中住宅遗存的附近发现有水井，附近有石路，水井很深，井台用五层砖作错缝斗角叠砌而成，上部被压坏，地面的井口用六块砖作斗角平放，砌成一个六角形，发现一沙岩大石片，颇平坦，为井上汲水的辘轳石，可知该井使用辘轳汲水，性质为家用水井，与水井配套的还有水道，紧接水井的西边，向西偏北走向，全部由砖铺砌而成，铺砌法是先沿井台西边平放一行，然后在它的两侧作横立放，形成中空，而上面再如底层的做法④，井台、水道等的砌建亦体现出对卫生的要求。辽宁省辽阳三道壕西汉村落遗址已发掘部分为全村址的一小部分，宅院分散，大都有水井，在已发掘区中发现水井11眼，其中第一居住址的房基西面约12、13米处有陶管井1眼；第二居住址西端有土窖井1眼、中期居住址的房址西面有土窖井1眼、晚期建筑后有土窖井1眼；第三居住址的房址西不远有土窖井2眼，除日常生活用水以外，还有生产上大量用水的可能，第四居住址前方20多米处有陶管井1眼，第五居住址的房址东部有土窖井1眼⑤。

水井作为家庭的重要供水设施，与家庭生活、卫生息息相关，因此关于水井的

---

① 河南省文物考古研究所、内黄县文物保护管理所：《河南内黄三杨庄汉代聚落遗址第二处庭院发掘简报》，《华夏考古》2010年第3期。

② 河南省文物考古研究所、内黄县文物保护管理所：《河南内黄三杨庄汉代聚落遗址第二处庭院发掘简报》，《华夏考古》2010年第3期。

③ 河南省文物研究所：《河南遂平县小寨汉代村落遗址水井群》，《考古与文物》1986年第5期。

④ 黄展岳：《一九五五年春洛阳汉河南县城东区发掘报告》，《考古学报》1956年第4期。

⑤ 东北博物馆：《辽阳三道壕西汉村落遗址》，《考古学报》1957年第1期。

卫生保障也十分重要。从考古资料看，与秦汉家庭生活相关的水井遗存大致可分为三种：一是土井，井壁土质；二是砖井、石井或木架构井，井壁由砖石垒砌或木架构而成；三是陶井，井壁由陶圈上下叠砌而成，其中相当数量在底部有陶釜或陶盆形器。地下水通过渗透汇集至井底，并有一定的深度，这样便于汲水。土井是通过土壁渗水，或多或少会掺杂泥土，水易浑浊，不便饮用，另外两类井壁则较好地解决了这一问题，对水质可起到较好的保障作用。对比来看，砖井、石井或木架构井的底部基本为土质，会对水质有所影响，而使用陶井圈，尤其是底部有陶釜或陶盆形器的井，将水与土壁隔开，使得水质更为纯净，为达到较好渗水的作用，陶井圈及底部的陶釜或陶盆形器会有对称分布的孔，3～4个最为常见，孔内塞上陶片，既便于渗水，又较为卫生，如江苏徐州金地商都遗址发现的汉代陶圈井①。汉代墓葬中，陶井作为模型明器出土于较多墓葬中，从目前考古资料看，徐州地区的西汉早期墓葬中已有陶井，但形制相对简单，西汉中晚期，全国较多地区汉墓中，陶井陪葬已较普遍，东汉一代更为常见，而且陶井的形制也趋于复杂，由西汉早期仅见井筒和汲水瓶发展为井筒、井栏、井架、辘轳等一应俱全的形制，一些还搭有顶棚。类似内容在汉代画像石中刻画的水井中也多有体现和反映，限于篇幅，关于陶井模型及水井画像不再一一举例。就一些水井尤其是东汉时期的水井来讲，井架较高，井口上砌高出地面的井台，加之有的搭建顶棚等，可大大减少相关杂物或垃圾等进到井内，有效地保证了井内水质，体现出饮水安全的卫生保障。

水的正常或相对充足的供应及汲取，对家庭卫生来讲是一项重要保障。上文所述的洗浴或盥洗是其内容之一，还在其他较多方面有所体现。饮食方面，蔬菜及粮食作物的清洗，动物宰杀过程中的热烫褪毛与洗涤，还有餐具的清洗或洗刷等等，是对饮食卫生的保障。山东诸城前凉台东汉墓出土的庖厨画像中，水井位于画像的左侧偏上位置，井台较宽，其上为具有相应高度的井栏，上有井架及架顶、辘轳等，一人正在井边打水，附近与用水相关的庖厨内容有淘洗、动物宰杀等②。河南密县打虎亭M1出土的庖厨画像中，与清洗相关的有食品原料的淘洗、器具清洗、动物宰杀等等③。动物饲养方面，草料的冲洗、动物身体的清洗是内容之一，还有对动物圈舍的冲刷和清洗等，一方面可保证动物有一个相对卫生的生存环境，另一方面也可减少气味，保证家庭卫生。汉代画像中即有马厩图，如山东沂南画像石墓中室南壁正中一段上格画像，一马栓系于马厩的柱上，一人在为马去掉马具并对马身作

① 刘尊志、周波：《徐州市金地商都先秦、两汉及明代遗址》，中国考古学会编：《中国考古学年鉴·2003年》，文物出版社，2004年，第172、173页。

② 诸城县博物馆，任日新：《山东诸城汉墓画像石》，《文物》1981年第10期。

③ 河南省文物研究所：《密县打虎亭汉墓》，文物出版社，1993年，第128-145页。

相应清洗[1]（图三 -92）。衣物及家用物品方面，身穿之物的洗涤频率较高，其他起居物品也是需要经常清洗的，而有些家用物品则需要定期清洗，如编织物等，若受潮会发生霉变，甚至影响所盛放的物品，清洗并晾晒干燥后不仅使用时间变长，也不会产生霉味。另外还有冲刷庭院中的泥污、冲洗庭院中动物粪便，冲洗厕所及擦洗居室的灰尘和其他脏污等，这样可保证清洁和卫生，尽可能保持一个较为干净的生活环境。

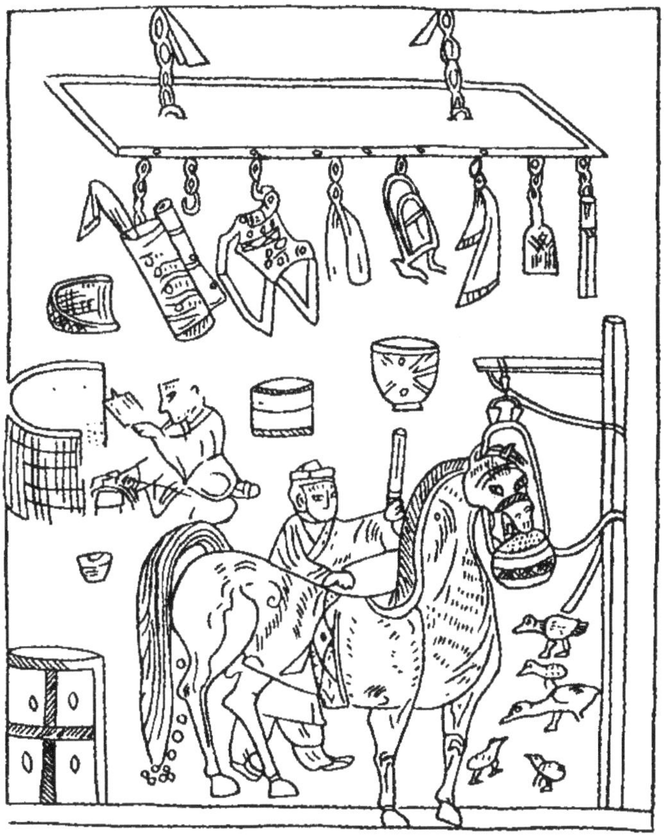

图三 -92 山东沂南画像石墓中室南壁正中马厩图（摹本）

厕所是家庭不可缺少的设施，同时也是家庭卫生的重点之一。从相关考古资料看，厕所多位于相对偏僻的位置，与居住房址相距不远，但也有一定距离，这是方便使用与卫生保障的结合，有的厕所与动物圈棚等相连接，既与积肥有关，也是对家庭卫生的体现。辽宁辽阳三道壕西汉村落遗址中，宅院基本都配有厕所，其中的

① 南京博物院、山东省文物管理处：《沂南古画像石墓发掘报告》，文化部文物管理局出版，1956 年，图版 51；山东博物馆：《沂南北寨汉墓画像》，文物出版社，2015 年，第 64、117 页。

第三居住址，房址西端洼坑中有方形畜圈，畜圈后不远有土沟一道，窄而深，中存灰黑朽土，当是厕所便坑，表明厕所与畜圈相接；第四居住址房址西端也有方形大畜圈，畜圈后有一小灰坑，中有几块大平石，可能曾作为厕所；第五居住址的房址东面不远的低洼处有大畜欄，圈西侧有深土沟一道，为厕所①，就方形畜圈来讲，当为农家积肥的特殊设施，畜圈后与厕所便坑相接，应是便于积肥，同时亦可有效处理粪便，减少异味，保持家庭卫生。河南内黄三杨庄第二处庭院遗址的院后有厕所遗迹，位于主房西北角北侧，便槽（蹲便坑道）平面呈南北长方形，南口稍宽，南北长 0.98 米，东西宽 0.31 ~ 0.37 米，底呈南高北低的斜坡状，东、西、南三面及底部用砖铺砌，北面无封口砖，东侧踏面已向下凹陷，其内主要为淤沙堆积，近坑底有一层厚 1 厘米的灰黑色土，便槽南部、东部有墙体坍塌堆积，堆积中有较多瓦片②。从便槽南部、东部的墙体坍塌堆积看，该厕所应有墙体和瓦顶，而且墙在南、东两侧，再考虑其位于主房西北角北侧，可有效减少或阻止厕所中气味对庭院的影响，在庭院布局上，厕所也处于相对较为隐蔽的位置，而这与家庭卫生的处理应有一定关系。除厕所外，汉代还有用作溺器的虎子和盛粪便的
窬，这在山东沂南画像石墓的相关画像中有所体现，后室靠北壁承过梁隔墙东面下部画像中，有一带栏杆的小型建筑，很可能为厕所，类似建筑在该墓其他位置也有刻画，如中室南壁上横额西段画像左侧“日”字形建筑的后侧，就后室靠北壁承过梁隔墙东面下部画像来讲，厕外有盆，还有虎子及窬③（图三 -93）。需作简单说明的是，虎子、窬及便后洗手的盆等在秦汉时期的一些家庭已得到使用，这也是家庭卫生的内容之一。

图三 -93 山东沂南画像石墓后室靠北壁承过梁隔墙东面下部画像

① 东北博物馆：《辽阳三道壕西汉村落遗址》，《考古学报》1957 年第 1 期。

② 河南省文物考古研究所、内黄县文物保护管理所：《河南内黄三杨庄汉代聚落遗址第二处庭院发掘简报》，《华夏考古》2010 年第 3 期。

③ 南京博物院、山东省文物管理处：《沂南古画像石墓发掘报告》，文化部文物管理局出版，1956 年，图版 36、78、105，图 2；山东博物馆：《沂南北寨汉墓画像》，文物出版社，2015 年，第 99、123 页。

秦汉时期，较多家庭饲养有动物，等级较高的家庭有马厩及专门饲养动物的设施，相对独立，这在很大程度上保证了庄园或庭院的卫生。具有相应等级或经济实力的家庭，甚至等级低、经济状况不好的家庭也有饲养动物的设施，如上文所述的畜圈。结合汉代墓葬出土的畜圈模型来看，饲养的家畜以猪居多，另有牛、羊等，一些家庭也会饲养马，狗的饲养相对灵活，较多狗窝具有临时性，但也有专门为狗搭建的窝棚；家禽多有棚或窝，相关模型器物也多有出土，如鸡埘（圈）、鹅鸭的圈棚等。为家禽、家畜设置圈棚等相关设施，在很大程度上减少了散养带来的动物粪便、动物毛羽等带来的卫生问题，因此可将相关设施及措施视为家庭卫生保障的内容之一。就一些畜圈来讲，还可能是较多家庭积肥的设施，上文所述辽阳三道壕西汉村落遗址的畜圈位于洼坑中，应是为了便于积肥，同时也与动物饲养实际情况相符合，如猪、牛，在饲养过程中有时需要在低洼有水的坑中进行相关活动。另外，陕西勉县老道寺东汉墓出土的庭院模型中，右为居住区，左侧有佣人房，另有牲畜圈、猪圈、鸡圈等①；再如马的饲养，还需要在外放牧或遛马，汉代画像中还见有拾马粪的内容，亦是对卫生内容的体现，同时也可能与积肥有关，如陕西绥德出土的一些墓室竖框下部画像，或 1 人在马后执帚、箕清扫马粪，或 1 枝叶繁茂的大树下有 1 马，1 人在马后执帚、箕清扫马粪②（图三 -94）。类似的内容在河南、山东、江苏等地出土的东汉画像石画像中也多有发现，限于篇幅，不再一一列举。

图三 -94 陕西绥德汉画像石中的“拾马粪”画像

汉代墓葬中出土的圈厕模型器物也很好地反映了畜类圈棚与厕所的结合，并体现出畜类尤其是猪的饲养、积肥及相关家庭卫生的保障内容。从现有资料看，猪圈与厕所结合的模型明器在汉代墓葬中出现时代相对稍晚，东周秦国及秦代墓葬中已有一定数量的墓葬使用仓、灶类模型明器作为陪葬品，进入西汉，一些地区如

① 郭清华：《陕西勉县老道寺汉墓》，《考古》1985 年第 5 期。

② 李林、康兰英、赵力光：《陕北汉代画像石》，陕西人民出版社，1995 年，第 31、167、178 页。

楚国都城彭城（今徐州市）附近墓葬中的模型明器种类增加，基本形成了仓、灶、井、磨的组合，而该地区也是圈厕类模型明器使用较早的地区，大致在西汉早期偏晚阶段的一些墓葬中开始出现陶圈厕，其中的家畜模型为猪。徐州市北郊九里山汉墓的时代为西汉早期偏晚阶段，墓内出土器物中的M1：12，体呈长方形，由院、圈棚与厕所三部分组成，二圈棚等高，为两面坡顶，与厕所对角设立，厕所有一长方形门，内有泄粪池，并有小洞与内相通，院内有一母猪，侧卧于另一圈棚下哺喂小猪[①]。但该地区西汉早期偏晚阶段墓葬出土的一些陶猪圈并无厕所，如铜山凤凰山M1：8[②]，而且此类陶猪圈延续至西汉晚期，如徐州市东南郊拖龙山M5出土的陶猪圈（M5：5）[③]。不过，就徐州地区汉墓出土的陶猪圈来讲，更多的是有厕，并一直延续到东汉末或更晚时期，这与全国其他地区汉墓出土的陶猪圈有较大相似性。徐州地区东汉墓葬出土陶猪圈的形状是方圆皆有，但无一例外的是在一侧有厕所，而且厕所较高，一侧有小屋，上部有顶。市区南郊拉犁山汉墓出土陶猪圈厕，长方形圈，由院、厕所两部分组成，厕所位于一角，有弧形阶梯可上下[④]。南郊十里铺汉墓出土的陶猪圈厕，形体略方，由院、厕所两部分组成，厕所位于一角，较高，有弧形阶梯，厕所有遮挡板，正面有门、直棂窗和气孔，山墙有两小窗，粪池与猪圈相通，院内立一公猪[⑤]。西郊韩山东汉M1：6，圆形，满施绿釉，圈院平面近圆形，一侧立有长方形厕所，有台阶通向厕所，厕内有长方形泄粪孔[⑥]。其他地区出土的相关器物如河北石家庄肖家营东汉M3出土的陶猪圈厕，左下角平台上为敞棚男厕，有竖长方形门与通道相连，右上角平台上有女厕，为模制的庑殿顶小屋，有竖长方形门与斜坡通道相连，粪池下部与猪圈相通[⑦]（图三-95：1）；河南南阳杨官寺东汉墓出土陶质厕所模型，平面近方形，后部为敞篷，悬山顶，有气窗，前半部围以矮墙，正面2门，左门通向棚后部的女厕，右门通向前部右上角的男厕，男厕与敞棚间以带孔的墙隔开，墙内为猪圈，男女厕所的粪池下部均与猪圈相通[⑧]

① 徐州博物馆：《江苏徐州九里山汉墓发掘简报》，《考古》1994年第12期。

② 徐州博物馆：《江苏铜山县凤凰山西汉墓》，《考古》2004年第5期。

③ 徐州博物馆：《徐州拖龙山五座西汉墓的发掘》，《考古学报》2010年第1期。

④ 李银德：《徐州市屯里拉犁山东汉石室墓》，中国考古学会编：《中国考古学年鉴·1986年》，文物出版社，1988年，第123、124页；耿建军：《徐州市拉犁山二号东汉石室墓》，中国考古学会编：《中国考古学年鉴·1990年》，文物出版社，1991年，第208、209页。

⑤ 江苏省文物管理委员会、南京博物院：《江苏徐州十里铺汉画像石墓》，《考古》1966年第2期。

⑥ 徐州博物馆：《徐州市韩山东汉墓发掘简报》，《文物》1990年第9期。

⑦ 河北省文物研究所、石家庄市文物研究所：《河北石家庄肖家营汉墓发掘报告》，河北省文物研究所编：《河北省考古文集·三》，科学出版社，2007年，第72-97页。

⑧ 河南省文化局文物工作队：《河南南阳杨官寺汉画象石墓发掘报告》，《考古学报》1963年第1期。

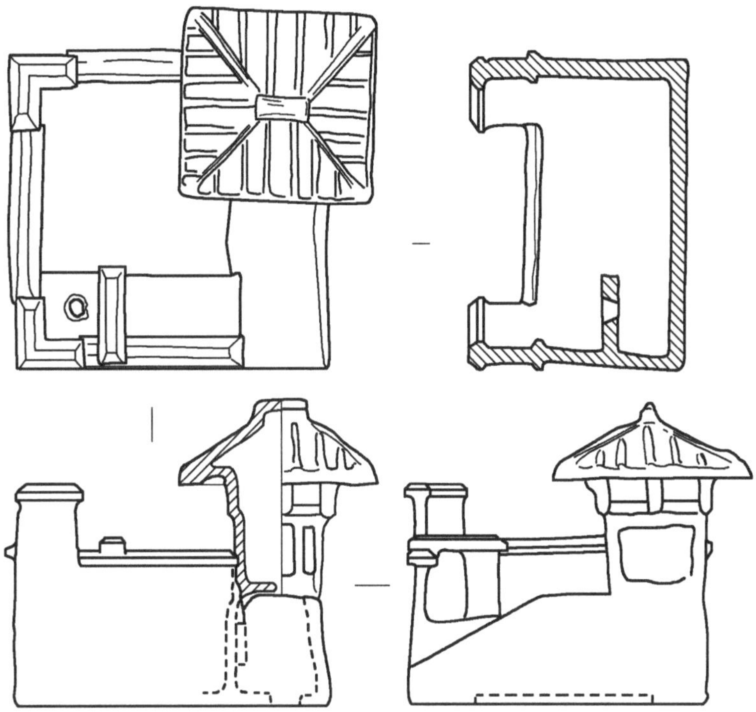

1

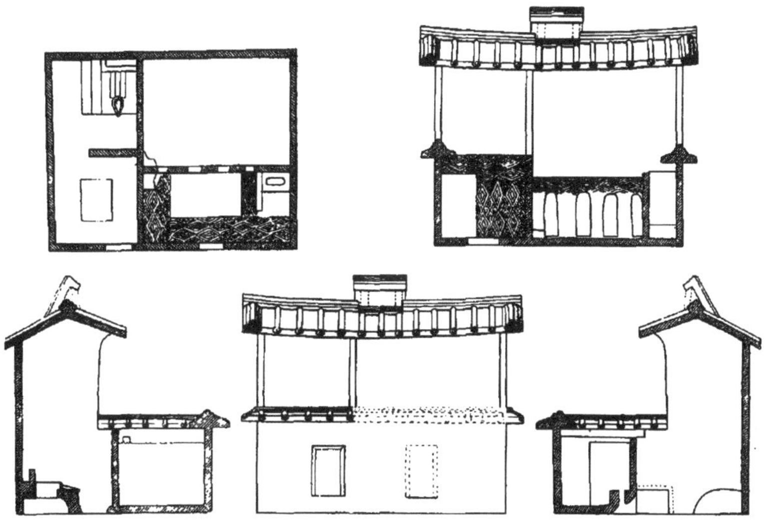

2

图三 -95　汉代墓葬出土的陶圈厕

1. 河北石家庄肖家营东汉 M3 出土　2. 河南南阳杨官寺东汉墓葬出土

（图三 -95：2）。就已出土的汉代陶（猪）圈厕来讲，从最早阶段开始，厕所就基本为封闭型的，仅有小门与外相通，有些如徐州市南郊十里铺汉墓出土的陶猪圈厕，虽有直棂窗、小窗和气孔，但整体也是封闭的，这样可达到较好的卫生效果，减少气味对庭院的影响；其次是厕所位于猪圈的一侧，由较早阶段与猪圈等高或稍高逐渐发展为立于圈院墙之上，并有阶梯可登上，这亦可有效减轻气味对家庭的影响，同时也可减少蝇虫对庭院的危害；第三是粪池下部与猪圈相通，可及时将粪便排入猪圈内，并与猪圈内其他杂物相融合积成肥料，这样一方面可减少厕所内的蝇虫及气味，又可达到积肥的目的，可谓一举两得。从考古资料看，一些高等级墓葬中还有仿现实设施的厕所，如河南永城、江苏徐州等地的西汉诸侯王墓内发现的厕所，其中徐州北洞山西汉楚王墓的后室东侧有 2 个独立的厕所，在附属设施中还有其他厕所[①]。厕所的分用，也是卫生保障的内容之一，上文所述河北石家庄肖家营东汉 M3 出土的陶猪圈厕，有男厕、女厕之分。另外，江苏徐州小龟山西汉楚王墓内厕所附近出土有鼻塞类遗物[②]，由于鼻子对气味最为敏感，鼻塞类物品可能是为了减少通过鼻子吸入较多气味，这也应与卫生有关。

厕所、畜圈及禽圈等，一是可产生诸多垃圾，二是可滋生蝇虫，相关卫生措施和保障在很大程度上减轻甚至是避免了上述状况对于家庭的影响。除上述内容外，家庭生活中还会有较多生活垃圾，主要是生活过程中产生的垃圾，如宰杀动物及蔬菜择洗过程中的遗弃物，散养动物如鸡、狗等的排泄物等，还有建筑垃圾和生活中不能用于积肥的垃圾等。还有一些与庭院内外或附近栽植树木、花草等有关，因季节性因素，这些植物会飘落树叶和花瓣等，亦会影响到家庭卫生。另外，与家庭卫生相关的还有灰尘、尘土等。为达到干净、卫生的目的，需对以上垃圾进行处理，这也是该时期家庭卫生保障的内容之一。清扫垃圾是卫生保障的内容之一，秦汉家庭中常用的工具为笤帚，形体较大的又称为彗，与之搭配的为箕，但多与形体小的笤帚搭配，有时也配以形体较大的笤帚，而形体较大的笤帚可将打扫之处的垃圾扫成一堆，再用其他工具将垃圾运至他处。上文所举山东沂南画像石墓后室靠北壁承过梁隔墙东面下部画像中，厕所附近不仅有盆、虎子、窬等，还有一持笤帚的妇女弓腰打扫。箕在汉墓中也有发现，湖南长沙汤家岭西汉墓出土铜箕 1 件，前部平齐，后部弧形，平底，底向后斜倾，长 30.8、口宽 20、高 9.4 厘米，口沿边作三棱状，背部正中有一铺首衔环，近箕口的内壁刻隶书铭文[③]。长沙马王堆 M3 还出土

---

① 徐州博物馆、南京大学历史系考古专业：《徐州北洞山汉墓发掘简报》，《文物》1988 年第 2 期；《徐州北洞山西汉楚王墓》，文物出版社，2003 年，第 19、20、26 页。

② 南京博物院、铜山县文化馆：《铜山龟山二号西汉崖洞墓》，《考古学报》1985 年第 1 期。

③ 湖南省博物馆：《长沙汤家岭西汉墓清理报告》，《考古》1966 年第 4 期。

有漆箕，木胎，铲形，后部有1铜钮[①]。济源西窑头西汉末M10出土褐釉簸箕1件，釉陶质，模制，长11、宽8.5、高2.5厘米，箕身呈前宽后窄的三角形，底部无釉并模印网格纹，其余施褐釉[②]（图三-96）。

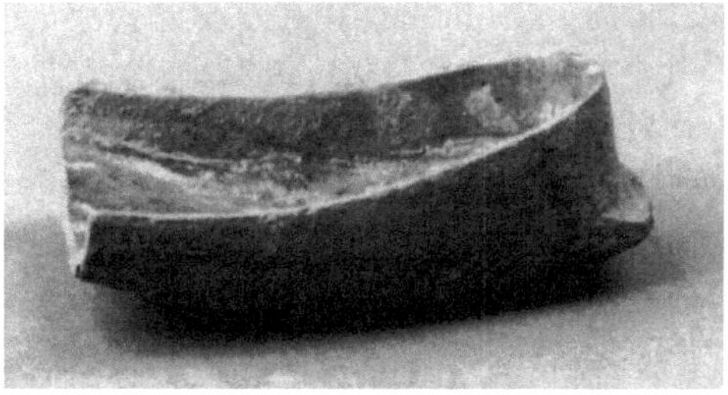

图三-96　河南济源西窑头西汉末M10出土褐釉簸箕

彗多见于画像。一是相关人员以彗扫地的图像，河南密县打虎亭M1前室东壁北幅画像中，左侧1人双手握大笤帚正在扫地，右侧有2人，中间之人右手平举1盘状物正在与持彗者交谈[③]（图三-97）；山东诸城前凉台东汉画像石墓的墓室过道横梁上所刻庄园图中间庭院偏右，有1人双手持笤帚正在打扫庭院[④]；四川成都出土的1块庭院画像砖中，后院有1高楼，楼侧有1人执帚扫除，其旁有犬1只[⑤]。二是相关人员执彗站立，多数位于门阙附近，彗竖立，头朝上，对应人员作躬立状，这应是家庭中相关人员及使用物品功能的转化，即执帚扫地者多为家庭中的附属人员，在门口执彗而立是为迎宾，这类画像极为多见，一些人员可称为门吏，也有站在主人及宾客旁，随时准备服务的人员，江苏徐州贾汪

图三-97　河南密县打虎亭M1前室东壁北幅画像

① 湖南省博物馆、湖南省文物考古研究所编著：《长沙马王堆二、三号汉墓》，文物出版社，2004年，第157、162页，彩版35-3。

② 李彩霞：《济源西窑头村M10出土陶塑器物赏析》，《中原文物》2010年第4期。

③ 河南省文物研究所：《密县打虎亭汉墓》，文物出版社，1993年，第49、52、53页。

④ 诸城县博物馆，任日新：《山东诸城汉墓画像石》，《文物》1981年第10期。

⑤ 《中国画像砖全集》编辑委员会：《中国画像砖全集·四川汉画像砖》，四川美术出版社，2006年，图版第110页、图版说明第63页。

图三 -98 山东临沂银雀山 M2 出土拂子木柄

青山泉白集东汉墓中室北壁画像下格中有二人对饮，左立二侍者，前者执便面，后者执彗，彗直立，头朝上①。另外还有掸拭、清扫尘埃或用来驱赶蚊蝇的拂子，山东临沂银雀山西汉 M2 出土有拂子的木柄（M2：19），长 40 厘米，一端刻有 2 道凹槽，出土时近处有马尾，推测可能系拂子之类物品②（图三 -98）。类似器物在汉代画像中也有体现，限于篇幅，不再赘举。另外还有刷锅洗碗及清洗其他餐具的炊帚，一端用绳等绑紧，一端相对疏缓松软，便于清洗餐具。山东诸城前凉台东汉墓出土庖厨画像中，左侧灶旁有 1 人持炊帚正在清洗炊具边缘，而该画像左侧偏上还有 1 人曲膝坐于 1 盆前，左手握被清洗的器具，右手持 1 有柄物，正在清洗③，该清洗工具或可能为刷之类的器具。

秦汉家庭日常生活中产生的垃圾，部分可用于沤粪或积肥，部分不能用于积肥的垃圾则需要处理掉，较多的就是挖坑埋掉。考古发掘的较多汉代居住遗址中常见有灰坑，而坑中的埋藏物有较多的残瓦、碎陶片等。河南洛阳汉河南县城东区居住遗址中发现有灰坑，其中 333、335 号灰坑中有煤和煤碴④。辽宁辽阳三道壕西汉村落遗址中，第二居住址的房址东面稍远处有灰坑⑤。河南内黄县三杨庄汉代庭院遗址的第一、二处庭院遗存均发现有灰坑⑥。除灰坑外，有些家庭的庭院内还会有垃圾堆或相关堆积，上文所述辽阳三道壕西汉村落遗址第五居住址的房址西面有大垃圾堆 2 处；河南内黄县三杨庄汉代庭院遗址的第一处庭院遗存基础的东南角清理出堆放整齐的部分板瓦和筒瓦，庭院基础的东北角清理出一处较大面积的碎瓦片、砖块和陶器残片堆积区，混杂有个别铁器等，清理区域的东部发现有大面积的草木灰堆积区。

除上文所述内容外，与秦汉家庭卫生保障相关的还有其他一些内容。四川成都羊子山出土的讲经画像砖，画面中，讲经者坐在高床之上，其头上有木框搭建遮

① 南京博物院：《徐州青山泉白集东汉画象石墓》，《考古》1981 年第 2 期。

② 山东省博物馆、临沂文物组：《山东临沂西汉墓发现〈孙子兵法〉和〈孙膑兵法〉等竹简的简报》，《文物》1974 年第 2 期。

③ 诸城县博物馆，任日新：《山东诸城汉墓画像石》，《文物》1981 年第 10 期。

④ 黄展岳：《一九五五年春洛阳汉河南县城东区发掘报告》，《考古学报》1956 年第 4 期。

⑤ 东北博物馆：《辽阳三道壕西汉村落遗址》，《考古学报》1957 年第 1 期。

⑥ 河南省文物考古研究所、内黄县文物保护管理所：《河南内黄县三杨庄汉代庭院遗址》，《考古》2004 年第 7 期。

蔽灰尘的承尘[①]（图三 -99），而承尘的使用可避免或减少屋顶上的尘土或屋上部常年所积灰尘落在相关人员的身上，是卫生保障的内容之一。徐龙国先生在《考古所见汉代人的卫生习惯》一文中对这一时期的带盖器物进行了举例分析，指出："器盖在保障食物洁净、改善食物保存条件等方面具有重要的作用，它既可以防止灰尘污染、蝇虫叮咬食物，而如盛洒器物，盖又可以防止酒力挥发并保持酒的酒精度，而且通过长期的生活实践，认识到使用带盖器物可以减少疾病，保障健康，有利于家族人丁兴旺；带盖器物的增多，是器物用途多样化的体现，也是良好的卫生习惯所致。"[②]笔者较为赞同这一认识和观点，器物加盖应视为秦汉家庭卫生保障的内容之一。另外，几乎所有的衣物及部分食物等的晾晒也是这一时期家庭卫生保障的内容之一，但相关的考古资料极少，本书不作过多论述。也有其他一些器物可用于熏衣物，湖南长沙马王堆 M1 出土 2 件圆锥形竹熏罩，用竹篾编成骨架，外蒙细绢[③]（图三 -100），河北保定满城 M1 出土铜薰炉以及配套的提笼[④]。镂空的熏罩或提笼方便于置放衣物、织物或被褥等，并能够让熏炉散发出的香气渗入衣被中去，进而可达到去除虱虫或其他小虫，保持洁净，留有余香等功用，亦是卫生保障的内容之一。

图三 -99　四川成都羊子山出土讲经画像砖画像

① 《中国画像砖全集》编辑委员会：《中国画像砖全集 · 四川汉画像砖》，四川美术出版社，2006 年，第 102 页，图版说明第 58 页。

② 徐龙国：《考古所见汉代人的卫生习惯》，刘尊志主编：《考古学视角下的秦汉家庭与日常生活学术研讨会论文集》，科学出版社，2019 年，第 35-49 页。

③ 湖南省博物馆、中国科学院考古研究所：《长沙马王堆一号汉墓》，文物出版社，1973 年，第 199 页。

④ 中国社会科学院考古研究所、河北省文物管理处：《满城汉墓发掘报告》，文物出版社，1980 年，第 66、67 页。

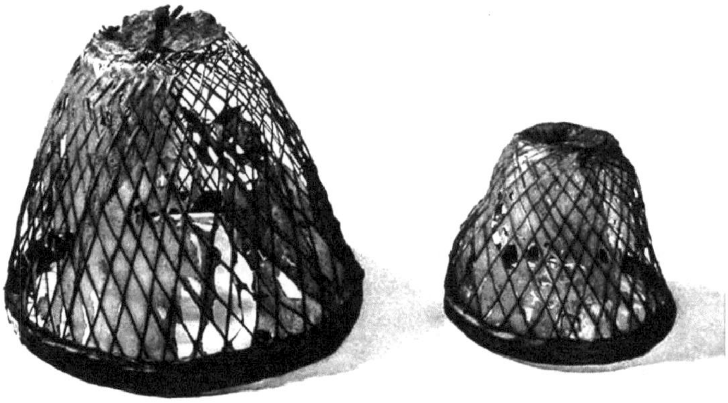

图三 -100　湖南长沙马王堆 M1 出土竹熏罩

二、医疗保健方面的保障

疾病对家庭成员的身体健康有一定影响，又是每个家庭需要面对且不可避免的内容之一。为预防、避免和减少疾病的侵害，尽可能地保障家庭成员的健康，增加寿命，促进家庭、家族人丁的繁衍和兴旺及健康、有序的发展，秦汉时期的家庭在医疗保健设施及措施等方面已具有了相应的保障内容，上文所述的一些卫生保障也在某些方面与医疗保健方面的保障存在相应关联，如对器物的使用、对食品等的淘洗及动物的圈养和对垃圾等废物的处理等，皆可在一定程度上预防和减少蝇虫对疾病的传播。就总体而言，秦汉家庭在医疗保健方面的保障内容已较为丰富，而从考古资料看，又存在一定的时代性、地域性和等级差别，这也说明了秦汉家庭在医疗保健方面保障的多样性。

（一）医疗与相关内容

秦汉时期，医疗获得较大发展，针对这一时期的家庭来讲，医疗方面的保障也有了较大的提升。秦汉时期家庭的医疗保障表现内容较为丰富，很大程度上对家庭成员疾病的治疗、病痛的缓解及疾病的预防等有较为积极的作用。当然，由于时代的局限性，加之升仙之风及神仙思想的影响，另有早期道教渗透等，一些医疗保健具有了神秘、神仙或宗教的色彩，但就整体而言，秦汉时代的医疗内容已较全面，为治病救人提供了重要的保障。

1. 医药种类

种类多样，根据药物的性质特点可分为植物药、动物药、矿物药、复方药四类。

植物药较多，有花椒、佩兰、茅香、辛夷、杜衡、藁本、桂、高良姜、姜、金银花、松柏叶、铁冬青叶、薄荷等，有的可直接入药，有的加工后可作药用。

动物药包括禽类药、兽类药、贝类药，如犀角、鹿茸、麝香、羚羊角等，均是较珍贵的药材，其中的羚羊角即有清热解毒之功效。

矿物质药包括朱砂、水晶、雄黄、硫磺、绿松石、赭石、寒水冰、石英、方解石、滑石、文石、孔雀蓝等，广州南越王墓西耳室出土有紫水晶、雄黄、硫磺、绿松石、赭石等[①]。

复方药为药物混合制剂，山东巨野红土山汉墓出土铜鼎内的药丸，为代赭石、赤石脂或禹余粮等多种矿物药的混合物[②]。

2. 医疗工具

数量与品种较多，用于医药的加工和炮制等多个方面。

医疗刀具可用于医药的削切或切割，一般形状较小。甘肃敦煌马圈湾汉代长城烽燧遗址出土刮刀，细条形，短柄，刀体一侧扁平有锋口[③]。河北满城 M1 出土 4 件铜质曲柄小刀，柄弧曲似弓背，并镂雕各种纹饰，刀身逐渐减细，刃部微曲，有使用痕迹，在墓葬中与药材以及其他制药工具共出，有可能用来切割药材，其中 M1：4403，残长 6.9 厘米[④]。

捣磨工具主要是药臼、药杵、擂盘、擂石。药臼、药杵最常见，江苏徐州狮子山汉墓东北的陪葬坑中出土有铜杵臼，个体不大，应是用于捣药[⑤]；河北鹿泉获鹿高庄 M1 出土有铜杵臼及量斗，形体亦不大[⑥]；四川成都扬子山汉墓出土有铁质杵臼[⑦]；广东南越王墓西耳室亦出土有药材及杵臼等，充分表明杵臼的用途和功能[⑧]（图三 -101）。汉画像石中捣药图较为常见，多数捣药者为玉兔，很多又与西王母画像同出，说明捣药与人们追求健康、长寿及长生、升仙等关系密切，也反映出捣药

---

① 广州市文物管理委员会、中国社会科学院考古研究所、广东省博物馆：《西汉南越王墓》，文物出版社，1991 年，第 73 页。

② 山东省荷泽地区汉墓发掘小组：《巨野红土山西汉墓》，《考古学报》1983 年第 4 期；李敏生《山东巨野县西汉墓出土丸状物的属性问题》，《考古》1983 年第 12 期。

③ 甘肃省博物馆、敦煌县文化馆：《敦煌马圈湾汉代烽燧遗址发掘简报》，《文物》1981 年第 10 期。

④ 中国社会科学院考古研究所、河北省文物管理处：《满城汉墓发掘报告》，文物出版社，1980 年，第 88 页。

⑤ 耿建军：《徐州市羊鬼山西汉墓陪葬坑》，中国考古学会编：《中国考古学年鉴 · 2005 年》，文物出版社，2006 年，第 170-172 页。

⑥ 河北省文物研究所、鹿泉市文物保管所：《高庄汉墓》，科学出版社，2006 年，第 39、40 页。

⑦ 沈仲常：《成都扬子山的西汉墓葬》，《考古通讯》1955 年第 6 期。

⑧ 广州市文物管理委员会、中国社会科学院考古研究所、广东省博物馆：《西汉南越王墓》，文物出版社，1991 年，第 82 页。

图三 -101 广州南越王墓西耳室出土杵臼及矿物质药

在当时已较普遍。山东巨野红土山汉墓除铜杵臼外，还有擂石、擂盘等制药工具，擂石为砂岩制，馒头状，擂盘为紫红色页岩制，置于擂石之下，扁平，圆形，表面磨制光滑，背面和周缘未琢磨，出土时，盘面还留有药粉①。

山东巨野红土山汉墓出土的35号铜鼎及一些漆衣铜盆为盛药工具②。河北满城汉墓出土的医疗器物较多，多铜质，另有金、银、石等质地，出土的“医工”铜盆是中山靖王刘胜内府所用的医用器具，很可能是用水蒸药用的器皿；有承盘、带浇口与流的三足器、带鋬的平底皿、带流勺共4件组成的一套冷却器；有带流的小银匜和银漏斗，是对危重病人进行急救时将药灌人嘴内、喉中或鼻子中所使用的灌药器；所出水晶质砭石，作斧形，有锋利的刃，是作外科手术用的；另有药镬及挑取药末用的铜匕、过滤药渣用的铜圜底皿等；还有金银质的医针，编号4391、4366，银质，为顶针；编号4354、4390、4446、4447为金医针，其中有锋针、鍉针、毫针等，医疗器具功用不一，反映出与医疗有关的药物盛放、药物研磨与切分、药物过滤、药物冷却、药物加热、药物服用及针灸等多个方面的内容③（图三 -102）。

针灸是汉代重要的医术之一，河北保定满城汉墓出土用于针灸的不同类型的针可以体现，另有其他实物出土。四川绵阳双包山西汉M2出土的人体经脉模型与针灸有关，木胎，髹黑漆，身体各部分比例协调，明显的体表特征大多有所表现，以红色线条绘出经脉，有19条纵向循行的主脉（经脉），还分出5条支脉（络脉），

① 山东省荷泽地区汉墓发掘小组：《巨野红土山西汉墓》，《考古学报》1983年第4期。

② 山东省荷泽地区汉墓发掘小组：《巨野红土山西汉墓》，《考古学报》1983年第4期。

③ 中国社会科学院考古研究所、河北省文物管理处：《满城汉墓发掘报告》，文物出版社，1980年，第56、58-60、62、66、69、70、88、143、144页；钟依研：《西汉刘胜墓出土的医疗器具》，《考古》1972年第3期。

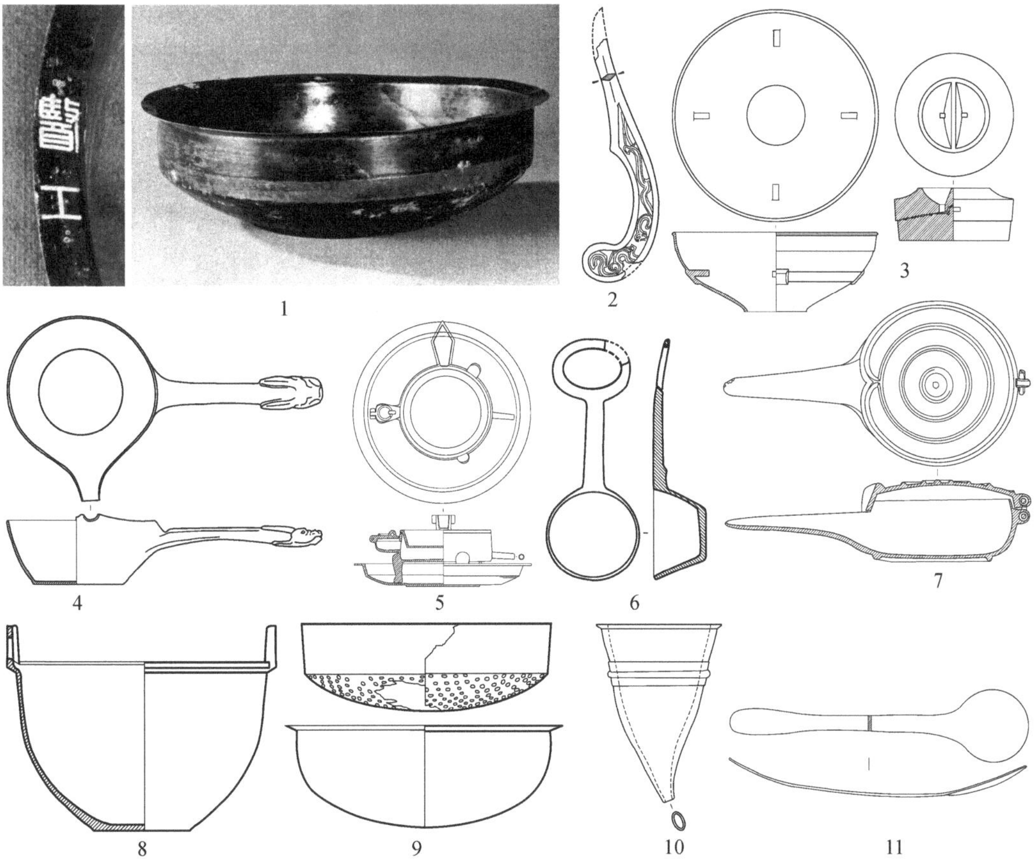

图三 -102　河北保定满城 M1 出土与医疗保健有关的器具

1.“医工”铜盆及铭文　2. 铜刀　3. 铜漏斗与石磨　4. 铜注勺　5. 铜冷却皿　6. 铜量勺　7. 银盒　8. 铜药镬　9. 铜过滤器　10. 银漏斗形器　11. 铜药匙

可以辨认出“督脉”和“手三阴脉”、“手三阳脉”及“足三阳脉”等十脉系统①（图三 -103：1）。成都天回镇老官山西汉 M3 也出土一具完整的人体经穴髹漆像，五官、肢体刻画准确，白色或红色描绘的经络线条和穴位清晰可见，背部刻有“心”、“肺”、“肝”、“胃”、“肾”等字样，一些穴位处，还刻有小字，如在肩部，即刻有“盆”字②（图三 -103：2）。

3. 多种医药储藏手段

科学合理盛放或存储医药是为了更好地保证医药质量，以防腐败、变质，促进

① 四川省文物考古研究所、绵阳博物馆：《绵阳双包山汉墓》，文物出版社，2006 年，第 125、126 页；马继兴：《双包山汉墓出土的针灸经脉漆木人形》，《文物》1996 年第 4 期。

② 成都文物考古研究所、荆州文物保护中心：《成都市天回镇老官山汉墓》，《考古》2014 年第 7 期，梁繁荣、曾芳、周兴兰、谢涛、卢引科、王毅、江章华：《成都老官山出土经穴髹漆人像初探》，《中国针灸》2015 年第 1 期。

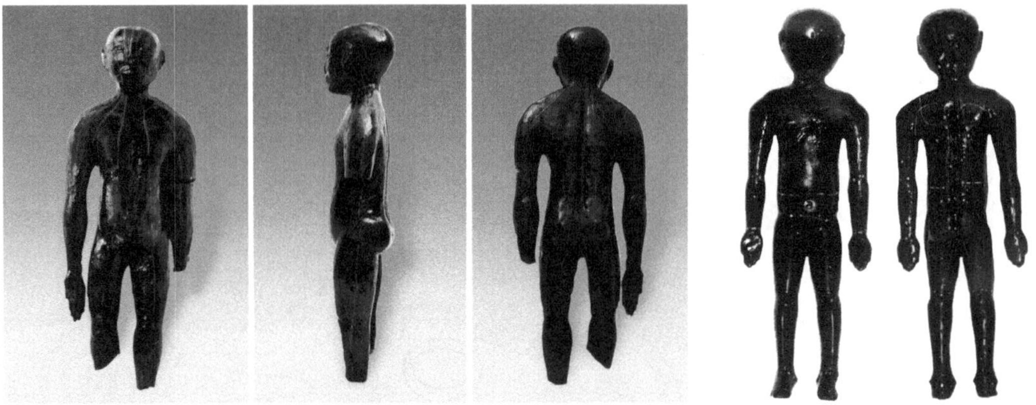

1 2

图三 -103 四川成都地区汉墓出土与针灸有关人体经脉模型

1. 绵阳双包山 M2 出土 2. 天回镇老官山 M3 出土

家庭对医药更好地使用。

湖南长沙马王堆 M1 西边箱 352 号竹笥中装有整理成束状的茅香根茎[①]。江西南昌海昏侯墓园 M1 椁室出土的中药品放置于精美的木质漆盒中[②]，而且还有漆木盒中装有虫草[③]。《居延汉简》守御器簿中记载“药咸一”[④]，敦煌汉简有“显明隧药函”[⑤]，药函即药箱，木质药函中储备的药品有中草药及丸丹类的成品药。

长沙马王堆 M3 椁边箱的绣枕、香囊、香袋和内棺的绢袋里出土有桂皮、花椒、姜、佩兰、茅香、高良姜、藁本等香料[⑥]。新疆洛浦县山普拉墓地两座汉墓出土有盛放药物的香囊，内有香料膏丸、球形香丸及苦豆子、红色和乳白色粉末状物品、薄荷叶，红色和乳白色粉末状物为磨成药散的草药[⑦]。

广西贵县罗泊湾 M1 中出土 1 件带盖陶盒，器底带有刻画符号，内盛铁冬

① 湖南省博物馆、中国科学院考古研究所：《长沙马王堆一号汉墓》，文物出版社，1973 年，第 111 页。

② 彭华胜、徐长青、袁媛等：《最早的中药辅料炮制品：西汉海昏侯墓出土的木质漆盒内样品鉴定与分析》，《科学通报》2019 年第 9 期。

③ 卢笛：《关于西汉海昏侯墓出土虫草的思考》，《食用菌》2016 年第 3 期。

④ 中国社会科学院考古研究所：《居延汉简（甲乙编）下》，中华书局，1980 年，第 259 页。

⑤ 罗振玉、王国维：《流沙坠简》，中华书局，1993 年，第 187 页；配图引自中田勇次郎、神田喜一郎编：《书道全集·第二卷》，平凡社，1973 年，第 25 页。

⑥ 湖南省博物馆、中国科学院考古研究所：《马王堆二、三号汉墓发掘简报》，《文物》1974 年第 7 期。

⑦ 肖小勇、郑渤秋：《新疆洛浦县山普拉古墓地的新发掘》，《西域研究》2000 年第 1 期；新疆维吾尔自治区博物馆、新疆文物考古研究所：《中国新疆山普拉——古代于阗文明的揭示与研究》，新疆人民出版社，2001 年，第 31、32 页。

青[①]。陕西韩城姚庄坡东汉墓前室陶罐中盛有薄荷[②]。广州南越王墓中出土陶质药瓿内盛黑色扁圆形药丸，西耳室铜盆内发现1件羚羊角，在墓中作药材进行随葬，足箱中出土的银质药盒，内尚存药丸半盒[③]（图三-104）。山东巨野红土山西汉墓出土有铜丹鼎，内盛有丸药150多粒，另有朱砂和蚌壳，编号39号、41号漆衣铜盆内盛有药丸、药粉、药石[④]（图三-105）。

图三-104　广州南越王墓出土盛药的银盒

图三-105　山东巨野红土山汉墓出土铜鼎和药丸

4. 医者或医学家

医者在秦汉时期多被称为“治病工”、“医工”、“医匠”等，社会地位不高。一些医者有专门机构管理，服务于具有相应身份地位的人员，一些医者则为民间医生，既为贵族官吏看病，也为一般人员医病去疾，这二者皆是秦汉家庭医疗的保障内容。

① 广西壮族自治区博物馆：《广西贵县罗泊湾汉墓》，文物出版社，1988年，第20、21页。

② 张厚墉：《韩城姚庄坡东汉墓出土的薄荷、薏苡实和枣核》，《考古与文物》1983年第3期。

③ 广州市文物管理委员会、中国社会科学院考古研究所、广东省博物馆：《西汉南越王墓》，文物出版社，1991年，第115、210、463-472页。

④ 山东省荷泽地区汉墓发掘小组：《巨野红土山西汉墓》，《考古学报》1983年第4期。

秦汉时期，尤其是汉代，中央政府对于医者设有专门的管理机构，并有相应的人员和制度。西汉太常属官有太医令、丞，为百官治病，少府属官中亦设太医令、丞，为宫廷人员治病，东汉沿袭西汉少府属官太医。太医的用药由药藏府管理，有西汉“药藏府印”、“药府”等官印。地方的诸侯王国和侯国的医者也有统一的管理，其管理者为“长”，史书中记载诸侯国有“医工长”，出土的印章则有“××医长”等。江苏徐州狮子山汉墓陪葬坑出土的铜杵臼上有“□宦眷药府”等刻铭，与之同出的还有云母等中药①。河北保定满城M1出土有“医工”铭文铜盆，该盆应是中山内府的医疗器具，同时也说明西汉中山国至少在靖王刘胜时，内府有专门的医工②。河南孟县城西十二华里的韩庄岭上出土1件汉代太医药罐，底部中心有一长2.8、宽1.4厘米的框，框内有阳刻“太医”二字，时代为西汉，是研究汉代太医制度的珍贵实物资料③。就具有相应等级或社会地位较高人员的家庭来讲，上述由政府或地方诸侯王国、侯国管理的诸多医者可为这些家庭的成员治病，技术相对较高且较为可靠，因此可视为相应家庭的医疗保障内容。史书记载刘贺被废黜后，“疾痿，步行不便”④，痿即风湿之病，江西南昌海昏侯刘贺墓中出土有原料为地黄炮制的中药⑤，据《神农本草经》，地黄为上品，“主折跌，绝筋，伤中，逐血痹，填骨髓，长肌肉”⑥，效用恰可用于史书中所记海昏侯刘贺的病症，刘贺墓中还出土有2件医工漆盘，内底上用朱漆书写“医工五禁汤”⑦，说明刘贺生前曾长期服用由医工制作的五禁汤，而“医工”二字说明，海昏侯国有专门的医疗人员，并针对海昏侯刘贺的病症制作专门的汤药。另外，边塞地区的医疗也有相应的制度，通过出土的汉简文书可知，屯戍部队设有专门的医者，为“府医”、“医吏”、“官医”等，这与家庭医疗保障关系不大，本书不作过多探讨。

这一时期，对先秦著名的医者有相应的崇拜和宣传，如黄帝、神农等，而宣传最多的是春秋时期的名医扁鹊，而最为常见的为两汉画像石画像。在汉代画像石画

---

① 耿建军：《徐州市羊鬼山西汉墓陪葬坑》，中国考古学会编：《中国考古学年鉴·2005年》，文物出版社，2006年，第170-172页。

② 中国社会科学院考古研究所、河北省文物管理处：《满城汉墓发掘报告》，文物出版社，1980年，第58-60页。

③ 尚振明：《孟县出土汉代太医药罐》，《中原文物》1985年第1期。

④ （东汉）班固撰，（唐）颜师古注：《汉书·武五子传》，中华书局，1962年，第2767页。

⑤ 江西省文物考古研究所、南昌市博物馆、南昌市新建区博物馆：《南昌市西汉海昏侯墓》，《考古》2016年第7期。

⑥ （魏）吴普等述、（清）孙星衍辑、石学文点校：《神农本草经》，辽宁科学技术出版社，1997年，第5页。

⑦ 江西省文物考古研究所、北京师范大学：《江西南昌西汉海昏侯刘贺墓出土漆木器》，《文物》2018年第11期。

像中，扁鹊已成神，为半人半鸟状，苏北鲁南一带出土的画像石画像中最为多见，其他地区也有发现。山东济宁微山县两城出土两幅此类内容的画像石，一幅画面的右上角右侧为1鸟身人物，左侧为2人求医，另有1小孩；另一幅求医者较多，作依次等待状，两幅画像中的鸟身人物均是一手为患者切脉，一手持针准备刺穴，正在就医的病人手上已扎数针[①]。秦汉时期也涌现出一批著名的医学家。西汉时有公乘阳庆、淳于意等，其中公乘阳庆重实践，医术精湛。西汉末至东汉初年有涪翁，为针灸名医，针术高明，医德较好，其弟子程高、再传弟子郭玉等在东汉初均较有名，郭玉还任职太医丞。东汉时著名的医学家还有张仲景和华佗等。张仲景创立了伤寒学说，讲究诊断学，提出在诊视中通过“望、闻、问、切”四诊来辨识和确定是哪一种病症，再细致分清疾病部位的深浅、病情的盛衰，然后做出诊断，对症下药，张仲景的医学成就较高，被后世誉为“医圣”。华佗发明有麻醉药物，即“麻沸散”，病人服用后利于开展手术，他能在病人全麻的情况下完成多种手术，如熟练做过腹腔肿瘤的摘除和肠胃部分切除等手术，被后世誉为“外科鼻祖”、“外科圣手”，亦有“神医华佗”之称。其他如董奉，医术高明，治病不取钱物，与张仲景、华佗并称为“建安三神医”。较为重要的是，上述诸多医者或医学家为较多家庭中的成员治病，这也使得很多家庭中的成员得以病愈，脱离病痛的折磨，因此诸多医者应是秦汉家庭医疗的重要保障。

1972年，甘肃武威旱滩坡兴修水利工程时发现并发掘一座东汉墓葬，该墓为东汉早期，尸体头顶有麻质囊袋1个，内包木质简牍1束，经整理，现存简牍共92枚（片），初步释认，内容全是有关医学的记载，墓主男性，年龄较大[②]。相关资料称墓主为年逾七十的医学家，生前行医，在治疗许多病症上积累了丰富的经验，死后将这些病方随葬于身边，让后人佩服他精湛医术的同时，也让我们了解到当时西北地区医药学的真实水平[③]。就此来讲，该医者生前行医，对其居住地周边相关家庭来讲，是很好的医疗保障。可以推测，汉代与其相似的医者还有很多，一方面，行医是其自身的生活保障，另一方面，其行医又是其他家庭的医疗保障。但有一点需要说明，该墓出土的简牍基本与医学有关，而死者年岁也相对较大，并不能完全确定死者就是一位医者，尤其是一位为他人治病的行医者，不过可以肯定的是，其生前很可能与医学或医疗有一定的关系，这或许是其死后陪葬较多医学简牍的原因之一。

---

① 马汉国主编：《微山汉画像石选集》，文物出版社，2003年，第192、193、202、203页。

② 甘肃省博物馆、甘肃省武威县文化馆：《武威旱滩坡汉墓发掘简报——出土大批医药简牍》，《文物》1973年第12期。

③ 中国国家博物馆：《文物中国史·文物秦汉史》，中华书局，2009年，第205页。

5. 医书与药方

与秦汉时期医疗发展相对应，不仅出现了较多著名的医学家或从医者，他们中的很多人还著有医书并流传后世，而考古发掘也出土了该时期的一些医书，涉及内容较多。

西汉公乘阳庆重实践，著有《黄帝扁鹊脉书》，淳于意在诊断疾病时注意详细记录病案，并将典型病例进行整理，写有《诊籍》一书，该书中针灸技术已得到有效地应用。涪翁为针灸名医，著有《针经》、《诊脉法》。张仲景著有《伤寒杂病论》、《金匮要略》及《辨伤寒》、《评病药方》、《疗妇人方》、《五藏论》、《口齿论》等，后五者已不存。《伤寒杂病论》系统地总结了汉代以前诊治和治疗多种外感性疾病的经验，从病理、疗法、方剂、药性等多方面论述了伤寒病；《金匮要略》主要论述杂病的诊断和治疗，以内科为主，另有外科、妇科、皮肤科等，提出脏腑经络病机与阴阳表里虚实寒热“八纲”相结合。其他还有一些中医药著作，如《黄帝内经·素问》、《灵枢经》、《神农本草经》等，这些在汉代均已基本完成。

考古发现的医书也有很多。湖南长沙马王堆M3所出帛书《五十二病方》，内容涉及内、外、妇、儿、五官等科的疾病，列医方280多个，用药243种①。长沙马王堆汉墓出土的帛书中，也有多种关于医学理论的著作，如古经脉学佚书《足臂十一脉灸经》和《阴阳十一脉灸经》（甲、乙本），二者论述了人体内经脉的循行、主病和灸法，它的原理和针法一致，另有古诊断学佚书《脉法》和《阴阳脉死候》及《杂疗方》、《胎产方》等②。四川成都天回镇老官山西汉M3发现近千支医简，医书除《五色脉诊》之外都没有书名，其他经初步整理定名为《敝昔医论》、《脉死侯》、《六十病方》、《尺简》、《病源》、《经脉书》、《诸病症侯》、《脉数》等，涉及内科、外科、妇科等，确认为扁鹊学派失传医书，另外还有《医马书》，是我国出土的第一部兽医书③。甘肃武威旱滩坡东汉墓出土的木简《治百病方》，内容均为有关医学的记载，内容丰富，范围广泛，大多在简首标列医方名称，其下连书药味、药量、冶药和用药方法、针灸穴位、针刺深度和留针时刻，以及针灸和服药等禁忌，亦有对疾病理疗方法的论述，收集医方30多个，用药约100种，剂型有汤、丸、

① 钟益研、凌襄：《我国现已发现的最古医方——帛书〈五十二病方〉》，《文物》1975年第9期；马王堆汉墓帛书整理小组编《五十二病方》，文物出版社，1979年；严健民：《五十二病方注译》，中医古籍出版社，2005年。

② 马王堆汉墓帛书整理小组：《马王堆汉墓出土医书释文（一）》，《文物》1975年第6期；《马王堆汉墓出土医书释文（二）》，《文物》1975年第9期；中医研究院医史文献研究室：《马王堆帛书四种古医学轶书简介》，《文物》1975年第6期。

③ 成都文物考古研究所、荆州文物保护中心：《成都市天回镇老官山汉墓》，《考古》2014年第7期；华西：《成都老官山汉墓考古发掘中一批扁鹊学派失传医书出土》，《中医药管理杂志》2013年第12期。

膏、散、醴、滴、栓等，每种药物在医方里面大都作为复方中的成分出现，一个方剂少则二、三味药，多的可达15味，且已根据同一类疾患中症状的不同而调整用药比例，初步考订，似分别属于针灸科、内科、外科、五官科和妇科等；《治百病方》包括了医学上的针灸、内科、外科、妇科、五官科、药价等多方面的内容，记载了各科的病名、病状、药物、剂量、制药方法、服药时辰和药量、针灸穴位、经络、针刺禁忌、药物禁忌、生活禁忌以及药方主治名称等等，足见我国古代医学在当时已形成较完备的科学体系，这为研究我国民族医学史中的生理、解剖、方剂、病名、治疗、养生等诸学提供了极其重要的科学资料，是我国医学史上的重大发现①。江西南昌海昏侯墓葬出土竹简中有《医书》，记载内容与医疗保健有关②。

众多的医书或药方等，一方面可为一般的医者提供参考和借鉴，另一方面也为家庭自身的治病救人提供了保障，一些家庭成员的疾病可根据医书或药方配药，服用后即可治疗病痛。

（二）保健与相关内容

秦汉家庭除在医疗方面有相应的保障措施、方法外，出于对家庭成员身体健康的考虑，还有一些保健方面的保障，以增强家庭成员的体质，进而减少疾病的侵扰。另如养老等政策和做法，也在某种程度上与相应人员的身体健康有着一定关系。

1. 养生与保健

秦汉时期，与身体保健相关的内容在当时被视为养生术。湖北江陵张家山西汉早期墓葬出土有竹简《引书》，详细讲述了导引的各个动作及疗病之法，说明导引与医学理论的相互结合③。湖南长沙马王堆M3所出《养生方》中有《十问》，以黄帝及古代帝王与医者或医家对话的形式，结合有关传说人物的谈论，对养生、服食、呼吸、吐纳、房中术等均有记述，论述了吐故纳新、气候变化等有关保健的内容④，该墓出土的《却谷食气》记载了行气导引方法以及四时食气的宜忌⑤。

---

① 甘肃省博物馆、甘肃省武威县文化馆：《武威旱滩坡汉墓发掘简报——出土大批医药简牍》，《文物》1973年第12期；《武威汉代医简》，文物出版社，1975年。

② 江西省文物考古研究所、南昌市博物馆、南昌市新建区博物馆：《南昌市西汉海昏侯墓》，《考古》2016年第7期。

③ 张家山汉墓竹简整理小组：《江陵张家山汉简概述》，《文物》1985年第1期；张家山汉简整理组：《张家山汉简〈引书〉释文》，《文物》1990年第10期；彭浩：《张家山汉简〈引书〉初探》，《文物》1990年第10期。

④ 湖南省博物馆、中国科学院考古研究所：《长沙马王堆二、三号汉墓发掘简报》，《文物》1974年第7期；湖南省博物馆、湖南省文物考古研究所编著：《长沙马王堆二、三号汉墓》，文物出版社，1981年，第74-81页。

⑤ 唐兰：《马王堆帛书〈却谷食气篇〉考》，《文物》1975年第6期。

保健物品和器具也有相关发现。江苏徐州狮子山汉墓W2内出土银铜内有沐浴石，而银铜及沐浴石均是用于沐浴的，且该室内出土的竹笥中还有沐浴用的药料[①]；狮子山汉墓东北的陪葬坑中出土有云母等中药[②]。湖南长沙马王堆M1出土的绣枕，下部因糟朽开裂，露出内部填塞的佩兰叶；出土的4个香囊，1个全装有茅香根茎，1个全装花椒，2个装有茅香和辛夷；药草袋6件，5个袋内盛有花椒、桂、茅香、高良姜和姜，其中2袋除上述五种药草外，又有辛夷和杜衡，3袋有藁本，另1袋仅盛花椒[③]，这些药草均具有一定的保健功能和作用。河北保定满城M1（西汉中山靖王刘胜墓）出土铜枕内盛满花椒[④]。新疆洛浦山普拉墓地两座汉墓出土的香囊中盛放有药草或香料膏丸，毡制长方形香囊内盛放香料膏丸，1件皮质香囊中有球形香丸，另有苦豆子及银白色片状物、红色和乳白色粉末状物品，银白色片状物可能是薄荷叶，红色和乳白色粉末状物应是磨成药散的草药[⑤]。熏炉在汉代较为普及，内盛具有挥发芳香物质的中草药，具有保健和防疫等作用。长沙马王堆M1出土陶熏炉2件，1件（286）出土时，炉盘内满盛燃烧后残存的茅香炭状根茎；1件（433）出土时，炉盘内盛有茅香、高良姜、辛夷和藁本等香草[⑥]。广西合浦堂排M2b出土的铜熏炉中有少量香料和灰烬，风门岭M24b出土陶熏炉内也有碳化的香料[⑦]。上述相关药草或香料等中，一些含有挥发油，内服可驱风、发汗、祛痰、利尿，外用可杀菌，既适用于皮肤及环境消毒，又能起到散发芳香、矫正气味的作用，保健作用较为突出。

汉代，服草药、服金石药等也被视为养生的内容之一，服食相对盛行。有的汉墓中出土与炼制丹药有关的器物，同出还有种类繁多的矿物药，即炼制丹药的原

① 狮子山楚王陵考古发掘队：《徐州狮子山楚王陵发掘简报》，《文物》1998年第8期；韦正、李虎仁、邹厚本：《江苏徐州市狮子山西汉墓的发掘与收获》，《考古》1998年第8期；王恺、葛明宇：《徐州狮子山楚王陵》，生活·读书·新知三联书店，2005年，第94页。

② 耿建军：《徐州市羊鬼山西汉墓陪葬坑》，中国考古学会编：《中国考古学年鉴·2005年》，文物出版社，2006年，第170-172页。

③ 湖南省博物馆、中国科学院考古研究所：《长沙马王堆一号汉墓》，文物出版社，1973年，第71、73页。

④ 中国社会科学院考古研究所、河北省文物管理处：《满城汉墓发掘报告》，文物出版社，1980年，第81页。

⑤ 肖小勇、郑渤秋：《新疆洛浦县山普拉古墓地的新发掘》，《西域研究》2000年第1期；新疆维吾尔自治区博物馆、新疆文物考古研究所：《中国新疆山普拉——古代于阗文明的揭示与研究》，新疆人民出版社，2001年，第31、32页，图234、241。

⑥ 湖南省博物馆、中国科学院考古研究所：《长沙马王堆一号汉墓》，文物出版社，1973年，第125页。

⑦ 熊昭明：《汉代合浦港的考古学研究》，文物出版社，2018年，第111-113页。墓葬资料中，堂排M2b见广西壮族自治区文物工作队：《广西合浦县堂排汉墓发掘简报》，文物编辑委员会编：《文物资料丛刊·第四辑》，文物出版社，1981年，第46-56页；风门岭M24b资料见广西壮族自治区文物工作队、合浦县博物馆：《合浦县风门岭汉墓——2003～2005年发掘报告》，科学出版社，2006年，第91页。

料，有些则已经加工成药丸，包括数种矿物药成分，有些家庭成员通过服食，希望可达到养生、强身益寿等愿望，甚至达到长生及升仙等目的。广州南越王墓出土1套铜承盘高足玉杯，下为承盘，中部为3龙拱承高足玉杯，而该器与五色药石同出，应是墓主生前用来承甘露、服药的器具[①]（图三-106）。江西南昌海昏侯墓出土竹简中有《五色食胜》，记述的是以五种颜色代表相应食物，类比于"五行"相生相克的方术类内容[②]。

除以上内容外，一些水果及谷物也具有保健的功能，《黄帝内经》载有"五果为助"[③]。薏苡作为粮食作物，味甘、淡，性微寒，对老弱病者更为适宜，具有健脾利湿、清热排脓、美容养颜等功能。薏苡具有多种药效，相关研究指出，薏苡还有利肠胃、滋阴、去脚气和除湿燥脾之药效[④]。考古发现一些容器中盛有薏苡，如河南洛阳烧沟汉墓M131出土的彩绘陶壶，其内盛放较多的薏苡[⑤]。禽蛋、肉类等也具有保健作用，如鸡蛋，富含胆固醇，营养丰富，有很高的蛋白质，而其所含蛋白质的氨基酸比例很适合人体的生理需要，易被吸收，营养价值很高。考古发掘出土的鸡蛋实物较多，江苏徐州地区的南郊凤凰山西汉初期M1[⑥]、东郊翠屏山西汉早期墓[⑦]等皆有出土，陕西省咸阳教育学院M2出土东汉永平三年（60年）陶瓶1件，瓶内发现有蛋壳残片[⑧]。

图三-106 广州南越王墓出土铜承盘高足玉杯

① 广州市文物管理委员会、中国社会科学院考古研究所、广东省博物馆：《西汉南越王墓》，文物出版社，1991年，第202、203页；广州象岗汉墓发掘队：《西汉南越王墓发掘初步报告》，《考古》1984年第3期。

② 江西省文物考古研究所、南昌市博物馆、南昌市新建区博物馆：《南昌市西汉海昏侯墓》，《考古》2016年第7期。

③ 杨永杰、龚树全主编：《黄帝内经》，线装书局，2009年，第53页。

④ 闫艳、王宏蕊：《"薏苡"的命名来源及其文化意义》，《内蒙古师范大学学报》（哲学社会科学版）2015年第6期。

⑤ 洛阳区考古发掘队：《洛阳烧沟汉墓》，科学出版社，1959年，第101页。

⑥ 徐州博物馆：《江苏徐州市凤凰山西汉墓的发掘》，《考古》2007年第4期。

⑦ 徐州博物馆：《江苏徐州市翠屏山西汉刘治墓发掘简报》，《考古》2008年第9期。

⑧ 刘卫鹏：《汉永平三年朱书陶瓶考释》，咸阳市文物考古研究所编：《文物考古论集——咸阳市文物考古研究所成立十周年纪念》，三秦出版社，2000年，第164页。

2. 身体锻炼

加强身体锻炼对家庭成员增强自身体质、预防疾病、减少病痛侵害等均具有一定益处。秦汉时期家庭人员的身体锻炼，既有较为系统的内容，也有适用于自身的自由性锻炼活动，还有一些内容则可能对乐舞杂技等有所参考和借鉴。需要说明的是，上文所引湖北江陵张家山汉墓出土《引书》及湖南长沙马王堆 M3 所出《养生方》、《却谷食气》中也包含有身体锻炼的内容，《引书》中对引导的动作记述较为详细；《养生方》的《十问》中有呼吸、吐纳的内容；《却谷食气》中记有行气引导及随年龄增长增加练功次数的内容。

较为系统的锻炼方法在湖南长沙马王堆 M3 出土的《导引图》中有较详细的描述，该图为一长方形的彩色帛画，在 0.5 平方米的画面上分 4 排绘 44 人，有男有女，有老有少；多徒手，少数手持器械；穿衣也有不同，有穿短衣短裤者，有着长袍者，还有的光背；人物动作多样，几乎是每人各有 1 个运动姿势，有伸展、屈膝、侧体、转体、腹背、全身跳跃、舞蹈等肢体运动和呼吸及使用棍棒、盘碟、沙袋、球类等器械运动，而图画还说明了以上运动模仿了哪一类动物，如龙登、熊经、鹞背、猿呼、猕猴喧闹等；同时也有关于相关动作所对病症的说明，引导术居多，如引颈、引热、引聋、引积等等[①]（图三 -107）。东汉时，名医华佗编制五禽戏可视为健身操，用于导引养性和健身，与《导引图》的一些内容存在相似。华佗的一位名叫吴普的学生勤习五禽戏，治愈了一些身体疾病且寿命较长。相关陶俑也有发现，如重庆巫山麦沱西汉 M40 出土的 6 件导引俑，有立式、坐式、弓身等，反映出的导引动作较为形象[②]（图三 -108）。河南济源西窑头西汉末年的 M10 出土有养生俑群，由 7 件俑组成，导引俑第 1，头戴平顶帽，头后梳一发髻，面部刻画五官，身着无袖短衫和长不及踝的宽短裤，左臂抬起与胸齐，四指并拢前伸，右臂自然下垂略后伸，左右腿前后稍分开，曲膝下蹲，身体前倾，呈半蹲状；导引俑第 2，头戴平顶帽，身着瘦短的无袖上衣，下身着长不及踝的宽裤，脑后挽一发髻，深目大鼻，口微闭，面部表情平静自然，双腿向两侧分开站立，膝微曲，上身稍前倾，两臂抬起于肩平，双手四指并拢，立掌向前自然推出；导引俑第 3，头戴平顶帽，高鼻阔嘴，身着瘦身无袖上衣，下着长不及踝的宽短裤，双臂自然上抬过肩，双手四指并拢前伸，双腿向两侧自然分开；气功俑第 1，头戴长冠，袒胸露乳，下着宽长裤，右腿独立，左腿弯曲上抬与脐平，鼓腹翘臀，左手贴于下腹处，右臂上抬，右

---

① 中医研究院医史文献研究室：《马王堆三号汉墓帛画导引图的初步研究》，《文物》1975 年第 6 期。

② 重庆市文化局、湖南省文物考古研究所、巫山县文物管理所：《重庆巫山麦沱汉墓群发掘报告》，《考古学报》1999 年第 2 期。

图三 -107　湖南长沙马王堆 M3 出土《导引图》中的相关图像

图三 -108　重庆巫山麦沱西汉 M40 出土导引俑

手四指并拢举与头齐，口大张似吼喊，作用掌劈物状；气功俑第 2，头顶梳单髻，髻垂下至头侧，袒胸露乳，下着宽长裤，鼓腹翘臀，右腿直立，左腿屈膝向上抬起，左手置于腹下，右手持一物于前额，张大口似大吼，应为砸额动作；导引俑第 4，头戴平顶帽，身着无袖短衫和长不及踝的宽短裤，双腿扎马步，上身前倾，左手立掌四指并拢，伸臂向前下方推出，右臂自然弯曲，右手持一柄状物；导引俑第 5，头戴平顶帽，面部表情自然，上身着无袖上衣，下身着不及踝的宽短裤，头微仰，弯腰，双腿叉开呈半蹲状[①]（图三 -109）。这一时期，适用于自身身体状况的自由性锻炼活动较为普遍，如行走、跑步、遛狗等等，这些活动与上文所述较系统的锻炼方法相比较，在活动时间、运动量及其对身体不适治愈等方面的自由性较大，缺乏系统性，但在促进身体健康，增强身体素质等方面具有一定益处。

图三 -109　河南济源西窑头 M10 养生俑群
1、2、4、6、7. 导引俑　3、5. 气功俑

还有一些则是对乐舞杂技等活动内容的模仿，相关研究将其中的一些活动称为体育还略显超前，但对于一些家庭成员来讲，通过对乐舞杂技的模仿和借鉴可以起到锻炼身体、增强体质、提高对疾病的预防和免疫的作用，可视为家庭成员保健方面的保障内容之一。相关内容因具有以上保健功用，所以逐渐成为一些家庭成员喜爱的活动。如蹴鞠，汉代尤其是东汉时已较为流行，较多地区出土的东汉画像中皆有此项

① 李彩霞：《济源西窑头村 M10 出土陶塑器物赏析》，《中原文物》2010 年第 4 期。

内容，如河南登封中岳汉三阙中的少室阙和启母阙，均有蹴鞠画像[①]（图三 -110：1）。另外也见有蹴鞠俑，陕西西安市电信局第二长途通讯大楼 M67、西安石油学院 M10 均出土较多陶俑，从各种陶俑的形制、组合等来看，应与杂技、乐舞表演等有关，另外还有观赏者，这与汉代画像石中的乐舞杂技表演的画像有所相似，一些陶俑也体现出与健身有关的内容，其中即有蹴鞠俑，另外还有单腿曲膝坐俑、平坐俑、立俑，腿部动作不同，上肢也有不同动作或姿势[②]。这些俑的形体活动或肢体动作，一些可适用于现实生活中相应人员的身体锻炼，而需要说明的是，部分俑的形体动作与上文所述重庆巫山麦沱西汉 M40 出土的 6 件导引俑有所相似，或与导引、保健等有关。上述相关活动经发展，在以后的朝代成为了具有一定竞技性、娱乐性又可锻炼身体，促进体质保健的一项活动。再如上文所述河南济源西窑头西汉末 M10 出土的养生俑，墓中与之同出的还有一定数量的乐舞俑，所以这些“养生俑”也存在是杂技俑的可能，俑的衣着及面相等方面也有一定体现，但其作为养生俑的可能性更大一些。角觝或角力等具有一定的竞技性，同时又具有锻炼身体的功用，较多汉代画像石中有此类画像。江苏徐州贾汪北部地区出土画像石上有二人掰手腕画像，画面主要刻有两个人物，面对面作屈膝半蹲状，各自伸出右手，两臂成垂直交叉，肘置膝盖，掌心相对，虎口交叉并握紧，正在凭腕力扳倒对手（图三 -110：2）；画像的另一面下部左格刻为比武图，一人手持长戟，另一人右手握环首刀，左手拿盾牌正在比武[③]。重庆地区发现的一些汉代画像上的此类内容较为生动，如璧山区小河坝东汉 M2 墓室后壁的相关画像中，有角觝者，也有作打斗状者，亦有做出

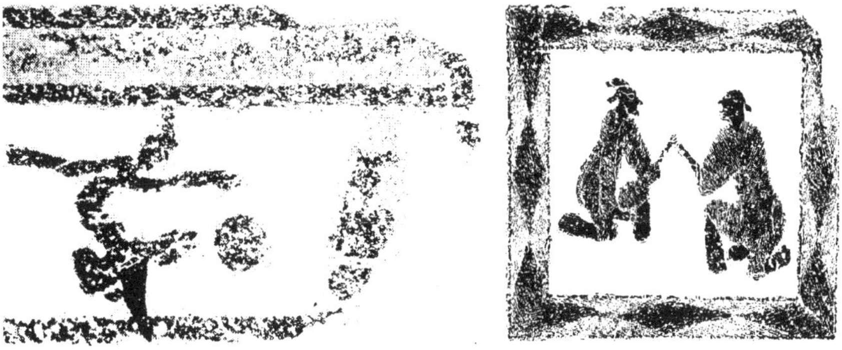

1　　2

图三 -110　汉代画像上的蹴鞠图与掰手腕图

1. 河南登封汉代启母阙上的蹴鞠画像　2. 江苏徐州贾汪北部出土二人掰手腕画像

① 吕品：《中岳汉三阙》，《河南文博通讯》1979 年第 2 期。

② 西安市文物保护考古所：《西安东汉墓》，文物出版社，2009 年，第 248-253、652-654 页。

③ 杨孝军：《徐州新征集的汉画像石研究》，《东南文化》2009 年第 4 期。

其他相关动作者，画面虽小，但较为生动地体现出有关的内容①（图三 -111）。

图三 -111 重庆市璧山区小河坝东汉 M2 墓室后壁的角觝或角力等画像

3. 养老与保健

秦汉时期，尤其是汉代，养老是社会内容之一。一方面，当一些老人达到相应年龄时，所在地区的政府机构会在规定的日子给老人分发粮食，四川地区已发现与之相关的汉代画像砖多块，所表现的为老者到地方政府粮仓处领取一定量粮食的内容。领取一定量的粮食可在相应程度上保证老者，尤其是经济条件相对较差家庭中老者的饮食，进而可在某种程度上增强体质和抗病能力。与汉代养老有关的内容还有赐杖，所赐的杖称为鸠杖。四川地区出土养老图中的老人基本都手中握杖。关于赐鸠杖的制度，在西汉成帝建始二年（公元前 31 年）时就已形成，《后汉书·礼仪志》中对之有较详细的记载："仲秋之月，县道皆案户比民。年始七十者，授之以王杖，餔之糜粥。八十九十，礼有加赐。王杖长〔九〕尺，端以鸠鸟为饰。鸠者，不噎之鸟也。欲老人不噎。"②杖可让老人在站立、行走时保持身体的稳定性，而由记载来看，鸠杖在思想上还对老年人的身体保健有相应益处。考古发掘出土有鸠杖实物，而汉代画像中的老者执握鸠杖的形象较为多见，均间接反映出汉代养老及家庭中老者执杖以保护自己身体的内容。

第四节 墓地安全与墓葬防盗

墓葬是家庭成员去世之后尸身的归属地，同一家庭的多个成员死后可能会葬于同一墓葬之中，形成一种家庭葬，这在秦汉时期尤其是东汉时期尤为多见，应与家庭的发展及相应观念如家庭团结等的加强有一定关系。更常见的是每个家庭成员或家庭中的夫妻单独一墓，多个此类墓葬形成另一形式的家庭葬。随着秦汉家庭的

① 重庆市文化遗产研究院：《重庆汉代画像考古报告集》，科学出版社，2019 年，第 80、85、86 页。

② （南朝宋）范晔撰，（唐）李贤等注：《后汉书·礼仪志》，中华书局，1965 年，第 3124 页。

发展延续，上述两种形式的家庭葬可以形成小的家族墓地，同时在与所属家族墓地发展相结合的过程中，又会组成更大的家族墓地，这也在一定程度上体现出汉代墓地、墓葬的发展。随着秦汉时期社会政治、经济、思想文化的发展，加之“事死如事生，事亡如事存”①丧葬观念的不断影响和渗透，还有升仙思想、厚葬思想的推动，这一时期的墓葬内容更趋多样化。但是，出于对墓葬内外物质内容的盗取、破坏及其他目的、方式等所形成对墓葬的破坏在当时也较为常见，正如《吕氏春秋·安死》所载：“无不亡之国者，是无不扣之墓也。”②这也使得当时家庭对墓地安全与墓葬防盗意识不断加强，另外还有尽可能多地采取措施减少其他因素对墓地或墓葬造成的损毁和破坏。这些均是汉代家庭的相关保障内容之一，并具有针对性和特殊性。

一、厚葬之风及对墓葬修建的重视

厚葬是秦汉墓葬所反映丧葬内容的主体，同时也是家庭思想内容的重要组成之一。文献所载“厚资多藏，器用如生人”③是对这一时期厚葬行为及思想意识较为恰当的描写。秦汉一代，厚葬之风盛行，文献关于秦代始皇帝陵的记载，当今关于秦始皇帝陵诸多陪葬墓、陪葬坑的发掘、还有对于较多秦代贵族官吏墓葬的发掘等，均反映出秦代家庭追崇厚葬的特征。汉代，厚葬之风愈加突出，上至帝王，下至平民百姓无不追求厚葬。史载，汉武帝营造茂陵时，“多藏金钱财物，鸟兽鱼鳖牛马虎豹生禽，凡百九十物，尽瘗藏之。”④“比崩，陵中至不复容物。”⑤王侯贵族、高级官僚、郡县豪吏亦多厚葬，文献中载：“今京师贵戚，郡县豪家，生不极养，死乃崇丧。或至刻金缕玉，檽梓楩柟，良田造茔，黄壤致藏，多埋珍宝偶人车马，造起大冢，广种松柏，庐舍祠堂，崇侈上僭（务崇华侈）。”⑥中下层民众也推崇厚葬，相关

---

①（战国）子思：《礼记·中庸》，阮元校勘：《十三经注疏·礼记》，台湾艺文印书馆，2001年，第887页。

②（战国）吕不韦等编撰，许维遹撰，梁运华整理：《吕氏春秋集释》，中华书局，2009年，第225页。

③（西汉）桓宽：《盐铁论·散不足》，王利器校注：《盐铁论校注（定本）》，中华书局，1992年，第353页。

④（东汉）班固撰，（唐）颜师古注：《汉书·贡禹传》，中华书局，1962年，第3071页。

⑤（元）马端临：《文献通考·王礼考》，中华书局，1986年，第1115页。另《晋书·索靖传附子索琳传》载：“比崩而茂陵不复容物。其树已可拱。赤眉取陵中物不能减半，于今犹有朽帛委积，珠玉未尽。”（唐）房玄龄等撰：《晋书》，中华书局，1974年，第1651页。《旧唐书·虞世南传》载：“武帝历年长久，比葬，陵中不复容物，……其后至更始之败，赤眉贼人长安，破茂陵取物，犹不能尽。”（后晋）刘昫等撰：《旧唐书》，中华书局，1975年，第2568页。《新唐书·虞世南传》载：“武帝历年长久，比葬，方中不复容物。……其后赤眉入长安，破茂陵取物，犹不能尽。”（宋）欧阳修、宋祁撰：《新唐书》，中华书局，1975年，第3971页。

⑥（东汉）王符：《潜夫论·浮侈》，（清）汪继培笺，彭铎校正：《潜夫论笺校正》，中华书局，1985年，第137页。《后汉书》卷四十九《王符传》写作“务崇华侈”，见（南朝宋）范晔撰，（唐）李贤等注：《后汉书》，中华书局，1965年，第1637页。

记载更多，“废事生而营终亡，替所养而为厚葬。”[①]“生不能致其爱敬，死以奢侈相高，虽无哀戚之心，而厚葬重币者，则称以为孝，显名立于世，光荣着于俗。故黎民相慕效，至于发屋卖业。”[②]“世以厚葬为德，薄终为鄙，至于富者奢僭，贫者单财，法令不能禁，礼义不能止。”[③]东汉时期的王符在其所撰《潜夫论·浮侈》篇指出：“此无益于奉终，无增于孝行，但作烦搅扰，伤害吏民”[④]，同书《务本》篇亦称“此乱孝悌之真行，而误后生之痛者也。”[⑤]考古资料体现的内容更为直接和丰富，墓葬的形制、规模、设施及诸多不同质地、不同功用的物品埋藏于地下等等方面皆可说明，而且不同时代、不同地域、不同等级的墓葬都可反映出其厚葬的内容、内涵和特点。墓外设施也不例外，就墓外祠堂等的砌建来讲，出土与之相关的文字资料多有记录。如山东嘉祥宋山出土的许安国祠堂题记中记有“以其余财，……作治连月，功扶无亟”[⑥]，嘉祥武氏祠出土的《从事武梁碑》中也记有“竭家所有”[⑦]等等。

在普遍追求厚葬及升仙思想等观念的推动下，秦汉家庭对于墓葬的修建也较为重视。《晋书·索靖传附子索綝传》即载：“汉天子即位一年而为陵，天下贡赋三分之一，一供宗庙，一供宾客，一充山陵。”[⑧]秦汉家庭对墓葬修建的重视在较多方面都有体现，凿山为藏的横穴崖洞墓和竖穴石坑墓的凿建，竖穴土坑墓的深挖，葬具的置放，墓穴的填封与封土的堆筑，墓外设施的修建等皆可说明。这一时期，墓葬形制的日趋第宅化即是墓葬形制发展背景下墓葬修建的内容和体现之一。概括来讲，秦汉时期墓葬的修建大致可表现为使用工具多样、动用人员较多、重视程度较高、资金花费较大等多个方面，以人员使用为例，帝陵的修建动用人员较多，军队是内容之一，刑徒也得到较多使用，一些诸侯王墓葬、列侯墓葬的修建也会动用到军队，这在文献中有载，而其他人员的墓葬，也会根据墓葬修建的需求，动用较多的人力和物力。史载，东汉中山简王刘焉死后，朝廷“诏济南、东海二王皆会。大为修冢茔，开神道，平夷吏人冢墓以千数，作者万余人。发常山、巨鹿、涿郡柏黄肠杂木，三郡不能备，复调余州郡工徒及送致者数千人。凡征发摇动六州十八郡，制度余国莫及。”[⑨]就一般的石坑竖穴墓葬来讲，根据墓葬长宽再乘以深度，开凿的石

① （南朝宋）范晔撰，（唐）李贤等注：《后汉书·赵咨传》，中华书局，1965年，第1315页。

② （西汉）桓宽：《盐铁论·散不足》，王利器校注：《盐铁论校注（定本）》，中华书局，1992年，第354页。

③ （南朝宋）范晔撰，（唐）李贤等注：《后汉书·光武帝纪》，中华书局，1965年，第51页。

④ （东汉）王符：《潜夫论·浮侈》，（清）汪继培笺，彭铎校正：《潜夫论笺校正》，中华书局，1985年，第134、137页。

⑤ （东汉）王符：《潜夫论·务本》，（清）汪继培笺，彭铎校正：《潜夫论笺校正》，中华书局，1985年，第20页。

⑥ 济宁地区文物组、嘉祥县文管所：《山东嘉祥宋山1980年出土的汉画像石》，《文物》1982年第5期。

⑦ 蒋英炬、吴文祺：《汉代武氏墓群石刻研究》，山东美术出版社，1995年，第17页。

⑧ （唐）房玄龄等撰：《晋书》，中华书局，1974年，第1651页。

⑨ （南朝宋）范晔撰、（唐）李贤等注：《后汉书·光武十王传》，中华书局，1965年，第1450页。

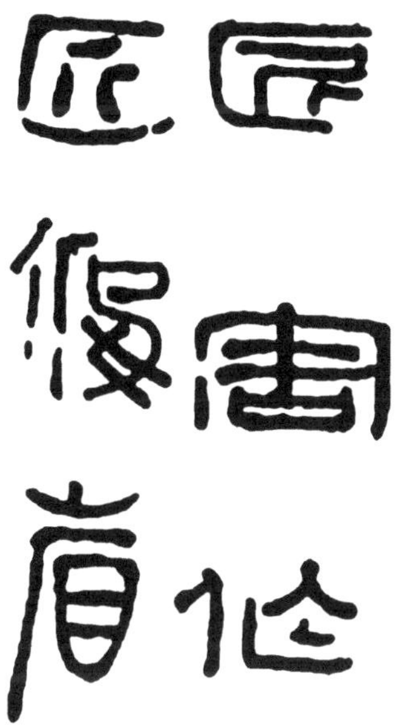
图三 -112　江苏徐州北洞山楚王墓塞石上朱书工匠名字

料量也很大，这亦需要相应的人员来完成。另外，多数具有相应等级的墓葬还表现在技术复杂、有针对性等方面，而其中一些墓葬的修建，还有相应的监管措施，这是重视墓葬修建的重要体现之一。等级越高，监管越严，帝王陵墓的修建多有相应官吏，司空为九卿中少府的属官，主要掌管宫廷建筑，也负责修建陵墓等。江苏徐州北洞山楚王墓塞石上的朱书文字中，既有监督人员也有工匠的称谓，如“某省”、“某匠”，“省”可作“监制”解，“省”、“匠”应是修建该墓时的监督人员和工匠①(图三 -112)。另外有一些墓葬出土或使用的木构件、黄肠石等上也有与之相关文字，亦可证明。

厚葬的特征及表现和对于墓葬修建的重视，加之其他相关因素的影响，共同促进了秦汉墓葬的全面发展，而墓内丰富的埋藏物及墓外的石材等也为后世（包括秦汉时期晚于墓葬时代的相应阶段）对于这些墓葬的盗掘和破坏埋下了伏笔，同时还因技术、材料及其环境等因素，使得墓葬及相关设施会遭受不同形式的损毁和破坏。

二、墓地安全与墓葬防盗

针对于家庭成员死后世界的保护，秦汉家庭在墓地安全与墓葬防盗等方面采取了较多的措施，尽可能地避免遭到损毁、破坏乃至被盗掘。秦汉家庭对于墓地安全与墓葬防盗的保障，一方面是出于针对死者死后世界的实用主义动机和需求，另一方面也是生者显孝示孝的现实需求和体现，均使得秦汉墓地安全与墓葬防盗的保障措施呈现出多样性。

一是墓葬的选址。秦汉时期，尤其是汉代，一方面出于风水或堪舆术的要求选择形胜吉地，另一方面则是便于祭祀，而且还有较为重要的一点，就是便于保护墓地安全、防止墓葬被盗。西南地区的悬棺葬和崖墓是较好的例证之一，而较多的石坑竖穴墓、横穴崖洞墓选择建于山上也是体现之一，至少盗墓者很难从墓壁一侧挖掘盗洞进入墓室。

二是设置守陵人或守冢者。西汉帝陵区与诸侯王墓地，甚至一些列侯墓地设置有陵邑或园邑。西汉帝陵的陵邑规模大，还有较多配套设施，均已作相关调查勘

① 徐州博物馆、南京大学历史学考古专业：《徐州北洞山西汉楚王墓》，文物出版社，2003 年，第 37、38 页。

探，如武帝茂陵的陵邑[①]、昭帝平陵的陵邑[②]（图三-113）等。诸侯王墓地设园邑在文献中有载，考古资料也多有体现，1972年发掘的徐州市西北郊小龟山M1出土的1件铜量，其上铭文为“重一斤一两十二朱，楚私官重一斤一两十八朱，第二—北平园”[③]，“北平园”很可能是某代楚王陵邑即园邑的名称[④]。列侯死后墓地设园邑在文献

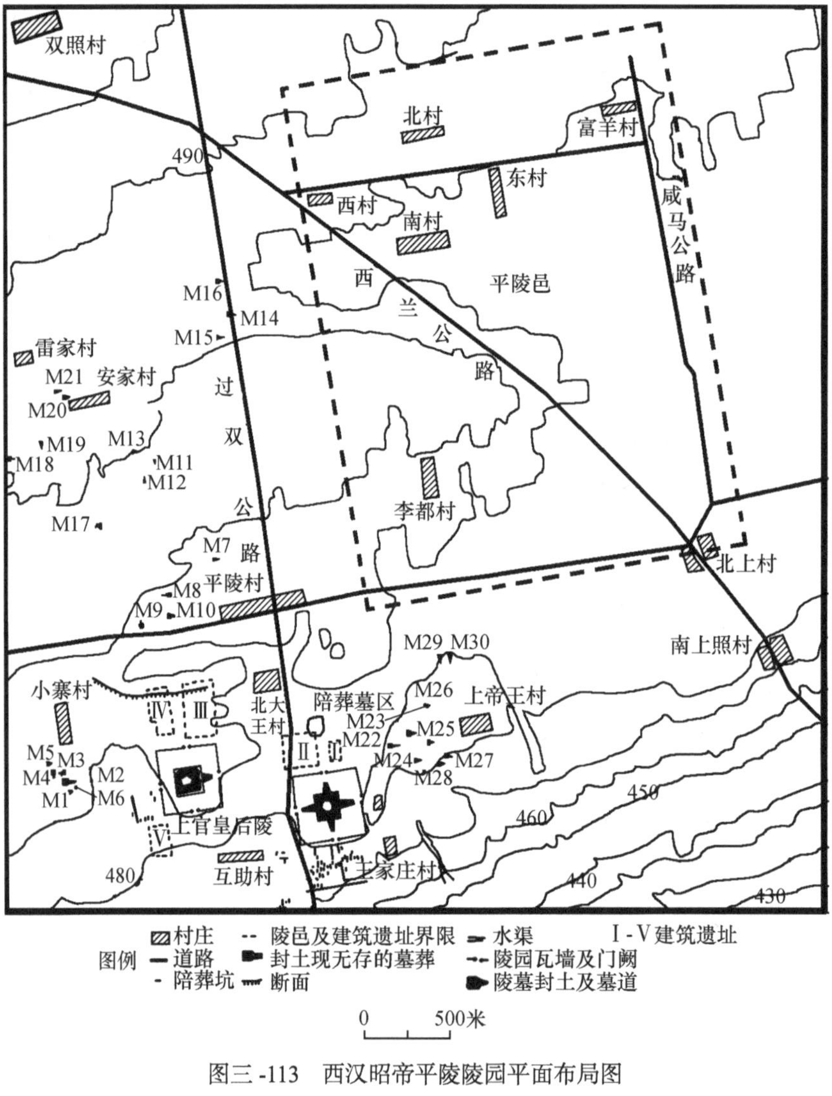

图三-113　西汉昭帝平陵陵园平面布局图

---

① 咸阳市文物考古研究所:《汉武帝茂陵钻探调查简报》,《考古与文物》2007年第6期；陕西省考古研究院、咸阳市文物考古研究所、茂陵博物馆:《汉武帝茂陵考古调查、勘探简报》,《考古与文物》2011年第2期。

② 咸阳市文物考古研究所:《西汉昭帝平陵钻探调查简报》,《考古与文物》2007年第5期。

③ 南京博物院:《铜山小龟山西汉崖洞墓》,《文物》1973年第4期。

④ 刘尊志:《汉代诸侯王墓研究》，社会科学文献出版社，2012年，第281页。

中有记载，如文帝追尊薄太后父为灵文侯，“会稽郡致园邑三百家，长丞以下使奉守寝庙，上食祠如法”[①]。陵邑的设置有较多内涵，帝陵设置陵邑与保证陵区繁荣、侍奉和管理陵园、保护陵墓等有关，同时还有较强的政治目的，而王侯墓葬则主要是为了侍奉陵园或保护墓葬和陵区。有文献对于守冢者记为守冢户，如淮南王刘长以列侯礼葬于雍，置守冢三十户[②]。河北保定满城县的陵山至今仍有一个叫守陵村的村子，而它“应该就是当时被迫看守陵墓的民户后代所居住的村落。该村群众至今还相传，他们的祖先是给人看坟的，但因年代长久，所看守的究竟为谁的坟，已无人知道了”[③]，相关信息透露出与守陵有关的内容。一些诸侯王墓地还发现有“园寺吏舍”的遗存，河南永城梁孝王墓地陵园东门址西北 15 米处钻探出一正方形建筑基址，边长 9 米，面积 81 平方米，四周用石块垒砌，中间夯土，编为 9 号基址；寝园东北 100 米的台地之下发现一长方形建筑基址，长 8、宽 5 米，面积 40 平方米，四周用条石垒砌，中间夯土，编为 5 号基址，这些建筑基址应为守卫陵园、寝园的士兵与下级官吏而设的“园寺吏舍”[④]。东汉时，帝陵基本不再使用陵邑，但园寺吏舍的功能得到加强，王侯墓葬亦不再有园邑设置，亦在守墓或守冢人方面进行了加强，河南洛阳汉魏故城西东汉墓的东侧有面积较大、但设施丰富的建筑群，由东、西毗连的三进院落组成，东西长 90、南北宽至少 70 米[⑤]，一些设施如角楼等当与守冢有相应关系。汉代还有一种丧葬习俗，也可起到以人看护墓地或墓葬的作用，即守丧，《礼记·丧大记（二）》载：“父母之丧，居倚庐，不涂。寝苫枕凷，非丧事不言。”[⑥]据史书记载，汉代有很多人守三年丧，一些人则居住在先人的墓旁。《后汉书》载：“（周磐）后思母，弃官还乡里。及母殁，哀至几于毁灭，服终，遂庐于冢侧。”[⑦]“及母终，至性殆灭，（江革）尝寝伏冢庐，服竟，不忍除。”[⑧]考古资料也有一些体现和反映，江苏徐州铜山汉王东沿村出土的画像刻铭中记有：“元和三年（86 年）三月七日三十示大人子侯世子豪（高）行三年如礼治冢石室直（值）□万五千”等字[⑨]。很多中小型墓葬的地表有建筑材料遗存，以板瓦、筒瓦为主，有的还有瓦当，其中一些可能与守冢有

---

① （东汉）班固撰，（唐）颜师古注：《汉书·外戚传》，中华书局，1962 年，第 3942 页。

② （西汉）司马迁撰，（南朝）裴骃集解，（唐）司马贞索引、张守节正义：《史记·淮南衡山列传》，中华书局，1982 年，第 3080 页。

③ 中国社会科学院考古研究所、河北省文物管理处：《满城汉墓发掘报告》，文物出版社，1980 年，第 4 页。

④ 河南省文物考古研究所：《永城西汉梁国王陵与寝园》，中州古籍出版社，1996 年，第 18 页。

⑤ 中国社会科学院考古研究所洛阳汉魏城队：《汉魏洛阳城西东汉墓园遗址》，《考古学报》1993 年第 3 期。

⑥ （清）孙希旦：《礼记集解》，中华书局，1989 年，第 1170 页。

⑦ （南朝宋）范晔撰，（唐）李贤等注：《后汉书·周磐传》，中华书局，1965 年，第 1311 页。

⑧ （南朝宋）范晔撰，（唐）李贤等注：《后汉书·江革传》，中华书局，1965 年，第 1302 页。

⑨ 徐州博物馆：《徐州发现东汉元和三年画像石》，《文物》1990 年第 9 期。

关。这也说明，中小型墓葬中，一些可能设有相应人员进行看护，而且还体现出等级高的墓葬较等级低的墓葬更为普遍的特征。

三是增加墓外设施。从大的方面讲，上文所述陵邑或园邑及一些守冢设施等，都是墓外设施的组成内容之一，除此之外，还有其他较多的设施内容。西汉帝王陵墓皆有陵园，东汉帝陵从汉明帝显节陵始，以行马代替垣墙，但其他设施增加，如洛阳偃师白草坡东汉帝陵陵园，陵墓东北有大面积的陵园建筑①（图三-114）；东汉诸侯王墓则是或有垣墙，或可能与帝陵相似无垣墙。列侯及其他等级人员墓地中，与帝王陵墓陵园相似的内容称为墓园，对应设施形式多样，有夯筑园墙者，有以石砌建垣墙者，也有挖隍壕或围沟者，亦有采取其他形式者。列侯墓地如江西南昌海昏侯墓地，墓园原有夯土墙，东、北皆有门阙，而且门内有建筑，北门还有配套的水井，因此应有相应人员居住于此，进而形成对墓地的守护。中小型墓地中，江苏邳州山头墓地，外有一周隍壕，宽且有相应深度，仅在一侧留门②（图三-115）；陕西西安及河南三门峡等地的一些秦代与西汉时期的中小型墓葬外有围沟，有的不见联通内外的通道，而且沟还相对较深，这一现象在东汉甚至更晚时期的墓葬中仍然

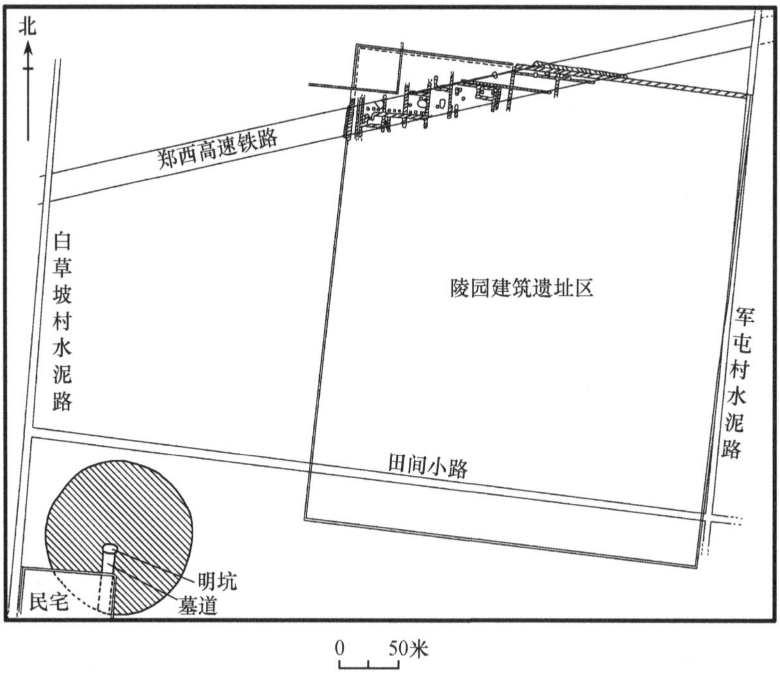

图三-114 河南洛阳偃师百草坡东汉帝陵陵园遗址平面图

① 洛阳市第二文物工作队、偃师市文物管理委员会：《偃师白草坡东汉帝陵陵园遗址》，《文物》2007年第10期。

② 江西省文物考古研究所、南昌市博物馆、南昌市新建区博物馆：《南昌市西汉海昏侯墓》，《考古》2016年第7期。

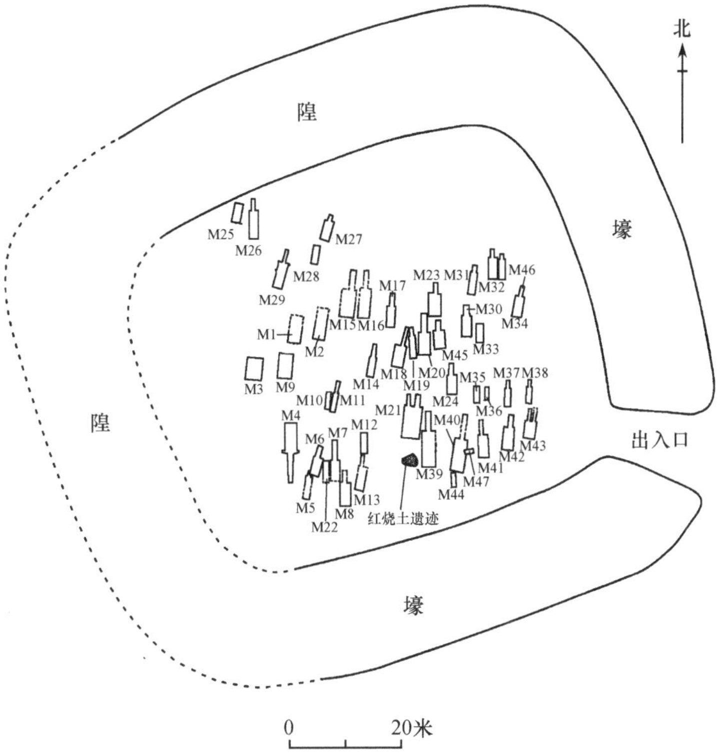

图三-115 江苏徐州市邳州山头墓地隍壕与墓葬分布图

存在，如河南三门峡南交口M17，是一座地面上尚存有高大封土冢、四周环绕以围墓沟的大型洞室砖券墓葬，时代为东汉后期[①]。秦汉帝陵及两汉诸侯王墓还有相应规模的祭祀设施，加之园寺吏舍及其他设施，当有一定数量的人员，包括有关的士兵等，或进行管理，或开展祭祀及其他活动，或负责守护，一些人应居住于陵区中，这对陵区及其内墓葬均可起到较好的保护效果。列侯及中小型墓葬外的设施也较为多样，一些墓葬的封土外砌建石墙，相对封闭，如安徽宿州褚兰墓山孜M1、M2，皆设矮垣，有残存的墙体[②]；江苏邳州燕子埠东汉彭城相缪宇墓，墓外东北西三面有紧贴封土的石墙，南端有围墙围成的一定空间，并有门等设施[③]（图三-116），从某种程度上与上述褚兰墓山孜M1、M2相似，也与其他一些墓葬的墓园墙有相近的地方，应是介于二者之间的一种保护墓葬的设施。除上述内容外，较多汉代列侯及中小型墓葬外有祠堂、门阙、墓地石刻（如石人、石兽、石柱等），祠堂与祭祀有关，较多祠堂有装饰，尤其是西汉晚期至东汉时期，今苏鲁豫皖交界地区开始兴

① 河南省文物考古研究所：《三门峡南交口》，科学出版社，2009年，第278页；《河南三门峡南交口汉墓（M17）发掘简报》，《文物》2009年第3期。

② 王步毅：《安徽宿县褚兰汉画像石墓》，《考古学报》1993年第4期。

③ 南京博物院、邳州博物馆：《东汉彭城相缪宇墓》，《文物》1984年第8期。

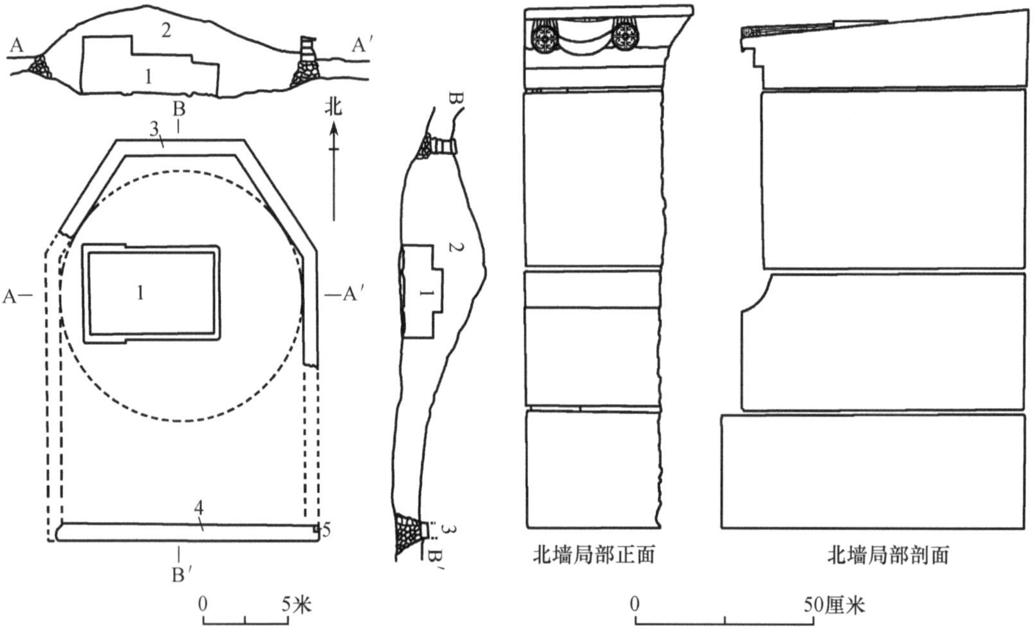

图三 -116　江苏邳州燕子埠东汉彭城相缪宇墓及其围墙
1. 墓室　2. 封土　3. 墙垣　4. 基石　5. 方形凹槽

起并较为流行的石祠堂，其上有较多与宣传教化有关的画像内容，这与门阙及其画像、石人、石兽等可共同起到思想上保护墓地及墓地内墓葬等的作用。需要说明的是，秦汉时期，无论等级较高的帝王列侯墓葬，还是诸多中小型墓葬，与之相关的墓祭行为较为普遍，上述与墓葬祭祀有关的设施发现较多即可说明，而祭祀行为的普遍化和频繁化也对墓地及其内的墓葬可起到相应保护作用。

四是墓葬修建与封护中使用多种防盗方法和设施，这又在三个方面有具体体现。

1. 墓坑

古代丧葬普遍讲究入土为安，秦汉时期的墓葬亦不例外，并在此基础上形成防盗功能更强的石坑竖穴墓和横穴崖洞墓及一定数量的石坑圹的横穴室墓。秦与西汉时期的墓葬中，有少量的横穴崖洞墓，更多的则是竖穴式墓葬。横穴崖洞墓从山体一侧向内掏挖，延伸较长，以江苏徐州地区发现的西汉楚王墓与王后墓为例，在西汉中晚期，均使用有相当距离的窄长甬道，墓室在甬道之后，主墓室则大致位于所在山体的中心位置，防盗特征明显。竖穴墓葬的形式较为多样，如存在有无墓道之分，而墓道也有斜坡式与竖穴式的差别，且因等级的不同，墓道数量存在差异，帝陵为四出墓道，诸侯王墓中，一条与两条墓道者皆有，列侯及中小型墓葬则是一条墓道或无墓道。无论形式如何，秦与西汉时期的竖穴墓葬基本都是在相应条件下采取的深挖墓穴形式，即尽可能采取深埋的方式。帝王及列侯陵墓等级高，墓穴不仅面积大，墓坑也较深，中小型墓葬亦是如此，如江苏徐州东郊东甸子西汉 M1，男性墓主为西汉楚国的一般官吏，其与夫人的同穴合葬墓为长方形石坑竖穴式，南北长 3.5、东西宽 2.7、墓口至底深 8.25 米，同一墓地的 M3 亦是长方形石坑竖穴式，墓内葬一未成年的小孩，墓口至底的深度也有 7.83 米[①]。东汉时期，墓葬的主体为横穴式，但多数墓葬为先挖坑穴，从考古资料来看，等级较高的墓葬墓坑亦较深，而如江苏徐州土山汉墓中的 M2、M3，均凿石为坑[②]。其他中小型墓葬，尤其是地方官吏、地主的墓葬也多数如此。

2. 葬具及相关内容

葬具及相关内容的砌建也体现出防盗内容。秦代及西汉时期的高等级墓葬尤为突出，帝陵暂未发掘，但从史料记载来看，无论秦始皇帝陵还是西汉诸帝陵，葬具规格极高，且可能还有配套的内容，黄肠题凑得到普遍应用。西汉诸侯王墓对于黄肠题凑的使用也相对普遍，湖南长沙象鼻嘴 M1，墓主为吴姓长沙王吴著或刘姓长沙王刘发，墓圹四壁有两级台阶，向下稍内收，所用黄肠题凑形制比较清晰，葬具分内、外椁，皆木制，平面长方形，外椁由枕木、底板、墙板、盖板及外椁门组成，内椁由底板、墙板及椁门等构成，设计和制造均较考究[③]；长沙咸家湖望城坡 M1，题凑木墙上发现有“题凑”木的自铭刻文，时代为西汉前期，墓主为吴姓长沙王后渔阳[④]。一些西汉诸侯王墓，木椁与石椁共用，安徽双墩 M1，墓内为重椁，外椁木质，内外髹黑漆，东端对开一门；内椁为石椁，内壁髹黑漆，东端为对开石门[⑤]；河北获鹿高庄 M1，椁室用条石砌筑，平面长方形，底部平铺两层石板，石板内可能有木椁[⑥]。棺的使用也有体现，一是材质的使用，梓木或松柏木等为常用木材，较为坚硬，二是使用多重棺，河北献县 M36[⑦]、湖南长沙象鼻嘴 M1 为三重棺，双乳山 M1[⑧]、北京大葆台 M1[⑨]、老山

---

① 徐州博物馆：《徐州东甸子西汉墓》，《文物》1999 年第 12 期。

② 刘尊志：《徐州汉墓与汉代社会研究》，科学出版社，2011 年，第 55-59 页。

③ 湖南省博物馆：《长沙象鼻嘴一号西汉墓》，《考古学报》1981 年第 1 期。

④ 长沙市文物考古研究所、长沙简牍博物馆：《湖南长沙望城坡西汉渔阳墓发掘简报》，《文物》2010 年第 4 期。

⑤ 安徽省文物考古研究所、安徽省六安市文物局：《安徽六安双墩一号汉墓发掘简报》，安徽省文物考古研究所、安徽省考古学会编：《文物研究·第 17 辑》，科学出版社，2010 年，第 107-123 页。

⑥ 河北省文物研究所、鹿泉市文物保管所：《高庄汉墓》，科学出版社，2006 年，第 7-11 页。

⑦ 河北省文物研究所、沧州市文物管理处、献县文物管理所：《献县第 36 号汉墓发掘报告》，河北文物研究所编：《河北省考古文集》，东方出版社，1998 年，第 241-260 页。

⑧ 山东大学考古系、山东省文物局、长清县文化局：《山东长清县双乳山一号汉墓发掘简报》，《考古》1997 年第 3 期。

⑨ 大葆台汉墓发掘组、中国社会科学院考古研究所：《北京大葆台汉墓》，文物出版社，1989 年，第 20-29 页。

汉墓[①]为二椁三重棺，河北定县八角廊中山怀王刘修墓（M40）则为五重漆木棺[②]。东汉墓葬中，较多墓葬的具体葬具砌建相对简单，但有些墓葬中，葬具所在墓室处的砌建较其他墓室要明显坚固，尤其是砖砌顶，用砖层数明显要多，而一些砖石混筑墓，还会在摆放葬具的墓室以石材砌顶，而其他一些室则可能为砖券顶，且券砖层数少。

3. 封护

封护是墓葬防盗的重要措施，包含内容较为丰富，且因墓葬形制、等级、时代、地域等方面的差异呈现出多样性特征。

秦汉帝陵均未发掘，但根据文献记载可知对于墓内封护的重视。秦始皇帝陵可能在墓内用水银封护，西汉帝陵积沙或积炭，文献中有汉元帝建造陵墓时大量使用沙的记载。从现有调查看，秦至东汉时期的帝陵绝大多数（西汉文帝霸陵除外）都有高大封土，筑陵以象山，封土面积巨大、夯筑坚实，厚度和高度是其他等级墓葬不可比拟的，这是墓葬防盗的重要内容之一。秦始皇帝陵与西汉帝陵的封土均为覆斗形，东汉帝陵则多为圆形，秦始皇帝陵的封土远望如山，西汉帝陵的封土也较为高大，如阳陵、茂陵等，东汉帝陵中有些陵墓的封土已遭破坏，如白草坡东汉帝陵[③]，但如大汉冢等依旧巍峨矗立，占地面积及其高度均较大[④]。王侯墓葬及中小型墓葬亦是多有封土，且因墓主等级身份的差异，呈现出墓主等级高者封土面积大、高度高，墓主等级低者封土面积小、高度低的普遍特征，一些等级极低者可能还没有封土。如江苏徐州土山东汉墓，为诸侯王级别墓葬，封土周长225米多，现存高度达18米多，夯层紧密，较为坚硬[⑤]。西汉诸侯王墓中也有不使用封土者，其更主要目的也是为了防盗，就其方式来讲，很可能是参照或借鉴汉文帝霸陵“山川因其故，无有所改”、“因其山，不起坟”[⑥]的做法。最典型的西汉诸侯王墓为河北保定满城中山靖王刘胜及其夫人的2座墓葬[⑦]，刘胜为汉文帝刘恒的孙子[⑧]或可能与之有关，而这两座墓葬也一直未遭到进入墓室的疯狂盗掘。

---

① 王鑫、程利：《石景山老山汉墓》，中国考古学会编：《中国考古学年鉴·2001年》，文物出版社，2002年，第104、105页。

② 河北省文物研究所：《河北定县40号汉墓发掘简报》，《文物》1981年第8期。

③ 洛阳市第二文物工作队、偃师市文物管理委员会：《偃师白草坡东汉帝陵陵园遗址》，《文物》2007年第10期。

④ 洛阳市第二文物工作队：《洛阳邙山陵墓群的文物普查》，《文物》2007年第10期。

⑤ 南京博物院：《徐州土山汉墓清理简报》，《文博通讯》第15期，1977年，第18-23页。

⑥ （东汉）班固撰，（唐）颜师古注：《汉书·文帝纪》，中华书局，1962年，第132、134页。

⑦ 中国社会科学院考古研究所、河北省文物管理处：《满城汉墓发掘报告》，文物出版社，1980年。

⑧ （东汉）班固撰，（唐）颜师古注：《汉书·景帝纪》，中华书局，1962年，第143页。

秦汉王侯与中小型墓葬的墓内封护内容也极为丰富，尤以汉代最为突出。

西汉王侯墓葬的墓室中，积炭、积沙、积石、填塞各种膏泥等方法较为常见。湖南长沙象鼻嘴M1，过道前端设门，题凑木墙至墓壁间的空隙全部用黄沙、砾石填塞。陕西西安新安机砖厂西汉墓，墓主为西汉早期的利成侯，墓内积炭明显[①]。西安发现的西汉晚期宜春侯墓（M1），为典型的积沙墓，墓底之上为2.5米的积沙，椁室的基础直接建于积沙之上[②]。湖南长沙马王堆M1，墓底铺15厘米的白膏泥，棺椁上部及四周填塞木炭，在木炭外再填白膏泥，将整个墓室塞满封固[③]。这类现象在汉代中小型墓葬中也较为常见，尤以两湖地区汉墓中发现或保存较多，河南南部的南阳地区也有发现，如淅川新四队发现的一些秦至西汉时期的竖穴墓葬，规模不大，等级不高，但墓室内有较为明显的积炭特征[④]。

墓葬与外相通处设门也与防盗有关，这是对现实世界的模仿。一方面，汉墓尤其是东汉墓葬，使用宽厚的封门墙，或砖砌，或石砌，可起到相应的防盗效果。二是铁水浇门，主要见于河北保定满城西汉墓，其中M1的墓道口用土坯封门，两道土坯墙之间用铁水浇灌形成铁门[⑤]；M2墓道口以砖砌封门，呈桃形，下铺有黄土，再下为灰渣层。在两层封门之间浇灌铁水，形成砖壁铁墙[⑥]。三是以木板、石板封门，石板效果好，木板多竖立，石板则是或竖立或多层平放，江苏省徐州市区南郊的凤凰山西汉早期墓葬，竖穴墓道与主墓室间有低矮略窄的甬道，其内为多层平放的石板，东侧的长方形室与竖穴间立放木板，发掘时已朽不见[⑦]；北郊的火山汉墓，竖穴西侧为长方形墓室，以长方形大石板竖立封堵，并在空隙处填塞铁楔加固[⑧]。四是使用木门或石门，石门效果好，多数较为厚重，两汉墓葬均有发现，江苏徐州翠屏山西汉墓，男性墓主的墓室外有两扇石门，封闭的石门上有铁质物进一步固定[⑨]，满城

① 郑洪春：《陕西新安机砖厂汉初积炭墓发掘报告》，《考古与文物》1990年第4期。

② 朱连华、王艳朋：《西安长安区北里王汉代积沙墓》，国家文物局主编：《2019中国重要考古发现》，文物出版社，2020年，第113-117页。

③ 湖南省博物馆、中国科学院考古研究所：《长沙马王堆一号汉墓》，文物出版社，1973年，第5页。

④ 河南省文物局：《淅川新四队墓地》，科学出版社，2014年。

⑤ 中国社会科学院考古研究所、河北省文物管理处：《满城汉墓发掘报告》，文物出版社，1980年，第10页。

⑥ 中国社会科学院考古研究所、河北省文物管理处：《满城汉墓发掘报告》，文物出版社，1980年，第216-218页。

⑦ 徐州博物馆：《江苏徐州凤凰山西汉墓的发掘》，《考古》2007年第4期。

⑧ 耿建军、盛储彬：《徐州火山汉墓》，中国考古学会编：《中国考古学年鉴·1997年》，文物出版社，1999年，第132、133页。

⑨ 徐州博物馆：《江苏徐州市翠屏山西汉刘治墓发掘简报》，《考古》2008年第9期。

M1 的主墓室（后室）石门上有铺首衔环，还使用其他配套设施[①]，苏鲁豫皖地区、南阳地区、陕北晋西北地区等地发现的较多砖石混筑墓及石室墓，普遍使用石门，较多石门上还刻有铺首衔环等画像，既是实际作用上的防盗设施，也借助铺首衔环等画像达到思想上辟邪、防盗的作用。五是使用实用性与精巧性相结合的封门器，主要发现于西汉诸侯王墓，江苏徐州北洞山汉墓使用了较为先进的封门器，置于门扉底部靠近墓室内侧的地面上，当门由内向外关闭后，封门器从后部自动将门顶死，外面则难以打开墓门[②]（图三 -117：1）；广东广州西汉南越王墓的墓道与前室、前室与主棺室等之间均设置有门，双扇，结构相同，由两页门扇、石门楣、门框、门槛或门限、门坎、门墩和顶门器组成，所用石材都经过细加工，石面完整，线条平直，每扇门板的上轴还套入一个铜圈，下轴与门墩石之间用臼状铜瓦轴垫承，便于门扇的启闭转动，两扇石门下正中处安设一顶门器，顶门器的两侧及后端有铺地板夹紧，顶门器由 5 块如刀形的石板组成，当两扇门关闭时，必经过顶门器的上

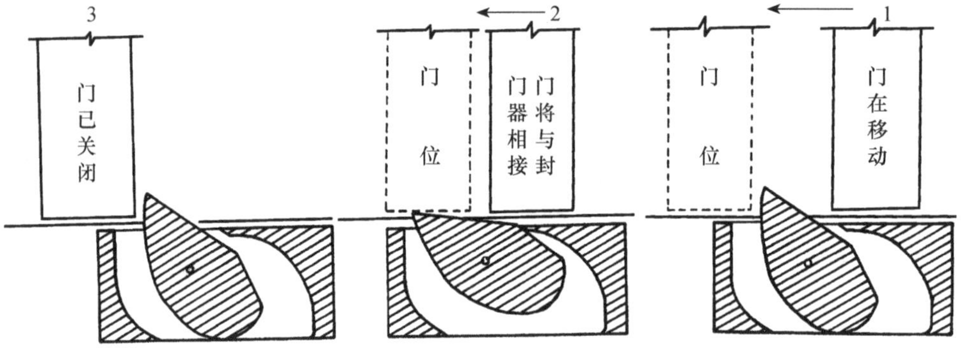

1. 封门前状态　2. 封门中　3. 封门后

1

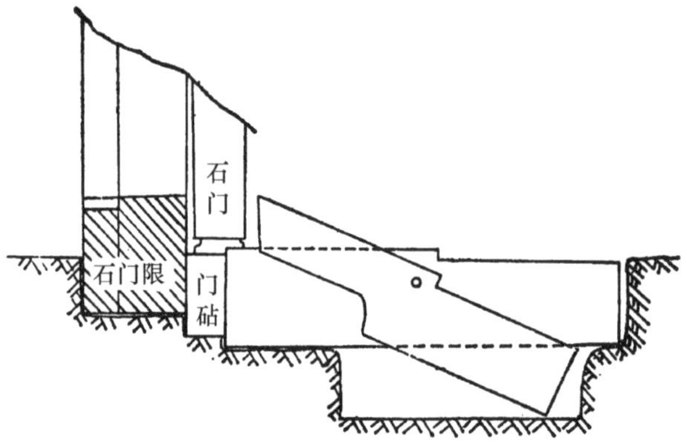

2

图三 -117　西汉诸侯王墓的封门器或顶门器的使用情况
1. 江苏徐州北洞山汉墓封门器
2. 广东省广州南越王墓顶门器

① 中国社会科学院考古研究所、河北省文物管理处：《满城汉墓发掘报告》，文物出版社，1980 年，第 17-20 页。

② 徐州博物馆、南京大学历史学考古专业：《徐州北洞山西汉楚王墓》，文物出版社，2003 年，第 33、34 页。

面，当中翘起的3块顶门石被压了下去，俟门扇关闭后，被压下去的顶门石又会自然翘起，刚好顶在两门板的闭合点上，将石门卡死，从门外是无法推开的[①]（图三-117：2）；满城M1后室石门为双扇，由门扇、门扉、门限、门楣等组成，门前铺一长方形门阶石，内置顶门器[②]。六是墓门位置较高，竖穴底部还有相关的室，而墓门位置相对隐蔽，利于保护墓室，上文所述江苏徐州市北郊火山刘和墓等即是如此，竖穴石坑底部砌建二外藏椁，内置较多器物，棺室（洞室）位于竖穴一侧壁，较椁室上部高。七是其他设施，江苏徐州驮篮山西汉楚王墓（M1），在墓门的门扉两侧石壁上开凿出曲尺形凹槽，使用相应的构件从侧面封锁门扉，而且墓门下部还有封门器，达到双重防盗目的[③]。

竖穴墓葬墓坑的封填、横穴墓葬甬道的封堵及墓道的封填等是秦汉墓葬防盗的重要内容之一。

秦与西汉时期，竖穴墓葬在死者下葬后要对墓坑进行封填，有斜坡墓道者需将斜坡墓道一起封填，有竖穴墓道或竖穴无墓道者要对竖穴进行封填，以夯土为主，夯填较为坚固，超出墓口后与封土相连，成为一个整体。夯筑的填土很多可见排列密集的夯窝，很多还会在其中掺杂碎石子等，以增加其坚硬程度，有的夯层间还可能会用泥浆浇灌后再夯筑，极为坚硬。有些还有其他内容，西汉诸侯国王后墓级别的昌乐东圈M1，墓道内以石板逐层封堵[④]。类似现象在苏鲁豫皖交界地区尤其是今徐州市区及周边的较多西汉墓葬中较为常见，石板大多间隔平放，中为夯土，一些排列紧密，有些子母相扣，上文所述徐州市东郊东甸子M1、M3的竖穴内皆有多层石板[⑤]，北郊米山M2的竖穴内置2层石板，第2层石板为子母榫扣合排列[⑥]。一些墓葬还有其他内容，如徐州市东郊翠屏山西汉墓，竖穴内由上至下有石板与石块共八层，除第八层外，石板多横置，如第四层，为5块条石南北向平行排列，除最北一块侧立放置外，余皆东面向平铺；第八层为竖立的石板10块，均上下竖直，东西向侧立放置，南北向排列，有的条石制作规整，推测应是从南北两端向中间放置的，盗掘难度极大，而石板的缝隙处还塞填以小石块，增加了牢固性[⑦]

---

① 广州市文物管理委员会、中国社会科学院考古研究所、广东省博物馆：《西汉南越王墓》，文物出版社，1991年，第12、14页。

② 中国社会科学院考古研究所、河北省文物管理处：《满城汉墓发掘报告》，文物出版社，1980年，第17-20页。

③ 邱永生、徐旭：《徐州市驮篮山西汉墓》，中国考古学会编：《中国考古学年鉴·1991年》，文物出版社，1992年，第173、174页。

④ 潍坊市博物馆、昌乐县文管所：《山东昌乐县东圈汉墓》，《考古》1993年第6期。

⑤ 徐州博物馆：《徐州东甸子西汉墓》，《文物》1999年第12期。

⑥ 徐州博物馆：《江苏徐州米山汉墓》，《考古》1996年第4期。

⑦ 徐州博物馆：《江苏徐州市翠屏山西汉刘治墓发掘简报》，《考古》2008年第9期。

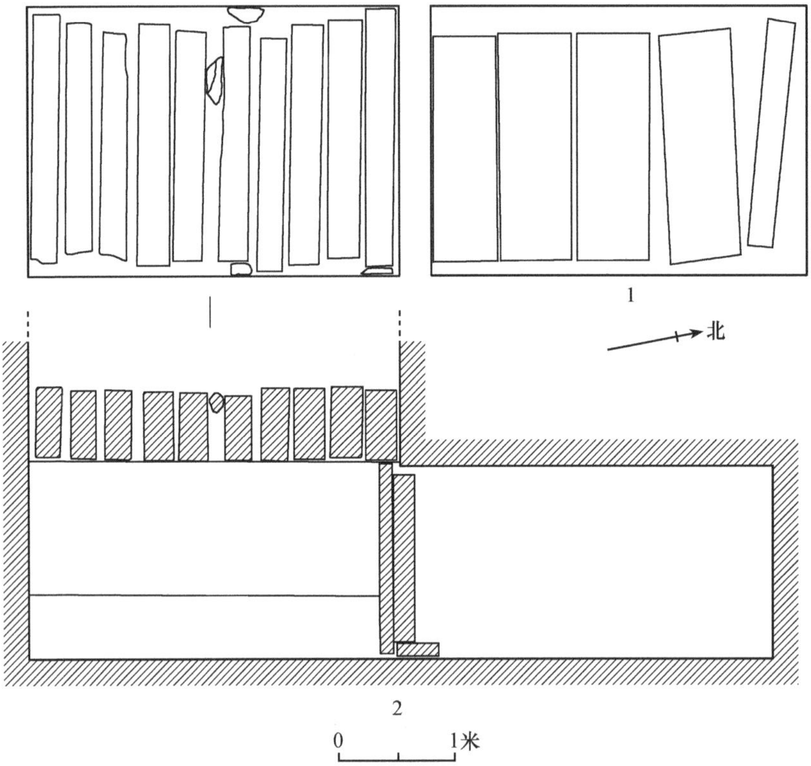

图三 -118 江苏徐州翠屏山西汉墓墓道第四层、第八层条石
1. 第四层条石平面图 2. 第八层条石平、剖面图

（图三 -118）。石板的使用可用来防盗，也便于填土的夯筑，虽有一定厚度，但易于被击碎，当时的一些墓葬在使用石板的基础上有了新的方式，即在夯土中间置多层形体较大的块石，每层排列紧密，缝隙极小，如徐州市东北郊的顾山 M1，竖穴内有两层大块石，二者之间为一层形体稍小的平铺块石，最下为两层小碎石①；北郊的簸箕山 M3（宛朐侯刘埶墓），竖穴内有 9 层块石，除最上 1 层与第 2 层稍有间距外，其他 8 层基本是层层相接，而所使用的块石经过加工，棱角不明显，当地称之为"团蛋石"，用锤、楔等将其击碎或分成几块皆十分困难，亦不便于搬抱移动，故封护效果极好，墓圹竖穴西北部发现一盗洞，呈三角形，自上而下洞径逐渐缩小，这与封石排列紧密，盗掘难度较大有关，而盗洞仅深约 2.3 米，至第 2 层封石以上即消失②。

横穴墓葬墓道的封填及甬道的封堵存在较多情况。较多墓葬的墓道内夯填坚硬土质，这在两汉墓葬中皆有体现，一些还会在近墓口处堆积块石，如广州南越王墓，墓道内有二层大石，第 1 层填塞大石 18 块，其中 16 块靠近墓门处，其下为第 2 层，共有大石 8 块，其中 4 块靠近墓门处，另 4 块在斜坡墓道处，上下两

① 徐州博物馆：《江苏徐州顾山西汉墓》，《考古》2005 年第 12 期。

② 徐州博物馆：《徐州西汉宛朐侯刘埶墓》，《文物》1997 年第 2 期。

层块石之间的回填土皆经夯实，另在填土中还有板瓦、筒瓦等，大石都未经加工，填入墓道之中有防盗的用意[①]。徐州卧牛山 M2，墓道内填土以黄黏土及碎石分层夯筑而成[②]。甬道是进入墓室的通道，一经通过，即可进入墓室，所以较多墓葬对于甬道的封护十分讲究。东汉墓葬中，有的会在甬道内砌砖或垒石，以达到防盗的目的。西汉墓葬以横穴崖洞墓最具代表，今江苏徐州及河南永城地区皆有发现，基本是在甬道内填积大型塞石，部分以榫卯相扣，较为紧密，缝隙极小，而且部分塞石体积较大，形体较重。江苏徐州西汉早期的驮篮山 M1，甬道内塞石长 3.46 左右、宽 1.04、厚 0.94 米，重达数吨[③]；北洞山汉墓的下层塞石重 3 吨，上层的则重达 7 吨，有榫卯相扣[④]（图三 -119）；西汉中期的小龟山刘注墓，甬道中共有塞石 13 组 26 块，甬道两侧不同位置有不同形状的深槽，上部还有浅坑和定位孔等，塞石的填塞当是借助甬道底部雕凿有规律分布的凹槽，通过撬棍等工具完成的[⑤]。河南永城保安山 M2 的 1 号甬道内自东向西有 23 排塞石封堵，规整严密，塞石上面刻有表示塞石排列位置等内容的文字，2、3 号甬道内亦用塞石封堵，塞石上也有排列位置的序号，而且 1、2 号甬道呈内高外低的倾斜状，塞石填塞较为紧密[⑥]，一旦外端

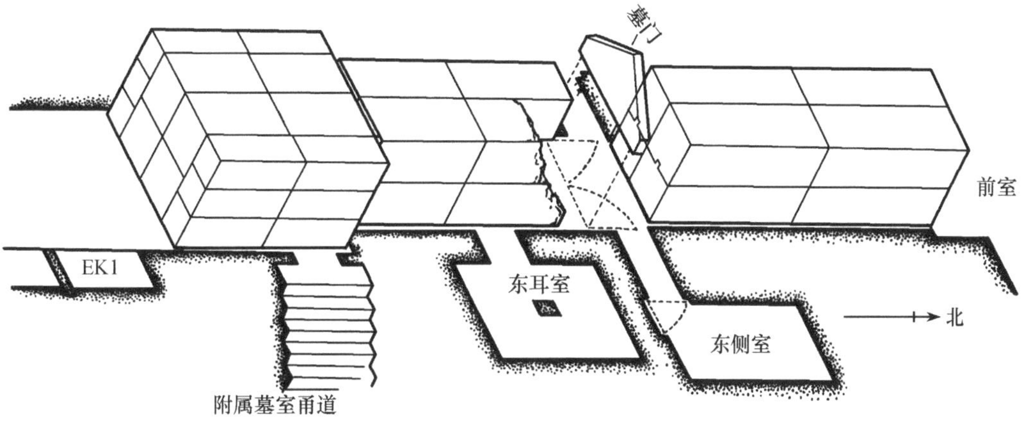

图三 -119　江苏徐州北洞山汉墓甬道内塞石排列情况

---

① 广州市文物管理委员会、中国社会科学院考古研究所、广东省博物馆：《西汉南越王墓》，文物出版社，1991 年，第 17 页。

② 耿建军、刘超：《徐州市泉山区西卧牛山汉墓发掘》，江苏省文物局主编：《江苏考古（2010—2011）》，南京出版社，2013 年，第 87-91 页；李银德：《江苏西汉诸侯王陵墓考古的新进展》，《东南文化》2013 年第 1 期。

③ 周学鹰：《徐州汉墓建筑——中国汉代楚（彭城）国墓葬建筑考》，中国建筑工业出版社，2001 年，第 80 页。

④ 徐州博物馆、南京大学历史系考古专业：《徐州北洞山西汉楚王墓》，文物出版社，2003 年，第 11 页。

⑤ 南京博物院、铜山县文化馆：《铜山龟山二号西汉崖洞墓》，《考古学报》1985 年第 1 期；尤振尧：《〈铜山龟山二号西汉崖洞墓〉一文的重要补充》，《考古学报》1985 年第 3 期；徐州博物馆：《江苏铜山龟山二号西汉崖洞墓材料的再补充》，《考古》1997 年第 2 期。

⑥ 河南省文物考古研究所：《永城西汉梁国王陵与寝园》，中州古籍出版社，1996 年，第 23-90 页。

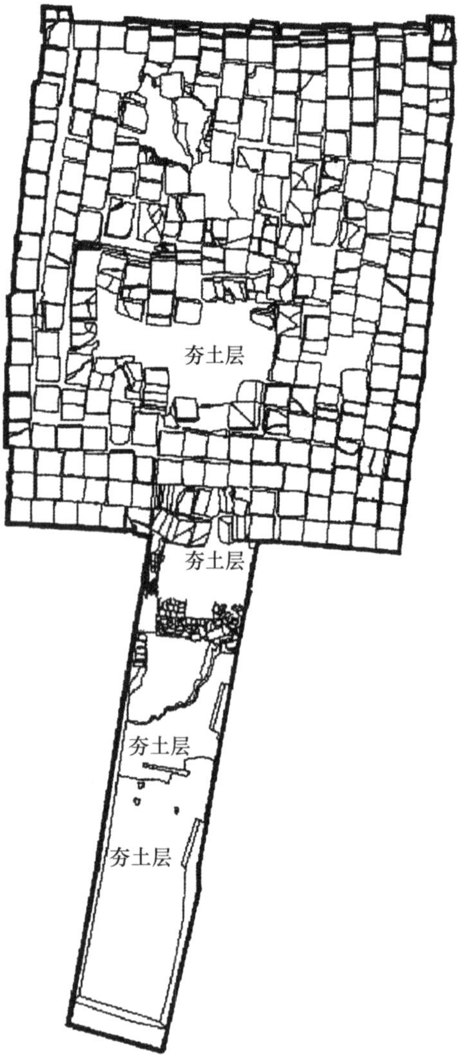

图三-120 江苏徐州土山M2黄肠石暴露后平面图

上下横排的块石被取走或破坏，受重力影响，高处的塞石会下滑，当对盗墓者造成伤害，这也是防盗的体现。东汉时，一些墓葬的墓室外封土下还有一种重要的防盗内容，即平铺的黄肠石，这在已发掘的东汉诸侯王墓等的墓室外有所发现，如河北定县北庄M1①、山东济宁肖王庄M1②、江苏徐州土山M2③等，黄肠石还被用来垒砌题凑石墙和平铺封顶，均可保护墓室。定县北庄东汉M1与济宁肖王庄M1用石均在4000块左右，其中定州北庄东汉M1所用黄肠石，平面多为方形，长、宽各1米左右，厚约25厘米；济宁肖王庄M1使用的黄肠石，平面亦多方形，边长95、厚25厘米，另有少量平面长方形者；徐州土山M2墓上的黄肠石纵向成排摆放，共16排，每排16~21块不等，周围一排为黄肠石墙，中间黄肠石计有4层（部分5层），黄肠石多数近方形，长、宽皆90~100、厚28~40厘米，部分为长方形（图三-120）。

五是精神层面的防盗内容。既有对应的思想内容、行为活动，也有与思想、行为对应的实物资料，有些以文字的形式出现于相应物质载体上，有些则是以明器或象征性器物出现，以达到防盗掘、减少或减轻破坏等目的。

东周时期，厚葬与薄葬两个相应对立的内容已趋于明显，但厚葬为主题，薄葬是丧葬内容的补充和个别体现，秦汉时期基本延续东周时期，但有了一些新的内

① 河北省文化局文物工作队：《河北定县北庄汉墓发掘报告》，《考古学报》1964年第2期。

② 济宁市文物管理局：《山东济宁市肖王庄一号汉墓》，《考古》编辑部编辑：《考古学集刊·第12集》，中国大百科全书出版社，1995年，第41-112页；胡光跃：《任城王汉墓出土黄肠石题刻全集》，三秦出版社，2017年。

③ 徐州博物馆：《徐州土山二号墓考古发掘（2014年）》，徐州博物馆：《徐州考古资料汇编（2014年度）》，内部资料，2015年2月，第86-91页。

容。汉文帝刘恒主张薄葬，提倡短丧，这是最高统治者对薄葬的推行，具有重要的意义，而文帝的陵墓至少没有人工堆筑高大的封土，这也在某种程度上体现出与文帝有关薄葬的内容，同时也是墓葬防盗的手段或方式之一。就实际而言，尤其是汉文帝霸陵的调查确认及众多陪葬坑的发掘[①]等表明，真正意义上的薄葬并不存在。盐铁会议上，有许多贤良抨击厚葬之风，这在《盐铁论》一书中有所体现[②]。东汉时期，很多人撰文批判厚葬，主张薄葬，如王充在其论著《论衡》中即有《薄葬》一文[③]。还有些人身体力行，如杨王孙遗令裸葬[④]，尚书卢植遗令“敛于土穴，不用棺椁。”[⑤]考古发现也有与薄葬相关的文字资料。江苏徐州小龟山西汉中期偏早阶段的楚王刘注墓，墓道口的塞石上有相关刻铭，具体为甬道口部上列第一块塞石前端，共 48 字，全文如下：“第百上石∥楚古尸王通于∥天述葬棺郭∥不布瓦鼎∥盛器令群∥臣已葬去服∥毋金玉器后∥世贤大夫幸∥视此书□∥目此（？）也仁者悲之。”[⑥]（图三 -121：1）就内容来讲，与汉文帝推行的薄葬内容有所相似，如孝文皇帝针对自己的陵墓指出：“治霸陵，皆瓦器，不得以金银铜锡为饰，因其山，不起坟”[⑦]，在其遗诏中亦讲：“其令天下吏民，令到出临三日，皆释服。无禁取妇嫁女祠祀饮酒食肉者。自当给丧事服临者，皆无践。绖带无过三寸，无布车及兵器，……以下，

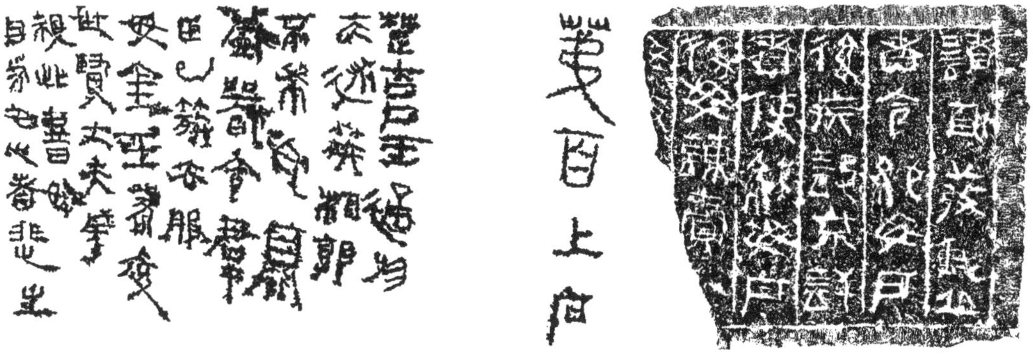

1　　　　2

图三 -121　汉代墓葬出土与墓葬防盗有关的文字资料

1. 江苏徐州小龟山西汉楚王墓塞石刻铭　2. 山东金乡鱼山村汉墓出土“禳盗刻石”文字

---

① 杨武站、曹龙：《汉霸陵帝陵的墓葬形制探讨》，《考古》2015 年第 8 期；陕西省考古研究院、西安市文物保护考古研究院：《汉文帝霸陵考古调查勘探简报》，《考古与文物》2022 年第 3 期。

② （西汉）桓宽：《盐铁论》，王利器校注：《盐铁论校注（定本）》，中华书局，1992 年。

③ （东汉）王充：《论衡 · 薄葬》，黄晖校释：《论衡校释》，中华书局，1990 年，第 961-967 页。

④ （东汉）班固撰，（唐）颜师古注：《汉书 · 杨王孙传》，中华书局，1962 年，第 2908、2909 页。

⑤ （南朝宋）范晔撰，（唐）李贤等注：《后汉书 · 卢植传》，中华书局，1965 年，第 2119 页。

⑥ 徐州博物馆：《江苏铜山县龟山二号西汉崖洞墓材料的再补充》，《考古》1997 年第 2 期。

⑦ （东汉）班固撰，（唐）颜师古注：《汉书 · 文帝纪》，中华书局，1962 年，第 134 页。

服大红十五日，小红十四日，纤七日，释服。……霸陵山川因其故，无有所改。”[①] 徐州小龟山西汉楚王墓塞石刻铭文字内容，较为简练地对薄葬内容进行了阐释，但刻铭最后所说“世贤大夫幸视此书□目此也仁者悲之”，几乎是以恳求的语气告诉盗墓者不要盗掘其墓葬，因此可视为防盗内容之一。其他一些墓葬也有体现，江苏邳州燕子埠出土的永寿元年（155 年）徐州从事刻铭文字，镌刻于门楣正中偏右位置，相关文字有“丧旧棺照掩身衣服”及“丧葬节雕”，旧棺入柩，衣服仅掩身，丧葬程序简化[②]，或与墓主主张薄葬有关，但相关文字镌刻于门楣上，有思想上的防盗作用，即借薄葬之名以达到防止墓葬被盗的目的。但修造一座中等规模的画像石墓，绝非是真正节葬者，而从下文中的“造迫”二字来看，与薄葬有关的内容也是由于“欲广庙祠，尚无余日”等原因形成的[③]。

儒家思想在汉代逐渐成为主流并对汉代社会及家庭产生了多方位的影响和渗透，其中一些思想也对当时社会、家庭的墓葬防盗可起到相应的预防或减少作用。如孝道思想，各种内容逐渐渗透至诸多家庭之中，对自身家庭的孝道思想和行为也会波及到对其他家庭的孝道内容如孝心、孝行等的理解上，这样可在一定程度上减少一些家庭成员对其他家庭成员墓葬的盗掘和破坏，恰与汉宣帝下诏中所言“导民以孝，则天下顺”[④] 也正好相符。儒家思想的阴阳五行学说、神鬼思想、谶纬思想等等也或多或少地可起到减少墓葬盗掘的思想功用。西汉晚期至东汉时期，一些地区墓葬前十分盛行石祠堂，而较多石祠堂有内容丰富的石刻画像，画像内容对于孝道、谶纬、仁义礼智信、阴阳五行、善恶等均有体现，也可在一定程度上对盗掘墓葬或破坏墓葬者造成心灵上的冲击，进而避免、减少或减轻对于墓葬的盗掘、损毁和破坏，同时亦可减少对于祠堂的损毁，达到保护墓外祠堂及相关设施的目的。

文字警告及劝退等也是当时思想上防止墓葬被盗的一种方式。山东金乡县鱼山村汉墓出土文字刻石 3 块，其中两块残石上皆有墓葬防盗的内容。第一石上的文字为：“诸敢发我丘者，令绝毋户后。疾设不祥者，使绝毋户后，毋谏卖人毋……毋后者后者诸□毋使疾令敢□谏绝设绝发□卖毋不毋我□人户详户丘”；第三石的字数较多：“诸敢发我丘者，令绝毋户后。疾设不详者，使绝毋户后。毋谏卖人，毋效狸人。使绝毋户后。毋攻毋记，身已下冢，罪赦毋。毋为谕，毋背毋考。必罪天不利子孙。教人政道，勿使犯磨，□罪，天利之。居欲孝思贞廉，率众为善，天利之。身礼毛肤，父毋所生，慎毋毁伤，天利之。分率必让厚，何绝永强。卿晦

---

① （东汉）班固撰，（唐）颜师古注：《汉书 · 文帝纪》，中华书局，1962 年，第 132 页。

② 李银德、陈永清：《东汉永寿元年徐州从事墓志》，《文物》1994 年第 8 期。

③ 刘尊志：《徐州汉墓与汉代社会研究》，科学出版社，2011 年，第 174 页。

④ （东汉）班固撰，（唐）颜师古注：《汉书 · 宣帝纪》，中华书局，1962 年，第 250 页。

灾卿，阳得见车博劳道旁，蛇鼠娣当道，秉兴头天，居高视下，莫不谨者。”①（图三-121：2）可以说，两块刻石文字是以墓主人的口气，严厉咒骂盗墓者，因此命名为“禳盗刻石”。河南永城芒砀山南山M1陪葬坑底部东段并列放置铜锺（原文写为“钟”）和铜壶各1件，铜锺肩腹部阴刻“上御钟常从盗者弃市”，是器物铸造后刻上的，铭文内容是防止后人盗掘而颁布或宣布的严厉律文②。一些墓葬的祠堂上还有以温和的口吻、委婉的语言劝勉相关人员，希望不要破坏墓葬和祠堂。山东东阿铁头山出土芗他君祠堂石柱，其上文字写有“唯观者诸君，愿勿攀伤，寿得万年家富昌。”③山东嘉祥宋山出土的汉永寿三年（157年）石刻题记有“传告后生勉修孝义，无辱生生。唯诸观者，深加哀怜，寿如金石，子孙万年。牧马牛羊，诸僮皆良家子。来入堂宅，但观耳，无得琢画，令人寿，无为贼祸，乱及孙子。明语贤仁四海士，唯省此书无忽矣。”④

思想上的防盗内容还包括设置镇墓类物品，陪葬相关陶俑等。有的墓葬如江苏徐州狮子山汉墓出土有玉豹和铜豹等⑤，可能与镇墓防盗有关。湖南长沙一带的高等级墓葬，尤其是王侯级别的墓葬，常见在墓道近墓室处有“偶人”等，如象鼻嘴M1，距墓室1.75米处的墓道壁两边发现相对的“偶人”遗迹各1个，“偶人”已朽塌，估计为木制，高约65厘米，形象不明⑥；望城西汉渔阳墓，墓道东端距墓坑西壁边2米、距墓道底1米处的填土中发现一对偶人，跽坐于竹荐之上，两臂平伸作拦阻状，手臂皆木制，通高88、体厚60～66、两臂通宽172～184厘米，头部用整木雕琢，五官毕具，耳、鼻单作，再用木梢衔接，脑后部平整，凿有方格状斜槽，清理时还发现丝帛残片，偶人头顶部有两个方孔，用来安装鹿角，鹿角系梅花鹿角，叉高130、宽60厘米，偶身为木骨泥胎，形体厚重，表面似施有彩绘，偶人自肩臂处用细麻绳缠缚后下引绑系在两根木棍上⑦（图三-122：1）。陪葬陶俑可在思想上起到保护墓葬的作用，最突出的体现是墓穴外陪葬坑中陪葬的陶俑，尤以兵马俑最为突出。秦始皇帝陵有多个兵马俑陪葬坑，西汉帝陵及王侯墓葬也

---

① 顾承银、卓先胜、李登科：《山东金乡鱼山发现两座汉墓》，《考古》1995年第5期。

② 河南省商丘市文物管理委员会、河南省文物考古研究所、河南省永城市文物管理委员会阎根齐主编：《芒砀山西汉梁王墓地》，文物出版社，2001年，第304、305页。

③ 罗福颐：《芗他君石祠堂题字解释》，《故宫博物院院刊》1960年，总第2期。

④ 济宁地区文物组、嘉祥县文管所：《山东嘉祥宋山1980年出土的汉画像石》，《文物》1982年第5期；赵超：《山东嘉祥出土东汉永寿三年画像石题记补考》，《文物》1990年第9期。

⑤ 狮子山楚王陵考古发掘队：《徐州狮子山楚王陵发掘简报》，《文物》1998年第8期；韦正、李虎仁、邹厚本：《江苏徐州市狮子山西汉墓的发掘与收获》，《考古》1998年第8期。

⑥ 湖南省博物馆：《长沙象鼻嘴一号西汉墓》，《考古学报》1981年第1期。

⑦ 长沙市文物考古研究所、长沙简牍博物馆：《湖南长沙望城坡西汉渔阳墓发掘简报》，《文物》2010年第4期。

1

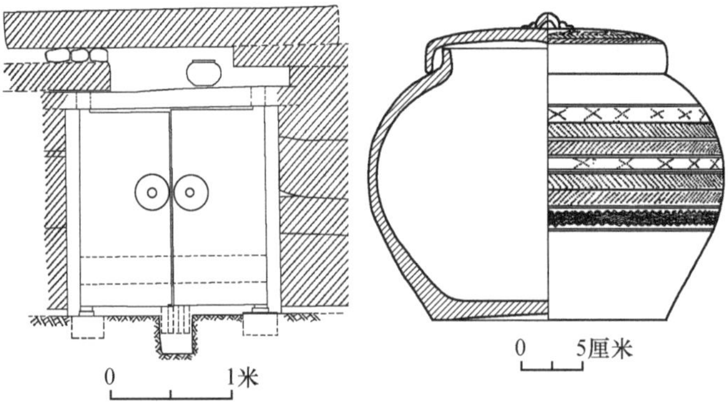

2

图三-122 汉代墓葬中思想上的防盗内容

1. 湖南长沙望城坡西汉渔阳墓墓道东端放置的偶人

2. 广东广州象岗南越王墓主棺室内石门楣上西侧的陶瓿（D8）

多有兵马俑陪葬坑，西汉诸侯王墓如江苏徐州狮子山汉墓的兵马俑陪葬坑①、山东章丘危山汉墓的兵马俑陪葬坑②等，列侯墓葬如西安凤栖原富平敬侯张安世墓的相关陪葬坑等③。另在广东广州象岗西汉南越王墓主棺室内石门楣上西侧置有1件陶瓿（D8），器内原盛物品全朽，仅器内口沿之下粘附很薄的一层黑色浮积物，该器物盖身相合呈扁圆形，器物形制在广州南越王国时期墓葬出土的陶瓿中尚属仅

① 徐州博物馆：《徐州狮子山兵马俑坑第一次发掘简报》，《文物》1986年第12期。

② 王守功、崔圣宽：《章丘市危山汉代陪葬坑》，中国考古学会编：《中国考古学年鉴·2003年》，文物出版社，2004年，第217、218页；房道国、王善荣、孙涛：《济南危山汉兵马俑坑发掘纪实》，《大众考古》2015年第5期。

③ 陕西省考古研究院：《西安凤栖原西汉墓地田野考古发掘收获》，《考古与文物》2009年第5期；张仲立、丁岩、朱艳玲：《长安凤栖原西汉家族墓地》，《中国文物报》2010年4月16日第4版；《凤栖原汉墓：西汉大将军的家族墓园》，《中国文化遗产》2011年第6期。

见[①]（图三-122：2）。该器物置于室内石门楣上西侧，为易碎的陶质，从器内口沿之下粘附很薄的一层黑色浮积物来看，或许器内原盛有液体，而且该室为主棺室，其内仅此1件陶器，放置位置较特别，加之器型也较少见，推测或与防盗有关，考虑到该处的石门下有封门器，由外向内很难推开，若发力推动，很可能会使得门楣上盛有液体的陶瓿掉落下来，进而会发出声响，流出液体，这样会对盗墓者造成警醒，或因此而放弃盗掘该室。这种在门楣上置放陶器的做法，也很可能是思想上防盗的一种方式，当然也可视为实际防盗的一种措施。

综合来讲，秦汉家庭对于家庭中成员死后世界，即墓地与墓葬的安全与防盗极为重视，这一方面是死者生前的要求和家庭成员对死者死后世界的重视及孝道不断发展的体现；另一方面，这也是家庭保障内容的反映，即在相应条件下尽可能达到与时代、地域、死者等级身份等相对应的墓地安全与墓葬防盗等的保障，这其中既有相应人员、设施、物品、方法等方面的保障，也有精神层面的保障，以期达到最好或最理想的效果。虽然有较多墓地因时间的推移而遭受严重破坏，一些墓葬难逃被盗掘的命运，但也有一些墓葬经历2000多年而未被盗掘，如湖南长沙马王堆M1、河北保定满城M1与M2等，而有些墓葬虽在一定时期遭受盗掘，但由于墓葬的防盗设施而让盗掘者知难而退，江苏徐州市北郊的簸箕山M3（宛朐侯刘埶墓）即是如此，山东巨野红土山西汉昌邑王刘髆的墓葬也有类似情况[②]。以上说明，秦汉时期相关家庭对家庭成员死后世界的安全保障内容及措施还是具有一定效果或成效的。

三、墓地的损毁及墓葬的被盗

如上文所言，虽然一些家庭对家庭成员的墓地和墓葬采取了较多的防护及保障措施和方法，甚至还包括多种形式、不同内容的精神层面的防盗，但还是有较多的墓地被破坏，很多的墓葬被盗掘。时间的推移、家庭发展的变化及墓葬与居住区存在一定距离，加上朝代的更换尤其是王朝更替之间的社会混乱、墓地守护设施的损毁、陈旧及人员的减少变化甚至很久无人看护、墓葬内防盗设施所用木质物的朽毁、铁质物的锈毁等，均在一定程度上减轻了盗墓的难度，一些墓地或墓葬被破坏和遭盗掘也就在所难免。

秦汉墓地被破坏、墓葬遭盗掘的时间大致可分为墓主下葬之后的当朝某个时间或某个时期、墓葬所属王朝灭亡之后的某个或多个时期。就前者来讲，以西汉墓葬

---

① 广州市文物管理委员会、中国社会科学院考古研究所、广东省博物馆：《西汉南越王墓》，文物出版社，1991年，第149、178页。

② 山东省荷泽地区汉墓发掘小组：《巨野红土山西汉墓》，《考古学报》1983年第4期。

为例，东汉建国之前，西汉墓遭受多种形式的破坏，其中也有被盗的内容[①]。具体内容包括叛乱如“七国之乱”时叛军对相关地区墓葬的破坏，“烧残民家，掘其丘冢，甚为暴虐。”[②]有起义军如秦末起义军对秦始皇帝陵的破坏及西汉末年起义军对西汉帝陵的盗掘等，以西汉末为例，“赤眉遂烧长安宫室市里……宗庙园陵皆发掘，唯霸陵、杜陵完。”[③]有土地扩张过程中的破坏，如衡山王刘赐，“数侵夺人田，坏人冢以为田”[④]，有修建自身墓葬过程中形成对相关墓葬的破坏和盗掘，西汉帝陵如昌陵的修建，“发民坟墓，积以万数”[⑤]，“广盱营表，发人冢墓，断截骸骨，暴扬尸柩”[⑥]，有公开掘挖以求财物或珍宝的破坏，如广川王刘去，“国内冢藏，一皆发掘。……所发掘冢墓不可胜数。”[⑦]有对墓葬进行盗掘以求财物而形成的破坏，如永光三年（公元前41年），“男子忠等发长陵傅夫人冢”[⑧]。王莽新朝代汉前后，采取了一些针对于西汉王朝帝陵的破坏手段以达到相关政治需要，如“遣使坏渭陵、延陵园门罘罳，曰：‘毋使民复思也。’又以墨洿色其周垣。”[⑨]需要强调的是，王莽新朝代汉之后的一段时间内，也是西汉墓葬遭受普遍盗掘的一个时期，较多的汉墓如江苏徐州狮子山汉墓，在王莽篡政时间段被盗的可能性较大[⑩]，而这一时期还出现了对时代早的西汉墓葬掘挖后，利用原墓穴进行再葬的现象。江苏徐州北郊后山汉墓可分为上、下两层，下层墓葬为西汉早期某一刘姓贵族的葬身之所，上层墓葬则是王莽新朝时期该地的某一官吏及其夫人的同穴合葬墓，考虑到该墓为石坑竖穴，上层墓葬开挖过程中应该很明确地知道此处为一座墓葬，但还是对下层墓葬进行破坏后葬在下层墓葬墓主的棺柩之上，而这或许与家庭复仇有关[⑪]。关于秦汉尤其是两汉墓葬的被盗，还有一个现象需要关注，即墓葬被盗掘且遭火烧的问题，有

---

① 关于东汉之前对西汉墓葬的破坏，笔者曾作较为详细的论述，详见刘尊志：《试论东汉之前对西汉墓葬的破坏》，《南开学报》（哲学社会科学版）2016年第5期。

② （西汉）司马迁撰，（南朝）裴骃集解，（唐）司马贞索引、张守节正义：《史记·吴王濞列传》，中华书局，1982年第2版，第2833、2834页。

③ （东汉）班固撰，（唐）颜师古注：《汉书·王莽传》，中华书局，1962年，第4193页。

④ （西汉）司马迁撰，（南朝）裴骃集解，（唐）司马贞索引、张守节正义：《史记·淮南衡山列传》，中华书局，1982年第2版，第3095页。

⑤ （东汉）班固撰，（唐）颜师古注：《汉书·楚元王传》，中华书局，1962年，第1956页。

⑥ （东汉）班固撰，（唐）颜师古注：《汉书·谷永传》，中华书局，1962年，第3462页。

⑦ （西汉）刘歆撰，（东晋）葛洪集，王根林校点：《西京杂记》，上海古籍出版社，2012年，第42、43页。

⑧ （东汉）班固撰，（唐）颜师古注：《汉书·外戚传》，中华书局，1962年，第3996页。

⑨ （东汉）班固撰，（唐）颜师古注：《汉书·王莽传》，中华书局，1962年，第4186页。

⑩ 狮子山楚王陵考古发掘队：《徐州狮子山西汉楚王陵发掘简报》，《文物》1998年第8期。

⑪ 徐州博物馆：《江苏徐州后山西汉墓发掘简报》，《文物》2014年第9期。

较多发现，分布地域较广，涉及两汉墓葬①。如河北地区发现的石家庄鹿泉高庄汉墓②与北新城汉墓（后者有2座墓葬）③、保定市徐水区防陵村M2④、石家庄北郊东汉墓⑤、蠡县汉墓⑥、衡水安平水泥管厂汉墓⑦、迁安于家村M1⑧等皆是如此。上述墓葬均有一定等级，但具体墓葬等级和墓主身份地位并不相同，火烧位置多样，很多尸体被烧，如蠡县汉墓后室内的人骨骸被烤焦，北新城M2墓室内的玉衣因火烧变色（图三-123）等。大致来看，这些墓葬被盗并遭火烧的时间距离墓主下葬的时间并不太长，反映出墓主埋葬之后墓葬的保存与破坏状况。

图三-123 河北鹿泉北新城M2墓室内因火烧变色的玉衣片

众多秦汉墓葬中，一些很难逃脱被盗掘的命运，还与一定时期特殊的社会环境有关，王朝更替时较多墓葬被盗掘即是极好的说明。东汉末年，曹操为达到补充军队供给和实力的需求，设立了与盗掘墓葬相对应的职官，如发丘中郎将、摸金校尉

① 关于汉代墓葬被盗并遭火烧的问题，笔者曾作较为详细的论述，详见刘尊志、包桂红：《试论汉代墓葬被盗并遭火烧问题》，《南方文物》2017年第2期。

② 河北省文物研究所、鹿泉市文物保管所：《高庄汉墓》，科学出版社，2006年。

③ 河北省文物研究所、石家庄市文物研究所、鹿泉市文物保护管理所：《鹿泉市北新城汉墓M2发掘简报》，《文物春秋》2008年第4期；河北省文物研究所、鹿泉市文物保管所：《鹿泉市北新城汉墓M1发掘简报》，河北省文物研究所编：《河北省考古文集·五》，科学出版社，2014年，第70-80页；河北省文物研究所、石家庄市文物研究所、鹿泉市文物保管所：《北新城汉墓M2发掘报告》，河北省文物研究所编：《河北省考古文集·四》，科学出版社，2011年，第111-134页。

④ 保定地区文物管理所：《河北省徐水县防陵村二号汉墓》，《文物》1984年第4期。

⑤ 石家庄市文物保管所：《石家庄北郊东汉墓》，《考古》1984年第9期。

⑥ 河北省文物研究所：《蠡县汉墓发掘记要》，《文物》1983年第6期。

⑦ 衡水市文物管理处：《河北安平水泥管厂东汉墓》，《文物春秋》2005年第2期。

⑧ 迁安县文物保管所：《河北迁安于家村一号汉墓清理》，《文物》1996年第10期。

等，专司盗墓取财，贴补军用，而河南永城芒砀山梁王墓很可能就是此时被曹操的军队组织盗掘的[①]，《后汉书·袁绍传》载："操率将吏士，亲临发掘，破棺裸尸，掠取金宝，至今圣朝流涕，士民伤怀。"[②]

秦汉时期，具有相应等级的墓葬多有不同形式的墓外设施或相关建筑，秦代以秦始皇帝陵为主，而两汉则较为普及，上至帝王陵墓，下到一般墓葬，较多在墓外修建有相关设施，而这些墓葬的墓外设施也遭到不同程度破坏。山东济南腊山汉墓的一个盗洞时代较早，盗洞内填充大量云纹瓦当、绳纹板瓦和筒瓦、带花纹的铺地砖等，说明墓葬周围原有相关建筑，而这些建筑材料也是墓葬被盗后用来填埋盗洞的，而墓葬的被盗时间与墓主下葬相距不是太远[③]。墓外设施或相关建筑的损毁还与破坏时间距离墓主下葬时间略长的情况有关，守冢者减少或不存，致使形成常年失修的损坏，当然也不排除是一些人为或其他有目的拆毁等。人为对墓外设施的破坏还有一个重要内容，是对汉代墓葬外石祠堂的拆毁及再利用，而且很多用来砌建新的墓葬，而相关墓葬被称为再葬画像石墓[④]。这类墓葬在较多地区皆有所发现，而且以今苏鲁豫皖交界地区最为集中，墓葬时代以魏晋或稍晚者居多，也有一些至唐宋或更晚时期。山东邹城峄山北龙河发掘一座宋金墓，以东汉祠堂画像石砌筑而成，根据画像石刻铭可知该祠堂原属东汉汉安元年（142 年）去世者文通的祠堂[⑤]。笔者认为，一些墓葬是利用原有东汉画像石墓，经清除墓内及再次修葺后再在墓内葬人，相关墓葬可称为再葬画像石墓，但就利用祠堂石材砌建墓室再葬人的墓葬来看，称为再葬画像石墓略有不妥，一方面这些石材虽然从大的方面来讲与墓葬有关，但不是葬人的设施，而其被拆除后修建新的墓葬，形成了画像石的再利用，故称为画像石再利用墓葬可能更为合适。

对于墓葬的盗掘例证较多，所谓"十墓九空"，这其中秦汉墓葬遭受的破坏尤甚，限于篇幅，不再枚举。较多墓葬虽有相应的防盗设施，但难挡墓葬的被盗，而且一旦被盗，墓内所遭破坏极为严重，有的墓葬则遭受多次盗掘，甚至盗洞之间都有打破关系。但也有一些墓葬较为幸运，未遭盗掘，另外还有一些墓葬虽遭盗掘，但因墓葬的封护与防盗设施较好，致使盗掘者半途而废，而该墓的较多信息和内容

---

① 河南省商丘市文物管理委员会、河南省文物考古研究所、河南省永城市文物管理委员会，阎根齐主编：《芒砀山西汉梁王墓地》，文物出版社，2001 年，第 37 页。

② （南朝宋）范晔撰，（唐）李贤等注：《后汉书·袁绍传》，中华书局，1965 年，第 2396 页。

③ 济南市考古研究所：《济南市腊山汉墓发掘简报》，《考古》2004 年第 8 期。

④ 周保平：《徐州的几座再葬汉画像石墓研究——兼谈汉画像石墓中的再葬现象》，《文物》1996 年第 7 期；钱国光、刘照建：《再葬画像石墓的发现与再研究》，《东南文化》2005 年第 1 期。

⑤ 邹城市文物局：《山东邹城峄山北龙河宋金墓发掘简报》；胡新立：《邹城新发现汉安元年文通祠堂题记及图像释读》，《文物》2017 年第 1 期。

得以保存下来。从盗掘墓葬者角度来讲，半途而废的无功而返固然可笑，有的还要遭受官府的缉捕、社会道德的唾弃等，而且还会发生有的盗掘者因盗掘墓葬而惨死于被盗掘墓葬中的悲剧。安徽淮南市西郊唐山刘家古堆一座东汉砖室墓，发掘时尚有高 4 米的封土，前后室结构，西向，横前室西侧有 1 耳室，竖后室，墓室皆券顶，均较高，墓葬早期被盗，盗洞位于券顶中部，长宽均 70 厘米，正对盗洞下面发现坐式人骨架 1 具，而前室北部的陪葬品几乎被盗一空，坐式人骨架当为盗墓者的骨架，其附近散有钱币和 1 陶罐，因券顶较高，盗洞在券顶中央，盗洞口距离墓底 7 米多，盗墓人因摔伤爬不上去，或由于其他原因死于墓中①。

四、墓葬的其他防护设施

主要是指防止墓葬被盗性质之外其他防护性措施，尽可能减轻或避免墓葬因其他因素造成损毁或破坏，主要包括防排水设施、防潮防湿设施及针对封土等的防水土流失措施及设施、针对墓外设施防损毁的修缮措施等。

（一）防排水设施

不同等级的墓葬均有相关发现，等级较高的墓葬，此类设施多且复杂，等级低者或有或无，有些墓葬砌建有关设施所使用的材料相对简单。

这一时期墓葬在条件允许的情况下，多选择高亢之地，是与防排水有关的内容之一，而封土的普遍使用和夯筑也是体现之一，圆形封土逐渐代替方形封土很可能也与这一需求有关。陵区或墓地中修建阻排水系统在秦汉帝王陵墓中有所发现，中小型墓葬所属墓葬则是开挖环壕、隍壕或沟渠、池塘等。秦始皇帝陵有防洪堤与排水设施，陵园内城之中还有地宫的阻排水工程，紧邻封土南边和东西边的南半部为平面“U”字形、总长 778 米的深层阻水渠，起于封土东侧，绕封土东南角至西南角后折而向北，阻挡了相应方位地下水对地宫的潜在威胁，而西侧阻水渠的北端与排水渠相接后将地下水排走，水渠的功能是疏导地下水，起于封土西部与阻水渠相接处，向西穿过陵园内城西门，沿内城西垣折而向北，再折向西又向北延伸，长 525 米，有明井 8 个、暗渠 7 处，充分体现出当时墓葬保护的意识和技术②。江苏徐州楚王山汉墓的南部有一条排水沟，残长 20、宽 2 米余，推测为避免山水冲刷和排放山顶积水而开凿的③。湖南常德沅水下游发现的土墩 D3，有较多的墓葬，墩西南

---

① 淮南市文化局：《安徽省淮南市刘家古堆汉墓发掘简报》，文物编辑委员会编：《文物资料丛刊・第四辑》，文物出版社，1981 年，第 104-111 页。

② 秦始皇帝陵博物院：《秦始皇帝陵园考古报告（2009—2010）》，科学出版社，2012 年，第 47-52 页。

③ 刘照建、梁勇：《徐州市铜山县楚王山汉墓群考古调查》，《汉代考古与汉文化国际学术研讨会论文集》编委会编：《汉代考古与汉文化国际学术研讨会论文集》，齐鲁书社，2006 年，第 247-254 页。

角和东南角还保留有两个水塘，而土墩有较多的排水沟，按照一定的坡度倾斜，并与内部的排水暗沟相连接，最后汇入外部的水塘①。还有很多墓葬或墓地外有围沟，或封闭、或局部开放，或曲折，或较直，长宽、深浅不一，见于不同地区的秦汉墓葬外，但也有较多地区基本不见使用。这一时期，墓外或墓地围沟以秦及西汉早期墓葬或墓地多见，但西汉中晚期及东汉时期的墓地或墓葬外也有使用者，甚至更晚时期如魏晋乃至唐代，还有一些墓葬外或墓地有围沟。围沟的使用，一方面与墓地或墓葬的防盗掘破坏有关，另一方面也可起到一定的防排水作用，当然也会与墓地的规划有关。

秦汉墓葬内及墓葬内和墓葬外相连的排水设施发现较多，使用相对普遍，同时也体现出一定的地域性、时代性、等级性。地域性方面，多雨或年降水量较大的地区，秦汉墓葬修建过程中多会砌建排水设施；时代性方面，西汉墓葬相对略少，东汉墓葬相对较多，这与东汉墓葬大多为横穴墓葬，埋藏相对较浅有一定关系，而在上述原因基础上形成的砌建排水设施相对方便也是原因之一；等级上来讲，等级高的墓葬相对较多，等级低的墓葬相对较少，这与墓葬形制结构的繁简程度及其对相关设施的重视程度等方面的差异均有关系。大致来看，这类排水设施以排水沟最为普遍，有的还配有其他设施。秦汉帝陵暂未发掘，具体情况不详，王侯及中小型墓葬体现的相关内容较为丰富。西汉诸侯王墓如江苏徐州地区的横穴崖洞式诸侯王墓中，狮子山汉墓内凿有排水道②；驮篮山楚王墓与王后墓的墓道均凿有排水沟，在甬道前平台上凿有与石裂隙相通的内向斜坡，可排墓道与甬道之水，内部排水设施主次分明，沟深浅明显，M1 前部各耳室的积水先流入甬道两侧的主干道，其在第二耳室相连，后顺西二耳室北壁到西壁中部，由下水口泄入石裂隙；后部各室由次线入前堂北部主干线，后通过东侧廊南部暗沟，入东壁中部的石裂隙③；小龟山汉墓将水井与排水道结合起来，使水流向墓道底部的石裂隙中排走④。关于汉代中小型墓葬的排水沟，笔者已有专门研究，就墓室内向外延伸的排水沟来讲，形式较为多样，内容内涵也较为丰富⑤。西汉墓葬如四川成都大邑吴墩子土坑墓，墓底

---

① 湖南省常德市文物局、常德博物馆、鼎城区文物局、桃源县文物局、汉寿县文物局：《沅水下游汉墓》，文物出版社，2016 年，第 53-57、735、736 页。

② 狮子山楚王陵考古发掘队：《徐州狮子山楚王陵发掘简报》，《文物》1998 年第 8 期；徐州博物馆：《徐州狮子山兵马俑坑第一次发掘简报》，《文物》1986 年第 12 期。

③ 周学鹰：《徐州汉墓建筑——中国汉代楚（彭城）国墓葬建筑考》，中国建筑工业出版社，2001 年，第 79、80 页。

④ 南京博物院、铜山县文化馆：《铜山龟山二号西汉崖洞墓》，《考古学报》1985 年第 1 期；徐州博物馆：《江苏铜山龟山二号西汉崖洞墓材料的再补充》，《考古》1997 年第 2 期。

⑤ 刘尊志：《汉代中小型墓葬的排水沟及相关问题》，《文物春秋》2019 年第 3 期。

中间东西向铺砌一排卵石，卵石中部向北又铺砌一条较窄的卵石沟，从北侧长壁向外延伸到墓坑外很远处，残长16.1米，再北被破坏，沟南高北低，由卵石砌成，是为墓坑排水而砌建的[①]（图三-124：1）；浙江衢州龙游仪冢山M10、M11、M17，排水沟从一侧墓壁或墓的一角经一段暗沟向外延伸，外沟多呈倒梯形，底铺一定厚度的卵石，卵石上再盖2～3层大型板瓦，距离较长，M11外沟长在10米以上[②]。东汉墓葬中，湖北省黄冈市对面墩东汉M2，排水沟位于甬道封门砖下，紧连铺地砖，由4块长条形砖围成近方形的中空沟孔，由东向西南延伸，因被毁坏，长度不清，应能延伸至墓外[③]；重庆合川市南屏东汉墓葬群中，至少7座墓葬有排水沟，而且砌法较为多样[④]；陕西汉中南郑苏家山东汉M5，排水设施现长8米，为碎石块与碎砖块填充的渗沟式设施，东西走向，西口位于前室西部东侧砖下，从西向东直穿前室、甬道及封门，封门外弧向东南，落差增大，距封门外约3.4米处被现代水渠打断，其后不详，应有延伸，口部用一残砖平铺，渗沟在墓内紧贴地砖，填充物为碎石块，出墓室后改用碎砖填充，上口用残断条砖纵向平盖两层防护，随地势变化，落差渐增[⑤]（图三-124：2）。关于相关地区东汉砖室墓多修建排水沟的情况，相关研究指出："东汉墓葬多为砖（石）室墓，更多地采用合葬的方式，墓门需要经常打开，以便葬入后葬者，这就为排出墓室内的积水提出了更高的要求，因此，这时为合葬而建造的墓一般都应建造排水沟。"[⑥]笔者认为，就汉代较多等级不是太高的家庭来讲，除自然地理因素及技术原因等之外，和家庭密切相关的夫妻同穴合葬与汉代中小型墓葬排水设施的发展普及之间的关系，可很好地体现出家庭在墓葬保障方面的内容与需求。

（二）防潮防湿设施

就秦汉墓葬来讲，潮湿可能会对葬具、陪葬品、墓主尸身甚至还有与墓葬相关的设施等造成损害，为更好地达到保护墓葬诸内容的目的，较多墓葬使用了相应的防潮、防湿设施和措施。上文所述与墓葬防盗有关的封土、积石、积沙、积炭、填

---

① 宋治民、王有鹏：《大邑县西汉土坑墓》，《文物》1981年第12期。

② 衢州博物馆：《衢州汉墓研究》，文物出版社，2015年，第235-247、253-257页。

③ 湖北省文物考古研究所、黄冈市博物馆、黄州区博物馆：《湖北黄冈市对面墩东汉墓地发掘简报》，《考古》2012年第3期。

④ 重庆市博物馆、合川市文物保护管理所：《重庆合川市南屏东汉墓葬群发掘简报》，《华夏考古》2000年第2期。

⑤ 陕西省考古研究院、汉中市文物考古工作队：《陕西南郑苏家山汉墓发掘简报》，《文博》2012年第2期。

⑥ 湖南省常德市文物局、常德博物馆、鼎城区文物局、桃源县文物局、汉寿县文物局：《沅水下游汉墓》，文物出版社，2016年，第735、736页。

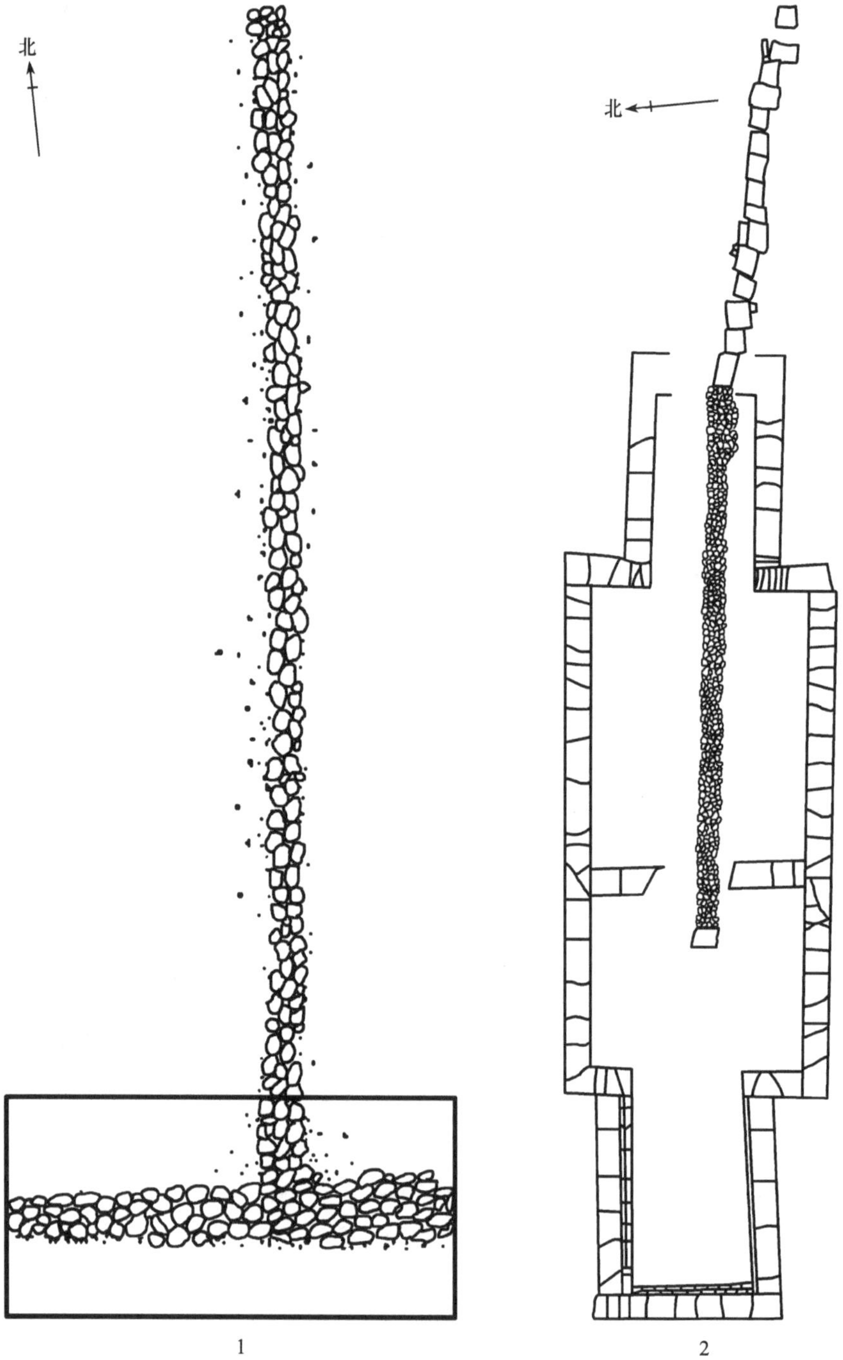

图三 -124　汉代墓葬与排水沟

1. 四川大邑西汉土坑墓排水沟　2. 陕西汉中南郑苏家山东汉 M5 排水沟

各种膏泥、夯筑填土及防排水设施等，都可在一定程度上达到防潮、防湿的目的，另外还有其他内容。

一些墓葬的墓室内涂抹澄泥或朱砂，或刷以白灰等均可达到相应的效果，如有的横穴崖洞墓，室内涂抹澄泥或朱砂，有的壁画墓的墙与顶刷浆或白灰后再绘画。一些墓葬的墓室内设帷帐，如河北保定满城M1出土的两具帷帐，分别发现于中室的中部和西南部，经复原，一具总体形状为四阿式顶的长方形帐架，另一具是四角攒尖式顶的方形帐架①。一些横穴崖洞墓及徐州地区发现、发掘的西汉竖穴洞室墓内搭建有瓦顶木构建筑，且内壁多涂朱，防湿防潮效果较好，一般墓葬如江苏徐州市东北郊碧螺山西汉M5，洞室内的木构建筑上部覆板瓦②，东南郊拖龙山M4洞室内的建筑除板瓦外还使用了筒瓦，部分一端有瓦当，仿现实建筑的特征更为明显③。很多墓葬会在棺椁下或放置陪葬品地方垫一层纯土，或砌建棺床、放置器物的土台或砖台，有的还会在棺下铺白灰、石板或编织物，如江苏徐州拉犁山M1，墓室底部有石板平铺，地面和壁顶抹白灰，后室棺床处厚达4厘米④。还有一些在棺底铺钱或其他物品者，发现略少，在某种程度上也可起到一定的防湿防潮的目的，江苏扬州市西北的邗江姚庄M101⑤与M102⑥、平山养殖场M4⑦三座西汉墓，棺底皆铺大量的铜钱币，江西南昌海昏侯刘贺墓的内棺底部平铺一层金饼，金饼上铺一金缕琉璃席⑧。其他如河北保定满城M1的甬道，地面结构系先在洞底石面上铺砌一层厚25-30厘米的不规则石块，然后再铺垫一层厚10-30厘米的黄土，黄土上又覆盖一层厚约3厘米的炭灰，随葬品放置在炭灰层上，铺盖炭灰的目的可能是为了防潮⑨。

（三）防水土流失设施

主要是针对墓葬封土的保护及墓地中房屋、道路等的水土保护等。

---

① 中国社会科学院考古研究所、河北省文物管理处：《满城汉墓发掘报告》，文物出版社，1980年，第160-178页。

② 徐州博物馆：《徐州碧螺山五号西汉墓》，《文物》2005年第2期。

③ 徐州博物馆：《徐州拖龙山五座西汉墓的发掘》，《考古学报》2010年第1期。

④ 李银德：《徐州市屯里拉犁山东汉石室墓》，中国考古学会编：《中国考古学年鉴·1986年》，文物出版社，1988年，第123、124页。

⑤ 扬州博物馆：《江苏邗江姚庄101号西汉墓》，《文物》1988年第2期。

⑥ 扬州博物馆：《江苏邗江县姚庄102号汉墓》，《考古》2000年第4期。

⑦ 扬州博物馆：《扬州平山养殖场汉墓清理简报》，《文物》1987年第1期。

⑧ 江西省文物考古研究所、南昌市博物馆、南昌市新建区博物馆：《南昌市西汉海昏侯墓》，《考古》2016年第7期。

⑨ 中国社会科学院考古研究所、河北省文物管理处：《满城汉墓发掘报告》，文物出版社，1980年，第15页。

保护墓葬封土，防止水土流失的主要设施为墓垣，是人为筑砌围绕墓葬封土的矮墙，可起到保护封土、减少水土流失等作用。笔者对汉代墓葬的墓垣曾做过专门研究，指出汉墓的墓垣一般为1、2层，具体位置、平面形状存在不同，砌筑材料及砌建方式亦有差异，反映出相应的时代特征和发展变化，折射出与墓葬及墓主等级相关的内容①。相关墓例很多，诸侯王墓如江苏徐州楚王山西汉墓地，有数座规模较大的墓葬，多用石灰岩青条石垒砌墓垣，四面皆有，M3墓垣保留稍好，M1、M4的墓垣与之相似，墓垣用石较规整，一些有刻字②；列侯墓葬如徐州簸箕山M3（宛朐侯刘埶墓），近方形的墓垣围绕墓葬四周，封土下有主墓和两座陪葬墓③。中小型墓葬墓例更多，如徐州东甸子西汉M1，墓上封土为纯沙土，厚1.25米，封土中部有一堆石块，四周有墓垣，由2、3层直径0.3～0.55米的不规则石块砌筑而成；安徽褚兰西南的墓山孜汉墓中，M1设矮垣，有地基和墙体存留，石祠基座位于南垣墙的正中，M2石祠距墓室2.2米，基座略高于墓壁，北壁为正面，东西两端山墙与两侧残存的墓垣相接④；徐州贾汪土龙山墓地是一处家族墓葬群，其中的M10等级略高，封土残高2.5、最大径约29米，外围有墓垣遗迹，大致呈方形，北、东两侧保存较好⑤（图三-125）。

图三-125　江苏徐州贾汪土龙山M10墓垣西北角

① 刘尊志：《汉代墓葬的墓垣类型及相关问题》，《中国国家博物馆馆刊》2020年第2期。

② 刘照建、梁勇：《徐州市铜山县楚王山汉墓群考古调查》，《汉代考古与汉文化国际学术研讨会论文集》编委会编：《汉代考古与汉文化国际学术研讨会论文集》，齐鲁书社，2006年，第247-254页。

③ 徐州博物馆：《西汉宛朐侯刘埶墓发掘简报》，《文物》1997年第2期。

④ 王步毅：《安徽宿县褚兰汉画像石墓》，《考古学报》1993年第4期。

⑤ 徐州博物馆：《贾汪徐工综合试验场项目考古调查试掘》，徐州博物馆：《徐州考古资料汇编（2014年度）》，内部资料，2015年2月，第43-50页。

对墓地中房屋、道路等进行保护，防止水土流失的设施之一为铺砌散水，另有挡土墙、挡水墙、散水护坡等，还有一些道路铺石板。汉元帝渭陵的一些陪葬墓，墓道旁侧建筑遗址附近有散水遗迹①。河南永城保安山西汉梁王墓寝园的相关设施中有挡土墙、挡水墙、散水护坡、排水道、排水沟等，挡土、挡水墙可用来减少雨水的冲力②（图三-126）。江苏徐州狮子山西坡发现有排水设施，由陶质绳纹排水管和卵石散水等组成，其近旁还发现较多且集中分布的建筑材料，推测应是一处汉代地面建筑遗迹③。汉魏洛阳城西东汉墓四周为夯筑土垣的长方形墓园，东区营建墓侧建筑群，建筑群院墙中，西墙和北墙外皆有砖铺散水，Ⅰ号院落最外围是四面建筑的砖铺散水，其次是河卵石带，大型殿基F1北侧和西侧均有宽2.4米的砖铺散水，北侧散水长18.4、西侧已清理部分的散水长22米，皆用长方形大砖顺置错缝平铺，砖铺散水外侧紧连一条宽1米的河卵石带，河卵石带内侧高而外侧低，为两侧立青石条拦边，中间栽河卵石（图三-127）。F4、F5所在的台基前沿下也有砖铺散水，散水东西长16.3、南北宽2.21米，以长方形大砖顺置错缝平铺④。江苏徐州驮篮山汉墓东南发现一处道路遗迹，石板铺成，石板多为方形，相对较窄，可能是陵园中的便道，而非行车马的大道，亦配有散水⑤。

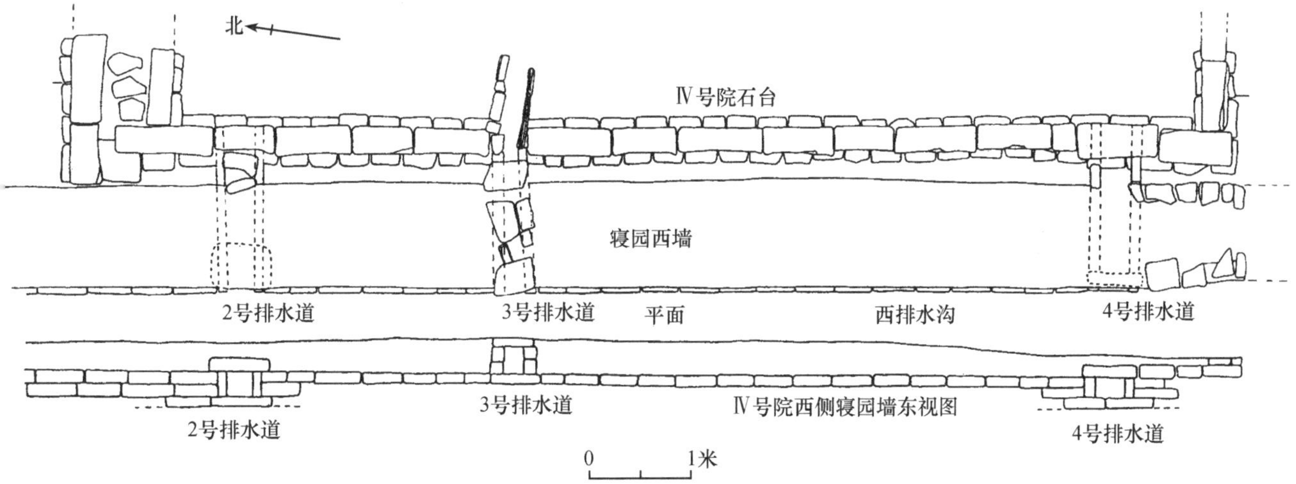

图三-126　河南永城保安山梁王墓寝园排水道

① 陕西省考古研究院、咸阳市文物考古研究所：《汉元帝渭陵考古调查、勘探简报》，《考古》2013年第11期。

② 河南省文物考古研究所：《永城西汉梁国王陵与寝园》，中州古籍出版社，1996年，第45-51页。

③ 韦正、李虎仁、邹厚本：《江苏徐州市狮子山西汉墓的发掘与收获》，《考古》1998年第8期。

④ 中国社会科学院考古研究所洛阳汉魏城队：《汉魏洛阳城西东汉墓园遗址》，《考古学报》1993年第3期。

⑤ 邱永生、徐旭：《徐州市驮篮山西汉墓》，中国考古学会编：《中国考古学年鉴·1991年》，文物出版社，1992年，第173、174页；笔者参与其他较多阶段的调查与发掘，详细资料暂未发表。

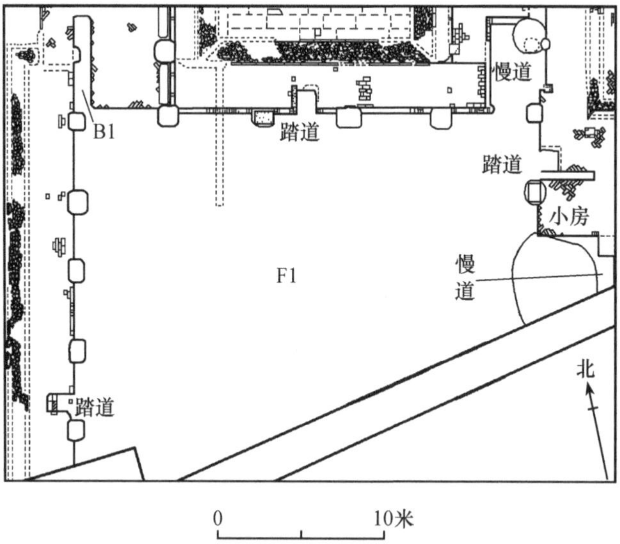

图三-127　汉魏洛阳故城西东汉墓东部建筑中的大型殿基F1平面图

另外，还有很多秦汉墓葬，尤其是西汉墓葬，为保护墓主尸身，除使用玉衣等殓葬品达到保护尸体不朽的理想追求外，一些列侯级别墓葬或普通官吏、贵族墓葬，以地方贵族或官吏的墓葬最为常见，相关墓主死后，在不使用玉衣的前提下，可能会使用棺液等。在棺内置入一定数量的棺液，配上密封的措施，形成相对封闭的环境，可达到保护墓主尸身的实用性目的，相关考古发现的汉代尸体基本为西汉时期即很好地说明了这一点。与棺液等保护墓主尸身有关的内容在本书其他章节中也有叙述，此处不再赘叙。

综合来讲，秦汉家庭出于对家庭成员死后世界的重视和尊重，针对家庭成员的墓葬及所属墓地，采取了较多安全保障措施，一方面对家庭成员死后世界起到较好的保护作用，另一方面也可体现和反映生者的孝心，具有双重社会作用，因此亦是家庭保障内容的重要组成。

第 四 章

秦汉家庭日常生活的物质内容

衣、食、住、行是构成古代物质生活的基本要素，也是秦汉家庭日常生活中最重要的物质组成内容，与人们的日常生活息息相关。另外，秦汉时期家庭日常生活所涉及的物质内容还有医疗保健、文化教育、娱乐等多个方面。诸多日常生活的物质内容在秦汉大一统封建王朝的背景下获得较大发展，例如对外物质文化交流的发展和加强等，对于家庭日常生活的物质内容产生了较多影响，使得秦汉家庭的物质内容呈现出繁荣发展的态势。以考古资料为基础，结合文献及其他相关资料，可对秦汉时期家庭日常生活的物质内容进行多方位的考察，以求更全面深入地认识和理解秦汉家庭及其日常生活的诸多内容与内涵。有些内容在前文已有相关论述，为达到叙述的完整性，相关内容在本章还会有所涉及，特作说明。

第一节　秦汉家庭的服饰

服饰，是指人们身体所穿之衣物和装饰人身之物，简单来讲，就是衣服与装饰的统称。秦汉时期，服饰及相关内容获得较大发展，这与社会的多元化发展有着密切关系，农业种植、手工业加工、商品贸易和流通、思想文化、风俗习惯、丧葬需求等都是与之有关的影响因素，而政治因素也对服饰的发展有着较多影响，不同时期朝廷尚色的差异、等级性发展完善背景下具有等级差异的服饰、对外物质文化交流促动下服饰内容的丰富、特殊人群的衣着等皆可体现。家庭及其成员是服饰的使用者和展现者，与家庭日常生活有关的服饰在上述多种因素的影响下呈现出发展中的多元化特征，体现出秦汉家庭及其成员服饰的多样性和发展特点，反映出家庭日常生活的相关内容与内涵。

一、服装类别

因穿戴的具体位置和用途等存在差异，家庭人员的服装也有其不同类别，大致包括冠冕、衣裳、鞋履三大方面，另外还有与服装有关的佩绶等。由于家庭存在等级，一些具体家庭中的成员也存在等级差异，对应于服装方面也体现出等级性与差异性，而因家庭成员等级和所属职业的不同，又有朝服、常服及其他方面的区分。

（一）朝服

又作“朝衣”、“具服”，为古时天子、百官及后妃、命妇等参加朝会时所着之礼服，由祭祀之服发展而来，汉代之后则主要是指坐朝议政之服。从这方面来讲，朝服在某些方面与家庭日常生活关系不大，但对于一些家庭成员来讲，着朝服也是其日常生活的物质内容之一。汉初并未确立完善的服饰制度，西汉武帝元封七年（公元前 104 年），改正朔，易服色，初步制定了朝臣的服饰等级。东汉明帝永平二年（59 年），制定了较详细的朝服等级制度，有关家庭成员的服饰内容和制度等基本确立，与之有关的冠冕、衣裳、鞋履、佩绶等皆依等级。下文以冠服为例作相关叙述。

据《后汉书·舆服志》（下）的记载，汉代的冠包括冕冠、长冠、鹖冠、委貌冠、皮弁冠、爵弁冠、通天冠、远游冠、高山冠、进贤冠、法冠、武冠、建华冠、方山冠、巧士冠、却非冠、却敌冠、樊哙冠、术氏冠等十余种[①]。相关考古资料，尤其是与墓葬有关的壁画、画像及俑等，对秦汉特别是汉代的冠多有体现，也反映出冠与家庭成员日常生活的关系。

冕冠与高等级人员有关，多在参加大典活动时戴冕冠。山东嘉祥武氏祠画像中的“黄帝”，头戴冕冠[②]（图四 -1：1），沂南北寨东汉墓中室南壁东段画像石画像中的相关人物也是头戴冕旒[③]（图四 -1：2），二者反映的冕冠形制较清楚。长冠又称“刘氏冠”，因形似鹊尾，又称“鹊尾冠”，因与祭服有关，又称作“斋冠”。湖南长沙马王堆 M1 出土木俑，头上戴有前低后高的板形饰，冠两侧有墨绘带可达下颌，与附着于下颌的小木条相联结，可视为长冠[④]（图四 -1：3），马王堆 M3 出

① （西晋）司马彪：《后汉书·舆服志（下）》，中华书局，1965 年，第 3661-3670 页。

② 朱锡禄：《武氏祠汉画像石》，山东美术出版社，1986 年，第 13 页。

③ 南京市博物院、山东省文物管理处：《沂南古画像石墓发掘报告》，文化部文物管理局出版，1956 年，图版 52；山东博物馆：《沂南北寨汉墓画像》，文物出版社，2015 年，第 65、117 页。

④ 湖南省博物馆、中国科学院考古研究所编：《长沙马王堆一号汉墓》，文物出版社，1973 年，第 98 页。

图四-1　秦汉时期的朝服冠

1、2. 冕冠（1. 山东嘉祥武氏祠画像　2. 山东沂南北寨汉墓中室南壁东段画像石画像）3、4. 长冠（3. 湖南长沙马王堆 M1 出土木俑　4. 湖南长沙马王堆 M3 出土“T”形帛画中的戴长冠人物形象）5-7. 武冠（5. 山东沂南北寨汉墓中室东壁北段画像石画像　6. 湖南长沙马王堆 M3 出土的漆纚纱冠　7. 河南洛阳汉代空心砖画像）8. 通天冠（山东嘉祥武氏祠中的“荆轲刺秦王”画像中“秦王”形象）9、10. 进贤冠（9. 山东邹城汉画像石中人物形象　10. 山东沂南北寨汉墓前室东壁上横额画像石画像中的人物形象局部）11. 却敌冠（朝鲜乐浪汉墓出土漆奁上人物形象）12. 高山冠（山东沂南北寨汉墓中室南壁西段画像石画像中的“齐桓公”形象）13. 樊哙冠（湖南长沙马王堆 M1 出土帛画上的人物形象）

土的“T”形帛画中也见墓主头戴长冠进行相关活动的形象[①]（图四-1：4）。武冠，为附加在巾帻之上的漆纱笼冠，系武官所戴之冠。沂南北寨东汉墓中室东壁北段画像石画像中有戴漆纱武冠的武官[②]（图四-1：5）；长沙马王堆M3出土的一件粉彩长方形漆奁中有漆纚纱冠，制作精良，为汉代武冠实物，系墓主生前的冠帽[③]（图四-1：6）。武冠上左右竖有鹖尾者称为“鹖冠”，河南洛阳出土汉代空心砖画像中有头戴鹖冠骑射的武士，形象勇猛[④]（图四-1：7）。通天冠为天子专用之冠，嘉祥武氏祠出土的“荆轲刺秦王”画像中的“秦王”戴通天冠[⑤]（图四-1：8）。进贤冠，汉代文儒所戴之冠，冠上横脊为“梁”，数量有别，显示戴冠者的秩次差别。山东邹城出土谒见画像石上刻有头戴进贤冠端坐的文儒[⑥]（图四-1：9），沂南北寨东汉墓前室东壁上横额祭祀图等中有头戴进贤冠的文吏[⑦]（图四-1：10），部分执笏伫立，部分跽坐，亦有部分不执笏。却敌冠为卫士所戴之冠，前高后低，朝鲜乐浪汉墓出土漆奁上有戴却敌冠的人物形象[⑧]（图四-1：11）。沂南北寨东汉墓中室南壁西段画像石中有榜题为“齐桓公”的画像，“齐桓公”所戴似为高山冠[⑨]，冠分上、下两部分，上面部分呈“山”字形（图四-1：12）。樊哙冠为卫士等人员所戴，长沙马王堆M1出土帛画上绘有戴樊哙冠的人物形象[⑩]（图四-1：13）。上述冠与穿戴者的身份地位和职业相对应，有些与穿戴者的日常工作和生活关系密切，有的虽非日常生活中的常用穿戴之物，但也和日常的较多工作和生活有关，反映出相互之间的关系。

（二）常服

为家庭中成员日常所穿着的服装，与日常生活关系密切，种类较为丰富，有男

---

① 湖南省博物馆、湖南省文物考古研究所：《长沙马王堆二、三号汉墓》，文物出版社，2004年，彩版二一。

② 南京市博物院、山东省文物管理处：《沂南古画像石墓发掘报告》，文化部文物管理局出版，1956年，图版57；山东博物馆：《沂南北寨汉墓画像》，文物出版社，2015年，第70、118页。

③ 湖南省博物馆、湖南省文物考古研究所：《长沙马王堆二、三号汉墓》，文物出版社，2004年，彩版四三。

④ 怀履光著，徐婵菲译，沈辰校：《中国［洛阳］古墓砖图考（1939年）》，中州古籍出版社，2014年，图版72。

⑤ 朱锡禄：《武氏祠汉画像石》，山东美术出版社，1986年，第56页。

⑥ 胡新立：《邹城汉画像石》，文物出版社，2008年，第48页，图54。

⑦ 南京市博物院、山东省文物管理处：《沂南古画像石墓发掘报告》，文化部文物管理局出版，1956年，图版28；山东博物馆：《沂南北寨汉墓画像》，文物出版社，2015年，第66、117页。

⑧ （日）小塲恒吉等：《乐浪汉墓·第一册》，乐浪汉墓刊行会，1974年，第35-38页。

⑨ 南京市博物院、山东省文物管理处：《沂南古画像石墓发掘报告》，文化部文物管理局出版，1956年，图版53；山东博物馆：《沂南北寨汉墓画像》，文物出版社，2015年，第10、11、109页。

⑩ 湖南省博物馆、中国科学院考古研究所：《长沙马王堆一号汉墓》，文物出版社，1973年，第40页。

女之分，也有首服、身服、足服等不同类别，另外还有铠甲。

1. 男子首服

冠和帻是汉代男子日常生活中最普遍的两种首服，既可单独佩戴，也可组合佩戴。另外还有戴帽、戴笠者，亦有不戴首服露髻者等。考古材料以陶质人物俑为代表，对秦汉家庭相关成员日常生活佩戴的首服多有体现，另外还有相关画像，反映的人物形象较生动。考虑到陶俑是墓主的陪葬品，在事死如事生丧葬思想的影响下，主要是将生前拥有带入地下，以期这些陶俑所代表现实世界的人员能够在另一世界继续服务于墓主。就此而言，陶俑所代表现实中的人员虽存在等级和职能的差别，但等级普遍不高，且具有较强的附属性质，其所戴首服体现的是秦汉时期不同等级家庭中不同附属人员的情况，并不能反映相应等级家庭中主要成员所戴首服的内容。需作说明的是，有些具有相对稍高等级家庭的主要成员可能会戴朝服冠，这在上文已有叙述。

（1）冠

主要用于束发，并与礼仪相关，有多种形式和名称。

江苏徐州北洞山楚王墓出土大量的戴冠俑，冠为木质，多朽，标本 EK1：23，木冠以带系于颌下，头部留有冠的朽痕[①]（图四 -2：1），小龟山楚王墓 90XGM：13，发梳髻，头戴平顶冠，两侧有带下垂[②]（图四 -2：2），北郊李屯西汉墓 M：59，头戴平顶冠，脑后可见发髻[③]（图四 -2：3）；河北燕下都遗址 D6T46 ② M15：12，头戴小冠，仅能遮住发髻[④]（图四 -2：4），邢台曹演庄 M1：9，小冠呈棕色，顶部较平[⑤]（图四 -2：5）；北京东南郊三台山 M2：14，头戴圆形冠，中部类似山形[⑥]（图四 -2：6），顺义临河东汉墓出土踏碓俑，头部所戴类似高冠[⑦]（图四 -2：7）；重庆奉节赵家湾 M26：8，冠呈圆形，中部凸起[⑧]（图四 -2：8），巫山双堰塘 M707：4，

① 徐州博物馆、南京大学历史学系考古专业：《徐州北洞山西汉楚王墓》，文物出版社，2003 年，第 81、82 页。

② 徐州博物馆：《江苏铜山县龟山二号西汉崖洞墓材料的再补充》，《考古》1997 年第 2 期。

③ 徐州博物馆：《江苏铜山县李屯西汉墓清理简报》，《考古》1995 年第 3 期。

④ 河北省文物研究所：《燕下都遗址内的两汉墓葬》，河北省文物研究所编：《河北省考古文集 · 二》，北京燕山出版社，2001 年，第 67-140 页。

⑤ 河北省文物研究所、邢台市文物管理处：《邢台曹演庄汉墓群发掘报告》，《文物春秋》1998 年第 4 期。

⑥ 北京市文物工作队：《北京东南郊三台山东汉墓发掘简报》，北京历史考古丛书编辑组编：《北京文物与考古》，内部资料，1983 年，第 19-27 页。

⑦ 北京市文物管理处：《北京顺义临河村东汉墓发掘简报》，《考古》1977 年第 6 期。

⑧ 武汉大学考古与博物馆学系、武汉大学科技考古中心：《重庆奉节赵家湾墓地 2004 年发掘简报》，《江汉考古》2009 年第 1 期。

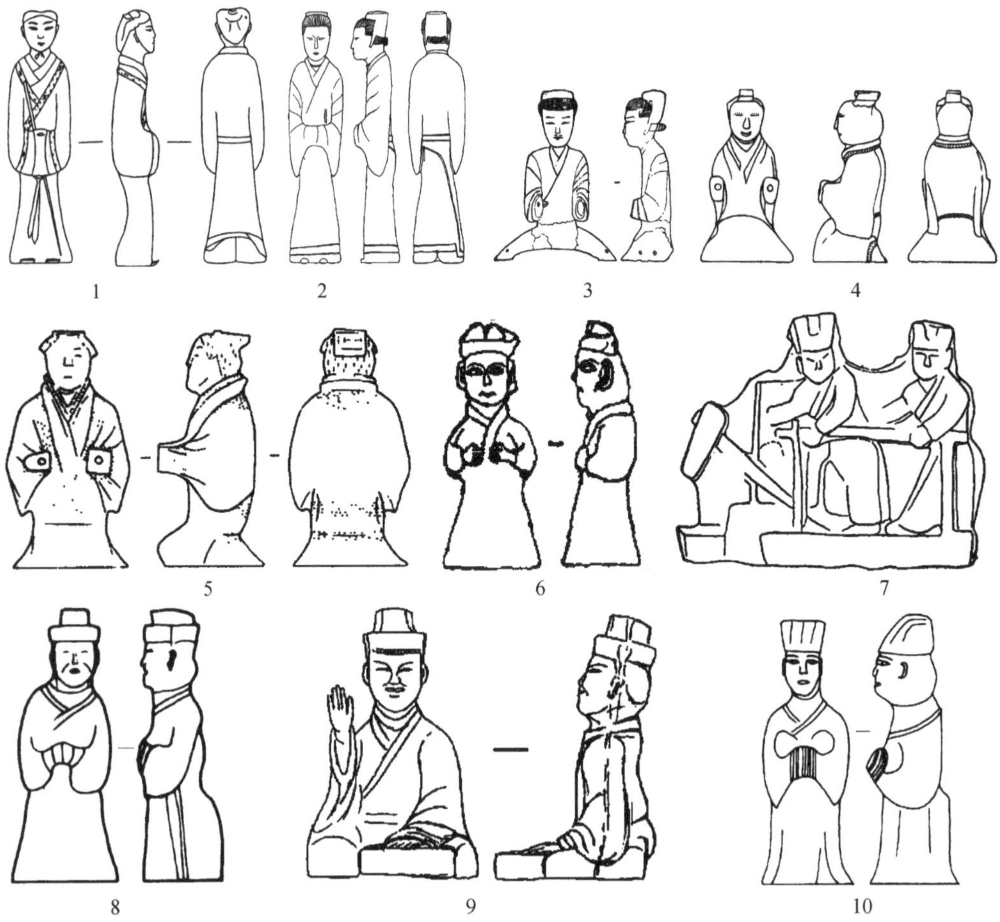

图四 -2　汉代常服中的冠

1. 江苏徐州北洞山汉墓 EK1：23　2. 江苏徐州铜山龟山 90XGM：13　3. 江苏铜山李屯西汉墓 M：59　4. 河北燕下都遗址 D6T46 ② M15：1　5. 河北邢台曹演庄 M1：9　6. 北京东南郊三台山 M2：14　7. 北京顺义临河东汉墓踏碓俑　8. 重庆奉节赵家湾 M26：8　9. 重庆巫山双堰塘 M707：4　10. 重庆忠县翠屏山 BM301：9

冠中部为高台状[①]（图四 -2：9），忠县翠屏山 BM301：9，冠较高[②]（图四 -2：10）。

（2）帻

包头发用的头巾，日常生活中家庭成员对其使用较频繁，主要有介帻和平上帻两类。介帻顶端隆起，形状像尖角屋顶。四川绵阳桐子梁出土陶俑（M40：18），头戴介帻[③]（图四 -3：1）；重庆奉节营盘包 2005CFYM34：4，陶俑所戴帻的中

① 中国社会科学院考古研究所长江三峡工作队、巫山县文物管理所：《巫山双堰塘遗址发掘报告》，重庆市文物局、重庆市移民局编：《重庆库区考古报告集·1998 卷》，科学出版社，2003 年，第 58-102 页。

② 重庆市文物局、重庆市移民局编：《忠县翠屏山崖墓》，科学出版社，2011 年，第 30 页。

③ 四川省文物考古研究院、绵阳市文物管理局、涪城区文物管理所：《四川绵阳市涪城区桐子梁东汉崖墓发掘简报》，《四川文物》2015 年第 4 期。

图四 -3　汉代常服中的帻

1. 四川绵阳桐子梁 M40：18　2. 重庆奉节营盘包 2005CFYM34：4　3. 山东沂南北寨汉墓前室东壁、西壁上横额画像石画像中戴帻的人物形象　4. 甘肃武威雷台汉墓出土的铜骑马俑　5. 重庆丰都镇江河梁子 2005FRHLM9：30　6. 山东汶山孙家村出土东汉画像石中戴帻的人物形象　7. 河北文安县宋家牌汉墓出土庖厨俑　8. 重庆万州老棺丘 M4：34　9. 四川绵阳双碑白虎嘴 M41：4

部凸起呈屋顶状①（图四 -3：2）；山东沂南东汉墓前室东壁、西壁上横额等画像石画像中皆有戴介帻的人物形象②（图四 -3：3）。平上帻的顶部较低平。甘肃武威雷台汉墓出土的铜骑马俑，头戴平上帻③（图四 -3：4）；重庆丰都镇江河梁子 2005FRHLM9：30，为拱手俑，头戴平上帻④（图四 -3：5）；山东汶山孙家村出土东汉画像石有戴平上帻的人物形象⑤（图四 -3：6）。东汉时，在平上帻基础上出现了前低后高形制的平巾帻。河北文安县宋家牌汉墓出土庖厨俑所戴帻为平巾帻⑥

① 重庆市文物局、重庆市移民局编：《奉节营盘包墓地》，科学出版社，2016 年，第 122 页。

② 南京市博物院，山东省文物管理处：《沂南古画像石墓发掘报告》，文化部文物管理局出版，1956 年，图版 28；山东博物馆：《沂南北寨汉墓画像》，文物出版社，2015 年，第 10-13、109 页。

③ 甘肃省博物馆：《武威雷台汉墓》，《考古学报》1974 年第 2 期。

④ 重庆市文物局、重庆市移民局：《丰都镇江汉至六朝墓群》，科学出版社，2013 年，第 202 页。

⑤ 傅惜华：《汉代画像全集 · 二编》，巴黎大学北京汉学研究所，1951 年，图 89。

⑥ 张晓峰：《文安县宋家牌汉墓出土遗物》，《文物春秋》2001 年第 6 期。

（图四 -3：7）；重庆万州老棺丘 M4：34，俑头戴前低后高的平巾帻[①]（图四 -3：8）；四川绵阳双碑白虎嘴 M41：4，俑亦戴平巾帻[②]（图四 -3：9）。

西汉时，男子单独戴冠较为多见，西汉晚期及以后，帻普遍流行，成为贵贱通用的首服。东汉时，正式场合佩戴冠和帻搭配使用的首服成为地位较高或有相应等级男子身份的象征。河南洛阳吉利区 C9M2367：2，俑梳髻于脑后，头戴帻，帻上戴冠，冠顶涂黑、朱两色[③]（图四 -4：1）；甘肃武威磨咀子 M62，男性墓主头戴介帻，外罩漆质的冠[④]（图四 -4：2）。

1　　　　2

图四 -4　汉代的冠、帻搭配

1. 河南洛阳吉利区 C9M2367：2　2. 甘肃武威磨咀子 M62 出土首服

（3）帽

秦汉时期，多是地位较低者戴帽，如伎乐、军人或其他低等级身份人员。帽质地较软，形式种类较多。重庆璧山棺山坡 M5：3 出土吹箫俑，头戴尖顶帽[⑤]（图四 -5：1）；四川绵阳双碑白虎嘴 M29：1，俑戴类似的尖顶帽[⑥]（图四 -5：2）；江苏徐州北洞山汉墓 EK1：30，俑头戴绛紫色帽，沿两颊有黑带系结于颌下[⑦]（图四 -5：3）；河南洛阳北郊 C8M574 出土陶俑头，顶扣红色小帽[⑧]（图四 -5：4）。

（4）笠

具有防暑、挡雨功能，多为进行相关劳作的平民佩戴。四川成都双流青棡村

① 云南省文物考古研究所、重庆市文化局三峡办、重庆市万州区博物馆：《万州老棺丘古墓群发掘报告》，重庆市文物局、重庆市移民局编：《重庆区考古报告集 · 2001 卷》，科学出版社，2007 年，第 941-961 页。

② 绵阳博物馆、成都文物考古研究所：《绵阳崖墓》，文物出版社，2015 年，第 188 页。

③ 洛阳市文物工作队：《洛阳吉利区汉墓（C9M2367）发掘简报》，《文物》2003 年第 12 期。

④ 甘肃省博物馆：《武威磨咀子三座汉墓发掘简报》，《文物》1972 年第 12 期。

⑤ 重庆市文化遗产研究院、璧山县文物管理所：《重庆璧山县棺山坡东汉崖墓群》，《考古》2014 年第 9 期。

⑥ 绵阳博物馆、成都文物考古研究所：《绵阳崖墓》，文物出版社，2015 年，第 124 页。

⑦ 徐州博物馆、南京大学历史学系考古专业：《徐州北洞山西汉楚王墓》，文物出版社，2003 年，第 81、82 页。

⑧ 洛阳市文物工作队：《洛阳北郊 C8M574 西汉墓发掘简报》，《考古与文物》2020 年第 5 期。

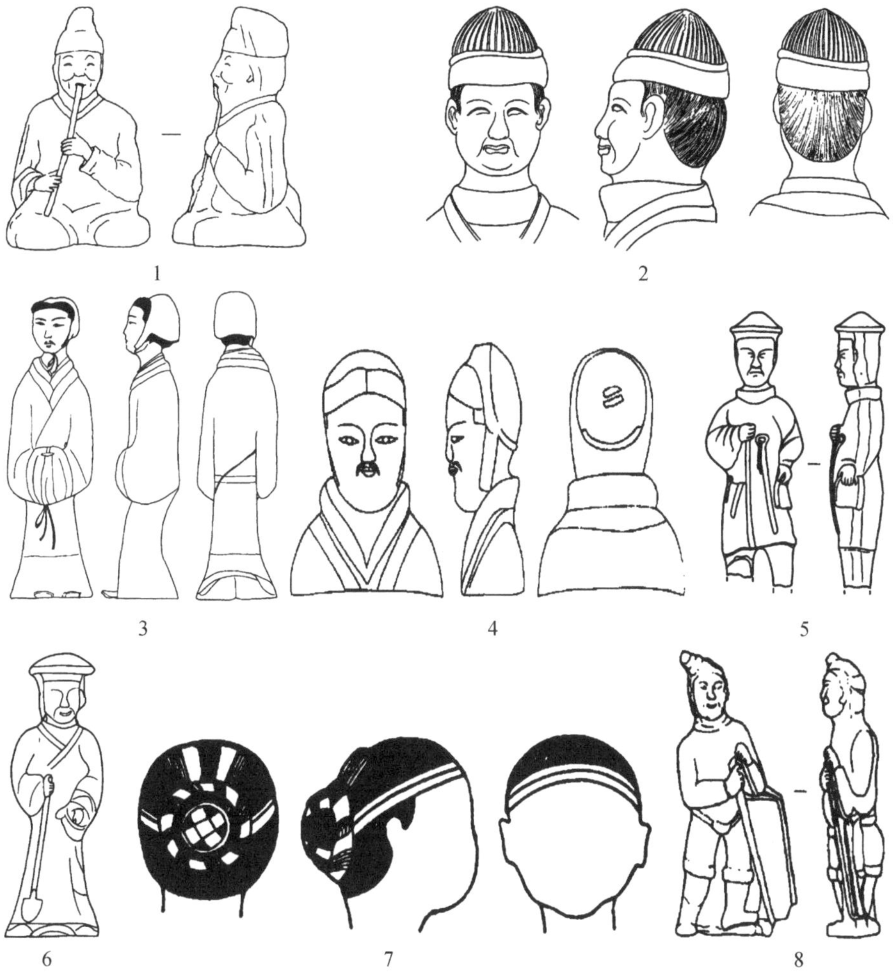

图四 -5　汉代男子戴常服中的帽、笠和露髻

1-4. 帽（1. 重庆璧山棺山坡 M5：3　2. 四川绵阳双碑白虎嘴 M29：1　3. 江苏徐州北洞山汉墓 EK1：30　4. 河南洛阳北郊 C8M574 出土陶俑头）　5、6. 笠（5. 四川成都双流青榈村 M4：10　6. 重庆丰都镇江沙包 2008FRSBM28：2）　7、8. 露髻陶俑（7. 陕西杨家湾四号墓陪葬坑出土陶俑头部　8. 四川成都青白江区跃进村 M6：11）

M4：10①（图四 -5：5）和重庆丰都镇江沙包 2008FRSBM28：2②（图四 -5：6），均为劳作俑，手持簸箕或铲等工具，头戴斗笠。

（5）露髻

汉代男子还有不戴首服露髻者。陕西杨家湾 M4 陪葬坑出土陶俑，发髻盘于脑

① 成都文物考古研究所、双流县文物管理所：《四川双流县青榈村汉、唐、宋代墓地发掘报告》，成都市文物考古研究所编著：《成都考古发现 · 2010》，科学出版社，2012 年，第 447-509 页。

② 重庆市文物局、重庆市移民局编：《丰都镇江汉至六朝墓群》，科学出版社，2013 年，第 265 页。

后[①]（图四 -5：7）；四川成都青白江区跃进村汉墓出土执飏扇俑（M6：11），头发束成螺髻[②]（图四 -5：8），二者皆不戴首服。

2. 身服

身着之服，考古资料所体现主要为外衣，并存在深衣制和上衣下裳制，种类多样，墓葬出土实物、陶俑及墓葬装饰如壁画、画像石（砖）画像等皆有体现。也有内衣的内容，如陶俑仅见内衣领或袖缘、襟缘等，具体形制不详，但有些墓葬出土有作为内衣的实物。

（1）上下连体衣服

主要包括深衣、袍、襜褕等。

① 深衣

基本形式是上衣与下裳连为一个整体，交领、右衽、直裾或曲裾、腰部系带、下摆长度过膝。《礼记·深衣》郑玄注曰："名曰《深衣》者，谓连衣裳而纯之以采也。"唐代孔颖达疏曰："所以此称深衣者，以余服则上衣下裳不相连，此深衣衣裳相连，被体深邃，故谓之'深衣'。"[③]秦汉时期，尤其是汉代，深衣在较多家庭中得到普及，这与家庭成员身份高低贵贱无关，且无论性别男女，均可穿深衣。深衣的类型较为多样，考古材料有所体现。

曲裾深衣。湖南长沙马王堆 M1：329-10，为深衣实物，曲裾绕过腰部[④]（图四 -6：1）；湖北云梦大坟头 M1 出土的两件木俑均着曲裾深衣，一件绕过腰部，另一件缠身数周[⑤]（图四 -6：2、3）；江苏徐州黑头山刘慎墓出土陶女侍俑（M1：1），着双层深衣，外衣曲裾绕至腰后，衣长不及地，双足外露[⑥]（图四 -6：4），徐州顾山西汉 M1 出土陶女舞俑（M1：37），深衣下摆后曳较长，有圆弧形缺口[⑦]（图四 -6：5）。

直裾深衣。有的下摆及地呈喇叭形，如河北易县燕下都 D6T31 ② M8：15，衣

---

① 陕西省文管会、博物馆，咸阳市博物馆杨家湾汉墓发掘小组：《杨家湾汉墓发掘简报》，《文物》1977 年第 10 期。

② 成都市文物考古工作队、青白江区文物管理所：《成都市青白江区跃进村汉墓发掘简报》，《文物》1999 年第 8 期。

③ 《礼记·深衣》，阮元校勘：《十三经注疏·礼记》，台湾艺文印书馆，2001 年，第 963 页。

④ 湖南省博物馆、中国科学院考古研究所：《长沙马王堆一号汉墓》，文物出版社，1973 年，第 66 页。

⑤ 湖北省博物馆、孝感地区文教局、云梦县文化馆汉墓发掘组：《湖北云梦西汉墓发掘简报》，《文物》1973 年第 9 期。

⑥ 徐州博物馆：《江苏徐州黑头山西汉刘慎墓发掘简报》，《文物》2010 年第 11 期。

⑦ 徐州博物馆：《江苏徐州市顾山西汉墓》，《考古》2005 年第 12 期。

图四 -6　汉代深衣实物与相关陶俑

1-5. 曲裾深衣实物及陶俑（1. 湖南长沙马王堆 M1：329-10　2、3. 湖北云梦大坟头 M1 出土木俑　4. 江苏徐州黑头山刘慎墓出土陶女侍俑　5. 江苏徐州顾山西汉 M1 出土陶女舞俑）6-9. 着直裾深衣陶俑（6. 河北易县燕下都 D6T31 ② M8：15　7. 陕西西安三爻村 M19：11　8. 陕西西安财经学院知行学院 J1：4　9. 河北邯郸建设大街 HWM18：2）

饰红色变形云气纹，领口饰红色窄边[①]（图四 -6：6）；陕西西安三爻村 M19 出土陶俑（M19：11），所着深衣较为宽松，未紧紧裹住身体，下摆及地[②]（图四 -6：7）。有的衣长刚过膝，如陕西西安财经学院知行学院一座废弃井内出土陶俑（J1：4），

① 河北省文物研究所：《燕下都遗址内的两汉墓葬》，河北省文物研究所编：《河北省考古文集·二》，北京燕山出版社，2001 年，第 67-140 页。

② 陕西省考古研究所：《西安南郊三爻村汉唐墓葬清理发掘简报》，《考古与文物》2001 年第 3 期。

身着三层深衣[①]（图四 -6：8）；河北邯郸建设大街汉墓出土陶俑（HWM18：2），下摆呈燕尾状[②]（图四 -6：9）。

②袍

秦与西汉时期，袍继承先秦穿衣内容，多作内衣，东汉早期，袍开始由内衣向外衣转变，而"东汉时作为外衣之袍，应是一种宽大的长衣。"[③]东汉明帝时制定舆服制度，"服衣，深衣制，有袍，随五时色。……今下至贱更小吏，皆通制袍。"[④]自此，袍服从内衣开始转变成外衣。东汉时，作为外衣的袍服基本为交领、右衽、宽袖或窄袖、腰系带，下摆过膝或及地。因没有身份等级与性别的差异，较多不同家庭或家庭中不同人员皆可穿着，但在面料、纹饰、长短方面区分为不同类型。河北迁安于家村 M1 出土陶俑（M1：77），身着窄袖及地长袍[⑤]（图四 -7：1）；重庆丰都槽房沟 2001FZCM9 出土多件着长袍的陶俑，包括男女侍俑、女舞俑、执物俑等，除 M9：21 外，其余陶俑所着袍服皆基本及地[⑥]（图四 -7：2-8）。新疆民丰北大沙漠古遗址墓葬区中的东汉合葬墓中，男尸着锦袍一件，红底，黄蓝色图案，有"万世如意"隶书，全长 122.5、两袖端通长 174、袖口 17、肩 28.2、腰 59、下摆 142 厘米，另有捽袖各一段，长 41.5、宽 14.5 厘米[⑦]（图四 -7：9）。

③襜褕

比袍更为宽大，根据相关学者研究，汉代的襜褕应是"宽大，直裾，长度适中、或及膝下"[⑧]的形制。汉代画像中多见，河南密县打虎亭 M1 出土画像石画像中有较多着宽大襜褕的人物形象，男性与女性皆有，多为侍者[⑨]（图四 -8：1、2），洛阳朱村二号汉墓的墓室北壁西部壁画中亦见着襜褕侍女形象[⑩]（图四 -8：3）。

（2）上衣下裳

主要分为上衣下袴和上衣下裙两类。

---

① 柴怡：《西安白鹿原新见汉代陶俑析论》，《考古与文物》2017 年第 4 期。

② 邯郸市文物保护研究所：《邯郸市建设大街战汉墓葬发掘报告》，《文物春秋》2004 年第 6 期。

③ 孙机：《汉代物质文化资料图说（增订本）》，文物出版社，2011 年，第 279 页。

④ （西晋）司马彪：《后汉书·舆服志（下）》，中华书局，1965 年，第 3666 页。

⑤ 迁安县文物保管所：《河北迁安于家村一号汉墓清理》，《文物》1996 年第 10 期。

⑥ 重庆市文物考古所、宝鸡市考古工作队、重庆市文物局、丰都县文物管理所：《丰都槽房沟墓地发掘报告》，重庆市文物局、重庆市移民局编：《重庆库区考古报告集·2001 卷》，科学出版社，2007 年，第 1788-1831 页。

⑦ 新疆维吾尔自治区博物馆：《新疆民丰县北大沙漠中古遗址墓葬区东汉合葬墓清理简报》，《考古》1960 年第 6 期。

⑧ 王方：《"襜褕"考》，《中国国家博物馆馆刊》2019 年第 8 期。

⑨ 河南省文物研究所：《密县打虎亭汉墓》，文物出版社，1993 年，第 49-57、70-74 页。

⑩ 洛阳市第二文物工作队：《洛阳市朱村东汉壁画墓发掘简报》，《文物》1992 年第 12 期。

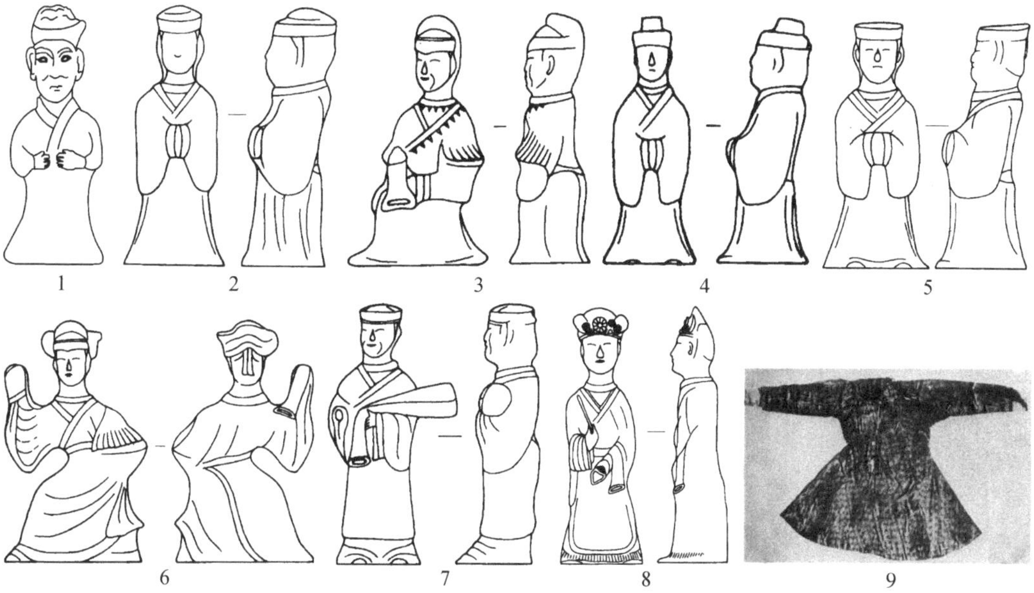

图四-7　汉代袍的相关陶俑与实物

1-8. 陶俑（1. 河北迁安于家村 M1：77　2-8. 重庆丰都槽房沟 2001FZCM9：4、13、14、43、15、21、40）
9. 实物（新疆民丰北大沙漠古遗址墓葬区东汉合葬墓中男尸所着锦袍）

图四-8　与汉代襜褕相关的画像与壁画

1、2. 河南密县打虎亭 M1 出土画像石中的人物形象（1. 前室西壁南幅中的男侍者画像　2. 中室甬道东壁中的侍女画像）3. 河南洛阳朱村二号汉墓墓室北壁西部壁画中侍女形象

"上衣"多为襦，是短衣，长度可至腰部或膝盖，但相较于深衣和袍要短，需搭配袴、裙等穿着。甘肃武威磨咀子 M48，女尸上身着黄褐色麻布禅衫，下着黄绢丝绵裙[①]，新疆民丰北大沙漠古遗址墓葬区东汉合葬墓，女尸外上衣为襦，黄绸面，绿绸腰带每边五条，全长 120、两袖端通长 140、袖口 40、腰身 80、下摆 154 厘米[②]。

---

① 甘肃省博物馆：《武威磨咀子三座汉墓发掘简报》，《文物》1972 年第 12 期。

② 新疆维吾尔自治区博物馆：《新疆民丰县北大沙漠中古遗址墓葬区东汉合葬墓清理简报》，《文物》1960 年第 6 期。

袴即为裤，秦汉时期，有不合裆和合裆两种。不合裆的裤仅着于两腿部，甚至仅膝下小腿部分，有的需要配合较长的上衣或裙等下裳才能穿着，也有的无搭配，穿着者基本为地位较低的劳动者；合裆裤具备了蔽体功能，可与稍短的上衣一起穿着，一般亦是身份等级较低的人员穿短衣和裤。具有相应身份等级的家庭成员亦常有穿裤者。新疆民丰北大沙漠古遗址墓葬区东汉合葬墓中，男尸着裤一件，白粗布为面，裤腿绿绸绣兽形图案，全长115、宽66、裆长13.5、裤腿刺绣部分长31.5、宽35厘米[①]（图四-9：1）。甘肃武威磨咀子M48，男尸下身着绢裤，穿革履[②]。河南济源桐花沟M10出土陶俑中，M10：15为俳优俑，上身赤裸，下体着宽肥长袴，上红下白，红与白的强烈对比与怪异的扮相，强调了滑稽的气氛[③]（图四-9：2），洛阳吉利区C9M2367出土陶俑（M2367：7），上身裸露，鼓腹，腰系朱色带，下着浅紫色喇叭裤，作舞蹈状[④]（图四-9：3）。

上衣下袴的搭配较为普遍，考古资料也较丰富，对应人物基本都是家庭中的劳动者。山东牟平昆仑山大白顶无染院出土的二人抬物画像，二人物皆上身穿短衣，下身裆部穿犊鼻裤，小腿穿不合裆的裤；山东散存的戴氏享堂画像石画像中表演跳丸杂技者及散存的另一画像石画像中二人进行庖厨淘洗者，均穿合裆裤，上身为短衣[⑤]（图四-9：4-6）；重庆巫山双堰塘M705出土持飏扇俑（M705：26），上身着左衽短襦，下身着短裤[⑥]（图四-9：7）；河南济源桐花沟M10出土陶女舞俑（M10：17），作舞蹈状，上身着广袖长衣，下着肥袴，上衣鲜红，两袖洁白，襟摆镶黑并以黑带束腰，下裳（袴）浅紫，双足穿黑履[⑦]（图四-9：8），洛阳伊川王庄空心画像砖上的舞蹈场面，有多名女子作长袖对舞，皆是上穿舒袖衣，下着喇叭形裤装，纤腰紧束[⑧]（图四-9：9），南阳唐河冯君孺人墓画像石画像中有上着短衣、下着短裤的驯兽男子形象[⑨]（图四-9：10）。与家庭人员关系不大的士卒也有类似衣着，江苏徐州狮子山兵马俑坑出土兵俑，上穿双层紧袖长襦，下垂至膝，外罩齐腰短袖圆领衣，下摆至臀，

① 新疆维吾尔自治区博物馆：《新疆民丰县北大沙漠中古遗址墓葬区东汉合葬墓清理简报》，《文物》1960年第6期。

② 甘肃省博物馆：《武威磨咀子三座汉墓发掘简报》，《文物》1972年第12期。

③ 河南省文物考古研究所：《河南济源市桐花沟十号汉墓》，《考古》2000年第2期。

④ 洛阳市文物工作队：《洛阳吉利区汉墓（C9M2367）发掘简报》，《文物》2003年第12期。

⑤ 傅惜华、陈志农编辑，陈志农绘图，陈沛箴整理：《山东汉画像石汇编》，山东画报出版社，2012年，第223、234-237页。

⑥ 中国社会科学院考古研究所长江三峡工作队、巫山县文物管理所：《巫山双堰塘遗址发掘报告》，重庆市文物局、重庆市移民局编：《重庆库区考古报告集·1998卷》，科学出版社，2003年，第58-102页。

⑦ 河南省文物考古研究所：《河南济源市桐花沟十号汉墓》，《考古》2000年第2期。

⑧ 李献奇、杨海钦：《洛阳又发现一批西汉空心画像砖》，《文物》1992年第12期。

⑨ 南阳地区文物队、南阳博物馆：《唐河汉郁平大尹冯君孺人画象石墓》，《考古学报》1980年第2期。

图四 -9　秦汉时期常服中的袴及上衣下袴

1. 袴（裤）实物（新疆民丰北大沙漠古遗址墓葬区东汉合葬墓出土）　2、3. 上身赤裸下身着裤陶徘优俑（2. 河南济源桐花沟 M10：15　3. 河南洛阳吉利区 C9M2367：7）　4. 山东牟平昆仑山大白顶无染院出土的二人抬物画像　5. 山东散存戴氏享堂画像石画像中的表演跳丸杂技者　6. 山东散存画像石画像中的进行庖厨淘洗者　7. 重庆巫山双堰塘 M705 出土陶俑（M705：26）　8. 河南济源桐花沟 M10 出土陶女舞俑（M10：17）　9. 河南洛阳伊川王庄空心画像砖画像（局部）　10. 河南唐河冯君孺人墓出土画像石画像（局部）

下身着长裤，扎行縢，穿圆头平底靴[①]。

裙为汉代女子常见的下裳，多搭配短襦穿着，但就目前考古材料来讲，上衣下裙的服装往往与长袍难以区分。上文所举甘肃武威磨咀子 M48 及新疆民丰北大沙漠古遗址墓葬区东汉合葬墓的女尸，均是上襦下裙，前者的裙腰白绢，下摆蓝绢饰边（图四 -10：1），后者的裙黄暗花绸，并有部分刺绣，全长 93、腰宽 50、下摆 130 厘米。湖北江陵凤凰山出土麻裙（M168：290），以较细的白麻布裁制而成[②]

① 徐州博物馆：《徐州狮子山兵马俑坑第一次发掘简报》，《文物》1986 年第 12 期。

② 湖北省文物考古研究所：《江陵凤凰山一六八号汉墓》，《考古学报》1993 年第 4 期。

图四 -10　秦汉时期常服中的裙和蔽膝

1-5. 裙（1. 甘肃武威磨咀子 M48 女尸衣着　2. 湖北江陵凤凰山 M168 出土麻裙　3. 湖北江陵凤凰山 M168 出土陶持物女俑　4. 湖南长沙马王堆 M1 出土单裙　5. 内蒙古包头召谭 M3 出土陶俑）6. 蔽膝（山东沂南北寨汉墓后室靠南壁的承过梁隔墙东面画像石画像局部）

（图四 -10：2），该墓出土持物女俑（M168：18），上着衣、下穿裙，上衣为朱绘点纹，裙为红黑色彩绘的平行条纹（图四 -10：3）。湖南长沙马王堆 M1 出土两件单裙，均用宽一幅的绢四片缝制而成，四片绢均为上窄下宽，居中的两片宽度相同，稍窄，两侧两片宽度相同，稍宽，上部另加裙腰，两端延长成为裙带[①]（图四 -10：4）。内蒙古包头召潭 M3 出土女俑（M3：4），着右衽短襦，腰间束长带，长带飘于腰后，下着齐胸长裙[②]（图四 -10：5）。

此外，汉代女子服饰中还有蔽膝，即一种长由大腿至膝部的下衣，类似今天的围裙。《汉书 · 王莽传》载："（莽）母病，公卿列侯遣夫人问疾，莽妻迎之，衣不曳地，布蔽膝。见之者以为僮使，问知其夫人，皆惊。"[③]蔽膝的主要功用为装饰，并不是直接系到腰上，而是拴到大带上，山东沂南北寨汉墓后室靠南壁的承过梁隔

① 湖南省博物馆、中国科学院考古研究所：《长沙马王堆一号汉墓》，文物出版社，1973 年，第 69、70 页。

② 内蒙古文物考古研究所，魏坚：《内蒙古中南部汉代墓葬》，中国大百科全书出版社，1998 年，第 279 页。

③ （东汉）班固撰，（唐）颜师古注：《汉书 · 王莽传》，中华书局，1962 年，第 4041 页。

墙东面画像石画像中有着蔽膝的女性形象[①]（图四 -10：6）。

身服的组成内容还有内衣，考古资料所体现多为实物。甘肃武威磨咀子 M48，男尸上身内着蓝绢襦，女尸上身内着浅蓝色绢面丝绵襦，M62 男尸，内穿丝绵襦两层，已朽[②]。新疆民丰北大沙漠古遗址墓葬区东汉合葬墓，女尸有内上衣一件，黄绸面，领袖处都有鸟树刺锈，绿绸腰带每边四条，白绸捽袖，全长 94、两袖端通长 221、袖口宽 16、下摆 121.5，每条腰带长 37、宽 9 厘米[③]（图四 -11）。湖南长沙马王堆 M1，墓主辛追贴身穿着的衣服有“信期绣”罗绮绵袍（N32）和麻布单衣（N30）各 1 件，N32，里素绢，缘为起毛锦加窄绢条，曲裾[④]。

图四 -11　新疆民丰北大沙漠古遗址墓葬区东汉合葬墓女尸内上衣

3. 手套

手套属于护手的衣物，也是秦汉时期的常服内容之一。秦汉墓葬尤其是汉墓中有一定数量的手套出土。

新疆民丰北大沙漠古遗址墓葬区东汉合葬墓，男尸有手套一双，“延年益寿宜子孙”锦，长 24、宽 12 厘米[⑤]。湖南长沙马王堆 M1 出土手套 3 副，形制相同，均为直筒露指式夹手套，两副的掌面为罗绮，指部和腕部均用绢，443-2 号为素罗绮手套，长 25 厘米（图四 -12：1），443-3 号为朱红绮手套，长 25 厘米（图四 -12：2），443-4 号的掌面为绢地“信期绣”，长 24.8 厘米[⑥]（图四 -12：3）。

4. 足服

秦汉时期的足服主要有鞋和袜两类，鞋又分为履、舄、靴等，质地较多样，考古

① 南京市博物院，山东省文物管理处：《沂南古画像石墓发掘报告》，文化部文物管理局出版，1956 年，图版 77；山东博物馆：《山东沂南北寨汉墓画像》，文物出版社，2015 年，第 98、123 页。

② 甘肃省博物馆：《武威磨咀子三座汉墓发掘简报》，《文物》1972 年第 12 期。

③ 新疆维吾尔自治区博物馆：《新疆民丰县北大沙漠中古遗址墓葬区东汉合葬墓清理简报》，《文物》1960 年第 6 期。

④ 湖南省博物馆、中国科学院考古研究所：《长沙马王堆一号汉墓》，文物出版社，1973 年，第 74 页。

⑤ 新疆维吾尔自治区博物馆：《新疆民丰县北大沙漠中古遗址墓葬区东汉合葬墓清理简报》，《文物》1960 年第 6 期。

⑥ 湖南省博物馆、中国科学院考古研究所：《长沙马王堆一号汉墓》，文物出版社，1973 年，第 69、70 页。

1　　2　　3

图四 -12　湖南长沙马王堆 M1 出土手套

1. 443-2　2. 443-3　3. 443-4

资料既有实物，也有陶俑、画像等；袜穿在鞋内，基本为织物，考古资料多见实物。

履为单底的鞋，材质有丝绸、麻、皮革、草等。丝绸和皮革是较为珍贵的材质，多为身份等级较高的人使用，等级地位较低的平民和劳动者多穿造价低廉的麻履或草履。湖南长沙马王堆 M1 出土四双鞋，形制相同，皆双尖翘头方履，尸体穿着的为青丝履（N04），长 26 厘米（图四 -13：1），履面用丝缕编织而成，平纹，纬线较粗，现呈菜绿色，底用麻线编织，平纹，现呈浅绛色，衬为绛紫色，帮为“人”字形组织，垫平纹，另外三双，依据简文，可能是“素履”、“丝履”、“青丝履”[①]。湖北江陵 M168 出土有丝履和麻履，均为双尖翘头方履，丝履保存很差，鞋底里、垫用麻线织成，鞋面和缘为绢缝制；麻履鞋面用较细密的白色平纹麻布制成，底、里、垫均用麻线编织成“人”字形纹，鞋底有死者生前穿用的磨损痕迹[②]（图四 -13：2）。川渝地区出土的汉代劳作俑和武士俑多穿草鞋，如四川成都天回乡 2002CJTM1：4，左手持刀挎盾，脚穿草鞋[③]（图四 -13：3）。甘肃武威磨咀子 M48 与 M62 中的男尸，皆足穿革履。

舄为厚底的履，多数是在鞋底加一层木板，构成双底鞋。山东嘉祥武氏祠画像石画像中有穿着高底舄行礼的人物形象[④]（图四 -13：4），沂南北寨东汉墓中室西壁北侧画像有两武士格斗的场景，左侧武士右手持剑，欲向左侧逃走，舄脱落在地，右侧武士赤手空拳向前猛扑[⑤]，逃走者脱舄而走，可能与舄的厚底，不便快速奔跑有关。

① 湖南省博物馆、中国科学院考古研究所：《长沙马王堆一号汉墓》，文物出版社，1973 年，第 70 页。

② 湖北省文物考古研究所：《江陵凤凰山一六八号汉墓》，《考古学报》1993 年第 4 期。

③ 成都市文物考古研究所、金牛区文物管理所：《成都市天回乡东汉砖室墓发掘简报》，成都市文物考古研究所编著：《成都考古发现 · 2003》，科学出版社，2005 年，第 319-331 页。

④ 朱锡禄：《武氏祠汉画像石》，山东美术出版社，1986 年，第 20 页。

⑤ 南京市博物院，山东省文物管理处：《沂南古画像石墓发掘报告》，文化部文物管理局出版，1956 年，图版 60；山东博物馆：《沂南北寨汉墓画像》，文物出版社，2015 年，第 73、118 页。

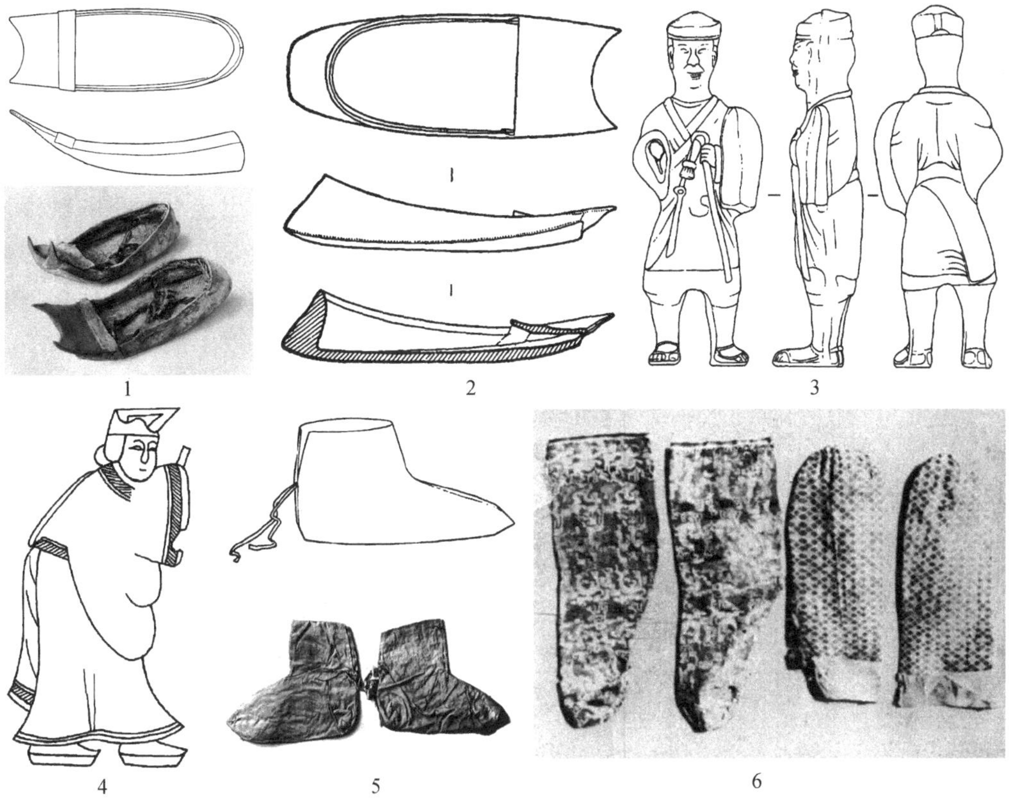

图四 -13 汉代墓葬出土鞋的实物及陶俑、画像

1-3. 履（1. 湖南长沙马王堆 M1 出土青丝履 2. 湖北江陵 M168：296 3. 四川成都天回乡 2002CJTM1 出土陶俑）
4. 舄（山东嘉祥武氏祠画像石画像中的人物） 5、6. 袜（5. 湖南长沙马王堆 M1 出土的袜 6. 新疆民丰北大沙漠古遗址墓葬区东汉合葬墓出土的袜）

靴本为胡服，多用于骑马时穿着，汉代，穿靴的人增多。考古材料所见与家庭人员关系不大，如陕西西安杨家湾汉墓陪葬坑出土军卒俑，穿着长靴[①]。

袜可起到防磨脚、保暖等作用。湖南长沙马王堆 M1 发现两双袜，为夹袜，齐头，靿后开口，开口处并附袜带，用绢缝制而成，袜面用绢较细，袜里用绢稍粗，一件袜带为绢，一件袜带为素纱[②]（图四 -13：5）；新疆民丰北大沙漠古遗址墓葬区东汉合葬墓，男尸穿袜一双，“延年益寿宜子孙”锦制成，长 43、袜腰宽 17，女尸穿袜一双，斜方格锦，锦边有“阳”字，长 37、宽 14 厘米，有袜带一双，红袖上刺绣，外加蓝绸带，长 181、宽 5 厘米[③]（图四 -13：6）。

① 陕西省文物管理委员会、咸阳市博物馆：《陕西省咸阳市杨家湾出土大批西汉彩绘陶俑》，《文物》1966 年第 3 期。

② 湖南省博物馆、中国科学院考古研究所：《长沙马王堆一号汉墓》，文物出版社，1973 年，第 69、70 页。

③ 新疆维吾尔自治区博物馆：《新疆民丰县北大沙漠中古遗址墓葬区东汉合葬墓清理简报》，《文物》1960 年第 6 期。

5. 甲胄

多为军士所穿戴，从这方面讲，与家庭的直接关系并不大，但一些等级稍高或具有相应经济实力家庭中的有关人员也配有甲胄，以铁质为主，另有皮质和藤质等，体现出相关家庭在这方面的物质内容。江苏徐州狮子山楚王墓出土有楚王的铁胄与铁铠甲，制作较为精良[①]（图四 -14：1）。东汉时期，随着地主庄园经济发展，很多豪强地主在庄园中蓄养部曲家兵，起到保护庄园、防御外来侵害等安全保障作用，有的部曲家兵为武士形象，还穿戴有甲胄。河南陕县刘家渠 M3 出土的一件水榭上附有几个持械武士，头戴兜鍪，身着短袖铠甲，甲片排列整齐细密[②]（图四 -14：2）。

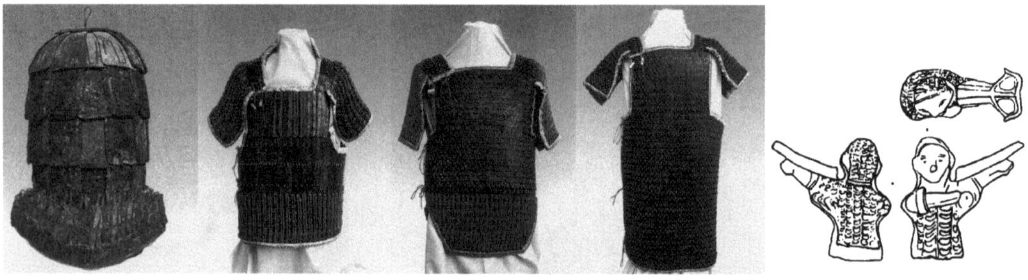

1　　2

图四 -14　汉代墓葬出土铁甲胄及相关遗物

1. 江苏徐州狮子山楚王墓出土的铁胄与铁铠甲　2. 河南陕县刘家渠东汉 M3 出土陶水榭上穿戴甲胄的武士

二、装饰

秦汉时期，家庭人员的装饰内容较为丰富，上文所述人员所戴的首服和手套等，从大的方面讲也属于装饰的内容，另有发式发饰、化妆、佩戴装饰品等皆属于装饰的重要内容。除以上内容外，佩戴与生活有关的物品也可视为家庭成员的装饰内容，如新疆民丰北大沙漠古遗址墓葬区东汉合葬墓的女尸，佩戴有手帕，手帕为黄粗布面，黄绸为边，长宽各 26 厘米[③]。

（一）发式

秦汉时期，男女都有发式。由于男性多戴冠、帽或着巾帻，仅有少量发髻外露。

① 狮子山楚王陵考古发掘队：《徐州狮子山西汉楚王陵发掘简报》，《文物》1998 年第 8 期；葛明宇、邱永生、白荣金：《徐州狮子山西汉楚王陵出土铁甲胄的清理与复原研究》，《考古学报》2008 年第 1 期。

② 黄河水库考古工作队：《河南陕县刘家渠汉墓》，《考古学报》1965 年第 1 期。

③ 新疆维吾尔自治区博物馆：《新疆民丰县北大沙漠中古遗址墓葬区东汉合葬墓清理简报》，《文物》1960 年第 6 期。

戴冠、帽和巾帻的男性，头发一般后拢，在脑后绾结，这可从不戴首服俑的发式看出[①]，如小龟山楚王墓出土的跽坐驭手俑[②]、李屯 M：46[③] 等，均不戴首服，头发后拢，梳成圆髻。这一时期，女性多梳发髻，与秦汉尤其是汉代女性发式相关的考古资料较为丰富，根据所挽发髻位置的不同，可分为三种形式。

第一种为背后挽髻。因这一类发式"其形如椎"[④]，所以多称为椎髻，一般梳在脑后，下垂至背部，以西汉家庭中的女性最为常用，但具体内容也有不同。以陶女俑为例，河北唐县高昌 M29：9，椎髻较为细长[⑤]（图四 -15：1）；湖北江陵 M168：28，椎髻宽扁[⑥]（图四 -15：2）；江苏徐州东甸子 M1E：62，椎髻较短粗，又从左侧分出一绺头发下垂[⑦]（图一 -15：3）；陕西扶风纸白 M16：23，椎髻较长，从右侧分出一绺头发[⑧]（图四 -15：4）；山东曹县江海村汉墓出土女俑，椎髻中下部呈球状[⑨]（图四 -15：5）；汉景帝阳陵帝陵东侧从葬坑出土陶女俑（K21：127），长发稍回折，于颈后绾成椎髻[⑩]（图四 -15：6）。

第二种为头后挽髻，使用者身份地位相对稍高，西汉家庭女性发式中相对常见。以出土女陶、木俑为例，江苏徐州北洞山 2502 号女俑为分髾髻，头发在额前作两翼形隆起，中分后绾，顶部梳作圆鬟形，合梳成垂髾，垂髾髻侧傍出一撮，谓之分髾，头顶挽髻处两侧以红彩绘出长条形圆首发笄，左额发上侧有并列的三小孔和一大孔，右额发上有三小孔，为插置簪钗等饰物处[⑪]（图四 -16：1），徐州市东郊顾山 M1：45，发中分挽于头后[⑫]（图四 -16：2）；湖北随州周家寨 M8：8，木俑，发中分，头后挽髻[⑬]（图四 -16：3）；湖南长沙马王堆 M1：396，木俑，头发在前额

---

① 刘尊志：《徐州汉墓与汉代社会研究》，科学出版社，2011 年，第 225 页。

② 徐州博物馆：《江苏铜山县龟山二号西汉崖洞墓材料的再补充》，《考古》1997 年第 2 期。

③ 徐州博物馆：《江苏铜山县李屯西汉墓清理简报》，《考古》1995 年第 3 期。

④ （东汉）班固撰，（唐）颜师古注：《汉书·陆贾传》，中华书局，1964 年，第 2111 页。

⑤ 南水北调中线干线工程建设管理局、河北省南水北调工程建设领导小组办公室、河北省文物局：《唐县高昌墓地发掘报告》，文物出版社，2010 年，第 53 页。

⑥ 湖北省文物考古研究所：《江陵凤凰山一六八号汉墓》，《考古学报》1993 年第 4 期。

⑦ 徐州博物馆：《徐州东甸子西汉墓》，《文物》1999 年第 12 期。

⑧ 陕西省考古研究院、宝鸡市周原博物馆：《周原汉唐墓》，科学出版社，2014 年，第 68 页。

⑨ 孙明：《山东曹县江海村发现西汉墓》，《考古》1992 年第 2 期。

⑩ 陕西省考古研究院：《汉阳陵帝陵东侧 11—21 号外藏坑发掘简报》，《考古与文物》2008 年第 3 期。

⑪ 徐州博物馆、南京大学历史学系考古专业：《徐州北洞山西汉楚王墓》，文物出版社，2003 年，第 66、68 页。

⑫ 徐州博物馆：《江苏徐州市顾山西汉墓》，《考古》2005 年第 12 期。

⑬ 湖北省文物考古研究所、随州市曾都区考古队：《湖北随州市周家寨墓地 M8 发掘简报》，《考古》2017 年第 8 期。

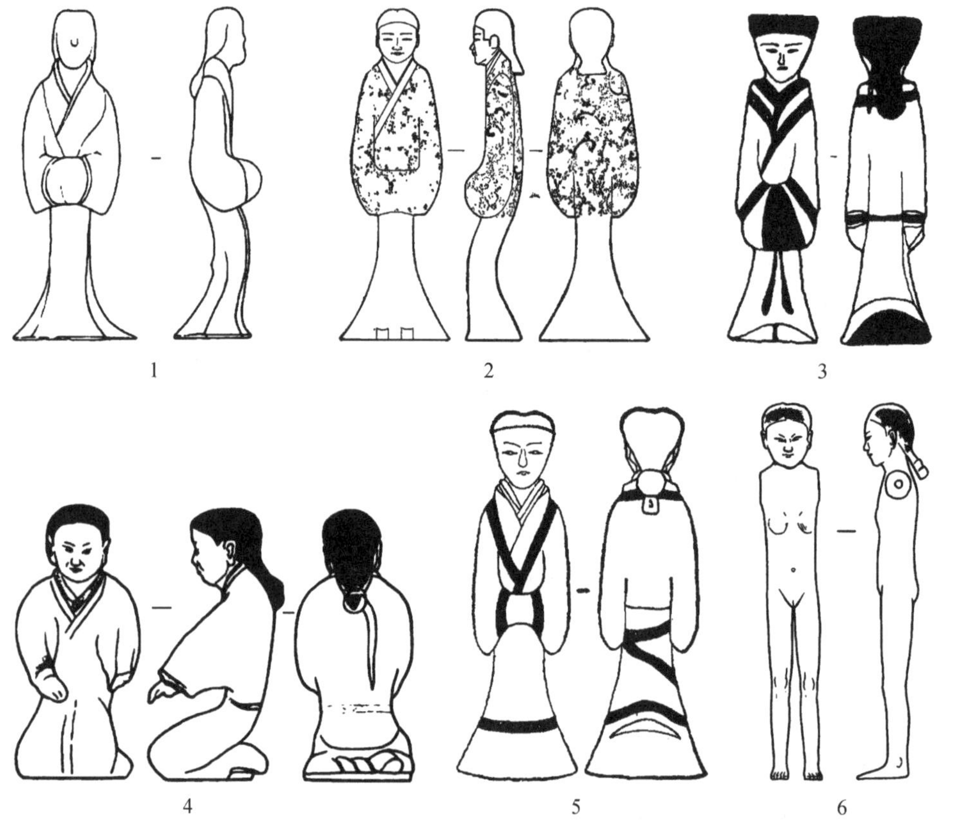

图四 -15　背后挽髻的汉代陶女俑

1. 河北唐县高昌 M29：9　2. 湖北江陵 M168：28　3. 江苏徐州东甸子 M1E：62　4. 陕西扶风纸白 M16：23　5. 山东曹县江海村女俑　6. 陕西阳陵帝陵东侧从葬坑 K21：127

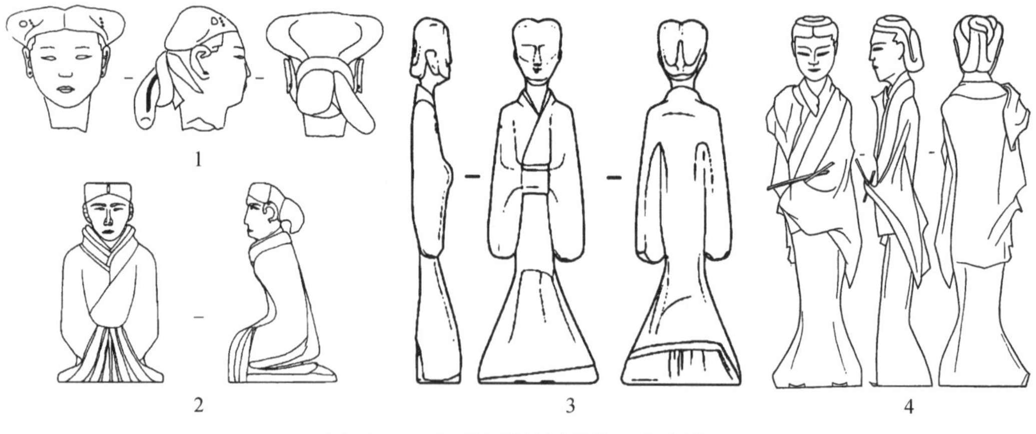

图四 -16　头后挽髻的汉代陶、木女俑

1. 江苏徐州北洞山 2502　2. 江苏徐州顾山 M1：45　3. 湖北随州周家寨 M8：8　4. 湖南长沙马王堆 M1：396

中间分开至脑后挽髻，形成一束，平展盘旋于头顶[①]（图四 -16：4）。

第三种为头顶挽髻，为东汉时期家庭女性的主流发式，形式也较多样。考古资料以陶俑为主，另有壁画和画像等，以东汉墓葬的装饰和出土遗物为主。四川绵阳双碑白虎嘴 M39 出土陶女俑（M39：8），梳高环髻[②]（图四 -17：1）；河北武邑中角 M4 出土陶女俑（M4：39），梳扁高髻[③]（图四 -17：2），深州下博 M24：5，陶女俑梳圆形高髻[④]（图四 -17：3）；四川成都博瑞都市花园 M5：4，陶女俑于头两侧梳成双髻[⑤]（图四 -17：4）；河南济源桐花沟 M10：17，陶女俑额上为三束发髻，中髻粗壮高峻，两侧髻纤巧外撇，三髻由一支尖首环把的发簪自前而后斜向贯穿，并与顶上垂髻相连[⑥]（图四 -17：5）；重庆丰都上河嘴 M3：28，陶女俑发髻呈“山”字形[⑦]（图四 -17：6）。河南密县打虎亭汉墓画像石画像中有许多梳高髻的女子形象，如 M2 中室东段南壁下部所绘四个侍女，均梳高髻[⑧]（图四 -17：7）；山东沂南北寨东汉墓后室靠南壁的承过梁隔墙东面画像石画像中有一手执镜台的妇女，头梳花钗大髻，插十二笄，旁有一镊横簪，其左侧的二女性，在发鬓、发饰方面与之相同[⑨]（图四 -17：8）；河南洛阳西八清里出土壁画中，有额顶发间插步摇簪，两鬓间有珠宝花饰的女性[⑩]（图四 -17：9）；洛阳西汉卜千秋墓壁画中绘有梳单环垂髾的女子形象[⑪]（图四 -17：10）。

为了使发髻看上去更为高耸，有的女性会在发髻中加入假发。湖南长沙马王堆 M1 出土漆奁中装有假发一束，“系人发编缀而成”，该墓出土遣策简 225 上记

---

① 湖南省博物馆、中国科学院考古研究所：《长沙马王堆一号汉墓》，文物出版社，1973 年，第 97、99 页。

② 绵阳博物馆、成都文物考古研究所：《绵阳崖墓》，文物出版社，2015 年，第 174 页。

③ 河北省文物研究所、衡水地区文物管理所：《武邑中角汉墓群 4 号墓发掘报告》，河北省文物研究所编：《河北省考古文集》，东方出版社，1998 年，第 261-271 页。

④ 河北省文物研究所、衡水市文物管理处、深州市文物保管所：《河北省深州市下博汉唐墓地发掘报告》，河北省文物研究所编：《河北省考古文集・二》，北京燕山出版社，2001 年，第 214-243 页。

⑤ 成都市文物考古工作队：《成都博瑞“都市花园”汉、宋墓葬发掘报告》，成都市文物考古研究所编著：《成都考古发现・2001》，科学出版社，2003 年，第 120-162 页。

⑥ 河南省文物考古研究所：《河南济源市桐花沟十号汉墓》，《考古》2000 年第 2 期。

⑦ 重庆市文物考古所、宝鸡市考古工作队、重庆市文物局、丰都县文物管理所：《丰都上河嘴墓群发掘报告》，重庆市文物局、重庆市移民局编：《重庆库区考古报告集・2000 卷》，科学出版社，2007 年，第 1057-1082 页。

⑧ 河南省文物研究所：《密县打虎亭汉墓》，文物出版社，1993 年，第 293 页、彩版三四、图版六一。

⑨ 南京市博物院，山东省文物管理处：《沂南古画像石墓发掘报告》，文化部文物管理局出版，1956 年，图版 77；山东博物馆：《沂南北寨汉墓画像》，文物出版社，2015 年，第 98、123 页。

⑩ 周锡保：《中国古代服饰史》，中国戏剧出版社，1984 年，第 110 页。

⑪ 洛阳博物馆：《洛阳西汉卜千秋壁画墓发掘简报》，《文物》1977 年第 6 期。

图四 -17 头顶挽髻的汉代陶女俑及汉代壁画、画像中头顶挽髻的女性

1-6. 陶女俑（1. 四川绵阳双碑白虎嘴 M39：8 2. 河北武邑中角 M4：39 3. 河北深州下博 M24：5 4. 四川成都博瑞都市花园 M5：4 5. 河南济源桐花沟 M10：17 6. 重庆丰都上河嘴 M3：28） 7-10. 画像或壁画（7. 河南密县打虎亭 M2 中室东段南壁画像 8. 山东沂南北寨汉墓后室考南壁的承过梁隔墙画像石画像 9. 河南洛阳西八清里汉墓壁画 10. 河南洛阳西汉卜千秋汉墓壁画）

有“副”，对应的为假发[①]，由此可知假发被称为“副”，而假发编成的发髻直接戴于头上。使用假发者大多具有一定的身份地位，且主要为统治阶层的妇女使用，或可能以年龄较大的女性使用普遍。东汉时，女性还多在发髻处系巾帼，即头巾。四川绵阳双碑白虎嘴出土陶俑（M13：4），盘高髻于头顶，以幧巾裹髻系于额前[②]（图四 -18：1）；也多见在巾帼上簪花者，重庆涪陵唐家坡、石院子 M1：13，陶女俑发髻上簪花[③]（图四 -18：2）。也有女子为披发，较少见。而如上文所述，头上所

① 湖南省博物馆、中国科学院考古研究所：《长沙马王堆一号汉墓》，文物出版社，1973 年，第 89、147 页。

② 绵阳博物馆、成都文物考古研究所：《绵阳崖墓》，文物出版社，2015 年，第 46 页。

③ 重庆市文化遗产研究院、涪陵区博物馆：《重庆市涪陵区唐家坡、石家院子东汉墓发掘简报》，《四川文物》2015 年第 5 期。

图四 -18　汉代陶俑所见家庭女性发式的其他内容
1. 巾帼（四川绵阳双碑白虎嘴 M13∶4）　2. 簪花（重庆唐家坡、石院子 M1 出土陶女俑）
3. 戴风帽（陕西西安北郊积沙墓 M18∶8）

戴之物也是装饰内容，如头戴风帽可完全掩盖发式。陕西西安北郊积沙墓 M18 出土陶俑（M18∶8），头戴风帽，面容丰满，粉面朱唇，仪态端庄[①]（图四 -18：3）。

（二）首饰

主要是指头饰和耳饰两种类型，而且男女皆有相关装饰。关于男性的首饰，考古资料有所体现，但表现得并不突出，如江苏徐州北洞山西汉楚王墓出土陶男俑（编号 2223），头上有孔，可能有簪之类的发饰，编号 EK1∶23，陶俑头戴木冠，以黑带系于颏下，左额有长方形小孔，推测为插簪笔之处，同龛所出的很多戴冠拱手俑皆是如此[②]。较之男性，考古资料所反映秦汉时期家庭女性的首饰资料较多。

1. 头饰

主要有簪（笄）、钗、擿、华胜、巾帼、步摇等，从材质上看有金、银、铜、骨、角、木、玳瑁等不同质地，一些是男女皆有使用，一些则仅与女性有关。

（1）簪（笄）

用于结发、装饰发髻等，既是工具也是饰品。很多男性以簪持冠，这与戴冠礼仪有关，而女性用簪则更多地服务于结发和装饰发髻，还可用于安巾帼及绑缚、垂悬耳珰等，装饰和美化作用较突出。考古发掘中见有较多的簪或笄的实物，湖南长沙马王堆 M1 出土角笄（M1∶441-12），中间粗，两头尖，长 9.5 厘米[③]（图四 -19：1）；四川西昌坝河堡子大石墓 M1 出土铜笄（M1∶21），笄首呈圆饼状，

① 陕西省考古研究所：《西安北郊汉代积沙墓发掘简报》，《考古与文物》2003 年第 5 期。

② 徐州博物馆、南京大学历史学系考古专业：《徐州北洞山西汉楚王墓》，文物出版社，2003 年，第 62、63、81、82 页。

③ 湖南省博物馆、中国科学院考古研究所：《长沙马王堆一号汉墓》，文物出版社，1973 年，第 128、129 页。

断面为四棱形[①]（图四 -19：2）。汉代画像中也多有体现，河南密县打虎亭汉墓出土画像石画像中，有佩戴长簪的女性形象[②]（图四 -19：3）。辽宁辽阳三道壕第二现场东汉壁画墓中有家居图，有一男主人、二妇人、男女小侍五人，居中的“□夫人”，头梳高髻，后插较长的垂饰发簪，前加花饰，较大（图四 -19：4），这种花饰相对少见，所坐床榻前有一双红鞋；左间所坐“公孙夫人”，高髻插花，后有曲簪垂长饰（图四 -19：5），红中单，赭红上衣，白缘领袖，黄裙有花瓣状纹[③]。

图四 -19　汉代的簪（笄）、钗及相关画像

1. 角笄（湖南长沙马王堆 M1：441-12）　2. 铜笄（四川西昌坝河堡子大石墓 M1：21）　3. 配长簪女性形象（河南密县打虎亭汉墓画像石画像）　4、5. 垂饰发簪（辽宁辽阳三道壕第二现场东汉壁画墓中“□夫人”与“公孙夫人”图像）　6. 花钗大髻贵族女性形象（山东金乡朱鲔石室画像石画像）　7. 花钗大髻的击鼓女乐伎（山东沂南北寨东汉墓中室东壁上横额画像石画像）　8. 洛阳烧沟汉墓中出土铜三子钗（M1037：42）　9. 戴三子钗的人首灵怪（山东临沂西张官庄东汉墓画像石画像）

① 四川省金沙江渡口西昌段、安宁河流域联合考古调查队：《西昌坝河堡子大石墓发掘简报》，《考古》1976 年第 5 期。

② 安金槐、王与刚：《密县打虎亭汉代画象石墓和壁画墓》，《文物》1972 年第 10 期。

③ 李文信：《辽阳发现的三座壁画古墓》，《文物参考资料》1955 年第 5 期。

（2）钗

秦汉家庭女性较常见的头部装饰物。甘肃武威磨咀子M48、M62所葬女性，皆梳半高髻，簪竹钗一枝，男性则不见[①]。东汉时，在高髻上遍插簪钗的花钗大髻较为流行，多为六钗，佩戴者的等级相对较高，这在墓葬壁画或画像中皆有体现，东汉晚期，使用范围逐渐扩大，相关家庭中有一定身份地位或地位略高的侍女也可佩戴。山东金乡朱鲔石室（祠堂）画像中有佩戴花钗大髻的贵族女性形象[②]（图四-19：6），沂南北寨东汉墓中室东壁上横额画像石画像中有饰花钗大髻的击鼓女乐伎形象[③]（图四-19：7）。汉墓中还出土有作为发饰的三子钗，左右对称，河南洛阳烧沟M1037出土的铜三子钗（M1037∶42），两端作三环形，环头有缺孔，长17.3厘米[④]（图四-19：8）；山东临沂西张官庄东汉墓的画像石画像中有一人首灵怪，头上佩戴有三子钗[⑤]（图四-19：9）。

（3）擿

有齿似梳，窄且长，又作“揥”，多为秦汉时期贵族妇女使用的发饰。湖南长沙马王堆M1出土的擿（发掘报告称之为已散的竹笄），系以竹签20支分成三束，再在距顶端1.7厘米处用丝线缠扎而成，由此可看出秦汉时期擿的形制[⑥]（图四-20：1）。

（4）华胜

为发饰，使用时插于发髻上或缀于前额，多为花草形状。湖南长沙马王堆M1，墓主前额及两鬓有木花饰品29件，其中花瓣7件，三叉形、梯形、半弧形各1件，大小相近，长宽约1、厚0.2厘米，通体涂朱，再在侧面贴金叶，有的还在正面和背面的下部朱地上涂黑、镶金，有的金叶上有小孔眼，另外19件均作截锥形，长不到1厘米，似为花饰上的蒂饰，这些木花饰品，当时可能是用丝线或金属丝编联起来，戴在前额作为装饰品（图四-20：2），出土时均已散乱，无法复原[⑦]。据《山海经·西山经》载：“西王母……蓬发戴胜。”[⑧]汉代壁画和画像中多见戴胜的西王母形象，有的东王公亦戴胜，如山东沂南北寨东汉墓墓门东、西侧支柱的东王公

① 甘肃省博物馆：《武威磨咀子三座汉墓发掘简报》，《文物》1972年第12期。

② 沈从文：《中国古代服饰研究》，上海书店出版社，2002年，第183-185页。

③ 南京市博物院，山东省文物管理处：《沂南古画像石墓发掘报告》，文化部文物管理局出版，1956年，图版85；山东博物馆：《沂南北寨汉墓画像》，文物出版社，2015年，第50页。

④ 洛阳区考古发掘队：《洛阳烧沟汉墓》，科学出版社，1959年，第183页。

⑤ 孙机：《三子钗与九子铃》，孙机、杨泓：《文物丛谈》，文物出版社，1991年，第183-187页。

⑥ 湖南省博物馆、中国科学院考古研究所：《长沙马王堆一号汉墓》，文物出版社，1973年，第28页。

⑦ 湖南省博物馆、中国科学院考古研究所：《长沙马王堆一号汉墓》，文物出版社，1973年，第28页。

⑧ 袁珂校注：《山海经校注》，巴蜀书社，1993年，第890页。

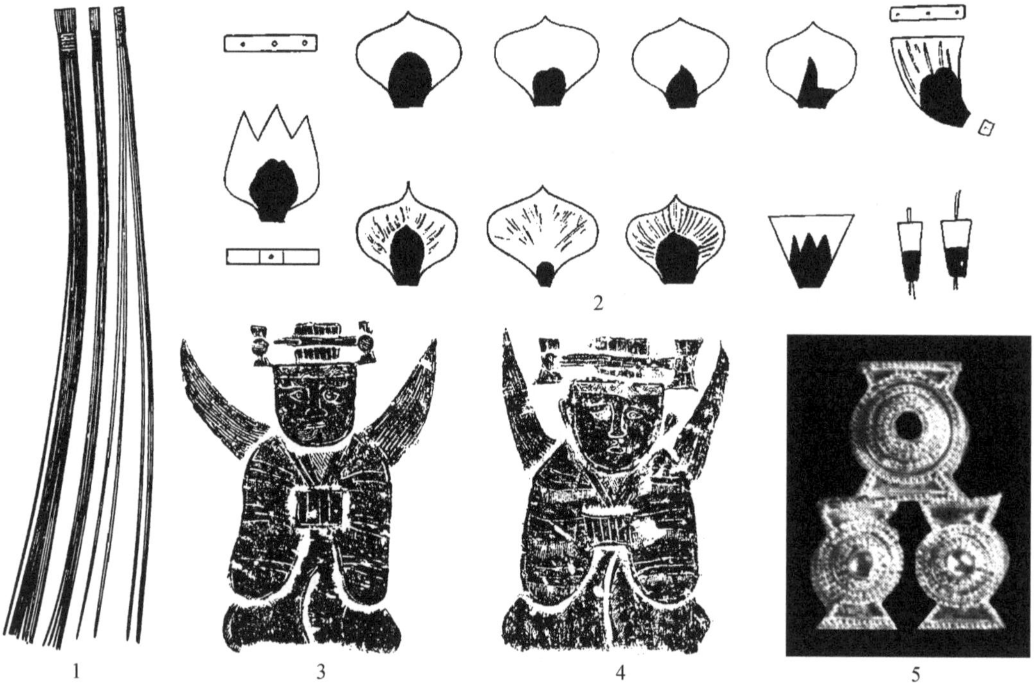

图四-20 汉代的擿和华胜

1. 湖南长沙马王堆 M1 出土竹擿 2. 湖南长沙马王堆 M1 尸体头上的木花制品 3、4. 沂南汉墓墓门东、西侧支柱上的东王公与西王母形象（3. 东王公 4. 西王母） 5. 江苏邗江甘泉 M2 出土金胜（M2：60）

与西王母画像[①]（图四-20：3、4）。这类华胜在现实生活中应有佩戴，具体实物如江苏邗江甘泉东汉 M2 出土金胜（M2：60），为三叠胜，以小金珠粘连呈重环纹[②]（图四-20：5）。

（5）步摇

为在簪、钗或其他头饰的一端上加饰垂珠、挂片，或者缀上形状各异的金属环和其他饰物。西汉时期，女性佩戴垂珠步摇已较常见，西汉早期的马王堆 M1 出土帛画中，墓主辛追戴长簪，簪首有白珠垂于额前，侍女头饰与其相类，但较简略[③]（图四-21：1）；西汉晚期的西安理工大学壁画 M1 出土宴饮图中见有由簪和小垂饰构成的步摇饰[④]（图四-21：2）。东汉时，对于步摇的使用增多，一些饰件更为多样。河北定县 43 号东汉中山王穆王刘畅夫妇合葬墓出土有桃形摇叶金片、钟形

① 南京市博物院，山东省文物管理处：《沂南古画像石墓发掘报告》，文化部文物管理局出版，1956 年，图版 25、26；山东博物馆：《沂南北寨汉墓画像》，文物出版社，2015 年，第 6、7、108 页。

② 南京博物院：《江苏邗江甘泉二号汉墓》，《文物》1981 年第 11 期。

③ 湖南省博物馆、中国科学院考古研究所：《长沙马王堆一号汉墓》，文物出版社，1973 年，第 48 页。

④ 西安市文物保护考古所：《西安理工大学西汉壁画墓发掘简报》，《文物》2006 年第 5 期。

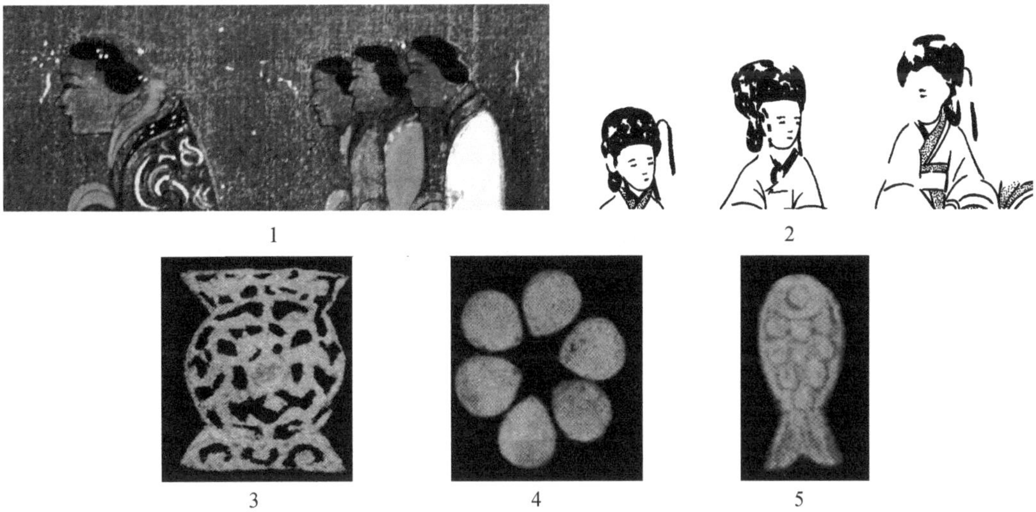

图四 -21　汉代步摇图像及相关遗物

1. 湖南长沙马王堆 M1 帛画局部　2. 陕西西安理工大学西汉壁画墓 M1 宴饮图局部　3-5. 河北定县 43 号东汉中山王穆王刘畅夫妇合葬墓出土金饰片

金片、鱼形金片及天禄辟邪等①，应为步摇构件（图四 -21：3-5）。

2. 耳饰

秦汉时期，较多家庭女性戴耳饰，主要有耳瑱、耳玦、耳环等。

（1）耳瑱

多为玉石或金属质，也见有琉璃质地，形制一般为腰鼓型，中间多有孔，一端略大，一端稍小，也有的粗端凸起呈半球状，佩戴的时候以细端塞入耳部穿孔中，因中有细孔，可以穿线，或以线穿耳孔形成装饰，而细孔穿绳也可能用来系挂坠饰。秦汉时期女性多有使用，也有男性使用，但汉代女性使用十分普遍，相关壁画或画像皆有体现，也有较多的实物出土。河南洛阳西汉卜千秋汉墓壁画中见有佩戴塞入耳部穿孔耳瑱的女性人物形象②（图四 -22：1）。江苏睢宁县距山出土有琉璃耳瑱，两端一大一小，较平，中孔较细，蓝色③（图四 -22：2）。湖南常德东汉墓常南 M10 出土有金耳瑱，瑱腰中系有坠饰，与金胜、金管等形成组合④（图四 -22：3），装饰更显华贵。

---

① 定县博物馆：《河北定县 43 号汉墓发掘简报》，《文物》1973 年第 11 期。

② 洛阳博物馆：《洛阳西汉卜千秋壁画墓发掘简报》，《文物》1977 年第 6 期。

③ 佟泽荣：《江苏睢宁距山、二龙山汉墓群调查》，《东南文化》1993 年第 4 期。

④ 湖南省博物馆：《湖南常德东汉墓》，《考古》编辑部编辑：《考古学集刊·第 1 集》，中国社会科学出版社，1981 年，第 158-176 页；孙机：《汉代物质文化资料图说（增订本）》，上海古籍出版社，2008 年，第 65、66 页。

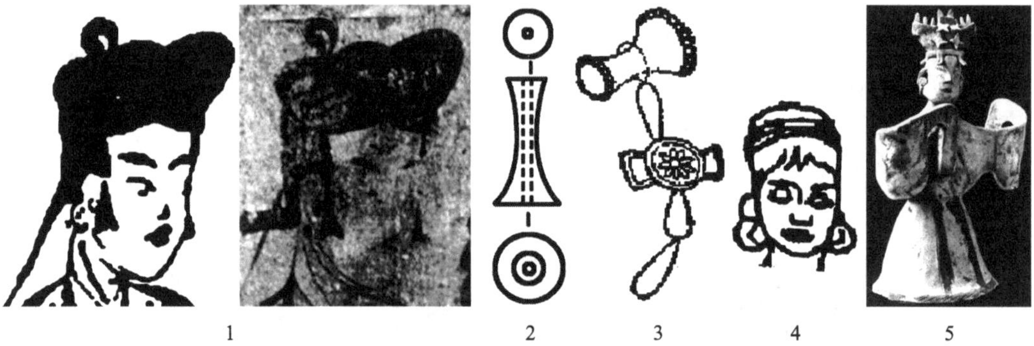

图四-22　与汉代耳饰有关的壁画、实物及陶俑

1. 河南洛阳西汉卜千秋西汉墓壁画中的女性戴耳瑱形象　2. 江苏睢宁距山汉墓出土的琉璃耳瑱　3. 湖南常德东汉墓常南 M10 出土金耳瑱　4. 云南晋宁石寨山出土戴耳玦的青铜滇人舞女　5. 广州番禺汉墓出土戴耳环的舞伎俑

（2）耳玦、耳环

多为少数民族家庭女性佩戴之物，也有男性佩戴，采取穿耳式佩戴方法。云南晋宁石寨山出土青铜滇人舞女形象即穿耳，戴有玦形耳饰，相关器物上的人物形象，男性也见穿耳佩玦形耳饰者①（图四-22：4）。广州番禺汉墓出土的舞伎俑，双耳戴有耳环②（图四-22：5）。

（三）化妆

化妆是秦汉时期较多家庭成员日常生活的一项内容，有些男性也化妆，但女性更为普遍，所对应的相关遗物也较丰富，考古资料有较多体现。湖南长沙马王堆 M1 的墓主为女性，墓内出土较多与化妆有关的遗物，有专门的妆奁，编号为 M1：441、443，妆奁之内有辅助化妆的器具，如环首刀、角镊、笄、象牙梳、篦等，另有铜镜等③（图四-23）。考古发掘常见一种长柄，类似烟斗的刷，以铜质居多，也和化妆有关，限于篇幅不作多叙。

考古资料对秦汉时期家庭中女性的化妆品有较多体现，大致来看，主要包括妆粉、眉黛、唇脂和胭脂等。

妆粉的种类包括米粉、铅粉以及矿物粉，基本功效是对面部进行美白、遮瑕，使肤色匀净而有光泽。考古发现的较多汉代陶女俑面部都有敷白粉的痕迹，既便于

---

① 云南省博物馆考古发掘工作组：《云南晋宁石寨山古遗址及墓葬》，《考古学报》1956 年第 1 期；冯汉骥：《云南晋宁石寨山出土文物的族属问题试探》，《考古》1961 年第 9 期；沈从文：《中国古代服饰研究》，上海书店出版社，2002 年，第 183-185 页。

② 广州市文物考古研究所、广州市番禺区文管会办公室：《番禺汉墓》，科学出版社，2006 年，第 73-89 页。

③ 湖南省博物馆、中国科学院考古研究所：《长沙马王堆一号汉墓》，文物出版社，1973 年，第 128、129 页。

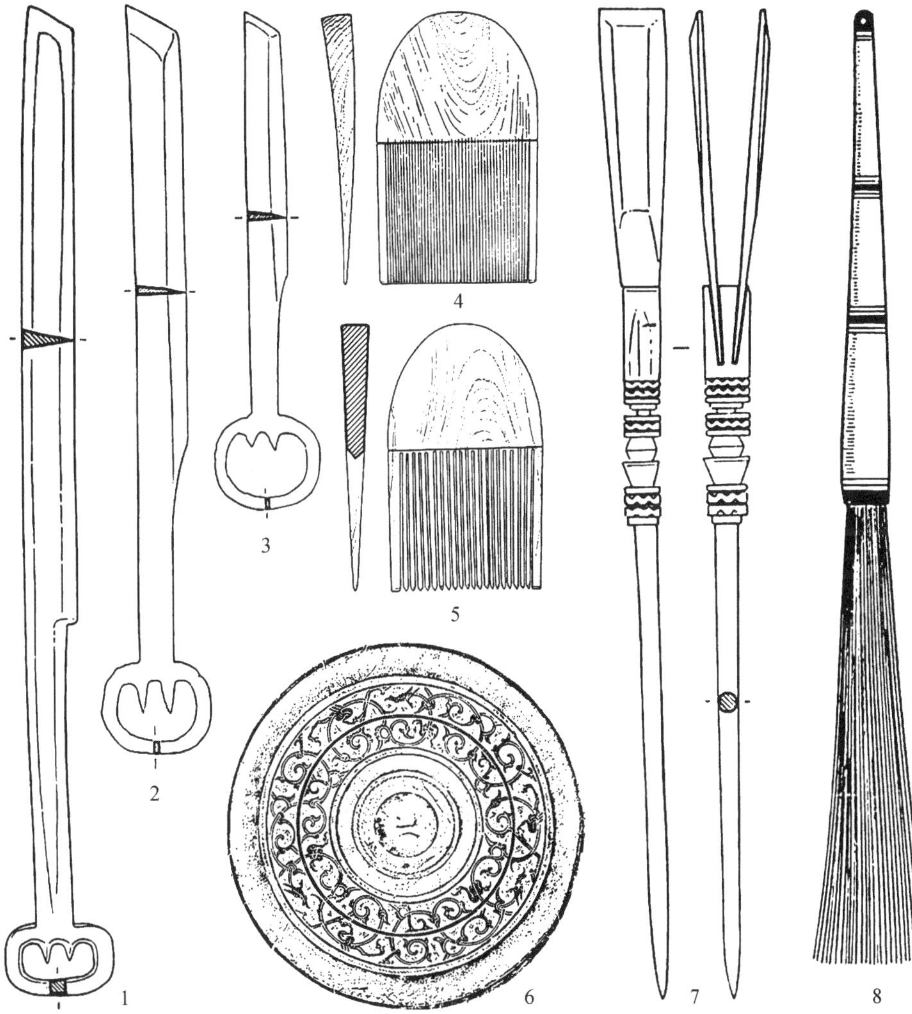

图四 -23　湖南长沙马王堆 M1 出土与化妆相关的器具

1-3. 角环首刀　4、5. 象牙篦梳　6. 铜镜　7. 角镊　8. 筓

后期绘制五官等，也体现了当时女子敷粉上妆的内容。考古材料所见妆粉多为铅粉和矿物粉。江苏邗江姚庄 M101 出土的七子漆奁，内有 1 件长方形漆盒，盒内残存酱褐色糊状粉末，另一件圆形漆盒内残存白色糊状粉末，均为铅粉，酱褐色是铅接触空气发生化学反应所致[①]。河北沙河兴固汉墓出土的一漆盒内放有白色粉一块，经检验，其成分可能为高岭土，属于矿物粉[②]。安徽寿县茶庵马家古堆 M1 后室出土有粉，出土时大都凝结成团，研开后，细腻洁白，无香味[③]。使用妆粉时的主要工具为粉扑，

① 扬州博物馆：《江苏邗江姚庄 101 号西汉墓》，《文物》1988 年第 2 期。

② 河北省文物研究所、邢台地区文物管理所：《河北沙河兴固汉墓》，《文物》1992 年第 9 期。

③ 安徽省文化局文物工作队、寿县博物馆：《安徽寿县茶庵马家古堆东汉墓》，《考古》1966 年第 3 期。

粉扑多为丝绵，不用时置于妆奁内。河北阳原三汾沟 M9 出土漆奁（M9：171）内有一长方形盒，盒内分成四个小格，内有头发、木梳篦、铜刷、丝绵、粉球等①。

秦汉时期，女性十分重视眉部化妆，眉形十分丰富，有娥眉、八字眉、愁眉、远山眉等，长眉较流行，西汉墓葬中出土的女俑可以体现。山东临沂金雀山 M31 出土的女拱手俑，用墨绘眉目，朱绘双唇，色彩鲜艳，神态娴静②（图四 -24：1）。画

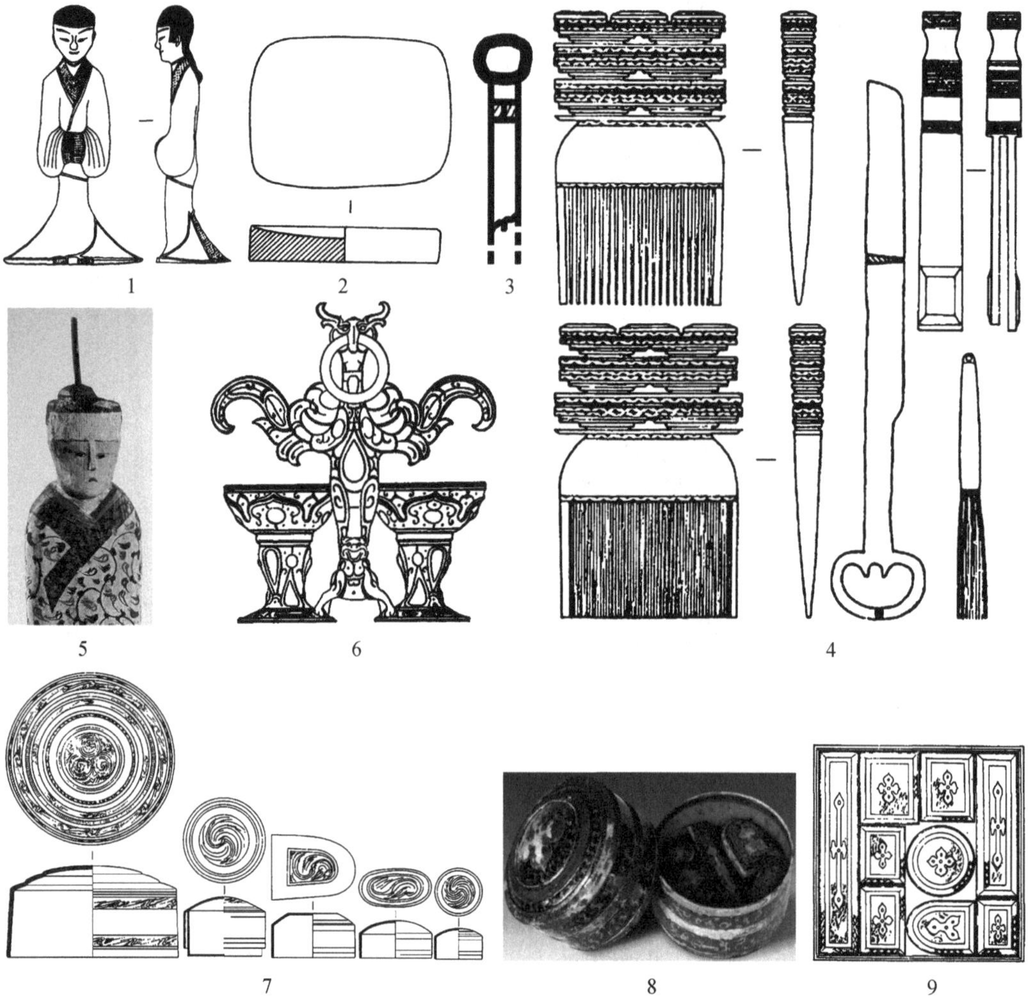

图四 -24　汉代的妆容和妆具

1. 长眉妆容（山东临沂金雀山 M31 出土女拱手俑） 2. 黛板（安徽巢湖放王岗 FM1：397-3） 3. 眉笔（江苏徐州东甸子 M1S：22） 4. 成套化妆用具（湖南长沙望城坡渔阳墓 D：72-7～11） 5. 点唇妆容俑（湖南长沙马王堆 M1：237） 6. 调脂豆（满城汉墓 M2：3032） 7-9. 妆奁（7. 江苏扬州刘毋智墓 M1C：39　8. 山东日照海曲 M106：2　9. 江苏邗江甘泉 M2 出土双层十子漆奁）

① 河北省文物研究所、张家口地区文化局：《河北阳原三汾沟汉墓群发掘报告》，《文物》1990 年第 1 期。

② 临沂市博物馆：《山东临沂金雀山九座汉代墓葬》，《文物》1989 年第 1 期。

眉使用眉黛，为石墨类矿物颜料，色黑。广西贵县罗泊湾 M1 二号殉葬棺出土梳篦盒内有梳、篦各一及黛墨一包，此棺所葬为一名 18 岁左右的女性①。

为画出特定眉形，或眉形不满意时，常常会将眉毛镊去一小部分或极少量，再以黛描画，当今修眉还是如此。妆奁盒中的镊子当起这种作用，而黛要在黛板上加水研磨后，再用眉笔蘸黛汁进行描绘。黛板多为长方形或方形，也有圆形者，发掘出土的相关遗物，有的表面还留有墨痕、朱砂、妆粉等化妆品痕迹。安徽巢湖放王岗 M1 出土方形漆黛板（FM1：397-3），向上一面内凹，四边、底部施黑漆，无花纹，出土时盘内尚存白色粉状物②（图四 -24：2）。与黛板搭配的还有研，是在黛板上研磨黛粉的，多是呈上细下粗的圆台形，亦见其他形状。江苏徐州市北郊簸箕山西汉 M3 出土黛板为圆盘形，较厚，可称为砚，上下面均打磨光滑，侧面以平行线纹为地雕饰云气纹，砚上置一石研，上细下粗，顶部抹角，底平，有磨损痕迹，砚顶面、侧面及研底面有黑墨痕迹③。该墓墓主为西汉早期偏晚时的宛朐侯刘埶，这也说明秦汉时期一些男性在日常生活中亦使用黛板或黛砚，而且应该是用于化妆。徐州市贾汪区官庄西汉 M2 出土石黛板，有主板和研块两部分，主板为一长方形石板，研块上圆下方，呈柱础形④。湖南长沙望城坡西汉长沙国王后渔阳的墓葬内还出土有方形带盝顶盖的漆黛砚，盒盖子母口，盒身中凹，嵌入一块圆形砚石，略微鼓起，其上残存墨痕，盒身平面一角剜凿一凹槽，疑为置笔之用⑤。眉笔在徐州东甸子西汉 M1 有出土，为漆眉笔，圆柱状，硬木质，内有铁芯，外刷漆，一端呈圆形，有孔，与铜镜同出⑥（图四 -24：3）。镊子的实物除上文所述长沙马王堆 M1 出土的角镊外，望城西汉渔阳墓也有出土，为骨质，与其他骨质化妆用具置于同一银釦双层六子漆奁（D：72）中，主要有梳、篦、镊、笄、削等，其中镊 1 件，长条形，有两个镊片，柄部饰几何纹⑦（图四 -24：4）。

湖南长沙马王堆 M1 出土的一件九子漆奁中有两件小奁盛有油状物质，应是墓主辛追使用的护肤品⑧。该墓出土的油状物质应为用于化妆的脂，含油脂性成分，制

① 广西壮族自治区博物馆：《广西贵县罗泊湾汉墓》，文物出版社，1988 年，第 76 页。

② 安徽省文物考古研究所、巢湖市文物管理所：《巢湖汉墓》，文物出版社，2007 年，第 71 页。

③ 徐州博物馆：《西汉宛朐侯刘埶墓发掘简报》，《文物》1997 年第 2 期。

④ 徐州博物馆：《徐州贾汪官庄汉墓群发掘报告》，《东南文化》2008 年第 6 期。

⑤ 长沙市文物考古研究所、长沙简牍博物馆：《湖南长沙望城坡西汉渔阳墓发掘简报》，《文物》2010 年第 4 期。

⑥ 徐州博物馆：《徐州东甸子西汉墓》，《文物》1999 年第 12 期。

⑦ 长沙市文物考古研究所、长沙简牍博物馆：《湖南长沙望城坡西汉渔阳墓发掘简报》，《文物》2010 年第 4 期。

⑧ 湖南省博物馆、中国科学院考古研究所：《长沙马王堆一号汉墓》，文物出版社，1973 年，第 89-91 页。

作需要使用到动物油脂、矿物蜡和各种香料，起滋润作用，用于防止皮肤皲裂，属基础护肤用品，可分为面脂及口脂，相当于现在的润肤霜和润唇膏①，有的还在其中添加不同中药材，以使其具备特定的药用功效，如祛皱、祛斑等。唇脂和胭脂都是在脂的基础上加入朱砂和红蓝花等有色染料而制成的，用于唇部和面部施朱。长沙马王堆M1出土女木俑，唇部有点唇的痕迹②（图四-24：5）。相关实物如山东巨野红土山西汉墓出土漆奁内2个小圆盒所装红色脂粉③。胭脂在使用时需要调制，河北保定满城西汉M2为中山靖王刘胜夫人窦绾的墓葬，墓内出土一件调制器皿，原报告命名为"铜朱雀衔环杯"，造型优美，制作精致，出土时高足杯内尚存朱红色痕迹④，孙机先生考证认为这是调脂用的豆⑤（图四-24：6）。

上文叙述中，很多化妆器具及化妆品置于漆奁之中，这类漆奁可称为妆奁，考古资料中常见，形制也较多样。江苏扬州西汉刘毋智墓（M1）出土四子奁（M1C：39），母奁呈圆筒形，内有子奁4件，其中大、小圆子奁各1件，椭圆形、马蹄形子奁各1件，出土时，马蹄形子奁内放有木篦2件⑥（图四-24：7）。山东日照海曲M106：2，双层结构，器身内置一托盘，嵌在器身的口沿处，为镜盘，内置1件铜镜，铜镜以丝绸包裹，其上放置木梳、木篦各1件，下层放置5件子奁，分别为马蹄形1件、圆形2件、椭圆形1件、长方形1件⑦（图四-24：8）。江苏邗江甘泉M2出土正方形双层十子漆奁，奁内上层置用丝织物包裹的铁镜和一件长方形漆盒，盒内有一件黛板，下层为九个子奁，分别放置梳篦、铜刷、毛笔、粉状颜料等⑧（图四-24：9）。

（四）佩饰

种类多样，质地不一，秦汉家庭中的男性和女性成员皆有佩戴，考古资料所体现男性佩戴内容较为丰富，女性佩戴内容相对集中，而且一些配饰对佩戴者的身份地位有所体现，也有一些和日常生活密切相关的物品在较多等级层次、不同性别的家庭人员中皆有佩戴，如带钩等，但就佩戴者的等级和身份差异来讲，可在质地、大小、造型、装饰等方面有所体现。

---

① 李芽：《中国古代妆容配方》，中国医药出版社，2008年，第3-10页。

② 湖南省博物馆、中国科学院考古研究所：《长沙马王堆一号汉墓》，文物出版社，1973年，图版二〇二。

③ 山东省菏泽地区汉墓发掘小组：《巨野红土山西汉墓》，《考古学报》1983年第4期。

④ 中国社会科学院考古研究所、河北省文物管理处：《满城汉墓发掘报告》，文物出版社，1980年，第267页。

⑤ 孙机：《汉代物质文化资料图说（增订本）》，上海古籍出版社，2008年，第65、66页。

⑥ 扬州市文物考古研究所：《江苏扬州西汉刘毋智墓发掘简报》，《文物》2010年第3期。

⑦ 山东省文物考古研究所：《山东日照海曲西汉墓（M106）发掘简报》，《文物》2010年第1期。

⑧ 南京博物院：《江苏邗江甘泉二号汉墓》，《文物》1981年第11期。

1. 绶与印

为秦汉时期有相应等级家庭中有关人员或相关家庭中有相应等级人员佩戴的装饰，佩戴者主要为男性，并在一定程度上体现与象征着佩戴者的身份、地位和等级。绶和印可起到标识官员品秩等级的作用，这对于较多为官的家庭成员来讲十分重要，并在日常生活中有所体现，而且较多还配有组带。绶为系于腰间的丝织品，有不同长度、形制，颜色有红、绿、紫、青、黑、黄等，并构成区分尊卑的标准。江苏徐州北洞山西汉楚王墓，墓道两侧龛中出土了一批仪卫俑，大多是腰束带，系组带、细红绶带，并佩长剑或环首刀，有的还有印、玉佩等，绶带为一根或两根，如 EK4：8（图四 -25：1）、WK3：24（图四 -25：2）；另如 EK3：28，黑色腰带，雪青色组带，右胯悬稍宽的黑色绶带；EK2：28、WK1：21（图四 -25：3）等为朱色绶带，EK2：13 为白色绶带，EK4：19 则无绶带[①]。山东嘉祥洪山村汉画像石画像中有佩绶的人物，腰左侧佩环首刀[②]（图四 -25：4）。印可以象征身份、官职和社会等级，有玉、金、银、铜之别，较多墓葬的墓主腰部出土有印章，一定程度上体现出佩戴的特征，即以绶系于腰间，江苏徐州北洞山 WK2：9 有明确体现（图四 -25：5），EK1：6，俑的右腿外侧悬挂绶带，带下部垂长方形半通印[③]。依汉制，

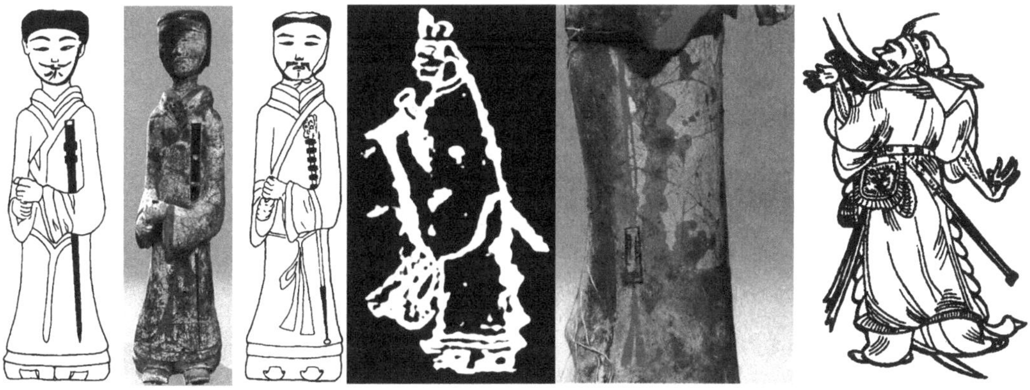

1 2 3 4 5 6

图四 -25 佩戴绶与印的陶俑和人物画像

1-3. 江苏徐州北洞山汉墓的墓道龛内出土的佩绶人物俑（1. WK1：21 2. EK4：8 3. WK3：24） 4. 佩绶人物画像（山东嘉祥洪山村画像石画像） 5. 佩印陶人物俑（江苏徐州北洞山 WK2：9） 6. 佩戴鞶囊的画像人物（山东沂南北寨汉墓中室北壁西段画像石画像）

① 徐州博物馆、南京大学历史学系考古专业：《徐州北洞山西汉楚王墓》，文物出版社，2003 年，第 81-94 页、彩版二七 - 五三。

② 朱锡禄：《嘉祥汉画像石》，山东美术出版社，1992 年，第 76 页。

③ 徐州博物馆、南京大学历史学系考古专业：《徐州北洞山西汉楚王墓》，文物出版社，2003 年，第 81 页。

官印要装于囊中，绶带垂于外面。放置绶和印的囊称为鞶囊，以皮革制成，挂于腰间，山东沂南北寨东汉墓中室北壁西段画像石画像等中见配有虎头鞶囊的男性官吏形象[①]（图四-25：6）。上文所述徐州北洞山汉墓的墓道龛内出土相关陶俑，所系印绶不见锦囊，可能是便于印文外露。

2. 带钩、带头、带扣

汉代，较多家庭成员的服装用衣带束缚，衣带或直接系结，或为皮、革等质地，配合固定其上的带钩、带头、带扣等使用。带钩，为束系腰带或扣在腰带之上用以配系饰品的服饰用具，秦汉时期，与家庭成员日常穿衣所搭配的带钩形制多样，包括琵琶形、曲棒形、兽面形、飞禽形等，较多规模大、墓葬数量多且时间跨度长的东周秦汉墓地，常有数量多、不同形制、不同时期、不同等级人员佩戴的带钩出土，如河南洛阳烧沟汉墓群，出土了数量较多的带钩，形制各异[②]（图四-26：1）。有些带钩配合革带使用，钩首可扣入革带的孔洞中，山东临沂金雀山M33出土的皮质腰带上即扣有带钩[③]。有的在腰带上装环，与钩相扣合。与带钩功能类似的还有带头和带扣。带头多为长方牌形，有的在一端作圆角，两枚为一组，装在革带两端，以缝在两端的两根细皮条互相打结，广东广州西汉南越王墓所出的带头为玻璃质地，另有带扣及佩饰[④]（图四-26：2）等。带扣的使用较带头更为方便，是受少数民族文化影响，与家庭成员日常穿衣佩戴有关的物品。河北保定满城西汉中山靖王刘胜墓出土银带扣，略呈长方形，一端较大作圆角形，中心镂空，有小孔四对，缝于带上以便使用[⑤]（图四-26：3）。江苏徐州狮子山西汉楚王墓出土金带扣，正面为浅浮雕图案，主体是猛兽咬斗纹，周边为勾喙鸟首纹，中间有用丝带编缀三排海贝组成的带体，海贝中夹缀了数朵金片做成的花饰[⑥]，徐州地区的后楼山M5[⑦]、簸箕

① 山东博物馆：《沂南北寨汉墓画像》，文物出版社，2015年，第69、117页，孙机：《汉代物质文化资料图说（增订本）》，上海古籍出版社，2008年，第287页，图63-6。

② 洛阳区考古发掘队：《洛阳烧沟汉墓》，科学出版社，1959年，第177、178页。

③ 临沂市博物馆：《山东临沂金雀山九座汉代墓葬》，《文物》1989年第1期。

④ 广州市文物管理委员会、中国社会科学院考古研究所、广东省博物馆：《西汉南越王墓》，文物出版社，1991年，第211-213页；左骏：《浅谈“贝带”》，《中国历史文物》2006年第6期。

⑤ 中国社会科学院考古研究所、河北省文物管理处：《满城汉墓发掘报告》，文物出版社，1980年，第119页。

⑥ 狮子山楚王陵考古发掘队：《徐州狮子山西汉楚王陵发掘简报》，《文物》1998年第8期。

⑦ 孟强：《徐州后楼山汉墓群》，中国考古学会编：《中国考古学年鉴·1997年》，文物出版社，1999年，第134、135页；徐州博物馆、徐州市文物考古研究所、徐州汉画像石艺术馆：《江苏徐州铜山区后楼山M5发掘简报》，《东南文化》2022年第2期。

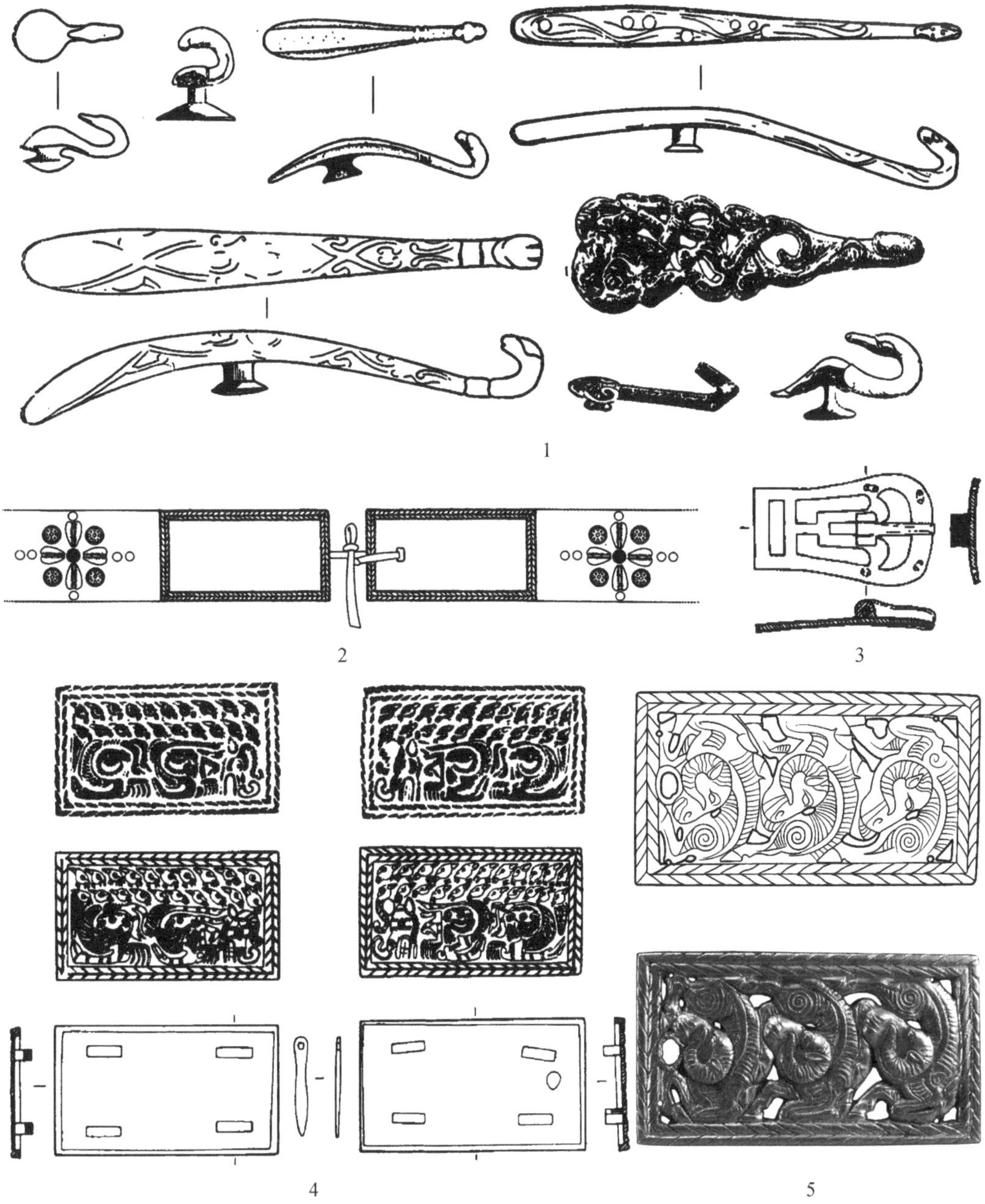

图四 -26　汉代的带钩、带头、带扣

1. 铜带钩（洛阳烧沟汉墓出土）2. 带与玻璃带头（广州南越王墓）3. 银带扣（河北满城汉墓 M1：4356）4. 金带扣与扣针（江苏徐州簸箕山西汉宛朐侯刘埶墓出土）5. 金带扣（江苏徐州铜山区后楼山 M5：26）

山西汉 M3（宛朐侯刘埶墓）[①] 等也出土有金带扣，形体较狮子山楚王墓出土金带扣小，簸箕山 M3 出土金带扣的主体图案为羊等（图四 -26：4）；后楼山 M5 出土金带扣，正面边框为两周凸起的麦穗纹，内饰三只首尾相连的羊，造型夸张变形，做工精美，极具艺术感染力（图四 -26：5）。

3. 佩剑

剑在秦汉时期除作为兵器外，更多是具有礼仪性质的器具，秦汉时期家庭中，具有一定身份地位的家庭成员或其随从、下属等，在较多日常生活场景或场合会佩剑，以彰显等级地位和身份特征，《晋书 · 舆服志》即载："汉制，自天子至于百官，无不佩剑。"[②] 剑多以剑带穿过剑璏系于腰间，考古资料所见不同质地的俑及壁画或画像中的人物皆可体现。江苏徐州北洞山汉墓 EK3：21 为戴帽执兵俑，腰部左侧佩剑[③]（图四 -27：1），此类陶俑具有护卫和礼仪的双重性质。重庆丰都镇江黄泥巴梁子汉墓出土陶拱手立俑（2008FRHNM7：42），左侧腰间佩剑，剑首有穗[④]（图四 -27：2）。陕西米脂官庄东汉画像石墓 05M3 墓门门柱下端雕刻一执笏佩剑的门吏，弯腰作恭迎状[⑤]（图四 -27：3）。考古发掘的较多秦汉墓葬中，较多有一定等级的男性死者身旁佩剑，很多的剑还有玉质或铜铁质的剑饰，这也印证了秦汉时期男性佩剑的普遍性。限于篇幅，加之资料颇多，不再一一举例。

4. 佩玉

玉制品在秦汉时期家庭中的男性与女性皆有佩戴，与衣绶、衣带相搭配，还有一定数量是将不同形状的玉饰按照一定顺序组合成一串，佩挂在腰部或革带等上，作为饰物。佩玉也是身份等级的象征和体现，考古实物多见于王侯、贵族、官吏等高等级墓葬和豪强地主墓葬，而相关壁画与画像、陶俑、玉舞人等则对身份地位或经济实力相对较低的人员佩玉有所体现。广东广州西汉南越王墓[⑥]、陕西西安东郊西汉窦氏墓[⑦]、江苏徐州韩山西汉 M1[⑧]、河北定县北庄东汉中山王刘焉及其夫人的

---

① 徐州博物馆：《西汉宛朐侯刘埶墓发掘简报》，《文物》1997 年第 2 期。

② （唐）房玄龄等撰：《晋书 · 舆服志》，中华书局，1974 年，第 771 页。

③ 徐州博物馆、南京大学历史学系考古专业：《徐州北洞山西汉楚王墓》，文物出版社，2003 年，第 85 页。

④ 重庆市文物局、重庆市移民局编：《丰都镇江汉至六朝墓群》，科学出版社，2013 年，第 369 页。

⑤ 榆林市文物保护研究所、榆林市文物考古勘探工作队：《米脂官庄画像石墓》，文物出版社，2009 年，第 97 页。

⑥ 广州市文物管理委员会、中国社会科学院考古研究所、广东省博物馆：《西汉南越王墓》，文物出版社，1991 年。

⑦ 西安市文物保护考古所：《西安东郊西汉窦氏墓（M3）发掘报告》，《文物》2004 年第 6 期。

⑧ 徐州博物馆：《徐州韩山西汉墓》，《文物》1997 年第 2 期。

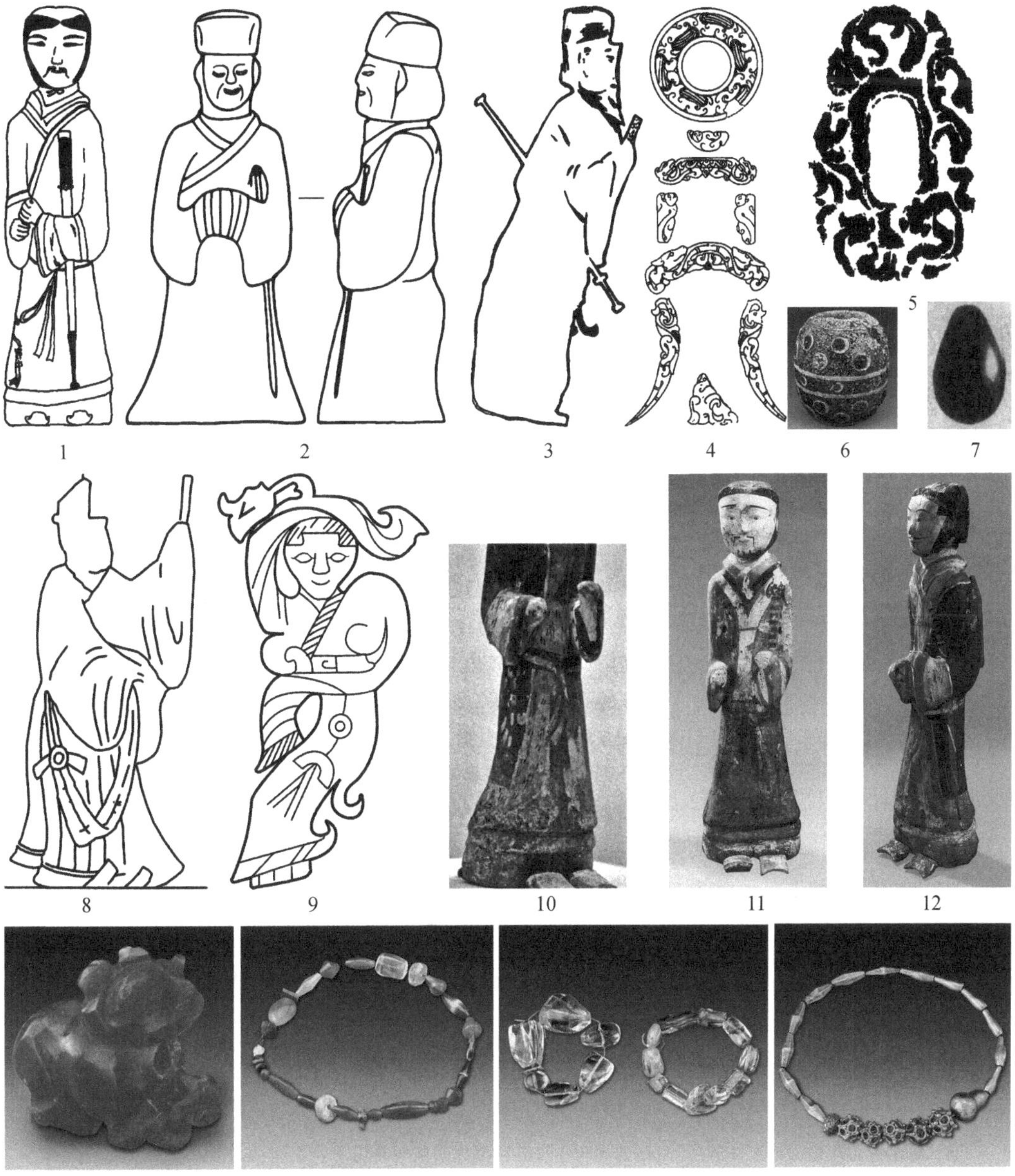

图四 -27　汉代的佩剑、佩玉及其他饰品

1、2. 佩剑陶俑（1. 江苏徐州北洞山汉墓 EK3：21　2. 重庆丰都镇江黄泥巴梁子 2008FRHNM7：42）3. 陕西米脂官庄 05M3 画像石中的佩剑男吏画像　4. 陕西西安东郊西汉窦氏墓出土组玉佩　5. 陕西华阴县岳庙公社油巷大队新村东汉司徒刘崎家族墓地 M1 出土佩玉（M1：132）6. 江苏徐州苏山头西汉 M2 出土琉璃珠　7. 江苏徐州石桥西汉 M2 出土琥珀坠饰　8. 江苏睢宁双沟东汉画像石中站立男性人物画像　9. 广东广州西汉南越王墓出土玉舞人　10-12. 江苏徐州北洞山西汉楚王墓的墓道龛内出土陶俑（10、12. WK2：20　11. EK2：28）13. 广西合浦风门岭 M27 出土玛瑙狮子（M27：13）14. 广西合浦风门岭 M26 出土玛瑙串饰（M26：69）15、16. 广西合浦风门岭盐淮 M1 出土水晶手链（15）和金串饰（16）

同穴合葬墓[①]等皆出土有成套的组玉佩，其中西汉窦氏墓，出土两套组玉佩，未经扰动，组合完整（图四-27：4）。另外还有其他一些王、侯墓葬及对应的夫人墓葬等出土有组玉佩，限于篇幅不再一一列举。秦汉时期，也有较多家庭成员佩戴有单体玉佩，如环、璜、觿、韘等。陕西华阴县岳庙公社油巷大队新村东汉司徒刘崎家族墓地M1出土有相关石珠、玉佩等[②]（图四-27：5）。江苏徐州地区一些等级较高的墓葬还有其他内容，其中西北郊苏山头西汉M2的墓主可能为下嫁的楚国刘姓贵族女性，墓内有出土的琉璃珠[③]（图四-27：6），东北郊石桥M2可能为某代西汉楚王的王后墓，其内出土有琥珀坠饰[④]（图四-27：7），均可能为佩饰。低级官吏及其他等级不高人员佩玉的内容，考古资料也体现较多。如江苏睢宁双沟出土汉画像石画像中，一男性人物呈站立状，右侧为绶环相配[⑤]（图四-27：8），广州西汉南越王墓出土的女性玉舞人，佩有组玉佩，但相对简单[⑥]（图四-27：9）。类似佩玉的女性玉舞人还有很多，不再赘举。江苏徐州北洞山西汉楚王墓出土的一些陶俑对这一内容也有体现，编号2356的陶跽坐女俑，衣着华丽，外衣的领、襟边缘皆镶白玉珠，后颈及前襟饰流苏，体现出服饰缀玉镶珠的内容；墓道龛内出土的WK2：20，右侧腰部以下有组玉佩一组，包括方形带扣1、玉管5、玉璜1、玉牌2，最下端可能是1件玉珠，玉饰件均为白玉，形成完整的佩玉组合（图四-27：10），而该俑代表的是西汉楚国王室近侍"郎中"，具有相应的身份等级，但并非等级较高人员[⑦]。另外，徐州市金山村西汉早期M2出土骨管1件（M2：4），呈管状，中间透穿圆孔，颜色青绿，表面光润，一端斜切并有刮削痕迹，长4.8、直径0.8厘米[⑧]，也可能与装饰有关，饰件非玉质，或可能与墓主等级不高有关。

除以上具体的内容外，仅就江苏徐州北洞山西汉楚王墓的墓道龛内陪葬陶立男俑来讲，还反映出多种形式的组合内容。标本EK2：28，内衣黄色，中衣红色，外衣为雪青色，外袍双襟在腰带下左右分开，露出内层红色中衣，腰系红色腰带，带

① 河北省文化局文物工作队：《河北定县北庄汉墓发掘报告》，《考古学报》1964年第2期。

② 杜葆仁、夏振英、呼林贵：《东汉司徒刘崎及其家族墓的清理》，《考古与文物》1986年第5期。

③ 徐州博物馆：《江苏徐州苏山头汉墓发掘简报》，《文物》2013年第5期。

④ 徐州博物馆：《徐州石桥汉墓清理报告》，《文物》1984年第11期。

⑤ 李银德：《图像中的汉代生活用玉》，刘尊志主编：《考古学视角下的秦汉家庭与日常生活学术研讨会论文集》，科学出版社，2019年，第196-213页。

⑥ 广州市文物管理委员会、中国社会科学院考古研究所、广东省博物馆：《西汉南越王墓》，文物出版社，1991年，第242、244页。

⑦ 徐州博物馆、南京大学历史学系考古专业：《徐州北洞山西汉楚王墓》，文物出版社，2003年，第68-70、89、90页。

⑧ 徐州博物馆：《江苏徐州金山村汉墓》，《中原文物》2006年第6期。

上镶白珠，白珠间以黑线相连，组成连续的五星联珠图案，带扣方框形，框内绘白色卷云纹，纹饰与镶珠一样高凸，应为镶玉而成，带扣以两根雪青色带相结，腰带左侧有黑色圆扣，上端凸出部分挂腰带上，下端悬挂佩剑，组带绕腰间一周，黑褐色，右肋下有绶带系腰带上，绶带双根，朱色，剑鞘黑色和土黄色相间，剑首卷云纹夸张（图四-27：11）；标本WK2：1，着曲裾深衣，外罩双襟袍，腰束红带，腰带正中有一对带扣，带身镶海贝及白珠，腹部下垂组带，右腿外侧悬绶带，绶带上有"郎中"二字，长剑斜插胸前；标本WK2：20，着曲裾深衣，外罩双襟袍，腰束红色腰带，腰带正中有一对带扣，黑色，绘斜线纹，腰带镶白色海贝（横置）一周，右胯未悬绶带而悬一组玉佩[①]（图四-27：12）。

就秦汉时期的佩饰而言，还有很多内容，较多地区汉墓中出土有相关佩饰。在陆上丝绸之路贸易交流较为发达的今新疆地区及海上丝绸之路贸易交流较为发达的今两广沿海地区，较多墓葬出土带有对外物质文化交流特征的物品，其中就包含较多的装饰品。限于篇幅，现仅以《合浦风门岭汉墓——2003～2005年发掘报告》一书为例作简要说明，风门岭M26、M28出土有琉璃串珠，M27、M23B、盐淮M1等出土有琥珀狮子，M27出土玛瑙狮子，M26与盐淮M1出土玛瑙串饰，盐淮M1出土有水晶手链、金串饰，M26出土的金串饰，盐淮M4出土有金串饰，风门岭M10出土有金花球等[②]（图四-27：13～16）。这些装饰物或佩戴在身体的某一部位，或与服装搭配，总体上反映出汉代相关地区家庭成员的装饰内容、特点与内涵。

三、服饰与家庭的关系

秦汉时期，服饰在社会发展的背景下，在较多方面获得很大程度的发展，与家庭的关系日渐紧密，并在很多方面有所体现，进而体现出与家庭共同发展、相互促进的特征。

（一）服饰与家庭等级

在继承前代的基础上，结合秦汉社会政治、礼制的发展和需求，服饰除具备基本的遮体、保暖、美容与美体等功用外，还服务于等级的需求，并在此需求推动下，被赋予较多礼制的内容，而礼制的加强，又使得等级性得到进一步加强，反映到穿戴服饰人员所属家庭来讲，也会存在相应的等级差别。

---

① 徐州博物馆、南京大学历史学系考古专业：《徐州北洞山西汉楚王墓》，文物出版社，2003年，第89-91页。

② 广西壮族自治区文物工作队、合浦县博物馆：《合浦风门岭汉墓——2003～2005年发掘报告》，科学出版社，2006年，彩版三三、四一-四四。

西汉贾谊在《新书》中曰："贵贱有级，服位有等。等级既设，各处其检，人循其度。擅退则让，上僭则诛。建法以习之，设官以牧之。是以天下见其服而知贵贱，望其章即知其势，使人定其心，各著其目。"[①] 西汉武帝之后，服饰制度逐渐受到统治者的重视，相关制度的内容和体系逐渐形成。东汉时，服饰制度得到基本确立，《后汉书·舆服志上》载："夫礼服之兴也，所以报功章德，尊仁尚贤。故礼尊尊贵贵，不得相逾，所以为礼也。非其人不得服其服，所以顺礼也。"[②] 班固在《白虎通义》中亦曰："圣人所以制衣服何？以为絺绤蔽形，表德劝善，别尊卑也。"[③] 随着服饰制度的逐步确立，冕冠、衣裳、鞋履、佩绶等都逐渐形成相对严格的等级差别，如冠制及佩绶可体现汉代官员的服饰等级，而冠的形制、尺寸及垂旒等的不同，可直接反映出佩戴者身份等级的差异；佩绶是官员品秩等级的重要标识，颜色、宽窄及配合使用的饰品等都可以体现使用者的等级和身份。另外，冠、衣、绶、鞋的用料、制作工艺、配套饰品等也体现出穿戴者的等级差异，如贵族女性着锦衣绸裳、华服美饰，处处体现着其尊贵身份和较高的地位，而一般平民家庭的女性或相关家庭的依附者则衣葛麻之衣，佩戴之物极少且较为简单，质地和质量也相对较差。上述内容对秦汉家庭及其成员产生较多的影响，进而反映出具有时代特征的家庭之间及家庭内部相关成员的等级差异和相关内容。

1. 不同家庭间的等级差别

家庭之间的等级差异体现在主要成员的首服、身服、足服、装饰方面，而如上文所讲，质地和质量会有差别，而具体穿戴之物及其形制、颜色和其他装饰等都可反映出所属家庭之间的等级差别。帝王列侯及朝中高官、贵族家庭的主要成员在服饰方面明显要好于一般官吏和低级贵族家庭，一般官吏和低级贵族家庭的主要成员在服饰方面又明显要好于一般平民家庭，而地方官吏、豪强地主家庭在这方面也明显优于一般平民家庭，而具有相对独立经济基础的一般平民家庭在服饰方面大多又要好于依附者家庭。可以说，秦汉时期作为具有明显等级差别的社会，不同家庭之间的等级差别在家庭成员的服饰方面有着较好的体现。

2. 同一家庭之中不同人员的等级差别

相较于第 1 点的普遍性特征，这一方面的差别主要表现在家庭内部，而且表现

---

① （西汉）贾谊：《新书·服疑》，阎振益、钟夏校注：《新书校注》，中华书局，2000 年，第 53 页。

② （西晋）司马彪：《后汉书·舆服志（上）》，中华书局，1965 年，第 3639 页。

③ （东汉）班固撰：《白虎通义·衣裳》，上海古籍出版社，1992 年，第 59 页；（清）陈立撰，吴则虞点校：《白虎通疏证》，中华书局，1994 年，第 432 页。

内容和形式较为多样。

是否戴冠为家庭中成员间等级身份高低的体现之一。以等级相对较高家庭为例，内部成员构成复杂，除存在血亲关系的成员外，还有诸多附属人员，如近臣、家吏、仆役、奴婢等，家庭的主要成员和附属人员在服饰方面有着明显区别，这可从汉代壁画墓、画像石（砖）墓这些等级不甚高墓葬的壁画或画像中墓主穿戴与附属人员穿戴的差异中可以明确看出区别。就附属人员来讲，首服的不同可在相关方面表现出相互间等级地位的差异。

江苏徐州北洞山汉墓是西汉早期偏晚阶段的某代楚王墓葬，除墓葬内出土的一些陶俑外，墓道壁两侧龛中还出土有大量的陶俑，象征护卫楚王的仪卫。西 1 龛内均为双手执兵俑，其中戴帽者 19、戴冠者 12，戴冠俑 4 个在前排，8 个在后排，中间是戴帽俑，整个俑群中，戴冠俑地位似乎更高，居于统领地位[①]。湖北江陵凤凰山 M168 出土了 22 件男木俑，4 件佩剑俑形体最为高大，头戴冠，有冠带，足穿平头鞋，衣裙彩绘花纹，同墓出土的简册称此类木俑为“谒者”，在所出土木俑中等级较高，而其他木俑多不戴冠，而就其他木俑来讲，4 件骑马俑衣服有彩绘花纹，等级也稍高，其他如手持农具的男俑、赶牛车男俑、划船男俑等，衣服无彩绘花纹，等级应是最低的，这又从衣服装饰方面体现出对应人员的等级差异[②]。山东沂南北寨东汉画像石墓中室西壁、北壁横额画像石上的车马出行画像中，众多车辆，尤其是其中的五辆轺车，御者都戴着介帻（原报告称为“尖顶帽子”），坐在左面，左手持辔，右手持长鞭，坐在右侧的人均为高冠且右手执笏，可能是相关家庭的主要成员，一些骑者及步行者亦基本带介帻（图四 -28：1），两相对比，由首服尤其是冠、帽的差异，可看出御者、骑者、步行者和相关家庭中主要成员身份等级的明显差异，亦如发掘报告所讲“高下立现”[③]。

服装的长短也可清楚地反映出家庭中不同人员的等级差异。相关家庭中的高等级人员，基本都是着深衣或是上衣下裳，外衣长度较长，多数长及脚踝，或是曳地覆盖住双足和鞋子，这或许与相关礼制或礼貌有关；家庭中等级较低人员，着衣长度多不及脚踝，以过膝的长度居多，还有很多人员着衣更短。就短衣来讲，多为家庭中劳动者常穿的衣服，短袴、赤膊者有相当数量，体现出依附人员的特点，这也与其方便劳动有关。大致来看，有相应身份地位或一定等级的人员，基本不会将裤外露，

① 徐州博物馆、南京大学历史学系考古专业：《徐州北洞山西汉楚王墓》，文物出版社，2003 年，第 98、99 页。

② 纪南城凤凰山一六八号汉墓发掘整理组：《湖北江陵凤凰山一六八号汉墓发掘简报》，《文物》1975 年第 9 期；湖北省文物考古研究所：《江陵凤凰山一六八号汉墓》，《考古学报》1993 年第 4 期。

③ 南京市博物院，山东省文物管理处：《沂南古画像石墓发掘报告》，文化部文物管理局出版，1956 年，图版 49、102；山东博物馆：《沂南北寨汉墓画像》，文物出版社，2015 年，第 58-63、116 页。

图四 -28　汉代服饰与家庭成员等级

1. 山东沂南北寨东汉墓中室北壁上横额东段的车马出行画像（局部）　2. 江苏徐州北洞山汉墓出土跽坐女俑（2356）　3. 湖南长沙马王堆 M1 出土素纱单衣　4. 湖南长沙马王堆 M1 出土帛画中墓主人及侍者

裤外多罩长袍或长裙。但较多的家庭武士、生产劳动者、歌舞杂技表演者等，多为外露的裤装，这在出土的汉代陶俑及壁画、画像所描绘等级地位较低的人物形象中多有体现。与衣服长短相对应还有松紧的不同，一般来讲，宽大的袍服或褒衣博带所对应的人员等级较高，而袖口紧束、简练贴身所对应的多为家庭中等级较低的劳动者，也如上文所言，窄紧的袖口、紧束的服装更加方便于日常的劳作，这也是等级地位较低人员日常生活中常穿衣服。再拓展至戴冠与否，戴冠十分不便于劳作，而出于劳动的方便，等级低者亦不会戴冠，这也成为显现其地位不高的内容之一。

各类和多种金银珠玉等质地的首饰和佩饰作为佩戴者身份等级、社会地位的象征，是否佩戴、种类如何、数量差异、质地不同等都反映出对应人员等级、地位的差异。江苏徐州北洞山西汉楚王墓的墓室中出土一定数量的陶女俑，有的头戴步摇或簪花和钗，着耳瑱，还有的服饰镶珠，饰流苏①（图四 -28：2），陶俑所对应现实中的人员身份等级应相对高贵，其较之“着”单色素衣、极少或没有装饰陶俑所对应现实中的人员来讲，等级地位差异十分明显。

① 徐州博物馆、南京大学历史学系考古专业：《徐州北洞山西汉楚王墓》，文物出版社，2003 年，第 69、98 页。

如上文提及，服饰的材质也和穿戴者的身份等级也有较大关系。等级较高人员，多着丝织品，品种繁多，包括锦、绮、绫、罗、绢、纱、纨、缯等，纹饰也极其精美，包括云气纹、鸟兽纹、几何纹、人物纹等吉祥图案，有的还配有吉祥文字等；庶民则衣麻、葛等织物制成的衣服。湖南长沙马王堆 M1 出土多种汉代贵族妇女所穿用的绢、纱、绮、锦等织品，其中 12 件保存较好的袍，多为曲裾，几乎均用罗绮作面，绣花细致精美，有的还用高级织物起毛锦作缘，如朱红罗绮绵袍、"信期绣"褐罗绮绵袍、"长寿绣"绛紫绢绵袍、印花敷彩黄纱绵袍、印花敷彩绛红纱绵袍等，做工考究，织造精良，该墓还出土 2 件素纱单衣，轻薄如蝉翼，重量分别只有 48 和 49 克，均以蚕丝纺制，精美异常①（图四 -28：3）。这些织品不仅反映出当时较高水平的纺织技术，也是墓主人身份等级较高的重要象征。再考察该墓出土的帛画，描绘的墓主人，头饰及衣裳华丽，裙裾绣纹精美，色彩丰富，头饰亦较为繁复，与身旁的侍女形成鲜明对比，表现出贵族妇女服饰之奢华②（图四 -28：4），也体现出相互之间的等级差异。另如湖北江陵凤凰山西汉 M167，随葬的丝织品数量多，品种较全，而且保存好，在头箱中的一个竹笥中放有三十五件丝织品卷，有朱、绛、褐、黄等色的绢、纱、缣、锦、罗、绮等多种，结合墓内出土的棺罩、绣囊、绢囊及包裹尸体的衣衾等，综合反映了汉代早期纺织、印染、刺绣等工艺，而图案设计等方面也已经达到相当高的水平③。再如江苏连云港市海州西汉侍其繇墓，根据棺内的污泥较滑腻、似为有机物质腐朽变成的现象来，死者原随身穿着或放置在棺内的衣物有较多，而墓内出土有记载随葬衣服清单的木方（遣册），登载各种丝织品衣服达 30 件以上，其中每一项写的大体都是某种质料（有的前面还加上某种颜色）某种衣服（有的下面还加某色某质料的缘）和件数，记录的丝织品种类有绮、纱縠、丸（纨）绣、罗、练等数种，衣服有襜褕、复衣、禅衣、复（複）襦、复被、禅襦等，丝织品和衣服的名称较为丰富，而此木方所载各种丝织品应来源于齐地④。

（二）服饰与家庭生活

服饰是家庭日常生活的主体和基本物质内容之一，与家庭生活关系十分密切，在突出实用功能的基础上，体现出较多相对应的家庭生活内容，不同的家庭生活有相对应的人员及其服饰，而不同的服饰内容又使得家庭生活呈现出多样性特点，这在家庭娱乐、宴饮、生产劳作、出行、服务等方面皆有体现。

---

① 湖南省博物馆、中国科学院考古研究所：《长沙马王堆一号汉墓》，文物出版社，1973 年，第 68 页。

② 湖南省博物馆、中国科学院考古研究所：《长沙马王堆一号汉墓》，文物出版社，1973 年，图版七六。

③ 凤凰山一六七号汉墓发掘整理小组：《江陵凤凰山一六七号汉墓发掘简报》，《文物》1976 年第 10 期。

④ 南波：《江苏连云港市海州西汉侍其繇墓》，《考古》1975 年第 3 期。

1. 家庭娱乐

秦汉时期的家庭娱乐活动以乐舞百戏最为常见，相关娱乐活动由一些人员进行表演和开展，针对不同的娱乐内容，表演人员会存在一定的差异，而在表演时所着的服装也有诸多不同。考古资料对秦汉时期家庭娱乐内容的体现以墓葬壁画、画像及出土的俑为主。

汉代，由于公侯列卿对钟鼓女乐较为喜爱，致使“吏民效慕，浸以成俗”[①]，贵族、官吏及豪富之家受其影响，家庭乐舞百戏得到发展，并在较多场合或活动时会有相关表演，因此有些家庭之中会蓄养大量歌舞伎者以备宴乐，这些人员应为相关家庭的附属人员。考古发掘的汉代壁画墓及画像石（砖）墓、画像石刻祠堂数量众多，在汉代墓室壁画、画像中，多有描绘家庭乐舞百戏的场景，从中可看出与之相关且较为丰富的服饰样式。乐舞百戏表演反映出这一时期伎乐风气的炽盛，更是对相关家庭富裕享乐生活的表现。

汉代乐舞杂技俑的出土，壁画及砖石画像中乐舞百戏表演的场景等均体现出相关表演者因角色不同、职责差异等在服饰装束方面的差别。进行乐器表演者多头戴高冠，仪态端庄，一般身穿宽肥大袖的长衣长袴，与很多家庭的常服相类似。河南济源市桐花沟 M10 出土吹箫俑（M10：16），吹箫者呈跽坐状，头戴在平巾帻上加罩箕状纱笼的武弁大冠，身着白色上衣下裳，衽袂处勾勒黑边，曲裾[②]（图四 -29：1）。舞伎多梳高髻，上着紧身上衣，长袖舒展，长裙拖地或者齐膝短裙，下着宽松长袴，衬托出舞者的身材修长、舞姿优美。江苏徐州驮篮山西汉墓[③]、顾山西汉 M1[④] 出

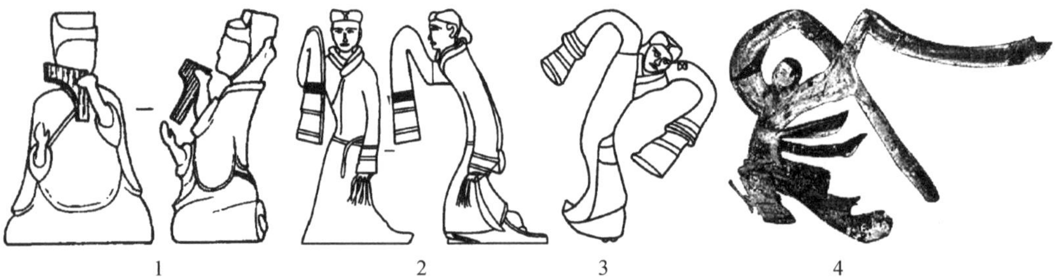

图四 -29　汉代乐舞俑及壁画所见乐舞人员的服饰

1. 河南济源桐花沟 M10 出土吹箫乐俑（M10：16）　2. 江苏徐州顾山西汉 M1 出土陶女舞俑（M1：37）
3. 江苏徐州驮篮山西汉墓出土陶女舞俑　4. 河南洛阳偃师新村新莽壁画墓中舞女形象

① （汉）班固撰，（唐）颜师古注：《汉书·成帝纪》，中华书局，1962 年，第 325 页。

② 河南省文物考古研究所：《河南济源市桐花沟十号汉墓》，《考古》2000 年第 2 期。

③ 邱永生、徐旭：《徐州市驮篮山西汉墓》，中国考古学会编：《中国考古学年鉴·1991 年》，文物出版社，1992 年，第 173、174 页。

④ 徐州博物馆：《江苏徐州市顾山西汉墓》，《考古》2005 年第 12 期。

土的女舞俑，皆立姿，较瘦高，作舞蹈状，发髻较长，后挽，呈弧曲内收，着深衣舞服，及地，较紧窄，领口开口较高，领缘较窄，袖口宽且较长，束腰位置低，裙摆呈喇叭形外撇，下部衣裾后曳较长，内着宽肥长袴，一类上身前倾，膝部微屈，袖口自然下垂较长，衣裙掩足（图四-29：2）；另一类体向左前倾，扭肢，折腰，微屈膝，体态呈“S”形，两臂张开，弯成曲尺形，袖口自然外伸，双足微外露[①]（图四-29：3）。河南洛阳偃师新村新莽壁画墓中舞女，长衣及膝，较宽松，领口开口较高，袖口宽且较长，束腰位置适中，下摆及膝，下着宽肥长袴[②]（图四-29：4）。这种及膝舞服正是为了表演热烈奔放、动作夸张的舞蹈而设制的，以利于表现舞蹈者的跨越腾跳等动作，反映出舞姿的矫健舒展及优美之态。

俳优艺人大多裸露上身，下着长袴，有的两臂系红绸作简单装饰。说唱俑的造型较夸张，如四川成都天迴（回）山三号崖墓出土俳优俑，表演者身材短胖，头上着帻，戴笄，上身袒露，两臂穿戴有珠翠饰件，下身着长袴，跣足，坐于圆榻上，左臂环抱小鼓，右手翘举，张口嬉笑，正在说唱[③]（图四-30：1）。河南济源市桐花沟十号汉墓中出土的说唱俑（M10：10），表演者深目高鼻，短颈，上身赤裸，下身着宽肥长袴，双腿拱而叉立，扮相怪异，仪态滑稽，为胡人俳优形象[④]（图四-30：2）。

进行角抵表演者束腰，下着短裤，也多是赤裸上身。河南密县打虎亭M2中室券顶绘有两位百戏舞者，上身裸露，下身着犊鼻裈[⑤]（图四-30：3）。内蒙古和林格尔东汉墓中室北壁右下部的乐舞百戏壁画中，力士表演者皆赤裸上身，高髻，肩臂缠绕红带[⑥]（图四-30：4）。山东沂南北寨东汉墓中室东壁上横额所刻乐舞百戏画像中的飞剑跳丸、骑术等百戏表演者，亦均赤裸上身，着短裤，以缨系发[⑦]（图四-30：5、6）。“鱼龙曼衍”之戏的表演中，有由人装扮成的龙、鱼、豹等动物形象，其中的雀戏表演，为一人装成大雀，头戴花枝状高冠，展翅，长尾上翘又垂下，颔下系两根长带飘向后，尾上系小铃铛，腿部及衣襟露于外部，其前立一人，头戴斑纹尖帽，身着花领上衣，从腰间束带垂下四根流苏，衣下缘作花瓣状，

① 刘尊志：《徐州西汉墓陪葬陶俑组合及相关问题》，《考古》2013年第8期。

② 洛阳市第二文物工作队：《洛阳偃师县新莽壁画墓清理简报》，《文物》1992年第12期。

③ 四川省博物馆文物工作队，刘志远：《成都天迴山崖墓清理记》，《考古学报》1958年第1期。

④ 河南省文物考古研究所：《河南济源市桐花沟十号汉墓》，《考古》2000年第2期。

⑤ 河南省文物研究所：《密县打虎亭汉墓》，文物出版社，1993年，第300页；徐光冀主编：《中国出土壁画全集·河南卷》，科学出版社，2012年，第85页。

⑥ 内蒙古自治区博物馆文物工作队编：《和林格尔汉墓壁画》，文物出版社，1978年，第27、94、95页。

⑦ 南京市博物院、山东省文物管理处：《沂南古画像石墓发掘报告》，文化部文物管理局出版，1956年，图版82、图版96；山东博物馆：《沂南北寨汉墓画像》，文物出版社，2015年，第50-53、115页。

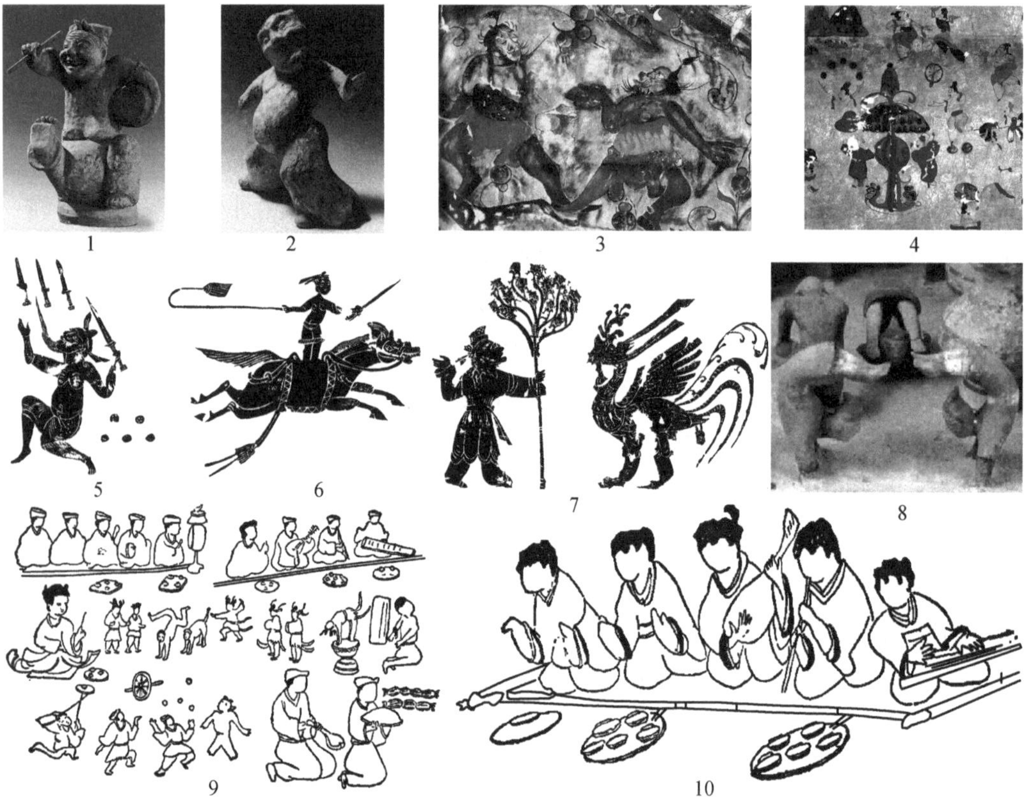

图四 -30　汉代百戏中所见服饰

1. 四川成都天迴山三号崖墓出土的陶俳优俑　2. 河南济源市桐花沟 M10 出土陶俳优俑（M10：10）　3. 河南密县打虎亭 M2 中室券顶的百戏舞者（局部）　4. 内蒙古和林格尔东汉墓乐舞百戏壁画中的杂技表演者（局部）　5-7. 山东沂南北寨东汉墓中室东壁上横额所刻百戏画像（5. 飞剑跳丸表演　6. 骑术表演　7. 雀戏表演）　8. 山东济南无影山汉墓出土的乐舞杂技俑（局部）　9、10. 辽宁辽阳棒台子东汉壁画墓出土成组乐舞表演图及伎乐（局部）

左手扶有缚有枝叶的长杆，右手举起作指引状①（图四 -30：7）；济南无影山汉墓出土塑于陶板上的乐舞杂技俑，中部有 4 名男子正在表演倒立或其他柔术，基本是头戴尖顶赭色小帽，身着紧身短衣②（图四 -30：8）。

辽宁辽阳棒台子东汉壁画墓有成组的乐舞表演图，相关人员的服饰也对有关内容有较好体现，其中墓门内右壁壁画中有歌手五人，戴黑帻，穿杂色衣，乐师四人，均黑帻长袍，中段左起一妇女坐方席上，顶梳高髻，裙带飞舞，左手执短杖作

① 南京市博物院、山东省文物管理处：《沂南古画像石墓发掘报告》，文化部文物管理局出版，1956 年，图版 95；山东博物馆：《沂南北寨汉墓画像》，文物出版社，2015 年，第 50-53、115 页。

② 济南市博物馆：《试谈济南无影山出土的西汉乐舞、杂技、宴饮陶俑》，《文物》1972 年第 5 期；冯贺军、李文儒主编：《中国古代雕塑述要》，紫荆城出版社，2007 年，第 115 页。

指挥状，有一人倒立前行，一人表演兽走，后竖长尾，双丫髻红衣女童五人协助表演，另有一相同服饰的女童作弓腰倒立表演，衣带发髻都似随风飘动，还有人袒背、腕系红带进行表演；墓门内左壁，有女乐工五人，梳高髻穿杂色衣裙，作吹弹乐器状，歌手五人，均头戴朱顶黑帻，朱色衣黑白领袖，左端置一鼓，鼓后一壮汉着短裤（犊鼻）、腕系红带，欲有表演，中段有一妇女坐方席上执杖指挥，前方有表演兽走、倒立者各一人，助演的丫髻红衣女童四人，还有裸背男子二人相对弄红色圆形器，也有一红衣女童作反弓表演，一裸背壮汉面右半跪，右臂系红带，另外还有其他表演者[①]（图四-30：9、10）。

2. 宴饮

秦汉时期家庭常见的生活内容之一，具有相应等级或经济实力的家庭，或夫妻宴饮，有较多侍者；或宴请宾客，场面大、涉及人物多，相关人物既有家主、宾客，也有较多的服务者。

汉代壁画或画像中的宴饮图，较多描绘的是家主夫妇或一个主人（或男或女）和宾客一起在家庭中宴饮的场景，有的还在宴饮过程中欣赏舞蹈或杂技等。墓葬壁画的宴饮图像中，家主形象突出，男性多头戴高冠，服饰精美，女性衣着色彩艳丽，仪态端庄自得，凸显出主人身份地位的尊贵。陕西西安理工大学M1，墓室西壁南部有宴饮壁画，女主人与宾客并排跽坐于围屏前的木榻上，前方两侧各有一组女性宾客，席地而坐，一边宴饮，一边观赏舞蹈表演，女主人与宾客皆梳高髻，发饰精美，着交领长袍，服饰色彩丰富鲜亮，主人着白衣，鲜亮红色交领与衣袖突出其身份地位的尊贵，两侧及后方人物搭配浅青色服饰，更加突显主人的地位[②]（图四-31：1）。

有的壁画或画像描绘的是家庭中家主夫妇的宴饮。河南洛阳朱村东汉壁画墓，墓室北壁西部为夫妇宴饮图，家主夫妇端坐于榻上，男主人居左，头戴赭色进贤冠，身着黑色深衣，皂缘领，白袖口，女主人在右，戴黑帽，着朱色长袍，黑缘领，白袖口，二人均双手拢于袖中，床榻上置长方形几，上置钵形食器，面前地面置圆案，上亦置食器；男主人左侧立有二男侍，均头戴黑帽，长袍及地，足着黑靴，女主人右侧并立二女侍，头梳双髻，身着浅灰色长袍，其中一人胳膊上搭一红色衣物[③]（图四-31：2）。整个画面体现了汉代豪富之家日常生活之中家庭夫妇宴饮的场面，凸显出墓主夫妇服饰的精美及身份的尊贵，也反映出二人在家庭中的身份、地位和等级。南阳麒麟岗汉画像石墓的宴饮图画像中，有三人均带冠，着交领

① 李文信：《辽阳发现的三座壁画古墓》，《文物参考资料》1955年第5期。

② 西安市文物保护考古所：《西安理工大学西汉壁画墓发掘简报》，《文物》2006年第5期。

③ 洛阳市第二文物工作队：《洛阳市朱村东汉壁画墓发掘简报》，《文物》1992年第12期。

1

2

3

4

5

6

图四 -31　汉代壁画或画像中宴饮图所见服饰

1. 陕西西安理工大学 M1 墓室西壁南部宴饮图　2. 河南洛阳朱村东汉壁画墓墓室北壁西部夫妇宴饮图（局部）
3. 河南南阳麒麟岗汉墓画像石中的宴饮图（局部）　4、5. 辽宁辽阳棒台子东汉壁画墓宴饮图（局部）
6. 辽宁辽阳三道壕窑业第四现场东汉壁画墓家居宴饮图（局部）

长袍，膝前似有较长的绶带，推测应为家庭主人及宾客，左侧一人戴武弁大冠，右侧一人着高冠，从冠的形制看，类似于文献所载高山冠，居中者所戴之冠前小后大，或为文献所载的“爵弁”，推测三人均具有较高的身份等级，而该画像通过对家主、宾客及伎乐表演者、侍者等的描绘，凸显出家主衣饰的华贵精美，反映了家主和宾客的身份等级，这既是对家主燕居享乐生活的生动描摹，亦是汉代豪富之家日常生活场景的再现①（图四-31：3）。辽宁辽阳发现的一些壁画墓的壁画对这一内容也有较生动的描绘，图像较高大，均表现了家主坐受饮食的内容，皆有一些侍者②。棒台子东汉壁画墓有两幅宴饮图，右小室宴饮图绘6人，壁中央为一伟壮男子，黑帻红袍，黑缘领袖，白中单衣，面左坐于床榻上，后有屏障，前设短榻和方案，置食器，榻前依次为进食者三人，均黑帻长袍，态度谨肃，屏后侍立二人，亦黑帻长袍；左小室共画9人，一男子黑帻红袍面左拱手坐在床榻上，其他八人均是服务进食的人员，皆头戴黑帻，身穿灰黑色长袍（图四-31：4、5），两幅宴饮图体现的可能是家主与宾客饮食的内容，左小室壁画中的等级较高者可能为家主。三道壕窑业第四现场东汉壁画墓有家居宴饮壁画，绘夫妻在朱色帷幕下的对坐饮食，男子着黑帻长袍白中衣，拱手坐在方床榻上，后立侍者二人，均黑帻长袍，右者捧黄包袱，左者抱红色弓鞬，对面床榻上坐一妇人，头戴簪籫，红色耳饰，红花衣白素裙，后设屏风，屏风后一女侍高髻长袍，左手执圆扇，二床榻间立一长袍女侍，左手执盘向男主人送杯，扬右手面向女主人，似有所语；另外还有其他家庭主要成员或宾客，男主人背后有一男子面向右，黑帻长袍，黑缘领袖，拱手端坐，前面有一高髻长袍女侍，女主人背后，一男子面向左方，黑帻长袍拱坐于方形床榻上，后围屏障，屏后有高髻女侍二人，另有一着裙的高髻妇人坐于方席上，后一女侍高髻长裙，左手举圆扇（图四-31：6）。

3. 家庭生产与日常劳作

生产和劳作是秦汉家庭生活的重要组成，是维系和推动家庭发展的重要环节，秦汉家庭中的劳动性质存在较多差异，其中既有家庭主要成员的劳动，也有附属人员的劳动，也会存在二者共同劳动的情况，家庭生产与日常劳作对服饰有相应的要求，至少应便于劳动的开展，而其中的农业生产、手工业生产、庖厨劳作、家庭洒扫等对家庭成员的服饰有较多体现，反映出各具特色的服饰内容。除此之外，就服饰而言，这一时期家庭的相关生产活动还涉及服装用布原料的种植、有关动物的饲养、纺织与染色等。

① 黄雅峰、陈长山主编：《南阳麒麟岗汉画像石墓》，三秦出版社，2008年，第60页。

② 李文信：《辽阳发现的三座壁画古墓》，《文物参考资料》1955年第5期。

（1）相关家庭生产与日常劳作对服饰的体现

农业生产中的耕地、播种、插秧、灌溉、施肥、中耕、收获和脱粒加工等多个环节，基本均为户外或田间操作。秦汉时期，从事这些具体劳动的人们有些会头戴笠，用来防晒挡雨，体现出适应户外天气的装束内容，此外还有露髻和头戴巾、帻者。身服以较短的袍服为主，也有着短衣者，多为窄袖，劳作时常挽起袖口，下身着裤，脚多着履或草鞋。河南淅川赵杰娃山头 M42 出土的牛耕画像砖，画像中的耕作者身着短袍长裤[①]（图四 -32：1）。四川彭山崖墓出土的劳作俑（M666：8），头戴笠，衣长不及膝盖，裳下为裤，足着履[②]（图四 -32：2）。相关资料还有很多，从诸多劳作俑及画像等来看，相关服饰体现出这一时期劳动者便于进行农业劳动的内容，这也与穿戴者的身份等级基本对应。

秦汉家庭内的日常劳动内容很多，如庖厨、洒扫等，均是生活中普遍存在的劳作活动。日常庖厨活动是这一时期较多家庭生活中必不可少的日常劳作，包括炊煮、屠宰、汲水、淘洗、切肉与烤肉、酿酒等内容和工序。根据考古资料可知，秦汉时期有一些女子在庖厨劳作中从事切割、提鱼、炊煮等工作，基本都是着长袍，袍内着裤，发梳高髻（图四 -32：3）[③]，有的还会扎巾（图四 -32：4）[④]。从事庖厨活动的男子多戴介帻或平上帻，一般身着长袍，长度过膝，不及地，多为窄袖，为了操作方便，有的还会将袖口挽起，露出手肘（图四 -32：5、6）[⑤]。也有的男子仅身着短衣短裤或仅着短裤（图四 -32：7、8）[⑥]，此类装束非常简单利落，多见于宰杀牲畜、酿酒等程序较为复杂的场景，以免衣着过于累赘影响操作。庖厨活动中有一项重要工作，为汲水，而淘洗、过滤、蒸煮等方面均需大量用水，较多汉代画像中的庖厨图会有汲水的画面，工具有辘轳、桔槔等，汲水者有男有女，一般 1～2 人，1 人居多，而汲水还与家庭中的洗衣、洒扫等日常家务的开展存在较多联系。从汉代画像来看，从事汲水、洒扫等家务劳动人员的衣着较统一，一般均为长袍，也有着裤者，女子发梳高髻，男子戴帻。

---

① 河南省文物局南水北调文物保护办公室、南阳市文物考古研究所：《河南淅川县赵杰娃山头汉墓发掘简报》，《华夏考古》2014 年第 2 期。

② 南京博物院编：《彭山汉代崖墓》，文物出版社，1991 年，第 54、55 页。

③ 河南省文物研究所：《密县打虎亭汉墓》，文物出版社，1993 年，第 143 页，图一一三。

④ 重庆市文物考古所、重庆市文物局：《忠县老鸹冲遗址（墓葬部分）发掘简报》，重庆市文物局、重庆市移民局编：《重庆库区考古报告集·2000 卷》，科学出版社，2007 年，第 831-869 页。

⑤ 诸城县博物馆，任日新：《山东诸城汉墓画像石》，《文物》1981 年第 10 期；重庆市文化局、湖南省文物考古研究所、巫山县文物管理所：《重庆巫山麦沱古墓群第二次发掘报告》，《考古学报》2005 年第 2 期。

⑥ 李锦山：《鲁南汉画像石研究》，知识产权出版社，2007 年，第 82 页，图十一下；朱锡禄：《嘉祥汉画像石》，山东美术出版社，1992 年，图 101，第 76 页。

图四-32 汉代农业生产中所见服饰

1、2. 农业生产（1. 河南淅川赵杰娃山头 M42 出土牛耕画像砖画像 2. 四川彭山崖墓 M666 出土劳作俑） 3-8. 庖厨劳作（3. 河南密县打虎亭东汉 M1 东耳室北壁东幅石刻画像局部 4. 重庆忠县老鸹冲 AM11 出土东汉庖厨俑 5. 山东诸城前凉台东汉墓出土东汉庖厨画像局部 6. 重庆巫山麦沱 M47 出土东汉庖厨俑 7. 山东滕州出土东汉庖厨画像局部 8. 山东嘉祥五老洼出土东汉庖厨画像局部） 9-12. 家庭其他劳作（9. 重庆奉节赵家湾 M4 出土陶汲水女俑 10. 山东诸城前凉台汉墓出土东汉庖厨画像中的汲水人物 11. 云南昭通水富县楼坝崖墓 WGSM4 出土执箕劳作俑 12. 陕西米脂官庄 M6 前室东壁左门柱拾马粪画像）

重庆奉节赵家湾汉墓出土汲水女子陶俑（M4：21），发梳高髻，身着及地长袍[①]（图四-32：9）；山东诸城前凉台东汉墓庖厨画像中有一正在汲水的男子，头戴平上帻，身着长袍[②]（图四-32：10）。云南昭通水富县楼坝崖墓出土手持箕帚的陶俑（WGSM4：4），为家庭打扫卫生的劳动者形象，头顶梳髻，将头发上拢后用布包扎成一髻，着齐膝袍服，长袖上挽[③]（图四-32：11）；陕西米脂官庄M6前室东壁左门柱有拾粪画像，拾粪者为一男子，头戴帻，身着衣和裤[④]（图四-32：12）。上文相关章节关于湖北江陵凤凰山西汉M167边箱随葬的车、俑等已有相关叙述，其中的24件木俑，性别、身份不同，包括为谒者男俑、袖手立侍的女俑、从事农业生产的男俑、驾车的男俑及一些木质的动物俑等，人俑的发饰、衣着有所区别，因身份和职责差异，持物也有不同，而且各有位置，排列有序，体现出西汉早期地方官吏或地主家庭中不同附属人员的内容和特征，这在首服、身服、穿履、持物及组合搭配等方面皆有体现[⑤]。上文所述江陵凤凰山M168出土的22件男木俑也有不同区分，并在首服、着衣，装饰、排列位置及有关内容等方面体现出对应俑所代表人员的等级差别[⑥]。与家庭内劳动有关的陶俑、画像还有很多，涉及家庭内劳动内容也较丰富，限于篇幅不再多举例子，而这些考古资料中的劳动者所着首服、身服及足服，均与劳动者身份等级及所从事的劳动较为相符，而且皆明确体现出便于劳动的特点。

（2）衣物原料种植、有关动物饲养及原料加工

秦汉时期，衣物的原料有多种，大致来看，以葛、麻、丝织品为主，东汉时，棉布、毛织物等也逐渐成为家庭衣物的原料，但就整体来看，仍以葛、麻及丝织品为主体。在正式成衣之前，葛、麻需要种植、管理、收获和加工成布料，丝织品则需要种桑树、采桑叶、养蚕、收茧及加工成布料。其中关于布料的加工还有捻线、调丝、纺线、织布及染色、刺绣等多个工作程序。上述内容在较多家庭的种植、饲养、加工等方面皆有体现。

葛、麻的种植、管理与农业生产有关，收割后为提取纤维，还要经过沤麻的

---

① 武汉大学考古系、重庆市文物局：《奉节赵家湾墓地发掘报告》，重庆市文物局、重庆市移民局编：《重庆库区考古报告集·2001年卷》，科学出版社，2008年，第469-524页。

② 诸城县博物馆，任日新：《山东诸城汉墓画像石》，《文物》1981年第10期。

③ 云南省文物考古研究所、昭通市文物管理所、水富县文化馆：《昭通水富县楼坝崖墓发掘报告》，云南省文物考古研究所：《云南考古报告集（二）》，云南科技出版社，2006年，第106-133页。

④ 吴兰、学勇：《陕西米脂县官庄东汉画像石墓》，《考古》1987年第11期。

⑤ 凤凰山一六七号汉墓发掘整理小组：《江陵凤凰山一六七号汉墓发掘简报》，《文物》1976年第10期。

⑥ 纪南城凤凰山一六八号汉墓发掘整理组：《湖北江陵凤凰山一六八号汉墓发掘简报》，《文物》1975年第9期；湖北省文物考古研究所：《江陵凤凰山一六八号汉墓》，《考古学报》1993年第4期。

工作，之后再清洗并晾晒干，经加工形成可用的纤维后为编、纺、织、染色等手工工作。桑树的种植在秦汉时期较为普遍，《汉书·食货志》载："还庐树桑，菜茹有畦。"[①]河南内黄三杨庄西汉晚期庭院遗址三号院落的正房后侧发现两排树木遗迹，据残存树叶判断主要是桑树[②]。四川新都出土的汉画像砖中有桑园画像，桑园面积大，栽植桑树多，一侧有门类设施，还有一人持长杆在桑园中，或是管理者看护桑园，或是劳作者正在采桑叶[③]。内蒙古和林格尔东汉壁画墓后室南壁的庄园图中也对上述内容有所描绘，庄园的廊舍周围环绕着成片的桑林，树下四女子采桑，手持绳索，桑钩、桑网等，旁置蚕架，蚕簇之类；下方画着三个方形沤麻池，池内堆着麻，有人正在池畔进行着渍沤操作[④]。一些葛麻及蚕丝需纺成线后再织成布料，四川成都老官山西汉景帝至武帝时期的 M2 出土四部织机及彩绘织工俑一件[⑤]，织机基本为多综织机，可以织造经向纹样循环大、小不同的经锦[⑥]。四川成都曾家包东汉 M1 西后室后壁石刻画像中有两部织机，左简右繁，结构不同，繁者似为织锦机，简者为普通织机，各有一女性正在织布[⑦]。今苏鲁豫皖交界地区出土汉代祠堂画像石画像中有多幅纺织图，体现出这一地区家庭纺织业的全面发展。纺线者与织布者大多是地方官吏或豪强地主家庭等中的依附者，也有些家庭的女性家主会参与纺织工作或作为主要的纺织人员，但基本不见于考古资料，文献资料则有相关记载，如"一夫不耕，或受之饥，一妇不织，或受之寒"[⑧]，体现的是一般平民家庭，"夫人自纺绩"[⑨]，则是对一些官僚地主家庭自营纺织业的反映。

秦汉时期，织物的染色所需颜料较多，而且多为植物染料，相关植物采摘和收割、染料的提取等皆与家庭手工业有关，而织物的印染则更加反映出对应家庭手工业的发展。河南洛阳金谷园车站 11 号汉墓出土陶作坊模型一件，屋内有方池，房前有井，作坊中有大灶、杠架、锅、甑等，或与酿酒有关，也存在为印染作坊的可能[⑩]。这一时期的染色工艺也较多，如线染法、匹染法、绞缬染和蜡染等，绞缬染始

---

① （东汉）班固撰，（唐）颜师古注：《汉书·食货志》，中华书局，1962 年，第 1120 页。

② 河南省文物考古研究所、内黄县文物保护管理所：《河南内黄县三杨庄汉代庭院遗址》，《考古》2004 年第 7 期；刘海旺：《首次发现的汉代农业闾里遗址——中国河南内黄三杨庄汉代聚落遗址初识》，陈星灿、米盖拉：《法国汉学·第 11 辑：考古发掘与历史复原》，中华书局，2006 年，第 70 页。

③ 龚廷万、龚玉、戴嘉陵：《巴蜀汉代画像集》，文物出版社，1998 年，图 5。

④ 内蒙古自治区博物馆文物工作队编：《和林格尔汉墓壁画》，文物出版社，1978 年，第 20、21 页。

⑤ 成都文物考古研究所、荆州文物保护中心：《成都市天回镇老官山汉墓》，《考古》2014 年第 7 期。

⑥ 罗群：《成都老官山汉墓出土织机复原研究》，《文物保护与考古科学》2017 年第 5 期。

⑦ 成都市文物管理处：《四川成都曾家包东汉画像砖石墓》，《文物》1981 年第 10 期。

⑧ （东汉）班固撰，（唐）颜师古注：《汉书·食货志》，中华书局，1962 年，第 1128 页。

⑨ （东汉）班固撰，（唐）颜师古注：《汉书·张汤传附子张安世传》，中华书局，1962 年，第 2652 页。

⑩ 洛阳市文物工作队：《洛阳金谷园车站 11 号汉墓发掘简报》，《文物》1983 年第 4 期。

于秦汉，是在布面上沿图案引缘线并对一些位置包住抽紧，结成不同式样的小绞，之后浸染上色，晾干后去掉引线，便出现绞白花斑；蜡染是以绛蜡或白蜡作防染材料，先在需染色的织物上用融化的蜡描绘成花纹，再浸入染色，后用水煮脱蜡，这样就会出现染色地白花的花纹[①]。

秦汉时期，套色型版印花技术得到较大发展。广东广州西汉南越王墓出土两件铜质印花凸版及部分印花丝织品，一件印花版正面花纹近似松树形状，有火焰状纹凸起，印版上还有明显使用后磨损的痕迹，而同出的一件仅有白色火焰纹的丝织品，其花纹形态与松树纹凸版纹极为吻合[②]（图四-33：1）；湖南长沙马王堆M1出土有泥金银印花纱，是用凸版套印的，共使用三套印花版，依次印出银白色的纹样骨架、白色主面纹、金色小圆点[③]（图四-33：2），织物的纹案与广州西汉南越王墓出土印花版的纹样较为相似，这为研究古代印花技术尤其是印花纱套印技术提供了最为直接的参考[④]（图四-33：3）。马王堆M1还出土有印花敷彩纱，是用印绘结合的方法制作出花纹，即先印出地纹，然后再分别绘出不同颜色的纹饰，最后用需要的颜色（粉白色）勾绘和加点，形成纹饰复杂的图案[⑤]（图四-33：4）。刺绣的针法以锁绣（辫子股绣）和平绣为主，湖南长沙马王堆M1出土刺绣，针法细腻，线条流畅[⑥]。上述工具、工艺等在秦汉时期的家庭纺织、印染业中应有一定的普及和推广，而这也正是汉代家庭纺织业发展的较好体现和有力佐证。

4. 车马出行和狩猎

车马出行是家庭生活的重要内容，亦对秦汉家庭的服饰及相关内容有所体现，并反映出相应的礼制和等级。考古资料中的车马出行俑及壁画、画像中的车马出行队伍等对这一内容皆有较直观的体现。江苏徐州市南郊凤凰山西汉早期的M3、M4均出土有车马出行俑的队伍组合，内容接近，仅在具体俑的搭配和数量方面稍有差异；其中男立俑，眉目以黑彩描绘，唇部涂朱，头发后拢，反贴脑后，向上挽髻，戴冠，系带于颌下，带垂至外衣领口，着双层右衽衣，内衣为素色，外衣有素色和红色两种，所露内衣的领、袖下摆及素色衣的领、袖、衣缘均用红彩绘制，其中领、袖部位在红色边框内绘点状纹，腰束黑带，在前面打结下垂，脚后部有圆弧

① 韩国河、赵海洲、刘尊志、朱津：《中国古代物质文化史·秦汉》，开明出版社，2014年，第185页。

② 广州市文物管理委员会、中国社会科学院考古研究所、广东省博物馆：《西汉南越王墓》，文物出版社，1991年，第83、91、92页。

③ 湖南省博物馆、中国科学院考古研究所：《长沙马王堆一号汉墓》，文物出版社，1973年，第56、57页。

④ 中国社会科学院考古研究所编著：《中国考古学·秦汉卷》，中国社会科学出版社，2010年，第719页。

⑤ 湖南省博物馆、中国科学院考古研究所：《长沙马王堆一号汉墓》，文物出版社，1973年，第47、48、57页。

⑥ 王序：《马王堆汉墓的丝织印花》，《考古》1979年第5期。

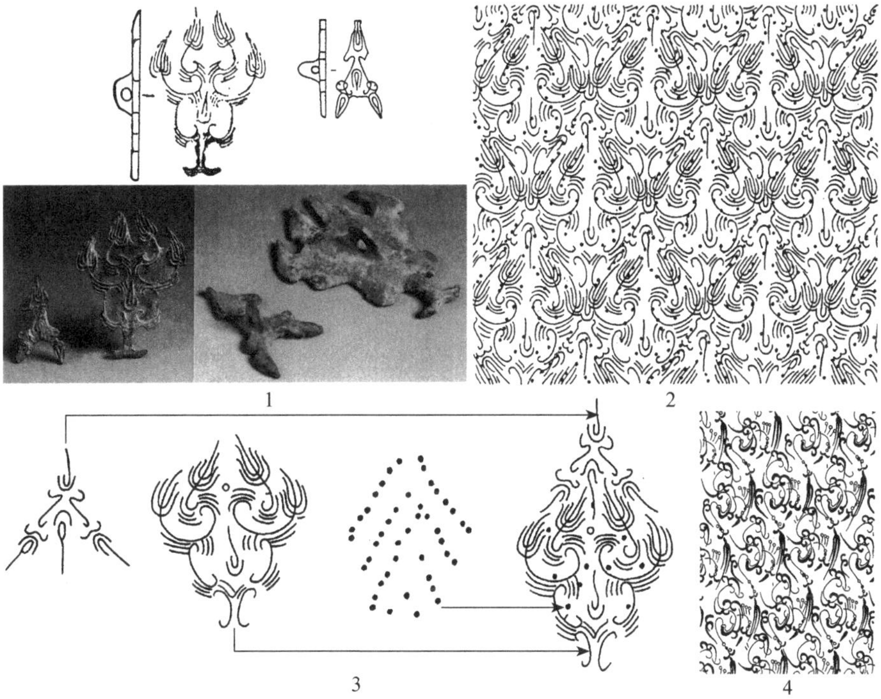

图四 -33　汉代的印染工具、工艺和成品

1. 广东省广州南越王墓出土铜质印花凸版　2. 湖南长沙马王堆 M1 出土泥金银印花纱

3. 汉代印花纱套印工艺示意图　4. 湖南长沙马王堆 M1 出土印花敷彩纱

形挖缺，施红彩，左手内侧有一斜贯孔，与佩剑有关；女立俑与男立俑相似，不同的是无冠，头发后拢下垂并在后扎绳系结，左侧余带下垂，腰束红带，在前面打结下垂，无佩剑；骑马俑、驭手俑皆男性，与男立俑在衣着装饰上较为接近，其中骑马俑两足前伸，似穿靴，驭手俑袖大下垂，细腰，束红带，衣服下摆较宽[①]（图四 -34：1）。汉代壁画及画像中的车马出行内容更为丰富，既有单车马，也有少量车马，还有浩浩荡荡的车马队伍。陕西神木大保当 M23 墓门横额下栏画像中的车马出行图，自左而右依次为导骑、轺车、骈车、辇车、护卫，导骑和护卫均头戴帻，上身着襦衣，下身着裤，三辆车的驭手也穿着类似服饰，轺车内的乘车者则头戴进贤冠，身着深衣[②]（图四 -34：2）。河北衡水安平逯家庄东汉壁画墓的出行图中有各种步行仪仗、骑吏、车辆，人员众多，步行仪仗中的人物从衣帻来分有赤帻黄衣、

① 徐州博物馆：《江苏徐州市凤凰山西汉墓的发掘》，《考古》2007 年第 4 期；刘尊志：《徐州西汉墓陪葬陶俑组合及相关问题》，《考古》2013 年第 8 期。

② 陕西省考古研究所、榆林市文物管理委员会办公室：《神木大保当——汉代城址与墓葬考古报告》，科学出版社，2001 年，第 103、104 页。

黑帻黑衣、赤帻黑衣三种，赤帻黄衣有执棨戟者、持杖者、袖手者，黑帻黑衣有执梃杖者，其中赤帻黄衣执棨戟者为“伍佰”，黑帻黑衣执梃杖者为“辟车”，赤帻黄衣执弓弩者为“伍佰璅弩”，赤帻黑衣者则是一般士卒，属武吏①。辽宁辽阳棒台子东汉壁画墓出土的车马出行图中，队前有黑帻长袍骑吏、戴兜鍪穿铁甲执长旗的骑吏及着黑襦衣戴三尖帽作奔跑状的人员，其他骑吏也基本为黑帻长袍，车辆上坐的人多模糊，其中的红马白盖车内所坐二人均着黑帻，黑盖车的车夫在马右牵行，着短袍，下着裤，马车左右的随从有着黑帻长袍束带者，也有戴红帽着短衣者，有的骑士也戴红帽；辽阳三道壕窑业第四现场东汉壁画墓的车马出行图中，人物和车马面向左行，有多组，导骑黑帻，骑吏平帻红衣白袴，手持短杖状物，或红衣白袴，戴黑缨朱红帽，执棨戟，或黑帻黑衣，左手持物前行（图四-34：3），车或拉人或载物，紫马所拉的黑盖车，坐有黑帻朱衣者，黑帻红衣人驭车前行，为男主人的车，还有黄牛所拉的红軿车，一黑帽黑衣白袴人员持鞭驭牛，旁边二人，一个头戴黑色牛心帻，白襦紫袴，另一人戴黑色牛心帻，穿白襦袴，皆左手执杖夹毂从行，

图四-34　汉代的车马出行队伍及相关人员

1. 江苏徐州凤凰山西汉 M3 出土陶车马出行俑队伍　2. 陕西神木大保当 M23 墓门横额出马队伍画像　3、4. 辽宁辽阳三道壕窑业第四现场东汉壁画墓车马出行图中的骑吏与牛车

① 河北北省文物研究所：《安平东汉壁画墓发掘简报》，《文物春秋》1989 年增刊；《安平东汉壁画墓》，文物出版社，1990 年，第 15-17 页。

此车为女主人的车（图四-34：4）；辽阳三道壕窑业第二现场东汉壁画墓的人马图中，第一匹鞍马后随一马夫，戴淡红帻，着朱色短衣，粉红袴，第二匹鞍马后随一马夫，着黄衣①。上述车马出行画像或壁画中，相关人员衣着的不同，体现出对应职责上的差异，也可能会有具体等级上的差别，如骑吏与步行随从的差异等，但均与乘车的主人在衣着方面有明显差别。

狩猎是汉代相关家庭经常开展的一项户外活动，普遍流行于各阶层，尤其是贵族官吏与地主阶层，狩猎规模大小不一，具有较强的娱乐性质，规模略大者对应的家庭等级或经济实力稍高，可视作高等级（或富庶）人员的享乐活动之一，也是家庭日常生活的一部分。秦汉时期，狩猎活动多为马上射猎、站立射猎和近距离捕获等方式，均有一定的激烈性，为了便于行动，狩猎参与者的衣着往往较为简洁，以上衣下裤为主，多窄袖（图四-35：1）②，也有着袍的，但不能过于宽松，且长度相对稍短（图四-35：2）③，一些狩猎者也会头戴首服，可能为帻和武弁大冠，并会佩戴相关狩猎器具（图四-35：3）④。总体而言，服饰的简洁性较为突出，这主要是为了便于行动。

5. 其他家庭生活

除上述内容外，服饰还体现出较多与秦汉家庭生活相关的内容，如门吏守门、迎宾和送客，家庭内的侍者和奴婢侍奉家主，属吏服务于主人，家庭中的武士保障家庭安全等。

门吏基本为男性，从首服、身服的穿戴和搭配上体现出与身份等级、职责等较为相符的特征。因为立于大门外从事守门、迎宾和送客等工作，是相关家庭的“门面”，同时也是相应礼制的体现，所以在衣着上多数戴冠，穿长袍，足部微外露或不露。

侍者和奴婢侍奉家主的内容在汉代壁画或画像中较多见。河北衡水安平逯家庄东汉墓中右侧室南壁壁画，主要内容是墓主人和他的近侍，墓主人位于中部偏东，侧坐于帐内，头戴黑冠，斜尖顶，周边向上翻卷，后部挽有淡青色长环形的结，两侧有淡青色的缨带系于颔下，此首服体现出对应人员拥有较高身份等级的特征，主人身穿黑缘领袖的朱红袍，衣纹用浓墨勾出，衣衿为白色并有朱红色的锯齿纹，面

① 李文信：《辽阳发现的三座壁画古墓》，《文物参考资料》1955年第5期。

② 中国画像石全集编辑委员会编：《中国画像石全集·第3卷·山东汉画像石》，山东美术出版社，2000年，第100、101页；济宁地区文物组、嘉祥县文管所：《山东嘉祥宋山1980年出土的汉画像石》，《文物》1982年第5期。

③ 龚廷万、龚玉、戴嘉陵：《巴蜀汉代画像集》，文物出版社，1998年，图8。

④ 南京博物院、邳县文化馆：《东汉彭城相缪宇墓》，《文物》1984年第9期。

图四 -35 汉代画像中的狩猎图
1. 山东苍山县向城镇前姚村画像石画像 2. 四川彭州出土射猎画像砖画像局部
3. 江苏邳州东汉彭城相缪宇墓出土狩猎图局部

涂粉，口点朱，浓眉有须，显得非常肥胖；面向墓主人前后排立两个近侍，头戴圆形平顶的黑帻，身穿黑袍，腰系白带，面涂粉，口点朱，右手前伸执一物，怀抱一朱红色似鞭的长形物，后一人两手似端一物；帷帐之后，两边各有一侍女，只露出上半身，头梳黑色扇面形高髻，身穿朱红色缘领抽淡青色衣，面涂粉，口点朱，左手各端一个三足圆盘，盘上似有香熏之物，侍女发髻的两侧有簪饰，衣边和衣纹用黑笔勾描，衣上的颜色已大部分脱落[①]（图四 -36）。与属吏服务主人有关的画像也多有发现，如江苏泗洪曹庙出土东汉画像石中一块墓室横额画像，涉及的属吏较多，而属吏之间也有等级、地位的差异，并在冠饰、衣着及佩戴之物等方面有所体现，“小史”、“门下千”为侍者之属，地位略低于“书佐”和“门下史”，不仅衣冠与前者有异，而且形象皆较低矮，“主簿”较“书佐”等地位要高，所刻形象除手捧书简外，另腰系长剑以示区别，“铃下”头戴无梁小冠，手持似令箭，为侍卒或随从，“五白”头戴小冠帽，身着短衣，为车舆的前导，均显示出地位稍低一些的特征[②]。相关壁画一方面体现出家主与附属人员在衣着方面的明显差别，另一方面也

① 河北北省文物研究所：《安平东汉壁画墓发掘简报》，《文物春秋》1989 年增刊；《安平东汉壁画墓》，文物出版社，1990 年，第 25 页。

② 江苏省泗洪县文化馆：《泗洪县曹庄发现一批汉画象石》，《文物》1975 年第 3 期；尤振尧：《江苏泗洪曹庙东汉画像石》，《文物》1986 年第 4 期。

图四 -36　河北衡水安平逯家庄东汉墓中右侧室南壁壁画（局部）

说明，附属人员的穿戴是与其所依附家庭及自身身份等级较为相符的。

家庭中的武士有穿戴铠甲者，但较多的则是劳作与安全守卫兼备的穿着形式。四川资阳市雁江区狮子山崖墓M2出土的1件陶部曲俑（M2：13），头戴平巾帻，着右衽短袍，左手握刀，左肩挂盾，右手持戟，腰右边配有小刀①。四川彭山东汉崖墓②、成都市天迴（回）东汉墓③等墓葬出土的此类陶俑，多身着短衣，脚穿草鞋，身佩环首大刀。

以上说明，秦汉时期的服饰与家庭生活的关系十分密切，既有等级的体现，也有与各种生活紧密关联的内容，同时还体现出衣料的生产和加工等，从较多方面折射出与秦汉家庭有关的内容、内涵及特征。

第二节　秦汉家庭的饮食

秦汉时期，随着农业、手工业的不断进步、民族融合的进一步加强、对外物质文化交流的日益频繁和多样化，家庭饮食获得了较大的发展。具体表现为五点：一是炊爨、加工食品的工具与方法日渐丰富；二是食物品种较为多样；三是饮食器具与盛放器皿种类繁多，四是庖厨与进食场面较大；五是出现了类似后世食谱的食方。

---

① 四川省文物考古研究院、资阳市雁江区文物管理所：《资阳市雁江区狮子山崖墓M2清理简报》，《四川文物》2011年第4期。

② 南京博物院：《四川彭山汉代崖墓》，文物出版社，1991年。

③ 四川省博物馆文物工作队，刘志远：《成都天迴山崖墓清理记》，《考古学报》1958年第1期；成都市文物考古研究所、金牛区文物管理所：《成都市天回乡东汉砖室墓发掘简报》，成都市文物考古研究所编著：《成都考古发现·2003》，科学出版社，2005年，第319-331页。

一、炊爨与食品加工工具

秦汉时期，炊爨与食品加工工具在继承前代的基础上有了较大发展，这其中既有继承中的发展、改良和摒弃，也有新的创造和发明。

（一）炊爨工具

种类丰富，功能多样，且相互搭配，共同满足炊爨的需求。

1. 灶

为秦汉家庭最主要的炊爨工具，《汉书·五行志》载："灶者，生养之本。"[①]灶能够较充分地将热能应用到烹饪和蒸煮等庖厨工序之中，进而达到加工食品的目的。

秦代，在继承前代的基础上，陶灶作为模型明器类别的陪葬品已较普遍。从出土的秦代陶灶可以看出，秦代的灶平面近马蹄形，前有火门，后有烟囱，灶面开火眼，三眼居多。西汉时期，陪葬陶灶已较为普遍。陶灶总体上是长方形的方头灶，烟囱或高或低，有的仅在后墙有一圆形孔眼，火门居中，挡火墙较为普遍，有的较高，一些灶的形体较大，彩绘出双层斗栱支撑两长面，有的在灶面上堆贴刻画食物等图案，富有生活气息。东汉时，北方多前方后圆的圆头灶，南方则多见尖尾弧背的船形灶，另外还有前方后尖、形体较短的"猪耳灶"；前多有挡火墙，烟囱或斜长外伸，或位于后部，仅为一孔，灶眼1-3个不等，有的形体大且灶眼多，被称"都灶"，有些灶面上模印食物、厨具，有的在灶门前塑有庖人、家畜及其他动物，十分生动，有的人物形象还可能为灶神，多为女性，体现出家庭思想信仰与灶的关系。灶的地域性在秦汉时期一直存在，这与饮食习惯的地域差异及食品加工方式和内容的不同还有燃料的差别等均有关系。但不同地区的灶也有共性，灶眼的前后排列与受热的强弱当有一定关系，一般靠近火门的灶眼受热较强，愈远受热愈弱，这在两眼灶中表现得较为明显，前置釜甑一套，后置一釜即说明了这一点。

灶的实物在相关遗址中有所发现。河南内黄三杨庄汉代聚落遗址第一处庭院遗存（I区）北部屋瓦面下的东南角清理出一个南北向的船形灶[②]。辽宁辽阳三道壕西汉村落遗址，清理宅院多个，大都有房屋、炉灶、水井等，第一居住址内发现炉灶址三座，东面的一座较大，作瓢状，黄土基址烧得很红硬，稍西有小灶址一座，仅存一部分，再向西又一座小灶址，圆肚小口，保存较完整，灶膛内尚存有

---

① （东汉）班固撰，（唐）颜师古注：《汉书·五行志》，中华书局，1962年，第1436页。

② 河南省文物考古研究所、内黄县文物保护管理所：《河南内黄县三杨庄汉代庭院遗址》，《考古》2004年第7期。

炭灰[①]。敦煌马圈湾汉代烽燧遗址，堡内有 1 灶，以土砌筑，灶门向南，灶后烟道通北墙，伴出品种多样的粮食[②]，虽然该烽燧与家庭关系不大，但对于认识这一地区相关家庭庖厨用灶可提供一定的参考。

秦汉时期，墓葬形制的第宅化获得较大发展且表现渐趋明显，墓葬的相关室仿照现实所居的特征愈发突出，既有车马室、乐舞室、府库等，也有厨厩之所，厨即厨房，是现实生活中厨房在地下的再现。西汉墓葬中厨厩之所内置放较多的器物，有一定数量的庖厨用具，至西汉早期偏晚和中期，一些墓葬的“厨”内置放有灶等物品；东汉时，很多墓葬的耳室中置放有灶及饮食器具，该室所代表应是现实中的厨室。发掘的墓葬中也见有相关文字资料，甘肃嘉峪关东汉 M3 的前室有四个耳室，包括车庑、藏内、牛马庵及炊内，炊内位于靠近墓门的西壁北耳室，内有“炊内”二字，表明该室所代表的当为厨房[③]。墓葬内出土的建筑模型既是对现实建筑摹写和缩小的陪葬品，又是陪葬品趋于生活化的体现。一些陶建筑模型内设厨房，厨房内有灶。河南淮阳于庄东汉墓出土的陶庄园，厨房东北角有一灶[④]，这也体现出现实厨房中，灶是最重要或主体组成内容。一些墓葬内还出土有陶厨房或厨屋的建筑模型。河南焦作武陟县冯村 M2 出土陶厨房，平面呈“T”字形，房屋三面有墙，正面呈开放式，墙体与灶尾连接，旁边有橱柜，灶台为长方体，无底，灶头设挡烟墙，侧面开圆拱形灶门，灶台面开两火眼，一火眼上放置 1 釜 1 甑，另一火眼上放置 1 釜，灶台上置陶勺 2 个，台面上饰相关纹饰[⑤]（图四 -37：1）。安徽巢湖放王岗 M1 出土陶厨房，屋顶与灶台分离，灶为长方形底座，正面设两个圆形火门，灶台面有四个火眼，每个火眼上置一个罐形小陶釜，房屋的一侧山墙上开长方形窗户，后壁墙正中留有一圆形排气孔[⑥]（图四 -37：2）。河南洛阳金谷园车站 M11 出土陶房中至少 2 件为陶厨房，内有井、灶及相关厨具，其中一件，屋内只放一方形大灶，灶面两个圆孔，分别放置釜、甑[⑦]（图四 -37：3）。

汉代壁画及画像中对灶也有较多描绘。江苏睢宁县张圩散存画像石的第 3 格刻庖厨场面，一人在灶前推柴加火，灶上方悬挂肉食及相关工具[⑧]（图四 -38：1）。

---

① 东北博物馆：《辽阳三道壕西汉村落遗址》，《考古学报》1957 年第 1 期。

② 甘肃省博物馆、敦煌县文化馆：《敦煌马圈湾汉代烽燧遗址发掘简报》，《文物》1981 年第 10 期。

③ 嘉峪关市文物清理小组：《嘉峪关汉画像砖墓》，《文物》1972 年第 12 期。

④ 周口地区文化局文物科、淮阳太昊陵文物保管所：《淮阳于庄汉墓发掘简报》，《中原文物》1983 年第 1 期。

⑤ 焦作市文物工作队、焦作市博物馆、武陟县文物局：《焦作武陟冯村汉墓 M2 发掘简报》，《中原文物》2011 年第 5 期。

⑥ 安徽省文物考古研究所、巢湖市文物管理所：《巢湖汉墓》，文物出版社，2007 年，第 87 页。

⑦ 洛阳市文物工作队：《洛阳金谷园车站 11 号汉墓发掘简报》，《文物》1983 年第 4 期。

⑧ 仝泽荣、武利华、田忠恩、陈剑彤：《睢宁汉画像石》，山东美术出版社，1998 年，图 43。

1

2

3

图四 -37　汉代墓葬出土的陶厨房模型

1. 河南焦作武陟县冯村 M2 出土陶厨房　2. 安徽巢湖放王岗 M1 出土陶厨房　3. 河南洛阳金谷园车站 M11 出土陶厨房

河南密县打虎亭东汉 M1 东耳室北壁东幅庖厨画像下部有一大灶，有 4 灶门、4 火眼[①]，应为都灶（图四 -38：2）。甘肃省嘉峪关市东新城公社西东汉 M3 出土较多画像砖，其中一幅为一女子在灶前烧火，灶上有一罐，该女子身后也有一容器[②]（图四 -38：3）。另外还有很多壁画或画像中的庖厨图中有灶，形制多样，即使同一地区出土的庖厨图，其中的灶也有多种形式，限于篇幅，不再一一列举。

1
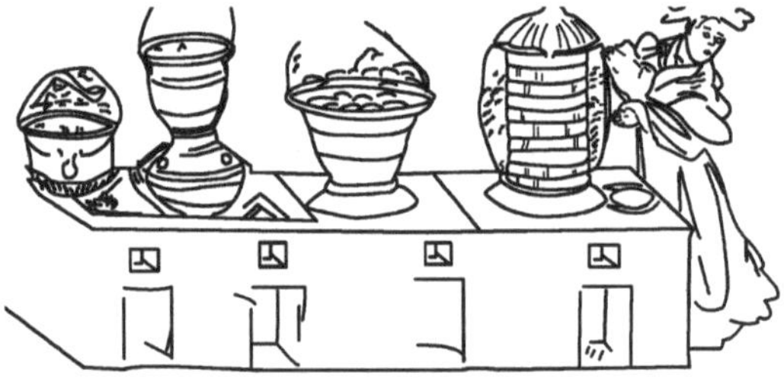
2

3

图四 -38　汉代画像中的灶

1. 江苏睢宁县张圩散存画像石上的灶　2. 河南密县打虎亭东汉 M1 东耳室北壁东幅庖厨画像下部的大灶
3. 甘肃嘉峪关东新城公社西东汉 M3 出土画像砖上的灶

① 河南省文物研究所：《密县打虎亭汉墓》，文物出版社，1993 年，第 139-143 页。

② 嘉峪关市文物清理小组：《嘉峪关汉画像砖墓》，《文物》1972 年第 12 期。

模型明器发现更多，而且时代贯穿整个秦汉时期。湖北江陵凤凰山西汉M167[①]、M168[②]均有陶灶出土，M167出土陶灶作曲尺形，上有二火眼，背后立一矮墙，其上有烟道、烟囱，正面有一长方形火门，灶上置二釜一甑，前后摆放（图四-39：1），M168出土陶灶与M167出土陶灶相似，后侧挡板上有附加泥条的烟道。江苏徐州地区汉墓陪葬陶灶较成系列，而且时代延续性强，西汉早、中期及东汉时期多二眼灶，基本前置釜甑一套，后置一釜，火膛两侧有高出的平台，烟囱呈反"L"形，上有窗，窗上有挡雨盖，制作精致，彩绘复杂，如徐州市区南郊西汉初期的凤凰山M1出土陶灶，两长面饰双线菱形纹，烟囱的窗为"田"字形[③]（图四-39：2）；西汉晚期及东汉末多见单眼灶，东汉末"猪耳灶"较多，基本置

图四-39　汉代墓葬出土陶、石灶模型及纹饰

1. 湖北江陵凤凰山西汉M167出土陶灶　2. 江苏徐州凤凰山西汉M1出土陶灶
3. 陕西绥德四十里铺东汉墓出土陶灶灶面纹饰　4. 陕西绥德延家岔东汉墓出土石灶灶面纹饰
5.《广州汉墓》收录东汉M5070：36　6.《广州汉墓》收录东汉M5041：18

① 凤凰山一六七号汉墓发掘整理小组：《江陵凤凰山一六七号汉墓发掘简报》，《文物》1976年第10期。

② 长江流域第二期文物考古工作人员训练班：《湖北江陵凤凰山西汉墓发掘简报》，《文物》1974年第6期。

③ 徐州博物馆：《江苏徐州市凤凰山西汉墓的发掘》，《考古》2007年第4期。

釜甑一套，不见三眼灶，东汉时期的灶很多在火门之上设有挡烟墙，这样可保持甑、釜的清洁及食物的卫生。类似内容在华北地区汉墓出土陶灶中也较多见，灶面多有彩绘，少量有刻画，不见堆塑[①]。陕西绥德四十里铺东汉墓出土陶灶及延家岔东汉墓出土石灶[②]，灶面有较多的厨具[③]（图四-39：3、4）。还有较多西汉中期至东汉时期的陶灶，灶面上单独模印食物或是食物与厨具并存，一方面体现出当时与灶有关的厨具内容较多样，另一方面也反映出当时食品的多样性和丰富性，且已经涉及多个方面或种类的食物品种。南方地区的一些陶灶，除在灶眼上置釜甑或锅等，还常在灶台两侧装汤缶或水缸。广东广州番禺 M3 出土陶灶，灶壁中部偏后侧置水缸，M8 出土陶灶，灶壁前侧两壁各置一水缸，前侧甑的一侧有 1 俑，灶面末端有 1 犬蹲伏，水缸旁有俑在舀水，灶门前地台左侧置 1 盆，旁有 1 俑，右侧有 1 猪蹲伏地上[④]，从俑与灶的比例对比来看，灶的形体较大。广州地区其他东汉墓葬出土的陶灶也见有类似形制和造型，如《广州汉墓》一书中介绍的东汉 M5070：36（图四-39：5）与 M5041：18（图四-39：6）等[⑤]。

灶的火膛中燃烧加热的燃料主要为薪材。江苏徐州北洞山西汉楚王墓附属建筑的第 8 室有大面积薪炭堆积，与之相邻的第六室西北角有一土坯砌成的灶基，并有甑、缸、谷物等，薪材与灶之间当有较密切的关系[⑥]。湖北江陵凤凰山西汉 M168 出土陶灶，圆形火膛，出土时，火膛前置木柴（图四-40：1）。较多汉代壁画、画像中对灶及薪材有所表现，辽宁辽阳三道壕窑业第四现场东汉壁画墓出土的庖厨图中有灶，一人站立在灶旁操作，另一人伏地向火门内添材，从形状看，所烧为木材[⑦]（图四-40：2）。山东临沂吴白庄东汉墓葬前室南壁东一门楣（东墓门门楣背面）刻庖厨画像，画像左侧有一灶，一人站立操作，一人半踞烧火，所烧为植物的秸秆[⑧]（图四-40：3）。山东诸城前凉台出土东汉庖厨画像石画像中，灶底燃火的为木材，灶的左后方有一人持斧头用力劈柴[⑨]（图四-40：4、5）。辽宁辽阳三道壕西汉村落遗址第一居住址内发现炉灶的灶膛内尚存有炭灰，表明该灶是燃烧薪柴的，薪柴有木材，

---

① 刘尊志：《徐州汉墓与汉代社会研究》，科学出版社，2011 年，第 95-98 页。

② 戴应新、李仲煊：《陕西绥德县延家岔东汉画像石墓》，《考古》1983 年第 3 期。

③ 绥德汉画像石展览馆编，李贵龙、王建勤主编：《绥德汉代画像石》，陕西人民美术出版社，2001 年，第 196 页。

④ 广州市文物考古研究所、广州市番禺区文管会办公室：《番禺汉墓》，科学出版社，2006 年，第 281 页。

⑤ 广州市文物管理委员会、广州市博物馆：《广州汉墓·上册》，文物出版社，1981 年，第 417、418 页。

⑥ 徐州博物馆、南京大学历史系考古专业：《徐州北洞山西汉楚王墓》，文物出版社，2003 年，第 26、27 页。

⑦ 李文信：《辽阳发现的三座壁画古墓》，《文物参考资料》1955 年第 5 期。

⑧ 临沂市博物馆：《临沂吴白庄汉画像石墓》，齐鲁书社，2018 年，第 72、73 页。

⑨ 诸城县博物馆，任日新：《山东诸城汉墓画像石》，《文物》1981 年第 10 期。

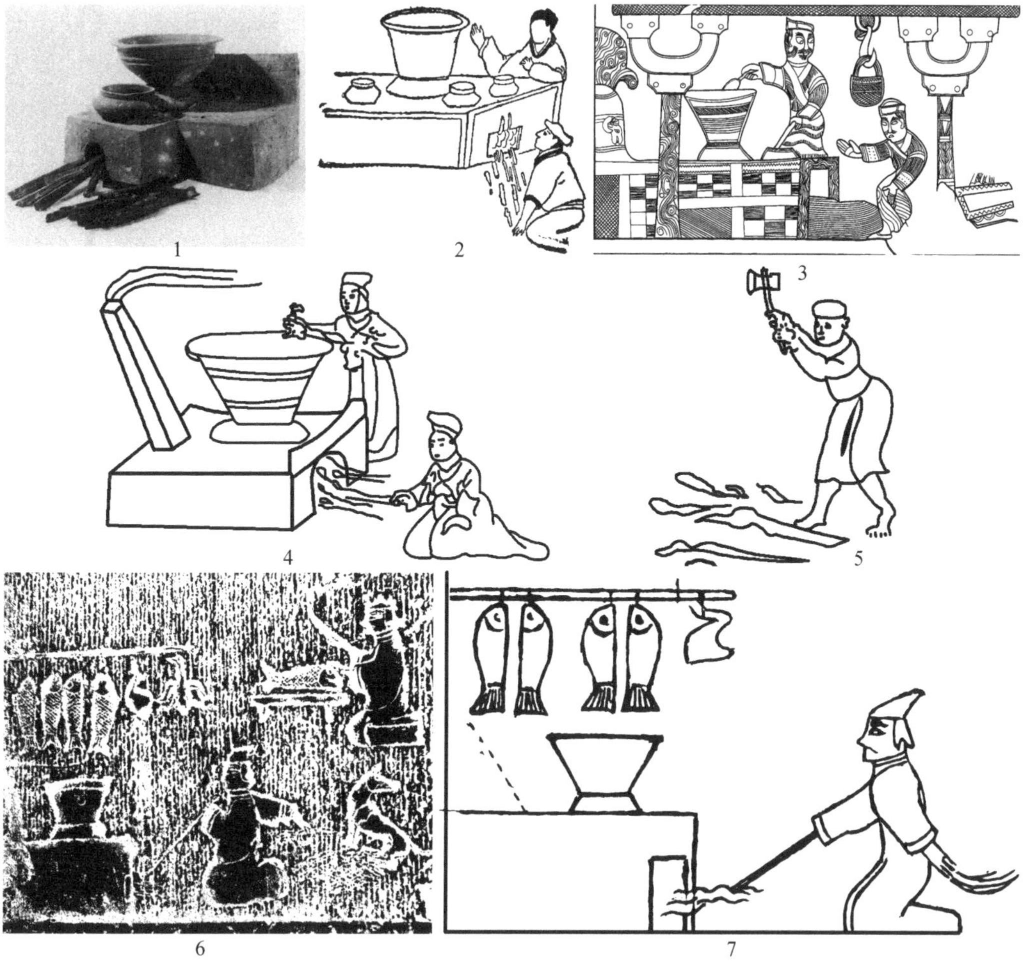

图四 -40　汉代陶灶烧薪柴的模型明器及画像

1. 湖北江陵凤凰山西汉 M168 出土陶灶　2. 辽宁辽阳三道壕窑业第四现场东汉壁画墓出土烧灶图像　3. 山东临沂吴白庄东汉墓前室南壁东一门楣庖厨画像中烧灶图像　4、5. 山东诸城前凉台出土东汉庖厨画像中的烧灶与劈柴图像　6. 山东嘉祥蔡氏园画像石庖厨画像中的烧灶图像　7. 山东散存庖厨画像中的烧灶图像

也有植物秸秆。这些薪柴通过火门填入火膛燃烧，由于薪柴燃烧时有火焰且温度较高，容易向外引燃，因此薪柴需不断往里推送才能保证持续燃烧和供热，故需要辅助工具，最常见的为桰，俗称烧火棍，是往灶的火门内推柴添火及助燃的用具。上文所举江苏睢宁县张圩出土庖厨画像、山东诸城前凉台东汉墓出土的庖厨画像、甘肃省嘉峪关市东新城公社西东汉 M3 出土的画像砖画像中，灶的前端皆有一人烧火，其一手所持细棍即烧火棍，睢宁张圩出土的另一块画像石，其中庖厨画像的烧灶图也有相似内容，庖人右手持桰往灶的火门内推薪添火，桰相对较长[①]。山东出土

① 仝泽荣、武利华、田忠恩、陈剑彤：《睢宁汉画像石》，山东美术出版社，1998 年，图 40。

的嘉祥蔡氏园画像石画像及散存“吴王与齐桓公”画像石画像描写的更为生动，前者画像中的厨人左手持栝，右手伸向身后抓柴草（图四-40：6），后一图像中的厨人则是右手持栝，左手伸向身后抓柴草①（图四-40：7）。

另外，有的灶还与其他设施相连，上文所举河南武陟出土的陶灶，后部连接有高大的碗柜②，较便于庖厨者取、存器具和食品等。

2. 炉

炉在秦汉家庭中得到较多使用，形制与功用丰富多样，与饮食有关的炉，部分与灶相似，但形体略小，形制也较简单；部分可用来炙烤，一些与暖炉较相似，一些则炙烤的特征更明显；另有一种较为特殊的染炉，还有少量煎炉等。

第一类炉由座、身两部分组成，器壁厚，座呈筒形，多数下部稍宽，壁上一侧开火门，上部炉身呈碗或盆形，部分壁上有孔，底平或弧上鼓，有圆形或长方形箅孔，时代多为东汉中晚期。河南洛阳烧沟汉墓中有 14 墓各出 1 件，火门形状不尽相同，多与盆形釜（原报告为洗）同出③，推测釜置于炉身之上。江苏新沂瓦窑东汉晚期墓葬中也有出土，火门为方形，底上鼓，有 6 孔④。河南陕县刘家渠东汉墓出土此类炉 20 件，形制稍有差异，但在炉身口沿上均有对称 3 支钉，用以承釜⑤（图四-41：1-4）。现今一些地区还在制作和使用此类炉，如江苏徐州地区，多由该地区山地的粘土制作，主要用于当地有特色的“地锅”炖菜，并因炉体矮且放在地上使用而被称为“地锅”。

第二类基本呈长方形斗状，部分为方形或近方形，多在下部有 4 足，但整体较矮。长方形炉的壁及底多有孔，口部有窄沿或无沿，其主要作用是用来烤肉串等，山东诸城前凉台东汉墓出土画像石⑥、河南密县打虎亭 M1 东耳室庖厨画像⑦中均有此类炉（图四-41：5、6）。与画像中相近或相同的炉多有出土，质地有陶、铜、铁等，如内蒙古包头召潭 M2 出土的 2 件陶炉（原报告定为火盆）⑧、河北满城 M1 出

① 傅惜华、陈志农编辑，陈志农绘图，陈沛箴整理：《山东汉画像石汇编》，山东画报出版社，2012 年，第 172、236、237 页。

② 郭灿江：《河南出土的汉代陶灶》，《中原文物》1998 年第 3 期。

③ 洛阳区考古发掘队：《洛阳烧沟汉墓》，科学出版社，1959 年，第 156-158 页。

④ 徐州博物馆、新沂县图书馆：《江苏新沂瓦窑汉画像石墓》，《考古》1985 年第 7 期。

⑤ 黄河水库考古工作队：《河南陕县刘家渠汉墓》，《考古学报》1965 年第 1 期。

⑥ 诸城县博物馆，任日新：《山东诸城汉墓画像石》，《文物》1981 年第 10 期。

⑦ 河南省文物研究所：《密县打虎亭汉墓》，文物出版社，1993 年，第 139-143 页。

⑧ 内蒙古文物考古研究所，魏坚：《内蒙古中南部汉代墓葬》，中国大百科全书出版社，1998 年，第 278、281 页。

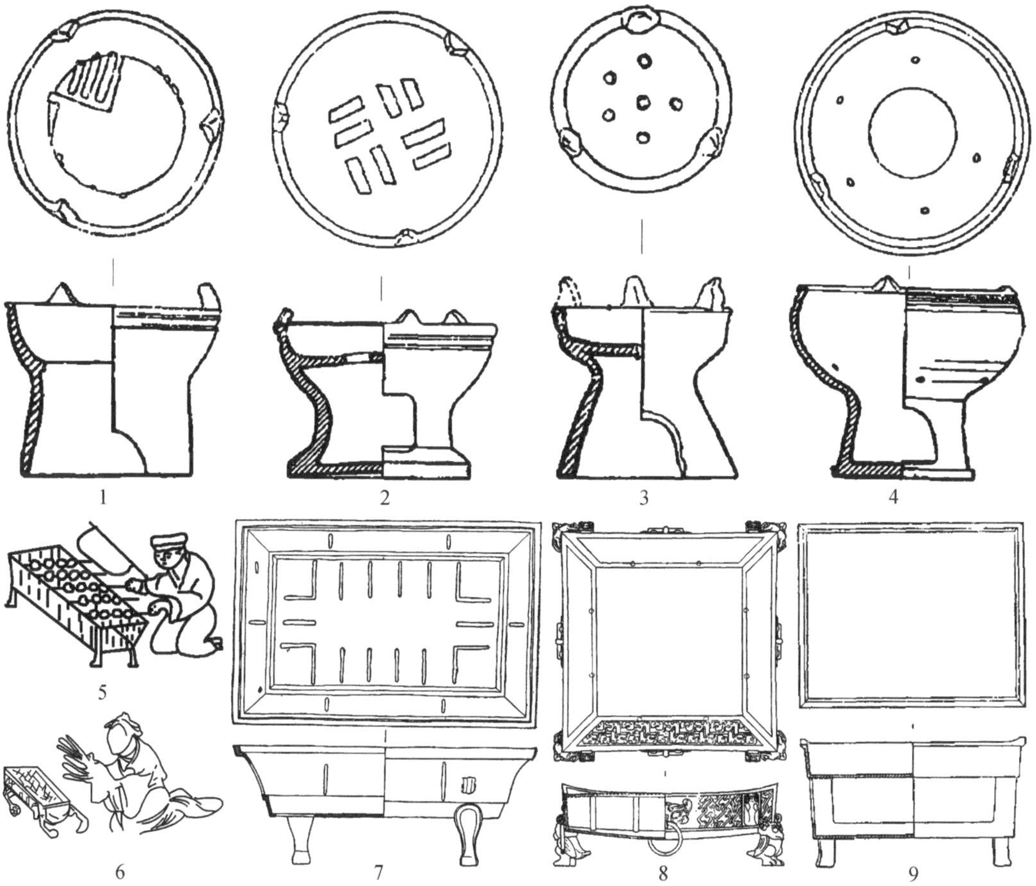

图四 -41 汉代的炉

1-4. 河南陕县刘家渠东汉墓出土陶炉（1. M91：5 2. M101：37 3. M88：19 4. M87：6） 5. 山东诸城前凉台东汉墓出土庖厨画像中的烤炉 6. 河南密县打虎亭 M1 东耳室庖厨画像中的烤炉 7. 河北满城 M1 出土铁炉（M1：3027） 8. 广东省广州西汉南越王墓出土铜烤炉（G40） 9. 广东省广州西汉南越王墓出土铜煎炉（G11）

土的 1 件铁炉（原报告定为Ⅱ型铁暖炉）[①] 等，推测此类炉有两种功用，或为暖炉，或为烤炉（图四 -41：7）。辽宁大连沙岗子 M4 出土炉具 1 件，近长方形，一端呈圆形，一端平直，底面有圆孔、横竖条镂空表示炉箅，炉底有四柱状足[②]。大连地区出土的陶炉中，有的在两窄壁各有把手，可能是便于搬运。河南密县打虎亭 M1 东耳室甬道南壁画像的下部左侧，有人抬一器前行，报告中称之为案[③]，但仔细

① 中国社会科学院考古研究所、河北省文物管理处：《满城汉墓发掘报告》，文物出版社，1980 年，第 101、103 页。

② 大连市文物考古研究所编著，韩建宏主编：《大连土羊高速公路发掘报告集》，科学出版社，2010 年，第 86 页。

③ 河南省文物研究所：《密县打虎亭汉墓》，文物出版社，1993 年，第 120、124、125 页。

观察，该器四壁及底刻有镂孔，下有四矮足，器的两窄端有伸出的长柄，从前面人物的手部动作即可看出，而该人物与器壁有一定的距离也印证了这一点，这说明该器可能为有柄的大烤炉，该画像下部靠右侧有一人右手提一带链三足火盆也证明了其为烤炉的可能，另外也说明带链三足火盆亦可能用作烤炉。广东广州南越王墓出土方形烤炉3件，2件方形，1件近方形，宽平沿，四角微翘，腹壁较直，底凹呈圜底状，下有四足，四边外侧有铺首衔环，另有插物的扣，G40在稍长两侧面铸小猪四头，嘴朝天，足撑起，用以插放烧烤工具，出土时炉上放置一捆包扎的铁链和铁钎；G41的底部设四个带轮轴的足[①]，与G40、G41伴出的还有两股叉和三股叉，推测二者可能会用来烤整只禽畜类，而G40有小猪的装饰，其可能主要用于烤乳猪[②]（图四-41：8）。

第三类为煎炉，数量不多。广州南越王墓后藏室出土1件，铜质，分两层，上大下小，均为长方浅盘形，两盘之间由四曲尺形片条相联，整体呈斗状，下有四矮足，底有烟炱[③]（图四-41：9）。

第四类为一种较复杂的成套铜质器物，下多为长方斗状铜炉，炉壁有孔，壁上部有托用来承托耳杯，耳杯形体较大。因有的器物上有"染炉"、"染杯"等刻铭[④]，多将该组合器物称为染器。截至目前，已发现20余件（套），时代基本为西汉时期，早、中、晚三期的器物均有发现。关于染器的用途，说法较多，容庚先生认为其为调颜色或染丝的器具[⑤]，河南陕县后川M3003出土1件[⑥]（图四-42：1），公布的发掘资料基本赞同容庚先生的看法，但1958年发表的简讯称之为"温炉"[⑦]；山东昌邑出土1件，被称为熏炉[⑧]；湖南长沙识字岭西汉后期的M327出土1件，命名为铜烹炉[⑨]；陕县茂陵一号无名冢一号陪葬坑出土两套，命名为铜温酒器[⑩]，陕西咸阳马泉西汉墓出土1件，亦称为温酒炉[⑪]（图四-42：2）；山西朔县汉

① 广州市文物管理委员会、中国社会科学院考古研究所、广东省博物馆：《西汉南越王墓》，文物出版社，1991年，第78、79、281-286页。

② 中国国家博物馆：《文物秦汉史》，中华书局，2009年，第169页。

③ 广州市文物管理委员会、中国社会科学院考古研究所、广东省博物馆：《西汉南越王墓》，文物出版社，1991年，第281、286页。

④ 容庚：《秦汉金文录（卷四）》，国立中央研究院出版，1931年，第20、21页，释文第2页。

⑤ 容庚：《汉代服御器考略》，《燕京学报》1928年第3期。

⑥ 中国社会科学院考古研究所：《陕县东周秦汉墓》，科学出版社，1994年，第183、184页。

⑦ 黄河水库考古工作队：《1957年河南陕县发掘简报》，《考古通讯》1958年第11期。

⑧ 山东省文物管理处、山东省博物馆编：《山东文物选编》，文物出版社，1959年，第75页，图146。

⑨ 中国科学院考古研究所：《长沙发掘报告》，科学出版社，1957年，第112-114页。

⑩ 咸阳地区文管会、茂陵博物馆：《陕西茂陵一号无名冢一号从葬坑的发掘》，《文物》1982年第9期。

⑪ 咸阳市博物馆：《陕西咸阳马泉西汉墓》，《考古》1979年第2期。

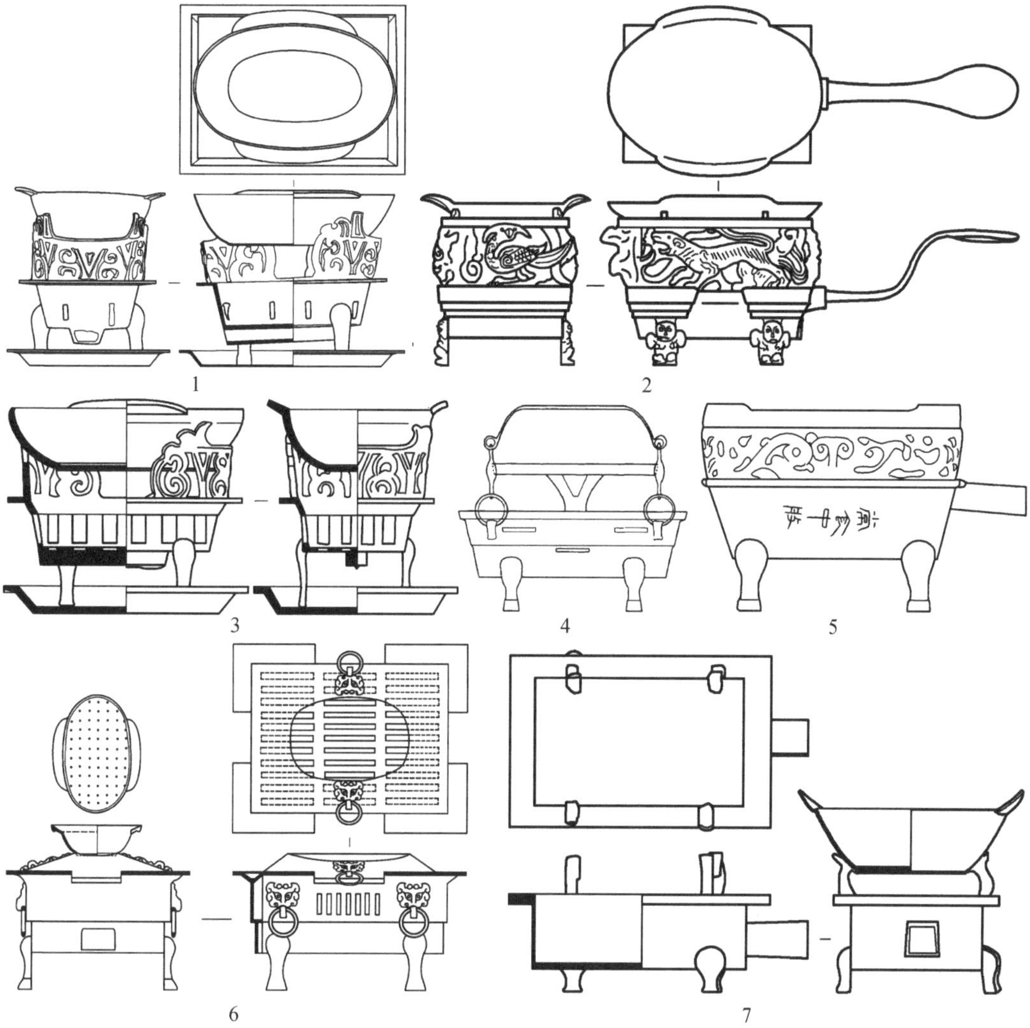

图四 -42 汉代墓葬出土的铜染炉

1. 河南陕县后川西汉 M3003∶57 2. 陕西马泉西汉墓出土 3. 河南淅川李沟 M28∶8 4. 江苏徐州黑头山西汉 M1∶83 5. 河北鹿泉高庄汉墓出土"常食中般（盘）"刻铭染炉（M1∶421） 6. 山东淄博窝托村南西汉齐王墓陪葬坑 K1∶52 7. 江苏盱眙大云山西汉江都王陵 M1 出土

墓出土 1 件，称之为烹饪器①；有学者通过实验，认为其不会是温酒器，只可能是一种作为小火锅使用的食器②；《汉代物质文化资料图说（增订本）》一书指出，中国国家博物馆馆藏染器上有"清河食官"铭文，该器归典膳的食官掌管，非染色用具，书中又指出古代常以酱、盐等佐料为肉食品调味，根据湖南长沙马王堆 M1

① 平朔考古队：《山西朔县秦汉墓发掘简报》，《文物》1987 年第 6 期。

② 李开森：《是温酒器，还是食器——关于汉代染炉染杯功能的考古实验报告》，《文物天地》1996 年第 2 期。

出土遣册记载，耳杯有的用来盛酱、盐，推测染器上的杯亦应盛调味品，染杯中盛酱（汁），染炉则正可满足濡肉时放进酱中烹煎的需要，肉在热酱中濡染，即所谓煎，然后进食[①]。染炉的形状除长方形外，也有圆角长方形或椭圆形，河北隆化西汉墓出土染炉即为椭圆形[②]。多有四足，有的下有承灰盘，有的则无。部分炉的一侧有柄，可端持移动；有的则在炉底附一倒梯形长銎，可以穿柄，用于炉的移动。河南陕县后川 M3003 及淅川李沟 M28[③]（图四 -42：3）、安徽天长三角圩 M1、M19、M25 出土铜染炉的倒梯形銎较长，或贯通，或一端封死；湖南长沙识字岭 M327 出土染炉的倒梯形銎较短，近占炉长的一半；江苏徐州市东郊黑头山西汉早期偏晚阶段的刘慎墓出土染炉则无柄或倒梯形銎，而是两长侧有提梁，便于提动（图四 -42：4）；山东临淄西汉齐王墓陪葬坑 K1 出土 2 件（套），炉体前后各饰一对铺首衔环，也是为了方便移动而制作，而其耳杯口沿处有椭圆形箅子，上镂 13 个圆孔，可能有其特殊作用[④]（图四 -42：6）。炉沿多立半环抱且有三角纹、云纹的镂空支架，上呈椭圆形，承托耳杯；有的则饰有四神纹等，较为精美，如山西省太原市尖草坪 M1 出土的 2 件[⑤]、陕西省富县出土的 1 件[⑥]、内蒙古包头市南郊麻池出土的 1 件[⑦]、山西浑源毕村西汉 M1 出土的 1 件[⑧]、山西朔县汉墓出土的 1 件染炉等。徐州黑头山刘慎墓出土染炉与多数不同，是在炉沿内中间各伸出一个“丫”形托，其上有一个椭圆环形支架承托耳杯。河北省鹿泉高庄汉墓出土 5 套，腹外壁均有“常食中般（盘）”刻铭[⑨]（图四 -42：5），江苏盱眙大云山西汉江都王墓（M1）出土 2 套[⑩]（图四 -42：7），炉身一短侧有柄，中空，无盛灰盘。考虑到炉体结构及其耳杯承架的情况，染杯中装盛酱汁等似乎也不太合适，若再考虑到酱中多含淀粉，炉火旺盛，温度升高较快，酱很容易黏糊在杯壁上，这样既不方便于煎肉，还会产生异味，影响进食，所以推测杯中盛有汤汁类，肉可在其中经加热变熟，并在其他盛酱、盐等

① 孙机：《汉代物质文化资料图说（增订本）》，上海古籍出版社，2008 年，第 355、356 页。

② 承德市避暑山庄博物馆杜江：《河北隆化发现西汉墓》，文物编辑委员会编：《文物资料丛刊 · 第四辑》，文物出版社，1981 年，第 228-230 页。

③ 湖北文理学院襄阳及三国历史文化研究所、河南省文物局南水北调中线管理办公室、岳阳市文物考古研究所：《河南淅川李沟汉墓发掘报告》，《考古学报》2015 年第 3 期。

④ 山东省淄博市博物馆：《西汉齐王墓随葬器物坑》，《考古学报》1985 年第 2 期。

⑤ 山西省博物馆：《太原市尖草坪汉墓》，《考古》1985 年第 6 期。

⑥ 王永亮：《一件“铜温酒器”》，《文博》1993 年第 3 期。

⑦ 海彬、李文田、薛峰：《汉代四神染炉》，《内蒙古文物考古》2000 年第 1 期。

⑧ 山西古文物工作委员会、雁北行政公署文化局、大同市博物馆：《山西浑源毕村西汉木椁墓》，《文物》1980 年第 6 期。

⑨ 河北省文物研究所、鹿泉市文物保管所：《高庄汉墓》，科学出版社，2006 年，第 37-39 页。

⑩ 南京博物院、盱眙县文广新局：《江苏盱眙县大云山西汉江都王陵一号墓》，《考古》2013 年第 10 期。

的杯中蘸拌后食用，也就是说，其作为小火锅类食器使用的解释可能更为恰当①，而山东临淄西汉齐王墓染炉上耳杯口沿处的箅子则可能是对相关食物加热时使用的。

除数量较多的铜染炉外，秦汉时期还有一定数量的铁染炉和陶染炉。江苏盱眙大云山M10南边厢内出土铁染炉2件，因遭盗扰，残损严重，无法复原②，为实用器。还有仿铜染炉或铁染炉的陶染炉，主要是作为陪葬品，时代基本为东汉。江苏邗江甘泉山东汉早期M2出土1套，有炉和承盘③。内蒙古包头召湾东汉晚期M98出土的1套与之接近，分上下两部分④。河北省石家庄肖家营东汉早期墓出土1套，由承盘、三足炉、釜组合而成，最下为承盘，口径大，腹浅，底平；中为炉，以底部所承三足立于承盘内，炉身呈盆状，口径稍小，口沿内侧有三凸出的支钉以承托其上器物，弧腹略深，外壁上部有二对称的带孔系，腹下部及底有11个圆角长方形箅孔；釜架在炉上，弧腹，圜底，组合完备，设施齐全，与西汉铜染炉较相似，但此物的承灰盘、炉、染杯皆呈圆形，具体形制也有差别⑤。从陪葬陶染炉及不见陪葬铜染炉的情况来看，东汉时期关于染炉的使用数量已较西汉时期明显减少，使用染炉的情况趋于衰落。

另外，河南巩义市新华小区东汉M1出土炭条7根，为树枝烧制而成，置于后室东北角，已碎成一堆，铜洗南侧亦放一根，为火炉燃料，直径4、长60—70厘米⑥。这一材料反映出一些汉代炉的燃料问题，而从出土情况看，这些炭条应是具有象征意义的陪葬品，体现出陪葬品生活化的特点。

3. 鐎斗、刁斗、三足釜

均是可直接用于加热的炊器，鐎斗、刁斗在西汉时期已得到较多使用，三足釜在东汉时较为普遍，尤其是南方较常见。

山东沂水荆山西汉墓出土两件铜鐎斗，器身呈釜状，侈口，斜沿，腹微鼓，出龙头弯柄，圜底，三扁蹄足⑦（图四-43：1）。广西贵县罗泊湾M1出土铜鐎斗较为

---

① 刘尊志：《汉代铜染炉浅析》，《南方文物》2020年第2期。

② 南京博物院、盱眙县文广新局：《江苏盱眙大云山江都王陵M9、M10发掘简报》，《东南文化》2013年第1期。

③ 南京博物院：《江苏邗江甘泉二号汉墓》，《文物》1981年第11期。

④ 包头市文物管理处：《召湾和边墙壕清理的四座汉墓》，《内蒙古文物考古》2000年第1期。

⑤ 河北省文物研究所、石家庄市文物研究所：《河北石家庄肖家营汉墓发掘报告》，河北省文物研究所编：《河北省考古文集·三》，科学出版社，2007年，第72-97页。

⑥ 郑州市文物考古研究所、巩义市文物保护管理所：《河南巩义市新华小区汉墓发掘简报》，《华夏考古》2001年第4期。

⑦ 沂水县文物管理站：《山东沂水县荆山西汉墓》，《文物》1985年第5期。

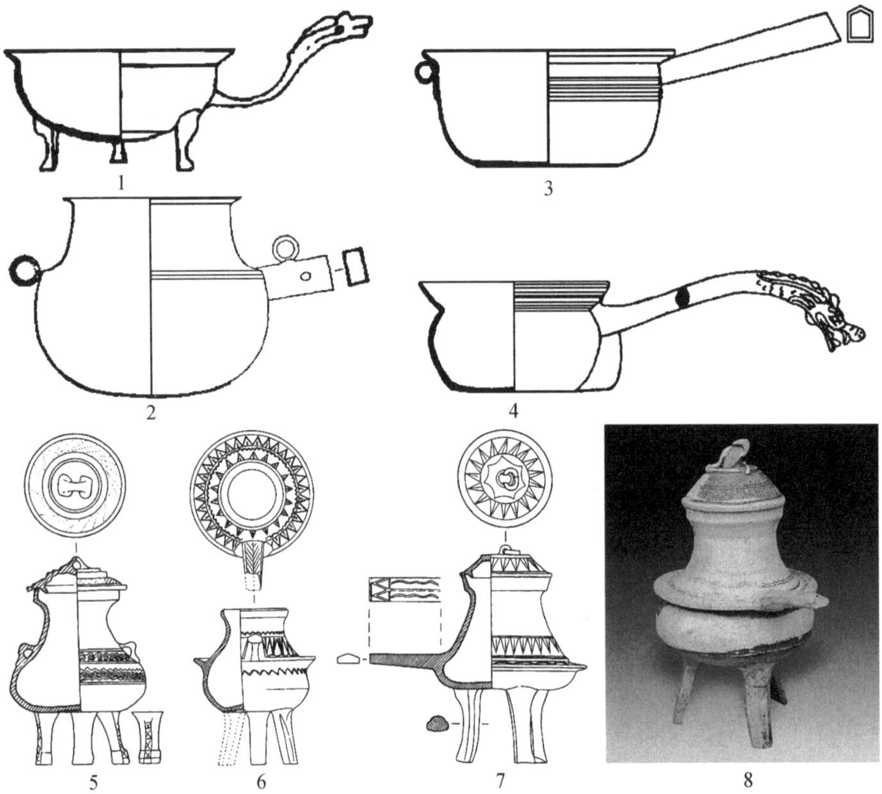

图四 -43 汉代墓葬出土的鐎斗、刁斗与三足釜

1、2. 铜鐎斗（1. 山东沂水荆山西汉墓出土 2. 广西贵县罗泊湾 M1 出土）

3、4. 铜刁斗（3. 云南大关东汉墓出土 4. 云南禄丰东汉砖室墓出土）

5-8. 广州番禺汉墓出土陶三足釜（5. M30：37 6. M7：2+7 7. M8：36 8. M33：51+52）

特殊，器身呈鍪状，圜底，无足，腹一侧有一环形小钮，另一侧为短柄，柄上方也有一小环钮，底与下腹部有厚烟炱，应为实用炊器[①]（图四 -43：2）。

刁斗的形制较鐎斗有所简化，器身基本为釜状，无足，东汉时使用逐渐普遍。云南大关东汉墓出土刁斗，器身似铜洗，长柄，銎内原应装有木柄[②]（图四 -43：3），禄丰东汉砖室墓出土 1 件，侈口，圆腹，平底，长柄，柄首为一长龙头部[③]（图四 -43：4）。

三足釜的器身似鍪，一侧有斜长柄，下有三外撇的高足，多有盖，部分无，从该器物有盖的情况来看，食物是在器内直接蒸煮，而不需再承甑等。孙机先生在

① 广西壮族自治区博物馆：《广西贵县罗泊湾汉墓》，文物出版社，1988 年，第 35、36 页。

② 云南省文物工作队：《云南大关、昭通东汉崖墓清理报告》，《考古》1965 年第 3 期。

③ 云南省博物馆王桂蓉：《禄丰汉代砖室墓清理简报》，文物编辑委员会编：《文物资料丛刊・第九辑》，文物出版社，1985 年，第 204-206 页。

《汉代物质文化资料图说（增订本）》中指出，该类器物还被称为锜[①]。广州汉墓中，东郊红花岗东汉M5001出土铜锜无盖，惠州坟场东汉M5036出土铜锜有盖，盖与口有枢轴贯连，可活动开启[②]。广州番禺M3、M7、M8、M30、M33等出土有陶三足釜，其中M33：51+52较为特殊，柄位于盖上[③]（图四-43：5-8）。

4. 釜、甑、釜甑、鏊、锅、鑊、銗、蒸笼

釜、甑及釜甑组合在秦汉时期较为常见，从目前考古资料看，三者的使用皆是对战国时期用器的继承。器物的质地有陶、铁、铜等，有的还为陶铁组合，基本是上陶甑、下铁釜。一般来讲，使用陶、铁质者身份高低都有，使用铜质者的身份一般略高，数量少者地位一般不高，数量多者地位则相对较高。分布地域广泛，全国很多地区的秦汉墓中皆有发现，有的为单一品种，有则是多品种共出，亦体现出相应的等级差异。从时代上看，单体釜从秦至东汉一直普遍使用，单体的甑在东汉时较少见，相对独立的釜甑组合在西汉晚期开始数量趋少，东汉时已很少使用，但与灶搭配的釜甑组合或釜等仍较普遍。釜部分呈深腹盆形，江苏徐州地区汉墓中较为常见，如市区南郊凤凰山西汉M2[④]（图四-44：1）、东甸子西汉M1[⑤]、奎山M11出土陶釜及几件铜釜等[⑥]。更多的釜呈鼓腹罐形，一些铜釜的腹较深，从腹中部可分为上、下两部分，上、下部分均似盆，以铜钉铆合，亦便于拆开清洗。有的配对称二铺首衔环，有的罐形釜还有其他附件，如河南陕县M3121出土铁釜，小口外敞，球形釜，圜底下附三乳丁状足，腹侧有一对环耳，清理时其旁发现有锈坏的铁锁链和提梁，应是釜上的附件[⑦]。有的为平底，有的为圜底，个别有假圈足或矮圈足，敞口斜沿或直领直口以承甑。极少数釜口较小，可能有特殊作用，如湖南溆浦马田坪西汉墓出土陶釜，小口，矮领[⑧]。甑基本呈盆形，口大底小，多有沿。腹壁斜弧，有的腹中部有一周内折，可用来承箅以蒸煮食物。为平底或圜底，个别圜底较尖，如江

---

① 孙机：《汉代物质文化资料图说（增订本）》，上海古籍出版社，2008年，第387页。

② 广州市文物管理委员会、广州市博物馆：《广州汉墓・上册》，文物出版社，1981年，第436、438页。

③ 广州市文物考古研究所、广州市番禺区文管会办公室：《番禺汉墓》，科学出版社，2006年，第233-235页，彩版一三。

④ 徐州博物馆：《江苏徐州市凤凰山西汉墓的发掘》，《考古》2007年第4期。

⑤ 徐州博物馆：《徐州东甸子西汉墓》，《文物》1999年第12期。

⑥ 徐州博物馆：《江苏徐州市奎山四座西汉墓葬》，《考古》2012年第2期。

⑦ 中国社会科学院考古研究所：《陕县东周秦汉墓》，科学出版社，1994年，第146页。

⑧ 湖南省博物馆、怀化地区文物工作队：《湖南溆浦马田坪战国西汉墓发掘报告》，湖南省博物馆编：《湖南考古辑刊・第2辑》，1984年。

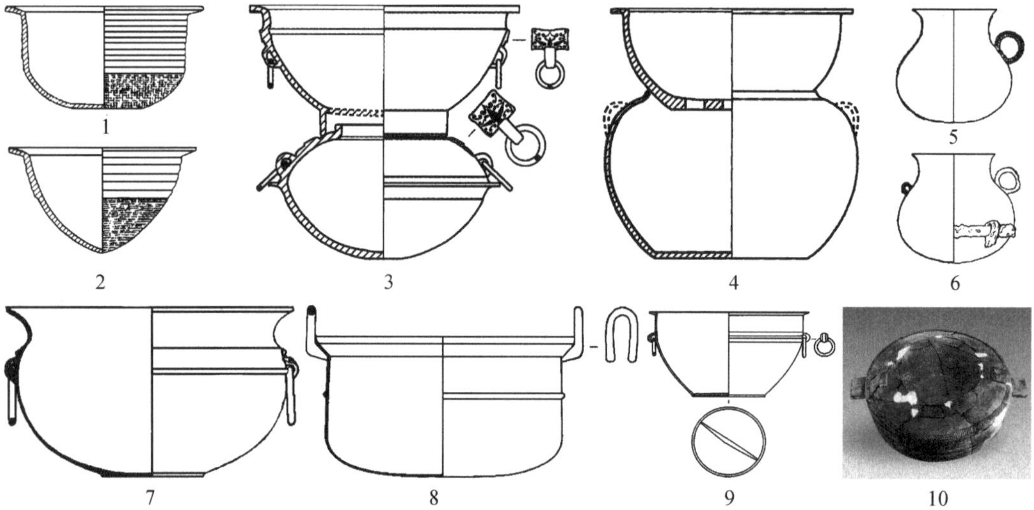

图四 -44 汉代墓葬出土的釜、甑、釜甑、鍪、锅、镬、銗、蒸笼

1. 江苏徐州市凤凰山西汉 M2 出土陶釜 2. 江苏徐州市凤凰山西汉 M4 出土陶甑 3. 河南淅川新四队 M14 出土陶釜甑 4. 河南淅川新四队 M38 出土铁釜陶甑（M38：5） 5、6. 河南陕县秦汉墓出土铜鍪（5. M3411：7 6. M2011：5） 7. 河北满城 M1 出土铜镬 8. 广西合浦风门岭 M26 出土铜锅 9. 安徽巢湖放王岗 M1 出土铜銗 10. 江苏徐州北洞山西汉早期楚王墓出土带鋬器盖

苏徐州市区南郊凤凰山西汉 M4：5①（图四 -44：2）及东甸子西汉 M1 出土陶甑。底部有透气孔，多为圆孔形，一般底部中心有 1 孔，其他孔对称分布于四周。孔数量不等，有的较少，仅 1 孔，有的为 2 或 3 孔，大小不一。一般为 5 或 7 个孔，孔的大小适中，少量为 6 孔，个别分布不对称，如河南淅川新四队秦代 M23 出土陶甑,6 孔细小且不对称②。有的孔较多，孔眼相对较细，河北保定满城 M2 出土陶甑有 31 孔，M1 出土的 2 件陶甑，1 件有 50 孔，1 件达 75 孔③，河北鹿泉高庄 M1 出土的 1 件陶甑底部的孔较密集，达 150 余个④。有的孔呈细密的长条，或排列成编织形状，有斜有直，有的分成内外两组或内、中、外三组；有的作三等分或四等分。有的则为组合类孔，河南陕县 M3003 出土铜甑底为尖角形和圆形孔⑤，鹿泉高庄 M1 出土的 2 件陶甑底部为长条孔与圆形孔组合使用。还有一种特殊的汽柱甑，亦有相关发现，其是在底部凸出空心圆筒，加热时蒸汽可从孔中散出。广西平乐银山岭 M165：5，

① 徐州博物馆：《江苏徐州市凤凰山西汉墓的发掘》，《考古》2007 年第 4 期。

② 河南省文物局：《淅川新四队墓地》，科学出版社，2015 年，第 77、78 页。

③ 中国社会科学院考古研究所、河北省文物管理处：《满城汉墓发掘报告》，文物出版社，1980 年，第 128、129、291、292 页。

④ 河北省文物研究所、鹿泉市文物保管所：《高庄汉墓》，科学出版社，2006 年，第 29、30 页。

⑤ 中国社会科学院考古研究所：《陕县东周秦汉墓》，科学出版社，1994 年，第 131、132 页。

泥质红陶，平口，深腹，圈足，盖顶隆起有弓形钮，腹侧有一对片耳，底向上突起一圆筒，成为箅孔[①]。成套的釜甑发现较多，汉代多有自铭为甗者，如“阳信家鏖甗”[②]、“御铜金雍甗”[③]等。甗的使用相对普遍，较多等级不高的墓葬，如湖北襄樊老河口九里山秦汉墓[④]等皆有出土，一些等级较高的墓葬也有出土，而且数量不等。甑釜的组合方式，或甑置于釜口内，或甑的圈足套合釜口部，后者是在前者基础上发展形成的，这从很多东周秦汉墓地出土不同时期的成套釜甑可以看出，但两种情况也存在并行使用阶段。甑的圈足套合釜口部，可提高稳固度，加强密封，提升蒸煮的效率。有些釜甑组合存在特殊性，江苏睢宁县刘楼东汉 M1 出土的一套铜釜甑，釜呈鼎形，有对称 2 附耳，腹下承 3 蹄形足[⑤]。河南陕县 M2029、M3034、M3407 出土成套釜甑也是鼎形釜，但无附耳，且 M2029：1 为陶鼎铜甑，甑似盆，浅腹、圜底，有 7 孔眼，M3028 出土的则为铁釜陶甑[⑥]。河南淅川新四队秦汉墓葬中，西汉时期的 M14 等出土有陶釜甑（图四 -44：3），M38、M45 均出土铁釜陶甑。其中 M38：5，铁釜为平底罐形，腹上部有对称弧形系，系上扣弧形提梁[⑦]（图四 -44：4）。有的成套釜甑还与其他器物形成更复杂的组合，上文所述的“阳信家鏖甗”、“御铜金雍甗”等，甑上有盆形盖，“御铜金雍甗”铭文后有“盆备”二字也说明了这一点。安徽巢湖放王岗 M1 出土的二件铜釜甑则与銗形成三件组合器，釜下套銗，较为少见[⑧]。另外还见釜甑下有小方炉，其与釜下有銗者可能均是起到保温作用，不同的是，小炉可加火燃烧保温，銗内则应是注入热水用以保温。

鍪，形体较一般的釜小，部分有盖，多敞口，束颈，扁鼓腹，圜底居多，腹上部或有一环形耳，或有二环形耳，有二环形耳者，耳或大小接近，或一大一小。秦代较为流行，多为铁质，西汉早期沿用，数量大为减少，西汉中期逐渐消失不见。河南陕县 M3411 出土 1 件铜鍪，单耳，腹底有烟熏痕迹（图四 -44：5），M2011 出土 1 件铜鍪，双耳，腹下附有铁架，残留痕迹[⑨]（图四 -44：6）。广东广州西汉南

① 广西壮族自治区文物工作队：《平乐银山岭汉墓》，《考古学报》1978 年第 4 期。

② 咸阳地区文管会、茂陵博物馆：《陕西茂陵一号无名冢一号从葬坑的发掘》，《文物》1982 年第 9 期。

③ 中国社会科学院考古研究所、河北省文物管理处：《满城汉墓发掘报告》，文物出版社，1980 年，第 52、54 页。

④ 襄樊市文物考古研究所、武安铁路复线九里山考古队：《老河口九里山秦汉墓》，文物出版社，2009 年。

⑤ 睢文、南波：《江苏睢宁县刘楼东汉墓清理简报》，文物编辑委员会编：《文物资料丛刊·第四辑》，文物出版社，1981 年，第 112-114 页。

⑥ 中国社会科学院考古研究所：《陕县东周秦汉墓》，科学出版社，1994 年，第 126-128 页。

⑦ 河南省文物局编著：《淅川新四队墓地》，科学出版社，2015 年，第 51、52、112、113、133、134 页。

⑧ 安徽省文物考古研究所、巢湖市文物管理所：《巢湖汉墓》，文物出版社，2007 年，第 24-27 页。

⑨ 中国社会科学院考古研究所：《陕县东周秦汉墓》，科学出版社，1994 年，第 132、138 页。

越王墓后藏室出土铜鍪 11 件，均有双耳，但耳的大小与形制不一，有的一大一小，有的一圆一扁；鍪中盛物不同，有的盛有青蚶与龟足，有的盛有鸡骨，其中的 5 件为 1 组①。除铁、铜质地外，还有较多的鍪为陶质，至西汉早期，一些陶鍪的腹部变得较为圆鼓，已与罐较接近。西汉时，鍪多单独使用，少量与甑配套，湖北云梦大坟头出土 1 件，铜质，下鍪上甑②。还有具有特殊性的鍪，广西贵县罗泊湾 M1 出土的铜温鍪，一侧有环，一侧有柄，柄上有环，较为特殊③。

镬，为大口釜，不承甑，下为平底，多有矮圈足或假圈足。河北满城 M1 出土有自铭铜镬的器物，敞口，颈微内收，腹微鼓，假圈足，腹部有二对称的铺首衔环④（图四 -44：7）。

锅，与镬相似，亦大口不承甑，但口部外敞较轻，无颈，口上有对称二立耳，圜底或平底，或有假圈足。河北满城 M1 出土的Ⅰ、Ⅱ型铜釜应为铜锅⑤。广西合浦风门岭 M23、M26、M27 等也有铜锅出土，其中 M26 出土 2 件，盘口，口沿下出二环形附耳，直身，中部有一凸棱，下部略收成平底⑥（图四 -44：8）。云南昭通桂家院子东汉墓出土 2 件，原定为双耳铜釜，更确切的应为铜锅，其中 1 件内有猪骨,1 件内有鸡骨⑦。湖南资兴东汉墓出土陶锅 15 件，敞口，口沿上有两个半环形立耳，除 M343∶22 为平底外，余皆圜底，腹有深浅之分，饰麻布纹或粗绳纹，有的施黄绿釉，大多剥落。M298∶31，高 7.6 厘米；M335∶22，高 13.9 厘米⑧。

铜，据《急就篇》颜注曰："亦温器也"⑨，这一时期的一些铜可能也为加热食物的器具。安徽巢湖放王岗 M1 出土的 1 件铜铜，与甑同出，以铜套釜，铜呈深腹盆形，上腹部两侧焊接一半圆钮扣环，矮圈足⑩（图四 -44：9）。

---

① 广州市文物管理委员会、中国社会科学院考古研究所、广东省博物馆：《西汉南越王墓》，文物出版社，1991 年，第 280 页。

② 湖北省博物馆：《云梦大坟头一号汉墓》，文物编辑委员会编：《文物资料丛刊·第四辑》，文物出版社，1981 年，第 1-28 页。

③ 广西壮族自治区博物馆：《广西贵县罗泊湾汉墓》，文物出版社，1988 年，第 35、36 页。

④ 中国社会科学院考古研究所、河北省文物管理处：《满城汉墓发掘报告》，文物出版社，1980 年，第 56 页。

⑤ 中国社会科学院考古研究所、河北省文物管理处：《满城汉墓发掘报告》，文物出版社，1980 年，第 52、56 页。

⑥ 广西壮族自治区文物工作队、合浦县博物馆：《合浦风门岭汉墓——2003～2005 年发掘报告》，科学出版社，2006 年，第 71、72 页。

⑦ 云南省文物工作队：《云南昭通桂家院子东汉墓发掘》，《考古》1962 年第 8 期。

⑧ 湖两省博物馆：《湖南资兴东汉墓》，《考古学报》1984 年第 1 期。

⑨（西汉）史游：《急就篇》，管振邦译注，宙浩审校：《颜注急就篇译释》，南京大学出版社，2009 年，第 135、136 页。

⑩ 安徽省文物考古研究所、巢湖市文物管理所：《巢湖汉墓》，文物出版社，2007 年，第 24-26 页。

关于蒸笼，江苏徐州北洞山西汉早期楚王墓出土带鋬器盖 11 件，烧制火候高，顶弧凸，矮壁微外鼓，上部有二长方形鋬，口或微敛或微敞，斜唇或平唇，发掘报告称其可能与釜配套使用[①]，而其整体形制与现在的蒸笼盖十分相似，推测其与釜组合成单体蒸笼，或为密封的蒸煮器（图四 -44：10）。河南密县打虎亭 M1 出土庖厨画像中的大灶上有成套蒸笼的画像，由 10 层矮屉叠合而成[②]，这对灶的改进提出要求，也间接反映出汉代灶的发展。

5. 箅、釜架、支架

这三类器物多与其他器物配合使用，但又相对独立。其中箅可置于釜、甑或其他器物中，釜架、支架则多用来支撑釜，以便加热或他用。

四川绵阳双包山 M2 出土的铜甑，内装一藤条编的圆形蒸箅[③]（图四 -45：1），这在当时应是一种常见的做法。安徽巢湖北山头 M1 出土有铜箅，上为圆环，内以长条形铜片编织成菱形箅孔，下部为筒形框[④]（图四 -45：2）。

陶釜架有一定数量，辽宁大连沙岗子 M3 出土 1 件，呈“x”型，中有圆孔[⑤]。湖南资兴东汉墓出土陶釜架 4 件，圆环下有三方条形足或蹄形足，环与足连结处有三个伸向圆心的臂，用以架釜，M302∶39，高 15.6 厘米（图四 -45：3）；资兴东汉墓还出土较多铁质釜架，计 40 件，上部为一铁圈，圈下有三扁足、方条形足或蹄足，稍外撇，足与圈相接处有三臂伸向圆圈中央，用以承釜。M204∶45，高 17.8、圈径 21.2 厘米；M338∶21，高 15.5、圈径 19 厘米[⑥]（图四 -45：4）。湖南资兴东汉墓出土数量较多的陶、铁质釜架，与墓葬内出土相当数量的陶、铁质釜较为对应，而从出土的釜架来看，一般不是太高，且与釜能够较好搭配，便于加热。而江西南昌东汉墓（73 丁 M2）则出土铁釜与支架一套，架上有釜，釜敞口，束颈，球腹，小平底，高 16 厘米；架上部为圆形，内附三短箅，下有三扁足，为承托铁釜、下部预留空间烧火之用，高 16.5 厘米[⑦]（图四 -45：5）。

支架多为铁质，架上部为一铁圈，下为三高且扁平的足，多数微外撇，三足支架除较为稳固外，亦方便于移动，因此又称为行灶。有的支架铁圈下三足之间以铁条

① 徐州博物馆、南京大学历史系考古专业：《徐州北洞山西汉楚王墓》，文物出版社，2003 年，第 56、57 页。

② 河南省文物研究所：《密县打虎亭汉墓》，文物出版社，1993 年，第 139-141、143 页。

③ 四川省文物考古研究所、绵阳博物馆：《绵阳双包山汉墓》，文物出版社，2006 年，第 115、117 页。

④ 安徽省文物考古研究所、巢湖市文物管理所：《巢湖汉墓》，文物出版社，2007 年，第 94、97 页。

⑤ 大连市文物考古研究所编著，韩建宏主编：《大连土羊高速公路发掘报告集》，科学出版社，2010 年，第 81 页。

⑥ 湖南省博物馆：《湖南资兴东汉墓》，《考古学报》1984 年第 1 期。

⑦ 江西省博物馆：《江西南昌东汉、东吴墓》，《考古》1978 年第 3 期。

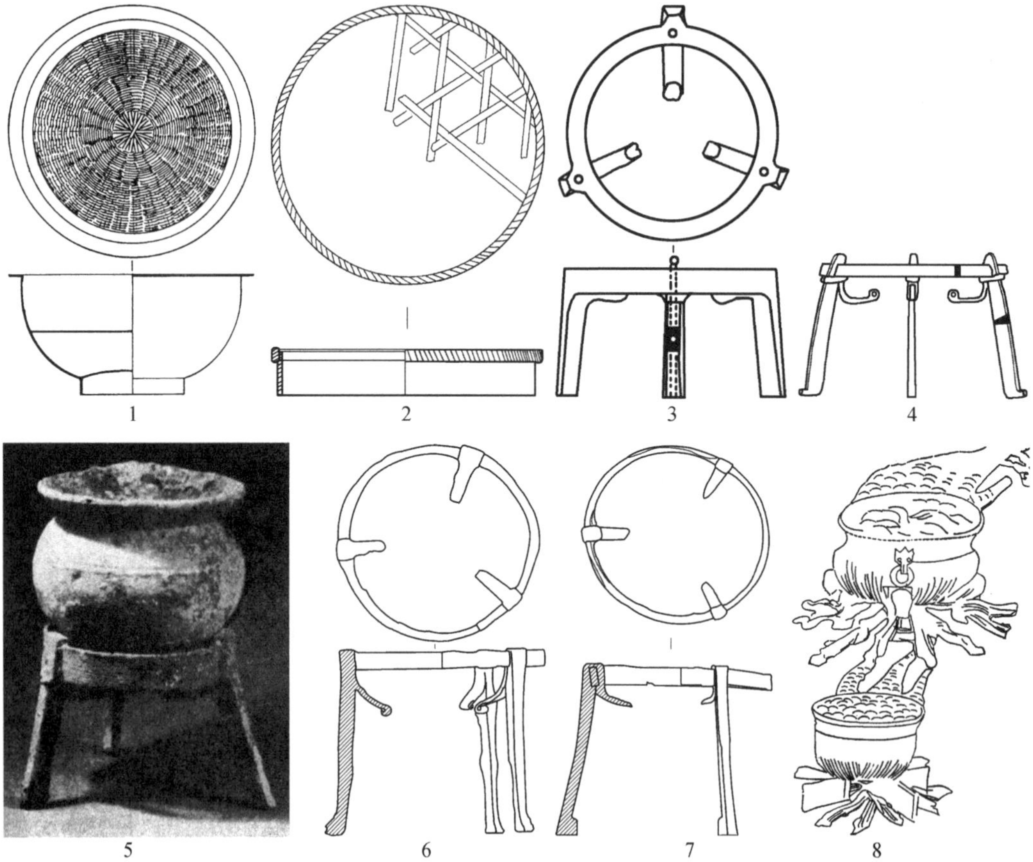

图四 -45　汉代墓葬出土的箅、釜架与支架

1. 四川绵阳双包山 M2 出土铜甑底部藤条编的圆形蒸箅　2. 安徽巢湖北山头 M1 出土铜箅　3. 湖南资兴东汉 M302 出土陶釜架（M302：39）　4. 湖南资兴东汉 M204 出土铁釜架（M204：45）　5. 江西南昌东汉墓（73 丁 M2）出土铁釜与支架　6、7. 广东广州南越王墓后藏室出土铁支架　8. 河南密县打虎亭 M1 东耳室东壁画像中部两个煮沸的大铁釜

相连，状如炉底，这样可更加稳固，铁圈上可置釜或釜甑一套，架下燃火，如广东广州惠州坟场东汉 M5036 出土釜甑，下有铁三脚架支承，三足之间以铁条相连[①]。另外，广州市西汉南越王墓后藏室出土铁质三足架 9 件，分大中小三种，架呈圆圈形，三足相对较高，上半段扭折搭扣在圆箍架上，卡牢后前端向里弯折，用以承架炊煮器[②]（图四 -45：6、7）。支架与蒸煮器的组合形制在一定程度上与三足釜相似，支架与釜架也有相近之处，而从支架与釜架的差异来看，釜架的使用具有针对性，其上置釜，

① 广州市文物管理委员会、广州市博物馆：《广州汉墓》，文物出版社，1981 年，第 436 页。

② 广州市文物管理委员会、中国社会科学院考古研究所、广东省博物馆：《西汉南越王墓》，文物出版社，1991 年，第 292、293 页。

而支架上还可能放置其他炊煮器；釜架从大的方面来讲也可被视为支架，但较其他支架可能相对稍矮短，这在西汉南越王墓出土铁支架与湖南资兴东汉墓出土陶、铁支架的对比中有所体现。另从出土地域看，铁三足支架多出土于长江流域及岭南地区，淮河流域及以北地区极为少见或基本不见，说明其使用存在地域性，而东汉墓葬出土数量和种类亦较多，说明对其使用具有时代性。与之有共同特征的还有上文所述的三足釜，可以说明三足釜与三足支架承釜有较多相似或相同之处。

秦汉时期，在进行炊爨时还可能利用临时支架。河南密县打虎亭 M1 东耳室东壁画像中部有两个煮沸的大铁釜，釜下用砖作支架，并在下部放有燃烧的柴薪进行加热（图四 -45：8）。

6. 签、簇、叉、钩、链、铲、帚、箝

签，用于串肉的工具，并可放在炉上炙烤。画像石画像中的烤肉图皆有反映，如江苏徐州铜山汉王东沿村墓葬[①]与山东诸城前凉台东汉墓[②]中出土的烤肉图。山东诸城前凉台东汉墓出土庖厨画像中，还详细描绘了割肉、送肉、串肉、烤肉等程序（图四 -46：1）。陶灶灶面上也常见肉串，如河南巩义市北窑湾 M11 出土陶灶，灶面上有鱼、鳖、蟹、刀、钩、瓢、肉串、勺等[③]。签的质地有竹质，湖南长沙马王堆 M1 出土的 382 号漆案上置小漆盘 5 件，盘上放有竹串[④]。较多的为铁质，广州西汉南越王墓后藏室出土铁钎（签）4 组，长条形，中端稍粗，二端尖细，是用来串烤食物的[⑤]（图四 -46：2）。

簇与叉。簇基本为两歧簇或两股叉，三股的则称之为三股叉。铁质居多，有细长柄，末端有环，前端为双股或三股叉头，呈细长锥状，较尖，主要是用来叉肉，有的直接叉肉炙烤，另外还可以叉面食。江苏徐州铜山茅村东汉墓中室南壁画像中，有一人一手提物，一手持双股叉[⑥]。很多汉墓出土的模型明器陶灶的灶面上也见有两歧簇的图像，甘肃定西巉口 M1 出土陶灶上模印的两歧簇上串满肉串[⑦]。江苏徐州翠屏山西汉早期墓葬出土的两歧簇，柄扁，尾端卷起，簇头与柄之间呈“8”字

---

① 徐州博物馆：《徐州发现东汉元和三年画像石》，《文物》1990 年第 9 期。

② 诸城县博物馆，任日新：《山东诸城汉墓画像石》，《文物》1981 年第 10 期。

③ 河南省文物考古研究所、巩义市文物保管所：《巩义市北窑湾汉晋唐五代墓葬》，《考古学报》1996 年第 3 期。

④ 湖南省博物馆、中国科学院考古研究所：《长沙马王堆一号汉墓》，文物出版社，1973 年，第 120 页。

⑤ 广州市文物管理委员会、中国社会科学院考古研究所、广东省博物馆：《西汉南越王墓》，文物出版社，1991 年，第 293、294 页，图版一九四。

⑥ 王献唐：《徐州市区的茅村汉墓群》，《文物参考资料》1953 年第 1 期。

⑦ 定西地区文化局：《甘肃定西巉口两座汉墓清理简报》，《考古与文物》1982 年第 2 期。

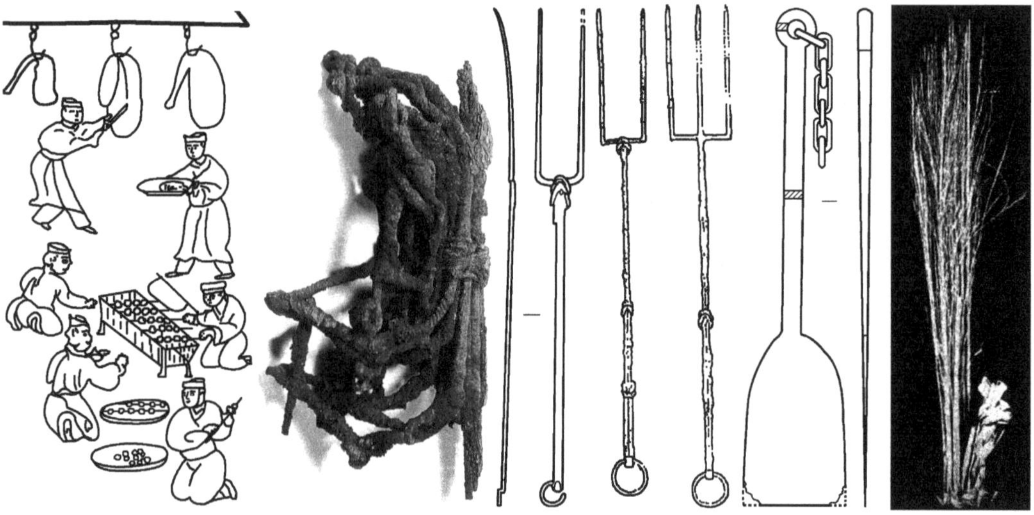

图四 -46　汉墓出土签、簇、叉、链、铲、帚画像与实物

1. 山东诸城前凉台东汉墓出土庖厨画像中割肉、送肉、串肉、烤肉等程序　2. 广东广州南越王墓后藏室出土铁链和钎（签）　3. 江苏徐州翠屏山西汉墓出土两歧簇　4、5. 广东广州南越王墓后藏室出土铁两歧簇与铁三股叉　6. 陕西勉县老道寺 M3 出土铜铲　7. 新疆尼雅遗址的汉代房舍遗存中发现的苇制炊帚

形套合在一起[①]（图四 -46：3）。广州西汉南越王墓后藏室出土的两歧簇，柄由几节铁条扭结环扣而成，分为三节，而伴出的还有三股叉，柄为两节[②]（图四 -46：4、5）。有的叉柄较长，便于在大的煮器中叉肉或搅拌，河南密县打虎亭 M1 东耳室东壁画像中，有一人双手执一长柄叉正在搅动鼎内所煮的肉[③]。

钩，多铁质，一端有环首，一端弯成钩状。其可以用于提取炊器，广州西汉南越王墓后藏室出土的 4 件铁钩为提取或钩挂鼎、鍪等炊器的专用工具[④]；也可用于钩挂肉食或从蒸煮器内钩取肉食。许多灶面上有该器图案，如陕西绥德东汉墓出土陶灶、石灶上模印的图案中即有环首钩[⑤]（图四 -39：3、4）。

链，广州西汉南越王墓后藏室有出土，铁质，出土时放在铜烤炉上面，成套，为烤炉的辅助工具，是用来钩挂大小烤炉的铺首环，可以提炉而不烫手[⑥]

① 徐州博物馆：《江苏徐州市翠屏山西汉刘治墓发掘简报》，《考古》2008 年第 9 期。

② 广州市文物管理委员会、中国社会科学院考古研究所、广东省博物馆：《西汉南越王墓》，文物出版社，1991 年，第 293 页。

③ 河南省文物研究所：《密县打虎亭汉墓》，文物出版社，1993 年，第 134、135、138 页。

④ 广州市文物管理委员会、中国社会科学院考古研究所、广东省博物馆：《西汉南越王墓》，文物出版社，1991 年，第 293 页。

⑤ 戴应新、李仲煊：《陕西绥德县延家岔东汉画像石墓》，《考古》1983 年第 3 期。

⑥ 广州市文物管理委员会、中国社会科学院考古研究所、广东省博物馆：《西汉南越王墓》，文物出版社，1991 年，第 293 页。

（图四-46：2）。

铲，煎或炒时使用的工具，有铜、铁质等。秦都咸阳汉墓出土陶灶（甲 M4：11、乙 M24：6）[①]及甘肃定西巉口 M1 出土陶灶，灶面上均模印有铲的图案，陕西勉县老道寺 M3 出土铜铲 1 件，长方形铲把的末端为环状，铲肩为弧形，刃部较薄，通长 13.5 厘米[②]（图四-46：6）。

帚与箒，帚主要用来清洗厨具、清扫灶台，箒则用于清洗器皿，有时二者也互用。帚在较多灶面上有相关图像，陕西绥德县延家岔东汉画像石墓出土石灶的灶面上即有帚[③]。山东诸城前凉台庖厨画像中有一人跽坐，左手扶釜，右手持物清洗，所用之物可能为箒，一人立于灶旁持箒清理厨具[④]。相关实物也有出土，新疆尼雅遗址的汉代房舍遗存中发现有苇制炊帚等[⑤]（图四-46：7）。河南巩义市新华小区 M1 出土有小扫帚，已炭化，可见形状，帚把用带状纺织物扎束，直径 2、通长 10 厘米[⑥]，从大小看，应为厨用炊帚。

（二）食品加工工具

较为多样，涉及主食（粮食）加工、肉食加工、蔬菜加工及食物原料淘洗、去皮、切割、取汁等。

1. 杵臼、石磙、石磨

杵臼除用于加工粮食外，还可将一些食品先行捣碎，方便后续食用或再加工，石磙、石磨则分别具有碾碎及磨面等作用。广西合浦风门岭 M26 出土铜杵臼（M26：124），臼形体不大，杵为圆柱形，下端磨圆，臼身高 11、口径 8.5 厘米；杵长 19.5、直径 1.4 厘米[⑦]（图四-47：1）。河南内黄三杨庄第二处庭院遗址出土有石磨、石磙、圆石臼、方石臼等（图四-47：2-5）[⑧]。石磨 2 件，系灰白色石料制成，

---

① 咸阳秦都考古工作站：《秦都咸阳汉墓清理简报》，《考古与文物》1986 年第 6 期。

② 郭清华：《陕西勉县老道寺汉墓》，《考古》1985 年第 5 期。

③ 戴应新、李仲煊：《陕西绥德县延家岔东汉画像石墓》，《考古》1983 年第 3 期。

④ 诸城县博物馆，任日新：《山东诸城汉墓画像石》，《文物》1981 年第 10 期。

⑤ 史树青：《新疆文物调查随笔》，《文物》1960 年第 6 期。

⑥ 郑州市文物考古研究所、巩义市文物保护管理所：《河南巩义市新华小区汉墓发掘简报》，《华夏考古》2001 年第 4 期。

⑦ 广西壮族自治区文物工作队、合浦县博物馆：《合浦风门岭汉墓——2003～2005 年发掘报告》，科学出版社，2006 年，第 71、72 页。

⑧ 河南省文物考古研究所、内黄县文物保护管理所：《河南内黄三杨庄汉代聚落遗址第二处庭院发掘简报》，《华夏考古》2010 年第 3 期。

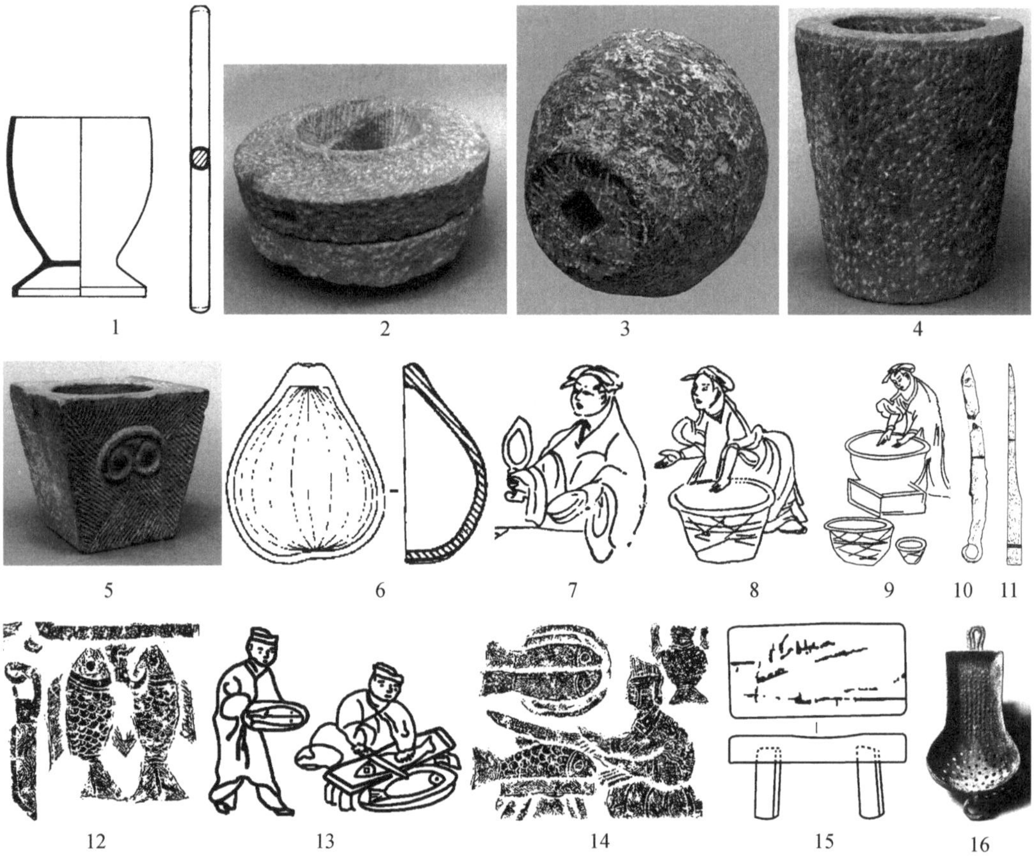

图四 -47 汉代墓葬出土食品加工工具及相关画像

1. 广西合浦风门岭 M26 出土铜杵臼（M26∶124） 2-5. 河南内黄三杨庄第二处庭院遗址出土石质工具（2. 石磨 3. 石磙 4. 圆石臼 5. 方石臼） 6. 湖北荆州高台 M28 出土葫芦瓢（M28∶66） 7-9. 河南密县打虎亭 M1 东耳室东壁画像中的人物形象（7. 持瓢者 8、9. 淘洗者） 10、11. 铁厨刀（10. 河南洛阳烧沟 M103∶14 11. 四川三台郪江紫荆湾柏林坡（M2∶10） 12、14. 山东临沂五里堡出土东汉画像石庖厨画像局部 13. 山东诸城前凉台东汉墓出土庖厨画像局部 15. 山东临沂金雀山 M31 出土木俎 16. 广东广州南越王墓出土铜姜礤

石质较硬，上部磨扇面略呈弧形，中部微上鼓，有一弧形底凹槽，凹槽中间被一脊状梁均匀分隔开，形成两个相对的半月形小凹窝，每个小凹窝底有一小孔，为投放粮食的孔道，上部磨扇还有对称的两个长方形卯眼，位于两侧，用以安装木柄；下部磨扇（盘）厚约 8 厘米，底不平，中间厚，四周薄，上扇与下扇中心有铁轴相合。石磙 1 件，外形呈鼓状，鼓腹明显，两端面中部均有一方形卯眼。圆石臼 3 件，其中 2003HNLSⅡT6B1，臼内漩涡状凿痕清晰，为新制；方石臼 1 件，砂质青石，外形似斗，面平，中部挖有一直径 16 厘米的臼窝，窝口微敛，尖弧窝底，已磨光，臼窝口外，做出微低于四周的边框线，在一边（无纹饰的侧面）特做出一浅凹槽，向外稍突出，四面均有不同方向的凿痕，两侧面中部靠上浮雕有铺首形纹饰，其内两圆乳丁像两只眼睛。这些石质工具，既有脱壳、去皮的初加工功能，也具有将有

关食品加工成碎末或碎渣的作用，还有磨粮成面等功用。

2. 瓢、盆、籅、筐

基本为淘洗工具。瓢主要用于舀水，有时也可进行简单的淘洗。一些模型灶如陕西绥德延家岔东汉画像石墓出土石灶面上有瓢的图案。湖北荆州高台 M28 出土 6 件葫芦瓢，M28∶66，最大径 13.8、高 6 厘米[①]（图四 -47：6）。河南密县打虎亭 M1 东耳室东壁画像中的灶旁，有一人拿瓢正在操作，中间的铁釜旁有盆、筐、瓢、勺等物[②]。新疆民丰大沙漠中的古代遗址出土有木瓢和木勺，大小不一，有圆形的，也有长条形的，一律是挖木为槽制成，有的木瓢外面还刻有符号[③]。盆、籅及筐等主要用于淘洗。盆用于盛水或食品；筐的孔眼较大，可以淘洗或沥水；籅的孔眼小而密集，主要用于淘洗、漉米等，密县打虎亭 M1 东耳室东壁画像中有一妇女用一盆一籅正在漉米[④]（图四 -47：7-9）。

3. 刀及砍剁工具

食品加工用刀与兵器刀不同，形体一般不大，主要用于切菜、肉等。和现今一端有短柄，刀体近长方形，一侧有刃的菜刀较接近的厨刀目前没有发现，从灶面图案、画像砖（石）画像及出土实物等来看，这一时期的厨刀基本呈长条形，有柄，刀体一侧有刃，末端略尖，类似厨刀现今也有使用，但形制并不完全相同。甘肃定西巉口 M1 出土陶灶面上模印有刀，山东诸城前凉台东汉墓出土庖厨画像中，有三人持刀切肉[⑤]。河南洛阳烧沟汉墓出土的 9 件第三型铁刀，环首，刃、背均向内弧，部分把手处略窄，大多出土于陶灶旁，如 M103∶14 等[⑥]（图四 -47：10），作为厨刀应无疑问。四川三台郪江紫荆湾 M7 出土的陶庖厨俑，右手持刀，左手捉鱼，在几上作宰割状。柏林坡 M2 出土有铁刀（M2∶10），柄身相连，柄的断面为长方形，刀身平直，末端收成尖状，一侧无刃，一侧有刃（图四 -47：11），从形制看，非兵器，很可能为厨具[⑦]。实际操作过程中，对一些骨及带骨肉进行分解时，还会使用一些砍剁工具，

---

① 湖北省荆州博物馆：《荆州高台秦汉墓——宜黄公路荆州段田野考古报告之一》，科学出版社，2000 年，第 186 页。

② 河南省文物研究所：《密县打虎亭汉墓》，文物出版社，1993 年，第 133-135、137-139 页。

③ 新疆维吾尔自治区博物馆考古队：《新疆民丰大沙漠中的古代遗址》，《考古》1961 年第 3 期。

④ 河南省文物研究所：《密县打虎亭汉墓》，文物出版社，1993 年，第 133-135、137-139 页。

⑤ 定西地区文化局：《甘肃定西巉口两座汉墓清理简报》，《考古与文物》1982 年第 2 期。

⑥ 洛阳区考古发掘队：《洛阳烧沟汉墓》，科学出版社，1959 年，第 192-194 页。

⑦ 四川省文物考古研究所、绵阳市博物馆、三台县文物管理所：《三台郪江崖墓》，文物出版社，2007 年，第 113、115、187、189 页。

如斧等，但其不是专门的厨具。山东临沂五里堡出土东汉画像石中有两幅庖厨画像，其中一幅左侧有灶，灶前一人烧火，灶上悬挂有厨刀和鱼等[①]（图四-47：12）。

4. 刮削器

主要是将一些蔬菜水果去皮，另外还常用于去除鱼鳞等。汉画像石中有很多宰杀鱼的画像，其中一些可能是用刮削器去除鱼鳞。山东诸城前凉台东汉墓出土庖厨画像中，一人左手按鱼，右手持刀置于鱼头后部，而其面前一盆内亦有鱼，形体完整但身体光滑无鱼鳞[②]（图四-47：13），可确定该人应正在刮除鱼鳞。河南密县打虎亭M1东耳室北壁画像中也有刮鱼鳞者，图中与之对应的还有剖鱼肚内容[③]。山东临沂五里堡出土的另一幅庖厨画像右下角有一人跽坐，为庖丁，面前有俎，俎上置鱼，庖丁右手持刀，左手扶鱼头，正在刮鱼鳞，俎上一盘内有两条已经刮好无鳞的鱼[④]（图四-47：14）。

5. 俎及相关器物

俎主要用于切肉或菜，为开展相关食品加工时垫在下面的砧板，这一时期的俎基本为木质。甘肃省定西巉口M1出土陶灶面上模印有刀、俎[⑤]，另在汉代画像石（砖）画像中也有较多刀、俎图像。相关陶庖厨俑也有发现，重庆合川南屏东汉WM1出土男庖厨俑，身前置长方形俎，上有笋、猪肉等食物[⑥]。实物也多有出土。江苏仪征胥浦西汉M101出土木俎，面呈长方形，微向内凹，下面两端各置一方形足[⑦]。山东临沂金雀山M31出土木俎与之相似，俎面布满刀痕[⑧]（图四-47：15）。新疆尉犁县营盘墓地出土木几兼作砧板，有的面、底也留有刀痕[⑨]。湖北随州市周家寨墓地M8除出土1件由葫芦对剖制成的葫芦瓢及3件由整木斫削挖凿而成的椭圆形木勺外，还有木俎1件，平面呈长方形，俎面微凸，下接四个方形足[⑩]。从山东诸城

① 临沂市博物馆：《临沂汉画像石》，山东美术出版社，2002年，第37页。

② 诸城县博物馆，任日新：《山东诸城汉墓画像石》，《文物》1981年第10期。

③ 河南省文物研究所：《密县打虎亭汉墓》，文物出版社，1993年，第139-143页。

④ 临沂市博物馆：《临沂汉画像石》，山东美术出版社，2002年，第37页。

⑤ 定西地区文化局：《甘肃定西巉口两座汉墓清理简报》，《考古与文物》1982年第2期。

⑥ 重庆市博物馆、合川市文物保护管理所：《重庆合川市南屏东汉墓葬群发掘简报》，重庆市文物考古所、重庆市文化遗产保护中心：《重庆公路考古报告集》，科学出版社，2010年，第20-44页。

⑦ 扬州博物馆：《江苏仪征胥浦101号西汉墓》，《文物》1987年第1期。

⑧ 临沂市博物馆：《山东临沂金雀山九座汉代墓葬》，《文物》1989年第1期。

⑨ 新疆文物考古研究所：《新疆尉犁县营盘墓地1995年发掘简报》，《文物》2002年第6期。

⑩ 湖北省文物考古研究所、随州市曾都区考古队：《湖北随州市周家寨墓地M8发掘简报》，《考古》2017年第8期。

前凉台东汉墓出土庖厨画像石画像来看，长几有时也可作为俎用，有关画像即反映了三人在一长几上切肉的情景[①]。

6. 姜礤

发现不多，广东广州西汉南越王墓西耳室出土1件。如匙形，分上下两半，下半为半球形，底有较多漏孔，上半为礤槽，呈方形凹槽状，平底上分布7排凸起的小乳丁，用以磨擦生姜，然后在漏孔处可用容器收集已挤出的姜汁；柄背面有4个圆柱形矮足，使礤槽在磨姜时可平放受力；器体下端有半环钮，作悬挂用[②]（图四-47：16）。

二、食品加工与烹饪方法

随着秦汉时人们饮食要求的提高、食品内容与种类的增加，炊爨与食品加工工具的改进，秦汉时期的食品加工与烹饪方法也有了新的发展，促使这一时期饮食呈现出全面发展的态势。

（一）食品加工

加工程序和内容较为多样，与具体食品的食用关系较为密切，而且几乎所有家庭的饮食都会存在相关加工内容，进而促进了秦汉时期食物品种的更加丰富和多样化。当然，不同的家庭之间也有相应差异，家庭等级、经济实力的不同也使得加工内容及方法存在相应差异。贵族官僚、豪强地主及富商大贾家庭的肉食加工较为多样，一般平民家庭则多进行粮食、蔬菜等的加工，肉食加工相对较少。关于秦汉时期的食品加工，有学者通过汉简等资料对汉代食品加工技术进行了分析[③]，笔者也就这一问题作过相关论述[④]。

最先进行的为食品初加工，是指食物制作之前，针对相关食品原料进行的初步加工，以方便下一步的操作，而为达到清洁、卫生等条件进行的相关工作亦属食品的初加工。

（1）粮食类食品

初加工需要脱壳、去杂等。汉代的粮食加工工具较多样，石磙、臼、砻、碓

---

① 诸城县博物馆，任日新：《山东诸城汉墓画像石》，《文物》1981年第10期。

② 广州市文物管理委员会、中国社会科学院考古研究所、广东省博物馆：《西汉南越王墓》，文物出版社，1991年，第80、82页。

③ 安忠义：《从汉简等资料看汉代的食品加工技术》，《鲁东大学学报》（哲学社会科学版）2006年第3期。

④ 刘尊志：《浅析汉代的食品加工及相关问题》，《江汉考古》2019年第6期。

等皆可用于脱壳，如河南内黄三杨庄村落遗址出土的石臼、碌等[①]。砻是一种效率较高的脱壳器具，江苏泗洪重岗出土西汉末年画像石中有砻的图像，砻身分上下两扇，上部隆起，一侧装拐木和撑架，由一人执拐木在原地前推后曳，砻扇转动即可脱壳[②]。碓既有模型器单独出土，也有与践碓俑组合共出的情况。北京市平谷西柏店M1出土的绿釉陶碓，设施较多，底座后端由人操作处的四边角各有一向上的支柱残痕，推测支柱上面应有扶手[③]（图四-48：1）。河北唐山迁安于家村M1：19，主体为双人踏板捣碓，两人手扶栏杆，前面为一高高翘起的碓头，碓头呈长方体，底面平整，前面出榫，后附长杆，杆下有一台状支撑体伸入踏板下，其前另有一小平台，应为碓石，双人站于踏板上，步法协调，场面栩栩如生[④]（图四-48：2）。河北保定燕下都67LLM1：24则可能是在碓房中有二人踏板践碓[⑤]（图四-48：3）。类似碓房在河南三门峡刘家渠东汉墓中出土较多。1955年，刘家渠村北发掘的东汉墓中出土碓房21件，可分为不同形制，部分有人操作，还配有家庭中饲养的狗，体现出家庭生活的内容，如M20：24，房门口端坐一人，褒衣大袖，长须拂拂，似为监视劳动的主人[⑥]；1986年在刘家渠东发掘的两座墓葬（M3、M4），各出土1件碓房[⑦]。出土的汉代粮食加工画像中多见有人践碓的内容，而且还会配有鸡、鸟等动物，生活化气息较浓郁，如四川邛崃市出土舂碓入仓画像，是在庭院内由多人加工粮食内容的体现[⑧]。扇车或风车在粮食去杂方面效率很高，如河南省洛阳市东关殉人墓出土陶风车与米碓[⑨]。山东临淄金岭镇一号东汉墓出土米碓风车模型1件（M1：33），平面为长方形，左侧是米碓，右侧为风车，米碓前有圆口的碓窝，杵与杵杆烧制成一体，从其形式看，当为柞杵插入杵上部内纳杵杆的长方形榫孔中，杵的形状上方下圆，杵杆呈扁平状，碓架的两侧各有一对称的圆形轴孔，为装设杵杆中心支轴之用，碓架后侧有壁，可供舂人依靠，风车位于米碓右侧，长方形风箱，车的上部有一方形漏斗状高栏，供装卸粮时使用，风箱的前端两侧壁上各

---

① 河南省文物考古研究所、内黄县文物保护管理所：《河南内黄三杨庄汉代聚落遗址第二处庭院发掘简报》，《华夏考古》2010年第3期。

② 南京博物院、泗洪县图书馆：《江苏泗洪重岗汉画象石墓》，《考古》1986年第7期。

③ 北京市文物工作队：《北京平谷县西柏店和唐庄子汉墓发掘简报》，《考古》1962年第5期。

④ 迁安县文物保管所：《河北迁安于家村一号汉墓清理》，《文物》1996年第10期。

⑤ 河北省文物研究所：《燕下都遗址内的两汉墓葬》，河北省文物研究所编：《河北省考古文集·二》，北京燕山出版社，2001年，第67-140页。

⑥ 黄河水库考古工作队：《河南陕县刘家渠汉墓》，《考古学报》1965年第1期。

⑦ 三门峡市文物工作队：《三门峡市刘家渠汉墓的发掘》，《华夏考古》1994年第1期。

⑧ 高文主编：《中国巴蜀新发现汉代画像砖》，四川美术出版社，2016年，第5页。

⑨ 余扶危、贺官保：《洛阳东关东汉殉人墓》，《文物》1973年第2期。

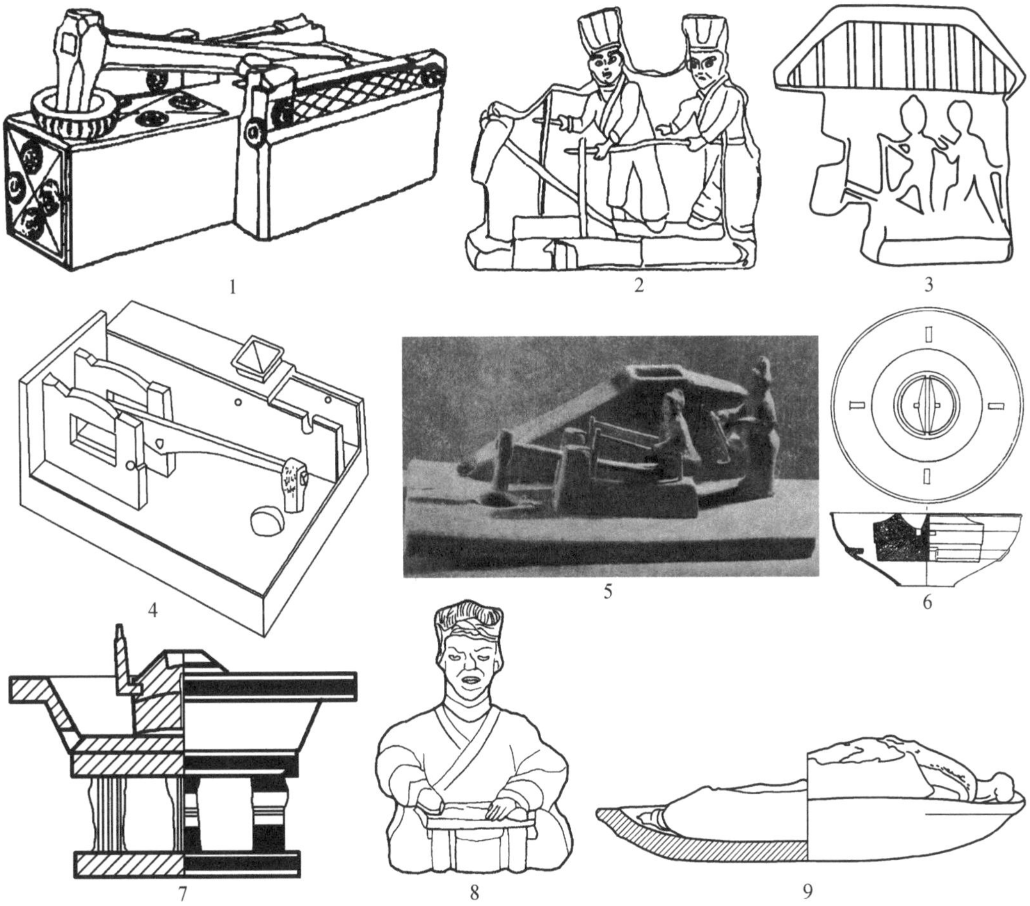

图四 -48　汉代粮食加工工具、相关陶俑和食品

1. 北京市平谷西柏店 M1 出土绿釉陶碓　2. 河北唐山迁安于家村东汉 M1 出土碓与践碓俑（M1：19）　3. 河北保定燕下都东汉墓出土碓房（67LLM1：24）　4. 山东临淄金岭镇 M1 出土陶米碓风车模型（M1：33）　5. 河南济源泗涧沟 M24 出土附有陶俑的陶碓与陶风车　6. 河北满城 M1 出土石磨及铜漏斗形器 1 套　7. 江苏徐州市东郊东甸子西汉 M1 出土陶磨（M1N：11）　8. 重庆合川市南屏 QM2 出土男庖厨俑　9. 新疆尉犁县营盘墓地 1999 年发掘 M8 出土圆木盘及盛物（羊肉、羊头、数层薄面饼）

有一对称的圆形曲轴孔，但未见曲轴及风扇[①]。河南济源泗涧沟 M24 出土附有陶俑的碓与风车，陶碓右侧为扇车模型，有风扇、摇风车的俑、出米口、盛谷糠箱等[②]（图四 -48：5）；济源西窑头村 M10 出土陶风车，釉陶质，整体施褐釉，边长 22.5、高 6.5 厘米，方形台板上一侧置放一陶风车，一陶踏碓与风车并列置放，风车的箱体呈长方形，一端上方有一长方口用来置放盛粮用的高槛（缺失），前方一侧有一

① 山东省文物考古研究所：《山东临淄金岭镇一号东汉墓》，《考古学报》1999 年第 1 期。

② 河南省博物馆：《济源泗涧沟三座汉墓的发掘》，《文物》1973 年第 2 期。

长方形出粮口，正前方没有封闭，为秕糠出口，一侧站立一俑在摇风扇轮，陶踏碓整体呈长方形，长方形碓座上两侧各有一长方形碓架，碓正前方有一方形孔，用于置杵（缺失），碓正前方有一圆形杵臼窝，踏碓旁为一留有出口但相对较低的方形挡墙，用于盛放净粮①。

秦汉时期还有借助飏扇扇风、借助自然风力或直接手工去杂的情况，也有用水冲洗等方法。江苏徐州贾汪北部散存一块粮食加工的画像石，画像由左向右，先有 4 人践碓，接着为 1 人杵臼，再右为人手持飏扇扇风，其右 1 人用簸箕倾倒粮食去糠秕，画面中还有 1 只大公鸡和一群鸟儿在伺机抢食②。

一些粮食在食用前需捣碎或加工成片状，以方便做粥或其他食品，常用的工具为杵臼，较多遗址或墓葬中有出土，或为石质，或为铜质，均具有实用性，而石臼因制作方便，经久耐用，使用较为普遍。铜杵臼大多出土于墓葬或墓葬陪葬坑中，一些可能与医疗活动，即捣药有关，一些或与粮食加工有关，而捣药的铜杵臼也间接体现出加工粮食杵臼的形制和组成情况。磨可将粮食加工成面粉，汉代已普遍使用，河南内黄三杨庄村落遗址即出土有石磨。河北保定满城 M1 出土石磨及铜漏斗形器 1 套，石磨系黑云母花岗岩制成，上、下两扇，中心有一圆形铁轴相连，上扇磨盘有圆形凹槽、漏孔，边缘有两个对称安插木柄用的长方形榫眼，出土时石磨放置在漏斗形铜器中，漏斗形铜器口较大，内壁距口沿 16 厘米处平伸出 4 个对称的支架，支架部位的腹壁外侧有方块形突起以加固支架，支架上原置有木架以承托石磨盘，出土时木架已朽烂无存③（图四 -48：6）。江苏仪征烟袋山西汉中期墓葬（M1）等级较高，可至列侯级别，墓葬封土下墓室一侧的外藏椁内陪葬石磨 1 件，封土外的四个陪葬坑中，K1、K2 各出土石磨 1 件，这 3 件石磨形制相似，基本为圆形，分上、下两扇；上扇面有一凸起的漏斗，斗的中部有进谷物的孔，磨扇侧面有一方孔供装木杆，下磨扇（盘）的中心部位有一方孔，供装磨轴；K4 出土木磨和木碓各 1 件，其中木磨有正方形磨盘，盘一侧有一较大的圆孔，磨扇与上述石磨相似④。汉代，较多墓葬内有陶制的磨作为模型明器用来陪葬，今江苏徐州地区是最早使用陶磨陪葬的地区，西汉初期墓葬中已见陶磨，设施全面，构造合理，而且该地区汉代墓葬大多有陶磨陪葬⑤。以西汉早期偏晚阶段的徐州市东郊东甸子西汉

---

① 李彩霞：《济源西窑头村 M10 出土陶塑器物赏析》，《中原文物》2010 年第 4 期。

② 杨孝军：《徐州新征集的汉画像石研究》，《东南文化》2009 年第 4 期。

③ 中国社会科学院考古研究所、河北省文物管理处：《满城汉墓发掘报告》，文物出版社，1980 年，第 143、144 页。

④ 南京博物院：《江苏仪征烟袋山汉墓》，《考古学报》1987 年第 4 期；扬州市文物考古研究所、仪征市博物馆：《江苏仪征市烟袋山西汉车马陪葬坑发掘简报》，《考古》2017 年第 11 期。

⑤ 刘尊志：《徐州汉墓与汉代社会研究》，科学出版社，2011 年，第 97-99 页。

M1N：11为例，由磨拐、磨扇、磨盘、磨架四部分组成，磨扇上扇顶部有放置谷物的漏斗，斗中间有一隔梁，两侧有孔，上扇外一侧有凹孔，用以安装曲尺形磨拐，而上扇底部内凹，与下扇相扣合，两扇中间各有一小孔，用来安置连接上、下扇的柱状物，磨盘方形，一侧底部有一四边形漏孔，磨盘下承以磨架[①]（图四-48：7）。

磨的发展促进了面食的推广，也使与之相关的食品加工趋于多样化。许多面食是面粉经相关加工后再蒸煮而成，多是加水后和面制作，一些用手可搓捏成形，有的则借助工具，如薄饼，需用一定长度的圆木棍擀制，而包馅面食则需将馅放在面饼内再经捏合而成。重庆合川市南屏QM2出土男庖厨俑（QM2：17），坐于案前，作和面状，案下置缸[②]（图四-48：8）。饼已成为主要食品种类，新疆尉犁县营盘墓地1995年发掘的M22，棺外墓主头端放有木案，案上有羊骨和3块面饼，面饼呈浅黄色，或是用手搓成条状盘成椭圆形，或手捏成不规则圆形[③]；1999年发掘的M8出土1件木圆盘，盛羊肉、羊头，表面铺数层薄面饼[④]（图四-48：9）。新疆鄯善三个桥墓地中，M10出土有包馅食品3个（M10：10），发掘简报指出，这些食品状如现在的饺子，其中一个高2.6、厚1.1、残长2.4厘米，故在名称上将其定为饺子[⑤]。湖南长沙马王堆M1出土竹简反映的饼食品种有稻食、麦食、黄粢食、白粢食、粔籹、稻蜜糒、稻糒、㯖粔、白粔、蜜粔等多种[⑥]。因制作方法及添加原料不同，汉代的饼呈现出多种形式，如胡饼是在要烤的饼上撒芝麻，髓饼则是在面中添加动物油脂再和面制成，亦体现出相应的加工内容。面、点、糕在当时亦称作饼，而随着对发酵技术的掌握，已可蒸制馒头[⑦]。

（2）瓜果蔬菜及肉类

瓜果蔬菜及肉类等食物原料需进行挑选，并去除非食用部分，如摘掉变黄变老的

① 徐州博物馆：《徐州东甸子西汉墓》，《文物》1999年第12期。

② 重庆市博物馆、合川市文物保护管理所：《重庆合川市南屏东汉墓葬群发掘简报》，重庆市文物考古所、重庆市文化遗产保护中心编著：《重庆公路考古报告集》，科学出版社，2010年，第20-44页。

③ 新疆文物考古研究所：《新疆尉犁县营盘墓地1995年发掘简报》，《文物》2002年第6期。

④ 新疆文物考古研究所：《新疆尉犁县营盘墓地1999年发掘简报》，《考古》2002年第6期。

⑤ 新疆文物考古研究所、新疆大学历史系、吐鲁番地区博物馆、鄯善县文化局：《新疆鄯善三个桥墓葬发掘简报》，《文物》2002年第6期。关于包馅面食，先秦时就已出现，而且很可能为水饺。山东省滕州市薛国故城大城内东南部的MD2有较多春秋早中期墓葬，其中具有相应等级的M1出土1件铜簠（M1：77），其内排放满满的三角形食物，这些食物内包有屑状馅，此三角形食物很可能即是中国的传统美食水饺或早期馄饨。资料见山东省济宁市文物管理局：《薛国故城勘察和墓葬发掘报告》，《考古学报》1991年第4期。

⑥ 湖南省博物馆、中国科学院考古研究所：《长沙马王堆一号汉墓》，文物出版社，1973年。该墓出土竹笥内盛放物品、木牌及竹简记载内容等见发掘报告第111-118、130-155页，下文关于食品加工所引该墓出土竹笥、木牌、竹简记载内容不再另注，特说明。

⑦ 黄展岳：《〈汉代人的饮食生活〉的两条补充》，《农业考古》1982年第2期。

菜叶、切割掉动物肉中不需要的部分等，一些瓜果蔬菜还需借助刮削器或刀等去皮。清洗是重要的工作和程序，可去除泥土和其他杂质。如上文所述，秦汉时期，淘洗工具主要有瓢、盆、箕、筐、桶等。瓢主要用于舀水，亦可淘洗，陕西绥德延家岔东汉墓出土石灶面上有瓢等的图案①。盆、箕、筐等主要用于淘洗，盆还可盛水或食品，筐可以沥水，箕则用于漉米等。河南密县打虎亭M1东耳室东壁画像中既有相关工具，也有一些人员正在从事淘洗等工作②。江苏睢宁张圩出土庖厨画像石画像中，灶后部有一人正在淘洗，其左侧有桶，桶内有勺，再后还有一人从井中汲水③（图四-49：1）。

宰杀动物也是食品初加工程序之一。辽宁辽阳棒台子东汉墓出土庖厨壁画中，杀猪、宰牛、封羊等画面皆有④（图四-49：2）。山东诸城前凉台东汉墓出土庖厨画像石画像，表现了宰猪、击牛、屠狗、封羊、杀鸡、刮鱼鳞等内容（图四-49：3），宰羊的方法是后有人拽拉羊尾，前有人用刀捅耳根；宰牛、猪及屠狗，则是先用锤或棒将牛、猪、狗砸昏后再杀；使用的工具有椎、刀、棒、锤、案（俎）等，另有盘，盛去鳞的鱼，有盆，除盛水之外，还在屠宰牲口时盛血，也用来清洗宰好的家禽；宰杀一些家畜时还要附以绳索，并有人用力拉扯，以防家畜因疼痛跑开⑤。沂南北寨东汉画像石墓中室南壁上横额东段画像右上角有一人正在为杀好的羊剥皮，另有抬猪、击牛等内容（图四-49：4）⑥。临沂吴白庄出土庖厨画像石画像右侧有抬猪、持刀牵羊、剥狗等图案⑦。鸡的初加工需进行去毛，汉代画像中常见将鸡置于大盆之中，应是此种工作的体现。河南密县打虎亭M1东耳室北壁东侧刻绘有笼子，笼内有鸡鸭，前侧有一人正在杀鸡，其下砖上置一接鸡血的敞口盆，杀鸡人的后面地上有已被宰杀的鸡鸭，笼子西面有一人跽坐，双手拿一只鸡，正准备把鸡放入热水盆中浸烫拔毛，而在另一几旁侧的席上，放有已去毛洗净的鸡鸭，加工工序十分完整（图四-49：5）。鱼的初加工首先要将鱼打死，然后去鳞，再剖鱼肚。上文所述山东诸城前凉台东汉墓出土庖厨画像及临沂五里堡出土的一块庖厨画像石画像右下侧皆有刻绘，此过程特别是后者，正在处理的鱼有鱼鳞，处理好的则光滑无鳞。河南密县打虎亭M1东耳室北壁画像中也有一

---

① 戴应新、李仲煊：《陕西绥德县延家岔东汉画像石墓》，《考古》1983年第3期。

② 河南省文物研究所：《密县打虎亭汉墓》，文物出版社，1993年。打虎亭M1东耳室内的南、东、北三壁皆有与食品加工有关的画像，南壁画像及文字资料见发掘报告第137-138页，东壁画像及文字资料见133-135、137-139页，北壁画像及文字资料见139-145页。下文与食品加工相关的该墓资料不再另注，特说明。

③ 仝泽荣、武利华、田忠恩、陈剑彤：《睢宁汉画像石》，山东美术出版社，1998年，图40，第78页。

④ 李文信：《辽阳发现的三座壁画鼓墓》，《文物参考资料》1955年第5期。

⑤ 诸城县博物馆，任日新：《山东诸城汉墓画像石》，《文物》1981年第10期。

⑥ 南京博物院、山东省文物管理处：《沂南古画像石墓发掘报告》，文化部文物管理局出版，1956年，拓片第35幅；山东博物馆：《沂南北寨汉墓画像》，文物出版社，2015年，第55、115页。

⑦ 管恩洁、霍启明、尹世娟：《山东临沂吴白庄汉画像石墓》，《东南文化》1999年第6期。

图四 -49　汉代瓜果蔬菜及肉类加工的壁画、画像、陶俑及相关食品

1. 江苏睢宁张圩出土庖厨画像中淘洗人物　2. 辽宁辽阳棒台子东汉墓出土庖厨壁画　3. 山东诸城前凉台东汉墓出土庖厨画像中的宰杀图　4. 山东沂南北寨东汉墓中室南壁上横额东段画像中的宰杀图像　5. 河南密县打虎亭 M1 东耳室北壁东侧杀鸡图　6. 河南密县打虎亭 M1 东耳室北壁画像中杀鱼图　7. 四川三台郪江紫荆湾 M7 出土陶庖厨俑（M7：10）　8. 河北唐山迁安于家村出土陶庖厨俑（M1：78）　9. 湖南长沙马王堆 M1 出土 100 号漆鼎内盛的藕片　10. 重庆合川市南屏 WM1 出土男庖厨俑（WM1：9）　11. 山东诸城前凉台东汉墓出土庖厨画像中的长俎旁多人操作图　12. 江苏徐州翠屏山西汉墓出土牛骨（M1：44）

人跽坐几旁，正在刮鱼鳞、剖鱼肚（图四 -49：6）。四川三台郪江紫荆湾 M7 出土陶庖厨俑（M7：10），右手持刀，左手捉鱼，作宰割状[①]（图四 -49：7）。河北唐山迁安于

① 四川省文物考古研究所、绵阳市博物馆、三台县文物管理所：《三台郪江崖墓》，文物出版社，2007 年，第 113、115 页。

家村出土陶庖厨俑（M1∶78），手持刀，刀下的俎上置一条鱼，庖丁正拿刀刮鱼鳞或杀（切剖）鱼[①]（图四-49：8）。

瓜果蔬菜及肉食大多需切分后再进行下一步加工。动物宰杀后，一些还需要再分解、剔骨和切肉等工序。一些瓜果蔬菜可用手撕、掰的方式直接分割，多数需借助工具，这样可使切分后的食物原料薄厚均匀，形体相对一致，利于下一步加工。湖南长沙马王堆M1出土的100号漆鼎内即盛有藕片半鼎[②]（图四-49：9）。切菜、肉的工具为厨刀，这在上文已作叙述，形体不大，铜、铁质皆有，使用较为方便，另有斧等砍剁工具可对一些骨骼及带骨肉进行分解。切分时需在肉或菜的下面垫物以便操作，或为砧板，或为俎，基本为木质。临沂金雀山M31出土木俎面布满刀痕[③]，较好地说明了俎的用途。重庆合川市南屏WM1出土男庖厨俑（WM1∶9），身置长方形俎，上有笋、猪肉等食物[④]（图四-49：10）。山东诸城前凉台东汉墓出土庖厨画像还刻画出多人同时操作时使用类似几案的长俎（图四-49：11）。关于肉食的切分，湖南长沙马王堆M1出土竹简的记载内容有所体现，涉及动物部位的名称有脅、胅、乘、肝、胃、含、弦、蔵、肩、脂等，而简文中提及的“脍”字，指将鱼、肉切成薄片，或指切得很细的鱼或肉；M3出土较多竹笥内有分解后的动物骨骼残留，涉及飞禽、家禽、家畜、走兽、鱼类等，数量较多，种类丰富[⑤]。出土遗物中也常见分切后用作陪葬品的动物骨骼，江苏徐州东郊翠屏山汉墓[⑥]、南郊凤凰山M1[⑦]等均出土较多的牛骨，翠屏山西汉墓出土牛骨1组（M1∶44），共有5块，摆放在墓室东北角的陶罐上，呈扁长条状，长21～28.6厘米（图四-49：12）。姜在汉代已是常用调味品，或切片或切丝，还可收取姜汁等，上文所述广州南越王墓西耳室出土的姜礤，可用来磨擦生姜取汁，且块茎类食物若需取汁，也可使用类似工具和方法。

（二）烹调食物

“烹”原指煮，“调”为调制，即通过加热或其他方式的调制，将初加工的食物

---

① 迁安县文物保管所：《河北迁安于家村一号汉墓清理》，《文物》1996年第10期。

② 湖南省博物馆、中国科学院考古研究所：《长沙马王堆一号汉墓》，文物出版社，1973年，第79页。

③ 临沂市博物馆：《山东临沂金雀山九座汉代墓葬》，《文物》1989年第1期。

④ 重庆市博物馆、合川市文物保护管理所：《重庆合川市南屏东汉墓葬群发掘简报》，重庆市文物考古所、重庆市文化遗产保护中心：《重庆公路考古报告集》，科学出版社，2010年，第20-44页。

⑤ 湖南省博物馆、湖南省文物考古研究所编著：《长沙马王堆二、三号汉墓》，文物出版社，2004年。M3出土竹笥内盛放物品、木牌及与饮食有关的竹简内容等见第52-63、186-201页，下文关于食品加工所引该墓出土竹笥、木牌、竹简的内容不再另注，特说明。

⑥ 徐州博物馆；《江苏徐州市翠屏山西汉刘治墓发掘简报》，《考古》2008年第9期。

⑦ 徐州博物馆；《江苏徐州市凤凰山西汉墓的发掘》，《考古》2007年第4期。

原料等制作成可食用物品。其中既有加工过程，也体现出不同的手段和方法，同时还要达到相应目的或意图，以满足饮食需求。湖南沅陵虎溪山 M1 出土《食方》关于烹调食物的记载有多条，烹制程序讲究，涉及植物性食品、动物性食物及配料、调味品和操作程序等[①]。湖南长沙马王堆 M1 出土资料反映的烹调方法有羹、炙、濯、熬、蒸、煎、濡、汋等；长沙马王堆 M3 出土资料反映的食品制作方法有熬、濯、炙、煎、脯等，均较多样。[②]

1. 主食

因原料及所需成品等的不同，采取的加工方式与方法较为多样，形成的饭食也有差别，并被赋予不同名称。一些粮食如稷、黍、麦、稻等可煮成干饭，粟米饭十分普遍，麦饭亦常见，另有火炒的粟饭，《食方》中还记有中黄饭、下粲饭等。粮食与果类或蛋类一起可做成粘饭，湖南长沙马王堆 M1 出土竹简 95（简称马 M1 简 95，下同）记有以枣和黍米做的粘饭一资，简 123 记有加鸡蛋粘米饭一器。糒为干粮，马 M1 简 117 记有稻蜜糒一笥有缣囊二，稻蜜糒可能是和蜜之稻糒。粮食在水中经熬煮可做成粥（较稠）或稀汤，北方民间常见黍、稷做成的粥或稀饭。黏稠浓汤又称为羹，黍、稷、稻、粱等均可做羹。除粮食外，肉、菜亦可做羹，称肉羹、菜羹，另有肉、菜与粮食共制成的羹。长沙马王堆 M1 出土竹简记有稻米做成的白羹，也有稻米与肉做成的牛白羹、鸡白羹等，马王堆 M1 与 M3 出土竹简还记有肉鱼菜米做成的羹，如“鹿肉鲍鱼（生）笋白羹一鼎”。

饼的食用普遍，“汤饼”用水煮熟，蒸熟的为“蒸饼”，火烤者为“炉饼”。为便于煮熟，汤饼被做成多种形状，有豚皮饼、细环饼、截饼、鸡鸭子饼等。蒸饼的器具之一为蒸笼，江苏徐州北洞山西汉墓出土多件带鋬器盖，烧制火候高，与釜配套使用[③]，形成密封的蒸煮器，即单体蒸笼；河南密县打虎亭 M1 出土庖厨画像中可见大灶之上叠放 10 层矮屉的成套蒸笼，其内可能蒸有饼类等食物，蒸笼尤其是成套蒸笼的使用，标志着古代蒸煮器的全面发展，也说明蒸制饼食的制作技术已渐趋成熟。除主食外，蒸的方式也用于其他食物，湖南长沙马王堆 M1、M3 出土竹简记有“蒸鳅一笥”、“蒸鳅一器”、“蒸鳜一器”等。也有烤制的饼，如炉饼，由燃炭的炉烤制而成，胡饼上撒芝麻，烤出后十分香脆；髓饼亦经烤制而成，动物的油脂与面结合，

---

① 湖南省文物考古研究所、怀化市文物处、沅陵县博物馆：《沅陵虎溪山一号汉墓发掘简报》，《文物》2003 年第 1 期。湖南省文物考古研究所：《沅陵虎溪山一号汉墓》，文物出版社，2020 年，第 117、145-153 页。发掘简报称之为《美食方》，发掘报告称之为《食方》，本书依发掘报告，特说明。

② 湖南省博物馆，中国科学院考古研究所：《长沙马王堆一号汉墓》，文物出版社，1973 年；湖南省博物馆、湖南省文物考古研究所编著：《长沙马王堆二、三号汉墓》，文物出版社，2004 年。

③ 徐州博物馆、南京大学历史系考古专业：《徐州北洞山西汉楚王墓》，文物出版社，2003 年，第 56、57 页。

口感较香。居女，又称粔籹，亦是用粮食加工的饼类食品，长沙马王堆 M1 与 M3 出土竹笥木牌（图四 -50：9）及竹简有记，《楚辞·招魂》载有“粔籹蜜饵”，王逸注曰“以蜜和米面熬煎作粔籹”[①]。另有蜜糗，即用蜜加工的糗类饼食，马王堆 M1 简 114 记有“蜜糗三笥”，356 竹笥上有“密糗一囊一笥”木牌（图四 -50：2）。

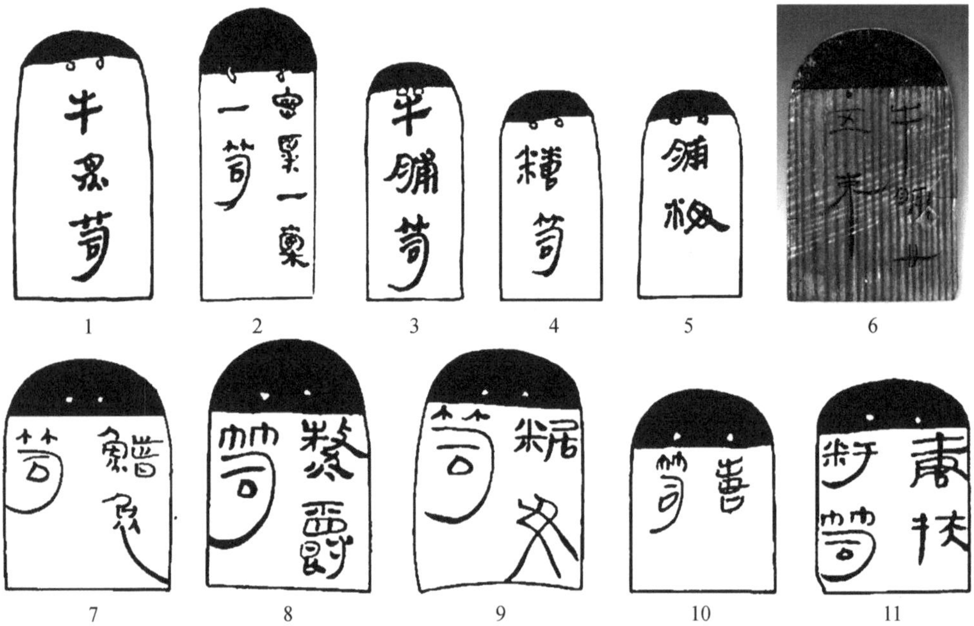

图四 -50　湖南长沙地区西汉墓出土与食品有关的竹笥木牌或木楬

1-5. 马王堆 M1 出土木牌　6. 望城坡西汉渔阳墓出土木楬　7-11. 马王堆 M3 出土木牌

2. 肉食与蔬菜瓜果

除做羹外，肉食与蔬菜的烹调方式还有多种。肉食的加工内容较为丰富，湖南长沙马王堆 M1、M3 出土竹笥木牌及竹简记载内容反映的肉食烹调方式有烹、炮、蒸、炙、濡、濯、熬、煎、炒、汋、腊、脯等（图四 -50：1、3、5、7、8），一些蔬菜瓜果的做熟方式或烹调手段在某些方面与肉食相似，但总体不如肉食烹调内容丰富。

（1）炙与炮

将食物原料（以肉为主）切成碎块后在炉火上烤制称为炙。较多汉代壁画或画像中有烤肉及切肉、端肉、串肉串、执扇或摇扇等内容。其中，扇可以通过摇动进行助燃，以提升烤肉速度，提高炙烤质量，也可在烤肉时驱赶蚊蝇；炉有方形也有圆形，以长方形斗状居多，亦有少量方形或近方形者，口部有窄沿或无沿，炉壁

① （西汉）刘向编，（宋）洪兴祖补注，白话文等点校：《楚辞补注》，中华书局，2015 年，第 168 页。

及底多有孔，下部多有矮足，因其功能又被称为烤炉。关于烤炉及烤肉，汉代画像中多有反映，而且表现烤肉时多刻绘有人执扇助燃的内容。山东临沂五里堡出土的2块庖厨画像均有炙烤内容，烤炉皆圆形，下有三外侈的支架，相对略高，一幅是一人烤肉，另有一人在旁执扇扇风（图四-51：1），另一幅是一人烤肉的同时自己执扇煽火[①]（图四-51：2）。江苏徐州铜山汉王东沿村北山丘南侧墓葬出土4块有烤肉串画面的画像石，烤肉内容基本是一人跽坐炉旁，一手执扇煽火，一手翻动肉串[②]（图四-51：3、4）。考虑到肉串的大小，方形炉的边长及圆形炉的直径一般不是太大，而长方形炉的两窄壁也不太宽，但也应有烤大串的炉。为便于炙烤，多将肉块串在一起后再在炉上炙烤，串好的肉串放在两壁之间，串的两端无肉处外露，手执的一端相对稍长，局部不串肉。串肉的签多为铁质，前端较尖便于串肉，也有竹签，这与竹子有一定韧度和硬度有关。河南省巩义市北窑湾东汉墓出土陶灶（M11：15），灶面浅浮雕鱼、鳖、蟹、刀、肉钩、肉串、勺等，其中肉串4根，每根上穿3块肉[③]。湖南长沙马王堆M1出土的382号漆案上置小漆盘5件，盘上放竹串，系一端用数道细竹条编连的长竹签，长竹签15根并列，从出土位置和器形推测，应是串肉串用的器具[④]。上文所述的一些簇与叉多为铁质，或两歧，或三股，前端呈细长尖锥状，串肉后可用于炙烤，而柄部细长，可以防烫及防火烤手，便于操作。山东临沂五里堡出土的2块庖厨画像及徐州铜山东沿村北出土的烤肉串画像中，皆为烤肉者手持一带柄且前有两分出的平行肉串进行烤制，串肉之物当为两歧簇或两股叉。

1　　2　　3　　4

图四-51　汉代画像石画像中的烤肉图

1、2. 山东临沂五里堡出土2块庖厨画像中的炙烤图　3、4. 江苏省徐州东沿村北山南出土第7、8石上的炙烤图

炮与炙相似，但多是将整个动物或大块肉放在火上烤熟。河北满城M1的主室

① 临沂市博物馆：《临沂汉画像石》，山东美术出版社，2002年，第37页。

② 徐州博物馆：《徐州发现东汉元和三年画像石》，《文物》1990年第9期。

③ 河南省文物考古研究所、巩义市文物保管所：《巩义市北窑湾汉晋唐五代墓葬》，《考古学报》1996年第3期。

④ 湖南省博物馆、中国科学院考古研究所：《长沙马王堆一号汉墓》，文物出版社，1973年，第120页。

棺床前漆盘中发现乳猪骨架一具，骨上有经火烧烤痕迹[①]。河南洛阳金谷园 M1 出土陶壶上有“炮豚一锺”朱书文字[②]。湖南长沙马王堆 M1 竹简中所记“胫勺一器”中的“勺”字读若炮，可能是指经炮的食品。

除烤肉食外，相关器具也可用来烤面食如饼，或烤蔬菜瓜果，但较少见。长沙马王堆 M3 简 235 记有“炮芋一器”，芋为块茎类植物，属蔬菜瓜果。

（2）煎与炒

基本都是通过对盛器的直接加热，促使所盛的食物变熟。煎是通过加热，使食物中的水分得到一定挥发，而热量又使食物在水分挥发过程中逐渐变熟。灶可将一些食物煎熟，另有煎炉等，如广东省广州西汉南越王墓后藏室出土的 1 件铜煎炉，整体呈斗状，分两层，均为长方浅盘形，底有烟炱[③]。炒是在加热过程中，通过多次翻动使食物整体变熟，如上文所述的火炒粟饭，肉食和蔬菜亦大致如此，湖南长沙马王堆 M1 出土的简 87、88 中记有炒肉食内容。煎炒过程中，若加入适量的动物油脂或相近的油类物质，烹调效果会更好。煎炒时使用的工具为铲，有铜、铁质等。发掘出土较多陶灶的灶面上模印有铲的图案，表明了灶与铲在庖厨行为中的密切关系。通过陕西勉县老道寺 M3 出土铜厨铲可知，长方形柄便于人手操控，铲主体较宽，刃部较薄，便于翻炒和盛菜，末端为环状并系有铜链，在不使用的时候可以悬挂置放，进而可保证厨具卫生。

（3）熬、烹、汋、濡、濯

皆与水有关，即在加工前或加工过程中，在盛器中加入适量的水再通过加热使食物变熟。多用来烹调肉食，一些蔬菜瓜果也会使用相关方法。

熬是在煮器中放入一定量水和初加工食品原料，部分配以相关调味品，慢火长时间煮，使得肉烂或菜软，而滋味亦融入汤中，除肉、菜外，汤亦可食用。

烹为煮肉，即在盛水的煮器中通过不断加热将肉煮熟或炖烂。煮肉时会使用柄部相对较长的叉，便于在大的煮器中叉肉或搅拌。河南密县打虎亭 M1 东耳室东壁画像中鼎内所煮应为肉，有人持叉正在搅动。钩可从煮器内钩取肉食，多铁质，一端有环首，一端弯成钩状，陕西绥德延家岔东汉墓出土石灶上即有环首钩图案[④]。更为常见的是汉代庖厨画像中用钩悬挂相关食物的内容，而且很多是用钩悬挂肉食，这也应与卫生有关。山东诸城前凉台东汉墓出土庖厨画像上部有用钩挂的鱼、兔、

---

① 中国社会科学院考古研究所、河北省文物管理处：《满城汉墓发掘报告》，文物出版社，1980 年，第 30 页。

② 洛阳区考古发掘队：《洛阳烧沟汉墓》，科学出版社，1959 年，第 156 页；陈直：《洛阳汉墓群陶器文字通释》，《考古》1961 年第 11 期。

③ 广州市文物管理委员会、中国社会科学院考古研究所、广东省博物馆：《西汉南越王墓》，文物出版社，1991 年，第 281、286 页。

④ 戴应新、李仲煊：《陕西绥德县延家岔东汉画像石墓》，《考古》1983 年第 3 期。

雁、猪头、肉块等。钩亦有他用，广东省广州西汉南越王墓后藏室出土4件铁钩，为提取或钩挂鼎、鍪等炊器的专用工具。辽宁辽阳棒台子东汉壁画墓出土庖厨图中还见有人手持的长钩，画面中，有一竖立木杆，木杆上端有二横杆，二横杆上挂有较多的肉条或火腿，杆下一侧有一人双手持长杆钩上举，并抬头仰望，有2块肉正在掉落，而该人身后一只狗蹲踞在地，亦抬头观望，整个画面十分写实和生动[①]（图四-52）。现今一些地方，对拿取高处或稍远距离之物的动作亦称为gòu一下或gòu东西，今多写为“够”字。该图像体现的正是取高处之物，而且使用的工具为钩，而与之相关动作的动词为勾，“勾”与今之“够”字或许有相通之处，是相关地区描述取高处之物的gòu，即“勾”在形容取高处之物的动作时，读音为gòu，其意同今之“够”字。

图四-52　辽宁辽阳棒台子东汉壁画古墓出土庖厨图中的钩肉图

汋，煮也。《尔雅·释天》载：“夏祭曰礿。”郭璞注曰：“新菜可汋。”[②]汋与熬的差别或许在于食品做熟的程度和时间，与烹的区别在于食品大小和做熟的程度。熬、烹多用于肉食，汋在蔬菜烹制中常用，而所煮的菜和肉不能太大，煮的时间也不宜太长。

濡是在煮沸的热汤中涮煮，这样可使得肉或蔬菜的味道较为鲜美，但肉和蔬菜不宜太厚或太大。《礼记·内则》中载有濡豚、鸡、鱼、鳖等，郑注曰：“凡濡谓烹之以汁和也”[③]，应是食物在热汤中涮煮后再在其他盛器中与调味汁掺拌一下，或和汁而食，味道当会更好。湖南长沙马王堆M1出土简89记有牛脣、脂等濡一器。濯原意为洗，食品加工方面也是指在热水（汤）中烫涮，时间可能略长一些。长沙马王堆M1出土竹简记有濯豚、鸡、牛胃与脾（含心肺各一）等，公布的发掘资料对于这一内容的相关解释指出：濯即鬻，内肉及菜汤中薄出之，鬻字作沦，亦作汋。一些煮器可作为濡濯的器具，也有专门用于濡濯的器物，为染炉。发现数量较多，主要出土于有一定等级的西汉墓葬中，据笔者初步统计，至少有50余件（套），多铜质，部分铁质，为组合器具，下为可放炭火的长方斗状炉，炉壁有孔，炉上承托

① 李文信：《辽阳发现的三座壁画古墓》，《文物参考资料》1955年第5期。

② （晋）郭璞注，（宋）邢昺疏、王世伟整理：《尔雅注疏》，上海古籍出版社，2010年，第307页。

③ （清）孙希旦撰，沈啸寰、王星贤点校：《礼记集解》，中华书局，1989年，第744页。

容器，以耳杯居多[①]。关于染炉的形制和种类，上文已作叙述，其大致相当于现在的小火锅，杯中盛汤汁，肉可在杯中经濡染变熟，再蘸拌酱、盐等调味品后食用。

（4）脯腊

《四民月令》载："作脯、腊，以供腊祀。"[②]除用作祭祀品外，脯腊制品更多的是作为食物。脯、腊有较多相似，基本是在加入相关佐料后，通过大量减少食品中的水分，使之相对干燥，易于保存。二者也有区别，肉食及瓜果皆可做脯，肉基本为熟肉，使用的佐料种类多，口味丰富；腊以肉食为主，基本为生食，所用佐料以盐为主体，一些需腌制后风干。秦汉墓葬出土木楬、竹笥木牌、竹简等常有对脯腊的记录。湖南长沙望城坡西汉渔阳墓出土木楬记有牛脯[③]（图四-50：6），长沙马王堆M1、M3出土竹笥木牌及竹简上记有牛脯、鹿脯、弦脯、朊脯、脯梅及羊昔（腊）、昔兔、兔昔等。脯腊制品的实物保存完好者极少，马王堆M1的460号竹笥内有梅核，笥旁有"脯拇（梅）"木牌。

除腊脯制品外，汉代还制作其他一些可存放的肉食，如火腿、膀蹄等。江苏邳州东汉彭城相缪宇墓前室南壁画像中的庖厨间内可能悬挂有火腿、膀蹄，另有一些杀好的家禽等[④]。

3. 调制

以调味为主，使食物美味可口，上文所述蜜糒、蜜糗、粔籹及脯腊食品的制作程序中均涉及调味的内容。另有色和形的搭配等，即在保证味道的前提下，讲求食物种类搭配及食品的盛放或摆放，以求色泽诱人、形态美观。

生食与熟食的制作大都需经调味这一程序，熟食或在煮器中调制，或从煮器中取出后在案俎上或容器中调制，生食的调制则多在容器中。根据食物品种的不同及对味道需求的差异，调制方法会存在差别，使用的调味品种类也不一样，同时还存在调味品使用量及一种和多种调味品的区别，以求达到更好效果。秦汉时期的调味品种类较丰富，涉及的口味有多种。盐必不可少，相关资料发现较多，如河南洛阳五女冢M267出土的一件小陶罐（M267：52）上书有"盐"字[⑤]（图四-53：1），五女冢M267出土的另一件小陶罐（M267：53），腹部朱书"醯"字，醯，即醋，也是调味品的重要内容（图四-53：2）。一些汉墓出土简牍或相关文字中记载的调味

① 刘尊志、包桂红：《汉代铜染炉浅析》，《南方文物》2017年第1期。

② （东汉）崔寔：《四民月令》，石声汉校注：《四民月令校注》，中华书局，1965年，第67页。

③ 长沙市文物考古研究所、长沙简牍博物馆：《湖南长沙望城坡西汉渔阳墓发掘简报》，《文物》2010年第4期。

④ 南京博物院、邳县文化馆：《东汉彭城相缪宇墓》，《文物》1984年第8期。

⑤ 洛阳市第二文物工作队：《洛阳五女冢267号新莽墓发掘简报》，《文物》1996年第7期。

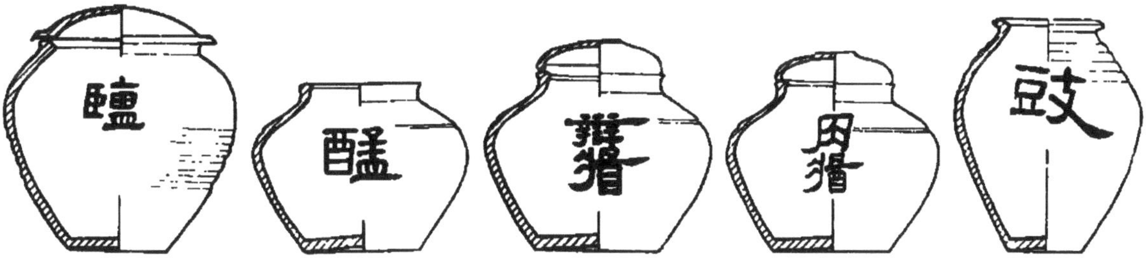

图四 -53 河南洛阳五女冢 M267 出土带文字陶罐

1. M267：52 2. M267：53 3. M267：54 4. M267：50 5. M267：49

品更多。长沙马王堆 M1 出土竹简记有糖、蜜、酱、盐、菽、麴等，M1 出土“唐扶籽粳一笥”、M3 出土“唐扶籽笥”等文字木牌（图四 -50：11），扶籽为荸荠，糖扶籽即是用糖调制成的相关食品。《食方》记载的调味品有盐、酒、美酒（或羔酒）、白酒、肉酱汁、菽酱汁、姜、木兰、茱萸、醯酸等，品种多样[①]。其他如湖北江陵凤凰山 M167 出土的花椒[②]，M168 出土竹笥中保存的生姜、小茴香[③]，长沙马王堆 M1 出土的茱萸、姜、桂皮等[④]。随着中外物质文化交流的发展，大葱、大蒜、芫荽等至迟在汉代传入我国，成为调味品中的重要内容。

（三）副食品加工

副食，与主食相对，配合主食满足饮食的需要，基本是经加工制作而成，反映出食品种类及加工方式、方法的多样性。秦汉时期的副食品主要有酒、酱、豉、豆腐、相关菜类、糖、蜜及糖蜜制品等，涉及的食品加工内容有制酒、制酱、做豉、豆腐制作、生制菜肴及制糖、制蜜与糖蜜食品的制作等。上文涉及的调味品、脯腊制品及部分面食等也可视作副食品，此处不再多叙。

1. 制酒

汉代，制酒原料有谷物和其他植物的根、茎、叶、花、果等。粮食酒常见，河北保定满城 M1 出土陶缸上写有“黍上尊酒”、“黍酒”、“稻酒”等[⑤]。其他植物制作

---

① 湖南省文物考古研究所、怀化市文物处、沅陵县博物馆：《沅陵虎溪山一号汉墓发掘简报》，《文物》2003 年第 1 期。

② 凤凰山一六七号汉墓发掘整理小组：《江陵凤凰山一六七号汉墓发掘简报》，《文物》1976 年第 10 期。

③ 纪南城凤凰山一六八号汉墓发掘整理组：《湖北江陵凤凰山一六八号汉墓发掘简报》，《文物》1975 年第 9 期。

④ 湖南省博物馆、中国科学院考古研究所：《长沙马王堆一号汉墓》，文物出版社，1973 年，第 35、36 页。

⑤ 中国社会科学院考古研究所、河北省文物管理处：《满城汉墓发掘报告》，文物出版社，1980 年，第 126、127 页。

的多称为果酒，如桂酒、菊花酒等，西域葡萄酒及制作方法在当时也已传入我国，但果酒的制造量总体不如粮食酒。文献及考古资料反映出的直接以原料命名的汉代酒有 20 余种，另有以其他方式命名的酒，如冬酿、秋酿、白酒、黄酒、甘酒、香酒，湖南马王堆 M1 出土竹简还记有温酒等。

曲已得到使用，品种多，质量也相对较高。制酒时，粮食中的淀粉经糖化，再经酵母（曲）的作用可形成酒精。因粮食品种与质量不同，酒的口感和味道会存在差异。汉代制酒的方式一是酿造，二是可能有蒸馏的方法。酿造工艺相对简单，基本是发酵产生酒精，而粮食酒的酿造主要是曲酿。蒸馏酒多为粮食酒，制作相对复杂，需经过加热使酒精与水分离，酒的度数也相对较高。江西南昌西汉海昏侯刘贺墓[①]、陕西西安张家堡新莽墓[②]出土的铜蒸馏器（图四 -54），或许都可能用来制作蒸馏酒，但这还需作进一步的实验和考证。

1　　　　　　　　　　2

图四 -54　西汉墓葬出土铜蒸馏器

1. 江西南昌西汉海昏侯刘贺墓出土　2. 陕西西安张家堡新莽墓出土

2. 制酱与做豉

制酱原料多，豆类较常见，另有其他谷物、水果、肉类、鱼虾等，做豉的原料则基本为豆类。

豆类做的酱统称为豆酱，也有豆瓣酱、瓣酱、菽酱等名称，是豆单独或和面粉等混合后，加盐发酵制成，部分还会添加其他佐料，如花椒、姜等，加工后的产品外观基本呈糊状，其他如芘酱（荸荠酱）、肉酱等的加工方法及产品与豆酱基本相

① 江西省文物考古研究所、南昌市博物馆、南昌市新建区博物馆：《南昌市西汉海昏侯墓》，《考古》2016 年第 7 期。

② 西安市文物保护考古所：《西安张家堡新莽墓发掘简报》，《文物》2009 年第 5 期。

似。湖南长沙马王堆M1出土竹笥中，有的盛黑色酱状物，竹简及木牌上记有肉酱、爵（雀）酱、马酱等。江苏徐州狮子山西汉墓出土1件陶瓮肩部阴刻“月（肉）酱”等字，另有容器刻“茈酱”等字[①]。湖北江陵凤凰山M167出土的一些容器盛有肉酱、豆瓣酱等[②]，M168出土竹筒背面墨书“月（肉）酱”等字。河南洛阳五女冢M267出土陶罐亦盛有肉酱，一些小陶罐器壁上还有朱书“瓣酱”（M267：54）（图四-53：3）、“肉酱”（M267：50）等文字（图四-53：4）。制酱过程中，酱汁也得到收集和应用，成为我国早期的酱油，《食方》中记有肉酱汁、菽酱汁等。

关于豉，《释名》载有“五味调和，湏之而成”[③]。一般为煮熟的豆类发酵后制成，又称豆豉，制作过程中加盐，可能还会加入酒或其他佐料。秦汉时期尤其是汉代，豉已普遍食用，生产量也较大，并作为商品买卖，亦有品牌产品，如“鲁门豆豉”等。湖南长沙马王堆M1出土1件带耳陶罐，口部用草和泥填塞，内残存豆豉类食物[④]，简101也记有敊，即豉。河南洛阳五女冢M267出土小陶罐（M267：49），壁上亦有朱书“豉”字（图四-53：5）。

3. 豆腐制作

豆腐是以黄豆为主要原料加工成的食品，营养丰富。传说西汉淮南王刘安曾制作豆腐，但无实物资料证明。河南密县打虎亭M1东耳室南壁可能有表现豆腐制作内容的画像，画面下部左侧有二人浸豆，其右一人磨豆，后有三人滤浆，不见煮浆，最右一人似正在点浆，右侧有1大木箱，其上有木棍，棍左端挂1重物，似通过重力把多余的水分压出，做成豆腐（图四-55）。就该图像反映的制作工艺和过程而言，也可能与家庭酿酒有关。

图四-55　河南密县打虎亭M1出土制作豆腐画像（局部）

① 狮子山楚王陵考古发掘队：《徐州狮子山西汉楚王陵发掘简报》，《文物》1998年第8期。

② 凤凰山一六七号汉墓发掘整理小组：《江陵凤凰山一六七号汉墓发掘简报》，《文物》1976年第10期。

③ （东汉）刘熙：《释名》，中华书局，2016年，第58页。

④ 湖南省博物馆、中国科学院考古研究所：《长沙马王堆一号汉墓》，文物出版社，1973年，第126页。

4. 生制菜肴

一些蔬菜瓜果经淘洗或淘洗后经热水适当氽烫，再用腌、糟、醉、酱、渍、泡等方法，可制成食用菜肴，而汉代已基本掌握以上方法。腌多用盐，并需一定的腌制时间，以求入味，部分食物需腌制的时间较长。糟是用酒或糟制作，醉是用酒泡制，酱为用酱或酱汁腌制，渍是将菜放在相关汁水内经发酵制成，泡即浸泡而成。

制菹是将蔬菜放于盛有盐汁等的密封容器内，经一段时间泡制，入味发酵而成。密封可使蔬菜不腐烂，且能产生香味和酸味，成品又称酢菜，现今有的地方谓之酸菜。用来制菹的容器为双领罐或罐形器，双领较高，中有间隔，双领间加盖注水，使罐内与外界空气隔绝。湖北襄樊老河口九里山西汉 M74 出土 1 件，硬陶质，双口，内口敛，外口侈，圆唇，上为弧顶盂状盖①（图四 -56：1）。江苏扬州邗江郭庄汉墓出土 1 件，器身扁圆，器口扣盖 1 件红陶钵②。湖南衡阳茶山场东汉墓出土的该类器物，双领口，弧形盖有钮③（图四 -56：2）。河南陕县刘家渠④与洛阳涧西⑤、湖南资兴⑥与长沙沙湖桥⑦等地汉墓中也有出土，数量较多。制菹器具分布地区广，时代跨度长，反映出汉代制菹工艺和内容已较流行。湖南长沙马王堆 M1 出土竹简也记有一些菹制食品，简 155 记“笋苴（菹）一资”，笋为蔬菜；简 156 记“瓜苴一资”，制菹的原料为瓜类；简 154 记“襄荷苴一资”，《急就篇》载有“老菁蘘荷冬日藏”，襄荷即蘘荷，

1

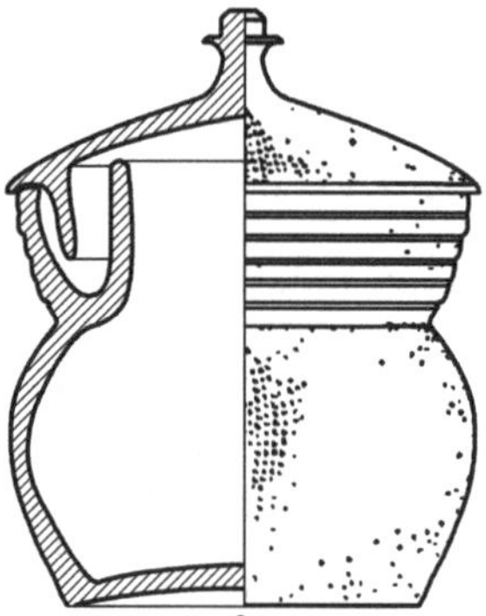

2

图四 -56　汉代墓葬出土双领罐

1. 湖北襄樊老河口九里山西汉 M74 出土　2. 湖南衡阳茶山场东汉墓出土

---

① 襄樊市文物考古研究所、武安铁路复线九里山考古队：《老河口九里山秦汉墓》，文物出版社，2009 年，第 225、226、446 页。

② 扬州博物馆印志华：《扬州邗江县郭庄汉墓》，《文物》1980 年第 3 期。

③ 衡阳市博物馆：《湖南衡阳茶山场东汉至南朝墓的发掘》，《考古》1986 年第 12 期。

④ 黄河水库考古工作队：《河南陕县刘家渠汉墓》，《考古学报》1965 年第 1 期。

⑤ 河南省文化局文物工作队：《一九五五年洛阳涧西小型汉墓发掘报告》，《考古学报》1959 年第 2 期。

⑥ 湖南省博物馆：《湖南资兴东汉墓》，《考古学报》1984 年第 1 期。

⑦ 李正光、彭青野：《长沙沙湖桥一带古墓发掘报告》，《考古学报》1957 年第 4 期。

颜注曰："蘘荷，一名蓴苴，茎叶似姜，其根香而脆，可以为菹，又辟蛊毒。"① 以上说明，制菹原料较多样，且瓜果很常见。制菹在当时较为流行，而这也应是古代人民的一大贡献，在一定程度上改善和丰富了秦汉家庭及其成员的饮食结构。

5. 制糖与制蜜

制糖的原料多为谷物，还可能有其他含糖量较高的植物。关于当时的制糖过程，文献记载为"十月先冰冻，作凉饧，煮暴饴"②。饴糖为主要产品，是将相关原料经糖化熬煮后制成，较黏稠，而有些糖汁经冷却可成相对固态的糖。

蜜基本是对蜂蜜等采集后经加水、加热、去除杂质而成的可食用蜜。

糖与蜜在汉代均已得到普遍食用，并用来加工相关食品。湖南长沙马王堆 M1 出土有"糖笥"木牌（图四 -50：4），简 121 记有"唐（糖）一笥"，M3 出土"唐笥"木牌（图四 -50：10）。二墓出土的竹简和竹笥木牌还记有较多糖制品与蜜制品，如糖扶籽、稻蜜糒、蜜糗等。

（四）食品加工场面

秦汉时期，较多低等级人员家庭的食品加工相对简单，而服务于帝王与其他贵族、官吏与地主阶层家庭的食品加工则较复杂。据记载，汉天子"饮食之肴必有八珍之味"③，而且"甘肥饮美，单天下之味"④。汉代宫廷饮食设有专门的管理机构，食物管理体系完备，有具体的管理和工作人员，且分工明确，有太官、汤官、导官，分主膳食、主饼饵和主择米等，另有众多劳作、服务人员，太官和汤官各有奴婢 3000 人，食品加工场面当较宏大。这一时期，王侯等高级贵族还有一些高级官吏等，饮食方面会在一定程度上效仿宫廷，但场面逊于皇帝。

较多贵族、官吏、地主家庭的日常膳食及宴请宾客时相关的食品加工，虽具体内容和场面不如帝王，但也体现出多人操作、多样工具、多种程序、多类加工方式等特征，相关场面多见于汉代画像石（砖）画像之中。山东沂南北寨东汉画像石墓，中室南壁上横额东段庖厨画像有绘厨房、灶、井及多类器皿，展现了多人抬猪、杀牛、宰羊、烧水、蒸饭、炒菜、备酒等食品加工过程（图四 -57：1）⑤。

---

① （西汉）史游：《急就篇》，管振邦译注、宙浩审校：《颜注急就篇译释》，南京大学出版社，2009 年，第 116、117 页。

② （东汉）崔寔：《四民月令》，石声汉校注：《四民月令校注》，中华书局，1965 年，第 68 页。

③ （西晋）陈寿撰，（南朝宋）裴松之注：《三国志 · 魏书 · 卫觊传》，中华书局，1959 年，第 612 页。

④ （南朝宋）范晔撰，（唐）李贤等注：《后汉书 · 襄楷传》，中华书局，1965 年，第 1082、1083 页。

⑤ 南京博物院、山东省文物管理处：《沂南古画像石墓发掘报告》，文化部文物管理局出版，1956 年，拓片第 35 幅；山东博物馆：《沂南北寨汉墓画像》，文物出版社，2015 年，第 54、55、115 页。

江苏徐州铜山汉王东沿村发现的一块画像石，右侧刻绘庖厨场面，房梁上悬挂鱼和肘肉，1人坐于灶前，手执烧火棍为灶烧火加热正在煮食物，灶上置釜甑，几案上放置盅及耳杯，1人身前置1盆，似在淘洗，还有1人在井旁汲水[①]。东沿村北山丘南侧墓葬发现较多与食品加工相关的石刻画像，第3石上栏右上方悬鹅、猪腿、鱼等，中排左侧1人跽坐，右手操刀，正在俎上切分食物，另1人跪地正在绑缚1狗，下排左侧为灶，灶上架釜、甑，灶前1人跽坐，手持拨火棒（烧火棍）正在烧火，右边有1水井，井旁1人正在摇辘轳汲水，还有2人作捧物行进状（图四-57：2）；第6石下栏刻庖厨图，上部左侧悬挂猪腿和鱼，1人坐于案前，双手在案上操作，左侧置1耳杯，右侧置2壶、1樽，画面右上部悬挂狗，狗的四足被绑缚，尚未宰杀，画面下部从左向右依次有1人跽坐于灶前烧火煮食物，灶上有釜甑，1人前置1樽，正在盛食，有2人各站一侧，面对面持杵捣臼，1人在井前摇辘轳汲水（图四-57：3）；第7、第8石构图相似，画面皆是分上中下三格，第7石上栏左上方悬挂猪腿和鱼，右侧2鸡，雌、雄各1，雄鸡展翅昂首鸣叫，下方1只羊被绑缚，1只狗正昂头前行，右侧前后2人均坐于案前，右手执刀，正在切割食物，俎上置食物，中栏左侧1人正在灶前烧火，右侧1人在井旁摇辘轳汲水，绳端系1水壶，已经放至井口，2人中间置二甑（釜），不远处有碓1、壶2、樽1、耳杯3，第8石中栏刻画的耳杯为4只（图四-57：4、5）；第10石的下格左上方悬挂猪腿、鱼等。左第1人正在灶前烧火，第2人前置一盆，正在和面，第3人立姿伸手，似正在悬挂禽鸟，但从其手中执刀的姿势看，应是取悬挂的动物待分解，而待取的为一只鹿，而非资料中说的禽鸟，第4人正在井边汲水（图四-57：6）[②]。大致来看，东沿村北山丘南侧出土画像石中的庖厨或食品加工场面相对简单，一方面与石材载体体积较小不能完全展开相关内容有关，另一方面也与对应石材使用者身份地位不高、经济实力稍弱有关，体现出的应是中小地主、地方中小官吏或富庶平民阶层家庭中食品加工的场面。山东诸城前凉台东汉墓出土庖厨画像石画像的场面较大且复杂，集宰牲、炊爨、酿造于一石：宰牲有宰猪、击牛、屠狗、刲羊、杀鸡、刮鱼鳞等；炊爨方面，有人劈柴，有人烧火，有人汲水，有人往釜中放物，间有举杵捣臼、抱禽者；画面下有大缸，其上放1木架，上置有盆，似在酿酒；另有一组，有端盘者，有在案上切肉者，有清洗宰好的家禽者，有置架者，还有6人成组烧烤肉串；画面最上还悬挂多种食材，有猪头、鱼、兔及肉块等，画面中还间杂有鸡笼、犬及其他行走的家禽，反映出的食品加工场面较大，且忙碌而有序[③]（图二-83）。

---

① 王黎林、李银德：《徐州发现东汉画像石》，《文物》1996年第4期。

② 徐州博物馆：《徐州发现东汉元和三年画像石》，《文物》1990年第9期。

③ 诸城县博物馆，任日新：《山东诸城汉墓画像石》，《文物》1981年第10期。

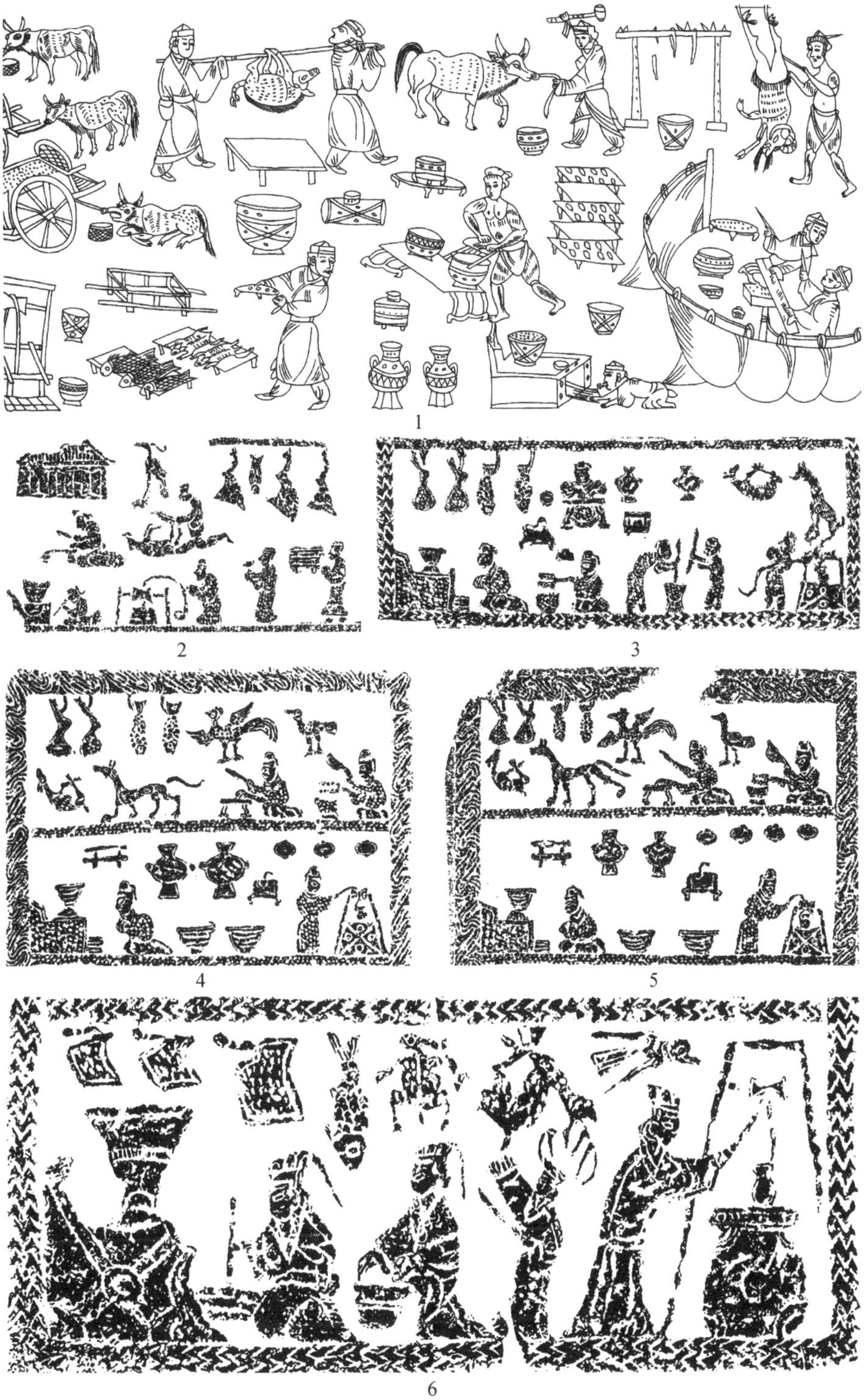

图四-57　出土东汉画像石中的庖厨（食品加工）画像

1. 山东沂南北寨东汉墓中室南壁上横额东段庖厨画像（局部）　2-6. 江苏徐州铜山东沿村北山丘南侧出土画像石画像（2. 第3石　3. 第6石　4. 第7石　5. 第8石　6. 第10石）

（五）食方

除食物品种、相关器具、加工方式外，对食品加工、饮食内容等进行总结的食谱或食经也是衡量某一时期饮食全面发展的一个重要标志。

关于汉代饮食，史书中有所描述。上文有关于皇帝饮食的引证，反映出皇帝家庭的饮食内容，就帝王、贵族、官吏、地主等阶层来讲，还可品味“嘉肴杂醢，三臡七菹，荔支黄甘，寒梨乾榛，沙餳石蜜，远国储珍”[①]等、“嘉肴充圆方，旨酒盈金罍”[②]等饮食场面常见。至于普通百姓，则“食犬彘之食”[③]、“食蔬粝荤茹，腊而后见肉”[④]等。相关书籍还记有一些食品的加工方法，但多数简单，较为零散，不成系统，更不见与食谱或食经等有关的内容。关于高等级人员的食谱或食经，考古资料有所发现，如1995年，湖南沅陵虎溪山发掘的第一代沅陵侯吴阳墓（M1）北边箱出土《食方》竹简，填补了汉代无食经的空缺[⑤]。

《食方》的整简数在300枚以上，现存总字数约2000字，植物性饭食和动物性菜肴分别记录。植物性饭食的烹调加工有7条记录，一般一简记一款操作程序，如中黄饭、下粲饭等。烹制动物性食物的方子多达148条，有为豚胾方、为鸡胾方，还有为鱼鬻方、为牛臑方、为狗荠跐酸羔方等。作为菜肴的肉食原材料有马、牛、羊、鹿、豕、犬、鱼、鹄、鸡、雁、鹨等。根据烹制菜肴的特点，《食方》将动物各部位的肉和内脏分开加工，简文中有牛肩掌、牛北（背）膂、心、肺、膏及鹿胃、鱼肠等，葵、跐、糯米、黍等多作为配料。调味品有多种，包括盐、酒、美酒（或羔酒）、白酒、肉酱汁、菽酱汁、姜、木兰、茱萸、醯酸等。《食方》详细记载了西汉早期沅陵侯府的食品操作内容，一些食物尤其是肉食的烹制方法、操作技术较为讲究，有一定程序，部分程序还很为复杂，记录了2～3简；加工方法分类明确，如宰杀、去毛、处理、反复蒸煮及加入佐料或香辛料使之入味、装盘呈上等，反映出对饮食要求的精益求精。

纵贯两汉，不同地区、不同人群的食物品种及加工方法既存在差异，也有较多的相似之处，《食方》中的菜肴名称和原材料基本见于湖南长沙马王堆M1遣册和随葬品之中，二者体现出的内容大致相同或较为相近，说明《食方》已基本具备后期

---

① （东汉）张衡：《七辩》，张震泽校注：《张衡诗文集校注》，上海古籍出版社，2009年，第298、299页。

② （东汉—魏）王粲：《公宴诗》，张蕾校注：《王粲集校注》，河北出版传媒集团、河北教育出版社，2013年，第23页。

③ （东汉）班固撰，（唐）颜师古注：《汉书·食货志》，中华书局，1962年，第1137页。

④ （西汉）桓宽：《盐铁论·孝养》，王利器校注：《盐铁论校注》，中华书局，1992年，第309页。

⑤ 湖南省文物考古研究所、怀化市文物处、沅陵县博物馆：《沅陵虎溪山一号汉墓发掘简报》，《文物》2003年第1期。湖南省文物考古研究所：《沅陵虎溪山一号汉墓》，文物出版社，2020年，第117、145-153页。

食谱或食经的相关特征，如普遍性和可普及性，因此可视为我国古代早期食谱的雏形，折射出汉代饮食的全面发展。

综合来讲，秦汉时期，食品加工及相关内容获得了较大发展，具体表现为食物品种丰富，有不同种类和用途的工具，加工方式、方法多样且较为讲究，加工过程有相应程序并分类明确，服务于特定家庭及其成员的食品加工场面根据家庭的实力不同，有大有小，或繁或简，出现了记载食品加工的《食方》这一标志性成果等。食品加工的全面发展，体现出汉代家庭物质生活内容在饮食方面的不断丰富和日趋全面，折射出社会的等级差别及宴饮、会客等社会礼俗，反映出汉代社会实业如农业、手工业等的繁荣发展。对外物质文化交流也是其中不可忽视的因素，诸多的外来食品从多方面促进了食品加工方法的创新、改进和完善。可以说，汉代食品加工既有对前代继承的大发展，也有诸多创新或发明，大大促进了膳食内容及营养结构的不断完善，丰富了饮食种类，亦说明汉代人们对于饮食的需求在不断提升。

三、食物品种

《汉书·郦食其传》载："王者以民为天，而民以食为天。"[①] 西汉晁错亦云："人情，一日不再食则饥"[②]。秦汉时期，随着农业、手工业、商业及炊爨、加工食品工具和方法等的发展，人们的饮食结构和内容也得到不断完善和提升，食物的品种日益丰富，且出现一些新的内容并得以推广。关于汉代的食物品种，孙机先生在《汉代物质文化资料图说》一书有过相关论述[③]。下文在已有研究的基础上，对秦汉时期的食物品种作简要叙述。

（一）粮食

为主食的主要原材料，品种较多。据《汉书》等文献，结合考古资料等来看，这一时期用作主食的粮食作物主要有黍、稷、麦、稻、麻、菽、高粱、芋等，另有荞麦、青稞、小豆、豌豆、扁豆、黑豆、胡豆、绿豆、胡麻、鹊纹芝麻等，多为我国传统培育的粮食作物，也有由外引入、并被普遍接受和得到较多种植的品种，如豌豆、扁豆、黑豆、胡豆、绿豆、胡麻、鹊纹芝麻等。有些作物名称较多，如稷，又称粟、禾等，是一种非黏性的小米，陕西米脂官庄画像石墓的门框上绘有 12 株即将成熟的粟[④]；黍则为有黏性的小米，又称秫、糜子、黍子、黄米等；菽一般特

① （东汉）班固撰，（唐）颜师古注：《汉书·郦食其传》，中华书局，1962 年，第 2108 页。

② （西汉）贾谊：《论贵粟疏》，（东汉）班固撰，（唐）颜师古注：《汉书·郦食其传》，中华书局，1962 年，第 1131 页。

③ 孙机：《汉代物质文化资料图说》，文物出版社，1991 年，第 337-341 页。

④ 陕西省博物馆、陕西省文管会：《米脂东汉画像石墓发掘简报》，《文物》1972 年第 3 期。

指大豆，有的也称为黍豆，大豆的名称在西汉《氾胜之书》中已经存在，如“大豆保岁易为”[①]。

与粮食有关的考古资料较多。有的出土品种较少，有的则有多种，而且部分数量较多。根据考古资料，结合出土汉简的记载，两汉时期河西走廊一带的农作物已有小麦、大麦、穬麦、荞麦、糜、谷、米、黍、秫、粟、黍粟、粱粟、青稞、麻子、菻、菽、小豆、黑豆、扁豆、胡豆、豌豆等[②]。湖南长沙马王堆M1出土简牍所记粮食有稻、籼、秫、米、黄粢、白粢、菽、麻等[③]。广西贵县罗泊湾M1出土有稻、秫、大麻、保存有根茎及外壳的芋等[④]。河南洛阳烧沟汉墓出土陶仓的器壁文字中，涉及的粮食有黍、黍米、粱米、稷、粟、麻、稻、白米、大米、大麦、小麦、大豆、小豆等多种[⑤]。江苏泗阳大青墩汉墓东北外藏椁为粮仓，主要盛放稻谷，数量较大，而南外藏椁内还有高粱等[⑥]。陕西西安地区的较多汉墓中有谷物出土，曲江雁湖小区M16的前室西北角及后室北侧棺外东端有谷物两堆，棺内散落少量谷粒，釉陶仓内装有谷物。其他汉墓还有较多发现，品种丰富，如西柞M20∶3为黍，石油M22出土有大豆和小豆，曲春M23出土有粟，三兆M3出土有大麻，三兆M4出土有薏苡等[⑦]（图四-58）。河南洛阳五女冢ⅠM461出土的1件陶罐（ⅠM461∶35），肩部用白粉隶书“豆□□”三字[⑧]，表明其是用来盛豆的，而该墓出土的其他陶仓内盛有稻子、谷、粟和褐色颗粒状谷物。另外，洛阳五女冢M267∶63为陶仓，腹部朱书“大豆万石”四字，也说明这一地区种植有豆类作物[⑨]。

粮食作物的种植有一定的地域性，这也造成并加深了饮食的地域差别。大致看来，北方是以黍、稷、麦为主，南方则以稻米为主，但这并不绝对，南方也种植有北方的黍、麦、菽，北方亦有稻，并在一些地区得到种植，而且种植面积也不断扩

① 万国鼎：《氾胜之书辑释》，农业出版社，1980年，第129页。

② 甘肃省博物馆：《武威磨嘴子三座汉墓发掘简报》，《文物》1972年第12期；甘肃居延考古队：《居延汉代遗址的发掘和新出土的简册》、徐苹芳：《居延考古发掘的新收获》，《文物》1978年第1期；甘肃省博物馆、敦煌县文化馆：《敦煌马圈湾汉代烽燧遗址发掘简报》，《文物》1981年第10期；谢桂华、李均明、朱国炤：《居延汉简释文合校》，文物出版社，1987年；甘肃省文物考古研究所：《甘肃敦煌汉代悬泉置遗址发掘简报》，《文物》2000年第5期；等。

③ 湖南省博物馆、中国科学院考古研究所：《长沙马王堆一号汉墓》，文物出版社，1973年，第154页。

④ 广西壮族自治区博物馆：《广西贵县罗泊湾汉墓》，文物出版社，1988年，第87页。

⑤ 洛阳区考古发掘队：《洛阳烧沟汉墓》，科学出版社，1959年，第156-158页。

⑥ 江苏省大青墩汉墓联合考古队：《泗阳大青墩泗水王陵》，《东南文化》2003年第4期。

⑦ 西安市文物保护考古所：《西安东汉墓》，文物出版社，2009年，第470、473页，彩版三一。

⑧ 洛阳市第二文物工作队：《洛阳五女冢新莽墓发掘简报》，《文物》1995年第11期。

⑨ 洛阳市第二文物工作队：《洛阳五女冢267号新莽墓发掘简报》，《文物》1996年第7期。

图四 -58　陕西西安地区东汉墓出土谷物

1. 曲江雁湖小区 M16 后室前部出土谷物　2. 西柞 M20：3（黍）　3、4. 曲春 M23 出土的粟　5. 三兆 M3 出土大麻　6. 三兆 M4 出土薏苡

大，食用愈发普遍。江苏徐州地处淮河以北，该地区的奎山 M1①、东甸子 M1② 等墓葬内出土相当数量的水稻，说明徐州一带在西汉早期已可能种植水稻。陕西西安市芙蓉南路西汉 M1，耳室北部有一铜盆，铜盆下有稻米颗粒③（图四 -59：1），西安理工大学 M13 出土稻谷保存较好，较多颗粒饱满④（图四 -59：2）。河南洛阳五女冢出土的 1 件陶仓（M267：60），腹部朱书“稻穬”2 字⑤。上述几处地区墓葬出土的稻米，虽不能完全确定或证明这些地区已经种植水稻，但至少可以说明，这些地区的主食中有稻米，而且有些家庭的稻米储藏量较大，部分则用于陪葬，以满足死者在地下继续食用等目的。另外，据史料记载东汉渔阳太守张堪在今顺义引水并组织农民开发稻田 8000 余顷，说明东汉时今北京市顺义一带已经种植水稻⑥且已较具规模。

同一类粮食又可分为许多品种，而且还存在质量上的差别，这也在一定程度上对饮食产生影响。湖北江陵凤凰山 M167 出土简牍记载的稻米有粢米、白稻米、精米、稻糯米、稻粺米等，而且该墓出土 4 束稻穗，出土时色泽鲜黄，穗、茎、叶

① 徐州博物馆：《江苏徐州奎山汉墓》，《考古》1974 年第 2 期。

② 徐州博物馆：《徐州东甸子西汉墓》，《文物》1999 年第 12 期。

③ 西安市文物保护考古研究所、郑州大学考古专业：《长安汉墓》，陕西人民出版社，2004 年，第 699 页。

④ 西安市文物保护考古所：《西安东汉墓》，文物出版社，2009 年，彩版三十一：2。

⑤ 洛阳市第二文物工作队：《洛阳五女冢 267 号新莽墓发掘简报》，《文物》1996 年第 7 期。

⑥ 孙健：《北京古代经济史》，北京燕山出版社，1996 年，第 38 页。

1

2

图四 -59 陕西西安地区汉墓出土稻米

1. 芙蓉南路西汉 M1 耳室北部出土 2. 西安理工大学 M13 出土

图四 -60 河南洛阳烧沟汉墓出土薏苡

等外形保存完好，为粳稻，可能是一季晚稻，品种纯正①。湖南长沙马王堆 M1 出土简牍所记的稻米有稻、秈、米、黄粢、白粢等。河南洛阳烧沟汉墓出土的一些陶壶内满藏小米、薏苡的外壳，大部分保存完好（图四 -60），而很多壶的外壁发现有“白米”、“黍米”、“稻米”等文字②。山东临淄西汉齐王墓陪葬坑出土铜壶、钫、罍等容器上多有“上米”、“下米”等铭文，证明陪葬有不同质量的米③。粟的种植较为广泛，也被广为食用，并且有不同的品种，各地还有着不同的称谓④。

秦汉时期，人们对于粮食的食用方式和内容较为多样，因作物的种植和生长存在地域差异，加之自然条件的不同，对粮食的食用体现出相应的地域特征。南方及西南地区多以稻米为主，黄淮及以北地区则多以粟、麦食为主。但南、北两地区的相关食物也存在交流和互动，如南方有饼食等，北方也见稻米，同时还引进了少数民族乃至其他国家和地区的饮食内容和方式。大致来看，秦汉时期关于粮食的食用

① 凤凰山一六七号汉墓发掘整理小组：《江陵凤凰山一六七号汉墓发掘简报》，《文物》1976 年第 10 期。

② 洛阳区考古发掘队：《洛阳烧沟汉墓》，科学出版社，1959 年，第 101 页。

③ 山东省淄博市博物馆：《西汉齐王墓随葬器物坑》，《考古学报》1985 年第 2 期。

④ 中国社会科学院考古研究所：《中国考古学·秦汉卷》，中国社会科学出版社，2010 年，第 557 页。

方式和内容主要包括以下几种。

1. 蒸煮干饭

稷、黍、麦、稻等均可以煮成干饭。以稷、黍、稻做的干饭称为米饭，粟米饭较普遍，用麦做成的饭则称为麦饭，亦较常见。另外还有火炒的粟饭，称为糗，吃时多就水、浆或羹等，以便于下咽。

2. 羹与粥、稀汤

羹食是当时的主要食品，除肉羹、菜羹外，还有以粮食为原料做成的羹、黍、稷、稻、粱等均可做羹。湖南长沙马王堆 M1 出土竹简记录的羹即为稻米做成的白羹等，而且一些粮食会与肉共同制成羹，如牛白羹、鸡白羹、鲼白羹等[①]。

粮食在水中经熬煮可做成粥或稀汤，稠者为粥，稀者为汤，黍、稷做成的粥或稀饭在我国北方民间饮食中占有较为重要的地位。

3. 饼

关于饼食，《急就篇》载有“野人农夫”常食“饼饵麦饭甘豆羹”[②]。唐代欧阳询修辑的《艺文类聚·食物部》中引《三辅旧事》曰：“太上皇不乐关中，高祖徙丰沛屠儿沽酒卖饼商人”[③]，说明在秦及西汉初期，丰沛一带可能已流行做饼。饼是由谷物粉面制成的食品，其逐渐普及和流行与粮食加工技术的改进和发展有着密切关系。杵臼、碓可以对粮食进行粗加工，而磨的推广使用，则可将粮食加工成面粉，促进了面食的全面发展，而据目前资料，西汉初期，磨已渐普及，上文已述。饼食作为面食的主体，改变了以食用干饭或粥为主的饮食习惯，而且饼的存放时间相对较长，易于携带，也给当时人们带来较大方便。秦汉时期，饼的品种较为丰富，现在所说的面、点、糕、饼在当时基本统称为饼，这些食品的制作方法有诸多差异，而且做熟的方式及添加的原料也有诸多不同。如水煮的“汤饼”、笼蒸的“蒸饼”、火烤的“炉饼”等，因制作及添加原料的不同，三者又各包含很多种类，“汤饼”有豚皮饼、细环饼、截饼、鸡鸭子饼、煮饼等，“蒸饼”有白饼、蝎饼等，“炉饼”有烧饼、胡饼、髓饼等。芝麻是从西域传入的，胡饼需在要烤的饼上撒上芝麻，这样烤出的饼十分香脆，所以在当时颇受欢迎，东汉晚期，胡饼已得到极大普及。髓饼是以动物的油脂作为添加料，和面制成饼，口感香而不腻又具有营养。考古资料中，湖南长沙马王堆 M1 出土的食奁内盛饼状类食物，而该墓出土的竹简对饼食记录更

① 湖南省博物馆、中国科学院考古研究所：《长沙马王堆一号汉墓》，文物出版社，1973 年，第 131、132 页。

② （西汉）史游：《急就篇》，管振邦译注，宙浩审校：《颜注急就篇译释》，南京大学出版社，2009 年，第 113 页。

③ 佚名撰，张澍辑，陈晓捷注：《三辅旧事》，三秦出版社，2006 年，第 15 页。

多，有稻食、麦食、黄粢食、白粢食、粔籹、稻蜜糒、稻糒、赖颓、白颓等[①]；新疆鄯善三个桥墓出土的木盘、陶钵中，有圆饼形或不规则形状的糜谷类食品[②]。发酵技术逐渐发展成熟，并得到进一步推广，当时的人已可蒸制馒头和制作相关糕点，如黍、米等粮食可以制成各种糕点。包馅面食在考古发掘中也有发现，新疆尉犁县营盘墓地 1999 年发掘的 M8 中出土 1 件木圆盘内即盛包馅面食等[③]。

4. 相关熟食

很多的粮食还被加工成其他熟食用于食用。湖南长沙马王堆 M3 西椁箱出土的竹笥中有的盛僕足、白粳、菽等粮食制作的熟食，竹笥木牌文字反映的还有熟菽等[④]。湖北江陵凤凰山 M167 随葬的 1 件大漆盒内盛黍稷之类的食品[⑤]。新疆尉犁县营盘 M22、M8 及民丰县尼雅遗址 95MNI 号墓地 M8 出土木盆内盛粟黍类食物[⑥]。

5. 酿酒及其他加工品

秦汉时，黍、稻等较多的粮食等均可酿成酒。粮食酒的制作原理是粮食中的淀粉经糖化，再经酵母作用形成酒精，因原料不同，粮食酒散发的气味或品尝时的口感有着不同的香味或绵醇度，《淮南子·说林》载："清醠之美，始于耒耜。"[⑦]较多秦汉墓葬出土的器物上有"酒"字，一方面表明该类器物是盛酒的，另一方面也说明酒在这一时期已相对普遍，是家庭饮食内容的组成之一。据上文，河北满城 M1 出土陶缸上所书文字多有"酒"字，而且有黍酒、稻酒等不同种类[⑧]，另如河南洛阳五女冢Ⅰ M461 出土的 1 件陶瓮（Ⅰ M461：18），肩上弦纹间以连弧纹，并用白粉隶书"酒一石"三字[⑨]。这一时期还可能开始制作蒸馏酒，另外还有较多的果酒。这

---

① 湖南省博物馆、中国科学院考古研究所：《长沙马王堆一号汉墓》，文物出版社，1973 年，第 88、126、154、155 页。

② 新疆文物考古研究所、新疆大学历史系、吐鲁番地区博物馆、鄯善县文化局：《新疆鄯善三个桥墓葬发掘简报》，《文物》2002 年第 6 期。

③ 新疆文物考古研究：《新疆尉犁县营盘墓地 1999 发掘简报》，《考古》2002 年第 6 期。

④ 湖南省博物馆、湖南省文物考古研究所编著：《长沙马王堆二、三号汉墓》，文物出版社，2004 年，第 43、198 页。

⑤ 凤凰山一六七号汉墓发掘整理小组：《江陵凤凰山一六七号汉墓发掘简报》，《文物》1976 年第 10 期。

⑥ 新疆文物考古研究所：《新疆尉犁县营盘墓地 1995 年发掘简报》，《文物》2002 年第 6 期；《新疆民丰县尼雅遗址 95MNI 号墓地 M8 发掘简报》，《文物》2001 年第 1 期。

⑦ （西汉）刘安等：《淮南子》，何宁：《淮南子集释》，中华书局，1998 年，第 1216 页。

⑧ 中国社会科学院考古研究所、河北省文物管理处：《满城汉墓发掘报告》，文物出版社，1980 年，第 126、127 页。

⑨ 洛阳市第二文物工作队：《洛阳五女冢新莽墓发掘简报》，《文物》1995 年第 11 期。

一时期墓葬内的壁画、画像及墓外祠堂等的画像中皆有饮酒图，表明饮酒在家庭生活中十分普遍，而较多盛酒器、饮酒器、温酒器等的出土，亦很好地说明秦汉家庭日常生活中的饮食与酒存在较为密切的关系。较难能可贵的是，一些秦汉墓葬中还出土有酒的实物，陕西省西安市北郊枣园大型西汉墓（M1）侧室内陪葬较多与饮食有关的铜质器具如鼎、锺、钫、勺，另有陶茧形壶等，其中的2件鎏金铜锺均为酒容器，1件铜锺（M1∶11）内存留有26公斤透明的翠绿色液体，开盖后，酒香扑鼻，此次发现的西汉酒，酒色翠绿，清澈透明，酒香浓郁，是迄今所知保存最好、存量最多的古酒，经测定，其中酒精含量为0.1%，还含有酒类基本组成中的正丙醇、异丁醇、异戊醇、β-苯乙醇等微量物质[①]（图四-61）。

一些粮食除酿成香味浓郁的美酒之外，也可加工成其他食品。湖南长沙马王堆M3出土竹笥木牌文字反映的粮食和植物类食品的原料有椒、粟或稷、米、麦等，制作的成品既有㒓（饼类），也有唐（糖）、居女等[②]。

6. 酱、豉及豆腐

一些粮食可经特殊工艺加工成酱、豉等，可能还有豆腐，最常见的原料为豆类。酱食用普遍，秦代或先秦已有，汉代多用豆单独或配上面粉等加盐发酵制成，所以统称为豆酱。酱汁又称酱油，还有的称为菽酱汁，西汉已有，东汉较为普遍。豉多为豆豉，已十分普及。豆腐在汉代可能已有制作，这对于家庭中人员的饮食来讲主要有两点好处，一是增加了美味，而豆腐又可与多种食材搭配，增加了菜品种类，使得饮食或食品内容得到增添，二是豆腐营养丰富，不仅可改善家庭成员的膳食结构，还可让成员在食用后充分吸收豆类的营养。

7. 其他

汉景帝阳陵的从葬坑出土较多农作物如稻、麦、谷、糜子等的种籽，还发现有20多粒类似花生的植物种子，这些种子保留了完整清晰的外形，与现今常见的花生极为相似，经专家鉴定，基本确认为花生[③]。花生既可生食，也可加工做熟后食用。

（二）蔬菜

秦汉时期，可食用的蔬菜已有很多，《急就篇》即列举13种菜[④]。湖南长沙马王

---

① 西安市文物保护考古所：《西安北郊枣园大型西汉墓发掘简报》，《文物》2003年第12期。

② 湖南省博物馆、湖南省文物考古研究所：《长沙马王堆二、三号汉墓》，文物出版社，2004年，第198-200页。

③ 冯国、许祖华：《陕西考古发现2100年前花生》，《西部时报》2007年10月12日第2版。

④ （西汉）史游：《急就篇》，管振邦译注，宙浩审校：《颜注急就篇译释》，南京大学出版社，2009年。

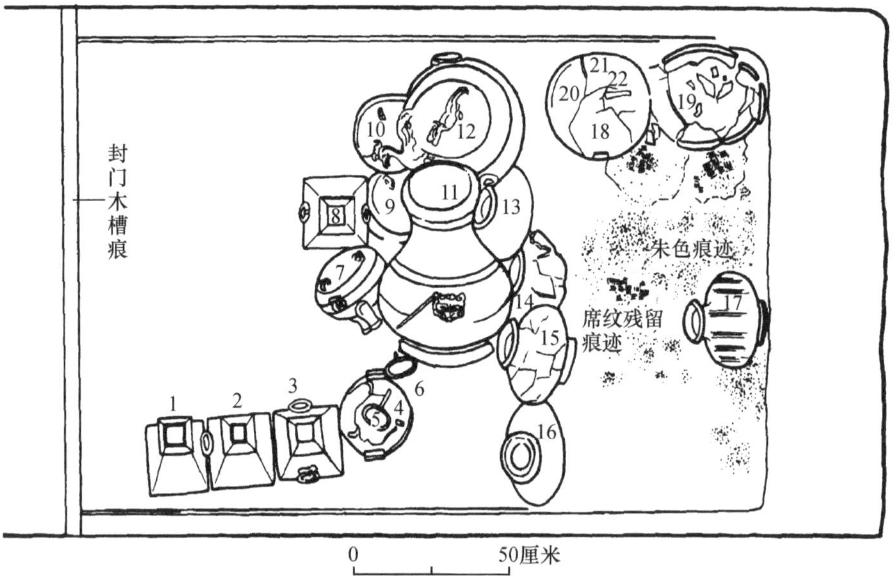

1

2

3

图四-61 陕西西安市北郊枣园大型西汉墓（M1）侧室内陪葬物品、所出铜锺及盛酒
1. M1侧室内出土遗物分布图 2.铜锺（M1：11） 3.铜锺中的酒

堆M1出土的5件笥内有植物茎叶与动物残骨共存，推测植物茎叶应属蔬菜类食物，而且该墓还出土有葵籽、芥菜籽、蕹菜籽及藕片半鼎等，出土简牍中记载的蔬菜则有笋、藕、芋、蘘荷、赖等①。葵在当时为普遍食用的菜，种植地域较广，居延汉简

① 湖南省博物馆、中国科学院考古研究所：《长沙马王堆一号汉墓》，文物出版社，1973年，第80、111、154页。

记述当时某亭治园时，种植的 12 畦菜中，7 畦为葵，5 畦种有葱和韭菜，简文记载的蔬菜还有芜菁、荠菜、姜、苜蓿等[①]。葱和芫荽均由外传入，既可作菜，又可作调味之用，而苜蓿、黄瓜也是传入品，广西贵县罗泊湾 M1 即出土有苜蓿和黄瓜[②]。据考古资料，江苏徐州及周边地区的汉代蔬菜主要有葵、芹菜、芜菁、芋、葫芦、荸荠等[③]。徐州狮子山汉墓出土小陶瓮（E1∶64）肩部所刻文字为“此酱二石食官第二”、“目”、“食官三石”、“十”、“食官”等，此酱，即荸荠酱[④]（图四 -62：1），表明相关蔬菜品种中有荸荠。芜菁又称蔓菁，新疆尼雅遗址的房舍遗存中发现有干蔓菁[⑤]。《汉书》、《后汉书》等文献中也常见政府鼓励种植芜菁的记载。河南洛阳五女冢新莽时期墓葬出土的 1 件陶仓（M267∶61）上书有“无清”（图四 -62：2），推测为“芜菁”[⑥]。广东广州西汉南越王墓西耳室[⑦]、广西贵县罗泊湾 M1 椁室内均发现有葫芦[⑧]。广西罗泊湾 M1 椁室中还发现有冬瓜子，经鉴定为粉皮冬瓜子[⑨]。江苏邗江汉墓出土有

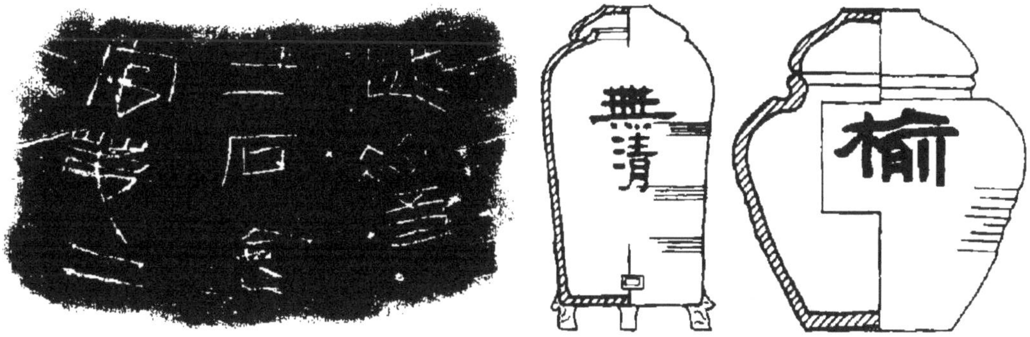

1　　2　　3

图四 -62　汉代墓葬出土陶器上与蔬菜有关的文字

1. 江苏徐州狮子山西汉墓出土小陶瓮（E1∶64）肩部所刻文字　2. 河南洛阳五女冢新莽时期墓葬出土陶仓（M267∶61）上“无清”文字　3. 河南洛阳五女冢Ⅰ M461 出土陶罐（Ⅰ M461∶34）及肩部白粉隶书“榆”字

---

① 甘肃居延考古队：《居延汉代遗址的发掘和新出土的简册》；徐苹芳：《居延考古发掘的新收获》，《文物》1978 年第 1 期；谢桂华、李均明、朱国炤：《居延汉简释文合校》，文物出版社，1987 年。

② 广西壮族自治区博物馆：《广西贵县罗泊湾汉墓》，文物出版社，1988 年，第 87 页。

③ 刘尊志：《徐州汉墓与汉代社会研究》，科学出版社，2011 年，第 228 页。

④ 狮子山楚王陵考古发掘队：《徐州狮子山西汉楚王陵发掘简报》，《文物》1998 年第 8 期。

⑤ 史树青：《新疆文物调查随笔》，《文物》1960 年第 6 期。

⑥ 洛阳市第二文物工作队：《洛阳五女冢 267 号新莽墓发掘简报》，《文物》1996 年第 7 期。

⑦ 广州市文物管理委员会、中国社会科学院考古研究所、广东省博物馆：《西汉南越王墓》，文物出版社，1991 年，第 138 页。

⑧ 广西壮族自治区博物馆：《广西贵县罗泊湾汉墓》，文物出版社，1988 年，第 87 页。

⑨ 叶静渊、俞为洁：《汉墓出土“西瓜子”再研究》，《东南文化》1991 年第 1 期。

芥菜籽、蕹菜籽，另有菠菜籽等[①]。笋在南方已成为食用蔬菜，长沙马王堆M1出土简牍中有记载，罗泊湾M1出土简牍也记载有竹笋腌制的酢菜[②]。萝卜在汉代也得到食用，甘肃泾川东汉早期墓出土陶灶面上陶釜周侧有凸起的萝卜、蒜头（或为厨铲）、肉钩等[③]。

大致来看，这一时期的蔬菜有根茎类、茎叶类、瓜果类，另有葱蒜类等。考虑到考古发现的多为蔬菜的种籽，推测它们中的大部分是人工栽培的。需作说明的是，还有很多野菜在这一时期也得到食用。如河南洛阳五女冢ⅠM461出土的1件陶罐（ⅠM461：34），肩部用白粉隶书“榆”字[④]（图四-62：3）。“榆”字或代指榆钱，为榆树的翅果，一般是春天榆树发芽时长成，经加工可食用，新鲜的榆钱在采摘后即可食用，亦可晾晒风干之后在其他季节食用，可视为蔬菜的一种。推测该罐中盛放的可能为晒干的榆钱，既是陪葬物品，也是思想上希望死者在地下继续享用的体现。限于资料和篇幅，其他不再叙述。

另外，较多蔬菜有时会作为食物的配料，据湖南沅陵虎溪山M1出土《食方》记载，葵、芘等即多作配料使用[⑤]。

（三）水果

秦汉时期，可以食用的水果种类很多，既有我国本土原产的水果，也有直接由外传入或传入后栽培的多个水果品种。

我国原产水果主要有桃、梨、枣、酸枣、杏、李、柿、梅、杨梅、青杨梅、仁面、罗浮楞、广东含笑栗、枇杷、橘子、柑橘、柚、荔枝、桑椹、银杏、松子及香瓜、甜瓜、菱角等，一些史书中所称“好枣”、“好杏”、“好栗”、“好梨”等应是较为优良的品种。湖南沅陵虎溪山沅陵侯吴阳墓的边箱出土较多水果，有桃、梨、梅等，并配有盛放水果的器皿[⑥]。长沙马王堆M1出土简牍文字中涉及的果品有枣、梨、梅、杨梅、棺等[⑦]。长沙马王堆M3出土竹笥木牌上文字反映的水果种类有枇杷、梨、枣、橙和柚等[⑧]。江苏徐州小龟山楚王墓内一水井中发现枣、酸枣、桃、

① 扬州博物馆：《扬州西汉“妾莫书”木椁墓》，《文物》1980年第12期。

② 广西壮族自治区博物馆：《广西贵县罗泊湾汉墓》，文物出版社，1988年，第86页。

③ 刘玉林：《甘肃泾川发现一座东汉早期墓》，《考古》1983年第9期。

④ 洛阳市第二文物工作队：《洛阳五女冢新莽墓发掘简报》，《文物》1995年第11期。

⑤ 湖南省文物考古研究所、怀化市文物处、沅陵县博物馆：《沅陵虎溪山一号汉墓发掘简报》，《文物》2003年第1期。

⑥ 湖南省文物考古研究所、怀化市文物处、沅陵县博物馆：《沅陵虎溪山一号汉墓发掘简报》，《文物》2003年第1期。

⑦ 湖南省博物馆、中国科学院考古研究所：《长沙马王堆一号汉墓》，文物出版社，1973年，第155页。

⑧ 湖南省博物馆、湖南省文物考古研究所：《长沙马王堆二、三号汉墓》，文物出版社，2004年，第200页。

梅、杏、李六种果核[①]，邳州出土的一块画像石上刻有两株银杏树[②]。湖北云梦大坟头西汉初年墓葬出土有甜瓜子、李子核[③]，江陵凤凰山西汉墓出土的一些竹篓内盛有杨梅等[④]，江陵凤凰山M167出土竹笼盛有栗、梅、李等的果核。河南永城黄土山M2主室内出土有板栗、菱角、松子等[⑤]。安徽六安双墩M1出土不少植物种子，有属于果实类的板栗（图四-63：1）、瓜类种子、红枣（图四-63：2、3）及不知名的果实

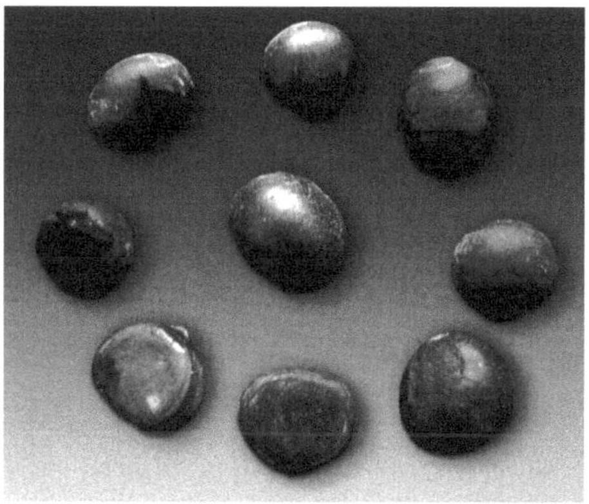

1

2

3

4

图四-63 安徽六安双墩M1出土水果

1. 板栗 2. 瓜类种子 3. 红枣 4. 西瓜子

① 南京博物院、铜山县文化馆：《铜山龟山二号西汉崖洞墓》，《考古学报》1985年第1期，简报附录有江苏省植物研究所左大勋先生的鉴定报告。

② 姚景洲、贾庆华：《邳州车夫山汉画像石》，《东南文化》1999年第2期；贾庆华：《邳州汉画像石概述》，徐州市两汉文化研究会编：《两汉文化研究·第三辑》，文化艺术出版社，2004年，第389-396页。

③ 湖北省博物馆：《云梦大坟头一号汉墓》，文物编辑委员会编：《文物资料丛刊·第四辑》，文物出版社，1981年，第1-28页。

④ 长江流域第二期文物考古工作人员训练班：《湖北江陵凤凰山西汉墓发掘简报》，《文物》1974年第6期。

⑤ 河南省文物考古研究所、永城市文物旅游管理局：《永城黄土山与酂城汉墓》，大象出版社，2010年，第78页。

等，有些果实的果肉仍未腐朽，色泽鲜艳[①]。关于荔枝，史载汉武帝建扶荔宫，在今陕西试种荔枝。广西合浦堂排M2出土铜锅内盛有荔枝[②]。广西贵县罗泊湾M1椁室出土有香瓜、橘子、李、梅、青杨梅、仁面、罗浮栲、广东含笑栗等，M2后室出土有青杨梅、李、瓜子等[③]。

由外输入或在我国境内开始普遍栽种的水果有葡萄、胡桃（核桃）、石榴、无花果、橄榄、番木瓜、西瓜、胡瓜等。新疆尉犁县营盘墓地1999年发掘的M6、M7、M8、M13等出土有葡萄，M6出土的为葡萄干，M33出土有核桃，一些还伴出有桃子、梨等[④]。江苏徐州北洞山西汉楚王墓附属建筑的第6室内也发现有葡萄[⑤]，该墓的时代为西汉早期，早于张骞出使西域的年代，说明张骞通西域之前，葡萄已传入我国。石榴、橄榄虽皆为传入的水果品种，但也是在张骞出使西域之前便已在我国境内开始种植。据湖南长沙马王堆汉墓出土的医典记载，早在西汉以前我国已栽种石榴。西汉早期的贵县罗泊湾M1、M2均出土有橄榄，M1有橄榄、乌榄，伴出的还有番木瓜等[⑥]。广州汉墓中，西汉中期的M2050、2060出土有乌榄、橄榄；东汉前期的M4013出土有橄榄，M4029出土有乌榄、橄榄[⑦]，或可说明岭南一带在两汉时种植橄榄已较为普遍。关于汉代尤其是西汉时我国有无西瓜，学界存在争论，安徽六安双墩M1出土的西瓜子（图四-63：4），证实了西汉时我国已有西瓜。

（四）饲养动物

秦汉时期的肉食主要来源于人工饲养的畜、禽类动物。包括马、牛、羊、猪、犬等家畜及鸡、鸭、鹅等家禽，另外西北地区还饲养有驴、骡、骆驼等牲畜。山东诸城前凉台东汉墓出土的庖厨画像中有宰牛、羊、猪及杀鸡、屠狗等图像，也见悬挂有龟、鱼、雁、鸟、兔、猪头及不同动物的腿肉等内容[⑧]。江苏徐州铜山汉王东沿村出土第3石所绘房屋内上方悬挂鹅、猪腿、鱼等，有人绑狗待杀；第6石有悬挂的猪腿和鱼，还有一只被悬挂的动物，可能为狗，四足被绑缚，尚未被宰杀[⑨]。湖南

① 安徽省文物考古研究所、安徽省六安市文物局：《安徽六安双墩一号汉墓发掘简报》，安徽省文物考古研究所、安徽省考古学会编：《文物研究·第17辑》，科学出版社，2010年，第107-123页。

② 蒋延瑜：《广西汉代农业考古概述》，《农业考古》1981年第2期。

③ 广西壮族自治区博物馆：《广西贵县罗泊湾汉墓》，文物出版社，1988年，第87、111页。

④ 新疆文物考古研究：《新疆尉犁县营盘墓地1999发掘简报》，《考古》2002年第6期。

⑤ 徐州博物馆、南京大学历史系考古专业：《徐州北洞山西汉楚王墓》，文物出版社，2003年，第142页。

⑥ 广西壮族自治区博物馆：《广西贵县罗泊湾汉墓》，文物出版社，1988年，第87、111页。

⑦ 广州市文物管理委员会、广州市博物馆：《广州汉墓·上册》，文物出版社，1981年，第249、250、357页。

⑧ 诸城县博物馆，任日新：《山东诸城汉墓画像石》，《文物》1981年第10期。

⑨ 徐州博物馆：《徐州发现东汉元和三年画像石》，《文物》1990年第9期。

沅陵虎溪山 M1 出土的《食方》中提及可作为菜肴的肉食原材料有家养畜禽类中的马、牛、羊、豕、犬、鸡，另有牛肩掌、牛北（背）膂、心、肺、胄等分割好的肉食及动物器官。

家庭饲养家禽、家畜，一方面可用动物看家护院，与家庭成员为伴，便于食用禽卵，用于积肥攒粪，创造经济效益；第二方面是为家庭饮食提供肉源，便于改善饮食，招待宾客；第三方面是可以取一些动物的毛皮作为家用或其他用途。提供肉源和家庭饮食密切相关，这也是秦汉时期家庭尤其是有一定等级地位或经济实力家庭饲养家禽、家畜的重要原因，并成为家庭产业的组成内容之一。关于饲养动物的宰杀，上文已有相关叙述，而有关的考古资料还有很多。河南济源西窑头村西汉末年 M10 出土的陶宰杀俑也很好体现出宰杀家畜的内容，一件为宰羊俑，在一方形平台的一角及另一侧各竖一带杈的木桩，其上倒放一只已放血被杀死的羊，一人在羊的后腿部所割出的小口位置，全力吹气，这样可使得羊皮鼓胀起来，而木桩上的羊恰恰就是这个状态，而平台上还趴有一只小狗，场面真实自然，塑造逼真生动，生活气息浓厚（图四 -64：1），相关方法便于剥除下来相对完整的羊皮，即使不要羊皮，也可利于褪毛，杀猪时就常常使用这种方法褪毛；一件为宰猪俑，四柱形足的长方形案几上侧卧一四肢被捆绑的肥猪，一人手前伸似按猪身，右手持一长匕，作宰杀状（图四 -64：2）；一件为杀鸡俑，一人上身着无袖衣，下身着宽短裤，腰系围裙，跪在地上，左手持一似已宰杀褪过毛的鸡，右手握一长匕，上身前倾，作宰割状[①]（图四 -64：3）。这三件宰杀俑，一方面对上文所述秦汉家庭在食品加工方面的动物宰杀内容是较好的补充说明，尤其是技术和方法方面，对后世一直都存在影

1

2

3

图四 -64　河南济源西窑头村西汉末年 M10 出土陶宰杀俑

1. 宰羊俑　2. 宰猪俑　3. 杀鸡俑

① 李彩霞、陈良军：《济源新出土一件斗犬俑》，《中原文物》2004 年第 3 期；胡成芳：《河南济源出土的几件釉陶俑》，《考古与文物》2007 年第 1 期；李彩霞：《济源西窑头村 M10 出土陶塑器物赏析》，《中原文物》2010 年第 4 期。

响，现今一些农村家庭杀猪宰羊和杀鸡的方法还与之较为接近；第二方面是反映出秦汉时期家庭饲养动物与获取肉食时的方法，即根据需求宰杀家禽或家畜；第三方面体现出家庭在获取肉食的同时还有对动物毛皮的处理，宰羊俑和有关画像表现得较突出，上文所述山东沂南北寨东汉墓出土庖厨画像中，即有一人正在剥羊皮，这与家庭生活关系密切，而且该宰羊俑在平台上搭配了一只小狗，体现出的家庭生活内容更为生动和写实。

大致来看，与家庭饲养动物相关的食品可分为五类。

1. 肉食。部分为纯肉，汉代壁画和画像石画像中常见有切肉、烤肉图。山东诸城前凉台东汉墓出土的庖厨画像中有切肉者，有串肉者，还有烤肉者。部分肉与骨连在一起，因肉不易保存，考古发掘出土的实物中常见相关骨骼。汉景帝阳陵的外藏坑中发现有羊、黄牛等的骨骼①。史书中有秦汉时食狗肉的记载②，有关墓葬亦有发现，江苏徐州土山 M3 墓道近封门处出土一奁形罐内有较多狗骨，推测或为食用后的遗留③。北京大葆台 M1 出土的瓮、壶等中多发现有动物骨骼，经鉴定，有猪、鸡、雉、猫、兔、鸿雁和鲤鱼等，M2 出土陶罐中有不少肉已烂完的动物骨骼，鉴定为鸡和猪骨等④。河南永城黄土山 M2 主室内出土有兽骨，包括食肉和食草动物的头骨以及大型动物的肢骨、肋骨等⑤。河北满城 M1 的主室棺床前漆盘中发现乳猪骨架 1 具，骨上有经火烧烤的痕迹⑥。山东章丘市洛庄汉墓陪葬坑中，K3 出土用草编袋包裹，并用封泥封存的动物骨骼，主要是羊和猪的腿骨⑦（图四 -65）。湖北江陵凤凰山西汉 M8、M10 填土中出土的竹笥内尚存有鸡、牛、兔骨和瓜子⑧。新疆地区的一些汉墓出土木盘中盛有羊腿骨、羊肉、羊头及其他羊骨等⑨，民丰县东汉合葬墓出土有小羊骨架一

① 陕西省考古研究院：《汉阳陵帝陵东侧 11—21 号外藏坑发掘简报》，《考古与文物》2008 年第 3 期；胡松海、杨武站：《汉阳陵帝陵陵园外藏坑出土的动物骨骼及其意义》，《考古与文物》2010 年第 5 期。

② 《汉书·樊哙列传》载："樊哙，沛人也，以屠狗为事。"师古曰："时人食狗亦与羊豕同，故哙专屠以卖。"（东汉）班固撰，（唐）颜师古注：《汉书》，中华书局，1962 年，第 2067 页。

③ 刘尊志：《徐州汉墓与汉代社会研究》，科学出版社，2011 年，第 228 页。

④ 大葆台汉墓发掘组、中国社会科学院考古研究所：《北京大葆台汉墓》，文物出版社，1989 年，第 63、73 页。

⑤ 河南省文物考古研究所、永城市文物旅游管理局：《永城黄土山与酂城汉墓》，大象出版社，2010 年，第 78 页。

⑥ 中国社会科学院考古研究所、河北省文物管理处：《满城汉墓发掘报告》，文物出版社，1980 年，第 30 页。

⑦ 济南市考古研究所、山东大学考古系、山东省文物考古研究所、章丘市博物馆：《山东章丘市洛庄汉墓陪葬坑的清理》，《考古》2004 年第 8 期。

⑧ 长江流域第二期文物考古工作人员训练班：《湖北江陵凤凰山西汉墓发掘简报》，《文物》1974 年第 6 期。

⑨ 新疆文物考古研究所、新疆大学历史系、吐鲁番地区博物馆、鄯善县文化局：《新疆鄯善三个桥墓葬发掘简报》，《文物》2002 年第 6 期；新疆文物考古研究：《新疆尉犁县营盘墓地 1999 发掘简报》，《考古》2002 年第 6 期。

图四 -65　洛庄汉墓 35 号陪葬坑遗物出土情况（西—东）

副，分放在两个木碗内[①]。

2. 一些为加工的肉制品，如脯、腊肉、火腿、膀蹄等。湖南地区发现的一些等级较高墓葬如湖南马王堆 M1、M3 等中见有“脯”字的遣册，一些为牛脯、羊脯等，而从出土竹简的记载来看，还有昔（腊）肉。江苏邳州燕子埠东汉彭城相缪宇墓前室南壁画像中的庖厨间内即悬挂有火腿、膀蹄和一些杀好的家禽等[②]。

3. 很多肉还被用来做酱，汉代直接称之为“肉酱”。江苏徐州狮子山西汉楚王墓出土的 1 件陶瓮肩部阴刻有“月（肉）酱”等文字[③]。湖北江陵凤凰山 M168 出土竹简背面有墨书的“月（肉）酱”等字[④]，江陵凤凰山 M167 出土的一些容器内盛放肉酱[⑤]。河南洛阳五女冢新莽时期的 M267 出土陶罐上有“肉酱”二字[⑥]。

4. 肉还可以用来做羹。从湖南长沙马王堆 M1 出土竹简记录文字看，有羊、猪、狗、鸡、牛肉羹[⑦]。

---

① 新疆维吾尔古治区博物馆：《新疆民丰县北大沙漠中古遗址墓葬区东汉合葬墓清理简报》，《文物》1960 年第 6 期。

② 南京博物院、邳县文化馆：《东汉彭城相缪宇墓》，《文物》1984 年第 8 期。

③ 狮子山楚王陵考古发掘队：《徐州狮子山西汉楚王陵发掘简报》，《文物》1998 年第 8 期。

④ 纪南城凤凰山一六八号汉墓发掘整理组：《湖北江陵凤凰山一六八号汉墓发掘简报》，《文物》1975 年第 9 期。

⑤ 凤凰山一六七号汉墓发掘整理小组：《江陵凤凰山一六七号汉墓发掘简报》，《文物》1976 年第 10 期。

⑥ 洛阳市第二文物工作队：《洛阳五女冢 267 号新莽墓发掘简报》，《文物》1996 年第 7 期。

⑦ 湖南省博物馆、中国科学院考古研究所：《长沙马王堆一号汉墓》，文物出版社，1973 年，第 131-133 页。

5. 禽卵亦是常见的食品。鸡蛋居多，另有其他家禽卵。湖南长沙马王堆M1出土竹笥内盛有蛋[①]（图四-66），湖北江陵凤凰山M168出土的竹笭内保存有鸡蛋[②]，山东章丘洛庄汉墓陪葬坑K4中发现一箱鸡蛋[③]。江苏徐州市东郊翠屏山西汉墓出土鸡蛋置于罐中[④]，市区南郊凤凰山西汉M1出土鸡蛋与牛骨等置于器物之外，单独存放[⑤]。

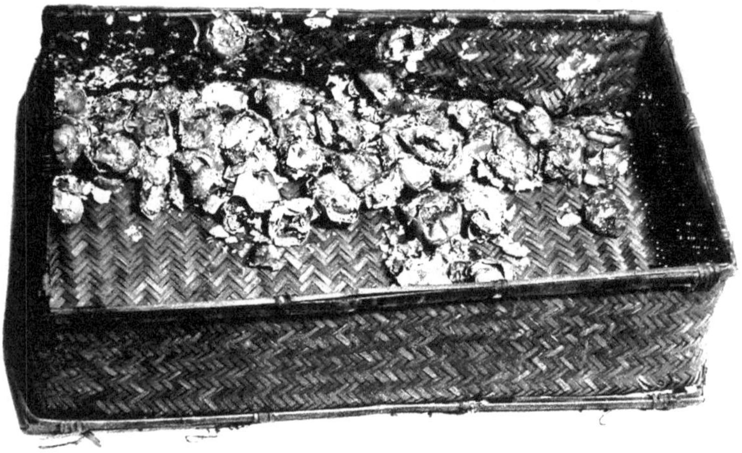

图四-66　湖南长沙马王堆M1出土竹笥及所盛鸡蛋

（五）捕猎动物

这一时期，人们还捕逮一些野生动物以改变膳食结构，上至帝王贵族，下到平民百姓皆会如此。上林苑是西汉皇帝狩猎巡游的场所，而狩猎图在汉代壁画、画像石（砖）画像等中均较为常见。捕猎的食品大致包括山林中的兽类及水中生物两大类，另有一些两栖类动物及昆虫等。

1. 山林兽类与飞禽

包括鹿、麋、野猪、熊、虎、豹、狼、狐、兔、雁、雉、雀、鹤、鸪、鹨等。江苏邳州燕子埠东汉缪宇墓出土的画像石画像中，被狩猎的动物有鹿、斑鹿、鹭、

---

① 湖南省博物馆、中国科学院考古研究所：《长沙马王堆一号汉墓》，文物出版社，1973年，第111页，图版二二〇。

② 纪南城凤凰山一六八号汉墓发掘整理组：《湖北江陵凤凰山一六八号汉墓发掘简报》，《文物》1975年第9期。

③ 济南市考古研究所、山东大学考古系、山东省文物考古研究所、章丘市博物馆：《山东章丘市洛庄汉墓陪葬坑的清理》，《考古》2004年第8期。

④ 徐州博物馆：《江苏徐州市翠屏山西汉刘治墓发掘简报》，《考古》2008年第9期。

⑤ 徐州博物馆：《江苏徐州市凤凰山西汉墓的发掘》，《考古》2007年第4期。

兔、山雉、鸟、狼、野兔、虎等[①]（图四 -67：1）。徐州贾汪岗子东汉墓出土的画像石画像中，被捕逮的猎物有鹿、虎等[②]。山东微山夏镇出土的西汉晚期画像石画像中，有人弯弓射虎、持戟刺虎、甩罼罩兔等，原野上还奔跑着鹿、兔、野猪，另有飞雉等[③]。汉景帝阳陵外藏坑出土的动物骨骼所属动物包含有兔、狐、豹、小鹿和麋鹿等山林兽类[④]。甘肃居延汉代遗址出土有捕猎器，设计巧妙，一侧由木条等编成进口，一些动物通过进口进到捕猎容器中后则无法从进口出来，其可以捕猎一些小型的动物[⑤]（图四 -67：2），这种器具用来捕逮小型的动物如野兔、黄鼠狼等，效果较好。

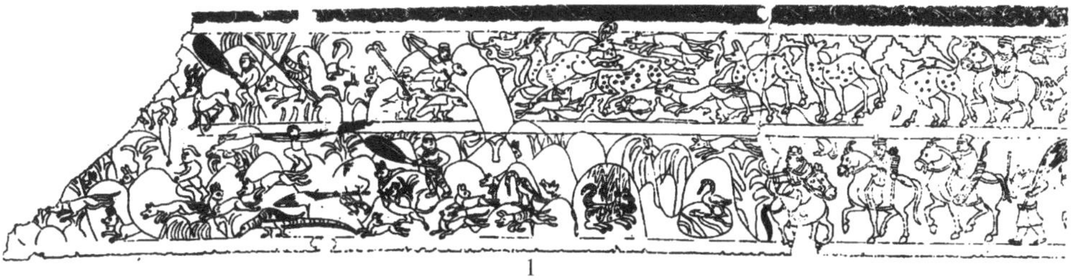

1

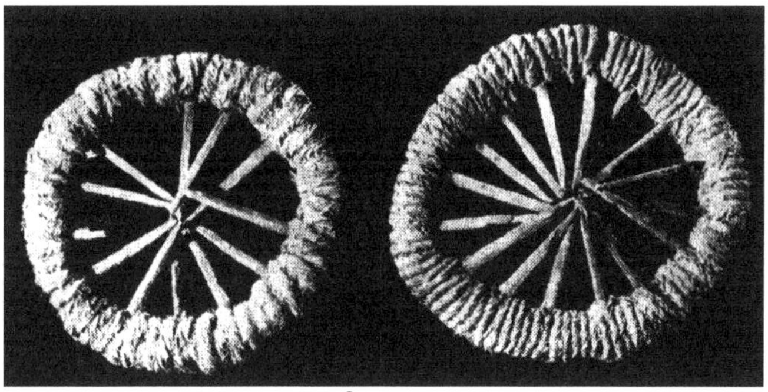

2

图四 -67　汉代狩猎画像与狩猎器具

1. 江苏邳州燕子埠东汉缪宇墓前室西横额狩猎画像　2. 甘肃居延汉代遗址出土狩猎器具

2. 水生动物

种类较多。广东广州西汉南越王墓后藏室及相关耳室内出土的水生动物中，鱼虾类包括真骨鱼类、鲤鱼、大黄鱼、广东鲂、真虾等；贝类与螺类包括青蚶、楔形

① 南京博物院、邳县文化馆：《东汉彭城相缪宇墓》，《文物》1984 年第 8 期。

② 徐州博物馆：《江苏徐州市清理五座汉画像石墓》，《考古》1996 年第 3 期。

③ 马汉国主编：《微山汉画像石选集》，文物出版社，2003 年，第 56、57 页。

④ 陕西省考古研究院：《汉阳陵帝陵东侧 11—21 号外藏坑发掘简报》，《考古与文物》2008 年第 3 期；胡松海、杨武站：《汉阳陵帝陵陵园外藏坑出土的动物骨骼及其意义》，《考古与文物》2010 年第 5 期。

⑤ 甘肃居延考古队：《居延汉代遗址的发掘和新出土的简册文物》，《文物》1978 年第 1 期。

斧蛤、河蚬、笠藤壶、耳状耳螺、沟纹笋光螺、海贝、蚌壳等[①]，部分为淡水产品，部分为海产品（图四-68：1）。汉景帝阳陵陪葬坑内也发现有文蛤、扁玉螺、珠带拟蟹守螺、白带笋螺等海洋动物和短沟蜷、贾氏丽蚌、丽蚌等淡水产品[②]。鱼骨在较多汉墓中有出土，江苏徐州翠屏山西汉墓发现有鱼骨、鱼籽和螃蟹等水产品，盛放在不同的陶罐内[③]。河南省巩义市北窑湾东汉墓（M11）出土陶灶面上的食品与厨具较为丰富，水生动物除鱼、鳖外，还有螃蟹[④]（图四-68：2）。淡水鱼的食用较为普遍，许多庖厨宴饮画像中常见有鱼悬挂。捕鱼的画像也较多，江苏徐州市邳州八义集过满山出土的一块画像石上有两人驾鱼鹰，其中前面一人扛鱼叉，画面上有鲤鱼等[⑤]；山东微山县两城乡出土的水榭人物画像中多见捕鱼画面，其中一块有人罩鱼、叉鱼、撑船及鱼鹰捉鱼等形象，一块画像石上有罩鱼、叉鱼、捉鱼及撑船者等画像[⑥]。甘肃居延汉代遗址出土有渔网、网坠及织网的木梭，渔网保存较好[⑦]（图四-68：3-5），居延一带地处内陆，气候干旱，但属额济纳河下游区域，水草丰美，宜于农牧，这可能是当时存在捕鱼活动的重要原因。

3. 两栖类动物

广州西汉南越王墓出土有中华花龟、中华鳖及其他龟鳖的骨骼[⑧]，汉阳陵外藏坑出土有青蛙骨骼[⑨]。

4. 昆虫类动物

蝉在汉代被视为灵物，许多墓葬出土有玉蝉或滑石蝉，同时蝉亦可食用，今苏鲁豫皖交界地区仍以蝉为美味。江苏邳州燕子埠汉墓前室南壁右下侧画像中有一孩

① 广州市文物管理委员会、中国社会科学院考古研究所、广东省博物馆：《西汉南越王墓》，文物出版社，1991年，第299、463、464、468-472页。

② 陕西省考古研究院：《汉阳陵帝陵东侧11～21号外藏坑发掘简报》，《考古与文物》2008年第3期；胡松海、杨武站：《汉阳陵帝陵陵园外藏坑出土的动物骨骼及其意义》，《考古与文物》2010年第5期。

③ 徐州博物馆：《江苏徐州市翠屏山西汉刘治墓发掘简报》，《考古》2008年第9期。

④ 河南省文物考古研究所、巩义市文物保管所：《巩义市北窑湾汉晋唐五代墓葬》，《考古学报》1996年第3期。

⑤ 徐州博物馆：《徐州汉画像石》，江苏美术出版社，1985年，图265。

⑥ 马汉国主编：《微山汉画像石选集》，文物出版社，2003年，第180、181、210、211页。

⑦ 甘肃居延考古队：《居延汉代遗址的发掘和新出土的简册文物》，《文物》1978年第1期。

⑧ 广州市文物管理委员会、中国社会科学院考古研究所、广东省博物馆：《西汉南越王墓》，文物出版社，1991年，第463、464、468-472页。

⑨ 陕西省考古研究院：《汉阳陵帝陵东侧11—21号外藏坑发掘简报》，《考古与文物》2008年第3期；胡松海、杨武站：《汉阳陵帝陵陵园外藏坑出土的动物骨骼及其意义》，《考古与文物》2010年第5期。

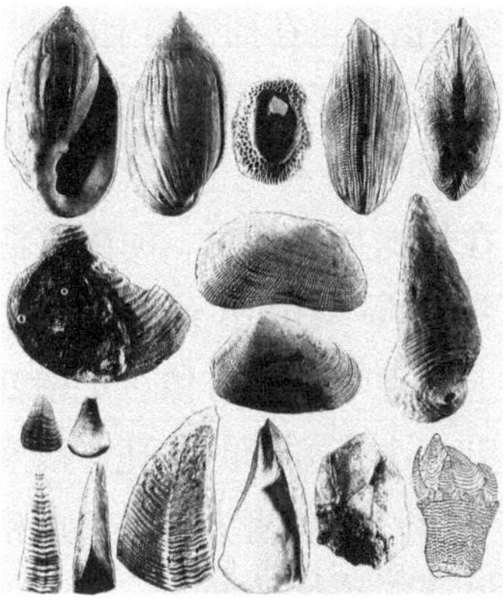

1

2

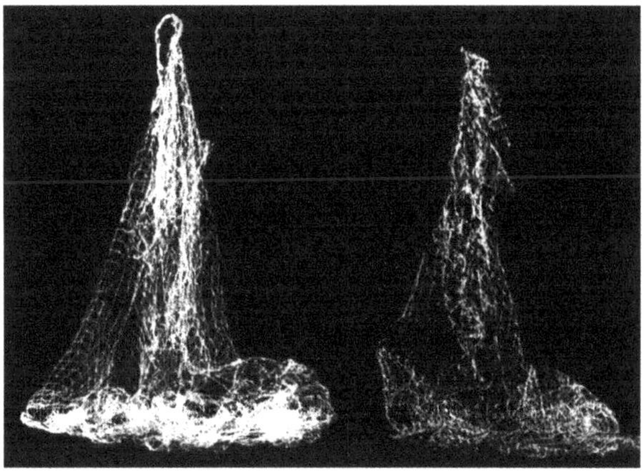

3

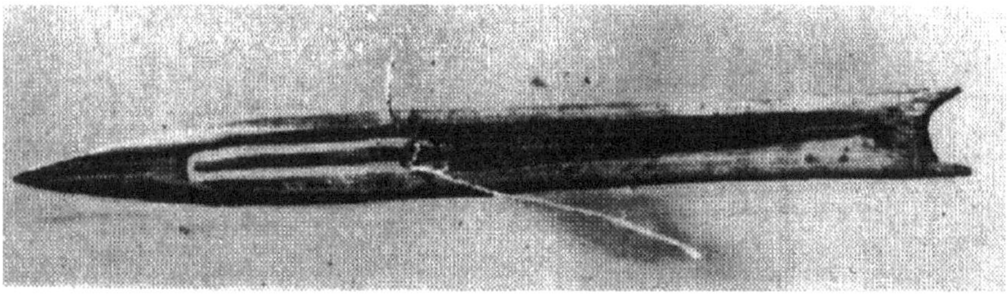

4

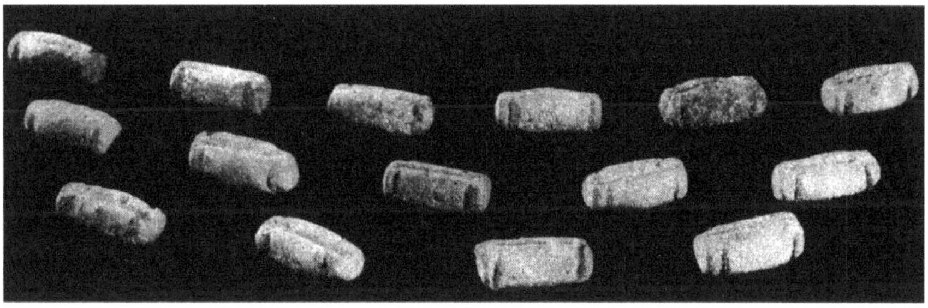

5

图四 -68　汉墓出土水生动物遗存、图像及汉代遗址出土捕鱼工具

1. 广东广州西汉南越王墓出土水生动物遗存　2. 河南巩义市北窑湾东汉墓（M11）出土陶灶灶面图案

3-5. 居延汉代遗址出土渔网、织网木梭及网坠

童正拿长杆朝树上举，作捅捣状[①]，有学者认为画像中孩童正在捕捉树上的蝉[②]，该图中的孩童持杆亦存在捣鸟窝的可能。考古遗物也能充分体现秦汉时期食用蝉的饮食内容。陕西省历史博物馆馆藏的一件绿釉陶炉上部两侧各有一签，签上皆串四蝉，当是在烧烤后食用[③]。河南济源西窑头村西汉末年M10出土陶烤炉2件，炉体为上宽下窄的长方体，炉壁四周和底部做有多个长方形的漏孔，以利通风和炉灰下泄，口沿两头有拱起成桥形的捉手，方便于炉体的搬运，口沿上平放着两根方木做成的烧烤架，其上整齐地放置着以备烧烤的动物，其中一件的两根方木上各放5只蝉（图四-69），另一件烤炉的两根方木上分别放3只鹌鹑和4只鱼[④]，鹌鹑大多属于非家养的飞禽。

图四-69　河南济源西窑头村西汉末年M10出土陶烤炉

另据史书记载，蝗虫在汉代也是较为常见的一类昆虫，而且常有蝗灾发生，推测蝗虫也应是当时捕捉后用来食用的昆虫种类之一。

需要指出的是，虽然捕猎动物在当时是较多家庭饮食内容的一项重要补充，而且自由性相对较大，但并非“竭泽而渔”式毁灭性捕猎，而是有节制性的捕逮。政府或官方也认识到了这一点，如甘肃敦煌悬泉置遗址出土元始五年（公元5年）《四时月令诏条》，以“大皇大后诏”的形式颁布有以下规定：“①禁止伐木。谓大小之木皆不得伐也，尽八月，草木零落，乃得伐其当伐者。②毋擿巢。谓巢空实皆不得擿也。空巢尽夏，实者四时常禁。③毋杀□虫。谓幼少之虫，不为人害者也。④毋杀𦙶。谓禽兽、六畜怀任妊有胎者也。⑤毋夭蜚鸟。谓夭蜚鸟不得使长大也。⑥毋麛。谓畜幼少未安者也。⑦毋卵。谓蜚鸟及鸡□卵之属也。⑧瘗骼貍骴。骼谓鸟兽之□也，其有肉者为骴，尽夏。”[⑤]有学者在分析后指出，“汉代官方认为：在特定的时段内（视具体情况有变化），不可砍伐树木，不能摘鸟巢、毁鸟卵，不可杀害幼小无害的动物，不可杀害有孕的动物，强调要掩埋鸟兽的尸骨。用现代的眼光来衡量，这些规定无疑具有生态环保的意识，尤其是掩埋动物尸骨，正是对动物生

① 南京博物院、邳县文化馆：《东汉彭城相缪宇墓》，《文物》1984年第8期。

② 李烨：《中国古代的尚蝉习俗》，《中国文物报》1999年4月28日第1版。

③ 周天游：《寻觅散落的瑰宝——陕西历史博物馆征集文物精萃》，三秦出版社，2001年，第40页。

④ 李彩霞、陈良军：《济源新出土一件斗犬俑》，《中原文物》2004年第3期；胡成芳：《河南济源出土的几件釉陶俑》，《考古与文物》2007年第1期。

⑤ 中国文物研究所、甘肃省文物研究所编：《敦煌悬泉月令诏条》，文物出版社，2001年，第4、5页。

命的重视。”①

（六）调味品

相关内容在前文已有叙述，此处仅作相关概述。

主要包括花椒、姜、葱、蒜、茱萸、木兰、桂皮、茴香等及盐、酒、酱汁、醯酸、豉、酱、麴等。根据湖南沅陵虎溪山 M1 出土《食方》记载，调味品有盐、酒、美酒（或羔酒）、白酒、肉酱汁、菽酱汁、姜、木兰、茱萸、醯酸等多种。

花椒发现较多，湖北江陵凤凰山 M167 出土的绣橐内盛有花椒②，江陵凤凰山 M168 出土竹笿中保存有生姜、小茴香等③。湖南马王堆 M1 出土有茱萸、姜、桂皮等④。大葱、大蒜、芫荽等非我国原产，这一时期随着中外物质文化的交流传入我国，成为我国饮食中调味品的重要内容。

盐在秦汉时期已成为必不可少的调味品。湖南长沙马王堆 M1、湖北江陵凤凰山 M167 等出土竹简即有相关记录，河南洛阳五女冢新莽 M267 出土小陶罐上书有“盐”字⑤。据长沙马王堆 M1 出土竹简记载，当时还有糖、蜜、麴等⑥。

酱汁可能为我国早期的酱油，湖南沅陵虎溪山西汉 M1 出土的《食方》提及有肉酱汁、菽酱汁等⑦。

豉一般为煮熟的豆类发酵后制成，所以有时又称为豆豉，是秦汉时期较流行的调味品。其生产量较大。“鲁门豆豉”是汉代较为出名的产品，而据史料记载，有人因卖豆豉而成为富翁。河南洛阳五女冢新莽 M267 出土小陶罐有朱书“豉”字⑧。湖南长沙马王堆 M1 出土 1 件带耳陶罐，口部用草和泥填塞，内残存豆豉类食物⑨。

酱与豉相似，又有不同，最突出的差别是，加工酱的原料种类较多，豆类、其他谷物类、水果、肉类、鱼虾等均可作为原料，加工的产品基本呈糊状。从出土盛酱的器物来看，当时已能大量制作肉酱及其他类别的酱。湖南长沙马王堆 M1 出土

---

① 张朝阳、闫璘：《秦汉时代的狗——以扬州新出土西汉寻狗案为中心》，《史林》2018 年第 2 期。

② 凤凰山一六七号汉墓发掘整理小组：《江陵凤凰山一六七号汉墓发掘简报》，《文物》1976 年第 10 期。

③ 纪南城凤凰山一六八号汉墓发掘整理组：《湖北江陵凤凰山一六八号汉墓发掘简报》，《文物》1975 年第 9 期。

④ 湖南省博物馆、中国科学院考古研究所：《长沙马王堆一号汉墓》，文物出版社，1973 年，第 35、36 页。

⑤ 洛阳市第二文物工作队：《洛阳五女冢 267 号新莽墓发掘简报》，《文物》1996 年第 7 期。

⑥ 湖南省博物馆、中国科学院考古研究所：《长沙马王堆一号汉墓》，文物出版社，1973 年，第 35、36、154、155 页。

⑦ 湖南省文物考古研究所、怀化市文物处、沅陵县博物馆：《沅陵虎溪山一号汉墓发掘简报》，《文物》2003 年第 1 期。

⑧ 洛阳市第二文物工作队：《洛阳五女冢 267 号新莽墓发掘简报》，《文物》1996 年第 7 期。

⑨ 湖南省博物馆、中国科学院考古研究所：《长沙马王堆一号汉墓》，文物出版社，1973 年，第 126 页。

竹笥中，有的盛有黑色酱状物[①]。湖北江陵凤凰山 M167 出土的一些容器盛有肉酱、豆瓣酱等[②]。河南洛阳五女冢新莽 M267 出土的小陶罐器壁上有朱书“辩酱”、“肉酱”等[③]。

内容丰富的调味品使得这一时期饮食内容更趋多样化，口味也逐渐形成自身特点，并对后世有着较多的影响。

（七）乳制品及茶

秦汉时期，北方游牧民族已有一定种类的乳制品，而茶叶也在南方一些地区成为饮品的原料。至三国两晋时期，这两种食品得到推广和普及，逐渐成为食物品种中不可或缺的内容。

由上可知，秦汉时期的食物品种较为丰富多样，这与社会的发展有着密切关联，同时也在一定程度上影响着社会发展的其他内容，如推动农业、手工业及对外物质文化交流等的发展，还有社会风尚或风俗的形成等，而食物品种所体现出的营养成分、膳食搭配等还可用来考察当时家庭人群的体质等内容。因此，对秦汉时期的食物品种进行研究有着重要的价值和意义。

四、饮食器具与盛放器皿

秦汉时期，随着家庭饮食中食物品种的日渐丰富、炊爨工具的多样化及食品加工工具和方法的多元化，与饮食有关的器物得到较大发展，饮食器具与盛放器皿也呈现出丰富多样的特点。饮食器具主要是饮食时使用，盛放器皿则主要用于盛放和存储相关物品。因家庭等级、经济实力及家庭成员身份地位等的不同，饮食器具与盛放器皿的质地、质量、种类、数量等均存在较大差异。帝王贵族与高级官吏等对相关器物要求较高，甚至会有专门的制造与管理机构，金、银、玉、漆等质地器物数量多，种类丰富，质量上乘，即使陶器等也制作精良。豪强地主、地方官吏、富商大贾等使用的相关器物也体现出与身份相符或超越身份的特征，许多较为精美，如安徽巢湖放王岗 M1 的墓主可能是县令长或富甲一方的大商贾，炊煮、饮食器具与盛放器皿丰富多样，制作精致，有玉卮 2、银盒 1、耳杯 2、盘 1，漆盒 14、盘 1、耳杯 18、匕 1、罐 1 件，还有铜甗、箅、勺、匕、壶、提梁壶、钫、盉、盒等，这些器物在很大程度上来讲是超越其身份的[④]。就下层人员即一般百姓而言，能有少

---

① 湖南省博物馆、中国科学院考古研究所：《长沙马王堆一号汉墓》，文物出版社，1973 年，第 111 页。

② 凤凰山一六七号汉墓发掘整理小组：《江陵凤凰山一六七号汉墓发掘简报》，《文物》1976 年第 10 期。

③ 洛阳市第二文物工作队：《洛阳五女冢 267 号新莽墓发掘简报》，《文物》1996 年第 7 期。

④ 安徽省文物考古研究所、巢湖市文物管理所：《巢湖汉墓》，文物出版社，2007 年，第 93-125 页。

量的铜、铁质器物已是较好，更多使用的为陶器，饮食器为陶碗、钵等，盛储器则多为罐，釜也有一定数量，个体均不大。江苏徐州市东郊翠屏山西汉墓[①]、东甸子西汉 M1[②] 及市区发现的汉代采石场遗址[③]等，皆出土有供劳作人员或工匠饮食用的陶钵，而较多小型墓葬的陪葬品仅为陶罐等器物，仅个别墓葬有小铜釜出土也说明了这一点，如河南淅川新四队发现的众多汉代墓葬中，出土陶罐数量众多，但铜釜仅见于少量墓葬，而且形体小，素面、壁薄，质量较差[④]。

秦代的陶、漆、铜、铁质饮食器具与盛放器皿种类丰富，有瓮、罐、钵、茧形壶、蒜头壶、鼎、盒、壶、鍪、勺、匕、盘、扁壶，耳杯、盂、勺、匕、卮等，较多器物造型新颖、大小比例得当。两汉时期的饮食器具与盛放器皿则显现出数量大、品种多、质地丰富、用途广泛的特点，包括盛食器具、取食器具、摆放器具、盛酒与温酒器具、饮用器具、存储器具等等。

（一）盛食器具

有鼎、盛、碗、钵、盘、盂、耳杯等，一些小案、案等也用来盛食，另外还有其他器物。

鼎主要用于盛肉食，并以肉羹居多，湖南长沙马王堆 M1[⑤]、M3[⑥] 出土的遣册有较多鼎中盛肉羹的记载。质地多样，铜鼎、漆鼎等可能具有实用性，马王堆 M1 等出土的漆鼎（图四 -70：1）皆是如此。另有陶鼎，但多数陶鼎的陪葬性质明显，多仿漆鼎的髹漆纹饰，或绘有彩绘，彩绘纹饰与漆器纹饰较为接近，因此相关器物称为仿漆器彩绘陶礼器更为合适，至少是装饰方面仿漆器，器形方面仿铜器或漆器，因此并不能将其统称为仿铜陶礼器，秦汉时期墓葬出土的彩绘陶盒、锺、壶、钫等亦存在类似情况，综合来讲，称为仿制陶礼器可能较恰当。秦汉时期，相关器物虽体现出仿铜器或漆器的特征，但又表达出与原始功能相关的内容，即与饮食有一定关系。江苏徐州地区很多西汉墓葬如市区南郊凤凰山 M1 出土的多数陶鼎内有鸡骨或鱼骨[⑦]，而该地九里山 M2 出土陶鼎，彩绘已剥落，盖上有“月（肉）”、“羹”二字[⑧]（图四 -70：2）。另外还有釉陶鼎和瓷鼎等，陪葬性质亦较为明显，其中一些出

---

① 徐州博物馆：《江苏徐州市翠屏山西汉刘治墓发掘简报》，《考古》2008 年第 9 期。

② 徐州博物馆：《徐州东甸子西汉墓》，《文物》1999 年第 12 期。

③ 徐州博物馆：《江苏徐州汉代采石遗址发掘简报》，《考古》2010 年第 11 期。

④ 河南省文物局：《淅川新四队墓地》，科学出版社，2015 年。

⑤ 湖南省博物馆、中国科学院考古研究所：《长沙马王堆一号汉墓》，文物出版社，1973 年。

⑥ 湖南省博物馆、湖南省文物考古研究所：《长沙马王堆二、三号汉墓》，文物出版社，2004 年。

⑦ 徐州博物馆：《江苏徐州市凤凰山西汉墓的发掘》，《考古》2007 年第 4 期。

⑧ 徐州博物馆：《江苏徐州市九里山二号汉墓》，《考古》2004 年第 9 期。

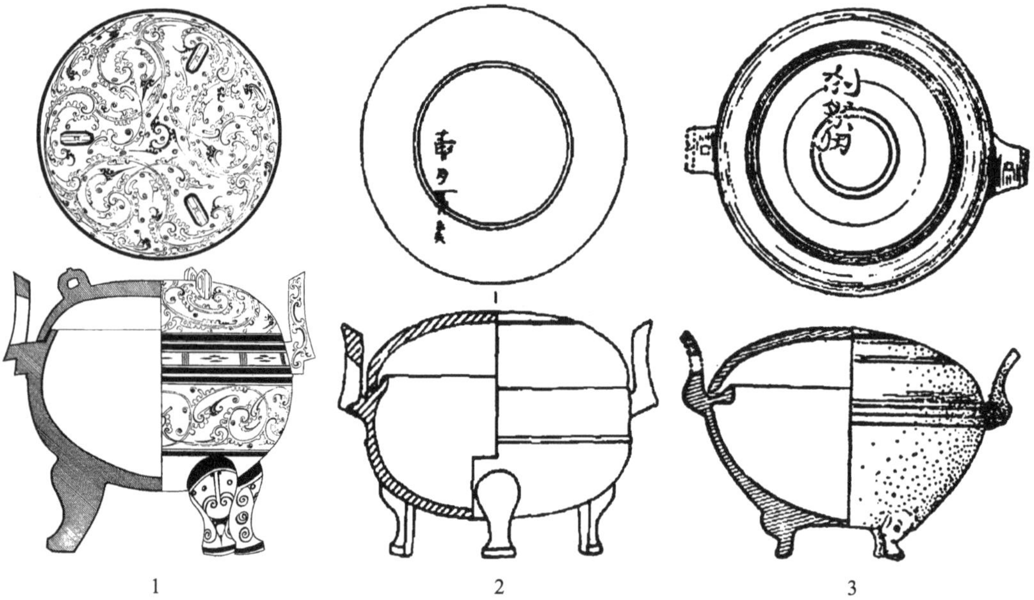

图四 -70　汉代墓葬出土的漆鼎与带文字陶鼎

1. 湖南长沙马王堆 M1 出土漆鼎（M1：100）　2. 江苏徐州九里山 M2 出土带文字的陶鼎（M2：34）

3. 洛阳烧沟 M125 出土带文字的陶鼎（M125：31）

土时器内也盛有动物骨骼。河南洛阳烧沟西汉中晚期墓葬出土的 1 件陶鼎的器盖上墨书有“初祭肉”①（图四 -70：3），说明一些墓葬陪葬的陶鼎为祭器，多数又与盛放一些食品有关，而且食品多为肉类。当然，有的鼎内也盛有其他非肉类的食品，湖南长沙马王堆 M1 出土的第 100 号漆鼎内盛有藕片②。盛非肉类的器具可统称为盛器，最常见的为盒，多用来盛米食或面食，质地在总体上与鼎基本一致。长沙马王堆 M1 出土漆盒的盖和器身内均用黑漆书写“君幸食”三字，表明盒为盛食器，而遣册中有“盛六合，盛黄白粢、稻食、麦食各二器”等文字，说明其自名为“盛”，主要是用于盛米食或面食，而该墓出土的一些漆盒内即盛有饼状食物③。湖北江陵凤凰山 M167 随葬 1 件大漆盒，内盛黍稷之类的食品④，河南洛阳烧沟 M125 出土陶盒盖上有“稻黍”二字，亦说明了这一点⑤。鼎与圆盒在东汉时，特别是东汉中晚期之后已较少见，很多墓葬中不见此类器物陪葬大致说明了这一点。

碗、钵形制相似，多为陶制，可用于盛水、羹，亦可盛饭、肉等，使用者的等

① 洛阳区考古发掘队：《洛阳烧沟汉墓》，科学出版社，1959 年，第 115、116 页。

② 湖南省博物馆、中国科学院考古研究所：《长沙马王堆一号汉墓》，文物出版社，1973 年，第 79 页。

③ 湖南省博物馆、中国科学院考古研究所：《长沙马王堆一号汉墓》，文物出版社，1973 年，第 80、146 页。

④ 凤凰山一六七号汉墓发掘整理小组：《江陵凤凰山一六七号汉墓发掘简报》，《文物》1976 年第 10 期。

⑤ 洛阳区考古发掘队：《洛阳烧沟汉墓》，科学出版社，1959 年，第 117、118 页。

级一般不高，如上文所述徐州地区汉墓与采石遗址发现的陶钵等。碗还未普及，徐州拖龙山西汉晚期的两座墓葬中出土有陶碗，口部与钵较接近，有足[①]。新疆民丰东汉合葬墓出土有小羊骨架1副，分放在2个木碗内[②]。

盛食物的盘多称为食盘，漆质较多，东汉中晚期墓葬中多有大小不等仿漆盘的陶盘，为用于陪葬的食盘，主要功能是作为陪葬品或用于墓内祭祀。湖南长沙马王堆M1出土多件漆食盘，很多有黑漆书写的“君幸食”三字，东边箱出土的15件小盘中有6件盛有食物，63号盛牛排骨，93号、94号盛雉骨，98号盛面食，103号盛鳜鱼骨，107号盛牛肩胛骨，北边箱的5件小盘内也盛有食物[③]。湖北江陵凤凰山M167出土的2件漆盘内盛炙羊肩，另有盛肉酱状食物的漆盘2对[④]，江陵凤凰山M168出土有漆质大方平盘，盛有牛肩胛骨、牛肋骨和鸡骨等[⑤]。新疆地区已发掘的较多汉墓还多出土此类木盘，鄯善三个桥墓葬出土的木盘、陶钵中有羊腿骨及圆饼形或不规则形状的糜谷类食品[⑥]；尉犁县营盘墓地1999年发掘的墓葬中，M6出土圆木盘内盛葡萄干若干，M7出土木圆盘内盛有羊骨，1件柳条编织盘上置已干化葡萄、桃子，M8出土木圆盘3件，1件盛羊肉、羊头，表面铺数层薄面饼，1件盛沙枣若干和包馅面食等，1件盛梨、葡萄等，均已干化，M13与M33出土圆木盘上分置葡萄、桃子与羊头、核桃[⑦]。值得一提的是，江苏徐州市区凤凰山M1出土1件陶灯形器（M1：59），柄瘦高，中空，上置1盘，与柄吻合较好，但二者为分制合成（图四-71：3），考虑到该器物有彩绘纹饰，当为仿漆器纹饰制作的陶器[⑧]，其作为灯的可能性不大，再结合汉画像石中“二桃杀三士”画面中盛放桃子的盛器形制，该灯形器很可能是用来盛放水果的，而盘在一定情况下还可与柄分开，十分便于使用。

盂及一些耳杯、卮也具有盛食功能。安徽阜阳汝阴侯墓出土漆盂有铭文“女阴侯盂，容斗五升”[⑨]。湖南长沙马王堆M1出土遣册有“华圩（盂）十枚其一盛牛

---

① 徐州博物馆：《徐州拖龙山五座西汉墓的发掘》，《考古学报》2010年第1期。

② 新疆维吾尔古治区博物馆：《新疆民丰县北大沙漠中古遗址墓葬区东汉合葬墓清理简报》，《文物》1960年第6期。

③ 湖南省博物馆、中国科学院考古研究所：《长沙马王堆一号汉墓》，文物出版社，1973年，第76、77、87页。

④ 凤凰山一六七号汉墓发掘整理小组：《江陵凤凰山一六七号汉墓发掘简报》，《文物》1976年第10期。

⑤ 纪南城凤凰山一六八号汉墓发掘整理组：《湖北江陵凤凰山一六八号汉墓发掘简报》，《文物》1975年第9期。

⑥ 新疆文物考古研究所、新疆大学历史系、吐鲁番地区博物馆、鄯善县文化局：《新疆鄯善三个桥墓葬发掘简报》，《文物》2002年第6期。

⑦ 新疆文物考古研究所：《新疆尉犁县营盘墓地1999年发掘简报》，《考古》2002年第6期。

⑧ 徐州博物馆：《江苏徐州市凤凰山西汉墓的发掘》，《考古》2007年第4期。

⑨ 安徽省文物工作队、阜阳地区博物馆、阜阳县文化局：《阜阳双古堆西汉汝阴侯墓发掘简报》，《文物》1978年第8期。

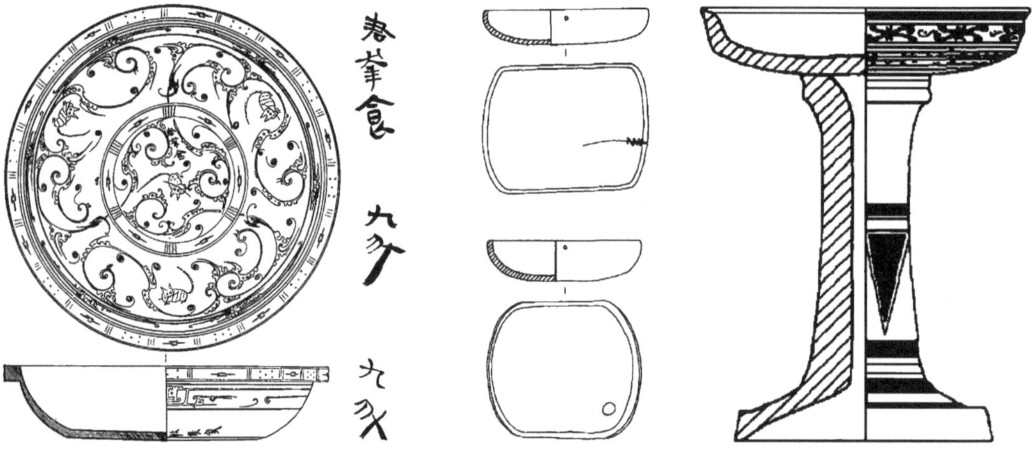

1　　　　2　　　　3

图四 -71　汉代墓葬出土漆盘（含文字）、木盘及带柄陶盘

1. 湖南长沙马王堆 M1 出土漆盘及朱书含文字　2. 新疆鄯善三个桥 M13 出土木盘（M13∶21　M13∶15）
3. 江苏徐州市区凤凰山 M1 出土带柄陶盘（M1∶59）

肩”、“小具杯廿枚其二盛酱、盐”等的记载，墓中出土 6 件漆盂，形体似碗，有圈足；一些耳杯亦有“君幸食”墨书文字，基本可确定为盛食器，称为食杯，而遣册所记具杯（多件耳杯）也应为食杯；另该墓出土的一些漆卮上也有“君幸食”三字，亦可能为食杯的一种①。长沙马王堆 M3 出土 98 件漆食杯，亦多有“君幸食”铭文②。河南洛阳五女冢新莽时期的 M267 出土耳杯内盛鱼、鸡等食物③。有些耳杯置于座上，称为承杯，考虑到耳杯个体较大，与座一起端起并不方便，耳杯内所盛的亦应是直接食用的食品或调味品，使用时可将耳杯与座分开，这与上文所述徐州市区凤凰山 M1 出土带座陶盘有相似之处。江苏仪征双坛村西汉木椁墓出土 1 套，上为漆耳杯，下为铜座，座下部呈喇叭口状，上部上为四条曲栱，尖端嵌入耳杯底部，结合牢固④（图四 -72：1）。安徽涡阳稽山西汉墓出土有类似铜座，杯不见，可能为漆耳杯⑤（图四 -72：2）。西汉武帝茂陵陪葬墓一号无名冢的一号陪葬坑出土有鎏金铜座，伴有耳杯的鎏金铜耳，亦说明其上为漆耳杯⑥（图四 -72：3）。与盂接近的还有杅，可以盛汤浆，或作饮水器。湖南长沙汤家岭西汉墓出土 1 件铜杅，发掘简报将其定为洗，具体描述为：敞口，宽折沿，收腹，平底，底部边沿铸三小圆

① 湖南省博物馆、中国科学院考古研究所：《长沙马王堆一号汉墓》，文物出版社，1973 年，第 77、145 页。
② 湖南省博物馆、湖南省文物考古研究所：《长沙马王堆二、三号汉墓》，文物出版社，2004 年，第 130 页。
③ 洛阳市第二文物工作队：《洛阳五女冢 267 号新莽墓发掘简报》，《文物》1996 年第 7 期。
④ 傅举有：《中国美术分类全集·中国漆器全集（第三卷　汉）》，福建美术出版社，1998 年，图第 285。
⑤ 刘海超、杨玉彬：《安徽涡阳稽山汉代崖墓》，《文物》2003 年第 9 期。
⑥ 咸阳地区文管会、茂陵博物馆：《陕西茂陵一号无名冢一号从葬坑的发掘》，《文物》1982 年第 9 期。

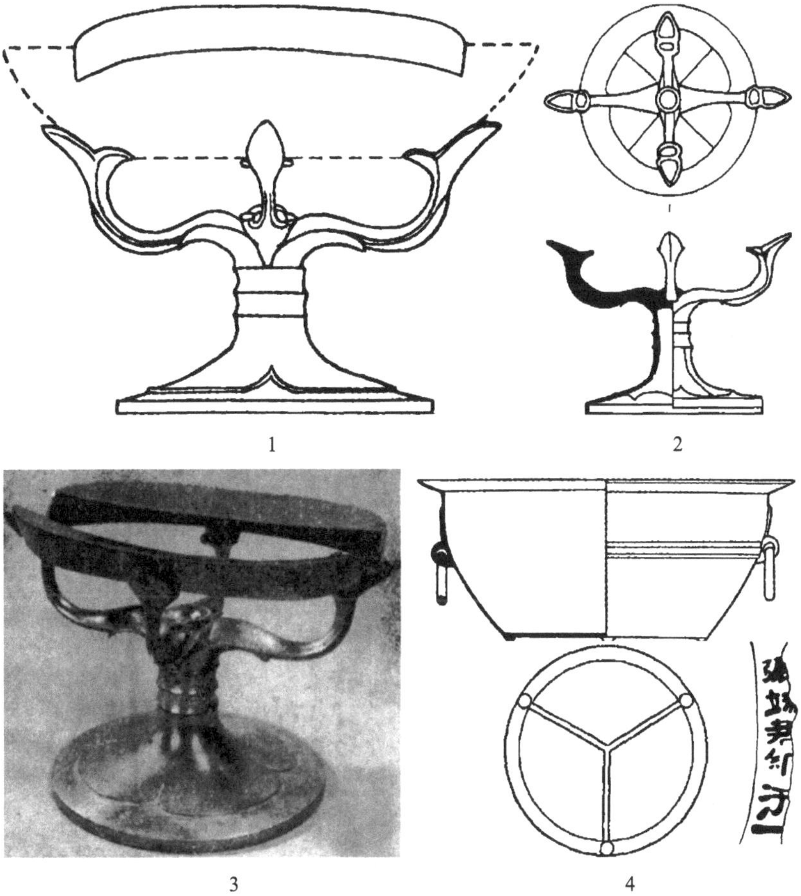

图四 -72　汉代铜承杯与铜杅

1-3. 铜承盘（1. 江苏仪征双坛村西汉木椁墓出土　2. 安徽涡阳稽山西汉墓出土铜座
3. 西汉武帝茂陵陪葬墓一号无名冢的一号陪葬坑出土）4. 铜杅（湖南长沙汤家岭西汉墓出土）

足，自足跟铸成三条棱线交于底之中点，高 17.6、口径 40.8、底径 22 厘米，腹的中部饰凸弦纹一周，并饰铺首衔环一对，口沿上部用隶书墨写“张端君铜洗一”①，《汉代物质资料图说》一书认为铭文应为“张端君铜汙一”，汙为杅字之假，此器正是铜杅②，其可能是用来盛食品（图四 -72：4）。

格作为南方越地的食器，东汉晚期得到逐渐推广。广东广州发掘的西汉前期墓出土陶格盒 2 件，竹园岗 M1180：29，平底附 3 短足，器内分隔成 7 份，中间 3 格，两边各 2 格，隔板上沿两边均斜削，三元里马鹏岗 M1139：22，三足，器内等分四格；先烈路东汉晚期墓出土有陶格 3 件，有台足，盆等分为五格，中心一格为圆形，

① 湖南省博物馆：《长沙汤家岭西汉墓清理报告》，《考古》1966 年第 4 期。

② 孙机：《汉代物质资料图说（增订本）》，上海古籍出版社，2008 年，第 378 页。

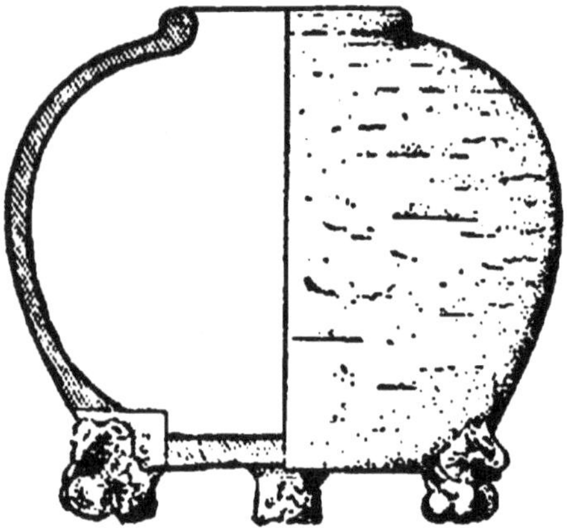

图四 -73 河南洛阳烧沟 M11 出土三足陶罐

外围四格两大两小相对，如现代的果盘[①]。三国时期，格的使用范围得到扩展，所属地域扩大，长江流域的墓葬中已较多见，安徽马鞍山东吴朱然墓出土有漆绘长方形格盘，十分精美[②]。

小型奁有时用来盛食，湖北江陵凤凰山 M167 出土小椭圆漆奁 1 件，内盛肉食。一些案也有相应功能，新疆尉犁县营盘墓地 1995 年发掘的 M22 出土木案上放有羊骨和 3 块面饼[③]。还见有小型罐、瓿等。另外还有一种三足陶罐，足为三熊足，河南洛阳烧沟 M11 出土 1 件[④]（图四 -73），江苏徐州土山东汉 M3 的墓道内亦出土 1 件该类罐，内盛狗骨[⑤]，可知其是用作盛放食物的。

（二）取食器具

主要是指人们借以从盛器中取酒食供食用或饮用的器具，主要有匕、匙、勺、柶、箸、叉等，辅助功能较明显。

匕，一般有斜柄或直柄，首呈叶状，前端扁尖，可以从煮器或盛器中取肉以便食用，有漆、木、铜等多种质地。新疆尼雅遗址的房舍遗址中发现有木匕[⑥]。仿漆器的陶匕有相当数量，多有彩绘，基本用作陪葬。湖北云梦大坟头西汉初年 M1 出土有漆匕（边箱 22 号）和铜匕（边箱 19：1），叶端较尖但叶整体稍宽，出土漆匕的叶呈竖椭圆形，叶稍内凹，末端略尖（图四 -74：1），出土铜匕的匕面扁平，近椭圆形，圆长柄[⑦]（图四 -74：2）。安徽阜阳汝阴侯墓出土有玉柄漆匕[⑧]，形制与大坟头西汉墓出土漆匕相近。河南陕县后川年代为秦至西汉初的 M3411、M3026 出土的 2

---

① 广州市文物管理委员会、广州市博物馆：《广州汉墓·上册》，文物出版社，1981 年，第 105、106、408 页。

② 安徽省文物考古研究所、马鞍山市文化局：《安徽马鞍山东吴朱然墓发掘简报》，《文物》1986 年第 3 期。

③ 新疆文物考古研究所：《新疆尉犁县营盘墓地 1995 年发掘简报》，《文物》2002 年第 6 期。

④ 洛阳区考古发掘队：《洛阳烧沟汉墓》，科学出版社，1959 年，第 97、98 页。

⑤ 刘尊志：《徐州汉墓与汉代社会研究》，科学出版社，2011 年，第 57 页。

⑥ 史树青：《新疆文物调查随笔》，《文物》1960 年第 6 期。

⑦ 湖北省博物馆：《云梦大坟头一号汉墓》，文物编辑委员会编：《文物资料丛刊·第四辑》，文物出版社，1981 年，第 1-28 页。

⑧ 安徽省文物工作队、阜阳地区博物馆、阜阳县文化局：《阜阳双古堆西汉汝阴侯墓发掘简报》，《文物》1978 年第 8 期。

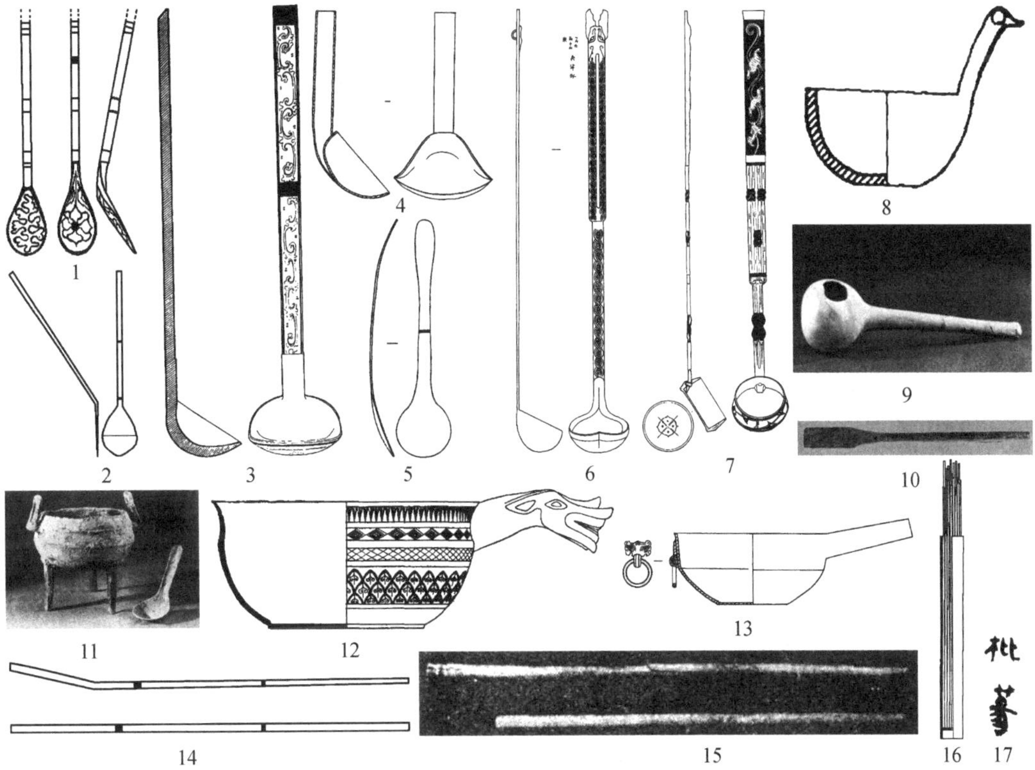

图四 -74　秦汉时期的取食器具

1. 湖北云梦大坟头西汉初年 M1 出土漆匕（边箱 22 号） 2. 湖北云梦大坟头西汉初年 M1 出土铜匕（边箱 19：1） 3. 湖南长沙马王堆 M1 出土漆匕（M1：118） 4. 安徽巢湖北山头 M1 出土铜匕（M1：57） 5. 河北满城 M1 出土铜匕 6. 安徽巢湖北山头 M1 出土铜勺（BM1：49） 7. 湖南长沙马王堆 M1 出土漆勺（M1：406） 8. 江苏徐州东甸子西汉 M1 出土陶勺 9. 广州 M3025 出土瓠勺（M3025：19） 10. 居延汉代遗址出土木质食匙 11. 江西南昌东郊西汉中期墓葬出土铜鼎和匙 12. 广西合浦望牛岭西汉晚期墓葬出土铜魁 13. 安徽巢湖北山头 M1 出土铜匜 14. 四川资阳市雁江区狮子山崖墓 M2 侧室后部的耳室出土铜筷 15. 新疆民丰尼雅遗址房舍中出土木箸 16. 湖北云梦大坟头西汉初年 M1 出土竹籫 17. 湖北江陵凤凰山 M168 边箱中部出土竹质筷笼侧面有墨书隶体“枇篡”二字

件铜勺亦可能为匕，叶端呈铲形，稍内凹，末端较尖[①]。西汉早期偏晚阶段及之后，匕叶趋向于横宽，且逐渐内凹，能舀取少量羹汤；铲状匕增多，末端外撇较甚。湖南长沙马王堆 M1 出土漆匕 6 件，分斗和柄两部分，长柄断面长方形，斗作簸箕（铲）形，不明显，略内凹，如 M1：118[②]（图四 -74：3）。西汉早期偏晚阶段的江苏徐州东甸子 M1 出土陶匕[③]与安徽巢湖北山头 M1 出土的 3 件铜匕的叶端均呈铲状，尤其是北头山 M1：57，内凹明显，可用来舀取少量汤羹（图四 -74：4），但该

---

① 中国社会科学院考古研究所：《陕县东周秦汉墓》，科学出版社，1994 年，第 138、139 页。

② 湖南省博物馆、中国科学院考古研究所：《长沙马王堆一号汉墓》，文物出版社，1973 年，第 80-82 页。

③ 徐州博物馆：《徐州东甸子西汉墓》，《文物》1999 年第 12 期。

墓出土的漆匕还与稍早阶段的匕有相似之处[①]。河北满城M1的时代为西汉中期，出土铜匕1件，叶近圆形，稍内凹，扁平柄微向上曲[②]（图四-74：5），形制已有明显变化，至西汉中晚期，匕的使用趋于大幅度。

勺，使用普遍，既可用于盛汤羹、饭等，亦多用来盛酒、浆，但此处的“盛”是指动作与过程，并非指盛物。质地以铜、铁、漆、木、陶为主，一些陶勺大多是仿漆勺或部分铜勺制作的陪葬品，多施有彩绘，少数无纹饰者可能是仿铜勺制作而成。一般由柄和勺体两部分组成，柄长短皆有，有的末端饰环钮或铺首衔环，便于提拿和系挂，有的勺柄末端呈禽首状，较为生动。柄或较直，或倾斜，还有少量呈水平状。勺体为圆形或椭圆形，椭圆形又有横向与竖向之分，还有的在外缘中部微内凹，形成心形或桃形。有的柄较短，与勺体几乎成为一体，呈瓢状，又称为瓢勺，山东临沂周氏墓群M13出土1件[③]。勺的数量亦较多，一些等级较高的墓葬往往会出土数件。河北满城M1出土铜勺10件，M2出土3件，柄有长短之分，如M1：4364，有流状长柄平伸，M2还出土有象牙勺，或作他用[④]。江苏徐州石桥M2出土铜勺2件，勺体作圆底钵形，细长柄斜直向上，柄端外侧铆一铺首衔环，柄阴刻“明光宫”三字[⑤]。安徽巢湖放王岗M1出土铜勺8件，有大小之分，多直柄，部分柄的末端安装有铺首衔环；北山头M1出土铜勺3件，1件勺体呈椭圆形，柄有銎，装木柄，2件柄呈扁平条状，较长，正反面鎏金，可分上、下两部分，上部分略宽，末端有一鼻形钮，下部稍窄，连接心形勺体，勺体呈斗状，可称为斗或斗勺，BM1：48，柄斜长，BM1：49，柄竖直[⑥]（图四-74：6）。漆勺在较多墓葬中有所发现，湖南长沙马王堆M1出土2件，竹胎，勺体以竹节为底，近筒形，柄为细长竹条制成，上宽下窄，与斗连接处用竹钉接榫，如M1：406[⑦]（图四-74：7）。另在湖北云梦、江苏徐州、河南陕县等较多地区的较多西汉墓中出土有不同质地、不同形制的勺。湖北云梦大坟头西汉早期M1出土有凤形漆勺1件，以凤头、颈作柄，身作勺体，髹漆绘彩，形态生动别致[⑧]。江苏徐州东甸子西汉M1出土有铁、陶勺，陶

① 安徽省文物考古研究所、巢湖市文物管理所：《巢湖汉墓》，文物出版社，2007年，第103-105、116、117页。

② 中国社会科学院考古研究所、河北省文物管理处：《满城汉墓发掘报告》，文物出版社，1980年，第62、63页。

③ 临沂市博物馆：《山东临沂金雀山周氏墓群发掘简报》，《文物》1984年第11期。

④ 中国社会科学院考古研究所、河北省文物管理处：《满城汉墓发掘报告》，文物出版社，1980年，第60-63、253、254、335页。

⑤ 徐州博物馆：《徐州石桥汉墓清理报告》，《文物》1984年第11期。

⑥ 安徽省文物考古研究所、巢湖市文物管理所：《巢湖汉墓》，文物出版社，2007年，第27、28、96、97页。

⑦ 湖南省博物馆、中国科学院考古研究所：《长沙马王堆一号汉墓》，文物出版社，1973年，第82页。

⑧ 湖北省博物馆：《云梦大坟头一号汉墓》，文物编辑委员会编：《文物资料丛刊·第四辑》，文物出版社，1981年，第1-28页。

勺大小不一，一些勺柄顶端做成鸭首状[①]（图四-74：8）。河南陕县汉墓出土有铜、铁、陶等质地的勺，一些铜勺或与铜鼎、或与铜甗、或与铜钫同出，M3123∶11为扁平的实心长柄，柄首有1活动环；一些陶勺呈瓢形，一些柄端则呈龙首或鸭首形[②]。广州地区汉墓中还出土有瓠勺，如M3025∶19，长柄，前端上部有孔，便于盛水[③]（图四-74：9）。新疆尼雅遗址的房舍遗址出土有瓢和木勺，大小不一，有圆形的，也有长条形者，一律是挖木为槽制成，有的木瓢外面还刻有符号[④]。

柶，可用来盛米饭及类似的食物，出土数量不多。甘肃省居延汉代遗址出土的木质食匙一端有柄，较窄，一端宽平，应为柶[⑤]（图四-74：10）。

匙，较之匕的叶部内凹明显，主要用于盛汤羹等。湖北江陵凤凰山M167随葬1竹筒，内盛木匙[⑥]。江西南昌东郊西汉中期墓葬出土的铜鼎中亦配套有匙[⑦]（图四-74：11）。

与勺、匙相似的还有魁，其可用来盛存羹。从考古资料看，魁从西汉晚期逐渐流行，东汉时较为普遍，很多东汉墓葬中出土有陶魁，多数有彩绘，可能为仿漆器及铜器的明器。魁的腹稍深，无流，一侧有短柄，柄头多做成龙首或兽首。广西合浦望牛岭西汉晚期墓葬出土铜魁2件，器身圆形，鼓腹，口微外敞，外壁饰有三角形、菱形纹、羽毛纹等，短柄，作鸭首形，张口前伸[⑧]（图四-74：12）。

匜，可用来盛存水，同时还可将水注入其他容器中，而注水的作用或功能更为常见。汉代墓葬中有漆、铜、陶等质地的匜出土，铜匜、漆匜大多为实用器物，而陶匜则在装饰上模仿漆匜，基本为随葬物品。湖北云梦大坟头西汉初年M1出土有铜匜[⑨]，江苏徐州东甸子西汉墓等出土有陶匜[⑩]，安徽巢湖北山头M1除出土铜匜（图四-74：13）外，还有2件银匜[⑪]，发掘报告称二器为银匜形耳杯，但从形制看，一侧为流，一侧为鋬，称二者为匜可能更为恰当。

---

① 徐州博物馆：《徐州东甸子西汉墓》，《文物》1999年第12期。

② 中国社会科学院考古研究所：《陕县东周秦汉墓》，科学出版社，1994年，第138-140、146-148、174、175、191页。

③ 广州市文物管理委员会、广州市博物馆：《广州汉墓·下册》，文物出版社，1981年，图版八〇。

④ 史树青：《新疆文物调查随笔》，《文物》1960年第6期。

⑤ 甘肃居延考古队：《居延汉代遗址的发掘和新出土的简册文物》，《文物》1978年第1期。

⑥ 凤凰山一六七号汉墓发掘整理小组：《江陵凤凰山一六七号汉墓发掘简报》，《文物》1976年第10期。

⑦ 江西省博物馆：《南昌东郊西汉墓》，《考古学报》1976年第2期。

⑧ 广西壮族自治区文物考古写作小组：《广西合浦西汉木椁墓》，《考古》1972年第5期。

⑨ 湖北省博物馆：《云梦大坟头一号汉墓》，文物编辑委员会编：《文物资料丛刊·第四辑》，文物出版社，1981年，第1-28页。

⑩ 徐州博物馆：《徐州东甸子西汉墓》，《文物》1999年第12期。

⑪ 安徽省文物考古研究所、巢湖市文物管理所：《巢湖汉墓》，文物出版社，2007年，第97、107、108页。

箸，用于夹取食物的用具，一般两只成对，即现代所说的筷子。河南巩义市康店叶岭砖厂M3出土的陶灶面上饰有瓢、勺、盘、筷等[①]。四川资阳市雁江区狮子山崖墓M2侧室后部的耳室内放置有铜筷，长条形，上端方形，下端为圆形，长19、宽0.3厘米[②]（图四-74：14）。新疆民丰尼雅遗址的房舍遗址中发现有木箸[③]（图四-74：15）。湖南长沙马王堆M1出土竹箸1件，身扁平，可能为明器[④]。广东广州先烈路出土3双铜箸，圆条形，与现代筷子无异，素面无纹饰，长25、圆径约0.6厘米，M5054出土2双，与耳杯同置案上，M5064出土1双[⑤]。这时也使用了盛放箸的用具，可称为筲，但并非仅用于盛放箸，湖北江陵凤凰山M167随葬一竹筒，内盛木匙和箸[⑥]。湖北云梦大坟头西汉初年M1出土竹簣1件（边箱49号），器形较小，下部有竹节，上部有一方形孔，器内装16根细长的圆竹箸[⑦]（图四-74：16）。湖北江陵凤凰山M168边箱中部出土竹质筷笼（附筷）一件（M168：246），形制似筒，较短，长24、径5.4厘米，正面用墨和朱粉彩绘几何纹图案，侧面有墨书隶体“枇篡”二字（图四-74：17），内装有竹筷十根，筷长24.5、径0.3 - 0.5厘米[⑧]。

叉，与匕有相似之处，可从盛器中插取食物置于案俎之上，以便食用。江苏徐州市东郊翠屏山西汉墓出土铁叉为双股叉，柄宽扁，尾端卷起，后附1环，柄与叉头之间呈“8”字形套合，总长约63厘米[⑨]。铜山茅村汉墓中室前壁绘有1人，一手持铁叉，一手提物[⑩]。

（三）摆放器具

是用来摆放食品或饮食器皿的器具，以案为主，另有几等。

案数量及种类较多，质地有木、漆、陶、铜、滑石等多种，有的有足，有的则无。新疆尉犁县营盘墓地1995年发掘的M22，棺外墓主头端放木杯、案各1件，案

① 郑州市文物考古研究所、巩义市文物保护管理所：《河南巩义市康店叶岭砖厂汉墓发掘简报》，《华夏考古》2005年第3期。

② 四川省文物考古研究院、资阳市雁江区文物管理所：《资阳市雁江区狮子山崖墓M2清理简报》，《四川文物》2011年第4期。

③ 新疆维吾尔自治区博物馆考古队：《新疆民丰大沙漠中的古代遗址》，《考古》1961年第3期。

④ 湖南省博物馆、中国科学院考古研究所：《长沙马王堆一号汉墓》，文物出版社，1973年，第120页。

⑤ 广州市文物管理委员会、广州市博物馆：《广州汉墓·上册》，文物出版社，1981年，第434页。

⑥ 凤凰山一六七号汉墓发掘整理小组：《江陵凤凰山一六七号汉墓发掘简报》，《文物》1976年第10期。

⑦ 湖北省博物馆：《云梦大坟头一号汉墓》，文物编辑委员会编：《文物资料丛刊·第四辑》，文物出版社，1981年，第1-28页。

⑧ 湖北省文物考古研究所：《江陵凤凰山一六八号汉墓》，《考古学报》1993年第4期。

⑨ 徐州博物馆：《江苏徐州市翠屏山西汉刘治墓发掘简报》，《考古》2008年第9期。

⑩ 王献唐：《徐州市区的茅村汉墓群》，《文物参考资料》1953年第1期。

上放有羊骨和3块面饼[①]。湖南长沙马王堆M1的382号漆案出土时，上置小漆盘5件，漆耳杯1件，漆卮2件，小盘内盛食物，盘上放竹串1件，耳杯上放竹箸1双，反映出贵族宴饮时摆放和使用相关器具的情形[②]。广西梧州旺步东汉M2出土有刻划纹饰的铜檠案，刻绘有龙、凤、鱼、兽和卷云、水波以及各种几何图形等，较为精致[③]（图四-75：1）；合浦风门岭M23出土滑石案4件，2件足高，2件则为矮足，矮足者应为檠案[④]。广东省番禺地区汉墓发现有此类陶案，《番禺汉墓》一书报导8件，无足，浅盘，口微敞近直，折沿，平底，形制明显不同于有高足者[⑤]。重庆江北相国寺东汉墓出土陶案，矮足，为檠案，上置多件耳杯和盘[⑥]。汉代墓葬，尤其是西汉晚期至东汉时期墓葬中，多见陶质长方形案及圆形案等，其上多放置耳杯、勺等，在一定程度上与饮食有关，但其所体现最直接、最主要的内容则是墓内祭祀，如河南洛阳市五女冢西汉末年的M267，陶案摆设于棺前，案上有陶耳杯、勺等（图四-75：2），案侧还并列摆放书有“盐”、“肉酱”、“稻”、“麦万石”等字的陶壶、罐[⑦]，反映出与饮食有关的内容，但更突出体现了服务于墓内祭祀的内容、形式和性质[⑧]。

1

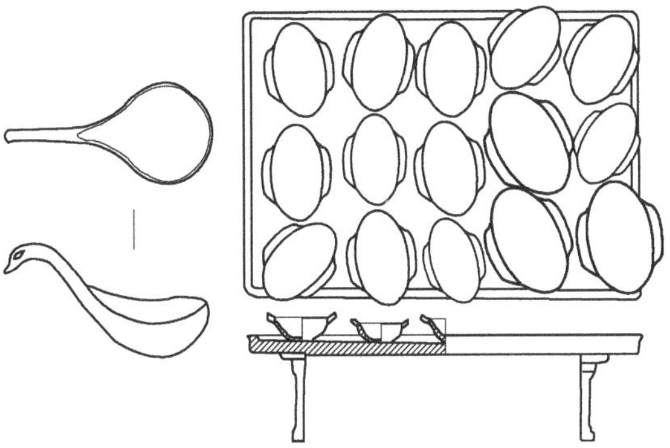

2

图四-75　汉代出土的铜案和陶案

1. 广西梧州旺步东汉M2出土刻划铜檠案　2. 河南洛阳市五女冢西汉末年M267出土陶案

几发现不多，新疆尉犁县营盘墓地1995年发掘墓葬出土的木几，主要为盛熟

① 新疆文物考古研究所：《新疆尉犁县营盘墓地1995年发掘简报》，《文物》2002年第6期。

② 湖南省博物馆、中国科学院考古研究所：《长沙马王堆一号汉墓》，文物出版社，1973年，第88页。

③ 梧州市博物馆：《广西梧州市近年来出土的一批汉代文物》，《文物》1977年第2期。

④ 广西壮族自治区文物工作队、合浦县博物馆：《合浦风门岭汉墓——2003～2005年发掘报告》，科学出版社，2006年，第37、38页。

⑤ 广州市文物考古研究所、广州市番禺区文管会办公室：《番禺汉墓》，科学出版社，2006年，第263、264页。

⑥ 西南博物院筹备委员会秘书处：《西南博物院筹备处清理重庆江北香国寺汉墓》，《文物参考资料》1954年第7期；沈仲常：《重庆江北相国寺的东汉砖墓》，《文物参考资料》1955年第3期。

⑦ 洛阳市第二文物工作队：《洛阳五女冢267号新莽墓发掘简报》，《文物》1996年第7期。

⑧ 刘尊志：《汉代墓内祭祀设施浅论》，《中原文化研究》2019年第1期。

肉的用具，形体不是太大[①]。

（四）盛酒、温酒器具

湖北江陵凤凰山一六七号汉墓的发掘简报称，酒饮类器具以漆壶、漆耳杯、陶瓮、陶罐等为主，而其中的壶、瓮、罐等均应为盛酒器[②]。湖南长沙马王堆M1出土的漆钫、锺内残存酒类或羹类的沉渣，说明二者亦可能为盛酒器，而根据该墓出土遣册记载，漆壶、漆锺、漆钫及一些漆卮内盛有温酒、米酒等[③]。江苏徐州九里山M2出土陶钫盖上有刻划的“酒上尊”三字[④]（图四-76：1），一些汉墓出土的酒亦多盛放在铜壶或钫内，均说明钫、壶等在当时是盛酒器。河南洛阳烧沟汉墓出土的大陶壶内壁有黄色物的残痕，很可能是当时盛装的液体形成的结晶体[⑤]，推测可能为酒。汉代画像中，盛酒的壶较为常见，江苏徐州铜山伊庄洪山墓葬出土的一块汉画像石右下角有一专门画面，为一人饮酒醉卧，身边有酒壶数个，或立或倒[⑥]（图四-76：2）。锺与壶形制接近，一些用于盛水，但多数用来盛酒，有的有盖，有的可能盖已残缺。需要说明的是，锺与壶是两种不同的器物。上文所述长沙马王堆M1出土遣册对漆壶、漆锺进行了单独记录，而有些锺上有“锺”字铭文，而从形制来看，锺的形体较大一些，覆盘形圈足，腹多圆鼓，颈略粗，仰盘状口，多有盖，而且时代稍早者盖上多有3个钮；壶的形体一般小且瘦高，一部分无盖。甘肃

1　2　3　4

图四-76　汉墓出土盛酒的壶与椑

1. 江苏徐州九里山M2出土陶钫　2. 江苏徐州铜山伊庄洪山汉墓出土饮酒画像（局部）
3. 广西贵县罗泊湾M1出土1件铜杯形壶（M1：16）　4. 湖北江陵凤凰山M168出土漆椑（M168：117）

---

① 新疆文物考古研究所：《新疆尉犁县营盘墓地1995年发掘简报》，《文物》2002年第6期。

② 凤凰山一六七号汉墓发掘整理小组：《江陵凤凰山一六七号汉墓发掘简报》，《文物》1976年第10期。

③ 湖南省博物馆、中国科学院考古研究所：《长沙马王堆一号汉墓》，文物出版社，1973年，第80、143、144页。

④ 徐州博物馆：《江苏徐州市九里山二号汉墓》，《考古》2004年第9期。

⑤ 洛阳区考古发掘队：《洛阳烧沟汉墓》，科学出版社，1959年，第101页。

⑥ 徐州博物馆：《江苏铜山县伊庄洪山汉画像石墓》，《华夏考古》2007年第1期。

武威磨嘴子东汉 M49 出土的陶锺上有墨书“酒锺”二字[①]。上文所举陕西省西安市北郊枣园大型西汉 M1 发现的 2 件铜锺，形体高大，盖部密封完好，通体鎏金，盖顶铸有朱雀，造型优美，1 件内存留有 26 公斤透明的翠绿色液体，为酒，清澈透明，香气浓郁，是迄今所知保存最好、存量最多的古酒[②]。还有一种形制为敞口、细长颈、扁鼓腹、圈足的壶，《说文・金部》称之为钘，河南省陕县 M3003 出土 2 件一对铜钘，报告称为细颈壶[③]；洛阳涧西七里河东汉墓出土陶质钘，简报亦称之为壶[④]。河南陕县 M3410 出土蒜首壶，除口部外其余皆与 M3003 出土铜钘相近，细长颈至口部外侈后内收，形成蒜头状，口径较小，M3121 出土陶蒜头壶，口部近罐形，细颈略短，腹稍扁鼓[⑤]。广西贵县罗泊湾 M1 出土 1 件铜杯形壶（M1：16），原简报或报告将其定为弹形壶，弧形腹，上粗下细，子口合盖，盖上有四环钮，腹上部有 1 对环耳，平底，圈足，器足打磨光滑，器表原涂漆[⑥]（图四 -76：3）。江苏徐州土山东汉 M1 还出土有柄有流的小铜壶，器身与一般的壶相似，口与圈足略外侈，六棱流立鸟于流口，虎状小兽前足攀壶口，后足立于壶的下腹，形成柄，为酒器[⑦]。

有一些形体相对扁鼓的盛酒器，主要包括茧形壶、扁壶、横筩形壶等。茧形壶在秦代较为流行，西汉时期流行于今关中、河南三门峡、江苏徐州及周边、湖北部分地区，西汉中期趋于衰落，晚期少见，东汉时基本不见。多数有盖。器物以陶质居多，彩绘有图案，也有少量铜茧形壶出土。扁壶有漆、陶、铜等质地，陶质多是仿漆质器物纹饰的陪葬品。扁壶又名椑，秦代已普遍使用，汉代仍有使用，至西汉晚期已较少见。小口，部分有盖或塞，肩部稍偏下有对称铺首衔环。一些椑，特别是铜椑，口部呈蒜头状，可称为蒜头铜椑。湖北江陵凤凰山 M168 出土漆椑（M168：117），有盖，腹两侧漆绘纹饰精美，有卷云纹及 7 只形状各异的豹子[⑧]（图四 -76：4）；云梦大坟头西汉早期 M1 出土蒜头铜椑以木塞塞住口部[⑨]。有的铜

---

① 甘肃省博物馆：《武威磨咀子三座汉墓发掘简报》，《文物》1972 年第 12 期。

② 西安市文物保护考古所：《西安北郊枣园大型西汉墓发掘简报》，《文物》2003 年第 12 期。

③ 中国社会科学院考古研究所：《陕县东周秦汉墓》，科学出版社，1994 年，第 180、181 页。

④ 洛阳博物馆：《洛阳涧西七里河东汉墓发掘简报》，《考古》1975 年第 2 期。

⑤ 中国社会科学院考古研究所：《陕县东周秦汉墓》，科学出版社，1994 年，第 122、123、131、132 页。

⑥ 广西壮族自治区文物工作队：《广西贵县罗泊湾一号墓发掘简报》，《文物》1978 年第 9 期；广西壮族自治区博物馆：《广西贵县罗泊湾汉墓》，文物出版社，1988 年，第 35、36 页。

⑦ 南京博物院：《徐州土山汉墓清理简报》，《文博通讯》第 15 期，1977 年，第 18-23 页。

⑧ 纪南城凤凰山一六八号汉墓发掘整理组：《湖北江陵凤凰山一六八号汉墓发掘简报》，《文物》1975 年第 9 期；《湖北江陵凤凰山一六八号汉墓发掘简报》，《考古学报》1993 年第 4 期。

⑨ 湖北省博物馆、孝感地区文教局、云梦县文化馆汉墓发掘组：《湖北云梦西汉墓发掘简报》，《文物》1973 年第 9 期。

椑还做成动物形象，如鱼形。陶椑在江苏徐州、甘肃定西等地有所发现，从全国范围来看，已有一定数量。湖南长沙地区西汉后期的M203还发现有石扁壶，较少见[①]。江苏徐州狮子山楚王墓出土的铜扁壶，盘口出流，扁圆腹，圜底，圈足，两侧有对称环形耳，后腹上有一环形钮[②]，该器或许为盛水器，亦可能是盛酒器。河南陕县M3003出土的1件漆扁壶，体呈长方形，上部微内收，圆形小口位于中部[③]。东汉时，对于扁壶的使用又有所增加，但形制或造型较之西汉时期的扁壶有了新变化，如有些椑的肩部有提梁，可以用手提，而其下部有对称的柱状足，放置时可增加平稳度。墓葬中多有出土，大致来看，出土此类扁壶（椑）的东汉墓葬大多具有一定等级。器物的烧制火候高，小直口，方唇，平沿，高领略直，部分近腹部稍外撇，肩部微弧，或在左右两侧有二对称的弧形钮，利于系绳等，以便提用，或无钮，扁直腹，平底，左右两侧各有一长扁足，较对称，有的器足中部有孔。东汉王侯墓葬及一些接近列侯级别的墓葬常有出土，以列侯墓葬及相关墓葬为例，如河南省濮阳市南乐县福坎镇宋耿洛村南M1与M3[④]、山东长清大觉寺M1与M2[⑤]及河北地区的保定望都M2[⑥]、衡水安平逯家庄东汉壁画墓[⑦]等，其中河北望都M2出土的1件扁壶，肩部无钮，足部有孔，直领与足部绘锯齿纹，器身饰云气纹、带状菱格纹，另1件的肩部有2对称的钮，器表纹饰剥落。较多等级低的墓葬极少有该类器物出土，这也说明东汉时对该类器物的使用具有一定等级性，而这或许与其作为盛酒器有关。就等级不高的家庭来讲，家庭成员饮食以满足果腹为目标，酒的饮用相对要少，家庭的成员去世后不使用此类器物陪葬也在情理之中。上述东汉时期的扁壶，不仅墓葬中有陶质器物出土，壁画或画像中也有图像体现，而且较为直观，同时也反映出相对应的等级特征。山东沂南北寨东汉画像石墓后室靠南壁承过梁隔墙西面等画像石的画像中有提梁椑的图像[⑧]。江苏徐州贾汪青山泉白集汉墓

① 中国科学院考古研究所：《长沙发掘报告》，科学出版社，1957年，第125、126页。

② 狮子山楚王陵考古发掘队：《徐州狮子山西汉楚王陵发掘简报》，《文物》1998年第8期。

③ 中国社会科学院考古研究所：《陕县东周秦汉墓》，科学出版社，1994年，第193、194页。

④ 安阳地区文管会、南乐县文化馆：《南乐宋耿洛一号汉墓发掘简报》，《中原文物》1981年第2期；王国平、张文彦、史国强、李小彬：《南乐汉墓》，中州古籍出版社，2015年，第20、54-56页。

⑤ 济南市考古研究所、长清区文物管理所：《济南市长清区大觉寺村一、二号汉墓清理简报》，《考古》2004年第8期。

⑥ 康捷：《望都二号汉墓》，《考古》1959年第11期；河北省文化局文物工作队：《望都二号汉墓》，文物出版社，1959年，第8、9、39页。

⑦ 河北北省文物研究所：《安平东汉壁画墓发掘简报》，《文物春秋》1989年增刊；《安平东汉壁画墓》，文物出版社，1990年，第33页，图版95、96。

⑧ 南京博物院、山东省文物管理处：《沂南古画像石墓发掘报告》，文化部文物管理局出版，1956年，拓片第71幅；山东博物馆：《沂南北寨汉墓画像》，文物出版社，2015年，第101、124页。

中室北壁画像中，有 1 侍者左手执扇，右手提椑，其面前有 2 人对饮，有樽、勺、盘、耳杯等器物[①]。横筩形壶横向窄长，口部外凸，高领，山东沂南北寨东汉画像石墓中室南壁上横额东、西两段画像石画像中皆有发现[②]，湖北光化五座坟西汉墓出土有此类铜质器物，侧视近圆形，长侧两端有对称钮环[③]。

樽为主要的盛酒器，基本为筒形器身，多数为浅腹，腹壁外有的有铺首衔环，有的无，下承 3 足（蹄形或兽形），部分有盖（有的有钮，有的则无），相关发掘简报或报告称之为奁，似不当，应有区分。樽的质地有陶、铜、漆等。河南洛阳一座西汉墓葬出土的筒形陶樽上书有“酒樽”二字[④]（图四 -77：1）。山西右玉出土 2 件筒形铜樽，均有“中陵胡傅铜温酒樽重二十四斤河平三年造二”铭文，为铜温酒樽[⑤]（图四 -77：2）。陶质樽出土较多，西安地区的两汉墓葬多见釉陶樽，西汉墓出土釉陶樽多有盖；其他地区的汉墓中也多有出土，特别是东汉墓葬出土数量多，大部分无盖，一部分有彩绘或模印纹饰。河南陕县 M3117：4 的器盖上由内至外模印有柿蒂纹、卷云纹和双线三角纹，蹄足的下端模印锯齿纹[⑥]。漆樽多出土于西汉墓葬中，东汉墓葬或因室内保存问题而较少见，安徽巢湖放王岗西汉 M1 出土 2 件无盖、无足漆樽，一大一小，大者腹部较深，外壁髹橘红色漆，纹饰以黑、银灰亮色漆勾绘，有云纹、鸟、兽等[⑦]。樽在使用时多放在案或盘之上，河南密县打虎亭 M1 东耳室甬道南壁石刻画像中，有一女侍者双手捧圆案盘，其上有樽，樽内有勺，北耳室西壁画像中，有女侍者从樽中酌酒，樽置于方案上[⑧]。从樽中取酒用勺，一些墓葬中有勺出土，质地有漆、木、铜、铁、陶等，特别是东汉墓葬，勺的出土频率高，有一些陶樽在出土时，其内置有勺。勺柄或长或短，或竖直或弧曲。另外，瓢或瓢形器有时也用来从樽内取酒。

肖形尊是这一时期的一种盛放酒的器具，但使用并不普及。一般在禽、兽、畜形尊的动物身躯或头部开口，部分有盖，多在口部设流。目前已发现的肖形尊中，禽类形象有鸡、鸮等，兽类有犀、鹿等，畜类有羊等。西汉时期的肖形尊，动物多呈站立状，东汉时期的肖形尊，动物则既有站立者，亦有趴卧者，中晚期以趴卧者居多。肖形尊的质地有铜、陶等，铜质者多为实用器，陶质者则基本为明器。陕西

---

① 南京博物院：《徐州青山泉白集东汉画象石墓》，《考古》1981 年第 2 期。

② 南京博物院、山东省文物管理处：《沂南古画像石墓发掘报告》，文化部文物管理局出版，1956 年，拓片第 35、36；山东博物馆：《沂南北寨汉墓画像》，文物出版社，2015 年，第 54-57、115、116 页。

③ 湖北省博物馆：《光化五座坟西汉墓》，《考古学报》1976 年第 2 期。

④ 洛阳市第二文物工作队：《洛阳高新技术开发区西汉墓（GM646）》，《文物》2005 年第 9 期。

⑤ 郭勇：《山西省右玉县出土的西汉铜器》，《文物》1963 年第 11 期。

⑥ 中国社会科学院考古研究所：《陕县东周秦汉墓》，科学出版社，1994 年，第 169、173 页。

⑦ 安徽省文物考古研究所、巢湖市文物管理所：《巢湖汉墓》，文物出版社，2007 年，第 58-61 页。

⑧ 河南省文物研究所：《密县打虎亭汉墓》，文物出版社，1993 年，第 125、183 页。

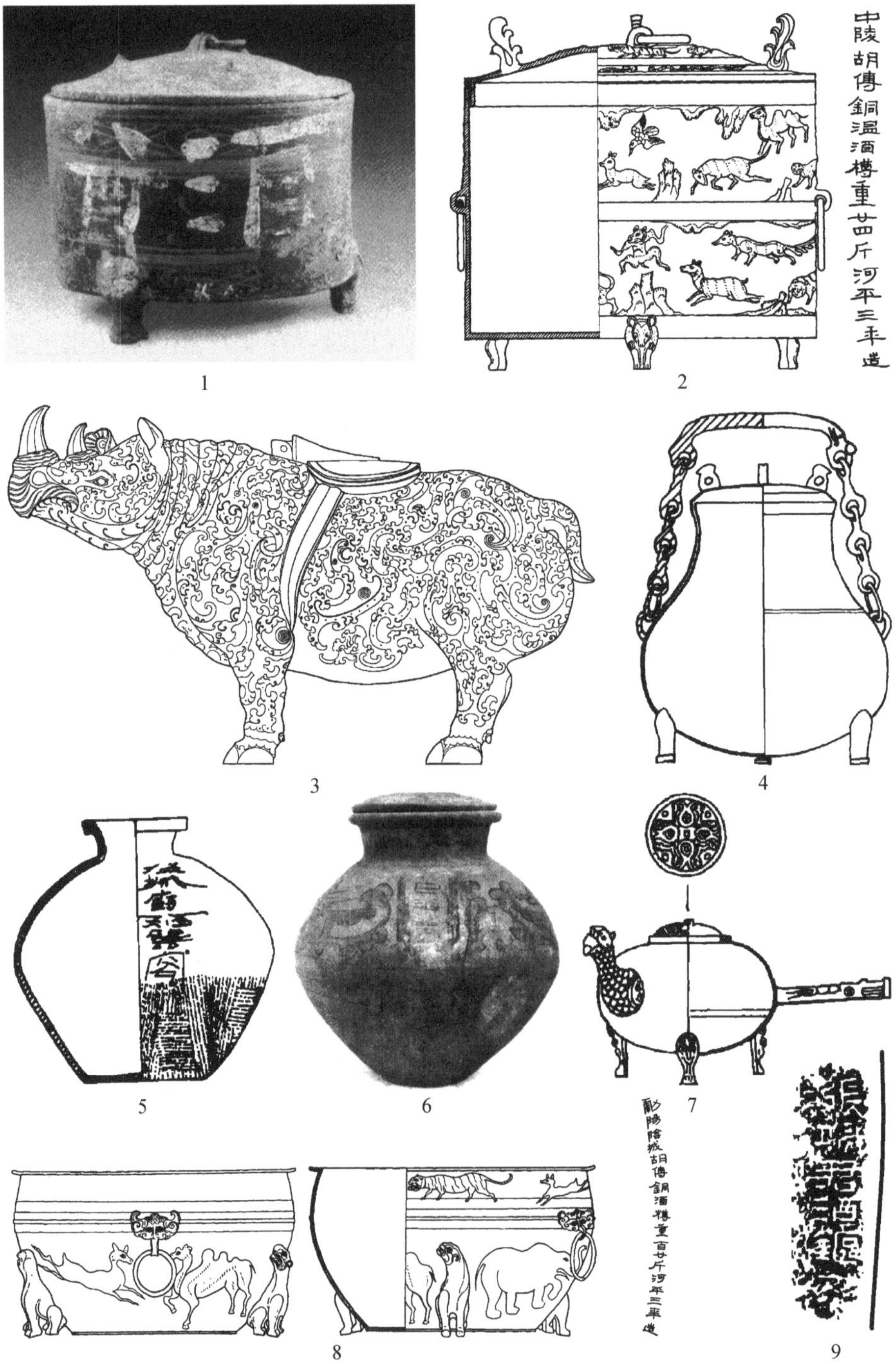

图四 -77　汉墓出土盛酒的樽、提梁壶、罐、卢、鐎

1. 河南洛阳高新技术开发区西汉 GM646 出土陶樽（GM646：1）　2. 山西右玉出土西汉筒形铜酒樽　3. 陕西兴平出土西汉铜犀尊　4. 江苏徐州翠屏山西汉墓出土铜提梁壶（M1：45）　5. 山东济宁师专西汉墓出土盛酒陶罐（M10：8）　6. 山东文登石羊村西汉木椁墓出土陶缶形器（卢）　7. 山东沂水荆山西汉墓铜鐎　8. 山西右玉出土西汉铜釜形樽　9. 湖南长沙汤家岭西汉墓出土铜鐳铭文

兴平出土的铜犀尊时代为西汉时期，犀呈站立状，背开口，有盖，嘴角有管状流，目以黑石镶嵌，鼻与额上有角，器身饰错金银纹饰①（图四-77：3）。云南昭通出土铜鸡尊的年代为东汉时期，鸡呈站立状，背上有盖，身体由2足支撑，腹内空，系合两半范铸成，造型生动，当是盛酒之器②。江苏涟水三里墩西汉墓出土的铜牺尊为立兽形，昂首、竖耳、瞪眼、口微张，躯体肥胖，短肢，蹄足，尾细长，背有带钮盖，可以启合，通体饰以错金银的卷云纹等纹饰，并嵌有绿松石，颈部铸出项圈，项圈上饰鎏金鼓泡③。鸮尊多为陶制，鸮呈站立状，需作说明的是，河南新乡凤凰山墓地出土较多汉代陶鸮，鸮亦作站立状，但不见口，当非尊④。河南陕县刘家渠M8的时代为东汉晚期，墓内出土绿釉陶羊尊、陶鹿尊各1件，动物均呈趴卧状，与之相近还有四川地区发现的羊尊画像，羊亦呈趴卧状。

考古简报或报告中报道的一类铜提梁壶为盛酒器的一种。江苏徐州市东郊翠屏山西汉早期偏晚阶段的刘治夫人墓出土1件，深盖，顶部较扁平，上有三鸟首形小钮，器身圜底，下附3蹄形足，肩部2个环形鼻与链形提梁以圆环相连，提梁由7节组成，亦以环相连，两端呈龙头形⑤（图四-77：4）。此类提梁壶较为常见，徐州黑头山西汉刘慎墓⑥、安徽巢湖放王岗M1⑦与芜湖市贺家园西汉墓⑧、重庆市临江支路西汉墓⑨等皆有发现。河北隆化馒头山出土的1件有“铜枸娄”三字⑩，该器在汉代的名称应为枸娄或鉅镂。除铜质器物外，河南洛阳烧沟、广东广州先烈路等地还有陶质提梁壶出土⑪，但均未见有提梁，应是代表此类器物的明器。安徽巢湖北山头M1出土的铜提梁壶，有盖，三蹄形足较高，肩部有1桥形两端作龙首的提梁，肩部一侧还有1作昂首张口状的龙首形长流，盖钮与提梁间用3小环套结相连，造型别致，器形少见，实用性强⑫。与之相似的还有一种器身高直，相对瘦长的筒形带提

① 陕西省考古研究所：《陕西兴平县出土的古代嵌金铜犀尊》，《文物》1965年第7期。

② 曹吟葵：《云南昭通县白泥井发现东汉墓》，《考古》1965年第2期。

③ 南京博物院：《江苏涟水三里墩西汉墓》，《考古》1973年第2期。

④ 新乡市文物考古研究所：《新乡凤凰山墓地》，内蒙古人民出版社，2008年。

⑤ 徐州博物馆：《江苏徐州市翠屏山西汉刘治墓发掘简报》，《考古》2008年第9期。

⑥ 徐州博物馆：《江苏徐州黑头山西汉刘慎墓发掘简报》，《文物》2010年第11期。

⑦ 安徽省文物考古研究所、巢湖市文物管理所：《巢湖汉墓》，文物出版社，2007年，第31、32页。

⑧ 安徽省文物工作队、芜湖市文化局：《芜湖市贺家园西汉墓》，《考古学报》1983年第3期。

⑨ 重庆市博物馆：《重庆市临江支路西汉墓》，《考古》1986年第3期。

⑩ 承德市避暑山庄博物馆杜江：《河北隆化发现西汉墓》，文物编辑委员会编：《文物资料丛刊·第四辑》)，文物出版社，1981年，第228-230页。

⑪ 洛阳区考古发掘队：《洛阳烧沟汉墓》，科学出版社，1959年，第97、98页；广州市文物管理委员会、广州市博物馆：《广州汉墓·上册》，文物出版社，1981年，第98、99页。

⑫ 安徽省文物考古研究所、巢湖市文物管理所：《巢湖汉墓》，文物出版社，2007年，第99、100页。

梁器物，此类器物有的自名为铜鋞，发现数量不多。巢湖放王岗M1出土2件，命名为提梁卣，下有三蹄形矮足，有盖，盖顶有扣环，腹上部两侧各1半环钮扣与提梁相连[①]。广西贵县罗泊湾M1出土1件提梁漆绘铜筒，有盖，盖上有环钮，下为圈足，腹上部系活动提梁，器表画漆彩画[②]。

罐在当时常作为盛酒器。山东济宁师专西汉墓出土了为数不少，形制为小口、圆腹、小平底的陶罐，M10出土的1件（M10：8），肩部刻“任城厨酒器，容十斗，弟七，平”（图四-77：5），M6出土的1件，肩部刻“作饮，君婴（罂）”，均应为盛酒器[③]。湖南长沙马王堆M1出土遣册中记有“白酒二资”、“温酒二资”、“米酒二资”等，可知资作为罐的一种，可用作盛酒器，而从“盐一资”来看，其还可用来盛食物和佐料等[④]。

瓮也用来盛酒。河北满城M1出土陶缸（瓮）上写有“黍上尊酒十五石”、“黍酒十一石”、“稻酒十一石”等[⑤]。内蒙古自治区托克托东汉墓壁画中的一些缸，题有“酒瓮”二字[⑥]。江苏徐州东甸子西汉M1出土1件小陶瓮，大小与一般罐接近，口较小，领微斜内收，便于以物堵塞或封盖扎系，鼓腹，平底稍内凹，腹上部刻划一“容”字，推测可能也为盛酒器[⑦]。

盛酒器还有盂、瓯、卢、资等。《史记·滑稽列传》载：“今者臣从东方来，见道旁有穰田者，操一豚蹄，酒一盂，祝曰：‘瓯窭满篝，汙邪满车，五谷蕃熟，穰穰满家。’”[⑧]与盂相似的还有瓯，既作为盛食器，也可盛酒。另据《汉书·食货志》载：“率开一卢以卖”，颜注引臣瓒曰：“卢，酒瓮也，言开一瓮酒也。”但颜师古并不赞同这一说法[⑨]。山东文登石羊村西汉木椁墓出土1件缶形器，肩部有墨书“白酒器”三字，可能为卢[⑩]（图四-77：6）。

这一时期，最为常见的温酒器为鐎。山西太原东太堡发现的西汉孙氏家铜鐎，

---

① 安徽省文物考古研究所、巢湖市文物管理所：《巢湖汉墓》，文物出版社，2007年，第31、32页。

② 广西壮族自治区博物馆：《广西贵县罗泊湾汉墓》，文物出版社，1988年，第36、37页。

③ 济宁市博物馆：《山东济宁师专西汉墓群清理简报》，《文物》1992年第9期。

④ 湖南省博物馆、中国科学院考古研究所：《长沙马王堆一号汉墓》，文物出版社，1973年，第138、139页。

⑤ 中国社会科学院考古研究所、河北省文物管理处：《满城汉墓发掘报告》，文物出版社，1980年，第288、289页。

⑥ 罗福颐：《内蒙古自治区托克托县新发现的汉墓壁画》，《文物参考资料》1956年第9期。

⑦ 徐州博物馆：《徐州东甸子西汉墓》，《文物》1999年第12期。

⑧ （西汉）司马迁撰，（南朝）裴骃集解，（唐）司马贞索引、张守节正义：《史记·滑稽列传》，中华书局，1959年，第3198页。

⑨ （东汉）班固撰，（唐）颜师古注：《汉书·食货志（下）》，中华书局，1962年，第1182、1183页。

⑩ 山东省文物管理处：《山东文登县的汉木椁墓和漆器》，《考古学报》1957年第1期；孙机：《汉代物质文化资料图说（增订本）》，上海古籍出版社，2008年，第379页。

有盖，素面，扁圆腹，腹下3熊足，凤首流，腹侧1长曲柄，柄中空方銎，有刻铭，器盖右侧刻有“鐎”字，时代在西汉早中期①。江苏徐州市东郊东甸子西汉早期偏晚墓葬（M1）出土的陶鐎，小直口，扁鼓腹，平底，三蹄形足，兽首状流，颈饰鳞纹，长鋬上翘，前部弧曲②。山东沂水荆山西汉墓出土2件铜鐎，其中1件有盘形盖，盖顶中间铸1小扁方形穿孔钮，顶面饰四朵对称石榴花纹，器身直口，圆鼓腹，一侧为鸟头状流，饰鳞纹，另一侧铸方形柄，中空，饰龙首纹，圜底，三兽面蹄足，盖、口沿及流口均铸活动栓③（图四-77：7）。江苏盐城三羊墩西汉晚期墓葬出土的铜鐎，有流，出土时置于铁炉之上，可见其为温器④。临潼县关山苏赵村出土铜鐎，圜底，束颈，喇叭口，三小蹄足，方形曲斜直柄，与上述器物不同的是无流，而其底有烟痕，应是加热所致⑤。江苏徐州市东郊翠屏山西汉早期偏晚墓葬出土1件铜镳与之较为相似，亦无流，盖中间有一圆钮，内套圆环，器身肩部一侧有一环形耳⑥。

秦汉时期，有一种类似无耳鼎的器物亦为盛酒器，也用于温酒，器身釜形，下承三足，可称为釜形樽，有铜、陶等质地，以陶质居多。山西右玉出土1件铜釜形樽，有“胡傅铜酒樽”等铭文（图四-77：8），表明器为酒樽，时代为西汉⑦。河南洛阳烧沟M1037、陕县M2014等均出土有陶质釜形樽，下为3蹄足，山东济宁东汉任城王夫人墓亦出土1件，定名为鼎⑧。从出土陶釜形樽的墓葬时代来看，基本为东汉中晚期。秦汉时期还有一类似釜，无足，有圈足的器物，为鏂。湖南长沙汤家岭西汉墓出土铜鏂1件，敞口，圆唇，圆腹，平底，圈足，高12、口径22.4、足径9.6厘米，口沿外唇刻出一周棱线，上腹饰凸弦纹一周，两侧饰兽面衔环，一面刻隶书阴文“张端君酒鏂一”⑨（图四-77：9）。

另外在西北地区还出土有皮囊，可用来盛水，也可用来盛酒。新疆鄯善三个桥M9出土皮囊2件，M13出土小皮囊1件，M16出土有大皮囊，M28出土有小皮囊。M16：8，大皮囊，壶形，小圆口，体扁，弧底，肩一侧系有皮绳，口沿和腹侧均加红色皮边，器周缘穿饰线穗子，宽5.9、高11厘米；M16：4-2，大皮囊，蘑菇形，上窄下宽，皮囊下部分为皮袋，装饰以缝上去的月牙状薄黑皮，皮袋上

---

① 戴尊德：《太原东太堡发现西汉孙氏家铜鐎》，《考古》1982年第5期。

② 徐州博物馆：《徐州东甸子西汉墓》，《文物》1999年第12期。

③ 沂水县文物管理站：《山东沂水县荆山西汉墓》，《文物》1985年第5期。

④ 江苏省文物管理委员会、南京博物院：《江苏盐城三羊墩汉墓清理报告》，《考古》1964年第8期。

⑤ 赵康民：《阳平顷侯铜石鼎及其他》，《考古与文物》1985年第5期。

⑥ 徐州博物馆：《江苏徐州市翠屏山西汉刘治墓发掘简报》，《考古》2008年第9期。

⑦ 郭勇：《山西省右玉县出土的西汉铜器》，《文物》1963年第11期。

⑧ 济宁市博物馆：《山东济宁发现一座东汉墓》，《考古》1994年第2期。

⑨ 湖南省博物馆：《长沙汤家岭西汉墓清理报告》，《考古》1966年第4期。

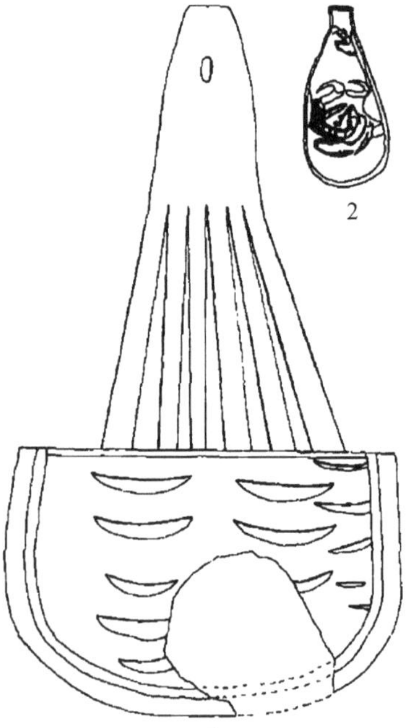

图四-78 新疆鄯善三个桥墓地出土的皮囊
1. 大皮囊（M16：4-2）
2. 小皮囊（M28：1-1）

部分缝缀皮条，通高23.1、长14.5、宽13.4厘米（图四-78：1）；M28：1-1，小皮囊，水滴状，体扁，器表以红色作地，用黄色绘出大角梅花鹿，宽2.8、高5.7厘米[①]（图四-78：2）。

（五）饮用器具

是指饮水和饮酒器具，主体为饮酒器。

耳杯为饮用器，湖南长沙马王堆M1出土的漆耳杯、漆卮上多有铭文，且以“君幸酒”三字最为常见，这也表明漆耳杯、漆卮应为饮酒器[②]（图四-79：1）。长沙马王堆M3出土耳杯有“一升酒杯”、“四升酒杯”等铭文，小酒杯上则多有“君幸酒”等文字[③]。“君幸酒”铭文在秦汉尤其是汉代漆耳杯上较为常见，另外还有“宜酒”等，而长沙汤家岭西汉墓出土漆酒杯（耳杯）6件，上有“张端君酒杯□□”铭文[④]（图四-79：2），更加清晰地表明了耳杯的用途。耳杯平面一般呈椭圆形，两长侧有用于端持的耳，质地有漆木、铜、陶、玉等。江苏徐州狮子山汉墓出土的1件玉耳杯与较多漆耳杯同出，整玉雕琢而成，两侧沿有桥耳，通体抛光，素面[⑤]（图四-79：3）。秦汉墓葬中出土的陶耳杯多有绘彩绘，非实用，应为仿漆器用于陪葬的明器，其他质地的耳杯则多为实用器。西汉时，耳杯多数口部较平，两耳微上翘，东汉时的耳杯则两耳较平，口部微上翘。漆耳杯的耳部多为漆木质，有的为铜质或鎏金铜质，有的为铜钔或银钔，江苏徐州石桥M2出土有耳杯铜钔[⑥]，徐州狮子山汉墓出土漆耳杯的两耳钔为错金银饰，十分精美；有的耳杯口部镶有一圈银钔，或与耳部错金银钔等铸成

① 新疆文物考古研究所、新疆大学历史系、吐鲁番地区博物馆、鄯善县文化局：《新疆鄯善三个桥墓葬发掘简报》，《文物》2002年第6期。

② 湖南省博物馆、中国科学院考古研究所：《长沙马王堆一号汉墓》，文物出版社，1973年，第77页。

③ 湖南省博物馆、湖南省文物考古研究所：《长沙马王堆二、三号汉墓》，文物出版社，2004年，第127-129页。

④ 湖南省博物馆：《长沙汤家岭西汉墓清理报告》，《考古》1966年第4期。

⑤ 狮子山楚王陵考古发掘队：《徐州狮子山西汉楚王陵发掘简报》，《文物》1998年第8期。

⑥ 徐州博物馆：《徐州石桥汉墓清理报告》，《文物》1984年第11期。

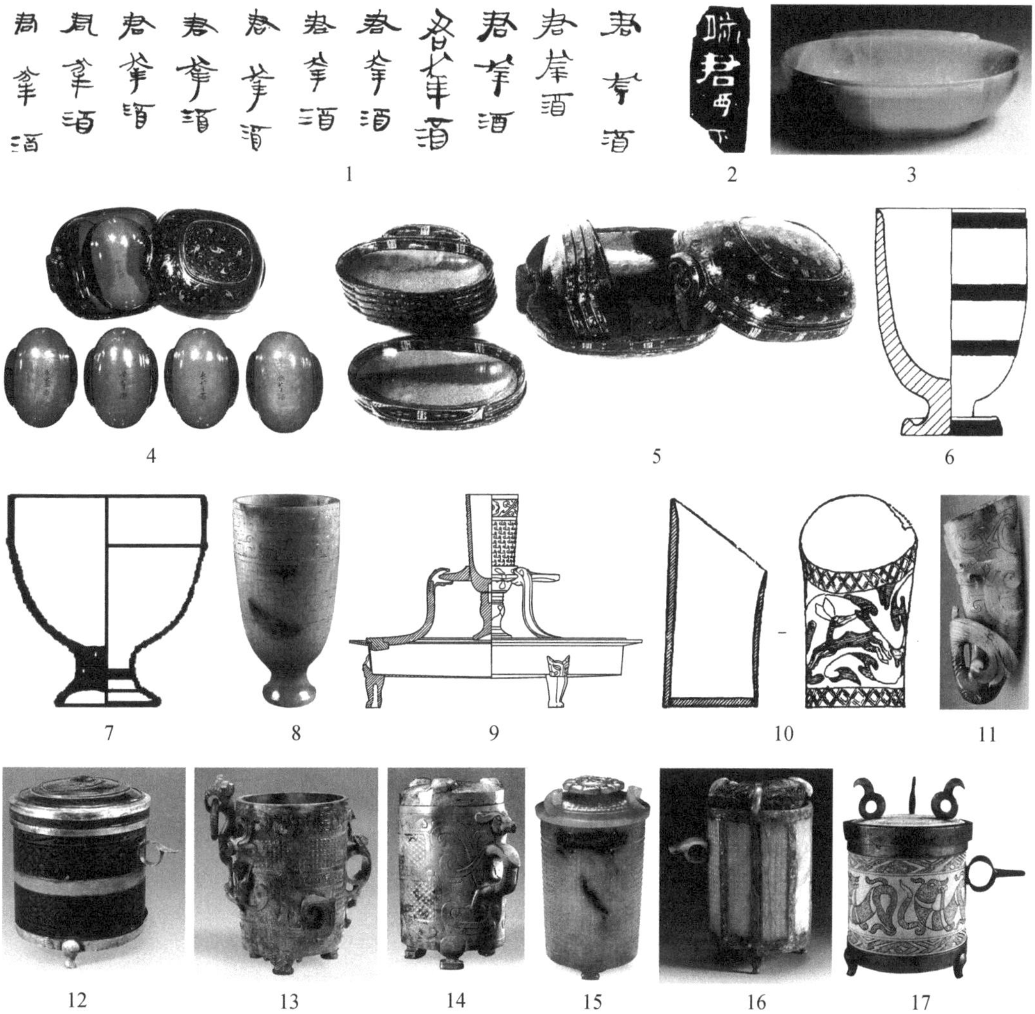

图四 -79　汉代的耳杯及卮

1. 湖南长沙马王堆 M1 出土漆耳杯上的文字　2. 长沙汤家岭西汉墓出土漆酒杯上铭文　3. 江苏徐州狮子山西汉楚王墓出土玉耳杯　4. 湖南长沙马王堆 M1 出土漆杯盒　5. 湖北江陵凤凰山 M168 出土耳杯漆盒（M168：79）　6. 江苏徐州凤凰山 M1 出土彩绘陶高足杯（M1：23）　7. 广西合浦望牛岭西汉墓出土铜高足杯　8. 江苏徐州狮子山汉墓出土玉杯（W1：97）　9. 广东广州南越王墓出土承盘高足玉杯　10. 河南陕县西汉中晚期 M3003 出土骨筒杯（M3003：82）　11. 广东广州南越王墓出土玉角杯　12. 安徽巢湖放王岗 M1 出土漆卮（FM1：389）　13、14. 安徽巢湖北山头 M1 出土筒形玉卮（13. BM1：16　14. BM1：17）　15. 江苏徐州狮子山汉墓出土玉卮　16. 广东广州南越王墓出土铜框玉卮　17. 广东广州南越王墓出土金釦象牙卮一体，或相对独立，当为《盐铁论·散不足》中所载的“银口黄耳”[①]，类似的器物在武帝茂陵一号无名冢陪葬墓的陪葬K1中有出土[②]。耳杯的使用量较大，汉墓中常有多件出土即可说明，河南洛阳金谷园壁画墓出土达20件[③]。成套的耳杯常放置在专门的盒中，湖南长沙马王堆M1出土有漆杯盒（图四-79：4），遣册中也有对应记述[④]；长沙望城坡西汉渔阳墓C：184也是漆杯盒，木胎，椭圆形，子母口，两端凸起为圆形把柄，内盛10个耳杯，外髹黑漆，内髹红漆，器表朱绘云气纹，口沿绘水波、菱形纹，长22.9、宽18.5、高13.3厘米，耳杯通体黑漆，朱绘凤鸟、水波、云气纹[⑤]。湖北云梦大坟头西汉初年M1出土漆耳杯盒（头箱32），木胎，里涂红漆，外髹黑漆，由形制基本相同的器身与盖扣合而成，外作椭圆形，内作耳杯形，腹外有两道凹弦纹，盖上与外底均有烙印的“亭”字，盒内平放六个漆耳杯[⑥]。湖北江陵凤凰山M168出土耳杯盒一件（M168：79），椭圆形，直口，外壁呈弧形，两长边有凸出的短把，内壁向内折，圜底，盒内盛放耳杯十件（图四-79：5），墓内出土竹简三五记有“具器一合，杯十枚，有囊”，具器当指此器，出土时包囊已朽[⑦]。不过，耳杯并非全部用作饮酒器，有的则为食器，长沙马王堆M1出土耳杯上有“君幸食”等字，遣册也提及“幸食杯”等。

秦汉时期还流行一种深腹短柄带座杯，主要流行于秦至西汉早中期，西汉晚期至东汉时期较为少见。湖北老河口市九里山秦及西汉墓葬出土较多此类陶质杯，形制上均敞口、近直壁下收，靠近底部急收内束，形成短柄，饼状底，稍内凹[⑧]。江苏徐州市区南郊凤凰山M1出土2件，标本M1：23，腹较深，圆饼形座，内壁涂朱，外壁饰弦纹等，明器特征明显[⑨]（图四-79：6），与之相近的还有徐州市西郊韩山西汉M2出土陶杯，不同的是杯身、杯座分别制作后粘合而成，外壁以红、白相间套

① （西汉）桓宽：《盐铁论·散不足》，王利器校注：《盐铁论校注》，中华书局，1992年，第351页。

② 咸阳地区文管会、茂陵博物馆：《陕西茂陵一号无名冢一号从葬坑的发掘》，《文物》1982年第9期。

③ 洛阳博物馆：《洛阳金谷园新莽时期壁画墓》，文物编辑委员会编：《文物资料丛刊·第九辑》，文物出版社，1985年，第163-173页。

④ 湖南省博物馆、中国科学院考古研究所：《长沙马王堆一号汉墓》，文物出版社，1973年，第144页。

⑤ 长沙市文物考古研究所、长沙简牍博物馆：《湖南长沙望城坡西汉渔阳墓发掘简报》，《文物》2010年第4期。

⑥ 湖北省博物馆：《云梦大坟头一号汉墓》，文物编辑委员会编：《文物资料丛刊·第四辑》，文物出版社，1981年，第1-28页。

⑦ 纪南城凤凰山一六八号汉墓发掘整理组：《湖北江陵凤凰山一六八号汉墓发掘简报》，《文物》1975年第9期；《湖北江陵凤凰山一六八号汉墓》，《考古学报》1993年第4期。

⑧ 襄樊市文物考古研究所、武安铁路复线九里山考古队：《老河口九里山秦汉墓》，文物出版社，2009年，第85-88、415、416页。

⑨ 徐州博物馆：《江苏徐州市凤凰山西汉墓的发掘》，《考古》2007年第4期。

色彩绘云纹、弦纹等[①]。从上述两例彩绘陶杯可以看出，其应是仿漆器的明器，换言之，该形制的漆质杯在当时应较为常见，当然陶杯也会在一定程度上参考玉杯或金属质杯的形制。广东广州西汉南越王墓出土有漆杯金座足，座内为漆杯体[②]，从整体形制看，该杯应为深腹短柄带座杯。广西合浦望牛岭西汉墓出土铜高足杯 2 件，大小相同，直口，饰凸弦纹一道，喇叭形圈足[③]（图四 -79：7）。江苏徐州狮子山汉墓出土 2 件玉杯，如 W1：97，上大下小，直壁，下有喇叭形圈足，杯体上部饰一组兽面纹，其余部位饰勾连纹，下有高圈足（图四 -79：8），另 1 件形制与之相似，形体稍小，素面[④]。安徽涡阳稽山西汉墓出土玉杯，直口，杯身近圆筒形，下部内收，杯座铜质，略呈豆形，有浅槽，用来卡牢玉杯，喇叭状高圈足，器座表面鎏金并饰有蟠螭纹、弦纹和卷云纹等[⑤]。广州西汉南越王墓出土 1 件玉盖杯，体呈八棱筒形，座为喇叭形，杯身为鎏金铜框架，上镶 8 块竹片状玉片，下嵌 5 块心形玉片，盖顶嵌青玉 1 块；最为精致的为该墓出土的承盘高足玉杯，由高足青玉杯、游龙衔花瓣玉托架、铜承盘三部分组成，杯由座和杯身两部分组成，连接处各钻出一双环形小孔，用一根小竹条作插榫以连贯[⑥]（图四 -79：9）。

筒形杯在秦汉时期并不多见，但也代表了一种器形。河南陕县西汉中晚期的 M3003 出土 1 件骨杯（M3003：82），呈圆筒形，口一长侧似流，下端安一圆形骨片作底座，器身周壁线刻一周狩猎纹，并涂朱、墨二色[⑦]（图四 -79：10）。从造型上看，应为饮酒器。与之相似的还有角杯，数量亦不多。广州西汉南越王墓出土玉角杯 1 件，青玉质，仿犀牛角形，中空，口呈椭圆形，往下渐收束，外壁雕琢有夔龙，较为生动[⑧]（图四 -79：11）。上述两种杯可手持使用，河南洛阳西汉壁画墓出土壁画中即有一人右手持角形器[⑨]。

与杯相近的为卮。秦汉时期的卮质地多样，漆卮为大宗，玉卮有一定数量，另外还有铜、石、牙卮等。安徽阜阳双古堆 M2 出土漆卮 2 件，圆形，卷制，一侧有

① 徐州博物馆：《徐州韩山西汉墓》，《文物》1997 年第 2 期。

② 西汉南越王博物馆：《西汉南越王博物馆珍品图录》，文物出版社，2007 年，第 98 页。

③ 广西壮族自治区文物考古写作小组：《广西合浦西汉木椁墓》，《考古》1972 年第 5 期。

④ 狮子山楚王陵考古发掘队：《徐州狮子山西汉楚王陵发掘简报》，《文物》1998 年第 8 期。

⑤ 刘海超、杨玉彬：《安徽涡阳稽山汉代崖墓》，《文物》2003 年第 9 期。

⑥ 广州市文物管理委员会、中国社会科学院考古研究所、广东省博物馆：《西汉南越王墓》，文物出版社，1991 年，第 202 页。

⑦ 中国社会科学院考古研究所：《陕县东周秦汉墓》，科学出版社，1994 年，第 195、196 页。

⑧ 广州市文物管理委员会、中国社会科学院考古研究所、广东省博物馆：《西汉南越王墓》，文物出版社，1991 年，第 202 页。

⑨ 河南省文化局文物工作队：《洛阳西汉壁画墓发掘报告》，《考古学报》1964 年第 2 期。

弧形鋬，并有“女阴侯卮”等铭文，无足；M1 出土银釦麻布胎漆卮，圆形，有 3 小足[①]。安徽巢湖放王岗 M1 出土 2 件漆卮，直筒状，有盖，器身、口及盖外壁镶有银釦饰，盖顶中心嵌有银质柿蒂纹，器身一侧有带圆环附扁尾状的鎏金铜鋬，下有 3 鎏金铜矮足，如 FM1：389（图四 -79：12），与《盐铁论·散不足》所载“银口黄耳”[②]较为接近；该墓还出土 4 件石卮，直壁筒形，腹较浅，外部一侧附桥形单耳；与放王岗距离较近的北山头 M1 出土筒形玉卮 2 件，1 件（BM1：16），无盖，由整块青白玉雕成，为朱雀衔环卮，直口、平沿、三矮足，器身纹饰复杂，有朱雀、螭虎、熊等（图四 -79：13）；1 件（BM1：17），为青玉制成，有盖，盖面微弧，顶饰柿蒂纹，盖下缘内收成凸榫状，与器口套合，卮身筒状，直壁，平沿，平底，三矮足，器身一侧采用透雕和高浮雕的技法刻琢一朱雀鋬手，器壁雕刻变形鸟纹带，带间饰蒲格谷纹[③]（图四 -79：14）。江苏徐州狮子山汉墓出土玉卮为和田玉质，整玉雕琢而成，器身筒形，直壁，外表雕刻勾连纹，平底，下有兽头形足，有子母口盖，盖面微凸，上雕饰三朵涡形波浪纹，中间立雕一朵翻卷梅花瓣[④]（图四 -79：15）。广州西汉南越王墓出土有 1 件铜框玉卮，上为 1 漆木盖，器身由 9 块青玉片嵌在一鎏金铜框中，一侧有玉质鋬（图四 -79：16）；该墓西耳室还出土 1 件金釦象牙卮，盖、身为象牙质，座为金质，盖上有 3 对称金质环形钩尾立钮，器身中部一侧有一金质鋬，盖上针刻三瓣柿蒂纹，器身针刻成组神兽纹[⑤]（图四 -79：17）。另外，广西合浦望牛岭西汉墓出土铜碗 2 件，均附有一鋬，与卮的形制有所接近，但腹较浅，可称为碗形卮[⑥]。

（六）存储器具

笥为存储食物等较为常用的器具。湖南长沙马王堆 M1 出土较多的竹笥，从伴出的简牍等来看，部分盛放丝织品和衣物，部分盛放中草药和其他植物，较多的笥盛放食品，且都用茅草垫底，食品多为肉食品，计 24 笥，有的盛放牛、羊、猪、鹿、鹤、鸡（图四 -80：1）、兔（图四 -80：2）、鸭、鱼等，现仅余残骨，有

---

① 安徽省文物工作队、阜阳地区博物馆、阜阳县文化局：《阜阳双古堆西汉汝阴侯墓发掘简报》，《文物》1978 年第 8 期。

② （西汉）桓宽：《盐铁论·散不足》，王利器校注：《盐铁论校注》，中华书局，1992 年，第 351 页。

③ 安徽省文物考古研究所、巢湖市文物管理所：《巢湖汉墓》，文物出版社，2007 年，第 61-64、85、86、122-125 页。

④ 狮子山楚王陵考古发掘队：《徐州狮子山西汉楚王陵发掘简报》，《文物》1998 年第 8 期。

⑤ 广州市文物管理委员会、中国社会科学院考古研究所、广东省博物馆：《西汉南越王墓》，文物出版社，1991 年，第 139、140、269、270 页。

⑥ 广西壮族自治区文物考古写作小组：《广西合浦西汉木椁墓》，《考古》1972 年第 5 期。

的有黑色酱状物留存，有的笥内还留有串肉食的细竹签，其他食品有粮食、蛋、果品（梨、梅等）、糖和蔬菜等，如一件竹笥内有口袋，口袋内装豆类[①]（图四-80：3）；长沙马王堆 M3 西椁箱出土的 16 件竹笥中盛有食物，有的盛枇杷、梨、枣等水果，有的盛馔足、白粳、菽等粮食制作的熟食[②]。湖北江陵凤凰山西汉 M8、M10 填土中出土竹笥内尚有鸡、牛、兔骨和瓜子，一些竹笥中盛有甜瓜子、果核、鸡骨、兔骨等[③]；江陵凤凰山 M167，距墓口 2 米以下的青灰泥中出土一竹笥，内有动物残骸和果核等[④]；江陵凤凰山 M168 出土的一些竹笥中盛放食物，如粟与牛、猪、鱼类等，有的竹笥内盛放小米和肉食品，具体如 M168：253，笥里盛牛排骨和鸡骨，M168：220，笥里盛小米等[⑤]。

盛食物的竹编器物还有很多。湖北江陵凤凰山西汉 M168 出土的一些竹篓内用细竹片编成网格状纹，内盛杨梅等[⑥]。江陵凤凰山 M167 出土一竹笭内残存鱼骨，其他竹笭分别盛有板栗、梅核、李核、蛋卵等[⑦]，亦有其他一些食品，竹筒中有盐、肉酱等。江陵凤凰山 M168 出土竹笭 12 件，分别保存有生姜、红枣、小茴香、鸡蛋和果核等，是当时盛装各种食物所用的器具，另外有竹筒 9 件，背面有墨书的“盐”、“月（肉）酱”、“苦酒”等字，用来标明不同用途[⑧]。山东临沂银雀山 M1 出土有竹篮[⑨]，也可能用来盛放食物。

其他盛放食物的器具也很多。湖北江陵凤凰山 M167 出土的一些容器（包括漆器）用方绢巾封口，然后加盖，称为“幂”，内盛浆、肉酱、酒、盐、醢、豆瓣酱等[⑩]（图四-80：4）。与之相似，山东临沂金雀山周氏墓群 M14 出土 1 件陶罐口内留有一草编塞子，其内原盛有食物[⑪]。河南洛阳五女冢新莽时期 M267 出土的一些小陶罐器壁上有朱书“辩酱”、“醢”、“肉酱”、“盐”、“豉”，说明这些罐可能用来盛

---

① 湖南省博物馆、中国科学院考古研究所：《长沙马王堆一号汉墓》，文物出版社，1973 年，第 111 页。

② 湖南省博物馆、湖南省文物考古研究所：《长沙马王堆二、三号汉墓》，文物出版社，2004 年，第 43 页。

③ 长江流域第二期文物考古工作人员训练班：《湖北江陵凤凰山西汉墓发掘简报》，《文物》1974 年第 6 期。

④ 凤凰山一六七号汉墓发掘整理小组：《江陵凤凰山一六七号汉墓发掘简报》，《文物》1976 年第 10 期。

⑤ 纪南城凤凰山一六八号汉墓发掘整理组：《湖北江陵凤凰山一六八号汉墓发掘简报》，《文物》1975 年第 9 期。

⑥ 长江流域第二期文物考古工作人员训练班：《湖北江陵凤凰山西汉墓发掘简报》，《文物》1974 年第 6 期。

⑦ 凤凰山一六七号汉墓发掘整理小组：《江陵凤凰山一六七号汉墓发掘简报》，《文物》1976 年第 10 期。

⑧ 纪南城凤凰山一六八号汉墓发掘整理组：《湖北江陵凤凰山一六八号汉墓发掘简报》，《文物》1975 年第 9 期。

⑨ 山东省博物馆、临沂文物组：《山东临沂西汉墓发现〈孙子兵法〉和〈孙膑兵法〉等竹简的简报》，《文物》1974 年第 2 期。

⑩ 凤凰山一六七号汉墓发掘整理小组：《江陵凤凰山一六七号汉墓发掘简报》，《文物》1976 年第 10 期。

⑪ 临沂市博物馆：《山东临沂金雀山周氏墓群发掘简报》，《文物》1984 年第 11 期。

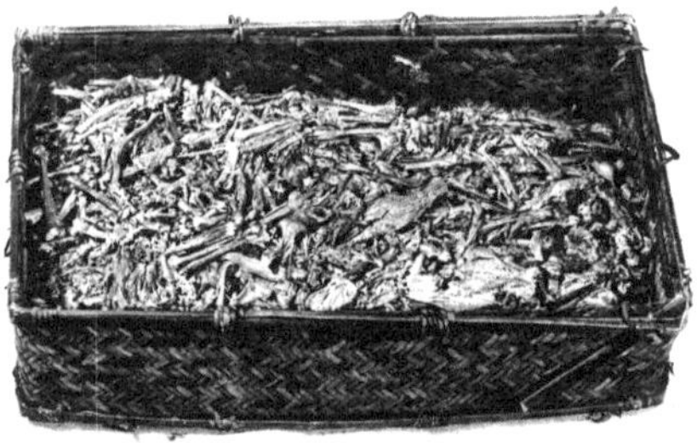
1

2
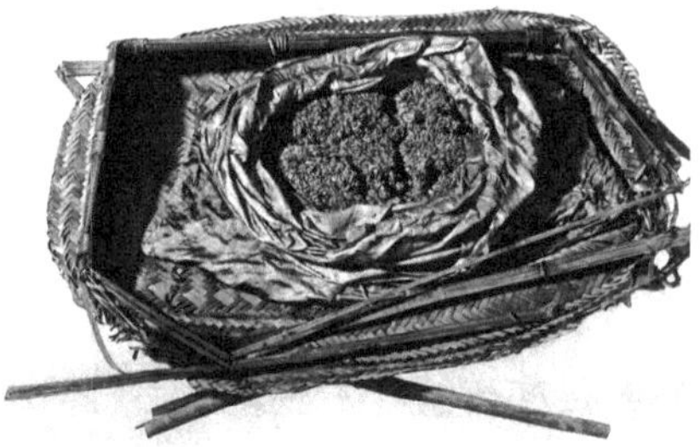
3

4

图四 -80　汉代墓葬出土的竹笥和幂
1-3. 湖南长沙马王堆 M1 出土竹笥（1. 盛鸡肉　2. 盛野兔肉　3. 盛豆类粮食）
4. 湖北江陵凤凰山 M167 出土的“幂”

放相关食物或调料①。江苏徐州狮子山西汉墓出土陶瓮中，E1：52 肩部阴刻有“月（肉）酱二石食官第二”等文字，E1：64 肩部阴刻“此酱二石食官第二”等文字②，说明二器物是用来盛储酱的。湖南长沙马王堆 M1 出土食奁内盛饼状类食物，根据简文记载，其内所盛的为稻食；墓内出土带耳陶罐 1 件，口部用草和泥填塞，内残存豆豉类食物；墓内还出土大口罐 22 件，全部盛有食品，有的用草泥封口，有的颈部有麻绳系的竹牌，从竹牌文字看，有羹（如牛白羹、鸡羹）、酱、酒、盐等③。河南洛阳烧沟汉墓出土的一些小壶内壁粘附着一层相当厚的黄色物质，推测其内原贮藏有食品④。河南荥阳河王水库东汉墓出土陶羊尊 6 件，其中 1 件内存储有栗子，说明尊除盛酒外，在东汉时还用来贮盛食品⑤。新疆尉犁县营盘 M22、M8 及民丰县尼雅遗址 95MNI 号墓地 M8 出土木盆内盛粟黍类食物，尼雅 95MNI 号墓地 M8 出土的带流罐，器内还存留部分干腐的食物⑥。山东章丘市洛庄汉墓陪葬坑中，K3 出

① 洛阳市第二文物工作队：《洛阳五女冢 267 号新莽墓发掘简报》，《文物》1996 年第 7 期。
② 狮子山楚王陵考古发掘队：《徐州狮子山西汉楚王陵发掘简报》，《文物》1998 年第 8 期。
③ 湖南省博物馆、中国科学院考古研究所：《长沙马王堆一号汉墓》，文物出版社，1973 年，第 88、126 页。
④ 洛阳区考古发掘队：《洛阳烧沟汉墓》，科学出版社，1959 年，第 106 页。
⑤ 河南省文化局文物工作队：《河南荥阳河王水库汉墓》，《文物》1960 年第 5 期。
⑥ 新疆文物考古研究所：《新疆尉犁县营盘墓地 1995 年发掘简报，《文物》2002 年第 6 期；《新疆民丰县尼雅遗址 95MNI 号墓地 M8 发掘简报》，《文物》2001 年第 1 期。

土用草编袋包裹，并有封泥封存的动物骨骼，主要是羊和猪的腿骨[①]，原埋藏的应为肉食。

仓是盛储粮食的设施，发现较多，而这一时期也有其他盛放粮食的器具，种类及数量较多，存贮方便，以备及时食用。南方地区的此类盛放器具多为袋等编织物或纺织物。湖北江陵凤凰山 M167 出土的一些绣囊内分别盛有花椒、五谷杂粮，一些绢袋分别盛有稻糯、粢秫等[②]。湖南长沙马王堆 M1 出土盛粮食的麻袋中盛有麦种、白粢、稻白秫米等[③]。西北地区的甘肃武威也有发现，如武威磨咀子 M48、M62 均出土有粮囊[④]。北方则多使用罐、壶等陶、铜质器物。山东临淄西汉齐王墓的陪葬坑中，铜壶、钫、罍等器物上多有“上米”、“下米”等铭文，证明陪葬有不同质量的米等[⑤]。河南洛阳烧沟汉墓出土一些形体较大的陶壶，一部分是贮藏粮食和副食品的容器，相当多的壶内满藏着小米、薏苡的外壳，大部分保存完好，而很多壶的外壁发现有“白米”、“黍米”、“稻米”等文字[⑥]。

汉代还有特殊的储藏设施。江苏徐州小龟山楚王墓第 9 室水井中清理出大量果核[⑦]，推测现实生活中有类似的冷藏设施或器物。类似内容在相关章节中已有论述，此处不作过多赘叙。

另外，上文所述的漆耳杯盒也应是存储的器具，特说明。

五、庖厨与进食场面

关于庖厨场面，上文食品加工场面部分已有相应论述，在此主要将庖厨与进食场面作综合论述。

对等级低或经济状况差的家庭来讲，饮食相对简单，庖厨与进食场面亦不大。但就帝王及贵族、官吏、地主家庭而言，庖厨与进食活动均较为讲究，场面明显较大，而上述众多的炊爨器具、食品加工技术与方法、食物品种、饮食器具等也从侧面折射出这一方面的内容。

秦汉时期，帝王尤其是皇帝及皇室成员的饮食十分讲究，为其准备膳食及他们

---

① 济南市考古研究所、山东大学考古系、山东省文物考古研究所、章丘市博物馆：《山东章丘市洛庄汉墓陪葬坑的清理》，《考古》2004 年第 8 期。

② 凤凰山一六七号汉墓发掘整理小组：《江陵凤凰山一六七号汉墓发掘简报》，《文物》1976 年第 10 期。

③ 湖南省博物馆、中国科学院考古研究所：《长沙马王堆一号汉墓》，文物出版社，1973 年，第 126 页。

④ 甘肃省博物馆：《武威磨咀子三座汉墓发掘简报》，《文物》1972 年第 12 期。

⑤ 山东省淄博市博物馆：《西汉齐王墓随葬器物坑》，《考古学报》1985 年第 2 期。

⑥ 洛阳区考古发掘队：《洛阳烧沟汉墓》，科学出版社，1959 年，第 101 页。

⑦ 南京博物院、铜山县文化馆：《铜山龟山二号西汉崖洞墓》，《考古学报》1985 年第 1 期。

进食的场面较庞大。汉代，朝廷设有专门的管理机构，有完备的食物管理体系，有具体的管理和工作人员，而且分工明确。膳食开支巨大，每天可达54.8万钱。考虑到帝王的身份等级，其进食内容还应存在相应的礼制。

这一时期贵族、官吏、地主的庖厨与进食场面多见于汉代壁画或画像之中，而且分布地域较广，生动地再现了当时贵族、官吏、地主的饮食生活面貌。

山东诸城前凉台东汉墓出土的庖厨画像石画像内容丰富，涉及地方官吏或地主家庭庖厨方面的很多内容，而该墓也出土有宴饮画像，可见捧食进献者和相关侍者等，与庖厨画像共同构成了全面的庖厨、进食场面①。

江苏徐州睢宁县张圩散存画像石的画像中，有一石下格刻二人坐于榻上，中置博局和耳杯，左方二人持食进献，右方二人躬立伺候（图四-81：1）；另一散存画像石所刻屋内有二人对坐于榻上，中间有一樽和装满耳杯的盘子，二侍者拱手立于两侧，屋外左侧有三人提浆端盘送食②。睢宁县九女墩东汉墓中室墓壁石画像的中间为一重屋，中间屋内榻上置一几案，案上摆放食具，案旁有男女主人对饮，左右廊庑间各有二人跽坐，为侍者，屋外左侧有八人捧食进馔，等待主人依次进食

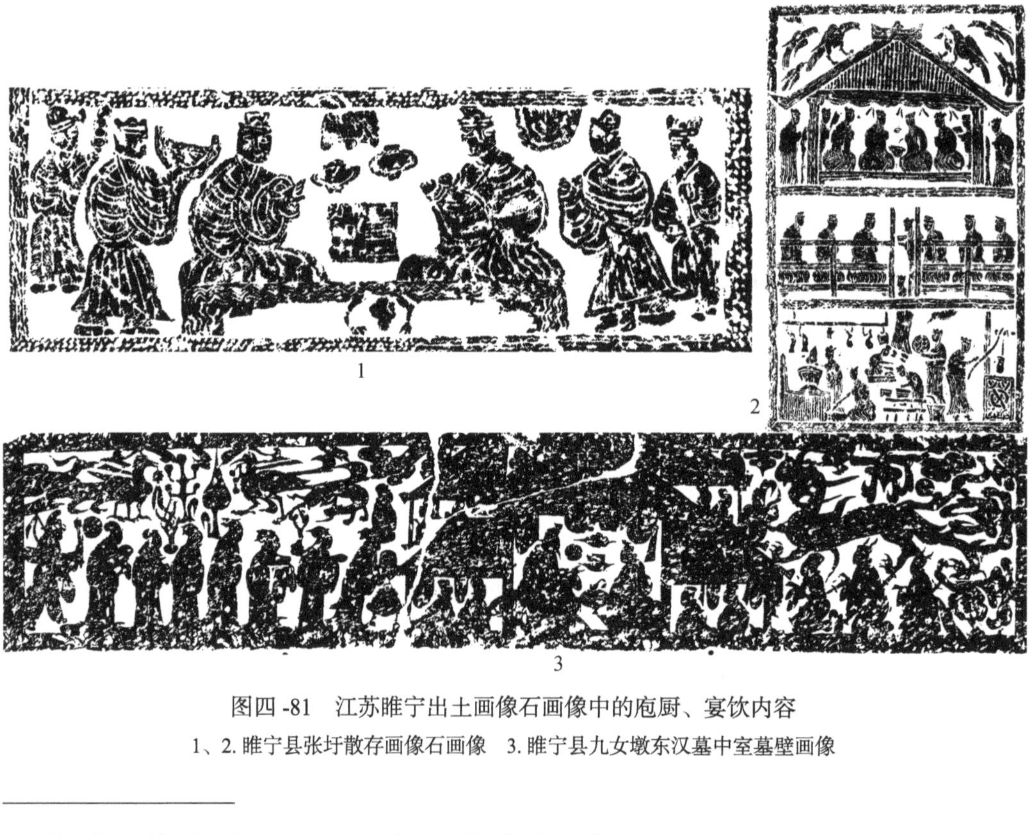

图四-81 江苏睢宁出土画像石画像中的庖厨、宴饮内容

1、2. 睢宁县张圩散存画像石画像 3. 睢宁县九女墩东汉墓中室墓壁画像

① 诸城县博物馆，任日新：《山东诸城汉墓画像石》，《文物》1981年第10期。

② 仝泽荣、武利华、田忠恩、陈剑彤：《睢宁汉画像石》，山东美术出版社，1998年，图39、47。

（图四 -81：3），同墓墓门东扉画像中亦有侍者双手捧果盘作献食状[①]。睢宁张圩散存的画像石中，还有一石所刻既有庖厨，亦有进食场面，画面分三格，下格左侧刻一灶，一人在灶前推柴烧火，一人往釜中添放食物，右侧刻一人在井旁汲水，中间有三人，一人在切肉，一人在淘洗，一人捧托圆形食案；中格刻栏杆，中间阙道有二侍者捧食而过，另有四人等待；上格则是宴饮图，屋内置一长榻，榻上坐四人正准备宴饮，一旁各立二侍者[②]（图四 -81：2）。

河南密县打虎亭 M1 的东耳室内刻有多幅与庖厨、进食有关的画像，内容有器皿与管理人员，有酿酒、盛器和磨制豆腐的工作人员，有肉食加工及其他食物加工和炊事，有侍者盛食端往宴席等等，场面大、人物多，所开展的工作繁杂多样而又分工清楚，既体现出官僚地主的饮食生活面貌，也对研究当时的炊爨、食品加工、食物品种、饮食器具、烹饪手段、炊事流程、庖厨布局等有着重要的意义[③]。

另外，很多墓葬，特别是川渝地区东汉墓葬，出土数量较多、品种丰富的庖厨俑，如重庆化龙桥东汉墓，出土有杵臼俑、庖鱼俑、献食俑、提壶俑等[④]（图四 -82），这一地区东汉墓还出土有切肉俑、庖牛俑、庖猪俑等。

1　　2　　3　　4

图四 -82　重庆市化龙桥东汉砖墓出土与庖厨、饮食相关的陶俑

1. 庖鱼俑　2. 杵臼俑　3. 提壶俑　4. 献食俑

上述画像、陶俑等在一定程度上折射出秦汉尤其是汉代，特别是东汉时期贵

① 李鉴昭：《江苏睢宁九女墩汉墓清理简报》，《考古通讯》1955 年第 2 期。

② 仝泽荣、武利华、田忠恩、陈剑彤：《睢宁汉画像石》，山东美术出版社，1998 年，图 40。

③ 河南省文物研究所：《密县打虎亭汉墓》，文物出版社，1993 年，第 128-145 页。

④ 胡人朝：《重庆市化龙桥东汉砖墓的清理》，《考古通讯》1958 年第 3 期。

族、官吏、地主家庭的庖厨及进食场面，多数场面大，涉及人员多，内容丰富。当然，有关资料还体现出一些普通家庭的饮食内容，如仅有夫妻二人对饮，有1～2个侍者或家仆侍奉饮食，庖厨场面也较小，仅有灶或炊爨的内容，反映出与家庭等级相对应的庖厨宴饮场面和内容。另外，相关的物质载体还有画像砖画像、壁画、器物纹饰等等，与上文所述内容一并对秦汉时期家庭的庖厨和进食内容有着多种形式、较为全面的体现。

就秦汉时期的饮食而言，家庭之中也会讲求相应的礼仪和程序，而这一传统一直延续至今。具有一定社会等级或相应经济实力的秦汉家庭在这一方面体现得较为明显，如饮食过程中，夫妻如何就座，饮食的过程与规定；晚辈与长辈之间如何就座，饮食的过程和规矩；宾主如何就座，饮食的规则和过程等，另外还有饮食前的礼仪，饮食过程中的饮酒与进食的程序，不同饮食器具摆放、暂放和使用，饮食结束后的礼仪，招待客人时男家主与女家主的礼仪与规定，不同身份的宾客在礼仪上的区别或差异等等。上述内容部分可通过出土的实物间接体现，再结合文献则可进行相应程度的复原，而部分礼仪内容在汉代墓葬壁画或画像中有相对直观的体现，诸多图像较为生动地再现了当时的饮食仪礼，甚至是更为详细的过程步骤和程序，这在上文的相关描述中也有提及。可以说，与秦汉家庭饮食有关的礼仪和程序，加之上文所述与饮食有关的其他内容，从多个方面、不同角度体现出秦汉时期饮食文化的发展及其内容、内涵，为综合研究秦汉家庭的饮食提供了相应的参考，也对我们进行秦汉家庭日常生活研究提供了较为重要的参考。需作说明的是，上述与秦汉饮食礼仪和程序有关的内容，在一些研究中国古代饮食文化的书籍中已有所论述，较具代表性的如王仁湘先生所著《饮食与中国文化》① 等，为认识中国古代包括秦汉时期饮食的内容和礼仪、程序等可提供重要的参考和借鉴。限于篇幅，本部分不再就秦汉家庭饮食的礼仪和程序作详细举例和论述，特作说明。

第三节　秦汉家庭的居住

秦汉时期，除政治、战争、自然灾害或其他原因造成的新居住地开发、人口迁徙、改变居住地等内容外，家庭的整体居住地相对稳定，这对于家庭居住内容的发展有着较为重要的促进作用。就居住地来讲，有京城、诸侯国都城、侯国都城、郡治、县治、乡、里、亭等各级管理机构所在地，也有分散的村落、庄园和其他居住点等。时间的变化 ，不同的居住地点，加之不同家庭在政治地位、经济实力、职业

① 王仁湘:《饮食与中国文化》，人民出版社，1993年。

属性、规模大小等方面的差异，使得秦汉家庭的具体居住内容也存在较多的不同，呈现出多样化的特点，但同时又在多样之中有着较多的相似点和相近之处，这与秦汉时期大一统封建帝国统治的全面建立及统一汉文化的逐渐形成有着较大关系，综合反映出多元一体的整体特征。

一、帝王居住概况

秦汉时期，皇帝家庭、皇亲贵戚家庭、王侯贵族家庭的等级较高，家庭的居住条件、内容等明显优于一般平民家庭的居住情况，且差别明显，这也反映出家庭主体成员身份地位的差异。皇帝及其家庭成员、皇亲贵戚与王侯贵族乃至郡县的官吏等，基本居住在城内，有相对独立的居住空间，一般位于城的重要位置。从秦都咸阳城、西汉长安城及东汉洛阳城的考古发现来看，帝后居住地多建有规模大、设施多的宫殿，并有其他一些宫殿供其使用。

秦都有咸阳宫，位于都城之北，有高台建筑、楼阁建筑、迴廊等，形成主体宫室外围绕不同层次、不同用途小宫室的结构，另有其他组群式建筑，并有飞阁、复道等相连，相关建筑配有壁炉、排水管、地漏等①。阿房宫为秦始皇帝营建的新宫，有高大的宫殿及廊庑类建筑②。

西汉都城长安城内的皇室建筑有作为皇宫的未央宫，有作为太后之宫的长乐宫，有作为后妃之宫的北宫、桂宫和明光宫等。上述宫殿均有相当的建筑规模和内容多样的设施及机构，未央宫有阙、角楼、前殿、椒房殿、文化性建筑、祭祀性建筑、贯通宫城的道路及其他宫室建筑群、沧池等③；长乐宫有大型建筑群、道路、凌室及其附属建筑等④；桂宫发现多组建筑，包括宫殿、庭院、天井及附属建筑如仓储遗址等⑤。除上述建筑外，汉长安城外还有一些离宫别馆供皇室及相关人员使用。城西有建章宫，建章宫北有太液池；城北有甘泉宫，为汉长安城郊的最大离

---

① 陕西省考古研究所：《秦都咸阳考古报告》，科学出版社，2004年。

② 中国社会科学院考古研究所、西安市文物保护考古所阿房宫考古工作队：《阿房宫前殿遗址的考古勘探与发掘》，《考古学报》2005年第2期。

③ 中国社会科学院考古研究所：《汉长安城未央宫（1980～1989年考古发掘报告）》，中国大百科全书出版社，1996年。

④ 中国社会科学院考古研究所汉长安城工作队：《汉长安城长乐宫二号建筑遗址发掘报告》，《考古学报》2004年第1期；《汉长安城长乐宫发现凌室遗址》，《考古》2005年第9期；《西安市汉长安城长乐宫四号建筑遗址》，《考古》2006年第10期。

⑤ 中国社会科学院考古研究所、日本奈良国立文化财研究所：《汉长安城桂宫（1996—2001年考古发掘报告）》，文物出版社，2007年。

宫，有宫墙、角楼及高台建筑遗迹[①]。上林苑作为皇家苑囿，也有大量的皇室离宫别馆建筑，发现多处高地及建筑遗址，有台榭等建筑[②]。

东汉洛阳城有南、北二宫，为主要宫殿区，北宫主要是皇帝及妃嫔寝居的宫城。另外还有长秋宫和西宫，均为东汉初皇后居住之殿，而永安宫、濯龙宫等则为皇家宫苑。

汉代诸侯王基本是在其都城内建设宫殿，而王宫是其中最重要的组成部分。相关建筑除供诸侯王家庭居住外，还有配套的设施，如乐舞室、车马室、庖厨房、臼房、水井、凌阴、柴房、厕所、浴间及相关管理机构等。这些设施和内容可从地下墓葬的结构、布局及其具体内容等看出，尤其西汉时期楚、梁二国诸侯王墓葬最具代表性。这两个诸侯国的王墓与后墓大多为横穴崖洞墓，结构复杂，墓室较多，功能区分较为明显。以江苏徐州地区的北洞山、小龟山两处西汉楚王墓为例，前者墓门外有阙的遗存，主墓室为前堂后室，配有一些侧室和两个厕室，附属建筑为多重进院，上文所述的较多功能室在附属建筑中皆存在，分布于不同进院中，功能明确，布局清晰，而且很多室之间的关系密切，功能互补[③]；小龟山楚王墓前有墓道，墓道连接甬道，甬道中部偏外有车马室及配套的水槽，还有一定数量配套的陶俑，主墓室在甬道后端，有后寝和宽大的前堂，而前堂中还有立柱，另在前堂后寝的附近还有武库、钱库、水井、排水道等较多配套设施[④]（图四 -83）。二者在墓室布局等方面具有一定的共性，均体现出事死如生思想的发展与延续。

徐州市金地商都汉代遗址北端为汉代楚国与彭城国的宫殿遗址区，除夯土高台建筑外，还有道路、作坊、排水沟等遗迹，道路直通宫殿，较宽，路面由石板铺成，两侧有散水，排水沟由大块方砖砌成[⑤]。徐州市东郊黑头山西汉早期刘慎的墓葬出土“东宫府印”铜印章[⑥]（图四 -84），墓主刘慎很可能是西汉楚国的宗室成员，“东宫府印”应该为墓主的官印，“东宫”通常指太子或皇（王）太后居住的地方，“东宫府”

---

① 淳化县文化馆：《汉甘泉宫遗址勘察记》，《考古与文物》1980 年第 2 期。

② 中国社会科学院考古研究所汉长安城工作队：《西安市汉唐昆明池遗址的钻探与试掘简报》，《考古》2006 年第 10 期。

③ 徐州博物馆、南京大学历史系考古专业：《徐州北洞山汉墓发掘简报》，《文物》1988 年第 2 期；《徐州北洞山西汉楚王墓》，文物出版社，2003 年。

④ 南京博物院、铜山县文化馆：《铜山龟山二号西汉崖洞墓》，《考古学报》1985 年第 1 期；尤振尧：《〈铜山龟山二号西汉崖洞墓〉一文的重要补充》，《考古学报》1985 年第 3 期；徐州博物馆：《江苏铜山龟山二号西汉崖洞墓材料的再补充》，《考古》1997 年第 2 期。

⑤ 刘尊志、周波：《徐州市金地商都先秦、两汉及明代遗址》，中国考古学会编：《中国考古学年鉴·2003 年》，文物出版社，2004 年，第 172、173 页。

⑥ 徐州博物馆：《江苏徐州黑头山西汉刘慎墓发掘简报》，《文物》2010 年第 11 期。

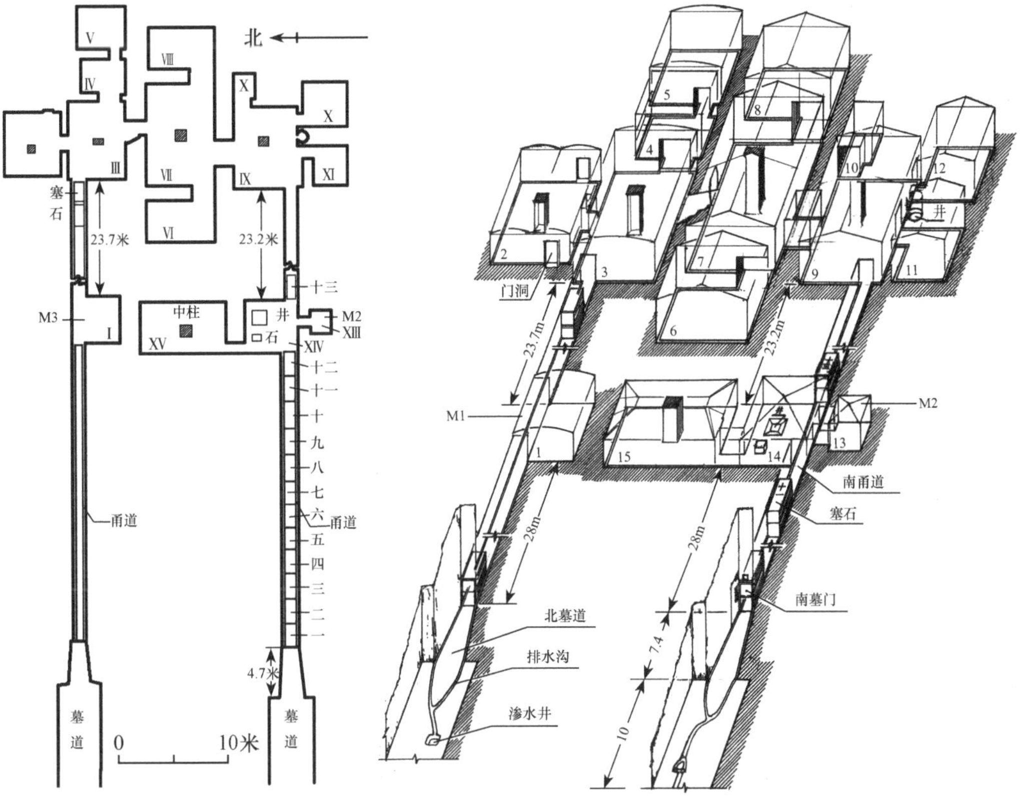

图四 -83 江苏徐州小龟山 M2、M3 平面及透视图

图四 -84 江苏徐州市东郊黑头山西汉墓出土“东宫府印”铜印章

应该是负责楚国东宫财务的部门，而刘慎生前曾经做过东宫府的官吏。该地区还出土带有“宫司空”①及“宫”、“空”字，时代为西汉时期的陶片②，司空为九卿中少府的属官，主要掌管宫廷建筑，其职责也包括修建陵墓等。相关文字中在“司空”前加有“宫”，表明相关机构与西汉楚国王宫有关，无论是负责宫廷建筑，还是修建陵墓等，相关机构都应属于西汉楚国王宫的机构之一。

另外，秦汉帝王宫廷中当存在饲养动物的行为，因此也会有对应的设施。一些动物可能是大型的食肉动物，如熊、豹等，江苏徐州地区的西汉楚王墓出土有玉熊和玉豹，从颈部装饰和面部形态看，为人工饲养的可能性较大，而饲养这样的宠物需要有特定的场地和设施。狗作为具有看护功能的

① 徐州博物馆：《徐州绣球山西汉墓清理简报》，《东南文化》1992 年第 3、4 期合刊。

② 邱永生、徐旭：《徐州市驮篮山西汉墓》，中国考古学会编：《中国考古学年鉴·1991 年》，文物出版社，1992 年，第 173、174 页。

动物在秦汉帝王宫廷中饲养当较为普遍，而有的狗可以捕逮老鼠，还有的狗可以作为宠物，这两方面也应是狗在秦汉帝王宫廷中普遍饲养的原因。2015 年江苏省扬州市一座西汉中期墓葬出土了一批西汉广陵国的木牍奏疏，为官方文书，记载了西汉广陵王刘胥在位时，宫中有一条叫作“麋”的狗多次走失，相关人员寻找这只狗的内容，相关研究认为这只狗虽在王国宫廷之中，但不是诸侯王的私人宠物，而是由侍中的官府所饲养，只是该狗每次走丢，都要触发一套相当正规的调查程序，并且都要惊动广陵王[①]。以上内容说明，狗对于西汉广陵王宫的相关机构或人员来讲，重要性不言而喻，这只狗除涉及生活外，还反映出诸侯国的财产管理与社会秩序管理等内容，同时也说明汉代王侯宫廷中饲养有相关动物，而狗应是不可缺少的内容，而汉代王侯宫廷中的动物饲养还会涉及相关机构、人员，一旦丢失，需多方寻找，就这只名“麋”的狗来讲，在宫廷中由相关机构和人员饲养，与之相对应，饲养过程中也会存在对应的设施和管理等内容。

二、中下阶层人员家庭的庭院布局

从大的方面看，中下阶层人员家庭的庭院布局包含有庭院内、外的二层空间，庭院外有相关设施，庭院内为家的主体，有的还包含有农田、山林等第三层空间，汉代的庄园就是这三层空间充分发展的体现。

（一）户外设施

秦汉时期，中下阶层人员家庭居住的庭院外都有路，路旁植树。汉画像石画像中的迎宾图中常见有人恭迎较长的车马队伍，说明对应道路较宽、较长。江苏铜山洪楼祠堂的一幅画像石画像中，一人骑马引带 4 辆轺车从远处驶来，车马队伍前为双阙，有二人躬身迎候[②]；沛县栖山中棺左侧内壁画像表现得更为明显，右侧有车马队伍和随从，左侧有双阙，有人恭迎，阙后为楼阁[③]（图四 -85），车马队伍行进在双阙前，经过之处当为大道。

有些家庭在庭院外还有较为宽阔的场地，以便举行有关的活动。其中既有家庭生活的内容，如迎宾、举办娱乐活动、堆放家庭生活所需的物品如薪材等；也有家庭生产的内容，如开展家庭手工业生产。河南内黄三杨庄汉代聚落遗址第二处庭院南大门外约 10 米、东距庭院外水井约 3 米处有平面长方形的编织草席或竹席类遗

---

① 张朝阳、闫璘：《秦汉时代的狗——以扬州新出土西汉寻狗案为中心》，《史林》2018 年第 2 期。

② 江苏省文物管理委员会、南京博物院：《江苏徐州、铜山五座汉墓清理简报》，《考古》1964 年第 10 期。

③ 徐州市博物馆、沛县文化馆：《江苏沛县栖山汉画像石墓清理简报》，《考古》编辑部编辑：《考古学集刊·第 2 集》，中国社会科学出版社，1982 年，第 106-112 页。

图四 -85　江苏沛县栖山汉墓中椁左侧内壁画像

迹，在水井与第二处庭院南大门之间有用碎瓦铺成的一条专用便道，具体在南大门东侧，长 5.5、宽 0.3 ~ 0.7 米，具有连通作用，而根据该处庭院位置图，庭院南侧不远有中型道路，并有小道由南向北连接大道[①]，这些均体现出户外设施内容。

较多具有一定等级或经济实力家庭的门外有阙，多为双阙，有的阙旁各植 1 树，双阙之间有执盾、拥彗、持戟等人员，既作守卫，又可迎宾。阙至迟在秦代或稍早阶段已得到使用，汉代则成为社会地位的标志。现存的较多实物阙为墓阙，现实生活中的建筑也多用阙，惜多不存，但汉代画像中有较多反映。江苏睢宁锅山东汉墓出土画像石画像，中间立石刻双阙，单层，较粗壮，装饰精细，有二门吏，一执盾，一拥彗，作迎接状[②]（图四 -86）。有的阙较细高，除单层外，还有双层、三层阙等。江苏邳州市白山故子东汉 M1 第一石画像，楼下有大门，门外立高大双阙，上有三重檐[③]。另有子母阙，由 1 大 1 小二阙形成一组，双组 4 阙，江苏徐州铜山洪楼东汉墓祠堂的一幅画像中即有子母阙[④]（图四 -87）。也有三出阙，由大中小三阙成一组，双组六阙。使用多层或多出阙的家庭，社会等级、地位可能更高。一般情况下，庭院外有阙的家庭多为地方地主、官吏家庭，具有一定经济实力的平民家庭也可能有阙，但基本为二单阙，这在汉代画像中也有体现。河南郑州市南关外发现汉代画像空心砖墓中，北二街 M4 出土的一块画像砖为门阙画像，单檐双阙相对，两侧各植一株长青树，中间设门，阙顶为四阿式，并设瓦垅，门两侧及阙外设花墙[⑤]（图四 -88）。

---

① 河南省文物考古研究所、内黄县文物保护管理所：《河南内黄三杨庄汉代聚落遗址第二处庭院发掘简报》，《华夏考古》2010 年第 3 期。

② 仝泽荣、武利华等：《睢宁汉画像石》，山东美术出版社，1998 年，第 16 页。

③ 南京博物院、邳县文化馆：《江苏邳县白山故子两座东汉画像石墓》，《文物》1986 年第 5 期。

④ 徐州博物馆：《徐州汉画像石》，江苏美术出版社，1985 年，图 76。

⑤ 郑州市文物考古研究所：《郑州市南关外汉代画像空心砖墓》，《中原文物》1997 年第 3 期。

图四 -86　江苏睢宁锅山东汉墓出土门阙与门吏画像

（二）庭院与庭院内布局

秦汉时期多数家庭的庭院呈闭合式，院墙与房屋等将整个庭院围成合院。河南内黄三杨庄发现的 4 处汉代建筑遗存中，第 I 组由院落基础、房基、瓦屋顶、夯土墙等组成，其他院落也皆有院墙，有的在墙外有沟，或栽植树木①。有相应社会地位或财力的家庭，庭院还用廊房围绕，其他配套设施也较多样，反映出中小地主、官吏和豪强家庭的政治、经济地位及社会等级。

图四 -87　江苏徐州铜山洪楼东汉墓祠堂画像中的子母阙

图四 -88　河南郑州市南关外北二街 M4 出土画像砖上的门阙画像

① 河南省文物考古研究所、内黄县文物保护管理所：《河南内黄县三杨庄汉代庭院遗址》，《考古》2004 年第 7 期。

院墙多以土夯筑而成，为保护墙体，墙顶覆瓦，有的为两面坡状。普通百姓或较穷苦者则以篱笆代替夯土墙，更贫穷者则十分简陋，结草为庐，可能无院墙。很多家庭还会在墙外植树。主门多位于南侧院墙的中部或略偏于一侧，有单开门和双开门两种，门上饰铺首衔环等。有的设有门房，较多的则无门房。四川德阳黄许镇出土画像砖中，一块为甲第画像，前为 1 大门，双扇，建有门房，有顶，后为廊屋，廊屋内为院（图四 -89：1）；另一块为廊屋画像，较长，有顶[①]。等级较高的庭院住宅，设有高大的门楼，既显示出家庭的实力和等级，也具有防卫功能，而这类家庭的庭院正门，多中高侧低，侧门为小门，便于日常出入，中门高大便于通车马，附近还有可供宾客居住的房舍，称为门庑，汉代画像石（砖）画像中对此亦多有反映。另如江苏徐州贾汪青山泉白集东汉墓外祠堂东壁画像石画像，刻有庭院

1

2

图四 -89 汉代画像中的甲第图和庭院图

1. 四川德阳黄许镇出土画像砖上的甲第图 2. 江苏徐州贾汪青山泉白集东汉墓外祠堂东壁庭院图（右侧线图为门房特写）

① 龚廷万、龚玉、戴嘉陵：《巴蜀汉代画像集》，文物出版社，1998 年，图 51-54。

图，分不同单元，由廊庑连接，右边刻三层楼房一座，最上一层楼房的窗门紧闭，有四人在外侧廊下倚栏远眺；中间二层楼的窗门敞开，有三女子凭窗远望，一侍者在旁恭候，其左边外侧廊下坐六人，皆倚栏向下观看，屋旁有鱼游于池中；底层左侧有多人站立，右侧为悬山顶的门楼，两楹柱间有双层抱框，门有转轴，上端安装在连楹上，下端立在门枕上，门枕中间有半圆形的门阑，可以阻挡门向外开，门上饰铺首，有两侍者候立大门两侧，门半掩，有一女性侍者开门观望或意欲出门[①]（图四 -89：2）。

庭院中建有房屋，包括前堂、后室等，有的还分前后堂，后堂服务于宴饮、歌舞及其他生活。有些有侧室、后院及车房、马厩、厨房、仓库及奴仆住所等附属房屋，并有其他相关设施。河南内黄三杨庄汉代庭院遗存第二处庭院坐北朝南，由水井、南大门、西门房、东西厢房、主房及院墙外北侧厕所、院墙外西侧的池塘等多部分组成，另还在庭院外东、北、西三面发现有垄作农田遗迹，是一处保存完整的两汉之际普通民居遗存[②]（图四 -90）。庭院内除相关建筑外，还要植树，德阳黄许镇甲第画像中庭院内左右各有 1 棵大树，枝叶繁茂，其中左（东）侧为柳树。上文所述内黄三杨庄汉代庭院遗址的墙外皆发现有栽树痕迹，部分树木为桑树。

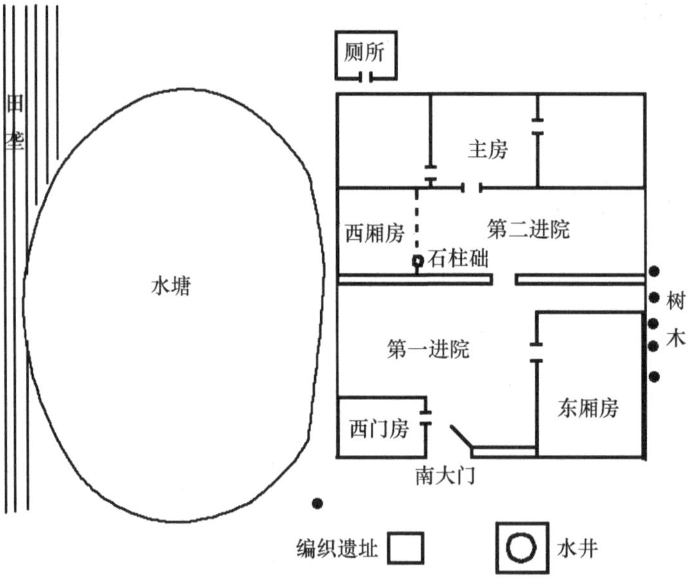

图四 -90　河南内黄三杨庄第二处庭院遗址复原平面图

① 南京博物院：《徐州青山泉白集东汉画象石墓》，《考古》1981 年第 2 期。

② 河南省文物考古研究所、内黄县文物保护管理所：《河南内黄三杨庄汉代聚落遗址第二处庭院发掘简报》，《华夏考古》2010 年第 3 期。

据湖北云梦睡虎地秦墓出土竹简《封诊式·封守》载，秦代一士伍的房屋为“一宇二内，各有户，内室皆瓦盖，木大具。”由此可知，这一秦代的士伍家庭有堂屋一间，卧室二间，屋上均覆瓦，木构齐备；《封诊式·穴盗》记一被盗者的房屋亦是“一堂二内”，二内中有一正房，正房东有侧室，有门相通[①]。关于西汉时期的房屋布局，《汉书·晁错传》载：“家有一堂二内，门户之闭，置器物焉。”唐代颜师古注引张晏曰：“二内，二房也。”[②]由上可知，秦代与西汉时期的庭院内，居所布局是一脉相承的，基本前为堂，后为室，堂侧有一间屋，形成一堂二内的布局，或为“一”字形，或呈曲尺形，另外还有其他形状，如长方形、方形、梅花形、“日”字形等多种，并不统一，这在汉墓出土的较多居住模型及汉代壁画、画像中均有反映。需作说明的是，由于家庭等级、职业属性、时代、地域及家庭主体成员身份地位等存在差异，较多家庭的庭院内房屋布局虽有一定的相似性但并不完全相同，贫穷之家可能仅有一屋，不见庭院，富者或地位较高者的家庭住宅则楼阁成片，设施齐全。

单层房屋较多为合院。河南陕县刘家渠东汉 M8 出土陶院落为三合式住宅，主体包括前房、正房与厨房，院落平面呈长方形，前后两进平房，大门在前房右侧，穿房而过，中为小院，院后为正房，为一堂一室，院左侧为矮墙，右侧是一面坡顶的侧屋，为厨房[③]。岭南地区较为流行的是曲尺形院落和三合体“凹”字形院落，由前堂、后室、后院、围墙等组成，有的还有廊屋或走廊等，前堂作横长方形，后室位于背面，多为厕所及畜舍，有矮墙相连。

有些庭院内有楼阁，为楼房院落。相对简单的如江苏徐州十里铺东汉墓出土陶楼，为长方形院落，墙顶有小檐，前开一门，楼为主体建筑，占据院落空间的大部[④]（图四 -91：1）。徐州贾汪青山泉白集东汉墓的中室北壁东、西两侧两块画像石刻有楼房，均为庭院内的楼房，西侧画像下部刻楼阁建筑，前为两层楼，后为三层楼，皆有窗，且有人探头远望，下层有人对饮听乐（图四 -91：2）；东侧画像中部刻楼阁，两侧有门，饰铺首衔环，皆开敞，楼顶有象征恩爱和谐的对颈鸟，楼上有人坐窗前，楼下有二人对饮[⑤]（图四 -91：3）。徐州地区出土的汉画像石画像对具有一定等级地位或经济实力家庭住宅中的楼房多有描写，如铜山周庄东汉墓出土画像石画像中的楼阁，房屋错落有致，数量较多，最高三层，底层建筑高大[⑥]

① 睡虎地秦墓竹简整理小组编：《睡虎地秦墓竹简》，文物出版社，1978 年，第 149、160 页。

② （东汉）班固撰，（唐）颜师古注：《汉书·晁错传》，中华书局，1962 年，第 2288 页。

③ 黄河水库考古工作队：《河南陕县刘家渠汉墓》，《考古学报》1965 年第 1 期。

④ 江苏省文物管理委员会、南京博物院：《江苏徐州十里铺汉画像石墓》，《考古》1966 年第 2 期。

⑤ 南京博物院：《徐州青山泉白集东汉画象石墓》，《考古》1981 年第 2 期。

⑥ 王德庆：《江苏铜山东汉墓清理简报》，《考古通讯》1957 年第 4 期；武利华：《徐州汉画像石通论》，文化艺术出版社，2017 年，第 168、169 页。

图四 -91 江苏徐州地区东汉墓出土陶楼模型及楼阁画像

1. 十里铺东汉墓出土陶楼 2、3. 贾汪青山泉白集东汉墓中室北壁东、西两侧楼阁画像 4. 铜山周庄东汉墓出土楼阁画像 5. 睢宁双沟出土楼阁画像 6. 邳州占城出土祠堂画像中的楼阁

（图四 -91：4）；睢宁双沟出土的建筑图是由不同高度的廊庑连接楼房构成[①]（图四 -91：5）；邳州占城出土祠堂画像中的建筑，房屋高低错落，栉比相邻，最高三层，二层楼阁间有空中阁道相连接，阁道两边有窗，建筑外墙为干栏式，而房屋的一端有人在伸杆钓鱼，表明该建筑临水而建[②]（图四 -91：6）。四川成都扬子山出土的 1 块画像砖上有一方形宅院，四周墙垣围绕，门开于墙的一侧，是东汉时期一个较完整的豪强大族庭院，分左右两院，均为两进，以长廊相隔，其内楼舍齐备，井厨俱全，右院前为厨房，有炉、灶、井栏，后矗立一座高望楼，楼下一犬，院内还有持帚的仆役等；左院前为大门，有斗鸡一对，二进为正厅，有二人在堂上饮酒，堂下双鹤起舞[③]。陕西勉县老道寺东汉 M1 出土有陶质四合院模型，为楼院，由十九个单体建筑组合成具有宅门、院墙、左厢、右厢、正楼为单元的主体四合院和以偏门、佣人房、家畜与家禽圈舍为单元的偏院等一整套四合院，结构较为复杂[④]。河南

① 徐州博物馆：《徐州汉画像石》，江苏美术出版社，1985 年，图 246、247。

② 杨孝军：《徐州新征集的汉画像石研究》，《东南文化》2009 年第 4 期。

③ 于豪亮：《记成都扬子山一号墓》，《文物参考资料》1955 年第 9 期。

④ 郭清华：《陕西勉县老道寺汉墓》，《考古》1985 年第 5 期。

郑州南关西汉晚期的M159出土空心砖中有1幅住宅画像，住宅分前后院，前院临大道，建门阙，院内有花木；后院另辟门，院内盛植花木，为家庭的居住部分（图四-92）；该墓出土的陶屋由门房、仓房、阙、正房、厨房、厕所和猪圈等六个部分组成一所四合院式的住宅，陶狗置于四合院的中央，头向门外，作昂首伏卧状[①]。江苏徐州铜山茅村东汉墓出土一幅规模较大的庭院画像，右侧为门阙，阙下卫士持戈肃立，自右向左，楼宇栉比，有谒见室，宴客室，庖厨室，饲养牲口室及其他住房，排列有序[②]（图四-93）。

图四-92　河南郑州南关西汉晚期M159出土空心砖上的住宅画像

秦汉家庭的庭院内，配套设施也较为多样，如上文提及的仓房、厨房、厕所、饲养牲口室等外，还有浴室、武库或兵器存放之所、车库等，而饲养牲口的室既有厩、圈，也有鸡笼、宠物饲养设施等等。下文仅择几项内容作简要说明。

1. 厨房

位于庭院一隅，旁有水井，这在汉代庖厨画像中反映较为明确。江苏睢宁县张圩出土的庖厨宴饮图，左侧为厨房，有多人忙碌做饭，右侧有1水井，一人正通过辘轳从中汲水[③]；铜山檀山集出土建筑图，画面中心为多层斗栱结构建筑，两边有梯可登高，下面为厨房[④]。一些建筑明器中也建有厨房，并有和庖厨有关的设施和器具。考古发掘的一些遗址，如辽宁辽阳三道壕西汉村落遗址，清理宅院多个，大都有房屋、炉灶，有的灶膛内尚存有炭灰[⑤]。

2. 厕所

多位于院内一角，一般是圈、厕所相连。辽宁辽阳三道壕西汉村落遗址发现的

① 河南省文化局文物工作队：《郑州南关159号汉墓的发掘》，《文物》1960年第8期。

② 王献唐：《徐州市区的茅村汉墓群》，《文物参考资料》1953年第1期；徐州博物馆：《徐州汉画像石》，江苏美术出版社，1985年，图62。

③ 仝泽荣、武利华、田忠恩、陈剑彤：《睢宁汉画像石》，山东美术出版社，1998年，第78页。

④ 徐州博物馆：《徐州汉画像石》，江苏美术出版社，1985年，图179。

⑤ 东北博物馆：《辽阳三道壕西汉村落遗址》，《考古学报》1957年第1期。

猪圈即与厕所相连①，这一做法至今在很多地区还有沿用。江苏徐州地区使用圈厕模型陪葬的墓葬时代较早，器物类型亦较多样，西汉早期偏晚阶段的圈厕，厕所位于一角，相对封闭，门向外开，有小孔与圈内相连，从西汉晚期开始，厕开始升高，东汉时多需拾级而上，与圈有着明显的高差②。其他地区出土的圈厕模型也各有特点，河南洛阳金谷园汉墓出土的圈厕模型中间以矮墙分为二间，一半为厕所，一半为猪圈③。一些东汉画像石墓内也有厕所，如江苏徐州贾汪芦山 M1，小厕间位于东耳室北侧④，这说明，现实建筑中，在一些居室旁侧可能会建有小型厕所。有的厕所则建在庭院墙外侧，甘肃敦煌马圈湾汉代烽燧遗址内一堡的南墙外东侧为厕所，以苇编矮篱墙围成，东南角用土砌方坑⑤。该资料虽与家庭关系不大，但对认识西北地区家庭厕所的位置及具体建造内容等可提供相应的参考。河南内黄三杨庄汉代聚落遗址，较多庭院的北院墙外北偏西侧建有厕所，整体上距离主房较近，便于如厕，其位于院落的西北角，也相对隐蔽，与家庭的庭院及相应设施的布局之间较为协调⑥。

3. 水井

水与家庭生产、生活关系密切，从某种程度上来讲，家庭的存在和发展、家庭成员的诸多生活内容等都离不开水。秦汉时期，家庭用水或取之于沟渠，或取自山溪，但更多的是在庭院内或外凿井，既方便使用，又有相对稳定的水源供给。河南内黄三杨庄汉代聚落遗址中发现的较多庭院遗存配有和庭院相对应的水井，一些水井位于院外，有的如第二处庭院遗址，水井附近还发现有编织作坊遗迹，而水井附近有道路通向庭院内⑦，表明水井既服务于家庭手工业，也满足着家庭生活的需求。辽宁辽阳三道壕汉代聚落遗址发现的多个宅院内配有水井⑧。河南洛阳汉河南县城

---

① 东北博物馆:《辽阳三道壕西汉村落遗址》,《考古学报》1957 年第 1 期。

② 刘尊志:《徐州汉墓与汉代社会研究》，科学出版社，2011 年，第 99、100 页。

③ 洛阳市文物工作队:《洛阳金谷园车站 11 号汉墓发掘简报》,《文物》1983 年第 4 期。

④ 孟强、耿建军:《徐州市贾汪芦山汉墓群》，中国考古学会编:《中国考古学年鉴・2002 年》，文物出版社，2003 年，第 194、195 页。

⑤ 甘肃省博物馆、敦煌县文化馆:《敦煌马圈湾汉代烽燧遗址发掘简报》,《文物》1981 年第 10 期。

⑥ 河南省文物考古研究所、内黄县文物保护管理所:《河南内黄县三杨庄汉代庭院遗址》,《考古》2004 年第 7 期;《河南内黄三杨庄汉代聚落遗址第二处庭院发掘简报》,《华夏考古》2010 年第 3 期。

⑦ 河南省文物考古研究所、内黄县文物保护管理所:《河南内黄县三杨庄汉代庭院遗址》,《考古》2004 年第 7 期;《河南内黄三杨庄汉代聚落遗址第二处庭院发掘简报》,《华夏考古》2010 年第 3 期；刘海旺:《首次发现的汉代农业闾里遗址——中国河南内黄三杨庄汉代聚落遗址初识》，陈星灿、米盖拉:《法国汉学・第 11 辑：考古发掘与历史复原》，中华书局，2006 年，第 64-78 页。

⑧ 东北博物馆:《辽阳三道壕西汉村落遗址》,《考古学报》1957 年第 1 期。

东区汉代居住遗址，发现的房屋建筑及其庭院遗存有配套的水井，并有两条石子铺砌的道路和砖砌的水道，井有砖砌井台、井体和井上汲水的辘轳石等[①]。上述居住遗址的水井与家庭生产、生活有着较大关联，既表明水井是家庭庭院建筑的配套设施，也说明水井在家庭中的重要性。相关内容在汉代墓葬壁画和画像中也多有体现，很多与庖厨有关，这与庖厨用水较多且较频繁有关，也表明这些水井大多是庭院内的设施。相关例子很多，山东诸城前凉台东汉墓[②]、临沂吴白庄东汉墓[③]等出土的庖厨图中皆有相关图像，前者是在庖厨图的一侧有水井，有一人在井旁使用辘轳汲水，此类内容在汉代画像、壁画中较为常见，或有房屋，或无房屋，但有水井和其他较多形式的庖厨内容，如辽宁辽阳三道壕窑业第四现场东汉壁画墓出土的庖厨图，有一人在井边打水，井的设施较为齐备，附近还有一盛水的盆[④]（图四-94：1）；后者即临沂吴白庄东汉墓出土的庖厨图中，则是在厨房旁边有一水井，虽然有人在忙碌炊爨，但未见有在井边打水者（图四-94：2）。四川成都市北郊出土庭院画像砖的画像中，庭院基本呈方形，四周有墙，内有“十”字交叉的墙，将庭院分为4部分，东南部分的小院内左侧有井（图四-94：3），从画像布局看此处或许为庖厨之所，但其他内容较为简化或不见[⑤]。还有一些楼阁附近砌有水井，辽宁辽阳棒台子东汉壁画墓所绘楼阁的附近即有一水井[⑥]（图四-94：4），推测应与楼阁内家庭成员日常用水及防火等有关。河南淮阳于庄M1出土陶庄园，宅旁连以水旱农田、水井、沟洫等[⑦]，该水井的主要作用应是用来浇灌农田，而沟洫也是配套灌溉设施，不过，这也体现出和家庭庭院有关的内容。

4. 浴室

秦汉时期，等级较高的家庭会在房间内设浴室，关于栎阳城、咸阳城及长安城等的考古发掘均有相关发现，对应设施设计巧妙。很多诸侯王墓内也有浴室，当是对现实生活设施的写照。就具有一定等级或相应经济实力的家庭来讲，可能会在房

① 黄展岳：《一九五五年春洛阳汉河南县城东区发掘报告》，《考古学报》1956年第4期。

② 诸城县博物馆，任日新：《山东诸城汉墓画像石》，《文物》1981年第10期。

③ 临沂市博物馆：《临沂吴白庄汉画像石墓》，齐鲁书社，2018年，第72、73页；管恩洁、霍启明、尹世娟：《山东临沂吴白庄汉画像石墓》，《东南文化》1999年第6期。

④ 李文信：《辽阳发现的三座壁画古墓》，《文物参考资料》1955年第5期。

⑤ 《中国画像砖全集》编辑委员会：《中国画像砖全集·四川汉画像砖》，四川美术出版社，2006年，第110页，图版说明第63页。

⑥ 李文信：《辽阳发现的三座壁画古墓》，《文物参考资料》1955年第5期。

⑦ 周口地区文化局文物科、淮阳太昊陵文物保管所：《淮阳于庄汉墓发掘简报》，《中原文物》1983年第1期。

图四 -93　江苏徐州铜山茅村汉墓中室南壁画像

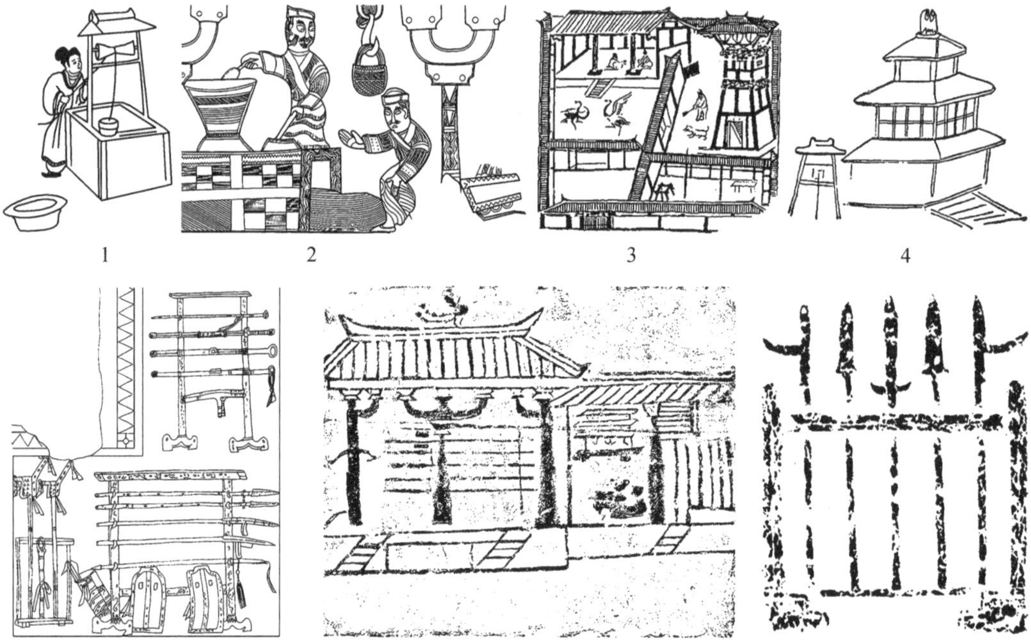

1　2　3　4　5　6　7

图四 -94　与汉代庭院有关的配套水井和武器存放设施

1. 辽宁辽阳三道壕窑业第四现场东汉壁画墓出土汲水画像　2. 山东临沂吴白庄东汉墓出土庖厨画像中的厨房与水井　3. 四川成都市北郊出土庭院画像砖画像中的水井位置　4. 辽宁辽阳棒台子东汉壁画墓所绘楼阁与附近的水井　5. 山东沂南北寨东汉墓后室靠南壁承过梁隔墙西面画像（局部）　6. 四川成都新都区马家乡出土武库画像砖画像　7. 江苏徐州贾汪白集东汉墓中室西壁下格所刻兵器架

屋内有专门的洗浴设施，大致会位于居室附近，相对独立。等级不高或经济实力差的家庭，可能会与其他房屋共用，或临时借用相关房屋，而天气炎热的情况下，较多会到村落附近的河流、水塘等内洗澡或沐浴。

5. 武库或兵器存放之所

汉代，较多的豪强地主拥有私人武装，建造具有防护功能的碉楼和望楼，同时也要储备一定数量的兵器。这些兵器可能与他物共存，也可能设有专门的武库，并有置放武器的器物架。山东沂南北寨东汉墓后室靠南壁承过梁隔墙西面画像中，上格刻一个武库，有三个大小不同的武器架，架上均有兵器，种类不一，下格亦有一兵器架，插有长矛，另有相关仆役①（图四-94：5）。四川成都市新都区马家乡出土的一块画像砖上有武库画像，武库建造在台基之上，左边为五脊式房屋，房柱三根，室内设置武器架，架上横放二戟和三矛，左边房柱上挂一弓，武库右边有一房屋，室内三案叠放于几上，案下悬挂器物，房内靠前有一炉，炉前有一人在操作，两个房屋台基前均有踏道通往房内②（图四-94：6）。从画像看，武库旁的房屋低矮一些，其内有堆积的物品和相关人员，推测该房可能是看护武库人员的居住或工作之室，而其内还被家庭作为陈放相关器具的场所。江苏徐州北部出土有武库画像，

① 南京博物院、山东省文物管理处：《沂南古画像石墓发掘报告》，文化部文物管理局出版，1956年，第29页，图版80；山东博物馆：《沂南北寨汉墓画像》，文物出版社，2015年，第101、124页。

② 《中国画像砖全集》编辑委员会：《中国画像砖全集·四川汉画像砖》，四川美术出版社，2006年，图版第109页、图版说明第63页。

被称为兰锜图，画面主体为武库，悬挂有囊、铠甲、行军壶、弩，兰锜上依次置有环首刀、剑、矛、铍、锬、戈、戟、盾牌等各种兵器[①]；贾汪白集东汉墓中室西壁下格画像中有兵器架，戟、矛等列于架上[②]（图四-94：7）。湖南长沙马王堆M3北椁箱出土有漆木质的兵器架，出土时其上置剑，伴出有戈、矛等兵器，兵器架为木质方形板，下有木架，板两面均漆绘，正面有三弯形木钩，上排一个居中，中下排各二，出土时中排钩上置带鞘剑一柄，木板下用一八方形大柱支撑，用套榫平合，木柱上扁下圆，雕有球形装饰，柱髹红色漆，柱插入一方形座中，座上部收杀，四面漆绘黑地红、黄色云气纹[③]。

6. 饲养动物设施

秦汉时期，较多的家庭饲养有动物，并有配套设施，如猪圈、羊圈、马厩、牛圈、鸡圈、狗窝等，这在汉代壁画、画像、建筑模型等方面皆有体现，内容较为丰富。这一时期，有些家庭或家庭中的成员还饲养有宠物。就中下阶层人员家庭来讲，虽存在饲养大型食肉动物的可能，但更多的宠物应是家禽或家畜，秦汉时期斗鸡盛行，一些斗鸡可能是某些家庭成员的宠物，而家庭宠物中最为普遍的为狗。考古工作者在陕西省西安市阎良区秦汉栎阳城遗址发掘了一座西汉晚期具有特殊性的墓葬，该墓为长方形竖穴土坑形制，墓内未葬人，以陶水管为葬具，内葬狗1只，狗长34、高约40厘米，尾部陪葬31件小型陶人俑，从葬具和随葬陶俑的形制看，该墓应是一座罕见的宠物小狗墓[④]，为相关家庭为家中爱狗修建的墓葬。有研究认为，这座狗墓葬结构很简单、规格很小，陪葬的小陶俑烧制工艺也很普通，再结合附近无高等级墓葬来判断，该墓所葬的狗是平常人家的狗，但此墓葬却体现了主人对狗的情感，死去的狗享受了非常隆重的葬礼；该研究根据出土简牍的记录内容指出，秦汉法律文书中对百姓的家犬给予一定程度的保护，不随意捕杀民犬即是内容之一，一些狗还会有名字，而有的官方行政记录中还会登记有关家庭养狗的数量，并注明雌雄[⑤]，狗有名字在一定程度上即是其作为家庭饲养宠物的表现，这也便于官方的统计。就西安市阎良区秦汉栎阳城遗址发现狗葬墓中的狗来讲，有无名字已

① 杨孝军：《徐州新征集的汉画像石研究》，《东南文化》2009年第4期。

② 南京博物院：《徐州青山泉白集东汉画象石墓》，《考古》1981年第2期。

③ 湖南省博物馆、湖南省文物考古研究所：《长沙马王堆二、三号汉墓》，文物出版社，2004年，第208、209、211、212页。

④ 中国社会科学院考古研究所、西安市文物保护考古研究院、阿房宫与上林苑考古队：《西安市阎良区秦汉栎阳城遗址墓葬的发掘》，《考古》2016年第9期。

⑤ 张朝阳、闫璘：《秦汉时代的狗——以扬州新出土西汉寻狗案为中心》，《史林》2018年第2期。

无法考证，虽可能确定其是哪种等级家庭饲养的狗，但可以基本确定其是某一家庭的宠物狗，反映出秦汉时期有关家庭对宠物狗的饲养及重视，考虑到该狗死后有较好的待遇，其生前当享有较好的针对性饲养设施。江苏徐州地区较多中小型汉墓如南郊拖龙山西汉 M4[①]、市区南部奎山西汉 M11[②] 等内发现的小狗，也均是宠物，它们的饲养亦需要有相应的场所和设施。四川地区出土汉代画像砖画像中，有小狗随主人出行奔跑、与孩童玩耍等内容，在某种程度上也可将其视为家庭中的宠物狗。一些墓葬出土的建筑模型中有狗窝，是饲养狗的设施。秦汉时期，家庭或家庭成员也可能饲养其他宠物，并有相关的设施。

7. 车库与马厩

车库在汉代帝王陵墓中多有设置，已发现、发掘的较多西汉诸侯王墓如横穴崖洞墓，有相当数量设有专门的车库或车马室。类似的设置在中小型墓葬中也有设置，河南南阳发现的新莽时期郁平大尹冯君孺人墓，南耳室门柱上题刻“车库”二字[③]，是现实车库的写照。河南密县打虎亭 M1 的南耳室西壁画像中有马厩，有人员喂养马匹、打扫马粪等，马厩内侧置有多辆车，因此该图可能是马厩与车库的综合画像，而该室北壁画像中还表现出存放车马用具储藏室的内容[④]。其他一些东汉墓葬画像石画像中也见有马厩等，山东沂南北寨东汉画像石墓中室南壁正中有马厩图[⑤]，江苏省徐州市邳州燕子埠发现的东汉彭城相缪宇墓前室西壁画像中，右为楼宇建筑，左为狩猎场景，建筑群中部靠近左侧的二房屋中间有门，露出一马的后身，而房屋左侧有马正在外出，相关车马队伍则位于上层[⑥]（图四 -95），推测此处房屋应为马厩。

（三）庄园

庄园是在封建制度尤其是政治制度、经济制度（特别是土地制度）及地主势力不断发展增强背景下形成的产物。秦至西汉早中期，地方庄园逐渐形成并获得一定程度的发展。上文所举河南省淮阳市于庄西汉前期墓葬出土陶庄园，由田园和宅

---

① 徐州博物馆：《徐州拖龙山五座西汉墓的发掘》，《考古学报》2010 年第 1 期。

② 徐州博物馆：《江苏徐州市奎山四座西汉墓葬》，《考古》2012 年第 2 期。

③ 南阳地区文物队、南阳博物馆：《唐河汉郁平大尹冯君孺人画像石墓》，《考古学报》1980 年第 2 期。

④ 河南省文物研究所：《密县打虎亭汉墓》，文物出版社，1993 年，第 99、102、103、107、113 页。

⑤ 南京博物院、山东省文物管理处：《沂南古画像石墓发掘报告》，文化部文物管理局出版，1956 年，第 29 页，图版 51；山东博物馆：《沂南北寨汉墓画像》，文物出版社，2015 年，第 64、117 页。

⑥ 南京博物院、邳县文化馆：《东汉彭城相缪宇墓》，《文物》1984 年第 8 期。

图四 -95 江苏徐州市邳州燕子埠东汉彭城相缪宇墓前室西壁画像（局部）

第两部分组成，宅第为三进院落，分布有悬山顶、四阿顶建筑，高低参差，错落有致，宅旁连以水旱农田、水井、沟洫等[①]。西汉晚期，地方豪强地主实力得到加强，有效促进了庄园的进一步发展。两汉之交，综合住宅、园林、田地等于一体的庄园全面兴起，它以农业为主，兼有畜牧养殖、桑麻纺织、果蔬渔猎、酿酒煮盐、百工技艺等多项内容，并有大量的徒附与部曲，闭门成市，自给自足。东汉时，朝廷对大土地所有制有较大扶植力度，地方豪强地主势力得到日益巩固和加强，呈现出全面发展态势。在这一发展趋势下，地主庄园得到更大程度的发展，《后汉书·仲长统传》引《昌言上·理乱篇》载："豪人之室，连栋数百，膏田满野，奴婢千群，徒附万计"[②]，正是对汉代庄园情况的生动描述。庄园的住宅区多在园林、池塘、田地等的环绕之中或彼此相连，并有望楼、碉楼、武库等不可缺少的建筑和设施，形成相对独立的领地。

江苏邳州燕子埠东汉彭城相缪宇墓前室西壁画像中，楼宇及其他建筑和狩猎场地连在一起，狩猎之地，山峦起伏，林木密集，动物众多，当为楼宇主人庄园的组成部分之一[③]。内蒙古和林格尔东汉墓后室南壁壁画中表现的庄园不仅规模大，而且内容丰富，庄园北部有山峦，山间植有果树，坡地有农夫耕田，附近还有谷堆及络绎于途的运粮牛车；中部有较多房舍、马厩及牛、羊圈，牛圈旁有一片围出的菜地，二人在田畦中锄草，厩圈、菜田及附近屋宇的四周皆有墙，墙外空地上有成群的鸡、猪等动物，围墙以西为庄园的桑林，桑树下有持物采桑的妇女，桑林之北有妇女在操作蚕架，桑林之南有四个沤麻的方池，池东有车库，内有数辆大车，车库

① 周口地区文化局文物科、淮阳太昊陵文物保管所：《淮阳于庄汉墓发掘简报》，《中原文物》1983 年第 1 期。

② （南朝宋）范晔撰，（唐）李贤等注：《后汉书·仲长统传》，中华书局，1965 年，第 1648 页。

③ 南京博物院、邳县文化馆：《东汉彭城相缪宇墓》，《文物》1984 年第 8 期。

南水渠纵横，面积较大①。河北安平逯家庄东汉墓葬壁画表现了地主庄园的一部分，其中栋宇林立、院落毗连，墙垣环绕，并有高耸的望楼和森严的戒备②。河南密县打虎亭东汉 M1③ 及山东诸城前凉台东汉墓④ 等出土画像石画像反映的住宅区场面较大，密县打虎亭 M1 画像中有酿造、收租等场景，前凉台东汉墓画像中有谒见、庖厨、宴饮、讲学、拷打等内容，亦皆有较大的场面，而这些内容或场面又均是所属地主庄园日常生活的一部分，另前凉台东汉墓画像中还有庄园的局部画像。江苏徐州市邳州邢楼散存的一块汉画像石，采用阴线刻的雕刻技法，用正立面和鸟瞰式结合的构图方法，刻绘出一处大型庄园建筑图：庄园大门的正立面为门楼式，明间高于左右次间的配房，明间为门厅，一对大门紧闭，门楼在合院式建筑中是建筑等级的象征，该门楼的屋面为悬山式，有较大的挑深，与门楼相连接的是廊庑式建筑组成的围墙，将院落封闭起来；沿门楼的轴线为高大的厅堂，厅堂的屋柱为一斗二升曲栱，堂内主宾二人对饮，庄园的左侧为一组楼阁式建筑，并列两座两层楼房和三层楼房，每层楼里面都有人物活动，庄园的右侧并列三座望楼，既具有防御性质，又可以登高远望；这组建筑有一个明显的轴线，经过居中的门楼到达一个纵向主院，正面是一座开敞的堂，为待客或饮宴之所，而整个宅院又以大门为轴线向左右布置了一系列不同形状的附属建筑，总体布局左右大致平衡但并不绝对对称，而且用廊庑将整个空间围成全封闭的庭院⑤（图四 -96）。

图四 -96　江苏徐州市邳州邢楼散村画像石中的庄园画像

① 内蒙古自治区博物馆文物工作队编：《和林格尔汉墓壁画》，文物出版社，1978 年，第 20 页。

② 河北省文物研究所：《安平东汉壁画墓发掘简报》，《文物春秋》1989 年增刊。

③ 河南省文物研究所：《密县打虎亭汉墓》，文物出版社，1993 年。

④ 诸城县博物馆，任日新：《山东诸城汉墓画像石》，《文物》1981 年第 10 期。

⑤ 武利华：《徐州汉画像石通论》，文化艺术出版社，2017 年，第 164、165 页。

三、房屋概况

秦汉时期的家庭，有自己的庭院，进而形成相对独立的生产、生活单位，而家庭人员的寝居、饮食、娱乐及家庭饲养、物品存储等都需要相应的空间和设施，因此较多的家庭住宅中会有不同性质、不同功用的房屋，或建筑讲究，或相对简陋，或居住，或会客，或存储，还有厕所及饲养家禽家畜等功能的房子。

这一时期，中下阶层人员家庭的房屋存在着地域性、时代性和与家庭等级、职业属性等较多方面密切关联的差异性。各地区的建筑有着自身的特点，北方草原牧民多居穹庐，中原地区的农舍多为草屋泥舍，南方则因气候潮湿，相当数量的建筑采取干栏式，用短柱将整个房子架起来，上层居人，下层饲养家畜或作他用，而在江河沿海地区还有以船为屋者。因建筑方式及居住要求等不同，房屋又有时代、等级诸方面的差异。西汉时期，建筑高楼多采用井干式，即用大木平行实叠构建，而不使用立柱和大梁，这样虽很坚固，但较浪费木材，且楼的外形缺乏变化，美观性不强。东汉时期，随着木结构的完善和施工技术的提高，高台建筑减少，木构楼阁增多，一般平地起楼，避免夯筑台基，可节省人力和物力，框架上放置横向架梁，使得稳固性加强，斗栱使用普遍，加大了支撑力，增强了牢固程度，这些均使得楼的种类增多，外貌多样，造型也更为美观。等级差别则更明显，官吏、地主等居住的是高楼连阁，一般平民则为泥舍草房。房屋多数采用版筑，架构基本为木架结构，有斗栱支撑，承重墙以土夯筑，房顶多采多用悬山式、囤顶、四面坡顶等，从模型明器看，可能存在有庑殿顶、攒尖顶等，一些非居住建筑还可能使用两面坡顶。而从一些地区发现的居住遗址看，有的房屋使用了砖砌基础甚至是砖墙。

房屋有单层、双层或多层之分，单层最为常见，层数在两层及以上者则多为楼房，但有的干栏式房屋也为两层。单层房屋一般独立，有的虽然相连但自身亦相对独立，这与房屋的功能及作用不同有关。楼房中部分具有多种功能，部分则专门用于居住。房屋中单间较为常见，也有双间、三间或更多间数者，这在单层房屋中较为常见，楼房每层则以单间居多。

陶屋模型出土较多，北部内蒙古及南方的两广地区等均有出土，另有石屋等。内蒙古张龙圪旦 M1 出土陶屋为单层单间，正面红彩绘门及边框；包头召湾 M91 出土石屋亦为单层单间，四阿式顶，脊部饰青龙、白虎、莲花瓦当等，房屋基座呈台阶状[①]。广西合浦风门岭 M24 出土釉陶屋为单层，分正屋、侧屋，另有一小后院；

---

① 内蒙古文物考古研究所，魏坚编著：《内蒙古中南部汉代墓葬》，中国大百科全书出版社，1998 年，第 263、270、271 页。

M28 出土陶屋为上下两层的干栏式建筑，上为人居，下为畜圈，后有走廊[①]。广东省广州番禺汉墓出土较多陶屋，基本为单层，建筑设施较多，装饰丰富，并配有人物、动物俑等，部分为单体长方形，整体结构为一幢房屋，屋前或屋后有一院落和围栏，还有双合体曲尺形、三合体“凹”字形等[②]（图四 -97）。1981 年出版的《广州汉墓》一书，按时代介绍了出土的陶屋。西汉中晚期墓葬出土的多是干栏式陶屋，基本为二层，上供人居，下作畜圈，上层平面为横长方形，屋内一侧为厕所，门前设楼梯以供上下，下层近方形，主屋架筑在前，后半围墙高起，有圈栏，无地板。东汉前期墓葬出土陶屋中，干栏式陶屋基本为二层，下层多为饲养牲口的圈栏，上层前为正堂，后为厕所，M4005：47，厕所大，平面呈长方形，M4015：4，厕所小，位于一隅，其余部位有墙围成的后院。西汉后期的 M3015：1，分两层，下层畜圈的露天部分仅占一小部分，墙根有穿洞，上层的平面作曲尺形，是在横长方形基础上向后一侧延伸出一栋长方形的廊屋，作厕所，底有穿孔，厕所与前室有隔墙，中辟门以连通（图四 -98：1）。东汉后期的陶屋中，M5008：2，曲尺形，正屋高敞，为横堂式，后有一廊屋，二者的一侧有鸡舍和厕所（图四 -98：2），M5007：6，为楼阁式，分前后两排，中间为进深极小的天井，前排是较高的单层建筑，后为主体建筑，作上下两层，中为一长方形两层主楼，周围有迴廊相绕，窗户为透窗式，较少见，楼的下层有鸡、猪和簸米陶俑，M5070：1，采用均衡对称的一堂二室布局，前为堂屋，后有矮墙相连成的后院，有走廊，后为二廊屋，单层为畜舍，双层为厕所[③]。

图四 -97 广东省广州番禺汉墓出土陶屋

① 广西壮族自治区文物工作队、合浦县博物馆：《合浦风门岭汉墓——2003 ~ 2005 年发掘报告》，科学出版社，2006 年，第 91、94、110、111 页。

② 广州市文物考古研究所、广州市番禺区文管会办公室：《番禺汉墓》，科学出版社，2006 年，第 292-296 页。

③ 广州市文物管理委员会、广州市博物馆：《广州汉墓 · 上册》，文物出版社，1981 年，第 226、227、282-284、420-423 页。

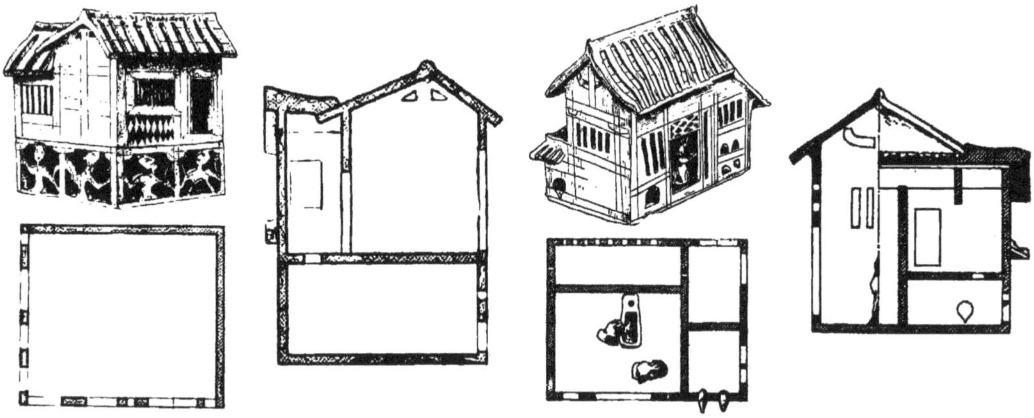

1　　2

图四 -98　广东省广州地区汉墓出土陶屋

1. 西汉后期 M3015 : 1　2. 东汉后期 M5008 : 2

陶楼也有较多出土。河南灵宝张湾汉墓出土陶楼的形制与干栏式房屋相似，但下层无禽畜圈①，四川新津县堡子山等地崖墓出土的东汉陶楼②（图四 -99：1）也大致如此。湖北云梦癞痢墩 M1 出土陶楼的主楼分两层，上层有并列 4 室，下层有并列 3 室，均作起居之用，配室如炊间、厕所、望楼、猪圈等设在主楼后，整体设计结构严谨，布局合理，高低错落有致③（图四 -99：2）。江苏徐州地区已发掘汉墓中，多是东汉墓葬出土有陶楼，基本为长方形院落，墙顶多有小檐，前开一门，楼为主体建筑，多为两层，少量有多层，门窗齐备，部分还带有装饰④。河南灵宝张湾一些汉墓出土有陶楼，M2 : 1，楼前有墙围成庭院，院门敞开，门上设有门观，四壁开窗，楼面阔三间，左边一间开门，二楼开多个窗，左上方起四壁，四角有跪俑立柱，上托有卧楞栏杆的平坐，坐上矗立有下部束腰的第三层楼阁，顶为四阿式，正脊中央立一朱雀，昂首展翅（图四 -99：3）；M5 : 48，庑殿重檐三层楼阁，修有腰檐，无平座，底层面阔两间，左侧一门，其上为四阿式腰檐，第二层上为四阿式腰檐，第三层有五扇镂孔菱形格子窗，再上是四阿式顶，下层门前有一廊（图四 -99：4），根据楼内伴出的乐舞俑，推测该楼可能为具有娱乐性质的建筑⑤。辽宁省大连市甘井子区营子公社东汉晚期石室墓出土三层彩绘陶楼，第二层底部刻有“高楼”二字⑥

① 河南省博物馆：《灵宝张湾汉墓》，《文物》1975 年第 11 期。

② 四川省博物馆文物工作队：《四川新津县堡子山崖墓清理简报》，《考古》1958 年第 8 期。

③ 云梦县博物馆：《湖北云梦癞痢墩一号墓清理简报》，《考古》1984 年第 7 期。

④ 刘尊志：《徐州汉墓与汉代社会研究》，科学出版社，2011 年，第 230 页。

⑤ 河南省博物馆：《灵宝张湾汉墓》，《文物》1975 年第 11 期。

⑥ 于临祥、王珍仁：《大连市出土彩绘陶楼》，《文物》1982 年第 1 期。

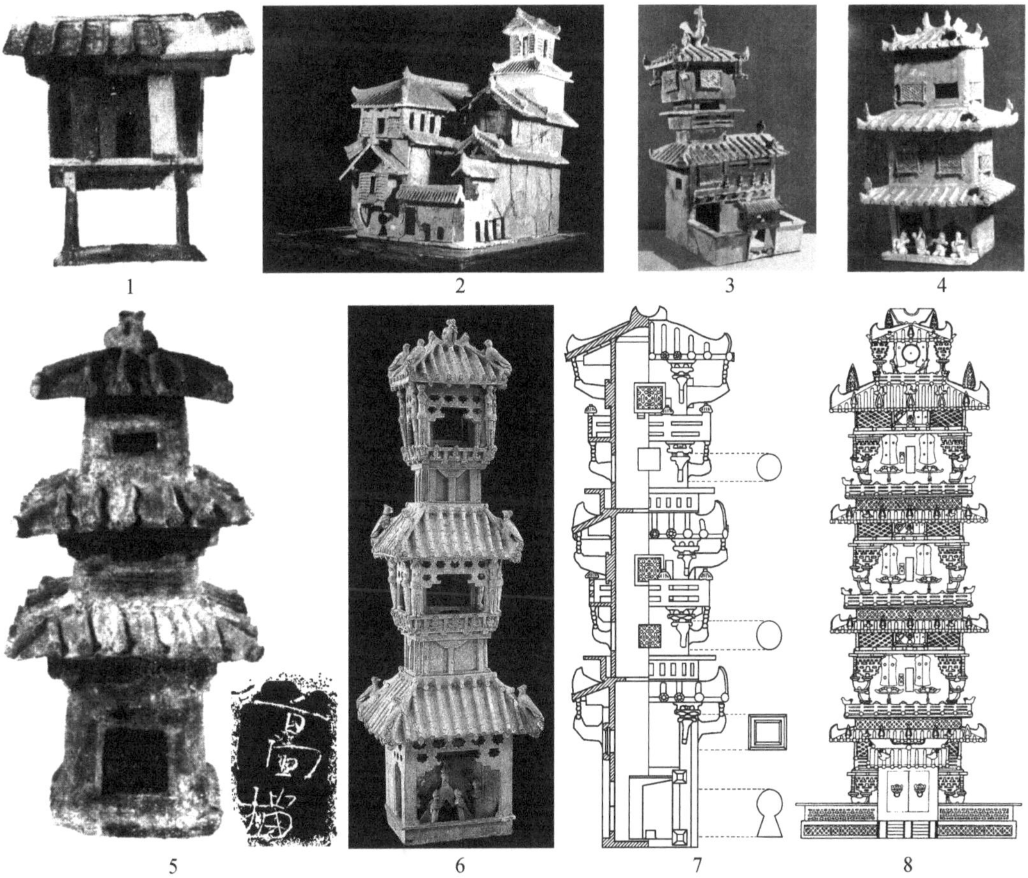

图四 -99　汉代墓葬出土陶楼模型

1. 四川新津县堡子山崖墓出土东汉陶楼　2. 湖北云梦癞痢墩 M1 出土陶楼　3. 河南灵宝张湾 M2：1　4. 河南灵宝张湾 M5：48　5. 辽宁大连市甘井子区营子公社东汉晚期石室墓出土陶楼　6. 河南淮阳出土陶楼　7. 河北望都 M2 出土陶楼　8. 河北阜城桑庄东汉 M1 出土陶望楼

（图四 -99：5）。有的陶楼在腰檐上置平座，平座上施勾栏，可达到凭栏眺望的功能，各层腰檐与平座搭配方式多样，使得楼的外观富于变化。河南淮阳出土汉代陶楼为三层四阿式方形楼阁，第一层后为仓楼，楼门前有“八”字形梯道，上立守门俑，下有负袋俑，二、三层楼均在腰檐上立柱承托平座，平座中放置卧榻，四角采用裸体人柱，楼顶正脊中央卧一只口衔彩带的鸟，楼形体细高，结构精巧，外观极为精美[①]（图四 -99：6）。河北望都 M2 出土陶楼 3 件，均为 3 层，方形 2 件，上、中两层均有平座栏杆围绕，平座栏杆与顶檐下均有一斗五升斗栱承托，下层正面有独门扇；长方形 1 件，斗栱为一斗二升[②]（图四 -99：7）。

① 孔俊岭、王学敏、牛爱红：《淮阳汉代绿釉人柱陶楼》，《中原文物》2012 年第 6 期。

② 河北省文化局文物工作队：《望都二号汉墓》，文物出版社，1959 年，第 8 页。

望楼内亦可供人居住，加之具有一定的军事性质，与整个家庭的居住和生活有着密切关系。广东省广州汉墓 M4028：18，平面曲尺形，正中有一座近方形并分上、下两层的主楼，楼下正面辟门，上层同大，四阿盖顶，楼板右边留出三分之一的地方作梯口，以通上下，前窗处有一陶俑，一手持盾，凭倚窗前，正在守望戒备，另有一俑倚伏在盖顶上，楼外绕以“凹”字形迴廊，后面右边是院落，有门与迴廊相连，左边有一小房，可能为厕所，该楼当属瞭望台之类的防御性建筑①。河北阜城桑庄东汉 M1 出土 1 件形体较高的陶楼，外部以腰檐平座分割成 5 层，另有 4 个夹层，计 9 层，每层均置有盾、弩等武备，顶层还有一较大的圆形响器，两旁有人守护，应为望楼，亦或可称为碉楼②（图四 -99：8）。甘肃武威雷台汉墓出土陶碉楼的周围四角各建造有二层以阁道互相连接的角楼，防御功能较为明显③。

水亭与水上楼阁模型也有出土。陕西西安新筑镇三里西村汉墓出土绿釉陶水亭，位于圆形水池之中，环绕池周塑有人物、马、鹅等，亭为两层，下层置梯，上层平座位于栏杆之内，四阿顶，脊端与檐角均饰禽鸟，而其平座四隅皆有张弩控弦的武士，亦表明其上层有一定的军事或防御功能④（图四 -100：1）。河南省灵宝张湾 M2、M3 各出土 1 件陶水上楼阁，下部均为方盘式水池或池塘，M2：4，四角攒尖顶的亭，平座中矗立单檐楼阁，楼阁四角立柱（图四 -100：2），M3：24，池中央

1　　2　　3

图四 -100　汉代墓葬出土陶水榭

1. 陕西西安新筑镇三里西村汉墓出土绿釉陶水亭　2、3. 河南省灵宝张湾汉墓出土陶水榭（2. M2：4　3. M3：24）

---

① 广州市文物管理委员会、广州市博物馆：《广州汉墓·上册》，文物出版社，1981 年，第 338 页。

② 河北省文物研究所：《河北阜城桑庄东汉墓发掘报告》，《文物》1990 年第 1 期。

③ 甘肃省博物馆：《武威雷台汉墓》，《考古学报》1974 年第 2 期。

④ 中国国家博物馆：《文物秦汉史》，中华书局，2009 年，第 198、199 页。

矗立三层方形望楼[1]（图四 -100：3）。

汉代画像中建筑图案较多。江苏徐州地区出土汉代画像石画像中，单间单层房屋较多，其内多为主人与客人会谈、宴饮或对弈场景，结合其他画像内容，推测其应为前堂，另有一些其他功用的单间或单层房屋；楼房也有一定数量，各层功用不一，也有一些其他类型的房屋。徐州市区南郊的十里铺东汉墓出土一块建筑画像石画像中，房屋为单层单间，有多层斗栱，另一画像石画像中，前为双阙，后为一单层单间屋，内有二人对坐饮酒[2]，更证明该屋应为前堂。总的来看，徐州地区汉代画像石画像中刻画的家庭建筑，前堂均较为宽敞，而且多有布幔等装饰，铜山茅村汉墓出土的一块画像石画像中，前堂画像前端为二男性宴饮对弈，后有三女性，二人在会谈，两组人物之间有较大间隔且有远近之分[3]，可见前堂的宽敞程度。一些单层单间房屋亦作他用，铜山洪楼出土祠堂画像石画像中，一块中部左侧为饮酒会谈内容，右侧一屋稍小，内有女性会谈；另一块画像石画像中，左侧屋中有女性正在纺织，右侧屋中有一些男性观赏乐舞[4]。楼房也较多见，上文已对部分类型的楼作了相关叙述，其他楼房还有很多。睢宁县散存的一块画像石上，中间为 1 门楼，二层，门楼两侧排列房屋数间，均单层单间[5]。铜山利国画像石墓出土的一块画像石画像，主体为对称式楼房，二层，上下各三间，上层三间中，中部一间略高，下部三间大小和高度皆较一致，两侧为马，中间为驭马者[6]（图四 -101：1）。邳州白山故子东汉 M1 第一石，刻楼房一座，楼下有大门，建筑富丽，立柱皆饰斗栱，较为壮观[7]。铜山檀山集散存画像石所刻楼房奇特，为二层，上部为 1 单间房，两侧有斜向内的楼梯，梯上搭有小亭，下部正中为 1 大斗栱，支撑上部房屋，斗栱两侧与楼梯处各有 1 组庖厨和乐舞者[8]。贾汪区青山泉乡西南张山西坡东汉画像石墓的前室南、北两壁皆有建筑画像，主体为楼阁式建筑，北壁画像中的建筑，屋下部以柱、斗栱支撑，屋两侧有梯以便上下，每侧梯上竖三柱，以承顶棚，顶棚分三层，脊翘起，梯上有人，有人似正举步登梯，右侧梯下有建鼓；北壁画像中的建筑下各有两柱，柱上有斗栱，另置二斗栱支撑其上房屋，屋下部各有一柱承之，柱斜向交叉于画面中下部，门及房屋

① 河南省博物馆：《灵宝张湾汉墓》，《文物》1975 年第 11 期。

② 江苏省文物管理委员会、南京博物院：《江苏徐州十里铺汉画像石墓》，《考古》1966 年第 2 期。

③ 王献唐：《徐州市区的茅村汉墓群》，《文物参考资料》1953 年第 1 期。

④ 徐州博物馆：《徐州汉画像石》，江苏美术出版社，1985 年，图 76、77。

⑤ 徐州博物馆：《徐州汉画像石》，江苏美术出版社，1985 年，图 248。

⑥ 江苏省文物管理委员会、南京博物院：《江苏徐州、铜山五座汉墓清理简报》，《考古》1964 年第 10 期。

⑦ 南京博物院、邳县文化馆：《江苏邳县白山故了两座东汉画像石墓》，《文物》1986 年第 5 期。

⑧ 徐州博物馆：《徐州汉画像石》，江苏美术出版社，1985 年，图 179。

1　　2　　3

图四 -101　汉代画像石上的建筑画像

1. 江苏铜山利国画像石墓西侧室西壁画像　2. 江苏睢宁墓山 M1 第三石上的建筑画像
3. 山东微山两城乡出土水榭画像

悬于空中，中部有一门，设门扉两扇，门扉上阴刻铺首衔环，环下系绶，门两侧有屋，檐下各有一人站立，门后亦有一房，左右二房屋为四阿顶，屋内垂帐束于右上方，房屋墙壁及地面雕琢出三角纹、菱形纹图案，屋内有乐者、舞者，下部右侧有一马系于斗栱上，左侧有一马系于斜柱上，右侧下部两柱间有一灶，有一女性操作者[①]。睢宁墓山汉墓出土的一画像石画像中，前堂为单层单间，周边有围栏，其后有一略高单层单间房与之相连，内有乐者，前堂左侧有一较小的房子，可能为厕所，三间房屋后为一栋两层楼房，下层宽敞，上层面积小，有二人坐于其中，另有一人坐于门外，该组建筑应为多重组合的房屋[②]（图四 -101：2）。

江苏徐州沛县栖山西汉晚期墓葬出土石刻画像中还见有干栏式建筑，其中一幅画像中，上部屋内坐一人，下部为干栏，内有一禽，干栏一侧有梯；另一画像中，上部屋内有二人饮酒对弈，下部为干栏，内有三人，并有一梯可至上部房屋[③]。山东微山县出土画像石画像中的一些建筑与徐州汉画像石画像中的部分建筑相似，如前堂、楼房及相关房屋等[④]。一些房屋的功用在徐州汉画像中少见，如两城乡出土的一块画像石中，右侧为一座两层楼，上下各有一人，左侧为单层单间房屋，内置一车，可能为专门放车的房子。两城乡还出土有三重檐小型城楼画像和瞭望楼画像，其中三重檐的建筑在汉代画像中少见，瞭望楼中部有高且突出的楼阁。该处出土建筑画像中，还有一定数量建在水上的房屋画像，该类房屋为水榭，主体建筑高出水

① 徐州博物馆：《江苏徐州市清理五座汉画像石墓》，《考古》1996 年第 3 期。

② 仝泽荣：《江苏睢宁墓山汉画像石墓》，《文物》1997 年第 9 期。

③ 徐州市博物馆、沛县文化馆：《江苏沛县栖山汉画像石墓清理简报》，《考古》编辑部编辑：《考古学集刊 · 第 2 集》，中国社会科学出版社，1982 年，第 106-112 页。

④ 马汉国主编：《微山汉画像石选集》，文物出版社，2003 年，第 90-93、180、181、186、187、210、211 页。

面很多，一侧有斜向带栏杆的楼梯由地面通向主体楼阁，主体楼阁下有多层斗栱支撑，最下层斗栱伸入水中，主体楼阁内有主人或主人与宾客，楼梯上有较多人员凭栏观望，水上有行船和捕鱼者（图四 -101：3）。水榭建在水上，环境优美，同时也体现出当时的建筑技术和艺术风格。

综合来讲，秦汉时期家庭的庭院与房屋内容较为丰富多样，既考虑到生活所需，又体现出实用与美观的结合，同时还反映了等级的差异。很多内容在继承前代的基础上取得了新的突破，展现出较强的时代特征，而这一时期一些家庭的庭院与房屋又体现出因地制宜的特点，反映出相应的地域特征。就秦汉时期一些庭院的布局与房屋建造技术来讲，还与这一时期的其他物质生活内容紧密结合，综合反映出社会的发展，而诸多家庭在家居住宅方面虽有诸多差异性存在，但总体方面又有着较强的统一性，在一定程度上折射出秦汉尤其是汉代文化多元一体的基本特征。

四、建筑装饰

与居住建筑的多种形式相对应，秦汉时期较多的家庭建筑在装饰方面也体现出丰富多样的特征。对家庭建筑进行装饰，可达到美化家居等目的，还可显示家庭主体人员的政治地位、等级高低及经济实力、职业属性等，同时也对家庭的思想信仰等有所反映，较好地体现出秦汉家庭建筑全面发展的态势和多样化的特征。关于秦汉时期居住建筑的装饰，相关发掘简报或报告有所涉及，一些学者也做过相关论述，如孙机先生的《汉代物质文化资料图说（增订本）》[①] 一书等。

（一）室外装饰

整体而言，秦汉家庭建筑的室外装饰发展较全面，体现出位置不一、方式多样、内容丰富等特征，反映出建筑技术的稳步发展。室外装饰既有实用功能，又折射出家庭及其成员对美的追求与展示，还有二者的综合体现，同时亦如上文所述，还有对家庭政治、经济、等级、职业、思想信仰等有较多的反映。

上文已述，秦汉时期，中下阶层人员家庭的屋顶既有统一性，也具有多样化的特点。悬山式顶、囤顶、四面坡顶等相对普遍，墓葬出土遗物体现的庑殿顶、攒尖顶相对特殊也较少见，至于一些非居住性质的房屋，会使用相对简单的两面坡顶。较常使用的屋顶类型如悬山式顶、四面坡顶，顶脊两端一般上翘，较为美观，这在汉代画像中较为常见。模型器物也有较多体现。广东广州番禺汉墓 M9：11，悬山式顶，两端微翘，坡面宽长，两端各有一垂脊（图四 -102），而该处墓地出土一些

① 孙机：《汉代物质文化资料图说（增订本）》，上海古籍出版社，2008 年。

图四 -102　广东番禺 M9 出土陶屋（M9：11）

房屋模型的屋脊还有鸱吻装饰，但相对简略[①]。有的设阁楼，江苏徐州市区南郊凤凰山 M1[②]、铜山北洞山村后楼山 M8[③] 的时代为西汉早期，出土陶建筑模型为两面坡顶，中间一横脊，脊上有二对称分布的正方形小阁楼，阁楼通体涂朱，有阴线刻的菱形纹、三角纹及镂空的小孔（图四 -103）。瓦当使用普遍，既可保护建筑物檐头，又起到装饰美化的作用。秦代瓦当，夔纹流行，秦始皇帝陵北部建筑遗址出土有夔纹瓦当，个体较大[④]。汉代，圆形云纹、文字瓦当流行，另有人面、动物、几何、植物、方格纹瓦当。江苏铜山汉王镇班井东汉 M4 外祠堂建筑遗存出土有人面半瓦当[⑤]。动物纹瓦当以四神居多，或配蟾蜍、玉兔、大雁等。内蒙古包头召湾 M91 出

图四 -103　江苏徐州铜山北洞山村后楼山 M8 出土陶建筑模型（M8：10）

① 广州市文物考古研究所、广州市番禺区文管会办公室：《番禺汉墓》，科学出版社，2006 年，第 293、296 页。

② 徐州博物馆：《江苏徐州市凤凰山西汉墓的发掘》，《考古》2007 年第 4 期。

③ 徐州博物馆：《江苏徐州市后楼山八号西汉墓》，《考古》2006 年第 4 期。

④ 赵康民：《秦始皇陵北二、三、四号建筑遗迹》，《文物》1979 年第 12 期。

⑤ 徐州博物馆：《江苏铜山县班井四号墓发掘简报》，《中原文物》2009 年第 3 期。

土石屋为单层单间，四阿式顶，脊部饰青龙、白虎、莲花瓦当等[①]。

斗栱使用普遍，使得支撑力加大，增加了牢固程度，促使居住建筑的种类增多，外貌多样，造型也更美观。河北望都M2出土陶楼，2件方形，平座栏杆与顶檐下均有一斗五升的斗栱承托；1件长方形，斗栱为一斗二升[②]。江苏徐州市区南郊十里铺东汉墓出土的一块画像石画像中，房屋为单层单间，有多层斗栱（图四-104：1）；铜山檀山集散存画像石所刻楼房为2层，下部正中为1个大斗栱，支撑上部房屋[③]（图四-104：2）。山东微山出土一定数量建在水上的水榭画像，主体建筑高出水面很多，一侧有斜向带栏杆的楼梯由地面通向主体楼阁，主体楼阁下有多层斗栱支撑，最下层斗栱伸入水中[④]。墓葬修建使用的斗栱也可对现实房屋的斗栱使用情况提供相应参考，如沂南北寨东汉画像石墓的前、中、后三室均使用斗栱，前室过梁和八角柱上的斗栱所刻纹饰精细繁杂，有几何纹及仙人、翼龙、怪兽和多种动物纹饰，中室及后室斗栱两侧皆饰回头的龙首[⑤]。

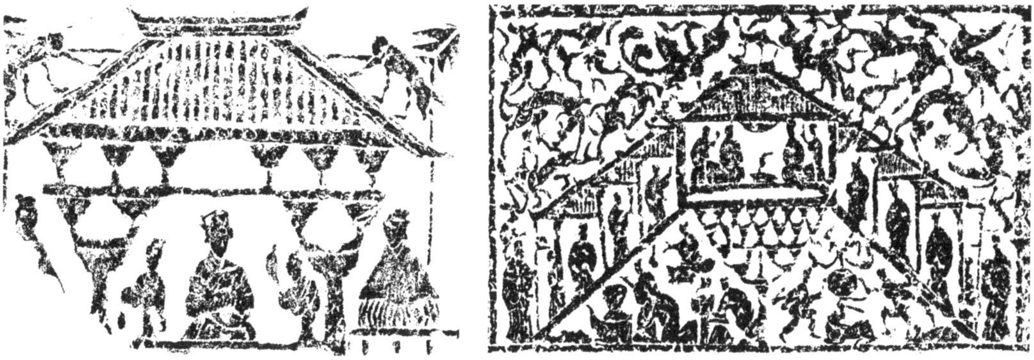

1　　2

图四-104　江苏徐州地区出土或散存带斗栱的家庭建筑画像

1. 市区南郊十里铺东汉墓出土　2. 铜山檀山集散存

墙是建筑的主体组成内容。有的可能用空心砖砌墙，并有相关纹饰，秦都咸阳第一、三号宫殿遗址出土较多线刻纹饰的空心砖，内容有龙（图四-105）、凤、菱形、方格、乳丁纹等[⑥]。根据汉代画像及出土的建筑模型明器等，庭院的外墙或围墙

① 内蒙古文物考古研究所，魏坚：《内蒙古中南部汉代墓葬》，中国大百科全书出版社，1998年，第263、270、271页。

② 河北省文化局文物工作队：《望都二号汉墓》，文物出版社，1959年，第8页。

③ 徐州博物馆：《徐州汉画像石》，江苏美术出版社，1985年，图179。

④ 马汉国主编：《微山汉画像石选集》，文物出版社，2003年。

⑤ 南京博物院、山东省文物管理处：《沂南古画像石墓发掘报告》，文化部文物管理局出版，1956年，第5-9页，图版39。

⑥ 秦都咸阳考古工作站：《秦都咸阳第一号宫殿建筑遗址简报》，《文物》1976年第11期；咸阳市文管会：《秦都咸阳第三号宫殿建筑遗址发掘简报》，《考古与文物》1980年第12期。

图四 -105 秦都咸阳宫殿遗址出土空心砖上的龙抱璧纹饰

或许会在外抹白或涂朱，有的还在顶部覆瓦，这些措施既能保护墙体，减少雨水的淋毁，又具美观的作用。山东诸城前凉台东汉墓出土庄园局部画像中，所有院墙均覆瓦[①]。房屋建筑的外墙壁，除涂抹相关材料外，还有的刻画纹饰，江苏徐州市睢宁县锅山汉墓前室北壁画像中的房屋墙壁饰菱形纹[②]，广东广州番禺汉墓出土陶屋（M24：23），屋壁刻划菱形纹间饰短线纹[③]。

楼梯、栏杆普遍使用，有的还有腰檐。较多汉墓出土的陶屋模型设有楼梯以供上下，《广州汉墓》[④]、《番禺汉墓》[⑤]等发掘报告皆有较为详细的描述。陕西勉县老道寺东汉 M1 出土的庭院模型，正楼四层有楼梯，左厢有活动梯[⑥]。汉代画像中楼梯更为常见。江苏铜山檀山集散存画像石所刻二层楼房，上部为一单间房，两侧有斜向内的楼梯，梯上还搭有小亭[⑦]；睢宁县双沟出土建筑图对楼梯也有体现[⑧]；沛县栖山汉墓出土西汉晚期画像石画像中的干栏式建筑一侧有梯，其中一幅建筑画像中，有一梯可至上部房屋[⑨]（图四 -106：1）；新沂瓦窑东汉墓出土画像中，有一人援梯而上[⑩]（图四 -106：2）。山东微山县微山岛乡出土的一块画像石画像中，中部画面立一梯，似为活动梯[⑪]。围栏在建筑模型中有所发现，广州番禺汉墓出土陶屋（M33：81）即设有围栏[⑫]。河北望都 M2 出土的 3 件陶楼，上、中两层均有平座栏杆围绕。苏北鲁南地区出土的很多画像石中有栏杆画像，江苏睢宁双沟出土楼阁图对栏杆有较清楚的体现[⑬]（图四 -106：3）；睢宁墓山

① 诸城县博物馆，任日新：《山东诸城汉墓画像石》，《文物》1981 年第 10 期。

② 仝泽荣、武利华、田忠恩、陈剑彤：《睢宁汉画像石》，山东美术出版社，1998 年，第 58 页。

③ 广州市文物考古研究所、广州市番禺区文管会办公室：《番禺汉墓》，科学出版社，2006 年，第 295 页。

④ 广州市文物管理委员会、广州市博物馆：《广州汉墓 · 上册》，文物出版社，1981 年。

⑤ 广州市文物考古研究所、广州市番禺区文管会办公室：《番禺汉墓》，科学出版社，2006 年。

⑥ 郭清华：《陕西勉县老道寺汉墓》，《考古》1985 年第 5 期。

⑦ 徐州博物馆：《徐州汉画像石》，江苏美术出版社，1985 年，图 179。

⑧ 仝泽荣、武利华等：《睢宁汉画像石》，山东美术出版社，1998 年，第 64 页。

⑨ 徐州市博物馆、沛县文化馆：《江苏沛县栖山汉画像石墓清理简报》，《考古》编辑部编辑：《考古学集刊 · 第 2 集》，中国社会科学出版社，1982 年，第 106-112 页。

⑩ 徐州博物馆、新沂县图书馆：《江苏新沂瓦窑汉画像石墓》，《考古》1985 年第 7 期。

⑪ 马汉国主编：《微山汉画像石选集》，文物出版社，2003 年，第 82、83 页。

⑫ 广州市文物考古研究所、广州市番禺区文管会办公室：《番禺汉墓》，科学出版社，2006 年，第 292 页。

⑬ 仝泽荣、武利华、田忠恩、陈剑彤：《睢宁汉画像石》，山东美术出版社，1998 年，第 66 页。

图四 -106　江苏徐州地区出土汉代画像石上的楼梯与围栏画像

1、2. 楼梯（1. 沛县栖山西汉晚期画像石墓出土　2. 新沂瓦窑东汉墓出土）3. 围栏（江苏睢宁双沟出土）

汉墓出土的一块画像石画像中，前堂为单层单间，周边有围栏[①]；山东微山出土画像石画像中的栏杆，表现形式更为丰富，或位于梯的两旁，或在楼阁的一侧，常有人凭栏而上或依栏观望[②]。腰檐多见于建筑模型，河南灵宝 M5：48 为庑殿重檐三层楼阁，修有腰檐，底层左侧一门上及第二层上均有四阿式腰檐[③]。有的陶楼在腰檐上置平座，平座上施勾栏，可满足凭栏眺望的需求。

阙是秦汉代居住建筑的组成部分之一，基本立在门外，多为双阙，既作守卫，也可辅助迎宾。江苏睢宁锅山东汉墓出土画像石画像中有双阙图案，单层，较粗壮，阙身一面有粗壮“十”字间隔，内为精细的菱形纹，阙身上部突出位置还饰有双重圆圈纹，顶脊两端上翘[④]。四川泸州合江六号石棺出土双阙画像中，双阙的阙身上部各有两周凸起，分别饰有波浪纹及栏杆纹[⑤]。四川地区还出土较多的双阙画像

① 仝泽荣：《江苏睢宁墓山汉画像石墓》，《文物》1997 年第 9 期。

② 马汉国主编：《微山汉画像石选集》，文物出版社，2003 年。

③ 河南省博物馆：《灵宝张湾汉墓》，《文物》1975 年第 11 期。

④ 仝泽荣、武利华、田忠恩、陈剑彤：《睢宁汉画像石》，山东美术出版社，1998 年，第 16 页。

⑤ 高文：《四川汉代石棺画像集》，人民美术出版社，1997 年，第 75、76 页。

砖，也有少量单阙画像砖，成都市郊散存有单阙图案的画像砖，为重檐单阙，两侧为二门吏（图四 -107：1）；彭州市太平乡出土有重檐双阙图案的画像砖，为并立双阙，中间有一双手捧盾的门吏[①]（图四 -107：2）。

1

2

图四 -107 四川地区散存或出土门阙画像砖画像

1. 重檐单阙（成都市郊散存） 2. 重檐双阙（彭州市太平乡出土）

（二）门、窗

秦汉时期，门的构造已较完备，基本由门楣、门框、门槛、门扉等组成，为了兼具美观和耐用，一些门髹漆，漆有朱有黑，髹朱漆者可能是等级较高的家庭。居住类建筑的门基本为木质，实物极少见，但可通过墓葬用门、模型明器及壁画或画像中的门作进一步的认识。内蒙古张龙圪旦 M1 出土陶屋正面即以红彩绘门及边框[②]。北京市大葆台 M1 前室与题凑南壁之间的门，有门框、门楣等，可能是双扇开门[③]。河北满城西汉 M1 后室与中室间的石门为双扇，由门扇、门扉、门限、门楣等组成，门前铺一长方形门阶石；后室石门由门扉、门框、门楣和门限组成[④]。广东广州西汉南越王墓的墓道与前室、前室与主棺室等之间均设置有门，前者由两页门扇、石门楣、门框、门槛组成，后者由门限、门坎、门墩和顶门器组成[⑤]。河南永城保安山西汉 M1 甬道门两侧有安装门枢的臼窝，应为双扉内开，在内侧斜坡甬道壁上发现有安装门

① 《中国画像砖全集》编辑委员会：《中国画像砖全集·四川汉画像砖》，四川美术出版社，2006 年，图版第 46、50 页、图版说明第 26、28 页。

② 内蒙古文物考古研究所，魏坚：《内蒙古中南部汉代墓葬》，中国大百科全书出版社，1998 年，第 270、271 页。

③ 大葆台汉墓发掘组、中国社会科学院考古研究所：《北京大葆台汉墓》，文物出版社，1989 年。

④ 中国社会科学院考古研究所、河北省文物管理处：《满城汉墓发掘报告》，文物出版社，1980 年。

⑤ 广州市文物管理委员会、中国社会科学院考古研究所、广东省博物馆：《西汉南越王墓》，文物出版社，1991 年。

栓的石槽；保安山西汉 M2 的 29 号室凿有假门框，门框两侧和顶部凿出象征性倚柱和阑额，阑额外又有象征性立颊和门额，立颊下端有象征性石槽，内有铁门枢箍残留，顶部对应处各有一圆形门枢洞①。门板有单扇和双扇之分。江苏扬州高邮天山（神居山）西汉广陵王刘胥墓，设单扇门，有立柱、压边枋、门柱等②。湖南长沙象鼻嘴西汉 M1 外椁门扉，由两块木板用暗梢斗合而成③。陕西勉县老道寺东汉 M1 出土建筑模型的左厢有单扁平板外开门，宅门内安两扇平板式对开门，门扉的吻合处有一定尺寸的斜面，使门扉在关闭时互相遮挡而不留门缝，门扉在楹木和轴础中转动灵活，而且可将门扉卸下、安上④（图四 -108：1）。门扉或门扇中部多装饰有铺首衔环，河北满城西汉 M1 有的门扉上饰铺首衔环，湖南长沙望城风篷岭西汉 M1，有的门设置有门柱、门扉等，有木枋墙，门扉两扇，梓木制作，配一对鎏金铜铺首衔环⑤。画像石中与门有关的画像更多，如江苏睢宁墓山东汉 M1 前室画像⑥等，而从徐州地区出土汉画像石中门的画像看，较多的门有门楹柱、抱框、转轴门枕等构件，门轴安装在上端连楹与下端门枕上，便于启闭。山东苍山前村画像石墓前室东壁横额画像刻有大屋，庑殿顶，柱头斗栱一斗二升，两房屋皆为双扇门，一开一关，门上有铺首衔环，环系绶带⑦（图四 -108：2）。另外，有的门楣上装门簪，有的在门树当中立闑，即在门的中部竖短木，或埋以矮石，用以挡马车或作他用，而其中较重要的一个实际作用就是防止门向外开。山东沂南北寨东汉画像石墓前室南壁上横额画像中的建筑为双扇门，中立闑⑧。江苏徐州市南郊十里铺东汉墓后室支柱画像下层刻双阙，阙间竖有立闑⑨（图四 -108：3）。锁在汉代已得到使用，有的遗址和窖藏中出土有铁簧锁。江苏连云港尹湾西汉 M1 与 M4 各出土 1 件锁，铜木组合，铜件为长方形转轴，方銎内有木条⑩（图四 -108：4）。河南洛阳地区一座东汉墓的甬道东壁壁画中绘一男性，左手提一系有绳索和鱼形牌饰的钥匙状物⑪（图四 -108：5）。锁可能用于

① 河南省商丘市文物管理委员会、河南省文物考古研究所、河南省永城市文物管理委员会阎根齐主编：《芒砀山西汉梁王墓地》，文物出版社，2001 年。

② 梁白泉：《高邮天山一号汉墓发掘侧记》，《文博通讯》第 32 期，1980 年，第 36-39 页。

③ 湖南省博物馆：《长沙象鼻嘴一号西汉墓》，《考古学报》1981 年第 1 期。

④ 郭清华：《陕西勉县老道寺汉墓》，《考古》1985 年第 5 期。

⑤ 长沙市文物考古研究所、望城县文物管理局：《湖南望城风篷岭汉墓发掘简报》，《文物》2007 年第 12 期。

⑥ 仝泽荣：《江苏睢宁墓山汉画像石墓》，《文物》1997 年第 9 期。

⑦ 山东省博物馆、苍山县文化馆：《山东苍山元嘉元年画象石墓》，《考古》1975 年第 2 期。

⑧ 南京博物院、山东省文物管理处：《沂南古画像石墓发掘报告》，文化部文物管理局出版，1956 年，拓片第 7 幅，图版 104（上）；山东博物馆：《沂南北寨汉墓画像》，文物出版社，2015 年，第 15-17、109 页。

⑨ 江苏省文物管理委员会、南京博物院：《江苏徐州十里铺汉画像石墓》，《考古》1966 年第 2 期。

⑩ 连云港市博物馆：《江苏东海县尹湾汉墓群发掘简报》，《文物》1996 年第 8 期。

⑪ 洛阳市文物工作队：《河南洛阳市第 3850 号东汉墓》，《考古》1997 年第 8 期。

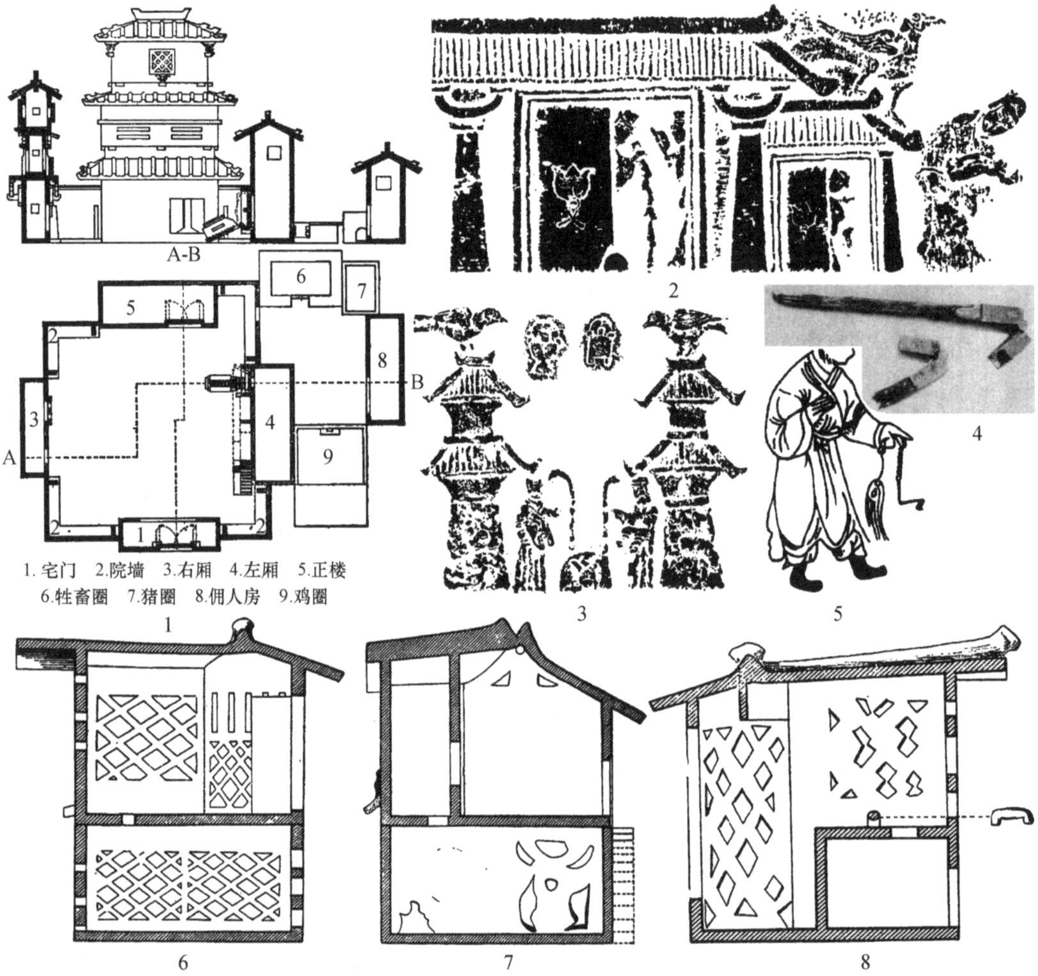

图四 -108　汉代墓葬出土与家庭建筑门、窗有关的陶模型明器与画像

1. 陕西勉县老道寺东汉 M1 出土建筑模型　2. 山东苍山前村画像石墓前室东壁横额画像中的房屋　3. 江苏徐州市南郊十里铺东汉墓后室支柱下部画像　4. 江苏东海县尹湾汉墓出土铜锁　5. 河南洛阳东汉墓甬道东壁壁画中持物男性　6-8. 广州地区东汉墓葬出土陶屋（6. M4005：47　7. M4015：4　8. M4022：1）

箱、柜等盛物器具，有的则为门锁。

窗可以透光，亦可通风，这时期很多房屋都有窗。陕西勉县老道寺东汉 M1 出土庭院模型中，正楼四层、右厢为斜方格窗，左厢有方窗。广东广州番禺汉墓出土陶屋（M33：42），门左右两边开直棂窗，右边窗下开一窦洞[①]。山东沂南北寨东汉画像石墓中的相关建筑多有网格形窗。江苏徐州东甸子出土的东汉画像石画像分两层，上层为一窗，有竖向窗棂，为直棱窗[②]。上述窗子均较固定，不可开启。广州

① 广州市文物考古研究所、广州市番禺区文管会办公室：《番禺汉墓》，科学出版社，2006 年，第 295 页。

② 徐州博物馆：《徐州汉画像石》，江苏美术出版社，1985 年，图 31。

地区一些东汉前期墓葬中出土陶屋，有的窗户与上述陶屋或画像的内容相似，如M4005：47，上层平面曲尺形，前部为横长方形的通堂，左侧后连一室为厕所，门口在前墙偏左，双扇门，半掩，每扇门上刻划一图像，类似门神，右边墙面设窗，下为直棂式、上为菱格式窗洞，右侧山墙的窗槅，与上面恰好形成上下对调，后墙中间辟一个如“日”字形的窗洞，单扇窗门，半掩，侧面除门口是半掩的单扇门外，其余窗洞形式与正面同（图四-108：6）；M4015：4，正面辟门，面墙两边开窗，两山墙的上端各有一对三角形窗孔，后墙正中有方形小窗一个，窗门向上斜支起，为可活动的窗，即支摘窗（图四-108：7）；M4022：1也设有活动窗，正屋门口开在前壁左方，高且宽敞，右方有上下两窗，上为直棂式，下为菱格式，左边山墙镂空通透，为菱格式，自顶及地，后墙与后院相对有一个小方窗，窗门斜向上支起[①]（图四-108：8）。

（三）室内装饰

房屋建成之后，需对墙面进行修饰加工，基本步骤为打磨后以浆抹面。等级不高家庭的房屋一般使用草拌泥，草多打成细碎状，掺入相对纯净的泥土中，加水形成糊状，再在墙上均匀涂抹。有的抹以石灰浆，《急就篇》中称为“泥涂垩塈”[②]，是指用白灰及石灰浆精细涂抹。《释名·宫室》载：“垩，亚也；亚，次也。先泥之，次以白灰饰之法。”[③]西汉长乐宫4号建筑遗址的主室四壁为夯土外包土坯，外抹草泥皮，再刷白灰面[④]。东汉时期，石灰使用更为广泛，粉刷墙面可起到美化的作用得到重视和普及，江苏睢宁县蛟龙山南麓发现众多的东汉石灰窑遗存[⑤]，与附近的墓葬修建有关，而生产的石灰也可能用到现实生活的建筑方面。较白灰更白洁的为蜃灰，是用蚌壳烧成。秦都咸阳城1～3号宫殿遗址均出土多块壁画，而壁画基本是以蜃灰打底再进行描绘的[⑥]（图四-109）。根据秦都咸阳宫殿遗址及汉长安城长乐宫4号建筑遗址主室出土壁画等来看，当时在对墙面加工后，有的还绘以彩画，进

---

① 广州市文物管理委员会、广州市博物馆：《广州汉墓·上册》，文物出版社，1981年，第331-335页。

② （西汉）史游《急就篇》：管振邦译注，宙浩审校：《颜注急就篇译释》，南京大学出版社，2009年，第194、195页。

③ （东汉）刘熙：《释名》，中华书局，2016年，第84页。

④ 中国社会科学院考古研究所汉长安城工作队：《西安市汉长安城长乐宫四号建筑遗址》，《考古》2006年第10期。

⑤ 盛储彬、吴公勤：《徐州市睢宁蛟龙东汉窑址》，中国考古学会编：《中国考古学年鉴·2002年》，文物出版社，2003年，第196、197页。

⑥ 陕西省考古研究所：《秦都咸阳考古报告》，科学出版社，2004年。

图四 -109 秦都咸阳宫三号宫殿遗址长廊东壁第四间中组壁画

行下一步的装饰，反映出房屋具有相对较高的等级。这一时期，砖可能用来砌筑居住建筑的墙，墙缝基本以粘泥勾填，有的也使用石灰勾缝，河南洛阳汉河南县城东区汉代居住遗址的一些房屋建筑及配套设施如井、仓等为砖砌[①]。

地面也需要修饰。有的地面经夯筑、平整，有的加入一些泥灰再夯筑平整，还有的以石灰铺地，既耐用又可防潮。平整之后，有的要进行涂饰，西汉长乐宫 4 号建筑遗址 2 号基址的地面即涂朱。有很多地面使用铺地砖，多为正方形或长方形砖，基本以粘泥或沙土勾填缝隙，有的也使用石灰勾缝。铺地砖部分素面，较多的铺地砖模印纹饰，如回纹、菱形纹、平行线、四瓣纹、小乳丁纹及细密的几何纹等。西汉长安城建筑用砖，部分模印几何纹、龙纹等，东汉洛阳城建筑用砖，或有纹饰，或有文字。广东广州西汉南越国宫署遗址出土有带孔铺地砖，边长近 1 米，另有熊纹空心砖及较多长方形花纹砖[②]（图四 -110）。江苏徐州金地商都遗址出土较多汉代铺地砖，有正方形、长方形两种，其中一类长方形铺地砖长 97、宽 48 厘米，一面有凸起纹，其作用当是防滑[③]。条砖也用于铺地，有的错缝平铺，形式或横或竖；有的铺成“人”字形。一些砖还用来铺砌散水或道路，汉代已有卵石纹铺地砖，或与天然卵石并用，或单独使用。

---

① 黄展岳:《一九五五年春洛阳汉河南县城东区发掘报告》,《考古学报》1956 年第 4 期。

② 中国社会科学院考古研究所、广州市文物考古研究所、南越王宫博物馆筹建处:《广州南越国宫署遗址 2000 年发掘报告》,《考古学报》2002 年第 2 期。

③ 刘尊志、周波:《徐州市金地商都先秦、两汉及明代遗址》，中国考古学会编:《中国考古学年鉴 · 2003 年》，文物出版社，2004 年，第 172、173 页。

1　　2　　3

图四 -110　广东南越国宫署遗址出土熊纹空心砖及长方形花纹砖
1. 空心砖　2、3. 花纹砖

一些跨度或空间较大房间内可能会有立柱，这在相关墓葬中有所体现。江苏铜山班井东汉 M1 隔梁有一立柱，雕刻一龙[①]；贾汪青山泉白集东汉墓[②]与邳州车夫山东汉 M2[③]均有羊座八棱石柱（图四 -111）。山东沂南北寨东汉画像石墓使用了八棱形石柱，柱上有斗栱[④]。

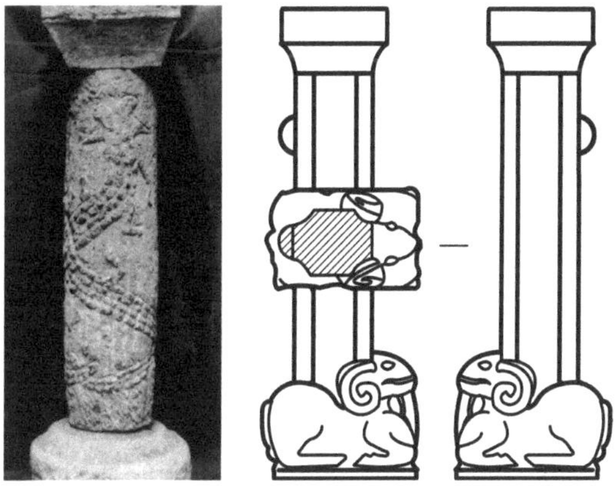

1　　2

图四 -111　江苏徐州地区东汉墓葬出石立柱
1. 铜山班井东汉 M1 隔梁立柱　2. 贾汪青山泉白集东汉墓立柱

藻井一般用于建筑顶部，多刻纹饰，起到美化的效果。许多东汉石室墓或砖石混筑墓使用藻井，对我们认识这一时期藻井起到重要的参考作用。山东苍山前村画像石墓前室，顶两级，各用四块三角形石交错叠涩构成方形的藻井，再覆一方形石板为盖顶，盖顶石的正中刻有一个圆圈[⑤]（图四 -112：1）。江苏徐州贾汪青山泉白集东汉墓，墓室顶部饰藻井，雕刻莲花等画像[⑥]。山东沂南北寨东

① 徐州市博物馆：《江苏铜山县班井村东汉墓》，《考古》1997 年第 5 期。

② 南京博物院：《徐州青山泉白集东汉画象石墓》，《考古》1981 年第 2 期。

③ 李军、孟强、耿建军：《江苏邳州车夫山前埠汉画像石墓的复原研究》，《华夏考古》2003 年第 3 期。

④ 南京博物院、山东省文物管理处：《沂南古画像石墓发掘报告》，文化部文物管理局出版，1956 年，第 3-11 页，图版 10-14。

⑤ 山东省博物馆、苍山县文化馆：《山东苍山元嘉元年画象石墓》，《考古》1975 年第 2 期。

⑥ 南京博物院：《徐州青山泉白集东汉画象石墓》，《考古》1981 年第 2 期。

1　　2

图四 -112　山东地区画像石墓出土石刻藻井

1. 山东苍山前村画像石墓前室顶藻井　2. 山东沂南北寨东汉画像石墓藻井

汉画像石墓的多个室使用了藻井，前室西侧室的藻井上为方形，其上的盖浮雕米字形、八瓣并有复瓣的花纹，内面的复瓣合拢下垂如含苞待放之状，应为莲花纹，东侧室藻井浮雕菱形格及密集穿环纹；中室的东西两侧室都有叠涩而成的藻井，东藻井分南北两段，南段刻四瓣花纹，北段刻外为大小方形重叠、中心为圆形的图案，西藻井中有孔，其他位置刻菱形格子纹；后室藻井分三段，中为八瓣莲花纹，花瓣尖上涂朱，两侧刻大小方形重叠的抹角结构，有彩绘的边缘线及纹饰，内刻菱形格纹，格上涂翠绿，边缘上描黑线，格内涂朱色[①]（图四 -112：2）。

悬挂布幔也是室内装饰的一种形式，汉代画像中发现较多，苏鲁豫皖交界地区出土汉画像石画像中十分常见，如江苏铜山茅村东汉墓中室北壁画像[②]（图四 -113：1）、铜山洪楼东汉墓葬外祠堂画像（图四 -113：2）、睢宁县张圩出土画像[③]（图四 -113：3）等。布幔呈弧形起伏，每两个起伏之间还有系带下垂，这在上述画像石画

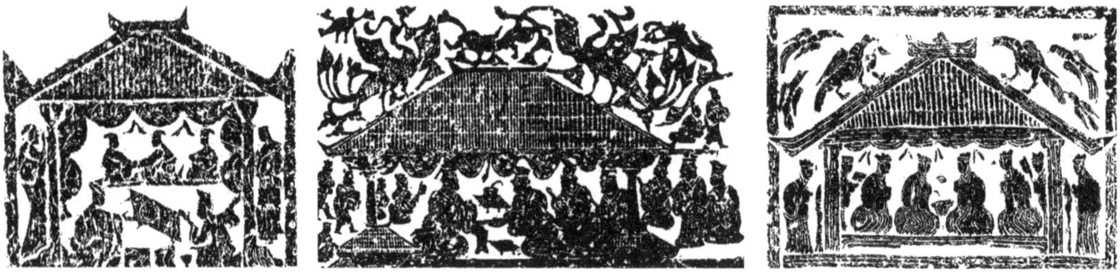

1　　2　　3

图四 -113　江苏徐州地区出土建筑画像石中悬挂布幔画像（局部）

1. 铜山茅村汉墓中室北壁画像　2. 铜山洪楼祠堂画像　3. 睢宁县张圩出土画像石画像

① 南京博物院、山东省文物管理处：《沂南古画像石墓发掘报告》，文化部文物管理局出版，1956 年，第 5-9 页。

② 徐州博物馆：《徐州汉画像石》，江苏美术出版社，1985 年，图 51。

③ 仝泽荣、武利华、田忠恩、陈剑彤：《睢宁汉画像石》，山东美术出版社，1998 年，图 43。

像中均有清晰体现。其他如陕北晋西北地区汉墓出土画像石、川渝地区出土画像石与画像砖、河南南阳地区汉墓出土画像石等的画像及一些地区的墓葬壁画等中也有相应体现。

从大的方面讲，室内陈设也属于室内装饰的内容，如坐具、卧具的摆设，照明、盥洗用具的摆放等等，但这一方面的内容已基本系统化，本书将在下文作专门论述。

综上可知，秦汉时期的家庭居住建筑装饰已较普遍，而且是各种技法结合兼用，还有很多建筑是多种装饰并用，进而达到家庭及其成员的要求和需求。江苏徐州十里铺东汉墓出土的两件陶楼，均为两层楼房，四阿顶，正脊反曲，角脊微微上翘，上、下层都出檐，檐下有遮檐板和菱形格窗，两侧各开一正方形空罅，中腰有平座栏杆，四周围以矮墙，门洞中央立有挡门屏的闑，其中一件陶楼的矮墙前面有横式栏杆，门屏饰铺首衔环，另一件陶楼屋顶正脊两端脊饰和腰檐垂脊的脊饰由三至六块筒瓦垒起，并在垂脊前端留有方孔，以装配饰件用，围墙正面刻有线条[①]。对居住建筑进行装饰，既达到实用目的，又满足了美化的需求，同时也反映出这一时期居住环境与居住条件的不断发展和逐步完善，对研究汉代物质生活面貌的全面发展可起到一定的参考作用。

五、室内陈设

据考古资料，秦汉时期的室内基本陈设已较为丰富，大致包括坐卧用具、陈放器具、防尘挡风器具、盥洗器具、照容与梳妆用品、盛物器具、灯与熏、取暖与降温器具、尊老及礼仪用品、缝补与熨烫用具、唾与溺溲用具、清洁与扫除用具等多种，另有其他一些相关用品和器具。

（一）坐卧用具及相关物品

坐具有枰、榻、凭几、凳等，卧具为床等，有时榻亦作卧具，而床也可作为坐具。配套的物品有枕、席、镇、衣桁等。

枰为小型坐具。河北邢台出土大理石枰 1 件，方形，有短足，四角各有 1 铜羊[②]，定县八角廊西汉中山王刘修墓出土石枰，下为四铜足[③]。榻的实物和画像均发现较多，江苏省铜山利国东汉墓[④]、河北保定望都东汉 M1[⑤] 等出土有石榻，河南郸城出

① 江苏省文物管理委员会、南京博物院:《江苏徐州十里铺汉画像石墓》,《考古》1966 年第 2 期。

② 河北省文物管理处:《河北邢台南郊西汉墓》,《考古》1980 年第 5 期。

③ 河北省文物研究所:《河北定县 40 号汉墓发掘简报》,《文物》1981 年第 8 期。

④ 江苏省文物管理委员会、南京博物院:《江苏徐州、铜山五座汉墓清理简报》,《考古》1964 年第 10 期。

⑤ 北京历史博物馆、河北省文物管理委员会:《望都汉墓壁画》，中国古典艺术出版社，1955 年，第 11 页。

土汉代石榻为石灰岩质，平面长方形，四角有足，长82、宽72、高19厘米，榻面刻有隶字一行："汉故博士常山大（太）博王君坐榻"[①]（图四-114：1）。汉画像石（砖）画像和壁画中常见有人坐于榻上。有单人坐于一小榻上，江苏徐州市南郊十里铺东汉墓前室横额画像石画像右侧有一人坐榻上，手举环首刀，前有三人跪拜[②]，

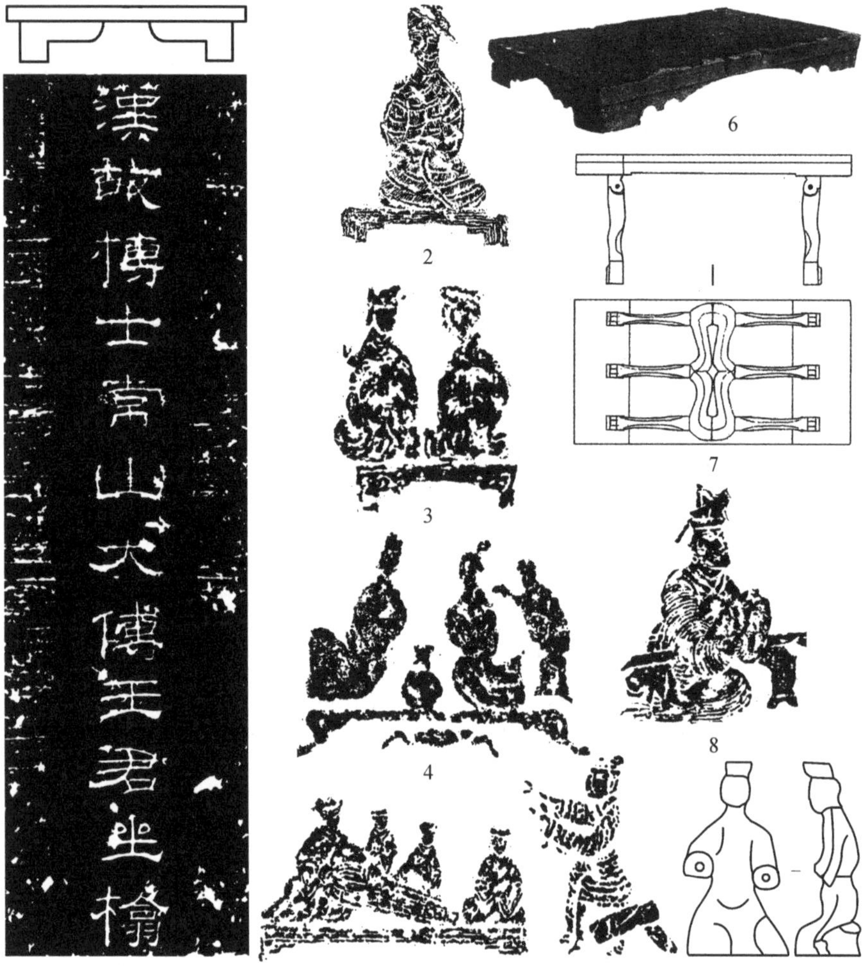

图四-114 汉代的榻（床）、凭几和杌子（凳）

1. 河南郸城出土汉代石榻及榻面文字 2. 江苏睢宁县张圩散存画像石上格右侧一人坐榻画像 3. 江苏徐州贾汪青山泉出土纺织画像下部二人坐榻图 4. 江苏徐州铜山蔡丘散存画像石中二人坐榻图 5. 江苏邳州白山故子东汉M2前室南壁东边画像中四人坐榻图 6. 河北望都东汉M2出土石榻（床） 7. 安徽天长三角圩西汉M1出土木几（M1：290） 8. 江苏徐州铜山洪楼东汉墓葬外祠堂画像中主人凭几而坐图 9. 江苏徐州散存画像石上儿童坐杌子图 10. 河省洛阳市西关中州路主干线商业局M4904出土坐凳俑

① 曹桂岑：《河南郸城发现汉代石坐榻》，《考古》1965年第5期。

② 江苏省文物管理委员会、南京博物院：《江苏徐州十里铺汉画像石墓》，《考古》1966年第2期。

睢宁县张圩一块散存画像石的上格右侧有一人坐在榻上，一人立旁，另二人跪拜[①]（图四-114：2），辽阳棒台子二号壁画墓的宴饮图中，二人分坐各自榻上，二榻之间有案，案上有相关物品[②]。供一人坐的榻一般不大，其上亦很少置物，亦不能作为卧具，但从壁画或画像内容来看，坐者地位一般较尊。有的榻较大，上可坐二人，可称为合榻，一般呈长方形，二人分坐两端。江苏徐州地区的汉画像石画像中，合榻十分常见，说明这也是当时该地区十分流行的坐具和坐法，所坐二人的关系或为夫妇，或为宾主。较多合榻上所坐二人距离较近，榻上不见他物，说明其面积不是甚大，有的如贾汪区青山泉出土纺织图下部画像，榻略短，二人坐榻上明显有拥挤感[③]（图四-114：3）。有的合榻较长，榻上二人有明显间隔，中间可摆放酒具、食具，或可对弈，为提高稳固性，多在此类榻的中部增加兽形足，江苏徐州铜山蔡丘散存画像石中，二人对坐于中有兽足的榻上，榻中部置1壶[④]（图四-114：4），邳州白山故子东汉M1前室北壁西边画像中，下格刻宾主对弈图，两人坐于同一大榻上，中间置一方形六博棋局，六博棋局旁置一套酒具，有樽1，樽中放置1勺，另有2耳杯[⑤]。也有的多人坐于同一榻上，白山故子东汉M2前室南壁东边画像中有三组建筑人物，每组均有三人坐于同一榻上，而前室南壁西边画像中，一亭屋内有乐工四人，皆跽坐在长方形榻上，有操琴者，也有伴唱者[⑥]（图四-114：5）。以上所述较长的榻在一定情况下也可作为卧具使用。床一般比榻要大，既可卧，亦可坐，以木床为主，也有石床。河北望都东汉M2出土的石榻长159厘米，可能为合榻，也可能是石床[⑦]（图四-114：6）。汉代画像也有相关内容，如江苏睢宁墓山M1出土的房屋画像中有床[⑧]。有的榻或床还在两侧设屏，在后设扆，二者皆全者称为屏扆。江苏铜山茅村东汉墓中室北壁画像中，主人所坐为榻，榻的后侧设扆[⑨]，辽宁辽阳棒台子一号壁画墓、三道壕壁画墓的宴饮图中，墓主所坐床榻基本是屏、扆俱全[⑩]，山东安邱画像石墓也见有类似内容的画像[⑪]。

这一时期，人们在枰、榻、床及席等上基本采取跽坐的姿势，但这一姿势若保

---

① 徐州博物馆：《徐州汉画像石》，江苏美术出版社，1985年，图254。

② 王增新：《辽阳市棒台子二号壁画墓》，《考古》1960年第1期。

③ 徐州博物馆：《徐州汉画像石》，江苏美术出版社，1985年，图168、169。

④ 徐州博物馆：《徐州汉画像石》，江苏美术出版社，1985年，图155、156。

⑤ 南京博物院、邳县文化馆：《江苏邳县白山故子两座东汉画像石墓》，《文物》1986年第5期。

⑥ 南京博物院、邳县文化馆：《江苏邳县白山故子两座东汉画像石墓》，《文物》1986年第5期。

⑦ 河北省文化局文物工作队：《望都二号汉墓》，文物出版社，1959年，第32页。

⑧ 仝泽荣：《江苏睢宁墓山汉画像石墓》，《文物》1997年第9期。

⑨ 王献唐：《徐州市区的茅村汉墓群》，《文物参考资料》1953年第1期。

⑩ 李文信：《辽阳发现的三座壁画鼓墓》，《文物参考资料》1955年第5期。

⑪ 山东省博物馆：《山东安丘汉画象石墓发掘简报》，《文物》1964年第4期。

持太久会使双腿和腰部产生乏累或酸痛之感，对于年长者而言尤其明显，因此当时在跽坐时使用了凭几，以缓解疲乏，增加舒适感。凭几即可靠扶的几，一般形体不大，宽度在20厘米左右。江苏连云港东海县尹湾西汉M6出土漆凭几一件，长27.6、宽26、腿高7.4厘米，木胎髹黑漆，几面朱书“甲宋”二字[①]。山东临沂金雀山西汉M1出土三件素面黑漆几，一件全长82、几面最宽处16厘米，两端雕饰兔首，兔首下各有一上粗下细的腿，腿下有一脚木；一件两端雕虎头，长59、面最宽处19厘米；一件椭圆形弧状，长35.5、面最宽20厘米，底部中间装一圆形柱[②]。安徽天长三角圩M1亦出土三件，一件木几（M1：290），长31.4、宽16厘米，几两端各置一横向排足，由三等距扁柱足组成，扁柱足上端各一转轴，下端插入一斗栱形长座内，排足可张合90度，折合后恰好构成“王”字，设计极为奇巧（图四-114：7）；一件的排足由四根扁长条柱足组成，另一件的排足由四等距外撇扁足组成，宽16.8厘米[③]。河北满城西汉M1出土有漆凭几的鎏金铜足，其上装有合页，可以向内折叠，惜木质部分已朽不存[④]。其他墓葬出土凭几或两端各有一条曲足，或各有两条折足，或各有三条柱足，或各有四条栅足。汉代画像石（砖）画像中也常见凭几。山东地区出土画像石中，一幅画像中有一老者跽坐，扶靠两端各二折足的凭几，济宁汶上孙家村出土的两幅画像中，各有一老者扶靠两端各一曲足的凭几[⑤]。江苏徐州铜山洪楼东汉墓外祠堂的一幅画像上格左侧为主人跽坐正在会见宾客，该主人屈膝于曲足凭几下，双臂扶靠凭几，从现状看，该凭几应为屈膝凭几[⑥]（图四-114：8）。

凳在汉代少见，江苏徐州出土一块散存画像石上有一儿童坐在杌子上逗牛[⑦]（图四-114：9），杌子即小凳。河南省洛阳市西关中州路主干线商业局M4904为一座出土玉衣片的东汉墓，男性墓主很可能为列侯级别人员，墓内出土较多陶俑，其中一件为坐凳俑，俑头戴冠，双臂前垂，坐于小凳上，小凳由三块板做成，即坐面和两块凳腿，凳腿向两侧撇开[⑧]（图四-114：10）。甘肃武威雷台汉墓出土一件凳，长15.7、高6.5厘米，略如现在的长条板凳，可能是上下车踩用的脚凳[⑨]，但亦可作

① 连云港市博物馆：《江苏东海县尹湾汉墓群发掘简报》，《文物》1996年第8期。

② 临沂文物组：《山东临沂金雀山一号墓发掘简报》，《考古》编辑部编辑：《考古学集刊·第1集》，中国社会科学出版社，1981年，第133-138页。

③ 安徽省文物考古研究所：《天长三角圩墓地》，科学出版社，2013年，第139-141页。

④ 中国社会科学院考古研究所、河北省文物管理处：《满城汉墓发掘报告》，文物出版社，1980年，第95页。

⑤ 傅惜华、陈志农编辑，陈志农绘图，陈沛箴整理：《山东汉画像石汇编》，山东画报出版社，2012年，第254、255、353-385页。

⑥ 徐州博物馆：《徐州汉画像石》，江苏美术出版社，1985年，图76。

⑦ 杨孝军、郝莉蓉：《徐州新发现的汉画像石》，《文物》2007年第2期。

⑧ 洛阳市文物工作队：《洛阳发掘的四座东汉玉衣墓》，《考古与文物》1999年第1期。

⑨ 甘肃省博物馆：《武威雷台汉墓》，《考古学报》1974年第2期。

为坐具，不过此类脚凳在汉代画像的车马出行图中较常见。另外，江苏铜山耿集散存画像石中，有一人执刀垂足坐在凭几之上，这在当时似乎不太被人接受，其对面有一人双手前伸，似正在与其交流[①]。

枕是休息用品，多与卧具配套使用。很多随墓主深埋地下，也有一些应是为墓主在死后世界所使用专门制作的枕，但其对现实世界中家庭相关人员的枕有相应体现。因身份等级的差异，殓葬的枕也有所不同。有包玉或镶玉木芯枕，有的还有铜构件。江苏徐州地区西汉墓已出土玉枕十余件之多，南郊拖龙山西汉 M3 出土镶玉铜枕，两侧为铜铸的龙，头大身小，昂首，张嘴吐舌，双目圆睁，耳后翘，青白玉作头、舌、角，并有玉片镶嵌在额头、脖子、腿等处，中为木芯，已朽[②]，形制、大小与北京大葆台西汉墓出土铜枕极为相似[③]。有实木枕，但经加工，如山东临沂金雀山金・民 M2 出土木枕（M2：2），整木制成，平底，半圆弧形枕面[④]（图四 -115：1）；金雀山周氏墓群 M14 出土有竹条面木枕（M14：41），底为长方形木板，两端用活榫竖立两块马蹄形木板，蹄形板制成台阶形，外高内低，外宽内窄，枕面系长条竹片制成，约十根以上，竹片两端固定在蹄形板内圈上，为了防止中间凹陷折断，在底板上还挖了三对圆孔，插入 3 根弯成弓形的竹条以承托枕面竹片[⑤]（图四 -115：2）。该类枕的中部空，可以盛物。湖南长沙马王堆 M1 出土有草芯绣枕，长方形，两端枕顶用起毛锦，上下两面用“信期绣”香色绢，两侧面为香色红茱萸纹锦，内部填塞佩兰叶（图四 -115：3），伴出的还有 2 件枕巾，面为“乘云绣”，四周边缘镶绢，衬里亦为绢[⑥]。河南安阳曹操高陵（西高穴 M2）还出土有慰项石，并有“魏武王常所用慰项石”等刻字[⑦]。该石的主要功用是慰项，即脖子，或可与枕并用，或可单独使用，但与枕关系密切，可视为配套物品。需作说明的是，上述墓葬中出土的枕，质地、类型较为多样，这些枕在墓葬中的主要功能是服务于死者尸身，殓葬性质明显。其中的一些竹条面木枕、草芯绣枕等在现实世界亦会有使用，也许是随墓主埋于墓内的实用物品，即使是为死者专门制作以供另一世界使用的枕，也对现实生活用枕有着较好地体现。较多具有相应等级墓葬出土镶玉或包玉的枕，其殓葬特征突出，考虑到当时人们思想中玉有保护或防止尸体不朽的

① 徐州博物馆：《徐州汉画像石》，江苏美术出版社，1985 年，图 202。

② 徐州博物馆：《徐州市拖龙山五座西汉墓发掘简报》，《考古学报》2010 年第 1 期。

③ 大葆台汉墓发掘组、中国社会科学院考古研究所：《北京大葆台汉墓》，文物出版社，1989 年，第 41 页，图版第四一。

④ 金雀山考古发掘队：《临沂金雀山 1997 年发现的四座西汉墓》，《文物》1998 年第 12 期。

⑤ 临沂市博物馆：《山东临沂金雀山周氏墓群发掘简报》，《文物》1984 年第 11 期。

⑥ 湖南省博物馆、中国科学院考古研究所：《长沙马王堆一号汉墓》，文物出版社，1973 年，第 70、71 页。

⑦ 河南省文物考古研究所、安阳县文化局：《河南安阳市西高穴曹操高陵》，《考古》2010 年第 8 期。

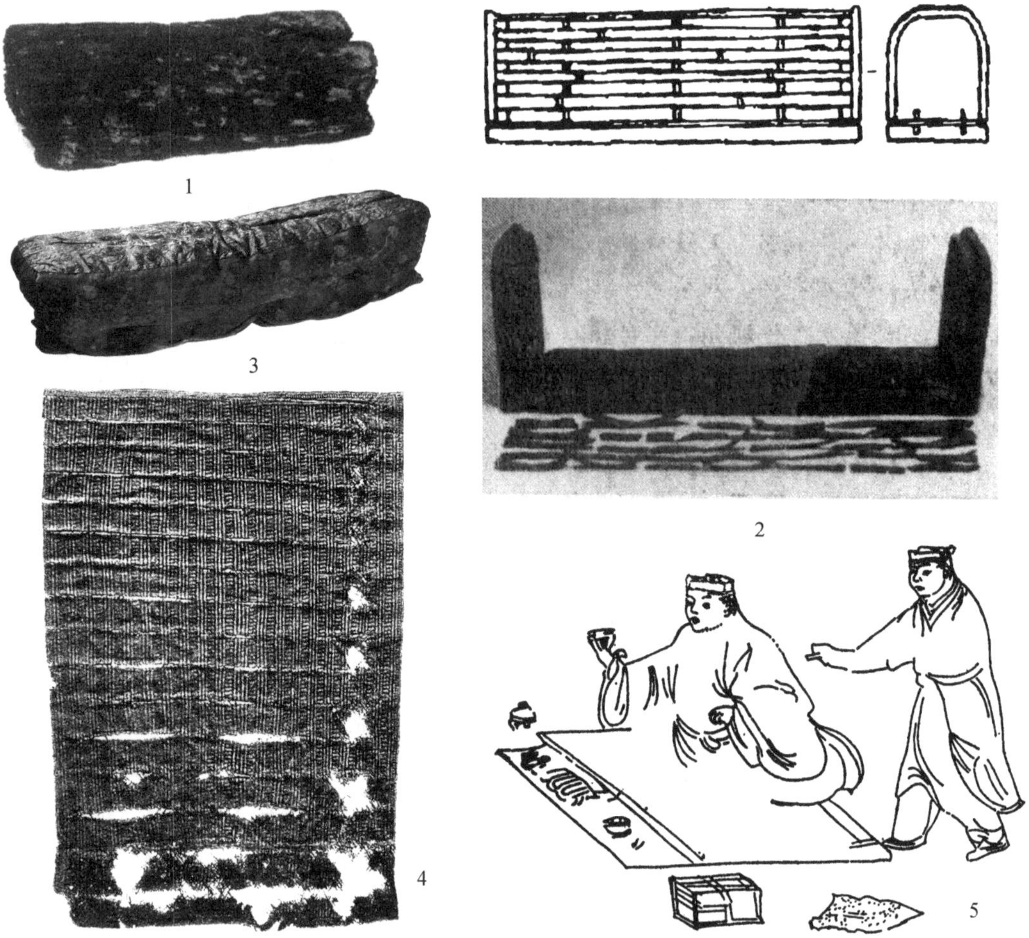

图四-115　汉代墓葬出土的枕、席及相关内容

1. 山东临沂金雀山金·民 M2 出土木枕（M2：2）　2. 山东临沂金雀山周氏墓群 M14 出土竹条面木枕（M14：41）　3. 湖南长沙马王堆 M1 还出土草芯绣枕　4. 湖南长沙马王堆 M1 出土竹席　5. 河南密县打虎亭 M1 南耳室南壁中部收租图画像中席地而坐的收租者画像

功用，推测镶玉或包玉的枕应是在现实用枕基础上的进一步改造和提升，进而可达到体现墓主身份等级、满足墓主丧葬需求等作用，其对现实生活用枕的体现和反映则具有一定的间接性。换言之，镶玉或包玉的枕并非现实生活中的用枕，是适应丧葬，与丧葬有密切关系的枕，但在一定程度上也可反映现实生活用枕的一些内容和特征。

席既可与坐卧具配合使用，亦可以直接用于跽坐。甘肃天水放马滩 3 座秦墓的棺底均铺有竹席[①]，是其丧葬功能的体现，在棺底作铺垫用，并在一定程度上反映出

① 甘肃省文物考古研究所、天水市北道区文化馆：《甘肃天水放马滩战国秦汉墓群的发掘》，《文物》1989 年第 2 期。

现实功用。湖南长沙马王堆M1出土竹席多条，草席4条，西边箱出土的1条竹席用“人”字形编法编织出几何形划纹（图四-115：4），席角有墨书“家”字，椁盖板上覆盖26条，席角亦有墨书“家”字；2条草席保存较好，编织方法与现代草席接近，以53根麻线为经，莞草为纬，323号草席周缘包锦，322号草席周缘包青绢，均以丝线缝缀，结合竹简所记名称，可称为“莞席”[①]；长沙马王堆M3也出土有类似莞席，周围以绢及起绒锦缘边，该墓也有4件竹席出土[②]。从原料及使用质量等来看，竹席的质量相对较高，而质量更好的竹席可称为“簟”，莞席次之，另外还有马蔺编织的草席，称为蔺席。但竹席与草席各有特点，竹席凉，夏日使用较多，草席温，天凉时使用较多，有时二者也搭配使用。席直接用于坐时，因面积较大，其上还可摆放其他物品。河南密县打虎亭M1南耳室南壁中部画像为收租图，收租者盘坐于方席上，席前放砚台等物品，席旁还放一竹笥（图四-115：5）；南耳室北壁中部画像有一人席地而坐，席旁有灯、方盒、竹笥、盆、盘等[③]。

为了避免坐、卧时席角卷起或折卷，要用镇压，一般置于四角，完整的为1套4件。秦汉时期的镇质地多样，有铜、铁、石等，史料中记载有玉镇。镇的形状多为动物形，如虎、豹、鹿、骆驼、羊、龟、辟邪、熊、蛇等，西汉中期之后出现了一些博山形镇。有些镇的内部还填以其他比重较大的物质，如石灰等，而为了避免牵羁衣物，追求稳重性，动物一般做成趴卧状、蟠伏状等，高度也大致控制在10厘米以下。江苏徐州陶楼西汉M1出土的4件铁镇，底面椭圆，狮（虎）形，卧姿[④]；韩山东汉M1出土4件铁镇造型均不相同，1件为虎形，虎蜷曲回首，头枕在臀上，造型简洁，1件为博山形，1件辟邪形，有翼无角，后双足曲踞，还有1件因锈蚀外形不可辨[⑤]，徐州铜山吕梁西汉墓还出土有石镇[⑥]。铜镇最为常见，造型也较为丰富。山西朔县城北露天煤矿M1出土4件蜷卧的铜虎形镇，1件有圆台[⑦]。安徽巢湖放王岗M1南边厢出土铜镇4件，整体近椭圆形，鎏金，为卧伏的骆驼，实心，较厚重，骆驼右后足弯曲与前足相连形成一个三角形孔眼，可系绳[⑧]。江苏徐州

---

① 湖南省博物馆、中国科学院考古研究所：《长沙马王堆一号汉墓》，文物出版社，1973年，第120、121页。

② 湖南省博物馆、湖南省文物考古研究所：《长沙马王堆二、三号汉墓》，文物出版社，2004年，第235、236页。

③ 河南省文物研究所：《密县打虎亭汉墓》，文物出版社，1993年，第104-113页。

④ 徐州博物馆：《徐州市东郊陶楼汉墓清理简报》，《考古》1993年第1期。

⑤ 徐州博物馆：《徐州市韩山东汉墓发掘简报》，《文物》1990年第9期。

⑥ 邱永生：《铜山县凤凰山战国西汉墓群》，中国考古学会编：《中国考古学年鉴·1987年》，文物出版社，1988年，第138页。

⑦ 屈盛瑞：《山西朔县西汉并穴木椁墓》，《文物》1987年第6期。

⑧ 安徽省文物考古研究所、巢湖市文物管理所：《巢湖汉墓》，文物出版社，2007年，第34、35页。

后山 M1（上）出土 4 件铜镇，位置明确，镇均由圆形底座和山形锥体 2 部分组成，锥体分内外两层，内层为实心锥体，二者套合，顶与底部相连，外层薄，下为梯形台，饰菱形纹，主体为 3 虎组成的博山状，内有舞人、猴子、走兽等，纹饰精细①。广西合浦西汉木椁墓也出土有博山形镇，与之相似②。山西朔县秦汉墓出土铜镇较多，4 件呈卧豹状，豹扬首前视，两肢前伸，似正小憩，姿态闲适，神情机警（图四 -116：1）。部分 4 镇分四角放置的痕迹明显，下面往往有案或榻的残漆皮和朽木痕；5M20 出土人形镇作低首跽坐状，面形瘦削，扁鼻立目，束发扎结于脑后，长衣右衽宽袖，腰系宽带，一手置于膝上，一手扶地（图四 -116：2）；3M58 出土 4 件人形镇，均为深目宽鼻、头着风帽的胡人形象，但表情姿态各异，3M58：27，双腿曲膝呈坐姿，两手向前平伸，身子后仰，仰脸作嘻笑状，两颊隆起，下巴前突，表情滑稽，是正在进行表演的胡伎形象（图四 -116：3）；动物形镇还有禽鸟形、兽形、龟形等，龟形镇为卧龟形，龟首微扬，平底，腹部低矮，两侧铸出龟足和鳞甲，通体鎏金，腔内中空，背嵌虎斑贝③（图四 -116：4）。动物形镇的动物背上镶嵌贝壳的做法在西汉中晚期较为流行，江苏徐州市南郊拖龙山 M3 出土 4 件呈

图四 -116　山西朔县秦汉墓出土铜镇

1. 豹形镇（GM187：30） 2. 人形镇（5M20：5） 3. 胡伎镇（3M58：27） 4. 龟形镇（ZM1：18）

---

① 徐州博物馆：《江苏徐州后山西汉墓发掘简报》，《文物》2014 年第 9 期。

② 广西壮族自治区文物考古写作小组：《广西合浦西汉木椁墓》，《考古》1972 年第 5 期。

③ 平朔考古队：《山西朔县秦汉墓发掘简报》，《文物》1987 年第 6 期。

趴卧状羊形的铜镇，羊头抬起，双角微外撇，双目圆睁，平视前方，嘴微张，四足弯曲，尾部上翘，背部呈弧形内凹，镶以弧形贝壳，上部扣合，内填石灰等压重①。河南陕县后川西汉中晚期的M3003出土4件更为精美的鹿形镇，1件为雄鹿，作蹲伏状，3件为雌鹿，均作侧卧转首左视状，头上鹿茸初露，颈部细长，臀宽而丰圆，短尾或蜷曲或后伸，四肢前躬后屈，背嵌褐色斑纹天然大螺壳以象征梅花鹿斑②。铜镇的装饰工艺以鎏金较为常见。山东临沂银雀山西汉M7出土铜镇呈卧禽形，背部中空，有"S"形金属隔梁，通体鎏金③。江苏徐州小龟山M1南室四角出土4件盘卧的虎形镇，通体鎏金④。有的为错金银，或为镶嵌装饰。河北定县北庄东汉墓出土铜虎形镇的身体和头部错金银纹饰，仰伏状，屈肢，蜷身，底平整⑤；满城西汉M2的中室南区中部出土铜豹形镇4件，豹作蜷卧状，昂首张口，平底，身躯用金银错出梅花状豹斑，头、尾、足作点状，口部涂朱，二目镶嵌白玛瑙，体内灌铅，使其更加稳重⑥。一些西汉诸侯王墓等出土形体较大的圆雕玉动物如玉熊、玉豹等，皆呈趴卧状，底部较平，存在为玉镇的可能，而这些动物呈现出被驯养且较温顺、憨态可掬的形态，作为镇当较合适。但需要说明的是，考古发现的玉镇基本出土于墓葬之中，是服务于丧葬的物品，现实生活中是否使用还需进一步的考古发掘来证实。

衣桁，即搭衣架，也是坐卧用具的配套物品。山东沂南北寨东汉画像石墓后室靠北壁承过梁隔墙西面画像的下格上部有一架子，上搭衣物，可能为衣桁⑦。内蒙古托克托县汉代壁画墓也有类似画像，榜题称之为"衣杆"⑧。

（二）陈放器具

案较为常用，汉代画像石（砖）中，案的画像较常见。江苏徐州铜山台上出土的仙人博局图上即有二人在案边下棋⑨（图四-117：1）。根据功用的不同，可分为食案、书案、办公用案等。食案使用普遍，其上陈放饮食器具，有方、圆两种。方

---

① 徐州博物馆：《徐州拖龙山五座西汉墓的发掘》，《考古学报》2010年第1期。

② 中国社会科学院考古研究所：《陕县东周秦汉墓》，科学出版社，1994年，第189、190页。

③ 银雀山汉墓发掘队：《临沂银雀山西汉墓发掘简报》，《文物》2000年第11期。

④ 南京博物院：《铜山小龟山西汉崖洞墓》，《文物》1973年第4期。

⑤ 河北省文化局文物工作队：《河北定县北庄汉墓发掘报告》，《考古学报》1964年第2期。

⑥ 中国社会科学院考古研究所、河北省文物管理处：《满城汉墓发掘报告》，文物出版社，1980年，第265、268页。

⑦ 南京博物院、山东省文物管理处：《沂南古画像石墓发掘报告》，文化部文物管理局出版，1956年，图版79；山东博物馆：《沂南北寨汉墓画像》，文物出版社，2015年，第100、124页。

⑧ 罗福颐：《内蒙古自治区托克托县新发现的汉墓壁画》，《文物参考资料》1956年第9期。

⑨ 徐州博物馆：《徐州汉画像石》，江苏美术出版社，1985年，图178。

案基本呈长方形，又有无足或矮足及高足之分。无足或矮足案类似方形浅盘，矮足者居多，一般四边起沿，既可端运，又可置放，质地有漆、陶、石、铜等。湖北荆州高台秦汉墓地中，有6座墓葬出土该类漆案（报告称之为方平盘），计8件，5件为侈口，尖唇，弧形壁，规矩形足，3件为平沿，敞口，方唇，浅腹，平底，足呈规矩形或圆钮状，另有木案4件，均有足，已残[①]。湖南长沙马王堆M1出土漆案2件，平底，四角附高仅2厘米的矮足，382号案出土时，上置小漆盘5、漆耳杯1、卮2，小盘内盛有食物并放竹串1件，耳杯上放竹箸1双，另一件漆案，下有足，案盘浅，饰云纹，案底有漆书“轪侯家”三字[②]（图四-117：2、3）。一些漆案底部镶饰鎏金铜马蹄形足4个，较为精致，有的案还有鎏金铜护角4个，呈矩尺形。山西朔县西汉末至东汉初的7M68出土漆案已朽，有鎏金铜案足和案护角各4个，根据出土情况可复原该漆案[③]。也有其他形式的案。河南灵宝东汉墓出土4件施绿色釉的长方形陶案，无案足[④]。江苏徐州贾汪小红山汉墓出土有石案[⑤]。高足案之足相对于矮足而言略高一些，足呈柱状或蹄形，木质居多，另有铜、陶质，上置杯、耳杯、盘等食具。河南灵宝东汉M3出土的长方形灰陶案，案面饰有红彩，下附四个羊形实足，案面上有陶魁、杯、勺各1（图四-117：4）。山东沂南北寨东汉画像石墓前室西壁上横额上有2件8足大案图，案上均置10杯[⑥]。辽宁辽阳三道壕M27出土陶案，案面上刻有“……造作瓦案，大吉，常宜酒肉”等字[⑦]。书案多见于壁画或画像，河南洛阳朱村东汉墓壁画中，大床前设桯，桯的一侧置1小型书案，书案上有灯、砚等[⑧]（图四-117：5）。办公用案也多见于图像，河北望都东汉墓（M1），前室北壁券门内有一案，并有“侍阁”榜题，推测该案为办公用的案[⑨]。山东临沂银雀山西汉M10出土木案上有“开阳尉案”铭记，可能是供办理公事时使用[⑩]（图四-117：6）。圆形案，又称檈，有一定数量，东汉时期墓葬中，多是陶

---

① 湖北省荆州博物馆：《荆州高台秦汉墓——宜黄公路荆州段田野考古报告之一》，科学出版社，2000年，第177-184、187页。

② 湖南省博物馆、中国科学院考古研究所：《长沙马王堆一号汉墓》，文物出版社，1973年，第87、88页。

③ 平朔考古队：《山西朔县秦汉墓发掘简报》，《文物》1987年第6期。

④ 河南省博物馆：《灵宝张湾汉墓》，《文物》1975年第11期。

⑤ 南京博物院：《徐州贾汪古墓清理简报》，《考古》1960年第3期。

⑥ 南京博物院、山东省文物管理处：《沂南古画像石墓发掘报告》，文化部文物管理局出版，1956年，图版28（下）；山东博物馆：《沂南北寨汉墓画像》，文物出版社，2015年，第12、13、109页。

⑦ 《东北文物工作队一九五四年工作简报》，《文物参考资料》1955年第3期。

⑧ 洛阳市第二文物工作队：《洛阳市朱村东汉壁画墓发掘简报》，《文物》1992年第12期。

⑨ 北京历史博物馆、河北省文物管理委员会：《望都汉墓壁画》，中国古典艺术出版社，1955年，图版二十九。

⑩ 银雀山汉墓发掘队：《临沂银雀山西汉墓发掘简报》，《文物》2000年第11期。

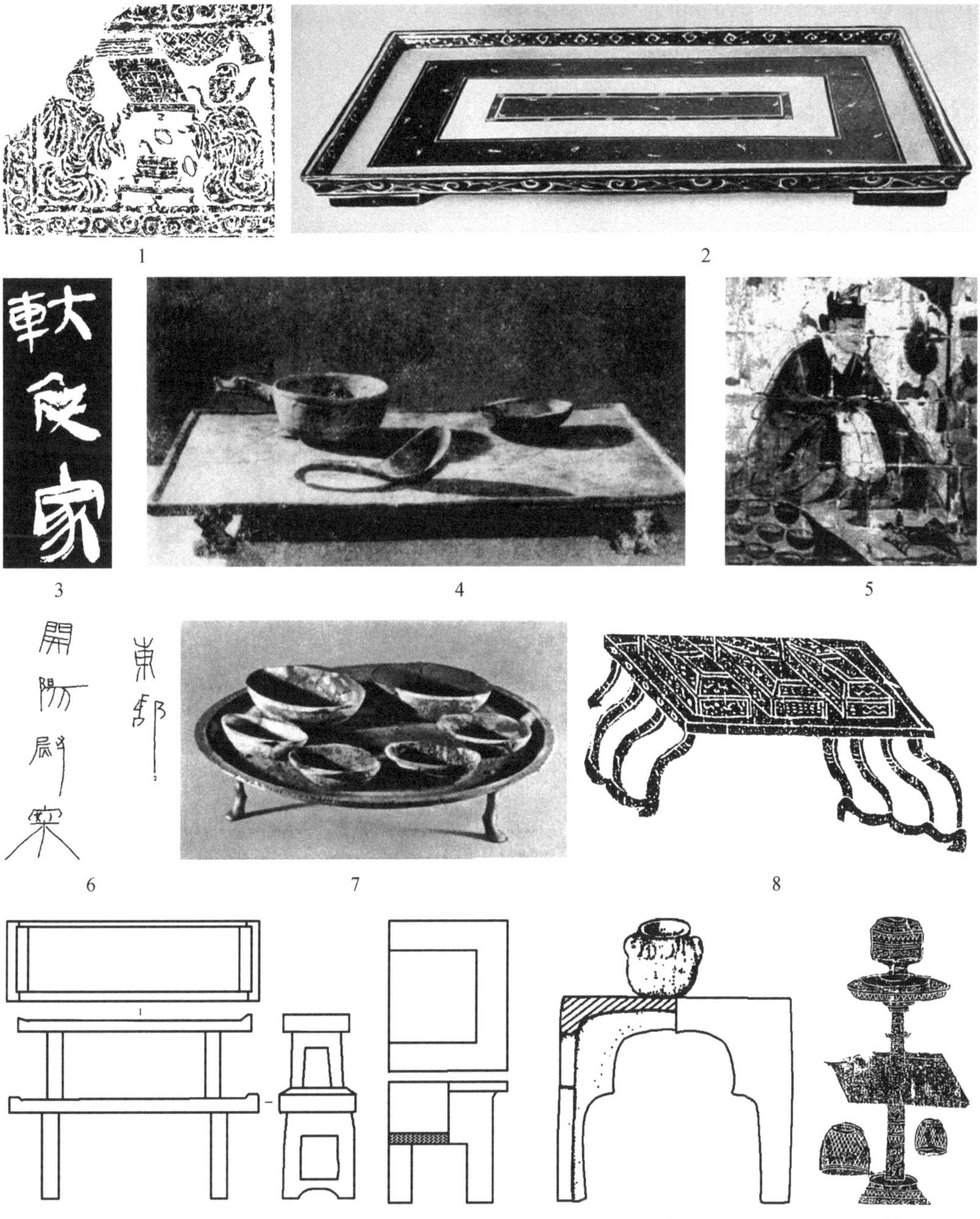

图四 -117　汉代墓葬出土案、几、桌及相关物品存放内容

1. 江苏徐州铜山台上出土案边人物下棋图象　2、3. 湖南长沙马王堆 M1 出土云纹漆案及案底文字　4. 河南灵宝东汉 M3 出土的长方形灰陶案　5. 河南洛阳朱村东汉墓壁画中的书案图像　6. 山东临沂银雀山西汉 M10 出土木案上“开阳尉案”等铭记　7. 广东广州沙河顶 M5054 出土圆形铜案　8. 山东沂南北寨画像石墓后室靠南壁承过梁隔墙东面画像上格的大几图案　9. 河南洛阳涧西七里河东汉墓出土双层陶几　10. 河南洛阳涧西七里河东汉墓出土有陶方桌　11. 河南灵宝 M2 出土陶桌（M2：21）　12. 山东沂南北寨画像石墓后室靠南壁承过梁隔墙东面画像上格中的陈放器物架图案

长方形案与圆形案配套出土。河南灵宝东汉墓除长方形陶案外，还出土有4件圆形陶案。另外还有木质、铜质棜，多用来放置实物。广东广州沙河顶M5054出土的1件铜案（5054：17），圆形，边缘平折，下有三蹄足，边缘平面上刻“S”形纹带，案上置6个铜耳杯及鸡骨和猪肋骨少许[①]（图四-117：7）。

需作说明的是，很多秦汉墓葬尤其是西汉中晚期至东汉时期墓葬出土的陶案，很可能与墓内祭祀有关[②]。这些陶案基本都有彩绘，绝大多数应是仿现实生活中漆制食案制作，其摆放在墓葬之内，特别是位于放置祭品、开展墓祭的前室等中，物品性质在借鉴食案的基础上，结合墓葬内容发生了变化，上文所举的一些其他质地的方案或圆案，也因埋在墓葬之中而和陶案一样被赋予了新的功能和作用。很多的案服务于墓内祭祀，体现出有关物品在事死如事生丧葬思想与行为的推动下，功能的丧葬化及性质或特征的转变。这在一定程度上说明，墓葬作为人死之后埋葬尸身的场所，存在其自身的需求和特点，虽然事死如生、事亡如存的观念已经根深蒂固，但相关器物出现针对性的功能转变，使得其并不能完全代表或展现出现实生活用物的内容。上文所述的枕与案在这方面有一定的相似性，而墓葬内还有一些器物亦具有类似特征，甚至包括墓葬的形制和结构，虽然从第宅化的角度可以管窥现实生活居住的内容，但需要认识到的是，墓葬内容可在很大程度上体现或反映现实的内容，但并不能够完全真实地再现现实生活的内容，这在相关研究中是需要注意的。

与案常在一起使用，且与案较为相似的为几，因此两者常合称几案或案几。几的面板基本为长方形，下装有曲足。湖北荆州高台秦汉墓出土4件漆几，长方形，有的足已残，一般两端薄，中间厚，几面上均凿8～12个榫，榫眼内多存几足之子榫[③]。山东临沂金雀山周氏墓群出土木几2件，由几面、几足、足座三部分以透榫接合而成，几面呈长方形，正面窄而凹，背面宽而平，几足每端两条，细长微曲，中部略粗，足座两端高，中间凹，两端的外侧面有突出的回纹图案[④]。安徽巢湖放王岗西汉M1出土漆几由底板、足座、足和面板4部分组成，底板位于足座下，起到垫板的作用[⑤]。山东沂南北寨东汉画像石墓后室靠南壁承过梁隔墙东面画像上格最上为1大几，其上为3个带纹饰的漆篋，下面为1带纹饰的圆形漆奁（图四-117：8），下格下部左侧为1几，其上有1带尖顶盖的器物和盛放耳杯的小盘；后室靠北壁的承

① 广州市文物管理委员会、广州市博物馆：《广州汉墓·上册》，文物出版社，1981年，第436页。

② 刘尊志：《汉代墓内祭祀设施浅论》，《中原文化研究》2019年第1期。

③ 湖北省荆州博物馆：《荆州高台秦汉墓——宜黄公路荆州段田野考古报告之一》，科学出版社，2000年，第181、185页。

④ 临沂市博物馆：《山东临沂金雀山周氏墓群发掘简报》，《文物》1984年第11期。

⑤ 安徽省文物考古研究所、巢湖市文物管理所：《巢湖汉墓》，文物出版社，2007年，第67、69页。

过梁隔墙西面的画像下部刻1几，几上放4双式样不同的鞋子[①]。上文所举河南洛阳朱村东汉墓壁画中的桯实际上也是一种几，但面较窄长，上置酒食等。有的几为双层，又称为庋，山东沂南北寨东汉画像石墓后室靠南壁承过梁隔墙东面画像上格中右下侧即有1双层几，上部几为直足，放有奁及酒器等，下层几曲足外伸，几面上置奁。河南洛阳涧西七里河东汉墓出土双层陶几，上层略小，下层稍大，足近直[②]（图四-117：9）。有的几面两长边外凸或高凸外卷，河南洛阳烧沟东汉M1035出土有此类陶几，两长端高起边缘，微向外卷[③]。

桌在汉代已经出现。河南洛阳涧西七里河东汉墓出土有陶方桌[④]（图四-117：10）。河南灵宝东汉后期M2出土陶桌1件（M2：21），绿釉，桌面上置双耳圜底小罐，二者烧结在一起，桌面方形，四足较高（图四-117：11），不同于一般汉墓出土的几、案，又有别于坐榻，外形和现代方桌基本相同[⑤]。河南密县打虎亭东汉M1东耳室的一幅画像中有一长方形家具，台面为活板，其上摆有较多器物，旁边有人在劳作，家具腿间装有横木条[⑥]，起到稳固的作用，从外形上看当为桌。

山东沂南北寨东汉画像石墓后室靠南壁承过梁隔墙东面画像上格中还有1件器物，下作柱础状，柱础上为圆柱形长柄，柱柄中部贯1长方形板，板上放有耳杯、盘、豆、篋（箧）等，最上为1圆盘，亦放有物，可称为陈放器物架（图四-117：12）。河南密县打虎亭东汉M1东耳室北壁东幅石刻画像的右上角亦有同类器物，方板与圆盘上均陈放有器皿[⑦]。

（三）防尘挡风器具

防尘用具为承尘，一般平张于室内，四川成都青杠坡出土传经讲学画像砖画像中，讲学经师头上有承尘，固定在木构格子状框架上[⑧]。

挡风器具为屏风，竖立置放，发现较多。湖南长沙马王堆M1出土竹简217记有“木五菜（彩）画并（屏）风一长五尺高三尺”，同墓出土木胎屏风1件，长方形，下有足座承托，正面红漆地，以浅绿色油彩绘，中心绘1谷纹璧，周围绘几何

---

① 南京博物院、山东省文物管理处：《沂南古画像石墓发掘报告》，文化部文物管理局出版，1956年，第28、29页，图版77、79；山东博物馆：《沂南北寨汉墓画像》，文物出版社，2015年，第98、100、123、124页。

② 洛阳博物馆：《洛阳涧西七里河东汉墓发掘简报》，《考古》1975年第2期。

③ 洛阳区考古发掘队：《洛阳烧沟汉墓》，科学出版社，1959年，第138、139页。

④ 洛阳博物馆：《洛阳涧西七里河东汉墓发掘简报》，《考古》1975年第2期。

⑤ 河南省博物馆：《灵宝张湾汉墓》，《文物》1975年第11期。

⑥ 河南省文物研究所：《密县打虎亭汉墓》，文物出版社，1993年，第139、144、145页。

⑦ 河南省文物研究所：《密县打虎亭汉墓》，文物出版社，1993年，第143页。

⑧ 龚廷万、龚玉、戴嘉陵编著：《巴蜀汉代画像集》，文物出版社，1998年，图61、62。

图四 -118　湖南长沙马王堆 M1 出土漆屏风
（M1：447）

方连纹，边缘黑漆地，朱绘菱形图案，背面黑漆地，红、绿、灰三色油彩绘云纹和飞腾的龙纹，边缘朱绘菱形图案[①]（图四 -118）。广东广州西汉南越王墓出土多扇，正中为可向后开启的门，左右为可作九十度开合的侧屏，开合后形成相连的围屏，装饰有鎏金铜朱雀、双面兽首形铜饰，底部装蛇形托座、蟠龙托座与仙灵托座[②]。河北定州 43 号东汉墓出土玉座屏 1 件，由 4 件青玉片组成，两侧支架及中间上下两层各 1 玉片，玉片两端的榫部插入两侧支架的孔隙之内，两侧支架均为连璧形，两个相连的圆璧内各透雕 1 龙，缠绕于璧正中的长方形孔中，上层玉屏片正中透雕神话“东王公”的形象，盘膝高坐。下侧左右两边各透雕一跪着的妇女，周围透雕凤、鸟、麒麟、鸭、兽等形象。下层玉片正中透雕一妇人形象，应是“西王母”，头部两侧有日月相照，两侧各跪一妇人，四周透雕龟、蛇、熊等形象[③]。另外，汉代墓葬中还出土有陶制明器屏风。

悬挂帷幔可挡风与外尘进入室内，又可起到装饰的作用，汉代画像中较为常见，这在上文已述。有的室内设有帷帐，江苏徐州驮篮山西汉 M1 后室的四壁嵌入对称的铁钩，张以帷帐[④]，这种做法在现实居住中也应存在。河北定州 43 号东汉墓出土铜帐钩 3 件、帐架 1 件，河南安阳市西高穴曹操高陵出土有铁帐架构件等[⑤]。河北满城西汉 M1 则出土有 2 套相对独立的幄帐支架，一套为庑殿顶，一套为四角攒

① 湖南省博物馆、中国科学院考古研究所：《长沙马王堆一号汉墓》，文物出版社，1973 年，第 93、94、147 页。

② 广州市文物管理委员会、中国社会科学院考古研究所、广东省博物馆：《西汉南越王墓》，文物出版社，1991 年，第 433-451 页。

③ 定县博物馆：《河北定县 43 号汉墓发掘简报》，《文物》1973 年第 11 期。

④ 邱永生、徐旭：《徐州市驮篮山西汉墓》，中国考古学会编：《中国考古学年鉴 · 1991 年》，文物出版社 1992 年，第 173、174 页。

⑤ 河南省文物考古研究所、安阳县文化局：《河南安阳市西高穴曹操高陵》，《考古》2010 年第 8 期。

尖顶[①]（图四 -119：1）。河北省南皮县芦庄子西汉墓出土一些铜质器物，据公布资料，该墓共出土 5 件铜帐饰，作怪兽状，瞪目张口，其中 3 件相同，为一怪兽双爪抓压住另一兽，被抓之兽回首反咬其上压之兽的腹部，上兽顶部有一横座，座中部有直立中空的榫[②]（图四 -119：2）。该器座与满城 M1 发现的幄帐座存在相应差别，但兽首顶部的"凸"字形榫与榫座表明 3 件铜饰为帐座当无疑问；另外 2 件，笔者认为是枕的铜构件可能性较大[③]，此处不作讨论。广西贵县罗泊湾 M1 出土木牍中有"张帷一笥，张假为帐"、"张帷柱及丈一囊"等文字，张帷可能即帷帐，张帷柱为直立张挂帷帐的柱子，丈假为杖，应是帐棍[④]。帘亦可防风挡尘，山东临沂金雀山周氏墓群中 M13、M14 的椁板上铺有蒲帘，M13 铺两层蒲帘，上层蒲帘有经线 9 道，下层蒲帘有经线 17 道，M14 铺 1 层蒲帘，经线 22 道分成 3 组，每组经距 9、组与

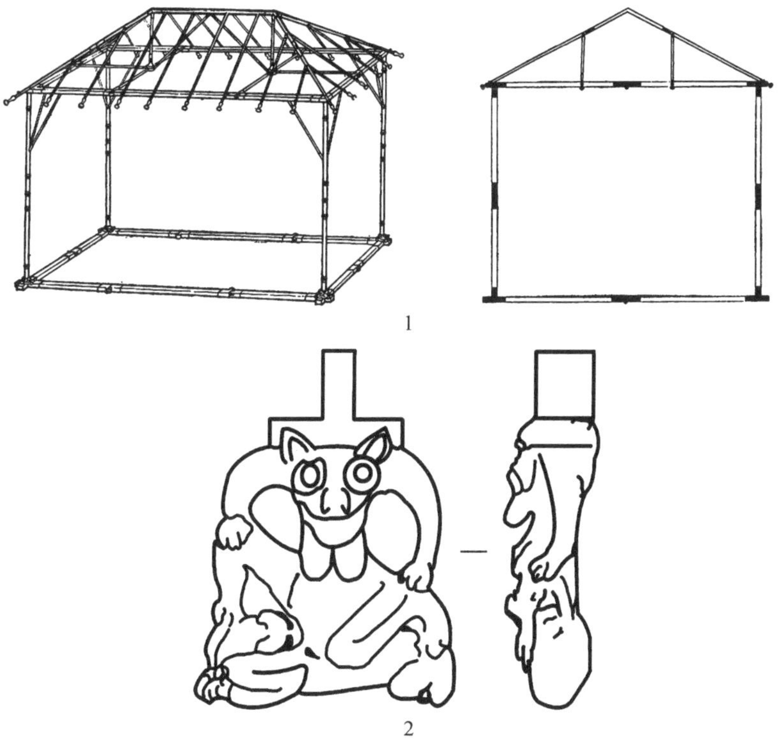

图四 -119 河北地区西汉墓出土帷帐架复原图及铜帐饰
1. 保定满城汉墓出土帷帐架复原图 2. 沧州南皮汉墓出土铜帐饰

① 中国社会科学院考古研究所、河北省文物管理处：《满城汉墓发掘报告》，文物出版社，1980 年，第 160-178 页。

② 沧州市文物管理处：《河北南皮县芦庄子汉墓》，《文物春秋》1998 年第 1 期。

③ 刘尊志：《河北南皮芦庄子汉墓的性质》，《中原文物》2020 年第 2 期。

④ 广西壮族自治区博物馆：《广西贵县罗泊湾汉墓》，文物出版社，1988 年，第 83 页。

组间经距 5 厘米[①]。

（四）盥洗、照容与梳妆用品

1. 盥洗用品

品种与数量均较多，很多高等级墓葬出土有成套盥洗器。

匜为注水的用具。使用普遍，质地有银、铜、漆、木、陶等质地，陶匜中少量为实用器，多数为陪葬品，其上有仿漆器等的彩绘纹饰。河南淮阳西汉早期墓葬出土陶庄园的中庭有重檐庑殿，殿的东部放置一组陶伎乐俑，靠外有一俑双手捧匜（图四 -120：1），而乐俑前放有耳杯、盘等[②]，这在一定程度上反映出现实中对匜的

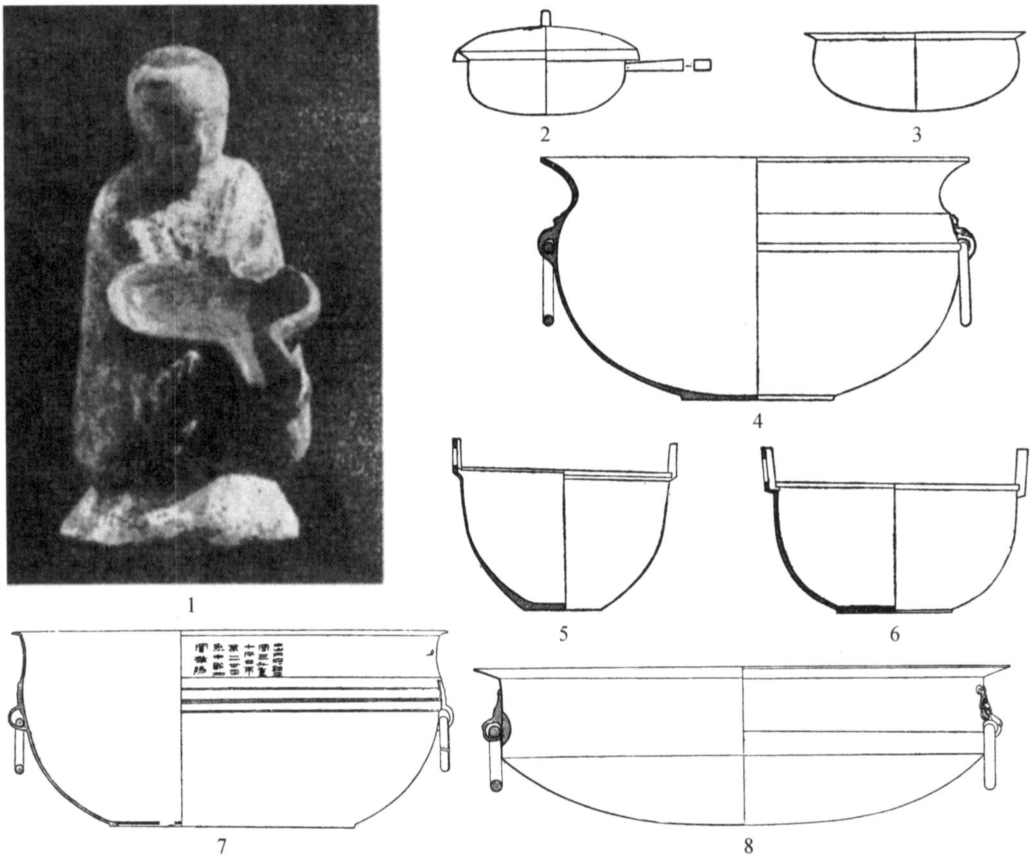

图四 -120　西汉墓葬出土捧匜陶俑及铜盥洗器

1. 河南淮阳于庄西汉墓出土捧匜陶俑　2-8. 河北保定满城西汉 M1 出土与盥洗相关的铜器（2、3、5、6. 铜釜　4、7. 铜镬　8. 铜盆）

① 临沂市博物馆：《山东临沂金雀山周氏墓群发掘简报》，《文物》1984 年第 11 期。

② 周口地区文化局文物科、淮阳太昊陵文物保管所：《淮阳于庄汉墓发掘简报》，《中原文物》1983 年第 1 期。

使用情况。盘、盆、鉴等为盥洗时的盛水器，多为金属质地，墓葬出土的陶制品多有彩绘，为专门用于陪葬的物品。除上述器物外，还有配套的加热、保温、供水的釜、镬、鐎、提梁桶、缶等，而注水或舀水的器具可能还有钵、杯等。广东广州西汉南越王墓西耳室出土有一套盥洗铜器，包括匜、盆等[①]，河北保定满城西汉 M2 也出土此类成套器物，满城西汉 M1 出土的 2 件铜盆上有“常浴”二字，说明其为盥洗用品，亦有匜，同出的釜、镬、套钵、椭圆形杯等则可能与上述器物配套，组成一组成套的盥洗器[②]（图四 -120：2-8），其中釜、镬可能为加热、保温器具，套钵、椭圆形杯为注水的用具。江苏徐州石桥西汉 M2 出土铜盘为鎏金铜器，有“赵姬沐槃”铭文[③]，湖南长沙汤家岭西汉墓出土有“张端君沐盘[④]、贵州赫章西汉晚期 M8 出土有“同劳澡槃”[⑤]等，这些盘及以上盥洗盘的口径均在 70 厘米以内，沐浴时成年人很难躺在其中，推测沐浴者应站立其中或蹲踞其中。河北定州东汉 M43 出土有提梁桶，可能为供水用具。江苏徐州狮子山西汉楚王墓出土的盥洗用品很多，部分有铭文证明其作用，铜釜可能为沐浴时加热、保温器物，出土时其内有舀水瓢；银铜是盥洗、沐浴时的温水器具，阴刻有“宦眷尚沐浴铜”等字；银鉴为沐浴用器，阴刻有“宦眷（者[⑥]）尚浴银沐鉴”等字，铜鉴与银铜、鉴同出，也是沐浴用器，因形体不能容人进去沐浴，可能是用来盛水的；铜扁壶与上述器物同出，亦应是沐浴用具，可能用于舀水、注水，还可能是往浴者身上浇水的用具；与上述器物伴出的还有铜灯，应是沐浴时的照明器具[⑦]，该墓与王后墓附近的陪葬坑中也出土有铜鉴、扁壶、鐎等盥洗用具[⑧]。另外，徐州狮子山汉墓出土银铜中还盛有沐浴时搓澡用的搓石，一件近圆形，中厚边薄，饰有圆形纹、卷云纹，遍饰麻点纹（图四 -121：1），类似器物在江苏高邮天山广陵王墓[⑨]、徐州黑头山西汉刘慎墓[⑩]等墓葬中也有出

① 广州市文物管理委员会、中国社会科学院考古研究所、广东省博物馆：《西汉南越王墓》，文物出版社，1991 年，第 80-82 页。

② 中国社会科学院考古研究所、河北省文物管理处：《满城汉墓发掘报告》，文物出版社，1980 年，第 52-62、250-253 页。

③ 徐州博物馆：《徐州石桥汉墓清理报告》，《文物》1984 年第 11 期。

④ 湖南省博物馆：《长沙汤家岭西汉墓清理报告》，《考古》1966 年第 4 期。

⑤ 贵州省博物馆考古组、贵州赫章县文化馆：《赫章可乐发掘报告》，《考古学报》1986 年第 2 期。

⑥ 有关研究认为，“眷”应为“者”字，“宦眷”当为“宦者”，相关器物与西汉楚王宫有关。见谢佳芮：《“宦者药府”铜杵臼与西汉楚王宫的医疗》，《中华医史杂志》2021 年第 6 期。

⑦ 中国国家博物馆、徐州博物馆编辑：《大汉楚王》，中国社会科学出版社，2005 年，第 226、237 页。

⑧ 耿建军：《徐州市羊鬼山西汉墓陪葬坑》，中国考古学会编：《中国考古学年鉴 · 2005 年》，文物出版社，2006 年，第 170-172 页。

⑨ 梁白泉：《高邮天山一号墓发掘侧记》，《文博通讯》第 32 期，1980 年，第 36-39 页。

⑩ 徐州博物馆：《江苏徐州黑头山西汉刘慎墓发掘简报》，《文物》2010 年第 11 期。

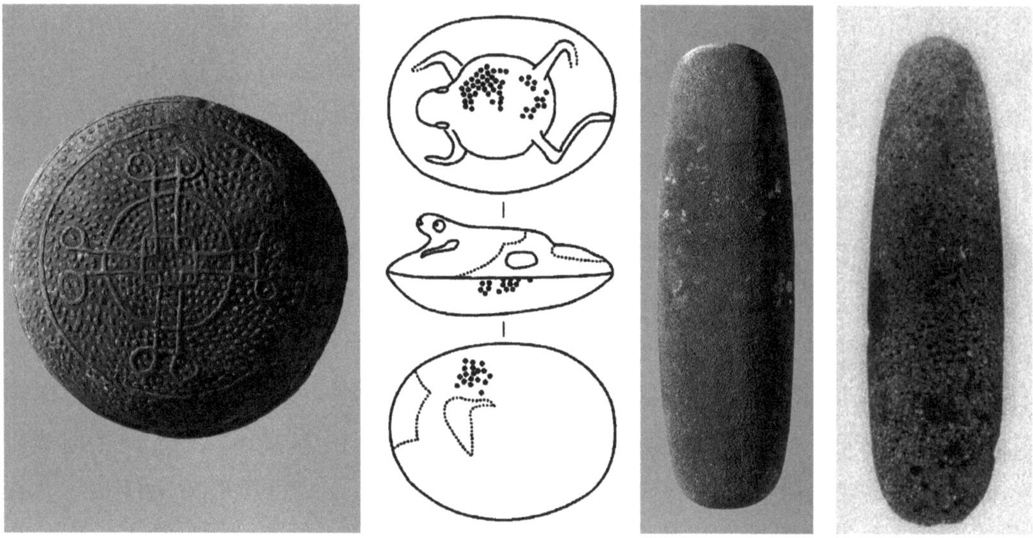

1　2　3　4

图四 -121　汉代墓葬出土的搓石

1、3. 江苏徐州狮子山西汉楚王墓出土　2. 江苏徐州黑头山西汉墓葬出土　4. 河北满城西汉 M1 出土

土（图四 -121：2）；狮子山汉墓出土的另一件搓石为扁平长圆形，中间粗，两端稍细，较轻，无麻点纹，上有较多小孔，表面粗糙（图四 -121：3），类似的器物在河北满城西汉 M1 中有出土[①]（图四 -121：4）。徐州狮子山汉墓出土上述盥洗用品附近还有漆笥，其内装有植物的茎叶，可能为沐浴用的保健药材，另外还有叠好的 1 件浴巾。在一些大型汉墓如徐州地区的其他一些西汉楚王墓中还设有专门的浴室，并凿建有浴池。

2. 照容用具

这一时期，以鉴或其他容器盛水用于照容的做法仍然存在，但更为普遍的照容用具为镜，多为铜镜，有少量铁镜，多数为圆形，极少数为方形，如山东临淄齐王墓陪葬坑出土的五钮连弧蟠螭纹长方形铜镜，主纹为 1 条龙，个体较大[②]。圆形镜背后基本为 1 钮，并配有纹饰（含文字），少量素面。镜钮有弧形、半圆形、动物形（如鱼形、伏螭形）、连峰式等多种，便于穿绳线悬挂或穿带利于用手执拿，山东嘉祥武氏祠后壁上格画像右侧即有一人跽坐，右手执镜照容[③]（图四 -122：1）。

① 中国社会科学院考古研究所、河北省文物管理处：《满城汉墓发掘报告》，文物出版社，1980 年，第 114 页，图版一〇六：1。

② 山东省淄博市博物馆：《西汉齐王墓随葬器物坑》，《考古学报》1985 年第 2 期。

③ 蒋英炬、吴文祺：《汉代武氏墓群石刻研究》，山东美术出版社，1995 年，第 152 页。

1

2

图四 -122　山东地区出土汉代画像中的执镜照容者和手持镜台者

1. 山东嘉祥武氏祠后壁上格右侧画像（局部）　2. 山东沂南北寨东汉画像石墓后室南壁隔墙东面下格画像（局部）

钮外为钮座，方形、圆形均有，还有四叶形和连珠形，有的饰有纹饰或文字，钮座外为纹饰或铭文，内容丰富，时代特征明显，再外为镜缘，有的边缘翘起，有的较平，有的为宽带状，有的为连弧纹。镜身一般朝正面弧鼓，且正面打磨光亮，便于照容。有些镜固定在镜台上，这样更方便于照容和梳妆。镜台下一般为圆形座，中有立柱，柱顶分叉或又有相关装置，设有凹槽，便于嵌镜。山东沂南北寨东汉画像石墓后室南壁隔墙东面画像下格中有一侍女手持镜台，镜台底座为圆台形，中为立柱，柱上部有长方形台面，柱顶有卷云形装置①（图四 -122：2）。湖南长沙马王堆 M1 出土有 2 件镜衣和 1 件镜擦，镜衣呈筒状，内盛铜镜，镜擦作截锥形，用红绢和锦缝制而成，内絮丝绵，该墓出土的简文中对二者均有记录②。

铜镜数量大，种类多，出土地点广，纹饰复杂，时代延续性较强，既反映出铸造工艺的高超，又体现出当时社会的精神世界和对美好物质生活的追求，同时也有实用主义及物质文化交流等内容③。镜体以圆形为主，有少量方形，镜背多有铸造纹饰，部分为彩绘纹饰，少量素面无纹。制镜方面，官营与民营并存，制镜中心有多处，如武昌、吴郡与会稽，乐浪、带方郡及临淄、洛阳、长安及丹阳、广汉、蜀郡等。技术上较战国时更为提高，基本采用泥模，合模制成。合金成分的选择，特别是铜、锡、铅的比值更为合理，镜面更光滑，汉代制镜，铜、锡、铅的合金比例

① 南京博物院、山东省文物管理处：《沂南古画像石墓发掘报告》，文化部文物管理局出版，1956 年，图版 77；山东博物馆：《沂南北寨汉墓画像》，文物出版社，2015 年，第 98、123 页。

② 湖南省博物馆、中国科学院考古研究所：《长沙马王堆一号汉墓》，文物出版社，1973 年，第 72、73 页。

③ 本部分主要参考孔祥星、刘一曼：《中国古代铜镜》，文物出版社，1984 年；张之恒主编：《中国考古学通论》，南京大学出版社，1991 年，第 254-256 页；程林泉、韩国河：《长安汉镜》，陕西人民出版社，2002 年。相关内容略有修改，并有相关补充。

已较稳定，基本是铜占66%～70%，锡占23%～24%，铅占4%～6%，较为适合。一些铜镜在铸造过程中，加入含有磷的配料，并在含有石英砂的泥范中铸造，使得铜镜成分中含有了适当的硅。铸造时，加入高含量的铅是为了有助于环流状态的良好循环，冷却时不收缩，减少气泡，加入适当的磷作脱氧剂，可很好地改善合金的浇注性能。一些铜镜铸成后，在镜面上加涂反光材料，增加光亮度。正如《淮南子·修务训》所载“明镜之始下型，矇然未见形容，及其粉以玄锡，摩以白旃，鬓眉微豪，可得而察。”①

秦汉时期，古代铜镜达到发展中的一个高峰期，并有不同的时代特征。

秦至西汉早期，铜镜在继承战国铜镜制作及内容的基础上有所创新，以圆形镜为主，出现了少量方形镜，镜体平直，较薄，钮基本为三弦钮，呈弓形或桥形，钮座多样，圆、方、四叶、连珠形均有，镜缘或平或上卷，基本为素面，镜背有地纹和主纹之分。就纹饰而言，继承的镜种有很多，如素面镜、彩绘镜、蟠螭纹镜、弦纹镜、花叶纹镜、禽兽纹镜、连弧纹镜等，其中禽兽纹镜在战国铜镜的基础上，出现了地纹之上的狩猎纹镜②，蟠螭纹镜则发展为疏朗型的缠绕蟠螭纹、连弧蟠螭纹、间隔式蟠螭纹、规矩式蟠螭纹等，西汉中期以后，蟠螭纹镜逐渐消失。出现了以三叶、四叶将纹饰图案分成三等分或四等分的做法，规矩纹也开始出现。人物画像镜也有使用，江苏徐州市北郊簸箕山西汉宛朐侯刘埶墓出土的1枚人物画像镜，主纹上有四组对称、内容基本相同的画面，以树纹相隔，每组又由五幅小画面组成，每幅画面有八人、二虎、一豹、四树、三座山③，从内容看，对语和抚琴反映的是现实生活，驯虎图、驯豹图及其他均为神话故事，据《山海经·海外东经》记载：“君子国在其北，衣冠带剑，食兽，使二大虎在旁，其人好让不争。”④所记与该镜画面内容略同，因此该画面所表现有可能是君子国的故事，镜中的人物应为神人⑤。铭文在西汉早期铜镜上已出现，多在内区或中区，外区不见，字体汉隶风格明显，多为三字或四字句，基本为吉语，如“大乐富贵，千秋万岁，宜酒食”、“长相思，勿相忘”、“常富贵，勿相忘”等。

西汉早期，战国时期的“黑漆古”镜仍有使用，该类镜一般较薄，主要是由于镜体内部所含有的少量砒、锑等元素在地下发生了物理变化、化学反应后，会使得镜的表面覆盖有薄薄的特殊保护层，颜色较深或黑黝如漆，且带光泽，俗称为“黑

① （西汉）刘安等：《淮南子》，何宁：《淮南子集释》，中华书局，1998年，第1339页。

② 湖北孝感地区第二期亦工亦农文物考古训练班：《湖北云梦睡虎地十一座秦墓发掘简报》，《文物》1976年第9期。

③ 徐州博物馆：《西汉宛朐侯刘埶墓发掘简报》，《文物》1997年第2期。

④ （晋）郭璞注：《山海经》，上海古籍出版社，1989年，第88页。

⑤ 李银德、孟强：《试论徐州出土西汉早期人物画像镜》，《文物》1997年第2期。

漆古”[①]。

西汉中期，经过秦及西汉早期的继承与发展，汉镜大约在文景至武帝时期开始出现全新特点，特别是武帝时期，汉镜的特点基本形成。基本为圆形镜，镜体微凸，较早期稍厚，钮演变为半圆形，连峰式钮出现并流行，钮座流行圆形和连珠形，也有柿蒂纹等，镜缘逐渐从折平高缘变为平缘，渐宽，基本素面，亦有内向连弧纹。镜背地纹逐渐消失不见，纹饰多为四等分，花卉、草叶纹盛行，方格规矩纹（博局纹）得到发展，星云纹镜（百乳镜）与连弧纹镜也较常见。星云纹镜部分为连峰钮，主纹采取四分法布局，一般是四乳钉或四叶状乳钉划分四区，间饰有许多小的乳钉，所以又称百乳镜，乳钉间用曲线相连接，边缘基本是由内向的连弧纹构成。羽状纹镜还有使用，西汉中期偏早阶段的江苏徐州奎山 M11 出土有四乳羽状纹镜，对战国至西汉早期的羽状纹镜有继承也有发展，纹饰较相似，窄缘微翘，但镜体厚重，圆形钮，柿蒂纹钮座，主纹以四个圆座乳钉四分布局[②]。铭文或有或无，有铭文者，新出现了“君行卒”镜、“日光”镜、“昭明”镜、“铜华”镜等，还有“家常富贵”等四字镜，铭文已占据外区，简洁而美观，与纹饰结合恰当，有缪篆体和变篆体等，如“见日之光，天下大明”、“日有熹，乐毋事，宜酒食，常富贵”、“君行卒，予志悲，久不见，侍前稀”、“内清以昭明，光象夫日月，心忽扬而愿忠，然雍塞不泄”等等，一些字之间使用“の”等符号。

西汉晚期，镜体稍厚，基本为圆形，朝镜面微凸鼓，钮为半圆形，连峰式钮减少渐消失，另有少量动物形钮，连珠形钮座也渐消失不用，多为宽平缘，部分素面，部分饰有简单纹饰，少量为内向连弧纹。镜背纹饰部分沿袭西汉中期，也有一些新的特点，四乳四虺纹流行，带铭文的连弧纹装饰较为常见，四乳钉间装饰的禽兽神仙纹开始流行，神灵气息浓厚。铭文装饰盛行，字体较圆，隶变趋于完成，昭明镜中装饰性极强的变篆体仍然有较多使用，多与连弧纹结合构成镜背的主题纹饰，日光、昭明、铜华镜仍然盛行，省略字句较多，如“见日之光，天下”等，“の”、“而”等符号在字的间隔中常用，新出现了清白镜，文为“洁清白而事君，怨阴欢之弇明，焕玄锡而流泽（愿永锡至流泽），恐志疏而日忘（志疏远而日忘），慎靡美之穷皑，外承欢之可说，慕窈窕于灵泉，愿永思而毋绝”。江苏徐州石桥 M2 出土 1 枚清白镜，镜铭为：“洁清白而事君，志污之弇明，玄锡之泽流，恐流而日忘，美人之而，外承可莫奂京，愿而毋绝。”[③]重圈铭文镜出现，字数较多，江苏

① 陈佩芬：《西汉透光镜及其模拟试验》，《文物》1976 年第 2 期；何堂坤：《关于透光镜机理的几个问题》，《中原文物》1982 年第 4 期。

② 徐州博物馆：《江苏徐州市奎山四座西汉墓葬》，《考古》2012 年第 2 期。

③ 徐州博物馆：《徐州石桥汉墓清理报告》，《文物》1984 年第 11 期。

徐州碧螺山 M5 出土的 1 件铜镜，圆钮，连珠纹钮座，有两圈铭文，内圈为“内清质以昭明，光辉象夫日月，心忽扬而愿，然雍塞而不泄。”外圈为“如皎光而耀美，挟佳都而无间，□□而性宁，志存神而不迁，得并观而不弃，精昭折而伴君”，直径 17.9 厘米①。

这一时期有一类特殊的铜镜，即“透光”镜，是一种特殊的工艺镜，其镜面受到聚光照射时，镜背的花纹能投射出来，该效应是由于镜体厚薄不一，镜面各部分出现了与镜背图案相应的曲率差异造成的，造成透光效应与镜体布局纹饰合理及非纹饰处厚度较薄有关②。

新莽时期，镜体趋厚，基本为圆形，朝镜面渐凸鼓，钮近半球形，圆形钮座流行，多为宽平缘，缘上开始流行云纹、锯齿纹和波折纹。日光、昭明、四乳四螭、四乳四神镜仍有较多使用，博局镜，特别是四神博局镜流行，七乳禽兽带纹镜或鸟兽纹带镜、龙虎纹等也较常见。博局镜，又名规矩镜，圆钮，钮座圆形或四叶形，座外为双线方格，方格内四角多有纹饰，有的钮座环列十二地支铭，主纹区位于方格与弦纹之间，饰有“T”、“L”、“V”，方格“TLV”饰和鸟兽、羽人、四灵、铭文等相结合，有些主纹区外有铭文带，缘宽平，部分素面，较多饰有几何纹、卷云纹等。铭文对西汉晚期有所继承，形式和内容进一步丰富，字体以汉隶为主，篆隶式变体及篆体也有使用，多数较方正，但铭文基本不作为纹饰的主题，而是陪饰，出现了“湅石”、“尚方”、“青盖”、“善铜”、“日有熹”、“上大山”及带有姓氏的铭文等，如“湅石锋下之菁见乃已知人清心志得乐长生兮”。四神博局镜的铭文位于外圈，有“福禄世兮日以前，天道得物自然，参驾蜚龙乘浮云，白虎失，上大山，凤鸟下，见神人”、“青龙白虎掌四方，朱雀玄武顺阴阳”等，江苏徐州后山汉墓（上）的时代为王莽时期，出土铜镜镜铭为：“上大山，见神人，食玉英，饮澧泉，驾交龙，承浮云，宜官秩，保子。”③这些镜铭既反映了阴阳五行、神仙迷信等思想，也体现出对升仙及美好生活的向往。值得一提的是，纪年镜在此时开始出现，如“始建国二年（公元 10 年）”纪年规矩禽兽铜镜等④，但数量不多。

东汉早期，镜体厚，基本为圆形，朝镜面凸鼓，钮近半球形，圆形钮座，宽平缘，少量素面，多有纹饰，有云纹、锯齿纹、波折纹、动物纹、点状纹等，有的为 1 ~ 2 或 1 ~ 3 种纹饰的组合，有的还有钱文。镜背纹饰中，规矩四神镜继续使用，

---

① 徐州博物馆：《徐州碧螺山五号西汉墓》，《文物》2005 年第 2 期。

② 何堂坤：《也谈腐殖酸与“黑漆古”镜表面呈色的关系》，《自然科学史研究》1996 年第 2 期。

③ 徐州博物馆：《江苏徐州后山西汉墓发掘简报》，《文物》2014 年第 9 期。

④ 周世荣编绘：《中国铜镜图案集》，上海书店出版社，1995 年，第 87 页。

还有规矩仙人禽兽镜，规矩禽兽镜、规矩环带禽兽纹镜、环带四神与变形四神镜、环带仙人禽兽镜、环带禽兽镜等，出现了内向连弧云雷纹镜，并成为流行式样。铭文使用较多，日光、昭明、规矩四神镜沿袭前代，多有吉祥文字，“长宜子孙”趋于常见，另有地支、富贵等铭文，如“长宜高官”、“长生宜子”、“家常富贵”等，长铭文字体沿袭西汉晚期与新莽时期的特点并有所发展，短铭文的许多字体作长脚花式篆，较秀丽。

东汉中期，形制及缘的装饰等与东汉早期相近，钮更厚大结实。镜背纹饰中，规矩镜渐少，夔凤纹镜流行，长宜子孙镜也很流行，柿蒂纹增大，有的变成蝙蝠形，一些柿蒂纹外间饰一些纹饰，出现了神兽画像镜，并在长江中下游地区较为流行，另有龙虎座环带禽兽纹镜等。“尚书”、“长宜子孙”铭文仍流行，“位至三公”铭增多，私人姓氏作镜铭文大量出现，如“侯氏作镜大毋伤，巧工刻之成文章，左龙右虎辟不羊（祥），七子八孙居中央，夫妻相保如威兮”，宣传特征较为突出。有的为了整体的修饰效果，常少字缺句，写实与艺术性较为统一。书体花脚篆仍有特色，但隶书风格已臻于成熟。

东汉晚期，形制及缘的装饰等与东汉中期相近。镜背纹饰中，柿蒂纹较为常见，柿蒂纹外间饰龙纹、兽面纹、云纹、对鸟、仙人，长宜子孙镜、神兽镜继续流行，并有夔凤纹、四凤纹、双兽或三兽、龙虎座环带禽兽纹、仙人瑞兽、龙纹、虎纹、龙虎纹、四叶纹、对鸟纹、兽面纹、锦带纹、内向连弧纹、钱文、四乳纹等。人物画像镜中有乐舞、古人、故事等，如伍子胥镜。半圆方枚神兽镜、方格环状神兽镜逐渐流行，有神人如东王公、西王母、羽人及仙界动物如辟邪、龙、鸟、龟等。半圆方枚神兽镜与连弧纹铭文镜有相似之处，但内向连弧变为不相连的半圆方枚，铭文带演变为方枚文字，总体体现出相应的演变；方格环状神兽镜以方格间隔成诸多空间，内饰许多神兽，后演变为重列式神兽镜。东汉中期的较多镜铭在这一时期还有使用，“君宜高官”、“位至三公”等铭常见，纪年铭增多，如东汉永寿三年（157 年）兽面四叶纹镜，半圆方枚神兽镜与连弧纹铭文镜多有纪年，如“中平四年（187 年）”、“永康元年（167 年）”。方枚神兽镜与“建安十年（205 年）”神兽镜等①，铭文字体以汉隶为主，漏字减笔现象较突出，人物画像之间的注释性铭文使得整个画面的虚实空间趋于平衡。

铁镜在东汉时逐渐得到使用，发掘出土有一定数量，江苏徐州土山 M1②、河南安阳西高穴 M2③ 等均有出土，一些三国时期的墓葬中也有发现。有些铁镜制作精

① 周世荣编绘：《中国铜镜图案集》，上海书店出版社，1995 年，第 127、131 页。

② 南京博物院：《徐州土山汉墓清理简报》，《文博通讯》第 15 期，1977 年，第 18-23 页。

③ 河南省文物考古研究所、安阳县文化局：《河南安阳市西高穴曹操高陵》，《考古》2010 年第 8 期。

致，如错金银的铁镜在东汉晚期逐渐流行，河北定县43号汉墓的时代为东汉晚期，出土错金铁镜1、其他铁镜18面①。三国时期，铁镜仍流行于北方曹魏统治区域，从纹饰上看都属夔凤镜，有的亦用金银错出花纹，十分华丽。

就镜尤其是铜镜而言，有多种形制，装饰富于变化，吉祥寓意丰富，与秦汉家庭生活关系密切，加之普通铜镜的价格不高，因此成为秦汉家庭的常用陈设之物。

3. 梳妆用品

梳发用品主要为梳、篦等，细密者称为篦，粗疏者称为梳。齿数不等，山东诸城西汉木椁墓出土底边宽4.5～4.6厘米的梳篦中，梳为13齿，1篦为29齿，另1篦更密，为56齿②。梳、篦二者组合，或3件1套，或2件1组，出土的汉简或遣册中称之为“一具”，山东临沂金雀山周氏墓群M10、M14各出土1套3件和1梳配2篦③，湖北荆州高台秦汉墓中，基本是1梳配1篦④，湖南长沙马王堆M1出土遣册中有“疏比一具”的简文⑤。安徽天长三角圩汉代墓地出土梳12件、篦24件，皆马蹄形，有木质和角质两种，其中M1出土木梳4、角梳2、木篦12、角篦4（图四-123），数量较多，M17出土2木梳、2木篦，M19出土1木梳、2木篦，梳的齿数多数为10～16齿，篦的齿数多数为60～82齿⑥。

梳篦在使用中常配以刷，以便清除垢物，汉墓中常有烟斗状的铜刷柄出土，有的斗内还留有刷毛。江苏徐州后楼山M8出土鎏金铜刷柄的末端呈挖耳勺状，可一物两用⑦。也有其他质地，徐州九里山M2仅出土一截骨刷柄，表面呈绿色，打磨光亮，前粗后细，刻有四组云纹，其他部位可能为漆木质，已朽不存⑧。不过，对于“烟斗”状刷的用途，较多学者认为其可能会用于刷眉，即眉刷。然而从该类刷的长度和造型等来看，“烟斗”状刷用于清除梳篦上的垢物可能更为方便。当然，也不排除该类物品有多种用途的可能。西汉晚期还流行一种体较扁平，柄饰三角纹、龙凤纹或双熊撕咬纹的铜刷，因其刷毛处较宽，清除面积较大，除用于清除梳篦上

① 定县博物馆：《河北定县43号汉墓发掘简报》，《文物》1973年第11期。

② 诸城县博物馆：《山东诸城县西汉木椁墓》，《考古》1987年第9期。

③ 临沂市博物馆：《山东临沂金雀山周氏墓群发掘简报》，《文物》1984年第11期。

④ 湖北省荆州博物馆：《荆州高台秦汉墓——宜黄公路荆州段田野考古报告之一》，科学出版社，2000年，第205-207页。

⑤ 湖南省博物馆、中国科学院考古研究所：《长沙马王堆一号汉墓》，文物出版社，1973年，第148页。

⑥ 安徽省文物考古研究所：《天长三角圩墓地》，科学出版社，2013年，第372-374页。

⑦ 徐州博物馆：《江苏徐州市后楼山八号西汉墓》，《考古》2006年第4期。

⑧ 徐州博物馆：《江苏徐州市九里山二号汉墓》，《考古》2004年第9期。

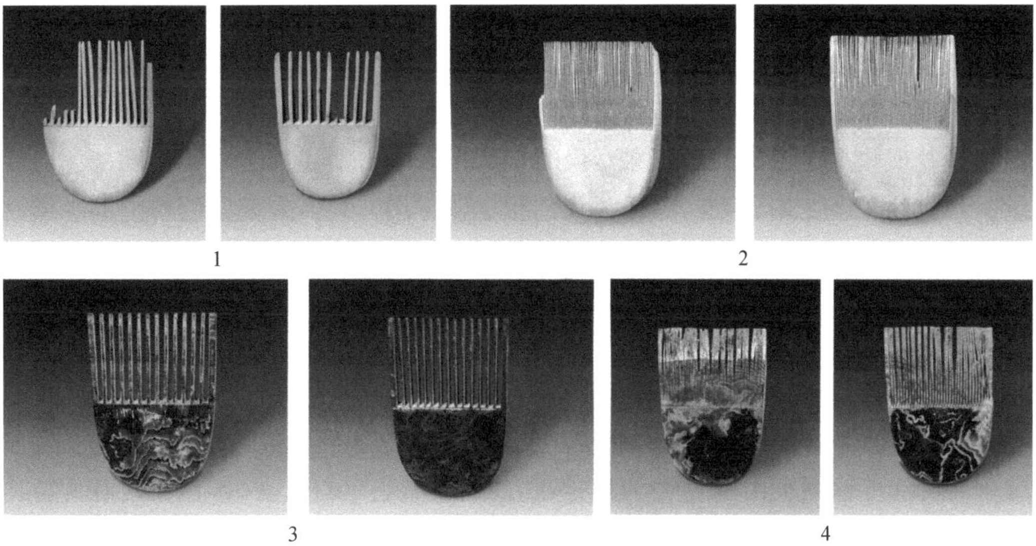

图四 -123 安徽天长三角圩西汉 M1 出土木梳、骨梳
1. 木梳 2. 木篦 3. 骨梳 4. 骨篦

的垢物外，还可用于理发及其他方面，江苏徐州南郊拖龙山 M3[①]、山西朔县[②]等地的西汉晚期墓葬中皆发现有双熊撕咬纹铜刷，而这类铜刷还可能是镜刷。

还有一种形体似梳，但较为窄长，齿亦细长的用品，为擿。湖北荆州高台秦汉墓出土 8 件，竹、角质各 4 件，考虑到其形制，不宜梳发，应该是用来搔首和簪发的[③]。

对容颜进行修饰和美化可称为化妆，《新书 · 劝学》载有“粉白黱黑”[④]，应指的是施粉描眉。相关物品亦有多种，描眉的为眉笔，拔眉毛的为镊子，研粉的为黛板和研，另有施粉的刷等等。江苏徐州东甸子西汉 M1 出土漆眉笔较细小[⑤]，湖南长沙马王堆 M1 出土骨质镊子，有柄，镊片可随意取下和装上，施粉的刷个体不大，柄呈短棒形，刷毛被染成红色，应为施朱用品[⑥]。黛板出土较多，一般呈长方形平板状，石质居多，附一石质研，部分黛板上还留有朱痕。江苏徐州贾汪官庄西汉 M2 出土黛板 1 组 2 件，分为主板和研块两部分，主板为一长方形石板，

① 徐州博物馆：《徐州拖龙山五座西汉墓的发掘》，《考古学报》2010 年第 1 期。

② 屈盛瑞：《山西朔县西汉并穴木椁墓》，《文物》1987 年第 6 期。

③ 湖北省荆州博物馆：《荆州高台秦汉墓——宜黄公路荆州段田野考古报告之一》，科学出版社，2000 年，第 207-210 页。

④ （西汉）贾谊：《新书》，阎振益、钟夏校注：《新书校注》，中华书局，2000 年，第 297 页。

⑤ 徐州博物馆：《徐州东甸子西汉墓》，《文物》1999 年第 12 期。

⑥ 湖南省博物馆、中国科学院考古研究所：《长沙马王堆一号汉墓》，文物出版社，1973 年，第 128、129 页。

附属件上圆下方，呈柱础形[①]。施的粉有多种，如铅粉、米粉、滑石粉等。米粉最为常用，基本是将米研成粉末后，经过滤、沉淀、曝晒而成；铅粉又称胡粉，至迟东汉时已知其制造之法，河南安阳西高穴M2出土石牌上刻有“胡粉二斤”[②]；滑石粉发现较少，考虑到滑石在秦汉时期使用较为普及，加之易于研磨，色白粉细，当得到较多使用。除白色外，红色粉也较常用，其需要在白色粉中加入红色颜料进行调制，最常见的颜料为朱砂，调制后的红粉又称为胭脂。江苏连云港霍贺墓女棺出土妆奁中有一盒朱砂[③]，湖南长沙马王堆M1出土九子奁中有一盒胭脂[④]。河北满城西汉M2出土有调脂用具，制作精美，为一件错金朱雀衔环双连铜豆形高足双杯，出土时杯中尚存朱色痕迹[⑤]。

盛放梳妆品的器物多为奁，此类奁又可称为妆具，形状有圆形、方形和长方形等多种。江苏徐州奎山M11竖穴底部棺室墓主头部一侧出土一圆奁，内有铜镜和刷[⑥]。有的大奁内盛放较多小奁，各小奁的盛物不同，功能也有差异。有的大奁中盛放五个小奁，称“五子奁”，盛九个小奁者，称为“九子奁”，湖南长沙马王堆M1出土的角质环首刀、笄、镊等置于五子奁中，象牙梳篦置于九子奁中[⑦]，江苏邗江甘泉M2出土有方形九子奁[⑧]，湖南长沙咸家湖西汉曹娎墓出土圆形的九子奁，而长方形奁中有11个小奁，较为少见[⑨]（图四-124）。一些奁的形状根据所盛器物的不同而有所差异，盛笄、擿的小奁多呈长方形，盛梳篦的小奁多呈马蹄形，盛脂粉的小奁则多为圆形。除奁外还有盒，湖北荆州高台秦汉M28甲、乙棺各出土1件漆梳篦盒，内盛梳篦各1件，乙棺还出土1件漆粉盒[⑩]。

（五）盛物器具

笥、簏（簏）是盛储物品的常用器具，多为细竹篾编制，部分笥用苇子制作，有的还绘有彩绘，形制与作用有一定的相似之处，因此有时会合称簏笥，如江苏

---

① 徐州博物馆：《徐州贾汪官庄汉墓群发掘报告》，《东南文化》2008年第6期。

② 河南省文物考古研究所、安阳县文化局：《河南安阳市西高穴曹操高陵》，《考古》2010年第8期。

③ 南京博物院、连云港市博物馆：《海州西汉霍贺墓清理简报》，《考古》1974年第3期。

④ 湖南省博物馆、中国科学院考古研究所：《长沙马王堆一号汉墓》，文物出版社，1973年，第89页。

⑤ 中国社会科学院考古研究所、河北省文物管理处：《满城汉墓发掘报告》，文物出版社，1980年，第265、267页。

⑥ 徐州博物馆：《江苏徐州市奎山四座西汉墓葬》，《考古》2012年第2期。

⑦ 湖南省博物馆、中国科学院考古研究所：《长沙马王堆一号汉墓》，文物出版社，1973年，第128页。

⑧ 南京博物院：《江苏邗江甘泉二号汉墓》，《文物》1981年第11期。

⑨ 长沙市文化局：《长沙咸家湖西汉曹娎墓》，《文物》1979年第3期。

⑩ 湖北省荆州博物馆：《荆州高台秦汉墓——宜黄公路荆州段田野考古报告之一》，科学出版社，2000年，第198-202页。

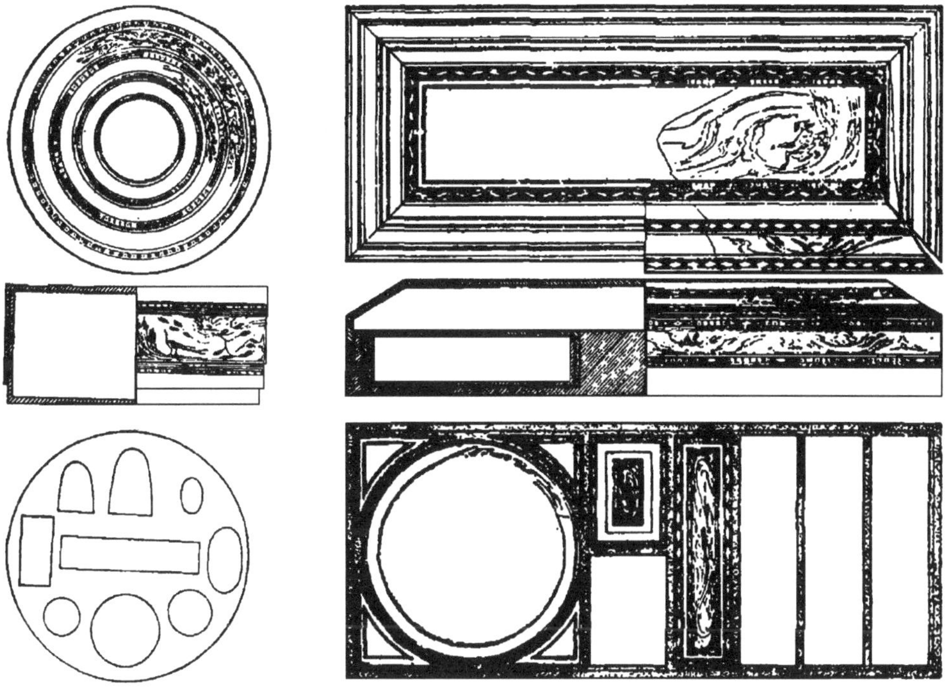

图四 -124　湖南长沙咸家湖西汉墓出土漆奁
1. 九子圆奁　2. 十一子方奁

徐州狮子山西汉墓出土箧（箧）笥内为药料和浴衣等[①]。二者也有差别，笥多为方形或长方形，盛放有衣物、食品等，箧（箧）多呈近长方状的椭圆形，虽盛放衣物、财物等，但基本不盛放食物。湖南长沙马王堆 M1 出土竹笥达 48 个，分别用朱红色或蓝色苘麻绳索捆扎，有的还有封泥匣及标明所盛物品名称的木牌，如衣笥、缯笥、梨笥、鹿脯笥等。竹笥为长方形，由套合的盖和底两部分组成，基本用细竹篾采取“人”字形编法编制，有的笥内有黄绢衬底，笥内主要为衣物、丝织品、食品、中草药和其他植物，另有模型明器等，盛放食物笥的内底垫有茅草[②]。湖北江陵凤凰山 M168 出土的竹笥中盛放有陪葬品，按其用途可分为二类：一类是盛放小米和食品等，M168：253，笥里盛牛排骨和鸡骨，简 61 记“月（肉）二笥一合”，M168：220 笥里盛小米，简 60 记“大笥一合”；另一类盛放天平与文书工具等物，为 M168：245，具体内容在下文会有详细叙述[③]。山东临沂金雀山周氏墓群 M14 出

① 王恺、葛明宇：《徐州狮子山楚王陵》，生活 · 读书 · 新知三联书店，2005 年，第 94、98 页。
② 湖南省博物馆、中国科学院考古研究所：《长沙马王堆一号汉墓》，文物出版社，1973 年，第 111-118 页。
③ 湖北省文物考古研究所：《江陵凤凰山一六八号汉墓》，《考古学报》1993 年第 4 期。

土竹笥 4 件，盛放黍、稷、枣、栗和鸡、鱼、兔、猪肉等食品[①]。篋（箧）如甘肃武威磨嘴子 M48 出土的三件套色印花绢篋（箧），苇席胎，外裱一层绛赭色薄绢，白、绿二色套印涡云纹，有的篮面彩绢已朽残[②]。与笥、篋（箧）接近的还有箱子，多为木制，江苏徐州狮子山西汉楚王墓即出土有木箱[③]。

柜、橱亦为盛具。柜又作匮，多用来盛放贵重物品，《汉书·高帝纪》载有“丹书铁契，金匮石室，藏之宗庙。”[④]山东沂南北寨东汉画像石墓出土画像石画像及内蒙古林格尔汉墓壁画等中皆有相关图像。河南灵宝张湾 M5 出土有陶钱柜，柜身为长立方体，下为四兽足，柜顶盖有小门，可活动，正面上部模印有“门锁”，正面和顶盖有圆形钱饰[⑤]；陕县刘家渠汉墓出土陶柜，身为长立方体，下有四扁足，背有柜门可启合，正面上部模印门锁，正面、背上饰泡钉，四足有划纹[⑥]。陕西省西安市北郊陕西卷烟材料厂汉墓出土陶柜呈长方体，下设四个横剖面为长方形的板足，顶板中央偏前处有一长方形小口，在小口与前侧板相接的下方设二长方形小泥突，顶板中央靠近小口的后侧处有两个小孔，小孔及小泥突起固定和支撑柜门之作用，柜门为木质，出土时下方残存一把腐蚀严重的铁锁，已无法辨认其形制及尺寸，柜体表面光素平整，显得朴实大方，出土时柜内存“五铢”钱币 35 枚及一些不辨的植物种籽[⑦]（图四 -125：1）。橱又称厨，部分功用可能与厨厩有关，其内可盛放食物及厨厩用品，河南密县打虎亭 M1 北耳室的庖厨画像中即有一人开橱门取物[⑧]。

河南洛阳烧沟西汉 M48 出土 1 件罐状器物，泥质灰陶，平底，腹部以下为轮制，顶部经轮磨，其上有 1 不规则的长孔，其内储有残五铢钱币 20 枚，发掘报告称之为扑满[⑨]。广州西汉晚期墓葬也出土有扑满（M3021：22），其内亦存有五铢钱币 20 枚[⑩]（图四 -125：2）。关于出土的扑满实物，前文已有叙述，限于篇幅，此处不再赘叙。

（六）灯、熏

灯、熏是这一时期室内陈设的重要组成部分，灯用于照明，熏则用于调节室内空气或熏衣物等。

---

① 临沂市博物馆：《山东临沂金雀山周氏墓群发掘简报》，《文物》1984 年第 11 期。

② 甘肃省博物馆：《武威磨嘴子三座汉墓发掘简报》，《文物》1972 年第 12 期。

③ 王恺、葛明宇：《徐州狮子山楚王陵》，生活·读书·新知三联书店，2005 年，第 94、98 页。

④（东汉）班固撰，（唐）颜师古注：《汉书》，中华书局，1962 年，第 81 页。

⑤ 河南省博物馆：《灵宝张湾汉墓》，《文物》1975 年第 11 期。

⑥ 黄河水库考古工作队：《河南陕县刘家渠汉墓》，《考古学报》1965 年第 1 期。

⑦ 陕西省考古研究所：《陕西卷烟材料厂汉墓发掘简报》，《考古与文物》1997 年第 1 期。

⑧ 河南省文物研究所：《密县打虎亭汉墓》，文物出版社，1993 年，第 181 页。

⑨ 洛阳区考古发掘队：《洛阳烧沟汉墓》，科学出版社，1959 年，第 140、142 页。

⑩ 广州市文物管理委员会、广州市博物馆：《广州汉墓·上册》，文物出版社，1981 年，第 280 页。

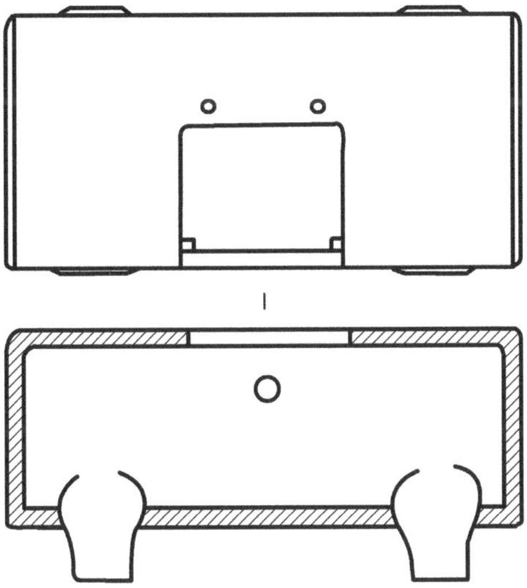

1　　2

图四 -125　汉代墓葬出土陶柜与陶扑满

1. 陕西西安北郊陕西卷烟材料厂出土陶柜　2. 广州西汉晚期墓葬出土扑满（M3021：22）

1. 灯

质地主要有铜、铁、石、陶、瓷质等，铜、铁质灯的实用性较强，一些陶、瓷、石灯则可能是专门制作的陪葬品，也有一些陶、瓷质地的灯、石灯为实用之物。灯的造型多样，种类丰富，而且有较多的名称，且具体用途也有诸多差异。河南陕县刘家渠汉墓群出土陶灯 37 件，形制多样，种类有豆形灯、三龙三支灯、朱雀九枝灯、鸟灯、人形灯[①]（图四 -126）。碗盏形灯在东汉时期得到使用，形制简单，使用者地位不高。较多的灯根据具体使用情况及相关用途的不同，可分为座灯、行灯、多枝灯和吊灯等，而因形制的差异，又有多种区分。

（1）座灯

一般由起到稳定作用的座、可端持的柄及灯盘组成，灯盘在柄的上端。最常见的座灯为豆形灯，形制与豆接近，河北鹿泉高庄西汉墓出土铜灯 3 件，1 件为高座灯，上有圆形浅灯盘，盘底有 3 凸起，用以插烛，中间为葫芦形柱，中空有箍，台座，底内侧刻铭有“豆”字[②]。江苏徐州驮篮山西汉墓出土铁灯[③]、东甸子西汉 M3 出

① 黄河水库考古工作队：《河南陕县刘家渠汉墓》，《考古学报》1965 年第 1 期。关于该墓出土陶灯，在此注出，不再另注。

② 河北省文物研究所、鹿泉市文物保管所：《高庄汉墓》，科学出版社，2006 年，第 39、40 页。

③ 邱永生、徐旭：《徐州市驮篮山西汉墓》，中国考古学会编：《中国考古学年鉴·1991 年》，文物出版社，1992 年，第 173、174 页。

图四 -126 河南陕县刘家渠汉墓出土的陶灯

1-4. 豆形灯（1. M3∶27 2. M20∶1 3. M22∶18 4. M87∶7） 5. 人形灯（1037：47） 6. 鸟灯（M8∶17）
7. 三龙三支灯（M8∶42） 8. 朱雀九支灯（M1037∶38）

土的两件铜灯[①]与之相似，但圆形灯盘中仅 1 个凸起。灯盘中的凸起有的呈柱状，较多的呈锥形支钉状，称为火主，既可插烛，亦可燃油脂。湖南长沙马王堆 M3 出土陶灯，灯盘中凸起 1 较粗的柱状火主，上端较宽扁，应是燃油脂时搭灯芯使用[②]。安徽巢湖放王岗 M1 出土 2 件铜灯，M1∶42 的灯盘中呈品字形分布 3 烛钎，外壁等距离竖 3 鼻钮，细高柄作八棱形，盖作覆盆式，由 3 个 120 度的扇面组成，顶中部形成一圆形捉手钮，三格扇面外侧均伸出 1 凸榫，嵌入盘口外的竖槽内贯以横轴相接，每个扇形盘中亦铸有烛钎，使用时可向外开启，一次可点燃 6 支蜡烛，不用时则合闭成豆盘形（图四 -127：1）；M1∶60 有 3 个灯盘，柄上部正中有一灯盘，两侧各伸出 1 鸟形支撑灯盘，每盘中心各有 1 烛钎[③]（图四 -127：2）。河南陕县后川村南区 M3025 出土 1 件铁灯，形若豆，环状凹槽形灯盘，内分三格，每个中间有 1 乳突痕，把、座由 3 股铁条扭成，中端呈圆柱状，上端分三叉托盘，下端为三条

① 徐州博物馆：《徐州东甸子西汉墓》，《文物》1999 年第 12 期。

② 湖南省博物馆、湖南省文物考古研究所：《长沙马王堆二、三号汉墓》，文物出版社，2004 年，第 232 页。

③ 安徽省文物考古研究所、巢湖市文物管理所：《巢湖汉墓》，文物出版社，2007 年，第 101-103 页。

图四 -127　安徽巢湖北山头 M1 出土铜灯

1. M1：42　2. M1：60

向外平伸的底座[①]。其次为器物形柱座，有的呈鼎形座，有的为卮形灯。河北保定满城西汉 M1 出土铜卮形灯为带盖直筒杯形，上腹部一侧有环形鋬，盖似覆盘，使用时盖可上翻为灯盘，中心有 1 烛钎，用以插烛，壁侧伸出 1 鋬，灯盘覆盖在杯上，盘鋬即套合在杯鋬上，有“御铜卮锭”等铭文，出土时杯内残余有烛块，经鉴定，属动物脂类[②]。山东临淄金岭镇一号东汉墓出土 1 件杯形铜灯，整体呈椭圆形，口部两端各一桥形钮，杯体曲腹，盖分两部分：一部分与杯体铸成一体，另一部分可向上翻开，并有一烛钎，翻开后烛钎向上，两部分由关捩连接，盖面分成四区，顶面两端亦各一桥形钮，器底刻一兽，头似龙首[③]，广东省广州地区汉墓出土的灯数量较多，其中铜灯如东汉后期的 M5060：1，与金岭镇 M1 出土铜杯形灯较为相似，盖上有 2 龙 2 凤[④]。第三类为动物形柱座，有的呈雁足状，灯盘为环状凹槽形，可称

① 中国社会科学院考古研究所：《陕县东周秦汉墓》，科学出版社，1994 年，第 146、147 页。

② 中国社会科学院考古研究所、河北省文物管理处：《满城汉墓发掘报告》，文物出版社，1980 年，第 71、72 页。关于满城 M1 出土的铜灯，见本报告第 66、76 页，不再另注。

③ 山东省文物考古研究所：《山东临淄金岭镇一号东汉墓》，《考古学报》1999 年第 1 期。

④ 广州市文物管理委员会、广州市博物馆：《广州汉墓·上册》，文物出版社，1981 年，第 439、440 页。

为雁足灯，江苏扬州甘泉东汉墓出土有铜雁足灯，有“铜雁足长镫”等铭文[①]；有的座为伏龟，柱为立凤，凤鸟口中含柱，柱上为灯盘，河北保定满城西汉M2出土铜灯，为朱雀嘴衔灯盘，足踏盘龙，盘内为环状凹槽，内分三格，每格各有一烛钎[②]，满城西汉M1还出土1件羊尊形灯，灯作卧羊形，背与身躯分铸，羊脖后置活钮，臀部有小提钮，可将羊背向上翻开，平放于羊头上作为灯盘，灯盘一端有一小流嘴，可置灯捻，羊腹空，用来储存灯油，不用时，可将灯盘内燃余灯油由小流嘴倾倒入腹腔内，腹腔内留有白色沉淀物，经化验，为油质燃料。第四类为人物形柱座，满城西汉M1出土的1件铜当卢锭，下有半跪俑，左手按左膝，右手上举支托灯盘，右臂上用铜钉铆合，盘心有烛钎，刻有“御当卢锭一”等铭文。河南陕县刘家渠汉墓群出土2件陶人形灯，座为人形，头顶筒形灯盏。

（2）行灯

又称拈灯，是指便于移动照明的灯，一般没有座、柱，而是在灯盘下设3足，一侧有扁弧形鋬。江苏徐州石桥（今东洞山）西汉M2出土铜行灯为直口，浅盘，盘中心有1锥形钉，外附叶形柄，平底，盘下三蹄足[③]。广西合浦风门岭M23出土的1件铜行灯，有扁圆形长把，中有支钉，其上残存有灯芯，为三股绞缠而成，下部开叉搭在灯盘中作吸油之用，灯盘内还有油料残余[④]。河北鹿泉高庄西汉墓出土2件与托盘（承灰盘）配套使用的铜行灯，1件座为台阶式，刻铭2处，有“豆”、“行烛豆”（图四-128：1）；另1件灯盘下有3蹄形足，盘侧有执柄，铭文2处，均有“行烛豆”3字[⑤]（图四-128：2）。2件灯均有“行烛豆”三字刻铭，表明二者应为行灯，第1件接近豆形座灯，第2件与一般的行灯接近，灯盘有执柄，下有3足，说明座灯与行灯之间有相互借鉴。河北保定满城西汉M2出土的1件铜豆形灯和1件铜盘豆形灯，均在灯盘的1侧有长鋬，亦是座灯与行灯的结合。满城西汉M1也有类似的器形，如M1∶4117，铭有“槃锭”，另1件行灯下为承盘，灯为三足行灯，鋬为叶形，铭有“御铜拈锭一，承盘俩”。湖北蕲春枫树林东汉墓出土有高座铜行灯，2件无承盘，博山座，上有羽人以头承龙形支柱，柱端为圆形榫头，榫头套灯盏底部的榫口，灯盏为圆盘形，外附三蹄足及一长柄，柄面刻一青龙；另1件有承盘，底座固定于盘内，底座下部呈圆台形，四周铸雕四神兽，上部为竹节状支柱支

① 南京博物院：《江苏邗江甘泉二号汉墓》，《文物》1981年第11期。

② 中国社会科学院考古研究所、河北省文物管理处：《满城汉墓发掘报告》，文物出版社，1980年，第261-263页。关于满城M2出土的铜灯，见本报告第255-263页，不再另注。

③ 徐州博物馆：《徐州石桥汉墓清理报告》，《文物》1984年第11期。

④ 广西壮族自治区文物工作队、合浦县博物馆：《合浦风门岭汉墓——2003～2005年发掘报告》，科学出版社，2006年，第25、29页。

⑤ 河北省文物研究所、鹿泉市文物保管所：《高庄汉墓》，科学出版社，2006年，第39-42页。

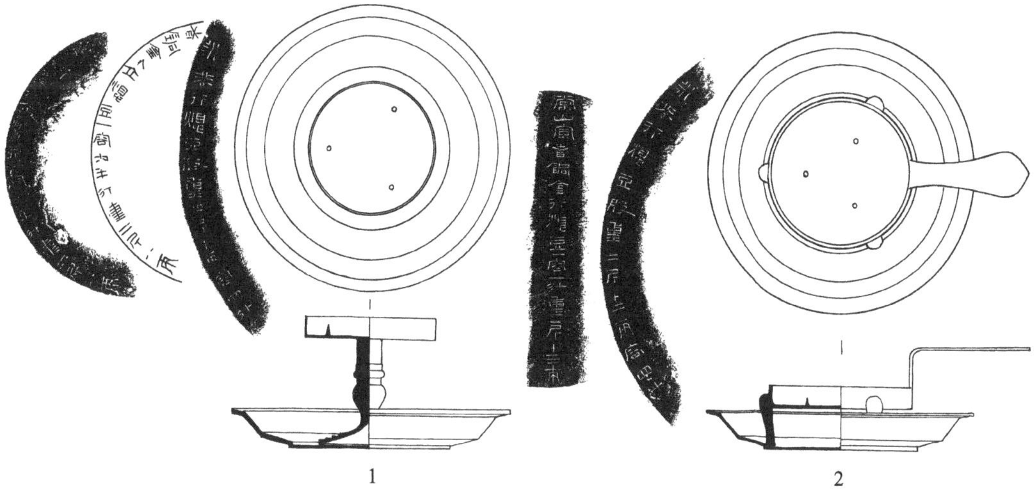

图四 -128　河北鹿泉高庄西汉墓出土与托盘配套的铜行灯

1. M1∶18　2. M1∶10

撑灯盏[①]。河南陕县刘家渠汉墓群出土陶鸟形灯的座上置平底浅盘，上饰飞鸟作展翅状，盘中立灯钎，鸟尾似行灯的鋬。山东微山马陵山出土的 1 件铜灯，由底盘、灯枝、灯盘、灯罩四部分组成，罩透雕菱形格，顶部中心为一圆形烟道，较为少见[②]。河南陕县后川 M3003 出土有双联铜行灯，灯盘之间作活动连轴，可开可合[③]。

（3）多枝灯

形状似树干多枝，每枝上各有灯，灯盘位置基本固定，分层错落安置，点燃后，火树银花，十分壮观。从时代看，该类灯在战国时已使用，西汉时有相应发展，东汉时期，尤其是东汉中晚期，数量和品种大增。从形制上看，有的多枝灯具有座灯的一些特点，河南陕县刘家渠汉墓群出土陶三龙三支灯，由盘、座两部分组成，盘沿上有等距的三圆孔，孔内各插凹颈喇叭形小灯盏一支，灯盏间又有三圆孔，孔内存插飞龙一条，有的则有行灯特征[④]。广西合浦风门岭 M26 出土有铜四枝行灯，下有承盘，座足呈博山状，柱下部稍粗上部略细，呈枝干状，枝干中开三枝外承三盘，顶承一盘，均为行灯状，柳叶形鋬，扁足[⑤]。广西贵县罗泊湾 M1 出土扶桑树形铜灯 1 件，从主干分 3 层向外伸出 9 条支干，每支顶端托 1 桑叶形灯盏，主

① 湖北京九铁路考古队、黄冈市博物馆：《蕲春枫树林东汉墓》，《考古学报》1999 年第 2 期。

② 宫衍兴：《山东微山县马陵山出土一批汉代文物》，《文物》1985 年第 5 期。

③ 中国社会科学院考古研究所：《陕县东周秦汉墓》，科学出版社，1994 年，第 183、184 页。

④ 黄河水库考古工作队：《河南陕县刘家渠汉墓》，《考古学报》1965 年第 1 期。

⑤ 广西壮族自治区文物工作队、合浦县博物馆：《合浦风门岭汉墓——2003～2005 年发掘报告》，科学出版社，2006 年，第 73、75 页。

干顶端置金乌形灯盏[①]。河南陕县刘家渠汉墓群出土陶朱雀九枝灯，全器分3节，第1、2节的每节盘沿上分布对称的四小孔，各插一支小灯盏，柱上饰昂首开屏的孔雀，孔雀背驮1灯盏，共有灯九支。河北望都M2出土有釉陶三连灯，上灯大，下部两灯小；釉陶十二枝灯，灯盘不大，一侧有叶形纹[②]。河南洛阳涧西七里河东汉墓出土有十三枝灯[③]（图四-129：1），济源承留村东汉墓出土有二十九枝灯[④]（图四-129：2）。二者均较为复杂，前者通体饰白衣，涂朱砂，由座、盘、柱、盏配套而成，自下而上共分8节，饰有较多动物和人物，灯座上造型生动的百戏和栩栩如生的飞禽走兽，具有较高的艺术价值；后者下为灯座，上竖圆柱形灯柱，灯柱中间有两层插曲枝灯盏的圆孔，每层四个，圆柱施彩绘，彩绘为白地，白地上涂朱，然后再墨绘连弧纹等图案，灯柱下为一龟，灯柱端放置朱雀形圆灯盏一个，在灯座与灯柱间有一圆形灯盘，盘沿上有八个专插龙和曲枝灯盏的圆孔，曲枝灯盏共十二支，分插于灯柱和灯盘上，饰羽人和动物等，灯座作喇叭状，圈足肥大，这一肥大的圈足灯座象征群峰环抱的山峦，座上放平底灯盘，座身堆塑各种形象的人和动物，自上

1　　2　　3

图四-129　东汉墓葬出土陶多枝灯

1. 河南洛阳涧西七里河东汉墓出土十三枝灯　2. 河南济源承留村东汉墓出土二十九枝灯
3. 陕西西安世家星城M169出土“百枝灯”（M169：2）

① 广西壮族自治区博物馆：《广西贵县罗泊湾汉墓》，文物出版社，1988年，第43、44页。

② 河北省文化局文物工作队：《望都二号汉墓》，文物出版社，1959年，图七五、图七六。

③ 洛阳博物馆：《洛阳涧西七里河东汉墓发掘简报》，《考古》1975年第2期。

④ 张新斌：《河南济源出土汉代大型陶连枝灯》，《文物》1991年第4期。

而下可分为四层，所饰动物和人物较为生动。陕西西安世家星城 M169 出土有陶灯（M169：2），由座、柱、盘及附饰品等组成，下部为一带柄覆豆形底座，模印山峰，并有人物、动物等，座上分 3 段，每段均有枝灯，各有装饰，有乘龙羽人、鸟、鸡、龟等，灯盘较多，纹饰繁缛，发掘报告称之为百枝灯[①]（图四 -129：3）。

（4）管灯

有较大的空间可以储油，有断面圆形中空的油管伸入储油器内，油管内插灯捻或灯芯。江苏扬州甘泉二号东汉墓出土 1 件盒形灯，灯体似一小型的圆筒形带盖奁盒，亦与卮接近，三蹄足与下面的承灰盘底部相连，灯盖顶部中心有孔，插一根小铜管，管内可插灯芯[②]。河南密县打虎亭 M1 前室西壁北幅石刻画像中，有一人左手端持一有承盘的管灯[③]。河北满城 M1 出土一套，有灯、承盘、小勺三器，灯有三蹄形足，器壁一侧有一小嘴，作子口，嘴上有带活钮的小盖，盖上有带环小钮，掀开盖可以注油，另一侧器壁下方作一管状流，可能是用于穿捻点燃，嘴、流间器壁上方伸出一菱形长鋬，有盖，盖上有一较小的菱形长鋬，从鋬等来看，与行灯有相似之处。

（5）釭灯

为汉代的创新灯型，装有烟管，可将烟气导入灯腹中，有单管和双管之分。一些为器物形状，基本是下为三足空心炉，炉口置带鋬盘形灯，盘形灯上为灯罩，罩上为盖，盖顶与炉身之间有烟道。河北满城西汉 M1 出土 1 件，单管，炉内壁一薄层白色水碱，估计三足炉内原盛有水，灯罩为 2 片弧形屏板，对称两下角各有 1 小钮，便于推移屏板，随意调整灯光照度和照射方向，烟道又是灯把，烟炱通过烟道沉于炉内，而灯的各部分可以拆卸，便于经常清除积灰。湖南长沙西汉晚期墓葬出土 1 件釭灯，双管，灯盘无钎，系燃蜡膏，盘中至出土时仍有剩余[④]。一些为动物形，江苏邗江甘泉二号墓出土牛灯，通体饰以精细的错银纹饰，单管，灯座为一站立的黄牛，腹中空，背负灯盏，盏上有两片可以转动的瓦状灯罩，罩面有菱形格状镂孔和小环，罩上还有穹顶形盖，罩顶有弯管通向牛头顶心，可借此将烟炱收集到牛的腹腔内[⑤]；徐州睢宁刘楼东汉 M1 出土的铜牛灯，双管，作水牛状，牛体中空，牛背中心有一圆洞，上置圆筒形带把灯座，有半圆形镂空壁罩，上有顶盖作蝙蝠展翅状，牛的两角为圆管状的烟道，同顶盖相连，在灯座内点燃蜡烛时，可用灯把转动灯盘，调整光的照射方向，蜡烛的烟炱可以从顶盖通过牛角（烟道）储存在牛腹

① 西安市文物保护考古研究所：《西安东汉墓》，文物出版社，2009 年，第 715、718 页。

② 南京博物院：《江苏邗江甘泉二号汉墓》，《文物》1981 年第 11 期。

③ 河南省文物研究所：《密县打虎亭汉墓》，文物出版社，1993 年，第 57 页。

④ 中国科学院考古研究所：《长沙发掘报告》，科学出版社，1957 年，第 115 页。

⑤ 南京博物院：《江苏邗江甘泉二号汉墓》，《文物》1981 年第 11 期。

中，使得室内空气保持清洁，湖南长沙桂花园汉墓出土铜牛灯与之相似，双管，但曲折汇合为一，背中心有一圆洞，洞上置一带把圆灯盘，盘中有锥体，盘边设槽，用以放挡风板，防止被风吹熄，腹中空，盛溶液，点灯时，烟通过烟管到达腹中，能保持室内清洁[①]。广西合浦西汉木椁墓出土铜凤灯 2 件，皆在背部有一圆孔放置灯盘，凤颈伸高向后弯转，嘴衔喇叭形灯罩，颈部作两套管衔接，可以拆开和转动，调节灯光，罩通颈部及身腔，可容纳蜡炬的烟灰，保持室内清洁，凤尾下垂及地，与站立的双足保持器身平衡，器身通体细刻羽毛，制作精巧，造型庄重美观[②]。

山西省朔县赵十八庄一号汉墓出土雁衔鱼铜灯，单管，作雁回首衔鱼站立状，由衔鱼雁首、雁体、灯盘、灯罩四部分分铸组合而成[③]。山西襄汾县吴兴庄汉墓出土铜雁鱼灯系一雁回首紧衔鱼脊，雁嘴与鱼腹下设灯盘及灯罩，雁颈部有子母口，装置机关，可连同衔鱼取下，腹部中空可容水，灯盘可以转动，翳板可以开合，从而可以调节灯光的照度和照射方向，将烟导入灯罩，溶入腹中所贮之水[④]。陕西神木县店塔村西汉墓出土雁鱼铜灯，单管，通体彩绘红、白二色，由衔鱼的雁首、雁身、两片灯罩及带曲鋬的灯盘四部分组成，可拆卸，灯罩可自由转动，能调节灯光照射方向和防御来风，雁腹内可盛清水，灯烟经雁颈溶入水中，可减少油烟污染[⑤]。少量为人形，最具代表的为河北满城西汉 M2 出土的长信宫灯，单管，灯体为一通体鎏金、双手执灯跽坐的宫女，由宫女头部、身躯、右臂及灯座、灯盘和灯罩六部分组成，且是分铸组装而成，许多构件可以拆卸。宫女体中空，左手托似豆形的灯座，右手提灯罩，似在挡风，手袖自然垂落形成灯的顶部，右臂形成虹管，用以吸收油烟，灯罩由两块弧形的瓦状铜板合拢后嵌于灯盘槽中，可以左右开合，达到任意调节灯光照射方向和照度的目的。灯盘中心有钎，一侧有方銎柄，灯罩上方残留少量蜡状残留物，推测燃烧物是动物脂肪或蜡烛[⑥]。

（6）吊灯

形象生动，铜人吊灯居多，铜人多为胡人形象，有链条拴系，便于吊挂。湖南长沙出土的人形铜吊灯，时代为汉至三国时期，由灯盘、储液箱和悬链三部分组成，灯盘作扁圆形，盘心有尖状灯柱，可以插烛，柱旁有很小的方形输液口，当

---

① 高至喜：《牛灯》，《文物》1959 年第 7 期。

② 广西壮族自治区文物考古写作小组：《广西合浦西汉木椁墓》，《考古》1972 年第 5 期。

③ 平朔考古队：《山西朔县秦汉墓发掘简报》，《文物》1987 年第 6 期；山西省平朔考古队：《山西省朔县赵十八庄一号汉墓》，《考古》1988 年第 5 期。

④ 李学文：《山西襄汾县吴兴庄汉墓出土铜器》，《考古》1989 年第 11 期。

⑤ 张钟权：《神木县出土一件铜彩绘鹅鱼灯》，《文博》1986 年第 6 期。

⑥ 中国社会科学院考古研究所、河北省文物管理处：《满城汉墓发掘报告》，文物出版社，1980 年，第 255-261 页。

膏液积至一定程度时，就会通过输液口流入储液箱，储液箱由一个裸体铜人构成，全身姿态作类似游泳的匍伏之状，手前伸，双掌托住灯盘，悬链由一乳状盖面组成，盖顶立一朱雀状凤鸟，盖下有三条铜链，使悬灯牢固地处于平衡状态，整体造型奇特，构思巧妙①。广西昭平风清村东汉M2出土的铜人吊灯（M2∶3），铜人双手捧着圆形灯盘，双膝跪地，脚尖着地，脚掌外翻，灯盘内中心有一乳形尖钉，便于插蜡，铜人额前和头的后枕部各有一圆形钮眼，额的钮眼可穿连一条铜链，链条的另一头有铜钩，铜钩既可以钩挂，也可以勾入铜人头部后面枕部的钮眼，方便手提，提链由九节铜环构成②（图四-130）。

图四-130 广西昭平风清村东汉M2出土铜人吊灯（M2∶3）

（7）提灯

数量不多，是指有提梁等可以提起的灯。河南洛阳烧沟M1035出土1件铁灯，圆形，下有盘，盘下三足，盘上立有三根铁柱，位置在三足之上，顶做成5圆片状，最上面的圆片直径最小，往下逐层增大，最下面圆片的中心下垂一钩，灯顶立一鸟，鸟脊肩上有一提梁③。从整体看，三足起到的是稳定作用，三根铁柱为可以固定挡风的设施，顶部的鸟为装饰，提梁则用来提灯。

2. 熏

熏是盛放相关香料并在其内焚燃，产生香味，用于调节室内或改善衣物气味的器物，有熏炉、熏笼等，以熏炉居多。

（1）薰草与香料

薰草基本为中国本土生长，香料则部分来自其他国家或地区，二者因有特殊气味，得到较普遍的使用。薰草中的草本植物，最常用者为蕙草及禾本科的茅香。湖南长沙马王堆M1、M3出土的陶熏炉皆有茅香等，M3还出土有香草筒，盛放用于

① 周世荣：《人形铜吊灯》，《文物》1978年第6期。

② 广西壮族自治区博物馆、昭平县文物管理所：《广西昭平东汉墓》，《考古学报》1989年第2期。

③ 洛阳区考古发掘队：《洛阳烧沟汉墓》，科学出版社，1959年，第196、197页。

熏香的蕙草[①]。随着对外物质文化交流的不断发展，一些物品从其他国家或地区输入进来，除装饰品、容器等外，香料也是其中重要的内容之一。香料部分来自于东南亚地区，较多则来自中亚、西亚及更远的大秦等地，如苏合香，为金缕梅科植物的树脂，主要产于叙利亚和小亚细亚等地，另有其他一些香料，传入后得到推广和使用。薰草多通过焚燃等手段，香料则需借助其他燃料熏烧，散发香味，广东省广州地区西汉中期的M2029出土熏炉内尚存香料的灰烬[②]。

（2）熏炉

秦汉时期的熏炉质地多样，以陶、瓷、铁、铜质地居多，其中瓷熏炉基本为原始青瓷。

陶熏炉在许多墓葬中有出土，部分具有实用性，如上文所举湖南长沙马王堆M1、M3出土的陶熏炉等，部分则是模仿现实所用而制作的陪葬品。早期的陶熏炉具有实用功能者居多，一般炉身较浅，炉盖较平，有的炉身下部或底部有进气孔，盖上有出烟孔，这样可促进对流，使得熏烟充分散发。时代特征方面，西汉早期陶熏炉的镂孔多呈三角形，长沙马王堆M1出土陶熏炉即是如此。江苏徐州簸箕山西汉宛朐侯刘埶墓（M3）的时代为景帝时期，出土陶熏炉可能是专门用以陪葬的器物，整体呈豆形，腹上部斜直刻几何图案，盖刻饰几何图案，内侧为三角纹镂空[③]。长沙马王堆M1出土的2件（M1∶286、M1∶433）及M3出土的1件（M3北167）陶熏炉，炉身及盖纹饰精美，盖上为1鸟，其中M1∶286，盖顶鸟形钮可以转动，出土时炉盘内满盛燃烧后残存的茅香炭状根茎（图四-131：1）；M1∶433，炉身及盖各有6组纹饰，四组为斜划并凹下的三角纹，两组为斜划方格纹，盖顶鸟形钮周围刻划卷云纹和弦纹，又绕以四个三角形划纹，并加饰篦纹、方格划纹和镂孔，盖顶边缘用划纹折线构成八角形，再间以三角形镂孔，出土时炉盘内盛有高良姜、辛夷、茅香、藁本等香草[④]（图四-131：2）；M3出土的陶熏炉，形制上与M1出土的陶熏炉大体接近，但在一些细处及其具体装饰上有所差别，熏炉中也装有茅香[⑤]（图四-131：3）。

瓷熏炉基本为原始瓷质，合浦县风门岭1号、24号东汉墓等均有出土，或有盘，或无，熏体近呈豆形，外施青釉或青黄釉，局部无釉。M24A：14，炉盖较圆，镂

---

① 湖南省博物馆、湖南省文物考古研究所：《长沙马王堆二、三号汉墓》，文物出版社，2004年，第199页。

② 广州市文物管理委员会、广州市博物馆：《广州汉墓·上册》，文物出版社，1981年，第231、232页。

③ 徐州博物馆：《西汉宛朐侯刘埶墓发掘简报》，《文物》1997年第2期。

④ 湖南省博物馆、中国科学院考古研究所：《长沙马王堆一号汉墓》，文物出版社，1973年，第125页。

⑤ 湖南省博物馆、湖南省文物考古研究所：《长沙马王堆二、三号汉墓》，文物出版社，2004年，第231、232页。

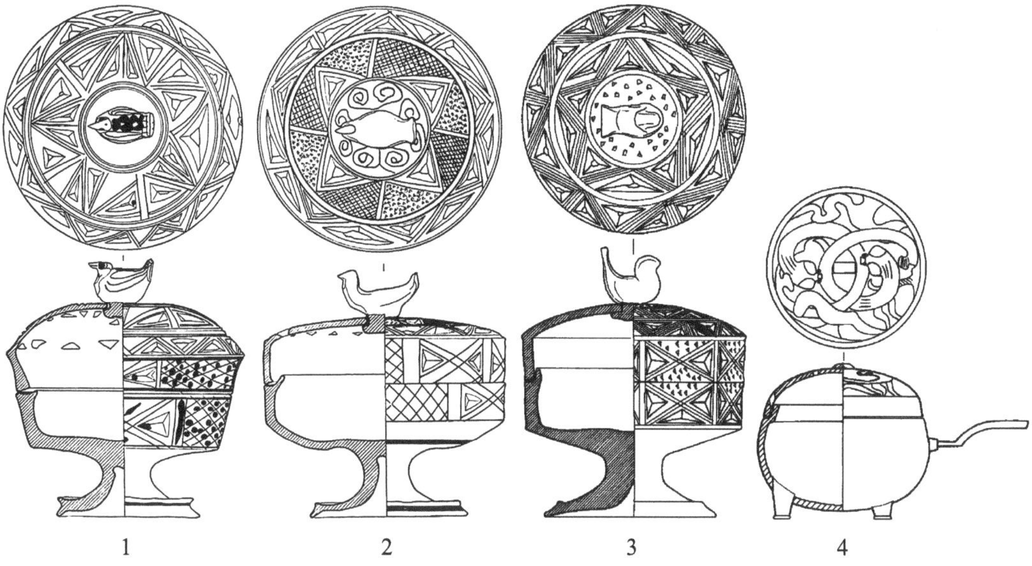

图四 -131　汉代墓葬出土的陶熏炉与铁熏炉
1-3. 湖南长沙马王堆 M1、M3 出土陶熏炉（1. M1：286　2. M1：433　3. M3 北 167）
4. 江苏徐州翠屏山西汉墓出土铁熏炉（M1：12）

空如花瓣形，枚瓣上端塞 1 尖状乳，共 4 组，两瓣之间有叶脉纹，主叶脉上下有 2 圆孔，盖顶有钮，作卷角形，炉身圈足上对穿 2 孔①。从整体造型看，该类熏炉基本不具备实用功能。

铁质熏炉基本都是实用器。江苏徐州市东郊翠屏山西汉早期刘治墓出土的铁熏炉（M1：12），盖呈弧形，顶部中间有一长方形小钮，钮周围饰镂空的二龙图案，二龙头相向面对中间的小钮，躯体盘旋缠绕，器身子口稍内敛，弧腹略外鼓，腹部一侧有一长銴，前部平直，后部弧曲，圜底下有三蹄形足②（图四 -131：4）。

铜熏炉基本为实用器，出土数量多，形制也较为多样，大致有豆形炉、行炉、鼎形炉、禽鸟形炉等，根据盘的有无又可分为带盘炉和无盘炉两大类。

① 豆形炉

基本有盖，又称为盖豆形炉。炉身无钮者基本有盘。汉武帝茂陵的陪葬墓一号无名冢的陪葬坑中出土 1 件铜薰炉，通体鎏金，盖为半球形，上带环钮，铸有柿蒂纹及三角形、菱形镂孔，炉身圆腹子母口，下有细柄③。山东荣成梁南庄西汉中期 M1 出土铜熏炉，炉身直沿，一侧有枢钮连以炉盖，底平，下有豆形柄，弧形

① 广西壮族自治区文物工作队、合浦县博物馆：《合浦风门岭汉墓——2003 ~ 2005 年发掘报告》，科学出版社，2006 年，第 91、92 页。

② 徐州博物馆：《江苏徐州市翠屏山西汉刘治墓发掘简报》，《考古》2008 年第 9 期。

③ 咸阳地区文管会、茂陵博物馆：《陕西茂陵一号无名冢一号从葬坑的发掘》，《文物》1982 年第 9 期。

盖，顶部正中平，有圆孔，盖壁为镂空勾线花纹，为使炉身与炉盖紧密扣合，在盖的底缘内侧铸有3圆柱状小足插靠炉台内壁[①]。河北满城M1：5090，由炉身和承盘两部分组成，承盘有三足，炉身整体呈豆形，但无盖，整体器形较为少见[②]。炉身有钮者基本无盘，江苏徐州小龟山M1出土的铜熏，通体鎏金，形如盖豆，炉体扁圆，深腹，下以三鸟作支架，再下为细柄形圈足，盖透雕三虎，中央有一小环，器身两侧有兽面衔环一对，腹、柄、圈足均刻双线云气纹[③]（图四-132：1）。山东青岛平度界山西汉M1出土铜熏炉，柄部与一般豆柄一致，无鸟形支架[④]。有的熏炉柄部矮短，形体似簋，其实也是豆形熏炉的一种，只是柄部较矮而已，河南陕县后川秦至西汉初的M3138、M2011各出土1件，短柄座有镂孔及相关纹饰，炉盘较深，有对称钮环，盖有镂孔，饰有龙及龙凤纹等，造型生动，顶亦有钮环[⑤]。湖南永州市鹞子岭西汉M2出土的1件铜熏炉，器身为椭圆形，腹微鼓，无钮，平底，腹与底座结合处弧内收，是豆形熏炉的发展，而器身及盖、底座以细线镂刻出连贯的纹饰，为禽鸟翅羽及须牙皆张的兽首[⑥]（图四-132：2）。广东广州西汉南越王墓出土的

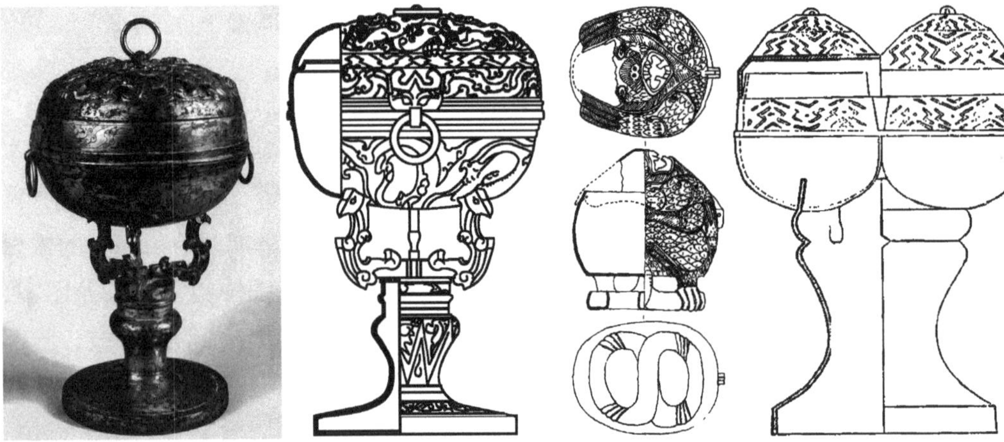

1　　2　　3

图四-132　汉代墓葬出土铜熏炉

1.江苏徐州小龟山M1出土鎏金铜熏炉　2.湖南永州鹞子岭M2出土铜熏炉　3.广东广州南越王墓出土铜熏炉

① 烟台市文物管理委员会：《山东荣成梁南庄汉墓发掘简报》，《考古》1994年第12期。

② 中国社会科学院考古研究所、河北省文物管理处：《满城汉墓发掘报告》，文物出版社，1980年，第66、67页。

③ 南京博物院：《铜山小龟山西汉崖洞墓》，《文物》1973年第4期。

④ 青岛市文物局、平度市博物馆：《山东青岛市平度界山汉墓的发掘》，《考古》2005年第6期。

⑤ 中国社会科学院考古研究所：《陕县东周秦汉墓》，科学出版社，1994年，第140、141页。

⑥ 湖南省文物考古研究所、永州市芝山区文物管理所：《湖南永州市鹞子岭二号西汉墓》，《考古》2001年第4期。

1件铜熏炉（C173），炉体方形，柄为方壶形，足座扁形，盖近呈四边形，边缘外鼓，西耳室出土3件，炉口由4方口圜底小盒组成，平面“田”字形，4小盒体共一个方形炉盖，盖面分4格，亦呈“田”字形，炉座方柱形，座足中空[①]（图四-132：3），从整体形制观察，亦是豆形熏炉的发展。这些具有特殊性豆形熏的出现也说明汉代熏炉获得了较大发展。

②博山炉

盖基本为山形，较高，镂空，呈现出山形重叠的特点，有的在山间又有飞禽走兽等，如传说中的海上仙山博山，博山炉亦因此而得名。基本由器盖、炉身等组成，若就形制而言，其基本可归于豆形熏，一些有柄者则借鉴了行炉的特点，可称为豆形行炉。博山炉大致出现于西汉中期，或有盘，或无盘，二者基本至东汉晚期均有使用，但东汉中晚期，无承盘者已较少见。无承盘熏的炉盘最大径位于腹中部，时代较早的为西汉中期河北保定满城M1出土的错金铜博山炉，柄较粗，分节，圈足饰卷云纹，炉座透雕三腾波出水的龙，炉盘腹深，下部饰云纹，上部有山峰探出，与盖上群山相连，出烟孔利用山峦重叠之势，位于隐蔽处，峰峦之间点缀树木，有虎、豹、野猪等动物，另有几只猴子或踞山顶，或骑兽背，并有持弓弩的猎人出没山林之中[②]。宁夏固原西汉中期M5出土铜熏炉，下部有收入空气、使炉内燃料充分燃烧的孔，柄较细，口部铸1横向鋬，俯视呈葫芦形，柄端铸变体人面纹，盖口外沿上饰向上翻起的水波纹，其上为多层山峦，有镂孔[③]。江苏盐城三羊墩东汉早期M1、M2各出土1件，座柄矮短，盖上透孔作圆形、菱形、不规则形，M1：33，炉腹、底部饰有六叶纹，M2：15，腹部一侧有1鋬，炉盘内仍存有烧过的灰痕[④]。西汉武帝茂陵一号无名冢陪葬墓的陪葬坑（K1）出土鎏金银竹节铜熏炉可视为无承盘博山炉的变形和发展，底部呈圆盘状，透雕二仰头张口的蟠龙，龙身满饰鎏金细纹鳞甲，眼、须、爪鎏银，龙口中衔含长柄，竹竿状，分五节，最上一节上端向外伸出三曲体昂首的蟠龙，龙身鎏金，爪鎏银，头呈插拱状托炉盘，盘腹下部有十组三角形，内雕饰蟠龙，底色鎏银，龙身鎏金，腹中部突出鎏银带一圈，上部浮雕四个从波涛中腾出的回望金龙，口沿有鎏银宽带纹一圈，盖透雕多层山峦，云雾缭绕，加以金银勾勒，有多处刻铭，自铭“金黄涂竹节熏卢”[⑤]。有承盘熏炉的

① 广州市文物管理委员会、中国社会科学院考古研究所、广东省博物馆：《西汉南越王墓》，文物出版社，1991年，第50、55、82-84页。

② 中国社会科学院考古研究所、河北省文物管理处：《满城汉墓发掘报告》，文物出版社，1980年，第63-66页。

③ 固原博物馆：《宁夏固原西汉墓》，《考古学报》2004年第2期。

④ 江苏省文物管理委员会、南京博物院：《江苏盐城三羊墩汉墓清理报告》，《考古》1964年第8期。

⑤ 咸阳地区文管会、茂陵博物馆：《陕西茂陵一号无名冢一号从葬坑的发掘》，《文物》1982年第9期。

炉盘最大径位于腹中部或偏下，炉盘一侧不见銴。时代较早的为西汉中期河北保定满城M2出土的鎏银铜骑兽力士座博山炉，盘饰鎏银同心圆四周和一组柿蒂纹，盘中部为一骑兽力士，赤裸上身，矫健有力，屈膝骑在卧兽上，左手按兽头，右手擎托炉身，兽跪卧，张口，颈部前伸作挣扎状，盖透雕上、下两层图案，上层收缩为圆锥形，有流云四绕及重叠的山峦，云山之间有虎熊出没，虎羊相斗，人兽搏斗，人物驱牛车等；下层壁直，有龙、虎、朱雀及骆驼、草木、云气等[①]。江苏连云港东海尹湾西汉晚期M1出土铜熏炉的柄座细高，与底盘铆连，盖上有镂孔，呈山峦起伏状[②]。江苏徐州拖龙山西汉M7出土铜熏炉的炉盘、盖与尹湾M1出土铜熏炉的炉盘、盖相似，但盖顶端立一小鸟，已残[③]；碧螺山M5出土铜熏炉亦与之接近，且盖顶立一小鸟，但柄不同，承盘中央立一玄武，玄武身上站立凤鸟，凤鸟冠上顶炉身[④]。广西合浦风门岭西汉末年的M26出土铜熏炉，下有承盘，炉柄座呈喇叭形，饰博山草叶纹及云纹，炉盘最大径位于腹下部，饰有网纹、羽纹、倒三角纹，盖有镂孔，亦饰博山草叶纹及云纹，盖顶与炉口之间有活链相连[⑤]。河北邢台南郊西汉晚期墓葬出土熏炉，座为蟠龙形，柄较细[⑥]。湖北蕲春枫树林东汉墓出土铜博山炉，基座环绕神兽，上为肩生羽翼，臀有羽尾的曲膝而坐的羽人，形成炉柄，羽人以头承炉盘，盖上有神山、天鸡等。羽人形象在东汉时期熏炉中开始出现，衬托出熏炉蕴含的神仙气息及升仙思想。河南洛阳东汉晚期C5M346出土铜熏炉，腹浅，柄座较高，柄下有榫与托盘插合，并有1四蒂花套于炉柄上，盖盘之间有合页相连接，博山形盖，上多镂孔，内空，造型相对简单[⑦]。

③行炉

基本是一侧有銴，便于手持移动，与行灯较为相似。一般为浅盘形炉身，一侧附有一个长銴，平底，下多附三矮蹄形足，或为动物形座柄，炉盖半球形或接近半球形，与炉身之间多有钮相连，便于盖的开启，盖壁镂孔。无承盘者时代多为西汉时期，盖顶部正中平，有圆形孔。陕西西安东郊国棉五厂M6：8，盖中部微折，顶中部孔径相对较大[⑧]。河北保定满城M1出土铜行炉，盖壁圆弧，顶中部孔径相对稍

① 中国社会科学院考古研究所、河北省文物管理处：《满城汉墓发掘报告》，文物出版社，1980年，第253-257页。

② 连云港市博物馆：《江苏东海县尹湾汉墓群发掘简报》，《文物》1996年第8期。

③ 徐州博物馆：《徐州拖龙山五座西汉墓的发掘》，《考古学报》2010年第1期。

④ 徐州博物馆：《徐州碧螺山五号西汉墓》，《文物》2005年第2期。

⑤ 广西壮族自治区文物工作队、合浦县博物馆：《合浦风门岭汉墓——2003～2005年发掘报告》，科学出版社，2006年，第73、74页。

⑥ 河北省文物管理处：《河北邢台南郊西汉墓》，《考古》1980年第5期。

⑦ 洛阳市文物工作队：《洛阳发掘的四座东汉玉衣墓》，《考古与文物》1999年第1期。

⑧ 呼林贵、孙铁山、李恭：《西安东郊国棉五厂汉墓发掘简报》，《文博》1991年第4期。

小，外罩圆筒形带提梁提笼，外饰3组菱形纹[①]。有的此类熏炉的鋬做成龙首形，炉身较深，一侧还带有烟管，应是在上述行炉基础上的新发展。安徽天长三角圩西汉M1出土的此类铜行炉，盖饰镂空云纹，顶部正中无圆孔[②]，较为特殊。有承盘者大多时代为东汉时期，盖顶正中无孔，长鋬弯折向下伸。河南巩义新华小区M1：8、M2：25等，盖顶有小钮，炉身中部竖1小锥，便于插香，鋬末端饰龙头[③]。天津武清东汉鲜于璜墓等出土铜熏炉，盖顶无钮[④]。个别有承盘行炉的炉身、鋬及盖与多数无承盘行炉相似，但在盘中不见三足，而是动物形柄座。江苏徐州市南郊拖龙山西汉晚期偏早阶段M3出土铜熏炉，玄武座，二蛇缠绕在一趴卧状龟身上，龟背上立一鸟，似鸠，两腿并立，为柄，鸟的头上顶托炉盘，一侧有弧形把手，末端呈叶状，对称一侧有与顶盖扣合的折页，可以开启顶盖，盖顶正中有圆孔，壁有镂空的云纹[⑤]。

④鼎形熏炉

炉身及足似鼎，无耳，盖与炉身或有钮相连或无，顶有钮。有的腹部饰钮环，有的无。时代较早的无承盘，如安徽巢湖北山头M1：9、10，顶有钮环，M1：9有提梁，足饰熊，盖镂孔，饰六龙；M1：10为铜身玉盖，炉身嵌玉，玉盖面透雕、线刻勾连云纹和弦纹等，工艺水平较高[⑥]。西汉中期至东汉时期的此类熏炉多数有承盘。河北保定满城西汉M1：4097，三足高，作立兽踩朱雀状，炉身腹部饰4对称环钮，盖与炉身扣合，无钮相连[⑦]；河南巩义新华小区东汉M1：72，足、盘均较矮。还有的承盘有三组，炉盖顶部饰凤钮者较为少见。

⑤禽鸟形熏炉

形状或似家禽，或如凤鸟，基本为站立状。家禽中鸭的形象较常见，且多昂首，有的则称之为雁形熏，盖与炉身扣合，无钮相连。从时代上看，禽鸟形熏炉大致在西汉中期出现，而西汉时的此类熏炉多有承盘，东汉时则多不见承盘。山东诸城县西汉木椁墓出土熏炉，承盘较浅，为鸭形或雁形，盖与炉身有子母口扣合[⑧]。山西朔

---

① 中国社会科学院考古研究所、河北省文物管理处：《满城汉墓发掘报告》，文物出版社，1980年，第66、67页。

② 安徽省文物考古研究所、天长县文物管理所：《安徽天长县三角圩战国西汉墓出土文物》，《文物》1993年第9期。

③ 郑州市文物考古研究所、巩义市文物保护管理所：《河南巩义市新华小区汉墓发掘简报》，《华夏考古》2001年第4期；《河南巩义市新华小区二号汉墓发掘简报》，《华夏考古》2003年第3期。

④ 天津市文物管理处考古队：《武清东汉鲜于璜墓》，《考古学报》1982年第3期。

⑤ 徐州博物馆：《徐州拖龙山五座西汉墓的发掘》，《考古学报》2010年第1期。

⑥ 安徽省文物考古研究所、巢湖市文物管理所：《巢湖汉墓》，文物出版社，2007年，第99-101页。

⑦ 中国社会科学院考古研究所、河北省文物管理处：《满城汉墓发掘报告》，文物出版社，1980年，第66、67页。

⑧ 诸城县博物馆：《山东诸城县西汉木椁墓》，《考古》1987年第9期。

县西汉晚期的 ZM1 出土该类铜熏，鸭背为可启闭的炉盖，上面镂空成卷云纹，炉体下承盘较深。江苏睢宁县距山东汉墓出土有鸭形铜熏，无承盘，鸭背镂空[①]。

（3）熏笼

笼有孔，多与熏炉配合，罩于熏炉上，主要用来熏衣被。河南密县打虎亭东汉 M1 北耳室北壁画像中有熏笼，其上搭满了衣被[②]（图四 -133：1）。湖南长沙马王堆 M1 出土有竹篾编成的熏罩 2 件，作截锥形，孔眼大，周围还敷以细绢，与熏炉配合使用，应为熏笼，该墓出土遣册记录文字中也有类似名称[③],M3 亦有此类器物，周围敷以细纱[④]（图四 -133：2）。

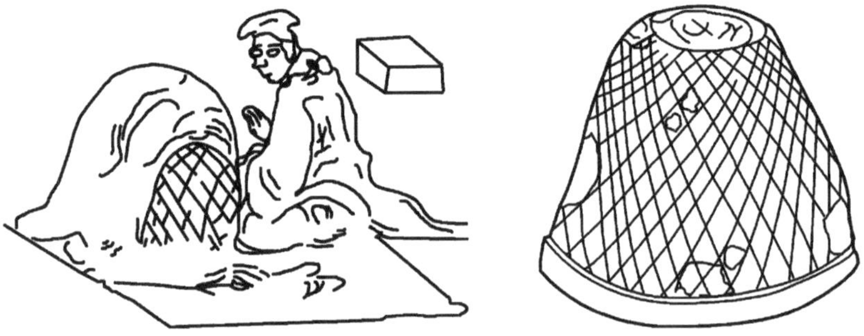

1　　　　2

图四 -133　汉代墓葬出土与熏笼有关的画像和实物

1. 河南密县打虎亭东汉 M1 北耳室北壁画像中的熏笼　2. 湖南长沙马王堆 M3 出土熏罩

（七）取火、取暖与降温器具

一些汉简中称取火用具为出火燧，甘肃敦煌马圈湾汉代烽燧遗址出土有取火器 1 件，为长方形木棒，一端削握柄，两侧钻未穿透的圆孔十个，其中一孔内有火烧痕迹[⑤]。

取暖的用具较多。江苏徐州东甸子西汉 M3 出土铁火炉为长方斗形，腹壁有四个衔环，环上有残断的粗链条，下承 4 足[⑥]。湖南长沙地区西汉后期墓葬出土有铜暖炉，基本为长方形，腹壁斜，平底，4 足作蹄状，有的饰铺首衔环，有的系以钮套环，

① 仝泽荣：《江苏省睢宁距山、二龙山汉墓群调查》，《东南文化》1993 年第 4 期。

② 河南省文物研究所：《密县打虎亭汉墓》，文物出版社，1993 年，第 172-181 页。

③ 湖南省博物馆、中国科学院考古研究所：《长沙马王堆一号汉墓》，文物出版社，1973 年，第 119 页。

④ 湖南省博物馆、湖南省文物考古研究所：《长沙马王堆二、三号汉墓》，文物出版社，2004 年，235、236 页。

⑤ 甘肃省博物馆、敦煌县文化馆：《敦煌马圈湾汉代烽燧遗址发掘简报》，《文物》1981 年第 10 期。

⑥ 徐州博物馆：《徐州东甸子西汉墓》，《文物》1999 年第 12 期。

出土时炉内剩有木炭及灰烬[①]。河北保定满城西汉M1出土两类5件铁暖炉，第一类3件，作圆形三足炉式，炉身敞口、直壁、大平底，下有3直条形足，身下设承灰盘，盘沿开1缺口，以便清除灰烬，有覆钵形盖，盖和底、壁均镂孔，炉壁设四钮系提链，炉身、承灰盘、三足为分别锻制后以铆钉结合成整体；第二类2件，有盖，盖、底、壁均有镂孔，为通风所用，从形制看，其内盛放炭火不会太多，二长壁各有2钮，为提挪方便而设；该墓还出土有火筷，为一根铁条弯曲而成，用于夹炭[②]（图四-134）。汉武帝茂陵一号无名冢陪葬墓的陪葬坑（K1）出土铁暖炉与满城M1的第二类铁暖炉基本一致；铜提链炉与满城M1的第一类铁暖炉相似，外壁刻铭文二行九字："阳信家铜炉，容斗五升"；温手炉1件，呈椭圆形，直口，上覆盖，底镂4组长条形孔，四条蹄形足，身、足分别锻制后用铆钉结合，腹部内外伸出宽带形把，盖沿外侧镌铭文一行八字："阳信家铜温手炉盖"，炉身下腹外侧铭文："阳信家铜温手炉"；承盘2件，大口，沿外折，平底，盘圆形或椭圆形，有一长形把，腹外侧分别刻有铭文："阳信家常卧铜温手炉承槃"、"阳信家铜温手炉承槃"等[③]。河南陕县刘家渠汉墓出土陶炉20件，4件炉身如碗，口沿上立三钉，座圆筒形，开1拱形火门，座身之间有长方形孔或圆孔形箅，3件座束腰附底，9件炉身如豆盘，座如喇叭口状[④]。

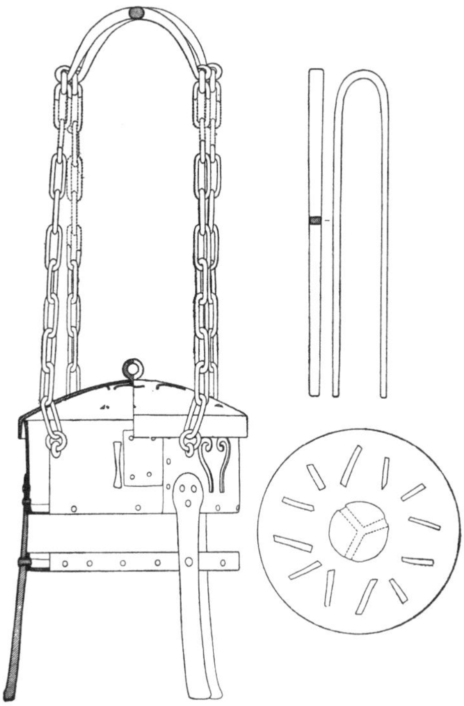

图四-134　河北满城M1出土铁暖炉（1∶5092）附火筷

扇为降温工具，在汉代使用普遍，一般用竹或藤草编制而成，有圆形扇和矩形扇等，大小均有，大型扇子称为翣，小型的一般称扇。扇在汉代画像石画像中较为常见，江苏徐州铜山洪楼东汉墓外祠堂出土的车骑出行图后部及迎宾宴饮图的左

---

① 中国科学院考古研究所：《长沙发掘报告》，科学出版社，1957年，第112、114页。

② 中国社会科学院考古研究所、河北省文物管理处：《满城汉墓发掘报告》，文物出版社，1980年，第101-103页。

③ 咸阳地区文管会、茂陵博物馆：《陕西茂陵一号无名冢一号从葬坑的发掘》，《文物》1982年第9期。

④ 黄河水库考古工作队：《河南陕县刘家渠汉墓》，《考古学报》1965年第1期。

图四 -135　湖南长沙马王堆 M3 出土竹扇

侧均有一仆人执扇而摇，扇均近呈矩形[①]，山东苍山前村画像石墓前室东壁画像中有执圆扇者[②]。河南灵宝张湾 M5 还出土有 1 柄铜质圆形扇[③]。山东临沂金雀山周氏墓群 M14 出土竹扇，扇面作梯形，用一经一纬的细竹篾编成，柄用细竹竿作骨，再加五根 0.6 厘米宽的竹篾编扎成管状[④]。湖南长沙马王堆 M3 出土竹扇 2 件，1 件扇面作梯形，内侧沿用细竹杆作骨，延伸缘骨并用竹篾编成管状的柄，再裹以起绒锦条[⑤]（图四 -135）。便面与扇子形制相似，多矩形，但功用有所不同，多用来障面或作他用，江苏徐州贾汪佛山画像石墓，墓室西壁的车马出行图中有持便面的导从[⑥]。

（八）尊老及礼仪用品

汉代有尊老习俗，老人达到一定年龄后便会被赐杖。山东临沂金雀山周氏墓群 M14 的棺与隔板之间出土木杖，断面作八角形，外涂白漆，再外包一层树皮，一端大，一端小[⑦]。汉代画像中常见老者执杖，江苏铜山茅村东汉墓中室南壁画像石画像左侧[⑧]及睢宁县官山出土画像石画像[⑨]中均有老者执杖的形象。两汉时期的杖还流行用鸠首，或素木雕成，或髹漆彩绘，或为铜制，甚至有错金银的纹饰，还有一些配有其他装饰物。湖北荆州高台出土木杖，杖首作鸟形，杖身圆柱形，二者之间以子母榫结合，M6 出土木杖，首、身髹漆，杖首雕成锦雀状，髹漆精致，M2 出土木杖未见髹漆[⑩]。广西平乐银山岭 M124 出土铜杖首，鸠昂头翘尾，腹部有方孔，中空[⑪]。

---

① 徐州博物馆：《徐州汉画像石》，江苏美术出版社，1985 年，图 74、76。

② 山东省博物馆、苍山县文化馆：《山东苍山元嘉元年画象石墓》，《考古》1975 年第 2 期。

③ 河南省博物馆：《灵宝张湾汉墓》，《文物》1975 年第 11 期。

④ 临沂市博物馆：《山东临沂金雀山周氏墓群发掘简报》，《文物》1984 年第 11 期。

⑤ 湖南省博物馆、湖南省文物考古研究所：《长沙马王堆二、三号汉墓》，文物出版社，2004 年，第 235、236 页。

⑥ 徐州博物馆：《江苏徐州佛山画像石墓》，《文物》2006 年第 1 期。

⑦ 临沂市博物馆：《山东临沂金雀山周氏墓群发掘简报》，《文物》1984 年第 11 期。

⑧ 徐州博物馆：《徐州汉画像石》，江苏美术出版社 1985 年，图 67。

⑨ 仝泽荣、武利华等：《睢宁汉画像石》，山东美术出版社，1998 年，第 92、93 页。

⑩ 湖北省荆州博物馆：《荆州高台秦汉墓——宜黄公路荆州段田野考古报告之一》，科学出版社，2000 年，第 217、218 页。

⑪ 广西壮族自治区文物工作队：《平乐银山岭汉墓》，《考古学报》1978 年第 4 期。

礼仪用品也较多。江苏徐州狮子山西汉楚王墓出土的玉戈及一些铜质兵器等均为礼仪及相关用品[①]。画像石画像中还常见执盾、持戟或执其他物品的人物，所执之物亦与有关礼仪如出行、迎宾等有关。徐州睢宁县锅山东汉墓墓门南侧壁有执盾形象，前室北壁石有持幢节者；睢宁墓山 M1 出土的出行画像石所刻出行队伍中有持旌、幢者；铜山利国东汉画像石墓中室南壁有持戟者等[②]。这些物品一般在室外使用，不用时则是室内陈设的一部分。

（九）缝补与熨烫用具

秦汉时期的缝补与熨烫用具主要有针、贮针器、顶针、剪刀、镊子、熨斗等。

缝衣针的质地有铜、银、铁（含钢）等，也可能有金针，这些针的形体一般不大，平常不用时多放在贮针器中。湖北江陵凤凰山 M167 出土有钢针，长 5.9 厘米，针孔较细，针由针衣贮藏，针衣以竹篾为骨，外为织物，可以卷起存放，针插在里层中部[③]。陕西咸阳马泉西汉墓出土有锈结在一起的铁针近 10 枚，存在针管中[④]。湖南长沙马王堆 M1 出土 2 件针衣，用细竹编成帘状，两面蒙以绮面，四周再加绢缘和带，中部皆拦腰缀一丝带，其上隐约可见针眼痕迹，为插针之用，而出土简文中也提到“针衣”[⑤]。

顶针是缝衣时施力顶针的用具，有金、银、铜（含鎏金）等质地，也可能有铁质。湖南长沙东屯渡东汉墓出土有银质顶针，环面上有三道凹弦纹及密布的孔[⑥]。河南巩义新华小区东汉 M1 出土铜顶针 2 枚，高度不同，外侧中部均有一圈凸起的麻点纹[⑦]。

裁剪工具主要为剪刀，有簧剪，主要是借助中部弯簧的弹力达到开合剪裁。陕西西安长安县南李王村东汉墓还出土有交股剪，残长 20.4 厘米[⑧]，河南巩义新华小区 M1 出土铁剪刀为压式交股剪。新疆尉犁县营盘墓地 1995 年发掘的相关墓葬中出 1 把铜剪刀、2 把铁剪刀，铁剪刀是用一根两端具有锋刃的钢（铁）条弯曲而成，直

---

① 狮子山楚王陵考古发掘队：《徐州狮子山西汉楚王陵发掘简报》，《文物》1998 年第 8 期。

② 仝泽荣、武利华、田忠恩、陈剑彤：《睢宁汉画像石》，山东美术出版社，1998 年，第 48、49、54、56、57 页；徐州博物馆：《徐州汉画像石》，江苏美术出版社，1985 年，图 36。

③ 凤凰山一六七号汉墓发掘整理小组：《江陵凤凰山一六七号汉墓发掘简报》，《文物》1976 年第 10 期。

④ 咸阳市博物馆：《陕西咸阳马泉西汉墓》，《考古》1979 年第 2 期。

⑤ 湖南省博物馆、中国科学院考古研究所：《长沙马王堆一号汉墓》，文物出版社，1973 年，第 72、73 页。

⑥ 张中一：《长沙东屯渡清理了一座东汉砖室墓》，《文物》1960 年第 5 期。

⑦ 郑州市文物考古研究所、巩义市文物保护管理所：《河南巩义市新华小区汉墓发掘简报》，《华夏考古》2001 年第 4 期。

⑧ 负安志、马志军：《长安县南李王村汉墓发掘简报》，《考古与文物》1990 年第 4 期。

背，截面呈柳叶形，柄呈环形，铜剪为长直刃，铁剪刀为短直刃[①]。

镊子在汉代也较常见，可以用来夹扯线头等，一些则为化妆用具。湖南长沙马王堆M1出土角镊1件，镊片可随意取下和装上，柄制作精细，并刻几何纹[②]，该器与化妆的关系更密切。新疆尉犁县营盘墓地1995年发掘的相关墓葬出土铜、铁镊子各1件，M7出土镊子为铜质，长条形，用一根两端呈铲形的铜条从中部弯曲而成，两刃相对，中间有一箍，可以上下活动，使镊随意张合，尾端柄孔内套穿一个大圆环；M22出土铁镊子，长条形，为一根两端呈铲形的铁条从中间弯成[③]。

熨斗基本为铜质，可能有铁质，主要用来熨衣，底部形状不一，东汉时一些配上了支座，有的支座较为精致，饰以神兽等。西汉武帝茂陵一号无名冢陪葬墓的陪葬坑（K1）出土有"阳信家熨铫"，圜底[④]；湖南长沙汤家岭M1出土"张端君熨斗"，平底[⑤]；河北邯郸张庄桥出土铜熨斗，有支座，架为细把，顶饰天禄，中有孔可插置熨斗，座为覆钵式圈足，通高52厘米[⑥]。

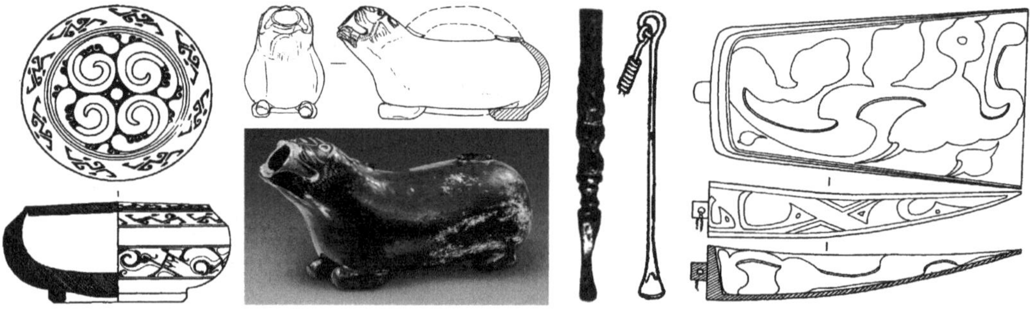

图四-136 汉代出土的唾、溺溲及清洁、扫除用具

1. 安徽阜阳西汉汝阴侯墓（M1）出土漆唾器 2. 安徽天长三角圩M1出土漆虎子（M1：175） 3. 广西贵县罗泊湾M1出土金耳挖 4. 河南陕县东汉M3出土铜耳勺 5. 湖南长沙马王堆M3出土铲形漆箕

（十）唾、溺溲及清洁、扫除用具

唾器包括唾壶、唾盂等，有陶、漆等质地。安徽阜阳西汉汝阴侯墓（M1）出土漆盂形器，大口，浅腹，有盖，自名为"唾器"[⑦]（图四-136：1）。江苏徐州土

① 新疆文物考古研究所：《新疆尉犁县营盘墓地1995年发掘简报》，《文物》2002年第6期。

② 湖南省博物馆、中国科学院考古研究所：《长沙马王堆一号汉墓》，文物出版社，1973年，第128页。

③ 新疆文物考古研究所：《新疆尉犁县营盘墓地1995年发掘简报》，《文物》2002年第6期。

④ 咸阳地区文管会、茂陵博物馆：《陕西茂陵一号无名冢一号从葬坑的发掘》，《文物》1982年第9期。

⑤ 湖南省博物馆：《长沙汤家岭西汉墓清理报告》，《考古》1966年第4期。

⑥ 陈光唐、王昌兰：《邯郸历史与考古》，文津出版社，1991年，第94页。

⑦ 安徽省文物工作队、阜阳地区博物馆、阜阳县文化局：《阜阳双古堆西汉汝阴侯墓发掘简报》，《文物》1978年第8期。

山 M1 出土陶、漆唾壶各 1 件，均扁腹，圈足，口部有漏斗状盖，陶唾壶盖面涂朱，漆唾壶木胎外髹褐漆，朱绘花纹①。

虎子为溺溲之器，质地较多，有漆、铜、陶等质地，可能还有瓷、玉等质地。江苏徐州铜山伊庄洪山东汉墓出土陶虎子，上部有把手，一侧有流，口、背及把手刻花纹②；扬州东风砖瓦厂汉墓出土一件漆虎子，木胎，素面无纹，虎四爪伏地，且视向前方，圆口，尾部上翘与首连接成为把手③。安徽天长三角圩西汉 M1 出土漆虎子（M1：175），呈蹲卧状虎形，头斜向上昂，张口，含 1 短圆管，体浑圆，腹中空，执柄弧形④（图四 -136：2）。北京顺义临河村东汉墓出土铜虎子，卧姿，张口，尾巴反翘于头部成为提梁⑤。

耳勺是清洁耳内分泌物的工具。广西贵县罗泊湾 M1 出土 1 件金耳挖，长条形，上端为圆柱形，中空，中端浮雕似象鼻，有横穿孔，下端为扁平挖勺⑥（图四 -136：3）。河南陕县东汉 M3 出土有铜耳勺，形似今日的耳勺，铜丝制成，一端有小勺，另端作小环固于它物上⑦（图四 -136：4）。上文所述的一些铜刷等，一端有斗，有的则将另一端制成勺状，也可能用作挖耳勺，即一物二用。

笤帚在这一时期已普遍作为扫除工具，大帚又被称为彗。山东诸城前凉台村东汉墓的画像石画像中有人持帚打扫院落。⑧河南密县打虎亭东汉 M1 前室东壁北幅画像的左侧有一人执帚正在清扫⑨。配套物品有箕等，湖南长沙马王堆 M3 出土有铲形漆箕，粉绘纹饰，后部有一铜钮⑩（图四 -136：5）。作为一种常用的工具，两汉特别是东汉时，彗又成为迎接有关人员的礼仪用具，汉画像中多有反映，如江苏徐州地区的睢宁县锅山东汉墓墓门南侧壁、铜山利国东汉画像石墓中室南壁，均刻有持彗者画像⑪，这也体现出常用家庭之物在功能上的延伸及礼制的转化。

拂尘又称拂子，基本为绳拂，江苏徐州贾汪佛山画像石墓出土车马出行图中有

---

① 南京博物院：《徐州土山汉墓清理简报》，《文博通讯》第 15 期，1977 年，第 18-23 页。

② 徐州博物馆：《江苏铜山县伊庄洪山汉画像石墓》，《华夏考古》2007 年第 1 期。

③ 扬州博物馆：《扬州东风砖瓦厂汉代木椁墓群》，《考古》1980 年第 5 期。

④ 安徽省文物考古研究所：《天长三角圩墓地》，科学出版社，2013 年，第 138 页。

⑤ 北京市文物管理处：《北京顺义临河村东汉墓发掘简报》，《考古》1977 年第 6 期。

⑥ 广西壮族自治区博物馆：《广西贵县罗泊湾汉墓》，文物出版社，1988 年，第 54 页。

⑦ 黄河水库考古工作队：《河南陕县刘家渠汉墓》，《考古学报》1965 年第 1 期。

⑧ 诸城县博物馆，任日新：《山东诸城汉画像石》，《文物》1981 年第 10 期。

⑨ 河南省文物研究所：《密县打虎亭汉墓》，文物出版社，1993 年，第 53 页。

⑩ 湖南省博物馆、湖南省文物考古研究所：《长沙马王堆二、三号汉墓》，文物出版社，2004 年，第 157、162 页。

⑪ 仝泽荣、武利华、田忠恩、陈剑彤：《睢宁汉画像石》，山东美术出版社，1998 年，第 54、56、57 页；徐州博物馆：《徐州汉画像石》，江苏美术出版社，1985 年，图 36。

执拂尘的导从[①]，山东临沂银雀山西汉 M2 出土带有木柄的拂子，为马尾拂子[②]。

第四节　秦汉家庭的出行

秦汉时期，中央及地方均重视交通建设，这与经济发展、政治需要及社会、家庭物质与精神生活的需求关系密切。“富商大贾周流天下，交易之物莫不通”[③]，关梁、亭、传、邮、驿等交通设施的修建及有关制度的基本形成和不断发展，交通工具的不断完善和渐趋多样化等均证明了这一时期交通的发展。与秦汉交通发展相对应，秦汉家庭的出行内容也日渐丰富，既包括相关道路、河道、桥梁等，也有与出行有关的交通工具，还有和家庭成员出行有关的仪仗及配套物品或设施等等，这些内容综合推动了秦汉家庭在出行方面物质内容的多样化和不断发展与丰富的特征。

一、道路、河渠与桥梁

秦汉时期，朝廷和地方政府修建了四通八达的道路，开挖了很多联系不同地区的河渠，这为国家、政府的交通发展做出了重要贡献，也使得诸多家庭的出行更为便捷，不同家庭之间成员的交往更为频繁，相关交流得到加强。秦统一之后，修驰道、开河渠，初步形成全国性的水陆交通网；两汉时期，交通网络更趋发达，纵横交错。东部自东北，经燕赵、至齐鲁之后，经彭城向南达秣陵，再通向其他各处；中部有一条交通线，自函谷关、洛阳经彭城至海州，由此向北可至琅琊及山东半岛，向南可通吴越[④]；西北、西南有多条陆上丝绸之路，沿海则有多条航线。这对于秦汉时期不同地区的联络和交流意义重大，而较多家庭也在日常出行中，或多或少地使用这些道路，而由这些交通路线产生的支线或连通不同居住点的大小不同道路，为家庭的出行带来较大裨益，推动作用明显。

与秦汉家庭出行有关的道路，既有实物资料，也有画像或壁画资料。实物资料在秦汉时期城市考古中多有发现，秦都咸阳城、西汉长安城、东汉洛阳城皆有相关发现，地方城市亦有发现。今徐州市在汉代为彭城，是两汉时期重要封国楚国、彭

---

① 徐州博物馆：《江苏徐州佛山画像石墓》，《文物》2006 年第 1 期。

② 山东省博物馆、临沂文物组：《山东临沂西汉墓发现〈孙子兵法〉和〈孙膑兵法〉等竹简的简报》，《文物》1974 年第 2 期。

③ （西汉）司马迁撰，（南朝）裴骃集解，（唐）司马贞索引、张守节正义：《史记·货殖列传》，中华书局，1982 年，第 3261 页。

④ 王健：《汉代徐州文化概述》，徐州师院汉文化研究所编：《汉文化研究论丛（第一辑）》，中国社会科学出版社，1993 年，第 238-264 页。

城国的都城，考古工作者在位于市区的金地商都一带，不仅发现有汉楚（彭城）国的宫殿建筑及配套设施遗存，还在宫殿建筑南发现一条较为宽阔笔直的道路，宽10余米，由石板铺成，周边有散水、排水沟等，北通宫殿，南端向外延伸[①]。推测这一道路应服务于汉代楚（彭城）国王室成员及相关人员的出行，同时也服务于其他家庭成员因相关事务往返于王室宫廷内外，体现出对应家庭的出行内容。一般的居住地或居住区域，如聚落或村落等，也发现有相关的道路。辽宁省辽阳三道壕西汉村落遗址发现较多的家庭居住遗存，包括宅院及配套设施等，有铺石道路两段，与农家生产和生活关系密切，即服务于家庭的生产出行和生活出行，居住址的北面为铺石大路，路面宽约7米，全用河卵石铺筑三层或四层，路中心稍高，两边整齐，路面上留有明显的车辙迹，一般有两排并列的大车辙（图三-23）[②]。河南内黄县三杨庄汉代庭院遗址，在考古钻探范围内南部发现有古道路遗迹，宽约4米，经发掘可知，该遗址内的古道路有相应区分，主干道路宽约20米，遗址的第二处庭院南大门向南约42米有一条东西向道路，路宽约8米，为遗址内次主干道路[③]（图四-137）。这些道路的功能、作用与辽宁辽阳三道壕汉代村落遗址发现的道路

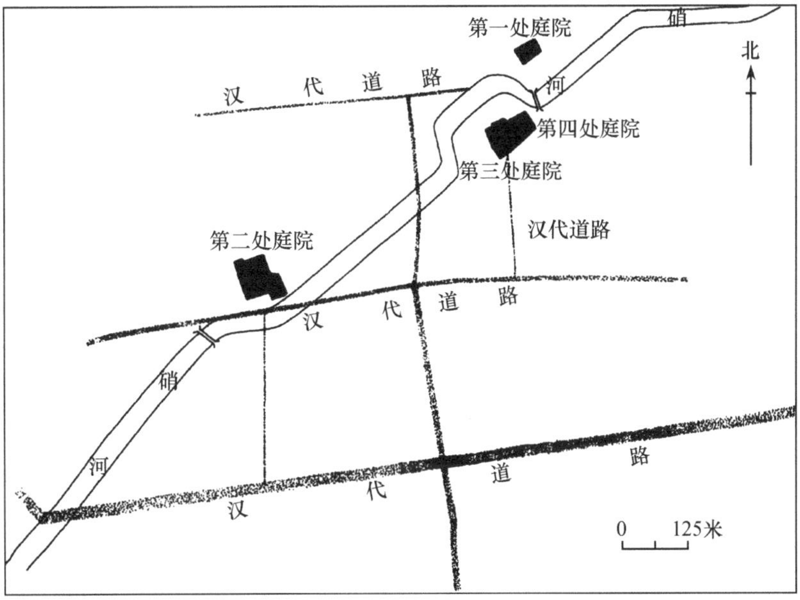

图四-137　河南内黄三杨庄汉代聚落遗址中的道路及相关遗存

① 刘尊志、周波：《徐州市金地商都先秦、两汉及明代遗址》，中国考古学会编：《中国考古学年鉴·2003年》，文物出版社，2004年，第172、173页。

② 东北博物馆：《辽阳三道壕西汉村落遗址》，《考古学报》1957年第1期。

③ 河南省文物考古研究所、内黄县文物保护管理所：《河南内黄县三杨庄汉代庭院遗址》，《考古》2004年第7期；《河南内黄三杨庄汉代聚落遗址第二处庭院发掘简报》，《华夏考古》2010年第3期。

相似，宽为 4 米、8 米的道路，较多情况下是服务于生产和出行等生活内容，而 20 米的主干道，则更多的是服务于相关人员乘车出行等。河南遂平县城西南小寨村西汉代村落遗址发现多条道路，一些形成丁字街口，且道路与遗址内发现的较多水井并行，布局紧凑，形成了一个完整的村落整体[①]，体现出居住址中道路与社会生活的关系。汉代墓葬壁画及画像石（砖）画像中有较多描绘或刻画庭院内外场景、车马队伍场景、田间劳作场景等众多画面，都可间接反映或体现出与家庭出行有关的道路内容，只是较多为突出庭院、人物、车马、劳动等内容，并未有意刻画或绘制出道路，这为我们认识秦汉时期与家庭有关的道路及与家庭出行有关的物质内容等均可提供较为重要的参考。另外，秦汉时期，墓地祭祀渐趋于普遍和常态化，这与丧葬的发展及孝行的推广等有着密切关系。从目前的考古资料看，很多秦汉尤其是汉代墓地中有规划的道路，而且较多墓地内或陵区中的道路，如神道等，具有联通墓地或陵区内外的显著特征，因此，从居住区至墓地或陵区应有相关道路，墓祭活动也是家庭出行的重要内容，而墓祭的普遍化使得相关道路的使用频率较高。

秦汉时期，较多自然河道会用于交通出行，而河道交叉纵横，构成相应的水路交通网，但自然河道有其缺陷性，因此为达到更畅通或更便于连接和交通，还会开挖一些河渠。就一些平原地区来讲，开挖的河渠相对宽阔平直，蓄水量较大，既可满足农业灌溉的需求，也可适应日益增长的家庭出行与交往需求。朝廷或国家开挖的沟渠一般规模较大，如秦代修建的灵渠，汉代修建的漕渠、阳渠与汴渠，沟通较多的江河与不同区域，而很多主干河道还会有一些支流并形成较多的小沟河汊，便于较多家庭在水路交通方面有效使用。

开路挖渠利于交通，而与二者密切相关的就是修建桥梁。汉代画像或壁画中多见桥梁的图案，而且形式多样，很多反映出车骑过桥的内容，也有桥下捕鱼的画面，另外还有船只在桥下或桥边航行的内容。从汉代壁画或画像对于桥的表现内容看，很多与家庭生产、生活关系密切。秦汉时期，桥梁的建造获得较大发展，考古工作者在汉长安城北发现的 3 组 7 座渭桥即可证明，不仅建造稳固，一些还颇具规模[②]。秦汉时期桥梁的种类较多，《秦汉交通史稿》一书将该时期的桥梁分为梁桥、拱桥、索桥、浮桥等几种[③]，其中较多桥梁与中下阶层的出行、交通和生活有关。就桥梁的建材来看，主要包括木、石两种，少量可能用砖。江苏睢宁九女墩东汉墓后室门额上所刻桥梁，下有立柱承托桥梁，梁上平铺桥面，跨河部分平直，两侧呈斜坡状，桥身耸起，两端饰有桥表，不仅实用而且美观（图四 -138：1），山东沂南北

① 河南省文物研究所：《河南遂平县小寨汉代村落遗址水井群》，《考古与文物》1986 年第 5 期。

② 中国社会科学院考古研究所：《西安市汉长安城北渭桥遗址》，《考古》2014 年第 7 期。

③ 王子今：《秦汉交通史稿》，中共中央党校出版社，1994 年，第 81-89 页。

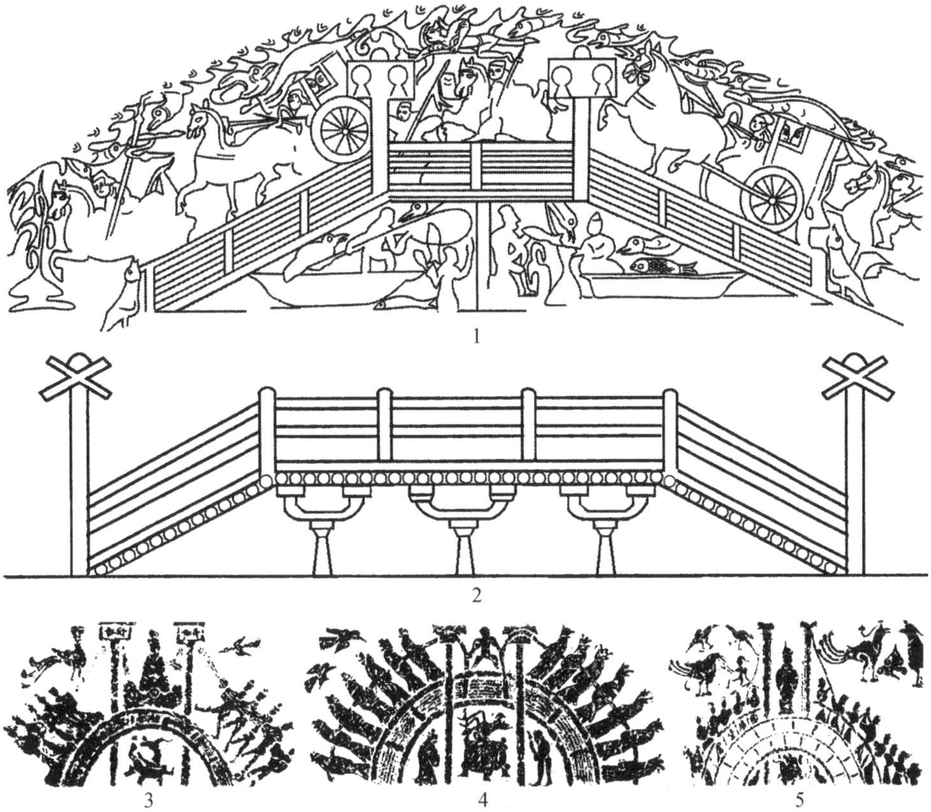

图四 -138　汉代画像中的桥梁

1、2. 梁桥（1. 江苏睢宁九女墩东汉墓后室门额画像石画像　2. 江苏徐州市邳州车夫山出土画像石画像）

3-5. 拱桥（3. 江苏徐州大庙画像石墓出土画像石画像　4. 江苏徐州贾汪区汴塘散存画像石画像

5. 山东邹城高李庄东汉画像石墓第二石画像）

寨东汉墓[①]、临沂吴白庄东汉墓[②]等出土画像石上所刻的某些桥梁形制与之相同，皆为梁桥。该类桥的建材多木质，也有一些桥的支柱可能为石材。江苏徐州市邳州车夫山 2001 年出土的一块画像石画像正中有一座两坡式大桥，两坡水平夹角呈 26° 的斜度，两侧桥堍各立一华表，表端有“十”字形的短木，桥下有三根柱子，呈下大上小状收分，柱头有一大栌斗，其上置曲栱，曲栱两端有二散斗，散斗上架横楣梁，横楣梁上架梁木，梁木由圆木铺设，在画面中表现为一排圆圈横列，梁木上铺桥面，桥上有护栏，桥下有渔船通过，桥上有行人，桥的两边有车马相向通过，表示桥面较宽，可以并排通过两辆马车，该画像表现出典型的梁式柱桥的结构[③]

① 南京博物院、山东省文物管理处合编：《沂南古画像石墓发掘报告》，文化部文物管理局出版，1956 年，第 12 页，拓片第 1 幅，画像石为墓门上横额。

② 管恩洁、霍启明、尹世娟：《山东临沂吴白庄汉画像石墓》，《东南文化》1999 年第 6 期。

③ 武利华：《徐州汉画像石通论》，文化艺术出版社，2017 年，第 184、185 页。

（图四 -138：2）。连云港东海昌梨水库 M1，前室北立面横额上刻车马过桥图，已残，有车马上桥和下桥的内容，可以看出该桥为两坡式木桥[①]。上述二墓画像中的桥亦皆为梁桥。桥梁有一定宽度，且承载力较大，画像中常见多人、多马、多车从上经过等即可说明。江苏徐州大庙画像石墓[②]（图四 -138：3）及贾汪汴塘[③]（图四 -138：4）出土泗水捞鼎画像石画像中的桥均为拱桥，其中汴塘出土画像石画像中的桥呈半圆形，有栏杆。拱桥有单孔和多跨孔之分，单孔为直接跨河而建，材料可能为木质，多孔则与河面较宽有关，在适当位置以木柱等支撑，形成多孔。亦有单券与重券的差别，建材可能为石，山东邹城高李庄东汉画像石墓第二石上所刻即是重券圆拱单孔石桥[④]（图四 -138：5）。索桥在汉代又名笮桥，用竹索或藤索、铁索等为骨干拼接悬吊起的桥；浮桥多是结舟于江河之上以便渡过的桥梁，舟船之间还搭有梁板，具有一定的临时性，二者在汉代文献均有记载，实物及画像极少或不见。

综合来讲，秦汉时期道路的修建、沟渠的开挖、桥梁的搭建为这一时期家庭的出行和相关活动奠定了基础，也提供了便利的条件，促使秦汉家庭的出行及其内容更为丰富和多样化，并在相应程度上推动了秦汉家庭的发展。

二、出行工具

秦汉家庭的出行工具主要包括陆路交通工具与水路交通工具两大类，另外还有与出行或交通相关的配套设施及内容。

（一）陆路交通工具

较为多样，以马车、牛车及骑乘的马、牛为主，另有其他车、舆及骑乘牲畜，加之辅助于较普遍出行活动——步行的相关工具，如老年人员的拄杖等，综合构成了秦汉时期家庭出行工具的组成内容。

1. 马车

最为普及，秦统一之后即建立了全国并行的车舆制度，汉代，车舆制度得到进一步完善，《汉书·董仲舒传》载："乘车者君子之位也。"[⑤]《后汉书》则设有专门的《舆服志》（上），记述了汉代尤其是东汉时期的车舆制度。秦汉时期，较多家庭出行用车，因此也促进这一时期车的丰富与多元化，而且还体现出相应的时代、地

---

① 南京博物院：《昌梨水库汉墓群发掘简报》，《文物参考资料》1957 年第 12 期。

② 徐州博物馆：《江苏徐州大庙晋汉画像石墓》，《文物》2003 年第 4 期。

③ 郝利荣：《徐州新发现的汉代石祠画像和墓室画像》，《四川文物》2008 年第 2 期。

④ 邹城市文物管理处：《山东邹城高李村汉画像石墓》，《文物》1994 年第 6 期。

⑤ （东汉）班固撰，（唐）颜师古注：《汉书》，中华书局，1962 年，第 2521 页。

域、等级等多个方面的内容。

秦代的马车可以秦始皇帝陵陪葬坑出土的车马为参考，既有战车，也有乘车，还有较多的马厩。与出行相关的以乘车为主，铜车马坑试掘出土两套铜车马，编号为一、二号铜车马，车均为单辕、双轮，前驾4马，即两骖、两服，一号车的车舆内竖一高柄铜伞，伞下有站立的御官；二号车的车舆呈纵长方形，分前、后舆，后舆呈四周封闭的轿车形，有窗、门等，顶部有一龟甲形车盖，将前后舆罩于其下，前舆内有跽坐的御官，一、二号车及马、人俑等的大小均相当于真实大小的二分之一[①]。

汉代马车种类很多，根据史料记载，结合考古资料来看，大致有轺车、輂车、轩车、安车、辎车、大车等。考古资料所体现汉代的马车，由四马或二马或一马拉引，少量为三马，车前有驭者，或站或立或坐，后多为长方形车箱，有横长方形，也有竖长方形，箱上有盖、篷或圆形伞，圆形伞基本通过伞箍固定在车上。官吏传达命令或皇帝出行时，作为仪仗的轺车多为立乘，车上或置鼓，或置斧钺，又称为鼓车、斧车等，这在东汉时期的地方官吏或大、中地主家庭相关人员出行时也有使用，体现出相关内容在特定等级、地位家庭中的需求、推广和使用。载辎重衣物的辎车也用于乘坐，多在车厢后部开门，以供上下。画像石画像反映的马车种类较为丰富多样，山东沂南北寨东汉墓出土画像石画像中有轺车、辎车、大车、轩车等形象，基本都是正在行进中，与拉车的马相搭配，较为生动[②]（图四-139：1）。辽宁辽阳地区发现的三座壁画墓壁画也对相关家庭成员出行乘车有生动体现[③]（图四-139：2）。江苏徐州贾汪青山泉白集汉墓外祠堂西壁下部刻有轺车和辎车，东壁有轺车和敞篷大车，前室东壁刻有轩车和轺车[④]，贾汪佛山墓室西壁画像则有轺车、轩车和辎车等，并配有执金吾、便面、拂尘的导从等[⑤]（图四-140），睢宁县墓山M1第三石中的輂车为加幡轺车[⑥]。汉代壁画及画像中所体现汉代家庭出行乘车的内容还有很多，壁画墓如内蒙古和林格尔东汉壁画墓[⑦]、河北衡水安平逯家庄东汉壁画墓[⑧]等，出行画面中，车辚辚，马萧萧，队伍庞大，涉及人员众多，对研究地方

---

① 秦始皇兵马俑博物馆、陕西省考古研究所：《秦始皇陵铜车马发掘报告》，文物出版社，1998年。

② 南京市博物院、山东省文物管理处：《沂南古画像石墓发掘报告》，文化部文物管理局出版，1956年，图版52；山东博物馆：《沂南北寨汉墓画像》，文物出版社，2015年，第4、58-63、107、116页。

③ 李文信：《辽阳发现的三座壁画古墓》，《文物参考资料》1955年第5期。

④ 南京博物院：《徐州青山泉白集东汉画象石墓》，《考古》1981年第2期。

⑤ 徐州博物馆：《江苏徐州佛山画像石墓》，《文物》2006年第1期。

⑥ 于炳文：《汉代朱辖轺车试考》，《考古》1998年第3期。

⑦ 内蒙古自治区博物馆文物工作队编：《和林格尔汉墓壁画》，文物出版社，1978年，第20页。

⑧ 河北北省文物研究所：《安平东汉壁画墓发掘简报》，《文物春秋》1989年增刊；《安平东汉壁画墓》，文物出版社，1990年。

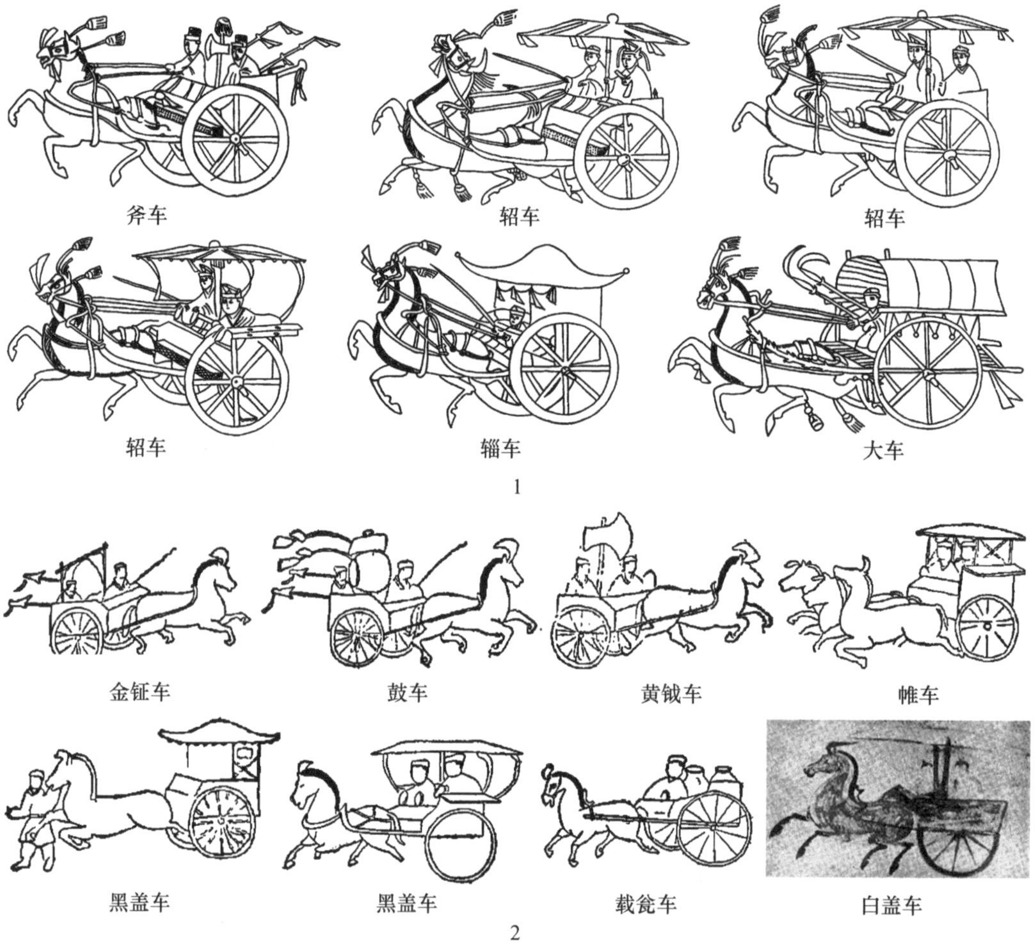

图四-139 汉代画像石画像及壁画中的马车图

1. 山东沂南北寨东汉画像石墓出土 2. 辽宁辽阳三座东汉壁画墓出土

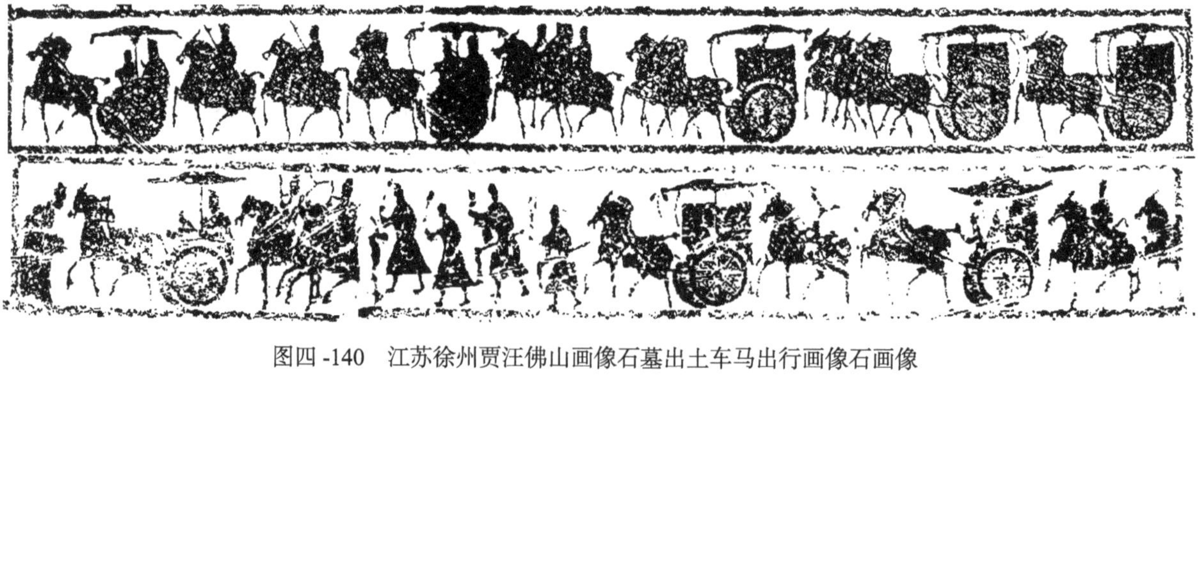

图四-140 江苏徐州贾汪佛山画像石墓出土车马出行画像石画像

官吏或豪强地主的出行提供了重要的参考，汉代画像石或画像砖的画像中，家庭成员乘坐马车出行的例子更是比比皆是，限于篇幅，不再一一列举。考古发现的真马车也较多，山东临淄齐王墓陪葬坑出土的二号车为驷马安车，四号车为小轺车[①]，曲阜九龙山汉墓出土的车基本都属安车[②]，长清双乳山 M1 的一号车为死者生前长期乘坐的轺车[③]；河北鹿泉高庄 M1 出土的二号车为安车，三号车为辎车[④]；江苏徐州狮子山西汉楚王墓陪葬坑 K5 出土的车为四马拉引，前端有两长车把，车厢为竖长方形，上有盖，中间有一横杆支撑，横杆的两端及中部各有一折页[⑤]。

2. 其他出行车辆

种类较多，以畜力牵拉为主，也有人力拉的车或推的车。

（1）驼车

河南密县（今新密市）出土东汉画像砖上有相关画像，为二骆驼拉车前行，车上面张着伞盖，后有乘者一人，似为胡人，前有御者一人，手中拉着四条缰绳[⑥]（图四 -141：1）。

（2）牛车

载人之车多以马拉引，拉货则多为牛车，也可供人乘坐，一般为女性乘坐，在一些等级不高的家庭中，男性也可能乘坐牛车。另外还有特殊情况，史载西汉初，“自天子不能具醇驷，而将相或乘牛车。”[⑦]江苏睢宁县双沟出土牛耕画像石画像中的牛车是用来运送货物的[⑧]，而铜山洪楼汉墓前室后壁门南画像中的牛车则是供人乘坐的[⑨]。辽宁省辽阳三道壕窑业第四现场东汉墓壁画中有牛拉的輧车，有一人持鞭赶牛，另一人执杖夹毂从行，车内所坐为家庭的女主人[⑩]（图四 -141：2）。广东广州黄花岗东汉墓中的 M3 出土 1 件牛车（M3：72），车厢前部端坐一俑，作持绳赶车

① 山东省淄博市博物馆：《西汉齐王墓随葬器物坑》，《考古学报》1985 年第 2 期。

② 山东省博物馆：《曲阜九龙山汉墓发掘简报》，《文物》1972 年第 5 期。

③ 山东大学考古系、山东省文物局、长清县文化局：《山东长清县双乳山一号汉墓发掘简报》，《考古》1997 年第 3 期。

④ 河北省文物研究所、鹿泉市文物保管所：《高庄汉墓》，科学出版社，2006 年。

⑤ 耿建军：《徐州市羊鬼山西汉墓陪葬坑》，中国考古学会编：《中国考古学年鉴 · 2005 年》，文物出版社，2006 年，第 170-172 页。

⑥ 魏殿臣：《汉代骆驼御车空心画像砖》，《史学月刊》1984 年第 1 期。

⑦ （东汉）班固撰，（唐）颜师古注：《汉书 · 食货志》，中华书局，1962 年，第 1127 页。

⑧ 仝泽荣、武利华、田忠恩、陈剑彤：《睢宁汉画像石》，山东美术出版社，1998 年，第 62、63 页，图 24。

⑨ 王德庆：《江苏铜山东汉墓清理简报》，《考古通讯》1957 年第 4 期。

⑩ 李文信：《辽阳发现的三座壁画古墓》，《文物参考资料》1955 年第 5 期。

图四 -141　汉代的驼车、牛车、羊车、独轮车与人拉车

1. 河南密县出土东汉画像砖上的骆驼拉车　2. 辽宁省辽阳三道壕窑业第四现场东汉墓壁画中的牛拉軿车
3. 广东广州黄花岗东汉 M3 出土陶牛车（M3：72）　4. 山东苍山画像石墓前室东壁横额画像中的羊拉车图
5. 江苏徐州贾汪佛山画像石墓甬道东壁上的独轮车画像　6. 江苏徐州贾汪北部出土画像石上的人拉车画像

状，前有陶牛作用力前行状[①]（图四 -141：3），也应是供人乘坐的牛车。甘肃武威磨咀子出土三组木牛车，车内还有粮食残迹[②]，表明牛车是用来拉粮食的。

（3）驴车

资料不多，主要用于拉货或作他用。汉代，驴逐渐成为家庭饲养的家畜之一，而且也开始用其进行生产，并会用来拉车。《后汉书 · 灵帝纪》载：灵帝“又驾四驴，帝躬自操辔，驱驰周旋，京师转相放效。”[③]《太平御览 · 兽部》载：“《风俗通》曰：‘灵帝于宫中西园驾四白驴，躬自操辔，驱驰周旋，以为大乐，于是公卿贵戚转相仿。’”“《汉志》曰：‘灵帝驾四驴，亲自操辔。’”[④]由此可见，至迟东汉晚期，已开始用驴拉车了。

（4）羊车

羊的力量及耐心较之马、牛、驴等有所逊色，很少用来拉车。但“羊”字在汉代与“祥”字相通，也会被一些人用来拉车，而且还被赋予吉祥的含义。山东苍山画像

① 广州市文物考古研究所：《广州黄花岗汉唐墓葬发掘报告》，《考古学报》2004 年第 4 期。
② 甘肃省博物馆：《武威磨咀子三座汉墓发掘简报》，《文物》1972 年第 12 期。
③（南朝宋）范晔撰，（唐）李贤等注：《后汉书》，中华书局，1965 年，第 346 页。
④（北宋）李昉、李穆、徐铉等：《太平御览》，中华书局，1960 年，第 3998 页。

石墓前室东壁横额画像中，车骑队伍后端有一羊拉车（图四 -141：4）；滕州市桑树镇大郭村出土的一块画像石上也有牛、羊共同拉车的内容[①]。需作说明的是，与羊车有关的内容大多发现于墓葬之中，这或许与丧葬思想、需求等有关，也在一定程度上说明，汉代，羊车在现实生活中没有，至少是极少有使用，但在南朝时，一些等级高人员则有的会乘坐羊车。

（5）独轮车

山地丘陵地带出土的汉代画像石画像中较常见。江苏徐州铜山茅村东汉画像石墓中室南壁画像右侧有一推独轮车者[②]，徐州贾汪佛山画像石墓甬道东壁画像上格为一人扛锄坐在独轮车上休息[③]（图四 -141：5）。大致来看，独轮车对应的使用者身份地位较低，多为劳动者，而他们多在生产及运输出行时使用独轮车。

（6）人拉车

江苏徐州贾汪北部出土一块画像石上还有人拉车画像，画面中一抱盾躬迎者，其面前为二导引，随后一人两手拉车，车上坐一人手持便面，车后还有二人跟随[④]（图四 -141：6）。虽然少见，但也反映出当时相关家庭成员用车出行的内容。

3. 编舆

又称肩舆、辇、轿，由人肩抬，秦代之前已经出现，秦汉时期得到推广。皇室或王室宫中的后妃多以小辇代步，辇上装饰銮铃等。民间老年人或家庭中出行不便者，多用板舆，构造大致是四尺左右的方木，前后以皮为攀，便于人抬。西南少数民族地区的编舆是用藤或竹编成筐状，由四人肩抬，又称篼舆或竹举，云南晋宁石寨山汉墓出土铜器上即有编舆图像[⑤]。

4. 骑乘

秦汉时期，马用于骑乘已较为普遍，不仅一些游牧民族，中原地区亦较常见。考古发现的骑马俑，壁画与画像石画像中诸多骑马人员等均说明了这一点。汉代壁画或画像中，有一些单马拴系于树旁的画像，大多是马背有鞍具障泥，体现出与出行有关的内容。通观两汉时期骑乘之马，基本都有鞍及相关设施，但无镫。驴亦可骑乘，《太平御览・兽部》载：东汉灵帝“养驴数百头常自骑之，駈（驱）驰遍京

---

① 中国画像石全集编辑委员会编：《中国画像石全集・第 2 卷・山东汉画像石》，山东美术出版社，2000 年，第 196 页，图版二〇四。

② 王献唐：《徐州市区的茅村汉墓群》，《文物参考资料》1953 年第 1 期。

③ 徐州博物馆：《江苏徐州佛山画像石墓》，《文物》2006 年第 1 期。

④ 杨孝军：《徐州新征集的汉画像石研究》，《东南文化》2009 年第 4 期。

⑤ 云南省博物馆考古发掘工作组：《云南晋宁石寨山古遗址及墓葬》，《考古学报》1956 年第 1 期。

师。”[①]骆驼是沙漠地区重要的交通运输工具，秦汉之前已引入中原，但并未得到普及。汉代，一些地区以骆驼作为骑乘的交通工具，山东长清孝堂山石祠堂画像石的车马出行图中，有二人坐于骆驼背上[②]，江苏徐州茅村东汉墓前室北壁画像左侧也有骑骆驼者[③]，另在鲁南、豫南、陕北等地石刻画像中也有骆驼形象，有的还用于乐舞杂技表演之中，四川新都县（今成都市新都区）汉画像砖上的骆驼，背上两峰之间树一建鼓，鼓饰羽葆，两侧各有一个击鼓人[④]。牛、羊、鹿等也可能用于骑乘，但并不普及，江苏徐州铜山台上出土的一块画像石上所刻大树下，有一人乘羊[⑤]。就羊、鹿来讲，或许也是丧葬中理想化的吉祥追求，现实生活中没有或极少有骑乘羊、鹿者。

（二）水路交通工具

这一时期，水路交通主要为内河和海路航运两种，交通工具统称为船。船的种类有舟、舸、舫、艇等，等级较高人员乘坐的船有宴游使用的楼船等，有的家庭从事运输也会使用形体较大、结构复杂的船。西汉时期，内河船以桨代舵，东汉时的船则已有舵和锚，而一般家庭尤其是等级不高的家庭，使用的船只一般较小，结构简单，而且很多还使用独木舟。这一时期，为适应航运需要，很多有船航运的地区还有造船场地，有些地区造船场地规模较大，形成造船基地。内河航运的造船基地有长安昆明池，长江上游的巴蜀，长江中游的浔阳、洞庭湖、豫章（今南昌），长江下游的吴越等地，一些地区所造船只规模较大，甚至可载万人以上。航海造船基地中，北方主要是山东，南方则是广州。除具有相应规模，具有专门性的造船厂或场地及造船基地外，一些家庭也会独立制造船只，或是几个家庭形成组合共同制造船只，而就等级不高的家庭来讲，制作的船只一般不大，形制简单，多数是用来运输家庭生产物品、少量货物等，也会用于人员运输。

从家庭的出行来看，水路运输是出行内容的一种形式，还有家庭成员乘坐船只到他处，亦是出行，而乘坐船只进行相关生产活动在一定程度上也可视作出行的内容。考古资料中既有秦汉时期船只的实物出土，也有较多模型器物，而汉代壁画、画像，尤其是画像中多见船只，这些资料可在一定程度上体现出秦汉时期家庭在水路交通方面的出行内容。1975 年江苏武进万绥发现一艘汉代弧形木船，由底板、两

① （北宋）李昉、李穆、徐铉等：《太平御览》，中华书局，1960 年，第 3998 页。

② 罗哲文：《孝堂山郭氏墓石祠》，《文物》1961 年第 4、5 期。

③ 徐州博物馆：《徐州汉画像石》，江苏美术出版社，1985 年，图 56。

④ 四川省博物馆：《四川新都县发现一批画像砖》，《文物》1980 年第 2 期。

⑤ 徐州博物馆：《徐州汉画像石》，江苏美术出版社，1985 年，图 177。

侧舷组成，船底为一块略呈弧度的长木板，两侧以木榫连接船舷，船舷是用独木剖而为二，底板和船体全部用木榫严密相接[①]，该船很可能与运输物品有关。福建连江浦口山堂出土的一艘西汉独木舟[②]、江苏如东汤园发现的一艘东汉独木舟[③]、广东化州石宁发现的六艘东汉独木舟[④]等，基本属于普通家庭，而且多服务于家庭的生产，一些则与家庭生活及出行有关，如化州石宁出土的六艘东汉独木舟，是该地居民制作和使用的独木舟，主要用于渔业采捕等。墓葬出土的模型器物中，湖南长沙出土的16支桨架汉代木船模型[⑤]、湖北江陵凤凰山M168出土木船的模型[⑥]，广东省广州西村皇帝岗汉墓出土的木船模型[⑦]与先烈路东汉墓出土陶船模型[⑧]等，可能与货物运输、生产及生活出行均有关系。另如广州市黄花岗东汉M3出土陶船模型（M3∶69），船体呈长条形，首尾狭，翘起，中部宽，平底，中部设拱形篷盖，篷下两侧船舷上平出撑篙的走道，船首、尾各有二俑，船首一俑头扎巾，双手作持桨状，前置一圆钵，另一俑头戴冠，立于篷前向后张望，船尾二俑前后坐立，似在划桨，舱板上置一钵一勺，船尾右侧舷上残存有立柱，可能原为桨架[⑨]（图四-142）。从船的形制、规模及构造设施来看，船相对简单，再结合船上的四个陶人俑，一人头扎巾手持桨，二人划桨，而另一人则头戴冠作站立状，体现出等级地位的差别，船上未见货物堆积，推测这应是运送人员的船只，反映出相应等级不高家庭中有关人员出行的内容。而就广州西村汉墓出土的明器木楼船[⑩]与德庆汉墓出土陶楼船模型[⑪]来讲，可能更多地用于人员乘坐或运送乘客，当然也会兼带运输一些货物。汉代画像中的船只多数体现的是生产活动，如江苏睢宁九女墩东汉墓后室门额所刻船只，为捕鱼船，有的两端较尖，底部圆弧，有的则较扁长[⑫]。四川地区出土汉画像砖画像中，还常见有划船捕鱼、采莲等内容，基本和生产活动有关。

---

① 武进县文化馆、常州市博物馆：《江苏武进县出土汉代木船》，《考古》1982年第4期。

② 福建省博物馆、连江县文化馆：《福建连江发掘西汉独木舟》，《文物》1979年第2期。

③ 南京博物院钱锋、李文明：《江苏如东发现古代独木舟》，《东南文化》1987年第1期。

④ 湛江地区博物馆、化州县文化馆：《广东省化州县石宁村发现六艘东汉独木舟》，《文物》1979年第12期。

⑤ 中国社会科学院考古研究所：《长沙发掘报告》，科学出版社，1957年，第154页。

⑥ 湖北省文物考古研究所：《江陵凤凰山一六八号汉墓》，《考古学报》1993年第4期。

⑦ 广州市文管会：《广州皇帝岗西汉木椁墓发掘简报》，《考古通讯》1957年第4期。

⑧ 广州市文物管理委员会：《广州市东郊东汉砖室墓清理记略》，《文物》1955年第6期。

⑨ 广州市文物考古研究所：《广州黄花岗汉唐墓葬发掘报告》，《考古学报》2004年第4期。

⑩ 广州市文物管理委员会、广州市博物馆：《广州汉墓・上册》，文物出版社，1981年，第246页。

⑪ 杨耀林、谭永业：《广东德庆汉墓出土一件陶船模型》，《文物》1983年第10期。

⑫ 李鉴昭：《江苏睢宁九女墩汉墓清理简报》，《考古通讯》1955年第2期。

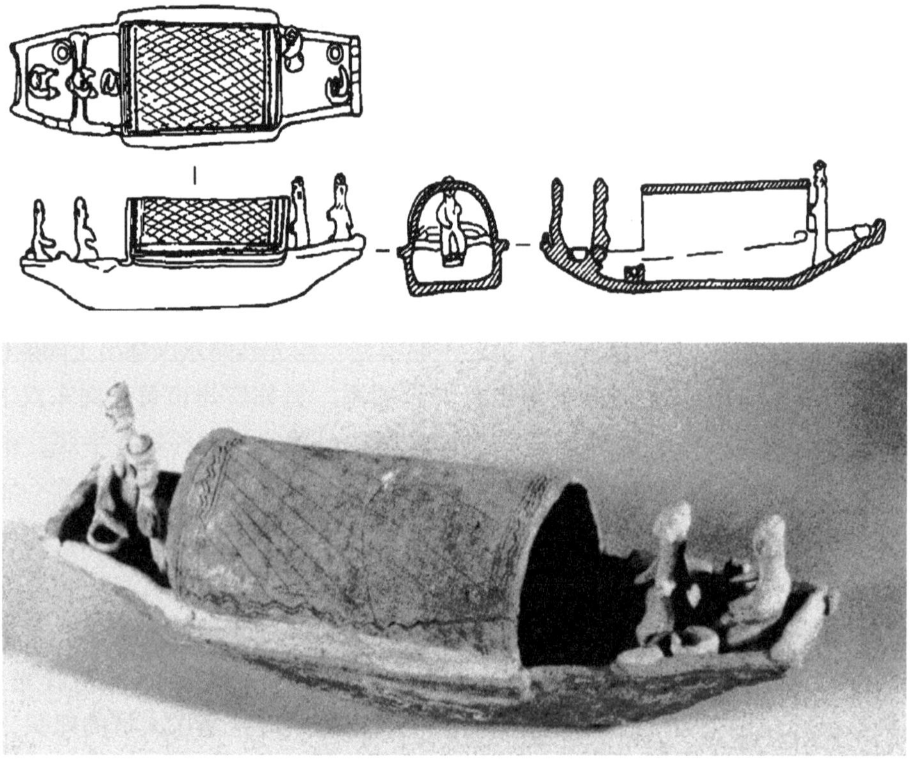

图四 -142　广东广州黄花岗东汉 M3 出土陶船模型（M3：69）

（三）配套内容

秦汉时期，家庭成员的出行或乘坐相关交通工具，或骑乘马匹等，也有徒步行走者。较多的家庭及其成员出行的内容较为丰富，而且是多种不同人员、多种交通工具、多种形式的组合，如较多有相应政治地位、身份等级或经济实力家庭的成员，在出行时有较多的导骑、御者、随从等，相对应的配套设施、物品等十分丰富。

配套设施或物品方面，船只表现得不明显，车马出行队伍则有较多体现，上文叙述马车时所举诸例大多都有反映，体现的配套物品有杖、金吾、便面、拂尘、兵器、旗帜，有的还配有乐器等。其他例子还有很多。江苏徐州铜山茅村散存的车马出行汉画像石画像中，有人执便面，有人握棨戟或扛棨戟①。河北衡水安平逯家庄东汉墓葬壁画中的车马出行图，除大量的车、骑及步行人员等内容外，步行仪仗中相关人员有手持棨戟、弓箭、小旗状便面及背箭箙、举箭、执弓弩、执梃杖和肩扛长矛者，骑吏有执棨戟、怀抱长形物或鞭状物、肩扛弓弩、执金吾者②。江苏泗阳大

① 徐州博物馆：《徐州汉画像石》，江苏美术出版社，1985 年，图 182。

② 河北省文物研究所：《安平东汉壁画墓》，文物出版社，1990 年，第 14-24 页。

青墩西汉泗水王墓，墓道西侧陪葬坑随葬有出行仪仗队伍，除人物俑、马俑和车等外，还见有木虎、木鼓等，可能为乐器构件，另有木质伎乐俑[①]。山东济南章丘危山汉墓陪葬K1出土的陶仪仗队列，除车、马、人外，还有盾、建鼓和击鼓俑等[②]。

除以上物品外，相关内容还体现在一种供车内人上下车的凳几方面，这在汉代画像中多见，类似物品在一些墓葬中也有实物出土。江苏徐州邳州车夫山乡埠上村一座东汉画像石墓的后室东侧壁石画像下格为车马画像，拉车马右前足附近有一凳几，后室西壁画像石画像下格的马车前有多人，其中一执盾躬身相迎者的身前也有一件供乘车者下车的几[③]。配套的内容还有家庭中饲养的狗，四川地区出土的画像砖画像中有部分车马出行图中配一小狗，随车马奔跑，生活气息较浓，如邛崃出土的车马出行画像砖画像，为一马拉车，多人随从，车内坐夫人和小孩，马的右前侧有一只奔跑的小狗[④]。

另外，从相关角度看，狩猎也属于家庭出行的内容之一，除骑乘的车马外，还有较多与狩猎有关的工具，如网、罩、各类兵器等等，亦属于配套的内容。这在较多汉代墓葬壁画及画像石画像中均有体现，且例子较多。较典型的如江苏徐州市邳州青龙山东汉彭城相缪宇墓出土的狩猎画像[⑤]及陕西西安理工大学壁画墓的狩猎、车马出行等场景[⑥]，涉及的狩猎工具十分丰富，结合其他壁画或画像来看，配套的猎狗、鱼鹰等也较常见。

综合来讲，与秦汉时期家庭出行相关的物质内容较为丰富多样，道路、河渠、桥梁的修建或开挖为交通和出行提供了良好的基础，交通工具又使得家庭出行的形式和内容更趋多样化，众多配套设施或内容进一步促进了有关内容的完善与发展。除上述内容外，秦汉时期还在地图制作方面取得较大成绩，对于家庭出行及交通也有较大帮助。这一时期的地图较多应用在社会政治、经济、军事等方面，主要有军用地图、地形图、路线图、城防图等不同种类，对于一些高等级的贵族官吏家庭来讲，相关地图也与家庭出行存在一定的关系。湖南长沙马王堆西汉M3出土三幅绘制在丝帛上的地图，其中的地形图，山脉采用水平山形线，并附加晕线来表示山体的范围和走向，有的还加鱼鳞状的陡崖符号，河流均为上游粗、下游细的描绘法，弯曲自然、准确，其中9条注有名称，有80多个居民点，分县、乡两个不同等级

---

① 江苏省大青墩汉墓联合考古队：《泗阳大青墩泗水王陵》，《东南文化》2003年第4期。

② 王守功、崔圣宽：《章丘市危山汉代陪葬坑》，中国考古学会编：《中国考古学年鉴·2003年》，文物出版社，2004年，第217、218页；房道国、王善荣、孙涛：《济南危山汉兵马俑坑发掘纪实》，《大众考古》2015年5期。

③ 郝利荣：《邳州车夫山汉画像石墓初步研究》，《东南文化》2006年第2期。

④ 高文主编：《中国巴蜀新发现汉代画像砖》，四川美术出版社，2016年，第48页。

⑤ 南京博物院、邳州博物馆：《东汉彭城相缪宇墓》，《文物》1984年第8期。

⑥ 西安市文物保护考古所：《西安理工大学西汉壁画墓发掘简报》，《文物》2006年第5期。

符号绘制，另外还对交通线有较详细的标示，该地图具备了地图的基本要素，测量技术较为准确，能够较准确地按比例绘制地图及在地图上应用图例等，对于当时此地的交通来讲，意义重大[①]。马王堆M3的墓主为第一代轪侯利仓的儿子，有可能为下一代轪侯利豨或其兄弟[②]，与其父亲均在西汉长沙国当官和生活，死后也与父母葬于长沙国都城附近，相关地图可能与墓主生前的政治职务有关，但也会服务于其家庭出行等方面，这与其身份地位较高有关。

第五节　秦汉家庭生活的其他物质内容

除衣、食、住、行外，秦汉时期家庭生活的物质内容还体现在乐舞百戏、医疗保健、休闲娱乐、文化教育、宗教迷信等多个方面，使得秦汉家庭的生活内容更为丰富、多样和全面。与衣食住行等物质生活内容一样，上述诸方面的物质内容也较为多样，并从不同方面促进着秦汉家庭的发展和延续。当然，这些家庭生活的物质内容也存在相应的时代性、地域性及等级性，并与家庭的经济实力、职业属性等存在较密切的关系。

一、乐舞百戏

秦汉时期，乐舞百戏在继承前代基础上获得较大发展，宫廷及民间均较兴盛，这涉及诸多家庭娱乐生活的较多物质内容。就秦汉时期乐舞百戏的发展来看，具体表现在：①乐器种类繁杂，使用者较多；②歌舞丰富多样，时代特征突出；③百戏获得超越前代的大发展，种类极为丰富。乐舞百戏的内容或独立存在，或形成组合，涉及家庭众多，地域、时代不同，等级、地位有别，除贵族家庭较为普遍外，地方官僚地主家庭亦十分普及，即使平民百姓家庭也会存在，综合反映出与秦汉家庭相关乐舞百戏的繁荣发展及家庭生活的丰富和多样性。

（一）听音赏乐

秦汉时期，中央设立乐府，是在皇家庆典和祭祀时负责音乐的官署机构。秦始皇帝陵西侧内外城垣间的一号建筑遗址内发现一件错金银铜钟，饰有蟠螭纹、流云纹、云雷纹、蟠虺纹等，口部内侧有四条调音带，带上均有错痕数道，说明已调过

---

① 马王堆汉墓帛书整理小组：《长沙马王堆三号汉墓出土地图的整理》，《文物》1975年第2期；《马王堆三号汉墓出土驻军图整理简报》，《文物》1976年第1期。

② 湖南省博物馆、湖南省文物考古研究所：《长沙马王堆二、三号汉墓》，文物出版社，2004年。

音，钟钮的一侧刻“乐府”二字[①]，证明秦代已设有乐府，这也与出土秦封泥中的“乐府”、“乐府丞印”等[②]互相佐证。铜钟出土于秦始皇帝陵陵园的相关建筑内，与墓祭有关，陵园内设乐府贮藏乐器和管理乐人，以供陵寝祭祀时奏乐助祭[③]。而就相关乐器和封泥来讲，也从另外一个方面表明，秦代宫廷皇室也有相应设施、乐器和管理人员，而且会在多种场景或场合下奏乐，进而达到皇室家庭及相关成员听音赏乐的生活需求及精神需要。

汉代，乐府获得较大发展，中央所设乐府为宫廷采集音乐，供祭祀、朝贺、巡幸、宴享等服务，这也促使了宫廷雅乐与民间俗乐的有机结合，为古代音乐的发展提供了条件。除中央外，地方诸侯国也设有乐府。江苏徐州市铜山区（原铜山县）后楼山 M8 出土铜轸上即有“司乐府”刻铭[④]，说明楚国在西汉初期即有这一机构。以上表明，汉代朝廷及地方诸侯国设有与音乐有关的专门机构，而这也在较大程度上满足了帝王家庭及其成员对听音赏乐的需求。列侯及其他贵族、中央与地方官吏、各级地主等的家庭虽不一定有专门的乐府类机构，但多数会有相关的乐器、人员、管理者及有关制度等，江西南昌西汉海昏侯刘贺墓的外藏设施中，不仅有乐车库，还有专门的乐器库[⑤]，一些家庭在举行相关活动时，会由乐队或乐者演奏音乐。列侯及其他贵族家庭、中央官吏家庭、地方官吏家庭及豪强地主家庭往往会有家庭自己的乐队，《后汉书・仲长统传》载：“豪人之室，连栋数百，……倡讴伎乐，列乎深堂。”[⑥]相关内容在汉代墓葬画像、壁画中体现得更为丰富，迎宾送客、宴宾请客等较多家庭活动都有乐队表演。相关墓葬还出土有成套的乐舞俑，西汉诸侯王墓如江苏徐州驮篮山楚王墓[⑦]、徐州北洞山楚王墓[⑧]、徐州小龟山楚王墓[⑨]等皆发现相当数量，且均成组合，该地区的一些中型西汉墓葬也有发现，如徐州市东北郊的顾

---

① 陕西省考古研究所、秦始皇兵马俑博物馆：《秦始皇帝陵园考古报告（1999 年）》，科学出版社，2000 年，第 12 页。

② 周晓陆、路东之：《秦封泥集》，三秦出版社，2000 年，第 136-138 页。

③ 袁仲一：《秦始皇陵考古发现与研究》，陕西人民出版社，2002 年，第 504-506 页。

④ 徐州博物馆：《江苏徐州市后楼山八号西汉墓》，《考古》2006 年第 4 期。

⑤ 江西省文物考古研究所、南昌市博物馆、南昌市新建区博物馆：《南昌市西汉海昏侯墓》，《考古》2016 年第 7 期。

⑥ （南朝宋）范晔撰，（唐）李贤等注：《后汉书・仲长统传》，中华书局，1965 年，第 1648 页。

⑦ 邱永生、徐旭：《徐州市驮篮山西汉墓》，中国考古学会编：《中国考古学年鉴・1991 年》，文物出版社，1992 年，第 173、174 页。

⑧ 南京博物院、铜山县文化馆：《铜山龟山二号西汉崖洞墓》，《考古学报》1985 年第 1 期；尤振尧：《〈铜山龟山二号西汉崖洞墓〉一文的重要补充》，《考古学报》1985 年第 3 期；徐州博物馆：《江苏铜山龟山二号西汉崖洞墓材料的再补充》，《考古》1997 年第 2 期。

⑨ 徐州博物馆、南京大学历史学考古专业：《徐州北洞山西汉楚王墓》，文物出版社，2003 年。

山西汉墓[①]等。其他地区的汉墓如河南济源市桐花沟十号汉墓，出土有成套的乐舞杂技、倡优俑，其中M10：16为吹箫俑，M10：19为吹笛俑，M10：20为歌唱俑，另有一件妇人俑（M10：21），与吹奏俑、歌唱俑的姿势接近，双手上举前伸[②]（图四-143），也可能为乐俑。歌唱俑在其他一些汉代墓葬也有发现，并与吹奏、弹、敲等动作的演奏者一起，共同构成了音乐演奏的场面。类似的歌唱者在汉代墓葬壁画或画像中也有较多展现，相关人员或站立高歌，或跽坐歌唱，体现出一些家庭在举行有关活动时奏乐与歌唱的场景。

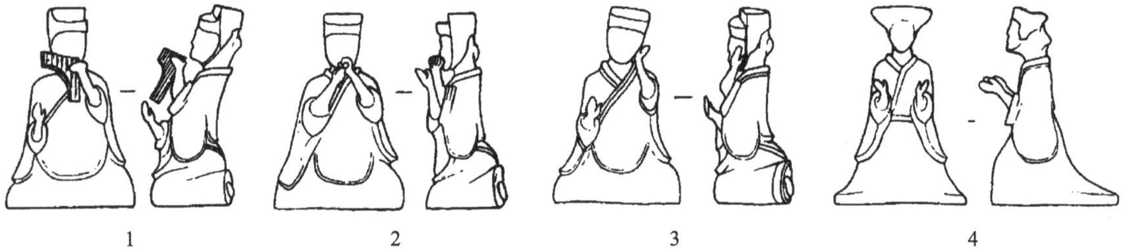

图四-143　河南济源市桐花沟十号汉墓出土乐俑
1. M10：16　2. M10：19　3. M10：20　4. M10：21

秦汉家庭及其成员听赏音乐与社会的全面发展及家庭的需求有着密切关系，而乐器也是促进其发展的重要因素。秦汉时期尤其是汉代，乐器种类较多，主要包括打击乐器、管乐器、弦乐器三种，每一种之中又有很多的具体乐器，另有其他乐器。相关乐器既有出土的实物或明器，还有很多会与陶俑相搭配，形成组合，壁画或画像石（砖）中亦多有图像。山东章丘洛庄西汉墓，墓外的14号坑为乐器坑，其内发现相关遗物140余件，北部出土有木质琴、瑟及骨管、骨环等乐器，放置于一木架之上；中部偏北方向有大量木制品痕迹及较多铜质乐器，主要有錞于、钲、铃、鼓等；中南部清理出编钟一套19件，编磬6套107件，另有瑟、铃铛等，伴出的还有一些木质乐舞俑[③]（图四-144）。山东临淄西汉齐王墓3号陪葬坑出土有铜錞于、甬钟等[④]。河北省石家庄小沿村西汉墓出土有铜铃及铃架[⑤]。江苏徐州北洞山西汉楚王墓出土铜铃、石磬11件、陶瑟、排箫等[⑥]。广东广州西汉南越王墓出土有

① 徐州博物馆：《江苏徐州顾山西汉墓》，《考古》2005年第12期。

② 河南省文物考古研究所：《河南济源市桐花沟十号汉墓》，《考古》2000年第2期。

③ 济南市考古研究所、山东大学考古系、山东省文物考古研究所、章丘市博物馆：《山东章丘市洛庄汉墓陪葬坑的清理》，《考古》2004年第8期。

④ 山东省淄博市博物馆：《西汉齐王墓随葬器物坑》，《考古学报》1985年第2期。

⑤ 石家庄市图书馆文物考古小组：《河北石家庄市北郊西汉墓发掘简报》，《考古》1980年第1期。

⑥ 徐州博物馆、南京大学历史系考古专业：《徐州北洞山汉墓发掘简报》，《文物》1988年第2期；《徐州北洞山西汉楚王墓》，文物出版社，2003年。

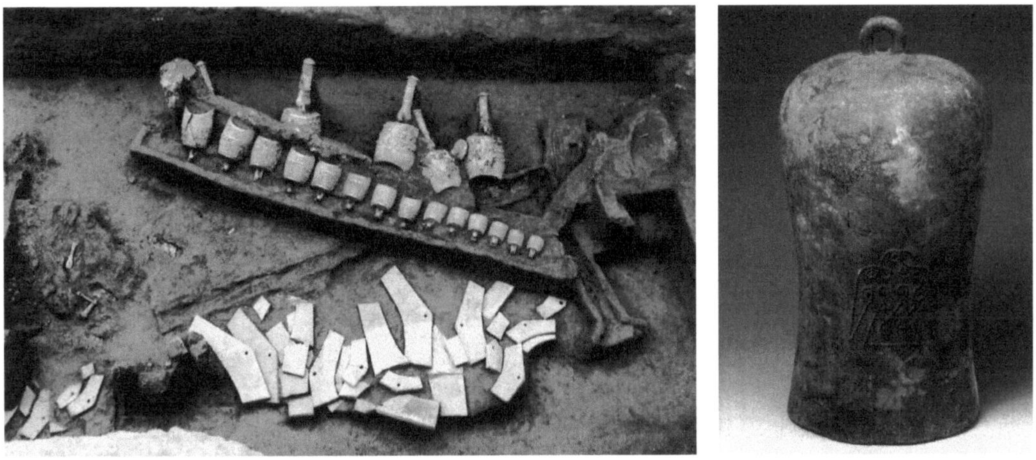

图四 -144　山东章丘洛庄汉墓 14 号陪葬坑中编钟、编磬出土情况及出土的铜錞于

乐器，其中东耳室内出土成套的铜钮钟、甬钟、勾鑃及石编磬，并有对应的木棰出土，另外还出土有漆琴、漆瑟等，西耳室出土有木琴和木瑟等[①]。江苏盱眙大云山西汉 M1 出土乐器有錞于、钲、铃铛、枘、编钟、编磬等[②]。江西南昌西汉海昏侯刘贺墓出土乐器有编钟、錞于、铙等[③]（图四 -145）。较多中小型墓也出土有乐器，质地包括陶、铜、铁、铅锡、原始瓷、漆、木、骨、角等，单体墓葬出土数量、种类较少，但整体数量多，种类丰富，所体现墓主身份等级较多样，同时还存在时代、地域等方面的差异和区别等，对研究相关墓主家庭的乐器使用、音乐享受情况等具有重要的参考价值。

打击乐器主要有钟、磬、铎、铙、镈、鼓等，以钟、磬、鼓最多见，而且钟、磬又多成套出现，为编钟和编磬，二者常在一起齐奏或合奏。江苏盱眙大云山西汉 M1（江都王墓）出土编磬及铜编钟各 1 套，3 套明器编钟，编磬由编磬架、琉璃编磬两部分组成，编磬架由横梁、底座（连立柱）、龙纹插饰构成，磬倨句明确，鼓股分明，底边弧拱；编钟由编钟架、钮钟、甬钟三部分组成，编钟架由横梁、立柱、底座、包首、托架、龙纹插饰构成，钮钟 14 件，甬钟 5 件，均大小相次[④]。江苏徐州市北郊簸箕山西汉宛朐侯刘埶墓（M3）出土一套陶编磬，形体较小，为明器，上呈倨句，下微弧内收，部分上端两侧抹角，表面经过打磨，多露出

① 广州市文物管理委员会、中国社会科学院考古研究所、广东省博物馆：《西汉南越王墓》，北京：文物出版社，1991 年；广州象岗汉墓发掘队《西汉南越王墓发掘初步报告》，《考古》1984 年第 3 期。

② 南京博物院、盱眙县文广新局：《江苏盱眙县大云山西汉江都王陵一号墓》，《考古》2013 年第 10 期。

③ 江西省文物考古研究所、南昌市博物馆、南昌市新建区博物馆：《南昌市西汉海昏侯墓》，《考古》2016 年第 7 期。

④ 南京博物院、盱眙县文广新局：《江苏盱眙县大云山西汉江都王陵一号墓》，《考古》2013 年第 10 期。

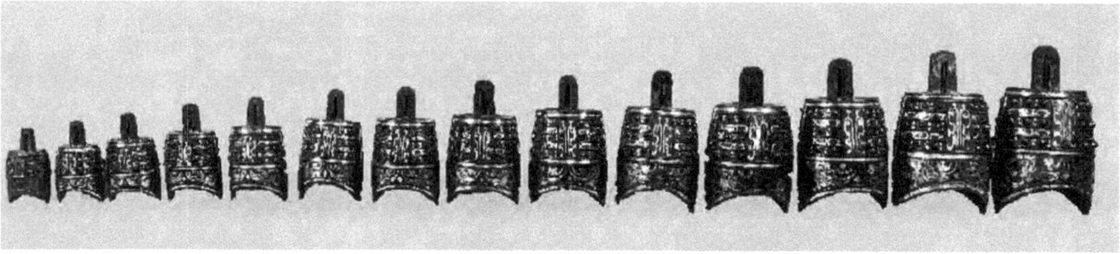

1

2

3

图四一 145　江西南昌西汉海昏侯刘贺墓出土乐器

1. 钮钟　2. 甬钟　3. 钟簴

气泡，似以残陶器改制而成，股、鼓相交处有一圆孔，孔比较直，一端有崩出痕迹[①]。编钟、编磬在西汉早中期较为常见，且使用者的身份地位较高，西汉中晚期逐渐趋于衰落和减少。鼓有较多种类。大者为建鼓，山东章丘洛庄西汉墓乐器陪葬坑出土有建鼓，该鼓还附带 4 小鼓[②]。汉画像石中常见建鼓图案，一般是下有座，座上有一高直杆，鼓位于座上杆下部，呈横长状，两侧有鼓面，可敲击，杆顶部有盖，盖及鼓之间饰羽葆等。江苏徐州铜山洪楼东汉墓葬外祠堂画像石画像中的建鼓下为方形座，座有四足，中部有凸起，杆插在凸起物的中部，杆下部为一鼓，鼓上杆的两侧饰三组羽葆，最上为一伞形盖，有两人执槌作击鼓状[③]。山东微山两城

① 徐州博物馆：《西汉宛朐侯刘埶墓发掘简报》，《文物》1997 年第 2 期。

② 济南市考古研究所、山东大学考古系、山东省文物考古研究所、章丘市博物馆：《山东章丘市洛庄汉墓陪葬坑的清理》，《考古》2004 年第 8 期。

③ 徐州博物馆：《徐州汉画像石》，江苏美术出版社，1985 年，图 77。

乡出土画像石画像中，鼓上饰云纹等纹饰，杆上伞形盖，有两人骑虎执槌击鼓[①]。广西贵县罗泊湾西汉 M1 出土 2 件木鼓腔，鼓皮均腐朽不存，1 件用一段圆木挖空制成，残存鼓皮髹黑漆，1 件鼓腔基本完整，呈椭圆形，中部外鼓，鼓面、鼓底同大，可两面敲击，上下两端布满钉孔，腹侧有对称的铺首衔环[②]。另外还有鼗鼓和鼙鼓等形体不大者。鼗鼓是在一根木柄上冠以 1-3 个小鼓，鼓腔两侧系有垂耳，摇动鼓柄，垂耳击打鼓面发出声响，河南南阳汉墓（图四 -146：1）及南阳王寨汉墓（图四 -146：2）等均有手摇鼗鼓的画像，另有人吹奏乐器和击铙、击镈钟的内容[③]。鼙鼓一般较扁，便于携带和敲击，四川成都市新都区、郫都区宋家林出土俳优俑所挟持的小鼓应为鼙鼓[④]。另有鞞鼓，可置于地上进行敲击，河南南阳市英庄东汉墓的墓门北门楣背面画像中，有一人跽坐，面前置一鞞鼓，左手执桴敲击，另外还有击鼓、吹奏等内容[⑤]（图四 -146：3）。铎、铙、镈相对少见，河北定县北庄 M1 出土铜铎，器身扁圆，上置一圆柱形柄，柄中腰有带状凸弦纹一周，器身两面有枚[⑥]（图四 -146：4）；河南南阳汉墓出土画像石中刻一人右手执铙，左手持物击铙[⑦]；山东沂南北寨东汉墓中室东壁上横额画像中部偏左上有架悬镈，一人正在执物撞击[⑧]（图四 -146：5）。

管乐器主要包括笙、竽、笛、排箫、埙、篪等，笙、竽、笛、排箫等较常见，而且很多是配合使用，这在乐舞画像石中常有发现，如江苏徐州铜山苗山东汉墓[⑨]（图四 -147：1-7）、徐州睢宁县墓山东汉 M1[⑩]（图四 -147：8、9）等出土画像石画像中的奏乐场面，有击鼓者，有吹笙竽、排箫者，人员多，场面大，苗山出土画像石画像中还有伴唱、伴舞及击掌者等等。吹笙的形象在画像石画像中多见，睢宁墓山 M1 出土画像石画像中即有一人跽坐吹笙。竽外形与笙相近，但形体较大，山东沂南北寨东汉画像石墓中室东壁上横额的画像中，第三排奏乐者的最左侧者所吹为

---

① 马汉国主编：《微山汉画像石选集》，文物出版社，2003 年，第 42、43 页。

② 广西壮族自治区博物馆：《广西贵县罗泊湾汉墓》，文物出版社，1988 年，第 62-68 页。

③ 王建中、闪修山：《南阳两汉画像石》，文物出版社，1990 年，第 62-67 页。

④ 索德浩、毛求学、汪健：《四川汉代俳优俑——从金堂县出土的俳优俑谈起》，《华夏考古》2012 年第 4 期。

⑤ 南阳博物馆：《河南南阳英庄汉画像石墓》，《中原文物》1983 年第 3 期。

⑥ 河北省文化局文物工作队：《河北定县北庄汉墓发掘报告》，《考古学报》1964 年第 2 期。

⑦ 南阳汉画馆，闪修山、王儒林、李陈广编：《南阳汉画像石》，河南美术出版社，1989 年，第 62、63 页。

⑧ 南京博物院、山东省文物管理处：《沂南古画像石墓发掘报告》，文化部文物管理局出版，1956 年，图版 89；山东博物馆：《沂南北寨汉墓画像》，文物出版社，2015 年；第 50、115 页。

⑨ 王德庆：《江苏铜山东汉墓清理简报》，《考古通讯》1957 年第 4 期。

⑩ 仝泽荣：《江苏睢宁墓山汉画像石墓》，《文物》1997 年第 9 期。

图四 -146　汉代墓葬出土打击乐器画像及相关实物

1-3. 河南南阳出土与打击乐有关的画像（1. 南阳县汉墓出土　2. 王寨汉墓出土　3. 英庄东汉墓墓门北门楣背面画像）

4. 河北定县北庄 M1 出土铜铎　5. 山东沂南北寨汉墓中室东壁上横额画像石画像（局部）

竽，管较高，上饰巾状物[①]。湖南长沙马王堆 M3 出土小竽 2 件，竽斗、嘴、管均木制，斗、嘴涂黑，吹口和斗顶涂黄，管用薄木制作，从长至短依次排列，中间墨绘

① 南京博物院、山东省文物管理处：《沂南古画像石墓发掘报告》，文化部文物管理局出版，1956 年，图版 48、87；山东博物馆：《沂南北寨汉墓画像》，文物出版社，2015 年，第 50、51、115 页。

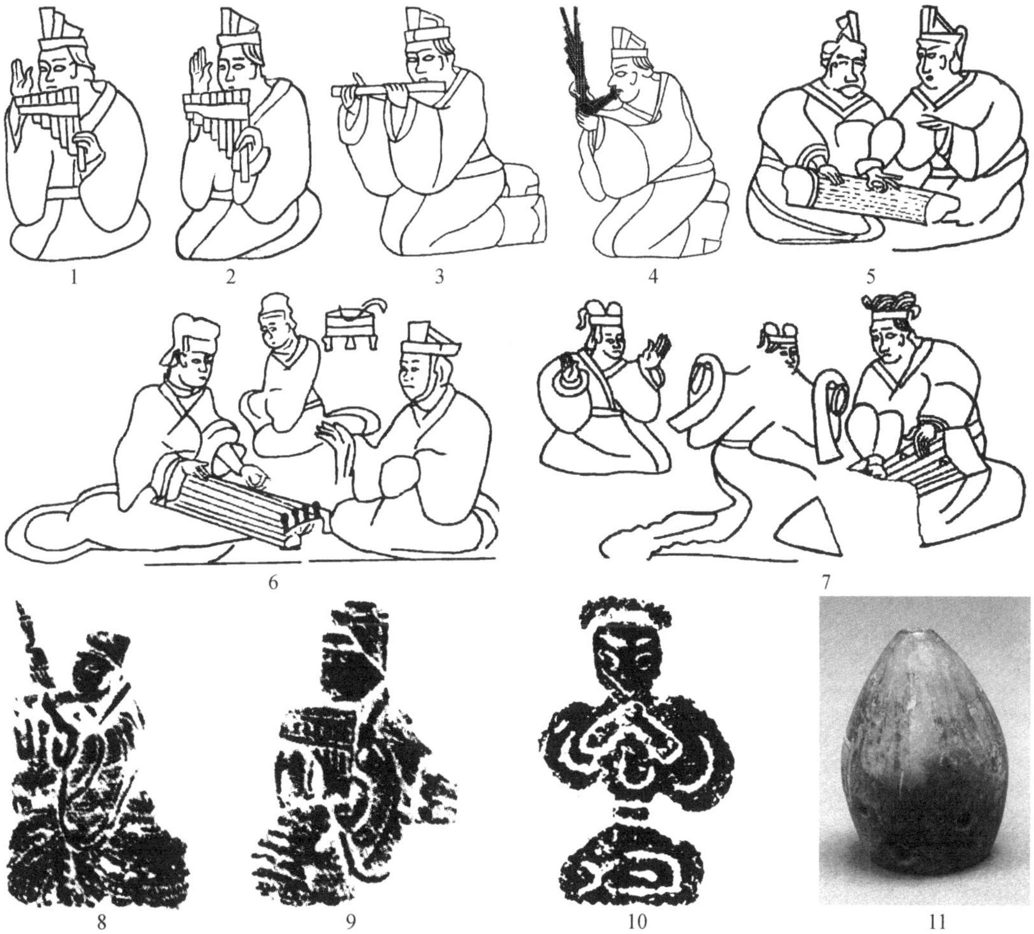

图四 -147　汉代画像中吹奏乐器图像及乐器实物

1-7. 江苏徐州铜山苗山东汉墓出土画像石中的吹弹乐器画像　8、9. 江苏徐州睢宁墓山 M1 出土画像石上的吹乐画像
10. 河南南阳市方城县东关汉墓中的吹埙画像　11. 河南省新乡市博物馆馆藏汉代陶埙

7 个箍；大竽 1 件，竹、木制成，包括竽头、嘴、22 根单管、四组折叠管，另有 10 多个簧片、2 个角质管塞、1 个管撑和若干个篾箍，该竽的出土对了解当时的音律、音阶、调式及乐器制作有重要的价值[①]。湖南长沙马王堆 M1 出土的竽为明器，竹木制成，包括竽头、嘴及 22 根管、1 竽塞，另有竽律 1 套 12 管，下有墨书的十二律吕名称[②]（图四 -148）。笛在汉代较常见，根据形体的长短及吹奏时笛为横置还是竖置的不同可分为横笛和竖笛两种，这在汉代画像、壁画中均有体现。江苏徐州铜山

① 湖南省博物馆、湖南省文物考古研究所：《长沙马王堆二、三号汉墓》，文物出版社，2004 年，第 173-176、183-186 页。

② 湖南省博物馆、中国科学院考古研究所：《长沙马王堆一号汉墓》，文物出版社，1973 年，第 106-110 页。

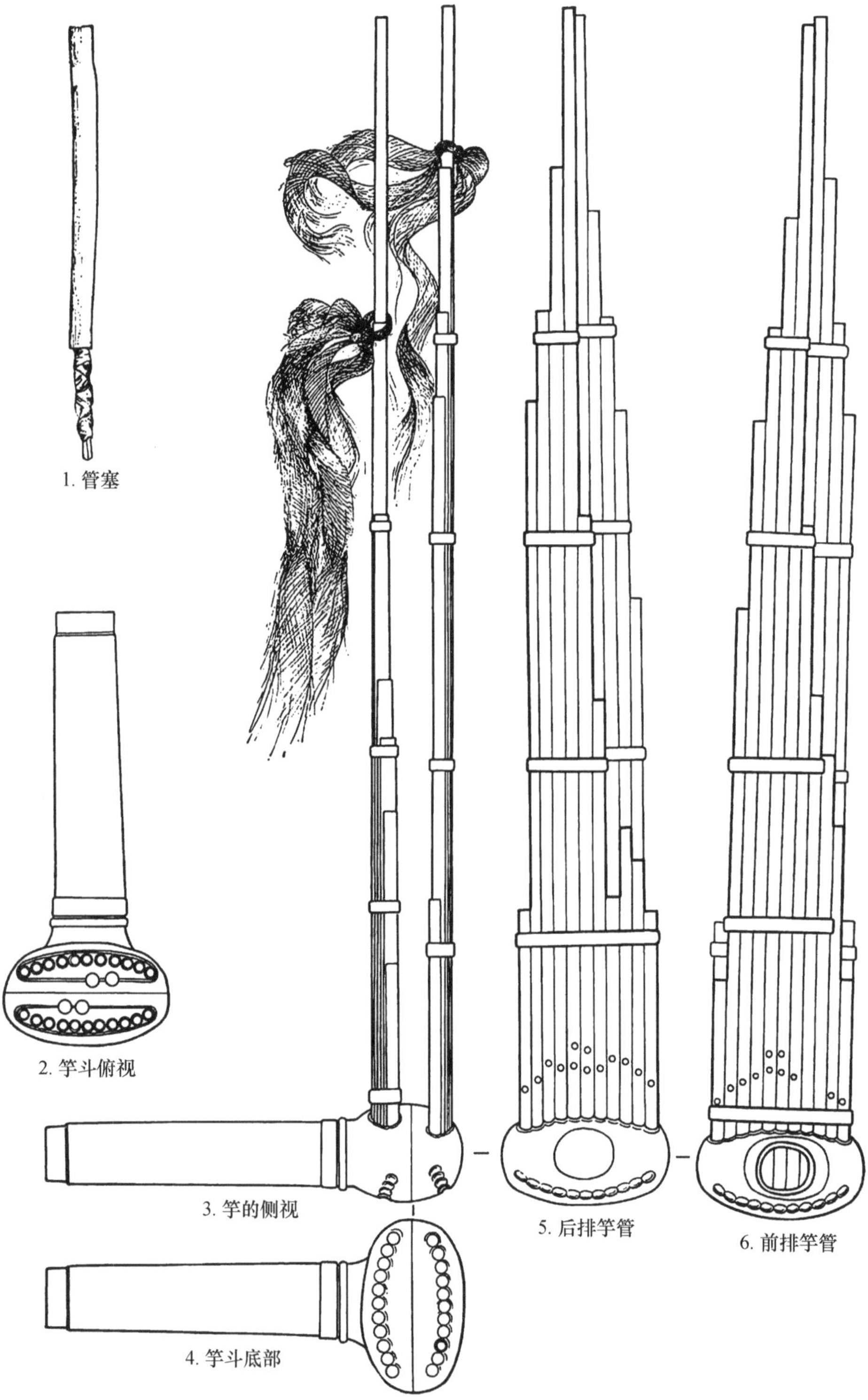

图四 -148　湖南长沙马王堆 M1 出土明器竹竽

苗山东汉墓出土画像石画像中有 1 人吹横笛，徐州贾汪青山泉白集东汉墓中室南壁画像及铜山洪楼东汉墓葬外祠堂画像[①]、四川中江天平梁子崖墓与璧山三号石棺石刻画像[②]等中均有吹奏竖笛的形象。笛的实物也有发现，基本为 7 孔。长沙马王堆 M3 出土 2 支，竹质，一端有竹节封口，一端开口，封口端一侧有长方形吹口，开口一端起依次有 6 个洞眼，后侧开 1 背孔，共 7 孔，6 个洞眼距口越远越小，周围削成平面，估计为横吹，筒音为最低音，依次高 1 度，可吹出 7 个音阶[③]。广西罗泊湾 M1 出土竹笛是用一段带有两个竹节的竹管制成，共开 8 孔，分 4 组，形成长短两段，短段 2 孔，用于吹高音[④]。箫在秦汉时期十分常见，史载周勃“以织薄曲为生，常为人吹箫给丧事”[⑤]，反映出与相关家庭人员有关的内容。箫多为排箫，山东沂南北寨东汉墓出土画像石画像中有一组吹排箫者。其他画像石画像中，吹排箫者的出现率较高，或集中，或分散。埙常见于画像之中，河南南阳市方城县东关出土画像石画像中有吹埙者[⑥]（图四 -147：10），石桥东关汉墓与南阳县汉墓出土画像石画像中也有吹埙者[⑦]。埙实物极少，河南省新乡市博物馆馆藏汉代陶埙，平底略宽，下腹部圆鼓，小口，下腹部有 5 孔[⑧]（图四 -147：11）。篪亦见于画像中，山东嘉祥武氏祠左石室第九石画像中的伍佰所执长短不同的管状乐器，可能为大、小篪[⑨]，四川出土的较多伍伯画像中亦见有类似图像[⑩]，如合江五、六号石棺所刻出行图，五号石棺画像中所执较长，为大篪，六号石棺画像中所执较短，为小篪[⑪]。另在四川成都青杠包 M3 出土画像砖画像中，既有吹埙者，还有吹笳、角者[⑫]。河南南阳英庄东汉墓，墓门北门楣背面画像中有跽坐敲击鞞鼓者，右手执篪吹奏[⑬]。

---

① 徐州博物馆：《徐州汉画像石》，江苏美术出版社，1985 年，图 77。

② 龚廷万、龚玉、戴嘉陵：《巴蜀汉代画像集》，文物出版社，1998 年，图 104、107。

③ 湖南省博物馆、湖南省文物考古研究所：《长沙马王堆二、三号汉墓》，文物出版社，2004 年，第 185、186 页。

④ 广西壮族自治区博物馆：《广西贵县罗泊湾汉墓》，文物出版社，1988 年，第 56、57 页。

⑤（西汉）司马迁撰，（南朝）裴骃集解，（唐）司马贞索引、张守节正义：《史记·绛侯周勃世家》，中华书局，1959 年，第 2056 页。

⑥ 王建中、闪修山：《南阳西汉画像石》，文物出版社，1990 年，图 95、96。

⑦ 南阳汉画馆，闪修山、王儒林、李陈广编：《南阳汉画像石》，河南美术出版社，1989 年，第 58、62、63 页。

⑧ 牛万新主编：《新乡市博物馆馆藏文物图录——〈牧野华章〉展品精选》，新乡博物馆，第 108 页。

⑨ 朱锡禄：《武氏祠汉画像石》，山东美术出版社，1986 年，第 60 页；蒋英炬、吴文祺：《汉代武氏墓群石刻研究》，山东美术出版社，1995 年，第 157 页，该书称该石为“左石室第 10 幅后壁下部小看后壁”；林谦三：《东亚乐器考（中译本）》，音乐出版社，1962 年，第 370 页。

⑩ 龚廷万、龚玉、戴嘉陵：《巴蜀汉代画像集》，文物出版社，1998 年，图 136-143。

⑪ 高文：《四川汉代石棺画像集》，人民美术出版社，1997 年，第 72、75 页。

⑫ 徐鹏章：《成都站东乡汉墓清理记》，《考古通讯》1956 年第 1 期。

⑬ 南阳博物馆：《河南南阳英庄汉画像石墓》，《中原文物》1983 年第 3 期。

弦乐器主要为琴、瑟、筑、筝、琵琶等。瑟的实物和明器陪葬品出土较多。湖南长沙马王堆M1出土瑟较为完整，木制，长1.16、宽0.395米，是为随葬而制作的新瑟，除首尾两端髹黑漆，通体光素，头部有1首岳，尾部有3尾岳和4系弦的木枘，有25根弦，被尾岳分成3组，外九弦和内九弦柱位所形成斜线的斜度较大，所采用的张弦方法是将隐间各弦空弹散声，依次定出所需同度低音，即张力依次适当减低（图四-149：1）；该墓黑地彩绘棺的头挡也有鼓瑟画像，瑟向左斜靠弹瑟者的膝上，另一端着地，双手所弹位置不同[①]（图四-149：2）。该瑟为“四岳四枘式”，同样的乐器在广东广州龙生冈43号东汉木椁墓也有出土，瑟为木质，中空，弦已不存，两端密排着安插弦柱的小圆孔，装有首尾4岳和弦枘4枚[②]。江苏泗阳陈墩汉墓出土漆瑟1件，面板长136.5、宽35、高2.7厘米，有四铜瑟枘[③]（图四-149：3）。湖南长沙马王堆M3出土实用木瑟1件，由很厚且面微凸弧但内空的面板和厚0.8厘米的平薄底板合成，面板首端有25个弦孔，3根岳山，并有4个锡质弦枘，为墓主生前使用过的实物；该墓还出土小木瑟3件，均用整块木制成，底平，面微拱，面板合一，两端涂黑，首尾端有岳山，并各有七个小弦孔，首端有三个示意安装木质弦枘的孔，枘均已残断[④]。江苏徐州北洞山西汉楚王墓出土陶瑟5件，为模型器，并有抚瑟陶俑伴出[⑤]。广西贵县罗泊湾M1出土木瑟已残，与一般瑟有所不同，存一排12只弦孔，孔向下，垂直横向侧出，发掘报告将之定为“十二弦乐器”，伴出有4件木质岳山，可能为尾岳[⑥]。抚瑟画像较为常见，人物多跽坐状，有的将瑟置于面前双手抚弦，也有的将瑟的一端斜置于膝上双手抚弦。与琴有关的画像也较常见，《徐州汉画像石》一书将其中的较多抚弦乐器者定为抚琴[⑦]，另外还常见很多抚琴俑。西汉时期的琴沿袭战国，多为七弦琴，较多西汉墓出土有调琴弦的轸钥，如江苏徐州东甸子M1E：45[⑧]等，这也说明琴在西汉时期较为流行。湖南长沙马王堆M3出土实用木琴1件，全长82.4厘米，有面板和底板，面底内各有一个“T”形槽，合在一起形成共鸣窗，尾部为狭长的实体，中部至头部有底板；面板的弦路上有明显的七条凹痕，张弦的方法是一端经过琴尾的“龙龈”系

① 湖南省博物馆、中国科学院考古研究所：《长沙马王堆一号汉墓》，文物出版社，1973年，第102-106页。

② 广州市文物管理委员会：《广州市龙生冈43号东汉木椁墓》，《考古学报》1957年第1期。

③ 江苏泗阳三庄联合考古队：《江苏泗阳陈墩汉墓》，《文物》2007年第7期。

④ 湖南省博物馆、湖南省文物考古研究所：《长沙马王堆二、三号汉墓》，文物出版社，2004年，第177、182页。

⑤ 徐州博物馆、南京大学历史系考古专业：《徐州北洞山西汉楚王墓》，文物出版社，2003年，第71、72页。

⑥ 广西壮族自治区博物馆：《广西贵县罗泊湾汉墓》，文物出版社，1988年，第63页。

⑦ 徐州博物馆：《徐州汉画像石》，江苏美术出版社，1985年。

⑧ 徐州博物馆：《徐州东甸子西汉墓》，《文物》1999年第12期。

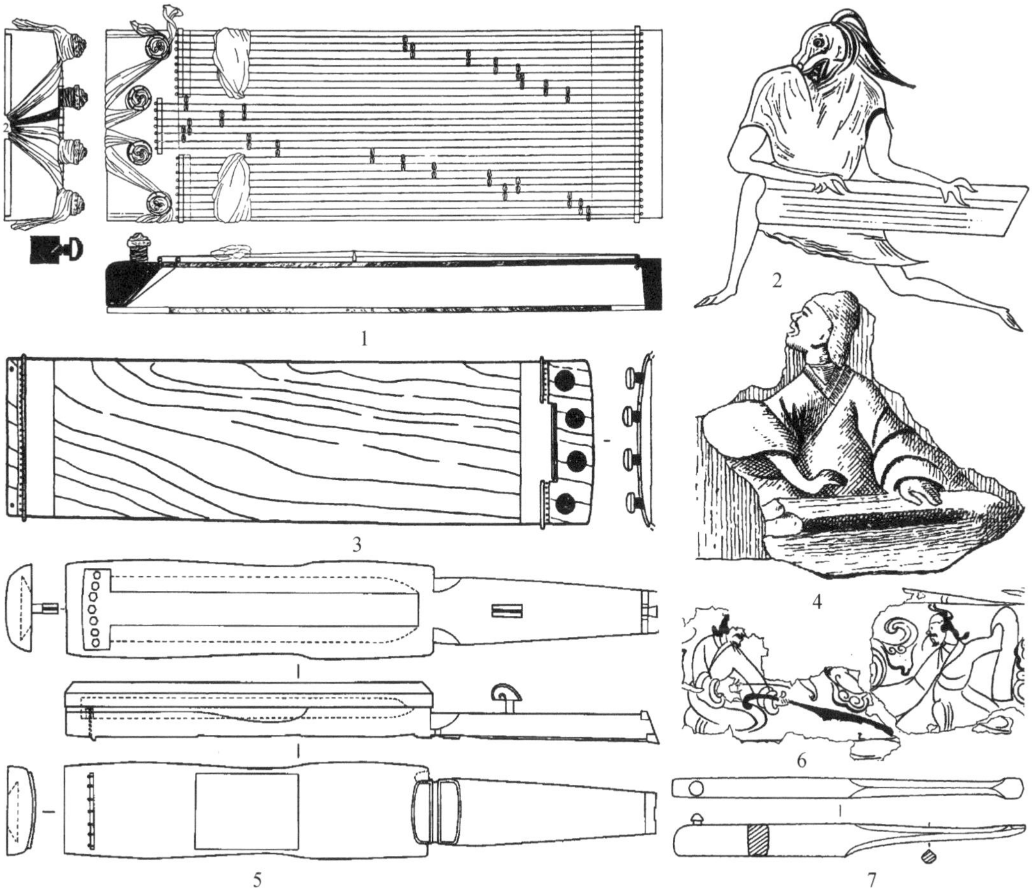

图四 -149　汉代的弦乐器

1. 湖南长沙马王堆 M1 出土明器瑟　2. 湖南长沙马王堆 M1 黑地彩绘棺头挡上的鼓瑟画像　3. 江苏泗阳陈墩汉墓出土漆瑟　4. 四川成都天迴山崖墓出土抚琴俑（残）　5. 湖南长沙马王堆 M3 出土实用木琴　6. 江苏连云港西汉侍其繇墓出土漆食奁上的击筑图像　7. 湖南长沙马王堆 M3 出土明器筑

于琴足，另一端经过“岳山”缚于七个“轸”上，虽只有一个由硬木雕成的琴足，但能够稳住琴体，并经得住弦的张力；“龙龈”和“岳山”均为硬木嵌入面板，利于弦的振动；该琴与现在的琴在结构上大体相似，均有七条弦、有长形共鸣箱，面圆底平，头宽尾窄，但没有徽位，面、底板是活的，尾部为实体①（图四 -149：4）。西汉晚期，装徽的琴逐渐普及，一般有 13 个琴徽。东汉时，制琴工艺得到进一步提高，共鸣箱开始延至琴尾，音量和音色得到提高。东汉晚期，出现了一些名琴，如蔡邕的“焦尾”琴等。四川成都天迴（回）山崖墓出土有陶琴，左端有一圆弦柱，中有六小钮，长 42 厘米，另外还出土有抚琴俑，1 件头戴长帻，身着长袍，席地而坐，琴斜置于漆几上，双手操琴挥弦，含笑露齿，情态幽逸，另有听琴俑和残

① 湖南省博物馆、湖南省文物考古研究所：《长沙马王堆二、三号汉墓》，文物出版社，2004 年，第 179-182 页。

的抚琴俑（图四 -149：5）等[①]。筑的弹奏方法是以朱尺击弦，故称奏筑为击筑，江苏连云港西汉侍其繇墓出土漆食奁上绘有击筑图像[②]（图四 -149：6）。长沙马王堆M3 出土明器筑 3 件，各有五个小竹钉呈一字形等距离嵌入，原有五根弦张在上面，头部的竹钉之外涂有黑色漆，尾部细长，尾端略膨大，身部近似四棱长棒，首部两端有蘑菇形圆柱，上面还绕有丝质残弦，筑长 32 厘米[③]（图四 -149：7）。广西贵县罗泊湾 M1 出土残木筑身，细长条状，正面平，上部两侧起棱，形成纳弦的槽道，头后弯，有弦眼 5 孔[④]。琵琶在汉代经西域传入我国，四川乐山虎头湾崖墓出土琵琶乐伎画像，琵琶腹略圆鼓，不大，颈长且直[⑤]。

除上述乐器外，还有摇击器体鸣乐的乐器如铜铃等出土，数量较多。限于篇幅，不再一一枚举。这些乐器在秦汉时期较多家庭中得到使用，使得这一时期家庭的音乐内容更为丰富。

秦汉时期，有乐器奏乐，还有较多歌者歌唱。汉代的歌多属楚歌，流传至今的有很多：有项羽战败后所唱悲怆凄凉的《垓下歌》，也有刘邦成功后所唱凯歌《大风歌》及为戚夫人舞蹈时即兴伴唱的《鸿鹄歌》，有汉武帝时期所作《瓠子歌》、《天马歌》、《西极天马歌》及刘细君的《悲愁歌》、李陵的《悲歌》，也有东汉末年汉灵帝刘宏作的《招商歌》等等。汉代乐府收集较多民歌，如《长歌行》等等。歌的发展在考古资料中也有体现。上文所举河南济源市桐花沟十号汉墓即出土有歌俑；湖南长沙马王堆 M3 出土木俑中，与乐俑同出的也有歌舞俑，其中包括 4 件歌俑[⑥]（图四 -150：1）。河南南阳市王庄汉墓一处门楣画像石画像中有 1 人作拊手讴歌之状，另有多人在击鼓奏乐[⑦]。江苏徐州铜山苗山东汉墓出土画像石的乐舞画像中，有一人击节和曲而唱[⑧]（图四 -150：2）。四川成都羊（杨）子山 M1 出土乐舞画像中有歌者，成都市郊出土吹竽画像砖的画像中，吹竽者对面一人正在随曲而唱（图四 -150：3）[⑨]。

有的乐器被单独使用，但更多的是组合使用，多人及多件乐器形成乐队，另外

① 四川省博物馆文物工作队，刘志远：《成都天迴山崖墓清理记》，《考古学报》1958 年第 1 期。

② 南波：《江苏连云港市海州西汉侍其繇墓》，《考古》1975 年第 3 期。

③ 湖南省博物馆、湖南省文物考古研究所：《长沙马王堆二、三号汉墓》，文物出版社，2004 年，第 182-193 页。

④ 广西壮族自治区博物馆：《广西贵县罗泊湾汉墓》，文物出版社，1988 年，第 63 页。

⑤ 龚廷万、龚玉、戴嘉陵：《巴蜀汉代画像集》，文物出版社，1998 年，图 105。

⑥ 湖南省博物馆、湖南省文物考古研究所：《长沙马王堆二、三号汉墓》，文物出版社，2004 年，第 173 页。

⑦ 南阳市博物馆：《南阳市王庄汉画像石墓》，《中原文物》1985 年第 3 期。

⑧ 徐州博物馆：《徐州汉画像石》，江苏美术出版社，1985 年，图 96。

⑨ 龚廷万、龚玉、戴嘉陵：《巴蜀汉代画像集》，文物出版社，1998 年，图 86、102。

1 2 3

图四 -150 汉代的唱歌俑与相关画像

1. 湖南长沙马王堆 M3 出土木歌俑 2. 江苏铜山苗山出土乐舞画像中击节和曲的唱者 3. 四川成都市郊出土画像砖画像中的随曲而唱者

还有不同数量的听众，这在出土陶俑及壁画或画像中均较为常见，上文所举四川成都天迴（回）山崖墓还出土听琴俑①。壁画或画像内容反映得更为直接和生动，同时又具有空间感，且较多将乐人、乐器、听众等置于家庭的环境和氛围之中，反映出这一时期相关家庭乐队奏乐，主人、宾客及相关人员听音赏乐的生活内容。以山东沂南北寨东汉墓出土画像石的奏乐画像为例，可分成多组，每组每人各司其职，涉及的人物、乐器众多②（图四 -151），体现出宏大的场面和活动的隆重，对研究家庭生活有着重要的参考价值。

（二）观赏舞蹈

与音乐有着极为密切的关系，是汉代乐舞发展的重要内容和体现，从目前资料看，多数舞蹈是在音乐伴奏下进行的，并与奏乐、歌唱等形成更为宏大的乐舞场面。汉代家庭生活中，较多场合会有舞蹈表演，而如上文所述，基本与音乐表演共同出现，音乐与舞蹈相结合，体现出秦汉家庭中的主体娱乐内容。大致来看，舞蹈者中女性占绝大多数，舞姿多样，就考古资料而言，既见于壁画、堆塑、画像，也多有陶俑及其组合，另外还有器物的刻划纹饰等。

秦汉时期的舞蹈种类很多，名称也较多样。有以乐器命名的舞蹈，如鼓舞、铎舞等，鼓舞又包括盘鼓舞、建鼓舞、鼗鼓舞、鞞鼓舞等；有的以动作或衣袖命名，如翘袖舞、长袖舞、折腰舞；有以地区命名者，如巴渝舞，其本是阆中渝水賨人的

---

① 四川省博物馆文物工作队，刘志远：《成都天迴山崖墓清理记》，《考古学报》1958 年第 1 期。

② 南京博物院、山东省文物管理处：《沂南古画像石墓发掘报告》，文化部文物管理局出版，1956 年，图版 85-90、98-100。

图四 -151　山东沂南北寨东汉墓出土与奏乐有关的画像石画像

舞蹈，后被引入宫廷，四川壁山广普乡新民村岩墓石棺画像中，一组有三个羽人携手而舞，羽翼飘飘，可能为巴舞①；有的以足部所踏物品命名，如踏鞠舞；有的以所持物品命名，如巾舞、棒舞、拂舞、剑舞；有的以历史故事命名，如公莫舞；有的以动物名称命名，如象舞、熊舞、驼舞等，另外还有戴面具的傩舞等等。很多舞蹈既有独立性，又有相通或相似之处，如较多舞蹈是通过腰、袖展现舞姿，总体展现出飘逸、轻盈、敏捷、激越、摇曳多姿的特点。就舞蹈本身而言，有的为单独表演，更多的则是多种舞姿并用，体现出相应的场面和舞蹈内容，这在汉代画像、壁画及陶俑组合中均表现得较为明显。需要指出的是，两汉时期，与舞蹈有关的一些内容存在差别，西汉时期衣袍大、袖口宽，东汉时一些舞者的穿着趋向紧凑，这可能与翻身、腾空等动作增多有关，如江苏徐州沛县收集散存画像石上格画像②，舞者的穿戴较之西汉早期的舞者穿戴有较多的不同，至于原因，与社会发展、舞蹈的发展与改进均有相应联系。

建鼓舞为击鼓舞蹈，上文所述很多建鼓图皆有反映。大多是在建鼓两侧有人击鼓，多数击鼓者在击鼓时会做出舞蹈的姿态。江苏沛县栖山西汉晚期墓葬，一石棺的长侧壁有二人击鼓，并作舞蹈状③（图四-152：1），更常见的是相关人员配合击鼓的鼓点和节奏进行舞蹈。鼗鼓舞一般为舞者执鼗鼓边挥动边舞蹈，河南南阳汉墓出土乐舞百戏画像石画像中左侧第2人左手摇鼗而舞④。翘袖舞和折腰舞可能与战国时期楚地的长袖细腰舞有关，汉初戚夫人对相关舞蹈的推广可能起到了一定的推动作用。该舞蹈要求舞女形体较瘦高，画像石画像与壁画中翘袖、折腰的舞者很多，有的侧体折腰呈90度，双袖翘起，舞姿婀娜，妙曼翩翩，妩媚动人。江苏徐州沛县栖山西汉晚期墓葬中棺左侧壁画像中即有二人作翘袖折腰舞⑤（图四-152：2）。山东东平后屯M1西壁南侧壁画中层右侧舞女，左手垂于胸前，右手长袖向上飞舞⑥（图四-152：3）。河南南阳、山东微山地区的画像石及川渝地区出土的画像砖的画像中此类舞蹈亦较常见。公莫舞来源于鸿门宴中项伯的衣袖舞，亦称巾舞，是舞者挥动巾绸舞蹈，汉墓画像与壁画中所表现的巾舞，一般是女舞者两手各执一条长巾，体倾，双臂一高一低，舞动中舞巾上下飘飞，似如波浪。河南南阳王

---

① 陈祖林：《壁山发现一批东汉画像石棺》，《中国文物报》1988年3月4日第2版。

② 徐州博物馆：《徐州汉画像石》，江苏美术出版社，1985年，图152、153、231、232。

③ 徐州博物馆、沛县文化馆：《江苏沛县栖山汉画像石墓清理简报》，《考古》编辑部编辑：《考古学集刊·第2集》，中国社会科学出版社，1982年，第106-112页。

④ 南阳汉画馆，闪修山、王儒林、李陈广编：《南阳汉画像石》，河南美术出版社，1989年，第62、63页。

⑤ 徐州市博物馆、沛县文化馆：《江苏沛县栖山汉画像石墓清理简报》，《考古》编辑部编辑：《考古学集刊·第2集》，中国社会科学出版社，1982年，第106-112页。

⑥ 山东省文物考古研究所、东平县文物管理所：《东平后屯汉代壁画墓》，文物出版社，2010年，第24、25页。

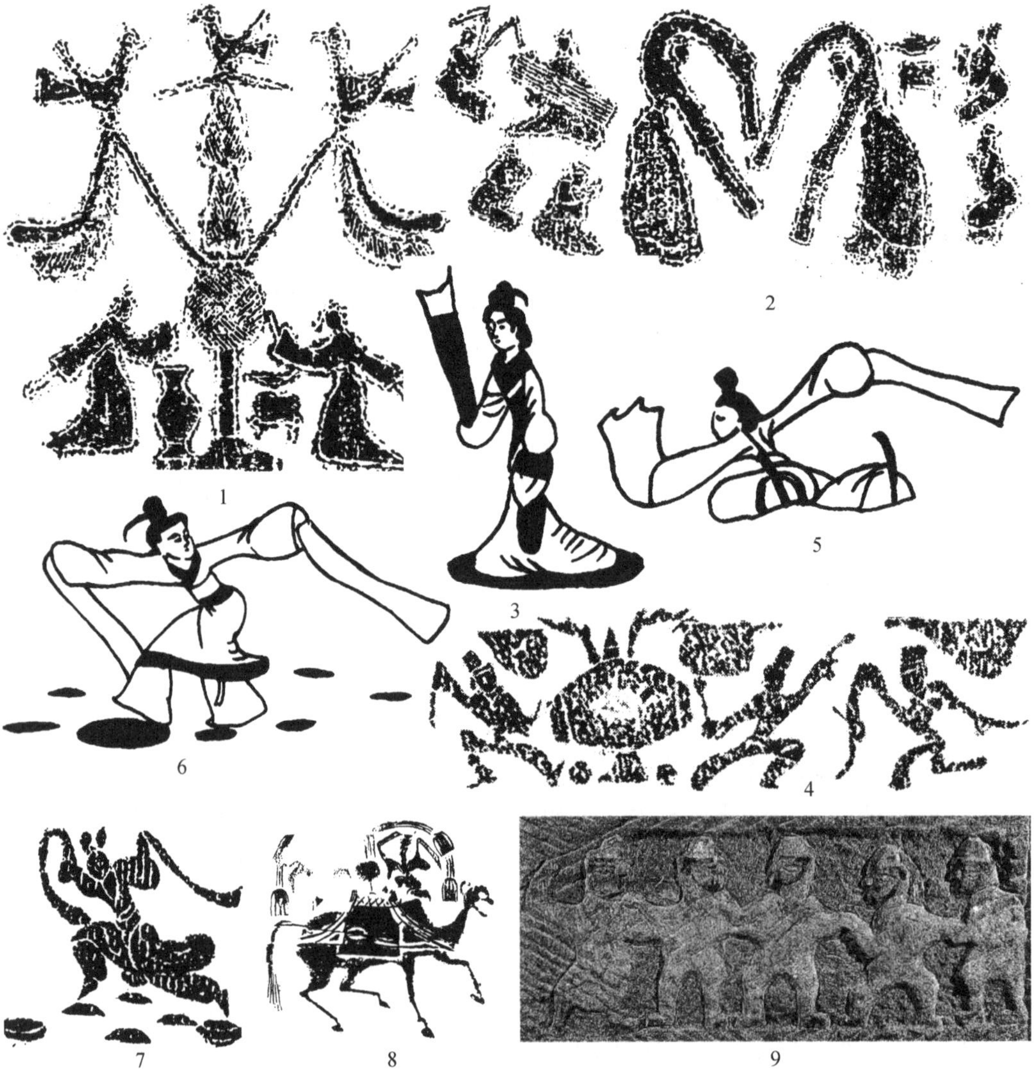

图四 -152　汉代画像及壁画中的舞蹈图

1、2. 江苏徐州沛县栖山西汉晚期墓葬出土画像石画像　3、5、6. 山东东平后屯 M1 出土壁画　4. 河南南阳王寨汉墓出土画像石画像　7. 河南南阳许阿瞿画像石下格中部画像　8. 四川新都马家乡出土画像砖画像　9. 四川中江塔梁子 M3 出土胡人舞蹈图

寨汉墓出土的一块画像石中，左侧为二人在敲击建鼓时做出舞蹈状，姿势优美，中间有一女舞者高髻束腰，挥巾踏拊而舞，双巾较长[①]（图四 -152：4）。山东东平后屯 M1 西壁南侧壁画中层左侧绘一女舞者，作向前奔行状，双臂前低后高伸展，手挥白色长巾，跳跃奔舞（图四 -152：5）。盘鼓舞是踏盘踏鼓起舞，技巧较高、更为复杂的为七盘舞，舞蹈前先在地上排列盘和鼓，舞者在七个盘和鼓上翩然起舞，或

① 南阳市博物馆：《南阳县王寨汉画像石墓》，《中原文物》1982 年第 2 期。

跳跃徘徊，或舞动长袖，既展现出飘逸、高雅的舞姿，又体现出舞者掌握身体平衡的能力。东平后屯 M1 南壁壁画中层绘一女舞者，双臂伸展，挥舞长袖，身子前倾，扭腰屈腿，在 7 个盘子之间跳舞，舞姿优美[①]（图四 -152：6）。河南南阳出土的许阿瞿画像石，画像下格中部亦有一女舞者踏七盘而舞，身体腾空，双臂上举挥巾[②]（图四 -152：7）；南阳石桥东关汉墓出土画像石中，一女伎踏双鞠而舞[③]，为踏鞠舞。动物舞是借助动物进行舞蹈，四川成都市新都区马家乡出土的驼舞画像较具代表，骆驼背上置鼓，另有舞者在驼背上展示舞姿[④]（图四 -152：8）。广西贵县罗泊湾 M1 出土铜漆绘提梁筒，筒体的第二组纹饰中有两人围绕一禽一兽对舞[⑤]。

四川中江塔梁子 M3 出土有胡人舞蹈图，为五个高鼻深目、胡须环腮的胡人手拉手舞蹈，为四川地区发现最早的胡人乐舞资料[⑥]（图四 -152：9）。广西贵县罗泊湾 M1 出土大铜鼓的第六晕圈饰 8 组舞蹈纹，很可能是具有特色的地方舞，舞人头戴羽饰，下身系展开的羽裙，皆两臂外伸，拇指与其余四指张开，掌心向外，上身向后倾斜，两腿叉开，作翩翩起舞状[⑦]。

除图像外，还有很多与舞蹈有关的俑发现。山东济南无影山西汉墓葬出土的 2 个舞俑，均女俑，挥动长袖，相向起舞，表演的为双人长袖舞（图四 -153：1），与乐俑、杂技俑等组成了一个完整的宴乐场面[⑧]。陕西西安白家口汉墓出土有女舞俑，伴有乐俑，舞者一臂下垂后伸，一臂上举后甩，舞姿为轻盈舒展的长袖舞[⑨]。江苏徐州地区西汉墓葬出土陶舞俑较多，但基本为立姿长袖舞俑，俑较瘦高，大致可分为两类：一类是身体前倾，左手下垂握衣，右手上举，袖口自然下垂；一类是体向左前倾，扭肢折腰微屈膝，体态呈“S”形，两臂张开，弯成曲尺形，袖口自然外伸[⑩]。该地区的驮篮山汉墓[⑪]、北洞山汉墓[⑫]等西汉楚王墓还设有专门的乐舞室，奏乐

---

① 山东省文物考古研究所、东平县文物管理所：《东平后屯汉代壁画墓》，文物出版社，2010 年，第 26、27 页。

② 南阳市博物馆：《南阳发现东汉许阿瞿墓志画像石》，《文物》1974 年第 8 期。

③ 南阳市博物馆：《河南南阳石桥汉画像石墓》，《考古与文物》1982 年第 1 期。

④ 龚廷万、龚玉、戴嘉陵：《巴蜀汉代画像集》，文物出版社，1998 年，图 93、94。

⑤ 广西壮族自治区博物馆：《广西贵县罗泊湾汉墓》，文物出版社，1988 年，第 36、37 页。

⑥ 四川省文物考古研究所、德阳市文物考古研究所、中江县文物保护管理所：《四川中江塔梁子崖墓发掘简报》，《文物》2004 年第 9 期。

⑦ 广西壮族自治区博物馆：《广西贵县罗泊湾汉墓》，文物出版社，1988 年，第 26-28 页。

⑧ 济南市博物馆：《试谈济南无影山出土的西汉乐舞、杂技、宴饮陶俑》，《文物》1972 年第 5 期。

⑨ 吴汝祚、胡谦盈：《宝鸡和西安附近考古发掘简报》，《考古通讯》1955 年第 2 期。

⑩ 刘尊志：《徐州西汉墓陪葬陶俑组合及相关问题》，《考古》2013 年第 8 期。

⑪ 邱永生、徐旭：《徐州市驮篮山西汉墓》，中国考古学会编：《中国考古学年鉴・1991 年》，文物出版社，1992 年，第 173、174 页。

⑫ 徐州博物馆、南京大学历史系考古专业：《徐州北洞山西汉楚王墓》，文物出版社，2003 年。

1　　2

3　　4

图四 -153　汉代墓葬出土陶舞俑及舞乐杂技俑组合

1. 山东济南无影山出土西汉陶舞俑　2、3. 河南济源泗涧沟汉墓出土舞乐杂技陶俑组合（2. M8 出土　3. M24 出土）4. 济源西窑头村 M10 出土歌舞技乐俑群

场面大，乐舞俑数量多，乐器种类多，舞蹈姿势优美，驮篮山西汉楚王墓外还有乐舞俑陪葬坑，埋葬内容丰富，这些均从相应侧面反映出楚王宫的娱乐生活。河南济源地区汉墓，部分出土一定数量的乐舞俑，并形成相应的组合。以泗涧沟发现的汉墓来讲，M8 的前室中部放置着一组舞乐杂技俑，南侧放有绿釉投壶一件（图四 -153：2），M24 墓室后部的前端中央放置着一组舞乐杂技陶俑，其中杂技俑一人、舞俑二人、乐俑二人，在舞乐俑的前端又放置着食具[①]（图四 -153：3），体现出与家庭生活相关的内容。再如河南济源西窑头村 M10 出土歌舞伎乐俑群，由 6 件俑组成，从左侧陶俑顺时针排列：褐绿釉击掌拍手俑，两前臂抬起至胸部，两手平行相对，似和着音乐的节拍击掌；褐绿釉吹排箫俑，呈跽坐吹箫状，左手持一排箫吹

① 河南省博物馆：《济源泗涧沟三座汉墓的发掘》，《文物》1973 年第 2 期。

奏，右手上仰，似和着音乐的节拍挥动；褐釉吹双笛俑，蹲坐在一物上，双手五指叉开，分别把持双管竖笛，两笛一端分别抵于两膝之上，另一端放在嘴边吹奏；褐绿釉吹排箫俑，呈跽坐吹箫状，体略前倾，左手持一排箫吹奏，右手上仰，似和着音乐的节拍挥动；褐绿釉击掌拍手俑同上所述击掌拍手俑；褐绿釉舞蹈俑，整体呈舞蹈状，脸扭向左侧并后仰，昂视远方，右臂上扬，长袖向上甩出并向下飘垂，左臂向下，长袖向下甩成弧状，左腿独立，右腿曲抬①。相对独立的舞人在汉墓中也多有发现，基本为玉质，形象大部分为折腰长袖舞女，多穿长裙，细腰，扭向一侧，一臂上举内弧，长袖高过头部，余袖下垂，另一手抚腰，衣摆随舞飘向一侧，舞姿十分优美。陕西西安市东郊西汉窦氏墓（M3）出土玉舞人较多，身体左右扭曲者均有，也有双臂在身前交叉者，还见有双人舞，所体现的舞姿及内容较为丰富②。与欣赏音乐一样，亦有较多观舞者，这在汉代壁画、画像石（砖）画像中皆有较多体现，反映出与家族娱乐生活密切相关的内容。

（三）欣赏百戏

欣赏百戏也是秦汉时期家庭的娱乐内容。这一时期，百戏既在继承前代的基础上有所发展，更有较多的创新和突破。具体表现为：出现许多新的内容和项目，与乐舞紧密结合，场面趋于宏大，项目难度加大，吸引力加强，欣赏人群等级高低皆有，对于后世有较多影响等，可以说达到了其发展史上的一个高潮阶段。究其发展的原因，除与社会政治、经济、思想文化等的发展有密切关系外，还与统治者提倡与推广、对外物质文化交流加强及地方地主、官吏和相关人员等有着相应的需求等有关，而且经不断推广和普及，已影响和渗透到较多的家庭，丰富了家庭娱乐内容。而百戏又与乐舞相结合，使得乐舞百戏成为秦汉家庭娱乐中的配套或组合内容，且内容多样。考古发掘出土的陶俑、相关纹饰皆有体现，而墓葬壁画、画像体现得更为丰富和生动，进而折射出这一时期家庭娱乐中对百戏的喜爱。关于百戏，上文对音乐、舞蹈叙述的过程中，部分已提及或作相关论述的内容，此处基本不再重复叙述。

根据画像资料，结合出土遗物等来看，这一时期的百戏主要包括跳丸、飞剑、抛刀、倒立、叠案、旋盘、旋球、吐火、幻术、弄瓶、冲狭、履索、架戏、缘橦、车橦、马术、鱼龙戏、蹴鞠、角抵、面具舞、俳优伎乐、雀戏、斗兽等等。极少数为单独表演，更多的是组合表演，而且是与乐舞一起进行表演。

跳丸，又称弄丸，一般为 7 丸，但画像石画像中反映的丸数有 3、5、7、9 个

---

① 李彩霞：《济源西窑头村 M10 出土陶塑器物赏析》，《中原文物》2010 年第 4 期。

② 西安市文物保护考古所：《西安东郊西汉窦氏墓（M3）发掘报告》，《文物》2004 年第 6 期。

不等，弄丸者一般仰头，双手作抛丸或接丸状。跳丸与飞剑多一起表演，丸、剑同时抛起，动作紧张刺激。倒立有双手倒立、单手倒立，还有的单手倒立的同时一手托盘或头部顶盘。在叠放很高的案子上倒立、翻腾或做出其他具有高难度的动作则称为叠案，以 5 案居多，但也有 1、4、6、9、12 案不等，案数越多，高度越高，动作的惊险程度也随之增加。旋盘一般是一手持杆，杆上 1 盘，另一手持一棒驱动盘旋转，转速越快越精彩。旋球者一般作倒立状，双手滚动一球。弄瓶多以 1 瓶为道具，瓶随表演者上下翻滚，有的表演者还持剑或弄丸等。冲狭是指一人持环，一人从环中穿过的表演。履索是指表演者在高空悬挂的绳上作走动、跳跃、倒立及其他表演，人数不等，有的为增加难度，绳下放直立的剑。与履索相似的还有一种在搭起的木架上做相关表演的杂技，或倒立、或起舞、或爬上滑下。缘橦是杆上表演，一般一人持杆，杆上多人表演，有的表演者用额部顶杆，有的则在奔驰的车上，还有的是两辆或更多运动的车，被称为车橦。马术表演较为刺激，表演者在飞驰的马背上做出各种危险动作，较为飘逸潇洒。蹴鞠已较为流行，表演者一般是边踢边表演。角抵是力的较量，同时又加入了表演成分，有的会戴着面具进行角抵。面具舞也较常见，一些乐舞表演中，常有一人戴面具舞蹈。

汉代画像中的百戏内容丰富，简单举例如下。山东诸城东汉墓出土画像石画像中，百戏表演者六人，一老者左手执一鼗鼓，是一说唱者，另有抛刀、倒立、飞剑、跳丸、叠案等表演①（图四 -154：1）。江苏徐州铜山洪楼东汉墓外祠堂的三角隔梁石左侧面刻力士 7 人，持剑、驯虎、拔树、扛鼎、背牛、抱鹿、捧壶，动作不一，十分生动，彰显出力与美的结合②（图四 -154：2）；徐州贾汪青山泉白集汉墓东后室后壁下格画像石画像为一人持矛与虎格斗③；睢宁县墓山 M1 前室画像石画像中，百戏与乐舞同时表演，有蹴鞠者，有飞檐倒立者④。山东微山岛乡出土一幅百戏杂技画像石画像，地上竖三角支架，架顶一人起舞，一人从架上滑下，一人沿杆上攀，三脚架两旁还各立 1 直杆，杆顶有人倒立；另一幅画像，杂技与乐舞共处，两侧无立杆，有舞蹈者、攀杆、滑杆者等⑤。河南南阳王寨汉墓出土乐舞百戏画像石画像中，百戏表演与乐舞同时开展，左起第二人右手摇鼗，左手跳 12 丸，第三人似进行吐火表演，中间一女伎一手托壶，单臂按樽倒立，旁侧一人作滑稽表演⑥；南阳县石桥东

① 诸城县博物馆，任日新：《山东诸城汉墓画像石》，《文物》1981 年第 10 期。

② 徐州博物馆：《徐州汉画像石》，江苏美术出版社，1985 年，图 81、82。

③ 南京博物院：《徐州青山泉白集东汉画象石墓》，《考古》1981 年第 2 期。

④ 仝泽荣：《江苏睢宁墓山汉画像石墓》，《文物》1997 年第 9 期。

⑤ 马汉国主编：《微山汉画像石选集》，文物出版社，2003 年，第 66、67、78、79 页。

⑥ 南阳市博物馆：《南阳县王寨汉画像石墓》，《中原文物》1982 年第 1 期。

1

2

图四 -154　汉代画像石画像中的乐舞杂技与力士表演
1. 山东诸城前凉台东汉墓出土的乐舞杂技画像石画像
2. 江苏徐州铜山洪楼东汉墓葬墓外祠堂三角隔梁石左侧面力士画像

关汉墓出土的画像石画像中，有滑稽表演者，有踏双蹴鞠者，倒立者则双手按樽[①]；南阳县汉墓出土画像石画像中的倒立者作单臂倒立于樽上，头顶 1 碗，或一手托碗，

① 南阳博物馆：《河南南阳石桥汉画像石墓》，《考古与文物》1982 年第 1 期。

单臂倒立，而在其身侧有一人袒露上身，左手摇鼗，右臂弄壶[①]；南阳市一中汉墓出土画像石画像中部，有一高髻女伎纵身腾空，冲向狭圈，另有一女伎似刚刚穿越狭圈，着地未稳[②]。川渝地区出土汉代画像中，百戏图案亦较常见，且多为组合，四川宜宾长宁二号石棺画像中的杂技内容多，有冲狭、叠案、飞剑、跳丸等，四川郫县（成都市郫都区）一号石棺中，一幅画像有曼衍、角抵、水戏等，另一幅画像中除叠案外，还有一表演者顶一高杆，杆顶有一盘，似在旋转[③]。山东沂南北寨东汉墓出土画像石中的百戏内容较为丰富，有戏车、多种骑术、雀戏、豹戏、鱼龙戏、履索、额上缘橦（戴竿）、飞剑跳丸等，与乐舞相配合，组成一个宏大的娱乐场面[④]。河南新野樊集出土汉画像砖中，其中一块的画像是斜索戏车，舞蹈者行列里，有腆肚、扭腰、摆臀的男舞伎，为专门扮演滑稽动作以取悦于人的角色，戏车是前后两辆，各以奔驰的马挽引，车上树橦，橦端用斜索相连，伎人在疾驰的戏车上寻橦，在高空中倒挂（图四-155：1）；另一块的画像砖为平索戏车画像，左侧为两辆驰骋的戏车，车上各树一橦，前车橦端蹲一伎，右手拉软索，左手拽一伎足部，在空中悬荡，橦杆中部一伎双手握杆平撑，后车橦杆顶端与软索相连，一伎沿杆向上攀爬，一伎倒挂于软索之间，二车右侧为拱桥，前端戏车的赶车之人正在执鞭赶马上桥[⑤]（图四-155：2）。这两幅画像所体现的杂技舞蹈都是技巧很高、难度很大的百戏。

1　　2

图四-155　河南新野樊集出土汉画像砖中的戏车图像

1. 斜索戏车　2. 平索戏车

---

① 南阳汉画馆，闪修山、王儒林、李陈广编：《南阳汉画像石》，河南美术出版社，1989年，第56、57、62、63页。

② 南阳汉画馆，闪修山、王儒林、李陈广编：《南阳汉画像石》，河南美术出版社，1989年，第82、83页。

③ 高文：《四川汉代石棺画像集》，人民美术出版社，1997年，第13、42、43页。

④ 南京博物院、山东省文物管理处：《沂南古画像石墓发掘报告》，文化部文物管理局出版，1956年，图版48；山东博物院：《沂南北寨汉墓画像》，文物出版社，2015年，第50、51、115页。

⑤ 河南省南阳地区文物研究所：《新野樊集汉画像砖墓》，《考古学报》1990年第4期。

考古发掘也出土与百戏有关的遗迹和遗物等。秦始皇帝陵陪葬K9901，为百戏俑坑，北坑道内发现11件彩绘半裸百戏俑，从肢体动作看，体现出角抵俳优的场景，表演如爬竿、武术或其他技艺，而在俑坑上部棚木上出土1件大铜鼎，可能是举鼎的道具，而新的考古发掘又增添了百戏俑的种类，特别是“宫藏”文字的发现，反映出这些俑所代表的艺人应为宫廷所有，进而体现出丰富多彩的秦代宫廷娱乐[①]。汉景帝阳陵的陪葬坑中，有的出土有牛、羊、虎及一些人物俑等，与百戏杂要活动可能有关[②]。河北保定满城M1[③]与江苏盱眙大云山M1均出土一对铜伎乐俑[④]，皆坐姿，面部表情丰富，手部亦在配合表演（图四-156：1、2），盱眙大云山M1还有驯犀俑、驯象俑（图四-156：3、4）。河南洛阳涧西七里河东汉墓出土较多百戏俑，滑稽俑身体肥胖，头顶梳圆髻，上身裸露，大腹，下穿长裤，左腿微曲，左脚抬起离地，右手向前平伸，左手抚于膝，头偏向右侧，面部表情滑稽；倒立俑，头梳圆髻，双手倒立于地；跳丸俑，头梳圆髻，上身裸露，下穿宽腿裤，大腹，双腿下蹬，左手向前平伸，手心向上，手心内残存一丸，头上仰；另有由三个俑和一奁一盘组成的倒立组合，二俑倒立于奁沿，头向奁内，各有一腿在奁上相交，另一腿则曲伸向外，第三个俑双手倒立于前两俑相交的腿上，双腿向上，脚尖直立，脚尖上还可能放一盘[⑤]（图四-156：5-8）。河南济源泗涧沟M8与M24各出土一组陶乐舞杂技俑，M8出土的一组中有杂技俑一件，和舞俑排列呈三角形，该俑形体较大，双足敞开，张口招手作杂技表演姿态；M24出土的一组也有一件杂技俑，位于中部，作竖顶姿态，两侧为形象生动的伴舞俑，后为伴奏俑[⑥]。蹴鞠在这一时期已成为家庭杂技表演的常见内容之一，甘肃敦煌马圈湾汉代烽燧遗址出土有实物鞠，为绳鞠[⑦]，陕西西安石油学院M10出土有陶蹴鞠俑，作奋力踢球状，右手前伸，左手后摆，体略下蹲，一腿后蹬，一腿弯曲，足部斜立，脚面有一鞠[⑧]。蹴鞠的内容在较多壁画和画像，尤其是画像中较为多见，大多与乐舞百戏形成组合，反映出其性质或

---

① 始皇陵考古队：《秦始皇陵园K9901试掘简报》，《考古》2001年第1期；陕西省考古研究所、秦始皇兵马俑博物馆：《秦始皇帝陵园考古报告（1999）》，科学出版社，2000年。

② 焦南峰：《汉阳陵丛葬坑初探》，《文物》2006年第7期。

③ 中国社会科学院考古研究所、河北省文物管理处：《满城汉墓发掘报告》，文物出版社，1980年，第100页，图版60。

④ 南京博物院、盱眙县文广新局：《江苏盱眙县大云山汉墓》，《考古》2012年第7期；《江苏盱眙县大云山西汉江都王陵一号墓》，《考古》2013年第10期。

⑤ 洛阳博物馆：《洛阳涧西七里河东汉墓发掘简报》，《考古》1975年第2期。

⑥ 河南省博物馆：《济源泗涧沟三座汉墓的发掘》，《文物》1973年第2期。

⑦ 甘肃省博物馆、敦煌县文化馆：《敦煌马圈湾汉代烽燧遗址发掘简报》，《文物》1981年第10期。

⑧ 西安市文物保护考古研究所：《西安东汉墓》，文物出版社，2009年，第653、654页。

图四 -156　汉代墓葬出土的伎乐杂技俑

1. 河北满城 M1 出土铜伎乐俑　2-4. 江苏盱眙大云山 M1 出土铜伎乐俑及驯兽俑（2. 伎乐俑　3. 驯犀俑　4. 驯象俑）
5-8. 河南洛阳涧西七里河东汉墓出土百戏俑

属性。限于篇幅，不再举例。

俳优是古代以乐舞谐戏为业的艺人，汉画像中有很多个体较矮，体略肥胖，有的戴面具，作舞蹈或滑稽表演者，基本为俳优。出土遗物中有很多俳优俑。四川成都天迴（回）山 M3 出土坐式说唱俑，大腹丰凸，赤膊上有缨络珠饰，左臂环抱一鼓，右臂向前平伸，手中握一鼓槌欲击，下身着长裤，赤足，右足前伸，左足曲蜷，表情幽默风生，额前皱纹数道，张口露齿，是一个典型的丑角形象[①]（图四 -157：1）。类似的俑在四川成都地区还有较多发现，如郫县（成都市郫都区）宋家林汉墓出土说唱陶俑为立姿，姿态、穿着、表情及动作等均凸显出滑稽之态[②]。江苏扬州邗江胡场西汉 M1 出土 2 件木质说唱俑，雕刻精细，五官清晰，均喜形于色，呈坐状，一件平顶，大腹，右手向上挥扬，左手力按腹部；一件头有髻，

---

① 四川省博物馆文物工作队，刘志远：《成都天迴山崖墓清理记》，《考古学报》1958 年第 1 期。

② 索德浩、毛求学、汪健：《四川汉代俳优俑——从金堂县出土的俳优俑谈起》，《华夏考古》2012 年第 4 期。

大臂弯曲，小臂向上，左臂撑于左腿之上，均为说唱之态①（图四 -157：2、3）。山东省嘉祥县仲山清凉寺村汉墓出土男性说唱俑，直身站立，右手前伸，持一彩绘鼗鼓，面带微笑，似在说唱②。从目前资料看，俳优多男性，也有女性，河南荥阳薛村 M11 出土俳优俑有男有女，男俳优俑动作诙谐，表情滑稽（图四 -157：4），女俳优俑裙摆较宽，大臂平，小臂曲折，手上举③（图四 -157：5）。

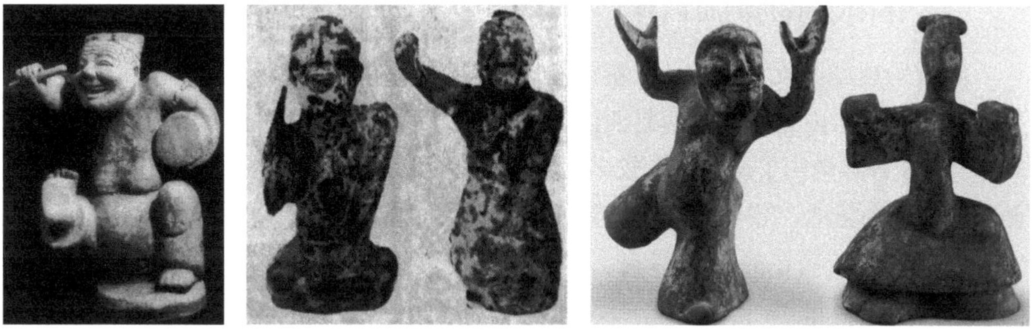

1　2　3　4　5

图四 -157　汉代墓葬出土俳优俑

1. 四川成都天迴（回）山 M3 出土坐式陶说唱俳优俑　2、3. 江苏扬州邗江胡场西汉 M1 出土木质说唱俳优俑　4、5. 河南荥阳薛村 M11 出土男、女陶俑（4. 男舞蹈俳优俑　5. 女站立俳优俑）

至于乐舞百戏表演的场所，部分可能在室内，但规模一般不大，大多是在庭院之中，观赏者则多在建筑物内或屋外廊下等处欣赏，场面较大。更大场面的表演则要安排在广场之上，山东沂南北寨东汉墓出土画像石画像描绘的乐舞百戏场面宏大，涉及内容较多，应是在广场上或更大场合中进行的表演④；诸城前凉台东汉墓出土的乐舞杂技表演画像石画像，所反映的活动也很可能在室外⑤。江苏沛县栖山西汉晚期墓葬出土画像石画像中的乐舞场面位于双阙之外，也可能为广场⑥。河南南阳画像石中，有一幅命名为“车骑过市”的画像，右侧有数组车马，左侧较大画面则为乐舞百戏表演⑦，推测该图中的乐舞表演是在市集或较为空旷的门前广场；南阳

① 扬州博物馆、邗江县文化馆：《扬州邗江县胡场汉墓》，《文物》1980 年第 3 期。

② 李卫星、吴征苏：《山东嘉祥清凉寺出土汉代陶俑》，《考古》1992 年第 10 期。

③ 河南省文物局：《河南省南水北调工程考古发掘出土文物集萃（一）》，文物出版社，2009 年，第 134、135 页。

④ 南京博物院、山东省文物管理处：《沂南古画像石墓发掘报告》，文化部文物管理局出版，1956 年，第 18、19 页；山东省博物馆：《沂南北寨汉墓画像》，文物出版社，2015 年，第 50、51、115 页。

⑤ 诸城县博物馆，任日新：《山东诸城汉墓画像石》，《文物》1981 年第 10 期。

⑥ 徐州市博物馆、沛县文化馆：《江苏沛县栖山汉画像石墓清理简报》，《考古》编辑部编辑：《考古学集刊·第 2 集》，中国社会科学出版社，1982 年，第 106-112 页。

⑦ 南阳汉画馆，闪修山、王儒林、李陈广编：《南阳汉画像石》，河南美术出版社，1989 年，第 30、31 页。

新野樊集出土斜索戏车与平索戏车画像则明确表明相关乐舞杂技是在室外进行的[①]。这一时期还可能有戏楼，也有相关遗物出土，基本为建筑模型，在模型建筑的相关位置有乐舞杂技表演。综合来看，以上诸例所体现与家庭生活的娱乐内容均较为密切，进而反映出秦汉时期，尤其是汉代较多家庭在娱乐方面物质内容的不断丰富和较为多样化的特征。

二、休闲娱乐的物质内容

除听乐观舞、欣赏百戏外，秦汉家庭的生活之中还有较多休闲娱乐活动，大大丰富了家庭生活内容。江西南昌西汉海昏侯刘贺墓的外藏设施中，有专门的娱乐用具库[②]，较好地说明了这一点。较多休闲娱乐活动以物质为载体，很多还要借用不同面积或大小的场地，综合体现出与秦汉家庭有关的物质内容。

博弈方面较简单的仅有博茕，秦始皇帝陵陵园内发现有秦代石质博茕，为 14 面体，其中 12 个圆面上刻 1-12 的数字。汉代的博茕则多见 18 面体，16 面上为 1-16 数字，较多的另两面上为“骄”、“䩻”二字[③]。山东临淄西汉齐王墓陪葬坑出土的博茕为空心错银镂孔铜质，内有小铜块，可发出声响[④]。其他墓葬或生活类遗存中还有相关发现，一些与六博棋同出，而有些六博棋的配套内容则相对丰富，即成套出现，反映出当时家庭中成套六博棋的组成内容。湖北江陵凤凰西汉 M8 出土六博博具一套，同出遣册上还有专门记载[⑤]。湖南长沙马王堆 M3 出土的博具更为完备，有博局、黑棋、白棋、长短箅、直食棋、环首刀、削、博茕等，均置于一方形漆盒内[⑥]。其他考古发现的则多由棋盘和棋子组成，少量有箸或他物。棋局又名曲道，基本为正方形，其上有“T”、“L”、“V”等格道，这在出土的汉代博局纹铜镜上有明显体现；棋子则多为 6 面长方体，有木、骨、象牙等质地。河北省石家庄小沿村汉墓出土有象牙质六博棋子[⑦]。江苏徐州翠屏山西汉刘治墓出土六博棋 1 套，平面呈方形，木质棋盘，银质曲道，骨质棋子[⑧]（图四 -158：1）；徐州黑头山西汉刘慎墓出

---

① 河南省南阳地区文物研究所：《新野樊集汉画像砖墓》，《考古学报》1990 年第 4 期。

② 江西省文物考古研究所、南昌市博物馆、南昌市新建区博物馆：《南昌市西汉海昏侯墓》，《文物》2016 年第 7 期。

③ 程学华：《秦始皇陵园发现的明琼》，《文博》1986 年第 2 期；张文立：《秦陵博琼与秦汉博戏之风》，《文博》1989 年第 5 期。

④ 山东省淄博市博物馆：《西汉齐王墓随葬器物坑》，《考古学报》1985 年第 2 期。

⑤ 长江流域第二期文物考古工作人员训练班：《湖北江陵凤凰山西汉墓发掘简报》，《文物》1974 年第 6 期。

⑥ 湖南省博物馆、湖南省文物考古研究所编著：《长沙马王堆二、三号汉墓》，文物出版社，2004 年，第 162-167、170 页。

⑦ 石家庄市图书馆文物考古小组：《河北石家庄市北郊西汉墓发掘简报》，《考古》1980 年第 1 期。

⑧ 徐州博物馆：《江苏徐州市翠屏山西汉刘治墓发掘简报》，《考古》2008 年第 9 期。

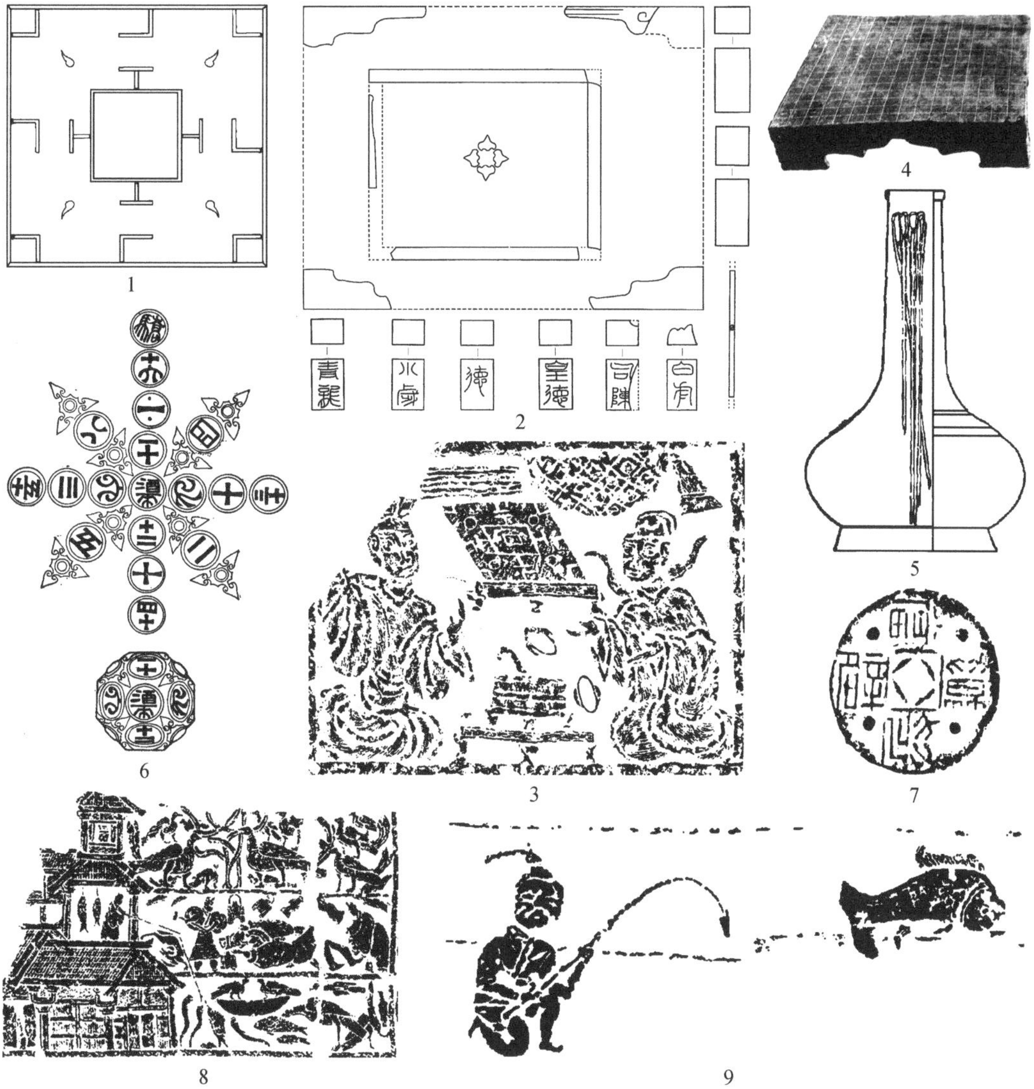

图四 -158 汉代墓葬出土与休闲娱乐相关的器物和画像

1. 江苏徐州翠屏山西汉刘治墓出土漆六博棋盘 2. 江苏徐州黑头山西汉刘慎墓出土漆六博棋盘与棋子、算筹等 3. 江苏徐州铜山台上出土饮酒对弈画像 4. 河北望都东汉 M1 出土石质围棋盘 5. 湖南永州市鹞子山西汉“刘彊”墓出土铜投壶 6. 河北满城 M2 出土铜骰子 7. 山东巨野红土山汉墓出土“辟兵莫当”铜压胜钱 8. 江苏徐州市邳州占城出土祠堂画像石上的钓鱼画像（局部） 9. 四川乐山麻浩一号崖墓前室东壁第 9 画像石上的“垂钓”图

土六博棋 2 套，其中一套有 12 枚骨质棋子，均为长方体，表面光滑平整，大小稍有差异，分为两组，每组 6 枚，其中一组每个棋子的两面皆阴刻相同的文字，有青龙、小岁、德、皇德、司陈、白虎等，另有配套的算筹[①]（图四 -158：2）。汉画像石中常见六博画像，江苏徐州铜山台上出土画像石上刻二人对坐，饮酒对弈，较为

① 徐州博物馆：《江苏徐州黑头山西汉刘慎墓发掘简报》，《文物》2010 年第 11 期。

生动[①]（图四-158：3），有的还在进行六博时配以乐舞等。与画像相似的六博俑也有发现，河南灵宝出土的釉陶六博陶俑，二对弈者似在交流[②]；甘肃武威磨咀子M48出土彩绘木雕对博俑，二人跽坐正在下棋，之间有一长方形木盘，棋局绘白色"规矩纹"图案，一人右臂向前下伸，拇、食两指握一长方形木块（应为棋子），其余三指伸直似指木盘，一人右手放在膝上，左手举于胸前，五指伸直，二者神情与动作均较专注，造型生动别致[③]。

与博茕相似的还有骰子，或与博局有关，或有其他用途。山东临淄西汉齐王墓陪葬坑出土有铜骰子[④]，广东广州西汉南越王墓出土有漆骰子[⑤]，均较精致。与博局有关且更为复杂的是围棋。陕西咸阳一座西汉墓出土石棋盘，上有黑线画出的棋局，纵横各15道[⑥]。河北望都一号东汉墓出土有石质围棋盘，正方形，下有四足，盘面纵横各17道[⑦]（图四-158：4）。

投壶是将箭或矢类的端首掷入壶内，为宴饮时的一种投掷游戏。河南南阳沙岗店汉墓出土画像石画像中部有一壶一酒樽，壶内两矢，旁有2人执矢投壶，右侧有1人旁观[⑧]。投壶的实物也有发现，如河南济源泗涧沟M8出土绿釉陶投壶[⑨]。湖南永州市鹞子山西汉刘彊墓出土长颈壶2件，形制相似，均为直口，有一圈突轮，长颈，扁圆腹下垂，壶内装有竹签五根[⑩]（图四-158：5）。

博茕、六博、投壶等在秦汉时期常常与饮酒有关，即用于行酒令，而一些行乐钱也具有这项功能。河北保定满城M2出土的"宫中行乐钱"计有40枚，正面铸篆体阳文，内容以三字为句，多为吉语，伴出的有铜骰子（图四-158：6），当为配合使用之物，总体则为一套行酒令的玩物[⑪]。山东曲阜九龙山M3出土宫中行乐钱4枚，三枚方穿无郭，一面铸有"第五"、"第十八"、"第廿九"，另一枚有郭，有"第十八"字样[⑫]。

---

① 徐州博物馆：《徐州汉画像石》，江苏美术出版社，1985年，图178。

② 河南省博物馆：《灵宝张湾汉墓》，《文物》1975年第11期。

③ 甘肃省博物馆：《武威磨咀子三座汉墓发掘简报》，《文物》1972年第12期。

④ 山东省淄博市博物馆：《西汉齐王墓随葬器物坑》，《考古学报》1985年第2期。

⑤ 广州市文物管理委员会、中国社会科学院考古研究所、广东省博物馆：《西汉南越王墓》，文物出版社，1991年，第136页。

⑥ 咸阳秦都考古工作站：《秦都咸阳汉墓清理简报》，《考古与文物》1986年第6期。

⑦ 北京历史博物馆 、河北省文物管理委员会：《望都汉墓壁画》，中国古典艺术出版社，1955年。

⑧ 南阳汉画馆，闪修山、王儒林、李陈广编：《南阳汉画像石》，河南美术出版社，1989年，第80、81页。

⑨ 河南省博物馆：《济源泗涧沟三座汉墓的发掘》，《文物》1973年第2期。

⑩ 零陵地区文物工作队：《湖南永州市鹞子山西汉"刘彊"墓》，《考古》1990年第11期。

⑪ 中国社会科学院考古研究所、河北省文物管理处：《满城汉墓发掘报告》，文物出版社，1980年，第273页。

⑫ 山东省博物馆：《曲阜九龙山汉墓发掘简报》，《文物》1972年第5期。

压胜钱是指为馈赠、玩赏、配饰、占卜等铸造，仿照钱币形制的器物，多有出土。山东巨野红土山汉墓出土的铜压胜钱，中有方穿，方穿四角各一假穿，一面铸“辟兵莫当”四字，由四乳钉相间隔[①]（图四-158：7）。

其他方面的休闲娱乐还有斗鸡，相关史料有载，汉代壁画与画像中亦多有体现。江苏沛县栖山西汉晚期墓葬出土画像石画像中有斗鸡的场面[②]。四川成都及河南郑州出土的画像砖、河南南阳出土画像石等的画像中也有体现，但场面最大，内容最丰富的为陕西西安交通大学西汉M1西壁中部偏北壁画中的斗鸡图，涉及人数约23个，有正在相斗的鸡，引得较多人观看喝彩，还有人双手抱斗鸡或投喂斗鸡，甚至准备斗鸡，人物或有语言交流，或有较多肢体动作，整个画面描绘细致，较为精彩[③]。钓鱼也属于休闲娱乐的一种形式。汉代壁画和画像中多见有捕鱼图，较多的捕鱼活动属于家庭产业，或服务于家庭饮食，或用于出售及相关活动。钓鱼一般为家庭成员的个体活动，既可锻炼身体，也可修心养性，同时还可增添生活乐趣，因此可视为休闲娱乐的一种形式。汉代钓鱼使用的基本为鱼竿、钓鱼线和鱼钩三者组合的工具，多是一人垂钓的形式，这在汉代画像中较为多见，山东微山地区出土的相关画像中有一定数量的钓鱼图，其他一些地区也有发现。江苏徐州市邳州占城出土的一块祠堂画像石画像中，一处庄园右侧临水而建，庄园右侧房屋高低错落，栉比相邻，在最右侧三层楼的第二层楼上，有一人站立房中，伸长杆抛钓鱼线至右侧池塘或河流中正在钓鱼，已有鱼儿咬钩，而钓鱼者身后吊着2条已钓上来的鱼，池塘或河流中还有多条游弋的鱼儿[④]（图四-158：8）。四川乐山麻浩一号崖墓的前室东壁第9画像石刻有“垂钓”图，有一头扎细长髻、束巾的钓者，赤足作单腿跪，双手持钓竿正在钓鱼，鱼竿呈弧形弯垂，似已钓到鱼儿，而在其前方有一尾形似鲤鱼的大鱼[⑤]（图四-158：9）。

可以说，考古资料所体现秦汉时期尤其是汉代的休闲娱乐内容较为丰富多样，诸多内容与家庭及其成员之间有着较多的联系，这也在一定程度上反映出秦汉家庭生活的多元化及其丰富程度。

三、医疗保健的物质内容

秦汉时期，医疗获得较大发展，具体表现为：①设专门的管理机构，有相应的

---

① 山东省荷泽地区汉墓发掘小组：《巨野红土山西汉墓》，《考古学报》1983年第4期。

② 徐州市博物馆、沛县文化馆：《江苏沛县栖山汉画像石墓清理简报》，《考古》编辑部编辑：《考古学集刊·第2集》，中国社会科学出版社，1982年，第106-112页。

③ 西安市文物保护考古所：《西安理工大学西汉壁画墓发掘简报》，《文物》2006年第5期；西安市文物保护考古研究院：《西安西汉壁画墓》，文物出版社，2017年，第41-44页。

④ 杨孝军：《徐州新征集的汉画像石研究》，《东南文化》2009年第4期。

⑤ 乐山市文化局：《四川乐山麻浩一号崖墓》，《考古》1990年第2期。

人员和制度；②对先秦著名医者有相应的崇拜和宣传；③有一大批专门的医学家，医书众多，并有较多从医人员；④医疗器具及医药品种丰富，医疗方法多样。这一时期，保健内容也得到发展和推广，既有相关器物或物品，也有一些运动或锻炼等，并与医疗相搭配，共同服务于人们对于身体健康的要求和需求。医疗保健与秦汉时期诸多家庭及其成员之间存在着十分密切的关系，而较多与医疗、保健有关的内容是通过相关物质得以实现，因此这也是秦汉家庭生活物质内容的重要组成部分。

秦汉时期医疗保健发展的具体表现与秦汉家庭医疗存在相应关系，相关内容在家庭保障等的论述中已有一些论述。管理机构、相关人员和制度等，与等级较高家庭的医疗保健关系密切。医者的社会地位不高，秦汉时期多被称为“治病工”、“医工”、“医匠”等，对服务于贵族、官吏的医者，朝廷或王侯国，或政府机构等设有专门的管理机构，并有相应的制度和管理人员。西汉“药藏府印”、“药府”等官印可以证明。太医的用药由药藏府管理，诸侯国的医者也有统一的管理，其管理者为“长”，史书中提及诸侯国有“医工长”，出土的相关印章有“×× 医长”等。江苏徐州狮子山西汉楚王墓[①]东北部陪葬坑中出土的铜杵臼上有“□宦眷（者）药府”等刻铭，与之同出的有云母等中药，伴出的还有铜量[②]（图四 -159：1），表明

1　2　3

图四 -159　江苏徐州狮子山西汉楚王墓陪葬坑中出土铜杵臼与铜量

1. 铜杵臼与铜量　2. 铜臼铭文　3. 铜量铭文

① 狮子山楚王陵考古发掘队：《徐州狮子山楚王陵发掘简报》，《文物》1998 年第 8 期；韦正、李虎仁、邹厚本：《江苏徐州市狮子山西汉墓的发掘与收获》，《考古》1998 年第 8 期。

② 耿建军：《徐州市羊鬼山西汉墓陪葬坑》，中国考古学会编：《中国考古学年鉴 · 2005 年》，文物出版社，2006 年，第 170-172 页。

西汉楚国设有药府，而且还有管理者。虽然贵族或官吏有朝廷、诸侯国等设立的专门医疗机构及有关人员等为其治病或提供保健保障等，但多数贵族、官吏家庭会在自身家庭中存贮相应的医疗器具，并有相关药品及用于身体保健的物品等等，还会有一些医疗人员，较多汉代高等级墓葬内出土有医疗器具、药品、保健物品等可以说明这一点，而这也体现出秦汉贵族与官吏家庭在生活中有与医疗保健相关的物质内容。诸侯王级别人员如中山靖王刘胜，其家庭内府有专门的医工，刘胜墓葬为河北保定满城 M1，墓内出土的“医工”铭铜盆即是中山内府的医疗器具[①]。江西南昌海昏侯刘贺墓出土的 2 件医工漆盘，内底用朱漆书写“医工五禁汤”等字[②]，考虑到刘贺“疾痿，步行不便”[③]，可能会有专门服务于刘贺家庭甚至是服务刘贺本人的医工，并根据具体情况为刘贺制作汤药。至于中下阶层家庭或等级低且经济状况不好的家庭，可能不存在相应的机构和专门人员，但会有相应的医疗器具、医药物品及保健物品，尽可能在有限条件下保证家庭成员的身体健康，小伤小疾可以自治或就医，大伤、大病则需请专门的医者进行治疗。山东济宁微山出土的一些画像石画像中有医者为病者诊脉针灸的内容，有些是在某一家庭中，反映的可能为相关家庭请医治病的内容，有的则是较多人排队等待治疗的场景，体现出相关家庭人员到医者所在之处就医的内容。这一时期，有些家庭中会有专门从医的医者，不仅会为自身家庭人员及亲属、乡邻治病疗伤，也可能以此作为增加家庭经济收入的内容之一，而此类家庭会有较多的医疗器具、医药物品等，并因此具有了与其他一般家庭不同的特殊性。甘肃武威旱滩坡东汉早期墓葬的墓主为年龄较大男性，可能是一位年逾七十的医者，生前行医[④]。

医方是医者为患者看病开具的医治之方，既有疗病的方式、方法，也有用药和剂量等，相关医方简的出土可以说明。医方是病者医病的重要参考，写在简上供病者参照疗病，而相应的医方简则是家庭的物质内容。就秦汉家庭来讲，多数会有不同数量、质量、种类的医药、医疗器具、保健物品等，这是家庭在这方面的又一类物质内容。相关的医药、器具、物品等需要存储，较多家庭会有存储医药的设施，或与他物共同存储，或专门存放，具有相应等级或经济实力的家庭则多有专门的存放设施，如药函，也就是常说的药箱，并在其内存放中草药、丸丹类药品等。另外

---

① 中国社会科学院考古研究所、河北省文物管理处：《满城汉墓发掘报告》，文物出版社，1980 年，第 58-60 页。

② 江西省文物考古研究所、北京师范大学：《江西南昌西汉海昏侯刘贺墓出土漆木器》，《文物》2018 年第 11 期。

③（东汉）班固撰，（唐）颜师古注：《汉书 · 武五子传》，中华书局，1962 年，第 2767 页。

④ 甘肃省博物馆、甘肃省武威县文化馆：《武威旱滩坡汉墓发掘简报——出土大批医药简牍》，《文物》1973 年第 12 期。

还有药笥、漆木盒等，江西南昌西汉海昏侯刘贺墓出土装有虫草的漆木盒及盛有药品的木质漆盒等[①]；湖南长沙马王堆M1出土装有整理成束茅香根茎的竹笥[②]。就医者家庭来讲，需要存放的医药物品应该更多，所需设施也较为多样。

秦汉医疗发展的第二、三方面，也与秦汉家庭生活密切相关，部分亦体现出相应的物质内容。这一时期，较多家庭对先秦著名医者有相应的崇拜和宣传，这与家庭的精神信仰存在相应关系，同时也是通过信奉，从精神上达到或希望达到驱邪祛殃，减少对家庭的伤害，而相关信仰也可能会有对应的物质载体。较多家庭信仰黄帝、神农等，春秋时期的扁鹊也得到较多宣传，而且他们多被视作神人。关于扁鹊，《史记》中专门为其列传，汉代画像尤其是东汉画像中的扁鹊，为半人半鸟状（人首鸟身居多）的神，今苏北鲁南一带尤其山东济宁微山县出土的东汉画像石画像中最为多见，其他地区也有出土，基本场景是为病者治病，多数是正在做针灸治疗。山东微山两城乡出土此类内容的石刻画像较多，其中的一幅画像右上角右侧为一鸟身人，左侧有二人求医，另有一小孩；另有一幅中刻画较多的求医者，作依次等待状，这些画像中的鸟身人首的医者均是一手为患者切脉，一手持针准备刺穴，而有些正在就医的病人手上已扎数针[③]。相关的画像石为墓葬墓室或祠堂的建筑材料，服务于家庭中去世人员的丧葬，在一定程度上也可视为有关家庭的物质内容。

这一时期，涌现了很多著名的医学家，他们多著有医书并流传后世，考古发掘也出土了这一时期的一些医书，涉及内容较多，二者综合体现出秦汉时期医疗的进步和发展。西汉时的医学家有公乘阳庆、淳于意等，分别著有《黄帝扁鹊脉书》与《诊籍》；西汉末至东汉初年有涪翁，著有《针经》、《诊脉法》；东汉张仲景，著有《伤寒杂病论》、《金匮要略》及《辨伤寒》、《评病药方》、《疗妇人方》、《五藏论》、《口齿论》等（此五者已不存）。华佗医术全面，擅长外科，精于手术，并精通内、妇、儿、针灸各科，其较为重要的贡献之一为麻醉学，发明有麻醉药物“麻沸散”。汉代还有一些中医药著作如《黄帝素问》、《灵枢经》、《神农本草经》等基本写成。另如上文所举甘肃武威旱滩坡东汉早期墓葬的墓主，其墓内陪葬有和医学有关的简牍，而墓主为生前行医的医者，死后将较多病方随葬于身边[④]，这体现出医者家庭在这一方面的物质内容。

诸多的医书，对较多家庭的医疗保健有着重要的指导作用，是很多家庭医疗保

---

① 彭华胜、徐长青、袁媛等：《最早的中药辅料炮制品：西汉海昏侯墓出土的木质漆盒内样品鉴定与分析》，《科学通报》2019年第9期；卢笛：《关于西汉海昏侯墓出土虫草的思考》，《食用菌》2016年第3期。

② 湖南省博物馆、中国科学院考古研究所：《长沙马王堆一号汉墓》，文物出版社，1973年，第111页。

③ 马汉国主编：《微山汉画像石选集》，文物出版社，2003年，第192、193、202、203页。

④ 甘肃省博物馆、甘肃省武威县文化馆：《武威旱滩坡汉墓发掘简报——出土大批医药简牍》，《文物》1973年第12期。

健的重要参考，因此相关医书在社会中会有流传或传抄，记录的载体则成为相关家庭的物质内容，这在一定程度上也应是对相关墓葬出土医书的解释和说明。考古发现的医书有很多。湖南长沙马王堆M3所出帛书《五十二病方》，列医方280多个，用药243种①，同墓出土的帛书中，还有多种关于医学理论的著作，如古经脉学佚书《足臂十一脉灸经》和《阴阳十一脉灸经》（甲、乙本），另有古诊断学佚书《脉法》和《阴阳脉死候》及《杂疗方》、《胎产方》等②。四川成都老官山西汉M3发现近千支医简，大致包括《敝昔医论》、《脉死侯》、《六十病方》、《尺简》、《病源》、《经脉书》、《诸病症侯》、《脉数》等③，另有《医马书》，是我国出土的第一部兽医书④。兽医书对于家庭来讲也具有重要的价值和作用，是家庭饲养动物的重要保障，因此亦是相关家庭的重要物质内容。另外，上文所举武威旱滩坡东汉墓，出土的木简《治百病方》，收医方30多个，用药约100种⑤，体现出医者家庭与医书有关物质内容的同时，也反映出墓主与医书的相应关系，而如成都老官山西汉M3，出土有医简等遗物，对了解墓主身份提供了重要线索⑥。

保健方面，医疗、体育及习武健身等在秦汉家庭得到推广，养生也十分受重视。湖南长沙马王堆M3出土有《导引图》，各种动作图形逼真，内容包括运动姿态、模仿动物运动、针对病症进行运动等，各种动作均记有名称，用导引术治疗的疾病也有说明⑦。该墓出土的《养生方》，对养生、服食、呼吸、吐纳、房中术等均有记述，《却谷食气》叙述了行气导引方法和四时食气宜忌，提出随年龄增长，练功次数也要增加⑧。湖北江陵张家山西汉早期墓葬出土有竹简《引书》，详细讲述了导引的各个动作及疗病之法，说明了导引与医学理论的相互结合⑨。另外，华佗也编制有一套养性导引的健身体育运动，即五禽戏，可以强身健体，对于相关家庭的成员保健会有相应影响，但这一点很难体现出物质内容。类似内容的如重庆巫山麦沱西汉M40出土

---

① 钟益研、凌襄：《我国现已发现的最古医方—帛书〈五十二病方〉》，《文物》1975年第9期。

② 马王堆汉墓帛书整理小组：《马王堆汉墓出土医书释文（一）》，《文物》1975年第6期；《马王堆汉墓出土医书释文（二）》，《文物》1975年第9期；中医研究院医史文献研究室：《马王堆帛书四种古医学佚书简介》，《文物》1975年第6期。

③《成都老官山汉墓考古发掘中一批扁鹊学派失传医书出土》，《江苏中医药》2014年第1期。

④ 成都文物考古研究所、荆州文物保护中心：《成都市天回镇老官山汉墓》，《考古》2014年第7期。

⑤ 甘肃省博物馆、甘肃省武威县文化馆：《武威旱滩坡汉墓发掘简报——出土大批医药简牍》，《文物》1973年第12期；甘肃省博物馆、武威县文化馆：《武威汉代医简》，文物出版社，1975年。

⑥ 成都文物考古研究所、荆州文物保护中心：《成都市天回镇老官山汉墓》，《考古》2014年第7期。

⑦ 中医研究院医史文献研究室：《马王堆三号汉墓帛画导引图的初步研究》，《文物》1975年第6期。

⑧ 唐兰：《马王堆帛书〈却谷食气篇〉考》，《文物》1975年第6期。

⑨ 张家山汉墓竹简整理小组：《江陵张家山汉简概述》，《文物》1985年第1期。

的6件导引俑，姿态逼真，有立式、坐式、弓身等[①]，可以从相关方面反映出当时相关家庭的保健内容，而其作为墓葬中的陪葬品，又可在一定程度上视作家庭成员死后世界的物质内容，抑或现实世界也有类似的导引人物制品，或许质地非陶质。其他如习武健身，汉代画像中有较多体现，如比武图、邀请比武图、弋射图等，虽无直接的物质内容，但比武的器具、场地及一定场合中骑乘的马匹等则是间接体现。

秦汉医疗发展的第四方面，上文已从大的方面作了相关论述，下文则就与家庭医疗相关物质内容的细节作简要叙述。大致来看，这一时期医疗与保健器具种类较多，有不同质地，医药与保健物品的种类也有很多，制作方式多样，这与适用不同病症或不同的保健需求有关，也很好地保证了家庭中成员在生病时的治疗或医治，保障了家庭成员的身体健康。

医疗器具方面，上文所举江苏徐州狮子山西汉楚王墓陪葬坑出土的铜杵臼可用于捣药[②]，铜量可以测量药或原材料的多少，类似的如河北鹿泉高庄M1出土铜杵臼及量斗[③]，广东广州南越王墓西耳室出土杵臼及药材等[④]。汉代画像石画像中捣药图较为常见，多数捣药者为兔，很多又与西王母画像同出，说明捣药与人们的长生和升仙追求密切相关，也反映出捣药在当时已较普遍，再综合分析画像的画面内容，可知捣药与家庭生活关系密切。较多的画像见有羽人从仙鸟或凤凰处受药，再将仙药授予需要仙药的人，得到仙药的人服食仙药则可升仙。现实生活中，捣药后可以服食，达到祛病免疫等目的，二者有相似功效。山东巨野红土山汉墓除铜杵臼外，还有擂石、擂盘等制药工具,35号铜鼎及一些漆衣铜盆则为盛药工具[⑤]。河北满城汉墓尤其是M1出土的医疗器物较多，多铜质，另有金、银、石等质地，如“医工”铜盆是能隔水蒸药用的器皿，还有对危重病人进行急救时将药灌入喉中或鼻子中所使用的带流小银匜、银漏斗等灌药器，另有一整套冷却器、外科手术用的水晶质砭石、挑取药末用的铜匕、过滤药渣用的铜圜底器皿及药镬、金银质医针，医针包括顶针、锋针、鍉针、毫针等[⑥]。四川绵阳双包山西汉M2出土人体经脉模型与针灸有

---

① 重庆市文化局、湖南省文物考古研究所、巫山县文物管理所：《重庆巫山麦沱汉墓群发掘报告》，《考古学报》1999年第2期。

② 狮子山楚王陵考古发掘队：《徐州狮子山楚王陵发掘简报》，《文物》1998年第8期；韦正、李虎仁、邹厚本：《江苏徐州市狮子山西汉墓的发掘与收获》，《考古》1998年第8期；耿建军：《徐州市羊鬼山西汉墓陪葬坑》，中国考古学会编：《中国考古学年鉴·2005年》，文物出版社，2006年，第170-172页。

③ 河北省文物研究所、鹿泉市文物保管所：《高庄汉墓》，科学出版社，2006年，第39、40页。

④ 广州市文物管理委员会、中国社会科学院考古研究所、广东省博物馆：《西汉南越王墓》，文物出版社，1991年，第82页。

⑤ 山东省荷泽地区汉墓发掘小组：《巨野红土山西汉墓》，《考古学报》1983年第4期。

⑥ 中国社会科学院考古研究所、河北省文物管理处：《满城汉墓发掘报告》，文物出版社，1980年；钟依研：《西汉刘胜墓出土的医疗器具》，《考古》1972年第3期。

关，以红色线条绘出经脉[①]；成都老官山 M3 出土一具完整的人体经穴髹漆像，白色或红色描绘的经络线条和穴位清晰可见[②]。河南省南阳市博物馆馆藏的 1 件陶俑，时代为东汉，女性陶俑，胸、腹突出，俑的身体有数十个排列成行的小孔，似按照经络排列，而小孔可能与针灸穴位有关[③]。前文相关章节所引用的马王堆汉墓出土医书、武威汉墓出土医简等中均对于针灸有涉及，既反映了针灸的内容和成就，也对相关针灸器物有所涉及[④]。保健器物亦有较多发现，江苏徐州狮子山西汉楚王墓的 W2 室内有用于沐浴的银盆，内有沐浴石[⑤]。熏炉在汉代较为普及，内盛具有芳香之味挥发物质的中草药，具有医疗保健和卫生防疫作用，因此熏炉可视为当时的医疗保健器具。再如湖南长沙马王堆 M1 出土的香囊、熏炉、绢袋、枕，内皆盛药品[⑥]，均在一定程度上可被视为保健器物。

秦汉时期，利于口腔卫生的牙签也有使用，个别遗址或墓葬内出土有形体不大、一端较尖的小木棍或角质物，存在为牙签的可能。江苏东海县尹湾汉墓群中的 M6[⑦] 出土木牍中的 YM6D13 反面为“君兄节司小物疏”，记录文字中有“须牙一”三字[⑧]；山东青岛土山屯 M6 出土的 1 件木牍（M6 棺 1：3）记载有随葬物品，为遣策，文字中有“疏牙一”三字[⑨]。相关研究认为两处汉墓出土木牍所记的“须牙一”或“疏牙一”，对应物品均应是牙签，为清洁牙齿的用具[⑩]，这一点笔者较为赞同。就青岛土山屯 M6 男性墓主棺中部偏西侧近棺板处出土的 4 件角饰品来讲，有学者认为这四件物品可能为玳瑁发饰[⑪]。其中 1 件形体较短，一端呈尖首刀形，柄端穿孔为圆

① 四川省文物考古研究所、绵阳博物馆：《绵阳双包山汉墓》，文物出版社，2006 年，第 125、126 页；马继兴：《双包山汉墓出土的针灸经脉漆木人形》，《文物》1996 年第 4 期。

② 成都文物考古研究所、荆州文物保护中心：《成都市天回镇老官山汉墓》，《考古》2014 年第 7 期。

③ 张立剑、杨峰、李素云、岗卫娟、徐文斌、徐青燕、冉升起：《针灸出土文物概说》，《上海针灸杂志》2011 年第 5 期。

④ 江苏省南通市中医院王家骛、苏侗志：《马王堆医书针灸学术成就初探》，《湖南中医杂志》2003 年第 6 期；郝晋东、郑俊江：《武威汉代医简的针灸学内容》，《中国针灸》1999 年第 10 期。

⑤ 王恺、葛明宇：《徐州狮子山楚王陵》，生活·读书·新知三联书店，2005 年，第 94 页。

⑥ 湖南省博物馆、中国科学院考古研究所：《长沙马王堆一号汉墓》，文物出版社，1973 年。

⑦ 连云港市博物馆：《江苏东海县尹湾汉墓群发掘简报》，《文物》1996 年第 8 期。

⑧ 连云港市博物馆、中国社会科学院简帛研究中心、东海县博物馆、中国文物研究所：《尹湾汉墓简牍》，中华书局，1997 年，第 24、132 页。

⑨ 青岛市文物保护考古研究所、黄岛区博物馆：《山东青岛市土山屯墓地的两座汉墓》，《考古》2017 年第 10 期。

⑩ 范常喜：《青岛土山屯 6 号汉墓木牍所记“疏牙”为牙签考》，武汉大学简帛研究中心主办：《简帛》（第十七辑），上海古籍出版社，2018 年，第 181-187、349 页。

⑪ 刘芳芳：《汉代玳瑁器初步研究》，《东南文化》2021 年第 2 期。

形，上文所引相关研究结合有关研究成果，认为其很可能是修治指甲的剔指刀[①]，这一点笔者亦赞同，但该物品也存在其他作用或功能的可能性。另外3件物品呈长方条形，一端呈铲形，柄端有长条形穿孔，上文所引相关研究指出：3件物品与今之牙签长度相差无几，其顶部呈铲形，末端有边刃，竖直后可疏通牙齿缝隙，平置则可刮除牙齿表面的牙垢，因此这3件器物有可能即遣策木牍所记的“疏牙”[②]。对于这一观点，笔者不敢苟同，至少是器物的宽度和形制均不太适合于剔牙或刮除牙垢，只是在某些特殊情况或需要时可以使用，因此不能视为遣策木牍所记的“疏牙”，即很有可能是具有其他主要作用的物品，而一端呈尖首刀形物品或亦与之配套。关于牙齿的清洁，西汉早期的湖北江陵张家山汉墓M247[③]出土竹简《引书》中用“洒齿”、“疏齿”等表示当时人的净齿行为，而《引书》所记内容还与其他方面的人身健康、保健等有着密切关系，《引书》简2-5记曰：“春日，蚤（早）起之后，弃水，澡漱，洒齿，泃（响），被（披）发，游堂下，逆（迎）露之清，受天之精，䬸（饮）水一棓（杯），所以益讎（寿）也。入宫从昏到夜大半止之，益之伤气。夏日，数沐，希浴，毋莫（暮）〔起〕，多食采（菜）。蚤（早）起，弃水之后，用水澡漱，疏齿，被（披）发，步足堂下，有闲而饮水一棓（杯）。入宫后昏到夜半止，益之伤气。”[④]这其中涉及身心健康的内容很多，除清洁牙齿，还有早起、走步、饮水、沐浴、食菜等，较多内容在当今对于很多人来讲，也是十分有益身心健康、有利于健康保健。

医药与保健药品也有较多发现，品种丰富。江苏徐州狮子山西汉楚王墓的W2内出土竹笥中有沐浴用的药料[⑤]，陪葬坑出土云母等中药[⑥]。山东巨野红土山汉墓35号铜鼎及一些漆衣铜盆内盛有药丸、药粉和各种药石[⑦]。河南巩义新华小区M1出土有五色石，有白、红、青、黄、灰白等色，形状多三角形、少量四边形[⑧]。广东广州南越王墓西耳室出土有五色药石、药丸、药材等，东耳室出土的药物有雄黄、乳香、松

---

① 扬之水：《终朝采蓝：古名物寻微》，生活·读书·新知三联书店，2008年，第236、238页。

② 范常喜：《青岛土山屯6号汉墓木牍所记“疏牙”为牙签考》，武汉大学简帛研究中心主办：《简帛·第十七辑》，上海古籍出版社，2018年，第181-187、349页。

③ 荆州地区博物馆：《江陵张家山三座汉墓出土大批竹简》，《文物》1985年第1期；荆州博物馆彭浩：《江陵张家山汉墓出土大批珍贵竹简》，《江汉考古》1985年第2期。

④ 张家山二四七号汉墓竹简整理小组：《张家山汉墓竹简〔二四七号墓〕：释文修订本》，文物出版社，2006年，第285页。

⑤ 王恺、葛明宇：《徐州狮子山楚王陵》，生活·读书·新知三联书店，2005年，第94页。

⑥ 耿建军：《徐州市羊鬼山西汉墓陪葬坑》，中国考古学会编：《中国考古学年鉴·2005年》，文物出版社，2006年，第170-172页。

⑦ 山东省荷泽地区汉墓发掘小组：《巨野红土山西汉墓》，《考古学报》1983年第4期。

⑧ 郑州市文物考古研究所、巩义市文物保护管理所：《河南巩义市新华小区汉墓发掘简报》，《华夏考古》2001年第4期。

香等[①]。湖南长沙马王堆M1出土的香囊、熏炉、绢袋、枕等中装有辛夷、花椒、茅香、佩兰等芳香药品，这些药物含有挥发油，内服可驱风、发汗、祛痰、利尿，外用可杀菌，既适用于皮肤及环境消毒，又能起到散发芳香、矫正气味的作用[②]。

除上述内容外，秦汉时期对下葬的尸体也运用了高超的医药防腐技术，这与家庭的关系亦十分密切。秦始皇帝陵使用水银，是一种防护措施[③]。湖南长沙马王堆M1墓主尸身各部位和内脏器官的外形仍相当完整，皮肤为淡黄色，软组织有弹性，部分关节能够活动，血管清晰可见，女尸出土时，浸泡在无色透明棺液之中，这应是当时保护尸身的药物[④]。湖北江陵凤凰山西汉M168内棺里有男尸一具，浸泡在棺液中，保存基本完整，肌肉有弹性，脑膜血管清晰可见，十二对脑神经几乎都能辨认，脑髓尚在，内脏保存也很好，基本齐全，据初步化验，肝脏组织中有较多血吸虫卵和肝吸虫卵，与马王堆一号墓女尸查出的血吸虫卵相印证，说明两千年前我国两湖地区有血吸虫病流行，我国古代医学典籍中关于血吸虫病的现象记载是细致、正确的[⑤]。江苏省连云港市海州区双龙村花园路西汉晚期的M1为两椁四棺土坑竖穴墓，2号棺内葬1男性，3号棺内为一具女尸，棺内出土有龟钮铜印章，印文为“凌氏惠平”，可知其为凌惠平，是男性墓主的正妻，墓内还葬有男性墓主的二妾；凌惠平的尸身保存完好，身高1.58米，体重25.5公斤，牙齿完整，头发浓密，手足纹路也很清晰，皮肤仍有一定的弹性，肤色呈棕褐色，局部灰黄，脊柱较直，肢体关节的伸展性和柔韧性都较好，经解剖检测，凌惠平的死亡年龄大约在55岁，脑组织萎缩近一半但构造完整，大脑额叶沟回清晰，小脑则呈碎块状，三叉神经完好，内脏完整，心、肺、肝、肠等各器官有所粘连，肺部呈灰色，存有炭类物质；凌惠平下葬时也在棺内注有棺液，根据对棺液样本的测试，pH为7.55，呈弱碱性，这与pH为5.18的湖南长沙马王堆M1棺内的酸性棺液截然不同，凌惠平的尸身能在适合细菌生存的碱性环境中完整保存，还需要更多医学上的研究解释，但不论如何，作为又一出土的汉代湿尸，其具有着十分重要的历史价值和科研价值[⑥]。对死者尸身以药物进行保护，在一定程度上体现出医药对秦汉时期家庭的影响，也从另一方面反映出秦汉家庭在医疗方面的物质内容和医疗水平。

---

① 广州市文物管理委员会、中国社会科学院考古研究所、广东省博物馆：《西汉南越王墓》，文物出版社，1991年，第141、218页。

② 湖南省博物馆、中国科学院考古研究所：《长沙马王堆一号汉墓》，文物出版社，1973年，第71、73、111-118、125页。

③ 常勇、李同：《秦始皇陵中埋藏汞的初步研究》，《考古》1983年第3期。

④ 湖南省博物馆、中国科学院考古研究所：《长沙马王堆一号汉墓》，文物出版社，1973年，第31、32页。

⑤ 纪南城凤凰山一六八号汉墓发掘整理组：《湖北江陵凤凰山一六八号汉墓发掘简报》，《文物》1975年第9期。

⑥ 连云港市博物馆：《江苏连云港海州西汉墓发掘简报》，《文物》2012年第3期。

四、文化教育的物质内容

秦汉时期，文化教育获得较大发展，文化方面，文具及相关物品种类丰富，制作精致，体现出相关物质文化内容的发展，如江西南昌西汉海昏侯刘贺墓的外藏设施中有专门的文书档案库[①]即说明了这一点，而教育在汉代墓葬壁画和画像，尤其是画像中有较多反映。二者又体现出较多与秦汉家庭相关的物质内容，反映出秦汉家庭物质内容的丰富和发展。

（一）笔与书刀（削）

秦汉时期，笔的制作在继承、改进的基础上获得较大发展，多竹、木质笔杆，有些笔杆尾部削成尖状，便于簪戴，上堂奏事时为方便记录，有的将毛笔插于发际，以备随时取用，汉代画像石画像中的相关人物图像有较好体现，与秦汉家庭关系密切的生活内容有讲经授课、家吏分派物品、收租、议事、祭祀等，大多配有场地、其他器具等物质内容。笔头原料有鹿毫、羊毫、兔毫等，制作的笔头已可随时更换。江苏连云港东海县尹湾 M6 出土的毛笔即为兔毫，制作精致，现将笔浸在水中，笔头仍能立即收拢聚合[②]（图四 -160：1）。大致来看，汉代的毛笔长度介于23～24 厘米之间，与汉一尺接近。与毛笔关系最密切的物质内容是存放毛笔的器具，为笔套或笔筒，湖北江陵凤凰山 M168 出土笔与笔筒一套，笔筒为一端有节的竹管制成，中部两侧镂空，并有朱绘纹饰[③]（图四 -160：2）。

湖北云梦睡虎地 M11 头箱出土毛笔（附笔套）一支，与之同出的还有铜削一件[④]，江苏连云港尹湾 M6 与毛笔同出的则有一幅双连鞘铁书刀，这些资料表明笔与削（书刀）之间存在较为密切的关系，都是家庭文化教育等方面的物质内容。笔与书刀的关系与该时期较多使用竹木简牍有关，刀（削）可以削裁简牍或修改相关错误当是原因之一。很多画像石画像中，有些男性家吏或手持形体不大的环首刀，或腰间佩戴小型的环首刀，皆可能与上述功能有关。另有较多的实物出土，大致来看，秦汉时期的书刀有铜质、铁质等。河北保定满城 M1 出土的书刀多为铁质，制作精美，或错金银，或装金，或附象牙鞘[⑤]。四川成都天迴（回）山东汉墓出土书刀

---

① 江西省文物考古研究所、南昌市博物馆、南昌市新建区博物馆：《南昌市西汉海昏侯墓》，《考古》2016年第 7 期。

② 连云港市博物馆：《江苏东海县尹湾汉墓群发掘简报》，《文物》1996 年第 8 期。

③ 湖北省文物考古研究所：《江陵凤凰山一六八号汉墓》，《考古学报》1993 年第 4 期。

④ 孝感地区第二期亦工亦农文物考古训练班：《湖北云梦睡虎地十一号秦墓发掘简报》，《文物》1976 年第 6 期。

⑤ 中国社会科学院考古研究所、河北省文物管理处：《满城汉墓发掘报告》，文物出版社，1980 年，第 105-107、277-279 页。

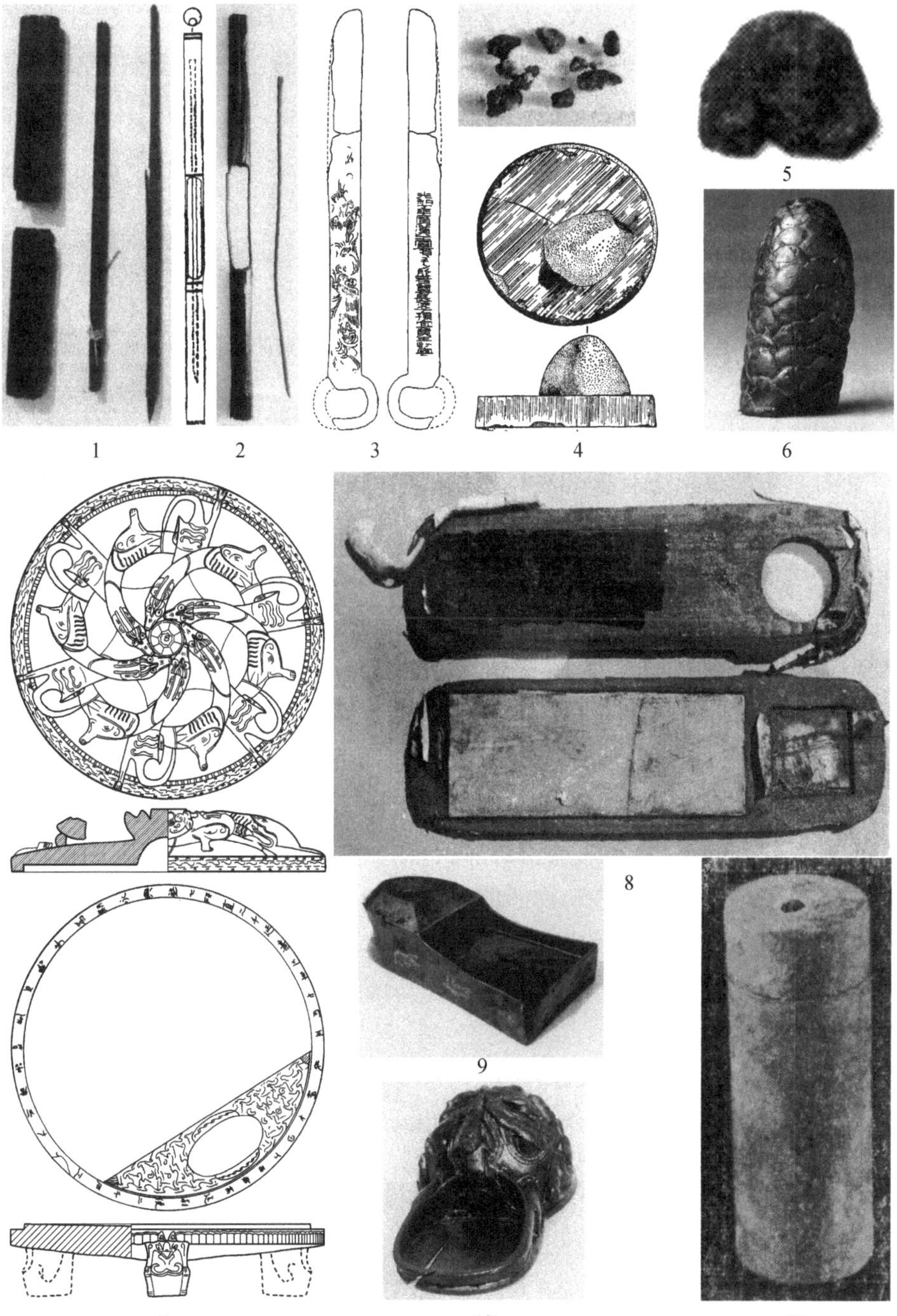

图四 -160　秦汉墓葬出土相关文化用具

1. 江苏连云港东海尹湾 M6 出土毛笔及笔套　2. 湖北江陵凤凰山 M168 出土笔与笔筒一套　3. 四川成都天迴（回）山东汉墓出土错金铁书刀　4. 湖北江陵凤凰山 M168 出土小块墨、砚与研石　5. 湖北云梦睡虎地秦代 M4 出土墨锭　6. 宁夏固原东汉墓出土松烟墨　7. 河南濮阳南乐宋耿洛东汉 M1 出土石砚　8. 江苏连云港尹湾 M6 出土漆盒石砚（M6 : 5）　9. 江苏邗江姚庄西汉 M101 出土马蹄形漆书砚　10. 江苏邗江姚庄西汉 M101 出土博山饰木砚　11. 山西朔县赵十八庄 M1 出土封泥筩的刀身错凤纹，有制作年等铭文，文字较多[①]（图四-160：3）。东汉时期，四川广汉郡工官还特制一种“金马书刀”，刀上用金丝嵌出马形，刻出工名，比较精美。

（二）墨和砚或研

这些物品与笔有着较密切关系。

秦代及西汉时期，已用松烟中的炭黑制墨，湖北江陵凤凰山M168出土的墨为小块，色纯黑，并有配套的砚与研石[②]（图四-160：4）。如隃麋墨，较出名，经常为相关官员使用。有的还使用墨粉，并出现调制成型的墨丸，一般较小，色黑黝，粒粗糙。墨丸又称墨锭，发现较多。湖北云梦睡虎地秦代M4出土有墨锭[③]（图四-160：5），山西浑源毕村出土墨锭呈圆锥形[④]。东汉时，墨多为柱形，黑腻如漆，宁夏固原东汉墓出土有松烟墨，用墨模压制成锭，墨质坚实，手感轻而坚密[⑤]（图四-160：6）。河南陕县刘家渠东汉墓出土墨锭，色泽暗，用手捏制而成[⑥]。河南巩义新华小区M1的时代为东汉中期，出土墨球为圆锥形，用木料雕刻成松果状，磨光再烧制成炭，顶残，伴出有石板砚和研墨石[⑦]。

至迟秦代，砚和砚杵已配套，大多数形制简单，素面无纹。西汉时期的砚多为圆形或长方形，面平，上有台形研，部分砚上有纹饰。江苏徐州簸箕山西汉宛朐侯刘埶墓出土石砚为沉积岩质，砚圆盘形，砚上置一石研子，呈上细下粗的圆柱形，顶部抹角，底平，有磨损痕迹，砚顶面、侧面及研子底面有黑墨痕迹[⑧]。西汉中后期至东汉，砚的材质较多，有石、陶、铜、木、漆、漆砂砚等，制作精美，有圆形、板形、三足形等，一些动物形象的砚出现，如龟砚，另外还有博山形砚，纹饰也较为精美，河南濮阳南乐宋耿洛东汉M1出土石砚为圆形，盖上镂刻盘旋的螭纹[⑨]（图四-160：7）。山东临沂金雀山西汉M11出土1件漆盒石砚，砚盘木胎，盒

① 四川省博物馆文物工作队，刘志远：《成都天迴山崖墓清理记》，《考古学报》1958年第1期。

② 湖北省文物考古研究所：《江陵凤凰山一六八号汉墓》，《考古学报》1993年第4期。

③ 湖北孝感地区第二期亦工亦农文物考古训练班：《湖北云梦睡虎地十一座秦墓发掘简报》，《文物》1976年第9期。

④ 山西省文物工作委员会、雁北行政公署文化局、大同市博物馆：《山西浑源毕村西汉木椁墓》，《文物》1980年第6期。

⑤ 中国国家博物馆：《文物秦汉史》，中华书局，2009年，第198、199页。

⑥ 黄河水库考古工作队：《河南陕县刘家渠汉墓》，《考古学报》1965年第1期。

⑦ 郑州市文物考古研究所、巩义市文物保护管理所：《河南巩义市新华小区汉墓发掘简报》，《华夏考古》2001年第4期。

⑧ 徐州博物馆：《西汉宛朐侯刘埶墓发掘简报》，《文物》1997年第2期。

⑨ 安阳地区文管会、南乐县文化馆：《南乐宋耿洛一号汉墓发掘简报》，《中原文物》1981年第2期。

盖里外髹赭漆，里面有长方形凹槽可扣住石板砚，研磨石胶合在一坛形木块上，木块向上，研磨石向下，捏住木块，可以将研磨石压在石板砚上研墨，出土时，盒内尚残留粒状黑墨，石板砚上也留有墨迹①。江苏连云港尹湾西汉晚期M6出土漆盒石砚1件（M6：5），盒为木胎髹黑漆朱色图案，以云气纹为主，间以虎、羽人、奔鹿等，内放石质黛板，墓葬出土遣策称之为板研②（图四-160：8）；扬州邗江姚庄西汉晚期M101出土漆书砚呈马蹄形，砚池髹黑漆，后有盝顶墨汁仓，二者有孔相通，孔内以羊首形木栓堵塞，此器非研磨砚，而是用来存储研好的墨汁，以便用于书写（图四-160：9）；该墓出土的博山饰木砚，分砚池和砚盒两部分，砚池为桃形，砚盒作博山形，雕刻羽人、瑞兽，盒内刳空，可注水，砚盒与砚池间有一长方形孔相通③（图四-160：10）。甘肃武威磨咀子东汉M49出土漆匣石砚，外为长方形扁木匣，匣一端开方孔，外裸漆，已朽裂，内装规整的长方形薄石砚④。江苏徐州土山东汉墓出土兽形铜砚，通体鎏金，饰有云气纹，并嵌红珊瑚、绿松石、青金石等，兽内置石砚，有柱状石研子⑤。河南焦作嘉禾屯汉代窖藏出土兽形口衔耳杯砚滴，龙头，有双角、双翼，双须曲卷，口衔耳杯，口与杯衔接处有一小孔与腹部相通，背上有柱与腹部相通，或为塞子，可以对水有所控制⑥。

（三）简帛与纸张

这一时期，纸张还未成为文字记录的主体，竹、木及绢帛作为书写载体仍较普遍。

考古发现秦汉时期竹、木简数量较多，其中有湖北云梦睡虎地出土的秦代简牍⑦，湖北江陵张家山汉墓出土的西汉早期竹简⑧，居延汉简所涉及从西汉至东汉两个时期皆有相关竹简⑨，甘肃武威旱滩坡东汉墓出土木简78枚与木牍14方⑩。简牍本身为物质内容，而与其相关的还有存放设施，山东临沂吴白庄东汉墓出土的石刻画像

---

① 临沂市博物馆：《山东临沂金雀山周氏墓群发掘简报》；胡继高：《一件有特色的西汉漆盒石砚》，《文物》1984年第11期。

② 连云港市博物馆：《江苏东海县尹湾汉墓群发掘简报》，《文物》1996年第8期。

③ 扬州博物馆：《江苏邗江姚庄101号西汉墓》，《文物》1988年第2期。

④ 甘肃省博物馆：《武威磨咀子三座汉墓发掘简报》，《文物》1972年第12期。

⑤ 南京博物院：《徐州土山汉墓清理简报》，《文博通讯》第15期，1977年，第18-23页。

⑥ 焦作市文物工作队：《河南焦作嘉禾屯出土汉代窖藏铜器》，《华夏考古》1995年第2期。

⑦ 睡虎地秦墓竹简整理小组：《睡虎地秦墓竹简》，文物出版社，1990年。

⑧ 张家山二四七号汉墓竹简整理小组：《张家山汉墓竹简》，文物出版社，2001年。

⑨ 谢桂华、李均明、朱国炤：《居延汉简释文合校》，文物出版社，1987年。

⑩ 甘肃省博物馆：《武威旱滩坡汉墓发掘简报——出土大批医药简牍》，《文物》1973年第12期。

中见有盛放简牍的器材，作悬挂状，内装简牍，相关画面还有多人捧经听课[①]。

帛书是在绢帛上书写文书、绘制图案等而形成的记录性物质载体，多以白色丝（绢）帛为书写材料，考古发掘出土有一定数量。湖南长沙马王堆M3出土帛书，有的写在整幅帛上，有的写在半幅帛上，字体有篆、隶之分，分28种，计12万余字[②]。甘肃地区也有汉代帛书出土，对研究历史地理、中外文化交流等有着重要的参考价值[③]。

秦汉简帛的内容包括法律文书、社会制度、官吏管理、民籍、账簿、佃田租税、历法、占书、先秦著作、当时的文学、信件、名刺、数学、军事、医学、社会生产与生活、中外文化交流、陪葬物品等诸多方面，对研究古代社会、历史及书法等诸多方面意义重大，同时其作为家庭的记录材料和内容，是相关家庭中的重要物质内容之一，而帛书多是具有相应政治地位或经济实力家庭的记录材料和内容。简帛记录内容丰富，以文学作品为例，汉代成就斐然，《史记》、《汉书》及诸多流传于世的著作，还有作为汉代文学代表的汉赋等等。汉赋佳作较多，涌现了一批著名的赋家，如司马相如、东方朔等，很多作品为后人所熟知。江苏连云港尹湾汉墓出土竹简里有一篇写成于西汉晚期但失传的汉赋作品，为《神乌赋》，简21枚，664个字，标题隶书，正文草书，采用拟人的手法，生动地描述了一只雌乌护巢的故事：雌乌发现一只盗鸟在偷盗她的筑巢材料，与盗鸟展开一场激烈的战斗，因受伤而亡，临死之时，她与雄乌悲戚诀别，希望其再找只好的雌乌，并照顾好两个孩子，表现出夫妻间的真挚情感[④]。作为考古发现的汉赋实物，《神乌赋》的文学价值极高，而书写并记录这一内容的竹简是相关家庭的物质内容，这与当今家庭藏书有相似之处，也是家庭文化生活的内容之一，对研究汉代藏书及文化物品的存储等有着相应的参考价值。

纸张在秦汉时期已被发明出来，西汉时期纸张的使用率较低，而且多数和社会机构有关，部分可能作为家庭的物质内容，可以用其记录或绘制相关资料如地图等。东汉时纸张的制造技术得到改进，在社会、家庭中也得到相应程度的认可与普及，而其用于绘制和文字记录的功能更加得到加强。河南巩义市新华小区M1还出土有特殊的"书卷"，白膏泥做成纸状，写字后卷成一卷，已残，有"页、宣、记"等字[⑤]。

---

① 管恩洁、霍启明、尹世娟：《山东临沂吴白庄汉画像石墓》，《东南文化》1999年第6期。

② 国家文物局古文献研究室：《马王堆汉墓帛书》，文物出版社，1980年。

③ 张俊民：《甘肃出土的汉代帛书》，《丝绸之路》1997年第3期。

④ 连云港市博物馆：《江苏东海县尹湾汉墓群发掘简报》，《文物》1996年第8期。

⑤ 郑州市文物考古研究所、巩义市文物保护管理所：《河南巩义市新华小区汉墓发掘简报》，《华夏考古》2001年第4期。

（四）封泥

是古代封缄简牍加盖印章的泥块，又称“泥封”、“艺泥”等，多用黏泥，皇帝还用武都紫泥，干后均较坚固。汉代守宫令的职责除管理纸、笔、墨外，还负责封泥的管理，这在某种程度上与朝廷及相关贵族、官吏的家庭物质内容有关。贮藏封泥的器物称为贮泥器，多为铜质泥筩，山西朔县赵十八庄 M1 出土泥筩，圆筒形，上部有盖，盖中心有一小钮，内装暗红色封泥，出土时尚柔软可塑[①]（图四 -160：11）。秦汉时期的很多遗址和墓葬出土有封泥，内容丰富，对研究汉代官制及邮传、保密制度等有重要价值。江苏徐州东甸子西汉 M1 出土的“祕府”封泥[②]，平底，下有木纹及三对称乳丁，侧面中部有一贯穿的孔和一未贯通的孔，可使绳索通过孔眼并将结绳置于孔中，既牢固又隐蔽，保密作用更为突出，体现的封缄方法与一般封泥有所不同，在追求实用的基础上，突出了美感，使封泥规矩方正，无急凑之感，反映出汉代封缄方法的完善与多样性[③]。新疆民丰大沙漠中古代遗址 MN003 是一处被全部破坏过的高大房址，在一间大房内的积沙中，发现一函完整的木牍，除绳结牢固外，上下并有封泥两块，大小印记 3 处，全长 16、宽 5.5、最厚处 1.5 厘米，木牍上的绳子和封泥都是原封的，未开启过，这或许是房屋主人未寄出的一封信[④]。封泥多单面有印文，有的则多面有印文。一些封泥使用后会集中销毁或遗弃，江苏徐州土山东汉墓的封土内有较多西汉时期的封泥，该东汉墓葬封土的用土可能为西汉楚国集中置放废弃封泥地方的土[⑤]，其原生地点应为西汉楚国的丞相官署[⑥]。从具体作用来讲，封泥与官僚机构的关系更为密切，但有的也与家庭存在联系，尤其私人信件的往来或私人发信、文件的方式等，都与对应家庭有关。大致看来，制作封泥的泥应为物质内容的主体，为存储之物，而成型的封泥在信件、文书被拆后即成为了废弃物品。

（五）印章

物质生活中的常用品，与家庭成员关系密切，一方面是作为家庭成员的佩戴之物，与家庭成员及其家庭的等级地位有着相应关系；另一方面也与上文所述简牍封缄有关，因此与家庭生活关系密切，可视为家庭生活的物质内容。考古发现这一时

① 山西省平朔考古队：《山西省朔县赵十八庄一号汉墓》，《考古》1988 年第 5 期。

② 徐州博物馆：《徐州东甸子西汉墓》，《文物》1999 年第 12 期。

③ 刘尊志、梁勇：《徐州出土“祕府”封泥的封缄方法浅析》，《华夏考古》2003 年第 3 期。

④ 新疆维吾尔自治区博物馆考古队：《新疆民丰大沙漠中的古代遗址》，《考古》1961 年第 3 期。

⑤ 李银德：《徐州土山东汉墓出土封泥考略》，《文物》1994 年第 11 期。

⑥ 吕健、杜益华：《土山汉墓出土封泥原生堆积地点及性质探折》，《东南文化》2015 年第 2 期。

期的印章质地较多，有铜、铁、玉、石、金、银等，性质有官印、私印、肖形或吉语印及专门用作陪葬的印章等，多数方形，一般有钮，如桥形钮、覆斗形钮及动物形钮等。铜印章最为常见，多为实用章，官、私印均有，而且官印基本以铜印为主。私印的质地较为繁杂，等级高者有金印、银印，部分为玉印，等级低者则为铜、铁等质地，江苏徐州地区的宛朐侯刘埶墓出土有龟钮金印，印文为“宛朐侯埶”[①]，小龟山西汉楚王墓出土有龟钮银印，印文为“刘注”[②]；铜山区茅村镇洞山村后楼山M5出土的1件铜印（M5 ∶ 23）为双面印，表面鎏金，正方形，侧面有一个椭圆形的对穿孔，双面为篆体阴文，分别为“刘婬”和“南阳夫人”[③]。肖形印或吉语印也较常见，主要出土于等级较高的墓葬中，山东曲阜九龙山西汉鲁王墓出土的“王未央”、“□□大吉”印等为吉语印[④]。河北保定满城M2出土肖形印9枚，印面图案分别有乐舞、人物、动物等。一些玉、石质的印章可能专门用于陪葬，一些玉印无印文或有红色痕迹，原应有临时书写的文字，可能为死者专门制作的“急就章”，不过也有很多玉、石印刻有文字，如江苏徐州黑头山汉墓出土的刘慎玉印等[⑤]。有的玉印还作它用，湖南长沙咸家湖曹嫘墓出土的琀即为玉印章，且有印文[⑥]。

大致来讲，官印与有爵为官者的家庭成员存在密切关系，而私印则较好地体现出较多家庭成员与其家庭家族之间的密切关系，用于陪葬的印章则是家庭及其成员丧葬内容的体现，其中最主要的就是事死如事生的丧葬内容。

（六）算筹

秦汉时期家庭文化生活的主要物质内容之一，作为复杂计算的工具，与社会、家庭生活及科技活动等有着密切关系，上文所举六博棋、棋子，有的即与算筹搭配使用，进而辅助于下博行棋。关于汉代的算筹，《盐铁论·贫富》载：“运之六寸，转之息耗”[⑦]，可知汉代的算筹以6寸为常制。计算时，采用十进位值制，加减法从左至右，逐位相加或相减，乘除则用九九口诀表。这一时期的算筹质地较多，广东广州西汉南越王墓出土有象牙制作的算筹[⑧]，陕西宝鸡千阳县西汉墓出土有骨质算筹，筹

---

① 徐州博物馆：《西汉宛朐侯刘埶墓发掘简报》，《文物》1997年第2期。

② 尤振尧：《〈铜山龟山二号西汉崖洞墓〉一文的重要补充》，《考古学报》1985年第3期。

③ 徐州博物馆、徐州市文物考古研究所、徐州汉画像石艺术馆：《江苏徐州铜山区后楼山西汉墓M5发掘简报》，《东南文化》2022年第2期。

④ 山东省博物馆：《曲阜九龙山汉墓发掘简报》，《文物》1972年第5期。

⑤ 徐州博物馆：《江苏徐州黑头山西汉刘慎墓发掘简报》，《文物》2010年第11期。

⑥ 长沙市文化局：《长沙咸家湖西汉曹嫘墓》，《文物》1979年第3期。

⑦ （西汉）桓宽：《盐铁论·贫富》，王利器校注：《盐铁论校注（定本）》，中华书局，1992年，第220页。

⑧ 广州市文物管理委员会、中国社会科学院考古研究所、广东省博物馆：《西汉南越王墓》，文物出版社，1991年，第140页。

棍是用兽骨精磨而成，位于男性墓主骨架腰胯部，与带钩同出，裹在一丝绢囊内，共 31 根，最长 13.8、最短 12.6、一般长 13.5 厘米，两端齐正，粗细均匀，以上表明墓主人生前精于筹算，其生前职务可能与筹算有关[①]，江苏徐州市东郊东甸子西汉 M1 出土有铁质算筹[②]，湖北江陵凤凰山 M168 出土的算筹为竹制[③]，山西浑源毕村西汉木椁墓中，M1 出土算筹为铅质，长 23、宽 0.6、厚 0.15 厘米，原裹有漆皮[④]。

（七）家庭文化用品的组合

秦汉时期，作为家庭的组成内容之一，文化类物质内容或文化用品，有单独存在的可能，但更多的是组合存在，如笔、墨、砚、研、简帛等，还有的会有封泥、印章、算筹等，另外还有上述相关物品的存放设施如笔套、砚盒、存简器、泥筩、奁等，使得相应组合的内容较为丰富，这在上文所举的诸多墓例中有所体现和反映，但也体现出具体内容的相关差异。湖北江陵凤凰山 M168 出土的一套文书工具，是在该墓椁室边箱一个竹笥里面发现的，虽因渗水造成相关物品的位置错动，但仍可清楚看出，它们原来是存放在一起的，主要文化用具包括笔 1 套（带笔筒）、墨 1、砚 1、研石 1、无字木牍 6、铜削 1 件及竹质算筹 30 件等，另外还有木棍 5 根、四铢半两铜钱币 101 枚等，天平衡杆及铜砝码也与上述物品同置于一个竹笥之中[⑤]（图四 -161）。山西浑源毕村西汉木椁墓 M1，砚、研及墨丸出于两棺之间的木匣内，铅算筹与之距离不远，而需要注意的是，与之相近的位置还出土有铜龟（镇）[⑥]，相关研究也将铜龟（镇）列入文具组合，但未将算筹列在其中[⑦]。河南巩义市新华小区汉墓（M1）为夫妻同穴同室合葬，男性墓主入殓时身上撒有一层薏苡米，可能与相关葬俗有关，其头部方有五色石、小扫帚、漆钵、小漆盒、铁镜，左足部还放有铜灯、石板研（含研）、白膏泥书卷，棺四角放置 4 个铜弩机[⑧]。可以看出，男性墓主

① 宝鸡市博物馆、千阳县文化馆、中国科学院自然科学史研究所：《千阳县西汉墓中出土算筹》，《考古》1976 年第 2 期。

② 徐州博物馆：《徐州东甸子西汉墓》，《文物》1999 年第 12 期。

③ 钟志成：《江陵凤凰山一六八号汉墓出土一套文书工具》，《文物》1975 年第 9 期。

④ 山西省文物工作委员会、雁北行政公署文化局、大同市博物馆：《山西浑源毕村西汉木椁墓》，《文物》1980 年第 6 期。

⑤ 钟志成：《江陵凤凰山一六八号汉墓出土一套文书工具》，《文物》1975 年第 9 期。

⑥ 山西省文物工作委员会、雁北行政公署文化局、大同市博物馆：《山西浑源毕村西汉木椁墓》，《文物》1980 年第 6 期。

⑦ 郑州市文物考古研究所、巩义市文物保护管理所：《河南巩义市新华小区汉墓发掘简报》，《华夏考古》2001 年第 4 期。

⑧ 郑州市文物考古研究所、巩义市文物保护管理所：《河南巩义市新华小区汉墓发掘简报》，《华夏考古》2001 年第 4 期。

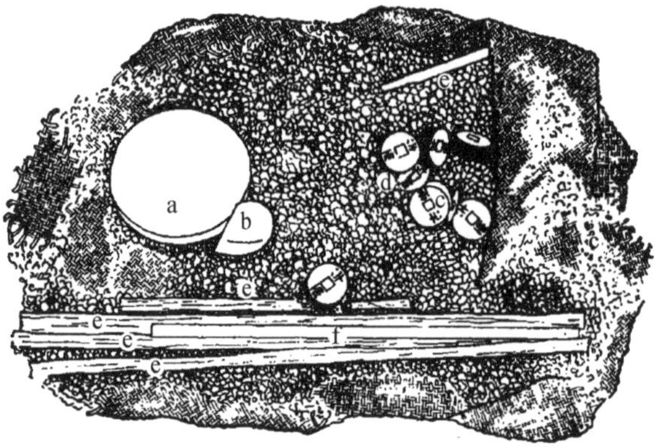

a. 砚　b. 研石　c. 半两钱　d. 砝码　e. 木棍　f. 天平衡杆

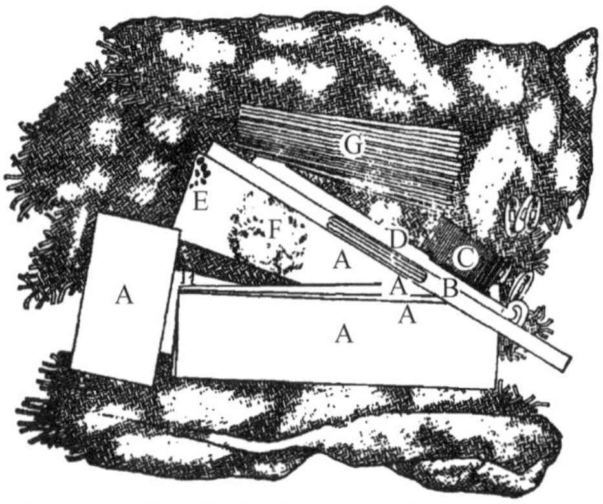

A. 无字木牍　B. 笔管和笔　C. 半两钱　D. 削刀
E. 墨　F. 灰白色粉　G. 竹棍（算筹）

图四 -161　湖北江陵凤凰山西汉 M18 中文化用具及其他遗物出土情况

的棺及尸身周边的物品是按照相关意图，分组进行摆放的，就文化用具来讲，为铜灯、松墨、石板砚（含研）、白膏泥书卷等（图四 -162）。上述两个例子中，河南巩义市新华小区 M1 出土文具组合中的白膏泥书卷虽然少见，但其作为文化用品组合很好理解，而山西浑源毕村西汉木椁墓 M1 出土文化用品组合中的铜龟（镇）及河南巩义市新华小区 M1 出土文化用品组合中的铜灯，具有较明显的特殊性，二者多被视为家庭陈设物品中与起居有关的镇席用品及照明用具，很少情况下将它们列入文化用品器物组合之中，而从墓内相关遗物的出土位置和组合来看，二者应是文化用品组合中的内容之一。这为我们认识和确定相关文化用品及对于相关器物的属性或性质确认提供了重要参考，也反映出秦汉家庭文化用品物质内容的多样性。

（八）家庭教育

关于秦汉时期的教育，史书中多有记载。家庭教育是社会教育的重要组成，大致来看，这一时期家庭教育的物质内容既包括相应的场地及建筑设施，也有相关的器具和配套内容，汉代墓葬（含墓外祠堂）壁画、画像，尤其是画像中常见授课或讲经图。江苏徐州贾汪芦山 M1 前室东侧门柱后壁画像，中间为一门，门内一榻上有一人手持似笔的杆状物作书写状，门外四人作听课或等候状，从内容上分析应为授课图[①]。山东微山两城乡出土画像石，下格画像中有一教师坐在榻上，三书生捧简读书，其中一人跪地，为讲学画像[②]。四川成都扬（羊）子山 M1 出土画像砖上亦见

① 孟强、耿建军:《徐州市贾汪芦山汉墓群》，中国考古学会编:《中国考古学年鉴·2002 年》，文物出版社，2003 年，第 194、195 页。

② 马汉国主编:《微山汉画像石选集》，文物出版社，2003 年，第 128、129 页。

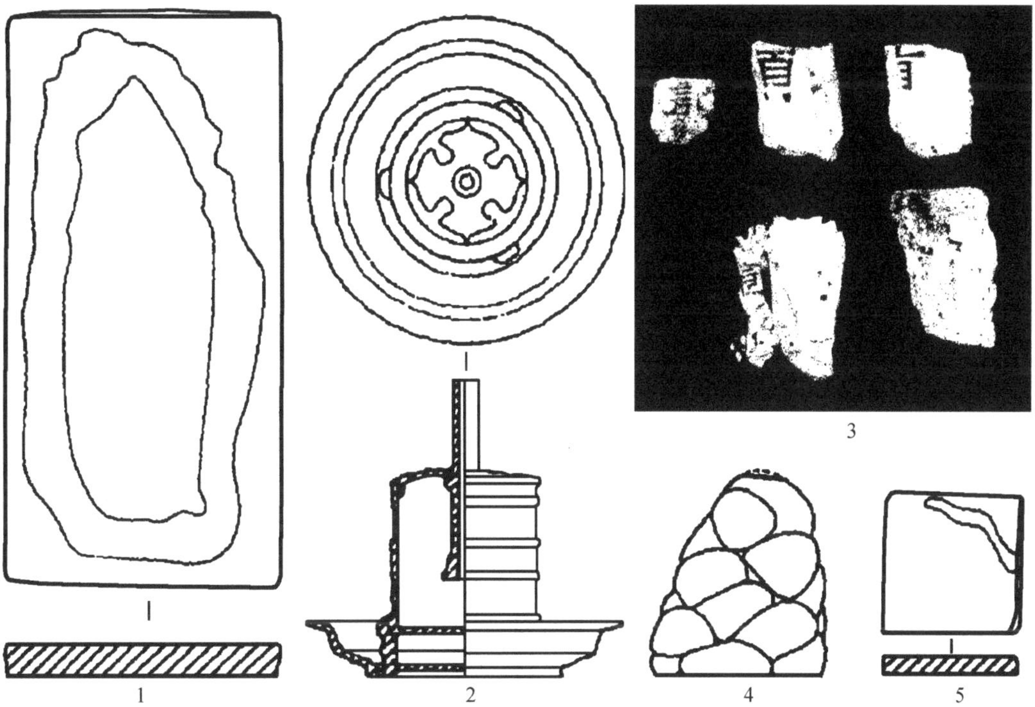

图四 -162　河南巩义市新华小区汉墓（M1）出土文化用具组合
1. 石板砚　2. 铜灯　3. 白膏泥书卷　4. 松墨　5. 研

讲学图，画面有七人，有教师一人正在授课，二名书生在其左侧，四名书生在其右前方，均在认真听课①。山东诸城前凉台东汉墓出土画像石画像中有讲学图，正面有一方形高堂，三面迴廊，上坐一老者，对面一人双手捧牍，侧耳倾听，堂前还有十三人捧牍环坐聆听教诲②。另外还有一些相近或类似的内容，不再一一列举。就这些画像内容来讲，基本可体现出与秦汉家庭教育有关的物质内容，而这也是秦汉家庭生活在文化教育方面物质内容的体现和反映。

五、度量衡方面的物质内容

与度量衡有关的器物或器具是秦汉家庭物质内容的重要组成，秦汉家庭的较多内容与度量衡有关，如庭院的规划、房屋的建筑、器物的制造、布料的裁缝、衣物的制作、谷物的称重、留种的多少、交租与收租等等，既有家庭生活，也有家庭制造，还有家庭规划和建设，而地主家庭中依附者交租纳税也是其中重要的内容，这

① 于豪亮:《记成都扬子山一号墓》,《文物参考资料》1955 年第 9 期。

② 诸城县博物馆，任日新:《山东诸城汉墓画像石》,《文物》1981 年第 10 期。

也说明度量衡在秦汉家庭中有着其自身的作用，而且在家庭物质内容中具有相对重要的地位。

秦汉时期，度量衡的发展与社会政治、经济乃至思想文化等均有一定关系，而经济方面的农业、手工业及其他如建筑业等的发展，都促进了度量衡的改进和完善，推动着该时期度量衡制度的逐步统一，同时也对秦汉家庭有着较多方面的影响，使得秦汉家庭的物质内容在度量衡方面得以不断丰富。大致来看，秦汉时家庭中的度量衡内容基本以权、尺、量为主，另外还有其他与之相关的内容。

（一）衡

主要为权，包括铜环权、石权、陶权等。也有砝码、天平横杆等物质内容。江苏徐州小龟山西汉第六代刘姓楚王刘注的墓葬内出土一套三枚铜环权，每枚权上均刻有记重铭文，分别是“六铢”、“十二铢（半两）”、“一两”，三者保存完好，相互之间基本为成倍关系①。徐州狮子山西汉楚王墓出土有石权，略呈半球形，顶部凿出鼻钮，重 34750 克②（图四 -163：1）；市区北郊米山 M3 出土陶权一件，灰陶质，呈八棱柱形，顶部有环钮，重 42 克③（图四 -163：2）。湖北江陵凤凰山 M168 出土天平衡杆 1 件，竹质，长 29.2、宽 1、厚 0.3 厘米，上面正中钉一小铜环作准心，以系绳，近两端处分别于底面或背面各插入一竹钉，用以系绳悬挂铜称盘，天平衡杆上有隶体墨书四十二字，分别写于篾黄、篾青及其侧面，篾黄上写 22 字：“正为市阳户人婴家称钱衡以钱为累劾曰四朱两疏第”；篾青上写十七个字，侧面上端写“口黄律”三字（图四 -163：3）。同出的还有砝码，圆环形，外径 3 厘米，重 10.75 克，另有半两铜钱 101 枚；天平衡杆的墨书文字标明它是为“市阳户人婴家”而制作的“称钱衡”，为研究西汉文帝时期的货币制度等提供了重要实物资料，也为我们研究秦汉家庭中与度量衡有关的物质内容提供了实物参考④。四川成都天迴（回）山东汉墓出土铁权，形如半球状，平底，顶上有横穿之钮，四边各有四道隆凸的直线⑤（图四 -163：4）。

---

① 南京博物院、铜山县文化馆：《铜山龟山二号西汉崖洞墓》，《考古学报》1985 年第 1 期；尤振尧：《〈铜山龟山二号西汉崖洞墓〉一文的重要补充》，《考古学报》1985 年第 3 期；徐州博物馆：《江苏铜山龟山二号西汉崖洞墓材料的再补充》，《考古》1997 年第 2 期。

② 狮子山楚王陵考古发掘队：《徐州狮子山楚王陵发掘简报》，《文物》1998 年第 8 期；韦正、李虎仁、邹厚本：《江苏徐州市狮子山西汉墓的发掘与收获》，《考古》1998 年第 8 期。

③ 徐州博物馆：《江苏徐州米山汉墓》，《考古》1996 年第 4 期。

④ 湖北省文物考古研究所：《江陵凤凰山一六八号汉墓》，《考古学报》1993 年第 4 期。

⑤ 四川省博物馆文物工作队，刘志远：《成都天迴山崖墓清理记》，《考古学报》1958 年第 1 期。

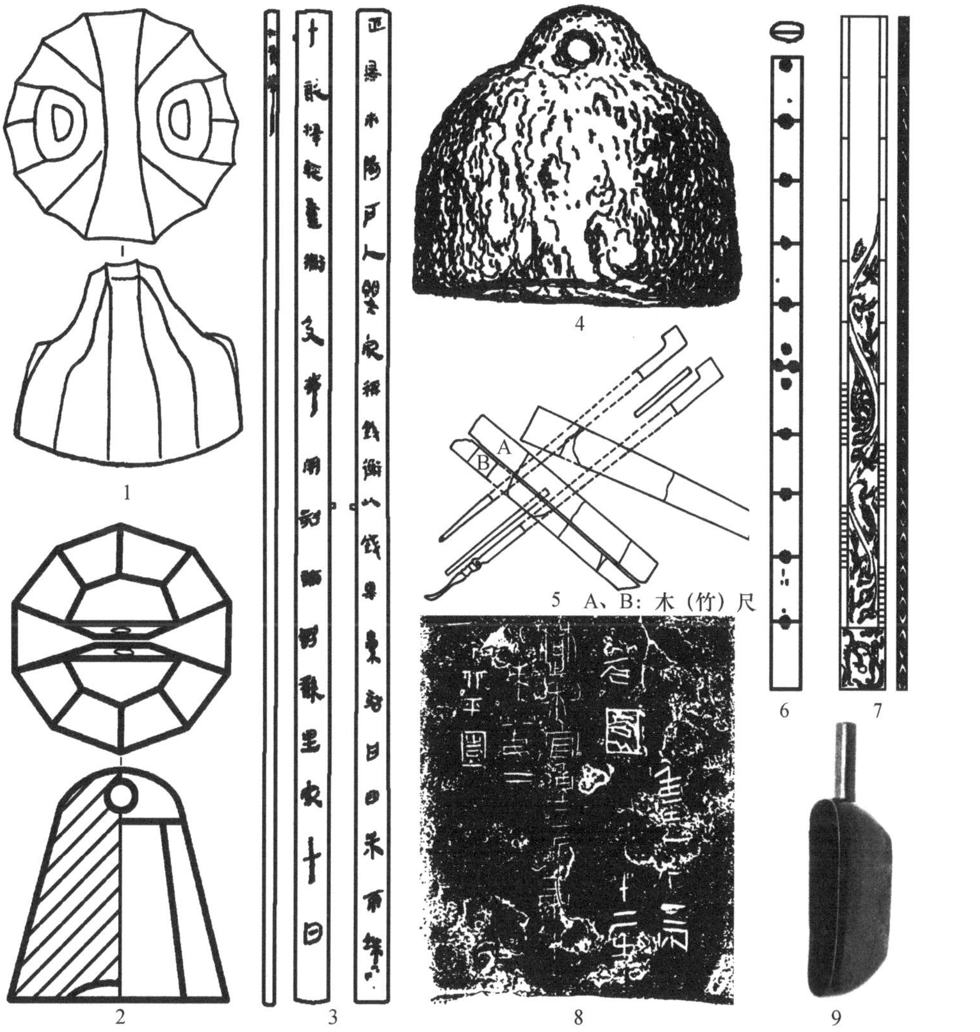

图四 -163　秦汉墓葬出土与度量衡有关的器物

1. 江苏徐州狮子山西汉楚王墓出土石权　2. 江苏徐州北郊米山 M3 出土陶权　3. 湖北江陵凤凰山 M168 出土竹天平衡杆　4. 四川成都天迴（回）山东汉墓出土铁权　5. 江苏徐州后楼山 M8 中竹尺和木尺出土情况　6、7、9. 江苏邗江 M101 出土（6. 木尺　7. 骨尺　9. 漆量）　8. 江苏徐州小龟山西汉 M1 出土铜量的铭文

（二）度

主要为尺。江苏徐州后楼山 M8 出土有竹尺和木尺，均残碎，长方形，其中一片上有直线，为刻度[①]（图四 -163：5）。徐州市南郊拉犁山 M1 出土有象牙尺、骨尺等，象牙尺正背面及两侧面均阴线刻云纹，正面等分十寸，每寸间以两个圆圈表

① 徐州博物馆：《江苏徐州市后楼山八号西汉墓》，《考古》2006 年第 4 期。

示，以一个圆圈表示半寸，五寸处以五个圆圈组成十字，无刻分；骨尺2件，一件的寸与寸之间以两个圆圈表示，五寸处以四个圆组成十字，每尺合23.6厘米，另一件刻度亦为圆圈，每尺约合24厘米[①]。其他地区汉墓也多有尺出土。以江苏邗江M101为例，出土有竹尺（图四-163：6）、骨尺等，其中骨尺一头穿孔，便于穿挂，尺度23.1厘米，刻度中间空白处有针刻云气纹，云气纹间刻龙、虎、羊、锦鸡等飞禽走兽，长25.3、宽1.8、厚0.3厘米[②]（图四-163：7）。

需作说明的是，汉代壁画或画像中还常见相关人物手中执规握矩的形象，规和矩可视为尺的辅助或配套工具，能够用来画圆、做方或制作其他物品。相关石刻画像见于山东临沂、江苏徐州、河南南阳等地区，四川地区出土的画像石（砖）也有较多体现。规、矩与家庭生活关系密切，同时规矩多是由人类的始祖神伏羲、女娲各执一具，又形成"规矩"一词，即为家庭及社会制定规矩，正所谓"没有规矩，不成方圆"，这又与规矩二者的实际功能联系起来，并在一定程度上丰富了秦汉家庭的物质内容。限于篇幅，关于相关画像不再举例叙述。

（三）量

主要是测量重量及容纳多少的容器，多带刻铭，或标自重，或说明容量。基本为铜制，对应的家庭多数具有相应的政治地位或经济实力，而量则是相关家庭的物质内容组成之一。江苏徐州小龟山西汉M1位于楚王墓与王后墓北侧较近距离，墓主可能为王室女性，墓内出土的"楚私官"铜量，圆筒形，直口，平底，口径7.5、高6厘米，腹部刻铭三段："楚私官重一斤一两十八朱第二"，"元园重一斤一两十二朱"，"今北平园"，实测该量的容量为200毫升，为一升量[③]（图四-163：8）。该量的自铭重应是此量本身重量，而从墓葬位置及性质、墓主身份与地位、器物铭文等来看，该量器应为西汉楚国王室使用之物。徐州市贾汪出土铜椭量1件，实测容量为200毫升，合当时的一升；睢宁县巨山汉墓出土铜量，实测容量1970毫升，为一斗量，一升折合197毫升[④]。江苏扬州市邗江M101出土有漆量（M101∶107），整木刳成，平面略呈椭圆形，前大后小，身后部置一圆把，通体髹褐漆，用水实测

① M1资料见李银德：《徐州市屯里拉犁山东汉石室墓》，中国考古学会编：《中国考古学年鉴·1986年》，文物出版社，1988年，第123、124页；M2资料见耿建军：《徐州市拉犁山二号东汉石室墓》，中国考古学会编：《中国考古学年鉴·1990年》，文物出版社，1991年，第208、209页。

② 扬州博物馆：《江苏邗江姚庄101号西汉墓》，《文物》1988年第2期。

③ 南京博物院：《铜山小龟山西汉崖洞墓》，《文物》1973年第4期。

④ 王黎琳：《汉代楚国、彭城国度量衡器综述》，徐州市两汉文化研究会编：《两汉文化研究·第二辑》，文化艺术出版社，1999年，第250-257页。

容量 2500 毫升[①]（图四 -163：9）。

还有一些带刻铭的容器，数量较多，质地有陶、铜、银、漆木等。如江苏徐州市东郊东甸子西汉 M1 出土陶瓮的肩部刻有“容”字，徐州市北郊西汉宛朐侯刘埶墓出土陶瓮口沿下有“十一石”文字，睢宁县距山汉墓出土陶釜有“郭四升”文字[②]。徐州市小龟山 M1 出土带有刻铭的铜容器较多，一些如臼虽非容器，但有一定的容量，简单列举如下表[③]。就上述这些器物来讲，多数应与家庭生活相关，尤其是一般官吏、贵族等人员墓葬出土的此类遗物，为家庭物质内容的可能性更大。

除上述内容外，湖北江陵凤凰山 M167 还出土 1 件竹片制成的步弓模型，主要用于丈量土地[④]。虽然该器为模型，但也可说明现实生活中有关家庭对相关器物有所使用，而且还可能是家庭中较重要的物品。

较多度量衡实物及带自铭重量、容量的器物，为研究秦汉时期度量衡制度及相关问题提供了丰富的实物资料。相关器物也为秦汉家庭生活增添了较多物质的内容，一些器物出土于诸侯王墓及贵族墓葬中，应为官方标准器，重量、容量相对较为统一，还有一些出土于中下阶层人员的墓葬中，当为民间使用的实用器，重量和容量多有差别，但这恰恰又体现出相关遗物作为家庭物质内容的特征。一些与度量衡相关的内容在墓葬修建方面有所体现，如塞石的尺寸等，这是度量衡实际用途在某些方面的体现和延伸，而与度量衡相关的器物等出土于墓葬之中，还应是秦汉时期事死如事生丧葬思想的体现和反映。

表四 -1　江苏徐州市小龟山 M1 出土带刻铭铜器实测重量、容量登记表

编号	器名	刻铭重量	实测重量	刻铭容量	实测容量
TG55	铜鼎	十五斤四两	/	斗六升	3415 毫升
TG58	铜鼎	六斤一两	/	六升	1205 毫升
TG52	铜壶	六斤四两	1438 克	/	/
TG2	铜臼	廿斤	4844 克	五升四合	1080 毫升
TG3	铜杵	四斤三两	1125 克	/	/
TG35	铜量	一斤一两十二朱、一斤一两十八朱	250 克	/	200 毫升
TG1	铜盆	廿九斤八两	/	一石九斗八升	/

注：表内有铭刻量（容）量，而无实测重（容）量者，均因器物残破或残缺不便测定

① 扬州博物馆：《江苏邗江姚庄 101 号西汉墓》，《文物》1988 年第 2 期。

② 佟泽荣：《江苏睢宁距山、二龙山汉墓群调查》，《东南文化》1993 年第 4 期。

③ 南京博物院：《铜山小龟山西汉崖洞墓》，《文物》1973 年第 4 期。

④ 凤凰山一六七号汉墓发掘整理小组：《江陵凤凰山一六七号汉墓发掘简报》，《文物》1976 年第 10 期。

六、宗教信仰物质内容

秦汉时期，家庭的思想信仰获得较大发展，较多的思想信仰会有与其相关的物质内容作载体，这又在一定程度上促进了家庭物质内容的丰富和发展。秦汉家庭思想内容涉及社会生活的多个方面，而宗教信仰又是秦汉家庭思想信仰的重要组成部分，且体现出较为明显和突出的自身特征。关于秦汉家庭的思想信仰，本书其他章节将作较详细的论述，考虑到其中有的宗教信仰具有特殊性，加之有相关物质内容，故本部分需作简要的论述和分析。

秦汉时期，家庭及其成员信仰的宗教思想，既有本土传统宗教的内容，也有本土逐渐形成的道教，还有外来并得到较多发展的佛教，可以说，这一时期的家庭宗教信仰获得了较多、较大的发展，并体现出诸多与之有关的家庭物质内容。

传统的宗教信仰较为广泛，涉及的内容多，虽然自身特点的突出性不是太强，但却与家庭及其成员的生活有着较多关联，崇神、祭物，崇天地、祭鬼神，崇日月山川、祭家中诸物等都是体现。皇帝可能会代表朝廷祭祀宗庙、诸祠及祭天、祭祀大川大山，这其中也可能会有与其家庭有关的内容，而相关祭祀活动较多要通过物质的内容体现出来。山东荣成市成山发现的武帝祠日遗物，为一组玉器，由 1 件璧、2 件圭和 1 件璜组成，璧居中，圭置两侧，璜在上方[①]。考古发现也见有用于礼拜的司命神像，作男子状，右手持书囊，左手抱一幼儿，类似后世的“送子”神[②]。就这一点而言，该石像与家庭的关系较为密切，而且有可能是相关家庭所竖立的石刻。已发现的汉代墓葬壁画、画像石（砖）画像及一些器物上，还常见当时人们普遍信仰的西王母形象，一般呈端坐状，身边有羽人、仙鸟、神兽等，因西王母处有不死之药，成为当时人们追求升仙、祈求长生等的精神寄托和心中向往，并因此高频率出现在一些家庭物品的装饰上，并与相关物品共同构成家庭的物质内容。除西王母外，这一时期所信仰的神仙还有很多，虽不及西王母普遍和流行，但也得到较多崇拜，并在家庭的相关物质内容方面有所体现。为家庭成员去世后修建墓葬或墓外祠堂的石材多有神人、神兽等，家庭成员生活中使用的铜镜或相关器物上也多有仙界、神人、神兽、羽人等等，体现出相对普遍的崇拜内容，较多西汉晚期的铜镜上常有“上大山，见仙人”等铭文，也大致说明了这一点。

道教为我国古代的本土宗教，于东汉晚期大致形成，其在一些方面与上文所述传统宗教信仰有相似之处，但在其逐渐形成过程中及形成之后，自身的特点逐渐突出和日渐明显，反映出与其相对应的宗教内容和内涵。道教（含正式形成之前）对

---

① 王永波：《成山玉器与日主祭——兼论太阳神崇拜的有关问题》，《文物》1993 年第 1 期。

② 孙作云：《汉代司命神像的发现》，《光明日报》1963 年 12 月 4 日。

家庭有着较多的影响，也出现了一些与之有关的家庭物质内容，反映出与秦汉家庭生活相关的解除、辟邪、杀鬼、神药厌镇、长生不死等内容。其中的相当部分服务于家庭人员的丧葬，如解谪瓶、铅人、镇墓兽、镇墓俑、丹药及相关物品等。这些物品中，丹药等在现实生活中也较多存在，而其他诸多物品，虽主体是服务于去世的家庭成员，但从大的方面看，也可视作家庭的物质内容，而这些物品中，一些可能在死者下葬前就已置放在家庭之中，死者下葬时则与尸身一起埋入地下。解谪瓶是指写有解谪的陶瓶，多朱书，另有墨书、铅粉书写文字等，有着镇墓冢、为死者解除、杀鬼、除灾等作用，也有的可用作祈求富贵、延长寿命等，而其最突出的特点就是在很多文字最后有道教常用的"如律令"三字。有的还伴出有天然水晶石、雄黄、小铁镜、道教印章等，反映出这一类用于陪葬的物质内容特点[①]。铅人可以为死者解除罪谪，东汉晚期墓葬中常见，山西出土张叔敬瓦缶上有"上党人参九枚，敬持代生人，铅人持代死人"丹书文字[②]，有的镇墓文上写有"故以自代铅人。铅人池池，能舂能炊，上车能御，把笔能书。"[③]另外还有买地券、镇墓券及其文字，迷信色彩较浓。买地券发现较多，基本或完全不具有实用性，而是服务于死者，向地下为死者买地的证明。河南南阳市广苑食品商贸城 M13 出土 1 件制作规整的长条形铅质买地券，正反两面阳刻隶书文字 174 字，表面涂朱砂，从内容看，基本是仿现实土地买卖的文书，包括所买土地的尺寸、卖主、所卖土地地点、面积、价格、坐落、四至、当事人与见证人等[④]（图四 -164）。亦见有画符，作用是劾厌杀鬼神，因需要画在相关载体上，也因此成为了相关物质内容。道教还有一类物品，也是较多信奉道教家庭或成员们常常拥有之物，即五色石，具体包括丹砂、雄黄、白礜、曾青、慈石这五石，和丹药有较密切关，一定程度上与家庭成员的医疗保健有关，也起到镇墓、辟邪、厌鬼的作用，而丹药本身就与道教有着十分密切的关联。五色石在较多汉墓中有出土，尤其是一些东汉墓葬，这表明道教形成过程中对家庭物质内容产生了相应影响，而在其形成之后，所影响的物质内容更趋丰富，且使用者较多，成为了较多家庭的物质内容组成之一，在相关人员死后，还会用于陪葬。河南巩义市新华小区汉墓（M1）出土较多与道教信仰有关的物质内容，透露很多与道教信仰有关的信息，如上文所引用，男性墓主附近的较多物品可能与道教有关，头部放置的五色石尤为明显，而头部还放置有小扫帚、漆钵、小漆盒、铁镜，左足部放置的文书工具尤其是白膏泥书卷，棺四角放置的 4 个铜弩机等，均可能与道教信

① 李昭鉴、王志敏：《江苏新沂炮车镇发现汉墓》，《文物参考资料》1955 年第 6 期。

② 郭沫若：《由王谢墓志的出土论到兰亭序的真伪》，《文物》1965 年第 6 期。

③ 陕西省文管会：《长安县三里村东汉墓发掘简报》，《文物参考资料》1958 年第 7 期。

④ 南阳市文物考古研究所：《南阳东汉建宁四年周世雅墓发掘简报》，《中原文物》2020 年第 3 期。

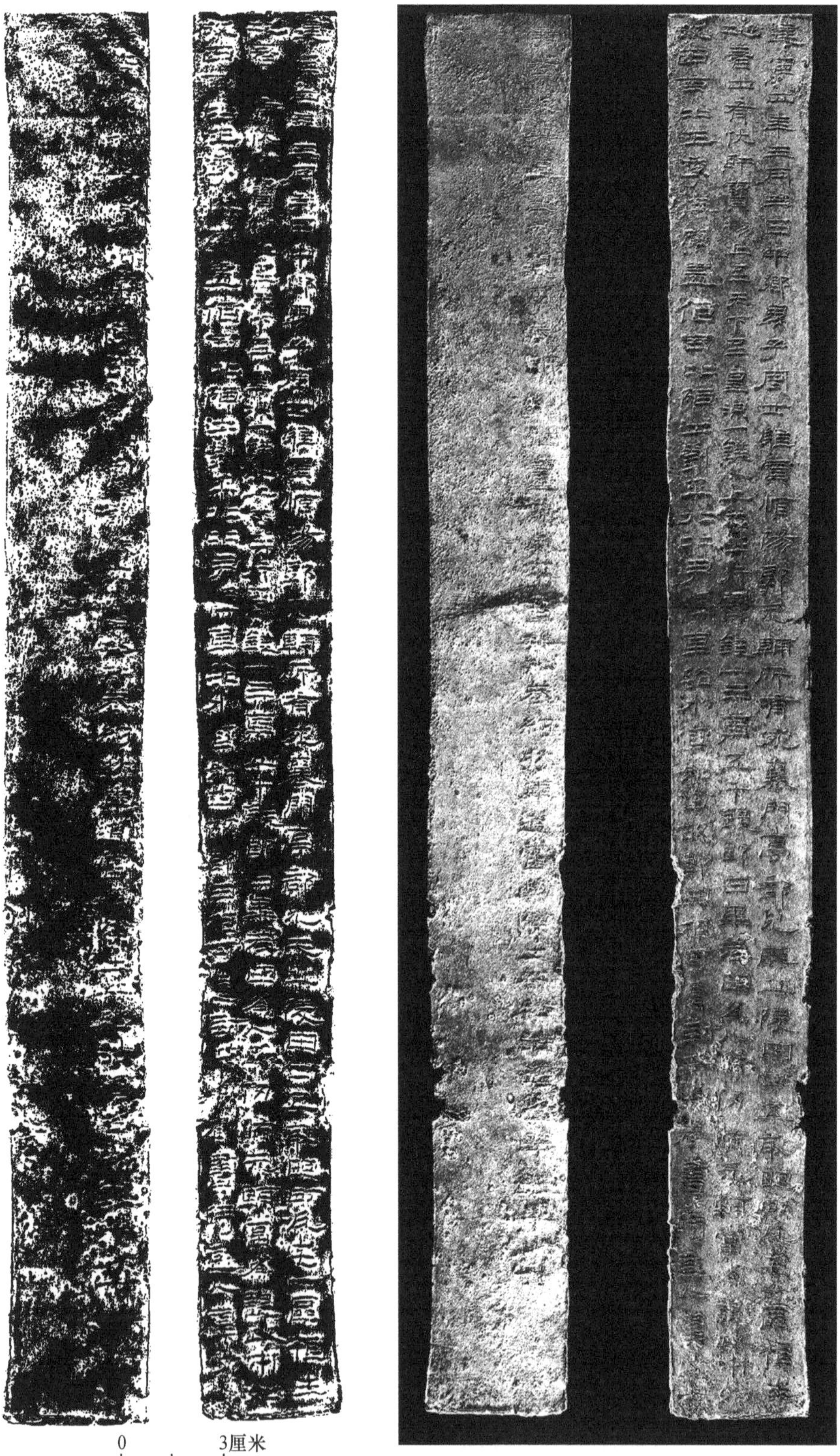

图四 -164　河南南阳市广苑食品商贸城 M13 出土铅质买地券

仰有关，而如墓主入殓时身上洒的一层薏苡，也可能是在道教信仰作用下的丧葬内容；女性墓主的头部还有铁镜、装铜钱的漆盒与漆罐，脖子上所挂水晶琥珀项链，腰部斜置的一铁鞭，左腿部放置的薏苡[①]，亦可能与道教信仰有着一定关系，进而体现出家庭中宗教信仰的物质内容（图四 -165）。河南省洛阳偃师南蔡庄发掘的一座东汉晚期墓葬，内葬多人，而墓内出土有“汉肥致”碑，从碑文记载内容结合墓内葬多人的情况分析，相关家庭不仅信奉道教，而且很多宗教活动是在有关家庭中开展的[②]，这也会促进相关家庭中与道教有关物质内容的丰富和增多。

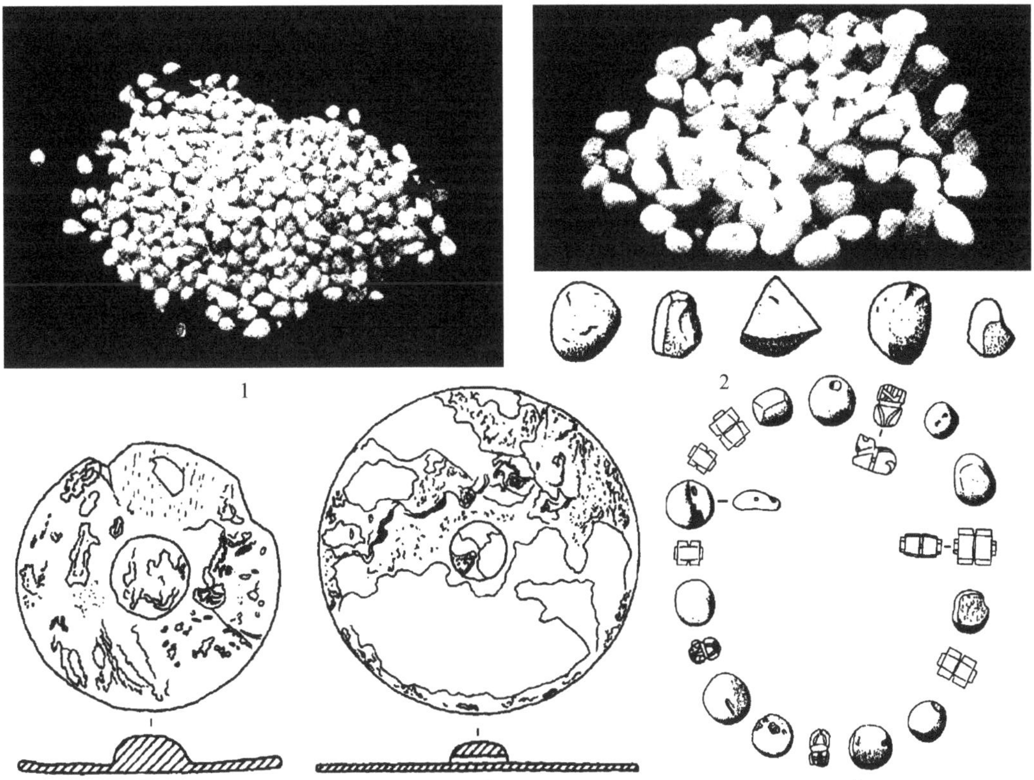

图四 -165　河南巩义市新华小区东汉墓（M1）出土与道教可能有关的陪葬品

1. 薏苡米　2. 五色石　3、4. 铁镜　5. 水晶琥珀项链

佛教非中国本土宗教，西汉晚期至东汉早期，开始传播至汉王朝统治区域之内。东汉早中期的一些信奉者建有浮屠之祠，根据史书记载，一些高等级人员在东汉早期对于佛教的信奉涉及较多的内容，而且很多信奉活动及佛事行为是在有关

① 郑州市文物考古研究所、巩义市文物保护管理所：《河南巩义市新华小区汉墓发掘简报》，《华夏考古》2001 年第 4 期。

② 河南省偃师县文物管理委员会：《偃师县南蔡庄乡汉肥致墓发掘简报》，《文物》1992 年第 9 期。

人员如楚王刘英家里进行的，这会在较多方面促进相关家庭中与佛教信仰有关物质内容的发展与丰富。东汉晚期，佛教得到迅速传播，而且民间信奉较盛，这也促进了中下阶层家庭中与佛教有关物质内容的增多、发展和丰富。这一时期，还有人建浮屠祠，作黄金涂像等，亦对上述内容有所体现。江苏连云港孔望山摩崖造像的内容极为丰富，反映出佛教传入之后与中国传统信仰之间的融合及发展，其中既有突显佛教思想的内容，如佛涅槃、佛弟子等，也有传统信仰、道教思想中的一些内容①，而这恰恰就是关于东汉晚期家庭对于佛教信仰或崇拜的写照。其他如摇钱树、佛兽镜、神瓶、尖帽胡人俑、白相俑②及造像、牌饰、熏炉及其墓葬壁画或画像等，也较多地体现出佛教的传播和影响，很多服务于丧葬，如摇钱树、神瓶、尖帽胡人俑、白相俑等，但也有一些既可能服务于丧葬，亦可能与生活有关，如安徽当涂东汉墓出土铜三足承盘香熏，盖顶饰神人，有头光，额正中凸起，似为“白毫相”③，应与佛教影响有一定关系。汉代墓葬壁画及画像中有较多与佛教有关的内容，如莲花图案的藻井、类似飞天的羽人等，而山东沂南北寨东汉墓中室擎天柱中部的佛教画像，较为形象④，佛教特点已十分突出；再如江苏徐州地区散存画像石中的二幅“僧侣骑象图”⑤等，表明信奉佛教的僧侣已参与较多与之有关的社会活动，这对于相关家庭也产生诸多影响。东汉墓葬出土的相关器物和画像，反映出佛教影响的逐渐加深和加强，至两晋南北朝时期，佛教的影响全面扩大，家庭中的物质文化内容也更为丰富和多样。

1　　2

图四-166　山东沂南汉墓中室八角擎天柱的栌斗和柱身上与佛教有关的画像

1. 南面画像　2. 北面画像

① 连云港市博物馆：《连云港市孔望山摩崖造像调查报告》，《文物》1981年第7期。

② 何志国：《论早期佛教在长江流域的传播》，《东南文化》2004年第3期。

③ 贺云翱等编：《佛教初传南方之路文物图录》，文物出版社，1993年，图7，第160、161页。

④ 南京市博物院、山东省文物管理处：《沂南古画像石墓发掘报告》，文化部文物管理局出版，1956年，图版67、68；山东博物馆：《沂南北寨汉墓画像》，文物出版社，2015年，第84、85、120页。

⑤ 杨孝军、郝利荣：《徐州新发现的汉画像石》，《文物》2007年第2期。文中第3、4石。

第六节　“丝路”背景下汉代家庭日常生活内容考察

秦汉时期是我国古代社会发展的重要时期，政治、经济、思想、文化等均获得较大的发展和长足的进步，这一时期尤其是两汉时期，也是对外物质文化交流全面发展的一个重要时期，陆路丝绸之路与海上丝绸之路均已开通，成为古代东西方经济、文化等交流的纽带。丝绸之路的作用日益突出，尤其是汉王朝，很多物品、技术等传到亚欧大地的很多地方，同时也有许多国家和地区的物品、作物种植与加工技术、乐舞与杂技、宗教信仰等也逐渐传入汉王朝境内，并对两汉社会产生了重要影响，诸多家庭的日常生活也不例外。考虑到秦帝国统治时间较短，加之对外物质文化交流未全面展开，而且与秦代家庭日常生活有关的内容较少，故下文主要针对丝绸之路日益发展背景下的汉代家庭日常生活进行相关考察和分析。

一、“丝绸之路”影响下的秦汉家庭日常生活物质内容

就汉代而言，衣食住行是体现日常生活中物质内容最重要的载体和媒介，另有医疗保健等。在中西物质文化交流不断发展的背景下，汉代日常生活中的物质内容得到不断补充和纳新，较多融入日常生活之中，一些成为日常生活中的常见之物，一些得到改进和创新，使得汉代日常生活的物质内容逐渐丰富和多样。

（一）衣着、装饰与化妆品

汉代，纺织技术获得较大发展，织物品种日益丰富，成为我国在丝路贸易中对外输出的重要物品。这一时期，新的织物和衣料品种也有传入，同时与织物有关的服饰或衣着也逐渐传入，有的还得到较大地喜好和推广。据《续汉书·五行志》记载：“灵帝好胡服、胡帐、胡床、胡坐、胡饭、胡箜篌、胡笛、胡舞，京都贵戚皆竞为之。”[①] 同时，与装饰、化妆等有关的物品也传入我国境内，一些逐渐成为日常生活常用物品。

新疆地区出土纺织品中有一定数量的外来产品，主要为棉、毛织物（如毛布、毛毡）等，而随着纺织品的输入，相关的技术也传入我国，丰富了纺织技术和品种，也使得衣物种类逐渐增多。新疆民丰尼雅遗址中发掘的一座东汉晚期墓葬出土了两块蓝白印花棉布残片，这是我国目前所知最早的棉布。其中一块棉布的中心可见到半只赤裸的脚、一段狮尾等图案，左下角有一方框，框内为一个半身女神像，女神胸怀袒露，侧身斜视，神情安详恬静，身后有圆形光环，颈上及臂上都有装饰

① （西晋）司马彪撰，（南朝梁）刘昭注补：《续汉书·五行志一》，中华书局，1965年，第3272页。

品，手中持有一个角状的长筒容器，容器内盛满了果实[①]（图四 -167：1）。较早阶段有学者认为该棉布由印度输入[②]，后来有学者认为棉布上的女神是中亚丰收女神阿尔多克洒（Ardochsho），应是东汉时期从贵霜传入的[③]。其他如新疆尉犁县孔雀河南岸营盘墓地东汉早期 M15 出土的对兽树纹双面罽（jì）袍[④]（图四 -167：2）、洛浦山普拉 M01 出土“马人”武士毛织物[⑤]（图四 -167：3）等，都十分精美，且体现出明显的外来风格。

正面图案　反面图案

1　2　3

图四 -167　新疆地区出土的外来纺织品

1. 民丰尼雅 M1 出土人物印花棉布　2. 尉犁营盘墓地 M15 出土对兽纹双面罽袍

3. 洛浦山普拉 M1 出土“马人”武士毛织物

装饰物品也得到大量输入。史载：南越“处近海，多犀、象、毒冒、珠玑、银、铜、果、布之凑，中国往商贾者多取富焉。番禺，其一都会也。”[⑥]东汉辛延年在其《羽林郎》中描写一位年轻女子胡姬，头上簪蓝田明玉，耳朵上戴两颗大秦珠[⑦]，推测为大秦出产的一种琉璃珠[⑧]。考古发现内容较多。新疆出土一些镶嵌红宝石的金器，如戒指、面具、杯等，从器形和工艺分析，当属中亚或西亚地区制品，很

① 新疆维吾尔自治区博物馆：《新疆民丰县北大沙漠中古遗址墓葬区东汉合葬墓清理简报》，《文物》1960 年第 6 期。

② 夏鼐：《中国文明的起源》，文物出版社，1985 年，第 67 页。

③ 孙机：《建国以来西方古器物在我国的发现与研究》，《文物》1999 年第 10 期。

④ 新疆文物考古研究所：《尉犁县营盘 15 号墓发掘简报》，《新疆文物》1998 年第 2 期。

⑤ 新疆维吾尔自治区博物馆：《洛浦山普拉古墓发掘报告》，《新疆文物》1989 年第 2 期。

⑥ （东汉）班固撰，（唐）颜师古注：《汉书 · 地理志》，中华书局，1962 年，第 1670 页。

⑦ 贺新辉主编：《古诗鉴赏词典》，中国妇女出版社，1988 年，第 179-182 页。

⑧ 王苗：《珠光翠影——中国首饰史话》，金城出版社，2012 年，第 153 页。

可能是通过草原路线输入，还有一些蜻蜓眼玻璃珠，也是从境外输入的[①]。洛浦县山普拉墓地出土的蜻蜓眼玻璃珠和玛瑙串珠（92LS Ⅱ M6：10），呈现出多种颜色，十分精美[②]（图四-168：1）。1995-1999年尉犁县营盘墓地出土的金耳饰分成上、下两部分，两部分之间用穿缀一颗多棱形白色玻璃珠的盘丝线联接，每部分都是用细窄的金条掐制鸡心形、圆形和花蔓，然后再焊接成类似变形兽面纹的框架，框架内镶嵌玻璃；银耳饰通体像一朵带枝、蔓、叶的花，最下端的叶子中心镶嵌一颗鸡心形的蓝色玻璃，其上又镶嵌两颗圆形蓝色玻璃，花枝中间为一颗透明的蓝色玻璃球，上端做成盛开的圆形花朵形状，花朵边缘饰一圈联珠纹，表示花瓣，正中镶嵌一颗蓝色圆玻璃，表示花芯[③]（图四-168：2）。海上丝绸之路也从外带来较多的装饰品，如广东广州游鱼岗M3029（西汉后期）出土的蚀花珠[④]，广西贵县风流岭M15出土的肉红石髓耳瑱[⑤]（图四-168：3），糖货栈M4出土的肉红石髓戒指（图四-168：4）等。另外，在新疆地区及广东广州、广西合浦等地汉墓还出土一些有大量珠饰串起的项链。广西合浦文昌塔墓地中，二期的M27、M48、M74、M144、M02，三期的M05A、M4、M46，四期的M184、M015，五期的M81、M82、M187A等，均出土有各种式样和颜色的串饰[⑥]（图四-169）。合浦风门岭也有较多发现[⑦]（图四-168：5）。另外，广西贵县高中部和初中部发现的汉墓中也出土有多种珠饰如玛瑙、蚀刻石髓、肉红石髓等混合的串饰[⑧]（图四-168：6）。

金银质的装饰品也有很多，一些如戒指等还镶嵌不同颜色的宝石，异域特点突出。广西合浦风门岭M10及五旗岭M3均出土金戒指，造型有所差异[⑨]（图四-170：1、2）。其他如湖南长沙五里牌东汉M9，出土一批金珠、荞麦形饰、

① 中国社会科学院考古研究所：《中国考古学·秦汉卷》，中国社会科学出版社，2010年，第920、921页。

② 王博、鲁礼鹏：《扎滚鲁克和山普拉古墓出土古代玻璃概述》，干福熹主编：《丝绸之路上的古代玻璃研究》，复旦大学出版社，2007年，第126-138页。

③ 新疆文物考古研究所：《新疆尉犁县营盘墓地1995年发掘简报》，《文物》2002年第6期；《新疆尉犁县营盘墓地1999年发掘简报》，《考古》2002年第6期。

④ 广州市文物管理委员会、广州市博物馆：《广州汉墓》，文物出版社，1981年，第291、292页，图版四：1。

⑤ 熊昭明：《汉代合浦港考古与海上丝绸之路》，文物出版社，2015年，第163页。

⑥ 广西省文物保护与考古研究所：《广西合浦文昌塔汉墓》，文物出版社，2017年，第151、219-221、313、314、384页，彩版二九、三〇、四六、六五、七九。

⑦ 合浦县博物馆：《广西合浦县丰门岭10号汉墓发掘简报》，《考古》1995年第3期；广西壮族自治区文物工作队、合浦县博物馆：《合浦县风门岭汉墓——2003～2005年发掘报告》，科学出版社，2006年。

⑧ 熊昭明：《汉代合浦港考古与海上丝绸之路》，文物出版社，2015年，第167、168页。

⑨ 熊昭明：《汉代合浦港考古与海上丝绸之路》，文物出版社，2015年，第117页。风门岭M10资料见合浦县博物馆：《广西合浦县丰门岭10号汉墓发掘简报》，《考古》1995年第3期。

图四 -168　由外传入的珠石类装饰品

1. 新疆洛浦县山普拉墓地出土蜻蜓眼玻璃和玛瑙串饰　2. 新疆尉犁营盘墓地出土金耳饰、银耳饰
3. 广西贵县风流岭 M15 出土的肉红石髓耳瑱　4. 广西贵县糖货栈 M4 出土的肉红石髓戒指
5. 广西合浦风门岭汉墓出土串饰　6. 广西贵县高中部和初中部汉墓出土串饰

“亞”形饰、花苞形饰、球形饰，属中亚风格①。广东广州象岗西汉南越王赵眛墓出土焊金珠小金花泡饰 32 件，属波斯萨珊或罗马风格，可能来自古代的西亚地区②（图四 -170：3）。江苏扬州邗江区甘泉东汉初年广陵王刘荆墓出土一批掐丝、焊金珠、镶嵌绿松石和水晶的金饰品，有泡形饰、“亞”形饰、盾形饰、挂锁形饰、王冠形饰、空心球、兽形片饰等，属中亚风格③（图四 -170：4）。广东广州郊区先烈路龙生岗东汉前期 M4013，出土由十二环焊接、外围焊缀珠饰的金球，属中亚

① 湖南省博物馆：《长沙五里牌古墓葬清理简报》，《文物》1960 年第 3 期。

② 广州市文物管理委员会、中国社会科学院考古研究所、广东省博物馆：《西汉南越王墓》，文物出版社，1991 年，第 212、213 页，彩版一九：3、图版一二四：1；西汉南越王博物馆：《西汉南越王博物馆珍品图录》，文物出版社，2007 年，第 62 页。

③ 南京博物院：《江苏邗江甘泉二号汉墓》，《文物》1981 年第 11 期。

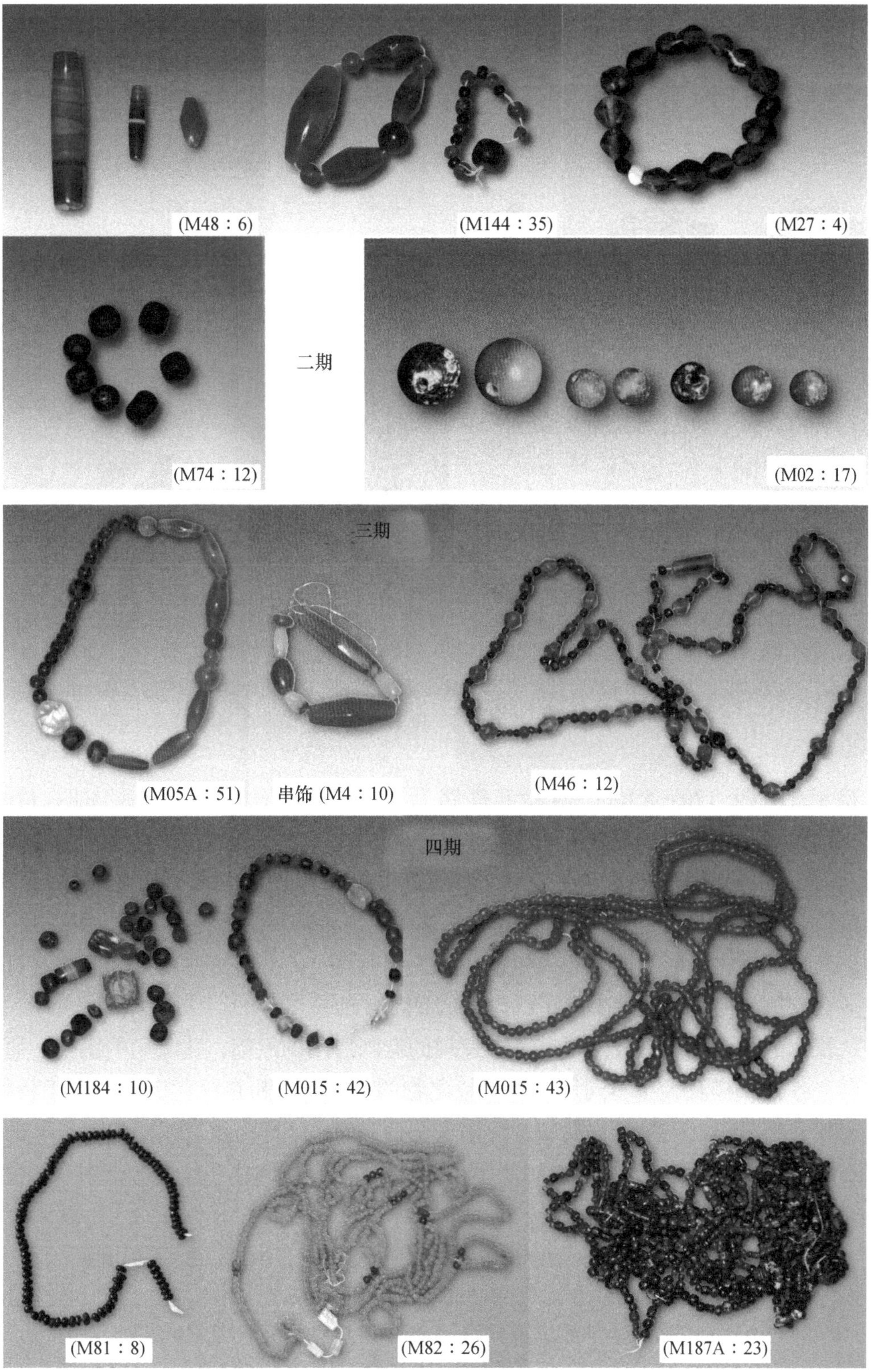

图四 -169　广西合浦文昌塔墓地出土串饰

图四 -170 由外传入的金质装饰品

1. 广西合浦风门岭 M10 出土金戒指 2. 广西合浦五旗岭 M3 土金戒指 3. 广东广州南越王墓出土焊金珠小金花泡饰 4. 江苏邗江甘泉东汉初广陵王刘荆墓出土金珠 5. 广东广州郊区先烈路龙生岗东汉前期 M4013 出土金珠 6. 广西贵县铁路新村 M3 出土瑱形金饰 7. 广西贵县采集金耳坠 8. 广西合浦九只岭 6A 号墓出土金珠 9. 广西合浦北插江盐淮 M4 出土金珠串饰 10. 广西合浦北插江盐淮 M1 出土金珠串饰

风格①（图四 -170：5）。广西贵县铁路新村 M3 出土有瑱形金饰（图四 -170：6），1956 年，贵县还采集到金耳坠等②（图四 -170：7）；合浦九只岭 6A 号墓（图四 -170：8）、北插江盐淮 M1 与 M4（图四 -170：9、10）等均出土金珠串饰，较为精致③。另外，在广东、广西地区的汉墓中还出土较多的银饰品，《广西贵县汉墓的清理》等考古资料有所公布，包括银镯、银叶等④。上述这些金银饰品中，日常生活会有很多使用，大大丰富了汉代人的日常装饰。

汉代的化妆用品已较多样，考古发现的有画眉用的眉笔、化妆用的镊子、研磨的砚、各种式样及大小不同用于盛化妆之物的奁等。脂粉在汉代已普遍用于妆颜，有米粉、铅粉等，铅粉又称胡粉，河南安阳西高穴 M2 即出土有“胡粉二斤”的文字石牌⑤。胭脂在西汉时期已得到使用，湖南长沙马王堆 M1 出土九子奁中有一盒胭

① 广州市文物管理委员会、广州市博物馆：《广州汉墓》，文物出版社，1981 年，第 350 页，图版一一四：9。

② 熊昭明：《汉代合浦港的考古学研究》，文物出版社，2018 年，第 132、133 页。

③ 熊昭明：《汉代合浦港考古与海上丝绸之路》，文物出版社，2015 年，第 111-114 页。

④ 广西省文物管理委员会：《广西贵县汉墓的清理》，《考古学报》1957 年第 1 期。

⑤ 河南省文物考古研究院：《曹操高陵》，中国社会科学出版社，2016 年，第 168 页。

图四 -171 山东省青岛土山屯西汉 M6 出土的一组四件玳瑁质器物

脂，孙机先生在《汉代物质资料图说》一书中指出："汉地使用胭脂当由匈奴人为之介"[①]。调制胭脂的用具中，最具代表性的为河北满城 M2（中山靖王刘胜夫人窦绾墓）出土的错金朱雀衔环双连铜豆形器，出土时尚有朱色痕迹[②]，当是调制胭脂的用具。山东省青岛市黄岛区张家楼镇土山屯 M6 为夫妻同穴合葬墓，葬具为重棺重椁，东棺（棺 1）内葬男性墓主刘林，西棺（棺 2）葬女性墓主吴眇容，二棺内出土一定数量与化妆和装饰有关的物品，如奁、刷、梳、篦、钗、擿、琥珀饰件、玛瑙珠等，棺 1 还出土一组 4 件玳瑁质饰品，厚度均不超过 0.3 厘米，皆有柄，柄的一端有孔，其中 1 件前端呈尖首刀形，另 3 件的柄为长方条形，前端呈铲形[③]（图四 -171）。关于这一组物品的用途，学界有不同看法，这在上文相关叙述中已有论及。从出土位置看，这组器物为发饰的可能性不大，形体略小且前端呈尖首刀形的 1 件物品可能与修治指甲的剔指刀有关，这也是化妆物品的内容，而另外 3 件形制相同、前端呈铲形的物品也可能会与化妆有关，笔者推测 3 件物品可能是从胭脂盒内取胭脂的用具，并可用于眼皮、眼袋的上妆和按摩，而形体略小前端呈尖首刀形的物品或可用于眉部修整，因此形成一套物品。当然，这仅是一种猜测，而这一组物品还有一种可能就是作为医疗器具，用于辅助进食药剂或盛分药品等。

（二）饮食

饮食是日常生活不可或缺的一项内容，汉代文献中即有关于饮食的记载，西汉晁错云："人情，一日不再食则饥"[④]。《汉书·郦食其传》亦载："王者以民为天，而民以食为天。"[⑤]随着中外物质文化交流的不断发展，与汉代饮食有关的诸

① 孙机：《汉代物质资料图说（增订本）》，上海古籍出版社，2008 年，第 302 页。

② 中国社会科学院考古研究所、河北省文物管理处：《满城汉墓发掘报告》，文物出版社，1980 年，第 265、267 页；河北省文物考古研究所：《河北考古重要发现》，科学出版社，2009 年，第 160 页。

③ 青岛市文物保护考古研究所、黄岛区博物馆：《山东青岛市土山屯墓地的两座汉墓》，《考古》2017 年第 10 期。

④ （西汉）贾谊：《论贵粟疏》；（东汉）班固撰，（唐）颜师古注：《汉书·食货志》，中华书局，1962 年，第 1131 页。

⑤ （东汉）班固撰，（唐）颜师古注：《汉书·郦食其传》，中华书局，1962 年，第 2108 页。《史记·郦生陆贾列传》亦载："王者以民人为天，而民人以食为天。"见（西汉）司马迁撰，（南朝）裴骃集解，（唐）司马贞索引、张守节正义：《史记》，中华书局，1982 年，第 2694 页。

多内容也日渐丰富和多样化，最为突出的是食物品种的增加和丰富，上文引用《续汉书・五行志》中所载东汉灵帝好胡饭，京都贵戚皆竞为之，说明相关食物种类在日常生活中已得到推广和普及。与食物品种不断丰富相对应，食品加工出现了新方法，另外还有与饮食相关的器物传入，成为日常生活中的器物种类。

受中外物质文化交流的影响，汉代食物品种的原料在较多方面增添了新的内容。用作主食的粮食类作物，部分是由外引入的品种，如豌豆、扁豆、黑豆、胡豆、绿豆、胡麻、鹊纹芝麻等，其中芝麻还可作为其他食品加工的辅料。根据考古资料，结合出土汉简的记载，河西走廊一带在两汉时期已种植黑豆、扁豆、胡豆、豌豆等①。多种蔬菜被引进，一些可能已得到相对普遍的种植。引入我国的蔬菜品种有葱、蒜、芫荽、苜蓿、黄瓜、萝卜、胡萝卜等。居延汉简在记述治园时，称某亭种植的12畦菜中，有7畦为葵，另5畦种有葱和韭菜，据简文记载还有芜菁、荠菜、姜、苜蓿等②；广西贵县罗泊湾M1出土有苜蓿和黄瓜③，甘肃泾川水泉寺东汉早期墓葬出土陶灶上堆雕有萝卜④（图四-172：1）。蔬菜中的葱、蒜、芫荽等还可作为佐料或调味品，并在日常饮食中得到较多食用。由外输入且多数在我国境内开始普遍栽种的水果有葡萄、胡桃（核桃）、石榴、无花果、橄榄、番木瓜、西瓜、胡瓜等。新疆尉犁县营盘墓地1999发掘的M6、M7、M8、M13出土有葡萄，M6出土的为葡萄干，M33出土有核桃，一些还伴出有桃子、梨等⑤。江苏徐州北洞山西汉楚王墓附属建筑的第6室内也发现有葡萄⑥。西汉初期的广西贵县罗泊湾M1、M2均出土有橄榄，M1有橄榄、乌榄，另外伴出的还有番木瓜⑦。安徽六安双墩西汉M1出土的西瓜子证实了西瓜在西汉时就已传入我国⑧（图四-172：2），或许在一些地方已得到种植。

由于食物原料增加及饮食需求的发展，食品加工技术也得到不断丰富，一些经

---

① 甘肃省博物馆：《武威磨嘴子三座汉墓发掘简报》，《文物》1972年第12期；甘肃居延考古队：《居延汉代遗址的发掘和新出土的简册》、徐苹芳：《居延考古发掘的新收获》，《文物》1978年第1期；甘肃省博物馆、敦煌县文化馆：《敦煌马圈湾汉代烽燧遗址发掘简报》，《文物》1981年第10期；谢桂华、李均明、朱国炤：《居延汉简释文合校》，文物出版社，1987年；甘肃省文物考古研究所：《甘肃敦煌汉代悬泉置遗址发掘简报》，《文物》2000年第5期等。

② 甘肃居延考古队：《居延汉代遗址的发掘和新出土的简册》；徐苹芳：《居延考古发掘的新收获》，《文物》1978年第1期。

③ 广西壮族自治区博物馆：《广西贵县罗泊湾汉墓》，文物出版社，1988年，第87页。

④ 刘玉林：《甘肃泾川发现一座东汉早期墓》，《考古》1983年第9期。

⑤ 新疆文物考古研究：《新疆尉犁县营盘墓地1999发掘简报》，《考古》2002年第6期。

⑥ 徐州博物馆、南京大学历史系考古专业：《徐州北洞山西汉楚王墓》，文物出版社，2003年，第142页。

⑦ 广西壮族自治区博物馆：《广西贵县罗泊湾汉墓》，文物出版社，1988年，第87、111页。

⑧ 安徽省文物考古研究所、安徽省六安市文物局：《安徽六安双墩一号汉墓发掘简报》，安徽省文物考古研究所、安徽省考古学会编：《文物研究・第17辑》，科学出版社，2010年，第107-123页。

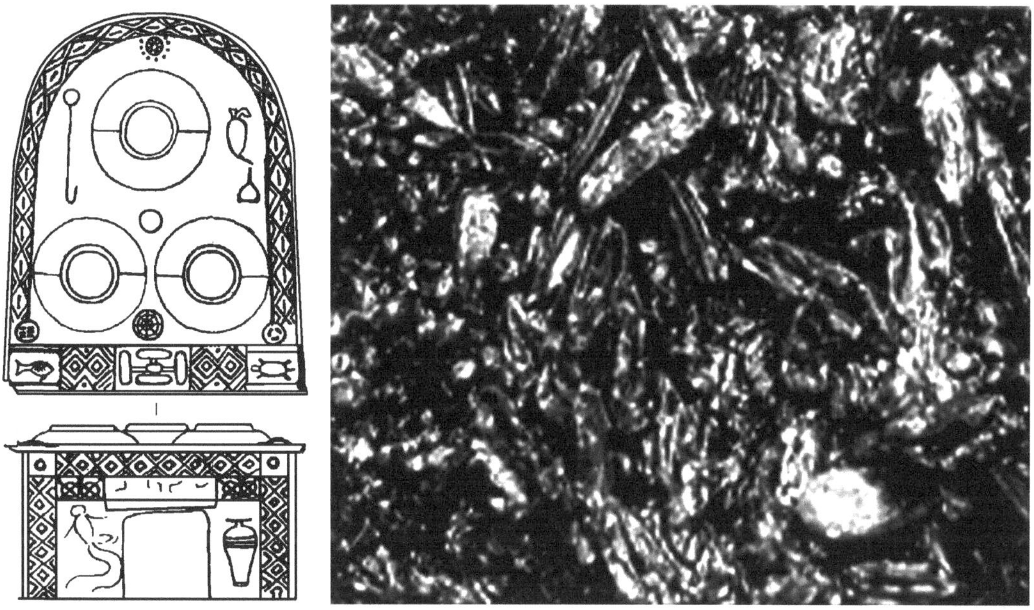

1　　　　　　2

图四 -172　汉墓出土与外来饮食内容有关的遗存

1. 甘肃泾川东汉早期墓葬出土陶灶　2. 安徽六安双墩西汉 M1 出土的稻子和西瓜籽

加工的新食物逐渐普及。如胡饼，是在要烤的饼上撒上芝麻，饼烤出后十分香脆，很受欢迎，东汉晚期，胡饼已较普及。乳制品主要有酪（发酵乳）、酥（酥油）、乳腐（干酪）等，有时会放入面点之中。乳也可直接食用，亦可作饮用品。

还有一些与饮食有关的器物在汉代随着丝绸之路传入我国。广西合浦寮尾 M13b 出土的波斯陶壶，陶胎黄白色，火候较低，青绿色釉，属低温釉陶，器内亦施一薄层青色釉，小口外侈，圆唇，一侧有短流，细长颈，椭圆形腹，颈腹间与流相对一侧附曲形手柄，矮圈足，是一件典型的帕提亚时期釉陶壶[①]（图四 -173：1）。而最多、最主要的为金银器和玻璃器，它们大多成为具有相应等级人员或阶层的日常用品。青海省大通上孙家寨乙区 M3 出土的银壶（图四 -173：2），从器形、纹饰和工艺看，是东汉末至三国时期从中亚输入我国的，为今叙利亚一带罗马帝国时期的产品[②]。较多具有相应等级的墓葬中出土有裂瓣纹银盒（豆），分布于不同地区，这类器物的造型、制作及其纹饰等具有西方器物的一些特征，或由外传入，或是在

① 广西文物考古研究所、合浦县博物馆、广西师范大学文旅学院：《广西合浦寮尾东汉三国墓发掘报告》，《考古学报》2012 年第 4 期；黄珊、熊昭明、赵春燕：《广西合浦寮尾东汉墓出土青绿釉陶壶研究》，《考古》2013 年第 8 期；熊昭明：《汉代合浦港的考古学研究》，文物出版社，2018 年，第 113-115 页。

② 青海省文物考古研究所：《上孙家寨汉晋墓》，文物出版社，1993 年，第 164、165 页。

借鉴基础上的制造，但不管如何，应该是与对外物质文化交流存在相应关系[①]。广东广州西汉南越王墓出土的该类银盒内盛有药丸，可能是作为药盒[②]（图四-173：3），而其他一些也可能会用来盛放食物，这或许还要从出土位置及其伴出器物等来综合分析。玻璃器传入较多，随着海上丝绸之路的不断发展，汉代一些贸易港口及其附近地区部分官吏、商贾等的日常生活中对玻璃器使用增多，而且很多可能与饮食有关，广西合浦出土的玻璃杯等均可说明（图四-174：1），其中文昌塔汉代墓地出土一件单位不详的玻璃碗，通体黄褐色，有状似叶片的褐色花纹，为植物灰型钠钙玻璃[③]（图四-174：2），贵县南斗村八号墓出土的为承盘高足玻璃杯[④]（图四-174：3）。另外，河南洛阳、江苏邗江等地也有罗马玻璃器出土[⑤]，因出土地点分散，数量不多，应为外国传入的产品。玻璃器的输入一直延续至南北朝时期，并在日常饮食

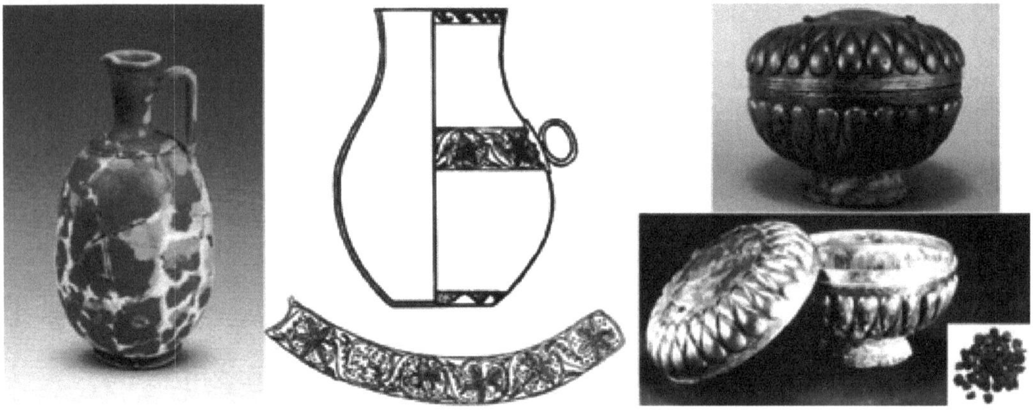

1　　2　　3

图四-173　汉墓出土外来风格的容器

1. 广西合浦寮尾 M13b 出土波斯陶壶　2. 青海大通上孙家寨汉晋墓出土银壶　3. 广东广州南越王墓出土银盒

① 李零：《论西辛战国墓裂瓣纹银豆——兼谈我国出土的类似器物》，《文物》2014 年第 9 期；霍雨丰：《南越王墓的银盒及国内其他裂瓣纹器物》，《文物天地》2017 年第 10 期。

② 广州市文物管理委员会、中国社会科学院考古研究所、广东省博物馆：《西汉南越王墓》，文物出版社，1991 年，第 209、210 页，彩版二三，1、图版一二二，1；西汉南越王博物馆：《西汉南越王博物馆珍品图录》，文物出版社，2007 年，第 64、65 页。

③ 熊昭明：《汉代合浦港的考古学研究》，文物出版社，2018 年，第 88、89 页。

④ 熊昭明：《汉代合浦港考古与海上丝绸之路》，文物出版社，2015 年，第 54-56、155 页。

⑤ 东汉早期的江苏邗江甘泉 M2 出土 3 块搅胎玻璃钵残片，为紫红色与乳白色相间的透明体，外壁有模印辐射状凸棱纹，为钠钙玻璃，氧化铝含量较高，属罗马玻璃。资料见南京博物院：《江苏邗江甘泉二号汉墓》，《文物》1981 年第 11 期；安家瑶：《中国的早期玻璃器皿》，《考古学报》1984 年第 4 期。洛阳东郊出土罗马玻璃瓶，黄绿色半透明，卷沿直口，长颈垂腹，圜底内凹，从口沿至瓶底通体为螺旋状白色线纹，是公元 2 世纪典型的罗马吹制玻璃器。资料见徐苹芳：《考古学上所见中国境内的丝绸之路》，《燕京学报》新一期，北京大学出版社，1995 年。

1

2　　　　3

图四 -174　广西地区汉墓出土玻璃器皿

1. 合浦出土的玻璃杯　2. 合浦文昌塔汉墓出土玻璃碗　3. 贵县南斗村 M8 出土承盘高足玻璃杯

及其他方面有较多使用，南北朝时期，随着我国开始烧制成较为成熟的玻璃器物，对于玻璃器的输入才逐渐减少，而玻璃器也逐渐由奢侈品演变为普通之物，在更多家庭日常中得到推广和普遍使用。

（三）居住与出行

1. 居住

居住是日常生活开展和发展的基础。但由于时代变迁，汉代的实际居住内容保存较少，考古发现多为房屋基础或相关遗存，能够体现中外物质文化交流的内容也不多。与汉代建筑或居住有关的其他考古内容则以墓葬为主，包括墓葬形制、画像石（砖）画像与壁画、模型明器及与居室陈设有关的遗物等，体现的外来因素也较零散，所反映的内容多具间接性的或不甚明显。

较多的汉代画像石墓中使用石柱，一些仿木柱的特征明显，一些则明显体现出石柱自身的特征。江苏徐州贾汪区青山泉白集东汉墓出土石柱为委角六棱柱，下为一趴卧的石羊①，其他墓葬还见有方柱、圆柱、八角柱、凹棱柱等，这些石

① 南京博物院：《徐州青山泉白集东汉画象石墓》，《考古》1981 年第 2 期。

图四 -175　河南密县打虎亭 M2 券顶中间藻井图案

柱在现实建筑中也可能会有所使用，而且在很大程度上可能受到西方文化的相应影响。

东汉时期一些画像石墓使用石质藻井，尤其是刻有莲花纹图案的石质藻井，如山东沂南北寨东汉画像石墓[①]、江苏徐州白集东汉墓[②]等均有发现，河南密县打虎亭 M2 券顶中间为一条南北排列的三个藻井图案，中间一个藻井图案为莲花形[③]（图四 -175）。莲花藻井可能与佛教思想的影响有关，现实生活中的建筑亦可能会有使用。再如券顶，也可能是外来建筑形式影响下的产物，而且会影响到日常生活中的相关建筑。

另有其他一些装饰图案，也可能会用于现实建筑中。山东临沂吴白庄汉画像石墓出土画像石[④]及江苏徐州汉画像石艺术馆 2005 年征集的一批汉画像石[⑤]中，较多画像石的画像内容和构图、雕刻技法等均体现出外来文化的影响。以徐州汉画像石艺术馆 2005 年征集的一批汉画像石为例，羽翼兽、双头鹫（图四 -176）等皆有发

图四 -176　江苏徐州汉画像石艺术馆征集画像石中的双头鹫形象

① 南京博物院、山东省文物管理处：《沂南古画像石墓发掘报告》，文化部文物管理局出版，1956 年，第 5-9 页，图版 39。

② 南京博物院：《徐州青山泉白集东汉画象石墓》，《考古》1981 年第 2 期。

③ 安金槐：《打虎亭汉墓》，香港国际出版社，1999 年，第 162 页。

④ 临沂市博物馆编：《临沂吴白庄汉画像石墓》，齐鲁书社，2018 年；管恩洁、霍启明、尹世娟：《山东临沂吴白庄汉画像石墓》，《东南文化》1999 年第 6 期。

⑤ 杨孝军：《徐州新发现一批汉代画像石考释》，《四川文物》2005 年第 6 期。

现，双头鹫体现出的某些动物形象来自斯基泰民族或通过中介而从古希腊、西亚传到中国来，10号石和11号石中的双头鸟为斯基泰民族所喜爱，“其原形为西亚的双头鹫，也就是斯基泰民族流行的鹰头兽。”[①]这批画像石中还出现鹰与虎、龙与虎搏咬的画面，这类画面较早属古代欧亚草原民族的风格，汉代，中原地区已相对常见，这与物质文化的交流和传播有着相应关系。

就室内陈设来讲，文献中有相关记载。上文所引《续汉书·五行志》中载灵帝好胡服、胡帐、胡床、胡坐等，京都贵戚皆竞为之，可见胡帐、胡床、胡坐等已渐被使用。另外还有一些外来的饮食器具，如上文所述的银盒及一些玻璃制品也很可能被当作室内的陈设品，进而具备了双重功能。

2. 出行

出行的载体为骑乘的牲口或乘坐的车辇等。随着对外物质文化交流的不断加强，一些畜力传入我国，很多用于骑乘、挽车出行甚至运输。《太平御览》卷九〇一引《盐铁论》曰：“齐陶之缣，南汉之布，中国以一端缦得匈奴累金之物，驴骡骆驼，可使衔尾入塞。”[②]除上述畜力外，还有大宛良马，如汗血马等等，也被引进并用于骑乘等方面。敦煌壁画中还有汉使骑大宛马的图像。

车马器具在汉代已发展得相对较为完备，一些车马器的纹饰等也受到相应影响。如山东章丘洛庄汉墓[③]、江西南昌海昏侯墓[④]等出土的当卢（图四-177：1、2）。洛庄汉墓出土当卢，即是斯基泰民族的装饰文化传入我国后，结合习见的传统风格糅合而成的新型工艺品[⑤]。

（四）医疗保健

《后汉书·于阗国传》载：“于阗王令胡医持毒药著创中”[⑥]，表明汉王朝对于阗国的医疗保健有相应了解，而“胡医”应是对西域诸国从医人员具有针对性且相当普遍的称呼。

于阗国及其以西地区的医疗保健物品也逐渐传入我国，并逐渐融入日常生活

① 杨孝军：《塞人与汉代羽化图像》，《文史杂志》2015年第1期。

② （北宋）李昉、李穆、徐铉等：《太平御览》，中华书局，1960年，第4000页。

③ 济南市考古研究所、山东大学考古系、山东省文物考古研究所、章丘市博物馆：《山东章丘市洛庄汉墓陪葬坑的清理》，《考古》2004年第8期。

④ 江西省文物考古研究所、南昌市博物馆、南昌市新建区博物馆：《南昌市西汉海昏侯墓》，《考古》2016年第7期。

⑤ 崔大庸：《山东章丘洛庄汉墓出土的鎏金铜当卢》，《文物世界》2002年第1期。

⑥ （南朝宋）范晔撰，（唐）李贤等注：《后汉书·西域传·于阗国》，中华书局，1965年，第2916页。

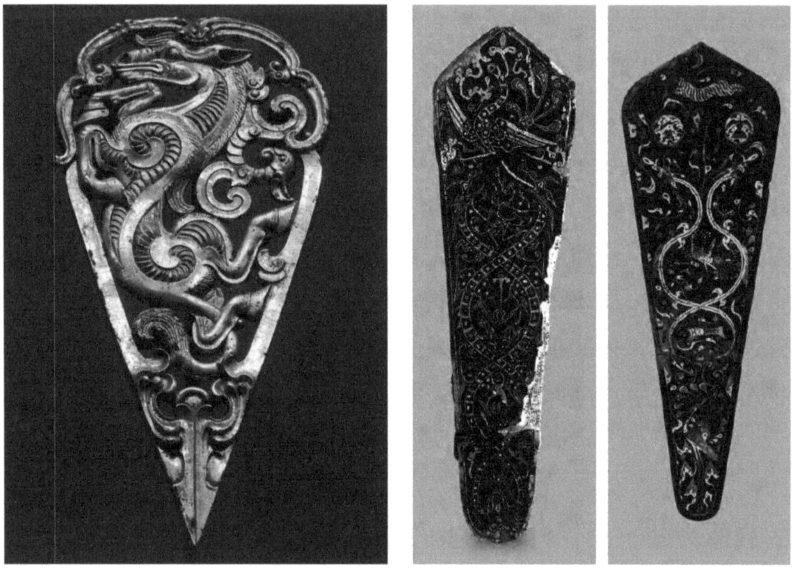

1　　　　2

图四 -177　汉代墓葬出土铜当卢

1. 山东章丘洛庄汉墓陪葬坑出土的鎏金铜当卢　2. 江西南昌海昏侯刘贺墓出土铜当卢

之中，一些人死后还用其陪葬。新疆洛浦县山普拉墓地两座时代相对较早墓葬（年代范围大致在公元前 55 年至公元 110 年之间），出土有关于阗或以西地区的医药物品，均盛放在香囊中，其中毡制长方形香囊内盛放香料膏丸，一件皮质香囊中发现有球形香丸，另外还有苦豆子及银白色片状物、红色和乳白色粉末状物品，多包扎在小绢布里，部分在小纸包里，这些香药膏丸当来自于阗以西的地区（印度或者波斯），银白色片状物可能是薄荷叶，红色和乳白色粉末状物应是磨成药散的草药[①]。

广东省广州西汉南越王墓中发现有象牙、乳香以及带有明显波斯风格的银质药盒等，银盒内盛有药丸[②]，说明汉代医药不是封闭型的发展，而是在发展中注重对外来医药文化的吸收借鉴，并在吸收借鉴过程中得到推广，逐渐渗透至日常生活之中。

二、技术、娱乐与宗教

随着丝绸之路的开通、加强和发展，相关技术及其娱乐、宗教等也得以传入汉王朝境内，并开始影响且不断渗透至日常生活之中。

---

① 肖小勇、郑渤秋：《新疆洛浦县山普拉古墓地的新发掘》，《西域研究》2000 年第 1 期；新疆维吾尔自治区博物馆、新疆文物考古研究所：《中国新疆山普拉——古代于阗文明的揭示与研究》，新疆人民出版社，2001 年，第 31、32 页，图 234、241。

② 广州市文物管理委员会、中国社会科学院考古研究所、广东省博物馆：《西汉南越王墓》，文物出版社，1991 年，第 138、141、210 页。

（一）技术

本部分所说的技术，是与日常生活内容相关的技术，如相关原料的制作、物品的加工，医疗保健品的制作和加工等等。相关技术的吸收和应用，使得一些具有外来因素的物品能够得到更广泛运用，并逐渐成为日常生活的内容或组成部分。

一些织物的原料如棉可能得到种植、加工，并结合自身已有的纺织技术进行布料的加工或印染，同时皮、毛、毡等的加工与制作技术也应已传入。受西方玻璃制品传入我国的影响，一些地区也开始生产相关玻璃器，虽不太成熟，但生产的一些玻璃珠等可用于串饰或其他。欧洲及西亚、中亚的金银器加工技术如掐丝、焊金珠、镶嵌等工艺也使得金银质小型装饰物的制作得到推广和普及，更多地应用到日常装饰之中。黄铜制品在这一时期传入我国，随之而来的还应有相关技术。新疆尉犁营盘古城出土汉晋时代铜环、铜手镯和铜戒指，成分测定为铜锌合金，可能是目前所知最早传入中国境内的黄铜制品①（图四 -178）。黄铜是通过将铜和含锌的炉甘石放原炉中冶炼而得，相关技术的传入，丰富了装饰品如环、镯等的制作。

随着丝绸之路的开通和发展，外来香料得以输入，品种不断增多。北宋洪刍所著《香谱》引《瑞应图》记有月支香："月支国贡神香，武帝取看之，状若燕卵，凡三枚，大似枣。帝不烧，付外库。后长安中大疫，宫人得疾，众使者请烧一枚，以辟疫气。帝然之，宫中病者瘥，长安百里内闻其香，积九月不歇。"又引《拾遗记》记有茵墀香："灵帝初平三年（192 年），西域献。煮汤辟疠，宫人以沐头。"②考古资料也见有香料，多数盛放在熏炉中，体现出其作用。广西合浦堂排 M2b 出土的铜熏炉中有少量香料和灰烬，风门岭 M24b 出土陶熏炉内也有炭化的香料③（图四 -179）。当时的人们在研究各种香料作用和特点的基础上，利用多种香料调合制造出特有的香气，配制的方法可称为"香方"，用多种香料，依据香方调和制成的为"合香"，体现出相应的技术及其用香方式的进步和发展。东汉时《汉建宁宫中香》的香方中有黄熟香、白附子、丁香皮、藿香叶、零陵香、檀香、白芷、茅

① 新疆文物考古研究所：《新疆尉犁县营盘墓地 1995 年发掘简报》，《文物》2002 年第 6 期；《新疆尉犁县营盘墓地 1999 年发掘简报》，《考古》2002 年第 6 期；化学发展史编写组：《化学发展简史》，科学出版社，1980 年，第 30 页；李文瑛：《鍮石一丝绸之路贸易战的重要物品》，《中国文物报》1997 年 12 月 28 日第 3 版。

②（北宋）洪刍：《香谱》，顾宏义主编，田渊整理校点：《宋元谱录丛编·香谱：外四种》，上海书店出版社，2018 年，第 17、19 页。

③ 熊昭明：《汉代合浦港的考古学研究》，文物出版社，2018 年，第 111-113 页。堂排 M2b 资料见广西壮族自治区文物工作队：《广西合浦县堂排汉墓发掘简报》，文物编辑委员会编：《文物资料丛刊·第四辑》，文物出版社，1981 年，第 46-56 页；风门岭 M24b 资料见广西壮族自治区文物工作队、合浦县博物馆：《合浦县风门岭汉墓——2003～2005 年发掘报告》，科学出版社，2006 年，第 91 页。

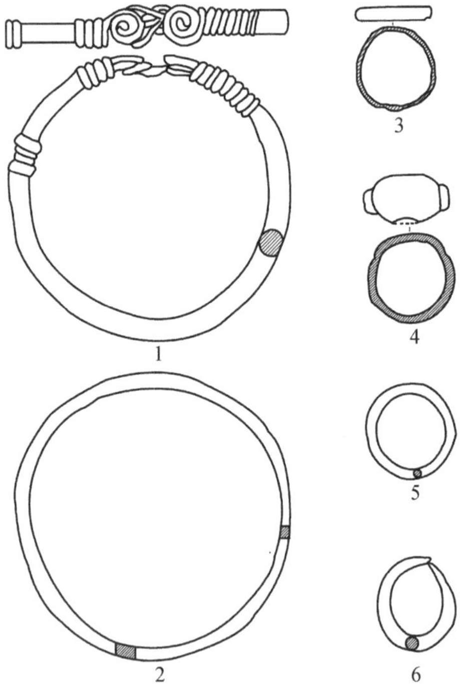

图四 -178　新疆尉犁营盘墓地 1995 年发掘墓葬出土黄铜制品

1、2. 手镯（1. M7∶2　2. M20∶3）3-5. 戒指（3. M1∶1　4. M24∶2　5. M10∶13）6. 耳环（M30∶7）

图四 -179　广西合浦堂排 M2b 出土陶熏炉及其内的碳化香料

香、茴香、甘松、乳香、生结香、枣子、苏合油等十余种香料，每种香料的用量不同，配制方法不一，有其他器物研磨、焙干，还要炼蜜和匀，窨月余，十分考究[①]。

饮食方面主要有两点，一是用作食品的作物种植技术引进以及在此基础上因地制宜种植技术的拓展和提升，如居延汉简记述治园时某亭种植的蔬菜等。就食物品种所属作物来讲，品种的引进与作物的种植在本质上存在较大的差异，后者可以使得相关食物品种能够保证持续或相对稳定的供应，因此具有重要的价值和意义；二是带动食品加工技术的多样化，如胡饼的加工、奶制品的加工等等，不仅扩大了膳食内容，也可使相关食品得到推广，渐入日常生活之中。

居住方面，相关艺术风格的设计及其制作也是技术内容之一。室内陈设中胡帐、胡床、胡坐等的制作技术逐渐传入，至南北朝时期，相关家具的制作获得较大发展的同时也对后世有着较多的影响，使得相关家具成为日常生活中不可或缺的内

① （元）陈敬：《陈氏香谱》，顾宏义主编，田渊整理校点：《宋元谱录丛编 · 香谱：外四种》，上海书店出版社，2018 年，第 105 页。

容。出行方面，对于外来畜力饲养技术有所吸收并不断提高，而在车马器具制作和纹饰风格设计上对草原文化甚至中亚或西亚风格的采用，表明受相关文化的影响和吸收采用仍较为突出，并基本能够为诸多家庭的日常生活所用。

医疗保健方面，最为突出的是香料膏丸、药粉及相关医药的制作及其组合搭配技术，另外还有医药的存放或盛放等等。

（二）乐舞杂技

上文所引《续汉书·五行志》记载，灵帝好胡箜篌、胡笛、胡舞，京都贵戚皆竞为之，可见相关音乐及乐器已逐渐被接受并影响到一些地区的日常生活。其实有些西域音乐早在西汉初期或更早阶段就已传入我国并成为被接受的音乐，如于阗乐，为西域乐之一，汉刘邦时已在皇宫中成为演奏节目之一。随着丝绸之路的开通，西域各国的一些乐器如琵琶、五弦琵琶、箜篌、觱篥、方响、锣、钹、星、羯鼓、腰鼓、达卜等传至汉王朝境内。其中琵琶源于美索不达米亚，亚洲西部、西南部各地较为流行，至迟在东汉时传入我国。四川乐山虎头湾汉代崖墓石刻画像[①]（图四-180：1）及辽宁辽阳棒台子东汉石椁墓壁画[②]中有弹奏琵琶的人像（图四-180：

1　2　3

图四-180　汉代墓葬画像及壁画中的弹琵琶图像

1. 四川乐山虎头湾汉代崖墓石刻弹琵琶画像　2、3. 辽宁辽阳东汉墓壁画中弹琵琶图像

① 龚廷万、龚玉、戴嘉陵：《巴蜀汉代画像集》，文物出版社，1998年，图105。

② 李文信：《辽阳发现的三座壁画古墓》，《文物参考资料》1955年第5期。

2、3），所描绘的琵琶在形制上略有差别，尤其是最上端存在明显差异。但就实物及画像来讲，较之传统乐器均发现极少，间接说明这一乐器虽还没有完全普及，但也已逐渐在日常生活中得到使用了。

随乐器而来的是众多音乐、舞蹈等，而杂技、幻术等又与乐舞有着密切关系。考古发现一些杂技乐舞俑，而画像石中的相关杂技图像更多。如“安息五案”，是汉代较为流行的一项杂技，中国古代的“叠案”技艺可能受其影响，较多地区出土的画像石（砖）中有相关图案，如四川郫县（成都市郫都区）东汉石棺画像中为叠九案①（图四 -181：1），彭州（原彭县）出土画像砖中有叠十二案②（图四 -181：2）等。再如幻术受西域影响较大，如吞刀吐火等等，河南密县打虎亭 M1 的相关图像中有此图像③（图四 -181：3）；缘橦为高竿表演，汉王朝的表演者们可能是从都卢

图四 -181　汉代画像中的杂技表演图像

1. 四川郫县东汉石棺出土叠九案画像　2. 四川彭州（原彭县）出土画像砖的叠十二案画像　3. 河南密县打虎亭 M1 中的宴饮百戏图　4. 山东沂南北寨汉墓中室东壁上横额中缘橦表演画像石画像

① 李复华、郭子游：《郫县出土东汉画像石棺图象略说》，《文物》1975 年第 8 期。

② 刘志远：《四川汉代画像砖反映的社会生活》，《文物》1975 年第 4 期。

③ 安金槐、王与刚：《密县打虎亭汉代画像石墓和壁画墓》，《文物》1972 年第 10 期；安金槐：《打虎亭汉墓》，香港国际出版社，1999 年，彩版二。

艺人那里学习了相关技巧，表演出较高难度的杂技[①]。山东地区的沂南北寨东汉画像石墓及安丘董家庄东汉墓皆出土有相关画像石画像，前者为一人额上缘橦，上有3人表演[②]（图四-181：4），后者为一人双手捧握缘橦，上有9人表演[③]。

音乐、舞蹈、杂技、幻术等在引入吸收、借鉴及学习的基础上得到不断发展，不仅对应的乐器、工具等日趋丰富，内容也日渐增加，并逐渐影响到较多的阶层，渗透至日常生活的迎宾、宴客、家庭娱乐、礼仪活动等多个方面，大大丰富了日常生活的内容和内涵。

（三）宗教

主要为佛教的传入及影响的不断扩大，至迟东汉晚期已逐渐渗透至不同阶层的日常生活之中。

佛教于公元前六世纪创立于南亚印度地区，公元前二至三世纪逐渐向境外传播，一般认为大约在西汉后期佛教通过陆路传入我国。东汉时，明帝在洛阳修建了白马寺，这使得一些信佛者有崇佛、信佛及礼佛之处，而“桓帝好神，数祀浮图，老子，百姓稍有奉者，后遂转盛。”[④]诸侯王以东汉早期的楚王刘英为代表，史载“楚王诵黄老之微言，尚浮屠之仁祠，洁斋三月，与神为誓……其还赎，以助伊蒲塞桑门之盛馔”，“晚节更喜黄老，学为浮屠斋戒祭祀。”[⑤]

东汉早中期信奉佛教的阶层或人员还有较大的局限性，为朝廷、皇帝或个别诸侯国中的诸侯王及与之相关的人员。东汉晚期，经过较长时间发展，在依附、吸收、融合基础上，佛教渐与中国本土文化相结合，形成相互杂糅的特点。东汉末年，因黄巾起义失败，佛教借道教被汉政府打击之机会，逐渐独立，成为影响当时乃至其后人们日常生活的重要宗教内容。这在考古资料中也有较多反映，最为突出的体现就是多数与佛教有关的器物、画像及其他内容的时代基本为东汉晚期，相当部分为东汉末年。江苏连云港孔望山摩崖造像内容丰富，佛道杂糅特点突出[⑥]。新疆出土的蚀花肉红石髓珠可能是随着佛教的东传而从犍陀罗地区输入的[⑦]。其他器物如摇钱树、佛兽镜、神瓶、尖帽胡人俑、白相俑等，大致都与佛教有一

① 孙机：《汉代物质资料图说（增订本）》，上海古籍出版社，2008年，第449页。

② 南京博物院、山东省文物管理处：《沂南古画像石墓发掘报告》，文化部文物管理局出版，1956年，图版第84；山东博物馆：《沂南北寨汉墓画像》，文物出版社，2015年，第50、51、115页。

③ 安丘县文化局、安丘县博物馆：《安丘董家庄汉画像石墓》，济南出版社，1992年，第15页，图版31。

④ （南朝宋）范晔撰，（唐）李贤等注：《后汉书·西域传·天竺国》，中华书局，1965年，第2922页。

⑤ （南朝宋）范晔撰，（唐）李贤等注：《后汉书·光武十王传》，中华书局，1965年，第1428页。

⑥ 连云港市博物馆：《连云港市孔望山摩崖造像调查报告》，《文物》1981年第7期。

⑦ 作铭：《我国出土的蚀花的肉红石髓珠》，《考古》1974年第6期。

定关系[①]，另外还有造像、牌饰、熏炉等。四川彭山县江口东汉晚期崖墓出土的一件陶摇钱树座，座上有一佛二胁侍[②]。安徽当涂东汉墓出土的铜三足承盘香熏，盖顶所饰神人有头光，额正中凸起，似为“白毫相”[③]（图四-182：1）。江苏徐州市邳州燕子埠缪宇墓，墓门堆土中发现一尊鎏金铜像，有学者认为该铜像以铜作人，衣以锦彩，右手示无畏，左手触地，高肉髻，眉毛上翘，嘴角上扬，都显示出佛教造像的特征，墓主缪宇当时应是佛教的信徒无疑[④]。该铜像是否为佛教造像还有待进一步研究，但与佛造像的相似性也使得相关影响的存在成为可能。与佛教有关的图像更多，画像在某种程度上又更直观地体现出相应的社会或日常生活。山东沂南北寨东汉画像石墓的擎天柱中部有相对明显的佛教图像，另有其他形象，如前室西壁北段画像上部还有类似飞天的形象[⑤]（图四-182：2）。象为佛教题材中的常见之物，东汉晚期的有关画像中已较多见。江苏徐州铜山苗山东汉墓前室前壁门东石下方刻一六牙白象，由于刻画的是象的侧面，只见三只象牙，象背上有串珠，体升翅翼，脚踏莲花；茅村汉墓前室北壁画像左侧为驭象者与骑骆驼者；洪楼汉墓祠堂有持钩驭六牙白象者[⑥]，三者均可能与佛教有关（图四-182：3-5）。徐州汉画像石中还有二幅“僧侣骑象图”，其中一幅有僧侣衣着袈裟，头顶巾帻，可以看出僧侣是光头的；另一幅画面的上方刻一僧人躺卧在象背上，右手托面，前面一人手持长钩，应为象奴（图四-182：6）；画面下方刻一枝叶茂盛的大树，树下刻一人在喂牛，该树枝叶繁茂，树叶宽大，略卷曲，古朴苍劲，不同于汉画像石中常见树木，很可能是菩提树[⑦]。骆驼、翼兽、狮子等动物题材和纹饰在安息时代传入我国。山东沂南北寨东汉画像石墓前室北壁横额、中室八角擎天柱柱身西面的两处画像中均刻有翼犀牛[⑧]。江苏徐州十里铺东汉墓的

---

① 何志国：《论早期佛教在长江流域的传播》，《东南文化》2004年第3期。

② 南京博物院编：《四川彭山汉代崖墓》，文物出版社，1991年，第37、38页。

③ 贺云翱等编：《佛教初传南方之路文物图录》，文物出版社，1993年，图7，第160、161页。

④ 陈永清、张浩林：《邳州东汉纪年墓中出土鎏金铜佛造像考略》，《东南文化》2000年第3期。

⑤ 南京博物院、山东省文物管理处：《沂南古画像石墓发掘报告》，文化部文物管理局出版，1956年，第57、65-67页，图版37、67、68；山东博物馆：《沂南北寨汉墓画像》，文物出版社，2015年，第31、84、85、111、120页。

⑥ 徐州博物馆：《徐州汉画像石》，江苏美术出版社，1985年，图56、85、91。三墓的考古资料，苗山汉墓与洪楼汉墓见王德庆：《江苏铜山东汉墓清理简报》，《考古通讯》1957年第4期；茅村汉墓见王献唐：《徐州市区的茅村汉墓群》，《文物参考资料》1953年第1期。

⑦ 杨孝军、郝利荣：《徐州新发现的汉画像石》，《文物》2007年第2期。

⑧ 南京博物院、山东省文物管理处：《沂南古画像石墓发掘报告》，文化部文物管理局出版，1956年，第44页，图版29（下）、66；第8页，插图14；山东博物馆：《沂南北寨汉墓画像》，文物出版社，2015年；第18-21、78-80、109、119页。

图四 -182　汉代熏炉与画像石画像中的佛教内容

1. 安徽当涂东汉墓出土铜三足承盘香熏　2. 山东沂南北寨前室西壁北段画像石中的“飞天”画像

3. 江苏徐州铜山苗山东汉墓前室前壁门东石下方六牙白象画像　4. 江苏徐州铜山茅村汉墓前室北壁左侧驭象画像

5. 江苏徐州铜山洪楼汉墓祠堂持钩驭象画像　6、7. 江苏徐州征集僧侣骑象图中室横额上也有佛教题材体现，如狮面九头兽和裸体飞人形象等①。山东嘉祥武氏墓群双阙前有一对石狮东西相对②。莲花作为佛教的象征图案在东汉晚期墓葬中也较为常见，如江苏邳州八义集过满山汉画像石墓的圆雕力士门柱等有莲花纹饰③。另外，《鲁南汉画像石研究》一书还介绍了鲁南地区发现的汉代“焚香”画像（图四-183：1），称其与佛教有关系④，这也能很好地体现佛教与日常生活密切的关系。书中称画像中间为1壶，壶中插3支香，两侧各置1盘，盘内有鱼，另书中称画像中间壶内所插为线香，并指出供佛多燃线香，信徒供佛、礼佛多上三支香，这似乎是对该画像为“焚香”画像的最有力证明。江苏徐州贾汪汴塘亦发现类似画像的祭案，画面中间有一壶，壶中插有“三炷香”，壶两侧各有一盘，盘中各有一鱼（图四-183：2），从出土的汉画像石中可以看出，汉代祭祀已经开始了烧香活动⑤。《徐州汉画像石通论》一书对这幅画像进行了分析，指出东汉时期出现了炷香，并用于祠堂中祭祀祖先⑥。但线香大致在宋元时期才得到使用，二画像时代明显早得多，很难说明画像中部器物中放置的为线香。从器型看，中间的器物似壶但更像钫，下有圈足，有折棱，腹稍扁，口也近方形。若其为钫，即使为壶，其内多盛酒

1　　　　2

图四-183　苏鲁交界地区出土“焚香”画像石画像

1. 山东枣庄市台儿庄区邳庄镇邳庄村出土　2. 江苏徐州贾汪汴塘出土

① 江苏省文物管理委员会、南京博物院：《江苏徐州十里铺汉画像石墓》，《考古》1966年第2期。

② 蒋英炬、吴文祺：《汉代武氏墓群石刻研究》，山东美术出版社，1995年，第15、16页。

③ 陈永清、张浩林：《邳州东汉纪年墓中出土鎏金铜佛造像考略》，《东南文化》2000年第3期。

④ 李锦山：《鲁南汉画像石研究》，知识产权出版社，2008年，第304、305、315页。

⑤ 杨孝君、郝利荣：《论汉画像石中的“祭案”与“庖厨”的意义——兼论〈太平经〉中的死后世界以及汉代民俗信仰》，中国汉画学会、河南博物院编：《中国汉画学会第十三届年会论文集》，中州古籍出版社，2011年，第84-90页。

⑥ 武利华：《徐州汉画像石通论》，文化艺术出版社，2017年，第90页。

类，所以壶内竖立的三根长物很可能为长柄勺或类似功能器物，这在前文论述秦汉饮食器具时已有分析，而这也与两侧盘内置鱼相对应，综合体现出与墓祭尤其是食祭有关的内容，并说明其与佛教关系不大。就上述两幅画像来讲，山东枣庄市台儿庄区邳庄镇邳庄村出土的石刻画像，收录于《中国画像石精粹》中，该书将此画像命名为“双鱼画像”，图版说明部分亦作了“焚香”的描述[①]，但是，从江苏徐州贾汪汴塘出土的祭案画像来看，壶（钫）口部的三竖立之物中，至少有2支向外撇，基本可证明其内并非被焚燃的香支，而应是勺柄类之物，而且从两幅画像看，壶（钫）口部的三竖立之物均相对较粗，有明显的棱痕，也表明应是勺柄而不是燃烧的香。

三、“丝路”背景下汉代日常生活的发展

“丝路”背景下，汉代日常生活得以不断丰富和发展，而汉代的日常生活也受“丝路”发展的影响和促进，呈现出一些与对外物质文化交流有关且具有一定新意的内容，这其中既有物品输出的带动，也有输入后的影响。

（一）物品输出带动下的日常生活

随着陆路丝绸之路与海上丝绸之路的开通与拓展，我国的丝绸、铁器、漆器等传入贵霜帝国及安息、大秦等地，地域涉及中亚、西亚及欧洲的部分地区，另有较多的铜镜与桃、梨等作物，还有冶铁、凿井、造纸等技术也传入西域乃至更远的国家和地区。

丝绸的大量外销，促进了蚕的饲养及桑树的种植，关于桑树的种植，《汉书·食货志》中载有“还庐树桑，菜茹有畦。”[②]考古资料也多有体现，河南内黄三杨庄西汉晚期田宅遗址发现10余处院落，其中三号院落的正房后侧发现两排树木遗迹，据残存树叶判断主要是桑树[③]。四川成都市新都区出土的汉画像石中有桑园的图像[④]。汉代画像及壁画等中常见采桑图，流传较广的“秋胡戏妻”故事就与采桑有关，陕西省毛乌素沙漠靖边县杨桥畔东汉壁画墓的前室西壁上层壁画中，一棵茂盛的大树下放一篮筐，一女子面对大树，采摘树叶，所从事应为采桑劳动，女子

---

① 杨爱国主编：《中国画像石精粹（4）》，山东美术出版社，2019年，第35页，图版说明第12页。

② （东汉）班固撰，（唐）颜师古注：《汉书·食货志》，中华书局，1962年，第1120页。

③ 河南省文物考古研究所、内黄县文物保护管理所：《河南内黄县三杨庄汉代庭院遗址》，《考古》2004年第7期；《河南内黄三杨庄汉代聚落遗址第二处庭院发掘简报》，《华夏考古》2010年第3期；刘海旺：《首次发现的汉代农业闾里遗址——中国河南内黄三杨庄汉代聚落遗址初识》，陈星灿、米盖拉：《法国汉学·第11辑：考古发掘与历史复原》，中华书局，2006年，第64-78页。

④ 龚廷万、龚玉、戴嘉陵：《巴蜀汉代画像集》，文物出版社，1998年，图5。

图四 -184　陕西省毛乌素沙漠靖边县杨桥畔东汉壁画墓前室西壁上层“秋胡戏妻”壁画

背后立一蓄须的红衣男子，上身前倾，右手捧一方盒，左手将盒盖掀开，该男子应与采摘桑叶女子有语言交流，而女子扭头作不回应状（图四 -184），该图反映的应为“秋胡戏妻”的故事，亦较好体现出采摘桑叶的情况[①]。另外，内蒙古和林格尔东汉壁画墓后室南壁的庄园图中也有桑林和采桑的场景[②]。漆树的种植、漆的生产及漆器的制作与丝绸有相似之处，二者体现出汉代家庭日常对于相关作物的种植，而这对于丝绸、漆器的向外输出起到了重要的保障和促进作用。其他如铁器、铜镜等在东、南、西三个方向的丝路贸易中均有输出，也与相关手工业者的日常工作及生活、劳作等有着相应关系。

（二）外来物品及乐舞杂技、宗教等促动下的日常生活

1. 物质内容促动下的日常生活

织物原料如棉花及与饮食相关的众多作物的种植，逐渐成为相应阶层日常劳作的内容，上文所引居延汉简记述治园中，某亭种植蔬菜可作相关例证。就棉布来讲，或许已开始种植棉，而棉花的加工、纺线、织布、染色及其他工作，随着棉布的普及也渐入日常生活之中，20 世纪八十年代，在我国的一些地区，纺棉织布及染

① 陕西省考古研究院、榆林市文物研究所、靖边县文物管理办公室：《陕西靖边东汉壁画墓》，《文物》2009 年第 2 期。

② 内蒙古自治区博物馆文物工作队编：《和林格尔汉墓壁画》，文物出版社，1978 年，第 41、42 页。

色还是很多家庭在冬天及初春不可或缺的生产生活内容。

外来化妆品的日渐普及，使得日常化妆在原来基础上更进一步，日常生活中的化妆内容及其内涵也会有所变化。

饮食方面，一些外来食品逐渐成为饮食中的重要内容，膳食结构因此悄然变化。如胡饼，虽因灵帝好胡饼导致京师贵戚皆竞食胡饼，但作为烤制的饼，是在要烤的饼上撒上芝麻，这样烤出的饼十分香脆，颇受欢迎，并成为日常饮食的一种美味。

胡床、胡帐、胡坐等居室用品的使用，会在某种程度上打破原有的席地而坐及寝息习惯。如胡坐，有相应的高度，可能很难采取跽坐的方式，而是以臀部作为坐时的接触部分，双腿及脚位于座前，这种姿势在汉代可能是不礼貌的，但随着类似家具的推广和普及，垂足而坐逐渐代替跽坐，而这种姿势对于人的身体来讲，可能更健康，因此在后世成为主流。关于汉代垂足坐的考古资料有所发现，江苏徐州汉画像石艺术馆征集的一块东汉画像石，画面中央刻一房屋，屋内坐二人，正在玩六博，屋外左侧刻一儿童坐在杌子上逗牛，屋外右侧停着一辆卸下牲口的大车①（图四 -185）。杌子为四足小凳子，图中儿童的坐姿明显不同于屋内二人的跽坐。徐州铜山耿集出土的一块画像石上，有一人捧刀坐于几上，另有一人似在与其对话②（图四 -186：1）。类似内容还见于河南南阳唐河针织厂东汉墓主室西壁一画像，右

图四 -185　江苏徐州汉画像石艺术馆征集建筑人物画像石

---

① 杨孝军、郝利荣：《徐州新发现的汉画像石》，《文物》2007 年第 2 期。

② 徐州博物馆：《徐州汉画像石》，江苏美术出版社，1985 年，图 202。

侧偏上一人坐在几上，上身略后仰[①]（图四 -186：2）。胡床、胡坐的相应高度也使得原有人与室内高度的比例发生变化，这或许是促进汉至南北朝隋唐时期房屋建筑逐渐升高的原因之一。

图四 -186　汉代画像石画像中的垂足坐者形象

1. 江苏徐州市铜山耿集出土画像石画像　2. 河南南阳市唐河针织厂东汉墓主室西壁画像石画像

2. 乐舞杂技与宗教促动下的日常生活

乐舞杂技的传入，为汉代人的日常娱乐注入了新的内容，大大丰富了汉代家庭的娱乐生活，相关内容在日常的迎宾、宴饮、庆祝及其他活动方面均得到推广和普及。

佛教对于汉代人日常生活的影响经历了一个发展过程。西汉晚期，佛教传入我国，影响甚微，至东汉早期，明帝刘庄建白马寺及开展相关礼佛活动，也还是仅限于宫廷或高等级人员。东汉早期楚王刘英的信佛活动更为突出，其在楚国奉事佛教，有斋戒、祠礼、饭僧等仪规，奉佛者有伊蒲塞（进住居士）、桑门（沙门、佛僧）等，

① 周到、李京华：《唐河针织厂汉画像石墓的发掘》，《文物》1973 年第 6 期。

而且其所尚“浮屠之仁祠”可能为寺庙[1]，这说明东汉早期，楚国即今江苏徐州及其周边地区，佛事活动已影响或渗透进一些家庭或人员的日常生活之中，但局限性还很突出。桓帝刘志信佛，不过百姓少有奉者，然而在之后则逐渐兴盛，并在一定程度上影响部分人的日常生活。这与佛教的日渐传播及其与汉代传统思想如升仙思想、早期道教思想的相互杂糅、融入日常等有一定关系。东汉末年，我国刚刚形成体系的道教因黄巾起义等而受到朝廷打击，佛教开始脱离与道教的杂糅，宣扬自身教义，加之东汉晚期社会局面及社会现实的促动，佛教的影响扩大，在日常生活中的体现增多，一些日常的装饰、所用物品乃至于部分和丧葬有关的装饰、物品已明显可看到佛教的内容与影响，这在上文已作叙述；佛教的另一影响就是佛事活动逐渐渗透至日常生活之中，佛造像等或许和供佛、信佛有关，而据《三国志·刘繇传》记载：东汉末年，笮融“往依徐州牧陶谦。谦使督广陵、彭城运漕……乃大起浮屠祠，以铜为人，黄金涂身，衣以锦采，垂铜盘九重，下为重楼阁道，可容三千余人，悉课读佛经，令界内及旁郡人有好佛者听受道，复其他役以招致之。由此远近前后致者五千余人户”[2]。由此可见，当时的徐州至广陵一线各郡佛教流传之盛。

（三）外来人口逐渐融入日常生活

随着对外物质文化交流的开展和发展，开始有一批外域人口来华，并逐渐融入汉代人的社会及日常生活，这些人多被称为胡人。

两京地区的汉墓中常见胡人俑，其他地区也多有发现。如江苏徐州市南郊十里铺东汉墓，出土有尖帽胡人俑，深目高鼻，颧骨突出，该墓出土的陶塑像座上的乐舞俑形象亦似胡人[3]（图四 -187）。东南亚、南亚及西亚的一些人随海上丝绸之路进

图四 -187　江苏徐州十里铺东汉墓出土胡人俑与相关器物

① 陈亚萍：《中国最早的佛寺是东汉楚国的浮屠仁祠》，《徐州师范学院学报》（哲学社会科学版）1994 年第 4 期。

② （西晋）陈寿撰，（南朝宋）裴松之注：《三国志·吴书·刘繇传》，中华书局，1959 年，第 1185 页。

③ 江苏省文物管理委员会、南京博物院：《江苏徐州十里铺汉画像石墓》，《考古》1966 年第 2 期。

入我国南部的两广地区，尤以当时的贸易港口地区较为突出。今广东省广州及广西壮族自治区的贵县、梧州、合浦等地汉代墓葬多出土形象明显异于汉人的陶俑，这类陶俑或托举灯座或头顶灯座，一般头形较短，深目高鼻，颧高唇厚，下颌突出，体毛浓重。广州地区汉墓中，东汉前期的东山象栏岗 M4016、小港路大元岗 M4019 皆出土陶俑座灯，俑深目鼻高，尖下巴，络腮胡。象栏岗 M4016：24，俑为半曲膝跪姿，发束于前额，右手拖灯盘（图四 -188：1）；大元岗 M4019：39，俑双眼突出，双足后屈而坐，头缠巾，顶一灯盘，左手托一灯盘，胸前、腹部及大腿均刻画体毛[①]（图四 -188：2）。广西合浦堂排西汉晚期 M1 出土有站立胡人俑，头戴圆顶小帽，身着对襟小领长袍，竖眉小眼，高鼻深目，脸部较圆，络腮胡须，从外貌观察，似为乐舞俑[②]（图四 -188：3）；合浦寮尾东汉晚期 M13b 出土的陶俑座灯，灰色硬陶，俑座为胡人形象，深目鼻高，尖下巴，络腮胡，胡人缠头绾结如汉式的幞

图四 -188　两广地区汉墓出土的胡人俑

1. 广东广州东山象栏岗 M4016：24　2. 广东广州小港路大元岗 M4019：39　3. 广西合浦堂排西汉晚期 M1 出土站立胡人俑　4. 广西合浦寮尾东汉晚期 M13b 出土陶俑座灯　5. 广西贵县高中 M4 出土胡人俑座灯　6. 广西铁路新村 M3 出土胡人俑座灯　7. 广西梧州市松脂厂汉墓出土胡人俑灯座　8. 广西梧州市旺步化工厂汉墓出土胡人俑灯座

① 广州市文物管理委员会、广州市博物馆：《广州汉墓》，文物出版社，1981 年，第 328 页、图版九九，1、2。

② 广西壮族自治区文物工作队：《广西合浦县堂排汉墓发掘简报》，文物编辑委员会编：《文物资料丛刊·第四辑》，文物出版社，1981 年，第 46-56 页。

头，屈膝而坐，左腿横屈，右腿竖屈，右手撑地，左手举托灯盘，头仰视，造型生动传神[①]（图四-188：4）。广西贵县高中M4及贵县铁路新村M3还各出土1件胡人俑座灯，胡人俑呈并腿坐姿，上身裸露，双手置于膝上，或稍分，或上下合掌，头部顶圆形灯盘[②]（图四-188：5、6）。广西梧州市松脂厂汉墓与旺步化工厂汉墓也出土有胡人俑灯座，俑皆坐状，头部顶灯盘，但俑的坐姿明显不同于汉代人流行的跽坐，皆有络腮胡，大耳，松脂厂汉墓出土的胡人俑座灯，俑穿衣（图四-188：7）；旺步化工厂汉墓出土的胡人俑座灯，俑上身赤裸，刻画体毛[③]（图四-188：8）。上述胡人俑，形体特征与印度尼西亚的土著居民"原始马来人"接近，服饰特征则是缠头、绾髻、上身裸露或披纱，另有下体着长裙的女性侍俑，相关特征也与印度尼西亚某些土著民族相似，然而从深目高鼻的特点看，则又可能以南亚及西亚人作为模拟对象[④]。这些陶俑的发现，反映出当时岭南社会可能已使用出身南洋或南亚或西亚的奴隶，《周秦汉唐文明》一书指出：当时岭南社会普遍使用出身南洋的奴隶[⑤]。另据《续汉书·五行志》载："董卓多拥胡兵"[⑥]，应是相对特殊的内容。

外来的胡人有的做侍者，还有一些则从事乐舞杂技表演等，与汉代人的日常生活关系密切。同时，外来的胡人还会将自己原所属地区的一些生活习俗带进来，亦会或多或少地影响到他们来华后所属地原有社会、家庭及成员们的日常生活。

（四）称呼语言的增多与记录内容的丰富

汉代，与域外的交流日益频繁和加强，使得汉代人日常的称呼语言及其记录内容得到不断增多和丰富，如域外的国名、地名、人名、物名及乐舞名、技术名称等等，一些在传入的时已有名称或由传入者命名后根据发音传入并流传，一些则冠以较为普遍而又相对含糊的称呼和叫法，并延续至今，成为一些物品或作物的定名。

国名、地名、人名多为音译名，如贵霜、安息、波斯等，也有其他命名者，如大秦、已程不国（今斯里兰卡）等。物名有多种，如狮子又称狻猊，也有的称为师子；鸵鸟，有的称为条支大鸟，也有的称为安息雀，类似的内容还有很多。最为普

① 广西文物考古研究所、合浦县博物馆、广西师范大学文旅学院：《广西合浦寮尾东汉三国墓发掘报告》，《考古学报》2012年第4期。

② 熊昭明：《汉代合浦港的考古学研究》，文物出版社，2018年，第132、133页。其中铁路新村M3资料见广西省文物管理委员会：《广西贵县汉墓的清理》，《考古学报》1957年第1期。

③ 熊昭明：《汉代合浦港考古与海上丝绸之路》，文物出版社，2015年，第181、182页。

④ 广州市文物管理委员会、广州市博物馆：《广州汉墓·上册》，文物出版社，1981年，第478页；霍巍、赵德云：《战国秦汉时期中国西南的对外文化交流》，巴蜀书社，2007年，第268页。

⑤ 黄留珠主编：《周秦汉唐文明》，陕西人民出版社，1999年，第1011页。

⑥ （西晋）司马彪撰，（南朝梁）刘昭注补：《续汉书·五行志一》，中华书局，1965年，第3272页。

遍而又很快融入汉代人语言体系和文字记录内容的是将域外的人、物等之前加上“胡”字，如胡人，专指汉帝国外的人，另有胡医、胡商等；食品有胡瓜（黄瓜）、胡萝卜、胡桃、胡豆、胡麻等；《续汉书·五行志》记载汉灵帝喜好并影响到京师其他人员的有胡服、胡帐、胡床、胡坐、胡饭、胡箜篌、胡笛、胡舞等等，内容较多。

汉代是丝绸之路逐步发展和渐趋兴盛的时期，虽然有些称呼或叫法在汉代之前就已传入或存在，但较多的应是在两汉时期传入和形成的，这与交流频繁有很大关系，很多国名、地名、人名、物名及其他名称在汉代逐渐流传开来，成为汉代人日常语言的一部分，并对后世有着较多影响。

（五）商业活动的频繁

两汉时期的对外物质文化交流中，较多内容与物品的交流、贸易等有关，陆路丝绸之路及海上丝绸之路皆可体现。陆路丝绸之路的开通，使得很多“商胡贩客”到中原从事商业活动，文献中称“中国往商贾者多取富焉。番禺，其一都会也。”[①]也说明了当时海上贸易等商业行为较为发达。

与商品贸易有关的重要内容之一为货币，中亚、西亚等地发现有中国货币，而从中亚、西亚传入的贵霜铜币、萨珊王朝银币、安息货币等在我国境内也多有发现。新疆乌恰县在1959年发现大批波斯银币[②]（图四-189）。贵霜铜币在南疆的叶城、和田有所发现，楼兰古城曾出土一枚贵霜钱币，正面为国王立像，周缘有希腊文铭文，背面为手持三叉戟的骑骆驼神像，是贵霜王发行的钱币[③]。甘肃、陕西等地还出土较多外文铅饼，文字多为希腊文，但正面纹饰为龙纹等动物形象，体现出中西文化的结合。甘肃灵台发现外国铭文铅饼270多枚，埋藏在台地紧靠西山处的一处有意建造的坑内，饼正面为凹凸的龙纹，底面铸一周外国铭文，为希腊文，另有2个方形戳记[④]（图四-190：1）；陕西西安汉城故址内西查寨出土的铅饼，装在一罐内，饼面凸，纹饰为一动物，背面凹，有一圈外文字母[⑤]（图四-190：2）；扶风姜塬也发现汉代外国铭文铅饼，应来自西域某国，而且很可能是安息国来的[⑥]（图四-190：3）。另外，还有一些馆藏品，中国国家博物馆馆藏的一枚外国铭文铜饼，纹饰、文字、戳记等与上述铅饼相似[⑦]（图四-190：4）。这些铅（铜）饼有可

---

① （东汉）班固撰，（唐）颜师古注：《汉书·地理志》，中华书局，1962年，第1670页。

② 李遇春：《新疆乌恰县发现金条和大批波斯银币》，《考古》1959年第9期。

③ 新疆楼兰考古队：《楼兰古城址调查与发掘简报》，《文物》1988年第7期。

④ 灵台县博物馆：《甘肃灵台发现的外国铭文铅饼》，《考古》1977年第6期。

⑤ 考古研究所资料室：《西安汉城故址出土一批带铭文的铅饼》，《考古》1977年第6期。

⑥ 罗西章：《扶风姜源发现汉代外国铭文铅饼》，《考古》1976年第4期。

⑦ 作铭：《外国字铭文的汉代（？）铜饼》，《考古》1961年第5期。

图四 -189　动物纹外国文字铅饼与铜饼

能用于陪葬，但从出土情况看，基本不出于墓葬，而是专门埋藏或出土于遗址内，如扶风姜塬发现的汉代外国铭文铅饼与汉代钱币共同埋藏，而其中的 73、162 号铅饼铭文模糊，可明显地看出是因长期使用磨损所致，这或许说明其具有商业作用和价值，而这些铅饼基本发现于甘肃、西安一带，亦表明其可能与西向丝绸之路的贸易有关。换言之，这些铅饼，包括一些类似的铜饼，很可能是两汉时期或稍晚阶段，西域相关国家或地区与汉王朝在陆上丝绸之路进行商品或相关贸易的货币，而其作为媒介型货币用于不同区域间商品贸易的可能性最大，这样更有利于或便于贸易和买卖。在对外物质文化交流发展的过程中，一些此类动物纹外国文字铅饼向东传入一些诸侯国或郡县中，并被作为物品陪葬于墓主，功能和性质发生了转变，因此具有了丧葬功能，如江苏扬州西汉竖穴土坑 M16 出土的 1 枚龙纹外文铅饼[①]（图四 -190：5），安徽六安市西汉墓也出土 1 枚龙纹外文铅饼，另在安徽省其他地区及湖南等地也有出土[②]，四川成都地区西汉墓葬亦有发现。类似将外来钱币用于丧

① 姜宝莲、赵强：《扬州汉墓出土“龙纹铅饼”初探》，《中国文物报》2016 年 12 月 13 日第 5 版。

② 皖西博物馆，李勇：《安徽六安市汉墓的清理》，《考古》2002 年第 9 期；李勇：《安徽六安汉墓出铅饼》，《中国钱币》1996 年第 4 期。

葬的现象在南北朝时也有发现，一些外来货币被当作口琀或其他物品随墓主埋入墓中，如1973年吐鲁番阿斯塔那古墓群北朝墓葬出土的东罗马金币，上端打有圆形孔，可能用作装饰①，陕西西安市北郊北周康业墓，出土的罗马金币含在墓主口中②。因此，就扬州、六安、成都等地西汉墓出土的龙纹外文铅饼来讲，在成为墓主的私人物品后，流通作用已经大减，很可能已转化为一件相对珍贵的私人物品，并且在

图四-190　动物纹外国文字铅饼与铜饼

1. 甘肃灵台出土铅饼　2. 陕西西安汉城故址内西查寨出土铅饼　3. 陕西扶风姜塬出土铅饼

4. 中国国家博物馆馆藏铜饼　5. 江苏扬州出土铅饼

① 新疆维吾尔自治区博物馆、西北大学历史系考古专业：《1973年吐鲁番阿斯塔那古墓群发掘简报》，《文物》1975年第7期。

② 西安市文物保护考古所：《西安北周康业墓发掘简报》，《文物》2008年第6期。

拥有者死后又被作为陪葬物品。这也间接说明，龙纹外文铅饼在当时是相对珍贵和重要的物品，这在商品流通上应有体现。

商业活动对于当时从商者来讲，是其日常生活的重要内容，对于其他人来讲，他们的日常或社会生活中也增加了与从事商业活动者的交流和简单的商业往来。

四、相关内容与特征

汉代，对外物质文化交流获得前所未有的突破性发展和繁荣，已基本形成我国古代陆路、海上交通及交流的框架和格局。来往和交流的国家众多，涉及物品极为丰富，而相关技术、文化乃至宗教信仰等均有输出和传入，促进了共同发展。随着中外物质文化交流的拓展与繁荣，汉代的社会生活、家庭及其成员日常生活的内容不断丰富，相关内涵也在悄然发生着变化，一方面是物质文化内容的日渐丰富，另一方面是日常生活内容的更趋多样化，从多方面体现出“丝绸之路”背景下社会的发展，也体现出“丝路”背景下汉代家庭日常生活发展中的相关内容和特征。

（一）丝绸之路为汉代家庭日常生活带来诸多有益的内容

关于对外物质文化交流带来的利益，汉代文献有所描述，《盐铁论·力耕》载：“汝、汉之金，纤微之贡，所以诱外国而钓胡、羌之宝也。夫中国一端之缦，得匈奴累金之物，而损敌国之用。是以骡驴馲驼，衔尾入塞，驒騱騵马，尽为我畜，鼲鼦狐貉，采旃文罽，充于内府，而璧玉珊瑚琉璃，咸为国之宝。是则外国之物内流，而利不外泄也。异物内流则国用饶，利不外泄则民用给矣。”[①]这段文字记录了当时的“大夫”们赞美中外开发贸易意义的言辞，虽有一定的片面性，但也指出了“民用给矣”。两汉时期，对外物质文化交流不仅增加了社会及家庭日常生活中的物质内容，也带来了较多的技术、娱乐内容，外来宗教亦得到了相应信奉，同时，物品输出带动了种植业、手工业等的发展，甚至相关称呼语言也得以增多和丰富。就汉代人来讲，对于外来物质内容、文化内容的吸收、应用过程，也是对外了解和认知的过程，以佛教为例，从传入之初仅有少数信奉者到“后遂转盛”则很好地诠释了这一点。

物品传入带来的有益内容是最为突出和明显的。棉布衣料或在东汉时期逐渐被接受，而其对于大多数非王侯贵族及官吏等阶层的人们来讲，丰富了衣着选择，且对于人的身体是存在较大益处的。装饰之物有大量传入，使得相当部分的人在装饰选择上更加丰富和多样化。食物品种的传入，大大丰富了饮食内容，促进了人们膳食结构的悄然变化。其他如居室用具、医疗保健物品等也都对家庭日常生活产生了不同程度的影响。

---

① （西汉）桓宽：《盐铁论·力耕》，王利器校注：《盐铁论校注》，中华书局，1992年，第28页。

（二）丝绸之路与汉代家庭日常生活共同发展的相关特征

汉代，丝绸之路的开通、发展和繁荣从多个方面促进了这一时期家庭日常生活内容、内涵的丰富及其多样性，体现出相应的特点和特征。

1. 丝绸之路对汉代家庭日常生活的影响具有多样性

中外物质文化的交流，有政府间的交流和往来，有商贸和战争，还有各种形式的人员往来，另有外来移民或借助宗教传播的输入，可谓形式多样，各种形式的交流和往来，很多都会直接或间接地影响到汉代人的家庭及其日常生活。

2. 丝绸之路对于汉代家庭日常生活的影响存在较多创新性或首次性

汉代是中外物质文化交流的开拓期，在古代中外文化交流史上有着极为重要的地位和作用。由于处于相互交流的早期阶段，丝绸之路开通之后获得较大发展，很多物品、技术、娱乐及宗教思想的传入都可被视为具有创新性的或首次性的内容。

3. 丝绸之路对于汉代家庭日常生活的影响也表现出相应的局限性和不全面、不完善的特点

大致可表现为以下几点。

（1）汉代家庭日常生活的物质内容多寡不一，有所偏重

食物品种、装饰与化妆物品、娱乐物品及医疗保健品等，种类多，普及程度广，影响大，衣着、居住、出行的物品相对较少。这与饮食、装饰、化妆、娱乐、医疗保健等易于接受外来内容应有关系，而相关物品便于携带和运输也是原因之一。而住、行两方面相对稳定，传入更多的应是技术，但传播和融入相对较慢，传入内容大多体现在装饰上，整体亦少见。另外，物质内容上，较偏重于宝物、珍禽异兽，一般物品少，这与相应阶层的需求有关，同时也是对外物质文化交流初期阶段的特征体现，即输入缺少和没有的，一般物品则不受重视。

（2）技术或技法层面的内容少，外来人员的融入还相对欠缺

除与娱乐相关的一些技术或方法传入较多外，其他方面的技术或技法传入相对较少，更多的还是物品的直接输入，这也应是初期阶段特征的体现。与技术、技法密切相关的是外来人员，从考古资料及文献资料看，较多的为伎乐人员和身份地位较低的奴婢或侍者，这在很大程度上会限制有关技术和技法的传入。

（3）“丝路”背景下汉代家庭日常生活的发展具有较强的地域性

从文献、考古资料看，“丝路”发展对于汉代家庭日常生活影响较为突出的地区为陆路丝绸之路较发达的新疆与甘、陕两省的部分地区及海上丝绸之路较发达的

南部沿海地区，即今两广沿海，其在汉代为重要港口的所在地，还有个别地区如今连云港及其周边，另外就是汉代的两京及政治、经济相对发达的王侯统治区域，其他地区则相对少见或不突出。这与丝路的路线、港口的设置及需求者的身份等级等应有关系。

（4）“丝路”背景下汉代家庭日常生活的发展具有相应等级性

两汉时期对外物质文化交流发展过程中，一些食物品种传入后逐渐普及到较多家庭的日常之中。乐舞杂技等也较明显，在一些具有相应政治地位、经济实力家庭日常的相关活动中可以欣赏到，这从诸多汉墓壁画、画像石（砖）的乐舞图像中能够得到证实。就汉代而言，丝绸之路的开通有着相应的政治目的和需求，这也使得对外物质文化交流要服务于政治，进而可从多个方面服务于等级较高人员。就对家庭日常生活的影响而言，更多的是影响到高等级或具有相应等级家庭及其成员的日常生活。文献方面，很多记载中都提到从外输入“宝物”，如“骡驴馲驼、驒騱騵马”等畜力，“璧玉珊瑚琉璃”等珍宝，考古资料体现得更多，外来的诸多金银器皿和饰件、精美的玻璃器皿和装饰物、医疗保健物品等，相当部分出土于具有相对较高等级的墓葬中，而且等级越高，体现的内容在整体上越是多样，等级较低的墓葬则极少见或不见。关于这一点，《中国考古学·秦汉卷》一书也有相关论述：“值得注意的是，域外输入相当大的部分是贵重物品，很多出土于高级别墓葬或遗址中，这说明，当时它们是作为奢侈品输入的。”①

就宗教而言，也存在类似特征。东汉早期至桓帝刘志时期，信奉佛教的还基本是高等级贵族及有关人员。作为外来宗教，其传入我国境内后，为促进传播及宣传教义，与汉代较为流行的升仙思想等相结合，相互杂糅，成为汉代人希望升仙的思想文化之一。据此推断，这一思想在较早阶段也被高等级人员所占有，希望成为自身升仙的工具之一，当然，与政治地位相对应的经济实力也使得一些帝王能够在相应范围内信佛和礼佛。

4. 丝绸之路影响下汉代家庭日常生活的发展具有渐进性

汉代，对外物质文化交流的发展对于家庭日常生活有着较多影响，但诚如上文所言，还具有一些局限性和不全面、不完善之处，如存在的等级性、地域性等特征。较多的物质内容、技术、乐舞杂技及宗教思想等在传入之初，很多是由等级较高者掌握或享用，可以说，汉代高等级人员是相对较早的接触者和受益者，如上文所述的佛教思想等等。地域性方面，很多内容在传入之初是在丝绸之路的港口和路线上，其他地区较少或不见。但综合考察文献及考古资料，尤其是考古资料，丝绸

① 中国社会科学院考古研究所：《中国考古学·秦汉卷》，中国社会科学出版社，2010年，第928页。

之路影响下汉代家庭日常生活的发展又体现出较为明显的渐进性，等级方面大致是由帝王到一般贵族官吏，经普及或推广，逐渐延伸至寻常百姓家；地域方面，海上丝绸之路是由港口向内地延伸，陆上丝绸之路是由西向东延伸。以佛教的传播为例，路线上，新疆地区最早接触，逐渐向东传播，这在魏晋南北朝时期石窟寺的凿建方面还较为明显，而今连云港周边地区则有可能是以今连云港为基点向西呈扇形辐射，孔望山摩崖石刻的时代可能会早于东汉晚期的黄巾起义的时间，而今山东沂南、枣庄及江苏徐州、宿迁等地出土的较多有佛教涵义画像石画像则大多为东汉晚期或末年，体现出渐进或逐渐推广传播的过程。而如上文所述，佛教在东汉早期已被一些帝王所信奉，桓帝刘志在位时期已是东汉晚期，但百姓少有奉者。不过，据史书记载，其后对于佛教的信奉逐渐兴盛起来，这也是一个渐进和逐步推广的过程。较多的外来物品亦大致如此，《续汉书》所载灵帝好胡服、胡帐、胡床、胡坐、胡饭、胡箜篌、胡笛、胡舞等，“京都贵戚皆竞为之”就是一个渐进和推广的过程。另如其他食物品种、相关装饰物品及医疗保健品等，也大致有地域及等级两方面的渐进和推广，以食物品种为例，在引入之初，或仅服务于高等级人员，之后逐渐推广；或仅在一些地区食用或种植，后在其他地区得到推广和普及，甚至会在某些地区成为最适宜栽种的作物。

5. 与国家需求具有同步性

丝绸之路的开通，使得汉政府与周边很多国家之间建立了友好的邦交关系，相互间往来日渐增多。与周边国家和地区之间友好关系的确立为汉王朝的政治、经济、文化等带来较多的益处。西向丝绸之路的开通除满足经济上的需求外，更为重要的是可有效地遏制匈奴的南进和侵扰，使得汉王朝的西北部边疆处于相对安定的状态，由此推断，东汉时期匈奴的衰落及其分为南北匈奴，还有北匈奴的向外迁徙等，抑或与丝路的开通会存在相应的关系，至少会有间接关系。海上丝绸之路的开通则可巩固和加强对于王朝南部疆域的统治，促进贸易往来。陆路及海上丝绸之路的开通，还可以之作为媒介对外来文化进行广泛吸收。当然，等级较高人员对于域外“宝物”的普遍需求也是原因之一，上文引用《盐铁论·力耕》所载内容中，“骡驴馲驼、驒騱騵马”为西方的良畜，“鼲貂狐貉，采旃文罽”等指的是毛皮及制品，这些被朝廷充于内府，而“璧玉珊瑚琉璃，咸为国之宝”，也正是高等级人员视为宝物的物品。另据《后汉书·李恂传》载：“复征拜谒者，使持节领西域副校尉。西域殷富，多珍宝，诸国侍子及督使贾胡数遗恂奴婢、宛马、金银、香、罽之属，一无所受。”[①] 虽李恂一无所受，但可知西域多宝物，而受者可能有很多。

① （南朝宋）范晔撰，（唐）李贤等注：《后汉书·李恂传》，中华书局，1965年，第1683页。

与国家利益、需求同步，许多的物品、技术、乐舞杂技、宗教思想等也随着友好关系的建立及物质文化交流的日渐稳定，越来越多地传入汉王朝境内，并对汉代家庭的日常生活产生了诸多影响。相关国家遣使来华，会带来诸多物品，如桓帝延熹九年（166 年），“大秦（罗马帝国）王安敦遣使自日南徼外献象牙、犀角、玳瑁”①，而汉王朝派使臣出使他国，回国时也会带来较多的物品，张骞出使西域回国时即带回较多的物品。另外还有国家之间的大型商品贸易，会有较多的物品传入我国。这些都在相应程度上促进着汉代家庭日常生活内容的日益丰富，同时也会带来一些潜移默化的变化。

6. 具有开拓性和启发性，对后世影响大

两汉王朝对于丝绸之路的开通和稳定维护均十分重视，西汉时张骞出使西域及东汉时班超出使西域均困难重重，但不懈的努力和坚持使得丝绸之路不仅得到开通，而且具有持续性，也相对较为畅通，使得我国古代陆路、海上交通及交流的框架和格局基本形成。因此，汉代可视为我国对外物质文化交流的开创期，无论陆路丝绸之路，还是海上丝绸之路，均能够很好地促成友好关系的形成及往来，推动商品贸易、物质文化的交流等。这一时期，对外物质文化交流对于家庭日常生活的影响较之于前代存在很多的不同，多样性、丰富性等都体现出其开拓特征，而开创期的这种开拓性更为突出。虽然还具有局限性及不全面和不完善的特点，但“丝路”背景下，多项内容逐渐影响到诸多家庭的日常生活，这对后世影响较大，因此其也具有启发性。就后世而言，很多对外物质文化的交流，都会对所属时期的社会及家庭日常生活产生相应的影响，有些甚至影响巨大，这些内容与汉代的开拓、启发及其影响密不可分。史书用“凿空”二字来形容或评价张骞通西域之功②，仅从“丝路”背景下汉代家庭日常生活的发展即可窥一斑。

综上所述，丝绸之路的发展和繁荣从多方面促进了汉代家庭日常生活的发展和变化，内容不断丰富，并趋于多样，涉及面广，且体现出与时代相对应的特点。很多外来因素经历了被传入和被接受的过程，相当部分逐渐融入汉代人的日常生活之中且不断发展。汉文化即是在不断吸收与纳新中逐步演进、形成和完善的，“丝路”背景下的汉代家庭日常生活在一定程度上体现出汉文化“多元一体”的内容、内涵和发展特征，而其对后世有着较大影响，在古代社会发展史上具有较重要的价值和地位。

---

① （南朝宋）范晔撰，（唐）李贤等注：《后汉书·西域传》，中华书局，1965 年，第 2920 页。

② 《史记·大宛列传》：“于是西北国始通于汉矣，然张骞凿空，其后使往者皆称博望侯。”裴骃集解引苏林曰：“凿，开；空，通也。骞开通西域道。”见（西汉）司马迁撰，（南朝）裴骃集解，（唐）司马贞索引、张守节正义：《史记·大宛列传》，中华书局，1959 年，第 3169、3170 页。

物宜人和

——考古学视角下的秦汉家庭

（下）

刘尊志　著

科学出版社
北　京

内 容 简 介

本书以秦汉考古资料为基本参考，结合文献等资料，运用考古学及相关的研究理论和方法，从多个方面对秦汉时期的家庭进行了全面细致的研究和分析，探讨了与秦汉家庭有关的构成内容、内部关系、家庭保障、日常生活物质内容、精神信仰、对外交往及特殊内容等，分析了秦汉时期"物宜人和"的家庭特征，阐述了家国一体的关系和家国情怀的内涵，从考古学的视角多维度地复原了秦汉时期家庭的内容、特征及内涵、外延，是秦汉社会生活考古的一项重要内容。

本书适合于从事考古、文博、历史和社会生活研究等方面的专家、学者和相关专业院校的师生参考和阅读。

图书在版编目（CIP）数据

物宜人和：考古学视角下的秦汉家庭：全三册 / 刘尊志著. —北京：科学出版社，2022.11

ISBN 978-7-03-073634-5

Ⅰ. ①物… Ⅱ. ①刘… Ⅲ. ①家庭－历史－研究－中国－秦汉时代 Ⅳ. ① D691.91

中国版本图书馆CIP数据核字（2022）第201244号

责任编辑：张亚娜 郑佐一 / 责任校对：邹慧卿
责任印制：赵 博 / 封面设计：金舵手世纪

科 学 出 版 社 出版
北京东黄城根北街 16 号
邮政编码：100717
http://www.sciencep.com
北京厚诚则铭印刷科技有限公司印刷
科学出版社发行 各地新华书店经销
*
2022年 11月第 一 版 开本：787×1092 1/16
2025年 7 月第三次印刷 印张：86
字数：1 633 000

定价：588.00 元（全三册）
（如有印装质量问题，我社负责调换）

南开大学中国社会史研究中心
Key Research Institute of Social History of China in NanKai University

教育部普通高等学校人文社会科学重点研究基地
南开大学中国社会史研究中心资助出版

教育部人文社会科学重点研究基地
重大项目（16JJD770028）研究成果

第五章

秦汉家庭的对外交往

秦汉时期，对外交往已成为家庭生活中一项不可缺少的内容，对推动家庭发展起着较为重要的作用。本书所述的对外交往，大致是指不同家庭及其成员与其他家庭及其成员，或与不同社会组织及其成员等之间的交互往来，这在家庭生活、物品往来、婚姻或亲属关系、人员流动、宗教传播、文化交流与教育等方面皆有体现和反映。当然，战争在一定情况下也能够推动或促成不同家庭及其成员的不同对外交往内容，但具有明显的特殊性。

秦汉时期的家庭，在等级、经济实力、社会地位等方面存在较多差异，反映在家庭的对外交往方面也有不同体现。等级较高家庭的对外交往，除因需要或存在特殊情况，一般较少涉及等级较低的家庭；中下阶层尤其是平民或更低阶层人员的家庭，基本是在自给自足的劳动生产保障下的生活与发展，具有一定的封闭性，其对外交往活动与其等级地位相互对应。不过，整体而言，这一时期家庭的对外交往因社会发展大环境的影响，在政治、经济、思想文化等的推动和促进下，形成较多新内容，呈现出较多新特点，这在考古资料方面有着较多的体现和反映。

第一节　家庭与家族的关系和交往

秦汉时期，随着家庭观念的不断加强，家庭在社会发展中的作用得到不断增强。作为社会组织机构中的基层单位，家庭可被视为社会组织机构的细胞和最基本的组成单元。由于具备了这一特征和属性，在社会发展的大环境下，秦汉时期的绝大多数家庭，在生产、生活过程中不是孤立存在或单独发展的，而是会与社会中其他家庭、人群及更大的社会组织如所属家族、其他家族及有关人员组织之间存在较多的交往和联系，而这也应是秦汉家庭得以不断发展的推动力之一。家庭作为基层的单元和单位存在于社会各级组织中，由于血亲或血缘关系的存在，一定数量的家庭聚居在一起，形成村落和更高级别的居住聚集地，如庄园、城、邑等等。一些血亲关系较近的家庭形成小的家族，较多有一定血亲或血缘关系的家庭则组成大的家族。家族之中会有相应的规定甚至制度，这样能够更好地促进家族团结，增强家族势力，推动家族发展，而家族中的较多家庭也会在家族的整体发展过程中得到较多甚至是多方位的发展。因此，与家族及家族中其他成员的交往应是较多家庭及其成员的主要交往内容之一。

关于秦汉尤其是汉代的家族与家庭，文献中有较多记载，考古资料中，相关居住遗址体现得少且不明显，但墓葬资料对于这一时期家庭与家族的关系有较多反映，这与家族墓地的日渐普及及聚族而葬在家族发展中的需求不断加强等有着较大关系。

一、帝陵与王侯墓葬

大多为聚族而葬，而且存在相应的继承和发展，并有着不同的时代特点、等级特征和相应的地域差别。

（一）帝陵

秦始皇帝陵的陵区虽相对独立，但从大的方面来看，又与秦东陵同属于一个大的陵区[①]。西汉帝陵主要分布于汉长安城北的咸阳原上，东西排列，虽每一处帝陵均较独立，但整体分布又相对较为密集。西汉帝陵的分布也有特殊性，汉文帝刘恒及汉宣帝刘询因继承辈分和世系等原因，选择葬于城的东南，是为霸陵和杜陵[②]（图五-1），而此类情况在其他等级的墓葬中也应存在。东汉帝陵可分为南、北两大兆域，根据地理状况等因素可将其分别称为邙山原陵墓区和伊河南陵墓区[③]，排列突出了南北"一"字状的家庭族葬关系[④]。从整体来讲，秦汉帝陵在分布方面充分体现出家族聚葬形式的发展和演进，而这种独立陵园制度下多个帝陵葬在一处面积较大的区域，应是大家族形式的聚族葬。

就每座秦汉帝陵来讲，皆有独立的陵园，也有自身陵园内的组成和内容，其中除大臣、相关贵族等的墓葬作为陪葬墓外，还有自身家族的一些成员葬在陵区之

---

① 袁仲一：《秦始皇陵的考古发现与研究》，陕西人民出版社，2002年；张卫星、付建：《秦始皇陵的选址、规划与范围》，《文博》2013年第5期。

② 刘庆柱、李毓芳：《西汉十一陵》，陕西人民出版社，1987年；咸阳市文物考古研究所：《西汉帝陵钻探调查报告》，文物出版社，2010年。另外，相关资料见陕西省考古研究院、中国社会科学院考古研究所、西安市文物保护考古研究院：《汉宣帝杜陵考古调查勘探简报》；马永嬴：《汉文帝霸陵选址研究》，《考古与文物》2021年第1期；陕西省考古研究院、西安市文物保护考古研究院：《汉文帝霸陵考古调查勘探简报》；马永嬴：《汉文帝霸陵位置考》，《考古与文物》2022年第3期。

③ 韩国河：《东汉帝陵踏查记》，《考古与文物》2005年第3期。

④ 韩国河：《东汉帝陵有关问题的探讨》，《考古与文物》2007年第5期。

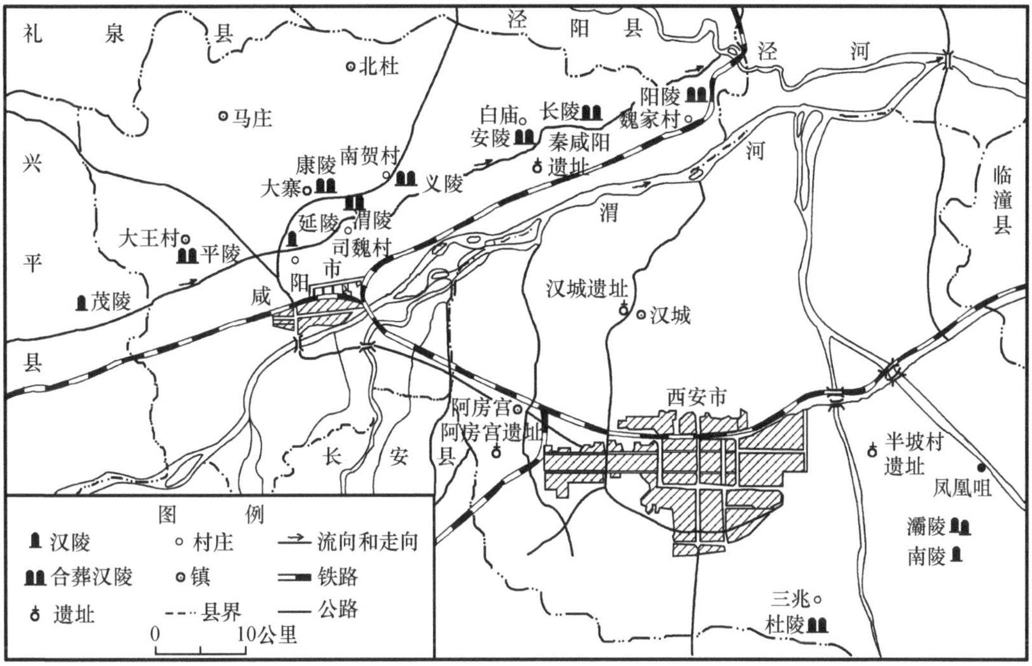

图五 -1　西汉帝陵分布图

中。秦始皇帝陵的陵区内即有其子嗣的墓葬，西汉帝陵与东汉帝陵中的一些陵墓区内也存在类似内容，另外还会有一些刘姓诸侯王或列侯，虽分封但未就国，死后则陪葬于帝陵。这一内容既是族葬，更是形成了陪葬，这与帝陵特殊的等级和皇帝至高无上的地位有较大关系。

（二）诸侯王墓

已发现和确认的两汉诸侯王墓数量较多，加之其他考古工作的开展和进行，能够体现与汉代诸侯王家族葬相关的内容较为丰富。

一方面是大的聚族葬。西汉楚国的王墓分布于都城彭城的周围，绕城而葬，虽均为刘姓楚王，但其中还有不同的继承关系①，这是根据葬地的选择和需求形成的一种聚族葬内容。更多则是葬在一处相对较大的区域，每个王墓各有自身独立的陵园。河南永城芒砀山梁王墓地，大致可分为保安山陵区、僖山陵区及夫子山 - 铁角山 - 窑山陵区三个大的陵区，存在时代差异和发展连贯性，而这三处陵区距离较近，均在今芒砀山区，是典型的聚族葬②(图五 -2)。其他如胶东王墓③、六安

① 刘尊志：《徐州两汉诸侯王墓研究》，《考古学报》2011 年第 1 期。

② 河南省商丘市文物管理委员会、河南省文物考古研究所、河南省永城市文物管理委员会，阎根齐主编：《芒砀山西汉梁王墓地》，文物出版社，2001 年。

③ 青岛市文物保护考古研究所、平度市博物馆：《平度六曲山墓群 2011～2014 年度调查勘探报告》，青岛市文物保护考古研究所：《青岛考古・二》，科学出版社，2015 年，第 84-98 页。

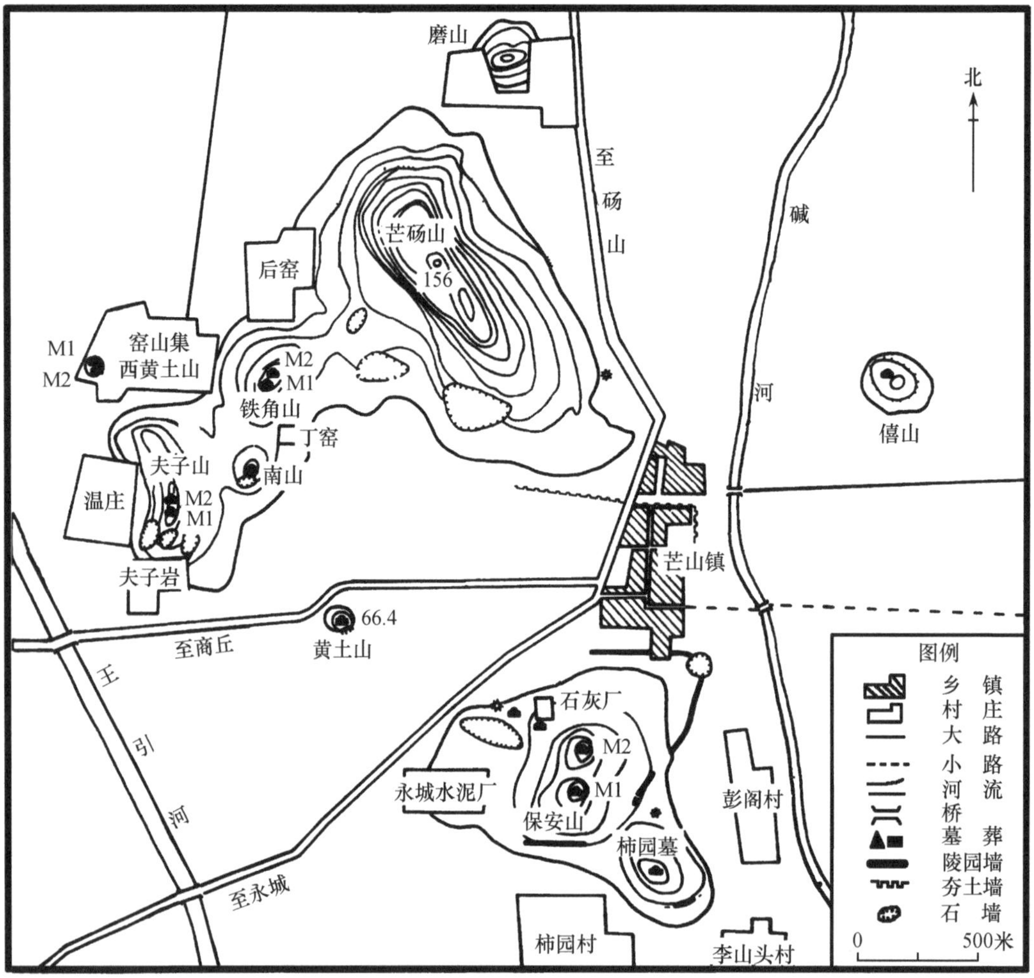

图五 -2　河南永城芒砀山西汉梁王墓分布示意图

王墓[①]、长沙吴姓王墓与长沙刘姓王墓[②]、泗水王墓[③]等等，亦分布相对集中，而如山东曲阜鲁国王墓则更为集中，多座横穴崖洞墓分布于曲阜九龙山上，并排分布[④]。

① 安徽省文物考古研究所、安徽省六安市文物局：《安徽六安双墩一号汉墓发掘简报》，安徽省文物考古研究所、安徽省考古学会编：《文物研究 · 第 17 辑》，科学出版社，2010 年，第 107-123 页；邵建白：《安徽六安城东西汉车马坑清理简报》，文物研究编辑部编：《文物研究 · 第三期》，黄山书社，1988 年，第 87-91 页。

② 何旭红：《汉代长沙国考古发现与研究》，岳麓书社，2013 年。

③ 陆建芳、杭涛：《泗阳县大青墩汉墓》，中国考古学会编：《中国考古学年鉴 · 2003 年》，文物出版社，2004 年，第 176、177 页；江苏省大青墩汉墓联合考古队：《泗阳大青墩泗水王陵》，《东南文化》2003 年第 4 期；贺云翱、周桂龙、王碧顺（南京大学历史学院考古文物系）：《江苏泗阳西汉泗水王陵墓群考古勘探报告》，《中原文物》2021 年第 2 期。

④ 山东省博物馆：《曲阜九龙山汉墓发掘简报》，《文物》1972 年第 5 期。

另一方面为一处王墓陵区内的家族葬。以河北保定满城西汉中山靖王刘胜墓地最具代表性①，王墓与后墓附近有陪葬墓18座，是以一代王为中心的中山王陵区，靖王刘胜、其妻窦绾的墓葬及陪葬墓都位于陵园之内②，从陵山主峰南侧向山下行的拐弯处开始，按各墓的排列关系，可分为四群，每群之中墓葬数量不等，身份等级也有较大的差异，应是中山靖王刘胜的家族墓地，墓群中可能包括了靖王刘胜后代的子孙和妾媵③。其他的西汉中山王墓与满城汉墓相距较远，分布于距离都城不远的区域，相对集中，这又反映出聚族而葬的特点。

东汉诸侯王墓也多为聚族而葬。江苏徐州土山及附近区域很大可能为东汉彭城王的聚葬区，除土山发现几座规模较大的东汉墓葬外，还在其西部不远发现一座规模较大的东汉墓，而就土山附近汉墓来讲，又可能为一处王墓的家族墓葬区④。山东济宁肖王庄一带原有9座墓葬，现仅存带有封土的墓葬4座，墓群规模大，远望似山丘（图五-3），已发掘的M1，墓主为任城孝王刘尚，M1～M9为东汉任城国的王墓及相关墓葬⑤。这些墓葬表明该处为东汉任城王及其家族成员的聚葬区之一，即其中一些墓葬的墓主可能为任城王的家族成员，体现出以一墓为核心的家族葬。另外，在济宁市区南部的普育小学院内发掘了一座墓主为东汉晚期某代任城王夫人或王妃的墓葬⑥，与之对应的诸侯王墓当相距不远，该陵区距离肖王庄陵区较远，体现出相应的特殊性。河北定州西北郊发现有中山简王刘焉及其夫人的合葬墓⑦，西南郊发现有中山穆王刘畅及其夫人的同穴合葬墓⑧，结合该地已发现等级相对较高的其他东汉墓葬，可知今定州西部可能为东汉中山王的聚葬地。

（三）列侯墓葬

汉代列侯墓葬亦已发现相当数量，可能与墓主身份等级有关，汉代列侯墓葬对于家族葬的体现更为突出和明显。

西汉列侯墓葬中，湖南永州鹞子岭泉陵侯墓地，除泉陵侯刘庆及其夫人的墓葬

---

① 中国社会科学院考古研究所、河北省博物馆：《满城汉墓发掘报告》，文物出版社，1980年。

② 郑绍宗、郑滦明：《汉诸侯王陵的营建和葬制》，《文物春秋》2001年第2期。

③ 郑绍宗：《满城汉墓》，文物出版社，2003年，第65-69页。

④ 南京博物院：《徐州土山汉墓清理简报》，《文博通讯》第15期，1977年，第18-23页；刘尊志：《徐州汉墓与汉代社会研究》，科学出版社，2011年，第55-59页。

⑤ 济宁市文物管理局：《山东济宁市肖王庄一号汉墓》，《考古》编辑部编辑：《考古学集刊·第12集》，中国大百科全书出版社，1995年，第41-112页；胡光跃：《任城王汉墓出土黄肠石题刻全集》，三秦出版社，2017年，第1、2页。

⑥ 济宁市博物馆：《山东济宁发现一座东汉墓》，《考古》1994年第2期。

⑦ 河北省文化局文物工作队：《河北定县北庄汉墓发掘报告》，《考古学报》1964年第2期。

⑧ 定县博物馆：《河北定县43号汉墓发掘简报》，《文物》1973年第11期。

M1　M2　M3　M4

图五-3　山东济宁肖王庄任城王墓地相关墓葬外景图

外[1]，还有其他等级相对较高的墓葬，墓主为泉陵侯家族成员[2]，此处应为西汉泉陵侯家族墓地（图五-4）；江西南昌海昏侯墓葬分属不同墓地，但相距较近，体现出大的家族葬，而刘贺墓地有独立墓园，墓园内除埋葬刘贺及其夫人外，还葬有刘贺子嗣及有关人员[3]，反映出以一代列侯墓葬为主体的家族葬。东汉列侯墓地如河南濮阳南乐宋耿洛东汉墓地，至少有前后三代家庭成员的墓葬[4]；河北石家庄肖家营东汉墓地，M2 位置居中，墓主应为男性侯爵，M3 墓主为具有侯爵身份男性的夫人，

---

① 湖南省文物考古研究所、永州市芝山区文物管理所：《湖南永州市鹞子岭二号西汉墓》，《考古》2001 年第 4 期。

② 湖南省文物考古研究所、永州市芝山区文物管理所：《湖南永州市鹞子岭二号西汉墓》，《考古》2001 年第 4 期；零陵地区文物工作队：《湖南永州市鹞子山西汉“刘彊”墓》，《考古》1990 年第 11 期。

③ 江西省文物考古研究所、南昌市博物馆、南昌市新建区博物馆：《南昌市西汉海昏侯墓》，《考古》2016 年第 7 期；驻江西记者柯中华、伍文珺：《南昌汉代海昏侯国考古发掘取得新进展——墓园五号墓主人或为海昏侯长子》，《中国文化报》2018 年 2 月 1 日第 002 版。

④ 安阳地区文管会、南乐县文化馆：《南乐宋耿洛一号汉墓发掘简报》，《中原文物》1981 年第 2 期；王国平、张文彦、史国强、李小彬：《南乐汉墓》，中州古籍出版社，2015 年。

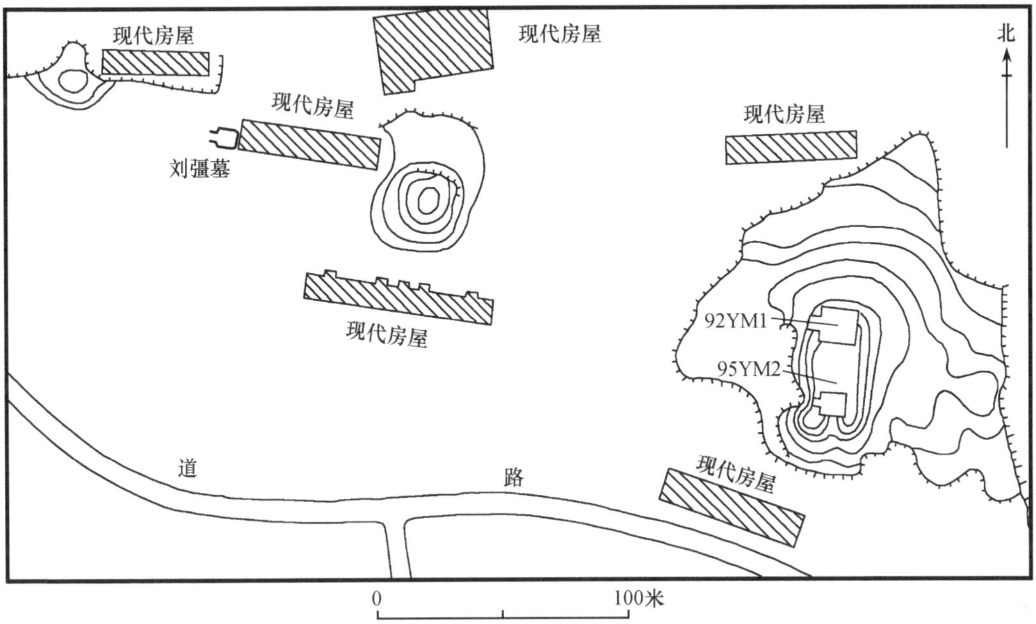

图五 -4　湖南永州鹞子岭泉陵侯墓地墓葬分布图

M1 的墓主则可能是其家族成员[①]。安徽亳州市城南郊东汉曹氏宗族墓地范围较大，墓葬数量多，其中至少有 2 座列侯级别墓葬，分别为宦者侯曹腾墓葬及曹腾养子曹嵩和其夫人的墓葬，另有曹氏人员中较多为官者及等级相对稍低人员的墓葬，综合构成东汉晚期曹氏的大家族墓地[②]。陕西潼关吊桥汉代杨氏墓群东距潼关约十里，北紧靠渭河岸，发掘 7 座汉墓，东西排列，间距 15 ~ 27 米，编号为 M1 ~ M7，其中 M2 很可能是东汉太尉杨震的墓葬，M3、M5 可能为杨震子辈的墓葬，M7 为杨震孙文烈侯杨赐墓葬的可能性最大，M4 可能是杨震曾孙杨彪的墓葬，M1 或 M6 中的一座可能是杨震曾孙杨众的墓葬，墓群中的墓葬，墓道均南向，全为砖结构，封土未加工，形制庞大，都有仿木结构的明楼，墓室大致可分为“十”字形、长方形和双主室三种，就该墓地来讲，为东汉杨姓家族的祖茔，由东向西顺序埋葬，排列上不但没有参差现象，而且各墓间的距离较接近，墓群的绝对年代可能由东汉顺帝永建元年（126 年）至曹魏文帝黄初六年（226 年），上下约 100 年时间[③]。

① 河北省文物研究所、石家庄市文物研究所：《河北石家庄肖家营汉墓发掘报告》，河北省文物考古研究所编：《河北省考古文集 · 三》，科学出版社，2007 年，第 73-97 页。

② 安徽省亳县博物馆：《亳县曹操宗族墓葬》，《文物》1978 年第 8 期；亳州市博物馆：《安徽亳州市发现一座曹操宗族墓》，《考古》1988 年第 1 期；李灿：《安徽亳县发现一批汉代字砖和石刻》，文物编辑委员会编：《文物资料丛刊 · 第二辑》，文物出版社，1978 年，第 142-175 页；任晓民：《曹操宗族墓葬》，江苏科学技术出版社，2010 年；亳州市文物管理所：《安徽亳州董园村一号墓》，《文物研究 · 第 20 辑》，科学出版社，2013 年，第 228-241 页。

③ 陕西省文物管理委员会：《潼关吊桥汉代杨氏墓群发掘简记》，《文物》1961 年第 1 期。

二、中小型墓葬

墓葬数量多，分布地域广，体现的聚族葬或家族葬内容极为丰富，表现形式也较多样，但所反映的主要原则和内容、内涵等与帝陵和王侯墓葬基本相似，即存在较多墓葬组成的大墓地，也有少量墓葬组成的家族墓地，一些墓地也会有相关设施。另外，一些家族墓地又与其他家族的墓地或墓葬共同位于一个面积更大的墓地之中，形成多个家族墓地组成的大墓地，而这与墓葬的等级、时代应该存在相应的联系。

（一）西汉墓地

江苏徐州市北郊米山山顶西汉墓地，共发现、发掘距离相对较近、结构大致相同、出土随葬品差异不大的四座西汉早期偏晚阶段墓葬，M1、M4 的时代较 M2、M3 稍晚，M2、M3 均为单人葬，M2 墓主为女性，M3 墓主为男性，二者是异穴合葬的夫妻墓葬，考虑到二墓位置居高处，建造讲究，防盗严密，又有玉面罩片、玉枕片、车马器等出土，墓主身份地位当较高；M1 为双墓室，葬二人，为夫妻同穴合葬墓，M4 为单人葬，墓主可能为男性，二墓等级相对略低，但也具有相应等级①（图五 -5）。该墓地应为少量墓葬组成的家族墓地，墓主为同一家族成员。另外，考虑到徐州市北部九里山北诸多低矮山头为西汉时期尤其是西汉早中期的贵族聚葬区，该墓地周边山头有较多刘姓列侯、贵族或官吏的墓葬，因此又可将九里山北一带大片区域视为西汉早中期刘姓贵族聚族而葬的墓区。

与江苏徐州米山汉墓相似，由一定数量西汉墓葬组成的家族墓地还有很多，一些与附近或周边墓葬可能组成大的家族墓葬区。湖北荆州纪南松柏西汉墓地共发现 4 座墓葬，皆有一定的等级但并不太高，其中 M1 的时代为汉武帝早期②（图五 -6）。江苏徐州市区南部奎山西汉 M9 ~ M12 为距离较近的四座墓葬，均为夫妻合葬墓，属于同一家族墓地（图五 -7），其中 M11 的等级较高，墓主为西汉楚国高级贵族或官吏，而该处墓地周边一定距离还有相当数量的其他西汉墓葬，亦可能为一个大的家族墓葬区③，徐州市东郊的子房山西汉墓地④亦大致如此。湖北江陵凤凰山发现、发掘的西汉墓葬数量较多，大致可分为 3 组相对独立的家族墓地，凤凰山东南麓为一组，3 座墓葬，等级稍高，墓主为具有一定官秩的地方官吏；凤凰山南麓为第 2 组，

① 徐州博物馆：《江苏徐州米山汉墓》，《考古》1996 年第 4 期。

② 荆州博物馆：《湖北荆州纪南松柏汉墓发掘简报》，《文物》2008 年第 4 期。

③ 徐州博物馆：《江苏徐州市奎山四座西汉墓葬》，《考古》2012 年第 2 期。

④ 徐州博物馆：《江苏徐州子房山西汉墓清理简报》，文物编辑委员会编：《文物资料丛刊·第四辑》，文物出版社，1981 年，第 59-69 页。

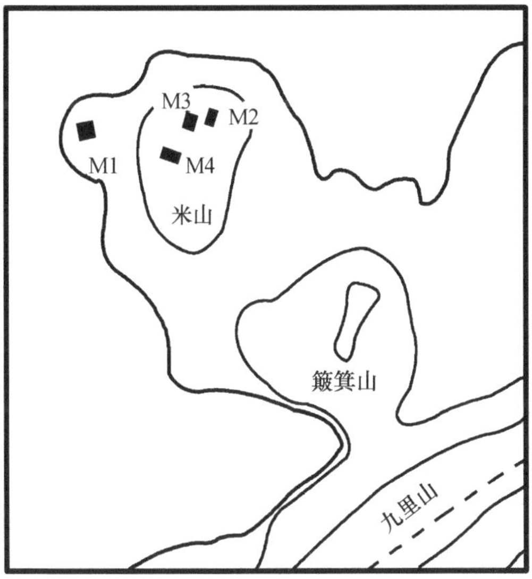

图五 -5　江苏徐州米山西汉墓地墓葬分布图

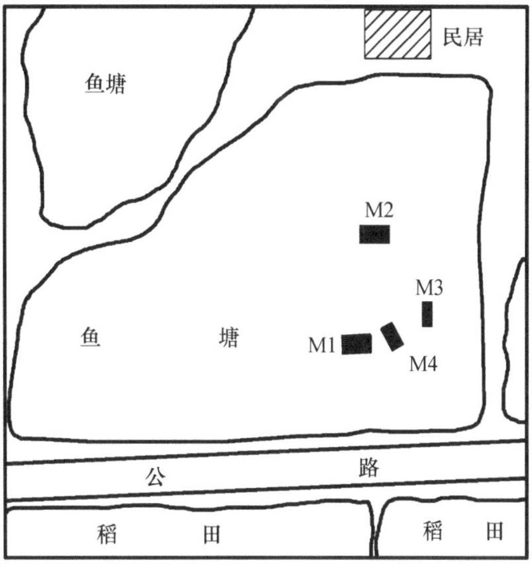

图五 -6　湖北荆州纪南松柏西汉墓地墓葬分布图

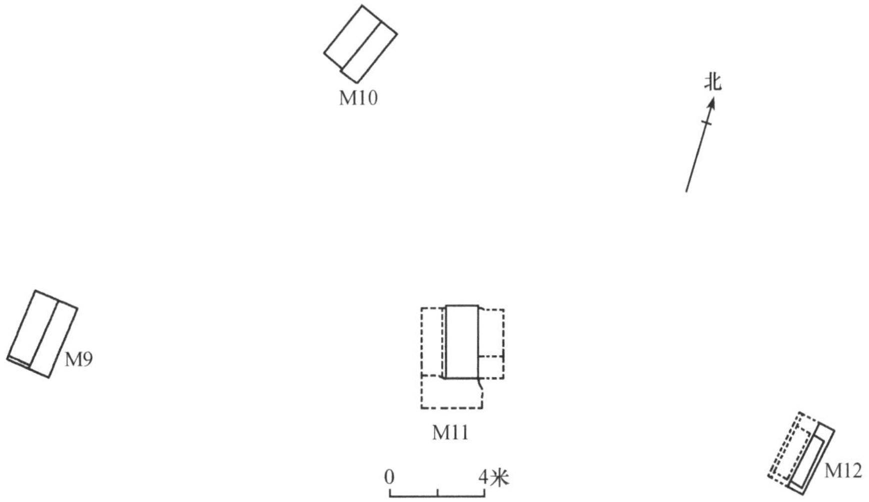

图五 -7　江苏徐州市区奎山西汉 M9 ~ M12 分布图

东西排列 16 座墓葬，等级稍低，相关墓葬的墓主为地方低级官吏；第 2 组西南一定距离有另一组 9 座分布密集的墓葬，等级亦不太高，相关墓葬的墓主为地方低级官吏[①]（图五 -8）。三组墓葬均为有较近血亲不同家庭成员的墓葬，进而组成对应的

① 长江流域第二期文物考古工作人员训练班：《湖北江陵凤凰山西汉墓发掘简报》，《文物》1974 年第 6 期；凤凰山一六七号汉墓发掘整理小组：《江陵凤凰山一六七号汉墓发掘简报》，《文物》1976 年第 10 期；湖北省文物考古研究所：《江陵凤凰山一六八号汉墓》，《考古学报》1993 年第 4 期。

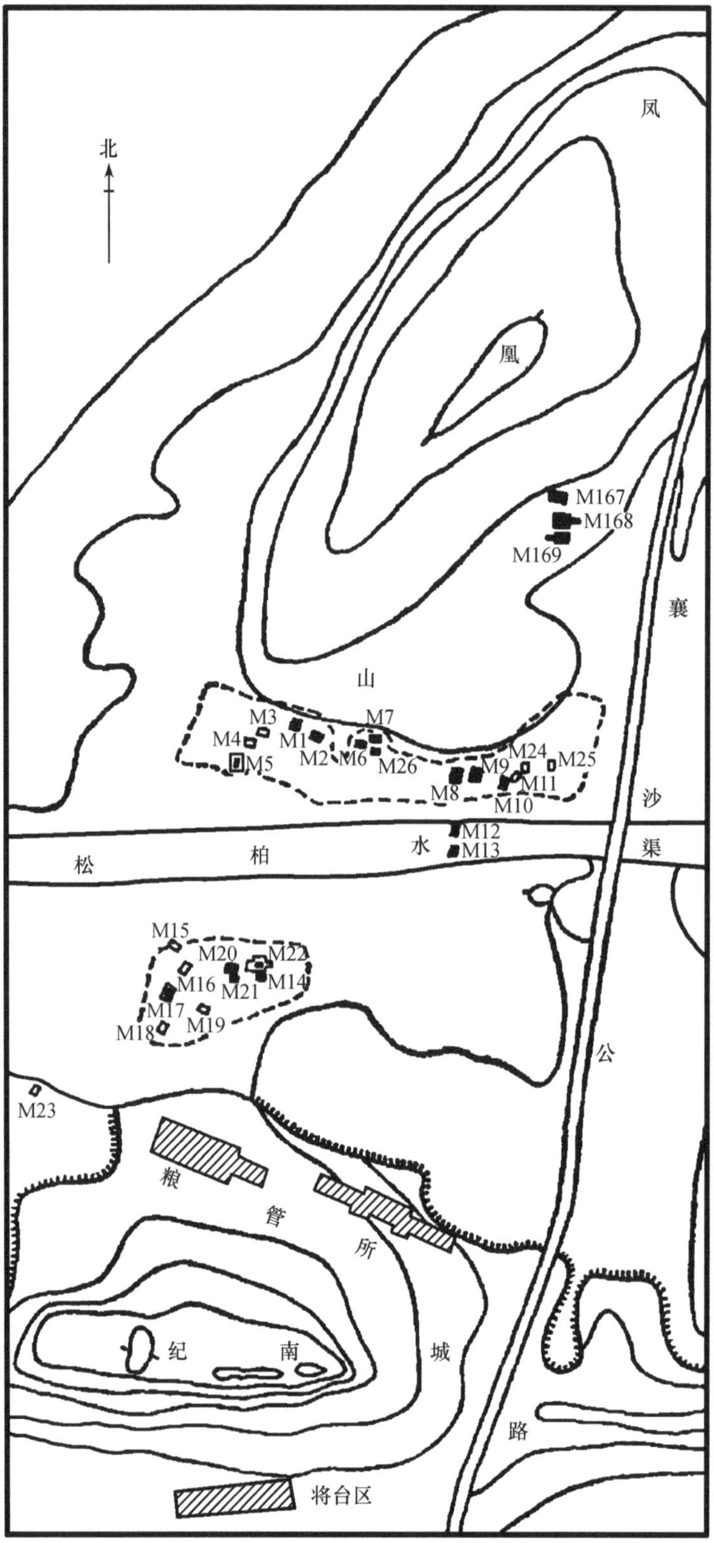

图五 -8　湖北江陵凤凰山西汉墓葬分布图

家族墓地，而且相对独立，不同组的墓地在等级方面存在差别，而每组墓地中的具体墓葬也存在相应的等级差异。从出土资料反映的墓主信息来看，凤凰山 M10 的墓主为张偃，其他相关墓葬如 M168 的墓主叫遂，无姓氏信息，所以三组相对独立的家族墓地是否为同一家族的大墓地还不能完全确定。考虑到三组墓地相距不远，为同一家族大墓地的可能性较大，在规划家族墓地时，由于墓主辈分、等级等原因而形成了 3 个相对独立的墓地。安徽天长三角圩发现墓葬 20 余座，分 4 组，最南组（D 组）与最北组（A 组）各有一座战国时期的墓葬，最南一组还有一座西汉中期前段的墓葬，最北一组（A 组）的墓葬数量相对较多，计 9 座，墓葬从战国延续至西汉晚期，其中 M19 的时代为西汉中期前段，墓主为桓蒿之，具有一定的等级身份，M1 为西汉晚期带墓道的木椁墓，等级较高，位于该组墓葬的中心位置，墓主桓平，为西汉广陵国具有一定级别的官吏；最北组南一组（B 组）有 10 座墓葬，时代从西汉早期至西汉晚期，其中 M10 为西汉晚期带墓道的木椁墓，等级亦较高，位于该组墓葬的中心偏东位置，最南侧北侧一组（C 组）有 6 座墓葬，时代为西汉中晚期[①]（图五 -9）。该墓地可基本确定为桓氏家族墓地，从墓地布局、墓葬分布与分组、墓葬时代等来看，该墓地从战国晚期开始，分南北两组（A、D 组），西汉早期，最南一组（D 组）无嗣，而最北一组（A 组）又分出一组（B 组），位于其南侧，西汉中期，B 组又分出一组，为 C 组，而 A、B、C 三组共同发展，至西汉晚期，达到墓地发展的高峰期，墓主中出现了一些具有相应身份地位的家族成员，因此，至西汉晚期，该墓地已形成 4 个相对独立又有血亲关联的墓地，共同构成一个大的家族墓地，而在这一大的家族墓地中，包括着较多的家庭，根据亲疏远近分布于 4 个（主要是 A、B、C 三组）墓地中，有的则随着家庭的发展而扩大，形成新的家族墓地，甚至还会另辟新的一组墓地。江苏连云港尹湾西汉墓地，时代为西汉中晚期到王莽时期，有墓葬 10 余座，发掘 6 座，M3 规模最大，位置大致居中，时代大约在西汉中晚期，M5 与 M3 年代略同，M1、M2、M4 因出土新莽时期钱币，时代为新莽时期或稍晚，M6 为夫妻同穴合葬墓，位置也相对较好，男性墓主为师饶，字君兄，从出土木牍所记文字中的内容可知其下葬时间为元延三年（公元前 10 年），为西汉末年[②]。该墓地由 M3 墓主（辈分高且有相应身份地位者）下葬后形成，其后家庭葬发展为多个家庭墓葬的家族葬，根据 M6 男性墓主的姓名可知该墓地为西汉中晚期师姓的家族墓地，墓葬不多，但较为集中，而且家庭中的一些成员为地方官吏。

还有一些西汉家族墓地为土墩墓的形式，即一个土墩有多座墓葬，形成家族聚葬，这在土墩墓较为流行的苏南、浙江地区常见，墓葬时代从东周至秦汉皆有，限

① 安徽省文物考古研究所：《天长三角圩墓地》，科学出版社，2013 年。

② 连云港市博物馆：《江苏东海县尹湾汉墓群发掘简报》，《文物》1996 年第 8 期。

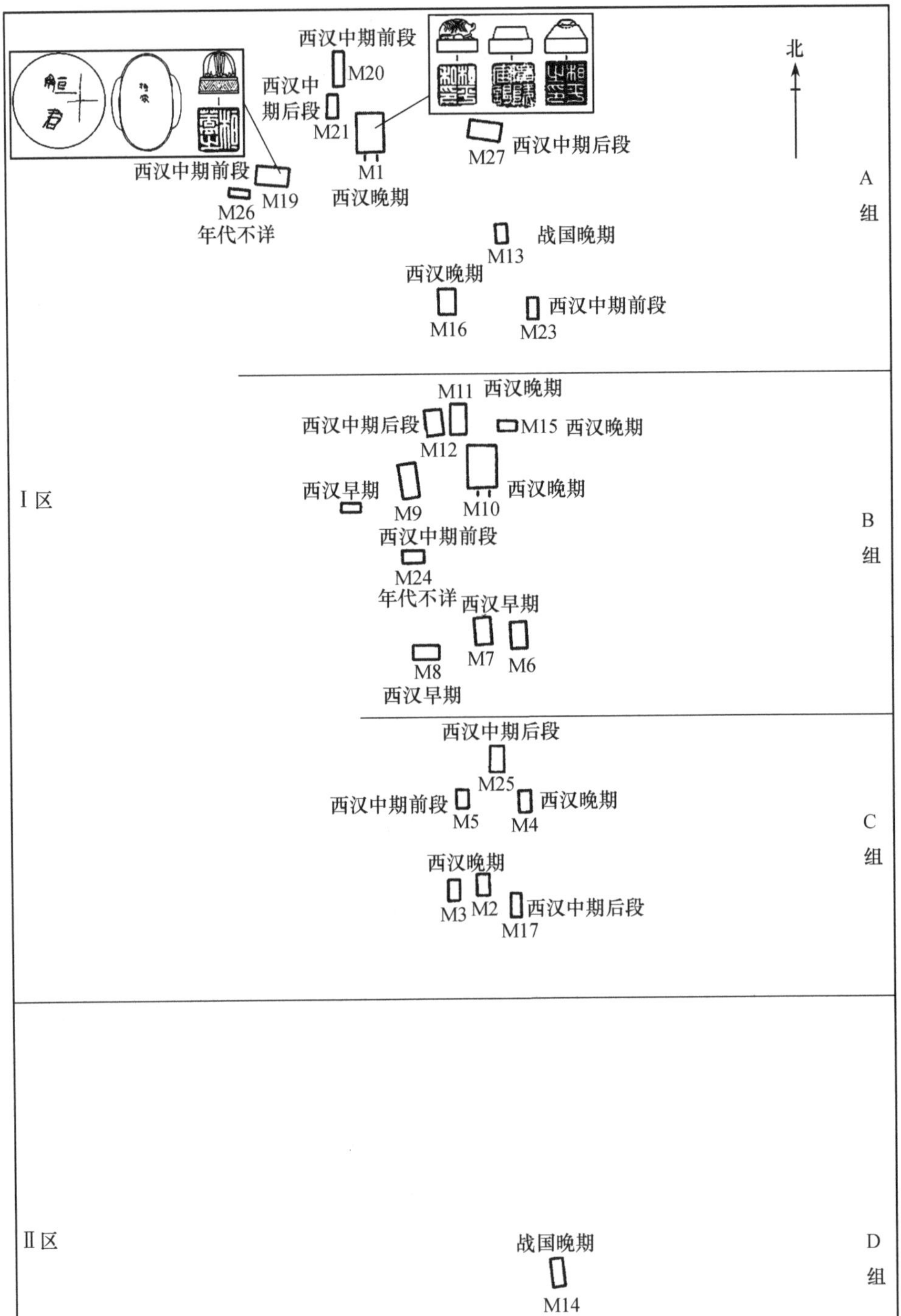

图五-9 安徽天长三角圩墓地墓葬分布图

于篇幅不再举例。其他一些地区也有发现，如湖南常德沅水下游发现的汉代土墩墓，很多土墩墓内的墓葬为家族聚葬，以 D3 为例，墩外有水塘和排水沟，墩内与墓葬相关的还有一些排水沟及其相关设施，该墩有墓葬 12 座，以中部的长排水沟为界分为左右 2 组，左侧 3 墓，规模较大，均在一侧有墓道，右侧 8 墓，北侧墓葬规模较大，在一侧有墓道，南侧墓葬规模稍小，无墓道，另在墩的东侧边缘还有一规模较小的墓葬①（图五 -10）。

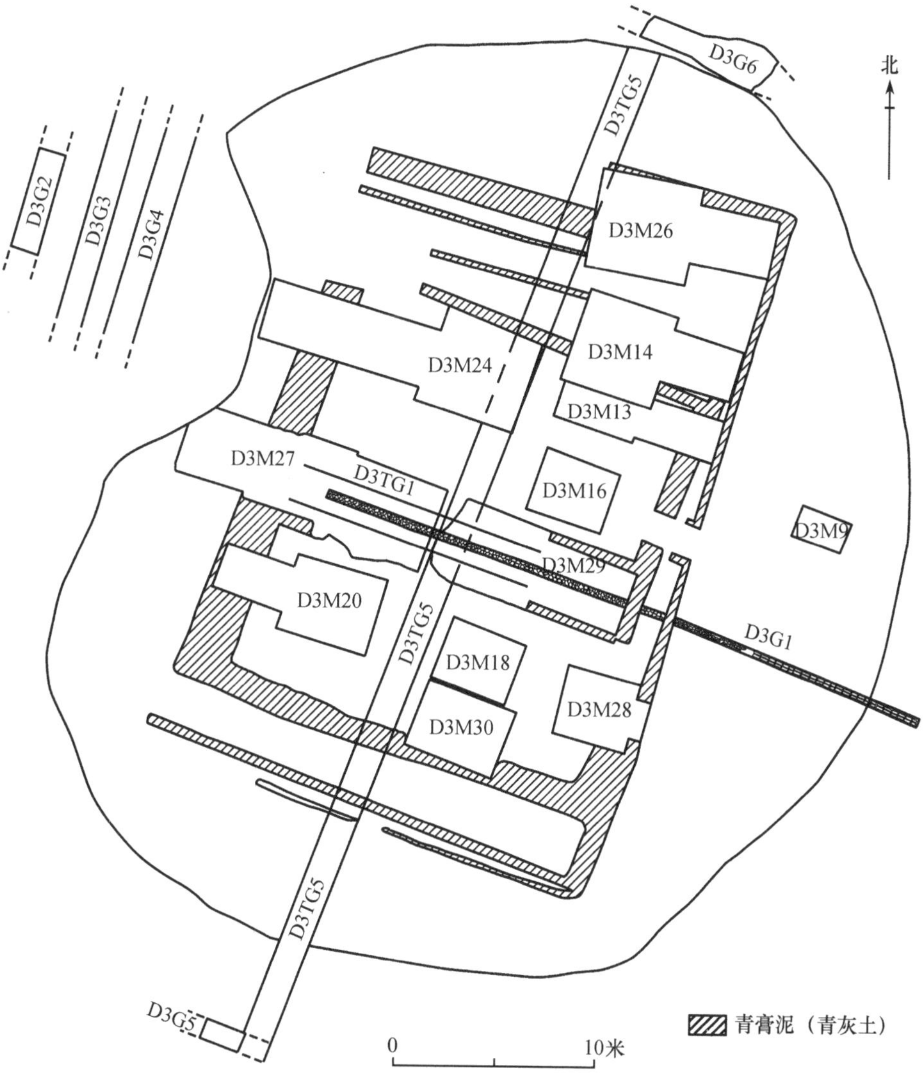

图五 -10 湖南常德沅水下游 D3 墓葬分布图

① 湖南省常德市文物局、常德博物馆、鼎城区文物局、桃源县文物局、汉寿县文物局：《沅水下游汉墓》，文物出版社，2016 年，第 53-57 页。

（二）东汉墓地

西汉时期中小型墓葬形成的家族墓地在东汉时期获得较大发展，而且更为普遍，最大的特点是墓外设施明显增多，如围沟、垣墙等，这些设施在西汉时期已得到使用，但较多属于等级相对较高的墓地，东汉时期则在等级不高的墓地中趋于普遍，反映出较多与家族墓地、家庭墓地相关的内容。

由数量不太多的墓葬组成、分布相对较为集中的小型家族墓地有一定数量。一些墓地有相关设施。陕西省咸阳市渭城区民生工程汉代墓地清理围沟 1 条、汉墓 8 座，围沟中部偏南并排分布 4 座（M3 ~ M6），均坐东向西，4 墓南还有 2 座，为 M7、M9，M9 打破南围沟，围沟东部内侧有 1 座墓葬（M1），南部外侧有 1 座墓葬（M8），M7 ~ M9 的时代为西汉末至东汉初，M3 ~ M6 的时代为东汉中晚期，时代上有连续性，推测这些墓葬中时代稍早的 M9 在修建时局部打破围沟，而东汉中晚期的墓葬仍葬在该围沟内，为同一家族墓地[①]（图五 -11）。位于陕西省华阴县（今华阴市）岳庙镇油巷新村西的东汉墓地，发掘清理墓葬五座，时代为东汉晚期，相关墓葬出土“刘崎之印”、“司徒之印章”，证明这一墓群是东汉司徒刘崎及其家族成员的墓地，而根据出土遗物和墓葬排列情况，可知这批墓葬是刘崎的祖辈和刘崎的平辈人员茔地，刘崎虽在朝为官，但死后归葬于祖茔[②]。河南偃师高龙镇阎楼村东汉墓园遗址，周边为围沟，内有 7 座封土墓，主墓的等级较高，为东汉时期流行的家族墓地[③]。江苏省徐州市贾汪区石猴林东汉墓地，占地近 2000 平方米，外有长方形围墙，西侧可能有门，墙内有东汉砖石混砌墓、砖室墓葬 10 余座，排列有序、局部分布密集，墓葬时代相近，为典型的家族墓地埋葬区[④]（图五 -12）。山东嘉祥东汉武氏墓地，有门阙、石狮，原应有围墙，墓地中有多座武氏成员的墓葬及多个墓葬外石祠堂，还有墓碑等，通过墓碑的内容可知，当有多个血亲关系较近的武氏成员葬在这一墓地之中[⑤]。一些墓地未见相关设施。四川广汉市罗家包东汉墓地为高出地平面约 3 米的不规则细长方形土堆，东西长约 70、南北宽约 30 米，面积约 2100 平方米，发掘面积约 600 平方米，共发现墓葬 8 座，分布于罗家包中部偏南，呈东 - 西向规则排列，东部墓葬间隔稍宽，约 2 米，西部墓葬间隔较近，最近

① 陕西省考古研究院：《陕西咸阳渭城区民生工程汉墓发掘简报》，《考古与文物》2017 年第 2 期。

② 杜葆仁、夏振英、呼林贵：《东汉司徒刘琦及其家族墓的清理》，《考古与文物》1986 年第 5 期。

③ 洛阳市第二文物工作队、偃师市文物管理委员会：《偃师阎楼东汉陪葬墓园》，《文物》2007 年第 10 期。

④ 徐州博物馆：《贾汪徐工综合试验场项目考古调查试掘》，徐州博物馆：《徐州考古资料汇编（2014 年度）》，内部资料，2015 年，第 43-50 页。

⑤ 蒋英炬、吴文祺：《武氏祠画象石建筑配置考》，《考古学报》1981 年第 2 期；《汉代武氏墓群石刻研究》，山东美术出版社，1995 年。

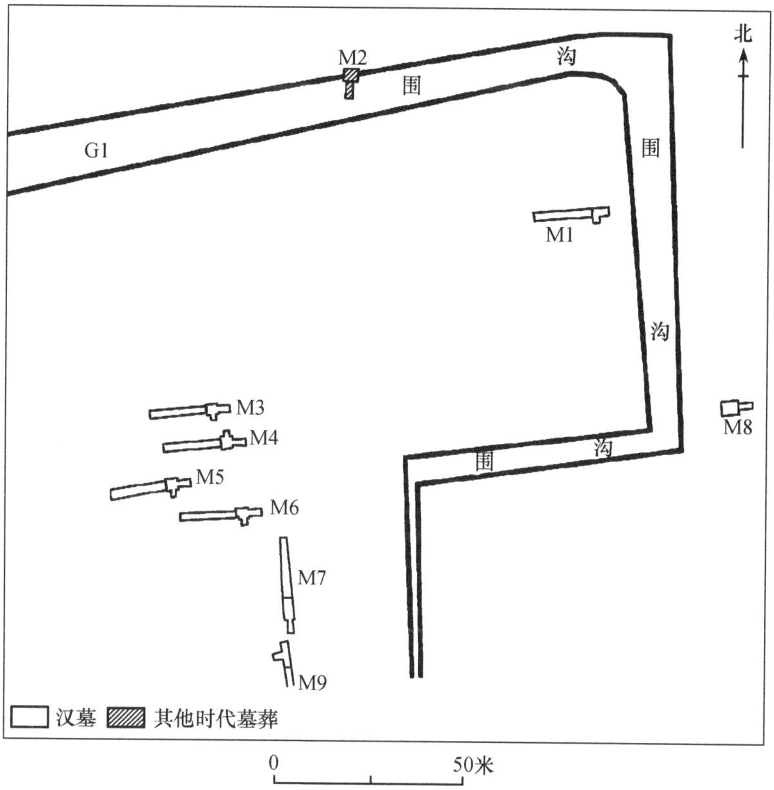

图五-11　陕西省咸阳市渭城区民生工程墓地

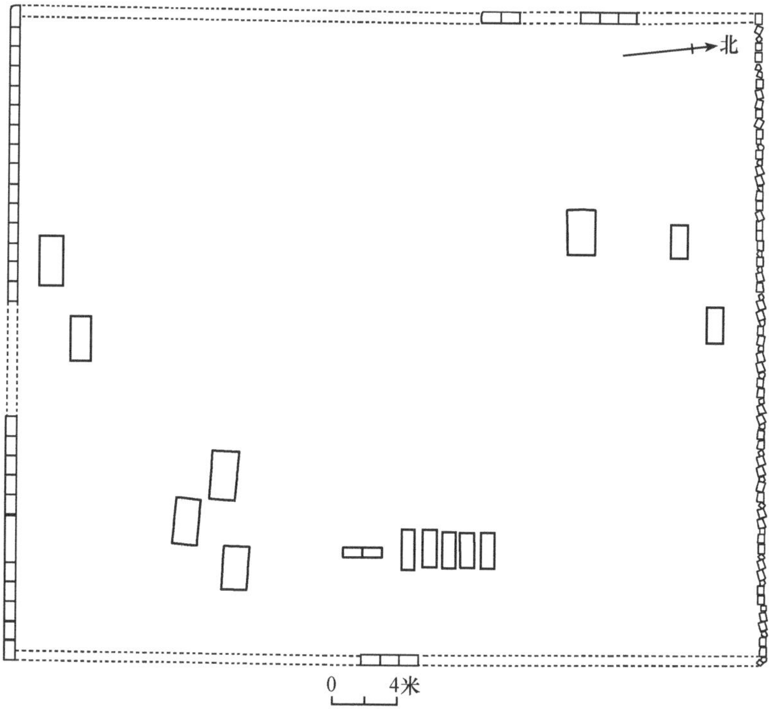

图五-12　江苏省徐州市贾汪区石猴林墓地

处只有 0.2 米，无叠压或打破关系，应该为统一规划的家族墓地，墓葬时代从东汉早、中期之交至东汉中期[①]（图五 -13）。成都市北郊昭觉寺青杠林土坡高出四周农田约 3 米，长约 60、宽约 30 米，呈椭圆形，经初步探掘，发现东汉砖墓 13 座，毗邻相连，墓向一致，结构相同，排列有序，应为经过规划的家族墓地[②]。河南省灵宝县张湾东汉墓地有 4 座墓葬，均系小砖砌券的多室墓，方向大致相同，都是坐西向东，建造方法、墓葬的形制结构也较为相似，仅 M5 多一个中室，根据 M5 所出陶罐上朱书"天地使者谨为杨氏之家镇安冢墓"等文字，结合墓葬形制、规模和出土遗物等可知，该处为东汉后期弘农杨姓豪强地主的家族墓地[③]（图五 -14）。河南南阳唐河县针织厂及电厂附近有 3 座相距不远的东汉墓葬，另还有 1 座距离较近的墓葬也挖出过画像石门，计 4 座墓葬，很可能为一处东汉家族墓地[④]。河北秦皇岛抚宁邴各庄东汉墓地发现墓葬 6 座，分布密集，其中 M1 为多人葬，墓内至少葬 3 对夫妻，为较近血亲家族葬，而其他 5 座墓葬，基本为夫妻同穴合葬，与 M1 构成家族墓地[⑤]，类似的由多人葬墓与其他墓葬组成的家族墓地在今京津冀地区还有较多发现，如河北唐山苏各庄北东汉墓地[⑥]、河北张家口宣化区东升路东汉墓

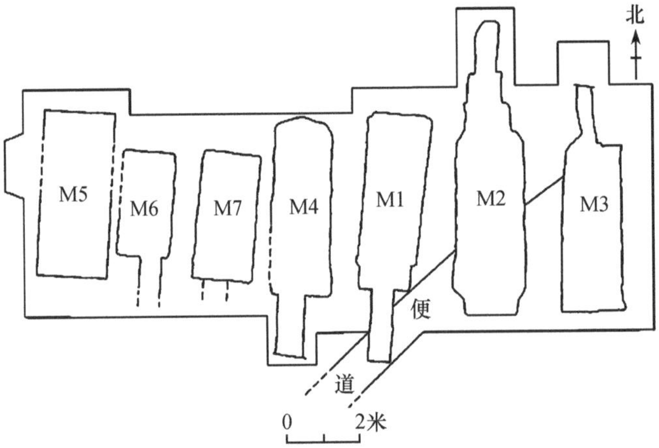

图五 -13　四川广汉市罗家包东汉墓地墓葬分布图

① 四川省文物考古研究院、广汉市文物保护管理所：《四川广汉市罗家包东汉墓发掘简报》，《四川文物》2016 年第 1 期。

② 刘志远：《成都昭觉寺汉画像砖墓》，《考古》1984 年第 1 期。

③ 河南省博物馆：《灵宝张湾汉墓》，《文物》1975 年第 11 期。

④ 周到、李京华：《唐河针织厂汉画像石墓的发掘》，《文物》1973 年第 6 期；《南阳汉画像石》编委会：《唐河县电厂汉画像石墓》，《中原文物》1982 年第 1 期；南阳地区文物工作队、唐河县文化馆：《唐河县针织厂二号汉画像石墓》，《中原文物》 1985 年第 3 期。

⑤ 河北省文物研究所：《河北抚宁县邴各庄汉墓发掘简报》，《文物春秋》1997 年第 3 期。

⑥ 唐山市文物管理处、迁安市文物管理处：《迁安苏各庄战国、东汉墓葬发掘报告》，《文物春秋》2008 年第 4 期。

图五 -14　河南灵宝东汉 M5∶14（陶罐）及朱书文字

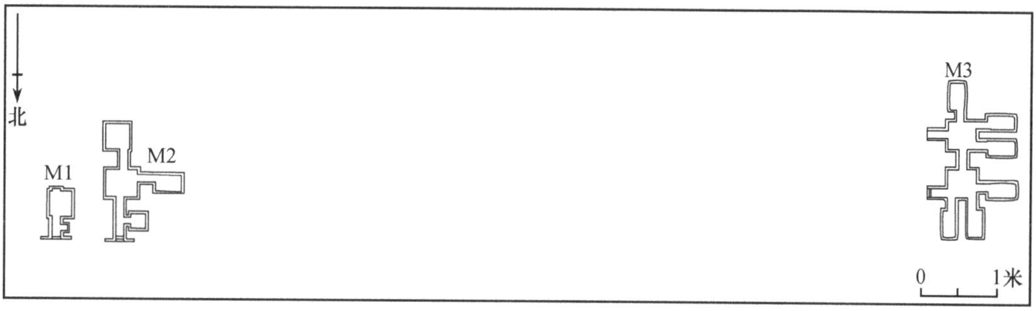

图五 -15　河北张家口宣化东升路东汉墓分布图

地[①]（图五 -15）与涿鹿县矾山五堡东汉墓地[②]等，而河北涿州凌云集团新厂东汉墓地中，有 5 座东汉墓葬位于同一封土下，其中的 M5 即是一墓葬多人[③]（图五 -16），家族葬的特征较为突出。

也有由多个墓葬分布相对集中的小型家族墓地组成的面积较大家族墓地，其中的一些小型家族墓地，可能属于同一姓氏家族，也有些并非同一姓氏家族。北京地区发掘的丰台区南苑[④]及大兴区亦庄 X10 号地[⑤]、亦庄 X11 号地[⑥]等中的多个墓地应该属于上述情况，而且有的墓地还有配套的陶窑，主要服务于墓葬修建用砖的烧造等，如丰台区南苑槐房东汉墓地等（图五 -17）。

① 张家口市宣化区文物保管所：《河北宣化东升路东汉墓发掘简报》，《文物》2014 年第 3 期；《河北张家口宣化东升路东汉墓（M3）发掘简报》，《文物》2015 年第 3 期。

② 张家口地区博物馆：《河北涿鹿矾山五堡东汉墓清理简报》，《文物春秋》1989 年第 4 期。

③ 史殿海：《涿州凌云集团新厂东汉墓发掘简报》，《文物春秋》2007 年第 3 期。

④ 北京市文物研究所：《丰台南苑汉墓》，科学出版社，2019 年。

⑤ 北京市文物研究所：《北京亦庄 X10 号地》，科学出版社，2010 年。

⑥ 北京市文物研究所：《北京亦庄 X11 号地考古发掘报告》，科学出版社，2012 年。

图五 -16　河北涿州凌云集团新厂东汉墓群封土及封土下墓葬分布图

三、家族墓地体现的家庭交往

秦汉时期，家族墓地得到日渐普及和不断发展，上至帝王列侯墓葬，下到中小型墓葬，绝大多数都与家族墓地有着密切关系，并呈现出较多新的内容，从多个方面反映出这一时期家庭与家族关系的不断加强，也折射出家庭和家族间的相关交往内容。

从这一时期的家族墓地来看，家庭成员墓葬是家族葬中的基本组成和不可或缺的单元内容，诸多墓葬的墓主来自于不同的家庭，但他们又具有相应的血亲或血缘关系，对应墓葬共同组成家族墓地。与现实生活相对应，不同家庭的成员，虽血缘与血亲的远近有差，但他们以血缘和血亲关系为纽带，共同生活于某一区域或相邻近地区，成为某一姓氏的家族团体，这一家族中每个家庭及其家庭成员，在日常生活过程中的交往应该是十分密切和较为频繁的，而必要的交往正是促进家族趋于团结的因素之一。

家族墓地从最初葬人开始就已有了相应的规划，一些主要家族成员的墓葬位置、关于墓地的长久使用、墓地的保护等等都在规划之内，而这些内容随墓地的发展一直存在，且需要相应家族成员即不同家庭成员的沟通与交流。墓位安排是家族墓地的重要内容，即如何按照辈分、等级等要求和因素在墓地中安排同一家族不同家庭有关人员的墓穴位置，而这还与家族发展的需求有关。根据上述资料，正常情况，较多家族墓地中，长辈及家族中有相对较高政治地位或社会影响力及为家族发展做出较大贡献者，其墓葬多居于尊位或墓地的突出位置，一般的家族成员，墓葬位置稍偏，这在一些家族墓地中表现得较为突出，如上文所述的安徽天长三角圩墓地中桓平墓[①]、江苏徐州奎山 M11[②] 等等。至于帝王陵墓甚至一些列侯墓葬，他们则

① 安徽省文物考古研究所：《天长三角圩墓地》，科学出版社，2013 年，第 8-163 页。

② 徐州博物馆：《江苏徐州市奎山四座西汉墓葬》，《考古》2012 年第 2 期。

多为独立陵园下的大家族墓地，帝王及列侯的墓葬在陵区或墓园中位置突出。皇帝、诸侯王及列侯在家族中的地位毋庸置疑，而就一般等级或等级较低的家族来讲，辈分高者理当受到尊重，而有相对较高政治地位或社会影响力及为家族发展做出较大贡献者，受到相应尊重也理所当然，这也在一定程度上间接体现出家族中家庭及其成员交往的内容，如尊老敬长行为与有关活动形成的交往内容等。有相对较高政治地位者，其政治身份使其在家族成员的交往中占据优势，也因此成为家族或家庭中其他成员交往的重点对象，甚至视为可攀附的人员，这也使得家族中家庭之间的交往表现出相应的等级性。家族中多个家庭的交往会因不同因素或原因形成远近有别的情况，但血亲关系较近和略远，应是交往中形成亲疏远近及关系厚薄的重要原因之一，正常情况下，血亲较近者，交往相对多且密切，血亲远者，交往可能会少些，除非特殊情况，一般不会太过亲密。反映在家族墓地中，血亲较近者的墓葬距离亦较近，远者则距离要远，有的还不在同一组中，应是对家族中家庭及家庭成员交往的间接体现和反映。

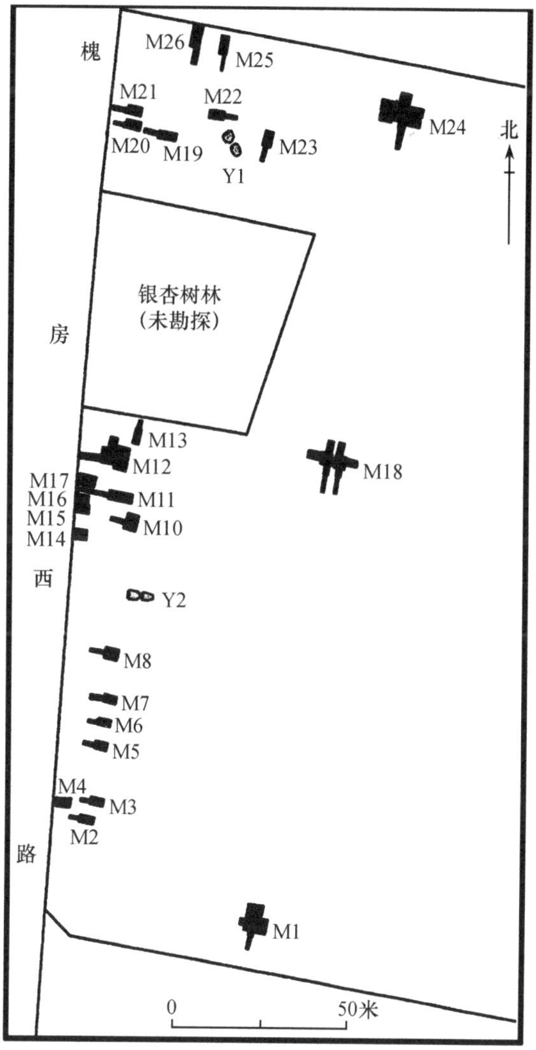

图五 -17　北京市丰台区南苑槐房东汉墓地

同一家族中，不同家庭之间存在交往，而与不同家族及不同家族中的不同家庭也会有相应的交往或往来。秦汉时期尤其是汉代，一些墓葬数量多的墓地是由多个不同家族，甚至是不同姓氏的家族墓地共同组成规模较大的家族墓地，体现出共同或相近居住地的聚居情况之外，也反映出不同家族及不同家族中不同家庭及其成员之间的交往。河北阳原三汾沟汉代墓地有数十座墓葬，已发掘的墓葬中，M11 出土有“程钞私印”印文铜印章，M2 出土有“赵千秋”印文铜印章，M9 也出土有铜印章，惜无印文，从墓地中墓葬的分布来看，至少可分为三大组，即北部偏西一组、南部偏西一组，东部一组[①]（图五 -18）。M11 与 M9 为一大组，但 M9 位置独立且前突，结合其墓葬规模大、形制复杂、出土遗物丰富、墓外有祭祀设施等来看，应为所属家族墓地中等级很高的墓葬，M11 的等级较之要低，这也反映出上文所述同一家族中不同家庭等级有差的内容和特点，不过两墓为一组，大致可说明 M9 的墓主也为程姓。程姓墓地、赵姓墓地及北部偏西一组墓地，表明是三个家族葬在一处大的墓地中，或许也说明相互之间有交往并存在相应的关系，不同家族中家庭及其家庭成员也应有交往，特别是 M11、M9 及 M2 的墓主，还有北部偏西一组相关墓葬的墓主，均可能为地方官吏，相互之间的交往可能更多一些。

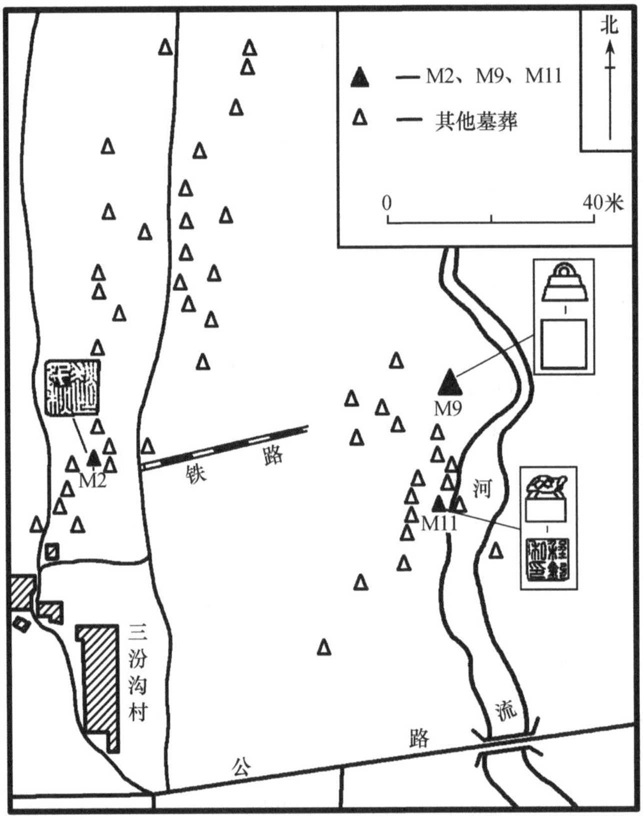

图五 -18　河北阳原三汾沟墓地墓葬分布图

家族墓地涉及的内容很多，包括墓地的确定、一些墓地的购买、墓地相关设施的修建、墓地内墓葬的布局与规划、具体墓穴的修建、家族中家庭成员的下葬、墓地的守护等等，大多都需要较多人员的参与，有的需要家族中不同家庭成员的参

① 河北省文物研究所、张家口地区文化局：《河北阳原三汾沟汉墓群发掘报告》，《文物》1990 年第 1 期。

加，有的还需要其他人员包括非本家族甚至是外姓人员的参与。帝王陵墓及列侯墓葬在这方面表现较为突出，如墓葬的修建会有专门机构和管理人员，几乎所有帝陵和部分诸侯王墓还会动用军队、刑徒等等；一般等级的墓葬如一些东汉墓葬外祠堂的修建，需聘请石工、画师和雕刻工匠等。以上内容均可反映出家庭与家族其他成员，乃至于和其他人员的交往及交流，而一些交往持续的时间会很长，如墓地的守护等即是如此。

秦汉时期，人们对于丧葬极为重视。家族墓地是家族中多个家庭的成员死后归宿地，而墓地的规划及墓位的安排等，一方面可反映出家族内每个家庭的成员在家族发展中的地位和作用，另一方面也对家族血缘秩序的建立和维持、发展有着一定的推动作用。随着墓地祭祀的日渐普及，在墓地中相关墓葬外修建祠堂成为一项重要的丧葬内容，对于加强家族团结、宣扬孝行等均有十分重要的推动作用，一些石祠堂的石刻画像还起到宣扬德行等教化作用，这对于促进家族传承有着一定积极作用。上述两方面的内容，反映到现实生活中，也与家庭和家族间的交往有关。为实现家族传承、宗亲血缘秩序的建立，相关家族也会推动和保证家族与其所包含家庭之间多种形式的交往和联系。另外，家族的庙祭与墓祭也能反映出相应的交往内容，而墓地祠堂即是墓祭的最好体现，在对去世的长者或辈分较高者进行墓祭时，可能会有家族中多个家庭的不同成员参加，而这也反映出相关家庭及其成员与家族、家族中其他家庭和其成员之间的交往，而关于墓祭所体现的交往内容，笔者在下文还会有论述。

秦汉家族墓地的发展包含内容较多，归葬就是其中的重要内容之一，而这也体现和推动着家庭与家族的交往。江苏徐州市邳州燕子埠青龙山发现的东汉彭城相缪宇墓出土的画像石刻铭文字[①]及附近发现永寿元年（155 年）徐州从事红的墓葬出土文字资料[②]，均有关于归葬的较详细记载。缪宇和红均在外为官，缪宇为彭城相行长史事吕长，官秩二千石；红为徐州从事，亦具有相应官秩，二人死后归葬于家族墓地之中。上文所述东汉司徒刘崎，死后也归葬于祖墓。就上面归葬的人员来讲，一方面，他们属于其家族中有相对较高政治地位或社会影响力的人员，归葬故里应是其家族所欢迎的；另一方面，他们归葬于家族墓地应该会与家族中的相关成员进行商议，而家族在同意甚至是欢迎他们归葬家族墓地的基础上，还会安排家族中的其他成员参与墓葬的修建及下葬等相关事宜。这些都是其家庭与家族交往的内容，而且在一定时间段内会较为密切和频繁，交往也会涉及较多方面的内容。

家族墓地是家族中不同家庭中成员死后的聚葬地，墓地内所葬人员为家族中

① 南京博物院、邳县文化馆：《东汉彭城相缪宇墓》，《文物》1984 年第 8 期。
② 李银德、陈永清：《东汉永寿元年徐州从事墓志》，《文物》1994 年第 8 期。

的多数成员。反映到现实生活中，家族中这些不同家庭中的成员在日常物质与精神生活、生产活动、婚丧嫁娶等方面都会有较多的交往，这与家庭间存在血缘或血亲关系应有较大关联，而如家长里短、邻里之间或家族内部的纠纷等，也是较为常见的，同时也是诸多家庭交往的内容之一。

家族墓地所反映秦汉时期家庭的交往内容，尤其是与家族之间的交往，还存在相应的时代特点和地域特征。西汉家族墓地中，等级相对较高者，即使辈分不高，也往往会葬在家族墓地的主要或核心位置。如河南淅川新四队墓地中，南部山头围绕山顶分布多座墓葬，其中的M24，时代为战国晚期，是该处墓地中时代最早的，在该山头还分布有秦至西汉时期的多座墓葬，但有2座西汉晚期的墓葬，分别为M11、M44，位置靠近山头顶部，从二墓规模及陪葬品看，男性墓主较其他一些墓葬的男性墓主，等级和地位相对较高，而其他西汉早中期墓葬的位置明显较二墓略偏或距离山顶稍远一些[①]。东汉时期，这一现象有所变化，最突出的是一些有等级地位者并不一定葬在墓地的重要或核心位置，而是通过墓地设施等来体现墓主的身份和等级及其在家族中的地位，如独立的围墙、祠堂等的使用，或是选择相对独立于墓地中其他墓葬的位置，以凸显自身的特殊性。这或许也说明，东汉时期，随着家族观念的不断增强及孝道的日渐推广，家族中的伦理纲常、血缘秩序、团结一致、传承与发展等可能更为重要，这也许是出现变化的原因之一，而这亦使得家族中家庭及其成员的交往内容产生相应变化。需要指出的是，有一定数量的西汉家族墓地，尤其是地方官僚贵族的家族墓地，其时代下限大致至西汉末或王莽时期，抑或稍晚，但东汉时，该墓地基本不见有延续，如江苏连云港尹湾师氏家族墓地[②]、安徽天长三角圩桓氏家族墓地[③]等，推测可能与王朝的更换致使地方官僚体系产生变化、家族由此衰落有关，还可能有战争或其他原因，相关家族、家庭及其人员迁徙他地或另辟新的墓地，都会使得家族中不同家庭及其成员的交往发生变化，并形成新的内容。地域特征方面，不同地区的家族墓地对于墓位的安排及墓地规划、相关设施的使用等方面，虽然存在较多的相似性、统一性或一致性，但不同地区或区域也存在一些自身的特征，进而反映出不同地区或区域中家族与家庭的关系及有关交往内容。以东汉家族墓地为例，今苏鲁豫皖交界地区的东汉家族墓地，或建围墙，或挖环壕，如江苏邳州山头墓地，有一面积较大的圆角方形环壕，大致呈东南—西北方向，宽约20、外周长约330、最深处约有1米，其内有东汉墓葬几十座[④]；而

① 河南省文物局：《淅川新四队墓地》，科学出版社，2015年，第11、12、241-243页。

② 连云港市博物馆：《江苏东海县尹湾汉墓群发掘简报》，《文物》1996年第8期。

③ 安徽省文物考古研究所：《天长三角圩墓地》，科学出版社，2013年。

④ 南京博物院、邳州博物馆：《邳州山头东汉墓地》，科学出版社，2010年。

如前文所述的山东嘉祥武氏墓地，较多墓葬在墓外有祠堂，而墓地有墓阙、石狮（图五 -19），应该还会有围墙等设施[①]。川渝地区的较多东汉墓地与苏鲁豫皖交界地区的墓地有相似之处，如一些东汉墓地有石雕动物、墓碑等墓外设施，但极少或基本不见墓外的祠堂等设施；一些墓葬为崖墓的形式，在墓道后设享堂，享堂之后为多个家族成员不同的葬身之处。四川乐山麻浩东汉一号崖墓，有 3 条通道可进入前室，前室东侧连接多个墓室，每个室内皆有葬人[②]（图五 -20），其他还有四川忠县涂井 M5[③]、成都天迴（回）山汉墓 M1 与 M3[④] 等；一些则一字并列，如上文所述的四川广汉罗家包东汉墓地，8 座墓葬呈东—西向规则排列，相互间隔均不远[⑤]；成

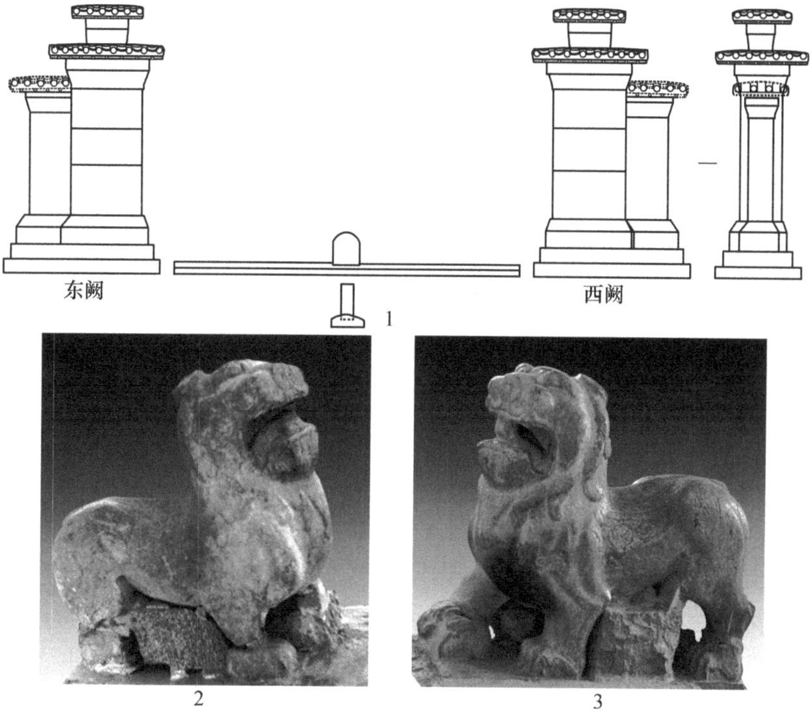

图五 -19　山东嘉祥武氏墓地双阙及石狮

1. 墓地双阙　2、3. 石狮

---

① 蒋英炬、吴文祺：《武氏祠画象石建筑配置考》，《考古学报》1981 年第 2 期；《汉代武氏墓群石刻研究》，山东美术出版社，1995 年。

② 乐山市文化局：《四川乐山麻浩一号崖墓》，《考古》1990 年第 2 期。

③ 四川省文物管理委员会：《四川忠县涂井蜀汉崖墓》，《文物》1985 年第 7 期。

④ 四川省博物馆文物工作队，刘志远：《成都天迴山崖墓清理记》，《考古学报》1958 年第 1 期。

⑤ 四川省文物考古研究院、广汉市文物保护管理所：《四川广汉市罗家包东汉墓发掘简报》，《四川文物》2016 年第 1 期。

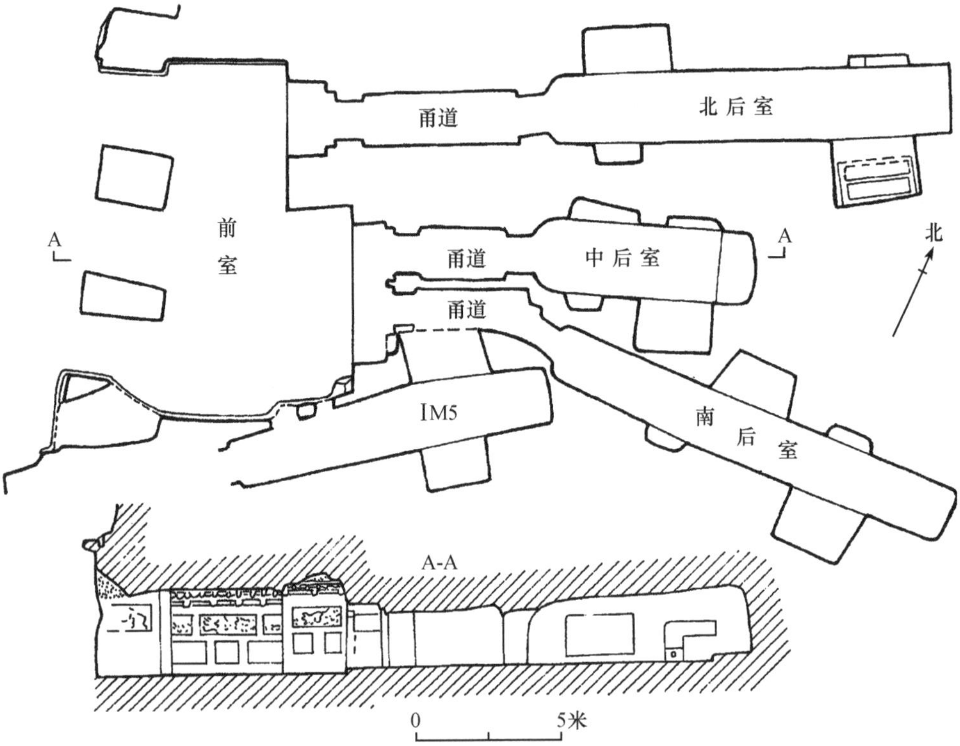

图五-20 四川乐山麻浩东汉一号崖墓平、剖面图

都市北郊昭觉寺青杠林东汉墓地,13座砖墓毗邻相连，墓向一致[①]。相关内容的差异，一方面可体现出实际生活中，因地域差异而形成不同地区或区域间家庭与家族间交往形式及有关内容的差异；另一方面，与丧葬有关的相关交往内容也因墓地内容的差异而存在不同。不过就整体来讲，相似性大于差异性，而这正是大一统背景下社会发展的体现。

总体而言，秦汉时期家族墓地的发展及其内容、内涵等均体现出家庭、家族及与二者有关的诸方面交往，其内容丰富，形式多样，所蕴含的内容、内涵较多，对研究汉代家族、家庭等的发展等有着较为重要的参考价值和作用。

第二节 家庭与亲朋、邻里的交往

家庭及其成员的对外交往对象中，除家族内不同家庭与其人员外，较为密切的还有亲朋和邻里。亲朋，简单来讲，为亲戚朋友，有关人员与相关家庭并不

① 刘志远:《成都昭觉寺汉画像砖墓》,《考古》1984年第1期。

一定在同一个居住地，但亲戚是与相关家庭之间有姻亲关系的家庭或其他有关成员，而这种关系在形成之后会向下延续几代，相互之间会有较多的走动与往来，而且很多交往也是必须的；朋友是与相关家庭中的有关成员感情好、有交情、能交流，可以很好相处的人员，相互之间在日常生活中也存在较多交往。邻里是指同一乡里或互为邻居的人群或家庭，其中一些相互之间基本没有太近或甚至完全没有血缘或血亲关系，但因为居住地较近，相互之间的交往较多，上文所述一些大的多个不同姓氏的家族墓地对这一方面内容即有所体现和反映。城、邑、村及聚落等是人口居住较为集中的区域，因此会存在邻里及相关交往，而这些居住地又使得亲朋、邻里的交往较为普遍，且表现形式及内容均较为丰富多样，但由于相关资料较为散乱且还有诸多欠缺，本书不多作论述。一些墓地对亲朋关系也有体现，而这也会间接折射出相互间的交往，如汉惠帝刘盈的安陵，陪葬墓基本分布于东部偏北，其中距离较近处为惠帝妹妹鲁元公主及其夫张敖的异穴合葬墓①，这是亲戚关系的体现；而如江苏徐州地区发掘的西郊韩山 M1（墓主刘婞）② 及西北郊苏山头 M2③ 的墓主，均为等级较高的贵族女性，墓主人可能是刘氏王室中下嫁的宗室女，墓地中男性墓主为其丈夫，这一方面体现出刘姓楚国王室之间的亲戚关系，另一方面也反映出西汉楚国刘姓王室及其成员与其他姓氏人员之间的关系和交往。

正常情况下，相关家庭及其成员与亲朋、邻里的交往内容较为多样且相对频繁，一些甚至会超越家族内部的交往，这也反映出“远亲”、“近邻”与相关家庭间交往密切程度的对比。考古资料对这一内容的体现主要为出土的文字资料和图像资料，文字资料散见于一些简牍的记录之中，如湖北江陵张家山 M247 出土汉简④等，相对应的内容较为零散且为数不多。本节主要参考和使用的考古资料为图像资料，如画像石、画像砖的画像及壁画等，这些资料能够较为具象地体现出相关内容。但必须要指出的是，有些考古资料可直接，或可结合相关内容，甄别亲朋与邻里，乃至家族中的家庭及其成员，一些则不能够完全区分。下文的相关论述中，一些内容为综合分析，一些则根据行文进行相应的区分。

---

① 陕西省考古研究所：《西汉安陵调查简报》；孙铁山：《关于西汉安陵的新发现》，《考古与文物》2002 年第 4 期；咸阳市文物考古研究所：《西汉帝陵钻探调查报告》，文物出版社，2010 年，第 24-26 页。

② 徐州博物馆：《徐州韩山西汉墓》，《文物》1997 年第 2 期。

③ 徐州博物馆：《江苏徐州苏山头汉墓发掘简报》，《文物》2013 年第 5 期。

④ 荆州博物馆：《江陵张家山三座汉墓出土大批竹简》，《文物》1985 年第 1 期；荆州博物馆，彭浩：《江陵张家山汉墓出土大批珍贵竹简》，《江汉考古》1985 年第 2 期；张家山二四七号汉墓竹简整理小组：《张家山汉墓竹简（二四七号）》，文物出版社，2001 年。

一、邀请与受邀

秦汉时期，有关家庭及其成员与亲朋、邻里之间的交往中有一项内容，即邀请亲朋或邻里参加相关活动，而亲朋和邻里接到邀请后会根据情况考虑参加与否。就汉代画像资料来讲，大多反映的是受邀之后参加活动的内容，而这也间接体现出主家的邀请。这一交往涉及的内容较多，最为主要的有邀请比武、邀请观看乐舞、邀请宴饮、邀请狩猎、邀请参观家庭中的重要活动等等，其中宴饮又与相关娱乐活动（非乐舞观赏）有着密切关联，这一点将在下文有专门论述。

（一）邀请比武

大多是主家邀请亲朋甚至邻里中的相关人员进行比武切磋，一方面可通过比武这一具有竞赛性质的活动来增加彼此的联系、交往和情谊，另一方面还可锻炼体质、提高技艺，有的还能为乡、县选拔人才做好准备。以上或许是汉代画像中此类题材内容较常见的原因，也是对现实生活的写照。

从发现情况看，邀请比武图在较多地区出土的汉代画像中有发现，尤以苏鲁豫皖交界地区出土的画像石画像最为多见，推测可能与该地民风中尚武之风盛行有关，亦可能是这一地区亲朋及乡邻间交往的习俗之一。

江苏徐州地区东汉画像石画像中发现较多。一些为比武图。市区南郊十里铺东汉墓前室横额画像中，画面左侧四分之三为比武图，右侧为拜谒训诫图像，比武画像中，1 人穿戴整齐并持长兵器站立，另 1 人上衣置于一旁，而所用的钩镶也放在一旁，估计是正要换衣准备比武，2 人左右两侧各立 1 人，应为观看者①（图五 -21：1）。铜山茅村东汉 M1 中室南壁画像，画面分四组，靠左第 2 组为比武的场面，左侧 1 人右手持剑斜放身侧，左手斜举钩镶，右侧 1 人右手持盾，左手剑斜上举，左侧 1 人、右侧 2 人在观赏，画像还有托物老者、杂技表演等②（图五 -21：4）。铜山苗山东汉墓后室西壁画像中，1 人双腿躬曲，持长戟斜刺，另 1 人曲蹲，左手以钩镶格戟，右手以剑斜刺持戟者，动态美而矫健，画面右侧有 1 人持环首刀，左上有 1 人跽坐怀抱环首刀，均在观看，画面左侧有人在交谈③（图五 -21：2）。有的比武图体现出有关程序。徐州市东南郊寒山出土画像石，为竖长方形，画像分四格，第

① 江苏省文物管理委员会、南京博物院：《江苏徐州十里铺汉画像石墓》，《考古》1966 年第 2 期。

② 王献唐：《徐州市区的茅村汉墓群》，《文物参考资料》1953 年第 1 期；徐州博物馆：《徐州汉画像石》，江苏美术出版社，1985 年，图 67。

③ 王德庆：《江苏铜山东汉墓清理简报》，《考古通讯》1957 年第 4 期；徐州博物馆：《徐州汉画像石》，江苏美术出版社，1985 年，图 93。

图五 -21　东汉画像石中的邀请比武图

1. 江苏徐州南郊十里铺东汉墓前室横额画像　2. 江苏徐州铜山苗山东汉墓后室西壁画像

3. 江苏徐州市东南郊寒山出土画像石画像　4. 江苏徐州铜山茅村东汉 M1 中室南壁画像（局部）

5. 山东临沂市苍山县城塑料厂出土画像石画像

一格为人物会面，似一人邀请三人，第二格为四人同行，第三格为二人持长戟比武，第四格为互相揖别[①]（图五 -21：3）。

山东省临沂市苍山县城塑料厂出土画像石画像中，右侧有仙人骑龙，左侧三分之二为比武图，右为 3 人观赏，左为 2 人比武，左侧人持长戟横刺，右侧人侧身躲避，右手以钩格戟，左手上举，没有兵器，面向左侧，似在告诉持戟者自己已落败[②]（图五 -21：5）。

---

① 徐州博物馆：《徐州汉画像石》，江苏美术出版社，1985 年，图 190。

② 临沂市博物馆：《临沂汉画像石》，山东美术出版社，2002 年，第 228 页。

大致来看，邀请比武的画像内容多样，有准备比武者，有正在比武者，也有比赛基本要结束者；比赛者基本为 2 人，呈对打状态，有长戟对钩镶者，有二戟对打者，也有皆使用短兵器者，但较为一致的是均有人观赏，有的还与其他图像互相搭配，体现出家主与亲朋或者乡邻之间较生动的一项交往内容。江苏徐州市寒山出土比武画像，整幅画像如连环画一样，包含邀请、并行、比武、揖别一整套邀请比武的内容，体现的交往内容极为生动形象。需作说明的是，不是所有的比武画像反映的皆是家主与亲朋、乡邻间的切磋和交往，有的则可能是庄园或家庭内部有关人员的比武内容。

（二）邀请观看乐舞杂技表演

主家要举行专门的乐舞杂技表演，或是因相关活动需要举行相应的乐舞杂技表演，在乐舞杂技表演开始之前，会邀请一些亲朋、乡邻过来欣赏，而受邀的亲朋、乡邻在乐舞杂技表演时前来参观，形成主家、宾朋共同观赏乐舞杂技表演的场面。这一方面反映出相关家庭与亲朋、乡邻之间的友好关系，也体现出由乐舞杂技表演而带动的交往活动，同时这亦是主家宣扬自身家庭的一种途径，一些还可借此机会推动其他活动的开展。

汉代墓葬壁画及画像石（砖）画像多有此类画面，很多画面反映的是被邀请的人员乘马车而来，进入庄园或庭院后，拜见家主并与家主一起欣赏精彩的乐舞杂技表演；也有的画面仅表现乐舞杂技与欣赏者，还有很多与其他画面共存，不过区分相对明显，应该是多项内容集中一起又分组体现出不同的内容。江苏徐州睢宁墓山东汉墓的前室画像，中为一楼阁建筑，楼右侧有门开敞，一辆马车驰出，或许所表现的是主家派人出外邀请亲朋、乡邻等宾客，最下一层有 3 辆马车和 2 组骑马者正在赶来，楼阁最上层有二男性在谈话，左侧则表现的是乐舞杂技表演和多人观赏[①]（图五 -22：1）。陕西西安理工大学 M1 西壁第四组画面为较多女性欣赏乐舞表演，女主人与一些宾客并排跽坐于围屏之前的木榻之上，前方左右两侧还各有 1 组跽坐欣赏乐舞的人员，亦应为邀请来的宾客，之间为两人翩翩起舞（图五 -22：2）；西壁第一组壁画，场景整体保存较差，根据空间相对位置推断可能有十七人，较多人围成一圈，多为跽坐状，中间有四人，正在进行不同姿势的舞蹈[②]。江苏泗洪曹庙出土的东汉晚期画像石中，有一幅横额画像石，画像分为上、下两格，上格刻听琴图，左起有女乐三人，其中一女双手抚琴，琴边放置樽、勺、圆盒、耳杯等器皿，女乐右前是女主人，面朝右边十五位女宾，人物皆穿圆领长袍，发髻高束，列坐一

① 仝泽荣：《江苏睢宁墓山汉画像石墓》，《文物》1997 年第 9 期。

② 西安市文物保护考古所：《西安理工大学西汉壁画墓发掘简报》，《文物》2006 年第 5 期。

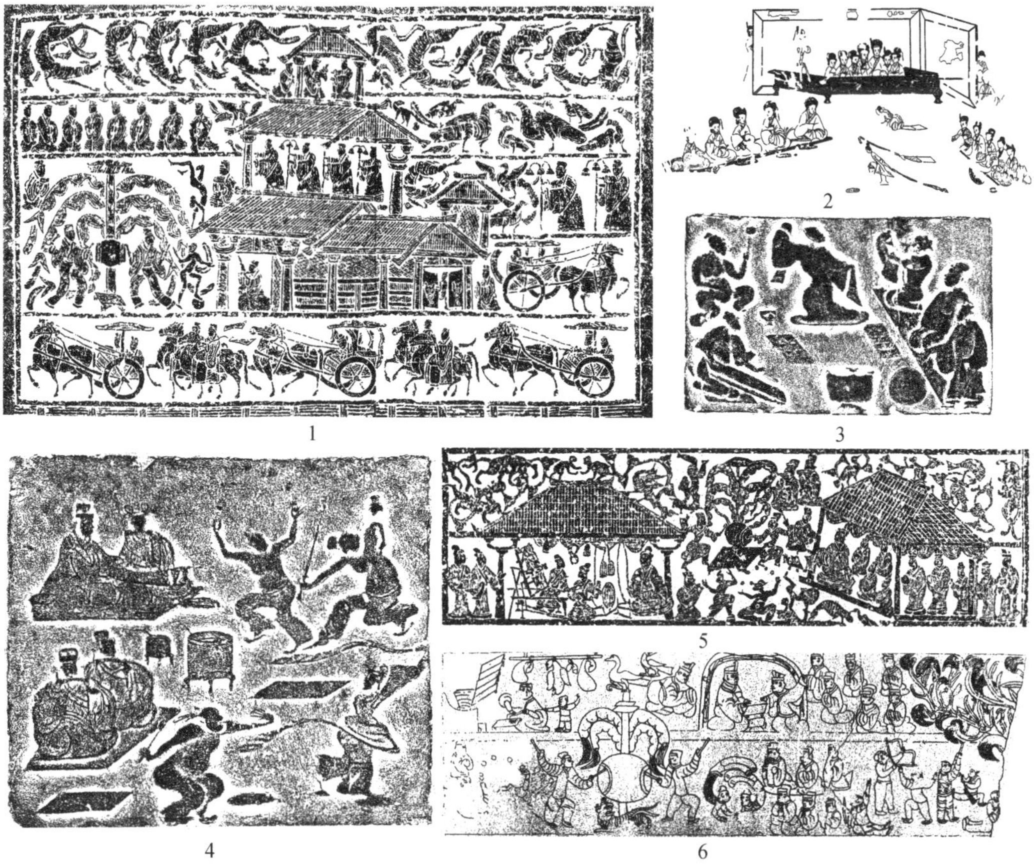

图五 -22　汉代画像、壁画中邀请观赏乐舞杂技图

1. 江苏徐州睢宁墓山东汉墓的前室画像　2. 陕西西安理工大学 M1 西壁第四组画面　3. 四川广汉罗家包东汉 M3 出土画像砖　4. 四川大邑县安仁镇出土画像砖　5. 江苏徐州铜山洪楼东汉墓祠堂画像（局部）　6. 徐州邳州青龙山东汉彭城相缪宇墓前室南壁画像（局部）

排，每个人的头侧均有空白榜额，唯有右起第八格内刻一“令”字[①]，或有相关涵义。该画像所体现的画面和内容与西安理工大学 M1 西壁第四组画面中的欣赏乐舞表演有一定相似之处，也反映出女性家主邀请女性宾客一起听琴赏乐的内容，而奏乐者亦为女性。四川广汉罗家包东汉 M3 出土的 1 块画像砖，画像左为乐舞表演，右为宾主欣赏[②]（图五 -22：3）；大邑县安仁镇出土画像砖，主人与宾客分坐，正在欣赏右侧的乐舞杂技表演[③]（图五 -22：4）。江苏徐州铜山洪楼东汉墓葬外石祠堂的一幅画像石画像下部右侧，有多人进行乐舞杂技的表演，主人与宾客坐在亭内欣

① 尹增淮、江枫：《江苏泗洪曹庙出土的东汉画像石》，《文物》2010 年第 6 期。

② 四川省文物考古研究院、广汉市文物保护管理所：《四川广汉市罗家包东汉墓发掘简报》，《四川文物》2016 年第 1 期。

③ 《中国画像砖全集》编辑委员会：《中国画像砖全集 · 四川汉画像砖》，四川美术出版社，2006 年，图版第 68 页、图版说明第 39 页。

赏，画面左侧为纺织图，最左侧为二站立的女性，一女性左手微上抬指向纺织处，似在为来客介绍纺织的情况[①]（图五-22：5）；铜山茅村东汉M1中室南壁画像，画面分四组，靠左第3组为乐舞杂技表演及欣赏画面，该画面的左侧为欣赏的宾主，右侧有1树，二者之间为乐舞杂技表演[②]；徐州市邳州青龙山东汉彭城相缪宇墓前室南壁画像，右侧有一大树，树下有玩耍的孩童，左上角为庖厨内容，中间为乐舞杂技表演及欣赏人员，又分上下2层，下层为表演，上层为主人、宾客在欣赏，另有服务人员[③]（图五-22：6）。

除上述内容外，还有一些画像仅表现乐舞杂技表演的内容，其中一些可能为主家邀请宾客欣赏的表演，当然也可能是主家或某一家庭内部欣赏的表演，这在四川地区出土的汉代画像砖画像中有较多体现，限于篇幅，不再列举。推测这或许与墓主身份等级不高有关，也可能是因为画像砖面积不大，制作者仅能在有限的空间中表现乐舞内容。

汉代画像对乐舞杂技表演内容的表现方式和对应种类、数量等均较多，如上文所言，部分乐舞杂技的表演是服务家庭内部的，更多应是邀请亲朋、邻里等共同欣赏，后者即形成家庭的对外交往。就乐舞杂技的表演者或表演团队来讲，一些可能是家庭自身的“私有财产”，即为家庭内部的乐队和杂技队，更多的则很可能是邀请来进行表演的，尤其是一些大场面的乐舞表演，这种可能性更大，而一些家庭内部的乐队和杂技队有时也会受邀为别的家庭进行相关表演，这又体现出相应的家庭交往内容。

（三）邀请狩猎

表现形式及其性质与邀请观赏乐舞杂技表演有相似或相近之处。汉代壁画和画像中的狩猎图，部分为家庭或庄园内部人员的活动，较多则是家主邀请亲朋、乡邻或相关人员进行狩猎，这在一些文献中也有记载。汉代墓葬壁画及画像中一些场面较大、涉及人员较多的狩猎图，应是邀请相关人员参与的狩猎活动，反映出不同家庭及其成员之间的交往。

江苏徐州邳州青龙山东汉彭城相缪宇墓前室西壁画像，右侧为建筑，有主人与宾客相见等画面，最左侧建筑可见1匹马的后身，该建筑左侧有较多骑马者、乘车者、步行者，很多人持有狩猎工具，队伍浩浩荡荡奔向山林，山林里已有人在骑射

---

① 王德庆：《江苏铜山东汉墓清理简报》，《考古通讯》1957年第4期；徐州博物馆：《徐州汉画像石》，江苏美术出版社，1985年，图77。

② 王献唐：《徐州市区的茅村汉墓群》，《文物参考资料》1953年第1期；徐州博物馆：《徐州汉画像石》，江苏美术出版社，1985年，图67。

③ 南京博物院、邳县文化馆：《东汉彭城相缪宇墓》，《文物》1984年第8期。

和捕捉[①]（图五 -23：1）。陕西西安理工大学 M1 东壁的狩猎壁画中，参与人员也较多，还有二女性骑马奔驰，体现出主家人员与亲朋等人员狩猎的场景[②]（图五 -23：2）。晋西北与陕西北部地区是东汉画像石及对应墓葬分布较为集中的地区之一，该地区的画像石画像中的狩猎内容较为多见，这或许是与地缘有关，一些狩猎画像即体现出邀请亲朋狩猎的内容。以陕西绥德地区发现的东汉画像石为例，多为横额石，其中延家岔东汉墓前室西壁横额为横长方形，画像右侧为庭院和楼阁，庭院左侧有门，较多车辆和骑马者已出门向外驰去，队伍浩荡，前端已有人开始狩猎[③]（图五 -23：3）；延家岔另一东汉墓葬前室西壁横额的画像石画像分上下两格，上格中间为 1 楼阁式建筑，楼的两侧又各有 1 建筑，有人在击鼓奏乐，左右各一持物的迎接者，面向一侧，而建筑的两侧皆有众多的车马向其奔驰而来；下格为狩猎

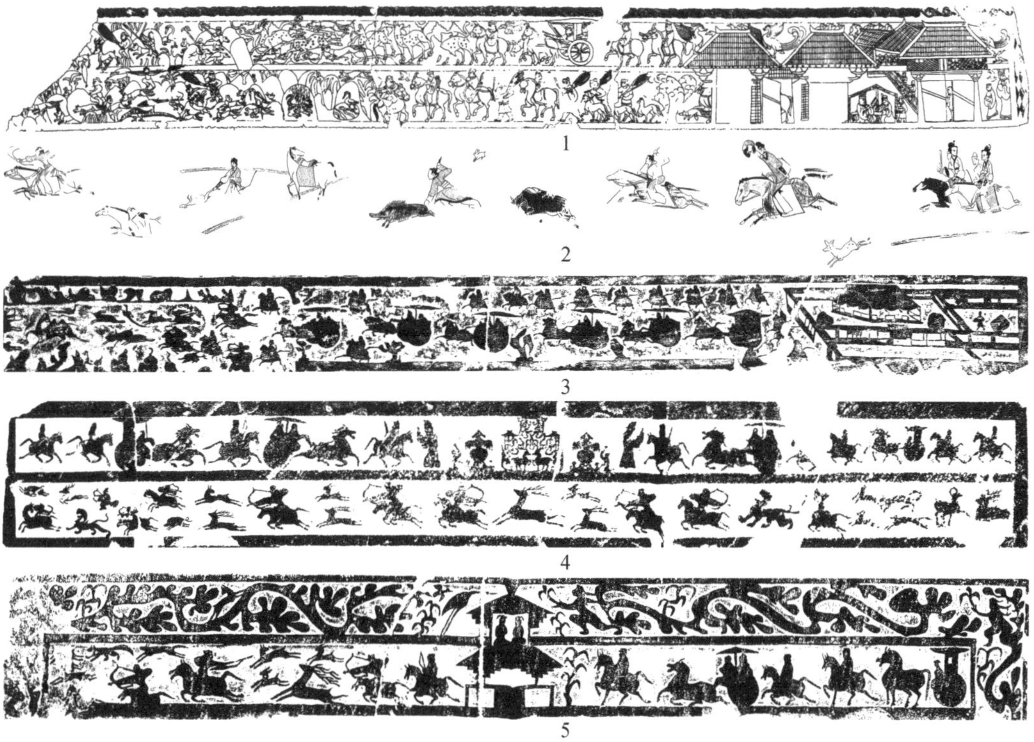

图五 -23　汉代画像石、壁画中的邀请狩猎图

1. 江苏徐州邳州青龙山东汉彭城相缪宇墓前室西壁画像　2. 陕西西安理工大学 M1 东壁狩猎壁画（局部内容）
3. 陕西绥德延家岔东汉墓前室西壁横额画像　4. 陕西绥德延家岔另一东汉墓前室西壁横额画像
5. 陕西绥德东汉“王得元墓”前室西壁横额画像

① 南京博物院、邳县文化馆：《东汉彭城相缪宇墓》，《文物》1984 年第 8 期。

② 西安市文物保护考古所：《西安理工大学西汉壁画墓发掘简报》，《文物》2006 年第 5 期。

③ 戴应新、李仲煊：《陕西绥德县延家岔东汉画像石墓》，《考古》1983 年第 3 期。

图，有奔走逃避的动物，有多个骑射的人员[①]（图五-23：4）。从画面布局来看，该横额的上格画像应是宾客受邀后乘车、马向主家赶来；下格的狩猎图存在两种可能，一是为欢迎来宾，通过狩猎来丰富招待宾客的饮食，另一种可能，也是笔者更加认可的，即宾客受邀来到主家，其中一些人则受邀去参加狩猎。类似这一画像的内容和场面，还见于绥德东汉"王得元墓"前室西壁横额石的画像，该横额石边饰卷云纹，间饰珍禽瑞兽、羽人捧芝等，主题画像右侧为车马驶向一楼阁式建筑，楼阁内有宾主会谈，楼阁左侧为骑马狩猎图[②]（图五-23：5）。这两幅画像更好地体现出受邀而来、与家主会谈、进行狩猎的过程，以叙事的方式反映出相关家庭邀请亲朋进行狩猎的交往内容和过程。

上述东汉墓葬使用画像石的画像中，狩猎图像存在以下三个共同点。一是墓葬中的相关狩猎图像均位于墓葬前室西壁，虽然出土该类画像石画像的墓葬在分布地域上距离较远，但基本位置是相同的，这可能是巧合，也可能与当时画像石墓对相关图像位置的安排较为一致有关，体现出文化、葬俗等的统一性。东汉墓葬中，前室为"堂"，堂为接待宾客之处，这与邀请亲朋的家庭交往较为契合；西壁从方位来讲可代表庭院的西侧，西有山林可以狩猎，或许是现实生活中较多家庭有关设施的写照，这也许应是狩猎画像题材相对固定于前室西侧这一位置的原因之一。当然，通观东汉时期的汉代画像石墓及其画像内容，并非所有的狩猎图均位于墓葬的前室西壁，而是存在相应的灵活性，但前室西壁应是相对较为多见的位置，体现出大的相似性或统一性。就位置差异而言，陕西西安理工大学M1是东壁有狩猎壁画，该墓的时代为西汉晚期，墓葬形制为斜坡墓道竖穴土圹砖砌椁墓，与东汉时期明显的前堂后室结构横穴墓葬有明显不同，这或许是该墓狩猎图位置不同于较多东汉墓葬狩猎图位置的原因之一，而西汉晚期相关图像位置或许没有固定性、相关思想理念与东汉时期存在一定的区别等，也可能是有关的原因。二是东汉时期墓葬画像石图像中的狩猎场所基本在庭院或庄园附近，甚至与庄园相邻或不远。由此推测，很多有相应经济实力或政治势力的家庭或庄园，很可能在自家的庄园中有自身的狩猎场地，这也是其可以邀请亲朋进行狩猎的重要原因。三是东汉画像石中邀请狩猎的内容，大致包括进行邀请（此类画像少见）、乘车马赴邀、宾主见面、共同去狩猎等过程，具有相应的程序性。四是东汉画像石中邀请狩猎画像的狩猎画面有渐进性，前面的人员大多已进行狩猎，后面的队伍还在行进中，体现出场面的宏大，也反映出家主庄园面积大及具有深厚财力等内容。可以说，上述这些均可反映出相关

① 绥德汉画像石展览馆编，李贵龙、王建勤主编：《绥德汉代画像石》，陕西人民美术出版社，2001年，第74、75页。

② 绥德汉画像石展览馆编，李贵龙、王建勤主编：《绥德汉代画像石》，陕西人民美术出版社，2001年，第90、91页。

家庭邀请亲友的交往内容，同时还体现出与之有关的其他一些内容，而丧葬内容和丧葬思想及丧葬文化在其中有较多和较突出的体现。

（四）邀请参与或参观家庭中的相关活动

秦汉时期相关家庭与亲朋、邻里间的来往或交往还表现在邀请亲朋、邻里等参与或观看家庭中的一些活动。

山东诸城前凉台东汉墓出土的画像石画像中，有一幅为相关人员拜见主人的画面，主人亦将双手拱于胸前还礼接待，而拜见者两旁有欢迎宾客到来的仪仗，仪仗外左右两侧有很多宾朋已经到来；另一幅画面被称为髡笞图[①]，或称为髡刑图[②]，体现的是主人邀请宾客观看和参与主家家庭对家庭内奴婢实施髡笞或髡刑的内容，即邀请宾客观看和参与主家家庭对家庭内奴婢的惩罚和管理。画像的上半部分为髡笞或髡刑图，下半部分还有乐舞杂技表演，主家邀请宾客观看和参加该项活动的特征十分突出，而众多宾客应是在拜见家主之后再进行参观和参与相关活动的。髡笞图最上有 7 人跽坐，右侧 5 人跽坐，左侧 12 人站立，均手执笏，位置的不同及跽坐和站立的差别又体现出宾客之间身份地位或等级的差异。三组人员围成一侧开敞的长方形，内为施髡笞及受髡刑的人员。这些观者均为家主的宾客，受邀前来，既可观看，亦可参与，同时也可参观和欣赏乐舞杂技的表演。当然，也不完全排除施髡笞或髡刑活动亦是一种带有娱乐性质的表演，与乐舞杂技表演等均是家主邀请宾客观看或欣赏的内容，且这一活动宾客还可参与其中。另外，上文所举江苏徐州铜山洪楼东汉墓葬外石祠堂画像石画像中，有女主人带女宾客参观家中织房内纺织场景，并作相关介绍，这也是邀请宾客参观家庭活动的内容之一，进而体现出与家庭交往有关的内容。

二、迎来与送往

迎来送往是家庭与亲朋、邻里交往中较为常见的内容，这是社会、家庭还包括个人礼仪的体现，因此较为普遍。文献资料关于这一内容记载较多，考古资料也多有体现，尤以壁画或画像材料最为丰富。迎来，即迎接由外来庭院或庄园或家庭的人；送往，是指送走从庭院或庄园或家庭离开的人，二者之间大致存在“相反”的内容。需作说明的是，迎来的并不都是亲朋、乡邻或其他宾客，家庭成员外出归来也需要迎接，与之相似，送别的也可能是送需要出门的家庭成员，亦不全部是亲朋、乡邻或其他宾客，这一点必须有所认识，也要进行相应的甄别。但不论如何，家庭中有亲朋、乡邻或其他宾客到来，或是家庭成员外出，亦多是家庭社会交往的

---

① 诸城县博物馆，任日新：《山东诸城汉墓画像石》，《文物》1981 年第 10 期。

② 黄展岳：《记凉台东汉画像石上的“髡笞图”》，《文物》1981 年第 10 期。

内容，而其中很多应是家庭与亲朋乡邻之间的交往。

与迎来送往相关的内容较为丰富，大致包括以下几个方面。

（一）门吏

负责迎来送往的家吏，因基本是立于门旁侧或门前阙旁进行迎接和恭送，所以被称为门吏。门吏在较多地区出土的汉代画像石（砖）画像中均有发现，而且数量较多，尤以汉代画像石（砖）分布较为集中的地区最常见，且形式多样，内容丰富，形态各异。河南南阳地区的汉画像石中有较多门吏形象，可被视为该地画像石画像的特色之一，很多发掘简报对门吏画像石画像的资料公布较为丰富（图五-24），而《南阳两汉画像石》一书对该地区汉代门吏画像还有专门的辑录[①]。《绥德汉代画像石》一书中收录较多陕西北部绥德地区出土的东汉墓门画像石画像，门吏形象较为多见，多位于墓门两侧石的下侧[②]。江苏徐州地区发现的汉代画像石数量较多，《徐州汉画像石》一书辑录该地区出土汉画像石画像中有一定数量的门吏形象[③]，该地区的睢宁县也有较多汉代画像石出土，画像石画像中的门吏形象亦较为生动形象[④]（图五-25）。

门吏在汉代画像石画像中以多种形式出现，最为常见的是立于门旁、在门前躬身迎接或恭送车马队伍、站立阙旁，也有其他的形式，如上文所举江苏睢宁散存的一块画像石画像（图五-25：2），二门吏站在树旁，一持盾、一执彗，执彗者左手持彗竖立；睢宁散存的另一画像石上的门吏为二人站立，其中一人也是左手执彗，并上举（图五-25：3）。

门吏以直身站立或上身近90°躬曲两种形式最为常见，也有呈站立状但上身微前曲者，南阳地区出土汉画像石画像中还见有跽坐抱物或蹲踞双手持物者，如南阳唐河县电厂西汉晚期墓出土的部分门吏图像等。门吏大多持物，有双手抱持者、双手拱举者、双手扶持者，也有单手扶持、单手执拄或佩剑者等。门吏所持之物有剑、戟、棒、金吾、盾、笏、彗、幢节等，这些物品均应是在原来实用器物的基础上逐渐演变而来的，如用于守护的兵器、清扫的箒帚、拜见的笏板等，出于迎宾送客礼仪的需要，逐渐形成门吏手中所持之物。除上述内容外，河南南阳邓县长冢店出土的一门吏画像则为牵獒门吏，门吏头束发髻，袒胸赤膊，下着短袴，双手控环牵獒，獒的形体较大，瞋目张口，注视前方[⑤]（图五-24：7）。

---

① 王建中、闪修山：《南阳两汉画像石》，文物出版社，1990年，图37-77。

② 绥德汉画像石展览馆编，李贵龙、王建勤主编：《绥德汉代画像石》，陕西人民美术出版社，2001年。

③ 徐州博物馆：《徐州汉画像石》，江苏美术出版社，1985年。

④ 仝泽荣、武利华、田忠恩、陈剑彤：《睢宁汉画像石》，山东美术出版社，1998年。

⑤ 《南阳汉画像石》编委会：《邓县长冢店汉画像石墓》，《中原文物》1982年第1期。

图五 -24 河南南阳东汉墓葬出土门吏画像

1、2. 唐河县针织厂汉画像石墓（M1）出土① 3、4. 唐河县针织厂东汉 M2 出土② 5. 唐河县电厂西汉晚期画像石墓出土③ 6、7. 邓县长冢店汉画像石墓出土④ 8-10. 南阳县英庄汉画像石墓（1965 年发掘）出土⑤ 11-14. 南阳市郊王庄汉画像石墓出土⑥ 15、22. 方城县东关汉画像石墓出土⑦ 16-21. 南阳县英庄汉画像石墓（1983 年发掘）出土⑧

---

① 周到、李京华：《唐河针织厂汉画像石墓的发掘》，《文物》1973 年第 6 期。

② 南阳地区文物工作队、唐河县文化馆：《唐河县针织厂二号汉画像石墓》，《中原文物》1985 年第 3 期。

③ 《南阳汉画像石》编委会：《唐河县电厂汉画像石墓》，《中原文物》1982 年第 1 期。

④ 《南阳汉画像石》编委会：《邓县长冢店汉画像石墓》，《中原文物》1982 年第 1 期。

⑤ 南阳博物馆：《河南南阳英庄汉画像石墓》，《中原文物》1983 年第 3 期。

⑥ 南阳市博物馆：《南阳市王庄汉画像石墓》，《中原文物》1985 年第 3 期。

⑦ 南阳市博物馆、方城县文化馆：《河南方城东关汉画像石墓》，《文物》1980 年第 3 期。

⑧ 南阳地区文物工作队、南阳县文化馆：《河南南阳县英庄汉画像石墓》，《文物》1984 年第 3 期。

图五-25 江苏睢宁出土东汉画像石中的门吏图像

1、4. 锅山东汉画像石墓出土 2. 睢宁县散存画像石 3. 张圩散存画像石① 5. 墓山东汉 M1 出土② 6. 桃园旧朱集九女墩汉墓出土③

门吏形象在汉代画像中大量出现且形式多样、内容丰富，充分表明当时家庭的迎来送往应是较为常见之事，而在迎来送往的家庭交往中，较为常见且十分普遍的应该就是家庭与亲朋、乡邻或邻里之间的交往。

（二）车马队伍

车马是秦汉时期骑乘与乘坐的重要交通工具，骑马、乘车及徒步为这一时期最主要的出行方式，除此之外也有骑乘其他牲畜如牛、骆驼等，亦有乘坐船、辇者。整体而言，车马为主体，这在汉代壁画和画像中均较为多见，而徒步多与之搭配，

---

① 1-3 均采自《睢宁汉画像石》一书，见仝泽荣、武利华、田忠恩、陈剑彤：《睢宁汉画像石》，山东美术出版社，1998 年，第 54、57、76、79 页。

② 仝泽荣：《江苏睢宁墓山汉画像石墓》，《文物》1997 年第 9 期。

③ 李鉴昭：《江苏睢宁九女墩汉墓清理简报》，《考古通讯》1955 年第 2 期。

并形成相应的车马队伍。一些车马队伍浩浩荡荡，颇具气势，如内蒙古和林格尔东汉壁画墓[①]、河北衡水安平逯家庄东汉壁画墓[②]等中的车马队伍壁画，人数多、阵势大，均体现出车辚马萧的气势和景象。汉代画像中的车马队伍有繁有简，繁者队伍长，车辆与人、马较多；简者仅一车一马，甚至仅有一车或仅有一马，这与所属墓室或祠堂的规模大小、画像所在的位置、墓主身份等级的高低等均有一定的关系。车马队伍所包含的内容和形式较为丰富多样，体现出相关人员的出行内容，而相当部分又可反映出家庭与亲朋、邻里或乡邻之间的交往。由于车马队伍在汉代画像及壁画中出现较多，可视为汉代画像及壁画的主要内容之一，这不仅说明出行的内容较为丰富，而且与其对应的家庭和亲朋、邻里、乡邻等之间的交往也十分频繁。

汉代画像中的车马队伍多与其他画面或内容形成相应的组合，体现出与车马队伍相关的内容。大致来看，主要有五种形式，这些形式及其内容均可反映相关家庭与亲朋、邻里、乡邻等之间的交往，但体现方式及具体内容、细节有所差异，反映出的相关交往性质和繁简程度等也有所不同。

1. 只见车马队伍在行进，无其他内容，不确定是出行还是回程，如江苏徐州铜山茅村 M1 门楣石背面画像[③]（图五 -26：1）。山东临沂西张官庄出土的车骑画像及骑马画像亦是如此，前一画像石画像中，前为二导骑，后有 4 辆马车，马车后还有一骑马者；后一画像中，为三人骑马向左奔驰[④]。这些画像石画像，一些结合其在墓葬或祠堂中的位置及相关图像，大致可以判断为出行或回程，但较多散存画像石画像则无法确定。

2. 车马队伍的前端有迎接者或是后端有恭送者，迎接者与恭送者大多为门吏，有的门吏附近或旁边还有建筑、树木等，所代表当为庭院等，基本可体现出宾客的到来或家庭成员的归来，抑或是宾客的回归或家庭成员的出行。相关画像石画像多见，较多地区的很多墓葬均有发现，山东临沂五里堡出土祥禽瑞兽与车骑画像石画像（图五 -26：2）、金雀山画像石墓出土迎宾画像石画像[⑤]及江苏徐州佛山画像石墓出土墓室壁画像（第八石）[⑥]等，均是如此。江苏徐州沛县栖山西汉晚期墓葬中棺左侧内壁石画像，所描述车马队伍已至相关家庭的门庭前，二阙前有人迎接，与其他较多车马且有人相迎的画像石画像不同，该画像中还有乐舞杂技表

① 内蒙古自治区博物馆文物工作队编：《和林格尔汉墓壁画》，文物出版社，1978 年。

② 河北省文物研究所：《安平东汉壁画墓》，文物出版社，1990 年。

③ 王献唐：《徐州市区的茅村汉墓群》，《文物参考资料》1953 年第 1 期；徐州博物馆：《徐州汉画像石》，江苏美术出版社，1985 年，图 63。

④ 临沂市博物馆：《临沂汉画像石》，山东美术出版社，2002 年，第 28、29、35 页。

⑤ 临沂市博物馆：《临沂汉画像石》，山东美术出版社，2002 年，第 40、41、54 页。

⑥ 徐州博物馆：《江苏徐州佛山画像石墓》，《文物》2006 年第 1 期。

图五 -26　第一～第三类车马队伍

1. 第一类（江苏徐州铜山茅村 M1 门楣背面画像）　2、3. 第二类（2. 山东临沂五里堡出土车骑画像　3. 江苏徐州沛县栖山西汉晚期墓葬中棺左侧内壁画像）　4-6. 第三类（4. 山东临沂五里堡出土车骑画像　5. 江苏徐州铜山茅村 M1 中室北壁车骑画像　6. 四川广汉市新平镇罗家包东汉 M3 出土画像砖画像）

演及楼阁、会见宾客等内容[①]（图五 -26：3），可以说，该画像石画像反映出车马队伍的到来、主家迎接、会客及与招待宾客相关的庖厨等内容，是亲朋来主家的生动写照。

3. 行进的车马队伍前有对向驶来的一辆马车（极少数为一骑马者），车马队伍前的车辆（或人员、骑马者）与对向过来的车辆均作暂停行进状。典型画像如

① 徐州市博物馆、沛县文化馆：《江苏沛县栖山汉画像石墓清理简报》，《考古》编辑部编辑：《考古学集刊・第 2 集》，中国社会科学出版社，1982 年，第 106-112 页。

山东临沂五里堡出土祥禽瑞兽与车骑画像的另一面画像，亦是祥禽瑞兽与车骑画像，画像上格为祥禽瑞兽，下格为车骑队伍，前端马车已停下，其左侧有迎面驶来的另一辆马车，驭者勒住马缰绳让马车停下[①]（图五-26：4）；江苏徐州铜山茅村M1中室北壁石的车骑画像，车队朝左行进，最左侧有一辆停靠正在等待的马车[②]（图五-26：5）。相关资料称这种情况是“途中与另一车相遇，车上的人正在打招呼”[③]，但笔者认为，迎面而来的车辆更像是来迎接车马队伍，该车从车马队伍的朝向方向驶来，但仅1辆车，车上之人出行的可能性不大，最大的可能是前来迎接，而这或许应是主家安排有关人员来迎接重要亲朋，所体现家庭与亲朋的交往内容较为突出。四川广汉市新平镇罗家包东汉M3出土的一块画像砖画像中有1马拉车，车无盖，马旁一驭者，即赶车者，正在缓步前行，一侧有1狗随行，迎面来一骑马者，作迎候状[④]（图五-26：6）。该画像仅1马车出行，有赶车者，且有一狗随行，速度当不会太快，应与走亲访友有较大关系。

4. 车马队伍后有门吏恭送，前有门吏迎接，体现出恭送、行进、迎接的过程，这既可能是家庭成员的回归，也可能是亲朋好友出门访亲问友，乡邻或邻里造访的可能性不大，但很可能是亲朋好友去家主家庭中做客。有的车马、人物数量很多。山东苍山县鲁城乡楼子村出土车马画像石，石面横长，两侧为柿蒂纹，画像左侧有一人持笏恭送车马队伍，车马队伍较长，车马队伍前有一人躬身相迎，其后还有建鼓者，当为迎接亲朋；费县潘家疃出土的一块画像石，画像右侧为1门吏捧笏屈前身相送，左侧有1门吏捧盾恭迎，画像中有3组6人骑乘者，另有2辆马车[⑤]。山东嘉祥隋家庄关帝庙出土画像石画像，右为1人相送，车马队伍有骑乘者和马车，前面还有2人扛戟迈步前行，最左侧有1人躬身迎接（图五-27：1）；嘉祥郗家庄出土画像石画像，右侧为1人跪地恭送一车一骑乘者离开，骑乘在马车前，其前还有一人扛戟迈步前行，左侧为1人躬身相迎[⑥]（图五-27：2），从画面看，该图很像家主出门访友或看望亲戚。山东莒县沈刘庄画像石墓出土的1块门楣石画像中，右侧有1人跪姿，直身举物相送，其前为一车二骑，左侧有1人执盾躬身相迎，

---

① 临沂市博物馆：《临沂汉画像石》，山东美术出版社，2002年，第40、41页。

② 王献唐：《徐州市区的茅村汉墓群》，《文物参考资料》1953年第1期；徐州博物馆：《徐州汉画像石》，江苏美术出版社，1985年，图64。

③ 徐州博物馆：《徐州汉画像石》，江苏美术出版社，1985年，图版说明第4页。

④ 四川省文物考古研究院、广汉市文物保护管理所：《四川广汉市罗家包东汉墓发掘简报》，《四川文物》2016年第1期。

⑤ 临沂市博物馆：《临沂汉画像石》，山东美术出版社，2002年，第84、85、156、157页。

⑥ 傅惜华、陈志农编辑，陈沛箴整理：《山东汉画像石汇编》，山东画报出版社，2012年，第188、190页。

图五 -27　第四类车马队伍

1. 山东嘉祥隋家庄关帝庙出土画像石画像　2. 山东嘉祥郄家庄出土画像石画像　3. 山东莒县沈刘庄画像石墓出土门楣画像　4. 江苏徐州邳州夫山乡埠上村东汉墓出土画像石画像　5. 徐州北部地区散存车马画像石画像

其后立一彗，有人的双手执握，当还有 1 门吏，执盾者面前摆一矮几，当是供乘车者下车时使用[①]（图五 -27：3），该图很像家主出门访友或看望亲戚。江苏徐州市邳州车夫山乡埠上村一座东汉画像石墓出土的 1 块画像石，画像上格为祥云和祥禽，下格右侧 1 门吏站立执物送别，其前一车一骑，骑乘者前面有 1 门吏站立执物迎接

① 苏兆庆、张安礼：《山东莒县沈刘庄汉画像石墓》，《考古》1988 年第 9 期。

（图五 -27：4），该画像中车马数量极少，可能与乘车者身份地位相对不高有关，该墓出土的另一块画像石画像则是有 1 恭送者，另有一车一骑，二图均较紧凑[①]，或可能与家庭成员去乡邻家或较近的亲朋家有关。徐州北部地区散存的一块车马画像石，画像中的车马队伍前有 1 骑乘者，后有三车，车后为 2 骑乘者，骑乘者后为 2 执笏送行者，在车马队伍前有 1 人执盾恭迎[②]（图五 -27：5）。

5. 与同出的其他车马画像形成组合，而自身车马队伍的内容、表现形式等也不同于其他车马画像，整体上以类似连环画的形式，分不同阶段体现出相关家庭与亲朋之间的亲密交往。江苏徐州市邳州车夫山乡埠上村另一座东汉画像石墓，前后室结构，后室为竖长方形，墓葬北向，后室东侧壁画像石（第 22、23 石）画像的上格有较多珍禽异兽，下格为一个整体的车马画像，右侧为一骑一车，后有较多相送的家吏，画面左侧的一骑一车已到目的地，有人躬身迎接，拉车马右前足附近有一凳几，用于车内人下车，车后伴随相送的人员正在注视前方；后室西壁画像石（第 19、20 石）画像的上格亦为较多珍禽异兽，下格也是一个整体的车马画像，为两组相对的车马队伍，左侧一组由左向右，有 2 人相送，再右为 2 骑乘者，骑乘者之前为 1 马车，马车前还有 2 骑乘者；右侧一组由右向左，有 5 人站立，前有 1 车 1 骑乘者，在骑乘者之前有 3 人，2 人站立恭候，1 人执盾躬身相迎，其身前还有一供乘车者下车的几[③]（图五 -28）。由东壁画像看，相关家庭成员出门，队伍浩荡，阵势较大，且有较多人行走相送，推测家主走亲访友的可能性较大；西壁画像左侧为一人乘车离开，有人相送，而在某处，又有迎接者以车马队伍驱车来接左侧车马队伍中车内乘坐之人。综合东壁和西壁两块画像石画像，以相对连续的画面表现出相关家庭成员出门，到达目的地有人迎接，在亲友家完成访亲会友的事宜后，亲朋家派人将其送走，在相应的地点，其家庭派车马队伍来迎接其归家。因此，这两块与车马相关的画像石画像充分展现出相关家庭与亲朋之家的交往，尤其是出门、归家的内容和过程，较为生动和形象。

（三）三个其他内容的画面

汉代壁画和画像中还有一些画面亦可体现相关家庭与亲朋、乡邻或邻里、其他人员间“迎来送往”的交往内容，虽发现数量少，但反映的内容较有特点，与上文所述内容综合构成相关家庭与亲朋、乡邻或邻里、其他人员间的交往内容。

---

① 姚景洲、贾庆华：《邳州车夫山汉画像石》，《东南文化》1999 年第 2 期。

② 郝利荣：《徐州新发现的汉代石祠画像和墓室画像》，《四川文物》2008 年第 2 期。

③ 郝利荣：《邳州车夫山汉画像石墓初步研究》，《东南文化》2006 年第 2 期。

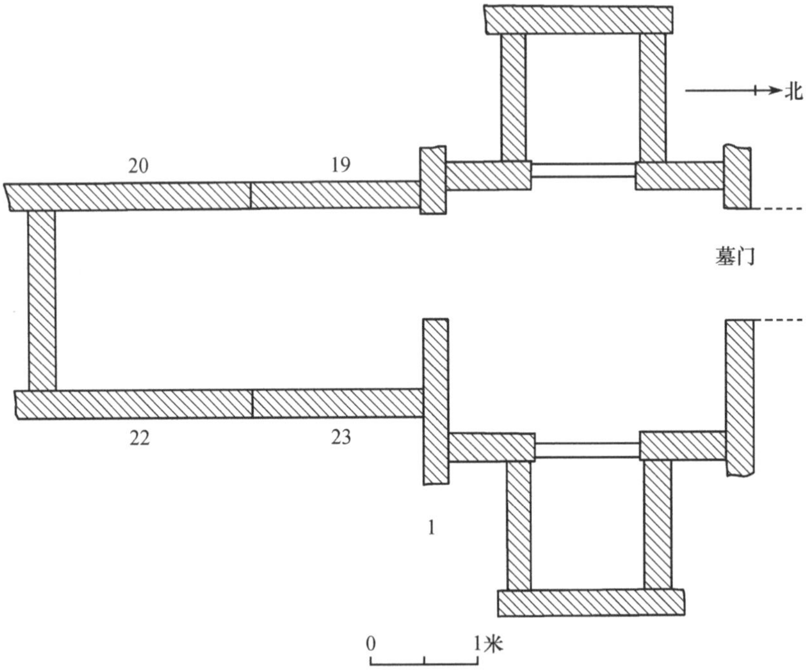

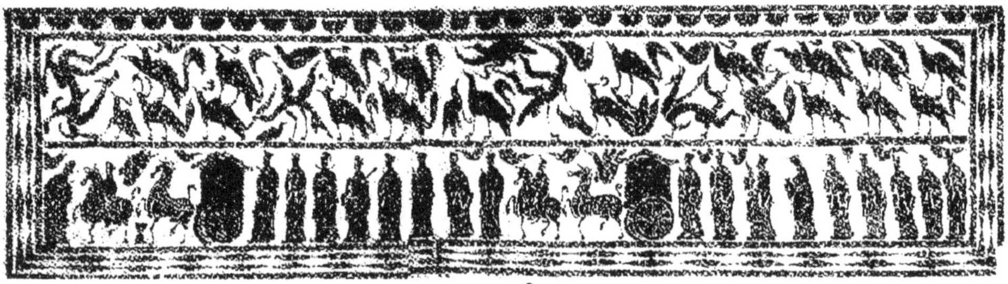
2

3

图五 -28　江苏徐州邳州车夫山埠上村东汉画像石墓复原图及后室东、西壁画像（第五类车马队伍）
1. 墓葬复原图　2. 后室东壁画像（22、23 石拓本）3. 后室西壁画像（19、20 石拓本）

1. 山东苍山城前村北墓葬前室东壁横额石画像①

画像右侧上部为九鸟飞翔浮云间，下部为向左行驶的车骑，车骑由一导骑及两小軿车组成，前为马车，后为羊车；左侧刻有庑殿顶大房，门扇一闭一开，门内二人，左拄杖、右执扇，房旁一人捧盾恭迎车骑（图五 -29）。从构图看，与较多墓葬画像石中的车马迎宾图较为相似，但该图中，后一车为羊拉车，且该墓出土的题记对之有记："小车軿驱驰，相随到都亭，游徼侯见，谢自便。后有羊车。象其䞈上即圣鸟乘浮云。"由图像和题记来看，应是相关家庭成员出行，所乘车为"小车"，且一车为羊拉车，考虑到羊的耐力和速度，估计外出不是太远，根据题记所记"相随到都亭"，且画像中有人迎接，推测"都亭"应是出行的目的地之一，而家庭成员在此可与有关亲朋相见，就"都亭"的相关人员来讲，迎来亲朋故友，正好一聚。本画像体现的内容及其内涵具有相应的特殊性，与较多画像中在家中迎接亲朋存在明显不同。

图五 -29　山东苍山城前村北墓葬前室东壁横额画像

2. 江苏徐州贾汪北部出土出行画像石画像②

出行队伍计六人，中间为一人两手拉车，车上坐一人手持便面，车后有二人捧物跟随，拉车人之前为二导引，手中所持当为盾，画面左侧有一人抱盾躬迎（图五 -30）。该画像石画像中，车由一人在前拉动，乘车者很可能为一位年龄相对较大的老人，车后有两人捧物跟随，反映的应是相关人员到不远处的亲朋或邻里家去做客，而躬身相迎者为亲朋或邻里家的门吏。

① 山东省博物馆、苍山县文化馆：《山东苍山元嘉元年画象石墓》，《考古》1975 年第 2 期。

② 杨孝军：《徐州新征集的汉画像石研究》，《东南文化》2009 年第 4 期。

图五 -30　江苏徐州贾汪北部出土出行画像

3. 陕西西安东南角曲江翠竹园西汉 M1 西壁壁画①

壁画内容为建筑外的一侧，上有垂幔，垂幔下共有人物 8 名，从南向北为怀抱婴儿的侍女，其左侧有一站立的孩童，左手自然下垂，右手斜上伸，手扯住抱婴儿大人的衣袖，面部上仰，似在逗被抱的婴儿，其左侧为二形体不高的男女侍者，二人左侧为 1 佩刀武士，佩刀武士左侧为 1 佩剑武士，其左侧还有 1 男侍者，男侍者左侧为门（图五 -31）。从壁画内容来看，或许是家主夫妇需外出访友或走亲，因孩子太小，由家中的侍女和相关人员看护，也许是到了家主夫妇大概要归家的时间，男女侍者及家吏站在门口等待他们的归来，侍女抱着年龄较小的婴儿，面目注视，呵护之情溢于言表，年龄稍大的孩子跟在其身旁，伸手牵扯衣袖，表现出较亲昵的状态，同时还会逗逗婴儿，十分可爱，而家吏则面朝门外，等待着主人的到来。这幅壁画虽未见家主形象，也无他们外出的描绘，但通过相关画面可体现出他们外出访友或走亲的可能，折射出相应的家庭交往内容。

图五 -31　陕西西安东南角曲江翠竹园西汉 M1 西壁壁画

① 西安市文物保护考古所：《西安曲江翠竹园西汉壁画墓发掘简报》，《文物》2010 年第 1 期；西安市文物保护考古研究院：《西安西汉壁画墓》，文物出版社，2017 年，第 67-70 页。

三、会客与娱乐

亲朋、乡邻或邻里到主家来做客或进行相关交往，到主家后要拜见主人，并有会谈或相关活动，如饮酒、进餐，同时还会有相关的娱乐活动，就家主来讲，这些内容又可称为会客。也有一些亲朋、乡邻或邻里还存在其他见面和交流的方式，出土的汉代图像资料亦有体现。

（一）拜见

1. 来客拜见家主

秦汉时期，较多来客与家主见面存在一定的礼节，加之存在年纪、辈分、身份地位等的差异，使得相关礼节得到推广，进而形成相应的程式，但考古发掘的相关图像体现不多且不甚明显。

山东济宁出土的一块画像石，画像下为车马及迎宾，上层为建筑，建筑右侧为乐舞，建筑下层空间中，主人朝右跽坐，面前有一人跪拜，另有其他一些人员，建筑上层有多人跽坐，正在欣赏乐舞杂技。该画面体现出宾客到来、拜见家主、共同欣赏乐舞的过程[①]（图五 -32：1）。山东嘉祥武氏祠西阙一石刻画像上格，左侧为一老者拄杖右向站立，其面前有一人屈膝直身拱手拜见，其后有多名家吏随礼节躬身行礼[②]（图五 -32：2）。江苏徐州出土的 1 块画像石，分上下四格，下格为欣赏乐舞，下格之上一格为屠宰和庖厨，再上一格为骑乘和迎宾，最上一格中间为主人向右跽坐，双臂张开，面向左侧，在其左右两侧皆有拜见行礼者[③]（图五 -32：3）。江苏徐州睢宁墓山东汉 M1 前室北侧石画像体现的拜见内容较为生动，画像的主体是一座四阿顶房屋，屋内设长坐具，坐具上有两个穿宽袖长袍者，相向而坐，左侧一人戴冠，当为男性，右侧一人梳高髻，为女性，再结合房顶之上所立二对颈鸟，可知房屋内所坐为夫妻二人，房屋的左侧有大树、群鸟、人物、马匹，右侧分为上下两栏，上栏刻捕鱼图像，下栏为送礼场面，前面一人躬身拜见主人，后面二人以一木棍抬 1 猪腿、1 尾大鱼和 1 坛酒，后面有三穿宽袖长袍戴冠者紧随，前面一人拄杖，当为老者，后面二人持便面[④]（图五 -32：4）。画像所反映是家主居于家中，有

① 傅惜华、陈志农编辑，陈沛箴整理：《山东汉画像石汇编》，山东画报出版社，2012 年，第 338 页。

② 蒋英炬、吴文祺：《汉代武氏墓群石刻研究》，山东美术出版社，1995 年，第 11、145 页。另，《山东汉画像石汇编》一书有这两幅画像的线描图，见傅惜华、陈志农编辑，陈沛箴整理：《山东汉画像石汇编》，山东画报出版社，2012 年，第 391、426、427 页。

③ 李天池、周庆明、周洋：《语石精舍珍藏汉画集》，黑龙江人民出版社，2003 年，第 76、77 页。

④ 仝泽荣：《江苏睢宁墓山汉画像石墓》，《文物》1997 年第 9 期。

图五 -32　汉代画像中的拜见图

1. 山东济宁出土画像石　2. 山东嘉祥武氏祠西阙一石刻画像上格　3. 江苏徐州出土画像石上格画像　4. 江苏徐州睢宁墓山 M1 前室北侧石画像

人带礼物前来拜见的场景，既反映了拜见的礼节，也体现出拜见的程序，即前有一人提前通告家主，其后二人抬礼品，再是一老者与随从等候拜见，其中的执杖老者可能为主要拜见者，其他是陪其进行本次拜见的服务人员，由于拜见者年龄较大，推测屋内所坐夫妻二人也可能为老年夫妇，虽画面不是太清楚，但可大致看出。整体来讲，这幅画像所反映是送礼形式的拜见。

汉代画像中，最为多见的为持笏拜谒者，大多应为官吏、家吏及与官僚体系有关的门生等对更高级别人员的拜见，是存在一定职务差别、等级差异的拜见，或是由身份、地位不同所促成的一种拜见方式，这和一些家庭中家主与亲朋、乡邻或邻里见面时的拜见存在不同，相关内容在下文有述。需要指出的是，上文所举的拜见图中，一些可能为亲朋、乡邻或邻里拜见家主，有的则存在为低等级人员拜谒高等级官吏或人员的可能，特作说明。

2. 孔子见老子图像

“孔子见老子”图像在汉代墓葬壁画及墓室或墓外祠堂的石刻画像中较为常见，西汉中晚期的一些石椁画像中已见有相关内容，东汉时期，“孔子见老子”画像更为普及，较多出现于祠堂画像中，具有相应的教化作用。就这一内容图像来讲，一方面是宣扬谦虚好学品德和尊老敬贤美德，另一方面也体现出人与人的交流与沟通，图像的主体是孔子拜见老子，这又反映出相应人员之间拜见且有所交往的内容，因图像的形成年代为汉代，对研究这一时期亲朋之间的拜见和交往可提供相应的参考。

陕西毛乌素沙漠靖边县杨桥畔东汉墓葬前室东壁上层有“孔子见老子”壁画，南北两侧人物皆戴冠蓄须，穿博袖长袍，双手笼于袖中，北侧老者拄杖，满头白发，南侧站立者戴高冠，拱手恭立，二人中间为一儿童，身穿红衣，左手牵一彩色鸟形车，三人由左向右依次为孔子、项橐和老子[①]（图五 -33：1）。山东嘉祥宋山发现汉画像石中的第 7 石，画像分四格，由上往下第三格为“孔子见老子”画像，孔子和老子皆戴冠，对面站立，躬身行礼，老子拄杖，身后一人，孔子身后还有四人，老子和孔子之间为项橐，右手推玩具车，左手上举，昂头面向孔子，似在询问什么[②]（图五 -33：2）。有些孔子见老子画像中，拜见老子的孔子手中捧一鸟，有的在二人之间项橐的上方或附近位置也有鸟。嘉祥宋山发现汉画像石中的第 5 石，由上至下第二格为“孔子见老子”画像，整体构图与上述第 7 石中的“孔子见老子”画像相似，不同的是，孔子拱手处捧 1 鸟，项橐的头顶还有 1 鸟飞翔[③]（图五 -33：3）。嘉祥齐山村出土的“孔子见老子”画像，有题榜，老子和孔子身后皆站立有人，孔子拱手捧 1 鸟，另 1 鸟在其衣袖前紧贴衣袖，项橐的头顶还有 1 只大鸟[④]（图五 -33：4）。画像中捧鸟拜见他人的内容体现出相应的拜见礼仪，即贽礼，有学者就此类画像及贽礼进行过分析，指出“一个是到达，即礼品和客人到达了；一个是拿着，捧鸟拜见行贽礼”，这是希望进一步加强和朋友、亲戚之间的联系，密切相互的关系[⑤]。

---

① 陕西省考古研究院、榆林市文物研究所、靖边县文物管理办公室：《陕西靖边东汉壁画墓》，《文物》2009 年第 2 期。

② 济宁地区文物组、嘉祥县文管所：《山东嘉祥宋山 1980 年出土的汉画像石》，《文物》1982 年第 5 期。

③ 济宁地区文物组、嘉祥县文管所：《山东嘉祥宋山 1980 年出土的汉画像石》，《文物》1982 年第 5 期。

④ 中国画像石全集编辑委员会编：《中国画像石全集 · 第 2 卷 · 山东汉画像石》，山东美术出版社，2000 年，第 46、123 页。

⑤ 张从军：《黄河下游的汉画像石艺术》，齐鲁书社，2004 年，第 413、414 页。

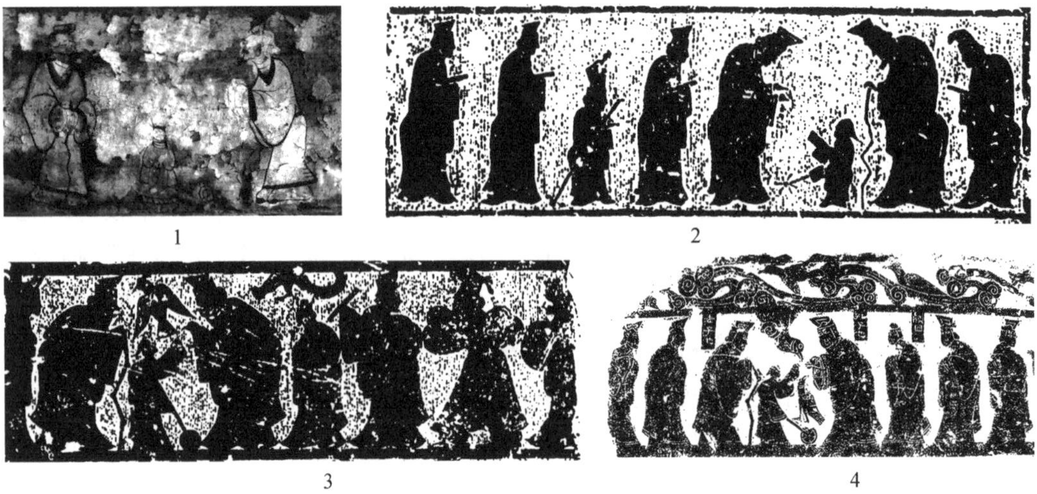

图五-33 汉代壁画与石刻画像中“孔子见老子”图像

1. 陕西毛乌素沙漠靖边县杨桥畔东汉墓葬前室东壁上层壁画 2. 山东嘉祥宋山汉画像石第7石第三格画像 3. 山东嘉祥宋山汉画像石第5石第二格画像 4. 嘉祥齐山村出土画像（局部）

（二）会客

家主会见宾客称为会客，会客的形式和内容较多，上文所述“邀请”内容中即有一些会客的内容，如参观乐舞杂技等，此处不再多叙，其他还有交谈、饮酒与进餐等，而这些内容在画面中基本是同时进行。

汉代画像中常见二人对坐，面前有案或几，案或几上有酒器或酒具，附近还有其他饮食器具及一定数量的侍者，或忙碌端送，或站立待命，一些还有执便面（扇）或持其他物品者。这类图像需作甄别，即确定是夫妻对饮或进餐，还是招待亲朋、乡邻或其他宾客。一般来讲，可以从二人的服装、发型和发饰等来进行区分，若二人在这些方面有明显差别，且其中一人为男性、另一人为女性的特征较为明显，则基本可确定为夫妻对饮或进餐而非会客。除此之外，配套图案也可体现，如房屋之上有对颈鸟或交颈鸟等，与房屋中对坐夫妻相对应，体现出夫妻恩爱的内容。如江苏徐州睢宁墓山M2前室的一幅画像石画像，房屋中二人对坐，左侧一人戴冠穿袍，形体略大，右侧一人头梳髻，穿着为上衣下裙，形体略小，房屋的左右两侧各有一人正在忙碌运送酒食等，房屋之上有2对颈鸟，对喙磨颈，十分亲昵[①]（图五-34），该图即是夫妻对坐的画面，而且这类画面在汉代画像石（砖）画像中数量较多，不可视为会客图像。

从汉代画像石（砖）画像内容来看，以家主为主导的同一性别的两人或多人

① 仝泽荣：《江苏睢宁墓山汉画像石墓》，《文物》1997年第9期。

图五 -34　江苏徐州睢宁墓山 M2 前室画像

在一起，有交谈、饮酒和进餐等活动，则基本可作为家主会客的内容，此类画像亦有一定数量。四川地区出土的汉代画像砖画像中有相应体现。大邑县安仁乡出土画像砖，画面有七人，席地而坐，除一人持盘以待外，另外六人两两成组，面前有案，另有酒器，人物或以勺舀酒并往耳杯内注酒，或手举耳杯欲饮，或举耳杯劝酒，图中七人相互呼应，其中六人且谈且饮，场面热烈而不失雅趣[①]（图五 -35：1）。成都市新都区马家乡出土画像砖画像，一座房屋的三面各坐一人，中设 1 案，置杯、碗、箸，左面一人举碗向坐于中间的人物敬酒，中间一人手捧花注视，中间所坐为一老者，正伸手接左边的人递给的酒碗，体现出主客宴饮的情景[②]（图五 -35：2）。广汉罗家包 M3[③] 及大堆子东汉墓[④] 出土画像砖上的燕集画像基本相同，均为多人在屋内饮酒交谈，场面热烈（图五 -35：3）。画像石画像中的内容更多，以苏皖北部地区发现的东汉画像石为例，安徽宿县褚兰墓山孜东汉 M1 前室东壁北端画像石画像，下格有五人，其上一格为男主人在房间内会客，客人为另一名男性，二人皆戴冠，衣服相同，两侧还有二跽坐的侍者（图五 -35：4），该墓出土的较多画像还有类似内容，如北后室后壁正中的画像石画像、前室东壁的额枋、耳室门西侧石与东侧石的画像等[⑤]，是对主人会见亲朋或乡邻等宾客的生动描写。江苏徐州睢宁锅山东汉墓前室北壁画

① 《中国画像砖全集》编辑委员会：《中国画像砖全集 · 四川汉画像砖》，四川美术出版社，2006 年，图版第 57 页、图版说明第 32 页。

② 《中国画像砖全集》编辑委员会：《中国画像砖全集 · 四川汉画像砖》，四川美术出版社，2006 年，图版第 59 页、图版说明第 33 页。

③ 四川省文物考古研究院、广汉市文物保护管理所：《四川广汉市罗家包东汉墓发掘简报》，《四川文物》2016 年第 1 期。

④ 敖天照：《广汉县出土一批汉画像砖》，《四川文物》1985 年第 4 期。

⑤ 王步毅：《安徽宿州褚兰汉画像石墓》，《考古学报》1993 年第 4 期。

图五 -35　汉代画像砖（石）中的“会客”画像

1. 四川大邑县安仁乡出土画像砖画像　2. 四川新都马家乡出土画像砖画像　3. 四川广汉罗家包 M3 出土画像砖画像　4. 安徽宿县褚兰墓山孜东汉 M1 前室东壁北端画像（局部）　5. 江苏徐州睢宁锅山前室北壁画像石画像（局部）　6、7. 江苏徐州铜山洪楼东汉墓祠堂画像石画像（局部）　8. 江苏睢宁张圩的一块散存画像石画像（局部）

像石画像，下有一人一马，其上一层有二戴冠的男性对面而坐，中间为 1 樽，樽内有勺，房屋之上的一格为二虬龙同向蜷曲作嬉戏状①（图五 -35：5），综合画面内容，尤其是二人对饮，体现出家主与亲友会面的内容。江苏徐州铜山洪楼东汉墓

① 仝泽荣、武利华、陈剑彤、田忠恩：《睢宁汉画像石》，山东美术出版社，1998 年，第 58、100、101 页。

葬外祠堂出土画像石中，一块为竖长方形，画像下格为 4 名女性，两人一组分左右跽坐，中为案，案上有带勺的樽，旁边还有 1 食器，4 人正在密切交谈，其上一格为祥禽，再上一格为 3 男性跽坐谈话，左侧 2 人相谈甚欢，右侧 1 人注视聆听（图五 -35：6），与该画像对应的是该祠堂的另一画像，内容为男女主人与男女宾客分别拜见的画面，且均为站立状[①]，二者所体现的内容应是家主与亲朋、乡邻间的会见与交往；另一块为横长方形，下格左侧为双阙，有车马、迎宾，描述了宾客的到来，其上一格有左右两个房屋，右侧为女性家主与女宾会面和交谈，服务人员较少，左侧为男性家主与男宾客饮酒交谈，一些服务者正在忙碌（图五 -35：7），两幅画像均反映出男女家主分别与男女宾客会见、交谈的内容，体现出的交往较为亲密，后者仅以画像分格来区分，前者描述的则是不同房屋的不同会面，而且服务人员的数量、服务内容均有差异。江苏睢宁张圩散存的一块画像石，画像分上中下三格，下格为庖厨图，中格所刻栏杆边坐 6 人，均男性，每侧 3 人，正在交谈，中间通道有 2 侍者捧食，上格为 1 房屋，外有 2 侍者，屋内左右两侧各 1 侍者，中坐 4 人，均女性，正在交谈[②]（图五 -35：8），该画面既反映出男女家主分别与男女宾客交谈、会面的内容，也很可能描述的是正式酒宴开始前的画面。江苏省宿迁市泗阳打鼓墩樊氏画像石墓中室北壁上门额石（第 24 石）正面画像也体现出男女家主分别会见男女宾客的内容，另外还有其他相关内容，画像右段刻一座四阿顶屋宇，门面雕纹画彩，屋内两老妪对跽，面前摆置器皿，一仆人手捧圆盘，跪着进食，屋外二妇二孺，提携包袱，前来探望；左段画像亦刻屋宇一间，屋内几旁对坐二男子，几上置樽、勺、耳杯、果盘等，右面宾客手执双耳杯正在饮酒，门外恭候一仆，正迎接前来拜谒的客人，画面上尚存四人画像，其中一人展示简册，一人把简册系在身上[③]。可以看出，该画像较生动地展现出与家庭及其家主有关的对外交往内容。

（三）娱乐

主家招待来做客亲朋、邻里或乡邻等的内容之一，有些图像在内容、布局上，与上文所述第（二）方面有较多相似，但增添了六博这一娱乐活动；另外，与会客有关的娱乐活动还有投壶和观看斗鸡等。

---

① 王德庆：《江苏铜山东汉墓清理简报》，《考古通讯》1957 年第 4 期；徐州博物馆：《徐州汉画像石》，江苏美术出版社，1985 年，图 76、88、89。

② 仝泽荣、武利华、陈剑彤、田忠恩：《睢宁汉画像石》，山东美术出版社，1998 年，第 78、104、105 页。

③ 淮阴市博物馆、泗阳县图书馆：《江苏泗阳打鼓墩樊氏画像石墓》，《考古》1992 年第 9 期。

1. 博弈

四川地区出土汉代画像石及画像砖的画像中均有一定数量的六博图。彭山县凤鸣乡出土画像砖画像，有一双檐阙式楼，室内有 4 人席地而坐，席前置酒碗，博具置于两席之间，其上方有“博时尹元郎”五字，4 人正饮酒博弈，2 人下棋，2 人观棋，状态较为兴奋[①]（图五 -36：1）；新津县出土画像砖画像，帷幔下有 4 人，相对博弈，上方 2 人设席博弈，右一人伸手于棋局上，观察局势，左一人捲袖，下面二人中，右一人两手高举，作惊愕状，左一人伸手于棋局上，凝视对方（图五 -36：2）。鲁南及苏北地区出土的东汉画像石画像中更为多见，且更能体现出会客娱乐的内容，即在上文所述第（二）方面内容基础上增加了博弈。江苏徐

图五 -36 汉代画像砖（石）中家主与宾客博局画像

1. 四川彭山县凤鸣乡出土画像砖画像 2. 四川新津县出土画像砖画像 3、4. 江苏徐州睢宁张圩散存画像石画像（局部） 5. 江苏徐州铜山台上出土画像石画像 6. 江苏徐州铜山茅村 M1 中室北壁画像 7. 徐州汉画像石艺术馆征集画像石画像 8. 山东微山出土画像石画像

① 《中国画像砖全集》编辑委员会：《中国画像砖全集 · 四川汉画像砖》，四川美术出版社，2006 年，图版第 76、78 页、图版说明第 43、44 页。

州睢宁张圩一块散存画像石上格有 2 人坐于榻上博弈，左侧 1 人右手持物上举，两人旁侧各有 1 人，探头观看（图五 -36：3）；该处征集的一块墓窗画像石画像的下格为六博对饮，2 人坐于榻上，中置博具和耳杯等，左方 2 人持食进献，右方 2 人躬立伺候[①]（图五 -36：4）；铜山台上出土画像石画像，二人对坐于室内，一边对饮，一边博弈，面部及肢体语言各有不同[②]（图五 -36：5）；铜山茅村 M1 中室北壁石画像，下为建筑，两侧各有 1 侍者，屋内外侧为 2 男性在饮酒博弈，2 人的肢体动作均较丰富，屋内侧有 3 女性跽坐，左侧 2 人对面交谈，右侧一人亦侧向 2 人[③]（图五 -36：6），该画像的内容体现出家主夫妇与宾客夫妇的会面、谈话和饮酒、娱乐，体现的应是与亲朋、乡邻之间的交往，因为有夫妻二人的内容，屋顶的祥禽出现有交颈鸟；徐州汉画像石艺术馆征集的一块画像石画像，房屋内坐二人正在玩六博，左一人右手高举，左手指向棋局，似在督促对方，右一人双手斜下伸向器具，微抬头看着对方，似在说着什么，附近还有酒具，屋外左侧刻一儿童坐在杌子上逗牛，屋外右侧停着一辆卸下牲口的大车[④]（图五 -36：7），该画像内容相对简单，但恰可较好地体现出家主与亲朋或邻里之间的会面和娱乐交往；山东微山出土的 1 块画像石刻有厅堂，堂内为二男性博弈，左一人身体斜前倾，手臂张开，右臂斜向上，左臂斜向下，右一人身体亦斜前倾，左臂捲袖露出胳膊，厅左有二妇人谈话，厅右为男女二人叙话（图五 -36：8），亦较好反映出家主夫妇与宾客夫妇及相关人员的会面、谈话、娱乐等交往内容[⑤]。

2. 投壶

相关器物在汉代墓葬中有出土，汉画像中也有发现，虽较少，但也体现出与家庭会客、交往有关的内容。

投壶作为汉代一种与饮酒有关的游戏，在较多家庭中十分流行。河南南阳市沙岗店汉墓出土的石刻画像，中部置一壶，壶内已有 2 矢，樽位于壶左侧，内有勺，二人与壶等距离跽坐，各一手抱矢，一手执矢投壶，左侧还有一人，似已输局并饮醉，由一侍者搀扶离席，右方一人跽坐，侧身观看[⑥]（图五 -37）。该画像应是家主

---

① 仝泽荣、武利华、陈剑彤、田忠恩：《睢宁汉画像石》，山东美术出版社，1998 年，第 77、81、91、104、105、108 页。

② 徐州博物馆：《徐州汉画像石》，江苏美术出版社，1985 年，图 178。

③ 王献唐：《徐州市区的茅村汉墓群》，《文物参考资料》1953 年第 1 期；徐州博物馆：《徐州汉画像石》，江苏美术出版社，1985 年，图 51。

④ 杨孝军、郝利荣：《徐州新发现的汉画像石》，《文物》2007 年第 2 期。

⑤ 马汉国主编：《微山汉画像石选集》，文物出版社，2003 年，第 216、217 页。此为鲁迅先生所藏画像。

⑥ 南阳汉画馆，闪修山、王儒林、李陈广：《南阳汉画像石》，河南美术出版社，1989 年，第 80、81 页。

图五 -37　河南南阳市沙岗店汉墓出土“投壶”画像石画像

与亲朋或邻里间会面后饮酒娱乐的内容之一。

3. 斗鸡

斗鸡在汉代也是很多家庭中比较流行的一种游戏活动，文献中有相关记载，汉代画像石、画像砖画像中也有相关体现。河南登封中岳三阙中的少室阙上有斗鸡图，两只雄鸡翘尾引颈怒目正在相斗，后面又雕一只白额猛虎[①]。河南郑州地区出土的汉代画像砖中也有斗鸡画像，基本是两人左右站立，二人之间有 2 只雄鸡交颈搏斗，二人也随斗鸡过程的发展表达出对应的言语和肢体动作[②]。这些斗鸡图并不能体现相关家庭会客中的娱乐活动，但需要指出的是，较多的斗鸡活动是由人发起的具有胜负结果的一种游戏，这也间接体现出相关人员之间的交往内容。

一些画像或壁画则很好地反映出相关家庭会客中与斗鸡有关的娱乐内容。陕西西安交通大学西汉 M1 西壁中部偏北壁画中有观看斗鸡的画面，画面中人物多，计约 23 人，围成一圈，中间有鸡相斗，相关人物中还有双手抱斗鸡者、手持绳状物者、准备接物者、怀抱条状物者、欣赏斗鸡者或被斗鸡吸引或作喝彩状者、与人交谈者等等，场外南侧还有四只红色的斗鸡，第三只斗鸡右侧，有一人跽坐，右手抬起，左手前伸，似在喂食面前的斗鸡，可以看出，画面中有服务人员，有鸡的主人，还有准备斗鸡者及较多观赏者，一些人边观看斗鸡边作语言交流，而且较多人的肢体皆有动作，形态各异[③]（图五 -38）。

河南南阳英庄东汉初年画像石墓，主墓室左侧门额石画像中有斗鸡图，二鸡昂首怒目，鸡后有人挥臂唆斗，中间设 1 架，架下置 2 樽和 2 盘，左右两侧各刻

① 吕品：《中岳汉三阙》，《河南文博通讯》1979 年第 2 期。

② 《中国画像砖全集》编辑委员会：《中国画像砖全集 · 河南画像砖》，四川美术出版社，2006 年，图版第 42、46 页、图版说明第 20、22 页。

③ 西安市文物保护考古所：《西安理工大学西汉壁画墓发掘简报》，《文物》2006 年第 5 期；西安市文物保护考古研究院：《西安西汉壁画墓》，文物出版社，2017 年，第 41-44 页。

图五 -38　陕西西安交通大学西汉 M1 西壁中部偏北壁画

2 个持兵器者，大有两军对垒之状[①]（图五 -39）。从人物形象等来看，应是在家庭内进行的斗鸡活动，而这与家庭会客及相关交往应有一定关系。

图五 -39　河南南阳英庄汉画像石墓主墓室左侧门额画像

四、丧祭、墓祭与送葬、下葬

丧葬及其与死者墓地有关活动是秦汉家庭活动的重要内容，在这些活动中，亲朋、邻里或乡邻会根据不同情况参加或参与相应的活动，进而形成家庭与亲朋、邻里或乡邻之间的交往。相关人员去世后，需有一些人员参与治丧。《艺文类聚》四十引西汉杨雄《家牒》载："子云以天凤五年（18 年）卒，葬安陵阪上，所厚沛郡桓君山、平陵如子礼、弟子巨鹿侯芭，共为治丧。"[②]《汉书 · 游侠传 · 原涉》载，原涉闻熟人家有母丧，至熟人家中，"乃侧席而坐，削牍为疏，具记衣被棺木，

① 南阳地区文物工作队、南阳县文化馆：《河南南阳县英庄汉画像石墓》，《文物》1984 年第 3 期。

② （唐）欧阳询撰，汪绍楹校：《艺文类聚》（附索引），上海古籍出版社，1999 年，第 731 页。

下至饭含之物，分付诸客。诸客奔走市买，至日昳皆会”[①]。原涉及“诸客”都应是参与治丧者，治丧者与丧主家庭成员及不同的治丧者之间均形成交往，原涉安排“诸客”购买丧事所需物品即是治丧者之间的交往。与丧事有关的内容还有许多，而且很多可通过考古资料进行考察和分析。

（一）丧祭和墓祭

秦汉时期，祭祀的内容十分广泛，但相关的考古资料则是或有或无。祭祀天神、地祇及先王、先祖的考古遗存有少量发现，与其性质相对应，基本是与朝廷或地方诸侯国有关，体现家庭与亲朋、邻里或乡邻的交往并不清晰，或可以说是等级较高层次人员的相关交往。河南永城芒砀山主峰上发现一处汉代大型礼制建筑基址，残存平面近方形的石台基，南北长 33.5、东西长 31.5 米，面积 1055 平方米，推测是四周有迴廊，中间为夯土或岩石墩台，上部有顶的一处以石、木结构为主的高台建筑；也可能为有四周迴廊，顶部露天的高台。若是前者，其很可能是祭祀梁王祖先的祖庙，若为后者，则应为祭坛，可能是梁国在芒砀山顶上修建的祭祀名山、大川的建筑[②]（图五 -40）。其他祭祀内容中，除与丧祭和墓祭相关的考古资料较为丰富外，其他祭祀内容的考古资料极少或不见，个别如射礼，相关画像石画像中有发现，下文中笔者将对之作相关论述，特作说明。

图五 -40　河南永城芒砀山汉代礼制建筑东侧石墙

与丧祭或墓祭有关的遗物有所发现，亦有相关的墓内遗存。山东临淄金岭镇 M1（东汉早期齐炀王刘石墓葬）内出土的 1 件陶祠堂（享堂）模型，泥质灰陶，平面近方形，下为高 7.5 厘米的近方形空心基座，顶为庑殿顶，三面墙壁，正面开敞，正中有立柱，另有两个附属阶梯[③]（图五 -41）。该器物出土于前室，与东汉墓葬普遍在前室置祭相符，而墓主下葬时在前室置祭，墓葬内外应有一定数量的亲朋和其他人员。推而广之，汉代，尤其是东汉时期，较多的墓葬在墓主下葬后，会在前室（占多数）

① （东汉）班固撰，（唐）颜师古注：《汉书 · 游侠传 · 原涉》，中华书局，1962 年，第 3716 页。

② 河南省文物考古研究所：《河南永城市芒砀山汉代礼制建筑基址》，《考古》2007 年第 7 期。

③ 山东省文物考古研究所：《山东临淄金岭镇一号东汉墓》，《考古学报》1999 年第 1 期。

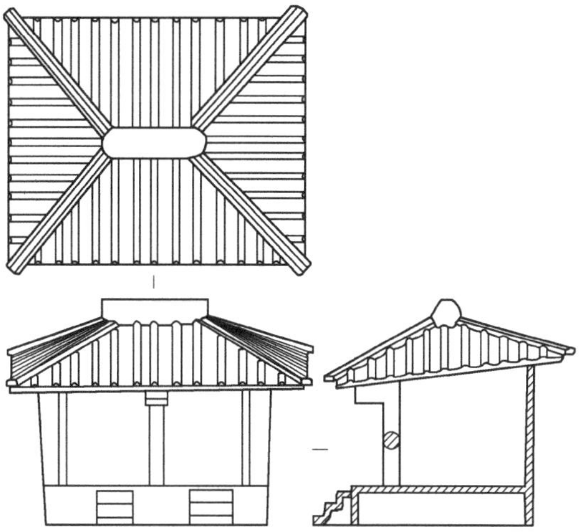
图五 -41　山东临淄金岭镇东汉墓出土陶享堂

或相关位置摆放墓内祭祀物品并进行祭祀[①]，因此，墓葬前室所置的祭祀物品可被视为与丧祭或墓祭有关的物品。在进行祭祀时，墓内有少量至亲人员，墓外还会有相当多的亲朋、邻里或其他人员，因此这可间接体现出相应的交往内容。另外，西南地区的一些崖墓，墓道后端相连位置，与其他地区尤其中原地区墓葬的前室极为相似，其内多刻凿修建享堂，因多数崖墓的墓内葬多人，每次葬人时皆可在此处进行祭祀，亦与上文所述在墓内前室进行祭祀时一样，可体现出相关家庭与亲朋、乡邻等在进行丧葬活动时的交往内容。

数量略多、内容丰富且能更好体现丧祭和墓祭的考古资料，除上文所述墓内祭祀遗存外，还有相关画像及墓外祭祀设施等。

1. 画像资料

有一定数量，体现和反映出相应的丧祭和墓祭内容。

（1）丧祭

相关画像有一定数量。山东沂南北寨画像石墓前室出土的成组丧祭画像场面宏大，涉及内容极为丰富，体现的丧祭程序和仪式十分完备[②]（图五 -42：1-3）。这些画像均位于前室，有着较为明显的递进和发展过程，画像位置、内容与墓葬结构相对应，同时还配有其他画像内容，相互联系和衬托，描绘出相应家庭丧祭的过程和仪式，对研究汉代的丧祭及其内容、内涵等有着重要的价值和参考作用，而画像中涉及人物众多，其中除一些家族与家庭成员、门生故吏外，还会有较多的亲朋、乡邻或有关人员，反映出相互间在进行丧祭时的交往内容。丧祭时的诸多内容与吊唁有关，所以也有学者将相关图像定为吊唁图[③]，而在有关于死者的吊唁行为中，亲朋、乡邻或有关人员是不可缺少的重要组成，这种习俗延续至今。画像中有一些配套的内容，包括车马行进、迎宾、门吏等，这些内容与大场面的丧祭活动有密切关

① 刘尊志：《汉代墓内祭祀设施浅论》，《中原文化研究》2019 年第 1 期。

② 南京博物院、山东省文物管理处：《沂南古画像石墓发掘报告》，文化部文物管理局出版，1956 年，第 13-27 页，图版 28、29、48-50；山东博物馆：《沂南北寨汉墓画像》，文物出版社，2015 年，第 10-17、109 页。

③ 张从军：《黄河下游的汉画像石艺术》，齐鲁书社，2004 年，第 274、275 页。

1

2

3

图五 -42　山东沂南北寨东汉墓出土与丧祭有关的画像

1. 前室南壁横额祭祀画像　2. 前室西壁横额祭祀画像　3. 前室东壁上横额祭祀画像

系，如前室南壁有门吏画像，前室东壁横额刻迎宾画像，等等。体现丧祭的画面内容更为丰富。前室南壁横额为祭祀画像之一，场面大，画面中央为一座五脊重檐大庙，庙门旁各立一人，拱手执彗，庙两旁大道边停放着祭祀者乘坐的车辆，大批祭品摆放于庙前，祭祀者人物较多，或拜伏于地或拱手鞠躬（图五 -42：1）。前室西壁横额画像为祭祀图之二，右端刻庙门，门旁一人双手持彗，前有二人持长兵器，再前一人背对庙双膝跪地，捧读祝文，前面一领祭者跪在地上，其后有祭祀者五列，或伏地或躬立，最左侧案上酒杯和祭品，旁置壶（图五 -42：2）。前室东壁上横额画像为祭祀图之三，左端为一座曲尺形的房屋，附近有大树，左下房屋右侧墙无门窗，但一侧有栏杆，为侧屋，紧靠着栏杆为一形体较大的建鼓，右上房屋为三开间，中部开敞，有栏杆，为主室，院内有两条砖铺的道路，呈正交形，院内还有四个大缸，正屋前有执彗迎宾的人员，面前有长方形石墩，房屋前的人员很多，躬身作行礼状，画面的右下角有一五脊小屋，可能与放置相关物品有关（图五 -42：3）。可以看出，吊唁、祭祀过程中的人物众多，并在不同场合进行不同的程序与活动，前室南壁为庄园外的遥祭或初祭，再是进入庄园或庭院内进行集体吊唁，最后是在堂前告别。

初祭要登记姓名、记录祭品，进入庄园或庭院内进行的是集体向逝者行礼，堂前祭祀是对逝者的致敬和告别。从画面来看，庄园外、庄园内祭祀者众多，而祠堂前还以迎接人员为主。上述内容一方面说明，这是一个逐步行进和开展的过程，另一方面也说明，祭祀和吊唁者可能是按照程序分批进行的，总体上描绘了丧祭活动的程序和仪式，而在这一过程中，较多的亲朋、乡邻当会参与其中。也有的画像石画像所体现此项内容较为简略，但也能反映出与丧祭有关的内容，如江苏省宿迁市泗阳打鼓墩樊氏画像石墓第 15 石正面画像，刻九人，穿长袍衣，八人戴单梁冠，皆拱手于胸前，其中五人身挂简册袋，居中一人较年轻，戴圆顶小冠，像是接受祭丧人的慰问①，这也较好地体现出丧祭过程中相关人员之间的交往。

（2）墓祭

相关画像较多，直接或间接体现出在进行这一活动过程中相关家庭与亲朋、乡邻间的交往内容。这其中，较多的墓祭与墓地祠堂有关，因此可称为墓祠祭，准确来讲，为墓地祠祭。

河南南阳英庄汉画像石墓，东、西二主室之间隔梁上的画像，皆北为武库（兰锜），右为狩猎画像，两侧为二门吏，中间立柱各有 1 幅与祠堂有关的画像（图五 -43）。东主室画像分层排列，顶部为 1 祠堂，中立 1 柱，下施柱础，上施一斗而生斗栱，大庑殿顶，堂内放祭品，左置 5 盘，右放 6 耳杯；其下置奠酒，中间置 1 樽，两侧各有 1 提梁壶；再下放肴馔，左置 1 叠案，中置 2 圆盒，右置 3 碗；最下刻 1 趴卧的犬，两侧可能为树。西主室画像分为二层，上为 1 丛台，前置 1 案，案上放 2 釜，案下放 2 碗，下为 1 戴冠着短襦的侍者，双手持物作急步前行，为上供者②。二画像体现的应是墓祭的内容，既有祭品也有上供者，就前来进行墓祭的人员来讲，除墓主的家庭或家族成员，一些亲朋、乡邻也可能会参加。

1　　2

图五 -43　河南南阳英庄汉画像石墓出土与墓祭出土相关画像
1. 东主室画像　2. 西主室画像

山东长清孝堂山下小祠堂出土祠堂祭祀画像，左侧为墓前祠堂，右侧 1 棵大

① 淮阴市博物馆、泗阳县图书馆：《江苏泗阳打鼓墩樊氏画像石墓》，《考古》1992 年第 9 期。

② 南阳地区文物工作队、南阳县文化馆：《河南南阳县英庄汉画像石墓》，《文物》1984 年第 3 期；王建中、闪修山：《南阳两汉画像石》，文物出版社，1990 年，图 26、27。

树，祠堂前有1人跪拜祭祀，面前置祭食器物，直接放在地上，树的另一侧有1马和1随行人员[①]（图五-44：1）。该画像反映的是墓祭内容，祭祀者为墓主的家庭或家族成员。江苏泗洪曹庙出土的东汉晚期画像石中，一幅墓壁刻石的下格画像中有与之类似的内容，图左刻一方形祭台，上置一博山炉（？），台前有一曲足几，几上摆设耳杯4、盘4、碗4，旁置1樽，樽中置1勺，有一人朝着祭台和曲足几，双膝下跪，双手拱于胸前，为祭者，其身后系一马[②]（图五-44：2）。该墓壁画像石共分4格，上格为迎宾，其下为纺织图，纺织图下为庖厨图，最下为祭祀图，整个画像石体现出多项内容，皆相对独立，但如迎宾图等包含有交往的内容，祭祀图中有拴马、飞鸟等，当是位于户外，因此作为墓祭的可能性较大。河南郑州出土的一块汉代画像砖，画像近处有大门双阙，上部为双开间建筑，远处是三株排成一列的大树[③]（图五-44：3）。有学者认为，图像下部是表示墓地大门的双阙，其上部的双开间建筑应是墓上祠堂[④]。这三幅画像中的人数较少，但考虑到有墓地祠堂或墓前的祭祀设施存在，对应墓葬的大型墓祭活动举行时，参与人数当不会太少，应该会有一定数量的亲朋或乡邻参加，进而形成相关交往。

图五-44　汉代画像中的单人祭祀与墓地祠堂画像

1. 山东长清孝堂山下小祠堂出土单人在墓外祠堂前祭祀画像摹本　2. 江苏泗洪曹庙出土东汉晚期墓壁画像石中单人在墓前祭祀画像　3. 河南郑州出土汉代画像砖中的祠堂画像

① 关野贞：《中国山东省汉代坟墓表饰》，东京大学工科大学纪要第八册第一号，1916年，图140。

② 江苏省泗洪县文化馆：《泗洪县曹庄发现一批汉画象石》，《文物》1975年第3期；尤振尧：《江苏泗洪曹庙东汉画像石》，《文物》1986年第4期。

③ 周到、张秀清、张松林：《郑州汉画像砖》，河南美术出版社，1988年，第74页。

④ 信立祥：《汉代画像石综合研究》，文物出版社，2000年，第99页。

上述三幅画像中的人物不多，体现的交往内容不甚明显，但有些墓外祠堂的画像或墓室中的祠堂画像则体现出较为丰富的内容。今苏鲁豫皖交界地区的较多汉墓尤其是东汉墓前有石祠堂，形体不大但刻画内容较为丰富，较多体现出与墓祭有关的内容，尤以一些单开间小型石祠堂的画像具有代表性。大致来看，这些祠堂有二山墙和一后壁，前端开敞，其中一侧山墙石上刻车马迎宾、庖厨、乐舞，为祭祀前活动；后壁石上刻墓主宴饮，并配有侍者等人员，为祠主享祭；另一壁石为会宾或祭祀结束后祭祀者离开等内容，反映出完整的墓祭程序和过程[①]，较具代表性如江苏徐州铜山东沿村东侧出土祠堂画像石[②]（图五-45：1）、安徽宿州褚兰墓山孜东汉M1与M2[③]及宝光寺祠堂[④]等，山东嘉祥宋山出土的东汉祠堂画像石[⑤]及其复原的小祠堂[⑥]也可体现。此类画像中涉及的人员较多，除服务人员、祠主及家庭成员外，还有一些参加墓祭者，这其中当有亲朋或邻里等。墓室中祠堂画像的有关内容也较丰富。山东沂南北寨东汉墓的中室南壁横额西段画像石画像中，左端为两进庭院的祠堂，院内陈设几、壶、盒等，门前一定距离为双阙，有捧盾人物及相关内容，阙前大道旁停车马，车马前有3排躬立的人物，前排三人跪伏于地，迎接进行祭祀的来宾[⑦]（图五-45：3）。该画像也有配套的其他画像，如中室北壁、西壁上横额有车马行进和迎宾画像，中室南壁上横额有庖厨画像，中室东壁上横额有乐舞杂技表演画像，结合墓葬结构及画像石画像的位置、内容等来看，中室南壁横额西段祭祀内容应为墓地祠祭，就车马队伍而言，可能代表的是墓主出来受祭的内容，而迎宾、门吏、庖厨、乐舞杂技表演等则是服务于墓主受祭的内容。这些画像涉及较多的人物，除一些家族或家庭成员、门生故吏外，还会有较多的亲朋、乡邻或相关人员，进而体现出进行墓地祠祭时的场景、内容和多个人员之间的交往，其中家主及家庭、家族的人员与亲朋、乡邻或相关人员应该很多。浙江海宁东汉画像石墓，前室东壁门楣下层画像自南向北行进七辆轺车，第一辆车乘一人，余皆二人，车马画像北端下及东壁北侧上层刻有宽敞壮观的重围庭院，亭台楼阁漫漶不清，似为上图北端门庭的内院，二图具有连贯性，整体上表现了墓主人的车马出行场面，并由人迎接进入祠内，墓主人接受祭祀的内容，另从内院来看，房

---

① 刘尊志：《江苏徐州东沿村出土东汉祠堂画像石浅析》，《中原文物》2018年第1期。

② 徐州博物馆：《徐州发现东汉元和三年画像石》，《文物》1990年第9期；王黎琳、李银德：《徐州发现东汉画像石》，《文物》1996年第4期。

③ 王步毅：《安徽宿县褚兰汉画像石墓》，《考古学报》1993年第4期。

④ 王化民：《宿县宝光寺汉墓石祠画像石》，安徽省文物考古研究所、安徽省考古学会编：《文物研究·第8辑》，黄山书社，1993年，第64-70页。

⑤ 济宁地区文物组、嘉祥县文管所：《山东嘉祥宋山1980年出土的汉画像石》，《文物》1982年第5期。

⑥ 蒋英炬：《汉代的小祠堂——嘉祥宋山汉画像石的建筑复原》，《考古》1983年第8期。

⑦ 南京博物院、山东省文物管理处：《沂南古画像石墓发掘报告》，文化部文物管理局出版，1956年，第13-27页，图版28、29、48-50；山东博物馆：《沂南北寨汉墓画像》，文物出版社，2015年，第56、57、116页。

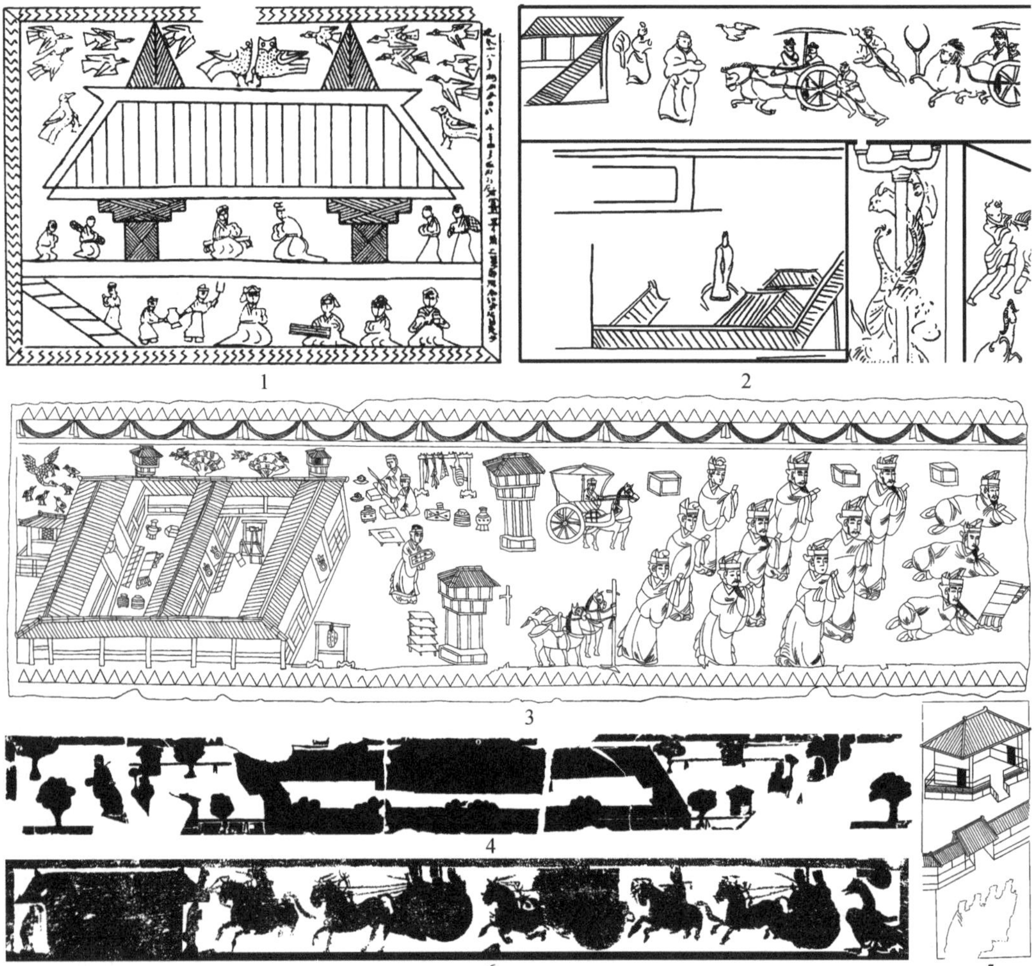

图五 -45　汉代画像中多人员墓祭及祠堂画像

1. 江苏徐州铜山东沿村东侧出土祠堂画像石（第六石）2. 浙江海宁东汉墓前室东壁门楣下层及东壁北侧画像（局部）3. 山东沂南北寨东汉墓中室南壁横额西段画像石画像　4. 山西离石马茂村东汉 M2 前室北壁横额画像　5. 山西离石马茂村东汉 M2 前室北壁下部立石上的祠堂画像　6. 山西离石马茂村采集画像石画像

屋外似站立一人，仅具轮廓，下部似有一台[①]，或可能是墓主神像（图五 -45：2）。山西离石马茂庄东汉 M2，前室四壁石及横额石上皆有画像，四个横额石的画像较为连贯，东、南、西三壁横额皆有车马队伍，包括较多车辆和骑吏、步卒等，间饰柏树，北壁横额中部刻一高墙深宅，内有厅堂，大门两侧植柏，围栏双阙，有拥盾、持彗的门吏分别立两旁，作迎接状，描绘了墓主乘坐车马从地下墓室赴祠堂接受祭祀的画面，而宅院祠堂的另一端为祭祀完毕后出祠堂，离开祠堂远去的场景（图五 -45：

① 嘉兴地区文管会、海宁县博物馆：《浙江海宁东汉画像石墓发掘简报》，《文物》1983 年第 5 期；黄雅峰：《海宁汉画像石墓研究》，浙江大学出版社，2009 年，第 31、32、59、66、67、107、161、162 页。

4）；前室北壁横额下两侧竖立的刻石上各刻廊院和庑殿顶建筑，廊院前有四人拱手作迎送宾客状，庑殿顶建筑位于廊院之内，位置独立，建筑周围有栏杆，前有台阶，前部开敞，无门窗[①]（图五-45：5），这两幅画像应是对上横额中部宅院祠堂局部更准确的刻画。考古工作者还在离石马茂庄征集一块门楣画像石，画像主体为车马行进，车马队伍行进至一座单层有檐的建筑前，有门吏作迎接状[②]（图五-45：6），画像所反映的也应是墓主乘车来祠堂受祭的内容。上述汉代画像石画像中，与墓祭有关的设施基本为祠堂，而且涉及人员较多，这其中当包括相关家庭的成员与亲朋、乡邻等人员之间的诸多交往，体现出汉代在墓地祠祭背景下的人员交往状况。

2. 墓外实际祭祀设施

上文所述汉代画像中的墓祭内容对应的基本都是墓地祠祭，相关内容所依托的基本为墓外祠堂或墓室内用石上所刻画像，其中很多配套的画像中还有墓主受祭的内容。就实际的墓祭活动来讲，基本是以墓外祭祀设施为载体展开的。秦汉时期，尤其是汉代，墓外的实际祭祀设施得到不断发展和普及，数量大增，考古发现的相关遗存也有很多，帝王墓葬外有与墓主身份地位等级对应的墓地祭祀设施，列侯墓葬与中小型墓葬外则基本为墓地祠堂，亦有其他墓外祭祀设施。这些墓外实际祭祀设施所体现的较多内容均与墓地祭祀有关，亦与上文所述画像中的墓地祠祭有一些相似之处，但其能够反映出实际的祭祀内容，进而可反映或间接体现出相关家庭及其成员与亲朋、乡邻等人员之间的交往内容。

帝王陵墓除特殊情况外，基本都有墓外祭祀设施。西汉帝陵有陵庙和寝殿，诸侯王墓为祠庙和寝殿；东汉时期，帝陵的祭祀设施有所变化，“陵崇庙杀”背景下，相关祭祀设施得到发展，诸侯王墓在墓外亦有相应的祭祀设施。而如上文所言，汉代列侯墓葬及中小型墓葬外的祭祀设施以祠堂为主，有关祠堂发现数量亦较多，另有其他一些相关设施。

祠堂的使用在汉代渐成风气，“广种松柏，庐舍祠堂”[③]、“中者祠堂屏阁”[④]、“勿随俗动吾冢，种柏、作祠堂”[⑤]等文献记载皆可说明。考古发现两汉墓葬外祠堂类型多样，西汉时期基本为瓦顶木构建筑，如陕西西安凤栖原西汉富平侯张安世家族墓

① 山西省考古研究所、吕梁地区文物工作室、离石县文物管理所：《山西离石马茂庄东汉画像石墓》，《文物》1992年第4期；王金元、刘晋平、王双斌：《吕梁汉代画像石选》，山西人民出版社，2013年，第160-164页。

② 王金元、刘晋平、王双斌：《吕梁汉代画像石选》，山西人民出版社，2013年，第158、159页。

③ （东汉）王符：《潜夫论·浮侈》，（清）汪继培笺，彭铎校正：《潜夫论笺校正》，中华书局，1985年，第137页。

④ （西汉）桓宽：《盐铁论·散不足》，王利器校注：《盐铁论校注（定本）》，中华书局，1992年，第353页。

⑤ （东汉）班固撰，（唐）颜师古注：《汉书·龚胜传》，中华书局，1962年，第3085页。

地祠堂[①]（图五-46：1）、江西南昌西汉海昏侯刘贺墓地祠堂[②]（图五-46：2）、山东省苍山县金山西汉墓葬外祠堂[③]等。西汉晚期，刻有画像的墓外石祠堂开始得到使用，但对应的墓主身份等级不高，东汉时这一形式的祠堂获得较大发展，而使用石祠堂的墓主身份较为多样，今苏鲁豫皖交界地区有较多发现，如江苏徐州贾汪青山泉白集东汉墓葬外祠堂[④]（图五-46：3）、铜山洪楼东汉墓葬外祠堂[⑤]（图五-46：4），安徽宿州宝光寺东汉墓葬外祠堂[⑥]和褚兰M1、M2各自的墓葬外祠堂[⑦]，山东济南长清孝堂山

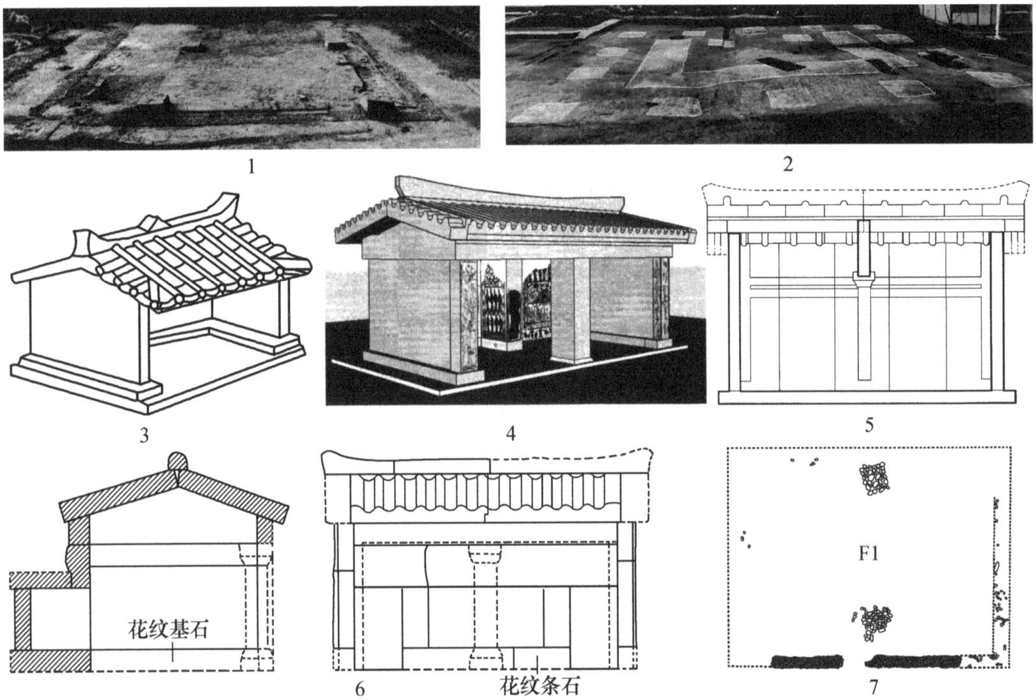

图五-46　汉代墓地祠堂

1. 陕西西安凤栖原西汉墓地祠堂　2. 江西南昌西汉海昏侯墓与夫人墓祠堂
3. 江苏徐州贾汪青山泉白集东汉墓葬外祠堂　4. 江苏徐州铜山洪楼东汉墓葬外祠堂　5. 山东金乡“朱鲔石室”
6. 山东嘉祥武氏祠左石室　7. 河南新乡卫辉大司马墓地祠堂

---

① 陕西省考古研究院：《西安凤栖原西汉墓地田野考古发掘收获》，《考古与文物》2009年第5期。

② 江西省文物考古研究所、南昌市博物馆、南昌市新建区博物馆：《南昌市西汉海昏侯墓》，《考古》2016年第7期。

③ 李振光、宋岩泉、党浩：《山东苍山县金山发现大型汉墓》，《中国文物报》2004年12月17日第1版。

④ 南京博物院：《徐州青山泉白集东汉画象石墓》，《考古》1981年第2期。

⑤ 王德庆：《江苏铜山东汉墓清理简报》，《考古通讯》1957年第4期；《江苏发现的一批汉代画象石》，《文物参考资料》1958年第4期；徐建国：《徐州汉画像石室祠建筑》，《中原文物》1993年第2期。

⑥ 王化民：《宿州宝光寺汉墓石祠画像石》，安徽省文物考古研究所、安徽省考古学会：《文物研究·第8辑》，黄山书社，1993年，第64-70页。

⑦ 王步毅：《安徽宿州褚兰汉画像石墓》，《考古学报》1993年第4期。

祠堂[①]、金乡“朱鲔石室”[②]（图五-46：5）、嘉祥武氏三祠[③]（图五-46：6）等，一些祠堂如江苏徐州贾汪青山泉白集汉墓祠堂，附近填土中清理出一些残的陶质祭器。还有一些东汉墓葬外使用瓦顶木构的祠堂，如江苏徐州铜山班井东汉M4的墓地祠堂[④]、河南新乡卫辉大司马墓地东汉M1封土外北侧祠堂[⑤]（图五-46：7）、山东济南北毕村墓地祠堂[⑥]、天津市武清区东汉晚期鲜于璜墓葬外祠堂[⑦]等等，这也说明，东汉时期是多种祠堂并行、并用的，反映出墓地祠堂的普及。

除祠堂外，较多的汉代中小型墓葬外还有其他祭祀设施，包括墓地内祭祀坑、祭台或祭案等[⑧]，其中祭台或供台数量多，而且还有多种表现形式。山东青岛土山屯汉代墓群中，编号封5的封土前祭台由大砖、小砖等砌成（图五-47：1）；编号封10发现有砖构平台，位于封土南侧的缓坡之上，略呈方形，砖构平台中央放置有一灰陶罐[⑨]（图五-47：2）。编号封4的封土可分为二期，每期封土下都有一座墓葬，M148的墓主入葬后，在墓上堆积封土，为一期封土，并在一期封土南侧中央上部用砖垒砌一处平台（编号为祭台1），M147的墓主入葬后，在墓上堆积封土，为二期封土，二期封土叠压在一期封土西侧和南侧之上，整体形成一处更大规模的封土，后在整个大封土南侧中央位置用砖垒砌一处平台（编号为祭台2），平台略呈方形，边长2-2.5米，结构是东西向铺素面平砖，再在周边用立砖砌出平台范围，发掘时发现一期封土前的砖构平台中部平铺的砖已被取走，仅剩西侧部分立砖，可能是因为在营建二期封土时，修筑新的平台，重新利用旧平台的平铺砖所致[⑩]（图五-47：3）。豫北地区的一些汉代墓葬墓顶或前端的封土之上有祭台，辉县路固汉代墓地中，AM40、AM61、BM5等，墓上（丘顶）有摆祭用的平

① 罗哲文：《孝堂山郭氏墓石祠》，《文物》1961年增刊；蒋英炬、杨爱国、信立祥、吴文祺：《孝堂山石祠》，文物出版社，2017年。

② 山东省石刻艺术馆编，蒋英炬、杨爱国、蒋群著：《朱鲔石室》，文物出版社，2015年，第46-55页。

③ 蒋英炬、吴文祺：《武氏祠画象石建筑配置考》，《考古学报》1981年第2期；《汉代武氏墓群石刻研究》，山东美术出版社，1995年。

④ 徐州博物馆：《江苏铜山县班井四号墓发掘简报》，《中原文物》2009年第3期。

⑤ 河南省文物局：《卫辉大司马墓地》，科学出版社，2015年，第16-20、30-32页。

⑥ 山东大学历史文化学院、济南市考古研究所、章丘市博物馆：《济南市北毕村汉代画像石墓》，《考古》2012年第11期。

⑦ 天津市文物管理处考古队：《武清东汉鲜于璜墓》，《考古学报》1982年第3期。

⑧ 刘尊志：《汉代列侯与中小型墓地非祠堂类祭祀设施与遗存》，《中原文物》2019年第3期。

⑨ 青岛市文物保护考古研究所：《青岛土山屯墓群考古发掘获主要新发现——发现“祭台”、“人”字形椁顶等重要遗迹，出土温明、玉席和遣册、公文木牍等珍贵文物》，《中国文物报》2017年12月22日第4版。

⑩ 青岛市文物保护考古研究所、黄岛区博物馆：《山东青岛土山屯墓群四号封土与墓葬的发掘》，《考古学报》2019年第3期。

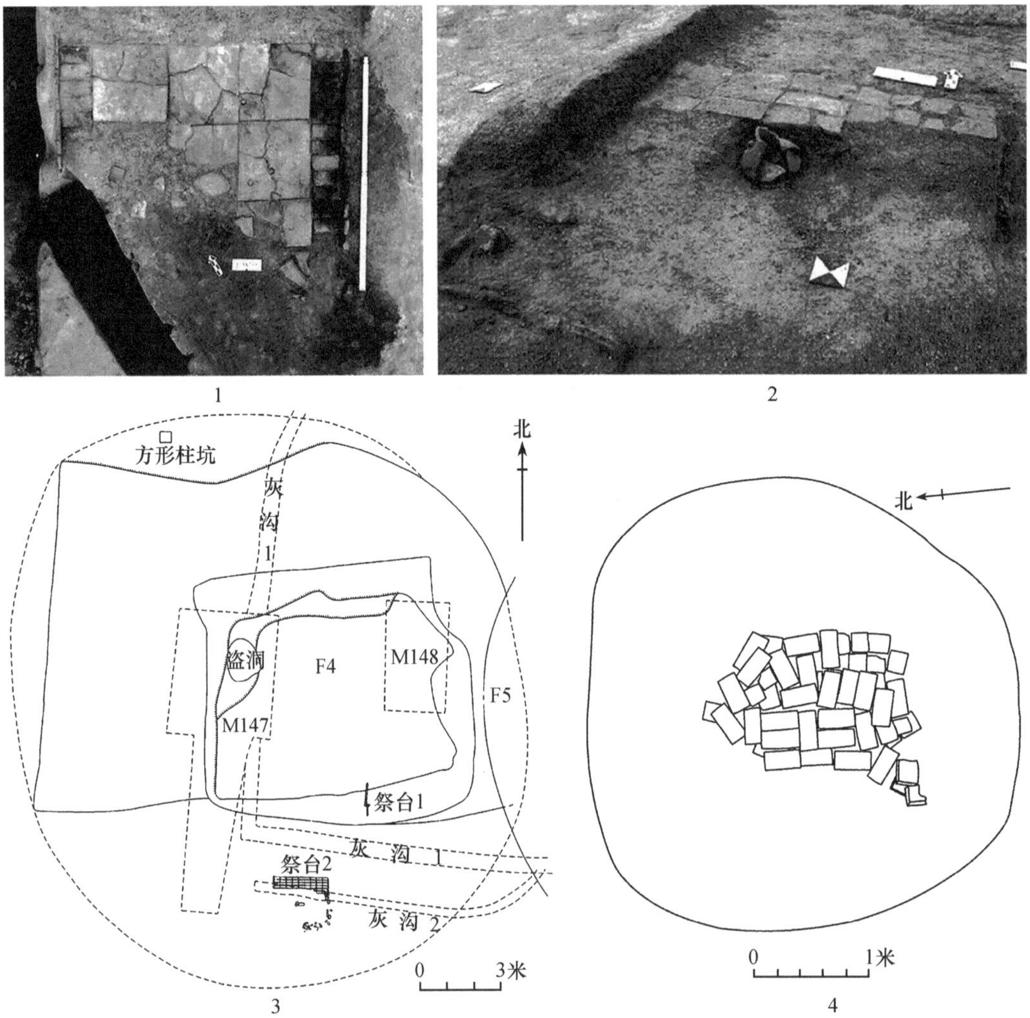

图五 -47　汉代墓葬的祭台式供台

1-3. 山东省青岛市土山屯汉代墓群中的祭台（1. 封 5 的封土前祭台　2. 封 10 的封土南侧祭台　3. 封 4 的封土平面图）
4. 河南省辉县路固汉代墓地 BM5 墓上供台

台①（图五 -47：4）。汉代墓葬坟丘上或墓前的祭台或供台，面积不大，砌筑也相对简单，应是在祭祀时摆放祭品的设施，这与汉代时的“露祭”可能有关，进行“露祭”时，在祭台或供台上可摆上酒食和其他祭品②。一些祭台具有临时或短期性，如上文所述，有些旧祭台还在修建新的祭台时会被拆用砖料等。

众多墓外祭祀设施的发现，表明这一设施在汉代的发展、推广和普及，而墓外祭祀设施的修建，也使得墓祭更趋频繁化，形式趋于多样化。文献资料中所载“岁时

① 中国社会科学院考古研究所：《辉县路固》，科学出版社，2017 年，第 194-198、274-280、458-460 页。

② 刘尊志：《汉代列侯与中小型墓地非祠堂类祭祀设施与遗存》，《中原文物》2019 年第 3 期。

祠祭”[①]、“岁时往祠”[②]、“四时奉祠”[③]等即是墓祭趋于频繁化的写照。到墓地进行墓祭的人员中，家庭和家族成员占有相当比例。需要指出的是，很多墓地中，尤其是西汉晚期至东汉时期的墓地，多个墓葬各有属于自身的祠堂，如山东嘉祥武氏东汉墓地的几座墓葬外的祠堂，加之墓祭频繁，墓祭时会形成家族成员之间的交往。其他还有亲朋、乡邻乃至其他人员，如亲戚中出嫁的女性及其家人等。杨树达先生在《汉代婚丧礼俗考》一书中对上冢墓祭的人员和情况进行了总结，大致包括弟子上师冢、故臣上旧君冢、故吏上长吏墓、故仆上旧主之冢、地方长吏祠乡贤之墓、士大夫奠知己之墓、拜古圣贤人之墓、夷人拜遗爱于夷狄者墓等[④]，这其中还应有相应的亲朋、乡邻等，他们在开展墓祭前及进行墓祭时会与墓主家庭及其成员产生相应的交往。

（二）送葬与下葬

相关考古资料包括少量画像石画像及相关墓葬的墓主下葬时的遗迹或遗物，前者体现的交往内容较为直接，后者则是间接体现或有所反映。

1. 画像资料

江苏沛县龙固镇三官庙村湖陵城西汉晚期石椁墓出土的一块墓葬侧壁用石，画像分左中右三格，左格为人物抚琴、听乐和六博，中格为舞蹈和欣赏，右格为送葬画像，画面中有牛车载丧，前有二人跪拜，后有二人随行于后，较为生动地刻画了行丧途中孝子手持哭丧棒跪拜仪节和民间送葬用牛拉輀车下葬的事实[⑤]（图五-48）。根据墓葬形制与规模，可知墓主等级不高，这与画像反映的内容基本相符，送葬画像中人物较少，基本是以墓主的家庭成员为主体，并不能充分体现出亲朋、乡邻参加送葬的交往内容，但考虑到该画像所属石材上还有其他内容，如乐舞、六博等，这些内容可能辅助于送葬及墓主下葬等活动，加之墓主身份不高，当可体现丧事家庭成员与其他人员的交往内容，而其中虽未体现亲朋、乡邻参加送葬的相关内容，但可以推测，在丧事家庭的丧事活动中应该有亲朋、乡邻参加，进而反映出有关家庭与亲朋、乡邻及其他人员的交往活动。

山东济宁微山县微山岛沟南村发现的长方形石椁石板，分左、中、右3格，左格共9人，上有5人皆佩刀剑面向右站立，下有4人，左中1长者，手拄曲杖，身

---

① （东汉）班固撰，（唐）颜师古注：《汉书·朱邑传》，中华书局，1962年，第3637页。

② （东汉）应劭：《风俗通义·穷通·太傅汝南陈藩》，赵泓译注：《风俗通义全译》，贵州人民出版社，1998年，第294-300页。

③ （南朝宋）范晔撰，（唐）李贤等注：《后汉书·祭遵传》，中华书局，1965年，第744页。

④ 杨树达撰，王子今导读：《汉代婚丧礼俗考》，上海古籍出版社，2000年，第185、186页。

⑤ 武利华：《徐州汉画像石通论》，文化艺术出版社，2017年，第102、103页。

图五 -48　江苏沛县龙固镇三官庙村湖陵城西汉石椁墓出土行丧画像石画像

后 1 人佩刀剑，长者对面 1 童子，童子身后 1 长者；中格中间刻画四轮车，无辕，车制特殊，上设华盖，华盖之下站立 2 人（或行走于车之左侧），车棚的前后部又各竖立 1 柱，上有建鼓、羽葆，车前共 13 人，下有 5 人双臂前伸，双手握着肩上同一根粗绳向前肩引拉车，中有 4 人，前 1 人右手举 1 似旗幡的东西，回首顾后，后面 3 人的双手都伸向前面，亦拉着同一根绳索，两排人中间的左部紧靠车前还有 1 人，上述多人只束发成髻而不戴冠，车的右上方有 2 人头戴冠向右行走，右端为一名发髻结长带者向左面的四轮车伏地跪拜，身侧置 1 棍状物，车后有 8 人，每组 4 人，面皆向右，随车行走，长衣曳地的一组为妇女，长衣至膝下的一组为男子，车的左后侧和左侧共有 6 人，戴冠，有的佩刀，大致来看，引拉绳索的人、跟在车后面的人和走在车左侧的人，身份是不同的；右格上为山林，共 3 个山头，山的下面刻画 1 带边框的长方形圹坑，圹左 3 人，头皆戴冠，身着长衣，拱手躬立，圹右 2 人，相对曲身坐于似榻形的平面上，中间有 1 物。画面的最下边有 5 人，头皆戴冠，面向左，呈跪姿，前 1 人的前面置 1 奁，最后 1 人的前面置 1 壶（图五 -49）；

图五-49　山东微山县沟南村出土的行丧画像

另在石椁板左端窄面刻1门吏，手持长戟，关于该画像石的画像内容，公布资料指出，左格画像当为“孔子见老子”图，中、右两格的画像当是反映汉代丧礼方面的画面①。该石左格画像与“孔子见老子”图极为相似，但该图和存在密切联系的中、右两格画像似乎并无联系；若这一画面为“孔子见老子”图，参考已发现的同内容画像，画面中童子面对的为孔子，身后的为老子②，但沟南村汉墓出土画像石画像中的老子形体小且作躬立迎接状，而孔子拄杖，这似乎与二人形象不符，也与其他“孔子见老子”画像中老子拄杖、有的孔子不拄杖的内容有差异，而且画像中仅1人在“孔子”身后，其他人与其并列且作前行状，另在画面中还有两只壶，这些与其他“孔子见老子”画像也不完全相同。笔者推测，该幅画像很可能描绘的是亲朋、乡邻或其他人员参加丧事活动的内容，这与中、右两格画像可对应并联系起来，孩童身后的成年人很可能是丧主家庭中的迎接人员，而孩童也可能是来迎接的。中格画像共29人，跪拜者当为逝者的家庭成员，随行于车或列于车左者为家庭及家族成员的可能性较大，但不排除其中有亲朋，或是亲属戴孝送葬，而拉车者为乡邻（邻里）或相关人员的可能性较大。右格墓坑圹周边11人，动作的不同体

① 王思礼、赖非、丁冲、万良：《山东微山县汉代画像石调查报告》，《考古》1989年第8期。

② 张从军：《黄河下游的汉画像石艺术》，齐鲁书社，2004年，第157页。

现出职责的差异，其中有丧主的家庭和家族成员，也应有助丧的亲朋或邻里参与其中。可以说，这幅“丧礼图”就是民间工匠通过他们的感官把举行丧礼的场面形象地刻画在石板上，使汉代丧礼仪式能再现于今天[①]，同时画像中人员众多，位置、职责等不尽相同，也反映出家庭、家族成员及亲朋、乡邻等参加逝者送葬、下葬的场面，进而体现出丧葬活动过程中相关家庭与亲朋、乡邻等的交往与联系。

2. 下葬墓主时的遗迹或遗物

帝陵暂未发掘，情况不详。东汉诸侯王墓及列侯墓葬或遭破坏严重，或暂未发现相关遗迹或遗物，而东汉时期的中小型墓葬也大致如此，推测与横穴式墓葬便于下葬有关，而较多墓葬使用坡度较小的斜坡墓道即是方便下葬的内容之一。西汉时期的王侯墓葬均有相应规模，墓主下葬时的遗迹、遗物皆有相关发现，尤其是西汉诸侯王墓，棺椁运输工具、临时设施、牵引与推动工具、捆绑加固工具、配套工具等均有发现，体现出置椁窆棺的内容、方式和程序等[②]。西汉时期的中小型墓葬也有相关体现，安徽巢湖放王岗M1的墓主吕柯可能为地方官吏或商贾，墓内椁室正中出土一载柩车，为6只木轮，平面长方形，平铺有长方形木板，横断面呈“凹”字形，两长边凸出部分套住棺，木轮中间的孔径略大于轴径，载柩车行驶是靠木轮的自转，轮轴则固定不动[③]（图五-50），其他如江苏徐州市东郊的绣球山西汉M1[④]、翠屏山西汉墓[⑤]等也出土有铜棺轮，一些铜棺轮上还套有泥瓦盖，设计较为

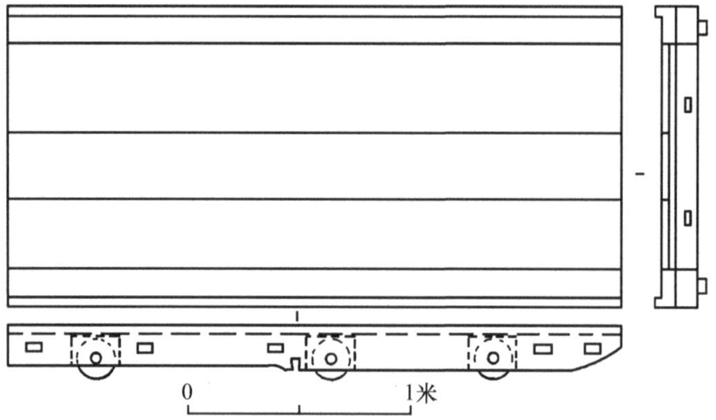

图五-50　安徽巢湖放王岗一号墓出土载柩车

① 王思礼、赖非、丁冲、万良：《山东微山县汉代画像石调查报告》，《考古》1989年第8期。

② 刘尊志：《西汉诸侯王墓棺椁及置棺窆椁工具浅论》，《考古与文物》2012年第2期；《汉代诸侯王墓研究》，社会科学文献出版社，2012年，第254-261页。

③ 安徽省文物考古研究所、巢湖市文物管理所：《巢湖汉墓》，文物出版社，2007年，第18、19页。

④ 徐州博物馆：《徐州绣球山西汉墓清理简报》，《东南文化》1992年第3、4期合刊。

⑤ 徐州博物馆：《江苏徐州市翠屏山西汉刘治墓发掘简报》，《考古》2008年第9期。

精巧。河北张家口阳原三汾沟 M9 的墓道上有临时建筑[①]，此处的一些西汉墓葬及山西朔县发掘的一些西汉墓葬的竖穴坑圹有脚窝[②]，江苏徐州大孤山 M2[③] 也发现有脚窝。下葬工具也有发现，湖北江陵凤凰山 167 号汉墓，墓口的东半部有四个沟槽，南北墓边各二，两两相对，此为下棺时放置横杠的遗迹，棺的下面还压有两条竹篾拧成的双股竹绳，前后各一，全部用朱绢缠裹，每根两头接在一起呈环状，制成套圈，共四个套圈，下棺的“綍”横贯套圈悬柩而至圹下（图五 -51），可见该墓所采用的“县（悬）封”方式，是用长约 4.8、直径约 0.25 米的大木两根横置于墓口之上，用四根大索通过双重辘轳悬棺而下[④]。

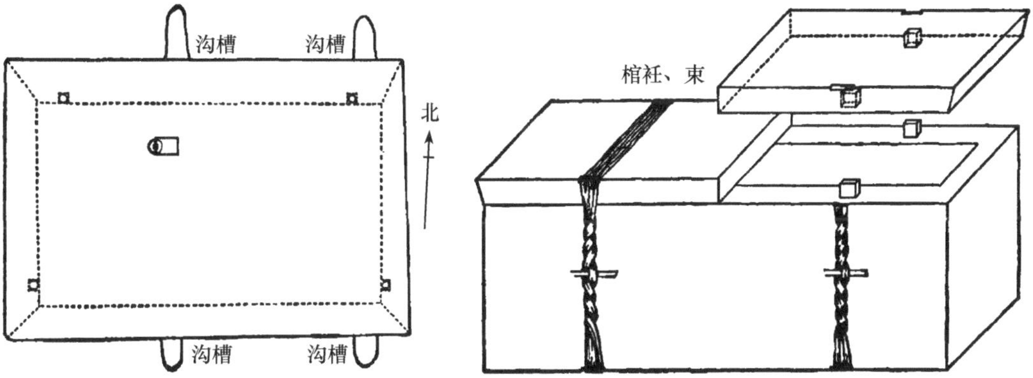

图五 -51　湖北江陵凤凰山 167 号汉墓的墓口、墓圹平面图及棺的衽、束

帝王陵墓、列侯级别墓葬及其他中型墓葬，因墓主身份地位等级诸因素，可能会安排诸如军队、劳役人员、家吏或其他专门的人员服务于墓主葬具及尸身的下葬，一些列侯或中型墓葬的墓主下葬时，可能会有亲朋参与，但不会太多，更多的亲朋、邻里等是属于送葬队伍中的成员，而非参与下葬者，相应的交往内容与送葬有关。较多小型墓葬则不然，极少量墓葬的墓主身份级别可能较平民略高，但更多的则是平民或更低级别，虽然墓葬规模小、葬具不大亦较为简单，但很多还是需要一定数量的人员将其平稳送入墓坑之中，尤其是西汉墓葬，竖穴式墓坑有一定的深度，则多依靠乡里（邻里）及相关家族成员，需要提前安排并在墓主下葬时开展相关活动，这些都促成了相互间的诸多交往和交流。

另外还有其他情况，基本为文献记载。汉宣帝时，大司农朱邑去世，“其子葬

① 河北省文物研究所、张家口地区文化局：《河北阳原三汾沟汉墓群发掘报告》，《文物》1990 年第 1 期。

② 平朔考古队：《山西朔县秦汉墓发掘简报》，《文物》1987 年第 6 期。

③ 徐州博物馆：《江苏徐州市大孤山二号汉墓》，《考古》2009 年第 4 期。

④ 凤凰山一六七号汉墓发掘整理小组：《江陵凤凰山一六七号汉墓发掘简报》；纪烈敏、张柏忠、陈雍：《凤凰山一六七号墓所见汉初地主阶级丧葬礼俗》，《文物》1976 年第 10 期。

之桐乡西郭外，民果共为邑起冢立祠，岁时祠祭，至今不绝”[①]。《艺文类聚》四十引西汉杨雄《家牒》所载：“子云以天凤五年（18年）卒，葬安陵阪上，……桓君山为敛赙，起祠茔，侯芭负土作坟，号曰玄冢。”[②]前者是民众为朱邑起冢立祠，后者是亲朋、弟子等起祠茔、负土作坟，反映出相关墓主下葬时，家庭与民众、亲朋等的交往内容。

五、相关内容

秦汉时期，相关家庭及其成员与亲朋、邻里之间的交往内容很多，考古资料体现或反映的内容亦较丰富，一些较成体系，一些则相对散乱，但也从不同方面折射出秦汉家庭与亲朋、邻里之间的交往或相应往来。

（一）历史故事

1. 孟母教子

孟母，为战国思想家孟轲的母亲，教子是孟母教育幼时的孟轲要勤奋不辍、勤学苦读。为了能够给儿子提供一个良好的学习环境，孟母曾三迁其家，择邻而居，同时还以断织机之杼的方式对孟轲进行教育。《三字经》中也对这一内容有记述：“昔孟母，择邻处。子不学，断机杼。”[③]汉代画像石画像中常见一妇女坐于织机上，侧身跟身旁的一个小孩讲话，小孩或站立或跪于地上，而有的在其面前还见织布的梭子。山东滕州出土的一些祠堂画像石中即有相关图像，其中龙阳镇附近出土祠堂画像石画像第二格左侧的纺织图中，小孩呈站立状，且一手抓握旁边一成年人的裙裾（图五-52：1），而山亭区桑村镇西户口村出土祠堂画像石画像左侧偏下的纺织图中，一小孩呈跪地状[④]（图五-52：2）。类似图像在今苏鲁豫皖交界地区出土的汉画像石中还有一些，不再作更多举例叙述。

孟母教子画像在今鲁南、苏皖北部等地出现较多，可能与这一地区靠近儒家思想发源地有关，而这一地区流行的石祠堂和画像石墓又为相关图像的雕刻及其展示提供了条件，可起到较为明显的教化作用。受其影响，还有曾母投杼教子的画像，如山东嘉祥武梁祠西壁第三格右侧画像，一妇女坐在织机上，面向左，回身而指，作训示状，机后一杼坠地，下有一列横题“谗言三至，慈母投杼”，左边一人冠服拱手右向跪，其上榜题文字较多，指出该画像为曾母投杼，跪地者为曾

① （东汉）班固撰，（唐）颜师古注：《汉书·朱邑传》，中华书局，1962年，第3637页。

② （唐）欧阳询撰，汪绍楹校：《艺文类聚》（附索引），上海古籍出版社，1999年，第731页。

③ 李逸安译注：《三字经·百家姓·千字文·弟子规》，中华书局，2009年，第3、4页。

④ 滕州市汉画像石馆：《滕州汉画像石精品集》，齐鲁书社，2011年，第30、31、74、75页。

1

2

3

图五 -52　东汉纺织画像石中的孟母教子与曾母教子画像

1、2. 山东滕州市出土东汉祠堂纺织画像石中的孟母教子画像（1. 龙阳镇附近出土　2. 山亭区桑村镇西户口村出土）

3. 江苏泗洪县曹庙出土东汉墓壁画像石第二格曾母教子画像

子，即儒家的另一代表人物曾参[①]。该画像除题榜外，与孟母教子画像最大的区别是被训示者为成年人。江苏泗洪曹庙出土的东汉画像石中，一块墓壁刻石的画像由上至下分四格，上第二格为曾母投杼图，画像中曾母坐在织机架上，转身投杼在地，曾子跪在一边，从形象看当为成年人，另外有谗者在旁拨弄是非[②]（图五 -52：3）。孟母教子画像内容，一方面是对孟母教子的生动描述，另一方面，结合《三字经》等的记载，又间接体现出与邻里交往的内容，“择邻处”或“孟母

① 蒋英炬、吴文祺：《武氏祠画象石建筑配置考》，《考古学报》1981 年第 2 期；《汉代武氏墓群石刻研究》，山东美术出版社，1995 年，第 54 、153 页。

② 江苏省泗洪县文化馆：《泗洪县曹庄发现一批汉画象石》，《文物》1975 年第 3 期；尤振尧：《江苏泗洪曹庙东汉画像石》，《文物》1986 年第 4 期。

三迁”等均可体现，而好的邻居及较好的交往环境，能够让年幼的孟轲有很好的学习环境。曾母教子画像中，一般会有谗者拨弄事非。二者均反映出邻里间在日常生活中的交往内容，但内容和形式不同。

2. 丁兰刻木

丁兰，为孝子，供木人，即刻木为人，作父母供养。山东嘉祥武梁祠西壁第三格左侧画像中，有孝子丁兰供木人，画面左边为一木像，下承以雕座，木像前为一男性冠服拱手而跪，右上一妇人左向跪，妇人下有一犬蹲踞，左上有题榜，四行十八字：“丁兰二亲终殁，立木为父，邻人假物，报乃借与”，故此画像是丁兰刻木的故事[①]（图五 -53）。

图五 -53　山东嘉祥武梁祠西壁“丁兰刻木”石刻画像（局部）

画像内容所反映是丁兰的孝行，但题榜文字中“邻人假物，报乃借与”八个字，则体现出邻里之间假物、借与的交往内容，而这也是邻里之间极为常见的交往形式之一。题榜中的“报乃借与”四字，体现出借物者与所有者在借物过程中的交流，反映出相应的程序及较为动态的内容。

（二）交租、收租图

就交租、收租而言，体现的是地主与租住土地的农民之间一种特殊的关系和交往内容，这与当时阶级关系和土地私有化及豪强地主、地方地主势力的发展有着密切关系。收租图在汉代画像中有专门体现，或繁或简，或涉及多人，或仅有 2～3 人，这也许与地主势力的大小有一定关系。

山东沂南北寨东汉画像石墓中室南壁横额东段画像中，有成堆的粮食及交租、

① 蒋英炬、吴文祺：《武氏祠画象石建筑配置考》，《考古学报》1981 年第 2 期；《汉代武氏墓群石刻研究》，山东美术出版社，1995 年，第 56 、153 页。另，《山东汉画像石汇编》一书有该画像的线描图，见傅惜华、陈志农编辑，陈沛箴整理：《山东汉画像石汇编》，山东画报出版社，2012 年，第 414、415 页。

收租的工具和人物，另有拉粮来交租的牛车，收租的家吏和有关人员头戴高冠，袖手踞坐，交租者和具体收租者忙着交装粮食[①]（图五-54：1）。河南密县打虎亭东汉M1南耳室南壁中部画像，右侧为建筑，左侧和中部为交租内容，其中有收租的家吏及其侍者、交租的农民等，具体收租人员和交租的农民忙着从车上取粮、持袋装粮、斗量入仓，真实地再现了汉代农民交租及地主收租的实景[②]（图五-54：2）。四川广汉县东南乡大堆子东汉墓出土有收租画像砖，画面左上方为一粮仓，右侧为两辆马车拉粮至地主粮仓前缴租，一人正从车上端粮往斗内倾倒，另一人站在车厢内正在撮粮往下递，收租者席地而坐，左手执计数竹筹正在计数，生动地展现了一幅汉代农民向地主家庭缴纳地租的图景[③]（图五-54：3）。

1 2 3

图五-54 东汉“交租、收租”画像

1. 山东沂南画像石墓中室南壁横额东段画像（局部） 2. 河南密县打虎亭东汉M1南耳室南壁中部画像 3. 四川广汉县东南乡大堆子东汉墓出土画像砖

① 南京博物院、山东省文物管理处：《沂南古画像石墓发掘报告》，文化部文物管理局出版，1956年，第20、21页，图版48（下）；山东博物馆：《沂南北寨汉墓画像》，文物出版社，2015年，第54、55、115页。

② 河南省文物研究所：《密县打虎亭汉墓》，文物出版社，1993年，第99、104-106页。

③ 敖天照：《广汉县出土一批汉画像砖》，《四川文物》1985年第4期。

交租的农民和收租的地主及其家庭之间存在特殊的关系，即农民租种地主土地以达到养家糊口等生活目的，其要向地主交租以维持这一租种关系，而地主则通过收租来实现自身的目的。正常情况下，租种土地的农民与出租土地的地主，居住地相距不会太远，甚至为同一村或同一乡里，因此他们之间的另一种关系即是乡邻或邻里。他们之间当有相应的交往，而土地的租种及收租、交租是其中具有特殊性，又是必然存在的交往内容，交租图较好地体现了这一交往内容。除此之外，在收租、交租的过程中，交租者还会与收租地主家庭的具体收租人员存在相应的交流和交往。

（三）启门建筑

汉代画像中，较多的建筑没有绘出门，有门者或是双门大开、门前有门吏，或是双门紧闭、铺首衔环清晰可见；但也有一些门为半开半掩，与之对应的为一人站在门内向外观望；也有位于门外者，但与门紧邻，有的还见门吏分列门外两旁，门外或有其他人，或不见其他人。

山东临沂沂水县许家湖镇李庄出土的一块画像石，画面中部一门楼，左右为子母阙，并有二门吏立于阙内侧，门半开半掩，一女性露出大半身，身倚手扶左侧掩闭门扇向外观望[①]（图五-55：1）。该画像中，门内的女性似乎在等待该家庭的亲朋好友到来，或是看一下家庭外出人员是否归来，所以在门内向外观望，也许还会将其看到的情况汇报给主人。这一画像是对家庭与亲朋、邻里交往内容的间接反映。江苏睢宁墓山东汉墓前室出土画像石画像，中心为一较大的楼阁式建筑，右侧偏西为门房，门房两扉半开半掩，一人（性别不详，很可能为女性，即家庭中从事服侍和相关工作的女性）站在门扉开启的空间内侧身向外观望，一辆轺车载人向外驶出，车与门之间有一人跽坐，双手执物拱于胸前，似与门内之人有所交流[②]（图五-55：2）。该画面一方面体现出该家庭有相关成员可能乘车要外出会友，或有其他事务，门外一人可能与送人外出有关，但仅一人，且双手所捧拱之物很可能为笏，所以有关内容很可能是亲朋邻里赶来该处，正在等候进门，所以该人会与门内之人有所交流。河南南阳市白滩出土的一楼阁画像石画像中，上有一人危坐，仅有局部，下为大门，门扉微开启，一人侧身站在门开启处前端，另有一人跽坐于门右侧，双手捧笏拱于身前，二人正在交流，门前之人似在询问捧笏者（图五-55：3）。就捧笏者来讲，仅一人，不见车马等，推测为邻里的可能性较大，也可能为亲朋，抑或为其他人员，但可能性较小，估计是对楼阁内主人有事相求，体现出相应的交往内容。对照上文所述江苏睢宁墓山东汉墓出土画像石画像，二者有一定相似之处，抑或为相似的交往内容。

---

① 临沂市博物馆：《临沂汉画像石》，山东美术出版社，2002年，第228页。

② 仝泽荣：《江苏睢宁墓山汉画像石墓》，《文物》1997年第9期。

图五 -55　东汉画像石中启门建筑与人物画像

1. 山东临沂沂水县许家湖镇李庄出土　2. 江苏睢宁墓山东汉墓前室画像（局部）　3. 河南南阳市白滩出土

启门的建筑及其相关人物，间接体现出家庭人员与亲朋、邻里的交往，由于是与墓主相关的画像，所反映的内容当与墓主有一定的关系，尤其是门外一人跽坐的画像，一定程度上体现出亲朋或乡邻对主人有所求的内容，而相互间应存在一定的等级或身份地位的差异。

（四）劳作画像

劳作画像在汉代墓葬壁画及画像石、画像砖画像中均有发现，一些可大致确定为一个大的家庭或地主庄园中相关人员的劳作，一些则为多个家庭劳动的场景，进而反映出邻里间的相关交往。

四川地区出土汉代画像砖中有很多劳作画像，如收获、制盐、农作、播种、薅秧、拾螺、网鱼、采莲、采桑等[①]，十分丰富，但多数是集中劳动或是在一地或一块田地、一个池塘中劳动，这些都很可能是一个大的家庭或地主庄园或一处作坊中的劳作，但个别也有区分，如四川什邡市南泉乡出土的一块农事画像砖，画面分左右两部分，中间为塘界也是田界，右面为渔猎场景，一渔舟行于莲池之中，船上有

① 《中国画像砖全集》编辑委员会：《中国画像砖全集·四川汉画像砖》，四川美术出版社，2006 年，图版第 80-90 页、图版说明第 45-51 页。

2人，右边1人划桨，左边1人左手采莲，右手扯渔网，渔网内有鱼；左面为田间农事，又分上下2部分，上有3人，1人弯腰拔草理秧，2人头戴草帽，挥舞长镰，正在除草，该田之下为一略有曲折的田界将上下分开，下一田地有2人正在拔草或理秧苗[①]（图五-56）。可以看出，画像砖所涉及的地域被分为3块，右侧鱼塘面积较大，2人在船上采莲和捕鱼，左侧田地分为上下两块，所种作物有所相似但长势不同，而上部田地的左上方还有2只水禽，这些内容或许说明两块田地是分别种植的，也就是说，田地可能分属于不同的家庭，而右侧的池塘亦很可能属于另一家庭，再对照三组劳动者所穿衣服，尤其是左侧上下田地中劳动者所穿衣服，有着明显的不同，或可表明非同一家庭的成员。因此，这幅画像很可能是同一村落中3个不同家庭成员在各自的田地或池塘中劳作的画面，他们所属的家庭可视为邻里或邻居，而在劳作及其他生活中有相应的交往当在情理之中。结合上文所述，有向地主租种田地并交租者，推测画像中分片形成的田地或池塘很可能为不同家庭租种或租用的，这更能反映出邻里或不同家庭之间的交往内容。

图五-56　四川什邡市南泉乡出土农事画像砖

（五）其他内容

主要为山东省济宁市微山县出土的相关画像石画像。

两块画像石为微山县两城山出土的二妇女对话画像，拓片收录于《山东汉画像石汇编》一书中。从画像来看，均为局部，但具体内容存在差异[②]。其中一块画

① 《中国画像砖全集》编辑委员会：《中国画像砖全集·四川汉画像砖》，四川美术出版社，2006年，图版第88页、图版说明第49页。

② 傅惜华、陈志农编辑，陈沛箴整理：《山东汉画像石汇编》，山东画报出版社，2012年，第305、306页。

像石画像中，二妇女双手拱于胸前，面对面站立，左侧妇女左臂揽抱一婴儿，右侧妇女右臂揽抱一婴儿，左臂处亦像似一婴儿，但更像玩具之类的物品，二妇女聊兴正浓，二人之间有一小孩抬头看着聊天的大人并作玩耍状，二妇女怀抱的婴儿可能被他吸引，都在看着他，另有一个孩童在旁边蹦跃，好像也是在逗耍两个婴儿（图五-57：1）。从内容来看，二妇女很像亲朋或邻里，带着孩子见面之后唠起家常或说起其他，二年龄稍大的孩童也识趣地嬉戏并逗耍二妇女怀中的婴儿，体现出亲朋或邻里间较为常见而又生动的交往内容。另一幅画像近方形，左下角有二妇女跽坐侧身对面谈话，画面的其他部位，主体为1作搏击状的熊，熊足下一人横卧，熊右侧、二妇女上方有一人蹲踞持长兵器刺熊，熊后还有一女性作侧卧状（图五-57：2）。从画面来看，虽有与熊格斗的精彩场景，但并未引起二位谈话妇女的兴趣，二人仍是聊兴正浓，全然没有关注身旁发生的事情。就与熊格斗来讲，可能是一种专门的杂技或相关舞蹈，而熊很可能为人装扮，但不管是如何，都没有影响到正在谈话二位女性的兴致。推测二女性为亲朋好友的可能性较大，也存在为有

1

2

3

图五-57　山东济宁微山县出土家庭与亲朋、邻里交往相关画像石画像

1、2. 微山县两城山出土二妇女对话画像　3. 微山县微山岛乡出土的别离画像

亲密关系乡邻的可能，相见之后，亲密交谈，反映出相应的交往内容。

另一块为微山县微山岛乡沟北村 M6（东汉中期）出土的别离画像，见于发掘简报，并收录于《微山县汉画像石选集》，原书将其定为“男女拥抱画像”，并指出该类图像极少见，意为夫妇在另一世界也能长相厮守，永不分离[①]。该画像石为墓葬隔墙中部的圆柱，从图像内容看，左上为二人比武，比武者右侧为男女拥抱，男右女左，男性一手搭在女性的肩上，一手托住女性的胳膊，女性的一手放在男性的腰部，画面右侧有一年龄较大的男性侧身面向拥抱的男女，右手拱于胸前，左手曲肘上举，紧紧抓握左肩所背的包袱（图五-57：3）。从画面来看，画面右侧年龄较大的男性背着包袱准备离开，女性不舍让其离去，而其身旁的男性搂抱着该女性正在劝她。推测背着包袱准备离开的男性与依依不舍的女性很可能为父女关系，父亲看望出嫁的女儿之后准备离去，女儿依依不舍，女婿则搂抱着妻子劝其不要不舍，而左侧两个比武者也被这感人的一幕所吸引，均面朝这边观望，画面就定格在父女不舍离别的画面上。这一画像所体现的应该是比较亲近亲戚间的交往，也描绘出姻亲关系下父女别离的场景。当然，就该画像来讲，还有一种可能，即画面右侧年龄较大男性为家吏或相关人员，背着包袱等待送男主人或与男主人一起出门，而女主人依依不舍，男主人亦是不舍，但又必须离开，所以搂着妻子，一是不舍，一是劝说，而这种可能性还是比较大的。家庭中的男性要出远门，亦是家庭对外交往的内容之一，这又属于后文所述的内容。另就前文有关章节内容分析，男女拥抱亦可能与表示议婚基本成功有关。

第三节　买卖与交流背景下的家庭交往

秦汉时期，随着社会经济的发展和繁荣，与物品买卖有关的商业获得较大发展，《史记》、《汉书》、《后汉书》等文献中均有记载，社会政治、思想和文化等也对物品买卖有着相应的影响和促进，并在此基础上推动了家庭及其成员的多方位社会交往。就物质内容来讲，一些具有商品性质或价值，但也有一些则为收缴、赏赐或馈赠品，虽不具有商品买卖的内涵，但与家庭成员的交往有较多关系。除这两方面的内容外，技术人员的流动和交流、对外物质文化交流、民族间相互交流等的不断发展，也对秦汉时期家庭及其成员的对外交往有着相应推动作用，使得秦汉时期家庭及其成员的对外交往呈现出多样化的特征与内容。

---

① 微山县文物管理所：《山东微山县汉画像石墓的清理》，《考古》1998 年第 3 期；马汉国主编：《微山汉画像石选集》，文物出版社，2003 年，第 110、111 页。

一、物品买卖带动下的交往

秦汉时期，随着大一统封建帝国的建立和日渐稳固，商品贸易获得较大发展，这使得物品的买卖更为普遍，而由此带动的家庭和家庭成员的对外交往内容也不断丰富。

（一）秦汉商业概况

国家的统一及其政治的相对稳定，加之社会经济如农业、手工业、林牧副渔业及思想、文化等的发展，都促使商业朝着更全面、发达的程度迈进，商品种类增加、商人地位提高、内部贸易日渐繁荣、对外贸易逐渐兴起并获得较大发展等皆可体现。史书记载，西汉初年“海内为一，开关梁，弛山泽之禁，是以富商大贾周流天下，交易之物莫不通，得其所欲”①。商业是以盈利为目的，且盈利相对较快，所以会有“天下熙熙，皆为利来；天下壤壤，皆为利往”②的情形。文景之治进一步推动了商业的繁荣，汉武帝之后至东汉，商业获得更大程度的发展，一度还形成商业高潮。就朝廷来讲，虽农业为本，常有重农诏书颁布，但也有促进商业发展的措施或政策，如东汉和帝刘肇时，“戒郡国罢盐铁之禁，纵民煮铸，入税县官如故事”③，很大程度上促进了私人产业及商业经济的发展。“夫用贫求富，农不如工，工不如商，刺绣文不如倚市门”④便是写照。

钱币的统一、发展和在西汉武帝之后铸币权被收归中央，对于促进商业的发展作用极大。秦代完成了流通货币内容与形式的统一。西汉基本每个皇帝在位时都有钱币发行，有的还在不同时期颁行不同的钱币，汉武帝刘彻在位期间，通过几次币制改革，至三官五铢的发行（公元前 113 年），铸币权完全归于中央，地方私铸得到遏制，对于稳定商业贸易和推动流通有序开展起着十分重要的积极作用，平帝元始年间（1 ~ 5 年），西汉政府铸行钱币已高达 280 亿万枚，某种程度上说明，货币已成为市场流通不可或缺的媒介⑤。东汉时，光武帝刘秀在位时颁行的建武五铢流通时间较长，至东汉晚期才出现存在相应差别的“四出五铢”，而且钱形、钱文与建武五铢基本相同，总体反映出币制的稳定性，这较之西汉时期更进一步，对于商业而言，具

---

① （西汉）司马迁撰，（南朝）裴骃集解，（唐）司马贞索引、张守节正义：《史记·货殖列传》，中华书局，1959 年，第 3261 页。

② （西汉）司马迁撰，（南朝）裴骃集解，（唐）司马贞索引、张守节正义：《史记·货殖列传》，中华书局，1959 年，第 3256 页。

③ （南朝宋）范晔撰，（唐）李贤等注：《后汉书·和帝纪》，中华书局，1965 年，第 167 页。

④ （西汉）司马迁撰，（南朝）裴骃集解，（唐）司马贞索引、张守节正义：《史记·货殖列传》，中华书局，1959 年，第 3274 页。

⑤ 中国社会科学院考古研究所：《中国考古学·秦汉卷》，中国社会科学出版社，2010 年，第 758 页。

有的积极性推动意义更大。在西向对外物质文化交流和物品贸易的发展过程中，还使用了一种龙纹铅饼，该类铅饼可在贸易中起到媒介的作用，对促进相互贸易有重要作用①。另外，度量衡的统一和发展也是秦汉商业发展不可缺少的支撑点和推动力，文献资料和较多的考古资料皆可说明，本书不再多作叙述。

文献记载的历史人物中，有一些人从事过商业活动。如西汉杨恽从事贩运，史载："恽幸有余禄，方籴贱贩贵，逐什一之利，此贾竖之事，汙（污）辱之处，恽亲行之。"②东汉朱儁，"少孤，母尝贩缯为业"③。崔寔在其父死后"资产竭尽，因穷困，以酤酿贩鬻为业"④。东汉时王符即指出："今举俗舍本农，趋商贾，牛马车舆，填塞道路，游手为巧，充盈都邑，务本者少，浮食者众。'商邑翼翼，四方是极'。"⑤

从考古资料看，西汉文景时期，有些地方的人已开始合伙从事有关商业活动。湖北江陵凤凰山M10出土记有契约的木牍一方（2号），内容可能是合伙贩卖物品所共同订立的契约，反映的可能是官府通过订契约，把均输物资包给一些人，由他们雇佣或摊派船工运输贩卖，而其中七人，各自承包一定的货物分散经营，并从中获利⑥。该木牍的出土，为研究江陵地区汉代的商业活动特别是物品贩卖等提供了重要参考资料，同时也为研究不同家庭人员间因物品贩卖等而产生的交往内容提供了相应的参考。

秦汉时期尤其是汉代，对外物质文化交流得到加强，物品的贸易和交流为其主要内容之一，文献中多有记载，考古资料亦可证明。相关问题在下文有述，特说明。

综合来讲，秦汉时期的商业在很多方面均获得了较大发展，尤其西汉文景之后，正如翦伯赞先生在《秦汉史》一书中所讲："（汉代）商业遂以一日千里之势，展开超越千古的发展。"⑦商业的发展，从多方面促进了家庭及其成员的交流和交往，使得秦汉家庭的交往内容更趋繁荣和多样。

（二）秦汉时期的市、集与肆

商品贸易的繁荣程度与人口或家庭的聚集数量和密度存在相应关系，在贸易或

---

① 刘尊志：《"丝路"背景下的汉代日常生活》，《历史教学》（上半月刊）2019年第11期。

② （东汉）班固撰，（唐）颜师古注：《汉书·杨敞传附子恽传》，中华书局，1962年，第2896页。

③ （南朝宋）范晔撰，（唐）李贤等注：《后汉书·朱儁传》，中华书局，1965年，第2308页。

④ （南朝宋）范晔撰，（唐）李贤等注：《后汉书·崔骃传附子瑗、孙寔传》，中华书局，1965年，第1731页。

⑤ （南朝宋）范晔撰，（唐）李贤等注：《后汉书·王符传》，中华书局，1965年，第1633页。

⑥ 长江流域第二期文物考古工作人员训练班：《湖北江陵凤凰山西汉墓发掘简报》；弘一：《江陵凤凰山十号汉墓简牍初探》，《文物》1974年第6期。

⑦ 翦伯赞：《秦汉史》，北京大学出版社，1983年，第210页。

商品买卖的需求下，会产生贸易或商品买卖的集中场所如市、集等，也会有相应的店铺如肆等，当然也不排除走街串巷的零散销售。上述内容会促生一些与之相关的人员和设施，如市集贸易的管理者、征收税钱的人员、相应的建筑和场地等，店铺所有者及其他销售者与管理人员、税收人员，还有来自不同家庭具有不同购买需求的多个成员，他们之间会产生多种形式、不同内容的交往，使得物品买卖带动下的交往内容和形式呈现出多样化特征。

1. 城市中的市

城市是政治、经济和文化发展的集中地域和中心，秦汉时期，城与市的关系日渐密切，秦汉都城的相关考古工作开展较多，下文以都城为主，兼顾其他，对秦汉时期相关的市作简单描述。

秦都咸阳城发现的相关遗存主要为市府和手工业作坊，经考古发掘的为长陵车站附近遗址，这是咸阳城西南最大的一处手工业作坊区，发现分布稠密的陶窑、水井，另有 3 处金属窖藏和 7 个陶器窖藏坑等，手工业生产以民营为主，市府手工业所占比例不大，就市府的职能来讲，主要是管理市亭手工业，生产方面居于次要地位①。

西汉都城长安的市场为东市和西市，考古勘探已基本探明西汉长安城二市的位置和范围。两市皆位于城内西北部，均在周围筑墙，南、北、东、西各有二市门，并相互连通，形成“井”状结构，东市为商业活动中心，西市是官营手工业的场所，考古工作者在西市内发现大量的官办手工业作坊，主要有烧造陶俑、砖瓦、陶器的陶窑遗址和冶铸遗址、铸币遗址等②。

东汉，洛阳城作为王朝都城，城内有严格的工商管理结构，而且专开南市、北市和金市供工商业者开展贸易，而据《后汉书·王充传》记载，洛阳还有书肆③，另外还有为境外及少数民族商人在洛阳活动提供方便而设立的“蛮夷邸”④、“胡桃

① 陕西省社会科学院考古研究所渭水队：《秦都咸阳故城遗址的调查和试掘》，《考古》1962 年第 6 期；陕西省考古研究所：《秦都咸阳考古报告》，科学出版社，2004 年，第 21-29 页；中国社会科学院考古研究所：《中国考古学·秦汉卷》，中国社会科学出版社，2010 年，第 44 页。

② 刘庆柱：《西安市汉长安城东市和西市遗址》，中国考古学会编：《中国考古学年鉴·1987 年》，文物出版社，1988 年，第 264 页；中国社会科学院考古研究所汉城队：《汉长安城窑址发掘报告》，《考古学报》1994 年第 1 期；中国社会科学院考古研究所汉城工作队：《1992 年汉长安城冶铸遗址发掘简报》，《考古》1995 年第 9 期；中国社会科学院考古研究所汉城工作队：《1996 年汉长安城冶铸遗址发掘简报》，《考古》1997 年第 7 期；李毓芳：《汉长安城烘范窑和铸币遗址》，中国考古学会编：《中国考古学年鉴·1993 年》，文物出版社，1995 年，第 245、246 页。

③ 《后汉书·王充传》载：王充“好博览而不守章句，家贫无书，常游洛阳市肆，阅所买书，一见辄能诵忆”。见（南朝宋）范晔撰，（唐）李贤等注：《后汉书·王充传》，中华书局，1965 年，第 1629 页。

④ （南朝宋）范晔撰，（唐）李贤等注：《后汉书·西域传·焉耆》，中华书局，1965 年，第 2928 页。

宫"① 等。但目前与东汉洛阳城商品贸易相关的考古资料还相对较少，如大致确定了"金市"的位置，另据勘探资料，当时的手工业作坊遗址主要分布于城外，清理的多为砖瓦窑，性质属官营窑厂②，其他资料还需考古工作的进一步开展来证实和完善、补充。

秦汉时期的地方城邑已发现较多，但大多保存不好，相关考古工作对秦汉地方城邑进行了相应调查、勘探和发掘，大多有手工业作坊等设施，对研究地方城邑的结构、内涵等提供了重要参考资料③。从现有资料看，能够直接反映商业设施的内容基本不见，郡国城址如山东临淄齐故城④、河北邯郸大北城⑤、山东曲阜鲁国故城汉城⑥，县邑城址如河南洛阳汉河南县城⑦等，基本如上所述情况。不过，上述城邑的布局及其手工业作坊等，为研究城市的商业活动可提供相应的参考。

2. 汉代画像中的市集

考古资料以画像砖、画像石的图像为主。画像砖大多发现于今四川省成都市及其附近地区，个别相距稍远，主要突出市集的建筑、布局及其买卖的情况，所属墓葬的时代大多为东汉的晚期，反映出东汉后期今成都平原一带商品经济的发展和繁荣。画像石资料以今苏鲁豫皖交界地区为主，但有关图像相对较少。

四川地区出土方形画像砖数量略少。成都市新都区新繁镇出土一块，画像中的市井呈方形，东、西、北三面有墙，中部有门，另有东市门、西市门两处文字，较为宽敞的"十"字形市隧将该市分为四个列肆，每个列肆东西顺列 3～4 排长廊式

---

① （南朝宋）范晔撰，（唐）李贤等注：《后汉书·南匈奴传》，中华书局，1965 年，第 2963 页。

② 中国社会科学院考古研究所洛阳工作队：《汉魏洛阳城初步勘察》，《考古》1973 年第 4 期；中国社会科学院考古研究所洛阳汉魏城队：《汉魏洛阳城发现的东汉烧煤瓦窑遗址》，《考古》1997 年第 2 期；王仲殊：《中国古代都城概说》，《考古》1982 年第 5 期。

③ 徐龙国：《秦汉城邑考古学研究》，中国社会科学出版社，2013 年；中国社会科学院考古研究所：《中国考古学·秦汉卷》，中国社会科学出版社，2010 年，第 245-298 页。

④ 山东省文物管理处：《山东临淄齐故城试掘简报》，《考古》1961 年第 5 期；群力：《临淄齐古城勘探纪要》，《文物》1972 年第 5 期；中国社会科学院考古研究所、山东省文物考古研究所：《山东临淄齐国故城内汉代铸镜作坊遗址的调查》，《考古》2004 年第 4 期。

⑤ 邯郸市文物保管所：《河北邯郸市区古遗址调查简报》，《考古》1980 年第 2 期；河北省文物管理处、邯郸市文物保管所：《赵都邯郸故城调查报告》，《考古》编辑部编辑：《考古学集刊·第 4 集》，中国社会科学出版社，1984 年，第 162-195 页。

⑥ 山东省文物考古研究所、山东省博物馆、济宁地区文物组、曲阜县文管会：《曲阜鲁国故城》，齐鲁书社，1982 年。

⑦ 郭宝钧：《洛阳古城勘察简报》，《考古通讯》1955 年第 1 期；考古研究所洛阳发掘队：《一九五四年秋季洛阳西郊发掘简报》，《考古通讯》1955 年第 5 期；郭宝钧：《洛阳西郊汉代居住遗迹》，《考古通讯》1956 年第 1 期。

建筑，并用二长廊将每个列肆连成一体，有的列肆后面还有由纵横交错的长廊组成的长方形住宅区和房屋建筑，可能是用来贮存货物的邸舍（也可供相关人员居住其中），画面中央有五脊重檐市楼一座，市楼上置1鼓，可能与开市、罢市时敲击提醒有关，市井内有数组正在交易的人群[①]（图五-58：1）。邛崃出土的一块市集画像砖，画面上方为一沽酒坊，2人在其内，其右侧一人在买酒，右侧上方似1门楼，其内坐1人，可能为集市的管理者，一担酒者正在从建筑前行走，下部为两组画面，右侧1人置案售鱼，左侧一器皿，1人正在买鱼，左侧案几上放有杀好的鸡、鸭、鹅、兔等，有顾客正在问价购买[②]（图五-58：2）。

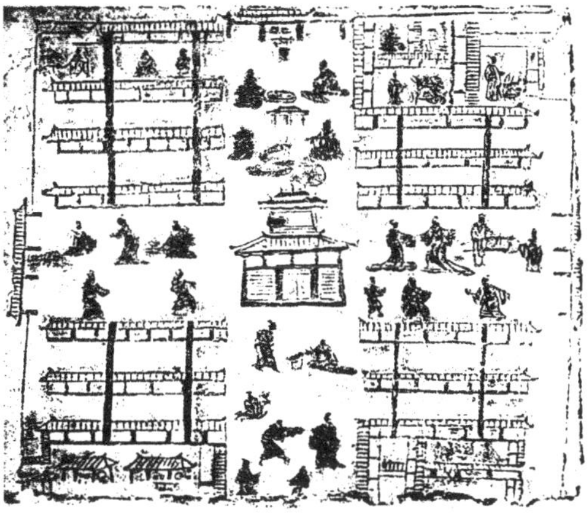

1

2

图五-58　四川地区出土方形市井内容画像砖

1. 成都市新都区新繁镇出土　2. 邛崃出土

彭州市义和乡出土的一块横长方形市井画像砖，画面中部为上下直通的市隧，相关建筑分列左右，右侧为3组建筑，左侧为2组建筑，最上左右建筑的两端分别有“北市门”、“南市门”文字，北市门侧是1酒肆，南市门侧为1杂行，二建筑之间市隧位置立有1案，1人踞其上；中间两对称建筑皆有前门，门开敞，各有1人执物进入市井之内，其间市隧也有人员在交易；最下左侧有两组人员在交易，此处可能为横向的市隧，与上下市隧连接，连接处也有人员在交易，右下角为1房屋，有二人交易[③]（图五-59：1）。

① 《中国画像砖全集》编辑委员会：《中国画像砖全集·四川汉画像砖》，四川美术出版社，2006年，图版第97页、图版说明第55页。

② 高文主编：《中国巴蜀新发现汉代画像砖》，四川美术出版社，2016年，第6页，图6。

③ 《中国画像砖全集》编辑委员会：《中国画像砖全集·四川汉画像砖》，四川美术出版社，2006年，图版第98页、图版说明第56页。

其他较多市井画像砖亦基本为横长方形，画面反映的多是市集的局部。广汉市周村出土画像砖，画面左侧偏下建筑有门半开，应为市集的阛阓，其上有“东门市”三字，右下侧有竈，1人在操作；画面右侧为一座两层的市楼，下层有2人并有文字，其中1人可能为市府官吏，楼上悬一大鼓，此建筑可能为市府的治所，该建筑与阛阓之间有两组人员正在进行交易[①]（图五-59：2）。大邑县出土画像砖，画面下方为一市门，两侧有墙，门正中坐1人，墙内有多人，右上角为1案，左侧中部有“市中”二字[②]（图五-59：3）。广汉市新平镇罗家包M3出土市井画像砖3块，其中一块，画面中央为一座二层楼，楼上悬鼓，表明为市楼，一吏正准备登梯上楼，左侧有一已开启门户的店铺，其内之人正与购买者交谈，近市楼处有一人持物前行，画面左侧有一人右手牵狗前行，左手曲臂持物，其面前一建筑内有一人（图五-59：4）；该墓出土的另一幅与商品买卖有关的画像砖画像，发掘简报将其定为酒肆画像，但整体来看，也应是市集画像，画面左侧为双层的市楼，市楼最大的特点为双层，上层悬鼓，这与其他市集画像基本一致，《三辅黄图》即载：“市楼皆重屋……有令署，以察商贾货财买卖贸易之事。”[③]楼上坐二人，为市府官吏，左侧有一人正在上楼梯，画面右侧为一酒肆，一卖者，其左侧一人正在买酒，西侧有一人已买好，推车欲行，其很可能是荷酒贩鬻者，画面上方还有一人坐在地上，面前一酒器，或是醉酒休息[④]（图五-59：5）。德阳市柏隆镇出土画像砖，画面左侧有二建筑，每个建筑内均有人在交易，右侧上方1建筑，其内二人在对话交易，右侧还有一人持物，该建筑下及其画面中间有3组两人对面进行交易[⑤]（图五-59：6）。德阳市黄许镇出土画像砖，画面左侧一门，为阛阓，其右侧有灶具，一人忙碌做食物，该人右侧有二人正在攀谈，画面右侧则为二层的楼，无悬鼓，下层内坐一人，画面上方中部有两组人物，均正在交易，画像内容体现的是农村小型交易市场[⑥]（图五-59：7）。还有1出土地不详的画像砖，画像左下侧为1建筑，内有2人正在交易，建筑右侧拴1马，其上有2人在讨价还价，建筑后有3人，2人在交易，靠左侧1人持物站立[⑦]（图五-59：8）。

---

① 《中国画像砖全集》编辑委员会：《中国画像砖全集·四川汉画像砖》，四川美术出版社，2006年，图版第98页、图版说明第55页。

② 《中国画像砖全集》编辑委员会：《中国画像砖全集·四川汉画像砖》，四川美术出版社，2006年，图版第99页、图版说明第57页。

③ 何清谷校释：《三辅黄图校释》，中华书局，2005年，第93、95页。

④ 四川省文物考古研究院、广汉市文物保护管理所：《四川广汉市罗家包东汉墓发掘简报》，《四川文物》2016年第1期。

⑤ 高文主编：《中国巴蜀新发现汉代画像砖》，四川美术出版社，2016年，第7页，图7。

⑥ 高文主编：《中国巴蜀新发现汉代画像砖》，四川美术出版社，2016年，第9页，图9。

⑦ 高文主编：《中国巴蜀新发现汉代画像砖》，四川美术出版社，2016年，第8页，图8。

图五 -59　四川地区出土市井内容长方形画像砖

1. 彭州市义和乡出土　2. 广汉市周村出土　3. 大邑县出土　4、5. 广汉市新平镇罗家包 M3 出土
6. 德阳市柏隆镇出土　7. 德阳市黄许镇出土　8. 出土地不详

3. 汉代画像中的肆与作坊

肆以酒肆最为常见，上文所述广汉市新平镇罗家包 M3 出土的一幅市井画像，其右侧即为酒肆，而上文所述市集中，有较多相对独立的肆，如杂行等，而且其内基本都有人正在交易。一些画像砖还单独突出酒肆及其销售场景，画面较为生动。

广汉市罗家包 M3 还出土有另外 1 块酒肆画像砖，但资料未公布。彭州市出土 2 块，1 块出土于彭州市义和乡，画像右后上方是一座单体建筑，前面开敞，为铺面，垒有放置酒器的土台，后壁挂两壶，肆内一人正在售酒，肆外有一沽酒者正抬手接物，左下方有一为少数民族人物形象的人员，正推独轮车离开，独轮车上为一方形的盛酒容器，他可能是荷酒贩鬻者，正准备去串街沽卖，左上方还有二人作奔跑状，前面的似小孩，后面的为肩部荷壶的大人，小孩很可能是跑着和大人一起来卖酒的（图五 -60：1）；另 1 幅出土于彭州市升平乡，一建筑斜置于砖面左边，前面开敞，设 1 高案做为柜台，用木柱支撑，应为木案，案下有两只带提梁的大酒壶，柜台内侧有 1 大酒瓮，屋内还有 2 只大酒缸，柜台外面也有 2 个带提梁的壶，屋内一人在售酒，右手执量酒的容器，左手将盛好酒的器皿递出，柜台外有二沽酒者，正伸手向前接过酒器，后面一人右手端起酒杯，正欲饮酒，右上部有 1 大案，案上有 1 方形容器和 2 个模拟羊形的容器，中部有一游贩肩挑酒壶向酒肆走来，右下有一人推独轮车正离酒肆而去，车上也载有 1 个羊形的容器，该画像被称为羊尊酒肆画像[①]（图五 -60：2）。

除较为明确的酒肆画像外，这一地区出土的画像砖画像中还常见酿酒画像砖，一些也可反映出相应的销售内容。四川省成都市新都区新农乡出土画像砖，画面右半部分为二人酿酒，但在其左下方向有人站立，画面左侧上部有一人推独轮车，车上的方形容器已装满酒，此人作离去状，左侧下部有一人肩挑酒壶亦作离去状[②]（图五 -60：3），推测站立者所承担为售酒的职责，反映出相关商贩直接到酿酒作坊来买酒再进行销售的内容，因减少了酒肆这一环节，或许可获利更多一些，而该作坊应该就是专门酿酒用于销售的作坊。当然，也不排除开酒肆者本身就有酿酒的作坊，只是画像没有表达出来。成都市曾家包东汉 M1 西后室后壁画像石画像中也有酿酒图，整个画面远处为山峦，中间为酿酒及武器架、纺织、车马等等，画面下部还有一些饲养的禽类等等[③]（图五 -61：1），可以看出，这是关于一处家庭庄园内诸多设施内容的写照，画面右下角有一拉货物车辆，但其与商品买卖的关系应该不

① 四川省博物馆：《四川彭县等地新收集到一批画像砖》，《考古》1987 年第 6 期。

② 《中国画像砖全集》编辑委员会：《中国画像砖全集 · 四川汉画像砖》，四川美术出版社，2006 年，图版第 126 页、图版说明第 54 页。

③ 成都市文物管理处：《四川成都曾家包东汉画像砖石墓》，《文物》1981 年第 10 期。

1

2

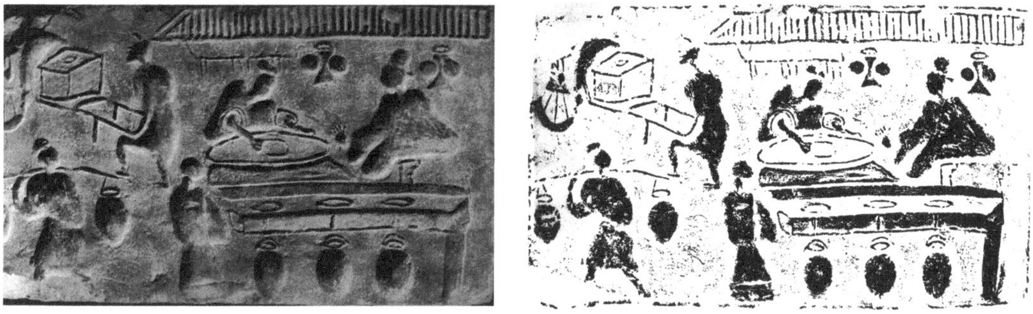

3

图五 -60　四川地区出土与售酒有关画像砖画像

1. 彭州市义和乡出土　2. 彭州市升平乡出土　3. 成都新都区新农乡出土

大，所以该图反映的是庄园内自给自足的生产，与商业的直接关系应该不是太大，但也存在满足家庭所需的前提下，将多余酿酒向外销售的可能。

苏鲁豫皖交界地区汉代墓葬出土的画像石画像中也有酒肆和售酒的画面，可在一定程度上反映出该地区酿酒、售酒的情况，并体现出以售酒商业活动为媒介带动的人员交往内容。江苏徐州铜山利国镇北东汉晚期墓葬为前中后三室结构，中室左右两侧还各有一个侧室，东侧室的东壁有一幅画像，有楼房和人物，公布资料将其命名为“宴饮图”①。《徐州汉画像石通论》一书认为这是一幅酒肆图，比较可

① 江苏省文物管理委员会、南京博物院：《江苏徐州、铜山五座汉墓清理简报》，《考古》1964 年第 10 期。

信，画像刻有三层楼房，楼下为三间房屋，中间房屋内两人面对鼓腹圈足大酒壶，左次间有一垆，垆上有一酿酒的大釜，为蒸酒之器，右间屋内有一酒瓮，酒瓮上放置器皿，一人在上面操作，此为滤酒的过程，楼上三间房屋内刻二人对饮，屋顶有阙楼，应为市楼[①]（图五 -61：2）。连云港市东海县昌梨水库东汉墓南立面横额东段刻有一幅画像，左边刻一棵树，树枝上挂着一物，树下有一人，席坐在矮榻上，榻上放着食具，该人的双手前伸，似欲把树上挂的东西取下来，榻旁有一个架子，架上放的像是盆子，其次是一着短服的人，肩上扛一物，再次是一着短服的人，双手握车把，正在奋力拉车[②]（图五 -61：3）。《徐州汉画像石通论》一书认为这是一幅酤酒图，笔者亦比较赞同，该画像大致描绘了一人在一颗大树下设摊，摊上放置酒瓮，一人肩扛一物，手挎提篮在摊前停留，似为买酒，后面一人双手拉车，似在运

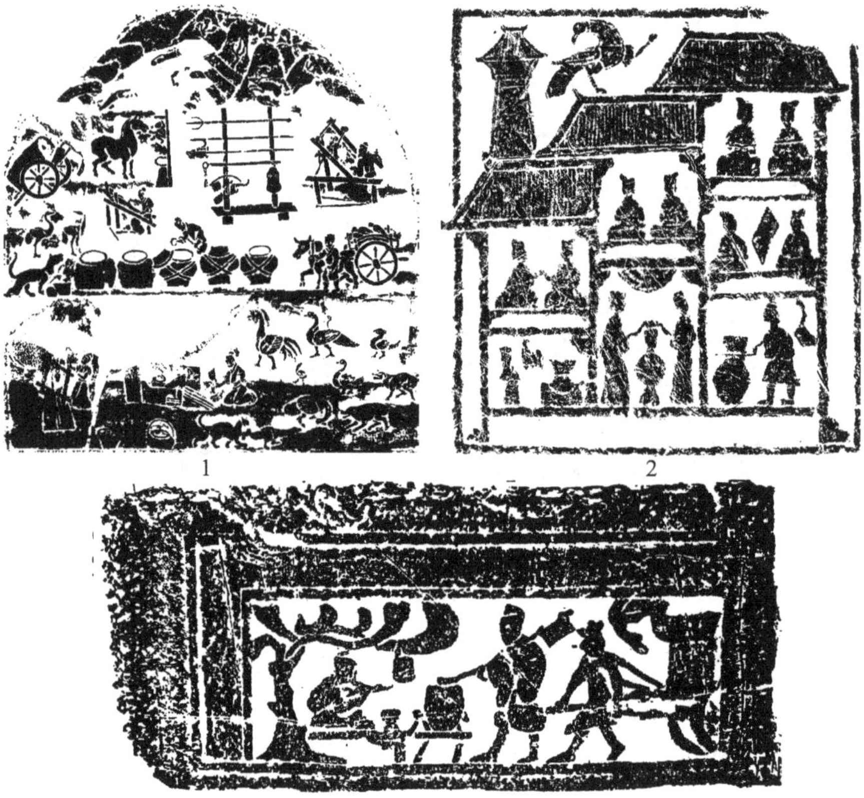

图五 -61　汉代画像石画像中的酿酒、酒肆及售酒

1. 四川成都市曾家包东汉 M1 西后室后壁画像石在的酿酒图　2. 江苏徐州铜山利国镇北东汉晚期墓葬中室东侧室东壁酒肆画像　3. 江苏连云港市东海县昌梨水库东汉墓南立面横额东段酤酒画像

① 武利华：《徐州汉画像石通论》，文化艺术出版社，2017 年，第 203、204 页。

② 南京博物院：《昌梨水库汉墓群发掘简报》，《文物参考资料》1957 年第 12 期。

送有关货物，从画面表现的内容来看，这是在田舍阡陌间卖酒的情景[①]。就徐州铜山利国镇北汉墓出土的酒肆画像石画像来讲，还可能有市楼，而且酒肆与市楼相邻，所反映的很可能是市集的一隅。该画像也或许反映出所属墓葬墓主的身份，即可能是经商（售酒）并有相应经济实力的人员，但政治地位和社会等级不是甚高，这也可从墓葬的其他内容看出。该墓为前中后三室且中室有二侧室的石室墓，具有相应的规模，表明墓主家庭具有相应的经济实力；墓中出土多块画像石，内容还有神人与动物、建筑与人物（含门吏）、乐舞与车马、铺首衔环等，但画像中的车马数量极少，而且基本为单车马，不见豪强地主、地方官吏等人员墓葬中多车、多马、多人物的车马队伍，整体反映出家庭较为殷实富足但社会等级不高的特征，这应与上面推测墓主身份较为相符。连云港市东海县昌梨水库东汉墓出土的酤酒图，则体现出售酒方式的灵活和不同形式，类似在路旁摆摊售货的情况在当今一些地方还可见到。因此，这二幅画像石画像从不同角度或以不同方式体现出买卖背景下相关人员交往的内容。

（三）物品与买卖

秦汉时期，社会经济获得较大发展，而商业的繁荣及社会需求的增强，使得很多物品成为商品。上文所述一些手工业作坊生产的陶器、铜器、铁器、酒等，一些满足自我需求，一些则成为商品，其他如漆器、纺织品、农副产品等亦是如此。商品的流通与买卖，使得较多家庭的物质生活内容日益丰富起来，生活质量和水平也随之得到普遍提高，这也正是社会发展的内容之一。其中较多的物品为适应商品买卖的需求，在质地、质量、造型、装饰及器物上的文字等方面都尽可能地追求更好，以达到满足购买者或使用者的需求，提高同类不同生产地区或作坊的产品竞争力，进而实现多销售、谋求多获利的目的。有些手工业作坊会利用自身优势，拓展销售，也有的手工业作坊会参照其他一些手工业作坊的方式、方法，生产相关物品进行销售，以求获利。

这一时期的很多物品，质地上会使用相对较好的材质，或多种材质并用，采用不同技术如镶嵌、错金银等等；质量上力求更好，如陶器的坚硬和耐用程度等等；多用喜闻乐见、普遍易接受或精美且具有较大吸引力的造型；装饰多采用吉祥图案，一些还为了满足相关人员的要求，加入与升仙、高官、福禄等相关的内容，将一些吉祥内容与器物使用、日常生活相结合，充分满足购买者的需求。文字在汉代器物上越来越常见，很多器物上有吉祥用语，陶器、铜器等上有相关内容，而漆器、纺织品及铜器中的铜镜等在日常生活中相对普遍和较为普及的物品，文字及

① 武利华：《徐州汉画像石通论》，文化艺术出版社，2017年，第206页。

内容亦较多。漆器上常有“宜酒食”、“宜官”、“宜酒”、“君幸食”、“君幸酒”、“富贵”、“安”、“乐”等；纺织品上有“宜高官”、“五星出东方利中国”、“延年”、“千秋万岁”、“宜子孙”、“寿”、“贵富”等；铜镜上的铭文则更多，相当一部分为吉祥字语，也有一部分和升仙有关，也有写明制作铜镜使用铜料的产地等内容，如“长宜子孙”、“位至三公”、“大乐贵富”、“延年益寿”、“千秋万岁”、“见日之光，天下大明”、“内清以昭明，光象夫日月”、“丝组维结以为信，清光乎成宜佳人”、“尚方作镜真大好”、“上有仙人不知老”、“上大山，见仙人”、“铜出徐州”、“铜以徐州为好”等等，这些文字在一定程度上均可促进相应的物品销售和流通。

器物上的文字对于销售存在较好的推动作用，春秋时期出现的“物勒工名”在这一时期也得到相应的发展。《吕氏春秋·孟冬纪》对东周秦国手工业管理的相关记载为：“物勒工名，以考其诚。工有不当，必行其罪，以穷其情。”[①] 由此可见，“物勒工名”是在器物上留下制作者的名字，以便检查、检验产品的质量，还有的将监造者或生产机构，或是手工业作坊刻（铸）于器物之上，体现出相对应的严格性和规范性，而这也成为之后相关物品进行销售的参考和凭证，一般情况下，此类物品较之一般私营手工业在销售上要占据较多优势。秦汉时期，“物勒工名”在铜器、铁器、陶器、漆器制作等多个方面均有较多使用，一些产品非流通物品，但也有一些产品具有较强的商品性，有些勒记工名还可促进销售或成为较好销售的保证，综合反映出该项制度在这一时期的推广和发展。《中国考古学·秦汉卷》一书对汉代铁器的一些铭文进行了辑录，如“济”、“莱一”、“山阳二”、“钜野二”、“河一”、“河二”、“河三”、“蜀郡”、“中山”等等，并指出，汉武帝元狩五年（公元前 118 年），汉政府实行盐铁官营政策，将煮盐和冶铁之事收归政府管理，在全国重要产铁地区设置大铁官，主鼓铸，全国 40 个郡国设铁官 49 处，管理铁器的生产和专卖事宜[②]。东汉和帝刘肇即位（88 年）后，废盐铁官营，罢盐铁之禁[③]，铁器生产又步入相对自由发展的阶段。山东滕县出土的冶铁铸造画像[④] 反映出当时的民营作坊冶铸场景。商品化的趋势明显，铁工场主姓氏、宣传产品优质特征的铭文等在铁器上出现较多，如河南镇平尧庄铁器窖藏出土铁釭上有“王氏大牢工（釭）作真倔中”等铭文[⑤]，起到宣传产品和销售牟利的双重目的。铜器如铜镜，在西汉中期后，私人铸镜得到迅速发展，铜镜铭文中出现的一些姓氏可以说明。秦汉时期，很

---

① （战国）吕不韦等编撰，许维遹撰、梁运华整理：《吕氏春秋集释》，中华书局，2009 年，第 218 页。

② 中国社会科学院考古研究所编著：《中国考古学·秦汉卷》，中国社会科学出版社，2010 年，第 637、638 页。

③ （南朝宋）范晔撰，（唐）李贤等注：《后汉书·和帝纪》，中华书局，1965 年，第 167 页。

④ 叶照涵：《汉代石刻冶铁鼓风炉图》，《文物》1959 年第 1 期。

⑤ 河南省文物研究所、镇平县文化馆：《河南镇平出土的汉代窖藏铁范和铁器》，《考古》1982 年第 3 期。

多漆器上有烙印、刻画、漆书、盖或画印章等形式的文字，有的还集多种书写形式的文字于一体，从文字内容看，主要有制者标记和物主标记，其中的制者标记为研究这一时期漆器的生产和管理情况提供了宝贵资料①，这也为研究漆器的商品化或销售等提供了重要参考。秦代漆器中，一些文字内容为姓氏、里名或符号等，可能为民营漆器作坊产品，云梦睡虎地秦墓②有相关器物出土，这种形式沿用到汉代，汉代民营作坊生产漆器的铭文有些以较细线条刻在不明显位置，有些使用印章形式的标记，也有的使用漆书文字，多数有“× 氏”字铭。东汉时期，多漆书文字，亦多有“× 氏”等字。另外，汉代的郡、县、乡也生产漆器，郡县的“市亭”和“市府”可能是其生产机构，汉代漆器上常见相关铭文，除此之外，还有“× × 乡”等铭文。湖北江陵凤凰山 M168 出土的一些漆器上有烙印文字、刻画文字和白粉书写的文字，文字内容有两类：一是白粉书写和刻画的“仁”字，另一种是“成市草”、“成市饱”等烙印文字，成都在汉代是制作漆器的主要地点，“成市”就是成都市府，“成市草”的“草”字即“造”字，如“肖何造律”，有的就写为“肖何草律”；又“成市饱”的“饱”字，可能为“麭”字，多次上漆的工序为“麭”，说明这些漆器的产地当是成都市府所管辖的漆器手工业作坊；烙印文字中的“素”、“饱”、“草”等是这个时期素工、麭工和造工在制作漆器时所烙上的戳印，反映了当时漆器制作已有多道工序并存在“物勒工名”的产品责任制，不少漆器上烙印“成市”、“市府”，说明它们是成都市府管辖的漆工产品，同时也反映出当时漆器产品已具有较强的商品性③。陶器制作也有类似情况。陕西咸阳任家咀发掘秦墓出土的陶器中发现 14 处陶文，一些为秦代器物上的陶文④。陕西西安南郊发掘的秦汉时期墓葬中，潘家庄世家星城墓葬可分为两期，第一期为秦统一，个别早至战国晚期，第二期墓葬的时代为西汉初期至西汉早期；墓地出土陶文较为丰富，第一期以戳印陶文为主，如“杜亭”、“杜市”、“咸阳完里丹器”等，第二期以刻画的陶文和陶符号为主，人名、容量、符号居多，如“南阳赵氏十斗”、“杜氏十斗”、“杜氏”、“赵东”等⑤（图五 -62：1 ~ 3）。河南陕县发现的西汉墓葬出土陶器中，1 件陶罐（M3113：12）的肩部有“市”字戳印，有的器物上还有

① 洪石：《战国秦汉时期漆器的生产与管理》，《考古学报》2005 年第 4 期。

② 云梦县文物工作组：《湖北云梦睡虎地秦汉墓发掘简报》，《考古》1981 年第 1 期；云梦睡虎地秦墓整理小组：《云梦睡虎地秦墓》，文物出版社，1981 年。

③ 纪南城凤凰山一六八号汉墓发掘整理组：《湖北江陵凤凰山一六八号汉墓发掘简报》，《文物》1975 年第 9 期；湖北省文物考古研究所：《江陵凤凰山一六八号汉墓》，《考古学报》1993 年第 4 期。

④ 咸阳市文物考古研究所：《任家咀秦墓》，科学出版社，2005 年，第 239-242 页。

⑤ 西安市文物保护考古研究所：《西安南郊秦墓》，陕西人民出版社，2004 年，第 702-742 页。

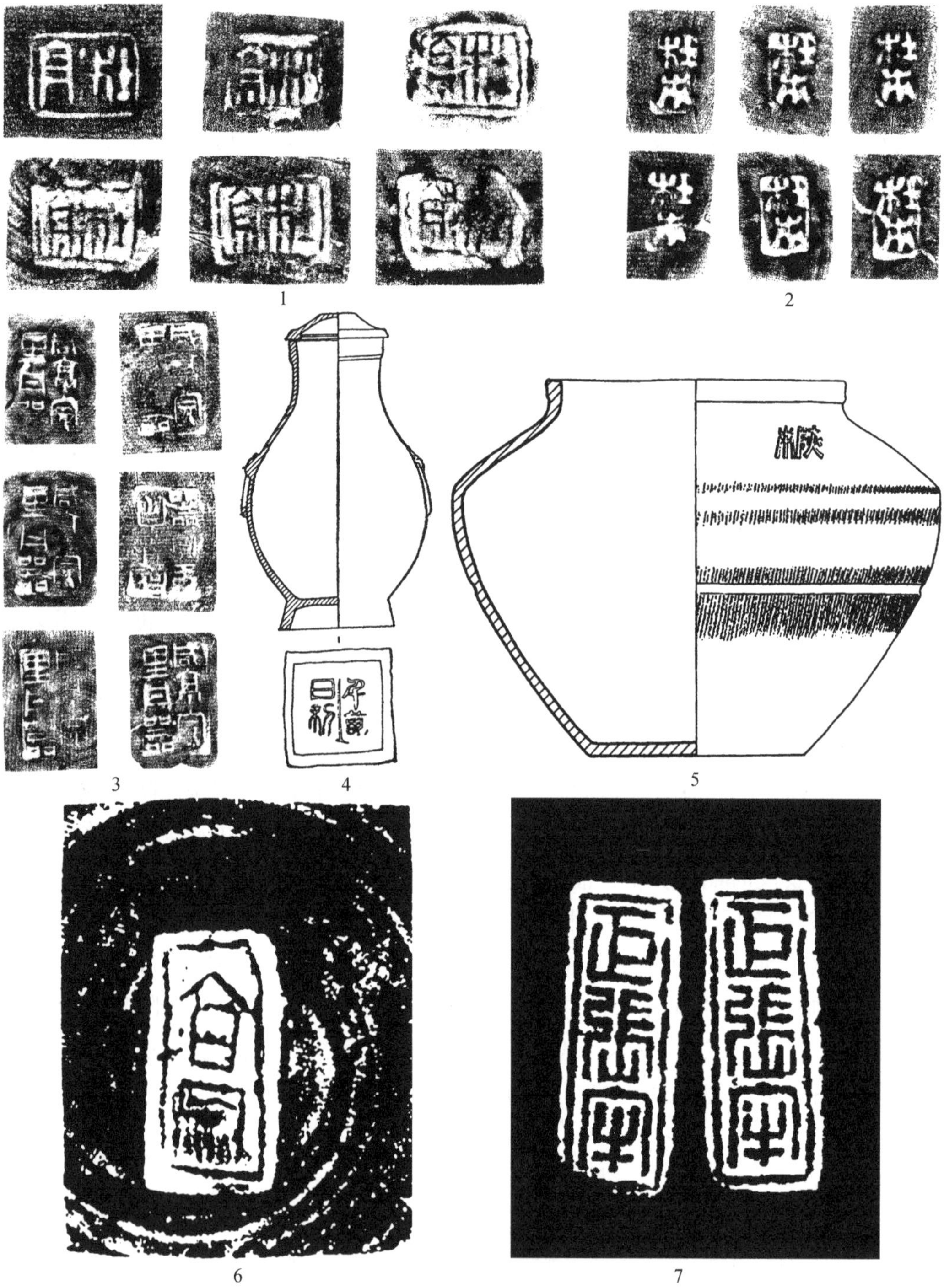

图五 -62　西汉墓葬出土陶器上的相关文字

1-3. 陕西西安南郊潘家庄世家星城秦汉墓出土（1.“杜亭” 2.“杜市” 3.“咸阳完里丹器”） 4. 河南陕县西汉墓出土陶罐（M3113：12） 5. 河南三门峡南交口西汉初期 M16 出土陶瓿（M16：5） 6. 河南新乡李大召Ⅱ T2401M9：1 “亭”字戳印（西汉） 7. 河南南阳唐河县电厂西汉末年新莽时期画像石墓出土陶瓮上的两个“巨张牢”戳记

吉祥词语，如 M3003 出土陶钫（M3003：125），底部有模印阳文“日利千万”[①]（图五 -62：4）。三门峡市南交口西汉初期的 M16 出土陶瓿（M16：5），肩上有一方形阴文戳记，文字为“陕市”[②]（图五 -62：5）。河南新乡李大召Ⅱ T2401M9：1 有“亭”字戳印，该墓为西汉墓葬[③]（图五 -62：6）。河南南阳唐河县电厂西汉末年王莽时期画像石墓出土的 1 件陶瓮，泥质灰陶，火候较高，在接近瓮口的残片上印有同样的两个戳记，文字为“巨张牢”三字，此“巨”字或谓工匠之称[④]（图五 -62：7）。河北地区的邢台内丘张夺秦至西汉时期的墓葬也有相关发现，邯郸建设大街西汉 HWM13 出土的 1 件高领罐（M13：1），下腹近底部有“邯亭”圆形戳记两个，大口罐（HNM7：1）的肩部饰暗弦纹数周和圆形戳印两个，字迹模糊[⑤]。

修建墓葬的材料也存在商业化特征。相关简报指出，东汉时确有专门从事画像石雕刻的工匠群存在[⑥]。考察江苏徐州地区出土的汉代画像石，有相当部分存在着相似性，如贾汪青山泉张山画像石墓前室北壁一石[⑦]与铜山茅村乡檀山的一块散存画像石[⑧]，无论是技法还是风格均无差异，仅在细处有稍许差别，推测应是出自同一画师或同一工匠之手，抑或为同一作坊生产（图五 -63）。徐州铜山东沿村北山南墓葬出土的第 7、8 石（原为祠堂用石）亦基本如此，均弧面浅浮雕，画像多分栏，人

1　2

图五 -63　江苏徐州贾汪与铜山茅村出土的两块画像内容相似的画像石

1. 贾汪青山泉张山画像石墓前室北壁石　2. 铜山茅村乡檀山散存画像石

① 中国社会科学院考古研究所：《陕县东周秦汉墓》，科学出版社，1994 年，第 166-169 页。

② 河南省文物考古研究所：《三门峡南交口》，科学出版社，2009 年，第 261 页。

③ 郑州大学历史学院考古系韩国河、赵海洲：《新乡李大召——仰韶文化至汉代遗址发掘报告》，科学出版社，2006 年，第 338 页。

④ 《南阳汉画像石》编委会：《唐河县电厂汉画像石墓》，《中原文物》1982 年第 1 期。

⑤ 邯郸市文物保护研究所：《邯郸市建设大街战汉墓葬发掘报告》，《文物春秋》2004 年第 6 期。

⑥ 徐州博物馆：《江苏徐州市清理五座汉画像石墓》，《考古》1996 年第 3 期。

⑦ 徐州博物馆：《江苏徐州市清理五座汉画像石墓》，《考古》1996 年第 3 期。

⑧ 徐州博物馆：《徐州汉画像石》，江苏美术出版社，1985 年，图 179。

物与动物形象极为相似[①]（图五-64），应为同一批画师、工匠在相近时间段内开采、绘制、加工而成。《山东汉画像石汇编》一书收录的山东微山微子墓画像（其三）[②]与江苏徐州沛县出土的一块画像石画像[③]，内容基本一模一样（图五-65），两地相距不远，应为同人设计、同人绘画、同人雕刻，而且是作为修建墓葬材料的商品出售到不同地区。就上述一些画像内容较为相似的画像石来讲，尤其是不同地点出土相似画面的画像石，也不排除某一或某些画师“抄袭”另一或另外某些画师作品的可能，但其目的还是为了更好地达到购买者的需求，促进画像石成品的销售。苏鲁豫皖交界地区发现的汉代墓葬外石祠堂所用石材中，一些有修建祠堂开支的文字刻铭，另外还有一些汉代墓葬特别是石椁墓，也发现有关于墓葬修建开支的刻字，这些刻字的内容，尤其是开支方面的记录，有夸大和理想化的特征，但也对商品化内容有所体现。江苏徐州睢宁古邳镇苗庄发现的一座双室石椁墓，椁顶有三块盖板，其中一块刻有“李乡石郭（椁）直万当千”（图五-64：3），从出土的铜镜及“大泉五十”钱币，推测墓葬年代为王莽新朝时期，刻字中的“石椁”二字为研究石椁墓的称谓有重要价值[④]，而修建石椁的开支和费用，则反映出相应的商品化内容。四川

1　　　　2　　　　3

图五-64　江苏省徐州出土汉代画像石及石椁盖板刻字

1、2. 铜山东沿村北山南出土的两块画像相近画像石拓片（1. 第7石　2. 第8石）

3. 睢宁古邳镇苗庄石椁墓椁顶盖板刻字

① 徐州博物馆：《徐州发现东汉元和三年画像石》，《文物》1990年第9期。

② 傅惜华、陈志农编辑，陈沛箴整理：《山东汉画像石汇编》，山东画报出版社，2012年，第357页。

③ 徐州博物馆：《徐州汉画像石》，江苏美术出版社，1985年，图232。

④ 李银德：《徐州汉墓的形制与分期》，徐州博物馆编：《徐州博物馆三十年纪念文集》，北京燕山出版社，1992年，第108-125页；武利华：《徐州汉画像石通论》，文化艺术出版社，2017年，第347页。

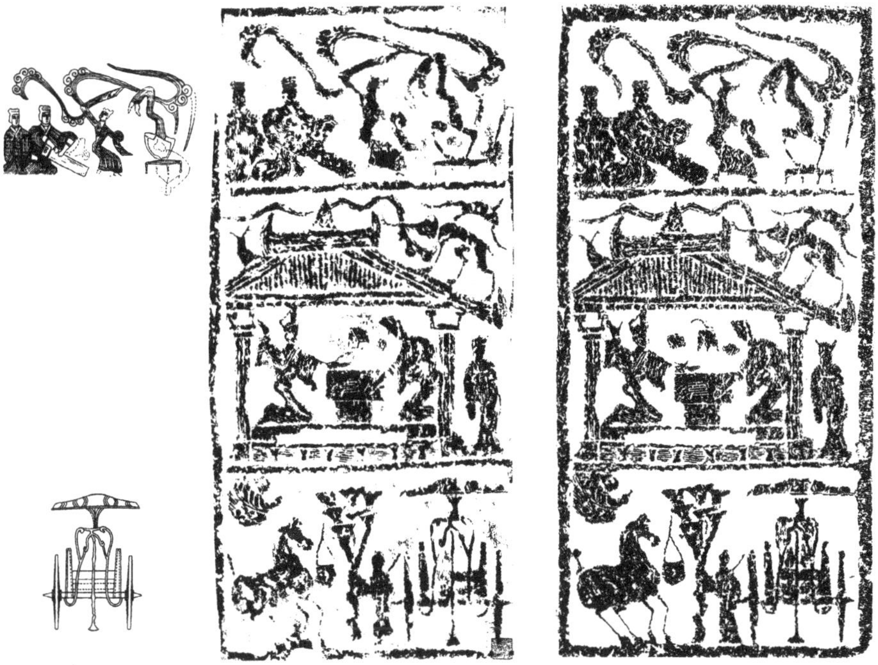

1　　　　2

图五 -65　山东微山微子墓画像石与江苏沛县出土画像石

1. 山东微山微子墓画像石画像　2. 江苏沛县出土画像石画像

地区，西汉墓葬的结构、用材、随葬品还没有出现明显的商品化元素，而后出现的砖室墓、石室墓和崖墓等在墓室结构的用材、崖墓的开凿、墓室装饰和专用陪葬品等方面无不充溢着商品化的因素，已有专门从事墓地选择的“风水师”，有专门的石匠和画匠，还有以制陶为主的专门性手工业作坊等①。这一问题从出土的画像砖也可看出，这一地区发现的汉代画像砖墓较多，使用的画像砖有一些是较为相同的，基本应是同模制作，即画像砖是成批模制出售。彭州市出土的一块市井画像砖②与广汉罗家包 M3 出土的一块市井画像砖③的画像基本相同，只是前者右侧缺少一部分（图五 -66）。另外，秦汉墓葬，尤其是中小型墓葬内以陶器陪葬为主，很多相近地点的同时期墓葬内出土的陶器基本一致，这与相关陶窑烧造成批陪葬所需的陶器有关，也就是说，这一时期有相当数量陶窑烧制的陪葬陶器是作为商品出售给有葬人者家庭，满足其丧葬需求的同时也体现出与自身生产相对应的商品化特征。

① 唐光孝：《试析四川汉代葬俗中的商品化问题》，《四川文物》2002 年第 5 期。

② 刘志远：《汉代市井考——说东汉市井画像砖》，《文物》1973 年第 4 期。

③ 四川省文物考古研究院、广汉市文物保护管理所：《四川广汉市罗家包东汉墓发掘简报》，《四川文物》2016 年第 1 期。

图五 -66　四川广汉市罗家包 M3（左）与彭州市出土（右）市井画像砖画像

（四）商品交易活动中的人员交往

物品买卖或商品交易促进了不同人群的流动，而因有物品流通及买和卖的需求，使得较多家庭成员的交流和交往得到加强。这其中既包括从事大宗贸易与物品流通者、开设店铺者及走街串巷卖货者等的交往，也有市集和工商业管理者的交往，还有一个重要的人群，即购买者，加之还会有其他人群，使得秦汉时期较多不同的家庭及其成员参与其中，体现出较丰富的家庭交往内容。

上文论述中提及湖北江陵凤凰山 M10 出土记有契约的木牍，契约内容反映出官府通过订契约把均输物资包给地方的地主豪强，由他们雇佣或摊派船工运输贩卖的内容，契约中谈到“会而计”，表明相关人员不仅要运输还要负责贩卖，算好账还要向相关的吏汇报[①]，其内容反映出订契约者与地方官员、订契约者相互之间、订契约者与实际劳动者之间的关系和交往，而相关的交往是较为密切、频繁且涉及内容是多方面的。

一些墓葬出土的器物也反映出相应的交往活动。从河北保定满城西汉 M1、M2 出土的一些铜器铭文中可以看出，有些器物是从洛阳和河东（今山西夏县）私商那里买来供中山内府使用的，其中 M1：4326、4327 为 2 件铜钫，铭文除容量、重量、编号等之外，还均有“卅四年，中郎柳市雒阳”等字；M1：4328、4029 为 2 件铜鋗，铭文称之为盆，亦是除容量、重量、编号等之外，还均有“卅四年，中郎柳买雒阳”等字；M2 出土的 2 件铜鋗，铭文除容量、重量、编号等之外，分别有“卅四年四月，郎中定市河东，贾八百卌”（M2：4106）及“卅四年四月，郎中定市河东”（M2：4034）等字[②]（图五 -67）。类似铭文的铜鋗在河北行唐北高里村也发现

① 长江流域第二期文物考古工作人员训练班：《湖北江陵凤凰山西汉墓发掘简报》；弘一：《江陵凤凰山十号汉墓简牍初探》，《文物》1974 年第 6 期。

② 中国社会科学院考古研究所、河北省文物管理处：《满城汉墓发掘报告》，文物出版社，1980 年，第 49-51、57-59、250、251 页。

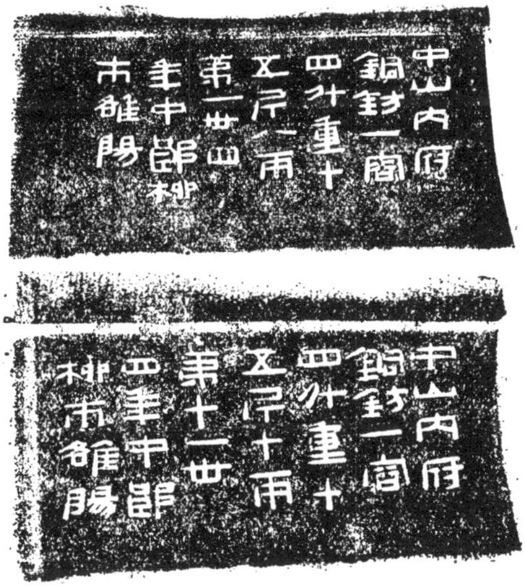

1

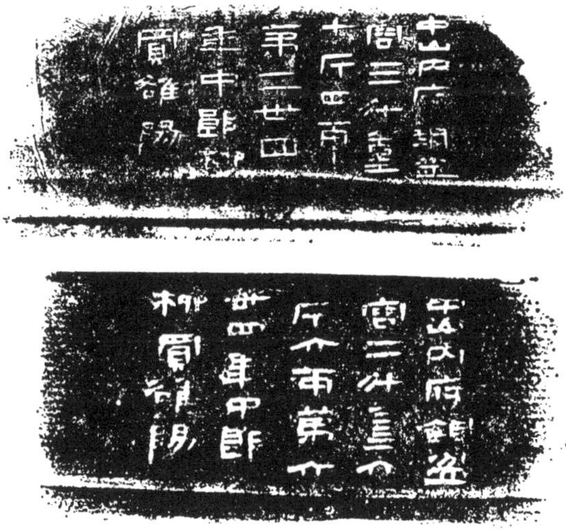

2

3

图五 -67　河北保定满城 M1 出土铜钫、鋗及 M2 出土铜鋗上铭文

1. M1 出土铜钫铭文（M1：4326、4327）　2. M1 出土铜鋗铭文（M1：4328、4029）

3. M2 出土铜鋗铭文（M2：4106、4034）

1 件，铭文中的编号为“第三十八”，亦见“卅四年四月，郎中定市河东”文字，可能由于某种原因流落到中山国境外[①]。这些刻铭文字，一方面表明一些私营作坊的产品是用于出售的，而且有些是卖给官府、诸侯国王府等；另一方面也体现出相应人员的交往活动，如中郎柳从洛阳、郎中定从河东分别购置一些铜器，以供中山内府

① 郑绍宗：《河北行唐发现的两件汉代容器》，《文物》1976 年第 12 期。

使用，二人外出、购买及其运回等过程中，与相应人员应有较多的交往。

丧葬方面的购买也有较多体现。上文所引《汉书·游侠传·原涉》载，原涉闻熟人家有母丧，至熟人家中，“乃侧席而坐，削牍为疏，具记衣被棺木，下至饭含之物，分付诸客。诸客奔走市买，至日昳皆会。”①这段记载描述了在原涉的推动下，“诸客奔走市买，至日昳皆会”的内容，这其中既有原涉与丧家的交往，也有原涉和诸客的交往，丧家与诸客的交往，还有诸客奔走市买过程中的多种交往，就后者来讲，是在物品买卖过程中的交往，这也表明当时已有出售与丧事有关物品的商家和店铺。考古资料则更多，包括陪葬品的购买，墓葬修建材料的采购等等，如上文所述相关画像石与画像砖等。还有较多其他内容，如东汉时期墓地祠堂得到推广和普及，今苏鲁豫皖交界地区在汉代尤其是东汉时期，普遍流行在墓外砌建石祠堂，很多祠堂有刻铭文字，建祠的原料、过程、开支是文字内容的一部分。江苏徐州铜山汉王东沿村祠堂画像石上刻有“建武十八年（42年）[腊]月子日□永平四年（61年）正月□为石室直五千泉工莒少郎所为后子孙皆忌子”、“室直万□」七千夫〔第〕有□□□」命不〔恨〕□□厚得」重宗□也」”②。徐州东郊大庙晋墓出土东汉祠堂用石的刻铭记有“起石室□直五万二千”③。山东嘉祥宋山出土永寿三年（157年）许安国祠堂刻铭文字近500字，其中有“以其余财，……作治连月，功扶无亟，贾钱二万七千”等内容④。山东东阿铁头山出土芗他君石祠题记载有“经日甚久，……更逾二年，迄今成已。……价钱二万五千”⑤。山东邹城峄山镇北龙河出土汉安元年（142年）文通祠堂刻文题记，共606字，是迄今发现文字最多的汉代祠堂刻铭，题记中记有祠堂“直五万”，而毕成用了八个月的时间⑥。上述石祠堂刻铭文字中开支内容有一定的夸张成分，是外显于他人的一项内容，但也说明，石祠堂的修建存在相应的商业行为，而且很多祠堂刻铭中还会提到画师、石匠及开山采石等内容。许安国祠堂题记中有“募使名工，高平王叔、王坚、江湖、栾石、连车”；东阿芗他君石祠题记中有“使师操义，山阳瑕丘荣保，高平画师代胜、邵强生等十余人”；邹城发现的汉安元年文通祠堂题记中有“石工高平□、高平□□”

---

① （东汉）班固撰，（唐）颜师古注：《汉书·游侠传·原涉》，中华书局，1962年，第3716页。

② 徐州博物馆：《徐州发现东汉元和三年画像石》，《文物》1990年第9期；王黎琳、李银德：《徐州发现东汉画像石》，《文物》1996年第4期。

③ 徐州博物馆：《江苏徐州大庙晋汉画像石墓》，《文物》2003年第4期。

④ 济宁地区文物组、嘉祥县文管所：《山东嘉祥宋山1980年出土的汉画像石》，《文物》1982年第5期；赵超：《山东嘉祥出土东汉永寿三年画像石题记补考》，《文物》1990年第9期。

⑤ 罗福颐：《芗他君石祠堂题字解释》，《故宫博物院院刊》1960年，总第2期。

⑥ 邹城市文物局：《山东邹城峄山北龙河宋金墓发掘简报》；胡新立：《邹城新发现汉安元年文通祠堂题记及图像释读》，《文物》2017年第1期。

等。上述题记中的画师、工匠等人员，从事有关的工作，或为“募使”或为聘请，均需要出资才能请到，也因此具有了商业的性质。在此过程中，祠堂的设计、石料的开采和其他材料的购买、画师绘画、石工刻凿、祠堂的搭建等，都使得相互之间及其与丧家之间产生了较多的交往，而这些交往在祠堂修建过程中是较为频繁和密切的。另外，在一些汉代墓葬中，以东汉墓葬居多，常有买地券出土，有铅质、陶质等，分布地域也相对较广，如河南洛阳东汉王当墓出土的铅质买地券[①]与姚孝经墓出土陶质买地券[②]、江苏扬州甘泉出土的东汉刘元台买地砖券[③]等，河南南阳市广苑食品商贸城M13前室西北角出土1件长条形制作规整的铅质买地券，铅板正反两面从右至左阳刻隶书体文字，共174字，表面涂朱砂，由文字可知，该买地券为墓主周世雅于东汉灵帝建宁四年（171年）买墓地的证券，内容基本是模仿实际的土地买卖文书，可见所买土地的尺寸、卖主、所卖土地地点、面积、价格、坐落、四至、当事人与见证人等，同时也可知有见证人书写画押[④]。浙江省绍兴县富盛镇乌石村跳山东坡还发现有东汉建初买地摩崖石刻，题额“大吉”二字，正文为“昆弟六人，共买山地，建初元年（76年），造此冢地，直（值）三万钱”[⑤]。上述遗迹或遗物所记内容都与茔地或墓地的购买有关，但较多并非实际意义上的土地买卖文书，而是向冥界或地下进行土地买卖的契约，诸多买地券带有较强的宗教或神鬼色彩，一些明显体现出早期道教的影响，铅质及涂抹朱砂即是最好的说明。这些遗迹或遗物的发现，体现出商业化对于丧葬内容的影响，因为融入了宗教或神鬼思想，表明很多买地证明并非实际意义上的土地买卖文书，但也在一定程度上对实际土地买卖和由此产生的家庭及其成员的社会交往有着间接和比较写实的体现，使得非实际的内容具有了现实性的一些特征。如周世雅买地券，详细记载了相关土地的买卖情况，而且还有价格、卖主、当事人与见证人等，券文中的“時彭人虞文方尹孝德梁真王囗迈李藏明劉佃農谢威平书皆知券约囗車道當與陳土共路沽酒各半錢千少廿”，更好地体现出在土地买卖时相关的交往内容。另外，上文所举江苏徐州睢宁县古邳镇苗庄石椁墓盖板上的刻字，又在一定程度上反映出墓葬修建过程中的开支、商业活动及人员交往等内容。

汉代画像所体现商品交易活动中的人员交往较为多样，且十分生动。以酒肆画像为例，四川省彭州市义和乡出土画像砖画像中，售酒者每天都会与较多人产生

① 洛阳博物馆：《洛阳东汉光和二年王当墓发掘简报》，《文物》1980年第6期。

② 偃师商城博物馆：《河南偃师东汉姚孝经墓》，《考古》1992年第3期。

③ 蒋华：《扬州甘泉出土东汉刘元台买地砖券》，《文物》1980年第6期。

④ 南阳市文物考古研究所：《南阳东汉建宁四年周世雅墓发掘简报》，《中原文物》2020年第3期。

⑤ 彭云、葛国庆：《汉刻重宝——建初买地摩崖》，《东南文化》2005年第4期。

交往，仔细考察画像内容，售酒者先与推车的小商贩有沟通和交往，画面中则正与一买酒者交往，一会儿还会与奔跑而来准备买酒的父子有交往，另外还会有其他的买酒者，这些到他家买酒的人，大多应是附近的居民，相互间的交往也就更多。彭州市升平乡出土的酒肆画像也是如此，推车、挑担的小贩当常来此店买酒后再去散销。一些买酒者之间也应存在交往，义和乡出土画像砖画像中推车者扭头似在与另一买酒者说话，升平乡出土画像砖中酒肆画像的推车者与挑担者二人也似有语言沟通。关于这两幅画像，有学者认为酒肆内悬挂的相关物品应为照明用的灯，进而推断酒肆在晚上也会经营，故这两幅画像可能与夜市有关①。此说可作为一种参考，但笔者认为，酒肆内悬挂物作为灯的证据还不充分，而且酒肆售酒可能会推迟至傍晚或稍晚，但并不一定能够证明或表明这与夜市有关。成都市新都区新农乡出土酿酒画像砖中，买者与负责售酒的人员肯定存在沟通，而且有二买酒者皆在完成交易后准备离去，其中挑担者扭头似在与正在酿酒的一个人有语言沟通，而正在酿酒的一人也抬头与其作交流状。就二买酒者来讲，也许已是该酿酒作坊的老主顾，相应的交往应该很多。市井或市集画像中体现的人员交往更为丰富多样，有进出集市者，有在市门前休息者，有开门待营业者，有打理店铺者，有忙碌加工制作者，有店外持物或摆物待售或正在出售者，有店内忙着销售者，有帮忙拿运物品者，有观物询价者，有讨价论价者，有正在交易者，有进行交换者，有与人交流者，有购物后准备离开者，有牵狗行走者，也有酒多醉卧者，另外还见拴着的马、剥好的鱼，杀好的家禽与兔子等，当然一些市集还离不开管理者，其中有官有吏，或踞坐观察，或蹬梯上楼，也有与人交流者。上述内容和景象充分反映出市井或市集的忙碌，而在这些忙碌之中，很多人都会有相应的交往，较多家庭的成员会参与其中，而且交往对象可能较多，交往内容也十分多样。除购物外，可能还有很多与家庭、日常生活等相关方面的交流和沟通，熙熙攘攘之中有买有卖，喧嚣热闹之中通过购物进行交往，买家和卖家均可满足自身的需求，实现自己买和卖的目的，而市楼的鼓声响起，是买卖和交往步入高潮的开端，当市楼的鼓声再响，市井或集市的热闹气氛会逐渐褪去，但这种在商品交易活动中的人员交往会在下一次鼓声响起的时候又迎来新的热闹和喧嚣。可以说，市井和市集较之酒肆或其他如路旁设摊等，更能促进不同家庭成员在商品交易活动中的交往，不仅交往对象多样，交往的内容和方式也是多种多样，其中一些人尤其是售货者可能重复着大致相似的活动、交往和语言，而每一次与其交往的人又各不相同。

综合来看，当时商业最大的特点或优点就是提供给一些人或较多人没有或不主动生产的物品，让人们根据需求购买，用来丰富和完善家庭及其日常生活内容，服

①　倪根金:《汉代夜市考补》,《学术研究》2000年第9期。

务于丧事活动等，而售物者也会从中获利，这正如《汉书·食货志》中所讲“通财鬻货曰商”[①]。就一些家庭来讲，本地的一些物品，因相关原因未有种植或不便制作，还有家庭非主动生产的一些物质内容，可作为商品进行购买；远地或他乡之物、稀缺珍奇之物等也均成为商品，或通过运输到达本地后进行买卖，或有人奔赴他处购买。通过销售，商人或销售者可达到盈利的目的，购买者也实现了满足或丰富或改善物质生活、尽可能服务于丧事活动等目的，这会在很大程度上推动人与人，或不同家庭中成员之间的对外交往。商品买卖带动下的交往中，商人或销售者的交往尤为突出，也最为丰富多样，较多家庭的交往也会随之增多和不断丰富，而这还会带动其他交往，如集市中非买卖对象的交流和交往，购物后以物为媒介在亲朋、邻里之间开展的多种形式交往等等。所以，商品交易活动不仅有买卖关系的人员交往，还可衍生出较多与家庭及其成员的对外交往内容，这对于研究秦汉时期家庭的对外交往有着较为重要的参考价值、意义和作用。

二、非买卖物品体现的交往

社会生产、生活过程中，较多物品可通过购买获得，但也有相当数量的物品，并非买卖所得，而是通过其他形式获取，进而体现出与家庭及其成员相关的交往内容。

非买卖物品的获取方式中，较具代表性的有收缴、进奉、馈赠赏赐及赙赗等。

（一）收缴

因相关原因，有些家庭中的物品被地方政府乃至朝廷收存，基本为强制性的没收，这体现出相关家庭与政府之间的一种特殊交往。

陕西西安地区出土1件“楚大官”铜鼎，鼎盖佚，上腹近口处有铭文四处，分别为“楚大官厨，有盖，并重十三斤十三两，一斗五升，八十二”“今七年，左鼎，第十二”“今好畤共厨金鼎容一斗五升，重九斤八两，第百一十”“七年，第四百八十六，名□客”（图五-68），“楚大官厨……”为初刻铭文，“今十年左鼎……”为第二次刻铭文，“今好时共厨金鼎……”为第三次刻铭文。该鼎原应为

图五-68　陕西西安地区出土“楚大官”铜鼎

① （东汉）班固撰，（唐）颜师古注：《汉书·食货志》，中华书局，1962年，第1118页。

西汉楚国王宫的器物，即西汉早期刘姓楚王的家物，因楚王刘戊参与“七国之乱”，该器物被朝廷没收，而后转至好时（地名）[①]。

河北保定满城中山靖王刘胜墓（M1）出土的1件有盖铜壶（1：5014），鎏金、鎏银装饰，纹饰以龙纹、卷云纹为主，盖上有夔凤纹，壶底有“楚大官，槽，容一石□，并重二钧八斤十两，第一”铭文（图五-69），该件器物也应是西汉早期楚国王宫的器物（刘姓楚王家物），因楚王刘戊参与“七国之乱”，器物被朝廷没收，而后转赐刘胜[②]。另外，满城M2出土的“长信宫灯”，铭文中的“长信尚浴”、“今内者卧”等字，应是该灯入“长信宫”后所刻，此灯大概是在阳信侯国被除以后，没入少府的“内者”（官名），归长信宫尚浴府使用[③]，后又转赠给刘胜的夫人窦绾。

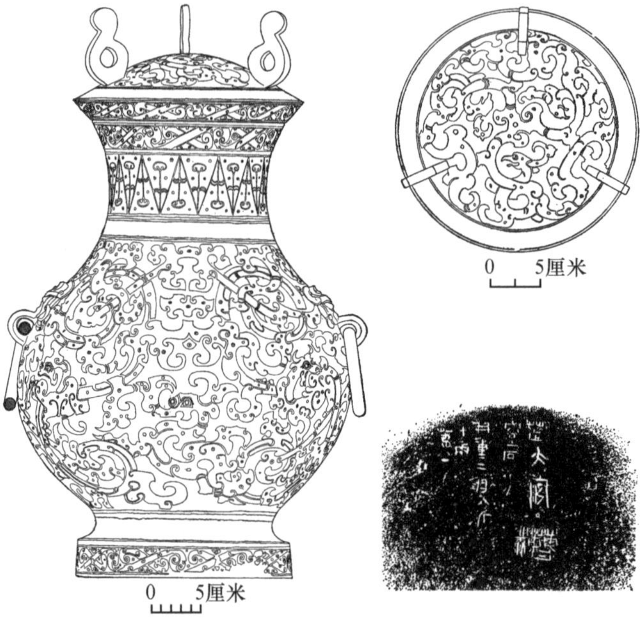

图五-69　河北保定满城M1出土有盖铜壶（1：5014）及其铭文拓片

该类情况很大程度上与有关家庭的成员犯罪有关，相关交往具有被动性和惩罚性，但其后的赐赠则具有了主动性，且反映出了新的交往内容。

（二）进奉贡品

相关机构、家庭或有关人员向等级更高的机构、人员进奉相关物品，具有相应

① 西安市文物保护考古所：《西安文物精华——青铜器》，世界图书出版社，2005年，第16页。

② 中国社会科学院考古研究所、河北省文物管理处：《满城汉墓发掘报告》，文物出版社，1980年，第42、43页。

③ 中国社会科学院考古研究所、河北省文物管理处：《满城汉墓发掘报告》，文物出版社，1980年，第261页。

的主动性。

江苏徐州狮子山汉墓为西汉早期的一座楚王墓，横穴崖洞式，墓道分前中后三段，后段墓道东西两侧凿有耳室，东侧为1大耳室，编号为E1，其内出土陶瓮、釜、盆、罐及动物骨骼、“符离丞印”封泥等（图五-70），当与庖厨有关，室内出土的陶瓮中，E1∶96的肩部自右至左阴刻文字“司甲木八士十石乡东”，E1∶66的肩部刻文“东乡鲁（容）里丞（？)”、“司甲（丙？）四”、“十石东”、“木”，该室还出土封泥30余枚，计有“吕丞之印”、“下邳丞印”、“萧丞之印”、“兰陵之印”、“兰陵丞印”、“符离丞印”等，“符离丞印”封泥出于一堆鸡骨中，“兰陵丞印”封泥也在大瓮附近，这些封泥当系进奉贡品的信物[①]，而上述陶瓮也应是盛放进奉贡品的器物，其上所刻文字可说明这一内容。另外，该室出土的陶瓮中，E1∶64的肩部刻文为“玼酱二石食官第二”、“目”、“食官三石”、“十”、“食官”，E1∶52的肩部刻文为“月（肉）酱二石食官第二　司甲九十八　廿斗南市”，可能为楚国自身食官的贡物。从形制大小看，E1进深3.72、南北长11.8米，南北长度较之西侧两个耳室（W1与W2）的长度之和（6+6=12米）仅略短0.2米，而且该室与墓道间开南北两个通道，推测原应为两个室，因需要放进的物品过多而凿通成为一个大室，这也或许说明，楚国下属机构所进奉与庖厨相关的贡品较多，而30余枚封泥也大致可说明这一点。另外，还可能会有其他人员、其他机构等进奉的有关物品，进而形成多种形式的交往内容。

图五-70　江苏徐州市东效郊狮子山西汉楚王墓E1出土器物情况

汉景帝阳陵的陪葬坑数量较多，埋藏丰富，帝陵东侧的11～21号外藏坑中，K13、K14和K16三个坑皆发现有较多动物骨骼，很多动物都是在被杀死之后放入坑内的，骨架保存完整[②]。其中，属于猎获和捕捞的野生动物有兔、四不像鹿、小鹿、狐、豹、青蛙、丽蚌、短沟蜷等，属于海洋动物的有文蛤、珠带拟蟹守螺、扁玉螺、白带笋螺，共计12件标本4个品种（图五-71）。海洋性动物数量多、种类丰富，是这批动物骨骼的一大特征，这些海洋中的蛤（文蛤）和螺（珠带拟蟹守

① 狮子山楚王陵考古发掘队：《徐州狮子山楚王陵发掘简报》，《文物》1998年第8期；韦正、李虎仁、邹厚本：《江苏徐州市狮子山西汉墓的发掘与收获》，《考古》1998年第8期。

② 陕西省考古研究院：《汉阳陵帝陵东侧11～21号外藏坑发掘简报》，《考古与文物》2008年第3期。

1 2 3 4

图五 -71 汉景帝阳陵陪葬坑出土的海洋生物

1. 文蛤左壳 K16：42-1 内外视 2. 扁玉 K16：138 背、腹视 3. 白带笋螺 K16：09-3B 腹视
4. 珠带拟蟹守螺 K16：32-1 腹视

螺、扁玉螺、白带笋螺）等绝不可能产自本地，更可能是当时沿海郡国供奉给皇室的海产品，也不排除作为商品进行贸易的可能[①]，笔者较偏向于前一种可能。

上述二例基本是下级单位或相关郡国及有关人员给诸侯王或朝廷进奉的贡品，体现出相对应家庭成员在进奉过程中的交往内容，这一过程需要相关家庭的人员去完成，如运输、沟通联络及其他有关行为和活动，进而构成相应的社会交往。

（三）馈赠或赏赐

馈赠涉及的家庭及其成员相对广泛，较突出的特征是赠者与被赠者之间可能不存在等级、辈分等方面的差异，但较多不能直接通过考古资料证明为馈赠之物；赏赐大多存在等级或辈分差异上的赐予，即由地位或辈分高的人将物品赐给地位或辈分相对低的人员，突出赏与赐的结合。譬如铜器，相关学者指出，汉代官营作坊生产的铜器存在赏赐、贡奉、征调、赠送和转调等情况，而且相关铜器的铭文中也有转送时间等内容[②]。可以说，馈赠或赏赐均是物品所有权的转换，并在此过程中体现出多个家庭及相关成员之间的多种联系和交往。

馈赠涉及的物品很多，但大多应有一定的欣赏或实用价值，且相对较为精美，如佩戴或装饰之物、日用物品，还有较为珍贵的金银制品等等。佩戴或装饰之物如玉剑饰，在当时是身份地位的象征，有时会作为礼物馈赠他人或相互馈赠，还有一

① 胡松梅、杨武站：《汉阳陵帝陵陵园外藏坑出土的动物骨骼及其意义》，《考古与文物》2010 年第 5 期。

② 徐正考：《汉代铜器铭文综合研究》，作家出版社，2007 年，第 25、127、185-197 页。

些串饰或其他装饰之物，亦会被当作礼物赠送给他人。日用物品也有很多，如铜镜，其上有精美图案，而在西汉早期偏晚阶段之后，铭文流行并增多，大部分是较为吉祥的语言，象征富贵、吉祥、爱情、升仙及照容、为官等等，是馈赠的佳品。金银制品在当时极为珍贵，尤其是金质货币，一般不作流通使用，常作为朝廷等的赏赐，也是较高等级人员的馈赠之物。江西南昌海昏侯墓出土大量的金质货币，有金饼、麟趾金、马蹄金及其他内容，很多金质货币装饰精美，还有一些铸有“上”、“中”、“下”等文字，以示区分[①]（图五-72），这些黄金货币，部分可能是朝廷赐予之物，部分可能是刘贺为王为帝的原有之物，有些也可能为他人的赙赠，亦有可能为其他方式收纳之物，对研究当时的相互交往有着较为重要的参考作用。另外，汉王朝周边及外域的有些地区出土有中原地区的器物，一部分为商品贸易，另一部分很可能即为馈赠之物。

图五-72　江西南昌海昏侯刘贺墓出土黄金货币

赏赐物品的考古发现较多，大部分出土于等级相对较高的墓葬，这与墓主的身份等级有关，也体现出这一阶层家庭及相关人员的交往内容。上文所述南昌海昏侯刘贺墓出土的黄金货币是为一例，河北满城M2出土的“长信宫灯”，归长信宫尚浴

① 江西省文物考古研究所、南昌市博物馆、南昌市新建区博物馆：《南昌市西汉海昏侯墓》，《考古》2016年第7期。

府使用，其出土于满城M2窦绾墓中，而窦绾为汉文帝皇后窦氏家族的人，这件铜灯可能是窦太后送给窦绾使用的[①]，反映出明显的赏赐性质。还有上文“收缴”部分所述的“楚大官”铜鼎及“楚大官”铜壶，在中央收缴后又分别赏赐或赐予他人，刘胜被赏赐的即是“楚大官”铜壶。满城汉墓内还有其他赏赐之物，如M1出土的乳钉纹铜壶（1∶5019），盖子口上刻有“甄氏”二字，器底所刻铭文为“甄氏，大官，五斗五升，今常乐飤官”，圈足内壁刻铭文为“右□重四十斤一两八朱（铢）六□”，从内容看，器底铭文不是一次刻成的，“常乐飤官”为詹事属官，可见该壶一度曾为长乐宫中物，后赐给刘胜[②]。江苏徐州市东郊石桥M2(现称东洞山M2）出土的铜鼎、壶、勺、盘等上刻有“明光宫”铭文，还有“王后家盘”、“王家尚食”等[③]。西汉时明光宫为嫔妃之宫，M2出土很多带“明光宫”刻铭的铜器，应是被赏赐之物，反映出高等级人员的人际关系和相互交往等内容。

（四）赙赗与助丧

赙赗与助丧是秦汉时期与丧葬有关、较为普遍的社会现象，帝王列侯及百官公卿、地方官吏和各级地主、一般百姓等都存在相关行为和活动，体现出相对应家庭及家庭成员们与丧葬有关的多种形式或不同方式的交往。

“人死之后，亲故以财物送丧家为赙，有以缣帛者，有以钱者。家贫不能具赙者，则以力助之。丧家贫者，往往待赙以举丧。中都官死者，官署有送，君县长吏死者，吏民有送。而国家又有法赙，……贵臣死，天子有赙送，虽贵臣之亲属死，亦有赙焉”[④]，助丧以“赙”，相关内容可称为赙赗。《汉书·景帝纪》载：“王薨，遣光禄大夫吊襚祠赗。”[⑤]《后汉书·王丹传》载：“其友人丧亲，遵为护丧事，赙助甚丰。”[⑥]《后汉书·张禹传》载，禹父卒，“汲吏人赙送前后数百万，悉无所受”[⑦]。赙赗基本以赙赠物品为主体，文献资料记载的如赠钱，赠布帛、衣衾和织物，有的甚至为玉衣，但涉及人员的等级较高，还有赠车马者或赠奠祭之物者，也有赠粮食者、赠棺椁或棺椁及冢地者，另有其他诸多内容。

相关墓葬中出土的器物、简牍及石牌、封泥等均可体现赙赗及助丧的内容，且较为丰富。与封泥有关的内容，上文已有相关叙述，如江苏徐州市东郊狮子山等汉

① 中国社会科学院考古研究所、河北省文物管理处：《满城汉墓发掘报告》，文物出版社，1980年，第261页。

② 中国社会科学院考古研究所、河北省文物管理处：《满城汉墓发掘报告》，文物出版社，1980年，第41页。

③ 徐州博物馆：《徐州石桥汉墓清理报告》，《文物》1984年第11期。

④ 杨树达撰，王子今导读：《汉代婚丧礼俗考》，上海古籍出版社，2000年，第150-154页。

⑤（东汉）班固撰，（唐）颜师古注：《汉书·景帝纪》，中华书局，1962年，第145页。

⑥（南朝宋）范晔撰，（唐）李贤等注：《后汉书·王丹传》，中华书局，1965年，第931页。

⑦（南朝宋）范晔撰，（唐）李贤等注：《后汉书·张禹传》，中华书局，1965年，第1497页。

墓出土的封泥和伴出遗物等。石牌在东汉晚期的高等级墓葬中有所出土，反映的赙赗及助丧内容也较丰富。竹木简牍发现较多，体现的内容也较为多样。实物方面，内容较丰富。湖北江陵凤凰山M8出土了大量丧赠衣物，包括禅衣、□衣、复襦、禅襦、禅绔、素绔、复绔、袭、袍、裙、绣衾、锦衾、韎等[①]。湖北云梦大坟头M1出土赗方记述的物品有铜器、木胎漆器、漆衣陶器及稻谷、瓜、李、六博棋局、竹器、木容器、镜奁、丝织物、木俑、偶车马、铜兵器、漆耳杯等，种类很多，这些赙赠的物品会被写在木牍上，并与其他陪葬品一起埋入死者的墓中，该墓出土的木牍即记载有随葬物品的名称、数量、大小和质料等[②]。湖北江陵张家山M247出土的简15载有"史光笥一"，史光应为赙赠的人员之一，其赠竹笥1件，笥内还应有相关物品[③]。湖南长沙马王堆汉墓也有较多体现，其中马王堆M3出土的简牍中，如简四〇七，记载有禅衣、复衣、长襦、便常（裳）、胡衣、绔等多种衣物，出土赗方（简二三六）上还有"五十四合临湘家给"，五十四合是指布帛、衣衾和织物，相关木牍上还记有竹笥、瓦器、布囊等的数目、位置等，文字中有"其中十三合受中"，受中的物品即是外赠物品[④]。湖南长沙仰天湖M25出土竹简上也有赠者的名字，其中简6有"何马之疏衣"、简18有"许阳公一纺衣"等记载[⑤]（图五-73）。江苏连云港地区发掘的一些西汉墓葬也有类似内容，其中海州霍贺墓出土赗方所记衣物有红□衣、白索□衣、白□衣、皂□衣等[⑥]；侍其繇墓出土赗方，记载有赠送丧者的丝织品清单，衣服30余件，种类有裍褕、复衣、禅衣、复襦、禅襦、红丸缘衣等[⑦]；网疃庄汉墓，男、女棺内各出土一件"衣物券"，女棺内"衣物券"记载着随葬衣物名称和件数[⑧]。诸多赗方实物的出土，反映出古代"书赗于方"的情况，也较好地体现出与之对应的家庭及其成员之间的交往内容。

关于助丧，还有其他内容，如上文所引文献中，原涉帮助熟人家助丧，而秦

---

① 长江流域第二期文物考古工作人员训练班：《湖北江陵凤凰山西汉墓发掘简报》，《文物》1974年第6期；金立：《江陵凤凰山八号汉墓竹简试释》，《文物》1976年第6期。

② 湖北省博物馆：《云梦大坟头1号汉墓》，文物编辑委员会编：《文物资料丛刊·第四辑》，文物出版社，1981年，第1-28页。

③ 荆州博物馆：《江陵张家山三座汉墓出土大批竹简》，《文物》1985年第1期；荆州博物馆，彭浩：《江陵张家山汉墓出土大批珍贵竹简》，《江汉考古》1985年第2期；张家山二四七号汉墓竹简整理小组：《张家山汉墓竹简（二四七号）》，文物出版社，2001年。

④ 湖南省博物馆、中国科学院考古研究所：《长沙马王堆二、三号汉墓发掘简报》，《文物》1974年第7期；湖南省博物馆、湖南省文物考古研究所：《长沙马王堆二、三号汉墓》，文物出版社，1981年，第63、73页。

⑤ 湖南省文物管理委员会：《长沙仰天湖第25号木椁墓》，《考古学报》1957年第2期。

⑥ 南京博物院、连云港市博物馆：《海州西汉霍贺墓清理简报》，《考古》1974年第3期。

⑦ 南波：《江苏连云港市海州西汉侍其繇墓》，《考古》1975年第3期。

⑧ 南京博物院、连云港市博物馆：《江苏连云港市海州网疃庄汉木椁墓》，《考古》1963年第6期。

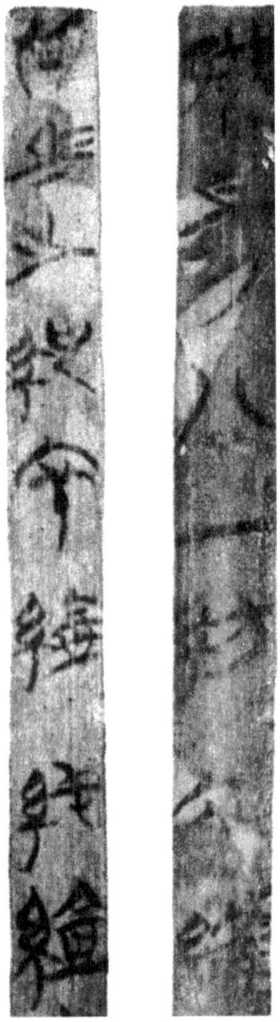

图五 -73　湖南长沙仰天湖 M25 出土第 6、第 18 简文字

末周勃“以织薄曲为生，常为人吹箫给丧事”[①]，为挽歌鼓吹助丧。助丧时，还有方相氏舞蹈，汉代画像及壁画中常见相关画面，河南洛阳卜千秋壁画墓中有猪头方相氏[②]（图五 -74），江苏徐州市邳州燕子埠东汉彭城相缪宇墓等内出土画像石中发现有大傩图[③]。

由上述内容可以看出，非买卖物品的内容和形式较为多样，体现的家庭及家庭成员间的交往内容也较为丰富，其中一些具有较为明显的等级性，如收缴、进奉贡品、赏赐等，但也有很多内容存在普遍性，综合反映出秦汉时期相应家庭与家庭成员因这些物品及其对应的事件、方式和形式，进而形成相关的交往，并可反映出相应的人际关系及等级特点的内容。

三、技术人员劳作背景下的交往

家庭及其成员对外交往的形成与较多因素有关，其中家庭成员的社会属性也在一定程度上影响着家庭及其成员的对外交往，最突出的就是家庭成员所从事与其社会等级相符的职业。有关内容在技术人员的劳作方面有所体现，所反映家庭成员的对外交往也因此具有一定的针对性或专门性，并从相应角度折射出秦汉时期家庭成员对外交往的多样性。

（一）石工工匠的工作与交往

秦汉时期，手工业获得较大发展，石工手工业也是其中的重要内容之一[④]。作为石工手工业发展的主要劳动者，石工工匠及与其相关的一些人员在进行本职工作的过程中即形成相应的交往。

江苏徐州市区南部发现、发掘的汉代采石遗址，时代以西汉为主，下限可至东汉早中期，遗址面积较大，采石坑较多，在其内劳作的采石工匠当有一定数量，遗址内发现有工匠采石、生活的较多遗存，也发现有采石工匠的墓葬。这些工匠来自

① （西汉）司马迁撰，（南朝）裴骃集解，（唐）司马贞索引、张守节正义：《史记·绛侯周勃世家》，中华书局，1982 年，第 2065 页。

② 黄明兰：《洛阳西汉卜千秋壁画墓发掘简报》，《文物》1977 年第 6 期。

③ 南京博物院、邳县文化馆：《东汉彭城相缪宇墓》，《文物》1984 年第 8 期。

④ 韩国河、赵海洲、刘尊志、朱津：《中国古代物质文化史·秦汉》，开明出版社，2014 年，第 197、198 页。

图五 -74　河南洛阳卜千秋壁画墓中的猪头方相氏

于不同的家庭，他们相互之间在采石、搬运时有密切的交往，同时也会与监工者及相应人员产生交往[①]。徐州地区的西汉楚王墓均为横穴崖洞墓，基本都使用具有相当体积的长方形塞石，而这些塞石大多应为上述采石遗迹中开采[②]，采石场附近的东汉诸侯王墓也使用了数量众多，加工规整的黄肠石，这些石材或石料的搬运过程亦与工匠的交流和交往有关。就西汉楚王墓来讲，开采及各室的加工均需要大量的石工工匠，而他们在开采、加工的过程中会形成交流，更为重要的是，西汉楚王墓的开采、加工及其塞石的封堵等工作，需按照相应的设计来进行，而且还会有监督人员，因此石工工匠、设计人员、监督者等人员之间也应有较多的交往。江苏徐州市北部的北洞山西汉楚王墓，主体墓室使用塞石上有较多的朱书文字，除方位、牡牝、厚度、长宽等之外，还在末尾有某匠、某省等文字（图五 -75：1），省应为监制的意思[③]，也可理解为监督加工及监督封堵，即有监督人员与工匠负责每一块塞石的正确使用。徐州市南部土山东汉彭城王夫人墓（M1）出土的黄肠石上，较多为工匠的姓名，但也见有“官十四年省苑伯第廿六”等刻铭（图五 -75：2），亦表明有官府或彭城王宫的监工人员[④]。

东汉时期的诸侯王墓葬及相应级别人员的墓葬多使用黄肠石，黄肠石上又多见刻铭文字，上文所述江苏徐州市南部土山东汉 M1 是其中的一例，其他还有较多

① 徐州博物馆：《江苏徐州市汉代采石遗址发掘简报》，《考古》2010 年第 11 期。

② 徐州博物馆：《江苏徐州市汉代采石遗址发掘简报》，《考古》2010 年第 11 期；耿建军：《徐州西汉楚王墓塞石的开凿与封填》，《考古》2013 年第 3 期。

③ 徐州博物馆、南京大学历史系考古专业：《徐州北洞山西汉楚王墓》，文物出版社，2003 年，第 37-39 页。

④ 南京博物院：《徐州土山汉墓清理简报》，《文博通讯》第 15 期，1977 年，第 18-23 页；刘尊志：《徐州汉墓与汉代社会研究》，科学出版社，2011 年，第 55-59 页。

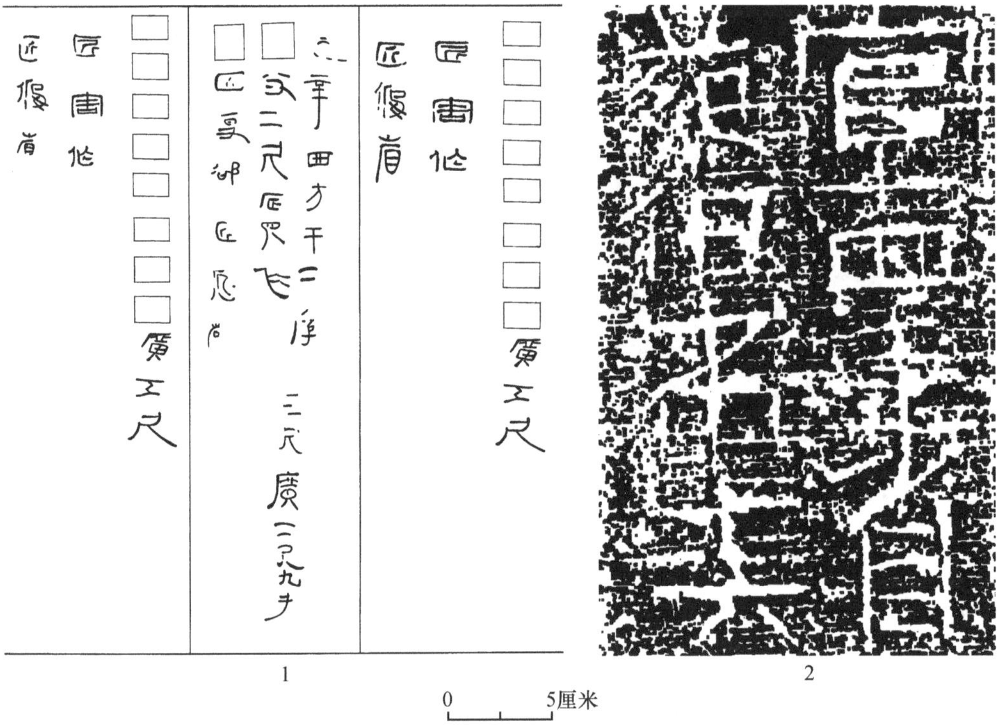

图五 -75　江苏徐州汉代诸侯王（后）墓封填墓葬石材上的文字

1. 徐州市北的北洞山西汉楚王墓主体墓室使用塞石上朱书文字摹本

2. 徐州市南部土山东汉 M1 出土黄肠石上的刻铭文字

发现，并体现出较丰富的交往内容。河北省保定定县（今定州市）北庄东汉 M1[①]、山东济宁肖王庄东汉 M1[②]、江苏徐州市南部土山东汉 M2[③] 等所用黄肠石均有数千块之多，以方形和长方形多见，多有刻铭或朱书题记，内容为地名、工匠姓名、督造时间、督建和采运石料的工匠和职官等。定州北庄 M1 出土的黄肠石刻铭文字所载地名与文献相对照，郡、县名称相同的共有 25 处，如中山国的卢奴、北平、北新城、唐、苦陉、安国、曲逆、望都、新市、毋极、安险等 11 处；东平国的无盐、东平陆、富城、章（寿张）等 4 处；鲁国的鲁、卞、汶阳、薛等 4 处；常山郡的上曲阳；山阳郡的单父；河东郡的平阳；河内郡的山阳；梁国（郡）的下邑、已氏

① 河北省文化局文物工作队：《河北定县北庄汉墓发掘报告》，《考古学报》1964 年第 2 期；《定县北庄汉墓出土文物简报》，《文物》1964 年第 12 期；定州市旅游文物局：《中山王汉墓出土黄肠石题刻精拓百品》，文物出版社，2018 年。

② 济宁市文物管理局：《山东济宁市肖王庄一号汉墓》，《考古》编辑部编辑：《考古学集刊 · 第 12 集》，中国大百科全书出版社，1995 年，第 41-112 页；胡光跃：《任城王汉墓出土黄肠石题刻全集》，三秦出版社，2017 年。

③ 刘尊志：《徐州汉墓与汉代社会研究》，科学出版社，2011 年，第 55-59 页；耿建军、原丰：《徐州士山二号墓考古发掘取得重大收获》，《中国文物报》2021 年 1 月 15 日第 7 版。一些详细资料暂未整理公布和发表。

等。其中以中山国所属的郡、县名最多，可知黄肠石刻铭记载的地名不仅包括了中山国的大部分县名，而且还有邻近诸侯国和郡县的名称，可见以上各地都派有石工工匠为中山王修建陵墓。山东济宁肖王庄 M1 出土黄肠石的铭刻内容多是当时石工和送石者的籍贯和姓名，个别为数字、尺寸等，所刻地名与文献相对照，主要包括任城国及相邻的封国、郡、县名 25 处，计有任城国的任城县，东平国及所辖富成、无盐、须昌、东平陆、章县，鲁国及所辖鲁、邹、蕃、薛、文（汶）阳县，梁国（郡）及所辖睢阳、宁陵、下邑、傿（鄢）、穀孰、薄、已氏县，山阳郡及所辖金乡县、高平侯国，沛国的滕（公丘）县；较远的县及侯国两处，即常山国的都乡侯国和上党郡的高都县。据发掘者推测，河北定州北庄 M1 的墓主为中山简王刘焉，卒于公元 90 年，山东济宁肖王庄 M1 的墓主为刘焉侄子，东平宪王刘苍次子任城孝王刘尚，卒于公元 101 年，二者相差 11 年。据史书记载，中山简王刘焉死后，朝廷“睦于焉而重于礼，加赙钱一亿。诏济南、东海二王皆会。大为修冢茔，开神道，平夷吏人冢墓以千数，作者万余人。发常山、巨鹿、涿郡柏黄肠杂木，三郡不能备，复调余州郡工徒及送致者数千人。凡征发摇动六州十八郡，制度余国莫及。”[①]《水经注·易水》载：“范晔《汉书》云：‘中山简王焉之窆也。厚其葬，采涿郡山石，以树坟茔，陵隧碑兽，并出此山。’”[②] 由此可见该墓的修建对石材的需求量极大，而且所用石工工匠人数众多；济宁肖王庄任城孝王刘尚墓也有相当规模，所使用石料及动用工匠的数量上均不会太少，这样形成的石工工匠之间的交往、石工工匠与监督人员的交往，甚至与从事其他工作的工匠和相关人员的交往也会较多且形式多样。

具体来看，上述东汉黄肠石的刻铭文字所涉及地域中，同一地域下还包括多处不同的地点，定州北庄 M1 出土黄肠石刻铭中涉及的北平、望都，济宁肖王庄 M1 出土黄肠石刻铭中涉及的任城、东平等皆是如此，而黄肠石刻铭记载的工匠很多，而从工匠的姓名来看，他们来自多个家庭，体现出相关交往的多样性。同一墓葬的修建，不仅有诸侯王国所在地及其管辖地区的石工工匠，还有来自其他诸侯王国、侯国、郡县的工匠，来源地及姓名均较为多样，反映出不同地区间不同工匠交往的广泛性。还有一些墓葬如江苏徐州市南部土山东汉 M1 出土黄肠石刻铭中，有一些冠以“官工”二字，如“左湖石官工田阳治”、“左大石官工左寅治”、“官十四年省苑伯第廿六”等，说明东汉诸侯王对于自身墓葬的修建极为重视，也反映出管理监督人员、工匠及其他人员的交往和沟通等内容。《河北定县北庄汉墓发掘报告》一文指出，从出土黄肠石刻铭可知，东汉时期，中央与诸侯国、郡、县之间工

① （南朝宋）范晔撰，（唐）李贤等注：《后汉书·光武十王传》，中华书局，1965 年，第 1450 页。

② （北魏）郦道元：《水经注》，（清）王先谦校：《合校水经注》，中华书局，2009 年，第 351、185 页。

匠交流十分频繁[①]；《山东济宁市肖王庄一号汉墓》一文还指出，济宁肖王庄 M1 出土黄肠石的刻铭内容，特别是诸多的地名、人名等均与定州北庄 M1 出土黄肠石的同类刻铭内容相同，书法风格也较为相似，如二者皆有“鲁仲柏”铭刻，“鲁仲柏”为“鲁石工柏元仲华”的省写，地名、人名的巧合，不仅说明二墓时代接近，而且工匠的交流当较为普遍[②]。对比来看，地名基本相同的有东平国的无盐、东平陆、富城、章（寿张，章县），鲁国的鲁、汶（文）阳、薛等，梁国（郡）的下邑、已氏等（图五-76）。就徐州市区南部土山东汉 M1 出土的黄肠石刻铭来讲，有的为官十四年省苑伯，有的工匠名字前冠以“官工”二字，说明当时洛阳东园将作大匠掌管下的一批官工受遣至彭城修建彭城王及其夫人之墓[③]。当然，这里的“官”字也可能与诸侯王国有关，即为诸侯国的“官”，但在东汉时期，朝廷对诸侯王国的权力削弱较多，所以“官”字所代表的更可能为朝廷东园将作大匠掌管下的官工。不同地区、不同性质、不同工艺类别的工匠们，为同一或不同诸侯王墓葬的修建聚集在一起，这种交往是十分广泛的，对于促进东汉石工手工业的发展与技术交流，乃至于相关诸侯王级别墓葬修建均有重要推动作用。需作说明的是，江苏徐州市区南部土山东汉 M2 出土黄肠石的数量也较多，但关于黄肠石刻铭的详细资料暂未发表，其中也应有相关内容体现和反映。

其他考古资料也有相应体现。江苏徐州市南郊拉犁山 M1 为列侯级别墓葬，其后廊顶部雕凿有“尹”、“周”等字，为工匠的姓氏[④]，不同姓氏的工匠在列侯墓葬的修建时亦应有交往。另外，如上文所述，江苏徐州贾汪青山泉张山画像石墓前室北壁一石与徐州铜山茅村乡檀山一散存画像石[⑤]，无论是技法、风格均无差异，内容也基本一致，可见二石应是相互因袭，或出自同一工匠之手[⑥]，这也表明了工匠的交流和交往。此外，苏鲁豫皖交界地区出土较多的东汉画像石，这些画像石的雕刻技法、内容与风格等均有较多的相似性，说明在今苏鲁豫皖交界地区这一面积相对较大的区域，工匠间的交流和交往较为频繁，如山东微山南部发现的许多画像

① 河北省文化局文物工作队：《河北定县北庄汉墓发掘报告》，《考古学报》1964 年第 2 期。

② 济宁市文物管理局：《山东济宁市肖王庄一号汉墓》，《考古》编辑部编辑：《考古学集刊·第 12 集》，中国大百科全书出版社，1995 年，第 41-112 页。“鲁仲柏”铭刻分别为定县北庄第 19 刻石，济宁市肖王庄 M1 第 312 刻石，特作说明。

③ 王恺：《徐州土山汉墓年代考》，徐州博物馆编：《徐州博物馆三十年纪念文集》，北京燕山出版社，1992 年，第 87-95 页。

④ 李银德：《徐州市屯里拉犁山东汉石室墓》，中国考古学会编：《中国考古学年鉴·1986 年》，文物出版社，1988 年，第 123、124 页。

⑤ 徐州博物馆：《徐州汉画像石》，江苏美术出版社，1985 年，图 179。

⑥ 徐州博物馆：《江苏徐州市清理五座汉画像石墓》，《考古》1996 年第 3 期。

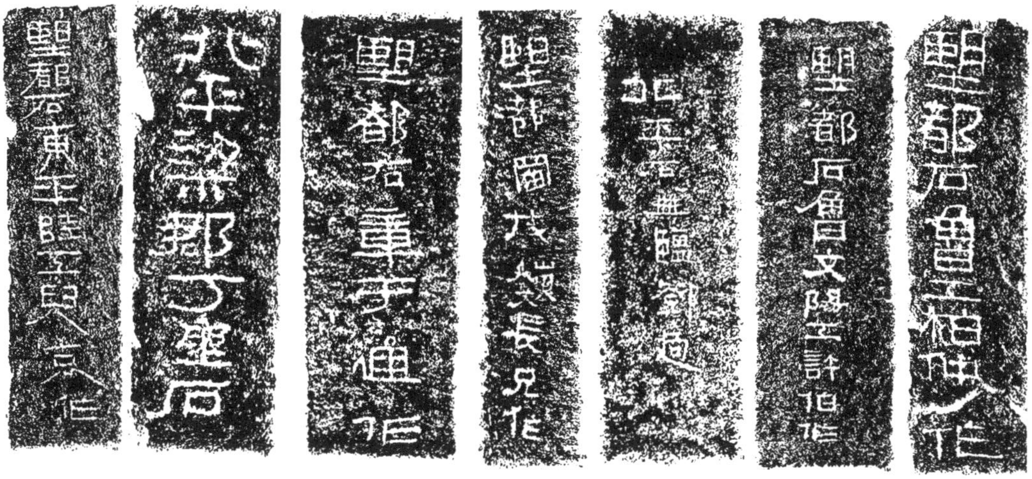

1

2

图五 -76　河北定县北庄 M1 与山东济宁肖王庄 M1 出土黄肠石刻铭文字

1. 河北定县北庄 M1 出土　2. 山东济宁肖王庄 M1 出土

石，存在为今苏北地区当时的工匠刻制加工后运至该地的可能[①]，这都可体现出相应的交往。还有一点不容忽视，即石工工匠及相关人员还会与有石料开采、加工、搭建等需求的家庭及其成员之间产生对应的交往关系。而如上文所述，已发现的较多汉代墓葬外石祠堂用石的刻铭文字，很好地反映了有关家庭聘请工匠、画师等人员采石、绘制、凿刻、搭建石祠堂的情况，也对由此产生的诸多社会交往有较为充分的体现。上述内容也是汉代尤其是东汉时期，地方石工手工业发展的推动条件和

① 杨建东、张建锷、王语照、陈绪芹、田诗玉：《微山发掘汉画像石墓》，《中国文物报》1999 年 2 月 7 日第 1 版。

与石工工匠有关交往形成的促进因素。

（二）其他手工业

秦汉时期，较多手工业在继承前代基础上获得较大的发展。就这一时期手工业的性质来讲，有家庭作坊式生产，反映出家庭内部的内容，另外还包括具有相应规模的私营手工业、官私合营手工业及官营手工业，所用的工匠，可能或者较多来自于不同的家庭，这样就促成了不同家庭成员之间的交往。

这一时期，尤其是汉代，在大一统的社会背景下，相关交流大大加强，人与人之间的交往日趋频繁，手工业在这一社会发展环境的影响下，也会存在不同作坊、不同地区间相关工匠的交流和交往，如纺织、冶铁铸造、漆器、陶器制作与烧造等，均有着较为明显的体现，反映出较多、较强的统一性，这都会促成手工业者之间多种形式的交往与交流，即使家庭内部的手工业也不会例外。以陶窑为例，目前较多地区都有发现，其中墓地陶窑主要服务于墓葬的修建，同时也为墓葬烧造一定数量的陪葬品，有的墓地中陶窑较多，有的则在某一地区有较多服务于墓葬修建及烧造相关陪葬品的陶窑①，如湖北襄阳老河口市柴店岗砖厂至崔营砖厂之间应有一个分布密集的私营制陶作坊区，专门烧制日用陶器、丧葬用陶及建筑用陶②；贵州沿河县洪渡镇发现5座东汉时期的陶窑，主要为当地汉代墓葬烧造所用墓砖，也烧制陶俑等墓葬用品③。众多陶窑，尤其是墓地陶窑，具有较多的相似性，这与技术的传播及工匠或手工业者的交往、交流应有相应的关系。汉代工匠的墓葬也偶有发现。河南省洛阳市吉利工区发掘清理了一批两汉时期的墓葬，其中一座（C9M19）为西汉冶铁工匠的墓葬，该墓为长方形竖穴，长2.1、宽0.9、深2.1米，方向136度，墓主为仰身直肢葬，随身有少量西汉五铢钱币，另有坩锅11个，两两重叠，横排放置在墓圹西壁边，坩锅内外壁均烧流，并附着熔炼后残剩的铁块、煤块和铁渣、煤渣（图五-77），墓葬年代为西汉中晚期，结合武帝时已实行盐铁官营来看，墓主生前的身份应在吏、卒或佣工的范畴之内，而最大的可能是冶铸铁的佣工④。就该墓墓主来讲，生前为等级较低的冶铁佣工，其在从事相关生产的过程中，会与所属手工业作坊中较多人员形成交往的内容，而据发掘资料，汉时今河南洛阳吉利一带可能存在有冶铸铁的作坊，而今吉利工区的周围，两汉时期是冶铁铸造业的重要地区，也是石炭（煤）和铁矿石的产地，或许可表明，该墓的墓主与其他冶铁作坊的

① 刘尊志：《汉代墓地陶窑及相关问题》，《文物》2019年第11期。

② 老河口市博物馆：《老河口市柴店岗砖厂汉代窑址清理简报》，《江汉考古》2004年第4期；老河口市博物馆：《湖北老河口市柴店岗两汉墓葬》，《考古》2001年第7期。

③ 贵州省博物馆考古队：《贵州沿河洪渡汉代窑址试掘》，《考古》1993年第9期。

④ 洛阳市文物工作队：《洛阳吉利发现西汉冶铁工匠墓葬》，《考古与文物》1982年第3期。

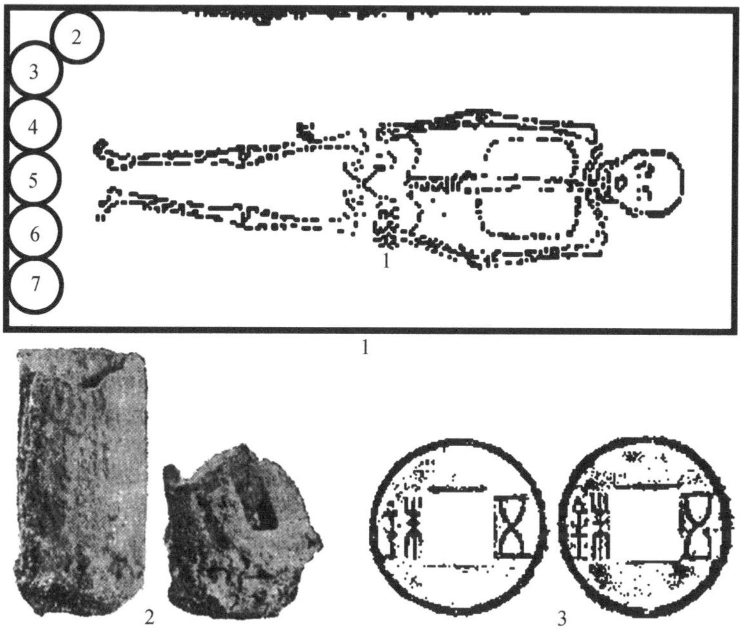

图五 -77　河南省洛阳市吉利工区 C9M19（西汉冶铁工匠墓葬）
平面图及出土遗物
1. 墓葬平面图　2. 坩埚　3. 五铢钱币

工匠之间存在工艺等方面的交流，进而形成相应的交往内容，而该墓附近还有两汉时期的其他墓葬多座，亦可在一定程度上体现出与其他人员之间的联系，并会有交往的内容。

较多手工业内部分工较细，需要的工匠很多，换言之，很多手工业制作需要多人合作，经过多种工序，这使得来自不同家庭人员所组成的工匠群内部之间形成相互交往。以漆器制作为例，据《盐铁论 · 散不足》载："一杯棬用百人之力，一屏风就万人之功。"[①] 江苏邗江姚庄 M101 出土的银釦嵌玛瑙七子漆奁，制作复杂[②]（图五 -78），如西汉杨雄在《蜀都赋》中所说"雕镂钔器，百伎千工"[③]。蜀郡与广汉郡工官是汉代制造漆器的官营机构，二郡漆器制作的工官设长，长下设丞，为其佐官，另有护工卒史、掾、啬夫、佐等，工匠按工种不同分为"素工"、"髹工"、"上工"、"铜耳黄涂工"或"铜钔黄涂工"、"画工"、"丹工"、"清工"、"造工"等。贵州清平坝 M13 出土的 1 件漆耳杯铭文上也有相关内容，在铭文中是按照工序依次列出的，为"素工"、"髹工"、"上（漆）工"、"黄涂工"、"画工"、"丹工"、"清

① （西汉）桓宽：《盐铁论 · 散不足》，王利器校注：《盐铁论校注（定本）》，中华书局，1992 年，第 356 页。
② 扬州博物馆：《江苏邗江姚庄 101 号西汉墓》，《文物》1988 年第 2 期。
③ 张震泽：《杨雄集校注》，上海古籍出版社，1992 年，第 28 页。

图五-78 江苏邗江姚庄M101出土银釦嵌玛瑙七子漆奁及相关纹饰

工”、“造工”等[①]。复杂的工序及严格的要求，需要较多的官工及相当数量的工匠来完成，这样对于官工之间、工匠之间及官工和工匠之间都会存在相应或较多的交往。

（三）墓葬修建过程中的交流、传播和交往

今江苏徐州地区的一些汉代墓葬与山东地区南部的一些汉墓有较多的相似性，这其中当有相应的交流、传播和交往。

河北张家口地区发现的一些西汉墓葬如阳原北关西汉墓[②]、阳原三汾沟西汉墓[③]，多在墓穴或洞室内有木构设施，但二处墓地也有不同，北关西汉墓为竖穴坑式墓葬，木构设施在竖穴中；三汾沟汉墓多为洞室墓，并多在洞室内构筑木构设施，类似的木构设施在相距阳原一定距离的山西浑源毕村西汉木椁墓[④]中也有发现，墓主

① 贵州省博物馆：《贵州清镇平坝汉墓发掘报告》，《考古学报》1959年第1期。

② 河北省文物研究所：《河北阳原县北关汉墓发掘简报》，《考古》1990年第4期。

③ 河北省文物研究所、张家口地区文化局：《河北阳原三汾沟汉墓群发掘报告》，《文物》1990年第1期。

④ 山西省文物工作委员会、雁北行政公署文化局、大同市博物馆：《山西浑源毕村西汉木椁墓》，《文物》1980年第6期。

等级大致接近。这说明相关墓葬的修建过程中，应有工匠的交流和交往及其相关技术的传播等内容。

综合以上内容可知，工作的要求及相关的需求等，促进了秦汉时期工匠及与其相关的官工、监督人员等之间交往的加强，就其积极作用来讲，这使得相应工作得以顺利或更好地开展与完成，而人员的交往亦对促进相应技术的提高或互通有无等有着一定的促进和积极作用。

四、对外物质文化交流推动下的交往

秦汉时期，海内为一，统一背景下对外交流的需求日趋加强。开关梁与驰山泽之禁等措施，使得商业贸易获得较大发展，这一方面促进了对外物质文化交流的拓展与繁荣，另一方面也在一定程度上表明，对外交流的大门已经渐渐打开，很多新的内容如物品、技术、外来人员、精神信仰等逐渐涌入，极大地丰富了秦汉时期社会及家庭物质文化与精神文化的内容和内涵。随着对外物质文化交流的不断加强，秦汉尤其是汉代，相关家庭成员的对外交往也呈现出一些新的内容，可以说对外物质文化交流的发展对秦汉时期家庭及其成员的对外交往有着重要的带动或促进作用。

就地域而言，秦汉时期对外物质文化交流的涉及面较广。其中西向丝绸之路可从长安、洛阳出发，西出陇西，经河西走廊到达敦煌，自敦煌分南、北两道，基本依傍山川、河流、定居点等特定的线路而行：南道出阳关，沿塔里木盆地南缘，经于阗（今新疆和田）、皮山（今新疆皮山）、莎车（今新疆莎车）到达疏勒（今新疆喀什）；北道过白龙堆（今新疆罗布泊东北雅丹地区），抵楼兰（今新疆罗布泊西北岸），而后傍天山南麓，经焉耆（今新疆焉耆）、龟兹（今新疆库车），也到达疏勒，从疏勒西越葱岭至大夏（今阿富汗北部巴克特里亚），或向西经大宛（今中亚费尔干纳盆地）再往南抵达大夏，从大夏往南可到身毒，而从大宛往西经康居（今中亚阿姆河）与锡尔河之间的索格底亚那前往奄蔡（今咸海以北）；从大夏往南可到身毒（今印度），向西经安息（伊朗帕提亚王朝）可至条支（今叙利亚一带）、黎轩（埃及亚历山大城）[①]。另外，还可从两汉蜀郡出发，向南进行交流，有学者称之为“南方丝绸之路”[②]；也有的从合浦郡和郁林郡进入交趾郡及以南地区，进而到达中南半岛的其他国家；还有经陆路至朝鲜半岛，经草原之路进入汉王朝疆域之外的北部和西北部的一些地区等等。海上丝绸之路主要以南部沿海几个港口为出发点，史载：“自日南障塞、徐闻、合浦船行可五月，有都元国；又船行可四月，有邑卢没

① 中国社会科学院考古研究所：《中国考古学·秦汉卷》，中国社会科学出版社，2010年，第930-1024页。

② 霍巍：《“西南夷”与南方丝绸之路》，《中华文化论坛》2008年12月增刊。

国；又船行可二十余日，有谌离国；步行可十余日，有夫甘都卢国。自夫甘都卢国船行可二月余，有黄支国，民俗略与珠厓相类。其州广大，户口多，多异物，自武帝以来皆献见。有译长，属黄门，与应募者俱入海市明珠、璧流离、奇石异物，赍黄金杂缯而往。所至国皆禀食为耦，蛮夷贾船，转送致之。亦利交易，剽杀人。又苦逢风波溺死，不者数年来还。……自黄支船行可八月，到皮宗；船行可八〔二〕月，到日南、象林界云。黄支之南，有已程不国，汉之译使自此还矣。”[①]另外，还可从海路到达日本列岛和朝鲜半岛等地。上述较多与秦汉时期对外物质文化交流有关的地区或地域，考古发现有中国的铜镜、铁器、钱币、漆器、纺织品等，表明秦汉尤其是汉代，相关的物质文化交流已较为广泛[②]。不断扩大的对外物质交流及交流地域的拓展，反映出相应人群的交流和交往在不断地加强和延伸，如译使、商人及陆上和海上承担运输的人员等等。

不仅是对外交流地域的拓展及物品、文化等的输出，对外物质文化交流也在较多方面、很大程度上促进了外来人员、物品、乐舞杂技及其思想、技术等的传入。《盐铁论·力耕》载：“汝、汉之金，纤微之贡，所以诱外国而钓胡、羌之宝也。夫中国一端之缦，得匈奴累金之物，而损敌国之用。是以骡驴馲驼，衔尾入塞，驒騱騵马，尽为我畜，鼲鼦狐貉，采旃文罽，充于内府，而璧玉珊瑚琉璃，咸为国之宝。是则外国之物内流，而利不外泄也。异物内流则国用饶，利不外泄则民用给矣。”[③]输入的内容不仅大大丰富了当时人们的物质生活和精神世界，也对相关家庭、相应人员的社会交往起着重要的促进作用，如交往人员的范围扩大，其中一些为外来人员，交往内容也更趋丰富，涉及面较多。

第一，是政府间的交流，这可以体现出高等级人员尤其是皇室家庭的对外交往。史载，桓帝延熹九年（166年），“大秦（罗马帝国）王安敦遣使自日南徼外献象牙、犀角、玳瑁”[④]。类似的记载还有很多，不再一一列举。这在一定程度上很好地促使了相应生活内容的改变，《续汉书·五行志》即载：“灵帝好胡服、胡帐、胡床、胡坐、胡饭、胡箜篌、胡笛、胡舞，京都贵戚皆竞为之。”[⑤]由于帝陵未发掘，很难从墓葬资料反映相应物品的进贡与交流，但相应的交流和交往是肯定存在的。

第二，陆路丝绸之路较发达的今我国西北部分地区及海上丝绸之路较发达的南部沿海地区。如南部沿海地区，在汉代有较多重要的港口，史载，作为海上丝绸之路出发地的南越，“处近海，多犀、象、毒冒、珠玑、银、铜、果、布之

---

① （东汉）班固撰，（唐）颜师古注：《汉书·地理志》，中华书局，1962年，第1671页。

② 中国社会科学院考古研究所编著：《中国考古学·秦汉卷》，中国社会科学出版社，2010年，第908页。

③ （西汉）桓宽：《盐铁论·力耕》，王利器校注：《盐铁论校注（定本）》，中华书局，1992年，第28页。

④ （南朝宋）范晔撰，（唐）李贤等注：《后汉书·西域传》，中华书局，1965年，第2920页。

⑤ （西晋）司马彪撰，（南朝梁）刘昭注补：《续汉书·五行志一》，中华书局，1965年，第3272页。

凑，中国往商贾者多取富焉。番禺，其一都会也”[①]。而汉政府在徐闻港“置左右候官”[②]，这类官吏应该是负责接待外国使节和商人、管理外贸货物、稽征进出口商品税费的官员[③]。徐闻地区的汉代墓葬出土众多具有异域特色遗物，表明这一地区在当时对外交流内容的繁多。对应的交往内容如左右候官与外国使节和商人的交往，当地商人与外来商人的交往等，均可反映出有关家庭成员的对外交往内容。徐闻在汉代属合浦郡，合浦郡的对外物质交流内容十分丰富，该地区的较多墓葬出土具有域外风格的物品，较具代表性的有玻璃器、金银器、各类宝石饰件与串饰、陶质盛器，另外还有陶俑、香料与部分石器、铜器等等，如一些绿松石羊形和鸟形饰件及肉红石髓、玛瑙、蚀刻石髓珠等组成的串饰及混合串饰等，均十分精美[④]（图五-79）。合浦地区已发现、发掘的汉代墓葬中，既有相当数量具有相应等级的官吏墓葬，也有商人、平民及其他阶层和职业人员的墓葬等，很多墓葬出土有外来物品，反映出海上丝绸之路及其贸易活动等对这一地区的影响，这一地区政治及其地理位置的重要性也使得相应官吏与外国使节、商人的交往会有更多，而合浦一带的较多家庭（应该包含不同等级）中的成员，其交往内容也多会与对外物质文化交流等有较大关系。

第三，促进了沿海或边疆地区与内地的联系和交往。例如徐闻，在汉代南部沿海丝绸之路的贸易方面有着十分重要的地位和作用。“汉置左右候官，在县南七里，积货物于此，备其所求，与交易有利，故谚曰：‘欲拔贫，诣徐闻。’”[⑤]由此可见，徐闻港一方面可以存放进口的货物，另一个更为重要的作用是囤放准备出口的货物，“备其所求，与交易有利”即可说明。这也表明，作为贸易港口，要有很多货物需从内地转运至此，以作交易之用。这在西北地区的贸易中也应有相关设施内容，即一些货物从内地装运后出发至丝绸之路的某个交易的场所，以便充分或更好地进行贸易。内地货物的外运及外来物品输入内地，使得沿海、西北地区与中原及其他一些地区的联系得到明显加强，也促进了人与人之间多种形式的交往，扩大了家庭成员的交往面，丰富了交往内容。

第四，丝绸之路带动的延伸、辐射，使得社会交往内容更趋丰富，而这一内容在多个方面均有表现。①丝绸之路较发达地区及其周边，很多家庭及其家庭成员的交往呈现出与丝绸之路发展相关的内容，如广西贵港较多汉墓出土很多明显带有域外文化因素的遗物，如玻璃器等；再如广东及广西其他地区，很多墓葬出土有裸体

① （东汉）班固撰，（唐）颜师古注：《汉书·地理志》，中华书局，1962年，第1670页。

② （唐）李吉甫：《元和郡县志·缺卷逸文卷三》，中华书局，1983年，第1087页。

③ 熊昭明：《汉代合浦港的考古学研究》，文物出版社，2018年，第5页。

④ 熊昭明：《汉代合浦港的考古学研究》第四、五章，文物出版社，2018年，第76-130页。

⑤ （唐）李吉甫：《元和郡县志·缺卷逸文卷三》，中华书局，1983年，第1087页。

图五-79　广西合浦出土的绿松石动物及玛瑙、蚀刻石髓珠组成的混合串饰

1. 绿松石羊形饰件　2、3. 绿松石鸟形饰件　4-9. 肉红石髓、玛瑙、蚀刻石髓珠等组成的串饰及混合串饰

胡人俑陶灯，这些胡人俑反映出当时岭南社会可能已使用出身南洋或南亚或西亚的奴隶，其中出身南洋的奴隶得到普遍使用①。②外来物品融入中原及内地其他地区，在这些地区的一些汉代遗址或墓葬中，有较多传入的外来物品及其他内容，物质生活内容如衣食住行等均有体现，医疗保健、娱乐杂技也反映颇多，宗教思想如佛教也逐渐传入，社会交往内容也由于这些内容的传入及融入呈现出新内容。③对其他沿海地区也有影响，如今江苏连云港一带及其所辐射到的苏北、鲁南地区，考古发现东汉墓葬、遗址中佛教内容及其因素较多，相关墓葬如山东沂南北寨东汉画像石墓，其内画像有飞天、佛像等内容②。江苏省宿迁市发现的一些东汉墓葬画像石中也

① 黄留珠主编：《周秦汉唐文明》，陕西人民出版社，1999 年，第 1011 页。

② 南京博物院、山东省文物管理处：《沂南古画像石墓发掘报告》，文化部文物管理局出版，1956 年，第 5-9 页，图版 39。

有佛教的内容和因素。一是泗阳县屠园乡周庄东南打鼓墩樊氏墓，关于墓葬时代，发掘资料认为曹魏时期的可能性较大[①]。墓葬中的第 1 石正面画像中，左有朱雀、福德羊和口衔仙果的瑞鸟，右有一只白虎和一条青龙张口对峙，青龙身后刻一朵四瓣莲花；第 10 石正面画像中，左下为两只梅花斑鹿，前面立一状如野猪的怪兽，双齿上弯，头生钩形独角，其上有二异兽，右有一龙一虎（图五 -80：1）；第 16 石画像中，左起刻两仙人，对面跽坐，其中一人宽面大耳，对面人物上身画像损坏，右侧嘉禾丛中有一人侧卧，一手掩在耳后，这种题材为已往所罕见（图五 -80：2）。有研究将第 10 石正面画像中状如野猪的怪兽考证为六牙白象，并将第 16 石画像的内容考释为“释迦摩尼涅槃图”，这在人物的面部胡须、卧姿、穿着等方面皆可体现，涅槃像的前方有一人跽坐，面向佛陀礼拜，此人可能为向佛问法的外道须跋陀

1

2

3

图五 -80　江苏宿迁出土墓葬画像石中与佛教有关的画像

1、2. 泗阳县屠园乡周庄东南打鼓墩樊氏墓中室出土（1. 第 10 石正面画像　2. 第 16 石正面画像）

3. 泗洪县曹庙乡征集墓壁刻石第四格中的双狮画像

① 淮阴市博物馆、泗阳县图书馆：《江苏泗阳打鼓墩樊氏画像石墓》，《考古》1992 年第 9 期。

罗，而且附近人物宽面大耳，加之周边的花草纹饰等也都可佐证这一观点，相关研究还指出，墓葬的时代为东汉晚期，而该墓葬位于泗水之滨，东汉时属下邳国，地理位置正是东汉末年下邳相笮融大起浮屠祠的附近，这一时期该地区的佛事活动较多，除好佛者听佛受道外，还有浴佛等活动，因此这里出现佛传故事“涅槃像”是有其历史原因的[①]。二是泗洪曹庙乡征集墓壁刻石的双狮画像，所属画像石的画像由上至下分四格，双狮画像位于最下第四格，刻两头神兽，左面一兽后足半蹲，张口露齿，双手举仙果，右面有一狮面怪兽，昂首翘尾，前肢匍匐[②]（图五-80：3）。从整体及细部，尤其是头部的特征看，这两只动物为狮子的可能性最大，而东汉晚期，狮子图案也与佛教的传入和影响有着较大关系。苏北鲁南地区最具代表性，包含诸多佛教内容的遗存为江苏连云港的孔望山摩崖石刻，佛教石刻丰富多样，有佛涅槃等较多内容[③]，佛教的传入为该地区相关人员的社会生活增添了新的内容并有相应的变化，很多家庭成员的社会交往也因此增加了新的内容和特点。④社会的普遍交往中会有新的内容并在细节上有所变化，上文所述佛教影响下的交往是内容之一，还有相应语言，如“胡”字在较多交往的语言表达中得到普及，另外还有相关商品贸易中对特殊流通货币的使用，陕西西安、甘肃等地有较多龙纹铅饼发现，笔者认为，其作为媒介型货币用于不同区域间商品贸易的可能性最大，这样更有利于或便于贸易和买卖[④]，也对促进不同人员间交往起着应有的作用。

五、周边地区交流与影响

秦汉时期，王朝周边生活着较多的民族，南有百越，西南为西南夷，西北为西域多个民族，北及东北有匈奴、鲜卑、乌桓等，这些民族与秦汉帝国联系密切，有战争，更多的则是政治、经济、思想、文化的交流与融合，为统一多民族封建帝国的全面发展和壮大做出了重要贡献。民族交流和融合对秦汉社会的发展有着积极的促进作用，就这一时期家庭及其成员的交往来讲，也受到民族交流与融合的影响。大致来讲，主要表现在两个方面。

首先是秦汉王朝对于少数民族的影响，这一影响是多方面、相对较为全面的，物质、技术、思想、文化、制度乃至一些生活习俗等，都通过不同方式，不同程度地传入少数民族地区。有关物品如铜器、铁器、漆木器、纺织品等，而且相应技术如冶铁、纺织技术等也传入一些地区。例如纺织技术，广东广州西汉南越王墓

---

① 武利华：《徐州汉画像石通论》，文化艺术出版社，2017年，第328-330页。

② 尹增淮、江枫：《江苏泗洪曹庙出土的东汉画像石》，《文物》2010年第6期。

③ 连云港市博物馆：《连云港市孔望山摩崖造像调查报告》，《文物》1981年第7期。

④ 刘尊志：《“丝路”背景下的汉代日常生活》，《历史教学》（上半月刊）2019年第11期。

的相关出土遗物[①]可以说明，而西南地区的纺织技术也受到汉王朝纺织技术的较多影响，云南晋宁石寨山出土的1件铜贮贝器器盖上有18名女性，整体上所从事为纺织生产，用的为踞织机，织者席地而坐，经线一端系在织者腰部，另一端用足蹬紧或固定在木椿上，采用了提综杆、分经棍和打纬刀，相关纺织技术与中原地区有差别，也有相似，而且该地汉墓出土的较多器物及其反映的乐舞、祭祀、农耕、手工生产等，与汉文化有很多相近之处，另外这一地区的墓葬及其反映的丧葬制度、社会习俗等也受到中原地区的相应影响[②]。西北地区的较多汉墓也反映出相关内容，城市的建设与布局、墓葬、出土遗物等皆有体现，出土遗物中的铜镜、铁器、漆器、纺织品等均较具代表性，新疆楼兰城郊墓地[③]、尼雅墓地[④]中的相关出土物可以说明，如1980年发掘的楼兰城郊孤台墓地MB2出土的“望四海贵富寿为国庆”经锦（图五-81：1）、1995尼雅M3出土的“王侯合昏千秋万岁宜子孙”锦（图五-81：2）及“五星出东方利中国”护臂等。北方及东北少数民族地区对汉文

1

2

图五-81　新疆地区汉墓出土的纺织物

1.楼兰城郊孤台墓地MB2出土“望四海贵富寿为国庆”经锦　2.1995尼雅M3出土“王侯合昏千秋万岁宜子孙”锦（局部）

① 王矜、吕烈丹：《象岗南越王墓出土丝织品鉴定报告》，广州市文物管理委员会、中国社会科学院考古研究所、广东省博物馆：《西汉南越王墓》，文物出版社，1991年，第476-494页。

② 云南省博物馆考古发掘工作组：《云南晋宁石寨山古遗址及墓葬》，《考古学报》1956年第1期；云南省博物馆：《云南晋宁石寨山古墓群发掘报告》，文物出版社，1959年；冯汉骥：《云南晋宁石寨山出土文物的族属问题试探》，《考古》1961年第9期。

③ 新疆楼兰考古队：《楼兰城郊古墓群发掘简报》，《文物》1988年第7期。

④ 新疆维吾尔自治区博物馆：《新疆民丰北大沙漠中古遗址墓葬区东汉合葬墓清理简报》，《文物》1960年第6期；新疆文物考古研究所：《尼雅95一号墓地3号墓发掘报告》，《新疆文物》1999年第2期；《尼雅95一号墓地4号墓发掘简报》，《新疆文物》1999年第2期；《新疆民丰县尼雅遗址95NMI号墓地M8发掘简报》，《文物》2000年第1期；《95年民丰尼雅遗址I号墓地船棺墓发掘简报》，《新疆文物》1998年第2期。

化的内容吸收较多，城址、墓葬及出土遗物皆有体现，吉林省榆树县老河深发掘较多的西汉墓葬，墓葬形制为土坑竖穴式，随葬器物中的有汉文化风格的陶器，还有较多的铜车马器与铁器如铁农具等，表明当地政权和汉王朝密切的关系和往来[①]。当然，民间的交流与交往也应较为频繁和多样，进而体现出有关家庭及其成员的对外交往内容，而这也同样适应于其他地区。北方草原地区，以匈奴为主，其与秦汉王朝之间有战争更有往来，居住遗址、墓葬等受汉文化的影响较多，东汉时期，匈奴分为南北匈奴，南匈奴与汉王朝的关系日渐密切，仅就丧葬内容来讲，与汉文化的趋同性在不断加强，有学者对南匈奴墓葬进行了专门研究，指出："中国境内目前发现的南匈奴墓葬主要分布于汉代北部和西北部边疆地区，在时间上主要属于东汉中、晚期，在墓葬形制和随葬品上与同时期'汉式墓葬'有相似。"[②]由于归附东汉政府，随着发展，南匈奴文化逐渐融入汉文化的发展体系之中。由于民族间的密切交流和不断融合，在汉文化影响下，汉王朝与少数民族地区相关交往较为突出的内容包括物品的交换与赠与、买卖和贸易及其受汉文化影响下交往礼节与仪式等，另外还有和亲过程中的交往及交往中语言的沟通等。

其次，周边地区对秦汉王朝的影响也较多，主要表现在生活内容的丰富、物品的多样、媒介的作用及其他内容。生活内容方面，奶饮品和奶制品的传入、相关装饰物、坐卧器具及其他物品包括相关铜器和不同质地器物等传入中原。媒介的作用更为突出，一些中亚、西亚乃至大秦国的相关器物和技术传入我国，与周边地区多个民族的媒介作用密不可分，如相关石刻、金属冶炼、艺术设计、乐舞杂技等，其他内容如上文所述南越、西域地区在对外物质文化交流中的作用等也十分重要。以生活物品及媒介作用为例，江苏徐州市东郊狮子山西汉楚王墓出土一定数量具有草原文化特征的金器，如金带扣、金羊头、金带钩、金虎头饰等[③]（图五-82），这些器物或体现出高等级人员家庭与周边地区存在的交往和联系，也反映出朝廷与诸侯王家庭之间的赠送或赐予等内容。江苏徐州汉画像石艺术馆2005年征集的一批汉画像石，画像中有羽翼兽、双头鹫[④]，双头鹫体现出某些动物形象来自于斯基泰民族或通过中介而从古希腊、西亚传到中国来的[⑤]。山东章丘洛庄西汉早期吕王墓出土鎏金铜当卢[⑥]，即是受斯基

① 吉林省文物工作队、长春市文管会、榆树县博物馆：《吉林榆树县老河深鲜卑墓群部分墓葬发掘简报》，《文物》1985年第2期；吉林省文物考古研究所：《榆树老河深》，文物出版社，1987年。

② 杜林渊：《南匈奴墓葬初步研究》，《考古》2007年第4期。

③ 狮子山楚王陵考古发掘队：《徐州狮子山楚王陵发掘简报》，《文物》1998年第8期；韦正、李虎仁、邹厚本：《江苏徐州市狮子山西汉墓的发掘与收获》，《考古》1998年第8期。

④ 杨孝军：《徐州新发现一批汉代画像石考释》，《四川文物》2005年第6期。

⑤ 杨孝军：《塞人与汉代羽化图像》，《文史杂志》2015年第1期。

⑥ 济南市考古研究所、山东大学考古系、山东省文物考古研究所、章丘市博物馆：《山东章丘市洛庄汉墓陪葬坑的清理》，《考古》2004年第8期。

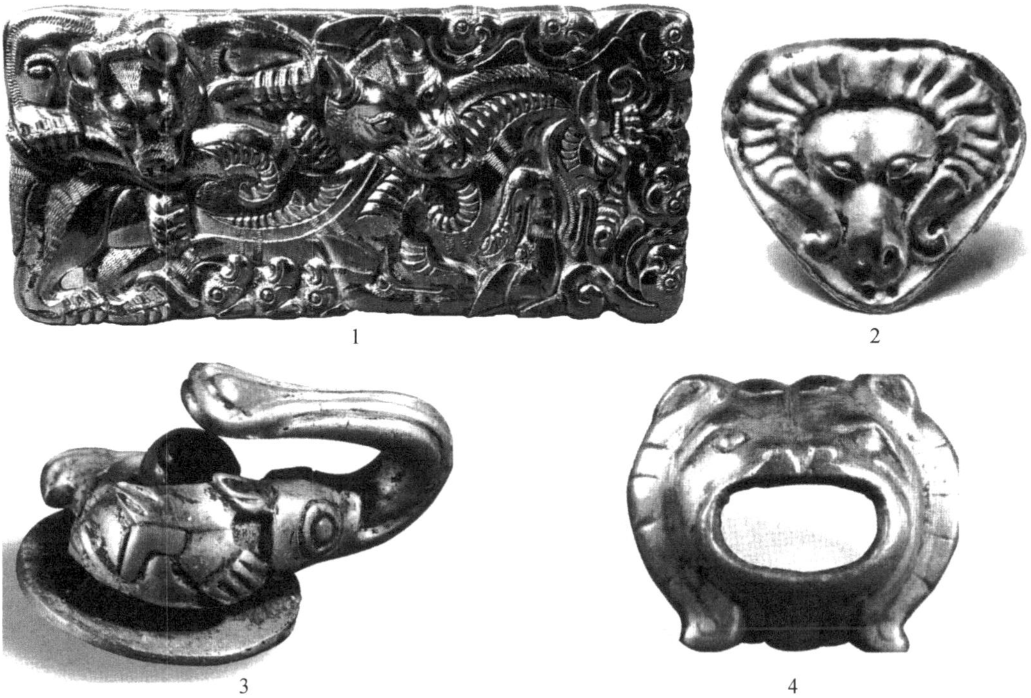

图五 -82　江苏徐州狮子山西汉楚王墓出土具有草原文化特征的器物
1. 金带扣　2. 金羊头　3. 金带钩　4. 金虎头饰

泰民族的装饰文化影响传入我国后，结合习见的传统风格糅合而成的新型工艺品[①]。这对于技术和设计人员的流动和交往、相关内容的传播和交流等皆有很好的体现。

第四节　有爵与为官内容推动的交往

秦汉时期，家庭成员被封有爵位或被任命为官，也是家庭及其成员对外交往的内容之一，这一内容具有相应的特殊性，但其对于家庭的发展具有重要促进作用，因此得到普遍的支持和认可。文献资料关于这方面的内容记载较多，是我们认识秦汉官僚制度及有关社会内容的重要参考。考古资料也有较多体现，主要的表现之一是有爵者或为官者与朝廷或地方统治机构的关系，还有与之有关的其他交往内容。

一、官署机构、里居及相关设施

秦汉时期，由于国家统一，大一统及中央集权政治背景下的官僚体系日臻完善，朝廷构建起较为完备的官僚体系，并有相应的官署机构，考古发掘对秦汉都城

① 崔大庸：《山东章丘洛庄汉墓出土的鎏金铜当卢》，《文物世界》2002 年第 1 期。

的官署机构或相关设施、内容等有所发现和揭露，而都城也是众多贵族的长居之地，应存在相应的官邸和甲第，官署机构不仅与皇帝的宫殿及相关设施等构成秦汉都城的主要内容，也与诸多贵族的居所一起折射出有爵与为官的家庭及其成员存在的相应交往活动。相关交往活动既有与最高统治者之间的君臣交往，也有贵族、官吏之间的相互交往，当然也会存在与低等级人员及地方来都城人员的交往等等。两汉还实行分封制度，诸侯王国与列侯侯国也应存在相应的官僚体系、官署机构及其相关的交往，但由于考古资料有限，此处仅对都城的官署机构作相关叙述，而关于汉代诸侯王国中相应的贵族和官吏，下文将以墓葬为主体进行相关分析。

秦都咸阳的官署机构可以从相关地区出土的秦封泥看出。20世纪90年代以来，考古工作者在陕西省西安市未央区相家巷遗址清理出土了大批量的秦封泥，与秦都咸阳官署机构相关的有“咸阳丞印”、“咸阳工室”等，另外还有其他内容，较为丰富[①]。

西汉长安城的考古工作开展较多，较多考古成果与长安城的布局、宫殿等有关，也有官署和里居等相关内容。武库为长安城中重要的设施，相关遗址位于未央宫遗址东部，安门大街以西，直城门大街以南的区域内，发现7座建筑，基本都是用来存放兵器，如有放铠甲的场所，有存储箭镞的场所等[②]。就武库来讲，当有相应的职官和人员看护，也应有相关配套设施。长安城也有里居发现，分布零散且面积不大，但各阶层的居住地有不同区分，可分为官邸、甲第和一般闾里，但官邸的位置还不甚明确，甲第位于未央宫附近，一处在直城门大街以北、桂宫与北宫之间的区域，另一处在未央宫的东部、武库的南部、安门大街以西的区域内，一般闾里的场所在汉长安城的东北部，明光宫的北部[③]。

东汉洛阳城中，宫殿所占面积的比例已明显小于西汉长安城同类内容的比例，但仍有较大面积。除宫殿外，城内还有各类官府以及太仓、武库、商市等设施，里居面积不大，其中在上东门内大道南侧有步广里和永和里；武库和太仓的位置和范围经过勘探已经基本探明；二者均位于城址的东北角，南边为武库，整体近似方形，四周建有夯筑围墙，中有聚集成组的夯土台基和独立的较大建筑基址；北部为太仓，又分作东西相对的两座方形院落，西院平面为南北长方形，东院整体呈方形，二院落四周皆有夯筑围墙，西院中则分布着至少五座大小不同的建筑台基[④]。除以上建筑遗址外，东汉洛阳城内还有太尉府、司空府、司徒府等遗址，三座府第位于城址的东南部，南宫以东，耗门和中东门之间的区域内，但具体布局还不清楚（图五-83）。东汉洛阳城南郊有官署建筑，如太学，是东汉时期重要的官署教育机

---

① 刘庆柱、李毓芳：《西安相家巷遗址秦封泥考略》，《考古学报》2001年第4期。

② 中国社会科学院考古研究所：《汉长安武库》，文物出版社，2005年。

③ 刘庆柱、李毓芳：《汉长安城》，文物出版社，2003年。

④ 中国科学院考古研究所洛阳工作队：《汉魏洛阳城初步勘查》，《考古》1973年第4期。

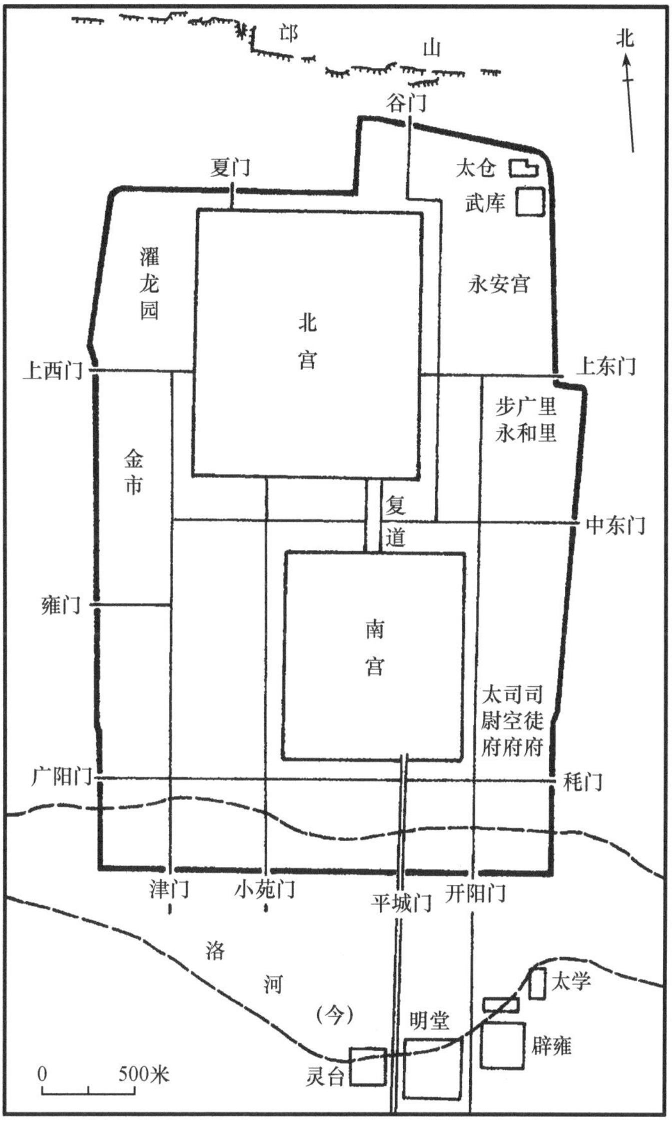

图五 -83　东汉洛阳城平面图

构，位于开阳门外大道东侧，创建于光武帝建武五年（29 年），汉顺帝时对其进行了修缮，但现有资料还不好确定东汉太学遗址的确切范围，不过，辟雍遗址的东北方偏南位置可能是东汉太学的主要部分，而从较大面积的考古勘探来看，长条形房舍应是太学建筑的主要类型，诸房舍互相平行，排列密集，间距仅有数米[①]。在太学西部和南部还发现有相关的官署建筑遗址，有夯土建筑遗址，如位于西墙内侧最南

① 中国社会科学院考古研究所:《汉魏洛阳故城南郊礼制建筑遗址——1962 ~ 1992 年考古发掘报告》，文物出版社，2010 年。

部的建筑，由南北相邻的两处建筑组成，南为殿堂，北为廊道，间距1米多，这两处建筑很可能属于官府建筑，而其职掌与辟雍或太学有关①。

二、都城附近的贵族官吏墓葬

墓葬是社会内容体现最为丰富的考古资料，而且古代墓葬有较为突出的等级性，对应的墓主身份、地位、等级、社会工作等也不尽相同。秦汉时期，较多的贵族官吏生活在都城，死后也葬在都城附近，而现今考古发掘对这些墓葬的揭露，又可让我们通过墓葬资料来了解当时的贵族和官吏，并可进一步地体现和反映出当时应该存在的社会交往，考虑到墓主的身份、等级和地位，在当时应有与之对应的社会交往。

都城附近的贵族官吏墓葬已发现较多，等级不一，时代不同，其中又以帝陵的陪葬墓最具代表，而帝陵的陪葬墓多为大臣的墓葬，总体上西汉多于东汉，还会有一些贵族墓葬。当然，还有一些贵族官吏墓葬并非帝陵的陪葬墓。

秦始皇帝陵的陵园外发现一定数量的陪葬墓，其中上焦村墓群位于秦始皇帝陵东侧，探出墓葬17座，均东西向，南北单行排列，间距2~15米，发掘清理了8座，均为带斜坡墓道的“甲”字形墓，包括斜坡道方圹竖穴墓2座、斜坡道方圹竖穴洞室墓6座，葬具皆为长方形盒状的椁棺，棺室底层皆铺有草木灰，其上是零乱的人体骨骼（M18棺室内未见骨骼），墓主年龄多在30岁左右，随葬器物有金、银、铜、铁、陶、玉、蚌、贝、骨、漆器及丝绸残迹等，墓主似在同一时期被肢解或射杀，生前可能是秦始皇帝的宗室或大臣②（图五-84）。

西汉帝陵可以分为渭北陵区和长安城东南陵区。渭北陵区九陵的排列又可以分成三组，第一组以汉高祖长陵为中心，西为惠帝安陵，东是景帝阳陵；第二组西是武帝茂陵，东为昭帝平陵；第三组以元帝渭陵为中心，西为成帝延陵，东为哀帝义陵，西北是平帝康陵③。长安城东南陵区为文帝霸陵和宣帝杜陵。每座帝陵均有陪葬墓，贵族及大臣的墓葬均有。汉高祖刘邦长陵的陪葬墓位于东部，布局严整，数量较多，据记载，陪葬的大臣有萧何、曹参、周勃、周亚夫、张耳、田蚡、田胜、纪信、王氏家族等，已发掘的杨家湾汉墓是夫妻合葬墓，有陪葬坑，墓主可能是周勃夫妇或周亚夫夫妻的合葬墓④。汉惠帝刘盈安陵的陪葬墓在陵东，现存较大覆斗形封

① 中国社会科学院考古研究所：《汉魏洛阳故城南郊礼制建筑遗址——1962~1992年考古发掘报告》，文物出版社，2010年；《中国考古学·秦汉卷》，中国社会科学出版社，2010年，第243、244页。

② 秦俑考古队：《临潼上焦村秦墓清理简报》，《考古与文物》1980年第2期。

③ 徐苹芳：《中国秦汉魏晋南北朝时代的陵园和茔域》，《考古》1981年第6期。

④ 陕西省文管会、咸阳博物馆：《陕西省咸阳杨家湾出土大批西汉彩绘陶俑》，《文物》1966年第3期；《咸阳杨家湾汉墓发掘简报》，《文物》1977年第10期。

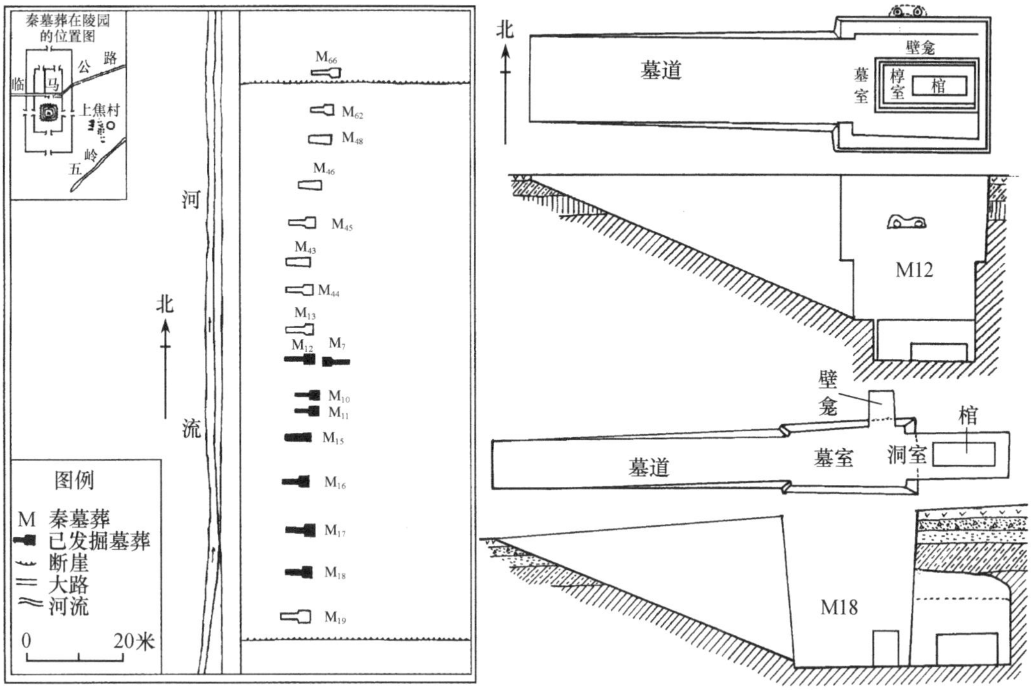

图五 -84 秦始皇帝陵上焦村陪葬墓平面分布及部分墓葬平、剖面图

土堆十几座，以东向居多①。汉文帝刘恒霸陵的陪葬墓有一定数量②，据记载，陪葬霸陵的有董偃等。汉景帝刘启阳陵的陪葬墓主要分布于东部，呈棋盘状分布，已探明各类大中小型墓葬5000余座，距离司马道近者规模宏大，壕沟宽而深，墓主级别高，以诸侯、公主、朝廷显贵等为主，其中有相当数量列侯或列侯级别的墓葬③（图五 -85）。汉武帝刘彻茂陵的陪葬墓在茂陵以东，分布于司马道的南北两侧和陵邑的东西两边，司马道南北侧是主要陪葬区，包括霍光、卫青、霍去病、上官桀等名臣的冢墓④，已发掘的一处茂陵陪葬墓的陪葬坑出土有230多件“阳信家”文物，墓主等级较高⑤。汉昭帝刘弗陵平陵与上官皇后陵东西相距685米，为东西两座

① 陕西省考古研究所：《西汉安陵调查简报》；孙铁山：《关于西汉安陵的新发现》，《考古与文物》2002年第4期。

② 陕西省考古研究院、西安市文物保护考古研究院：《汉文帝霸陵考古调查勘探简报》，《考古与文物》2022年第3期。

③ 王丕中、张子波、孙德润：《汉景帝阳陵调查简报》，《考古与文物》1980年第1期；陕西省考古研究所：《汉阳陵》，重庆出版社，2001年；曹龙：《西汉帝陵陪葬制度初探》，西北大学硕士学位论文，2009年5月。

④ 咸阳市文物考古研究所：《汉武帝茂陵钻探调查简报》，《考古与文物》2007年第6期；陕西省考古研究院、咸阳市文物考古研究所、茂陵博物馆：《汉武帝茂陵考古调查、勘探简报》，《考古与文物》2011年第2期。

⑤ 咸阳地区博物馆、茂陵博物馆：《陕西茂陵一号无名冢一号从葬坑的发掘》，《文物》1982年第9期。

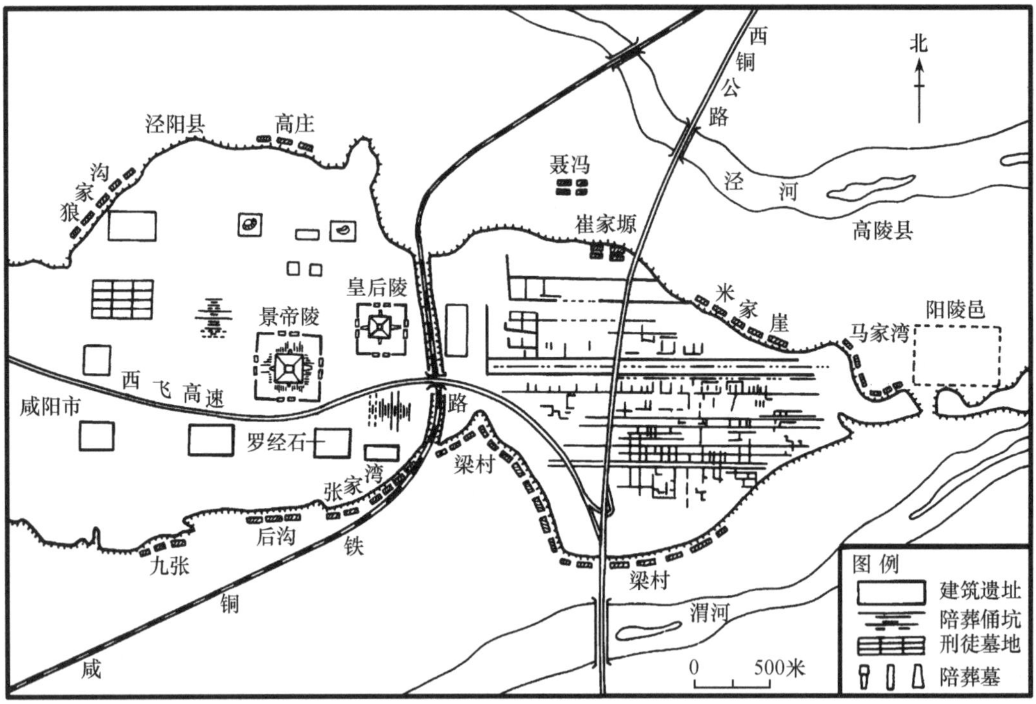

图五 -85 汉景帝阳陵陵区平面图

陵墓，东陵东部的陪葬墓排列比较整齐，发现有裸体陶俑残片，东陵南的较多墓葬也可能有陪葬墓存在，西陵西有 6 座墓葬，可能为西陵陪葬墓[①]。汉宣帝刘询杜陵的陪葬墓发现 75 座，主要分布在陵园东部、东北部及北部，有的墓葬外环绕围沟或夯墙形成墓园，有的墓旁配有祠堂类建筑，有的墓旁有陪葬坑，已探明墓葬形制的均为“甲”字形，墓向四面都有[②]，另在稍远区域还有一定数量的陪葬墓，据史书记载，陪葬杜陵的有张安世、丙吉、金安上、中山哀王刘竟等，2008 年，在杜陵西发现并发掘了富平敬侯张安世及其家族成员的墓地[③]。汉元帝刘奭渭陵东北 500 米处为一处规模较大的陪葬墓园，俗称“二十八宿”，墓葬排列整齐，南北 5 排，东西 7 列，间距均匀，渭陵东门外司马道的南北两侧还有“七妃墓”陪葬墓，封土圆丘形，一座墓葬西向，余皆南向[④]。据记载，陪葬渭陵的有王凤、冯奉世等。汉成帝

① 咸阳博物馆：《汉平陵调查简报》，《考古与文物》1982 年第 4 期；咸阳市文物考古研究所：《西汉昭帝平陵钻探调查简报》，《考古与文物》2007 年第 5 期。

② 陕西省考古研究院、中国社会科学院考古研究所、西安市文物保护考古研究院：《汉宣帝杜陵考古调查勘探简报》，《考古与文物》2021 年第 1 期。

③ 陕西省考古研究院：《西安凤栖原西汉墓地田野考古发掘收获》，《考古与文物》2009 年第 5 期；张仲立、丁岩、朱艳玲：《长安凤栖原西汉家族墓地》，《中国文物报》2010 年 4 月 16 日第 4 版。

④ 陕西省考古研究院、咸阳市文物考古研究所：《汉元帝渭陵考古调查、勘探简报》，《考古》2013 年第 11 期。

刘骜延陵陵园西墙西 460 米有一处大型陪葬墓园，呈南北较长的长方形，墓园中部及北部分布有排列整齐的墓群，陪葬墓园位置突出，规模宏大，陪葬者多为外戚重臣，这同西汉后期外戚专权的史实基本一致[①]。汉哀帝刘欣义陵的陪葬墓中有宠臣董贤的墓葬，另在陵东、陵南和其他位置还有一些陪葬墓，一些具有相应规模[②]。汉平帝刘衎康陵，经考古调查，未见陪葬墓，这与其是西汉王朝最后一个帝陵有一定的关系[③]。西汉帝陵的陪葬者之中，还有一些具有一定特殊性的陪葬人员，如上文所述陪葬杜陵的中山哀王刘竟墓葬，另如陪葬长陵的 M21，周围发现“齐园宫当”、“齐园”等瓦当，推测为武帝子齐王闳的墓葬[④]，这两座墓葬的墓主均为诸侯王，按礼当葬于封地，但二者却陪葬于帝陵旁，这与史书所载汉代诸侯王分封后不就国的内容相符，另外还会有一定数量的王子侯。惠帝安陵东部的 2 号陪葬墓，墓主可能原为赵王、后贬为宣平侯的张敖，其附近另 1 座较之规模大的墓葬为其夫人鲁元公主的墓葬[⑤]，这 2 座陪葬墓的特殊性主要表现为两点：一是张敖及其夫人不葬于封地而是陪葬安陵；另一特殊性是惠帝与鲁元公主为兄妹，这种陪葬反映出具有较高等级家庭成员对更高等级的陪葬与附属关系。

东汉帝陵可分为南、北两大兆域，根据地理条件可将其分别定为邙山原陵墓区和伊河南陵墓区[⑥]。东汉帝陵的陪葬墓数量较之西汉帝陵大为减少，多位于陵区东北部，陪葬帝陵人员数量上减少与东汉时期家族墓地的发达及归葬礼俗兴盛有内在关系[⑦]。据记载，陪葬光武帝原陵的有东汉晚期的胡广，陪葬明帝显节陵的有伏恭、牟融等，另有不知所陪哪座帝陵的任隗、杨秉等人[⑧]。从考古资料看，一些帝陵东北部的陪葬墓区有分布面积大、数量较多的陪葬墓，如大汉冢的东部，墓冢密集，约

---

① 岳起、刘卫鹏：《陕西咸阳市西汉成帝延陵调查记》，《华夏考古》2009 年第 1 期；《由平陵建制谈西汉帝陵制度的几个问题》，《考古与文物》2007 年第 5 期；陕西省考古研究院、咸阳市文物考古研究所：《汉成帝延陵考古调查勘探报告》，文物出版社，2019 年，第 26-28、160-175 页。

② 陕西省考古研究院、咸阳市文物考古研究所：《汉哀帝义陵考古调查、勘探简报》，《考古与文物》2012 年第 5 期。

③ 陕西省考古研究院、咸阳市文物考古研究所：《汉平帝康陵考古调查、勘探简报》，《文物》2014 年第 6 期。

④ 石兴邦、马建熙、孙德润：《长陵建制及其有关问题—汉刘邦长陵勘查记存》，《考古与文物》1984 年第 2 期。

⑤ 咸阳市文物考古研究所：《西汉帝陵钻探调查报告》，文物出版社，2010 年，第 24-26 页。

⑥ 韩国河：《东汉帝陵踏查记》，《考古与文物》2005 年第 3 期。

⑦ 韩国河：《论汉晋时期和葬礼俗的渊源及发展》，《考古》1999 年第 10 期。

⑧ 《后汉书 · 杨震传附子秉、孙赐、曾孙彪、玄孙修传》载：杨秉死后，“赐茔陪陵”。《后汉书 · 召驯传》载：“章和二年（88 年），代任隗为光禄勋，卒于官，赐冢茔陪园陵。”见（南朝宋）范晔撰，（唐）李贤等注：《后汉书》，中华书局，1965 年，第 1775、2574 页。

380余座，为帝陵的陪葬墓群，属集中式陪葬[①]。陪葬墓区中，较多陪葬墓是在朝廷赐予茔地之后聚族而葬，形成自身的家族墓地，这在西汉帝陵中已经存在，东汉时得到更大发展，如偃师高龙镇阎楼村发现的一处东汉帝陵陪葬墓的墓园遗址，墓园内包含7座封土墓，主墓的等级较高，而该处应是东汉时期流行的家族墓地[②]（图五-86）。《偃师华润电厂考古报告》一书收录了首阳山镇华润电厂东汉墓群中的较多墓葬，该处墓葬群属于东汉帝陵邙山陵区的陪葬墓区，有些墓葬的等级较高，其中M50出土玉衣片、玉塞、玉口琀、玉眼盖等，还有铜器等，M89出土玉衣片、玉蝉等，M132出土玉衣片较多，M133出土有玉衣片、玉塞及石兽、石猪等，M92土玉衣片及其他遗物,M20与107也出土一定数量的玉衣片[③]（图五-87）。这些墓葬等级相对较高，部分可至诸侯王或列侯级别墓葬，还有一些为贵族官吏级别墓葬[④]。

除帝陵的陪葬墓外，两汉京畿附近还有相当数量的贵族官吏墓葬，与帝陵陪葬墓共同构成两汉都城附近贵族官吏墓葬的内容，也体现和反映出汉代贵族官吏数量较多的特点。下文仅作简单举例。

《西安龙首原汉墓》、《长安汉墓》二书中收录一定数量相关类别的西汉墓葬，如《西安龙首原汉墓》收录的陕西省西安市西北医疗设备厂西汉M92、M120、M164、M170等，均有相应规模，葬具规格亦较高，出土遗物丰富，其中较多遗物可体现出墓主的身份地位和等级，如M92、M120出土的铜、陶乐器及陶凤鸟龟座形器、翼兽器座、陶俑及铜车马器等，M164出土铜印章2枚，印文分别是“陈当”与“臣当”；M170出土较多的陶器和玉器，水晶印1枚，印文为“陈清士”，玉印各3枚，2枚无字，1枚刻“陈清士”三字[⑤]（图五-88）。这几座墓葬的等级相对较高，M164的墓主至少为官吏，另外3座墓葬的墓主可能更高，亦可能为高级贵族级别。《长安汉墓》收录的西安市图书馆西汉M8，为竖穴墓道土洞墓，出土遗物有陶、铜、玉石器等，其中方形铜印章1枚，鎏金，麒麟钮，印文篆字“赵放和印”，墓主应为一般官吏[⑥]。河南洛阳地区也发现较多不是帝陵陪葬墓的东汉高等级墓葬。唐寺门两座东汉晚期墓葬，等级较高[⑦]。东汉晚期的西工区塘沽路C1M120

---

① 洛阳市第二文物工作队：《洛阳邙山陵墓群的文物普查》，《文物》2007年第10期。

② 洛阳市第二文物工作队、偃师市文物管理委员会：《偃师阎楼东汉陪葬墓园》，《文物》2007年第10期。

③ 洛阳市文物考古研究院：《偃师华润电厂考古报告》，中州古籍出版社，2012年，第31、32、64-95、149、186、205-208、216、227-230、332、353、364、378、379、394、395页。

④ 张鸿亮：《试析洛阳偃师一座东汉金缕玉衣墓的性质》，《洛阳考古》2014年第2期。

⑤ 西安市文物保护考古研究所编著：《西安龙首原汉墓》，西北大学出版社，1999年，第112-124、133-147、161-180页。

⑥ 西安市文物保护考古研究所、郑州大学考古专业：《长安汉墓》，陕西人民出版社，2004年，第669-674页。

⑦ 洛阳市文物工作队：《洛阳唐寺门两座汉墓发掘简报》，《中原文物》1984年第3期。

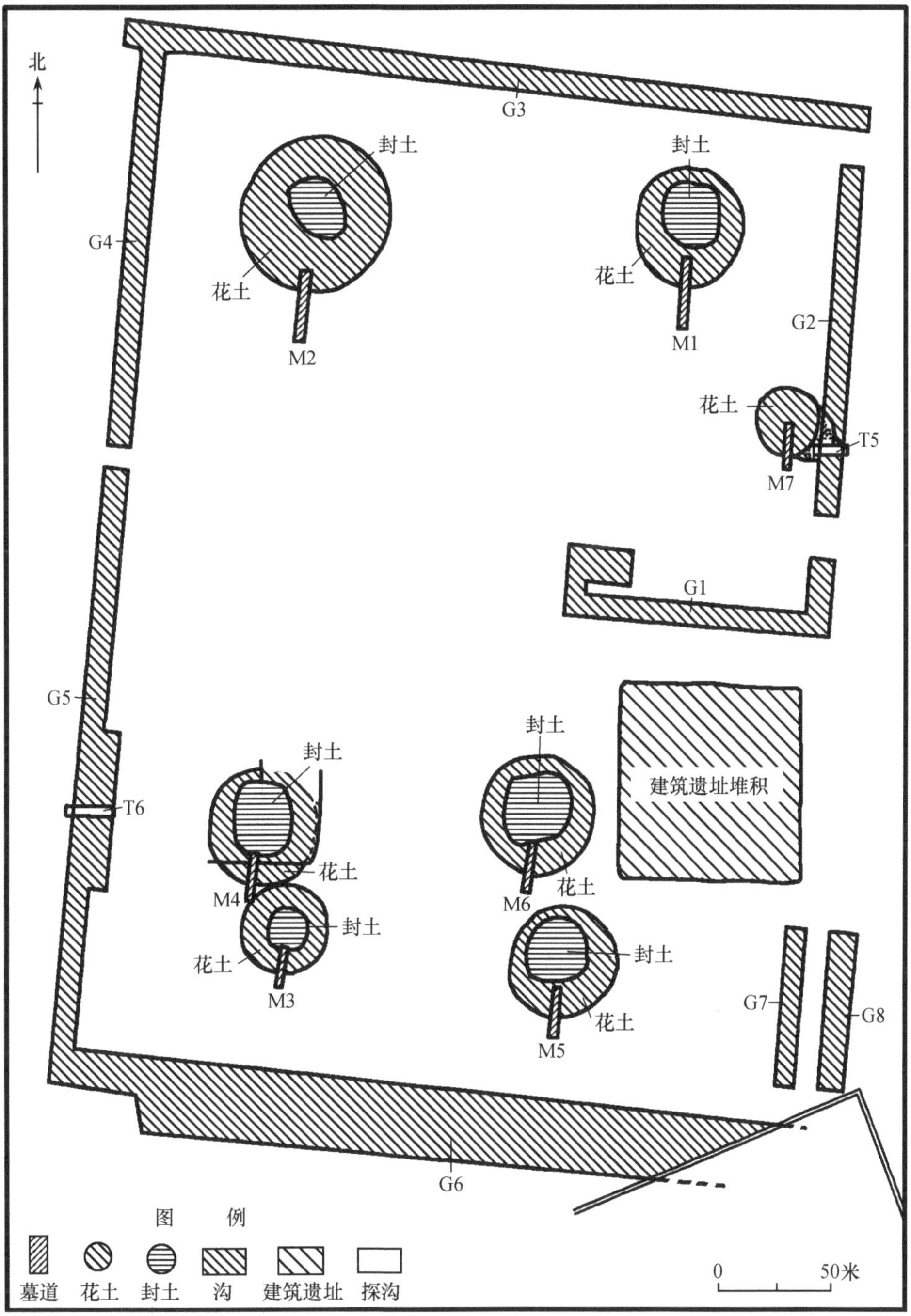

图五-86 河南偃师阎楼东汉墓园平面图

M50：5石片

M50：3玉塞

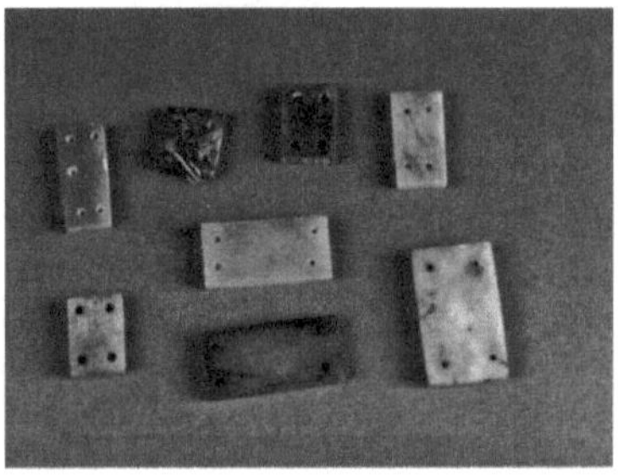

M89：2、4玉片

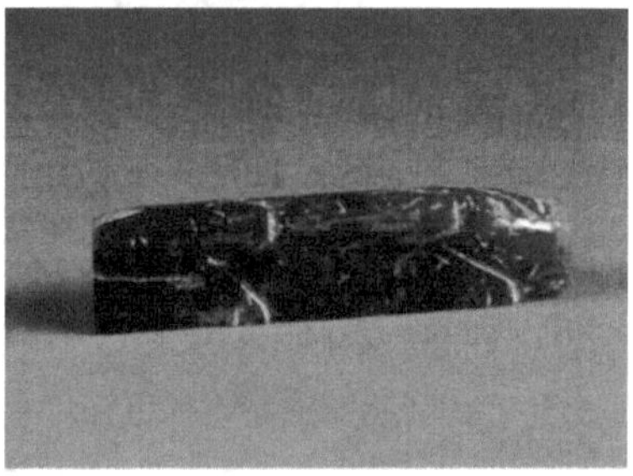

M89：29玉猪

M133：1石兽

M20：15玉片

M132：6、21等玉片

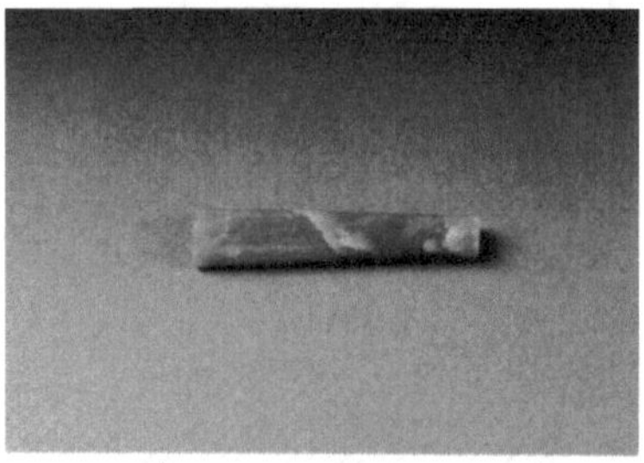

M133：4玉塞

M107：10、11石塞

M107：9玉片

图五-87　河南偃师华润电厂东汉墓出土的玉器与石器

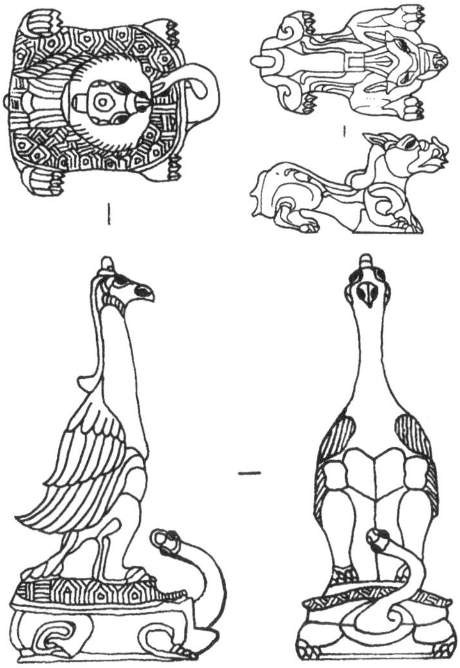

1

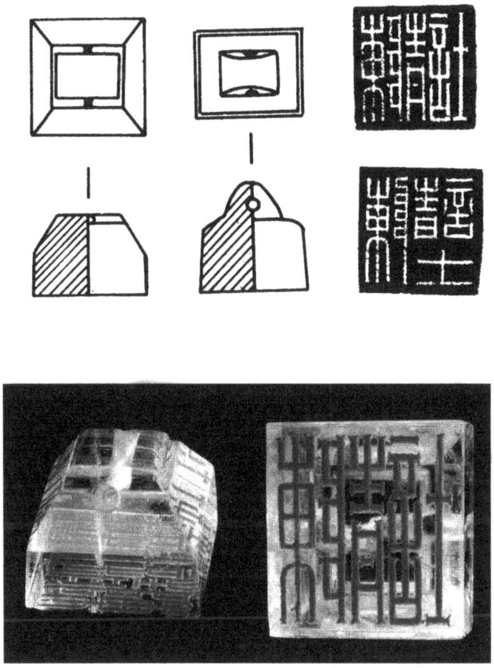

2

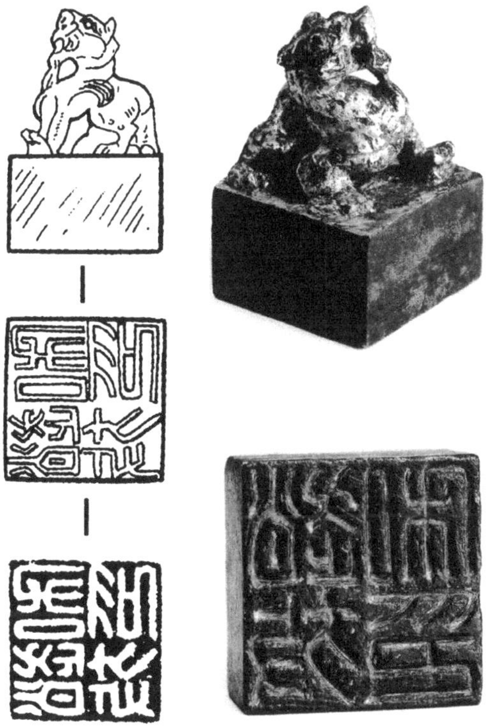

3

图五 -88　陕西西安地区非帝陵陪葬墓的西汉贵族官吏墓葬出土遗物

1. 陕西省西安市西北医疗设备厂西汉 M120 出土陶凤鸟龟座形器、翼兽器座　2. 陕西省西安市西北医疗设备厂西汉 M170 出土印章　3. 陕西省西安市图书馆西汉 M8 出土印章为壁画墓，墓主为地方官吏的可能性较大[①]。西工区东汉晚期的M3850亦为壁画墓，墓主为封建士大夫、官僚地主的可能性较大[②]。其他如洛阳东关殉人墓[③]、老城环卫站M82[④]、汉魏洛阳城西（白马寺墓园）东汉墓[⑤]、洛阳机车工厂东汉壁画墓[⑥]及《洛阳发掘的四座东汉玉衣墓》一文公布的4座东汉晚期玉衣墓[⑦]等，墓葬级别高，墓主可至列侯或相近级别。

帝陵陪葬墓及都城附近的众多墓葬中，有相当数量不同等级、不同地位的贵族、官吏墓葬，对研究秦汉时期朝廷与贵族、官吏的关系可提供重要的参考。这也反映出都城及附近贵族、官吏家庭及其成员的不同对外交往内容，其中既有与朝廷及皇帝，包括皇帝或宫廷成员的多种形式、多种内容的交往，也有相互之间及与外来人员之间的交往，将考古资料与文献资料相对应，相关内容则更为丰富。

三、诸侯国的贵族官吏墓葬

秦统一六国后，虽然也有侯类爵位的封赐，但整体是以郡县制度为主，两汉时期则普遍实行分封制，有较多的诸侯王、列侯被分封于各地。从考古资料看，两汉侯国的贵族官吏墓葬发现数量很少，本书基本不作论述，但诸侯王国的贵族官吏墓葬则多有发现，体现出这一时期家庭成员在诸侯国封爵为官的内容，进而反映出对应的社会交往，即有关家庭及其成员与诸侯王及王国贵族、同等级和低等级人员之间存在的多种形式、不同内容的交往，这是该时期有爵与为官背景下社会交往的内容之一。关于汉代诸侯王国都城的考古资料已有一定数量，但就官僚机构的驻所等则不甚清晰，更多的是以墓葬资料为主要参考。诸侯国贵族官吏的墓葬位置也体现出不同的内容，大致来看，贵族多葬于诸侯王国都城附近，其他地区少见，官吏亦多葬在王国都城附近，也有归葬家族墓地或家庭墓地者，但均可反映出王国官吏为官的情况，进而折射出相应家庭成员的为官及其社会交往等内容。

（一）在王国封爵为官，死后葬在王国都城附近

这类墓葬在汉代诸侯国墓葬考古中占有较为重要的地位，尤其是西汉刘姓诸侯

① 洛阳市文物工作队：《洛阳西工东汉壁画墓》，《中原文物》1982年第3期。

② 洛阳市文物工作队：《河南洛阳市第3850号东汉墓》，《考古》1997年第8期。

③ 余扶危、贺官保：《洛阳东关东汉殉人墓》，《文物》1973年第2期。

④ 中国社会科学院考古研究所洛阳唐城队：《1984至1986年洛阳市区汉晋墓发掘简报》，《考古》编辑部编辑：《考古学集刊·第7集》，科学出版社，1991年，第51-78页。

⑤ 中国社会科学院考古研究所洛阳汉魏城队：《汉魏洛阳城西东汉墓园遗址》，《考古学报》1993年第3期。

⑥ 洛阳市文物工作队：《洛阳机车工厂东汉壁画墓》，《文物》1992年第3期。

⑦ 洛阳市文物工作队：《洛阳发掘的四座东汉玉衣墓》，《考古与文物》1999年第1期。

国，相关墓葬发现较多，如江苏徐州与扬州及盱眙、河南永城、湖南长沙、河北保定满城，还有山东、安徽二省的一些地区等发现的诸侯王国贵族官吏墓葬，其中很多还是诸侯王墓的陪葬墓；东汉则相对略少，这与家族或家庭墓地的发展，很多官吏归葬故里有关。下文以今江苏徐州地区为例，进行相关叙述。

今徐州市，秦汉时称彭城，是西汉一代及东汉早期楚国及东汉彭城国的都城，市区及周边区域汉墓众多，既有汉代诸侯王墓，也有汉代贵族与官吏墓葬，还有相当数量的中小型墓葬，截至目前，该地已发现、发掘汉代墓葬多座，对研究徐州地区汉代墓葬及认识该地区汉文化的发展与内涵等有着重要的参考价值和学术意义[①]。徐州市及周边地区已发现较多的刘姓贵族墓葬和较多官吏墓葬，以西汉墓葬居多。

徐州市西郊刘婞墓葬[②]、西北郊苏山头刘姓女性贵族墓葬[③]，为两座位置相对独立的西汉贵族女性墓葬，所在墓地还有其家庭成员的墓葬，但墓葬的总体数量不多。西北郊小龟山丙长翁主墓（小龟山 M1[④]）、铜山区后楼山西汉“南阳夫人”刘娙墓（后楼山 M5[⑤]）为陪葬西汉楚王与王后的高级女性墓葬。男性刘姓贵族的墓葬多分布于徐州市北郊九里山北的诸多山头上，具有代表性的墓葬有火山刘和墓[⑥]（图五 -89：1）、簸箕山刘埶墓[⑦]（图五 -89：2）、天启山刘犯墓[⑧]（图五 -89：3）等，而这一地区还有一些墓葬如江山汉墓[⑨]、后山汉墓（下）[⑩]、李屯汉墓[⑪]、郭庄山汉墓[⑫]等，也很可能为西汉刘姓贵族的墓葬。其他如北部铜山区后楼山刘敞墓[⑬]、东郊

---

① 刘尊志：《徐州汉墓与汉代社会研究》，科学出版社，2011 年。

② 徐州博物馆：《徐州韩山西汉墓》，《文物》1997 年第 2 期。

③ 徐州博物馆：《江苏徐州苏山头汉墓发掘简报》，《文物》2013 年第 5 期。

④ 南京博物院：《铜山小龟山西汉崖洞墓》，《文物》1973 年第 4 期。

⑤ 徐州博物馆、徐州市文物考古研究所、徐州汉画像石艺术馆：《江苏徐州铜山区后楼山西汉墓 M5 发掘简报》，《东南文化》2022 年第 2 期。

⑥ 耿建军、盛储彬：《徐州火山汉墓》，中国考古学会编：《中国考古学年鉴 · 1997 年》，文物出版社，1999 年，第 132、133 页。

⑦ 徐州博物馆：《西汉宛朐侯刘埶墓发掘简报》，《文物》1997 年第 2 期。

⑧ 耿建国、马永强：《徐州市天启山汉墓群》，中国考古学会编：《中国考古学年鉴 · 2002 年》，文物出版社，2003 年，第 193、194 页。

⑨ 江山秀：《江苏省铜山县江山西汉墓清理简报》，文物编辑委员会编：《文物资料丛刊 · 第一辑》，文物出版社，1977 年，第 105-110 页。

⑩ 徐州博物馆：《江苏徐州后山西汉墓发掘简报》，《文物》2014 年第 9 期。

⑪ 徐州博物馆：《江苏铜山李屯汉墓清理简报》，《考古》1995 年第 3 期。

⑫ 邱永生：《徐州郭庄汉墓》，《考古与文物》1993 年第 1 期。

⑬ 徐州博物馆、南京大学历史学系考古专业：《徐州北洞山西汉楚王墓》，文物出版社，2003 年，第 175 页。

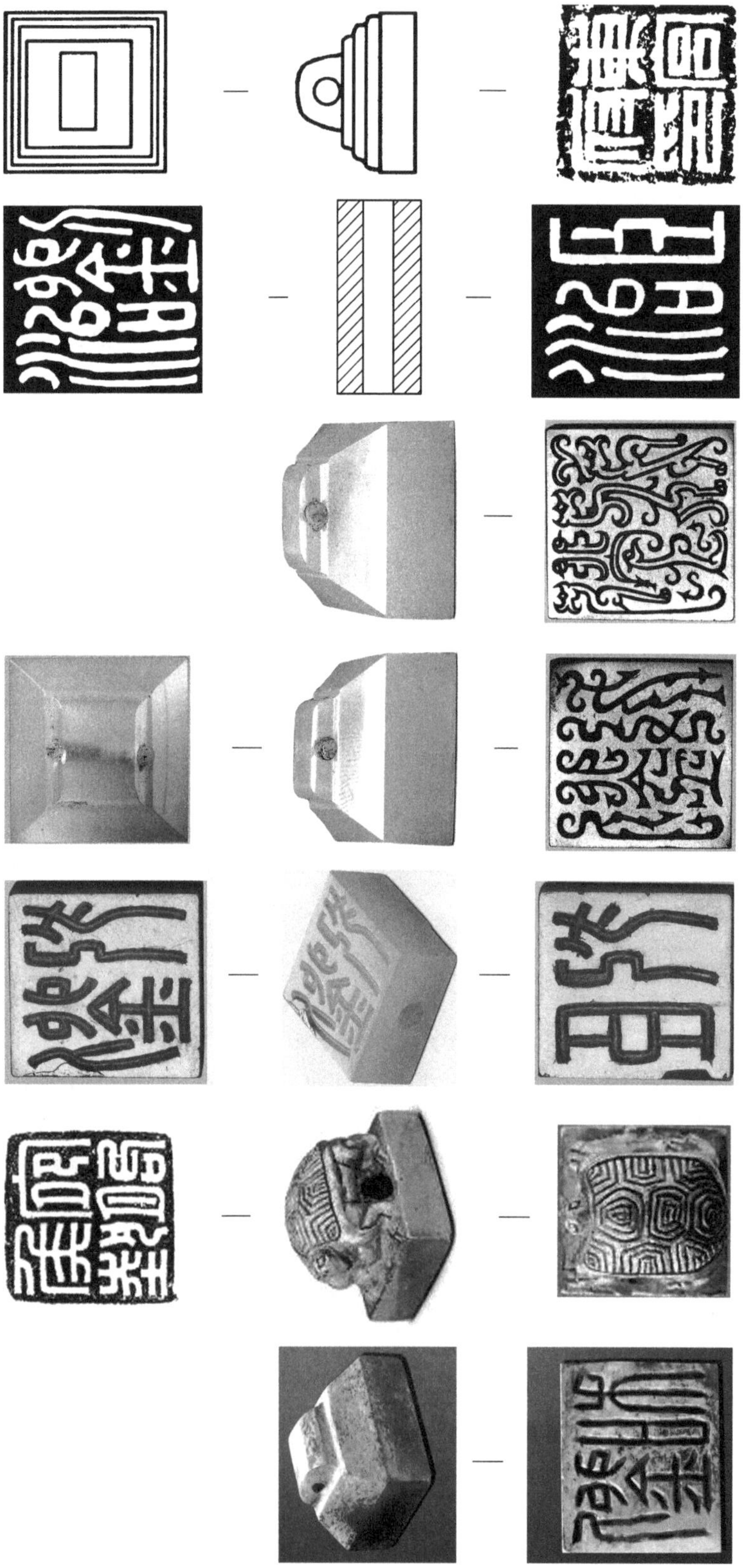

1　2　3　4　5

图五-89　江苏徐州市区附近西汉贵族（含贵族官吏）墓葬出土印章（一）

1. 北郊火山刘和墓出土玉印　2. 北郊宛朐侯刘埶墓出土金印　3. 北郊天启山刘犯墓出土玉印　4. 东郊翠屏山刘洽墓出土玉印　5. 东郊黑头山刘慎墓出土铜“东宫府印”

翠屏山刘治墓[①]、东南郊拖龙山 M1[②]，墓主为楚国王室宗族成员；拖龙山 M3，为楚王墓的陪葬墓，墓主为等级较高的贵族[③]，身份或可至列侯级别。

上述这些贵族，尤其是男性贵族，有爵位，正常情况下也会在楚国担任相应的官职，至少相当一部分应是如此。东郊翠屏山刘治墓出土印章，印文既有“刘治”，也有“臣治”（图五 -89：4）。有的墓葬的墓主为刘姓，既是贵族，有较高爵位，又明确担任相应官职，如东北郊黑头山刘慎墓，该墓出土印章 8 方，其中“刘慎（臣慎）”印 6 方，为男性墓主人的私印；“东宫府印”为墓主的官印，“东宫府”应该是负责楚国东宫财务的部门，这表明刘慎生前曾经做过东宫府的官（图五 -89：5、6）。另 2 个印章为刘慎之妻的印章，一面为“萧真”，应为姓名章，另一面为“平阳君印”，似为萧真的封号章[④]。

官吏墓葬也有一定数量。北郊后楼山 M8，非楚王墓的陪葬墓，墓主陈汝止可能为西汉初期楚国与礼乐有关的对应官吏，该墓不仅有墓主印章，出土的乐器构件上还有“司乐府”等字[⑤]（图五 -90：1）。南郊凤凰山 M1 与后楼山 M8 时代接近，墓葬形制复杂，规模较大，惜遭盗掘极为严重，墓主亦可能为西汉初期楚国的官吏[⑥]。东郊东甸子 M1 出土有“祕府”封泥一枚（图五 -90：2），男性墓主极可能为西汉楚国掌管机要文书的官吏[⑦]。北郊琵琶山 M2 为西汉中期的石坑竖穴双椁室墓，男性墓主陪葬有龟钮铜印 1 枚，印文为“卫武私印”（图五 -90：3），女性墓主有“李多”印文的玉印 1 枚，男性墓主应为楚国的低级官吏[⑧]。也有陪葬楚王墓的官吏墓葬，其中，陪葬狮子山楚王墓[⑨]的绣球山 M1，规模较大，结构复杂，墓主薛毋伤，应为地位较高的官吏[⑩]（图五 -90：4）；东北郊的碧螺山 M5 为东洞山楚王墓[⑪]的陪葬墓，墓内出土有印章，惜锈蚀不清楚，墓主为楚国的官吏[⑫]；大孤山 M2 陪

---

① 徐州博物馆：《江苏徐州市翠屏山西汉刘治墓发掘简报》，《考古》2008 年第 9 期。

② 耿建军：《徐州市拖龙山西汉墓》，中国考古学会编：《中国考古学年鉴 · 1993 年》，文物出版社，1995 年，第 136 页。

③ 徐州博物馆：《徐州拖龙山五座西汉墓的发掘》，《考古学报》2010 年第 1 期。

④ 徐州博物馆：《江苏徐州黑头山西汉刘慎墓发掘简报》，《文物》2010 年第 11 期。

⑤ 徐州博物馆：《江苏徐州市后楼山八号西汉墓》，《考古》2006 年第 4 期。

⑥ 徐州博物馆《江苏徐州市凤凰山西汉墓的发掘》，《考古》2007 年第 4 期。

⑦ 徐州博物馆：《徐州东甸子西汉墓》，《文物》1999 年第 12 期。

⑧ 耿建军：《徐州琵琶山二号汉墓发掘简报》，《东南文化》1993 年第 1 期。

⑨ 狮子山楚王陵考古队：《徐州狮子山楚王陵发掘简报》，《文物》1998 年第 8 期；韦正、李虎仁、邹厚本：《江苏徐州市狮子山西汉墓的发掘与收获》，《考古》1998 年第 8 期。

⑩ 徐州博物馆：《徐州绣球山西汉墓清理简报》，《东南文化》1992 年第 3、4 期合刊。

⑪ 徐州博物馆：《徐州石桥汉墓清理报告》，《文物》1984 年第 11 期。

⑫ 徐州博物馆：《徐州碧螺山五号西汉墓》，《文物》2005 年第 2 期。

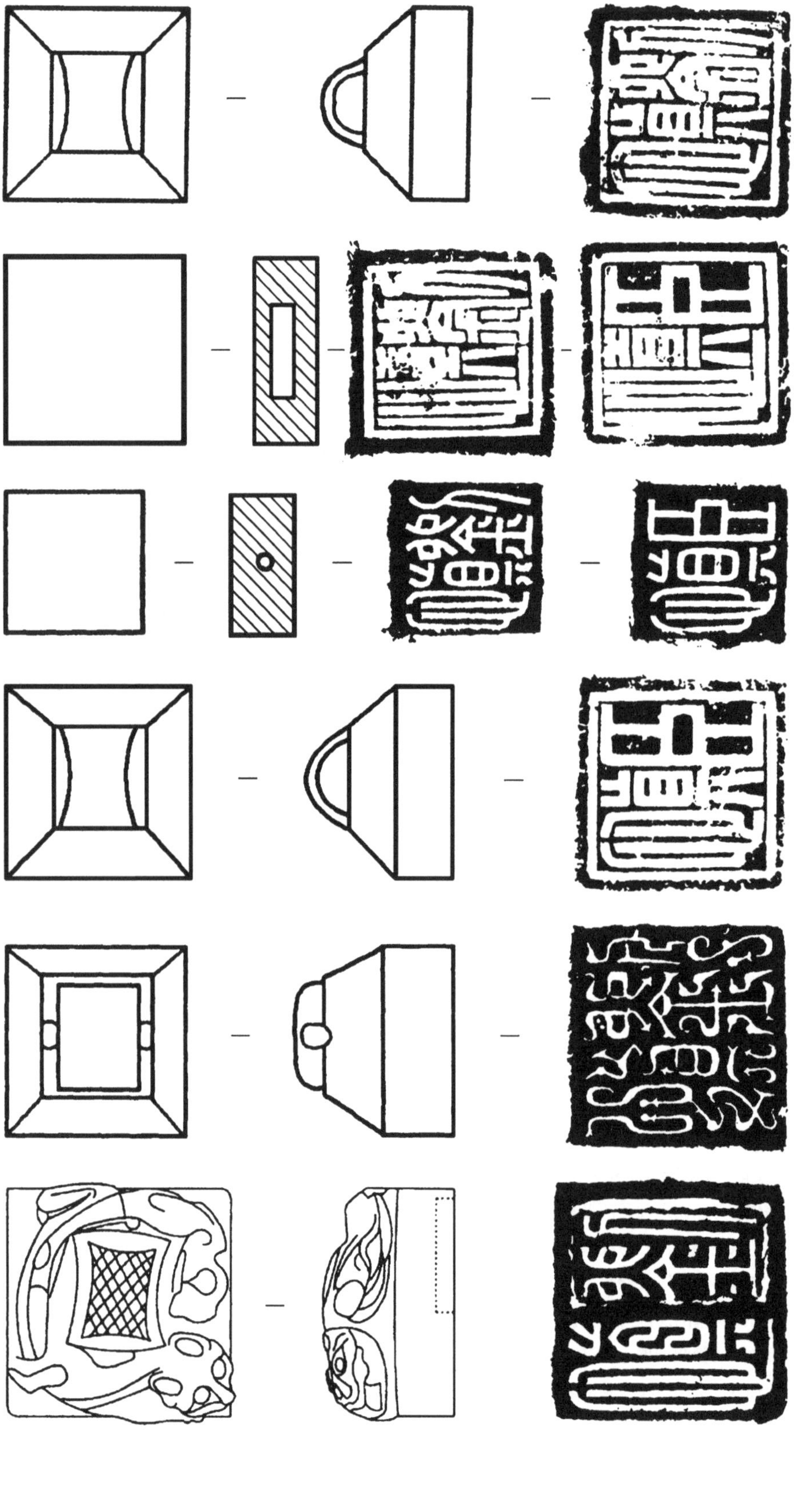

6

图五-89　江苏徐州市区附近西汉贵族（含贵族官吏）墓葬出土印章（二）

6. 东郊黑头山刘慎墓出土与刘慎有关的玉印和铜印

葬小龟山楚王刘注墓[①]，结合墓内出土铜钫上“庙容四斗一升重十七斤四两第九”等铭文来看，墓主王霸（有玉印和铜印，印文分别为“王霸”、“王霸之印”）生前很可能是小龟山楚王墓祠庙的相应官吏[②]（图五 -90：5、6）。

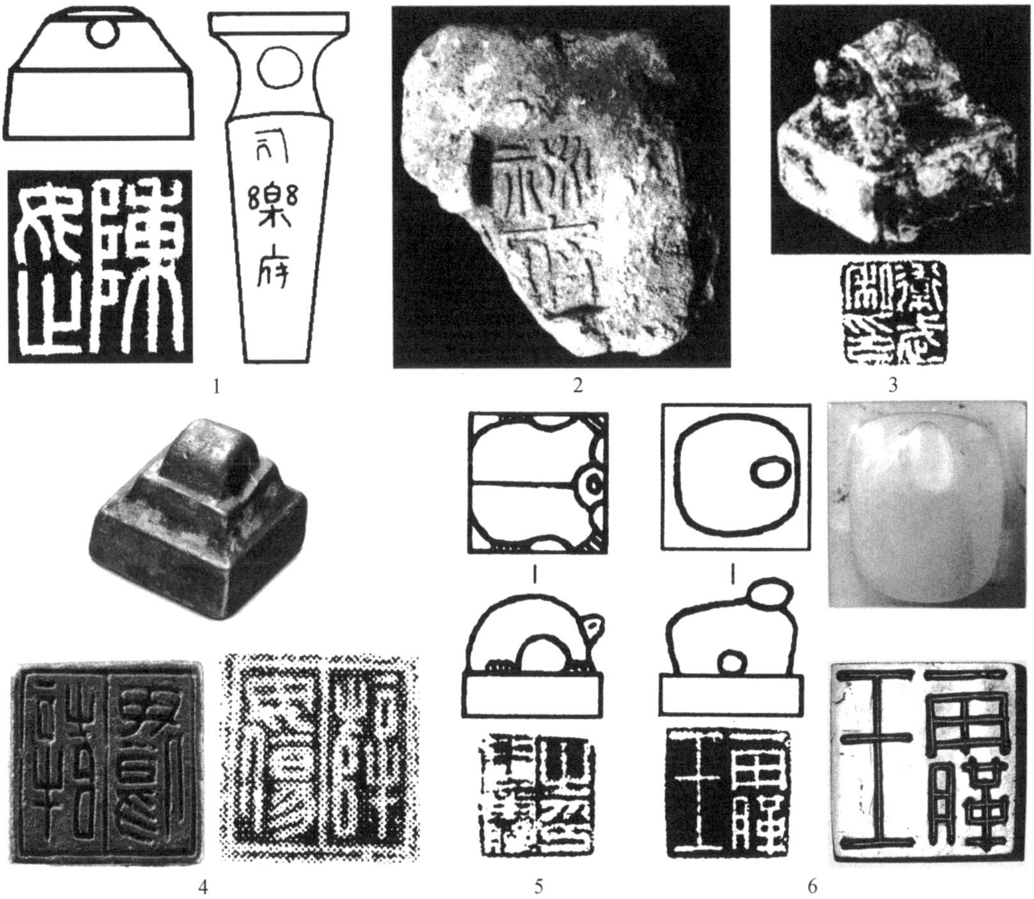

图五 -90　江苏徐州市区附近西汉楚国官吏墓葬出土遗物

1. 徐州市北郊后楼山 M8 出土印章及乐器附件　2. 徐州东郊东甸子 M1 出土“祕府”封泥　3. 徐州北郊琵琶山 M2 出土铜印章　4. 徐州东郊绣球山 M1 出土铜印章　5、6. 徐州西北郊大孤山 M2 出土铜、玉印章

（二）在王国为官，死后归葬家乡

安徽省滁州市天长祝涧村北三角圩西汉墓地中，M1 居北，平面“甲”字形，斜坡墓道在南，墓室为长方形竖穴土坑，葬具为一椁二棺，有足箱，出土铜器 62、

① 南京博物院、铜山县文化馆：《铜山龟山二号西汉崖洞墓》，《考古学报》1985 年第 1 期；徐州博物馆：《江苏铜山龟山二号西汉崖洞墓材料的再补充》，《考古》1997 年第 2 期。

② 徐州博物馆：《江苏徐州市大孤山二号汉墓》，《考古》2009 年第 4 期。

铁器60、漆器93、木器23、角器7、玉器92、玛瑙器与石器各1件，另有较多钱币，时代为西汉晚期。与男性墓主相关的铜印章3枚，桥形钮方形印章1枚，印文为“臣平”，龟钮方印2枚，印文皆为“桓平私印”；玉印章1枚，方形，印文为“桓平之印”；木印章1枚，桥形方钮，印文为篆书“广陵宦谒”。M1西南不远的M19出土有“桓蒿之”木印（图五-91），其他墓葬还见有“桓二”、“桓君”等人名及带有“桓乐”、“桓安”、“大桓”等文字的遗物，表明此处为同一家族成员的墓地，而且该墓地的时代从西汉早期（或早至战国晚期）一直延续至西汉晚期[①]。就墓主身份来讲，M1出土木印的印文为“广陵宦谒”，据《汉书·百官公卿表》载：“谒者（郎中令属官）掌宾赞受事。”[②]印文内容与谒者似乎关系不大。另据《百官公卿表》载，“宦者丞”、“中书谒者令”皆为少府属官，“中书谒者令”在汉成帝建始四年（公元前29年）更名为“中谒者令”，但未见有宦谒类属官[③]。因木印上有“广陵”二字，故M1墓主生前为西汉广陵国官吏的可能性较大，推测宦谒合称类的官职可能是地方诸侯国根据中央官制形成与诸侯国相关的职官，负责与中央少府下“宦者丞”、“中书谒者令”等的相关事务。也就是说，M1的墓主为西汉广陵国负责王国具体事务的令官，结合该墓中出土数量较多、成套成组的木工工具，推测墓主的职务应与之有关，再结合中央少府下属官的分工，如医官、乐官、织官等来看，墓主很可能是负责广陵国及其王宫木作相关的令官。发掘报告引《汉书·百官公卿表》对少府职责的描述及相关叙述，称M1墓主可能是广陵国掌管山海池泽之税与宾赞受事的令官[④]，似乎范围过大。但不管如何，M1的墓主生前应为西汉广陵国的官吏，其死后没有葬在广陵国都城附近，而是葬在家乡的家族墓地中，与家庭或家族的一些人员葬在了一起，体现出归葬故里的内容。

江苏徐州邳州燕子埠青龙山南麓发现的一座东汉墓葬，出土画像石有纪年刻铭，内容较为丰富，根据刻铭记载，墓主缪宇，生前为彭城相，行长史事[⑤]（图五-92）。据《续汉书·百官志》载：“皇子封王，其郡为国，每置傅一人，相一人，皆二千石。本注曰：‘傅主导王以善，礼如师，不臣也。相如太守。有长史，如郡丞。’”[⑥]由此可知，缪宇生前所担任的职务为东汉彭城国的相，并行长史事，而根据刻铭文字，缪宇还兼任吕守，与文献所载“相如太守”较为相符，这些内容综合说明缪宇在东汉彭城国担任的职务较高。根据刻铭所记，缪宇于和平元年

① 安徽省文物考古研究所：《天长三角圩墓地》，科学出版社，2013年，第8-163、290、405、406页。

② （东汉）班固撰，（唐）颜师古注：《汉书·百官公卿表》，中华书局，1962年，第727页。

③ （东汉）班固撰，（唐）颜师古注：《汉书·百官公卿表》，中华书局，1962年，第731、732页。

④ 安徽省文物考古研究所：《天长三角圩墓地》，科学出版社，2013年，第405页。

⑤ 南京博物院、邳县文化馆：《东汉彭城相缪宇墓》，《文物》1984年第8期。

⑥ （西晋）司马彪撰，（南朝梁）刘昭注补：《续汉书·百官志》，中华书局，1965年，第3627页。

图五 -91　安徽省滁州市天长祝涧村北三角圩西汉 M1 出土印章

1. 铜桥形钮“臣平”印　2. 铜龟形钮“桓平私印”　3. 玉质“桓平之印”　4. 木质“广陵宦谒”印

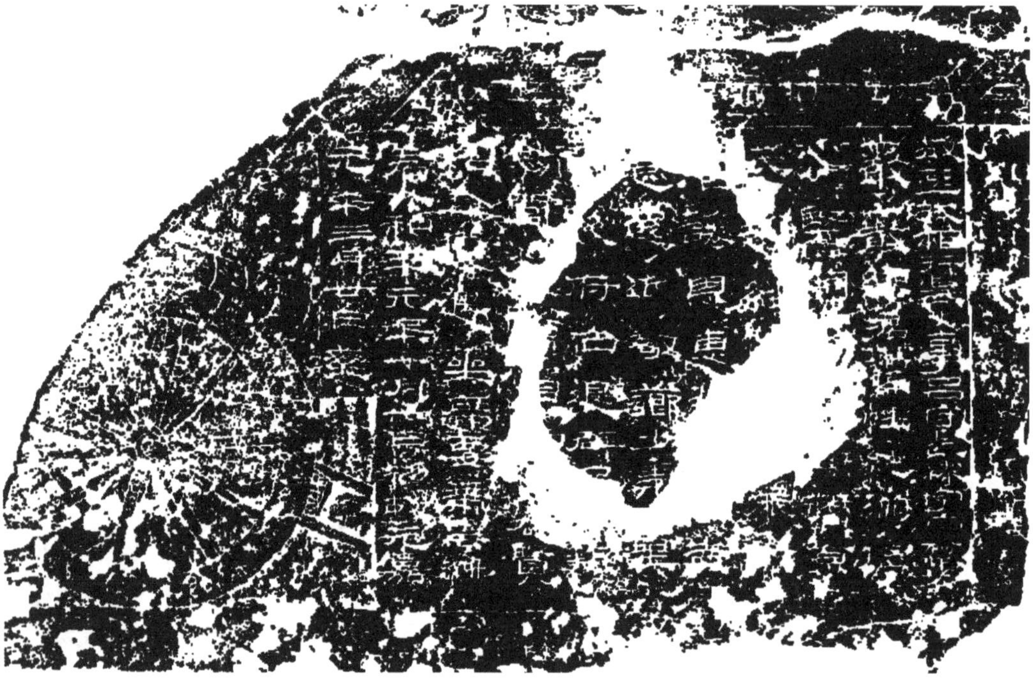

图五 -92　江苏徐州邳州缪宇墓出土画像石刻铭拓本

（150 年）七月七日死，元嘉元年（151 年）三月廿日葬，但他没有葬在担任职务的彭城，而是归葬故里。

上文相关研究中所引用的潼关东汉杨氏墓群[①]、华阴油巷新村西东汉刘琦家族墓地[②]，涉及东汉时期的太尉杨震及杨震后世子孙中一些为官封爵的人员、司徒刘崎等，而杨震的后世子孙中还有封侯者，这些东汉时期的朝廷官吏、列侯等在去世后也归葬故里。以上考古资料表明，汉代，虽然有些人在某地如京师、诸侯王国等地担任要职，但去世后选择回家乡安葬，一方面与当时归葬习俗的发展和普及有关，与之相关的则是家庭、家族观念的增强和发展；另一方面也为我们研究家庭成员出外任职者的多种形式社会交往及该官吏与家族、家庭间持续存在的密切交往等提供了相应的参考。

综合来看，上述考古资料反映出汉代尤其是西汉诸侯王国有较完善的贵族官僚体系，这一体系与多个家庭之间存在密切关系，进而体现出家庭成员因封爵或为官而形成的对外交往及其内容内涵等，有些墓葬尤其东汉墓葬还反映出与自身家庭和家族间的交往。需要简单说明的是，作为诸侯国中最具特殊性的家庭，即诸侯王家庭，其家庭成员的对外交往对象中很主要的一部分也是上文所涉及的诸多王国内贵

① 陕西省文物管理委员会：《潼关吊桥汉代杨氏墓群发掘简记》，《文物》1961 年第 1 期。

② 杜葆仁、夏振英、呼林贵：《东汉司徒刘琦及其家族墓的清理》，《考古与文物》1986 年第 5 期。

族官吏，另外还会与朝廷有较多交往，这在文献中有相关记载，当然，也可能与其他较低等级人员有相应的交往。

四、郡县亭乡官吏墓葬

秦汉时期，郡县制得到实行和推广，郡县亭乡等的行政机构在维护地区稳定、促进地方发展等方面有着十分重要的作用，郡县亭乡等的诸多官吏是这些地区及其行政机构的管理者和具体事务的执行者，涉及事务内容众多。这些官吏来自于不同家庭，在为官及处理事务的过程中，体现出多种形式的交往内容。因这些官吏不仅是家庭成员，还有行政职务，且职务及职责不同，对外交往内容也存在诸多的不同和差异，并由此体现出交往形式多样化的特点。

考古资料主要体现在墓葬及其对应的墓主方面，现将部分墓葬作简要概述如下。

1. 江苏连云港地区

海州双龙村 M1 为西汉中后期墓葬，具有相应等级和规模，内置 4 棺，墓内出土 3 枚印章，其中 1 枚龟钮铜印的印文为“凌氏惠平”，为男性墓主正妻的印章；另 2 枚印章中，一是桥形钮铜印，一是龟钮铜印，均为男性墓主印章，但印文不清（图五 -93：1）。结合其他文字资料可知，男性墓主为东海郡等级不高的官吏，名“东公”，其正妻凌惠平也具有一定的身份等级，而另外两棺内所葬二女性应为男性的妾，等级身份相对低一些[①]。

东海县尹湾西汉中晚期墓地中，M6 为夫妻同穴合葬，男性墓主为在东海郡分别做过卒史、五官掾、功曹史的师饶，字君兄，功曹为郡之重要职位，主要掌管吏员的考绩和升迁，地位相对较高，M3 是该墓地中等级最高的墓葬，亦是夫妻同穴合葬，男性墓主的职务可能会更高一些[②]（图五 -93：2）。

海州网疃庄小礁山北麓西汉墓，为西汉晚期的夫妻同穴合葬墓，具有一定等级，出土桥形钮铜印一方，印文为“霍贺之印”，墓主霍贺为西汉晚期地方官吏僚属中的一员[③]（图五 -93：3）。

海州区网疃庄焦（礁）山汉墓，竖穴坑式木椁形制，椁室长 2.7、宽 2.05 米，椁内二棺，东棺有足箱，为夫妻同穴合葬墓，墓葬时代为西汉末年，男性墓主为地方官吏僚属[④]。

---

① 连云港市博物馆：《江苏连云港海州西汉墓发掘简报》，《文物》2012 年第 3 期。

② 连云港市博物馆：《江苏东海县尹湾汉墓群发掘简报》，《文物》1996 年第 8 期。

③ 南京博物院、连云港市博物馆：《海州西汉霍贺墓清理简报》，《考古》1974 年第 3 期。

④ 南京博物院：《江苏连云港市海州网疃庄汉木椁墓》，《考古》1963 年第 6 期。

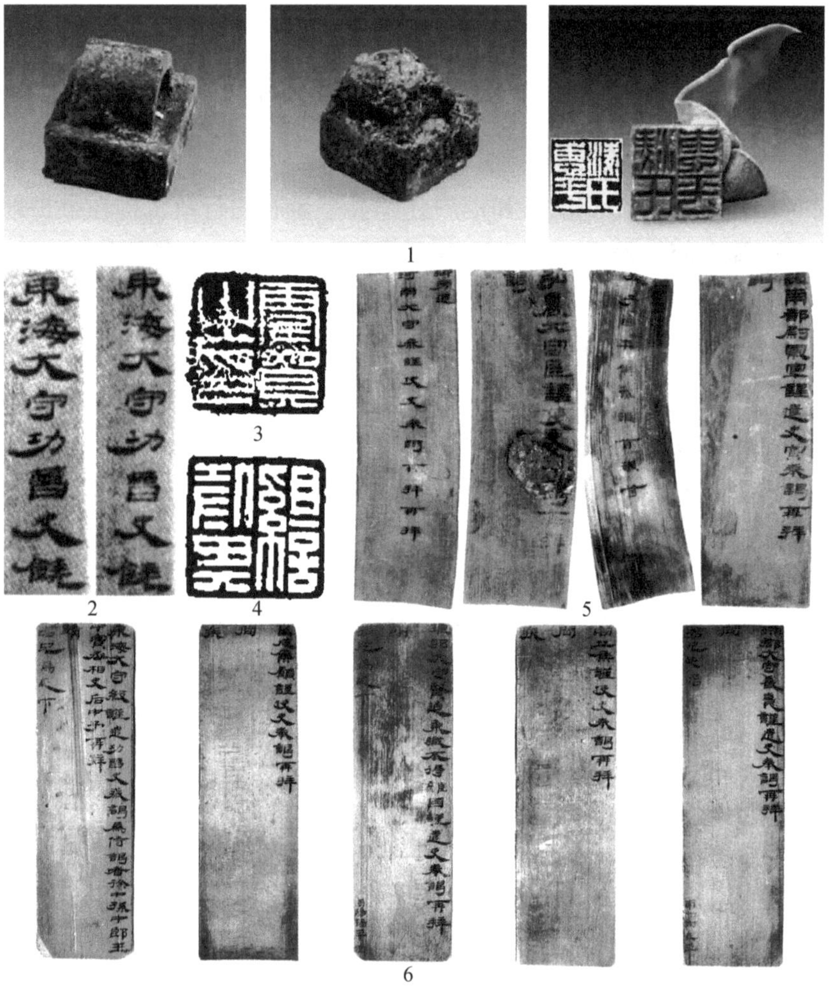

图五 -93 江苏连云港地区西汉中晚期官吏墓葬出土遗物

1. 海州双龙村 M1“东公”墓出土的 3 枚铜印章 2. 东海县尹湾 M6 师饶墓出土与墓主身份信息有关的木谒文字（局部） 3. 海州网疃庄小礁山北麓西汉霍贺墓出土铜印章印文 4. 海州区网疃庄焦（礁）山东麓坡地西汉侍其繇夫妻墓出土龟钮银印章印文 5. 海州双龙村花园路西汉 M1 三号棺（男性墓主棺）出土木谒 6. 东海县尹湾 M6 师饶墓出土木谒

海州区网疃庄焦（礁）山东麓坡地的侍其繇夫妻墓，竖穴坑式木椁形制，墓口长 4.9、宽 3.2 ~ 3.37 米，墓坑内有二椁室，皆有边箱，每椁内 1 棺，为夫妻同穴合葬墓，墓葬时代为西汉中晚期，男性墓主侍其繇为郡守级别官吏①（图五 -93：4）。

海州区陶湾黄石崖西汉墓，竖穴坑式木椁形制，墓口长 3.1、宽 2.1 米，墓坑内为一椁一棺，有边箱，单人葬，墓葬时代为西汉中晚期，墓主西郭宝为东海郡太守②。

① 南波：《江苏连云港市海州西汉侍其繇墓》，《考古》1975 年第 3 期。

② 连云港市博物馆：《连云港市陶湾黄石崖西汉西郭宝墓》，《东南文化》1986 年第 2 期。

上述江苏连云港地区发现的六处西汉墓地，时代基本为西汉中晚期，男性墓主“东公”、师饶、霍贺、侍其繇、西郭宝等均为这一时期东海郡的官吏，或为郡太守，或是郡府或者地方官吏的僚属，职务不同，等级亦有差别，但墓葬皆有一定规模，陪葬物品较为丰富。这一方面说明西汉中晚期东海郡官吏较多，且在丧葬上依照其等级地位有较多的陪葬物品，也反映出这些人做官时的职务和职责，对研究其作为家庭成员为官时的交往提供了重要的参考资料。

木谒为处理事务或有关礼节的木质名谒，江苏连云港地区西汉中晚期地方官吏墓葬出土木谒为现实中木谒实录的副本。木谒记录的内容，既有本人奉谒拜请的内容，这可以很好证明墓主的身份，上文所述东海尹湾 M6 即出土有此类木谒，也对确认墓主为东海郡功曹史师饶提供了较为明确的证据；也有其他人员拜谒墓主的内容，海州区双龙村花园路 M1 与东海尹湾 M6 均有出土。海州区双龙村花园路 M1 男性墓主棺内出土 7 件，具体包括“卿劳道」河南太守参谨使史奉谒再拜再拜”、“□幸临」东海太守寿谨使史奉谒再再拜拜”、“弘农太守匡谨使吏奉谒再拜」谒”、“孤子曰（？）平侯永顿首顿首”、“廷史爰再拜」谒”、“幸临赐谒」东海太守丞刚再拜再拜”、“河南都尉宠军谨遣史宝奉谒再拜」谒”（图五 -93：5）。木谒文字涉及的人员，既有太守、都尉宠军等地方官员派遣的下属，也有列侯及地方廷史与太守丞等人员，并涉及多个地方机构。东海尹湾 M6 出土木谒中，2 件为五官掾赵副和卒史宪丘骄孺的木谒；6 件与“东海太守级”、“沛郡太守长憙”、“琅邪太守贤”、“良城侯顾”、“容丘侯”、“楚相延”有关的木谒，一些是有关官吏遣吏奉谒问候师饶之物[①]（图五 -93：6）。由上可知，海州区双龙村花园路 M1 男性墓主及东海尹湾 M6 男性墓主师饶的交往内容十分广泛。可以说，这些木谒较好地反映出有关人员尤其是有关家庭中的为官人员所开展与等级、官位、职责等有关的对外交往内容。

2. 河北张家口阳原县

阳原北关两座西汉墓葬为西汉中期具有相应等级和规模的墓葬，M2 出土桥形钮铜印，印文为“朗长久印”，墓主可能为地方官吏[②]（图五 -94：1）。

阳原三汾沟西汉墓地中有较多墓葬，一些墓葬具有相应等级和规模，以 M9 规模最大，出土遗物较为丰富，墓内出土桥形钮铜印章，无纹，墓主为地方具有相应级别官吏的可能性较大（图五 -94：2）；M11 出土有龟钮方形铜印，阳刻篆文“程

① 连云港市博物馆、中国社会科学院简帛研究中心、东海县博物馆、中国文物研究所：《尹湾汉墓简牍》，中华书局，1997 年，第 25-34、133-137 页。

② 河北省文物研究所：《河北阳原县北关汉墓发掘简报》，《考古》1990 年第 4 期。

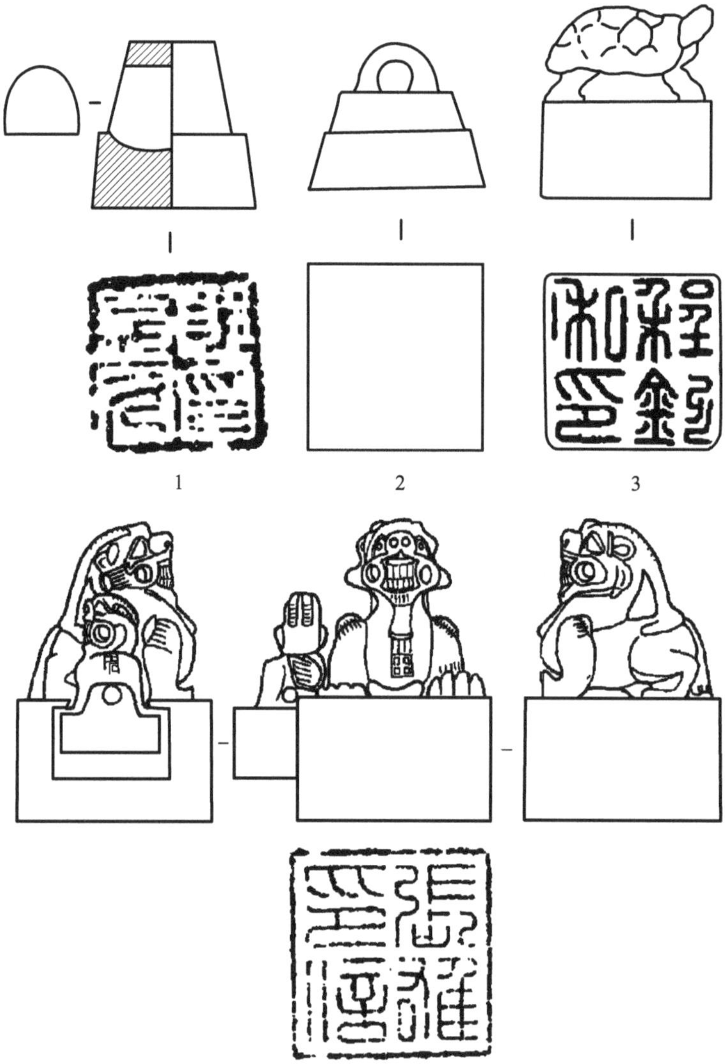

图五 -94　河北张家口阳原地区汉代地方官吏墓葬出土铜印章

1. 阳原北关西汉 M2：8　2. 阳原三汾沟西汉 M9：149　3. 阳原三汾沟西汉 M11：9　4. 阳原南关东汉 M1：4

钞私印”，墓主也可能为地方的官吏[①]（图五 -94：3）。

阳原南关东汉墓，前中后三室，且还有耳室、侧室等，在地方来讲，墓葬具有相应规模，也具有相对略高的等级。墓内出土方形麒麟钮铜印章 1 枚，为大小 3 印相套，较小印插入较大印的一侧，大印印面刻阳文“张雄印信”，墓主为地方的一般官吏[②]（图五 -94：4）。

---

① 河北省文物研究所、张家口地区文化局：《河北阳原三汾沟汉墓群发掘报告》，《文物》1990 年第 1 期。

② 河北省文物研究所、张家口地区文化局：《河北阳原西城南关东汉墓》，《文物》1990 年第 5 期。

汉代，尤其西汉时期，阳原隶属代郡，是汉王朝版图的边疆地区，地方官吏在此管辖和治理，墓葬和出土的印章等在一定程度上体现出墓主身份地位的特殊性，同时也可间接反映出该处汉代地方官吏的交往内容。

3. 内蒙古和林格尔

和林格尔东汉壁画墓，由墓道、墓门、前室、中室、后室和三个耳室构成，穹窿顶，为一座具有较大规模的砖室墓。墓葬壁画中，墓主在“使持节护乌桓校尉”任上的出行场面极为宏大，有车乘十辆、各色马匹、文武官员、士卒、仆从等。墓主的这一官职为具有一定军事性质的地方高级官吏，秩比二千石，直接奉皇帝之命行使职权。该墓葬的发掘及墓主的职官、壁画内容等，反映出东汉政府在民族地区设置官吏和驻军等情况[①]（图五-95）。墓主生前是地方高官，又是朝廷任命，反映出对应家庭成员就任为官的较多交往内容，而这一墓葬内的壁画中，还有其他民族部族首领人物谒见墓主的内容，反映出具有一定特殊性的交往内容。

图五-95　内蒙古和林格尔壁画墓中的“乌桓校尉”及属官“功曹”等壁画与题榜

4. 湖北荆州

发现一定数量具有相应等级的西汉墓葬，墓葬中多有简牍等，墓葬的形制、规模及陪葬品等反映出墓主的身份等级，简牍的文字内容又可体现出墓主爵位等内容。

荆州谢家桥一号汉墓，位于沙市区关沮乡清河村，为长方形竖穴土坑木椁墓，有不规则的斜坡墓道，出土遗物丰富，而根据出土竹简、竹牍的内容，墓主人有四子一女，四子的爵级分别是：昌为五大夫（汉爵第九级），贞、竖为大夫（汉爵第五

① 内蒙古自治区博物馆文物工作队编：《和林格尔汉墓壁画》，文物出版社，1978年。

级），乙为不更（汉爵第四级）（图五-96：1），由此来看，墓主人有着较高的身份等级和地位，为地方官吏的可能性较大[①]。

荆州纪南松柏M1为长方形竖穴土坑木椁墓，出土木牍、木简记有墓主人的名字，为周偃，其官职为“江陵西乡有秩啬夫”，爵位为“公乘”（汉爵第八级），木牍还记有墓主从汉景帝至汉武帝时期的升迁记录[②]。

江陵凤凰山西汉文景时期的M9、M10均具有一定等级，M9出土有安陆守丞绾于十六年某月戊申朔壬戌所书公文（木牍），共3件，死者有可能为安陆守丞绾或其家属；M10的墓主骨架腰部出土穿带正方形木印1件，两面阴刻篆体印文，一面为“张伯”，一面为“张偃”[③]（图五-96：2），其爵位属五大夫的可能性较大[④]，可能为乡啬夫[⑤]。这二墓的墓主均应为地方的官吏。

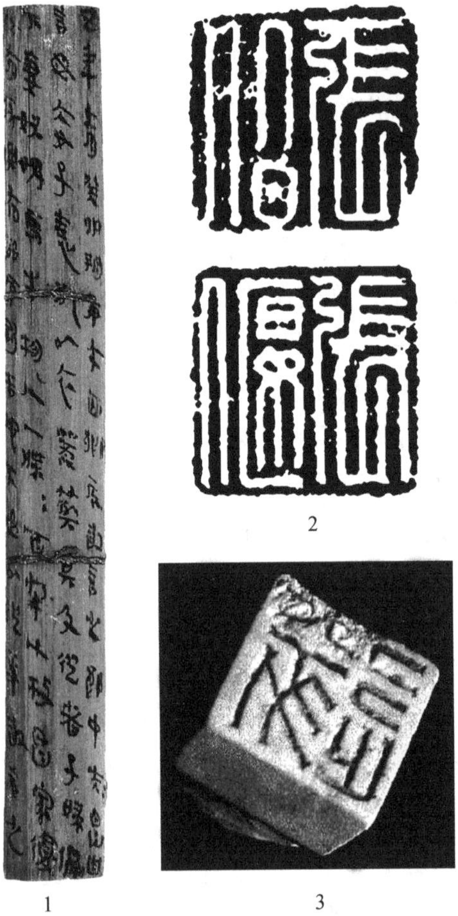

图五-96　湖北荆州地方官吏墓葬出土木牍、木印印文及玉印

1. 荆州谢家桥一号汉墓出土的一号木牍
2. 江陵凤凰山M10出土木印的印文
3. 江陵凤凰山M168：292

江陵凤凰山M168，为长方形竖穴土坑木椁墓，一侧有墓道，葬具为一椁二棺，随葬器物500多件，主要放置于头箱和边箱，少数置于内、外棺以及墓道和墓室里，出土有作为口琀的玉印1枚，可知墓主名遂（图五-96：3），再结合竹牍的记载，可知墓主为江陵市阳里人，生前为五大夫（第九级爵），可能曾任过与计算有关的官职，很可能是南郡管理财政方面的郡丞，其葬于汉文帝前元十三年（公元前167年）五月十三日[⑥]。

---

① 荆州博物馆：《湖北荆州谢家桥一号汉墓发掘简报》，《文物》2009年第4期。

② 荆州博物馆：《湖北荆州纪南松柏汉墓发掘简报》，《文物》2008年第4期。

③ 长江流域第二期文物考古工作人员训练班：《湖北江陵凤凰山西汉墓发掘简报》，《文物》1974年第6期。

④ 弘一：《江陵凤凰山十号汉墓简牍初探》，《文物》1974年第6期。

⑤ 湖北省文物考古研究所：《江陵凤凰山一六八号汉墓》，《考古学报》1993年第4期。

⑥ 纪南城凤凰山一六八号汉墓发掘整理组：《湖北江陵凤凰山一六八号汉墓发掘简报》，《文物》1975年第9期；湖北省文物考古研究所：《江陵凤凰山一六八号汉墓》，《考古学报》1993年第4期。

上述湖北荆州一带的几座墓葬，时代大致在西汉早期至武帝时期，墓主基本为地方官吏，个别职务略高，也有的可能是纳粟买来的，如江陵凤凰山西汉 M10 的墓主张偃，除和其他人一样有为官后的社会交往，其纳粟买官也反映出相应的社会交往内容。

5. 广西合浦

这一地区发现、发掘一定数量、具有相应规模且出土较多铜器等遗物的墓葬，两汉墓葬皆有，其中一些墓葬的墓主很可能为地方官吏。考虑到这一带没有封国，且是海上丝绸之路贸易的重要港口，墓主为郡县官吏的可能性较大。以合浦风门岭一带发现的汉墓为例，M23、M26 均位于地势高亢处，墓葬规模大，皆有斜坡墓道，结构亦相对复杂，M23 为二墓并列，同一封土，共出土陶器 51、铜器 48、滑石器 113 件及串饰多组和金箔、铁器等，时代为西汉后期稍早阶段，编号为 M23B 的墓葬内出土有印章，2 件龟钮方形铜印章，1 件印文模糊，1 件印文为“吴茂私印”，还有 1 件琥珀印章，印文为“子君□印”（图五 -97），墓主为地方官吏的可能性较大；M26 的封土下 1 座墓葬，墓道底部有外藏椁，墓室内有椁及头箱、边箱等，出土陶器 32、铜器 117 件（含马、牛、狗、鸟、俑及鼎、盒、壶、钫、熏炉、四枝灯、仓、池塘等），另有金银铁器、玉石器、串饰及其他器物等，时代为西汉晚期稍晚阶段，墓主也很可能为地方官吏[①]。

图五 -97　广西合浦风门岭西汉 M23 出土铜（左）、琥珀（右）印章印文

有一点需要作简单说明，目前已发现的一些汉代壁画墓，如河北地区已发现、发掘的保定望都东汉 M1[②] 与 M2[③]、衡水安平逯家庄东汉墓[④] 等，壁画的内容极其丰富，所绘人物数量较多，这与内蒙古和林格尔东汉壁画墓较为相似，而这几座墓葬的墓主身份等级也皆较高，亦体现出与和林格尔东汉壁画墓的相近之处。内蒙、河北发掘的这四座东汉壁画墓壁画内容皆反映了地位较高的墓主与其属吏的交往和关系，属吏多有题榜文字，可看出涉及的工作较多，如望都 M1 壁画，涉及属吏名称繁多（图五 -98），而他们与墓主之间存在上下级或主与仆的关系，而属吏之间也应有相关交往。但就整体来讲，较多交往基本都是以服务于墓主为核心的。还有一点，

① 广西壮族自治区文物工作队、合浦县博物馆：《合浦风门岭汉墓——2003 ~ 2005 年发掘报告》，科学出版社，2006 年，第 18-84 页。

② 北京历史博物馆：《望都汉墓壁画》，中国古典艺术出版社，1955 年。

③ 河北省文化局考古工作队：《望都二号汉墓》，文物出版社，1959 年。

④ 河北省文物研究所：《安平东汉壁画墓》，文物出版社，1990 年。

图五 -98 河北保定望都 M1 壁画中的低级官吏

和林格尔东汉壁画墓与衡水安平逯家庄东汉墓的壁画中均有反映墓主不断升迁的图画，较核心的内容是墓主居于高官，并有浩浩荡荡的车马队伍衬托。墓主职务的升迁或变化在上述的一些地方官吏墓葬中也有体现，墓内出土的简牍等也有记录，如江苏连云港东海县尹湾 M6 的男性墓主师饶，在东海郡分别做过卒史、五官掾、功曹史等；湖北省荆州纪南松柏 M1 出土木牍，记有墓主从汉景帝至汉武帝时期的升迁记录等等。墓主在为官时的升迁或调动，表明其职务处于相应的变化中，而在这一变化中，其社会交往面当会更大，交往人员更多，交往内容也就更为丰富。

还有一些为官者归葬故里的考古资料，这一内容所体现家庭成员外出为官的社会交往更为突出，即为官时外出，葬时又归家。关于归葬，《汉书·韦贤传附子韦玄成传》载："不胜父子恩，愿乞骸骨，归葬父墓。"[①] 上文所举东汉缪宇墓即为归葬之墓，缪宇为彭城相行长史事吕长，死后不葬于任职之地，而是归葬于故里[②]。缪宇墓的附近，东南约 120 米，江苏徐州邳州燕子埠乡青龙山南麓曾出土东汉墓葬的墓门门楣石一块，其上镌刻永寿元年（155 年）刻铭，无画像（图五 -99）。墓主名红字季，曾任徐州从事；从事，州之佐吏也，亦称从事史。徐州为两汉十三部州之一，徐州刺史部在东汉时最早治于郯，即今山东郯城西南，194 年冬，治所从郯迁至下邳，即今徐州睢宁县古邳镇东北，故该墓墓主红应该是在郯任徐州从事，其死亡时间与夫人病死时间相距十年，其去世后暂并未归葬，十年后的七月夫人卒后，十月即行迁葬，在武原祖茔侧建墓[③]。

与徐州从事红相似的还有山东嘉祥武氏墓地所葬的武梁、武斑、武荣及武开明等，但在具体内容上又存在一定的差异。其中有辞官后回乡，去世后葬于家乡者，

① （东汉）班固撰，（唐）颜师古注：《汉书·韦贤传附子韦玄成传》，中华书局，1962 年，第 3115 页。

② 南京博物院、邳县文化馆：《东汉彭城相缪宇墓》，《文物》1984 年第 8 期。

③ 李银德、陈永清：《东汉永寿元年徐州从事墓志》，《文物》1994 年第 8 期。

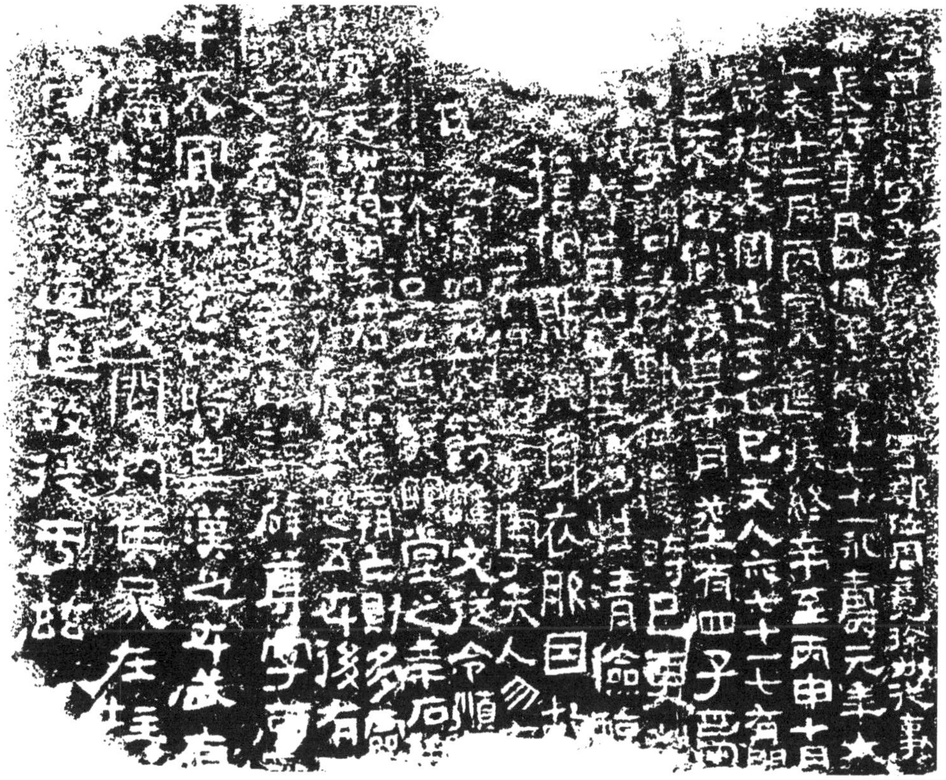

图五 -99　江苏徐州邳州燕子埠出土永寿元年“徐州从事”墓葬刻铭拓本

如武梁，曾任刺史或郡国佐吏的从事之职，辞官报节隐居后，葬于家乡；再如武开明，由地方举孝廉，历任郎、谒者，大长秋丞、长乐太仆丞、郎中，后至吴郡府丞，因丧母去官，葬于家乡；有死于仕途者，如武斑，武开明之子，为曹府君察举孝廉，后任盾皇长史，死后归葬故乡；武荣为武开明次子，历任州书佐、郡曹吏、主簿、督邮、五官椽掾、功曹、守从事，后为汝南蔡府君察举孝廉，受郎中，累官至执金吾丞，死后归葬故乡[①]。上述这些人员均为地方官吏，生前在外为官，形成家庭成员的对外交往，死后归葬家乡，或辞官归家，死后葬于家乡，与他有关的交往内容极为丰富，同时也反映出死者与家庭和家族关系的密切。

五、下级的拜见与拜谒

秦汉时期，社会等级严格，上下级之间存在十分严格的等级制度和秩序。下级人员要见上级，一般采取拜见和拜谒的方式。关于拜见与拜谒，上文关于家庭与亲

① 蒋英炬、吴文祺：《武氏祠画象石建筑配置考》，《考古学报》1981 年第 2 期；《汉代武氏墓群石刻研究》，山东美术出版社，1995 年，第 17-22 页。

朋、邻里的交往中有所涉及，但严格来讲，下级人员拜见或拜谒上级的情况，与亲朋、邻里间交往还是存在相对明显区别的，而最大的区别是拜见或拜谒的程序中，拜者或谒者与被拜见者之间存在着等级差异，这也是其性质与特征。这一类别的拜见或拜谒在汉代画像中较为常见，而且比例明显大于亲朋、邻里间交往的相关拜见或拜谒。一般来讲，被拜谒者为具有相应官秩的男性，而拜见或拜谒人为被拜谒者的属下或其他等级身份、地位较低者，亦可能为其他官员或具有相应等级人员的属吏等，在拜见或拜谒时毕恭毕敬或十分卑恭，基本是屈膝跪拜状。汉代画像中出现此类画像既可能是对墓主生前生活的写照，进而体现出墓主生前的身份地位，对应墓主大多为地方官吏；也很可能是在“事死如事生”丧葬背景下，墓葬画像对地上世界生活的描摹和对地下世界生活的美好想象，反映出希望死者在地下世界拥有美好生活的愿望。

汉代画像中的拜见和拜谒图较多，标准的不同，体现出不同的分类内容，而不同的分类也体现出上下级之间不同的交往内容。根据拜谒人数的多少，可分为单人拜谒、双人拜谒和多人拜谒；根据具体内容的不同，又可分为拜见、汇报性拜见及纳献性拜见等等。

陕西绥德四十铺出土的一块墓门横额画像石画像有拜谒图，主人为武官，凭几而坐，一人跪趴在其面前，后有三人躬身施礼，应为一般的拜见[①]（图五 -100：1）。山东汶上孙家村出土的一块画像石画像中，上为人物骑射，下为狩猎，之间为拜谒图，一官员跽坐，面前有二人，一人伏地跪拜，一人双膝着地，上身直立，左手执兵器，后有二人双手被缚在背后，再后还有三人一马，该画像的内容应是向官吏献俘或献抓捕的罪犯[②]（图五 -100：2）。二人拜谒者较多见，山东嘉祥武氏祠墓地西阙画像中有一人跽坐，一人执扇，前为二人跪拜[③]（图五 -100：3），济宁出土一块画像石的右上角也有类似画像，二跪拜者均手持有物[④]（图五 -100：4）。山东诸城前凉台东汉墓出土谒见画像石画像，有二人跪拜，左右有多人，被拜谒的人跽坐在建筑内，身旁人数众多[⑤]（图五 -100：5）。三人及三人以上拜谒者也有一定数量，江苏徐州市南郊十里铺东汉墓出土的一块画像石画像右侧，有一人跽坐，右手举一环首刀，面前三人跪拜，似在聆听跽坐者即等级高者在吩咐相关事宜[⑥]（图五 -100：6）。四川广汉出土的一块拜谒画像砖，画像右侧一人跽坐，面前四

① 李林、康兰英、赵力光：《陕北汉代画像石》，陕西人民出版社，1995 年，第 74 页。

② 傅惜华、陈志农编辑，陈沛箴整理：《山东汉画像石汇编》，山东画报出版社，2012 年，第 385 页。

③ 傅惜华、陈志农编辑，陈沛箴整理：《山东汉画像石汇编》，山东画报出版社，2012 年，第 385 页。

④ 傅惜华、陈志农编辑，陈沛箴整理：《山东汉画像石汇编》，山东画报出版社，2012 年，第 54 页。

⑤ 诸城县博物馆，任日新：《山东诸城汉墓画像石》，《文物》1981 年第 10 期。

⑥ 江苏省文物管理委员会、南京博物院：《江苏徐州十里铺汉画像石墓》，《考古》1966 年第 2 期。

图五-100　汉代画像中的拜见或拜谒画像

1. 陕西绥德四十铺出土墓门横额石画像（局部）　2. 山东汶上孙家村出土画像石画像（局部）　3. 山东嘉祥武氏祠墓地西阙画像（局部）　4. 山东济宁出土画像石画像（局部）　5. 山东诸城前凉台东汉墓出土画像石画像（局部）　6. 江苏徐州市南郊十里铺东汉墓出土画像石画像（局部）　7. 四川广汉出土画像砖画像

人跪拜，画面中还有简册等，似在汇报相关事宜[①]（图五 -100：7）。

上文所举相关画像实例中，除散存不详者外，其他画像石（砖）所属墓葬或墓地均有一定等级，墓葬或墓地的墓主多为中下层官吏，这与画像中出现拜谒图较为对应。通过上述一些汉代画像可以看出，下级人员在拜见比其等级高的人员时，需进行礼节性、制度性的跪拜礼仪，这也是其身份地位所决定的。拜见高等级人员，有单纯的拜见，并可汇报或沟通相关事宜；有听从吩咐，在拜见之后按照吩咐行事；有汇报相关工作，以让更高等级人员对相关人员所做的事情有所了解或指导。这些内容充分体现出上下级之间的交往与沟通、交流，体现出等级制度下不同等级人员的交往内容。

江苏泗洪曹庙出土的东汉画像石中也有拜见或拜谒图[②]。《江苏泗洪曹庙东汉画像石》一文收录 2 石。画五为墓壁刻石，分三格，上格正中刻屋宇一座，中间端坐一人，左右跪两侍者，屋宇两侧是两座并列的楼房，楼后是两座四阿顶房屋，中格刻一正屋，中间端坐男主人，头戴高冠，左右各有二人捧笏跪拜，下格刻六人，三人为一组，似为等待被接见的宾客。大致来看，中格所刻的内容可能是下级或低等级人员的拜见与拜谒，下格是等待拜谒的人员。公布资料称该石的三格画像内容应是一个整体，可能是描绘墓主夫妇生前的寿辰仪式，在此基础上，推测或许是在寿辰仪式这一背景下，相关人员对男主人所行的拜谒之礼。画六也是墓壁刻石，共分四格。第一格刻屋宇一座，门敞开，有两妇女倚门外眺，二、三格各刻九人，老、中、青都有，戴单梁冠，第二格左起第四人在向同伴展示简册，右面五人似捧简册。画像中并未见到拜谒主人的内容，因此不能肯定该画像是下级或低等级人员的拜见与拜谒，而很可能是有关人员，甚至是乡邻、亲朋等的拜见，简册可能记录了送礼或其他用途物品的详细清单。《江苏泗洪曹庙出土的东汉画像石》一文收录 3 石。第 9 石为墓壁刻石，整体为拜谒图，画面中央刻一主人端坐于方榻之上，左边有二仆一牛，主人身后还放置圆盒、樽勺、耳杯一类的器皿，面前跪有二吏，画面右侧共有八人，其中一吏执笏跪立在前，身后二吏捧笏顿首在地，地面有石磬两块，其后立有随从四人，前两人怀抱环首刀，该画像反映的应是下级对上级的拜谒。还有 2 石的画像中虽有拜见的内容，但并不能确定是下级对上级的拜谒，而很可能是其他人员对家主的拜见。第 7 石为墓壁刻石，画面自上而下共分四格，第

① 《中国画像砖全集》编辑委员会：《中国画像砖全集 · 四川汉画像砖》，四川美术出版社，2006 年，图版第 104 页、图版说明第 59 页。

② 江苏省泗洪县文化馆：《泗洪县曹庄发现一批汉画象石》，《文物》1975 年第 3 期；尤振尧：《江苏泗洪曹庙东汉画像石》，《文物》1986 年第 4 期；尹增淮、江枫：《江苏泗洪曹庙出土的东汉画像石》，《文物》2010 年第 6 期。

一格左面为一穿圆领长袍的主人拱手站立，右面六男子头戴单梁冠、身着右衽长袍，手捧礼品，依次向主人敬献。主人作站立状，体现出与拜见者在等级方面差异不大。第16石为横额石，画面分为上、下两格，上格可见宾主八人，皆戴单梁冠，身穿长袍，左起一人侧身向右，右侧第一人双手展示简册，第四人捧抱礼物，第六与第七人正在交谈，其余三人皆拱手而立。从画面看，气氛较为和谐，亦未表现出过多上下级之间较为严肃的等级差异。由上述江苏泗洪曹庙出土的东汉画像石相关画像来看，既有下级对上级的拜谒，也有针对主人的其他形式拜见或送礼等，因此在对有关画像的甄别或认识方面，还需根据画像的整体内容及一些具体细节来分析，而这对于理解和认识有关家庭人员的交往内容、特点和性质当具有相应的参考作用。

六、悬车致仕

这一内容在汉代画像石画像中多有体现。所谓悬车，是指车辆被放置起来，与车相关的马也被栓系，表现出悠闲的姿态，与之相对应，一些此类车马旁边还会有鸡、狗等家中饲养的动物跑来跑去，这表明该车马一般情况下不再使用。致仕，即表明不再做官，可以退休离任，回还乡里。

悬车致仕的做法在汉代之前就已存在，汉代得到延续，文献中即有相关记载。《礼记·曲礼》曰："大夫七十而致事。"[①]《礼记·王制》亦曰："七十致政。"[②]《孝经·开宗明义章》载："终于立身。"郑注云："七十致仕（离职退休），是立身为终也。"孔传曰："七十老致仕，悬其所仕之车，置诸庙，永使子孙鉴而则焉，立身之终。"[③]《汉书·叙传下》载："抑抑仲舒，再相诸侯，身修国治，致仕悬车。"[④]《汉书·薛广德传》载：薛广德"与丞相定国、大司马车骑将军史高俱乞骸骨，皆赐安车驷马，黄金六十斤，罢。……东归沛，太守迎之界上。沛以为荣，悬其安车传子孙"[⑤]。《白虎通义·致仕》：载"臣年七十，悬车致仕者，臣以执事趋走为职，七十阳道极，耳目不聪明，跂踦之属。"[⑥]《风俗通义·十反》载："赵相汝南李统，少幼，为冀州刺史阮况所奏'耳目不聪明'；股肱掾史，咸用忿愤，欲诣阙自理。统闻知之，历收其家，遣吏追还，曰：'相久忝重任，负於素餐，年渐七十，礼在悬车，

① 陈澔注：《礼记集说》，上海古籍出版社，1987年，第3页。

② 陈澔注：《礼记集说》，上海古籍出版社，1987年，第79页。

③ 胡平生译注：《孝经译注》，中华书局，2009年，第3页。

④ （东汉）班固撰，（唐）颜师古注：《汉书·叙传下》，中华书局，1962年，第4255页。

⑤ （东汉）班固撰，（唐）颜师古注：《汉书·薛广德传》，中华书局，1962年，第3048页。

⑥ （东汉）班固：《白虎通义·致仕》，（清）陈立撰，吴则虞点校：《白虎通疏证》，中华书局，1994年，第251页。

顷被疾病，念存首丘，比自乞归，未见听许，州家幸能为，相得去，实上愿也。’居无几，果征。”[①]《论衡·自纪篇》亦载：“年渐七十，时可悬舆。”[②]

两汉文献中有较多关于“悬车致仕”的记载，说明悬车致仕的做法在汉代仍较流行和普遍，这或许是汉代画像石画像中多有出现的原因之一。汉代画像石画像中，作为主人身份地位象征物的车马被闲置起来，其象征含义就是主人退官致仕，并以此为标志告诉其他人这一情况，而这应是当时辞官退休、告老还乡的象征方式，另外也是向乡人炫耀的内容[③]。就目前的考古资料来看，“悬车致仕”的画像多出土于苏鲁豫皖交界地区，或又与这一带受儒家文化影响较为深刻有一定的关系。而陕北晋西北地区较为少见的原因，可能与这一地区处于汉政府的边境地区，对画像石墓的使用时间相对较晚等有关，抑或也与该地区较多画像石墓葬的墓主不想或不愿表达出相应的意愿有一定关系。

现将相关画像石画像简单举例如下。

山东嘉祥武荣祠的画像中，房屋左侧大树右侧一车空置，有一人在车前弄车辕，车辕下一狗[④]（图五-101：1）。同处武斑祠的画像与之相似，树在房左侧，但马在树右，车在树左，树下左侧有一只鸡[⑤]（图五-101：2）。

嘉祥宋山出土东汉画像石中，后经复原为2号小祠堂画像，树在房右侧，右侧拴马，左侧为车，车辕下一只鸡，昂首[⑥]（图五-101：3）。

山东曲阜西颜林出土东汉画像石画像中，马栓于树下，车在马后，置于一高台，“悬车”特征明显[⑦]（图五-101：4）。

山东滕州官桥后掌大村出土画像石画像，树在房右，马栓于树下右侧，车在房左[⑧]（图五-101：5）。

山东微山县两城乡出土楼阁画像石的画像中，右侧为双层楼，左侧为单层亭，之间栓系一马，左侧厅内放置一车，亭左侧还有人站立看护[⑨]（图五-101：6）。

江苏沛县散存的1块汉画像石中，画面分三格，中格有建筑人物，下格中间一

---

① （东汉）应劭：《风俗通义》，王利器校注：《风俗通义校注》，中华书局，2010年，第251页。

② （东汉）王充：《论衡·自纪》，黄晖校释：《论衡校释》（附刘盼遂集解），中华书局，1990年，第1208页。

③ 张从军：《黄河中下游的汉画像石艺术》，齐鲁书社，2004年，第413页。

④ 傅惜华、陈志农编辑，陈沛箴整理：《山东汉画像石汇编》，山东画报出版社，2012年，第478页。

⑤ 傅惜华、陈志农编辑，陈沛箴整理：《山东汉画像石汇编》，山东画报出版社，2012年，第471页。

⑥ 济宁地区文物组、嘉祥县文管所：《山东嘉祥宋山1980年出土的汉画像石》，《文物》1982年第5期；蒋英炬：《汉代的小祠堂——嘉祥宋山汉画像石的建筑复原》，《考古》1983年第8期。

⑦ 转引张从军：《黄河中下游的汉画像石艺术》，齐鲁书社，2004年，第412页。

⑧ 转引李锦山：《鲁南汉画像石研究》，知识产权出版社，2008年，第267页。

⑨ 马汉国主编：《微山汉画像石选集》，文物出版社，2003年，第186、187页。

图五 -101　鲁南、苏北地区出土“悬车致仕”画像

1. 山东嘉祥武荣祠画像　2. 山东嘉祥武斑祠画像　3. 山东嘉祥宋山出土东汉画像石画像　4. 山东曲阜西颜林出土东汉画像石画像　5. 山东滕州官桥后掌大村出土画像石画像　6. 山东微山县两城乡出土楼阁画像石画像　7. 江苏沛县散存汉画像石画像　8. 江苏徐州贾汪青山泉子房村出土画像石画像（大部分为局部）

树，树左侧一马，右侧一车，有一人扶树看护[①]（图五 -101：7）。

江苏徐州贾汪青山泉子房村出土一块纺织画像石，画像中的房屋左侧为一马，

① 徐州博物馆：《徐州汉画像石》，江苏美术出版社，1985 年，图 232。

右侧为一车，但二者均在房屋的宽度之内，即檐下[①]（图五-101：8）。

众多相似内容画像石画像的出土，说明这一类画像在该地区应较为流行，同时也反映出汉代这一地区“悬车致仕”可能已成为一种风尚，进而折射出相关人员在“致仕”之前的为官情况，体现出相应家庭成员为官仕途中的对外交往，而这种交往不仅存在于其为官时，在其“致仕”后仍然存在，画像中一些来访者恰恰说明了这一点。

除“悬车致仕”外，汉代还有一种与为官就仕仪式有关的社会内容，为夺情起复，是指服丧人员遭受父母三年之丧或者其他亲属之丧后，在未及服丧或服丧期限未满的情况下，由于国家政务需要，不得不中断丧事，进而从政的一种礼仪活动，所涉及人员基本为官吏[②]。但此类情况的直接考古资料基本不见，故本书不作过多论述，但其与“悬车致仕”一样，可间接体现出家庭成员为官就仕的内容及其与之有关的交往内容。

第五节 其他交往内容

秦汉时期，家庭及其成员的对外交往内容很多，除上述相对系统的内容外，还有其他一些内容，由于对应的考古资料较为零散，现将与秦汉家庭及其成员对外交往的一些内容作简单梳理并叙述如下。

（一）参加乡里活动

主要是参加乡饮酒礼和乡射礼。相关礼俗在每年的春秋两季举行，由乡的行政长官邀请当地的一些人参加以乡为单位的射箭比赛，乡射之前，先有宴饮仪式，而乡射活动除相应的礼仪活动外，还可对一些射手的综合素质进行考察。这一礼俗作为民间流行的一种礼仪活动，先秦时期就已存在，汉代在一些地区仍较为流行。由上可知，参加乡饮酒礼和乡射礼既是社会活动，也是家庭及有关成员对外交往的体现。

安徽淮北市梧桐村出土有乡饮酒礼画像石，为小型祠堂一侧壁抱鼓石，画面最上为一人捧物，下部画像右侧为身着长袍、手握觯的人，是掌管乡饮酒礼中全盘事务者，画面中还有手握觯或手持物者，应是乡饮酒礼中的宾和司正（图五-102：1、2）；宿州曹村出土的一块画像石中，最上格为乡饮酒礼中主人请客赴宴饮及相关人员相见的情景（图五-102：3）；梧桐村出土的另一块小型祠堂一侧壁抱鼓石画像

① 王黎琳、武利华：《江苏铜山县青山泉的纺织画像石》，《文物》1980年第2期。

② 范志军：《汉代丧礼研究》，郑州大学博士学位论文，2006年，第132页。

上反映的为乡射礼，最上为二人比武，下部画面有四人，主要人物形体明显较大，手握觯，为乡射礼的主人，另三人有执棨戟或他物者，分别为“获释”者、宾及司射等[①]。

除上述内容外，淮北市贾寨村出土的汉画像石画像中还见有习射图，画面中部有一扶桑树，树枝下栓二马，马后各有一人；画面上方有几人习射，而画面左上为一柏树，表明习射活动是在野外举行的；习射活动中，中间有一人摇动手持高杆上的旗子并作奔跑状，左右两侧各有一人拈弓搭箭准备射杆子上旗帜的织物[②]（图五 -102：4）。这一活动也和对外交往有一定关系，即相关人员聚集后进行习射，是不同家庭人员但又有密切关系成员之间的交往和活动，而这也或许与乡饮酒礼和乡射礼有关。

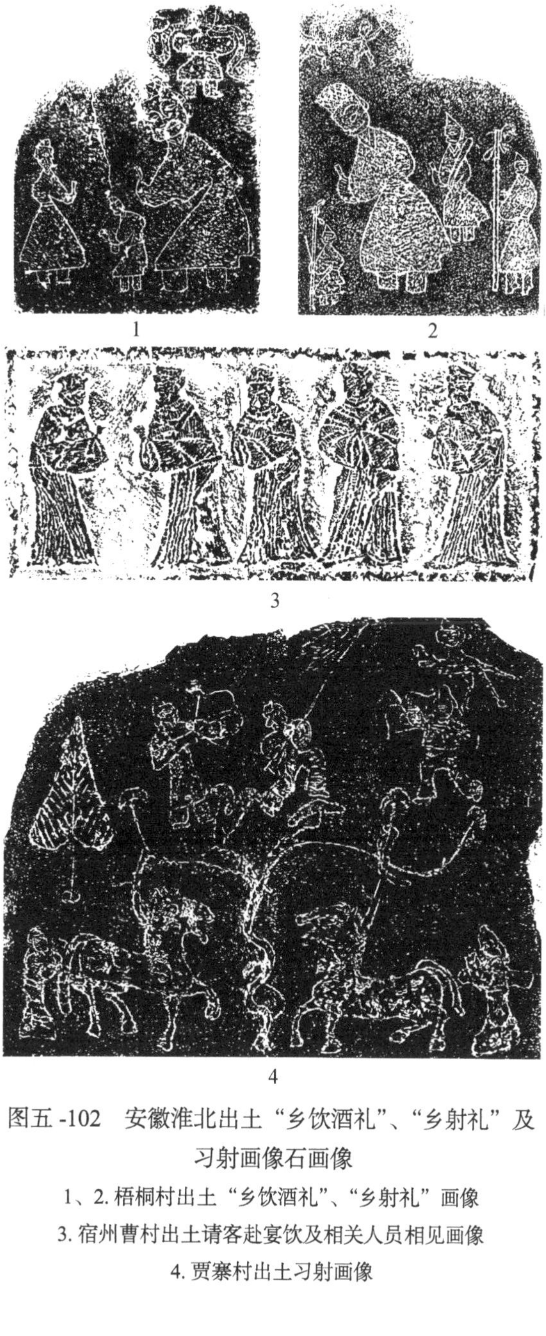

图五 -102 安徽淮北出土“乡饮酒礼”、“乡射礼”及习射画像石画像

1、2. 梧桐村出土“乡饮酒礼”、“乡射礼”画像

3. 宿州曹村出土请客赴宴饮及相关人员相见画像

4. 贾寨村出土习射画像

（二）家庭人员的外出和流动

已发现、发掘的汉代壁画及画像石、画像砖画像的内容中，有一些历史故事具有相似性或为同一内容，鲁大夫秋胡戏妻即是其中的故事内容之一，该内容在山东嘉祥武氏祠石刻画像[③]（图五 -103：1）、内蒙古和林

① 高书林：《淮北汉画像石》，天津人民美术出版社，2002 年，第 73-75、79-81 页。

② 高书林：《淮北汉画像石》，天津人民美术出版社，2002 年，第 18、19、215 页。

③ 蒋英炬、吴文祺：《武氏祠画象石建筑配置考》，《考古学报》1981 年第 2 期；《汉代武氏墓群石刻研究》，山东美术出版社，1995 年，第 56 、151-153 夹页①、161 页。另，《山东汉画像石汇编》一书有该画像的线描图，见傅惜华、陈志农编辑，陈沛箴整理：《山东汉画像石汇编》，山东画报出版社，2012 年，第 427 页。

格尔东汉壁画墓壁画[①]（图五 -103：2）、陕西毛乌素沙漠靖边县杨桥畔东汉壁画墓[②]（图五 -103：3）、四川彭山汉代崖墓[③]及新津汉代崖墓石棺[④]的画像（图五 -103：4）等中皆有发现。另外，四川绵阳梓潼县东汉墓出土 2 块神树人物画像砖[⑤]，有学者认

图五 -103　东汉墓葬画像石、壁画中“秋胡戏妻”图像

1. 山东嘉祥武氏祠石刻画像与榜题　2. 内蒙古和林格尔壁画墓壁画

3. 陕西毛乌素沙漠靖边县杨桥畔东汉墓前室西壁上层壁画　4. 四川新津汉代崖墓石棺画像

① 内蒙古自治区博物馆文物工作队编：《和林格尔汉墓壁画》，文物出版社，1978 年，第 138 页。

② 陕西省考古研究院、榆林市文物研究所、靖边县文物管理办公室：《陕西靖边东汉壁画墓》，《文物》2009 年第 2 期。

③ 南京博物院：《四川彭山汉代崖墓》，文物出版社，1991 年；梅养天：《四川彭山县崖墓简介》，《文物参考资料》1956 年第 5 期。

④ 郑伟、颜开明：《汉代画像石棺岩墓清理简记》，《成都文物》2001 年第 4 期。

⑤ 高文主编：《中国巴蜀新发现汉代画像砖》，四川美术出版社，2016 年，第 264 页，图 391。

为上面可能有模糊的文字，同时还引绵阳梓潼县出土的与上述2块画像砖内容基本相同的另一块画像砖画像，认为3块砖上的文字应为“秋胡”、“秋胡妻”等，并确定这3块画像砖的内容为“秋胡戏妻”[①]，但3块画像砖上的人物皆呈跽坐状，与壁画或画像石画像中鲁秋胡戏妻故事的人物为皆为站立者不同，再考察两个人物的首服，即头戴之物，均为冠，表明二人很可能皆为男性，这在上述两块画像砖上体现得尤为明显，所以本部分不将这3块砖的画像列入。鲁大夫秋胡戏妻或秋胡戏妻讲述的是鲁人秋胡外出做官，五年始归，遇妻子采桑，以言语调戏，秋胡妻知道调戏自己的竟是离家五年的丈夫后愤然自尽。这是一个有着悲剧结局的烈女故事，汉代，这一故事又是一种道德内容的宣扬，但也起到相应的告诫作用。汉代家庭中，应有一部分家庭成员，尤其是家庭男性因相关原因需要外出，或为官，或完成官府交给的任务，或经商，或是服劳役，或存在其他原因，有的则需要很长时间。这个故事在汉代广为流传，或许从某种程度上是告诫外出的家庭男性不要浮夸，更不能做出对不起妻儿或家庭的事情，也从侧面反映出汉代家庭成员，特别是男性离开家庭外出做事应是较常见的现象，这样就形成人员流动和与之相关的交往内容。

据文献记载：“高祖以亭长为县送徒骊山，徒多道亡。自度比至皆亡之，到丰西泽中〔亭〕，止饮，夜皆解纵所送徒。曰：‘公等皆去，吾亦从此逝矣！’徒中壮士愿从者十余人。高祖被酒，夜径泽中，令一人行前。行前者还报曰：‘前有大蛇当径，愿还。’高祖醉，曰：‘壮士行，何畏！’乃前，拔剑[击]斩蛇。蛇[遂]分为两，[径]〔道〕开。行数里，醉[，][因]〔困〕卧。”[②]由此来看，秦时身为亭长的刘邦是要完成地方政府交给他押送刑徒的任务而离开家庭，进而与众刑徒等有了相应交往。考古资料也有相应体现，河南南阳唐河县针织厂东汉墓北主室出土一副画像，其中一身体后仰的人执钺，钺柄断折，另一人右手握剑，该图表达的故事来源于何典故，还有待考证[③]。关于画像内容，原简报将其定为击剑图，似有不当。也有的研究成果将其定为高祖斩蛇画像，这可能与前者一人执剑刺斩一蛇有关，其后一人因与大蛇搏斗，钺柄断折[④]，而前一人的冠落于一旁，可见搏斗的激烈（图五-104：1）。此说虽不完全具有说服力，但考虑到其作为历史故事，或许会存

① 张勋燎：《四川东汉墓秋胡戏妻画像砖、画像石与常华阳列女传》，《西华大学学报》（哲学社会科学版）2006年第5期。

② （西汉）司马迁撰，（南朝）裴骃集解，（唐）司马贞索引、张守节正义：《史记·高祖本纪》，中华书局，1982年，第347页；（东汉）班固撰，（唐）颜师古注：《汉书·高帝纪》，中华书局，1962年，第7页。二文献记载基本相同，[ ]内为《史记·高祖本纪》所载内容，《汉书·高帝纪》未记，〔 〕内为《汉书·高帝纪》所载文字，《史记·高祖本纪》未记。

③ 周到、李京华：《唐河针织厂汉画像石墓的发掘》，《文物》1973年第6期。

④ 南阳汉画馆，闪修山、王儒林、李陈广编著：《南阳汉画像石》，河南美术出版社，1989年，第20页；张道一：《汉画故事》，重庆大学出版社，2006年，第110、111页。

在相应的可能性。四川雅安姚桥高颐阙也有高祖斩蛇画像，一人右手托腮斜卧，左手握剑，左脚下有1耳杯，表示斜卧与饮酒有关，应是醉卧，醉卧者右臂肘部外侧有1蛇，似被斩断（图五-104：2），所体现的内容与文献记载的高祖斩蛇较为接近[①]。这两幅画像或许从一个侧面说明，当时家庭中的成员流动原因很多，并在人员流动过程中形成较多的交往。

1　　2

图五-104　汉代画像中的“高祖斩蛇”图

1. 河南南阳唐河县针织厂东汉墓出土　2. 四川雅安姚桥高颐阙出土

驿站和驿亭与相关人员的外出有密切关联，而因人员外出又会形成交往的内容。汉代置驿，还设置驿站、驿亭。驿站便于从事投递文书、转运物资等工作的人员及往来人员的休息、补给等，驿亭主要供相应人员休息之用。四川广汉市新平镇罗家包东汉M3出土一块“驿亭”画像砖，原简报将其定为“收租图”，画面右侧为一建筑，重檐单间，中坐一人，右手前伸呈接物状，似为驿吏，门外一人坐在地上，右手曲握一长柄状物，该物顶端有圆形饰，左手握一袋似邮件，正前递交给门内的驿吏，画像左侧有车和牛，牛已卸车休息，亭外树前一人似为驿役，正在提桶给牛喂水，车上还有未卸下的物品[②]（图五-105）。关于该画像内容具体性质，还需再作研究和确认。四川凉山州昭觉县好谷乡发现的东汉初平二年（191年）石碑的第十八行有“缮治邮亭”四字，邮亭与驿亭相似，也是汉代由国家设置在官道上的交通设施，又是传递文书的专门机构，可以供人止宿，相应人员称“邮卒”，亭是汉代的基层行政组织，也是可供旅客止宿的交通设施，“邮”与“亭”的功能有重合之处，且位于交通线上的“邮”和“亭”可能就设置在一起，故文献中常常“邮亭”并称，汉代在西南地区的交通要道上也设置有邮亭[③]，初平二年（191年）石碑

① 耿继斌：《高颐阙》，《文物》1981年第10期。

② 四川省文物考古研究院、广汉市文物保护管理所：《四川广汉市罗家包东汉墓发掘简报》，《四川文物》2016年第1期；高文主编：《中国巴蜀新发现汉代画像砖》，四川美术出版社，2016年，第97页，图96。

③ 刘弘：《从川滇古道上的汉墓看汉代邮亭》，《四川文物》1990年第3期。

图五 -105 四川广汉市新平镇罗家包东汉 M3 出土“驿亭”画像砖

所记“缮治邮亭”的内容，证明当时在这一带曾设置有邮亭，并进行过“缮治”[①]。驿亭和邮亭资料反映出投递文书、转运物资、人员往来等内容，而这也反映出在进行相关工作过程中的人员交往，尤其是上文所举画像砖的画像内容，若确与邮驿有关，则较为生动地反映出相应人员的交往和工作。

家庭成员外出形成的交往内容在汉代画像石画像还有其他体现，有的直接描绘了外出时的交往画面，有的则间接体现了家庭中有关成员的外出和交往。江苏北部出土的汉代画像石画像中即有体现，泗洪曹庙乡出土的一块东汉墓葬墓壁画像石（画六），画面自上而下共分四格，第四格即最下一格的画像中有轺车一辆，车上坐御者，车主人站在车下，向路旁一位身披蓑衣、手持镰刀的农民问路[②]（图五 -106：1），体现的是家庭成员外出时与人交往的画面，交往方式是询话问路。徐州市贾汪青山泉散存的一块画像石，画像中部为一房屋，屋内刻一对夫妇坐在榻上，女主人抱着孩子，男主人正在逗引孩子，屋左边的轺车应是夫君回家乘坐的车辆，屋右侧树上拴着马匹，屋上有祥禽瑞兽，这幅画像似为表现久别重逢其乐融融的喜悦及家居安乐的情景[③]（图五 -106：2）。若如公布资料所讲，画像中有男主人回家乘坐的车辆及配套马匹，反映了久别重逢的喜悦，而这一天伦之乐也间接体现出了家庭中男主人外出及在外出时形成的相关交往内容。

另外，秦至东汉时期，有较多的刑徒到帝陵或京城附近，或去其他地方服劳役，这其实也是一种人员的流动，进而可促进相应的交往。

除上述内容外，本章第二节所提及的山东省微山县微山岛乡出土的别离画像，很可能与家庭中相关成员外出和流动有着一定关系，若是如上文所述的一种推断，

① 凉山彝族自治州博物馆、昭觉县文管所：《四川凉山州昭觉县好谷乡发现的东汉石表》，《四川文物》2007年第5期。

② 江苏省泗洪县文化馆：《泗洪县曹庄发现一批汉画象石》，《文物》1975年第3期；尤振尧：《江苏泗洪曹庙东汉画像石》，《文物》1986年第4期。

③ 徐州汉画像石艺术馆：《徐州汉画像石》，江苏凤凰美术出版社，2019年，第56、57页。

1

2

图五 -106 江苏北部出土与家庭成员外出流动有关的画像石画像

1. 泗洪曹庙乡出土东汉墓葬墓壁画像石（画六）第四格画像 2. 徐州市贾汪青山泉散存画像石画像

即家庭中的男主人要离家远行，则内容、特点更为突出。

正常情况下，家庭人员的流动或外出离家时，会与家庭保持相应的联系，书信应该就是联系的重要方式之一。考古资料中发现有西北戍卒的书信，如甘肃敦煌马圈湾汉代烽燧遗址出土汉简中即有邮驿记录，另外也发现有相关书信[①]。有学者对居延地区汉代边塞吏卒的私人书信进行了梳理，涉及内容较多，如远离家乡、行役戍边的哥哥写给家中弟弟的书信，也有写给家人诉说边塞戍边条件艰苦的书信，还有的书信表达出对家乡亲朋浓浓的思念，或是得知家中平安、甚是欢喜的书信等等[②]。另外，书信在较多方面体现出家庭成员的外出和远行，甚至会离家很长的时间，而这亦是家庭内容的组成之一，并较好地反映出相关家庭及其成员对外交往的有关事宜。书信也是家庭对外联系和交往的途径和方式之一，如新疆民丰大沙漠古代遗址中发现的一处房屋遗存，房内即发现有房屋主人已经准备好但未能寄出的一封信，为一函完整且以绳扎好并有封泥的木牍[③]，这从另外一个方面说明了书信在家庭对外交往中的作用，也体现出家庭交往方式的多样性。

---

① 甘肃省博物馆、敦煌县文化馆：《敦煌马圈湾汉代烽燧遗址发掘简报》，《文物》1981 年第 10 期。

② 孙占鳌主编，张瑛、肖从礼著：《汉代居延地区社会生活史研究》，兰州大学出版社，2018 年，第 436-443 页。

③ 新疆维吾尔自治区博物馆考古队：《新疆民丰大沙漠中的古代遗址》，《考古》1961 年第 3 期。

（三）服务家庭的活动

在前文的论述中，涉及一些家庭成员为家庭的经济收入或其他需求等而形成不同形式的对外交往。另外，家庭成员的复仇行为、抓捕盗贼的行为等，也是服务家庭的活动，亦反映出家庭及其成员对外的交往内容，这在其他章节中有专门的论述。

山东嘉祥武氏祠画像中有一个特殊的服务家庭对外交往活动内容，原编号左石室第一石的石刻画像中有义士范赎的故事，该故事未见于文献，通过画像和题榜可知，范赎的兄长有罪，在官府的押解途中，范赎来到官署的门口，请求代兄受刑；题榜记有“义主（士）范赎陈留外黄兄……赎诣寺门求代考躯”，这与画像内容也相对应[①]（图五 -107）。就范赎的行为和动机来讲，具有服务家庭的作用，而其行为也反映出对应的特殊交往内容。河南南阳唐河针织厂画像石墓出土的 1 块画像石，

图五 -107　山东嘉祥武氏祠“义士范赎”画像与题榜

① 蒋英炬、吴文祺：《武氏祠画象石建筑配置考》，《考古学报》1981 年第 2 期；《汉代武氏墓群石刻研究》，山东美术出版社，1995 年，第 166、169 页。另，《山东汉画像石汇编》一书有该画像的线描图，见傅惜华、陈志农编辑，陈沛箴整理：《山东汉画像石汇编》，山东画报出版社，2012 年，第 453 页。

分上下两层，下层中，2 骑马者与 2 车向右驰行，右上有 1 人骑马面左，其前有 1 车，1 人驾马、1 人乘车，车前 1 人执笏站立，拦停该车马，该人身后有 1 戴冠男子，右手拉 1 成年女子，左手抚一赤裸上身的幼童[①]。画像中的女子是害羞，或是悲伤，还是其他，解释不一，因此对于该画像的整体认识也不尽相同，相关内容在其他章节中也有叙述。有关研究认为画像中的女子为悲伤状，而该图像为拦车诉讼图，因被拦，拉车之马昂首嘶鸣[②]（图五 -108）。若该画像反映的为家庭诉讼，也是服务家庭的特殊对外交往活动，这对于家庭冤屈得到公正处理有相应益处，而诉讼涉及的对外交往内容会有很多，且形式不同，这一画像仅是体现了其中一种与诉讼有关的对外交往内容。

图五 -108　河南唐河针织厂画像石墓出土拦车诉讼图

（四）知识学习推动下的家庭交往内容

秦汉时期，虽然较多家庭是自给自足的发展模式，但很多家庭及其成员与家庭之外的社会、人群或有关人员等还是存在着千丝万缕的联系，而较多的联系又与家庭自身的需求和发展有着密切相关。秦汉时期特别是汉代，一些家庭成员尤其是儿童或少年需接受相应系统的知识教育，对于促进家庭成员个人的成长，推动家庭的发展有较大益处，而从长远来看，对提升家庭的整体实力和社会影响等亦有较大好处，而家庭也会尽可能地为有关人员的系统知识学习提供支持和帮助。

秦汉特别汉代，社会政治相对稳定，经济平稳发展，思想文化的多元一体特

① 周到、李京华：《唐河针织厂汉画像石墓的发掘》，《文物》1973 年第 6 期。

② 王建中、闪修山：《南阳两汉画像石》，文物出版社，1990 年，图 120。

征逐渐形成，在社会发展与家庭发展的双重需求及推动下，相关家庭成员的系统知识教育也日益得到重视，与之有关的社会内容得到发展，如书肆的出现及数量的增加，熹平石经的刻制等，开堂授课的老师数量明显增加，出现了专门的授课设施或教育机构如小学等。家庭中相关成员接受的相对系统知识教育，涉及蒙学教育及随年龄增长之后的经学教育。两汉时期，与蒙学及经学教育有关的一种形式为家学传授，属于家庭自身的教育，这就形成特殊的父子师徒关系，其他家庭的有些成员也可能会参与其中，并与讲经授课者形成师徒关系，进而形成相应的家庭及成员之间的交往内容。

关于家庭成员接受知识教育情况，张家山汉简《二年律令》中的《史律》载有“史、卜子年十七岁学。史、卜、祝学童学三岁，学佴将诣大史、大卜、大祝，郡史学童诣其守，皆会八月朔日试之卜。”[①]王子今先生指出，通过简文我们了解到，当时有“史学童”、“卜学童”、“祝学童”身份，学习期限为三年，结业后分别往太史、太卜、太祝处，“郡史学童”则往郡守处，统一于八月朔日考试；《二年律令·史律》所见“史学童”、“卜学童”、“祝学童”身份，体现出汉代行政人才培养制度的特殊形式[②]。李学勤先生指出，《史律》讲的学习者是“史、卜子”，即有史、卜专职人员的儿子，古时担任这类职务的专业人员，每每世代相传[③]，而这与家学传授有相应的关系，同时还会为他人授课，形成不同的师徒关系。家学传授涉及的内容较多，文献也多有记载。有学法者，如于定国，“少学法于父，父死，后定国亦为狱吏”[④]。有学家传医学者，如楼护，“父世医也，护少随父为医长安，出入贵戚家。护诵医经、本草、方术数十万言”[⑤]。也有学天文历法者，如刘瑜“少好经学，尤善图谶、天文、历算之术。……（刘瑜）子琬，传瑜学，名占侯，能著灾异”[⑥]。在当时的社会环境和背景下，相应的家庭式言传和身教，对于家庭中人才的培养会产生较大益处，上述诸例皆可证明，而在此过程中兼有对其他人员的教育，进而也形成了具有时代特点的教育形式、师生关系、家庭及其成员交往等较多内容。

秦汉时期，由于家庭成员接受教育的需求提升，除家庭自身的教育外，聘请师者为家庭中相关人员授课成为许多家庭的重要内容，这在很大程度上促使了从事讲经授课而为人师人员的数量增长，也有效推动着多种师生关系的形成，体现出与家

---

① 张家山二四七号汉墓竹简整理小组：《张家山汉墓竹简（二四七号墓）》，文物出版社，2001 年，第 203-205 页。

② 王子今：《张家山汉简〈二年律令·史律〉“学童”小议》，《文博》2007 年第 6 期。

③ 李学勤：《试说张家山简〈史律〉》，《文物》2002 年第 4 期。

④（东汉）班固撰，（唐）颜师古注：《汉书·于定国传》，中华书局，1962 年，第 3042 页。

⑤（东汉）班固撰，（唐）颜师古注：《汉书·游侠传·楼护》，中华书局，1962 年，第 3706 页。

⑥（南朝宋）范晔撰，（唐）李贤等注：《后汉书·刘瑜传》，中华书局，1965 年，第 1854、1858 页。

庭成员学习有关的知识教育及家庭交往内容。

家庭中相关成员向自身家庭之外的人员学习知识，或接受蒙学、经学等方面的教育，最初可能要经过拜师的仪式或程序，使得师生关系得以形成，也构成了家庭及其成员与家庭外人员新的交往内容。秦汉时期，拜师求学的现象较为普遍。有的家庭成员出外拜师求学，文献记载楚元王刘交及他的儿子楚夷王刘郢（客）都有去京师拜师求学的经历，与他们一起拜师求学的还有申公、白生等，而且刘郢（客）与申公均圆满完成学业，较好地体现出家庭成员在学习过程中的对外交往内容，有关内容在上文有关章节已作叙述，不赘叙。较多家庭成员拜师求学的活动是在家庭中举行的，反映出家庭及其成员与家庭外人员的交往情况。已出土的汉代画像石、画像砖画像中有所体现。山东安丘董家庄东汉画像石墓中室北壁西端立石，主体画面自上而下分为四层，第一层、第二层均刻四人，第三层刻二人对舞，第四层刻一人端坐，后立一侍者，前有两人跪拜、一人恭立，上边刻垂幛纹①。有学者指出，该画像第四层主要刻有五人，一人盘腿而坐，身侧站有两名弟子，左侧有二人跪拜在地，描述了求学的景象②。江苏徐州贾汪青山泉白集汉画馆馆藏的一块画像石，画像分上、中、下三格，上格为瑞兽，下格为庖厨，中格为拜师画像，右侧有四人持笏跽坐，中间有一入学儿童跪拜，左侧榻上坐二人，后有书童，榻上一人执笔持简作书写状，另一人则为授课的老师，在榻前还有一小儿，为儿童所用③。从画像内容看，其下为庖厨图，可能是为庆祝家庭孩童入学而准备的相关饮食，二者结合，体现出与家庭教育、交往密切相关的内容。

有些教师会到一些家庭中讲经授课，汉代墓葬壁画、墓葬内画像石（砖）及墓外祠堂石刻画像中常见的讲经授课图基本与之有关，体现出汉代家庭教育的发展，表明这一时期系统知识教育是以讲经口授及阅读经书等方式开展，反映出相应的师徒关系，进而折射出家庭及其成员与来家庭授课师者之间的交往内容。山东微山两城乡青山村出土有讲经画像石，画面分上、下两格：上格有一座四阿顶式厅堂，堂内有一人端坐，厅外为二人似在交谈，屋顶有一羽人，正喂食雀鸟；下格刻一人端坐于榻上，头戴进贤冠，左右有三人手捧竹简，神态恭顺，端坐于榻上之人应是正在讲学④（图五 -109：1）。从画面布局看，下层为讲学图，而其上格有厅堂和人物，反映出和家庭有关的内容，表明这很可能是家庭内进行的讲学，而讲学的老师与学习的学生形成的则是某一家庭中在一定时期内的相对稳定关系，老师、学生及对应家庭也维持着

① 安丘县文化局、安丘县博物馆：《安丘董家庄汉画像石墓》，济南出版社，1992 年，第 14 页，图版 20。

② 黄剑华：《从石刻画像看汉代对重儒兴教的崇尚》，《长江文明》2011 年第 1 期。

③ 李天池、周庆明、周洋：《语石精舍珍藏汉画集》，黑龙江人民出版社，2003 年，第 114 页。

④ 微山县文物管理所：《山东微山县出土的汉画像石》，《文物》2000 年第 10 期。

稳定的交往关系。相似的画像内容还有很多，山东诸城前凉台东汉墓葬出土的宴饮、讲学画像，分上、下两层，上层为宴饮图，较多残毁不见，有二人作六博游戏，右边有侍者数人；下层为讲学图，正面有一方形高堂，三面迴廊，上坐一老者，对面一人双手捧简牍侧耳倾听，堂前还有十三人捧简牍环坐聆听教诲①（图五 -109：2）。该画像上格的宴饮内容及该墓所出土的庄园与庭院、庖厨、谒见等画像，也均说明讲学是在家庭中举行的，老师为一人，而学习的人有很多，很可能是多个家庭中人员来此学习，体现的交往内容更为丰富。山东临沂吴白庄东汉墓前室北壁西段的读经与迎宾画像，分两格：下格为车马迎宾；上图有多个人物，左侧为二人捧简跪拜，接受

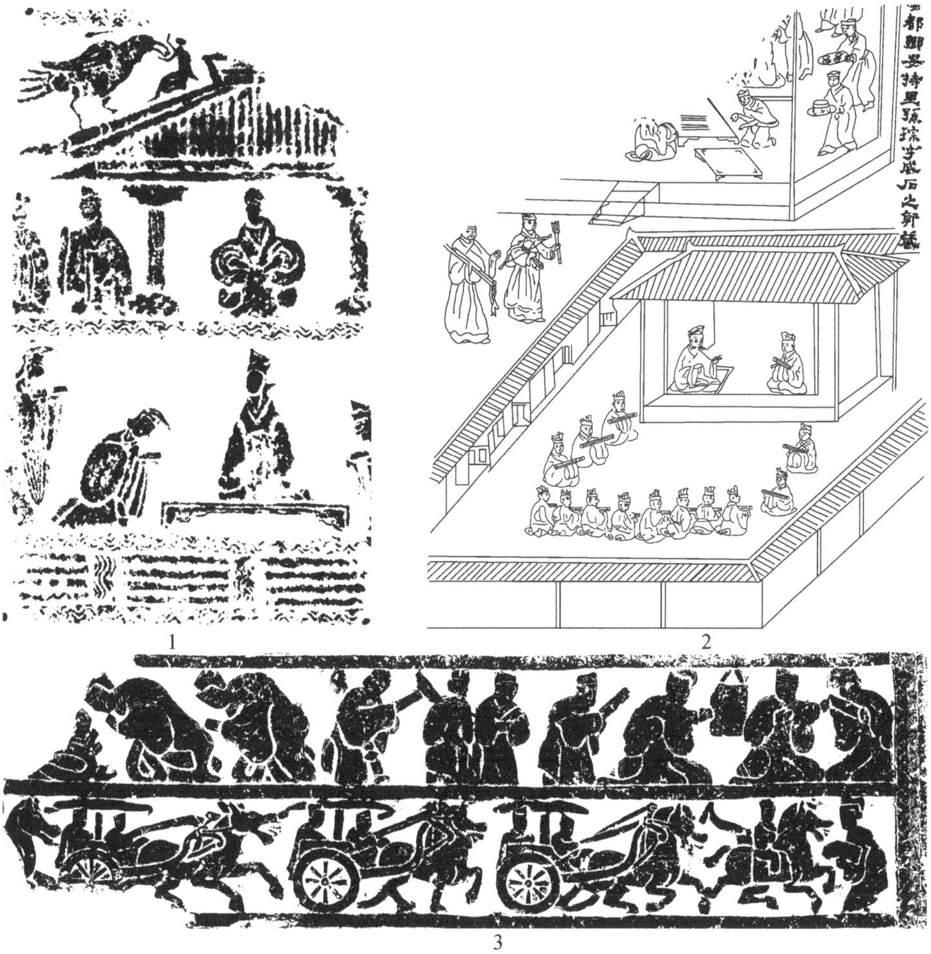

图五 -109　山东地区出土东汉画像石中的讲学与读经画像
1. 微山两城乡青山村出土　2. 诸城前凉台东汉墓葬出土　3. 临沂吴白庄东汉墓前室北壁西段画像

① 诸城县博物馆，任日新：《山东诸城汉墓画像石》，《文物》1981 年第 10 期。

跪拜的人物已残无，当为师者，跪拜的二人右侧有一人捧简在读，其右为二人捧简站立，再右为一人站立、三人跽坐，皆捧简在读，右侧第二与第三人之间悬挂简册[①]（图五 -109：3）。结合下图中车马迎宾内容，很可能体现出老师或一些学生来某一家庭中授课学习，反映了授课、读简学习及师生关系和交往内容。

汉代画像中，与讲经、读经等相关的画像还有很多，表现的形式有所不同，一些相对简略，一些则较为丰富，很多亦是直接或间接体现出与家庭教育、师生关系、家庭交往等有关的内容。四川成都曾家包东汉 M2 的西扇门外画像石，上部刻卧鹿一只，身有翼，下部刻男女二人，女性头挽高髻，广袖长服，持镜，男子头着帻，广袖长服，跪捧书卷[②]；成都市羊（扬）子山东汉墓出土的讲经画像砖，画面左端为一经师据榻凭几，面部肃穆，弟子六人围聚而坐，手中各捧牍简，有的人腰间悬有书刀[③]；德阳市柏隆乡出土有讲经画像砖画像，仅有三个跽坐人物，右侧一人似师者在讲授，左侧二人手捧简，恭敬聆听经师讲授[④]。山东滕州市桑树镇西户口村出土的墓外祠堂画像石，画像上有西王母、读经人物、建鼓画像等[⑤]；费县刘家疃东汉墓前室北壁上部画像石画像中，左边中间为一人戴笠双手扶锸，扭头与右侧之人交谈，其左侧之人小臂裸露，两手相握，面向中间之人站立，右边两人相向而立，着广袖袍，头饰为力士冠，二人中的右侧之人手持简册，简册呈展开形，其上编绳隐约可见[⑥]。辽宁省辽阳市东南郊太子河镇兴隆鹅房村南东汉壁画墓（M1），前室左耳室正壁的中部有持经图，在一条横直红线上画八个男像，左右两端各画一相对站立的较小男像，中间六人图像较大，拱手而座，身穿绿袍，白缘领袖，微有胡须，头戴进贤冠黑帻，垂长带，除右端站像模糊外，从所持物的形状推断，似为帛书或简编，另有其他图像[⑦]。上述画像或壁画资料中，一些未见经师授课的内容，应是上文所述的间接体现。

其他还有一定数量的拜师、讲经或读简的汉代画像内容，发现于不同地区，限于篇幅不再一一列举。较多地区发现此类画像，一方面表明，教育尤其是家庭人员

---

① 管恩洁、霍启明、尹世娟：《山东临沂吴白庄汉画像石墓》，《东南文化》1999 年第 6 期；临沂市博物馆编：《临沂吴白庄汉画像石墓》，齐鲁书社，2018 年，第 86-89 页。

② 成都市文物管理处：《四川成都曾家包东汉画像砖石墓》，《文物》1981 年第 10 期。

③ 《中国画像砖全集》编辑委员会：《中国画像砖全集 · 四川汉画像砖》，四川美术出版社，2006 年，第 102 页，图版说明第 58 页。

④ 《中国画像砖全集》编辑委员会：《中国画像砖全集 · 四川汉画像砖》，四川美术出版社，2006 年，第 103 页，图版说明第 59 页。

⑤ 中国画像石全集编辑委员会编：《中国画像石全集 · 第 2 卷 · 山东汉画像石》，山东美术出版社，2000 年，第 216 页，图版第 229。

⑥ 山东博物馆、费县博物馆：《山东费县刘家疃汉画像石墓发掘简报》，《文物》2018 年第 9 期。

⑦ 辽阳市文物管理所：《辽阳发现三座壁画墓》，《考古》1980 年第 1 期。

教育在汉代获得了较大的发展；另一方面，很多此类画像与家庭生活类的其他画像位于同一画像石或画像砖上，或与家庭生活类的其他画像石（砖）同出，说明相关画像内容与家庭的关系较为明确和密切，体现出家庭内容的外延和发展，反映出师生关系的发展普及和家庭交往内容的丰富和多样。有一点需作说明，有的师者很可能为某一家庭自身的附属人员，即家庭中的师者，与对应家庭的家主及学习者之间存在着家庭的内部关系，不能够反映有关家庭的对外交往内容，但若是有其他家庭人员来学习和接受教育，对外交往的内容和特征即可显现出来。另外，有关家庭聘请的师者具有时段性，也存在更换或有多个师者的可能，这些师者与相关家庭与人员形成对应关系的同时，也反映出家庭成员受教育背景下家庭交往的多样性。

与家庭人员教育及师生关系有关的家庭交往内容还体现在门生故吏这一社会关系方面。门生故吏关系在汉代逐渐兴起，所指为相关人员与学生或部下形成的交往和关系。关于门生故吏，《后汉书·袁绍传》载："袁氏树恩四世，门生故吏遍于天下，若收豪杰以聚徒众，英雄因之而起，则山东非公之有也。"[①] 考古资料对门生故吏及相关内容也有体现，如东汉泰山都尉孔宙碑，立于东汉延熹七年（164 年），碑额篆书"有汉泰山都尉孔君之碑"，碑阴额篆书"门生故吏书"（图五 -110），由此可知，该碑是孔宙死后，他的门生故吏勒铭颂其德而立，在碑阴刻有较多门生、故吏、弟子的名字等[②]，而孔宙与他们之间的交往当较频繁，反映在每个家庭的成员上，这应与家庭成员的对外交往有着相应较为密切的关系。

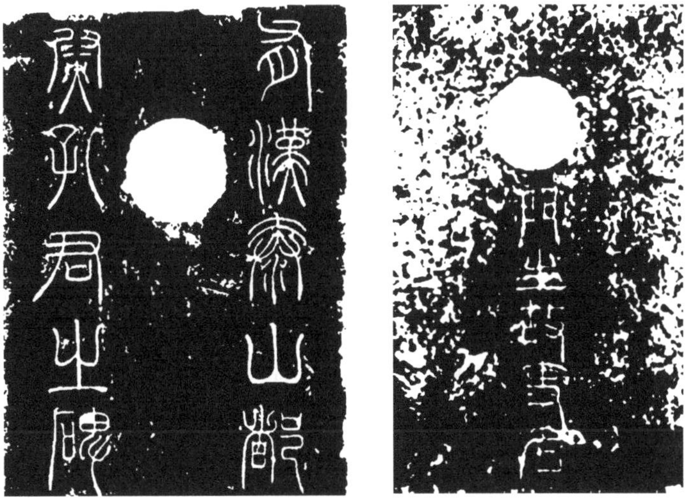

图五 -110　东汉泰山都尉孔宙碑之碑额（左阳右阴）

① （南朝宋）范晔撰，（唐）李贤等注：《后汉书·袁绍传》，中华书局，1965 年，第 2375 页。

② 齐鲁：《孔宙碑》，《齐鲁学刊》2018 年第 5 期；姜鹏：《中国国家博物馆藏〈孔宙碑〉（明拓本）》，《书画世界》2018 年第 8 期。

（五）宗教信仰带动下的家庭交往内容

秦汉时期，宗教信仰涉及的内容很多，除多种类、多形式已基本融入家庭及社会生活中的传统宗教信仰外，最主要的就是对本土道教和外来佛教的信仰，这两种宗教信仰均在东汉时期得到较大发展，并对家庭及其成员产生了较多的影响，进而促进了家庭及其成员对外交往内容的不断丰富及形式的多样化，并具有了相应的宗教特征。从考古资料看，一定数量的墓葬装饰图案、陪葬器物等，或多或少地具有了道教或佛教的内容和因素，有的还是二者兼备，一些地面遗存也是如此。东汉时期，一些家庭的成员会拜其所信奉宗教中道行相对较高者或相关人员为师，形成师徒关系，进而形成相应的交往内容；一些家庭有时也是传经布道的场所，使得相关人员乃至与有关家庭之间形成的交往内容更为丰富；还有其他家庭的成员会参与相关宗教活动，并影响到家庭丧葬及其他方面的家庭内容，反映出宗教信仰影响下家庭交往内容的发展与延伸。

1. 道教影响下的家庭交往

汉代的本土道教，严格来讲，应称为原始道教。东汉早中期，原始道教在社会及家庭中已有相应影响，也带动了与之相关的家庭交往内容。东汉晚期，张道陵创立道教，并在各地迅速传播，对社会生活的影响和渗透也得以不断加强。就考古资料而言，墓葬资料可作为主要的参考，主要内容包括墓门解除、辟邪杀鬼、神药厌镇、长生不死等，以出土遗物为例，有铅人、镇墓文陶罐、丹砂、水晶石、雄黄及与道教相关的钱币、铜镜等，为死者追求长生不死、乐道成仙提供了思想依据，而长生不死、乐道成仙的境界刺激“不得已而死”的人们去修饰来世的冥宅，求得此岸与彼岸的超脱，进而表现出急功近利的现实主义印记[①]。总的来看，东汉墓葬中与原始道教有关的内容，对一些家庭内容包括交往及相关内容有相应的体现，但有关资料相对较少。

1991年，考古工作者在河南省洛阳市偃师南蔡庄发掘了一座东汉晚期的墓葬，编号为M3，墓葬为长斜坡墓道砖室结构，由墓道、甬道、前室、二侧室和后室组成，室内面积较大，葬有多人，因墓葬内出土有“肥致”碑，相关资料称该墓为“汉肥致墓”[②]（图五-111）。出土石碑的碑文记载内容及墓内葬多人的情况，综合体现出与道教有关的师徒关系，反映出家庭关系的延伸，而其较为重要且直观体现的是家庭及其成员的对外交往内容。

---

① 韩国河：《秦汉魏晋丧葬制度研究》，陕西人民出版社，1999年，第181页。

② 河南省偃师县文物管理委员会：《偃师县南蔡庄乡汉肥致墓发掘简报》，《文物》1992年第9期。

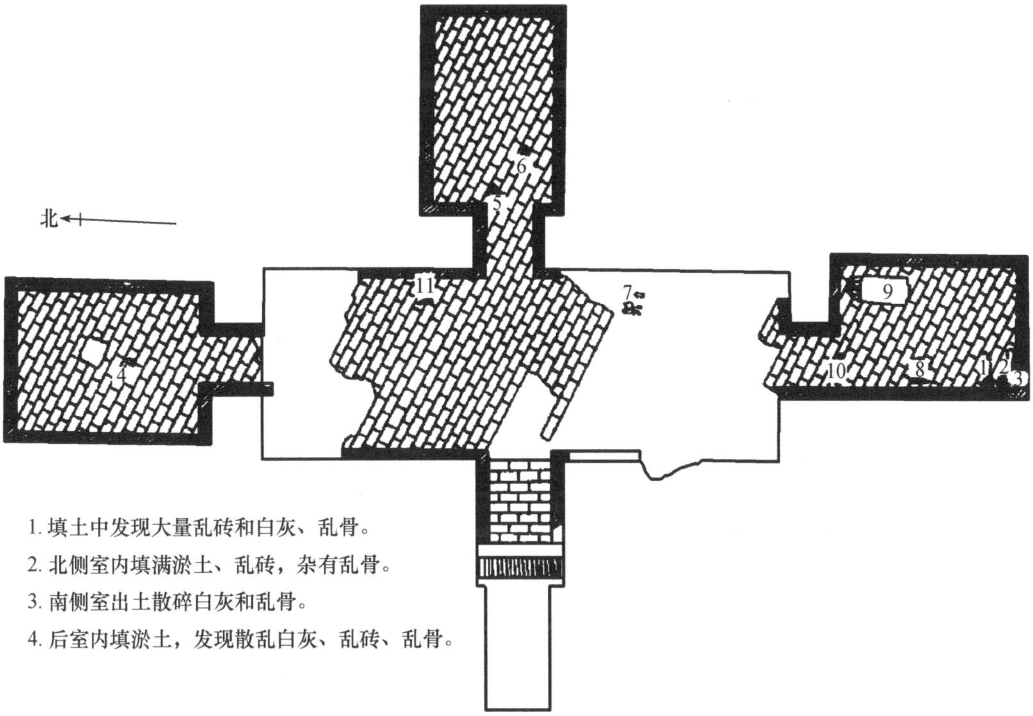

图五 -111　河南省洛阳偃师南蔡庄 M3（“汉肥致墓”）平面图

1、2. 陶罐　3. 陶盆　4. 陶魁　5. 陶器座　6. 铜圈饰　7. 陶片　8. 铁剑　9. 石碑　10. 陶盾牌状物　11. 陶凫头

墓葬的前室填土中发现大量乱砖、白灰和乱骨，北侧室内填满淤土、乱砖，杂有乱骨，南侧室出土散碎白灰和乱骨，后室内有淤土，发现散乱白灰、乱砖、乱骨。虽然该墓遭受盗掘和扰乱，但基本可以确定为多人葬墓。石碑编号为 M3：9，碑身高 98、宽 48、厚 9.5 厘米，晕首，刻隶书 6 行共 28 字，碑身有界格，碑文隶书阴刻，竖行 19 行，满行 29 字，共 484 字（图五 -112），下有一长 74、宽 44、厚 12.3 厘米的长方形趺座，座前部横排刻出三个圆盘，各盘内均刻一耳杯。从肥致碑所记内容来看，肥致字苌华，河南梁县（今临汝县东）人，生年不详，卒于东汉灵帝建宁二年（169 年），而从碑文记载章帝与和帝二帝元年的时间、肥致被章帝召入宫中及年轻时就“行成名立，声布海内”等来看，肥致去世时年龄当很大。肥致的道行高，神通广大，广交古今仙人，“世无及者”，而且教授较多的门徒，因此会形成师徒关系。肥致为东汉时有名的道教方士，“行成名立，声布海内，群士钦仰，来集如云”，有较多的学生或徒弟当在情理之中，洛阳东乡许幼即是其中之一。但全面考察碑文所及内容，可知肥致居无定处，且到处流浪[①]，有时会在学生家住下来进行宣道和教授门徒，而学生对肥致也极为恭敬，碑文所载“许幼仙师事肥君，恭

① 黄展岳：《肥致碑及相关问题》，《考古》2012 年第 5 期。

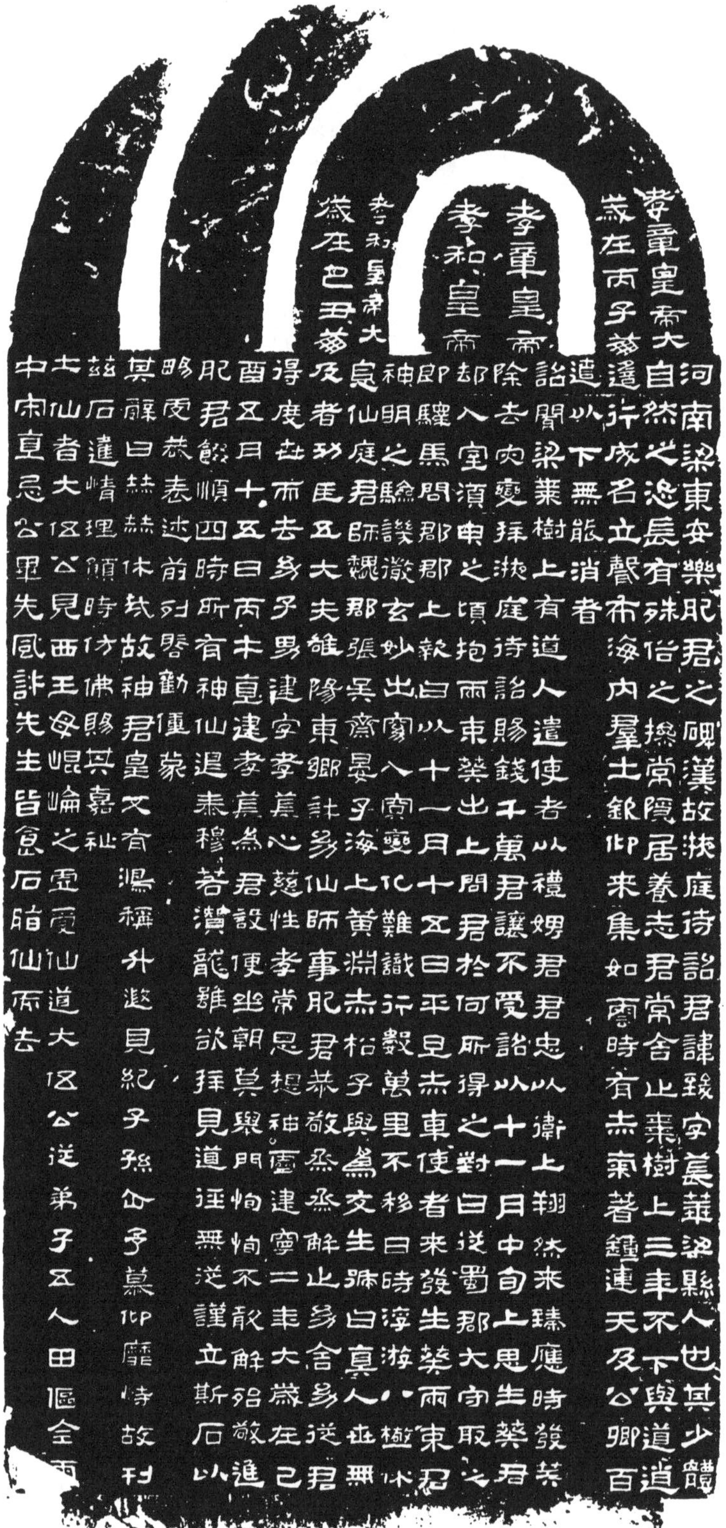

图五 -112　河南洛阳偃师南蔡庄东汉墓出土汉肥致碑

敬烝烝，解止幼舍”即可说明，这也使得相应的家庭关系及家庭交往呈现出新的内容，而如许幼的儿子对肥致也十分敬重，亦有学道的想法，加之其父为肥致之徒，使得家庭内部关系得到相应的延伸。碑文载：“幼子男建，字孝苌，心慈性孝，常思想神灵。建宁二年（169 年）大（太）岁在己酉，五月十五日丙午直建。孝苌为君设便坐，朝莫（暮）举门恂恂，不敢解（懈）殆（怠），敬进肥君，餟顺四时所有。神仙退泰，穆若潜龙，虽欲拜见，道径无从。谨立斯石，以畼（畅）虔恭，表述前列（烈），启劝偅（童）蒙。”除此之外，“（许）幼从君（肥致）得度世而去”，而另有“土仙者大伍公，见西王母昆仑之虚，受仙道大伍公从弟子五人：田傴、全□中、宋直忌公、毕先风、许先生，皆食石脂仙而去”，反映出家庭内部关系的延伸内容更为多样，而与相关人员的交往是其中重要的内容和组成。据碑文中所记内容，许建在建宁二年（169 年）为父许幼造墓，并在墓内为肥致“设便坐”，从丧葬方面也体现出家庭内部关系的延伸，即将其父与父之老师葬于同一墓葬之中，与正常墓葬内葬人有明显不同。不仅如此，墓葬内还葬有大伍公及从弟子五人，即来自不同家庭的成员，后事均系幼子苌办理，这与墓内葬多人恰恰对应①。有学者认为，“大伍公从弟子”五人的死亡时间，可能在肥致之后、许幼之前，这五人和肥致一样，是许建修墓时从外地捡回骸骨，一齐入葬北侧室②。但这与上文所述并不矛盾，且所体现家庭内部关系的延伸及家庭交往内容更为突出。可以说，河南洛阳偃师南蔡庄“汉肥致墓”较好地反映了当时道教流行背景下道教徒的师生关系及与此有关的家庭内部关系的发展和延伸和家庭及其成员较为丰富的交往内容。

就该墓葬及“肥致”碑而言，还存在一些未能完全明确的疑问，如该墓的规模较大，是否许幼的儿子在建造墓葬时就已有对应的计划？要专门为肥致立碑，这是否与许幼死前的安排有关？这些疑问还需作进一步的研究。虽然还有一些未解之谜，但该墓的发掘还是为我们研究汉代家庭及其成员在宗教信仰影响下的交往内容和特征提供了重要的参考和借鉴，而且这其中不仅涉及肥致的弟子，还有弟子的儿子等人，相关的交往内容较为丰富。

2. 佛教影响下的家庭交往

西汉末年，佛教开始传入我国，东汉早期，佛教得到一定程度的传播，至东汉晚期，佛教传播趋于广泛，影响不断扩大，一些东汉晚期的考古遗存或遗物，已明显受到佛教因素的渗透和影响，而与之有关的研究成果也有一定数量，涉及的实例

---

① 河南省偃师县文物管理委员会：《偃师县南蔡庄乡汉肥致墓发掘简报》，《文物》1992 年第 9 期。

② 黄展岳：《肥致碑及相关问题》，《考古》2012 年第 5 期。

很多[①]，上文相关章节已有叙述，本章不再赘叙。对于较多开始崇佛和信佛的不同家庭成员来讲，因崇佛和信佛而会参加相关礼佛或佛事活动。据文献记载，这种情况在东汉早期和晚期都有存在。东汉早期，对于佛教的信奉还仅限于等级较高人员的推动，汉明帝刘庄为一例，而他的兄弟，楚王刘英表现得更为突出，史载："楚王诵黄老之微言，尚浮屠之仁祠，洁斋三月，与神为誓……其还赎，以助伊蒲塞桑门之盛馔。""晚节更喜黄老，学为浮屠斋戒祭祀。"[②]东汉晚期，佛教在我国的影响已逐渐深入民间，《三国志·刘繇传》载，笮融"往依徐州牧陶谦。谦使督广陵、彭城运漕……乃大起浮屠祠，以铜为人，黄金涂身，衣以锦采，垂铜盘九重，下为重楼阁道，可容三千余人，悉课读佛经，令界内及旁郡人有好佛者听受道，复其他役以招致之，由此远近前后至者五千余人户"[③]。一些地区发现有驯象图、骑象图等与佛教有关的图像，其中有一部分为僧侣骑象图，江苏徐州出土汉画像石中有两幅"僧侣骑象图"，其中一幅中的僧侣着袈裟，头顶巾帻，可以看出其是光头；另一幅画面上方刻一人躺卧在象背上，右手托面，前面一人手持长钩，应为象奴，画面下方刻一枝叶茂盛的大树[④]（图五-113）。这些僧侣骑象而行，可能与宣传佛教有关，这也使得相关家庭成员与他们之间产生相应的交流和交往。佛教传播影响下的家庭交往内容十分丰富，也反向推动了佛教更快、更普遍性的传播，同时也使得相关家庭成员的对外交往增添了新的内容和动机。

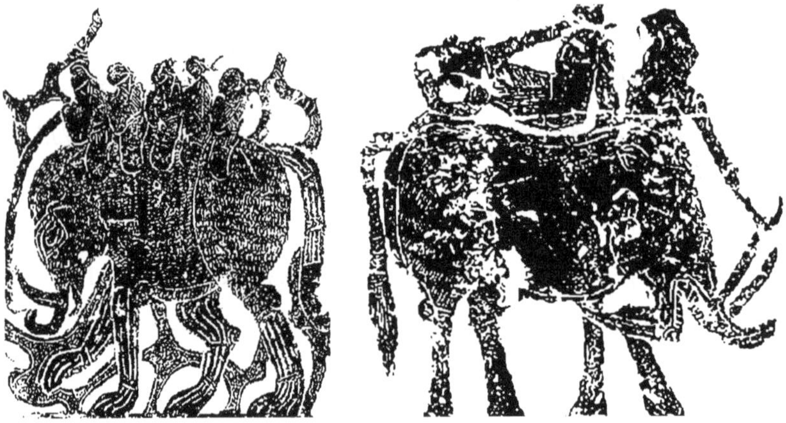

图五-113　江苏徐州征集僧侣骑象画像石画像

① 何志国：《论早期佛教在长江流域的传播》，《东南文化》2004年第3期；李正晓：《中国内地汉晋时期佛教图像考析》，《考古学报》2005年第4期；吴桂兵：《中古丧葬礼俗中佛教因素演进的考古学研究》，科学出版社，2019年。

② （南朝宋）范晔撰，（唐）李贤等注：《后汉书·光武十王传》，中华书局，1965年，第1428页。

③ （西晋）陈寿撰，（南朝宋）裴松之注：《三国志·吴书·刘繇传》，中华书局，1959年，第1185页。

④ 杨孝军、郝利荣：《徐州新发现的汉画像石》，《文物》2007年第2期。

与东汉时期佛教传播及其影响有关的考古资料有很多，但要说明的是，较多考古资料体现的是佛与弟子的关系，有些还是释迦摩尼与众弟子的关系，这些内容间接体现出佛教传播过程中形成的师徒关系，也折射出家庭成员崇佛和信佛过程的一些交往内容。下文仅简单举二例作简要说明。

四川资阳市雁江区狮子山崖墓 M2 出土的蹲熊瑗壁式摇钱树，顶层两面均铸刻相同的纹饰，顶枝上，即顶层主枝为“一佛二弟子”图像和瑗壁，其中主尊佛顶髻宽平，发际线呈连弧形，着交领长袍，两臂衣纹褶皱明显，右手施无畏，左手执衣角，衣襟下摆绕右手（从另一面看是左手施无畏，右手执衣角，衣襟下摆绕左手），结跏趺坐，有椭圆环形头光；两侧立有弟子（可能为一汉一胡），其中右侧弟子着交领袍衣，面目及双手残，腰间似配有一剑，左侧弟子光头，高鼻深目，交领袍衣，下着绔，双手捧塔，左右两侧弟子头上部铸刻有莲花，瑗壁处于“一佛二弟子”图像的下部，上铸刻有变形双凤，双凤朝向中间的莲花，而莲花上方即为结跏趺坐主尊佛[①]（图五 -114）。佛与弟子的关系，反映出相关佛教人员的交往内容。

图五 -114　四川资阳市雁江区狮子山崖墓 M2 出土摇钱树树枝顶层图案

孔望山东汉摩崖石刻位于江苏省连云港市海州区锦屏山东北孔望山，可识并已编号的图像有 100 余个，另有圆雕石象、圆雕石蟾蜍及一块顶部有人工凿槽的馒头状巨石。第 2 组（X4-X60）在造像群近中部位置，共有 57 个图像，X21 居中心，是借用一块肉红色山石的自然形状作成的高浮雕半身侧卧像，像面圆长，头有高肉

① 四川省文物考古研究院、资阳市雁江区文物管理所：《资阳市雁江区狮子山崖墓 M2 清理简报》，《四川文物》2011 年第 4 期。

髻，着圆领衣，右手支颐，仰面而卧，面前有灯碗两个，其余图像分层逐段地刻在卧像周围的青灰色岩壁上，脸型方圆，有男有女，有老有少，穿圆领衣，有的戴冠，有的梳髻，有的以花束发，有的则为光头，都面向居中卧像，流露出悲戚哀痛的神情，因此该组造像是以佛传故事“涅槃变”为表现题材的[①]（图五 -115）。

图五 -115 江苏连云港孔望山摩崖石刻中的“涅槃图”

孔望山摩崖石刻的时代为东汉晚期，是佛教传入我国的早期阶段，释迦涅槃成佛是佛经中重要的内容，孔望山摩崖石刻中的释迦涅槃画像位置居中，既是对佛教内容的摹写，也体现出佛教传后的发展和影响，尤其是对当时社会产生相应的影响。一方面，佛经中，修炼到涅槃境界则可升入“无复生死”的“极乐世界”，这与当时社会普遍流行和推崇的升仙思想相对应，可在一定程度上满足社会人群升仙的心理需求，亦成为当时很多人崇佛、信佛的重要原因。另一方面，释迦涅槃后，众弟子围在其身边皆十分悲戚哀痛，体现出相应的师徒关系及弟子对老师的尊敬。就当时来讲，专职的佛教徒还相对较少，较多的佛教徒来自于不同的家庭，上文所引《三国志·刘繇传》中关于笮融大起浮屠祠，以铜为人，建重楼阁道，悉课读佛

① 《孔望山的石刻画象》，《文物参考资料》1955 年第 2 期；寄庵、人俊：《江苏省文管会调查孔望山石刻画像》，《文物参考资料》1954 年第 7 期；朱江：《海州孔望山摩崖造像》，《文物参考资料》1958 年第 6 期；李洪甫、丁义珍：《孔望山汉代摩崖画像石刻》，《徐州师范学院学报》（哲学社会科学版）1980 年第 1 期；连云港市博物馆：《连云港市孔望山摩崖造像调查报告》，《文物》1981 年第 7 期；步连生：《孔望山东汉摩崖佛教造像初辨》，《文物》1982 年第 9 期。

经，令好佛者听受道，吸引远近前后至者五千余人户等的记载即很好地证明了这一点，同时也说明，东汉末年今徐扬一带佛教流传较盛，应有很多的人员崇佛信佛。孔望山摩崖石刻的开凿或许与今苏鲁豫皖交界地区佛教流行、较多家庭的成员崇信佛教有关，而其暴露在外，可供很多人观看，满足了相应需求，同时还可起到很好的教化作用，也使得很多家庭的成员在开展与该摩崖石刻有关的信佛、崇佛及尊师重道的活动过程中形成较多交往内容。当然，佛与弟子的内容也会对民间佛教传播有较大影响，较多的佛教徒会拜师学佛和参佛，进而形成与家庭有关的交往内容。

综上所述，秦汉家庭的对外交往内容十分丰富，涉及家族、亲朋、邻里、封爵、官仕、乡里活动、家庭成员的知识教育与门生故吏、宗教信仰、人员流动及与家庭生产、生活和丧葬需求等有关的买卖与交流、服务家庭活动的特殊交往等多个方面的内容。在多种形式的交往过程和内容中，存在着不同的性质和含义，如等级性，如服务朝廷或各级政府，如服务于家庭等，相关的交往也有亲疏远近之别，有的是为了加强家庭与家族之间的联系，有的是为了生活，有的是为了生计，有的为了宗教信仰，还有的是为了完成相关任务，亦有的是为了自身的职务和权力，一些交往可能会逐渐加深，一些则可能逐渐疏远，还有较多为一面之缘或是蜻蜓点水式的表面交往，如一般情况下的购物行为等。可以说，秦汉时期，家庭及其成员的对外交往是较为全面和丰富的，很大程度上表明秦汉时期的家庭内容已更趋丰富和多样，这正是其走向全面化或渐趋成熟的体现和反映。

第六章

秦汉家庭的精神世界

家庭作为社会的最基层组织机构和单位，包含内容多种多样，除上述相关章节所述物质内容外，还包括精神世界的诸多内容，物质内容与精神世界的和谐统一，使得秦汉家庭的整体内容及其内涵更为丰富和全面。秦汉时期，国家的统一、帝国的建立和日渐巩固、社会政治与经济的全面发展等诸多因素，使得秦汉思想信仰呈现出全面发展的态势，最突出的表现是在多种思想信仰共同发展的多元特征下又具有较强的一致性，这与秦汉文化多元一体的特征较为相符。

诸多的思想信仰对秦汉家庭产生了较大影响，较多的家庭在发展过程中对社会思想信仰进行合理有效的吸收与应用，逐渐形成与秦汉家庭发展相适应的自身思想、信仰内容与框架，构成了秦汉家庭的自我精神世界。大致来看，秦汉时期家庭的精神内容，既有对社会传统思想的信仰、传承和发展，也有大一统背景下本土宗教的发展，还有在此过程中外来宗教的传入与逐渐渗透，而这一时期，丧葬思想和观念也是每个家庭不可或缺的内容，并在每个家庭中占有举足轻重的地位。随着秦汉社会及家庭的共同发展，较多社会思想信仰通过家庭这一基层社会组织，得到较多且具有连续性的发展和扩大，并能够延续和传承下来，成为秦汉思想信仰的精华和主题。

可以说，秦汉时期，家庭的精神世界包含内容十分广泛，这与其所处时代及整个社会的发展有着密切关系，进而呈现出较为丰富或多元化的特征。同时，家庭的精神内容与社会、国家的思想信仰在较多方面具有契合之处，体现出家庭与国家、社会思想在统一文化形成、发展背景下的和谐与一致。

第一节 传统社会思想与信仰

秦汉时期，思想信仰内容丰富，绝大多数都会对这一时期的家庭产生相应影响。本节所述传统社会思想，是指没有完全形成或不具备完整或未成体系的思想教义，具有相对的灵活性，同时又在社会中得到普遍信奉的思想或信仰，其不同于下文要作专门论述的儒家思想、道教与佛教等宗教思想，在某种程度上又可称为民间思想与信仰，但其具有较强的普及性，社会诸多等级的人员对之都有所信奉和推崇，因此本书称之为传统社会思想与信仰。就其内容来讲，较为驳杂多样，最为主要的有升仙思想、神鬼思想及崇拜思想、吉祥思想和相关社会风俗等，这些思想信仰基本都已融入秦汉家庭的生产与生活之中，一些甚至已成为不可或缺的精神内容，使得秦汉时期家庭的精神文化内容更趋全面和多元化。

一、升仙思想

生活于现实世界的人们，由于社会、家族和家庭的矛盾，生活的压力与劳作的辛苦，社会的不平等及生活现状的差异，灾难与瘟疫的侵害，加之对于现实生活的不满和厌倦，对疾病与死亡的恐惧，对美好生活的向往等因素，思想上幻想并渴望拥有仙界的美好，努力希望自己乃至家庭成员、其他亲人等能够升入仙界，过上不同于现实世界的美好生活，升仙思想因此得到极大的发展和推广普及，进而成为古代社会传统思想中的一项重要内容。升仙思想具有较强的理想化，思想的归属或归结点是美好的仙境，而且在仙境中能够享受美好的生活，这正是众多人美好的理想和不懈的追求。东周楚国的屈原在《远游》中即云："贵真人之休德兮，美往世之登仙。"[①] 考古资料也可体现，湖南长沙战国时期的陈家大山楚墓出土帛画"龙凤人物图"[②]、子弹库楚墓出土"御龙图"[③] 等体现得较为直观。秦汉时期，尤其是汉代，大一统背景下封建帝国的政治、经济、思想文化获得全面发展，也使得升仙思想更加炽盛，上至帝王列侯将相，下至平民百姓，迷恋升仙者多之又多，甚者已达到极为痴狂的地步。陆贾《新语·慎微》中对于西汉初期求仙者的痴狂有相关描述，"苦身劳形，入深山，求神仙，弃二亲，捐骨肉，绝五谷，废诗、书，背天地之宝，求不死之道，非所以通世防非者也"[④]。通过这一记载可以看出，升仙思想中还有一项极为重要的内容，即"求不死"，而长生与不死应是这时期人们追求升仙的普遍动力，诱惑极大，也使得升仙思想更能够得到多数人的信奉和推崇。秦皇汉武都追求长生，而汉武帝时期，发明了黄帝及其随从升天的故事，这是方士转变观念以适应求仙者

① （战国）屈原：《楚辞·远游》，金开诚、董洪利、高路明：《屈原集校注》，中华书局，1996 年，第 674 页。

② 商承祚：《战国楚帛书述略》，《文物》1964 年第 9 期；熊传新：《对照新旧摹本谈楚国人物龙凤帛画》，《江汉论坛》1981 年第 1 期；贺西林：《战国墓葬绘画的风格与图像》，《四川文物》2002 年第 2 期。

③ 湖南省博物馆：《长沙子弹库木椁墓》，《文物》1974 年第 2 期；湖南省博物馆：《新发现的长沙战国楚墓帛画》，《文物》1973 年第 7 期。

④ （西汉）陆贾：《新语·慎微》，上海古籍出版社，1990 年，第 9 页。

世间口味所采取的第一步[1]，也促使升仙思想日渐趋于世俗化，且更加普遍和流行。儒家思想在汉武帝时逐渐被朝廷接受并成为国家思想，而儒家思想对于升仙思想的内容也有较多吸收、改进并为其所用，下文所述儒家思想中的“天人关系”等皆可体现，这也使得升仙思想在原有的基础上得到更进一步的发展。西汉晚期至东汉一代，升仙思想又获得较多发展，这其中的原因很多，如谶纬思想的促进、人们对于升仙的渴求不断加强等等，促使各种与升仙有关的因素或媒介得到充分利用和拓展，很多更是无所不用其极，且能够与其他社会思想相互杂糅，这对于汉代家庭的影响很大，家庭及家庭中的成员也是通过多种途径、不同手段力求升仙，可以说，升仙思想在西汉晚期至东汉一代达到了其发展中的高峰。

升仙虽然是一种理想化的思想内容，但又是较多人信奉、推崇和追求的内容，并由此衍生出或诞生了较多方法、途径及与之有关的内容、内涵等。从大的方面看，一是追求活人能够升仙，二是让死者的灵魂能够升仙，而二者都是在升仙思想支配下的活动及相关内容。综合来看，秦汉时期，上述二者是并行的，但西汉中晚期尤其是西汉晚期至东汉时期，死者灵魂升仙占据了更大的比重，这也体现出升仙思想的发展。就其原因，笔者认为，虽然汉代有较多现实生活中的人被当作仙人，如黄帝、炎帝、后羿、嫦娥、老子、扁鹊、李少君等，还有传说中的仙者如赤松子、师门、崔文子、宁封子、偓佺等，但在追求活人能够升仙的过程中，人们自己不能实现理想，而身边亦见不到真正的成功者，就我们目前的科学认识来讲，是不可能有人可以成仙的，所以当时见不到真正成仙的成功者当在情理之中，因此社会中追求活人能够升仙者渐趋于减少，但并非完全没有，在升仙思想影响下，极端痴迷升仙者仍有存在。由于追求活人升仙基本不能完成或极为渺茫，是理想大于现实的一种追求，当时人们对于死后升仙更为关注，由于相信灵魂不死或灵魂不灭，认为人的死亡只是肉体的死亡，灵魂依旧存在，而在人死之后，魂魄可以离开肉体，这样更便于升仙，所以当时的人认为，为死者创造更多物质及精神的条件，可更好地促进死者的灵魂升天成仙，这应是升仙内容较多地体现在死后世界的原因之一。另外，还有一个重要原因，人死之后，其灵魂是否升仙为不可知的内容，为死者的死后世界营造更好的升仙环境或许可达到帮助或促进死者灵魂升仙的理想与目的。相关学者指出，升仙思想可使人们借助灵魂升入仙界的理想摆脱肉体死亡带来的悲剧，虽然只是克服悲剧人生而产生的乌托邦的理想幻境[2]，但仍具有较大诱惑力。另外，为死者的死后世界营造较好的升仙环境，对于现实中活着的人来讲，还是他们显孝、示孝的有力证明，而在以孝治天下的汉代社会这是十分重要的因素之一。

---

① 余英时著，侯旭东等译：《东汉生死观》，上海古籍出版社，2005年，第36页。

② 朱存明：《汉代墓室画像的象征主义研究》，《艺术研究》2003年第1期。

（一）活人追求升仙

虽然是不可能实现的目标或作为不可能达到的理想，但在升仙思想的推动下，还是会有很多人通过多种方法和途径，希望自己在死亡之前达到升仙，这样比死亡之后成仙可以更早一步，而且也使得生命更具连贯性。上文所引《新语》中所载，有人入深山之中求神仙以达到升仙之目的即是例证。

与上述记载相似的内容还见于汉代的一些铜镜铭文中，以西汉晚期至东汉早期的铜镜最为常见，一些铜镜铭文为“上大山兮见仙人，食玉英兮饮澧泉，驾交龙兮乘浮云”、“福禄进兮日以前，天道得物自然，参驾蜚龙乘浮云，白虎失，上大山，凤鸟下，见神人”，有的是“× 镜真大好，上有仙人不知老，渴饮玉泉饥食枣，寿如金石”。如河南南阳市宏大建安公司东汉早期墓葬出土的禽兽博局镜，配置有朱雀、白虎、禽鸟等，铭文带中的文字为“……知老，渴饮玉泉饥食枣……”[①]。有的铜镜铭文的具体用字或描述稍有差别，如“尚方作镜真大好，上有仙人不知老，渴饮玉泉饥食枣，浮由（游）天下敖（遨）四海，翡（飞）回名山采芝草”。江苏徐州市北郊后山西汉墓（上）的时代为西汉末年，墓内出土的四神博局镜（M1 上：18），4 个柿蒂纹将纹饰分成 4 组，主纹为两两相对的四神，有朱雀、玄武、蟾蜍等，主纹外是 23 字铭文“上大山，见神人，食玉英，饮澧泉，驾交龙，乘浮云，宜官秩，保子”[②]（图六 -1：1）。《长安汉镜》一书收录西安地区出土的 1 枚博局镜（1997XXQM2：2），主区由四神和铭文带组成，四神还各配有动物，青龙配一鸟，朱雀配蟾蜍、白虎配一羊，玄武配羽人，铭文为“作佳竟（镜）哉真大好，上有仙人不知老，渴饮玉池饥食枣，浮游天下敖四海，寿如金石保”[③]（图六 -1：2）。另外还有其他相似内容的铭文，但具体文字有所不同，如《长安汉镜》一书收录西安地区出土的 1 枚七乳禽兽镜，七乳间的禽兽纹共 7 组，每组 3 个图案，有羽人图，配一羊，其中一羽人弓身与羊对语，有青龙图，配一角兽，朱雀图为二凤一雀，朱雀回首与一凤对视，另外还有辟邪、白虎、玄武、骆驼图，分别配一角兽一蟾蜍、一兽、一禽一兽、一鸟一羽兽，镜的平缘有篆书铭文一周：“维镜之旧生兮质刚坚，处于名山兮俟工人，湅取精华兮光耀遵（焞）。升高百（官？）兮进近亲，昭兆（焯）焕（？）兮见弜（躬）身。福熹进兮日以前，食玉英兮饮澧（醴）泉，倡乐陈兮见神鲜（仙），葆长命兮寿万年，周复始兮

① 南阳市文物考古研究所：《南阳出土铜镜》，文物出版社，2010 年，第 352、353 页。

② 徐州博物馆：《江苏徐州后山西汉墓发掘简报》，《文物》2014 年第 9 期。

③ 程林泉、韩国河：《长安汉镜》，陕西人民出版社，2002 年，第 133 页。

1　　　　2　　　　3

图六 -1　汉代墓葬出土铜镜

1. 江苏徐州后山汉墓（上）出土的四神博局镜（M1 上：18）　2. 陕西西安地区出土博局镜（1997XXQM2：2）
3. 陕西西安地区出土七乳禽兽镜

传子孙。”[①]（图六 -1：3）铜镜的形状、钮与钮座、纹饰、铭文等与升仙内容较为相符，当是在升仙思想影响下结合形状和形制而形成的铜镜种类。铜镜是家庭生活中的重要物品，为家庭或家庭成员的日常用品，具有升仙题材或内容的纹饰、铭文，当与使用者希望升仙、追求升仙等有关，体现出家庭与升仙思想之间的关系。类似的器物还有很多，如熏炉，炉内香草点燃后，香烟袅袅，犹如仙境；如席镇，造型和纹饰多样，又常伴于日常生活，其中江苏徐州市北郊后山西汉墓（上）出土的 4 件铜镇，形制、纹饰相同，整体呈博山形，主纹饰为 3 只走兽，侧身前行，3 兽各据一方，身体相连，头发在锥体顶部盘旋扭结在一起，在 3 兽首之间还饰有 3 只似猴的动物，其头部、身体倾斜，四肢张开，右腿前跨，右上肢作前探取物状，其中一只猴面倒刻，呈仰面朝天状，别有情趣[②]（图六 -2）。类似性质或功能的内容还见于其他器物，不再一一枚举。就这些家庭中的日常用物来讲，是在升仙思想影响下，家庭或家庭成员对升仙渴望与理想的体现，但这些物品所具有的作用，应该是相关人员希望借以升仙的用具，也因此具有了满足升仙心理的功能。

相关建筑也有体现。一是西汉与新莽都城长安南郊的相关礼制建筑[③]、东汉都城洛阳南郊的相关礼制建筑[④]，在某种程度上都可能与升仙思想存在一定关系。二是高楼，随着建筑技术的提高，汉代已可以建造具有相应高度的楼，墓葬画像石（砖）画像、壁画及出土的陶建筑模型等皆可说明。河北衡水阜城桑庄汉墓出土陶楼

① 程林泉、韩国河：《长安汉镜》，陕西人民出版社，2002 年，第 143、144 页。

② 徐州博物馆：《江苏徐州后山西汉墓发掘简报》，《文物》2014 年第 9 期。

③ 考古研究所汉城发掘队：《汉长安城南郊礼制建筑遗址群》，《考古》1960 年第 7 期；中国社会科学院考古研究所：《西汉礼制建筑遗址》，文物出版社，2003 年。

④ 中国社会科学院考古研究所：《汉魏洛阳故城南郊礼制建筑遗址——1962 ~ 1992 年考古发掘报告》，文物出版社，2010 年。

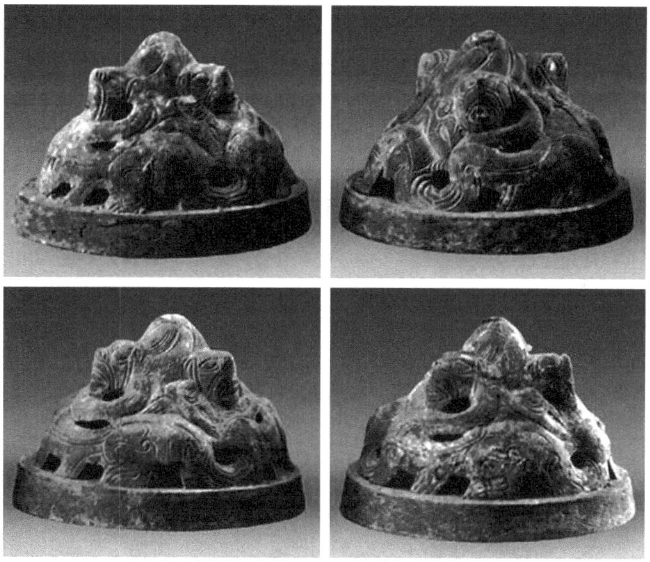

图六 -2　江苏徐州后山西汉墓（上）出土铜镇

（M1：95）较为复杂，平面方形，由台基、门楼、楼阁组成，通高 216 厘米，从外观看，以腰檐平座栏杆间分陶楼为 5 层，从内观察，在外观第 4 层以下的每层腰檐槽下都有夹层，实际上陶楼的内部空间可分为 9 层，该陶楼为仿木建筑的模型，楼与底部基座、栏杆、门楼浑然一体，外观既稳定又富有变化[①]。陶楼在汉代墓葬尤其是东汉墓葬中多有出土，很多也如河北衡水阜城桑庄汉墓出土陶楼模型一样，有多层，相对较高，如京津冀地区北京市大兴区三台山 M2：10[②]（图六 -3）、河北唐山迁安于家村 M1：136[③]等。这些陶楼均为模型，结合楼的高度等与现实所居相对比，实际建筑要高很多，而高楼的建造与汉代人们登高而居的升仙思想有着一定关系。史载汉武帝醉心升仙，方士公孙卿曾对武帝言："仙人可见，而上往常遽，以故不见。……且仙人好楼居。"汉武帝于是"令长安则作蜚廉桂观，甘泉则作益

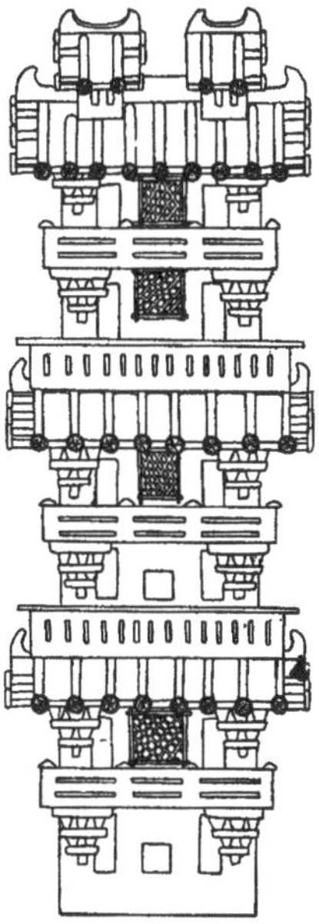

图六 -3　北京市大兴区三台山 M2：10

① 河北省文物研究所：《河北阜城桑庄东汉墓发掘报告》，《文物》1990 年第 1 期。

② 北京市文物工作队：《北京东南郊三台山东汉墓发掘简报》，北京历史考古丛书编辑组编：《北京文物与考古》，内部资料，1983 年，第 19-27 页。

③ 迁安县文物保管所：《河北迁安于家村一号汉墓清理》，《文物》1996 年第 10 期。

延寿观，使卿持节设具而候神人。乃作通天台，置祠具其下，将招来神仙之属”[①]。“仙人好楼居”的神仙思想，促使高楼兴起，宫廷、贵族官吏、地主等也倾财而建，唐代大诗人李白在《夜宿山寺》一诗中也有描述：“危楼高百尺，手可摘星辰。不敢高声语，恐惊天上人。”楼高可摘星辰，仙人可听人语，这与“仙人好楼居”较为对应，也从侧面说明汉代人们建高楼当与崇信升仙思想有关。第三为水榭，相关图像在山东济宁微山地区的汉代画像石画像中多见，基本是临水而建，一侧为斜长的梯直通高出榭亭，榭亭高出水面很多，亭上或附近有仙兽、仙禽，亭下有巨大的斗栱支撑，一些为多层斗栱[②]（图六-4），居于亭中，仿佛已可与仙界禽兽沟通，加之下为粼粼水波，还有似烟如雾的水气，像似居于仙境。因此，这一建筑也应与升仙思想的影响有关，是家庭中成员渴望升仙的物质载体和精神展现。

图六-4 山东微山县两城乡出土水榭画像

其他还有借助树木以升仙者。河南偃师县南蔡庄东汉墓出的肥致碑记有“君常舍止枣树上，三年不下，与道逍遥”“行数万里，不移日时，浮游八极，休息仙庭”[③]，

① （西汉）司马迁撰，（南朝）裴骃集解，（唐）司马贞索引、张守节正义：《史记·孝武本纪》，中华书局，1959年，第478、479页。

② 马汉国主编：《微山汉画像石选集》，文物出版社，2003年，第130、131、180、181、204、205页。

③ 河南省偃师县文物管理委员会：《偃师县南蔡庄乡汉肥致墓发掘简报》，《文物》1992年第9期；黄展岳：《肥致碑及相关问题》，《考古》2012年第5期。

所记为肥致在树上得道成仙的故事，但神化特点突出，可信度不大。相对应的器物如连枝灯，造型与树相似，灯盏上也多有叶状饰，又与树木枝繁叶茂相似，表现出与传说中神树相似的内容，展现出追求灵魂不死、得道升仙的愿望。也有服食仙药升仙者，如嫦娥，是在吃过不死仙药后升仙的，《淮南子·览冥训》曰："羿请不死之药于西王母，姮娥窃以奔月。"高诱注曰："姮娥，羿妻。羿请不死之药于西王母，未及服之，姮娥盗食之，得仙，奔入月中为月精。"[①] 姮娥即嫦娥。湖南长沙马王堆M1出土的帛画中有此类画面，代表月亮的蟾蜍下为弯月，月下一女子，为嫦娥[②]。河南南阳出土多幅嫦娥奔月画像石画像，南阳县新（辛）店镇南英庄M4的前室盖顶有此画像，画像一侧为满月，月下有云团，另一侧为嫦娥，人首蛇身，仰面，即将奔入月中[③]（图六-5：1）；西关汉墓出土此画像，左侧为月亮，中有蟾蜍，嫦娥人

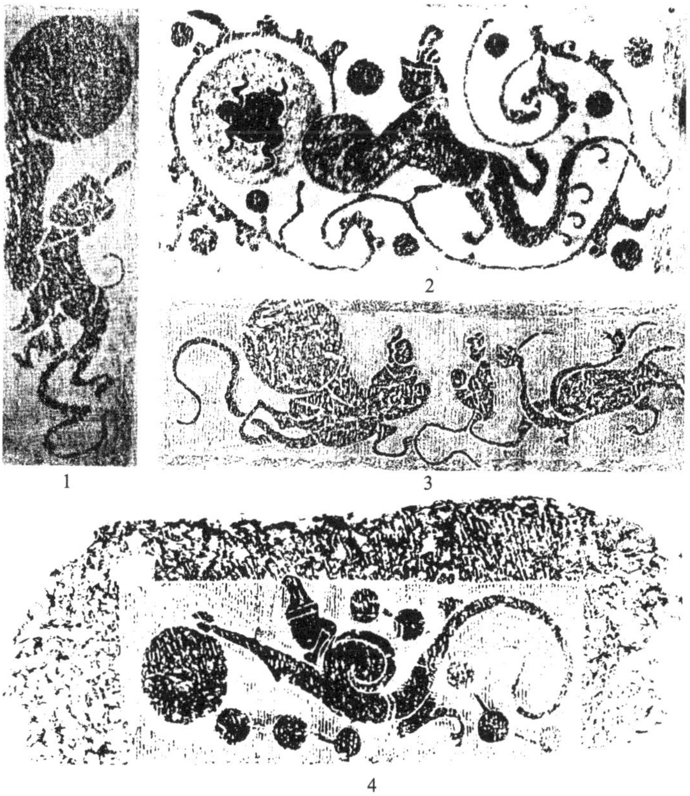

图六-5 河南南阳出土的"嫦娥奔月"画像石画像

1. 南阳县新（辛）店镇南英庄M4前室盖顶用石画像（局部） 2. 南阳市西关汉墓出土画像石画像 3. 南阳县出土画像石画像 4. 南阳县蒲山镇周圪垱村蒲山M1前室墓顶第一石画像

---

① （西汉）刘安等：《淮南子》，何宁：《淮南子集释》，中华书局，1998年，第501页。

② 湖南省博物馆、中国科学院考古研究所：《长沙马王堆一号汉墓》，文物出版社，1973年，第39-41页。

③ 南阳博物馆：《河南南阳英庄汉画像石墓》，《中原文物》1983年第3期。

首蛇身向月亮飞升，周围有众星云气点缀环绕[①]（图六 -5：2）；南阳县出土的此画像，左为月亮，嫦娥面向右侧，与右边的一仙人拱手，或是揖别，或是拜见，揖别后奔月的可能性更大，右侧仙人身后还有一双头神兽[②]（图六 -5：3）。南阳县蒲山镇周圪垱村东汉初期画像石墓（编号为蒲山 M1）的前室墓顶由三块画像石组成，每块画像石雕刻一幅画面，皆为天文星象图，第一石画像为嫦娥奔月图，画面左方刻一月轮，其右刻一女子为嫦娥，人首蛇身，后拖曲尾，有双爪，头梳高髻，一手抱于腋下，另一手揽向月轮，作腾飞状，画中散布八星，有三连星，亦有二连星（图六 -5：4）；另外两幅画像石画像，一为升仙及白虎星座图，下面刻二有翼人首蛇身的仙人，其中一仙人身上还乘坐一人，意为升仙，上边刻一白虎，虎尾部附近有三组二连星，右下角还有一组，象征着西官白虎星座；一为苍龙星座，画面中刻一苍龙形象，龙的前边有两颗星，可能是苍龙星座中的角宿，龙的身下有三星相连，可能是心宿，周围饰以云气，象征东官苍龙星座[③]。江苏徐州睢宁县张圩出土一画像石画像被定为月宫图，上格有手持仙草的西王母，其右侧有一飘飘欲仙的女子，可能为嫦娥，画面的左上方有玉兔捣药和蟾蜍，反映的是嫦娥奔月后的内容[④]。

秦汉时期，尤其是汉代，活人或在世之人追求升仙的内容较为多样，而相关内容在家庭及家庭成员中体现较多，但这些基本是理想化的，或是在升仙思想推动下的渴望、理想及尝试等，但对于当时的人们来讲，又是努力想要实现及持续追求的目标。

（二）促进死者灵魂升仙

这是较之活人追求升仙更为普遍的内容和做法。从丧葬礼仪活动开始，与灵魂升仙有关的内容就已显现。

1. 丧礼活动

湖南长沙马王堆 M1 出土帛画中段有持杖妇女，为墓主，其上屋顶上有二人，褒衣带冕，作呼号状[⑤]，应为招魂之礼中的复者。招魂的目的是将去世者的魂魄召回，以防远离肉身，这在一定程度上也是为死者升仙服务的内容之一。其后进行的饭含、设掩、幎目及小殓、大殓等，在某些方面都是为了更好地保护尸身，以让灵魂有所

① 南阳汉画馆，闪修山、王儒林、李陈广：《南阳汉画像石》，河南美术出版社，1989 年，第 160 页。

② 南阳汉画馆，闪修山、王儒林、李陈广：《南阳汉画像石》，河南美术出版社，1989 年，第 161 页。

③ 南阳地区文物研究所：《河南南阳县蒲山汉墓的发掘》，《华夏考古》1991 年第 4 期。

④ 仝泽荣、武利华、田忠恩、陈剑彤：《睢宁汉画像石》，山东美术出版社，1998 年，第 74 页。

⑤ 湖南省博物馆、中国科学院考古研究所：《长沙马王堆一号汉墓》，文物出版社，1973 年，第 40、42 页。

依托，而在这些内容之中，为保证灵魂有依附，还有为铭、制重等丧礼。马王堆 M1 出土帛画呈“T”字形，又称为旌铭、旌幡或魂幡等，顶部横裹一竹竿，上系丝带，系带处有一璧，另有麻带和黑色细麻布穗状飘带，帛画上部是对天界的描写，绘太阳、月亮、升龙、蛇身神人等；中部是对现实生活的摹写，偏上绘老年妇女拄杖缓步而行，为墓主人；最下部分是对另一世界的描写，有怪兽、蛇、大鱼等各种怪异动物（图六 -6）。长沙马王堆 M3 也有类似功用内容有所差别的帛画出土[①]。山东临沂金雀山九号汉墓出土帛画，长条形，绘有云空、日月、广厦、帷幕，帛画中有墓主及其亲属、宾客、仆从等，或起居、歌舞，或生产、游戏[②]；临沂金雀山金民 M4 出土帛画，自上而下可分为两部分内容，上段表现屋内主人与侍女的生活景观，最下一层画青、红二龙穿璧图案，玉璧呈竖椭圆形[③]。甘肃武威磨咀子 M4 棺顶上置旌幡一件，丝织，上墨书“姑臧西乡阉道里壶子梁之”11 字，字旁绘画，最上端为代表日月的圆圈，下部为虎和云气纹[④]。

图六 -6 湖南长沙马王堆 M1 出土“T”字形帛画

殓葬的葬具也有为死者灵魂升仙服务的内容。具有相应等级西汉墓葬的棺外头档处常有玉璧出土，当为棺的装饰，江苏徐州市西郊韩山西汉 M1 出土的该类玉璧还保留有明显的捆绑痕迹[⑤]（图六 -7）。璧有礼天的功能，体现出与死者灵魂升仙有关的内容，汉代尤其是西汉王侯墓葬，部分出土镶嵌较多玉璧的漆棺，所体现的此项内

① 湖南省博物馆、湖南省文物考古研究所：《长沙马王堆二、三号汉墓》，文物出版社，2004 年，第 103-109 页。

② 临沂金雀山汉墓发掘组：《山东临沂金雀山九号汉墓发掘简报》，《文物》1977 年第 11 期。

③ 金雀山考古发掘队：《临沂金雀山 1997 年发现的四座西汉墓》，《文物》1998 年第 12 期。

④ 党国栋：《武威县磨嘴子古墓清理记要》，《文物参考资料》1958 年第 11 期。

⑤ 徐州博物馆：《徐州韩山西汉墓》，《文物》1997 年第 2 期。

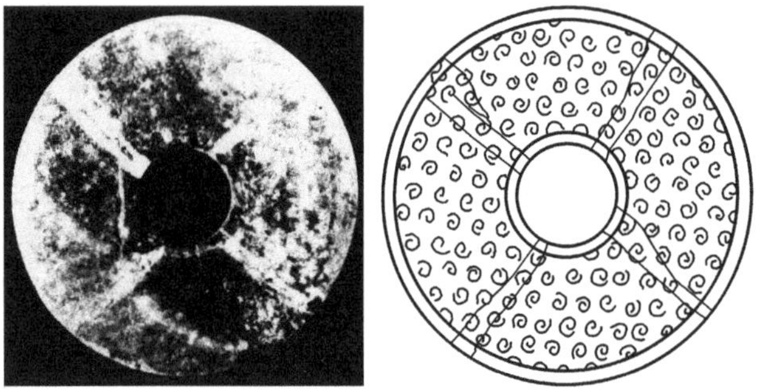

图六 -7 江苏徐州市西郊韩山西汉 M1 出土玉璧

容更为突出。有学者指出，使用（镶玉）漆棺是汉代人相信这样能使死者尸体不朽，灵魂升天思想的反映[①]。

下葬之前，还有较多的丧礼活动可能与死者灵魂有关，如祭祀和遣奠，还有立重，即在院子里立一根可让死者灵魂依附的木柱，《后汉书・礼仪志》载：东汉皇帝死后，"以木为重，高九尺，广容八历，裹以苇席"[②]。下葬之后，一般要为死者作"主"，作主的目的是让死者灵魂有所依，也可表达孝子的孝心，多用木做成死者的形象。究其原因，一方面主是死者灵魂可长期依附的载体，可供孝子等对死者之主进行拜祭，以表达孝心；另一方面，以木做成的死者之主可保存相当长的时间，这也可让后世子孙对先辈有所知，并且还有祭祀先祖的活动。《后汉书・礼仪志》对东汉皇帝死后作"主"也有相关记载："立主如礼。桑木主尺二寸，不书谥。虞礼毕，祔于庙，如礼。"同书引《汉旧仪》记载的内容更为详细，在人死后三日行小敛礼时就已开始作"主"，相关记载曰："高帝崩三日，小敛室中牖下。作栗木主，长八寸，前方后圆，围一尺，置牖中，望外，内张绵絮以鄣外，以皓木大如指，长三尺，四枚，缠以皓皮四方置牖中，主居其中央。……已葬，收主。为木函，藏庙太室中西墙壁埳中。"[③]就普通或一般等级家庭来讲，可能会存在家中或祠堂外立主的情况，上文相关研究中所举有关东汉画像石画像中即有体现，限于篇幅，不再多作叙述。

2. 墓葬

古代墓葬是当时人们死后活动环境的一种理想的规范化表现[④]，其中就包含很多具有理想化特点的升仙思想内容。上文所述较多丧葬礼仪中的物质内容被带入地下

① 李银德：《汉代的玉棺与镶玉漆棺》，徐州市两汉文化研究会编：《两汉文化研究・第三辑》，文化艺术出版社，2004 年，第 42-54 页。

② （南朝宋）范晔撰，（唐）李贤等注：《后汉书・礼仪志》，中华书局，1965 年，第 3144 页。

③ （南朝宋）范晔撰，（唐）李贤等注：《后汉书・礼仪志》，中华书局，1965 年，第 3148 页。

④ 李如森：《从汉墓合葬习俗看汉代社会变化轨迹》，《史林》1996 年第 2 期。

即成为墓葬的组成内容，这是升仙思想影响下促进死者灵魂升仙的综合体现。就墓葬本身来讲，对促进死者灵魂升仙有着较多的内容和体现，大致来看，主要有以下四个方面的内容。

一是墓葬形制和结构。秦及西汉时期，墓葬的主体为竖穴式结构，长方形竖穴或为墓穴或是墓道，其竖直向上，可能是死者灵魂升天的通道，竖穴墓道洞室墓的洞室内相对空敞，有一定空间供死者灵魂活动，而灵魂可通过门或通道，经竖穴上升，以期实现相应的升仙需求。一些西汉诸侯王墓采用横穴崖洞墓的形式，有学者认为这种形制意在模仿西王母昆仑穴居的环境，其背后是试图达到死者墓穴与西王母穴居的沟通①。江苏徐州地区的该类墓葬从西汉早期至西汉晚期未有间断，发展系列完整，就顶部结构来讲，早期相对简单，早期偏晚阶段趋于丰富，中晚期墓葬内室顶则较为多样，平顶、弧形顶、盝顶、穹隆顶等均有使用②，这一方面是对现实的模仿，另一方面也与升仙的影响不断加深有关，其中西北郊的西汉中期小龟山楚王（后）墓，部分室顶部出现类似星象的装饰③，所反映与升仙相关的内容较为突出。两汉之际，墓葬经历了由竖穴向横穴的转变，这是多种因素的综合，升仙思想的全面发展和普及亦可能为原因之一。就东汉墓葬来讲，第宅化特征突出，竖穴的封闭式已发展为横穴的开通式，这样更便于墓主灵魂的出入，而墓顶有弧形顶、穹隆顶、攒尖顶等，室顶有壁画等装饰者基本都与升仙有关，还有一些为石砌叠涩顶，有的中心有藻井，表达的升仙意图和特征十分明显。

二是陪葬品与殓葬品。部分陪葬品与现实生活相关，如铜镜、熏炉等，部分殓葬品则是在丧礼活动中就已服务于死者，并与死者尸身一起埋于地下，有关器物或遗物，在上文已有相关叙述；有些器物具有明显的陪葬品特征，但其在墓葬中的位置及相关信息又透露出与死者下葬及地下所居等有关的内容。陕西省西安市荣海华苑东汉 M1 为前后室结构，前室主要放置祭祀器和其他陶器，包括 4 件陶罐，后室南北并列置放二棺，南侧棺的南侧有 1 件陶罐和 1 个铅人，该棺的西侧即内侧有 1 件陶罐和 2 件石片，该处出土的陶罐与棺南侧出土陶罐形制接近，但形体略大，腹一侧朱书隶体“棺頭首”三字，人骨已朽，结合出土的其他遗物看，棺内死者的头部即在有朱书文字陶罐的方向，这与陶罐上的“棺頭首”三字正好对应④（图六 -8：1、2）。因此，就该陶罐来讲，除陪葬功能外还当体现出与死者相关的

① 倪润安：《秦汉之际仙人思想的整合与定位》，《中原文物》2003 年第 6 期。

② 刘尊志：《徐州两汉诸侯王墓研究》，《考古学报》2011 年第 1 期。

③ 南京博物院、铜山县文化馆：《铜山龟山二号西汉崖洞墓》，《考古学报》1985 年第 1 期；尤振尧：《〈铜山龟山二号西汉崖洞墓〉一文的重要补充》，《考古学报》1985 年第 3 期；徐州博物馆：《江苏铜山龟山二号西汉崖洞墓材料的再补充》，《考古》1997 年第 2 期。

④ 西安市文物保护考古所：《西安东汉墓》，文物出版社，2009 年，第 221-223 页。

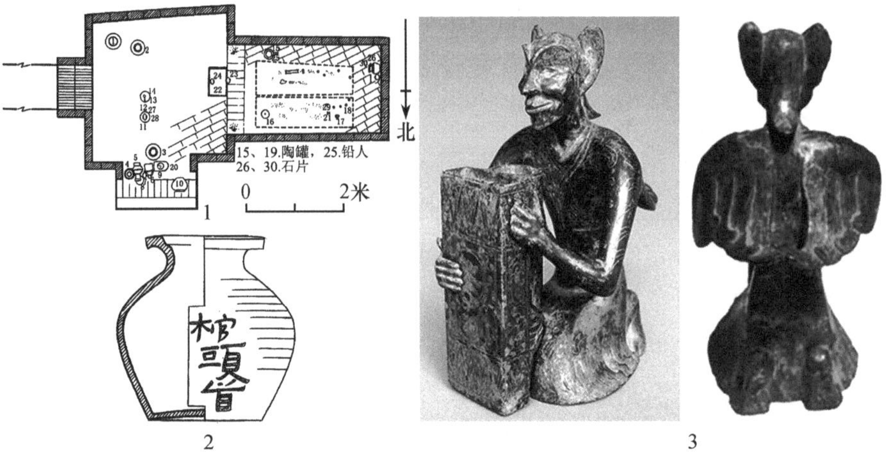

图六 -8 东汉墓葬出土与升仙可能有关的器物

1、2. 陕西省西安市荣海华苑东汉 M1 及出土朱书文字陶罐 3. 河南洛阳 C5M346 出土鎏金铜羽人

其他丧葬内容，如下葬后墓主头部的朝向等。墓主的棺位、头向等安置的目的之一是让死者能够在地下世界更好的安居，进而服务于死者灵魂的升仙。南侧棺出土铅人与陶罐的组合，也体现出服务墓主的特征，这是原始道教的内容，另在朱书文字陶罐附近出土的 2 件石片，也可能与原始道教有关，而原始道教的一些内容则对于升仙有相应促进作用，这在下文还会有相应论述。较多器物间接或直接体现出与升仙有关的内容。一些墓葬中出土较多饰有云纹的器物，装饰特征突出，但也可能与服务死者升仙有一定关系，尤其是彩绘陶器，基本为专门制作的陪葬品，不仅有别于现实的实用之物，也是满足死者地下所需，促进死者灵魂升仙的物品。有的墓葬中出土有仙人、神兽、祥禽等饰件或相对独立的器物，或是组合类器物，亦有辅助墓主灵魂升仙的功能，如一些摇钱树上装饰的西王母、羽人等。河南洛阳机车工厂 C5M346 出土铜羽人，通体鎏金，羽人呈跽坐状，面目奇特，大耳出顶，深目高鼻，下颌有短须，发披于脑后，身穿束带紧身长衣，肩后翘起双翅，腿部亦雕刻成羽翅造型，全身刻有线条纤细的羽纹、卷草纹和云气纹，双手合抱一前方后圆筒形器，器内部中空，上部无盖，饰三角形及云气纹[①]（图六 -8：3）。河北涿州凌云集团新厂东汉 M1 出土的彩绘“魂瓶”，整体分 4 节叠置，共 7 层，第 1 层瓶座，饰仙人、神兽；第 2 至 5 层饰乐、舞、艺、伎四类人物；第 6、7 层饰神树；顶层为盘形，通体施白衣，并用朱墨线条描绘出人物眉目、服饰衣褶、动物鬃鳞、树木枝杈，色彩鲜艳、生动传神，具有强烈的表现力，不过从整体造型及器物形制来看，该器称为陶灯更为合适[②]。玉器在古人心中是具有灵性的物品，一些玉器可以通天，

① 洛阳市文物工作队：《洛阳发掘的四座东汉玉衣墓》，《考古与文物》1999 年第 1 期。

② 史殿海：《涿州凌云集团新厂东汉墓群发掘简报》，《文物春秋》2007 年第 3 期；张艺薇：《小议涿州汉墓出土“彩绘魂瓶”的定名》，《文物春秋》2012 年第 3 期。

一些玉器可以护体，因此较多玉质器物与升仙内容联系起来。璧、环、璜、圭、璋等玉礼器出土于汉代墓葬中，有的为棺饰，有的为陪葬品，有的用作殓葬，一方面起到思想上保护葬具、尸身的作用，更重要的则是墓主升仙的辅助物。玉衣与升仙的关系已被诸多学者关注，其不仅保护尸身，还可助力灵魂的升天，玉衣头罩顶部中央使用的璧（环）形玉片，中部有孔，可使死人之灵魂出窍有了升天之道，这就是汉代玉衣在头罩部位设置璧形玉片（即玉璧）的奥秘所在，也是汉代贵族升仙思想在葬俗中的一种体现[①]。关于玉蝉，多作口琀，也有的作为陪葬品，如江苏徐州市东郊狮子山西汉楚王墓出土的玉蝉[②]。笔者在《徐州汉墓与汉代社会研究》一书中引用《淮南子·精神训》所记“蝉蜕蛇解，游于太清”[③]指出，其寓意升仙的可能性更大，而蝉所体现的正是升仙的一种境界[④]。铜镜在上文已述，涉及形状、纹饰及铭文等，而其在墓葬中的位置较为多样，有些铜镜出土于死者头部，裸放，部分可能镶于棺壁，有学者认为其具有辟邪和护卫灵魂的作用[⑤]，笔者在《汉代墓葬中的玉璧殓葬》一文中指出，有些墓葬中出土的铜镜，从其位置来看，有可能是借鉴了相关墓葬中对于玉璧的使用，进而具有了与升仙有关的内容和内涵[⑥]。钱币在墓葬中或在墓葬外陪葬坑内常有出土，大多是财富的象征，也是希望死者在地下世界充分使用的理想性设想，但也有一些墓葬，集中出土的一些钱币，与作为陪葬品且象征财富的钱币在位置、摆放方式等方面有明显区别。如江苏扬州市西北的邗江姚庄 M101[⑦] 与 M102[⑧]、平山养殖场 M4[⑨] 三座西汉墓及江西南昌西汉海昏侯刘贺墓[⑩]等，棺底皆铺钱，而且海昏侯刘贺墓内棺底部平铺一层金饼，金饼上铺一件金缕琉璃席；河南陕县刘家渠 M8，三棺中均是将以细藤条编联后的钱币交叉缠在死者身上[⑪]（图六 -9）。将钱币铺在棺的内底，可起到装饰棺底的作用，或可增加尸身与棺

---

① 罗波：《汉代玉衣与升仙思想初探》，《文物春秋》1994 年第 3 期。

② 狮子山楚王陵考古队：《徐州狮子山楚王陵发掘简报》，《文物》1998 年第 8 期；韦正、李虎仁、邹厚本：《江苏徐州市狮子山西汉墓的发掘与收获》，《考古》1998 年第 8 期。

③（西汉）刘安等：《淮南子》，何宁：《淮南子集释》，中华书局，1998 年，第 537 页。

④ 刘尊志：《徐州汉墓与汉代社会研究》，科学出版社，2011 年，第 170 页。

⑤ 王峰均：《铜镜出土状态研究》，西安市文物保护考古所编：《西安文物考古研究》，陕西人民出版社，2004 年，第 70-100 页。

⑥ 刘尊志：《汉代墓葬中的玉璧殓葬》，《华夏考古》2018 年第 6 期。

⑦ 扬州博物馆：《江苏邗江姚庄 101 号西汉墓》，《文物》1988 年第 2 期。

⑧ 扬州博物馆：《江苏邗江县姚庄 102 号汉墓》，《考古》2000 年第 4 期。

⑨ 扬州博物馆：《扬州平山养殖场汉墓清理简报》，《文物》1987 年第 1 期。

⑩ 江西省文物考古研究所、南昌市博物馆、南昌市新建区博物馆：《南昌市西汉海昏侯墓》，《考古》2016 年第 7 期。

⑪ 黄河水库考古工作队：《河南陕县刘家渠汉墓》，《考古学报》1965 年第 1 期。

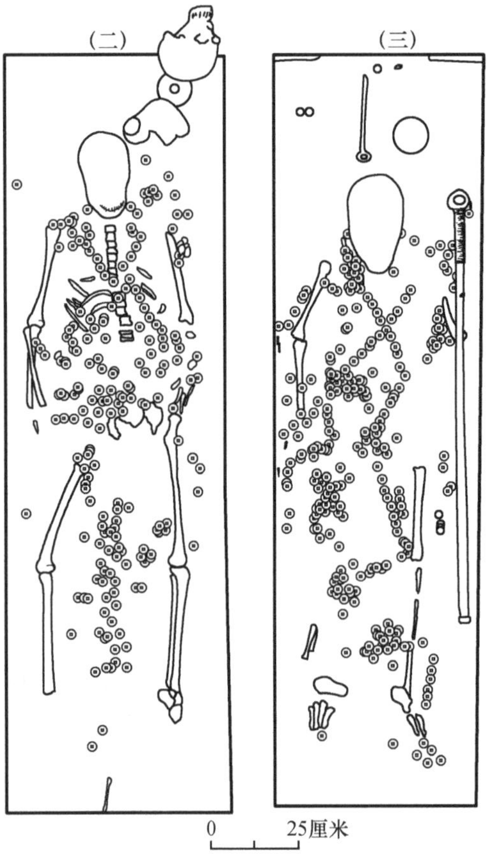

图六 -9 河南陕县刘家渠 M8（二）、（三）号棺平面图

底的距离，起到保护尸身的作用，亦或是借助所铺钱币实现保护尸身的思想追求及满足死者地下生活和升仙等丧葬需求，而刘家渠 M8 将钱币编联后铺放于尸身上，很可能是借鉴和模仿玉衣殓葬，目的亦是保护尸身、希望升仙等①。另外还有车马陪葬，笔者认为，从较多模型车马的方位与朝向等可以看出，陪葬车马蕴涵着墓主升仙的想法，是墓主人死后借助升仙的工具之一②。

第三，墓室壁画与石刻或画像砖画像。作为墓葬装饰，更便于表达墓主或逝者的升仙意图和思想。

今陕西西安、河南洛阳一带发现较多西汉时期的壁画墓，几乎每座壁画墓中都有与升仙有关的内容。

陕西西安理工大学西汉壁画墓，壁画内容中有日、月、翼龙、翼虎、朱雀等与天界有关的内容，墓室券顶壁画为墓主灵魂升天的仙境天界，红色云气布满券顶，南部正中有朱雀，两侧分别有翼龙、日月、仙鹤等，仙禽、瑞兽均头向南（墓门）③。西安曲江翠竹园西汉壁画墓，壁画内容主要是生活场景和天象，天象绘于券顶之上，包括星宿、太阳、月亮、青龙、白虎、云气等④，当与墓主升仙有关。西安交通大学西汉壁画墓，墓室顶部绘有日月、星辰、流云、四神、仙禽、神兽等，后壁上部以引导图为主⑤（图六 -10：1），反映的升仙意图较为明确。

河南洛阳西汉卜千秋夫妻合葬墓，墓顶脊壁画有彩云、女娲、月亮、仙翁（方

① 刘尊志：《汉代墓葬中的铺钱现象》，《中国国家博物馆馆刊》2017 年第 12 期。

② 刘尊志、赵海洲：《试析徐州地区汉代墓葬的车马陪葬》，《江汉考古》2005 年第 3 期。

③ 西安市文物保护考古所：《西安理工大学西汉壁画墓发掘简报》，《文物》2006 年第 5 期；西安市文物保护考古研究院：《西安西汉壁画墓》，文物出版社，2017 年，第 49-53 页。

④ 西安市文物保护考古所：《西安曲江翠竹园西汉壁画墓发掘简报》，《文物》2010 年第 1 期；西安市文物保护考古研究院：《西安西汉壁画墓》，文物出版社，2017 年，第 61、70-72 页。

⑤ 陕西省考古研究所、西安交通大学：《西安交通大学西汉壁画墓》，西安交通大学出版社，1991 年，第 6-11 页。

1

2

图六 -10 陕西地区西汉壁画墓出土与升仙有关的壁画

1. 西安交通大学西汉壁画墓墓室顶部壁画 2. 毛乌素沙漠靖边县杨桥畔东汉壁画墓后室壁画

士)、双龙、二枭羊、朱雀、白虎、仙女等，最主要的为墓主夫妇乘龙驾凤升仙壁画，女主人乘三头鸟，手捧三足乌，闭目；男主人乘舟形蛇，手持弓，闭目，后随奔狗，旁有蟾蜍，而他们是在前部的持节方士、青龙、枭羊、朱雀、白虎导引下前行升仙的①。洛阳浅井头西汉壁画墓，墓顶脊壁画有长卷式天空、瑞云图，包括朱雀、伏羲、太阳、白虎、双龙、仙翁、朱雀、蟾蜍、二龙穿璧、神人、月亮、女娲、瑞云②。洛阳市老城西北西汉壁画墓，顶脊上壁画是日、月、星、云的天汉图，后室前壁有一幅“乘龙升天图”，梯形画面，图中间为天门，雕绘有棂格和 5 个圆璧，两侧三角形中有男女各一，当是墓主夫妇，二人正乘羽龙凌空升腾，飞向天门③。偃师高龙乡辛村新莽时期墓葬，中、后室之间的横额正中绘有西王母，另有紫色帷幔、祥云升腾、玉兔捣药、蟾蜍、带翼兽、九尾狐、朱雀、人物等，也应与墓主升仙有关④。洛阳金谷园新莽时期壁画墓，前室藻井绘星象图，太阳在南，月牙在北，另有云纹、飞鸟、立鹤等；后室壁画主要内容为神祇和祥瑞图像，包括五色祥云、日像、太乙、天地、月像、辰星、天马、玄武、玄冥、岁星、青龙、飞廉、荧惑、轩辕、太白星、白虎、凰鸟、凤鸟、蓐收、句芒等⑤。上述壁画墓的壁画内容，基本都有对天界或仙界的描绘，而且一些还有引导、墓主升仙等方面的具体描写，反映的墓主升仙内容丰富且较具动态的直观感。

① 洛阳博物馆:《洛阳西汉卜千秋壁画墓发掘简报》,《文物》1977 年第 6 期。

② 洛阳市第二文物工作队:《洛阳浅井头西汉壁画墓发掘简报》,《文物》1993 年第 5 期。

③ 河南省文化局文物工作队:《洛阳西汉壁画墓发掘报告》,《考古学报》1964 年第 2 期；孟强:《关于汉代升仙思想的两点看法》,《中原文物》1993 年第 2 期。

④ 洛阳市第二文物工作队:《洛阳偃师县新莽壁画墓清理简报》,《文物》1992 年第 12 期。

⑤ 洛阳博物馆:《洛阳金谷园新莽时期壁画墓》，文物编辑委员会编:《文物资料丛刊 · 第 9 辑》，文物出版社，1985 年，第 163-173 页。

陕北地区及河北地区发现的东汉壁画墓也有与墓主升仙相关的内容。陕西旬邑东汉壁画墓，前室顶部为星象、日月、莲花藻井，四角为云气图，东壁上部正中为青龙及羽人图①。陕西定边县郝滩东汉壁画墓，墓室西壁下部壁画内容为墓主人升仙图和西王母饮乐图，墓室的顶部壁画内容有星宿图，内容有月亮、二十八宿等星辰和仙人游天图及风伯、雷公、雨师等图案②。陕西毛乌素沙漠靖边县杨桥畔东汉壁画墓，前室东壁下层前段有神仙图，自北向南而行的有仙人乘云车、仙人乘神兽等，后室东、西壁均有仙人乘神兽画面③（图六 -10：2）。河北景县大代庄东汉壁画墓，主要图案有菱形纹、卷草纹和星象图，前室顶部星象图则是在菱形或半菱形图案中填一星、二星或三星相连的星座而成④；保定望都 M1，壁画中有祥瑞动物，也见有云气鸟兽纹⑤，可能与天界及墓主追求升仙等有关。

画像石画像的内容极为丰富，体现的升仙内容更为多样。在画像石产生并作为墓葬装饰的早期阶段，就已与死者灵魂升仙产生了密切关联。大致西汉景帝时期，一些墓葬的墓门或其他位置已使用或出现了画像石，较具代表的为江苏徐州市西郊韩山西汉 M1⑥，洞室墓门为两扇石门，皆刻有常青树，树的顶端立一鸟，下有悬璧⑦（图六 -11），这是目前所知时代最早的画像石⑧，树顶立鸟及树下悬璧皆可能与墓主升仙有关，立鸟的鸣叫可召唤死者灵魂，悬璧有导引升仙之意。西汉早期偏晚阶段，石椁墓开始较多地使用画像石，基本是头挡饰十字穿璧（环）纹，足挡饰常青树，如江苏徐州铜山凤凰山西汉 M1⑨等，十字穿璧（环）纹当与升仙有关。西汉晚期至东汉一代是墓葬画像石全面发展的时期，分布地域扩大，相关墓葬数量多，升仙、

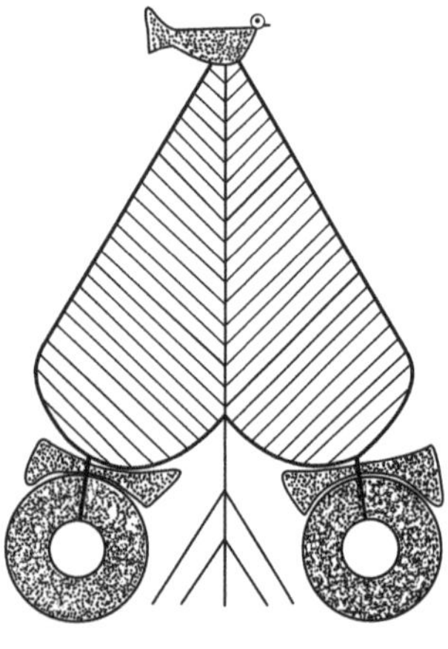

图六 -11　江苏徐州市韩山西汉 M1 洞室石门画像

① 陕西省考古研究所：《陕西旬邑发现东汉壁画墓》，《考古与文物》2002 年第 3 期。

② 陕西省考古研究所、榆林市文物管理委员会：《陕西定边县郝滩发现东汉壁画墓》，《考古与文物》2004 年第 5 期。

③ 陕西省考古研究院、榆林市文物研究所、靖边县文物管理办公室：《陕西靖边东汉壁画墓》，《文物》2009 年第 2 期。

④ 衡水地区文物管理所：《河北景县大代庄东汉壁画墓》，《文物春秋》1995 年第 1 期。

⑤ 北京历史博物馆：《望都汉墓壁画》，中国古典艺术出版社，1955 年，第 12-14 页。

⑥ 徐州博物馆：《江苏徐州韩山汉墓》，《文物》1997 年第 2 期。

⑦ 胡望林：《徐州韩山汉墓》，中国考古学会编：《中国考古学年鉴 · 2006 年》，文物出版社，2007 年，第 190、191 页。

⑧ 刘尊志：《徐州地区早期汉画像石的产生及相关问题》，《中原文物》2008 年第 4 期。

⑨ 徐州博物馆：《江苏铜山县凤凰山西汉墓》，《考古》2004 年第 5 期。

求仙及仙人画像等日益增多。西汉晚期的画像石画像常见左右分格画面，有的则是横长方形画面，如江苏徐州沛县栖山西汉末年的M1，中棺右侧内壁画像右侧为乐舞，中为射猎，左侧为拜见西王母画像。东汉早期的一些画像石画像开始出现上下分格，相当数量为多格，一般情况下，上格为仙界、仙人或仙禽瑞兽等，下格为人间生活，仙界与人间的有机结合，反映出与墓主灵魂升仙有关的内容。东汉一代，较多画像石有升仙的内容，或单独描写升仙，或分格描绘，或与其他画像内容杂糅，或是多个画像的组合，这都说明升仙思想影响下以画像题材服务或促进墓主灵魂升仙的普及和全面推广。以河南南阳地区出土画像石画像为例，1989年出版的《南阳汉画像石》[①]与1990年出版的《南阳两汉画像石》[②]二书中收录了较多天界或者仙界的画像石画像，如星象或星座图（图六-12：1～5）、仙人或神人图、仙禽神兽图、日月图、神山图等，这与墓主升仙均有密切联系，另外还有较多升仙图，如鹿车升仙图、驱魔升仙图等。其中南阳县出土的鹿车升仙画像石画像，图中一车，车下有云气承托，车上有一尊者一驭者，车前有二仙鹿拉车，车后有仙鹿追随，二羽人手持芝草并行，其间绕以云雾，仙鹿穿云破雾，引魂升天（图六-12：6）。驱魔升仙图则基本是驱疫或驱兽等，再有羽人引导升仙。南阳市西郊麒麟岗东汉墓使用画像石153幅，80%以上的画像以天神、祥瑞、神兽、升仙为题材，刻绘的人世间画像也多是跪拜祈祷，祈求成仙及方相氏驱魔、宗布神镇邪除祟之类，瑞兽、神兽、天神包括麒麟、风神飞廉、黄帝日月、东王公、西王母、仙人乘龟、方相氏、穷奇、虎、熊、蟾蜍、白虎、朱雀、高禖等等，围绕亡灵升入仙境这一主题，展示了一个异彩纷呈、气象万千的世界，其中前室及北主室、中主室的墓顶与其壁面构筑了天上景象，图像内容包括日月星辰，天文神话和羲和、常羲、四神等天界神灵，前室盖顶石下面刻画的黄帝暨日月神图，是迄今已知墓葬中最为完整的天象图（图六-12：7）；反映仙界的画像有伏羲、女娲、雷公出行、风伯、雨师、高禖、宗布、句芒、孟槐、东王公与西王母等，与升仙有关的还有羽人、飞廉等画像[③]。汉代画像砖与画像石的画像内容存在相应差异，但亦有一些相似之处，其中一些画像也体现出较多且十分明显与墓主升仙有关的内容，限于篇幅，不再多作举例说明。

第四，以墓祭设施为主体的墓外设施得到较大发展。汉代，墓地祭祀日渐普及，对应设施种类多样、内容丰富，与之同步的是，墓葬外的其他设施也得到较多发展，一些为辅助设施，如排水沟等，还有一些和墓祭有着一定关系，与墓地祭祀设施共同服务于对墓主的祭祀，进而反映出服务墓主灵魂升仙等内容。

---

① 南阳汉画馆，闪修山、王儒林、李陈广：《南阳汉画像石》，河南美术出版社，1989年。

② 王建中、闪修山：《南阳两汉画像石》，文物出版社，1990年。

③ 黄雅峰、陈长山主编：《南阳麒麟岗汉画像石墓》，三秦出版社，2008年，第43-70页。

图六 -12　河南南阳地区出土天界星座、升仙、仙界画像石画像

1. 苍龙星座（南阳县蒲山店阮堂汉墓出土） 2. 白虎星座（南阳县出土） 3. 月宫蟾蜍与星宿（唐河县针织厂画像石墓出土[①]） 4. 阳乌星宿（南阳县英庄村北汉墓出土[②]） 5. 月宫蟾蜍、星座与彗星（南阳县王寨汉墓出土[③]） 6. 鹿车升仙（南阳县出土） 7. 黄帝暨日月神（南阳市西郊麒麟岗东汉墓前室盖顶石局部画像）（未标注释的 1、2、6，见王建中、闪修山：《南阳两汉画像石》，文物出版社，1990 年，图 270、281、153，7. 见前文注释）

① 周到、李京华：《唐河针织厂汉画像石墓的发掘》，《文物》1973 年第 6 期。

② 南阳博物馆：《河南南阳英庄汉画像石墓》，《中原文物》1983 年第 3 期。

③ 南阳市博物馆：《南阳县王寨汉画像石墓》，《中原文物》1982 年第 2 期。

与两汉帝陵祭祀相关的内容较多，就西汉帝陵来讲，据《汉书·韦贤传》附子《韦玄成传》载："京师自高祖下至宣帝，与太上皇、悼皇考各自居陵旁立庙，并为百七十六。又园中各有寝、便殿。日祭於寝，月祭於庙，时祭於便殿。又月一游衣冠。"[①] 考古发掘对两汉帝陵陵区祭祀设施有较多揭露和发现，参照文献记载，体现出两汉帝陵墓祭内容的多样性及与帝陵对应的等级性。汉代诸侯国制同中央，诸侯王墓亦有墓地祭祀设施，如祠庙、寝园等，同时又体现出时代特点和发展特征[②]。汉代列侯及中小型墓葬的墓祭设施以祠堂为主，也有的为相对简略的祭台、祭案，均与祭祀墓主有关。列侯墓地如陕西西安市凤栖原富平侯张安世家族墓地，围沟东侧有祠堂遗存[③]；河南汉魏洛阳城西东汉墓东部建筑群中的祠堂，建筑规模较大[④]。一定数量的中小型墓葬所在墓地发现有祠堂遗存，江苏徐州邳州市埠上汉代墓地建筑（F1）时代为西汉，或可早至西汉早期[⑤]，徐州铜山班井东汉 M4 的墓地祠堂，时代为东汉晚期[⑥]；河南辉县路固汉代墓地发现一处汉代建筑遗存，并有相关遗迹，CF1 很可能为墓地祠堂[⑦]，新乡卫辉大司马墓地东汉 M1，封土北侧有祠堂建筑（F1）[⑧]；山东省苍山县金山汉墓，墓道上有祠堂建筑遗迹，时代为西汉晚期[⑨]；济南北毕村墓地祠堂，时代为东汉[⑩]。以上所述祠堂基本为瓦顶结构。另外还有较多的汉代墓地石祠堂，这在今苏鲁豫皖交界地区有较多发现，山东地区主要有济南长清孝堂山祠堂[⑪]、济宁金乡"朱鲔石室"[⑫]及嘉祥的武梁祠与前石室、左石室[⑬]等；江苏省徐州地区主要有贾汪青山泉白集东汉墓祠堂[⑭]、铜山洪楼东汉墓祠堂[⑮]；安徽省宿州地区有

---

① （东汉）班固撰，（唐）颜师古注：《汉书·韦贤传》附子《韦玄成传》，中华书局，1962 年，第 3115、3116 页。

② 刘尊志：《汉代诸侯王墓研究》，社会科学文献出版社，2012 年，第 284-290、304-313、407 页。

③ 陕西省考古研究院：《西安凤栖原西汉墓地田野考古发掘收获》，《考古与文物》2009 年第 5 期。

④ 中国社会科学院考古研究所洛阳汉魏城队：《汉魏洛阳城西东汉墓园遗址》，《考古学报》1993 年第 3 期。

⑤ 徐州博物馆：《江苏邳州埠上四座西汉墓发掘简报》，《中原文物》2018 年第 1 期。

⑥ 徐州博物馆：《江苏铜山县班井四号墓发掘简报》，《中原文物》2009 年第 3 期。

⑦ 中国社会科学院考古研究所：《辉县路固》，科学出版社，2017 年，第 8、9 夹页、11-20、706 页。

⑧ 河南省文物局：《卫辉大司马墓地》，科学出版社，2015 年，第 16-20、30-32 页。

⑨ 李振光、宋岩泉、党浩：《山东苍山县金山发现大型汉墓》，《中国文物报》2004 年 12 月 17 日第 1 版。

⑩ 山东大学历史文化学院、济南市考古研究所、章丘市博物馆：《济南市北毕村汉代画像石墓》，《考古》2012 年第 11 期。

⑪ 蒋英炬、杨爱国、信立祥、吴文祺：《孝堂山石祠》，文物出版社，2017 年。

⑫ 山东省石刻艺术馆编，蒋英炬、杨爱国、蒋群著：《朱鲔石室》，文物出版社，2015 年。

⑬ 蒋英炬、吴文祺：《武氏祠画象石建筑配置考》，《考古学报》1981 年第 2 期；《汉代武氏墓群石刻研究》，山东美术出版社，1995 年。

⑭ 南京博物院：《徐州青山泉白集东汉画象石墓》，《考古》1981 年第 2 期。

⑮ 王德庆：《江苏铜山东汉墓清理简报》，《考古通讯》1957 年第 4 期；《江苏发现的一批汉代画象石》，《文物参考资料》1958 年第 4 期。

宝光寺东汉墓祠堂[①]和褚兰东汉M1、M2的各自祠堂[②]等，另在这一地区还出土较多的祠堂石材画像石，其中一些为东汉之后相关时期的一些墓葬利用东汉墓地祠堂用石重新砌建的墓葬，这类画像石被学者称为再葬画像石[③]，但其被称为画像石的再利用可能更为恰当，而再被利用的祠堂画像石恰是汉代该地区墓地石祠堂普遍流行的一个极好例证。

关于墓祭，《论衡·四讳》载："古礼庙祭，今俗墓祀。……墓者，鬼神所在，祭祀之处。"[④]与祭祀设施密切相关的是祭器与辅助祭祀的祭台、祭案或供案等。江苏徐州贾汪青山泉白集东汉墓祠堂附近填土中清理出一些残陶器，为祭器，主要包括有杯、案、盘、勺等[⑤]。河南新乡卫辉大司马东汉M1祠堂及附近的G8出土遗物较多，均已残破，可复原者共25件，器类包括罐、缸、甑、盆、钵、碗等，皆泥质灰陶，火候较高，其性质可能与供奉、朝拜、祭祀等活动有关，而非专门的随葬陶器或日常生活用品[⑥]。有些祠堂内的祭台、祭案或供案位于祠室内一隅，面积不大，如山东苍山县金山西汉墓祠堂，室内祭台南北长1.6、东西宽1.4米，约2.24平方米[⑦]；长清孝堂山祠堂室内石祭案由2块石板拼成，近4平方米[⑧]。祠堂祭祀的功能很多，满足死者灵魂的需求、为灵魂升天成仙进行服务等是其重要职责。瓦顶祠堂很可能有壁画等与升仙有关的装饰，惜大多仅留祠堂底基，具体情况不详，如陪葬茂陵的霍光墓，东北部有一高台建筑，可能为祠堂类建筑，发现有大面积的壁画和不少柱础石等[⑨]。就石祠堂来讲，不仅祠堂建筑与死者升仙有关，还有较多的石刻画像，更能体现出与祠主灵魂升仙关系的密切程度。石祠堂用石的画像内容丰富，一些具体石材分为两格、三格或更多，下格基本为人间生活，上则是仙界与神人等，如江苏徐州铜山汉王镇东沿汉墓出土的第一、二石，上格有仙界的图案，下格为现实生活内容[⑩]。很多石祠堂画像石中的升仙画像与祠堂建筑相结合，并在位

---

① 王化民：《宿州宝光寺汉墓石祠画像石》，安徽省文物考古研究所、安徽省考古学会：《文物研究·第8辑》，黄山书社，1993年，第64-70页。

② 王步毅：《安徽宿州褚兰汉画像石墓》，《考古学报》1993年第4期。

③ 周保平：《徐州的几座再葬汉画像石墓研究——兼谈汉画像石墓中的再葬现象》，《文物》1996年第7期。

④ （东汉）王充：《论衡·四讳》，黄晖校释：《论衡校释》，中华书局，1990年，第971、972页。

⑤ 南京博物院：《徐州青山泉白集东汉画象石墓》，《考古》1981年第2期。

⑥ 河南省文物管理局南水北调文物保护办公室、四川大学考古学系：《河南卫辉市大司马村一号汉墓及墓前建筑》，《考古》2008年第11期；河南省文物局：《卫辉大司马墓地》，科学出版社，2015年，第16-20、30-32页。

⑦ 李振光、宋岩泉、党浩：《山东苍山县金山发现大型汉墓》，《中国文物报》2004年12月17日第1版。

⑧ 蒋英炬、杨爱国、信立祥、吴文祺：《孝堂山石祠》，文物出版社，2017年，第21页。

⑨ 咸阳市文物考古研究所：《汉武帝茂陵钻探调查简报》，《考古与文物》2007年第6期；陕西省考古研究院、咸阳市文物考古研究所、茂陵博物馆：《汉武帝茂陵考古调查、勘探简报》，《考古与文物》2011年第2期。

⑩ 徐州博物馆：《徐州发现东汉元和三年画像石》，《文物》1990年第9期；刘尊志：《江苏徐州东沿村出土东汉祠堂画像石浅析》，《中原文物》2018年第1期。

置、内容等方面有所体现，如山东邹城发现的汉代石祠堂，最突出的特点是来自东方的东王公与居住在西方昆仑山上的西王母分别出现在左（东）右（西）壁，正与东西方向相属，两者在祠堂朝向上便成为一种固定方位的象征[①]，进而体现出与祠主灵魂升仙相关的内容和内涵；滕州发现的汉代石祠堂也有类似特点，两山墙上部分别刻西王母与东王公为主的画像，遥相对应[②]。安徽省宿州宝光寺祠堂[③]及复原后的山东嘉祥宋山一至三号祠堂[④]、江苏徐州铜山东沿村出土祠堂画像石可复原的多数祠堂[⑤]亦是如此。祠主灵魂通过祠堂可以享祭，并在适当的时机升入天界，而在灵魂升天的过程中，祠堂可能会具有导引升仙的作用，这应是较多石祠堂画像中有升仙题材画像的原因之一，同时也是墓外祠堂得到普遍使用且石祠堂在一些地区较为流行的原因。江苏徐州铜山北洞山出土的一块祠堂画像石画像，由人间车马（第一层）到祥禽瑞兽（第二层，已离开现实），再到昆仑山仙境（第三层），最后是见到西王母，另有羽人、翼兽及捣药玉兔等[⑥]，画面层层递进，描绘出祠主升仙的过程。上文所举较多东汉石祠堂所用画像石，画像中大多都有导引升仙的画面，其中江苏徐州铜山洪楼东汉墓葬祠堂画像石画像中，有三石的画像对祠主升仙有较好体现[⑦]。一幅原定为百戏图的画像很可能为升仙灵异图和导引升仙图[⑧]，其对天界景象进行了描写，有云神张口按腹布云，有虎拉云车及仙人骑麒麟、熊面仙人持桴击鼓、人鱼等，还有雨师布雨；另一幅右刻两架云车，分别为鱼、龙所拉，左下部有雨师布雨、雷公布雷，还有仙人骑白象、风神致风，左边一组人物中立者为方士，男主人跽坐，方士正在导引其升仙，右上角左边的女子为女主人，正在向家人揖别仙飞而去（图六 -13）；还有一幅为山墙上部画像，画面中所刻男女神人恰是另一幅中正在升仙的男女主人，穿戴和形体皆可说明，所反映的应是墓主夫妇升入天国后的情景，因此应释为天国成仙图，三幅画像内容共同构成了对天国的向往、往天

---

① 谢健、程明：《邹城东汉祠堂整理与研究》，顾森、邵泽水编：《大汉雄风——中国汉画学会第十一届年会论文集》，高等教育出版社，2008 年，第 491-496 页。

② 陈庆峰、潘卫东、李慧：《滕州汉代石祠堂及祠堂画像》，《枣庄师范专科学校学报》2002 年第 1 期。

③ 王化民：《宿州宝光寺汉墓石祠画像石》，安徽省文物考古研究所、安徽省考古学会：《文物研究 · 第 8 辑》，黄山书社，1993 年，第 64-70 页。

④ 蒋英炬：《汉代的小祠堂——嘉祥宋山汉画像石的建筑复原》，《考古》1983 年第 8 期。

⑤ 刘尊志：《江苏徐州东沿村出土东汉祠堂画像石浅析》，《中原文物》2018 年第 1 期。

⑥ 武利华：《徐州汉画像石祠堂和祠堂画像》，徐州市两汉文化研究会编：《两汉文化研究 · 第三辑》，文化艺术出版社，2004 年，第 270-288 页。

⑦ 徐州博物馆：《徐州汉画像石》，江苏美术出版社，1985 年，图 80、83-85。

⑧ 周保平：《徐州洪楼两块汉画像石考释》，《中原文物》1993 年第 2 期。

图六 -13 江苏徐州铜山洪楼东汉墓葬祠堂出土仙界（左）及导引升仙（右）画像

国飞升和升天成仙的画面，为我们展现出当时人们想象中的升仙场面[①]，而山墙上部位于最高位置，恰是天界的象征，亦是墓主想像和设计的升仙后归宿。

汉代墓葬的外部设施内容丰富，与祭祀设施及祭祀墓主、墓主升仙有相对直接关系的还包括神道、石象生、碑及其他有祭祀性质或功用的设施等，这些设施与墓外祭祀设施形成组合，与墓内世界形成内外两重空间，并与现实人群生活的现实世界构成三维世界，反映出服务逝者，助其灵魂升仙等方面的内容与内涵[②]。

二、神鬼观念

人们的神鬼观念由来已久，这与认识观的局限性，对现实中所见事物的不可解释与理解的错误性及其片面性，对美好生活的幻想、憧憬和崇拜，对邪恶事物的厌恶与害怕，对生的留恋及对死的恐惧，对人死之后归宿的较多想象等均有相应关系。秦汉时期，在继承前代的基础上，神鬼思想和观念又得到较大的发展，儒家思想及谶纬思潮、孝道思想、升仙思想等对于神鬼思想观念又有较大的推动，且渗透至秦汉家庭之中，成为这一时期家庭精神世界的内容之一。

关于秦汉时期尤其是汉代的神鬼信仰、观念或思想，相关史料有载。“汉制，天地以下，群臣所祭凡一千五百四十，新益为万五千四十。”[③]“武帝尤敬鬼神，于时盛矣。至平帝时，天地六宗已下，及诸小神，凡七百所。”[④]这种情况的出现与儒家思想的发展及谶纬思潮的逐渐形成有关。王莽时期崇信的神鬼明显增多，这与谶纬思潮的全面发展及王莽推崇谶纬、崇信神鬼等应有较大关系，考古资料中的铜镜、壁画、画像石画像等中神鬼内容突然增多即可证明。“莽遂崇鬼神淫祀，至其末年，自天地六宗以下至诸小鬼神，凡千七百所，用三牲鸟兽三千余种。后不能备，乃以

① 刘尊志：《徐州汉墓与汉代社会研究》，科学出版社，2011 年，第 171、172 页。

② 刘尊志：《汉代墓葬的双重空间与三维世界》，《南开学报》（哲学社会科学版）2020 年第 1 期。

③ （东汉）卫宏：《汉旧仪》，（清）孙星衍校集：《汉旧仪补遗》，（清）孙星衍等辑，周天游点校：《汉官六种》，中华书局，1990 年，第 97 页。

④ （东汉）应劭：《风俗通仪・祀典》，王利器校注：《风俗通义校注》，中华书局，2010 年，第 350 页。

鸡当鹜雁，犬当麋鹿。数下诏自以当仙。”[①] 东汉时崇神祭鬼之风仍较炽热，东汉初年所祠诸神 1500 余种，之后还时有增加[②]，体现出神鬼思想观念的影响之大，而东汉一代的壁画墓、画像石墓、石祠堂及出土遗物等中多见神鬼形象亦可说明，同时也体现出神鬼思想观念在家庭中的普及和普遍。

（一）神仙思想

神人或仙人的形象、活动及对其的崇拜是神仙思想的核心。秦汉时期，神人和仙人大量涌现并为社会人群普遍接受和崇拜，这与当时人们对天界充满未知的想象和发自内心的崇拜与信仰，对天界的美好有着诸多的向往和渴望等有较大关系。考古资料中的神人或仙人形象较多，一些可明确是哪一个或哪一些神人或仙人；一些结合相关资料及其配套内容，可大致判断是哪一个神人或仙人，这在相关研究中已有较多研究和分析，本书不作过多探讨；还有较多无名的神人，其中一些在仙界遨游，一些则可能是墓葬主人的自我幻想等。神人或是仙人，或端坐，或相会，或乘车遨游，或娱乐，或与其他较多神人或仙人共处，反映出仙界美好的生活，而这也是神仙思想在秦汉家庭及其成员之中普遍得到信仰和较为流行的原因之一。

羽人、西王母与东王公、伏羲与女娲是考古资料中最为常见的神人形象。羽人虽是神人，但在神界的等级较低，却又是出现频率极高的，有的与神人共处，有的与世人共处，当然也有较多单独出现，相关物质载体有画像石、画像砖、壁画及较多器物等等。羽人普遍出现的原因，与其在神界等级低应有一定关系，正因为其在神界等级低，既可与神界联系，又是人间联系神界的媒介。羽人是人间便于联系的神人，同时，羽人还能为现实世界的人们追求升仙带来仙药等，让一些世人可通过食仙药而进入仙界，这恰恰是众多世人梦寐以求的理想和追求。以羽人、仙药为例，在汉代画像中极为常见，山东济宁微山县两城乡出土汉代画像石中，有相当数量画像石中刻绘的屋檐上常见左右各一含丹药神鸟，一羽人在其前面，面向神鸟，伸手接拿仙鸟口中的仙药，而房屋中坐有家主[③]，二者相结合，反映出上述羽人求仙药供某些家庭主人升仙的内容。江苏徐州市邳州车夫山镇前埠村画像石墓前室西壁南侧石画像[④]（图六 -14：2）及埠上村东的东汉 M1 前室西北壁画像石画像[⑤]（图六 -14：3）、徐州市区南郊十里铺汉墓中室横额背面的画像[⑥]、贾汪区散

① （东汉）班固撰，（唐）颜师古注：《汉书 · 郊祀志》，中华书局，1962 年，第 1270 页。

② （南朝宋）范晔撰，（唐）李贤等注：《后汉书 · 祭祀志》，中华书局，1965 年，第 3138 页。

③ 马汉国主编：《微山汉画像石选集》，文物出版社，2003 年。

④ 李军、孟强、耿建军：《江苏邳州车夫山前埠汉画像石墓的复原研究》，《华夏考古》2003 年第 3 期。

⑤ 郝利荣：《邳州车夫山汉画像石墓初步研究》，《东南文化》2006 年第 2 期。

⑥ 江苏省文物管理委员会、南京博物院：《江苏徐州十里铺汉画像石墓》，《考古》1966 年第 2 期。

图六 -14　汉代画像石画像中的羽人、西王母、东王公及伏羲女娲图像

1. 江苏睢宁九女墩东汉墓出土羽人采仙果画像石画像（局部）　2、3. 江苏徐州邳州车夫山出土羽人求仙药画像石画像（2. 前埠村画像石墓前室西壁画像石南侧画像　3. 埠上村东汉 M1 前室西北壁画像石画像）　4. 山东微山两城乡出土西王母画像石画像　5、6. 山西离石马茂庄东汉 M2 出土画像石画像（5. 西王母画像及牛首人身像　6. 东王公画像及鸡首人身像）　7. 江苏徐州睢宁县双沟出土伏羲、女娲画像石画像

存画像石画像等中均有羽人求仙药的内容；睢宁九女墩汉墓后室门额石画像从左至右刻有盛开花朵的仙草、羽人采仙果（图六 -14：1）、九枝灯、羽人贮存仙果等[①]。西王母与东王公是天界等级较高的神仙，或单独出现，或位于同一遗迹单位的不同位置，还有的在同一画像或图案中配对出现但有一定距离，有的是并坐或对坐，距离较近。西王母多坐在龙虎座上，搭配图案常见有玉兔捣药、蟾蜍等。陕北、晋西北地区汉代画像石墓葬中，较多的墓门两侧画像分别是西王母和东王公端坐于悬蒲（圃）之上，基本是西王母在西，东王公在东[②]，而这一方位在汉代墓外祠堂画像石的画像中也有体现和反映[③]。与伏羲女娲相关的画像或图像也有较多发现，情况与羽人、西王母、东王公相似，一些伏羲女娲交尾并体，如江苏徐州睢宁县双沟出土的此类画像[④]（图六 -14：7）；有较多伏羲、女娲以捧日的形象出现，同时还有与二者相似的常羲捧月、羲和主日等，这在南阳地区的汉代画像石画像中发现有一定数量[⑤]。

考古资料体现的神人形象还有很多，炎帝、黄帝、神农、仓颉等在汉代已作为神仙存在，日月均被视作神灵，被称为日神和月神，神话传说中的后羿、嫦娥及牛郎、织女经神化已基本被称为仙人；风雨雷电是自然现象，由于经常发生在人们身边，也被人们赋予神性，各有神灵，即雷公、风神、云神、雨师，这在江苏徐州铜山洪楼东汉墓祠堂出土的画像石上皆有发现[⑥]；其他神人还有天帝、高禖、鱼伯、河伯及逐渐被仙化成神人的老子、扁鹊、李少君，亦有传说中的赤松子、师门、崔文子、宁封子、偓佺等仙人。另有一些为动物首人身的神人，陕北、晋西北地区的东汉墓葬画像石中有较多发现，如山西离石马茂庄 M2 出土的相关画像中，有牛首人身、鸡首人身的神人等，其上所对应分别为西王母和东王公[⑦]（图六 -14：5、6）。除上述内容外，考古资料还反映了其他神人，如江苏徐州市北郊簸箕山西汉宛朐侯刘埶墓出土的一枚人物画像铜镜，有四组基本相同的画面，以树纹相隔，每幅画面有 8 人、2 虎、1 豹、4 树、3 座山，其中的驯虎图、驯豹图及有关内容均为神话故事，所表现有可能是君子国的故事，因此该镜中的人物应

---

① 仝泽荣、武利华、田忠恩、陈剑彤编著：《睢宁汉画像石》，山东美术出版社，1998 年，第 38、39 页。

② 李林、康兰英、赵力光：《陕北汉代画像石》，陕西人民出版社，1995 年。

③ 刘尊志：《江苏徐州东沿村出土东汉祠堂画像石浅析》，《中原文物》2018 年第 1 期。

④ 徐州博物馆：《徐州汉画像石》，江苏美术出版社，1985 年，图 233。

⑤ 南阳汉画馆，闪修山、王儒林、李陈广：《南阳汉画像石》，河南美术出版社，1989 年；王建中、闪修山：《南阳两汉画像石》，文物出版社，1990 年。

⑥ 王德庆：《江苏铜山东汉墓清理简报》，《考古通讯》1957 年第 4 期；徐州博物馆：《徐州汉画像石》，江苏美术出版社，1985 年，图 80、83-85；周保平：《徐州洪楼两块画像石考释》，《中原文物》1993 年第 2 期。

⑦ 山西省考古研究所、吕梁地区文物工作室、离石县文物管理所：《山西离石马茂庄东汉画像石墓》，《文物》1992 年第 4 期。

为神人[①]。另外，汉代画像或壁画中还有其他一些神人形象，具体仙号不可知，但其作为神人应无疑问，画像石（砖）及壁画在墓葬中的位置及图像内容、组合和人物所处的环境等皆可体现。四川彭州义和乡出土的一块画像砖，画像是3条龙共拉1辆敞篷涡轮车，在光芒四射的五颗巨星拥戴下临空飞驰，车内坐二人，前为御车者，后为主人，图中的龙车、星座象征天空，所描绘的是“仙人”在天上的情景[②]，类似的画像在画像石或画像砖中还有一定数量，画像中的人物是什么仙人并不可知，而这也反映出汉代人心目中神人或仙人的多样性。

很多神人是组合出现。江苏铜山茅村东汉墓中室南壁石画像上格为一幅以西王母为首的仙人群体[③]。河南省南阳市七一乡出土画像石上有神人拉车、一驭者、乘车尊者为天帝，车为五星相连的车轮，下部有四雨师布雨，右侧有风伯，张口呼风[④]（图六-15）。较多的西王母画像中，西王母附近除动物外，还常见羽人、童子、伏羲与女娲、嫦娥等，也有与伏羲、女娲组合者，如山东微山两城乡出土的相关画像，西王母端坐正中，头顶立三青鸟，双肩展云，伏羲、女娲皆执便面，下身为龙躯交盘，尾连二鸟，西王母左肩外侧刻“西王母”三字[⑤]（图六-14：4）。

图六-15　河南南阳市王庄出土汉墓出土帝车、风伯、雨师图

神人或仙人的活动内容也多有发现。娱乐方面，以羽人最为常见，如江苏徐州睢宁县张圩出土的羽人戏仙鹿画像[⑥]（图六-16：1）。四川地区出土的画像砖、画

① 徐州博物馆：《徐州西汉宛朐侯刘埶墓》；李银德、孟强：《试论徐州出土西汉早期人物画像镜》，《文物》1997年第2期。

② 四川省文物管理委员会：《四川彭县义和公社出土汉代画像砖简介》，《考古》1983年第10期。

③ 王献唐：《徐州市区的茅村汉墓群》，《文物参考资料》1953年第1期；徐州博物馆：《徐州汉画像石》，江苏美术出版社，1985年，图57。

④ 南阳市博物馆：《南阳市王庄汉画像石墓》，《中原文物》1985年第3期。

⑤ 马汉国主编：《微山汉画像石选集》，文物出版社，2003年，第32、33页。

⑥ 徐州博物馆：《徐州汉画像石》，江苏美术出版社，1985年，图253。

1　3　2　4　5　6　7　8

图六 -16　汉代画像石（砖）画像中的仙人活动画像

1. 江苏徐州睢宁县张圩出土羽人戏仙鹿画像（局部）　2. 四川新津崖墓出土石函羽人对弈画像　3. 山西吕梁离石马茂村出土立柱上两神相会的画像（局部）　4. 四川渠县王家坪无名汉阙上的仙人骑龙画像　5、6. 河南南阳汉画像石墓出土河伯出行画像石画像（5. 唐河县针织厂西汉晚期画像石墓出土　6. 七一乡王庄东汉墓出土）　7. 南阳县英庄 M4 前室盖顶一块画像石上的虎车雷公画像　8. 四川成都市新都区出土龙车星辰画像砖画像像石等中常见羽人六博的内容，羽人的动作大多较为夸张，肢体语言丰富。新津出土的石函画像中，一幅是二羽人对弈，右侧羽人双臂上扬，左侧羽人双臂屈伸（图六-16：2）；另一幅左侧为羽人对弈，左侧羽人右臂上举，左臂前伸，右侧羽人双臂屈曲前伸，而该画像右侧还有仙人鼓琴[①]。其他仙人的活动也很多，如拜见西王母等，还有仙人会面的画像，这在陕北、晋西北地区的画像石画像中较为多见。山西吕梁地区出土此类画像石画像多幅，离石马茂村出土的一块立柱画像石，彩绘，上有两神相会的图像（图六-16：3），另有朱雀、门吏等[②]。仙人出游的活动在较多地区汉代画像中均有发现，江苏徐州、河南南阳、四川、陕北与晋西北等地均发现相当数量的此类画像，如河伯出行及上文所述的天帝出行等。就具体内容来讲，拉车者、驭者乘车者及车轮、装饰等均与人间的车辆出行有所差别，而且所处环境基本有云纹或星象等。四川渠县王家坪无名汉阙有仙人骑龙画像，龙昂首前行，仙人乘坐其上舒适前行[③]（图六-16：4）。再如河伯出行画像，发现较多，河南南阳唐河县针织厂西汉晚期画像石墓出土的一幅河伯出行图中刻一水车，上乘坐一尊者，一驭者，车前有三鱼牵挽，车后四鱼随从[④]（图六-16：5）；南阳市七一乡王庄东汉墓出土的河伯出行画像石，前方有二神人持盾掮刀开道，画像中河伯端坐于车舆后箱，驭者双手挽缰驾着由一衡并联的四鱼前行，四鱼两侧各有一只鱼护行，另有二侍者掮棨戟骑鱼尾随车后，画间饰云气、星宿，或表达的是河伯出巡天河[⑤]（图六-16：6）。其他如南阳县英庄M4前室盖顶的一块画像石上刻虎车雷公图，画像中三只有翼之虎挽驾云车，车舆内树大鼓，上饰有羽葆，车上乘坐二人，肩生双翼，其一为驭者，另一人为雷公，体现出雷公出行的场景[⑥]（图六-16：7）。再如四川成都市新都区出土的龙车星辰画像砖，画像中三龙拉车向前奔驰，车有云状涡轮，车上一驭者，而仙人稳坐其上[⑦]（图六-16：8）。

对现实中家庭及其成员来讲，仙人或神人及其所在的仙界充满神秘性，而仙人或神人的长生不死及其逍遥于仙界的美好生活，对社会人群乃至极多家庭中的成员来讲又充满诱惑性，是多数人向往和追求的目标及希望能够达到的理想目的，就

---

① 高文编著：《四川汉代石棺画像集》，人民美术出版社，1997年，第100-102页。

② 王金元、刘晋平、王双斌：《吕梁汉代画像石选》，山西人民出版社，2013年，第29页。

③ 陈明达：《汉代的石阙》，《文物》1961年第12期；王建纬：《渠县汉阙》，《四川文物》1987年第3期；龚廷万、龚玉、戴嘉陵：《巴蜀汉代画像集》，文物出版社，1998年，图296。

④ 周到、李京华：《唐河针织厂汉画像石墓的发掘》，《文物》1973年第6期；王建中、闪修山：《南阳两汉画像石》，文物出版社，1990年，图152。

⑤ 南阳市博物馆：《南阳市王庄汉画像石墓》，《中原文物》1985年第3期。

⑥ 南阳博物馆：《河南南阳英庄汉画像石墓》，《中原文物》1983年第3期。

⑦ 龚廷万、龚玉、戴嘉陵：《巴蜀汉代画像集》，文物出版社，1998年，图290。

此而言，神仙思想成为秦汉家庭的重要思想信仰内容之一当在情理之中。秦汉家庭对于神人或仙人的思想认识及其理想愿望有很多，较为突出的主要有两点：一是对神人或仙人的崇拜，是希望神人或仙人能够送吉降祥，给现有生活带来祥瑞和美好的内容，使得现有或今后生活趋于美满或变得更好，同时还有祛病辟邪等愿望，如《潜夫论》所载：民间有人生疾病，“或弃医药，更往事神”[①]；二是对于神人或仙人及其仙界的幻想，是希望自身能够升天成仙，变作神人与仙界其他神人为伍，且可长生不死，逍遥仙界，远离现实生活中的生老病死，上文所述羽人与仙药的内容即可说明，另如陕北米脂县党家沟东汉墓门额画像石下层画像，中间为双层楼阁，内有 2 人对坐，背生双翼，推测为升入仙界后羽化的墓主夫妇形象[②]（图六 -17）。

图六 -17　陕西米脂党家沟出土门额画像石下层画像

（二）鬼魂思想

神鬼都是人们思想意识发展过程中形成的虚幻内容，并在人们心中具有根深蒂固、较为崇信的特点，二者常被合称或并称，《论衡·解除》篇曰：“祭祀，厚事鬼神之道也。”[③]与神仙思想中的仙界、神人及其充满美好的生活等内容不同，鬼魂思想所涉及的为地下世界，即与去世或死去之人的归属地和魂魄等有关，该思想对于几乎所有的家庭及其成员来讲，都是不可回避的内容，并由此衍生出较多相关内容和行为活动。

1. 鬼魂世界

人的死亡是世间常见之事，在人去世后，经过相应的丧礼程序被埋入地下，从此即与生活在现实世界的生人或活者阴阳两隔，而古人又相信灵魂不死，死亡的仅是肉体，肉体死亡后，抑或会有少量灵魂直接升天成仙，但这些“升仙者”多数是

---

① （东汉）王符：《潜夫论·浮侈》，（清）汪继培笺，彭铎校正：《潜夫论笺校正》，中华书局，1985 年，第 125 页。

② 李林、康兰英、赵力光：《陕北汉代画像石》，陕西人民出版社，1995 年，第 25 页。

③ （东汉）王充：《论衡·解除》，黄晖校释：《论衡校释》（附刘盼遂集解），中华书局，1990 年，第 1043 页。

幻想或理想的内容，更多人的灵魂在肉体死亡后也随之进入地下世界，人死为鬼的观念得到较多认同。由于升天成仙需具备相应的条件，灵魂等待合适时机才能升天成为神仙，在没有升仙之前则生活于地下世界。有些灵魂在艰苦而漫长的等待后或许能升天成仙，这应该是较多墓葬及其祠堂，乃至葬具、殓葬品、陪葬器物等大多具有辅助升仙功能的原因；有的灵魂则转化为鬼，是为鬼魂，一些鬼魂四处游荡，寻找归处，在此过程中还可能会作祟生人，所以又有驱鬼或打鬼之说。

关于鬼或鬼魂，文献中多有记载，且内容丰富。《论衡·订鬼》篇记有度朔之山，有鬼门，为万鬼所出入，神荼、郁垒二神人主阅统万鬼[①]。考古资料也有体现，湖北云梦睡虎地十一号秦墓[②]出土的秦简《日书·诘咎篇》中关于鬼有相关记载，有学者对之进行了研究，指出当时对鬼的定名很多，如刺鬼、丘鬼、哀鬼、棘鬼、阳鬼、故丘鬼、凶鬼、暴鬼、游鬼、不辜鬼、粲迂之鬼、饿鬼、遽鬼、哀乳之鬼、疠鬼、天鬼等20种[③]。汉代神鬼思想更盛，鬼的种类和数量较之秦代更多也更为丰富。

人死之后要入土为安，尸身埋于地下，灵魂也随之而行，地下世界也因此成为鬼魂的安身之所。当然，如上文所讲，可能有的灵魂在人死后已升天成仙，还有一些会归于他处，如魂归泰山，或鬼入度朔之山等等，更多的还是处于地下世界。从现实距离看，坟地或墓地与死者生前长居之地并不遥远，但却具有阴阳的界隔，即已不在同一世界之中。对于地下世界，文献资料有载，唐代颜师古注《汉书》所载“蒿里召兮郭门阅”曰：“蒿里，死人里。”[④]汉乐府诗《蒿里》亦曰：“蒿里谁家地，聚敛魂魄无贤愚。鬼伯一何相催促，人命不得少踟蹰。”[⑤]考古资料也有较多体现。湖南长沙马王堆M1出土“T”字形帛画，有天界，有人界，也有对地下另一世界的描绘，包含怪兽、蛇、大鱼、口衔灵芝的大龟、鸱鸮等各种怪异动物[⑥]。河南洛阳东汉王当墓出土的铅质买地券中记有“死人当归蒿里地下”[⑦]。江苏邗江胡场M5出土告牍文书和神灵铭位牍2件[⑧]。河南南阳西郊麒麟岗东汉墓出土的画像石画像中有地下世界的内容，发掘报告称之为“深幽的冥室”，代表画像有赤罴图、护墓方相、猛兕图等[⑨]。河南南阳市东郊李相公庄村北发现有东汉许阿瞿画像石及其刻铭文

① （东汉）王充：《论衡·订鬼》，黄晖校释：《论衡校释》（附刘盼遂集解），中华书局，1990年，第938、939页。
② 孝感地区第二期亦工亦农文物考古训练班：《湖北云梦睡虎地十一号秦墓发掘简报》，《文物》1976年第6期。
③ 刘乐贤：《睡虎地秦简日书〈洁咎篇〉研究》，《考古学报》1993年第4期。
④ （东汉）班固撰，（唐）颜师古注：《汉书·武五子传》，中华书局，1962年，第2762、2763页。
⑤ 贺新辉主编：《古诗鉴赏辞典》，中国妇女出版社，1988年，第212、213页。
⑥ 湖南省博物馆、中国科学院考古研究所：《长沙马王堆一号汉墓》，文物出版社，1973年，第42、43页。
⑦ 洛阳博物馆：《洛阳东汉光和二年王当墓发掘简报》，《文物》1980年第6期。
⑧ 扬州博物馆、邗江县文化馆：《扬州邗江胡场汉墓》，《文物》1980年第3期。
⑨ 黄雅峰、陈长山主编：《南阳麒麟岗汉画像石墓》，三秦出版社，2008年，第68-70页。

字，刻铭内容中有“许阿瞿」身，年甫五岁，去离世荣。遂就长夜，不见日星，神灵独处，下归窈」冥，永与家绝，岂复望颜。谒见先祖，念子营营，三增仗火，皆往」弔（吊）亲，瞿不识之，啼泣东西，久乃随逐（逝），当时复迁”[①]。反映的也是地下世界的相关内容。汉墓出土的诸多买地券带有较强的宗教特点，虽然并非实际意义上的土地买卖文书，但也反映出相应的鬼魂思想及其与鬼魂所在世界相关的内容。

对地下世界来讲，参考现实世界，还设有相应的地下官吏及与其有关的人员等，这在出土的简牍、镇墓文等中皆有体现。湖北江陵凤凰山西汉 M168 出土的简文中有“地下丞”[②]；1935 年同蒲路开工时在山西出土的东汉熹平二年（173 年）张叔敬瓦缶上有“天帝使者告张氏之家、三丘五墓、墓左墓右、中央墓主、冢丞冢令、主冢司令、魂门亭长、冢中游徼等；敢告移丘丞、墓伯、地下二千石、东冢侯、西冢伯、地下击犆卿、秏（蒿）里伍长等”丹书文字[③]，涉及较多地下世界的官吏及有关人员，也反映出以现实世界为参考所想象地下世界内容的丰富和多样性。

2.“鬼犹求食”[④]

是指鬼魂在地下世界也需要食物及相关物品。类似记载见于东汉王充《论衡·讥日篇》，该文中言：“夫祭者，供食鬼也；鬼者，死人之精也。若非死人之精，人未尝见鬼之饮食也。推生事死，推人事鬼，见生人有饮食，死为鬼当能复饮食。”[⑤]

考古资料体现与“鬼犹求食”相关的内容较多。江苏徐州大庙晋墓使用的东汉墓葬石祠堂画像石的刻铭文字为“起石室□直五万二千，《孝经》曰：卜其宅兆，而安措之，为家庙以鬼神饗之”[⑥]。内容与《孝经·丧亲章》所载“卜其宅兆，而安厝之，为之宗庙，以鬼享之”[⑦]略有出入，但均有通过祭祀为鬼魂提供食品的内容。秦汉时期，厚葬盛行，墓葬内陪葬很多与饮食有关的器具、食品及象征性食品、物品等，这在较大程度上可很好地满足死者在另一世界的享用。其中，陪葬陶器中的罐、瓮、盆、盘、匜、杯、耳杯、樽、奁、勺、案、碗、钵、魁等，均与饮食有关，体现出饮食对于地下世界的重要性。汉代诸侯王墓中，动植物陪葬是重要组成

---

① 南阳市博物馆：《南阳发现东汉许阿瞿墓志画像石》，《文物》1974 年第 8 期。

② 纪南城凤凰山一六八号汉墓发掘整理组：《湖北江陵凤凰山一六八号汉墓发掘简报》，《文物》1975 年第 9 期；湖北省文物考古研究所：《江陵凤凰山一六八号汉墓》，《考古学报》1993 年第 4 期。

③ 郭沫若：《由王谢墓志的出土论到兰亭序的真伪》，《文物》1965 年第 6 期。

④ 《左传·宣公四年》载：“鬼犹求食，若敖氏之鬼，不其馁而？”杨伯峻前言，蒋翼聘标点：《左传》，岳麓书社，1988 年，第 123 页。

⑤ （东汉）王充：《论衡·讥日》，黄晖校释：《论衡校释》（附刘盼遂集解），中华书局，1990 年，第 992 页。

⑥ 徐州博物馆：《江苏徐州大庙晋汉画像石墓》，《文物》2003 年第 4 期。

⑦ 胡平生译注：《孝经译注》，中华书局，2009 年，第 39 页。

部分之一，内容、形式及其作用或用途丰富多样，所蕴含的内容、内涵极为丰富[①]，如河北保定满城西汉 M1 出土陶缸上写有“黍上尊酒十五石”、“黍酒十一石”、“稻酒十一石”等，北耳室出土有石磨，磨旁发现马的遗骸，而在磨的另一侧为较多陶壶，另有与之有关的铜漏斗形器（磨）一套（图六 -18），主室棺床前漆盘中发现乳猪骨架一具，骨上有经火烧烤的痕迹，M1 的北耳室及 M2 出土的一些陶瓮中还发现较多动物骨骼，经鉴定，有草兔、岩松鼠、社鼠、褐家鼠、大仓鼠、黄鼬等，M2 出土的一些植物果核，为榆科小叶朴的果核[②]。列侯墓葬与中小型墓葬也多有体现，列侯墓葬如安徽阜阳西汉早期的汝阴侯夫人墓（M2）出土有动物骨骼、植物种籽等[③]，湖南怀化沅陵县虎溪山西汉 M1 出土植物种子及果核等，另外还有与饮食有关、类似后世食谱的《食方》竹简[④]；中小型墓葬如江苏省扬州东风砖瓦厂汉代木椁墓，出土有多枚栗核和枣核[⑤]。较多列侯墓葬与中小型墓葬中不仅出土有食品，还常见有一些猪、鸡、鸭等动物俑或模型，间接体现出与饮食有关的内容。另外，相当数量的墓葬还出土一定数量的庖厨俑，如河北衡水阜城桑庄汉墓出土的绿釉陶庖厨俑（M1∶94），由底座、庖丁、俎、案、鱼、羊、猪、狗等形象组成，底座后部两侧各跪一庖丁，从背部看系围裙，左侧庖丁左手及头残，右手按在面前条

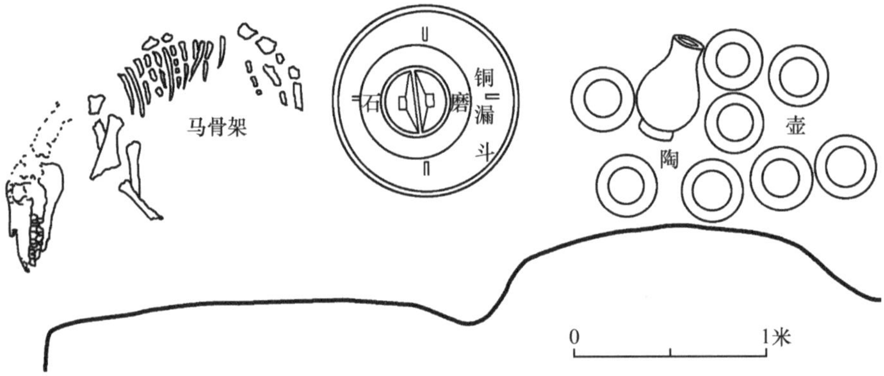

图六 -18　河北保定满城 M1 北耳室推磨牲畜遗骸及相关遗物分布示意图

---

① 刘尊志：《汉代诸侯王墓动植物陪葬内容及相关问题浅析》，《南方文物》2015 年第 3 期。

② 中国社会科学院考古研究所、河北省文物管理处：《满城汉墓发掘报告》，文物出版社，1980 年，第 30、126、127、143、144、403、404、407、408 页。

③ 安徽省文物工作队、阜阳地区博物馆、阜阳县文化局：《阜阳双古堆西汉汝阴侯墓发掘简报》，《文物》1978 年第 8 期。

④ 湖南省文物考古研究所、怀化市文物处、沅陵县博物馆：《沅陵虎溪山一号汉墓发掘简报》，《文物》2003 年第 1 期；湖南省文物考古研究所：《沅陵陵虎溪山一号汉墓》，文物出版社，2020 年。

⑤ 扬州博物馆：《扬州东风砖瓦厂汉代木椁墓群》，《考古》1980 年第 5 期。

形俎的一边，其前又置一长方形俎，上置一鱼，俎前并列羊头、狗头各一，右侧庖丁及前面放置的物品与左侧情况相同，底座前部中央放置一四足被绑的猪，作侧卧状，两庖丁间原还应有物件，已残缺[①]。汉代画像石（砖）的画像及壁画中也常见饮食器具、食品加工场面及其进食场景等，所体现与饮食相关的内容较为全面和直观。

3. 祭祀飨鬼

秦汉时期，家庭及其成员大多相信灵魂不死，人去世之后成鬼，而鬼魂的存在，也要像活着的人一样生活。对于每一个家庭来讲，在事死如事生丧葬观念的推动和影响下，要为家庭中的死去者提供其在地下世界生活所需的物品，上文所述诸多与饮食相关物品的陪葬、墓葬的装饰，甚至墓葬形制、殓葬物品等皆是相关体现。为了能够保证鬼魂在地下世界更好的生活，除在其下葬时尽可能为其提供地下所需物品之外，还要有持续的供应，祭祀就是实现这一内容的重要活动和途径，这也是孝道在这一时期得到极大发展的证明和反映，上文所举江苏徐州大庙晋墓出土汉代墓葬祠堂画像石刻铭所引《孝经》记“为家庙以鬼神饗之”的内容即可说明。墓祭在秦汉时期尤其是汉代得到较大发展，这样不仅可为地下世界鬼魂提供持续的物资供应，也可加强家庭中在世者与逝去者的沟通，为逝去家庭成员的灵魂提供升仙机会，就这一点来讲，应是较多墓葬外祠堂中有诸多升仙内容的原因之一。

就现有考古资料看，秦汉帝王陵墓的墓地祭祀设施出现较早，秦与西汉早期帝陵陵区的考古成果可充分证明，而中小型墓葬对于祠堂的使用大致在西汉早期偏晚阶段或略早，这与文献记载亦基本相对应。西汉晚期，墓地祭祀设施逐渐普及，就中小型墓葬来讲，祠堂、祭台或其他墓外祭祀设施得到较多使用。东汉一代，帝陵的祭祀设施较为完备，王侯墓葬也有对应的祭祀设施，而中小型墓葬，以祠堂为主体的墓外祭祀设施得到全面发展，较多地区的汉代中小型墓葬外皆发现有相关遗迹或遗物。一些祠堂内有祭案等设施，可在祭祀时摆放祭品，如山东苍山县金山西汉墓葬外祠堂[②]、济南长清孝堂山祠堂[③]等；一些祠堂发现有与祭祀有关的器物，如江苏徐州贾汪青山泉白集东汉墓祠堂[④]、河南新乡卫辉大司马东汉 M1 祠堂[⑤]等，与供奉、祭祀有关的器物有杯、案、盘、勺、罐、缸、甑、钵、碗等。从出土遗物来看，祠堂祭祀的内容与上文所述“鬼犹求食”的内容较为相符，多数与食物有关。

---

① 河北省文物研究所：《河北阜城桑庄东汉墓发掘报告》，《文物》1990 年第 1 期。

② 李振光、宋岩泉、党浩：《山东苍山县金山发现大型汉墓》，《中国文物报》2004 年 12 月 17 日第 1 版。

③ 蒋英炬、杨爱国、信立祥、吴文祺：《孝堂山石祠》，文物出版社，2017 年。

④ 南京博物院：《徐州青山泉白集东汉画象石墓》，《考古》1981 年第 2 期。

⑤ 河南省文物管理局南水北调文物保护办公室、四川大学考古学系：《河南卫辉市大司马村一号汉墓及墓前建筑》，《考古》2008 年第 11 期；河南省文物局：《卫辉大司马墓地》，科学出版社，2015 年，第 16-20、30-32 页。

安徽褚兰胡元壬墓祠堂①及宝光寺祠堂②等的正壁石画像下部正中刻“凸”字形图案，可能是墓主牌位或神位，体现祭祀死者鬼魂的特征较为明显。另外，今苏鲁豫皖交界地区发现的较多东汉墓葬外有石祠堂，体积不大，但绝大多数石祠堂的画像内容极为丰富，画像中有较多的内容与祭祀死者有关，而在祠堂用石上刻画这些画像，其目的之一，应是为了达到长祭久祀，并通过祭祀以飨鬼魂。

4. 服务鬼魂

从大的方面讲，陪葬食物及祭祀飨鬼都是为地下鬼魂提供的相关服务，而鬼魂生活于地下，生人除为其提供饮食和其他相关内容，还有为其地下生活提供的其他服务内容，如奴婢服务、铅人代劳等等。

罗振玉先生辑录《芒洛冢墓遗文续编》及《蒿里遗珍》中记录的东汉买地券文字有“田中若有尸死，男即为奴，女即当婢”③。

铅人是汉代墓葬中为死者解除罪谪的办法之一，从镇墓文来看，为死者解除时还要辅之以贿赂或奉献，除用金银之外，又用铅人④。山西同蒲路出土的张叔敬瓦缶上有“上党人参九枚，敬持代生人，铅人持代死人”丹书文字⑤。陕西省长安县三里村东汉墓出土的镇墓文上有：“故以自代铅人。铅人池池，能舂能炊，上车能御，把笔能书。”⑥由这两处文字的内容可以看出，铅人在地下世界可以为鬼魂替代较多的工作，这样可使得相关鬼魂在地下过上较舒适的生活。江苏睢宁刘楼M1中室上部填土中出土有裸体铅立俑，而墓主为等级较高的未成年人⑦，这可能也是该墓出土裸体铅立俑的原因之一。

5. 驱魔打鬼

秦汉时人们的思想中，较多人死后为鬼，所以对应的家庭在死者死后会在较多方面如墓葬形制、葬具、殓葬品及陪葬品等方面为死者地下生活提供条件，上文所述陪葬的大量食品类物品及相关内容、进行墓祭等皆可说明，而其目的之一是让

---

① 王步毅：《安徽宿州褚兰汉画像石墓》，《考古学报》1993年第4期。

② 王化民：《宿州宝光寺汉墓石祠画像石》，安徽省文物考古研究所、安徽省考古学会：《文物研究·第8辑》，黄山书社，1993年，第64-70页。

③ 转引韩国河：《秦汉魏晋丧葬制度研究》，陕西人民出版社，1999年，第173页。

④ 吴荣曾：《镇墓文中所见到的东汉道巫关系》，《文物》1981年第3期。

⑤ 郭沫若：《由王谢墓志的出土论到兰亭序的真伪》，《文物》1965年第6期。

⑥ 陕西省文管会：《长安县三里村东汉墓发掘简报》，《文物参考资料》1958年第7期。

⑦ 睢文、南波：《江苏睢宁县刘楼东汉墓清理简报》，文物编辑委员会编：《文物资料丛刊·第四辑》，文物出版社，1981年，第112-114页。

去世家庭成员的鬼魂不远离，不至于成为游魂野鬼，以防有些会变成厉鬼，作祟生人。但由于认识观的局限性及对相关事物或事件不可解释或解释的不全面，当时的人们认为有游魂野鬼或厉鬼存在，这对家庭及其成员的正常生活会产生诸多不利影响，所以在当时还存在驱魔打鬼之说，并有较多与之相关的内容和活动。

汉代画像石（砖）的画像中多见打鬼驱魔图像，以画像石画像居多，其中南阳地区的较多汉墓画像石上有此类画像，大多是神人驱魔祛鬼的内容①。铺首衔环有驱鬼辟邪的功能，现实之门与墓门多有装饰，较多地区汉画像石墓葬，门的纹饰即为铺首衔环，有的还配有朱雀、神人、白虎等，河南南阳、陕北与晋西北地区出土的汉代画像石画像中，铺首衔环及相关图像较为多见，且内容极为丰富（图六 -19）。蹶张体现的人物形象勇健有力，而且相貌奇特，也被赋予驱鬼辟邪的功用，较多地区西汉晚期至东汉时期墓葬，尤其是东汉墓葬出土的画像石（砖）画像或壁画中有蹶张图，江苏徐州铜山洪楼东汉墓葬外祠堂相关石材上也刻有蹶张图②，山东沂南北

1

2

图六 -19　汉代画像石画像中的铺首衔环图像

1. 河南南阳方城县城关镇 M1 西室墓门门扉画像③　2. 陕西绥德四十铺汉墓墓门门扉画像④

① 南阳汉画馆，闪修山、王儒林、李陈广：《南阳汉画像石》，河南美术出版社，1989 年；王建中、闪修山：《南阳两汉画像石》，文物出版社，1990 年。

② 王德庆：《江苏铜山东汉墓清理简报》，《考古通讯》1957 年第 4 期；徐州博物馆：《徐州汉画像石》，江苏美术出版社，1985 年，图 71。

③ 南阳地区文物工作队、方城县文化馆：《河南方城县城关镇汉画像石墓》，《文物》1984 年第 3 期。

④ 绥德汉画像石展览馆编，李贵龙、王建勤主编：《绥德汉代画像石》，陕西人民美术出版社，2001 年，第 8、9 页。

寨东汉墓墓门当中支柱上端有一蹶张形象，脚踩弓，双手拉弦，张嘴用牙咬住箭[①]（图六-20：1）。方相氏也是汉代画像石（砖）画像与壁画中常见的打鬼神，大傩仪式与打鬼有关，多在腊月驱邪打鬼，这一仪式就是在方相氏带领下呼叫打鬼的，另在墓主下葬等活动时也会有方相氏打鬼的活动。东汉张衡在《东京赋》曰："尔乃卒岁大傩，殴除群厉。方相秉钺，巫觋操茢。侲子万童，丹首玄制。桃弧棘矢，所发无臬。飞砾雨散，刚瘅必毙。煌火驰而星流，逐赤疫于四裔。然后凌天池，绝飞梁。捎魑魅，斮獝狂。斩蜲蛇，脑方良。囚耕父于清泠，溺女魃于神潢，残夔魖与罔像，殪野仲而歼游光。八灵为之震慴，况魃蛊与毕方。"[②] 江苏徐州市邳州燕子埠彭城相缪宇墓出土画像石中即有大傩图[③]。河南洛阳老城西北西汉壁画墓的隔墙前额上部壁画中有傩戏方相氏打鬼图，较为形象，图画共三幅，为横额砖上部的一块长方形和侧边两块三角砖上的图画，长方形砖右上角是一只绿色的蟾蜍，其下绘一直立的白虎，左上角绘一只红色似虎的动物，其下绘一只头上尾下的龙，上部中央绘一只凤凰，凤的右下方还绘一只深紫色的熊（？），凤的右下方还绘一人，穿红色衣服，部分色已残佚，下部绘一巨兽，面似虎，四肢长毛，身穿红衣，兽的两臂上各绘一人，穿赭石色衣服，手各持一个鼓状物，画面空隙地方则以彩云填补[④]（图六-20：2）。有学者认为墓葬后墙壁画中的诸多人物在进行打鬼仪式准备，而上文所描述主室当中隔墙彩绘图画是打鬼的正式场面，而其中的方相氏是打鬼神[⑤]。较多汉代画像中可见方相氏的形象，典型墓葬如山东沂南北寨东汉墓，该墓的墓门西侧支柱、前室北壁正中一段、中室东壁上横额等处的画像石上均有所发现[⑥]（图六-20：3～5）。另外，与大傩图相关且和方相氏有某些相似的还有彊良（有的资料写作疆良），为熊头怪兽，这在山东沂南北寨东汉墓的画像石画像中有较多体现，为神兽的形象。江苏泗洪曹庙出土的东汉画像石也多见彊良形象，编号为画三的一块画像石，为一条石柱，共刻十三只怪兽，其中的一个怪兽头似熊，肩生双翼，后足半蹲，前肢上举，握仙草，公布资料认为这幅画像应是"大

① 南京博物院、山东省文物管理处：《沂南古画像石墓发掘报告》，文化部文物管理局出版，1956年，图版27；山东博物馆：《沂南北寨汉墓画像》，文物出版社，2015年，第8、9、108页。

② （东汉）张衡：《东京赋》，张震泽校注：《张衡诗文集校注》，上海古籍出版社，2009年，第148页。

③ 南京博物院、邳县文化馆：《东汉彭城相缪宇墓》，《文物》1984年第8期。

④ 河南省文化局文物工作队：《洛阳西汉壁画墓发掘报告》，《考古学报》1964年第2期。

⑤ 孙作云：《洛阳西汉壁画墓中的傩仪图——打鬼迷信、打鬼图的阶级分析》，《郑州大学学报》（哲学社会科学版）1974年第4期。

⑥ 南京博物院、山东省文物管理处：《沂南古画像石墓发掘报告》，文化部文物管理局出版，1956年，图版26、33、48、94；山东博物馆：《沂南北寨汉墓画像》，文物出版社，2015年，第7、27、50-52、108、110、115页。

图六 -20　汉代壁画中的蹶张、方相氏、彊良及打鬼图

1、3-5. 山东沂南北寨东汉墓出土画像（1. 墓门当中支柱上端蹶张画像　3. 墓门西侧支柱方相氏画像　4. 前室北壁正中一段方相氏画像　5. 中室东壁上横额方相氏画像，皆为整体画像的局部）2. 河南洛阳老城西北西汉壁画墓隔墙前额上部傩戏方相氏打鬼图　6. 江苏泗洪曹庙出土的东汉石柱（画三）中的彊良画像（局部）7. 江苏泗阳县屠园乡周庄东南打鼓墩樊氏墓出土第 16 石侧面彊良画像（局部）

傩图”，而该怪兽为彊良，把它刻在墓内，取打鬼辟邪之意[①]（图六 -20：6）。江苏泗阳县屠园乡周庄东南打鼓墩樊氏墓出土画像石中有多幅彊良画像，第 1 石侧面中有两怪兽，兽面人身，鼓腹，胸垂五乳和双乳，各握仙果，弓步状，为彊良；第 8 石右面刻“大傩图”，有一精怪，虎首人身，胸垂五乳，拖长尾，足下蹲，前肢上举，握两仙果；第 14 石侧面画像左上角刻一彊良精怪，垂四乳，猪足偶蹄，口衔一蛇；第 16 石侧面画像左上刻一彊良精怪，胸垂五乳，一手上握仙果，一手叉在腰间，蹲坐在怪兽脊背上（图六 -20：7）；第 21 石背面与左侧面、第 22 石的背面及左右侧面画像也各刻有一彊良，具体形象略有差异[②]。结合山东沂南北寨东汉墓中的相似或相近形象，可知汉代画像中的彊良，造型虽大体相似，但细节有所不同。有些画像中彊良与其他画像形成组合，具有辟邪的作用，有些画像中则与“大傩图”形成组合，除辟邪外，打鬼的特征也相对突出，而这些均体现出秦汉时期尤其是汉代驱魔打鬼的精神内容。用于驱鬼辟邪的还有神荼、郁垒两位神人，河南南阳出土的汉代画像石画像中有一定数量二位神人的画像，基本位于墓门，驱鬼意图明显，不仅如此，这一地区的墓门画像中还有一些与郁垒、神荼相似的神人形象被刻于墓门处，有的还搭配铺首或祥禽瑞兽等，一方面体现出驱鬼的意图、作用和想法的多样性，另一方面也说明，当时的驱鬼辟邪思想十分盛行，在此推动下，还可能会在某一个或两个较为流行的形象带动下，形成一些新的内容，产生一些新的神人形象，并渗透到社会家庭之中。东汉时，为解除死者灵魂而使用的镇墓瓶或解谪瓶及镇墓文和相关物品可以辟鬼和祛邪，亦可驱鬼和杀鬼。就物品而言，有雄黄、水晶等，还有如西安市世家星城 M169 出土的“黄神之印”陶印章[③]，而如河南陕县刘家渠 M2 出土陶罐，腹壁上还有朱书“黄神越章……”等字[④]。

6. 墓葬破坏

鬼魂思想在汉代社会和家庭中较为普遍，就一些家庭来讲，因出于盗掘获利及报复心理等的作祟，可能会对其他家庭成员的墓葬进行挖掘和破坏，甚至会出现较为极端的内容。

《吕氏春秋 · 安死》载：“是无不扣之墓也。”[⑤]《三国志 · 魏书 · 文帝纪》亦载：

---

① 江苏省泗洪县文化馆：《泗洪县曹庄发现一批汉画象石》，《文物》1975 年第 3 期；尤振尧：《江苏泗洪曹庙东汉画像石》，《文物》1986 年第 4 期。

② 淮阴市博物馆、泗阳县图书馆：《江苏泗阳打鼓墩樊氏画像石墓》，《考古》1992 年第 9 期。

③ 西安市文物保护考古所：《西安东汉墓》，文物出版社，2009 年，第 722 页。

④ 黄河水库考古工作队：《河南陕县刘家渠汉墓》，《考古学报》1965 年第 1 期。

⑤（战国）吕不韦等编撰：《吕氏春秋 · 安死》，许维遹集释、梁运华整理：《吕氏春秋集释》，中华书局，2009 年，第 225 页。

“自古及今，未有不亡之国，亦无不掘之墓也。丧乱以来，汉氏诸陵无不发掘，至乃烧取玉匣金缕，骸骨并尽，是焚如之刑，岂不重痛哉！”[①] 较多秦汉墓葬在秦汉及稍晚时期即遭受到不同程度的盗掘和破坏，较为突出的表现有两点：一是东汉之前对西汉墓葬的破坏，破坏目的与破坏方式较为多样[②]；二是一些墓葬不仅被盗掘严重，而且还会遭受较严重的火烧，两汉墓葬皆有体现[③]。墓葬被盗挖会破坏原有的埋藏环境，甚至外部世界与埋藏世界完全开通，在鬼魂思想盛行的秦汉时期，会认为原来在地下世界安稳而居的鬼魂会因此外出，成为孤魂野鬼。加之是由被盗掘造成的这一情况，一些鬼魂可能会变成恶鬼或厉鬼作祟生人，而盗掘者担心自身会被鬼缠身，所以对被盗掘墓葬及墓主尸身也采取了相关破坏。盗墓者用火焚烧死者灵魂鬼魄所居的墓室，更甚者会烧毁灵魂鬼魄依附的尸身，以期驱鬼祛恶、消除鬼魄，进而避免死者鬼魄对其侵害[④]。相关墓例很多，山东寿光三元孙 M1，人骨仅见火烧后的碎块[⑤]，临淄金岭镇 M1，主室扰土中有焚烧过的零星碎骨[⑥]，济宁市肖王庄 M1，后室尸骨因火烧朽碎过甚[⑦]；山西离石马茂庄 M2，后室有烧后炭化的骨骸少许[⑧]，孝义张家庄 M21，骨骸被烧成灰[⑨]；陕西米脂官庄 M3，前室地面零散可见烧过的人骨[⑩]；河北蠡县汉墓，后室内的人骨骸被烤焦[⑪]。可以说，这种行为具有较强的破坏性，也与社会法制及道德准则相悖，是盗掘行为及鬼怪思想共同作祟下极具破坏性的行为。

江苏徐州后山西汉墓分为两层，下层为西汉早期楚国高等级刘姓贵族，上层为王莽时期的一般官吏夫妻合葬墓，由于该墓为竖穴石坑，上层墓葬与下层墓葬上下重叠，上层墓葬在砌建石椁及安葬时已可知该处为一座墓葬，并对之进行了相关破坏，下层墓葬遭明显翻动也说明了这一点，这种对别人墓葬进行破坏并将自身夫妻

---

① （西晋）陈寿撰，（南朝宋）裴松之注：《三国志·魏书·文帝纪》，中华书局，1959 年，第 82 页。

② 刘尊志：《试论东汉之前对西汉墓葬的破坏》，《南开学报》（哲学社会科学版）2016 年第 5 期。

③ 刘尊志、包桂红：《试论汉代墓葬被盗并遭火烧问题》，《南方文物》2017 年第 2 期。

④ 刘尊志、包桂红：《试论汉代墓葬被盗并遭火烧问题》，《南方文物》2017 年第 2 期。

⑤ 山东省文物考古研究所：《山东寿光县三元孙墓地发掘报告》，《华夏考古》1996 年第 2 期。

⑥ 山东省文物考古研究所：《山东临淄金岭镇一号东汉墓》，《考古学报》1999 年第 1 期。

⑦ 济宁市文物管理局：《山东济宁市肖王庄一号汉墓的发掘》，《考古》编辑部编辑：《考古学集刊·第 12 集》，中国大百科全书出版社，1999 年，第 41-112 页。

⑧ 山西省考古研究所、吕梁地区文物工作室、离石县文物管理所：《山西离石马茂庄东汉画像石墓》，《文物》1992 年第 4 期。

⑨ 山西省文物管理委员会、山西省考古研究所：《山西孝义张家庄汉墓发掘记》，《考古》1960 年第 7 期。

⑩ 榆林市文物保护研究所、榆林市文物考古勘探工作队：《米脂官庄画像石墓》，文物出版社，2009 年，第 22 页。

⑪ 河北省文物研究所：《蠡县汉墓发掘纪要》，《文物》1983 年第 6 期。

葬在别人棺椁之上的行为应与社会报复有关[①]。上层墓葬在对下层墓葬破坏及上层夫妻的安葬均会对下层墓葬墓主的鬼魂造成极大侵害，而为了担心下层墓葬墓主在遭到侵害后，鬼魂会变成为恶鬼或厉鬼，且会对上层墓主夫妇及其家人有侵害，上层墓葬的棺椁直接叠压在下层棺椁之上是厌鬼的内容之一，而上层墓葬的石椁北壁与竖穴北石壁之间以"大泉五十"钱币砌成圆形，也具有较强的厌鬼及辟邪的功能。

综合来看，秦汉时期的神鬼思想和观念已获得较大的发展，内容、内涵均较为丰富，并在秦汉家庭的思想信仰中较为普遍和普及，是秦汉家庭思想世界的重要内容，并与升仙、辟邪等家庭思想有着较为密切的关系，对秦汉家庭及其成员的生产、生活及其丧葬等均产生较多的影响，而秦汉家庭的诸多内容也因此打上神鬼思想的烙印。

三、其他思想与信仰

秦汉时期，家庭对于传统社会思想的信奉是多方面的，除升仙思想、神鬼观念外，还有其他较多内容，共同构成秦汉家庭的传统社会思想信仰内容。

（一）崇拜思想

基本是祖先崇拜与动植物崇拜。汉代之前已较普遍，溯源可至石器时代，经长期发展，秦汉时期十分普遍，且已融入家庭内容之中。

1. 祖先崇拜

是对先祖的崇敬，并希望先祖为后世子孙带来庇护、吉祥和更好的生活及良性发展等。崇拜的祖先既有自身家庭或家族中的先祖，也有由之延伸、时代较早且有较大影响力的祖先。汉代，随着对孝道的推崇不断提升，祖先崇拜在原有的基础上得到进一步的发展。

秦统治时间较短，相关资料不多，但可以肯定的是，秦始皇帝陵附近应有相应的祭祀设施。西汉初，并非是在帝陵旁立庙，如刘邦去世后，在长安南郊建有"高庙"，惠帝时，在长陵附近修有"原庙"，陵旁立庙出现，而这与维护宗庙制度、提升对先帝崇拜等有关，景帝时在霸陵为文帝修建有庙，景帝的阳陵也修建有自身的陵庙，陵旁立庙在这一时期趋于普遍[②]。阳陵东南发现的罗经石遗址，平面近方形，边长约260米，外围有壕沟环绕，中心最高处放置一用整块黑云母花岗岩雕凿而成的方形巨石，称为"罗经石"，南北长183、东西宽180、厚40厘

① 徐州博物馆：《江苏徐州后山西汉墓发掘简报》，《文物》2014年第9期。

② 刘庆柱、李毓芳：《西汉十一陵》，陕西人民出版社，1987年，第198、199页。

米，面上刻有直径 140 厘米的圆盘，其中刻有十字凹槽，十字线所指为正南北方向（图六 -21：1），遗址中部是一夯土台基址，有 12 个门，每边三门，四周有砖铺地面、卵石散水、四神空心砖以及瓦片堆积层[①]。遗址中出土较多素面璧及素面圭，形璧体不大，中部圆形孔较小，多为汉白石质（图六 -21：2）[②]。汉武帝茂陵东部偏南有一建筑遗址，遗址内出土有青玉铺首、琉璃璧各 1 件，琉璃璧直径为 23.4 厘米（图六 -21：3），伴出有外圈为“与民世世，天地相方”、内圈为“永安中正”的十二字瓦当，还有四神纹空心砖等遗物[③]。这两处建筑遗址均存在为帝陵陵庙或寝殿的可能，祭祀特征明显。另外，汉昭帝平陵与上官皇后陵之间发现有东西向排列的成组玉器，每组中间均为 1 件玉璧，四周有 7 ~ 8 个玉圭围绕，圭首朝向玉璧，应是与祭祀有关的遗存[④]。较多西汉帝陵陵庙还有名称，如景帝德阳宫、武帝龙

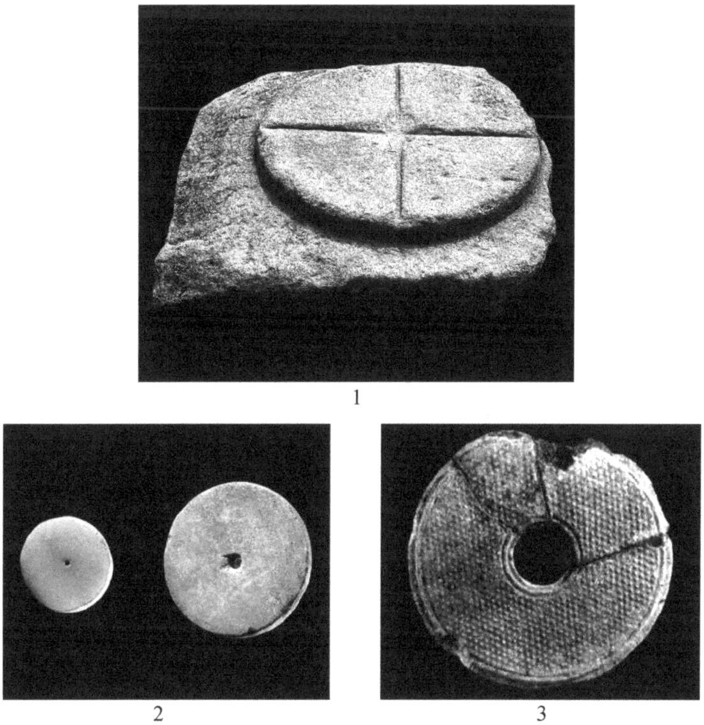

图六 -21 西汉帝陵陵庙遗址出土遗物

1. 汉景帝阳陵陵园出土“罗经石” 2. 汉景帝阳陵二号礼制建筑遗址出土的汉白石质璧

3. 汉武帝茂陵东部偏南建筑遗址出土的琉璃璧

① 董鸿闻、梅兴铨、张应虎、周建勋、刘起鹤、汪东锋：《阳陵罗经石的实测与研究》，《测绘通报》1995 年第 6 期。

② 汉阳陵博物馆：《汉阳陵》，文物出版社，2016 年，第 157 页。

③ 茂陵文物保管所、陕西省博物馆：《汉茂陵及其陪葬冢附近新发现的重要文物》，《文物》1976 年第 7 期。

④ 咸阳市博物馆：《汉平陵调查简报》，《考古与文物》1982 年第 4 期。

渊宫、昭帝徘徊庙、宣帝乐游庙等。陵庙的建筑材料中，铺地砖、空心砖及文字瓦当常见，而一些特殊部位如门的建筑材料以四神瓦当区分方位，另外也有四神空心砖出土。陵庙作为祭祀的礼制场所，其内放置皇帝的神主，体现出祭祀与崇拜的兼有特征和内容。东汉早期，可能还有陵庙，而从明帝显节陵开始，石殿出现，与寝殿形成两个相对独立的设施。明帝推行上陵之礼，许多祭祀及相关内容移至陵园之内，寝殿的作用加强，规模扩大，在其之前扩建出大殿以供祭祀和行礼，这一大殿被称为祭殿，由于是用石材砌筑而成，故又称为“石殿”，石殿主要是用来供奉神主，以便上陵朝拜，举行祭祀之礼等，而钟虡则主要服务于这一设施，功能和作用也日渐突出。诸侯国制同中央，诸侯王墓除特殊情况外，大多都建有祠庙[①]。诸侯国还有其他祭祀先祖的设施，体现出与祖先崇拜相关的内容，如2006年在河南永城芒砀山主峰发现的一处大型汉代礼制建筑，地处梁国王陵区的中心部位，位于芒砀山的最高点上，等级、规格较高，由于损毁严重，若其是四周为迴廊、上部有顶的高台建筑，很可能就是祭祀梁王祖先的祖庙[②]。另外，在秦始皇帝陵的大陵区中，陵北陈窑村南一座山峰的平台上发现一处面积16500平方米的建筑遗址，东边疑有踏步，断面发现建筑材料及陶器残片，时代为秦代，其性质可能是祭祀天神的礼制建筑[③]，相关研究将其视为修陵指挥设施遗存[④]。就该遗址的性质来讲，目前还不能定性，而考虑到其位置，也许会与芒砀山发现的汉代礼制建筑的功能有相似之处，也可能会具有祭祖的作用，但这仅仅是一种推测，或仅具这方面的可能。汉代王侯及其他级别人员中的很多人对于祖先或先辈的祭祀内容应包含有庙祭，但相关考古资料较少见。前文相关章节叙述丧祭时涉及的庙祭等内容中有祖庙或相关设施，应与祭祀祖先的庙祭有一定关系。限于篇幅，不再作举例说明。大致来看，涉及汉代王侯及其他级别人员与祖先或先辈祭祀有关的考古资料，目前较多应是体现在墓祭方面。列侯及中小型墓葬较多使用祠堂，有些等级稍低的墓葬还为露祭，即祭祀设施为暴露在外、无房屋设施的祭台、供案或祭台等，一些祠堂如长清孝堂山石祠堂，室内石祭案上应供设有祠主神位及相应数量的祭品[⑤]，一些祠堂如上文所述安徽褚兰胡元壬墓祠堂及宝光寺祠堂等的正壁画像下部中间刻“凸”字形图案，突出部位分别题有“辟阳胡元壬□墓”[⑥]、“郑掾冢墓”[⑦]，下部文字竖排，包括祠主

---

① 刘尊志：《汉代诸侯王墓研究》，社会科学文献出版社，2012年，第284-290页。

② 河南省文物考古研究所：《河南永城市芒砀山汉代礼制建筑基址》，《考古》2007年第7期。

③ 张占民：《秦始皇陵园“击鼓坪”遗址》，《考古与文物》2013年第2期。

④ 张卫星、付建：《秦始皇陵的选址、规划与范围》，《文博》2013年第5期。

⑤ 蒋英炬、杨爱国、信立祥、吴文祺：《孝堂山石祠》，文物出版社，2017年，第21页。

⑥ 王步毅：《安徽宿州褚兰汉画像石墓》，《考古学报》1993年第4期。

⑦ 王化民：《宿州宝光寺汉墓石祠画像石》，安徽省文物考古研究所、安徽省考古学会：《文物研究·第8辑》，黄山书社，1993年，第64-70页。

与立祠情况、吉语等，从形状与文字等来看，与墓主牌位或神位可能有关。庙、祠等中供奉祖先或先辈的神主或牌位，从形式和内容上均体现出对先祖的崇拜，而这一方面是对祖先的敬重，是家族、家庭延续发展的根源或基础，另一方面，对于在世者或生者来讲，这也是显孝、示孝、重孝的体现。因此，对家庭而言，祭祀祖先的活动是家庭生活内容的组成，而崇祖敬先思想也成为秦汉家庭的精神内容之一。

祖先崇拜的延伸还有对人类祖神等的崇拜和信仰。女娲被奉为人类的祖先，而伏羲又多与女娲同出或共体出现，汉代画像石、画像砖及有关壁画之中，女娲、伏羲的出现比率较高，有分体，有交尾，还有单独出现者，还见较多与其他物象共出者。江苏徐州市睢宁双沟出土的画像石画像，伏羲、女娲交尾并立，较为恩爱，二者之下还有 2 小人[①]。江苏泗阳县屠园乡周庄东南打鼓墩樊氏墓出土第 2 石正面画像，左起是伏羲女娲图，伏羲女娲作横卧姿势，女娲人头蛇躯，双手握一曲矩，伏羲鳞身与女娲交尾，伏羲女娲之间上部刻一条肥大的鲤鱼[②]。二画像生动地描绘了人类始祖神的特点，交尾是特征之一，睢宁双沟出土画像中的二小人或许是人类繁衍的证明，而鱼也具有较强的繁衍能力，打鼓墩樊氏墓出土画像石中的伏羲女娲像配有大鱼，体现出繁衍子孙后代、多子多福的思想与理想。还有较多图像中的伏羲、女娲手中捧物或持物，或是与西王母、东王公共出，被充分赋予了神的特征，这也正是祖先崇拜的体现。另外还有其他带有祖先崇拜特征的“神人”，如炎帝、黄帝、神农、仓颉等等，这在画像石、砖画像及壁画等中也有相应体现，如江苏徐州苗山东汉墓出土画像石中的炎帝（图六 -22：1）、神农形象（图六 -22：2）等[③]。江苏泗洪曹庙乡征集的汉代画像石中，一块墓壁刻石的画面自上而下共分四格，第三格刻大禹治水图，画面中有 4 位披长发、穿蓑衣的羽人，两两左右对立，人物之间刻有滔滔洪水，其中右侧一长者双手拄臿，双目凝视远方，左侧有一身材魁梧之人，双手提一泥橐，疾步向前，画面中央刻一件抬土的木架泥橐，橐内盛满泥土[④]（图六 -22：3）。江苏徐州地区散存的一块画像石中也有大禹治水的画像，画像分为上下两层，上层边框内饰水波纹，下层框内的图案分为三组，有 10 个人物，从左至右第一组，最左侧是帝尧，面朝右，坐于树下，虞舜面朝左站立，旁边正面站立大禹，身穿宽袍长衣，头戴斗笠，双手按臿，第二组中间一人面朝左作迎请状，左边一人面右向踞坐，双手摆动，右边之人左向侧立，右手荷物，左手掩面作哭泣状，第三组左边一人向右站立，与中间的禹妻交

① 徐州博物馆：《徐州汉画像石》，江苏美术出版社，1985 年，图 233。

② 淮阴市博物馆、泗阳县图书馆：《江苏泗阳打鼓墩樊氏画像石墓》，《考古》1992 年第 9 期。

③ 徐州博物馆：《徐州汉画像石》，江苏美术出版社，1985 年，图 90、91。

④ 尹增淮、江枫：《江苏泗洪曹庙出土的东汉画像石》，《文物》2010 年第 6 期。

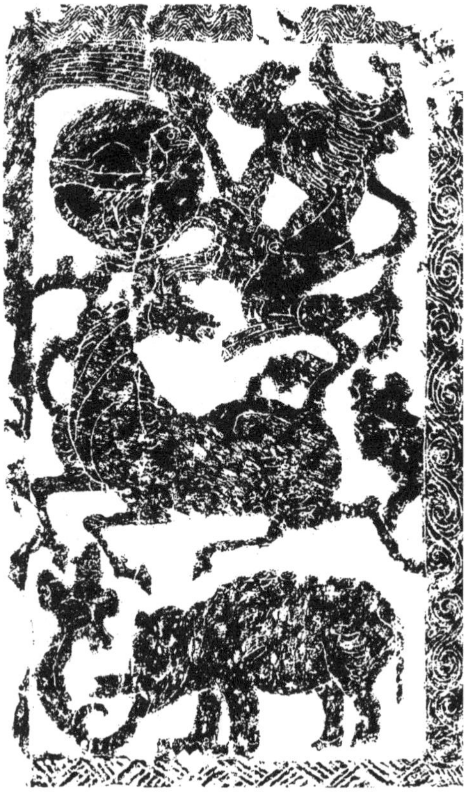

1

2

3

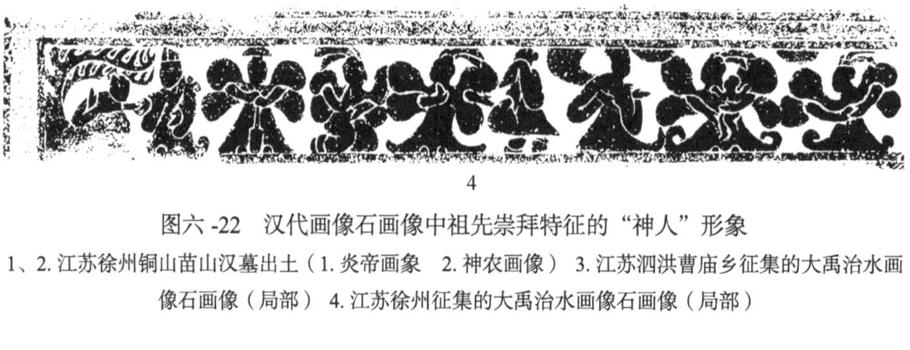

4

图六 -22　汉代画像石画像中祖先崇拜特征的“神人”形象

1、2. 江苏徐州铜山苗山汉墓出土（1. 炎帝画象　2. 神农画像）3. 江苏泗洪曹庙乡征集的大禹治水画像石画像（局部）4. 江苏徐州征集的大禹治水画像石画像（局部）

谈，禹妻面朝左而立，怀中抱一幼儿，最右边一老者左向站立，双手拄鸠杖观望[①]（图六 -22：4）。另外，一些墓葬内画像石及墓外祠堂画像石中还有较多的祖先神人形象，限于篇幅不再多述。

可以说，祖先崇拜作为秦汉家庭思想信仰的内容之一，一是对促进孝道的推广有着积极作用；二是对于加强家庭与家族凝聚力，促进家庭与家族团结，提升家庭及家族地位和竞争力等均有较多益处；三是就汉代而言，祖先崇拜对于家庭而言，既与“三纲五常”的家庭伦理有关，同时还与希望能够带给子孙富贵、高官厚禄，改变一生命运[②]的理想有关，这些也正是其能够在家庭中长久存在并持续发展的原因。

2. 动植物崇拜

是一种由来已久，针对动植物产生的一种自然的崇拜思想，在先秦图腾崇拜发展的基础上，动植物崇拜已成为秦汉家庭较为普遍的思想信仰。

秦汉时期的很多遗迹、遗物及其装饰等对动植物崇拜均有较多体现。龙、凤是最为常见的动物内容，有单体，有组合，形象各异，造型多样。帝陵暂未发掘，但较多已发掘的王侯墓葬及王后或夫人墓葬出土龙凤动物形象的物质内容丰富多样。江苏徐州狮子山楚王墓出土玉龙多件，每件都不相同，各有自己特点[③]，而较多王后或列侯夫人墓葬中则出土相当数量、不同纹饰的玉凤或装饰凤纹的有关器物，如江苏徐州石桥 M2（今称为东洞山 M2）为西汉中晚期某代楚王的王后墓，出土有龙凤纹玉环（M2：41），白玉质，灰白色，滋润光洁，通体透雕，环身作夔龙形，附一龙、一凤和一熊[④]等。动物形器物在王侯墓葬及中小型墓葬中多有发现，还有较多动物纹出现于铜器、玉器、漆器、陶器、纺织品之上。江苏徐州白云山汉墓出土立凤形红玉佩，凤鸟长冠勾喙、展翅翘尾，整体造型栩栩如生[⑤]。河北阳原三汾沟西汉 M9 出土刺绣，其中 1 件是裹铜镜的镜套，直径 13.7 厘米，为绢地绣花，图案中央绣一龙，其上方绣一凤凰，周围绣有牛、虎、奔兽、雁等吉祥物，整个图案布局巧妙，美观大方，工艺水平较高[⑥]。与动物形象相似，植物形象在汉代遗物的装饰中也较为常见，这些都会直接或间接体现出当时对动植物的崇拜，也表明对于动植物的

① 杨孝军、郝利荣：《徐州新发现的汉画像石》，《文物》2007 年第 2 期。

② 韩国河：《秦汉魏晋丧葬制度研究》，陕西人民出版社，1999 年，第 171 页。

③ 狮子山楚王陵考古发掘队：《徐州狮子山楚王陵发掘简报》，《文物》1998 年第 8 期；韦正、李虎仁、邹厚本：《江苏徐州市狮子山西汉墓的发掘与收获》，《考古》1998 年第 8 期。

④ 徐州博物馆：《徐州石桥汉墓清理报告》，《文物》1984 年第 11 期。

⑤ 徐州博物馆：《古彭遗珍——徐州博物馆馆藏文物精选》，国家图书馆出版社，2011 年，第 184 页。

⑥ 河北省文物研究所、张家口地区文化局：《河北阳原三汾沟汉墓群发掘报告》，《文物》1990 年第 1 期。

崇拜已完全渗透至秦汉尤其是汉代家庭之中。

汉代画像石、画像砖画像及壁画内容中对动植物有较多表现。画像石产生之初，动植物图案皆有，而且多个图案之中均有植物纹，为常青树，既有吉祥、辟邪的寓意，也是植物崇拜的体现。随着画像石的普及和推广，图案内容日渐丰富，植物纹增加，动物纹也逐渐增多。西汉晚期至东汉一代，植物纹和动物纹一直都是画像石画像中的重要内容，既被赋予更多吉祥和仙意，也反映出动植物崇拜的普及和在家庭中的全面推广。以徐州地区的汉画像石为例，其中的动物有四神（青龙、白虎、朱雀、玄武）、龟、鱼、玉兔、蟾蜍、天鸟、天狗、牛、马、羊、鹿、麒麟、熊、犀牛、三青鸟、九尾狐、猴、双头兽、比肩兽、猫头鹰、九头兽（开明兽）、凤凰、比翼鸟、三头鸟、有翼兽、交颈兽、人头兽、双角兽、象、骆驼、独角兽等；植物有常青树、白榆、桂树、灵芝、银杏、三株树、连理枝、扶桑、嘉禾、蓮莆及其他神木、瑞草等[①]，其中市区南郊十里铺汉墓出土画像石画像中，墓室出土建筑图中有猴子，甬道横额背面有玉兔、飞鸟，前室横额背面有“三株树”、鸟、猴、翼兽等，中室横额正面有交龙，中室横额背面既有祥禽瑞兽，如凤凰、比翼鸟、九头兽（开明兽）、比肩兽，亦有神木瑞草如“三株树”等，后室横额的祥禽瑞兽有龙、三头鸟、翼兽、交颈兽等[②]。另外，江苏徐州市邳州出土的画像石上刻有2株银杏树[③]。河南、四川等地出土画像砖数量多，图案丰富，在较多方面体现出与画像石画像相近的内容，画像中的动植物有九尾狐、三青鸟、三足乌、四神（青龙、白虎、朱雀、玄武）、天马、天鸡、仙鹤、玉兔、常青树、扶桑树、不死树、不死草等等，有较多还会配以“千秋万岁”、“长乐未央”、“长乐益寿”等文字。有的画面虽不大，但有动植物搭配，形成祥瑞图案，如河南郑州出土的一块画像砖，右侧为扶桑树，树上立一只三足乌，左侧为一奔跑的九尾狐[④]（图六-23）。两汉壁画墓已发现一定数量。陕西西安理工大学西汉壁画墓中的祥禽瑞兽有仙鹤、

图六-23 河南郑州出土画像砖中“祥瑞图”画像

① 徐州博物馆：《徐州汉画像石》，江苏美术出版社，1985年。

② 江苏省文物管理委员会、南京博物院：《江苏徐州十里铺汉画像石墓》，《考古》1966年第2期；徐州博物馆：《徐州汉画像石》，江苏美术出版社，1985年，图15-27，图版说明第2页。

③ 姚景洲、贾庆华：《邳州车夫山汉画像石》，《东南文化》1999年第2期；贾庆华：《邳州汉画像石概述》，徐州市两汉文化研究会编：《两汉文化研究·第三辑》，文化艺术出版社，2004年，第389-396页。

④ 周到、吕品、汤文：《河南汉代画像砖》，上海人民出版社，1985年，图八九。

朱雀、翼龙、鸿雁、龙、虎等[①]（图六 -24）。东汉壁画墓的内容更为丰富，河北望都 M1 壁画墓，前室东壁下部绘有灵芝、鸳鸯，北壁下部绘有一凤凰，题有“凤凰翔”，寓意吉祥，前室西壁下部还绘有一只獐子，应取多子之义，其他动物形象还有羊、麒麟、鸡等动物[②]；内蒙古和林格尔东汉壁画墓壁画中的动植物形象有黄龙、玄武、灵龟、凤凰、木蓂荚、麒麟、蛇、木连理、白狐、三足乌、白狼、白鹤、白鵜、比翼鸟、九尾狐、白兔、巨鬯、赤爵、象、比肩兽、熊、玉马、白乌、青龙、朱雀、白虎等等[③]。

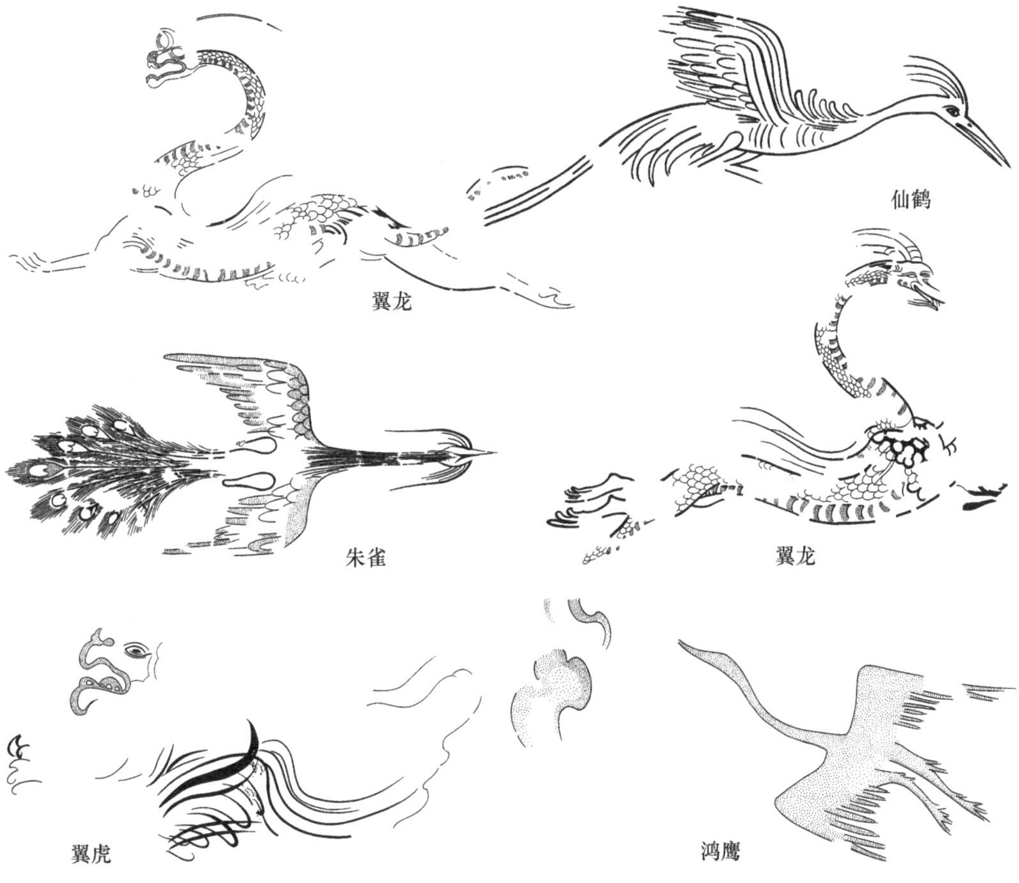

图六 -24　西安理工大学西汉壁画墓中的祥禽瑞兽

① 西安市文物保护考古所：《西安理工大学西汉壁画墓发掘简报》，《文物》2006 年第 5 期；西安市文物保护考古研究院：《西安西汉壁画墓》，文物出版社，2017 年，第 48-53 页。

② 北京历史博物馆：《望都汉墓壁画》，中国古典艺术出版社，1955 年，第 13 页；河北省文物研究所：《河北古代墓葬壁画》，文物出版社，2000 年，第 39 页。

③ 盖山林：《和林格尔壁画墓》，内蒙古人民出版社，1978 年，第 74、75 页。

汉代壁画与画像等中对于相关动物或植物崇拜的体现与描绘，或与家庭成员相关，或和多个有相应关系的人群有关，因此对于家庭和家族团结、密切家庭血缘，促进家庭、家族乃至更大社会组织的发展都有积极作用。相关家庭对于动植物的崇拜，还可以为家庭求吉辟邪、驱灾纳祥，乃至于驱鬼难、求升仙、家庭和睦、家业兴旺等提供更多的帮助和形成积极的推动作用。

（二）吉祥与辟邪

吉祥是家庭成员、家庭乃至更大社会组织及其成员的思想信仰及理想追求，家庭生活及其诸多物质内容都渗透或显现着吉祥的内容，既有吉祥建筑与器物，也有吉祥图案，而且还有很多器物与吉祥图案相搭配，另有吉祥文字及辟邪以求吉祥的行为等，综合反映出吉祥的内容和内涵，体现出吉祥在秦汉家庭中的普遍化。

秦汉时期的建筑在大名称、具体名称及平面形状、相关设施及配套内容等方面均与吉祥有着一定的关联。西汉国都长安很可能寓意长治久安、长期安都于此等含义。两汉都城的具体建筑及城门等也多具有吉祥含义，如西汉长安城内有明光宫、长乐宫、未央宫、桂宫等，城门有安门、清明门、宣平门等；东汉洛阳城内有永安宫、濯龙园、金市、永和里等，门有开阳门、广阳门、津门、雍门等，考古资料与文献记载基本对应。两汉都城的南郊还都有礼制建筑，西汉时的辟雍，东汉时的灵台、明堂、辟雍等在名称上皆有吉祥含义，就建筑的平面形状来讲，西汉长安城南的辟雍遗址，经勘探发掘呈外圆内方的平面布局，中心建筑亦是外圆内方①。秦汉家庭的较多相关设施体现的内容也较丰富，如立柱，有的做成龙形，有的下为卧羊，如江苏徐州贾汪青山泉白集东汉墓出土的羊座石柱②（图六 -25：1），在现实生活中可能也会得到使用。很多建筑的门上有铺首衔环，除用于叩门等实际用途外，也与辟邪吉祥有一定关系。一些建筑的斗栱亦做成龙形，既美观，又可借用龙的躯体弯曲达到支撑目的，而且还具有吉祥寓意，如山东沂南北寨东汉画像石墓中室八角擎天柱的石斗栱③（图六 -25：2）。济宁微山县两城乡出土的一些水榭画像石画像，深入水中的斗栱，弧曲处为龙身形状，下面支撑处为树形④。另外还有藻井，很多饰以莲花纹，除可能具有佛教含义外，还具有吉祥的内容与内涵，沂南北寨东汉画像石墓的相关藻井即为莲花形状，另

① 唐金裕：《西安西郊汉代建筑遗址发掘报告》，《考古学报》1959 年第 2 期；中国社会科学院考古研究所：《西汉礼制建筑遗址》，文物出版社，2003 年，第 197-207 页。

② 南京博物院：《徐州青山泉白集东汉画象石墓》，《考古》1981 年第 2 期。

③ 南京博物院、山东省文物管理处：《沂南古画像石墓发掘报告》，文化部文物管理局出版，1956 年，图版 12-14，拓片第 52、53 幅。

④ 马汉国主编：《微山汉画像石选集》，文物出版社，2003 年，第 180、181 页。

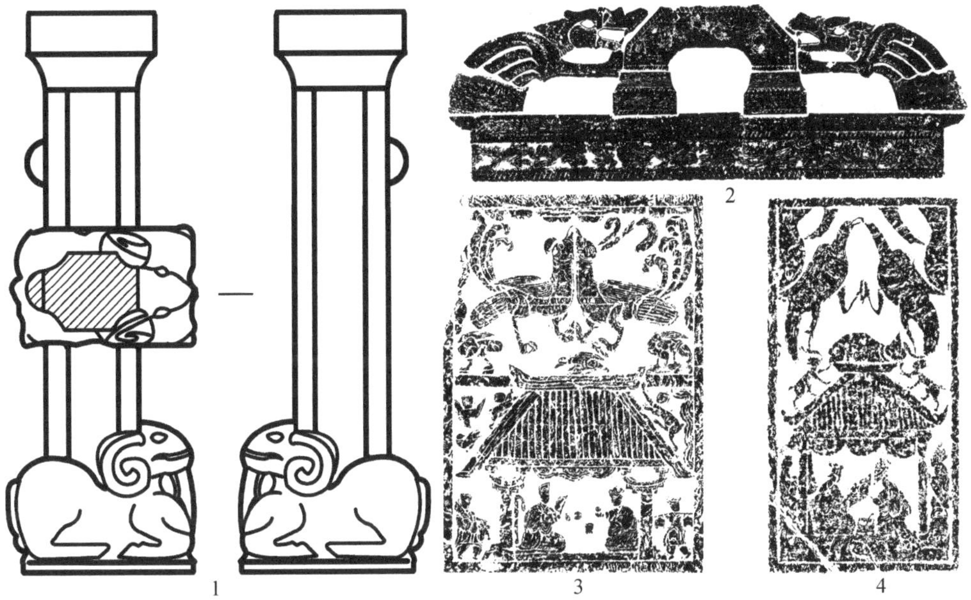

图六 -25　汉代画像石墓石柱、斗栱及吉祥建筑图案

1. 江苏徐州贾汪青山泉白集汉墓出土羊座石柱　2. 山东沂南画像石墓中室八角擎天柱的石斗栱
3. 江苏徐州睢宁墓山东汉 M2 前室出土画像石画像　4. 江苏徐州铜山茅村东汉墓中室西壁画像石画像

外还有穿环纹，或外有多个方形相套，内为圆形者①。与建筑配套的吉祥内容多见于壁画及画像之中，有的房屋上有飞翔的凤鸟、神兽、仙禽等，有的房脊上有鱼，更多的为交颈鸟或对颈鸟，还有的在屋脊或侧面有攀爬的猴子等，且很多还会共出，如江苏徐州睢宁墓山东汉 M2 前室出土画像石画像，房脊上有两只形体较大的对颈鸟，正脊两端及中间各有一只鸟，两侧还各有一只猴作攀爬状②（图六 -25：3）；铜山茅村东汉墓的中室西壁画像石画像，房屋内为夫妻二人对饮，房屋上两侧各有 1 猴作攀爬状，正脊之上卧一大鱼，再上有两只大鸟对颈③（图六 -25：4）。对颈鸟或交颈鸟象征夫妻恩爱，而其他动物不仅寓意吉祥或祥瑞，也体现出家庭和谐、富足的内容。

秦汉时期，较多的器物具有吉祥特征或含义，诸多玉器尤其是动物形玉器，如龙形佩、带钩等，也有动物形状的陶器与铜器，还有植物形器物，如九枝灯、摇钱树等，大多都具有吉祥的特征。很多器物方圆结合，有的还在相关部位饰以龙首、羊头或其他部件，吉祥含义不言而喻。吉祥图案在秦汉遗迹、器物等上皆有发现。

① 南京博物院、山东省文物管理处：《沂南古画像石墓发掘报告》，文化部文物管理局出版，1956 年，图版 18、20、46、47、72、73、81。

② 仝泽荣：《江苏睢宁墓山汉画像石墓》，《文物》1997 年第 9 期。

③ 王献唐：《徐州市区的茅村汉墓群》，《文物参考资料》1953 年第 1 期；徐州博物馆：《徐州汉画像石》，江苏美术出版社，1985 年，图 52。

相关建筑的建筑材料、构件及壁画等多有吉祥图案，如瓦当，饰有云纹等纹饰，吉祥含义明显。器物的装饰较为常见，如云纹、鱼、羊、祥禽、瑞兽、嘉禾、瑞草、祥树、天界、神人等。江苏徐州市区南郊凤凰山 M2 出土铜镜，有兽身人面和鸟首的形象[①]。较多具有相应等级的墓葬出土有鎏金或错金银的器物，很多以图案的形式出现，江西南昌西汉海昏侯刘贺墓出土器物中，熏炉有的鎏金，炉体有人物、龙形、朱雀形等不同形制，装饰有人物故事、仙山、草木等华丽纹饰；席镇有龟形、虎形等；钟簴作带双翅的神兽状，鎏金；当卢采用错金、错金银装饰技法，见青龙、白虎、朱雀、玄武等四神图案，并配以孔雀开屏、羽人升天、权杖等；车衡饰顶端有错金装饰的孔雀开屏图案，侧面错金装饰有奔鹿图案；车轴饰表面错金，装饰有虎形图案；漆耳杯外侧饰云气纹、水禽纹，漆盘内底饰三组云龙纹，漆笥通体贴饰金片，题材有仙山、羽人、仙鹤、流云等图案；玉饰为熊形，玉韘形佩饰龙纹，玉带钩则形体为龙形[②]（图六 -26）。墓葬装饰更多，汉代壁画墓壁画、画像石

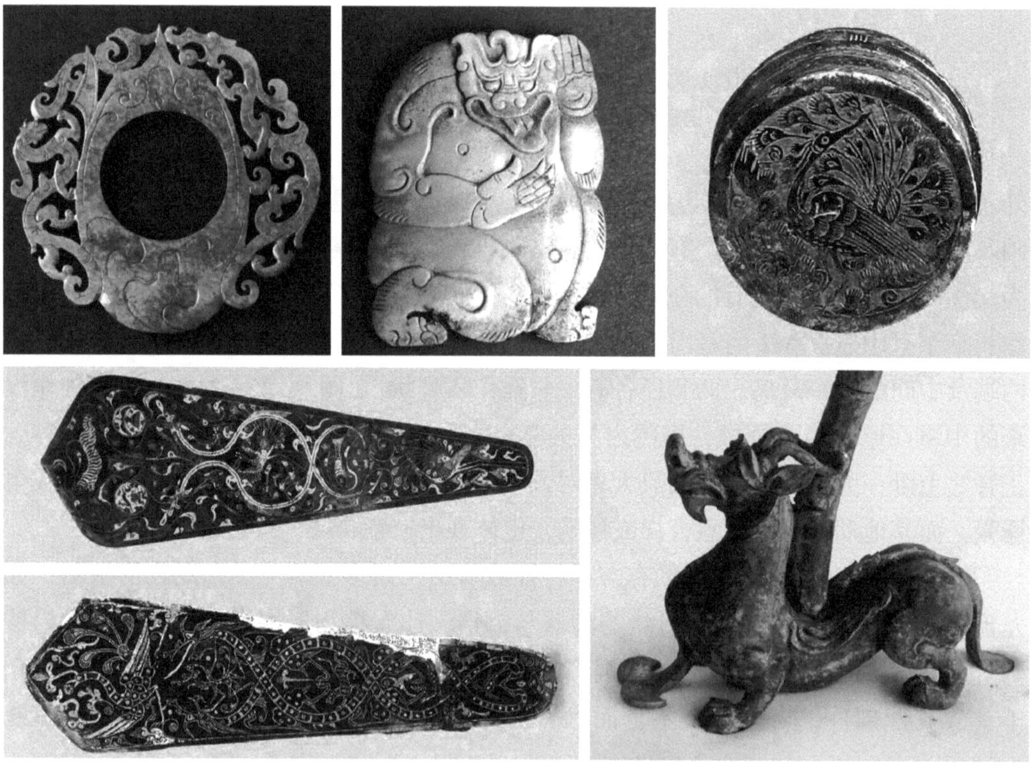

图六 -26　江西南昌西汉海昏侯刘贺墓出土器物

① 徐州博物馆：《江苏徐州凤凰山西汉墓的发掘》，《考古》2007 年第 4 期。

② 江西省文物考古研究所、南昌市博物馆、南昌市新建区博物馆：《南昌市西汉海昏侯墓》，《考古》2016 年第 7 期。

墓画像及画像砖画像均对墓葬起到装饰的作用，且装饰题材广泛、内容丰富，而且在墓葬的不同位置，装饰题材会有所不同，体现的内容和内涵也有差别，虽然均具有吉祥含义这一相同的特征，但具体含义当有差异和不同。河南永城柿园汉墓主室顶绘有龙、虎、朱雀、瑞兽、灵芝等，间饰云气纹，龙形体较大，有张开的双翼，嘴张，长舌外吐，作行进奔走状，虎与朱雀形体略小，形态各异，朱雀背对龙，口衔龙角，白虎作腾空状，足踏祥云，一足攀灵芝神树，整个画面中祥云缭绕，边框还饰有几何纹等（图六 -27）；主室南壁从东至西依次有斑豹下山、朱雀展翅欲飞、灵芝草、神山等图案，主室西壁门道口以北壁画有穿璧、火焰纹等[①]。其他汉代壁画墓、画像石（砖）墓因发现数量多，分布地域广，时代跨度长，吉祥内容不胜枚举，上文关于动植物崇拜的论述中已有描述，不再多述。需作说明的是，有些墓葬的封堵材料上也见有吉祥图案，如江苏徐州市西北郊小龟山西汉楚王墓，甬道塞石上有朱绘的虎纹[②]。

图六 -27　河南永城柿园汉墓出土壁画

汉代对吉祥文字的使用十分普遍，相关载体有器物、现实建筑材料（如瓦当、用砖、用石等）、墓外石刻（如祠堂刻铭、碑刻等）、墓葬建筑材料（如塞石、墓砖等）。有吉祥文字的相关器物中，较典型的有漆器、陶器、铜器等，文字的书写方式有漆书、朱书、铸造、刻铭等，代表性器物有漆饮食器具、部分陶罐、铜镜、

① 河南省商丘市文物管理委员会、河南省文物考古研究所、河南省永城市文物管理委员会阎根齐主编：《芒砀山西汉梁王墓地》，文物出版社，2001 年，第 115-119 页。

② 徐州博物馆：《江苏铜山县龟山二号西汉崖洞墓材料的再补充》，《考古》1997 年第 2 期。

不同质地的带钩等等。漆器常见“君幸食”、“宜酒食”等。部分陶罐的肩部刻有“吉”、“羊（祥）”、“大吉利”、“大利”、“日富昌”等。铜镜上的铭文在西汉早期偏晚阶段开始普及，从初期发展至东汉时期，均是以吉祥词语为主，江苏徐州顾山西汉早期偏晚 M2 出土的三弦钮博局铭文镜，钮座外两周凸弦纹之间有铭文：“大乐贵富得□□千秋万岁延年益寿”[①]。西汉中晚期至东汉早期，汉代铭文镜的发展达到一个高峰，多种镜类皆有铭文，铭文字数不等，内容也较为多样，一些仅有一周铭文带，有的则是重圈铭文带，吉语连连。东汉中晚期，较多铜镜的吉语铭文简化，但更为普及，铭文有“君宜高官”、“位至三公”、“长宜子孙”等等。建筑材料方面，吉语瓦当较为常见，江苏徐州郭庄山西汉墓出土“福寿无疆”瓦当[②]，南郊拖龙山墓地出土有“福□□□”、“□□□疆”文字瓦当，并配有朱雀纹[③]。西汉晚期帝陵的陵区内相关建筑使用文字瓦当更为普遍，渭陵、延陵陵园有“长乐未央”、“长生无极”等文字瓦当，义陵陵区采集有“万”、“长”字瓦当残片，康陵采集有“奉”、“无”字瓦当残片[④]。建墓砖也多有吉祥文字，空心砖有一定数量，而更多的是实心砖。以四川地区出土的文字砖为例，成都市新都区新繁出土的文字砖，有“富贵昌，宜宫堂，意气扬，宜兄弟，长相思，毋相忘，爵禄尊，寿万年”二十四字，三字一组，有界隔；四川广汉出土的一块廿四字砖，在规格大小、砖文内容和体例等方面均与上述二十四字砖相同[⑤]（图六 -28：1）。四川广汉还出土一块长方形廿四字砖，文字内容与上述二砖稍有差别，具体为“富贵昌，宜宫堂，意气扬，乐未央，长相思，毋相忘，爵禄尊，寿万年”[⑥]（图六 -28：2）。《中国画像砖全集 · 四川汉画像砖》一书收录的墓砖文字有“万世常乐”、“宜世里宗□和后安乐”、“宜仙宜世”、“长生”、“日平”、“吉羊”、“大吉羊”等[⑦]；《中国巴蜀新发现汉代画像砖》一书收录的墓砖文字有“宜子孙”、“已成就万年□”、“宜大吉”、“万世”、“享延年益寿利后子孙吉”、“富佑日至”、“长寿”、“富贵”、“富贵之家”、“宜富宜侯王”、“宜贵昌宜侯王”、“吉羊”、“大吉羊”、“王侯”、“利后”、“宜子孙长大吉利”、“富贵千万”、“此羊吉”、“大利”、“万岁”、“大吉富贵富德除英”、“日月光明后”、“后人

---

① 徐州博物馆：《江苏徐州市顾山西汉墓》，《考古》2005 年第 12 期。

② 邱永生：《徐州郭庄汉墓》，《考古与文物》1993 年第 1 期。

③ 徐州博物馆：《徐州拖龙山五座西汉墓的发掘》，《考古学报》2010 年第 1 期。

④ 咸阳市文物考古研究所：《西汉帝陵钻探调查报告》，文物出版社，2010 年，第 101-139 页。

⑤ 高文主编：《中国巴蜀新发现汉代画像砖》，四川美术出版社，2016 年，第 68、69 页。需作说明的是，资料叙述中，关于第二砖的出土地，题名处为“四川成都市新都区出土”，正文为四川广汉发现，本书采用后者，特说明。

⑥ 高文主编：《中国巴蜀新发现汉代画像砖》，四川美术出版社，2016 年，第 67 页。

⑦ 《中国画像砖全集》编辑委员会：《中国画像砖全集 · 四川汉画像砖》，四川美术出版社，2006 年，第 152-158 页。

1

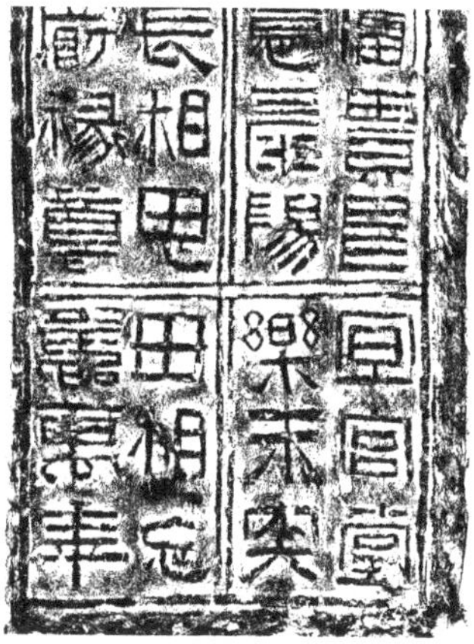
2

图六 -28　四川广汉出土廿四字砖
1. 方形　2. 竖长方形

吉□”、“嘉戎”、“金堂壬时延寿未央”、“金室”、“长乐万年”、“后人长乐”、“宜子孙富贵昌利后世寿命长”、“日入八千万”、“门二千石……”、“太岁甲寅”、“大公”、“共”、“王”、“宜子富贵”、“吉后”、“福”、“大吉利日”、“岁在甲子”“大吉”、“后人千万”、“万岁舍”等等[①]。内蒙古和林格尔东汉壁画墓出土铺地砖上有“子孙繁昌、富乐未央”八个字[②]。河北保定望都东汉 M1 壁画墓中的相关文字，除家吏名称等外，还有“□□□下□□皆食太仓”、“鸾鸟”、“羊酒”、“芝草”、“鸳鸯”、“白兔游东山”、“凤凰翔”等[③]；望都东汉 M2 的前一室东壁有“□食太仓谷”等字[④]。可以看出，吉祥文字在这一时期已极为流行，这是诸多家庭通过直白地表达愿望的方式展现其对于吉祥的追求，而这也是该时期家庭思想信仰的普遍内容之一。

辟邪以求吉祥，这一思想在秦汉尤其是汉代极为普遍。家庭建筑中，建阙、植树、房屋构造及其构件、门及设施等都有体现，如门上装饰的铺首衔环，铺首为兽面，具有辟邪功能，众多画像石墓的墓门画像可以体现，这在较多地区也皆有发现，以河南南阳、陕北与晋西北地区汉墓画像中墓门铺首衔环图像最具代表。河南南阳地区汉画像石画像中的铺首衔环，以配朱雀者居多，有的仅有铺首衔环和朱雀，有的则再配有双鱼、熊、神兽、门神神荼、力士斗牛、武士、白虎、羽人与白

① 高文主编：《中国巴蜀新发现汉代画像砖》，四川美术出版社，2016 年，第 107、109、121-125、130-147、150-153、155、157、159-168 页。

② 内蒙古自治区博物馆文物工作队编：《和林格尔汉墓壁画》，文物出版社，1978 年，第 29 页。

③ 北京历史博物馆：《望都汉墓壁画》，中国古典艺术出版社，1955 年，第 12-14 页。

④ 河北省文化局考古工作队：《望都二号汉墓》，文物出版社，1959 年，第 13、20 页。

虎、几何纹、另外还有的配应龙与熊、白虎与牛、仙鹤与执钺门神等[①]（图六-29）。陕北晋西北地区汉代画像中，陕西绥德地区出土的部分此类画像，中为铺首衔环，上为朱雀，下左为白虎，右是青龙，有的青龙和白虎配以嘉禾，有的则仅是上为朱雀，下为铺首衔环，部分中为铺首衔环，上为朱雀，下两侧为独角兽，一些在空白处配以祥云、凤鸟、嘉禾[②]；山西吕梁汉代画像石墓的墓门画像中，大多上为朱雀，下为铺首衔环，并配以云纹等，也有一部分上为朱雀、中为铺首衔环、下为独角兽[③]。除墓门画像外，汉代画像石中还有较多具有辟邪性质的画像内容，如常青树、虎、方相氏等，汉代画像砖、壁画等中也有较多辟邪的内容，限于篇幅，不再一一枚举。

图六-29　河南南阳方城汉墓出土画像石上的铺首衔环画像

1、2. 方城东关汉画像石墓出土[④]（1. 北门南扉朱雀武士　2. 北门北扉朱雀猛虎）

3、4. 方城县城关镇汉画像石墓东门左右门扉[⑤]（3. 左门扉朱雀武士　4. 右门扉朱雀白虎）

（三）社会风俗与观念

社会风俗是一定区域或地理范围内，因历史文化、思想信仰、生产生活等因素

① 王建中、闪修山：《南阳两汉画像石》，文物出版社，1990年，图218-237。

② 绥德汉画像石展览馆编，李贵龙、王建勤主编：《绥德汉代画像石》，陕西人民美术出版社，2001年，第74、75页。

③ 王金元、刘晋平、王双斌：《吕梁汉代画像石选》，山西人民出版社，2013年。

④ 南阳市博物馆、方城县文化馆：《河南方城东关汉画像石墓》，《文物》1980年第3期。

⑤ 南阳地区文物工作队、方城县文化馆：《河南方城县城关镇汉画像石墓》，《文物》1984年第3期。

而积淀沿袭、普遍接受或约定俗成的风尚礼仪与社会习惯的统称，其对于社会生活乃至行为规范等具有潜移默化的影响和相应的非强制性约束，亦对社会生活补充较多的内容和内涵，因此，其对于家庭及其成员的影响较大。就家庭而言，社会风俗的推行和举办是行为规范，但其内涵、观念已融入家庭的思想与信仰，即为家庭思想信仰的内容之一。秦汉时期的社会风俗、观念已较为丰富和多样，很多与社会发展相对应，并在秦汉家庭发展中又增添了家庭伦理的内容，上文所述的一些内容如神人崇拜、驱鬼、辟邪等活动在某种程度上均可视为社会风俗观念的组成内容，这些内容虽在家庭思想与愿望方面存在一致性，但也各具特点，另外还有其他一些相关内容。下文仅就其他一部分与秦汉家庭相关的社会风俗观念作简要论述。

1. 崇日拜月

日月为大地照明，太阳能够带来无穷热量的同时又有四季的轮换，月亮在黑夜出现，却又有阴晴圆缺，这些都使得日月在人们心中充满神秘感，而日月与人们的生产、生活又存在极为密切的关联，崇日拜月的风俗因此早已形成，并在此基础上衍生出一些新的风俗和内容。

关于秦汉时期崇祀日月，尤其是祀日，考古发现有相关遗存和遗物。山东省荣成市龙须岛镇成山即发现秦汉时祀日的玉器祭祀遗存，一组出土于地表以下2米左右，出土时玉璧居中，圭置两侧，玉璜在上，方向不明；另一组出土于距地表深15～20厘米处，出土时玉璧居中，圭置两侧，方向亦不明确，第二组可能是秦始皇帝奉祀日主的遗物，第一组可能是汉武帝奉祀日主的遗物，祀日有祭坛，祭坛西北方向还有建筑遗址，可能是汉宣帝所设立的祀日常祠，成山既有常设日祠，当有常规的祭礼，遗址前面的烧沟可能就是这种祭礼的遗存[①]。日月在汉代装饰或图案中出现频率较高，这是崇日拜月风俗的体现，全国各地发现的汉代石刻画像及画像砖画像、壁画等中极为常见，更多体现出与家庭思想信仰有关的内容。汉代人的心目中，日月已不仅仅是简单的圆形，而是加入崇拜思想的具体物化内容，如太阳为圆轮之中一只三足神鸟，月亮为圆轮之中一只蟾蜍或玉兔，既具有神化内涵，也反映出追求美好、祈求吉祥的内容。河南洛阳市老城西北角的西汉壁画墓（编号M61），顶脊上壁画是以日、月、星、云组成的天汉图像，日为圆形，涂朱色，象征红日，两侧各有三只飞鸟，北部以黑色绘一只疾飞的金乌，头向西飞行，另有彩云环绕；月亮图又称太阴图，为盈月，内涂绿色，月面西部用墨色绘出作游泳状的蟾蜍，蟾蜍前为奔跑的小玉兔，月亮周围亦是云纹飘渺，西边还用红色点两颗星，似为宝瓶星；还有十二星座，包括玄宿、寿星、降娄、五帝座、小马、天大将

① 王永波：《成山玉器与日主祭——兼论太阳神崇拜的有关问题》，《文物》1993年第1期。

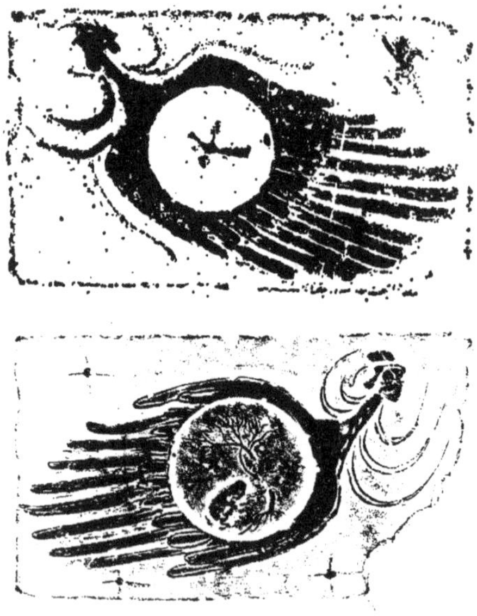

图六 -30 四川彭州义和乡出土日神、月神画像砖画像

军、牵牛、天津、参宿、军市、小北斗、大北斗等，以月为界，月前六星座象征白昼，月后六星座象征夜晚，而十二星座可能象征十二时辰，星座与日月搭配，构成完整的天汉图[①]。汉代，日神与月神得到逐渐普及并渗透至家庭之中，就形象而讲，日神和月神大多为凤鸟状，人面，戴冠或梳髻，双翼张开，腹部圆形，或是太阳或是月亮，大多配以日或月的象征性动物，后为较长的尾翼。四川地区出土的汉代画像砖上有一定数量日神和月神的画像，成都市新都区新繁镇清白乡[②]、彭州市义和乡[③]与太平乡（图六 -30）、邛崃市花牌坊等[④]均出土有日神和月神画像砖，至少可以说明，今四川地区在东汉时期对日神、月神的崇拜较为盛行。

河南南阳地区出土的汉代画像石画像中，还常见有日月同辉或日月合璧的内容。南阳县汉墓出土的一幅日月同辉画像，左刻日轮，内有金乌飞翔，右刻月轮及三星相连，月轮内为蟾蜍，日月之间有云气相连[⑤]。南阳市东关出土一幅日月合璧画像，内容分四组：右下为苍龙星座；左下为毕宿，内刻玉兔；右上为阳乌；左上为日月合璧，刻一金乌，背负内有蟾蜍的月轮[⑥]。该图左上很可能为月亮，右上为太阳，二者并列，则是日月同辉。江苏泗洪曹庙出土的一块东汉墓壁画像石，分四格，上数第一格刻画日月同辉图，日右月左，都刻成圆形，日中刻三足乌和天犬（？），日周围刻锯齿状光芒，月中刻蟾蜍，蟾蜍上部刻一兽，似为玉兔[⑦]。不论日月同辉或是日月合璧，均是祥瑞的象征，也是当时对日月崇拜的体现。

---

① 河南省文化局文物工作队：《洛阳西汉壁画墓发掘报告》，《考古学报》1964 年第 2 期。

② 四川省文物管理委员会：《四川新繁清白乡东汉画像砖墓清理简报》，《文物》1956 年第 6 期。

③ 四川省博物馆：《四川彭县等地新收集到一批画像砖》，《考古》1987 年第 6 期。

④ 彭州市太平乡、邛崃市花牌坊等出土的日神、月神画像砖见《中国画像砖全集》编辑委员会：《中国画像砖全集 · 四川汉画像砖》，四川美术出版社，2006 年，第 126-128 页，上述 2 处地方出土日神、月神画像砖在该书中也有收集，总 124-129 页，图版说明第 71-74 页。

⑤ 王建中、闪修山：《南阳两汉画像石》，文物出版社，1990 年，图 269。

⑥ 王建中、闪修山：《南阳两汉画像石》，文物出版社，1990 年，图 275。

⑦ 江苏省泗洪县文化馆：《泗洪县曹庄发现一批汉画象石》，《文物》1975 年第 3 期；尤振尧：《江苏泗洪曹庙东汉画像石》，《文物》1986 年第 4 期。

对于日月的崇拜，还带动了其他内容的发展，如后羿射日、嫦娥奔月的故事，后羿射日又可与这一时期的乡射、习射礼俗相联系，而嫦娥奔月则与当时的人们普遍追求升仙等有较多关联。另外，汉代画像中还常见有伏羲捧日、女娲捧月的画像，将日月与人类祖先相结合，形成共同崇拜，而这也会推动民间或众多家庭对于日月的崇拜。另外，每逢十五，晴朗之日，皓月当空，不仅大地被照耀得更为明亮，也为人们带来观月赏月的生活乐趣，赏月的风俗也逐渐流行，并为汉代以后相关节俗的形成奠定了基础。

2. 灶与灶神

灶在秦汉时期已得到普遍使用，几乎所有的家庭都砌建有灶，汉代遗址发现有灶的实物，较多墓葬出土有模型灶，而很多墓葬（含墓外祠堂）的壁画或画像中也常见灶的图像，体现出秦汉家庭中灶的重要性，也反映出当时家庭及其成员对灶的重视和敬重。从考古资料来看，西汉早期墓葬，如江苏徐州地区西汉墓葬，有相应等级者大多陪葬有作为模型明器的陶灶，西汉中期至东汉一代，乃至南北朝及隋唐或以后时期，陶灶都是墓葬中常见的模型明器类陪葬品。在沿袭前代对灶神崇祭的基础上，秦汉时期家庭祭灶神的风俗更盛，并不断拓展内涵，如将灶神置于挡火墙上或是火门附近，突出灶神形象，与社会推崇的孝道及其他家庭生活相结合等等，均表明祭灶神的风俗在秦汉时期尤其是汉代获得较多发展，而其内容和内涵也更为丰富。

关于秦汉时期尤其是汉代的灶神及其祭灶活动，文献中有相关记载。《汉书·郊祀志》载："是时，李少君亦以祠灶、谷道、却老方见上，上尊之。""少君言上：'祠灶皆可致物，致物而丹沙可化为黄金，黄金成以为饮食器则益寿，益寿而海中蓬莱仙者乃可见之，以封禅则不死。'""于是天子始亲祠灶，遣方士入海求蓬莱安期生之属，而事化丹沙诸药齐为黄金矣。"[①]《后汉书·礼仪志》载："其礼：祠特，祭灶。"[②]《后汉书·阴识传》载："初，阴氏世奉管仲之祀，谓为'相君'。宣帝时，阴子方者，至孝有仁恩，腊日晨炊而灶神形见，子方再拜受庆。家有黄羊，因以祀之。自是已后，暴至巨富，田有七百余顷，舆马仆隶，比于邦君。子方常言：'我子孙必将强大'，至识三世而遂繁昌，故后常以腊日祀灶，而荐黄羊焉。"[③]可以看出，上至天子，下至一般官吏乃至普通百姓之家，都供奉和崇信灶神，并有祭灶的风俗，且十分流行。考古资料中也有与祭灶有关的内容，重庆

① （东汉）班固撰，（唐）颜师古注：《汉书·郊祀志》，中华书局，1962年，第1216、1217页。
② （南朝宋）范晔撰，（唐）李贤等注：《后汉书·礼仪志》，中华书局，1965年，第3117页。
③ （南朝宋）范晔撰，（唐）李贤等注：《后汉书·阴识传》，中华书局，1965年，第1133页。

开县出土有歌舞、祭灶画像砖，画像分上下两层，上层有几何图案，和较多陶灶的装饰图案相似；下层有多个人物，有舞蹈者，也有手中持物观看者，最左侧似为1灶，整个画面反映出这一地区祭灶的方式及其内容①。

灶作为日常生活不可或缺的物质内容，不仅与饮食有较大关系，还具有其他吉祥或理想的功能，这些应是灶神诞生的物质条件和精神条件。《艺文类聚》卷八十引《杂五行书》载：灶“广四尺，长五尺，欲安两釜，长七尺，子孙富贵”②。同时，灶还是祭祀灶神时的承载物，二者之间有着密切关联。《艺文类聚》卷八十引礼记月令载：“孟夏之月，其祀竈（灶）。”又曰：“灶者，老妇之祭，盛于盆，尊于瓶。”③由上文所引与李少君相关的文献可知，大概在西汉武帝及其之后，崇信灶神及祭灶活动开始普遍流行，这与全国范围内墓葬中开始普遍以陶灶作为陪葬的模型明器种类之一较为同步，在此之前，陶灶在今江苏徐州及其周边地区较为流行，灶上基本为装饰图案，还不见与灶神有关的内容，也没有人物画像及灶面上的厨具、灶具及食物等，如徐州市南郊凤凰山M1，时代为西汉初期，出土陶灶有彩绘，但基本是绘出轮廓和装饰纹等④；时代为西汉早期偏晚阶段的九里山西汉M1，出土的1件陶灶（M1：57），灶面上有云气纹⑤。对比来看，西汉中晚期之后，作为墓葬中模型明器性质陪葬品的陶灶，纹饰开始在减少原始装饰过程中增加了与庖厨有关的内容及一些思想信仰的内容，灶神也因此可能会在模型陶灶上开始出现，而较多此类陶灶的时代为西汉晚期至东汉时期。有学者指出，河南南阳新野汉画砖博物馆、南阳市博物馆收藏的汉画灶上都有灶神的形象⑥，也有学者在此基础上认为：“南阳汉墓出土陶灶大多有画像，灶面上通常是与炊事密切相关的刀、勺、勾、扫帚、鱼、肉等炊具和食物画像。灶后挡风墙上常见双阙、柏树、执戟门吏等，而灶前挡火墙上多有人物画像，这些人物画像可分为两种类型：一种是单人正面端坐于厅堂之内，另一类是双人对坐于华盖之下。这两种情形下的人物应是汉代民间所拜祭的‘灶神’形象。”⑦有的学者观点与该论述相似，指出：“灶神大都饰于灶前壁后挡火墙上，表情安详，姿态高贵，这从实物上证明了汉代的这种

① 高文主编：《中国巴蜀新发现汉代画像砖》，四川美术出版社，2016年，第263页。

② （唐）欧阳询撰，汪绍楹校：《艺文类聚》，上海古籍出版社，1999年，第1375页。

③ （唐）欧阳询撰，汪绍楹校：《艺文类聚》，上海古籍出版社，1999年，第1375、1376页。

④ 徐州博物馆：《江苏徐州凤凰山西汉墓的发掘》，《考古》2007年第4期。

⑤ 徐州博物馆：《江苏徐州九里山汉墓发掘简报》，《考古》1994年第12期。

⑥ 丁鹏：《浅谈汉代画像陶灶》，《中原文物》1996年增刊。

⑦ 崔华：《试析汉代陶灶上的“灶神”画像》，中国汉画学会、南阳师范学院汉文化研究中心编：《汉画研究：中国汉画学会第十届年会论文集》，湖北人民出版社，2006年，第56-60页。

（祭灶）节日风俗。”[①]河南南阳王寨汉画像石墓出土的1件黄釉陶灶，灶前上部为弧形，上面模印四阿式房屋，内坐一人，下部为拱形通地火门[②]。南阳县辛店乡熊营画像石墓出土的2件陶灶，灶前壁正面模印四阿式房屋，内坐一人，火门为半圆形[③]。这两件陶灶前壁正面模印四阿式房屋，其内所坐者很可能为灶神。除南阳外，河南中西部地区的汉墓中也有相关器物出土。三门峡灵宝张湾M2[④]与刘家渠M88[⑤]出土陶灶，均是火门右侧模印一跪着的烧火人，左侧置一瓶。有研究认为，右侧跽坐烧火者为老妇人，为“先炊”即灶神形象，左侧的瓶为祭灶神的炊器[⑥]，可作一解，主要原因是瓶子作为祭器与《艺文类聚》引《礼记月令》所载“尊于瓶”可相对应。河南栾川采集陶灶，火门上设遮烟檐，檐右侧人物右手持棍指向火门，似在指导如何烧火，而左侧的瓶更像与之组合配对，亦代表与炊爨和饮食有关[⑦]，这样理解右侧人物为灶神更具说服力，结合灵宝张湾M2出土陶灶，灶神为女性的可能性较大。巩义万宝苑昱盈阁公寓西汉中期M10出土陶灶，前壁开一弧顶形火门，饰有几何形纹饰，火门两侧各站立一人，右侧站立一男吏，头戴帽，面侧向左前方，有髯，身着长袍，宽衣大袖，两手交叉于胸前，面前方凸刻“二工（千）石”三字；左侧站立一女吏，头顶扎一发结，面侧向右前方，着长袍，两手置于胸前，面前方凸刻“夫人”两字[⑧]（图六-31：1）。二人很可能为家庭中的男女主人，男性为有一定官秩的人员，所以二人应不是烧火人员，考虑到均呈站立状态，作为烧火人员的可能性更小，若为灶神的话，则是灶神夫妇的可能性更大。山西、陕西、甘肃等地汉墓也有出土，如西安曲江雁湖小区东汉M14出土陶灶，前端出檐，灶门周围饰两周凸棱，上方模印一窗棂及枋，之间以短线与灶门相连，两侧模印斗栱等仿木建筑构件，灶门左侧模印一几案，上置食物，右侧模印一妇人，面向灶门侧身曲身坐于地上，头挽双髻，长裙拖于身后[⑨]。陕西西安

① 林丽霞：《从汉画看我国古代的节俗》，中国汉画学会、南阳师范学院汉文化研究中心编：《汉画研究：中国汉画学会第十届年会论文集》，湖北人民出版社，2006年，第157-159页。

② 南阳市博物馆：《南阳县王寨汉画像石墓》，《中原文物》1982年第1期。

③ 南阳市文物研究所：《河南省南阳县辛店乡熊营画像石墓》，《中原文物》1996年第3期。

④ 河南省博物馆：《灵宝张湾汉墓》，《文物》1975年第11期。

⑤ 黄河水库考古工作队：《河南陕县刘家渠汉墓》，《考古学报》1965年第1期。

⑥ 崔华：《试析汉代陶灶上的“灶神”画像》，中国汉画学会、南阳师范学院汉文化研究中心编：《汉画研究：中国汉画学会第十届年会论文集》，湖北人民出版社，2006年，第56-60页。

⑦ 王琳、许萌：《简述中原地区汉代陶灶的图像审美》，中国汉画学会、河南博物院编：《中国汉画学会第十三届年会论文集》，中州古籍出版社，2011年，第524-527页。

⑧ 郑州市文物考古研究所、巩义市文物保护管理所：《巩义万宝苑昱盈阁公寓汉墓群发掘报告》，《中原文物》2004年第1期。

⑨ 西安市文物保护考古所：《西安东汉墓》，文物出版社，2009年，第465、466页。

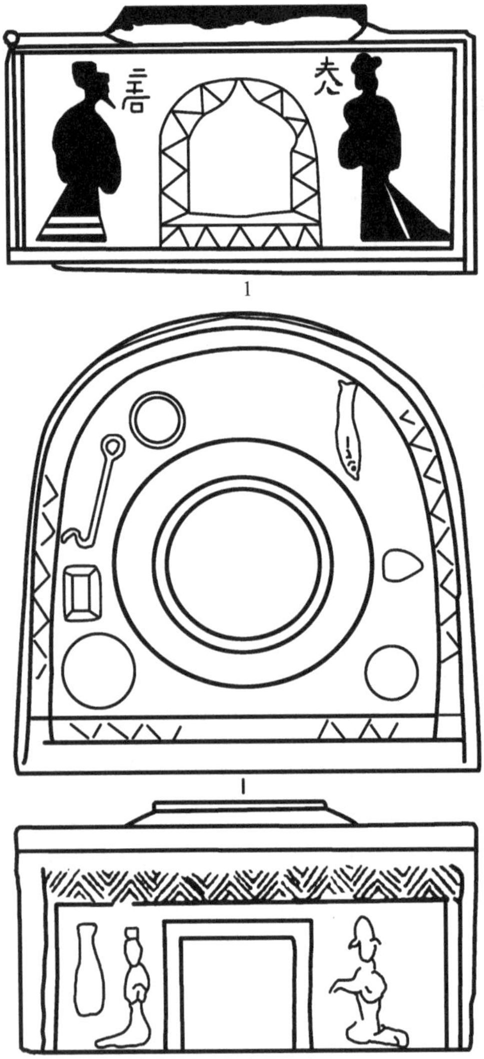

2

图六 -31　汉代墓葬出土陶灶上的灶神图案
1. 河南巩义万宝苑昱盈阁公寓西汉中期 M10 出土陶灶（M10：5）前端图像　2. 陕西西安南郊潘家庄 169 号东汉墓出土陶灶（M169：9）前端及灶面画面

南郊潘家庄东汉 M169 出土陶灶，前端出檐，檐下灶门上方饰连续三角纹，门右侧模印一跽坐的妇人，面左，身后一高瓶，左侧一男性面右跽坐，双手前伸[①]（图六 -31：2）。西安地区东汉墓出土陶灶前端模印的类似图案还有多种形式，体现出相关内容的普及、普遍和形式的多样化。可以看出，灶神与灶关系密切，既可能是单独女性，也可能是夫妻二人，似乎表明，当时灶神以何种形式出现并未定型。不过，灶神与当时的家庭生活关系较为密切，再考虑到很多家庭中从事庖厨的多为女性，女性在当时灶神崇拜中当是不可缺少的，男性人物形象伴随出现，可能与当时家庭观念增强等因素有关，进而形成家庭形式的崇拜。与灶神相搭配的器具、食物或其他内容，一方面可间接证明模印人物为灶神的可能性，另一方面也体现出灶神可提供食品，满足进食所需的愿望。另外，灶神位于火门上或火门旁侧，便于崇拜和拜祭，亦反映出祭灶的内容和特征。

灶神及祭灶与秦汉家庭思想信仰密不可分，同时也受到秦汉社会思想发展的影响。灶是食品加工不可缺少的工具，可以加工成较多可以食用的食品。汉代文献中有“民以食为天”[②]、“人情，一日不再食则饥”[③]等记载。秦汉家庭，通过灶加工的食品，不仅可满足夫妻儿女的饮食，还可以更好地满足长辈老人的饮食需求。因此，从某种程度上来讲，崇拜和拜祭灶

① 西安市文物保护考古所：《西安南郊潘家庄 169 号东汉墓发掘简报》，《文物》2008 年第 6 期。

② （东汉）班固撰，（唐）颜师古注：《汉书・郦食其传》，中华书局，1962 年，第 2108 页。

③ （西汉）贾谊：《论贵粟疏》，（东汉）班固撰，（唐）颜师古注：《汉书・食货志》，中华书局，1962 年，第 1131 页。

神，与秦汉尤其是汉代家庭及社会推崇的孝道思想也有着密切关系，有学者在论述汉代庖厨及其画像时指出，汉画像中的庖厨图体现了汉代所宣扬的孝道思想[①]。另外，灶神亦与当时人们追求的吉祥观念有相应联系，祭灶也是希望灶神上天言好事以求给家庭降吉祥。

3. 敬仓及相关内容

古时有稷神，《风俗通义·祀典·稷神》引《孝经》说："稷者，五谷之长，五谷众多，不可偏祭，故立稷而祭之。""米之神为稷，故以癸未日祠稷于西南。"[②]秦汉时期，随着农业经济的发展，一些粮食及其种籽需要存储，而就大多数家庭来讲，仓已成为常见的粮食存储工具，可保证粮食的安全存放，进而服务于饮食、留种和来年的耕种等。仓在秦汉家庭中已普遍使用，考古发掘出土较多秦汉时期作为模型明器的陶仓，有方有圆，大多下有基座或台基，仓体开窗，其他位置或素面，或有斗栱、云纹及其他纹饰，仓上有盖，有的盖上有鸟。随着发展，一些仓的形体变大变高，为楼形，因此又被称为仓楼。河南洛阳金谷园村汉墓出土陶仓外用粉、朱两色分别标明了"黍""大豆""小豆""稻""大麦"等字[③]，洛阳老城西北西汉壁画墓出土陶仓中，有的写有"黍种""稻种""粟种"等字。[④]密县（今新密市）后士郭村东汉 M1 出土陶仓楼（M1：98），平面呈长方形，窗户下部左边有一方孔，为贮粮的进口，下部有三圆孔，系粮食出口，楼内残留有粟壳；楼身正面、背面及两侧均有绘画，正面下半部绘收租入仓图，另有人物图、马厩图等[⑤]。作为与生活息息相关的设施，用仓存储的粮食可供家庭人员长期食用，在家庭中是备受重视的设施之一，也正因为此，仓也逐渐被赋予了神圣的含义。四川简阳县城西董家埂乡深洞村鬼头山崖墓三号棺右壁画像，右侧为一干栏式房屋建筑，房右侧一仙鹤昂首而立，房左上方榜题"大苍"，"大苍"即太仓，寓意仓廪充实，丰衣足食，画像中与仓相组合的画像还有白虎、天门等，而该棺左侧画像有日月、先（仙）人骑、先（仙）人博等[⑥]，可知该画像中的仓已具备了仙界或神界的含义。河北保定望都东

---

① 张保玲：《汉画"庖厨图"再释》，朱绍鸿、狄小卜：《浅析滕州汉画中的"庖厨图"》，中国汉画学会、河南博物院编：《中国汉画学会第十三届年会论文集》，中州古籍出版社，2011 年，第 91-97 页。

② （东汉）应劭：《风俗通义·祀典》，王利器校注：《风俗通义校注》，中华书局，2010 年，第 356 页。

③ 黄士斌：《洛阳金谷园村汉墓出土有文字的陶器》，《考古通讯》1958 年第 1 期。

④ 河南省文化局文物工作队：《洛阳西汉壁画墓发掘报告》，《考古学报》1964 年第 2 期。

⑤ 河南省文物研究所：《密县后士郭汉画像石墓发掘报告》，《华夏考古》1987 年第 2 期。

⑥ 内江市文管所、简阳县文化馆：《四川简阳县鬼头山东汉崖墓》，《文物》1991 年第 4 期；雷建金：《简阳县鬼头山发现榜题画像石棺》，《四川文物》1988 年第 6 期。

汉 M1、M2 的题字中分别有“皆食太仓”①、“食太仓谷”② 等文字。山东安丘出土的一块阴线刻画像石上的题榜为“此上人马皆食于天仓”③。四川大邑县董场出土的迎谒画像砖，画面中央有一门吏，形象高大，躬身，双手执盾，画面右下角有一长方形双重顶建筑，为仓，仓的左上方有“画”字，左边有“食天仓”3 字，仓上有展翅欲飞的鸟，“天仓”可能为“太仓”，该砖所属墓葬的时代可能晚至三国时期④（图六 -32：1），但其对于研究东汉时期相关内容可提供相应的参考。江苏泗洪曹庙出土的东汉晚期画像石中，有一门柱石，左上边缘刻有隶书 14 字，为“此人马禽狩鸡犬皆食太仓饮大湖”，“此”字残损，“狩”通假“兽”，画像中有朱雀、仙果、龙、鲤鱼、飞鸟等⑤，该刻铭文字不仅涉及人马，还有禽兽鸡犬等，内容更为丰富，

图六 -32　四川出土与仓及养老有关的画像砖画像

1. 四川大邑县董场出土　2. 成都市新都区出土　3. 彭州市太平乡出土　4. 成都市新都区新民乡出土

① 北京历史博物馆：《望都汉墓壁画》，中国古典艺术出版社，1955 年，第 12 页。

② 河北省文化局考古工作队：《望都二号汉墓》，文物出版社，1959 年，第 13、20 页。

③ 中国画像石全集编辑委员会编：《中国画像石全集 · 第 3 卷 · 山东汉画像石》，山东美术出版社，2000 年，第 128、129 页，图版 147。

④《中国画像砖全集》编辑委员会：《中国画像砖全集 · 四川汉画像砖》，四川美术出版社，2006 年，第 54 页，图版说明第 30 页。

⑤ 尹增淮、江枫：《江苏泗洪曹庙出土的东汉画像石》，《文物》2010 年第 6 期。

也与家庭生活更为密切，反映出仓与秦汉家庭生活的关系。以上说明，仓被赋予了神圣的含义，也体现出秦汉时期对仓的崇敬，抑或秦汉时期也有仓神的崇拜，而这些对于较多家庭来讲，亦会逐渐形成相应风俗和生活中的内容。

秦汉时期，至少是汉代，还有一种社会活动或风俗可能与仓有关，即养老。《后汉书·礼仪志》中记载："年始七十者，授之以王杖，哺之糜粥。八十九十，礼有加赐。"[①] 可以看出，当一些人年龄较大时，政府可能会在特定日期分发食物，这是养老、敬老的体现，而地方机构在规定日期给老者分发粮食已成为风俗内容之一，四川地区出土的几块养老画像砖即体现出在规定日期为老者分粮的风俗和内容。相关画像砖有成都市新都区出土画像砖[②]、新都区新民乡出土画像砖与彭州市太平乡出土画像砖[③]，画像基本都有一个大型的粮仓建筑，形制稍有不同，成都市新都区出土画像砖，一仓吏跽坐在右，右手提一袋状物，左侧一老人坐在其对面，右手握鸠杖，左手持粮袋伸向仓吏（图六-32：2），描绘出发与领的内容；另二幅皆三人，彭州市太平乡出土画像砖左下角有一戴冠长服跽坐者，两手伸出指挥发粮，其前置大小二量器，右下角为一老者荷鸠杖跪于地，其前一人执量器往地上的容器中注粮（图六-32：3），新都区新民乡出土画像砖中，仓房建于石基之上，台基前一席上坐一吏，其后一人手持量器从仓中出来，台阶右侧一老者，怀中有一鸠杖，双手持粮袋坐于地上，手撑粮袋口，等待往袋内注粮（图六-32：4）。可以看出，领粮者的年龄较大，而且应是不太富裕家庭中的成员，他们可以领取一定数量的粮食，体现出当时养老背景下与仓有关的社会风俗与内容。

4. 门神驱鬼辟邪

门是内外相通的设施，房屋由门分屋内屋外，庭院由门分院内院外，除方便家庭人员进出外，外来的很多内容需经门进入院内和屋内，所以门在家庭中有十分重要的地位。在吉祥思想的作用下，秦汉时期，通过门纳祥进吉是美好的愿望，但在鬼神思想影响下，家庭又希望通过门驱鬼辟邪，即既希望祥瑞多进，也要将鬼邪挡在门外。秦汉时期较多家庭的庭院大门有铺首衔环即是辟邪的内容之一，但这并不能完全达到驱鬼辟邪要求，还要有门神及其相关内容。

东汉王充在《论衡·订鬼》中引《山海经》曰："沧海之中，有度朔之山，上有大桃木，其屈蟠三千里，其枝间东北曰鬼门，万鬼所出入也。上有二神人，一曰

① （南朝宋）范晔撰，（唐）李贤等注：《后汉书·礼仪志》，中华书局，1965年，第3124页。

② 高文主编：《中国巴蜀新发现汉代画像砖》，四川美术出版社，2016年，第18页。

③ 《中国画像砖全集》编辑委员会：《中国画像砖全集·四川汉画像砖》，四川美术出版社，2006年，第106页，图版说明第61页。

神荼，一曰鬱（郁）垒，主阅领万鬼。恶害之鬼，执以苇索，而以食虎。於是黄帝乃作礼以时驱之，立大桃人，门户画神荼、鬱（郁）垒与虎，悬苇索以御。”①《风俗通义·祀典》载：“上古之时，有荼与郁垒昆弟二人，性能执鬼，度朔山上立桃树下，简阅百鬼，无道理，妄为人祸害，荼与郁垒缚以苇索，执以食虎。于是，县官常以腊除夕，饰桃人，垂苇茭，画虎于门，皆追效于前事，冀以卫凶也。”②张衡在其《东京赋》亦言：“度朔作梗，守以郁垒；神荼副焉，对操索苇。”③由上述记载结合考古资料来看，汉代在相应节日（可能是腊月除夕），应有立大桃人的风俗，这与桃木一直被认为有驱鬼辟邪功能有关；另外就是在这一节日于门户上画（挂④）门神的习俗，与之相配的是悬苇索等。汉代墓葬壁画及画像石（砖）的画像中均有神荼、郁垒形象，表明这一节俗的存在和普及。河南南阳地区汉画像石墓出土的石刻画像中，神荼、郁垒形象较为常见。南阳市西郊麒麟岗东汉墓出土画像石有神荼、郁垒画像，皆手持兵器⑤，南阳县出土墓门画像石中，郁垒头梳髻，下着短袴，面目丑，右掌向外，左手执钺而立（图六-33：1），神荼与郁垒相似，怒目，左掌向外，右手持刀呈格斗状⑥（图六-33：2）；还有一些与上述神荼、郁垒相似的墓门画像石画像，左右各一，面目狰狞，手持兵器，亦为门神，如南阳石桥镇画像石墓南门二门扉背面，各刻执钺人物，头戴冠，身着长衣，双手执钺，怒目相向而立⑦（图六-33：3，4），南阳县汉墓墓门画像还见有二人物形象，其一头梳短髻，身着襦服，一手举钺，一手扬起；另一人物头戴尖顶帽，身体赤裸，左手扬斧，右手持钩镶，均作驱魔逐疫状，为二门神⑧。这一地区的较多墓门画像石画像为铺首衔环配朱雀，但也有一定数量配白虎，驱魔逐疫特征突出，有些则是铺首衔环上为朱雀，下为门神，如方城县东关出土的墓门画像石画像，上为展翅的朱雀，铺首衔环下为神荼，神荼赤裸上身，着短袴，右手持钺作驱魔逐疫状⑨。南阳地区出土的墓门画像石画像中还见铺首衔环、朱雀（或朱雀与仙鹤）、人物型门神与白虎配对者，方城县

---

① （东汉）王充：《论衡·订鬼》，黄晖校释：《论衡校释》（附刘盼遂集解），中华书局，1990年，第938、939页。

② （东汉）应劭：《风俗通义·祀典》，王利器校注：《风俗通义校注》，中华书局，2010年，第367页。

③ （东汉）张衡：《东京赋》，张震泽校注：《张衡诗文集校注》，上海古籍出版社，2009年，第148页。

④ 这一时期，纸张还处于发展的初期阶段，在纸张上画门神的可能性不大，至少是很不普遍。一方面是直接将门神画于门上，另一方面是在其他物品上画门神，挂于门上。

⑤ 黄雅峰、陈长山主编：《南阳麒麟岗汉画像石墓》，三秦出版社，2008年，第251、252页。

⑥ 王建中、闪修山：《南阳两汉画像石》，文物出版社，1990年，图193、194。

⑦ 南阳市博物馆：《河南南阳石桥汉画像石墓》，《考古与文物》1982年第1期。

⑧ 王建中、闪修山：《南阳两汉画像石》，文物出版社，1990年，图192、196。

⑨ 南阳市博物馆、方城县文化馆：《河南方城东关汉画像石墓》，《文物》1980年第3期。

1 2 3 4

图六 -33 河南南阳出土画像石中的门神形象

1、2. 南阳县出土（1. 郁垒 2. 神荼） 3、4. 南阳石桥镇画像石墓南门二门扉背面画像

城关镇 M1 出土的墓门画像石画像中，铺首衔环下为一武士门神，似为神荼，膀阔腰圆，身着短袴，双手持长兵器，右足往后蹬，左足向前跨，作驱逐状，对应墓门下为白虎，作向前扑食状①；方城县东关画像石墓出土的墓门画像石画像中，其中一组左侧画像是上为朱雀，下为白虎，右侧画像是上为仙鹤，下为执钺作驱逐状的武士，可能为郁垒②。另外，还可能有其他门神形象，限于篇幅，不再多举例证。上述这些墓门画像一方面说明门神种类及其组合搭配较为多样，另一方面也反映出门神在汉代，至少是东汉时在这一地区已较为流行，是众多家庭的风俗内容之一，而这与家庭中驱魔逐疫、驱鬼辟邪的思想有着密切关系。

5. 崇祭河神、土地神与山神

河流、土地、山川与社会及家庭的生产、生活关系密切，这是崇祭河神、土地神与山神较为重要的原因。关于河神崇拜，汉代画像中常有河伯出行的画像，一般是多鱼拉仙车，河伯在车上逍遥而行，如江苏徐州贾汪、河南南阳市王庄出土画像石中的河伯出行图等，均十分形象和生动。贾汪出土的河伯出行图，下方刻二鱼并

① 南阳地区文物工作队、方城县文化馆：《河南方城县城关镇汉画像石墓》，《文物》1984 年第 3 期。

② 南阳市博物馆、方城县文化馆：《河南方城东关汉画像石墓》，《文物》1980 年第 3 期。

挽一车，大鱼嘴、鼻、鳃、鳞、尾刻划清晰，每鱼嘴部皆有一系引出，鱼车方形，车舆前侧呈阶梯状，车轮部位掩于蘑菇状云朵中，车上二人，前为驭者，挽缰驾鱼车，后面尊者坐于厢内，二人衣上有鳞片状纹饰，上方三鱼并挽一车，车上二人，形式基本同于前者，在上方有一日轮，内刻三足金乌，迎鱼车而立，画面周围有祥云环绕[①]（图六-34：1）。南阳市王庄出土的河伯出行图为墓葬顶石画像[②]，画像内容在上文已作叙述，反映出河伯出行时的场景和涉及的动物、人物等，体现出当时人们的思想内容及丰富的想象力。山东邹城地区出土一定数量的河伯出行画像石画像，内容不尽相同，较多收录在《邹城汉画像石》一书中，其中北宿镇南落陵村出土的一幅画像石画像，阴线刻，中有一龙，象征车辆，口中托起二人，一驭者，一主人为河伯，坐在车内，车的华盖为双鱼形，前有三鱼拉车前行，左前上方有人首鱼身怪物，作前进状，右有一兽，上坐一人，可能是巫师，双手持圆形幡状物，右上有飞鸟一只[③]（图六-34：2）。可以看出，该画像的内容、构图等与其他河伯出行图并不完全相同，但整体上又与其他河伯出行画像有较多相似。相当数量的河伯出行图或河伯出游画像的出土，表明河伯这一神人及其形象已深入人心。再如土地神，有地伯、地下丞等不同级别、名称、职责的较多人员；山神在当时人的心目中也占据重要地位，这主要表现在有山且有高山的地区，而文献中所载及铜镜等的铭文所记大山或深山会有仙人，且深山还存在较多未知性和神秘性，所以会产生对山神的崇拜。土地神、山神也与河神一样，在秦汉时期已成为社会及诸多家庭崇信和拜祭的对象，并由此演变成相应的风俗和习惯，而这些又均与家庭的思想信仰有着密切关系。

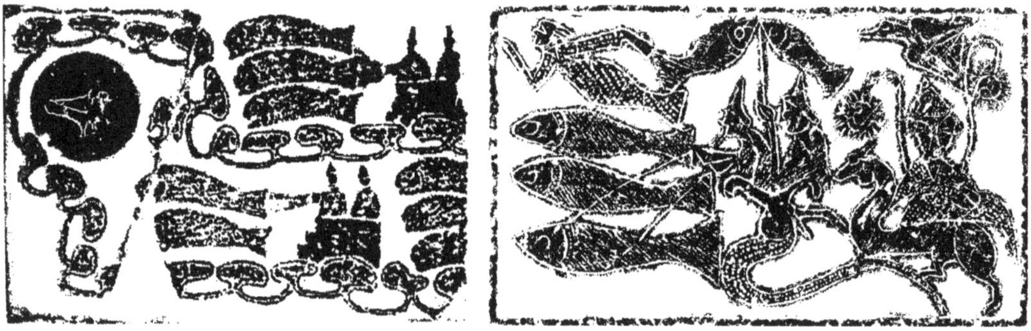

1　　2

图六-34　汉代画像石画像中的河伯出行画像

1. 江苏徐州贾汪出土局部　2. 山东邹城北宿镇南落陵村出土（局部）

① 邱永生：《徐州近年征集的汉画像石集粹》，《中原文物》1993年第1期。

② 南阳市博物馆：《南阳市王庄汉画像石墓》，《中原文物》1985年第3期。

③ 胡新立：《邹城汉画像石》，文物出版社，2008年，第174、175页，图211、212。

6. 男女相见习俗

河南南阳、四川郫县（今成都市郫都区）出土汉代画像石中有牛郎织女画像的内容，前者出土于南阳市白滩汉墓，画像右侧为牛郎扬鞭牵牛，左下角为织女，中间为一虎，其他部位为星座，左侧织女之上七星环内为一玉兔①（图六 -35）；四川郫县新胜东汉砖墓石棺一棺盖的画像中，从长侧的一端看，主体为龙虎戏璧，所占面积较大，从龙虎戏璧图上面相反方向看，为牛郎织女图，牛郎头戴冠，面容朴实爽朗，右手极力拉牛，左手曲肱上举近头部，身躯朝下微蹲，右足后蹬，跨左足屈膝前进，织女头梳双髻，手执绕线板②（图六 -36）。牛郎织女相见的故事在后世与七夕节联系起来，虽然不能确定汉代时，七夕这一节俗已经或还未形成，但相爱的未婚男女在一定的节日中相见应是当时的节俗之一。牛郎织女的故事是一个爱情

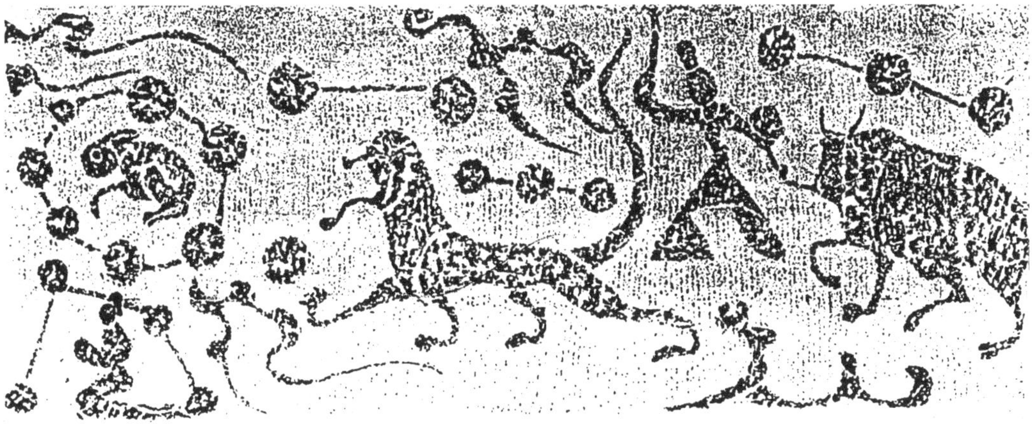

图六 -35 河南南阳市白滩汉墓出土牛郎织女画像

图六 -36 四川郫县新胜东汉砖墓石棺上牛郎织女画像

① 南阳汉画馆，闪修山、王儒林、李陈广：《南阳汉画像石》，河南美术出版社，1989 年，第 168、169 页。

② 四川省博物馆、郫县文化馆：《四川郭县东汉砖墓的石棺画象》，《考古》1978 年第 6 期。

故事，同时也是民间传说，结合文献记载来看，汉代已有节俗与之有了关联，东晋时成书的《西京杂记》载：“汉彩女常以七月七日穿七孔针于开襟楼，俱以习之。”[①]织女为天上的仙人，民间女子拜织女以求在女工方面更为灵巧，而在男耕女织为主体的秦汉家庭，男子也希望能够遇到或娶到像织女一样在女工尤其是织纺针线等方面有才艺的女子，而这也正是牛郎织女传说故事的内涵，并由此形成相应节俗，至迟在南北朝时，形成与男女相会、乞求女工灵巧的七夕节或乞巧（七巧）节。

较之牛郎织女相见的爱情故事，汉代画像中还见有男女接吻、交媾画像，其中有对男女相见后恩爱的体现，也有的为其他内容并具有相应的含义，如四川地区发现的一定数量男女野合图像，相关研究指出，周代有每年春秋社日，男女可以于野外交合，该地区出土一定数量的野合画像砖，可说明这种风习在蜀中至少可延续到东汉时期[②]，而这与相关家庭也存在相应关系。

除上述内容外，汉代家庭还有祭祀其他家庭设施的风俗。《淮南子·氾论训》载：“今世之祭井灶门户箕帚臼杵者，非以其神为能飨之也；恃赖其德，烦苦之无已也，是故以时见其德，所以不忘其功也。”[③]《论衡·祭意》篇亦载：“五祀，报门、户、井、灶、室中霤之功，门、户人所出入，井、灶人所饮食，中霤人所托处，五者功钧，故俱祀之。”[④]门、灶等在上文已有论述，其他作为家庭祭祀风俗内容，也大大丰富了这一时期家庭思想信仰的内容。如井，在汉代墓葬中也是较为常见的模型明器类陪葬品之一，江苏徐州地区的西汉早期墓葬中已较为普遍，西汉中期开始在全国汉墓中得到普及，之后至东汉，一直是墓葬中常见的陪葬物品。一些陶井尤其是西汉晚期至东汉时期的陶井，所饰相关纹饰或装饰可体现出仙界的内容，如河北保定满城四道口汉墓[⑤]、衡水武邑青冢汉墓[⑥]等出土的陶井，井架堆饰带孔的叶纹等，很可能与升仙有关，这也间接体现出对井的崇敬，而祭井亦当在情理之中。另外，有些地区汉代墓葬出土的陶井模型旁边还会有一间小房，可能与看护水井及放置相应物品有一定关系，但也不能完全排除与祭井风俗的关系或关联。相关器物及其内容在上文相关章节中亦已有叙述，此处不再赘述。

综合来看，与秦汉家庭相关社会风俗的形成，与社会传统、地域文化、历史

---

① （西汉）刘歆撰，（东晋）葛洪集，王根林点校：《西京杂记》，上海古籍出版社，2012 年，第 12 页。

② 《中国画像砖全集》编辑委员会：《中国画像砖全集·四川汉画像砖》，四川美术出版社，2006 年，图版说明第 88 页。

③ （西汉）刘安等：《淮南子·氾论训》，何宁：《淮南子集释》，中华书局，1998 年，第 984 页。

④ （东汉）王充：《论衡·祭意》，黄晖校释：《论衡校释》（附刘盼遂集解），中华书局，1990 年，第 1059 页。

⑤ 保定市文物管理处：《满城县四道口东汉墓发掘简报》，《文物春秋》1991 年第 1 期。

⑥ 衡水市文物管理处：《河北武邑青冢汉墓发掘简报》，《文物春秋》2007 年第 2 期。

积淀等均有一定关系，而人们对于美好生活的向往与追求则是这一时期社会风俗形成、发展和产生诸多影响的重要促进因素。结合前文所述，神人崇拜慕升仙、崇祭日月河山神、祭灶敬仓祀家物、求吉辟邪驱打鬼这四个方面大致构成了秦汉时期社会及家庭风俗的重要内容和体现，而以崇拜祭祀和求吉驱恶为主要内容和重要特征的社会风俗与观念在秦汉家庭中普遍流行并获得了较大发展，这些社会风俗不仅对秦汉社会及其家庭有着重要的影响和作用，跨越两千年，一些仍是我国传统文化的重要组成内容和博大精深的内涵所在，可谓润物无声、潜移默化[①]。

第二节　儒家思想

儒家思想在先秦时期产生并得到较多发展，秦统一之后，由于推行法家，使得儒家思想的发展遭到一定程度的打击和阻滞。西汉建国后，儒家思想逐渐复苏，至汉武帝时，儒家思想逐渐得到较多的重视，这与儒家思想灵活变通并适应于推崇皇权至上，有助于推动中央集权的加强等有关，而董仲舒及相关儒家学者在其中起到极为重要的作用。在接受董仲舒的相关建议后，汉政府在思想领域推行“罢黜百家，独尊儒术”，使得儒家思想的政治地位大为提高，社会影响不断扩大。经历西汉中晚期的发展，儒家思想又在兼容、吸收其他思想的基础上有了更大发展，谶纬思想、神学等皆可体现，东汉一代，儒家思想的政治地位不断提高，并登堂入室，不仅作为国家的政治思想，也成为社会思想的主流。在儒家思想发展、加强并逐渐成为国家统治思想及社会主流思想的过程中，其影响不断扩大，汉代家庭的精神世界在较多方面受其影响，并在吸收的、信奉过程中起到较好的传承作用。

一、天人关系

天人感应是儒家思想的重要核心内容之一，随着儒家思想在国家、社会中地位的确立，天人感应思想的影响得到不断加强，成为支配汉代思想体系的重要理论，而其中极为重要的就是天人关系及其“天人合一”的世界观，俞伟超先生曾言：“西汉中期至东汉末年的（世界观）是‘天人合一’的世界观。”[②]

在儒家思想观念中，阴阳、五行、自然现象等均可包摄在“天”的体系中，“天

① 刘尊志：《崇神祭物与求吉辟邪——基于考古资料的汉代相关社会风俗探讨》，《南开学报》（哲学社会科学版）2022年第2期。

② 俞伟超：《先秦两汉美术考古材料中所见世界观的变化》，《庆祝苏秉琦考古五十五年论文集》编辑组编：《庆祝苏秉琦考古五十五年论文集》，文物出版社，1989年，第111-120页。

地者，万物之本，……广大无极，其德昭明，历年众多，永永无疆。”[①]“天地之气合而为一，分为阴阳，判为四时，列为五行。”[②]阐述了天与人的关系密切，“天地之精所以生物者，莫贵于人。”[③]“人受命于天，有善善恶恶之性。”[④]“人之受命于天也，取仁于天而仁也，是故人之受命天之尊。”[⑤]同时，将天人关系与政治伦理相结合，指出：“唯天子受命于天，天下受命于天子。”[⑥]“受命之君，天意之所予也。”[⑦]可以说，儒家天人关系最重要的内容为天人同类、天人相与和天人相副，天、人、物能互相感应[⑧]，倡导依天地阴阳秩序实现天人合一，“何谓本？曰：天地人，万物之本也。天生之，地养之，人成之，……三者相为手足，合以成体，不可无一也。”[⑨]“天有阴阳，人亦有阴阳，……其道一也。”[⑩]“天两有阴阳之施，身亦两有贪仁之性。天有阴阳禁，身有情欲袵，与天道一也。”[⑪]指出天、人二者关系密切，“天之常意，在于利人。”[⑫]“天覆育万物，既化而生之，有养而成之，事功无已，终而复始，凡举归之以奉人。……人之受命于天也，取仁于天而仁也。”[⑬]同时融入较强的政治伦理，“天生民性，有善质而未能善，于是为之立王以善之，此天意也。”[⑭]“夫王者不可不知天。”[⑮]“是以天高其位而下其施，藏其形而见其光，序列星而近至精，考阴阳而降霜露。高其位所以为尊也，下其施所以为仁也，藏其形所以为神也，见其光所以为明也。……为人君者其法取象于天，故贵爵而臣国，所以为仁也。……是故天执其道为万物主，君执其常为一国主，天不可以不刚，主不可以不坚。……故为天者务刚其气，为君者务坚其政。”[⑯]可以说，两汉时期儒家思想体系的天人关系及其天人合一的内容，既有天、地、人有序一体的统一，也有天、人、物的相互感应，即天人

① （西汉）董仲舒：《春秋繁露·观德》，上海古籍出版社，1989年，第56页。
② （西汉）董仲舒：《春秋繁露·五行相生》，上海古籍出版社，1989年，第76页。
③ （西汉）董仲舒：《春秋繁露·人副天数》，上海古籍出版社，1989年，第75页。
④ （西汉）董仲舒：《春秋繁露·玉杯》，上海古籍出版社，1989年，第12页。
⑤ （西汉）董仲舒：《春秋繁露·王道通三》，上海古籍出版社，1989年，第67页。
⑥ （西汉）董仲舒：《春秋繁露·为人者天》，上海古籍出版社，1989年，第65页。
⑦ （西汉）董仲舒：《春秋繁露·深察名号》，上海古籍出版社，1989年，第59页。
⑧ 金学峰：《汉代思想史》，中国社会科学出版社，1987年，第159页。
⑨ （西汉）董仲舒：《春秋繁露·立元神》，上海古籍出版社，1989年，第37页。
⑩ （西汉）董仲舒：《春秋繁露·同类相动》，上海古籍出版社，1989年，第76页。
⑪ （西汉）董仲舒：《春秋繁露·深察名号》，上海古籍出版社，1989年，第61页。
⑫ （西汉）董仲舒：《春秋繁露·止雨》，上海古籍出版社，1989年，第90页。
⑬ （西汉）董仲舒：《春秋繁露·王道通三》，上海古籍出版社，1989年，第67页。
⑭ （西汉）董仲舒：《春秋繁露·深察名号》，上海古籍出版社，1989年，第61页。
⑮ （西汉）董仲舒：《春秋繁露·如天之为》，上海古籍出版社，1989年，第98页。
⑯ （西汉）董仲舒：《春秋繁露·天地之行》，上海古籍出版社，1989年，第96页。

感应，同时这一思想又将政治伦理作为重点，强调人伦教化、仁礼之义，突出统治者统治的天意与合法性，注重社会等级秩序，主张人与天同类、天与人相副，同类相动，互相感应，推动人们积极入世、依礼治国，而国家、社会、家庭及其治政、修身、齐家、生产与生活等内容也与之有着密不可分的关系。儒家的天人关系及其天人合一思想内容对汉代家庭的精神内容产生着极为重要的影响，一方面使得汉代家庭的精神内容更为丰富，另一方面，汉代家庭在其影响过程中不断吸收，并将其融入汉代家庭的诸多内容之中，且不断发展推广，不仅汉代，其后诸多朝代的家庭很多都会有儒家天人关系及其天人合一的思想与内容。

考古资料对汉代的天人关系及其天人合一的思想体现较为丰富，两汉都城南郊的礼制建筑中均有相关体现。西汉都城长安南郊的礼制建筑中，辟雍遗址可分为中心建筑、围墙、四门、围墙四隅的曲尺形建筑、圜水沟等，圜水沟的东南西北四个方向各有一处外凸，俯视来看，圆形圜水沟中有方形围墙，方形围墙内部中心有圆形的中心建筑，中心建筑的核心为方形建筑，外为圆形①（图六 -37）。整体而言，辟

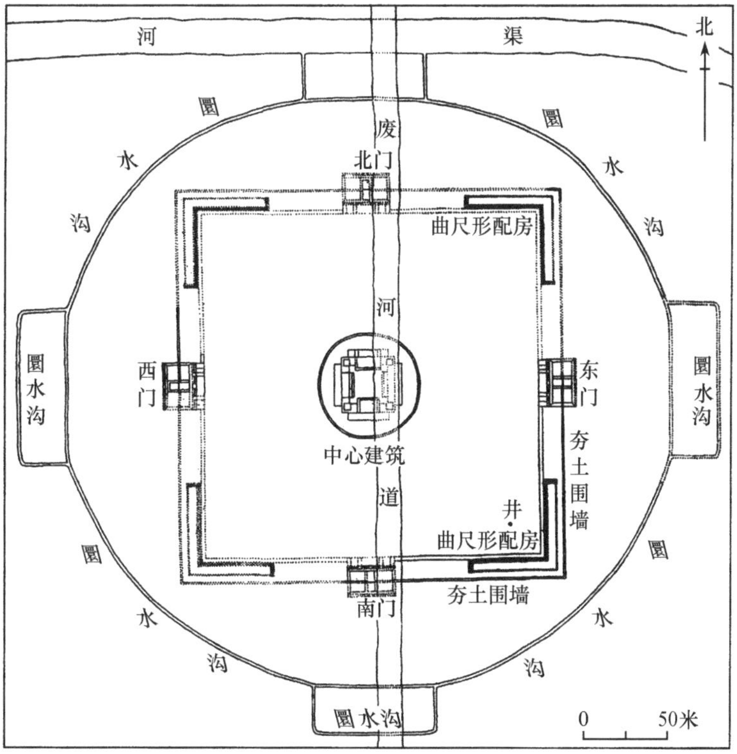

图六 -37 汉长安城辟雍遗址平面图

① 唐金裕：《西安西郊汉代建筑遗址发掘报告》，《考古学报》1959 年第 2 期；中国社会科学院考古研究所：《西汉礼制建筑遗址》，文物出版社，2003 年，第 197-207 页。

雍作为礼制建筑明显体现出天、地、人的关系，是天人合一思想的体现和反映。东汉洛阳城南的明堂遗址，外方内圆，中心核心建筑与这一时期流行的封土形状一样，为圆形[①]。相关器物方面，玉璧、熏炉、铜镜等等皆有普遍体现，璧可礼天，实现天人相通及合一；熏炉中最具代表性的为博山炉，博山如云可象征天界，人的使用可让二者达到完美结合，而该类熏炉从西汉中期开始普遍得到使用，恰与儒家思想的普及较为同步；铜镜的镜钮在西汉中期之后普遍为圆形，纹饰则是方圆结合，文字得到普及，如日光镜、昭明镜、规矩镜等等，另外西汉中期还流行星云纹铜镜，这些均是天人合一的体现；东汉时铜镜基本为圆形，连弧纹、柿蒂纹等较为普遍，亦是对天人关系的反映。墓葬方面的内容更多。汉代选择墓地多使用堪舆术，有学者认为，其从本质上说实际是地道的天人合一术，统领堪舆思想主脉的其实就是天人合一意识[②]。墓葬封土由方到圆，西汉中晚期圆形封土增多，东汉时圆形封土成为主流。横穴墓代替竖穴墓成为主要形式，更便于死者的灵魂受祭，也使得与天界的沟通更为方便。横穴式墓葬，室顶形式多样，但弧形顶是主流，如西汉晚期的南洞山楚王后墓，后室出现有穹隆顶[③]，而东汉时期的大、中、小型墓葬对于券顶的使用则说明这一内容更为普及。葬具及殓葬用的玉衣、面罩等都能直接体现，如玉衣等，是保护墓主尸体不朽的思想体现，在玉衣顶部镶嵌玉璧既可辅助死者升仙，也可以达到与天沟通的目的，通天、升仙和尸体不朽构成了和谐的天人合一。墓葬装饰更为普遍，江苏徐州市西北郊西汉中期的小龟山楚王（后）墓，部分室的顶部出现类似星象的装饰[④]，而很多汉代画像石墓或墓外祠堂出土的画像石分为多格，上为天界和仙人，下有现实生活，体现出天上、人间的统一，还有的将现实生活与天界融为一体，画像内容中的西王母、伏羲女娲、日月星辰、羽人神仙、祥禽神兽等代表天界的内容极为丰富，而同一墓葬内或祠堂中的画像石画像又有很多的现实题材，反映出天人的和谐统一，而如江苏徐州铜山周庄发现的两块画像石，从石质及雕刻技法等分析，二者同出一墓，其中一石上刻伏羲，象征阳，另一石上刻女娲，象征阴[⑤]，通过天上的阴阳来暗示人间夫妻的恩爱，这也是天人合一思想的体现。壁

---

① 中国社会科学院考古研究所：《汉魏洛阳故城南郊礼制建筑遗址——1962～1992年考古发掘报告》，文物出版社，2010年。

② 徐清泉：《天人合一：中国传统建筑文化的审美精神》，《新疆大学学报》（哲学社会科学版）1995年第2期。

③ 周学鹰：《徐州汉墓建筑——中国汉代楚（彭城）国墓葬建筑考》，中国建筑工业出版社，2001年，第126-134页。

④ 南京博物院、铜山县文化馆：《铜山龟山二号西汉崖洞墓》，《考古学报》1985年第1期；尤振尧：《〈铜山龟山二号西汉崖洞墓〉一文的重要补充》，《考古学报》1985年第3期；徐州博物馆：《江苏铜山龟山二号西汉崖洞墓材料的再补充》，《考古》1997年第2期。

⑤ 徐州博物馆：《徐州汉画像石》，江苏美术出版社，1985年，图185、186。

画墓也有充分体现，很多壁画墓的室顶绘有日月星辰和流云，是对天界的描摹，而室顶或是弧形，或为明显的穹窿顶，体现的天界含义更为突出，还有一些墓室顶部或上部绘仙人、神人与神兽、四神、玉璧等，日月之间以星宿和流云相连，实现天界与人间的沟通。陕西西安理工大学壁画墓（M1），红色云气布满券顶，南部正中有朱雀，两侧分别有翼龙、日月、仙鹤等，仙禽、瑞兽均头向东南，即墓门方向，展现出墓主灵魂升天的仙境天界[①]，西安交通大学西汉壁画墓的顶部绘有日月、星辰、流云、四神、仙禽、神兽等，展现出天界的内容、内涵，也体现出墓主灵魂的归宿[②]。考古资料对天人关系及其天人合一思想的诸多体现，反映出天人关系及其天人合一思想对汉代社会的影响较为广泛和深入，汉代家庭亦不例外。

二、伦理纲常

伦理纲常是儒家思想的核心内容，董仲舒以天人关系为基础，多方位论证和分析了封建等级秩序，“三纲五常”为封建伦理道德之根本。《春秋繁露》云：“礼者，继天地，体阴阳，而慎主客，序尊卑贵贱大小之位，而差外内远近新故之级者也。”[③]指出等级秩序的形成是天道之要求，而这也是礼之根本。君臣父子夫妇作为社会及家庭的重要组成，伦理纲常及等级关系在儒家思想中极为重要，“丈夫虽贱皆为阳，妇人虽贵皆为阴。阴之中亦相为阴，阳之中亦相为阳。诸在上者皆为其下阳，诸在下者各为其上阴”[④]，“君臣父子夫妇之道取之（阴阳之道），此大礼之终也”[⑤]。天地阴阳与伦理纲常的关系，儒家思想讲求一个“合”字，并以此突出尊卑主次、等级差别及相互作用，“凡物必有合”，“阴者阳之合，妻者夫之合，子者父之合，臣者君之合，物莫无合，而合各相阴阳。阳兼于阴，阴兼于阳，夫兼于妻，妻兼于夫，父兼于子，子兼于父，君兼于臣，臣兼于君，君臣父子夫妇之义，皆取诸阴阳之道。”“天为君而覆露之，地为臣而持载之；阳为夫而生之，阴为妇而助之；春为父而生之，夏为子而养之；……王道之三纲，可求于天。”[⑥]“天子受命于天，诸侯受命于天子，子受命于父，臣妾受命于君，妻受命于夫。诸所受命者，其

① 西安市文物保护考古所：《西安理工大学西汉壁画墓发掘简报》，《文物》2006年第5期；西安市文物保护考古研究院：《西安西汉壁画墓》，文物出版社，2017年，第53页。

② 陕西省考古研究所、西安交通大学：《西安交通大学西汉壁画墓》，西安交通大学出版社，1991年，第6-11页。

③ （西汉）董仲舒：《春秋繁露·奉本》，上海古籍出版社，1989年，第58页。

④ （西汉）董仲舒：《春秋繁露·阴阳尊卑》，上海古籍出版社，1989年，第66页。

⑤ （西汉）董仲舒：《春秋繁露·观德》，上海古籍出版社，1989年，第56页。

⑥ （西汉）董仲舒：《春秋繁露·基义》，上海古籍出版社，1989年，第73、74页。

尊皆天也，虽谓受命于天亦可。”[①]《白虎通义·三纲六纪》云：“三纲者，何谓也？谓君臣、父子、夫妇也。……君为臣纲，父为子纲，夫为妻纲。”[②]除王道之三纲外，董仲舒还提出“五常之道”，即仁、义、礼、智、信，这些内容标志着封建伦理纲常理论的形成。东汉时，三纲五常等封建纲常名教有了更完备具体的规定，而且被列入国家法典，标志着儒家伦理纲常已成为国家思想和教义或准则，这对于社会、家庭的影响更大也更为深入。

体现家庭伦理纲常内容的考古资料有一定数量，如作为儒家伦理思想重点的社会等级思想。居住遗址方面，两汉京畿、诸侯国都城、郡县城邑、乡里村落等，不同级别反映出对应等级上的差异，而帝王宫殿、官僚府邸、地主庄园、普通民居、简单庐舍等又体现出具体居住上的等级差别。墓葬方面，帝陵、诸侯王墓葬、列侯墓葬及高级贵族官吏墓葬、中型官吏墓葬与豪强地主墓葬、低级官吏墓葬与中小地主墓葬、普通平民墓葬、贫民墓葬、刑徒等的墓葬在诸多方面存在差异，并充分体现和反映出墓主等级身份及其地位的差别。墓葬位置、墓地面积、墓葬规模、封填方法、墓葬形制、葬具、殓葬物与陪葬品等皆可体现，高等级墓葬还有诸多的陪葬设施，如陪葬墓、陪葬坑，一方面是墓主与陪葬者之间等级差异的体现，另一方面也是与其他墓葬墓主等级不同的反映。墓外设施亦因墓主等级的不同，规模、繁简程度等均有差别。两汉帝陵的墓外设施众多，祭祀、守护、服务陵区等设施应有尽有。王侯墓葬参照帝陵制度，也多有上述功用的设施，但规模小、人员少，部分设施有所简化、一些设施或有或无，如河南洛阳汉魏洛阳城西东汉墓，为列侯级别墓葬，墓园遗址整体呈东西长方形，总面积约25650平方米，四周有夯筑土垣，土垣转角处增设附属建筑，墓园内分为东西二部分：西部安排墓园主人的墓葬，东部布置以大型殿基为主体的墓侧建筑群，在已发现的汉代列侯墓地尤其是东汉列侯墓地中，该墓葬的墓外设施最为丰富[③]。其他中小型墓葬则有垣墙、神道、墓外石刻、祭祀设施等，但并非皆有，而是等级高者常见，等级低者较简，一些低等级墓葬仅在墓前或坟丘上有砖砌的、应为露祭的祭台，如河南辉县路固汉代墓地中的部分坟丘[④]，较多低等级或小型墓葬外则不见任何设施。需要指出的是，汉代是石象生开始使用并得到一定发展、推广的时期，虽然相关文献中有一些帝王陵墓使用石象生的记载，但从考古资料看，汉代列侯墓葬部分有使用，中型或等级相对稍低的墓葬外

① （西汉）董仲舒：《春秋繁露·顺命》，上海古籍出版社，1989年，第85页。

② （东汉）班固：《白虎通义·三纲六纪》，（清）陈立撰，吴则虞点校：《白虎通疏证》，中华书局，1994年，第373、374页。

③ 中国社会科学院考古研究所洛阳汉魏城队：《汉魏洛阳城西东汉墓园遗址》，《考古学报》1993年第3期。

④ 中国社会科学院考古研究所：《辉县路固》，科学出版社，2017年。

使用较多，帝王陵墓基本不见使用，这其实也是墓主等级身份地位差别的反映。结合文献记载，相关设施的名称与种类亦有差异，西汉帝陵的相关设施有陵庙、寝园（含寝殿、便殿）、陵邑等，西汉诸侯王墓的相关设施则称为祠庙、寝园、园邑，而西汉列侯墓葬则多数有祠堂而其他设施或有或无，中小型墓葬也基本仅有祠堂或上文所述的祭台等，有较多还不见用于祭祀的祠堂等遗存。相关家族墓地对于父子纲常有所体现，帝陵中不同帝陵的墓位安排，诸侯王墓地与列侯墓地中不同墓葬的位置或方位，中小型墓葬的墓地中所体现长者墓穴居尊位的特征皆为相关表现。就一些规模不大、墓葬数量不多的墓地来讲，父子墓穴位置的不同更加反映出父子伦理纲常影响下的墓葬内容。江苏徐州东甸子西汉墓地，父母之墓位于山顶之上，儿子墓葬在较低山头上[①]。山东青岛市平度界山三座西汉墓葬中，M2 墓主为男性，位置最尊，M3 墓主为 M1、M2 墓主儿子，在 M1 东南约 30 米，位置稍偏[②]。河南濮阳南乐宋耿洛东汉墓地"品"字形排列带封土的三座墓葬，每墓相距约 30 米，M1 墓主很可能为宦者侯具瑗，M2 的男性墓主为继承具瑗爵位者，M3 的男性墓主为 M2 墓主的后人，但基本无爵位，可以说，墓地中墓葬位置的尊卑较为明显[③]。

与伦理纲常关系最为密切的是孝道思想，相关学者指出：封建社会等级统治的基础是自给自足的小农经济，因此巩固与强化家族的宗法伦常统治是"三纲"的根本环节，所以董仲舒把孝道提到了首要地位[④]。董仲舒指出："是故父之所生，其子长之；父之所长，其子养之；父之所养，其子成之。诸父所为，其子皆奉承而续行之，不敢不致如父之意，尽为人之道也。故五行者，五行也。由此观之，父授之，子受之，乃天之道也。故曰夫孝者，天之经也。"[⑤]"故五行者，乃孝子忠臣之行也。"[⑥]其他还有"天生之以孝悌，地养之以衣食，人成之以礼乐，三者相为手足，合以成体，不可一无也。无孝悌则亡其所以生；无衣食则亡其所以养；无礼乐则亡其所以成也。"[⑦]"举显孝悌，表异孝行，所以奉天本也；……修孝悌敬让，明以教化，感以礼乐，所以奉人本也。"[⑧]"百姓不安，则力其孝弟。孝弟者，所以安百姓也；力者，勉行之身以化之。"[⑨]其实在董仲舒之前，西汉朝廷对于孝已十分重视，

① 徐州博物馆：《徐州东甸子西汉墓》，《文物》1999 年第 12 期。

② 青岛市文物局、平度市博物馆：《山东青岛市平度界山汉墓的发掘》，《考古》2005 年第 6 期。

③ 安阳地区文管会、南乐县文化馆：《南乐宋耿洛一号汉墓发掘简报》，《中原文物》1981 年第 2 期；王国平、张文彦、史国强、李小彬：《南乐汉墓》，中州古籍出版社，2015 年。

④ 金学峰：《汉代思想史》，中国社会科学出版社，1987 年，第 193 页。

⑤（西汉）董仲舒：《春秋繁露·五行对》，上海古籍出版社，1989 年，第 63、64 页。

⑥（西汉）董仲舒：《春秋繁露·五行之义》，上海古籍出版社，1989 年，第 65 页。

⑦（西汉）董仲舒：《春秋繁露·立元神》，上海古籍出版社，1989 年，第 37 页。

⑧（西汉）董仲舒：《春秋繁露·立元神》，上海古籍出版社，1989 年，第 37 页。

⑨（西汉）董仲舒：《春秋繁露·为人者天》，上海古籍出版社，1989 年，第 65 页。

高后元年（公元前187年），“初置孝弟力田二千石者一人”[①]。文帝十二年（公元前168年）诏曰：“孝悌，天下之大顺也。”[②]由于儒家对于孝道的推崇和推广，很好推动了朝廷对孝道的倡导，当然这与统治者出于巩固统治的目的有较大关系，如汉宣帝在地节四年（公元前66年）下诏曰：“导民以孝，则天下顺。”[③]东汉时期，儒家思想的统治地位得到加强和巩固，孝悌更被重视，以孝为核心的家族宗法制得到较大发展，加之孝又与入仕等切身利益密切相关，使得显孝、示孝成为当时一种具有相对极端的社会风气，这也渗透和影响到众多的家庭之中。

考古资料对孝悌思想的体现一是厚葬的盛行，而这是汉代墓葬最为普遍的现象，墓葬的封护、形制、葬具、殓葬品与陪葬品等等皆可体现，正所谓“厚资多藏，器用如生人”[④]。汉武帝茂陵，“多藏金钱财物，鸟兽鱼鳖牛马虎豹生禽，凡百九十物，尽瘗藏之”[⑤]。东汉时，社会民众为追求孝道而普遍致力于丧葬中的厚葬，使得对孝道追求的丧葬内容趋于极端，抨击或提出改变者不在少数。光武帝刘秀就曾指出：“世以厚葬为德，薄终为鄙，至于富者奢僭，贫者单财，法令不能禁，礼义不能止。”[⑥]其他如“崇饬丧纪以言孝，盛飨宾旅以求名。”[⑦]“生不能致其爱敬，死以奢侈相高，虽无哀戚之心，而厚葬重币者，则称以为孝，显名立于世，光荣著于俗。故黎民相慕效，至于发屋卖业。”[⑧]“废事生而营终亡，替所养而为厚葬。”[⑨]“吏民踰僭，厚死伤生。”[⑩]“或破家尽业，以充死棺，……畏死不惧义，重死不顾生，竭财以事神，空家以送终。”[⑪]可以看出，以追求孝道为名的厚葬之风已成为一个社会问题，所以王符在其所著《潜夫论》中指出：“此之费工伤农，可为痛心”、“无益于奉终，无增于孝行，但作烦搅扰，伤害吏民。”[⑫]“乱孝悌之真行，而误后生之痛者

① （东汉）班固撰，（唐）颜师古注：《汉书·高后纪》，中华书局，1962年，第96页。

② （东汉）班固撰，（唐）颜师古注：《汉书·文帝纪》，中华书局，1962年，第124页。

③ （东汉）班固撰，（唐）颜师古注：《汉书·宣帝纪》，中华书局，1962年，第250页。

④ （西汉）桓宽：《盐铁论·散不足》，王利器校注：《盐铁论校注（定本）》，中华书局，1992年，第353页。

⑤ （东汉）班固撰，（唐）颜师古注：《汉书·贡禹传》，中华书局，1962年，第3071页。

⑥ （南朝宋）范晔撰，（唐）李贤等注：《后汉书·光武帝纪》，中华书局，1965年，第51页。

⑦ （东汉）王符：《潜夫论·务本》，（清）汪继培笺，彭铎校正：《潜夫论笺校正》，中华书局，1985年，第20页。

⑧ （西汉）桓宽：《盐铁论·散不足》，王利器校注：《盐铁论校注（定本）》，中华书局，1992年，第354页。

⑨ （南朝宋）范晔撰，（唐）李贤等注：《后汉书·赵咨传》，中华书局，1965年，第1315页。

⑩ （南朝宋）范晔撰，（唐）李贤等注：《后汉书·和帝纪》，中华书局，1965年，第186页。

⑪ （东汉）王充：《论衡·薄葬》，黄晖校释：《论衡校释》（附刘盼遂集解），中华书局，1990年，第961、962页。

⑫ （东汉）王符：《潜夫论·浮侈》，（清）汪继培笺，彭铎校正：《潜夫论笺校正》，中华书局，1985年，第134、137页。

也。”[①]。二是墓地祭祀的普及和推广，既与伦理纲常关系密切，又反映出宗法制度的完善和发展，是恭行孝道的另一证明，帝王陵墓外祭祀建筑多、设施完备，列侯墓葬及中小型墓葬外的祠堂等日趋普及和普遍，且类型多样，如今苏鲁豫皖交界地区，在西汉晚期至东汉一代，石祠堂盛行，有些墓地内一墓一祠堂，如山东嘉祥武氏墓地的众多祠堂[②]等。可以说，上述内容涉及汉代的诸多家庭。

三、谶纬思想

是谶和纬的综合，西汉晚期，二者得到糅合并成为儒家思想的内容之一。谶纬与儒家的天人思想有着密切关联又具有自身特点，内容较为博杂，除天官星历、天文地理等之外，还包括灾异感应、谶语符命、方术神幻、辟邪驱鬼等，东汉时期，谶纬思想及其内容得到更大的延续发展，较为兴盛，并影响到社会政治、经济、生活等诸多方面。

西汉晚期，社会政治趋于动荡，谶纬思想及内容逐渐形成并得到相应发展。西汉末年，王莽充分利用谶纬符图等，达到以新代汉、自己称帝等目的。《汉书·王莽传》载王莽“遣五威将王奇等十二人班《符命》四十二篇於天下。德祥五事，符命二十五，福应十二，凡四十二篇。其德祥言文、宣之世黄龙见於成纪、新都，高祖考王伯墓门梓柱生枝叶之属。符命言井石、金匮之属。福应言雌鸡化为雄之属。其文尔雅依托，皆为作说，大归言莽当代汉有天下云。总而说之曰‘帝王受命，必有德祥之符瑞，协成五命，申以福应，然后能立巍巍之功，传於子孙，永享无穷之祚。故新室之兴也，德祥发於汉三七九世之后。肇命於新都，受瑞於黄支，开王於威功，定命於子同，成命於巴宕，申福於十二应，天所以保祐新室者深矣，固矣！武功丹石出於汉氏平帝末年，火德销尽，土德当代，皇天眷然，去汉与新，以丹石始命於皇帝。’”另有“明汉刘火德尽，而传於新室也”“佥曰：‘宜奉如上天威命。’”“新室既定，神祇欢喜，申以福应，吉瑞累仍”[③]等记载。王莽通过谶纬符图等达到以新代汉的政治目的，自己登上了皇位，这更加促进了谶纬在社会上的广泛流行，《汉书·王莽传》所载当时“争为符命封侯”[④]即可说明。谶纬对社会的影响不断扩大，社会之中谶纬之风盛行，这也使得很多家庭的精神世界增添了较多谶纬的内容，并融入生活与丧葬之中。

---

① （东汉）王符：《潜夫论·务本》，（清）汪继培笺，彭铎校正：《潜夫论笺校正》，中华书局，1985年，第20页。

② 蒋英炬、吴文祺：《武氏祠画象石建筑配置考》，《考古学报》1981年第2期；《汉代武氏墓群石刻研究》，山东美术出版社，1995年。

③ （东汉）班固撰，（唐）颜师古注：《汉书·王莽传》，中华书局，1964年，第4112、4113页。

④ （东汉）班固撰，（唐）颜师古注：《汉书·王莽传》，中华书局，1964年，第4122页。

王莽修建的九庙与谶纬思想有着一定的关系。史载地皇元年（20年）“望气为数者多言有土功象，莽又见四方盗贼多，欲视为自安能建万世之基者，乃下书曰：‘予受命遭阳九之厄，百六之会，府帑空虚，百姓匮乏，宗庙未修，且祫祭于明堂太庙，夙夜永念，非敢宁息。深惟吉昌莫良于今年，予乃卜波水之北，郎池之南，惟玉食。予又卜金水之南，明堂之西，亦惟玉食。予将亲筑焉。’于是遂营长安城南，提封百顷。九月甲申，莽立载行视，亲举筑三下。司徒王寻、大司空王邑持节，及侍中常侍执法杜林等数十人将作。崔发、张邯说莽曰：‘德盛者文缛，宜崇其制度，宣视海内，且令万世之后无以复加也。’莽乃博征天下工匠诸图画，以望法度算，及吏民以义入钱谷助作者，骆驿道路。坏彻城西苑中建章、承光、包阳、大台、储元宫及平乐、当路、阳禄馆，凡十余所，取其材瓦，以起九庙。……九庙：一曰黄帝太初祖庙，二曰帝虞始祖昭庙，三曰陈胡王统祖穆庙，四曰齐敬王世祖昭庙，五曰济北愍王王祖穆庙，凡五庙不堕云；六曰济南伯王尊祢昭庙，七曰元城孺王尊祢穆庙，八曰阳平顷王戚祢昭庙，九曰新都显王戚祢穆庙。殿皆重屋。太初祖庙东西南北各四十丈，高十七丈，余庙半之。为铜薄栌，饰以金银雕文，穷极百工之巧。带高增下，功费数百巨万，卒徒死者万数”[①]。考古工作者在汉长安城南郊发现并发掘了王莽九庙遗址，共发现12座建筑，而且可以肯定这12座建筑确系王莽时期修建，建成后不久，便全部遭到毁灭性的焚烧，以后再没有利用；12座建筑中，11座大小相同，另1座略大一倍，平面均呈“回”字形，中部为方形主体建筑，四周是方框形围墙，在大小相仿的11座建筑四周环以大围墙，约大一倍的建筑（12号建筑遗址）位于大围墙南墙外的正中，这些建筑应为“王莽九庙”[②]。

谶纬对于社会的影响在王莽新朝之前就已显现。从考古资料看，西汉晚期至王莽新朝时期的一些壁画墓、画像石墓已较多采取横穴式结构，一些墓室的顶为砖券弧形顶，与墓室平面方形相互对应，已具备了方圆共用的概念，较多壁画的内容也开始显现出谶纬思想的影响，祥瑞内容增多、天神观念加强，辟邪的内容相对常见，这在河南洛阳地区、陕西西安地区等地发现、发掘的西汉晚期壁画墓中均有体现。王莽时期，谶纬对社会、家庭的影响不断扩大，画像石墓和壁画墓体现尤为明显，较多墓葬中出现天界、神人、祥禽、瑞兽等图案。河南南阳地区发现的新莽时期画像石墓有一定数量，其中唐河地区较为多见，如汉郁平大尹墓[③]、针

① （东汉）班固撰，（唐）颜师古注：《汉书·王莽传》，中华书局，1964年，第4161、4162页。

② 考古研究所汉城发掘队：《汉长安城南郊礼制建筑遗址群》，《考古》1960年第7期；黄展岳：《关于王莽九庙的问题——记汉长安城南郊一组建筑遗址的定名》，《考古》1989年第3期；中国社会科学院考古研究所：《西汉礼制建筑遗址》，文物出版社，2003年。

③ 南阳地区文物队、南阳博物馆：《唐河汉郁平大尹冯君孺人画象石墓》，《考古学报》1980年第2期。

织厂 M1[①] 与 M2[②]、电厂画像石墓[③] 等，这些墓葬基本为横穴式，一些墓室的顶为砖券的弧形顶，与墓室平面方形相对比，方圆互用的特征已十分突出，这与谶纬的流行应有较大关系，而这些墓葬均使用较多画像石，尤其是相关室的门楣与门扉。相关研究指出："从已发掘的南阳汉画像石墓看，其门扉画像最早是写实的，所有门扉上部皆刻阙，表示墓主人生前爵位高、功绩大，阙上刻一朱雀表示祥瑞，基本上没有迷信色彩。随着谶纬、迷信的兴起，墓门门扉开始用白虎、铺首和朱雀。白虎食鬼，用以避邪，朱雀表示祥瑞。并列两个墓门者大多一门洞二扉为白虎，另一门洞二扉为朱雀。最有意思的是唐河郁平大尹冯君孺人画像石墓，墓葬大门仅一个门洞，左扉刻白虎、铺首，右扉刻朱雀、铺首，完全可以看出有辟邪、祥瑞之用意。随着谶纬、迷信的加深，门扉皆用白虎、铺首。"[④] 这一地区画像石墓葬中，墓门门扉开始用白虎、铺首和朱雀的墓葬，时代大致就是新莽时期，这与王莽时期谶纬的流行应有很大关系。除门扉外，上述河南南阳唐河地区的新莽墓葬，门楣画像石还多见瑞兽、仙人等图像，亦和谶纬有一定的关系，另外针织厂 M1 出土的画像石画像中还有虎食女魃、白虎金乌（太阳）、星宿蟾蜍（月亮）、虹霓等图像（图六 -38），均可能与谶纬的影响有关。墓葬的很多内容是对现实世界的摹写及在其基础上的想象与升华，就墓葬的形制、装饰而言，可明显体现出相关家庭对谶纬思想的吸收和应用，而西汉晚期至王莽时期的不断加强，又反映出传承和发展的内容。需要指出的是，西汉壁画墓与画像石墓在西汉晚期至王莽新朝时期的大量出现和多方位的发展，恰恰与谶纬思想的形成和发展较为同步，尤其壁画或画像内容，很多又与谶纬较为契合，而墓葬又是属于每个家庭必不可少的内容，因此这可充分说明谶纬对当时社会及诸多家庭的影响已较大，而相关家庭亦在体现自身需求的基础上对其吸收并将其发展、传承和推广。

河南南阳唐河针织厂 M1 出土的较多画像石画像对虎有刻绘，有双虎图，墓门上的铺首衔环上也刻虎；"二桃杀三士"画像上部中间有一虎，张口与一朱雀对立，朱雀展翅自舞，虎后又一朱雀直立，回头向虎；鼓舞图中，鼓两侧露出二虎前躯，

① 周到、李京华：《唐河针织厂汉画像石墓的发掘》，《文物》1973 年第 6 期。原简报将该墓时代定为东汉早期，但在南阳地区其后公布的相关画像石墓资料中，对该墓时代进行重新认识，指出其时代与天凤五年（18 年）郁平大尹墓同时，郁平大尹墓注释见上。重新推定该墓时代的相关简报见《南阳汉画像石》编委会：《邓县长家店汉画像石墓》，《中原文物》1982 年第 1 期。另见《南阳汉画像石》编委会：《唐河县电厂汉画像石墓》，《中原文物》1982 年第 1 期。不过，笔者认为，就画像内容而言，该墓的时代或许会晚一些，即为东汉早期，但本次统计还将其作为王莽时期的墓葬。

② 南阳地区文物工作队、唐河县文化馆：《唐河县针织厂二号汉画像石墓》，《中原文物》1985 年第 3 期。

③ 《南阳汉画像石》编委会：《唐河县电厂汉画像石墓》，《中原文物》1982 年第 1 期。

④ 南阳地区文物工作队、唐河县文化馆：《唐河县针织厂二号汉画像石墓》，《中原文物》1985 年第 3 期。

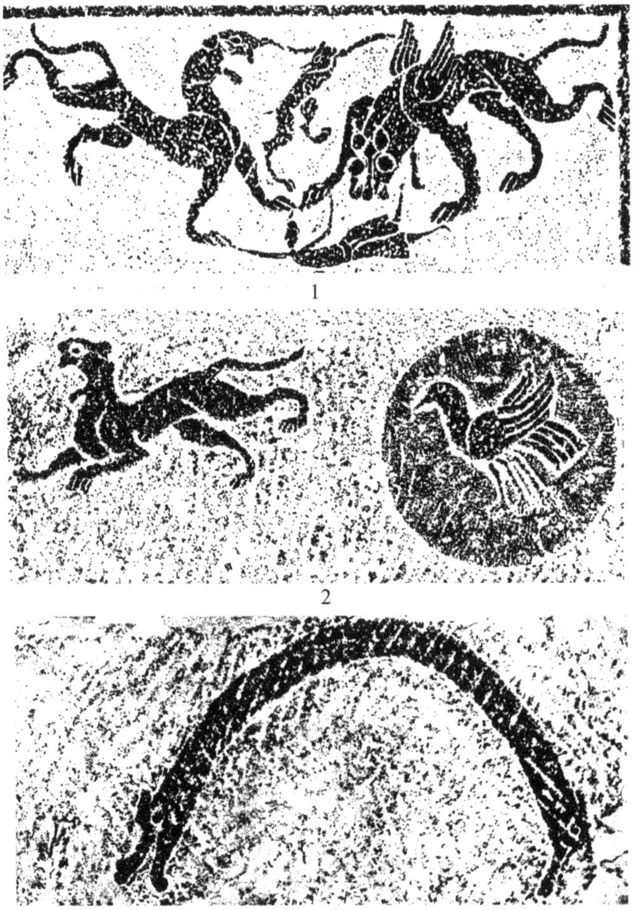

1

2

3

图六 -38　河南南阳唐河针织厂 M1 出土虎食女魃、白虎金乌、虹霓画像

左虎张口前扑，右虎低首吃地上之物；狩猎图中有二只猛虎皆张口翘尾；而上文所述的“虎食女魃”图有三幅，第一幅中女魃赤上体，着裳，赤下肢，有圆发髻，伏于地，作挣扎状，上有二虎一熊，右虎生有双翼，欲吃女魃，第二幅中一翼虎将一女子扑于地食之，后有桃拔奔走，前有一野猪与一虎相持欲斗，第三幅中雕刻四虎，一虎有翼，将女魃扑于地食之，其余三虎，皆张巨口向女魃扑来[①]。古时认为女魃为旱鬼，而如前文所述，汉代人的思想及风俗观念中，驱魔打鬼是内容之一，而这时也将旱灾归咎为旱鬼作怪，随着谶纬思想的不断加强，普遍认为作为阳物的虎能食鬼魅，而虎食女魃则可消除旱灾，为生活及农业生产带来好处，这恰恰可与谶纬思想相对应，且与诸多家庭关系密切，这应该是该地区画像石画像多见虎图像的原因，同时也是该墓中有多幅“虎食女魃”图的原因。时代较该墓早一些的洛阳市

① 周到、李京华：《唐河针织厂汉画像石墓的发掘》，《文物》1973 年第 6 期。

老城西北角的西汉壁画墓主也有“虎食女魃”图，为门额上的壁画，其中有象征吉祥之意的绵羊头，在羊头左边有一树，树杈上搭着红色的衣物，树干下边躺一头北足南的裸体女人，头发缠在树干上，右臂上伸，两乳下垂，身上站一只凶猛的羽虎，口噬其左肩，右爪抓其头顶，壁画中的红衣、红树稍、乱飞的鸟都可能象征着旱意，羽虎噬女魃，似有除魃消旱意味[①]。该壁画墓的时代稍早，大致在西汉元成之间，这也说明，在王莽新朝代汉之前，相关的内容已经存在，而随着王莽时期谶纬思想的发展，有关的内容与谶纬的结合更为充分，影响加强，也更为普及。

谶纬在王莽新朝时期的流行还表现在币制的改革方面，最突出的表现是西汉末王莽摄政时发行的刀币在其篡汉之后即遭废黜，其中原因除王莽新朝需要发行新的货币外，也很可能与谶纬有关，《资治通鉴》载：王莽始建国元年（9 年）“莽以刘之为字‘卯、金、刀’也，诏正月刚卯、金刀之利皆不得行，乃罢错刀、契刀及五铢钱，更作小钱，径六分，重一铢，文曰‘小钱直一’，与前‘大钱五十’者为二品，并行。欲防民盗铸，乃禁不得挟铜、炭”[②]。反映在考古资料尤其是这一时间段的夫妻合葬墓资料方面，出土钱币种类的差异一方面可体现出明显的时代差异，另一方面也反映出王莽进行币制改革的内容。有的墓葬中，男女墓主陪葬有公元 9 年币制改革前后两种明显不同的钱币种类，如江苏徐州后山汉墓（上），东侧去世相对稍早的女性，棺内仅有五铢钱，西侧去世稍晚的男性，棺内则全部是“大泉五十”钱币，而二者下葬时所砌石椁的北侧在墓壁上所铺亦为“大泉五十”[③]，这其中当有居丧或晚下葬者下葬后再砌石椁板的可能，进而较好地实现合葬于一墓的想法，由于该墓为王莽时期下葬者占用了西汉早期相关人员的墓穴，在石椁北所用石板与墓壁间以“大泉五十”竖铺呈圆形图案，亦可能与谶纬中的辟邪有关。有的墓葬大致在公元 9 年币制刚刚改革不久，如江苏邗江姚庄 M102，东侧为男棺，西侧为女棺，两棺内底部皆平铺五铢钱，数量均在 1600 枚以上，男棺内只随葬了五铢钱和两块饼金，未见新莽时期的钱币，女棺内出土了 2 枚“一刀平五千”、8 枚“契刀五百”、19 枚“大泉五十”和 2 枚“小泉直一”钱币（图六 -39），表明女性墓主卒葬的时间应在公元 9 年以后很近的时间[④]。有的墓葬既有西汉五铢钱币，还有王莽新朝时期的多种货币，如河南洛阳金谷园村东发现的新莽时期壁画墓，出土钱币

① 河南省文化局文物工作队：《洛阳西汉壁画墓发掘报告》，《考古学报》1964 年第 2 期。

② （北宋）司马光编著，（元）胡三省音注，“标点资治通鉴小组”点校：《资治通鉴》，中华书局，1956 年，第 1174、1175 页。

③ 徐州博物馆：《江苏徐州后山西汉墓发掘简报》，《文物》2014 年第 9 期。

④ 扬州博物馆：《江苏邗江县姚庄 102 号汉墓》，《考古》2000 年第 4 期。

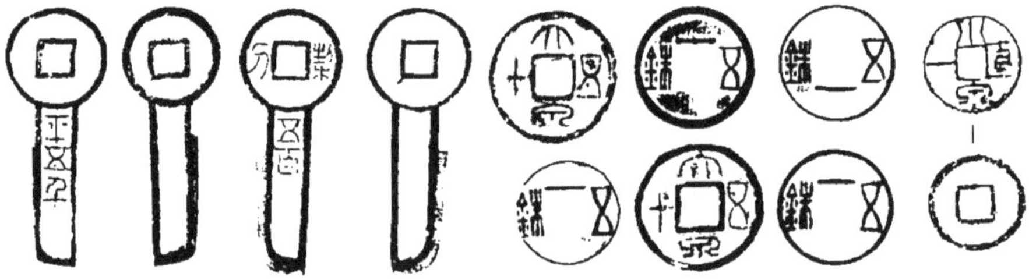

图六-39 江苏邗江姚庄 M102 出土钱币

820 枚，其中西汉五铢钱 240、“契刀五百”7、“大泉五十”435、“小泉直一”139、“货泉”7 枚，墓葬年代约在地皇元年至地皇四年之间（20～23 年）[①]，而墓中出土钱币可充分体现王莽新朝的币制改革及相关内容。邗江姚庄 M102 女性墓主陪葬的钱币无西汉五铢钱，有公元 9 年前后发行的刀币和泉币，但棺下铺有五铢钱，洛阳金谷园的陪葬钱币既有西汉五铢，也有公元 9 年前后发行的刀币和泉币等，这些钱币一方面可体现公元 9 年王莽以谶纬名义进行的币制改革，另一方面也说明，虽然罢错刀、契刀及五铢钱，但在一些地方，这些钱币仍可能会有使用，至少在丧葬方面会使用公元 9 年之前的钱币。相关考古资料或许体现出王莽的钱币改制在地方并未完全达到效果，抑或表明王莽虽借谶纬之名义罢错刀、契刀及五铢钱，但这并未被地方或相关家庭及其人员完全接受，考虑到相关墓例有一定数量，推测谶纬的影响还在发展之中。

东汉光武帝刘秀以符瑞图谶在南阳起兵，对谶纬有充分的运用。史载：“地皇三年（22 年），南阳荒饥，诸家宾客多为小盗。光武避吏新野，因卖谷于宛。宛人李通等以图谶说光武云：‘刘氏复起，李氏为辅。’……天下方乱，遂与定谋，于是乃市兵弩。”[②]“光武先在长安时同舍生彊华自关中奉《赤伏符》，曰‘刘秀发兵捕不道，四夷云集龙斗野，四七之际火为主’。群臣因复奏曰：‘受命之符，人应为大，万里合信，不议同情，周之白鱼，曷足比焉？今上无天子，海内淆乱，符瑞之应，昭然著闻，宜答天神，以塞群望。’”[③]刘秀登临帝位，在祭神祝文上也有“刘秀发兵捕不道，卯金修德为天子”[④]等文字。建武三十二年（56 年）正月，上斋，刘秀“夜读《河图会昌符》，曰：‘赤刘之九，会命岱宗。不慎克用，何益于承。诚善用之，奸伪不萌。’感此文，乃诏松等复案索《河》、《雒》谶文言九世封禅事者”[⑤]。由

① 洛阳博物馆：《洛阳金谷园新莽时期壁画墓》，文物编辑委员会：《文物资料丛刊·第 9 辑》，文物出版社，1985 年，第 163-173 页。

② （南朝宋）范晔撰，（唐）李贤等注：《后汉书·光武帝纪》，中华书局，1965 年，第 2 页。

③ （南朝宋）范晔撰，（唐）李贤等注：《后汉书·光武帝纪》，中华书局，1965 年，第 21、22 页。

④ （南朝宋）范晔撰，（唐）李贤等注：《后汉书·光武帝纪》，中华书局，1965 年，第 22 页。

⑤ （南朝宋）范晔撰，（唐）李贤等注：《后汉书·祭祀志》，中华书局，1965 年，第 3163 页。

于皇帝的推崇和不失时机地合理运用，且常布图谶于天下，谶纬得到东汉朝廷的较大重视并得以推广，几乎东汉一代，谶纬都是东汉王朝统治思想的内容之一，施政用人、政策施行、问题决策等，很多都与谶纬有关，如安帝时曾下昭曰："夙夜永思，追惟勋烈，披图案籍，建武元功二十八将，佐命虎臣，谶记有征。"[①]在朝廷的信奉和推动下，谶纬的影响得以普及，可以说，谶纬在东汉时的发展达到全盛，社会中谶纬之风盛行并带来较多过分或负面的影响，因此出现一些对于谶纬批判的声音，如桓谭、张衡等，其中张衡就指出"宜收藏图谶，一禁绝之，则朱紫无所眩，典籍无瑕玷矣"[②]。

谶纬思想对东汉朝廷的影响在考古资料中有所体现。与王莽在长安城南郊修建九庙相似，光武帝刘秀亦在东汉都城洛阳南郊修建了与祭祀有关的诸多礼制建筑，如灵台、明堂、辟雍，合称三雍，灵台为天象观测之所，天子登灵台，可观天人之际、阴阳之会；明堂为天子祭天敬祖的场所，在此宗祀五帝，而以先帝配；辟雍为宣扬教化之所，天子与朝臣在此举行大射礼、养老礼，祭奠孔子等。考古工作者对东汉洛阳城南郊礼制建筑开展了较多的考古工作，对灵台、明堂、辟雍等相关建筑的位置、范围、形制都有了较为明确地了解，这些考古工作对研究东汉都城南郊的礼制设施具有重要的意义[③]。洛阳南郊礼制建筑的修建与儒家思想中谶纬的发展有着较大关系，有学者指出：谶纬神学奉孔子为宗教主，将儒学发展为儒教，具有完整的宗教神学体系，而成为东汉官方意识形态，对东汉郊庙祭祀体系（国家祭祀）包括封禅、明堂、南北郊、社稷等的建立具有直接影响，封建时代的国家祭祀因此制度化和体系化，郊祀祭天成为证明帝王即位之合法性、正统性和神圣性必须举行的仪式[④]。可以说，东汉洛阳城南郊礼制建筑的发现与相关考古工作的开展，为认识有关建筑的性质及其谶纬思想的发展和影响提供了重要参考。

东汉早中期，钱币的发行和使用较为稳定，东汉晚期，随着政局的动荡、经济的衰退，钱币使用也趋于混乱，灵帝中平三年（186年）春二月，"铸四出文钱"[⑤]。在谶纬盛行的东汉，四出半两钱币的铸造也与谶纬产生了一定的联系。据《后汉书·张让传》载："铸四出文钱，钱皆四道。识者窃言侈虐已甚，形象兆见，此钱

---

① （南朝宋）范晔撰，（唐）李贤等注：《后汉书·冯异传》，中华书局，1965年，第652页。

② （南朝宋）范晔撰，（唐）李贤等注：《后汉书·张衡传》，中华书局，1965年，第1912页。

③ 中国社会科学院考古研究所：《汉魏洛阳故城南郊礼制建筑遗址——1962～1992年考古发掘报告》，文物出版社，2010年；中国社会科学院考古研究所洛阳工作队：《汉魏洛阳城南郊的灵台遗址》，《考古》1978年第1期。

④ 张树国：《谶纬神话与东汉国家祭祀体系的构建》，《广州大学学报》2009年第4期。

⑤ （南朝宋）范晔撰，（唐）李贤等注：《后汉书·灵帝纪》，中华书局，1965年，第353页。

成。必四道而去。及京师大乱，钱果流布四海。”① 正因为“四出五铢”钱符合谶语，预兆不祥，被视为“凶钱”，但就“四出五铢”本身来讲，造型和铸造质量还是相当不错的，较之东汉末年的綖环钱和剪边五铢要精致许多。

谶纬思想对于东汉社会的普遍影响除上文所述内容外，在其他考古资料中也多有反映，最突出的为相关物品（含陪葬品）和墓葬装饰等，这在很多方面又与家庭存在较多、较为密切的联系。

相关物品中，较具代表性的如铜镜。东汉时镜铭中的吉语较为流行，而且多数较为简练，如“君宜高官”、“位至三公”、“长宜子孙”等，这些吉语或可视为谶语，使用这类铜镜应该是希望能够达到文字中所述的内容，即希望谶语成真。东汉铜镜纹饰中象征吉祥的柿蒂纹得到普遍使用，结合铜镜为圆形，镜钮为圆弧形，柿蒂纹还很可能是宇宙观符号的象征，四个瓣代表四个方向，加上中间的圆形就成为“五行”的象征模式，这与《河图洛书》上将柿蒂纹看作五行基本一致②，体现出谶纬思想的影响。铜镜纹饰也有体现，龙虎纹铜镜即是其中镜类，龙虎纹的使用很可能与阴阳五行、辟邪等谶纬思想有关。湖北襄樊北郊东汉墓出土的一件龙虎纹铜镜，直径 18.8 厘米，镜面微凸，圆钮，圆钮座，镜背纹饰分三区，内区为虎、龙纹，中区有 7 枚柿蒂乳钉，间饰神兽纹，外区饰龙纹一周，由一圈齿纹与镜缘隔开，镜缘宽 2.2 厘米，对称排列 4 枚五锋钱纹，间饰神兽纹③（图六 -40：1）。陕西商县西涧东汉墓出土龙虎纹铜镜，镜面微鼓，球形钮，圆钮座，主纹饰为龙虎，

1 2

图六 -40 东汉墓葬出土龙虎纹铜镜

1. 湖北襄阳北郊东汉墓出土 2. 陕西商县西涧东汉墓出土

① （南朝宋）范晔撰，（唐）李贤等注：《后汉书·张让传》，中华书局，1965 年，第 2537 页。

② 王会军：《铜镜柿蒂纹与宇宙象征》，《全国第七届民间收藏文化高层（湖北·荆州）论坛文集·铜镜文化研究》，2007 年，第 70-72 页。

③ 范平：《湖北襄樊出土一件东汉铜镜》，《文物》1992 年第 12 期。

外区饰一周锯齿纹带，缘饰单线波纹带，直径 9.5 厘米[①]（图六 -40：2）。

墓葬形制及结构方面，室顶大多为弧形，另有攒尖顶、叠涩顶，与方形或长方形墓室构成的下方上弧或上圆的特征更为突出，这和谶纬思想的天地观念较为相符。墓葬装饰更为普遍和流行，东汉壁画墓和画像石墓均有较多体现，分布地域广，墓葬数量多，装饰内容包含天界、日月星辰、仙人、祥禽瑞兽、驱鬼辟邪、嘉禾、神树等，另有征兆、灾异的内容，无一不包，而这些大多又与谶纬思想的影响、普及有着较大关系。就谶纬来讲，图画的内容可能更为真切，谶与图结合，其思想效果的展现更为突出，所以有图谶之说，壁画与画像石（砖）画像恰恰是以图示谶、以图绘谶，这应是图、墓二者能够有机结合的原因之一，也很可能是壁画墓及画像石墓、画像砖墓得到较大发展和推广的原因之一。与图像搭配的还有相关文字。河北保定望都 M1（壁画墓），北壁下部绘有一凤凰，题有“凤凰翔”三字，该墓壁画中还有灵芝、鸳鸯、獐子、白兔、羊、麒麟、鸡等吉祥动物图案，且各有题字，如白兔旁有“白兔游东山”五字（图六 -41：1），獐子旁也有说明动物名称的二字（图六 -41：2），取多子之义[②]。内蒙古和林格尔东汉壁画墓，从中室右下方至北壁左下方绘有祥瑞图，有题榜 49 项，能够辨认的图像和题榜较多，其中前室绘有青龙、白虎、朱爵（雀）、玄武、凤凰、麒麟、雨师驾三蛇，见于壁画的祥瑞有地瑞（澧泉）、天瑞（云纹）、植物瑞（木连理）、动物瑞（白狐）、矿物瑞（玉圭）、器物瑞（神鼎）、神仙瑞（雨师驾三蛇）等，另外中室内的神话故事实际应是感生瑞，众多的祥瑞图，是当时社会意识的体现，也正是谶纬思想发展的反

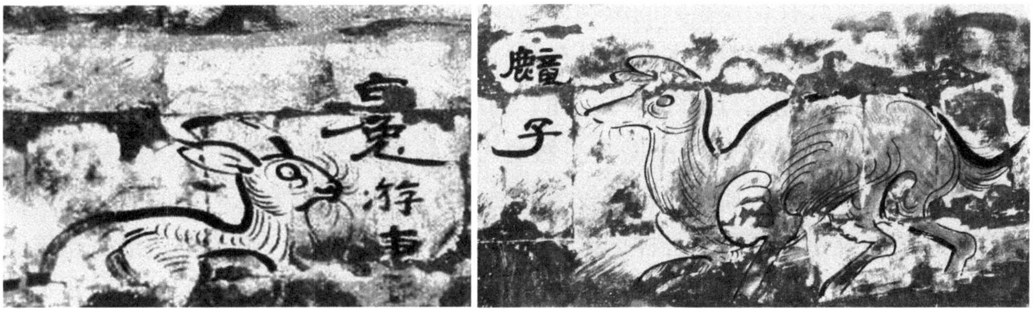

1　　2

图六 -41　河北保定望都东汉 M1 壁画中的动物形象及文字

1. 白兔　2. 獐子

① 商洛地区文管会：《陕西商县西涧发现汉墓》，《考古》1988 年第 6 期。

② 北京历史博物馆：《望都汉墓壁画》，中国古典艺术出版社，1955 年，第 13 页；河北省文物研究所：《河北古代墓葬壁画》，文物出版社，2000 年，第 39 页。

图六 -42　江苏徐州市邳州青龙山东汉彭城相缪宇墓东壁南侧下部画像（局部）

映[①]。苏鲁豫皖交界地区的东汉墓葬画像石及墓外祠堂画像石中多见题榜及相关文字，具有教化作用和意义的历史故事画像及其人物题榜其实也应是与谶纬有关的祥瑞内容，另外还有祥瑞植物和动物，一些有题榜，能够明确体现出祥瑞内容。江苏徐州市邳州青龙山东汉彭城相缪宇墓东壁南侧画像三格刻瑞兽，左为羊，羊背上一只瑞鸟，上方刻“福德羊”三字；右为麟麟，形似鹿，一角，角端呈三角形，长尾，蹄上方刻“骐骣”两字；第四格刻珍禽瑞兽，对应榜题文字有“虎禽”、“玄武”、“朱鸟”、“青龙”等[②]（图六 -42）。

相关器物、墓葬等与家庭的关系最为密切，充分体现出谶纬对于东汉时期社会及诸多家庭的影响之大，而较多的家庭对于谶纬思想及内容充分吸收和应用并不断推广和普及，使得谶纬在某种程度上已全面融入社会，进入家庭，这也是对西汉时期相关物品、墓葬等受谶纬思想影响的承继，同时又是具有自身朝代或时期特征全面发展的体现。通过考古资料综合观察谶纬思想对汉代社会及家庭的影响，其涉及面大且较为丰富多样。汉代墓葬壁画及画像石、砖画像中的诸多图像既是墓葬装饰，又是具有谶纬思想含义的图像，而一些历史故事也可能会与谶纬有关，如“泗水捞鼎”、“高祖斩蛇”等等，应是对一些王朝灭亡或建立的对应性图谶，当然也可起到相应的教化作用。汉代墓葬中常见吉语文字，如题榜，如砖文，而较多器物上也多见“宜高官”、“大富贵”、“大吉祥”等。这些文字较多既是吉祥词语，又与谶纬有关，还有一些吉祥用语是超越使用者或墓主身份等级和地位的，但其以文字的形式出现在相关人员的器物、墓葬建筑材料或墓葬装饰上，虽然理想的成分较大，但内心却是希望能够应验，而这些在谶纬思想的作用下可能更为强烈。相关铭文如“尚方作镜大毋伤，巧工刻之成文章，左龙右虎辟不羊（祥），朱鸟玄武顺阴阳，子孙备具居中央，长保二亲乐富昌，寿敝金石如侯王”、“左龙右虎主四方，朱爵玄武顺阴阳”、“上有古守（寿）辟非羊

①　盖山林：《和林格尔汉墓壁画》，内蒙古人民出版社，1978 年，第 74-76 页。

②　南京博物院、邳县文化馆：《东汉彭城相缪宇墓》，《文物》1984 年第 8 期。

（祥），服之寿考宜侯王”、“福禄进兮日以前，天道得物自然”、“八子十二孙治中央，法象天地，如日月之光”等等。所谓“一语成谶”，虽希望渺茫，但若能实现，则可完成希望，改变现状，而且确实有些人似乎“借此实现”了理想与愿望，其中即包括部分最高统治者及达官贵族们，这或许也是吉语多见及谶纬较为流行的原因之一，同时也说明在汉代尤其是东汉时期，谶纬思想已在社会中形成广泛影响并对较多或绝大多数家庭的精神世界产生了较大的影响，而谶纬思想与升仙思想、鬼神思想、天人思想等的杂糅，还有人们趋吉避凶、希望美好生活甚至幻想获得高官厚禄的理想和追求等，也使得相关内容更加丰富多样。墓葬形制方面，就目前考古资料，我国古代墓葬形制的一大转变就发生在西汉晚期至东汉初期，即竖穴椁墓向横穴室墓的转变，西汉晚期横穴室墓逐渐得到使用，王莽新朝时期有所推广，东汉初期横穴墓完成对竖穴墓的替换，并在东汉一代成为最为主要的墓葬形制，而这与谶纬思想的形成、发展和全面盛行基本同步，笔者推测二者之间或许应有一定的关系。横穴墓的第宅化特征突出，更像居室，可使得阴阳二界更加趋同；横穴墓的室顶以弧形顶或相近似的室顶居多，与方形或长方形墓室间为下方上圆的构成，这与谶纬中的天地观念较为相符；横穴墓更便于装饰，而很多装饰内容与谶纬思想关系密切，同时还有很多配以榜题等文字，使得横穴墓葬能够更好地应用谶纬内容，实现与谶纬相关的家庭需求；横穴墓葬能够很好地适应夫妻同穴合葬，更能体现和反映儒家思想及谶纬中的阴阳观念，而且能够很好地满足较多家庭中夫妻合葬一室的需求。

综上论述，谶纬思想在西汉晚期至东汉时期得到较大发展并趋于流行和普遍，其对于这一时期的家庭产生了较多的影响，与家庭有关的较多内容也因此呈现出诸多谶纬影响下的内容和内涵，其中有些则较之西汉早中期有了明显的变化或增新，而汉代家庭也在吸收、运用谶纬思想的同时为其推广、普及和传承起到了十分重要的作用。

四、宣传教育

儒家思想内容中，仁义教化是重要内容和根本之一，董仲舒在其仁德思想中指出：“立大学以教于国，设庠序以化于邑，渐民以仁，摩民以谊，节民以礼，故其刑罚甚轻而禁不犯者，教化行而习俗美也。”[①]提倡文化和德化教育，适应独尊儒术的发展，使得儒家思想得到更大发展，以六艺教民，儒生或儒者为教育者或相关教育机构的举办者，并能保存、传承着代表封建文化尤其是儒家文化的典籍，因此，尊儒又是提倡文化教育，提高知识分子在社会的地位和作用的表现，这是汉代统治

① （东汉）班固撰，（唐）颜师古注：《汉书·董仲舒传》，中华书局，1964年，第2503、2504页。

阶级政策的一大转折[①]。从大的方面讲，宣传教育对于国家有较大裨益，就汉代家庭来讲，又可促进家庭成员知识水平的提高，进而可促进家庭成员融入社会、服务社会，并从整体上推动社会文化的发展和增强。

考古工作者对于东汉都城洛阳南郊礼制建筑的考古发掘，除上文所述灵台、明堂、辟雍外，还对太学遗址进行考古发掘，并出土有东汉“熹平石经”残石多块。东汉太学创建于东汉光武帝时期，位于开阳门外大道东，太学内有讲堂及校舍，顺帝时朝廷对太学校舍进行了修缮。经考古勘探，太学内有长条形房舍多座，相互平行，排列密集，间距仅有数米，一座长条形房舍的长度可达数十米，有10间或10余间，每间面阔约3.6、进深约4米，个别建筑较特殊，揭露部分纵横各16～17米，该建筑的性质应与长条形房舍不同[②]。汉灵帝熹平四年（175年），诏诸儒订六经文学，并将儒家经书刻石后立在太学前，是为“熹平石经”，多年来，考古工作者已在太学遗址附近发现较多“熹平石经”残块，而“熹平石经”残石的出土也表明当时对于儒家经书的重视及其进行儒家思想教育的内容与内涵。受国家对于儒学思想教育的影响，汉代家庭也十分重视相关教育，考古发现的较多画像砖、画像石等的画像中有讲经授课图，以今川渝地区、豫南地区、苏鲁豫皖交界地区等地较为常见，反映出相应的影响、吸收和传承。相当数量的汉代画像中有捧简、读简及简的存放等内容，也有老者对于幼者或年轻者的教育，还有其他与文化教育有关的内容和形式，亦有很多墓葬出土有简牍、帛书等。较多内容在前文章节中已有叙述，此处不作过多叙述，但可以肯定的是，儒家倡导的文化教育对于汉代家庭有着较多、涉及多方面的影响，使得汉代家庭思想和文化在此背景下得到不断发展，进而也促进了秦汉家庭的整体发展。

第三节　宗教思想

宗教是社会的特殊意识形态，有自身较为系统的信仰内容、礼仪宗旨及制度、规定等。从广义上讲，宗教属于一种文化，而宗教又属于思想信仰的内容，对社会文化、行为活动乃至礼仪制度、生产生活都会产生较多的影响，正因为宗教具有上述内容和特点，所以宗教具有较大的传播性，对家庭有着较大的渗透性。

秦汉时期，宗教思想发展对于家庭的影响表现在多个方面，一些家庭的成员

---

① 金春峰：《汉代思想史》，中国社会科学出版社，1987年，第199-204页。

② 中国社会科学院考古研究所：《汉魏洛阳故城南郊礼制建筑遗址——1962～1992年考古发掘报告》，文物出版社，2010年；中国社会科学院考古研究所洛阳工作队：《汉魏洛阳故城太学遗址新出土的汉石经残石》，《考古》1982年第4期。

成为宗教徒，生活中的一些建筑和器物有了宗教装饰，而墓葬中的宗教内容更为丰富，形制结构与装饰、相关陪葬品等均有体现。这一时期，具有影响力的宗教思想，一是原始道教思想，一是佛教思想，前者为我国本土宗教，在汉代正式形成，后者为外来宗教，随中外思想文化交流的发展在汉代传入我国，并成为我国古代家庭及其成员思想信仰的重要内容之一。

一、原始道教思想

作为我国本土形成的宗教思想，在正式形成之前，已有较长的发展历程，先秦时期即有相关内容和信仰，秦汉时期，尤其是汉代，黄老思想及儒家思想中的阴阳学说、谶纬思想，还有日益普遍的神鬼思想、升仙思想等等，都与原始道教思想有着较为密切的关联。因此，在正式形成之前，原始道教对社会及家庭已有所影响，形成之后的影响则不断扩大和加强。

原始道教有较为明显急功近利的现实主义印记[①]，辟邪与祛邪、求祥与纳吉、长生与不死、解谪与除殃、神药与厌镇、打鬼与杀鬼等均可视为原始道教的相关内容，这与上文所述传统社会思想信仰、儒家思想中的一些内容有重叠或相近之处，进而体现出原始道教的内容和特征，相关内容此处不再作更多叙述。

原始道教作为秦汉家庭思想信仰的内容之一，对秦汉家庭有着相应的影响，考古资料对之也有相应体现和反映。主要表现在两个方面：一是对家庭成员及其现实生活的影响，二是对丧葬的渗透，对比来看，与后者有关的内容多而丰富。

对家庭成员及现实生活的影响方面，辟邪与祛邪、求祥与纳吉、除殃、神药、长生不死等都可体现，但这些内容多是墓葬资料的间接体现。江苏新沂炮车北大墩东汉晚期墓葬出土的 3 件陶罐上均有用铅粉书写的七行文字，具体内容为“西方大白，其帝上皓，其神羞收，其日庚辛，其虫毛，当以丹砂除凶耗，□家常贵，当延寿”，伴出的还有天然水晶石数块，雄黄屑少许[②]。这与道家炼丹有关，也是与辟邪与祛邪、除殃及神药、长生不死等有关的内容。就求长生不死来讲，是当时人们普遍而又强烈的追求，能够服食仙药而达到不死的效果，是人们梦寐以求的理想，道家思想适应这一需求，炼制不死仙药，让人服食后可升仙得道。相关考古资料如四川泸州市大驿坝 I 号石棺的左侧画像，表现的是炼丹以求升仙的内容[③]；四川广汉出土的 1 块画像砖，画像中一马锐一辎车前行，车前端有一鼎[④]（图六 -43），可能与

① 韩国河：《秦汉魏晋丧葬制度研究》，陕西人民出版社，1999 年，第 178 页。

② 李昭鉴、王志敏：《江苏新沂炮车镇发现汉墓》，《文物参考资料》1955 年第 6 期。

③ 罗二虎：《汉代画像石棺研究》，《考古学报》2000 年第 1 期。

④ 《中国画像砖全集》编辑委员会：《中国画像砖全集·四川汉画像砖》，四川美术出版社，2006 年，第 26 页。

求仙药及升仙有关；江苏睢宁九女墩汉墓出土的犀牛护鼎图，上格中部为一神鼎，鼎旁有玉兔和双犀守护，鼎内应装有炼成的丹药①（图六-44）。道符可辟邪、杀鬼、求吉祥，东汉墓葬中出土的镇墓瓶，多在文字之后画有道符，这在现实生活中道士举行法事的时候也常会使用。道教思想中也有多方面的辟邪祛殃内容，汉代墓葬中墓门饰铺首衔环等，有的配以具有辟邪性质的白虎等，还有的墓门饰有神荼、郁垒类画像，这在现实生活中或许会有所应用。除上述内容外，现实生活中还有与道教有关的方士和信徒，河南洛阳偃师南蔡庄东汉墓出土的汉肥致碑，由记载内容可知，肥致为道教有名的方士，且修炼的道行较高，“与道逍遥，行成名立，声布海内，群士钦仰，来集如云”，“神明之验，讥彻玄妙，出窈入冥，变化难识，行数万里不移日时，浮游八极，休息仙庭”，“赤松子（仙人）与为友生，号曰真人，世无及者”，“见西王母昆仑之虚，受仙道”，而肥致还有一些弟子，包括田伛、全□中、

图六-43 四川广汉出土车鼎画像砖

图六-44 江苏睢宁九女墩东汉墓出土“双犀护鼎炉”画像

① 李鉴昭：《江苏睢宁九女墩汉墓清理简报》，《考古通讯》1955年第2期。关于该图像的定性，笔者认为应该是“双犀护鼎”，详见刘尊志：《江苏睢宁九女墩汉墓出土“神鼎”画像及相关内容浅论》，河南博物院编：《鼎与中华文明》，大象出版社，2017年，第266-278页。

宋直忌公、毕先风、许先生，这些人一起“食石脂而仙去”[①]。

原始道教对丧葬的影响内容较为丰富。韩国河先生在《秦汉魏晋丧葬制度研究》一书中从墓门解除、辟邪杀鬼、神药厌镇、长生不死等四个方面进行了论述，其中涉及解除瓶与镇墓文，包括解除瓶上的文字及瓶内水晶、五石、雄黄等物，就文字而言，“如律令”三字充分体现出道教的特点，其他还包括移殃去咎、终无凶、安冢墓、利子孙、寿如金石等内容，而镇墓文中的“黄帝”、“天地使者”、“天帝”、“黄神越章”等与道教思想关系密切。可以说，原始道教在墓葬中的诸多表现，尤其是长生不死、乐道成仙的境界和内容，刺激“不得已而死”的人们去修饰来世的冥宅，求得此岸与彼岸的超脱[②]，而这也是原始道教急功近利现实主义的体现。再以《西安东汉墓》一书为例，其中有较多与原始道教相关的内容，西北有色金属研究院 M3、雅荷城市花园 M1、西北国棉五厂 M21、中华世纪城小区 M18 出土有朱书文镇墓瓶，腹外壁有朱书文字，有的还有符号（图六 -45：5）；中华世纪城小区 M15（图六 -45：2）与 M22 及临潼新丰铁路编组站长条村取土场 M1 出土有朱书文陶罐；西北有色金属研究院 M5（图六 -45：6）、西安理工大学 M6（图六 -45：7）、荣海花园 M1 出土有铅人（图六 -45：8）；西安理工大学 M33 出土有镇墓砖，其中一块砖上有“犯地適得天央赵子高暴死莫相妨□建令”等字；世家星城 M169 出土有“黄神之印”陶印章（图六 -45：9），西北有色金属研究院 M3 出土镇墓瓶，上为北斗星座，星座内为文字，与厌鬼有关，文末有道符（图六 -45：1），西北国棉五厂 M21 出土镇墓瓶有“为死者解适……药水生畏”等字，临潼新丰铁路编组站长条村取土场 M1 出土朱书文陶罐有“可以为伯阳千葬之日重主解天荒地荒大荒，八魁九坎，重复之央……，急急如律令”等字[③]（图六 -45：3，4）。这些资料大致可体现上面所述原始道教与墓葬中相关物品的关系，而这些资料基本集中于一个地区，又说明原始道教在某一地区已得到较大的推广和普及，涉及较多的家庭及其成员。

河南洛阳地区的东汉墓葬也有较多与道教相关的遗物出土，结合上文所述，大致可以说明，东汉时期，都城洛阳与旧都（西汉都城）长安一带，墓葬中使用与道教相关的物品陪葬较为普遍。同时，这也间接说明，东汉时期，洛阳与长安一带，原始道教获得较大发展，有较多的信奉者，而这也会从多个方面影响到相

---

① 河南省偃师县文物管理委员会：《偃师县南蔡庄乡汉肥致墓发掘简报》，《文物》1992 年第 9 期；黄展岳：《肥致碑及相关问题》，《考古》2012 年第 5 期。

② 韩国河：《秦汉魏晋丧葬制度研究》，陕西人民出版社，1999 年，第 178-181 页。

③ 西安市文物保护考古所：《西安东汉墓》，文物出版社，2009 年，第 46、47、61、62、143、144、225、226、380-382、404、407、448-450、720、722、742、743、749、760、761、756、757、866-868 页。

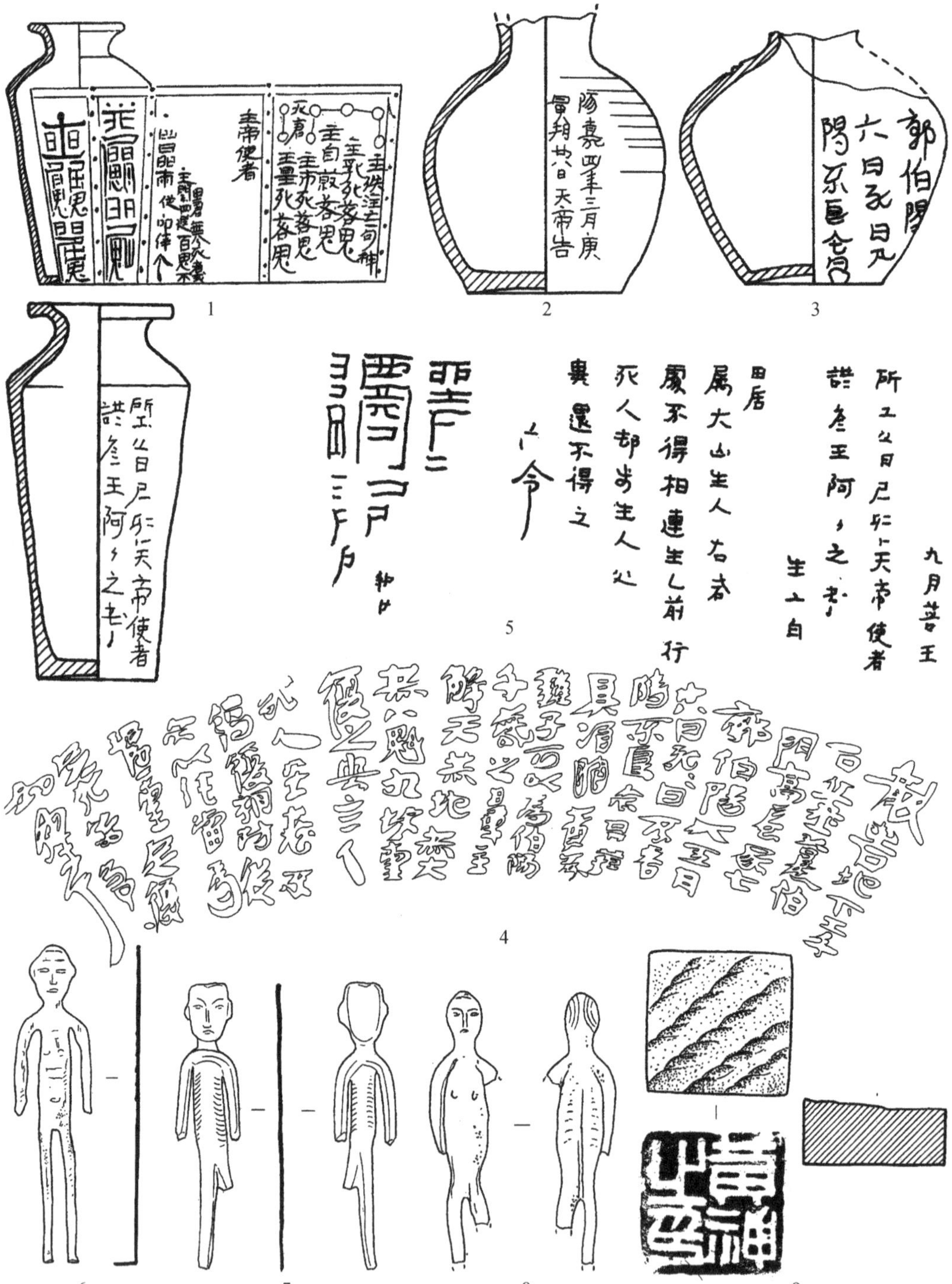

图六 -45 《长安汉墓》收录相关墓葬出土与道教有关遗物

1. 西北有色金属研究院 M3 出土镇墓瓶　2. 中华世纪城小区 M15 出土朱书文陶罐　3、4. 临潼新丰铁路编组站长条村取土场 M1 出土朱书文陶罐及朱书文字　5. 中华世纪城小区 M18 出土镇墓瓶及朱书文字　6. 西北有色金属研究院 M5 出土铅人　7. 西安理工大学 M6 出土铅人　8. 荣海花园 M1 出土铅人　9. 世家星城 M169 出土“黄神之印”陶印章关家庭，促进家庭及其成员对于道教的信奉，进而形成家庭的思想内容之一。

二、佛教思想

佛教为外来宗教，大概创立于公元前六世纪的南亚印度地区，大约在西汉后期传入我国。东汉早期，佛教在中原及周边地区得到传播，最突出的表现是皇室及地方诸侯国皆有人信奉，例如汉明帝刘庄及楚王刘英，而楚国的信奉较为兴盛，有斋戒、祠礼、饭僧等仪规，奉佛者有伊蒲塞（进住居士）、桑门（沙门、佛僧）等，还很可能有类似寺庙的“浮屠之仁祠”[①]。东汉晚期早段的桓帝刘志亦信佛，在其之后，民间信佛逐渐转盛，东汉晚期则较为兴盛。据《三国志·刘繇传》对东汉末年笮融行佛事的记载：“大起浮图祠，以铜为人，黄金涂身，衣以锦采，垂铜盘九重，下为重楼阁道，可容三千余人，悉课读佛经，令界内及旁郡人有好佛者听受道，复其他役以招致之，由此远近前后至者五千余人户。”[②]可知涉及的佛教内容已较为丰富和多样。

佛教的传播依附于中国极为盛行的神仙道术等[③]，甚至“当时的佛教是作为道教的一个流派而在社会上传播和被人信奉的”[④]，相关行为和活动在当时多是服务于神仙崇拜和升仙等需求，这使得佛教思想逐渐流行并渗透至社会生活及诸多家庭之中。虽然目前暂时还没有体现佛教因素的现实生活建筑，也没有与东汉“浮屠寺”遗址有关的考古发现，但已发现、发掘的东汉墓葬，形制结构及其设施有与佛教相关的内容，如莲花藻井、门柱等，对现实建筑或有所体现，如江苏徐州市邳州八义集过满山汉画像石墓的圆雕力士门柱，有莲花纹饰[⑤]。家庭生活方面，一些物品或有体现。相关器物如新疆出土的蚀花肉红石髓珠可能是随着佛教的东传而从犍陀罗地区输入的[⑥]；安徽当涂东汉墓出土的铜三足承盘香薰，盖顶所饰神人有头光，额正中凸起，似为“白毫相”[⑦]。江苏徐州邳州燕子埠缪宇墓出土一件鎏金铜人像[⑧]（图六 -46），有学者认为其以铜作人，衣以锦彩，右手示无畏，左手触地，高肉结，眉毛上翘，嘴角古月，都显示出佛教造像的特征[⑨]。该铜像是否为

① （南朝宋）范晔撰，（唐）李贤等注：《后汉书·光武十王传》，中华书局，1965 年，第 1428 页。

② （西晋）陈寿撰，（南朝宋）裴松之注：《三国志·吴书·刘繇传》，中华书局，1959 年，第 1185 页。

③ 李正晓：《中国内地汉晋时期佛教图像考析》，《考古学报》2005 年第 4 期。

④ 信立祥：《汉代画像石综合研究》，文物出版社，2000 年，第 349 页。

⑤ 陈永清、张浩林：《邳州东汉纪年墓中出土鎏金铜佛造像考略》，《东南文化》2000 年第 3 期。

⑥ 作铭：《我国出土的蚀花的肉红石髓珠》，《考古》1974 年第 6 期。

⑦ 贺云翱等编：《佛教初传南方之路文物图录》，文物出版社，1993 年，图 7，第 160、161 页。

⑧ 南京博物院、邳县文化馆：《东汉彭城相缪宇墓》，《文物》1984 年第 8 期。

⑨ 陈永清、张浩林：《邳州东汉纪年墓中出土鎏金铜佛造像考略》，《东南文化》2000 年第 3 期。

图六 -46 邳州燕子埠缪宇出土铜像

佛教造像还有待进一步研究，若确为铜佛造像，或许与家庭中供佛有一定的关系。相关物品还有佛像或佛兽镜，亦是家庭生活器物的体现。汉代画像中也见有佛教徒的形象，江苏徐州散存画像石中有二幅“僧侣骑象图”，其中一幅有僧侣衣着袈裟，头顶巾帻，可以看出僧侣是光头的；另一幅画面的上方刻一僧人躺卧在象背上，右手托面，前面一人手持长钩，应为象奴，画面下方刻一大树，枝叶繁茂，很可能是菩提树[①]。僧人作为佛教徒，很可能是外来人员，在汉代画像中又很可能与神人有关，但就现实世界来讲，成为僧人之前，应是相关家庭中的成员，这与家庭应有相应的关系。驯象图在汉代画像中发现较多，如陕西神木大保当 M24 门楣中央的驯象图[②]及江苏徐州铜山茅村东汉墓前室北壁画像左侧的驯象图[③]、洪楼东汉墓祠堂画像中的驯象图等[④]，驯象或驭象者多持钩作驯象状，而他们在性质上或与汉代画像中的僧人相似。

由于佛教在传入之初与本土思想中的升仙、神仙崇拜、道家仙术等思想相互杂糅，这也使得其能够较好地融入当时人的丧葬体系之中。墓地设施已有相关内容，山东嘉祥武氏墓群双阙前有一对石狮东西相对[⑤]；山东嘉祥宋山出土祠堂顶石有莲花图案[⑥]（图六 -47：1）。墓室内的内容更多，山东沂南北寨东汉画像石墓

① 杨孝军、郝利荣：《徐州新发现的汉画像石》，《文物》2007 年第 2 期。

② 陕西省考古研究所、榆林市文物管理委员会办公室：《神木大保当——汉代城址与墓葬考古报告》，科学出版社，2001 年，第 68-73、118 页。

③ 王献唐：《徐州市区的茅村汉墓群》，《文物参考资料》1953 年第 1 期。

④ 徐州博物馆：《徐州汉画像石》，江苏美术出版社，1985 年，图版说明第 5 页，图 85。

⑤ 蒋英炬、吴文祺：《汉代武氏墓群石刻研究》，山东美术出版社，1995 年，第 15、16 页。

⑥ 济宁地区文物组、嘉祥县文管所：《山东嘉祥宋山 1980 年出土的汉画像石》，《文物》1982 年第 5 期；蒋英炬：《汉代的小祠堂——嘉祥宋山汉画像石的建筑复原》，《考古》1983 年第 8 期。

图六 -47 汉代画像石中的莲花图案
1. 山东嘉祥宋山出土祠堂顶石画像 2. 山东沂南画像石墓中室东间藻井画像
3. 江苏徐州贾汪青山泉白集汉墓中室藻井画像

前室西间、中室东间（图六 -47：2）、后室藻井[①]及江苏徐州贾汪青山泉白集东汉墓的藻井[②]（图六 -47：3）等均为莲花图案。墓葬其他位置的装饰也有佛教内容，江苏徐州铜山苗山东汉墓前室前壁门东石下方雕刻体生翅翼、身背串珠、脚踩莲花的六牙白象[③]（图六 -48），沂南北寨东汉画像石墓前室西壁北段画像上部还有类似飞天的形象，该墓中室八角擎天柱中部见有佛的画像[④]（图六 -49），四川乐山市柿子湾崖墓 B 区 M1，享堂后壁门楣上方图像即有两尊坐佛的形象，高浮雕，均头后有圆形背光，肉髻，身着通天肩衣，右手施无畏印[⑤]（图六 -50）。陪葬物品内容更多，除上文所述的佛兽镜、薰外，还有摇钱树、塔及塔形器[⑥]、神瓶、尖帽胡人俑、白相俑[⑦]等，如四川彭山县江口东汉晚期崖墓出土的一件陶摇钱树座，座上有一佛二胁侍[⑧]。

除墓葬资料外，与佛教有关的考古资料还有江苏连云港孔望山摩崖造像[⑨]。该

① 南京博物院、山东省文物管理处：《沂南古画像石墓发掘报告》，文化部文物管理局出版，1956 年，第 6、8、9 页。

② 南京博物院：《徐州青山泉白集东汉画象石墓》，《考古》1981 年第 2 期。

③ 徐州博物馆：《徐州汉画像石》，江苏美术出版社，1985 年，图版说明第 6 页，图 91。

④ 南京博物院、山东省文物管理处：《沂南古画像石墓发掘报告》，文化部文物管理局出版，1956 年，第 57、65-67 页，图版第 37、67、68；山东博物馆：《沂南北寨汉墓画像》，文物出版社，2015 年，第 31、84、85、111、120 页。

⑤ 四川省文物考古研究院、乐山大佛风景名胜区管理委员会：《四川乐山市柿子湾崖墓 B 区 M1 调查简报》，《四川文物》2016 年第 5 期。

⑥ 李正晓：《中国内地汉晋时期佛教图像考析》，《考古学报》2005 年第 4 期。

⑦ 何志国：《论早期佛教在长江流域的传播》，《东南文化》2004 年第 3 期。

⑧ 南京博物院编：《四川彭山汉代崖墓》，文物出版社，1991 年，第 37、38 页。

⑨ 连云港市博物馆：《连云港市孔望山摩崖造像调查报告》，《文物》1981 年第 7 期。

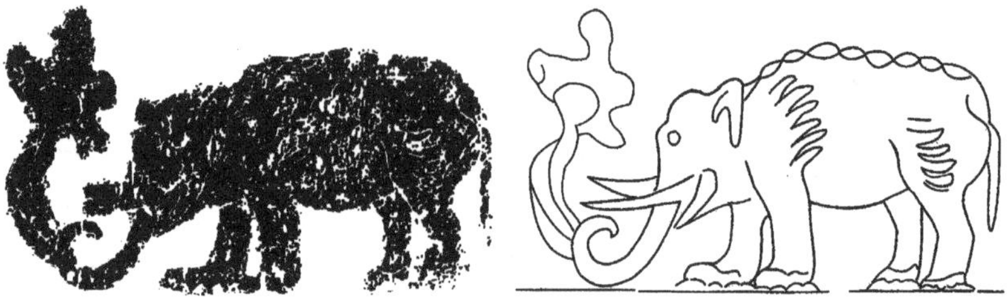

图六 -48　江苏徐州铜山苗山汉墓前室前壁门东室“六牙白象”画像

图六 -49　山东沂南汉画像石墓的擎天柱中部佛教造像

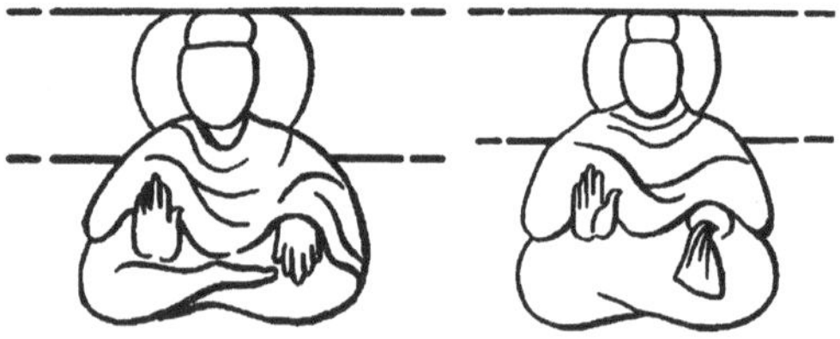

图六 -50　四川乐山市柿子湾崖墓 B 区 M1 享堂后壁门楣上方佛像图

摩崖造像的发现，一方面对研究东汉晚期佛教传入路线和途径可提供重要的参考，另一方面，该地有如此面积和佛教题材相关的摩崖石刻，如佛祖涅槃图、礼拜和供奉佛造像等，可大致说明当时该地区至少有一定数量的佛教信奉者，这与相关家庭也应有一定关联。当然，就该摩崖造像来讲，除较多佛教题材外，还有很多佛道杂糅的内容，一些为传统思想和生活中的内容，如谒见图、宴饮图和乐舞图等；一些为道教题材，如太平道教的三躯神像，很可能为关令尹喜像、老子像、黄帝像，佛道杂糅，甚至极有可能当时的人们把涅槃图和舍身饲虎图理解为升仙图[①]，这或许是佛教内容得到较多礼拜和供奉的原因，而这也应是佛教对当时的家庭有较多影响并得到较大传播的原因之一。

综合来讲，宗教思想在秦汉尤其东汉时期得到较大发展，内容、内涵也十分丰富，并逐渐渗透至社会生活之中，现实生活及丧葬内容均与宗教思想产生了相应联系，并在较多方面有所体现，表明宗教思想已逐渐融入汉代，特别是东汉家庭，成为这一时期家庭思想的重要组成内容之一。

① 信立祥：《孔望山摩崖造像中的道教人物考》，《中国历史博物馆馆刊》1997 年第 2 期。

第四节　丧葬思想

丧葬在秦汉时期每个家庭中都是十分重要的内容，在继承前代基础上，受所处社会政治、经济、思想文化的影响，与丧葬有关的思想也随之不断丰富，并渐成系统，而诸多家庭与丧葬有关的活动、内容等也在丧葬思想的推动和作用下，呈现出具有时代性的丧葬特征。秦汉时期的思想信仰对丧葬影响较为广泛，前文已有较多分析，但就这一时期影响家庭的丧葬思想来讲，较为重要的内容有两项，一是事死如事生思想，一是厚葬思想，二者不仅为秦汉时期社会，也是该时期家庭丧葬思想内容的核心。除上述两项重要思想内容外，汉代丧葬还对孝道思想、夫妻伦理纲常等有所体现，综合体现出汉代丧葬内容的丰富多样及丧葬思想影响的广泛性。

一、事死如事生思想

与灵魂不死观念有着较大关系，既是死者对现实的留恋和对死后世界的幻想，也是生者对死者死后世界的安排，尤其是在物质和精神内容两个方面，以满足死者在死后世界的所需，这又与孝悌的推广和亲情的关联等有着较大关系。事死如事生思想在先秦时期就已形成，《左传·哀公十五年》载："事死如事生，礼也。"①《荀子·礼论》亦言："丧礼者，以生者饰死者也，大象其生以送其死也，故如死如生，如亡如存，终始一也。"②考古资料基本可证实先秦时期事死如事生的丧葬观念已较为明显。而关于事死如事生叙述最为清晰的为《礼记》，关于其成书时间存在争论，但多偏向于汉代，其中有较多关于先秦思想和言语等内容的记载。《礼记·中庸》中云："敬其所尊，爱其所亲，事死如事生，事亡如事存，孝之至也。"③考古资料对秦汉时期事死如事生丧葬思想的体现较为丰富和多样，证明了这一丧葬思想在秦汉时期的普遍性。大致来看，事死如事生丧葬思想主要体现在以下三个方面。

（一）墓葬形制渐趋第宅化

秦汉时期是古代墓葬形制发展和转变的一个重要时期，秦与西汉时期，竖穴式坑墓为主体，葬具位于墓坑底部，通过竖穴与外部空间构成"‖"及"╚"或"╝"等多种形状，竖穴内填土，口部之外再加封土，较为封闭。但西汉时期，一种不同于竖穴坑墓的墓葬形制——横穴崖洞墓开始得到使用，虽并未普及，但确为

---

① （西晋）杜预等注：《春秋三传》，上海古籍出版社，1987年，第540页。

② 梁启雄：《荀子简释》，中华书局，1983年，第267页。

③ （战国）子思：《礼记·中庸》，（清）阮元校勘：《十三经注疏·礼记》，台湾艺文印书馆，2001年，第887页。

墓葬形制的整体变化带来了新气象，横穴崖洞墓的长甬道及墓室左右分列、内外延续较长等体现出其还存在较强的封闭性。西汉晚期，一些地区如今河南南阳、陕西西安一带，开始出现横穴式或类似横穴式的砖室或砖石混筑墓，一些墓葬甬道短，墓室的功能有区分，且很多已体现出前堂后室的明显布局，开放性逐渐显现。东汉时，横穴墓葬迅速普及，相对较为偏远地区也基本为此类墓葬，不仅如此，墓室布局更趋明朗化，前堂后室的布局和功能较为明确，而且其他如庖厨室、仓储室等的功能也较突出。在前堂后室墓葬布局不断发展的基础上，又出现了前中后三室墓和前后布局的多室墓，而且各室皆有自身功能。

汉代墓葬在发展过程中，第宅化特征逐渐突出，并随着横穴墓葬的普及逐渐趋于全面化。西汉时期，横穴崖洞墓体现的第宅化特征相对突出，室的功能较为明确；竖穴墓葬也有体现，诸侯王墓及王后墓如湖南长沙象鼻嘴一号墓①与咸家湖陡壁山西汉 M1（曹娱墓）②（图六 -51）等，墓内设有门、窗等设施；中小型墓葬如江

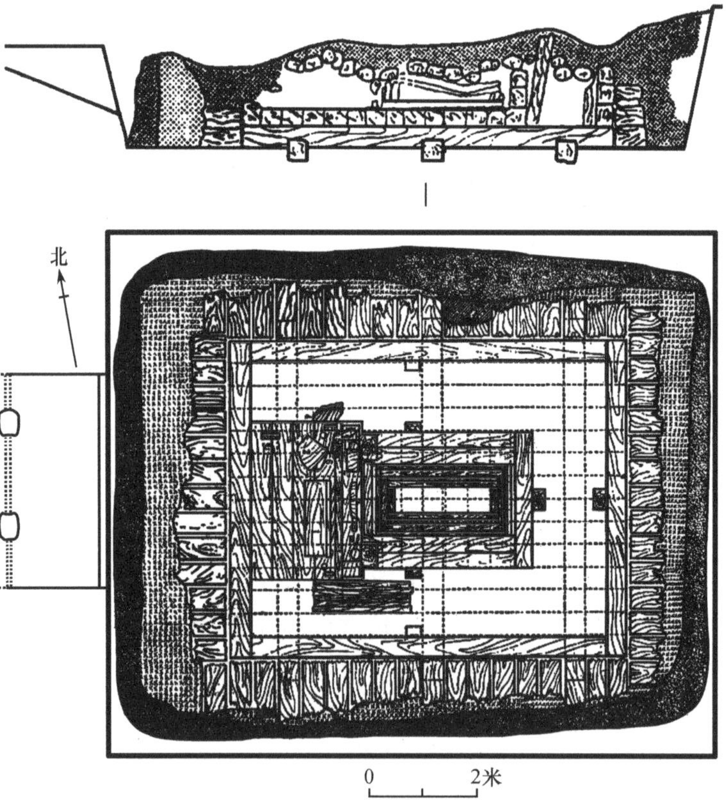

图六 -51　湖南省长沙市咸家湖陡壁山西汉 M1平、剖面图

① 湖南省博物馆:《长沙象鼻嘴一号西汉墓》,《考古学报》1981 年第 1 期。

② 长沙市文化局:《长沙咸家湖西汉曹娱墓》,《文物》1979 年第 3 期。

苏徐州碧螺山 M5[①]（图六 -52）与拖龙山 M4[②] 等，洞室内使用瓦顶木构建筑。西汉晚期至东汉时期，横穴砖室、石室及砖石混筑墓的前堂后室布局及各室的功用等所体现第宅化的内容和特征逐渐突出，如河南南阳西汉晚期的冯君孺人墓，由车库、藏物室及东南西北四室等组成，另有中大门等[③]；甘肃嘉峪关东汉 M3，相关墓室有对应的文字，前室北耳室对应“牛马圈”，南耳室对应“车庑”，西壁北耳室对应

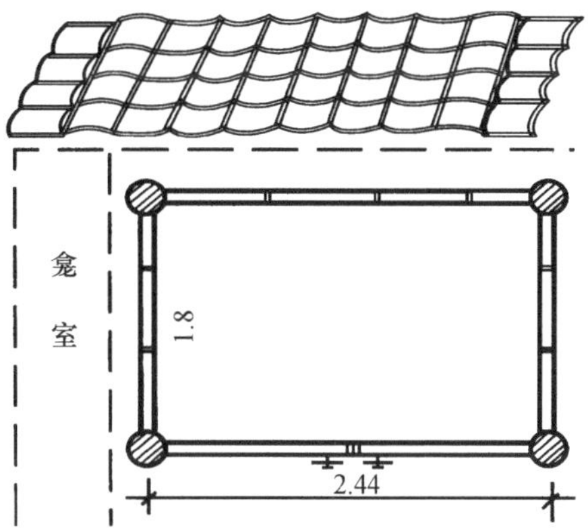

图六 -52　江苏徐州碧螺山 M5 墓内瓦木建筑复原图

“炊内”，通经中室的通道门左侧券墙书有“中合”，东壁南面阁门上书有“各内”，可知该墓有储藏室、厨房、牛马圈、车库、各内室等[④]。不仅如此，墓葬自身建筑的相关设施也体现出较强的第宅化特征，砖室、石室、砖石室的室顶与使用的藻井，墓门的使用和形制、墓内立柱与斗栱等都是第宅化的体现。有些墓葬如江苏徐州贾汪芦山 M1，墓内还砌建有厕所[⑤]。墓葬装饰亦是第宅化的体现，墓葬内除绘画、雕刻、刻画、模印与升仙等有关的内容外，还有较多对现实环境及生活内容的摹写，如建筑、山林及车马、庖厨、宴饮、人物、出行、乐舞百戏、狩猎、对弈、比武等，一些墓葬内还发现有“室”字，说明汉代已渐普遍地将死后世界视为现实所居之室。

横穴墓葬的普及，一方面使得墓内各室的组合布局更像现实所居，另一方面也为夫妻合葬创造了更好的条件，可以说，横穴墓葬的推广普及与夫妻同穴合葬存在相互推动的关系。不仅如此，随着横穴室墓的发展，还出现了同一小家庭的成员或稍大家庭的成员合葬于一墓的现象。夫妻两人合葬一室及同一小家庭或稍大家庭的成员合葬于同一墓葬之中，更能体现出第宅化的内容和内涵，所反映的家庭内容较为丰富，亦说明秦汉家庭对这一内容的普遍接受。

（二）陪葬品日趋生活化

所谓陪葬品生活化，是指陪葬品的种类、形式和内容均与现实生活中所用器物

---

① 徐州博物馆：《徐州碧螺山五号西汉墓》，《文物》2005 年第 2 期。

② 徐州博物馆：《徐州市拖龙山五座西汉墓发掘简报》，《考古学报》2010 年第 1 期。

③ 南阳地区文物队、南阳博物馆：《唐河汉郁平大尹冯君孺人画象石墓》，《考古学报》1980 年第 2 期。

④ 嘉峪关市文物清理小组：《嘉峪关汉画像砖墓》，《文物》1972 年第 12 期。

⑤ 孟强、耿建军：《徐州市贾汪芦山汉墓群》，中国考古学会编：《中国考古学年鉴 · 2002 年》，文物出版社，2003 年，第 194、195 页。

较为相近和相似，甚至就是现实中所用之物，并以此满足死者在地下世界能够继续享受到现实之中的美好生活，甚至能够达到超越现实美好生活的愿望，这与先秦时期重礼器陪葬有明显不同，特征是明显去礼器化，更重视现实化、生活化，是将死去世界当作生活世界看待的充分体现，正所谓“厚资多藏，器用如生人”[①]，这与家庭丧葬内容关系密切，并在家庭成员墓葬中有较多体现。

去礼器化的陪葬品内容在东周尤其是东周晚期已有显现，秦汉时期这一内容得到发展，而与之同步的就是生活化陪葬品的使用及其比例的不断增大。秦与西汉时期的墓葬中，一些陪葬品内容已明显体现出生活化的特征，生活类器物如罐、盆、盘、勺等已得到较普遍的使用，食物类品种丰富、数量较多、陪葬普遍，恰如上文所述，这样可满足“鬼犹求食”的需求。帝陵陪葬坑、诸侯王墓的陪葬坑及墓内皆有种类不一、数量众多的动植物陪葬，这在列侯墓葬及中小型墓葬中也十分普遍，江苏徐州地区的奎山西汉 M1[②]、东甸子西汉 M1[③] 出土有稻、谷类粮食，翠屏山西汉墓出土有鱼籽、螃蟹、牛骨、鸡骨和蛋壳等食品[④]；北京市大葆台西汉 M1 出土的瓮、壶等中多发现有兽骨，经鉴定，有猪、鸡、雉、猫、兔、鸿雁和鲤鱼等，陶瓮中还有带壳小米，内迴廊等处发现有栗子皮；M2 发现小米和枣子等食品，出土陶罐中有不少肉已烂完的兽骨，属鸡和猪等的骨骼[⑤]；河北保定满城西汉 M1 主室棺床前漆盘中发现乳猪骨架 1 具，骨上有经火烧烤的痕迹[⑥]；江苏扬州东风砖瓦厂西汉 M4 出土有多枚栗核和枣核[⑦]。战国晚期秦墓中开始使用的模型明器在西汉时期逐渐形成组合，仓灶井磨的组合在今江苏徐州地区西汉早期墓葬中已形成固定组合，西汉早期偏晚阶段又增加了猪圈，而全国其他地区西汉墓葬在西汉中期也普遍使用了模型明器。不过，西汉墓葬中，稍有等级者多有仿制的礼器组合陪葬，一些还有铜礼器，西汉早期仿制陶礼器的组合较全，西汉中期趋于衰落，部分墓葬组合不全，西汉晚期则是较多墓葬内的陪葬陶礼器不甚全面。王莽新朝时期在某些方面恢复礼制，京城及有些地区墓葬陪葬陶礼器较多即可说明，如陕西省西安市未央区张家堡王莽时期墓葬，出土铜鼎 5 件、大釉陶鼎 4 件、小釉陶鼎 20 件，大釉陶鼎与

---

① （西汉）桓宽：《盐铁论·散不足》，王利器校注：《盐铁论校注（定本）》，中华书局，1992 年，第 353 页。

② 徐州博物馆：《江苏徐州奎山汉墓》，《考古》1974 年第 2 期。

③ 徐州博物馆：《徐州东甸子西汉墓》，《文物》1999 年第 12 期。

④ 徐州博物馆：《江苏徐州市翠屏山西汉刘治墓发掘简报》，《考古》2008 年第 9 期。

⑤ 大葆台汉墓发掘组、中国社会科学院考古研究所：《北京大葆台汉墓》，文物出版社，1989 年，第 12、15、63、73 页。

⑥ 中国社会科学院考古研究所、河北省文物管理处：《满城汉墓发掘报告》，文物出版社，1980 年，第 30 页。

⑦ 扬州博物馆：《扬州东风砖瓦厂汉代木椁墓群》，《考古》1980 年第 5 期。

铜鼎形成9鼎的组合[①]，有学者指出，九鼎的使用与王莽托古改制紧密相关，是特定历史环境下的产物[②]。东汉时期，陶礼器的使用趋于全面衰落，形制退化，有些仅具形制，有的则失去较多特征，如陶鼎，或有足无耳，或有耳无足。生活类器物的数量、形制、种类大量增加，尤其是与饮食有关的器物所占比重较大。模型明器陪葬普遍，陶楼增多，还有较多墓葬内陪葬形体较大的陶仓楼或陶院落等等。陪葬陶俑方面，西汉时期注重仪仗或礼仪的组合俑在东汉墓葬中大量减少或极为少见，侍俑一直得到使用，庖厨俑、劳作俑、乐舞杂技倡优俑的种类和数量明显增加，生活化特征较强的动物俑如家禽、家畜等较为普遍，而较为突出的发展是使用陶俑陪葬的人群较为普遍化，上至帝王列侯，下至一般地主官吏，甚至有些平民的墓葬都会有相关陶俑陪葬，或为人俑，或是动物俑，或是二者的组合。除上述内容外，秦至东汉时期墓葬中漆木器、铁器等作为陪葬品在这期间也有变化，生活气息逐渐趋于明显。就陪葬品的内容来讲，镜、灯、熏、镇、炉、案、棋、砚、乐器、刀、剑、削、钱币等生活类器物大量用于陪葬，也充分说明日趋生活化的特点和发展。

需作说明的是，与陪葬品生活化相对应，汉代画像及壁画中多见生活场景内容，这其实是生活化在墓葬装饰方面的体现，并与器物的生活化相对应，综合反映出这一思想内容的全面发展。

（三）墓祭趋于常态化

汉代文献载有“古不墓祭”[③]，但从考古资料看，先秦时期与墓祭有关的内容应已存在且亦获得了相应的发展[④]。《后汉书·祭祀志》亦载：“古不墓祭，汉诸陵皆有园寝，承秦所为也。说者以为古宗庙前制庙，后制寝，以象人之居前有朝，后有寝也。……秦始出寝，起于墓侧，汉因而弗改，故陵上称寝殿，起居衣服象生人之具，古寝之意也。”[⑤]秦汉时期，不仅帝陵，诸侯王墓葬、列侯墓葬等除特殊情况外，也均有祭祀设施，中小型墓葬在高等级墓葬的影响下也较多地使用祭祀设施，至迟在西汉晚期或东汉早期之后，墓祭已基本趋于常态化。

秦及两汉帝陵的墓地祭祀设施在文献及考古资料均有较多体现。一方面，设施与祭祀内容较多，《汉书·韦贤传》附子《韦玄成传》载：“京师自高祖下至宣帝，与太上皇、悼皇考各自居陵旁立庙，并为百七十六。又园中各有寝、便殿。日祭於寝，月祭於庙，时祭於便殿。寝，日四上食；庙，岁二十五祠；便殿，岁四祠。又

---

① 西安市文物保护考古所：《西安张家堡新莽墓发掘简报》，《文物》2009年第5期。

② 张小丽：《西安张家堡新莽墓出土九鼎及其相关问题》，《文物》2009年第5期。

③（清）严可均辑：《全后汉文·车驾上原陵记》，商务印书馆，1999年，第752页。

④ 董坤玉：《先秦墓祭制度再研究》，《考古》2010年第7期。

⑤（晋）司马彪：《后汉书·祭祀志》，中华书局，1965年，第3199、3200页。

月一游衣冠。”[①] 另一方面，帝陵的祭祀设施存在逐步发展和完善的过程，至东汉时期，陵寝制度得以逐步确立，墓祭与国家统治、朝廷布政等均有相应关系。诸侯王墓葬、列侯墓葬及中小型墓葬的墓地祭祀设施也有相应变化，同时也有较为明显的等级特征，西汉诸侯王墓的墓地祭祀设施内容较多，东汉诸侯王墓的相关设施则趋于简化，而两汉列侯墓葬与中小型墓葬则基本以祠堂为主，等级稍低者还有供台或供案等露祭设施。

中小型墓葬普遍使用墓地祭祀设施是墓祭趋于常态化的充分体现。从目前资料看，西汉早期偏晚阶段，中小型墓葬外开始使用祠堂类祭祀设施；西汉中期偏晚至晚期阶段，使用的普遍性加强，具体表现为等级相对较高的墓葬较多使用祠堂及配套设施，而等级不高的墓葬开始使用供台或供案等露祭设施，墓内祭祀也在这一时间段渐趋于普遍。西汉晚期至新莽时期，上述三方面内容继续发展，而有些等级相对低的墓葬也开始使用祠堂，刻绘纹饰的石祠堂也在此时出现，如山东汶上县的路公祠堂[②]。江苏徐州汉画像石艺术馆在徐州铜山汉王乡与安徽淮北交界地区征集到一套形制完整的小祠堂，由五块汉画像石组成，分别是左山墙、右山墙、后壁墙和两个象征祠室门扉的立柱，无底基石。祠堂面阔 1.4、进深 0.7、通高 0.6 米，象征性门扉柱朝外一侧刻铺首衔环[③]（图六 -53）。安徽萧县庄里乡城阳村西南山坡上发现的一座石鼓形小祠堂，由基座石、两侧山墙石、后壁石、顶盖石四部分组成，现仅存基座石、两侧山墙石，基座石为一巨型石板，凿出深 0.03 米三面凹槽，以稳定安放祠堂的三面墙壁，靠近后壁的地方，凿刻两只深 0.04 米的耳杯，为祠堂内象征性的常设供器，原来有顶盖石，平顶，前端与山墙石的短边平齐，后端覆盖了祠堂的后壁。该祠堂复原后的外部面宽为 2.64 米，祠堂的总体高度约 1.94 米[④]。进入东汉之后，祠堂在中小型墓葬外得到普遍使用，瓦顶结构祠堂与石祠堂并用，分布地域广，形制也更为多样。以石祠堂为例，既有单间小型，也有双间中型，还可能有三间大型祠堂，画像内容丰富，而且一些祠堂用石上还有刻铭文字等。安徽褚兰胡元壬墓祠堂及宝光寺祠堂等的正壁画像下部正中刻“凸”字形图案，突出部位分别题有“辟阳胡元壬□墓”、“郑掾冢墓”，下部文字竖排，皆百余字，包括祠主与立祠情况、吉语等[⑤]。山东东阿铁头山出土的芗他君祠堂石柱，四面均有画像，

---

① （东汉）班固撰，（唐）颜师古注：《汉书·韦贤传》附子《韦玄成传》，中华书局，1964 年，第 3115、3116 页。

② 傅惜华、陈志农编辑，陈沛箴整理：《山东汉画像石汇编》，山东画报出版社，2012 年，第 130 页。

③ 武利华：《徐州汉画像石通论》，文化艺术出版社，2017 年，第 61、62 页。

④ 武利华：《徐州汉画像石通论》，文化艺术出版社，2017 年，第 63-65 页。

⑤ 王步毅：《安徽宿州褚兰汉画像石墓》，《考古学报》1993 年第 4 期；王化民：《宿县宝光寺汉墓石祠画像石》，安徽省文物考古研究所、安徽省考古学会编：《文物研究·第 8 辑》，黄山书社，1993 年，第 64-70 页。

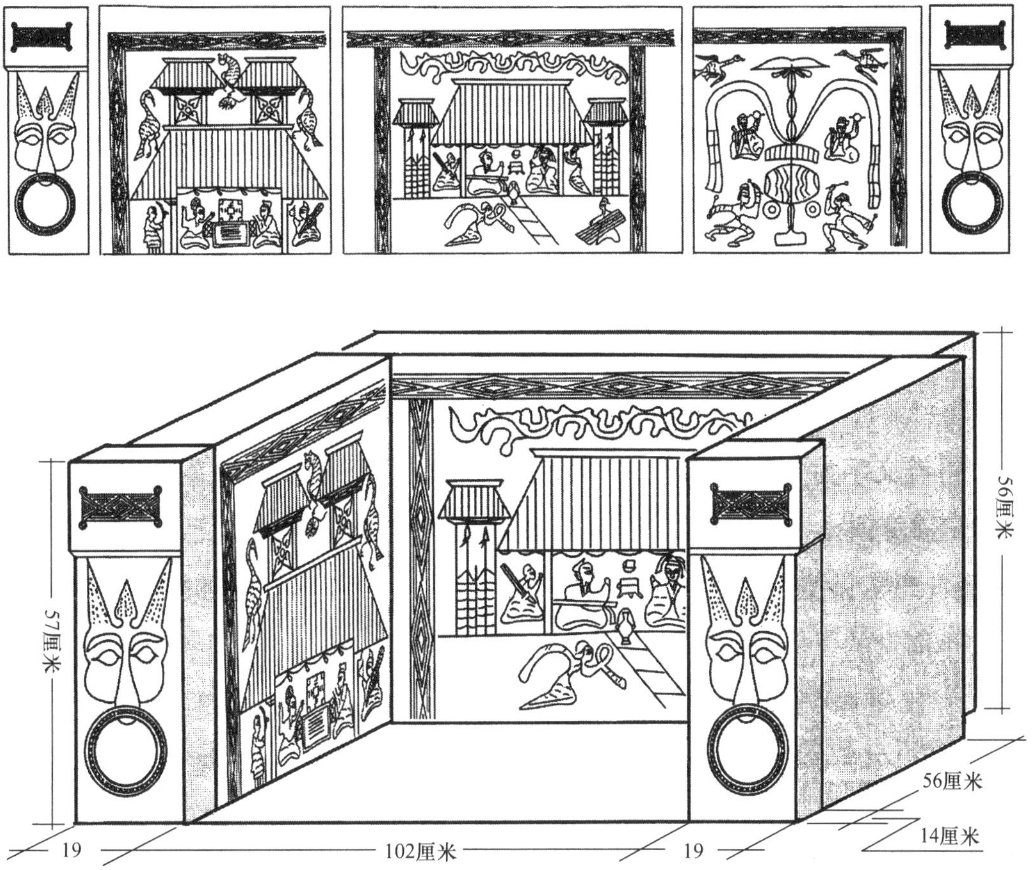

图六 -53　江苏徐州铜山汉王乡与安徽淮北交界地区出土石祠堂

其中一面最上分三行刻“东郡厥县东阿西芗堂吉里芗他君石祠堂”，下为十行正文，共417字，内容丰富[①]。正是由于石祠堂在相关地区较为普遍，东汉之后这些地区有较多利用汉代祠堂画像石重新再建的墓葬，被称为画像石的再利用或再葬画像石墓[②]。墓内祭祀也全面普及，基本在前室有祭案和祭器，有的还不止一套，对应墓葬的等级、规模也较为多样。除上述内容外，我国西南地区发现的较多崖墓，由墓道进入前室，前室内多有享堂类祭祀设施，其后连接较多葬人的墓室，如四川乐山市柿子湾崖墓B区M1，前堂横列式双墓穴，墓道后端向内凿享堂和墓室[③]。

大致来看，墓葬祭祀分墓内祭和墓外祭，墓内祭祀与死者下葬有关，可达到长

① 罗福颐：《芗他君石祠堂题字解释》，《故宫博物院院刊》1960年，总第2期。

② 周保平：《徐州的几座再葬汉画像石墓研究——兼谈汉画像石墓中的再葬现象》，《文物》1996年第7期。

③ 四川省文物考古研究院、乐山大佛风景名胜区管理委员会：《四川乐山市柿子湾崖墓B区M1调查简报》，《四川文物》2016年第5期。

久祭祀的目的，并从思想上满足死者在地下的享用；墓外祭祀则是在死者埋葬后开展的多次性祭祀，一方面可持续为死者地下所需提供多次或连续性供给，另一方面还可显示进行祭祀家庭成员的孝心。因此，无论墓内祭还是墓外祭，都是为了满足死者地下所需，是事死如事生丧葬思想的体现。

就秦汉家庭及其成员来讲，事死如事生的丧葬思想首先最直接针对于死者，是希望在另一世界的生活能与现实相同或更好，甚至还有很多是超越现实的追求；其次关于活着的人，特别是晚辈，是对逝去长者尽孝的体现，也是事死如事生的具体执行者，这是最常见也是最为普遍的内容，正是这两个方面，使得事死如事生丧葬思想得到较大的发展和推广普及。除上述两个方面，还有亲情的关联。河南南阳出土的许阿瞿刻铭画像石，刻铭文字记录的主角许阿瞿为孩童，死后由其父母为其安排丧葬，根据刻铭文字，许阿瞿年甫五岁就去世，父母很感伤，将其埋藏，所修墓葬使用的画像石中相关画像即有家僮做游戏供许阿瞿取乐的内容，另有舞乐百戏场面[①]（图六 -54）。山东嘉祥宋山出土的东汉许安国祠堂用石，祠堂题记载许安国卒后，其父母及三个弟弟“以其余财，造立此堂”[②]，可见许安国死后，是由其父母及三个弟弟为其安排丧葬并修建祠堂且进行相关墓祭的。山东微山出土的祠堂画像石

图六 -54 河南南阳出土“许阿瞿”画像石及刻铭文字

① 南阳市博物馆：《南阳发现东汉许阿瞿墓志画像石》，《文物》1974 年第 8 期。

② 济宁地区文物组、嘉祥县文管所：《山东嘉祥宋山 1980 年出土的汉画像石》，《文物》1982 年第 5 期；赵超：《山东嘉祥出土东汉永寿三年画像石题记补考》，《文物》1990 年第 9 期。

上的刻铭为“永和四年（139年）四月丙申朔廿七日壬戌，桓桑（孱）终亡，二弟文山、叔山悲哀，治此食堂”①，表明桓桑去世后，是其两个弟弟文山、叔山为其设立祠堂的。与亲情关联的丧葬内容，在某种程度上也说明汉代家庭中，事死如事生丧葬思想的全面性和普遍性。

二、厚葬思想

与事死如事生丧葬思想有着密切关联，换言之，正是由于事死如事生丧葬观念的推动和需求，使得厚葬内容不断提升，厚葬思想得以不断丰富和完善，对应的行为和做法也得到不断推广和普及，并成为秦汉丧葬的主流内容，在秦汉家庭及其成员的思想意识中占据着主导地位，而这也与家庭中的灵魂观念、宗族观念、升仙观念及儒家思想等的影响（主要是汉代）有较大关系。厚葬包含着死者对死后世界的想象与希望，同时也是生者对死者态度的体现，所以与孝悌的普及和推广也有着密切关系。另外，秦汉社会经济的发展、家庭物质生活条件的整体提高等，也为厚葬思想的丰富和推广提供了物质条件。

秦汉时期，上至帝王，下到普通民众，普遍追求厚葬。帝陵规模大、设施多，殓葬与陪葬物品更是极为丰富。汉武帝营造茂陵时，“多藏金钱财物，鸟兽鱼鳖牛马虎豹生禽，凡百九十物，尽瘗藏之”②“比崩，陵中至不复容物”③。就王侯贵族、高级官僚、郡县豪吏等来讲，推崇厚葬的内容在史书中也有记载，《潜夫论·浮侈篇》曰：“今京师贵戚，郡县豪家，生不极养，死乃崇丧。或至刻金缕玉，檽梓楩柟，良田造茔，黄壤致藏，多埋珍宝偶人车马，造起大冢，广种松柏，庐舍祠堂，崇侈上僭（务崇华侈）。”④殓葬与陪葬物品方面，已发现、发掘的两汉王侯墓已有相当数量，较多虽遭严重盗掘和破坏，但仍有数量众多、质地不一、制作精美的物品，玉器较为常见，铜器有相当数量，一些还有金银器等。墓葬形制方

① 马汉国主编：《微山汉画像石选集》，文物出版社，2003年，第30、31页。

② （东汉）班固撰，（唐）颜师古注：《汉书·贡禹传》，中华书局，1962年，第3071页。

③ （元）马端临：《文献通考·王礼考》，中华书局，1986年，第1115页。另《晋书·索靖传附子索琳传》载：“比崩而茂陵不复容物。其树皆已可拱。赤眉取陵中物不能减半，于今犹有朽帛委积，珠玉未尽。”（唐）房玄龄等撰：《晋书》，中华书局，1974年，第165页。《旧唐书·虞世南传》载：“武帝历年长久，比葬，陵中不复容物，……其后至更始之败，赤眉贼入长安，破茂陵取物，犹不能尽。”（后晋）刘昫等撰：《旧唐书》，中华书局，第2568页。《新唐书·虞世南传》载：“武帝历年长久，比葬，方中不复容物。……其后赤眉入长安，破茂陵取物，犹不能尽。”（宋）欧阳、宋祁撰：《新唐书》，中华书局，1975年，第3971页。

④ （东汉）王符：《潜夫论·浮侈篇》，（清）汪继培笺，彭铎校正：《潜夫论笺校正》，中华书局，1985年，第137页。《后汉书》卷四十九《王符传》写作“务崇华侈”，见（南朝宋）范晔撰，（唐）李贤等注：《后汉书》，中华书局，1965年，第1637页。

面，横穴崖洞墓、竖穴黄肠题凑墓与椁墓等都体现出与墓主身份等级相对应的特征，而且王墓与侯墓葬之间也有等级差别，这在陪葬品及墓外设施等的使用方面均有体现。贵族官吏的厚葬内容在两京地区、诸侯国及郡治甚至县治之地皆有发现，今西安市、洛阳市及其周边地区均发现相当数量的贵族官吏墓葬，墓葬形制、陪葬品及墓外设施等体现的厚葬内容十分突出；江苏徐州市周边发现、发掘较多地方贵族官吏及豪强地主墓葬，贵族官吏墓葬如翠屏山汉墓①、黑头山汉墓②、顾山 M1③、后楼山 M1④与 M8⑤、东甸子汉墓⑥等，计有数十座之多，豪强地主墓葬如贾汪青山泉白集汉墓⑦、铜山茅村汉墓⑧等，亦有较多座，墓葬形制、陪葬品及相关设施皆可体现。低等级墓葬参照等级稍高墓葬，也普遍厚葬，陪葬品尽可能丰富，墓葬形制也在相关需要及可能的条件下尽量达到事死如事生的需求，正如文献所载，“厚葬以破业，重服以伤生。”⑨“废事生而营终亡，替所养而为厚葬。”⑩“世以厚葬为德，薄终为鄙，至于富者奢僭，贫者单财，法令不能禁，礼仪不能止。”⑪“故作偶人以侍尸柩，多藏食物以歆精魂。积浸流至，或破家尽业，以充死棺；……非知其内无益，而奢侈之心外相慕也。……畏死不惧义，重死不顾生，竭财以事神，空家以送终。”⑫“丧贵致哀，礼存宁俭。今百姓送终之制，竞为奢靡。生者无担石之储，而财力尽于坟土。”⑬

汉代墓葬壁画、画像石及画像砖的使用，将理想与现实内容相结合，在墓葬内及其祠堂等方面进行充分地展现，这些均应是厚葬的体现。与汉代画像石相关的还有刻铭文字，较充分地体现出厚葬的内容。相关祠堂刻铭如山东微山两城山出土祠堂

① 徐州博物馆：《江苏徐州市翠屏山西汉刘治墓发掘简报》，《考古》2008 年第 9 期。

② 徐州博物馆：《江苏徐州黑头山西汉刘慎墓发掘简报》，《文物》2010 年第 11 期。

③ 徐州博物馆：《江苏徐州顾山西汉墓》，《考古》2005 年第 12 期。

④ 徐州博物馆：《徐州后楼山西汉墓发掘报告》，《文物》1993 年第 4 期。

⑤ 徐州博物馆：《江苏徐州市后楼山八号西汉墓》，《考古》2006 年第 4 期。

⑥ 徐州博物馆：《徐州东甸子西汉墓》，《文物》1999 年第 12 期。

⑦ 南京博物院：《徐州青山泉白集东汉画象石墓》，《考古》1981 年第 2 期。

⑧ 王献唐：《徐州市区的茅村汉墓群》，《文物参考资料》1953 年第 1 期。

⑨（西汉）司马迁撰，（南朝）裴骃集解，（唐）司马贞索引、张守节正义：《史记·孝文本纪》，中华书局，1959 年，第 433、434 页。

⑩（南朝宋）范晔撰，（唐）李贤等注：《后汉书·赵咨传》，中华书局，1965 年，第 1315 页。

⑪（南朝宋）范晔撰，（唐）李贤等注：《后汉书·光武帝纪》，中华书局，1965 年，第 51 页。

⑫（东汉）王充：《论衡·薄葬》，黄晖校释：《论衡校释》（附刘盼遂集解），中华书局，1990 年，第 961、962 页。

⑬（南朝宋）范晔撰，（唐）李贤等注：《后汉书·明帝纪》，中华书局，1965 年，第 115 页。

画像石刻铭中有“财弗直万”[①]，许安国祠堂题记有“以其余财，造立此堂”[②]；江苏徐州铜山汉王东沿村出土祠堂画像石刻铭中有“治冢石室直（值）□万五千”，该刻铭文字中还有“行三年如礼”等字[③]，而守丧三年亦与厚葬有关。

需要指出的是，虽然厚葬作为主流，但秦汉时期还有与厚葬思想相对的一种丧葬思想，即薄葬思想，如《汉书·龚胜传》载，龚胜要求死后“衣周于身，棺周于衣。勿随俗动吾冢，种柏，作祠堂”[④]。考古资料对薄葬也有体现，江苏徐州市西北郊小龟山西汉刘注墓塞石刻铭的文字为“楚古尸王通于//天述葬棺郭//不布瓦鼎//盛器令群//臣已葬去服//毋金玉器后//世贤大夫幸//视此书□//目此也仁者悲之”[⑤]（图六-55），其内透露出较多与薄葬有关的内容，且与汉文帝下诏薄葬的内容较为接近。徐州市邳州燕子埠出土的永寿元年徐州从事红的墓葬用石刻铭文字中也有“丧旧棺照掩身衣服”及“丧葬节雕”等与薄葬有关的内容[⑥]。但从考古资料看，出土与薄葬有关文字的墓葬均有一定的等级，相关石料上刻写薄葬内容的目的，很可能就是为了防盗，这是他们的阶级局限性决定的，刻铭文字的整体内容如小龟山西汉楚王墓塞石刻铭中的“世贤大夫幸视此书□，目此也仁者悲之”等或可以说明[⑦]。

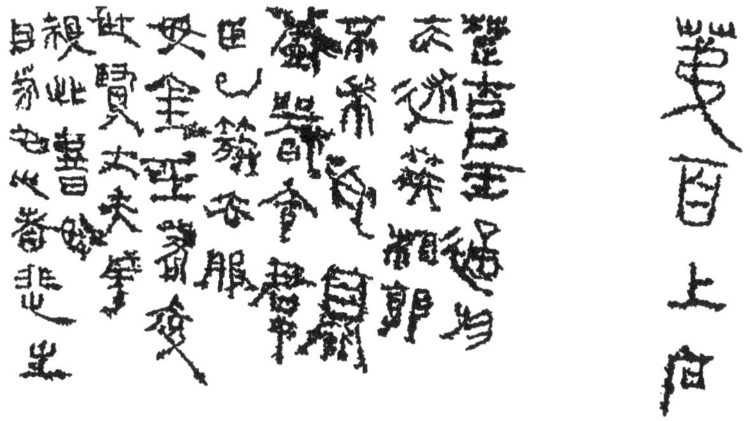

图六-55　江苏徐州小龟山刘注墓塞石上的刻铭

① 马汉国主编：《微山汉画像石选集》，文物出版社，2003年，第38、39页。

② 济宁地区文物组、嘉祥县文管所：《山东嘉祥宋山1980年出土的汉画像石》，《文物》1982年第5期；赵超：《山东嘉祥出土东汉永寿三年画像石题记补考》，《文物》1990年第9期。

③ 徐州博物馆：《徐州发现东汉元和三年画像石》，《文物》1990年第9期。

④ （东汉）班固撰，（唐）颜师古注：《汉书·龚胜传》，中华书局，1962年，第3085页。

⑤ 南京博物院、铜山县文化馆：《铜山龟山二号西汉崖洞墓》，《考古学报》1985年第1期；尤振尧：《〈铜山龟山二号西汉崖洞墓〉一文的重要补充》，《考古学报》1985年第3期；与薄葬有关刻铭文字的资料见徐州博物馆：《江苏铜山龟山二号西汉崖洞墓材料的再补充》，《考古》1997年第2期。

⑥ 李银德、陈永清：《东汉永寿元年徐州从事墓志》，《文物》1994年第8期。

⑦ 刘尊志：《徐州汉墓与汉代社会研究》，科学出版社，2011年，第174页。

秦汉时期，事死如事生及厚葬思想作为家庭丧葬思想的主要内容，与其他的思想相互影响，在较多方面推动着秦汉家庭丧葬的发展和演进，而丧葬又是每个家庭脱离不开的重要内容之一，这也使得二者成为秦汉家庭精神世界的重要内容。

三、相关思想与观念

秦汉家庭的思想内容十分广泛，较多思想内容既有一定的独立性，又与其他思想存在密切的关系，诸多思想相互杂糅，互相作用，共同服务于家庭的需求，推动家庭的发展和延续。丧葬思想作为家庭思想的重要内容之一，与孝道或孝悌思想、夫妻伦理纲常等均有着较多的联系。就考古资料，尤其是墓葬资料而言，可从多方面反映丧葬思想中的孝道（悌）思想及夫妻伦理纲常。关于孝道（悌）思想及夫妻伦理纲常，上文对儒家思想进行论述时已有涉及，下文基本以考古资料为参考，主要就丧葬背景下的这两方面内容进行相关分析。

（一）孝道或孝悌思想

孝道或孝悌思想是家庭思想的核心内容之一，也是家庭的行为准则之一，主要内容有传宗接代、尊祖敬宗两个大的方面。就与孝道或孝悌有关的传宗接代来讲，较多的家庭和家族墓地可充分体现，不过与传宗接代相关的直接与详细内容极少见，其他考古资料所体现祖先崇拜、生殖崇拜的相关内容也许与之有一定关系，但资料少且零散，本书不作过多探讨。尊祖敬宗的内容较为丰富，部分是对先辈的敬尊，更多的则是对家庭中长者或长辈的尊敬和尽孝，从考古资料看，这方面的孝道或孝悌思想，一部分是对现实生活中尽孝的反映，但基本是在墓葬资料中有所体现，正因为此，更多的则是与丧葬有明显关系，包含丧礼、送葬与下葬、墓葬、祭祀与守丧等诸多内容。

《中庸》云“敬其所尊，爱其所亲”，“孝之至也”[①]，这是对孝道或孝悌思想的较好阐释。现实生活中，子女或晚辈对待父母及长辈尊敬，爱护与自己血亲较近的家庭成员，为父母或其他长辈提供好的生活条件，创造舒适的生活环境等皆为孝行，是孝悌，是对孝道思想的执行。汉代画像中常见有跪拜图，其中很多可能是非同一家庭成员之间的拜谒或拜见，但也不能完全排除同一家庭之中晚辈对父母或长辈的跪拜，山东嘉祥武氏祠出土的丁兰跪拜木人画像[②]可间接说明这一点。丁兰跪拜木人为汉代孝子图之一，汉代画像、壁画中除这一内容的孝子图外，还有其他较多内

① （战国）子思：《礼记·中庸》，阮元校勘：《十三经注疏·礼记》，台湾艺文印书馆，2001年，第887页。

② 蒋英炬、吴文祺：《武氏祠画象石建筑配置考》，《考古学报》1981年第2期；《汉代武氏墓群石刻研究》，山东美术出版社，1995年，第56、153页。

容的孝子图。山东嘉祥武氏祠出土画像[①]及四川乐山一带崖墓[②]中的画像均有一定数量的孝子图，其中后者出土的孝子图有“董永事父”、“阂子骞失棰”、“老莱子娱亲”、“伯榆悲亲”、“孝孙元觉”、“凯风”等图[③]，如乐山市柿子湾崖墓B区M1，有孝子图多幅，包括“董永侍（事）父”、“闵子骞失棰”、“老莱子娱亲”、“孝孙元觉”、“伯榆悲亲”等内容[④]（图六-56）。孝子图可视作对现实生活中行孝事例中突出人员或事件较为直观生动的描绘，可起到更好的教化作用。杖是人年老时以求身体平衡稳定的工具，湖南长沙马王堆M1出土帛画中段偏上有老年妇女拄杖缓步而行，是为墓主[⑤]。秦汉时期尤其是汉代，杖逐渐成为养老、敬老的象征物之一，汉代有与养老、尊老相关的赐杖制度，杖的上端为鸠，便于手扶或手握，因此当时与敬老相关的杖又被称为鸠杖，较多汉代画像石与画像砖画像、壁画及其他图像中有执握鸠杖的老者形象。如“孔子见老子”图，老子多为执鸠杖形象，有的是老子、孔子皆执鸠杖。考古发掘中也常见一些鸠杖的杖首，上为鸟身，下有圆形中空、便于插木质杖扦的木榫，由于木质杖扦朽而不存，仅余杖首。杖首有金属质地者，以铜质居多，也有木杖首，《甘肃武威磨咀子汉墓发掘》一文公布的两座汉墓出土有木鸠杖，计3根，M18出土2根、M13出土1根，均为长1.94米的木竿，圆径4厘米，其中1根的竿端以母卯镶一木鸠，平置棺盖上[⑥]。

上文所引“敬其所尊，爱其所亲”，不仅对现实生活中孝道的实行和推广有较多反映，在丧葬方面也有体现，考古资料与之有关的内容极为丰富，上文所述事死如事生思想及厚葬思想等均与孝道（孝悌）有较多关系，另在其他方面也有体现。

湖南长沙马王堆M3出土有《丧服图》，记有丧服文字并绘有类似九族五服的图表，图上部为大华盖，华盖下左右两侧各有不同行数的文字，再下由横竖各六行小方块组成整体近菱形的表格，方块之间以墨线相连，右侧为“三年丧：属服，廿五月而毕”，左边为“行其年者：父，斩衰，十三月而毕；祖父，伯父，昆弟之子，孙，姑，姊妹，女子（子），皆齐衰，九月而毕；箸大功者皆七月；小功、轊（缌）

① 蒋英炬、吴文祺：《武氏祠画象石建筑配置考》，《考古学报》1981年第2期；《汉代武氏墓群石刻研究》，山东美术出版社，1995年。

② 唐长寿：《乐山崖墓和和彭山崖墓》，电子科技大学出版社，1994年。

③ 唐长寿：《乐山崖墓画像中的孝子图释读》，中国汉画学会、四川博物院：《中国汉画学会第十二届年会论文集》，中国国际文化出版社（香港），2010年，第143-145页。

④ 四川省文物考古研究院、乐山大佛风景名胜区管理委员会：《四川乐山市柿子湾崖墓B区M1调查简报》，《四川文物》2016年第5期。

⑤ 湖南省博物馆、中国科学院考古研究所：《长沙马王堆一号汉墓》，文物出版社，1973年，第40-42页。

⑥ 甘肃省博物馆：《甘肃武威磨咀子汉墓发掘》，《考古》1960年第9期。

图六 -56　四川乐山市柿子湾崖墓 B 区 M1 出土的孝子画像

皆如箸"[①]（图六 -57），较为直观地反映了这一时期家庭及家族中亲属关系属服之间的丧服关系，近者丧服重，远者丧服相对要轻。关于《丧服图》所记"三年丧：属服，廿五月而毕"，《白虎通义 · 丧服》曰："父至尊，母至亲，故为加隆，以尽孝子之恩。恩爱至深，加之则倍。故再期二十五月也。礼有取於三，故谓之三年。缘其渐三年之气也。故《春秋传》曰：'三年之丧，其实二十五月'也。"[②]古代丧葬礼

① 董珊整理：《丧服图》，湖南省博物馆、复旦大学出土文献与古文字研究中心：《长沙马王堆汉墓简帛集成》，中华书局，2014 年，第 35 页。

② （东汉）班固：《白虎通义 · 丧服》，（清）陈立撰，吴则虞点校：《白虎通疏证》，中华书局，1994 年，第 508 页。

仪中，丧服因亲疏隆杀的不同，服制由重到轻，分别为斩衰、齐衰、大功、小功、缌麻五个等级，并与丧期、居丧等有较大关系，这些均是孝道（孝悌）的体现，也说明其要求或规定较为严格。山东微山沟南村出土的丧葬画像石中，孝子身穿斩衰服，头戴首绖，腰系绞带和腰绖，手持丧杖，伏地跪拜于丧车前，丧车后四男四女，发髻上都系着长长的首绖，腰上系着绞带和腰绖，为戴孝送葬的亲属[①]。江苏徐州沛县龙固镇三官庙村湖陵城西汉石椁墓出土的丧葬画像中，孝子身穿斩衰服，手持丧杖作行礼跪拜状，丧车后跟着的两名送葬人员也是身穿丧服，头戴丧冠和首绖[②]。

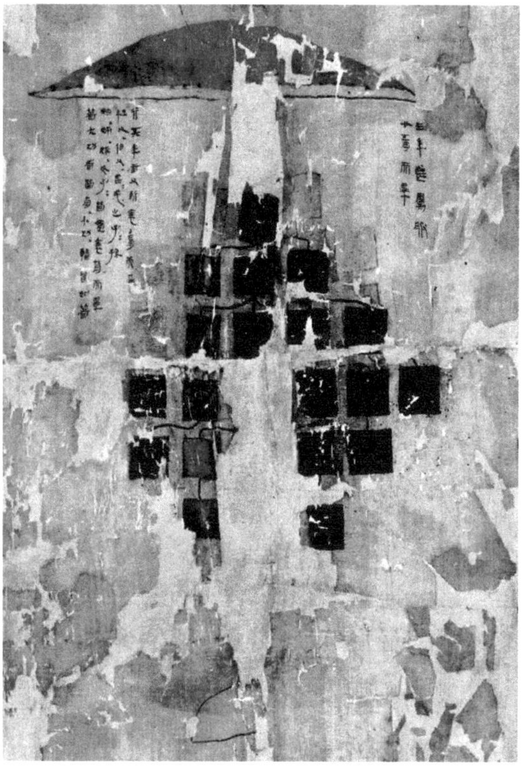

图六-57　湖南长沙马王堆 M3 出土丧服图

江苏徐州沛县（图六-58：1）与山东省微山（图六-58：2）出土的两幅丧葬画像中皆有丧杖。丧杖又称衰杖，《后汉书·济北惠王传》载："草庐土席，衰杖在身。"[③]至于用杖的原因，《白虎通义·丧服》曰："所以必杖者，孝子失亲，悲哀哭泣，三日不食，身体羸病，故杖以扶身，明不以死伤生也。"[④]考古资料与文献资料相结合，较为突出地体现出与孝有关的内容，而丧杖在每个家庭中有人去世时基本都会使用，至今在我国较多地区如苏鲁豫皖交界地区，仍是一种常见的丧葬习俗。

建冢庐于墓旁及行三年丧等也是孝道或孝悌的主要内容，关于行三年丧，上文已有所述，至于冢庐，文献中有较多记载，体现的均是与孝道或孝悌有关的内容，如《汉书·游侠传》载："（原）涉父死，……行丧冢庐三年。"[⑤]《后汉书·蒋革传》载："及母终，至性殆灭，（江革）尝寝伏冢庐，服竟，不忍除。"[⑥]《后汉书·韦彪

① 王思礼、赖非、丁冲、万良：《山东微山县汉代画像石调查报告》，《考古》1989 年第 8 期。

② 武利华：《徐州汉画像石通论》，文化艺术出版社，2017 年，第 102、103 页。

③（南朝宋）范晔撰、（唐）李贤等注：《后汉书·济北惠王传》，中华书局，1965 年，第 1807 页。

④（东汉）班固：《白虎通义·丧服》，（清）陈立撰，吴则虞点校：《白虎通疏证》，中华书局，1994 年，第 511 页。

⑤（东汉）班固撰，（唐）颜师古注：《汉书·游侠传·原涉》，中华书局，1962 年，第 3714 页。

⑥（南朝宋）范晔撰、（唐）李贤等注：《后汉书·江革传》，中华书局，1965 年，第 1302 页。

1　　　　　　　　2

图六 -58　汉代画像石中孝子手持丧杖形象

1. 江苏徐州沛县龙固三里庙出土丧葬画像石　2. 山东微山沟南村出土丧葬画像石

传》载："彪孝行纯至，父母卒，哀毁三年，不出庐寝。"[①]《后汉书·周磐传》载："（周磐）后思母，弃官还乡里。及母殁，哀至几于毁灭，服终，遂庐于冢侧。"[②]考古资料中，一些墓葬外有建筑遗存，或为建筑遗迹，或为建筑材料，这些遗存很多可能为祠堂、修建墓葬的临时设施，其中也可能有墓旁的冢庐。另外，在墓外修建祠堂，定期祭祀在汉代尤其是东汉时较为普遍，也是与孝道或孝悌有关的内容。

秦汉，尤其是汉代，社会及家庭普遍追求孝道，推行孝悌，就其目的来讲，可笼统地概括为两个方面：一是实孝，二是示孝。实孝即真实尽孝，上文所引的诸多文献可以说明，而《礼记·中庸》对事死如事生的描写也指出"敬其所尊，爱其所亲，事死如事生，事亡如事存，孝之至也"[③]。朝廷也对孝十分提倡，文帝十二年（公元前 168 年）诏曰："孝悌，天下之大顺也"[④]。现实世界有很多人对于父母、长者或长辈的孝行为实孝，按规定实施丧礼，为死者送葬及修建墓穴，准备葬具、殓葬品和陪葬品，修建祭祀设施进行墓祭，另外还有守丧等，已发掘的较多秦汉墓葬中应有相当部分为实孝动机和行为规范下形成的。示孝即对外显示孝心，其中有一部分为实孝的内容，但就其目的来讲，是为了外显孝于人，更深一层的目的则是以示孝来获得相关利益，如政治待遇、名声或声望，甚至还有经济与其他方面的利益。《潜夫论·浮侈篇》载："生不极养，死乃崇丧。或至刻金镂玉，檽梓楩柟，良田造茔，黄壤致藏，多埋珍宝偶人车马，造起大冢，广种松柏，庐舍祠堂，崇侈上僭（务崇华侈）。"[⑤]社会民众，"崇饬丧纪以言孝，盛飨宾

① （南朝宋）范晔撰、（唐）李贤等注：《后汉书·韦彪传》，中华书局，1965 年，第 917 页。

② （南朝宋）范晔撰、（唐）李贤等注：《后汉书·周磐传》，中华书局，1965 年，第 1311 页。

③ （战国）子思：《礼记·中庸》，（清）阮元校勘：《十三经注疏·礼记》，台湾艺文印书馆，2001 年，第 887 页。

④ （东汉）班固撰，（唐）颜师古注：《汉书·文帝纪》，中华书局，1962 年，第 124 页。

⑤ （东汉）王符撰，（清）汪继培笺，彭铎校正：《潜夫论笺校正》，中华书局，1985 年，第 137 页。《后汉书》卷四十九《王符传》写作"务崇华侈"，见（南朝宋）范晔撰、（唐）李贤等注：《后汉书》，中华书局，1965 年，第 1637 页。

旅以求名。”[①]“生不能致其爱敬，死以奢侈相高，虽无哀戚之心，而厚葬重币者，则称以为孝，显名立于世，光荣着于俗。故黎民相慕效，至于发屋卖业。”[②]“或破家尽业，以充死棺；……畏死不惧义，重死不顾生，竭财以事神，空家以送终。”[③]已发现、发掘的汉代墓葬中，虽墓主等级不高，但墓葬具有一定规模，葬具讲究，殓葬品与陪葬品数量较多，有些墓葬甚至存在僭越身份、等级的可能，这或许与示孝有关。与示孝有关的还有墓外设施这一重要内容，祠堂等设施的修建更便于显孝和示孝，而与墓外设施尤其是祠堂相关的刻铭文字等更说明了这一点。很多祠堂的刻铭文字中有修建祠堂的开支和花费，多数直（值）万或数万，应远远超过修建一座单开间或双开间石祠堂的实际开支，另外还有“竭家所有”[④]，“以其余财，……作治连月，功扶无亟”[⑤]，“经日甚久，……更逾二年，迄今成已”[⑥]。另有开采优质石材、聘请良匠等内容。以上这些都大致可视为生者显示孝行、宣扬自身的最直接体现。

丧葬对于孝道（孝悌）的展现反映出当时社会及家庭对孝道（孝悌）的宣扬和推广，而这也会起到相应的社会作用。就正面作用来讲，可以起到稳定社会秩序、宣扬道德伦理与不孝的危害性、加强家庭及其家族的团结、减少对墓葬的盗掘及对于墓外设施的损毁等。西汉时，宣帝曾下诏曰：“导民以孝，则天下顺。”[⑦]丧葬对于孝道（孝悌）的宣传和推广亦能起到相应的作用。当对孝道（孝悌）的追求走向一定的极端及在追求孝道（孝悌）过程中融入对于私利、声望的需求等，负面作用开始显现，这在东汉时尤为明显，上文所引相关文献大多可以说明，如东汉时期的王符在其所著《潜夫论》中，对当时盲目追求孝道（孝悌）而带来的弊端有相应叙述，《浮侈篇》称：“此无益於奉终，无增於孝行，但作烦搅扰，伤害吏民。”[⑧]《务本篇》曰：“此乱孝悌之真行，而误后生之痛者也。”[⑨]正是因为生者以孝道（孝悌）为名对于实际利益的追逐（如通过举孝廉可以任官），加之对于孝名的内心渴

---

① （东汉）王符：《潜夫论·务本》，（清）汪继培笺，彭铎校正：《潜夫论笺校正》，中华书局，1985年，第20页。

② （西汉）桓宽：《盐铁论·散不足》，王利器校注：《盐铁论校注（定本）》，中华书局，1992年，第354页。

③ （东汉）王充：《论衡·薄葬》，黄晖校释：《论衡校释》（附刘盼遂集解），中华书局，1990年，第961、962页。

④ 蒋英炬、吴文祺：《汉代武氏墓群石刻研究》，山东美术出版社，1995年，第17页。

⑤ 济宁地区文物组、嘉祥县文管所：《山东嘉祥宋山1980年出土的汉画像石》，《文物》1982年第5期。

⑥ 罗福颐：《芗他君石祠堂题字解释》，《故宫博物院院刊》1960年，总第2期。

⑦ （东汉）班固撰，（唐）颜师古注：《汉书·宣帝纪》，中华书局，1962年，第250页。

⑧ （东汉）王符撰，《潜夫论·浮侈》，（清）汪继培笺，彭铎校正：《潜夫论笺校正》，中华书局，1985年，第134、137页。

⑨ （东汉）王符撰：《潜夫论·务本》，（清）汪继培笺，彭铎校正：《潜夫论笺校正》，中华书局，1985年，第20页。

望等，使得孝道或孝悌思想与厚葬思想、事死如事生思想有机结合，成为汉代丧葬思想的重要内容和不可或缺的组成部分。

（二）夫妻伦理与纲常

夫妻是家庭之中最为重要的成员和组成要素，二者之间存在极为亲密的关系，对于家庭的稳固、持续和发展起着十分重要的作用。秦汉时期，家庭中的夫妻二人，无论现实生活之中，还是在死后世界里都要遵守一定的规则或原则。随着儒家思想在西汉中期被朝廷接受、推广和普及，家庭之中夫妻之间的规则或原则与儒家思想相结合，形成与儒家思想关系密切的家庭夫妻间的伦理和纲常，而这一纲常和伦理又对家庭中夫妻的行为准则、丧葬内容等有着重要影响，墓葬考古资料也对之有相应的体现和反映。

男尊女卑是墓葬资料所反映夫妻伦理纲常最突出的内容，这在夫妻异穴合葬墓的位置差别、夫妻同穴合葬墓中夫妻之棺室或棺的位置差异，还有葬具的规模与繁杂程度，殓葬品等级档次及数量和质地，陪葬品的多寡与质地差异等方面均可体现。位置方面，夫妻异穴合葬墓体现较为突出。帝陵中，西汉帝陵的具体位置反映出帝后尊卑的差异。西汉诸侯王体现也较明显，江苏徐州市东郊狮子山西汉楚王墓与王后墓，皆南向，王墓在南，后墓在北，有前后之别[①]；市东北郊驮篮山西汉楚王墓地，楚王墓（M1）在西，王后墓（M2）在东，东西并列，皆南向，M1位置明显靠南（图六-59），且该墓使用的塞石上有“前山”等刻铭[②]。河北保定满城西汉中山王墓地中，M1、M2在陵山顶部的位置，M1居于顶部中间，M2明显偏于西侧[③]，而不是分列山顶两侧或均居于中部，体现出男女墓主家庭地位的明显差异。列侯及中小型墓葬中的夫妻异穴合葬墓，夫墓位置在尊位的情况更为常见，如江西南昌墩墩山西汉海昏侯墓地[④]等。同穴合葬墓对男尊女卑现象的体现形式也较为多样。北京市房山南郑M24，单室墓，墓主夫妇头向东，男性在北侧，女性在南侧[⑤]，体现的为“男

---

① 狮子山楚王陵考古队：《徐州狮子山楚王陵发掘简报》，《文物》1998年第8期；韦正、李虎仁、邹厚本：《江苏徐州市狮子山西汉墓的发掘与收获》，《考古》1998年第8期；耿建军：《徐州市羊鬼山西汉墓陪葬坑》，中国考古学会编：《中国考古学年鉴·2005年》，文物出版社，2006年，第170-172页。

② 邱永生、徐旭：《徐州市驮篮山西汉墓》，中国考古学会编：《中国考古学年鉴·1991年》，文物出版社，1992年，第173、174页。

③ 中国社会科学院考古研究所、河北省博物馆：《满城汉墓发掘报告》，文物出版社，1980年，第7、8页。

④ 江西省文物考古研究所、南昌市博物馆、南昌市新建区博物馆：《南昌市西汉海昏侯墓》，《考古》2016年第7期。

⑤ 北京市文物研究所：《房山南正遗址——拒马河流域战国以降时期遗址发掘报告》，科学出版社，2008年，第148页。

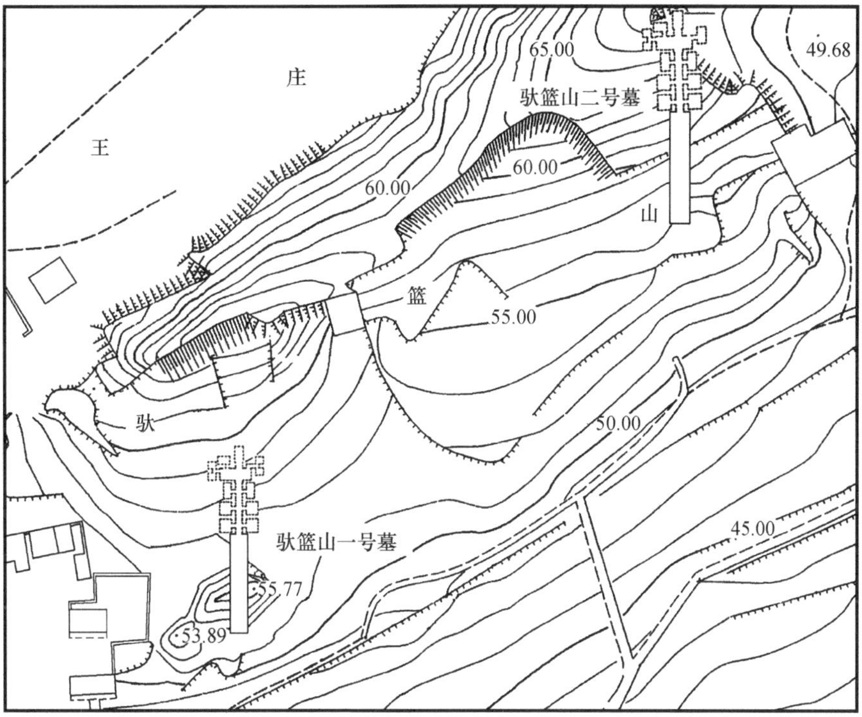

图六 -59　江苏徐州市驮篮山楚王墓与王后墓位置图

右女左”位置关系；河北保定唐县高昌墓地中，合葬形式相对多样，主体亦是“男右女左”[①]，这种方位也正是汉代社会“以右为尊”社会意识的反映。江苏徐州地区的一些竖穴洞室墓，男性葬于洞室，女性位于竖穴底部，如东郊翠屏山汉墓[②]、市区南部奎山 M12[③] 等；夫妻共同葬于竖穴底部者，女性棺室不仅略小，而且多低于男性墓主棺室，如市区南部奎山 M10[④] 等；横穴砖（石）室墓中，女性棺室则较男性棺室小很多，如贾汪青山泉白集东汉墓[⑤]、新沂瓦窑 M1[⑥]、邳州白山故子 M1[⑦]（图六 -60）等，均反映出汉代男女夫妻在家庭中地位的差别，体现出家庭中男尊女卑的思想与社会现实。墓葬装饰方面，壁画墓、画像砖墓、画像石墓出土图像内容中的夫妻形

① 南水北调中线干线工程建设管理局、河北省南水北调工程建设领导小组办公室、河北省文物局：《唐县高昌墓地发掘报告》，文物出版社，2010 年，第 249、250 页。

② 徐州博物馆：《江苏徐州市翠屏山西汉刘治墓发掘简报》，《考古》2008 年第 9 期。

③ 徐州博物馆：《江苏徐州市奎山四座西汉墓葬》，《考古》2012 年第 2 期。

④ 徐州博物馆：《江苏徐州市奎山四座西汉墓葬》，《考古》2012 年第 2 期。

⑤ 南京博物院：《徐州青山泉白集东汉画象石墓》，《考古》1981 年第 2 期。

⑥ 徐州博物馆、新沂县图书馆：《江苏新沂瓦窑汉画像石墓》，《考古》1985 年第 1 期。

⑦ 南京博物院、邳县文化馆：《江苏邳县白山故子两座东汉画像石墓》，《文物》1986 年第 5 期。

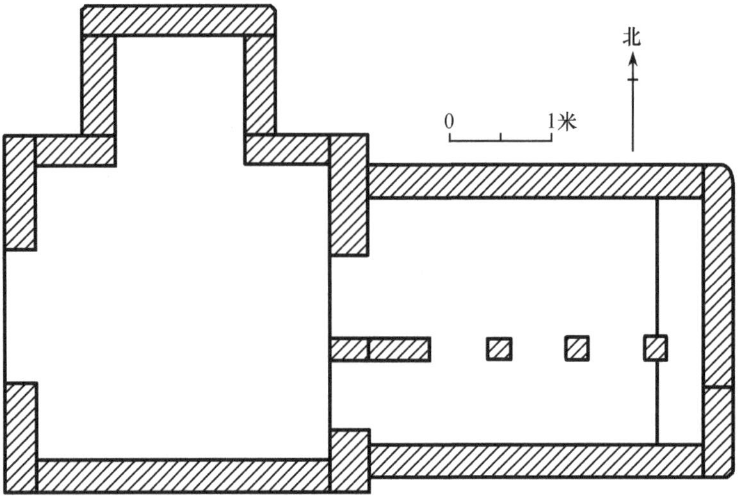

图六-60 江苏省徐州市邳州白山故子 M1平面图

象，基本是男处尊位，女在卑位，这在夫妻并坐、出行、宴客、乐舞欣赏等方面都有反映。墓外设施亦是如此，西汉帝陵为异穴合葬，较为明显，祭祀及相关设施皆存在差异，而从大的方面来讲，后陵其实应是帝陵最大的陪葬墓，诸侯王墓与王后墓与帝陵大致相同，列侯及中小型墓葬中，异穴合葬墓也是相同或相似的情况，墓外设施以男性墓葬为主体，相关祭祀设施在位置上基本偏向于男性墓葬，如上文所举江西南昌墩墩山西汉海昏侯墓地。

关于男尊女卑还有两个特殊内容需作说明。

1. 有些家庭之中，男性具有相应的等级地位，其不仅有正妻，还可能有其他女性，如妾等。江苏徐州市东郊狮子山西汉楚王墓内有女性殉葬者，为楚王的嫔妃或近幸[①]。该地区一些具有相应等级的中型墓葬则反映出一夫一妻一妾的合葬形式。市区南部奎山 M11，竖穴底部葬男性墓主，身份和地位相对较高，竖穴东、西两侧的洞室内各葬一女性，西侧为妻，东侧为妾，但该墓中男性墓主葬在竖穴底部具有特殊性，可能与男性墓主去世晚有一定关系[②]。西北郊大孤山 M2，男性墓主王霸生前很可能是小龟山楚王墓祠庙的相应官吏或与此相关人员，竖穴底部一侧洞室内葬夫妻二人，妻在内，夫在外，竖穴底部还葬一女性，仅有葬具及用于装饰棺的柿蒂纹铜泡钉，未见陪葬器物[③]，该女性很可能为男性墓主的妾或家庭中的其他女性。江苏省连云港市海州区双龙村花园路 M1 较上述中小型墓葬内葬 3 人有所不同，土坑竖穴底部

① 狮子山楚王陵考古队：《徐州狮子山楚王陵发掘简报》，《文物》，1998 年第 8 期；韦正、李虎仁、邹厚本：《江苏徐州市狮子山西汉墓的发掘与收获》，《考古》1998 年第 8 期。

② 徐州博物馆：《江苏徐州市奎山四座西汉墓葬》，《考古》2012 年第 2 期。

③ 徐州博物馆：《江苏徐州市大孤山二号汉墓》，《考古》2009 年第 4 期。

置两椁四棺，2 号棺内葬 1 男性，其他 3 棺各葬一女性，3 号棺内死者凌惠平等级高，陪葬有龟钮铜印章等物品，生前当为男性墓主的正妻，1、3 号棺内所葬女性等级低，当为男性墓主正妻外的二妾[①]。男性墓主与正妻及妾或其他女性共葬于一个墓穴中，表明男性墓主生前是可以纳妾或有其他女性，这正是家庭中男性地位高的体现，即较好地反映出汉代家庭中男尊女卑的内容。

2. 一些家庭中妻子的政治地位高于丈夫，但在丧葬上又处于从属地位。如江苏徐州市西郊韩山 M1 墓主刘婞[②]、西北郊苏山头 M2[③] 墓主，北郊江山西汉墓[④] 和东郊东甸子西汉 M1[⑤] 的女性，韩山 M1 出土玉衣片、枕、璧、佩、陶俑等，东甸子 M1 女性有大量玉衣片且陪葬有玉璧、陶俑等，苏山头 M2 出土玉枕、璜、陶俑等，江山汉墓女性有大量大陶俑陪葬等，与之形成鲜明对比的是，男性墓主拥有很少或没有这些标明身份等级的器物陪葬，即较他们的妻子在殓葬、陪葬等方面要明显差一些，这说明他们的政治地位皆低于其夫人，参考墓葬时代、规模、殓葬品及陪葬物品等，上述这些女性很可能为西汉楚国的王室女性，至少是西汉楚国的刘姓高等级女性贵族，因嫁给楚国官吏而组成家庭。但从异穴墓葬在墓地中的位置看，男性墓主的墓葬居于尊位；再参考有无陪葬墓、车马陪葬等来看，男性墓主大多拥有，而上述女性大多不见或相对简略，如徐州韩山 M2[⑥]、苏山头 M3[⑦] 都有陪葬墓等，这说明，虽然女性墓主有较高的政治地位，但在家庭之中，政治地位低一些的男性墓主还是处于尊位的，这也是汉代家庭之中男尊女卑伦理与纲常的极好体现。

夫妻在丧葬上所体现男尊女卑的思想及内容，其实也是事死如事生丧葬思想的体现和内容之一。就家庭中夫妻的伦理与纲常来讲，丧葬思想及内容体现的并不仅仅只有男尊女卑。夫妻二人生前一起生活，死后葬在同一墓穴之中，与儒家思想倡导的伦理纲常极为相符，也是对“夫妇生时同室，死同葬之”[⑧] 的最好阐释，生同室、死同穴，在另一世界还是夫妻，还是同一家庭。汉代，夫妻合葬的形式由异坟异穴向同穴或同室合葬的发展充分说明了这一点。有些墓葬还有其他体现，如江苏

---

① 连云港市博物馆：《江苏连云港海州西汉墓发掘简报》，《文物》2012 年第 3 期。

② 徐州博物馆：《徐州韩山西汉墓》，《文物》1997 年第 2 期。

③ 徐州博物馆：《江苏徐州苏山头汉墓发掘简报》，《文物》2013 年第 5 期。

④ 江山秀：《江苏省铜山县江山西汉墓清理简报》，文物编辑委员会：《文物资料丛刊 · 第一辑》，文物出版社，1977 年，第 105-110 页。

⑤ 徐州博物馆：《徐州东甸子西汉墓》，《文物》1999 年第 12 期。

⑥ 徐州博物馆：《徐州韩山西汉墓》，《文物》1997 年第 2 期。

⑦ 徐州博物馆：《江苏徐州苏山头汉墓发掘简报》，《文物》2013 年第 5 期。

⑧（东汉）班固：《白虎通义 · 崩薨》，（清）陈立撰，吴则虞点校：《白虎通疏证》，中华书局，1994 年，第 556 页。

徐州铜山吕梁M9，夫妻二人的棺室之间有隔梁，而隔梁上有相通之处[①]，这暗示着夫妻二人在阴间仍可沟通，灵魂可以往来。较多汉代画像尤其是画像石画像中，大多有夫妻二人并坐或夫妻宴饮、谈话等画像者，房屋之上多刻对颈鸟或交颈鸟，亦是对夫妻恩爱的描写。还有一点需作说明，上文所述男尊女卑的丧葬内容中，一些墓葬的男性墓主有妻子以外的其他女性与其共葬于一墓之中，然就墓外有石祠堂的一般墓葬来讲，石祠堂的画像石画像中所体现的均为夫妻二人，这一方面是对夫妻关系的刻画，另一方面与祠堂画像具有对外宣传伦理纲常的功能有关，即正常情况下，相关家庭之中还是以夫妻为主体，而这也应是家庭伦理纲常的重要内容。

综上所述，秦汉时期家庭的精神世界随社会及家庭的发展得到不断丰富和完善，成为这一时期家庭的重要内容之一，并对秦汉家庭生活、丧葬活动及其他内容的发展、演进等起着十分重要的辅助和推动作用。秦汉家庭的精神世界是处于不断发展、完善的动态进程之中的，在此过程中体现出与秦汉家庭发展、需求等相对应的时代性、地域性、等级性，也包括多样性的吸收及不排斥的容纳，宗教思想对于秦汉家庭的渗透即可说明。另外，还具有相应的不稳定性，某种情况下受外界的影响较大，但不稳定的变化又是以家庭及其成员利益为核心，突出的是家庭及其成员的需求。就秦汉家庭的思想及精神信仰来讲，相关需求是精神世界不断发展、丰富的重要原因，而这又与等级性有着一定的关系。正常情况下，人们只有在衣食住行这些条件得到基本满足之后才能在精神世界有更多的要求和追求，《管子·牧民》称："仓廪实而知礼节，衣食足而知荣辱。"[②]等级较高者在衣食无忧的背景下会不断丰富自身及其家庭的思想和精神信仰，西汉淮南王刘安狂热追求升仙即是典型一例；等级低者整日要为果腹、蔽体、安居而劳碌，虽然其精神世界里也有一些追求和想法，但整体较为贫乏，且较多是为生计打算和想象，很多更高追求的思想内容在其精神世界是不存在或是淡化的，而且很可能是不敢想象的，或者是一闪而过，不留痕迹，更多的则是劳碌与匆忙。因此，在与身份等级、经济实力等相对应的情况下，有关家庭及其成员会根据需求不断丰富和发展家庭思想与精神信仰，使之成为家庭的重要组成内容。

秦汉家庭的思想与精神信仰具有多元性，并在多元因素中具有相对统一的一体化特征。多元性的形成原因大致有以下几点：1.家庭思想受社会思想乃至国家政治、政策的影响和推动；2.家庭需要寻求并采用适宜家庭发展的思想内容；3.受家庭所在地理位置、环境及生活环境的影响；4.就家庭来讲，在不危害社会政治及国

---

① 邱永生：《铜山县凤凰山战国西汉墓群》，中国考古学会编：《中国考古学年鉴·1987年》，文物出版社，1988年，第138页。

② 李山译注：《管子》，中华书局，2009年，第2页。

家统治的情况下，其精神信仰相对自由，国家控制或政治管控亦相对松散，这也是家庭思想信仰多样化形成的原因之一；5. 在大一统的政治背景下，对外来思想和本土新思想并不排斥，而是吸收、容纳及并用。但是，多元化的特点基本与思想、精神信仰的具体内容有关，其在整体上又具有较强的一体化特征。一方面，家庭思想、精神信仰与社会及国家的思想及精神信仰有着较强的一致性，除少量较为特殊、游离于主流精神、思想、信仰之外，大多数都在主流思想精神范畴之内，而且因时代的变化，与国家、社会思想相对应，处于不断更新与流变之中；另一方面，家庭思想、精神信仰又体现出适应家庭需求、服务家庭所用的统一特点，进而影响到生产、生活、社会交往、丧葬等多个方面。以上说明，秦汉尤其是汉代家庭的思想与精神信仰，与该时期文化，特别是汉文化统一多元或多元一体的特征较为相符。

考古资料体现的秦汉家庭思想内容与家庭生活、丧葬活动及家庭与社会的关系等有着密切关联，家庭精神世界的内容在具有多样性、广泛性的同时，又具有杂糅性和综合性，整体上体现和反映出秦汉家庭的精神需求和信仰崇拜。秦汉家庭的思想与精神信仰一方面受社会主流思想的影响较大，另一方面又体现出与家庭自身所需相关的自主性，同时还存在不同程度的神秘性、宗教性和迷信特征，有神论、封建伦理道德与纲常占有较大比重，这是在当时社会政治、经济、思想文化及人们认识观的局限性等综合作用下而形成的，体现出较强的时代特征，而家庭思想、精神信仰与国家思想、精神信仰存在较强的一致性，体现出国家与家庭在思想、信仰、精神方面的和谐统一，这也应是时代特征之一。

第七章

秦汉家庭的特殊内容

考古资料反映的秦汉家庭内容较为丰富，除上述章节所述内容外，还有一些具有相应特殊性的内容，这些内容大多不具有普遍性，有的相对少见，特殊性突出。这些特殊内容与其他内容综合反映出秦汉时期家庭内容的多样性，也体现出秦汉家庭与社会的诸多关系。

第一节　家庭复仇

家庭复仇，是指家庭成员对家庭中所受伤害的回应和报复，一些复仇者与家庭中受伤害者血亲较近，有的则是血亲延续至一定时期，家庭中的后辈实行的相关报复行为，以达到为家族、家庭或其成员复仇的目的，因此秦汉时期的一些家庭复仇又可称为血亲复仇。

作为一种社会现象，家庭或血亲复仇在秦汉时期常有发生，文献中有相关记载，而且大多与杀人或伤亡有关。《汉书》载：浩商为报母仇，“杀义渠长妻子六人，亡”[①]；魏朗“少为县吏。兄为乡人所杀，朗白日操刃报仇于县中”[②]，崔瑗，“兄章为州人所杀，瑗手刃报仇，因亡命”[③]。这种杀人或伤亡性质的复仇受伦理观念的影响，某种程度上还会得到社会的相应认可、鼓励、赞同或同情，《白虎通义·诛伐》载：“子得为父报仇者，臣子之于君父，其义一也。”[④]不过，秦汉时期

① （东汉）班固撰，（唐）颜师古注：《汉书·翟方进传》，中华书局，1962年，第3413页。

② （南朝宋）范晔撰，（唐）李贤等注：《后汉书·魏朗传》，中华书局，1965年，第2200页。

③ （南朝宋）范晔撰，（唐）李贤等注：《后汉书·崔骃传附子瑗传》，中华书局，1965年，第1722页。

④ （东汉）班固：《白虎通义·诛伐》，（清）陈立撰，吴则虞点校：《白虎通疏证》，中华书局，1994年，第219页。

的复仇涉及人的伤亡及伦理观念等多方面的内容，整体上是不被提倡的，甚至还有相关禁令。《汉书·鲍宣传》载："怨仇相残，五死也。"[①] 东汉时的桓谭指出："今人相杀伤，虽已伏法，而私结怨仇，子孙相报，后忿深前，至于灭户殄业，而俗称豪健，故虽有怯弱，犹勉而行之，此为听人自理而无复法禁者也。今宜申明旧令，若已伏官诛而私相伤杀者，虽一身逃亡，皆徙家属于边，其相伤者，加常二等，不得雇山赎罪。如此，则仇怨自解，盗贼息矣。"[②] 建安十年（205年）春，东汉朝廷颁布有禁复仇的法令，称："民不得复私仇，禁厚葬，皆一之于法。"[③]

考古资料体现的家庭复仇内容主要表现在两个方面：一是对有关人员墓葬的破坏及相关行为，表现形式多样，包括盗掘、破坏、火焚、再葬等，基本属社会禁止的行为，但在一定阶段，尤其是王朝的后期或末期，特别是政权更迭时期，此类现象出现频率高；二是壁画及画像石（砖）画像中与复仇有关的内容，在多地有发现，内容大体一致，体现出同一内容的普及，而这又如上文所述，一些家庭复仇在某种程度上可得到社会的认可或同情，甚至会成为宣扬、宣传、教化的内容。

一、墓葬的破坏及相关内容

主要是复仇者对被复仇者及相关人员的墓葬进行破坏和损毁，包括对墓葬的盗掘或开挖，对尸身的损毁及对陪葬品的破坏等等。对于相关人员墓葬进行破坏的时间至少在相互仇怨形成之后，而较多则是在相隔一代甚至几代后，体现出家庭或血亲复仇的延伸、内容和特点。

文献资料关于这一方面有少量记载。如东汉时，苏不韦之父苏谦被司隶校尉李暠纠劾获罪死在狱中，"不韦与亲从兄弟潜入庴中，夜则凿地，昼则逃伏。如此经月，遂得傍达暠之寝室，出其床下。值暠在厕，因杀其妾并及小儿，留书而去。暠大惊惧，乃布棘于室，以板籍地，一夕九徙，虽家人莫知其处。每出，辄剑戟随身，壮士自卫。不韦知暠有备，乃日夜飞驰，径到魏郡，掘其父阜冢，断取阜头，以祭父坟，又标之于市曰'李君迁父头'。暠匿不敢言，而自上退位，归乡里，私掩塞冢椁。捕求不韦，历岁不能得，愤恚感伤，发病呕血死。"[④] 该文献记载的事例是与被复仇者相关人员的墓葬，对其破坏，可起到打击被复仇者的作用，苏不韦掘李暠父阜冢，使得李暠愤恚感伤，发病呕血死，算是达到了复仇目的。

考古发现的汉代墓葬数量众多，较多汉墓遭受到不同程度的盗掘和破坏，其中

---

① （东汉）班固撰，（唐）颜师古注：《汉书·鲍宣传》，中华书局，1962年，第3088页。

② （南朝宋）范晔撰，（唐）李贤等注：《后汉书·桓谭传》，中华书局，1965年，第958页。

③ （西晋）陈寿撰，（南朝宋）裴松之注：《三国志·魏书·武帝纪》，中华书局，1959年，第27页。

④ （南朝宋）范晔撰，（唐）李贤等注：《后汉书·苏不韦传》，中华书局，1965年，第1108页。

的绝大多数与追求物质利益相关的盗掘有关，但也有一些汉墓很可能是因家庭或血亲复仇而遭到破坏。笔者在所撰《试论东汉之前对西汉墓葬的破坏》①、《试论汉代墓葬被盗并遭火烧问题》② 二文中对这一方面的内容有所分析。就整体而言，可以确定或明确为家庭或血亲复仇破坏的墓葬并不多，有些或存在相应的可能性。大致看来，主要有以下三类情况。

（一）较多墓葬在墓主下葬后不久遭受较为严重的盗掘

相关墓葬涉及王侯墓葬及较多中小型墓葬，以王侯墓葬及具有一定等级的墓葬居多。墓葬时代不一，但在王朝早期或中期被盗掘破坏者不多，一些时代为王朝晚期的墓葬，多在王朝末期或稍后阶段遭受到严重盗掘和破坏，其中可能会存在家庭或血亲复仇性质的破坏，但很难明确地定性。如北京大葆台 M1，为西汉晚期的刘姓广阳王墓，盗墓者对该墓葬的题凑、黄肠木等均有移动，棺椁也被拆散，墓主的尸骨被拖至棺外，但骨骼大部分尚未散乱，表明被盗时，墓主尸体的肌肉尚未腐烂，证明被盗时间较早 ③。从棺椁被拆、墓主尸骨被拖至棺外等来看，或可能与家庭或血亲复仇有关，当然这与盗掘者方便盗取墓内物品，尤其是墓主随身陪葬物品的关系可能更为密切。

（二）一定数量墓葬被盗并遭较为严重的火烧

相关墓葬被盗并遭火烧的时间亦应在墓主下葬后不久，因此这一情况是第一种情况的更加具体化内容，即遭受严重火烧。相关墓葬涉及王侯墓葬及较多中小型墓葬，以王侯墓葬及具有一定等级的墓葬居多。其中一些墓葬被盗后，有尸骨分离，或尸体遭火烧极为严重的现象，其中的一些为家庭或血亲复仇性质破坏的可能性更大。

相关墓葬中，山东寿光三元孙 M1，火烧后的人骨仅见碎块 ④，临淄金岭镇 M1，主室发现有焚烧过的零星碎骨 ⑤，济宁市肖王庄 M1，尸骨因火烧朽碎过甚 ⑥；山西离石马茂庄 M2，后室有少许烧后炭化的骨骸 ⑦，孝义张家庄 M21，骨骸

---

① 刘尊志：《试论东汉之前对西汉墓葬的破坏》，《南开学报》（哲学社会科学版）2016 年第 5 期。

② 刘尊志：《试论汉代墓葬被盗并遭火烧问题》，《南方文物》2017 年第 2 期。

③ 大葆台汉墓发掘组、中国社会科学院考古研究所：《北京大葆台汉墓》，文物出版社，1989 年，第 7-33 页。

④ 山东省文物考古研究所：《山东寿光县三元孙墓地发掘报告》，《华夏考古》1996 年第 2 期。

⑤ 山东省文物考古研究所：《山东临淄金岭镇一号东汉墓》，《考古学报》1999 年第 1 期。

⑥ 济宁市文物管理局：《山东济宁市肖王庄一号汉墓的发掘》，《考古》编辑部编辑：《考古学集刊·第 12 集》，中国大百科全书出版社，1999 年，第 41-112 页。

⑦ 山西省考古研究所、吕梁地区文物工作室、离石县文物管理所：《山西离石马茂庄东汉画像石墓》，《文物》1992 年第 4 期。

被烧成灰[①]；河北鹿泉北新城M2，墓穴及墓内的玉衣因火烧变色[②]（图七-1），石家庄北郊东汉墓，出土玉衣片有被烧过的痕迹[③]，蠡县汉墓，遭严重火焚，发现一具烤焦的人躯干骨骸[④]，迁安于家村M1，棺床上有焚烧过的棺灰[⑤]。相关墓葬还有很多，不再一一列举。

图七-1　河北鹿泉北新城M2局部（东—西）

上述墓葬被盗掘后又遭火烧，葬具或殓葬的玉衣等遭严重烧毁，而很多墓葬的墓主骨骸被烧成灰，或人躯干的骨骸被烤焦，这其中很可能会有家庭或血亲复仇促动下对于相关墓葬的破坏。笔者在《试论汉代墓葬被盗并遭火烧问题》一文中指出："针对某些墓葬，因盗墓者与被盗墓葬墓主之间存在着潜在仇恨，在复仇心理的作用下，会对墓葬或墓主尸身等进行焚烧，以达到报复的目的，遭火烧尤其是墓主尸骸被严重烧毁的两汉墓葬中可能存在因复仇而遭火烧的墓葬。""但考古资料表现出的报复特征并不明显，而是与其他一些动机作用下的焚烧特征有较大共性，因此很难确认。考虑到这一动机具有特殊性，相关墓葬不会太多。另外，进行复仇或报复具有较强的目标性，即焚烧者对墓葬归属大致明确，这也说明墓葬遭盗掘及被焚烧的时代较早。"[⑥]

---

① 山西省文物管理委员会、山西省考古研究所：《山西孝义张家庄汉墓发掘记》，《考古》1960年第7期。

② 河北省文物研究所、石家庄市文物研究所、鹿泉市文物保管所：《北新城汉墓M2发掘报告》，河北省文物研究所编：《河北省考古文集·四》，科学出版社，2011年，第111-134页。

③ 石家庄市文物保管所：《石家庄北郊东汉墓》，《考古》1984年第9期。

④ 河北省文物研究所：《蠡县汉墓发掘纪要》，《文物》1983年第6期。

⑤ 迁安县文物保管所：《河北迁安于家村一号汉墓清理》，《文物》1996年第10期。

⑥ 刘尊志：《试论汉代墓葬被盗并遭火烧问题》，《南方文物》2017年第2期。

（三）鸠占鹊巢——对原有墓葬的占用及相关行为

考古资料所体现是时代相对晚的墓葬对时代稍早或较早墓葬进行掘挖后，利用原墓穴进行再葬，即利用原墓圹重新砌建墓室，安葬自己或家属或其他人员[①]。这样，后葬者一方面会对之前葬者的安葬环境有较大破坏，另一方面又在修葺后成为自己或家属或其他人员新的安葬之地，形成占用他人之墓穴重新安葬有关人员的情况，可视为鸠占鹊巢。

此类墓葬发现极少，目前所知最具代表、最为典型的是江苏省徐州市北郊后山西汉墓[②]。该墓位于东西绵延数里的九里山北，处于相对独立山头的顶部，在西汉楚国高级贵族尤其是西汉早中期刘姓贵族的聚葬地范围之内。后山墓葬的坑圹为石坑竖穴，从考古发掘情况来看，石坑竖穴内分为两层，皆葬人（图七 -2）。下层时代早，有木质棺椁及其头箱、边箱，殓葬品有玉衣片、塞等，陪葬品有陶俑、铜质与铁质兵器、仿制的陶礼器等，时代为西汉早期，整体上与徐州地区已发现、发掘的较多西汉早中期楚国刘氏宗室成员墓葬较为相似，墓主应为楚国的刘氏宗室成员。上层时代稍晚，外砌石椁，椁外北侧镶贴较多大泉五十钱币，整体圆形，椁内北侧为器物箱，中南侧东西并置二棺，葬夫妻二人，均有塞、琀等殓葬玉器，西侧葬男性，有琉璃质枕，出土印章证明男性墓主为明音，再结合出土的钱币、兵器及其他器物等，可知上层墓葬的时代为新莽时期，所葬为地方中下级官吏夫妻二人。从时代来看，上层墓葬与下层墓葬大致相差有 100 多年，考虑到该墓为今徐州及周边地区在西汉时期普遍流行的石坑竖穴墓，出现王莽时期墓葬在上层，西汉早期刘姓贵族的墓葬在下层的情况，确实少见也很难以常理解释。后山汉墓在西汉早期就已开凿，其位于小山头顶部，相对独立，这与徐州地区较多具有一定等级西汉墓葬的选址和墓穴安排较为一致，有关内容在西汉一代应为当地人熟知；该墓为石坑竖穴，也是这一地区有一定等级西汉墓葬最为常见的墓坑形式，后山汉墓不仅墓壁保存好，而且四壁凿痕明显，在墓坑内下挖即可见明显四壁，而墓坑周边为山石，是下挖不了的，也就是说，挖出墓壁及其填土即可知此处为一座墓葬，但后山上层墓葬又确实是在下挖后再下葬的。不仅如此，上层墓葬还对下层墓葬的葬具、陪葬设施、尸身及陪葬品等进行了一定程度的破坏和盗取，且将破坏后的葬具、陪葬设施、殓葬品、陪葬品及早期葬者的骨骸等留在原墓坑中，然后在其上砌建石椁，再在椁内葬夫妻二人。这样，晚期所葬夫妻二人将西汉早期所葬刘姓贵族“压在身下”，形成上下两层。就徐州后山汉墓来讲，上层墓葬的墓主为西汉末年的地方中

---

① 刘尊志：《试论东汉之前对西汉墓葬的破坏》，《南开学报》（哲学社会科学版）2016 年第 5 期。

② 徐州博物馆：《江苏徐州后山西汉墓发掘简报》，《文物》2014 年第 9 期。

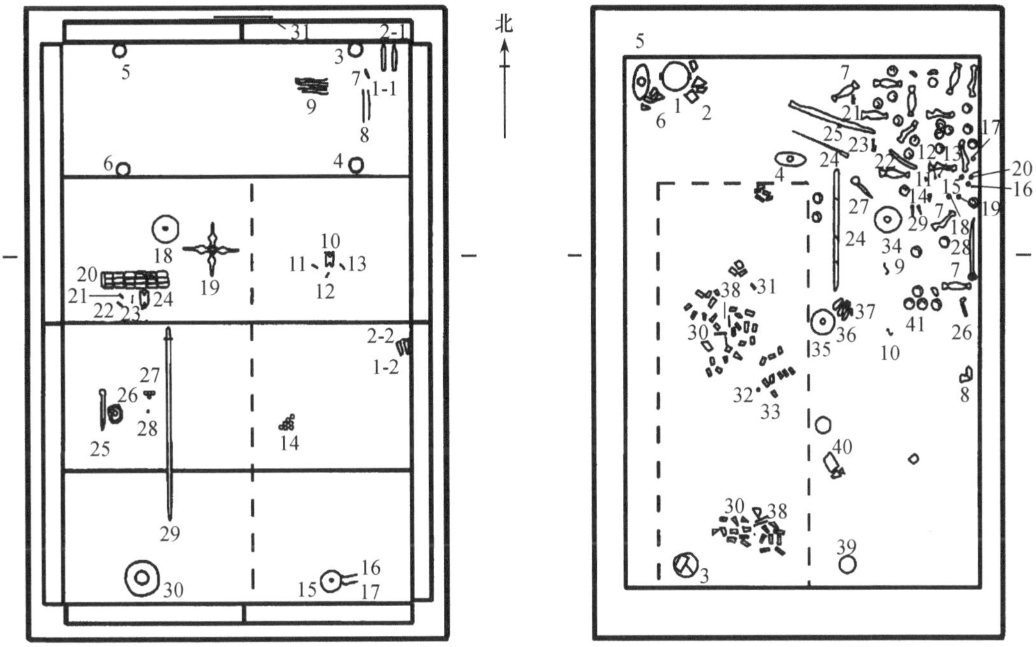

上层墓葬平面图　　　　下层墓葬平面图

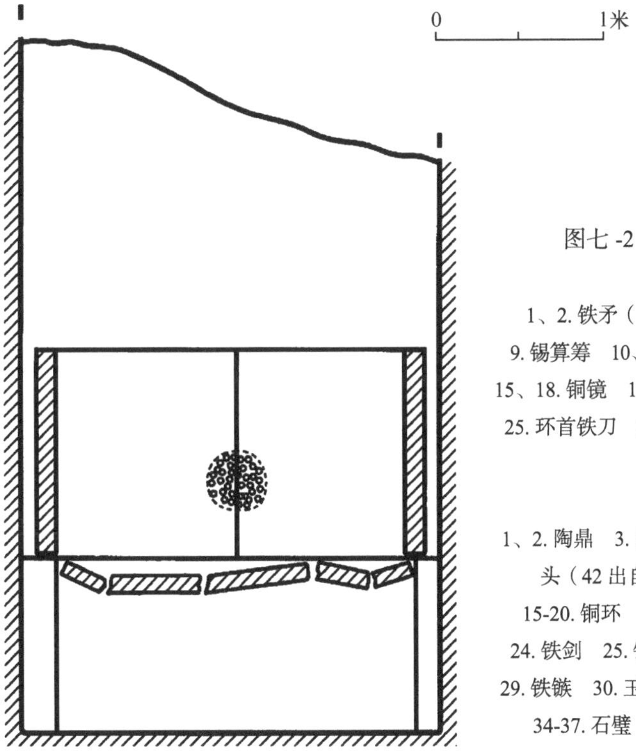

图七-2　江苏徐州后山汉墓平、剖面图

上层墓葬

1、2. 铁矛（附铜镦）　3-6. 铜镇　7. 铁削　8. 铁箭铤　9. 锡算筹　10、24. 玉琀　11-13、21-23. 玉塞　14. 五铢钱　15、18. 铜镜　16、17. 铜镜　19. 鎏金柿蒂形铜饰　20. 玉枕　25. 环首铁刀　26. 玉佩饰　27、31. 大泉五十　28. 铜印章　29. 铁剑　30. 瓷壶

下层墓葬

1、2. 陶鼎　3. 陶罐　4-6. 陶茧形壶　7. 陶俑　8、42. 陶马头（42 出自填土中）　9、10. 铜带钩　11-14. 铜镞　15-20. 铜环　21. 铜熏炉残片　22. 铜箍件　23. 铜构件　24. 铁剑　25. 铁刀　26. 铁构件　27. 铁削　28. 环首铁刀　29. 铁镞　30. 玉衣片　31. 玉塞　32. 玉镶件　33. 玉管状器　34-37. 石璧　38. 金箔　39、40. 陶壶盖　41. 陶金饼

小官吏夫妇，他们不仅对下层墓葬有较大破坏，而且还葬在下层墓葬的上面，可以说，这一行为及其破坏目的具有较强的针对性，很可能与家庭及血亲复仇有关。

徐州后山下层墓葬墓主为西汉早期等级较高的刘氏贵族，在西汉末年即王莽新朝时还未遭被破坏之前，该墓应有相应高度的封土及用于保护、祭祀等的墓外设施和相关建筑遗存，这也说明，新莽时期的明音夫妇葬在该墓坑穴内且在原墓主之上是有意行为，为蓄意破坏后的再葬，这和复仇及与复仇相关的占风水或厌气破势等皆有关系。王莽新朝时期，地方刘姓贵族的权力和地位大多失去，如徐州地区的刘姓楚王刘纡，王莽时贬为公，明年废[①]，其他刘姓贵族的权力或权势更是大为削弱。考虑到西汉楚国在公元前 69 年至公元前 50 年之间还有一次不同世系的更换，即刘交一支至楚王刘延寿时因刘延寿谋反被诛而绝嗣，汉宣帝子楚孝王刘嚣一支于公元前 50 年重新被封为楚王[②]，因此王莽时期，一些西汉早期的墓葬遭到破坏也是可以理解的。但就后山西汉墓这种情况而言，明知为墓，但仍要挖掘破坏，且对葬具、陪葬品、殓葬品及尸骨有较大破坏后又将自己夫妇的墓葬砌建原来墓室或已有尸柩之上，则明显具有特殊性。这一现象的形成，其最合理的解释是上层葬者的先祖或家庭成员与下层葬者之间很可能存在潜在已久的仇恨，这种仇恨在刘姓楚王统治今徐州一带时无法进行复仇，随着王莽代汉及对地方刘姓势力的打击和削弱，进行相关复仇或报复成为可能，因此该墓的现象和内容所体现应属于血亲仇恨延续很久之后的家庭复仇，而复仇所采取的方法是对被复仇者的墓葬进行破坏，同时，为达到彻底复仇的目的，还在破坏墓葬的基础上，在被复仇者的尸柩之上葬夫妻二人，以期厌气破势，实现自身复仇的目的和效果。

徐州地区还有一座等级较高的西汉墓葬存在“鸠占鹊巢”的情况，为西郊卧牛山西汉 M1，该墓为横穴崖洞墓[③]（图七 -3），随着西郊卧牛山两座东西并列横穴崖洞墓（M2 与 M3，皆北向，M2 在西，为楚王墓，M3 为王后墓）的发现和发掘[④]，现基本可将 M1 视为西汉中期偏早阶段西汉楚王墓地中“一王二后”墓地布局的另一座后墓[⑤]，但 M1 内葬人附近出土有王莽统治时期的相关器物，尤以陶猪圈、红陶盆及“大泉五十”、“大布黄千”钱币最具典型。据公布资料，M1 内发掘时葬一男性，结合出土的陶器、铁器、铜器、玉器及动物骨骼等来看，该男性生前应具有一

---

① （东汉）班固撰，（唐）颜师古注：《汉书 · 诸侯王表第二》，中华书局，1962 年，第 422 页。

② 刘尊志：《徐州两汉诸侯王墓研究》，《考古学报》2011 年第 1 期。

③ 周学鹰：《徐州汉墓建筑——中国汉代楚（彭城）国墓葬建筑考》，中国建筑工业出版社，2001 年，第 134-139 页。

④ 耿建军、刘超：《徐州市泉山区西卧牛山汉墓发掘》，江苏省文物局主编：《江苏考古（2010—2011）》，南京出版社，2013 年，第 87-91 页。

⑤ 李银德：《江苏西汉诸侯王陵墓考古的新进展》，《东南文化》2013 年第 1 期。

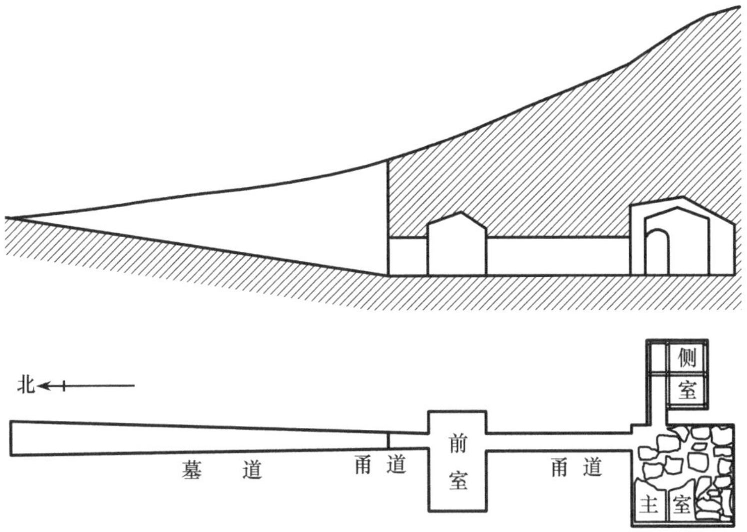

图七 -3 江苏徐州卧牛山西汉楚王墓地 M1 平、剖面图

定的身份和地位，而且墓内还出土有女性使用的物品。因此，就徐州卧牛山 M1 来讲，其最初是被作为西汉中期偏早阶段楚国王后的墓葬，关于墓内所葬男性没有过多分析。就该墓而言，笔者认为，应在新莽或稍晚时期，墓葬遭挖掘和破坏，后其内又重新葬人，致使墓葬的性质发生了变化，经历这一变化后，墓内已无原墓主的尸身，而是葬入新莽或稍晚时期去世的某一男性，但墓内原有的一些女性陪葬物品仍有遗留。该墓性质的变化是“鸠占鹊巢”的又一体现，考虑到新莽时期的墓主也有一定的等级身份，而被占的墓葬之前为王后墓葬级别，所以存在家庭或血亲复仇背景下“鸠占鹊巢”的可能，而原墓主的尸骨有可能被移至墓外而不存。当然，这一“鸠占鹊巢”的情况也并不完全和家庭或血亲复仇有关，在该墓被盗掘之后，墓门大开，会有其他家庭将相关人员葬于该墓之中的情况，而且还利用了原墓中的一些物品，使得其身份等级看上去较高一些，这一点完全可以说的通。也就是说，西汉末至王莽新朝时期，卧牛山西汉 M1 被盗掘，其后一段时间内（在王莽新朝期间），有人利用被盗后的墓穴进行再葬，形成新的墓主占用原西汉中期偏早阶段楚王后墓葬的事实，但其对于该墓的占用并不一定是出于家庭已有的仇恨，即不是因为家庭复仇而占用，而是直接的占用和下葬，形成新的下葬内容和墓葬空间。

东汉时期，墓葬较之西汉时期有了较大的变化，就形制而言，由西汉时期的竖穴坑墓变为第宅化特征更为明显的横穴室墓，很多横穴室墓使用石材砌建或是砖石混筑结构，较为坚固。三国两晋时期，一些东汉石室或砖石混筑墓被盗后，个别的室被留存，局部再修葺，清扫干净后再葬人，徐州贾汪佛山画像石墓[①]即

---

① 徐州博物馆：《江苏徐州佛山画像石墓》，《文物》2006 年第 1 期。

是如此，该墓后室基本为东汉墓葬的墓室，前室则为后来砌建的。而这一时期更多的则是对东汉墓葬外祠堂、墓阙等的石材拆后重新搭建墓葬，如徐州大庙晋墓，前室为一祠堂的再搭建①。以上两类墓葬被相关研究称为再葬画像石墓②。不过，综合相关考古资料，笔者认为后一种情况更为突出，类似的墓葬更多，如山东嘉祥宋山相关墓葬出土较多的东汉祠堂画像石材③，可复原四座小祠堂④；江苏徐州铜山汉王东沿村发现较多东汉石祠画像石⑤，可以复原成多座面积不大的小型祠堂⑥，而此类墓葬称为画像石再利用墓葬可能更为恰当。考察相关墓葬，一些是对相关墓室清扫后的再利用，该类墓葬被称为再葬画像石墓可能更为合适，其与上文所述对墓外设施拆后的重新搭建墓葬并葬人，存在明显差异，但二者又与东汉末年之后社会的动荡有关。上述一些墓葬为盗掘之后的再利用，而再葬者的等级普遍较低也说明了这一点。但也不能完全排除其中一些或少部分与家庭或血亲复仇有关，而挖掘破坏相关墓葬后再葬人，或拆毁被复仇者墓前祠堂及相关设施并用其再砌墓葬，均可视为复仇的方式和手段。不过，这一时期对墓葬的破坏及相关内容与后山汉墓反映的内容有着明显差别，尤其是后山汉墓的上层葬者将下层葬者压在棺椁之下的情况，在再葬画像石墓或画像石再利用墓葬中基本不见，而再葬画像石墓或画像石再利用墓葬在某种程度上与徐州卧牛山 M1 有所相似。因此可推测，三国两晋时期的一些再葬画像石墓或画像石再利用墓葬，可能有家庭或血亲复仇的内容存在，但并不明显，至少不如徐州后山西汉墓反映的突出和清晰。

（四）相关问题

家庭与血亲复仇背景下对相关墓葬的破坏及与破坏墓葬相关的内容如损坏尸骸、在原有墓穴内再次葬人等等，都在某种程度上可达到复仇的目的。但就这一行为和做法来讲，在当时很可能是不被允许的，也不被较多的人所接受。苏不韦为了复仇，掘李暠父阜之墓冢，断取阜头，以祭父坟，又标之于市曰‘李君迁父头’，但当时的“士大夫多讥其发掘冢墓，归罪枯骨，不合古义”⑦。另据《淮南子·汜论》

---

① 徐州博物馆：《江苏徐州大庙晋汉画像石墓》，《文物》2003 年第 4 期。

② 周保平：《徐州的几座再葬汉画像石墓研究——兼谈汉画像石墓中的再葬现象》，《文物》1996 年第 7 期。

③ 济宁地区文物组、嘉祥县文管所《山东嘉祥宋山 1980 年出土的汉画像石》，《文物》1982 年第 5 期。

④ 蒋英炬：《汉代的小祠堂——嘉祥宋山汉画像石的建筑复原》，《考古》1983 年第 8 期。

⑤ 徐州博物馆：《徐州发现东汉元和三年画像石》，《文物》1990 年第 9 期；王黎琳、李银德：《徐州发现东汉画像石》，《文物》1996 年第 4 期。

⑥ 武利华：《徐州汉画像石通论》，文化艺术出版社，2017 年，第 56-61 页；刘尊志：《江苏徐州东沿村出土东汉祠堂画像石浅析》，《中原文物》2018 年第 1 期。

⑦ （南朝宋）范晔撰，（唐）李贤等注：《后汉书·苏不韦传》，中华书局，1965 年，第 1108 页。

记载："天下县官法曰：'发墓者诛，窃盗者刑。'"[①] 可以说，毁他人之墓、归罪枯骨的报复或复仇手段在当时较多情况下是得不到普遍赞同，更多的是反对，甚至还有十分严厉的制裁，《淮南子》中所言"发墓者诛"即可说明。

在上述背景下，与家庭或血亲复仇相关，对一些墓葬进行的破坏及有关行为大多具有隐蔽性，这又与一些盗掘墓葬的行为有所相似。另从大的时间节点来看，诸多汉代墓葬在王朝末期遭受严重盗掘及破坏，而家庭或血亲复仇对相关墓葬的破坏也多发生在这样的时间段内，二者具有相似性。究其原因，与原有统治体系的衰落和被打乱等应有较大关系，即复仇者具备了相应的条件和时机，采取对相关墓葬进行破坏并融入与之有关的复仇行为，因此可视为汉代家庭复仇的特征之一。

二、七女复仇画像

主要为鲁南、鲁西南及邻近地区发现的汉代画像石刻，较多为祠堂用石的画像，少量出土于墓葬之中，为墓葬用石，但一些石材原为祠堂或墓阙用石，后被移至墓葬中再利用。另外，内蒙古和林格尔东汉壁画墓中也有相关内容的壁画。

安徽褚兰胡元壬墓（M2），祠堂西壁石下部画像为一两坡式桥梁，有车骑由右向左过桥，车为牛车，有人推车，车前车后有多名女子，手持兵器似要杀车中乘坐之人，桥下有多人捕鱼[②]（图七-4：1）。山东嘉祥武氏祠前石室（祠堂之一）西壁下部画像石画像中，乘车过桥者遭到多名手持兵器女性的追杀和截杀，一男性落入水中，有人划船疾进，有女性持兵器刺向该落水者[③]（图七-4：2）。山东长清孝堂山东汉祠堂隔梁石西面画像中，两坡式桥梁上有车骑过桥，有男性落入水中并被人刺死，但这一画像为三角隔梁的画像，且画像中女性形象并不突出，或看不出是否有女性持兵器，故该画像内容的定名还有疑问[④]。河南安阳西高穴 M2 出土画像石多块，从形制、大小及画像内容等来看，这些石块原应为祠堂用石，后移至墓中作铺地石，其中一块画像石画像的中下部为两坡式桥，有车骑过桥，桥上有持兵器如执戟和仗剑的女性刺客，勇猛而无惧色，被刺杀者则神情慌张，桥下有一着官服男子落入水中，其上方题榜为"咸阳令"，其身前身后，各有二名刺客站在船上，仗剑执戟朝该着官服男性刺砍[⑤]（图七-4：3）。山东临沂吴白庄东汉晚期墓葬的东墓室

---

① （西汉）刘安等：《淮南子》，何宁：《淮南子集释》，中华书局，1998 年，第 976 页。

② 王步毅：《安徽宿州褚兰汉画像石墓》，《考古学报》1993 年第 4 期。

③ 蒋英炬、吴文祺：《武氏祠画象石建筑配置考》，《考古学报》1981 年第 2 期；《汉代武氏墓群石刻研究》，山东美术出版社，1995 年，第 62、63、154 页。

④ 蒋英炬、杨爱国、信立祥、吴文祺：《孝堂山石祠》，文物出版社，2017 年，第 46、47、91 页。

⑤ 河南省文物考古研究所、安阳县文化局：《河南安阳市西高穴曹操高陵》，《考古》2010 年第 8 期；河南省文物考古研究院：《曹操高陵》，中国社会科学出版社，2016 年，第 235、236 页。

图七 -4　汉代“七女复仇”画像及壁画

1. 安徽褚兰胡元壬墓祠堂西壁画像　2. 山东嘉祥武氏祠前石室西壁下部画像　3. 河南安阳西高穴 M2 出土画像石画像　4. 山东临沂吴白庄东汉墓东墓室横额画像　5. 山东莒县东莞镇出土墓阙画像　6. 内蒙古和林格尔东汉墓甬道上方壁画

横额石上配置画像，中央为两坡式桥梁，有车骑过桥，因受到惊吓，第一辆车辕马脱离，一个车轮落入河中，其他车辆在努力过桥，桥的右侧有七名女性，均手持兵器，如环首刀、钩镶、长矛、盾牌等，其中两名女性双手紧握长矛，奋力刺向行驶在后面的车辆，其他女性也是手握兵器，奋力向前，追杀车中的仇人[①]（图七-4：4）。山东莒县东莞镇一座时代晚于东汉的其他时期墓葬中出土有东汉画像石，其中一块（编号为2号石），四面皆有画像，原应为墓阙石，正面画像下部有两坡式桥，有车骑过桥，有女性持兵器刺杀车中的男性，水中有一官员模样的人落水，他应是被刺杀的对象，而在右上角有题榜为“七女”[②]（图七-4：5）。该“七女”题榜及画像内容为确定此类画像内容为“七女复仇”提供了重要参考。内蒙古和林格尔东汉壁画墓甬道上方有相关图案，如两坡式桥梁、车骑过桥，有女性持兵器等，相关题榜为“渭水桥”、“长安令”、“七女为父报仇”[③]（图七-4：6）。图像及题榜明确表明这是七女为父报仇的家庭或血亲复仇行为，而发生的地点可能在渭水桥，被刺杀者为长安令，而从西高穴M2出土画像来看，被刺杀者或为咸阳令。就地域来看，“七女复仇”画像在鲁南、鲁西南及附近地区出土较多，表明这一地区该故事流传甚广，接受程度高，同时也与这一地区较多使用石祠堂、石墓阙等有关，而其在内蒙和林格尔地区东汉壁画墓中发现，可能与文化的传播有关，这也表明“七女复仇”在东汉时已得到较大推广，而且受众较多。

“七女复仇”画像多刻于墓外设施的用石上，而相关墓外设施在墓地中有着重要的作用和地位，为墓阙及祠堂。相关画像是杀人复仇画面的直观体现，刻在祠堂或墓阙上，可外显于世人，起到宣扬、教化的作用，而这恰恰就是对孝道或孝悌的宣传及其对“义”的宣扬，又与汉代家庭对孝义的需求、宣扬和展现等均有着相应的关系。关于“七女复仇”，文献中并未有相关记载，结合题榜及画像内容可知，画像所体现的应是汉代女性为父复仇的故事。与汉代女性相关的家庭或血亲复仇在《后汉书·列女传》也有记载，如“酒泉庞淯母者，赵氏之女也，字娥。父为同县人所杀，而娥兄弟三人，时俱病物故，仇乃喜而自贺，以为莫己报也。娥阴怀感愤，乃潜备刀兵，常帷车以侯仇家。十余年不能得。后遇于都亭，刺杀之”[④]，记载内容与“七女复仇”有所不同，赵娥是孤身一人，“七女复仇”则更具集体性，体现的家庭或血亲特征更为突出。

女性复仇在汉代虽不常见，但在家庭无男性成员或男性成员无法担负起复仇“重任”的情况下，有的家庭女性可能会承担起复仇的责任，这在某种程度上说明了

① 管恩洁、霍启明、尹世娟：《山东临沂吴白庄汉画像石墓》，《东南文化》1999年第6期；临沂市博物馆：《临沂吴白庄汉画像石墓》，齐鲁书社，2018年，第79页。

② 刘云涛：《山东莒县东莞出土汉画像石》，《文物》2005年第3期。

③ 内蒙古自治区博物馆文物工作队编：《和林格尔汉墓壁画》，文物出版社，1978年，第18、35、142页。

④（南朝宋）范晔撰，（唐）李贤等注：《后汉书·列女传》，中华书局，1965年，第2796、2797页。

家庭或血亲复仇较为普遍，而女性杀人复仇也是其中的内容之一。赵娥虽兄弟三人，但俱病物故，无法复仇，所以报仇的任务落在赵娥身上，就“七女为父报仇”来讲，则很可能家庭之中无兄弟，故七女联合行动，为父复仇。以上也说明，汉代家庭中，女性可能会习武，或对于兵刃器械等有所习练，七女与赵娥为父报仇时或手持兵器或潜备刀兵，并且可使用兵器刺杀或杀死仇人，可知应有相对熟练地使用。

相较对于被复仇者墓葬的破坏及相关行为，汉墓壁画或石刻画像中的“七女复仇”体现的复仇内容更为直接和明确，其主要针对于活人，目的是要将被复仇或被刺杀者置于死地，而复仇者为父复仇，血亲较近，时间相隔也不会太久。女性复仇的行为也表明家庭复仇在秦汉时期一直存在，而一些家庭复仇在某种程度上会被认同乃至宣扬，这与汉代尤其是东汉时，儒家思想潜移默化的影响及对孝、义等思想的推崇和宣传有关。对于被复仇者墓葬的破坏及相关行为，大多相对隐蔽，主要针对于死者，目的是破坏尸身的埋藏环境及对尸身进行相应破坏，复仇者多是为自身家庭的前辈复仇，血亲有所延续，有的时间会间隔较久。这也说明，家庭仇恨有时会延续较长时间，涉及不同辈分或不同时期的人群，找准时机进行报复或复仇，正是家庭仇恨延续或较长时间存在的很好说明。

第二节 与家庭相关的犯罪及应对措施

秦汉时期，由于各种原因或动机，一些家庭与相关犯罪有所联系，有的是家庭被盗或其他，造成一些盗窃犯罪，而相关家庭对这些罪犯也进行相应的缉捕和审

图七-5 江苏徐州贾汪青山泉水泥二厂东汉 M1 出土“缉盗荣归图”画像全图及其局部画像放大图

讯；有的是家庭内部对一些有罪或有过错人员进行的处理和处罚；有的家庭主要成员犯罪，而家庭其他成员也会受到较多牵连，其中一些犯罪者成为刑徒且被押解到他地从事劳役，并客死他乡。关于秦汉时期家庭与相关犯罪及应对措施等内容，传世及出土的文献资料有较多记载，限于篇幅，仅作相关引用，考古资料亦有体现，并在一定程度上体现出家庭与相关犯罪及对应措施等相关的内容。

一、家庭缉盗

盗窃是古已有之的犯罪形式之一，缉盗捕盗也是从古至今打击犯罪的手段之一。秦汉时期，盗窃行为是社会打击的重要犯罪行为之一。已出土的较多秦汉简中对盗窃和缉盗等有相关记录，如甘肃金塔县肩水金关出土汉简 73EJT24：12，记有“□□职□正月甲寅，当井隧□诩代□□隧毕与循共盗官米一斛，亡。毕未得。循为吏”，该简文为上报文书，当井隧属肩水候官所辖，诩应为当井隧戍卒，毕亦为某隧戍卒，循为官吏，三人谋盗取官米一斛，事发，三人逃跑，除毕未被捕获外，诩和循二人应被抓捕[①]。

关于家庭被盗及其缉盗的内容，汉代画像石画像中也有体现。江苏徐州贾汪青山泉水泥二厂东汉 M1 出土一块长幅的画像石，画像被称为“缉盗荣归图”，画面类似连环画，从右方开始，是对抓捕的盗窃犯进行拷打审讯，被缉捕者面前摆有刑具；从一棵大树始，刻绘了解押盗窃者途中的行进过程，有六辆马车、七个骑马者及步行者等，共押解四名被缉捕盗窃者，这四名盗窃者身穿赭衣囚服，颈束钳械，画面左侧有房屋、树木，表示村落，有房屋，屋内有二人跽坐等候，有人忙碌汲水、烤肉和烧火做饭，有二人拥笏执盾前来迎接[②]（图七 -5）。

① 孙占鳌主编，张瑛、肖从礼著：《汉代居延地区社会生活史研究》，兰州大学出版社，2018 年，第 393、394 页。

② 邱永生：《徐州青山泉水泥二厂一、二号汉墓发掘简报》，《中原文物》1992 年第 1 期；徐毅英主编：《徐州汉画像石》，中国世界语出版社，1995 年，第 54、55、86 页。

“缉盗荣归图”反映的是缉盗后审讯、押解荣归及迎接缉盗者的内容，这一点基本得到学界的认可。但公布资料基本认为画像中缉盗荣归后是地方官吏迎接缉盗者，笔者认为该画像体现的更大可能是豪强地主家庭缉盗、审盗及其押解回庄园或村庄并进行迎接的内容。一方面，左侧建筑内所坐的为墓主人，因是二人，从衣着、发髻与头饰等来看，应为墓主夫妇，体现的当为家庭内容；第二，迎接内容与庖厨相关，这也与家庭相关；第三，东汉时期是地方豪强地主大发展时期，很多地方豪强地主有较多的属吏、兵卒等徒附，河北望都 M1[①]、安平东汉墓[②]等墓内壁画均有较明确的体现，因此该画像中出现的审问者、乘车者、骑马者及拥笏执盾的迎接者等，为豪强地主家庭中属吏、兵卒等徒附的可能性较大，而作为地方豪强地主拥有这些徒附应不会有太大问题。因此，该画像体现的应该是某一豪强地主家庭或庄园被盗后，派人缉捕盗贼，抓到盗贼后，经审问，再押解这些盗贼回庄园，而豪强地主家庭为庆祝抓捕盗贼归来，准备酒食并迎接。因此这幅画像反映了东汉时期豪强地主家庭对自身财产的保护及其自身抓捕、审问和处理盗贼的内容，这对于辅助地方社会治安也有较重要的作用，而该画像以大的篇幅描述审问盗者、押解及迎接荣归的内容，也在一定程度上显示了地方豪强地主家庭的权力和势力，这与地方地主、豪强的发展相互关联，较为一致。

除“缉盗荣归图”外，山东长清孝堂山祠堂东壁画像石画像上部中间有一间房屋，内有 2 人，偏右侧（南侧）上排有 3 人拱手向南，2 人持刀向北，与之相向；下排有 2 人手脚皆被锁住，束发，另有 2 人持刀，各面对 1 个被捆着双手的人，南端有狗 1 只[③]（图七 -6）。除去车马队伍及庖厨的内容，这一组画像与“缉盗荣归图”存在一定的相似之处，即房外有人员看押被抓人员，但其更可能是押至庄园，并进

图七 -6　山东长清孝堂山祠堂东壁上部中、右侧画像及其局部画像放大图

① 姚鉴：《河北望都县汉墓的墓室结构和壁画》，《文物参考资料》1954 年第 12 期；北京历史博物馆、河北省文物管理委员会：《望都汉墓壁画》，中国古典艺术出版社，1955 年。

② 河北北省文物研究所：《安平东汉壁画墓发掘简报》，《文物春秋》1989 年增刊；《安平东汉壁画墓》，文物出版社，1990 年。

③ 蒋英炬、杨爱国、信立祥、吴文祺：《孝堂山石祠》，文物出版社，2017 年，第 29-31 页；傅惜华、陈志农编辑，陈沛箴整理：《山东汉画像石汇编》，山东画报出版社，2012 年，第 5 页。

行审讯和看押，可以说，其体现的内容和内涵与“缉盗荣归图”较为相似。

另外，一些墓阙或祠堂的画像石上还常见以绳绑缚多人的画像。山东平邑八埠顶南武阳皇圣卿阙西阙南面第二格画像，有胡人被绑缚，迈步前行，前有1人跽坐在被绑者前面[①]（图七-7：1）；长清孝堂山祠堂西壁画像中部偏左有3人被反手绑缚，跪在地上，面向一侧，前有一人跽坐，右手微曲，左手前伸，似在向被绑者讲着什么[②]（图七-7：2）。从被绑缚者的衣着、面相等来看，基本是尖帽胡人的形象，而这些胡人类似战俘。就这一内容来讲，与本部分所述的缉盗无关，但也应与维护地方治安有着一定关系。

1

2

图七-7　山东地区出土汉代胡人战俘类画像

1.平邑八埠顶南武阳皇圣卿阙西阙南面第二格画像　2.长清孝堂山祠堂西壁中部偏左画像

二、家庭内部对犯罪及有过错人员的处理

主要是家庭内部对犯罪或有过错人员进行的有关处理和处罚内容，是一种家庭内部的自我处理方式，从考古资料看，这多与官吏或豪强地主家庭有关。上文所述缉盗过程中的审讯发生在家庭之外，但亦可作为家庭内部处理的内容，而盗贼被押解到地主庭院内再进行的处理措施，则更明确地可视为家庭内部的处理内容。

上文所引山东长清孝堂山祠堂东壁画像上部右侧的内容，包括有人手脚被锁、束发，有人持刀面对被捆双手的人，当为在家庭内的内部处理内容，即在庭院内进行审讯和拷问，画像中，右侧有一狗向外伸首，或许表达的就是这一内容。

比较明显的家庭内部处理内容为山东诸城前凉台东汉墓出土髡笞图[③]，亦被称为髡刑图，有学者对之进行了专门的研究和分析[④]。

---

① 王相臣、唐仕英：《山东平邑县皇圣卿阙、功曹阙》，《华夏考古》2003年第3期；傅惜华、陈志农编辑，陈沛箴整理：《山东汉画像石汇编》，山东画报出版社，2012年，第202页。

② 蒋英炬、杨爱国、信立祥、吴文祺：《孝堂山石祠》，文物出版社，2017年，第40-42页。

③ 诸城县博物馆，任日新：《山东诸城汉墓画像石》，《文物》1981年第10期。

④ 黄展岳：《记凉台东汉画像石上的“髡笞图”》，《文物》1981年第10期。

髡笞图与百戏图并刻一石。髡笞图的上部及左右两侧有多名头戴进贤冠者，上端7人、右端5人，执笏端坐，前置奁、尊、杯、盘等酒器与食具；左侧有12人执笏而立，前无酒器或食具，三组人员围成“冂”形，朝外开敞，正对乐舞杂技表演。“冂”形排列人员之间有施髡笞者12人，受髡笞者20人，施髡笞者皆头裹平帻，束衣窄袖，多数手执刀、箠等刑具，受髡笞者衣褐衣，跣足，蓬首，慼面，有的跪在地上，有的俯首弯腰，有的匐伏于地，还有正在受髡笞的。从画像的内容分析，观者为墓主的宾客，施髡笞者应是墓主的家吏，受髡笞者应是墓主家内奴婢。其中，有一家吏左手揪住一奴婢的头发，右手执箠作击奴首状；有二家吏共揪一奴婢头发，左边家吏持刀作欲割发状，右边家吏执箠作击奴首状，奴俯首弯腰；有二家吏共揪一奴婢头发，左边家吏举杖，右边家吏执箠，均作笞状，奴俯首弯腰；有一家吏佩弓负韃，右手揪一奴婢头发，左手执箠作击奴首状。有家吏六人分立两侧，左侧三人中，一人佩弓负韃，屈右臂，左手执箠微前伸，一人佩弓负韃，左手执箠；一人立一奴婢背后，左手狠揪奴婢头发，右手举刀作割发状，右侧三人中，一人双手执箠，二人作前后行进状，前者左手举刀，右手执箠，正对匐伏在地的奴婢作锤击状，后者佩弓负韃，双手执箠。六个家吏的前面有奴婢十六人，十人跪，有蓬首散发者七人（内蓄须老奴一人，左手执碗钵状器二人），六人匐伏，髡顶的二人（内蓄须老奴一人），正受髡刑的一人；匐伏者六人中有，蓬首四人，髡顶二人。在受髡笞的奴婢中间，散置碗钵状器（疑为饭盘）六件、长方形物一件、带三足座的箪一件，髡顶蓄须老奴跪在箪前，似欲向箪内舀物状[1]（图七-8）。

汉代，剔发秃顶是一种对人身的侮辱和惩罚，作为轻刑，髡笞之刑在东汉较为普遍，一些官吏及地方豪强地主家庭对自身奴婢使用较多，诸城前凉台东汉墓出土的髡笞图可充分说明。髡笞图与乐舞百戏刻于一石，基本各占一半石面，表明二者应有较大关系，即一边对犯罪或犯错的奴婢施髡笞，一边进行乐舞百戏的表演，抑或在进行施髡笞的过程中配以乐舞，这充分说明地方官吏或豪强地主家庭对奴婢施髡笞与举行乐舞百戏一样，较为常见，不仅不受法律的约束，而且可邀请宾客，冠冕堂皇地举行。髡笞图的出土表明，东汉一代，地方官僚地主家中畜养奴婢之风甚盛，而这些家庭中，家主可以有擅自杀死、刑伤、髡剃奴婢的特权，对奴婢用髡刑较为常见。髡笞之刑体现出东汉时期官僚地主家庭对家庭内犯罪及犯有相应过错奴婢的内部处罚，这不仅是地方官吏或豪强地主发展的体现，同时也反映出东汉时期地方官吏或豪强地主家庭对家庭中奴婢犯罪及有相应过错者处理的严厉和残酷性。由于髡笞图与乐舞杂技图共处于同一画面之中，而且还

① 黄展岳：《记凉台东汉画像石上的“髡笞图”》，《文物》1981年第10期。

图七-8　山东诸城前凉台东汉墓出土髡笞画像石画像（局部）

有很多的观赏者，由此推测，该画像中的髡笞内容或许也是一种表演以供宾客欣赏的娱乐形式，但也较直观地体现了东汉豪强地主家庭中对于奴婢的髡笞内容，并反映了豪强地主家庭中奴婢地位较低的社会现实。当然，关于本画像中髡笞内容可能是一种娱乐形式的看法，仅是一种猜想，还有待考古资料的进一步证实。

三、汉代王侯犯罪与家庭内容

两汉王朝实行分封制度，史载“汉兴，序二等”①，“大者王，小者侯”②。汉代，

① （西汉）司马迁撰，（南朝）裴骃集解，（唐）司马贞索引、张守节正义：《史记·汉兴以来诸侯王年表》，中华书局，1982年，第801页。

② 《史记·汉兴以来诸侯王年表》韦昭注曰：“汉封功臣，大者王，小者侯也。”（西汉）司马迁撰，（南朝）裴骃集解，（唐）司马贞索引、张守节正义：《史记》，中华书局，1982年，第802页。

分封的诸侯王及列侯数量众多，由于中央集权的不断加强与诸侯王国及侯国的发展之间始终存在矛盾，加之部分诸侯王、列侯自身的原因等，出现了一些对皇权和国家政治体制等造成严重侵犯的“谋反者”，另有其他罪行者。谋反的诸侯王及列侯受到中央政府诸多不同形式的打击和打压，通观两汉历史，谋反的诸侯王及列侯无一例成功者，正是基于以上原因，谋反诸侯王及列侯都会得到不同程度、不同形式的严厉处罚，其他罪行者也会受到相应的惩罚，而他们的家庭也因诸侯王或列侯的犯罪行为受到牵连或株连，体现出与正常承继和发展的诸侯王及列侯家庭生活、家庭成员及其丧葬内容等不同的内容，同时由于诸侯王及列侯特殊的身份地位，有些虽有谋反或其他罪行，因不同时期、不同情况，特别是有些谋反的刘姓诸侯王及列侯，又体现出一些相对特殊的内容。

关于汉代诸侯王及列侯等的犯罪及对其打击、处理和处罚方式、结果等，文献资料有较多记载。就谋反来讲，是计划或正在执行危害现有统治和统治者的行为，这一行为又是以危害国家统治为主要表现形式，所以汉代王、侯的谋反，直接侵害的就是皇权和国家统治，史书中所涉及的汉代诸侯王与列侯的“大逆”、“为逆”、“有罪”等，在某种程度上是相同的，而祝诅或诅祝上、“谋反”暗害皇帝等亦属谋反之列；考察文献资料，两汉王朝皆有相当数量的谋反诸侯王与列侯，而西汉多于东汉，且西汉早中期比晚期多，东汉早期比晚期多，关于两汉时期的谋反诸侯王，详见表格[①]（表七 -1），两汉时期谋反的列侯暂未作统计。

表七 -1 汉代谋反诸侯王统计表

时代		封国	姓名	封立	同 / 异姓王	结果	备注
西汉	初期	楚	韩信	始封	异姓王	先贬为侯，后被杀	/
	早期		刘戊	嗣封	同姓王	自杀	参与七国之乱
	中期		刘延寿	嗣封	同姓王	自杀	阴欲附倚辅助广陵王
	初期	赵	张敖	嗣封	异姓王	废王为侯	坐相贯高等谋反
	早期		吕禄	始封	吕姓王	诛杀	/
	早期		刘遂	嗣封	同姓王	自杀	参与七国之乱
	初期	燕	臧荼	始封	异姓王	诛杀	/
	初期		卢绾	始封	异姓王	亡入匈奴，死于此	/
	早期		吕通	始封	吕姓王	诛杀	/
	中期		刘旦	嗣封	同姓王	自杀	谥剌王
	初期	韩	韩信	始封	异姓王	降匈奴，后被杀	/

① 刘尊志：《汉代诸侯王墓研究》，社会科学文献出版社，2012 年，第 438-444 页。原文是对汉代谋反诸侯王的论述，笔者在本书的叙述中，增加了两汉列侯，特说明。

续表

时代		封国	姓名	封立	同/异姓王	结果	备注
西汉	初期	梁	彭越	始封	异姓王	诛杀	/
	早期		吕产	改封	吕姓王	诛杀	/
	早期	吕	吕大	始封	吕姓王	诛杀	/
	初期	淮南	英布	始封	异姓王	诛杀	/
	早期		刘长	始封	同姓王	废勿王，行病死	谥厉王
	早期		刘安	嗣封	同姓王	自杀	/
	早期	吴王	刘濞	始封	同姓王	被追斩，为东越人杀	参与七国之乱
	早期	胶东	刘雄渠	始封	同姓王	自杀	参与七国之乱
	早期	胶西	刘昂	始封	同姓王	自杀	参与七国之乱
	早期	济南	刘辟光	始封	同姓王	自杀	参与七国之乱
	早期	菑川	刘贤	始封	同姓王	自杀	参与七国之乱
	早期	临江	刘荣	始封	同姓王	自杀	/
	晚期	广陵	刘胥	嗣封	同姓王	自杀	坐诅上，谥厉王
	中期	江都	刘建	嗣封	同姓王	自杀	/
	早期	衡山	刘赐	改封	同姓王	自杀	/
	早期	济北	刘兴居	改封	同姓王	自杀	举兵叛乱
	中期		刘宽	嗣封	同姓王	自杀	坐诅上
	晚期	东平	刘云	嗣封	同姓王	自杀	坐诅上，谥殇王
东汉	早期	楚王	刘英	始封	同姓王	自杀	谥楚厉侯
	早期	淮阳	刘延	始封	同姓王	先徙封阜陵王，后再谋反，贬为阜陵侯	/
	早期	广陵	刘荆	始封	同姓王	自杀	谥思王
	晚期	清河	刘蒜	嗣封	同姓王	贬爵为侯，自杀	/

注：本表引自刘尊志：《汉代诸侯王墓研究》，社会科学文献出版社，2012 年，第 439、440 页，特说明。

汉政府处置诸侯王与列侯犯罪行为，尤其是针对谋反者的措施和方法十分严厉，同时因诸侯王及列侯权力地位的变化、谋反或犯罪方式和影响的不同及其他诸多因素的影响，政府的打击措施和方法呈现出多样性。西汉时期，打击措施和方法主要有处死（含诛杀、追斩等）、让谋反者自杀及弃市、废王或侯、国除、除籍或开除出宗室、废徙、削减属地等；东汉时期主要有削属地、降权（如一些王降贬为侯，一些侯降贬为更低等级的侯等）、徙封地，个别为国除，少见诛杀。

与汉代犯罪王侯相关的考古资料主要是有谋反罪行王侯的墓葬资料，以谋反诸侯王的墓葬居多，有少量列侯墓葬，从时代上看，与文献记载相一致，西汉墓葬居多，既有诸侯王墓，也有列侯墓葬，东汉墓葬较少，仅个别谋反诸侯王的墓葬，详见表格（表七 -2）[①]。

表七 -2　汉代谋反诸侯王、列侯墓葬统计表

时代		墓葬名称	墓主归属	同姓 / 异姓王 / 列侯	国属	出处	备注
西汉	初期	陕西咸阳安陵东	张敖	异姓王	赵	《考古与文物》2002 年第 4 期	陪葬帝陵，小于夫人墓
	早期偏晚	山东青州香山汉墓	刘贤	同姓王	菑川	《中国文物报》2006 年 9 月 13 日第 2 版	有陪葬坑
		山东章丘危山汉墓	刘辟光	同姓王	济南	《中国考古学年鉴 · 2003 年》	有陪葬坑
		江苏徐州驮篮山 M1	刘戊	同姓王	楚	《中国考古学年鉴 · 1991 年》	有陪葬坑
		江苏徐州簸箕山 M3	刘埶	同姓列侯	宛朐侯国	《文物》1997 年第 2 期	有陪葬坑、陪葬墓
	中期	山东长清双乳山 M1	刘宽	同姓王	济北	《考古》1997 年第 3 期	/
		山东五莲县仲崮山 M4	刘祖	同姓列侯	东昌侯国	《文物》1987 年第 9 期	墓主很可能为其他非列侯人员
	晚期	江苏高邮天山 M1	刘胥	同姓王	广陵	《文博通讯》第 32 期	/
东汉	早期	江苏扬州邗江甘泉山 M2	刘荆	同姓王	广陵	《文物》1981 年第 11 期	夫妻同穴合葬

注：本表引自刘尊志：《汉代诸侯王墓研究》，社会科学文献出版社，2012 年，第 457 页，对相关谋反列侯的墓葬进行了增加，特说明。

表中所列汉代谋反诸侯王的墓葬及列侯墓葬反映的家庭内容并不突出，有些则是间接体现，参考其他考古资料及有关文献资料，可对所体现某些家庭内容有所认识。

因相关考古资料基本为墓葬资料，所体现的丧葬内容较为丰富，一方面是与汉代墓葬相近或相似的内容，另一方面是与汉代谋反诸侯王、列侯相对应的特殊内容。就对应的特殊内容来讲，主要体现在以下几点：①谋反诸侯王或列侯基本葬在谋反前修建的墓地内，一些因特殊情况而葬于他地；②已有的墓外设施一般不被毁废，但部分存在不再使用的可能，即使使用，规制上也趋于简略，相关人员、管理

① 刘尊志：《汉代诸侯王墓研究》，社会科学文献出版社，2012 年，第 457 页。原文是对汉代谋反诸侯王墓葬的统计，本书增加了相关谋反列侯的墓葬，特说明。

规格及级别等均会降低，而且一般不再建造新的设施；③墓葬方面，有些被毁弃不用，有些则仍作为谋反者的冥宅，修建完整者，保留原有状况，未完工者不再有大规模的工程，保留有未完工的痕迹，这与一些谋反诸侯王或列侯被诛杀后匆匆下葬有一定关系；④谋反诸侯王或列侯的殓葬用品明显体现出与其谋反被诛或自杀等较为相符的特征，殓葬玉器极少使用，玉衣基本不能使用；⑤陪葬品体现出数量和品种少，质量相对粗糙等特征，礼器尤其是铜礼器较少，陶礼器还有一定数量，玉器较少，其他陪葬品中，象征诸侯王身份的器物较少；⑥王后或列侯夫人同样受到牵连，如与王同时或稍晚死亡的王后，葬制会因家庭成员的谋反呈现出与谋反诸侯王同样的特征①。结合文献资料，还有葬礼、葬仪的简化，等级降格，与非谋反诸侯王、列侯有着明显差别；谋反者死后的安葬地点并不一定在封国内，而是根据实际情况而定，存在迁还封地的情况；谋反者有的可被赐予谥号，有的则无谥号，赐谥号者相对较少，而有谥号者名称多不雅；一些谋反者设有守冢人员等内容②。

与丧葬内容相对应，考古资料也体现出与汉代谋反诸侯王、列侯家庭相关的其他内容。一是家庭嫡亲人员受到牵连或株连，有的被杀或自杀，有的虽未被杀，但原有的爵位、等级身份及生活环境、质量、内容会受到较多影响。史载，“王戊反，（刘戊的叔父刘）富等皆坐免侯，削属籍。后闻其数谏戊，乃更封（富）为红侯”③。再如“赵王彭祖、列侯臣让等四十三人议，皆曰：‘淮南王安甚大逆无道，谋反明白，当伏诛。’……淮南王安自刭杀。王后荼、太子迁诸所与谋反者皆族”④。从考古资料来看，较多谋反诸侯王及列侯后代的墓葬少见或不能确认，缺少能够证明对应身份的陪葬物品，墓葬形制也与一般墓葬较为相似或接近，故很难确认，而谋反诸侯王墓葬及列侯的墓葬少见等级较高的祔葬墓等也大致可以说明这一点。另外，谋反诸侯王及列侯死后无谥号，赐谥号者相对较少，而有谥号者名称多不雅，这对其家庭及其后代在社会中会产生较多不好或不利的影响。第二，谋反诸侯王或列侯的家臣及相关人员会受到牵连，或连同被杀，或离开，有些虽被赦，身份地位大多亦不如从前，谋反诸侯王墓葬及列侯墓葬的陪葬墓极少即可说明。第三，与谋反诸侯王及列侯死后有关的祭祀（含祖祭、墓祭等）或相关行为及与祭祀有关的仪式、物

---

① 刘尊志：《汉代诸侯王墓研究》，社会科学文献出版社，2012年，第463-465页。原文是对汉代谋反诸侯王墓葬的论述，本书增加了相关谋反列侯的内容，特说明。

② 刘尊志：《汉代诸侯王墓研究》，社会科学文献出版社，2012年，第456页。原文是对汉代谋反诸侯王墓葬的论述，本书增加了相关谋反列侯的内容，特说明。

③（东汉）班固撰，（唐）颜师古注：《汉书·楚元王传》，中华书局，1962年，第1925页。富即刘富，楚元王刘交子，刘戊叔父，景帝初被封为休侯。

④（西汉）司马迁撰，（南朝）裴骃集解，（唐）司马贞索引、张守节正义：《史记·淮南衡山列传》，中华书局，1982年，第3094页。

品、人员等都会趋于简化、减少或不见。第四，虽然有些诸侯王或列侯谋反，特别是谋反的同姓诸侯王，与朝廷存在千丝万缕的关系，他们受到自杀或被诛杀且封国被除等处罚，但在一段时间后，朝廷对于其家庭成员，以子孙为主，会有新的封赐。文献中有相关记载，如淮南王刘长虽谋反，但之后，朝廷“立其子三人为淮南王、衡山王、庐江王”[①]；如西汉广陵王刘胥谋反，国除，赦王诸子皆为庶人，后“元帝复立胥太子霸，是为孝王”[②]。东汉广陵王刘荆谋反被发觉，刘荆自杀，其后，朝廷“封荆子元寿为广陵侯，服王玺绶，食荆故国六县；又封元寿弟三人为乡侯”[③]。就这一点来讲，考古资料特别是有关墓葬的发掘可与文献资料相对应。《汉书》载“七国之乱”后，朝廷续封了个别主要参与国，如楚国，景帝乃“立平陆侯刘礼为楚王，续元王后”[④]，之后又传多代。考古发掘的北洞山楚王墓[⑤]很可能就是楚文王刘礼的墓葬[⑥]，而徐州西卧牛楚王墓的墓主[⑦]、小龟山楚王墓的墓主刘注[⑧]均为刘礼的后人。另据《汉书》载：元凤元年（公元前80年），燕王刘旦谋反，事发后以绶自绞，国除，王太子建赦为庶人，“宣帝即位，封旦两子（为侯），又立故太子建，是为广阳顷王”[⑨]，亦传多代。已发掘的北京大葆台M1与M2，一般认为墓主为广阳顷王刘建及其夫人[⑩]，另一座为老山汉墓，时代为西汉中晚期，墓主为燕王或广阳王的王后[⑪]。东汉楚王刘英，因谋反罪被废，国除，史载：“建初二年（77年），肃

---

① （西汉）司马迁撰，（南朝）裴骃集解，（唐）司马贞索引、张守节正义：《史记·孝文本纪》，中华书局，1982年，第426页。

② （东汉）班固撰，（唐）颜师古注：《汉书·武五子传》，中华书局，1962年，第2763页。

③ （南朝宋）范晔撰，（唐）李贤等注：《后汉书·光武十王传》，中华书局，1965年，第1448页。

④ （东汉）班固撰，（唐）颜师古注：《汉书·景帝纪》，中华书局，1962年，第143页。

⑤ 徐州博物馆、南京大学历史系考古专业：《徐州北洞山汉墓发掘简报》，《文物》1988年第2期；《徐州北洞山西汉楚王墓》，文物出版社，2003年。

⑥ 刘尊志：《汉代诸侯王墓研究》，社会科学文献出版社，2012年，第481-489页；刘尊志：《徐州两汉诸侯王墓研究》，《考古学报》2011年第1期。

⑦ 耿建军、刘超：《徐州市泉山区西卧牛山汉墓发掘》，江苏省文物局主编：《江苏考古（2010—2011）》，南京出版社，2013年，第87-91页；李银德：《江苏西汉诸侯王陵墓考古的新进展》，《东南文化》2013年第1期。

⑧ 南京博物院、铜山县文化馆：《铜山龟山二号西汉崖洞墓》，《考古学报》1985年第1期；尤振尧：《〈铜山龟山二号西汉崖洞墓〉一文的重要补充》，《考古学报》1985年第3期；徐州博物馆：《江苏铜山龟山二号西汉崖洞墓材料的再补充》，《考古》1997年第2期。

⑨ （东汉）班固撰，（唐）颜师古注：《汉书·武五子传》，中华书局，1962年，第2759页。

⑩ 北京市古墓发掘办公室：《大葆台西汉木椁墓发掘简报》，《文物》1977年第6期；大葆台汉墓发掘组、中国社会科学院考古研究所：《北京大葆台汉墓》，文物出版社，1989年。

⑪ 王鑫、程利：《石景山老山汉墓》，中国考古学会编：《中国考古学年鉴·2001年》，文物出版社，2002年，第104-105页；程实：《北京发现大型西汉陵墓》，《历史教学》2000年第6期。

宗封英子〔种〕楚侯，五弟皆为列侯。”[①] 徐州铜山汉王镇东沿村出土的“元和三年（86年）三月七日三十示大人子侯世子豪（高）行三年如礼治冢石室直（值）□万五千”刻铭画像石[②]，应为相关墓葬祠堂的用石[③]，发掘资料认为，刻铭中的“侯”字应该是所属墓主人的封爵，当与东汉楚王刘英的儿子封侯有关，推测对应墓葬的墓主人有可能是楚王刘英后裔中的封侯者[④]。江苏扬州甘泉山附近有2座东汉时期的列侯级别墓葬，墓主均可能是广陵侯。东汉早期的双山M1（甘泉一号墓）[⑤]，墓主应是刘荆家族中的某个成员，有研究认为墓主可能是谋反的广陵王刘荆的王后[⑥]，但通过对墓葬形制、出土器物等的分析，结合文献记载，基本可确定M1的墓主应是刘荆之子广陵侯刘元寿[⑦]；甘泉镇西约1里处的老虎墩汉墓，时代为东汉中期，墓主为某一代广陵侯或其重臣，整体而言，为前者（即广陵侯）的可能性较大[⑧]。

江苏徐州市南郊土山东汉二号墓已经发掘，该墓的规模、形制、陪葬物品、殓葬用品、墓内葬人及丰富的丧葬内容，对研究东汉诸侯王墓葬及其丧葬制度和内容等具有重要的价值和意义。而随着发掘工作的基本结束，关于墓内所葬人员，尤其是男性墓主的归属也有了新的猜想，墓内所葬主要墓主或可能是东汉早期的楚王刘英及其夫人，或可能是第一代彭城王刘恭及其王后[⑨]。如果土山M2的主要墓主确定为东汉早期的楚王刘英及其夫人，则可以更好地体现东汉谋反诸侯王墓的有关内容，不过，笔者较倾向于墓内所葬主要墓主为第一代彭城王刘恭及王后。77年，刘英死后15年之后，朝廷恩准刘英尸身回葬彭城，且礼仪隆重，但仍以“楚厉侯”的身份下葬，然就土山M2来讲，上文所述的众多特征皆是王墓的制度内容和特征体现。虽然朝廷同意楚王刘英尸骸回葬彭城，且举行有相对隆重的仪式，但突出朝廷或皇帝仁政的形式上内容更为明显，在这种背景下，刘英回葬彭城后是不可能弃侯制而僭用王制的。土山M2较之已发现、发掘的东汉诸侯王墓葬，明显在规模、殓葬、陪葬等方面更为突出，这应与刘恭作为第一代彭城王且具有德行，并与朝廷关系亲密有关，其死后谥号为靖，而《后汉书》中称“彭城厚德”[⑩] 即可说明。如果

① （南朝宋）范晔撰，（唐）李贤等注：《后汉书·光武十王传》，中华书局，1965年，第1430页。

② 徐州博物馆：《徐州发现东汉元和三年画像石》，《文物》1990年第9期。

③ 刘尊志：《江苏徐州东沿村出土东汉祠堂画像石浅析》，《中原文物》2018年第1期。

④ 徐州博物馆：《徐州发现东汉元和三年画像石》，《文物》1990年第9期。

⑤ 南京博物院：《江苏邗江甘泉东汉墓清理简况》，文物编辑委员会编：《文物资料丛刊·第四辑》，文物出版社，1981年，第116-120页。

⑥ 李健广：《江苏邗江甘泉顺利东汉墓清理简报》，《东南文化》2009年第4期。

⑦ 余国江：《江苏扬州双山汉墓墓主身份探讨》，《东南文化》2018年第6期。

⑧ 扬州博物馆：《江苏邗江县甘泉老虎墩汉墓》，《文物》1991年第10期。

⑨ 耿建军、原丰：《徐州土山二号墓考古发掘取得重大收获》，《中国文物报》2021年1月15日第7版。

⑩ （南朝宋）范晔撰，（唐）李贤等注：《后汉书·孝明八王传》，中华书局，1965年，第1670-1672、1679页。

墓内所葬为厉侯刘英与其夫人，既不合礼制，也与东汉的葬制和要求不相符，这样对于社会政治统治亦会带来不好的影响。另外，东汉朝廷同意刘英尸骸回葬彭城，但修建土山M2这样的一座墓葬，需要耗费大量的人力、物力，且需要较长的时间，这些似乎与刘英回葬不太相符，而且还会使得刘英尸柩回彭城后需搁置较长的时间，正常情况下，与理不通，即使按王礼下葬，也较预作寿陵情况下安葬的诸侯王存在较大差异。另外，刘英是在死后15年才回葬彭城的，而15年的时间，刘英的尸身可能会有相应的朽腐，是否能穿戴玉衣，且穿戴玉衣的意义、以列侯身份下葬是否能够越制使用诸侯王死后的玉衣殓葬等等都值得思考。所以，土山M2为第一代彭城王刘恭及其王后墓葬的可能性最大。另外，与M2位于同一封土的M1，墓主女性，有银缕玉衣殓葬，而M2西北位置的M3也具有相应规模，这些墓葬的位置、内容及特征等也很难与以列侯礼回葬彭城的刘英相联系起来。所以，就该墓葬来讲，在厘清墓主归属后，应对研究刘英及其家庭的相关内容没有太多的参考价值。

另外，从文献资料看，谋反或有罪行诸侯王或列侯的家庭成员，尤其女性，还因父辈或祖辈为谋反者而成为和亲远嫁的人员，如江都王刘建女儿刘细君与楚王刘戊的孙女解忧公主，因父亲或祖父谋反而受到株连，二人均远嫁乌孙国，为汉王朝和乌孙的和平发展做出了重要的贡献①。这些内容不在本书的论述范围，不多作赘叙。

四、刑徒体现的家庭内容

刑徒是秦汉时期的一个特殊群体，刑徒与其所属家庭也体现出特殊的内容。就刑徒来讲，首先是有罪者，其次是以服劳役的形式来抵罪的人。《汉书·惠帝纪》载："上造以上及内外公孙耳孙有罪当刑及当为城旦舂者，皆耐为鬼薪白粲。"②而《汉旧仪》记载得更详细，"有罪，各尽其刑。凡有罪，男髡钳为城旦，城旦者，治城也；女为舂，舂者，治米也，皆作五岁。完四岁，鬼薪三岁"③。可以看出，一些家庭成员犯罪后成为刑徒，不能为自身的家庭劳动，而是以服劳役的形式来抵罪，这均体现出自身及其所属家庭的特殊性。

秦汉时期，刑徒服劳役从事的劳动内容较为多样，如上文所引《汉旧仪》中记载的"治城"、"舂米"等。《汉书·惠帝纪》中载有"发诸侯王、列侯徒隶二万人城长安"④，所反映的应是征调诸侯王国及列侯国内的刑徒从事修建长安城等劳动。

---

① （东汉）班固撰，（唐）颜师古注：《汉书·西域传·乌孙国》，中华书局，1962年，第3903-3908页。

② （东汉）班固撰，（唐）颜师古注：《汉书·惠帝纪》，中华书局，1962年，第85页。

③ （东汉）卫宏撰，（清）孙星衍校：《汉旧仪》，（清）孙星衍等辑，周天游点校：《汉官六种》，中华书局，1990年，第85页。

④ （东汉）班固撰，（唐）颜师古注：《汉书·惠帝纪》，中华书局，1962年，第89页。

考古资料中，与秦汉刑徒有关的资料已有一定数量，主要遗存为多个刑徒墓葬组成的刑徒墓地及其出土遗物，另外也有石刻文字。现择其主要，简单概述如下。

陕西临潼秦始皇帝陵发现有修陵人的墓地，其中一些修陵人为刑徒，主要墓地有姚池头村北墓地与东五小区墓地[①]、赵背户村西墓地[②]。墓葬形制简单，集中埋葬，人骨中男性青壮年居多，有的身、首异处，有的肢体残断，有的有刀伤痕迹，应是死于非命，可能是被杀后所埋；发现的陶文有地名、刑名和人名（图七-9），提到的县名有“东武”、“平阳”、“平阴”、“博昌”、“兰陵”、“赣榆”、“杨民”、“武德”等，乡里的名称有“用里”、“便里”、“东间”、“北游”等，涉及地区较多。

2000年，考古工作者在秦都咸阳渭河南岸宫殿区遗址以东约2000米处，今西

赵背户村修陵人墓地局部发掘现场

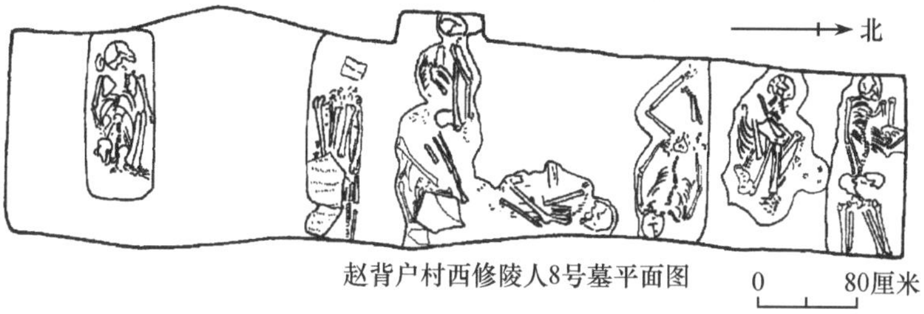

赵背户村西修陵人8号墓平面图

图七-9　秦始皇帝陵刑徒墓葬及其出土的瓦文

① 陕西省考古研究所、秦始皇兵马俑博物馆：《秦始皇帝陵园考古报告（1999）》，科学出版社，2000年，第27、28页。

② 始皇陵秦俑坑考古发掘队：《秦始皇陵西侧赵背户村秦刑徒墓》，《文物》1982年第3期。

安市北郊，发掘7座秦代刑徒墓，均为竖穴土坑，一般长2、宽1米左右，墓中最多葬7人，最少葬2人，共发掘出土尸骨31具，或平放，或叠压，有的头部被击打过，有的没有脚趾，有的腓骨骨折，有的身首异处，显系被杀后埋葬，有的俯身作挣扎状，可能为活埋所致，个别的手、足、颈还戴有铁制刑具[①]。

汉景帝阳陵西北有专门的刑徒墓地，墓葬数量多，集中埋葬，出土了一批钳、釱等刑具，并发现了大批身首离异的刑徒骨架[②]（图七-10）。

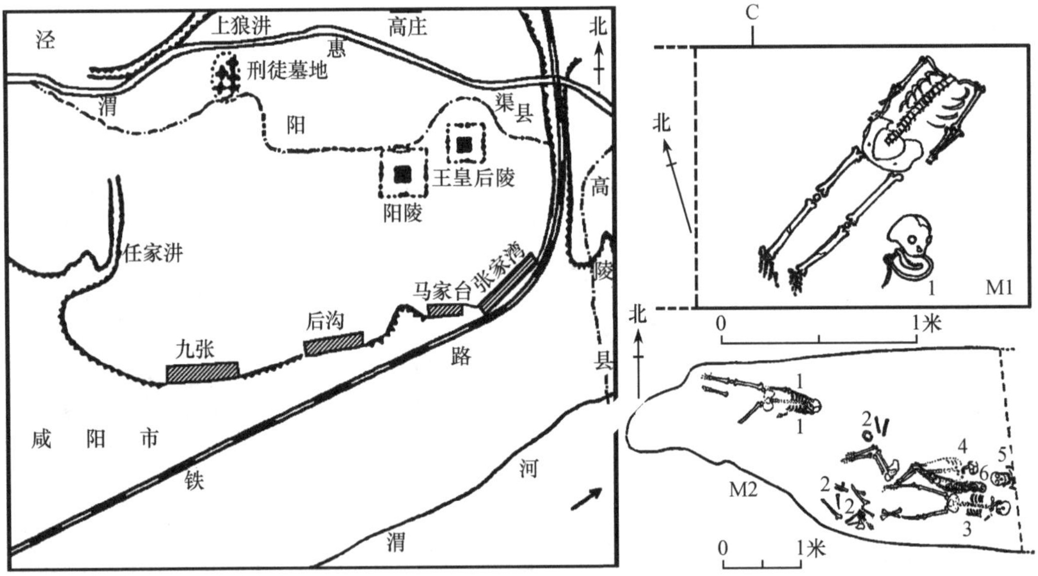

图七-10　汉阳陵的刑徒墓地位置图及部分刑徒墓葬平面图

汉武帝茂陵，修陵人墓地位于陵区的西南，曾有大量带刑具的人骨发现，勘探发现大量排列密集的小型墓葬，面积约4万平方米，抢救性发掘的墓葬规模均不大，死者仰身直肢葬，无陪葬品，推测该处埋葬尸骨2万具以上[③]。

汉魏洛阳城南郊（今河南偃师西大郊村附近）东汉刑徒墓地，墓葬数量多，排列密集，基本为长方形竖穴土坑，葬具简单，随葬品极少，出土较多的尸骨和刑具，这批刑徒多系男性青壮年，一些死者骨架尤其是脊椎骨上发现明显的劳损痕迹；有的骨骸上留有被器械刺杀、砍击造成的创伤，有些墓内棺上有青砖一块或二块，砖上刻有死者姓名、刑名、输作前的郡县狱所以及死亡日期等，刑名有“钳”、

① 杨永林：《西安发掘出秦刑徒墓，严酷刑法历历在目》，《光明日报》2000年8月29日。

② 秦中行：《汉阳陵附近钳徒墓的发现》，《考古》1976年第12期。

③ 陕西省考古研究院、咸阳市文物考古研究所、茂陵博物馆：《汉武帝茂陵考古调查、勘探简报》，《考古与文物》2011年第2期。

“完城旦”、“鬼薪”等，墓葬时代基本为东汉中期，时间相对较为集中，大概共13年多不到14年的时间[①]。

褒斜道是一条十分重要的古道，有较多的石刻，其中《开通褒斜道刻石》（或《鄐君开通褒斜道刻石》）的文字中有“永平六年（63年），汉中郡以诏书受广汉、蜀郡、巴郡徒二千六百九十人，开通褒斜道”等文字，记载的是公元63年，汉中太守钜鹿鄐君奉诏受广汉、蜀郡、巴郡刑徒二千六百九十人，并以这些人员为劳动力，动工开通斜栈道的事情[②]。

上述考古资料所反映秦汉时期刑徒从事的劳役主要有以下三类：一是修建都城，这与文献记载汉惠帝时征调刑徒修建长安城的内容大体一致，考古资料反映的是对秦都咸阳城、东汉洛阳城的修建，相关遗存基本都是刑徒墓地，如西安市北郊秦代刑徒墓地及东汉洛阳城南郊刑徒墓地；二是修建道路或相关类似工程，《开通褒斜道刻石》的记载较为明确；三是修建陵墓，主要包括对秦始皇帝陵、西汉景帝阳陵与武帝茂陵的修建等。可以看出，秦汉时期役使大量刑徒进行大规模修筑劳动是较为普遍的。第三点在相关文献中有载，可相互对应，其中关于秦始皇帝陵的修建，《史记》载：“始皇初即位，穿治郦山，及并天下，天下徒送诣七十余万人，穿三泉，下铜而致椁，宫观百官奇器珍怪徙臧满之。”[③]关于汉阳陵修建过程中对刑徒的使用，《汉书·景帝纪》载：中元四年（公元前146年），“赦徒作阳陵者，死罪欲腐者，许之”[④]。另外还有《汉书·成帝纪》所载：鸿嘉元年（公元前20年），“壬午，行幸初陵，赦作徒”[⑤]。

通过文献及考古资料来看，有罪人员以服劳役的形式抵罪应是国家或朝廷的行政措施或政策，而这也是对家庭中有罪人员进行处理的一种方式。刑徒中男性居多，亦会有少量的女性，有的女性或许是男性刑徒的亲属，被株连拘系；一些刑徒经过服劳役可减缓刑罚或刑期，重回家庭，使得自身家庭归于正常，但这种可能性并不大，一旦成为正在服劳役的刑徒，往往会被任意延长刑期[⑥]。从已发现、发掘的几处刑徒墓地来看，埋葬刑徒数量较多，亦可大致说明这一点。秦始皇帝陵与东汉

---

① 中国科学院考古研究所洛阳工作队：《东汉洛阳城南郊的刑徒墓地》，《考古》1972年第4期；中国社会科学院考古研究所：《汉魏洛阳故城南郊东汉刑徒墓地》，文物出版社，2007年。

② 陈明达：《褒斜道石门及其石刻》，《文物》1961年第4、5期合刊；黄盛璋：《褒斜道与石门石刻》，《文物》1963年第2期。

③ （西汉）司马迁撰，（南朝）裴骃集解，（唐）司马贞索引、张守节正义：《史记·始皇本纪》，中华书局，1982年，第265页。

④ （东汉）班固撰，（唐）颜师古注：《汉书·景帝纪》，中华书局，1962年，第147页。

⑤ （东汉）班固撰，（唐）颜师古注：《汉书·成帝纪》，中华书局，1962年，第316页。

⑥ 中国科学院考古研究所洛阳工作队：《东汉洛阳城南郊的刑徒墓地》，《考古》1972年第4期。

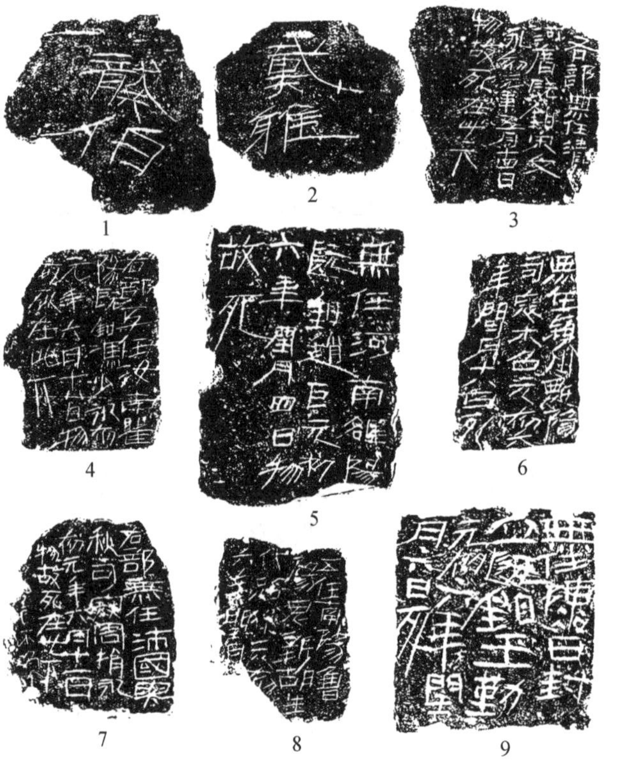

图七 -11　东汉洛阳城南刑徒墓出土砖文

1. M3-17：1　2. M3-26：1　3. T2M56：1　4. T2M21：2　5.M11-17：1
6. T1M9：2　7. T2M34：1　8. M11-39：1（正）　9. M11-20：1

洛阳故城南郊刑徒墓地出土的带文字瓦或砖等，其上刻有死于劳役过程中的刑徒姓名、刑名、输作前的郡县狱所以及死亡日期等，当可起到标记或标注的作用，或能用于归葬，但更多的是长埋于刑徒墓地之中。至于刑徒在服劳役期间的生活，最主要的是体力劳动，期间还会受到严格管理，进而根据要求进行高强度劳动，一些刑徒的身体会因此受到不同形式的伤害，考古资料体现的头部被击打、身体有被器械刺杀、砍击造成的创伤、刀伤痕迹，还有肢体残断和缺少、脊椎骨上明显的劳损痕迹均可体现，至于“徒在作部，疾病致医药，死亡厚埋葬”[①]，说明在当时应存在为刑徒医伤疗病的情况，刑徒墓地出土的文字资料也有体现，但大多应是相对简单的治疗，就“厚埋葬”来讲，则很可能是提供埋葬之地，并有相关砖瓦标明死者的身份等，东汉洛阳故城南郊刑徒墓地的死者还有薄棺，陪葬物品则基本没有。东汉洛阳故城南郊刑徒墓地中，有些刑徒埋葬以后，墓葬被保存的时间很短，大约几年内，有的被重新挖出来，另葬新死的刑徒，这一方面说明刑徒的死亡较为

① （南朝宋）范晔撰，（唐）李贤等注：《后汉书·桓帝纪》，中华书局，1965 年，第 294 页。

普遍，另一方面也说明对于刑徒的埋葬并不是太重视，所谓“厚葬”应该是对外的一种说法或形式。

东汉洛阳故城南郊刑徒墓地的考古资料还体现出两个内容。一是代替服劳役，二是刑徒以农民为主，亦有少量贵族和官吏。代替服劳役的如曹福代替胡非（右部五任下邳相髡钳曹福代胡非）、胡生代替路次（五任南阳鲁阳鬼薪胡生代路次）等[①]，髡钳曹福与鬼薪胡生应该是有罪的低等级人员，他们代替其他人服劳役当有一定原因，而其家庭等级较低应是他们代替他人的重要原因，而被代替者则很可能有相对略高的身份地位或相应的经济实力。东汉时，贵族和官吏有因犯罪成为刑徒者，但数量较少，从墓地出土砖铭来看，除 3 块旧砖外，仅一座墓葬是从“少府若卢”狱中来的刑徒，就一些贵族和官吏来讲，即使成为刑徒，也往往很快被赦免，未被赦免的，还可以通过捐财物的形式赎刑[②]，另外他们也可采取第一项内容体现的方式来躲避劳役。以上两项内容也在一定程度上体现出刑徒家庭间的差异及其相关的社会内容。

从家庭来看，较多刑徒（以农民为主），因不同形式的犯罪被拘捕，他们因朝廷的需要，通过服劳役的形式来抵罪罚。在服劳役期间，刑徒离开家庭，成为被动从事繁重劳动的劳役人员。从已发现发掘的刑徒墓地来看，较多刑徒在服劳役期间因各种原因死在服劳役之地并埋在刑徒墓地中，下葬形式及其葬具、陪葬品均较简单，一些还戴着刑具埋葬于地下。对于其家庭而言，刑徒因犯罪造成家庭失去劳动力，使得家庭生产、生活等受到较多影响，而刑徒死后埋于他乡，也使得夫妻不能合葬，儿孙无法葬于家族墓地之中，这些均体现出有刑徒家庭的特殊性，而这与当时的社会政治及法律、劳役制度等应有一定的关系。

第三节　海昏侯刘贺及其家庭成员墓地

刘贺为西汉时期具有特殊性的一个人物，有着由王至帝，废归故国，又再被封为列侯的经历。据《汉书》记载，刘贺为汉武帝子昌邑哀王刘髆的儿子，继承王位后，“立十三年，昭帝崩，无嗣，大将军霍光征王贺典丧。”“受皇帝玺绶，袭尊号。即位二十七日，行淫乱。大将军光与群臣议，白孝昭皇后，废贺归故国，赐汤沐邑二千户，故王家财物皆与贺。”后“国除，为山阳郡。”（再后朝廷封刘贺）“为海昏侯，食邑四千户。”“贺就国豫章。”[③]刘贺死后，葬于所封的海昏侯国境内。

---

① 中国科学院考古研究所洛阳工作队：《东汉洛阳城南郊的刑徒墓地》，《考古》1972 年第 4 期。

② 中国科学院考古研究所洛阳工作队：《东汉洛阳城南郊的刑徒墓地》，《考古》1972 年第 4 期。

③ （东汉）班固撰，（唐）颜师古注：《汉书·武五子传》，中华书局，1962 年，第 2764-2769 页。

2011～2016 年，江西省文物考古研究所对南昌墩墩山海昏侯墓地进行了抢救性考古发掘，发现较为完整的墓园及道路、水井、祭祀设施等墓园内遗迹，另有陪葬坑及多座祔葬墓，并对主墓及相关墓葬进行了发掘，确定主墓即是第一代海昏侯刘贺的墓葬，对研究西汉海昏侯墓葬、海昏侯及侯国的历史，还有对西汉列侯墓葬的研究等均具有重要的价值①。南昌西汉海昏侯刘贺墓地的墓园呈梯形，以海昏侯刘贺墓和侯夫人墓为中心建成，垣墙周长 868 米，占地约 4.6 万平方米。刘贺墓及夫人墓位于南部偏西，二墓南（前）有祠堂及东西厢房等，整体占地面积大，位置突出；二主墓北侧及偏西侧有二墓，M6 在西，M5 居东，皆在墓前有与祭祀相关的建筑设施；东北稍远有二墓，M3 偏东北，M4 与 M5、M6 大致在东西一条直线上，M4 前也发现与祭祀有关的建筑设施；M3、M4 南，M2（夫人墓）东有三座墓葬（M7～M9）（图七 -12）。9 座墓葬共同构成了墓园内的墓葬布局，大致来看，刘贺与夫人墓居于突出的核心位置，并有配套的祭祀设施等，刘贺墓西北还有一座车马陪葬坑；M7～M9 可能为刘贺其他妻妾的墓葬，但也不排除为侯国中其他人员墓葬的可能。M7 的规模略小于 M2，墓主可能属等级相对较高者，该墓相对独立，

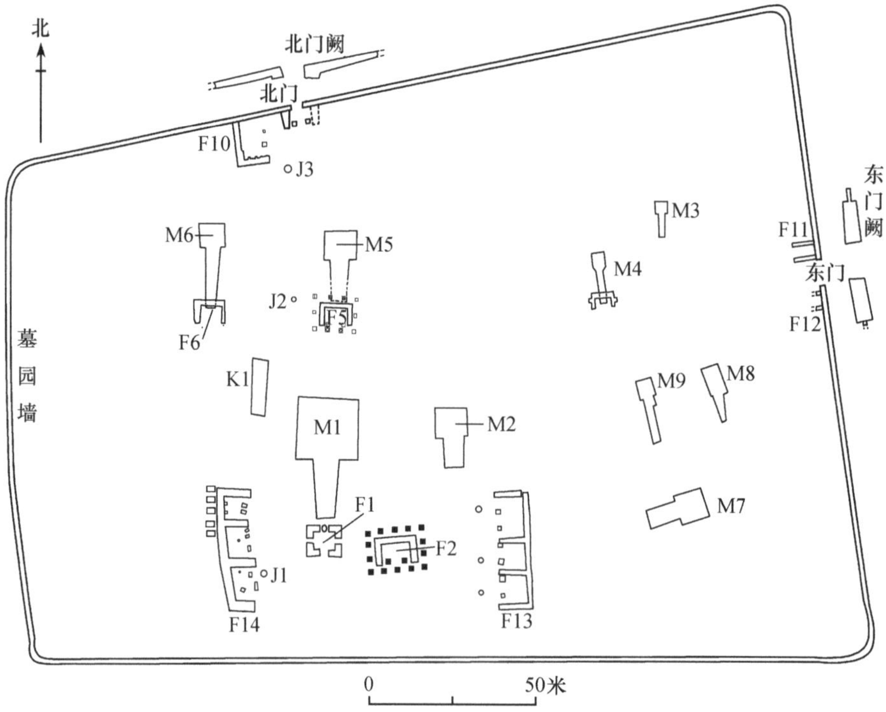

图七 -12 江西南昌海昏侯墓园平面图

① 江西省文物考古研究所、南昌市博物馆、南昌市新建区博物馆：《南昌市西汉海昏侯墓》，《考古》2016 年第 7 期。

且朝向与M8、M9不同，似乎也说明了这一点。M3～M6也可分为两组，M5、M6在西，与主墓距离近，为一组，M5东较远距离为M4，再东北为M3，且M3、M4距离不远，可视为一组（图七-13）。这四座墓葬很可能为刘贺子嗣的墓葬，其中M5已确定为刘贺子刘充国的墓葬[①]。据《汉书·武五子传》载，刘贺死后，豫章太守廖奏言："海昏侯贺死，上当为后者子充国；充国死，复上弟奉亲；奉亲复死，是天绝之也。"[②]在刘充国墓葬确定的情况下，结合文献记载及墓园内墓葬的分布与分组，M6为刘贺子刘奉亲墓葬的可能性较大。一方面，M5位于M1正后方，与墓主为刘贺长子刘充国较为相符，而M6位置稍偏西，且有相应规模，亦有墓前的祭祀设施，所以很可能就是刘奉亲的墓葬，而M3、M4位置偏，可能为刘贺的其他子嗣，但在家庭中的地位要明显低于刘充国和刘奉亲。

图七-13　江西南昌海昏侯墓地M4与M5

南昌海昏侯墓地的墓园中墓葬数量较多，一方面与主墓墓主的身份地位有关，另一方面也体现出与主墓墓主相关的特殊性。墓园中墓葬的墓主，刘贺及其夫人、妻妾为家庭中的成员，M3～M6的墓主为刘贺的子嗣，均未有合葬者，也是家庭中的主要成员，故该墓园内墓葬形成的墓地称为家庭墓地较为合适，而其虽有多个墓葬，但并非由多个家庭组成的具有血亲关系的家族墓地。虽然墓葬数量多，但为家庭墓地而未真正达到家族墓地的标准，这应是该墓地的特殊性之一。

列侯子嗣与列侯夫妇葬在一处的现象在其他西汉列侯墓地也有发现，如湖南

① 驻江西记者柯中华、伍文珺：《南昌汉代海昏侯国考古发掘取得新进展——墓园五号墓主人或为海昏侯长子》，《中国文化报》2018年2月1日第2版。

② （东汉）班固撰，（唐）颜师古注：《汉书·武五子传》，中华书局，1962年，第2770页。

长沙马王堆M2、M1，为轪侯利苍及其夫人辛追的异坟异穴合葬墓，而在M1南还有一座墓葬（M3），墓主为利苍的儿子，发掘资料指出，M3墓主不一定为列侯利豨，而很可能为其弟[①]。笔者认为，M3无合葬者，这与海昏侯刘贺墓园内刘贺子嗣墓相同，基本可排除墓葬为列侯利豨的可能，而应是利豨之外，利苍的某一子嗣。因此，结合已发表的其他西汉列侯墓葬资料，可以说，西汉时期承嗣为侯者，大多是与其夫人异穴合葬，少量也有同穴合葬者，如江苏仪征烟袋山M1[②]（图七-14）、山东聊城阳谷吴楼M1[③]等，而其相对于同支且有承继关系列侯的墓葬来讲，应是相对独立的，彼此的关系或是为较为独立的墓地，或是位于大的家族墓地中，但应有自身独立的墓园及相关设施。所以，马王堆M1～M3为3座墓葬位于同一墓地，其中一座为列侯子嗣的墓葬，具有一定的特殊性，而南昌海昏侯刘贺墓地，同一墓园内有多个子嗣墓葬则更体现出其特殊性，而这一特殊性又反映出其作为家庭墓地的特征和特点。关于南昌海昏侯刘贺墓地中上述特殊性的形成，刘贺自身的特殊性至少是其中的原因之一。刘贺子刘充国、刘奉亲在刘贺死后也相继身亡，还有其他子嗣（M3与M4的墓主），在死亡时间上也可能与刘充国、刘奉亲接近或相差不多，这与相应的政治环境或许有关，而在刘贺的这些儿子死后，相关人员将他们按规制均安排在刘贺夫妇的墓园内，形成家庭葬。这也反映出

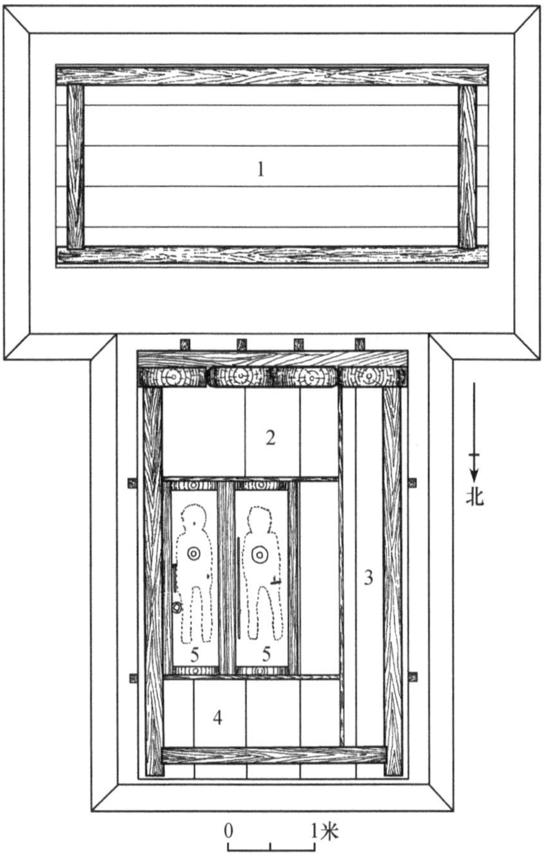

图七-14　江苏省仪征市烟袋山平面图
1. 外藏椁　2. 头箱　3. 边箱　4. 足箱　5. 棺室

① 湖南省博物馆、中国科学院考古研究所：《长沙马王堆一号汉墓》，文物出版社，1973年；湖南省博物馆、湖南省文物考古研究所：《长沙马王堆二、三号汉墓》，文物出版社，2004年。

② 南京博物院：《江苏仪征烟袋山汉墓》，《考古学报》1987年第4期；扬州市文物考古研究所、仪征市博物馆：《江苏仪征市烟袋山西汉车马陪葬坑发掘简报》，《考古》2017年第11期。

③ 聊城市文物管理委员会：《山东阳谷县吴楼一号汉墓的发掘》，《考古》1999年第11期。

刘贺家庭的成员关系及其在所属社会背景下该家庭对早亡子嗣的安排与安葬。具体来讲，刘贺早死子嗣的墓葬位于墓园内偏北，处于墓园东门向西延伸道路的北侧，并根据家庭地位和等级，安排在主墓北的不同位置，如刘充国为刘贺长子，与刘贺墓南北排列，而几座子嗣的墓葬前多有祭祀设施，也反映出对应墓主具有相应的等级和地位。

刘贺死后，豫章太守廖奏言中讲到，“宜以礼绝贺，以奉天意。愿下有司议”。而经过议之后，“皆以为不宜为立嗣，国除”[①]。这可能是墓园内不再安排其他墓葬的原因之一，而从墓园来看，东南、东北等处还有大面积空地，但未见其他墓葬。元帝刘奭即位，于初元三年（公元前46年），“复封贺子代宗为海昏侯，传子至孙”[②]。刘代宗为海昏釐侯，子刘保世为海昏原侯，刘保世传子刘会邑，始建国元年（8年）十二月，王莽代汉建立新朝，海昏侯国被废除[③]。按上文所述，釐侯刘代宗、原侯刘保世及刘保世子刘会邑皆不可能葬在刘贺墓园内，而是会另选茔地。考古调查和勘探也基本证实了这一点，在墩墩山刘贺墓园北偏东的祠堂岗、花骨墩及东南方向的苏家山等地也发现有海昏侯墓园[④]，而刘贺墓园附近不见平民墓地，也可能是该处家庭墓地的又一特殊之处，这与早期海昏侯国及刘贺本人的特殊性亦应有着一定的关系。

第四节 东汉宦者侯的墓葬与家庭

东汉时期，一批宦官登上政治舞台，且多数被封为侯，对东汉政治及社会的发展有着较大的影响。随着考古工作的不断深入，一批东汉宦者侯的墓葬及宦者侯家庭成员的墓葬被发现和发掘，对研究东汉宦者侯的家庭及相关内容提供了重要参考。

一、墓葬与对应墓主概况

目前，可推定或确定的东汉宦者侯墓葬或墓地主要有4处。河北保定望都东汉M1[⑤]，距离较近的望都东汉M2[⑥]与M1有着较密切的关系，而根据M1墓中出

---

① （东汉）班固撰，（唐）颜师古注：《汉书·武五子传》，中华书局，1962年，第2770页。

② （东汉）班固撰，（唐）颜师古注：《汉书·武五子传》，中华书局，1962年，第2770页。

③ （东汉）班固撰，（唐）颜师古注：《汉书·王子侯表第三下》，中华书局，1962年，第493页。

④ 江西省文物考古研究所、南昌市博物馆、南昌市新建区博物馆：《南昌市西汉海昏侯墓》，《考古》2016年第7期。

⑤ 姚鉴：《河北望都县汉墓的墓室结构和壁画》，《文物参考资料》1954年第12期；北京历史博物馆、河北省文物管理委员会：《望都汉墓壁画》，中国古典艺术出版社，1955年。

⑥ 河北省文化局文物工作队：《望都二号汉墓》，文物出版社，1959年。

土的文字资料，如“浮阳”二字，有学者认为望都东汉 M1 很可能与浮阳侯孙程有关[①]，但也有不同意见[②]。河北衡水安平逯家庄村西南东汉壁画墓，双后室，各葬一人，为夫妻同穴合葬，但遭盗掘，破坏极为严重，墓内发现壁画和相关文字，墓葬时代为东汉晚期，墓主可能为王侯，而且很可能为东汉晚期的宦者侯赵忠[③]。河南濮阳南乐县福坎镇宋耿洛村南有 3 座带封土的墓葬，时代皆为东汉晚期，M1 时代为桓、灵时期，根据出土盘龙石砚上“延熹三年（160 年）”、“君高迁刺史，二千石，三公九卿”与鎏金铜带钩上的“君立公侯”等文字（图七 -15），推测墓主应为东武阳侯，后诏贬为都乡侯，死于家乡的宦者侯具瑗，M2、M3 的时代均稍晚于 M1，与 M1 关系密切，属家庭成员或相关人员的墓葬[④]。安徽省亳州曹操宗族墓地，有曹

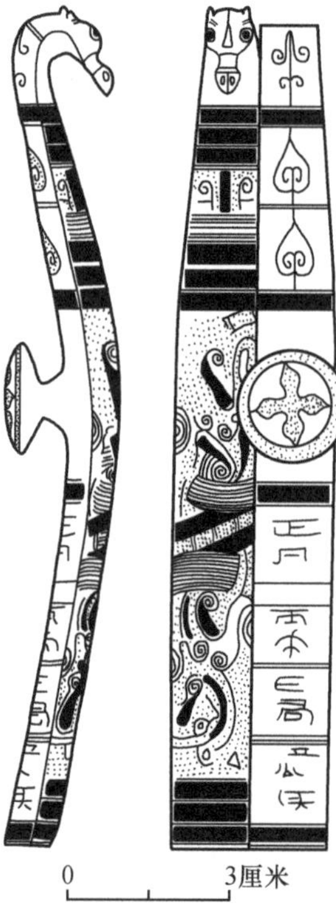

图七 -15　河南濮阳南乐宋耿洛村南 M1 出土盘龙石砚及金属带钩

① 安志敏：《评“望都汉墓壁画”》，《考古通讯》1957 年第 2 期；林树中：《望都汉墓壁画的年代》，《考古通讯》1958 年第 4 期。

② 何直刚：《望都汉墓年代及墓主人考订》，《考古》1959 年第 4 期。

③ 河北省文物研究所：《安平东汉壁画墓发掘简报》，《文物春秋》1989 年增刊；《安平东汉壁画墓》，文物出版社，1990 年。

④ 安阳地区文管会、南乐县文化馆：《南乐宋耿洛一号汉墓发掘简报》，《中原文物》1981 年第 2 期；王国平、张文彦、史国强、李小彬：《南乐汉墓》，中州古籍出版社，2015 年。

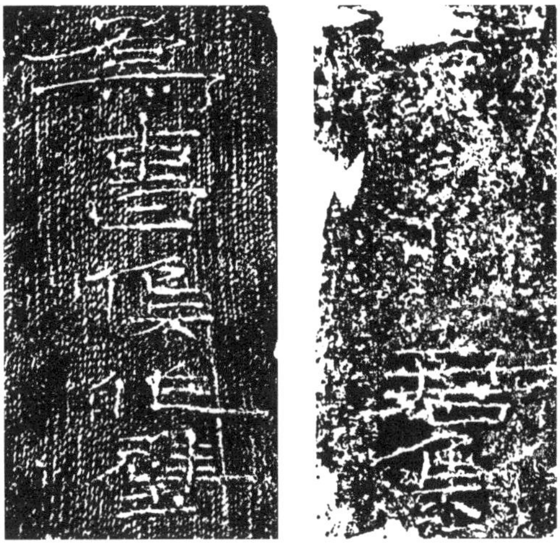

图七 -16　安徽亳州董园村 M2 出土“侯”字文字砖铭

氏墓葬多座，其中董园村 M1 出土银缕和铜缕玉衣各 1 件，为夫妻同穴合葬，出土的砖文有“为曹侯作壁”、“君侯”“延熹七□元月”等（图七 -16）；M2 出土铜缕玉衣残片数百片，至少可复原成一件玉衣（图七 -17），另有玉枕、鎏金铜构件等，二墓时代为东汉晚期，根据出土玉衣及砖文来看，董园村 M1、M2 均为列侯级别墓葬，而且很可能均为夫妻合葬，墓主为曹操宗族，发掘简报指出，M1 出土文字砖中所说的“曹侯”不是曹腾，M2 建筑宏伟，俨然地下小宫殿，墓主葬以玉衣，也当为列侯或大官僚，但具体为谁的墓葬并未作定论[①]，现基本认为董园村 M2 为宦者侯曹腾与其夫人的墓葬，M1 为曹腾养子曹嵩及其夫人的墓葬[②]。

图七 -17　安徽亳州董园村 M2 出土玉衣

上述四处墓地中墓葬的墓主为一些东汉宦者侯及相关人员，所涉及的东汉宦者侯均在《后汉书》里有记载，现摘录如下。

孙程，涿郡新城人。安帝时，为中黄门，给事长乐宫。（后孙程被封为）浮阳侯，食邑万户；后徙封程为宜城侯。程既到国，怨恨恚怼，封还印绶、符策，亡归京师，往来山中。诏书追求，复故爵士，赐车马衣物，遣还国。三年

① 安徽省亳县博物馆：《亳县曹操宗族墓葬》，《文物》1978 年第 8 期。

② 任晓民：《曹操宗族墓葬》，江苏科学技术出版社，2010 年，第 1-160 页；亳州市文物管理所：《安徽亳州董园村一号墓》，《文物研究·第 20 辑》，科学出版社，2013 年，第 228-241 页。

（128 年），帝念程等功勋，悉征还京师。程与王道、李元皆拜骑都尉，余悉奉朝请。阳嘉元年（132 年），程病甚，即拜奉车都尉，位特进。及卒，使五官中郎将追赠车骑将军印绶，赐谥刚侯。侍御史持节监护丧事，乘舆幸北部尉传，瞻望车骑[①]。

赵忠，安平人，少给事省中，桓帝时为小黄门。忠以与诛梁冀功封都乡侯。延熹八年（165 年），黜为关内侯，食本县租千斛。灵帝时，让、忠并迁中常侍，封列侯，与曹节、王甫等相为表里。节死后，忠领大长秋。还河间买田宅，起第观。（后袁绍）勒兵斩忠，捕宦官无少长悉斩之[②]。赵忠死后，可能会葬于生前所造好的墓葬中，袁绍盘踞冀州时，可能会对赵忠家族给予更多的打击，墓葬遭受极大的破坏或与此有关[③]。

具瑗，魏郡元城人。桓帝初，超、璜、瑗为中常侍。（后）封超新丰侯，二万户，璜武原侯，瑗东武阳侯，各万五千户，赐钱各千五百万；悺上蔡侯，衡汝阳侯，各万三千户，赐钱各千三百万。五人同日封，故世谓之"五侯"。（韩演）奏瑗兄沛相恭臧罪，征诣廷尉。瑗诣狱谢，上还东武侯印绶，诏贬为都乡侯，卒于家[④]。

曹腾字季兴，沛国谯人也。安帝时，除黄门从官。（顺帝即位）腾为小黄门，迁中常侍。桓帝得立，腾与长乐太仆州辅等七人，以定策功，皆封亭侯，腾为费亭侯，迁大长秋，加位特进。腾用事省闼三十余年，奉事四帝，未尝有过。腾卒，养子嵩嗣。嵩灵帝时货赂中官及输西园钱一亿万，故位至太尉。及子操起兵，不肯相随，乃与少子疾避乱琅邪，为徐州刺史陶谦所杀[⑤]。

二、东汉宦者侯墓葬与家庭内容

四处东汉宦者侯墓地及相关墓葬，在一些方面体现出宦者侯这一特殊群体的相关家庭内容，大致表现在家庭生活与相关人员、府第与庭院建造、丧葬与墓地建造、家庭人员关系与子嗣收养等四个方面。

（一）家庭生活与相关人员

望都 M1 内有留存较好的壁画，除祥禽瑞兽外，壁画及文字所见人物及服

---

① （南朝宋）范晔撰，（唐）李贤等注：《后汉书·宦者传》，中华书局，1965 年，第 2514-2517 页。

② （南朝宋）范晔撰，（唐）李贤等注：《后汉书·宦者传》，中华书局，1965 年，第 2534-2537 页。

③ 河北北省文物研究所：《安平东汉壁画墓》，文物出版社，1990 年，第 41、42 页。

④ （南朝宋）范晔撰，（唐）李贤等注：《后汉书·宦者传》，中华书局，1965 年，第 2520-2522 页。

⑤ （南朝宋）范晔撰，（唐）李贤等注：《后汉书·宦者传》，中华书局，1965 年，第 2519 页。

饰、器物等对研究墓主的家庭生活提供了重要参考。壁画中有墓主的属吏、兵卒，如门亭长、寺门卒、门下吏、贼曹、门曹、辟车伍佰、主簿、主记史、侍阁等（图七 -18）；有相关人员的起居用具及居室陈设，包括榻、砚、墨、水盂、笔、笏板等，诸多人员穿戴不同，持物有异，各司其职①。安平东汉墓中也有保存较好的壁画，包括较多墓主的属吏、侍者，生活内容既有主人治事，也有属吏治事，亦有乐舞杂技表演，还有练车列骑，有执矛走卒及其他执行保卫任务人员（图七 -19），也有厨房及饮食之处，内容极为丰富②。两处宦者侯墓葬中，壁画体现的家庭生活内容与宦者侯生前权力、财力及其生活等应有较大的关系，这与《后汉书·宦者传》中所载一些宦者侯"金银罽毦，施于犬马""其仆从皆乘牛车而从列骑""又养其疏属"③等较为相符。

图七 -18　河北望都 M1 出土壁画及相关文字（局部）

（二）府第与庭院建造

已发掘东汉宦者侯的墓葬规模较大，形制复杂，建造讲究，装饰精美。形制

① 姚鉴：《河北望都县汉墓的墓室结构和壁画》，《文物参考资料》1954 年第 12 期。

② 河北北省文物研究所：《安平东汉壁画墓》，文物出版社，1990 年，第 27-31 页。

③（南朝宋）范晔撰，（唐）李贤等注：《后汉书·宦者传》，中华书局，1965 年，第 2521 页。

图七 -19　河北衡水安平逯家庄东汉墓出土车马出行壁画中的导从仪仗（局部）

方面，为三室或更多室，这应是死后世界对现实居住的模仿，进而体现出与宦者侯第宅庭院相关的内容。而很多墓葬内出土有陶楼，也是现实居住的模型明器。关于东汉时期一些宦者侯对府第与庭院的建造，《后汉书·宦者传》中称“宦官得志，无所惮畏，并起第宅，拟则宫室”[①]，单超等“皆竞起第宅，楼观壮丽，穷极伎巧”[②]，侯览“贪侈奢纵，前后请夺人宅三百八十一所，田百一十八顷。起立第宅十有六区，皆有高楼池苑，堂阁相望，饰以绮画丹漆之属，制度重深，僭类宫省”[③]。可以看出，东汉时期的很多宦者侯会利用自身的权力及所敛财物，竭力营建自己的宅园或庭院，且极尽奢华。

相关墓葬的文字及壁画也有体现，望都汉墓有较多门吏及门卒的文字和画像，安平壁画墓也是如此，而安平壁画墓壁画中的建筑图是用熟练的透视技法绘制了一幅规模很大、庭院重叠错落的建筑鸟瞰图，其内院落重重，连栋数十，大的四合院里面分割成多个小四合院，一些院内植花种树；楼橹坞壁等反映出与之对应的家庭内容，这种重门和纵横交错的重重院落，应是墓主人生前占有的一处宅院缩影，不仅说明墓主人政治上的权势和经济上的富有，也对研究当时建筑的形制和布局提供了很好的参考[④]。

---

① （南朝宋）范晔撰，（唐）李贤等注：《后汉书·宦者传》，中华书局，1965 年，第 2536 页。

② （南朝宋）范晔撰，（唐）李贤等注：《后汉书·宦者传》，中华书局，1965 年，第 2521 页。

③ （南朝宋）范晔撰，（唐）李贤等注：《后汉书·宦者传》，中华书局，1965 年，第 2523 页。

④ 河北北省文物研究所：《安平东汉壁画墓》，文物出版社，1990 年，第 27-31、35 页。

（三）丧葬与墓地建造

东汉的宦者侯生前大多拥有较高的政治地位，不仅将生前所居庭院或宅园修建得极尽奢华，对于死后的丧葬礼仪及墓葬、墓外设施的建造及陪葬品的使用等也极为重视，投入较大。一方面，因宦者侯自身的特殊性，朝廷对于他们的丧葬有特殊的照顾，赐予的内容很多；另一方面，宦者侯对于自身墓葬等的修建也不吝投资，有的甚至是超出规格的建造和使用。《后汉书·宦者传》有相关记载，如单超，薨，朝廷"赐东园秘器，棺中玉具，赠侯将军印绶，使者理丧。及葬，发五营骑士，侍御史护丧，将作大匠起冢茔"[①]，如徐璜，"卒，赙赠钱布，赐冢茔地"[②]，再如侯览，母亲于建宁二年（169 年）死，"还家，大起茔冢"。而自身也是"豫作寿冢，石椁双阙，高庑百尺，破人居室，发掘坟墓"[③]。

如上文所述，已发现发掘、可大致确认为东汉宦者侯的四处墓葬均是规模较大、形制复杂，建有多室。具体的建造方面，河南濮阳南乐宋耿洛村南 M1，石质墓门刻有铺首衔环等图案，主室铺白灰，棺床用垫木，封土面积大，沙质土从别处运来[④]；安徽亳州董园村 M2，为砖石结构多室墓，甬道入口南北两侧地面置石雕吉羊首一对，相向而立，甬道南北两侧墙壁各用 8 块磨光青石筑砌而成，雕饰人物，有文有武，门额雕刻凤纹、九鹿图，门框阴刻神龙、白虎、朱雀、玄武图案，石门一对，刻有铺首衔环图案，封土为一大土丘，现存高度 7 米，底边周长百余米[⑤]（图七 -20）；河北衡水安平东汉墓，修墓用的砖用澄浆细泥烧成，火候纯正，质地坚实，墓葬封土直径 40 余米[⑥]。就东汉宦者侯的墓葬来讲，还有一个重要的特点，即墓室内装饰大量的壁画，内容可充分体现墓主生前的奢华生活，内容包括车骑出行、属吏徒附、院落坞壁、伎乐与侍从等等，应有尽有。河北保定望都 M1 与衡水安平逯家庄东汉壁画墓均可体现，而安徽亳州董园村 M2 原也有壁画，因被盗严重加之又遭火烧，壁画大多不存，可辨的有中室内东西墙壁上的仕女图像、券顶绘似朱栏亭阁等仙境图等，而该墓还有较多的文字砖。笔者推测，河南濮阳南乐宋耿洛村南 M1 也很可能有壁画，惜遭损毁而不存。目前已知东汉非宦者侯的列侯墓葬，较多在规模及形制方面要逊于宦者侯的墓葬，而且很多的墓室无壁画装饰，因此可以说，一些有墓室壁画的东汉墓不一定是东汉列侯墓葬，

---

① （南朝宋）范晔撰，（唐）李贤等注：《后汉书·宦者传》，中华书局，1965 年，第 2521 页。

② （南朝宋）范晔撰，（唐）李贤等注：《后汉书·宦者传》，中华书局，1965 年，第 2522 页。

③ （南朝宋）范晔撰，（唐）李贤等注：《后汉书·宦者传》，中华书局，1965 年，第 2523 页。

④ 王国平、张文彦、史国强、李小彬：《南乐汉墓》，中州古籍出版社，2015 年，第 15-18 页。

⑤ 任晓民：《曹操宗族墓葬》，江苏科学技术出版社，2010 年，第 135-155 页。

⑥ 河北北省文物研究所：《安平东汉壁画墓》，文物出版社，1990 年，第 1-3 页。

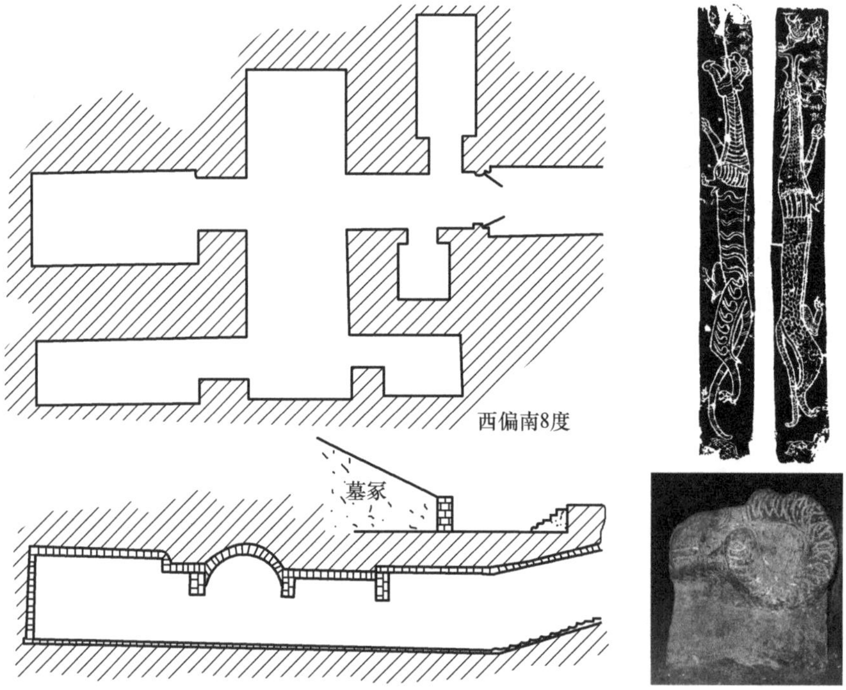

图七-20 安徽董园村二号墓平、剖面图及门框雕刻图案、石雕吉羊首

但东汉宦者侯的墓葬则基本会有壁画，这或许是东汉宦者侯墓葬的特色之一。陪葬品也有自身的特殊性，望都M1、安平东汉壁画墓均遭严重盗掘，但望都M1有相当数量的石质器物[1]；濮阳南乐宋耿洛村南M1出土的盘龙石砚、鎏金铜带钩都能够体现墓主的身份地位[2]；亳州董园村M2亦遭严重盗掘，除玉衣片、玉枕外，还有鎏金铜饰件、金属猪、石雕龙首、料珠等等[3]。

墓外设施方面，濮阳南乐宋耿洛村南M1前端有祠堂遗存，遗留有砖墙、砖垛及板瓦、筒瓦、云纹瓦当等建筑材料，还发现有木料痕迹[4]。望都M1、安平东汉壁画墓、亳州董园村M2的外部设施均不存。结合上文所引《后汉书·宦者传》相关记载，仅有侯览"豫作寿冢，石椁双阙，高庑百尺"。而据北魏郦道元所撰《水经注》对亳州曹操宗族墓地中相关墓葬的墓外设施记载来看，曹腾养子曹嵩墓外有相关设施，涉及内容较多，另外还记"有腾兄冢，冢东有碑，题云'汉故颍川太守曹君墓，延熹九年（166年）卒'，而不刊树碑岁月。坟北有其元子炽冢，

① 北京历史博物馆、河北省文物管理委员会：《望都汉墓壁画》，中国古典艺术出版社，1955年，第11页。
② 王国平、张文彦、史国强、李小彬：《南乐汉墓》，中州古籍出版社，2015年，第27-31页。
③ 任晓民：《曹操宗族墓葬》，江苏科学技术出版社，2010年，第155-158页。
④ 王国平、张文彦、史国强、李小彬：《南乐汉墓》，中州古籍出版社，2015年，第16页。

冢东有碑，题云：‘汉故长水校尉曹君之碑。历大中大夫、司马长史、侍中，迁长水，年三十九卒，熹平六年（177年）造。’炽弟胤冢，冢东有碑，题云‘汉谒者曹君之碑，熹平六年（177年）立’”[①]。但没有身为列侯曹腾墓葬的相关记述。郦道元所撰《水经注》的成书时间距离东汉末年不是太久，曹操宗族中较多人的墓葬外部设施有载，但未有曹腾墓外设施的记述。尤其是曹操宗族中较多人的墓葬外有碑，记述了死者生前的经历、官职等，有的还是同一年（177年）立碑，但《水经注》未提及曹腾墓外是否有碑。汉代，尤其是东汉，墓外立碑较为盛行，有相应等级地位者的墓葬外大多立碑，碑上刻有死者姓名、经历、事迹等方面的文字。作为宦者，似乎不愿立碑以让后人或外人知道其姓名、经历等，这或许是一些宦者侯墓外无墓碑的原因。因此，就东汉宦者侯来讲，墓外可能会有祠堂、墓阙、高庑等设施，但很可能没有墓碑，这可能是宦者侯墓葬的又一特征或特殊之处。

（四）家庭人员关系与子嗣收养

东汉宦者侯的家庭关系在文献中有相关记载，如上文引侯览母亲去世，侯览还家大起茔冢的内容。其他较多的记载是宦者侯的父兄子弟及其姻戚，还有徒附宾客等，这些人借助宦者侯的权力和势力，或为地方官吏，或为地方列豪，对社会造成较多不好的影响。《后汉书·宦者传》载：“兄弟姻戚皆宰州临郡，辜较百姓，与盗贼无异。”[②]“封侯贵宠，父兄子弟布列州郡，所在贪贱，为人蠹害。”[③]“五侯宗族宾客虐遍天下，民不堪命，起为寇贼。”“聚敛为奸，宾客放纵，侵犯吏民。”“超弟安为河东太守，弟子匡为济阴太守，璜弟盛为河内太守，悺弟敏为陈留太守，瑗兄恭为沛相，皆为所在蠹害。”“璜兄子宣为下邳令，暴虐尤甚。先是求故汝南太守下邳李暠女不能得，及到县，遂将吏卒至暠家，载其女归，戏射杀之，埋著寺内。”[④]再如侯览，“兄参为益州刺史，民有丰富者，辄诬以大逆，皆诛灭之，没入财物，前后累亿计。”[⑤]从考古资料看，有的宦者侯家族成员聚族而葬，形成面积较大的家族墓地，而墓地之中，有官职者众多，体现出该家族在某一时期的强势发展。最具代表性的就是安徽亳州曹操宗族墓地，自北向南，长约4千米，占地10平方千米，现已清理发掘墓葬10余座，另有多座墓葬已经调查，基本都是带封土的砖石结构横穴室墓，有的为多室，均属曹氏宗族[⑥]，充分反映出这一宗族势力的发展，而其中规

① （北魏）郦道元：《水经注》，（清）王先谦校：《合校水经注》，中华书局，2009年，第351页。
② （南朝宋）范晔撰，（唐）李贤等注：《后汉书·宦者传》，中华书局，1965年，第2521页。
③ （南朝宋）范晔撰，（唐）李贤等注：《后汉书·宦者传》，中华书局，1965年，第2535页。
④ （南朝宋）范晔撰，（唐）李贤等注：《后汉书·宦者传》，中华书局，1965年，第2521、2522页。
⑤ （南朝宋）范晔撰，（唐）李贤等注：《后汉书·宦者传》，中华书局，1965年，第2523页。
⑥ 任晓民：《曹操宗族墓葬》，江苏科学技术出版社，2010年，第4-10页。

模最大，且出土玉衣的墓葬为曹腾及曹嵩夫妇的墓葬。

夫妻是家庭最基本的组成内容，宦者侯与正常人存在差别，但他们也往往会跟正常人一样娶妻，形成家庭的基本结构，“多取良人美女以为姬妾，皆珍饰华侈，拟则宫人”[①]即可说明，而这也反映出宦者侯的特殊性。就上文所述四处宦者侯墓葬来讲，望都M1遭盗掘破坏极为严重，加之资料公布较早，未说明墓内葬几人，从墓葬平面图看，后室宽2米多，不排除葬2人的可能；亳州董园村M2亦遭严重盗掘和破坏，且经火烧，后室宽约2.5米，存在葬2人的可能，该墓出土玉衣片数百片，是1件或是2件玉衣已不清，而墓内仅出土1件玉枕[②]，或可表明墓内葬1人，但考虑到宦者侯娶妻纳妾与正常人存在差异，宦者侯的妻妾可以与宦者侯同葬一室，但很难像一般的列侯夫人那样享用玉衣及玉枕等殓葬，加之墓葬遭盗掘及火烧，相关殓葬物品遭破坏不存，因此不能完全否定该墓内葬2人的可能；另从该墓的平面图看，前室之后建二后室的可能性较大，列侯的墓室位置较正且规模大，另一墓室位置略偏且规模小，很可能为同墓异室合葬列侯夫人的墓室，进而体现出列侯与夫人合葬一墓的情况，也反映出二者在等级、家庭地位等方面的差异性。安平东汉壁画墓为双后室，皆为长方形，南后室内葬1人，棺木已扰乱，仅存红色漆皮，有少量人骨，北后室内棺木被移位，身首肢体异处，根据墓室的排列和后室文字等来看，南后室葬男性墓主，北后室葬其妻子[③]；濮阳南乐宋耿洛村南M1的主室长4.5、宽4.4米，地面铺砖，砖上铺白灰，北部以白灰砌二层台，中间形成长3.65、宽2.5～3米的白灰棺床，并以横木置垫，棺床上放置木棺2具，已朽仅余痕迹，死者骨骼散乱[④]。考察明确葬2人的安平东汉壁画墓与濮阳南乐宋耿洛村南M1，安平东汉壁画墓为双后室，南后室东西长4、南北宽2.15米，北后室东西长3.9、南北宽2.14米，二后室的宽度与望都M1相近，小于亳州董园村M2，但相差甚小，而其每室内葬1人；濮阳南乐宋耿洛村南M1为一后室，但长4.5、宽4.4米，大致相当于望都M1与亳州董园村M2二墓后室的2倍，这似乎可说明望都M1与亳州董园村M2的后室内均可能只葬1人，但董园村M2很可能为二后室，且可能是每室葬1人。因此，就东汉宦者侯来讲，有的会与正常人一样娶妻纳妾，并会让其妻与其葬于一个墓葬内甚至是同一墓室中，体现出与常人无异的夫妻关系；有的则死后仅葬自己一个人，抑或在生前没有娶妻纳妾，反映出与自身相符的特征。但就整体而言，宦者侯生前有妻室，并

---

① （南朝宋）范晔撰，（唐）李贤等注：《后汉书·宦者传》，中华书局，1965年，第2521页。

② 安徽省亳县博物馆：《亳县曹操宗族墓葬》，《文物》1978年第8期。

③ 河北北省文物研究所：《安平东汉壁画墓》，文物出版社，1990年，第3-8页。

④ 王国平、张文彦、史国强、李小彬：《南乐汉墓》，中州古籍出版社，2015年，第17页。

在死后与妻子合葬的情况可能更为普遍。

东汉的宦者侯不仅娶人为妻，还会收养他人为子，用以承嗣，正常情况下，由养子继承宦者侯的爵位，亦为列侯。《后汉书·宦者传》载：宦者侯“或乞嗣异姓，或买苍头为子，并以传国袭封”[①]。朝廷也下诏称：“宦官养子悉听得为后，袭封爵，定著乎令。”[②]其中如“元初元年（114年）（郑众）卒，养子闳嗣。闳卒，子安嗣。桓帝延熹二年（159年），绍封众曾孙石雠为关内侯。”“封（孙）程养子寿为浮阳侯”“帝思贺忠，封其养子为都乡侯，三百户。”“超及璜、衡袭封者，并降为乡侯，租入岁皆三百万，子弟分封者，悉夺爵土。”[③]有些承继者经过自身的努力和发展，较之宦者侯可能还要发达，有的则逐渐趋于衰落，很多宦者侯的养子因宦者侯的失势，爵位被剥夺，权力大减，有的还被杀掉。正常情况下，养子的子嗣或可继承爵位，但权力地位大多下降或削减较为明显，个别如曹腾孙、曹嵩子曹操，经自身努力，被封为魏王，而曹操子曹丕于黄初元年（220年）称帝；有些宦者侯养子的子嗣则无爵位，地位、等级较其父、祖差异明显，这在下文有述。

考古资料对于东汉宦者侯有养子及其子嗣承继的内容也有体现。河北安平东汉壁画墓附近并无可确定的宦者侯子嗣的墓葬，该地已发现、发掘的一些东汉墓葬，距离较远，很难确定与安平东汉壁画墓的关系，如安平水泥管厂东汉墓[④]等。若安平逯家庄东汉壁画墓为东汉宦者侯赵忠的墓葬，而赵忠被袁绍斩杀，其养子无法继承爵位也在情理之中。望都M1的墓主可能为宦者侯孙程，孙程养子孙寿承继爵位，其后相关人员并无记载。与M1距离较近（约30米）且东西并列的另一座墓葬（编号为望都M2），时代晚于M1，规模较大且有壁画装饰，出土较多具有相应等级的陪葬品，如彩绘石枕、石雕骑马俑、立狮石盖、蟠龙器盖等，二墓应存在较为密切的关系[⑤]。关于二墓的墓主，在二墓发掘之后就存在相关争论，其中M1墓主有孙程[⑥]、刘歆[⑦]等不同看法，而M2墓主被认为是东汉太原太守刘公[⑧]，但也

① （南朝宋）范晔撰，（唐）李贤等注：《后汉书·宦者传》，中华书局，1965年，第2521页。

② （南朝宋）范晔撰，（唐）李贤等注：《后汉书·宦者传》，中华书局，1965年，第2518页。

③ （南朝宋）范晔撰，（唐）李贤等注：《后汉书·宦者传》，中华书局，1965年，第2513、2518、2522页。

④ 衡水市文物管理处：《河北安平水泥管厂东汉墓》，《文物春秋》2005年第2期。

⑤ 康捷：《望都二号汉墓》，《考古》1959年第11期；河北省文化局文物工作处：《望都二号汉墓》，文物出版社，1959年。

⑥ 安志敏：《评望都汉墓壁画》，《考古通讯》1957年第2期；林树中：《望都汉墓壁画的年代》，《考古通讯》1958年第4期。

⑦ 何直刚：《望都汉墓年代及墓主人考订》，《考古》1959年第4期。

⑧ 何直刚：《望都汉墓年代及墓主人考订》，《考古》1959年第4期。

有学者认为M2墓主是孙程的养子孙寿或孙程弟孙美[①]。引起上述争论最直接的因素是二墓各出土一块有较多文字的书写砖，M1出土的砖上有“嗟彼浮阳”、“当轩汉室”，M2出土砖上有“太原太守”“刘公”等字，而且“刘公”二字出现多次，就“浮阳”与“太原太守刘公”二者来讲，似乎并不存在联系，这使得有关墓主的争论存在着不同的观点。笔者认为，在根据墓葬形制及装饰、出土遗物等确定墓葬时代的前提下，可基本否定M1墓主为刘歆的可能（刘歆于东汉早期去世）。M1与M2的时代均为东汉晚期，时间方面相差不远，关于墓主的归属问题应从东汉晚期的相关人物及二墓存在较密切关系方面着手。M2出土的朱书文字砖及其砖文为买地券，具有较强的宗教性，内容较之墓内出土印章及相关石刻文字等所能反映墓主真实的情况存在差别，而望都M1发现的“浮阳”文字为前室西耳室过道南壁的朱书文字，可信度相对更大一些。因此，望都M1为东汉宦者侯孙程墓葬的可能性较大，那么，就望都M2的墓主来讲，其最大可能是继承孙程的养子，另一浮阳侯孙寿的墓葬，这与墓葬时代、规模及墓内壁画、出土遗物等均较为相符。当然也不能完全排除孙程弟孙美为墓主的可能性，《后汉书·宦者传》载：“程临终，遗言上书，以国传弟美。帝许之，而分程半，封程养子寿为浮阳侯。”[②]另外，M1与M2距离较近，M2的修建方式、材料使用、石门设置等方面与M1基本相同，表明二墓之间应存在较密切的关系，当为同一家族或家庭成员的墓葬，M2的墓主应与M1墓主孙程存在相应的关系。M2出土较多的铜缕玉衣片，表明墓主应为列侯级别人员，这还可从中室等券顶砖上的“公”“侯”等字及出土的一方形石板下面所刻划“君”字方面看出。东汉刘姓太原太守并不一定为列侯，且东汉时期，使用玉衣殓葬制度已较为严格，作为太守可否使用铜缕玉衣还有待商榷，而孙程的养子孙寿或孙程弟孙美均为列侯，是可以使用玉衣殓葬的。望都M2亦是夫妻合葬，相关研究指出：M2墓中应葬有男性墓主和他的妻子，“从买地券文中‘本其’二字来看，似乎这个买地券是在他的妻子下葬时置入的”[③]，这说明，该买地券与墓中所葬男性墓主的关系可能不大，更可能是男性墓主之妻或其后人为达到相应丧葬目的而陪葬的物品，加之具有较强的宗教含义，很难作为判断墓主归属的必要参考。综合以上，笔者认为，M1、M2关系密切，考虑到M2时代晚于M1，结合文献中所记孙程死后，其弟孙美与养子孙寿各分孙程侯国之半而为侯国，且孙寿为浮阳侯，孙美之侯国不明，再按照以上所述的承嗣关系，与孙程

① 林树中：《望都汉墓壁画的年代》，《考古通讯》1958年第4期。

② （南朝宋）范晔撰，（唐）李贤等注：《后汉书·宦者传》，中华书局，1965年，第2518页。

③ 何直刚：《望都汉墓年代及墓主人考订》，《考古》1959年第4期。

葬在同一墓地的应是孙寿，这也很好地反映出宦者侯与养子的关系及相关内容[①]。安徽亳州董园村 M2 为宦者侯曹腾的墓葬，其西南为养子曹嵩的墓葬，曹嵩继承爵位且官至太尉。二墓位于同一墓地，距离较近，而据《水经注》记载："涡水又东迳谯县故城北……城南有曹嵩冢，冢北有碑，碑北有庙堂，余基尚存，柱础仍在。庙北有二石阙双峙，高一丈六尺，榱栌及柱皆雕镂云矩，上罦（罘）罳已碎。阙北有圭碑，题云：'汉故中长侍、长乐太仆、特进费亭侯曹君之碑，延熹三年（160 年）立。'碑阴又刊诏策二，碑文同。夹碑东西，列队两石马，高八尺五寸，石作粗拙，不匹光武隧道所表象马也。"[②] 可以看出，养子如果身份地位较高，墓外可冠冕堂皇地建设诸多设施，亦可立墓碑，刻姓名、经历、事迹等的文字，曹嵩墓即是一例。河南濮阳南乐宋耿洛村南有 3 座距离较近，呈"品"字形分布的较大封土堆，占地 1 万余平方米，墓葬均东向，M1、M2 居东，M1 在北，M2 在南，均已发掘，其中 M1 可能为宦者侯具瑗的墓葬，M2 时代晚于 M1，很可能为袭封具瑗都乡侯爵位的养子与其夫人的同穴合葬墓，M3 居西侧，时代较 M2 稍晚，墓主可能为 M2 墓主的后人，但基本已无爵位[③]（图七 -21）。从墓葬规模看，南乐宋耿洛村南 M2 规模大于 M1，也可能是养子继承爵位且有相应发展的体现。根据以上考古资料可知，宦者侯可以收养子嗣，被收养者可继承宦者侯的爵位，

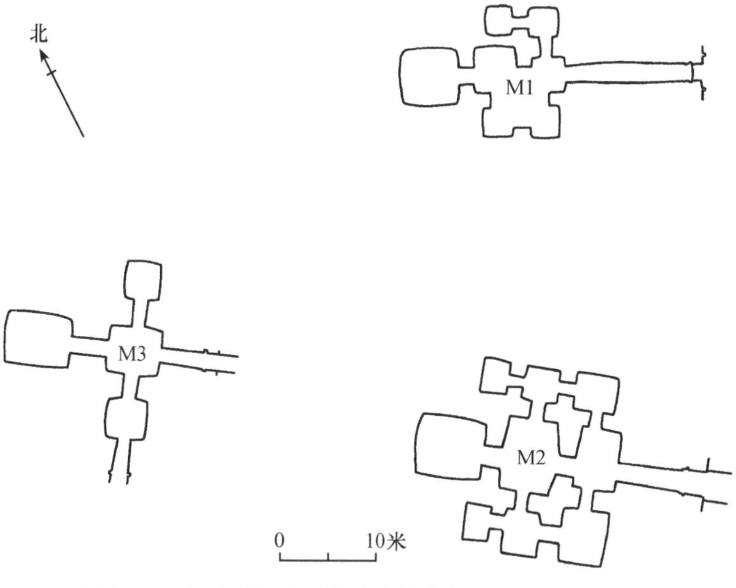

图七 -21　河南濮阳南乐宋耿洛村南东汉墓地墓葬分布图

① 刘尊志：《东汉宦者侯墓葬及相关问题》，《考古与文物》2022 年第 3 期。

② （北魏）郦道元：《水经注》，（清）王先谦校：《合校水经注》，中华书局，2009 年，第 351 页。

③ 王国平、张文彦、史国强、李小彬：《南乐汉墓》，中州古籍出版社，2015 年，第 9-12、78-80 页。

且死后与宦者侯葬在同一墓地，形成大的家庭葬或小的家族葬；养子为侯者去世后基本都是夫妻合葬，表明已完全归于正常的家庭，亳州董园村M1、南乐宋耿洛村南M2皆是如此，望都M2亦是夫妻合葬，上文所引《望都汉墓年代及墓主人考订》一文根据买地券中的文字指出："M2墓中除主人之外，当有他的亲属一人，应该是他的妻子。"① 另一方面，一些养子侯的墓葬规模或墓外设施等可能要优于宦者侯，这与自身发展应有一定的关系。

关于东汉宦者侯及其墓葬，还有一些考古资料需作简单说明。

河南偃师首阳山镇华润电厂东汉M89，有封土和斜坡墓道，近甬道处东侧有1耳室，另有前室与耳室、后甬道、后室，出土遗物30件，有陶、铜、铁、殓葬玉器、铅饰等，其中玉衣片18枚，为金缕玉衣片②。相关研究推测该墓的墓主为少帝，后封为弘农王的刘辩，但其墓穴是爵封列侯的宦官赵忠为自己准备的③。该墓葬一方面说明东汉宦者侯有预作寿陵的做法；另一方面也说明，宦者侯提前修建的墓葬可能会因相关原因而没能使用，甚至还会被其他人员作为自身的墓葬而葬在其中。

河南洛阳编号为C5M483的机车工厂东汉壁画墓，为砖石结构多室券顶墓，时代属东汉晚期，虽无有玉片出土，但墓葬规格较高，墓主当具有较高身份等级，该墓存在二次葬现象，壁画为第一次入葬时所绘，第二次入葬时为使"冥宅"装饰一新，又用白膏泥重新粉刷墓壁，于是将壁画遮蔽④。该墓存在为宦者侯墓葬的可能，墓葬规模、形制与结构、装饰壁画等与较多宦者侯墓葬有相似之处⑤，加之该墓存在二次葬现象，或许是列侯夫人去世晚，在其去世后，宦者侯的养子因相关缘故将原壁画遮盖，进而达到相应的丧葬目的。位于河南洛阳市东郊白马寺镇西南的汉魏洛阳城西（白马寺墓园）东汉墓，四周为夯筑土垣的长方形墓园，东西190、南北135米，墓园内分为东、西二区，东区营建墓侧建筑群，由东、西毗连的三进院落组成，东西长90、南北宽至少70米；西区为墓葬，位于墓园西半部中间偏东处，东对墓侧建筑群大型殿基F1，封土东侧距殿基仅6米，墓南向，由封土、墓道、甬道、横前室与南侧耳室、后室五部分组成，主体砖筑，墓葬时代大致在桓帝至献帝时期，墓主身份至低为二千石官秩的地方豪右，而后室底部出土的5枚玉衣片，表明墓主极可能是列侯级别人员⑥。如此规模的墓葬及其墓园遗存，但仅有一座墓葬且只葬一人，而墓主为列侯级别，据此推测，墓主或可能也是一位有权势的宦者侯。

① 何直刚：《望都汉墓年代及墓主人考订》，《考古》1959年第4期。

② 洛阳市文物考古研究院：《偃师华润电厂考古报告》，中州古籍出版社，2012年，第77、78、205-208、353页。

③ 张鸿亮：《试析洛阳偃师一座东汉金缕玉衣墓的性质》，《洛阳考古》2014年第2期。

④ 洛阳市文物工作队：《洛阳机车工厂东汉壁画墓》，《文物》1992年第3期。

⑤ 刘尊志：《东汉宦者侯墓葬及相关问题》，《考古与文物》2022年第3期。

⑥ 中国社会科学院考古研究所洛阳汉魏城队：《汉魏洛阳城西东汉墓园遗址》，《考古学报》1993年第3期。

这 2 座墓葬的墓主存在为东汉宦者侯的可能性，二墓与已确认的东汉宦者侯墓葬存在一定的相似之处，也体现出自身的一些特点，为综合考察东汉宦者侯墓葬具有相应的参考价值。

综上所述，东汉宦者侯墓葬及其相关墓葬、墓地等对研究宦者侯这一特殊群体的家庭及其他内容提供了相应的参考，也为分析东汉时期特殊家庭提供了相应的参考资料。

第五节　单身问题

就秦汉家庭的特殊内容来讲，除上述一些内容外，还包括家庭成员的单身问题。这一问题从小的方面讲为家庭问题，从大的方面看，又可视为社会问题。考古资料对这一问题有所体现，亦有相关内容，但较散乱，本部分仅作简要概述。

造成家庭成员单身这一问题的原因很多，如丧偶、离异、走失及没有嫁娶等。诸多原因使得秦汉时期家庭出现了一定数量的单身人员，而且表现特征也不尽相同。

从考古学的角度来考察，丧偶者死后，正常情况下会与配偶形成夫妻合葬，即使有些人存在着早年丧偶的情况，若其死后与配偶合葬，考古资料所体现的也是夫妻合葬，而非单身。所以，就此类情况，从考古资料看，因存在夫妻合葬的内容，一般不能将有关人员视为单身；若从家庭的角度及社会学的视角来看，当一个人的配偶去世，这个人就成为无配偶的单身者，就此而言，一些人仅从考古发现的表象去观察，很难确定是否为单身者，这需要从夫妻二人年龄及其差异、去世时间的早晚等多个方面去考察和分析，当然，这会存在较大的难度，尤其是低等级墓葬，可判定或用于判断的参照物较少，相关差别也不大，加之骨架朽毁或不存，就更加难以判断。就秦汉墓葬来讲，考古资料反映的较多夫妻合葬内容中，男性较之女性去世早者数量明显要多，这在较多地区的汉墓中均有发现；夫妻同时去世者当有相应原因，考古资料极少；男性较女性去世晚者也有一定数量，汉代诸侯王墓地中“一王二后”的现象就是诸侯王的第一个王后去世早，诸侯王又另立王后，进而形成诸侯王墓地中有两个王后墓葬的布局，这种现象虽不多见，但能够反映出相应家庭中成员的去世早晚问题[①]。这在江苏扬州高邮天山（又称神居山）西汉广陵王墓地体现得较为明显[②]。该处西汉广陵王墓地中，M1 的墓主基本可确定为广陵王刘胥，

① 刘尊志：《试论汉代诸侯王墓地中“一王二后”的布局》，刘尊志主编：《考古学视角下的秦汉家庭与日常生活学术研讨会论文集》，科学出版社，2019 年，第 308-332 页。

② 梁白泉：《高邮天山一号汉墓发掘侧记》，《文博通讯》第 32 期，1980 年，第 36-39 页；高鸣：《高邮天山》，《治淮》1995 年第 3 期。

其在位时间较长，因诅咒犯谋反罪自杀[①]，M2墓主应为广陵王刘胥的王后。刘胥墓未见金缕玉衣，M2则有金缕玉衣，结合刘胥因诅咒谋反罪自杀的情况看，M2墓主较之刘胥死亡时间要早，刘胥在位60余年，原王后死后，刘胥当又立一王后，该王后去世后也与刘胥合葬一处，北山墩上一座规模较大的墓葬与M1、M2成“品”字形分布，墓葬等级亦较高，很可能就是后立王后的墓葬。由上分析，本部分基本不将有配偶且死后与配偶合葬的人员定为单身者，这与社会学定义的单身有所不同，但从考古学的角度考察，或许这样可更严谨一些。

家庭成员已成年，即排除早殇的因素，其与配偶离异或配偶走失及自身没有嫁娶等原因而形成的单身，其死后基本是无合葬者的，这在较多汉代墓地，尤其是下层低等级民众或人员的墓地中常有发现，相关墓葬较为独立，无可确定合葬者或合葬墓，相关墓主或人员可被视为单身成员，至少其中的一部分为单身人员的可能性较大。京津冀地区的河北内丘张夺秦汉墓地[②]、石家庄市元氏县南程村墓地[③]与藁城台西墓地[④]、保定唐县高昌墓地[⑤]及北京市房山长沟墓地[⑥]、丰台区南苑墓地[⑦]、大兴区亦庄墓地[⑧]等，均有相当数量的此类墓葬，墓葬等级相对较低，男性墓葬居多，在分布或布局上有明显的独立性，而非同穴合葬或两两并列异穴合葬的墓葬，对照其他两两并列或同穴合葬墓，则更显示出这些墓葬的相对独立性，墓主为单身者的可能性极大。另如江苏徐州市南部汉代采石场遗址内发现的工匠墓葬，墓主葬于一采石坑内，无合葬者，而该处仅发现此类墓葬1座，附近无其他时代相近、墓主性别不同的墓葬[⑨]（图七-22），墓主为单身者应无疑问，而该遗址时代延续时间相对较长，但无其他工匠葬于遗址内或采石坑中，虽不能完全确定其他未葬此处者中也有单身人员，但就该墓墓主来讲，为单身人员的可能性极大。而其作为工匠中的单身人员，等级地位较低，死后葬在生前劳动的场所之中，也算是一个不错的归宿。当

① （东汉）班固撰，（唐）颜师古注：《汉书·武五子传》，中华书局，1974年，第2759页。

② 南水北调中线干线工程建设管理局、河北省南水北调工程建设领导小组办公室、河北省文物局：《内丘张夺发掘报告》，科学出版社，2011年。

③ 河北省文物研究所、石家庄市文物研究所、元氏县文保所：《石武铁路客运专线南程墓地发掘报告》，河北省文物研究所编：《河北省考古文集·四》，科学出版社，2011年，第68-110页。

④ 河北省文物研究所、石家庄市文物保护研究所、藁城市文物保管所：《藁城台西商、汉及宋代墓葬发掘简报》，河北省文物研究所编：《河北省考古文集·五》，科学出版社，2014年，第110-135页。

⑤ 南水北调中线干线工程建设管理局、河北省南水北调工程建设领导小组办公室、河北省文物局：《唐县高昌墓地发掘报告》，文物出版社，2010年。

⑥ 北京市文物研究所：《长沟汉墓》，科学出版社，2019年。

⑦ 北京市文物研究所：《丰台南苑汉墓》，科学出版社，2019年。

⑧ 北京市文物研究所：《北京亦庄考古发掘报告（2003～2005）》，科学出版社，2009年。

⑨ 徐州博物馆：《江苏徐州市汉代采石遗址发掘简报》，《考古》2010年第11期。

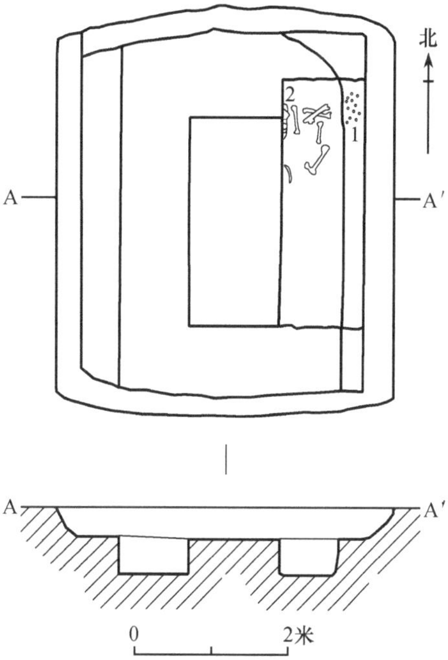

图七 -22　江苏徐州汉代采石遗址 I 3K1 坑平、剖面图及采石工匠墓葬
1. 五铢钱币　2. 铁凿

然，该墓主也许是因其他意外原因而亡，死后未能让其归葬家庭墓地或家族墓地，若如此的话，则其存在为单身人员的可能，但也并不一定就是单身人员。类似的还有河南省洛阳市吉利工区发掘清理的一座西汉冶铁工匠墓葬（C9M19），该墓与其他较多汉代墓葬共处于大的墓地之中，墓坑内仅葬一人[①]，结合墓主生前可能是等级较低的冶铁佣工，其死后或无合葬者，因此该墓主存在为单身人员的可能。由于公布资料没描述该墓是否还存在异穴合葬墓，所以暂作这种推测，估计应无异穴合葬墓，若有，则 C9M19 的墓主并非单身人员，而公布资料中也应会有所体现。

墓葬关于相关家庭中单身人员的问题还有较多体现，在秦汉墓葬尤其是汉代墓葬发现、发掘较多的地区，会存在一定数量的单身人员墓葬，可能还有其他有关内容和体现，虽然具有可反映单身人员性质的内容和特点这一共性，但表现方式则是多种多样。下文以江苏省徐州市及其周边区域的西汉墓葬为例，再作相关说明，而上文已叙述的相关墓葬则不再叙述。

徐州地区为两汉重要封国楚国和彭城国的统治中心，境内汉墓诸多，今徐州市在汉代时称为彭城，是楚国和彭城国的都城所在，市区及周边区域墓葬众多，尤其是西汉墓葬，各种等级、各种形制、不同类别的墓葬发现较多，其中即有一些单身人员的墓葬，而这些墓葬能够较好地体现和反映出有关家庭中单身人员的相关问题和内容。

如前文章节所述，有些附属人员特别男性很可能为单身，这可从该成员死后以单身陪葬于家主墓葬的情况来说明。江苏徐州市南郊拖龙山 M6（陪葬于 M3）[②]（图七 -23）、西郊韩山北麓 M3（陪葬于 M2）[③]，东北郊顾山 M2（陪葬于 M1 与 M4）[④]（图七 -24），墓葬位置在墓地中相对偏远，墓葬规模小且形制简单，陪葬品少

① 洛阳市文物工作队：《洛阳吉利发现西汉冶铁工匠墓葬》，《考古与文物》1982 年第 3 期。

② 徐州博物馆：《徐州拖龙山五座西汉墓的发掘》，《考古学报》2010 年第 1 期。

③ 徐州博物馆：《徐州韩山西汉墓》，《文物》1997 年第 2 期；胡望林：《徐州韩山汉墓》，中国考古学会编：《中国考古学年鉴 · 2006 年》，文物出版社，2007 年，第 190、191 页。

④ 徐州博物馆：《江苏徐州顾山西汉墓》，《考古》2005 年第 12 期。

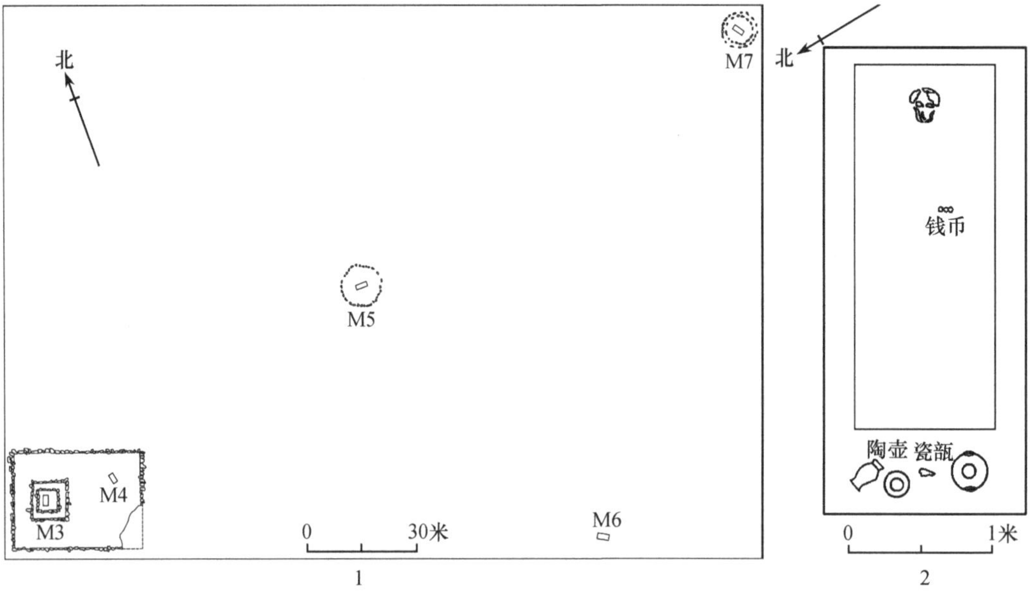

图七-23 江苏徐州市南郊拖龙山西汉M6与主墓位置图及墓葬平面图
1. M6与主墓位置图 2. M6平面图

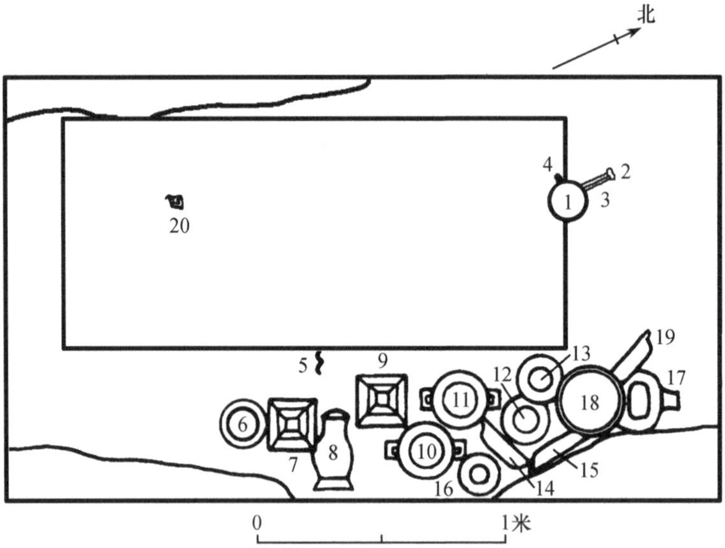

图七-24 江苏徐州市东北郊顾山西汉M2平面图
1. 铜镜 2、3. 铁削 4. 漆眉笔 5. 弓形铅锡构件 6、8. 陶壶 7、9. 陶钫 10、11. 陶鼎 12、13. 陶盒 14、15、18、19陶盘 16. 陶罐 17. 陶匜 20. 玉琀

且基本为陶器，陶礼器属于较具等级的陪葬品，墓主基本为男性，身份等级较低，为家吏或奴仆的可能性较大，死后陪葬于家主墓葬附近，为单人葬，推测与其作为家吏或奴仆未能娶妻生子有关。

徐州市北郊的米山墓群，已发现、发掘墓葬四座，时代为西汉早期偏晚，M1内葬二人，为夫妻同穴合葬墓，M2与M3东西并列，相距3.8米，墓内皆葬一人，分别是一女性、一男性，为夫妻异穴合葬墓，二墓与M1有一定的距离，M4位于米山顶西南部，在位置上靠近M2与M3，但东北距M3约38米，四座墓葬位于同一座山上，墓主很可能是聚族而葬的同一家族成员，M4为单人葬，墓主为男性[①]（图七-25）。因其无合葬者，M4的墓主可视为单身人员，从墓葬形制、规模及陪葬品等综合分析，M4墓主是这一墓地中墓主身份等级最低者，墓葬位置相对偏远也大致说明了这一点。但考察M4的出土遗物，还是较为丰富的，陶器包括鼎、壶、钫、茧形壶等仿制礼器，鐎盉、盆、匜等生活器具，还有球及女俑2件，另有镜、弩机、勺、带扣、环等铜器及铁镞、玉蝉等，这说明墓主的身份等级虽不高，但也具有一定的等级身份，陶礼器、俑及铜器、铁器、玉蝉等皆可说明。该墓地中，M1位置偏西，M4位置为南偏西，二墓时代接近，但晚于M2和M3，这或许体现出同一墓地中因时代早晚而形成的墓位安排，而等级的差异，一方面可能和家庭主要成员的身份地位不同有关，另一方面，等级低者也或许是该家庭的附属人员。因此，就M4的墓主来讲，或可能是家庭主要成员中的单身者，其形成单身当有一定的原因，而其还很可能是这一具有相应社会等级家庭中有一定地位的家吏，因是单身，死后陪葬于家主墓葬的旁边，这与其墓葬中陪葬物品也可大致对应，如铜镜、铜弩机、铁镞等。不过，笔者较偏向于其为对应家庭中的主体人员，因相关原因形成单

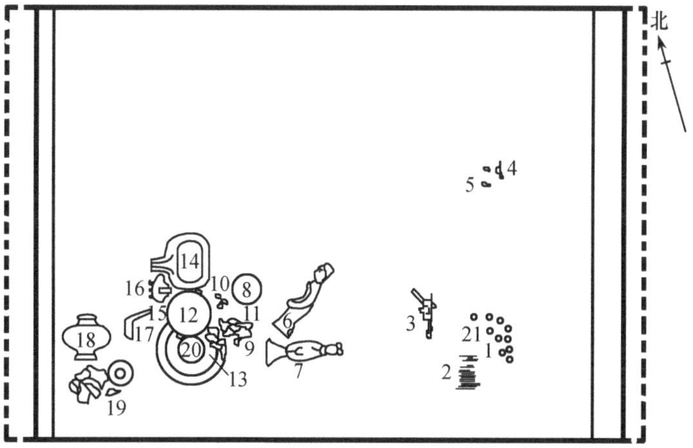

图七-25　江苏省徐州市北郊米山西汉M2平面图

1. 陶球（9件）　2. 铁镞　3. 铜弩机　4、5. 玉蝉　6、7. 陶女俑　8. 铜镜　9. 陶钫　10. 铜环（3件）　11、13. 陶壶　12、15. 陶鼎　14. 陶匜　16. 陶鐎盉　17. 铜勺　18、19. 陶茧形壶　20. 陶盆　21. 铜扣

① 徐州博物馆：《江苏徐州市米山汉墓》，《考古》1996年第4期。

身人员，进而在家庭中的等级地位也不是太高，但还是具有自身的等级身份，陪葬陶俑这一在徐州地区西汉墓葬中象征身份等级的物品[①]可以佐证。

徐州市东郊狮子山西汉楚王墓的中墓道内壁东侧底部有一殉葬墓（图七-26），为楚王属官殉葬楚王的墓葬，墓内葬1男性，出土1枚玉质印章、2枚铜印章及较多的铜器等，其中有一枚为“食官监印”铜印章，当是殉葬者的官印，墓主生前有一定的身份地位[②]（图七-27）。由于该殉葬者仅一人葬于楚王墓的一座殉葬墓内，若其非单身，在墓外与其妻子合葬并陪葬楚王墓的可能性较大，故该男性很可能为单身人员，至少在殉葬楚王时为单身人员的可能性极大。当然，作为楚王的属官，殉葬者也许并非单身人员，这一点还需再作深入分析。与之相似的中型墓葬有北郊火山汉墓，该墓为竖穴石坑式洞室且竖穴底部有二外藏椁室的墓葬，在西椁室上部一定距离偏北侧陪葬一人，为男性，有漆木棺，棺内有铜镜、铁剑，棺外有陶礼器和陶质模型明器[③]。该墓为陪葬墓的可能性较大，但也不能完全排除殉葬墓的可能。不论何种情况，所葬男性仅其1人，当是单身人员，而该男性为主墓墓主家庭中家仆或家吏的可能性较大。铜山三堡镇焦山村北凤凰山M2为长方形石坑竖穴墓，竖穴底部东侧葬一人，西侧下凿一椁室，内葬一人，在二者上部的竖穴填土中，距离墓口1.8米处靠北侧还葬一男性，有棺无椁，出土的陪葬物品有钱币、

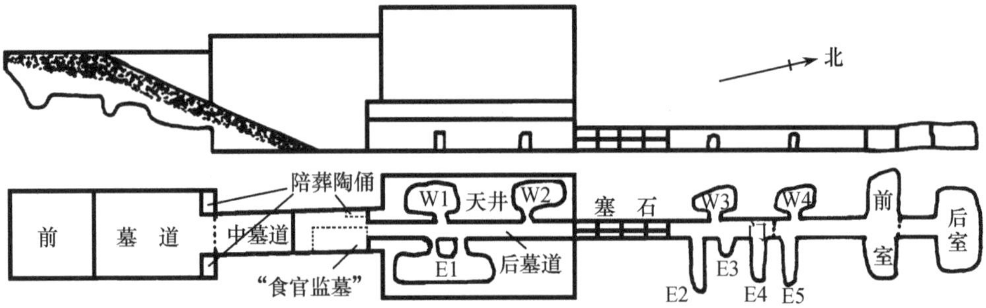

图七-26 江苏徐州市东郊狮子山西汉楚王墓平、剖面图及“食官监”殉葬墓位置

---

① 刘尊志：《徐州西汉墓葬陪葬陶俑的置放方式及相关问题》，《考古与文物》2007年第2期；《徐州西汉墓陪葬陶俑述论》，《南方文物》2012年第1期；《徐州西汉墓陪葬陶俑组合及相关问题》，《考古》2013年第8期。

② 狮子山楚王陵考古发掘队：《徐州狮子山楚王陵发掘简报》，《文物》1998年第8期；韦正、李虎仁、邹厚本：《江苏徐州市狮子山西汉墓的发掘与收获》，《考古》1998年第8期；王恺、葛明宇：《徐州狮子山楚王陵》，生活·读书·新知三联书店，2005年，第96-98页；耿建军：《徐州狮子山楚王墓陪葬人位置问题初步探讨》，《蒋赞初先生八秩华诞颂寿纪念论文集》编委会：《蒋赞初先生八秩华诞颂寿纪念论文集》，学苑出版社，2009年，第214-217页。

③ 耿建军、盛储彬：《徐州火山汉墓》，中国考古学会编：《中国考古学年鉴·1997年》，文物出版社，1999年，第132、133页。

铜镜和部分陶器[①]（图七 -28）。该墓葬竖穴底部所葬二人可能为同穴异室的合葬者，虽然竖穴底部所葬者也可能为陪葬者，但与下凿椁室内所葬人员左右并列，合葬的可能性更大，而根据墓坑内填土情况，大致可确定墓坑上部的墓葬为陪葬墓，结合葬具和陪葬物品等来看，陪葬者的身份等级不高，其或许为主墓墓主家庭的家仆，考虑到主墓的等级也不是太高，陪葬者也可能为主墓墓主家庭的家吏，其与主墓位于同一墓坑之中，也大致可说明其为有一定等级家庭中家吏或家仆的可能，但很可能为单身人员。

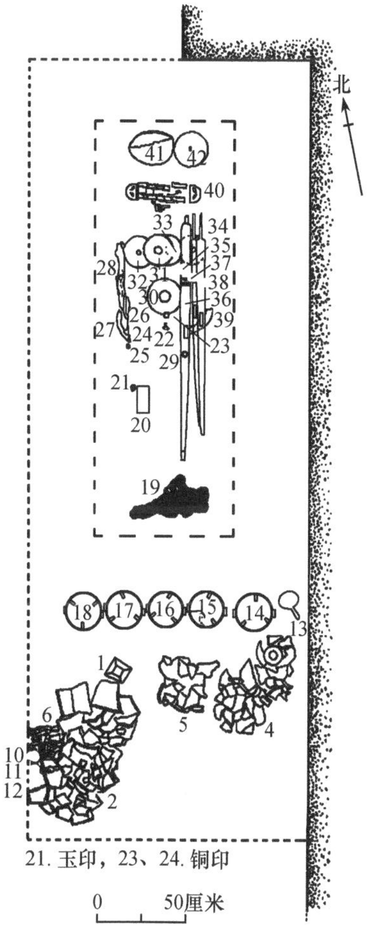

图七 -27　江苏徐州市东郊狮子山西汉“食官监”殉葬墓平面图

关于秦汉时期特别是东汉时期的宦者侯及其家庭，前文已有叙述，但众多的宦者侯并非单身，反映在墓葬上则基本都有合葬者，即并非单身人员。不过，也有的东汉宦者侯无合葬者，反映出墓主为单身的可能性。就秦汉时期的宦者来讲，因身体的特殊原因，较多并不像东汉的一些宦者侯那样娶妻和收养子嗣，而是以单身人员的身份存在。徐州地区的西汉楚王墓中出土有与宦者管理机构相关的印章，而市区北部北洞山楚王墓的中墓道东侧靠北第一小龛（EK1）内出土的宦者俑[②]（图七 -29）则更为直观体现了相关内容。该龛位置较特殊，位于墓阙内最北侧，与其余六龛间有土坯墙相隔，龛内的彩绘陶俑与其余六龛中的陶俑有所区别，最突出的体现是，龛内所有的俑皆朱唇无须，与其他六龛中陶俑全部有胡须不同，是为宦者俑（图七 -30）。这些宦者俑体现的现实中人物可能是充当郎中侍卫的宦者，主要服务于楚国王宫。由于是王宫的宦者，相应人员作为单身当无疑问。西汉长安城附近有帝陵及较多高等级墓葬，一些西汉帝陵的陪葬坑中有宦者俑，反映出与皇宫人员有关的内容，少量与西汉皇室有密切关系的高级贵族人员墓葬也陪葬有宦者俑，如西汉中期早段的蓝田支家沟西汉墓，EK7（陪葬坑）和主墓室各出土 1 件陶宦者俑，而该墓的墓主人身份高贵而特殊，

① 徐州博物馆：《江苏铜山县凤凰山西汉墓》，《考古》2004 年第 5 期。

② 徐州博物馆、南京大学历史系考古专业：《徐州北洞山西汉楚王墓》，文物出版社，2003 年，第 74-100 页。

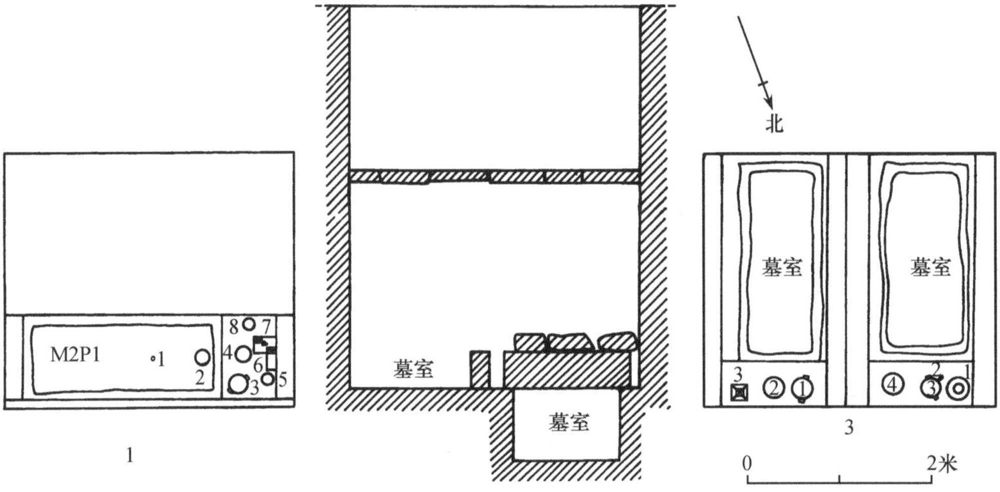

图七 -28 江苏徐州铜山三堡镇焦山村北凤凰山 M2 平、剖面图

1. M2P1 平面图 2. M2 剖面图 3. 竖穴底部墓室平面图

M2P1 出土遗物：1. 钱币 2. 铜镜 3. 陶鼎 4. 陶盒 5. 釉陶壶 6. 陶灶 7. 陶猪圈 8. 陶盘

墓室出土遗物：左 1. 陶鼎 2. 陶盒 3. 陶钫；右 1. 陶壶 2. 陶勺 3. 陶鼎 4. 陶盒

图七 -29 江苏徐州市区北部北洞山西汉楚王墓中墓道东一龛（EK1）内宦者俑出土情况

级别应不低于列侯一级[①]。有研究认为该墓的墓主人是汉昭帝刘弗陵同父异母的姐姐鄂邑长公主，宦者俑的出土与墓主人属皇室成员相互对应[②]，而 2 件宦者俑体现的宦

① 陕西省考古研究院：《陕西蓝田支家沟汉墓发掘简报》，《考古与文物》2013 年第 5 期。

② 段毅：《蓝田支家沟汉墓墓主身份蠡测》，《考古与文物》2013 年第 6 期。

图七-30　江苏徐州市区北部北洞山西汉楚王墓中墓道东一龛（EK1）内出土宦者俑
1. E1K：9　2. E1K：30　3. E1K：7　4. E1K：31　5. E1K：4　6. E1K：6　7. E1K：23　8. E1K：25

者特征明显，作为长公主家庭中的宦者，亦应属于单身人员。

由上文叙述可以看出，较多可大致确定为单身人员者，相当部分为有关家庭的家仆或家吏，或是诸侯王的亲近属官，这与前文相关章节所述附属人员具有一定的联系。单身人员作为有关家庭的附属人员，服务于对应的家庭，或许是自身的等级地位不高，加之具有较强的附属性质，使得这一时期的此类人员形成单身，而这也许是该时期有关家庭中附属人员存在和发展的内容和表现之一，同时也对相关家庭中的单身人员有较好的反映。

徐州地区的东汉墓葬对于单身人员的问题也有相应体现，相关墓地中会存在与单身人员对应的墓葬，而这一时期虽然仍有夫妻异穴合葬墓，但更多的则是夫妻同穴合葬，而且还存在一墓葬多人的情况，加之迁葬习俗的日渐普遍，能够较好地形成夫妻合葬的内容，因此无合葬的东汉墓葬应有相应的特殊性，而墓主为单身人员应是其中的原因或表现内容之一。而这一方面内容，也同样会适用于其他地区的东汉墓葬。全国其他地区已发现、发掘的秦汉墓葬，也会有一定数量会属于单身人员的墓葬，形式上可能与江苏徐州地区汉墓反映的内容有所相似，同时也会存在本地区的方式、内容和特点，反映出单身人员墓葬的时代性和地域性特征，亦可为认识秦汉时期的单身人员及有关家庭内容提供相应的参考。

如果将单身成员的范围进行扩大，早殇者无疑也是单身成员的组成之一，但其具有特殊性。如江苏徐州市睢宁县刘楼东汉 M1，墓葬等级较高，墓内出土一具属未成年人的骨架[①]，死者作为单身成员当无疑问，但考虑到该死者为年龄相对较小的贵族成员，具有的特殊性较为突出，而其更多体现的是家庭中孩子早殇的问题，相关问题在其他章节里已有论述，此处不作过多讨论。

综上所述，考古资料所体现秦汉家庭的特殊内容虽不具有普遍性且相对少见，但也从不同角度体现和反映出秦汉家庭内容的丰富性和多样性。随着考古工作的不断开展，与汉代家庭有关的考古资料将得到不断丰富，亦会反映出更多数量、更多形式、更多内涵等与秦汉家庭有关的内容，其中一些会具有这样或那样的特殊性，或较为明显，或并不突出，但均可从不同角度、不同方面体现出秦汉家庭的发展与内容，进而折射出诸多与秦汉社会及秦汉家庭相关的内涵与特征。

---

① 睢文、南波：《江苏睢宁县刘楼东汉墓清理简报》，文物编辑委员会编：《文物资料丛刊·第四辑》，文物出版社，1981 年，第 112-114 页。

第八章

秦汉家庭的内涵与功能

秦汉时期，家庭作为社会的重要组成内容，在多种因素的促进下，获得了多方位、全面性的发展。从考古资料看，相关发展既突出表现在家庭的诸多物质内容方面，也充分反映于家庭的人员与组成结构、内部关系、对外交往及精神信仰等较多方面，同时还有一定数量具有相应特殊性质的家庭或家庭中的特殊内容等，综合展现秦汉家庭内涵和功能的同时，也从较多方面和不同视角揭示出秦汉家庭与社会发展之间的密切关联，为我们展示出秦汉家庭在国家和社会发展中的地位和作用，较好阐释了家与国之间的关系及其内容和内涵。

第一节　秦汉家庭的主要内容

家庭是社会的基层单位和组成内容之一，就诸多家庭来讲，有着自身的组成内容，秦汉家庭亦不例外。笼统来讲，家庭组成的最主要内容无外乎人和物，人是必要因素，不可缺少，离开人或没有人，家庭很难成立；物是基础条件，离开物或没有物，家庭很难存在。人与物相互搭配，既是家庭存在的必备条件，也是家庭发展的保障，同时还是家庭与社会产生联系的重要媒介，并对社会发展起着十分重要的促进作用。考古资料所体现秦汉时期组成家庭的人和物涉及面较为广泛，体现的家庭内容亦是丰富多样。

一、秦汉家庭中的人

家庭之中，人是关键因素，不可缺少。秦汉家庭中的人，以血缘关系为主体，也有非血缘关系的成员，如依附和收养的人员等。

（一）家庭人员构成与类型

秦汉家庭的人员构成较为复杂，以家庭中较为重要的一位男性为核心或主体，家庭成员内容在整体上大致会包括父母、妻子或再娶之妻和妾、儿子与儿媳和女儿、兄弟姐妹等主要人员，有祖父祖母、伯叔（或与其妻）、侄子（或与其妻、子等）、孙子（或与其妻、子等）、侄女等、孙女等家庭相关人员，也有入赘的女婿等具有亲属关系的人员，有相应政治地位、社会等级或经济实力的家庭还会有不同数量和不同分工的徒附、家吏、武士、佃客、奴婢、侍者、倡优、伎乐等附属人员。秦汉时期的居住遗址、墓地与墓葬布局、墓葬中的合葬形式与内容、墓葬壁画与画像（含墓外祠堂画像）内容等，综合体现出这一时期家庭人员组成内容和形式的多样性，一夫一妻的简单家庭较为普遍，也有一夫一妻及孩子组成的家庭，还有很多是主体成员与附属人员综合构成的大家庭，甚至一些依附者的妻儿等也属于这一大家庭的组成人员。陕西西安净水厂东汉 M18 内葬八人，除家庭主要成员外，后室北侧葬侍妾之类人员，北侧室的死者则有可能属于家庭内部的侍从或仆人[①]。河南密县打虎亭 M1 出土的画像石画像中，有家主及孩子，亦有较多的附属人员，如具有管理职责的家吏、侍者、奴仆等等，既有分工，也有合作，有专职人员，也会有兼职人员等[②]。

秦汉家庭的主体人员存在诸多不同，如等级差异、职业差别等，而家庭人口数量及具体人员组成的不同，均使得这一时期家庭呈现出不同的类型和形式。考古资料对秦汉家庭人员有较多体现，也使得家庭分类形成不同的标准和参考，如等级属性、职业属性和规模属性等。等级方面，可分为皇室、王室、侯家及高级贵族官吏家庭、中下层贵族官吏与豪强地主和大商人家庭、低级贵族官吏与中小地主和小商人及富庶的平民家庭、普通平民百姓家庭、依附农与奴仆家庭等不同层次。从职业角度又可分为政治人员家庭、商人家庭、手工业家庭、农业家庭及伎乐家庭、医者家庭、教育人员家庭、巫祝与宗教人员家庭、助丧人员家庭等。甘肃武威旱滩坡东汉早期墓葬的男性墓主，可能是一位年逾七十的医学家，其所属家庭可能为医者家庭[③]。就较多中小家庭来讲，虽有相应的职业属性，但秦汉时期以农为本的社会特征，使得很多家庭脱离不开农业，所以形成复合型职业特征和属性。规模方面，有小家庭与大家庭，核心家庭、主干家庭与联合家庭，分居家庭与同居家庭等区分。通过考古资料对秦汉家庭进行分类研究很难拘于某一点面或某一角度，不同家庭类

① 陕西省考古研究所配合基建考古队：《西安净水厂汉墓清理简报》，《考古与文物》1990 年第 6 期。

② 河南省文物研究所：《密县打虎亭汉墓》，文物出版社，1993 年。

③ 甘肃省博物馆、甘肃省武威县文化馆：《武威旱滩坡汉墓发掘简报——出土大批医药简牍》，《文物》1973 年第 12 期。

型皆包含自身的内容和特点，而不同分类之间及同一分类的不同类型家庭之间也存在着较多的联系和交叉，加之还有因家庭成员变动等而引起的家庭类型变化，综合体现出秦汉家庭构成及其类型的复杂性、多样性和变化性。家庭成员生活在不同类型的家庭中，需承担生产、交往、庖厨、教育、祭祀、丧葬、安全、养老、抚养等与家庭有关的责任和义务，而这也是家庭发展和延续的主要动力、原因和促进因素。

（二）家庭人员关系

家庭中人员因家庭的存在而相互联系起来，家庭成员关系由此建立，同时又因辈分、年龄、血亲、依附等的不同，在具体关系上又表现出诸多不同的内容和形式，众多关系既相对独立，又相互依存并且交错发展。考古学视角下，秦汉家庭人员的爱情婚姻与夫妻关系、抚养孩子与赡养老人形成的长幼关系、家主和非主体人员间的主仆关系等体现得较为突出和明显，另外还有一些特殊的关系，综合反映出与家庭有关的人员组成内容和特点。

夫妻关系是家庭存在和形成的基础，为家庭人员关系中最为密切，也是最普遍的关系，对于新家庭的形成或诸多家庭的发展延续都具有重要推动作用。婚前活动与结合成婚是夫妻关系确立的前提和条件，这一内容在秦汉考古资料中有所体现，如汉代画像中牛郎织女的故事及男女互赠礼物、谈情说爱的情景等。结合成婚后，夫妻关系正式确立，夫妻二人或建立新的家庭，或与男性原属家庭的其他成员一起生活，构成联合家庭或同居家庭等。夫妻二人关系的形成，不仅可生儿育女，保证家庭的繁衍不息，还在促进家庭发展、拓展亲友网络等方面有重要作用。夫妻二人不仅活着的时候生活在一起，死后还要葬在一处、一墓之中或一室之内，这在较大程度上体现出家庭对于夫妻关系的重视，也体现出夫妻关系在家庭中的重要性，正所谓“夫妇生时同室，死同葬之。”① 秦汉时期的一些居住遗址可体现夫妻生前居住的情况，如河南洛阳西郊西汉初期居住遗址，室内紧贴西墙有1土炕，长6、宽2.5米②，可供夫妻寝息；洛阳汉河南县城东区村落遗址发现的一处西汉房基（312号），东西壁各长6.6、南北壁各宽3.45米，南壁有供放灯台而设的壁洞，可供夫妻居住③。汉代墓葬壁画和画像中常见夫妻二人并坐、对饮、燕居、会客等画面，另有少量亲吻的内容，描绘出夫妻间亲密的关系。较为普遍且能够充分体现秦汉家庭中夫妻关系的墓葬资料为夫妻合葬，这一内容通过夫妻去世后葬在一起的形式体现

① （东汉）班固：《白虎通义·崩薨》，（清）陈立撰，吴则虞点校，《白虎通疏证》，中华书局，1994年，第556页。

② 考古研究所洛阳发掘队：《一九五四年秋季洛阳西郊发掘简报》，《考古通讯》1955年第5期。

③ 黄展岳：《一九五五年春洛阳汉河南县城东区发掘报告》，《考古学报》1956年第4期。

出夫妻间关系。秦汉时期的夫妻合葬形式很多，包括同茔异坟异穴合葬、同坟异穴合葬、同穴合葬三大类，而同穴合葬还可细分为异室合葬和同室合葬，而同穴合葬及同室合葬是趋势，并逐渐占据主流，且得到社会诸阶层的普遍接受和推广，东汉时，不仅中下阶层，帝王列侯也普遍实行同穴合葬，即很好地说明了这一点。除现实共同生活、死后合葬一处的内容外，秦汉尤其是汉代墓葬中还有促进或描绘夫妻共同升仙的内容，如同穴合葬墓的棺外镶壁等，墓葬壁画和画像、墓外祠堂画像等中则有夫妻共同升天成仙的图像内容，河南洛阳西汉卜千秋夫妻合葬墓①、江苏徐州铜山洪楼东汉墓葬外石祠堂画像②等皆有生动的描绘，这也反映出现实中夫妻恩爱的内容。另外，秦汉家庭中，一些家庭在夫妻关系的基础上，又有所发展和延伸，如再娶及拥有嫔妃、妾及相关女性等。帝王陵墓中的"一帝二后"与"一王二后"的合葬形式与墓葬布局，体现出再娶或再立新后的内容；一些官吏墓葬中则葬一男性和二女性，二女性中一为男性之正妻，另一为妾或相关女性。江苏徐州市西北郊大孤山西汉 M2 的竖穴底部洞室内葬夫妻二人，竖穴底部还葬有一女性，为男性墓主的妾或相关女性的可能性较大③。辽宁省辽阳市南郊街东汉晚期偏早 M1，有两棺室并列，为夫妻合葬，男性墓主可能是二千石至一千五百石的郡守或郡丞，侧廊葬一女性，为男性墓主的小妾④。江苏省连云港市海州区双龙村花园路 M1 的男性墓主为地方低级官吏，而该墓中除男性墓主外还葬三名女性，其中 3 号棺内所葬凌惠平为男性墓主的正妻，另二棺内所葬女性为男性墓主正妻外的二妾⑤。虽然夫妻之间有亲密和恩爱的关系，但与当时的社会特征相对应，夫妻二人在家庭之中的身份地位存在一定的差别，男性地位普遍高于女性。异穴合葬夫妇二人的墓葬位置与规模、形制与陪葬品、墓外设施等皆可体现，同穴合葬者则在葬具、墓内位置、陪葬品、殓葬品等方面，甚至棺室的高矮和尺寸大小方面均有体现，一些墓葬内壁画或画像石（砖）的画像内容也可体现。另外，即使一些女性的社会等级较高，但在家庭中的地位也基本低于男性，这与董仲舒在《春秋繁露》中所讲的"丈夫虽贱皆为阳，妇人虽贵皆为阴"⑥基本对应。

父母子女关系在较多家庭中是不可缺少的内容，一方面这是较为常见和普遍的内容，是以实际血缘关系为纽带相互联系，考古资料反映的秦汉家庭中父母子女关

① 洛阳博物馆：《洛阳西汉卜千秋壁画墓发掘简报》，《文物》1977 年第 6 期。

② 王德庆：《江苏铜山东汉墓清理简报》，《考古通讯》1957 年第 4 期；徐州博物馆：《徐州汉画像石》，江苏美术出版社，1985 年，图 80、83-85。

③ 徐州博物馆：《江苏徐州市大孤山二号汉墓》，《考古》2009 年第 4 期。

④ 辽宁省文物考古研究所：《辽宁辽阳南郊街东汉壁画墓》，《文物》2008 年第 10 期。

⑤ 连云港市博物馆：《江苏连云港海州西汉墓发掘简报》，《文物》2012 年第 3 期。

⑥（西汉）董仲舒：《春秋繁露·阴阳尊卑》，上海古籍出版社，1989 年，第 66 页。

系多属此类；另一方面是收养背景下形成的父母子女关系，无实际血缘关系，考古资料亦有体现。河北秦皇岛抚宁邴各庄东汉 M1，三后室，中间主后室葬夫妻二人，时代稍早，两侧后室各葬夫妻二人，时代略晚，主后室内所葬为家庭中的长者，两侧所葬为其两个儿子及各自妻子的合葬①。张家口阳原三汾沟 M4，同一封土堆下有 2 座并穴墓葬，封土下中部为成年男女的夫妻同穴合葬墓，其南侧为另一墓葬，内有两具小孩骨架，一男一女，皆侧身屈肢②，属早殇人员合葬，其中的男性小孩应为成年男女夫妇的儿子。汉代画像对这一内容的描述更为丰富和生动，四川彭州市义和乡出土的一块酒肆画像砖画像，酒肆中有人售酒，肆外有人买酒，左上方有二人作奔跑状，前为小孩，后为肩上荷壶的大人，父子二人一起来买酒，气氛欢快和谐③。一些东汉宦者侯墓地则反映出收养的内容，河南濮阳南乐宋耿洛村南墓地可能是宦者侯具瑗的家族墓地，M1 为具瑗夫妻的墓葬，M2 为具瑗的养子夫妇墓葬④，为非血缘关系的父母与儿子、儿媳关系。

父母子女的关系还表现在养育、教育子女和赡养老人等方面。养育和教育子女不仅可提高孩子的综合素质，对于家庭的综合发展也有裨益，如一些等级不高的农业家庭或依附家庭中，孩子在较早阶段会接受劳动教育，有的是与父母一起播种，有的在炊爨时烧火，还有的陪同父母所依附家主的孩子玩耍等等，这在汉代画像中有所体现。通过劳动教育，使得家庭中的孩子在自身力所能及的范围内帮助父母或服务于自己所属的家庭，从而达到锻炼自身的作用。赡养老人是从另一方面体现父母子女关系的方式与内容，与赡养老人有关的考古资料也有很多，饮食、居住、物品使用、丧葬、享乐及其他精神生活等皆可体现，这与秦汉时期尤其是汉代社会普遍重视孝道和孝悌有很大关系。四川德阳三台县郪江崖墓柏林坡 M1 出土的宴饗图，南侧几后坐一老人，右手握红色鸠杖斜靠于肩，北侧几后为夫妇二人，似在向榻南侧的老者施礼，体现出家庭中儿子儿媳对父亲的赡养内容⑤。还有的画像描绘了祖孙的生活内容，在一定程度上也可视为父母子女关系的综合与延伸。山东邹城市卧虎山西汉画像石墓 M2，西椁板内侧画像中有老年夫妇二人，皆手持长杆鸠杖，两位老人之间有二个孩童，或向老人伸手要物，或与老人对话，另在画像右侧偏上还有

① 河北省文物研究所：《河北抚宁县邴各庄汉墓发掘简报》，《文物春秋》1997 年第 3 期；刘尊志：《河北抚宁邴各庄东汉墓地的相关问题探讨》，《文物春秋》2020 年第 3 期。

② 河北省文物研究所、张家口地区文化局：《河北阳原三汾沟汉墓群发掘报告》，《文物》1990 年第 1 期。

③ 四川省博物馆：《四川彭县等地新收集到一批画像砖》，《考古》1987 年第 6 期。

④ 安阳地区文管会、南乐县文化馆：《南乐宋耿洛一号汉墓发掘简报》，《中原文物》1981 年第 2 期；王国平、张文彦、史国强、李小彬：《南乐汉墓》，中州古籍出版社，2015 年。

⑤ 四川省文物考古研究院、德阳市博物馆、三台县文物管理所：《三台郪江崖墓》，文物出版社，2007 年，第 165、166 页。

一孩童，整个画面所描绘的可能是祖孙生活的内容[①]，较为温馨和谐。

考古资料对家庭其他人员关系也有不同形式的体现。惠帝安陵的陪葬墓中有鲁元公主与其丈夫宣平侯张敖二人的异穴合葬墓[②]，惠帝刘盈与鲁元公主为兄妹。山东微山出土祠堂画像石上的一些刻铭文字反映的是兄弟关系，相关内容如“永和四年（139年）四月丙申朔廿七日壬戌，桓桑终亡，二弟文山、叔山悲，治此食堂。”[③]另外还有叔侄关系等。江苏徐州地区的西汉楚王墓，墓主的嗣封和绍封可以体现，而该地区发现的有明确记载且和相关楚王墓有相应关联的列侯墓葬亦有所反映，如徐州市北郊簸箕山西汉M3[④]的墓主宛朐侯刘埶与东郊狮子山西汉楚王墓[⑤]的墓主刘郢（客）为兄弟关系，与东北郊驮篮山西汉楚王墓[⑥]的墓主刘戊则为叔侄关系，且刘埶、刘戊二人均参与了“七国之乱”[⑦]。

主仆关系在秦汉时期较为普遍，正常情况下，具有一定政治权力、等级地位或相应经济实力的家庭，大多会有一定数量、不同职能的附属人员，附属人员与家主之间形成主仆关系。附属人员为主家或所依附家庭劳动或从事其他服务工作，并以此维护依附关系，达到满足或提高自身生活需求、条件等目的。以主仆关系为表现形式的依附关系在东汉时期得到普及，这与庄园地主或豪强地主、地方官吏或其他地方势力的全面发展有着密切关系。较多东汉墓葬壁画与墓葬内外画像对这一关系有较多体现和反映，内蒙古和林格尔东汉壁画墓[⑧]及河南密县打虎亭汉墓[⑨]、山东沂南北寨东汉画像石墓[⑩]等皆有充分体现，正如《后汉书·仲长统传》所载：“豪人之室，连栋数百，膏田满野，奴婢千群，徒附万计。……妖童美妾，填乎绮室；倡讴伎乐，列乎深堂。”[⑪]

需要指出的是，较多秦汉家庭中，成员或人员之间的关系并不是单一存在的，

---

① 邹城市文物管理局：《山东邹城市卧虎山汉画像石墓》，《考古》1999年第6期。

② 咸阳市文物考古研究所：《西汉帝陵钻探调查报告》，文物出版社，2010年，第25页。

③ 马汉国主编：《微山汉画像石选集》，文物出版社，2003年，第30、31页。

④ 徐州博物馆：《西汉宛朐侯刘埶墓发掘简报》，《文物》1997年第2期；M4、M5为笔者在徐州博物馆工作时发掘，资料现存徐州博物馆。

⑤ 狮子山楚王陵考古发掘队：《徐州狮子山楚王陵发掘简报》，《文物》1998年第8期。

⑥ 邱永生、徐旭：《徐州市驮篮山西汉墓》，中国考古学会编：《中国考古学年鉴·1991年》，文物出版社，1992年，第173、174页。

⑦ 刘尊志：《徐州两汉诸侯王墓研究》，《考古学报》2011年第1期。

⑧ 内蒙古自治区博物馆文物工作队编：《和林格尔汉墓壁画》，文物出版社，1978年。

⑨ 河南省文物研究所：《密县打虎亭汉墓》，文物出版社，1993年。

⑩ 南京博物院、山东省文物管理处：《沂南古画像石墓发掘报告》，文化部文物管理局出版，1956年；山东博物馆：《沂南北寨汉墓画像》，文物出版社，2015年。

⑪（南朝宋）范晔撰，（唐）李贤等注：《后汉书·仲长统传》，中华书局，1965年，第1648页。

而是多种关系的综合，即家庭成员存在诸多相互交错、密切相连的关系，进而形成家庭中成员或人员之间的综合关系。汉代墓葬壁画和较多画像石（砖）画像对之多有体现，一般是家庭中的主干人员、部分亲友，另有数量及种类均较多的附属人员。一些墓地中墓葬的分布也有体现，而同一墓葬中葬不同的人员，体现的内容更为直接和丰富。陕西西安净水厂东汉墓地属于一次性排列诸多墓葬的家族墓地，M30 属于长辈墓葬，而墓地中的 M18 内葬 8 人中，有 1 男 2 女及 1 男 1 女的合葬，而墓内还葬有后代、侍妾之类人员及家庭的侍者或仆人等①。四川资阳市雁江区狮子山崖墓 M2 内葬两对有辈分差异的夫妇，即父母与儿子儿媳，而墓室前部接近墓门处的 I 号棺，所葬人员为家庭中侍从或仆人，反映出家庭中的主仆关系②。

可以说，秦汉时期家庭中人员或成员的关系是渐趋全面和多样化的，多种关系并存，相互交错，而夫妻关系、父母子女关系等是其中最主要的内容，这也推动了与家庭中人员相关其他内容的发展，如亲朋关系等等，形成更为全面多样的人员关系网络，因此对于秦汉家庭发展也可起到较为重要的推动作用。

（三）家庭人员的思想信仰

秦汉时期，社会思想信仰较为多元，而且还呈现出相应的时代特征和发展变化特点，这其中既有较为普遍、相对统一的传统思想内容和精神信仰，也有本土逐渐形成宗教和外来宗教的渗透和影响，另有其他一些相关内容。在社会思想及精神信仰的发展和影响下，作为社会人群组成重要内容的家庭人员，也有与自身密切相关的思想与信仰，综合构成秦汉家庭的精神世界，并体现出家庭精神世界与社会思想信仰的有机统一。

1. 传统社会思想与信仰

包括升仙思想、神鬼思想及崇拜思想、吉祥思想和有关社会风俗等，这些思想与信仰已融入秦汉家庭的生产与日常生活之中，并在秦汉家庭的发展中起着较为重要的作用。

长生与不死作为这一时期人们追求升仙的普遍动力，使得升仙思想得到多数人的信奉和推崇，并由此诞生或衍生出较多的方法、途径及与之有关的内容、内涵等，追求活人升仙或让死者灵魂升仙为其中较为重要的内容。很多家庭成员日常使用的铜镜背面装饰与升仙有关的纹饰，如云纹、星云纹、四神纹等，另有较多直

---

① 陕西省考古研究所配合基建考古队：《西安净水厂汉墓清理简报》，《考古与文物》1990 年第 6 期。

② 四川省文物考古研究院、资阳市雁江区文物管理所：《资阳市雁江区狮子山崖墓 M2 清理简报》，《四川文物》2011 年第 4 期。

接体现升仙需求的文字，如“上大山兮见仙人”、“驾交龙兮乘浮云”、“参驾蛮龙乘浮云”、“上大山，见神人”、“浮由（游）天下敖（遨）四海，翡（飞）回名山采芝草”等等，也有的透露出与升仙相关的长生不死等内容，如“寿如金石”、“葆长命兮寿万年”等等。汉代画像中还常见求仙药这一理想化、带有希望性的内容，羽人从仙界求药后赐予人间家庭，家庭成员服食仙药后可以达到升仙的目的，河南南阳等地出土画像石中的嫦娥奔月画像即是生动说明。帮助死者灵魂升仙的内容更为丰富。湖南长沙马王堆西汉 M1 出土的“T”字形帛画为旌幡或魂幡，为灵魂依托载体之一，有对天界、现实世界及另一世界的描绘与描述[①]。棺的头挡前镶嵌或捆绑玉璧，借用玉璧礼天的功能，达到帮助墓主灵魂升仙之目的，而玉衣、头套等在墓主头部留有一孔，当是供墓主灵魂出入，进而具有了辅助灵魂升仙的功能[②]。较具代表的如江苏徐州市西郊韩山西汉 M1 棺外出土玉璧，捆绑痕迹明显[③]；徐州市东郊狮子山西汉楚王墓[④]与北郊火山西汉刘和墓[⑤]等出土玉衣，或金缕或银缕，配合玉片达到思想上保护墓主尸身以使不朽的功用，且头部皆有一玉璧形饰。墓葬形制和结构、陪葬品与殓葬品等皆有较多体现和反映，如河北涿州凌云集团新厂东汉 M1 出土的彩绘“魂瓶”（实为陶灯），分 4 节叠置，共 7 层，第 1 层饰仙人、神兽，第 6、7 层饰神树[⑥]。墓室壁画与砖（石）画像（含墓葬外石祠堂画像）体现的内容更为丰富和生动，对仙界的描写及升仙的刻画是常见的主题内容，另外还有一些象征物，如凤鸟、神树等等，甚至较多反映现实居住、生活的内容也会增添一些和升仙或仙界有关的内容，特别是一些画像石会分格布局画像内容，将仙界与现实生活融于同一画像中，家庭人员的生活和升仙得到和谐统一。墓外设施在秦汉时期，特别是汉代获得较大发展，很多设施如神道等可能与促进墓主灵魂升仙有关，而墓祭设施对促进和保证墓主灵魂升仙的作用更为突出，诸多墓外设施与墓内世界形成内外两重空间，并与现实人群生活的世界构成三维世界，反映出服务逝者，助其灵魂升仙等内容[⑦]。

秦汉时期，神鬼思想和观念得到较大发展，亦是这一时期家庭成员精神世界的

① 湖南省博物馆、中国科学院考古研究所：《长沙马王堆一号汉墓》，文物出版社，1973 年，第 40、42 页。

② 罗波：《汉代玉衣与升仙思想初探》，《文物春秋》1994 年第 3 期。

③ 徐州博物馆：《江苏徐州韩山汉墓》，《文物》1997 年第 2 期。

④ 狮子山楚王陵考古发掘队：《徐州狮子山楚王陵发掘简报》，《文物》1998 年第 8 期；韦正、李虎仁、邹厚本：《江苏徐州市狮子山西汉墓的发掘与收获》，《考古》1998 年第 8 期。

⑤ 耿建军、盛储彬：《徐州火山汉墓》，中国考古学会编：《中国考古学年鉴 · 1997 年》，文物出版社，1999 年，第 132、133 页。

⑥ 史殿海：《涿州凌云集团新厂东汉墓群发掘简报》，《文物春秋》2007 年第 3 期；张艺薇：《小议涿州汉墓出土“彩绘魂瓶”的定名》，《文物春秋》2012 年第 3 期。

⑦ 刘尊志：《汉代墓葬的双重空间与三维世界》，《南开学报》（哲学社会科学版）2020 年第 1 期。

组成内容之一。神仙思想较为流行，形成神人或仙人崇拜，汉代墓葬的出土物品有所体现，而壁画与画像中的内容更为丰富，羽人、西王母与东王公、伏羲与女娲等较为常见，炎帝、黄帝、神农、仓颉等在汉代已成为神仙并在汉代画像及壁画中有一定的出现频率，日神、月神、雷公、风神、云神、雨师、天帝、高禖、鱼伯、河伯及神话传说中的后羿、嫦娥，还有诸多渐被仙化的人物等，均被视为神人并作为家庭成员崇拜的对象。另外还有牛首人身、鸡首人身的神人等，这在陕北、晋西北地区相关墓葬如山西离石马茂庄 M2 出土画像石等的画像中有所体现[①]。其他还有一些不知名的神人或仙人。很多壁画或画像中的神人或仙人成组出现，而且较多与家庭成员的生活有关，体现出家庭成员的精神崇拜，反映出希望神人或仙人能够送吉降祥，给现有生活带来祥瑞和美好等诸多的愿望，同时也是希望可以实现升天成仙、长生不死、逍遥仙界的理想追求。鬼魂思想也被秦汉家庭成员普遍信奉，这如《论衡·解除篇》所讲："厚事鬼神之道也。"[②]河南南阳西郊麒麟岗东汉墓出土的画像石画像中有"深幽的冥室"，代表画像有赤罴图、护墓方相、猛兕图等[③]。一些刻铭文字对鬼神也多有描述，河南南阳市李相公庄墓葬出土的东汉许阿瞿画像石，刻铭中有"神灵独处，下归窈冥，永与家绝"等字[④]。一些简牍及陶器上朱书的文字还有"地下丞"、"墓伯"、"蒿里伍长"等。汉代，事死如事生丧葬思想中还有"鬼犹求食"的内容，墓葬内出土与饮食有关的器具、食品及其象征性食品、物品等皆可说明。另外还有服务鬼魂、驱魔打鬼等思想，在汉墓壁画、画像等中也有体现。鬼魂思想的发展与认识观的局限性及对于较多事物或事件的不可解释等有关，进而又会与驱鬼祛恶、消除鬼魄，避免鬼魄对人身的侵害及其让死者在地下安心生活及早日升仙等有关，这些内容又皆与家庭成员的日常生活、生产、交往等密切相关，也是鬼魂思想得到发展、普及的原因。

崇拜思想、吉祥思想和对社会风俗观念的信仰等在秦汉尤其是汉代家庭中较为普遍，而且是多数家庭成员普遍接受且融入日常生活、生产、交往等之中的思想内容。崇拜思想以祖先崇拜和动植物崇拜为主体，对先祖的崇拜，既是对祖先的敬重，并希望先祖为后世子孙带来庇护、吉祥和美好，也是在世者显孝、示孝、重孝的体现，亦对推动家族团结、加强家庭伦理等有促进作用；对于动植物的崇拜，一方面是求吉纳祥家庭需求的体现，也与认识观局限及传统崇拜思想的延续有关。考

---

① 山西省考古研究所、吕梁地区文物工作室、离石县文物管理所：《山西离石马茂庄东汉画像石墓》，《文物》1992 年第 4 期。

② （东汉）王充：《论衡·解除》，黄晖校释：《论衡校释》（附刘盼遂集解），中华书局，1990 年，第 1043 页。

③ 黄雅峰、陈长山主编：《南阳麒麟岗汉画像石墓》，三秦出版社，2008 年，第 68-70 页。

④ 南阳市博物馆：《南阳发现东汉许阿瞿墓志画像石》，《文物》1974 年第 8 期。

古资料尤其是墓葬壁画和画像资料对这两方面体现较多，上文所述神人崇拜中的伏羲、女娲等即是体现，尤其是执规握矩的伏羲女娲图像，体现的祖先崇拜特征尤为突出，而墓葬壁画或画像中的诸多动植物，特别是一些组合内容，与祥瑞的关系较为密切。河北保定望都东汉 M1 出土壁画中所绘灵芝、鸳鸯、凤凰、羊、麒麟、鸡及取多子之义的獐子等动物[①]，体现出对动物的崇拜和对吉祥的追求。求吉与辟邪是家庭及其成员的普遍追求，成为家庭成员较为普遍的思想，器物的造型与装饰、家居装饰、墓葬装饰等皆可体现，另外还有较多的文字，如“羊（祥）”、“大利”、“大乐贵富”、“千秋万岁”、“延年益寿”、“福寿无疆”、“长乐未央”、“长生无极”、“富贵昌，宜宫堂”、“宜仙宜世”、“长生”、“富贵千万”、“福”等等。风俗观念是与社会风俗相对应且关系密切的思想与信仰，与社会思想及信仰相互融合，对秦汉家庭及其成员均有较为重要的影响，上文所述崇拜神仙、求吉纳祥、辟邪驱恶等都与风俗观念有一定联系，另外还有祭神祀物等内容。祭神的内容包括祭祀日神、月神、山神、河神、土地神等等，四川成都市新都区新繁镇清白乡[②]、彭州市义和乡[③]、彭州市太平乡和邛崃市花牌坊[④]等地均出土有日神和月神画像砖，大致可说明，东汉时这一地区较盛行对日神、月神的崇拜。祭祀物品在秦汉时期家庭中也十分普遍，诸多和社会生活相关的物品大多在可祭祀之列，《论衡·祭意篇》载：“五祀，报门户井灶室中霤之功。门户，人所出入，井灶，人所饮食，中霤，人所托处，五者功钧，故俱祀之。”[⑤]《淮南子·氾论训》载：“今世之祭井灶门户箕帚臼杵者，非以其神为能飨之也，恃赖其德，烦苦之无已也。是以时见其德，所以不忘其功也。”[⑥]考古资料对祭灶及灶神、敬仓及祭仓神有较多体现，重庆开县出土画像砖上即有祭灶的内容[⑦]，而一些墓葬出土的陶灶上还有灶神的形象，以女性为主；敬仓的习俗与粮食存储及种籽存放有关，同时与社会普遍推行的孝道或孝悌有关，相关墓葬出土的“皆食太仓”[⑧]、“食太仓谷”[⑨]、“食于天仓”[⑩]等文字表明，仓在这

---

① 北京历史博物馆：《望都汉墓壁画》，中国古典艺术出版社，1955 年，第 13 页。

② 四川省文物管理委员会：《四川新繁清白乡东汉画像砖墓清理简报》，《文物》1956 年第 6 期。

③ 四川省博物馆：《四川彭县等地新收集到一批画像砖》，《考古》1987 年第 6 期。

④《中国画像砖全集》编辑委员会：《中国画像砖全集·四川汉画像砖》，四川美术出版社，2006 年，第 126-128 页。

⑤（东汉）王充：《论衡·祭意》，黄晖校释：《论衡校释》（附刘盼遂集解），中华书局，1990 年，第 1059 页。

⑥（西汉）刘安等：《淮南子·氾论训》，何宁：《淮南子集释》，中华书局，1998 年，第 984 页。

⑦ 高文主编：《中国巴蜀新发现汉代画像砖》，四川美术出版社，2016 年，第 263 页。

⑧ 北京历史博物馆：《望都汉墓壁画》，中国古典艺术出版社，1955 年，第 12 页。

⑨ 河北省文化局考古工作队：《望都二号汉墓》，文物出版社，1959 年，第 13、20 页。

⑩ 中国画像石全集编辑委员会编：《中国画像石全集·第 3 卷·山东汉画像石》，山东美术出版社，2000 年，第 128、129 页。

一时期被赋予了吉祥或仙界设施的含义，并在一定程度上折射出与敬仓、祭仓有关的内容。

2. 儒家思想、宗教思想

儒家思想在秦汉时期尤其是汉代获得了较大发展，西汉中期之后，儒家思想对于社会、家庭等的影响不断加强，东汉时，儒家思想得以正式登堂入室成为国家的政治思想和社会的主流思想。家庭与其成员受儒家思想影响较为广泛，家庭成员的行为规范和生活方式、家庭观念的形成和完善、家庭的延续和发展等均与之关系密切。天人思想的影响明显，考古发现的一些礼制建筑、陪葬物品及墓葬装饰等皆有体现，以墓葬装饰为例，天上、人间和谐统一，天人合一观念在家庭成员生活中得到展示。较为普遍的为伦理纲常，其以天人关系为基础，形成“三纲五常”的伦理道德，使得家庭伦理纲常趋于有序化，家庭中成员的尊卑主次关系更为明确，现实生活的建筑遗存、墓葬形制及合葬、陪葬内容、墓葬装饰中的夫妻和主仆关系等皆有反映。孝悌思想也是重要内容之一，秦汉墓葬整体上体现出的厚葬内容即是体现，而墓地祭祀的普及和推广，一方面可满足对死者地下所需的补充，另一方面则是家庭中生者显孝示孝的载体，二者有机结合，将家庭成员对孝悌思想的理解和认识充分展现出来。谶纬思想是儒家思想在汉代发展形成的新内容，与儒家的天人思想有一定联系，对汉代家庭及其成员的思想和行为均有深度影响，考古资料所体现谶纬思想主要表现在灾异感应、谶语符命、方术神幻、辟邪驱鬼等方面。西汉晚期的一些墓葬，墓门门扉刻绘白虎、铺首和朱雀等装饰，达到辟凶邪、示祥瑞等目的，体现出谶纬的内容和影响，而这类内容一直延续至东汉晚期或更晚时期。墓葬中的出土器物及其他墓葬装饰也有诸多体现，东汉龙虎纹铜镜可能与阴阳五行、辟邪等谶纬思想的影响有关；墓葬装饰内容中的天界、日月星辰、仙人、祥禽瑞兽、驱鬼辟邪、嘉禾、神树及征兆、灾异等，亦多与谶纬思想的影响、普及有较多联系，如江苏徐州邳州青龙山东汉彭城相缪宇墓，东壁南侧上刻绘“福德羊”、“骐驎（麟麟）”、“虎禽”、“玄武”、“朱鸟”、“青龙”等[①]。可以说，谶纬思想对西汉晚期至东汉时期的家庭产生了较大影响，并影响到家庭成员的思想信仰及其行为活动等，这对家庭成员的日用器物装饰及文字等均有所影响，如一些铜镜上的“左龙右虎辟不羊（祥），朱鸟玄武顺阴阳”、“福禄进兮日以前，天道得物自然”、“法象天地”文字等。另外，墓葬顶部形制如弧形顶、叠涩顶的推广普及也应与谶纬思想的影响有关。

秦汉时期，尤其是汉代，宗教思想获得较大发展，最突出的就是原始道教思想和佛教思想。原始道教思想内容较为丰富，辟邪与祛邪、求祥与纳吉、长生与不

① 南京博物院、邳县文化馆：《东汉彭城相缪宇墓》，《文物》1984年第8期。

死、解谪与除殃、神药与厌镇、打鬼与杀鬼等均与原始道教有关，而部分与上文所述相关思想有所交叉或重叠，这些内容对秦汉家庭成员及其现实生活影响较多，并对丧葬有所渗透，而考古资料则将二者有机结合在一起。江苏新沂炮车北大墩东汉晚期墓葬出土的3件陶罐上有用铅粉书写的文字，为“西方大白，其帝上皓，其神羞收，其日庚辛，其虫毛，当以丹砂除凶秏，□家常贵，当延寿”，伴出的还有天然水晶石数块，雄黄屑少许①，体现出辟邪与祛邪、除殃及神药、长生与不死等内容。汉代画像还见有炼丹以求升仙的道教内容，而墓葬中出土镇墓瓶上的文字和道符，相关文字有“如律令”、“黄帝”、“天地使者”、“天帝”、“黄神越章”等，与辟邪、移殃去咎、杀鬼、终无凶、安冢墓、求吉祥、利子孙、寿如金石等有关，有些地区的一些墓葬内有此类陶罐或陶瓶出土，体现出相关家庭成员对道教的信仰。河南洛阳偃师南蔡庄东汉墓出土汉肥致碑的碑文及所属墓葬的葬人情况，反映出家庭成员对道教思想的信奉②。佛教为外来宗教，传入之初依附于传统思想，与早期道教也有相通与交叉融合之处。东汉晚期，佛教的影响加强，相关家庭成员信奉佛教者增多。东汉晚期的墓葬内出土相关陪葬器物上有佛教内容，而墓葬装饰中的佛教内容相对较多且分布地区广泛，苏鲁豫皖交界地区、陕北晋西北地区、川渝地区等地出土的汉代画像中皆有佛教内容，体现出相关家庭中的成员对于佛教思想的信奉，也反映出佛教对于这一时期家庭和社会的影响。江苏徐州散存画像石中有两幅“僧侣骑象图”，其中一幅中，僧侣衣着袈裟，头顶巾帻，可以看出僧侣是光头的；另一幅画面的上方刻一僧人躺卧在象背上，右手托面，前面一人手持长钩，应为象奴，画面下方刻一大树，枝叶繁茂，很可能是菩提树③。两幅画像石画像刻绘的佛教内容已较为明显和突出，而如山东沂南北寨东汉画像石墓中室八角擎天柱中部佛的画像④，更折射出佛教对家庭及其成员影响的加深和加强，而这也是家庭成员的思想信仰内容之一。

3. 丧葬思想

生与死为家庭及其成员的大事，而与死相关的丧葬内容极为丰富，在继承前代的基础上，受社会政治、经济、思想文化的影响，秦汉时期的丧葬内容得以不断丰富、发展和完善，与之对应的丧葬思想也得到较大发展和演进，家庭及其成员受其

① 李昭鉴、王志敏：《江苏新沂炮车镇发现汉墓》，《文物参考资料》1955年第6期。

② 河南省偃师县文物管理委员会：《偃师县南蔡庄乡汉肥致墓发掘简报》，《文物》1992年第9期。

③ 杨孝军、郝利荣：《徐州新发现的汉画像石》，《文物》2007年第2期。

④ 南京博物院、山东省文物管理处：《沂南古画像石墓发掘报告》，文化部文物管理局出版，1956年，第65-67页，图版第67、68；山东博物馆：《山东沂南北寨汉墓画像》，文物出版社，2015年，第84、85、120页。

影响，普遍且将其较为多样化的应用于丧葬行为、活动和具体设施、物品之中。考古发掘的秦汉墓葬数量众多，所体现家庭成员与丧葬思想的关系较为丰富和多样。

影响秦汉家庭最为突出的丧葬思想，一是事死如事生思想，一是厚葬思想，二者可被视为秦汉家庭丧葬思想的核心内容，也是融入家庭成员思想观念最明显和最重要的两项内容。事死如事生思想在先秦时期就已形成，《左传》曰："事死如事生，礼也。"①秦汉时期尤其是汉代，这一丧葬内容获得较大发展。首先是墓葬形制的第宅化，江苏徐州东北郊碧螺山 M5② 与南郊拖龙山 M4③ 等的墓室内使用瓦木建筑，仿现实居住的特征较为明显；甘肃嘉峪关东汉 M3，相关墓室的对应文字表明该墓设置有储藏室、厨房、牛马圈、车库、各内室等，与现实生活所居对应且功能多样，并在位置、布局等方面体现出与现实居住场所较为一致的特征④。其次是陪葬品的生活化，即尽量多地使用现实物品或仿现实之物，让死者在地下世界仍能像生前一样或过上更好地生活，除大量明显去礼器特征、具有生活气息的器物外，还有食品陪葬、多种类与生活有关的陶俑陪葬，而墓葬装饰多见生活场景与之对应，更好地反映出生活化特征的不断加强。三是墓祭的常态化，即通过多种频率、不同形式、不同物品、不同数量、不同人员参与的祭祀活动，保持生者与死者的沟通联系，为死者不断补充地下所需，瓦顶祠堂、石祠堂等较为普及，供台或供案等的普遍使用均可说明。可以说，以上三点，基本体现出秦汉尤其是汉代家庭的丧葬思想中，家庭成员虽已逝去，但现实世界的人仍将其当作生者对待，仍视其存在于现实生活中，这在其所属家庭中表现尤为突出，亦与《礼记·中庸》中所云的"敬其所尊，爱其所亲，事死如事生，事亡如事存，孝之至也"⑤较为对应。厚葬思想与事死如事生思想相对应，既是汉代丧葬的主流内容，也在秦汉家庭及其成员的思想意识中占据着主导地位，包含死者在另一世界的需求、生者对死者的态度、行为和体现，而后者又与孝悌思想的推广及生者显孝示孝的需求有关。"今京师贵戚，郡县豪家，生不极养，死乃崇丧。或至刻金缕玉，檽梓楩柟，良田造茔，黄壤致藏，多埋珍宝偶人车马，造起大冢，广种松柏，庐舍祠堂，崇侈上僭（务崇华侈）"⑥即是写照，而这一记载也体现出较多与考古资料相对应的厚葬内容。墓葬的

① （西晋）杜预等注：《春秋三传》，上海古籍出版社，1987年，第540页。

② 徐州博物馆：《徐州碧螺山五号西汉墓》，《文物》2005年第2期。

③ 徐州博物馆：《徐州市拖龙山五座西汉墓发掘简报》，《考古学报》2010年第1期。

④ 嘉峪关市文物清理小组：《嘉峪关汉画像砖墓》，《文物》1972年第12期。

⑤ （战国）子思：《礼记·中庸》，（清）阮元校勘：《十三经注疏·礼记》，台湾艺文印书馆，2001年，第887页。

⑥ （东汉）王符：《潜夫论·浮侈篇》，（清）汪继培笺：《潜夫论笺校正》，中华书局，1985年，第137页。《后汉书》卷四十九《王符传》写作"务崇华侈"，见（南朝宋）范晔撰，（唐）李贤等注：《后汉书》，中华书局，1965年，第1637页。

修建及其形制、设施，较多不同种类、用途的陪葬品，不同形式、功用的墓外设施等皆可体现，而一些石祠堂的刻铭中还常见修建一座祠堂的价格，如“直万”、“直（值）□万五千”等，反映出厚葬特征及与之有关的丧葬思想。有的刻铭文字还有“行三年如礼”等字[①]，而守三年丧也对与厚葬有关的思想和行为等内容有所反映。

与丧葬思想有关的还有孝道（孝悌）思想、夫妻伦理纲常等内容。孝道（孝悌）思想是家庭思想的核心内容之一，无论家族墓地，还是单体墓葬，无论墓葬形制，还是陪葬物品，无论高等级墓葬，还是一般或者小型墓葬，无论墓内装饰，还是墓外设施的装饰，均体现出与孝道或孝悌有关的内容，既有思想，也有行为，如丧礼、送葬与下葬、祭祀与守丧等，反映出尊祖敬宗、行孝尽孝的内容与内涵。山东微山沟南村西汉晚期石椁墓[②]及江苏徐州沛县龙固镇三官庙湖陵城西汉晚期石椁墓[③]等均出土有丧葬画像石，画像中有对孝子着丧服的描绘，也有孝子行丧礼的动作描写，皆是手持丧杖（哭丧棒）作行礼跪拜状，另有其他送葬人员，亦身穿丧服。丧葬思想与夫妻伦理纲常结合最突出的表现为男尊女卑在墓葬中的体现和反映，夫妻合葬的形式多样，无论异坟、同坟异穴，还是同穴或同室合葬，大多会体现出男性地位较尊、女性地位略卑的特点。一定数量的汉代墓葬中，有一男性二女性的异穴合葬布局及同一墓穴中葬一男性和二女性的现象，其中二女性，一为男性人员的妻子，另一为男性的妃、妾或其他女性，甚至还有一墓之中葬三女一男的现象，三女中一为正妻，二为妾室。等级较高的帝王陵墓，还有较多的女性陪葬或殉葬。上述这些均反映出夫妻作为家庭主要成员，在丧葬思想、行为、设施、埋葬位置与状态等方面体现出的家庭地位差异，而这也是现实生活中家庭夫妻地位的再现，是事死如事生丧葬内容的反映。可以说，孝道（孝悌）思想、夫妻伦理纲常与厚葬思想、事死如事生思想的有机结合，使得汉代家庭的丧葬思想内容更为全面和丰富。

（四）家庭成员的交往

秦汉时期，较多家庭虽然是在自给自足背景下的生产与生活，具有一定的封闭性，但家庭及其成员的对外交往活动并未因自给自足的生产、生活封闭而减少和衰落，而是呈现出较为丰富的内容，并与社会发展、家庭及成员交往需求的增长等密切相关，进而呈现出较多的内容和特点。

家庭的存在和活动及其成员的生产、生活和社会活动不是孤立或单独发展的，而家庭成员最基本的对外交往是与家族及居住区其他家庭和人群之间的交往。考古

① 徐州博物馆：《徐州发现东汉元和三年画像石》，《文物》1990年第9期。

② 王思礼、赖非、丁冲、万良：《山东微山县汉代画像石调查报告》，《考古》1989年第8期。

③ 武利华：《汉代画像石通论》，文化艺术出版社，2017年，第102、103页。

发掘的居住遗址对居住区中的家庭所属家族及不同家庭中人员的交往有间接体现，河南洛阳汉河南县城东区汉代居住遗址[①]与内黄三杨庄汉代聚落及庭院遗址[②]、辽宁辽阳三道壕汉代村落遗址[③]等均发现多个家庭的居住遗存，不同家庭的成员之间应有相应的交往。已发现、发掘的秦汉墓葬数量众多，很多是相关人员的聚族而葬，形成不同规模的家族葬和家族墓地，帝陵与王侯墓葬、中小型墓葬皆有多种形式的体现。除帝陵与王侯墓葬的墓主相对明确外，一些中小型墓葬所属墓地也因相关遗物如印章、器物的文字等出土，可确定为相关姓氏的家族墓地，有的家族墓地附近还有其他姓氏的家族墓地，间接体现出不同家族及家族中不同家庭之间，还有家庭中不同成员的相关交往与联系。如安徽天长三角圩桓氏家族墓地[④]、江苏连云港尹湾西汉晚期师氏墓地及其他家族墓地[⑤]、河南灵宝东汉弘农郡杨氏家族墓地及其他家族墓地等[⑥]。

和亲朋邻里间的交往是家庭成员对外交往的内容之一，表现形式多样且较为频繁，一些甚至会超越家族内部相关人员间的交往。湖北江陵张家山 M247 出土汉简中记载有与亲朋邻里交往的内容[⑦]，而汉代墓葬壁画和画像对于家庭成员与亲朋邻里间的交往有较多生动地描绘和刻画。邀请与受邀是内容之一，墓葬画像或壁画反映的是相关人员受邀之后参加活动的内容，主要有邀请比武、邀请观看乐舞、邀请宴饮、邀请狩猎、邀请参观家庭中的重要活动等。迎来和送往是家庭成员与亲朋、邻里交往中另一常见的内容，较为普遍，门吏画像石画像的较多发现很好地证明了这一点，较多汉画像石分布的主要地区都发现有此类画像；车马队伍体现出相关人员的出行内容，一些则可能是家庭与亲朋、邻里或乡邻之间的交往。会客与娱乐的内容也较丰富，该项交往主要是指亲朋、乡邻或邻里到主家来做客或进行相关交往，具体内容有拜见主人、会谈、饮酒、进餐及进行相关娱乐活动等，内容较为多样，

---

① 黄展岳：《一九五五年春洛阳汉河南县城东区发掘报告》，《考古学报》1956 年第 4 期。

② 河南省文物考古研究所、内黄县文物保护管理所：《河南内黄县三杨庄汉代庭院遗址》，《考古》2004 年第 7 期；《河南内黄三杨庄汉代聚落遗址第二处庭院发掘简报》，《华夏考古》2010 年第 3 期；刘海旺：《首次发现的汉代农业闾里遗址——中国河南内黄三杨庄汉代聚落遗址初识》，陈星灿、米盖拉：《法国汉学·第 11 辑：考古发掘与历史复原》，中华书局，2006 年，第 64-78 页。

③ 东北博物馆：《辽阳三道壕西汉村落遗址》，《考古学报》1957 年第 1 期。

④ 安徽省文物考古研究所：《天长三角圩墓地》，科学出版社，2013 年。

⑤ 连云港市博物馆：《江苏东海县尹湾汉墓群发掘简报》，《文物》1996 年第 8 期。

⑥ 河南省博物馆：《灵宝张湾汉墓》，《文物》1975 年第 11 期。

⑦ 荆州博物馆：《江陵张家山三座汉墓出土大批竹简》，《文物》1985 年第 1 期；荆州博物馆彭浩：《江陵张家山汉墓出土大批珍贵竹简》，《江汉考古》1985 年第 2 期；张家山二四七号汉墓竹简整理小组：《张家山汉墓竹简（二四七号）》，文物出版社，2001 年。

其中娱乐包括博弈、投壶、斗鸡等多项内容。丧葬活动是家庭成员与亲朋、邻里产生交往的另一项内容，丧祭、墓祭与送葬、下葬等活动中，亲朋、邻里或乡邻会有较多人参加，进而形成相互的交往。山东沂南北寨东汉画像石墓前室出土成组的丧祭画像，场面宏大，涉及家庭外人员较多，祭祀内容也极为丰富，对应家庭的成员与亲朋、邻里或乡邻交往内容较多[①]。上文所引山东微山沟南村及江苏徐州沛县龙固镇三官庙湖陵城两处石椁墓葬出土的丧葬画像中有行丧途中孝子手持哭丧棒跪拜仪节，体现出与交往有关的内容。其他如汉代壁画或画像中的历史故事、交租与收租图、门吏与启门画像、劳作画像及生活中人员对话等，也从不同程度、不同方面反映出家庭成员与亲朋、邻里、乡里等之间的交往内容。

收缴、赏赐或赠送等包含较多与家庭成员交往有关的内容。以赠送为例，考古发掘出土的器物、简牍及石牌、封泥等可反映赙赗及助丧的内容，湖北云梦大坟头M1出土赗方记述的物品有铜器、木胎漆器、漆衣陶器及稻谷、瓜、李、六博棋局、竹器、木容器、镜奁、丝织物、木俑、偶车马、铜兵器、漆耳杯等[②]；江陵张家山M247出土简15记有“史光笥一”，史光为赙赠死者物品的人员，赠物为1件竹笥和相关物品[③]。

考古资料中多有物品买卖带动下的家庭交往内容，画像居多，体现的内容较为生动形象。四川邛崃出土的一块市集画像砖，画面上方为一处沽酒坊，2人在其内，沽酒坊外右侧有1人在买酒，右侧上方门楼内坐1集市的管理者，一担酒者正在从建筑前行走，下部一侧为1人置案售鱼，1人正在买鱼，另一侧案几上放有杀好的鸡、鸭、鹅、兔等，有顾客正在问价购买[④]；德阳市柏隆镇出土画像砖画面左侧有2建筑，内均有人在交易，右侧上方1建筑内为2人在对话商谈交易，还有1人持物，该建筑下及画面中间有3组画面，均是两人对面进行交易[⑤]。

修建墓葬也存在商业化特征，进而带动对应家庭的成员与其他相关人员的交往。河南南阳市广苑食品商贸城M13出土的铅质买地券为墓主周世雅于东汉灵帝建

① 南京博物院、山东省文物管理处：《沂南古画像石墓发掘报告》，文化部文物管理局出版，1956年，第13-27页，图版28、29、48-50；山东博物馆：《沂南北寨汉墓画像》，文物出版社，2015年，第10-17、56、57、109、116页。

② 湖北省博物馆：《云梦大坟头1号汉墓》，文物编辑委员会：《文物资料丛刊·第四辑》，文物出版社，1981年，第1-28页。

③ 荆州博物馆：《江陵张家山三座汉墓出土大批竹简》，《文物》1985年第1期；荆州博物馆彭浩：《江陵张家山汉墓出土大批珍贵竹简》，《江汉考古》1985年第2期；张家山二四七号汉墓竹简整理小组：《张家山汉墓竹简（二四七号）》，文物出版社，2001年。

④ 高文主编：《中国巴蜀新发现汉代画像砖》，四川美术出版社，2016年，第6页，图6。

⑤ 高文主编：《中国巴蜀新发现汉代画像砖》，四川美术出版社，2016年，第7页，图7。

宁四年（171 年）购买墓地的证券，虽不具有实用性，但内容涉及所买土地的尺寸、地点、价格、卖主、当事人与见证人等[①]。有学者指出，在汉代，今四川地区已有专门从事墓地选择的“风水师”，有专门的石匠和画匠，还有以制陶为主的专门性手工业作坊等[②]。另外，墓葬的具体修建过程中，还会存在与工匠等人员之间及工匠与工匠之间的交流。

技术人员的流动和交流、对外物质文化交流、民族间相互交流等也在一定程度上带动着人员之间的交往。如技术人员的流动和交流，相关发掘简报指出，东汉时，今苏鲁豫皖交界地区确有专门从事画像石雕刻的工匠群存在[③]，这些工匠与事主家庭成员之间应有相应的交往。《河北定县北庄汉墓发掘报告》一文亦指出，从出土黄肠石刻铭可知，东汉时期，中央与诸侯国、郡、县之间工匠交流十分频繁[④]，而据文献记载，该墓的墓主，即东汉中山简王刘焉死后，朝廷“发常山、巨鹿、涿郡柏黄肠杂木，三郡不能备，复调余州郡工徒及送致者数千人。凡征发摇动六州十八郡，制度余国莫及”[⑤]。江苏徐州土山 M1 出土的黄肠石刻铭文字中，有的为“官十四年省苑伯”，有的工匠名字前冠以“官工”二字，说明当时洛阳东园将作大匠掌管下的一批官工受遣至彭城修建彭城王及其夫人之墓[⑥]，这些均体现出高等级人员墓葬修建过程中各种不同人员之间相互交流的内容。

封爵与为官内容推动的家庭成员对外交往内容也较多。一些家庭人员被封爵位或任命为官，交往的人员及其内容、方式、程序，还有结果和成效等也会随之有所拓展和变化。内蒙古和林格尔壁画墓[⑦]与河北衡水安平逯家庄东汉墓[⑧]的壁画中均对墓主不断升迁有所描绘，当其居于高官，锦衣玉食，奴婢车马成群，对外交往的内容也会产生相应的变化，尤其是和林格尔壁画墓，墓主任职的不同阶段，涉及的人员存在差异，体现的交往人员及内容皆有不同。汉代，尤其是东汉，很多家庭人员在外为官，死后又归葬家乡，也间接体现出家庭成员外出为官的社会交往。与封爵和为官有关的交往内容中，最突出体现是下级人员对家庭中为官者的拜见与拜谒，汉代壁画或画像中较为常见，可分为单人拜谒、双人拜谒和多人拜谒，因具体内容

---

① 南阳市文物考古研究所：《南阳东汉建宁四年周世雅墓发掘简报》，《中原文物》2020 年第 3 期。

② 唐光孝：《试析四川汉代葬俗中的商品化问题》，《四川文物》2002 年第 5 期。

③ 徐州博物馆：《江苏徐州市清理五座汉画像石墓》，《考古》1996 年第 3 期。

④ 河北省文化局文物工作队：《河北定县北庄汉墓发掘报告》，《考古学报》1964 年第 2 期。

⑤ （南朝宋）范晔撰、（唐）李贤等注：《后汉书 · 光武十王传》，中华书局，1965 年，第 1450 页。

⑥ 王恺：《徐州土山汉墓年代考》，徐州博物馆编：《徐州博物馆三十年纪念文集》，北京燕山出版社，1992 年，第 87-95 页。

⑦ 内蒙古自治区博物馆文物工作队编：《和林格尔汉墓壁画》，文物出版社，1978 年。

⑧ 河北省文物研究所：《安平东汉壁画墓》，文物出版社，1990 年。

不同，又可分为拜见、汇报性拜见及纳献性拜见等。

（五）其他交往内容

秦汉家庭对外交往的内容和形式较为多样，除上述内容外，考古资料还对其他交往有所反映。

参加乡里活动是家庭成员对外交往的内容之一，主要是参加乡饮酒礼和乡射礼，相关活动让有关人员聚集一起，使得不同家庭人员之间形成交往。家庭成员的教育、门生故吏的关系及宗教信仰背景下人与人的关系也会产生相应的交往，《后汉书·袁绍传》载："袁氏树恩四世，门生故吏遍于天下，若收豪杰以聚徒众，英雄因之而起。"①上文所引肥致碑与所属墓葬则体现出宗教信仰下的相关交往，肥致为有名的方士，弟子较多，来自于不同的家庭，在学习道家方术时会形成交往，而且一些人死后与肥致葬在同一墓葬内，反映的交往内容具有一定的特殊性。家庭人员的外出和流动会促进对外交往，同时还会以家书联系，考古资料中发现有西北戍卒的书信，如甘肃敦煌马圈湾汉代烽燧遗址出土汉简中即有邮驿记录，另外也有相关书信②。

可以说，秦汉时期，家庭成员的对外交往内容极为丰富，交往对象涉及家族成员、亲朋、邻里、门生故吏等人员及因商业活动、封爵、官仕、乡里活动、家庭成员教育、宗教信仰、人员流动、家庭生产生活、丧葬行为等社会及家庭活动形成的人员交往等，反映出秦汉家庭及其成员的对外交往是较为全面和丰富多样的，而这对于秦汉家庭的发展也具有重要的推动作用。

除上述内容外，与秦汉家庭人员有关的内容还包括家庭复仇、对家庭成员犯罪或犯错的处罚、对危害家庭财产安全与人身安全等犯罪人员的缉捕及审问等。家庭复仇的形式和内容多样，考古资料既包括墓葬的破坏及相关内容，也有家庭成员复仇的画像或壁画。江苏徐州市北郊后山西汉墓为石坑竖穴，基本不能形成打破关系，但墓葬分上下两层，下层墓葬的时代为西汉早期，从出土的陶俑、玉衣套等来看，墓主为西汉早期楚国刘姓高级贵族的可能性较大，但遭受严重破坏；上层墓葬的时代为西汉末年，葬夫妻二人，男性墓主为地方低级官吏明音，就该墓而言，应是在上层墓葬的墓主对下层墓葬破坏之后，又在其上砌建墓室的，这一行为及破坏目的具有较强的针对性，很可能与家庭及血亲复仇有关③。家庭成员复仇的画像或壁画，最常见的为"七女复仇"，体现的复仇较为直接和明确，也反映出家庭成员社会活动的多样性及一些交往内容的特殊性。

---

① （南朝宋）范晔撰，（唐）李贤等注：《后汉书·袁绍传》，中华书局，1965年，第2375页。

② 甘肃省博物馆、敦煌县文化馆：《敦煌马圈湾汉代烽燧遗址发掘简报》，《文物》1981年第10期。

③ 徐州博物馆：《江苏徐州后山西汉墓发掘简报》，《文物》2014年第9期。

二、秦汉家庭中的物

秦汉家庭中的物，是指秦汉家庭存在、延续、发展等方面所需的各种物质要素，与家庭人员特征相对应的同时，又具有多样性、变化性等特点，而家庭及其成员的政治背景、经济基础、文化水平等也在一定程度上使得秦汉家庭物质内容呈现出较多的不同，并与时代发展相结合形成相应的变化和演进，可以说，家庭的人和物之间存在较为密切的关系。秦汉家庭的物质内容可在很大程度上体现和反映家庭的性质和面貌，而在一定背景下，还可起到促进家庭性质和面貌转换的功能和作用，因此物质内容对于这一时期的家庭来讲，具有十分重要的功能、作用和意义。考古资料对秦汉家庭的物质内容有较多体现和反映，不仅载体多样，而且内容丰富，同时还反映出多样性、复杂性和变化性等多种特征。

秦汉时期，家庭发展已较完备，多数是以庭院墙和大门（含相关设施）为界限形成了内外空间，而内外两重空间均具有对应特征，数量和种类多样的家庭物质内容，或为相关设施，或是家庭所用之物，或服务于家庭的相关需求。有些庭院内外的物质内容存在密切联系，甚至不可分割，不过就整体来讲，较多在功能、性质和作用上有着相应区分或区别，有的甚至区分较为明确，但不可否认的是，这些物质内容均服务于家庭，并体现出诸多与家庭相关的内容。

（一）外部物质内容

秦汉家庭的外部物质内容与农业生产（含渔业）、手工业生产及其狩猎、丧葬及迎宾、出行及交往等均存在较多关系。

1. 与农业生产有关物质内容

最基本的为农田，河南内黄三杨庄汉代聚落遗址中发现分布于不同区域和面积不等的农田遗迹，较多田垄遗迹保存较好[①]。然而多数农田遗迹现已不存，更多见的则是农田模型，其中最常见的为水田模型，南方或西南地区的一些汉墓中有出土，形制多样，反映的具体水田类型也不尽相同，体现出稻作农耕、水田的单位面积、水田的地理环境、不同类型水田出现的原因等诸多内容[②]。汉代墓葬中的图像资料也

① 河南省文物考古研究所、内黄县文物保护管理所:《河南内黄县三杨庄汉代庭院遗址》,《考古》2004 年第 7 期；刘海旺:《首次发现的汉代农业闾里遗址——中国河南内黄三杨庄汉代聚落遗址初识》，陈星灿、米盖拉:《法国汉学・第 11 辑：考古发掘与历史复原》，中华书局，2006 年，第 70 页；河南省文物考古研究所、内黄县文物保护管理所:《河南内黄三杨庄汉代聚落遗址第二处庭院发掘简报》,《华夏考古》2010 年第 3 期。

② 罗二虎:《汉代模型明器中的水田类型》,《考古》2003 年第 4 期。

对农田有所反映，而且多与家庭成员的劳作有关，如开荒、垦田、耕耘、播种、中耕、收获等。另外，还有和农田相关的桑园或桑圃及种植果树、蔬菜的农田和种莲的水田等，四川省成都市新都区出土的汉画像砖中有桑园图像，面积较大，栽植较多桑树，桑园有围墙和门，还有专门的管理人员①。

水利设施与农业发展关系密切。一是地表沟渠及河湖、池塘等，部分为自然形成，部分则为人工开挖，而自然河流还可能会经过人工治理，以便于排涝与灌溉。河南内黄三杨庄汉代聚落遗址中发现的池塘，可用于周边农田的灌溉和排涝，而在干旱季节，池塘底的局部则开垦为农田，该遗址中一些庭院外还有边沟，边沟外有田垄，沟内蓄水可用于灌溉②。秦汉时期，政府修建的水利工程、设施如井渠等也可满足相关家庭的农田灌溉需求，但这属于公用设施，而非某家或一户的家庭物质内容。水田模型、农事画像等对一家一户的小型水利设施有所体现和反映，规模不大，如水田模型的配套沟渠，在水田需要蓄水时可从附近的塘内取水经沟渠流至田内，需要排水时则通过沟渠直接排水入塘。这一时期的水井大多是供生活及手工业生产用水，较少农田使用水井灌溉，但也有发现，对应的水井数量相对较多，这样才能够满足相关灌溉的需求，北京市宣武门以西到和平门一带发现的汉代瓦井，数量众多，分布密集，有研究认为应是灌溉农田所用③。

渔业、畜牧业属于大的农业范畴。有些家庭会利用水塘养鱼、鸭和种莲藕，与池塘养鸭相对应，一些汉代画像中有放鸭图，如四川德阳柏隆镇出土老少赶鸭画像砖画像，二老人和一小孩正在从树林赶鸭子到池塘去放养④。另外西南地区还有螺田，如四川彭州市太平乡出土的一块画像砖，画面是一螺田（池），有四人正在拾螺⑤。通过放牧的形式饲养家畜在秦汉时期的一些地区较为普遍，陕北晋西北地区发现的较多东汉画像石画像中有放牧图，较高频率或较大比例的放牧图出现，与这一地区的地理位置、农业生产模式及其距离北方游牧民族较近可能有关。陕西绥德城关保育小学东汉王得元墓前室东壁横额画像中，放牧的内容包括多匹奔跑的骏马、

---

① 龚廷万、龚玉、戴嘉陵：《巴蜀汉代画像集》，文物出版社，1998年，图5。

② 河南省文物考古研究所、内黄县文物保护管理所：《河南内黄县三杨庄汉代庭院遗址》，《考古》2004年第7期；刘海旺：《首次发现的汉代农业闾里遗址——中国河南内黄三杨庄汉代聚落遗址初识》，陈星灿、米盖拉：《法国汉学·第11辑：考古发掘与历史复原》，中华书局，2006年，第70页；河南省文物考古研究所、内黄县文物保护管理所：《河南内黄三杨庄汉代聚落遗址第二处庭院发掘简报》，《华夏考古》2010年第3期。

③ 苏天钧：《十年来北京市所发现的重要古代墓葬和遗址》，《考古》1959年第3期；北京市文管处：《北京地区的古瓦井》，《文物》1972年第2期。

④ 高文主编：《中国巴蜀新发现汉代画像砖》，四川美术出版社，2016年，第275页。

⑤《中国画像砖全集》编辑委员会：《中国画像砖全集·四川汉画像砖》，四川美术出版社，2006年，第89页，图版说明第50页。

多只山羊和数头牛，另外还有两个骑马持鞭的放牧管理者等等[①]。

2. 与手工业有关的物质内容

主要为冶炼铸造、陶器烧造、编织、开采加工、造船等与家庭存在密切关系的手工业内容。因场地、具体内容等原因，上述家庭手工业的场地大多数位于庭院之外，属家庭外部设施。

冶炼铸造以铁器为主，文献中所载“一家聚众，或至千余人。”[②]，反映出与家庭有关的冶铁内容。山东滕州出土冶铁铸造画像中，工匠多但分工明确，体现出忙碌有序的家庭冶铸场景[③]。考古发现的一些秦汉时期尤其是汉代的铁器窖藏，性质属家庭私营铸造手工业作坊的窖藏，也体现出这一时期家庭冶铸业的发展，如河南镇平尧庄铁器窖藏，出土有“王氏大牢工（釭）作真倔中”铭文铁器等[④]。大致来看，汉代家庭的铁器冶炼和铸造与家庭需要及作为商品出售以牟利有关，较多产品与农业生产有关，体现出和社会性质相符的特征。

砖瓦及日用陶器的烧造基本都位于庭院外，这和坯料的制作、晾晒及用于烧制的窑等需要较大面积的场地等因素有关。一些陶窑服务于家庭需要及相关成品买卖的商业活动，辽宁辽阳三道壕西汉村落遗址发掘砖窑址七座，均位于居住址外一定距离，有的还配有陶管井[⑤]。随着墓葬用砖、瓦需求的增长，加之一些陪葬品需要烧造，墓地陶窑得到发展，西汉晚期至东汉时期，在较多地区汉代墓地中开始砌建陶窑，以便于就地烧造，并能够根据需求烧造，其中既有专门烧砖的陶窑，也有砖、瓦、陪葬品等兼烧的陶窑，甚至还有日用陶器、丧葬用陶及建筑用陶均有烧造的民营私窑[⑥]。

编织业也是较多秦汉家庭手工业的一项重要内容，包括麻编、草编和竹编等，涉及原料需水浸或沤泡、编织场地、成品晾晒等，较多应是在庭院外开展。河南内黄三杨庄汉代聚落遗址第二处庭院南大门外有编织草席或竹席类的遗迹，配套的设施有水井等[⑦]。诸多编织物的出土也间接反映出这一时期编织业的发展，而其中一些应是家庭编织手工业的产品。

---

① 李林、康兰英、赵力光：《陕北汉代画像石》，陕西人民出版社，1995年，第58-60页。

② （西汉）桓宽：《盐铁论·复古》，王利器校注：《盐铁论校注（定本）》，中华书局，1992年，第78页。

③ 叶照涵：《汉代石刻冶铁鼓风炉图》，《文物》1959年第1期。

④ 河南省文物研究所、镇平县文化馆：《河南镇平出土的汉代窖藏铁范和铁器》，《考古》1982年第3期。

⑤ 东北博物馆：《辽阳三道壕西汉村落遗址》，《考古学报》1957年第1期。

⑥ 老河口市博物馆：《老河口市柴店岗砖厂汉代窑址清理简报》，《江汉考古》2004年第4期。

⑦ 河南省文物考古研究所、内黄县文物保护管理所：《河南内黄三杨庄汉代聚落遗址第二处庭院发掘简报》，《华夏考古》2010年第3期。

石料的开采在有山地区较为普遍，很多家庭会根据家庭需求开采山石，形成非固定性的家庭外部手工业内容，这在现今有山地区的家庭中还较为普遍。也有的家庭存在相对固定性的采石和加工，并将相关加工品用于出售或作为其他家庭定制的物品，画像石加工即是其中的内容之一，一些画像石的规格及画像内容较为相似即是体现①。

四川地区出土汉代画像砖中有井盐开采、加工的内容，描绘的场地及开采、加工内容均位于山林之中，属相关家庭外部的手工业设施。四川郫县（今成都市郫都区）与邛崃花牌坊出土井盐画像砖的画像虽有差异，但均可较好地反映出东汉时期我国西南地区相关家庭进行的井盐汲卤及熬盐状况②。

另外，有的家庭还可能会有造船业，而造船的设施和场地基本位于庭院外，属于家庭外部的物质组成内容，而其位于庭院外，便于原料运输及成品入水试用及使用。

3. 家庭生活相关设施

与家庭生活密切相关，包括水井、道路、桥梁及庭院外的场地等。

水井与家庭用水有关，或满足生活中家庭成员饮用，或服务于家庭中物品的清洗，或服务于饮食方面的淘洗，也服务于衣物的洗涤，亦有的服务于家庭手工业，另外还与家庭中树木、花草的浇灌及动物饮用等有关。一些家庭提供水源的井在院内，也有一定数量位于院外，考古发现的生活遗存及相关墓葬画像皆可体现。道路用于连通庭院内外，同时还是一个家庭与其他家庭及社会机构或人群联系的重要设施，有小道也有大路，大小道路相连，构成与较多家庭相关的交通网。河南内黄县三杨庄汉代庭院遗址发现有宽约 20 米的主干道路、宽约 8 米的次主干道路、家庭的专用道路等，其中家庭的专用道路由庭院内通向庭外的水井③。与道路有关的为桥梁，汉代墓葬及墓外祠堂的画像中多有体现，而汉代画像也反映出庭院外场地及相关内容，相关场地可服务于出行、迎宾、乐舞杂技表演等。就场地来讲，有大有小。有的家庭会在庭院外设有堆放薪材的场地，面积一般不大。一些有相应政治地位或经济实力的家庭则有狩猎场地，范围较大，包括山峦、树林、池塘等，皇帝还会设园囿、建别宫，并由官吏及相关人员进行管理；地方官吏和地主则有狩猎区，在一些时候，会有较多人员参与狩猎活动。

---

① 刘尊志：《徐州汉墓与汉代社会研究》，科学出版社，2011 年，第 206、213 页。

② 《中国画像砖全集》编辑委员会：《中国画像砖全集 · 四川汉画像砖》，四川美术出版社，2006 年，第 81、82 页，图版说明第 46 页。

③ 河南省文物考古研究所、内黄县文物保护管理所：《河南内黄县三杨庄汉代庭院遗址》，《考古》2004 年第 7 期；《河南内黄三杨庄汉代聚落遗址第二处庭院发掘简报》，《华夏考古》2010 年第 3 期。

4. 丧葬设施

墓葬为家庭成员去世后的埋葬场所和设施，秦汉时期，丧葬设施是诸多家庭不可缺少、较为重要的外部设施，而墓葬所处区域多称为墓地，墓葬和墓地构成了秦汉家庭外部与丧葬有关的主要设施内容，有的家庭还有其他丧葬设施。

简单来讲，墓葬包含封土、墓穴、葬具、陪葬品等，有的封土之外还有墓垣、祭祀设施、神道、陵园或墓园、门阙、墓树等，综合服务于埋葬于地下的死者，也在较多方面服务于生者的祭祀和行孝，使得生者、墓葬、死者三者有机结合，体现出与家庭密切相关的内容。秦汉时期达400余年，与墓葬相关的内容，既有继承、改造和发展，也有创新、摒弃与转变，最为突出的是在西汉晚期至东汉初期完成的竖穴墓向横穴墓的转变、生活类器物逐渐取代具有礼器特征器物的转变，还有墓祭的日趋普遍和推广普及等等，而墓祭的推广普及也使得墓祭设施的重要性得到日益提升。墓地是墓葬所在区域的统称，有些墓地与墓葬具有相似的内容，尤其是仅1座或极少量墓葬的墓地，而有些墓地则有多座墓葬，形成家庭葬与更大规模的家族葬，而秦汉时期恰恰就是家庭葬、家族墓地发展的重要时期。较多墓地中有相应数量的墓葬，并在墓葬形制、封填情况、合葬形式、墓葬内外具体设施等方面存在差异。墓地中的多个墓葬与多个具体家庭有关，也反映出相互之间的关系与关联，而有些墓地中较多墓葬还有一些共用设施，亦是对不同家庭间关系等内容的体现，如河南辉县路固汉代墓地，发现有较多墓葬共用的祠堂[①]。

有的家庭还会有专门的吊唁、祭祀设施，可视为墓葬或墓地之外的其他丧葬设施。这里所述祭祀设施与墓地中的祭祀设施在位置、功能等方面存在差异，一方面其不在墓地中，而是在庭院外相对独立的位置；第二方面，其是供宾客、亲朋等吊唁并祭祀死者的丧祭设施，墓地中的祭祀设施则主要是墓祭的功能，与吊唁关系不大。就吊唁而言，是在相关家庭成员去世后不久，宾客、亲朋等前来祭奠或吊丧，并慰问死者家属的丧葬活动和礼仪，这也体现出相关设施与墓地祭祀设施的不同。山东沂南北寨东汉画像石墓出土画像石上对相关设施及吊唁祭祀内容有较详细的描绘和刻画，有庙堂及配套设施，如一座五脊重檐的大庙，也有刻画的庙门，还有众多赶来祭祀的人员、陈设的祭品及摆放祭品的设施，另有读祝文及领祭者等[②]。另外，将棺柩运往墓地的过程中，也会涉及相应的场地和物质内容，如江苏沛县和山东微山出土西汉晚期的送葬画像石画像内容中，皆有专门的运送棺柩设施及送葬途

① 中国社会科学院考古研究所：《辉县路固》，科学出版社，2017年，第8、9夹页，11-20，706页。

② 南京博物院、山东省文物管理处：《沂南古画像石墓发掘报告》，文化部文物管理局出版，1956年，第13、14页，图版28、29；山东博物馆：《沂南北寨汉墓画像》，文物出版社，2015年，第15-17、109页。

中孝子行跪拜仪节的相应场地等，就后者而言，临时性的特征较为明显。

（二）内部物质内容

包括院墙、大门及二者所包绕在内的相关物质内容，与家庭生产、生活及家庭交往、教育等均关系密切。由于家庭政治地位或经济实力存在差异，家庭内部物质内容存在着相应的等级差别和经济好坏的差异，这在外部物质内容方面也有较多体现，如狩猎场地、丧葬内容等等，而家庭内部物质内容体现得更为多样和全面。与秦汉帝都及王国、侯国都城有关的考古资料反映出高等级人员家庭物质内容的丰富，也体现出与家庭等级相对应的特征，而其他阶层人员家庭的内部物质内容也较为丰富和多样，并体现出普及化特征及时代、地域特点。

中下阶层人员家庭内部物质内容的总体构成在较多考古资料中有所体现。居住遗址有一定数量，河南洛阳汉河南县城东区两汉居住遗存体现的内容有房基、粮仓、灰坑、石子路、水井、水道等①；内黄三杨庄汉代聚落遗址共发现10余处汉代庭院遗存，每处庭院均相对独立，而这些庭院均有院墙、门、房屋等设施，其中第一处庭院遗存有房基与瓦屋顶、建筑材料堆积、拌泥池、灶及栽植的树木等；第二处庭院遗存有院落、院墙、南大门、西门房、东西厢房、主房、厕所及栽植的树木等；第三处庭院遗存有院落、院墙、庭院大门、南厢房、主房、厕所、树木等②；辽宁辽阳三道壕西汉村落遗址，已发掘的为全村址的一小部分，居住的宅院内有房屋、炉灶、土窖、水井、厕所（含土沟）、木棚畜圈、垃圾堆等③。秦汉墓葬出土的模型明器，尤其是庭院或房屋类陶质建筑模型明器，对家庭内部设施也有较多反映。陶庭院、庄园或坞壁等体现的主要内容包括围墙（有的设复墙、上窄下宽的金刚墙）、各类门（宅门、偏门、含复墙开的小门、角门）、院（含偏院，河南淮阳于庄东汉墓出土的陶庄园有前院、中庭、后院④）、门屋或门楼、窗（含瞭望窗）、院内各类房屋（左厢房、右厢房、主房、正楼、廊房、佣人房、厨房或炊间）、有栏杆的天桥、阁楼、碉楼、角楼与望楼（含楼口、扶手、楼梯、瞭望孔）、望亭、哨棚、阳台、仓房、家畜家禽圈（含圈门）、马厩、厕所、窦洞、食槽、田园（含井、水沟）等等。秦汉墓葬还出土有陶楼、

---

① 黄展岳：《一九五五年春洛阳汉河南县城东区发掘报告》，《考古学报》1956年第4期。

② 河南省文物考古研究所、内黄县文物保护管理所：《河南内黄县三杨庄汉代庭院遗址》，《考古》2004年第7期；《河南内黄三杨庄汉代聚落遗址第二处庭院发掘简报》，《华夏考古》2010年第3期；刘海旺：《首次发现的汉代农业闾里遗址——中国河南内黄三杨庄汉代聚落遗址初识》，陈星灿、米盖拉：《法国汉学·第11辑：考古发掘与历史复原》，中华书局，2006年，第70页。

③ 东北博物馆：《辽阳三道壕西汉村落遗址》，《考古学报》1957年第1期。

④ 周口地区文化局文物科、淮阳太昊陵文物保管所：《淮阳于庄汉墓发掘简报》，《中原文物》1983年第1期。

望楼、水榭、房屋、鸡埘、圈舍及仓、灶、井、磨等模型明器，从不同方面反映出秦汉家庭的内部物质内容。河南洛阳涧西七里河东汉墓出土陶作坊，为酿造作坊的模型[①]。河南、陕西等地出土陶水榭，既可供会客、赏景和娱乐，又具有军事防御的功能，较具代表性的有河南陕县刘家渠汉墓[②]等出土的相关陶质模型器物。

汉代墓葬壁画、画像与相关墓葬出土有关器物上的图像对汉代家庭内部设施描述更为丰富，而且附以“人”的活动，较为生动地展现出一些地方高级贵族、官吏、豪强或地方一般地主、官吏或富有家庭的内部物质内容，较具代表的墓葬有内蒙古和林格尔东汉墓[③]、河北衡水安平逯家庄东汉壁画墓[④]，山东诸城前凉台东汉墓[⑤]、金乡“朱鲔石室”（祠堂）[⑥]、沂南北寨东汉画像石墓[⑦]，江苏徐州铜山洪楼东汉墓与祠堂画像石[⑧]、贾汪青山泉白集汉墓的祠堂与墓室画像石[⑨]、茅村东汉墓[⑩]、邳州青龙山东汉彭城相缪宇墓[⑪]，河南省密县的打虎亭东汉 M1[⑫] 等，另外还有陕北晋西北出土的画像石、川渝地区出土的画像石和画像砖及山东临沂出土的西汉帛画和较多地区出土漆器上的有关图案等，均对相关家庭内部的物质内容有所描述，内容不一，涉及多个方面，既有基础设施，也有家居设施，还有与衣食住行、娱乐杂技、医疗健康、出行迎宾和会宾拜谒、属吏与主人治事、孩童玩耍、家庭饲养、家居卫生、手工生产等相关的物质内容或设施器具。

秦汉家庭内部物质内容的数量、种类、功能、性质等均较为丰富和多样，结合有关考古资料可以看出，这一时期家庭内部物质内容涉及家庭生产、生活的多个方面，对家庭的维持、稳定和发展起着十分重要的促进作用。整体而言，主要包含院墙与门，也有的使用篱笆或无院墙，门亦有简单和复杂之分，有门屋或门楼的家庭

---

① 洛阳博物馆：《洛阳涧西七里河东汉墓发掘简报》，《考古》1975 年第 2 期。

② 黄河水库考古工作队：《河南陕县刘家渠汉墓》，《考古学报》1965 年第 1 期。

③ 内蒙古自治区博物馆文物工作队编：《和林格尔汉墓壁画》，文物出版社，1978 年。

④ 河北省文物研究所：《安平东汉壁画墓》，文物出版社，1990 年。

⑤ 诸城县博物馆，任日新：《山东诸城汉墓画像石》，《文物》1981 年第 10 期。

⑥ 山东省石刻艺术博物馆编，蒋英炬、杨爱国、孙群著：《朱鲔石室》，文物出版社，2015 年，第 56-73 页。

⑦ 南京博物院、山东省文物管理处：《沂南古画像石墓发掘报告》，文化部文物管理局出版，1956 年，第 12-29 页；山东博物馆：《沂南北寨汉墓画像》，文物出版社，2015 年。

⑧ 王德庆：《江苏铜山东汉墓清理简报》，《考古通讯》1957 年第 4 期；徐州博物馆：《徐州汉画像石》，江苏美术出版社，1985 年，图 76、77。

⑨ 南京博物院：《徐州青山泉白集东汉画象石墓》，《考古》1981 年第 2 期。

⑩ 王献唐：《徐州市区的茅村汉墓群》，《文物参考资料》1953 年第 1 期。

⑪ 南京博物院、邳州博物馆：《东汉彭城相缪宇墓》，《文物》1984 年第 8 期。

⑫ 河南省文物研究所：《密县打虎亭汉墓》，文物出版社，1993 年，第 43-184 页。

大多具有相应的政治地位或经济实力；庭院内的建筑内容多样，前堂、后室为其主体，有的还有中厅，较多家庭建有厢房、侧室、天井、院落及车房、马厩、厨房、仓库、厕所和仆婢住所等附属房，且多有配套设施，如藻井等，具有相应防御或军事性质的建筑在一些家庭也有建造，如角楼、望楼等，并配有瞭望孔、射孔及放置兵器的设施等；仓储设施既有口袋或陶质容器，也有地窖，而最常见的为仓廪类设施，因时代和地域的不同，仓廪类设施也存在其发展特点和地域特征，如南方的一些仓为了防潮多在下部设有立柱，粮食加工工具与设施也有多种，石臼、石碳相对普遍，磨、砻和舂碓相对复杂，融入了简单机械的内容，江苏徐州市东郊东甸子西汉早期偏晚阶段 M1 出土的陶磨，由磨架、磨盘、磨拐等组成[①]，有的碓配以风车，一些家庭有专门的碓房，如河南济源泗涧沟 M24 出土附有陶俑的碓与风车[②]，陕县刘家渠东汉墓出土较多的碓房[③]；厕所与动物饲养设施有多种形式，有虎子、盛粪便的畚及盛水用于清洗的盆或缸，而家庭对厕所的使用普遍，或位于庭院的一侧，与猪圈相连或不连，河南南阳杨官寺东汉墓出土的陶圈厕模型为两厕，分为男厕（右）和女厕（左）[④]，另外还有其他饲养家禽和家畜的圈棚，如马厩、牛圈、羊圈、狗窝、鸡圈等，有的动物尤其是形体较大的家畜，还多配以食槽；庖厨设施多，有相应场地，如井、灶、动物屠宰、食品加工、酿酒器具等，有厨房（厨屋、厨室），而有的灶设有灶房，酿酒也有单独的房屋和场地等，庖厨与进食器具较为多样，如灶、切割工具、宰杀工具、蒸煮工具、炙烤工具、腌制工具、淘洗工具、沥水工具及厨刀、厨铲、叉肉的两歧簇及其他多种类型和质地、不同功用的器物，出土器物及汉代墓葬的壁画、画像等皆有体现，反映的食品加工和饮食内容十分丰富；生产器具、设施与场地也是秦汉家庭内部物质内容的重要组成内容，农业生产工具有田间操作工具、灌溉工具、粮食加工工具、运输与贮存工具及相关辅助工具等，而这些工具也有相对应的存放设施和场地，家庭手工业有纺织、酿酒和相关食品加工、制车等，亦有对应工具、设施和场地，江苏徐州铜山洪楼东汉墓葬外石祠堂的纺织画像中，有相关家庭在庭院内进行纺织工作的一座房屋，场地相对独立，配套的纺织器具很多，有多名分工不同、各司其职正在劳作的纺织人员，而画像之中还有家中女主人带女性宾客参观家中织房的内容[⑤]；出行是家庭生活的内容之一，有相应的设施，且有对应的器具存放场地，最主要的出行工具为车，包括轺车、輜车、轩

---

① 徐州博物馆：《徐州东甸子西汉墓》，《文物》1999 年第 12 期。

② 河南省博物馆：《济源泗涧沟三座汉墓的发掘》，《文物》1973 年第 2 期。

③ 黄河水库考古工作队：《河南陕县刘家渠汉墓》，《考古学报》1965 年第 1 期。

④ 河南省文化局文物工作队：《河南南阳杨官寺汉画象石墓发掘报告》，《考古学报》1963 年第 1 期。

⑤ 王德庆：《江苏铜山东汉墓清理简报》，《考古通讯》1957 年第 4 期；徐州博物馆：《徐州汉画像石》，江苏美术出版社，1985 年，图 76、77。

车、安车、辎车、辇车等，一些有身份地位或相应经济实力的家庭中，成员出行还有较多配套的设施，以彰显身份，显示礼仪，加之各类人员较多，形成出行仪仗队，而与之对应的有停放车辆场地、喂养和照料牲口的场所和器具、有管理车马器具的人员、配套设施、器具等；家庭安全是每个家庭的需求和必须，多有保障安全的器具和设施，如高大院墙、门锁与门闩、门屋和角楼或望楼、瞭望孔与射孔、多种类的兵器及盛放兵器的武库或兰锜等；居室及家居用品也较为丰富，且与家庭日常生活关系密切，包括家居用品、盥洗用具、寝息物品如被褥和枕等、保健医疗用品等；文化用品是家庭中物质生活内容之一，既有相关器物或物品，如笔、墨、纸、砚及竹简或木牍等，也有对应的存放设施，如笔架、笔套、盛砚漆匣、盛简的竹笥和陶罐、釜等；娱乐设施、器具及场地也是较多家庭的内部物质内容，乐器种类和数量较多，如磬、钟、鼓、瑟、笙、箫、竽及随着对外物质文化交流和民族交融过程中逐渐传入和得到使用的琵琶等，一些乐器有器物架，一些乐器则有专门的存放器具，等级高的家庭会有乐器库和乐舞室，另外还有表演乐舞谐戏的场地，有的是相关楼房的门廊处或某层楼房，另外还有游戏器具和相应场地，相关游戏有六博、“宫中行乐钱”、投壶、蹴鞠、射鸟、玩鸠车、斗鸡等，活动场地如河南陕县刘家渠M73出土的1件陶水榭，楼阁第二层楼内，有四人在屋内对博[①]；物品盛放器具多种多样，涉及内容较多，功能也较为多样，如盛放衣物、食品、食具、杂物等的器具，另有钱柜等；日用杂器服务于家庭日常生活，有的用于清扫或清尘及驱赶蚊蝇，有的用于登高，有的用于熏干衣物、有的用于扇风纳凉及照明，有的用于裁剪缝补，还有年老者所拄的杖等等；垃圾及相关物品的处置与堆放场地也是家庭物质内容的组成，如家庭中建筑材料、薪材、草木灰等物品的堆放；招待宾客的场地与设施是家庭对外交往物质内容的体现，如迎宾门吏所执持的慧、盾等及迎宾、宴宾和宾主娱乐的场所；有些家庭会有宗教迷信物品或相关设施，相关物品如辟兵符、黄神印、丹砂、雄黄、白礜、曾青、慈石等，这些物品部分还需用陶罐等器具来盛放，另外还有丹药的炼制与所需设施及场地等[②]。

综合来讲，秦汉时期家庭的物质内容十分丰富，这不仅表现在数量上，种类、质量、功用及其时代特点、地域特征等诸多方面亦有体现。就这一时期的家庭来讲，物质内容涉及居住、生产、生活、安全保障、对外交往等诸多方面，而每一方面都会有较多不同的物质内容，进而体现出与秦汉家庭相对应的诸多内涵。

---

① 黄河水库考古工作队：《河南陕县刘家渠汉墓》，《考古学报》1965年第1期。

② 谢佳芮：《汉代医药的炮制与储藏——兼论江西海昏侯墓出土医药内容的价值与意义》，《南方文物》2020年第6期。

第二节 秦汉家庭的内涵与作用

秦汉时期，家庭内容在继承前代的基础上，受国家、社会发展大环境，尤其是大一统封建帝国多方位发展的影响、促进和推动，得到不断进步和完善。从考古资料看，作为家庭最为重要组成内容的人与物，皆呈现出较为全面的发展，十分丰富且较为多样。秦汉家庭中的人与物并不是单独存在，而是密切联系，有机结合，进而从多个方面体现出秦汉家庭的内涵和作用，同时也从多个角度反映出家庭与国家和社会之间较为密切的关系。

一、秦汉家庭中人与物的有机联系

家庭之中，人是核心，物是基础，人与物的有机结合，使得家庭更趋全面和完善，也能够很好地促进家庭的稳定、美满、和谐、发展与进步。秦汉时期，家庭中的人是指家庭之中有各种关系的成员，既有主要成员，也有附属人员，既有不同辈分的差异，也有同一辈分的成员共同生活，既有成员或人员数量的差异，也有等级、职业等的不同，从多个方面体现出家庭中成员的多元性，也反映出人这一因素在家庭稳定、发展中的作用；秦汉家庭的物质内容种类丰富，功能多样，虽有一些物的独立性较强，但更多的则可相互搭配或形成相应组合，对保证和保障家庭需求、促进家庭发展，带动家庭日常生活的多样化或促进其趋于全面化具有十分重要的功能和作用。秦汉家庭中人与物的和谐共存及其有机结合与密切联系，不仅对家庭自身的发展有较多推动作用，还对家庭、家族与国家和社会的相融共进起着十分重要的积极作用。

秦汉时期，有政治型家庭，也有其他职业类型家庭，如商人家庭、医者家庭等等，但更多的家庭是以自给自足的小农经济为主体，很多家庭以农业生产为主，但也有商品买卖或手工业生产，也有的家庭中，家庭成员有从医或从教者，但家庭的主体仍是农业生产，这在相关考古资料中皆有体现。在社会发展的大环境下，秦汉家庭中人与物的关系也呈现出与不同类别家庭相对应的内容和特点。大致来看，政治型家庭有与家主职业或等级地位相对应人与物的关系，而其他更多的家庭则与自给自足的家庭类型及以农为本的经济形态相对应。政治型家庭的主体成员在政治地位、等级身份等方面具有其突出性，但又与其他等级身份的家庭成员之间存在不可分割的关系，不同类型家庭互存的同时又共同发展，众多家庭中人和物之间的关系正是促进共存和发展的重要因素。

家庭中的成员及物质内容相互依存、不可分割。从整体上看，二者是核心内容和基本内容的共存，也是核心和基础的相互依赖和互相促进。一个家庭仅有成员而无物质内容，成员会失去存在的依靠和基础，无法生存和开展相关活动，而相关物质内容的缺少或匮乏也会对家庭成员造成较大的影响。秦汉时期，无论政治型家庭还是其他家庭，都会有与家庭地位、等级、经济等相对应的物质内容，而这些物质内容又在很大程度上对相关家庭特征有所证明和体现，同时也可保障家庭的稳定与发展。以官吏家庭为例，家主有证明其职官的住宅、家具设施、服饰、车马、印章、文书等，很多官吏去世之后还会以明器印章陪葬，以证明自己的身份地位，这在秦汉墓葬中多有出土。一般农民家庭，农业生产工具的重要性不言而喻，是这类家庭存在和发展不可缺少的物质内容。正常情况下，家庭中的成员不可能没有任何物质内容，更多体现是多寡或质量、等级或档次等方面的差别，但数量缺少、质量低劣、等级不高的物质内容会在很大程度上限制或制约所属家庭中成员或人员的使用和发展，而数量丰富、质量上乘、档次较高的物质内容会在较多方面提升和促进所属家庭中成员或人员的使用和发展，亦可证明和显现相应的身份地位与等级，并在其他方面也会有较多发展，如精神需求等等，这些内容也间接说明了家庭中人与物的密切关系。家庭之中仅有物而无人，则基本无法称作家庭，物质内容缺少了与人之间的联系，仅仅可体现出物质的本体特征，而无法应用和发挥其功能，这也很好地说明了家庭中人与物之间不可分割的密切关系及相互间的紧密关联。

从考古资料看，秦汉时期家庭中人与物的关系和关联表现在多个方面。虽然家庭成员之间关系的形成并不完全与物质内容有关，但关系的维系和发展又与物质内容产生诸多不可分割的关联，如家庭中人员之间的关系可通过住宅、相关物品如老人所用鸠杖、丧葬的物质载体等进行体现和反映，而家庭的物质内容也会因家庭中不同关系的存在得到使用、发展、改进或改善，亦有一些会被损毁、丢弃或搁置起来。家庭成员的日常生活与物质内容的关系极为密切，衣食住行及医疗保健、文化娱乐等等基本都是通过物质内容来实现，而且还可体现家主的身份、地位和等级，家庭成员也会通过相应方式或不同技术手段等努力提升物质生活水平，进而促进物质生活内容的发展和丰富。家庭成员的较多精神信仰也是通过物质来完成和实现的，这一时期还有很多精神信仰是对物质的崇拜或祭祀，而家庭成员在精神信仰的促动下，也会制作和使用相关物质内容，甚至是促进新式或新型物质内容的产生。家庭成员生产、生活及其精神信仰等的维持、开展和发展需要多方位的保障，如生产保障、安全保障、生活保障等，生产生活用具及望楼、武库、兵器等物质内容可起到十分重要的作用。就秦汉家庭成员来讲，又是开展多种保障内容的实施者、设计者，也是相关物质内容的使用者或提供者。生产活动方面，物质内容是家庭成员必须使用的，而生产工具则是促进家庭生产的物质保证，而家庭成员又是生产工具的使用者或购买者，甚至是制作、制造者，如一些有木柄的工具，家庭成员在购买铁质工具之后，可能需自己安装木柄、进行打磨等等。生产技术是介于家庭成员与生产工具之间的联系纽带，没有工具无法生产，有了工具则是如何生产的问题，家庭成员可借助工具，运用和发明相关技术并将技术应用到生产之中，达到家庭成员与生产工具的有机联系和结合，进而提升生产质量和提高产量。家庭的日常生活与生产活动有相似之处，衣物方面的纺线、织布、缝补等技术，饮食方面食品的制作与加工，家居方面的房屋建造等，都需要相应的技术作保证，进而体现出家庭成员与对应物质内容之间以技术为媒介的关系和特点。出行方面，除步行之外，较多的家庭人员还要借助牲畜和车辆，达到省力和可远行的目的，较多家庭及其成员又是车辆的制造者及牛、马的饲养者，山东邹城郭里镇卧虎山M2出土西汉晚期画像石①及嘉祥洪山出土东汉画像石②，均有制车或修整车轮画像。船舶用于水路交通或作为渔猎工具，一些家庭也制作船只，湖北江陵凤凰山M168出土木船的模型③，可能与水路交通有关，广东化州石宁发现的六艘东汉独木舟④，可能与入海捕鱼有关。丧葬的内容较为丰富，有丧礼、丧俗和活动，也有葬制、葬俗、活动及墓葬（含墓坑或墓圹、葬具、殓葬品与陪葬器物、填土与封土、各类墓外设施等），家庭成员是礼俗、活动的执行者或参与者，他们对于物质内容的建造、制作及购买、使用等起着十分重要或是决定性的作用。家庭成员开展与丧葬有关的礼俗、活动等离不开物质内容，而且很多的内容最终也会落脚在物质内容方面，如祭祀和进行丧礼活动的场地与设施、参与人员的穿戴与执物、殓葬与送葬、下葬与墓祭等，而丧礼中的"属纩"、招魂、沐浴、饭含、袭衣及相关内容、为铭、殡棺、启殡、立重、作主等礼仪过程均离不开物质内容，而死者下葬之后的居丧、祭祀等也是如此。可以说，较多的丧葬礼俗，或直接以物质为载体，或通过相关物质体现出来，构成了秦汉家庭内涵丰富、形式多样的丧葬礼俗物质文化⑤。

综合来讲，秦汉家庭成员及物质的内容均十分丰富和多样，涉及与家庭相关的各个方面，二者关系密切，互为依存，相互促进，共同推动了这一时期家庭的发展和进步。

二、秦汉家庭中人与物关系的特征

秦汉时期，作为家庭的两项重要组成要素，人和物之间存在较为密切的关系，并

---

① 邹城市文物管理局：《山东邹城市卧虎山汉画像石墓》，《考古》1999年第6期。

② 朱锡禄：《嘉祥汉画像石》，山东美术出版社，1992年，图101。

③ 湖北省文物考古研究所：《江陵凤凰山一六八号汉墓》，《考古学报》1993年第4期。

④ 湛江地区博物馆、化州县文化馆：《广东省化州县石宁村发现六艘东汉独木舟》，《文物》1979年第12期。

⑤ 刘尊志：《汉代丧葬礼俗物质文化浅论》，《南开学报》（哲学社会科学版）2014年第3期。

在这种密切关系的环境中产生诸多关联，使得这一时期的家庭内容和内涵更为丰富和多样。秦汉家庭中的人员或成员与物质内容之间的关系，在并存、关联及发展的过程中，形成了一些与人、物关系相对应的特征内容。大致可概括为以下几点。

1. 家庭中的成员与物质内容之间相互促进，彼此制约，共同发展或互有损益。

家庭中的成员与物质内容，一方面若有削弱或增强、欠缺或补充，或因相关原因出现变化或调整，都可能会对另一方的稳定性和发展产生影响。所以，二者之间是相互依存的关系，这在秦汉时期不同类别的家庭中皆有体现，考古资料亦从多个方面、不同角度对之有所反映。

2. 秦汉家庭的成员与物质内容的关系存在时代特点和发展特征，同时也与不同时期社会发展及其环境有关。

秦与西汉初期，家庭的发展有对前代的继承，而经历秦亡之后的社会凋敝，家庭人口削减，物质内容也相对匮乏，二者相互对应。西汉早期，大致从高后时开始，特别是“文景之治”阶段，社会经济复苏并有明显发展，国家及社会呈现稳定发展的态势。西汉中期及以后的相对较长时间内，国家处于全面发展的态势，对外政治、经济、物质文化交流全面加强，很多外来的物质内容融入汉王朝的诸多家庭之中，毛织品、装饰物、食品、乐舞杂技用品等等逐渐成为家庭生活常见或常用的内容，而家庭成员的生活习惯乃至日常生活语言等都与物质内容的融入有相应关系。经历西汉末年的动荡后，东汉王朝建立，统治体系有所变化，社会政治、思想、文化等也在西汉的基础上有了新的发展，对外交流亦有了新的内容，家庭成员与物质内容的关系也呈现出新特点。以社会思想发展为例，谶纬思想、早期道教思想的发展及佛教的传入促使相关家庭中的物质内容产生了相应变化，而家庭成员的思想信仰和行为也增添了新的内容，较好地体现出家庭成员与物质内容之间的关系。

3. 秦汉家庭成员与物质内容的关系存在不同地区间的差别和区域特点，体现出多元化特征，同时在大一统的背景下，又体现出较强的统一内容和特点。

秦汉帝国疆域较大，家庭分布地域较为广泛，家庭成员与物质内容的关系反映出较多的地域特征，如南方与北方的差别，沿海与内陆的区别，京畿地区与偏远地区的不同、多民族之间的差异等等。就等级不是甚高的家庭来讲，农业与手工业生产、物质生活内容、精神信仰、丧葬内容等皆有体现。南方及西南地区有较多的水田，北方则多旱田，家庭成员的田间劳动及种植内容存在较多差异。衣食住行因地域差异有较多的差别，西北部地区的毛织品较为流行，中原地区以葛麻、丝织品居多，在具体衣物的造型和种类等方面也有差异；游牧民族的饮食内容中，肉食及奶制品较多，中原地区则以粮食、蔬菜等搭配肉食，而沿海地区海生动物应为饮食的主要内容之一；住的方面，南方一些地区，干栏式建筑较为普遍，中北部地区则多为夯土墙瓦顶结构建筑，西北及北部地区的房屋内建有炕，南方则基本不见；出行方面，陆路交通发达地区多以马车为主，山区则较少，而河流较多及沿海的地区，船则是重要的交通工具。精神信仰也有地区差异，以佛教为例，从考古资料看，东汉都城洛阳及今苏鲁豫皖交界地区、川渝地区、陕北晋西北地区多有信奉，而其他地区少见，有的地区还基本未见有关迹象。丧葬的地域差异及其特征在较多墓葬研究中有所涉及，墓葬的具体形制、陪葬品的种类和造型等皆可体现，以西汉诸侯王墓来讲，有的诸侯王死后使用横穴崖洞墓，有的则是土坑竖穴或岩坑竖穴，再就墓葬装饰来讲，壁画墓及画像石墓皆有主要的分布区域，而较多地区的墓葬则不见这两种墓葬装饰的形式。另外还有墓外祭祀设施，石祠堂在今苏鲁豫皖地区多见，其他地区或使用瓦顶土木结构祠堂，有些地区尤其是东南地区的墓葬外部基本不见祠堂类墓外祭祀设施①。墓地陶窑的燃料方面，中北部地区多以秸秆、薪材为燃料，个别地区还使用了煤炭，南方有些地区则因地制宜，使用了当地盛产的毛竹②。湖南省常德市城区北部发现的汉代陶窑Y1，火膛内多为炭化毛竹，这说明当时人们已将毛竹这一江南盛产，价廉又高效的燃料进行广泛使用③。

秦汉时期，家庭中成员与物质内容关系虽有地域性存在，但在社会及家庭发展过程中，统一性得到较大发展，较多考古资料可以体现。农业生产注重精耕细作，手工业生产技术得到提高、推广和普及；衣物及装饰渐趋统一，饮食方面以面食、米食为主的特点日渐突出，食品加工的技术有较多的趋同，住宅建造和形制的相似性明显加强，车船成为家庭成员最常见的出行工具，马则是常用的出行畜力；乐舞杂技的形式和内容较为相似，汉代墓葬壁画和画像中的乐舞内容有较多的相似性，琵琶这一乐器在今四川和辽宁地区的墓葬装饰中皆有发现，叠案、长袖舞蹈等方面的图案在较多地区皆有发现，但相似度较大；精神信仰与思想文化方面，儒家思想及谶纬思想、升仙思想与神仙思想、风俗观念等是这一时期家庭成员思想世界中较为普遍的内容，而且对应的物质内容有较强的相似性；丧葬的统一性得到不断加强，墓葬形制与陪葬物品的变化与普及，丧葬习俗的演进与推广、丧葬思想的渐趋统一、家庭成员对孝的追求及孝道、孝悌的推广等都是丧葬统一性的体现；墓外设施方面，较多墓葬外使用祠堂类祭祀设施，石刻种类也有较大相似性，而墓地陶窑的相似性更大，基本以烧造建筑墓葬所需的材料为主，且多为砖窑，内容十分丰富。以上内容从多个方面体现出家庭中成员与物质内容之间关系在多元与统一两个方面的有效结合，是多元一体社会文化及家庭特征的充分体现和反映。

---

① 刘尊志：《汉代墓地祠堂研究》，《考古学报》2021年第1期。

② 刘尊志：《汉代墓地陶窑及相关问题》，《文物》2019年第11期。

③ 常德市文物处、常德市博物馆：《湖南常德市城区发现汉代砖窑》，《江汉考古》1998年第2期。

4. 秦汉家庭的成员与物质内容之间关系存在等级差异和对应特征。

秦汉时期，社会等级较为分明，并有不同层次的划分，家庭作为社会的组成内容，也存在较为突出的等级差异，家庭成员和物质内容的关系也因此呈现出等级的差异和特征，这在上文已有相关论述，如政治型家庭与一般平民家庭的差别等等，而家庭的等级差异最突出表现就是家庭的成员和物质内容，并在二者的关系上有较多反映。

等级较高家庭中的成员，对于物质内容的拥有和利用较为丰富，这在物质内容的数量、质量、功用等方面皆有体现，进而可较好促进家庭人员的关系，推动家庭产业的发展，使得家庭成员的思想得到较多补充，促使家庭保障更为全面，而丧葬方面的厚葬内容更为突出，如高级贵族官吏多用玉器陪葬和殓葬，而普通百姓则基本没有或极少使用玉器陪葬或殓葬。等级较高家庭的成员，锦衣玉食，居高堂，乘车马，狩猎游戏，不事农活，不从事手工生产，但却有数量多、质量好的物质内容可以享受。等级不高家庭的成员，着葛麻食淡饭，住简易之房，少乘车马而多步行；依附于贵族官僚地主家庭从事多种劳动，如农业与手工业生产、庖厨、捕鱼、照看家主孩子等；较多家庭成员辛苦劳作种粮、收获和加工，但较多要用于交租，自己却仅有少量质量相对较差的物质内容可以支配，遇到灾荒之年，往往饥寒交迫、流离失所；思想信仰多是在传统影响下的普遍信仰，对应的物质内容较少；丧葬方面，墓葬规模小，形制简单，殓葬与陪葬较为简单，金属类及玉质陪葬品极少，更多人则没有，墓外设施亦多数鲜有使用，即使有祭祀设施，也多为简单砖砌、规模很小的露祭台案，虽然在丧葬上也有厚葬的内容，但物质体现并不突出，只是在对应家庭条件方面可以体现。

可以说，秦汉家庭中成员与物质内容关系所体现的等级差异和特征，是当时社会等级以家庭为载体的体现和反映，反映出家庭与社会的关系及内在联系。

5. 秦汉家庭中的成员或人员、家庭的物质内容均具有多样性特征，内容丰富，相互交织，关系交错，综合体现出家庭的各种内容，反映出秦汉家庭的综合发展。

家庭成员生产生活的内容较为多样，与其有关的物质内容也是多种类型，加之家庭中的成员不同，与物质内容的关系则更趋复杂化和多样化。秦汉家庭的物质内容在功能和作用方面，仅少量具有单一性或专门性功能，更多的是一物多用，如一些农业生产工具，在家庭内可作为支撑、防护的用品，一些日用品随家庭中的去世者埋入地下则成为陪葬品等等。因此，家庭中的不同成员通过多种类型的物质内容满足多种生活需求、开展各项家庭活动，如衣食住行、养老育小、家庭保障等等，而物质内容可通过家庭成员而得到充分利用，或生产形成，或购买使用，或改进和改变，当然也有不适应情况下的搁置、损毁与丢弃等等。

6. 秦汉家庭的成员与物质内容关系的存在和发展与社会、国家的发展密切关联。

家庭是社会的基本组成，家庭的维持、稳定与发展均处于社会和国家发展的大环境之中。秦汉时期，社会及国家政治、经济、思想、文化等均获得较大发展，家庭也因社会的发展呈现出与自身特征相对应的发展内容。大一统封建帝国背景下政治制度的不断完善，社会生产方式和生产技术的继承、变化与革新，思想文化发展过程中统一思想的确立、本土宗教的形成及外来宗教思想的融入等等，都促使家庭、家庭中的成员与物质内容的关系得到相应发展，一些则会产生较大的转变。以丧葬为例，在西汉晚期至东汉初完成竖穴向横穴、第宅化日益突出、陪葬品逐渐脱离或褪去礼器的束缚、生活化成为主流等的转变之后，家庭成员与丧葬物质内容的关系也有了较大变化，修建更适应于横穴墓葬的砖室墓、石室墓和砖石混筑墓，使用大量仿生活用品的陶器用于陪葬，墓内外祭祀较为普遍等等皆是体现。再从国家的发展来看，大一统的封建帝国及中央集权的加强、国力的强盛、对外交流全面提升等都使得家庭获得较大发展，家庭中成员及物质内容的关系也呈现出多样化的特点，共同促进着家庭及社会的发展和繁荣；而至王朝末期，政治混乱，经济萧条，家庭的发展受到影响，家庭中成员与物质内容的关系也会因此出现或呈现一些非正常形态。就国家发展的影响来讲，一些具体内容体现更为充分，这一时期以农为本，认为农业生产是“天下之大业也”[①]，汉武帝也说：“农，天下之本也”[②]，体现出对农业的重视。朝廷兴修水利，对农业发展有较大益处，另外还有制作农具、推广牛耕、改进耕种技术等，武帝时，曾下诏曰：“方今之务，在于力农。”并以赵过为搜粟都尉，“（赵）过使教田太常、三辅，大农置工巧奴与从事，为作田器。”“用耦犁，二牛三人。”赵过还发明“代田法”，“能为代田，一畮（亩）三甽。”这一技术较为先进，较古时缦田增“一斛以上，善者倍之。”[③]这表明，国家对于农业发展的重视，也使得较多家庭可以从中受益，进而促进相关家庭，尤其是农业家庭中的成员与田地、农具等之间关系的发展和加强，而这对于国家、社会、家庭的发展来讲，无疑都是很好的促进和推动。

概况来讲，秦汉时期家庭的成员与物质内容之间存在较为密切的关系，二者互为依存，相互促进的同时也会有一定的制约，从整体上对这一时期家庭的发展起着不可替代的重要作用。秦汉家庭中成员与物质内容的关系，既有时代性、地域特征，也有等级特点，可谓特征多样，内容丰富，而二者关系的存在和发展都包含在

---

① （西汉）桓宽：《盐铁论·水旱》，王利器校注：《盐铁论校注（定本）》，中华书局，1992年，第429页。

② （东汉）班固撰，（唐）颜师古注：《汉书·沟洫志》，中华书局，1962年，第1685页。

③ （东汉）班固撰，（唐）颜师古注：《汉书·食货志》，中华书局，1962年，第1138、1139页。

社会、国家发展的大环境之中，进而体现出家庭与国家、社会之间不可分割的联系及较为密切的关系。考古资料所反映家庭中成员与物质内容关系的特征、内容较为丰富，家庭的农业、手工业发展及日常生活用品和器具、居住内容、娱乐游戏、思想信仰等皆可体现。相关内容在其他章节中已有详细论述和分析，而这些与秦汉家庭有关的内容、蕴含的价值及体现的特征等，正是进行考古学视角下秦汉家庭综合研究的目的和价值所在。

三、秦汉家庭的内涵

家庭之中，人无疑是最主要且具有必须性的组成元素，但物质内容也是不可忽略、不能缺少的内容，二者相辅相成，共同体现着家庭的内容与内涵。秦汉时期，家庭中的成员与物质内容有机联系，关系密切，所体现家庭的内涵较为丰富，并在整体上反映出这一时期家庭的发展与演进。大致来看，人与物有机联系背景下的秦汉家庭内涵主要包括以下几点。

1. 人与物的有机结合，既有人与人的关系、人与物的关系、家庭成员与家庭之外的人和物、家庭及有关社会组织等之间的关系，也有物与人的有机结合、物对人的作用和影响、物对家庭整体发展的功能作用等。考古资料所体现秦汉时期家庭的内容对上述诸点均有包含，既反映出家庭中人与物的关系，也较好地说明了家庭内容的主体构成及其功能和作用等。

2. 人与物的密切联系所体现秦汉家庭内容较为全面，如考古资料所反映秦汉家庭成员的关系、家庭的构成内容、家庭的生产与生活、家庭的保障、家庭的思想信仰、家庭的对外交往等，甚至还有对特殊家庭内容的体现，而人与物的密切联系也使得家庭内容不断丰富。

3. 家庭之中，以人为本，全面兼顾家庭中的物质内容，二者有机结合，密切联系，促进秦汉家庭的各种因素全面发展。如上文所言，只有物质内容，没有人的因素，家庭的概念基本不能成立，而人与物的有机联系和结合，又能够让家庭内容更为完善，进而也会有更全面的发展，考古资料所体现秦汉家庭内容基本都是人与物的结合，而且较为丰富多样，对诸多的家庭内容有多方位的体现。

4. 考古资料对汉代家庭的展现是多视角、多层面、多维度的，涉及内容较为广泛，进而折射出秦汉家庭内容所具有的时代与发展、地域差异与统一多元、等级差别与多种多样等特点与特征，这也说明秦汉家庭内容特征的多样性，并与家庭内容的丰富程度较为契合。

5. 秦汉家庭的发展与国家、社会的发展相互对应，国家与社会发展的大背景是家庭发展的前提和基础。秦汉时期，大一统的封建帝国及其社会政治、经济、思想、文化等的多方位发展对秦汉家庭的影响很大。国家的繁荣昌盛与和谐稳定在较多方面都可促进家庭的全面和多方位发展，战乱或政治混乱时期呈现出的民不聊生、哀鸿遍野则大大制约和限制了家庭的维持、稳定和发展。因此，家庭的发展离不开国家和社会的发展，家庭在某种程度上可视为国家与社会发展的一面小镜子，较多家庭的发展状况能在一定程度上折射出国家和社会的发展。因此，秦汉家庭与国家和社会的关系是十分密切的。

由上，考古资料所体现秦汉家庭的内涵可以概况如下：能够容纳一定数量的人和不同性质的物，可将人与物全面、有机地结合，作为一个具有整体特征和相对独立性的单位存在于社会之中，与其他人群单位及社会机构之间有着密切关系，并在社会及国家发展过程中起着自身应有作用的社会基本组成单元和单位，而国家和社会的发展也对秦汉家庭的发展有着重要的影响。

四、秦汉家庭的功能与作用

秦汉时期，作为社会基本构成单元的家庭，内容、内涵较为丰富，不仅体现出相应的时代和地域特点及大一统背景下的统一性特征，反映出与其他家庭、诸多家族，乃至与国家、社会之间的密切关系，还从多方面展现出秦汉家庭作为最基本社会单位所具有的功能和作用，而家庭的诸多功能和作用不仅服务于自身家庭，也从不同角度、不同方面对社会和国家的发展起到相应的促进作用，做出自身应有的贡献。

考古资料对秦汉家庭的内容、内涵有较多体现，也从多个方面反映出秦汉家庭的功能和作用。大致来看，主要表现以下几点。

（一）维持人员结构体系，加强人员团结

秦汉家庭的人员构成较为复杂和多样，包括多类人员，他们与家庭都存在较为密切的关系，主体成员以血缘为纽带，附属人员与家主以依附为联系，共同生活于同一家庭之中。在此基础上，以家庭为核心，通过辈分、血亲、依附关系等内容，在生产、生活及家庭活动等共同需求推动下，使得家庭中的人员结构体系得以维持、稳定和发展，家庭中的人员团结也得以加强。从考古资料看，秦汉家庭的类型较为多样，反映出家庭及其人员体系的多样化，而诸多家庭类型无论小家庭、大家庭，还是核心家庭、主干家庭、联合家庭或是复合型家庭等，对于维持人员结构体系，加强人员团结都起着十分重要的作用。

家庭中不同人员的关系较为多样，但又相互交织、互为依存，如夫妻关系、父母子女关系、兄弟姐妹关系、祖孙关系、叔侄关系及其他亲近成员关系等，另外还有依附和等级差异背景下的主仆关系。诸多人员关系并存且相互依赖，并有基本一致的利益需求，使得家庭人员体系能够有效维持，而人员之间的团结也可得到保障。

（二）保证人员数量，提升人员素质

考古资料对秦汉时期生儿育女的内容有相应的体现和反映，而这是保证人员数量的重要前提。除此之外，还有对家庭中孩子的抚养，如照看孩童，保证其安全，为孩童看病求医等。家庭成员的婚配和嫁娶也是保证人员数量的内容，虽然与之直接有关的考古资料较少，但夫妻关系、父母子女关系等可间接体现。不仅孩童，老人也是保证人员数量的内容之一，尊老敬老能够尽可能地促进老人的长寿，这方面的内容在考古资料中多有体现，除墓葬中有鸠杖等实物出土外，较为重要的还有汉代墓葬壁画或画像，甚至一些墓葬出土帛画中的图像，都能够较为直观地描绘出汉代敬老和养老的内容。

赡养老者和抚养幼小是提升人员素质的内容，而在此基础上还有其他提升人员素质的内容。老者可对孩童及年轻人进行多种教育，促进他们的成长；而幼者则是通过接受多种教育来提升自己，汉代画像中有较多与教育有关的内容，既有讲经授课，也有劳动教育等。另外，孩童阶段的自由玩耍也是其成长阶段自身素质提高的内容之一。

秦汉时期，物质生活水平的提高，如穿衣、饮食及保健医疗的进步等，对于人员数量、素质都可起到相应的促进作用，而思想文化等则更多地表现在人员素质提高方面，相关内容在考古资料尤其是较多汉代墓葬出土的图像资料中皆有体现。

（三）建立多种人员关系，拓展关系网络

秦汉家庭中有血亲的人员之间会形成相对稳定的关系，体现出家庭中的辈分、长幼、夫妻关系等内容。还有因依附而形成的主仆关系，一般情况下，这种关系也相对稳定，但较之有血亲的家庭成员关系来讲，稳定性稍差，不过这一关系在秦汉家庭尤其是具有相应等级地位或经济实力的家庭中较为常见，也相对稳固。

与家庭有关的人员关系还有很多，在社会交往不断发展的背景下，秦汉家庭不仅会巩固有血亲人员、依附人员等的关系，还会与家庭之外的诸多人员建立关系，拓展家庭关系的覆盖面，形成与家庭有关的关系网络。可以说，秦汉时期的家庭不是独立存在、完全封闭的个体，而是容纳在社会之中，与社会产生诸多联系，进而成为社会组成的基本单位，家庭之外的多种人员关系即是说明。相应的人员关系包括与同一居住区或村落中其他家庭人员之间的关系，与居住区或村落外其他家庭人员之间的关系，与社会机构如乡、里、郡、县等有关人员之间的关系，甚至还会有其他层面的人际交往，如地方官吏、地主乃至平民家庭中的成员与京都中的贵族、官吏的交往，在民族关系发展的前提下与其他民族人员间的交往，或在对外物质文化交流的背景下与外域胡人等的交往，并由此建立起相应的关系。

从考古资料看，秦汉时期与家庭之外相关人员建立关系的方式有很多，如邻里生活、田间劳动与手工业生产、举行丧葬方面的吊唁或祭祀活动、求学与讲学、求医或行医、购物与售货、交租与收租、出行与迎宾、宴客与拜谒等等。而较多家庭之中，因婚嫁、交友等形成的亲朋关系是较多家庭中人员关系建立最为常见的形式。一个家庭中有多代人员，而且每一代中的人员基本都会存在婚嫁和交友的内容，使得该家庭所建立的人员关系趋于多元化和复杂化，并在此基础上形成关系网络。就普通家庭的人员关系网络来讲，家庭成员的婚嫁是最普遍的现象，多个没有血亲关系的家庭因此形成亲戚，交流趋于频繁，不仅相应关系得以确立，而且关系网络也得到拓展和加强。

（四）推动社会生产，完善社会生活，增强社会保障

秦汉时期，家庭中的成员和物质内容均获得较大发展，诸多物质内容在家庭成员的生产、制作、运用、操作下取得了多方位发展，这也在一定程度上体现出家庭的功能和作用。

整体而言，秦汉家庭中的多数家庭会从事相关社会生产活动以保证家庭生活所需，而且这些生产活动多数又是在主动意识下进行的，因此对推动秦汉社会生产有着十分积极的作用。从考古资料看，农业生产是主体，这与秦汉社会政治、经济特征较为相符，也是国家和社会重农意识和做法的充分体现，而手工业生产也是这一时期必不可少的内容，表现出多种类的手工业形式。就农业和手工业来讲，生产技术的不断提高和进步，产品数量和种类趋于不断的丰富，能够在很多方面或较大程度上满足家庭需求，并可在自足的前提下服务于社会，即很好地体现出秦汉家庭对社会生产的推动。与社会生产相关联，还有商业的发展，一些商业家庭的存在及其所从事的商业活动亦在一定程度上有效推动了社会生产的多样化发展和前进。

家庭生活是社会生活的重要组成内容，虽然诸多家庭的生活并不能涵盖社会生活的全部内容，但众多家庭的生活内容能够让社会生活更趋全面、完善和多样化。家庭的物质生活内容与社会生活的物质内容有较强的一致性，基本以衣、食、住、行为主，另有医疗保健、文化娱乐、游戏玩乐，而交流、交往在一定程度上也可视为家庭物质生活内容的一部分。考古资料所反映秦汉时期的上述内容较为丰富多样，从不同角度体现出秦汉家庭在促进物质生活全面发展方面的功能，而这也是秦汉家庭对于社会生活内容的完善、促进和贡献。

与社会生活的保障一样，秦汉家庭的诸多保障内容也是汉代社会保障内容的缩影和组成内容。生产、生活保障包括相关的工具与设施、技术和人员，形式与内容较为多样；安全保障有防护设施、器具和私人武装，也有家庭内外安全隐患的预防和消除，如防火与灭火、财产的保护、饲养动物如狗等以起到安全辅助作用；家庭卫生与医疗保健等也是家庭的保障内容，如较多家庭均有卫生器具、设施等，也有的如贵族官僚、富商大贾的家庭，会有专门的卫生保障人员。考古资料所体现秦汉家庭的保障涉及内容较多，如使用的工具、采用的方法及其有关人员的配置等，进而从多个方面综合体现出秦汉时期社会保障内容的不断增强与发展。

（五）推行社会规则，宣扬社会道德

秦汉时期，社会规则已较为完善，家庭作为社会最基本的组成单元，在推行社会规则方面起到较好的示范与普及作用。考古资料能够很好地反映出家庭中的长幼区分和主仆关系、夫妻间的男尊女卑，不同家庭的地位差异及家庭中主体与依附成员的等级差别，家庭及其成员对社会法律的遵守等内容。以家庭的地位差异为例，表现突出且内容丰富，以此为标准可以区分为不同等级的家庭类型，考古资料中的居住遗址有较多反映，墓葬则在多个方面如墓地的位置与规模、墓外设施的营建和种类、封土的面积和高度、墓穴的尺寸与大小、葬具的使用及殓葬内容、陪葬品的多寡与种类和质量等方面有较为详细的体现。

社会道德的内容较为广泛，秦汉家庭的诸多内容对之有所体现，反映出家庭对于社会道德的遵守和宣扬。家庭之中的尊老爱幼、夫妻和谐、兄弟和睦及主仆尊卑等是相关体现，而如尊老爱幼还与家庭外其他人员有关。家庭对社会道德宣扬的相关内容还有讲经图体现的尊师内容、孝子图反映的孝悌与敬老、拜谒图中对于尊者的敬重等。相关家庭的成员去世后，墓外祠堂尤其是石祠堂用石所刻画像内容较为丰富，“孔子见老子”、圣贤、义士、孝子还有作为反面教材的暴君等画像是对社会道德正、反两面的较好宣传，而具有教育意义的历史故事，多方面宣扬了仁、义、礼、智、信等社会道德内容与内涵，让观瞻者受到教育，较好地起到宣扬和普及社会道德的作用。

（六）践行社会思想，推广社会风俗

社会思想在秦汉时期获得较大发展，既有传统思想在继承前代基础上的发展，也有儒家思想的不断拓展和登堂入室，在此基础上还有谶纬等思想的发展和推广，亦有本土宗教思想早教道教的逐渐发展和形成及外来宗教佛教的传入、杂糅和自成体系，这对于秦汉家庭及社会有着十分重要的影响。秦汉家庭对于传统思想、儒家思想、原始道教思想及佛教思想均有不同程度地践行和推广。传统思想中的升仙思想在秦汉尤其是汉代得到全面普及，较多墓葬的形制、殓葬物、陪葬品、墓外设施及其装饰等皆有较多体现；儒家思想内容在家庭成员墓葬中亦普遍存在，伦理纲常如男尊女卑、天人关系与天人感应、谶纬思想、宣传教育等皆有反映；原始道教的内容在中小型墓葬中体现较多，墓门解除、辟邪杀鬼、神药厌镇、长生不死四个方

面的遗迹和遗物多有发现[①]；佛教思想的影响在东汉晚期逐渐显现，墓葬壁画或石刻画像中与佛教有关的图像增多，佛与僧侣、狮子、象与象奴、莲花等图案较多出现，而一些地区墓葬出土的熏炉、铜镜及川渝等地区出土的一些摇钱树上也有佛教的内容[②]。以上说明，秦汉家庭在践行社会思想方面较为普遍，这也使得相关社会思想得以普及和推广。

社会风俗与历史文化、思想信仰、生产生活等皆有相应关系，体现出积淀沿袭、普遍接受或约定俗成的风尚礼仪与社会习惯。秦汉时期，社会风俗和观念及其内容、内涵等均获得较大发展，考古资料所体现秦汉时期“崇神祭物”与“求吉辟邪”的社会风俗及其观念、内容十分丰富，神人崇拜慕升仙、崇祭日月河山神、祭灶敬仓祀家物、求吉辟邪驱打鬼等四个方面在秦汉家庭中得到普及和推广，而这对于秦汉社会风俗的发展有着十分重要的推动作用。

（七）推进丧葬行为、习俗和思想的发展，加强墓葬的保障内容

丧葬是社会内容的一部分，也是每个家庭内容的重要组成，秦汉时期，在继承前代的基础上，结合国家与社会的发展，丧葬及其内容、内涵获得较大的发展。由于丧葬基本涉及每个家庭及其成员，并与家庭及其成员的相关需求有关，因此家庭在推进丧葬行为、习俗和思想的发展方面有着较为重要的作用。

秦汉家庭成员的丧葬有等级差异、时代特征和地域差别，这与家庭的属性、时代和分布地区有关，而家庭在其成员的丧葬方面也充分展现了这几个方面的内容。秦汉时期丧葬的发展演变在诸多家庭成员的丧葬方面皆有体现，由竖穴向横穴的转变，第宅化特征日益突出；由礼器特征明显向陪葬大量生活类器物演变，反映出日趋生活化的特征；墓祭逐渐普及而且在中小型墓葬中得到推广，分布地域不断扩大，体现出墓祭尤其是墓外祭祀的普遍化，这三个方面均说明秦汉家庭对当时丧葬的推进。丧礼和葬礼的内容有对前代的较多继承，秦汉时已在中下阶层中得到普及，有与时代发展相对应的内容和特征，并体现在多个环节上，如招魂、口琀、敛尸、吊唁、殡棺、送葬、下葬等。这一时期，尤其是汉代，夫妻合葬得到发展，由异坟异穴发展为同坟异穴及同穴合葬，而同穴合葬中的同室合葬实现了夫妻死后在另一世界仍能够同室生活的追求。家庭葬明显发展，同一墓地葬不同的家庭成员，而一墓之中葬多个家庭成员则将这一内容向前推进了一大步。其他还有迁葬和归葬，也是与家庭成员丧葬密切相关的内容。

秦汉家庭对于丧葬行为、习俗和思想的推进，还表现在以下几个方面。一是对

① 韩国河：《秦汉魏晋丧葬制度研究》，陕西人民出版社，1999年，第178-181页。

② 李正晓：《中国内地汉晋时期佛教图像考析》，《考古学报》2005年第4期。

“事死如事生，事亡如事存”[①]的重视推广，墓葬的修建与形制，葬具的设置、陪葬品的使用、墓外设施尤其是祭祀设施的建造等皆可说明，墓葬本体如封土、形制、陪葬品等是对事死如事生的体现，墓外设施，特别是墓祭设施则反映了事亡如事存的内容。二是对于厚葬的普遍追求，这一时期，真正薄葬者极少，普遍是对厚葬的体现，这在墓葬形制、陪葬品、墓外设施等方面可充分体现。三是相关丧葬内容的推广和普及，有些是自上而下的推广，如墓祭设施的修建、陪葬陶俑等；有些是自下而上或由中向上下两方面的逐渐普及，如圆形封土及横穴墓葬的使用、夫妻合葬形式中的同墓或同穴合葬等。四是对孝道的宣扬与普遍化，这与国家、社会重孝有关，既与上层统治者对孝悌的重视有关，也与诸多中下阶层在丧葬方面追求行孝、尽孝、显孝及通过孝来达到自身目的或满足相关需求等有关。五是满足死者地下需求，促进升天成仙，除死者下葬时地下已有的内容外，还会通过墓外不同时期多个频次、多种形式的祭祀活动，不断进行“补给”，较好地体现出生者与死者通过丧葬产生诸多“联系”的情况和内容。

加强墓地安全与墓葬防盗是秦汉墓葬保障的内容和体现，大致包括墓地的守护及设施，看护墓地的人员及器具、封土的夯筑与填土的夯实、预防或防止水土流失的设施、不同种类的防盗设施和手段及思想上的防盗内容，还有防水设施、防潮防湿设施等等。这些保障内容在不同等级家庭墓葬的保障方面多有使用，对于整个社会的墓葬保障亦会有所促进和推动。

（八）从不同层面体现国家和社会内容，多方位服务于国家和社会的发展需求

家庭是国家和社会组成的基层单位，全面融汇于国家和社会的体系及其发展之中，所以诸多秦汉家庭的发展是国家和社会发展大环境下的小个体发展，而众多的小个体又汇集成大的团体，并在国家和社会发展过程中起着十分重要的作用。

秦汉时期，不同家庭间的等级差异及家庭成员所具有的等级性、多样性的家庭生产内容与方式、家庭的内部关系和社会关系、家庭的思想信仰与精神生活、家庭物质生活的多样化与不断丰富、家庭与其他人群团体和社会机构的关系、家庭与孝道与孝悌、家庭中的丧葬内容、交流背景下的家庭日常生活等，对于秦汉时期国家和社会内容皆有体现，而且是从不同角度，以不同方式，在不同方面，体现着国家和社会的诸多内容，反映出与国家和社会有关的政治、经济、思想、文化及孝道、丧葬、内部交往、对外物质文化交流等等。

家庭有自身的发展方式和内容，对于家庭的维系、稳定及家庭成员的生产、

---

① （战国）子思：《礼记·中庸》，（清）阮元校勘：《十三经注疏·礼记》，台湾艺文印书馆，2001年，第887页。

生活等均起着重要的推动作用，在发展过程中，还会自觉或不自觉、直接或非主动地服务于国家和社会的发展，对促进国家和社会的发展起到应有的作用，亦体现出家庭作为国家和社会最基本单位的价值和意义。相关内容亦表现在多个方面，如促进社会政治稳定，维护社会等级和秩序，增强政治统治，凸显地主阶层的政治权利和身份地位；家庭生产较为多样并不断发展，农业生产发展全面，技术提高，手工业生产涉及社会的多个方面，技术获得多方位提升，这在较大程度上促进了国家和社会生产的发展，而与家庭生产发展同步，和家庭相关的商业也有较大程度的发展，这些均使得国家和社会经济取得明显跨越前代的发展；秦汉家庭的思想信仰既有对主体思想的信奉和推崇，如西汉中期之后对儒家思想的信奉较为突出；也有思想信仰中的多元性，如升仙思想、孝道思想、丧葬中的事死如事生及厚葬思想、崇神祭物与求吉辟邪的风俗观念、原始道教与佛教思想等，这些思想信仰从整体上推动了国家和社会思想的发展，也体现出国家和社会对相关思想信仰的宣扬和推广；家庭的文化内容在秦汉时期也获得较多发展，既有与文化相关的物品，也有图像关于讲经授课的师者及听课学习学生的描绘，另有其他与家庭有关的文化内容，使得秦汉文化内容有了较多方面的新发展，文化内涵也日益丰富；秦汉家庭的物质生活内容如衣食住行、娱乐杂技、医疗保健及人际交往的相关内容等均十分丰富，发展明显，这对于推动国家和社会的物质内容有较大作用；对外物质文化交流是秦汉时期国家和社会的重要内容之一，诸多家庭及其成员在促进国家和社会的对外物质文化交流发展方面起着应有的作用，相关人员在开通陆上丝路、服务陆路与海上商品贸易等方面做出了重要的贡献，而很多家庭种桑养蚕、纺丝织锦、制漆器、做铜镜等等，使得国家和社会对外交流的物质内容得到保证；很多家庭吸收外来的物质内容和技术用于完善和丰富自身家庭的物质内容，提升生产和生活质量，这也使得国家和社会在外来物品、技术的输入和引进及其应用方面得到较大发展。上述两方面均很好地促进了国家和社会对外物质文化交流的发展和繁荣。

综合来讲，秦汉家庭不仅有自身繁荣发展及与之有关的内容和内涵，也在自身发展过程中融入国家和社会发展的大环境之中，并对国家和社会的发展和稳定做出了自身应有的贡献，从多个方面推动了国家政治、经济、思想、文化、物质内容、丧葬内容、对外物质文化交流等多项内容的全面发展，而这也说明，秦汉家庭在国家和社会发展中充分体现出了自身的价值和作用。

第三节　秦汉大一统背景下家与国和谐发展

秦汉是我国古代历史上大一统封建帝国的开端期，在长达400余年的历史发展进程中，社会政治、经济、思想、文化等均在大一统的背景下获得多方面、较明显的发展和长足的进步。家庭作为秦汉帝国的组成内容之一，发展与进步的特征明显，其中既有统一封建帝国发展对家庭的影响，也有家庭这一社会最基本组成单元对国家发展的贡献，体现出大一统背景下家与国的和谐统一及共同发展，反映了家国一体与家国情怀的内容与内涵。

一、秦汉时期家与国的和谐并存及共同发展

秦汉时期的社会内容十分丰富，而家庭与国家均是社会极为重要的组成内容，家是小单元，国是大家庭，国包容有家，家的发展对国有较多推动。可以说，家与国在社会中是并存且相互促进的密切关系。

从考古资料看，家庭构成及类型、家庭中人员构成及关系、家庭的农业与手工业生产、家庭的物质生活及精神信仰、家庭的各类保障设施与内容、家庭丧葬礼俗及墓地和墓葬、家庭与外界的交往、对外物质文化交流影响下的家庭内容等与国家的诸多内容为并存关系。如家庭中相关人员与国家中的社会人群并存，家庭中人员的较多关系与国家中人群关系有相通之处；家庭构成与国家政治、经济、思想、文化并存，具有等级属性家庭或职业属性的家庭体现尤为突出①；家庭的生产内容虽服务于具体家庭，但众多家庭的生产则间接反映出国家生产的内容，农业表现尤为突出，耕田、播种、中耕、收割、作物加工与存储等皆有较充分体现；家庭手工业门类较多，技术与国家和社会的较多手工业存在诸多相似，而且很多家庭手工业与社会或国家手工业的发展一致，反映出同步的内容。日常生活、家庭交往与物质交流、丧葬内容等，还有秦汉家庭所体现的时代发展、地域特点、等级特征等也与国家的同类内容基本相似和同步，从整体上反映出家与国相通并存的特征。

家与国共同发展是家国并存关系中最为积极和重要的内容和因素之一。家庭内部及不同家庭人与人之间关系的建立、维持、稳定及所发挥的积极社会作用，家庭构成及其类型体现的内容与国家包含的等级、职业、经济及基层组成机构的类型和内容有较多相似。家庭农业、手工业、商业与国家、社会的诸多经济内容有很多相同点且发展具有较大的同步性，家庭及社会生产在产品种类、数量、质量、技术、人员等方面存在很多相似性，而产品内容、制作技术等既有较多相通之处，也在发展方面互有影响、共同发展。家庭日常生活内容中的物质生活、交往及生活保障等与社会生活物质内容、交流与交往、社会保障存在较多的一致性，共同发展特征明显，家庭日常中的衣食住行、交往、医疗保健、文化娱乐等与社会生活物质内容有较多共性且时代及发展特征十分接近。家庭思想信仰具有多元

① 刘尊志：《从考古资料谈秦汉家庭的分类》，《中原文化研究》2021年第2期。

性，但又与国家和社会思想具有相似性和共同发展的特征，其中既有国家推行思想信仰下的同步特征，还有较多非强制背景下对于较多思想的信仰与发展，就考古资料来讲，还体现出家庭与社会或国家思想共同作用下的诸多物质内容，这在儒家思想、传统崇拜与升仙思想、风俗观念、早期道教、外来佛教等方面皆有体现。秦汉时期，对外物质文化交流获得较大发展，这与国家的发展有着密切关系，同时也推动着家庭及其内容的多样化发展，一些物品和技术的传入满足了家庭需求，充实了家庭物质内容，并在日常生活方面有多种形式、不同方面的影响，除基本的物质生活内容外，还在生活习惯、日常用语等方面形成新的内容，如对外来物品和人员的定名及称呼之前多加一个“胡”字，而“胡人”也成为国家语言称呼的内容之一，相关文献中常见此类词语①。丧葬方面，国家及社会与家庭的共同发展尤为突出，事死如生、事亡如存、厚葬、墓祭等及所对应的丧葬礼俗和活动、墓葬内容等皆是如此。家庭通过丧葬对于孝道的追求和对于孝悌、行孝的显示则与国家推广孝行有较大关系，这在东汉时期达到相应高潮，以致“废事生而营终亡，替所养而为厚葬。”②“厚葬重币者，则称以为孝，显名立于世，光荣着于俗。故黎民相慕效，至于发屋卖业。”③“世以厚葬为德，薄终为鄙，……法令不能禁，礼仪不能止。”④虽然相关内容反映出家庭为追求孝道或孝悌在所实行厚葬方面趋于极端的行为，但也说明了当时家庭对于孝道的重视和全力追求。考古发掘的墓葬资料，如墓外设施尤其是祭祀设施、墓葬形制、葬具、殓葬品、陪葬品及墓葬封护等均可充分体现，而墓内空间、墓外设施及现实世界所形成的“双重空间”和“三维世界”，更显现出国家推广孝行与家庭追求孝道的共同内容及其同步性和发展特征⑤。另外，秦汉家庭所体现的时代性、地域性、等级性等诸多特征，与国家和社会的发展密切相关，所反映共同发展的内容和特点也十分突出。

家庭与国家的共同发展还体现出家国和谐共存的重要内容。考古资料所反映人与人的关系、家庭类型、生产活动、生活内容、思想信仰、风俗观念、丧葬礼俗与活动、墓葬及相关内容、对外交流等，均从不同方面反映出秦汉时期家与国的和谐并存。相关表现如国家、社会的等级性在家庭中的体现，儒家思想对家庭的多方位渗透和影响，生产、生活内容的丰富多样，丧葬行为和活动对于丧葬礼俗及制度形成发展的推动，对外物质文化交流对家庭日常生活的影响等。更为具

---

① 刘尊志：《“丝路”背景下的汉代日常生活》，《历史教学（上半月刊）》2019年第11期。

② （南朝宋）范晔撰，（唐）李贤等注：《后汉书·赵咨传》，中华书局，1965年，第1315页。

③ （西汉）桓宽：《盐铁论·散不足》，王利器校注：《盐铁论校注（定本）》，中华书局，1992年，第354页。

④ （南朝宋）范晔撰，（唐）李贤等注：《后汉书·光武帝纪》，中华书局，1965年，第51页。

⑤ 刘尊志：《汉代墓葬的双重空间与三维世界》，《南开学报》（哲学社会科学版）2020年第1期。

体的表现内容更为丰富，以农业生产为例，作为国家和社会最为重视的生产内容，生产工具以铁质工具为主，种类和功用多样，生产技术丰富并有新的发明及改进和提高，粮食产量增长，农产品加工和储存工具多，与存储、加工相对应的技术手段得到不断提高。耕种技术方面，考古资料所体现与家庭耕种有关的工具、技术及相关内容较为丰富，反映出家庭的重视和技术的改进与提高。结合文献资料，秦汉时期，朝廷或国家的重农之政较多，很多是以皇帝诏书的形式颁布，而国家在水利兴修等方面有较多新的工程，很多服务于地方农业发展，汉武帝时期任命赵过为搜粟都尉，对农耕工具、耕种技术等的改进、发展和推广有着较多的贡献，这与国家重农有较大关系，如改进与推广牛耕、发明与推行“代田法”等，为较多家庭所用并因此受益[①]，家庭耕种技术及其质量的提高即是体现，而这又推动了国家农业的整体发展。上述内容较好地反映出家与国的有机结合，更好地体现了家与国在共同发展环境下的和谐并存。

二、秦汉家庭体现的家国一体与家国情怀

秦汉时期，家庭的发展与大一统封建帝国的发展繁荣有着较直接关系，家融于国之中，国包含着诸多不同的家庭，并为家庭的发展提供环境、条件，而家庭发展又从不同层面、多角度、多方位服务于国家的发展和需求，充分体现出家国一体的内容和内涵。家庭是社会组成最基本的单元或单位，是国家存在、发展和繁荣、强盛的基础之一；国家是家庭存在和发展的保障，能够让诸多的家庭在庞大且具有统一性的社会环境中得到管理和支持，进而获得多方面、较大程度的发展。由此而言，家与国是存在密切联系的个体与集体，互为一体的特征较为突出。考古资料对秦汉家庭及所蕴含家国一体的内容有较多体现，所反映家国情怀的内涵也十分丰富。

（一）多元与一体的和谐统一

秦汉时期，家庭在继承前代的基础上，在国家和社会全面发展的背景下，获得了较大的发展，多元化的特征突出，而在大一统封建帝国背景下，较多家庭内容又具有明显的统一化特征，多元性包含在一体特征之中，一体特征因多元性而具有更丰富多样的内容，二者和谐统一，相互依存，共同发展。

秦汉家庭的数量较多，家庭人口虽不一致但整体人口数量大，家庭的类型和职能亦较为多样，家庭人员也有诸多不同并形成多种形式的人员关系，加之对外交往的不断加强，关系网络与人际关系呈现复杂化和多样化；家庭生产内容较为

---

① （东汉）班固撰，（唐）颜师古注：《汉书·食货志》，中华书局，1962年，第1138、1139页。

丰富，农业种植与加工、农产品的存储，畜牧业和渔业的发展，多种形式的家庭手工业生产及手工业技术不断提高，与家庭有关的商业渐趋繁荣，物品流通与买卖呈现出多样化特点；家庭的思想信仰较为多元化，传统思想、儒家思想、早期道教、佛教思想、风俗观念等都融汇于家庭及其成员的思想体系之中；家庭生活内容十分丰富，就其中的物质内容来讲，较为多样，衣食住行、医疗保健、文化娱乐等皆是如此，家庭的保障涉及面较广，既有生产，也有生活，而安全保障的器具、手段和人员因家庭而异；丧葬作为家庭中不可缺少的内容，其多元化的特征表现在很多方面，丧礼、葬俗及与墓葬有关的墓外设施、封土与封护、墓葬形制、殓葬与陪葬物品，还有合葬形式及其葬式、多人葬、迁葬、归葬等，都存在多种形式和不同之处。另外，秦汉家庭还存在时代性、地域性及等级差别等特点，加之上述内容，从多个方面体现出秦汉家庭的多元化特征，而这些多元化特征使得秦汉时期家庭的内容更为丰富和多样。

虽然秦汉家庭具有多元化的特征，但也在较多方面反映出较强的一体化特点，这与秦汉大一统封建帝国发展的环境和影响有着较大关系。家庭类型、职能及人员关系除一些特殊内容外，整体上又具有普遍化的特点，大家庭、核心家庭、夫妻关系、亲友关系等方面的内容与表现皆可说明。家庭生产方面，农业为主体，手工业以服务于家庭所需为主要特点，商业活动以小商品买卖和交易为主体。思想信仰方面，对传统思想、儒家思想、风俗观念的信奉为主体，其他思想多数与这三类思想有杂糅交错，或是对三种思想的部分内容进行再拓展，形成适合自身的内容。日常生活中的诸多内容尤其是物质内容有较强的统一性，着衣的特征、面食与米食的普及、庭院的布局与功能、车马为主的出行方式及中医药在家庭中的应用、发展和食疗、药养、运动健身等的普遍，讲经授道、文字记录、乐舞杂技、游戏娱乐等的一致性和相同内容及方式皆可体现，而家庭保障在人员、器具、形式等方面也均具有相通之处。丧葬方面，丧仪、葬礼的整体内容和形式在较多地区较为一致，厚葬及事死如生的观念与做法，墓祭普及和推广，墓葬形制由竖穴向横穴的转变及第宅化特征的形成，陪葬品的日趋生活化特征等皆可体现。可以说，秦汉家庭的诸多内容及家庭自身均具有较强的统一性或一体性，而这也是秦汉家庭获得较大发展的重要促进原因和保障因素。

由上来看，秦汉时期家庭具有较为明显的多元一体特征，这与秦汉时期的整体文化，尤其是汉文化的特征及内涵基本一致，其中多元是秦汉家庭多样化发展的体现，一体则是秦汉家庭全面发展的特征。一体之中包含多元，多元又在发展中促进和丰富、完善一体的内容和内涵，二者相互促进，共同发展。因此可以说，多元一体应是秦汉家庭最基本的特征和内涵。

秦汉家庭所体现多元一体的特征中，多元与多个家庭或家庭中的多种因素有关，包含不同的家庭、不同的内容及相同内容的不同类型或形式等，而多元的本体是家庭，也就是多元的基础；一体可视为统一性，多元一体的特征亦可视为统一多元特征，即大的统一之中包含较多具体的内容，这些具体内容又均被容纳在统一性之中，而多元的本体是体现统一或一体性质的重要载体。就秦汉时期的家庭来讲，一体性或统一性包含着家庭的多元内容，亦需要有相关的承载体，这一承载体需要具有较强或十分突出的向心力、凝聚力和相应的统治力与包容性，而国家恰恰符合这一要求和条件，进而成为多元一体中的主体或共同体。多元的本体与多元的主体或共同体有机结合，互相促进，共同发展，恰恰就是多元内容与一体特征的和谐统一，而这也正是秦汉时期家庭所体现家国一体内容和内涵的核心及重要特征。

（二）家国情怀的形成及内容

考古资料所反映秦汉家庭的内容十分丰富，涉及面广，几乎涵盖秦汉时期家庭的方方面面，并在此基础上体现出多元一体、家国一体的特征和内涵。国包容有家，家对国有多种形式的贡献，在推动秦汉社会全面发展与演进的过程中，多方位体现出国与家的密切关系及共同发展，具有时代特点的家国情怀得以形成。

所谓“家国情怀”，是主体对共同体的一种认同，并促使其发展的思想和理念[①]。在上文分析的基础上，结合考古资料来看，秦汉时期的家国情怀为家国一体和谐统一、共同发展的集中体现，是本体即家庭对主体或共同体即国家的认同，并凝聚成合力，共同促进国与家综合发展的思想、理念及行为等。家国情怀的一个重要核心问题就是家和国的密切关系，《孟子·离娄章句上》曰：“人有恒言，皆曰天下国家。天下之本在国，国之本在家，家之本在身。”[②]不仅阐明了家和国的关系，也对家与国的功用、性质有明确描述。引文中的“天下之本在国，国之本在家”阐述了天下的根本所在，即国家，而国家的根本又在于每一个家庭，这与上文通过考古资料对秦汉家庭、家与国关系的论述较为对应。家庭作为社会组成的最基本单位，其和谐安定与平稳发展会在很大程度上促进社会和国家的安定、团结与和谐；国家作为社会群体机构，为家庭的存在和发展提供保障和支撑，其稳定发展和繁荣昌盛在较多方面会对家庭的发展产生影响。家是国的根本和基础，国是家的共同体和大家庭，家国相融，有家才有国，有国才有家，家庭存在与发展和国家兴亡密切相关，不可分割。所谓“国泰民安”，是指国家太平、人民安乐，《汉书·刑法志》载有“国富民安”[③]，二者之间有相近的意思。国泰则民安，民安则国泰，二者相辅

① 杨清虎：《“家国情怀”的内涵与现代价值》，《兵团党校学报》2016年第3期。

② （清）焦循撰，沈文倬点校：《孟子正义》，中华书局，1987年，第493页。

③ （东汉）班固撰，（唐）颜师古注：《汉书·刑法志》，中华书局，1962年，第1083页。

相成，共同发展，体现出家国一体的内容。在家国一体相融的基础上，与秦汉社会发展相对应，具有时代特点的家国情怀基本形成，并在秦汉社会及众多家庭的发展中起着十分重要的作用。

秦汉时期，大一统背景下的家国情怀体现出家庭、国家、社会的发展及紧密相连的关系，形成了三位一体的家国情怀整体内容，且表现形式较为丰富和多样。

家庭关系是秦汉家庭的一项重要内容，夫妻关系是其中的核心内容，“夫妇生时同室，死同葬之。”[①]众多秦汉时期夫妻合葬墓的发现和发掘充分印证了这一点，而这一时期的夫妻合葬形式还经历了异坟异穴合葬向同坟同穴甚至是同室合葬的发展和定型，体现出这一时期家庭中夫妻关系的和谐。家庭中诸多成员之间的关系错综复杂，但辈分、长幼、尊卑、主仆及血亲远近等关系清晰，另外还有亲友关系网络在家庭关系基础上的拓展等内容，反映出秦汉家庭人员关系在整体上的和谐性。俗语云：“家和万事兴”，家庭成员和谐相处，家庭就能够兴旺发展，多个家庭皆如此，国家就能和谐稳定、繁荣发展。家兴则国兴，这正是古代家庭、国家和传统思想文化中和谐融洽的关系，家庭的生活美满与家国的共同兴旺紧密联系，体现出家国情怀的内容及和合精神。秦汉家庭类型多样，不同类型的家庭在共存中发展，这其中也有类型的转变或变化，但在人口、等级、职业方面均保持着应有的稳定和相应的发展，而在由普通农业家庭向地主或官吏家庭转变的过程中，还体现出积极向上的内容，如家庭墓地中，一般会为家庭中为官或等级高的人员在核心位置预留墓位等，是鼓励，也是肯定，积极性突出。抚养孩子和赡养老人是秦汉时期较为重视的家庭内容，这不仅是家庭和谐发展的体现，也是家德和家风的展现。抚养孩子有生育、养育、教育等内容，生儿育女繁衍后代是家庭的职责，也可充分保障国家人口的数量，养育孩子有对婴儿的哺育，也有对孩童的看养和保护，亦有训斥和让孩子玩耍等内容，反映出家庭对孩子的呵护之爱和家教内容，而对孩子开展多种形式的教育则是家庭爱子的体现。文化教育已较普遍，如聘请师者传经授道，或是家庭中有学问的长者开堂授课，相关家庭或庄园内设有“学校”。关于东汉时期地方办学或家庭、庄园开设学校，史书中载有“是以四海之内，学校如林，庠序盈门”[②]。考古资料也有相应体现，汉代墓葬画像或壁画中常见有一些讲经图或授课图，一般是讲授的经师坐于榻上，其身前左右两旁有听讲者；有的图像还反映出“学校”的内容，内蒙古和林格尔东汉墓的中室壁画中层绘有横舍（学校），檐下垂着幛幔，一名着黑衣的经师坐在舍内方榻

---

① （东汉）班固：《白虎通义·崩薨》，（清）陈立撰，吴则虞点校：《白虎通疏证》，中华书局，1994年，第556页。

② （南朝宋）范晔撰，（唐）李贤等注：《后汉书·班彪传附子班固传》，中华书局，1965年，第1368页。

上，榜题“使君少授诸先时舍”，左右有听经的学生，舍外还有门徒成群，面向学舍恭立，该墓葬装饰从一个侧面表明死者家庭对于教育的重视，而这在东汉庄园中也是一项较被看重的事情，体现出世族豪强培植、教育家庭成员及弟子、门生的内容[①]。父母言传身教与身体力行方面的家庭教育也较普遍，汉代墓葬壁画或画像中即有较多家庭日常教育的内容，其中的劳动教育，是让家中的孩子参与劳动，如参与田间耕作、参加日常生活劳动等，从小培养劳动兴趣，为今后成人成家后的积极劳动及勤俭持家等做好铺垫。文化教育和家庭教育都包含对孩子品德的教育，对于家庭中孩子的成长大有裨益。另外，抚养继子、抚养养子也是秦汉家庭抚养孩子的内容之一，汉代墓葬画像所描绘对继子的爱护，反映出良好的家风和品德。赡养老人表现在尊老敬老和多方面为长辈尽孝等。汉代墓葬壁画与画像中，家庭老者执杖是内容之一，众多的孝子画像所反映赡养老人的内容则更为丰富。另外，四川德阳三台县郪江崖墓柏林坡 M1 出土的宴饗图中，夫妇二人与老人相对而坐，恭敬地向老者施礼，体现出家庭中的赡养内容，折射出父慈子孝的温馨家庭生活[②]。良好的赡养行为，是美好家风的直接体现，会使得家庭中老人与晚辈间的关系较为融洽且具有浓浓的亲情味。与赡养密切相关的内容就是孝道和孝悌，秦汉时期，尤其是汉代十分重孝，国家推广孝道，推行孝悌，家庭之中有关成员则行孝、尽孝。就后者而言，考古资料多有体现，除相关墓葬壁画与画像外，丧葬活动的开展、墓葬的修建及其内容、墓祭设施的普及等亦在多个方面有所体现。

秦汉家庭的思想信仰较为多样，但就这一时期来讲，尤其是西汉中期之后，儒家思想成为众多家庭的主体思想。儒家思想的伦理纲常、尊卑秩序与孝悌观念等，强调人伦教化、仁礼之义，提倡天人合一、敬老崇孝，较多内容和观念已逐渐渗透至诸多家庭之中，并成为家庭的主要思想内容。在儒家思想的推动下，家风及家庭成员的品德得到较多发展，社会风气趋于良好，国家礼制得到加强。就家庭成员来讲，正是《孟子・离娄章句上》中所载“家之本”的重要组成，在家庭成员良性发展的带动下，家庭与国家均会得到很好的发展。汉代墓葬内或墓外祠堂画像中的一些故事对家庭成员行孝、爱家或照顾他人等有所描绘，体现出这些家庭成员的优良品德。另外，诸多汉代壁画或画像中还常见一些辛苦劳动的家庭成员，以自身朴实的劳动默默地服务于家庭，为家庭发展做出自己的贡献。正是诸多具有良好品德或默默贡献的家庭成员，较好地推动了秦汉家庭的发展，促进了和谐美满，也使得国家能够稳定、全面的发展。其他社会思想对家庭也有较

---

① 内蒙古自治区博物馆文物工作队编：《和林格尔汉墓壁画》，文物出版社，1978 年，第 26 页。

② 四川省文物考古研究院、德阳市博物馆、三台县文物管理所：《三台郪江崖墓》，文物出版社，2007 年，第 165、166 页。

多影响，传统的神仙崇拜与升仙思想、社会风俗与观念及早期道教、外来佛教等也有较多内容可推动家庭及其成员积极向上、发扬传统、与人为善，进而促进家庭获得良性发展、形成家庭的良好风气，如传统思想及风俗观念中的求吉纳祥、驱鬼辟邪、崇神升仙、敬天地日月、祭祀家中物品等，均具有较为积极的作用。

家庭的生产、生活及相关内容较为丰富，既可满足家庭所需，也可从多方面服务于国家的发展，体现出家国一体特征的同时，也反映出家国情怀的内容。生产方面，家庭农业的耕作及加工技术、作物品种及手工业产品、技术等都与国家和社会的生产内容有较密切的关系，农业和手工业作为社会的主要产业，对于国家经济发展的推动作用不可忽视，而家庭的其他生产和技术、劳动力的投入、商品的买卖和贸易等也都在一定程度上促进和支持着国家经济的稳定和持续发展。考古资料所体现秦汉时期物质生活内容丰富，衣物的原料、加工及形制、装饰，食品的加工与种类，住宅的形式、装饰与室内陈设，车马器具及牛车、船只，另有医疗保健物品和器具、文化用品及娱乐器具、音乐舞蹈及杂技幻术的所需物品等，对于促进社会物质生活的繁荣和多样化有着较为重要的作用，而与这些物质生活相关的技术内容，则从多个方面促进着社会对应内容的发展。与衣物相关的养蚕植桑和纺织技术，对于秦汉社会和国家的纺织业发展做出了重要贡献，而较多的纺织品输出国外，形成丝绸贸易活动及丝绸贸易之路，大大促进了国家对外物质文化的交流与发展。食品加工技术的增多、改进、发明和发展等，在普及、推广后，对社会饮食文化发展有较大的促进，丰富了饮食内容，促进了社会人群的膳食及营养结构不断完善，这对于秦汉时期国家饮食的全面发展有较多积极作用，而基本具备后期食谱或食经相关特征的《食方》至迟在西汉早期已经形成，其中分别记录了植物性饭食和动物性菜肴及二类食品烹调或烹制的方子，多达150余条，另有10余种佐料和多种饭菜操作程序与技术，具有普遍性和可普及性，对秦汉时期饮食的发展具有重要意义①。其他如住宅的建造技术和室内陈设布置、车辆与船只的制作技术、医疗保健技术的多样化和提高、文化娱乐内容的丰富及多种技术发展和应用等，也与社会、国家的发展有关，其中很多娱乐杂技亦与对外物质文化交流有较多联系，反映出秦汉尤其是汉代对外物质文化交流的发展与繁荣。与物质生活相关的还有家庭保障，相关人员、器具、设施、方法等，可有效保证家庭的生产与生活、保障家庭人身及财产的安全等，使得家庭能够处于相对稳定、安全的发展状态，这也为国家的稳定发展和社会安定做出了应有的贡献。

---

① 湖南省文物考古研究所、怀化市文物处、沅陵县博物馆：《沅陵虎溪山一号汉墓发掘简报》，《文物》2003年第1期；湖南省文物考古研究所编著：《沅陵墓溪山一号汉墓》，文物出版社，2020年，第117、145-153页。报告中将之称为《美食》，本书依发掘报告，特说明！

上述内容既是秦汉时期家国情怀的内容，也在一定程度上反映出这一时期家国情怀的形成，而这一“形成”并非一蹴而就，而是国家、社会、家庭发展过程中的逐渐形成，并处于不断丰富和完善的过程中，进而形成现在我们可知的诸多内容。很多内容也体现了家国情怀在秦汉王朝发展进程中的较多积极作用，而最突出的作用就是将家、国和社会的发展紧密相连，三者相互促进，共同发展。从考古资料看，家国情怀在促进社会成员关系、推动子女教育、加强尊老赡养、促进社会生产与经济发展、巩固社会思想、提升社会保障、保证社会安定与和谐、提升物质与精神生活、推广孝道与推行孝悌、促进文化娱乐发展、加强医疗保健、推动对外物质文化交流等方面，均具有十分重要的作用，也间接反映出推动家风建设、带动家道兴盛、服务国家发展、促进国力增强等方面的功能和作用。

可以说，秦汉时期，在大一统封建帝国发展背景下形成了具有时代特点的家国情怀，其内容较为丰富，体现出与家庭有关的家风、家庭成员的品德及行为准则，还有与之对应的社会道德与风气、国家礼制与理念等，并在较多方面都有具体内容与准则，反映出这一时期家国一体、相互促进、共同发展的内容和特点，表明诸多个体家庭和国家之间存在不可分离的密切关系，而这应是秦汉时期家国情怀的内涵所在。

综上所述，考古学视角下的秦汉家庭在秦汉400余年的时间中获得了较大的发展，内容极为丰富，这在家庭中的人和物两个主要组成内容方面皆有十分突出的体现。家庭中人和物的有机联系是秦汉家庭存在和发展的前提条件，可在较大程度上促进家庭的稳定、美满、和谐与发展。秦汉家庭中人和物的关系特征突出、内涵丰富，所展现的家庭功能和作用较为多样，这也在较多方面体现出秦汉时期家与国的和谐并存及共同发展，体现出较强的家国一体特征，并促进了具有时代特征的家国情怀形成。秦汉时期的家庭及家国一体的特征和家国情怀的形成，综合反映出这一时期家庭、国家和社会的共同发展与演进。不可否认的是，家庭在其中扮演着十分重要的角色，家国情怀的形成、内容及作用又使得秦汉社会的发展和内容更具特色，而这些内容均与秦汉大一统封建帝国的发展存在较为密切的关系。

结　语

秦汉是我国历史上极为重要的历史时期，在社会全面发展的背景下，政治、经济、思想、文化等均获得诸多超越前代的发展。国家统一，政治体制趋于完善，经济实力大增，思想信仰多元化，文化娱乐趋于丰富多样，另有医疗保健、对外交流等等，均体现出国家的发展和大一统封建帝国的内容与特征。家庭作为社会的最基本单元，在国家、社会发展的背景下，获得了多方位的发展，内容、内涵极为丰富多样，不仅对秦汉国家、社会的发展有极为重要的促进作用，也体现出家庭、国家和社会的关系，并对后世产生较多的影响，是具有时代特征的社会组成及重要内容。

随着考古工作的不断开展和日渐深入，秦汉考古方面的资料得到极大程度的丰富和加强，与秦汉家庭有关的考古资料日益增多，涉及面较为广泛。帝都与诸侯国都城的考古发掘对理解帝王阶层家庭及其生活提供了较多实物资料；地方城邑发现较多，对地方官吏及相关人员家庭的内容也有很好体现；聚落、村庄及相关居住遗址的考古发掘对中下层人员家庭的设施、庭院布局、农业耕种、手工业生产等亦反映较多，而其中也会有地主庄园的内容，这些皆是秦汉家庭研究的重要参考。墓葬资料是秦汉考古资料的重要内容，发掘数量多，种类多样，时代跨度长且分布地域广，墓主涉及社会各个等级，而这一时期的墓葬经历了从竖穴向横穴、第宅化日渐突出，陪葬品中生活类器物渐成主流且日趋生活化，同穴或同室合葬渐成主流，墓葬装饰形式、种类、内容趋于丰富，墓外设施增多、祭祀设施画像内容趋于多样，事死如事生及展现孝道、孝悌的思想和行为较为普及且获得多方面、多方位的发展，为秦汉家庭考古学研究提供了丰富的实物资料。秦汉墓葬，与秦汉家庭有关的内容很多，如家族墓地、家庭葬、夫妻合葬、祔葬墓、陪葬墓、墓外祠堂、出土陶俑及其他陪葬物品等，而墓葬壁画、画像砖与画像石的画像等从多个方面描绘了秦汉尤其是汉代家庭的诸多内容，展现出很多秦汉家庭设施，反映了这一时期诸多家庭的生活百态，体现出较多形式、不同内涵的思想信仰等。除考古资料外，文献资料对秦汉家庭及相关内容也有较多记载，涉及不同时期、不同等级和不同职业的家庭及其成员，也有与家庭及其成员有关的活动记录等。以考古资料为主要参考，与文献资料有机结合，可对秦汉家庭及其内容、内涵有更为深入的理解和认识。

秦汉时期，作为社会基层单位的家庭获得较大发展，与其相关的内容十分丰富，而家庭构成是其中较为重要的内容。人和物作为家庭构成最基本的要素，在考古资料中多有体现，家庭中的人员亦可称为家庭成员，可分为主体成员和附属人员两类，相互之间存在较为密切的关系。主体成员涉及面较广，如夫妻及其家庭中具有血亲关系者，其中又存在亲疏远近和辈分差异；附属人员为具有相应等级地位或相当经济实力家庭中常见的人员类型，等级地位相对要低，在所依附家庭从事有关工作，大致包括家吏、武士、徒附、佃客、奴婢、侍者及其妻儿等，相关人员从事的工作或角色有时会有交叉，这也与附属人员的身份地位及其作用较为相符。家庭成员还体现出与家庭分类有关的内容，根据考古资料所体现家庭人员的不同，可从等级属性、职业属性、规模属性等方面对秦汉家庭进行分类，而相互之间又存在一定的交叉，反映出这一时期家庭组成、类型的多样性及其在家庭、社会和国家发展中的功能和作用。与家庭有关的物是指家庭的设施、设备、相关物品及场地等内容，大致以庭院墙为界限，可区分为外部设施和内部设施两大部分。外部设施主要和农业生产（含渔、牧业等）、手工业生产及狩猎、丧葬及迎宾、出行等活动有关，内部设施主要和家庭多种物质与精神生活、家庭交往中的宴宾、食物存储、家禽家畜的饲养、部分手工业生产、安全保障、垃圾存放处理等有关。人与物的有机结合正是秦汉家庭形成、发展和稳定延续的基础，使得家庭人员关系更趋多样，家庭构成更为全面，从而形成具有时代特点、“物宜人和”的家庭内容与内涵。

家庭的存在，人员关系十分重要。以家庭内外为区分标准，可分为家庭内部关系及家庭对外交往所形成的外部关系，二者相互交错，构成家庭的人员关系网络，这对于促进家庭的发展有着十分重要的作用。家庭的内部关系包括夫妻关系、父母子女关系、祖孙关系、兄弟姐妹关系、婆媳关系、妯娌与姑嫂关系、叔嫂关系、主体人员与非主体人员关系等。夫妻关系是家庭存在和形成的基础，在家庭内部关系中最为密切也是最为重要的内容，与之有关的内容包括婚前活动与结合成婚及婚后的夫妻关系，婚后夫妻间的恩爱和谐是主体，一些家庭还包括再娶和有妻的情况下有嫔妃或妾等其他女性的情况，这也是家庭中夫妻关系的延伸发展及另类体现。家庭自身发展、家庭观念增强及儒家思想的影响、孝道的推广与孝悌的推行等，促使父母子女关系在诸多家庭中的发展，并在家庭发展过程中具有十分重要的地位和作用，这一人员关系既包括最常见和普遍、有实际血缘的关系，也有相对少见收养背景下形成的此类关系。其中对下辈或辈分更低者的抚养关系和对上辈或更高辈分者的赡养关系，体现出对孩子的生育、养育、教育、辅助成家立业及敬老、养老、孝道、完成送终埋葬等，另外还有针对早殇、单身等特殊的内容。考古资料对其他内部关系也多有体现，表现较为突出的是主仆关系，反映出家主对附属人员的奴役、附属人员对依附家庭的服务及相互间的等级差异、身份差别和相互依存关系等。家庭内部诸多人员关系既具有相对独立性，又相互交织，形成复杂的多重关系，而这在秦汉时期应是相对较为普遍的现象。秦汉家庭的对外交往是相关家庭与家庭外人员建立关系的重要途径，这其中有家庭与家族的关系和交往、家庭与亲朋邻里的关系和交往、买卖与交流背景下的家庭交往、非买卖物品交流背景下的交往、有爵与为官内容推动的交往及其他交往内容，涉及人员的种类和性质较多样，有的是为了加强家庭与家族之间的联系，有的是为了生活和生计，有的为了宗教信仰，也有的是为了自身职务和权力等，这使得秦汉家庭的人员关系更为复杂多样。秦汉家庭人员的关系网络不断趋于复杂和全面，对于家庭稳定、发展的作用也更加突出。

与秦汉社会特征相对应，家庭生产主要用于满足家庭物质需求、丰富家庭财产、辅助家庭成员的交往及精神需求，也有的服务于丧葬。大致来看，主要包括农业生产加工与相关种植、家庭手工业及家庭饲养等。农业生产与加工方面，农田开垦增加，田间管理也趋于精细；农业生产工具以铁质农具为主，种类多样；生产技术如牛耕等获得进一步推广，精耕细作得到较大发展；较为重视中耕除草，农田灌溉设施和工具不断增多；注重积肥与留种，促进粮食等的产量及多种作物的连续种植；农产品的收获与运输得到发展，产品加工工具较为丰富，技术也明显提高，存储工具的类型及存储技术更为多样化；粮食、瓜果蔬菜种植普遍，同时还兼顾经济作物如桑麻等的种植。以上内容从多个方面促进了秦汉家庭农业的全面发展，在以农业为主体的秦汉时期，这些内容极为重要，对家庭、国家和社会的积极作用显而易见。与家庭有关，还有其他方面的种植，如房前屋后植树、庭院内种植花草等，可美化居住环境，便于观赏，使得庭院或相关设施更具情趣，而如树木亦具有秋冬季节挡风、夏季可提供乘凉等功用。手工业生产在秦汉家庭中也有十分重要的地位和作用，获得较大发展并呈现出多样化的特征，主要包括纺织与编织手工业、木工手工业、砖瓦烧造及石料的开采与加工、酿酒与制菹等食品加工手工业等。可以看出，这些手工业内容与秦汉家庭特点、物质需求及保障内容较为相符，与国家和社会的主要手工业生产门类既有相似性，又有互补性，并从多个方面体现出与之相关的商品买卖及手工业劳动者、场地、技术等内容。与秦汉时期农业家庭相对应，较多家庭饲养有家禽、家畜等动物，以服务家庭生产、满足家庭食用肉食或禽蛋等所需、辅助积肥、看家护院或当作宠物等等。饲养动物的方式有散养、牧养和圈养等，相关墓葬（含墓外祠堂）等的壁画、画像对之有相应体现，考古发掘的汉代居住遗址中有圈养动物的设施遗存，墓葬中还出土一定数量与圈养动物有关的模型器物。除此之外，还有对鱼类等水生动物的池养及等级地位较高家庭饲养一些大型野生动物等内容。

物质生活内容是每个家庭及其成员必不可少的重要内容，主要体现在物质的存储、家庭生活设施、诸多具体物质内容及对家庭中有害物的处理、安全保障，另外还有思想需求在物质上的体现等。物质存储包括对食品类的区分存储和相关制作后的存放，对衣物和相关物品的存放，也有对家用器具如车、工具、兵器等及钱财的存储，另有对医药、化妆品、建筑材料、薪材等的存放，涉及家庭中与存储有关的设施和器具，也有技术和方法。如钱财的存放，既有窖藏也有钱柜，还有扑满等，较多其他家庭物品，部分也以窖藏的方式进行存储。医药及医用器具存储工具的制作材料或材质、存储的场地或具体位置等均有相应要求。家庭对于物质内容的存放，具有延长相关物品的使用寿命、减少损耗、便于家庭使用、提高生活质量、促进庭院整洁等多方面的功用。家庭生活配套设施涉及内容较多，包括较多主体设施，如道路、场地、院墙、门、庭院及用于居住的房屋等，而存储、炊事、饲养及便溺等设施也是家庭中较为重要的组成内容，另有一些与家庭生活相配套的设施内容，如散水、排水沟、水道、桥梁等，这些设施的修建对家庭生活的开展和进行可起到相应的保障作用。具体物质内容丰富多样，包括与衣食住行相关的众多物品及医疗保健、文化娱乐、对外交往、精神信仰的物质内容等。衣食住行、医疗保健、文化娱乐涉及物品丰富多样，而且还体现出与之相关的诸多技术、人员、场地等，而对外物质文化交流的发展也对秦汉家庭日常生活的物质内容有较多影响，并在精神信仰的物质内容方面也有相应的促进，考古发现及出土的一些具有佛教因素的器物、图像等即可说明。其他再如纳凉与取暖之物、照明与熏香之物、炊爨的燃料、梯子、镜擦及针、剪刀、熨斗等家庭日常中衣物制作、缝补及平整摆放的相关用具等，与上述其他众多物质内容一起，共同构成家庭的物质所需，而且几乎关系到家庭日常生活的方方面面和点点滴滴。秦汉家庭生活中的有害物很多，有害动物是其中之一，如常见的蚊蝇及老鼠等，有效处理这些有害动物也是该时期家庭生活的内容组成，家庭中饲养动物捕鼠即是方法之一，较多狗逮耗子画像可以说明。安全保障是诸多家庭的重要内容，有对家庭内部安全隐患的预防和消除，如针对家庭可能发生的火灾及家庭中可能带来安全隐患的水井采取安全预防和相应的防护措施。对家庭外部不安全因素的预防和消除可被视为秦汉家庭安全保障的重要内容，最突出的体现是家庭建筑、防护器具及相关人员的防护等，而相关人员应是通过防护设施和器具达到和完成家庭防御，门屋、角楼、复道、瞭望窗、报警用的锣、射箭用的射孔等体现出防护设施、器具与人员的有机结合。另外还有养狗来看家护院，进而增强家庭的安全保障。卫生与医疗保健作为家庭生活的另一内容，与家庭及其成员有着较为密切的关系。和家庭相关的卫生保障多是以家庭为单位展开，包括饮水卫生、垃圾的清扫、便溺设施和器具的使用、禽畜圈或相关设施的卫生处理、动物粪便的打扫、废弃物的堆放、房屋内遮蔽灰尘的承尘、熏衣物器具等。医疗方面，医药种类多样，有植物药、动物药、矿物药、复方药等，医疗工具的数量与品种亦较多，用于医药的加工和炮制等多个方面，上文所述的医药储存也包含较多内容，另有医书与药方，可为一般的医者提供参考和借鉴，也为家庭自身的治病救人提供了相应保障。保健对于家庭成员的身体健康有较大益处，养生、保健、身体锻炼及相关娱乐活动可为家庭成员的健康、强壮提供保障，进而达到增强家庭成员的体质，减少疾病侵扰等目的，亦可有效促进家庭中一些成员的成长与长寿等。另有家庭与家庭外开展的多种交往，而很多的交往是以物质为载体的，体现出秦汉家庭对外交往中物质内容与相关生活内容。可以说，与秦汉家庭生活相关的物质内容极为丰富，对于家庭及其成员的发展和生存、有效开展相关活动等均具有十分重要的作用。

秦汉时期的思想信仰是多元化与统一性、主体思想与多类型思想的并存，诸多社会思想有其自身独立性，但又与其他思想相互杂糅，从多方位服务于社会、国家人员的精神信仰和发展需求等。秦汉家庭及其成员的思想信仰与社会的思想信仰有较多的相似与相通之处，既有对主体思想的信奉，也有其他思想的渗透和影响。家庭思想信仰中的传统社会思想包括升仙思想中的活人升仙及死人的灵魂升仙、神鬼观念中的神仙思想及鬼魂思想，还有其他思想与信仰中的崇拜思想、求吉祥与辟邪思想等。上述思想信仰较多又与社会风俗观念相杂糅，体现出崇神祭物与求吉辟邪为主体的神人崇拜慕升仙、崇祭日月河山神、祭灶敬仓祀家物、求吉辟邪驱打鬼等重要内容，并作为传统社会思想与社会风俗观念的融合，对秦汉家庭思想信仰产生了较多的影响，亦对家庭发展起到较为重要的促进作用。儒家思想在汉代逐渐得到重视，汉武帝时的“罢黜百家、独尊儒术”及之后朝廷对儒家思想的重视，使得儒家思想逐渐成为社会的主体思想，此时的家庭也深受儒家思想的影响，天人关系、伦理纲常、谶纬思想及宣传教育等皆有体现。宗教有自身较为系统的信仰内容、礼仪宗旨及相关制度、规定等，但在秦汉时期又与传统思想有较多杂糅，因此具有了较强的传播性，并对家庭有着较大的渗透性。原始道教思想、外来的佛教思想对家庭的影响主要集中于东汉时期，而且在东汉晚期，相关影响明显加强，且有很多的物质载体。丧葬方面，事死如事生思想与厚葬思想是秦汉家庭丧葬思想的核心内容，另有孝道与孝悌思想、夫妻伦理纲常等等，因家庭对于丧葬的重视及对孝道与孝悌的全面追求，使得丧葬思想多方位融入秦汉丧葬之中，也使得秦汉丧葬呈现出较为丰富的内容。通观秦汉家庭的思想信仰，包含内容十分广泛，既与社会、国家的思想信仰在较多方面具有契合与相通之处，也使得物质内容与精神内容达到有效、和谐地统一，进而使得秦汉家庭内容、内涵更为丰富和全面。不过，这一时期的家庭思想信仰还存在不同程度的神秘性、宗教性和迷信特征，有神论、封建伦理道德与纲常占有较大比重，这与当时社会政治、经济、思想文化及人们认识观的局限性等存在相应的联系，同时也体现出家庭、国家和社会在思想、信仰、精神追求方面的和谐统一，而这也应是秦汉家庭思想信仰的时代特征之一。

丧葬在几乎所有秦汉家庭中都是较为重要的内容。家庭中的成员去世后，相应的丧葬礼俗有序开展，丧礼中的招魂、饭含、小敛、大敛、殡棺等涉及较多的物质内容，包括设施和器物等；吊唁和祭祀也需要相应的场地、设施和器具，而且会有很多亲友宾朋参加；下葬的程序也较复杂，较主要的有启殡、送葬、下葬等。死者埋入地下的设施为墓葬，包括墓圹、葬具、殓葬品与陪葬器物、封土与填土等，较多墓葬尤其是汉代墓葬还有墓内祭祀设施，在事死如生及第宅化、生活化等的综合影响下，一些墓葬还会有其他设施，而有的等级较高墓葬还在填土中、相关墓室内有陪葬者或殉葬者，一些陪葬坑也位于墓道旁或其他专门的位置。墓外设施不断发展，有陵园或墓园的范围和修建的界限类设施，也有墓地中的门阙、道路、合葬墓、祔葬墓、陪葬坑、陪葬墓及守护、祭祀和象征身份地位、辅助祭祀的设施等。墓外祭祀设施得到发展，帝王墓葬有自身的陵寝设施，列侯墓葬及中小型墓葬则多用祠堂，形制、规模和建筑材料较为多样，墓祭的器具和方式也较丰富。至迟东汉时期，以墓祭设施为核心的汉代墓外设施体系基本形成，并与墓内及现实世界有机结合，体现出这一时期墓葬、墓地及现实世界的关系，反映出生者与死者通过墓外祭祀设施达到灵魂沟通的想象和目的，既满足了死者地下所需的持续供给，也能够充分实现生者的行孝和尽孝。与墓葬有关的还有墓地安全与墓葬防盗，秦汉家庭在死者墓葬的选址、设置守陵人或守冢者、增加墓外设施等方面皆有相关措施，对保护墓葬可起到相应的作用。在墓葬修建与封护中使用多种防盗方法和设施是墓葬防盗的重要内容，如加深墓坑、葬具及有关设施对相关材料的使用，墓葬的封护如积炭、积沙、积石、填塞各种膏泥等，都对防盗起到相应的作用，还有的墓葬不用封土，或使用厚重的石门、铁水封门、多层的石板、设计巧妙的封门器、平铺数量众多的黄肠石等。有些墓葬还以封填塞石、墓外祠堂用石及砌建墓葬的石材等为载体，刻写文字或刻画图像，以实现或达到思想上防盗的理想和目的，防盗塞石刻铭、禳盗刻石文字及较多祠堂刻铭等皆有体现，另有陶俑、镇墓类器物，也是出于防盗目的理想化内容。上述内容综合体现出秦汉家庭对于家庭中成员的死后世界，即墓地与墓葬的安全与防盗极为重视，也反映出孝道和孝悌推广下生者行孝的内容。从一些墓葬的保存状况看，秦汉时期相关家庭对家庭成员死后世界的安全保障内容及措施还是具有一定效果或成效的。

考古资料还体现出一些秦汉家庭的特殊内容，如家庭复仇、家庭内犯错或犯罪的处理方式、针对家庭财产与人身安全的犯罪行为，采取对应措施如家庭缉盗及积极防御等，也有汉代王侯犯罪家庭与刑徒家庭，亦有东汉宦者侯的家庭及相关内容，另外还有家庭成员的单身问题等。这些具有特殊性的家庭内容反映出秦汉时期家庭内容的复杂性与多样性，也体现出秦汉家庭与社会的相应关系。

从考古学的视角综合考察秦汉时期的家庭，相关内容包括秦汉家庭的构成和性质、人员组成和关系、家庭农业与手工业生产及商业的有关内容、家庭的物质生活与精神信仰、家庭丧葬中的礼俗和墓葬，还有一些具有特殊性的内容，而在家庭生活方面还有日常物质生活内容、对外交往、家庭保障等，可知秦汉家庭的内容、内涵极为丰富。秦汉家庭的内容和组成，最重要的为人和物，二者对上述内容有较多的包含和展现，人与物的关系密切，有机联系，互为依存，相互促进，共同推动了这一时期家庭的发展和进步。秦汉家庭的发展内容和特征与国家、社会的发展密不可分、相互对应，家庭的发展离不开国家和社会的发展，家庭的发展又可以折射出国家和社会的发展，而家庭多方位服务于国家、社会的发展则是秦汉家庭功能与作用的最重要内容。家融于国之中，国包含着诸多不同的家庭，国为家的发展提供保障、支持和有利环境，家为国家的发展贡献力量和成果，家和国密切联系、不可分割，反映出家国一体的内容及家国情怀的形成。秦汉时期，具有时代特点的家国情怀包含着与家庭有关的家风、家庭成员的品德和行为准则、家庭生产生活与贡献、社会道德与风尚、国家礼制与理念等，体现出家庭、国家、社会的发展及紧密相连的关系，形成了三位一体的家国情怀整体内容，而家国一体、相互促进、共同发展，家和国不可分离，应是秦汉时期家国情怀的内涵所在，这使得秦汉时期的国家和社会更具凝聚力、团结力，发展和内容也更具特色。

秦汉家庭的内容、内涵十分丰富，对多方位理解和认识大一统背景下的秦汉家庭具有十分重要的价值和意义，而开展考古学视角下秦汉家庭的综合研究也具有现实意义。一方面可对秦汉家庭的内容、内涵进行梳理和展示，让人们对秦汉家庭的人员关系、家庭构成、家庭设施、生产、生活、精神信仰、丧葬内容等有较为直观的认识，进而提供学习历史、认识古代家庭及其生活的物质资料；另一方面，通过开展秦汉家庭的多方位深入研究，可根据研究成果开展历史教育，其中既有家与国的关系、家国一体的内容，也有家国情怀的内涵与功用，进而建立民族自豪感，树立文化自信和爱国情怀，全面增强对国家的高度认同感和归属感、责任感和使命感。

从考古学的角度或视角，在考古学的视野下开展秦汉家庭的考古学研究，是秦汉考古及秦汉历史研究的一项重要内容，意义大、价值高。但就本研究来讲，仅可视为一次尝试或一次不成功的尝试，这与笔者水平不足、能力有限有关，相关研究存在着诸多的不足和欠缺之处，书中对于一些资料的使用、观点的描述等有重复或赘述之处，还有一些内容未有涉及、不够全面或浅尝辄止，相关结论也可能有不当甚至存在错误之处。真心希望学界同仁能够多多批评和指正，我当虚心接受，认真学习和修改。随着考古工作的不断深入，与秦汉家庭有关的考古资料会越来越丰富，笔者将在今后的研究中，更加注重考古资料与文献资料的结合、深度挖掘考古资料所蕴含秦汉家庭的内容与内涵、加强考古资料对家庭内容的多种诠释和应用，探索和创新研究理论与方法，持续保持秦汉家庭与日常生活及秦汉社会生活的考古学研究，并希望得到学界的指导和帮助，对秦汉家庭、日常生活、社会生活等开展更加深入、更为全面的研究。

参考文献

一、古代文献及相关书目

1. （春秋）左丘明著，罗家湘注译：《国语》，中州古籍出版社，2010年。
2. （春秋）左丘明著，郭丹、程小青、李彬源译注：《左传》，中华书局，2012年。杨伯峻：《春秋左传注（修订本）》，中华书局，2016年。
3. （战国）商鞅：《商君书》，上海古籍出版社，1989年。
4. （战国）尸佼著，汪继培辑：《尸子》，上海古籍出版社，1989年。
5. （战国）尉缭：《尉缭子》，刘春生译注：《尉缭子全译》，贵州人民出版社，1993年。
6. （战国）吕不韦等编撰：《吕氏春秋》，许维遹集释、梁运华整理：《吕氏春秋集释》，中华书局，2009年。
7. （西汉）司马迁撰，（南朝）裴骃集解，（唐）司马贞索引、张守节正义：《史记》，中华书局，1959年/1982年。陈直著：《史记新证》，中华书局，2006年。
8. （西汉）史游撰，（唐）颜师古注：《急就篇》，中华书局，1985年。（西汉）史游：《急就篇》，岳麓书社，1989年。（西汉）史游：《急就篇》，管振邦译注、宙浩审校：《颜注急就篇译释》，南京大学出版社，2009年。
9. （西汉）刘向：《说苑》，向宗鲁校证：《说苑校证》，中华书局，1987年。
10. （西汉）董仲舒：《春秋繁露》，上海古籍出版社，1989年。（清）苏舆撰，钟哲点校：《春秋繁露义证》，中华书局，1992年。
11. （西汉）东方朔：《神异经》，上海古籍出版社，1990年。
12. （西汉）陆贾：《新语》，上海古籍出版社，1990年。王利器：《新语校注》，中华书局，2012年。
13. （西汉）刘向：《列仙传》，上海古籍出版社，1990年。
14. （西汉）桓宽：《盐铁论》，王利器校注：《盐铁论校注（定本）》，中华书局，1992年。
15. （西汉）刘安等：《淮南子》，何宁：《淮南子集释》，中华书局，1998年。刘文典撰，冯逸、乔华点校：《淮南鸿烈集解》，中华书局，1989年。
16. （西汉）贾谊：《新书》，阎振益、钟夏校注：《新书校注》，中华书局，2000年。
17. （西汉）刘向编订，缪文远、罗永莲、缪伟译注：《战国策》，中华书局，2006年。

18. （西汉）王褒等撰，陈晓捷辑注：《关中佚志辑注》，三秦出版社，2006年。
19. （西汉）刘歆撰，（东晋）葛洪集，王根林点校：《西京杂记》，上海古籍出版社，2012年。（东晋）葛洪撰，周天游校注：《西京杂记》，三秦出版社，2006年。
20. （西汉）杨雄：《太玄》，郑万耕校释：《太玄校释》，中华书局，2014年。
21. （西汉）刘向编，（宋）洪兴祖补注，白话文等点校：《楚辞补注》，中华书局，2015年。
22. （西汉）刘向：《古列女传》，绿净译注：《古列女传译注》，北京联合出版公司，2015年。
23. （西汉）杨雄撰，（晋）郭璞注：《方言》，中华书局，2016年。
24. （东汉）刘熙：《释名》，商务印书馆，1939年。（东汉）刘熙：《释名》，（清）毕沅疏正，王先谦补：《释名疏证补》，中华书局，2008年。（东汉）刘熙：《释名》（附笔画、音序索引），中华书局，2016年。（清）王先谦撰集：《释名疏证补》，上海古籍出版社，1984年。任继昉：《释名汇校》，齐鲁书社，2006年。
25. （东汉）班固撰，（唐）颜师古注：《汉书》，中华书局，1962年。（清）王先谦：《汉书补注》，中华书局，1983年。
26. （东汉）许慎撰，（宋）徐铉等校定：《说文解字》（附检字），中华书局，1963年。（东汉）许慎：《说文解字》，中国书店，1989年。
27. （东汉）崔寔：《四民月令》，石声汉校注：《四民月令校注》，中华书局，1965年。
28. （东汉）荀悦：《汉纪》，台湾商务印书馆，1974年。
29. （东汉）王符：《潜夫论》，（清）汪继培笺，彭铎校正：《潜夫论笺校正》，中华书局，1985年。
30. （东汉）赵晔著，（元）徐天祜注：《吴越春秋》，江苏古籍出版社，1986年。（东汉）赵晔等撰，熊宪光选辑，徐洪火点校：《古今逸史精编·吴越春秋等七种》，重庆出版社，2000年。（东汉）赵晔：《吴越春秋》，周生春辑校汇考：《吴越春秋辑校汇考》，中华书局，2019年。
31. （东汉）刘珍撰，吴树平校注：《东观汉记》，中州古籍出版社，1987年。（东汉）刘珍：《东观汉记》，吴树平校注：《东观汉记校注》，中华书局，2008年。
32. （东汉）蔡邕：《独断》，上海古籍出版社，1990年。
33. （东汉）王充：《论衡》，黄晖校释：《论衡校释》（附刘盼遂集解），中华书局，1990年。
34. （东汉）班固：《白虎通义》，上海古籍出版社，1992年。（东汉）班固：《白虎通义》，（清）陈立撰，吴则虞点校：《白虎通疏证》，中华书局，1994年。
35. （东汉）张衡著，张震泽校注：《张衡诗文集校注》，上海古籍出版社，2009年。
36. （东汉）桓谭：《新论》，朱之谦校辑：《新辑本桓谭新论》，中华书局，2009年。
37. （东汉）应劭：《风俗通义》，王利器校注：《风俗通义校注》，中华书局，2010年。赵泓译注：《风俗通义全译》，贵州人民出版社，1998年。
38. （东汉）郑玄注，（唐）贾公彦疏，王辉点校：《仪礼注疏》，上海古籍出版社，2008年。
39. （东汉）郑玄注，（唐）贾公彦疏，彭林整理：《周礼注疏》，上海古籍出版社，2010年。
40. （东汉）仲长统：《昌言》，孙启治校注：《昌言校注》；（东汉）崔寔：《政论》，孙启治校注：《政论校注》，中华书局，2012年。
41.（东汉）荀悦：《申鉴》，（明）黄省曾注，孙启治校补：《申鉴注校补》，中华书局，2012年。
42.（东汉）郑玄注，（唐）孔颖达疏，（唐）陆德明释文：《礼记注疏》，上海古籍出版社，2016年。
43.（东汉）于吉著，杨寄林译注：《太平经》，中华书局，2020年。王明编校：《太平经合校》，中华书局，1960年。
44.（三国魏）吴普等述，（清）孙星衍辑，石学文点校：《神农本草经》，辽宁科学技术出版社，1997年。
45.（三国魏）刘劭著，梁满仓译注：《人物志》，中华书局，2009年。
46.（三国魏）徐干：《中论》，孙启治解诂：《中论解诂》，中华书局，2014年。
47.（三国魏）王肃注，乙力编：《孔子家语》，兰州大学出版社，2004年。高尚举、张滨郑、张燕校注：《孔子家语校注》，中华书局，2021年。
48.（魏晋）刘徽：《九章算术》，上海古籍出版社，1990年。
49.（西晋）崔豹：《古今注》，中华书局，1958年。
50.（西晋）陈寿撰，（南朝宋）裴松之注：《三国志》，中华书局，1959年/1982年。卢弼：《三国志集解》，中华书局，1982年。
51.（西晋）司马彪撰，（南朝梁）刘昭注补：《续汉书》，中华书局，1965年。
52.（西晋）杜预等注：《春秋三传》，上海古籍出版社，1987年。
53.（西晋）张华：《博物志》，上海古籍出版社，1990年。
54.（东晋）葛洪：《肘后备急方》，人民卫生出版社，1956年。（东晋）葛洪原著，（南朝梁）陶弘景增补，尚志钧辑校：《补辑肘后方》，安徽科学技术出版社，1983年。
55.（东晋）葛洪：《抱朴子内篇》，王明校释：《抱朴子内篇校释（增订本）》，中华书局，1985年。
56.（东晋）袁宏：《后汉纪》，周天游校注：《后汉纪校注》，天津古籍出版社，1987年。
57.（东晋）葛洪：《神仙传》，上海古籍出版社，1990年。
58.（东晋）葛洪：《抱朴子外篇》，杨明照撰：《抱朴子外篇校笺》，中华书局，1991年。
59.（东晋）法显：《法显传》，章巽校注：《法显传校注》，中华书局，2008年。
60.（东晋）干宝著，马银琴、周广荣注译：《搜神记》，中华书局，2009年。李剑国辑校：《搜神记辑校》，中华书局，2019年。（南朝宋）陶潜：《搜神后记》，李剑国辑校：《搜神后记辑校》，中华书局，2019年。
61.（晋）常璩：《华阳国志》，刘琳校：《华阳国志校注（修订版）》，成都时代出版社，2007年。
62.（晋）郭璞注，（宋）邢昺疏，王世伟整理：《尔雅注疏》，上海古籍出版社，2010年。（晋）郭璞注，王世伟校点：《尔雅》，上海古籍出版社，2015年。
63.（晋）郭璞注，王贻梁、陈建敏校释：《穆天子传汇校集释》，中华书局，2019年。
64.（北魏）郦道元：《水经注》，王国维校，袁英光、刘寅生整理：《水经注校》，上海人民出版社，1984年。陈桥驿校证：《水经注校证》，中华书局，2007年。（清）王先谦校：《合校水经注》，中华书局，2009年。
65. （北魏）贾思勰：《齐民要术》，石声汉校释：《齐民要术今释》，中华书局，2009年。
66. （北魏）杨衒之著，尚荣译注：《洛阳伽蓝记》，中华书局，2012年。
67. （南朝宋）范晔，（唐）李贤等注：《后汉书》，中华书局，1965年。（清）王先谦：《后汉书集解》，中华书局，1984年。
68. （南朝宋）刘义庆撰，（南朝梁）刘孝标注：《世说新语》，上海古籍出版社，2012年。（南朝宋）刘义庆撰，（南朝梁）刘孝标注：《世说新语》，余嘉锡笺疏：《世说新语笺疏》，中华书局，2011年。
69. （南朝梁）沈约：《宋书》，中华书局，1974年。
70. （南朝梁）萧统编，（唐）李善注：《文选》，中华书局，1977年。
71. （南朝梁）陶弘景：名医别录，尚志钧辑校：《名医别录（辑校本）》，人民卫生出版社，1986年。
72. （南朝梁）释慧皎撰，汤用彤校注：《高僧传》，中华书局，1992年。
73. （南朝梁）顾野王：《舆地志》，顾恒一、顾德明、顾久雄辑校：《舆地志辑注》，上海古籍出版社，2011年。
74. （南朝梁）宗懔撰，（隋）杜公瞻注，姜彦稚辑校：《荆楚岁时记》，中华书局，2018年。谭麟：《荆楚岁时记译注》，湖北人民出版社，1985年。
75. （南朝梁）钟嵘撰，李子广评注：《诗品》，中华书局，2019年。
76. （北齐）颜之推：《颜氏家训》，王利器集解：《颜氏家训集解》，上海古籍出版社，1982年。王利器：《颜氏家训集解（增补本）》，中华书局，1996年。
77. （北周）庾信：《庾子山集》，（清）倪璠注：《庾子山集注》，中华书局，1980年。
78. （唐）房玄龄等：《晋书》，中华书局，1974年。
79. （唐）段成式：《酉阳杂俎》，中华书局，1981年。（唐）段成式：《酉阳杂俎》，许逸民校笺：《酉阳杂俎校笺》，中华书局，2015年。
80. （唐）欧阳询撰，汪绍楹校：《艺文类聚》，上海古籍出版社，1982年/1999年。
81. （唐）魏徵：《隋书》，中华书局，1982年。
82. （唐）李吉甫：《元和郡县图志》，中华书局，1983年。
83. （唐）许嵩撰，张忱石点校：《建康实录》，中华书局，1986年。
84. （唐）杜佑撰，王文锦等点校：《通典》，中华书局，1988年。
85. （唐）释道世：《法苑珠林》，周叔迦、苏晋仁校注：《法苑珠林校注》，中华书局，2003年。
86. （唐）徐坚等著：《初学记》，中华书局，2004年。
87. （唐）封演：《封氏闻见记》，赵贞信校注：《封氏闻见记校注》，中华书局，2005年。
88. （后晋）刘昫等撰：《旧唐书》，中华书局，2000年。
89. （五代）马缟：《中华古今注》，商务印书馆，1956年。
90. （北宋）司马光编著，（元）胡三省音注，“标点资治通鉴小组”点校：《资治通鉴》，中华书局，

1956年。
91.（北宋）李昉、李穆、徐铉等:《太平御览》，中华书局，1960年。
92.（北宋）李昉等:《太平广记》，中华书局，1986年。
93.（北宋）洪刍:《香谱》，顾宏义主编，田渊整理校点:《宋元谱录丛编·香谱：外四种》，上海书店出版社，2018年。
94.（北宋）吴淑:《事类赋》，冀勤等点校:《事类赋注》，中华书局，1989年。
95.（北宋）张君房:《云笈七签》，中华书局，2003年。
96.（北宋）孟元老:《东京梦华录》，伊永文笺注:《东京梦华录笺注》，中华书局，2007年。
97.（北宋）乐史撰，王文楚等点校:《太平寰宇记》，中华书局，2007年。
98.（南宋）徐天麟:《西汉会要》，中华书局，1955年。
99.（南宋）徐天麟:《东汉会要》，中华书局，1955年。
100.（元）马端临:《文献通考》，中华书局，1986年。
101.（元）司农司:《农桑辑要》，石声汉校注:《农桑辑要校注》，中华书局，2014年。
102.（元）陈敬:《陈氏香谱》，田渊整理校点:《宋元谱录丛编·香谱：外四种》，上海书店出版社，2018年。
103.（清）严可均编:《全上古三代秦汉三国六朝文》，中华书局，1958年。
104.（清）孙楷:《秦会要》，徐复订补:《秦会要订补》，中华书局，1959年。
105.（清）阮元校勘:《十三经注疏（附校勘记）》（周易正义、尚书正义，毛诗正义，周礼注疏，仪礼注疏，礼记注疏，春秋左传正义，春秋公羊、谷梁传注疏，论语、孝经、尔雅、孟子注疏），台湾艺文印书馆，1973年/2001年。
106.（清）孙诒让撰，王文锦、陈玉霞点校:《周礼正义》，中华书局，1987年。
107.（清）孙希旦撰，沈啸寰、王星贤点校:《礼记集解》，中华书局，1989年。
108.（清）孙星衍等辑，周天游点校:《汉官六种》，中华书局，1990年。
109.（清）严可均辑:《全后汉文》，商务印书馆，1999年。
110.（清）沈德潜:《古诗源》，中华书局，2006年。
111.（清）赵翼:《廿二史札记》，上海古籍出版社，2011年。
112.（清）焦循撰，沈文倬点校:《孟子正义》，中华书局，2015年。
113. 高明注释:《大戴礼记今注今释》，台湾商务印书馆，1977年。
114. 马王堆汉墓帛书整理小组编:《五十二病方》，文物出版社，1979年。
115. 严健民:《五十二病方注补译》，中医古籍出版社，2005年。
116. 万国鼎:《汜胜之书辑释》，农业出版社，1980年。
117. 林俊荣:《魏晋南北朝文学作品选》，吉林人民出版社，1980年。
118. 袁珂校注:《山海经校注》，上海古籍出版社，1980年。
119. 南环瑾、徐芹庭注译:《周易今注今译》，台湾商务印书馆，1983年。

120. 梁启雄：《荀子简释》，中华书局，1983年。
121. 周天游：《八家后汉书辑注》，上海古籍出版社，1986年。
122. 汪荣宝撰，陈仲夫点校：《法言义疏》，中华书局，1987年。
123. 逯钦立：《先秦汉魏晋南北朝诗》，中华书局，1988年。
124. 贺新辉主编：《古诗鉴赏辞典》，中国妇女出版社，1988年。
125. 吴小如等：《汉魏六朝诗鉴赏辞典》，上海辞书出版社，1992年。
126. 张震泽：《杨雄集校注》，上海古籍出版社，1993年。
127. 杨天宇：《仪礼译注》，上海古籍出版社，1994年。
128. 金开诚、董洪利、高路明：《屈原集校注》，中华书局，1996年。
129.《十三经注疏》整理委员会整理，李学勤主编：《十三经注疏》，北京大学出版社，1999年。
130. 王根林点校：《汉魏六朝笔记小说大观》，上海古籍出版社，1999年。
131. 张烈点校：《两汉纪》，中华书局，2002年。
132. 杨天宇：《礼记译注》，上海古籍出版社，2004年。
133. 杨天宇：《周礼译注》，上海古籍出版社，2004年。
134. 陈戍国：《礼记校注》，岳麓书社，2004年。
135. 何清谷校释：《三辅黄图校释》，中华书局，2005年。
136. 何清谷校注：《三辅黄图校注》，三秦出版社，2006年。
137. 刘庆柱辑注：《三秦记辑注·关中记辑注》，三秦出版社，2006年。
138. 佚名撰，张澍辑，陈晓捷注：《三辅旧事》，三秦出版社，2006年。
139. 闻人军译注：《考工记译注》，上海古籍出版社，2008年。
140. 胡平生：《孝经译注》，中华书局，2009年。
141. 姜涛：《管子新注》，齐鲁书社，2009年。李山译注：《管子》，中华书局，2009年。
142. 李逸安译注：《三字经·百家姓·千字文·弟子规》，中华书局，2009年。
143. 姚春鹏译注：《黄帝内经》，中华书局，2009年。
144. 杨永杰、龚树全主编：《黄帝内经》，线装书局，2009年。
145. 王强模译注：《列子全译（修订版）》，贵州人民出版社，2009年。
146. 夏传才主编，张蕾校注：《王粲集校注》，河北教育出版社，2013年。
147. 王天海、王韧撰：《意林校释》，中华书局，2014年。
148. 余庆编译：《中庸诠解》，万卷出版公司，2018年。
149. 李步嘉校释：《越绝书校释》，中华书局，2018年。
150. 吴毓江撰，孙启治点校：《墨子校注》，中华书局，2018年。

二、著作

1. 李剑农：《先秦两汉经济史稿》，生活·读书·新知三联书店，1957年。

2. 王国维：《观堂集林》，中华书局，1959年。
3. 余嘉锡：《余嘉锡论学杂著》，中华书局，1963年。
4. 陶建国：《两汉魏晋之道家思想》，文津出版社，1975年。
5. 自然科学史研究所主编：《中国古代科技成就》，中国青年出版社，1978年。
6. 盖山林：《和林格尔汉墓壁画》，内蒙古人民出版社，1978年。
7. 刘泽华、杨志玖、王玉哲等：《中国古代史》，人民出版社，1979年。
8. 陈直：《两汉经济史料论丛》，陕西人民出版社，1980年。
9. 化学发展史编写组：《化学发展简史》，科学出版社，1980年。
10. 姚迁、古兵：《六朝艺术》，文物出版社，1981年。
11. 傅筑夫、王毓瑚：《中国经济史资料・秦汉三国编》，中国社会科学出版社，1982年。
12. 方诗铭：《中国历史纪年表》，上海辞书出版社，1982年。
13. 韩国磐：《魏晋南北朝史纲》，人民出版社，1983年。
14. 唐长孺：《魏晋南北朝史论拾遗》，中华书局，1983年。
15. 张丽生：《急就篇研究》，台湾商务印书馆，1983年。
16. 刘志远、余德章、刘文杰：《四川汉代画像砖与汉代社会》，文物出版社，1983年。
17. 翦伯赞：《秦汉史》，北京大学出版社，1983年。
18. 吕思勉：《秦汉史》，上海古籍出版社，1983年。
19. 王仲殊：《汉代考古学概说》，中华书局，1984年。
20. 柳春藩：《秦汉封国食邑赐爵制》，辽宁人民出版社，1984年。
21. 周锡保：《中国古代服饰史》，中国戏剧出版社，1984年。
22. 孔祥星、刘一曼：《中国古代铜镜》，文物出版社，1984年。
23. 陈顾远：《中国婚姻史》，上海书店，1984年。
24. 杨宽：《中国古代陵寝制度史研究》，上海古籍出版社，1985年。
25. 安作璋、熊铁基：《秦汉官制史稿》，齐鲁书社，1985年。
26. 林剑鸣、余华青、周天游、黄留珠：《秦汉社会文明》，西北大学出版社，1985年。
27. 夏鼐：《中国文明的起源》，文物出版社，1985年。
28. 周一良：《魏晋南北朝史札记・南史札记》，中华书局，1985年。
29. 叶大兵：《中国百戏史话》，浙江人民出版社，1985年。
30. 葛剑雄：《西汉人口地理》，人民出版社，1986年。
31. 李泽厚：《中国古代思想史论》，人民出版社，1986年。
32. 刘庆柱、李毓芳：《西汉十一陵》，陕西人民出版社，1987年。
33. 张步天：《中国历史地理》，湖南大学出版社，1987年。
34. 金春峰：《汉代思想史》，中国社会科学出版社，1987年。
35. 周振鹤：《西汉政区地理》，人民出版社，1987年。

36. 孙中家、林黎明：《中国古代帝王陵寝》，黑龙江人民出版社，1987 年。
37. 谢桂华、李均明、朱国炤：《居延汉简释文合校》，文物出版社，1987 年。
38. 袁仲一：《秦代陶文》，三秦出版社，1987 年。
39. 王子云：《中国雕塑艺术史》，人民美术出版社，1988 年。
40. 王克芬：《中国舞蹈发展史》，上海人民出版社，1989 年。
41. 林剑鸣：《秦汉史》，上海人民出版社，1989 年。
42. 祝瑞开：《两汉思想史》，上海古籍出版社，1989 年。
43. 白化文：《汉化佛教与寺院生活》，天津人民出版社，1989 年。
44. 袁仲一：《秦始皇陵与兵马俑研究》，文物出版社，1990 年。
45. 查瑞珍：《战国秦汉考古》，南京大学出版社，1990 年。
46. 缪启愉、邱泽奇辑释：《汉魏六朝岭南植物"志录"辑释》，农业出版社，1990 年。
47. 李均明、何双全：《散见简牍合辑》，文物出版社，1990 年。
48. 孙机、杨泓：《文物丛谈》，文物出版社，1991 年。
49. 尚秉和：《历代社会风俗事物考》，上海书局，1991 年。
50. 陈光唐、王昌兰：《邯郸历史与考古》，文津出版社，1991 年。
51. 汤用彤：《汉魏两晋南北朝佛教史》，上海书店出版社，1991 年。
52. 郑土有：《晓望洞天福地：中国的神仙与神仙信仰》，陕西人民教育出版社，1991 年。
53. 苏志宏：《秦汉礼乐教化论》，四川人民出版社，1991 年。
54. 孙机：《汉代物质文化资料图说》，文物出版社，1991 年；《汉代物质文化资料图说（增订本）》，上海古籍出版社，2011 年；《汉代物质文化资料图说（修订本）》，中华书局，2020 年。
55. 华友根：《董仲舒思想研究》，上海社会科学院出版社，1992 年。
56. 郑德坤、沈维钧：《中国明器》，上海文艺出版社，1992 年。
57. 陶希圣：《婚姻与家族》，上海书店出版社，1992 年。
58. 王仁湘：《饮食与中国文化》，人民出版社，1993 年。
59. 杨生民：《汉代社会性质研究》，北京师范学院出版社，1993 年。
60. 罗振玉、王国维：《流沙坠简》，中华书局，1993 年。
61. 赵明奇主编：《徐州自然灾害史》，气象出版社，1994 年。
62. 王子今：《秦汉交通史稿》，中共中央党校出版社，1994 年。
63. 蒋英炬、吴文祺：《汉代武氏墓群石刻研究》，山东美术出版社，1995 年。
64. 后德俊：《楚国的矿冶髹漆和玻璃制造》，湖北教育出版社，1995 年。
65. 刘和惠：《楚文化的东渐》，湖北教育出版社，1995 年。
66. 傅芳、倪青：《中国佛医人物小传》，鹭江出版社，1996 年。
67. 彭浩：《楚人的纺织与服饰》，湖北教育出版社，1996 年。
68. 孙机：《中国圣火——中国古文物与东西文化交流中的若干问题》，辽宁教育出版社，1996 年。

69. 钱玄：《三礼通论》，南京师范大学出版社，1996 年。
70. 孙健：《北京古代经济史》，北京燕山出版社，1996 年。
71. 朱新予主编：《中国丝绸史（专论）》，中国纺织出版社，1997 年。
72. 朱炳祥：《伏羲与中国文化》，湖北教育出版社，1997 年。
73. 蔡丰明：《游戏史》，上海文艺出版社，1997 年。
74. 岳庆平：《汉代家庭与家族》，大象出版社，1997 年。
75. 林梅村：《汉唐西域与中国文明》，文物出版社，1998 年。
76. 彭卫：《汉代社会风尚研究》，三秦出版社，1998 年。
77. 马勇：《秦汉学术社会转型时期的思想探索》，陕西人民教育出版社，1998 年。
78. 姜建设：《周秦时代理想国探索》，中州古籍出版社，1998 年。
79. 张志军：《秦始皇陵兵马俑文物保护研究》，陕西人民教育出版社，1998 年。
80. 李晓杰：《东汉政区地理》，山东教育出版社，1999 年。
81. 陈华文：《丧葬史》，上海文艺出版社，1999 年。
82. 熊傳薪：《汉朝・汉族・汉文化》，艺术家出版社，1999 年。
83. 韩国河：《秦汉魏晋丧葬制度研究》，陕西人民出版社，1999 年。
84. 昭明、马利清：《古代货币》，中国书店，1999 年。
85. 黄留珠主编：《周秦汉唐文明》，陕西人民出版社，1999 年。
86. 孙建君、高丰：《古代灯具》，山东科学技术出版社，2000 年。
87. 信立祥：《汉代画像石综合研究》，文物出版社，2000 年。
88. 白云翔：《民居建筑史话》，中国大百科全书出版社，2000 年。
89. 罗宗真主编：《魏晋南北朝文化》，上海科技教育出版社，2000 年。
90. 杨树达撰，王子今导读：《汉代婚丧礼俗考》，上海古籍出版社，2000 年。
91. 薛瑞泽：《嬗变中的婚姻——魏晋南北朝婚姻形态研究》，三秦出版社，2000 年。
92. 刘庆柱、李毓芳：《陵寝史话》，中国大百科全书出版社，2000 年。
93. 张承宗、魏向东：《中国风俗通史・魏晋南北朝卷》，上海文艺出版社，2001 年。
94. 蒋英炬、杨爱国：《汉代画像石与画像砖》，文物出版社，2001 年。
95. 中国文物研究所胡平生、甘肃省文物考古研究所张德芳：《敦煌悬泉汉简释粹》，上海古籍出版社，2001 年。
96. 赵超：《古代石刻》，文物出版社，2001 年。
97. 王学理、梁云：《秦文化》，文物出版社，2001 年。
98. 新疆维吾尔自治区博物馆、新疆文物考古研究所：《中国新疆山普拉——古代于阗文明的揭示与研究》，新疆人民出版社，2001 年。
99. 周学鹰：《徐州汉墓建筑——中国汉代楚（彭城）国墓葬建筑考》，中国建筑工业出版社，2001 年。
100. 孙机：《中国古代舆服论丛（增订本）》，文物出版社，2001 年。

101. 赵化成、高崇文:《秦汉考古》，文物出版社，2002 年。
102. 孙筱:《两汉经学与社会》，中国社会科学出版社，2002 年。
103. 刘厚琴:《儒学与汉代社会》，齐鲁书社，2002 年。
104. 袁仲一:《秦始皇陵的考古发现与研究》，陕西人民出版社，2002 年。
105. 程林泉、韩国河:《长安汉镜》，陕西人民出版社，2002 年。
106. 周书灿:《中国早期国家结构研究》，人民出版社，2002 年。
107. 朱绍侯、龚留柱:《盛衰苍茫——汉元成二帝传》，大象出版社，2002 年。
108. 王凯旋:《秦汉生活掠影》，沈阳出版社，2002 年。
109. 张仁玺:《秦汉家庭研究》，中国社会出版社，2002 年。
110. 彭卫、杨振红:《中国风俗通史 · 秦汉卷》，上海文艺出版社，2002 年。
111. 沈从文:《中国古代服饰研究》，上海书店出版社，2002 年。
112. 孙福喜:《〈鹖冠子〉研究》，陕西人民出版社，2002 年。
113. 刘庆柱、李毓芳:《汉长安城》，文物出版社，2003 年。
114. 李振宏:《居延汉简与汉代社会》，中华书局，2003 年。
115. 胡玉康:《战国秦汉漆器艺术》，陕西人民美术出版社，2003 年。
116. 郑绍宗:《满城汉墓》，文物出版社，2003 年。
117. 姜波:《汉唐都城礼制建筑研究》，文物出版社，2003 年。
118. 中国社会科学院考古研究所:《中国考古学 · 夏商卷》，中国社会科学出版社，2003 年。
119. 李天石:《中国中古良贱身份制度研究》，南京师范大学出版社，2004 年。
120. 钱穆:《秦汉史》，生活 · 读书 · 新知三联书店，2004 年。
121. [法] E. 迪尔凯姆著，狄玉明译:《社会学方法的准则》，商务印书馆，2004 年。
122. 华梅:《古代服饰》，文物出版社，2004 年。
123. 中国社会科学院考古研究所:《中国考古学 · 两周卷》，中国社会科学出版社，2004 年。
124. 张金光:《秦制研究》，上海古籍出版社，2004 年。
125. (清) 瞿中溶著，刘承干校:《汉武梁祠画像考》，北京图书馆出版社，2004 年。
126. 张从军:《黄河下游的汉画像石艺术》，齐鲁书社，2004 年。
127. 白云翔:《先秦两汉铁器的考古学研究》，科学出版社，2005 年。
128. 罗新、叶炜:《新出魏晋南北朝墓志疏证 (修订本)》，中华书局，2005 年。
129. 余英时著，侯旭东译:《东汉生死观》，上海古籍出版社，2005 年。
130. 童书业著，童教英校订:《中国手工业商业发展史 (校订本)》，中华书局，2005 年。
131. 干福熹等:《中国古代玻璃技术的发展》，上海科学技术出版社，2005 年。
132. 吴小平:《汉代青铜容器的考古学研究》，岳麓书社，2005 年。
133. 张荣:《古代漆器》，文物出版社，2005 年。
134. 姚汉源:《中国水利发展史》，上海人民出版社，2005 年。

135. 马利清:《原匈奴、匈奴——历史与文化的考古学探索》,内蒙古大学出版社,2005年。
136. 董新林:《中国古代陵墓考古研究》,福建人民出版社,2005年。
137. 王恺、葛明宇:《徐州狮子山楚王陵》,生活·读书·新知三联书店,2005年。
138. 申云艳:《中国古代瓦当研究》,文物出版社,2006年。
139. 洪石:《战国秦汉漆器研究》,文物出版社,2006年。
140. 凯风:《中国甲胄》,上海古籍出版社,2006年。
141. 王伊同:《五朝门第》,中华书局,2006年。
142. 张道一:《汉画故事》,重庆大学出版社,2006年。
143. 王子今:《秦汉社会史论考》,商务印书馆,2006年。
144. 杨爱国:《幽明两界——纪年汉代画像石研究》,陕西人民美术出版社,2006年。
145. 常建华:《社会生活的历史学:中国社会史研究新探》,北京师范大学出版社,2006年。
146. 杨泓:《逝去的风韵——杨泓谈文物》,中华书局,2007年。
147. 王子云:《汉代陵墓图考》,太白文艺出版社,2007年。
148. 陈华文:《丧葬史》,上海文艺出版社,2007年。
149. 徐正考:《汉代铜器铭文综合研究》,作家出版社,2007年。
150. 冯贺军、李文儒主编:《中国古代雕塑述要》,紫禁城出版社,2007年。
151. 霍巍、赵德云:《战国秦汉时期中国西南的对外文化交流》,巴蜀书社,2007年。
152. 阎崇东:《西汉帝陵》,中国青年出版社,2007年。
153. 李京华:《冶金考古》,文物出版社,2007年。
154. 程章灿:《石刻刻工研究》,上海古籍出版社,2008年。
155. 黄佩贤:《汉代墓室壁画研究》,文物出版社,2008年。
156. 贺云翱、郭怡:《古代陵寝》,文物出版社,2008年。
157. 高英民、王雪农:《古代货币》,文物出版社,2008年。
158. 李芽:《中国古代妆容配方》,中国中医药出版社,2008年。
159. 李锦山:《鲁南汉画像石研究》,知识产权出版社,2008年。
160. 王凯旋:《秦汉社会生活四十讲》,九州出版社,2008年。
161. 蒲慕州:《墓葬与生死观——中国古代宗教之省思》,中华书局,2008年。
162. 黄雅峰:《海宁汉画像石墓研究》,浙江大学出版社,2009年。
163. 姚圣良:《先秦两汉神仙思想与文学》,齐鲁书社,2009年。
164. 后晓荣:《秦代政区地理》,社会科学文献出版社,2009年。
165. 国务院三峡工程建设委员会办公室、国家文物局:《峡江地区考古学文化的互动与诸要素的适应性研究》,科学出版社,2009年。
166. 郑振铎:《中国文学史》,中国文联出版社,2009年。
167. 袁宣萍、赵丰:《中国丝调文化史》,山东美术出版社,2009年。

168. 中国国家博物馆：《文物秦汉史》，中华书局，2009 年。
169. 牛天伟、金爱秀：《汉画神灵图像考述》，河南大学出版社，2009 年。
170. 周正义主编：《北京地区汉代城址调查与研究》，北京燕山出版社，2009 年。
171. 刘叙杰主编：《中国古代建筑史·第一卷：原始社会、夏、商、周、秦、汉建筑）》，中国建筑工业出版社，2009 年。
172. 刘瑞、刘涛：《西汉诸侯王陵墓制度研究》，中国社会科学出版社，2010 年。
173. 中国社会科学院考古研究所：《中国考古学·秦汉卷》，中国社会科学出版社，2010 年。
174. 中国社会科学院考古研究所：《中国考古学·新石器时代卷》，中国社会科学出版社，2010 年。
175. 彭卫：《汉代婚姻形态》，中国人民大学出版社，2010 年。
176. 王彦辉：《张家山汉简〈二年律令〉与汉代社会研究》，中华书局，2010 年。
177. ［匈牙利］阿格妮丝·赫勒著，衣俊卿译：《日常生活》，重庆出版社，2010 年。
178. 杜庆余：《汉代田庄研究》，山东大学出版社，2010 年。
179. 刘尊志：《徐州汉墓与汉代社会研究》，科学出版社，2011 年。
180. 唐长孺：《魏晋南北朝隋唐史三论》，中华书局，2011 年。
181. 丁福保：《佛学大辞典·杂名》，中国书店，2011 年。
182. 容庚：《秦汉金文录》，中华书局，2012 年。
183. 练春海：《汉代车马形像研究——以御礼为中心》，广西师范大学出版社，2012 年。
184. 王子今：《汉代儿童生活》，三秦出版社，2012 年。
185. 林永强：《汉代地方社会治安研究》，社会科学文献出版社，2012 年。
186. 索德浩：《峡江地区汉晋墓葬文化因素分析》，巴蜀书社，2012 年。
187. 靳宝：《大葆台西汉墓研究》，北京燕山出版社，2012 年。
188. 王苗：《珠光翠影——中国首饰史话》，金城出版社，2012 年。
189. 邱龙升：《两汉镜铭文字研究》，中国社会科学出版社，2012 年。
190. 刘尊志：《汉代诸侯王墓研究》，社会科学文献出版社，2012 年。
191. 浙江省文物考古研究所：《起于累土——土台·土墩·土冢》，浙江古籍出版社，2012 年。
192. 郑岩：《逝者的面具——汉唐墓葬艺术研究》，北京大学出版社，2013 年。
193. 北京市大葆台西汉墓博物馆：《西汉黄肠题凑葬制的考古发现与研究》，北京燕山出版社，2013 年。
194. 徐俊祥：《汉代扬州区域文明发展》，社会科学文献出版社，2013 年。
195. 常建华：《观念、史料与视野：中国社会史研究再探》，北京大学出版社，2013 年。
196. 徐龙国：《秦汉城邑考古学研究》，中国社会科学出版社，2013 年。
197. 何旭红：《汉代长沙国考古发现与研究》，岳麓书社，2013 年。
198. 韦正：《魏晋南北朝考古》，北京大学出版社，2013 年。
199. 马孟龙：《西汉侯国地理》，上海古籍出版社，2013 年；《西汉侯国地理（修订本）》，上海古籍出版社，2021 年。

200. 孙机：《中国古代物质文化》，中华书局，2014年。
201. 韩国河、赵海洲、刘尊志、朱津：《中国古代物质文化史·秦汉》，开明出版社，2014年。
202. 怀履光著，徐婵非译，沈辰校：《中国［洛阳］古墓砖图考（1939年）》，中州古籍出版社，2014年。
203. 武玮：《黄河中下游地区汉至西晋模型明器研究》，大象出版社，2014年。
204. 李银德：《中国玉器通史·秦汉卷》，海天出版社，2014年。
205. 练春海：《器物图像与汉代信仰》，生活·读书·新知三联书店，2014年。
206. 鲁西奇：《中国古代买地券研究》，厦门大学出版社，2014年。
207. 王子今：《秦汉称谓研究》，中国社会科学出版社，2014年。
208. 贾丽英：《秦汉家庭法研究：以出土简牍为中心》，中国社会科学出版社，2015年。
209. 王飞：《先秦两汉时期森林生态文明研究》，中国社会科学出版社，2015年。
210. 赵兰香、朱奎泽：《汉代河西屯戍吏卒衣食住行研究》，中国社会科学出版社，2015年。
211. 刘振东：《冥界的秩序——中国古代墓葬制度概论》，文物出版社，2015年。
212. 黄宛峰：《汉画像石与汉代民间丧葬观念》，中国社会科学出版社，2015年。
213. 刘茜：《汉画像石图像艺术与汉代生死观》，中国社会科学出版社，2015年。
214. ［美］巫鸿：《武梁祠：中国古代画像艺术的思想性》，生活·读书·新知三联书店，2015年。
215. 卜友常：《汉代墓葬艺术考述》，上海三联书店，2015年。
216. 考古学概论编写组：《考古学概论》，高等教育出版社，2015年。
217. 施永安：《汉碑读析》，吉林文史出版社，2015年。
218. 尤佳：《东汉列侯爵位研究制度》，云南大学出版社，2015年。
219. 中国国家博物馆：《中国国家博物馆馆藏文物研究丛书·陶俑卷》，上海古籍出版社，2015年。
220. 熊昭明：《汉代合浦港考古与海上丝绸之路》，文物出版社，2015年。
221. 杨宽：《中国古代陵寝制度史研究》，上海人民出版社，2016年。
222. 彭丰文：《先秦两汉时期民族观念与国家认同研究》，中国社会科学出版社，2016年。
223. 曹铁娃、曹铁铮：《以图像为核心——中国古代皇陵早期调查与研究历史考辨（1840～1949）》，中国文史出版社，2016年。
224. 徐蕊：《汉代服饰的考古学研究》，大象出版社，2016年。
225. 宋蓉：《汉代郡国分治的考古学观察——以关东地区汉代墓葬为中心》，上海古籍出版社，2016年。
226. 张建锋：《汉长安城地区城市水利设施和水利系统的考古学研究》，科学出版社，2016年。
227. ［美］巫鸿：《黄泉下的美术——宏观中国古代墓葬》，生活·读书·新知三联书店，2016年。
228. 刘毅：《中国古代物质文化史·陵墓》，开明出版社，2016年。
229. 秦臻：《汉代陵墓石兽研究》，文物出版社，2016年。
230. 张卫星：《礼仪与秩序：秦始皇帝陵研究》，科学出版社，2016年。
231. 武利华：《徐州汉画像石通论》，文化艺术出版社，2017年。
232. 王子今：《汉简河西社会史料研究》，商务印书馆，2017年。

233. 陈华文、陈淑君：《中国殡葬史·魏晋南北朝》，社会科学文献出版社，2017年。
234. 王凯旋：《秦汉生活史话》，东北大学出版社，2017年。
235. 石云涛：《汉代外来文明研究》，中国社会科学出版社，2017年。
236. 练春海：《汉代车马形像研究——以御礼为中心》，广西师范大学出版社，2017年。
237. 吴桂兵：《两晋墓葬文化因素研究》，南京大学出版社，2017年。
238. 中国社会科学院考古研究所：《中国考古学·三国两晋南北朝卷》，中国社会科学出版社，2018年。
239. 熊昭明：《汉代合浦港的考古学研究》，文物出版社，2018年。
240. 杨惕：《漫漶遗拙：陕北汉画像石新读》，西安出版社，2018年。
241. 张瑛、肖从礼：《汉代居延地区社会生活史研究》，兰州大学出版社，2018年。
242. 朱大渭、刘驰、梁满仓、陈勇：《魏晋南北朝社会生活史》，中国社会科学出版社，2018年。
243. 袁延胜：《秦汉简牍户籍资料研究》，人民出版社，2018年。
244. 王子今：《秦汉儿童的世界》，中华书局，2018年。
245. 程有为：《河洛文化概论》，河南人民出版社，2018年。
246. ［德］弗里德里希·恩格斯著，中共中央马克思恩格斯列宁斯大林著作编译局编译：《家庭、私有制和国家的起源》，人民出版社，2018年。
247. 李宪堂：《大一统的迷境：中国传统天下观研究》，社会科学文献出版社，2018年。
248. 党超：《两汉风俗观念与社会软控制研究》，社会科学文献出版社，2018年。
249. 常建华：《新时期中国社会史学》，天津人民出版社，2018年。
250. 陈亚军：《南阳地区汉墓的考古学研究》，社会科学文献出版社，2018年。
251. ［英］鲁惟一著，刘洁、余霄译：《汉帝国的日常生活：公元前202年至公元220年》，江苏人民出版社，2018年。
252. 张道一：《画像石鉴赏》，文化艺术出版社，2019年。
253. 秦铁柱：《帝国中坚——汉代列侯研究》，齐鲁书社，2019年。
254. 成都文物考古研究院、泸州市博物馆：《四川泸州汉代画像石棺研究》，文物出版社，2019年。
255. 刘瑞：《秦汉帝国南缘的面相：以考古视角的审视》，中国社会科学出版社，2019年。
256. 南阳市文物考古研究所编：《南阳汉代画像石墓分期研究》，河南美术出版社，2019年。
257. 董睿：《汉代空心砖墓研究》，科学出版社，2019年。
258. 练春海：《重塑往昔：艺术考古的观念与方法》，社会科学文献出版社，2019年。
259. 吴桂兵：《中古丧葬礼俗中佛教因素演进的考古学研究》，科学出版社，2019年。
260. 索德浩：《四川汉代陶俑与汉代社会》，文物出版社，2020年。
261. 常建华：《中国古代女性婚姻家庭》，中国工人出版社，2020年。
262. 常建华：《中国古代岁时节日》，中国工人出版社，2020年。
263. 李银德：《徐州汉墓》，中国文史出版社，2020年。
264. 周立刚：《举箸观史：东周到汉代中原先民食谱研究》，科学出版社，2020年。

265. ［法］谢阁兰、奥古斯都・吉贝尔・德・瓦赞、让・拉尔蒂格著，秦臻、李海燕译：《汉代墓葬艺术》，文物出版社，2020年。
266. 房占红：《秦汉家庭问题研究》，厦门大学出版社，2020年。
267. 赵忠心：《中国家庭教育发展史》，江西高校出版社，2020年。
268. 李虹：《死与重生：汉代的墓葬及其信仰》，四川人民出版社，2020年。
269. 孙志新：《秦汉文明：历史、艺术与物质文化》，社会科学文献出版社，2020年。
270. 常建华：《日常生活的历史学——中国社会史研究三探》，北京师范大学出版社，2021年。
271. 刘尊志：《汉代墓外设施研究——以王侯墓葬与中小型墓葬为参考》，科学出版社，2021年。
272. 刘芳芳：《战国秦汉髹漆妆奁研究》，文物出版社，2021年。
273. 刘尊志、董雪迎、周欣、蒋赴美：《京津冀汉墓研究》，科学出版社，2021年。
274. 黄凌梅：《孝堂山石祠汉画像石研究》，中国戏剧出版社，2021年。
275. 缪哲：《从灵光殿到武梁祠：两汉之交帝国艺术的遗影》，生活・读书・新知三联书店，2021年。
276. 何有祖：《新出秦汉简帛丛考》，科学出版社，2021年。
277. 吴小平：《岭南地区出土汉代铜器的考古学探索》，浙江大学出版社，2021年。
278. 晋文：《秦汉土地制度研究：以简牍材料为中心》，社会科学文献出版社，2021年。
279. 朱德贵：《新出简牍与秦汉赋役制度研究》，中国人民大学出版社，2021年。
280. 王莉娜：《汉画像石（砖）与汉代河南社会》，郑州大学出版社，2021年。
281. 郜媛媛、姚云鹤、胡松鹤、陈成：《图像里的中国古代社会生活》，四川大学出版社，2021年。
282. 张俊民：《悬泉汉简——社会与制度》，甘肃文化出版社，2021年。
283. ［美］罗伯特・N. 斯宾格勒三世著，陈阳译：《沙漠与餐桌——食物在丝绸之路上的起源》，社会科学文献出版社，2021年。
284. 张保同、王军青：《巫术文化视域下的汉画像和原始道教》，河南人民出版社，2021年。
285. 周凡舒：《国宝有画说：汉画像石里的生活》，河南美术出版社，2021年。
286. 王凯旋：《秦汉社会日常生活》，中国工人出版社，2021年。
287. 王子今：《芝车龙马：秦汉交通文化考察》，西北大学出版社，2021年。
288.《中国灾害志》编纂委：《中国灾害志・断代卷・秦汉魏晋南北朝卷》，中国社会出版社，2021年。
289. 洪石：《中华早期漆器研究 》，社会科学文献出版社，2022年。
290. 练春海：《汉代壁画的艺术考古研究》，科学出版社，2022年。
291. 张卫星：《地下秦朝》，山东文艺出版社，2022年。

三、论文集

1. 周一良：《魏晋南北朝史论集》，中华书局，1963年。
2. 中国考古学会：《中国考古学会第一次年会论文集》，文物出版社，1980年。
3. 中国秦汉史研究会：《秦汉史论丛》，陕西人民出版社，1981年。

4. 中国社会科学院考古研究所编:《新中国的考古发现和研究》,文物出版社,1984 年。
5. 俞伟超:《先秦两汉考古学论集》,文物出版社,1985 年。
6. 《庆祝苏秉琦考古五十五年论文集》编辑组编:《庆祝苏秉琦考古五十五年论文集》,文物出版社,1989 年。
7. 文物编辑委员会编:《文物考古工作十年:1979~1989》,文物出版社,1990 年。
8. 徐州博物馆编:《徐州博物馆三十年纪念文集》,北京燕山出版社,1992 年。
9. 山西省考古研究所、山西省考古学会:《山西省考古学会论文集·一》,山西人民出版社,1992 年(内部资料)。
10. 徐州师院汉文化研究所编:《汉文化研究论丛·第一辑》,中国社会科学出版社,1993 年。
11. 山西省考古研究所、山西省考古学会:《山西省考古学会论文集·二》,山西人民出版社,1994 年。
12. 张荣明主编:《道佛儒思想与中国传统文化》,上海人民出版社,1994 年。
13. 四川大学考古专业编:《四川大学考古专业创建三十五周年纪念文集》,四川大学出版社,1998 年。
14. 河南博物院编:《河南博物院落成暨河南省博物馆建馆七十周年纪念论文集》,中州古籍出版社,1998 年。
15. 河北省文物研究所编:《河北省考古文集》,东方出版社,1998 年。
16. 徐州市两汉文化研究会编:《两汉文化研究·第二辑》,文化艺术出版社,1999 年。
17. 山西省考古学会、山西省考古研究所:《山西省考古学会论文集·三》,山西古籍出版社,2000 年。
18. 咸阳市文物考古研究所编:《文物考古论集——咸阳市文物考古研究所成立十周年纪念》,三秦出版社,2000 年。
19. 邹厚本主编:《江苏考古五十年》,南京出版社,2000 年。
20. 孟凡人:《新疆考古与史地论集》,科学出版社,2000 年。
21. 洛阳市文物局、洛阳白马寺汉魏故城文物保管所编:《汉魏洛阳故城研究》,科学出版社,2000 年。
22. 河北省文物研究所编:《河北省考古文集·二》,北京燕山出版社,2001 年。
23. 邢厚仁主编:《沛县汉文化研究》,沛县汉文化研究会,2002 年(内部资料)。
24. 辽宁省文物考古研究所编:《辽宁考古文集》,辽宁民族出版社,2003 年。
25. 孙厚兴、吴敢主编:《徐州文化博览》,文化艺术出版社,2003 年。
26. 张松林主编,郑州市文物考古研究所编著:《郑州文物考古与研究·一》,科学出版社,2003 年。
27. 西安市文物保护考古所编:《西安文物考古研究》,陕西人民出版社,2004 年。
28. 高敏:《秦汉魏晋南北朝史论考》,中国社会科学出版社,2004 年。
29. 乔登云主编,邯郸市文物保护研究所编:《邯郸考古文集》,新华出版社,2004 年。
30. 广西壮族自治区博物馆编:《广西考古文集》,文物出版社,2004 年。
31. 徐州市两汉文化研究会编:《两汉文化研究·第三辑》,文化艺术出版社,2004 年。
32. 中国汉画学会、北京大学汉画研究所,朱青生主编:《汉画研究·第一卷》,广西师范大学出版社,2004 年。

33. 中国汉画学会、北京大学汉画研究所，朱青生主编：《汉画研究·第二卷》，广西师范大学出版社，2006年。
34. 《汉代考古与汉文化国际学术研讨会论文集》编委会编：《汉代考古与汉文化国际学术研讨会论文集》，齐鲁书社，2006年。
35. 西北大学考古学系、西北大学文化遗产与考古研究中心编：《西部考古·第一辑》，三秦出版社，2006年。
36. 中国汉画学会、南阳师范学院汉文化研究中心编：《汉画研究：中国汉画学会第十届年会论文集》，湖北人民出版社，2006年。
37. 南京市博物馆编：《南京文物考古新发现·南京历史文化新探·二》，江苏人民出版社，2006年。
38. 山西省考古学会、山西省考古研究所：《山西省考古学会论文集·四》，山西人民出版社，2006年。
39. 千福熹主编：《丝绸之路上的古代玻璃研究》，复旦大学出版社，2007年。
40. 河北省文物研究所编：《河北省考古文集·三》，科学出版社，2007年。
41. 顾森、邵泽水编：《大汉雄风——中国汉画学会第十一届年会论文集》，高等教育出版社，2008年。
42. 傅熹年：《傅熹年建筑史论文选》，百花文艺出版社，2009年。
43. 周正义主编：《北京地区汉代城址调查与研究》，北京燕山出版社，2009年。
44. 蒋廷瑜：《桂岭考古论文集》，科学出版社，2009年。
45. 张松林主编，郑州市文物考古研究所编著：《郑州文物考古与研究·二》，科学出版社，2010年。
46. 中国汉画学会、四川博物院：《中国汉画学会第十二届年会论文集》，中国国际文化出版社（香港），2010年。
47. 辽宁省文物考古研究所编：《辽宁考古文集·二》，科学出版社，2010年。
48. 南开大学中国社会史研究中心编：《新世纪南开社会史文集》，天津人民出版社，2010年。
49. 中国汉画学会、北京大学汉画研究所，朱青生主编：《汉画研究·第四卷》，广西师范大学出版社，2011年。
50. 河北省文物研究所编：《河北省考古文集·四》，科学出版社，2011年。
51. 中国汉画学会、河南博物院编：《中国汉画学会第十三届年会论文集》，中州古籍出版社，2011年。
52. 洛阳市文物工作队：《历程——阳市文物工作队三十年》，文物出版社，2011年。
53. 大连市文物考古研究所编：《大连考古文集·一》，科学出版社，2011年。
54. 青岛市文物保护考古研究所：《青岛考古·一》，科学出版社，2011年。
55. 山东博物馆编：《齐鲁文物·第1辑》，科学出版社，2012年。
56. 中国社会科学院考古研究所、河南省文物考古研究所：《汉代城市和聚落考古与汉文化》，科学出版社，2012年。
57. 中国社会科学院考古研究所、浙江省文物考古研究所编著，白云翔、李小宁、胡继根主编：《秦汉土墩墓考古发现与研究——秦汉土墩墓国际学术研讨会论文集》，文物出版社，2013年。
58. 山东博物馆编：《齐鲁文物·第2辑》，科学出版社，2013年。

59. 天津市文化遗产保护中心:《天津考古》，科学出版社，2013 年。
60. 南京市博物馆编:《南京考古资料汇编・1—4》，凤凰出版社，2013 年。
61. 河北省文物研究所编:《河北省考古文集・五》，科学出版社，2014 年。
62. 山东博物馆编:《齐鲁文物・第 3 辑》，科学出版社，2014 年。
63. 中国社会科学院考古研究所、新疆文物考古研究所编:《汉代西域考古与汉文化》，科学出版社，2014 年。
64. 南京市博物馆:《南京文物考古新发现・第 3 辑》，文物出版社，2014 年。
65. 中国社会科学院考古研究所、西安市文物保护考古研究院、西安市秦阿房宫遗址保管所编:《阿房宫考古发现与研究》，文物出版社，2014 年。
66. 徐州博物馆:《徐州考古资料汇编》(2014 年度)，内部资料，2015 年。
67. 青岛市文物保护考古研究所:《青岛考古・二》，科学出版社，2015 年。
68. 中国汉画学会、北京大学汉画研究所，朱青生主编:《汉画研究・第五卷》，广西师范大学出版社，2016 年。
69. 顾万发主编，郑州市文物考古研究所:《郑州文物考古与研究・三》，科学出版社，2016 年。
70. 河南博物院:《鼎与中华文明学术讨论会论文集》，大象出版社，2016 年。
71. 王煜主编:《文物、文献与文化—历史考古青年论集・第一辑》，上海古籍出版社，2017 年。
72. 常建华主编:《中国日常生活史读本》，北京大学出版社，2017 年。
73. 徐苹芳:《丝绸之路考古论集》，上海古籍出版社，2017 年。
74. 陈戈:《新疆考古论文集》，商务印书馆，2017 年。
75. 连云港市重点文物保护研究所:《连云港封土石室墓调查与研究(下)・研究篇》，上海古籍出版社，2018 年。
76. 徐州博物馆编:《徐州考古资料集成》，江苏凤凰美术出版社，2018 年。
77. 葛明宇:《徐州汉文化遗产研究：狮子山西汉楚王陵墓考古研究》，河北美术出版社，2018 年。
78. 徐州博物馆编:《汉代玉文化国际学术研讨会论文集》，科学出版社，2019 年。
79. 白云翔:《秦汉考古与秦汉文明研究》，文物出版社，2019 年。
80. 朱存明主编:《图像的表征：中国汉画学会第十五届年会论文集》，文化艺术出版社，2019 年。
81. 邢义田:《今尘集：秦汉时代的简牍、画像与文化流播》，中西书局，2019 年。
82. 刘尊志主编:《考古学视角下的秦汉家庭与日常生活学术研讨会论文集》，科学出版社，2019 年。
83. 中国社会科学院考古研究所、广西壮族自治区文化和旅游厅、广西文物保护与考古研究所:《汉代海上丝绸之路考古与汉文化》，科学出版社，2019 年。
84. 冯尔康:《冯尔康文集：社会史理论与研究法》，天津人民出版社，2019 年。
85. 甘肃省文物考古研究所、中国考古学会秦汉考古专业委员会、甘州区黑水国遗址保护管理所、复旦大学文物与博物馆学系:《丝绸之路与秦汉文明——丝绸之路与秦汉文明国际学术研讨会论文集》，文物出版社，2020 年。

86. 常建华主编：《中国日常生活史研究的回顾与展望》，科学出版社，2020 年。
87. 韩国河：《旨归汉道》，科学出版社，2020 年。
88. 中国社会科学院考古研究所、西安市文物保护研究院：《栎阳考古发现与研究》，科学出版社，2020 年。
89. 广西文物保护与考古研究所：《广西文物考古 60 年》，文物出版社，2020 年。
90. 徐卫民、王永飞主编：《海昏侯专题研究及其他》，西北大学出版社，2021 年。
91. 练春海：《制器尚象：中国古代器物文化研究》，广西师范大学出版社，2021 年。
92. 贵州省文物考古研究所：《扬帆——贵州青年考古学者论集》，上海古籍出版社，2021 年。
93. 赵俊杰主编：《春山可望：历史考古青年论集 · 第三辑》，上海古籍出版社，2021 年。
94. 洛阳市文物考古研究院、洛阳市新安县文物局：《函谷关历史考古研究报告集》，黄河水利出版社，2021 年。
95. 常建华、张传勇：《中国历史上的日常生活与地方社会》，科学出版社，2021 年。

四、发掘报告、考古图集

（一）考古报告

1. 北京历史博物馆、河北省文物管理委员会编：《望都汉墓壁画》，中国古典艺术出版社，1955 年。
2. 南京博物院、山东省文物管理处：《沂南古画像石墓发掘报告》，文化部文物管理局出版，1956 年。曾昭燏、蒋宝庚、黎忠义著，王培永等增补：《沂南古画像石墓发掘报告（增补本）》，齐鲁书社，2021 年。
3. 中国科学院考古研究所：《长沙发掘报告》，科学出版社，1957 年。
4. 河南省文化局文物工作队：《邓县彩色画像砖墓》，文物出版社，1958 年。
5. 河北省文化局文物工作队：《望都二号汉墓》，文物出版社，1959 年。
6. 洛阳区考古发掘队：《洛阳烧沟汉墓》，科学出版社，1959 年。
7. 云南省博物馆：《云南晋宁石寨山古墓群发掘报告》，文物出版社，1959 年。
8. 湖南省博物馆、中国科学院考古研究所：《长沙马王堆一号汉墓》，文物出版社，1973 年。
9. ［日］小埸恒吉等：《乐浪汉墓（第一册）》，乐浪汉墓刊行会，1974 年。
10. 甘肃省博物馆、武威县文化馆：《武威汉代医简》，文物出版社，1975 年。
11. 内蒙古自治区博物馆文物工作队编：《和林格尔汉墓壁画》，文物出版社，1978 年。
12. 睡虎地秦墓竹简整理小组编：《睡虎地秦墓竹简》，文物出版社，1978 年、1990 年。
13. 中国社会科学院考古研究所、河北省文物管理处：《满城汉墓发掘报告》，文物出版社，1980 年。
14. 广州市文物管理委员会、广州市博物馆：《广州汉墓》，文物出版社，1981 年。
15. 《云梦睡虎地秦墓》编写组：《云梦睡虎地秦墓》，文物出版社，1981 年。
16. 甘肃省文物队、甘肃省博物馆、嘉峪关市文物管理所编：《嘉峪关壁画墓发掘报告》，文物出版社，1985年。

17. 吉林省文物考古研究所：《榆树老河深》，文物出版社，1987年。

18. 广西壮族自治区博物馆：《广西贵县罗泊湾汉墓》，文物出版社，1988年。

19. 大葆台汉墓发掘组、中国社会科学院考古研究所：《北京大葆台汉墓》，文物出版社，1989年。

20. 甘肃省文物考古研究所：《酒泉十六国墓壁画》，文物出版社，1989年。

21. 河北省文物研究所：《安平东汉壁画墓》，文物出版社，1990年。

22. 广州市文物管理委员会、中国社会科学院考古研究所、广东省博物馆：《西汉南越王墓》，文物出版社，1991年。

23. 南京博物院编：《四川彭山汉代崖墓》，文物出版社，1991年。

24. 陕西省考古研究所、西安交通大学：《西安交通大学西汉壁画墓》，西安交通大学出版社，1991年。

25. 安丘县文化局、安丘县博物馆：《安丘董家庄汉画像石墓》，济南出版社，1992年。

26. 河南省文物研究所：《密县打虎亭汉墓》，文物出版社，1993年。

27. 青海省文物考古研究所：《上孙家寨汉晋墓》，文物出版社，1993年。

28. 中国社会科学院考古研究所：《汉杜陵陵园遗址》，科学出版社，1993年。

29. 唐长寿：《乐山崖墓和和彭山崖墓》，电子科技大学出版社，1994年。

30. 中国社会科学院考古研究所：《陕县东周秦汉墓》，科学出版社，1994年。

31. 甘肃省文物考古研究所，戴春阳、张珑：《敦煌祁家湾——西晋十六国墓葬发掘报告》，文物出版社，1994年。

32. 河南省文物考古研究所：《永城西汉梁国王陵与寝园》，中州古籍出版社，1996年。

33. 中国社会科学院考古研究所：《汉长安城未央宫（1980~1989年考古发掘报告）》，中国大百科全书出版社，1996年。

34. 内蒙古考古研究所，魏坚：《内蒙古中南部汉代墓葬》，中国大百科全书出版社，1998年。

35. 南阳汉画馆编著，韩玉祥、李陈广主编：《南阳汉代画像石墓》，河南美术出版社，1998年。

36. 甘肃省文物考古研究所：《敦煌佛爷庙湾西晋画像砖墓》，文物出版社，1998年。

37. 西安市文物保护考古研究所：《西安龙首原汉墓（甲编）》，西北大学出版社，1999年。

38. 广州市文化局编：《广州秦汉考古三大发现》，广州出版社，1999年。

39. 安金槐：《打虎亭汉墓》，香港国际出版社，1999年。

40. 湖南省博物馆、湖南省文物考古研究所、长沙市博物馆、长沙市文物考古研究所：《长沙楚墓》，文物出版社，2000年。

41. 陕西省考古研究所、秦始皇兵马俑博物馆：《秦始皇帝陵园考古报告》（1999年），科学出版社，2000年。

42. 湖北省荆州博物馆：《荆州高台秦汉墓——宜黄公路荆州段田野考古报告之一》，科学出版社，2000年。

43. 黄冈市博物馆、湖北省文物考古研究所、湖北省京九铁路考古队：《罗州城与汉墓》，科学出版社，2000 年。
44. 陕西省考古研究所、榆林市文物管理委员会办公室编著：《神木大保当——汉代城址与墓葬考古报告》，科学出版社，2001 年。
45. 河南省商丘市文物管理委员会、河南省文物考古研究所、河南省永城市文物管理委员会，阎根齐主编：《芒砀山西汉梁王墓地》，文物出版社，2001 年。
46. 浙江省文物考古研究所：《沪杭甬高速公路考古报告》，文物出版社，2002 年。
47. 徐州博物馆、南京大学历史学系考古专业：《徐州北洞山西汉楚王墓》，文物出版社，2003 年。
48. 成都市文物考古研究所编著：《成都考古发现·2001》，科学出版社，2003 年。
49. 国务院三峡工程建设委员会办公室、国家文物局：《湖北库区考古报告集·第一卷》，科学出版社，2003 年。
50. 中国社会科学院考古研究所：《西汉礼制建筑遗址》，文物出版社，2003 年。
51. 重庆市文物局、重庆市移民局编：《重庆库区考古报告集·1998 卷》，科学出版社，2003 年。
52. 陕西省考古研究所编著：《白鹿原汉墓》，三秦出版社，2003 年。
53. 河南省文物考古研究所编著：《固始侯古堆一号墓》，大象出版社，2004 年。
54. 湖南省博物馆、湖南省文物考古研究所：《长沙马王堆二、三号汉墓》，文物出版社，2004 年。
55. 张家山二四七号汉墓竹简整理小组：《张家山汉墓竹简（二四七号墓）》，文物出版社，2001 年。
56. 陕西省考古研究所：《秦都咸阳考古报告》，科学出版社，2004 年。
57. 西安市文物保护考古研究所、郑州大学考古专业：《长安汉墓》，陕西人民出版社，2004 年。
58. 西安市文物保护考古研究所：《西安南郊秦墓》，陕西人民出版社，2004 年。
59. 陕西省考古研究所：《陕西兴平侯村遗址》，三秦出版社，2004 年。
60. 西安文物保护修复中心编著，姜宝莲、秦建明主编：《汉钟官铸钱遗址》，科学出版社，2004 年。
61. 湖北省文物考古研究所、襄樊市考古队、襄阳区文物管理处：《襄阳王坡东周秦汉墓》，科学出版社，2005 年。
62. 咸阳市文物考古研究所：《任家咀秦墓》，科学出版社，2005 年。
63. 云南省文物考古研究所、昆明市博物馆、官渡区博物馆：《昆明羊甫头墓地》，科学出版社，2005 年。
64. 中国社会科学院考古研究所：《汉长安城武库》，文物出版社，2005 年。
65. 陕西省考古研究所、榆林市文物保护研究所：《神木新华》，科学出版社，2005 年。
66. 广州市文物考古研究所、广州市番禺区文化局：《番禺汉墓》，科学出版社，2006 年。
67. 广西壮族自治区文物工作队、合浦县博物馆：《合浦风门岭汉墓——2003 ~ 2005 年发掘报告》，科学出版社，2006 年。
68. 郑州大学历史学院考古系韩国河、赵海洲：《新乡李大召——仰韶文化至汉代遗址发掘报告》，科学出版社，2006 年。
69. 四川省文物考古研究所、绵阳博物馆：《绵阳双包山汉墓》，文物出版社，2006 年。
70. 河北省文物研究所、鹿泉市文物保管所：《高庄汉墓》，科学出版社，2006 年。

71. 云南省文物考古研究所:《云南考古报告集·二》，云南科技出版社，2006年。
72. 陕西省考古研究所、秦始皇兵马俑博物馆:《秦始皇帝陵陵园考古报告（2000年）》，文物出版社，2006年。
73. 四川省文物考古研究院、德阳市文物考古研究所、德阳市博物馆著:《什邡城关战国秦汉墓地》，文物出版社，2006年。
74. 陕西省考古研究所、商洛市博物馆:《丹凤古城楚墓》，三秦出版社，2006年。
75. 陕西省考古研究所、秦始皇兵马俑博物馆:《华县东阳》，科学出版社，2006年。
76. 湖北省宜昌博物馆:《当阳岱家山楚汉墓》，科学出版社，2006年。
77. 陕西省考古研究所、秦始皇兵马俑博物馆:《秦始皇帝陵园考古报告（2001~2003年）》，文物出版社，2007年。
78. 张仲立:《秦始皇陵兵马俑二号坑发掘报告第一阶段》，科学出版社，2007年。
79. 安徽省文物考古研究所、巢湖市文物管理所:《巢湖汉墓》，文物出版社，2007年。
80. 重庆市文物局、重庆市移民局编:《重庆库区考古报告集·2000卷》、《重庆库区考古报告集·2001卷》，科学出版社，2007年。
81. 四川省文物考古研究所、绵阳市博物馆、三台县文物管理所:《三台郪江崖墓》，文物出版社，2007年。
82. 中国社会科学院考古研究所:《汉魏洛阳故城南郊东汉刑徒墓地》，文物出版社，2007年。
83. 中国社会科学院考古研究所、日本奈良国立文化财研究所:《汉长安城桂宫（1996~2001年考古发掘报告）》，文物出版社，2007年。
84. 湖南省文物考古研究所:《里耶发掘报告》，岳麓书社，2007年。
85. 三门峡市文物考古研究所:《三门峡向阳汉墓》，北京燕山出版社，2007年。
86. 黄冈市博物馆、湖北省文物总店编著，吴晓松主编:《蕲春罗州城2001年发掘报告》，科学出版社，2007年。
87. 北京市文物研究所:《房山南正遗址：拒马河流域战国以降时期遗址发掘报告》，科学出版社，2008年。
88. 四川省文物考古研究院、德阳市文物考古研究所、中江县文物保护管理所编:《中江塔梁子崖墓》，文物出版社，2008年。
89. 黄雅峰、陈长山主编:《南阳麒麟岗汉画像石墓》，三秦出版社，2008年。
90. 安徽省文物考古研究所、安徽省萧县博物馆:《萧县汉墓》，文物出版社，2008年。
91. 新乡市文物考古研究所:《新乡凤凰山墓地：2003~2004年度考古发掘报告》，内蒙古人民出版社，2008年。
92. 重庆市文物局、重庆市移民局编:《忠县仙人洞与土地岩墓地》，科学出版社，2008年。
93. 陕西省考古研究院:《西安北郊郑王村西汉墓》，三秦出版社，2008年。
94. 襄樊市文物考古研究所、武安铁路复线九里山考古队:《老河口九里山秦汉墓》，文物出版社，

2009年。

95. 西安市文物保护考古研究所:《西安东汉墓》，文物出版社，2009年。

96. 河北省文物研究所:《河北考古重要发现1949～2009》，科学出版社，2009年。

97. 河南省文物考古研究所:《三门峡南交口》，科学出版社，2009年。

98. 秦始皇兵马俑博物馆:《秦始皇陵二号兵马俑坑发掘报告（第一分册）》，科学出版社，2009年。

99. 山东省文物考古研究所:《鲁中南汉墓》，文物出版社，2009年。

100. 榆林市文物保护研究所、榆林市文物考古勘探工作队:《米脂官庄画像石墓》，文物出版社，2009年。

101. 北京市文物研究所:《北京亦庄考古发掘报告（2003～2005年）》，科学出版社，2009年。

102. 宁夏文物考古研究所:《固原南塬汉唐墓地》，文物出版社，2009年。

103. 中国社会科学院考古研究所:《汉魏洛阳故城南郊礼制建筑遗址——1962～1992年考古发掘报告》，文物出版社，2010年。

104. 河南省文物考古研究所、永城市文物旅游管理局:《永城黄土山与酂城汉墓》，大象出版社，2010年。

105. 咸阳市文物考古研究所:《西汉帝陵钻探调查报告》，文物出版社，2010年。

106. 南京博物院、邳州博物馆:《邳州山头东汉墓地》，科学出版社，2010年。

107. 北京市文物研究所:《北京亦庄X10号地》，科学出版社，2010年。

108. 山东省文物考古研究所、东平县文物管理所:《东平后屯汉代壁画墓》，文物出版社，2010年。

109. 重庆市文物局、重庆市移民局编:《重庆库区考古报告集·2002卷》，科学出版社，2010年。

110. 重庆市文物考古所、重庆市文化遗产保护中心:《重庆公路考古报告集》，科学出版社，2010年。

111. 辽宁省文物考古研究所、朝阳市博物馆:《朝阳袁台子——战国西汉遗址和西周至十六国时期墓葬》，文物出版社，2010年。

112. 重庆市文物局、重庆市移民局编:《奉节宝塔坪》，科学出版社，2010年。

113. 河南省文物局:《百泉、郭柳和山彪》，科学出版社，2010年。

114. 南水北调中线干线工程建设管理局、河北省南水北调工程建设领导小组办公室、河北省文物局:《唐县高昌墓地发掘报告》，文物出版社，2010年。

115. 大连市考古研究所编著，韩建宏主编:《大连土羊高速公路发掘报告集》，科学出版社，2010年。

116. 滕州市汉画像石馆编:《染山汉墓》，齐鲁书社，2010年。

117. 任晓民:《曹操宗族墓群》，江苏科学技术出版社，2010年。

118. 重庆市文物局、重庆市移民局编:《忠县翠屏山崖墓》，科学出版社，2011年。

119. 云南省文物考古研究所、重庆市文化局三峡办、重庆市万州区博物馆编:《重庆万州老棺丘古墓群发掘报告》，云南科技出版社，2011年。

120. 南水北调中线干线工程建设管理局、河北省南水北调工程建设领导小组办公室、河北省文物局:《内丘张夺发掘报告》，科学出版社，2011年。

121. 北京市文物研究所:《平谷汉墓》，科学出版社，2011年。

122. 河南省南阳市文物考古研究所、武汉大学历史学院考古系:《南阳丰泰墓地》,科学出版社,2011 年。
123. 南阳市文物考古研究所:《南阳牛王庙汉墓考古发掘报告》,文物出版社,2011 年。
124. 襄阳市文物考古研究所:《余岗楚墓》,科学出版社,2011 年。
125. 成都文物考古研究所编著:《成都考古发现·2010》,科学出版社,2012 年。
126. 洛阳市文物考古研究院:《偃师华润电厂考古报告》,中州古籍出版社,2012 年。
127. 北京市文物研究所:《北京亦庄 X11 号地考古发掘报告》,科学出版社,2012 年。
128. 秦始皇帝陵博物院:《秦始皇帝陵园考古报告(2009~2010)》,科学出版社,2012 年。
129. 南阳市文物考古研究所:《南阳一中战国秦汉墓》,文物出版社,2012 年。
130. 南阳汉画馆编,石红艳、王清建主编,闪彬、王强副主编:《南阳汉代画像石墓发掘报告集》,中州古籍出版社,2012 年。
131. 吉林省文物考古研究所、敦化市文物管理所:《六顶山渤海墓葬——2004~2009 年清理发掘报告》,文物出版社,2012 年。
132. 山西省考古研究所、忻州市文物管理处:《忻阜高速公路考古发掘报告》,上海古籍出版社,2012 年。
133. 河南省文物局:《淇县大马庄墓地》,科学出版社,2013 年。
134. 重庆市文物局、重庆市移民局编:《丰都镇江汉至六朝墓群》,科学出版社,2013 年。
135. 南京博物院:《穿越长三角——京沪、沪宁高铁江苏段考古发掘报告》,科学出版社,2013 年。
136. 河南省文物局:《禹州新峰墓地》,科学出版社,2013 年。
137. 河南省文物局:《新乡王门墓地》,科学出版社,2013 年。
138. 安徽省文物考古研究所:《天长三角圩墓地》,科学出版社,2013 年。
139. 江苏省文物局主编:《江苏考古(2010~2011)》,南京出版社,2013 年。
140. 安徽省文物考古研究所:《庐江汉墓》,科学出版社,2013 年。
141. 安徽省文物考古研究所:《潜山林新战国秦汉墓》,文物出版社,2013 年。
142. 云南省文物考古研究所、红河哈尼族彝族自治州文物管理所、个旧市博物馆:《个旧市黑蚂井墓地第四次发掘报告》,科学出版社,2013 年。
143. 湖北省文物局、湖北省移民局、南水北调中线水源有限责任公司:《郧县上宝盖》,科学出版社,2013 年。
144. 山东省文物考古研究所:《临淄齐故城》,文物出版社,2013 年。
145. 南京博物院:《穿越宜溧山地——宁杭铁路江苏段考古发掘报告》,科学出版社,2013 年。
146. 湖南省博物馆、复旦大学出土文献与古文字研究中心编纂,裘锡圭主编:《长沙马王堆汉墓简帛集成》(全七册),中华书局,2014 年。
147. 洛阳市文物考古研究院:《洛阳朱仓东汉陵园遗址》,中州古籍出版社,2014 年。
148. 河南省文物局:《平顶山黑庙墓地》,科学出版社,2014 年。
149. 陕西省考古研究院、宝鸡市周原博物馆:《周原汉唐墓》,科学出版社,2014 年。
150. 甘肃省文物考古研究所:《民乐八卦营——汉代墓群考古发掘报告》,科学出版社,2014 年。

151. 南水北调中线干线工程建设管理局、河北省南水北调工程建设领导小组办公室、河北省文物局：《徐水东黑山遗址发掘报告》，科学出版社，2014 年。
152. 河南省文物局：《淅川新四队墓地》，科学出版社，2015 年。
153. 绵阳博物馆、成都文物考古研究所：《绵阳崖墓》，文物出版社，2015 年。
154. 衢州博物馆：《衢州汉墓研究》，文物出版社，2015 年。
155. 河南省文物考古研究院：《郑州汉墓》，大象出版社，2015 年。
156. 王国平、张文彦、史国强、李小彬：《南乐汉墓》，中州古籍出版社，2015 年。
157. 河南省文物局：《卫辉大司马墓地》，科学出版社，2015 年。
158. 河南省文物局：《淇县黄庄墓地Ⅱ区发掘报告》，科学出版社，2015 年。
159. 河南省文物局：《淇县西杨庄墓地、黄庄墓地Ⅰ区发掘报告》，科学出版社，2015 年。
160. 辽宁省文物考古研究所编：《羊草庄汉墓》，文物出版社，2015 年。
161. 湖南省文物考古研究所：《沅陵窑头发掘报告——战国至汉代城址及墓葬》，文物出版社，2015 年。
162. 陕西省考古研究院、宝鸡市考古研究所、凤翔县博物馆：《凤翔孙家南头——周秦墓葬与西汉仓储建筑遗址发掘报告》，科学出版社，2015 年。
163. 山东省文物考古研究所、临沂市文化广电新闻出版局编：《临沂洗砚池晋墓》，文物出版社，2016 年。
164. 浙江省文物考古研究所编著，胡继根主编：《浙江汉墓》，文物出版社，2016 年。
165. 湖南省常德市文物局、常德博物馆、鼎城区文物局、桃源县文物局、汉寿县文物局：《沅水下游汉墓》，文物出版社，2016 年。
166. 河南省文物考古研究院：《曹操高陵》，中国社会科学出版社，2016 年。
167. 重庆市文物局、重庆市移民局编：《奉节营盘包墓地》，科学出版社，2016 年。
168. 陕西省考古研究院：《临潼新丰——战国秦汉墓葬考古发掘报告》，科学出版社，2016 年。
169. 山东省石刻艺术博物馆编，蒋英炬、杨爱国、孙群著：《朱鲔石室》，文物出版社，2015 年。
170. 广西文物保护与考古研究所、合浦县文物管理局：《2009～2013 年合浦汉晋墓发掘报告》，文物出版社，2016 年。
171. 湖南省文物考古研究所：《益阳罗家嘴楚汉墓葬》，科学出版社，2016 年。
172. 河南省文物局：《禹州阳翟故城遗址》，科学出版社，2016 年。
173. 河南省文物局：《淅川全寨子墓地》，科学出版社，2016 年。
174. 山东省石刻艺术馆、山东省文物考古研究所编，蒋英炬、杨爱国、信立祥、吴文祺著：《孝堂山石祠》，文物出版社，2017 年。
175. 江西省文物考古研究院、萍乡市莲花县文物办：《江西莲花罗汉山西汉安成侯墓》，上海古籍出版社，2017 年。
176. 南水北调中线干线工程建设管理局、河北省南水北调工程建设领导小组办公室、河北省文物局：《磁县双庙墓群考古发掘报告》，文物出版社，2017 年。

177. 中国社会科学院考古研究所:《辉县路固》，科学出版社，2017 年。
178. 山东省文物考古研究所、临淄区文物管理局:《临淄山王村汉代兵马俑》，文物出版社，2017 年。
179. 广西文物保护与考古研究所:《广西合浦文昌塔汉墓》，文物出版社，2017 年。
180. 西安市文物保护考古研究院:《西安西汉壁画墓》，文物出版社，2017 年。
181. 四川省文物考古研究院、雅安市博物馆、荥经县博物馆:《荥经高山庙西汉墓》，文物出版社，2017 年。
182. 武汉大学、湖北省文物考古研究所、宜城市博物馆:《湖北宜城跑马堤东周两汉墓地》，科学出版社，2017 年。
183. 济南市考古研究所:《济南魏家庄——战国至明清墓葬》，线装书局，2017 年。
184. 山东省文物考古研究院:《京沪高速铁路山东段考古报告集》，文物出版社，2017 年。
185. 济南市考古研究所:《济南魏家庄——战国至明清墓葬》，线装书局，2017 年。
186. 江苏省文物局主编:《江苏考古（2014—2015）》，南京出版社，2017 年。
187. 山西省考古研究所、长治市文物旅游局、屯留县文化局:《屯留后河：战国至西汉墓葬考古发掘报告》，上海古籍出版社，2017 年。
188. 河南省文物考古研究院:《三门峡市印染厂墓地》，中州古籍出版社，2017 年。
189. 洛阳市文物考古研究院:《邙山陵墓群考古调查与勘测第一阶段考古报告》，文物出版社，2018 年。
190. 河南省文物局:《荥阳后真村》，科学出版社，2018 年。
191. 临沂市博物馆:《临沂吴白庄汉画像石墓》，齐鲁书社，2018 年。
192. 广西文物保护与考古研究所、钟山县文物管理所:《钟山铜盆汉墓》，科学出版社，2018 年。
193. 陕西省考古研究院:《西安张家堡秦墓》，陕西科学技术出版社，2018 年。
194. 陕西省考古研究院:《邰城铸铁——陕西杨凌汉代铸铁遗址发掘与研究》，上海古籍出版社，2018 年。
195. 陕西省考古研究院:《西安长安区韩家湾墓地发掘报告》，三秦出版社，2018 年。
196. 秦始皇帝陵博物院:《秦始皇帝陵一号兵马俑陪葬坑发掘报告（2009～2011）》，文物出版社，2018 年。
197. 连云港市重点文物保护研究所:《连云港封土石室墓调查与研究》，上海古籍出版社，2018 年。
198. 北京市文物研究所:《丰台南苑汉墓》，科学出版社，2019 年。
199. 北京市文物研究所:《长沟汉墓》，科学出版社，2019 年。
200. 大连市文物考古研究所:《于家砣头墓地》，科学出版社，2019 年。
201. 河南省文物考古研究院:《郏县董庄墓地》，中州古籍出版社，2019 年。
202. 河南省文物考古研究院、武汉大学历史学院考古系:《登封双庙战国秦汉墓地》，科学出版社，2019 年。
203. 山东博物馆、费县博物馆:《费县刘家疃汉画像石墓》，文物出版社，2019 年。
204. 山东省文物考古研究院、淄博市临淄区文物局编:《临淄齐墓·第三集》，文物出版社，2019 年。
205. 重庆市文化遗产研究院:《重庆汉代画像考古报告集》，科学出版社，2019 年。

206. 重庆市文物局、重庆市文化遗产研究院编著：《重庆三峡后续工作考古报告集・第 1 辑》，科学出版社，2019 年。
207. 熊昭明、富霞著，合浦县申报海上丝绸之路世界文化遗产中心编：《合浦汉墓》，广西科学技术出版社，2019 年。
208. 李伟敏：《北京考古志・通州卷》，上海古籍出版社，2019 年。
209. 河南省文物考古研究院、周口市文物考古管理所：《商水杨单庄墓地》，大象出版社，2019 年。
210. 湖南省文物考古研究所：《沅陵虎溪山一号汉墓》，文物出版社，2020 年。
211. 甘肃省文物考古研究所：《甘肃省基本建设考古报告集・一》，文物出版社，2020 年。
212. 山东省文物考古研究所：《山东沿海汉代墩式封土墓考古报告集》，文物出版社，2020 年。
213. 南京博物院、盱眙县文化广电和旅游局：《大云山西汉江都王陵一号墓发掘报告》，文物出版社，2020 年。
214. 陕西省考古研究院、咸阳市文物考古研究所：《汉成帝延陵考古调查勘探报告》，文物出版社，2020 年。
215. 山东省文物考古研究院：《胶东调水考古报告集》，科学出版社，2020 年。
216. 湖北省文物局、湖北省移民局、南水北调中线水源有限责任公司：《郧县店子河遗址》，科学出版社，2020 年。
217. 重庆市文物局、重庆市文化遗产研究院：《重庆三峡后续工作考古报告集・第 2 辑》，科学出版社，2020 年。
218. 中国社会科学院考古研究所、山东省文物考古研究院、淄博市临淄区齐文化发展研究中心：《临淄齐故城冶铸业考古》，科学出版社，2020 年。
219. 北京市文物研究所编：《大兴古墓葬考古发掘报告集》，科学出版社，2020 年。
220. 李龙彬、马鑫、邹宝库：《汉魏晋辽阳壁画墓》，辽宁人民出版社，2020 年。
221. 河南省文物考古研究院、山东省文物考古研究院、安徽省文物考古研究所、江苏省考古研究所、河北省文物研究所、陕西省考古研究院、山西省考古研究所：《黄淮七省考古新发现》，大象出版社，2020 年。
222. 成都文物考古研究院、双流区文物保护管理所：《成都华阳田家寺墓地》，文物出版，2021 年。
223. 南水北调中线干线工程建设管理局、河北省南水北调工程建设领导小组办公室、河北省文物局：《保定容城北张遗址考古发掘报告》，科学出版社，2021 年。
224. 武汉大学历史学院考古系、河北省文物考古研究院：《元氏南白楼墓地》，科学出版社，2021 年。
225. 成都市文物考古研究院编著：《成都考古发现・2018》，科学出版社，2021 年。
226. 山东省文物考古研究院、昌邑市博物馆：《昌邑辛置墓葬发掘报告 2010～2013》，文物出版社，2021 年。
227. 广东省文物局、广东省文物考古研究所：《溯本求源——广东省重要考古发现概览》，科学出版社，2021 年。

228. 杜鹃花、史家珍：《洛阳邙山陵墓群考古报告集》，上海交通大学出版社，2021 年。
229. 西安文理学院、西安市文物保护考古研究院编：《西安马腾空村北汉唐墓葬群考古发掘报告》，科学出版社，2021 年。
230. 侯灿：《楼兰考古调查与发掘报告》，凤凰出版社，2022 年。

（二）考古图录

1. 傅惜华：《汉代画像全集・初编》，巴黎大学北京汉学研究所，1950 年。
2. 傅惜华：《汉代画像全集・二编》，巴黎大学北京汉学研究所，1951 年。
3. 重庆市博物馆：《四川汉画像砖选集》，文物出版社，1957 年。
4. 江苏省文物管理委员会：《江苏徐州汉画象石》，科学出版社，1959 年。
5. 陕西省博物馆、陕西省文物管理委员会：《陕北东汉画象石刻选集》，文物出版社，1959 年。
6. 山东省文物管理处、山东省博物馆编：《山东文物选集（普查部分）》，文物出版社，1959 年。
7. 沈仲常、冯国定、周乐钦编：《四川汉代陶俑》，朝花美术出版社，1963 年。
8. ［日］中田勇次郎、神田喜一郎编：《书道全集・第二卷》，株式会社平凡社，1973 年。
9. 罗福颐：《汉印文字征》，文物出版社，1978 年；《汉印文字征补遗》，文物出版社，1982 年；《增订汉印文字征》，故宫出版社，2010 年。
10. 中国社会科学院考古研究所编：《居延汉简・甲乙编》，中华书局，1980 年。
11. 南阳市博物馆：《南阳汉代画像石刻》，上海人民美术出版社，1981 年。
12. 山东省博物馆、山东省文物考古研究所编：《山东汉画像石选集》，齐鲁书社，1982 年。
13. 黄明兰：《洛阳西汉画象空心砖》，人民美术出版社，1982 年。
14. （清）钱泳（钱梅溪）编：《汉碑大观》，北京市中国书店出版，1984 年。
15. 南阳汉代画像石编辑委员会：《南阳汉代画像石》，文物出版社，1985 年。
16. 陕西省博物馆：《陕北东汉画像石》，陕西人民美术出版社，1985 年。
17. 徐州博物馆编：《徐州汉画像石》，江苏美术出版社，1985 年。
18. 周到、吕品、汤文兴：《河南汉代画像砖》，上海人民美术出版社，1985 年。
19. 张朋川、张宝玺：《嘉峪关魏晋墓室壁画》，人民美术出版社，1985 年。
20. 朱锡禄：《武氏祠汉画像石》，山东美术出版社，1986 年。
21. 高文：《四川汉代画像石》，巴蜀书社，1987 年。
22. 罗福颐主编：《秦汉南北朝官印征存》，文物出版社，1987 年。
23. 徐锡台、楼宇栋、魏效祖编：《周秦汉瓦当》，文物出版社，1988 年。
24. 郑州市博物馆张秀清、张松林，中原石刻艺术馆周到：《郑州汉画像砖》，河南美术出版社，1988 年。
25. 南阳汉画馆，闪修山、王儒林、李陈广：《南阳汉画像石》，河南美术出版社，1989 年。
26. 王建中、闪修山：《南阳两汉画像石》，文物出版社，1990 年。

27. 李发林:《齐故城瓦当》，文物出版社，1990 年。
28. 阎根齐、米景周、李俊山:《商丘汉画像石》，河南美术出版社，1992 年。
29. 朱锡禄:《嘉祥汉画像石》，山东美术出版社，1992 年。
30. 赵超:《汉魏南北朝墓志汇编》，天津古籍出版社，1992 年。
31. 贺云翱等编:《佛教初传南方之路文物图录》，文物出版社，1993 年。
32. 孙慰祖主编:《古封泥集成》，上海书店出版社，1994 年。
33. 陈文华:《中国农业考古图录》，江西科学技术出版社，1994 年。
34. 徐毅英主编:《徐州汉画像石》，中国世界语出版社，1995 年。
35. 李林、康兰英、赵力光:《陕北汉代画像石》，陕西人民出版社，1995 年。
36. 李域铮:《陕西古代石刻艺术》，三秦出版社，1995 年。
37. 周世荣编绘:《中国铜镜图案集》，上海书店出版社，1995 年。
38. 国家文物局主编:《中国文物精华大辞典青铜卷》，上海辞书出版社、商务印书馆（香港）联合出版，1995 年。
39. 中国农业博物馆编:《汉代农业画像砖石》，中国农业出版社，1996 年。
40. 山东石刻艺术博物馆:《山东汉画像石精粹》，齐鲁书社，1996 年。
41. 吕常凌主编:《山东文物精萃》，山东美术出版社，1996 年。
42. 高文:《四川汉代石棺画像集》，人民美术出版社，1998 年。
43. 龚廷万、龚玉、戴嘉陵:《巴蜀汉代画像集》，文物出版社，1998 年。
44. 傅举有:《中国美术分类全集：中国漆器全集》（第二卷：战国 - 秦；第三卷：汉），福建美术出版社，1998 年。
45. 山东省济宁市文物局:《汉任城王墓刻石精选》，山东美术出版社，1998 年。
46. 仝泽荣、武利华、田忠恩、陈剑彤:《睢宁汉画像石》，山东美术出版社，1998 年。
47. 赵力光著:《中国古代瓦当图典》，文物出版社，1998 年。
48. 中国画像石全集编辑委员会编:《中国画像石全集》（八卷本，含山东、江苏安徽浙江、陕西山西、河南、四川画像石和石刻线画），山东美术出版社、河南美术出版社，2000 年。
49. 河北省文物研究所:《河北古代墓葬壁画》，文物出版社，2000 年。
50. 周晓陆、路东之:《秦封泥集》，三秦出版社，2000 年。
51. 绥德汉画像石展览馆编，李贵龙、王建勤主编:《绥德汉代画像石》，陕西人民美术出版社，2001 年。
52. 陕西省考古研究所:《汉阳陵》，重庆出版社，2001 年。
53. 周天游:《寻觅散落的瑰宝——陕西历史博物馆征集文物精萃》，三秦出版社，2001 年。
54. ［日］京都府京都文化博物馆、山口县立秋美术馆:《汉代王车的辉——中国山东省双乳山济北王陵出土文物》，瞬报社写真株式会社，2001 年。
55. 临沂市博物馆:《临沂汉画像石》，山东美术出版社，2002 年。

56. 高书林:《淮北汉画像石》,天津人民美术出版社,2002 年。
57. 中国历史博物馆、新疆维吾尔自治区文物局编辑:《天山古道东西风——新疆丝绸之路文物特辑》,中国社会科学出版社,2002 年。
58. 鄂州市博物馆:《鄂州铜镜》,中国文学出版社,2002 年。
59. 李正光编绘:《汉代漆器图案集》,文物出版社,2002 年。
60. 山东省沂南汉墓博物馆:《山东沂南汉墓画像石》,华宝斋书社,2003 年。
61. 李天池、周庆明、周洋:《语石精舍珍藏汉画集》,黑龙江人民出版社,2003 年。
62. 马汉国主编:《微山汉画像石选集》,文物出版社,2003 年。
63. 南京市博物馆:《六朝风采》,文物出版社,2004 年。
64. 孙青松、贺福顺主编:《嘉祥汉代武氏墓群石刻》,香港唯美出版公司,2004 年。
65. 王世昌主编:《陕西古代砖瓦图典》,三秦出版社,2004 年。
66. 《中国画像砖合集》编辑委员会:《中国画像砖全集 1 · 四川汉画像砖》,四川美术出版社,2005 年。
67. 魏坚主编:《额济纳汉简》,广西师范大学出版社,2005 年。
68. 中国国家博物馆、徐州博物馆编辑:《大汉楚王——徐州西汉楚王陵墓文物辑萃》,中国社会科学出版社,2005 年。
69. 西安市文物保护考古所:《西安文物精华》(六卷本,含青铜器、玉器、绘画、金银器、印章、铜镜),世界图书出版社,2005 年。
70. 《中国画像砖全集》编辑委员会:《中国画像砖全集 2 ~ 3》(含河南和全国其他地区画像砖),四川美术出版社,2006 年。
71. 米騫:《两汉四川陶俑鉴赏》,四川美术出版社,2007 年。
72. 西汉南越王博物馆:《西汉南越王博物馆珍品图录》,文物出版社,2007 年。
73. 洛阳市文物工作队程永建:《洛阳出土瓦当》,科学出版社,2007 年。
74. 沧州市文物局:《沧州文物古迹》,科学出版社,2007 年。
75. 湖北省博物馆编:《秦汉漆器——长江中游的髹漆艺术》,文物出版社,2007 年。
76. 胡新立:《邹城汉画像石》,文物出版社,2008 年。
77. 仪征市博物馆编:《仪征出土文物集萃》,文物出版社,2008 年。
78. 深圳博物馆、中国国家博物馆编:《国家宝藏——中国国家博物馆典藏精品展图录》,文物出版社,2008 年。
79. 河南省文物局:《河南省南水北调工程考古发掘出土文物集萃 · 一》,文物出版社,2009 年。
80. 中国国家文物局、意大利文化遗产与艺术活动部:《秦汉——罗马文明展》,文物出版社,2009 年。
81. 南阳市文物考古研究所:《南阳出土铜镜》,文物出版社,2010 年。
82. 仪征博物馆编:《仪征馆藏铜镜》,江苏美术出版社,2010 年。
83. 滕州市汉画像石馆:《滕州汉画像石精品集》,齐鲁书社,2011 年。

84. 徐州博物馆编：《古彭遗珍——徐州博物馆馆藏文物精选》，国家图书馆出版社，2011 年。
85. 徐光冀主编：《中国出土壁画全集》（全十卷，含河北、山西、内蒙古、山东、河南、陕西、东北、甘宁新和综合卷），科学出版社，2012 年。
86. 徐州汉文化风景园林管理处、徐州楚王陵汉兵马俑博物馆编：《狮子山楚王陵》，南京出版社，2011 年。
87. 傅惜华、陈志农编辑，陈沛箴整理：《山东汉画像石汇编》，山东画报出版社，2012 年。
88. 康兰英、朱青生主编：《汉画总录 1～10》（含米脂、绥德、榆阳、清涧、子洲、吴堡、靖边、横山、神木），广西师范大学出版社，2012 年。
89. 南阳汉画馆编，凌皆兵、徐颖主编，牛天伟、李建副主编：《南阳汉代画像石图像资料集锦》，中州古籍出版社，2012 年。
90. 朱青生等主编：《汉画总录 11～30：南阳》，广西师范大学出版社，2013 年。
91. 南京博物院编：《长毋相忘——读盱眙大云山江都王陵》，译林出版社，2013 年。
92. 霍宏伟、史家珍主编：《洛镜铜华——洛阳铜镜发现与研究》，科学出版社，2013 年。
93. 王金元、刘晋平、王双斌：《吕梁汉代画像石选》，山西人民出版社，2013 年。
94. 河南博物院：《匈奴与中原——文明的碰撞与交融》，中州古籍出版社，2013 年。
95. 考古杂志社编著，白云翔、施劲松主编：《新世纪中国考古新发现 2001～2010》，中国社会科学出版社，2013 年。
96. 秦始皇帝陵博物院编：《秦始皇陵珍宝》，陕西旅游出版社，2013 年。
97. 中国社会科学院考古研究所、河北省文物研究所、河北省临漳县文物旅游局：《邺城文物菁华》，文物出版社，2014 年。
98. 李国新、杨蕴青：《中国汉画造型艺术图典》（含器物、纹饰、建筑），大象出版社，2014 年。
99. 杨絮飞：《中国汉画造型艺术图典》（含人物、龙、动物），大象出版社，2014 年。
100. 李国新：《中国汉画造型艺术图典・神仙》，大象出版社，2014 年。
101. 杨絮飞、杨蕴青：《中国汉画造型艺术图典・祥瑞》，大象出版社，2014 年。
102. 凌皆兵、王清建、牛天伟主编：《中国南阳汉画像石大全》（全十卷），大象出版社，2014 年。
103. 天津博物馆编：《丝绸之路文物精品大展》，故宫出版社，2015 年。
104. 山东博物馆：《沂南北寨汉墓画像》，文物出版社，2015 年。
105. 江西晨报编著、江西省文物考古研究所图片：《发现海昏侯》，江西教育出版社，2015 年。
106. 韩长松：《焦作陶仓楼》，中州古籍出版社，2015 年。
107. 河南省文物局编：《河南省南水北调工程考古发掘出土文物集萃・三》，河南大学出版社，2015 年。
108. 西汉南越王博物馆、徐州博物馆：《大汉楚王与南越王》，岭南美术出版社，2016 年。
109. 淮北市文化旅游体育委员会编：《淮北市汉代画像石图录》，黄山书社，2016 年。
110. 高文主编：《中国巴蜀新发现汉代画像砖》，四川美术出版社，2016 年。

111. 大连市文物考古研究所:《大连汉墓博物馆馆藏文物图录》，辽宁美术出版社，2016年。
112. 胡广跃:《任城王汉墓出土黄肠石题刻全集》，三秦出版社，2017年。
113. 张孜江、高文主编:《中国汉阙全集》，中国建筑工业出版社，2017年。
114. 马玉华、赵吴成:《河西画像砖艺术》，甘肃人民出版社，2017年。
115. 淄博市临淄区文物管理局:《山东临淄战国汉代墓葬与出土铜镜研究》，文物出版社，2017年。
116. 朱青生等主编:《汉画总录33：邹城》，广西师范大学出版社，2017年。
117. 定州市旅游文物局:《中山王汉墓出土黄肠石题刻精拓百品》，文物出版社，2018年。
118. 凌皆兵主编:《色彩的记忆——南阳陈棚汉代彩绘画像石墓》，大象出版社，2018年。
119. 王良田:《商丘汉画像石》，大象出版社，2018年。
120. 王培永、朱青生主编《汉画总录34～35：沂南》，广西师范大学出版社，2019年。
121. 王培永主编:《汉画总录36：浙南》，广西师范大学出版社，2019年。
122. 朱青生等主编:《汉画总录37～38：淮北》，广西师范大学出版社，2019年。
123. 周水利、朱青生主编:《汉画总录39～41：萧县》，广西师范大学出版社，2019年。
124. 杨爱国主编:《中国画像石精粹·1～5》，山东美术出版社，2019年。
125. 宫德杰:《潍坊汉画像石》，济南出版社，2019年。
126. 刘冠军、朱青生主编:《汉画总录42：安丘》，广西师范大学出版社，2020年。
127. 中国社会科学院考古研究所:《栎阳瓦当》，科学出版社，2020年。
128. 中国社会科学院考古研究所，西安市文物保护考古研究院编:《栎阳陶文》，科学出版社，2020年。
129. 刘瑞:《秦封泥集存》，中国社会科学出版社，2020年。
130. 重庆市文化遗产研究院、重庆文化遗产保护中心:《重庆三峡后续工作考古出土文物图集》，科学出版社，2020年。
131. 南越王宫博物馆:《南越国——南汉国宫署遗址与海上丝绸之路》，文物出版社，2020年。
132. 深圳市南山博物馆:《西出阳关——新疆文物精品展》，文物出版社，2020年。
133. 刘冠军、朱青生主编:《汉画总录43：安丘》，广西师范大学出版社，2021年。
134. 鄂尔多斯青铜器博物馆:《草原丝路史画：鄂尔多斯汉代墓室臻品图像》，科学出版社，2021年。
135. 深圳市南山博物馆:《焕若列星——河北汉代王室文物展》，文物出版社，2021年。
136. 河北博物院:《金银曜烁美熠四方——京冀晋豫陕五省市金银器展》，北京时代华文书局，2021年。
137. 广州市文物考古研究院:《南越国宫署遗址出土瓦当选录》，科学出版社，2021年。
138. 中国美术学院汉字文化研究所、洛阳市文物考古研究院编，史家珍、曹锦炎、王咸秋、孔震主编:《流眄洛川——洛阳曹魏大墓出土石碣》，上海书画出版社，2021年。
139. 荆州博物馆、武汉大学简帛研究中心:《荆州胡家草场西汉简牍选粹》，文物出版社，2021年。
140. 国家文物局:《考古中国重大项目成果2018～2020》，文物出版社，2021年。

五、年鉴、报刊、期刊及其他

1. 《中国考古学年鉴》，1985年版—2013年版，文物出版社。2014—2021年版，中国社会科学出版社。
2. 《中国文物报》，1985年版1月—2021年版12月，国家文物局主办，中国文物报社出版。
3. 《中国重要考古发现》，1998年版—2021年版，国家文物局主编，文物出版社。
4. 《考古学报》、《考古》(《考古通讯》)、《文物》(《文物参考资料》)、《考古与文物》、《华夏考古》、《中原文物》、《北方文物》、《南方文物》、《江汉考古》、《东南文化》(《文博通讯》)、《中国历史文物》(《中国国家博物馆馆刊》)、《文博》、《考古学集刊》、《文物资料丛刊》、《故宫博物院院刊》、《四川文物》、《文物春秋》、《文物研究》、《陇右文博》、《浙江文博》、《文物季刊》、《文物天地》、《大众考古》、《西部考古》、《艺术考古》、《贵州文物》、《浙江省文物考古研究所学刊》、《文物鉴定与鉴赏》等文物、博物馆、考古类期刊，含相关增刊年版。
5. 《收藏家》、《古代文明》、《中国文化遗产》、《古代文明研究通讯》、《中国历史地理论丛》、《人文杂志》、《唐都学刊》、《黄淮学刊》、《中国文化报》、《艺术研究》等相关期刊、报纸年版。
6. 《历史研究》、《中国史研究》、《史学集刊》、《史学月刊》、《文史哲》、《史林》、《中州古今》、《中州学刊》、《东岳论丛》、《管子学刊》、《中国社会史评论》、《文学界》、《走向世界》等期刊。
7. 相关高校学报类期刊，哲学社会科学版年版。

六、工具书

1. 江苏新医学院编：《中药大辞典》，上海科学技术出版社，1977年。
2. 中国大百科全书总编辑委员会《考古学》编辑委员会、中国大百科全书出版社编辑部：《中国大百科全书·考古学》，中国大百科全书出版社，1986年。
3. 叶大兵、乌丙安主编：《中国风俗词典》，上海辞书出版社，1990年。
4. 中国大百科全书出版社编辑部：《中国大百科全书·社会学》，中国大百科全书出版社，1991年。
5. 王巍主编：《中国考古学大辞典》，上海辞书出版社，2014年。
6. 大辞海编辑委员会编：《大辞海·文物考古卷》，上海辞书出版社，2014年。
7. 孙晨阳、张珂：《中国古代服饰辞典》，中华书局，2015年。
8. 吕宗力主编：《中国历代官制大辞典（修订版）》，商务印书馆，2015年。
9. 中国艺术研究院音乐研究所《中国音乐辞典》编辑部：《中国音乐辞典》，人民音乐出版社，2016年。
10. 史为乐主编：《中国历史地名大辞典（增订本）》，中国社会科学出版社，2017年。
11. 龚延明：《中国历代职官别名大辞典（增订本）》，中华书局，2019年。

七、学位论文

1. 范志军：《汉代丧礼研究》，郑州大学2006年博士研究生毕业论文。

2. 曹龙:《西汉帝陵陪葬制度初探》，西北大学 2009 年硕士研究生毕业论文。
3. 马晓霞:《秦汉家庭结构研究》，中央民族大学 2012 年硕士研究生毕业论文。
4. 韩姣姣:《东汉买地券研究》，山西大学 2013 年硕士研究生毕业论文。
5. 曹骥:《秦汉家庭继承研究》，河南大学 2014 年博士研究生毕业论文。
6. 陈斯亮:《魏晋南北朝时期明器反映的建筑特征与文化研究》，西安建筑科技大学 2014 年硕士研究生毕业论文。
7. 张鸿亮:《洛阳地区汉晋墓研究》，郑州大学 2017 年博士研究生毕业论文。
8. 崔叶舟:《魏晋南北朝香炉研究》，山东大学 2018 年博士研究生毕业论文。

后　记

2022年的1月，因奥密克戎新冠肺炎疫情在津城的出现，我和许多人一样居于家中。从居于家中的第一天开始至春节过后的元宵节，一直在校对第一次排版后的书稿，在最后一页校对完成之后，就投入其他工作之中了。冬去春来，春又走而夏已至，而书稿的正式一校已经开始，感觉确实是要将后记补上了。

较之2021年所出两本书撰写后记时的轻松，这次在写后记之前，心中却莫名地忐忑起来。一是忐忑于这本书稿是否达到从考古学视角研究秦汉家庭的要求，目前学界关于秦汉家庭已有较多的成果，而如何从考古学角度研究秦汉时期的家庭，方法、思路、结论及升华等该怎么做？如何做？做成什么样子？能否做得好；二是忐忑于本书稿是关于秦汉家庭的考古学研究，这与社会史的研究关系密切，而本书稿能否将秦汉家庭的考古学研究与社会史进行有机结合，探讨相应的社会内容与内涵。现虽忐忑于心，但书稿已付梓，也只好在后记里作似乎勉强的说明了。不过我深知诸多的不足和不完善之处，既是遗憾，亦是动力，能够督促我不懈而为之，这当是我今后持续努力的研究方向之一，可能碌碌无为，或是一无所获，只愿或有杯水为车薪之劳，也希望古代家庭、日常生活、社会生活的考古学研究能开出一朵小花，或许这朵小花在外力作用下很快就会凋零，但至少曾经孕育过、绽放过。

本书稿是教育部人文社会科学重点研究基地重大项目“秦汉魏晋南北朝时期家庭与日常生活的考古学观察”（16JJD770028）研究成果之一，该项目已顺利按期结项。在结项材料的基础上，我又重点对结项材料中关于秦汉家庭的研究进行了完善和补充，形成了这本书稿。感谢南开大学中国社会史研究中心给我开展秦汉家庭与日常生活考古学研究的机会，这一研究，不仅可与我所从事的秦汉考古研究相结合，更重要的是可以与社会史研究相结合，而这也是我研究的一个重要兴趣点。项目立项后，我正式开始了相关研究，有过彷徨，有过颓废，也曾因一些突然的新想法、新思考而兴奋与激动，但更深知此项研究任务的艰巨，至少要保证的是按期结项，这样才能给南开大学中国社会史研究中心及关心、支持我的人一个勉强的交代。2020年夏天的一个闷热的午后，我算是稍作提前地将结项报告按照要求上交，邮寄结项报告是在八里台校区北村的路边，记得当时的蚊子似乎特能叮人，虽时间不长但身上竟有十几个大包，所以记忆犹新。此后，虽然有2021年出版的两本书稿的任务，但我也没有放松对于该结项报告的修改，也就是在修改的过程中，逐渐确定为现在的《物宜人和——考古学视角下的秦汉家庭》书稿，而该书稿初稿的正式完成是在2021年的4月，此后断断续续，或因忙于其他研究而暂作搁置，或集中一段时间沉浸其中。2021年的冬天，我进行了相关校对、修改和补充，并在2022年的1～2月进行了第一次真正的校对和修改，也正是这次修改，形成了上面所说的忐忑心情，而每次校稿，这种心情都会萦绕于心，这或许是因为书稿一直有着较多不足和缺陷的缘故吧。虽有深度感触，奈何能力有限，诸多的不足和缺陷还请学界师友多多批评指正，并多提宝贵的意见和建议，以促进我今后更好地开展秦汉家庭、秦汉日常生活、秦汉社会生活的考古学研究，在此致以诚挚的感谢！

从项目立项至修改成书稿，再到确定出版，虽总感觉时间飞快，但定格回看，竟然已有小七年的时间。在我进行项目申报与研究、形成书稿及准备出版的过程中，南开大学中国社会史研究中心主任常建华先生均给予极大的指导和帮助，并给出较多的指导性意见和建议，尤其是在进行秦汉家庭的社会史研究方面，让我受益良多。常建华先生在社会史研究方面成果丰硕、影响较大，是我辈学习的榜样，而我，虽不敢说自己轻轻推了一下秦汉家庭考古学研究与社会史研究紧密联系的门，但至少在常老师帮助和引导下迈出了这一步，而这本书稿也算是我交的一份不成熟的作业。另外，常建华先生还在忙碌之中抽出时间为本书作序，这让我感动不已。在此向常建华先生致以我最诚挚的感谢和由衷的尊敬！

关于开展考古学的社会内容研究，其实早在我进行博士论文写作时就已经进行了相关尝试。在我攻读博士期间，我的导师韩国河先生就已指导我进行了徐州汉墓与汉代社会的相关研究，只是由于我的愚笨，并未达到先生预期，虽书已出版，但有着较多的缺点和缺陷。博士毕业后来到南开工作已有十几个年头，先生始终对我的学习、研究和工作关心备至，也常常督促我要在墓葬与社会研究方面下功夫，只是我长进极少，成果寥寥，实在惭愧。但感激之情长存于心，在此谨向导师韩国河先生表达我深深的谢意和心中的尊敬！

感谢中国社会科学院考古研究所的刘庆柱先生和白云翔先生，二位先生十分关心我的学习和研究，常常给我鼓励，而我能够聆听二位先生的教诲和学术指导，真是莫大荣幸。白云翔先生对我开展秦汉家庭及社会生活等的考古学研究鼓励良多，亦在百忙之中为本书不吝赐序。在此谨向二位先生表达我由衷的敬意和深深感谢！

本项研究的顺利完成离不开诸位师友的帮助和支持。项目研究期中的2018年夏天，在南开大学八里台校区顺利召开了“考古学视角下的秦汉家庭与日常生活学术研讨会”，白云翔先生与常建华先生参加会议并给出高屋建瓴的指导，再次向两位先生致以诚挚的感谢！与会的20多位专家学者从不同角度和不同方面对秦汉家庭与日常生活的考古学研究提出了较多具有指导性的意见和建议。在其他一些学术活动交流与交谈过程中，很多学者也给予我诸多的指导和帮助。这些均对我开展有关研究帮助极大，在此向诸位师友和学界同仁致以诚挚的感谢！

项目的顺利结项及本书稿的形成，还要感谢我的学生们。学术研讨会的顺利召开及论文集的集结出版、相关资料的收集和梳理、结项材料的整合与制作、书稿的校对与排版等，都离不开同学们的辛苦和付出。博士生董雪迎、潘继业、常乐、赵丹、谢佳芮、杨本硕、张广占、楚展鹏及较多的硕士研究生，请原谅我因篇幅有限未将诸位同学的名字一一列出，但在此一定要向你们说声谢谢！项目研究开展过程中，我也鼓励同学们在自身研究中融入社会史的研究，一些同学的研究成果已经发表，一些同学则将社会史的研究融入硕、博士论文的研究之中，如出土陶俑与社会研究、区域汉墓与社会研究、汉至南北朝时期医疗与社会研究、汉代画像与社会研究等等，而较多硕博士毕业后投入新的考古学工作、研究和教学之中，这也让我对考古学与社会史的结合研究充满信心。

本书由南开大学中国社会史研究中心资助出版，感谢南开大学中国社会史研究中心诸位老师的支持，特别是常建华老师、夏炎老师和历史学院余新忠老师的鼓励、支持与帮助。感谢南开大学历史学院教授、南开大学博物馆馆长刘毅先生一如既往的支持、鼓励和帮助。另外，还要感谢诸多同事、朋友们，郭明、谢东、付成双、王军、夏炎、王昊、丁见民、白庚岩等同事给予诸多的帮助，王音一如既往、不辞辛苦地帮我翻译摘要，另外还有很多支持、帮助和鼓励我的老师、同事、朋友和同学们，在此一并向您们表达心中的深深感谢！

书中的用图，部分由作者绘制，但更多的是引自原著作，如发掘报告或发掘简报，还有研究性著作和论文等，因行文、篇幅及其他原因，基本未在本书中作标注，特此说明，并向各位原著作者表达我衷心的感谢和诚挚的敬意！

科学出版社的张亚娜、郑佐一两位女士为本书的出版付出较多的辛勤劳动。在此向您们致以诚挚的感谢！

感谢我的爱人和儿子，默默于心地支持，对我的苦恼及莫名烦躁的理解，当然也有对我体形渐胖的批评，谢谢你们！

夏日骄阳逐渐炽热，给大地和人们带来巨大热情的同时，也会蒸发掉许多不愉快的心情，田地里已经可以采摘春天辛苦后的一些收获，而那棵我曾经在其他书稿中提及的榆树好像已不见了，心中确有些杂陈五味，但我也深知有些曾经的过往该离去的终将会离去，正像夏日里突然来袭的乌云和暴雨，虽能将你淋透，但其毕竟短暂，雨走云散之后依旧是晴朗天空。在一些过去和曾经离开之后，留下些许的回忆也许是生活的一部分，而未来肯定还会经历很多的曾经和过去，或如我希望的，任凭风雨，明天会更好，所以还是满怀愉快的心情去迎接美好生活吧。

时光飞逝，书稿二校基本结束的时候，津城马上就要供暖了，而这本有着诸多不成熟、不完善的书稿也即将要出版了，虽心怀无限忐忑，但也深知，我并不会在秦汉家庭及社会生活考古学研究方面停顿下来。唯有努力前行，至少别让自己对自己失望即可。

刘尊志

2022 年 7 月 5 日
2022 年 10 月 30 日 于津南